Für Prof. Zwirner
mit herzlichen
Grüße

D. Hallervorden

Prinz/Kanzler (Hrsg.) · Handbuch Bilanzsteuerrecht

Zusätzliche digitale Inhalte für Sie!

Zu diesem Buch stehen Ihnen kostenlos folgende digitale Inhalte zur Verfügung:

- Online-Version ✓
- Online-Training
- Aktualisierung im Internet ✓
- Zusatz-Downloads
- App
- Digitale Lernkarten
- WissensCheck

Schalten Sie sich das Buch inklusive Mehrwert direkt frei.

Scannen Sie den QR-Code **oder** rufen Sie die Seite **www.nwb.de** auf. Geben Sie den Freischaltcode ein und folgen Sie dem Anmeldedialog. Fertig!

Ihr Freischaltcode

ONOK-LFOU-JHBT-GSLH-TRFL-B

www.nwb.de

Handbuch Bilanzsteuerrecht

Grundlegend, praxisnah und gestaltungsorientiert

- Allgemeine Ansatz- und Bewertungsvorschriften
- Bilanzpostenorientierte Einzeldarstellung
- Aktuelle Entwicklungen und Trends

Herausgegeben von

WP/StB Professor Dr. Ulrich Prinz, Köln
RA/StB Professor Dr. Hans-Joachim Kanzler, Vors. Richter am BFH a.D., Schloß Ricklingen

Unter Mitarbeit von

StB Prof. Dr. Gerrit Adrian, Frankfurt am Main
Dipl.-Kfm. Walter Bode, Richter am BFH, München
WP/StB Dirk Bongaerts, Düsseldorf
StB Prof. Dr. Simone Briesemeister, Köln
WP/StB Dipl.-Kfm. Carsten Ernst, Herrenberg
Prof. Dr. Christian Fink, Wiesbaden
WP/StB Paul Forst, Düsseldorf
RA Prof. Dr. Dorothee Hallerbach, Augsburg
StB Dipl.-Bw. (FH) Paul Hannweber, Düsseldorf
WP/StB Dr. Dennis J. Hartmann, Hannover
StB Dr. Christian Hick, Bonn
StB Prof. Dr. Matthias Hiller, Nürtingen

RDin Evelyn Hörhammer, Berlin
Prof. Dr. Holger Kahle, Hohenheim
RA/StB Nicole Kamradt, Essen
StB Axel Schaaf, Düsseldorf
StB Dipl.-Kfm. Jens Schäperclaus, München
Prof. Dr. Wolfram Scheffler, Nürnberg
Dipl.-Kfm./Dipl.-Fw. (FH) RD Dr. Jan Chr. Schumann, Erftstadt-Liblar
RA/StB Jürgen Sievert, Köln
WP/RA Dr. Rainer Stadler, München
StB Dr. Janine v. Wolfersdorff, Berlin
StB Dr. Stefan Zimmermann, Düsseldorf

3., aktualisierte und erweiterte Auflage

Zitiervorschlag:
Bearbeiter in: Prinz/Kanzler (Hrsg.), Handbuch Bilanzsteuerrecht, 3. Aufl., Herne 2018, Rz. . . .

ISBN 978-3-482-63753-7
3. Auflage 2018

© NWB Verlag GmbH & Co. KG, Herne 2012
www.nwb.de

Alle Rechte vorbehalten.

Dieses Buch und alle in ihm enthaltenen Beiträge und Abbildungen sind urheberrechtlich geschützt. Mit Ausnahme der gesetzlich zugelassenen Fälle ist eine Verwertung ohne Einwilligung des Verlages unzulässig.

Satz: Reemers Publishing Services GmbH, Krefeld
Druck: CPI books, Leck

Vorwort zur 3. Auflage

Seit Erscheinen der Zweitauflage des NWB Praxishandbuchs Bilanzsteuerrecht, das in der Steuercommunity sehr wohlwollend aufgenommen wurde und in der Rechtsprechung zunehmend zitiert wird, sind gut vier Jahre verstrichen. Die Bilanzsteuerrechtswelt mit ihren vielfältigen Grundsatz- und Alltagsproblemen hat sich seitdem mit zunehmender Geschwindigkeit und unter Inkaufnahme vielfältiger Disruptionen „weiter gedreht". Es ist deshalb an der Zeit, das Handbuch in 3. Auflage mit dem Rechtsstand 31.3.2018 vorzulegen. Herausgeber, Autoren und Verlag haben sich in der vorliegenden 3. Auflage sehr darum bemüht, das Werk unter Fortentwicklung seiner Stärken in die „Neuzeit" zu bringen. Für die vorliegende 3. Auflage haben wir uns auch entschieden, den Titel auf Handbuch Bilanzsteuerrecht zu ändern.

Von der Fortentwicklung betroffen sind zum einen die bilanzsteuerlichen Inhalte, die grundlegend überarbeitet und aktualisiert wurden. Dies schließt den Aufgriff neuer bilanzsteuerlicher Rechtsentwicklungen etwa im Bereich der immateriellen Wirtschaftsgüter ein. Das Grundkonzept des Handbuchs mit der Zweiteilung in Grundsatz- und Querschnittsfragen in Teil A sowie der bilanzpostenbezogenen Bilanzierung und Bewertung in Teil B hat sich bewährt und wurde deshalb beibehalten. Zum anderen hat sich das Nutzerverhalten unserer Leser in den letzten Jahren weiter verändert. „Printliebhaber" und zunehmend digitalisierte Mediennutzer arbeiten gleichermaßen mit dem Werk. Deshalb ist mit der vorliegenden 3. Auflage eine stete Online-Aktualisierung des Handbuchs in regelmäßigen Abständen geplant. So ist etwa beim elektronischen Zugang zukünftig ein sog. Nachrichteneinschuss geplant, der aktuelle Entwicklungen an den thematisch jeweils passenden Stellen anzeigt. Damit werden neue Rechtsentwicklungen aufgezeigt und für die Nutzer in ihren praktischen Konsequenzen eingearbeitet. Ein echter Zusatznutzen der 3. Auflage.

Auch wenn die großen Gesetzgebungsmaßnahmen im Bilanzsteuerrecht in den letzten Jahren ausgeblieben sind, waren Rechtsprechung, Finanzverwaltung und begleitende Literatur nach wie vor „unglaublich fleißig". Eine Fülle von Details musste daher in das Handbuch eingearbeitet werden. Jenseits aller Tagesfragen kann der Bilanzrechtssystematiker gleichzeitig einige einschlägige Entwicklungstrends im Bilanzsteuerrecht erkennen, die zu strukturellen Veränderungen geführt haben und sich kurz- bzw. mittelfristig fortsetzen werden. Dies alles wird in der Neuauflage des Handbuchs dargestellt, analysiert und mit ihren praktischen Folgewirkungen dargelegt. Einige Beispiele dazu:

▶ Trotz Geltung des Maßgeblichkeitsgrundsatzes schreitet die Eigenständigkeit des Bilanzsteuerrechts voran. Beispielhaft können die Sondervorschriften der §§ 4f, 5 Abs. 7 EStG zu entgeltlichen Schuldübernahmen genannt werden, die wegen der andauernden Niedrigzinsphase vor allem im Bereich betrieblicher Altersvorsorge (§ 6a EStG) hinsichtlich der Pensionsrückstellungen die vorgezogene Realisation stiller Lasten einschränken sollen. Die Finanzverwaltung hat dazu ein aktuelles BMF-Schreiben vom 30.11.2017 herausgegeben, das intensiv im Handbuch aufbereitet wird (insbesondere in den Rz. 2619 ff.). Die Maßgeblichkeit der handelsrechtlichen GoB im Steuerbilanzrecht weist darüber hinaus mittlerweile etliche sehr nuancierte Facetten auf, die das Erstellen von Einheitsbilanzen für handels- und steuerbilanzielle Zwecke zunehmend erschweren und die praktische Bedeutung des Tax Accountings steigen lassen.

- Die Digitalisierung verändert derzeit unser traditionelles Bilanzsteuerrecht intensiv. Die verschiedenen Entwicklungsstände der E-Bilanztaxonomie und ihr gleichzeitiger Einfluss auf die Risikomanagementsysteme der Finanzverwaltung und die Tax Compliance der Unternehmen werden immer erkennbarer. Dies betrifft auch das Bilanzsteuerrecht und wird in unserem Handbuch intensiv aufgegriffen (siehe insbesondere Rz. 1260 ff.).

- Neue Geschäftsmodelle geben steuerbilanzielle Diskussionsimpulse. Bilanzsteuerrecht ist immer ein Abbild moderner Wirtschaftsentwicklung. Realisationsfragen bei Mehrkomponentengeschäften, Steuerfragen von Bewertungseinheiten und immaterielle Vermögenswerte in einem modernen arbeitsteiligen Wirtschaftsleben sind von steigender Bedeutung und werden deshalb in der 3. Auflage des Handbuchs intensiv aufgenommen. Dies gilt etwa für den Anwendungsbereich des § 5 Abs. 2 EStG im Hinblick auf die Abgrenzung von Erwerb oder Selbsterstellung von Entwicklungs-Know-how. Einschlägige Betriebsprüfungsdiskussionen kreisen insoweit vermehrt um derartige Abgrenzungsfragen immaterieller Werte (siehe dazu eingehender Rz. 3150 ff.).

- Schließlich sind auch weitere europäische und internationale Impulssetzungen im Bilanzsteuerrecht zu beobachten. Dies betrifft etwa das Subventionswahlrecht des § 6b EStG für die Übertragung bestimmter stiller Reserven im Anlagevermögen, die seit dem Steueränderungsgesetz 2015 mit § 6b Abs. 2a EStG eine neue unionsrechtliche Komponente beinhalten. Das dazu kürzlich veröffentlichte neue BMF-Schreiben vom 7.3.2018 wird bereits im Handbuch vorgestellt (siehe insbesondere Rz. 5467).

Wir freuen uns, dass der Autorenkreis des Handbuchs weitgehend stabil geblieben ist. Einige wenige Autoren sind aus Gründen der Arbeitsbelastung und altersbedingt ausgeschieden; mehrere neue Autoren sind mit Schwung und Elan sowie kreativen neuen Ideen hinzugestoßen und bereichern unser Handbuch. Der „Autorenmix" aus Beratung, Richterschaft, Wissenschaft und Unternehmenspraxis ist bei alledem unverändert geblieben. Wir wissen es sehr zu schätzen, dass wiederum etliche Experten mit Teamgeist, Disziplin, Akribie und Freude Bilanzsteuerrechtsthemen bearbeitet haben. Allen sei an dieser Stelle ausdrücklich gedankt. Auch der Verlag hatte es vor allem in der Intensivphase der Fertigstellung des Handbuchs nicht immer leicht mit uns. Den beiden Damen im Lektorat, Frau Diana Bremer sowie Frau Kristina Arndt, sei sehr gedankt; dies gilt gleichermaßen für die beiden „Kümmerer" Patrick Zugehör und Heinrich Steinfeld. Alle gemeinsam hoffen wir nun auf den Erfolg der 3. Auflage. Schließlich sagen wir auch den Leserinnen und Lesern Dank, die uns Hinweise gegeben haben. Anregungen und Vorschläge, aber auch Kritik sind uns stets willkommen.

Köln/Hannover im Juni 2018

WP/StB
Professor Dr. Ulrich Prinz

RA/StB
Professor Dr. Hans-Joachim Kanzler

INHALTSÜBERSICHT

Seite

Teil A: Grundsatz- und Querschnittsfragen steuerlicher Gewinnermittlung

Kapitel I:	Buchführung und Steuerbilanz von StB Professorin Dr. Simone Briesemeister, Köln	1
Kapitel II:	Gewinnbegriff, Gewinnermittlung und Wirtschaftsjahr von RA/StB Professor Dr. Hans-Joachim Kanzler, Vors. Richter am BFH a.D., Schloß Ricklingen	37
Kapitel III:	Maßgeblichkeit handelsrechtlicher GoB für die steuerliche Gewinnermittlung nach BilMoG von WP/StB Professor Dr. Ulrich Prinz, Köln	69
Kapitel IV:	Betriebsvermögen: Umfang, Arten des Betriebsvermögens, Begriff des Wirtschaftsguts, Entnahmen und Einlagen von RA/StB Professor Dr. Hans-Joachim Kanzler, Vors. Richter am BFH a.D., Schloß Ricklingen	103
Kapitel V:	Persönliche Zurechnung/Wirtschaftliches Eigentum von StB Professorin Dr. Simone Briesemeister, Köln	145
Kapitel VI:	Bewertungsmaßstäbe bei der steuerlichen Gewinnermittlung von Professor Dr. Holger Kahle, Hohenheim StB Professor Dr. Matthias Hiller, Nürtingen (SRH Fernhochschule)	199
Kapitel VII:	Bewertungseinheiten von StB Dr. Christian Hick, Bonn	247
Kapitel VIII:	Bilanzenzusammenhang, Bilanzberichtigung und Bilanzänderung von RA/StB Professor Dr. Hans-Joachim Kanzler, Vors. Richter am BFH a.D., Schloß Ricklingen	277
Kapitel IX:	E-Bilanz (§ 5b EStG) von StB Professorin Dr. Simone Briesemeister, Köln StB Dipl.-Kaufm. Jens Schäperclaus, München	307
Kapitel X:	Besonderheiten der steuerlichen Gewinnermittlung bei Personengesellschaften von Professor Dr. Holger Kahle, Hohenheim	349
Kapitel XI:	Besonderheiten bei ertragsteuerlicher Organschaft von WP/StB Professor Dr. Ulrich Prinz, Köln	433

INHALTSÜBERSICHT

Kapitel XII: **Bilanzierung bei Unternehmenskauf und Umwandlung/Umstrukturierung**
von WP/StB Paul Forst, Düsseldorf
StB Axel Schaaf, Düsseldorf
StB Dipl.-Betriebsw. (FH) Paul Hannweber, Düsseldorf ... 477

Kapitel XIII: **Bilanzierungsfragen in der Unternehmenskrise und bei Liquidation**
von WP/StB Paul Forst, Düsseldorf
StB Axel Schaaf, Düsseldorf
StB Dipl.-Betriebsw. (FH) Paul Hannweber, Düsseldorf ... 535

Kapitel XIV: **Besondere Bilanzierungsfragen bei Freiberuflern**
von RA Professorin Dr. Dorothee Hallerbach, Augsburg ... 565

Kapitel XV: **Besondere Bilanzierungsfragen bei Land- und Forstwirten**
von RA/StB Professor Dr. Hans-Joachim Kanzler, Vors. Richter am BFH a.D., Schloß Ricklingen ... 585

Kapitel XVI: **Abweichungen zwischen Handels- und Steuerbilanz und latente Steuern**
von WP/StB Dipl.-Kaufm. Carsten Ernst, Herrenberg
Professor Dr. Christian Fink, Wiesbaden ... 617

Kapitel XVII: **Bilanzsteuerrecht unter besonderer Berücksichtigung von Verwaltungsanweisungen**
von RDin Evelyn Hörhammer, Berlin
Dipl.-Kaufm., Dipl.-Finanzw. (FH) RD Dr. Jan Chr. Schumann, Erftstadt-Liblar ... 655

Kapitel XVIII: **Die Steuerbilanz aus der Sicht des BFH**
von Dipl.-Kaufm. Walter Bode, Richter am BFH, München ... 707

Kapitel XIX: **Möglichkeiten und Grenzen der Steuerbilanzpolitik**
von Professor Dr. Wolfram Scheffler, Nürnberg ... 729

Kapitel XX: **Internationale Bezüge der steuerlichen Gewinnermittlung**
von Professor Dr. Holger Kahle, Hohenheim ... 771

Kapitel XXI: **Zukunft der Steuerbilanz**
von Professor Dr. Holger Kahle, Hohenheim ... 817

Teil B: Bilanzierung und Bewertung bei der Gewinnermittlung nach Bilanzposten

Kapitel I: Anlagevermögen

1. Immaterielle Wirtschaftsgüter
von StB Professor Dr. Gerrit Adrian, Frankfurt am Main ... 833

2. Geschäfts- oder Firmenwert
von StB Professor Dr. Gerrit Adrian, Frankfurt am Main ... 869

3. Sachanlagen
von StB Professor Dr. Gerrit Adrian, Frankfurt am Main ... 889

4. Finanzanlagen
von WP/RA Dr. Rainer Stadler, München
WP/StB Dr. Dennis J. Hartmann, Hannover ... 963

Kapitel II: Umlaufvermögen
von StB Dr. Christian Hick, Bonn ... 1007

Kapitel III: Aktive Rechnungsabgrenzungsposten
von WP/StB Professor Dr. Ulrich Prinz, Köln ... 1105

Kapitel IV: Eigenkapital
von StB Dr. Janine v. Wolfersdorff, Berlin ... 1125

Kapitel V: Steuerliche Rücklagen: §§ 6b/6c EStG / Rücklage für Ersatzbeschaffung
von RA/StB Jürgen Sievert, Köln
RA/StB Nicole Kamradt, Essen ... 1183

Kapitel VI: Rückstellungen
von WP/StB Dirk Bongaerts, Düsseldorf
StB Dr. Stefan Zimmermann, Düsseldorf ... 1231

Kapitel VII: Verbindlichkeiten
von RA/StB Jürgen Sievert, Köln
RA/StB Nicole Kamradt, Essen ... 1355

Kapitel VIII: Passive Rechnungsabgrenzungsposten
von WP/StB Professor Dr. Ulrich Prinz, Köln ... 1385

INHALTSVERZEICHNIS

	Rz.	Seite
Vorwort zur 3. Auflage		V
Inhaltsübersicht		VII
Abkürzungsverzeichnis		LV

TEIL A: GRUNDSATZ- UND QUERSCHNITTSFRAGEN STEUERLICHER GEWINNERMITTLUNG

Kapitel I: Buchführung und Steuerbilanz — 1

	Rz.	Seite
1. Systematik handels- und steuerrechtlicher Buchführungs-/Aufzeichnungspflichten	1	4
2. Handelsrechtliche Buchführungspflicht	3	4
2.1 Anwendungsbereich	3	4
2.1.1 Grundsätze	3	4
2.1.2 Befreiung, § 241a HGB	13	6
2.2 Beginn/Ende	29	12
3. Steuerrechtliche Buchführungspflicht	31	13
3.1 Abgeleitete steuerrechtliche Buchführungspflicht, § 140 AO	31	13
3.1.1 Anwendungsbereich	31	13
3.1.2 Beginn/Ende	33	16
3.2 Originäre steuerrechtliche Buchführungspflicht, § 141 AO	34	16
3.2.1 Anwendungsbereich	34	16
3.2.2 Beginn/Ende	48	20
3.3 Abweichungen zwischen handels- und steuerrechtlicher Buchführungspflicht	50	22
3.4 Freiwillige Buchführung	55	24
3.5 Verknüpfung von Buchführungspflicht, Einkunfts- und Gewinnermittlungsart	61	25
3.6 Sonstige steuerrechtliche Verzeichnis-/Aufzeichnungspflichten	62	26
4. Steuerbilanz	63	27
4.1 Definition/Gliederung	63	27
4.2 Erfordernis	69	32
4.3 Integrierte Steuerbuchführung	73	33
5. Verlagerung elektronischer Buchführung ins Ausland (§ 146 Abs. 2a AO)	79	34
5.1 Verlagerungsmöglichkeiten	79	34
5.2 Voraussetzungen	80	34

	Rz.	Seite
5.3 Rückverlagerung	81	35
6. Aufwendungen für Buchführung/Aufzeichnung	82	35

Kapitel II: Gewinnbegriff, Gewinnermittlung und Wirtschaftsjahr — 37

	Rz.	Seite
1. Gewinnbegriff (§ 4 Abs. 1 und § 5 EStG)	120	40
1.1 „Ein" Gewinnbegriff trotz unterschiedlicher Gewinnermittlungsarten	120	40
1.2 Bedeutung des Betriebsvermögensvergleichs	128	43
1.2.1 Regelungsgegenstand und Anwendungsbereich der beiden Formen des Betriebsvermögensvergleichs	128	43
1.2.2 Anwendung des Betriebsvermögensvergleichs auf Auslandsbeziehungen	132	46
1.2.3 Reformvorschläge für eine eigenständige steuerliche Gewinnermittlung	140	48
1.3 Tatbestandsmerkmale des Gewinnbegriffs	141	50
1.4 Gewinnrealisierungsgrundsätze	144	50
2. Gewinnermittlung durch Betriebsvermögensvergleich	158	54
2.1 Gewinnermittlung und Betrieb	158	54
2.2 Buchführung als Grundlage des Betriebsvermögensvergleichs	160	55
2.3 Zweistufige Gewinnermittlung	164	56
3. Bilanzstichtag und Bilanzierungszeitraum (Wirtschaftsjahr)	170	59
3.1 Wirtschaftsjahr der Gewerbetreibenden, Land- und Forstwirte und Freiberufler	170	59
3.2 Wahl und Umstellung des Wirtschaftsjahrs bei eingetragenen Gewerbetreibenden	182	63
3.3 Zeitliche Zuordnung der Gewinne bei abweichendem Wirtschaftsjahr	200	66

Kapitel III: Maßgeblichkeit handelsrechtlicher GoB für die steuerliche Gewinnermittlung nach BilMoG — 69

	Rz.	Seite
1. Grundlagen des steuerbilanziellen Maßgeblichkeitskonzepts	331	72
1.1 § 5 Abs. 1 EStG als Rechtsgrundlage: materielle Maßgeblichkeit handelsrechtlicher GoB	331	72
1.2 Rechtsentwicklung des Maßgeblichkeitskonzepts	345	78
1.3 Grenzen der Maßgeblichkeit	350	80
1.3.1 Bilanzierungs- und Bewertungsvorbehalte	350	80
1.3.2 Gesetzlicher Wahlrechtsvorbehalt	360	82

		Rz.	Seite
1.3.3 Steuerliche Dokumentationserfordernisse		370	86
1.3.4 Weitere Grenze der Maßgeblichkeit		375	87
1.4 Wirkungen der Maßgeblichkeit		380	88
1.5 Unionsrechtliche Einflussnahme auf das Maßgeblichkeitskonzept		386	91
2. Die handelsrechtlichen Grundsätze ordnungsmäßiger Buchführung als Ausgangspunkt steuerbilanzieller Gewinnermittlung		390	92
2.1 Rechtscharakter und Herkunft der handelsrechtlichen GoB		390	92
2.2 Systematik handelsrechtlicher GoB		395	95
2.3 Kodifizierte handelsrechtliche GoB		400	95
2.4 Nicht kodifizierte handelsrechtliche GoB		405	98
3. Konkrete Maßgeblichkeit für Bewertungseinheiten (§ 5 Abs. 1a Satz 2 und Abs. 4a Satz 2 EStG)		410	99
4. Keine Maßgeblichkeit im Umwandlungssteuerrecht		415	100
5. Zukunft der Maßgeblichkeit		420	101

Kapitel IV: Betriebsvermögen: Umfang, Arten des Betriebsvermögens, Begriff des Wirtschaftsguts, Entnahmen und Einlagen — 103

		Rz.	Seite
1. Betriebsvermögen und Privatvermögen		480	107
1.1 Begriff und Bedeutung des Betriebsvermögens		480	107
1.2 Begründung von Betriebsvermögen und Zurechnung der Wirtschaftsgüter zum Betriebsvermögen		484	108
1.3 Rechtsfolgen der Zugehörigkeit zum Betriebsvermögen		489	111
1.4 Dreiteilung der Vermögensarten		494	111
1.4.1 Notwendiges Betriebs- und Privatvermögen sowie gewillkürtes Betriebsvermögen		494	111
1.4.2 Notwendiges Betriebsvermögen		499	113
1.4.3 Notwendiges Privatvermögen		508	114
1.4.4 Gewillkürtes Betriebsvermögen		516	115
1.4.5 Sonderkategorie: Gemischtgenutzte Wirtschaftsgüter		528	118
2. Betriebsvermögen und Wirtschaftsgut		540	119
2.1 Bedeutung des Wirtschaftsguts für die Gewinnermittlung		540	119
2.2 Begriff des „einzelnen" Wirtschaftsguts		544	121
2.3 Abgrenzung des Wirtschaftsguts von anderen Bilanzpositionen		547	123
2.4 Das negative (passive) Wirtschaftsgut		551	123
2.5 Arten von Wirtschaftsgütern		556	124
2.5.1 Anlage- und Umlaufvermögen		556	124

		Rz.	Seite
2.5.2 Materielle und immaterielle Wirtschaftsgüter		565	127
2.5.3 Bewegliche und unbewegliche Wirtschaftsgüter		568	128
2.5.4 Abnutzbare und nichtabnutzbare Wirtschaftsgüter		572	129
3. Entnahmen und Einlagen		580	131
3.1 Grundsätze zu Entnahmen und Einlagen		580	131
3.1.1 Begriff und Bedeutung von Entnahmen und Einlagen		580	131
3.1.2 Gegenstand der Entnahme und Einlage		583	132
3.1.3 Zeitpunkt von Entnahmen und Einlagen		587	133
3.2 Entnahmen (§ 4 Abs. 1 Satz 2 EStG)		593	134
3.2.1 Begriff und Arten der Entnahme		593	134
3.2.2 Der Entnahmetatbestand		596	135
3.2.3 Entnahme „für sich, für seinen Haushalt oder für andere betriebsfremde Zwecke"		605	137
3.2.4 Rechtsfolgen der Entnahme		612	139
3.3 Einlagen (§ 4 Abs. 1 Satz 7 EStG)		620	140
3.3.1 Begriff und Arten der Einlage		620	140
3.3.2 Der Einlagetatbestand		627	142
3.3.3 Rechtsfolgen der Einlage		629	143

Kapitel V: Persönliche Zurechnung/Wirtschaftliches Eigentum — 145

		Rz.	Seite
1. Zurechnungsgrundsätze		660	148
1.1 Regelzurechnung: zivilrechtlicher Eigentümer		660	148
1.2 Ausnahmezurechnung: wirtschaftlicher Eigentümer		661	149
1.2.1 Wirtschaftliches Eigentum nach § 39 Abs. 2 Nr. 1 AO		661	149
1.2.2 Wirtschaftliches Eigentum nach § 246 Abs. 1 Satz 2 HGB		662	151
1.2.3 Normenkonkurrenz		664	153
1.2.4 Prüfseite wirtschaftlichen Eigentums		665	156
2. Verhältnis von persönlicher Zurechnung und Gewinnrealisation		666	158
3. Wesentliche (potenzielle) Divergenzfälle zivilrechtlichen und wirtschaftlichen Eigentums an Wirtschaftsgütern		673	161
3.1 Optionsgeschäfte		673	161
3.1.1 Kauf-/Verkaufoption		673	161
3.1.2 Doppeloption		678	162
3.2 Mietkauf		680	163
3.3 Leasing		684	164

		Rz.	Seite
	3.3.1 Grundsätze	684	164
	3.3.2 Vollamortisation	687	165
	3.3.2.1 Abgrenzung	687	165
	3.3.2.2 Vollamortisation ohne Optionskomponente(n)	688	166
	3.3.2.3 Vollamortisation mit Optionskomponente(n)	689	166
	3.3.3 Teilamortisation	693	169
	3.3.4 Spezial-Leasing	697	172
3.4	Sale and lease back-Geschäfte	699	173
3.5	Sale and buy back-Geschäfte	701	173
	3.5.1 Struktur/Systematisierung	701	173
	3.5.2 Wertpapierdarlehen („Wertpapierleihe")	706	175
	3.5.3 Pensionsgeschäfte i. S. d. § 340b HGB	715	178
	3.5.3.1 Funktionsweise/Zurechnungsproblematik	715	178
	3.5.3.2 (Sachlicher) Anwendungsbereich	718	179
	3.5.3.3 Echte Pensionsgeschäfte	724	182
	3.5.3.4 Unechte Pensionsgeschäfte	727	182
	3.5.4 Sonstige Repo-Geschäfte	733	184
	3.5.5 Rückerwerbsoption	740	185
3.6	Kommissionsgeschäfte	743	186
3.7	Treuhand-/treuhandähnliche Verhältnisse	746	188
	3.7.1 Charakteristik Treuhandverhältnisse	746	188
	3.7.2 Vollrechtstreuhand	747	188
	3.7.3 Ermächtigungstreuhand	748	189
	3.7.4 Verwaltungs- vs. Sicherungstreuhand/doppelseitige Treuhand	749	189
	3.7.5 Treuhandähnliche Verhältnisse	751	190
3.8	Factoring	754	191
3.9	Dingliche Sicherungsrechte: Sicherungsübereignung/-abtretung/Eigentumsvorbehalt	770	194
3.10	Nießbrauch	772	194
4.	Zurechnung von Schulden	774	196

Kapitel VI: Bewertungsmaßstäbe bei der steuerlichen Gewinnermittlung		199
1. Überblick: Anwendungsbereiche der Bewertungsmaßstäbe	810	203
2. Anschaffungskosten	823	206
2.1 Begriff der Anschaffungskosten	823	206

			Rz.	Seite
	2.2	Umfang der Anschaffungskosten	835	208
	2.3	Anschaffungsnebenkosten und nachträgliche Anschaffungskosten	844	211
	2.4	Anschaffungspreisminderungen	858	214
3.	Herstellungskosten		866	215
	3.1	Begriff der Herstellungskosten	866	215
	3.2	Umfang der Herstellungskosten	876	217
4.	Teilwert		895	221
	4.1	Begriff des Teilwertes	895	221
	4.2	Teilwertermittlung als Schätzung	901	222
	4.3	Teilwertvermutungen	911	224
5.	Gemeiner Wert		923	230
	5.1	Begriff des gemeinen Wertes	923	230
	5.2	Ermittlung des gemeinen Wertes	935	232
6.	Beizulegender Zeitwert		955	235
	6.1	Begriff und Anwendungsbereich des beizulegenden Zeitwertes	955	235
	6.2	Ermittlung des beizulegenden Zeitwertes	976	237
7.	Währungsumrechnung		989	241
	7.1	Anwendungszeitpunkt	989	241
	7.2	Zugangsbewertung	997	242
	7.3	Folgebewertung	1008	244

Kapitel VII: Bewertungseinheiten — **247**

			Rz.	Seite
1.	Steuerbilanzielle Spezialregelung für in der handelsrechtlichen Rechnungslegung gebildete Bewertungseinheiten		1020	251
2.	Systematische Anknüpfung an in der handelsrechtlichen Rechnungslegung (§ 254 HGB) gebildete Bewertungseinheiten		1026	253
	2.1	Maßgeblichkeit der handelsrechtlichen Definition von Bewertungseinheiten	1026	253
	2.2	Abgrenzung zu Bilanzierungseinheiten	1028	253
	2.3	Anforderungen an die Bildung von Bewertungseinheiten gemäß § 254 HGB	1029	254
		2.3.1 Anforderungen an Grund- und Sicherungsgeschäft	1029	254
		2.3.2 Grundgeschäfte im Rahmen einer Bewertungseinheit	1031	255
		2.3.3 Sicherungsinstrumente im Rahmen einer Bewertungseinheit	1032	255
		2.3.4 Vergleichbare Risiken von Grund- und Sicherungsgeschäft	1033	256
		2.3.5 Nachweis der Wirksamkeit (Effektivität) der Sicherungsbeziehung	1034	256

		Rz.	Seite
2.4	Von § 254 HGB erfasste Bewertungseinheiten	1037	257
	2.4.1 Unterscheidung nach dem Umfang der Sicherungsbeziehung	1037	257
	2.4.2 Arten von Bewertungseinheiten	1039	257
	2.4.3 Antizipative Sicherungsgeschäfte	1042	258
2.5	Faktisches Wahlrecht zur Bildung von Bewertungseinheiten	1045	258
2.6	Rechtsfolge der Bildung einer Bewertungseinheit	1047	259
3.	Maßgeblichkeit der Ergebnisse in der handelsrechtlichen Rechnungslegung gebildeter Bewertungseinheiten	1051	259
3.1	Spezialmaßgeblichkeit für Bewertungseinheiten zur „Absicherung finanzwirtschaftlicher Risiken"	1051	259
3.2	Bewertungseinheiten zur „Absicherung finanzwirtschaftlicher Risiken"	1053	260
3.3	Auswirkungen der Spezialmaßgeblichkeit für die steuerliche Gewinnermittlung	1055	263
	3.3.1 Keine Abkopplung von Handels- und Steuerbilanz	1055	263
	3.3.2 Verdrängung von § 5 Abs. 6 EStG und § 6 Abs. 1 EStG	1057	263
	3.3.3 Nicht der Absicherung finanzwirtschaftlicher Risiken dienende Bewertungseinheiten	1058	264
3.4	Begründung einer Bewertungseinheit	1060	264
3.5	Bilanzielle Abbildung einer laufenden Bewertungseinheit	1061	265
	3.5.1 Keine gesetzliche Regelung zur bilanziellen Abbildung	1061	265
	3.5.1.1 Systematik der Einfrierungsmethode	1062	265
	3.5.1.2 Systematik der Durchbuchungsmethode	1064	266
	3.5.1.3 Einfrierungsmethode entspricht dem wirtschaftlichen Charakter einer Bewertungseinheit	1066	266
	3.5.2 Bindungswirkung der handelsbilanziellen „Ergebnisse" der Bewertungseinheit für die steuerliche Gewinnermittlung	1067	267
	3.5.2.1 Keine Anwendung der steuerlichen Vorschriften über die Gewinn- und Einkommensermittlung und die Verlustverrechnung	1067	267
	3.5.2.2 Keine Separierung von § 8b KStG erfasster Bestandteile der Bewertungseinheit	1069	267
	3.5.2.3 Keine Separierung von § 15 Abs. 4 Satz 3 EStG erfasster Bestandteile der Bewertungseinheit	1071	268
	3.5.3 Übernahme einer in der Handelsbilanz gebildeten Drohverlustrückstellung	1072	269
	3.5.3.1 Bildung einer Drohverlustrückstellung für die Abbildung einer „laufenden Bewertungseinheit"	1072	269
	3.5.3.2 Bildung einer Drohverlustrückstellung in „technischer Hinsicht"	1075	269

			Rz.	Seite
		3.5.3.2.1 Keine Aufteilung des Verpflichtungsüberhangs auf die in die Bewertungseinheit einbezogenen Positionen	1075	269
		3.5.3.2.2 Keine Aufteilung des Verpflichtungsüberhangs auf unter § 8b KStG fallende Bestandteile	1077	270
	3.6	Verlängerung einer Bewertungseinheit	1081	270
		3.6.1 Verlängerung eines vorhandenen Sicherungsinstruments	1081	270
		3.6.2 Verlängerung eines Sicherungsinstruments mit Abwicklung des bestehenden Sicherungsgeschäfts und Abschluss eines Anschlusssicherungsgeschäfts	1082	271
	3.7	Auflösung einer Bewertungseinheit	1085	271
		3.7.1 § 254 HGB ist bis zum Ende der Bewertungseinheit anzuwenden	1085	271
		3.7.2 Beendigung der Bewertungseinheit durch gleichzeitige Auflösung von Grund- und Sicherungsgeschäft	1087	273
		3.7.3 Grund- und Sicherungsgeschäft werden nicht gleichzeitig beendet	1090	274
		3.7.4 Bewertungseinheit bei schwebenden Geschäften (Beschaffungs- und Absatzgeschäfte)	1092	275

Kapitel VIII: Bilanzenzusammenhang, Bilanzberichtigung und Bilanzänderung — **277**

			Rz.	Seite
1.	Bilanzenzusammenhang		1110	280
2.	Vorbemerkung zu den Bilanzkorrekturen des § 4 Abs. 2 EStG		1118	283
	2.1	Begriff und Rechtsentwicklung der steuerlichen Bilanzkorrekturen	1118	283
	2.2	Änderungen der Handelsbilanz	1124	284
3.	Bilanzberichtigung		1130	286
	3.1	Tatbestandsvoraussetzungen der Bilanzberichtigung	1130	286
		3.1.1 Begriff der Bilanzberichtigung (§ 4 Abs. 2 Satz 1 1. Halbsatz EStG)	1130	286
		3.1.2 Keine Berichtigung einer Bilanz, die endgültiger Steuerfestsetzung zugrunde liegt (§ 4 Abs. 2 Satz 1 2. Halbsatz EStG)	1145	291
	3.2	Rechtsfolge: Durchführung der Bilanzberichtigung	1150	292
		3.2.1 Wahlrecht des Steuerpflichtigen	1150	292
		3.2.2 Technik der Fehlerberichtigung	1154	294
		3.2.3 Erfolgswirksame oder erfolgsneutrale Korrekturen im ersten noch offenen Folgejahr	1160	295
4.	Bilanzänderung		1170	298
	4.1	Tatbestandsvoraussetzungen der Bilanzänderung	1170	298
		4.1.1 Bilanzänderung im Gegensatz zur Bilanzberichtigung	1170	298
		4.1.2 Bilanzänderung im Zusammenhang mit einer Bilanzberichtigung	1178	300

		Rz.	Seite
4.1.3	Beschränkung der Bilanzänderung auf den Umfang der Bilanzberichtigung	1190	302
4.2	Rechtsfolge: Durchführung der Bilanzänderung	1196	303

Kapitel IX: E-Bilanz (§ 5b EStG) — 307

		Rz.	Seite
1.	Digitale Bilanzen – Ziele und Einsatzbereiche	1260	311
1.1	E-Bilanz (§ 5b EStG) – Bürokratieabbau und Effizienzsteigerung im Besteuerungsverfahren/Kommunikationsmedium besteuerungsrelevanter Informationen	1260	311
1.2	Digitale Offenlegung, §§ 325 ff. HGB	1261	313
1.3	Digitaler Finanzbericht (DiFin) zur Kreditwürdigkeitsprüfung (§ 18 KWG)	1262	313
2.	Rechts- und Informationsgrundlagen der E-Bilanz	1263	314
3.	Verhältnis zu anderen Vorschriften	1264	315
4.	Persönlicher Anwendungsbereich	1265	316
4.1	Grundsatz	1265	316
4.1.1	Gewinnermittlung nach §§ 4 Abs. 1, 5, 5a EStG	1265	316
4.1.2	Atypisch stille Beteiligung	1266	316
4.1.3	Anwendungsbereich bei Auslandsbezug	1267	318
4.1.4	Einnahmen-Überschussrechnung/Gewinnermittlung nach Durchschnittssätzen	1268	319
4.2	Befreiungen/Erleichterungen	1269	319
4.3	Härtefälle	1270	320
4.3.1	Antragserfordernis	1270	320
4.3.2	Härtefallvoraussetzungen	1271	321
4.3.3	Groß-/Kleinstbetriebe (§ 3 BpO)	1272	322
5.	Sachlicher Anwendungsbereich	1275	323
6.	Zeitlicher Anwendungsbereich	1281	325
6.1	Erstmalige Anwendung	1281	325
6.2	Allgemeine Nichtbeanstandungsregelung	1282	325
6.3	Fallspezifische Nichtbeanstandungsregelungen	1283	325
6.4	Sonder-/Ergänzungsbilanzen	1286	326
6.5	Kapitalkontenentwicklung	1287	326
6.6	Anlagenspiegel	1288	326
6.7	Atypisch stille Beteiligungen	1289	327
7.	Gegenstand elektronischer Übermittlung nach § 5b EStG	1290	328
7.1	Übermittlungsalternativen	1290	328

			Rz.	Seite
	7.1.1	Wahlmöglichkeiten	1290	328
	7.1.2	Keine GuV-Übermittlungspflicht bei originärer steuerlicher Buchführungspflicht (§ 141 AO)	1291	328
	7.1.3	Keine GuV-Überleitungspflicht	1292	329
	7.1.4	GuV-Übermittlungspflicht bei derivativer steuerlicher Buchführungspflicht (§ 140 AO)	1293	329
7.2	Steuer-Taxonomien		1294	330
	7.2.1	Taxonomiearten	1294	330
		7.2.1.1 Kerntaxonomie	1294	330
		7.2.1.2 Branchentaxonomien	1295	330
	7.2.2	Berichtsbestandteile Kerntaxonomie	1296	331
		7.2.2.1 Stammdaten-Modul (GCD-Modul)	1296	331
		7.2.2.2 Jahresabschluss-Modul (GAAP-Modul)	1297	331
	7.2.3	Mindestumfang	1303	333
		7.2.3.1 Teilweise fehlende Rechtsgrundlage	1304	333
		7.2.3.2 Gliederungsvorgaben für die Steuerbilanz	1305	334
	7.2.4	Taxonomie-Feldattribute	1306	335
		7.2.4.1 Mussfelder	1306	335
		7.2.4.2 Auffangpositionen	1313	338
		7.2.4.3 Summenmussfelder/Rechnerisch notwendige Positionen	1315	338
		7.2.4.4 Unzulässige Positionen	1317	339
7.3	Taxonomie-Versionen		1319	340
	7.3.1	Überblick/Anpassungsrhythmus	1319	340
	7.3.2	Wesentliche Neuerungen der Taxonomie-Version 6.1 v. 1.4.2017	1320	340
		7.3.2.1 Überblick	1320	340
		7.3.2.2 GCD-Modul	1321	341
		7.3.2.3 Bilanz/Aufwandsverteilungsposten für Bauten auf fremden Grundstücken	1322	341
		7.3.2.4 Bilanz/Sonstige Rückstellungen	1323	342
		7.3.2.5 GuV	1324	342
		7.3.2.6 Steuerliche Gewinnermittlung	1325	342
		7.3.2.7 Lagebericht	1326	343
		7.3.2.8 Eigenkapitalspiegel	1327	343
8.	Technische / formale Aspekte der Übermittlung		1328	343
8.1	Format		1328	343
8.2	Authentifizierung		1329	344
8.3	Übermittlungsfrist		1330	344

		Rz.	Seite
9.	Konsequenzen unterlassener/fehlerhafter elektronischer Übermittlung	1331	344
9.1	Steuerliche Nebenleistungen	1331	344
9.2	Schätzung von Besteuerungsgrundlagen (§ 162 AO)	1332	345
9.3	Risikomanagement der Finanzverwaltung (§ 88 Abs. 5 AO)/Faktisch erzwingbarer Mindestumfang der E-Bilanz	1333	345
10.	Prozessoptimierung durch digitale Bilanzen	1334	346
10.1	Automation im Besteuerungsverfahren	1334	346
10.2	Rückübermittlung der E-Bilanz nach Betriebsprüfung	1336	347
10.3	E-Bilanz als Bestandteil des Tax Compliance Management Systems	1337	348

Kapitel X:	Besonderheiten der steuerlichen Gewinnermittlung bei Personengesellschaften		349
1.	Überblick	1340	353
2.	Erste Stufe der Gewinnermittlung	1351	357
2.1	Aufstellung der Steuerbilanz	1351	357
2.2	Betriebsvermögen der Gesamthand	1356	358
2.3	Kapitalkonten der Gesellschafter	1371	363
2.4	Schuldrechtliche Verträge auf der ersten Stufe	1376	364
2.5	Grundsatz der einheitlichen Wahlrechtsausübung und dessen Ausnahmen	1383	366
2.6	Ergänzungsbilanzen	1396	369
2.6.1	Begriff und Funktion von Ergänzungsbilanzen	1396	369
2.6.2	Anlässe für die Aufstellung von Ergänzungsbilanzen	1409	372
2.6.3	Anwendungsbeispiel: Entgeltlicher Erwerb eines Mitunternehmeranteils	1416	373
2.6.3.1	Aufstellung einer Ergänzungsbilanz bei einem Entgelt über dem Buchwert des Kapitalkontos	1416	373
2.6.3.2	Aufstellung einer Ergänzungsbilanz bei negativem Kaufpreis	1421	376
2.6.3.3	Fortführung der Ergänzungsbilanz	1424	379
2.6.3.3.1	Einheits- versus Vielheitsbetrachtung bei der Fortschreibung der Ergänzungsbilanz	1424	379
2.6.3.3.2	Das Urteil des BFH vom 20.11.2014 zur Fortführung von Ergänzungsbilanzen	1425	380
2.6.3.3.3	Das Schreiben des BMF vom 19.12.2016 zur Fortführung von Ergänzungsbilanzen	1426	382

		Rz.	Seite
	2.6.3.3.4 Weitere Fragen der Fortschreibung von Ergänzungsbilanzen	1429	384
	2.6.3.3.5 Behandlung des passiven Ausgleichspostens	1437	387
3. Zweite Stufe der Gewinnermittlung		1451	389
3.1 Aufstellung der Sonderbilanz und der Sonder-GuV		1451	389
3.2 Korrespondierende Bilanzierung		1459	392
3.2.1 Bedeutung und Begründung		1459	392
3.2.2 Darlehen des Mitunternehmers an die Gesellschaft		1460	393
3.2.3 Pensionszusagen		1462	396
3.2.4 Miet- und Pachtverträge		1463	397
3.2.5 Betriebsaufspaltung		1464	398
3.2.6 Künftig zu erbringende Dienstleistungen		1465	399
3.3 Umfang des Sonderbetriebsvermögens der Gesellschafter		1466	399
3.3.1 Das Sonderbetriebsvermögen als Bestandteil des steuerrechtlichen Betriebsvermögens der Mitunternehmerschaft		1466	399
3.3.2 Notwendiges Sonderbetriebsvermögen		1472	401
	3.3.2.1 Begriff und Umfang des notwendigen Sonderbetriebsvermögens	1472	401
	3.3.2.2 Anteile an Kapitalgesellschaften als notwendiges Sonderbetriebsvermögen	1481	404
3.3.3 Gewillkürtes Sonderbetriebsvermögen		1496	408
3.4 Sondervergütungen, Sonderbetriebseinnahmen und Sonderbetriebsausgaben		1506	409
3.4.1 Sondervergütungen		1506	409
	3.4.1.1 Grundlagen	1506	409
	3.4.1.2 Einzelfragen	1517	412
3.4.2 Sonderbetriebseinnahmen und Sonderbetriebsausgaben		1526	415
	3.4.2.1 Grundlegende Regelungen	1526	415
	3.4.2.2 Beschränkung des Abzugs von Sonderbetriebsausgaben bei Vorgängen mit Auslandsbezug (§ 4i EStG)	1529	415
3.5 Bilanzierungskonkurrenz zwischen Sonderbetrieb und eigenem Betrieb des Mitunternehmers und zwischen Schwesterpersonengesellschaften		1531	417
3.6 Entnahme von Sonderbetriebsvermögen		1546	421
4. Transfer von Wirtschaftsgütern bei Personengesellschaften		1550	421
4.1 Einführung		1550	421
4.2 Transfer von Wirtschaftsgütern ohne Rechtsträgerwechsel (§ 6 Abs. 5 Satz 2 EStG)		1554	423

	Rz.	Seite
4.3 Transfer von Wirtschaftsgütern mit Rechtsträgerwechsel (§ 6 Abs. 5 Satz 3 EStG)	1559	423
5. Doppelstöckige Personengesellschaft	1581	428

Kapitel XI: Besonderheiten bei ertragsteuerlicher Organschaft — 433

	Rz.	Seite
1. Rechtsgrundlagen der ertragsteuerlichen Organschaft	1610	436
2. Gewinnermittlung, Einkommensermittlung und -zurechnung bei der ertragsteuerlichen Organschaft	1620	442
2.1 Handelsbilanzielle Abbildung bei Organgesellschaft und Organträger	1620	442
2.2 Gewinn- und Einkommensermittlung bei der Organgesellschaft	1630	446
2.2.1 Steuerbilanzielle Gewinnermittlung, Einkommens- und Gewerbeertragszurechnung an den Organträger	1630	446
2.2.2 Neue GAV-Durchführungsfiktion für fehlerhafte Jahresabschlüsse	1632	447
2.2.3 Rücklagenbildung und Rücklagenverwendung bei der Organgesellschaft	1635	448
2.2.4 Vororganschaftliche Verlustabzüge	1650	451
2.2.5 Besteuerung der Ausgleichszahlungen bei der Organgesellschaft	1655	453
2.3 Gewinn- und Einkommensermittlung beim Organträger	1660	454
2.3.1 Grundsätze	1660	454
2.3.2 Besonderheiten bei einem verlustführenden Organträger mit Auslandsbezug	1670	456
2.3.3 Besonderheiten bei einer Personengesellschaft als Organträger	1675	457
2.4 Sonderfragen: Teilwertabschreibung auf Anteile an der Organgesellschaft wegen voraussichtlich dauernder Wertminderung	1680	458
3. Steuerbilanzielle Ausgleichsposten bei innerorganschaftlichen Mehr- und Minderabführungen (§ 14 Abs. 4 KStG)	1690	460
3.1 Grundinformationen zu aktiven und passiven steuerbilanziellen Ausgleichsposten	1690	460
3.2 Rechtsentwicklung	1700	465
3.3 Rechtsnatur der Ausgleichsposten: bilanzsteuerlicher Sonderposten ohne Wirtschaftsgutqualität	1705	466
3.4 Behandlung der Ausgleichsposten in Veräußerungsfällen und bei veräußerungsähnlichen Transaktionen	1715	468
3.5 Zukunft steuerlicher Ausgleichsposten: Einlagelösung?	1725	471
4. Vororganschaftliche, nachorganschaftliche und außerorganschaftliche Mehr- und Minderabführungen mit ihren steuerbilanziellen Konsequenzen	1730	472

		Rz.	Seite
4.1	Vororganschaftliche Mehr- und Minderabführungen (§ 14 Abs. 3 KStG, § 44 Abs. 7 EStG)	1730	472
4.2	Nachorganschaftliche Mehr- und Minderabführungen	1740	475
4.3	Außerorganschaftliche Mehr- und Minderabführungen	1745	476

Kapitel XII: Bilanzierung bei Unternehmenskauf und Umwandlung/Umstrukturierung — 477

		Rz.	Seite
1.	Unternehmenskauf	1820	480
1.1	Asset Deal	1821	481
1.1.1	Grundlagen	1821	481
1.1.2	ABC ausgewählte Einzelfragen	1826	482
1.2	Share Deal	1835	485
1.3	Unentgeltliche Übertragungsvorgänge	1837	485
2.	Übersicht über die verschiedenen Umwandlungsmöglichkeiten	1840	486
2.1	Umwandlungen mit und ohne Vermögensübertragung	1841	486
2.2	Umwandlungen durch Einzelrechtsnachfolge und nach dem Umwandlungsgesetz	1843	486
2.3	Übersicht über die Umwandlungen nach dem Umwandlungsgesetz	1845	487
3.	Bilanzierungs- und Bewertungsgrundsätze bei übertragenden Umwandlungen nach Handelsrecht	1850	488
3.1	Behandlung von Umwandlungen als Veräußerungs- und Anschaffungsvorgang	1850	488
3.2	Übertragung durch Einzelrechtsnachfolge	1851	489
3.3	Umwandlung nach dem Umwandlungsgesetz	1852	489
3.3.1	Bilanzen anlässlich der Umwandlung	1853	489
3.3.2	Stichtag der handelsrechtlichen Übertragungsbilanz	1855	490
3.3.3	Ansatz und Bewertung in der handelsrechtlichen Übertragungsbilanz	1856	490
3.3.4	Ansatz und Bewertung bei der Übernehmerin: Wahlrecht gem. § 24 UmwG zwischen Zeitwerten und Buchwerten	1857	490
3.3.5	Keine Rechtsnachfolge oder Wertverknüpfung	1862	491
3.4	Latente Steuern aus Abweichungen zwischen Handels- und Steuerbilanz nach BilMoG	1864	492
4.	Bilanzierungs- und Bewertungsgrundsätze bei übertragenden Umwandlungen nach Steuerrecht	1868	492
4.1	Grundsatz: Übertragung zum gemeinen Wert	1868	492
4.2	Umwandlung nach dem Umwandlungssteuergesetz	1873	493

			Rz.	Seite
	4.2.1	Grundlagen	1873	493
	4.2.2	Übersicht über die Umwandlungsmöglichkeiten	1875	494
	4.2.3	Grundlegende Anwendungsvoraussetzungen und Prinzipien	1878	496
	4.2.4	Grundkonzeption der einzelnen Umwandlungsvorgänge	1880	496
		4.2.4.1 Umwandlung von Kapital- in bzw. auf Personengesellschaften	1880	496
		4.2.4.2 Umwandlung von Kapital- in bzw. auf Kapitalgesellschaften	1887	497
		4.2.4.3 Einbringungen in Kapitalgesellschaften	1892	498
		4.2.4.4 Einbringungen in Personengesellschaften	1901	501
4.3	Ansatz und Bewertung nach dem Umwandlungssteuergesetz		1903	503
	4.3.1	Steuerbilanzen anlässlich der Umwandlung	1903	503
	4.3.2	Steuerliches Bilanzierungs- und Bewertungswahlrecht: Buchwert/Gemeiner Wert/Zwischenwert	1907	504
		4.3.2.1 Buchwert	1910	504
		4.3.2.2 Gemeiner Wert	1911	504
		4.3.2.3 Zwischenwert	1916	506
	4.3.3	Ausübung des Bewertungswahlrechts	1918	506
	4.3.4	Wertverknüpfung	1922	507
	4.3.5	Verhältnis zur Handelsbilanz	1923	508
	4.3.6	Steuerliche Rechtsnachfolge	1924	508
		4.3.6.1 Grundsatz des Rechtsinstituts der steuerlichen Rechtsnachfolge	1924	508
		4.3.6.2 Einzelne Folgen der steuerlichen Rechtsnachfolge	1929	509
	4.3.7	Absetzung für Abnutzung nach Umwandlung	1936	510
	4.3.8	Steuerliche Rückbeziehung und Stichtag der steuerlichen Übertragungsbilanz	1939	512
		4.3.8.1 Grundlagen	1939	512
		4.3.8.2 Vorgänge im steuerlichen Rückwirkungszeitraum	1948	513
4.4.	Einzelfragen zu bestimmten Umwandlungsarten		1954	515
	4.4.1	Formwechsel	1954	515
	4.4.2	Bilanzierung beim Down-Stream-Merger einer Kapitalgesellschaft auf eine Kapitalgesellschaft	1957	516
5.	ABC ausgewählter Bilanzpositionen		1964	517
6.	Sonstige Umwandlungsvorgänge		1988	524
	6.1	Übertragung von Einzelwirtschaftsgütern	1988	524
	6.2	Realteilung	1997	526

			Rz.	Seite
	6.3	Anwachsung	2001	528
	6.4	Übertragung im Rahmen des sog. Treuhand-Modells	2014	531
	6.5	Übertragung auf eine vermögensverwaltende Personengesellschaft	2019	532

Kapitel XIII: Bilanzierungsfragen in der Unternehmenskrise und bei Liquidation — 535

			Rz.	Seite
1.	Unternehmenskrise		2150	537
	1.1 Going Concern/Teilwertbegriff		2155	538
	1.2 Rückstellung für erwartete Verluste im Sanierungszeitraum		2161	539
	1.3 Einzelne Sanierungsmaßnahmen		2166	540
		1.3.1 Gesellschafterdarlehen	2167	541
		1.3.2 Rangrücktritt	2174	543
		1.3.3 Forderungsverzicht	2178	544
		1.3.4 Debt Equity Swap und Alternativen	2185	545
		1.3.5 Verlust-/Schuld- und Erfüllungsübernahme	2190	547
		1.3.6 Bürgschaftsverpflichtung	2198	548
		1.3.7 Werthaltigkeitsgarantie/Patronatserklärung	2202	549
	1.4 Spezialfälle bei Krisenunternehmen		2207	550
		1.4.1 Steuerliche Behandlung von Sanierungsgewinnen	2207	550
		1.4.2 Wirtschaftliches Eigentum/steuerliche Auswirkung von Besicherungen	2212	551
	1.5 Besonderheiten beim Erwerb eines Krisenunternehmens		2216	552
		1.5.1 Negativer Kaufpreis	2216	552
		1.5.1.1 Asset Deal	2218	552
		1.5.1.2 Share Deal	2226	554
		1.5.1.3 Steuerliche Behandlung beim Veräußerer	2230	555
		1.5.1.4 Abgrenzung gesonderter Leistungen des Käufers vom negativen Kaufpreis	2232	555
		1.5.2 Erwerb von schuldrechtlichen Verpflichtungen	2233	555
2.	Liquidation und Abwicklung		2278	556
	2.1 Rechnungslegung bei Liquidation		2279	556
		2.1.1 Handelsrechtliche Rechnungslegung	2279	556
		2.1.1.1 Kapitalgesellschaften	2280	556
		2.1.1.2 Personengesellschaft	2288	558
		2.1.2 Steuerrechtliche Rechnungslegung bei Liquidation	2290	558

		Rz.	Seite
2.1.2.1	Kapitalgesellschaft	2290	558
2.1.2.2	Personengesellschaft	2302	560
2.2 Besonderheiten in der Insolvenz		2307	561
2.2.1 Regelinsolvenz und Insolvenzplanverfahren		2308	561
2.2.2 Rechnungslegungsvorschriften in der Insolvenz		2312	562
2.2.2.1	Beginn eines neuen Geschäftsjahres	2313	562
2.2.2.2	Handelsrechtliche Rechnungslegung	2314	562
2.2.3 Besteuerung in der Insolvenz		2318	563
2.2.3.1	Kapitalgesellschaft	2319	563
2.2.3.2	Personengesellschaft	2320	563
2.2.3.3	Ansatz von Verbindlichkeiten in der Insolvenz	2321	563
2.2.3.4	Betriebsaufspaltung und Insolvenz	2324	564

Kapitel XIV: Besondere Bilanzierungsfragen bei Freiberuflern — 565

		Rz.	Seite
1. Verhältnis von Bestandsvergleich zu Einnahmenüberschussrechnung		2360	568
2. Wechsel der Gewinnermittlungsart		2361	568
2.1 Gewinnermittlungswahlrecht		2361	568
2.2 Ausübung des Wahlrechts		2362	569
2.3 Bindung an die Wahlrechtsausübung		2365	570
2.4 Gründe für den Wechsel der Gewinnermittlungsart		2366	570
2.4.1 Gesetzliche Gründe für den Wechsel der Gewinnermittlungsart		2367	570
2.4.2 Weitere Gründe für den Wechsel der Gewinnermittlungsart		2375	573
2.5 Wechsel zum Bestandsvergleich		2378	574
2.5.1 Übergangsbilanz		2378	574
2.5.2 Gewinnkorrekturen		2380	574
2.5.3 Ansatz des Betriebsvermögens		2384	575
2.5.3.1	Wirtschaftsgüter des Anlagevermögens	2385	575
2.5.3.2	Wirtschaftsgüter des Umlaufvermögens	2388	576
2.5.3.3	Forderungen/Verbindlichkeiten	2392	576
2.5.3.4	Rückstellungen, Teilwertabschreibungen	2393	577
2.5.3.5	Rücklagen, Investitionsabzugsbetrag	2397	577
2.5.4 Übergangsgewinn oder -verlust		2399	578
2.5.4.1	Abgrenzung zum Veräußerungsgewinn	2400	578
2.5.4.2	Zeitliche Erfassung der Gewinnkorrekturen	2401	578

			Rz.	Seite
	2.5.4.3	Billigkeitsmaßnahmen	2403	579
	2.5.4.4	Besonderheiten bei Personengesellschaften	2404	579
2.6	Wechsel zur Einnahmenüberschussrechnung		2405	580
3.	Besonderheiten der laufenden Gewinnermittlung		2407	580
3.1	Keine Anwendung des § 5 Abs. 1 EStG		2407	580
3.2	Bilanzierungsgrundsätze		2408	580
4.	Bilanzierungsfragen bei international tätigen Kanzleien		2411	582
5.	Sollversteuerung		2414	583

Kapitel XV: Besondere Bilanzierungsfragen bei Land- und Forstwirten — 585

			Rz.	Seite
1.	Gewinnermittlungszeitraum und Gewinnermittlungsarten in der Land- und Forstwirtschaft		2450	588
1.1	Gewinnermittlungszeitraum und zeitliche Zuordnung der Gewinne bei abweichendem Wirtschaftsjahr		2450	588
	1.1.1 Das Wirtschaftsjahr der Land- und Forstwirte		2450	588
	1.1.2 Zeitliche Zurechnung der Gewinne land- und forstwirtschaftlicher Betriebe		2455	590
1.2	Drei Gewinnermittlungsarten in der Land- und Forstwirtschaft		2460	592
2.	Bilanzierung in der Land- und Forstwirtschaft		2465	594
2.1	Besondere Aufzeichnungspflichten und -erleichterungen für den Landwirt		2466	594
2.2	Das landwirtschaftliche Betriebsvermögen		2470	596
	2.2.1 Landwirtschaftliches Anlage- und Umlaufvermögen		2470	596
	2.2.2 Bewertung von Pflanzen und Kulturen		2480	600
	2.2.3 Bewertung der Tiere		2483	602
3.	Forstwirtschaftliche Sonderfragen der Bilanzierung		2488	606
3.1	Aktivierung des stehenden Holzes		2489	606
3.2	Bewertung des vom Boden getrennten Holzes		2493	609
3.3	Steuerfreie Rücklage nach § 3 des Forstschäden-Ausgleichsgesetzes		2495	610
4.	Bilanzierung bei Betriebsverpachtung		2498	611
4.1	Bedeutung der Betriebsverpachtung in der Landwirtschaft		2498	611
4.2	Bilanzierung im Verpachtungs- und im Pachtbetrieb		2499	612
4.3	Bilanzierung bei eiserner Verpachtung		2501	613

Inhalt VERZEICHNIS

		Rz.	Seite
Kapitel XVI: Abweichungen zwischen Handels- und Steuerbilanz und latente Steuern			**617**
1.	Arten von Abweichungen zwischen Handels- und Steuerbilanz	2510	620
2.	Konzeptionelle Grundlagen der Steuerlatenzierung	2516	623
3.	Bilanzansatz latenter Steuern (Bilanzierung dem Grunde nach)	2523	627
	3.1 Passivierungspflicht	2524	627
	3.2 Aktivierungswahlrecht	2526	628
	3.3 Besonderheiten beim Erstansatz von Vermögensgegenständen und Schulden	2532	629
	3.4 Latente Steuern auf Verlustvorträge	2533	630
	3.5 Abweichungen zwischen Handels- und Steuerbilanz als Ursache latenter Steuern	2537	633
	3.6 Auflösung latenter Steuern	2538	638
4.	Bewertung latenter Steuern (Bilanzierung der Höhe nach)	2539	638
	4.1 Allgemeine Regelungen	2539	638
	4.2 Anzuwendender Steuersatz	2542	639
	4.3 Aktive latente Steuern auf Verlust- und Zinsvorträge	2547	640
5.	Ausweis latenter Steuern	2551	641
	5.1 Bilanzausweis und Saldierungswahlrecht	2552	641
	5.2 GuV-Ausweis	2555	642
	5.3 Anhangangaben	2556	643
6.	Größenabhängige Erleichterungen	2564	647
7.	Ausschüttungssperre	2568	649
8.	Sonderfragen	2570	650
	8.1 Organschaften	2570	650
	8.2 Personenhandelsgesellschaften	2576	652
Kapitel XVII: Bilanzsteuerrecht unter besonderer Berücksichtigung von Verwaltungsanweisungen			**655**
1.	Der Maßgeblichkeitsgrundsatz und seine Durchbrechungen	2586	658
	1.1 Allgemein	2586	658
	1.2 Maßgeblichkeit und GoBD	2589	662
	1.3 Aufgabe des subjektiven Fehlerbegriffs und die praktischen Folgen	2590	664

			Rz.	Seite
2.	Gesetzlich normierte Ansatzvorschriften im Einzelnen		2593	666
	2.1	Ansatzvorbehalte dem Grunde nach	2593	666
	2.2	Saldierungsverbot und Bewertungseinheit (§ 5 Abs. 1a EStG)	2594	666
	2.3	Ansatzverbot für originär selbstgeschaffene Wirtschaftsgüter (§ 5 Abs. 2 EStG)	2600	670
	2.4	Passivierungsbeschränkung für einnahme- und gewinnabhängige Verpflichtungen (§ 5 Abs. 2a EStG)	2602	671
	2.5	Ansatz, -beschränkungen und -verbote bei Rückstellungen	2605	674
	2.6	Ansatzbeschränkungen bei „besonderen Rückstellungen" (§ 5 Abs. 3 und 4 EStG)	2610	677
	2.7	Drohverlustrückstellung (§ 5 Abs. 4a EStG)	2612	679
	2.8	Rückstellungen für künftige Anschaffungs- oder Herstellungskosten (§ 5 Abs. 4b EStG)	2613	681
	2.9	Rechnungsabgrenzungsposten (§ 5 Abs. 5 EStG)	2615	682
	2.10	Vorbehalte der steuerlichen Bewertung und Gewinnermittlung (§ 5 Abs. 6 EStG)	2618	684
3.	Ansatz- und Bewertungsvorschriften nach Schuldübernahme und Schuldbeitritt (§ 4f EStG, § 5 Abs. 7 EStG)		2619	684
	3.1	Schuldübernahme nach § 414 ff. BGB	2620	685
		3.1.1 Übernehmerseite (§ 5 Abs. 7 EStG)	2620	685
		3.1.2 Abzug des Aufwandes beim ursprünglich Verpflichteten (§ 4f Abs. 1 EStG)	2621	686
	3.2	Übernahme von mit einer Verpflichtung verbundenen Lasten	2622	686
	3.3	Schuldübernahme, Schuldbeitritt und Erfüllungsübernahe mit vollständiger oder teilweiser Schuldfreistellung im Zusammenhang mit Pensionsverpflichtungen im Sinne des § 6a EStG	2623	686
	3.4	Ausgewählte Themenschwerpunkte des BMF-Schreibens v. 30.11.2017	2624	687
4.	Die E-Bilanz gemäß § 5b EStG		2626	688
5.	Die steuerlichen Bewertungsvorschriften im Einzelnen		2629	691
	5.1	Teilwertabschreibung (§ 6 Abs. 1 Nr. 1 Satz 2, Nr. 2 EStG)	2629	691
		5.1.1 Grundlagen	2629	691
		5.1.2 Retrograde Bewertungsmethode	2630	692
		5.1.3 Abnutzbares Anlagevermögen	2631	692
		5.1.4 Grundstücke	2632	692
		5.1.5 Voraussichtlich dauernde Wertminderung bei Wertpapieren, Aktien und Investmentanteilen	2633	692
		5.1.6 Festverzinsliche Wertpapiere, die eine Forderung in Höhe des Nominalwerts einer Forderung verbriefen	2635	694

		Rz.	Seite
5.1.7	Verbindlichkeiten und Verbindlichkeiten des laufenden Geschäftsverkehrs	2636	695
5.2	Anschaffungsnahe Herstellungskosten (§ 6 Abs. 1 Nr. 1a)	2637	695
5.3	Aktivierungswahlrecht für produktionsferne Herstellungskosten (§ 6 Abs. 1 Nr. 1b)	2641	698
5.4	Lifo-Methode (§ 6 Abs. 1 Nr. 2a EStG)	2643	699
5.5	Rückstellungsbewertung gem. § 6 Abs. 1 Nr. 3a	2647	701
5.6	Bewertung von Pensionsrückstellungen gem. § 6a EStG	2651	704

Kapitol XVIII: Die Steuerbilanz aus der Sicht des BFH — 707

			Rz.	Seite
1.	Einleitung		2653	709
	1.1	Thematische Eingrenzung	2653	709
	1.2	Sachliche Zuständigkeit beim BFH	2654	710
2.	Begriff und Zweckbestimmung der Steuerbilanz aus der Sicht des BFH		2656	710
	2.1	Die Steuerbilanz als ein Instrument der Gewinnermittlung	2656	710
		2.1.1 Ermittlung des laufenden Gewinns	2656	710
		2.1.2 Gewinnermittlung bei Veräußerungs-, Aufgabe- und Umwandlungsvorgängen	2663	712
		2.1.3 Die Steuerbilanz im Kontext der unterschiedlichen Arten der Einkünfte- und Gewinnermittlung	2664	712
	2.2	Die Steuerbilanz als Instrument zur Abbildung finanzieller Leistungsfähigkeit	2671	714
3.	Reichweite der Maßgeblichkeit handelsrechtlicher Grundsätze ordnungsmäßiger Buchführung		2680	716
4.	Ausgewählte Einzelaspekte der Bilanzierung und ihre Würdigung in der Rechtsprechung des BFH		2687	718
	4.1	Grundfragen der Bilanzierung	2688	718
		4.1.1 Bei Aufstellung der Bilanz zu berücksichtigende Tatsachen	2688	718
		4.1.2 Bilanzenzusammenhang	2689	719
		4.1.3 Bilanzberichtigung und Aufgabe des subjektiven Fehlerbegriffs hinsichtlich bilanzieller Rechtsfragen	2690	719
	4.2	Grundbegriffe und ausgewählte Einzelposten der Bilanz	2697	721
		4.2.1 Begriff des Wirtschaftsguts	2697	721
		4.2.2 Gewillkürtes Betriebsvermögen	2699	722
		4.2.3 Eigenkapitalersetzende Darlehen als Fremdkapital	2700	723
		4.2.4 Rückstellungen (ausgewählte Beispiele)	2701	723

			Rz.	Seite
	4.2.4.1	Rückstellungen für ungewisse Verbindlichkeiten	2701	723
	4.2.4.2	Rückstellungen für drohende Verluste	2702	724
	4.2.4.3	Jubiläumsrückstellungen	2703	725
5.	Folgerungen: Charakter und Bedeutung der Steuerbilanz aus der Sicht des BFH		2713	726

Kapitel XIX: Möglichkeiten und Grenzen der Steuerbilanzpolitik — 729

			Rz.	Seite
1.	Ansatzpunkte der Steuerbilanzpolitik		2720	732
2.	Instrumente der Steuerbilanzpolitik		2740	734
	2.1	Ausgangspunkt: Interpretation des Maßgeblichkeitsprinzips durch die Finanzverwaltung	2741	735
	2.2	Eigenständige Steuerbilanzpolitik möglich	2758	737
		2.2.1 Zusammenhang mit dem Maßgeblichkeitsprinzip	2758	737
		2.2.2 Keine vergleichbare handelsrechtliche Regelung	2759	738
		2.2.3 Trotz Bestehen einer handelsrechtlichen Regelung in der Steuerbilanz unabhängige Wahlrechtsausübung möglich	2776	742
		2.2.4 Folgewirkungen einer eigenständigen Steuerbilanzpolitik	2790	744
	2.3	Notwendigkeit, die Steuerbilanzpolitik mit der Handelsbilanz abzustimmen	2805	745
3.	Strategien der Steuerbilanzpolitik		2820	750
	3.1	Auswirkungen der Steuerbilanzpolitik	2821	750
	3.2	Strategie 1: Gewinnnachverlagerung	2835	753
	3.3	Strategie 2: Tendenz zur Gewinnnivellierung	2841	753
		3.3.1 Begründung der Zielfunktion	2841	753
		3.3.2 Zahlenbeispiel	2845	755
		3.3.3 Konsequenzen für die Steuerbilanzpolitik	2850	756
	3.4	Strategie 3: Gewinnvorverlagerung	2862	757
	3.5	Einfluss der Steuerbilanzpolitik auf die Steuerquote	2876	762
4.	Einsatz der Instrumente der Steuerbilanzpolitik		2883	763
	4.1	Leitlinien für die Auswahl der Instrumente der Steuerbilanzpolitik	2883	763
	4.2	Integration der Steuerbilanzpolitik in den Prozess der Aufstellung einer Steuerbilanz	2891	766
5.	Zusammenfassung		2900	769

		Rz.	Seite
Kapitel XX: Internationale Bezüge der steuerlichen Gewinnermittlung			**771**
1. Einleitung		2930	775
2. Steuerliche Gewinnermittlung und -abgrenzung ausländischer Betriebsstätten		2939	776
2.1 Grundlagen		2939	776
2.2 Erfolgsermittlung und Erfolgsabgrenzung nach der Umsetzung des AOA		2947	778
2.3 Inhalt und Bedeutung der Hilfs- und Nebenrechnung nach § 3 BsGaV		2951	780
3. Steuerliche Gewinnermittlung im Inbound-Fall		2958	783
3.1 Überblick		2958	783
3.2 Steuerliche Gewinnermittlung im Rahmen des § 49 Abs. 1 Nr. 2 Buchst. a EStG		2959	783
3.3 Steuerliche Gewinnermittlung im Rahmen des § 49 Abs. 1 Nr. 2 Buchst. f EStG		2961	785
4. Entstrickung		2963	787
4.1 Überblick: Tatbestände der Entstrickung		2963	787
4.2 Entstrickung nach § 4 Abs. 1 Satz 3, 4 EStG		2973	788
4.2.1 Überblick über die Rechtsentwicklung bis zum JStG 2010		2973	788
4.2.1.1 Finale Entnahmetheorie und deren Aufgabe durch den BFH		2973	788
4.2.1.2 Einfügung des § 4 Abs. 1 Satz 3, 4 EStG durch das SEStEG 2006		2984	790
4.2.2 Ergänzung der Entstrickungsregelung durch das JStG 2010		2988	791
4.3 Gewinnaufschub durch Bildung eines Ausgleichspostens nach § 4g EStG		2993	792
4.3.1 Grundzüge der Ausgleichspostenmethode (§ 4g Abs. 1 EStG)		2993	792
4.3.2 Gewinnerhöhende Auflösung des Ausgleichspostens		3001	794
4.3.2.1 Ratierliche Auflösung des Ausgleichspostens über einen Zeitraum von fünf Jahren		3001	794
4.3.2.2 Sofortige Auflösung des Ausgleichspostens		3002	795
4.3.2.3 Auflösung bei Verstoß gegen die Mitwirkungspflichten (§ 4g Abs. 5 EStG)		3007	796
4.3.3 Rückführung (§ 4g Abs. 3 EStG)		3008	796
4.3.4 Europarechtliche Bedenken		3016	798
4.3.5 Einnahmen-Überschussrechnung nach § 4 Abs. 3 EStG		3018	800
4.4 Betriebsaufgabe (§ 16 Abs. 3a EStG)		3019	800
5. Verstrickung (§ 4 Abs. 1 Satz 8 2. Halbsatz EStG)		3025	802
5.1 Tatbestandsmerkmale		3025	802

			Rz.	Seite
5.2	Rechtsfolgen des gesetzlichen Verstrickungstatbestandes		3032	803
6.	EuGH-Rechtsprechung und deutsches Steuerbilanzrecht		3038	805
7.	Einflüsse der IFRS auf die steuerliche Gewinnermittlung		3046	810
7.1	Inbezugnahme der IFRS bei der Auslegung steuerlicher Ansatz- und Bewertungsfragen		3046	810
7.2	Unmittelbare Bezugnahme auf die IFRS im Rahmen der Zinsschranke		3053	813

Kapitel XXI: Zukunft der Steuerbilanz — 817

1.	Das Maßgeblichkeitsprinzip nach BilMoG unter Reformdruck		3061	820
2.	Leitlinien der Besteuerung und Steuerbemessung auf Basis handelsrechtlicher GoB		3069	825
3.	Vorschläge der EU-Kommission für eine konsolidierte Körperschaftsteuerbemessungsgrundlage innerhalb der EU (CCCTB)		3076	827
4.	Die vereinfachte Vermögensrechnung als Leitbild einer eigenständigen Steuerbilanz		3091	829
5.	Maßgeblichkeit als „second best"-Lösung		3100	830

TEIL B: BILANZIERUNG UND BEWERTUNG BEI DER GEWINNERMITTLUNG NACH BILANZPOSTEN

Kapitel I: Anlagevermögen 1. Immaterielle Wirtschaftsgüter — 833

1.	Immaterielle Wirtschaftsgüter			3140	836
	1.1	Begriff und Abgrenzung zu materiellen Wirtschaftsgütern		3140	836
		1.1.1 Begriff		3140	836
		1.1.2 Abgrenzungsfälle		3146	837
		1.1.3 Bedeutung der Abgrenzung		3150	839
	1.2	Aktivierungsvoraussetzung: Entgeltlicher Erwerb		3152	840
		1.2.1 Regelung des § 5 Abs. 2 EStG		3152	840
		1.2.2 Entgeltlicher Erwerb		3159	842
		1.2.3 Abgrenzung zur Herstellung		3167	844
		1.2.4 (Verdeckte) Einlage, verdeckte Gewinnausschüttung und Entnahme		3169	846
		1.2.5 Umwandlungsvorgänge		3176	848
		1.2.6 Abgrenzung zum Geschäfts- oder Firmenwert		3178	848
	1.3	Entgeltlich erworbene Konzessionen, gewerbliche Schutzrechte und ähnliche Rechte und Werte		3181	849

			Rz.	Seite
	1.3.1	Grundlagen zu Nutzungsrechten – Wirtschaftliches Eigentum sowie Abgrenzung zum schwebenden Geschäft und zu Rechnungsabgrenzungsposten	3181	849
	1.3.2	Konzessionen	3188	852
	1.3.3	Gewerbliche Schutzrechte	3194	854
	1.3.4	Sonstige Rechte und Werte	3197	855
	1.3.5	EDV-Software	3199	855
	1.3.6	Lizenzen an Rechten und Werten	3205	857
1.4	Geleistete Anzahlungen (immaterielle Wirtschaftsgüter)		3213	859
1.5	(Erst-)Bewertung von immateriellen Wirtschaftsgütern		3215	860
1.6	Folgebewertung		3219	861
	1.6.1	Nicht abnutzbare immaterielle Wirtschaftsgüter	3219	861
	1.6.2	Abnutzbare immaterielle Wirtschaftgüter	3223	863
		1.6.2.1 Beispiele	3223	863
		1.6.2.2 Planmäßige Abschreibung	3225	864
		1.6.2.3 Außerplanmäßige Abschreibungen	3232	865
1.7	Steuerbilanzieller Ausweis (E-Bilanz)		3236	866

Kapitel I:	Anlagevermögen 2. Geschäfts- oder Firmenwert			869
2.	Geschäfts- oder Firmenwert		3300	871
	2.1	Definition und Inhalt	3300	871
		2.1.1 Geschäfts- oder Firmenwert	3300	871
		2.1.2 Praxiswert	3306	874
	2.2	Aktivierungsvoraussetzungen	3308	875
		2.2.1 Wirtschaftsguteigenschaft	3308	875
		2.2.2 Entgeltlicher Erwerb: Originärer versus derivativer Geschäfts- oder Firmenwert	3312	876
	2.3	Ermittlung	3318	878
		2.3.1 Ermittlung des Geschäfts- oder Firmenwerts als Residualgröße	3318	878
		2.3.2 Abgrenzung zu Einzelwirtschaftsgütern	3322	880
		2.3.3 Sonderfälle	3329	883
	2.4	Bewertung	3333	884
	2.5	Folgebewertung	3335	885
	2.6	Negativer Geschäfts- oder Firmenwert	3340	887

	Rz.	Seite

Kapitel I: Anlagevermögen 3. Sachanlagen — 891

		Rz.	Seite
3.	Sachanlagen	3400	894
3.1	Grundstücke, grundstücksgleiche Rechte und Bauten einschließlich der Bauten auf fremden Grundstücken	3400	894
3.1.1	Überblick	3400	894
3.1.2	Grund und Boden, unbebaute Grundstücke und grundstücksgleiche Rechte ohne Bauten	3406	896
3.1.2.1	Unbebaute Grundstücke (Grund und Boden)	3406	896
3.1.2.2	Grundstücksgleiche Rechte ohne Bauten	3414	899
3.1.3	Bauten auf eigenen Grundstücken und grundstücksgleiche Rechte	3417	900
3.1.3.1	Gebäudebegriff	3417	900
3.1.3.2	Aufteilung in selbständige Gebäudeteile	3427	903
3.1.3.3	Abgrenzungen	3430	904
3.1.3.3.1	Unselbständige Gebäudeteile	3430	904
3.1.3.3.2	Selbständige Gebäudeteile	3433	905
3.1.3.3.3	Außenanlagen	3445	909
3.1.4	Bauten auf fremden Grundstücken	3448	910
3.2	Technische Anlagen und Maschinen	3454	913
3.3	Betriebsvorrichtungen	3458	914
3.4	Andere Anlagen, Betriebs- und Geschäftsausstattung	3462	917
3.5	Geringwertige Wirtschaftsgüter und Sammelposten	3465	919
3.5.1	Regelung des § 6 Abs. 2 EStG	3465	919
3.5.2	Sammelposten gemäß § 6 Abs. 2a EStG	3470	921
3.5.3	Wahlrechte des Steuerpflichtigen	3480	925
3.6	Geleistete Anzahlungen und Anlagen im Bau	3481	926
3.7	Bewertung	3485	927
3.7.1	Allgemeine Grundsätze	3485	927
3.7.1.1	Abnutzbares und nicht abnutzbares Sachanlagevermögen	3485	927
3.7.1.2	Anschaffungskosten	3486	928
3.7.1.3	Herstellungskosten	3489	928
3.7.1.4	Zuschüsse	3494	930
3.7.1.5	An Stelle der Anschaffungs- oder Herstellungskosten tretender Wert	3495	931
3.7.2	Besonderheiten bei Grundstücken	3498	932

			Rz.	Seite
	3.7.2.1	Abgrenzung Gebäude und Grund und Boden	3498	932
	3.7.2.2	Abgrenzung von Anschaffungskosten, (anschaffungsnahen) Herstellungskosten und Erhaltungsaufwendungen	3502	938
		3.7.2.2.1 Anschaffungskosten	3502	938
		3.7.2.2.2 Herstellungskosten	3506	939
		3.7.2.2.3 Erhaltungsaufwand	3510	941
		3.7.2.2.4 Anschaffungsnahe Herstellungskosten	3512	943
		3.7.2.2.5 Zusammentreffen von Anschaffungs-, Herstellungskosten und Erhaltungsaufwendungen	3516	944
	3.7.2.3	Besonderheiten bei beschränkt Steuerpflichtigen	3518	944
3.8	Folgebewertung		3523	946
	3.8.1	Abnutzbares und nicht abnutzbares Sachanlagevermögen	3523	946
	3.8.2	Planmäßige Abschreibung	3525	947
		3.8.2.1 Beginn und Ende der AfA	3525	947
		3.8.2.2 AfA-Methoden	3528	947
		3.8.2.3 Bemessungsgrundlage der AfA	3535	950
		3.8.2.4 Besonderheiten bei Gebäuden	3540	951
	3.8.3	Teilwertabschreibung	3554	954
	3.8.4	Abschreibung für außergewöhnliche technische oder wirtschaftliche Abnutzung	3560	956
	3.8.5	Erhöhte Absetzungen	3563	957
	3.8.6	Sonderabschreibungen nach § 7g EStG	3566	958
3.9	Ausweis (E-Bilanz)		3573	960

Kapitel I:	Anlagevermögen 4. Finanzanlagen		**963**
4. Finanzanlagen		3600	966
4.1	Begriffsdefinition und Gliederung der Finanzanlagen	3600	966
	4.1.1 Definition	3600	966
	4.1.2 Handelsrechtliches Gliederungsschema	3603	967
	4.1.2.1 Beteiligungen	3606	968
	4.1.2.2 Anteile an verbundenen Unternehmen	3608	969
	4.1.2.3 Wertpapiere des Anlagevermögens	3610	969
	4.1.2.4 Ausleihungen	3611	970
4.2	Grundlagen der Bilanzierung von Finanzanlagen in Handels- und Steuerbilanz	3612	970
	4.2.1 Ansatz	3612	970

	Rz.	Seite
4.2.2 Zugangsbewertung	3613	971
4.2.2.1 Anschaffungs- versus Herstellungskosten	3613	971
4.2.2.2 Sacheinlagen	3615	972
4.2.3 Folgebewertung	3617	972
4.3 Handels- und steuerbilanzielle Behandlung der einzelnen Finanzierungstitel	3619	973
4.3.1 Eigenkapitaltitel	3620	973
4.3.1.1 Anteile an Kapitalgesellschaften	3621	973
4.3.1.1.1 Definition	3621	973
4.3.1.1.2 Ansatz und Zugangsbewertung	3623	974
4.3.1.1.3 Folgebewertung	3624	975
4.3.1.2 Anteile an Personengesellschaften	3628	976
4.3.1.2.1 Definition	3628	976
4.3.1.2.2 Handelsbilanzielle Behandlung von Anteilen an Personengesellschaften	3629	976
4.3.1.2.2.1 Ansatz und Zugangsbewertung	3629	976
4.3.1.2.2.2 Folgebewertung	3630	977
4.3.1.2.3 Steuerbilanzielle Behandlung von Anteilen an gewerblichen Personengesellschaften	3631	977
4.3.1.2.3.1 Ansatz und Zugangsbewertung	3631	977
4.3.1.2.3.2 Folgebewertung	3634	978
4.3.1.2.4 Steuerbilanzielle Behandlung von Anteilen an vermögensverwaltenden Personengesellschaften	3635	979
4.3.1.2.4.1 Ansatz und Zugangsbewertung	3635	979
4.3.1.2.4.2 Folgebewertung	3637	980
4.3.1.3 Anteile an Investmentvermögen	3638	980
4.3.1.3.1 Definition	3638	980
4.3.1.3.2 Handelsbilanzielle Behandlung von Anteilen an Investmentvermögen	3639	981
4.3.1.3.3 Steuerbilanzielle Behandlung von Anteilen an Investmentvermögen (Rechtslage bis 31.12.2017)	3641	982
4.3.1.3.3.1 Steuerliche Unterscheidung in Investmentfonds und Investitionsgesellschaften	3641	982
4.3.1.3.3.2 Steuerbilanzielle Behandlung von Anteilen an Investmentfonds	3642	982

		Rz.	Seite
4.3.1.3.4 Steuerbilanzielle Behandlung von Anteilen an Investitionsgesellschaften (Rechtslage bis 31. 12. 2017)		3648	984
4.3.1.3.5 Steuerbilanzielle Behandlung von Anteilen an Investmentvermögen (Rechtslage ab 1.1.2018)		3650	985
	4.3.1.3.5.1 Steuerliche Unterscheidung in Investmentfonds und Spezial-Investmentfonds	3650	985
	4.3.1.3.5.2 Steuerbilanzielle Behandlung von Anteilen an Investmentfonds nach Kapitel 2	3651	985
	4.3.1.3.5.3 Steuerbilanzielle Behandlung von Anteilen an Spezial-Investmentfonds nach Kapitel 3	3654	986
	4.3.1.3.5.4 Steuerbilanzielle Aspekte der Umstellung vom InvStG 2004 auf das InvStG 2018	3660	988
4.3.2 Fremdkapitaltitel		3664	989
4.3.2.1 Kapitalforderungen (Darlehensforderungen und Anleihen)		3665	989
4.3.2.1.1 Definition		3665	989
4.3.2.1.2 Grundlagen der handels- und steuerbilanziellen Behandlung von Kapitalforderungen		3666	989
4.3.2.1.3 Nullkuponanleihen (Zerobonds)		3669	990
4.3.2.1.3.1 Definition		3669	990
4.3.2.1.3.2 Ansatz und Bewertung		3670	990
4.3.2.1.4 Zerlegbare Anleihen (Stripped Bonds)		3671	991
4.3.2.1.4.1 Definition		3671	991
4.3.2.1.4.2 Ansatz und Bewertung		3672	991
4.3.2.2 Derivate		3673	992
4.3.2.2.1 Definition		3673	992
4.3.2.2.2 Optionen		3674	992
4.3.2.2.2.1 Definition		3674	992
4.3.2.2.2.2 Ansatz und Bewertung		3675	993
4.3.2.2.3 Zinsbegrenzungsvereinbarungen (Caps, Floors und Collars)		3678	993
4.3.2.2.3.1 Definition		3678	993
4.3.2.2.3.2 Ansatz und Bewertung		3679	994
4.3.2.2.4 Terminverkäufe (Futures und Forwards)		3681	994

	Rz.	Seite
4.3.2.2.4.1 Definition	3681	994
4.3.2.2.4.2 Ansatz und Bewertung	3682	995
4.3.2.2.5 Swaps	3684	995
4.3.2.2.5.1 Definition	3684	995
4.3.2.2.5.2 Ansatz und Bewertung	3686	996
4.3.3 Hybride Finanzierungstitel	3687	996
4.3.3.1 Genussrechte	3690	997
4.3.3.1.1 Definition	3690	997
4.3.3.1.2 Steuerrechtliche Unterscheidung in Eigen- und Fremdkapitalgenussrechte	3692	998
4.3.3.1.3 Ansatz und Bewertung	3695	999
4.3.3.1.4 Folgebewertung	3696	999
4.3.3.2 Stille Beteiligungen	3697	999
4.3.3.2.1 Definition	3697	999
4.3.3.2.2 Ansatz und Bewertung	3699	1000
4.3.3.3 Forderungen aus partiarischen Darlehen	3701	1001
4.3.3.4 Hybridanleihen	3703	1001
4.3.3.5 Wandelanleihen	3705	1002
4.3.3.5.1 Definition	3705	1002
4.3.3.5.2 Ansatz und Bewertung	3706	1002
4.3.3.5.3 Ausübung des Optionsrechts	3708	1003
4.3.3.6 Umtauschanleihen	3709	1003
4.3.3.6.1 Definition	3709	1003
4.3.3.6.2 Ansatz und Bewertung	3710	1003
4.3.3.6.3 Ausübung des Optionsrechts	3711	1004
4.3.3.7 Optionsanleihen	3712	1004
4.3.3.7.1 Definition	3712	1004
4.3.3.7.2 Ansatz und Bewertung	3713	1005
4.3.3.7.3 Ausübung des Optionsrechts	3714	1005
4.3.3.8 Aktienanleihen	3715	1005
4.3.3.8.1 Definition	3715	1005
4.3.3.8.2 Ansatz und Bewertung	3716	1006
4.3.3.8.3 Ausübung des Andienungsrechts	3717	1006

Inhalt VERZEICHNIS

		Rz.	Seite
Kapitel II: Umlaufvermögen			**1007**
1. Begriffsabgrenzung		4220	1012
2. Folgen der Zuordnung von Wirtschaftsgütern zum Umlaufvermögen		4225	1013
3. Vorratsvermögen		4230	1014
3.1 Gegenstand des Vorratsvermögens		4230	1014
3.1.1 Abgrenzung des Vorratsvermögens		4230	1014
3.1.2 Rohstoffe		4234	1015
3.1.3 Unfertige Erzeugnisse und Leistungen		4235	1015
3.1.4 Fertige Erzeugnisse und Waren		4236	1015
3.1.5 Geleistete Anzahlungen		4238	1016
3.1.6 Sonderfälle		4241	1017
3.2 Umwidmung von Wirtschaftsgütern des Vorratsvermögens		4246	1017
3.3 Bewertungsmaßstäbe für das Vorratsvermögen		4248	1018
3.4 Anschaffungs- und Herstellungskosten des Vorratsvermögens		4250	1018
3.4.1 Überblick über die Bewertungsgrundsätze im Rahmen der Zugangsbewertung		4250	1018
3.4.2 Ermittlung der Anschaffungskosten für beschaffte Vorräte		4251	1019
3.4.2.1 Umfang der Anschaffungskosten		4251	1019
3.4.2.1.1 Handelsrechtlicher Anschaffungskostenbegriff als Ausgangsgröße		4251	1019
3.4.2.1.2 Nebenkosten des Anschaffungsvorgangs		4258	1020
3.4.2.1.3 Maßgeblichkeit der tatsächlich angefallenen Anschaffungskosten		4265	1021
3.4.2.1.4 Zugangszeitpunkt von Waren		4270	1022
3.4.2.2 Ermittlung der Anschaffungskosten		4273	1022
3.4.2.2.1 Gebräuchliche Ermittlungsmethoden		4273	1022
3.4.2.2.2 Ermittlung der Anschaffungskosten in Sonderfällen		4277	1024
3.4.2.2.3 Abgrenzung des Anschaffungsvorgangs in zeitlicher Hinsicht		4290	1025
3.4.2.2.4 ABC der Anschaffungskosten		4292	1025
3.5 Herstellungskosten bei selbst erstellten Vorräten		4300	1027
3.5.1 Umfang und Ermittlung der Herstellungskosten		4300	1027
3.5.1.1 Gegenstand der Herstellungskosten		4300	1027
3.5.1.2 Ermittlung der Herstellungskosten		4306	1029

		Rz.	Seite
3.5.2 Zusammensetzung der Herstellungskosten		4310	1029
3.5.2.1 Einzelkosten der Herstellung		4312	1029
3.5.2.1.1 Bestandteile der Einzelkosten		4312	1029
3.5.2.1.2 Sonderkosten der Herstellung		4317	1030
3.5.2.2 Gemeinkosten des Herstellungsvorgangs		4330	1031
3.5.2.2.1 Fertigungs- und Materialgemeinkosten		4330	1031
3.5.2.2.2 Wertverzehr des Anlagevermögens		4336	1032
3.5.2.2.3 Kosten der allgemeinen Verwaltung		4338	1032
3.5.2.2.4 Angemessene Teile der Gemeinkosten		4341	1032
3.5.2.2.5 ABC der Herstellungskosten bei Vorräten		4343	1033
3.6 Sonderfälle der Ermittlung der Anschaffungs- und Herstellungskosten		4350	1036
3.6.1 Ausnahmen von dem Gebot der Einzelbewertung		4350	1036
3.6.2 Festwertbewertung		4353	1036
3.6.3 Durchschnittsbewertung		4359	1038
3.6.4 Gruppenbewertung		4370	1038
3.6.5 Verbrauchsfolgeverfahren		4372	1039
3.6.5.1 Voraussetzungen für die Anwendung des Lifo-Verfahrens		4372	1039
3.6.5.2 Rechtsfolgen		4379	1041
3.7 Folgebewertung des Vorratsvermögens		4383	1042
3.7.1 Bestimmung des maßgeblichen Bewertungsmaßstabes und Teilwertvermutungen		4383	1042
3.7.2 Voraussichtlich dauernde Wertminderung		4395	1045
3.7.2.1 Kriterien einer voraussichtlich dauernden Wertminderung		4395	1045
3.7.2.2 Einfluss von Ereignissen nach dem Bilanzstichtag		4410	1046
3.7.3 Wirtschaftliche Überlegungen im Zusammenhang mit der Vornahme einer Teilwertabschreibung		4412	1047
3.7.4 Nachweis eines niedrigeren Teilwerts		4414	1047
3.7.5 Einzelheiten zur Ermittlung der Wiederbeschaffungs- und Wiederherstellungskosten		4425	1048
3.7.5.1 Wiederbeschaffungskosten als Wertmaßstab		4425	1048
3.7.5.2 Ermittlung der Wiederbeschaffungskosten		4427	1049
3.7.5.3 Fiktive Wiederbeschaffungskosten		4431	1050
3.7.5.4 Wiederherstellungskosten		4435	1050
3.7.5.4.1 Anwendung des Bewertungsverfahrens		4435	1050
3.7.5.4.2 Bestandteile der Wiederherstellungskosten		4442	1051
3.7.5.4.3 Nachweis niedriger Wiederbeschaffungs- bzw. Wiederherstellungskosten		4444	1051

		Rz.	Seite
3.7.6	Widerlegung der Teilwertvermutung bei zum Absatz bestimmten Wirtschaftsgütern bei vermindertem Veräußerungserlös	4450	1052
3.7.6.1	Einbezug des Absatzmarktes in die Abschätzung des Teilwerts	4450	1052
3.7.6.2	Ermittlungsmethoden eines unzureichenden Verkaufserlöses	4456	1053
3.7.6.3	Komponenten der Verkaufspreismethode	4460	1054
3.7.6.3.1	Ermittlung des Verkaufserlöses	4460	1054
3.7.6.3.2	Höhe der Selbstkosten	4462	1054
3.7.6.3.3	Deckung eines durchschnittlichen Unternehmergewinns	4466	1055
3.7.6.4	Nachweis niedrigerer erzielbarer Verkaufserlöse	4468	1055
3.7.6.4.1	Dokumentation der maßgeblichen betrieblichen Bestimmungsgrößen	4468	1055
3.7.6.4.2	Tatsächliche Preisherabsetzung der Waren	4471	1056
3.7.6.4.3	Verzicht auf eine Preisherabsetzung der Waren	4473	1056
3.7.7	Sonderfälle der Teilwertermittlung	4475	1057
3.7.7.1	Abgrenzung der Teilwertabschreibung auf schwebende Geschäfte vom Anwendungsbereich der Verlustrückstellung	4475	1057
3.7.7.2	Besonderheiten bei Verlustprodukten	4479	1058
3.7.7.3	Unentgeltliche Abgabe von Produkten	4484	1059
3.7.7.4	Pauschale Teilwertabschreibungen durch Ansatz von Gängigkeitsabschlägen	4485	1059
3.7.7.5	Teilwertermittlung bei nicht unmittelbar zum Absatz bestimmten Produkten	4489	1060
3.7.7.5.1	Ursachen für einen niedrigeren Teilwert	4489	1060
3.7.7.5.2	Ermittlung eines niedrigeren Teilwerts	4491	1060
4.	Forderungen und sonstige Wirtschaftsgüter	4500	1061
4.1	Abgrenzung aktivierungspflichtiger Forderungen	4500	1061
4.1.1	Voraussetzungen der Forderungsaktivierung	4500	1061
4.1.2	Teilerfüllung	4507	1063
4.1.3	Bestrittene Forderungen	4510	1063
4.1.4	Aufschiebend bzw. auflösend bedingte Forderungen	4511	1063
4.1.5	Teilrealisation bei Dauerschuldverhältnissen	4513	1063
4.2	Ermittlung der Anschaffungskosten von Forderungen	4520	1064
4.2.1	Forderungen aus Liefer- und Leistungsbeziehungen	4520	1064
4.2.2	Darlehensforderungen	4526	1065

		Rz.	Seite
4.2.2.1 Ausweis von Darlehensforderungen mit dem Nennbetrag		4526	1065
4.2.2.2 Forderung des Entleihers im Rahmen einer Wertpapierleihe		4528	1065
4.2.2.3 Forderungen gegenüber Gesellschaftern		4534	1067
4.2.2.4 Darlehensforderungen des Gesellschafters an die Gesellschaft		4541	1068
4.3 Ansatz von Forderungen mit dem niedrigeren Teilwert		4550	1070
4.3.1 Voraussetzungen einer Teilwertabschreibung		4550	1070
4.3.2 Aufholung einer Teilwertabschreibung		4558	1071
4.3.3 Teilwertermittlung bei Un- bzw. Niedrigverzinslichkeit einer Forderung		4560	1071
4.3.3.1 Bestimmungsgrößen zur Ermittlung des Barwertes der Forderung		4560	1071
4.3.3.2 Sonderfälle unverzinslicher Forderungen		4571	1073
4.3.3.3 Kompensation der Un- bzw. Niedrigverzinslichkeit durch anderweitige Vorteile		4573	1074
4.3.3.4 Kompensation der Un- bzw. Niedrigverzinslichkeit bei Darlehensgewährungen im Konzern		4578	1074
4.4 Berücksichtigung des Ausfallrisikos bei der Forderungsbewertung		4590	1076
4.4.1 Grundsätze für die Ermittlung des Ausfallrisikos		4590	1076
4.4.2 Besonderheiten bei der Betriebsaufspaltung		4595	1077
4.4.3 Auslandsforderungen		4600	1077
4.5 Methoden zur Wertberichtigung von Forderungen		4605	1078
4.5.1 Einzelbewertung		4605	1078
4.5.2 Gruppenbewertung		4612	1079
4.5.2.1 Kriterien für die Gruppenbewertung		4612	1079
4.5.2.2 Ermittlung des Prozentsatzes der Forderungsabwertung		4617	1080
4.6 Sonstige Wirtschaftsgüter		4620	1080
4.6.1 Abgrenzung des Bewertungsgegenstandes		4620	1080
4.6.2 Geleistete Anzahlungen		4621	1081
5. Wertpapiere und Anteile an Kapitalgesellschaften		4625	1082
5.1 Abgrenzung des Bewertungsgegenstandes		4625	1082
5.2 Zuordnung des wirtschaftlichen Eigentums		4630	1083
5.3 Abgrenzung zu Finanzprodukten		4638	1085
5.4 Folgen der Abgrenzung zwischen Anlage- und Umlaufvermögen		4640	1085
5.5 Anschaffungskosten		4648	1087
5.5.1 Ermittlung der Anschaffungskosten		4648	1087

			Rz.	Seite
	5.5.1.1	Bestimmung der maßgeblichen Anschaffungskosten	4648	1087
	5.5.1.2	Verfahren zur Bestimmung der Anschaffungskosten	4651	1087
	5.5.1.3	Anschaffungskosten im Einzelnen	4654	1088
5.5.2	Sonderfälle		4657	1088
	5.5.2.1	Bilanzierung eigener Anteile	4657	1088
	5.5.2.2	Anschaffungskosten im Rahmen eines Wertpapierleihgeschäfts	4664	1090
	5.5.2.3	Erwerb von Anteilen an einer Kapitalgesellschaft durch Kapitalmaßnahmen	4666	1091
		5.5.2.3.1 Kapitalerhöhung	4666	1091
		5.5.2.3.2 Kapitalherabsetzung	4672	1092

5.6 Bewertung von Wertpapieren und Anteilen an Kapitalgesellschaften mit dem niedrigeren Teilwert — 4673 — 1092

			Rz.	Seite
5.6.1	Ansatz mit dem niedrigeren Teilwert		4673	1092
5.6.2	Börsennotierte Wertpapiere und Anteile an Kapitalgesellschaften		4678	1093
5.6.3	Nicht börsennotierte Wertpapiere und Anteile an Kapitalgesellschaften		4683	1094
	5.6.3.1	Grundsätze	4683	1094
	5.6.3.2	Ermittlung des Teilwerts anhand zeitnaher Verkäufe	4687	1095
	5.6.3.3	Schätzung des Teilwerts unter Berücksichtigung des Vermögens und der Ertragsaussichten	4688	1095
5.6.4	Sonderfälle der Ermittlung des Teilwerts eines Anteils an einer Kapitalgesellschaft		4691	1096
	5.6.4.1	Verschlechterung der wirtschaftlichen Lage der Kapitalgesellschaft	4691	1096
	5.6.4.2	Ausschüttungsbedingte Teilwertabschreibung	4694	1097
	5.6.4.3	Besonderheiten bei Organgesellschaften	4695	1097
5.6.5	Voraussichtlich dauernde Wertminderung		4701	1099
	5.6.5.1	Bedeutung von Kurserholungen bis zum Zeitpunkt der Bilanzaufstellung	4701	1099
	5.6.5.2	Keine voraussichtlich dauernde Wertminderung von Anteilen an Kapitalgesellschaften im Fall von Anlaufverlusten	4710	1100
5.6.6	Wertaufholungsgebot		4711	1100
	5.6.6.1	Grundsätze	4711	1100
	5.6.6.2	Besonderheiten des Wertaufholungsgebotes bei Anteilen an Kapitalgesellschaften	4713	1100

6. Kassenbestand, Bundesbankguthaben, Guthaben bei Kreditinstituten und Schecks — 4722 — 1102

		Rz.	Seite
6.1	Kassenbestand	4723	1102
6.2	Guthaben bei Kreditinstituten	4724	1102
6.3	Schecks	4725	1103
6.4	Zahlungsmittel in ausländischer Währung	4727	1103
	6.4.1 Ermittlung der Anschaffungskosten	4727	1103
	6.4.2 Bewertung mit dem Teilwert	4728	1103

Kapitel III: Aktive Rechnungsabgrenzungsposten 1105

		Rz.	Seite
1.	Steuerbilanzielle Rechtsgrundlagen (§ 5 Abs. 5 EStG)	4930	1108
2.	Bilanzrechtssystematische Rahmenbedingungen aktiver RAP	4932	1109
	2.1 Handelsbilanzielle Regelung des § 250 Abs. 1 und 3 HGB	4932	1109
	2.2 Steuerbilanzielles Ansatzgebot für aktive RAP gem. § 5 Abs. 5 Satz 1 Nr. 1 EStG	4940	1110
	2.2.1 Tatbestand und Rechtsfolge des aktiven RAP	4940	1110
	2.2.2 Gegenstand aktiver RAP	4950	1112
	2.2.3 Zeitmoment aktiver RAP	4952	1113
	2.3 Steuerbilanzielles Ansatzgebot für Sonderfälle aktiver RAP (§ 5 Abs. 5 Satz 2 Nr. 1 und 2 EStG)	4960	1115
3.	Steuerbilanzielle Bedeutung aktiver RAP	4970	1116
4.	Wichtige Anwendungsfälle für aktive RAP (Einzelfall-ABC)	4975	1116

Kapitel IV: Eigenkapital 1125

		Rz.	Seite
1.	Begriff und Bedeutung des Eigenkapitals	5040	1128
	1.1 Handelsrecht	5040	1128
	1.2 Steuerrecht	5059	1134
2.	Rechtsformbesonderheiten	5070	1137
	2.1 Personengesellschaften	5070	1137
	2.2 Kapitalgesellschaften	5072	1138
3.	Bilanzausweis und besondere Erscheinungsformen	5080	1140
	3.1 Handelsrecht	5080	1140
	3.1.1 Einzelunternehmen	5080	1140
	3.1.2 Personengesellschaften	5081	1141
	3.1.2.1 Überblick	5081	1141

		Rz.	Seite
3.1.2.2	Aufgliederung des Eigenkapitals: Kapitalkonten der Gesellschafter	5082	1141
3.1.2.3	Besonderheiten haftungsbeschränkter Personenhandelsgesellschaften	5085	1142
3.1.3	Kapitalgesellschaften	5087	1143
3.1.3.1	Überblick	5087	1143
3.1.1.2	Gezeichnetes Kapital	5091	1145
3.1.1.3	Kapital- und Gewinnrücklagen	5092	1145
3.1.1.4	Eigene Anteile	5095	1147
3.1.1.5	Ausstehende Einlagen	5097	1149
3.2 Steuerrecht		5100	1149
3.2.1	Überblick	5100	1149
3.2.2	Kapitalgesellschaften	5102	1149
3.2.2.1	Einlagekonto und Einlagenrückgewähr	5102	1149
3.2.2.2	Genussrechtskapital	5103	1150
3.2.2.3	Eigene Anteile	5104	1151
3.2.3	Personengesellschaften	5110	1152
3.2.3.1	Besonderheiten infolge des steuerlichen Transparenzprinzips	5110	1152
3.2.3.1.1	Eigenkapital der steuerlichen Gesamtbilanz	5110	1152
3.2.3.1.2	Eigenkapital der Ergänzungsbilanzen	5111	1153
3.2.3.1.3	Eigenkapital der Gesamthands- und Ergänzungsbilanz: Kapitalkonto nach § 15a EStG	5113	1155
3.2.3.1.4	Eigenkapital der Sonderbilanzen - funktionales Eigenkapital der Gesamtbilanz	5114	1156
3.2.3.2	Ertragsteuerliche Relevanz handelsrechtlicher Kapitalkontenverbuchung	5123	1159
4. Mezzaninekapital		5131	1160
4.1 Definition und Überblick		5131	1160
4.2 Nachrang- und Gesellschafterdarlehen		5137	1162
4.2.1 Handelsrecht		5137	1162
4.2.2 Steuerrecht		5145	1165
4.3 Typisch und atypisch stille Gesellschaft		5155	1167
4.3.1 Handelsrecht		5155	1167
4.3.2 Steuerecht		5165	1171
4.4 Genussrechtskapital		5174	1173
4.4.1 Handelsrecht		5174	1173

	Rz.	Seite
4.4.2 Steuerrecht	5189	1175
4.4.2.1 Wirtschaftliche und steuerliche Bedeutung	5189	1175
4.4.2.2 Abgrenzung zwischen Eigenkapital und Fremdkapital	5190	1176
4.5 Optionsanleihen und Wandelanleihen	5205	1180
4.5.1 Handelsrecht	5205	1180
4.5.2 Steuerrecht	5213	1181

Kapitel V: Steuerliche Rücklagen: §§ 6b/6c EStG / Rücklage für Ersatzbeschaffung — 1183

	Rz.	Seite
1. Einleitung	5250	1186
2. Handelsrechtliche Grundlagen	5260	1187
2.1 HGB in der Fassung *vor* BilMoG	5260	1187
2.1.1 Darstellung der umgekehrten Maßgeblichkeit (im Bereich der früheren Sonderposten)	5260	1187
2.1.2 Funktionsweise der Bildung von Sonderposten	5261	1187
2.2 HGB in der Fassung des BilMoG	5262	1188
2.2.1 Änderung durch das BilMoG	5262	1188
2.2.2 Übergangsregelung	5263	1188
3. Einzelheiten zu den steuerlichen Regelungen	5270	1189
3.1 Gesetzgeberisches Ziel bei Einführung der steuerlichen Rücklagen	5270	1189
3.2 Reinvestitionsrücklage gemäß § 6b EStG (zum Charakter der Rücklage s. auch unter Rz. 361)	5275	1189
3.2.1 Überblick über den Regelungsinhalt	5275	1189
3.2.2 Persönlicher Anwendungsbereich	5290	1192
3.2.3 Sachlicher Anwendungsbereich	5300	1193
3.2.3.1 Begünstigte Wirtschaftsgüter	5300	1193
3.2.3.2 Veräußerung	5331	1198
3.2.3.3 Anschaffung/Herstellung	5340	1201
3.2.3.4 Höhe des Veräußerungsgewinns	5350	1202
3.2.3.5 Übertragungsverbot	5360	1205
3.2.3.5.1 Bestandteil des Anlagevermögens	5361	1205
3.2.3.5.2 Zugehörigkeit zu einer inländischen Betriebsstätte	5370	1206
3.2.3.5.3 Vorbehaltensfrist	5375	1206
3.2.3.6 Bildung des Sonderpostens	5390	1208
3.2.3.6.1 Wahlrecht	5390	1208

		Rz.	Seite
3.2.3.6.2 Reinvestitionsabsicht		5391	1209
3.2.3.6.3 Ausweis in der Bilanz		5392	1209
3.2.3.6.4 Einzelheiten des Ausweises		5393	1209
3.2.3.6.5 Zeitpunkt des Ausweises		5420	1215
3.2.3.6.6 Frist zur Übertragung		5425	1215
3.2.3.7 Rechtsfolgen bei unterbliebener Reinvestition		5445	1218
3.2.3.7.1 Auflösung der Rücklage		5445	1218
3.2.3.7.2 Gewinnzuschlag		5450	1218
3.2.3.8 Sonderfall: Veräußerung von Anteilen an Kapitalgesellschaften		5460	1219
3.2.3.9 Stundung bei Reinvestitionen in EU/EWR–Betriebsvermögen (§ 6b Abs. 2a EStG, zur EU-Betriebsstätte s. Rz. 2762)		5466	1220
3.2.3.10 Verhältnis zu anderen Vorschriften		5470	1222
3.2.3.11 Gestaltungsmöglichkeiten: Übertragung zwischen Schwesterpersonengesellschaften		5475	1223
3.3 Rücklagen für Ersatzbeschaffungen R 6.6 EStR		5485	1226

Kapitel VI: Rückstellungen — **1231**

		Rz.	Seite
1. Rückstellungen		5520	1235
1.1 Grundlagen		5520	1235
1.1.1 Begriff		5523	1236
1.1.2 Rechtsgrundlagen und Maßgeblichkeitsgrundsatz		5529	1237
1.1.3 Einzelfragen zur Bildung und Auflösung von Rückstellungen		5535	1238
1.2 Bilanzierung		5540	1240
1.2.1 Grundsatz der Bilanzierungspflicht		5541	1240
1.2.2 Bilanzierungsvoraussetzungen		5542	1240
1.2.2.1 Einführung		5542	1240
1.2.2.2 Bestehen oder künftiges Entstehen einer Verbindlichkeit		5552	1243
1.2.2.3 Ungewissheit dem Grunde oder der Höhe nach		5558	1246
1.2.2.4 Wirtschaftliche Verursachung		5559	1246
1.2.2.5 Wahrscheinlichkeit der Inanspruchnahme		5567	1251
1.2.2.6 Zusätzliche Voraussetzungen bei öffentlich-rechtlichen Verpflichtungen		5576	1254
1.2.3 Bilanzierungsverbote		5582	1256

		Rz.	Seite
1.2.3.1	Verpflichtungen, die nur zu erfüllen sind, soweit künftig Einnahmen oder Gewinne anfallen (§ 5 Abs. 2a EStG)	5583	1257
1.2.3.2	Rückstellungen wegen Verletzung fremder Patent-, Urheber- oder ähnlicher Schutzrechte (§ 5 Abs. 3 EStG)	5586	1259
1.2.3.3	Rückstellungen für Zuwendungen anlässlich eines Dienstjubiläums (§ 5 Abs. 4 EStG)	5590	1260
1.2.3.4	Rückstellungen für drohende Verluste aus schwebenden Geschäften (§ 5 Abs. 4a EStG)	5595	1262
1.2.3.5	Rückstellungen für künftige Anschaffungs- oder Herstellungskosten (§ 5 Abs. 4b Satz 1 EStG)	5596	1262
1.2.3.6	Rückstellungen für die Verpflichtung zur schadlosen Verwertung radioaktiver Reststoffe sowie ausgebauter oder abgebauter radioaktiver Anlagenteile (§ 5 Abs. 4b Satz 2 EStG)	5599	1263
1.2.3.7	Weitere Bilanzierungsverbote	5605	1264
1.2.4 Drohverlustrückstellungen		5608	1265
1.2.4.1	Würdigung des Bilanzierungsverbots	5611	1265
1.2.4.2	Abgrenzung zur Verbindlichkeitsrückstellung	5613	1266
1.2.4.3	Verhältnis zur Teilwertabschreibung	5617	1267
1.2.4.4	Bewertungseinheiten	5619	1267
1.2.4.5	Einzelfälle	5620	1268
1.2.5 Sonderregelungen für entgeltliche Schuldübertragungen (§§ 4f, 5 Abs. 7 EStG)		5625	1269
1.3 Bewertung		5630	1272
1.3.1 Bewertungsgrundsätze		5630	1272
1.3.1.1	Rechtsgrundlagen und Maßgeblichkeit	5630	1272
1.3.1.2	Erfüllungsbetrag	5633	1275
1.3.2 Einschränkung der Maßgeblichkeit durch § 6 Abs. 1 Nr. 3a EStG		5636	1276
1.3.2.1	Einzel- versus Pauschalbewertung (§ 6 Abs. 1 Nr. 3a Buchst. a EStG)	5636	1276
1.3.2.2	Bewertung von Sachleistungsverpflichtungen (§ 6 Abs. 1 Nr. 3a Buchst. b EStG)	5641	1278
1.3.2.3	Berücksichtigung künftiger Vorteile (§ 6 Abs. 1 Nr. 3a Buchst. c EStG)	5644	1279
1.3.2.4	Ansammlungsrückstellungen (§ 6 Abs. 1 Nr. 3a Buchst. d EStG)	5648	1282
1.3.2.5	Besonderheiten der Ansammlungsrückstellungen bei gesetzlichen Rücknahmeverpflichtungen und der Stilllegung von Kernkraftwerken	5652	1283

				Rz.	Seite
		1.3.2.5.1	Gesetzliche Rücknahmeverpflichtungen (§ 6 Abs. 1 Nr. 3a Buchst. d Satz 2 EStG)	5652	1283
		1.3.2.5.2	Verpflichtung zur Stilllegung von Kernkraftwerken (§ 6 Abs. 1 Nr. 3a Buchst. d Satz 3 EStG)	5655	1284
	1.3.2.6		Abzinsung (§ 6 Abs. 1 Nr. 3a Buchst. e EStG)	5657	1285
	1.3.2.7		Künftige Preis- und Kostensteigerungen (§ 6 Abs. 1 Nr. 3a Buchst. f EStG)	5664	1288
1.4	ABC der sonstigen Rückstellungen – Ansatz und Bewertung			5665	1288
2. Pensionsrückstellungen				5666	1311
2.1	Grundlagen			5667	1311
	2.1.1 Begriffe			5667	1311
		2.1.1.1	Rückstellung für Pensionsverpflichtungen	5667	1311
		2.1.1.2	Rückstellung für ähnliche Verpflichtungen	5668	1312
		2.1.1.3	Unmittelbare und mittelbare betriebliche Altersversorgung	5669	1312
	2.1.2 Rechtsgrundlagen und Maßgeblichkeit			5670	1313
2.2	Bilanzierung			5674	1313
	2.2.1 Grundsatz der Bilanzierungspflicht			5674	1313
	2.2.2 Bilanzierungsvoraussetzungen			5680	1315
		2.2.2.1	Unmittelbare Pensionszusage	5684	1315
		2.2.2.2	Rechtsanspruch auf einmalige oder laufende Pensionsleistungen (§ 6a Abs. 1 Nr. 1 EStG)	5690	1317
		2.2.2.3	Keine Gewinnabhängigkeit und unzulässigen Widerrufsvorbehalte (§ 6a Abs. 1 Nr. 2 EStG)	5694	1318
		2.2.2.4	Schriftform und eindeutige Angaben zu Art, Form, Voraussetzungen und Höhe der künftigen Leistungen (§ 6a Abs. 1 Nr. 3 EStG)	5699	1319
	2.2.3 Bilanzierungsverbote			5705	1320
		2.2.3.1	Zeitpunkt der erstmaligen Bildung einer Pensionsrückstellung	5705	1320
		2.2.3.2	Nachholverbot	5707	1321
		2.2.3.3	Weitere Bilanzierungsverbote	5717	1323
2.3	Bewertung			5721	1324
	2.3.1 Grundlagen und Zweck der steuerlichen Bewertungsregelung			5721	1324
	2.3.2 Versicherungsmathematische Bewertung			5723	1324
		2.3.2.1	Versicherungsmathematische Grundbegriffe	5724	1325
		2.3.2.2	Versicherungsmathematische Methode	5728	1327
		2.3.2.3	Teilwertverfahren	5732	1328

			Rz.	Seite
		2.3.2.4 Rechnungszinsfuß	5735	1329
	2.3.3	Bewertung vor Beendigung des Dienstverhältnisses	5736	1330
		2.3.3.1 Grundlagen	5736	1330
		2.3.3.2 Beginn des Verteilungszeitraums	5739	1331
		2.3.3.3 Ende des Verteilungszeitraums	5743	1332
		2.3.3.4 Besonderheiten bei arbeitnehmerfinanzierten Pensionszusagen	5747	1333
		2.3.3.5 Stichtagsprinzip	5748	1334
		2.3.3.6 Übernahme von Pensionsverpflichtungen	5753	1336
	2.3.4	Bewertung nach Beendigung des Dienstverhältnisses	5757	1336
	2.3.5	Zuführungen zur Pensionsrückstellung	5762	1338
		2.3.5.1 Laufende Zuführungen	5762	1338
		2.3.5.2 Verteilung von Einmalzuführungen auf mehrere Wirtschaftsjahre	5766	1339
		2.3.5.3 Nachholverbot	5769	1340
	2.3.6	Auflösung der Pensionsrückstellung	5772	1341
	2.3.7	Inventur der Pensionsverpflichtungen	5776	1342
2.4	Einzelfragen		5778	1343
	2.4.1	Pensionsrückstellungen und Umwandlungen	5778	1343
	2.4.2	Weitere Einzelfragen	5781	1343
3. Steuerrückstellungen			5786	1345
3.1	Bilanzierung von Steuerschulden		5786	1345
3.2	Gewerbesteuerrückstellung		5790	1347
3.3	Körperschaftsteuerrückstellung		5793	1349
3.4	Rückstellung für sonstige Steuern		5796	1351
3.5	Betriebsprüfung		5798	1352
3.6	Organschaft		5802	1353

Kapitel VII: Verbindlichkeiten — 1355

			Rz.	Seite
1. Grundlagen			6160	1357
1.1	Definition der Verbindlichkeiten		6161	1358
1.2	Verhältnis Handels- zur Steuerbilanz		6162	1358
1.3	Steuerliche Regelungen		6163	1359
1.4	Abgrenzung zu Eigenkapital, Rückstellungen und passiven Rechnungsabgrenzungsposten		6164	1359

			Rz.	Seite
2.	Ansatz dem Grunde nach		6168	1361
	2.1	Passivierungsgebot	6168	1361
	2.2	Passivierungsverbot	6169	1362
	2.3	Zeitpunkt der Bilanzierung – Auflösung der Verbindlichkeiten	6170	1363
	2.4	Sonderfälle	6171	1363
	2.5	Verbindlichkeiten als Betriebsvermögen	6176	1364
	2.6	Tilgung aus künftigen Einnahmen/Gewinnen gem. § 5 Abs. 2a EStG	6177	1365
		2.6.1 Historie der Regelung	6177	1365
		2.6.2 Voraussetzungen	6178	1366
		2.6.3 Rechtsfolgen	6180	1367
		2.6.4 Sonderfälle	6181	1367
3.	Bewertung		6184	1370
	3.1	Grundsatz Erfüllungsbetrag	6185	1370
		3.1.1 Begriff der Anschaffungskosten	6186	1370
		3.1.2 Höherer Teilwert	6187	1371
		3.1.3 Niedrigerer Teilwert	6190	1373
	3.2	Abzinsung § 6 Abs. 1 Nr. 3 Satz 1 EStG	6191	1373
		3.2.1 Historie	6192	1373
		3.2.2 Verfassungsmäßigkeit der Regelung	6193	1373
		3.2.3 Verhältnis zur Handelsbilanz	6194	1374
		3.2.4 Abzinsungstechnik	6195	1374
		3.2.5 Ausnahmen vom Abzinsungsgebot	6196	1375
		3.2.6 Exkurs: Behandlung des Aufzinsungsaufwandes nach anderen Vorschriften	6197	1377
	3.3	Verbindlichkeiten aus Anzahlungen und Vorausleistungen § 6 Abs. 1 Nr. 3 Satz 2 EStG	6198	1377
	3.4	Anschaffungsverbindlichkeiten	6199	1378
4.	ABC der Verbindlichkeiten		6200	1378

Kapitel VIII: Passive Rechnungsabgrenzungsposten 1385

1.	Steuerbilanzielle Rechtsgrundlagen (§ 5 Abs. 5 EStG)		6380	1387
2.	Bilanzrechtssystematische Rahmenbedingungen passiver RAP		6385	1388
	2.1	Handelsbilanzielle Regelung des § 250 Abs. 2 HGB	6385	1388
	2.2	Steuerbilanzielles Ansatzgebot für passive RAP gem. § 5 Abs. 5 Satz 1 Nr. 2 EStG	6390	1389

		Rz.	Seite
	2.2.1 Tatbestand und Rechtsfolge des passiven RAP	6390	1389
	2.2.2 Zeitmoment passiver RAP	6400	1391
3.	Steuerbilanzielle Bedeutung passiver RAP	6405	1392
4.	Wichtige Anwendungsfälle für passive RAP (Einzelfall-ABC)	6410	1393

Stichwortverzeichnis — 1401

ABKÜRZUNGSVERZEICHNIS

A

a. A.	anderer Auffassung
a. a. O.	am angeführten/angegebenen Ort
a. E.	am Ende
a. F.	alte Fassung
AAB	Allgemeine Auftragsbedingungen
Abs.	Absatz
Abschn.	Abschnitt
Abschr.	Abschreibung
Abt.	Abteilung
ADS	Adler/Düring/Schmaltz (Kommentar)
AfA	Absetzung für Abnutzungen
AG	Aktiengesellschaft (auch Zeitschrift)
AK	Anschaffungskosten
AktG	Aktiengesetz
Alt.	Alternative
Anm.	Anmerkung
Anm. d. Verf.	Anmerkung des Verfassers/der Verfasser
AO	Abgabenordnung
aRAP	aktiver Rechnungsabgrenzungsposten
Art.	Artikel
Aufl.	Auflage
AV	Anlagevermögen
Az.	Aktenzeichen

B

BaFin	Bundesanstalt für Finanzdienstleistungsaufsicht
BB	Betriebs-Berater (Zeitschrift)
Bd.	Band
BdF	Bundesministerium der Finanzen
Begr.	Begründung
BetrVerfG	Betriebsverfassungsgesetz
BewG	Bewertungsgesetz
BFH	Bundesfinanzhof
BFH/NV	Sammlung der Entscheidungen des Bundesfinanzhofs (Zeitschrift)
BFuP	Betriebswirtschaftliche Forschung und Praxis (Zeitschrift)
BGB	Bürgerliches Gesetzbuch
BGBl	Bundesgesetzblatt
BGH	Bundesgerichtshof
BGHZ	Entscheidungen des Bundesgerichtshofs in Zivilsachen
BilMoG	Bilanzrechtsmodernisierungsgesetz
BMF	Bundesministerium der Finanzen
BMJ	Bundesministerium der Justiz

Abkürzungen

BR	Bundesrat
BRD	Bundesrepublik Deutschland
BR-Drucks.	Bundesratsdrucksache
BRZ	Zeitschrift für Bilanzierung und Rechnungswesen
BS	Berufssatzung
BStBk	Bundessteuerberaterkammer
BStBl	Bundessteuerblatt
BT	Bundestag
BT-Drucks.	Bundestagsdrucksache
BuW	Betrieb und Wirtschaft (Zeitschrift)
BV	Betriebsvermögen
BW	Buchwert
bzw.	beziehungsweise

D

DAX	Deutscher Aktienindex
DB	Der Betrieb (Zeitschrift)
DCGK	Deutscher Corporate Governance Kodex
d. h.	das heißt
div.	diverse(-s)
DM	Deutsche Mark
DPR	Deutsche Prüfstelle für Rechnungslegung
DRS	Deutscher Rechnungslegungs Standard
DRSC	Deutsches Rechnungslegungs Standards Committee e. V.
DSR	Deutscher Standardisierungsrat
DStR	Deutsches Steuerrecht (Zeitschrift)
DStRE	DStR-Entscheidungsdienst (Zeitschrift)
DStZ	Deutsche Steuer-Zeitung (Zeitschrift)
DV	Datenverarbeitung

E

EB	Eröffnungsbilanz
EBIT	Earnings Before Interest and Taxes
EBITA	Earnings Before Interest, Taxes and Amortization
EBITDA	Earnings Before Interest, Taxes, Depreciation and Amortization
EBT	Earnings Before Taxes
E-DRS	Entwurf Deutscher Rechnungslegungsstandard
EDV	Elektronische Datenverarbeitung
EFG	Entscheidungen der Finanzgerichte (Zeitschrift)
EG	Europäische Gemeinschaft
EGAktG	Einführungsgesetz zum Aktiengesetz
EGHGB	Einführungsgesetz zum Handelsgesetzbuch
einschl.	einschließlich
EK	Eigenkapital
ERS	Entwurf IDW Stellungnahme zur Rechnungslegung
EStDV	Einkommensteuer-Durchführungsverordnung
EStH	Einkommensteuerhinweise

EStG		Einkommensteuergesetz
EStR		Einkommensteuer-Richtlinien
etc.		et cetera
EU		Europäische Union oder in Beispielen: Enkelunternehmen
EuGH		Europäischer Gerichtshof
EURIBOR		Euro Interbank Offered Rate

F

F		Framework
f.		folgende
FASB		Financial Accounting Standards Board
ff.		fortfolgende
FG		Finanzgericht
FGG		Freiwillige Gerichtsbarkeit Gesetz
FGO		Finanzgerichtsordnung
FiBu		Finanzbuchhaltung
FiFo		First in – First out
FK		Fremdkapital
FN		IDW Fachnachrichten (Zeitschrift)
Fn.		Fußnote
FördG		Gesetz über Sonderabschreibungen und Abzugsbeträge im Fördergebiet
FR		Frankfurter Rundschau (Zeitung) oder Finanz-Rundschau (Zeitschrift)
FS		Festschrift
FuE		Forschung und Entwicklung
FW		Fremdwährung

G

GbR		Gesellschaft bürgerlichen Rechts
GE		Geldeinheit
gem.		gemäß
GenG		Gesetz betreffend die Erwerbs- und Wirtschaftsgenossenschaften
GewStDVO		Gewerbesteuer-Durchführungsverordnung
GewStG		Gewerbesteuergesetz
gez.		gezeichnet
GG		Grundgesetz
ggf.		gegebenenfalls
GJ		Geschäftsjahr
GKV		Gesamtkostenverfahren
Gl. A.		Gleicher Auffassung
GmbH		Gesellschaft mit beschränkter Haftung
GmbHG		Gesetz betreffend die Gesellschaften mit beschränkter Haftung
GmbHR		Gesellschafts- und Steuerrecht der GmbH und GmbH & Co. (Zeitschrift)
GmbH-StB		Der GmbH-Steuer-Berater (Zeitschrift)
GoB		Grundsätze ordnungsmäßiger Buchführung
GuV		Gewinn- und Verlustrechnung
GWG		Geringwertige Wirtschaftsgüter

H

h. M.	herrschende Meinung
HB	Handelsbilanz
HGB	Handelsgesetzbuch
HHR	Herrmann/Heuer/Raupach (Kommentar)
HHSp.	Hübschmann/Hepp/Spitaler (Kommentar)
HiFo	Highest in – First out
HK	Herstellungskosten
HR	Handelsregister
HS	Halbsatz
Hrsg.	Herausgeber

I

i. d. F.	in der Fassung
i. d. R.	in der Regel
i. e. S.	im engeren Sinn
i. H. v.	in Höhe von
i. S. d.	im Sinne der/des
i. V. m.	in Verbindung mit
i. w. S.	im weitesten Sinne
IAS	International Accounting Standards
IASB	International Accounting Standards Board
IAS-VO	IAS-Verordnung
IDW	Institut der Wirtschaftsprüfer
– ERS	Entwurf Stellungnahme zur Rechnungslegung
– FAIT	Fachausschuss für Informationstechnologie
– HFA	Hauptfachausschuss
– PH	Prüfungshinweise
– PS	Prüfungsstandards
– RH	Rechnungslegungshinweise
– RS	Stellungnahmen zur Rechnungslegung
– S	Standards
– VFA	Versicherungsfachausschuss
IFRIC	International Financial Reporting Interpretations Committee
IFRS	International Financial Reporting Standards
INF	Information über Steuer und Wirtschaft (Zeitschrift)
inkl.	inklusive
InvG	Investmentgesetz
InvZulG	Investitionszulagengesetz

K

Kap.	Kapital/Kapitel
KapCoRiLiG	Kapitalgesellschaften- und Co-Richtlinie-Gesetz
KapRL	Kapitalrücklagen
Kfz	Kraftfahrzeug
KG	Kommanditgesellschaft
KGaA	Kommanditgesellschaft auf Aktien

KoR	Zeitschrift für internationale und kapitalmarktorientierte Rechnungslegung
KÖSDI	Kölner Steuerdialog (Zeitschrift)
K/S/M	Kirchhof/Söhn/Mellinghoff (Kommentar)
KStG	Körperschaftsteuergesetz
kum.	kumuliert
KWG	Gesetz über das Kreditwesen

L

L+L	Lieferungen und Leistungen
LFD	Landesfinanzdirektion
lfd.	laufend(-e)
LiFo	Last in – First out
LStDV	Lohnsteuer-Durchführungsverordnung
lt.	laut

M

m. E.	meines Erachtens
m. w. N.	mit weiteren Nachweisen
Mio.	Millionen
MoMiG	Gesetz zur Modernisierung des GmbH-Rechts und zur Bekämpfung von Missbräuchen
Mrd.	Milliarden

N

n. F.	neue Fassung
NJW	Neue juristische Wochenschrift
Nr.	Nummer
n. v.	nicht veröffentlicht
NWB	NWB Steuer- und Wirtschaftsrecht (Zeitschrift)
NWB DokID	NWB Dokumentidentifikationsnummer
NZB	Nationale Zentralbank

O

o. Ä.	oder Ähnliches
o. g.	oben genannt(-e)
OG	Organgesellschaft
OHG	Offene Handelsgesellschaft
OLG	Oberlandesgericht
OT	Organträger

P

p. a.	per annum
PiR	NWB Internationale Rechnungslegung (Zeitschrift)
PPP	Public Private Partnership
pRAP	passiver Rechnungsabgrenzungsposten
PublG	Publizitätsgesetz

R

R	Richtlinie
rd.	rund
RefE	Referentenentwurf
RegE	Regierungsentwurf
RFH	Reichsfinanzhof
RHB	Roh-, Hilfs- und Betriebsstoffe
RIC	Rechnungslegungs Interpretations Committe
ROI	Return on Investment
RWZ	Österreichische Zeitschrift für Recht und Rechnungswesen
Rz.	Randziffer

S

S.	Seite
s. o.	siehe oben
SIC	Standing Interpretations Committee
sog.	so genannt(-e)
sonst.	sonstige(-s)
StB	Steuerbilanz
Stbg	Die Steuerberatung (Zeitschrift)
StbJb	Steuerberater-Jahrbuch
StBp	Steuerliche Betriebsprüfung (Zeitschrift)
StGB	Strafgesetzbuch
StuB	NWB Unternehmensteuern und Bilanzen (Zeitschrift)
StuW	Steuer und Wirtschaft (Zeitschrift)

T

Tz.	Textziffer

U

u.	und
u. a.	unter anderem
u. Ä.	und Ähnliches
u. E.	unseres Erachtens
u.U.	unter Umständen
Ubg	Unternehmensbesteuerung (Zeitschrift)
UE	Umsatzerlöse
UKV	Umsatzkostenverfahren
UmwG	Umwandlungsgesetz
UmwStG	Umwandlungssteuergesetz
UR	Umsatzsteuer-Rundschau (Zeitschrift)
USA	United States of America
US-GAAP	United States Generally Accepted Accounting Principles
USt	Umsatzsteuer
usw.	und so weiter

V

VG	Vermögensgegenstände
VGH	Verwaltungsgerichtshof
vgl.	vergleiche
VO	Verordnung
vs.	versus
VV	Verlustvortrag

W

WACC	Weighted Average Cost of Capital
WPg	Die Wirtschaftsprüfung (Zeitschrift)
WpHG	Wertpapierhandelsgesetz

Z

z. B.	zum Beispiel
z. T.	zum Teil
zzgl.	zuzüglich

Teil A:
Grundsatz- und Querschnittsfragen steuerlicher Gewinnermittlung

Kapitel I:
Buchführung und Steuerbilanz

von
StB Professorin Dr. Simone Briesemeister, Köln

Kapitel I: Buchführung und Steuerbilanz

Inhaltsübersicht

	Rz.
1. Systematik handels- und steuerrechtlicher Buchführungs-/Aufzeichnungspflichten	1 - 2
2. Handelsrechtliche Buchführungspflicht	3 - 30
2.1 Anwendungsbereich	3 - 28
2.1.1 Grundsätze	3 - 12
2.1.2 Befreiung, § 241a HGB	13 - 28
2.2 Beginn/Ende	29 - 30
3. Steuerrechtliche Buchführungspflicht	31 - 62
3.1 Abgeleitete steuerrechtliche Buchführungspflicht, § 140 AO	31 - 33
3.1.1 Anwendungsbereich	31 - 32
3.1.2 Beginn/Ende	33
3.2 Originäre steuerrechtliche Buchführungspflicht, § 141 AO	34 - 49
3.2.1 Anwendungsbereich	34 - 47
3.2.2 Beginn/Ende	48 - 49
3.3 Abweichungen zwischen handels- und steuerrechtlicher Buchführungspflicht	50 - 54
3.4 Freiwillige Buchführung	55 - 60
3.5 Verknüpfung von Buchführungspflicht, Einkunfts- und Gewinnermittlungsart	61
3.6 Sonstige steuerrechtliche Verzeichnis-/Aufzeichnungspflichten	62
4. Steuerbilanz	63 - 78
4.1 Definition/Gliederung	63 - 68
4.2 Erfordernis	69 - 72
4.3 Integrierte Steuerbuchführung	73 - 78
5. Verlagerung elektronischer Buchführung ins Ausland (§ 146 Abs. 2a AO)	79 - 81
5.1 Verlagerungsmöglichkeiten	79
5.2 Voraussetzungen	80
5.3 Rückverlagerung	81
6. Aufwendungen für Buchführung/Aufzeichnung	82 - 119

AUSGEWÄHLTE LITERATUR

BMF, Schreiben v. 14.11.2014 betreffend Grundsätze zur ordnungsmäßigen Führung und Aufbewahrung von Büchern, Aufzeichnungen und Unterlagen in elektronischer Form sowie zum Datenzugriff (GoBD) - IV A 4 – S 0316/13/10003, BStBl 2014 I S. 1450; *Brähler/Krenzien/Scholz*, Bürokratieabbau durch das BilMoG – eine empirische Untersuchung der Befreiung kleiner Einzelkaufleute von der Bilanzierungspflicht, StuW 2013 S. 173; *Drüen*, Ausländische Buchführungspflichten und innerstaatliche Wirkung, ISR 2014 S. 265; *ders.* in Tipke/Kruse, AO/FGO, vor § 140 AO, §§ 140, 141 AO; *ders.* in Hachmeister/Kahle/Mock/Schüppen, Bilanzrecht, Kommentar, 2018, § 241a HGB; *Görke* in Hübschmann/Hepp/Spitaler, AO/FGO-Kommentar, vor §§ 140-148 AO, §§ 140, 141 AO; *Kahle*, Die Steuerbilanz der Personengesellschaft, DStZ 2012 S. 61; *Kanzler* in Herrmann/Heuer/Raupach, vor §§ 4-7 EStG; *Kersting*, Handels- und gesellschaftsrechtliche Auswirkungen der Befreiung „kleiner" Kaufleute und Personenhandelsgesellschaften von der Buchführungs- und Bilanzierungspflicht, BB 2008 S. 790; *Lange/Regnier*, Die Verlagerung der elektronischen Buchführung in das Ausland, DB 2009 S. 1256; *Märtens* in Beermann/Gosch, AO/FGO, vor

§§ 140-148 AO, §§ 140, 141 AO; *Mösbauer*, Grenzen der Buchführungs- und Abschlusspflicht bestimmter Steuerpflichtiger nach § 141 AO, DB 1995 S. 397; *ders.*, Beginn, Ende und Übergang der steuerlichen Buchführungspflichten gewerblicher Unternehmer nach § 140 AO, DB 1996 S. 2587; *Nöcker*, Buchführungspflichten des Einzelgewerbetreibenden, Das Zusammenspiel von §§ 140, 141 AO und §§ 238, 241a HGB für Einzelgewerbetreibende, AO-StB 2016 S. 324; *Richter*, BilMoG: Befreiung von der handelsrechtlichen Buchführungspflicht gem. § 241a HGB, FR 2010 S. 804; *Richter/John*, Können ausländische Buchführungspflichten zu derivativen inländischen Buchführungspflichten nach § 140 AO führen?, ISR 2014 S. 37; *Schulze-Osterloh*, Die Steuerbilanz als Tatbestandsmerkmal im Einkommen- und Körperschaftsteuergesetz, DStJG Bd. 14 (1991), S. 123; *Theile*, Der neue Jahresabschluss nach dem BilMoG, DStR 2009, Beihefter zu Heft 18, S. 21; *Wichmann*, Vermögensverwaltende Personengesellschaften und deren Rechnungslegung – ein Überblick, Stbg 2015 S. 5; *ders.*, Fragen zur Buchführungspflicht für Sonderbetriebsvermögen und deren Begründung – zugleich Würdigung des BFH-Urteils vom 23.10.1990 - VIII R 142/85, DStZ 2017 S. 254; *Zwirner/Kähler*, Befreiung von der Pflicht zur Buchführung und Erstellung eines Inventars nach § 241a HGB, DStR 2015 S. 2732.

1. Systematik handels- und steuerrechtlicher Buchführungs-/Aufzeichnungspflichten

1   Das Steuerrecht macht außersteuerliche, insbesondere handelsrechtliche Buchführungs- und Aufzeichnungspflichten umfassend nutzbar, indem diese Pflichten, soweit sie für die Besteuerung von Bedeutung sind, in steuerliche Pflichten überführt werden (§ 140 AO). Der Kreis der Buchführungspflichtigen wird durch originär steuerrechtliche Buchführungs-/Aufzeichnungspflichten erweitert (§ 141 AO). Ergänzend sind Aufzeichnungs-/Verzeichnispflichten nach §§ 142-144 AO sowie nach Einzelsteuergesetzen zu beachten. Die gegenüber dem Handelsrecht umfassenderen steuerrechtlichen Buchführungs- und Aufzeichnungspflichten dienen der Sicherung von Ansprüchen aus dem Steuerschuldverhältnis einschließlich Verifizierung der Deklaration des Steuerpflichtigen und damit der Gleichmäßigkeit der Besteuerung.

2   Mit der abgeleiteten/originären steuerrechtlichen Buchführungspflicht bzw. der Entscheidung zur freiwilligen Buchführung sowie der verwirklichten Einkunftsart sind zugleich die wesentlichen Parameter dafür gesetzt, ob die Gewinnermittlung durch Überschussrechnung nach § 4 Abs. 3 EStG, Betriebsvermögensvergleich nach § 4 Abs. 1 EStG oder § 5 EStG oder nach Durchschnittssätzen gem. § 13a EStG zu erfolgen hat (s. Rz. 61; zur Gewinnermittlung Rz. 120 ff.). Buchführung und Gewinnermittlung durch Betriebsvermögensvergleich ziehen die Verpflichtung zur Übermittlung einer E-Bilanz i. S. des § 5b EStG nach sich (s. Rz. 1260 ff.).

2. Handelsrechtliche Buchführungspflicht

2.1 Anwendungsbereich

2.1.1 Grundsätze

3   Jeder **Kaufmann** ist vorbehaltlich der Befreiung nach § 241a HGB i. V. m. § 242 Abs. 4 HGB (s. Rz. 13 ff.) zur Führung von Büchern nach den Grundsätzen ordnungsmäßiger Buchführung verpflichtet (§ 238 HGB). Zu Beginn des Handelsgewerbes sowie für den Schluss

jedes Geschäftsjahres sind ein Inventar und eine Bilanz aufzustellen, für den Schluss jedes Geschäftsjahres zudem eine Gewinn- und Verlustrechnung (§§ 240, 242 HGB). Kaufmann und damit buchführungspflichtig ist, wer ein Handelsgewerbe betreibt (Istkaufmann, § 1 Abs. 1 HGB). Liegt ein Gewerbebetrieb vor, besteht grundsätzlich die (widerlegbare) Vermutung eines Handelsgewerbes und damit der Kaufmannseigenschaft (§ 1 Abs. 2 HGB). Von der Vermutung ausgenommen sind sog. Kleingewerbetreibende, deren Unternehmen nach Art und Umfang einen in kaufmännischer Weise eingerichteten Geschäftsbetrieb nicht erfordert.[1] Ob ein nach Art und Umfang in kaufmännischer Weise eingerichteter Geschäftsbetrieb erforderlich ist, ist auf der Grundlage der die Tätigkeit des Unternehmens prägenden Gesamtumstände zu beurteilen.[2] Kleingewerbetreibende unterliegen keiner handelsrechtlichen Buchführungspflicht, können Kaufmannseigenschaft und damit Buchführungspflicht gleichwohl freiwillig durch (konstitutive) Eintragung ins Handelsregister herbeiführen (Kannkaufmann, § 2 HGB).

Ein land- und forstwirtschaftliches Unternehmen bzw. ein damit verbundenes Nebengewerbe ist von der handelsrechtlichen Buchführungspflicht grundsätzlich ausgenommen (§ 3 Abs. 1 HGB). Erfordert das land-/forstwirtschaftliche Unternehmen bzw. das Nebengewerbe einen nach Art und Umfang in kaufmännischer Weise eingerichteten Geschäftsbetrieb, kann mit (konstitutiver) Eintragung in das Handelsregister freiwillig Kaufmannseigenschaft erzeugt werden, auch beschränkt auf ein im Nebengewerbe betriebenes Unternehmen (land- und forstwirtschaftlicher Kannkaufmann, § 3 Abs. 2, 3 HGB).

Handelsgesellschaften sind stets buchführungspflichtig (Formkaufmann, § 6 Abs. 1 HGB). Kapitalgesellschaften gelten kraft Rechtsform als Handelsgesellschaften, unabhängig davon, ob sie ein Handelsgewerbe betreiben (§ 6 HGB i. V. m. § 3 AktG, §§ 1, 13 Abs. 3 GmbHG). Eine Personengesellschaft ist Kaufmann und damit buchführungspflichtig, wenn sie den Status einer Handelsgesellschaft tatsächlich erlangt, d. h. entweder ein vollkaufmännisches Gewerbe i. S. des § 1 Abs. 2 HGB betreibt (§§ 105 Abs. 1, 161 Abs. 2 HGB) oder – sofern lediglich ein Kleingewerbe betrieben oder ausschließlich eigenes Vermögen verwaltet wird – ins Handelsregister eingetragen ist (§§ 105 Abs. 2, 161 Abs. 2 HGB). Die Buchführungspflicht der Personenhandelsgesellschaft erstreckt sich handelsrechtlich nur auf das Gesamthandsvermögen, nicht auf das Sonderbetriebsvermögen ihrer Gesellschafter (s. Rz. 42).[3]

Sachverhalte mit Auslandsbezug: Unterhält ein inländisches Unternehmen eine Betriebsstätte im Ausland (**Outboundfall**), erstreckt sich die handelsrechtliche Buchführungspflicht im Inland mit Wirkung für das Steuerrecht (§ 140 AO) auch auf die ausländische Betriebsstätte.[4] Dies folgt aus dem handelsrechtlichen Charakter von Stammhaus und Betriebsstätte(n) als Einheitsunternehmen und aus dem Vollständig-

4

---

1 Zu qualitativ strukturellen sowie quantitativen Abgrenzungskriterien Hopt in Baumbach/Hopt, HGB, 37. Aufl. 2016, § 1 Rz. 23; Winkeljohann/Lewe, Beck'scher Bilanz-Kommentar, 11. Aufl. 2018, § 238 Rz. 8 m. w. N.
2 BFH, Beschluss v. 21.4.1998 - IX B 16/98, BFH/NV 1998 S. 1220; FG Berlin-Brandenburg, Urteile v. 21.6.2011 - 5 K 5148/07, EFG 2012 S. 217; v. 20.3.2012 – 11 K 11159/07, EFG 2012 S. 1427, zur Bilanzierungspflicht beim gewerblichen Grundstückshandel.
3 BFH, Urteil v. 23.10.1990 - VIII R 142/85, BStBl 1991 II S. 403.
4 BMF, Schreiben v. 24.12.1999 - IV B 4 - S 1300-111/99, BStBl 1999 I S. 1076, Tz. 1.1.4.2.

keitsgrundsatz (§ 246 Abs. 1 Satz 1 HGB). Ausländische Unternehmen mit inländischer Betriebsstätte (**Inboundfall**) unterliegen der handelsrechtlichen Buchführungspflicht und haben diese auch für die Besteuerung zu erfüllen (§ 140 AO), wenn die Betriebsstätte eine eingetragene oder eintragungspflichtige Zweigniederlassung i. S. der §§ 13d ff. HGB ist.[5] Sind die Voraussetzungen für eine Zweigniederlassung nicht erfüllt, kann für die Betriebsstätte Buchführungspflicht nur originär steuerrechtlich begründet werden, wenn einer der Schwellenwerte des § 141 AO überschritten wird (s. Rz. 36).[6]

5   **Nicht buchführungspflichtig** sind insbesondere Freiberufler, Partnerschaftsgesellschaften als Zusammenschluss von Freiberuflern (§ 1 Abs. 1 PartGG), Kleingewerbetreibende, deren Unternehmen nach Art und Umfang einen in kaufmännischer Weise eingerichteten Geschäftsbetrieb nicht erfordert und die Kaufmannseigenschaft nicht freiwillig durch Handelsregistereintragung begründet haben (§ 2 HGB) sowie nicht freiwillig ins Handelsregister eingetragene Land- und Forstwirte (§ 3 HGB). Reine Innengesellschaften, wie die typisch und atypisch stille Gesellschaft i. S. des § 230 HGB sind ebenfalls keine Handelsgesellschaften, die Buchführungspflicht obliegt dem Geschäftsinhaber.[7] Da die Buchführungspflicht tatsächliche Kaufmannseigenschaft voraussetzt, scheidet sie aus – mit Wirkung auch für das Steuerrecht – für zu Unrecht in das Handelsregister eingetragene Kaufleute i. S. des § 5 HGB ebenso wie für sog. Scheinkaufleute, die durch zurechenbares Verhalten den bloßen Anschein gegebener Kaufmannseigenschaft erwecken.[8]

6–12   *(Einstweilen frei)*

2.1.2 Befreiung, § 241a HGB

13 **Größenabhängige Befreiung für Einzelkaufleute**: Einzelkaufleute, die an den Abschlussstichtagen zwei aufeinander folgender Geschäftsjahre nicht mehr als jeweils 600.000 € (bis 2015: 500.000 €) Umsatzerlöse und jeweils 60.000 € (bis 2015: 50.000 €) Jahresüberschuss aufweisen,[9] werden – trotz Kaufmannseigenschaft –[10] von der Buchfüh-

---

5   BFH, Urteil v. 15.9.2004 - I R 5/04, BStBl 2009 II S. 100; BMF, Schreiben v. 24.12.1999 - IV B 4 - S 1300-111/99, BStBl 1999 I S. 1076, Tz. 1.1.3.2. Zu den Voraussetzungen *Hopt* in Baumbach/Hopt, HGB, 37. Aufl. 2016, § 13, Rz. 3 f.; *Krafka*, Münchener Kommentar zum HGB, 4. Aufl. 2016, § 13d Rz. 11.

6   BMF, Schreiben v. 24.12.1999 - IV B 4 - S 1300-111/99, BStBl 1999 I S. 1076, Tz. 1.1.3.2; vgl. auch BFH, Urteil v. 14.9.1994 - I R 116/93, BStBl 1995 II S. 238; *Görke* in Hübschmann/Hepp/Spitaler, AO/FGO-Kommentar, § 140 AO Rz. 26.

7   BFH, Beschluss v. 3.5.2000 - IV B 46/99, BStBl 2000 II S. 376 m. w. N.; vgl. auch BFH, Urteil v. 25.6.2014 - I R 24/13, BStBl 2015 II S. 141; OFD Erfurt, Vfg. v. 23.10.2003 - S 2241 A - 08 - L 221, FR 2003 S. 1299; OFD Frankfurt am Main v. 26.3.2004 - S 2241 A - 37 - St II 21, EStK § 15 EStG Fach 2 Karte 3; *Suchanek/Hagedorn*, FR 2004 S. 1159 m. w. N.; *K. Schmidt* in MüKoHGB, 3. Aufl. 2012, § 230 Rz. 186; *Blaurock*, Handbuch der stillen Gesellschaft, 8. Aufl. 2016, Rz. 13.98 ff.

8   Vgl. *Merkt* in Baumbach/Hopt, HGB, 37. Aufl. 2016, § 238 Rz. 7; *Görke* in Hübschmann/Hepp/Spitaler, AO/FGO-Kommentar, § 140 AO Rz. 16; mit Hinweis auf den Schutzzweck des § 5 HGB *Drüen* in Tipke/Kruse, AO/FGO, § 140 AO Rz. 19 m. w. N.

9   Anhebung durch Bürokratieentlastungsgesetz v. 27.7.2015, BGBl 2015 I S. 1400, Befreiung nach Maßgabe erhöhter Schwellenwerte mit Wirkung für Geschäftsjahre, die nach dem 31.12.2015 beginnen, Art. 76 Satz 1 EGHGB; für den zweijährigen Betrachtungszeitraum sind die erhöhten Schwellenwerte rückbezogen heranzuziehen, vgl. *Bauer*, WPg 2017 S. 883 m. w. N.

10 Die Kaufmannseigenschaft und damit alle nicht von § 241a HGB erfassten kaufmännischen Pflichten bleiben unberührt, vgl. *Pöschke*, Großkommentar HGB, 5. Aufl., § 241a HGB Rz. 12; *Drüen* in Hachmeister/Kahle/Mock/Schüppen, Bilanzrecht, 2018, § 241a HGB Rz. 4; a. T. *Clausen*, Kölner Kommentar zur Rechnungslegung, § 241a HGB Rz. 3: § 241a HGB statuiert rechtsdogmatisch eine Ausnahme von der Kaufmannsdefinition.

rungspflicht, der Verpflichtung zur Aufstellung eines Inventars, einer Bilanz zu Beginn des Handelsgewerbes und für den Schluss eines jeden Geschäftsjahres sowie der Aufstellung einer GuV befreit (Wahlrecht, § 241a i. V. m. § 242 Abs. 4 HGB). Das kumulative Unterschreiten beider Größenmerkmale an zwei aufeinanderfolgenden Abschlussstichtagen wird mit der Intention verlangt, Rechnungslegungskontinuität zu gewährleisten.[11] Im Jahr der Neugründung greift die Befreiung bereits ein, wenn die Größenmerkmale am ersten Abschlussstichtag nach der Neugründung nicht überschritten werden (§ 241a Satz 2 HGB). Erklärtes Ziel der Regelung ist es, kleine Einzelkaufleute zu entlasten und für diesen Adressatenkreis einen wesentlichen Beitrag zum Bürokratieabbau zu leisten.[12] Trotz Anhebung der Schwellenwerte wird mit Konkretisierung der Befreiungsvoraussetzungen (s. Rz. 14 ff.) und dem Zusammenwirken mit der subsidiären steuerrechtlichen Buchführungspflicht nach § 141 AO (s. Rz. 31 ff.) für die adressierten Einzelkaufleute das erneut bekräftigte Deregulierungsziel weitestgehend verfehlt.[13] Für Personenhandelsgesellschaften, Kapitalgesellschaften einschließlich Kleinstkapitalgesellschaften i. S. des § 267a HGB und Genossenschaften scheidet die Anwendung der Befreiung ohnehin aus.

Schwellenwerte: Die Schwellenwerte des § 241a HGB sind auf die „Umsatzerlöse" i. S. des § 277 Abs. 1 i. V. m. § 275 Abs. 2 Nr. 1, Abs. 3 Nr. 1 HGB bzw. auf den „Jahresüberschuss" i. S. der §§ 252 Abs. 1 Nr. 5, 266 Abs. 3, 275 Abs. 2 Nr. 20 oder Abs. 3 Nr. 19 HGB bezogen.[14] Liegen Jahresfehlbeträge vor, ist die Befreiung allein von der Höhe der Umsatzerlöse abhängig. Der maßgebende Umsatzerlösbegriff i. S. des § 277 Abs. 1 HGB („Erlöse aus dem Verkauf und der Vermietung oder der Verpachtung von Produkten sowie aus der Erbringung von Dienstleistungen") wurde im Zuge des BilRUG[15] mit Wegfall der Beschränkung auf Erlöse aus der *gewöhnlichen* Geschäftstätigkeit sowie aus der Veräußerung/Vermietung/Verpachtung *typischer* Erzeugnisse/Waren bzw. Erbringung *typischer* Dienstleistungen beachtlich ausgedehnt. Nicht von der Schwellenwertprüfung erfasst sind insbesondere sonstige betriebliche Erträge[16] einschließlich Erlöse aus Anlagenabgängen, aus der Veräußerung von Forderungen, der Auflösung von Rückstellungen sowie aus Zuschreibungen. Die Reduktion des Anwenderkreises der Befreiungsvorschrift des § 241a HGB durch Erweiterung des Umsatzerlösbegriffs i. S. des § 277 HGB im Zuge des BilRUG vom 17.7.2015 und die Ausdehnung des Anwenderkreises durch Anhebung der Schwellwerte im Zuge des Bürokratieentlastungsgesetzes vom 27.7.2015 hatten (teil-)kompensierende Wirkung.

14

Rechtsfolgen: Einzelkaufleute, die die Befreiung in Anspruch nehmen, können ihren Gewinn durch Einnahmen-Überschussrechnung nach Maßgabe des § 4 Abs. 3 EStG

15

---

11 BT-Drucks. 16/10067 S. 46.
12 BT-Drucks. 16/10067 S. 46; BT-Drucks. 16/12 407 S. 84.
13 Vgl. *Pöschke*, Großkommentar HGB, 5. Aufl., § 241a HGB Rz. 12; *Graf* in Bertram/Brinkmann/Kessler/Müller, Haufe. HGB-Bilanzkommentar, 7. Aufl. 2017, § 241a HGB Rz. 5; zum empirischen Befund *Brähler/Krenzien/Scholz*, StuW 2013 S. 173.
14 Vgl. *Kußmaul/Meyering*, DB 2008 S. 446; *Winkeljohann/Lawall*, Beck'scher Bilanzkommentar, 11. Aufl. 2018, § 241a HGB Rz. 4; *Drüen* in Hachmeister/Kahle/Mock/Schüppen, Bilanzrecht, 2018, § 241a HGB, Rz. 9.
15 Bilanzrichtlinieumsetzungsgesetz (BilRUG) v. 17.7.2015, BGBl 2015 I S. 1245.
16 Abgrenzung von Umsatzerlösen und sonstigen betrieblichen Erträgen im Einzelfall streitig, zur Abgrenzung *Schmidt/Peun* in Beck'scher Bilanzkommentar, 11. Aufl. 2018, § 275 Rz. 48 ff., 90 ff.

ermitteln, eine Verpflichtung zum Bestandsvergleich entfällt.[17] Von der handelsrechtlichen Buchführungspflicht (ausnahmsweise) erfasste, in das Handelsregister (freiwillig) eingetragene Land- und Forstwirte (§ 3 Abs. 2 HGB) können bei Eingreifen der Befreiung den Gewinn nach § 4 Abs. 3 EStG oder – sofern die Voraussetzungen des § 13a Abs. 1 EStG erfüllt sind – nach Durchschnittssätzen ermitteln. Die tatsächliche Anwendbarkeit der steuerlichen Einnahmen-Überschussrechnung in Fällen des § 241a HGB ist aufgrund der nach § 141 AO subsidiär eingreifenden originären steuerrechtlichen Buchführungspflicht (s. Rz. 35) allerdings beschränkt auf Einzelkaufleute, die parallel auch die (in der konkreten Ausgestaltung abweichenden) Schwellenwerte des § 141 AO unterschreiten (zu Abweichungen s. Rz. 50 ff.). Im Einzelfall ist zu prüfen, ob die Inanspruchnahme des Befreiungswahlrechts nach § 241a HGB sinnvoll ist.

16 **Zirkularität von Voraussetzungen und Rechtsfolgen des § 241a HGB:** In Bezug auf die Voraussetzungen (kumulatives Unterschreiten der Umsatz- und Jahresüberschussgrenze an zwei aufeinanderfolgenden Stichtagen) und Rechtsfolgen des § 241a HGB (Befreiung von Buchführungspflicht und Bilanzierung) besteht ein Zirkularitätsproblem insoweit, dass zur Prüfung der Schwellenwert-Voraussetzungen für Umsatzerlös und Jahresüberschuss nach dem Wortlaut der Regelung eine (zumindest überschlägige) Bilanzierung nach handelsrechtlichen Grundsätzen erforderlich wird, d. h. für die (fortdauernde) Beanspruchung der Befreiung (fortdauernd) Maßnahmen zu treffen sind, auf die die Befreiung an sich gerichtet ist.[18] Zugleich besteht beim Ein- und Austritt aus der Befreiung eine **Rückwirkungsproblematik**:[19] Bei Befreiungsbeginn ist streitig, ob das Buchführungs-/Bilanzierungswahlrecht bereits für das Jahr greift, in dem die Schwellenwerte zum zweiten Mal in Folge kumulativ unterschritten werden (s. Rz. 18) bzw. bei Neugründung bereits für das Gründungsjahr oder jeweils erst im Folgejahr (s. Rz. 17). Bei Beendigung der Befreiung infolge einmaligen Überschreitens eines Schwellenwerts ist fraglich, ob die Buchführungs- und Bilanzierungspflicht bereits mit (Rück-)Wirkung für das Überschreitungsjahr oder erst im Folgejahr einsetzt (s. Rz. 19).

17 Für **Neugründungsfälle** trifft die Gesetzesbegründung zu § 241a HGB bezüglich der Befreiungsvoraussetzungen und damit implizit bezüglich der Rückwirkung eine klare Wertung: „Es ist nicht erforderlich, dass ein Jahresabschluss nach Maßgabe der handelsrechtlichen Vorschriften aufgestellt werden muss, um festzustellen, dass eine gesetzliche Verpflichtung dazu nicht besteht. Es genügt hier, wenn nach überschlägiger Ermittlung unter Berücksichtigung der handelsrechtlichen Vorschriften zum Jahresabschluss ein Überschreiten der Schwellenwerte nicht zu erwarten ist."[20] Entgegen zum Teil vertretener Auffassung[21] greift die Befreiung nach Systematik und Deregulie-

---

17 BT-Drucks. 16/10067 S. 46; BT-Drucks. 16/12 407 S. 84.
18 Vgl. *Bieg/Waschbusch*, Beck'sches Handbuch der Rechnungslegung, A 100 Rz. 13.
19 Zur Rückwirkungsproblematik *Handelsrechtsausschuss des Deutschen Anwaltsvereins*, NZG 2008 S. 612 f.
20 BT-Drucks. 16/10067 S. 46.
21 Vgl. *Merkt* in Baumbach/Hopt, HGB, 37. Aufl. 2016, § 241a Rz. 3; *Rätke* in Klein, AO, 13. Aufl. 2016, § 140 Rz. 7; *Winkeljohann/Lawall*, Beck'scher Bilanz-Kommentar, 11. Aufl. 2018, § 241a Rz. 8; *Ellerich*, Beck'sches Handbuch der Rechnungslegung, § 241a HGB Rz. 17; *Drüen* in Tipke/Kruse, AO/FGO; § 140 Rz. 20a.

rungsintention der Norm bereits für das erste Jahr.[22] Der Gesetzgeber verlangt gleichwohl einen Ausschluss der Schwellenwertüberschreitung auf Basis einer überschlägigen Ermittlung von Umsatzerlösen und Jahresüberschuss nach handelsrechtlichen Bilanzierungsgrundsätzen, d. h. verpflichtet die Unternehmen zur überschlägigen Überleitung eines nach § 4 Abs. 3 EStG ermittelten Ergebnisses. Bei Rumpfwirtschaftsjahren ist nur der anteilige (überschlägig ermittelte) Umsatzerlös/Jahresüberschuss zu berücksichtigen, eine Kompensation durch Hochrechnung auf zwölf Monate ist unzulässig.[23] Mit der bereits im Gründungsjahr eingreifenden Befreiung von der Buchführungspflicht, die über § 140 AO Wirkung auch für das Steuerrecht hat, entfällt zugleich die Verpflichtung zur Übermittlung einer E-Bilanz nach § 5b EStG (s. Rz. 1260 ff.). Für Kannkaufleute (§ 2 HGB), die eine freiwillige Handelsregistereintragung in einem dem Gründungsjahr folgenden Geschäftsjahr vornehmen, greift die Erleichterung bei Neugründung nach § 241a Satz 2 HGB nicht ein.[24] Diese unterliegen dem zweijährigen Beobachtungszeitraum und werden zunächst buchführungs- und bilanzierungspflichtig. Hier besteht gesetzgeberischer Nachbesserungsbedarf.

Übergang von der Buchführungspflicht zur Befreiung: Hinsichtlich der Rückwirkung ist zwischen rückwirkender Inanspruchnahme (über den Gründungsfall hinaus s. Rz. 17) und rückwirkender Versagung der Befreiung zu differenzieren. Von einer Rückwirkung des § 241a HGB ist insbesondere aus Gründen der Rechtssicherheit nur in engen Grenzen und unter Berücksichtigung der Deregulierungsintention der Vorschrift auszugehen. Kann infolge zweimaligen Unterschreitens der Schwellenwerte die Befreiung von der Buchführungspflicht nach § 241a HGB beansprucht werden, ist dem Ziel umfassender Deregulierung handelsrechtlicher Buchführungspflichten für Einzelkaufleute[25] – analog zum Neugründungsfall – durch ein rückwirkend eingreifendes Befreiungswahlrecht bereits für das zweite Jahr Rechnung zu tragen.[26] Zu konzedieren ist, dass diese Frage nur begrenzte Relevanz hat, wenn zugleich die Voraussetzungen für eine steuerrechtliche Buchführungspflicht nach § 141 AO vorliegen (s. Rz. 34 ff.), da diese erst zeitlich nachgelagert mit Ablauf des Wirtschaftsjahres endet, welches dem Wirtschaftsjahr folgt, in dem die Behörde feststellt, dass die Voraussetzungen für die Buchführungspflicht nicht mehr vorliegen (s. Rz. 49).

18

---

22 Vgl. *Kersting*, BB 2008 S. 791; *Richter*, FR 2009 S. 807; *Schmidt*, BBK 2009 S. 536 f.; *Theile*, DStR 2009, Beihefter zu Heft 18, S. 24; *Gelhausen/Fey/Kämpfer*, Rechnungslegung und Prüfung nach dem BilMoG, 2009, Abschn. A Rz. 13; *Wolz* in Baetge/Kirsch/Thiele, Bilanzrecht, § 214a HGB Rz. 13; *Neubeck* in Fischer/Günkel/Neubeck/Pannen, Die Bilanzrechtsreform 2010/11, 4. Aufl. 2011, Rz. 19; *Zwirner/Kähler*, DStR 2015 S. 2732; *Hoffmann/Lüdenbach*, NWB Kommentar Bilanzierung, 9. Aufl. 2018, § 241a HGB Rz. 2.

23 Vgl. *Merkt* in Baumbach/Hopt, HGB, 37. Aufl. 2016, § 241a Rz. 3; *Hoffmann/Lüdenbach*, NWB Kommentar Bilanzierung, 9. Aufl. 2018, § 241a HGB, Rz. 5; *Winkeljohann/Lawall*, Beck'scher Bilanz-Kommentar, 11. Aufl. 2018, § 241a Rz. 5; a. A. *Drüen* in Hachmeister/Kahle/Mock/Schüppen, Bilanzrecht, 2018, § 241a HGB Rz. 11.

24 Vgl. *Zwirner/Kähler* in Petersen/Zwirner/Brösel, Systematischer Praxiskommentar Bilanzrecht, 3. Aufl. 2016, § 241a Rz. 10.

25 BT-Drucks. 16/10067 S. 1.

26 Vgl. *Richter*, FR 2009 S. 807; *Gelhausen/Fey/Kämpfer*, Rechnungslegung und Prüfung nach dem BilMoG, 2009, Abschn. A Rz. 11 f.; *Theile*, DStR 2009, Beihefter zu Heft 18 S. 24; *Ellerich*, Beck'sches Handbuch der Rechnungslegung, § 241a HGB Rz. 18; *Budde/Heusinger-Lange* in Kessler/Leinen/Strickmann, Handbuch BilMoG, 2. Aufl. 2010, S. 115 Bsp. 2.; *Graf/Bisle*, Münchener Kommentar zum Bilanzrecht, 1. Aufl. 2012, § 241a HGB Rz. 17; *Brähler/Krenzien/Scholz*, StuW 2013 S. 174; *Zwirner/Kähler* in Petersen/Zwirner/Brösel, Systematischer Praxiskommentar Bilanzrecht, 3. Aufl. 2016, § 241a Rz. 8; wohl auch *Görke* in Hübschmann/Hepp/Spitaler, AO/FGO-Kommentar, § 140 AO Rz. 15; a. A. *Drüen* in Tipke/Kruse, AO/FGO, § 140 AO Rz. 20a; *Rätke* in Klein, AO, 13. Aufl. 2016, § 140 Rz. 5: Befreiung erst ab Folgejahr.

In **Umwandlungsfällen** kommt die Beschränkung der Schwellenwertbetrachtung auf ein Jahr nach § 241a Satz 2 HGB (abweichend von den für Neugründung und Umwandlung parallelen zeitlichen Voraussetzungen für die Größenklasseneinordnung nach § 267 Abs. 4 Satz 2 HGB) nicht zur Anwendung. Aus Umwandlungen hervorgegangene Einzelunternehmen können die Erleichterungen frühestens ab dem Zweitjahr in Anspruch nehmen, sie unterliegen im Erstjahr stets der handelsrechtlichen Bilanzierungspflicht. Die Deregulierungsintention wird durch den Wortlaut der Regelung für Umwandlungsfälle verfehlt.

19 **Übergang von der Befreiung zur Buchführungspflicht:** Wird einer der Schwellenwerte des § 241a HGB überschritten, liegen die Befreiungsvoraussetzungen nicht mehr vor. Strittig ist, ob die Buchführungs- und Bilanzierungspflicht (analog zur Methodik der §§ 267, 293 HGB) rückwirkend auf den Beginn des Geschäftsjahres der Schwellenwertüberschreitung oder erst mit Beginn des folgenden Geschäftsjahres einsetzt. Eine rückwirkende Buchführungspflicht wird im Wesentlichen mit Hinweis auf den abweichende Anordnungen nicht enthaltenden Wortlaut des § 241a HGB zum Teil vertreten.[27] Diese Wertung ist insoweit problematisch, dass rückwirkend grundlegende Modifikationen bezüglich der Organisation der Gewinnermittlung erforderlich werden, d. h. rückbezogen eine Buchführung einzurichten und eine Anfangsbilanz (Übergangsbilanz) zu erstellen wäre. Ausgehend vom Deregulierungszweck der Vorschrift und der hiermit unvereinbaren Unsicherheit hinsichtlich der Entstehung einer öffentlich-rechtlichen Verpflichtung mit ganz erheblicher Belastungswirkung kann eine Befreiung von der Buchführungspflicht nur mit Wirkung für die Zukunft, d. h. ab dem Folgejahr entfallen.[28] Diese deregulierungsorientierte Auslegung der Norm ist insbesondere auch vor dem Hintergrund angezeigt, dass durch eine rückwirkende Bilanzierungspflicht die ohnehin zurückhaltende Nutzung der Befreiung in der Praxis[29] verfestigt würde.

20 Die Zirkularitätsproblematik von Voraussetzungen und Rechtsfolgen der Befreiung wird in besonderem Maße evident bei **jährlicher Prüfung des Fortbestands einer Befreiung**. Während die Prüfung der Höhe der Umsatzerlöse weniger problembehaftet ist,[30] ist im Hinblick auf die Prüfung der Höhe des Jahresüberschusses ungeklärt, nach welcher Gewinnermittlungsmethode und mit welchen „Freiheitsgraden" zu verifizieren ist, ob der ergebnisbezogene Schwellenwert überschritten ist. Das Schrifttum stellt für die Prüfung des ergebnisbezogenen Schwellenwerts überwiegend allein auf das Ergebnis der steuerlichen Einnahmen-Überschussrechnung nach § 4 Abs. 3 EStG

---

27 Vgl. *Richter*, FR 2009 S. 811; *Gelhausen/Fey/Kämpfer*, Rechnungslegung und Prüfung nach dem BilMoG, 2009, Abschn. A Rz. 12; *Schmidt*, BBK 2009 S. 536 (Bsp.); *Neubeck* in Fischer/Günkel/Neubeck/Pannen, Die Bilanzrechtsreform 2010/11, 4. Aufl. 2011, Rz. 21; *Graf/Bisle*, Münchener Kommentar zum Bilanzrecht, 1. Aufl. 2012, § 241a HGB Rz. 18; *Brähler/Krenzien/Scholz*, StuW 2013 S. 174; *Zwirner/Kähler* in Petersen/Zwirner/Brösel, Systematischer Praxiskommentar Bilanzrecht, 3. Aufl. 2016, § 241a Rz. 29.

28 Vgl. auch *Schulze-Osterloh*, DStR 2008 S. 71; *Winkeljohann/Lawall*, Beck'scher Bilanz-Kommentar, 11. Aufl. 2018, § 241a Rz. 8; *Ellerich*, Beck'sches Handbuch der Rechnungslegung, § 241a HGB Rz. 17; *Nöcker*, AO-StB 2016 S. 326; *Drüen* in Tipke/Kruse, AO/FGO, § 140 AO Rz. 20a; *Drüen* in Hachmeister/Kahle/Mock/Schüppen, Bilanzrecht, 2018, § 241a HGB Rz. 12; *Hoffmann/Lüdenbach*, NWB Kommentar Bilanzierung, 9. Aufl. 2018, § 241a HGB Rz. 3.

29 Vgl. *Brähler/Krenzien/Scholz*, StuW 2013 S. 178 ff.

30 Zumindest überschlägige Ableitung möglich anhand Daten der Anlage EÜR nach § 60 Abs. 4 EStDV.

ab,[31] da die Gesetzesbegründung den betroffenen Kaufleuten bei Inanspruchnahme der Befreiung gestatte, die Rechnungslegung auf eine Einnahmen-Überschussrechnung zu beschränken und die Vereinfachungsregelung bei einer nach den Grundsätzen des Bestandsvergleichs erforderlichen Gewinnermittlung ins Leere liefe. Vorzug dieser Lösung ist, dass die handelsrechtliche Buchführungspflicht auf der Rechtssicherheit der steuerlichen Einnahmen-Überschussrechnung aufsetzen könnte[32] und Nebenrechnungen entfielen. Diese (Praxis-)Lösung ist allerdings mit dem Gesetzeswortlaut und Willen des Gesetzgebers nicht zur Deckung zu bringen und auch im Übrigen problematisch. Folge wäre eine abweichende Handhabung des gewinnbezogenen Schwellenwerts in Abhängigkeit davon, ob ein Eintritt in die Befreiung geprüft wird (dann Gewinn nach Bestandsvergleich maßgebend, bei Neugründung nach überschlägiger Ermittlung) oder ein Austritt aus der Befreiung (dann Gewinn nach § 4 Abs. 3 EStG maßgebend). Verwerfungen ergeben sich ferner dahingehend, dass die Prüfung der Befreiungsvoraussetzungen für Einzelkaufleute, die die Befreiung in Anspruch genommen haben und den Gewinn nach § 4 Abs. 3 EStG ermitteln, und solchen, die (zunächst) weiterhin (freiwillig) den Gewinn durch Bestandsvergleich ermitteln, nach abweichenden Maßstäben und mit ggf. abweichendem Ergebnis erfolgte. Das Gesetz definiert den ergebnisbezogenen Schwellenwert weder für den Ein- und Austritt, noch bezüglich des Fortbestands der Befreiungsvoraussetzungen für freiwillig buchführende und nicht buchführende Kaufleute abweichend. Ein Anknüpfen an die Gewinnermittlung nach § 4 Abs. 3 EStG eröffnet zudem Spielräume zur stichtagsbezogenen Steuerung des Überschusses durch Generierung von Auszahlungen (Beispiel gewinnmindernder Erwerb von Wirtschaftsgütern des Umlaufvermögens, die nicht solche i. S. des § 4 Abs. 3 Satz 4 EStG sind). Mit dem alleinigen Abstellen auf den Überschuss nach § 4 Abs. 3 EStG würde zudem eine neue Ausprägung umgekehrter Maßgeblichkeit des Steuerrechts für das Handelsrecht, konkret für die handelsrechtliche Buchführungs- und Bilanzierungspflicht begründet, für die weder eine gesetzliche Grundlage noch ein entsprechender Wille des Gesetzgebers erkennbar ist.

§ 241a HGB stellt explizit auf den Jahresüberschuss ab. Die Gesetzesbegründung verlangt, dass entsprechend des Vorgehens im Neugründungsfall (s. Rz. 17) auch fortdauernd zu überwachen ist, ob nach handelsrechtlichen Vorschriften ein Überschreiten der Schwellenwerte zu erwarten ist.[33] Für die Prüfung des Fortbestands der Befreiung ist der Jahresüberschuss ausgehend von der Einnahmen-Überschussrechnung unter ergänzender – überschlägiger – Berücksichtigung zentraler Elemente des Bestandsvergleichs zu ermitteln. Die Befreiung von der Buchführungspflicht entbindet damit grundsätzlich nicht von einer jährlichen überschlägigen Überleitung auf den handelsrechtlichen Jahresüberschuss.[34] In der gegenwärtigen Ausgestaltung erreicht die Vorschrift ihr Deregulierungsziel damit nur partiell.

---

31 Vgl. *Kersting*, BB 2008 S. 791; *Padberg/Werner*, Das neue HGB, 2008, S. 13 f.; *Budde/Heusinger-Lange* in Kessler/Leinen/Strickmann, Handbuch BilMoG, 2. Aufl. 2010, S. 112 f.; *Schmidt*, BBK 2009 S. 537; *Richter*, FR 2009 S. 810; *Bieg/Waschbusch*, Beck'sches Handbuch der Rechnungslegung, A 100 Rz. 13; einschränkend *IDW*, Stellungnahme zum Regierungsentwurf des BilMoG v. 4.1.2008, S. 5: grundsätzlich Jahresabschluss zu erstellen, aus Vereinfachungsgründen Überschuss der Einnahmen über die Ausgaben heranzuziehen.
32 Vgl. *Theile*, DStR 2009, Beihefter zu Heft 18, S. 24.
33 BT-Drucks. 16/10067 S. 46 f.
34 Vgl. *Gelhausen/Fey/Kämpfer*, Rechnungslegung und Prüfung nach dem BilMoG, 2009, A Rz. 8; *Ellerich*, Beck'sches Handbuch der Rechnungslegung, § 241a HGB Rz. 10; *Drüen* in Tipke/Kruse, AO/FGO, § 140 AO Rz. 20a.

21 Die Befreiung läuft leer, wenn infolge der abweichenden Voraussetzungen die subsidiäre originär steuerrechtliche Buchführungspflicht nach § 141 AO eingreift (zu Abweichungen und Folgen s. Rz. 50 ff.). § 141 AO wirkt in handelsrechtlichen Befreiungsgrenzfällen (knappe Schwellenunterschreitung auf Basis überschlägiger Überleitung) damit auch als steuerliches Korrektiv.

22–28 *(Einstweilen frei)*

2.2 Beginn/Ende

29 **Erwerb bzw. Verlust der Kaufmannseigenschaft** bestimmen grundsätzlich zugleich Beginn und Ende der handelsrechtlichen Buchführungspflicht. Die Kaufmannseigenschaft nach § 1 HGB (Einzelkaufleute) beginnt mit Aufnahme des Handelsgewerbes, d. h. mit Vorbereitungsgeschäften im Außenverhältnis.[35] Bei Eingreifen der Befreiung nach § 241a i. V. m. § 242 Abs. 4 Satz 2 HGB wird die Buchführungspflicht ungeachtet bestehender Kaufmannseigenschaft suspendiert (s. Rz. 13 ff.). Für (Kann-)Kaufleute nach § 2 HGB (eingetragene Kleingewerbetreibende) oder nach § 3 HGB (eingetragene Land- und Forstwirte) wird Kaufmannseigenschaft und damit Buchführungspflicht konstitutiv mit Eintragung ins Handelsregister begründet, es sei denn, die Befreiung nach § 241a HGB greift ein. Für Personengesellschaften, die ein Handelsgewerbe betreiben, beginnt die Buchführungspflicht mit Aufnahme der Tätigkeit, für Unternehmen i. S. des § 1 Abs. 2 HGB mit Eintragung ins Handelsregister.[36] Für Körperschaften (Formkaufleute nach § 6 HGB) beginnt die Buchführungspflicht spätestens mit der Registereintragung, kann aber bereits in der Gründungsphase oder durch Vorbereitungsgeschäfte ausgelöst werden.[37]

30 Die handelsrechtliche Buchführungspflicht endet bei Einzelkaufleuten i. S. des § 1 HGB mit Verlust der Kaufmannseigenschaft, d. h. mit Aufgabe des Geschäftsbetriebs, Abschmelzung des Unternehmens auf einen Umfang, der einen in kaufmännischer Weise eingerichteten Geschäftsbetrieb nicht mehr erfordert (§ 1 Abs. 2 HGB), oder mit Anwendbarkeit der Befreiung nach § 241a HGB infolge zweimaligen kumulativen Unterschreitens der Umsatz- und Jahresüberschussschwelle (s. Rz. 13 ff., 18). Bei Kaufleuten kraft Eintragung (§§ 2, 3 HGB) endet die Buchführungspflicht mit Löschung im Handelsregister, vorausgesetzt inzwischen wurde nicht Kaufmannseigenschaft nach § 1 HGB begründet. Handelsgesellschaften bleiben bis zur vollständigen Abwicklung buchführungspflichtig. Dies gilt auch für Handelsgesellschaften in Liquidation sowie im Insolvenzverfahren.[38]

---

[35] Vgl. *Merkt* in Baumbach/Hopt. 36. Aufl. 2017, § 238 Rz. 16; *Drüen* in Hachmeister/Kahle/Mock/Schüppen, 2018, § 238 Rz. 9.
[36] Zur Buchführungspflicht vermögensverwaltender Personengesellschaften *Früchtl/Prokscha*, DStZ 2010 S. 597 f.; *Wichmann*, Stbg 2015 S. 5.
[37] Vgl. *Görke* in Hübschmann/Hepp/Spitaler, AO/FGO-Kommentar, § 140 AO Rz. 29.
[38] Vgl. *Görke* in Hübschmann/Hepp/Spitaler, AO/FGO-Kommentar, § 140 AO Rz. 23; zur Personengesellschaft BFH, Urteil v. 28.1.1992 - VIII R 28/90, BStBl 1992 II S. 881.

3. Steuerrechtliche Buchführungspflicht
3.1 Abgeleitete steuerrechtliche Buchführungspflicht, § 140 AO
3.1.1 Anwendungsbereich

Besteht nach anderen als den Steuergesetzen die Verpflichtung, Bücher und Aufzeichnungen zu führen, ist diese Verpflichtung auch für die Besteuerung zu erfüllen, wenn die Bücher/Aufzeichnungen für die Besteuerung von Bedeutung sind (§ 140 AO). In das Steuerrecht übernommen werden damit insbesondere **handelsrechtliche Buchführungs- und Aufzeichnungspflichten**. Für die doppelte Buchführung (Bilanz und GuV) besteht insoweit auch steuerrechtlich ein Erfordernis. Die Verletzung transformierter außersteuerlicher Buchführungs- und Aufzeichnungspflichten löst dieselben Rechtsfolgen aus, wie die Verletzung originärer steuerlicher Pflichten (Beispiel Zwangsmittel nach § 328 AO, Schätzung nach § 162 AO, steuerstraf-/ordnungswidrigkeitenrechtliche Ahndung nach §§ 370, 378, 379 AO).[39]

31

Nach ausländischen Vorschriften begründete Buchführungspflichten werden nach hier vertretener Auffassung durch § 140 AO nicht in steuerliche Pflichten überführt.[40] Diese Frage ist höchstrichterlich noch nicht entschieden und strittig. Aus der (undifferenzierten) Inbezugnahme „anderer Gesetze" durch § 140 AO wird seitens der Finanzverwaltung[41] sowie von Teilen des Schrifttums eine Transformation auch der Gesetze anderer Staaten abgeleitet.[42] Der BFH hat diese Frage explizit offen gelassen.[43] Sie hat hohe praktische Relevanz insbesondere für Freiberufler-Personengesellschaften ausländischer Rechtsform, für die das Wahlrecht zur Einnahmen-Überschussrechnung ausscheidet, wenn eine nach ausländischem Recht bestehende Buchführungspflicht durch § 140 AO der deutschen Besteuerung zugrunde zu legen wäre.[44] Entschieden ist (lediglich),

32

---

39 Zu den Folgen von Buchführungs-/Aufzeichnungsmängeln *Märtens* in Beermann/Gosch, AO/FGO, vor §§ 140-148 AO Rz. 15 ff.; *Drüen* in Tipke/Kruse, AO/FGO, vor § 140 AO Rz. 22 ff.

40 Vgl. bereits RFH, Urteil v. 6.6.1934 - IV A 42/34, RStBl 1934 I S. 823: die „genannten ‚anderen Gesetze' können aber nur deutsche Gesetze, nicht ausländische Gesetzes sein"; FG Köln, Urteil v. 14.10.1981 - I (VII) 565/79 G, EFG 1982 S. 422; Hessisches FG, Urteil v. 15.11.2012 - 11 K 3175/09, EFG 2013 S. 503; nachgehend BFH, Urteil v. 25.6.2014 - I R 3/13: offen gelassen; FG Nürnberg, Urteil v. 28.2.2013 - 6 K 875/11; nachgehend BFH, Urteil v. 25.6.2014 - I R 24/13, BStBl 2015 II S. 141: offen gelassen; FG Münster, Urteil v. 11.12.2013 - 6 K 3045/11, EFG 2014 S. 753; nachgehend BFH, Urteil v. 19.1.2017 - IV R 50/14, BStBl 2017 II S. 456: offen gelassen; ablehnend z. B. auch *Görke* in Hübschmann/Hepp/Spitaler, AO/FGO-Kommentar, § 140 AO Rz. 11, § 141 AO Rz. 17; *Märtens* in Beermann/Gosch, AO/FGO, § 140 AO Rz. 10; *Cöster* in Pahlke/Koenig, AO, 3. Aufl. 2014, § 140 Rz. 11; *Dißars* in Schwarz, AO, § 140 Rz. 4; *Krumm* in Blümich, EStG, § 5 Rz. 138; *Wachter*, FR 2006 S. 399; *Schnittger/Fischer*, DB 2007 S. 598; *Bemütz/Knüpper*, IStR 2011 S. 587; *Schmidt/Heinz*, GmbHR 2011 S. 581 m. w. N.; *Schmidt/Renger*, DStR 2012 S. 2042; *Cloer/Conrath*, IWB 2013 S. 220; *Richter/John*, ISR 2014 S. 39.

41 R 4.1 Abs. 4 Satz 2 EStR; BMF, Schreiben v. 31.1.2013 - IV A 3 - S 0062/08/10007-15, BStBl 2013 I S. 188; BMF, Schreiben v. 16.5.2011 - IV C 3 - S 2300/08/10014, BStBl 2011 I S. 530, Rz. 3; OFD NRW, Vfg. v. 5.9.2017 - S 1300-2010/0007-St 122, DB 2017 S. 2384.

42 *Drüen* in Tipke/Kruse, AO/FGO, § 140 AO Rz. 7; *Drüen*, ISR 2014 S. 267; *Mathiak* in Kirchhof/Söhn/Mellinghoff, EStG, § 5 Rz. A 219; *Schumann/Arnold*, DStZ 2011 S. 229.

43 BFH, Beschluss v. 9.8.1989 - I B 118/88, BStBl 1990 II S. 175: zweifelhaft, dass ausländische Buchführungspflicht ausreicht; BFH, Urteil v. 14.9.1994 - I R 116/93, BStBl 1995 II S. 238; BFH, Urteil v. 25.6.2014 - I R 24/13, BStBl 2015 II S. 141; BFH, Beschluss v. 15.10.2015 - I B 93/15, BStBl 2016 II S. 66; BFH, Urteil v. 19.1.2017 - IV R 50/14, BStBl 2017 II S. 456; FG Berlin-Brandenburg, Urteil v. 13.9.20176 - 7 K 7270/14, EFG 2017 S. 1897, Rev.-Az. BFH I R 70/17.

44 Vgl. *Richter/John*, ISR 2014 S. 37; *dies.*, ISR 2015 S. 162; *Drüen*, ISR 2014 S. 265; *Hennrichs*, DStR 2015 S. 1420, 1422.

dass ein mitunternehmerisch an einer ausländischen Gesellschaft Beteiligter seinen Gewinnanteil – für die Ermittlung der maßgeblichen ausländischen gewerblichen Einkünfte im Rahmen des Progressionsvorbehalt nach § 32b Abs. 1 Nr. 3 EStG – nicht nach § 4 Abs. 3 EStG ermitteln darf, wenn der Gewinn auf Ebene der ausländischen Gesellschaft tatsächlich durch Bestandsvergleich ermittelt wird, da die Gewinnermittlung für alle Beteiligten einheitlich zu erfolgen hat.[45] Dies schließt ein Wahlrecht der Gesellschaft zur Gewinnermittlung nach § 4 Abs. 3 EStG für Zwecke der deutschen Gewinnermittlung, das bei Ausübung auf Ebene der Mitunternehmerschaft auch der Mitunternehmer für seinen Gewinnanteil beanspruchen kann, nicht aus.[46]

Ein durch § 140 AO in Bezug genommenes anderes „Gesetz" ist gem. § 4 AO jede Rechtsnorm. Hierzu gehören neben dem Verfassungsrecht und formellen Gesetzen, d. h. in einem verfassungsgemäßen – förmlichen – Gesetzgebungsverfahren zustande gekommene Willensakte der Gesetzgebungsorgane, insbesondere auch Rechtsverordnungen (zu deren Erlass die Ermächtigung durch ein förmliches Gesetz erforderlich ist, Art. 80 Abs. 1 Satz 2 GG) sowie öffentlich-rechtliche Satzungen als materielle Gesetze, völkerrechtliche Vereinbarungen (insbesondere DBA), die in innerstaatliches Recht transformiert wurden sowie in innerstaatliches Recht transformiertes (bzw. ausnahmsweise unmittelbar anwendbares) Europäisches Gemeinschaftsrecht.[47] Eine pauschale, voraussetzungsfreie Inkorporation ausländischer Gesetze, die deutschen Gesetzgebungsorganen und den Schranken des Grundgesetzes vollständig entzogen sind, in die innerstaatliche Steuerrechtsordnung bereits aus einer nicht explizit erfolgenden Beschränkung des Wortlauts des § 140 AO abzuleiten („Blankoverweis"[48]), ist nicht tragfähig. Hierfür ist vielmehr eine hinreichend bestimmte (positive) Rechtsgrundlage erforderlich, die § 140 AO nicht bietet.[49] Eine Übernahme ausländischer Regelungen für Besteuerungszwecke einschließlich inländischer Sanktionierung fehlender Befolgung (Beispiel Schätzung, § 162 Abs. 2 AO) begegnet Bedenken insbesondere insoweit, dass das Zustandekommen zu übernehmender Rechtsnormen weder im Einflussbereich des deutschen Gesetzgebers liegt, noch sichergestellt ist, dass der Entstehungsprozess – entsprechend der Vorgaben des § 4 AO – inhaltlich und formell demokratischen und rechtsstaatlichen Grundsätzen genügt. Eine mit Besteuerungs-

---

45 BFH, Urteil v. 25.6.2014 - I R 24/13, BStBl 2015 II S. 141 zur atypisch stillen (mitunternehmerischen) Beteiligung an einer österreichischen Kapitalgesellschaft; BFH, Urteil v. 10.12.2014 - I R 3/13, BFH/NV 2015 S. 667 zur mitunternehmerischen Beteiligung an einer britischen Personengesellschaft (Partnership); FG Berlin-Brandenburg, Urteil v. 13.9.20176 - 7 K 7270/14, EFG 2017 S. 1897 zur Beteiligung an einer Kommanditgesellschaft luxemburgischen Rechts, Rev.-Az. BFH I R 70/17. Zur Diskussion der Judikatur *Fischer u.a.*, JbFSt 2015/2016 S. 511-525.
46 Vgl. *Schmidt/Renger*, IStR 2015 S. 255; *Hennrichs*, DStR 2015 S. 1420; *Krumm* in Blümich, EStG, § 5 Rz. 138.
47 Zur Abgrenzung des Rechtsnormbegriffs *Koenig* in Koenig, AO, 3. Aufl. 2014, § 4 Rz. 9 ff.; *Neumann* in Beermann/Gosch, AO/FGO, § 4 Rz. 3 ff.; *Drüen*, ISR 2014 S. 267 sieht auch Rechtsnormen außerhalb des Geltungsbereichs der AO erfasst.
48 *Görke* in Hübschmann/Hepp/Spitaler, AO/FGO-Kommentar, § 140 AO Rz. 11.
49 BT-Drucks. VI/1982 S. 123 konkretisiert den Tatbestand „anderer Gesetze" entsprechend durch Benennung lediglich inländischer außersteuerlicher Buchführungs- und Aufzeichnungspflichten als Transformationsgrundlagen: „In Betracht kommen hier insbesondere die Buchführungsvorschriften des Handelsgesetzbuchs, des Aktiengesetzes, des Gesetzes betreffend die Gesellschaften mit beschränkter Haftung und des Genossenschaftsgesetzes. Außerdem sind für eine Reihe von Gewerbezweigen besondere Bücher vorgeschrieben, z. B. Betriebsbücher nach der Apothekenbetriebsordnung, Einkaufsbücher der Metallhändler, Fremdenbücher für das Hotel- und Gaststättengewerbe, Tagebücher der Handelsmakler".

folgen im Inland erfolgende Anwendung ausländischen Rechts, das dem Bestimmtheitsgebot ggf. nicht genügt, ist zudem bezüglich gebotener Gleichbehandlung kritisch zu sehen.[50]

Wesentliche Intention des § 140 AO ist es, außersteuerliche Buchführungs- und Aufzeichnungspflichten für das Steuerrecht nutzbar zu machen,[51] d. h. die steuerliche Buchführung zu rationalisieren und Verifikationsmöglichkeiten der Finanzverwaltung abzusichern.[52] Auch wenn die verfahrensrechtliche Frage, ob eine nach ausländischem Recht bestehende Buchführungs- und Aufzeichnungspflicht (zusätzlich zu den besonderen Mitwirkungspflichten bei Auslandssachverhalten gem. § 90 Abs. 2 AO) für Verifikationszwecke auch im Inland zu erfüllen ist, zu bejahen wäre, ist hiervon die Frage der materiell-rechtlichen Konsequenzen für die Gewinnermittlung zu trennen.[53] Aus einer etwaigen aus § 140 AO abzuleitenden Verpflichtung zur verifikationsbedingten Vorlage einer ausländischen Buchführung folgt nicht zwingend, dass der Gewinn durch Bestandsvergleich zu ermitteln ist.[54] Eine Gewinnermittlung nach § 4 Abs. 1 EStG erfordert entsprechend der Wechselbezüglichkeit der §§ 4 Abs. 1, 5 Abs. 1 EStG und der Konkretisierungsfunktion des § 5 EStG[55] die Beachtung handelsrechtlicher GoB,[56] d. h. deutschen Handelsrechts.[57] Die Übernahme ausländischer Rechtsnormen auch für die materiell-rechtliche Frage der Gewinnermittlungsmethode ist bei erheblichen Anpassungserfordernissen und verbundenen Anpassungsproblemen bereits mit der Rationalisierungsintention des § 140 AO nicht zur Deckung zu bringen.[58] Anordnungen, „Anpassungen an die steuerrechtlichen Vorschriften im Geltungsbereich dieses Gesetzes vorzunehmen", wie sie § 146 Abs. 2 Satz 3 AO für (Teil-)Ergebnisse einer nach (hier eindeutig bezeichneten) Rechtsnormen anderer Staaten erstellten Buchführung in Betriebsstätten- und Organgesellschaftsfällen explizit vorsieht, fehlen in § 140 AO zudem. Selbst unter der Annahme, dass § 140 AO auch ausländische Gesetze in Bezug nimmt, bliebe deren Relevanz („Bedeutung für die Besteuerung") auf die Absicherung von Verifikationsmöglichkeiten der Finanzverwaltung jedenfalls dann beschränkt, wenn dem ausländischen Abschluss die für den Betriebsvermögensvergleich nach § 4 Abs. 1 EStG erforderlichen Vermögenswerte nach deutschen Bewertungs- und Abschreibungsregeln nicht entnommen werden können.[59] Genügt die Buchführung nach ausländischem Recht den konkreten Erfordernissen einer Gewinnermittlung nach § 4 Abs. 1 EStG nicht

---

50 Vgl. *Görke* in Hübschmann/Hepp/Spitaler, AO/FGO-Kommentar, § 140 AO Rz. 11; *Richter/John*, ISR 2014 S. 39 f.
51 So explizit BT-Drucks. VI/1982 S. 123.
52 Vgl. auch FG Sachsen-Anhalt, Urteil v. 25.5.2016 - 3 K 1521/11, EFG 2016 S. 2024, Rev. eingel., Az. BFH I R 81/16: § 140 AO begründet nicht etwa Aufzeichnungs- und Buchführungspflichten neu, sondern verlängert diese lediglich für Zwecke der Verifikation.
53 So *Drüen* in Tipke/Kruse, § 140 AO Rz. 7a; *Drüen*, ISR 2014 S. 271: Rechtsfolgenabschichtung.
54 *Drüen*, ISR 2014 S. 272; s. auch Kapitel XIV Rz. 2413.
55 Vgl. *Kanzler* in Hübschmann/Hepp/Spitaler, Vor §§ 4-7 EStG Rz. 23.
56 Vgl. *Richter/John*, ISR 2014 S. 39.
57 BFH, Urteil v. 13.9.1989 - I R 117/87, BStBl 1990 II S. 57: „§ 5 Abs. 1 EStG bezieht sich [...] nur auf einen Jahresabschluß, der dem deutschen Handels- oder Steuerrecht entsprechend aufgestellt wurde".
58 Vgl. *Richter/John*, ISR 2014 S. 39; dies., ISR 2015 S. 163.
59 Vgl. *Drüen* in Tipke/Kruse, AO/FGO, § 140 AO Rz. 7a; *Drüen*, ISR 2014 S. 272.

(Regelfall), wird das Wahlrecht zur vereinfachten Gewinnermittlung nach § 4 Abs. 3 Satz 1 EStG durch § 140 AO folglich nicht suspendiert.[60]

3.1.2 Beginn/Ende

33 § 140 AO übernimmt die nach außersteuerlichen Gesetzen bestehenden Pflichten auch im Hinblick auf Beginn und Ende.[61] Für Beginn und Ende der aus der handelsrechtlichen Buchführungspflicht abgeleiteten steuerrechtlichen Buchführungspflicht sind damit Erwerb bzw. Verlust der Kaufmannseigenschaft maßgebend (s. Rz. 29 f.). Die handelsrechtliche Befreiung von der Buchführungspflicht nach § 241a HGB gilt über § 140 AO auch für das Steuerrecht, sofern sie tatsächlich in Anspruch genommen wird. Die bloße Befreiungsmöglichkeit suspendiert die abgeleitete steuerrechtliche Buchführungspflicht nicht bereits.[62] Bei Vorliegen der Voraussetzungen des § 141 AO wird die Befreiung nach § 241a HGB i. V. m. § 140 AO für das Steuerrecht durch die originäre steuerrechtliche Buchführungspflicht verdrängt.

3.2 Originäre steuerrechtliche Buchführungspflicht, § 141 AO

3.2.1 Anwendungsbereich

34 Die im Handelsrecht für die Begründung der Buchführungspflicht erforderliche Bestimmung der Kaufmannseigenschaft ist aufgrund des unbestimmten Rechtsbegriffs des „nach Art und Umfang in kaufmännischer Weise eingerichteten Geschäftsbetriebs" nicht stets eindeutig möglich. Insbesondere im Hinblick auf die zu gewährleistende Gleichmäßigkeit der Besteuerung ist im Steuerrecht eine objektivierte und trennscharfe Abgrenzung des Kreises der Buchführungspflichtigen erforderlich. § 141 AO knüpft die Buchführungspflicht an die quantifizierbaren und damit objektiven Kriterien Umsatzhöhe, Gewinn und Flächen-Wirtschaftswert.

35 Durch § 141 AO werden **gewerbliche Unternehmer sowie Land- und Forstwirte** originär steuerrechtlich verpflichtet, Bücher zu führen und aufgrund jährlicher Bestandsaufnahmen regelmäßig Abschlüsse zu erstellen, sofern sie nicht bereits handelsrechtlich und damit gem. § 140 AO derivativ steuerrechtlich der Buchführungspflicht unterliegen. § 141 AO kommt gegenüber § 140 AO nur subsidiär zur Anwendung (AEAO zu § 141 Nr. 1). Da Kaufleute vorbehaltlich der Befreiung nach § 241a HGB (s. Rz. 13 ff.) bereits handelsrechtlich buchführungspflichtig sind, kommt die originäre steuerrechtliche Buchführungspflicht insbesondere in Betracht für Kleingewerbetreibende (Einzelunter-

---

60 Vgl. *Drüen* in Tipke/Kruse, AO/FGO, § 140 AO Rz. 7a; vgl. auch FG Sachsen-Anhalt, Urteil v. 25.5.2016 - 3 K 1521/11, EFG 2016 S. 2024, im konkreten Entscheidungsfall Wahlrecht gleichwohl mit Hinweis darauf ablehnend, dass der Jahresabschluss nach luxemburgischem Recht sich ohne weiteres für deutsche Besteuerungszwecke verwenden ließe, Rev. eingel., Az. BFH I R 70/17. Der Wahlrechtsfortbestand wird zudem aus § 4 Abs. 3 EStG selbst abgeleitet: Einnahmen-Überschuss-Rechnung scheidet aus, wenn regelmäßig Abschlüsse erstellt werden; der Begriff „Abschluss" entspreche dem des § 5 Abs. 1 EStG, umfasse damit lediglich Abschlüsse nach deutschem Recht, vgl. *Kanzler* in Hübschmann/Hepp/Spitaler, § 4 EStG Rz. 11; *Hallerbach*, Kapitel XIV Rz. 2413; die BFH-Rechtsprechung folgt dem nicht, s. Nachweis in Fn. 45.
61 Vgl. *Mösbauer*, DStZ 1997 S. 201; *Drüen* in Tipke/Kruse, AO/FGO, § 140 AO Rz. 28 m. w. N.
62 Vgl. *Bieg/Waschbusch*, Beck'sches Handbuch der Rechnungslegung, A 100 Rz. 20.

nehmen/kleingewerbetreibende Personengesellschaften), die auf eine Handelsregistereintragung verzichtet haben, Land- und Forstwirte, die als Kannkaufleute i. S. des § 3 Abs. 2, 3 HGB keine Eintragung in das Handelsregister vorgenommen haben, aufgrund der fehlenden Abstimmung zwischen § 241a HGB und § 141 AO ebenso für die gem. § 241a HGB von der Buchführungspflicht befreiten Kaufleute sowie in bestimmten grenzüberschreitenden Fällen.

Sachverhalte mit Auslandsbezug: Im Inboundfall unterliegen beschränkt steuerpflichtige ausländische Unternehmer, die im Inland nicht bereits handelsrechtlich buchführungspflichtig sind (s. Rz. 4), jedenfalls dann der originären steuerrechtlichen Buchführungspflicht, wenn und soweit sie im Inland eine Betriebsstätte unterhalten oder einen ständigen Vertreter bestellt haben.[63] Die Buchführungsgrenzen des § 141 Abs. 1 Nr. 1-5 AO sind bei beschränkt Steuerpflichtigen nur auf den im Inland steuerbaren (Nr. 1, 4, 5) oder belegenen (Nr. 3) Anteil der Geschäftstätigkeit zu beziehen, da die steuerrechtliche Buchführungspflicht Ausprägung der allgemeinen Mitwirkungspflicht und diese auf steuererhebliche Tatsachen beschränkt ist.[64] § 141 AO bezweckt in Bezug auf ausländische gewerbliche Unternehmen die zutreffende Erfassung im Inland beschränkt steuerpflichtiger Einkünfte.[65]

36

Erzielen beschränkt Körperschaftsteuerpflichtige ohne inländische Betriebsstätte Einkünfte aus Vermietung und Verpachtung oder aus der Veräußerung inländischen unbeweglichen Vermögens, von Sachinbegriffen oder Rechten, ordnet § 49 Abs. 1 Nr. 2 Buchst. f EStG diese den Einkünften aus Gewerbebetrieb zu (Fiktion). Mangels Relevanz einer (etwaigen) Buchführungspflicht nach ausländischem Recht (s. Rz. 32), kann eine abgeleitete Buchführungspflicht nach § 140 AO insoweit nicht entstehen. Voraussetzung für das subsidiäre Eingreifen des § 141 AO ist eine Gewerblichkeit im steuerlichen Sinne; ob sich diese auch aus einer gesetzlichen Gewerblichkeitsfiktion ergeben kann, ist streitig. Bei Überschreiten eines Schwellenwerts des § 141 AO und erfolgtem Hinweis auf die Buchführungspflicht (s. Rz. 48) greift die originäre steuerrechtliche Buchführungspflicht nach Auffassung der Finanzverwaltung insoweit ein.[66] Mit Hinweis darauf, dass § 141 AO tatbestandlich an das Vorliegen eines tatsächlichen (Gewerbe-)Betriebs sowie in personeller Hinsicht an die Einkunftserzielung durch einen „gewerblichen Unternehmer" anknüpfe und die Norm auf die Gewerblichkeit i. S. des § 15 Abs. 2 EStG Bezug nehme, wertet der BFH eine originäre steuerliche Buchführungspflicht ba-

---

63 BFH, Urteil v. 14.9.1994 - I R 116/93, BStBl 1995 II S. 238; *Drüen* in Tipke/Kruse, AO/FGO, § 141 AO Rz. 6; *Görke* in Hübschmann/Hepp/Spitaler, AO/FGO-Kommentar, § 141 AO Rz. 17; *Märtens* in Beermann/Gosch, AO/FGO, § 141 AO Rz. 8; AEAO zu § 141 Nr. 1.
64 BFH, Urteil v. 17.12.1997 - I R 95/96, BStBl 1998 II S. 260; FG Berlin-Brandenburg, Beschluss v. 14.8.2007 - 8 V 8133/07, EFG 2008 S. 188; *Drüen* in Tipke/Kruse, AO/FGO, § 141 AO Rz. 6; *Görke* in Hübschmann/Hepp/Spitaler, AO/FGO-Kommentar, § 141 AO Rz. 17.
65 BFH, Urteil v. 14.9.1994 - I R 116/93, BStBl 1995 II S. 238.
66 Vgl. BMF, Schreiben v. 16.5.2011 - IV C 3 - S 2300/08/10014, BStBl 2011 I S. 530, Rz. 3; OFD NRW, Vfg. v. 5.9.2017 - S 1300-2010/0007-St 122, DB 2017 S. 2384; *Görke* in Hübschmann/Hepp/Spitaler, AO/FGO-Kommentar, § 141 AO Rz. 17; *Krumm* in Blümich, EStG, § 5 Rz. 138.

sierend auf der Gewerblichkeitsfiktion des § 49 Abs. 1 Nr. 2 Buchst. f EStG als ernstlich zweifelhaft.[67] Eine Betriebsstätte wird durch die Fiktion nicht begründet.[68]

37 Im **Outboundfall** (Betriebsstätte im Ausland) besteht für das unbeschränkt steuerpflichtige Gesamtunternehmen regelmäßig bereits handelsrechtlich Buchführungspflicht (s. Rz. 4). Subsidiär kann § 141 AO zur Anwendung kommen. Die (abgeleitete oder originäre) steuerrechtliche Buchführungspflicht ist grundsätzlich ohne Rücksicht auf eine Steuerfreistellung der ausländischen Betriebsstätteneinkünfte nach einem DBA und etwaige Buchführungs- und Aufzeichnungspflichten im Betriebsstättenstaat im Inland zu erfüllen. Kommt das Unternehmen einer im Betriebsstättenstaat bestehenden Verpflichtung nach, für die Betriebsstätte Bücher und Aufzeichnungen zu führen, genügt es, die Ergebnisse dieser Buchführung in die Buchführung des inländischen Unternehmens zu übernehmen (§ 146 Abs. 2 Satz 2-4 AO). Anpassungen an die deutschen steuerlichen Vorschriften sind vorzunehmen und kenntlich zu machen.

38 **Voraussetzung für die Buchführungspflicht** nach § 141 AO ist, dass nach den Feststellungen der Finanzbehörde für den einzelnen Betrieb

- Umsätze einschließlich steuerfreier Umsätze, ausgenommen Umsätze nach § 4 Nr. 8-10 UStG von mehr als 600.000 € (bis 2015: 500.000 €) im Kalenderjahr oder
- selbstbewirtschaftete land- und forstwirtschaftliche Flächen mit einem Wirtschaftswert (§ 46 BewG) von mehr als 25.000 €[69] vorlagen oder
- ein Gewinn aus Gewerbebetrieb von mehr als 60.000 € (bis 2015: 50.000 €) im Wirtschaftsjahr oder
- ein Gewinn aus Land- und Forstwirtschaft von mehr als 60.000 € (bis 2015: 50.000 €) im Kalenderjahr erzielt wurde und
- die Finanzbehörde auf den Beginn der Buchführungspflicht hingewiesen hat.

Ausreichend ist die Unterschreitung eines Schwellenwerts bereits dann, wenn dies einmalig erfolgt; zum verzögerten Beginn der Buchführungspflicht abhängig von der Buchführungsmitteilung der Finanzbehörde s. Rz. 48.

39 Der **Umsatzbegriff** des § 141 AO schließt an die Regelungen des UStG an[70] und umfasst neben steuerpflichtigen und steuerfreien Umsätzen des Kalenderjahres (Ausnahme Umsätze i. S. des § 4 Nr. 8-10 UStG, d. h. Umsätze aus der Vermittlung von Krediten, unter das GrEStG, RennwLottG, VerStG fallende Umsätze) nach der von der Rechtspre-

---

[67] BFH, Beschluss v. 15.10.2015 - I B 93/15, BStBl 2016 II S. 66; die weitere Klärung durch den BFH im Hauptsacheverfahren (FG Sachsen-Anhalt, Urteil v. 25.5.2016 - 3 K 1521/11; Az. der Revision: I R 81/16) bleibt abzuwarten; kritisch auch z. B. *Lindauer/Westphal*, BB 2009 S. 421; *Korn* in Korn, EStG, § 4 Rz. 487.1. Für Freiberufler, für die nach Maßgabe des § 15 Abs. 3 Nr. 1 EStG gewerbliche Einkünfte fingiert werden, wird demgegenüber originäre Buchführungspflicht nach § 141 AO auf die Gewerblichkeitsfiktion gestützt, vgl. *Drüen* in Tipke/Kruse, AO/FGO, § 140 AO Rz. 21; *Görke* in Hübschmann/Hepp/Spitaler, AO/FGO, § 140 AO Rz. 18; *Nöcker*, AO-StB 2016 S. 326, vgl. auch AEAO zu § 141 Nr. 1 Satz 4; eine handelsrechtliche und damit eine nach § 140 AO abgeleitete Buchführungspflicht scheiden insoweit aus, vgl. FG Baden-Württemberg, Urteil v. 12.2.2001 - 10 K 279/97, EFG 2001 S. 807.
[68] Vgl. BMF, Schreiben v. 16.5.2011 - IV C 3 - S 2300/08/10014, BStBl 2011 I S. 530, Rz. 15; *Wassermeyer*, IStR 2009 S. 239.
[69] Dazu z. B. *Görke* in Hübschmann/Hepp/Spitaler, AO/FGO-Kommentar, § 141 AO Rz. 35 ff.
[70] BFH, Beschluss v. 4.5.1999 - VIII B 111/98, BFH/NV 1999 S. 1444; BFH, Urteil v. 7.10.2009 - II R 23/08, BStBl 2010 I S. 219.

chung bestätigten Verwaltungsauffassung auch nicht steuerbare Auslandsumsätze, die ggf. nach § 162 AO zu schätzen sind.[71]

Dem **Gewinnbegriff** des § 141 AO ist der nach steuerlichen Regelungen ermittelte Gewinn aus Gewerbebetrieb (bzw. aus Land- und Forstwirtschaft) im Wirtschaftsjahr (bzw. im Kalenderjahr) zugrunde zu legen. Bei bestehendem Gewinnermittlungswahlrecht ist die Finanzbehörde an die vom Betrieb zulässigerweise gewählte Gewinnermittlungsart gebunden.[72] Die Buchführungsgrenzen sind grundsätzlich schematisch unabhängig von der Einkunfts-/Gewinnermittlungsart anzuwenden, um im Massenverfahren rechtssicher und einfach die Buchführungspflicht nach § 141 AO bestimmen zu können.[73] Sind die Voraussetzungen für eine Schätzung gegeben (§ 162 AO), ist der geschätzte Gewinn maßgebend. Wird mit dem BFH Buchführungspflicht einer Mitunternehmerschaft auch für das Sonderbetriebsvermögen bejaht (s. Rz. 42), ist für die Bestimmung der Gewinngröße des § 141 AO der Sonderbetriebsbereich der Gesellschafter einzubeziehen.[74] Erhöhte AfA und Sonder-AfA sind bei der Prüfung, ob die Gewinngrenzen überschritten sind, unberücksichtigt zu lassen (§ 7a Abs. 6 EStG). Die gewinnmindernde (bzw. in Folgejahren durch verringertes AfA-Volumen gewinnerhöhende) Wirkung von Sonder- und erhöhter AfA ist durch die AfA nach § 7 Abs. 1, 4 EStG zu ersetzen.[75] Hierdurch wird verhindert, dass allein im Wege der Inanspruchnahme der explizit gesetzlich angesprochenen subventionellen Sonder- und erhöhten AfA die Buchführungsgrenzen unterschritten werden können. Ein Unterschreiten der Gewinnschwelle kann etwa durch Beanspruchung gewinnmindernder Rücklagen nach § 6b EStG, von Gewinnminderungen nach § 6c EStG, Rücklagen für Ersatzbeschaffung nach R 6.6 EStR, durch eine Rücklage zum Ausgleich eines Anschaffungsgewinns bei Übernahme von Verpflichtungen nach § 5 Abs. 7 Satz 5 EStG (s. Rz. 2619) oder Investitionsabzugsbeträge nach § 7g EStG[76] gleichwohl bewirkt werden.

40

Betriebsbezogene Buchführungspflicht: Die Buchführungsgrenzen sind auf den einzelnen Betrieb bezogen, auch wenn der Steuerpflichtige mehrere Betriebe gleicher Einkunftsart unterhält.[77] Ausländische Betriebsstätten sind dem inländischen Betrieb ohne Ansehen von DBA-Bestimmungen zuzurechnen.[78] Eine betriebsübergreifende Addition der Bezugsgrößen scheidet aus. Eine Ausnahme gilt für steuerbegünstige Körperschaften: Unterhalten diese mehrere wirtschaftliche Geschäftsbetriebe (die keine

41

---

71 AEAO zu § 141 Nr. 3 Satz 3; BFH, Urteil v. 7.10.2009 - II R 23/08, BStBl 2010 I S. 219; *Mösbauer*, DB 1995 S. 398.
72 Vgl. *Görke* in Hübschmann/Hepp/Spitaler, AO/FGO-Kommentar, § 141 AO Rz. 38.
73 FG Berlin-Brandenburg, Beschluss v. 14.8.2007 - 8 V 8133/07, EFG 2008 S. 188; *Drüen* in Tipke/Kruse, AO/FGO, § 141 AO Rz. 12. Da der Gewinnbegriff des § 141 AO auf den Gewinn aus Gewerbebetrieb ohne Ansehen der Gewinnermittlungsart abstellt, kann ein Zirkularitätsproblem von Voraussetzung und Rechtsfolge der Befreiung von der Buchführungspflicht wie im Fall des § 241a HGB (s. Rz. 16) hier nicht entstehen.
74 Vgl. z. B. *Görke* in Hübschmann/Hepp/Spitaler, AO/FGO, § 141 AO Rz. 21; *Nöcker*, AO-StB 2016 S. 326.; a. A. *Drüen* in Tipke/Kruse, AO/FGO, § 141 Rz. 21: Sonderbetriebsvermögen nicht einzubeziehen; *Dißars*, StuB 2016 S. 454: für die Schwellenwertprüfung nach § 141 AO sei lediglich auf die Person des Mitunternehmers abzustellen, da nur für diesen Buchführungspflicht begründet werde.
75 Vgl. *Anzinger/Siebenhüter* in Herrmann/Heuer/Raupach, EStG, § 7a Rz. 54; *Kulosa* in Schmidt, EStG, 36. Aufl. 2017, § 7a Rz. 11.
76 Zu § 7g EStG a. F. FG Berlin-Brandenburg, Urteil v. 14.11.2007 - 7 K 7124/07, EFG 2008 S. 514.
77 BFH, Urteil v. 13.10.1988 - IV R 136/85, BStBl 1989 II S. 7, u. a. zum Betriebsbegriff; AEAO zu § 141 Nr. 3.
78 Vgl. *Märtens* in Beermann/Gosch, AO/FGO, § 141 AO Rz. 18; *Görke* in Hübschmann/Hepp/Spitaler, AO/FGO-Kommentar, § 141 AO Rz. 28.

Zweckbetriebe i. S. der §§ 65-68 AO sind), sind diese auch für die Beurteilung der Buchführungspflicht wie ein Betrieb zu behandeln (§ 64 Abs. 2 AO).[79]

42 **Buchführungspflicht bei Sonderbetriebsvermögen**: Die Buchführungspflicht einer Mitunternehmerschaft umfasst handelsrechtlich lediglich deren Gesamthandsvermögen,[80] die abgeleitete steuerrechtliche Buchführungspflicht nach § 140 AO bleibt entsprechend hierauf beschränkt. Das steuerrechtliche Betriebsvermögen der Mitunternehmerschaft umfasst auch das (positive und negative) Sonderbetriebsvermögen. Eine Buchführungspflicht des Gesellschafters auf der Grundlage des § 141 AO hinsichtlich seines Sonderbetriebsvermögens scheitert daran, dass dieser keinen Betrieb unterhält. Nach Ansicht von Rechtsprechung und Finanzverwaltung ist die Personengesellschaft nach Maßgabe des § 141 AO für das Sonderbetriebsvermögen ihrer Gesellschafter originär steuerrechtlich buchführungspflichtig,[81] vorausgesetzt der Betrieb insgesamt überschreitet eine der Buchführungsgrenzen[82] und die Buchführungsmitteilung durch die Finanzbehörde (s. Rz. 48) ist erfolgt.

43 **Buchführungssystem**: Bei originärer steuerrechtlicher Buchführungspflicht reicht es im Gegensatz zu den Pflichten bei abgeleiteter Buchführungspflicht (s. Rz. 3, 31) aus, eine einfache Buchführung zu unterhalten, d. h. lediglich aufgrund von Bestandsaufnahmen einen Betriebsvermögensvergleich zu führen. Mangels Verweis des § 141 Abs. 1 Satz 2 AO auf § 242 Abs. 2 und 3 HGB ist der Steuerpflichtige zur Erstellung einer GuV nicht verpflichtet. Die freiwillige Erstellung steht dem Steuerpflichtigen offen, verlangt werden kann die GuV nicht.[83] Die praktische Bedeutung der einfachen Buchführung ist allerdings gering, da Aussagekraft ebenso wie (Selbst-)Kontrollmöglichkeiten erheblich reduziert sind. Mit der fehlenden Verpflichtung zur Erstellung der GuV entfällt insoweit auch die Verpflichtung zur elektronischen Übermittlung nach § 5b EStG (s. Rz. 1291).

44–47 *(Einstweilen frei)*

3.2.2 Beginn/Ende

48 Der **Beginn** der Buchführungspflicht wird nicht bereits mit dem Überschreiten eines der Schwellenwerte ausgelöst. Erforderlich ist die Feststellung der Überschreitung und Mitteilung der Buchführungspflicht durch die Finanzbehörde. Die Buchführungspflicht greift erst mit Beginn des Wirtschaftsjahres, das auf die Bekanntgabe der Buchführungsver-

---

79 AEAO zu § 141 Nr. 3 Satz 2, zu § 64 Nr. 11. Buchführungspflicht entsteht nur partiell für den Bereich der wirtschaftlichen Geschäftsbetriebe.
80 BFH, Urteile v. 21.6.1989 - X R 14/88, BStBl 1989 II S. 881; v. 23.10.1990 - VIII R 142/85, BStBl 1991 II S. 403; *Dißars*, StuB 2016 S. 453; *Wichmann*, DStZ 2017 S. 258; *Grottel/Baldamus*, Beck'scher Bilanz-Kommentar, 11. Aufl. 2018, § 247 Rz. 706.
81 BFH, Urteile v. 23.10.1990 - VIII R 142/85, BStBl 1991 II S. 403; v. 25.3.2004 - IV R 49/02, BFH/NV 2004 S. 1247; v. 25.3.2004 - IV R 49/02, BStBl 2006 II S. 874; AEAO zu § 141 Nr. 1; vgl. auch *Märtens* in Beermann/Gosch, AO/FGO, § 141 AO Rz. 14; *Wacker* in Schmidt, EStG, 36. Aufl. 2017, § 15 Rz. 508; *Krumm* in Blümich, EStG, § 5 Rz. 143; *Kahle*, DStZ 2012 S. 64; kritisch insbesondere *Brandenberg*, JbFSt 1993/94 S. 300 ff.; *Schön*, DStR 1993 S. 193; *Drüen* in Tipke/Kruse, AO/FGO, § 141 AO Rz. 3a m. w. N.; *Kanzler* in Herrmann/Heuer/Raupach, vor §§ 4-7 EStG Rz. 6; *Korn* in Korn, EStG, § 4 Rz. 487; *Dißars*, StuB 2016 S. 453 f.; *Wichmann*, DStZ 2017 S. 254.
82 BFH, Urteil v. 11.3.1992 - XI R 38/89, BStBl 1992 II S. 797.
83 Vgl. *Drüen* in Tipke/Kruse, AO/FGO, § 141 AO Rz. 26, 35 m. w. N.; *Märtens* in Beermann/Gosch, AO/FGO, § 141 AO Rz. 30.

pflichtung folgt (§ 141 Abs. 2 Satz 1 AO). Eine Mitteilung ist auch bei bereits erfolgender freiwilliger Buchführung erforderlich, anderenfalls bleibt der Wechsel zur Einnahmen-Überschussrechnung grundsätzlich möglich.[84] Bei lediglich **einmaligem Überschreiten** der Buchführungsgrenzen soll auf Antrag nach § 148 AO Befreiung von der Buchführungspflicht weiterhin bewilligt werden, wenn nicht zu erwarten steht, dass eine der Grenzen auch weiterhin überschritten wird (einmalige/außergewöhnliche Geschäftsvorfälle, z. B. Veräußerung von Grund und Boden des Anlagevermögens; Entschädigungsleistungen).[85] Die Bekanntgabe der Buchführungspflicht soll mindestens einen Monat vor Beginn des Wirtschaftsjahres erfolgen, von dessen Beginn an sie zu erfüllen ist,[86] die Rechtsprechung lässt bereits eine Frist von 25 Tagen genügen.[87] Hat der Steuerpflichtige **wissentlich unzutreffende Angaben** bezüglich Gewinn und/oder Umsatz gemacht und das Finanzamt so an der Feststellung der Schwellenwertüberschreitung und Mitteilung der Buchführungspflicht gehindert, ist die fehlende Mitteilung auf den Zeitpunkt zu fingieren, zu dem sie bei rechtzeitiger Kenntnis der zutreffenden Höhe der Bezugsgrößen ergangen wäre; bei fehlender Buchführung ist der Gewinn zu schätzen.[88]

Beendet wird die Buchführungspflicht – aufgrund der Bezogenheit auf den gewerblichen/land- und forstwirtschaftlichen Betrieb – durch Beendigung des Betriebes, d. h. insbesondere bei Betriebsaufgabe, Strukturwandel zu einem Freiberuflerbetrieb oder z. B. auch Wegfall gewerblicher Infektion oder Prägung nach § 15 Abs. 3 Nr. 1 bzw. Nr. 2 EStG.[89] Bei Unterschreiten der Schwellenwerte ist für die Beendigung dagegen eine Feststellung der Finanzbehörde erforderlich, dass die Voraussetzungen für die Buchführungspflicht nicht mehr gegeben sind. Die originäre Buchführungspflicht endet mit Ablauf des Wirtschaftsjahres, welches auf das Wirtschaftsjahr folgt, in dem diese Feststellung getroffen wird (§ 141 Abs. 2 Satz 2 AO). Der im Gegensatz zum Beginn der Buchführungspflicht (*Beginn* des Wirtschaftsjahres, das auf die Mitteilung folgt) gesetzlich angeordnete zeitliche Versatz um ein weiteres Jahr (*Ablauf* des Wirtschaftsjahres, das auf die Mitteilung folgt) kann zu ganz erheblichen Verzögerungen bei der Beendigung der Buchführungspflicht führen (Beispiel Unterschreitung der Grenzen in 01, Steuererklärung Ende 02, Steuerbescheid einschließlich Feststellung entfallener Voraussetzungen der Buchführungspflicht in 03, Fortbestand der Buchführungspflicht bis einschließlich 04, d. h. nach Unterschreiten der Schwellenwerte Buchführungspflicht für drei weitere Jahre). Sobald sich ein (voraussichtlich nicht singuläres) Unterschreiten der Schwellenwerte abzeichnet, ist daher ein Antrag auf Feststellung nach § 141 Abs. 2 Satz 2 AO anzuraten.[90] Der zeitliche Nachlauf der

49

---

84 BFH, Urteil v. 31.8.1994 - X R 110/90, BFH/NV 1995 S. 370.
85 BFH, Urteil v. 17.9.1987 - IV R 31/87, BStBl 1988 II S. 20; AEAO zu § 141 Rz. 4.
86 AEAO zu § 141 Nr. 4.
87 BFH, Urteil v. 29.3.2007 - IV R 14/05, BStBl 2007 II S. 816 zur Mitteilung nach § 13a Abs. 1 Satz 2 EStG.
88 BFH, Urteil v. 29.11.2001 - IV R 13/00, BStBl 2002 II S. 147 zu § 13a EStG; vgl. auch *Märtens* in Beermann/Gosch, AO/FGO, § 141 AO Rz. 6; *Cöster* in Pahlke/Koenig, AO, 3. Aufl. 2014, § 141 Rz. 41; *Kanzler* in Leingärtner, Besteuerung der Landwirte, Kapitel 21 Tz. 60; *Görke* in Hübschmann/Hepp/Spitaler, AO/FGO-Kommentar, § 141 AO Rz. 57 m. w. N.; a. A. *Drüen* in Tipke/Kruse, AO/FGO, § 141 AO Rz. 45.
89 Eine Feststellung der Behörde, dass keine gewerblichen oder land- und forstwirtschaftlichen Einkünfte mehr vorliegen, ist nicht erforderlich, vgl. *Görke* in Hübschmann/Hepp/Spitaler, AO/FGO-Kommentar, § 141 AO Rz. 68.
90 Vgl. auch *Drüen* in Tipke/Kruse, AO/FGO, § 141 AO Rz. 49; *Korn* in Korn, EStG, § 4 Rz. 483; *Nöcker*, AO-StB 2016 S. 328.

Buchführungspflicht soll häufige Wechsel zwischen Beendigung und Wiederbeginn der Buchführungspflicht vermeiden.[91]

3.3 Abweichungen zwischen handels- und steuerrechtlicher Buchführungspflicht

50 Die Voraussetzungen des § 141 AO für eine originäre steuerrechtliche Buchführungspflicht und die Voraussetzungen des § 241a HGB für eine Befreiung von Einzelkaufleuten von der handelsrechtlichen Buchführungs- und Bilanzierungspflicht sind – trotz paralleler Anhebung der Schwellenwerte im Zuge des Bürokratieentlastungsgesetzes vom 27.7.2015[92] mit Wirkung für Geschäftsjahre, die nach dem 31.12.2015 beginnen – nicht aufeinander abgestimmt.[93] Trotz handelsrechtlicher Befreiung, die zugleich eine derivative steuerrechtliche Buchführungspflicht nach § 140 AO suspendiert, kann eine originär steuerrechtliche Buchführungspflicht nach § 141 AO bestehen (AEAO zu § 141 Nr. 1 Satz 2).

51 **ABB. 1:** Abweichungen zwischen handels- und steuerrechtlicher Buchführungspflicht

			§ 241a HGB i. V. m. § 140 AO	§ 141 AO	
			keine Begründung/Wegfall der Buchführungspflicht		
				Gewerbebetreibende	Land- und Fortwirte
kumulative Größenmerkmale	umsatzbezogen	Bezugs-größe	Umsatzerlöse i. S. d. § 275 Abs. 2 Nr. 1 bzw. Abs. 3 Nr. 1 HGB bis zu 600.000 €	Umsätze i. S. d. UStG einschl. steuerfreier Umsätze (ausgenommen Umsätze i. S. d. § 4 Nr. 8-10 UStG) und nicht umsatzsteuerbarer Auslandsumsätze bis zu 600.000 €	
		Bezugs-periode	Geschäftsjahr	Kalenderjahr	
	ereignisbezogen	Bezugs-größe	Jahresüberschuss i. S. d. § 275 Abs. 2 Nr. 20 bzw. Abs. 3 Nr. 19 HGB bis zu 60.000 €	Gewinn aus Gewerbebetrieb bis zu 60.000 €	Gewinn aus Land- u. Fortwirtschaft bis zu 60.000 €
		Bezugs-periode	Geschäftsjahr	Wirtschaftsjahr	Kalenderjahr
	substanz-bezogen		-	-	Wirtschaftswert (§ 46 BewG) selbstbewirtschafteter Flächen bis zu 25.000 €
	zeitliche Bedingung		Unterschreitung der Größenmerkmale an Abschlussstichtagen zwei aufeinander folgender Geschäftsjahre; bei Neugründung Unterschreitung am ersten Abschlussstichtag ausreichend	einmalige Unterschreitung der Größenmerkmale ausreichend; Wegfall mit Ablauf des Wj., das auf das Wj. folgt, in dem die Finanzbehörde feststellt, dass die Grenzen unterschritten wurden	
			Begründung der Buchführungspflicht		
			kraft Gesetz mit Beginn des Wj., das der Überschreitung eines der beiden Größenmerkmale folgt (Rz. 19)	durch Verwaltungsakt ab Beginn des Wj., das der Bekanntgabe der Buchführungsmitteilung folgt	

---

[91] BT-Drucks. VI/1982 S. 125; BFH, Urteil v. 17.9.1987 - IV R 31/87, BStBl 1988 II S. 20.
[92] BGBl 2015 I S. 1400.
[93] Die fehlende Kongruenz wurde vom Gesetzgeber explizit hingenommen, BT-Drucks. 16/10067 S. 46.

Die Schwellenwerte stimmen numerisch zwar überein, aufgrund der abweichenden Umsatz- und Ergebnisbezugsgrößen, abweichender Bezugsperioden sowie abweichender zeitlicher Voraussetzungen kommen die Regelungen bezüglich Buchführungspflicht/-befreiung aber nicht zwingend zu parallelen Ergebnissen. Nachvollziehbare Gründe für alle Abweichungsdetails sind nicht erkennbar.

Die **umsatzbezogenen Größen** stimmen nicht zwingend überein. Während das Handelsrecht auf die Umsatzerlöse i. S. des § 275 Abs. 2, 3 HGB abstellt und damit insbesondere keine sonstigen betrieblichen Erträge einschließlich solchen aus Anlagenabgängen, aus der Veräußerung von Forderungen, der Auflösung von Rückstellungen sowie aus Zuschreibungen umfasst, schließt der Begriff „Umsätze" i. S. des § 141 AO an die Regelungen des UStG an[94] und umfasst neben steuerpflichtigen und steuerfreien auch nicht steuerbare Auslandsumsätze (s. Rz. 14, 39). Mit der trotz Ausdehnung des Umsatzerlösbegriffs im Zuge des BilRUG (s. Rz. 14) engeren handelsrechtlichen Bezugsgröße sind die Voraussetzungen für eine originär steuerrechtliche Buchführungspflicht tendenziell früher gegeben.[95] In die entgegengesetzte Richtung wirkt die Ausnahme steuerfreier Umsätze i. S. des § 4 Nr. 8-10 UStG vom Umsatzbegriff des § 141 AO z. B. für Wohnungs-/Grundstücksunternehmen, die im Rahmen ihrer gewöhnlichen Geschäftstätigkeit nach § 4 Nr. 9a UStG umsatzsteuerfreie und damit nicht vom Umsatzbegriff des § 141 AO, gleichwohl aber vom Umsatzerlösbegriff des § 241a HGB erfasste Grundstücksgeschäfte tätigen.[96] Abweichungen können desgleichen daraus resultieren, dass die Umsatzgrenze handelsrechtlich auf das Geschäftsjahr, steuerrechtlich hingegen auf das Kalenderjahr bezogen ist und bei nicht kalenderjahrgleichem Geschäftsjahr Abweichungen bereits aufgrund bloßer Umsatzschwankungen auftreten.

52

Die **ergebnisbezogenen Größen** „Jahresüberschuss" (§ 241a HGB) und „Gewinn aus Gewerbebetrieb" (§ 141 AO) weichen infolge des steuerrechtlichen Bewertungsvorbehalts (§ 5 Abs. 6 EStG), abweichender autonomer steuerrechtlicher Wahlrechtsausübung (§ 5 Abs. 1 Satz 1 EStG) sowie außerbilanzieller Korrekturen regelmäßig erheblich ab.[97] Wenngleich erhöhte steuerrechtliche Absetzungen und Sonderabschreibungen nicht zu berücksichtigen sind (§ 7a Abs. 6 EStG s. Rz. 40), verbleiben zahlreiche Abweichungen zwischen handels- und steuerrechtlicher Gewinnermittlung, die insbesondere aufgrund außerbilanzieller Korrekturen sowie des steuerrechtlichen Einbezugs von Sonderbetriebsvermögen (s. Rz. 40, 42) tendenziell dazu führen, dass die steuerrechtliche Gewinngrenze schneller überschritten wird.

53

Der **abweichende Zeitbezug** der Voraussetzungen für die Buchführungspflicht bzw. -befreiung (handelsrechtlich für Befreiung zweimaliges, bei Neugründung einmaliges Unterschreiten der Schwellenwerte; steuerlich einmaliges Unterschreiten) sowie Abweichungen zwischen dem handelsrechtlichen Automatismus bezüglich Beginn und Beendigung der Buchführungspflicht und dem steuerlichen Erfordernis der Buchfüh-

54

---

94 BFH, Beschluss v. 4.5.1999 - VIII B 111/98, BFH/NV 1999 S. 1444; BFH, Urteil v. 7.10.2009 - II R 23/08, BStBl 2010 II S. 219.
95 Vgl. zur Rechtslage vor BilRUG *Philipps*, Rechnungslegung nach BilMoG, 2010, S. 40.
96 Vgl. auch *Richter*, FR 2009 S. 807.
97 Zu wesentlichen Abweichungen *Herzig/Briesemeister* in Küting/Weber, Handbuch der Rechnungslegung – Einzelabschluss, Kapitel 3 Rz. 116 ff.; s auch Teil B Rz. 521 ff.

rungsmitteilung bzw. der Feststellung weggefallener Voraussetzungen der Buchführungspflicht ziehen ebenfalls Inkongruenzen nach sich.

3.4 Freiwillige Buchführung

55 Unternehmern, die weder handelsrechtlich noch nach § 141 AO originär steuerrechtlich zur Buchführung verpflichtet sind, ist es unbenommen, freiwillig Bücher und Aufzeichnungen zu führen. Die Ordnungsvorschriften der §§ 145, 146 AO gelten auch insoweit (§ 146 Abs. 6 AO).[98] Angehörige der freien Berufe haben ein Wahlrecht, ihren Gewinn durch Überschussrechnung nach § 4 Abs. 3 EStG oder durch Bestandsvergleich nach § 4 Abs. 1 EStG zu ermitteln.[99] Bei Einkünften aus Gewerbebetrieb besteht ein Wahlrecht zwischen Überschussrechnung nach § 4 Abs. 3 EStG und Bestandsvergleich nach § 5 EStG. Das Wahlrecht der Gewinnermittlung durch Einnahmen-Überschussrechnung entfällt erst mit Erstellung eines Abschlusses, nicht bereits mit der Einrichtung einer Buchführung oder Aufstellung einer Eröffnungsbilanz.[100] Die Optionen des Steuerpflichtigen werden allerdings dadurch eingeschränkt, dass das Wahlrecht zur Gewinnermittlung durch Bestandsvergleich entfällt, wenn der Steuerpflichtige nicht zeitnah zum Beginn des Gewinnermittlungszeitraums eine Eröffnungsbilanz aufgestellt und eine kaufmännische Buchhaltung eingerichtet hat (s. im Einzelnen Rz. 2362 ff.).[101]

56 Bei freiwilliger Buchführung besteht ein Wahlrecht zwischen einfacher Buchführung mit Abschluss i. S. von § 242 Abs. 1 HGB (nur Bilanz) oder doppelter Buchführung mit Jahresabschluss i. S. von § 242 Abs. 3 HGB (Bilanz und GuV).[102] Die Vorlage freiwillig geführter Bücher und Aufzeichnungen kann – jedenfalls soweit diese über eine einfache Buchführung hinausgehen – im Festsetzungsverfahren nicht nach §§ 328 ff. AO erzwungen werden.[103]

57 Da zur elektronischen Übermittlung der Inhalte von Bilanz und GuV gem. § 5b EStG alle Steuerpflichtigen verpflichtet sind, die ihren Gewinn nach § 4 Abs. 1, § 5 Abs. 1 oder § 5a EStG ermitteln, greift die E-Bilanz-Verpflichtung auch im Falle freiwilliger Buchführung. Bei der Entscheidung, für Wirtschaftsjahre ab 2013 freiwillig Buch zu führen, sind die erheblichen bürokratischen Lasten der Verpflichtung zur Generierung und Übermittlung einer E-Bilanz (E-GuV) auf dem von der Finanzverwaltung geforderten Differenzierungsniveau ins Kalkül zu ziehen.

58–60 *(Einstweilen frei)*

---

98 Vgl. *Görke* in Hübschmann/Hepp/Spitaler, AO/FGO-Kommentar, vor §§ 140-148 AO Rz. 27 ff.
99 BFH, Urteil v. 24.11.1959 - I 47/58 U, BStBl 1960 III S. 188.
100 BFH, Urteil v. 19.3.2009 - IV R 57/07, BStBl 2009 II S. 659.
101 Vgl. BFH, Urteil v. 19.10.2005 - XI R 4/04, BStBl 2006 II S. 509; OFD Niedersachsen, Vfg. v. 17.2.2010 - S 2130-30-St 222/St 221, ESt-Kartei ND § 4 EStG Nr. 4.1; *Kanzler* in Herrmann/Heuer/Raupach, EStG, § 4 Rz. 549 f.; *Schoor*, NWB 2010 S. 361.
102 Vgl. *Krumm* in Blümich, EStG, § 5 Rz. 147.
103 Vgl. auch *Bahlau*, StBp 1963 S. 303; *Drüen* in Tipke/Kruse, AO/FGO, vor § 140 Rz. 20; *Märtens* in Beermann/Gosch, vor §§ 140-148 AO Rz. 19; a. A. *Görke* in Hübschmann/Hepp/Spitaler, AO/FGO-Kommentar, vor §§ 140-148 AO Rz. 23.

3.5 Verknüpfung von Buchführungspflicht, Einkunfts- und Gewinnermittlungsart

Mit der Buchführungspflicht bzw. Entscheidung zur freiwilligen Buchführung sowie der verwirklichten Einkunftsart ist im Regelfall auch die Gewinnermittlungsart bestimmt. 61

ABB. 2: Verknüpfung von Buchführungspflicht, Einkunftsart und Gewinnermittlungsart			
Buchführung \ Einkunftsart[104]	Gewerbebetrieb	Selbständige Tätigkeit	Land- und Forstwirtschaft
Buchführungspflicht §§ 140, 141 AO	Bestandsvergleich § 5 Abs. 1 EStG[105]	-	Bestandsvergleich § 4 Abs. 1 EStG
	Gewinnermittlung nach Tonnage § 5a EStG auf Antrag bei Vorliegen der Voraussetzungen[106]		
freiwillige Buchführung[107]	Bestandsvergleich § 5 Abs. 1 EStG	Bestandsvergleich § 4 Abs. 1 EStG	Bestandsvergleich § 4 Abs. 1 EStG auf Antrag bei Vorliegen der Voraussetzungen des § 13a Abs. 1 EStG
	Gewinnermittlung nach Tonnage § 5a EStG auf Antrag bei Vorliegen der Voraussetzungen		
weder Buchführungspflicht noch freiwillige Buchführung	Einnahmen-/Überschuss-Rechnung § 4 Abs. 3 EStG[108]	Einnahmen-/Überschuss-Rechnung § 4 Abs. 3 EStG	Durchschnittssatz-Gewinnermittlung § 13a EStG wenn Voraussetzungen des § 13a Abs. 1 EStG vorliegen und keine Ausübung des Antragswahlrechts zur Gewinnermittlung nach § 4 Abs. 1 oder 3 EStG
			Einnahmen-/Überschuss-Rechnung § 4 Abs. 3 EStG wenn Voraussetzungen nach § 13a EStG nicht erfüllt oder auf Antrag bei Vorliegen der Voraussetzungen des § 13a Abs. 1 EStG

---

104 Zu vermögensverwaltenden Personengesellschaften, die infolge Kaufmannseigenschaft kraft Handelsregistereintragung nach § 238 Abs. 1 i. V. m. § 6 Abs. 1 HGB zur kaufmännischen Buchführung verpflichtet sind, aufgrund der Erzielung von Einkünften aus Vermietung und Verpachtung oder Kapitalvermögen aber trotz abgeleiteter Buchführungspflicht (§ 140 AO) den Gewinn durch Überschussrechnung nach §§ 8, 9 EStG zu ermitteln haben, *Drüen* in Tipke/Kruse, AO/FGO, § 140 AO Rz. 17 m. w. N.

105 Zur Gewinnermittlung ausländischer Personengesellschaften ohne Betriebsstätte oder ständigen Vertreter im Inland, soweit Gewinnanteile für die inländische Besteuerung unbeschränkt Steuerpflichtiger von Bedeutung sind (Beispiel Progressionsvorbehalt), nach § 4 Abs. 1 oder 3 EStG s. BFH, Urteile v. 13.9.1989 - I R 117/87, BStBl 1990 II S. 57; v. 22.5.1991 - I R 32/90, BStBl 1992 II S. 94; BMF, Schreiben v. 24.12.1999 - IV B 4 - S 1300-111/99, BStBl 1999 I S. 1076, Tz. 1.1.5.4; R 4.1 Abs. 4 EStR; *Kanzler* in Herrmann/Heuer/Raupach, vor §§ 4-7 EStG Rz. 4; vgl. auch Kapitel II Rz. 133.

106 Bei Mischbetrieben Aufteilung der Gewinnermittlung, vgl. BMF, Schreiben v. 12.6.2002 - IV A 6 - S 2133a-11/02, BStBl 2002 I S. 614, Rz. 3.

107 Zum Wahlrecht zwischen Gewinnermittlung durch Bestandsvergleich und Einnahmen-/Überschussrechnung s. Rz. 55.

108 Zur Gewinnermittlungsart bei Schätzung *Kanzler* in Herrmann/Heuer/Raupach, vor §§ 4-7 EStG Rz. 13; *Wied* in Blümich, EStG, § 4 Rz. 102.

3.6 Sonstige steuerrechtliche Verzeichnis-/Aufzeichnungspflichten

62 Neben außersteuerlichen Aufzeichnungspflichten hält auch das Steuerrecht eine Reihe sonstiger Aufzeichnungs- und Verzeichnispflichten bereit, die zum Teil Voraussetzungen für die Inanspruchnahme steuerlicher (Sonder-)Regelungen sind, teilweise die handelsrechtlichen Aufzeichnungspflichten ergänzen bzw. bei nichtbuchführenden Steuerpflichtigen ersetzen. Die wesentlichen Pflichten sind nachfolgend zusammengefasst:

ABB. 3:	Sonstige steuerrechtliche Verzeichnis-/Aufzeichnungspflichten
Aufzeichnungspflichten nach Einzelsteuergesetzen	
EStG	
	§ 4 Abs. 3 Satz 5 EStG – Verzeichnispflicht bei EÜR für Wirtschaftsgüter des Anlagevermögens sowie Wirtschaftsgüter des Umlaufvermögens i. S. des § 4 Abs. 3 Satz 4 EStG
	§ 4 Abs. 4a Satz 6 EStG – Aufzeichnung von Einlagen/Entnahmen zur Begrenzung des Schuldzinsenabzugs bei Überentnahmen
	§ 4 Abs. 7 EStG – Aufzeichnungspflichten für Betriebsausgaben i. S. des § 4 Abs. 5 Satz 1 Nr. 1-4, 6b, 7 EStG (R 4.11 EStR) ▶ Aufwendungen für Geschenke an Nicht-Arbeitnehmer, bei AK/HK pro Wirtschaftsjahr und Empfänger > 35 € ▶ Aufwendungen für die Bewirtung von Personen aus geschäftlichem Anlass ▶ Aufwendungen für Gästehäuser außerhalb des Orts eines Betriebs des Steuerpflichtigen ▶ Aufwendungen für Jagd, Fischerei, Segel-/Motorjachten o. Ä. und damit zusammenhängende Bewirtungen ▶ Aufwendungen für ein häusliches Arbeitszimmer ▶ Aufwendungen für Lebensführung des Steuerpflichtigen oder anderer Personen/unangemessene Repräsentationsaufwendungen
	§ 4g Abs. 4 Satz 2-4 EStG – Verzeichnispflicht für Wirtschaftsgüter, für die bei Entnahme nach § 4 Abs. 1 Satz 3 EStG ein Ausgleichsposten gebildet wurde; Aufzeichnungen bezüglich Bildung/Auflösung des Ausgleichspostens
	§ 5 Abs. 1 Satz 2, 3 EStG – Wahlrechtsverzeichnis als Voraussetzung für die Ausübung steuerlicher Wahlrechte[109] (s. Rz. 370 f.)
	§ 5a Abs. 4 EStG – Verzeichnispflicht bei Übergang zur Gewinnermittlung nach Tonnage für Unterschiedsbetrag zwischen Buchwert und Teilwert von Wirtschaftsgütern, die unmittelbar dem Betrieb von Handelsschiffen im internationalen Verkehr dienen
	§ 6 Abs. 2 Satz 4, 5 EStG – Verzeichnispflicht für GWG, deren Wert 250 € (bis 2017: 150 €) übersteigt, sofern Angaben nicht aus der Buchführung ersichtlich
	§ 6c Abs. 2 EStG – Verzeichnispflicht für Wirtschaftsgüter, auf die nach § 6c Abs. 1 EStG stille Reserven aus der Veräußerung bestimmter Anlagegüter übertragen wurden, bei Gewinnermittlung nach § 4 Abs. 3 EStG oder nach Durchschnittssätzen
	§ 7a Abs. 8 EStG – Verzeichnispflicht für Wirtschaftsgüter bei Inanspruchnahme erhöhter Absetzungen oder Sonderabschreibungen, sofern Abgaben nicht aus der Buchführung ersichtlich
	§ 41 EStG i. V. m. § 4 LStDV – Aufzeichnungspflichten beim Lohnsteuerabzug
	§§ 40-40b EStG i. V. m. § 4 Abs. 1, 2 LStDV – Aufzeichnungspflichten bei Lohnabrechnungen (Ausnahmen nach § 4 Abs. 3 LStDV möglich)

---

[109] Dazu BMF, Schreiben v. 12.3.2010 - IV C 6 - S 2133/09/10001, BStBl 2010 I S. 239; *Herzig/Briesemeister*, DB 2010 S. 917 ff.

	§ 43 Abs. 2 Satz 6 EStG – Aufzeichnungspflichten bei nicht vorzunehmendem Steuerabzug in den Fällen des § 43 Abs. 2 Satz 3 Nr. 2 EStG
	§ 45a EStG – besondere Aufzeichnungspflichten bei Anmeldung und Bescheinigung der KESt
UStG	
	Aufzeichnungspflichten nach § 22 UStG, §§ 63-68 UStDV
	Aufzeichnungspflichten für bestimmte Steuerbefreiungen, z. B. nach § 4 Nr. 1a i. V. m. § 6 Abs. 4 und § 7 Abs. 4 UStG sowie § 13 UStDV für Ausfuhrlieferungen/Lohnveredelungen an Gegenständen der Ausfuhr
	VersStG: § 10 VersStG – Aufzeichnungen bezüglich Berechnungsgrundlagen der VersSt
Aufzeichnungspflichten nach AO	
	§ 90 Abs. 3 AO – Aufzeichnungspflichten bei Geschäftsbeziehungen i. S. des § 1 Abs. 4 AStG (Verrechnungspreisdokumentation, Dokumentation der Betriebsstättengewinnaufteilung)
	§ 142 AO – ergänzende Aufzeichnungen originär steuerlich buchführungspflichtiger Land- und Forstwirte: Anbauverzeichnis der Fruchtarten selbstbewirtschafteter Flächen
	§ 143 AO – Aufzeichnungspflicht des Wareneingangs für gewerbliche Unternehmer
	§ 144 AO – Aufzeichnungspflicht des Warenausgangs für gewerbliche Unternehmer und originär buchführungspflichtige Land und Forstwirte, die nach Art ihres Geschäftsbetriebs Waren regelmäßig an gewerbliche Unternehmer zur Weiterveräußerung oder zum Verbrauch als Hilfsstoffe liefern, bezüglich für diese Zwecke bestimmter Waren

Durch die Grundsätze zur ordnungsmäßigen Führung und Aufbewahrung von Büchern, Aufzeichnungen und Unterlagen in elektronischer Form sowie zum Datenzugriff (GoBD)[110] werden die formalen Anforderungen an die elektronische Buch- und Verzeichnisführung formuliert.

4. Steuerbilanz

4.1 Definition/Gliederung

Steuerbilanz als Grundlage der Gewinnermittlung: Die Gewinnermittlung durch Betriebsvermögensvergleich erfolgt im Anwendungsbereich der §§ 4, 5 EStG auf der Grundlage von Vermögensübersichten (Bilanzen), die steuerlichen Vorschriften durch entsprechende Ergänzungen oder unmittelbar umfänglich entsprechen (§ 4 Abs. 2 EStG, § 5b Abs. 1 EStG, § 60 Abs. 2 EStDV). Zweck einer Steuerbilanz ist die folgerichtige, rechtsstaatliche Messung des „wirklichen" Gewinns als Leistungsfähigkeitsindikator zur Sicherstellung einer gesetzmäßigen, insbesondere gleichmäßigen Besteuerung.[111] Für die steuerliche Gewinnermittlung von Unternehmen, die handelsrechtlich buchführungspflichtig sind, wird die Erstellung einer selbständigen Steuerbilanz gesetzlich nicht gefordert. § 140 AO verlangt lediglich, handelsrechtliche Buchführungs- und Aufzeichnungspflichten auch für die Besteuerung zu erfüllen. § 5b Abs. 1 Satz 2 EStG sowie § 60

63

---

110 BMF, Schreiben v. 14.11.2014 - IV A 4 - S 0316/13/10003, BStBl 2014 I S. 1450.
111 Vgl. BFH, Beschluss v. 2.3.1969 - GrS 2/68, BStBl 1969 II S. 291; *Weber-Grellet*, Steuern im modernen Verfassungsstaat, 2003, S. 325; *ders.*, DB 2010 S. 2298 f. m. w. N.; Zu Anforderungen an eine Steuerbilanz *Hennrichs*, DStJG 24 (2001) S. 307 ff.

Abs. 2 Satz 1 EStDV fordern die Anpassung von Ansätzen oder Beträgen der Handelsbilanz, die steuerlichen Vorschriften nicht entsprechen, im Wege von Zusätzen oder Anmerkungen. Die Erstellung einer Steuerbilanz ist optional. Bilanzen nach § 5 Abs. 1 EStG von handelsrechtlich buchführungspflichtigen oder freiwillig buchführenden Gewerbetreibenden sind mithin im Regelfall keine originären Steuerbilanzen, sondern lediglich nach steuerlichen Erfordernissen durch Zusätze/Anmerkungen erweiterte Handelsbilanzen bzw. aus Handelsbilanzen abgeleitete Steuerbilanzen.

Eine selbständige Steuerbilanz ist demgegenüber grundsätzlich erforderlich für die steuerliche Gewinnermittlung durch Bestandsvergleich von Unternehmen, die erst originär steuerrechtlich zur Buchführung verpflichtet sind (insbesondere nicht eingetragene Land- und Forstwirte) oder freiwillig Gewinnermittlung durch Bestandsvergleich wählen (z. B. Freiberufler). § 141 Abs. 1 Satz 2 AO ordnet die sinngemäße Anwendung der §§ 238, 240, 241, 242 Abs. 1 und 243-256 HGB an und verlangt u. a. mit der Anwendung des § 242 Abs. 1 HGB konkret die Aufstellung einer Bilanz. Diese ist gem. § 243 Abs. 1 HGB nach handelsrechtlichen GoB aufzustellen,[112] hat nach § 4 Abs. 2 Satz 1 EStG steuerlichen Vorschriften zu entsprechen und ist nach § 60 Abs. 2 EStDV der Steuererklärung beizufügen bzw. nach § 5b Abs. 1 EStG elektronisch an die Finanzverwaltung zu übermitteln. Bilanzen nach § 4 Abs. 1 EStG sind mithin grundsätzlich originäre Steuerbilanzen, denen keine Handelsbilanzen zugrunde liegen.[113]

Erforderlich ist eine Steuerbilanz mithin grundsätzlich im Anwendungsbereich des § 4 Abs. 1 EStG, sie ist darüber hinaus expressis verbis Tatbestandsmerkmal in verschiedenen Steuergesetzen[114] und wird zum Teil durch steuerliche Tatbestände vorausgesetzt, die bilanzsteuerrechtliche Merkmale beinhalten (Beispiel Tatbestandsmerkmal negatives Kapitalkonto eines Kommanditisten, § 15a Abs. 1 Satz 1 EStG).[115] Darüber hinaus ist die Aufstellung einer Steuerbilanz optional.

64 **Abgrenzung der Steuerbilanz**: § 4 Abs. 2 Satz 1 EStG konkretisiert die dem Betriebsvermögensvergleich zugrunde zu legende Bilanz als eine den (allgemeinen) Grundsätzen ordnungsmäßiger Buchführung unter Befolgung der Vorschriften des EStG entsprechende Vermögensübersicht. § 60 Abs. 2 Satz 2 EStDV grenzt die Steuerbilanz als eine den steuerlichen Vorschriften entsprechende Bilanz ab. § 5b Abs. 1 Satz 3 EStG nimmt diesen Definitionsansatz zur Bestimmung der E-Bilanz-Verpflichtung wortgleich auf, ohne indessen den Begriff Steuerbilanz zu verwenden. Die Finanzverwaltung definiert die Steuerbilanz im Rahmen der Konkretisierung des § 5b EStG als eine „auf den handelsrechtlichen GoB beruhende Bilanz, deren Ansätze ohne weitere Zusätze und Anmerkungen den steuerlichen Vorschriften entsprechen".[116] Eine hierüber hinausgehende,

---

112 Zur Wertung als Maßgeblichkeitsausprägung *Plückebaum* in Kirchhof/Söhn/Mellinghoff, EStG, § 4 Rz. A 30.
113 Vgl. z. B. *Beisse*, StuW 1984 S. 4; Ausnahme: handelsrechtlich buchführungspflichtige Land- und Forstwirte (s. Rz. 54); zum Anwendungsbereich der Gewinnermittlung nach § 4 Abs. 1 EStG *Schulze-Osterloh*, DStJG 14 (1991) S. 125 f.; *Kanzler* in Herrmann/Heuer/Raupach, vor §§ 4-7 EStG Rz. 4; vgl. auch Kapitel II Rz. 130.
114 Beispiel § 8c Abs. 1a Satz 3 Nr. 3, § 14 Abs. 4, § 27 Abs. 1, 5 KStG; § 4 Abs. 1, § 7, § 11 Abs. 1, § 12 Abs. 1, 5 UmwStG; § 103 Abs. 2 BewG; § 35 Abs. 1 Nr. 3 StBGebV enthält für die Erstellung der Steuerbilanz einen eigenen Gebührentatbestand, dazu *Weiler*, DStR 2011 S. 380 ff.
115 Zur Steuerbilanz als Tatbestandsmerkmal *Schulze-Osterloh*, DStJG 14 (1991) S. 123 ff.
116 BMF, Schreiben v. 28.9.2011 - IV C 6 - S 2133-b/11/10009, Anlage zu Rz. 11.

abschließende gesetzliche Definition der Steuerbilanz einschließlich steuergesetzlicher Vorgaben für Struktur und Gliederungstiefe fehlt.[117]

Gliederung: Die durch § 140 AO in das Steuerrecht überführte handelsrechtliche Buchführungspflicht schließt (parallel zur Verweisung des § 141 Abs. 1 Satz 2 AO auf die Pflicht zur Erstellung einer Bilanz, § 242 Abs. 1 HGB) die Abschlusspflicht ein,[118] d. h. sie umfasst die Verpflichtung zur Erstellung einer Bilanz (und GuV).[119] Handelsrechtlich zwingende Gliederungsvorgaben sind insoweit zu beachten. Nach § 242 Abs. 1 i. V. m. § 266 HGB obliegt großen und mittelgroßen Kapitalgesellschaften, Personengesellschaften i. S. des § 264a HGB sowie publizitätspflichtigen Unternehmen die Aufstellung einer Bilanz unter Ausweis der in § 266 Abs. 2 und 3 HGB bezeichneten Posten in der insoweit vorgegebenen Reihenfolge (§ 266 Abs. 1 Satz 1 HGB). Kleine Kapitalgesellschaften/Personengesellschaften i. S. des § 264a HGB unterliegen den reduzierten Gliederungspflichten des § 266 Abs. 1 Satz 3 HGB, Kleinst-Kapitalgesellschaften i. S. des § 267a HGB denen des § 266 Abs. 1 Satz 4 HGB, Nicht-Kapitalgesellschaften den Vorgaben des § 247 Abs. 1 HGB.

65

Parallel zieht § 5 Abs. 1 EStG die Konsequenzen aus der abgeleiteten Buchführungspflicht nach § 140 AO und erklärt die nach § 242 HGB bestehende Bilanzierungspflicht zu einer steuerlichen Verpflichtung.[120] Bei Bestandsvergleich nach § 5 Abs. 1 EStG gelten die handelsrechtlichen Gliederungsvorschriften mangels abweichender steuerrechtlicher Vorgaben (als mittelbare Ansatzvorschriften) auch für das Steuerrecht.[121] § 5 Abs. 1 Satz 1 EStG verweist auf materielle ebenso wie auf formelle GoB des Handelsrechts.[122] Darunter fallen für Kapitalgesellschaften auch die Vorschriften über die Struktur und Gliederungstiefe der Bilanz (§ 266 HGB).[123] Die Bilanzgliederungsvorschrift § 266 HGB als kodifizierter GoB wird im Übrigen bis zur Tiefe römischer Ziffern, d. h. im Umfang der für kleine Kapitalgesellschaften geltenden Gliederungspflichten als (Mindest-)Konkretisierung der Gliederungsvorgaben des § 247 Abs. 1 HGB verstanden (Gliederungsuntergrenze), soweit nicht Besonderheiten des Einzelfalls eine differenziertere Gliederung

---

117 Vgl. *Prinz*, FR 2010 S. 920; zum Steuerbilanz-Begriff auch *Mathiak* in Kirchhof/Söhn/Mellinghoff, EStG, § 4 Rz. A 27 ff.
118 Vgl. *Mathiak* in Kirchhof/Söhn/Mellinghoff, EStG, § 5 Rz. A 217, 213.
119 Die steuerliche Verpflichtung zur doppelten Buchführung folgt aus § 140 AO i. V. m. § 242 Abs. 2 HGB, vgl. *Mathiak* in Kirchhof/Söhn/Mellinghoff, EStG, § 5 Rz. A 217.
120 Zur diesbezüglichen Funktion des § 5 EStG *Drüen* in Tipke/Kruse, AO/FGO, § 140 AO Rz. 3; zum strittigen Verhältnis von § 140 AO und § 5 Abs. 1 EStG *Görke* in Hübschmann/Hepp/Spitaler, AO/FGO-Kommentar, vor § 140 AO Tz. 20 f.: „wechselseitige Ergänzung".
121 Vgl. *Weber-Grellet* in Schmidt, EStG, 36. Aufl. 2017, § 5 Rz. 29; *Castan*, Beck'sches Handbuch der Rechnungslegung, B 200 Rz. 5; *Wichmann*, DB 1994 S. 1197; *Eigenstetter*, WPg 1993 S. 576; *Wohlgemuth* in Koss/Lemmen/Niemann/Wohlgemuth, Jahres- und Konzernabschluss nach Handels- und Steuerrecht. Bd. B, 13. Aufl. 2010, Rz. 504W; *Richter/Kruczynski/Kurz*, DB 2010 S. 1608; *Schiffers*, Stbg 2011 S. 12; *Richter/Kruczynski* in Küting/Pfitzer/Weber, Handbuch der Rechnungslegung, Kapitel 6 Rz. 548 f.; vgl. auch *Winnefeld*, Bilanz-Handbuch, 5. Aufl. 2015, Kapitel F Rz. 61 (einschränkend Rz. 1080); a. A. *Sigloch/Keller/Meffert* in Michalski, GmbHG, 3.. Aufl. 2017, Anh. §§ 41-42a Rz. 579: Maßgeblichkeit lediglich bezüglich § 243 HGB als Gliederungsvorschrift; *Meurer*, DB 2010, Standpunkte S. 63; *Schumann/Arnold*, DStZ 2011 S. 233 Fn. 51.
122 Vgl. *Görke* in Hübschmann/Hepp/Spitaler, AO/FGO-Kommentar, vor §§ 140-148 AO Rz. 20; *Kempermann* in Kirchhof/Söhn/Mellinghoff, EStG, § 5 Rz. B 42 m. w. N.
123 BFH, Urteil v. 30.11.2005 - I R 26/04, BFH/NV 2006 S. 616: insoweit ihnen materielle Bedeutung zukommt.

erfordern.[124] Die Gliederung einer abgeleiteten Steuerbilanz hat grundsätzlich den handelsrechtlichen Vorgaben zu folgen. Erforderliche Modifikationen ergeben sich aus steuerrechtlichen Ansatzgeboten/-verboten, die vom Handelsbilanzrecht abweichen und insoweit als mittelbare steuerrechtliche Gliederungsvorschriften wirken (Beispiel steuerliche Negierung des Bilanzpostens „selbst geschaffene gewerbliche Schutzrechte und ähnliche Rechte und Werte" nach § 266 Abs. 2 A.I.2. HGB durch das steuerliche Ansatzverbot des § 5 Abs. 2 EStG).

66 Im Rahmen der Gewinnermittlung durch Bestandsvergleich nach § 4 Abs. 1 EStG, d. h. für originäre Steuerbilanzen besteht keine explizite Bindung an die handelsrechtlichen GoB. Gleichwohl hat sich für § 4 Abs. 1 EStG die Auffassung durchgesetzt, dass jedenfalls für den Ansatz des Betriebsvermögens die handelsrechtlichen GoB maßgebend sind.[125] Damit gelten die handelsrechtlichen Gliederungsvorgaben als mittelbare Ansatzvorschriften unter vorrangiger Beachtung abweichender steuerlicher Ansatzgebote und -verbote auch insoweit. Dass der Bestandsvergleich nach § 4 Abs. 1 EStG GoB-gestützt zu erfolgen hat, ergibt sich auch aus dem Verweis des § 4 Abs. 2 EStG auf die allgemeinen GoB[126] sowie bereits aus der Anordnung des § 141 Abs. 1 Satz 2 AO, bei originärer steuerrechtlicher Buchführungspflicht die §§ 238, 240, 241, 242 Abs. 1 sowie die §§ 243-256 HGB sinngemäß anzuwenden, soweit sich nicht aus den Steuergesetzen etwas anderes ergibt.[127] Die handelsrechtlichen Gliederungsvorgaben für Nicht-Kapitalgesellschaften (§ 247 Abs. 1 HGB) werden von § 141 AO mithin unmittelbar in Bezug genommen. Mangels eigenständiger steuerlicher Regelungen zur Gliederung der nach § 141 AO i. V. m. § 242 Abs. 1 HGB aufzustellenden Bilanz sind einer (originären) Steuerbilanz auch im Übrigen – von mittelbaren steuerrechtlichen Gliederungsvorschriften abgesehen – die handelsrechtlichen Vorgaben für die Bilanzgliederung zugrunde zu legen.

67 Die **Steuerbilanz im Rechtssinne** ist eine den steuerlichen Vorschriften entsprechende Bilanz, deren verpflichtend zu berücksichtigende Struktur (Bilanzposten/Reihenfolge) einschließlich zu beachtender Gliederungstiefe durch die handelsrechtlichen Vorgaben und vorrangig zu beachtende steuerrechtliche (Ansatz-)Vorschriften bestimmt wird. Infolge der Transformation handelsrechtlicher Buchführungs-/Aufzeichnungspflichten

---

124 Vgl. *Baetge/Fey/Fey*, Beck'sches Handbuch der Rechnungslegung, § 247 Rz. 55 m. w. N.; *Biener/Bernecke*, BiRiLiG, Erläuterungen zu § 247 HGB S. 73; *Kempermann* in Kirchhof/Söhn/Mellinghoff, EStG, § 5 Rz. B 40; *Merkt* in Baumbach/Hopt, HGB, 37. Aufl. 2016, § 247 Rz. 2.; befürwortend auch *Lenz/Fiebinger*, Handbuch des Jahresabschlusses I/6 Rz. 13; darüber hinaus ist § 266 HGB für Einzelkaufleute und Personengesellschaften Orientierungshilfe, vgl. *Hütten/Lorson*, Beck'sches Handbuch der Rechnungslegung, § 247 HGB Rz. 14; *Adler/Düring/Schmaltz*, Rechnungslegung und Prüfung der Unternehmen, 6. Aufl. 1994, § 247 Rz. 24, 81; *Kirsch/Harms/Siegel* in Baetge/Kirsch/Thiele, Bilanzrecht, § 242 HGB Rz. 84; a. A. *Castan*, Beck'sches Handbuch der Rechnungslegung, B 200 Rz. 22: verkürzte Bilanz kleiner Kapitalgesellschaften mangels hinreichender Aufgliederung der Schulden für Nicht-Kapitalgesellschaften nicht ausreichend.

125 Vgl. *Kanzler* in Herrmann/Heuer/Raupach, vor §§ 4-7 EStG Rz. 23; allgemein *Winnefeld*, Bilanz-Handbuch, 5. Aufl. 2015, Kapitel L Rz. 177; *Heinicke* in Schmidt, EStG, 36. Aufl. 2017, § 4 Rz. 44; *Pickert*, DStR 1989 S. 374 m. w. N.; *Kraft/Kraft*, BB 1992 S. 2469.

126 Zur Differenzierung zwischen handelsrechtlichen GoB (§ 5 Abs. 1 EStG) und allgemeinen GoB (§ 4 Abs. 2 EStG) *Hirschler* in Bertl et al., Die Maßgeblichkeit der handelsrechtlichen Gewinnermittlung für das Steuerrecht, 2003, S. 154 ff., 168: „Rückkopplung des Handelsrechts im Sinne einer quasi-materiellen Maßgeblichkeit im Anwendungsbereich des § 4 Abs. 1 EStG"; vgl. auch *Kühnen* in Bordewin/Brandt, EStG, § 4 Rz. 1020 f.: GoB i. S. des § 4 Abs. 2 EStG beruhen auf dem Handelsrecht.

127 Vgl. *Plückebaum* in Kirchhof/Söhn/Mellinghoff, EStG, § 4 Rz. A 65.

durch § 140 AO bzw. der Verweise des § 141 AO auf handelsrechtliche Vorschriften zur Buchführung und zum Jahresabschluss sowie der Maßgeblichkeit handelsrechtlicher GoB sind umfassende eigene steuerrechtliche Gliederungsbestimmungen für originäre und/oder derivative Steuerbilanzen nicht erforderlich. Eine Regelungslücke besteht insoweit nicht. Einheitsbilanzen waren (und sind in Ausnahmefällen weiterhin) nicht zuletzt aufgrund der übereinstimmenden Gliederungsgrundlagen für Handels- und Steuerbilanzen gerade für kleine Kapitalgesellschaften und Nicht-Kapitalgesellschaften möglich.[128]

Mit Konkretisierung der Anforderungen an die E-Bilanz (§ 5b EStG) durch die sog. **Steuer-Taxonomien** (Kerntaxonomie, branchenabhängige Ergänzungs- und Spezialtaxonomien s. Rz. 1294)[129] werden im Wege einer Verwaltungsanweisung erstmals eigenständige steuerrechtliche Bilanzgliederungsschemata formuliert, die zwar auf den Gliederungsvorgaben des § 266 HGB (bzw. branchenbezogen besonderen Gliederungsvorgaben z. B. nach § 2 RechKredV) aufsetzen, aber erheblich differenzierter ausgestaltet sind.[130] § 5b EStG ergänzt als verfahrensrechtliche Regelung lediglich die Steuererklärungspflichten von bilanzierenden Steuerpflichtigen, neue Buchführungs- oder Aufzeichnungspflichten werden hierdurch nicht begründet (s. Rz. 1261). Gliederung und (Mindest-)Umfang der von der Finanzverwaltung im Wege der Ausübung der Ermächtigung nach § 51 Abs. 4 Nr. 1b EStG formulierten Steuertaxonomien sind ohne Gesetzes- oder Verordnungsrang und für eine abgeleitete ebenso wie originäre Steuerbilanz nicht verbindlich (zur Reichweite der Ermächtigungsnorm s. Rz. 1294, 1303 f.).[131] Insbesondere ist für eine Branchenabhängigkeit steuerlich verpflichtender Gliederungsvorgaben über branchenbezogene Verordnungsvorgaben (Beispiel RechKredV, RechVersV), die durch § 140 AO ins Steuerrecht transformiert werden, hinaus eine Rechtsgrundlage nicht erkennbar. Ohne explizite steuerrechtliche Gliederungsvorschriften ist eine über die Vorgaben des § 266 HGB (bzw. branchenbezogener Verordnungen) hinausgehend differenzierte Steuerbilanz allenfalls gestützt auf die allgemeinen Mitwirkungspflichten des Steuerpflichtigen (§ 90 AO) denkbar.[132] Bei hinreichend differenzierter Deklaration der für die Besteuerung erheblichen Tatsachen, elektronischer Übermittlung einer mit steuerlichen Anmerkungen/Zusätzen versehenen, auf handelsrechtlichen Gliederungsvorgaben basierenden Bilanz bzw. einer diesen Vorgaben entsprechenden Steuerbilanz nebst Anlagenspiegel (verpflichtend für Wirtschaftsjahre, die nach dem 31.12.2016 beginnen, s. Rz. 1298) ggf. unter freiwilliger (papierbasierter oder elektronischer) Überlassung von Kontennachweisen/Summen-/Saldenlisten und Erfüllung der sonstigen steuerrechtlichen Aufzeichnungs-/Verzeichnispflichten (s. Rz. 62) verbleibt für eine auf die Mitwirkungspflicht gestützte zwingende Beachtung deutlich weitergehender Gliederungsforderungen sowie hierüber hi-

---

128 Zur Zulässigkeit der Einheitsbilanz BFH, Urteil v. 28.5.2008 - I R 98/06, BStBl 2008 II S. 916; zu Möglichkeiten und Grenzen *Ballwieser* in Mellinghoff, Festschrift Spindler, 2011, S. 577 ff.; *Scheffler*, Das Maßgeblichkeitsprinzip nach dem BilMoG, IFSt-Schrift Nr. 474/2011, S. 51 ff.
129 Taxonomien abrufbar unter www.esteuer.de.
130 *Kuntschik* in Kirchhof/Söhn/Mellinghoff, EStG, § 5b: mittelbare Definition einer Steuerbilanz und Steuer-GuV.
131 Vgl. z. B. *Metzing/Fischer*, DStR 2011 S. 1584.
132 Vgl. *Hüttemann*, DStZ 2011 S. 511.

nausgehender branchenabhängiger Zusatzanforderungen für die Steuerbilanz kaum erkennbarer Raum. Handelsrechtliche Gliederungsvorgaben werden hierdurch schon gar nicht verpflichtend erweitert.

4.2 Erfordernis

69 Erfordernisse zur Erstellung einer selbständigen Steuerbilanz werden über gesetzlich vorgesehene Fälle (s. Rz. 63) hinaus aktuell insbesondere durch die stete Ausweitung der Abweichungen zwischen Handels- und Steuerbilanz sowie das bilanzorientierte Temporary-Konzept zur Ermittlung latenter Steuern (§ 274 HGB) und darüber hinaus durch die E-Bilanz (§ 5b EStG) begründet.

70 **Abweichungen zwischen Handels- und Steuerbilanz**: Die (möglichen) Abweichungen zwischen Handels- und Steuerbilanz haben mit dem BilMoG insbesondere als Folge der Aufhebung der formellen Maßgeblichkeit und Einführung des steuerlichen Wahlrechtsvorbehalts (§ 5 Abs. 1 EStG) in ganz erheblichem Maße zugenommen.[133] Die Erfassung der regelmäßig über mehrere Perioden reichenden Abweichungseffekte durch eine Überleitungsrechnung und ergänzende Nebenrechnungen wird mit Zunahme der Abweichungen zunehmend unübersichtlich und fehleranfällig.[134] Die Abbildung des steuerlichen Betriebsvermögens ist mittels Überleitungs- und Nebenrechnungen kaum mehr effizient und periodenübergreifend nachvollziehbar möglich.

71 **Bilanzorientiertes Temporary-Konzept zur Ermittlung latenter Steuern**: Zur Abgrenzung von Steuerlatenzen auf Differenzen aus abweichenden Wertansätzen von Vermögensgegenständen, Schulden und Rechnungsabgrenzungsposten, die sich mit steuerlicher Wirkung umkehren (§ 274 HGB), ist eine Gegenüberstellung der handels- und steuerbilanziellen Wertansätze erforderlich. Die für die Pärchenbildung heranzuziehenden Steuerwerte können einer Steuerbilanz vergleichsweise einfach entnommen werden, aus einer Überleitungsrechnung sind sie dagegen nur unter hohem Aufwand generierbar.[135] Dies gilt für die Abgrenzung latenter Steuern nach IAS 12 gleichermaßen. Die Notwendigkeit, latente Steuern mittels Bilanzvergleich zu ermitteln, forciert nicht nur die Erstellung von Steuerbilanzen an sich,[136] sondern führt im Zuge erforderlicher Anpassungen von Prozessketten bei der Abschlusserstellung darüber hinaus zu einer beschleunigten Aufstellung parallel zur Handelsbilanz.[137]

72 **E-Bilanz**: Die Verselbständigung der Steuerbilanz unter Standardisierung der Bilanzinhalte wird ebenso ganz erheblich vorangetrieben durch die Einführung der E-Bilanz

---

[133] Bestandsaufnahme möglicher Abweichungen bei *Herzig/Briesemeister* in Herzig/Fuhrmann, Handbuch latente Steuern im Einzelabschluss, 2012, S. 169 ff.; *Herzig/Briesemeister* in Küting/Weber, Handbuch der Rechnungslegung – Einzelabschluss, Kapitel 3 Rz. 116 ff.; *Scheffler*, Besteuerung von Unternehmen, Bd. II, 8. Aufl. 2014, S. 25 ff.; *ders.*, Beilage zu BBK 9/2010 S. 1 ff.; *Bertram* in Bertram/Brinkmann/Kessler/Müller, HGB Bilanzkommentar, 7. Aufl. 2016, § 274 Rz. 131 ff.; *Küting/Snabe/Rösinger/Wirth*, Geschäftsprozessbasiertes Rechnungswesen, 2. Aufl. 2011, S. 60 ff.; s. auch Teil B, Rz. 521 ff.

[134] Vgl. z. B. *Herzig/Briesemeister/Schäperclaus*, DB 2011 S. 4; *Weiler*, DStR 2011 S. 382; vgl. auch *Dahlke/Seitz*, BB 2008 S. 1890.

[135] Vgl. *Herzig*, DB 2010 S. 2.

[136] Vgl. *Herzig*, DStR 2010 S. 1900.

[137] Vgl. *Winkeljohann/Briese*, Beck'scher Bilanz-Kommentar, 11. Aufl. 2018, § 274 Rz. 249.

i. S. des § 5b EStG (s. Rz. 1260 ff.).[138] Die mit der Kerntaxonomie sowie den Ergänzungs- und Spezialtaxonomien formulierten Anforderungen der Finanzverwaltung an eine steuerliche Überleitungsrechnung bzw. eine abgeleitete Steuerbilanz werden bereits infolge der informationstechnischen Standardisierung absehbar praktisch regelmäßig zur Generierung hochdifferenzierter Steuerbilanzen führen.[139]

4.3 Integrierte Steuerbuchführung

Die Erstellung der Steuerbilanz schloss bislang regelmäßig im Wege manueller Korrekturen in Drittsystemen an die Erstellung der Handelsbilanz an. Mit zunehmenden Abweichungen zwischen Handels- und Steuerbilanz, gestiegenen Anforderungen an ein Tax Accounting sowie der E-Bilanz-Verpflichtung nach § 5b EStG erweisen sich Prozesse dieser Struktur als wenig effizient. Zur Realisierung einer integrierten Steuerbuchführung, die eine bereits unterjährige steuerliche Beurteilung und buchhalterische Verarbeitung von Geschäftsvorfällen gewährleistet, bieten sich insbesondere die folgenden Alternativen an:[140] **Parallelbuchführung (H-Modell)** – durchgreifendste Lösung ist die vollständige Trennung der handelsrechtlichen von der steuerrechtlichen Buchführung derart, dass zwei gänzlich eigenständige Buchungskreise etabliert und alle Geschäftsvorgänge parallel nach Handels- und Steuerrecht unter unmittelbarer Berücksichtigung zwingender sowie wahlweiser Abweichungen verbucht werden. Der wesentliche Vorteil dieses Vorgehens liegt in der Transparenz und Nachvollziehbarkeit der Steuerwerte – auch nach etwaigen betriebsprüfungsbedingten Anpassungen. Der wesentliche Nachteil ist in der Verdopplung des Buchungsvolumens und im Erfordernis der Pflege zweier Systeme zu sehen. **Abweichungsbuchführung (Y-Modell)** – Buchungsvolumen und Systempflegeaufwand lassen sich reduzieren, indem den Besonderheiten des Handels- bzw. Steuerrechts erst aufsetzend auf einer gemeinsamen Grundrechnung in separaten Kontenkreisen Rechnung getragen wird, d. h. neben gemeinsamen Konten rein handels- und rein steuerrechtliche Konten geführt werden. Derart strukturierte (teilautomatisierte) Prozesse ermöglichen eine Integration der Ermittlung laufender und latenter Steuern in den handelsrechtlichen Jahresabschlusserstellungsprozess und eine automatisierte Datenübernahme für E-Bilanz- u. a. Zwecke (Beispiel elektronische Steuererklärungen).

(Einstweilen frei)

---

138 Vgl. nur *Weber-Grellet* in Schmidt, EStG, 36. Aufl. 2017, § 5b Rz. 1; *Herzig/Briesemeister/Schäperclaus*, DB 2011 S. 1.
139 Vgl. z. B. *Richter/Kruczynski/Kurz*, DB 2010 S. 1608; *Prinz*, FR 2010 S. 922.
140 Vgl. *Herzig*, DStR 2010 S. 5; ders., DB 2010 S. 1905; *Winkeljohann/Briese*, Beck'scher Bilanz-Kommentar, 11. Aufl. 2018, § 274 Rz. 245; *Koch/Nagel/Themanns*, NWB 2010 S. 3795 ff.; *Schiffers*, DStZ 2012 S. 169. Zu Vor- und Nachteilen integrierter Steuerbuchführung *Herrfurth*, StuB 2011 S. 663 f.

5. Verlagerung elektronischer Buchführung ins Ausland (§ 146 Abs. 2a AO)

5.1 Verlagerungsmöglichkeiten

79 Mit § 146 Abs. 2a AO wird den Unternehmen die Möglichkeit eingeräumt, elektronische Bücher und sonstige elektronische Aufzeichnungen im Ausland zu führen und aufzubewahren.[141] Parallel wurde mit § 146 Abs. 2b AO die Möglichkeit geschaffen, mangelnde Mitwirkung im Rahmen der Außenprüfung, eine Buchführungsverlagerung ohne Bewilligung sowie ein Unterlassen der Rückverlagerung durch Verhängung eines Verzögerungsgeldes i. H. von 2.500 € bis 250.000 € zu sanktionieren. Die Möglichkeiten der Verlagerung sind auf elektronische Bücher und sonstige elektronische Aufzeichnungen beschränkt. Die papierbasierte Buchführung, wie insbesondere in Papierform vorliegende Rechnungen i. S. des § 14 UStG, hat im Inland zu verbleiben,[142] insbesondere damit eine Umsatzsteuer-Nachschau (§ 27b UStG) weiterhin möglich bleibt. Die Einrichtung eines sog. Spiegelservers im Inland kann vom Steuerpflichtigen dagegen nicht verlangt werden.[143]

5.2 Voraussetzungen

80 Die Bewilligung der Verlagerung setzt einen Antrag voraus (§ 146 Abs. 2a Satz 1 AO). Für jeden Steuerpflichtigen ist ein gesonderter Antrag erforderlich. Dies gilt auch für Konzerne i. S. der §§ 13 und 18 Satz 1 Nr. 1 BpO.[144] Die Bewilligung des Antrags ist zur Sicherstellung eines effizienten Steuervollzugs an folgende Voraussetzungen geknüpft (§ 146 Abs. 2a Satz 2 Nr. 1-4 AO):

1. Mitteilung des Standorts des Datenverarbeitungssystems einschließlich Standortänderungen sowie Name/Anschrift des mit der Buchführung beauftragten Dritten,[145]
2. ordnungsgemäße Erfüllung der Auskunfts- und Mitwirkungspflichten im Besteuerungsverfahren/bei Außenprüfungen, d. h. regelkonformes Verhalten (Compliance) in der Vergangenheit,
3. auch nach Verlagerung vollumfänglich möglicher Datenzugriff nach § 146 Abs. 7 AO, d. h. Sicherstellung aller nach den GoBD vorgesehenen Möglichkeiten des Datenzugriffs (unmittelbar Zugriff auf das Datenverarbeitungssystem (Z1), mittelbarer Datenzugriff auf maschinelle Auswertungen nach Vorgaben der Finanzverwaltung (Z2), Datenträgerüberlassung (Z3)),[146]
4. keine Beeinträchtigung der Besteuerung.

In die Prüfung, ob von einer Beeinträchtigung der Besteuerung auszugehen ist, bezieht die Finanzverwaltung die Erfüllung sämtlicher steuerlicher Pflichten ein, wie das ord-

---

141 Dazu *Braun*, StWa 2011 S. 103 ff.
142 LfSt Bayern, Vfg. v. 20.1.2017 - S 0316.1.1 - 3/5 St 42, Tz. 1.
143 Vgl. auch LfSt Bayern, Vfg. v. 20.1.2017 - S 0316.1.1 - 3/5 St 42, Tz. 7.
144 LfSt Bayern, Vfg. v. 20.1.2017 - S 0316.1.1 - 3/5 St 42, Tz. 2.
145 Insbesondere zur Sicherung der Durchführbarkeit von Beschlagnahmemaßnahmen (§§ 94 ff. StPO) in Steuerstrafverfahren.
146 BMF, Schreiben v. 14.11.2014 - IV A 4 - S 0316/13/10003, BStBl 2014 I S. 1450.

nungsgemäße Abgabeverhalten des Steuerpflichtigen, Steuerstraf- oder -ordnungswidrigkeitenverfahren, Vollstreckungsverfahren wegen unzureichender Erfüllung steuerlicher Zahlungspflichten oder das Unterlassen der Meldung ausländischer Beteiligungen/Betriebsstätten (§ 138 AO).[147] Als Folge der Möglichkeit zur Verlagerung der Buchführung über EU-/EWR-Staaten hinaus auch in andere Staaten und dem Verzicht auf die Zustimmung des ausländischen Staates zum Datenzugriff[148] behält sich die Finanzverwaltung darüber hinaus vor, das Fehlen eines DBA mit großer Auskunftsklausel (Art. 26 OECD-MA) mit dem Ziel-Buchführungsstaat als Beeinträchtigung der Besteuerung zu werten.[149] Eine Beeinträchtigung der Besteuerung besteht nicht, wenn eine lückenlose Prüfung der Gewinnermittlung vom Inland aus in gleicher Weise möglich ist wie bei Steuerpflichtigen mit elektronischer Buchführung im Inland. Die Unterlagen und Datenzugriffsmöglichkeiten müssen auf Anforderung unverzüglich und in vollem Umfang zur Verfügung stehen, die angeforderten Auskünfte zeitnah erteilt werden. Die Grundsätze zur ordnungsmäßigen Führung und Aufbewahrung von Büchern, Aufzeichnungen und Unterlagen in elektronischer Form sowie zum Datenzugriff (GoBD)[150] sind auch nach der Verlagerung einzuhalten.

5.3 Rückverlagerung

Liegen die Voraussetzungen für die Verlagerung der elektronischen Buchführung nicht mehr vor, hat die zuständige Finanzbehörde die Bewilligung zu widerrufen und die unverzügliche Rückverlagerung zu verlangen (§ 146 Abs. 2a Satz 3 AO). Ein Rückverlagerungsgrund ist insbesondere gegeben, wenn der Steuerpflichtige nach Bewilligung der Verlagerung seinen in § 146 Abs. 2a AO bezeichneten Mitwirkungspflichten nicht oder nicht fristgerecht nachkommt.[151] Elektronische Bücher und sonstige Aufzeichnungen müssen in diesem Fall in den Geltungsbereich der AO verlagert, d. h. auf einem im Inland befindlichen Server vorgehalten werden. Der Vollzug der Rückverlagerung ist vom Steuerpflichtigen nachzuweisen.[152]

81

6. Aufwendungen für Buchführung/Aufzeichnung

Aufwendungen für die Buchführung und Aufzeichnungen ebenso wie für deren Aufbewahrung sind betrieblich veranlasste **Aufwendungen zur Erfüllung öffentlich-rechtlicher Verpflichtungen**. Für die Verpflichtung zur Aufstellung des Jahresabschlusses,[153] die Veröffentlichung des Jahresabschlusses im elektronischen Bundesanzeiger,[154] für die Verpflichtung zur Buchung laufender Geschäftsvorfälle des Vorjahres ebenso wie für die Verpflichtung zur Aufbewahrung von Geschäftsunterlagen (§ 257 HGB, § 147

82

---

147 LfSt Bayern, Vfg. v. 20.1.2017 - S 0316.1.1 - 3/5 St 42, Tz. 4.
148 Zu den Voraussetzungen des § 146 Abs. 2a AO i. d. F. des JStG 2009 *Lange/Rengier*, DB 2009 S. 1256 ff.
149 LfSt Bayern, Vfg. v. 20.1.2017 - S 0316.1.1 - 3/5 St 42, Tz. 4.
150 BMF, Schreiben v. 14.11.2014 - IV A 4 - S 0316/13/10003, BStBl 2014 I S. 1450.
151 LfSt Bayern, Vfg. v. 20.1.2017 - S 0316.1.1 - 3/5 St 42, Tz. 5.
152 LfSt Bayern, Vfg. v. 20.9.2017 - S 0316.1.1 - 3/5 St 42, Tz. 5.
153 BFH, Urteil v. 20.3.1980 - IV R 89/79, BStBl 1980 II S. 297.
154 BFH, Urteil v. 23.7.1980 - I R 28/77, BStBl 1981 II S. 62.

AO)[155] sind **Rückstellungen für ungewisse Verbindlichkeiten** zu bilden (H 5.7 Abs. 4 EStH). Dies gilt gleichermaßen für die Verpflichtung zur Erstellung einer Steuerbilanz sowie zur Übermittlung einer E-Bilanz.

83–119   *(Einstweilen frei)*

---

[155] BFH, Urteil v. 19.8.2002 - VIII R 30/01, BStBl 2003 II S. 131; Rückstellungsbildung in Höhe der voraussichtlich zur Erfüllung der Aufbewahrungspflicht erforderlichen Kosten, im Regelfall das 5,5-fache der Jahresaufwendungen (Faktor für die jeweils mittlere Aufbewahrungsfrist am Bilanzstichtag vorhandener Unterlagen) zuzüglich. einmaliger Aufwendungen; BFH, Urteil v. 18.1.2011 - X R 14/09, BStBl 2011 II S. 496; zum Vollkostenansatz BFH, Urteil v. 11.10.2012 - I R 66/11, BStBl 2013 II S. 676; zu berücksichtigungsfähigen Aufwendungen auch OFD Hannover, Vfg. v. 27.6.2007 - S 2137-106-StO 222/221.

Teil A:
Grundsatz- und Querschnittsfragen steuerlicher Gewinnermittlung

Kapitel II:
Gewinnbegriff, Gewinnermittlung und Wirtschaftsjahr

von
RA/StB Professor Dr. Hans-Joachim Kanzler,
Vors. Richter am BFH a.D., Schloß Ricklingen

Kapitel II: Gewinnbegriff, Gewinnermittlung und Wirtschaftsjahr

Inhaltsübersicht

	Rz.
1. Gewinnbegriff (§ 4 Abs. 1 und § 5 EStG)	120 - 157
1.1 „Ein" Gewinnbegriff trotz unterschiedlicher Gewinnermittlungsarten	120 - 127
1.2 Bedeutung des Betriebsvermögensvergleichs	128 - 140
1.2.1 Regelungsgegenstand und Anwendungsbereich der beiden Formen des Betriebsvermögensvergleichs	128 - 131
1.2.2 Anwendung des Betriebsvermögensvergleichs auf Auslandsbeziehungen	132 - 139
1.2.3 Reformvorschläge für eine eigenständige steuerliche Gewinnermittlung	140
1.3 Tatbestandsmerkmale des Gewinnbegriffs	141 - 143
1.4 Gewinnrealisierungsgrundsätze	144 - 157
2. Gewinnermittlung durch Betriebsvermögensvergleich	158 - 169
2.1 Gewinnermittlung und Betrieb	158 - 159
2.2 Buchführung als Grundlage des Betriebsvermögensvergleichs	160 - 163
2.3 Zweistufige Gewinnermittlung	164 - 169
3. Bilanzstichtag und Bilanzierungszeitraum (Wirtschaftsjahr)	170 - 330
3.1 Wirtschaftsjahr der Gewerbetreibenden, Land- und Forstwirte und Freiberufler	170 - 181
3.2 Wahl und Umstellung des Wirtschaftsjahrs bei eingetragenen Gewerbetreibenden	182 - 199
3.3 Zeitliche Zuordnung der Gewinne bei abweichendem Wirtschaftsjahr	200 - 330

AUSGEWÄHLTE LITERATUR

Anders, Die Überschussrechnung nach § 4 Abs. 3 EStG im System der steuerlichen Einkünfteermittlung, Diss. Bochum, 2007 (zit. „Überschussrechnung"); *Baetge/Kirsch/Thiele*, Bilanzen, 13. Aufl. 2014; *Bauer*, Das Prinzip der Besteuerung nach der wirtschaftlichen Leistungsfähigkeit als Grundlage der Gewinnermittlungsarten im Einkommensteuerrecht, 2011; *Beisse*, Steuerliche Entwicklungstendenzen im Bilanzrecht, in Bericht über die Fachtagung des IdW, Düsseldorf 1979 S. 75; *Bernütz/Küppers*, Bilanzierungspflicht der deutschen Betriebsstätte einer britischen Limited Liability Partnership?, IStR 2011 S. 587; *Bode*, Gewinn, in Leitgedanken des Rechts, FS Paul Kirchhof 2013, S. 1873; *Bökelmann*, Nutzung und Gewinn bei Unternehmensnießbrauch, Tübingen 1971 S. 93 ff.; *Bordewin*, Keine Rückstellung für drohenden Verlust in der Steuerbilanz, FR 1998 S. 226; *Briese*, Rechts- und Systemgrundsätze im Bilanzsteuerrecht, DStR 2016 S. 2126; *Clemm*, Steuerbilanz in der Krise?, in Festschrift Offerhaus, Köln 1999; *Dötsch/Fuest/Hey/Kanzler/Kempermann/Spengel*, Die US-Steuerreform und ihre Folgen für Unternehmen in Deutschland, 2018 (zitiert: US-Steuerreform); *Drüen*, Periodengewinn und Totalgewinn – Zum Einfluss des Totalgewinngedankens auf die steuerliche Gewinnermittlung, Diss. Bochum, 1999; *ders.*, Über den Totalgewinn – Maßstab der Gewinnerzielungsabsicht und Störfaktor für die Gewinnermittlung, FR 1999 S. 1097; *ders.*, Zur Wahl der steuerlichen Gewinnermittlungsart, DStR 1999 S. 1589; *Ehrhardt-Rauch*, Die Einnahmen-Überschuss-Rechnung als einheitliche Gewinnermittlungsart?, DStZ 2001 S. 423; *Eisgruber*, Die Zahlungsmittelrechnung nach § 4 Abs. 3 EStG – Eine Systematik der vereinfachten Gewinnermittlung verprobt am Beispiel des Tausches, Diss. Heidelberg, 2004 (zit. „Zahlungsmittelrechnung"); *Flick/Wassermeyer/Baumhoff/Schönfeld*, Außensteuerrecht, Köln 2017; *Fuisting*, Die Preußischen direkten Steuern, 4. Band: Grundzüge der Steuerlehre, Berlin 1902; *Groh*, Vor der dynamischen Wende im Bilanzsteuerrecht?, BB 1989 S. 1586; *ders.*, Verdeckte Einlagen unter dem Bilanzrichtlinien-Gesetz, BB 1990 S. 379; *ders.*, Bilanzrecht vor dem EuGH, DStR 1996 S. 1206; *Hennrichs*, Wahlrechte im Bilanzrecht der Kapitalgesellschaften, Köln 1999; *ders.*, Bilanzgestützte Kapitalerhaltung, HGB-Jahresabschluss und Maßgeblichkeitsprinzip – Dinosaurier der Rechtsgeschichte? StuW 2005 S. 256-264; *Hüttemann*, Die Zukunft der Steuerbilanz, JbFfSt 2011/2012 S. 11; *Kahle*, Europarechtliche Einflüsse auf den Maßgeblichkeitsgrundsatz, StuW 2001 S. 126; *ders.*, Die Steuerbilanz der Personengesellschaft, DStZ 2012 S. 51; *ders.*, Steuerliche Gewinnermittlung bei Personengesellschaften: Gleichstellungsthese in der Diskussion, BB 2018 S. 747; *Kanzler*, Fragwürdige Rückwirkung am Beispiel der Aufhebung des Sanierungsprivilegs, FR 1997 S. 897; *ders.*, Die steuerliche Gewinnermittlung zwischen Einheit und Vielfalt, FR 1998 S. 233; *ders.*, Der Wechsel der Gewinnermittlungsart, FR 1999 S. 225; *ders.*, Steuerfreiheit des Sanierungsgewinns durch Billigkeitserlaß oder: zurück zu den Wurzeln, FR 2003 S. 480; *ders.*, Von der reinen Cash-Flow-Besteuerung zur Einnahmenüberschussrechnung mit eingeschränktem Bestandsvergleich, FR 2005 S. 1250; *ders.*, Zur Angleichung der Einnahmenüberschussrechnung an den Bestandsvergleich bei Verbuchung von Zuschüssen, FR 2008 S. 918; *ders.*, Keine verfassungsrechtlichen Bedenken gegen das durch das StEntlG 1999/2000/2002 eingeführte Wertaufholungsgebot, FR 2010 S. 841; *Kirchhof*, Bundessteuergesetzbuch – Bilanzordnung, Heidelberg, u. a. 2011 S. 1089; *Lang*, Die Bemessungsgrundlage der Einkommensteuer, Köln 1981/1988; *Marx*, Aktuelle Entwicklungen in der steuerrechtlichen Gewinnermittlung, StuB 2012 S. 291; *ders.*, Bedeutung der Grundsätze ordnungsgemäßer Buchführung im geltenden Steuerbilanzrecht, FR 2016 S. 389; *Mitschke*, Zinsschranke wirklich verfassungswidrig? - Anmerkungen zum Vorlagebeschluss des BFH v. 14.10.2015, FR 2016 S. 416; *Pezzer*, Bilanzierungsprinzipien als sachgerechte Maßstäbe der Besteuerung, DStJG 14 (1991) S. 3; *Prinz*, Arten der Einkünfteermittlung – Bestandsaufnahme und Kritik – Betriebsvermögensvergleich, DStJG 34 (2011) S. 135; *ders.*, Plädoyer für ein systemorientiertes Bilanzsteuerrecht, DB 2013 S. M 1; *ders.*, Finanzierungskostenabzug bei Personengesellschaften - Anwendung der Zinsschranke bei doppelstöckigen Personengesellschaften: FG Köln v. 19.12.2013 - 10 K 1916/12, JbFfSt 2015/2016 S. 543; *ders.*, Entwicklungsperspektiven im Bilanzsteuerrecht, DB 2016 S. 9; *Schanz*, Der Einkommensbegriff und die Einkommensteuergesetze, FinArch. 13 (1896); *Scheffler*, Bestandsaufnahme zur Reichweite des Maßgeblichkeitsprinzips, Der Konzern 2016 S. 482; *Scheffler/Köstler*, Richtlinie über eine Gemeinsame Körperschaftsteuer-Bemessungsgrundlage - mehr als eine Harmonisierung der steuerlichen Gewinnermittlung, Berlin 2017 (zitiert: Richtlinie); *Schön*, Steuerliche Maßgeblichkeit in Deutschland und Europa, Köln 2005; *Schulze-Osterloh*, Die Steuerbilanz als Tatbestandsmerkmal im Einkommensteuer- und Körperschaftsteuerrecht, DStJG 14 (1991) S. 123, 127; *Trinks/Trinks*, Die vereinfachte Gewinnermittlung in den USA und Deutschland, IStR 2012 S. 201; *Velte/Mock*, EU-Richtlinienvorschlag über eine Gemeinsame Körperschaftsteuer-Bemessungsgrundlage (GKB) vom 25.10.2016 - Eine rechtsvergleichende und kritische Analyse zur steuerlichen Gewinnermittlung, StuW 2017 S. 126; *Vogel/Lehner*, Doppelbesteuerungsabkommen, 6. Aufl., München 2015; *Voss*, Zur steuerlichen Anerkennung von Geschäftsjahr-Umstellungen in Fällen des § 333 (3) AktG, DB 1968 S. 1598; *Wassermeyer*, Mehrere Fremdvergleichsmaßstäbe im Steuerrecht?, StbJb. 1998/99 S. 157; *Wassermeyer/Andresen/Ditz*, Betriebsstätten-Handbuch, 2. Aufl. Köln 2017; *Weber-Grellet*, Grundlagen und Zukunft der Gewinnermittlung, DB 2010 S. 2298; *ders.*, Entwicklungstendenzen und Zukunftsperspektiven des Maßgeblichkeitsgrundsatzes, DB 2016 S. 1279; *ders.*, (Bilanz-)Steuerrecht(sprechung) im Wandel, DStR Beihefter 2016 zu Nr. 9 S. 20; *Wendt*, Bilanzrecht, in Leitgedanken des Rechts, FS Kirchhof 2013, S. 1961.

1. Gewinnbegriff (§ 4 Abs. 1 und § 5 EStG)

1.1 „Ein" Gewinnbegriff trotz unterschiedlicher Gewinnermittlungsarten

120 **Reinvermögenszugangstheorie versus Quellentheorie als Grundlage des Betriebsvermögensvergleichs:** Das Gewinnermittlungskonzept des EStG basiert historisch gesehen auf der vor allem von *v. Schanz* vertretenen sog. Reinvermögenszugangstheorie,[1] die im

---

[1] *Schanz*, FinArch. 13 (1896) S. 1.

Gegensatz zu der den Bereich der Überschusseinkünfte beherrschenden Quellentheorie *Fuistings*[2] das Gesamtergebnis der unternehmerischen Betätigung unter Einsatz des Betriebsvermögens, also laufende Erträge und Veräußerungsgewinne, erfassen will.[3] Auf der unterschiedlichen Verwirklichung beider Einkommenstheorien im EStG gründet das duale System der Einkunftsermittlung durch Gewinn- und Überschusseinkunftsarten. Der Betriebsvermögensvergleich erweist sich damit als idealtypische Umsetzung der Reinvermögenszugangstheorie.[4]

Pluralismus der Gewinnermittlungsarten: Außer dem Betriebsvermögensvergleich nach § 4 Abs. 1 und § 5 EStG sieht das Gesetz noch eine weitere, vereinfachte Gewinnermittlungsart, die Einnahmenüberschussrechnung nach § 4 Abs. 3 EStG vor, die auch als Geldverkehrs- oder Kassenrechnung bezeichnet wird.[5] Diese Einnahmenüberschussrechnung ist allerdings keine reine allein auf dem Zu- und Abflussprinzip basierende Cashflow-Gewinnermittlung; in § 4 Abs. 3 Satz 3 bis 5 EStG sind vielmehr Sonderregelungen enthalten, die zu einer partiellen, auch von der Rechtsprechung beförderten[6] Angleichung an den Betriebsvermögensvergleich führen.[7] Schließlich kennt das EStG noch die pauschalen Gewinnermittlungsarten nach § 5a EStG (sog. Tonnagesteuer) und § 13a EStG (Durchschnittssatzgewinnermittlung für Land- und Forstwirte), die ihrer Natur nach auf dem Bestandsvergleich beruhen. Diese Gewinnermittlungsarten haben einen unterschiedlichen persönlichen und sachlichen Anwendungsbereich, wonach ihre Durchführung zwingend angeordnet oder von einem Wahlrecht abhängig gemacht wird.[8] Wegen der unterschiedlichen Gewinnrealisierungsgrundsätze führt die Vielfalt der Gewinnermittlungsarten zu Problemen beim Wechsel der Gewinnermittlungsart, der zu gesetzlich nicht geregelten Zu- und Abrechnungen zwingt.[9]

121

Verfassungsrechtlich ist der Pluralismus der Gewinnermittlungsarten nicht zu beanstanden. Nach Auffassung des BVerfG genügen die einkommensteuerrechtlichen Gewinnermittlungsvorschriften den rechtsstaatlichen Anforderungen an die Bestimmtheit eines Steuergesetzes.[10] Gleichheitswidrige Differenzierungen zwischen dem Betriebs-

122

---

2 *Fuisting*, Die Preußischen direkten Steuern, 4. Band: Grundzüge der Steuerlehre, Berlin 1902, S. 110.
3 *Prinz*, DStJG 34 (2011) S. 135, 138. Zur Rechtsentwicklung der Gewinnermittlung ausführlich auch *Bauer*, Leistungsfähigkeit als Grundlage der Gewinnermittlungsarten im Einkommensteuerrecht, S. 29 ff.
4 So zutreffend *Pezzer*, DStJG 14 (1991) S. 3, 12.
5 Eine solche vereinfachte Gewinnermittlungsart schlagen auch die Stiftung Marktwirtschaft in §§ 34–45 ihres Reformvorschlags eines Gesetzes zur steuerlichen Gewinnermittlung – StGEG – (http://www.stiftung-marktwirtschaft.de/inhalte/steuergesetzbuch.html) und *Kirchhof* in seiner dem Bundessteuergesetzbuch angefügten Bilanzordnung vor (S. 1091 ff.), s. dort § 1 Abs. 1 Satz 3 BilO i. V. m. § 2 BilVO; zu weiteren, die Einnahmenüberschussrechnung betreffenden Reformvorhaben s. *Kanzler*, HHR, § 4 EStG Anm. 502 m. w. N.
6 So bei der Zulassung gewillkürten Betriebsvermögens bei der Einnahmenüberschussrechnung (BFH, Urteil v. 2.10.2003 – IV R 13/03, BStBl 2004 II S. 985) oder bei der Verbuchung von Zuschüssen (BFH, Urteil v. 29.11.2007 - IV R 81/05, BStBl 2008 II S. 561), dazu auch *Kanzler*, FR 2005 S. 1250 und FR 2008 S. 918; zur Struktur des § 4 Abs. 3 EStG-Rechtsprechung s. ergänzend Eisgruber, DStJG 34 (2011) S. 185-205.
7 S. etwa *Tipke/Lang*, Steuerrecht, 20. Aufl., Köln 2010, § 9 Rz. 195 und *Kanzler*, HHR, § 4 EStG Anm. 506 und 530 jeweils m. w. N.
8 Zum Anwendungsbereich der beiden Formen des Betriebsvermögensvergleichs s. Rz. 128 ff. und zum Geltungsbereich der einkommensteuerrechtlichen Gewinnermittlungsarten allgemein s. nur *Kanzler*, HHR, Vor §§ 4-7 EStG Anm. 1 ff. und zum Anwendungsbereich des auf der Buchführung beruhenden Betriebsvermögensvergleichs auch Teil A Kap. I Rz. 31 ff.
9 Dazu im Einzelnen *Kanzler*, HHR, Vor §§ 4-7 EStG Anm. 40 ff.; *Kanzler*, FR – jeweils m. w. N.; s. auch Teil A Kap. XIV Rz. 2366 ff.
10 BVerfG, Beschluss v. 20.5.1988 - 1 BvR 273/88, BB 1988 S. 1716 betr. Rücklage für Ersatzbeschaffung.

vermögensvergleich und der Einnahmenüberschussrechnung versucht die Rechtsprechung durch verfassungskonforme Auslegung[11] und durch Anwendung eines Grundsatzes der Gesamtgewinngleichheit[12] zu vermeiden.

123 **Grundform der Gewinnermittlung** ist der (duale[13]) Betriebsvermögensvergleich nach § 4 Abs. 1 und § 5 EStG.[14] Der BFH geht davon aus, dass der Betriebsvermögensvergleich die Regel und die Einnahmenüberschussrechnung die Ausnahme ist, lehnt aber ein Über- und Unterordnungsverhältnis zwischen beiden Gewinnermittlungsarten ab.[15] Von der Gleichwertigkeit dieser beiden Gewinnermittlungsarten gehen auch die Autoren aus, die sich im Übrigen gegen das Regel-Ausnahmeverhältnis beider Gewinnermittlungsarten ausgesprochen haben.[16] Praktische Konsequenz dieser Auffassungen zum Vorrang der Bilanzierung ist, dass eine Gewinnschätzung stets nach Bestandsvergleichsgrundsätzen zu erfolgen hat, während nach anderer, das Regel-Ausnahmeverhältnis ablehnender Auffassung, die Gewinnschätzung nach der Gewinnermittlungsart durchzuführen ist, die für den betroffenen Betrieb üblich ist.[17]

124 **Das Verhältnis des dualen Betriebsvermögensvergleichs zu den betriebswirtschaftlichen Bilanztheorien** wurde ganz wesentlich von der Rechtsprechung des BFH geprägt. Die sog. Bilanztheorien zielen darauf ab, den Grundgedanken und Zweck des Jahresabschlusses, aber auch die Beurteilung bilanztechnischer Einzelfragen, unabhängig von gesetzlichen Regelungen aus betriebswirtschaftlichen Überlegungen herzuleiten.[18] In der Vergangenheit wurde das Bilanzsteuerrecht entscheidend durch den Gegensatz zwischen statischer und dynamischer Bilanzauffassung beherrscht. Hatte sich die ältere Rechtsprechung des BFH zum Ertragsteuerrecht bis zum Ende der 60er Jahre verstärkt der dynamischen Bilanzauffassung zugewandt und den Unterschied zu der das Bewertungsrecht beherrschenden statischen Auffassung betont,[19] so rückten die späteren Entscheidungen, wohl auch unter dem Eindruck einschlägiger Gesetzesänderungen,[20] deutlich von dieser dynamischen Sicht ab und vollzogen eine „statische Wende".[21] Da-

---

11 So etwa bei der Zulassung gewillkürten Betriebsvermögens bei Einnahmenüberschussrechnung: BFH, Urteile v. 2.10.2003 - IV R 13/03, BStBl 2004 II S. 985 und v. 16.6.2004 - XI R 17/03, BFH/NV 2005 S. 173.
12 Zum Grundsatz Gesamtgewinngleichheit oder Totalgewinnidentität ausführlich *Kanzler*, HHR, § 4 EStG Anm. 531 und vor §§ 4-7 EStG Anm. 32 jeweils m. w. N.; gegen den Totalgewinngedanken als verselbständigte Tatbestandsvoraussetzung und für eine eigenständige Gewinnermittlungsart durch Einnahmenüberschussrechnung sind im Übrigen *Kanzler*, FR 1998 S. 233; *Drüen*, Totalgewinn und Periodengewinn, 1999, S. 163; *Eisgruber*, Zahlungsmittelrechnung, 2004, S. 75 ff. und *Anders*, Überschussrechnung, 2007, S. 149.
13 Zu dieser Formulierung: *Prinz*, DStJG 34 (2011) S. 135, 146.
14 Zu den Gemeinsamkeiten und Unterschieden bei den beiden Formen des Betriebsvermögensvergleichs s. Rz. 129.
15 BFH, Urteil v. 19.3.2009 - IV R 57/07, BStBl 2009 II S. 659.
16 *Kanzler*, FR 1998 S. 233, 245; *Drüen*, DStR 1999 S. 1589, 1594; *Anders*, Überschussrechnung, 2007 S. 149.
17 Ausführlich dazu *Kanzler*, HHR, Vor §§ 4-7 EStG Anm. 13 m. w. N.
18 *Baetge/Kirsch/Thiele*, Bilanzen, 13. Aufl., Düsseldorf 2014, S. 12 f.
19 BFH, Urteil v. 7.8.1970 - III R 119/67, BStBl 1970 II S. 842.
20 Wie der Einführung des Aktivierungsverbots für selbst hergestellte immaterielle Anlagegüter (§ 153 Abs. 3 AktG 1965) sowie der Einschränkung der Rechnungsabgrenzung auf sog. transitorische Posten im engeren Sinne (§ 152 Abs. 9 AktG 1965) und deren Übernahme in das EStG (§ 5 Abs. 2 und 3 EStG 1969), denen das erklärte Ziel zugrunde lag, den Einfluss der dynamischen Bilanzauffassung beim Betriebsvermögensvergleich einzuschränken (s. Begründung zum Regierungsentwurf des AktG 1965, BT-Drucks. IV/171 S. 174 und 177).
21 *Beisse*, Steuerliche Entwicklungstendenzen im Bilanzrecht, 1979, S. 75, 79; aufgegriffen auch von *Clemm*, Festschrift Offerhaus, 1999, S. 631, 638; s. auch *Groh*, BB 1989 S. 1586.

her lehnte der BFH wiederholt die dynamische Auffassung ab, auf die sich die Kläger ausdrücklich berufen hatten.[22]

Sah man in dieser Entwicklung der Rechtsprechung zu einer statischen Sicht der Bilanz zunächst noch einen entscheidenden Fortschritt und einen Sieg des Leistungsfähigkeitsprinzips über die handelsrechtlichen Grundsätze ordnungsmäßiger Buchführung (GoB),[23] so war die Unterscheidung seit den 1990er Jahren für die Beurteilung einzelner Bilanzpositionen kaum noch von Bedeutung.[24] Beginnend mit der Regelung zu Rückstellungen für Schutzrechtsverletzungen durch das Haushaltsbegleitgesetz 1983[25] wurde die Hinwendung des BFH zur „Bilanz im Rechtssinne"[26] durch verschiedene, den Maßgeblichkeitsgrundsatz auflösende Einzelregelungen zu Verbindlichkeiten und Rückstellungen in § 5 EStG bestätigt. Diese Regelungen sind auch für den allgemeinen Betriebsvermögensvergleich nach § 4 Abs. 1 EStG zu beachten (s. Rz. 129 m. w. N.). 125

Gewinn als Indikator finanzieller Leistungsfähigkeit: Nachdem sich die Einsicht durchgesetzt hat, dass die Ermittlung des „wirklichen" Gewinns als Indikator der finanziellen Leistungsfähigkeit und steuerlichen Belastbarkeit eines Unternehmens zum Zweck einer gesetzmäßigen, insbesondere gleichmäßigen Besteuerung anzusehen ist,[27] kann den Bilanztheorien keine entscheidende Bedeutung mehr zukommen. Das Bilanzsteuerrecht ist damit allerdings noch nicht auf dem Weg zu einer eigenständigen Gewinnermittlung, die den verfassungsrechtlichen Vorgaben des Leistungsfähigkeitsprinzips und des Gebots der Folgerichtigkeit entspricht, so lange eine „fiskalgesteuerte Gesetzgebung" sich nicht an Systemgrundsätzen orientiert, sondern nur die „Steuerausfallrisiken in Milliardenhöhe" im Blick hat.[28] 126

(Einstweilen frei) 127

1.2 Bedeutung des Betriebsvermögensvergleichs

1.2.1 Regelungsgegenstand und Anwendungsbereich der beiden Formen des Betriebsvermögensvergleichs

Die beiden einkommensteuerrechtlichen Regelungen zum Betriebsvermögensvergleich, § 4 Abs. 1 und § 5 EStG, stehen in einer Wechselbeziehung. Ihr Verhältnis zueinander 128

---

22 So BFH, Urteile v. 22.2.1973 - IV R 168/71, BStBl 1973 II S. 481: künftige Provisionsforderungen der Handelsvertreter noch keine steuerlich passivierungsfähigen Verpflichtungen; v. 4.3.1976 - I R 78/72, BStBl 1977 II S. 380: kein Ansatz von Vermittlungsprovisionen als RAP oder Anschaffungskosten eines immateriellen Wirtschaftsguts; v. 26.10.1977 - I R 148/75, BStBl 1978 II S. 97: keine Rückstellungen für die Prüfung des Jahresabschlusses vergangener Geschäftsjahre; v. 23.11.1983 - I R 216/78, BStBl 1984 II S. 277: Rückstellungsverbot für unterlassene Instandhaltung, und v. 29.11.1990 - IV R 131/89, BStBl 1992 II S. 715: kein passiver RAP zur Verteilung von Entschädigungen wegen Wirtschaftserschwernis.
23 Vgl. *Lang*, Die Bemessungsgrundlage der Einkommensteuer, 1981/1988, S. 285 f. m. w. N. zur dynamischen Lehre daselbst Fn. 74.
24 S. etwa FG München, Urteil v. 13.12.1990 - 15 K 1010/90, BB 1991 S. 1226: „Die Passivierungen von ungewissen Verbindlichkeiten als Rückstellungen lassen sich in der Regel sowohl statisch als auch dynamisch begründen"; s. auch Rz. 2673.
25 BGBl 1982 I S. 1857; BStBl 1982 I S. 972.
26 *Clemm*, Festschrift Offerhaus, 1999 S. 631, 636.
27 *Bauer*, Leistungsfähigkeit als Grundlage der Gewinnermittlungsarten im Einkommensteuerrecht, S. 53 ff.; *Bode* in FS Kirchhof, Rz. 2673; *Marx*, StuB 2012 S. 291, 292; *Weber-Grellet*, DB 2010 S. 2298.
28 So *Prinz*, DB 2013 S. M 1.

ist durch ein Verweisungsgeflecht gekennzeichnet.[29] So ist in § 4 Abs. 1 Satz 1 EStG[30] zwar geregelt, dass sich der Gewinn aus dem Unterschied zwischen dem Betriebsvermögen am Anfang und Ende des Wirtschaftsjahrs ergibt, aber nichts darüber ausgesagt, was als Betriebsvermögen anzusetzen ist. Dagegen enthält § 5 EStG keine (eigene) Bestimmung dazu, wie der Gewinn ermittelt werden soll, regelt aber unter Hinweis auf § 4 Abs. 1 Satz 1 EStG, dass das Betriebsvermögen anzusetzen sei, „das nach den handelsrechtlichen Grundsätzen ordnungsmäßiger Buchführung auszuweisen ist". Beide Vorschriften sind also unvollständig: § 5 Abs. 1 EStG verweist auf den Betriebsvermögensvergleich des § 4 Abs. 1 EStG, so dass auch für § 5 EStG gilt, dass sich das Betriebsvermögen aus Wirtschaftsgütern und Rechnungsabgrenzungsposten zusammensetzt. Weiter regelt § 5 Abs. 6 EStG, dass die Vorschriften des § 4 Abs. 1 EStG über Entnahmen und Einlagen, des § 4 Abs. 2 EStG über Bilanzkorrekturen und des § 4 Abs. 4-7 EStG über Betriebsausgaben auf die Gewinnermittlung nach § 5 EStG anzuwenden sind. Für die Gewinnermittlung nach § 4 Abs. 1 EStG hat sich demgegenüber zunehmend die Auffassung durchgesetzt, dass auch hier für den Ansatz des Betriebsvermögens die GoB maßgebend sind: Die Regelungen in § 5 Abs. 2-5 EStG sollen daher für die Gewinnermittlung nach § 4 Abs. 1 EStG entsprechend gelten[31] und in § 141 Abs. 1 Satz 2 AO ist klargestellt, dass die Regelungen der §§ 238, 240, 241, 242 Abs. 1 und die §§ 243 bis 256 HGB sinngemäß auch für die Steuerbilanz gelten, sofern sich nicht aus den Steuergesetzen etwas anderes ergibt. Im Übrigen gelten etwa die Vorschrift über die E-Bilanz (§ 5b Abs. 1 EStG), ebenso wie die Begünstigung des nicht entnommenen Gewinns (§ 34a Abs. 2 EStG) von Gesetzes wegen für beide Formen des Betriebsvermögensvergleichs.

129 **Gleichbehandlung und Unterschiede:** Die weitgehende Gleichbehandlung der beiden Formen des Betriebsvermögensvergleichs wird im Schrifttum für sachlich gerechtfertigt gehalten[32] und als Rechtsfolge des beschriebenen Verweisungsgeflechts der Regelungen zu § 4 Abs. 1 und § 5 EStG beschrieben.[33] Gleichwohl sind Unterschiede geblieben, die sich möglicherweise durch die handelsrechtlichen Änderungen im BilMoG[34] wieder vergrößern.[35] So gelten etwa das Niederstwertprinzip[36] oder die Passivierungspflicht bei Pensionszusagen[37] nicht für die Gewinnermittlung nach § 4 Abs. 1 EStG. Für die Steuerbilanz nach § 4 Abs. 1 EStG ist das handelsrechtliche Gliederungsschema nicht verpflichtend, obgleich es in der Praxis meist befolgt wird. Da es an einer Handelsbilanz

---

29 *Kanzler*, FR 1998 S. 421, 424.
30 Von *Groh* (BB 1990, 379) als „Grundgesetz der steuerlichen Gewinnermittlung" bezeichnet.
31 Ständige Rechtsprechung des BFH: Urteile v. 6.12.1983 - VIII R 110/79, BStBl 1984 II S. 227; v. 10.9.1998 - IV R 80/96, BStBl 1999 II S. 21 (beide betr. bilanzierende Freiberufler); v. 9.12.1993 - IV R 130/91, BStBl 1995 II S. 202, sowie v. 20.3.2003 - IV R 37/02, BFH/NV 2003 S. 1403 (beide betr. RAP bei Landwirten); gl. A. *Schulze-Osterloh*, DStJG 14 (1991) S. 123, 127; *Kanzler*, FR 1998 S. 233, 243; a. A. *Bordewin*, FR 1998 S. 226, 230; *Korn/Strahl*, EStG § 5 Rz. 604 betr. Drohverlustrückstellungen.
32 So *Prinz*, DStJG 34 (2011) S. 135, 146.
33 *Kanzler*, HHR, Vor §§ 4-7 Anm. 23 m. w. N. und *Musil*, HHR, § 4 EStG Anm. 33.
34 Bilanzrechtsmodernisierungsgesetz v. 28.5.2009, BGBl 2009 I S. 1102; BStBl 2009 I S. 650.
35 So die Vermutung von *Prinz*, DStJG 34 (2011) S. 135, 146, der dann aber (auf S. 153 ff.) ein vom Gesetzgeber auch beabsichtigtes Auseinanderdriften von Handels- und Steuerbilanz durch das BilMoG feststellt, was im Ergebnis wohl eher zu einer stärkeren Übereinstimmung der beiden Betriebsvermögensvergleiche führen sollte.
36 Allerdings durchaus streitig, s. nur *Kanzler*, HHR, Vor §§ 4-7 EStG Anm. 24 m. w. N.
37 *Dommermuth*, HHR, § 6a EStG Anm. 22.

fehlt, können steuerrechtliche Wahlrechte bei der Gewinnermittlung nach § 4 Abs. 1 EStG ohne Rücksicht auf latente Steuern ausgeübt werden. Auch die Einschränkungen des Maßgeblichkeitsgrundsatzes durch die Entscheidung des Großen Senats des BFH, wonach handelsrechtliche Aktivierungswahlrechte zur steuerlichen Aktivierungspflicht und handelsrechtliche Passivierungswahlrechte zu steuerlichen Passivierungsverboten führen, sind mangels einer Handelsbilanz für die Bilanzierung nach § 4 Abs. 1 EStG ohne Bedeutung.[38]

Der sachliche Anwendungsbereich des allgemeinen Betriebsvermögensvergleichs nach § 4 Abs. 1 EStG erfasst alle Einkünfte mit Gewinnermittlung, soweit nicht § 5 EStG eingreift. Für die übrigen Einkunftsarten i. S. d. § 2 Abs. 1 Nr. 4-7 EStG, die sog. Überschusseinkünfte, gelten die §§ 8-9a EStG. § 4 Abs. 1 EStG gilt daher vor allem für Freiberufler, die freiwillig Bücher führen und keine Einnahmenüberschussrechnung haben, für buchführungspflichtige oder freiwillig buchführende Land- und Forstwirte, sowie für ausländische Betriebsstätten und ausländische Personengesellschaften von Steuerinländern, die nicht den inländischen GoB unterliegen. Auch die Gewinnermittlung für den Sonderbereich der Mitunternehmerschaften ist nach § 4 Abs. 1 EStG vorzunehmen. Schließlich gilt § 4 Abs. 1 EStG nach § 8 Abs. 1 Satz 1 KStG auch für die nicht nach HGB buchführungspflichtigen Körperschaften. Das sind nach ausländischem Recht gegründete, in Deutschland unbeschränkt steuerpflichtige Körperschaften, die ungeachtet der Gewerblichkeitsfiktion gem. § 1 Abs. 1 Nr. 1, § 8 Abs. 2 KStG nicht § 5 Abs. 1 EStG unterfallen, beschränkt steuerpflichtige Körperschaften (§ 2 KStG) und alle anderen nicht gewerblich tätigen Körperschaften, die betriebliche Einkünfte (z. B. aus Land- und Forstwirtschaft) erzielen und ihren Gewinn nicht durch Einnahmenüberschussrechnung ermitteln. Der Betriebsvermögensvergleich gem. § 4 Abs. 1 EStG gilt aber weder für Einkünfte nach §§ 16, 17 EStG, noch für nachträgliche Einkünfte aus einer betrieblichen Einkunftsart.[39]

130

Persönlich gilt § 4 Abs. 1 EStG für alle unbeschränkt und beschränkt Steuerpflichtigen, die Gewinneinkünfte beziehen.[40]

Der sachliche Anwendungsbereich des besonderen Betriebsvermögensvergleichs nach § 5 Abs. 1 EStG erfasst alle nach Handelsrecht oder § 141 AO buchführungspflichtigen und freiwillig buchführenden Gewerbetreibende. Eine vertraglich vereinbarte Buchführungspflicht reicht nicht aus. Demzufolge gilt § 5 EStG nur für Einkünfte aus Gewerbebetrieb, und zwar für Einkünfte aus gewerblichen Unternehmen (§ 15 Abs. 1 Satz 1 Nr. 1 EStG) und für die Ermittlung der Gewinnanteile der Gesellschafter einer Mitunternehmerschaft (§ 15 Abs. 1 Satz 1 Nr. 2) bzw. der persönlich haftenden Gesellschafter einer KGaA (§ 15 Abs. 1 Satz 1 Nr. 3[41]). Da der Betriebsvermögensvergleich gem. § 5 Abs. 1 EStG nur die Ermittlung der laufenden Gewinne betrifft, gilt er nicht für Einkünfte nach §§ 16, 17 EStG oder für nachträgliche Einkünfte aus einer betrieblichen Einkunftsart.[42]

131

---

38 Zu diesen Unterschieden grundlegend *Prinz*, DStJG 34 (2011) S. 135, 147, der auch darauf hinweist, dass nur die Gewinnermittlung nach § 5 EStG von der durch die Bilanzrichtlinie geprägte Europäisierung des Bilanzsteuerrechts betroffen sei.
39 Dazu *Kanzler*, HHR, Vor §§ 4-7 EStG Anm. 8 m. w. N.
40 Zum Geltungsbereich des § 4 Abs. 1 EStG ausführlich s. *Kanzler*, HHR, Vor §§ 4-7 EStG Anm. 4 ff.
41 BFH, Urteil v. 21.6.1989 - X R 14/88, BStBl 1989 II S. 881.
42 Dazu *Kanzler*, HHR, Vor §§ 4-7 EStG Anm. 8 m. w. N.

Persönlich gilt § 5 Abs. 1 EStG für alle unbeschränkt und beschränkt Steuerpflichtigen, die Gewinneinkünfte beziehen[43] und die dem Maßgeblichkeitsgrundsatz unterliegen.[44]

1.2.2 Anwendung des Betriebsvermögensvergleichs auf Auslandsbeziehungen

132 Die Gewinnermittlungsvorschriften des § 4 Abs. 1 und Abs. 3 EStG sowie des § 5 EStG gelten ebenso wie die übrigen Regelungen des § 4 EStG (zur Bilanzberichtigung und -änderung, zu den Betriebsausgaben und den Abzugsverboten) auch bei Auslandsbeziehungen. Dabei ist die Anwendung der Gewinnermittlungsvorschriften auf die Auslandseinkünfte unbeschränkt Steuerpflichtiger von der Geltung für Inlandseinkünfte beschränkt Steuerpflichtiger und ihrer Bedeutung für das Außensteuerrecht und die Doppelbesteuerungsabkommen (DBA) zu unterscheiden. Zu internationalen Bezügen steuerlicher Gewinnermittlung s. Teil A Kapitel XVII.

133 **Auslandseinkünfte unbeschränkt Steuerpflichtiger** unterliegen nach dem sog. Welteinkommensprinzip der deutschen Besteuerung, soweit sie nicht nach einem DBA befreit sind.

▶ *Betriebliche Einkünfte* unterliegen den Gewinnermittlungsvorschriften des EStG, so dass Einkünfte aus Gewerbebetrieb nach § 5 EStG zu ermitteln sind, wenn Buchführungspflicht nach § 140 AO besteht,[45] denn mit der Verweisung auf die handelsrechtlichen GoB bezieht sich § 5 Abs. 1 EStG auf deutsches Handelsrecht.[46] Im Übrigen ist der Gewinn, vor allem bei land- und forstwirtschaftlichen oder freiberuflichen Auslandseinkünften, durch Bestandsvergleich nach § 4 Abs. 1 EStG oder Einnahmenüberschussrechnung nach § 4 Abs. 3 EStG zu ermitteln. Die in- und ausländischen gewerblichen Einkünfte können einheitlich ermittelt werden, es sei denn, eine gesonderte Ermittlung ausländischer Einkünfte ist zur Anrechnung ausländischer Steuern geboten.[47]

▶ *Gewinnermittlung ausländischer Betriebsstätten nach § 4 Abs. 1 oder Abs. 3 EStG:*[48] Sind unbeschränkt steuerpflichtige Personen an einer ausländischen Personengesellschaft beteiligt, die im Inland weder eine Betriebsstätte unterhält, noch einen ständigen Vertreter bestellt hat, so ist der Gewinn der Personengesellschaft nach § 4 Abs. 1 EStG zu ermitteln, es sei denn, das Wahlrecht auf Einnahmenüberschussrechnung sei ausgeübt worden. Die Gewinnermittlung erfolgt, soweit sie für Zwecke der deutschen Besteuerung (z. B. den Progressionsvorbehalt) von Bedeutung ist.[49]

---

43 Im Einzelnen dazu *Anzinger*, HHR, § 5 EStG Anm. 81 f. m. w. N.
44 Zum Maßgeblichkeitsgrundsatz s. *Prinz*, Rz. 331 ff.
45 *Kanzler*, HHR, § 4 Anm. 8 m. w. N.
46 BFH, Urteil v. 13.9.1989 - I R 117/87, BStBl 1990 II S. 57; ebenso BMF, Schreiben v. 24.12.1999, BStBl 1999 I S. 1076 Tz. 1.1.4.2 (Betriebsstättenerlass).
47 *Kanzler*, HHR § 4 Anm. 8; *Anzinger*, HHR, § 5 EStG Anm. 81.
48 S. Rz. 2939 ff.; i. Ü. *Wassermeyer/Andresen/Ditz*, Betriebsstätten-Handbuch, 2006, S. 12 f., 31 ff. und *Kanzler*, HHR, § 4 Anm. 8.
49 Ständige Rechtsprechung des BFH, s. nur Urteile v. 13.9.1989 - I R 117/87, BStBl 1990 II S. 57; v. 22.5.1991 - I R 32/90, BStBl 1992 II S. 94; v. 16.2.1996 - I R 46/95, BStBl 1996 II S. 588; v. 16.2.1996 - I R 43/95, BStBl 1997 II S. 128; v. 11.2.2009 - I R 25/08, BStBl 2010 II S. 536 und v. 2.9.2009 - I R 32/09, BFH/NV 2010 S. 194; s. auch BFH, Beschluss v. 18. 2.1997 - IV B 31/96, BFH/NV 1997 S. 478 betr. Betriebsstätte in Bolivien mit Gewinnermittlung nach § 4 Abs. 3 EStG.

▶ *Die Gewinnermittlung ausländischer Mitunternehmerschaften* für ihre inländische Betriebsstätte und die Gewinn- oder Verlustanteile ihrer unbeschränkt einkommensteuerpflichtigen Gesellschafter hat nach § 4 Abs. 1 oder Abs. 3 EStG zu erfolgen, es sei denn, die Personengesellschaft hätte eine Handelsbilanz deutschen Rechts erstellt.[50] Für die deutsche Betriebsstätte einer britischen Limited Liability Partnership (LLP) ist der Gewinn daher durch Einnahmenüberschussrechnung nach § 4 Abs. 3 EStG zu ermitteln.[51]

▶ *Behandlung von Fremdwährungsgewinnen und -verlusten:* Sofern die nach § 4 Abs. 1 oder § 5 EStG erforderliche Bilanz in ausländischer Währung aufgestellt wurde, ist das Ergebnis in Euro umzurechnen; dazu darf nur ein solches Umrechnungsverfahren gewählt werden, das im Einzelfall nicht zu einem Verstoß gegen die deutschen GoB führt.[52] Dabei sind wechselkursbedingte Wertverluste oder Wertsteigerungen zu berücksichtigen.[53]

Hinzurechnungsbesteuerung (Ausschüttungsfiktion nach § 10 AStG): Niedrig besteuerte Einkünfte unbeschränkt steuerpflichtiger inländischer Gesellschafter einer ausländischen Körperschaft, Personenvereinigung oder Vermögensmasse i. S. d. KStG (§§ 7, 8 AStG) sind mit dem nach Maßgabe der §§ 11, 12 AStG „anzusetzenden" Hinzurechnungsbetrag grundsätzlich als Einkünfte aus Kapitalvermögen oder als betriebliche Einkünfte zu erfassen, wenn die Beteiligung an der ausländischen Gesellschaft zu einem inländischen Betriebsvermögen gehört (§ 10 Abs. 2 Satz 2 AStG). Die dem Hinzurechnungsbetrag zugrunde liegenden Zwischeneinkünfte sind durch Betriebsvermögensvergleich oder durch Einnahmenüberschussrechnung zu ermitteln. Insoweit verweist § 10 Abs. 3 Satz 2 AStG auf § 4 Abs. 1 und § 5 EStG und stellt die Gewinnermittlung nach § 4 Abs. 3 EStG den beiden Formen des Bestandsvergleichs ausdrücklich gleich, weil für die ausländische Zwischengesellschaft i. d. R. keine Buchführungspflicht nach deutschem Recht besteht.[54] Der Steuerpflichtige hat ein freies Wahlrecht zwischen der Gewinnermittlung nach § 4 Abs. 1 und Abs. 3 EStG.[55]

134

Gewinnermittlung und DBA: Obwohl die Einkunftsermittlung[56] sowie die Zurechnung der Einkünfte[57] und die Bestimmung der inländischen Steuerpflicht[58] grundsätzlich nicht zum Regelungsgegenstand der DBA gehören, ist die Art der Einkunfts- und Gewinnermittlung für die Doppelbesteuerung von Bedeutung. Was Unternehmensgewinne i. S. d. Art. 7 OECD-Musterabkommen sind und wie sie ermittelt werden, ergibt sich im Regelfall aus dem innerstaatlichen Recht des jeweiligen Vertragsstaats.[59] Soweit

135

---

50 BFH, Urteile v. 22.5.1991 - I R 32/90, BStBl 1992 II S. 94 und v. 16.2.1996 - I R 43/95, BStBl 1997 II S. 128; BMF, Schreiben v. 24.12.1999, BStBl 1999 I S. 1076 Tz. 1.1.5.4.
51 *Bernütz/Küppers,* IStR 2011 S. 587; *Kanzler,* HHR, § 4 Anm. 8; s. auch Rz. 2411 f.
52 BFH, Urteil v. 13.9.1989 - I R 117/87, BStBl 1990 II S. 57.
53 BFH, Urteil v. 16.12.2008 - I B 44/08, BFH/NV 2009 S. 940 m. w. N.
54 *Wassermeyer/Schönfeld* in Flick/Wassermeyer/Baumhoff/Schönfeld, § 10 AStG Rn. 232.
55 *Wassermeyer/Schönfeld* in Flick/Wassermeyer/Baumhoff/Schönfeld, § 10 AStG Rn. 246; *Kanzler,* HHR, § 4 Anm. 9.
56 BFH, Urteil v. 24.3.1999 - I R 114/97, BStBl 2000 II S. 399 m. w. N.
57 BFH, Urteil v. 29.10.1997 - I R 35/96, BStBl 1998 II S. 235 m. w. N.
58 BFH, Urteile v. 21.5.1997 - I R 79/96, BFH/NV 1997 S. 760, und v. 22.8.2007 - I R 46/02, BStBl 2008 II S. 190 m. w. N.
59 S. nur *Hemmelrath* in Vogel/Lehner, Doppelbesteuerungsabkommen, Art. 7 Rz. 21 m. w. N.

§ 5 EStG in diesen Fällen mangels deutscher Buchführungspflicht nicht anwendbar ist, gilt § 4 Abs. 1 EStG.[60]

136 **Inlandseinkünfte beschränkt Steuerpflichtiger:** Betriebliche Einkünfte i. S. d. § 49 Abs. 1 Nr. 1-3 EStG unterliegen den Gewinnermittlungsvorschriften des EStG.[61] *Für gewerbliche Einkünfte* gilt bei bestehender Buchführungspflicht § 5 EStG,[62] im Übrigen aber § 4 Abs. 1 oder Abs. 3 EStG.[63] Dabei wird die sog. *direkte Methode* bevorzugt, bei der die rechtlich unselbständige Betriebsstätte zu Besteuerungszwecken als selbständiger Gewerbebetrieb gesehen wird.[64] Erst wenn bestimmt ist, was der Betriebsstätte zuzuordnen ist, kann der Gewinn ermittelt werden. Die Ergebniszuordnung nach der direkten oder (ausnahmsweise) der indirekten Methode ist daher Voraussetzung für die betriebsstättenbezogene Gewinnermittlung durch Betriebsvermögensvergleich oder Einnahmenüberschussrechnung.[65]

137–139 *(Einstweilen frei)*

1.2.3 Reformvorschläge für eine eigenständige steuerliche Gewinnermittlung

140 Die Gewinnermittlung war seit der Arbeit der Steuerreformkommission 1971 stets Gegenstand von Reformvorschlägen, die aber nicht oder nur punktuell umgesetzt wurden.[66] Diskutiert werden die Schaffung einer eigenständigen Steuerbilanz unter Verzicht auf den Maßgeblichkeitsgrundsatz (sog. Abkopplungsmodell) oder die Einführung einer Einnahmenüberschussrechnung für alle betrieblichen Einkunftsarten.

Vorschlag einer eigenständigen Steuerbilanz: Schon länger wird eine Abkopplung des Maßgeblichkeitsprinzips für die Steuerbilanz diskutiert.[67] Zu den jüngsten Vorschlägen gehören der Entwurf eines Gesetzes zur steuerlichen Gewinnermittlung (StGEG) der Stiftung Marktwirtschaft[68] und eine steuerliche Bilanzordnung, die *Kirchhof* als Teil seines Bundessteuergesetzbuchs im Jahre 2011 vorgelegt hat.[69] Die fortschreitende Internationalisierung der Rechnungslegung und der zunehmende Bedeutungsverlust der Maßgeblichkeit aufgrund zahlreicher Durchbrechungen dieses Grundsatzes haben den Ruf nach einem eigenständigen Steuerbilanzrecht laut werden lassen, das sich stärker am Leistungsfähigkeitsprinzip orientiert.[70] Dies böte die Chance, einen einheitlichen, die Bilanzierung nach § 4 Abs. 1 und § 5 EStG zusammenfassenden Betriebsvermögensvergleich für alle betrieblichen Einkunftsarten zu schaffen, der prinzipienorientiert die

---

60 BFH, Urteile v. 13.9.1989 - I R 117/87, BStBl 1990 II S. 57 betr. DBA Schweiz und v. 22.5.1991 - I R 32/90, BStBl 1992 II S. 94 sowie v. 1.10.1992 - I B 43/92, BFH/NV 1993 S. 156 jeweils betr. DBA Österreich.
61 *Kanzler*, HHR, § 4 Anm. 11 m. w. N.
62 Z. B. BFH, Urteil v. 20.7.1988 - I R 49/84, BStBl 1989 II S. 140 betr. inländische Zweigniederlassung (Betriebsstätte) einer ausländischen Bank.
63 *Roth*, HHR, § 49 EStG Anm. 241 m. w. N.
64 Rz. 2949; *Roth*, HHR, § 49 EStG Anm. 250, 252 m. w. N.
65 *Roth*, HHR, § 49 EStG Anm. 241.
66 Einen Überblick gibt *Bauer*, Leistungsfähigkeit als Grundlage der Gewinnermittlungsarten im Einkommensteuerrecht, S. 195 ff. m. w. N.
67 S. nur *Kanzler*, HHR, Vor §§ 4-7 Anm. 31 m. w. N.
68 Im Internet: www.stiftung-marktwirtschaft.de.
69 *Kirchhof*, Bundessteuergesetzbuch, 2011, S. 1091 ff.
70 S. etwa *Hennrichs*, StuW 2005 S. 256; *Kahle*, StuW 2001 S. 126; *Prinz*, DStJG 34 (2011) S. 135, 164; *Schön*, Steuerliche Maßgeblichkeit in Deutschland und Europa, S. 230 ff. und *Weber-Grellet*, ZRP 2008 S. 146.

Bildung von Rückstellungen und Teilwertabschreibungen mit Wertaufholungsgebot vorsieht und den Einzelbewertungsgrundsatz beibehält.[71] Ob der Grundsatz der Besteuerung nach der wirtschaftlichen Leistungsfähigkeit auch die Fortführung oder Einführung neuer steuerlicher Wahlrechte gebietet, mag zweifelhaft sein. Wahlrechte führen ganz allgemein[72] und insbesondere bei der Rechnungslegung zu einer Vielzahl von Problemen,[73] die einen weitgehenden Verzicht darauf eher nahelegen. Den Unschärfen der Rechnungslegung, die als Rechtfertigungsgrund für Gewinnermittlungswahlrechte angeführt werden,[74] könnte auch mit einer großzügigen, gerichtlichen Prüfung entzogenen Einschätzungsprärogative des Steuerpflichtigen begegnet werden.

Einnahmenüberschussrechnung anstelle der Bilanzierung (Reformdiskussion und GKB-RLE): Noch weitergehend als das Abkopplungsmodell (s. o.) wird in der betriebswirtschaftlichen Steuerlehre seit Längerem das Einheitsmodell einer eigenständigen steuerlichen Gewinnermittlung durch Einnahmenüberschussrechnung diskutiert. Diese betriebliche Einnahmenüberschussrechnung soll losgelöst von der handelsrechtlichen Gewinnermittlung gelten und den steuerlichen BV-Vergleich verdrängen. Damit würde nicht nur das Problem der Entscheidungskompetenz des EuGH in steuerbilanzrechtlichen Fragen gelöst[75] und die betriebliche Gewinnermittlung der privaten Überschussermittlung gleichgestellt, sondern durch die „volle" Erfassung des Gewinns auf einfachste Weise den Grundsätzen der Besteuerung nach der Leistungsfähigkeit und Belastungsgleichheit entsprochen.[76]

Dieser Konzeption folgt auch der am 25.10.2016 von der EU-Kommission vorgestellte Vorschlag für eine Richtlinie des Rates über eine „Gemeinsame Körperschaftsteuer-Bemessungsgrundlage" (GKB-RLE), die am 1.1.2019 in Kraft treten soll.[77] Für die eigenständige steuerliche Gewinnermittlung sollen weder die IFRS noch die nationalen handelsrechtlichen Gewinnermittlungsvorschriften der einzelnen Mitgliedstaaten (in Deutschland weder das HGB noch das Maßgeblichkeitsprinzip) von Bedeutung sein. Unter Abkehr vom Betriebsvermögensvergleich wird der steuerpflichtige Gewinn GuV-orientiert als Überschuss an Erträgen gegenüber den abziehbaren Aufwendungen und anderen abziehbaren Posten (Art. 4 Nr. 8 GKB-RLE) sowie Verlust als Überschuss an Aufwendungen gegenüber den Erträgen (Art. 4 Nr. 9) definiert. Formal ist die Gewinnermittlung nach dem GKB-RLE zwar mit der Einnahmenüberschussrechnung nach § 4 Abs. 3 EStG vergleichbar. Materiell ist sie jedoch keine Zahlungsrechnung. Da sowohl Erträge als auch Aufwendungen im Zeitpunkt ihrer Realisierung zu erfassen sind, werden die Einzahlungen und Auszahlungen im Rahmen der steuerlichen Gewinnermitt-

---

[71] Dazu *Prinz*, DStJG 34 (2011) S. 135, 165 m. w. N. Zu den Vorschlägen, die Einnahmenüberschussrechnung als eigenständige steuerliche Gewinnermittlungsart zu etablieren s. *Kanzler*, HHR, Vor §§ 4-7 EStG Anm. 31 und § 4 Anm. 502 m. w. N.

[72] S. nur *Gluth*, Der Einfluß von Wahlrechten auf die Entstehung des Steueranspruchs, Frankfurt 1997.

[73] Zur Problematik von Wahlrechten bei der Rechnungslegung s. *Hennrichs*, Wahlrechte im Bilanzrecht der Kapitalgesellschaften, Köln 1999, S. 4 ff. m. w. N.

[74] So *Prinz*, DStJG 34 (2011) S. 135, 165.

[75] Dazu etwa *Groh*, DStR 1996 S. 1206.

[76] Im Einzelnen dazu *Weber-Grellet*, DStR 1998 S. 1343, 1348; ebenso schon *Kanzler*, FR 1998 S. 347.

[77] Vgl. die letzte aktualisierte Fassung: EU-Kommission, Vorschlag für eine Richtlinie des Rates über eine Gemeinsame Körperschaftsteuer-Bemessungsgrundlage v. 25.10.2016, COM(2016) 685 final, zitiert als GKB-RLE (http://eur-lex.europa.eu/legal-content/EN/TXT/?uri=COM:2016:685:FIN).

lung periodisiert (Art. 6 Abs. 1, Art. 15-17 GKB-RLE). Diese Umrechnung der Ein- und Auszahlungen in Erträge und Aufwendungen, die Nebenrechnungen zur Bestimmung steuerlicher Werte (Art. 4 Nr. 17 GKB-RLE) und ein bedingtes Register des Anlagevermögens (fixed asset register nach Art. 30 GKB-RLE), führt, wie § 4 Abs. 3 Satz 5 EStG, wiederum zu einer konzeptionellen Übereinstimmung mit dem Betriebsvermögensvergleich.[78]

1.3 Tatbestandsmerkmale des Gewinnbegriffs

141 Nach der Legaldefinition des Betriebsvermögensvergleichs in § 4 Abs. 1 Satz 1 EStG auf die auch in § 5 Satz 1 EStG Bezug genommen wird, ist Gewinn „der Unterschiedsbetrag zwischen dem Betriebsvermögen am Schluss des Wirtschaftsjahres und dem Betriebsvermögen am Schluss des vorangegangenen Wirtschaftsjahres, vermehrt um den Wert der Entnahmen und vermindert um den Wert der Einlagen".

142 **Der Begriff des Betriebsvermögens** ist damit zentrales Merkmal des Bestandsvergleichs, dem eine zweifache Bedeutung zukommt. Er steht nicht nur für das Eigenkapital des Betriebs, der Ausgangsgröße zur Ermittlung des Unterschiedsbetrags, der die erste Stufe der Gewinnermittlung bildet (s. Rz. 164); er bezeichnet zugleich die Summe der Wirtschaftsgüter,[79] „die dem Betrieb dienen oder ihrer Art nach ihm zu dienen bestimmt sind".[80]

143 **Als weitere Tatbestandsmerkmale** sprechen die Begriffe „Wirtschaftsjahr" und „Schluss des Wirtschaftsjahrs" den Bilanzierungszeitraum und den Bilanzstichtag an (dazu Rz. 170 ff.). Mit der Erhöhung um den „Wert der Entnahmen" und der Verminderung um den „Wert der Einlagen" ist die zweite Stufe der Gewinnermittlung gekennzeichnet (Rz. 164). Die Begriffe der Entnahmen und Einlagen werden schließlich in § 4 Abs. 1 Satz 2 und 8 erster Halbsatz EStG umschrieben (ausführlich dazu Rz. 580 ff.).

1.4 Gewinnrealisierungsgrundsätze

144 Als grundlegendes Prinzip des Bilanzsteuerrechts gehört das Realisationsprinzip zu den materiellen Grundsätzen ordnungsmäßiger Bilanzierung und Buchführung,[81] die über den Maßgeblichkeitsgrundsatz für die Gewinnermittlung nach § 5 Abs. 1 EStG gelten, nach ständiger Rechtsprechung des BFH aber auch bei der Gewinnermittlung nach § 4 Abs. 1 EStG zu beachten sind.[82] Durch das Gesetz zur Modernisierung des Bilanzrechts (BilMoG)[83] wurden diese Grundsätze nicht geändert; sie sind daher für die steuerliche Gewinnermittlung nach wie vor maßgebend.[84]

---

78 Zu Einzelheiten der Gewinnermittlung nach dem GKB-RLE s. etwa *Scheffler/Köstler*, Richtlinie, S. 29 ff.; *Velte/Mock*, StuW 2017 S. 126.
79 Zum Begriff des Wirtschaftsguts und zu seiner Beziehung zum Betrieb s. Rz. 544 ff.
80 BFH, Urteil v. 22.12.1955 - IV 537/54 U, BStBl 1956 III S. 65.
81 Dazu *Prinz*, Rz. 400 ff.
82 S. nur BFH, Urteil v. 6.12.1983 - VIII R 110/79, BStBl 1984 II S. 227; v. 10.9.1998 - IV R 80/96, BStBl 1999 II S. 21 betr. bilanzierende Freiberufler und v. 20.3.2003 - IV R 37/02, BFH/NV 2003 S. 1403 betr. Land- und Forstwirt; gl. A. *Kanzler*, HHR, Vor §§ 4-7 EStG Anm. 24 m. w. N.
83 BilMoG v. 25.5.2009, BGBl 2009 I S. 1102, BStBl 2009 I S. 650.
84 BMF, Schreiben v. 12.3.2010, BStBl 2010 I S. 239, Tz. 2.

1. Gewinnbegriff (§ 4 Abs. 1 und § 5 EStG)

Das Realisationsprinzip (§ 252 Abs. 1 Nr. 4 HGB) ist Ausdruck des Vorsichtsprinzips und bildet als grundlegendes Prinzip der Aktivierung den Maßstab für den periodengerechten Ausweis von Erträgen. Es schließt das *Periodisierungsprinzip* (§ 252 Abs. 1 Nr. 5 HGB) und das *Objektivierungsprinzip* mit ein.[85] Nach dem Realisationsprinzip darf ein Gewinn grundsätzlich erst ausgewiesen werden, wenn er durch Umsatz (Veräußerung oder sonstigen Leistungsaustausch) verwirklicht ist.[86] Gegenstand des Realisationsprinzips ist die Unternehmensleistung. Dazu gehören die entgeltliche Lieferung oder Leistung von Wirtschaftsgütern und Dienstleistungen des Unternehmens, der Tausch, der betriebliche Schuldenerlass oder außerhalb gegenseitiger Verträge die Ausschüttung, die Entnahme und die Totalentnahme (Betriebsaufgabe).

145

Bei Veräußerungen ist der Gewinn in dem Zeitpunkt realisiert, von dem ab das veräußerte Wirtschaftsgut nach § 39 AO nicht mehr dem Veräußerer, sondern dem Erwerber zuzurechnen ist.[87] Danach muss der Steuerpflichtige ein Wirtschaftsgut grundsätzlich dann in seiner Bilanz ausweisen und bewerten, wenn er Eigentümer oder zumindest wirtschaftlicher Eigentümer ist. Nach Verlust des wirtschaftlichen Eigentums darf er das Wirtschaftsgut nicht mehr bilanzieren. Bewegliche Wirtschaftsgüter werden dem Erwerber nach Lieferung (Besitzübergabe) zugerechnet, Grundstücke im Zeitpunkt der Besitzübergabe verbunden mit dem Übergang der Nutzungen und Lasten, wenn zuvor das Verpflichtungsgeschäft (notarieller Kaufvertrag) abgeschlossen wurde. Die Grundsätze der Ersatzbeschaffungsrücklage (EStR 6.6) und die Regelungen zur Reinvestitionsrücklage (§§ 6b, 6c EStG) schränken das Realisationsprinzip ein.[88] Auch bei Betriebsveräußerungen gilt das Realisationsprinzip nach der Rechtsprechung des BFH bei der Ermittlung des Gewinns uneingeschränkt nur für den Zeitpunkt der Entstehung des Gewinns. Für die Höhe des tatsächlich erzielten Erlöses kommt es dagegen auf den Zeitpunkt der Erfüllung (Zufluss) an. § 16 Abs. 2 EStG (und § 17 Abs. 2 EStG) gehen insofern als speziellere Vorschriften dem Realisationsgrundsatz vor.[89]

146

Bei Lieferungen und anderen Leistungen ist der Gewinn verwirklicht, wenn der Leistungsverpflichtete die von ihm geschuldeten Handlungen wirtschaftlich erfüllt hat und ihm die Forderung auf die Gegenleistung so gut wie sicher ist.[90] Daher ist der Gewinn bei Veräußerung einer beweglichen Sache nicht schon bei Abschluss des Kaufvertrages verwirklicht (schwebendes Geschäft), sondern erst, wenn der Verkäufer die verkaufte Sache dem Käufer mit den Rechtsfolgen des § 446 Abs. 1 BGB übergeben und übereignet hat, so dass die zivilrechtliche Preisgefahr auf den Käufer übergegangen ist. Damit hat der Verkäufer geliefert und seine Preisgefahr reduziert sich auf Gewährleistungsansprüche des Käufers sowie dessen Zahlungsunfähigkeit.[91] Gewährleistungsverpflichtungen sind beim Leistenden gewinnmindernd durch Bilanzierung einer Rückstellung zu erfassen, berühren aber nicht den Gewinnrealisierungszeitpunkt.

147

---

85 *Weber-Grellet*, Steuerbilanzrecht 1996, § 5 Rz. 9 m. w. N.
86 Z. B. BFH, Urteil v. 2.3.1990 - III R 70/87, BStBl 1990 II S. 733 und v. 18.5.2006 - III R 25/05, BFHE 213 S. 499.
87 BFH, Urteil v. 29.11.1973 - IV R 181/71, BStBl 1974 II S. 202.
88 BFH, Urteil v. 22.1.2004 - IV R 65/02, BStBl 2004 II S. 421.
89 BFH, Beschluss v. 19.7.1993 - GrS 2/92, BStBl 1993 II S. 897 und Urteil v. 13.10.2015 - IX R 43/14, BStBl 2016 II S. 212.
90 BFH, Urteil v. 12.5.1993 - XI R 1/93, BStBl 1993 II S. 786.
91 BFH, Urteile v. 27.2.1986 - IV R 52/83, BStBl 1986 II S. 552 und v. 3.8.1988 - I R 157/84, BStBl 1989 II S. 21.

148 *Bei Grundstückskaufverträgen* ist der Gewinn oder Verlust in dem Zeitpunkt realisiert, in dem der Verkäufer Besitz, Gefahr, Nutzungen und Lasten auf den Käufer überträgt. Dazu bedarf es weder der Auflassungserklärung, noch einer eingetragenen Auflassungsvormerkung.[92] Geht das Eigentum am Grundstück bereits vor der Besitzübergabe auf den Erwerber über, so tritt die Gewinnrealisierung im Zeitpunkt des Eigentumsübergangs ein.[93]

149 *Bei drohender Rückabwicklung* eines Kaufvertrags ist der Gewinn gleichwohl realisiert; der drohenden Ausübung des Rücktrittsrechts ist ggf. durch Bildung einer Rückstellung Rechnung zu tragen.[94] Allerdings genügt die bloße Möglichkeit einer Inanspruchnahme des Verkäufers aufgrund von Mängelrügen nicht für die Bildung einer Garantierückstellung; die Inanspruchnahme muss aufgrund vorangegangener Erfahrungen wahrscheinlich sein.[95]

150 *Werklieferungsverträge* führen erst zur Gewinnrealisierung, wenn der Lieferant seine Verpflichtungen in vollem Umfang erfüllt hat.[96] Bei *Werkverträgen* i. S. d. § 631 BGB bedarf es außer der Übergabe noch der Abnahme des Werkes durch den Besteller (§ 640 BGB), um den Übergang der Preisgefahr und damit die handels- und steuerrechtliche Gewinnrealisierung herbeizuführen.[97]

151 *Schwebende Geschäfte* bleiben grundsätzlich außer Betracht, weil anzunehmen ist, dass sich Wert und Gegenleistung ausgleichen. Das gilt auch für Dauerschuldverhältnisse.[98] Diese Annahme ist jedoch hinfällig, wenn das Gleichgewicht der Vertragsbeziehungen durch schuldrechtliche Vorleistungen oder Erfüllungsrückstände eines Beteiligten gestört ist.[99] In einem solchen Fall sind zur periodengerechten Gewinnerfassung Aufwand oder Ertrag durch einen entsprechenden Bilanzposten zu neutralisieren.[100] Für Verluste aus schwebenden Geschäften sind nach Handelsrecht Rückstellungen zu bilden (§ 249 Abs. 1 Satz 1 HGB), die steuerrechtlich untersagt sind (§ 5 Abs. 4 a EStG).

152 *Bei Dauerschuldverhältnissen*, deren Gegenstand zeitraumbezogene Leistungen sind (z. B. Arbeits-, Miet- oder Pachtverhältnisse), geht die Rechtsprechung von einer fortlaufenden Gewinnrealisierung aus, wobei es weder auf die Fälligkeit, noch auf den Abrechnungszeitraum für das Entgelt ankommt.[101] *Wiederkehrschuldverhältnisse* und *Sukzessivlieferungsverträge* führen demgegenüber im Zusammenhang mit jeder einzelnen Leistung zum Anspruch auf Entgelt und demgemäß zur Gewinnverwirklichung.[102]

---

92 BFH, Urteile v. 2.3.1990 - III R 70/87, BStBl 1990 II S. 733 und v. 27.11.2008 - IV R 16/06, BFH/NV 2009 S. 783 m. w. N.
93 BFH, Urteile v. 29.11.1973 - IV R 181/71, BStBl 1974 II S. 202 zu einem wegen Formmangels nichtigen, aber nicht angefochtenen Grundstückskaufvertrag; v. 5.5.1976 - I R 121/74, BStBl 1976 II S. 541 zur Gewinnverwirklichung bei Errichtung von Eigenheimen über mehrere Wirtschaftsjahre und deren Verkauf.
94 BFH, Urteil v. 25.1.1996 - IV R 114/94, BStBl 1997 II S. 382.
95 BFH, Urteil v. 28.3.2000 - VIII R 77/96, BStBl 2002 II S. 227. Das Urteil war Anlass, das gegen das Urteil v. 25.1.1996 - IV R 114/94 (BStBl 1997 II S. 382) erlassene Nichtanwendungsschreiben wieder aufzuheben (vgl. BMF, Schreiben v. 21.2.2002, BStBl 2002 I S. 335).
96 BFH, Urteil v. 29.4.1987 - I R 192/82, BStBl 1987 II S. 97.
97 BFH, Urteil v. 8.9.2005 - IV R 40/04, BStBl 2006 II S. 26 m. w. N. zu Tz. 19.
98 BFH, Urteil v. 3.7.1980 - IV R 138/76, BStBl 1980 II S. 648.
99 BFH, Urteil v. 12.12.1990 - I R 153/86, BStBl 1991 II S. 479.
100 BFH, Urteil v. 25.10.1994 - VIII R 65/91, BStBl 1995 II S. 312.
101 BFH, Urteile v. 20.5.1992 - X R 49/89, BStBl 1992 II S. 904 und v. 10.9.1998 - IV R 80/96, BStBl 1999 II S. 21.
102 BFH, Urteil v. 20.5.1992 - X R 49/89, BStBl 1992 II S. 904.

Beim Tausch tritt Gewinnverwirklichung mit der wirtschaftlichen Vertragserfüllung durch den Veräußerer ein. Fallen Lieferung und Erwerb der Wirtschaftsgüter in verschiedene Gewinnermittlungszeiträume, ist der Gewinn realisiert, wenn der Veräußerer seine Verpflichtungen erfüllt hat (wirtschaftliche Vertragserfüllung). Beim Tausch mit verzögerter Gegenleistung (Erwerb der eingetauschten Wirtschaftsgüter erst im folgenden Wirtschaftsjahr), erfolgt der Gewinnausweis dadurch, dass der Buchwert des veräußerten Wirtschaftsguts auszubuchen und mit dem gemeinen Wert dieses Wirtschaftsgutes eine Forderung auf Lieferung des eingetauschten Wirtschaftsgutes einzubuchen ist.[103] Beim Tausch eines Wirtschaftsguts des Betriebsvermögens gegen ein Wirtschaftsgut, das zum notwendigen Privatvermögen gehört, hängt der Zeitpunkt der Gewinnrealisierung und damit ggf. auch die Höhe des Gewinns davon ab, ob die Hingabe aus privatem oder betrieblichem Anlass erfolgt. Bei privater Veranlassung wird das hingegebene Wirtschaftsgut entnommen,[104] bei betrieblichem Anlass hingegen der Anspruch auf die Gegenleistung.[105]

153

Sanierungsgewinn: Der Forderungserlass zum Zweck der Sanierung führt in der Bilanz des sanierungsbedürftigen Unternehmens zu einem Gewinn in Höhe des Betrags der erlassenen Verbindlichkeiten.[106] Dieser sog. Sanierungsgewinn war bis zum Veranlagungszeitraum 1997 nach § 3 Nr. 66 EStG a. F. unter den Voraussetzungen der Sanierungsbedürftigkeit, Sanierungseignung und Sanierungsabsicht steuerbefreit.[107] Durch das Gesetz zur Fortsetzung der Unternehmenssteuerreform vom 29.10.1997[108] wurde die Steuerbefreiung aufgehoben.[109] Stattdessen wurden Sanierungsgewinne zunächst durch Billigkeitserlass im Einzelfall und später durch BMF-Schreiben steuerlich freigestellt, das ganz allgemein den Erlass der Steuer auf einen nach Verlustverrechnung verbleibenden Sanierungsgewinn aus sachlichen Billigkeitsgründen vorsah.[110] Nachdem der Große Senat des BFH diesen sog. Sanierungserlass wegen Verstoßes gegen den Grundsatz der Gesetzmäßigkeit der Verwaltung für rechtswidrig erklärt hatte,[111] führte der Gesetzgeber mit § 3a EStG wieder eine Steuerbefreiung für Sanierungserträge ein. Die neue Vorschrift und die sie ergänzenden Regelungen der § 3c Abs. 4 EStG und § 7b GewStG sowie die Änderungen und Ergänzungen der §§ 8, 8c, 8d und 15 KStG, die sich auf die einkommensteuerrechtlichen Regelungen zu Sanierungserträgen beziehen, stehen unter einem unionsrechtlichen Inkrafttretensvorbehalt. Sie sind daher erst anzuwenden, nachdem die EU-Kommission die Vereinbarkeit des Sanierungsprivilegs mit dem europäischen Beihilferecht geprüft und bejaht hat.[112] Mit zwei Urteilen v. 23.8.2017[113] hat der BFH

154

---

103 BFH, Urteil v. 14.12.1982 - VIII R 53/81, BStBl 1983 II S. 303.
104 BFH, Urteil v. 23.6.1981 - VIII R 41/79, BStBl 1982 II S. 18.
105 BFH, Urteil v. 29.6.1995 - VIII R 2/94, BStBl 1996 II S. 60 zur Anwendung des § 6 b EStG.
106 Zu Bilanzierungsfragen in der Unternehmenskrise und bei Liquidation s. auch Teil A Kap. XIII Rz. 2150 ff.
107 Zu Einzelheiten *Kanzler*, HHR, § 3 Nr. 66 m. w. N. http://www.ertragsteuerrecht.de/media/EStG_0003_179_05_1995_Nr.66.pdf [Stand: 1995].
108 BGBl 1979 I S. 2590; BStBl 1979 I S. 928.
109 Zu den Gründen der Einführung und Aufhebung der Steuerbefreiung s. etwa *Kanzler*, FR 2003 S. 480 m. w. N.
110 BMF, Schreiben v. 27.3.2003, BStBl 2003 I S. 240.
111 BFH, Beschluss v. 28.11.2016 - GrS 1/15 , BStBl 2017 II S. 393 zu Rz. 61 m. w. N.
112 Zu Einzelheiten der Neuregelung s. etwa *Kanzler*, KKB § 3a EStG Rz. 1 ff. m. w. N.
113 I R 52/14 und X R 38/15.

auch eine Übergangsregelung des BMF für Altfälle, die die Fortgeltung des Sanierungserlasses vorsah,[114] als mit dem Grundsatz der Gesetzmäßigkeit der Verwaltung unvereinbar erklärt und eine gesetzliche Übergangsregelung gefordert.[115]

155–157   *(Einstweilen frei)*

2. Gewinnermittlung durch Betriebsvermögensvergleich
2.1 Gewinnermittlung und Betrieb

158 **Der Begriff des Betriebs** ist für die Gewinnermittlung durch Betriebsvermögensvergleich, aber auch für die übrigen Gewinnermittlungsarten (Einnahmenüberschussrechnung, Durchschnittssatzgewinnermittlung und Tonnagegewinnermittlung) von zentraler Bedeutung. Die §§ 4-7 EStG haben ersichtlich das Ziel, den Gewinn eines „Betriebs" zu ermitteln. § 4 EStG geht von „Betriebs"-Vermögen aus, behandelt Entnahmen aus einem „Betrieb" und Einlagen in einen „Betrieb" (§ 4 Abs. 1 EStG), spricht „Betriebs"-Einnahmen an (§ 4 Abs. 3 EStG) und definiert die „Betriebs"-Ausgaben, als durch den Betrieb veranlasste Aufwendungen (§ 4 Abs. 4 EStG). Sowohl die Gewinnermittlung als auch der Gewinn selbst werden also dadurch bestimmt, dass Wirtschaftsgüter zum Betriebsvermögen gehören, dass Entnahmen aus einem „Betrieb" und Einlagen in einen „Betrieb" vorliegen und dass Einnahmen oder Ausgaben „Betriebseinnahmen" bzw. „Betriebsausgaben" sind. Da es um eine einheitliche Gewinnermittlung geht, kann der Betriebsbegriff für alle Vorschriften der §§ 4-7 EStG nur im gleichen Sinn verstanden werden.

159 **Gewinnermittlungsbezogener ertragsteuerlicher Betriebsbegriff:** Betrieb i. S. d. Gewinnermittlungsvorschriften der §§ 4-7 EStG ist diejenige organisatorische Einheit, deren Gewinn zu steuerlichen Zwecken ermittelt werden muss.[116] Während die Kapitalgesellschaft, aber auch die Personengesellschaft jeweils nur einen Betrieb unterhalten,[117] kann der Einzelunternehmer mehrere getrennte Betriebe mit getrennter Gewinnermittlung führen[118] und damit auch Erträge in unterschiedlichen Einkunftsarten erzielen. In diesen Fällen kann sich das Problem der Zuordnung einzelner Wirtschaftsgüter zu den jeweiligen Betriebsvermögen ergeben. Umstritten ist, ob das mitunternehmerische Sonderbetriebsvermögen auch einen mehr oder weniger selbständigen Sonderbetrieb begründet. Zwar hat der Steuerpflichtige für den Bereich seines Sonderbetriebsvermögens eine eigenständige Gewinnermittlung durchzuführen (s. Rz. 130), diese ist jedoch in vielfacher Hinsicht von der Gewinnermittlung der Personengesellschaft abhängig (sog. korrespondierende Bilanzierung). Vor allem aber fehlt es an einer unmittelbaren Beteiligung am Markt, denn nur die Personengesellschaft erzielt originär betriebliche Einkünfte.[119]

---

114 BMF, Schreiben v. 27.4.2017 - IV C 6-S 2140/13/10003, BStBl 2017 I S. 741.
115 Dazu *Kanzler*, NWB 2017 S. 3472 und FR 2018 S. 22.
116 *Kanzler*, HHR, Vor §§ 4-7 EStG Anm. 90; dort auch Anm. 85 ff. zu den unterschiedlichen Betriebsbegriffen in verschiedenen Rechtsgebieten sowie im Steuerrecht.
117 BFH, Urteil .v 10.2.1989 - III R 78/86, BStBl 1989 II S. 467.
118 BFH, Urteil v. 9.8.1989 - X R 130/87, BStBl 1989 II S. 901.
119 Zum Streitstand s. etwa *Kanzler*, HHR, Vor §§ 4-7 EStG Anm. 91 m. w. N.

2.2 Buchführung als Grundlage des Betriebsvermögensvergleichs

Grundlage der Gewinnermittlung durch Betriebsvermögensvergleich ist die Buchführung. Bei der Gewinnermittlung nach § 5 EStG folgt dies unmittelbar aus der Bezugnahme auf die handelsrechtlichen Grundsätze ordnungsmäßiger Buchführung (GoB).[120] Obwohl nicht ausdrücklich geregelt, gilt für den allgemeinen Betriebsvermögensvergleich nach § 4 Abs. 1 EStG nichts anderes. Der BFH wendet die GoB ohne Weiteres auch auf die Gewinnermittlung nach § 4 Abs. 1 EStG an, ohne dies freilich im Einzelnen begründet zu haben.[121] Ließ sich diese Rechtsfolge früher aus dem Verweisungsgeflecht zwischen § 5 Abs. 1 und § 4 Abs. 1 und Abs. 2 Satz 1 EStG herleiten, so gilt seit dem StBereinG 1986 § 141 Abs. 1 Satz 2 AO, wonach die §§ 238, 240-242 Abs. 1 und die §§ 243-256 HGB sinngemäß anzuwenden sind, sofern sich nicht aus den Steuergesetzen etwas anderes ergibt.

160

Buchführung als laufende Bilanzierung: In der Buchführung wird die Bilanz in Konten aufgelöst, in denen die einzelnen Geschäftsvorfälle aufzuzeichnen sind. Die Buchführung erweist sich damit als laufende Fortschreibung der Bilanz, weil eine permanente Bilanzierung während des Gewinnermittlungszeitraums kaum durchführbar wäre.[122] Mit dem Abschluss der Konten und der Übernahme der Salden in das Schlussbilanzkonto kann dann zum Bilanzstichtag die Schlussbilanz erstellt werden.

161

Ordnungsmäßige Buchführung als Voraussetzung der Gewinnermittlung durch Betriebsvermögensvergleich: Aufzeichnungen und Bilanzen können nur dann als geeignete Grundlage für die Gewinnermittlung nach § 4 Abs. 1 oder § 5 EStG anerkannt werden, wenn die Aufzeichnungen oder Bücher *ordnungsmäßig* geführt worden sind (s. §§ 238, 239 Abs. 4 und 243 Abs. 1 HGB sowie §§ 143-148 AO). Nach der Rechtsprechung des BFH ist eine Buchführung dann ordnungsmäßig, wenn sie handelsrechtlichen Grundsätzen entspricht. Danach erfordert die ordnungsmäßige Buchführung ordnungsmäßige Inventurunterlagen sowohl für das Anfangs- wie für das Schlussvermögen des Wirtschaftsjahres. Fehlen die Unterlagen für das Schlussvermögen und somit auch für das Anfangsvermögen des folgenden Wirtschaftsjahres, so liegt für beide Wirtschaftsjahre keine ordnungsmäßige Buchführung vor.[123] Eine ordnungsgemäße Buchführung liegt dann vor, wenn die

162

▶ erforderlichen Bücher geführt werden, die

▶ formellen Grundsätze ordnungsmäßiger Buchführung eingehalten und die

▶ materiellen Grundsätze ordnungsmäßiger Buchführung beachtet sind.

Welche Bücher zu führen sind ist handelsrechtlich im Einzelnen nicht geregelt, wohl aber wie diese Bücher zu führen sind (§§ 238, 239 HGB). Steuerlich legen §§ 143, 144 AO die Führung eines Wareneinkaufs- und Warenverkaufsbuchs nahe, sehen ein Anbauverzeichnis für Land- und Forstwirte vor und verweisen auf die Verpflichtung, Bücher, die nach anderen Gesetzen als den Steuergesetzen zu führen sind, auch für steu-

---

120 Statt vieler: *Marx*, FR 2016 S. 389.
121 S. Rz. 128 zu Fn. 29.
122 *Birk/Desens/Tappe*, Steuerrecht, 20. Aufl. 2017, Rn. 812 ff.
123 BFH, Gutachten v. 25.3.1954 - IV D 1/53 S, BStBl 1954 III S. 195.

errechtliche Zwecke zu führen. Formell ordnungsmäßige Bücher und Bilanzen begründen die widerlegbare Vermutung der Richtigkeit der Buchführung als Ganzes (§ 158 AO). Das Ergebnis einer formell ordnungsmäßigen Buchführung kann allerdings verworfen werden, soweit die Buchführung mit an Sicherheit grenzender Wahrscheinlichkeit materiell unrichtig ist.[124] In diesem Fall ist die Finanzbehörde zur Gewinnschätzung befugt (§ 162 AO).[125] Den materiellen GoB kommt als von den Gerichten auszufüllenden unbestimmten Rechtsbegriffen[126] normativer Charakter zu. Die handelsrechtlichen Regelungen konkretisieren den Begriff der GoB; daneben sind weitere ungeschriebene (nicht kodifizierte) GoB aus den Zwecken der Rechnungslegung abgeleitet (dazu Rz. 405 ff.). Die Frage, ob eine Buchführung den GoB entspricht, kann handelsrechtlich und steuerrechtlich nur einheitlich beurteilt werden (vgl. auch R 4.1 Abs. 5 EStR). Zu den Grundsätzen ordnungsmäßiger Buchführung Rz. 390 ff.

163 **Ordnungsmäßige Buchführung als Voraussetzung für Steuervergünstigungen:** Bis zum Veranlagungszeitraum 1975 waren Steuervergünstigungen vielfach von einer ordnungsmäßigen Buchführung abhängig. Diese Tatbestandsvoraussetzung wurde in den jeweiligen Vorschriften durch das 2. StÄndG 1973[127] und das EStRG[128] aufgegeben. Allerdings werden für einige Steuervergünstigungen die Verfolgbarkeit in der Buchführung (so z. B. für die Reinvestitionsrücklage nach § 6b Abs. 4 Nr. 5 und die Euroumrechnungsrücklage nach § 6d Abs. 3 EStG) oder die Führung laufender Verzeichnisse vorausgesetzt (z. B. bei der Reinvestitionsvergünstigung nach § 6c Abs. 2 EStG, der Bewertungsfreiheit für gWG nach § 6 Abs. 2 Satz 4 EStG oder den erhöhten Absetzungen und Sonderabschreibungen nach § 7a Abs. 8 EStG).

2.3 Zweistufige Gewinnermittlung

164 Aus der Definition des Gewinns in § 4 Abs. 1 Satz 1 EStG, auf den auch § 5 Abs. 1 EStG Bezug nimmt, folgt ein zweistufiger Aufbau der steuerlichen Gewinnermittlung durch Betriebsvermögensvergleich.[129] Wie sich ohne Weiteres aus dem Schema der Gewinnermittlung ergibt, erfasst der Begriff des Gewinns in § 4 Abs. 1 Satz 1 EStG auch den Verlust.

---

124 BFH, Urteil v. 9.8.1991 - III R 129/85, BStBl 1992 II S. 55.
125 *Kanzler*, HHR, Vor §§ 4-7 EStG Anm. 11 ff.
126 BFH, Urteile v. 12.5.1966 - IV 427/60, BStBl 1966 III S. 372 und v. 31.5.1967 - I 208/63, BStBl 1967 III S. 607.
127 V. 18.7.1973, BGBl 1973 I S. 1489; BStBl 1973 I S. 521.
128 V. 5.8.1974, BGBl 1974 I S. 1769; BStBl 1974 II S. 530.
129 Begriff zuerst vertreten von *Wassermeyer*, StbJb 1998/99 S. 157, 158; s. auch *Prinz*, DStJG 34 (2011) S. 135, 144 ff. m. w. N.; *Prinz* DB 2016 S. 9, 10; *Musil*, HHR, § 4 EStG Anm. 30; grundsätzlich a. A. *Briese*, DStR 2016 S. 2126 m. w. N.

	Erste Stufe der Gewinnermittlung (= Steuerbilanzrecht)
	Betriebsvermögen (= Eigenkapital) am Schluss des Wirtschaftsjahrs
./.	Betriebsvermögen (= Eigenkapital) am Schluss des dem Wirtschaftsjahr vorangegangenen Wirtschaftsjahrs
+/./.	steuerbilanzielle Sonderposten (§ 14 Abs. 4 KStG, § 4g EStG)
=	Unterschiedsbetrag (steuerbilanzieller Gewinn oder Verlust, EK Veränderung)
	Zweite Stufe der Gewinnermittlung (= Gewinnkorrekturen)
	Unterschiedsbetrag (nach Maßgabe der ersten Gewinnermittlungsstufe)
+	Entnahmen
+	verdeckte Gewinnausschüttungen (§ 8 Abs. 3 Satz 2 KStG)
+	Korrekturbetrag nach § 1 AStG
+	Hinzurechnungsbeträge nach § 10 AStG
+	nichtabziehbare Betriebsausgaben und Gewerbesteuer (Abzugsverbot gem. § 4 Abs. 5 EStG seit 1.1.2008[130])
./.	Zinskorrekturen nach Maßgabe der Zinsschranke (§ 4h EStG und § 8a KStG)[131]
./.	Einlagen
./.	steuerfreie Einkünfte (z. B. nach § 8b KStG oder DBA-Freistellung)
	Summe (= Gewinn oder Verlust i. S. des § 4 Abs. 1 Satz 1 EStG)

Die nach Maßgabe der Zinsschranke in der zweiten Gewinnermittlungsstufe zu berücksichtigenden Zinskorrekturen beruhen auf der Abzugsbeschränkung des § 4h EStG und § 8a KStG, die durch das Unternehmensteuerreformgesetz 2008[132] eingeführt und in der Folge mehrfach geändert und ergänzt wurde.[133] Danach sind die Zinsaufwendungen bis zur Höhe des im Unternehmen angefallenen Zinsertrages desselben Jahres als Betriebsausgabe abziehbar; der darüber hinausgehende Nettozinsaufwand aber nur bis zur Höhe von 30 % des steuerpflichtigen Gewinns vor Zinsertrag, Zinsaufwand, Ertragsteuern und Abschreibungen (EBITDA-Earnings before interest, taxes, depreciation and amortization). Die die 30 %–Grenze übersteigenden Zinsaufwendungen des Betriebs sind im laufenden Wirtschaftsjahr vom Abzug ausgeschlossen, jedoch in die folgenden Wirtschaftsjahre vorzutragen (§ 4h Abs. 1 Sätze 1 und 2 EStG). Nach § 4h Abs. 5 Satz 1

165

---

130 Nach BFH, Urteil v. 16.1.2014 - I R 21/12 (BStBl 2014 II S. 531) ist die Nichtabzugsfähigkeit der Gewerbesteuer von der Bemessungsgrundlage der Körperschaftsteuer verfassungsgemäß.
131 S. Rz. 165.
132 UntStRefG 2008 v. 14.8.2007, BGBl 2007 I S. 1912.
133 Durch JStG 2009 v. 19.12.2008 (BGBl 2008 I S. 2794) wurde § 4h Abs. 5 Satz 3 EStG angefügt, der die entsprechende Anwendung des § 8c KStG auf den Zinsvortrag einer Gesellschaft vorschreibt, soweit an dieser unmittelbar oder mittelbar eine Körperschaft als Mitunternehmer beteiligt ist. Durch Bürgerentlastungsgesetz Krankenversicherung v. 16.7.2009 (BGBl 2009 I S. 1959) wurde die Freigrenze nach § 4h Abs. 2 Satz 1 Buchst. a EStG befristet von 1 Mio. € auf 3 Mio. € angehoben. Mit dem WachstumsbeschleunigungsG v. 22.12.2009 (BGBl 2009 I S. 3950) wurde die Freigrenze dauerhaft erhöht, ein auf fünf Jahre befristeter EBITDA Vortrag für nicht genutztes Zinsabzugspotential eingeführt (§ 4h Abs. 1 Satz 3 EStG) und die Toleranzgrenze im Rahmen des Eigenkapitalquotenvergleichs von 1 % auf 2 % angehoben (§ 4h Abs. 2 Satz 1 Buchst. c EStG).

EStG geht ein nicht verbrauchter Zinsvortrag bei „Aufgabe oder Übertragung des Betriebs" unter. Die Abzugsbeschränkung findet keine Anwendung, wenn der negative Zinssaldo (die Nettozinsaufwendungen) weniger als 3 Mio. € betragen. Dabei handelt es sich um eine Freigrenze, die kleine und mittlere Betriebe von der Abzugsbeschränkung befreien soll (BT-Drucks 16/4841 S. 48).[134] Im Rahmen weiterer Ausnahmetatbestände nimmt das Gesetz u. a. in § 4h Abs. 2 Satz 8 f. EStG unmittelbar Bezug auf die IFRS und die US-GAAP (Rz. 3053 ff). Die körperschaftsteuerliche Zinsschrankenregelung in § 8a KStG besteht aus einer weitgehend auf § 4h EStG verweisenden Grundvorschrift und zwei weiteren Absätzen, die Sonderregelungen zur Gesellschafter-Fremdfinanzierung enthalten.[135]

166 **Verfassungsmäßigkeit der Zinsschranke:** Mit Beschluss vom 14.10.2015[136] hat der BFH die Frage dem BVerfG vorgelegt, ob § 4h EStG i. d. F. des Bürgerentlastungsgesetzes Krankenversicherung i. V. m. § 8 Abs. 1 und § 8a KStG i. d. F. des UntStRefG 2008 gegen Art. 3 Abs. 1 GG verstößt. Den Gleichheitsverstoß sieht der BFH darin, dass die ergebnisabhängige - und in der Gestalt des negativen Zinssaldos sämtlichen betrieblichen Finanzierungs-/Zinsaufwand betreffende - Zinsabzugsbeschränkung das Gebot der folgerichtigen Ausgestaltung des Ertragsteuerrechts (bzw. des Körperschaftsteuerrechts) nach Maßgabe der finanziellen Leistungsfähigkeit des Steuerpflichtigen verletzt. Eine Rechtfertigung der Zinsschranke sieht der BFH auch nicht darin, dass andere Staaten inzwischen vergleichbare Vorschriften vorsehen.[137] Welchen Einfluss diese internationale Entwicklung auf die Prüfung der Verfassungsmäßigkeit der deutschen Zinsschranke haben wird, ist auch vor dem Hintergrund ungewiss, dass selbst die OECD in ihrem BEPS-Aktionspunkt 4 Maßnahmen vorgeschlagen hat, die der Zinsschranke weitgehend entsprechen[138] und die ATAD-Richtlinie I der EU vom 12.7.2016[139] eine Regelung zur Begrenzung der Abzugsfähigkeit von Zinszahlungen enthält, die zum 1.1.2019 in nationales Recht umzusetzen ist.[140]

167 **Das Konzept der zweistufigen Gewinnermittlung**, das auch vom BFH[141] und der Finanzverwaltung[142] vertreten wird, erleichtert nicht nur das Verständnis der Regelungszusammenhänge, sondern ist auch materiellrechtlich von Bedeutung.[143] So gelten der

---

134 Zur Anwendung der Zinsschranke auf Personengesellschaften, s. *Prinz*, JbFfSt 2015/2016 S. 543.
135 Zu Einzelheiten s. *Prinz*, HHR § 8a KStG Anm. 1 ff. m. w. N.
136 BFH, Beschluss v. 14.10.2015 - I R 20/15, BStBl 2017 II S. 1240 mit Anm. *Bolik*, StuB 2016 S. 180; *Hick*, FR 2016 S. 409; *Märtens*, jurisPR-SteuerR 8/2016 Anm. 1; *Mitschke*, FR 2016 S. 412.
137 Mit dem Tax Cuts and Jobs Act (TCJA) wurde ab 1.1.2018 in den USA „interest deduction limitation rules" eingeführt, die eine deutlich schärfere Zinsabzugsbeschränkung vorsehen, als § 4h EStG, s. *Dötsch/Fuest/Hey/Kanzler/Kempermann/Spengel*, US-Steuerreform, S. 6 f.
138 S. Base Erosion and Profit Shifting (BEPS) – Übersicht über die 15 Aktionspunkte, BMF v. 6.7.2017 http://www.bundesfinanzministerium.de/Content/DE/Standardartikel/Themen/Steuern/2017-06-07-beps-15-aktionspunkte.html; dazu auch *Mitschke*, FR 2016 S. 412, 413.
139 ATAD Richtlinie (EU) 2016/1164 "Anti-Tax Avoidance Directive", http://eur-lex.europa.eu/legal-content/DE/ALL/?uri=CELEX%3A32016L1164.
140 Das BMF prüft derzeit im Hinblick auf die ATAD Richtlinie den Anpassungsbedarf im deutschen Steuerrecht (s. Wissenschaftlicher Dienst – WD 4 – 3000 – 056/17).
141 S. nur BFH, Urteil v. 29.6.1994 - I R 137/93 BStBl 2002 II S. 366 betr. vGA; v. 31.5.2005 - I R 35/04, BStBl 2006 II S. 13 und v. 25.10.2006 - I B120/05, BFH/NV 2007 S. 502 betr. verdeckte Einlage; s. auch BFH, Urteile v. 9.5.2017 - VIII R 1/14, BFH/NV 2017 S. 1418.
142 BMF, Schreiben v. 28.5.2002 - IV A 2 - S 2742 - 32/02, BStBl 2002 I S. 603 zur vGA.
143 *Prinz*, DStJG 34 (2011) S. 135, 145.

Maßgeblichkeitsgrundsatz und die daraus abzuleitenden steuerbilanziellen Grundsätze nur auf der ersten Stufe der Gewinnermittlung. Nur auf dieser Stufe greifen auch die Bilanzkorrekturen und der Grundsatz des Bilanzenzusammenhangs (s. Rz. 1110 ff.). Der außerbilanzielle, das steuerbilanzielle Eigenkapital nicht berührende Teil der Gewinnermittlung erfolgt dann auf der zweiten Stufe der Gewinnermittlung. Gelegentlich ist streitig, ob eine steuerliche Position der ersten oder zweiten Gewinnermittlungsstufe zuzuordnen ist. So ist etwa für den entstrickungsbedingten Ausgleichsposten nach § 4g EStG streitig, ob er als eine Art Bilanzierungshilfe zu passivieren oder als Merkposten außerhalb der Bilanz auszuweisen ist.[144] Auch die Berücksichtigung der Aufwandsverteilung bei Verpflichtungs- und Erfüllungsübernahmen sowie Schuldbeitritten nach § 4f Abs. 1 Satz 1 EStG ist umstritten.[145]

(Einstweilen frei) 168–169

3. Bilanzstichtag und Bilanzierungszeitraum (Wirtschaftsjahr)

3.1 Wirtschaftsjahr der Gewerbetreibenden, Land- und Forstwirte und Freiberufler

Bedeutung von Bilanzstichtag und Bilanzierungszeitraum: Die Periodisierung steuerlicher Erfolgsfaktoren ist Grundlage sach- und leistungsfähigkeitsgerechter Besteuerung.[146] Bilanzstichtag und Bilanzierungszeitraum bedingen einander. Ein Wechsel des Bilanzstichtags führt zu einem veränderten Gewinnermittlungszeitraum und umgekehrt. So zieht etwa die Änderung des Gewinnermittlungszeitraums durch die notwendige Wahl eines Rumpfwirtschaftsjahrs einen neuen Bilanzstichtag nach sich. Der Bilanzstichtag ist u. a. für die Beurteilung maßgebend, ob ein Wirtschaftsgut oder eine Verbindlichkeit zu diesem Zeitpunkt schon vorhanden ist,[147] ob Rückstellungen für ungewisse Verbindlichkeiten zu bilden[148] und zu welchem Zeitpunkt Entnahmen und Einlagen zu berücksichtigen sind.[149] Da die Bilanz erst nach dem Stichtag aufgestellt wird, sind allerdings nur solche Tatsachen nach dem Bilanzstichtag zu berücksichtigen, die im abgelaufenen Wirtschaftsjahr verwirklicht wurden. Zu berücksichtigen sind daher insbesondere wertaufhellende Tatsachen, d. h. bereits am Bilanzstichtag objektiv vorliegende, bis zur Bilanzerstellung bekanntgewordene Umstände,[150] jedenfalls soweit sie zum Bilanzstichtag auch rechtlich relevant sind.[151] Allerdings wird der Wertaufhel-

170

---

144 S. nur *Kolbe*, HHR, § 4g EStG Anm. 21 m. w. N.
145 Für außerbilanzielle Korrektur BMF, Schreiben v. 30.11.2017 - IV C 6-S 2133/14/10001, Tz. 16; gl.A. KKB/*Dommermuth*, § 4f Rn. 28 m. w. N.; auch die Entwurfsbegründung ging von einer außerbilanziellen Korrektur aus: BT-Drucks. 17/13562 S. 9; a. A. *Schober*, HHR § 4f EStG Anm. 12.
146 *Prinz*, DStJG 34 (2011) S. 135, 140.
147 BFH, Beschluss v. 7.8.2000 - GrS 2/99, BStBl 2000 II S. 632 zur phasengleichen Aktivierung von Dividendenansprüchen.
148 BFH, Urteil v. 6.2.2013 - I R 8/12, BStBl 2013 II S. 686 betr. Rückstellung für öffentlich-rechtliche Anpassungsverpflichtung nach der TA Luft 2002.
149 Dazu etwa BFH, Urteil v. 12.9.2002 - IV R 66/00, BStBl 2002 II S. 815.
150 BFH, Urteil v. 30.1.2002 - I R 68/00, BStBl 2002 II S. 688 m. w. N.
151 BFH, Urteil v. 9.9.2010 - IV R 38/08, BFH/NV 2011, S. 423 zu Tz. 21

lungszeitraum nach Auffassung des BFH durch die gesetzliche Frist für die Aufstellung des Jahresabschlusses begrenzt.[152] Er endet an dem Tag, an dem der Bilanzierende spätestens eine Bilanz hätte erstellen müssen. Für Kapitalgesellschaften gilt grundsätzlich eine Bilanzierungsfrist von 3 Monaten, für kleine Kapitalgesellschaften i. S. d. § 267 Abs. 1 HGB eine Bilanzierungsfrist von 6 Monaten (§ 264 Abs. 1 Satz 3 f. HGB). Bei Personenunternehmen orientiert sich die Rechtsprechung an § 39 Abs. 2 Satz 2 HGB und verlangt die Bilanzaufstellung jedenfalls innerhalb eines Jahres nach dem Bilanzstichtag.[153] Der Bilanzstichtag ist schließlich auch für die Bilanzberichtigung von entscheidender Bedeutung. Denn nach dem vom Großen Senat des BFH vertretenen objektiven Fehlerbegriff ist das Finanzamt verpflichtet, die Gewinnermittlung des Steuerpflichtigen ausschließlich auf der Grundlage des für den Bilanzstichtag objektiv geltenden Rechts ohne Rücksicht auf Rechtsansichten des Steuerpflichtigen zu prüfen und ggf. zu korrigieren.[154] Auf dieser Grundlage ist auch der Steuerpflichtige zu einer Bilanzberichtigung berechtigt (dazu Rz. 1130 ff.).

171 **Bilanzstichtag nach Handels- und Steuerrecht:** Nach § 242 Abs. 1 Satz 1 HGB ist die Bilanz auf den Schluss eines jeden Geschäftsjahrs aufzustellen (s. auch § 240 Abs. 2 HGB zum Inventar). Danach darf der Kaufmann den regelmäßigen Abschlussstichtag frei wählen und diesen später auch durch einen anderen Stichtag ersetzen (s. auch Rz. 184 zur Wahl eines anderen Wirtschaftsjahrs). Dieser Abschlussstichtag ist auch für den steuerbilanziellen Betriebsvermögensvergleich maßgebend (§ 5 Abs. 1 Satz 1 EStG) und da das Stichtagsprinzip kodifizierter GoB ist (§ 252 Abs. 1 Nr. 3 und Nr. 4 HGB: „zum Abschlussstichtag"), ist es auch für den originären Betriebsvermögensvergleich nach § 4 Abs. 1 EStG maßgebend. Der Begriff des Bilanzstichtags findet sich im EStG ausdrücklich nur im Zusammenhang mit der Bewertung von Rückstellungen (§ 6 Abs. 1 Nr. 3a Buchst. f EStG); er folgt aber bereits aus der Definition des Betriebsvermögensvergleichs in § 4 Abs. 1 Satz 1 EStG, wonach das „Betriebsvermögen am Schluss des Wirtschaftsjahres" als Vergleichsgröße bezeichnet wird; im Übrigen lässt er sich aus den Regelungen zu Beginn und Ende des Gewinnermittlungszeitraums bzw. Wirtschaftsjahrs in § 4a EStG ableiten.

172 **Der Bilanzierungszeitraum** ist die Zeitspanne zwischen den Bilanzstichtagen. Für diesen Bilanzierungs- oder Gewinnermittlungszeitraum, der handelsrechtlich als Geschäftsjahr und steuerrechtlich gem. § 4a EStG als Wirtschaftsjahr bezeichnet wird, sind die Vermögensänderungen festzustellen, die Grundlage des Betriebsvermögensvergleichs sind. Handelsrechtlich darf das Geschäftsjahr 12 Monate nicht überschreiten, wohl aber unterschreiten (§ 240 Abs. 2 Satz 2 HGB). Dies trifft grundsätzlich auch auf das steuerrechtliche Wirtschaftsjahr zu. Allerdings ist für Land- und Forstwirte ausnahmsweise auch ein zwölf Monate überschreitendes Wirtschaftsjahr vorgesehen (s. Rz. 175). Im Übrigen sind in § 8b Satz 2 EStDV i. V. m. § 51 Abs. 1 Nr. 3 EStG die Tatbestände, die ein kürzeres Wirtschaftsjahr als zwölf Monate rechtfertigen, genau umschrieben. Danach darf ein Wirtschaftsjahr weniger als zwölf Monate umfassen, wenn

---

[152] BFH, Urteil v. 12.12.2012 - I B 27/12, BFH/NV 2013 S. 545.
[153] S. nur BFH, Urteil v. 6.12.1983 - VIII R 110/79, BStBl 1984 II S. 227.
[154] BFH, Urteil v. 31.1.2013 - GrS 1/10, BStBl 2013 II S. 317 zu Tz. 76.

- ein Betrieb eröffnet, erworben, aufgegeben oder veräußert wird oder
- ein Steuerpflichtiger einen neuen Bilanzstichtag wählt. Die Umstellung des Bilanzstichtags ist vom Einvernehmen (der Zustimmung) des Finanzamts abhängig, es sei denn, das Wirtschaftsjahr würde auf das Kalenderjahr umgestellt.

Versagt das Finanzamt seine Zustimmung, so können Wirtschaftsjahr und Geschäftsjahr voneinander abweichen,[155] ohne dass dies die *Ordnungsmäßigkeit der Buchführung* (§ 238 Abs. 1 Satz 1 HGB) berührt.[156]

Rumpfwirtschaftsjahre entstehen, wenn der Zeitraum zwischen den Bilanzstichtagen 12 Monate unterschreitet. Dies kann bei Betriebseröffnung (s. Rz. 186), ebenso wie bei Umstellung des Wirtschaftsjahrs (s. Rz. 184), eintreten. Bei der Umstellung des Wirtschaftsjahres darf allerdings nur *ein* Rumpfwirtschaftsjahr entstehen.[157] Da Wirtschaftsjahr i. S. d. EStG auch ein Rumpfwirtschaftsjahr ist,[158] kann sich die Bildung eines Rumpfwirtschaftsjahrs als vorteilhaft erweisen, wenn der Eintritt von Begünstigungen oder Belastungen an den Beginn oder das Ende eines Wirtschaftsjahrs bzw. an die Dauer von Wirtschaftsjahren geknüpft ist.[159] Nach der Rechtsprechung des BFH ist jedoch im Falle einer unentgeltlichen Betriebsübernahme während des laufenden Wirtschaftsjahrs das insoweit zwingend entstehende Rumpfwirtschaftsjahr (§ 8b Satz 2 Nr. 1 EStDV) beim Betriebsübergeber mit dem entstehenden Rumpfwirtschaftsjahr beim Betriebsübernehmer zu verklammern und als ein Wirtschaftsjahr i. S. d. § 6b Abs. 3 EStG zu werten; dies gilt auch für die Höhe des Gewinnzuschlags gem. § 6b Abs. 7 EStG.[160]

173

Unterschiedliche Wirtschaftsjahre für Steuerpflichtige mit betrieblichen Einkünften: Für Gewerbetreibende, Land- und Forstwirte und selbständig Tätige sieht das EStG unterschiedliche Regelungen zum Wirtschaftsjahr und Bilanzstichtag vor. Für buchführungspflichtige Körperschaften gilt die Sonderregelung des § 7 Abs. 4 KStG, die zwar anders als § 4a Abs. 1 Satz 2 Nr. 2 EStG nicht an die Handelsregistereintragung anknüpft, aber im Übrigen mit den einkommensteuerlichen Regelungen in § 4a Abs. 1 Satz 2 Nr. 2 und Abs. 2 Nr. 2 EStG identisch ist. Dagegen unterliegen nicht buchführungspflichtige Körperschaften über § 8 Abs. 1 KStG der Regelung des § 4a EStG.[161]

174

Der Gewerbetreibende, dessen Firma in das Handelsregister eingetragen ist, kann den Bilanzstichtag und das Wirtschaftsjahr völlig frei wählen und bedarf für die Umstellung des Wirtschaftsjahrs nur dann finanzamtlicher Zustimmung, wenn er sich für ein vom Kalenderjahr abweichendes Wirtschaftsjahr entscheidet (§ 4a Abs. 1 Satz 2 Nr. 2 EStG und § 8b EStDV). Andere Gewerbetreibende, also solche, deren Firma nicht in das Han-

175

---

155 FG Hamburg, Urteil v. 3.12.1996 - VII 176/94, EFG 1997 S. 603, rkr.
156 BFH, Urteile v. 7.2.1969 - VI R 88/67, BStBl 1969 II S. 337 und v. 9.12.1976 - IV R 34/73, BStBl 1977 II S. 241.
157 BFH, Urteil v. 7.2.1969 - VI R 88/67, BStBl 1969 II S. 337.
158 BFH, Urteil v. 10.11.2004 - XI R 69/03, BStBl 2005 II S. 596.
159 S. etwa *Kanzler*, Leingärtner, Besteuerung der Land- und Forstwirte, Kap. 21, Rz. 12 m. w. N.
160 BFH, Urteil v. 23.4.2009 - IV R 9/06, BStBl 2010 II S. 664. Die Finanzverwaltung hat das Urteil zum Anlass genommen, bei unentgeltlicher Betriebsübertragung auch für die Investitionsfrist beim Investitionsabzugsbetrag von einer Verklammerung beider Rumpfwirtschaftsjahre auszugehen (OFD Münster v. 9.6.2011; a. A. noch BMF, Schreiben v. 8.5.2009, BStBl 2009 S. 633 Rz. 59).
161 R 32 Abs. 1 KStR 2004.

delsregister eingetragen ist, sind an das Kalenderjahr als Wirtschaftsjahr gebunden (§ 4a Abs. 1 Satz 2 Nr. 3 Satz 1 EStG); sind sie gleichzeitig buchführende Land- und Forstwirte, so können sie allerdings mit Zustimmung des Finanzamts das land- und forstwirtschaftliche Wirtschaftsjahr wählen, wenn sie auch für den Gewerbebetrieb Bücher führen und regelmäßig Abschlüsse machen (§ 4a Abs. 1 Satz 2 Nr. 3 Satz 2 EStG).

176 **Für Land- und Forstwirte** gilt – unabhängig von einer Buchführungspflicht – grundsätzlich und zwingend das Normal-Wirtschaftsjahr vom 1.7. bis zum 30.6. (§ 4a Abs. 1 Satz 2 Nr. 1 Satz 1 EStG). Von der Ermächtigung, aus wirtschaftlichen Gründen andere Wirtschaftsjahre als das Normal-Wirtschaftsjahr durch Rechtsverordnung zu bestimmen, wurde in § 8c EStDV Gebrauch gemacht. Solche wirtschaftlichen Gründe sind vor allem die Erntezyklen, die es nahelegen, die Inventur vor Einbringung der Ernte, also zu einem Zeitpunkt mit geringen Beständen, durchzuführen. Zu Einzelheiten s. Rz. 2450 ff.

Die land- und forstwirtschaftlichen Wirtschaftsjahre gelten auch für land- und forstwirtschaftlich tätige Personengesellschaften, die als OHG oder KG in das Handelsregister eingetragen sind und für Verpachtungsbetriebe.[162]

Zur Gewinnzurechnung bei vom Kalenderjahr abweichendem Wirtschaftsjahr des Land- und Forstwirts s. Rz. 202 und Rz. 2450 ff.

177 **Da Freiberufler** nicht unter die Sonderregelung des § 4a EStG fallen, gilt für sie nach § 2 Abs. 7 Satz 2 EStG das Kalenderjahr als Gewinnermittlungszeitraum. Ihnen steht auch dann kein Wahlrecht auf ein vom Kalenderjahr abweichendes Wirtschaftsjahr zu, wenn es sich um eine in das Handelsregister eingetragene Freiberufler-KG handelt.[163] Ermittelt der Freiberufler seinen Gewinn gleichwohl für ein vom Kalenderjahr abweichendes Wirtschaftsjahr, dann ist der im Kalenderjahr bezogene Gewinn im Wege der Schätzung durch eine zeitanteilige Aufteilung der für die abweichenden Wirtschaftsjahre ermittelten Gewinne zu ermitteln.[164]

178 **Wirtschaftsjahr bei Auslandsbeziehungen:** Da deutsche Gewinnermittlungsvorschriften grundsätzlich auf Auslandsbeziehungen anzuwenden und dabei die materiellen GoB zu beachten sind, findet insoweit auch das Stichtagsprinzip Anwendung. Dies gilt für Auslandseinkünfte unbeschränkt Steuerpflichtiger (s. Rz. 133) ebenso wie für Inlandseinkünfte beschränkt Steuerpflichtiger (s. Rz. 136). Ist die Betriebsstätte eines beschränkt steuerpflichtigen Gewerbetreibenden gem. § 13d HGB in das Handelsregister eingetragen, so kommt auch ein vom Kalenderjahr abweichendes Wirtschaftsjahr in Betracht (s. Rz. 174). Für beschränkt steuerpflichtige Landwirte ist der Gewinn nach dem landwirtschaftlichen Wirtschaftsjahr zu ermitteln (s. Rz. 175).[165]

179–181 *(Einstweilen frei)*

---

162 BFH, Urteil v. 11.3.1965 - IV 60/61 U, BStBl 1965 III S. 286; gl. A. H 4a [Verpachtung eines Betriebs der Land- und Forstwirtschaft] EStH; a. A. *Kanzler*, Leingärtner, Besteuerung der Land- und Forstwirte, Kapitel 21 Rz. 20 m. w. N.
163 BFH, Urteil v. 18.5.2000 - IV R 26/99, BStBl 2000 II S. 498.
164 BFH, Urteil v. 23.9.1999 - IV R 41/98, BStBl 2000 II S. 24.
165 Gl. A. *Zaisch*, Leingärtner, Besteuerung der Land- und Forstwirte, Kapitel 2 Rz. 16.

3.2 Wahl und Umstellung des Wirtschaftsjahrs bei eingetragenen Gewerbetreibenden

Freie Wahl des Wirtschaftsjahrs bei Betriebseröffnung: Der in das Handelsregister eingetragene Gewerbetreibende kann den Bilanzstichtag und damit das Wirtschaftsjahr mit handels- und steuerrechtlicher Wirkung frei wählen (§ 4a Abs. 1 Nr. 2 Satz 1 EStG); einer finanzbehördlichen Zustimmung bedarf es nur bei der Umstellung des Wirtschaftsjahrs (s. Rz. 184). Bei Personengesellschaften wird das Wirtschaftsjahr in der Regel im Gesellschaftsvertrag festgelegt.[166] Das Wahlrecht wird jedoch erst mit der Erstellung des Jahresabschlusses durch Realakt ausgeübt[167] und ist auch bei einer Gewinnschätzung verbindlich (R 4a Abs. 4 EStR). Für mehrere selbständige Betriebe, für die verschiedene Gewinnermittlungen durchgeführt werden, können auch jeweils unterschiedliche Wirtschaftsjahre gewählt werden. Erwirbt ein Betriebsinhaber einen weiteren Betrieb hinzu und wählt für diesen Betrieb ein anderes Wirtschaftsjahr als der Veräußerer, so ist dies ebenso wenig eine zustimmungsbedürftige Umstellung des Wirtschaftsjahrs, wie bei der Zusammenlegung mehrerer Betriebe mit unterschiedlichen Wirtschaftsjahren (R 4a Abs. 1 EStR).

182

Missbrauchskontrolle bei erstmaliger Wahl des Wirtschaftsjahrs: Auch die freie Wahl des Bilanzstichtags und vom Kalenderjahr abweichenden Wirtschaftsjahrs steht unter dem Vorbehalt des Gestaltungsmissbrauchs. Daher sieht die Rechtsprechung eine Missbrauchsgestaltung darin, dass eine einjährige Steuerpause eintritt, weil eine Personen-Obergesellschaft ohne branchenspezifische oder sonst plausible Gründe ihr Wirtschaftsjahr in der Weise festlegt, dass dieses einen Monat vor dem Wirtschaftsjahr der Personen-Untergesellschaft endet.[168] Ein solcher Gestaltungsmissbrauch bei mehrstöckigen Personengesellschaften liegt jedoch nicht vor, wenn durch die abweichende Wahl des Wirtschaftsjahrs der Obergesellschaft die Entstehung eines Rumpfwirtschaftsjahres vermieden wird.[169]

183

Die Umstellung des Wirtschaftsjahrs auf einen vom Kalenderjahr abweichenden Gewinnermittlungszeitraum ist nur im Einvernehmen mit dem Finanzamt zulässig (§ 4a Abs. 1 Nr. 2 Satz 2 EStG). Damit bedarf die Umstellung vom Kalenderjahr auf ein abweichendes Wirtschaftsjahr und die Umstellung eines vom Kalenderjahr abweichenden Wirtschaftsjahrs auf ein anderes vom Kalenderjahr abweichendes Wirtschaftsjahr finanzbehördlicher Zustimmung, während die Rückkehr zum Kalenderjahr als Wirtschaftsjahr wie die erstmalige Wahl des Wirtschaftsjahrs (s. Rz. 178) jederzeit möglich ist.

184

Die Abgrenzung zwischen Betriebseröffnung und Betriebsfortführung ist von Bedeutung, wenn ein vom Kalenderjahr abweichendes Wirtschaftsjahr gewählt wird. Nur bei der Betriebseröffnung bedarf es keines finanzbehördlichen Einvernehmens. Wird das Unternehmen weiterbetrieben, dann wird auch das Wirtschaftsjahr fortgeführt; eine Neubestimmung des Wirtschaftsjahrs bedarf als „Umstellung" i. S. d. § 4a Abs. 1 Satz 2 Nr. 2 EStG finanzamtlicher Zustimmung.

185

---

166 BFH, Urteil v. 9.11.2006 - IV R 21/05, BFH/NV 2007 S. 1002.
167 BFH, Urteile v. 16.2.1989 - IV R 307/84, BFH/NV 1990 S. 632 und v. 16.12.2003 - VIII R 89/02, BFH/NV 2004 S. 936.
168 BFH, Urteil v. 18.12.1991 - XI R 40/89, BStBl 1992 II S. 826.
169 BFH, Urteil v. 9.11.2006 - IV R 21/05, BStBl 2010 II S. 230.

186 **Von einer Betriebseröffnung** ist in folgenden Fällen auszugehen:

- *Betriebsaufspaltung*: Bei Neugründung der Betriebsgesellschaft kann ein vom Kalenderjahr abweichendes Wirtschaftsjahr frei gewählt werden.[170]
- *Betriebsverpachtung*: Der Pächter kann das Wirtschaftsjahr frei wählen. Der Verpächter kann ein abweichendes Wirtschaftsjahr beibehalten, solange er nicht die Betriebsaufgabe erklärt hat (R 4a Abs. 3 EStR).
- *Errichtung einer Personengesellschaft*: Mit der Einbringung eines Betriebs[171] oder Mitunternehmeranteils in eine neu gegründete Personengesellschaft beginnt ein neues Wirtschaftsjahr.
- *Spaltung von Unternehmen* nach § 123 UmwG: Neugründungen mit freier Wahl des Bilanzstichtags liegen in den Fällen der Abspaltung nach § 123 Abs. 2 Nr. 2 UmwG und der Aufspaltung nach § 123 Abs. 1 Nr. 2 UmwG vor.
- *Unternehmensnießbrauch*: Wie der Pächter eröffnet der Nießbrauchsberechtigte einen neuen Betrieb und kann das Wirtschaftsjahr frei wählen.[172]
- *Verschmelzung durch Neugründung*: Die Verschmelzung nach § 2 Nr. 2 UmwG ist für den neuen Rechtsträger eine Betriebseröffnung mit freier Wahl des Bilanzstichtags. Der übertragende Rechtsträger hat ggf. ein Rumpfwirtschaftsjahr zu bilden.[173]

187 **Von einer Betriebsfortführung**, die zur Beibehaltung oder zu einer zustimmungsgebundenen Umstellung des Wirtschaftsjahrs zwingt, ist in folgenden Fällen auszugehen:

- *Formwechselnde Umwandlung* (§ 191 UmwG) einer Personengesellschaft in eine andere Personengesellschaft ist keine Betriebseröffnung,[174] wohl aber die Umwandlung der Personengesellschaft in eine Kapitalgesellschaft.[175]
- *Gesamtrechtsnachfolge*: Geht ein Betrieb im Wege der Gesamtrechtsnachfolge auf den Steuerpflichtigen über, so ist dieser an das Wirtschaftsjahr des Erblassers gebunden und bedarf der Zustimmung des Finanzamts, wenn er ein vom Kalenderjahr abweichendes Wirtschaftsjahr wählt.[176]
- *Gesellschafterwechsel und Ausscheiden von Gesellschaftern* berührt das Wirtschaftsjahr der fortbestehenden Gesellschaft nicht.[177]
- *Spaltung von Unternehmen* nach § 123 UmwG: Bei der Spaltung zur Aufnahme von Betrieben nach § 123 Abs. 1 Nr. 1 und Abs. 2 Nr. 1 UmwG wird das Wirtschaftsjahr

---

[170] BFH, Urteile v. 27.9.1979 - IV R 89/76, BStBl 1980 II S. 94 und v. 17.7.1991 - I R 98/88, BStBl 1992 II S. 246; a. A. BFH, Urteil v. 16.12.2003 - VIII R 89/02, BFH/NV 2004 S. 936.
[171] BFH, Urteile v. 26.5.1994 - IV R 34/92, BStBl 1994 II S. 891 und v. 25.3.2004 - IV R 49/02, BFH/NV 2004 S. 1247; H 4a [Umwandlung] EStH.
[172] *Bökelmann*, Nutzungen und Gewinn bei Unternehmensnießbrauch, Tübingen 1971, S. 93 ff.
[173] *Hallerbach*, KKB, 3. Aufl. 2018, § 4a EStG, Rz. 17.
[174] BFH, Urteile v. 24.11.1988 - IV R 252/84, BStBl 1989 II S. 312 und v. 18.12.1990 - VIII R 138/85, BStBl 1991 II S. 581.
[175] BFH, Urteil v. 18.12.1990 - VIII R 138/85, BStBl 1991 II S. 581.
[176] BFH, Urteil v. 22.8.1968 - IV 244/63, BStBl 1969 II S. 34; H 4a [Zustimmungsbedürftige Umstellung des Wirtschaftsjahres] EStH.
[177] Ständige Rechtsprechung des BFH, zuletzt: Urteil v. 18.8.2010 - X R 8/07, BStBl 2010 II S. 1043 m. w. N.

des aufnehmenden Rechtsträgers fortgeführt oder ist mit Zustimmung des Finanzamts umzustellen.

Das finanzamtliche Einvernehmen mit der Umstellung des Wirtschaftsjahrs bedeutet Zustimmung[178] und dient, über § 42 AO hinausgehend, der Missbrauchskontrolle.[179] Die ermessensgebundene Zustimmung[180] ist als anfechtbarer Verwaltungsakt Grundlagenbescheid[181] der Gewinnfeststellung oder Veranlagung und kann mit den Folgebescheiden verbunden werden oder gesondert ergehen.[182] Das nachträglich hergestellte Einvernehmen (Genehmigung) kann zur Berichtigung des Veranlagungs- oder Gewinnfeststellungsbescheids nach § 175 Abs. 1 Nr. 1 AO führen.

188

Entscheidungsmaßstab für das Einvernehmen in die Umstellung ist eine Abwägung der betriebswirtschaftlichen Gründe des Betriebsinhabers mit dem öffentlichen Interesse, eine Steuerpause nicht eintreten zu lassen.[183] Der Steuerpflichtige muss daher „einleuchtende" oder „ernsthafte" bzw. „beachtliche" wirtschaftliche Gründe vorbringen, die jedoch nicht zwingend sein müssen.[184] Beachtliche Gründe für eine Umstellung des Wirtschaftsjahrs sind in folgenden Fällen anzuerkennen:

189

- ▶ *Betriebsvergleichsrechnung:* Die Absicht, die Gesellschaft an Betriebsvergleichen mit mehreren Unternehmen der gleichen Branche teilnehmen zu lassen, die von demselben Wirtschaftsprüfer betreut werden.[185]

- ▶ *Betriebsverpachtung und Betriebsaufspaltung:* Die Vereinheitlichung des Bilanzstichtags von Verpachtungs- und Pachtbetrieb[186] oder von Betriebs- und Besitzgesellschaft sind beachtliche Umstellungsgründe.[187]

- ▶ *Inventurschwierigkeiten* rechtfertigen eine Umstellung.[188]

- ▶ *Rationalisierungsbestrebungen* können eine Umstellung rechtfertigen.[189]

- ▶ *Verbundene Unternehmen* können ein einheitliches, vom Kalenderjahr abweichendes Wirtschaftsjahr wählen.[190]

---

178 S. etwa BFH, Urteile v. 8.10.1969 - I R 167/66, BStBl 1970 II S. 85 und v. 24.4.1980 - IV R 149/76, BStBl 1981 II S. 50.
179 Zum Streitstand *Hallerbach*, KKB, 3. Aufl. 2018, § 4a EStG; *Schober*, HHR, § 4a EStG Anm. 25 m. w. N.
180 Vgl. etwa BFH, Urteile v. 15.6.1983 - I R 76/82, BStBl 1983 II S. 672 m. w. N.; v. 26.9.1968 - IV 244/65, BStBl 1969 II S. 71 und v. 23.9.1999 - IV R 4/98, BStBl 2000 II S. 5.
181 BFH, Urteil v. 23.9.1999 - IV R 4/98, BStBl 2000 II S. 5.
182 BFH, Urteile v. 18.3.1964 - IV 282/63 U, BStBl 1964 II S. 304 und v. 15.6.1983 - IV R 76/82, BStBl 1983 II S. 672.
183 BFH, Urteile v. 15.6.1983 – I R 76/82, BStBl 1983 II S. 672 und v. 8.10.1969 - I R 167/66, BStBl 1970 II S. 85 jeweils m. w. N.
184 BFH, Urteil v. 9.1.1974 - I R 141/72, BStBl 1974 II S. 238 m. w. N.
185 BFH, Urteil v. 8.9.1971 - I R 165/68, BStBl 1972 II S. 87.
186 BFH, Urteil v. 8.10.1969 - I R 167/66, BStBl 1970 II S. 85.
187 So etwa *Hallerbach*, KKB, 3. Aufl. 2018, § 4a EStG Rz. 51 m. w. N.
188 BFH, Urteile v. 9.11.1966 - VI 303/65, BStBl 1967 II S. 111 und v. 26.9.1968 - IV 244/65, BStBl 1969 II S. 71.
189 BFH, Urteil v. 15.6.1983 - I R 76/82, BStBl 1983 II S. 672 noch offen gelassen im BFH, Urteil v. 9.1.1974 - I R 141/72, BStBl 1974 II S. 238.
190 So *Voss*, DB 1968 S. 1598 für den Konzern und R 59 Abs. 3 KStR 2004 für die Organschaft. Der Entwurf des Bundessteuergesetzbuchs von *Kirchhof* sieht für diese Fälle zwingend einen einheitlichen Bilanzstichtag vor (§ 2 Abs. 1 Satz 4 BilO in Bundessteuergesetzbuch, 2011, S. 1096).

▶ *Zebragesellschaften* können zur Vereinfachung der Gewinnzurechnung eine Umstellung des Wirtschaftsjahrs betrieblich beteiligter Unternehmen an einer vermögensverwaltenden Gesellschaft rechtfertigen.

190–199   *(Einstweilen frei)*

3.3 Zeitliche Zuordnung der Gewinne bei abweichendem Wirtschaftsjahr

200   Da die Besteuerungsgrundlagen nach § 2 Abs. 7 Satz 2 EStG jeweils für ein Kalenderjahr zu ermitteln sind, muss der Gewinn eines jeden Betriebs des Steuerpflichtigen bei vom Kalenderjahr abweichendem Wirtschaftsjahr einem Kalenderjahr zeitlich zugerechnet werden. Während das Gesetz bei Land- und Forstwirten eine zeitanteilige Zurechnung der Gewinne vorsieht (s. Rz. 202), gilt der Gewinn Gewerbetreibender als in dem Kalenderjahr bezogen, in dem das Wirtschaftsjahr endet.[191] Für Steuerpflichtige mit Einkünften aus selbständiger Arbeit, insbesondere Freiberufler und die entsprechenden Gesellschaften bedarf es keiner besonderen Regelungen zur Gewinnzurechnung, weil für sie das Wirtschaftsjahr stets dem Kalenderjahr entspricht (Rz. 177).

201   **Bei Gewerbetreibenden**, deren Firma in das Handelsregister eingetragen ist, „gilt" der Gewinn als in dem Kalenderjahr „bezogen", in dem das Wirtschaftsjahr endet (§ 4a Abs. 2 Satz 2 Nr. 2 Satz 1 EStG). Dies gilt nach § 7 Abs. 4 Satz 2 KStG auch für Kapitalgesellschaften. Andere Gewerbetreibende dürfen kein vom Kalenderjahr abweichendes Wirtschaftsjahr bilden (s. Rz. 175). Die Fiktion „gilt ... als ... bezogen" ist ohne Bedeutung und wohl so zu verstehen, dass eine Aufteilung des Gewinns auf die beiden vom Wirtschaftsjahr berührten Kalenderjahre zu unterbleiben hat.[192] Enden zwei Wirtschaftsjahre in einem Kalenderjahr, z. B. wenn zum abweichenden Wirtschaftsjahr noch ein Rumpfwirtschaftsjahr (wegen Betriebsaufgabe) hinzutritt, dann werden beide Gewinne in einem einzigen Kalenderjahr erfasst.[193] In diesem Fall kann der durch die Tarifprogression entstehende Mehrbetrag an Einkommensteuer nicht wegen sachlicher Unbilligkeit erlassen werden.[194] Die Regelung des § 4a Abs. 2 Nr. 2 Satz 1 EStG ist aber nicht auf den Gewinn des aus einer Personengesellschaft mit abweichendem Wirtschaftsjahr ausscheidenden Mitunternehmers anzuwenden; in diesem Fall ist der Gewinn in dem Kalenderjahr des Ausscheidens bezogen.[195] Die zeitliche Zuordnung der Gewinne hat zur Folge, dass bei Beteiligung einer vermögensverwaltenden Personengesellschaft an einer gewerblich tätigen Mitunternehmerschaft mit abweichendem Wirtschaftsjahr die Abfärbewirkung nach § 15 Abs. 3 Nr. 1 Alt. 2 EStG nur eintritt, wenn der Obergesell-

---

191 Der Reformvorschlag Kirchhofs sieht auch für Gewerbetreibende eine zeitanteilige Zurechnung der Gewinne eines vom Kalenderjahr abweichenden Wirtschaftsjahrs vor (§ 2 Abs. 1 Satz 3 BilO in Bundessteuergesetzbuch, 2011, S. 1096).
192 Vgl. *Kanzler*, FR 2011 S. 30.
193 S. etwa BFH, Urteile v. 4.12.1991 - I R 140/90, BStBl 1992 II S. 750 zum Verlustabzug gem. § 2 Abs. 1 AIG und v. 3.6.1997 - VIII B 73/96, BFH/NV 1997 S. 838 zur atypisch stillen Gesellschaft.
194 BFH, Urteil v. 16.9.1970 - I R 64/68, BStBl 1970 II S. 838.
195 BFH, Urteil v. 18.8.2010 - X R 8/07, BStBl 2010 II S. 1043.

schaft im betreffenden Kalenderjahr nach Maßgabe des § 4a Abs. 2 Nr. 2 EStG auch ein Gewinnanteil i. S. v. § 15 Abs. 1 Satz 1 Nr. 2 EStG zugewiesen ist.[196]

Bei Land- und Forstwirten ist der Gewinn des Wirtschaftsjahrs, das regelmäßig ein vom Kalenderjahr abweichendes Wirtschaftsjahr ist (s. Rz. 176), zeitanteilig auf die Kalenderjahre von Beginn und Ende des Wirtschaftsjahrs aufzuteilen (§ 4a Abs. 2 Nr. 1 Satz 1 EStG). Regelungszweck ist der Ausgleich guter und schlechter Erntejahre. Die Aufteilung kommt daher einer zweijährigen Durchschnittsbesteuerung nahe.[197] Sie ist auch für ein Rumpfwirtschaftsjahr vorzunehmen, das in zwei Kalenderjahre fällt. Unterhält der Steuerpflichtige auch einen Gewerbebetrieb mit gleichem Abschlussstichtag (§ 4a Abs. 1 Satz 2 Nr. 3 EStG), so ist das land- und forstwirtschaftliche Betriebsergebnis aufzuteilen und der gewerbliche Gewinn dem Veranlagungszeitraum zuzurechnen, in dem das Wirtschaftsjahr endet (s. auch Rz. 175). 202

Veräußerungs- und Aufgabegewinne werden allerdings nicht von der Aufteilungsregelung erfasst; sie betrifft nur das laufende Betriebsergebnis. Veräußerungsgewinne i. S. d. § 14 EStG sind nach § 4a Abs. 2 Nr. 1 Satz 2 EStG auszuscheiden und dem Gewinn des Kalenderjahrs hinzuzurechnen, in dem sie entstanden sind. Mit der gesonderten Erfassung der Veräußerungs- und Aufgabegewinne im Jahr ihrer Entstehung soll erreicht werden, dass die Tarifbegünstigungen der §§ 14, 14a, 16 Abs. 4, 34 EStG nur in einem Veranlagungszeitraum gewährt werden.[198] Veräußerungsgewinne i. S. d. § 14 sind wegen der Verweisung des § 14 Satz 2 EStG auf § 16 EStG alle Betriebs- und Teilbetriebsveräußerungsgewinne sowie alle (Teil-)Betriebsaufgabegewinne. 203

Veräußerungs- und Aufgabeverluste sind dagegen nach dem Wortlaut des Gesetzes und dem Regelungszweck nicht auszusondern.[199]

(Einstweilen frei) 204–330

---

[196] BFH, Urteil v. 26.6.2014 - IV R 5/11, BStBl 2014 II S. 972.
[197] Ausführlich dazu *Kanzler* in Leingärtner, Besteuerung der Land- und Forstwirte, Kapitel 21 Rz. 8.
[198] BFH, Urteil v. 24.8.2000 - IV R 42/99, BStBl 2003 II S. 67.
[199] *Kanzler* in Leingärtner, Besteuerung der Land- und Forstwirte, Kapitel 21 Rz. 26.

Teil A:
Grundsatz- und Querschnittsfragen steuerlicher Gewinnermittlung

Kapitel III:
Maßgeblichkeit handelsrechtlicher GoB für die steuerliche Gewinnermittlung nach BilMoG

von
WP/StB Professor Dr. Ulrich Prinz, Köln

Kapitel III: Maßgeblichkeit handelsrechtlicher GoB für die steuerliche Gewinnermittlung

Inhaltsübersicht

	Rz.
1. Grundlagen des steuerbilanziellen Maßgeblichkeitskonzepts	331 - 389
1.1 § 5 Abs. 1 EStG als Rechtsgrundlage: materielle Maßgeblichkeit handelsrechtlicher GoB	331 - 344
1.2 Rechtsentwicklung des Maßgeblichkeitskonzepts	345 - 349
1.3 Grenzen der Maßgeblichkeit	350 - 379
1.3.1 Bilanzierungs- und Bewertungsvorbehalte	350 - 359
1.3.2 Gesetzlicher Wahlrechtsvorbehalt	360 - 369
1.3.3 Steuerliche Dokumentationserfordernisse	370 - 374
1.3.4 Weitere Grenze der Maßgeblichkeit	375 - 379
1.4 Wirkungen der Maßgeblichkeit	380 - 385
1.5 Unionsrechtliche Einflussnahme auf das Maßgeblichkeitskonzept	386 - 389
2. Die handelsrechtlichen Grundsätze ordnungsmäßiger Buchführung als Ausgangspunkt steuerbilanzieller Gewinnermittlung	390 - 409
2.1 Rechtscharakter und Herkunft der handelsrechtlichen GoB	390 - 394
2.2 Systematik handelsrechtlicher GoB	395 - 399
2.3 Kodifizierte handelsrechtliche GoB	400 - 404
2.4 Nicht kodifizierte handelsrechtliche GoB	405 - 409
3. Konkrete Maßgeblichkeit für Bewertungseinheiten (§ 5 Abs. 1a Satz 2 und Abs. 4a Satz 2 EStG)	410 - 414
4. Keine Maßgeblichkeit im Umwandlungssteuerrecht	415 - 419
5. Zukunft der Maßgeblichkeit	420 - 479

AUSGEWÄHLTE LITERATUR

Ballwieser, Möglichkeiten und Grenzen der Erstellung einer Einheitsbilanz – zur Rolle und Entwicklung des Maßgeblichkeitsprinzips, Festschrift Spindler, Köln 2011, S. 577; *Ballwieser*, Steuerliche Gewinnermittlung: Plädoyer für die Maßgeblichkeit, in: Kahle/Overesch/Ruf/Spengel (Hrsg.), Kernfragen der Unternehmensbesteuerung – Symposium für Ulrich Schreiber zum 65. Geburtstag, 2017, S. 103-116; *Bertl/Eberhartinger/Hirschler*, Maßgeblichkeit in Deutschland und Österreich: Historische Entwicklung – Aktuelle Entwicklung – Zukünftige Entwicklung, Festschrift Djanani, Wiesbaden 2008, S. 739; *DWS-Symposium 2010* – Die Gewinnermittlung am Wendepunkt?, Berlin 6/2011; *Ernsting*, Steuerbilanzpolitik unter dem BilMoG einschließlich Ausschüttungssperren, StbJb 2010/2011 S. 219; *Freidank/Velte*, Quo vadis Maßgeblichkeit?: Eine Analyse aus rechtshistorischer, steuersystematischer und betriebswirtschaftlicher Sicht, StuW 2010 S. 185; *Günkel*, Die Maßgeblichkeit nach der Bilanzrechtsreform (BilMoG), Festschrift Herzig, München 2010, S. 509; *Hennrichs*, Bilanzrechtsmodernisierungsgesetz und Besteuerung, StbJb 2009/2010 S. 261; *ders.*, Neufassung der Maßgeblichkeit gemäß § 5 Abs. 1 EStG nach dem BilMoG, Ubg 2009 S. 533; *Herzig*, Erfahrungen mit dem BilMoG aus steuerlicher Sicht, DB 2012 S. 1343; *Hiller/Baschnagel/Eichholz*, Reformbedarf des Maßgeblichkeitsprinzips - Quo vadis, Maßgeblichkeit?, StuB 2016 S. 694; *Hüttemann*, Die Zukunft der Steuerbilanz, DStZ 2011 S. 507; *Kahle*, Entwicklung der Steuerbilanz, DB 2014 Beilage Nr. 4; *Kahle/Günter*, Fortentwicklung des Handels- und Steuerbilanzrechts nach dem BilMoG, StuW 2012 S. 43; *Kemper/Thönnes*, Analyse der Auswirkungen des Bilanzrechtsmodernisierungsgesetzes auf die Steuerbilanz - Wird das Ziel der steuerneutralen Erneuerung des deutschen Bilanzrechts erreicht?, SteuerStud 2011 S. 559; *Marx*, Teilhaberthese als Leitbild zur Neukonzeption der steuerrechtlichen Gewinnermittlung nach Inkrafttreten des BilMoG, BB 2011 S. 1003; *ders.*, Bedeutung der Grundsätze ordnungsmäßiger Buchführung im geltenden Steuerbilanzrecht, FR 2016 S. 389; *ders.*, Maßgeblichkeit des Handelsbilanzansatzes für Rückstellungen in der Steuerbilanz? -

Zugleich Anmerkungen zum Urteil des FG Rheinland-Pfalz vom 7.12.2016 - 1 K 1912/14, StuB 2017 S. 449; *Meyering/Gröne*, Die GoB als verkanntes Problem bei einer Aufgabe der Maßgeblichkeit, StuW 2018 S. 28; *Prinz*, Materielle Maßgeblichkeit handelsrechtlicher GoB – ein Konzept für die Zukunft im Steuerbilanzrecht?, DB 2010 S. 2069; *ders.*, Entwicklungsperspektiven im Bilanzsteuerrecht, DB 2016 S. 9; *ders.*, Aktuelle Trends im Bilanzsteuerrecht - Ein Kurzüberblick, StuB 2017 S. 91; *ders.*, Differenziertes Maßgeblichkeitsverständnis im Steuerbilanzrecht - Ein Standpunkt aus Praktikersicht, StuB 2017 S. 689; *M. Prinz/Fellinger*, EStÄR 2012: Neuinterpretation des Maßgeblichkeitsprinzips für die Rückstellungsbewertung von Sachleistungsverpflichtungen „post BilMoG", Ubg 2013 S. 362; *Richter*, Die Maßgeblichkeit der handelsrechtlichen Grundsätze ordnungsmäßiger Buchführung für die steuerliche Gewinnermittlung, GmbHR 2010 S. 505; *Schanz/Schanz*, Maßgeblichkeit der Handelsbilanz für die Steuerbilanz in Europa und in den USA, StuW 2009 S. 311; *Scheffler*, Neuinterpretation des Maßgeblichkeitsprinzips - Beurteilung des BMF-Schreibens zu den Auswirkungen des BilMoG für die steuerliche Gewinnermittlung, StuB 2010 S. 295; *Scheffler*, Das Maßgeblichkeitsprinzip nach dem Bilanzrechtsmodernisierungsgesetz, IFSt Schrift Nr. 474 (Juli 2011); *ders.*, Bestandsaufnahme zur Reichweite des Maßgeblichkeitsprinzips, DK 2016 S. 482; *ders.*, Steuerliche Gewinnermittlung als Two-Book-System, in: Kahle/Overesch/Ruf/Spengel (Hrsg.), Kernfragen der Unternehmensbesteuerung – Symposium für Ulrich Schreiber zum 65. Geburtstag, 2017, S. 117-134; *Schneider*, Ein Jahrhundert Unmaßgeblichkeit des Maßgeblichkeitsgrundsatzes, Festschrift Krawitz, Wiesbaden 2010, S. 706; *Schulze-Osterloh*, Handelsrechtliche GoB und steuerliche Gewinnermittlung - Das Beispiel der Teilwertabschreibung, DStR 2011 S. 534; *Sopp/Richter/Meyering*, Felix Austria und seine Maßgeblichkeit – Was Deutschland hinsichtlich der Zukunft der Maßgeblichkeit von Österreich lernen kann, StuW 2017 S. 234; *Thiel*, Die modernisierte Maßgeblichkeit – § 5 Abs. 1 EStG in der Neufassung durch das Bilanzrechtsmodernisierungsgesetz, Festschrift Meilicke 2010, S. 733; *Velte*, Fiskalpolitische Maßgeblichkeit bei der Rückstellungsbewertung?, StuW 2013 S. 197; *ders.*, Entwicklung und Perspektiven des Maßgeblichkeitsprinzips – Das Ende eines deutschen Sonderwegs?, Ubg 2015 S. 265; *v. Wolfersdorff*, Steuerbilanzielle Gewinnermittlung – Stand und Entwicklungsperspektiven aus deutscher und europäischer Sicht, Düsseldorf 2014; *Weber-Grellet*, Entwicklungstendenzen und Zukunftsperspektiven des Maßgeblichkeitsgrundsatzes, DB 2016 S. 1279; *Wehrheim/Fross*, Plädoyer für eine Stärkung des Maßgeblichkeitsprinzips, DStR 2010 S. 1348; *dies.*, Wider die Aushöhlung des Maßgeblichkeitsprinzips, StuW 2010 S. 195; *Wendt*, Bilanzrecht, in: Leitgedanke des Rechts, Paul Kirchhof zum 70. Geburtstag, Bd. II, 2013, S. 1961.

1. Grundlagen des steuerbilanziellen Maßgeblichkeitskonzepts

1.1 § 5 Abs. 1 EStG als Rechtsgrundlage: materielle Maßgeblichkeit handelsrechtlicher GoB

331 Das Maßgeblichkeitsprinzip mit seiner traditionellen Bezugnahme auf die „handelsrechtlichen Grundsätze ordnungsmäßiger Buchführung" ist in § 5 Abs. 1 EStG verankert. Grundlage der steuerlichen Gewinnermittlung für Gewerbetreibende (Personenunternehmen und Kapitalgesellschaften) nach Maßgabe eines Betriebsvermögensvergleichs (BV-Vergleich) soll damit „vereinfacht" die Handelsbilanz (= Einzelabschluss, nicht Konzernabschluss) sein unter Beachtung einer Vielzahl gesetzlicher und rechtsprechungsseitiger steuerlicher Besonderheiten (insb. Gewinnermittlungsvorbehalt gem. § 5 Abs. 6 EStG; § 60 Abs. 2 EStDV). Man spricht von der **materiellen Maßgeblichkeit** handelsrechtlicher GoB, was die Befolgung der abstrakten handelsrechtlichen Vorgaben meint.[1] Die Regelung hat folgenden Wortlaut:

---

1 Vgl. *Crezelius*, Kirchhof, EStG, 17. Aufl. 2018, § 5 Rz. 1.

"Bei Gewerbetreibenden, die auf Grund gesetzlicher Vorschriften verpflichtet sind, Bücher zu führen und regelmäßig Abschlüsse zu machen, oder die ohne eine solche Verpflichtung Bücher führen und regelmäßig Abschlüsse machen, ist für den Schluss des Wirtschaftsjahres das Betriebsvermögen anzusetzen (§ 4 Abs. 1 Satz 1), das nach den handelsrechtlichen Grundsätzen ordnungsmäßiger Buchführung auszuweisen ist, es sei denn, im Rahmen der Ausübung eines steuerlichen Wahlrechts wird oder wurde ein anderer Ansatz gewählt."

§ 5 Abs. 1 Satz 1 Halbsatz 2 EStG enthält einen **sog. Wahlrechtsvorbehalt**. Eine Definition des Wahlrechtsbegriffs fehlt allerdings. In den anschließenden Sätzen 2 und 3 des § 5 Abs. 1 EStG wird die Ausübung steuerlicher Wahlrechte an bestimmte Dokumentationspflichten geknüpft, die tatbestandsvoraussetzend sind. Insgesamt ist das Maßgeblichkeitsprinzip „seit Jahr und Tag" hoch umstritten. Die Grundsatzdiskussion um die Maßgeblichkeit ist durch das BilMoG v. 25.5.2009 neu entfacht worden. Zwar wurde der materielle Maßgeblichkeitsgrundsatz unverändert beibehalten, allerdings ist die aus handelsbilanzieller Sicht informationsverzerrende Umkehrmaßgeblichkeit (auch formelle Maßgeblichkeit genannt) beseitigt und durch den speziellen steuerlichen Wahlrechtsvorbehalt – mit recht unklarem Inhalt und Wirkung ab Veranlagungszeitraum 2009 (§ 52 Abs. 1 EStG, Art. 15 BilMoG)[2] – ersetzt worden. Diese „Neujustierung der Maßgeblichkeit" bereitet der Praxis erhebliche Probleme und hat die steuersystematische „Zersetzung" des Steuerbilanzrechts offenkundig weiter beschleunigt.[3] Zwischenzeitlich sind neben dem Kernbestand des Maßgeblichkeitsprinzips mit Wahlrechtsvorbehalt diverse weitere gesetzliche Sonderausprägungen der Maßgeblichkeit festzustellen (insbes. § 5 Abs. 1a Satz 2, § 6 Abs. 1 Nr. 1b Satz 2 sowie § 6 Abs. 1 Nr. 2a EStG).[4]

„Bilanz im Rechtssinne" als Ausgangspunkt der Maßgeblichkeit: Der steuerbilanzielle BV-Vergleich strebt eine periodengerechte Ergebnisermittlung für Gewinnermittler nach objektivierbaren Realisationsgrundsätzen – also unabhängig von reinen Zahlungsvorgängen – auf Basis einer kaufmännischen Rechnungslegung an.[5] Der BFH bezeichnet den BV-Vergleich als „Grundform der Gewinnermittlung", ohne dabei ein Über- oder Unterordnungsverhältnis gegenüber der mehr zahlungsstromorientierten § 4 Abs. 3 EStG-Rechnung festlegen zu wollen.[6] Es existieren dabei zwei, in ihrem Anwendungsbereich überschneidungsfrei abgegrenzte Typen des BV-Vergleichs mit unterschiedlicher handelsbilanzieller Maßgeblichkeitsprägung: § 4 Abs. 1 EStG bildet den Grundfall (etwa bei bilanzierenden Freiberuflern oder ausl. Betriebsstätten), § 5 Abs. 1 EStG den Spezialfall für Gewerbetreibende (insbes. Personenhandelsgesellschaften und Kapitalgesellschaften). Beide Gewinnermittlungsmethoden stehen in sachlicher Wechselbezie-

---

2 Die handelsrechtlichen Regelungen des BilMoG gelten im Wesentlichen ab 1.1.2010. Zur zeitlichen Unabgestimmtheit der BilMoG-Übergangsregelung s. *Prinz*, GmbHR 2009 S. 1027, 1031. Zu den handelsrechtlichen Übergangsregelungen s. Art. 66, 67 EG HGB.
3 Vgl. mit Beispielen *Prinz*, DB 45/2013, Gastkommentar M 1 sowie DB 12/2014, Gastkommentar M 1.
4 Vgl. *Prinz*, StuB 2017 S. 689-692.
5 *Heinicke* in Schmidt, EStG, 37. Aufl. 2018, § 4 Rz. 3 charakterisiert die Rechnungslegungsmethodik des BV-Vergleichs kurz und prägnant als eine „grundlegend von statischen Gesichtspunkten geprägte Bestandsrechnung nach Sollzahlen" (mit drucktechnischen Hervorhebungen).
6 Vgl. BFH, Urteil v. 19.3.2009 - IV R 57/07, DB 2009 S. 1384. Zur „vereinfachten" Gewinnermittlung nach § 4 Abs. 3 EStG instruktiv *Eisgruber*, DStJG Bd. 34 (2011) S. 185-205.

hung und sind durch ein „Verweisungsgeflecht" gekennzeichnet.[7] Dabei ist auch der BV-Vergleich gem. § 4 Abs. 1 EStG wegen seiner buchführungstechnischen Grundlagen letztlich GoB-gestützt, was sich im Übrigen auch aus § 4 Abs. 2 Satz 1 EStG ergibt (fehlerhafte Bilanz wegen Verstoß gegen GoB). Ein Optionsrecht zwischen den beiden funktionsgleichen Bestandsvergleichstypen besteht allerdings nicht. Wichtig ist unter steuersystematischen Gesichtspunkten: Trotz seiner betriebswirtschaftlichen Grundlagen fußt der maßgeblichkeitsgeprägte stichtagsbezogene BV-Vergleich stets auf einer „Bilanz im Rechtssinne"[8], die dem Realisationsprinzip als tragendem Periodisierungsgrundsatz folgt, Objektivierungsnotwendigkeiten beachten muss und realitätsnahe kaufmännische Vorsicht in ausgewogener Form bei sachgerechter Ausrichtung an wirtschaftlichen Leistungsfähigkeitsüberlegungen berücksichtigt. Betriebswirtschaftliche Erfolgsmessungskonzepte haben nur insoweit Bedeutung, als sie in einzelnen Normen ihren Ausdruck finden (etwa bei den Rechnungsabgrenzungsposten gem. § 5 Abs. 5 EStG, dynamische Betrachtung). Stets müssen deshalb auch die in § 5 Abs. 1 EStG in Bezug genommenen handelsrechtlichen GoB unter steuerrechtsspezifischen Wertungsgesichtspunkten ausgelegt werden (Steuerrechtsvorbehalt).

334 Die in § 5 Abs. 1 Satz 1 EStG für steuerbilanzielle Zwecke ohne qualifizierende Konkretisierung in Bezug genommenen handelsrechtlichen GoB (Grundlage: § 243 Abs. 1 HGB) erstrecken sich nach herrschender Meinung auf **Ansatz und Bewertung** sämtlicher Bilanzposten der Aktiv- und Passivseite. Allerdings besteht eine Reihe gesetzlicher Begrenzungen der Maßgeblichkeit, die wegen § 5 Abs. 6 EStG vor allem den Bewertungsbereich betreffen („durchlöcherte Maßgeblichkeit").[9] Materiell maßgeblich sind dabei nur die abstrakten GoB, nicht dagegen die konkreten Ansätze und Werte in der Handelsbilanz. Ein fehlerhafter handelsbilanzieller Ansatz kann somit keine Maßgeblichkeitswirkung für steuerbilanzielle Zwecke entfalten. Gemeint sind im Übrigen nur „deutsche GoB"; GoB ausländischer Rechtsordnungen bleiben außer Betracht. Sog. **Ausweis-GoB** haben nur in Sonderfällen Relevanz.[10] Die IFRS (endorsed) als internationale Rechnungslegungsstandards mit Europarechtscharakter sind keine GoB.[11] Im Ergebnis ist der Rekurs auf die handelsrechtlichen GoB in einer ertragsteuerlichen Kernvorschrift mit überragender Bedeutung im Unternehmenssteuerrecht zunächst einmal erstaunlich und im Wesentlichen nur Praktikabilitäts- und Vereinfachungsgesichtspunkten geschuldet, um Kaufleuten eine Einheitsbilanz zu ermöglichen. Steuersystematische Belastungserwägungen spielten da-

---

7 Vgl. *Kanzler*, HHR, vor §§ 4-7 EStG Anm. 23; *Kanzler*, FR 1998 S. 423 f.; s. ergänzend auch § 141 Abs. 1 Satz 2 EStG für eine originär steuerliche Buchführungspflicht bestimmter Steuerpflichtiger.

8 BFH, Urteil v. 17.7.1974 - I R 194/72, BStBl 1974 II S. 684: „Die Bilanz im Rechtssinne ist keine Kostenrechnung". Vgl. auch *Döllerer*, JbFSt 1979/80 S. 195. Zu einem dreischichtigen Strukturschema im Bilanzrecht vgl. grundlegend *Beisse*, Festschrift Moxter, Düsseldorf 1994, S. 3, 11-13: Reines Handelsbilanzrecht; deckungsgleiches Handels- und Steuerbilanzrecht, reines Steuerbilanzrecht; ergänzend *Beisse*, BB 1980 S. 637-646; *ders.*, StuW 1984 S. 1-14.

9 Aus diesem Grunde wird die Erstreckung des Maßgeblichkeitsgrundsatzes auf Bewertungsfragen in Teilen des Schrifttums bestritten. Zu weiteren Details vgl. *Weber-Grellet* in Schmidt, EStG, 37. Aufl. 2018, § 5 Rz. 3-7.

10 So kann etwa die Unterscheidung Anlagevermögen/Umlaufvermögen für Zwecke des § 8b Abs. 7 Satz 2 KStG Bedeutung haben. Die Anwendung des § 6b EStG erfordert die Zugehörigkeit eines Wirtschaftsguts zum Anlagevermögen einer inländischen Betriebsstätte. Zu den Ausweis-GoB vgl. *Anzinger*, HHR, § 5 EStG Anm. 263 (Stand: Februar 2014).

11 Zu weiteren Nachweisen s. Rz. 391.

für seinerzeit keine Rolle.[12] Die maßgeblichkeitsbedingte Verknüpfung von Handels- und Steuerbilanz ist folglich kein Grundprinzip unserer Rechtsordnung.[13] Dessen ungeachtet ist sie rechtspraktisch von erheblicher Bedeutung.

Generalklauselartiger Rechtsverweis auf handelsrechtliche GoB: § 5 Abs. 1 EStG verweist für steuerbilanzielle Zwecke in Gestalt einer Art Generalklausel auf die handelsrechtlichen GoB. Eine „Transformation" von Handelsrecht in originäres Steuerbilanzrecht erfolgt dadurch nicht. Stets sind die handelsrechtlichen GoB allerdings im Licht steuerlicher Leistungsfähigkeitsüberlegungen zu werten.[14] Die ertragsteuerliche Teleologie ist für die steuerrechtliche Normanwendung auslegungsprägend. Lt. Großem Senatsbeschluss v. 31.1.2013 sind spezielle steuerrechtliche Vorschriften auch dann eigenständig auszulegen und anzuwenden, wenn sie im Handelsrecht eine Entsprechung finden.[15] Die Formulierungen, mit denen der BFH auf die handelsrechtlichen GoB Bezug nimmt, sind allerdings unterschiedlich. So führt der I. Senat des BFH im Urteil v. 25.8.2010 im Zusammenhang mit der steuerbilanziellen Behandlung von Aktienoptionen Folgendes aus:[16]

335

„Maßgeblich für die Ermittlung des Gewinns der Klägerin sind nach § 5 Abs. 1 Satz 1 EStG die Vorschriften des HGB und des Aktiengesetzes."

Im Apothekerbeschluss des Großen Senats beim BFH v. 23.6.1997 wird der steuerbilanzielle GoB-Bezug etwas abweichend gekennzeichnet:[17]

„Nach dem Maßgeblichkeitsgrundsatz des § 5 Abs. 1 EStG haben Gewerbetreibende, [...], bei der Bilanzierung die GoB zu beachten."

In anderen Urteilen wird dagegen auf konkrete, geschriebene oder ungeschriebene GoB Bezug genommen. Dies erfolgt beispielsweise im BFH-Urteil v. 14.4.2011 im Zusammenhang mit der Aufteilung eines Windparks in mehrere einheitlich abzuschreibende Wirtschaftsgüter:[18]

„Nach dem Grundsatz der Einzelbewertung in § 252 Abs. 1 Nr. 3 HGB, der nach § 5 Abs. 1 Satz 1 EStG auch in der Steuerbilanz zu beachten ist, sind die Wirtschaftsgüter (Vermögensgegenstände) einzeln anzusetzen und zu bewerten [...]"

Positive und negative Wirkungen des GoB-Bezugs: Im Hinblick auf das Gebot der Rechtssicherheit für steuerliche Bilanzierungs- und Bewertungsfragen wirkt die Bezugnahme auf die handelsrechtlichen GoB insgesamt zwiespältig. Einerseits lässt der GoB-Bezug – und dies ist positiv zu werten – Raum für die sachgerechte Abbildung neuer Bilanzierungsphänomene entsprechend deren wirtschaftlichen Gehalts; insoweit „at-

336

---

12 So zutreffend BVerfG, Beschluss v. 12.5.2009 - 2 BvL 1/00, BStBl 2009 II S. 685.
13 So *Wendt*, Bilanzrecht, in: Leitgedanke des Rechts, Paul Kirchhof zum 70. Geburtstag, Bd. II, 2013, S. 1961.
14 Zur Diskussion um die Rechtsqualität des GoB-Verweises in § 5 Abs. 1 EStG vgl. *Blümich/Krumm*, § 5 EStG Rz. 151; *Crezelius* in Kirchhof, EStG, 17. Aufl. 2018, § 5 Rz. 8; *Mathiak*, Festschrift Beisse, Düsseldorf 1997, S. 323-334; *Schulze-Osterloh*, DStR 2011 S. 534 f.; *Prinz*, Gedanken zum Bilanzrecht, in: Festschrift für Georg Crezelius, 2018, S. 351-370.
15 BFH, Beschluss v. 31.1.2013 - GrS 1/10, BStBl 2013 II S. 317, Rz. 74. Dazu auch *Prinz*, WPg 2013 S. 650, 653.
16 BFH, Urteil v. 25.8.2010 - I R 103/09, FR 2011 S. 231.
17 BFH, Beschluss v. 23.6.1997 - GrS 2/93, BStBl 1997 II S. 735, 737.
18 BFH, Urteil v. 14.4.2011 - IV R 46/09, DStR 2011 S. 1024.

men" die handelsrechtlichen GoB und sind zukunftsweisend.[19] Zu denken ist etwa an die steuerbilanzielle Abbildung von Mehrkomponentengeschäften, Finanztransaktionen sowie Aktienoptionsvergütungen. Im Übrigen können aus ungeschriebenen GoB im Laufe der Jahre kodifizierte GoB werden (s. etwa § 254 HGB zu Bewertungseinheiten). Andererseits aber – und dies wirkt tendenziell negativ – bleiben originäre steuerbilanzrechtliche Grundfragen, wie etwa der Wirtschaftsgutbegriff und die Definition der Anschaffungs- oder Herstellungskosten, letztlich offen und können nur mit Rückgriff auf steuerteleologisch gewertetes Handelsbilanzrecht beantwortet werden. Zwischenzeitlich sind zudem Sonderbereiche der Herstellungskosten steuergesetzgeberisch definiert (so § 6 Abs. 1 Nr. 1a EStG für anschaffungsnahe Herstellungskosten, § 6 Abs. 1 Nr. 1b EStG für allgemeine Verwaltungskosten), eine Definition des allgemeinen Herstellungskostenbegriffs fehlt aber weiter. Die steuergesetzlichen Spezialregelungen dokumentieren zunehmend ein „Stückwerk". Das Verhältnis zu steuerspezifischen Ansatz- und Bewertungsvorbehalten führt zu ansteigender Rechtsunsicherheit. Wegen der Verknüpfung mit dem Handelsbilanzrecht werden die dort seit langem aufgrund der Entwicklungen in der internationalen Rechnungslegung stattfindenden „Umbrüche" in die steuerliche Gewinnermittlung hineingetragen. Auch umgekehrte Wirkungen sind zu beobachten. Das BilMoG v. 25.5.2009 löst neue und weitreichende Folgefragen im steuerlichen Gewinnermittlungsbereich aus. So können etwa die steuerbilanziellen Regelungen für geringwertige Wirtschaftsgüter (§ 6 Abs. 2 EStG) und Poolabschreibungen für Sammelposten (§ 6 Abs. 2a EStG) üblicherweise in die Handelsbilanz übernommen werden.[20] Konkrete handelsbilanzielle Vorschriften dafür fehlen allerdings. Im Übrigen: Seit langem bestehende strukturelle Defizite im Steuerbilanzrecht (etwa bei Bildung und Bewertung von Rückstellungen) werden gerade durch die Fortgeltung der Maßgeblichkeit überdeutlich. Dies ist der Grund dafür, dass immer wieder über die Zukunft der Maßgeblichkeit diskutiert wird. Ein prinzipienbasiertes steuerliches Gewinnermittlungsgesetz kommt deshalb als Alternative zur tradierten Maßgeblichkeit in Betracht, wobei ergänzend EU-rechtliche Entwicklungen mit zu berücksichtigen sind.[21]

337 Die durch § 5 Abs. 1 EStG in das Steuerbilanzrecht integrierten handelsrechtlichen GoB sind Bestandteil eines weitergefassten **„Rechnungslegungsrechts"** mit all seinen unternehmensrechtlichen, gesellschaftsrechtlichen und kapitalmarktrechtlichen Bezügen.[22] Eine bilanziell angelegte, gläubigerschützende Kapitalerhaltung trifft mit diversen Informationsaufgaben im handelsrechtlichen Jahresabschluss zusammen. Hier stoßen unterschiedliche Zwecksetzungen der Rechnungslegung aufeinander, die aus „Steuerperspektive" mitunter problematisch sind. Insoweit sind GoB „mehrfunktional", wobei die

---

19 S. dazu etwa *Beisse*, Festschrift Moxter, Düsseldorf 1994, S. 3, 25: „Der Systemcharakter der GoB ermöglicht eine kontinuierliche, organische Rechtsfortbildung ohne Tätigwerden des Gesetzgebers." Ähnlich *Marx*, FR 2016 S. 389. Zur insoweit relevanten „wirtschaftlichen Betrachtungsweise" vgl. *Crezelius*, Bilanzsteuerrecht zwischen rechtlicher und wirtschaftlicher Betrachtungsweise, in: Fischer/Mellinghoff (Hrsg.), Festgabe für Heinrich List zum 100. Geburtstag am 15. März 2015, S. 55-66.
20 Vgl. zum Ganzen aktuell HFA, IDW life 7/2017 S. 848; *Bauer*, Ubg 2017 S. 529, 532; kritsch *Schmidt/Kulosa*, EStG, 37. Aufl. 2018, § 6 Rz. 608.
21 Zu entsprechenden konzeptionellen Überlegungen vgl. *Hennrichs*, StuW 2005 S. 264; *Prinz*, DB 2010 S. 2069, 2075 f.; *Scheffler* in Kahle/Overesch/Ruf/Spengel (Hrsg.), Kernfragen der Unternehmensbesteuerung, 2017, S. 117- 136.
22 Plakativ dazu *Großfeld/Luttermann*, Bilanzrecht, 4. Aufl. 2005, S. 1: „Rechnungslegung ist Rechtsakt".

BFH-Rechtsprechung – und nicht der eigentlich für das Zivilrecht zuständige BGH – in der Praxis das Handelsbilanzrecht prägt. Handels- und Steuerbilanz haben sich deshalb „gewollt oder ungewollt" stets wechselseitig über die Auslegung von GoB „beeinflusst". Diese wechselseitige Verflechtung von Handels- und Steuerbilanz lässt sich auch international beobachten.[23] Allerdings dürfte eine einzige „getreue bilanzwahre Rechenschaftslegung" für handels- und steuerbilanzielle Zwecke praktisch durchgängig kaum zu erreichen sein, sie ist eher ein „Ideal".[24] Ohne Durchbrechungen ist die Maßgeblichkeit nie ausgekommen; dies zeigen historische Beispiele. Die Verhinderung eines übermäßigen Zugriffs durch den Fiskus via Maßgeblichkeit war wegen der diversen steuerspezifischen Ansatz- und Bewertungsvorbehalte immer nur „relativ". Auf der zweiten (außerbilanziell wirkenden) Gewinnermittlungsstufe besteht ohnehin kein „Bilanzschutz".[25] Trotz der (jedenfalls äußerlichen) Zweckdivergenzen zwischen Handels- und Steuerbilanz muss man erkennen, dass es zum einen eine **„Einheit des Rechnungswesens"** gibt, zum anderen ein breiter gemeinsamer Kernbestand an Buchführungs- und Bilanzierungsdaten besteht, den es zu erhalten und zu stärken gilt. Eine – wie auch immer geartete – „Verschränkung" von Informations-, Ausschüttungsbemessungs- und Besteuerungsfunktion wird daher bestehen bleiben müssen.[26]

Diffuse Maßgeblichkeitsausprägungen: Nur die materielle Maßgeblichkeit hat in § 5 Abs. 1 Satz 1 EStG ihre Rechtsgrundlage gefunden. Andere Ausformungen der Maßgeblichkeit sind für spezielle Einzelfallgestaltungen zu beobachten (s. auch Rz. 347). Im Einzelnen: Die **formelle oder umgekehrte Maßgeblichkeit** wurde durch das BilMoG v. 25.5.2009 ab seinem Inkrafttreten im VZ 2009, spätestens mit Wirkung ab 1.1.2010, beseitigt (zu den allgemeinen Verwaltungskosten im Herstellungsbereich s. aber auch § 6 Abs. 1 Nr. 1b EStG). Aktuell ist allerdings eine neue faktische umgekehrte Maßnahme durch die Steuertaxonomie der E-Bilanz (§ 5b EStG) mit ihren unterschiedlichen Entwicklungsständen festzustellen, die in das Handelsbilanzrecht ausstrahlt.[27] Auch der neugefasste R 6.11 Abs. 3 EStR 2012 zur steuerlichen Bewertungsobergrenze bei Rückstellungen könnte - ungeachtet der streitigen Rechtsfragen - Folgewirkungen bei den handelsbilanziellen Rückstellungen auslösen. Eine **phasenverschobene Maßgeblichkeit**, die erst in Folgebewertungszeiträumen zur Anwendung gelangen soll, wurde zwar von Seiten der Vertreter der Finanzverwaltung lange Zeit für umwandlungssteuerrechtliche Fragen diskutiert, ist aber zwischenzeitlich zu Recht aufgegeben worden. Bei entgeltlich übernommenen passivierungsbeschränkten Verpflichtungen gilt § 5 Abs. 7 EStG (i. d. F. AIFM-StAnpG v. 18.12.2013), der aus Gründen vermeintlicher Missbrauchsabwehr entgegen dem Anschaffungskostenprinzip bei der Folgebilanzierung einen (ggf. verteilbaren) „steuerpflichtigen Erwerbsgewinn" kreiert. Schließlich existiert eine Art **faktische Maßgeblichkeit** über § 5 Abs. 1a Satz 2 und Abs. 4a Satz 2 EStG für Zwecke einer Bewertungseinheit. Schließlich ist mit dem Prinzip der Zeitbewertung (= beizulegender

338

---

23 *Schanz/Schanz*, StuW 2009 S. 311-322; *Watrin*, Festschrift Herzig, München 2010, S. 495-507.
24 Vgl. *Luttermann*, RIW 2010 S. 417, 420.
25 Zu den Unterschieden bei der zweistufigen Gewinnermittlung vgl. *Prinz*, DStJG 34 (2011), S. 135, 144-146. Kritsch zur Zweistufigkeit der Gewinnermittlung *Briese*, DStR 2016 S. 2126.
26 Vgl. dazu auch *Prinz*, Festschrift Raupach, Köln 2006, S. 279, 281.
27 Zu Überlegungen einer Einheitstaxonomie für E-Bilanz und Offenlegung vgl. *Herzig/Schäperclaus*, DB 2013, S. 1.

Zeitwert) für Finanzinstrumente des Handelsbestands bei Kreditinstituten und Finanzdienstleistern durch § 6 Abs. 1 Nr. 2b EStG eine weitere faktische Maßgeblichkeit geschaffen worden. Beim fair value für Finanzinstrumente des Handelsbestands bei Kreditinstituten wird der Gleichklang von Handels- und Steuerbilanz vom Gesetzgeber offensichtlich gewünscht, obwohl insoweit Fundamentalverstöße gegen das Anschaffungskostenprinzip sowie Realisationsgrundsätze erfolgen.[28]

339–344 *(Einstweilen frei)*

1.2 Rechtsentwicklung des Maßgeblichkeitskonzepts

345 Historisch betrachtet ist der Maßgeblichkeitsgrundsatz Ende des 19. Jh. – also vor weit mehr als 100 Jahren – unter **Praktikabilitäts- und Vereinfachungsgesichtspunkten** entstanden. Zudem waren die damals geltenden Steuersätze – gemessen am heutigen Belastungsniveau – extrem niedrig. Hintergrund war: Der Kaufmann habe ohnehin Rechnung zu legen, also eine Handelsbilanz aufzustellen, die gleichzeitig auch Basis für die Besteuerung sein sollte (kaufmännische Einheitsbilanz).[29] Systematisch untermauert wurde das Maßgeblichkeitsprinzip vor allem durch die **„Stille Teilhaber-These"** von *Döllerer*[30], wonach sich der Fiskus und die Anteilseigner gleichermaßen auf den Zugriff nach einem vorsichtig ermittelten ausschüttungsfähigen Jahresgewinn beschränken sollten (weitgehend deckungsgleiche Ausschüttungsbemessungs- und Besteuerungsfunktion). Maßgeblichkeit soll dadurch „neben Vereinfachung und Praktikabilität" vor einem übermäßigen fiskalischen Zugriff schützen. Dies sind die beiden traditionellen Begründungsstränge der Maßgeblichkeit.

346 Das Maßgeblichkeitsprinzip hat **keinen Verfassungsrang**. So hat das BVerfG in seinem Beschluss v. 12.5.2009 zutreffend herausgestellt, dass der maßgeblichkeitsgeprägte BV-Vergleich seine Existenz Gründen der Praktikabilität und nicht „primär Überlegungen zur gerechten Verteilung von Steuerlasten" verdankt.[31] Der Maßgeblichkeitsgrundsatz verkörpert damit „eine entwicklungsoffene Leitlinie" und ist nicht etwa „als eine strikte, einmal getroffene Belastungsgrundentscheidung des Gesetzgebers" zu verstehen. Dies ist zwar historisch betrachtet zutreffend, aber weder steuersystematisch noch folgerichtig begründet. Dem abschnittsbezogenen Zeitmoment bei der Erfassung eines besteuerungswürdigen Gewinns trägt diese Leitvorstellung des BVerfG nur schwerlich Rechnung. Ungeachtet dessen wird die Wahrnehmung der handelsbilanziellen Informa-

---

28 Zu Details vgl. Teil A Kap. VII.
29 Vgl. *Ballwieser*, Festschrift Spindler, Köln 2011, S. 577, 580 und *ders.*, in: Kahle/Overesch/Ruf/Spengel (Hrsg.), Kernfragen der Unternehmensbesteuerung, 2017, S. 103-116; *Beisse*, Gedächtnisschrift Knobbe-Keuk, Köln 1997, S. 385-409; S. *Hennrichs* in Tipke/Lang, Steuerrecht, 23. Aufl. 2018, § 9 Rz. 40-52; *Thiel*, Festschrift Meilicke, 2010, S. 733-735; eingehend auch *Schneider*, Festschrift Krawitz, S. 707-713; *v. Wolfersdorff*, Steuerbilanzielle Gewinnermittlung, Düsseldorf 2014, S. 201-215. Mitunter ist von dem Maßgeblichkeitsgrundsatz als einem „Relikt aus dem 19. Jahrhundert" die Rede; so *Weber-Grellet* in Schmidt, EStG, 37. Aufl. 2018, § 5 Rz. 27. Zu empirischen Erkenntnissen im Zusammenhang mit Einheitsbilanzen vgl. *Haller/Ferstl/Löffelmann*, DB 2011 S. 88 und auf Basis des BilMoG *Herzig*, DB 2012 S. 1343-1351; *Ertel/Rosnitschek/S. Schanz*, DStR 2017 S. 2068.
30 Vor allem *Döllerer*, BB 1971 S. 1333.
31 BStBl 2009 II S. 685. Kritisch dazu *Hey*, DStR 2009 S. 2561, 2564-2568; *Hennrichs*, Festschrift Lang, Köln 2010, S. 237-254; *Schulze-Osterloh*, Festschrift Lang, Köln 2010, S. 255-262; *Hüttemann*, Festschrift Spindler, Köln 2011, S. 627-639.

tionsfunktion ergänzend dem Anhang als Bestandteil des Jahresabschlusses (§ 264 Abs. 1 HGB) zugewiesen. Hinzu kommt: Die Döllerer-These ist zwischenzeitlich stark umstritten, da der Schutz vor fiskalischen Eingriffen dem Verfassungsrecht obliegt, primär auf Kapitalgesellschaften, weniger auf Personenunternehmen abzielt und der „wahre", unter Leistungsfähigkeitsaspekten besteuerungswürdige Gewinn von einem durch den Anteilseigner bezogenen Ausschüttungsanspruch abweichen kann. Schließlich ist durch das BilMoG v. 25.5.2009 mit (vereinfacht) Wirkung ab 1.1.2010 neuer „Änderungsdruck" auf die GoB erfolgt. Zwar bewahrt das BilMoG die Mehrfunktionalität des Einzelabschlusses und hält am Maßgeblichkeitsgrundsatz zur Verknüpfung mit dem Ertragsteuerrecht fest. Die verstärke Berücksichtigung angelsächsisch geprägter Informationsverbesserung hat allerdings erkennbar neue Aspekte der internationalen Rechnungslegung in das eigentlich kontinentaleuropäisch geprägte HGB hineingetragen, die Bedeutung auch für die handelsrechtlichen GoB erlangen können.

Neben dem Grundkonzept der Maßgeblichkeit mit steuerlichem Wahlrechtsvorbehalt (§ 5 Abs. 1 Satz 1 EStG) haben sich in den letzten Jahren diverse steuergesetzliche Sonderausprägungen der Maßgeblichkeit herausgebildet. Jeder Sondertypus hat seine eigene Historie, die „für sich genommen" manches an Systemverwerfungen rechtfertigen mag. Folge daraus ist aber ein zunehmend „verwaschenes Maßgeblichkeitsgesamtbild". Zu nennen sind insbesondere: 347

▶ Sondertypus 1: Konkrete Maßgeblichkeit bei Bewertungseinheiten (§ 5 Abs. 1a Satz 2, Abs. 4a Satz 2 EStG; s. Rz. 410/411).

▶ Sondertypus 2: Deckungsgleiche Wahlrechtsausübung der Aktivierung von allgemeinen Verwaltungskosten im Herstellungsbereich (§ 6 Abs. 1 Nr. 1b Satz 2 EStG)

▶ Sondertypus 3: Anwendung des Lifo-Verfahrens im Vorratsvermögen, soweit dies den handelsrechtlichen GoB entspricht (§ 6 Abs. 1 Nr. 2a EStG).

Darüber hinaus wird die Maßgeblichkeit mit ihren Ausnahme- und Sonderregelungen mitunter als Fiskalinstrument durch die Finanzverwaltung genutzt (etwa bei den handelsbilanziell gedeckelten Rückstellungswerten gem. R 6.11 Abs. 3 EStR in Auslegung der Eingangsformulierung „höchstens insbesondere" des § 6 Abs. 1 Nr. 3a EStG).

Belegt durch die **„Geschichte des Maßgeblichkeitsprinzips"** wird deutlich: Zu Ende diskutiert ist die Frage der Sinnhaftigkeit des Maßgeblichkeitsprinzips sicher nicht. In jüngerer Zeit erheben die „Befürworter der Maßgeblichkeit" – meist unter Rückgriff auf die Döllerer-These und schlichte Vereinfachungsüberlegungen bei klein- und mittelständischen Bilanzierern – wieder sehr vernehmbar ihre Stimme.[32] Allerdings muss man aus besteuerungspraktischer Sicht konstatieren: Die Schutzfunktion der Handelsbilanz vor fiskalischen Eingriffen im Ertragsteuerrecht ist wegen der zwischenzeitlich zahlreichen gesetzlichen Durchbrechungen der Maßgeblichkeit („durchlöcherte Maßgeblichkeit") und die durch das BilMoG abgeschaffte Umkehrmaßgeblichkeit ohnehin stark 348

---

32 Vgl. vor allem *Schön* (mit seinem Mitarbeiterteam am Max-Planck-Institut für Geistiges Eigentum, Wettbewerbs- und Steuerrecht, München), Steuerliche Maßgeblichkeit in Deutschland und Europa, Köln 2005, S. 1-156; s. ergänzend auch *Mayr* in Hey: DStJG Band 34: Einkünfteermittlung, Köln 2011, S. 327-352; *Anzinger*, HHR, § 5 EStG Anm. 192 (Stand: Februar 2014). Zur „Kräftigung der Einheitsbilanz" in Österreich vgl. *Sopp/Richter/Meyering*, StuW 2017 S. 234-246; kritisch dazu *Prinz*, StuB 2017 S. 690.

eingeschränkt. Verstärkt wird dies durch zunehmende Korrekturen auf der zweiten (außerbilanziellen) Gewinnermittlungsstufe (beispielsweise durch DBA-Freistellungen oder die Beteiligungsertragsbefreiung gem. § 8b KStG). Schließlich: Die europäischen Harmonisierungsbemühungen um eine GKKB (Gemeinsame Konsolidierte Körperschaftsteuer-Bemessungsgrundlage) – seit den neuen Richtlinienentwürfen aus Oktober 2016 in einem „step by step approach" auf die harmonisierte Gewinnermittlung als ersten Baustein (GKB) konzentriert – erfordern letztlich ein Ende der Maßgeblichkeit.

349 *(Einstweilen frei)*

1.3 Grenzen der Maßgeblichkeit

1.3.1 Bilanzierungs- und Bewertungsvorbehalte

350 Das Steuerbilanzrecht enthält eine Reihe von Ansatz- und Bewertungsvorbehalten, die den allgemeinen Maßgeblichkeitsgrundsatz des § 5 Abs. 1 EStG verdrängen. § 60 Abs. 2 EStDV fordert entsprechend eine Anpassung der Handelsbilanz an die steuerlichen Vorschriften (per Überleitungsrechnung oder eigenständiger Steuerbilanz). Die handelsrechtlichen GoB bleiben allerdings subsidiär – etwa bei auftretenden Regelungslücken – stets anwendbar.[33] Dieses „überlagernde Nebeneinander" steuerbilanzieller Spezialregelungen und allgemeiner GoB bereitet der Besteuerungspraxis immer wieder Schwierigkeiten. Aktuell ist dies besonders im Rückstellungsbereich zu beobachten.

351 **Steuergesetzliche Ansatz- und Bewertungsvorbehalte haben vor dem allgemeinen Maßgeblichkeitsgrundsatz Vorrang (Subsidiarität der Maßgeblichkeit):** Für den Bilanzierungsbereich (= Ansatz dem Grunde nach) gehen vor allem § 5 Abs. 2-5 EStG den handelsrechtlichen GoB vor. Zu nennen sind beispielsweise das Aktivierungsverbot für selbst erstellte immaterielle Wirtschaftsgüter (§ 5 Abs. 2 EStG, abweichend zu § 248 Abs. 2 HGB), das bedeutsame und höchst streitige Ansatzverbot für Drohverlustrückstellungen (§ 5 Abs. 4a EStG) sowie die Festlegung einer steuergesetzlichen Bewertungseinheit (§ 5 Abs. 1a Satz 2 EStG, ergänzt durch § 254 HGB). Bei den vorrangigen steuergesetzlichen Bilanzierungsregelungen handelt es sich um Ansatzgebote, Ansatzverbote und spezielle Vorbehaltsregelungen gegenüber den allgemeinen GoB (etwa für Jubiläumsrückstellungen, § 5 Abs. 4 EStG). Darüber hinaus sind weitere steuerbilanzrechtliche Vorbehalte zu beachten, die vor allem in § 5 Abs. 6 EStG zusammengestellt sind. Danach haben etwa die Normen über die Bewertung einschließlich der typisierenden Abschreibungen (§§ 6-7k EStG) sowie die Betriebsausgaben (§ 4 Abs. 4-8 EStG) vor (allgemeinen) handelsrechtlichen GoB Vorrang. § 5 Abs. 6 EStG wird entsprechend üblicherweise als steuergesetzlicher Bewertungsvorbehalt bezeichnet, betrifft darüber hinaus aber auch Bilanzierungsfragen. Die steuergesetzlichen Ansatz- und Bewertungsvorbehalte verkörpern das originäre Steuerbilanzrecht. Nur in Teilen durchbrechen sie GoB inhaltlich (etwa § 5 Abs. 4a EStG oder § 5 Abs. 7 EStG), in Teilen haben sie nur Klarstellungsfunktion (s. Rz. 394). Insgesamt ist die steuerbilanzielle Bedeutung der handelsrechtlichen GoB im Bilanzierungsbereich deutlich höher als bei Bewertungsfragen, da die dort vorzufindende steuergesetzliche Regelungsdichte (insbes. §§ 6,

---

[33] Vgl. zu § 5 Abs. 6 EStG *Anzinger*, HHR, § 5 EStG Anm. 2350-2364 (Stand: Febr. 2018). Ausdrücklich etwa auch BFH, Urteil v. 15.7.1998 - I R 24/96, BStBl 1998 II S. 728, 730.

7 EStG) ausgeprägter ist. Der Wirtschaftsgutbegriff, Fragen des rechtlichen und wirtschaftlichen Eigentums sowie die Abgrenzung Betriebsvermögen/Privatvermögen sind stark GoB geprägt. Neuerdings wird in R 6.11 Abs. 3 EStR 2012 gestützt auf den Maßgeblichkeitsgrundsatz der handelsrechtliche Rückstellungsansatz als Bewertungsobergrenze im Steuerbilanzrecht – ungeachtet der Spezialregelung des § 6 Abs. 1 Nr. 3a EStG – definiert. Eine Ausnahme besteht für Pensionsrückstellungen. Dies betrifft vor allem Sachleistungsverpflichtungen und resultiert insbesondere aus Unterschieden in der Abzinsungsmethodik in Handels- und Steuerbilanz. Aus Billigkeitsgründen lässt die Finanzverwaltung für Altkonstellationen eine 15-jährige Streckung des „Auflösungsgewinns" zu. Das FG Rheinland-Pfalz stützt die Sicht der FinVerw. in seinem Urteil v. 7.12.2016 (Revision beim BFH anhängig).[34] M.E. offenbart diese Verwaltungsanweisung ein Fehlverständnis der Maßgeblichkeit, denn eine steuergesetzliche Regelungslücke besteht insoweit gerade nicht, da die Methodik der Rückstellungsbewertung detailreich in § 6 Abs. 1 Nr. 3a EStG kodifiziert ist. Ob der BFH – so wie im Judikat v. 11.1.2012 für einen Rückstellungsfall im Streitjahr 2005 „angedeutet"[35] – das Rechtsverständnis der Finanzverwaltung für eine fiskalbegünstigende Restmaßgeblichkeit billigt, bleibt abzuwarten.[36]

Rechtsprechungsseitige Bilanzierungs- und Bewertungsvorbehalte: Über die steuergesetzlichen Vorbehalte hinaus hat der Große Senat des BFH in seinem Beschluss v. 3.2.1969 folgenden „Programmsatz" für eine Durchbrechung der Maßgeblichkeit aufgestellt (= Wahlrechtsrechtsprechung), der nach wie vor gültig ist:[37] Handelsrechtliche Aktivierungswahlrechte führen zu steuerbilanziellen Aktivierungsgeboten, handelsrechtliche Passivierungswahlrechte führen zu steuerbilanziellen Passivierungsverboten, wobei allerdings steuergesetzliche Spezialregelungen jeweils vorgehen. Entsprechendes gilt für handelsrechtliche Aktivierungsgebote und Passivierungsverbote. Die Rechtsprechung begründet diese Durchbrechung handelsrechtlicher Wahlrechte mit dem Gebot der Leistungsfähigkeitsbesteuerung:

352

„Da es dem Sinn und Zweck der steuerrechtlichen Gewinnermittlung entspricht, den vollen Gewinn zu erfassen, kann es nicht im Belieben des Kaufmanns stehen, sich durch Nichtaktivierung von Wirtschaftsgütern, die handelsrechtlich aktiviert werden dürfen, oder durch den Ansatz eines Passivpostens, der handelsrechtlich nicht geboten ist, ärmer zu machen, als er ist."

Diese Rechtsprechungsgrundsätze gelten nach herrschender Meinung auch für die Zeit nach Inkrafttreten des BilMoG v. 25.5.2009 weiter – ungeachtet des Bemühens des Gesetzgebers um Wahlrechtsreduzierungen. Die Finanzverwaltung bestätigt dies im

---

[34] FG Rheinland-Pfalz v. 7.12.2016, EFG 2017 S. 693. Kritisch dazu *Marx*, StuB 2017 S. 449; *Prinz*, WPg 2017 S. 1322 f.; *Hennrichs*, NZG 2017 S. 620.
[35] BFH, Urteil v. 11.10.2013 - I R 66/11, BStBl 2013 II, S. 676, Rz. 14.
[36] Kritisch zur FinVerw-Auffassung *M. Prinz/Fellinger*, Ubg 2013 S. 362; *Prinz*, DB 34, 2012, S. M9 sowie DB 45, 2013, S. M1; *Prinz/Hütig*, StuB 2012 S. 798 f.; *Velte*, StuB 2013 S. 197, 205; *Ortmann-Babel/Berlik/Schönefeld*, NWB 2013 S. 1380, 1382-1385; *Briesemeister/Joisten/Vossel*, FR 2013 S. 164; *Marx*, StuB 2017, S. 449. Von einem „dynamischen Verweis" in § 6 Abs. 1 Nr. 3a EStG dagegen sprechen *Hörhammer/Rosenbaum*, StuB 2013 S. 250, 253 und DStZ 2013 S. 345, 349 f.
[37] BFH, Beschluss v. 3.2.1969 - GrS 2/68, BStBl 1969 II S. 291. Vgl. auch *Crezelius* in Kirchhof, EStG, 17. Aufl. 2018, § 5 Rz. 6.

BMF-Schreiben v. 12.3.2010. Daneben ist allerdings stets der eigenständige steuerliche Wahlrechtsvorbehalt des § 5 Abs. 1 Satz 1 2. Halbsatz EStG zu beachten.

353–359   *(Einstweilen frei)*

1.3.2 Gesetzlicher Wahlrechtsvorbehalt

360   Der steuergesetzliche Wahlrechtsvorbehalt des § 5 Abs. 1 Satz 1 2. Halbsatz EStG spricht zwar von seinem Wortlaut her nur von einem „wahlweisen Ansatz" eines Bilanzpostens, betrifft nach herrschender Meinung allerdings sowohl steuerliche Ansatz- wie auch Bewertungswahlrechte. In der Dokumentationsregelung des § 5 Abs. 1 Satz 2 EStG wird entsprechend Bezug genommen auf einen vom Handelsrecht abweichenden „Wert". Ansonsten ist die „Reichweite" des steuergesetzlichen Wahlrechtsvorbehalts hoch umstritten. Der historische Gesetzgeber hat nach Maßgabe der einschlägigen Regierungsbegründung zum BilMoG an große Abweichungen gegenüber dem Vor-BilMoG geltenden Rechtszustand im Hinblick auf den Wegfall der Umkehrmaßgeblichkeit wohl eher nicht gedacht, auch wenn Bundesrat und Bundestag in Stellungnahmen und Gegenäußerungen im Zuge des Gesetzgebungsprozesses durchaus unterschiedliche Akzentuierungen vorgenommen haben. Die Finanzverwaltung geht in ihrem Schreiben v. 12.3.2010 von einem tendenziell umfassenden steuerlichen Wahlrechtsvorbehalt aus.[38] Wahlrechte, die nur steuerrechtlich bestehen, aber sowohl handels- als auch steuerrechtlich bestehende Optionsmöglichkeiten können demzufolge nach Meinung des BMF ohne handelsrechtliche Vorprägung ausgeübt werden. Wahlrechte auf der zweiten, außerbilanziellen Gewinnermittlungsstufe sind vom Wahlrechtsvorbehalt des § 5 Abs. 1 EStG naturgemäß nicht betroffen. Eine phasenverschobene Maßgeblichkeit sieht § 5 Abs. 1 EStG nicht vor. Das Verständnis der FinVerw. von einem weitgefassten steuerlichen Wahlrechtsvorbehalt ist zwischenzeitlich durch den Gesetzgeber im Sanierungssteuerrecht, konkret in § 3a Abs. 1 EStG, bestätigt worden. Insoweit besteht – als wichtige Ausprägung steuerlicher Wahlrechte – ein Zwang zur Teilwertabschreibung im Sanierungsjahr/Folgejahr.

361   **GoB-inkonforme Steuervergünstigungswahlrechte** sind nach übereinstimmender Meinung von Finanzverwaltung und Schrifttum nur noch steuerbilanziell abzubilden (ohne Geltung des Stetigkeitsgebots). Sie sind wegen ihrer informationsverzerrenden Wirkung aus der Handelsbilanz „herauszulassen". § 6b-Rücklagen, steuerliche Sonderabschreibungen (wie etwa § 7g EStG) und anderweitige steuerfreie Rücklagen – etwa die Rücklage für Ersatzbeschaffung gem. R 6.6 EStR oder die Rücklage für Zuschüsse nach R 6.5 Abs. 4 EStR; man spricht von „Richtlinienwahlrechten" – treten deshalb seit 1.1.2010 nur noch steuerbilanziell auf. In der Vergangenheit (im Wesentlichen bis 31.12.2009) konnten derartige Steuervergünstigungswahlrechte[39] nur über die jeweilige handels-

---

38 Vgl. BMF, Schreiben v. 12.3.2010, BStBl 2010 I S. 239 und Rechtsverweis darauf in H 5.1 EStH 2016.. In einer tabellarischen Gegenüberstellung der wesentlichen Abweichungen zwischen HB/StB vgl. OFD Münster, Kurzinfo ESt Nr. 17/2012 v. 14.9.2012, DB 2012 S. 2309; ergänzend auch *Scheffler* in Kahle/Overesch/Ruf/Spengel (Hrsg.), Kernfragen der Unternehmensbesteuerung, 2017, S. 121-124.

39 Vgl. zur Typologie steuerlicher Wahlrechte instruktiv *Hennrichs*, Ubg 2009 S. 535 f. Er unterscheidet: Steuervergünstigungswahlrechte, GoB-konforme Wahlrechte sowie fiskalisch motivierte Wahlrechte. Umfassend dazu auch *Hennrichs*, Wahlrechte im Bilanzrecht der Kapitalgesellschaften, 1999, S. 35 ff. Zu einer praxisorientierten Einteilung auch *Ernsting*, StbJb 2010/2011 S. 219, 223.

bilanzielle Öffnungsklausel in den Einzelabschluss Eingang finden. Der handelsbilanzielle Gewinn ist deshalb von steuerlichen Subventionswahlrechten – abgesehen von dadurch ausgelösten passiven Steuerlatenzen – unbeeinflusst und „ausschüttungsfähig". Hier liegt der Kern der vom BilMoG-Gesetzgeber angestrebten Entkoppelung von Handels- und Steuerbilanz.

> **BEISPIEL** Die § 6b-Rücklage wird als „Klassiker eines Steuersubventionswahlrechts" ausdrücklich in Tz. 14 des BMF-Schreibens v. 12.3.2010 angesprochen. Sie ermöglicht eine „Verschiebung" von Steuerzahlung in die Zukunft und ist mit der Erfüllung der Informationsaufgabe der Handelsbilanz nicht vereinbar. Eine Minderung der Anschaffungs- oder Herstellungskosten oder die Bildung einer entsprechenden Rücklage ist deshalb nur noch wahlweise steuerbilanziell zulässig und nicht mehr in der Handelsbilanz zu finden. In der Handelsbilanz wird allerdings eine passive Steuerlatenz wegen des durch die § 6b-Rücklage ausgelösten „Steueraufschubs" auszuweisen sein. Die durch den EuGH induzierte Stundungsregelung des § 6b Abs. 2a EStG bei EU/EWR-Betriebsvermögen hat ohnehin keine Bilanzrechtsrelevanz.

Weitere steuerliche Wahlrechte: Nach Finanzverwaltungs-Auffassung im BMF-Schreiben v. 12.3.2010 erstreckt sich der steuerliche Wahlrechtsvorbehalt über die GoB-inkonformen Steuervergünstigungswahlrechte hinaus auch auf steuerliche Teilwertabschreibung aufgrund dauernder Wertminderung (mit Ausnahme willkürlicher Gestaltungen), Verbrauchsfolgeverfahren sowie lineare und degressive AfA (bis hinzu abweichenden Nutzungsdauern)[40]. Für Pensionsverpflichtungen gem. § 6a EStG sieht die Finanzverwaltung eine handelsbilanzielle Passivierungspflicht, die bei Erfüllung der Tatbestandsvoraussetzungen des § 6a EStG auf die Steuerbilanz „durchschlägt". Der Einbeziehung von Fremdkapitalzinsen in die Herstellungskostenermittlung gem. § 255 Abs. 3 Satz 2 HGB ist laut Tz. 6 des BMF-Schreibens v. 12.3.2010 steuerbilanziell zu folgen; hier lebt eine Art „formelle Maßgeblichkeit" weiter. Entsprechendes gilt für den Festwert und Gruppenbewertungen (§ 241 Abs. 3, 4 HGB, Tz. 7 BMF-Schreiben). Überraschend wurde in Tz. 8 des BMF-Schreibens das Einbeziehungswahlrecht für bestimmte allgemeine Verwaltungskosten **in die** Herstellungskosten gem. § 255 Abs. 2 Satz 3 HGB **in eine** steuerbilanzielle Aktivierungspflicht „umgedeutet", allerdings versehen mit diversen zeitlichen Anwendungsverschiebungen.[41] Zwischenzeitlich hat der Gesetzgeber die Rechtslage durch § 6 Abs. 1 Nr. 1b EStG rückwirkend bereinigt und „erlaubt" weiterhin ein steuerliches Wahlrecht, welches allerdings nur in Übereinstimmung mit der Handelsbilanz ausübbar ist. Schließlich bleibt das Wahlrecht zur Bestimmung des Verbrauchsfolgeverfahrens gem. § 6 Abs. 1 Nr. 2a EStG steuerbilanziell selbständig ausübbar. 362

Teilwertabschreibung als steuerliches Wahlrecht: Tz. 15 des BMF-Schreibens v. 12.3.2010 lässt in Übereinstimmung mit dem Wortlaut des § 6 Abs. 1 Nr. 1 Satz 2 EStG zu, dass die Vornahme einer außerplanmäßigen Abschreibung in der Handelsbilanz aufgrund voraussichtlich dauernder Wertminderung nicht zwingend in der Steuerbilanz durch eine Teilwertabschreibung nachzuvollziehen ist. Der Steuerpflichtige kann vielmehr auf die Geltendmachung der Teilwertabschreibung verzichten. Diese 363

---

40 Vgl. eingehend *Hennrichs*, Ubg 2011 S. 788; *Meinel*, DStR 2011 S. 1724.
41 Vgl. BMF, Schreiben v. 22.6.2010, BStBl 2010 I S. 597; R 6.3 Abs. 1 EStR 2012 sowie BMF v. 25.3.2013, BStBl 2013 I S. 296 (Prüfung des Verwaltungsaufwands durch den Normenkontrollrat).

Sichtweise entspricht der ständigen Handhabung der Teilwertabschreibung auch für originäre Bilanzierungszwecke gem. § 4 Abs. 1 EStG und ist meines Erachtens zutreffend, was zwischenzeitlich durch den Gesetzgeber für Sonderfälle des Sanierungssteuerrechts durch § 3a Abs. 1 EStG bestätigt wurde. Denn der Steuerpflichtige muss stets selbst für die Geltendmachung steuermindernder Tatsachen Sorge tragen. Anschließend allerdings findet sich in Tz. 15 eine problematische Einschränkung der teilwertbezogenen Wahlrechtsausübung:

„Hat der Steuerpflichtige in einem Wirtschaftsjahr eine Teilwertabschreibung vorgenommen und verzichtet er in einem darauffolgenden Jahr auf den Nachweis der dauernden Wertminderung (z. B. im Zusammenhang mit Verlustabzügen), ist zu prüfen, ob eine willkürliche Gestaltung vorliegt."

Eine solche Missbrauchsprüfung ist im Zusammenhang mit Wahlrechten verfehlt, da insoweit eine stetige Handhabung keinen Sinn macht. Allerdings wird man einräumen müssen, dass ein ständiges „Hin und Her" zwischen Teilwertabschreibung und Wertaufholung ohne faktische Wertveränderungen im Einzelfall im Hinblick auf § 42 AO durchaus problematisch sein kann. Die vom Bundesrat im JStG 2010 angeregte Gesetzesänderung, die eine Wahlrechtsverstetigung vorsah, wurde von der Bundesregierung abgelehnt und nicht umgesetzt. Dies ist meines Erachtens zutreffend, da echte Missbrauchsfälle über § 42 AO eingrenzbar sind. Für die Praxis ist allerdings zu berücksichtigen, dass der (erstmalige) Verzicht auf die Geltendmachung einer Teilwertabschreibung bei Abgabe der Steuererklärung nur unter den Bilanzänderungsrestriktionen des § 4 Abs. 2 Satz 2 EStG (Begrenzung auf Mehrergebnisse der BP) zu einem späteren Zeitpunkt ganz oder teilweise „widerrufen" werden kann. Spätestens bei Realisation (etwa dem Verkauf der Maschine) allerdings muss der Verlust – soweit er zu diesem Zeitpunkt noch besteht – geltend gemacht werden.

364 **Wahlrechtsvorbehalt für Herstellungskostenuntergrenze:** Die handelsrechtliche HK-Definition des § 255 Abs. 2 Satz 3 HGB sieht ein Einbeziehungswahlrecht für angemessene Teile der Kosten der allgemeinen Verwaltung sowie für angemessene Aufwendungen für soziale Einrichtung des Betriebs, für freiwillige soziale Leistungen und für die betriebliche Altersversorgung vor, soweit diese auf den Zeitraum der Herstellung entfallen. Dieses handelsbilanzielle Bewertungswahlrecht war seit dem BilMoG v. 25.5.2009 steuerbilanziell „ins Gerede" gekommen und sollte nach FinVerw.-Auffassung zu einer steuerbilanziellen Aktivierungspflicht „mutieren". Zwischenzeitlich hat der Gesetzgeber rückwirkend durch das „Gesetz zur Modernisierung des Bewertungsverfahrens" v. 18.7.2016 mit § 6 Abs. 1 Nr. 1b EStG ein ausdrückliches Herstellungskostenwahlrecht für den BV-Vergleich geschaffen. Allerdings wird eine deckungsgleiche Wahlrechtsausübung in Handels- und Steuerbilanz verlangt. Strukturell widerspricht dies dem allgemeinen Wahlrechtsvorbehalt des § 5 Abs. 1 Satz 1, 2. Halbsatz EStG. Die neue steuergesetzliche „Partialregelung" für Herstellungskosten erklärt sich aus der Rechtsentwicklung. Im Einzelnen: Das BMF-Schreiben v. 12.3.2010 ging in Tz. 8 „versteckt" in einem Beispiel – entgegen der Handhabung in den vergangenen Jahrzehnten – von einem handelsbilanziellen Wahlrecht aus, das zu einer steuerlichen Einbeziehungspflicht mit steuerverschärfender Wirkung führen sollte. Allerdings stieß

Tz. 8 des BMF-Schreibens in der Literatur durchgängig auf Kritik,[42] so dass die Finanzverwaltung im BMF-Schreiben von 22.6.2010[43] eine zeitliche Entschärfung vornahm. Danach sei es nicht zu beanstanden, wenn für Wirtschaftsjahre, die vor der Veröffentlichung einer geänderten Richtlinienfassung enden, noch nach R 6.3 Abs. 4 EStR 2008 verfahren wird. Anschließend wurde in R. 6.3 Abs. 1 EStR 2012 die Aktivierungspflicht für allgemeine Verwaltungskosten, begrenzt auf Neufälle mit Beginn der Herstellung ab dem 29.3.2013, verwaltungsseitig festgelegt. Gleichzeitig wurde mit Datum v. 25.3.2013 ein „begleitendes" BMF-Schreiben herausgegeben, wonach eine „Nichtaktivierung" bis zur „Verifizierung des damit verbundenen Erfüllungsaufwands" nicht beanstandet werden sollte (Prüfung durch Normenkontrollrat).

Eine bloße „zeitliche Aussetzung" der Verwaltungsregelung zum Umfang der Herstellungskosten wurde vom Steuergesetzgeber letztlich nicht als ausreichend angesehen, was zur „Schaffung" des § 6 Abs. 1 Nr. 1b EStG führte. Dies ist im Wesentlichen aus folgenden Gründen zu begrüßen: Die Grundgedanken des handelsbilanziellen Einbeziehungswahlrechts für unter einem Angemessenheitsvorbehalt stehende sonstige Gemeinkosten und ihren doch recht fernen Herstellungsbezug sind auch für das Steuerbilanzrecht sachgerecht. Der besondere Charakter dieser mittelbaren Herstellungsaufwendungen wirkt nicht zwangsläufig leistungsfähigkeitserhöhend, sondern soll lediglich Bewertungsflexibilitäten bei den Unternehmen erlauben. Auch der Bewertungsvorbehalt des § 5 Abs. 6 EStG erfordert keine steuergesetzliche Einbeziehungspflicht, da eine allgemeine steuerbilanzielle Herstellungskostendefinition fehlt. Die vom BMF herangezogene Entscheidung v. 21.10.1993[44] war zudem zu einer alten Rechtslage ergangen und hat die Frage der Verwaltungsgemeinkosten gar nicht behandelt, vielmehr ausdrücklich offen gelassen. Im Übrigen sollten durch das BilMoG ohnehin keine Steuermehreinnahmen ausgelöst werden. Auch im Interesse einer Verminderung von Verwaltungsaufwand erscheint es letztlich daher „nur klug", dass es der Gesetzgeber bei dem handels- und steuerbilanziellen Gleichlauf des besonderen Einbeziehungswahlrechts belassen hat. Allerdings wäre ein rein steuerliches Einbeziehungswahlrecht verzugswidrig im „steuerbilanziellen Gesamtkonzept" gewesen.

365

Kritik am Wahlrechtsverständnis der Finanzverwaltung: Das verwaltungsseitige Maßgeblichkeitsverständnis mit der Folge eines recht weitreichenden steuerlichen Wahlrechtsvorbehalts ist in der Literatur auf umfangreiche Kritik gestoßen. Teils werden „korrekturbedürftige Schwachstellen" bemängelt,[45] teils regt sich „Fundamentalwiderstand" mit dem Ziel der weitgehenden Bewahrung des „alten" Maßgeblichkeitsver-

366

---

42 Vgl. *Kaminski*, DStR 2010 S. 1395; *Günkel/Teschke*, Ubg 2010 S. 401; *Zwirner*, SteuK 2010 S. 271; *Velte/Sepetauz*, StuB 2010 S. 523; IDW v. 9.6.2010, FN-IDW 7/2010 S. 264; *Ortmann-Babel*, BB 2010 S. 1722; *Buchholz*, DB 2010 S. 1430; *Velte*, StBp 2013 S. 235; *Schumann*, DStZ 2013 S. 474; *Korn*, KÖSDI 2013 S. 18260, 18263 f.; *Spingler/Dietter*, Ubg 2013 S. 201-211.
43 BStBl 2010 I S. 597.
44 BFH, Urteil v. 21.10.1993 - IV R 87/92, BStBl 1994 II S. 176.
45 Etwa *Weber-Grellet*, DB 2009 S. 2402.

ständnisses.⁴⁶ Nach meiner Einschätzung ist das Wahlrechtsverständnis des BMF im Grundsatz zutreffend, was zwischenzeitlich nun auch durch den Gesetzgeber in § 3a Abs. 1 EStG (allerdings nur für den Spezialfall des Sanierungssteuerrechts) bestätigt wurde. Der Wortlaut des neuen steuergesetzlichen Wahlrechtsvorbehalts lässt keinerlei einschränkende Hinweise auf Wahlrechtsdifferenzierungen erkennen. Der Wille des historischen Gesetzgebers ist zwar eher wahlrechtsbeschränkend ausgerichtet, letztlich aber nicht eindeutig. Im Gesetzeswortlaut ist er nicht zum Ausdruck gekommen. Für eine teleologische Reduzierung des steuerlichen Wahlrechtsbegriffs ist daher kein Raum. Auch GoB-konforme steuerliche Wahlrechte sind mit Geltung des BilMoG von der Handelsbilanz abkoppelbar; eine vereinheitlichende Wahlrechtsausübung ist in den handelsrechtlichen Grenzen natürlich weiterhin möglich.

367 Der steuerliche Wahlrechtsvorbehalt schafft Raum für eine **eigenständige Steuerbilanzpolitik**. Dabei kann die Abkopplung der Steuerbilanz von der Handelsbilanz in beide Richtungen erfolgen; d. h. der steuerbilanzielle Gewinn kann höher oder niedriger als in der Handelsbilanz liegen (ungeachtet etwaiger latenter Steuern). So wäre etwa in einem Verlustjahr im Hinblick auf § 8c KStG ein Verzicht auf eine wahlweise Inanspruchnahme von Teilwertabschreibungen sinnvoll. Dies erscheint auch bezogen auf (unsystematische) Wertaufholungsfolgen für typisiert pauschalierte Betriebsausgaben gem. § 8b Abs. 3 KStG erwägenswert. Neben der Steuerbilanzpolitik sollten auch Gesellschaftsverträge auf das geänderte Maßgeblichkeitsverständnis ausgerichtet werden. Dies gilt etwa bei „Einheitsbilanzklauseln" in Gesellschaftsverträgen, die möglicherweise ungewollt Gestaltungsspielräume einschränken.⁴⁷

368–369 *(Einstweilen frei)*

1.3.3 Steuerliche Dokumentationserfordernisse

370 Die steuerbilanzielle Wahlrechtsausübung hängt gem. § 5 Abs. 1 Satz 2, 3 EStG von der Erfüllung definierter Dokumentationspflichten ab. Sie erfordert als (materielle) Tatbestandsvoraussetzung ein **besonderes, laufend zu führendes Verzeichnis**, in das die betroffenen Wirtschaftsgüter aufzunehmen sind. Die Finanzverwaltung gibt im BMF-Schreiben v. 12.3.2010 (Rz. 19-23) konkretisierende Hinweise, die an verschiedenen Stellen in die EStR 2012 übernommen wurden (etwa R 6.5 Abs. 2 Satz 4, R 6.6 Abs. 1 Satz 2 Nr. 3). In das gesetzlich geforderte Verzeichnis sind der Tag der Anschaffung/Herstel-

---

46 Vgl. etwa Arbeitskreis der Hochschullehrer Rechtswissenschaft, DB 2009 S. 2570. Im Schrifttum ist eine wahre Beitragsflut festzustellen. Vgl. *Herzig/Briesemeister*, DB 2009 S. 929, 976; *Herzig/Briesemeister*, Ubg 2009 S. 157; *Herzig/Briesemeister*, DB 2010 S. 917; *Herzig*, DStR 2010 S. 1900 und zu empirischer Beobachtungen nach BilMoG, DB 2012 S. 1343; *Stobbe*, DStR 2009 S. 2433; *Dörfler/Adrian*, Ubg 2009 S. 385; *Hennrichs*, Ubg 2009 S. 533 und StbJb 2009/2010 S. 261, 267-271; *Förster/Schmidtmann*, BB 2009 S. 1342; *Scheffler*, StuB 2009 S. 45; *Scheffler*, StuB 2010 S. 295; *Anzinger/Schleiter*, DStR 2010 S. 395; *Wehrheim/Fross*, DStR 2010 S. 1348; *Wehrheim/Fross*, StuW 2010 S. 195; *Schanz/Schanz*, StuW 2009 S. 311; *Freidank/Velte*, StuW 2010 S. 185; *D. Schneider*, Festschrift Norbert Krawitz, 2010, S. 705-721; *Bertel/Erberhartinger/Hirschler*, Festschrift Christiana Djanani, 2008, S. 740; *Günkel*, Festschrift Herzig, München 2010, S. 509; *Meurer*, BB 2009 S. 2364; *Kaminski*, DStR 2010 S. 771; *Schenke/Risse*, DB 2009 S. 1957; *Fischer/Kalina-Kirschbaum*, DStR 2010 S. 399; *Zwirner*, DStR 2010 S. 591; *Hummel*, FR 2010 S. 163; *Niemeyer/Froitzheim*, DStR 2011 S. 538; *Kahle/Schulz/Vogel*, Ubg 2011 S. 178; *Dziadkowski*, IStR 2011 S. 917; *Kahle/Günter*, StuW 2012 S. 43, 45; *Kahle*, DB 2014 Beilage Nr. 4 S. 8 f; *Prinz*, StuB 2017 S. 689.

47 Vgl. eingehender *Hennrichs*, Ubg 2009 S. 539 f.; *Neumayer*, BB 2011 S. 2411, 2412 f.; *Zwirner/Mugler*, DStR 2011 S. 1191.

lung, die AK/HK, die herangezogene Wahlrechtsnorm und die vorgenommenen Abschreibungen aufzunehmen. Nur bei Wertdifferenzen zwischen Handels- und Steuerbilanz ist eine Aufnahme in das Verzeichnis gefordert. Ob „alte" Wahlrechte, die vor dem Jahr 2010 erstmals ausgeübt wurden und noch Steuerrelevanz haben, verzeichnispflichtig sind, ist umstritten.[48] Meines Erachtens sind nur erstmals ab Inkrafttreten der Regelung ausgeübte Wahlrechte betroffen. Die gesetzlich geforderte Dokumentation wird üblicherweise Eingang in die jeweilige E-Bilanz-Taxonomie (§ 5b EStG) finden.

Für steuerliche Wahlrechte im Bereich des Sonderbetriebsvermögens von Mitunternehmerschaften sowie bei umwandlungssteuerlichen Maßnahmen gelten die gesonderten Aufzeichnungspflichten nicht. Eine besondere Form für die Verzeichnisführung schreibt die Finanzverwaltung nicht vor. In der Praxis sollte man auf eine formell und materiell **ordnungsmäßige Verzeichnisführung** – vollständige, fehlerfreie und im Allgemeinen möglichst zeitnahe Aufzeichnung – achten. Allerdings reicht es laut Rz. 20 des BMF-Schreibens v. 12.3.2010 aus, wenn die Dokumentation nach Ablauf des Wirtschaftsjahres im Rahmen der Erstellung der Steuererklärung erfolgt. Aus § 5 Abs. 1 Satz 2 EStG ist dies allerdings nicht zu entnehmen, so dass die Vorlage der Dokumentation bei Betriebsprüfungen ausreichen sollte.[49] Fehlt es an einer ausreichenden Dokumentation durch den Steuerpflichtigen, wird die Finanzverwaltung die von der Handelsbilanz losgelöste steuerliche Wahlrechtsausübung nicht anerkennen. Dabei werden sicherlich auch Verhältnismäßigkeitsgrundsätze zu beachten sein. Üblicherweise wird in der Praxis eine EDV-technische Umsetzung der speziellen steuerlichen Aufzeichnungserfordernisse im Rahmen der E-Bilanz-Taxonomie angestrebt. Insoweit erlaubt die Finanzverwaltung auch einen Rückgriff auf die Angaben im Anlagenverzeichnis sowie im Verzeichnis für geringwertige Wirtschaftsgüter. Schließlich gilt das Gebot ordnungsmäßiger Dokumentation für das Ausübungsjahr des Wahlrechts und die Folgejahre bis zum „Gleichlauf" der Werte in Handels- und Steuerbilanz. Bei übereinstimmenden handels- und steuerbilanziellen Ansätzen gelten die besonderen Aufzeichnungspflichten nicht. Diskutiert wird, ob Fehler in der Verzeichnisführung im Rahmen von Bilanzänderungsmaßnahmen „geheilt" werden können. Dies erscheint im Ergebnis möglich.[50]

371

(Einstweilen frei) 372–374

1.3.4 Weitere Grenze der Maßgeblichkeit

Für besondere Fallgestaltungen hat der BFH Durchbrechungen des Maßgeblichkeitsgrundsatzes – ohne dass besondere steuerbilanzielle Regelungen gelten – auf § 42 AO **(Missbrauch von rechtlichen Gestaltungsmöglichkeiten)** gestützt. Gemeint ist die höchstrichterliche Rechtsprechung zu Immobilienfonds, Bauherrenmodellen sowie Schiffs- und Windkraftfonds. Sofern sich Kommanditisten beispielsweise aufgrund eines vom Projektanbieter vorformulierten Vertragswerks an einem solchen Kapitalanlagemodell beteiligen, sind etwa Eigenkapitalvermittlungskosten sowie diverse andere Aufwendungen für Platzierungsgarantien, für Prospekterstellung und Prüfung sowie für Koordinie-

375

---

48 Vgl. *Weber-Grellet* in Schmidt, EStG, 37. Aufl. 2018, § 5 Rz. 61.
49 Vgl. *Ortmann-Babel/Bolik*, BB 2010 S. 2099.
50 Vgl. *Ortmann-Babel/Bolik*, BB 2010 S. 2100.

rung und Baubetreuung in die Anschaffungsnebenkosten einzubeziehen und stellen keine sofort abziehbaren Betriebsausgaben dar. Dies geschieht losgelöst davon, dass beispielsweise § 248 Abs. 1 Nr. 2 HGB ein Aktivierungsverbot für Eigenkapitalvermittlungskosten vorsieht. Aufgrund der besonderen steuergesetzlichen Wertungen hat der BFH aufgrund des bestehenden wirtschaftlichen Zusammenhangs mit der Erlangung des Eigentums an den entsprechenden Erwerbsgrundlagen eine umfassende Aktivierung losgelöst von den zivilrechtlichen Vertragsgrundlagen für erforderlich angesehen. Der BFH formuliert dies in seiner Grundsatzentscheidung v. 28.6.2001 wie folgt:[51]

„§ 42 AO 1977 geht als spezielle Regelung dem Grundsatz des § 5 Abs. 1 EStG vor [...], denn die Handelsbilanz bildet in Ermangelung einer handelsrechtlichen Regelung nach Art des § 42 AO 1977 nur die tatsächliche Zivilrechtslage ab."

Eine solche Vorrangstellung des § 42 AO wird für steuerbilanzrechtliche Fragen nur in besonders gelagerten Ausnahmefällen in Betracht kommen. Gerade im Bereich von betrieblichen Private Equity-Gestaltungen mit begrenztem unternehmerischem Einfluss der Beteiligten auf das Gesamtkonzept der Fonds ist noch vieles in der Rechtsprechung ungeklärt.

376–379   (Einstweilen frei)

1.4 Wirkungen der Maßgeblichkeit

380 Auch wenn im BilMoG v. 25.5.2009 die Verknüpfung des handelsrechtlichen Jahresabschlusses mit der Steuerbilanz über den Maßgeblichkeitsgrundsatz bestehen geblieben ist, haben sich beide Rechenwerke seitdem strukturell zunehmend voneinander entfernt. Es existieren mittlerweile eine Vielzahl von Ansatz- und Bewertungsvorschriften mit maßgeblichkeitsdurchbrechendem Inhalt, die ein mehrperiodisches Abweichen der Rechenwerke erzwingen. Hinzu kommt der durch die Finanzverwaltung im BMF-Schreiben v. 12.3.2010 „aufgewertete" steuerliche Wahlrechtsvorbehalt. Zwischenzeitlich ist auch bei nachträglichen Bilanzkorrekturen eine Entkoppelung beim Fehlerbegriff in Handels- und Steuerbilanz festzustellen. So hat der BFH durch Beschluss v. 31.1.2013[52] den subjektiven Fehlerbegriff hinsichtlich bilanzieller Rechtsfragen aufgegeben; nur noch für Tatsachenfragen gilt die subjektive Einschätzungsprärogative des Steuerpflichtigen. Im Handelsbilanzrecht soll es dagegen unverändert beim subjektiven Fehlerbegriff für Rechts- und Tatsachenfragen bleiben.[53] Schließlich ist die tradierte Schutzfunktion der handelsrechtlichen GoB vor „fiskalischer Willkür" ohnehin stets nur auf der ersten Gewinnermittlungsstufe wirksam gewesen. Durch all dies ist die Steuerbilanz als eigenständiges Rechenwerk ebenso wie das gesamte Feld der Steuerlatenzen zunehmend bedeutsam geworden. In der modernen Rechnungslegungsrealität kann man beobachten: Echte, dem ursprünglichen Vereinfachungszweck der Maßgeblichkeit genügende Einheitsbilanzen gibt es im deutschen Mittelstand und bei den Konzernen nicht mehr; nur bei kleineren Gewerbetreibenden lassen sich in der Realität noch Ein-

---

[51] BFH, Urteil v. 28.6.2001 - IV R 40/97, BStBl 2001 II S. 717; im Anschluss daran auch BFH, Urteil v. 14.4.2001 - IV R 15/09, DStR 2011 S. 1020 mit Anm. *Witt*.
[52] BFH, Beschluss v. 31.1.2013 - GrS 1/10, BStBl 2013 II S. 317.
[53] Vgl. HFA v. 18./19.6.2013, Fachnachrichten IDW 8/2013, 356.

heitsbilanzen beobachten. Dies wird man bei der Diskussion um die Zukunft der Maßgeblichkeit mit bedenken müssen.

Bedeutungsverlust der Maßgeblichkeit in den letzten Jahren: Die in der Vergangenheit im Hinblick auf das Ziel der Erstellung von Einheitsbilanzen starke Maßgeblichkeitsprägung im Steuerbilanzrecht ist in den letzten Jahren „aufgeweicht" worden. Dieser Bedeutungsverlust der Maßgeblichkeit ist vor allem in der höchstrichterlichen Rechtsprechung erkennbar, wobei vornehmlich der BFH, nicht der BGH über die handelsrechtlichen GoB judiziert. Das Zurückdrängen handelsrechtlicher GoB zugunsten von Leistungsfähigkeitsbesteuerungsmaximen ist beispielsweise erkennbar im BFH-Urteil v. 23.5.2009,[54] bei dem es um die steuerspezifische Beurteilung einer voraussichtlich dauerhaften Teilwerterhöhung auf Fremdwährungsverbindlichkeiten geht. Das Urteil zeigt auf, dass sich handels- und steuerrechtliche Vorsichtsüberlegungen bei der Prognosebeurteilung von Wertveränderungen durchaus unterscheiden können.[55] Ein weiteres Rechtsprechungsbeispiel: So hat der I. Senat des BFH mit Urteil v. 4.6.2008 die Wirkungen der (früher geltenden) umgekehrten Maßgeblichkeit bei der „Stornierung" steuerlicher Sonderabschreibungen begrenzt.[56] Handelsbilanzielle Zuschreibungen nach einer steuerinduzierten Abschreibung bleiben danach ohne steuerliche Wirkung. Das BMF folgt dem, wobei allerdings § 6b-Rücklagen in alter Rechtslage ausgenommen sind.[57] Weiterhin hat auch das BVerfG in seinem Beschluss v. 12.5.2009 zu den Jubiläumsrückstellungen die verfassungsrechtliche Bedeutung des Maßgeblichkeitsgrundsatzes stark relativiert; nur in den Willkürgrenzen stellen sich im Steuerbilanzrecht Verfassungsfragen. Einen weiteren „Meilenstein" zur Entkoppelung von Handels- und Steuerbilanz hat der Große Senat des BFH in seinem Fehlerbegriffs-Beschluss v. 31.1.2013[58] eingeleitet (subjektiver Fehlerbegriff ist kein GoB; eigenständige Auslegung steuergesetzlicher Bilanzregeln). Schließlich hat der Gesetzgeber mit dem SEStEG v. 7.12.2006 den umwandlungssteuerlichen Maßgeblichkeitsgrundsatz, der früher von der Finanzverwaltung „eingefordert" wurde, aufgegeben. In Umwandlungsfällen (etwa Verschmelzung und Formwechsel) lassen sich Handels- und Steuerbilanz heute weitgehend entkoppeln, mit Folgewirkungen für latente Steuern, organschaftlichen Ausgleichsposten usw.[59] Des Weiteren ist zu beachten: Auch wenn der Steuergesetzgeber zunächst nur klarstellend Einzelkodifikationen in das Steuerbilanzrecht aufnimmt, sorgt vor allem die Rechtsprechung meist schnell für eine eigenständige und handelsrechtsunabhängige Auslegung. Dies kann man etwa für „anschaffungsnahe Herstellungskosten" gem. § 6 Abs. 1 Nr. 1a EStG kürzlich beobachten, worunter mittlerweile u. U. auch Schönheitsreparaturen erfasst werden.[60] Der Gläubigerschutz im Handelsbilanzrecht sollte derartige Aktivierungen verbieten.

381

---

54 BFH, Urteil v. 23.5.2009 - IV R 62/06, DStR 2009 S. 1256. Zum Auseinanderfallen handels- und steuerbilanzielle Beurteilung phasengleiche Ergebnisvereinbarung in Unternehmensverbindungen vgl. auch BFH, Urteil v. 16.12.1998 - I R 50/95, BStBl 1999 II S. 551 (sog. Tomberger-Entscheidung).
55 Vgl. *Prinz*, StuB 2009 S. 565 f.
56 BFH, Urteil v. 4.6.2008 - I R 48/07, BStBl 2009 II S. 187.
57 BMF, Schreiben v. 11.2.2009, BStBl 2009 I S. 397.
58 BFH, Beschluss v. 31.1.2013 - GrS 1/10, BStBl 2013 II S. 317.
59 Vgl. *Prinz*, StuB 2007 S. 125; ergänzend auch *Goebel/Ungemach/Reifarth*, DStZ 2010 S. 649.
60 Vgl. mit zeitlicher Nichtbeanstandungsregelung BMF v. 20.10.2017 - IV C 1-S2171-c/09/10004: 006, 2017/0997458, BStBl I 2017 S. 1447 unter Hinweis auf BFH-Urteilsreihe v. 14.6.2016 - IX R 25/14, IX R 15/15 und IX R 22/15, BStBl II 2016 S. 992, 996 und 999. Zur Einordnung *Kowanda*, DStR 2017 S. 2640.

382 **Erschwerte Internationalität deutscher Rechnungslegung:** Nicht zuletzt wegen der Wirkung des Maßgeblichkeitsprinzips haben die traditionellen deutschen Rechnungslegungsgrundsätze – wie etwa das stark ausgeprägte imparitätische Vorsichtsprinzip – auf dem „internationalen Parkett" einen schweren Stand.[61] Die Verbesserung des Informationsgehalts der Handelsbilanz durch das BilMoG hat daher im Hinblick auf objektivierungsnotwendige Leistungsfähigkeitsaspekte einige neue Steuerregelungen (etwa § 5 Abs. 1a Satz 1 EStG mit einem klarstellenden Verrechnungsverbot für Aktiv- und Passivposten), darüber hinaus diverse überleitungsbedingte Ausschüttungs- und Abführungssperren hervorgebracht (insbes. § 253 Abs. 6, § 268 Abs. 8 HGB sowie § 301 AktG). Der auch durch das BilMoG erhalten gebliebene handelsrechtliche Anknüpfungspunkt des Steuerbilanzrechts über den Maßgeblichkeitsgrundsatz löst jedenfalls weitere gesellschaftsrechtliche Komplexität aus. Dies erschwert insgesamt die internationale Akzeptanz deutscher Rechnungslegung. Ein von der Maßgeblichkeit komplett gelöstes Steuerbilanzrecht könnte insoweit neue handelsbilanzielle Freiheitsgrade hervorbringen.

383 **„Infizierung" handelsrechtlicher GoB durch internationale Rechnungslegung für Steuerzwecke?** Die Internationalisierung des handelsrechtlichen Jahresabschlusses durch das BilMoG erhält zwar eine (gleichwertige) Mehrfunktionalität. Dessen informationsorientierter Rechenschaftszweck wird tendenziell gestärkt, der Kapitalerhaltungszweck und die maßgeblichkeitsgeprägte Anbindung der Steuerbilanz werden tendenziell geschwächt.[62] Dabei standen diverse IFRS-Regelungen für einige neu kodifizierte Rechnungslegungsvorschriften „Pate". Es ist daher nicht ausgeschlossen, dass IFRS-Gedankengut und IFRS-Erfahrungen über die Rechnungslegungspraxis induktiv auf kodifizierte und nicht kodifizierte handelsrechtliche GoB Einfluss nehmen werden. Dies könnte in der Folge auch steuerbilanzrechtliche Regelungen berühren. Die Rechtsprechung des BFH scheint dem derzeit allerdings Grenzen zu setzen und spricht sich in einigen neueren Urteilen für eine „IFRS-Unmaßgeblichkeit" aus.[63]

Zusammengefasst: Leistungsfähigkeitsorientiertes Steuerbilanzrecht und informationsbezogene IFRS-Rechnungslegung sind „zwei Welten". Trotz der steuerbilanziellen Bezugnahme des § 5 Abs. 1 EStG auf die handelsrechtlichen GoB hat der BFH bislang jegliche mittelbare IFRS-Einflussnahme abgelehnt und damit allein steuerbilanziellen Wertungsprinzipien Rechnung getragen. Dennoch wird sich mittel- und langfristig noch erweisen müssen, ob und inwieweit IFRS-Infizierungswirkungen auf das Steuerbilanzrecht Einfluss nehmen. Im Rahmen der Zinsschranke beispielsweise hat sich der

---

61 Vgl. zu einer solchen Einschätzung bspw. *Merkt* in Hopt/Merkt, Bilanzrecht 2010, Einleitung vor § 238 Rz. 13.

62 Zu einer umfassenden betriebswirtschaftlichen Analyse vgl. *Solmecke*, Auswirkungen des Bilanzrechtsmodernisierungsgesetzes (BilMoG) auf die handelsrechtlichen Grundsätze ordnungsmäßiger Buchführung, Düsseldorf 2009, S. 259-264.

63 Vgl. etwa das Stock-Option-Urteil des BFH v. 25.8.2010 - I R103/09, S. BStBl II 2011 S. 215; es wurde zuletzt inhaltlich bestätigt durch BFH v. 15.3.2017 - I R 11/15, BStBl II 2017 S. 1043; vgl. zu Erläuterungen *Prinz*, Wpg 2017 S. 1316, 1318-1320. Weiterhin BFH v. 14.4.2011 - IV R 46/09, DStR 2011 S. 1024 mit der Aufteilung eines Windparks in mehrere Wirtschaftsgüter. Dort lehnt der BFH die steuerbilanzielle Anwendung des Komponentenansatzes im EDV-Rechnungslegungshinweis HFA 1.016 (v. 29.4.2009) ab. Zu einer ähnlichen Einschätzung s. *Kahle*, StuB 2013 S. 759 f., der die „Gefahr einer Verwässerung der traditionellen GoB" durch die IFRS als derzeit sehr begrenzt ansieht.

deutsche Steuergesetzgeber nicht davon abhalten lassen, für den Eigenkapital-Escape die IFRS-Abschlüsse als vorrangig anwendbar zu regeln.

(Einstweilen frei) 384–385

1.5 Unionsrechtliche Einflussnahme auf das Maßgeblichkeitskonzept

Die handelsrechtlichen GoB haben einen Teil ihrer Wurzeln in der 4. EG-Richtlinie v. 25.7.1978, die für Kapitalgesellschaften in der EG ein vereinheitlichtes Rechnungslegungsrecht schaffen wollte. Das „true and fair view Gebot" (Bilanzwahrheit) in seinem „GoB-Korsett" ist auf dieser Richtliniengrundlage durch das BiRiLiG 1985 für Kapitalgesellschaften in das HGB transformiert worden (§ 264 Abs. 2 HGB) und wirkt mittelbar – ebenso wie weitere handelsrechtliche Regelungsdetails – über den Maßgeblichkeitsgrundsatz jedenfalls für Kapitalgesellschaften in das steuerliche Gewinnermittlungsrecht hinein (§ 5 Abs. 1 EStG). Im Rahmen des KapCoRiLiG v. 24.2.2000 wurden zudem die europäischen Regelungen für haftungsbeschränkte Personengesellschaften in das HGB umgesetzt (etwa § 264a HGB). Dies alles setzt die EU-Rechnungslegungsrichtlinie v. 26.6.2013 fort, die – durch das BilRUG v. 17.7.2015 mit begrenztem Änderungsbedarf – in deutsches Recht umgesetzt wurde.[64] Man spricht von einer mittelbaren „Europäisierung des Steuerbilanzrechts".[65] Allerdings sind die handelsrechtlichen GoB stets überlagert, ggf. steuergesetzlich verdrängt durch vorrangige Steuerrechtswertungen. 386

In Anbetracht dieses Sachstands ist streitig, ob und inwieweit die inländische Steuerrechtsprechung im Zusammenhang mit bilanzsteuerlichen Fragen aufgrund des Anwendungsvorrangs europäischen Rechts – der auch für europäische Richtlinien gilt – bei Auslegungsunklarheiten an den EuGH als „europäischen Richter" vorlegen muss, zumindest darf (Art. 267 AEUV).[66] Der BFH[67] lehnt in einer Reihe von Entscheidungen eine Vorlagepflicht ab bei eigenständigen steuerrechtlichen Bilanzierungs- und Bewertungsregeln (etwa § 5 Abs. 1a bis Abs. 5 EStG, § 6 EStG) oder (alternativ) soweit keine Kapitalgesellschaften beziehungsweise haftungsbeschränkte Personengesellschaften (insbesondere GmbH & Co. KG) betroffen sind. Hinzu kommt die sogenannte acte claire-Doktrin (kein erkennbarer Zweifel an der Europarechtslage). Dies ist meines Erachtens im Grundsatz zutreffend, da die handelsrechtlichen GoB bei eigenständiger steuerrechtlicher Kodifikation keine steuerbilanzielle Wirkung entfalten; es ist ausschließlich nationales Ertragsteuerrecht betroffen. Der EuGH dagegen geht von seiner Zuständigkeit auch in bilanzsteuerrechtlichen Fragen zumindest für den Fall aus, dass ihm nationalstaatliche Gerichte eine Bilanzsteuerrechtsfrage wegen europarechtlich 387

---

64 Richtlinie 2013/34/EU des Europäischen Parlaments und des Rates vom 26.6.2013 (sog. EU-Rechnungslegungsrichtlinie), ABl. vom 29.6.2013, S. L182/19. Zu Erläuterungen *Lanfermann*, WPg 2013 S. 849; *Velte*, GmbHR 2013 S. 1125; Schreiben des IDW v. 27.2.2014, IDW-Fachnachrichten 4/2014 S. 265-267.
65 Vgl. *Weber-Grellet* in Schmidt, EStG, 37. Aufl. 2018, § 5 Rz. 3.
66 Zur Diskussion vgl. *Crezelius* in Kirchhof, EStG, 16. Aufl. 2017, § 5 Rz. 8-11; *Weber-Grellet* in Schmidt, EStG, 37. Aufl. 2018, § 5 Rz. 3, *Schön*, Festschrift Flick, Köln 1997, S. 573-586; *Bärenz*, DStR 2003 S. 492 mit Hinweis auf die Dzodzi-Rechtsprechung des EuGH (Urteil v. 18.10.1990, Rs. C-297/88 und C-197/89, Slg. 1990 I S. 3763).
67 Vgl. etwa BFH, Urteile v. 25.10.1994 - VIII R 65/91, BStBl 1995 II S. 312; v. 15.7.1998 – I R 24/96, BStBl 1998 II S. 728; v. 28.3.2000 – VIII R 77/96, BStBl 2002 II S. 227.

begründeten Auslegungszweifeln vorlegen.⁶⁸ Daraus kann meines Erachtens für den Einzelfall durchaus ein Gebot richtlinienkonformer Auslegung im Bilanzsteuerrecht hergeleitet werden, soweit die handelsrechtlichen GoB im Steuerbilanzrecht Wirkung entfalten oder steuer- und handelsrechtliche Normen weitgehend wortlautidentisch sind (etwa bei aktiven und passiven RAP; § 250 Abs. 1, 2 HGB, § 5 Abs. 5 Satz 1 EStG). Im Ergebnis ist die Praxis deutscher Steuergerichte sehr zurückhaltend bei bilanzsteuerrechtlichen EuGH-Vorlagen. Vor allem im Rahmen von beratungsorientierten Abwehr- und Gestaltungsüberlegungen kann sich mitunter im Einzelfall ein Rückgriff auf die „europäischen Wurzeln" handelsrechtlicher GoB empfehlen.

388–389   (Einstweilen frei)

2. Die handelsrechtlichen Grundsätze ordnungsmäßiger Buchführung als Ausgangspunkt steuerbilanzieller Gewinnermittlung

2.1 Rechtscharakter und Herkunft der handelsrechtlichen GoB

390 Die handelsrechtlichen GoB kann man vereinfacht als Regeln fachgerechter kaufmännischer Rechnungslegung für sämtliche Kaufleute (insbes. Einzelunternehmen, Personengesellschaften, Kapitalgesellschaften) umschreiben.⁶⁹ Der Kernrechtsverweis auf die für Jahresabschlusszwecke benötigten GoB erfolgt in § 243 Abs. 1 HGB. Als „unbestimmter Rechtsbegriff" mit im Zeitablauf wechselndem Detailinhalt muss man die handelsrechtlichen GoB verstehen als ein vor allem deduktiv aus den Rechnungslegungszwecken ermitteltes, offenes und (im Grundsatz) rechtsformunabhängiges Regelungssystem, das teils kodifizierte (etwa § 252 HGB), teils nicht kodifizierte Grundlagen deutscher Rechnungslegung (Buchführung und Bilanzierung/Bewertung) beinhaltet. Es ist ein prinzipienbasiertes „bewegliches" Normengefüge, das sich als ungeschriebene GoB stets „automatisch" Neuerungen in der Rechnungslegung anpasst, um neue in der Praxis auftretende Gestaltungen im Wirtschaftsgeschehen sachgerecht abzubilden.

391 **GoB als Rechtsnormen**: Die handelsrechtlichen GoB haben Rechtsnormcharakter, der auch auf das Steuerbilanzrecht einwirkt; GoB sind keine bloßen Rechtstatsachen.⁷⁰ In jüngerer Zeit ist eine Unterscheidung in Informations-GoB und Gewinnanspruchs-GoB zu finden, wobei bloße Informationszwecke üblicherweise nicht unmittelbar steuerrelevant sein dürften;⁷¹ sog. Ausweis-GoB können dagegen mitunter auch steuerrechtliche

---

68 Vgl. etwa die BIAO-Entscheidung des EuGH v. 7.1.2003 – Rs. C 306/99, DB 2003 S. 181 zur Wertaufhellungsthematik; ergänzend auch die Tomberger-Entscheidung des EuGH v. 27.6.1996 – Rs. C-234/94, DB 1996 S. 1460 mit Anm. *Herzig*. Zur Bilanzierung von Aktienoptionsrechten vgl. EuGH v. 15.6.2017 – Rs. C-444/16 und C-4445/16 (Immo Chiaradia), DStR 2017 S. 1669. Wegen der Geltung des Anschaffungs-/Herstellungskostenprinzips statt einer fair value-Bewertung vgl. EuGH v. 3.10.2013 – Rs. C-322/12 „GIMLE SA", IStR 2014 S. 24; eingehender dazu *Schulze-Osterloh*, NZG 2014 S. 1.
69 Vgl. *Crezelius* in Kirchhof, EStG, 17. Aufl. 2018, § 5 Rz. 33. Aus betriebswirtschaftlicher Sicht ergänzend *Meyering/Gröne*, StuW 2018 S. 28.
70 Vgl. dazu sehr anschaulich *Moxter*, Bilanzrechtsprechung 6. Aufl. 2007, S. 1 f.
71 Vgl. *Moxter*, Grundsätze ordnungsgemäßer Rechnungslegung, Düsseldorf 2003, S. 19, 221 f.

Bedeutung haben (etwa die Zuordnung zum Anlage- oder Umlaufvermögen für Zwecke des § 6b EStG). Die IFRS (endorsed) als (meist induktiv) ermittelte internationale Rechnungslegungsstandards sind dagegen keine eigenständigen Rechtsquellen – weder im HGB noch für den ertragsteuerlichen BV-Vergleich. Sie können lediglich als Auslegungshilfe für etwaige GoB herangezogen werden.[72] Entsprechendes gilt für US-GAAP. GoB für Konzernrechnungslegungszwecke spielen steuerbilanziell keine Rolle.

Im Hinblick auf Rechtsform und Branchenzugehörigkeit kann man von einer „Relativität der GoB"[73] sprechen. Rechtsform-, banken- und versicherungsspezifische Grundsätze handelsrechtlicher Rechnungslegung im Einzelabschluss verkörpern insoweit „Spezial-GoB", die für die betroffenen Steuerpflichtigen Bilanzsteuerrelevanz haben, aber nicht (jedenfalls ungeprüft) auf sämtliche Kaufleute erstreckt werden können. Ausnahmen bestehen für gesetzliche Bilanzierungssonderregeln ohne GoB-Gehalt (etwa §§ 340f, 340g HGB), die keine steuerliche Bedeutung entfalten. Konkret hat der BFH kürzlich für die Höchstbetragsberechnung für Atomanlagerückstellungen als eine der Schwankungsrückstellung ähnliche Rückstellung eines Rückversicherungsunternehmens entschieden, dass § 341h Abs. 2 HGB und § 30 Abs. 2 RechVersV zu den GoB gehören, die wegen Maßgeblichkeit auch im Bereich des Steuerrechts zu beachten sind (Bildung bestimmter Großrisiken-Rückstellungen).[74] Umgekehrt können mitunter aber auch ursprünglich allein branchenspezifische Regelungen zu allgemeinen GoB „mutieren"; dies kann man etwa bei Fragen steuerbilanzieller Bewertungseinheiten (§ 5 Abs. 1a EStG) erkennen.

392

Hermeneutische Herleitung von GoB: In der älteren Rechtsprechung und Literatur wurden die handelsrechtlichen GoB induktiv aus dem vor allem empirisch zu beobachtenden Verhalten des „durchschnittlichen ehrbaren Kaufmanns" abgeleitet.[75] Da es für das Verständnis der GoB als Rechnungslegungsnormen aber weniger auf die praktische Handhabung von Bilanzierungsregelungen durch ehrbare Kaufleute ankommt, sondern vielmehr auf Systematik und Zweck der Rechnungslegung hat sich seit langem die Ermittlung von GoB nach der sogenannten deduktiven Methode durchgesetzt.[76] Insoweit besteht ein eher topisches Verständnis der Herleitung von GoB. Auch bedeutende Standardsetzer (beispielsweise der DRSC), Aufsichtsbehörden und Berufsorganisationen (wie etwa das Institut der Wirtschaftsprüfer, IDW) begründen deshalb keine GoB, sondern

393

---

72 So zutreffend *Hennrichs*, Status: Recht 4-5/2009, S. 127-130; ergänzend *Hennrichs*, Festschrift Karsten Schmidt, 2009, S. 581, S. 593-597 mit einer Analyse der BIAO-Entscheidung des EuGH v. 7.1.2003 - Rs. C-306/99, DStR 2003 S. 67; *Hennrichs*, WPg 2011 S. 861. Kritisch dazu *Moxter*, WPg 2009 S. 7; *Rammert/Thies*, WPg 2009 S. 32; *Prinz*, GmbHR 2009 S. 1031.

73 Vgl. dazu *Weber-Grellet* in Schmidt, EStG, 37. Aufl. 2018, § 5 Rz. 58 mit Hinweis auf *Ballwieser*, Festschrift Budde, München 1995, S. 43-66. Zu bankenspezifischen Fragen s. *Haisch/Helios*, Rechtshandbuch Finanzinstrumente, München 2011, S. 172 f.; *Wiesenbart*, RdF 2011 S. 106, 109.

74 Vgl. BFH v. 7.9.2016 - I R 23/15, BStBl II 2017 S. 472-475.

75 Vgl. mit Nachweisen *Hennrichs/Pöschke*, Fortentwicklung der GoB vor dem Hintergrund von BilMoG und IFRS in Fink/Schultze/Winkeljohann (Hrsg.), Bilanzpolitik und Bilanzanalyse nach neuem Handelsrecht, Stuttgart 2010, S. 47, 49-51.

76 Vgl. dazu vor allem *Leffson*, Die Grundsätze ordnungsmäßiger Buchführung, 7. Aufl. 1987, S. 112 ff. Auslöser für deduktive Ermittlung von GoB war danach vor allem ein Aufsatz des Betriebswirts *Eugen Schmalenbach* aus dem Jahre 1933 (ZfhF 1933 S. 225 ff.), wonach es weniger darauf ankomme, was man in der Praxis tut, als was man in der Praxis und zwar in der Praxis ordentlicher und ehrenwerter Kaufleute, für richtig hält. Nur über die Anerkennung durch ordentliche Kaufleute könne eine Regel GoB werden.

tragen zu deren sachgerechten Verständnis als Auslegungshilfe bei. Da letztlich aber auch deduktiv ermittelte Rechnungslegungszwecke durch Kaufmannspraxis beeinflusst werden, ergänzen sich letztlich beide Ermittlungsmethoden. In der Betriebswirtschaftslehre wird insoweit von einer hermeneutischen Methode gesprochen.[77] *Weber-Grellet* fasst diese Erkenntnis wie folgt zusammen: „GoB sind nicht einseitig induktiv oder deduktiv, sondern hermeneutisch-teleologisch zu ermitteln."[78]

394 **Steuergesetzliche Schaffung von GoB?** Durch Geltung der handelsrechtlichen GoB via Maßgeblichkeit im Steuerbilanzrecht nimmt das Handelsbilanzrecht unmittelbar Einfluss auf die Steuerbilanz. Umgekehrt stellt sich mitunter die Frage, ob steuerbilanzielle Sonderregelungen wegen ihres bloßen deklaratorischen Charakters auch ohne handelsrechtliche Kodifikationen als GoB zu qualifizieren sind. Dies wird man etwa für die Regeln zur Sofortabschreibung von GWGs gem. § 6 Abs. 2 EStG sowie für die Poolabschreibung bei bestimmten Sammelposten – § 6 Abs. 2a EStG, sofern das true and fair view-Gebot des Jahresabschlusses nicht beeinträchtigt wird – annehmen können; die Handelsbilanzrechtspraxis wendet diese beiden steuerbilanzrechtlichen Regeln auch für den handelsrechtlichen Jahresabschluss an, erstreckt die Sofortabschreibung unter Wirtschaftlichkeitsgesichtspunkten gar auf geringwertige immaterielle Vermögensgegenstände.[79] Andere steuergesetzliche Spezialregelungen begründen dagegen wegen ihres klaren Fiskalzwecks sicher keine GoB. Dies gilt etwa für § 5 Abs. 7 EStG mit der Schaffung eines steuerrelevanten Erwerbsgewinnes bei entgeltlichen Schuldübertragungen. Das Handelsbilanzrecht folgt dem bei der Bilanzierung von Altersvorsorgeverpflichtungen gegen entgeltliche Schuldübernahme/Erfüllungsübernahmen mit und ohne Schuldbeitritt ausdrücklich nicht; die Transaktion ist beim übernehmenden Unternehmen erfolgsneutral einzubuchen (s. insbes. Rz. 104a IDW RS HFA 30 n. F., v. 16.12.2016). Wegen seiner GoB-Widrigkeit sollte § 5 Abs. 7 EStG m.E. nicht für Zwecke des Betriebsvermögensvergleichs gem. § 4 Abs. 1 EStG gelten.[80] Auch § 5 Abs. 2a EStG mit einem belastungsabhängigen Passivierungsaufschub für erfolgsabhängige Verpflichtungen begründet m. E. keine handelsrechtlichen GoB; unter einem qualifizierten Rangrücktritt stehende Verbindlichkeiten sind deshalb - ungeachtet des § 5 Abs. 2a EStG - handelsbilanziell weiterhin stets auszuweisen. Das Vollständigkeitsgebot verlangt die fortbestehende Aktivierung.[81]

---

77 Vgl. vor allem *Baetge/Kirsch/Thiele*, Bilanzen, 9. Aufl. 2007, S. 109-115; *Tanski*, Rechnungslegung und Bilanztherorie, 2013 S. 120 f. *Meyering/Gröne*, StuW 2018 S. 28, 30. Im Zweifel gilt allerdings die deduktive Ermittlungsmethode der GoB nach den Grundsätzen gesetzesteleologischer Auslegung.

78 *Weber-Grellet* in Schmidt, EStG, 37. Aufl. 2018, § 5 Rz. 58.

79 Vgl. HFA, IDW Life 7/2017 S. 848. Ergänzend auch *Schubert/Andrejewski/Roscher*, Beck'scher Bilanz-Kommentar, 11. Aufl. 2018 Rz. 434-444. Im Rahmen der „Digitalisierung der Wirtschaft" wird eine ausdrückliche Erstreckung des § 6 Abs. 2 EStG auch auf „geringwertige Wirtschaftsgüter" de lege ferenda diskutiert.

80 Zur Erläuterung vgl. *Reitmeier/Peun/Schönberger*, WPg 2017 S. 813; *Zwirner/Lindmayr*, DB 2017 S. 743; *Zwirner*, StuB 2017 S. 218; *Henckel/Freiberg*, Betriebliche Altersversorgung 1/2017 S. 43.

81 Zur Diskussion vgl. *W. Müller*, BB 2016 S. 491, 880 und DStR 2018 S. 486; *Kahlert*, BB 2016 S. 878; *Oser*, DStR 2017 S. 1889 und *Briese*, DStR 2018 S. 2832, *Oser*, DStR 2018 S. 2835. Nach Auffassung des HFA beim IDW verbietet das Vorsichtsprinzip die ergebniswirksame Ausbuchung der Verbindlichkeit, IDW life 11/2016 S. 1001.

2.2 Systematik handelsrechtlicher GoB

Die handelsrechtliche Literatur, die stets auch durch steuerbilanzielle Zwecke beeinflusst wurde, hat sich viele Jahrzehnte um die Entwicklung einer GoB-Systematik bemüht. Vor allem der Betriebswirt *Ulrich Leffson* hat aus den Zwecken kaufmännischer Rechenschaftslegung ein umfassendes GoB-System entwickelt.[82] Seit 1985 wurde auf Basis der 4. EG-Richtlinie durch das BiRiLiG eine Reihe von GoB im HGB für sämtliche Kaufleute, in Teilen aber auch rechtsformspezifisch (etwa § 264 HGB für KapGes.) kodifiziert; der Rechnungslegungsteil des HGB hat damit - historisch betrachtet - europäische Grundlagen.[83] Viele der Systemfragen haben sich seit der umfassenden handelsrechtlichen Kodifikation von GoB „entschärft".

395

Es hat sich eine Reihe von Systematisierungsansätzen für handelsrechtliche GoB herausgebildet. Die klassische Unterscheidung differenziert nach formellen (= Ordnungsvorschriften, wie Klarheit und Übersichtlichkeit der Bilanzierung) und materiellen GoB (beispielsweise Realisations- oder Stichtagsprinzip).[84] Daneben finden sich GoB, die den Ansatz von Bilanzposten, deren Bewertung sowie schließlich – allerdings mit nur begrenzter Steuerrelevanz – den Ausweis betreffen. Zwischenzeitlich ist verbreitet eine Unterscheidung in Informations-GoB und Gewinnanspruchs-GoB. Die Unterteilung in Kategorien wie „obere oder untere GoB"[85] ist zwar ohne konkrete Bedeutung für steuerbilanzielle Fragen. Die meisten „oberen GoB" (etwa der Realisationsgrundsatz) verkörpern aber Fundamentalprinzipien sachgerechter steuerbilanzieller Leistungsfähigkeitsbesteuerung. Um dem Rechtsnormcharakter von GoB Rechnung zu tragen, wird für steuerbilanzielle Maßgeblichkeitszwecke der Unterscheidung in kodifizierte und nicht kodifizierte GoB gefolgt. Mittlerweile liegen die meisten GoB in kodifizierter Form vor, wodurch sich manche „theoretische Auslegungsfrage" erledigt hat.

396

(Einstweilen frei)

397–399

2.3 Kodifizierte handelsrechtliche GoB

Es besteht eine Reihe kodifizierter handelsrechtlicher GoB mit Bedeutung im Steuerbilanzrecht. Die **„Verrechtlichung der GoB"** wird daraus ersichtlich.[86] Meist wird auf den GoB-Katalog in § 252 HGB zurückgegriffen, der mitunter in steuergesetzlichen Einzelregelungen seinen Niederschlag gefunden hat. So spiegelt etwa der Teilwertbegriff (§ 6 Abs. 1 Nr. 1 Satz 3 EStG) das going concern-Prinzip des § 252 Abs. 1 Nr. 2 HGB

400

---

82 *Leffson*, Die Grundsätze ordnungsmäßiger Buchführung, 7. Aufl. 1987, S. 173 ff.
83 Dies ergibt sich aus der Umsetzung der 4. EG-Richtlinie vom 25.7.1978 in nationales Bilanzrecht durch das Bilanzrichtliniengesetz v. 19.12.1985 (BGBl 1985 I S. 2355), das Teile des früheren Rechnungslegungsrechts für Aktiengesellschaften im Dritten Buch des HGB zusammengefasst hat. Es ist materiell ab 1.1.1986 in Kraft getreten. Vgl. *Merkt* in Hopt/Merkt, Bilanzrecht, 2010 Einl. vor § 238 Rz. 1-3; *Claussen*, in: Kölner Kommentar zum Rechnungslegungsrecht, Köln 2011, Rz. 20. Die EU-Rechnungslegungsrichtlinie vom 26.6.2013 setzt diesen Rechtstrend fort.
84 Zu einer Zusammenstellung formeller und materieller GoB vgl. *Crezelius* in Kirchhof, EStG, 17. Aufl. 2018, § 5 Rz. 38.
85 So ist etwa der „Grundsatz der Vorsicht" als oberer GoB zu verstehen, da er die Einzelgrundsätze des Realisationsprinzips, Imparitätsprinzips sowie Niederstwertprinzips trägt. Vgl. dazu *Hennrichs*, DStJG Band 24, S. 301; auch *Beisse*, Gedächtnisschrift Knobbe-Keuk, Köln 1997, S. 385, 401.
86 Vgl. *Beisse*, Festschrift Moxter, Düsseldorf 1994, S. 9.

wider, das nach Meinung des BFH aber nur für Bewertungs-, nicht für Ansatzfragen gilt.[87] Die besonderen steuerbilanzrechtlichen Regelungen gehen den allgemeinen handelsrechtlichen GoB im Einzelfall stets vor. Da Bilanzrecht „ökonomisches Recht"[88] ist, sind die GoB teleologisch nach Maßgabe des wirtschaftlich gegebenen Sachverhalts auszulegen. Bloße Formalismen werden nicht ausschlaggebend sein können. Einen allgemeinen Grundsatz des „substance over form" gibt es allerdings derzeit weder im Handels- noch im Steuerbilanzrecht (aktuell Art. 6 Abs. 1 Buchst. h/Abs. 3 EU-Rechnungslegungsrichtlinie v. 26.6.2013 mit auslegungsbedürftigem Inhalt). Stets zielen steuerbilanzrechtliche Wertungen auf die Erfassung des „vollen Gewinns" ab; eine abgrenzungsscharfe Trennlinie für die GoB-Auslegung ist damit aber nicht gewonnen. Als Leitlinie heißt das: Der Steuerpflichtige darf sich nach Objektivierungsgesichtspunkten „nicht ärmer", aber auch „nicht reicher" rechnen als er „wirklich" ist. Dies entspricht steuerspezifischer Leistungsfähigkeitsbeurteilung. Das handelsrechtliche Gebot der Bilanzwahrheit (true and fair view; § 264 Abs. 2 HGB) weist Parallelen zum steuerbilanziellen Wertungspostulat „voller Gewinnerfassung" auf und ergänzt Vorsichts- und Realisationsprinzip materiell.[89] Es beinhaltet allerdings nach allgemeiner handelsrechtlicher Meinung kein „overriding principle". Das bewusste Legen stiller Reserven außerhalb der steuerbilanziellen Ansatz- und Bewertungsgebote wäre daher GoB-widrig. Andererseits besteht aber auch ein Gebot der Erfolgsneutralität von Anschaffungsvorgängen, welches – jedenfalls ohne gesetzliche Grundlage (s. § 5 Abs. 7 EStG i. d. F. AIFM-StAnpG v. 18.12.2013) – nicht durch fiktive Gewinnrealisierungen zu Folgezeitpunkten umgangen werden kann.[90] Entsprechendes gilt für Herstellungsmaßnahmen. Bilanzkontinuität (§ 252 Abs. 1 Nr. 1 HGB) und Stetigkeitsgebot (§ 252 Abs. 1 Nr. 6, § 246 Abs. 3 HGB; ohne Bedeutung für steuerliche Wahlrechte) gelten wegen ihrer GoB-Charakter auch für steuerbilanzielle Zwecke. Der Gleichheitssatz des Art. 3 GG erfordert für die Rechtsanwendung stets die Beachtung von Objektivierungsgrundsätzen; die erkennbaren äußeren Umstände müssen sachgerecht berücksichtigt werden.

401 Das **Realisationsprinzip** (§ 252 Abs. 1 Nr. 4 HGB) als Ausprägung des Vorsichtsgrundsatzes (Ziel: Gläubigerschutz, Kapitalerhaltung) spielt in einem auf objektivierte Leistungsfähigkeitsbesteuerung ausgerichteten Steuerbilanzrecht eine besondere Rolle. Es betrifft Bilanz und GuV (in Gestalt der verursachungsgerechten Periodisierung von Aufwendungen und Erträgen) gleichermaßen. Als Bewertungs- und Bilanzierungsprinzip ist es kodifiziert; die Ausprägungen im Einzelnen sind überwiegend der Rechtsprechung überlassen. Während auf der Aktivseite Vermögenszuwächse erst mit ihrer Realisation – d. h. der wirtschaftlichen Erfüllung der Leistungsverpflichtung – steuerlich zu erfassen sind, gilt auf der Passivseite eine imparitätische Betrachtung. Risiken und Verluste, die

---

[87] Vgl. BFH v. 5.4.2017— X R 30/15, BStBl II 2017, 900 betr. Rückstellungsverbot für Zusatzbeiträge zur Handwerkskammer. Zur Einordnung *Prinz*, WPg 2017 S. 1316, 1321 f.
[88] Vgl. *Beisse*, Festschrift Moxter, Düsseldorf 1994, S. 31.
[89] Vgl. *Weber-Grellet* in Schmidt EStG, 37. Aufl. 2018, § 5 Rz. 83.
[90] Zu den durch das AIFM-StAnpG v. 18.12.2013 mit §§ 4f, 5 Abs. 7 EStG in Durchbrechung der Maßgeblichkeit neu geschaffenen Rechtslage vgl. *Hörhammer/Pitzke*, NWB 2014 S. 426; *Schultz/Debnar*, BB 2014 S. 107; *Förster/Staaden*, Ubg 2014 S. 1; *Adrian/Fey*, StuB 2014 S. 53; *Korn/Strahl*, KÖSDI 2014 S. 18746; *Benz/Placke*, DStR 2013 S. 2653; *Fuhrmann*, DB 2014 S. 9; *Riedel*, FR 2014 S. 6; *Lüdenbach/Hoffmann*, GmbHR 2014 S. 123. **Zur Auslegung durch die FinVerw. aktuell BMF v. 30.11.2017, BStBl I 2017 S. 1619**; erläuternd dazu *Adrian/Fey*, StuB 2018 S. 85; *Schumann*, EStB 2018 S. 64, *Kahle/Braun*, FR 2018 S. 197; *Prinz/Otto*, GmbHR 2018 S. 497.

bis zum Abschlussstichtag entstanden sind, müssen bei ausreichender Eintrittswahrscheinlichkeit unabhängig von ihrer Realisierung Berücksichtigung finden. Steuerbilanzielle Bewertungsbesonderheiten ergeben sich aus § 6 Abs. 1 Nr. 3a EStG. Strenges und gemildertes **Niederstwertprinzip** bei aktivischen Bewertungsfragen werden ebenfalls aus dem Vorsichtsprinzip abgeleitet. Die Rechtskonturen des **Vorsichtsgrundsatzes** und des darauf aufbauenden Realisations-, Imparitäts- und Niederstwertprinzips sind im Handels- und im Steuerbilanzrecht weitgehend identisch. Allerdings besteht eine Reihe steuergesetzlicher Besonderheiten, die meist aus fiskalischen Überlegungen resultieren (etwa das Drohverlustabzugsverbot gem. § 5 Abs. 4a EStG).

Vollständigkeitsgebot, Einzelbewertungsgrundsatz und Saldierungsverbot: Sämtliche positiven und negativen Wirtschaftsgüter sind entsprechend handelsrechtlichen GoB bilanzrechtlich zu erfassen, soweit keine vorrangigen Steuerbilanzregelungen bestehen (etwa § 5 Abs. 2 EStG für selbst erstellte immaterielle Wirtschaftsgüter, abweichend zum Wahlrecht des § 248 Abs. 2 HGB). Das Saldierungsverbot ist durch das BilMoG klarstellend in § 5 Abs. 1 Satz 1 EStG kodifiziert worden, um die handelsrechtliche Sonderregelung für CTAs (= Contractual Trust Arrangement) gem. § 246 Abs. 2 Satz 2, 3 HGB nicht steuerwirksam werden zu lassen. Der Einzelbewertungsgrundsatz gilt sowohl auf der Aktiv- als auch auf der Passivseite, wobei vor allem im Zusammenhang mit „Verpflichtungsbündeln" eine Reihe von besonderen Abgrenzungsfragen existiert. Für Bewertungseinheiten bestehen steuergesetzliche Sonderregeln, die allerdings auf den Ergebnissen der in der handelsrechtlichen Rechnungslegung gebildeten Grundlagen „aufsetzen" und ihren Ursprung in der Bilanzierungspraxis der Kreditinstitute haben. Trotz Einzelbewertungsgrundsatz sind aus Vereinfachungsgründen Pauschalabschläge bei Wertberichtigungen und typisierende Verbrauchsfolgeverfahren (§ 6 Abs. 1 Nr. 2a EStG) zulässig.

402

Stichtagsprinzip, Nominalwertgrundsatz: Der steuerbilanzielle BV-Vergleich ist eine Stichtagsrechnung, die für Ansatz und Bewertung der Bilanzposten auf dem Erkenntnisstand des Kaufmanns bezogen auf den Abschlussstichtag beruht (stichtagsbezogene Bestandsrechnung). Das Stichtagsprinzip ist kodifizierter GoB (§ 252 Abs. 1 Nr. 3 und 4 HGB: „zum Abschlussstichtag"). Für steuerbilanzielle Bewertungszwecke ist es in § 6 Abs. 1 Nr. 3a Buchst. f EStG bezogen auf Rückstellungen zum Ausdruck gekommen. Die Unterscheidung (zulässiger, bis zum Zeitpunkt der Bilanzerstellung) wertaufhellender und (unzulässiger) wertbeeinflussender Umstände beruht ebenso auf dem Stichtagsprinzip wie die Diskussion um den für Bilanzkorrekturen (§ 4 Abs. 2 EStG) wichtigen objektiven/subjektiven Fehlerbegriff.[91] Für steuerbilanzielle Zwecke wird das Stichtagsprinzip im Hinblick auf leistungsfähigkeitsbezogene Objektivierungsnotwendigkeiten stets relativiert.[92] Die Detaildiskussion zum Stichtagsprinzip entwickelt immer wieder neue Facetten.

403

Im Handelsrecht gilt der **Grundsatz nomineller Kapitalerhaltung**. Er wirkt über die handelsrechtlichen GoB auch im Steuerbilanzrecht. Es gilt das Nominalwertprinzip (§ 244 HGB: Aufstellung des Jahresabschlusses in Euro). Einerseits bleibt deshalb inflationäre

404

---

91 Vgl. BFH, Beschluss v. 31.1.2013 - GrS 1/10, BStBl 2013 II S. 317. Dazu eingehender *Prinz*, WPg 2013 S. 650.
92 Vgl. *Weber-Grellet* in Schmidt, EStG, 37. Aufl. 2018, § 5 Rz. 81.

Geldentwertung für Besteuerungszwecke außer Betracht (Ausnahme: Lifo-Verfahren gem. § 6 Abs. 1 Nr. 2a EStG). Andererseits hindert dieses Nominalwertgebot das steuergesetzliche Abzinsungserfordernis für langfristige, unverzinsliche Verbindlichkeiten und Rückstellungen nicht.[93] Letztlich sind auch die Anschaffungs-/Herstellungskosten als Bewertungsobergrenze Ausdruck eines auf Objektivierungsüberlegungen gründenden Nominalwertprinzips.

2.4 Nicht kodifizierte handelsrechtliche GoB

405   Als ungeschriebener GoB besteht ein Bilanzierungsverbot für Ansprüche und Verbindlichkeiten aus schwebenden Geschäften (**Grundsatz der Nichtbilanzierung schwebender Geschäfte**). Dies ist Ausfluss von Realisations- und Vorsichtsprinzip, bewirkt eine vereinfachende Bilanzkürzung und trägt dem Umstand Rechnung, dass Leistung und Gegenleistung aus einem schwebenden Geschäft (synallagmatisches Verhältnis) auf Ausgeglichenheit ausgerichtet sind. Dies gilt als Grundsatz auch steuerbilanziell. Eine Gewinn- oder Verlustrealisation ist bei einem schwebenden Geschäft noch nicht erfolgt; deshalb sind beispielsweise von einem Vertragspartner erbrachte Vorleistungen im Rahmen einer Austauschbeziehung bilanzrechtlich zu neutralisieren (etwa über geleistete Anzahlungen oder unfertige Erzeugnisse). Erst mit der vollständigen Erbringung der Leistungspflicht oder bei Abbruch des Schwebezustands erfordert das Realisationsprinzip Ergebniswirksamkeit. Für das Gebot handelsrechtlicher Drohverlustrückstellungen (§ 249 Abs. 1 HGB), das auf dem Imparitätsgrundsatz beruht, gilt die steuergesetzliche Sonderregelung des § 5 Abs. 4a EStG, die einen passivischen Ansatz bei drohenden Erfüllungsrückständen im Rahmen eines schwebenden Geschäfts verbietet. Im Übrigen ist festzuhalten: Während das Realisationsprinzip selbst einen kodifizierten handelsrechtlichen Grundsatz darstellt (§ 252 Abs. 1 Nr. 4 HGB), erfolgt seine Detaillierung in ungeschriebener Form durch die Rechtsprechung. Aufwand und Ertrag sind danach realisiert, wenn die zugrundeliegenden Leistungsverpflichtungen auf Grund der geschuldeten Erfüllungshandlung wirtschaftlich im Wesentlichen erbracht sind.[94]

406   Ob der **Wesentlichkeitsgrundsatz** – im angelsächsischen Rechtskreis wird vom „materiality principle" gesprochen – im Steuerbilanzrecht Bedeutung hat, ist streitig.[95] Es handelt sich um einen ungeschriebenen GoB, der in verschiedenen Einzelregelungen Ausdruck gefunden hat[96] und nur „wesentliche Umstände" für Bilanzierungs- und Bewertungsfragen berücksichtigen will. Für seine handelsrechtliche Zulässigkeit spielen praktische Wirtschaftlichkeitserwägungen eine Rolle; verallgemeinerungsfähige quantifizierende Grenzen gibt es nicht. Das Wesentlichkeitsgebot steht in einem Spannungsverhältnis zum Vollständigkeitsgrundsatz. Das „Außer Acht Lassen" unwesentlicher Umstände im Bilanzierungs- und Bewertungsbereich lässt sich für auf Objektivierung

---

93 Kritisch dazu etwa Rz. 5657 ff.
94 Zu Details vgl. *Weber-Grellet* in Schmidt, EStG, 37. Aufl. 2018, § 5 Rz. 76; Weiterführend *Prinz*, StbJb. 2015/2016 S. 296-302 sowie StbJb. 2016/2017 S. 351-355.
95 Zu Details vgl. *Wendt*, Festschrift Herzig, München 2010, S. 517-529. Eine Absage an den Wesentlichkeitsgrundsatz für Rückstellungen erteilt BFH, Urteil v. 19.7.2011 - X R 26/10, DStR 2011 S. 1990 Rz. 30. Für Wesentlichkeitsüberlegungen bei einem passiven RAP s. *Rätke*, StuB 2013 S. 806, 808.
96 Etwa in § 252 Abs. 2 HGB oder in § 255 Abs. 2 Satz 1 HGB für HK-Bestimmung; aktuell als begrenztes Mitgliedstaatenwahlrecht auch Art. 6 Abs. 1 Buchst. j, Art. 4 EU-Rechnungslegungsrichtlinie v. 26.6.2013.

ausgerichtete steuerbilanzielle Zwecke letztlich nur unter Vereinfachungsgesichtspunkten rechtfertigen. Dabei dürften relative (beispielsweise eine 10 %-Grenze), aber auch absolute Verhältnisse/Werte eine Rolle spielen. Nur im Einzelfall kann der handelsrechtliche Wesentlichkeitsgrundsatz im Steuerbilanzrecht Bedeutung erlangen.

(Einstweilen frei) 407–409

3. Konkrete Maßgeblichkeit für Bewertungseinheiten (§ 5 Abs. 1a Satz 2 und Abs. 4a Satz 2 EStG)

Eine besondere Form „konkreter Maßgeblichkeit" im Steuerbilanzrecht findet sich zum sogenannten Hedge-Accounting. Denn § 5 Abs. 1a Satz 2 EStG enthält im Kernbestand der steuerbilanziellen Ansatzvorschriften eine Sonderregelung für in der handelsrechtlichen Rechnungslegung zur Absicherung finanzwirtschaftlicher Risiken gebildete **Bewertungseinheiten** (Micro-, Macro- und Portfoliohedge).[97] Die steuerbilanzielle Regelung greift auf die handelsbilanzielle Abbildung der Bewertungseinheit zurück und schafft dadurch eine neue „konkrete" Maßgeblichkeit. Die allgemeinen handelsrechtlichen GoB werden insoweit durch die tatsächlichen Ergebnisse der handelsrechtlichen Rechnungslegung verdrängt. Während die Steuerrechtsregelung bereits durch das Gesetz zur Eindämmung missbräuchlicher Steuergestaltungen v. 28.4.2006 mit erstmaliger Geltung ab dem VZ 2006 eingeführt wurde, hat der Handelsgesetzgeber erst mit § 254 HGB i. d. F. des BilMoG v. 25.5.2009 eine Rechtsgrundlage für Bewertungseinheiten geschaffen. Die beiden Regelungen zu Bewertungseinheiten (§ 254 HGB, § 5 Abs. 1a EStG) wurden allerdings nicht identisch formuliert, was bei Umsetzung des gesetzgeberischen Vereinfachungswillens eigentlich nahegelegen hätte. Eine rückwirkende Anwendung auf Zeiträume vor ihrem Inkrafttreten ist lt. BFH v. 2.12.2015 nicht zulässig (m. E. zutreffend). Ungeachtet dessen kommt aber nur das, was als Bewertungseinheit konkret in der Handelsbilanz abgebildet wird, für eine steuerbilanzielle Bewertungseinheit in Betracht. Einzelbewertungsgrundsatz und Imparitätsprinzip werden damit bei risikokompensierenden Grund- und Sicherungstransaktionen steuerlich außer Kraft gesetzt. Dies erscheint zunächst einmal vernünftig, da in Höhe der effektiven sicherungstechnischen Risikokompensation durch konkret in Aussicht stehende Gewinne keine „echten Verluste" entstehen, die steuerbilanziell abziehbar wären.[98] Allerdings hat der Handelsgesetzgeber die Technik der Abbildung einer Bewertungseinheit offen gelassen (Einführungsmethode oder Durchbuchungsmethode).[99] Diese handelsbilanziellen Ge- 410

---

[97] Grundlegend dazu aus steuerlicher Sicht *Hick*, HHR, § 5 EStG Anm. 1640-1649; *Meinert*, Die Bildung objektübergreifender Bewertungseinheiten nach Handels- und Steuerrecht, Köln 2010, S. 149 ff. sowie *ders.*, DStR 2017 S. 1401, 1447; *Prinz*, DStJG 34 (2011), S. 135, 157-160; *Schmitz*, DB 2009 S. 1620; *Micksch/Mattern*, DB 2010 S. 579; *Herzig/Briesemeister*, Ubg 2009 S. 157; *Günkel*, Recht der Finanzinstrumente 1/2011 S. 59; *Drewes*, DStR 2011 S. 1967; *Helios/Meinert*, Ubg 2011 S. 592; *Hennrichs/Hörhammer*, StbJb. 2016/2017 S. 327-342. Zur Bilanzierung mittels Credit Linked Notes (CLN) gesicherte Darlehensforderungen vgl. BFH v. 2.12.2015 - I R 83/13, BStBl II 2016 S. 831. Ausführlich dazu auch Teil A Kap. VII.

[98] Vgl. ähnlich *Weber-Grellet* in Schmidt, EStG, 37. Aufl. 2018, § 5 Rz. 71: kein Ausweis nur „theoretischer" Verluste.

[99] Zu Details vgl. *Glaser* in Hachmeister/Kahle/Mock/Schüppen, Bilanzrecht, § 254 HGB Rz. 108-115. Ergänzend auch IDW RS HFA 35: Handelsrechtliche Bilanzierung von Bewertungseinheiten. Aus Sicht der FinVerw OFD Rheinland, Vfg. v. 11.3.2011, DB 2011 S. 797, und Schreiben an den Bankverband v. 25.8.2010, DB 2010 S. 2024.

staltungsfreiräume strahlen daher auch in die Steuerbilanz hinein. Schließlich sind Drohverlustrückstellungen im Zusammenhang mit Bewertungseinheiten (ausnahmsweise) steuerlich zulässig (§ 5 Abs. 4a Satz 2 EStG). Anders als im „Normalfall" werden bewertungseinheitsbedingte Drohverluste als leistungsfähigkeitsmindernde wirtschaftliche Lasten eingestuft. Bloße „Handelsportfolios" werden m. E. von § 5 Abs. 1a Satz 2 EStG mangels gezielter „Absicherung finanzwirtschaftlicher Risiken" nicht erfasst.

411   Trotz steuerbilanzieller faktischer Maßgeblichkeit für Bewertungseinheiten wird bei der konkreten Rechtsanwendung diskutiert, ob und ggf. wie innerhalb des **Kompensationsbereichs der Bewertungseinheit** bestehende steuerlich nicht abziehbare Aufwendungen oder steuerfreie Erträge zu behandeln sind. Die Finanzverwaltung möchte die steuerbilanziell gebildete Bewertungseinheit mittels außerbilanzieller Korrekturen bei tatsächlicher Realisation der Gewinne und Verluste wieder aufheben. Dies steht im Gegensatz zur üblichen handelsbilanziellen Handhabung, die eine Beendigung der Sicherungsbeziehung durch Abwicklung von Grundgeschäft und Sicherungsinstrument ohne Berührung der GuV verlangt. Bei Veräußerung oder Glattstellung des Sicherungsinstruments soll ebenfalls eine erfolgsneutrale Verrechnung der vereinnahmten beziehungsweise gezahlten Beträge mit dem Buchwert des Grundgeschäfts erfolgen. Meines Erachtens wird daher innerhalb des effektiven Teils der Bewertungseinheit eine steuerwirksame Auflösung von Grund- und Sicherungsgeschäft nicht mehr in Betracht kommen; ansonsten würde der Zweck des § 5 Abs. 1a EStG verfehlt. Erst nach Auflösung der Bewertungseinheit gelten wieder die allgemeinen Regeln mit den außerbilanziellen Korrekturen auf der zweiten Stufe der Gewinnermittlung. Erkennbar ist: Ungeachtet des Grundsatzes konkreter Maßgeblichkeit bei Bewertungseinheiten verbleiben eine Reihe streitiger steuerlicher Wertungsfragen, die die Steuergerichte letztlich klären müssen. Trotz Rückgriff auf Handelsbilanzrecht ist keine wirkliche Vereinfachung der Behandlung von Bewertungseinheiten im steuerbilanziellen Betriebsvermögensvergleich zu konstatieren.

412–414   *(Einstweilen frei)*

4. Keine Maßgeblichkeit im Umwandlungssteuerrecht

415   Im UmwStG wurde vor Geltung des SEStEG v. 7.12.2006 von der Finanzverwaltung gestützt auf den formellen Maßgeblichkeitsgrundsatz verlangt, dass die für Verschmelzungen, Spaltungen, Einbringungen und Formwechsel bestehenden Wahlrechte (Buchwert, Zwischenwert, Teilwert) nur in Übereinstimmung mit der handelsbilanziellen Abbildung ausgeübt werden können. Eine handelsbilanzielle Aufstockung bei einer Verschmelzung gem. § 24 UmwG und gleichzeitiger steuerlicher Buchwertverknüpfung sollten deshalb unzulässig sein. Nachdem die Rechtsprechung eine solche umwandlungssteuerliche Maßgeblichkeit in einer Reihe von Entscheidungen abgelehnt hat,[100] ist sie spätestens durch das SEStEG v. 7.12.2006 definitiv entfallen.[101] Die Finanzverwaltung hat ihr „altes" um-

---

[100] Vgl. bspw. BFH, Urteil v. 19.10.2005 - I R 38/04, BStBl 2006 II S. 568 für Formwechsel oder Umwandlung einer KG in eine GmbH; BFH, Urteil v. 5.6.2007 - I R 97/06, BStBl 2008 II S. 650: Verschmelzung von Kapitalgesellschaften.
[101] Zur Diskussion vgl. *Prinz*, StuB 2007 S. 125.

wandlungssteuerliches Maßgeblichkeitsverständnis zwischenzeitlich aufgegeben.[102] Dies liegt „im Trend" der Einführung des steuerlichen Wahlrechtsvorbehalts durch das BilMoG v. 25.5.2009 in § 5 Abs. 1 Satz 1 2. Halbsatz EStG. Schließlich ist auch für eine phasenverschobene Maßgeblichkeit bei umwandlungssteuerlichen Bilanzierungsfragen – zumindest außerhalb des Anwendungsbereichs von § 5 Abs. 7 EStG bei entgeltlichen Verpflichtungsübernahmen – kein Raum.[103]

(Einstweilen frei) 416–419

5. Zukunft der Maßgeblichkeit

In der Regierungsbegründung zum BilMoG v. 25.5.2009 werden mögliche Zukunftsszenarien eines modernisierten Steuerbilanzrechts im Hinblick auf den Maßgeblichkeitsgrundsatz angedeutet und skizziert. Nach Auffassung der Bundesregierung ist mittelfristig zu analysieren, ob zur Wahrung des steuerlichen Leistungsfähigkeitsprinzips und auch im Hinblick auf das europäische Projekt einer Gemeinsamen Konsolidierten Körperschaftsteuer-Bemessungsgrundlage, eine „eigenständige steuerliche Gewinnermittlung notwendig und erforderlichenfalls wie sie zu konzipieren ist".[104] Der „Streit" um Erhalt oder Beendigung des Maßgeblichkeitsgrundsatzes für Gewinnermittlungszwecke (de lege ferenda) ist seitdem wieder aufgeflammt, ohne dass der Steuergesetzgeber bislang ein neues „durchkonzipiertes Maßgeblichkeitsverständnis" hat erkennen lassen. Vielmehr beschränkt er sich auf für fiskalgeboten erachtete Einzelregelungen mit teils fragwürdigem steuersystematischem Hintergrund (etwa §§ 4f, 5 Abs. 7 EStG). Das Projekt eines „eigenständigen steuerlichen Gewinnermittlungsrechts" wurde bislang noch nicht weiterverfolgt. Ungeachtet dessen:[105] Es gibt eine Reihe sehr ernst zu nehmender Vor- und Nachteile der Maßgeblichkeit, die vom Gesetzgeber abzuwägen sind. 420

Klar ist aus besteuerungspraktischer Perspektive: Eine direkte **IAS-Maßgeblichkeit für Besteuerungszwecke** wird es aus einer Reihe von Gründen nicht geben können: Fehlender Normcharakter der IAS/IFRS (Steuerrecht als Eingriffsrecht); Geltung der IFRS nur für kapitalmarktorientierte Unternehmen; reine Informationsaufgabe nach dem decision usefullness Konzept; fair-value Accounting stehen im Widerspruch zur Leistungsfähigkeitsbesteuerung. Allenfalls durch Einsatz umfassender, mehrperiodiger Überleitungsrechnungen ist eine Nutzung der IAS/IFRS für Gewinnermittlungszwecke denkbar.[106] 421

GKB/GKKB als europäisches Lösungsmodell? Die Europäische Kommission hat am 16.3.2011 einen Richtlinienvorschlag für eine Gemeinsame Konsolidierte Körperschaftsteuer-Bemessungsgrundlage (GKKB) veröffentlicht, der ein komplett durchformuliertes 422

---

102 Vgl. etwa BMF, Schreiben v. 4.7.2006 - IV B 2 – S 1909 – 12/06, BStBl 2006 I S. 445. Dies ergibt sich auch aus dem UmwSt-Erlass v. 11.11.2011 – IV C 2 – S 1978 – b/08/10001, BStBl 2011 I S. 1314, etwa Rz. 04.04.
103 Vgl. dazu auch *Thiel*, Festschrift Meilicke, 2010, S. 749-751. Zur Diskussion um § 5 Abs. 7 EStG i. d. F. AIFM-StAnpG v. 18.12.2013 und seiner faktischen Rückwirkung gem. § 52 Abs. 14a EStG vgl. *Schmidt/Weber-Grellet*, EStG, 37. Aufl. 2018, § 5 Rz. 503, 504.
104 Begründung des Regierungsentwurfs v. 23.5.2008, BR Drucks. 344/08, allgemeiner Teil I 3.a.
105 Vgl. *Hennrichs*, StuW 2005 S. 256, 264; *Prinz*, DStJG 34 (2011) S. 164-166, *Weber-Grellet*, in: Schmidt, EStG, 37. Aufl. 2018, § 5 Rz. 26-31; *Weber-Grellet*, DB 2016 S. 1279; *Prinz*, StuB 2017 S. 689; *Hiller/Baschnagel/Eichholz*, StuB 2016 S. 694. Eingehend auch Teil A Kap. XVIII.
106 Zu Details vgl. *Prinz*, Festschrift Raupach, Köln 2006, S. 279, 289 f. Zu einer sehr differenzierter Analyse vgl. *Köhrle*, IFRS-Einzelabschluss, Berlin 2010, S. 295-303 (Zusammenfassung); *Dziadkowski*, IStR 2011 S. 917.

Regelwerk für eine optionale, harmonisierte Unternehmensbesteuerung von Körperschaften in der EU mit zentrierter Zuständigkeit einer Hauptsteuerbehörde enthält.[107] Zwischenzeitlich ist das EU-weite Unternehmensbesteuerungskonzept durch verschiedene Kompromissvorschläge – allerdings ohne „politische Begleitung" – weiterentwickelt und am 25.10.2016 in zwei Richtlinienentwürfe gespalten worden (two step approach zur Komplexitätsreduktion): Der GKB-Richtlinienentwurf regelt ein einheitliches Gewinnermittlungssystem für EU-Körperschaften und soll ab 1.1.2019 Anwendung finden; Zentralfragen aus deutscher Sicht betreffen Personenunternehmen und die Gewerbesteuer. Es werden EU-weite Gewinnermittlungsgrundsätze geschaffen, die sich einer GuV-orientierten Technik bedienen und durch diverse Subventions- und Missbrauchsregelungen (z. B. einer Zinsschranke) ergänzt werden. Letztlich erfordert eine europäische Umsetzung die Aufgabe des Maßgeblichkeitsprinzips mit seinem Rückgriff auf die handelsrechtlichen GoB. Darauf aufbauend ergänzt ein GKKB-Richtlinienentwurf das Gewinnermittlungssystem um Konsolidierungsschritte und einen formelhaften Aufteilungsmechanismus auf die betroffenen Mitgliedstaaten. Selbst wenn man sich nur auf den GKB-Richtlinienentwurf konzentriert, wird die vielschichtige Komplexität mit disparaten Wirkungen auf das jeweilige Steueraufkommen der Mitgliedstaaten deutlich.[108] Eine Umsetzung in den europäischen Mitgliedstaaten wird deshalb allenfalls mittel- oder langfristig in Betracht kommen. Aktuell wird zunächst einmal der Schwerpunkt der Diskussion auf ein harmonisiertes europäisches Gewinnermittlungsrecht gelegt. Die Diskussion um den Maßgeblichkeitsgrundsatz in Deutschland sollte dessen ungeachtet stets die Erkenntnisse der GKKB-Diskussion mit berücksichtigen, um erkennbare „Insellösungen" zu vermeiden.

423–479   *(Einstweilen frei)*

---

[107] Im internationalen Sprachgebrauch ist die Kurzbezeichnung CCCTB – Common consolidated corporate tax base – gebräuchlich. Zu Einschätzungen vgl. *Lenz/Rautenstrauch*, DB 2011 S. 726; *Kahle/Schulz*, StuB 2011 S. 296 und BFuP 5/2011 S. 456; *Kahle/Dahlke*, StuB 2011 S. 453; *Scheffler/Krebs*, DStR Beihefter 22/2011 S. 13; *Prinz*, StuB 2011 S. 461; *Herzig/Kuhr*, DB 2011 S. 2053; *Förster/Krauß*, IStR 2011 S. 607; *Marx*, DStZ 2011 S. 547; *Kußmaul/Niehren*, StB 2011 S. 344; *Herzig/Stock*, BFuP 2011 S. 477.

[108] Vgl. als Überblick *Scheffler/Köstler*, Richtlinie über eine Gemeinsame Körperschaftsteuer-Bemessungsgrundlage – mehr als eine Harmonisierung der steuerlichen Gewinnermittlung, ifst-Schrift 518 (Juni 2017); *Krauß*, IStR 2017 S. 479; *Benz/Böhmer*, DB 2016 S. 2800; *Jakob/Fehling*, IStR 2017 S. 290.

Teil A:
Grundsatz- und Querschnittsfragen steuerlicher Gewinnermittlung

Kapitel IV:
Betriebsvermögen: Umfang, Arten des Betriebsvermögens, Begriff des Wirtschaftsguts, Entnahmen und Einlagen

von
RA/StB Professor Dr. Hans-Joachim Kanzler,
Vors. Richter am BFH a.D., Schloß Ricklingen

Inhaltsübersicht
	Rz.
1. Betriebsvermögen und Privatvermögen	480 - 539
1.1 Begriff und Bedeutung des Betriebsvermögens	480 - 483
1.2 Begründung von Betriebsvermögen und Zurechnung der Wirtschaftsgüter zum Betriebsvermögen	484 - 488
1.3 Rechtsfolgen der Zugehörigkeit zum Betriebsvermögen	489 - 493
1.4 Dreiteilung der Vermögensarten	494 - 539
1.4.1 Notwendiges Betriebs- und Privatvermögen sowie gewillkürtes Betriebsvermögen	494 - 498
1.4.2 Notwendiges Betriebsvermögen	499 - 507
1.4.3 Notwendiges Privatvermögen	508 - 515
1.4.4 Gewillkürtes Betriebsvermögen	516 - 527
1.4.5 Sonderkategorie: Gemischtgenutzte Wirtschaftsgüter	528 - 539
2. Betriebsvermögen und Wirtschaftsgut	540 - 579
2.1 Bedeutung des Wirtschaftsguts für die Gewinnermittlung	540 - 543
2.2 Begriff des „einzelnen" Wirtschaftsguts	544 - 546
2.3 Abgrenzung des Wirtschaftsguts von anderen Bilanzpositionen	547 - 550
2.4 Das negative (passive) Wirtschaftsgut	551 - 555
2.5 Arten von Wirtschaftsgütern	556 - 579
2.5.1 Anlage- und Umlaufvermögen	556 - 564
2.5.2 Materielle und immaterielle Wirtschaftsgüter	565 - 567
2.5.3 Bewegliche und unbewegliche Wirtschaftsgüter	568 - 571
2.5.4 Abnutzbare und nichtabnutzbare Wirtschaftsgüter	572 - 579
3. Entnahmen und Einlagen	580 - 659
3.1 Grundsätze zu Entnahmen und Einlagen	580 - 592
3.1.1 Begriff und Bedeutung von Entnahmen und Einlagen	580 - 582
3.1.2 Gegenstand der Entnahme und Einlage	583 - 586
3.1.3 Zeitpunkt von Entnahmen und Einlagen	587 - 592
3.2 Entnahmen (§ 4 Abs. 1 Satz 2 EStG)	593 - 619
3.2.1 Begriff und Arten der Entnahme	593 - 595
3.2.2 Der Entnahmetatbestand	596 - 604
3.2.3 Entnahme „für sich, für seinen Haushalt oder für andere betriebsfremde Zwecke"	605 - 611
3.2.4 Rechtsfolgen der Entnahme	612 - 619
3.3 Einlagen (§ 4 Abs. 1 Satz 7 EStG)	620 - 659
3.3.1 Begriff und Arten der Einlage	620 - 626
3.3.2 Der Einlagetatbestand	627 - 628
3.3.3 Rechtsfolgen der Einlage	629 - 659

AUSGEWÄHLTE LITERATUR

Atilgan, Die bilanziellen Auswirkungen der Steuerentstrickung, NWB 2016 S. 936; *Babel*, Nutzungsrechte, Rechnungsabgrenzungsposten, schwebende Geschäfte – ein „magisches Dreieck" der Bilanzierung, Festschrift Mellwig, Wiesbaden 2007 S. 1; *Bolik*, AfA bei auf fremdem Grund und Boden errichtetem Gebäude, NWB 2016 S. 1480; *Bruckner*, Praxis der steuerlichen Gewinnermittlung, Gedenkschrift Kögelberger, 2008 S. 179; *Dötsch*, Einkünfte aus Gewerbebetrieb nach Betriebsveräußerung und Betriebsaufgabe, Köln 1987; *Groh*, Nutzungseinlage, Nutzungsentnahme und Nutzungsausschüttung, DB 1988 S. 514; *Eckert*, Digitale Daten als Wirtschaftsgut: digitale Daten als Sache, SJZ 2016 S. 245; *Hartman*, Die Nutzungsentnahme im Einkommensteuerrecht, SteuerStud 2006 S. 294; *Hoffmann*, Die Zuordnung von Grundbesitz zum Anlage- oder Umlaufvermögen, StuB 2008 S. 285; *Hoffmann*, Bruchstellen im Einkünftedualismus, StuB 2009 S. 85; *Hoffmann*, Aufgabe der Theorie der finalen Entnahme in der BFH-Rechtsprechung, DB 2008 S. 2286 *Hoffmann* Bauten auf dem Ehegattengrundstück, StuB 2017 S. 209; *Hoffmann/Lüdenbach*, NWB Kommentar Bilanzierung, 9. Aufl., Herne 2018; *Hüttemann*, Transferentschädigungen im Lizenzfußball als Anschaffungskosten eines immateriellen Wirtschaftsguts, DStR 1994 S. 490; *Jansen*, Die Aktivierung der Anschaffungskosten der Spielerlaubnis in der Fußball-Bundesliga, in: Festschrift Raupach, Köln 2006 S. 247; *Jansen*, Zur Aktivierung von Transferentschädigungen nach den Vorschriften des Lizenzspielerstatus des Deutschen Fußball-Bundes, DStR 1992 S. 1785; *Kanzler*, Die Abgrenzung zwischen Betriebs- und Privatvermögen bei Land- und Forstwirten unter besonderer Berücksichtigung von Grundstücken, Inf 1981 S. 361; *Kanzler*, Fragwürdige Rückwirkung am Beispiel der Aufhebung des Sanierungsprivilegs, FR 1997 S. 897; *Kanzler*, Kies im Einkünftedualismus – Der Große Senat des BFH zur Einlage eines Bodenschatzes, DStR 2007 S. 1101; *Kanzler*, Das unentgeltliche Nutzungsrecht, ein Steuersparmodell?, FR 2013 S. 767; *Kanzler*, Das Betriebsgebäude auf dem Ehegattengrundstück ein Fremdbau?, FR 2016 S. 907; *Kirchhof*, Bundessteuergesetzbuch – Bilanzordnung, Heidelberg, u. a. 2011 S. 1089; *Kirsch/von Wieding*, Bilanzierung von Bitcoin nach HGB, BB 2017 S. 2731; *Kirsch/Weber*, Zur Bilanzierung von Handgeldern und Spielervermittlungsprovisionen im deutschen Profifußball, DStZ 2018 S. 584; *Köhler*, Funktions- und Bewertungseinheiten in der Handels- und Steuerbilanz, StBp 2014 S. 305 und 347; *Leingärtner*, Die Dreiteilung der Wirtschaftsgüter in notwendiges Betriebsvermögen, gewillkürtes Betriebsvermögen und notwendiges Privatvermögen und ihre Folgen, FR 1983 S. 214; *Marx*, Begriffsmerkmale des Wirtschaftsguts, SteuerStud 2002 S. 603; *Mathäus*, Beurteilung nachträglicher Vorgänge im Restbetriebsvermögen, Ubg 2015 S. 340; Münchner Kommentar Bilanzrecht München 2013; *Pinkernell*, Ertrag- und umsatzsteuerliche Behandlung von Bitcoin-Transaktionen, Ubg 2015 S. 19; *Prinz*, Gewinnlosigkeit, Liebhaberei und verdeckte Gewinnausschüttung bei Kapitalgesellschaften, StbJb 1997/98 S. 97; *Prinz*, Der neue „Kiesgruben-Beschluss" des Großen Senats – ein Steuerstreit mit „Zündstoff", StuB 2007 S. 428; *Prinz*, Beteiligung an einer Komplementär-GmbH als notwendiges Betriebsvermögen eines Besitzeinzelunternehmens: BFH v. 12.6.2013 – X 2/10, JbFfSt 2014/2015 S. 438; *Prinz*, Neue BFH-Rechtsprechung zu Überentnahmen gem. § 4 Abs. 4a EStG bei Mitunternehmerschaften, FR 2017 S. 632; *Rasch/Wenzel*, Vereinbarkeit der Entstrickungsbesteuerung nach § 4 Abs. 1 Satz 4 EStG mit der Niederlassungsfreiheit, IWB 2015 S. 579; *Richter/Augel*, Geld 2.0 (auch) als Herausforderung für das Steuerrecht – Die bilanzielle und ertragsteuerliche Behandlung von virtuellen Währungen anhand des Bitcoins, FR 2017 S. 937; *Scheffler/Köstler*, Richtlinie über eine Gemeinsame Körperschaftsteuer-Bemessungsgrundlage – mehr als eine Harmonisierung der steuerlichen Gewinnermittlung, Berlin 2017 (zitiert: Richtlinie); *Schwenke*, Europarechtliche Vorgaben und deren Umsetzung durch das SEStEG, DStZ 2007 S. 235; *Uelner*, Notwendiges und gewillkürtes Betriebsvermögen, StKongrRep. 1973 S. 101; *Vees/Dornheim*, Der Entnahmebegriff im Zusammenhang mit betrieblichen Umstrukturierungen, Ubg 2014 S. 353: *Velte/Mock*, EU-Richtlinienvorschlag über eine Gemeinsame Körperschaftsteuer-Bemessungsgrundlage (GKB) vom 25.10.2016 – Eine rechtsvergleichende und kritische Analyse zur steuerlichen Gewinnermittlung, StuW 2017 S. 126; *Wassermeyer*, Zur Bewertung von Nutzungsentnahmen und Leistungsentnahmen, DB 2003 S. 2616; *Wassermeyer*, Die Abgrenzung des Betriebsvermögens vom Privatvermögen, DStJG 3 (1980) S. 315; *Weber*, Die Abgrenzung zwischen Erwerbs- und Privatsphäre nach dem Veranlassungsprinzip, StuW 2009 S. 184; *Weber-Grellet*, Die verdeckte Einlage, DB 1998 S. 1532; *Weiss*, „Steuerlicher Begriff des Wirtschaftsguts kann nicht durch außersteuerliche Gesetze präzisiert werden", BB 2017 S. 2419; *M. Wendt*, Einlage und zeitnahe „Rückentnahme" – Gestaltungsmissbrauch durch punktuelle Erhöhung des Betriebsvermögens, FR 2013 S. 29; *V. Wendt* Das Verhältnis von Entnahme/Einlage zur Anschaffung/Veräußerung im Einkommensteuerrecht, Köln 2003; *Wichmann*, Kritische Überlegungen zur sogenannten Atomisierung eines Gebäudes, BB 1990 S. 975; *Woerner*, Notwendiges und gewillkürtes Betriebsvermögen, StbJb 1989/90 S. 207; *Zech*, Daten als Wirtschaftsgut – Überlegungen zu einem „Recht des Datenerzeugers" CR 2015 S. 137.

1. Betriebsvermögen und Privatvermögen

1.1 Begriff und Bedeutung des Betriebsvermögens

Der Begriff des Betriebsvermögens ist Tatbestandsvoraussetzung des § 4 Abs. 1 Satz 1 EStG und damit die zentrale Größe des Betriebsvermögensvergleichs auf den auch in § 5 Abs. 1 Satz 1 EStG Bezug genommen wird. Er steht damit nicht nur für das Eigenkapital des Betriebs, sondern bezeichnet zugleich die Summe der Wirtschaftsgüter,[1] „die dem Betrieb dienen oder ihrer Art nach ihm zu dienen bestimmt sind".[2] Wesentlich enger und etwas tautologisch, bestimmt § 95 BewG: „Das Betriebsvermögen umfasst alle Teile eines Gewerbebetriebs i. S. d. § 15 Abs. 1 und 2 des Einkommensteuergesetzes, die bei der steuerlichen Gewinnermittlung zum Betriebsvermögen gehören." Tatsächlich ist der Begriff des Betriebsvermögens aber nicht auf die Einkünfte aus Gewerbebetrieb beschränkt, sondern gilt auch für die Einkünfte aus Land- und Forstwirtschaft und die Einkünfte aus selbständiger Arbeit, wenngleich in § 18 Abs. 3 EStG nur von „Vermögen ..., das der selbständigen Arbeit dient" oder von Praxisvermögen gesprochen wird. Schließlich ist der Begriff des Betriebsvermögens im Erbschaftsteuerrecht von Bedeutung, weil dieses Vermögen nach §§ 13a, 13b ErbStG privilegiert ist. § 13b ErbStG bezieht sich dazu vor allem auf die Vorschriften des BewG.[3]

480

Die Begriffe „Betrieb" und „Vermögen", die den Betriebsvermögensbegriff ausmachen, erfordern eine Bestimmung dessen, was ein Betrieb im ertragsteuerlichen Sinne ist, damit das entsprechende Vermögen, als Zusammenfassung einzelner Wirtschaftsgüter, diesem Betrieb zugeordnet werden kann. Betrieb im Sinne der Gewinnermittlungsvorschriften der §§ 4–7 EStG ist diejenige organisatorische Einheit, deren Gewinn zu steuerlichen Zwecken ermittelt werden muss.[4] Während die Kapitalgesellschaft, aber auch die Personengesellschaft jeweils nur einen Betrieb unterhält[5], kann der Einzelunternehmer mehrere getrennte Betriebe mit getrennter Gewinnermittlung führen.[6] In diesen Fällen kann sich das Problem der Zuordnung einzelner Wirtschaftsgüter zu den jeweiligen Betriebsvermögen ergeben.

481

Restbetriebsvermögen: Obwohl der Betriebsvermögensbegriff einen Betrieb voraussetzt, erkennt die Rechtsprechung auch Betriebsvermögen ohne einen aktiven Betrieb, das sogenannte Restbetriebsvermögen, an. Zu diesem Restbetriebsvermögen gehören

482

---

1 Zum Begriff des Wirtschaftsguts und zu seiner Beziehung zum Betrieb s. Rz. 540 ff.
2 BFH, Urteil v. 22.12.1955 - IV 537/54 U, BStBl 1956 III S. 65.
3 Zur Abgrenzung zwischen begünstigtem und nicht begünstigtem Betriebsvermögen s. *Hey*, Zur Reichweite der Erbschaftsteuerreform 2016, in Hey/Birk/A. Prinz/v. Wolfersdorff/Piltz, ifst-Schrift Nr. 506 (2015), S. 19.
4 *Kanzler*, HHR, Vor §§ 4-7 EStG Anm. 90; s. auch Anm. 85 ff. zu den unterschiedlichen Betriebsbegriffen in verschiedenen Rechtsgebieten, sowie im Steuerrecht.
5 BFH, Urteil v. 10.2.1989 - III R 78/86, BStBl 1989 II S. 467.
6 BFH, Urteil v. 9.8.1989 - X R 130/87, BStBl 1989 II S. 901.

Wirtschaftsgüter, die bei einer Betriebsveräußerung oder -einbringung zurückbehalten werden, die nicht zu den wesentlichen Betriebsgrundlagen gehören[7] und nicht in das Privatvermögen zu überführen sind. Dabei handelt es sich im Einzelnen um

- ▶ bestehende Kundenforderungen,[8]
- ▶ Lieferanten- oder Bankverbindlichkeiten[9] und
- ▶ noch zum Verkauf bestimmte bisher nicht veräußerte Waren.

Die spätere Erfassung nachträglicher Einkünfte erfolgt im Rahmen der Einnahmenüberschussrechnung nach § 4 Abs. 3 EStG.[10]

483 **Bedeutung für alle Gewinnermittlungsarten:** Obwohl der Begriff des Betriebsvermögens vom Gesetz nur im Zusammenhang mit dem Betriebsvermögensvergleich verwendet wird, ist er für alle Gewinnermittlungsarten, also auch für die Einnahmenüberschussrechnung nach § 4 Abs. 3 EStG und die Durchschnittssatzgewinnermittlung der Land- und Forstwirte nach § 13a EStG oder die sog. Tonnagebesteuerung nach § 5a EStG, von Bedeutung.

1.2 Begründung von Betriebsvermögen und Zurechnung der Wirtschaftsgüter zum Betriebsvermögen

484 **Betriebsvermögen wird begründet** durch Betriebseröffnung oder -erwerb, durch den entgeltlichen oder unentgeltlichen Erwerb einzelner Wirtschaftsgüter aus betrieblicher Veranlassung, durch Herstellung im betrieblichen Bereich sowie durch Einlage aus dem Privatvermögen. Dabei ist die Herkunft der Mittel für die Anschaffung eines Wirtschaftsguts – aus dem Betriebsvermögen oder dem Privatvermögen – für die Zurechnung des Wirtschaftsguts zum Betriebsvermögen oder Privatvermögen grundsätzlich ohne Bedeutung. Allerdings wird die Mittelherkunft zu Recht als Indiz für die Zuordnung eines Wirtschaftsguts zum Betriebs- oder Privatvermögen gewertet.[11] Damit aber wird die Mittelherkunft noch nicht zu einem selbständigen Zuordnungskriterium.[12]

485 **Sachliche und persönliche Zurechnung des Wirtschaftsguts als Vorfrage:** Vor dem Ansatz als Betriebsvermögen ist zu klären, ob das jeweilige Wirtschaftsgut dem Betrieb des Unternehmers zuzurechnen ist oder nicht. Nur die im Eigentum des Steuerpflichtigen stehenden Gegenstände gehören zu seinem Betriebsvermögen. Maßgebend hierfür ist nicht das zivilrechtliche, sondern das wirtschaftliche Eigentum (s. § 39 Abs. 2 Nr. 1 AO). Die Zurechnung erfordert weiter eine Abgrenzung vom Vermögen anderer Betriebe und vom Privatvermögen des Betriebsinhabers. Ist das Wirtschaftsgut dem Privatvermögen zuzurechnen, so dient es entweder der Erzielung von Einnahmen einer Überschusseinkunftsart (§ 2 Abs. 1 Nr. 4–7 EStG) oder ist einkommensteuerrechtlich unbe-

---

7 *Mathäus*, Ubg 2015 S. 340.
8 BFH, Urteile v. 14.11.2007 - XI R 32/06, BFH/NV 2008 S. 385 und v. 4.12.2012 - VIII R 41/09, BStBl 2014 II S. 288.
9 BFH, Urteil v. 7.7.1998 - VIII R 5/96, BStBl 1999 II S. 209; *Hallerbach*, KKB 3. Aufl. 2018, § 4 Rz. 95.
10 Vgl. *Kanzler*, HHR, Vor §§ 4-7 EStG Anm. 8 m. w. N.; gl. A. *Mathäus*, Ubg 2015 S. 340; a. A. *Dötsch*, Einkünfte aus Gewerbebetrieb nach Betriebsveräußerung und Betriebsaufgabe, 1987, S. 157 f.
11 BFH, Urteile v. 14.11.1972 - VIII R 100/69, BStBl 1973 II S. 289 und v. 25.2.1982 - IV R 25/78, BStBl 1982 II S. 461.
12 Gl. A. *Musil*, HHR, § 4 EStG Anm. 46 m. w. N.

achtlich (wie z. B. Gegenstände der privaten Lebensführung, Schmuck, ertraglose Grundstücke). Die Nutzung der Wirtschaftsgüter ist für die Zuordnung zum Betriebs- oder Privatvermögen grundsätzlich unbeachtlich. Daher sind bei betrieblicher Nutzung von Privatvermögen die anteiligen Aufwendungen Betriebsausgaben (so genannte Nutzungseinlagen), während bei privater Nutzung von Wirtschaftsgütern des Betriebsvermögens eine Entnahme anzusetzen ist (§ 4 Abs. 1 Satz 1, § 6 Abs. 1 Nr. 4 EStG).

Sachliche Zurechnung und einheitlicher Nutzungs- und Funktionszusammenhang: Die Prüfung, welche Wirtschaftsgüter dem Betriebsvermögen eines Betriebs zuzurechnen sind, ist für jedes einzelne Wirtschaftsgut vorzunehmen. Wirtschaftsgüter, die in einer engen räumlichen oder sachlichen Beziehung zueinander stehen, können nur einheitlich als Betriebsvermögen oder Privatvermögen behandelt werden. Dies gilt z. B. für ein Gebäude und den darunter liegenden Grund und Boden.[13] Bodenschätze können dagegen Privatvermögen sein, selbst wenn der Grund und Boden dem Betriebsvermögen zuzurechnen ist.[14] Steuerlich sind der Grund und Boden und ein Kiesvorkommen nach Aufschließung zwei selbständige und gleichwertig nebeneinander bestehende Wirtschaftsgüter, die verschiedenen Vermögenssphären (z. B. landwirtschaftliches Betriebsvermögen und Privatvermögen) angehören können.[15] Maschinen, Kfz und andere bewegliche körperliche Gegenstände sind immer einheitliche Wirtschaftsgüter. Gleiches gilt für Betriebsvorrichtungen, die steuerlich wie bewegliche Wirtschaftsgüter behandelt werden. Dagegen kann ein Gebäude in mehrere gesondert zu beurteilende Wirtschaftsgüter aufzuteilen sein.[16] Danach sind die eigenbetrieblich, fremdbetrieblich, eigenen Wohnzwecken und fremden Wohnzwecken dienenden Teile eines Gebäudes verschiedene Wirtschaftsgüter.[17]

486

Persönliche Zurechnung des Wirtschaftsguts: Ein Wirtschaftsgut kann nur dann zum Betriebsvermögen eines Betriebs gehören, wenn es dem Betriebsinhaber zuzurechnen ist. Grundsätzlich ist ein Wirtschaftsgut dem bürgerlich-rechtlichen Eigentümer auch steuerrechtlich zuzurechnen. Ist jedoch ein Anderer wirtschaftlicher Eigentümer, ist ihm das Wirtschaftsgut gemäß § 39 Abs. 2 Nr. 1 Satz 1 AO zuzurechnen. Zu den übrigen vom bürgerlich-rechtlichen Eigentum abweichenden Zurechnungsfällen s. § 39 Abs. 2 Nr. 1 Satz 2 AO. Wirtschaftsgüter, die betrieblich genutzt werden, aber nicht dem Betriebsinhaber, sondern einer anderen Person gehören, z. B. einem Angehörigen, dürfen daher nicht als Betriebsvermögen ausgewiesen werden. Ist der Betriebsinhaber nur zu einem Anteil Eigentümer des betrieblich genutzten Gegenstandes oder sonstigen Vermögensgegenstandes, z. B. als Miteigentümer oder Gesamthandseigentümer, gehört dieser Gegenstand auch nur insoweit zu seinem Betriebsvermögen. Nur dieser Anteil ist als Wirtschaftsgut des Betriebsvermögens zu bilanzieren. Erweitert oder errichtet jedoch ein Miteigentümer mit Zustimmung der anderen Miteigentümer ein Gebäude im eigenen Namen und auf eigene Rechnung, um das neu geschaffene Gebäude oder den Gebäudeteil ausschließlich für eigenbetriebliche Zwecke zu nutzen, so ist dieses Bauwerk allein dem Betriebsinhaber

487

---

13 BFH, Urteile v. 27.1.1977 - I R 48/75, BStBl 1977 II S. 388; v. 12.7.1979 - IV R 55/74, BStBl 1980 II S. 5.
14 BFH, Urteil v. 16.10.1997 - IV R 5/97, BStBl 1998 II S. 185.
15 BFH, Urteil v. 4.12.2004 - GrS 1/05, BStBl 2007 II S. 508.
16 BFH, Urteil v. 26.11.1973 - GrS 5/71, BStBl 1974 II S. 132.
17 S. auch R. 4.2 Abs. 4 EStR.

zuzurechnen, wenn er wirtschaftlicher Eigentümer auch des ihm nicht gehörenden Gebäudeteils ist. Zu Bauten auf dem Ehegattengrundstück s. Rz. 488.

488 **Zurechnung bei Ehegatten, insbesondere Bauten auf dem Ehegattengrundstück:** Die Zurechnung von Wirtschaftsgütern zum Betriebsvermögen ist auch bei Ehegatten getrennt vorzunehmen. Die einkommensteuerliche Zusammenveranlagung führt nicht zu einer gemeinsamen Zurechnung. Sind die Ehegatten Miteigentümer eines Wirtschaftsguts, so ist nur der Miteigentumsanteil des unternehmerisch tätigen Ehegatten als Betriebsvermögen auszuweisen.[18] Der Anteil des nicht unternehmerisch tätigen Ehegatten gehört zu dessen Privatvermögen und ist daher nicht zu bilanzieren, es sei denn der Unternehmer-Ehegatte habe wirtschaftliches Eigentum am Miteigentumsanteil seines Ehegatten. Errichtet daher der Unternehmer-Ehegatte mit eigenen Mitteln ein Gebäude auf einem auch dem Nichtunternehmer-Ehegatten gehörenden Grundstück, wird der Nichtunternehmer-Ehegatte – sofern keine abweichenden Vereinbarungen zwischen den Eheleuten getroffen werden – sowohl zivilrechtlicher als auch wirtschaftlicher Eigentümer des auf seinen Miteigentumsanteil entfallenden Gebäudeteils. Dieser Gebäudeteil gehört zu seinem Privatvermögen. Der Unternehmer-Ehegatte hat zwar die gesamten Herstellungskosten des Gebäudeteils zu aktivieren.[19] Die Herstellungskosten des fremden Gebäudeteils sind jedoch bilanztechnisch nur „wie ein materielles Wirtschaftsgut" zu behandeln und nach den für Gebäude geltenden AfA-Regeln abzuschreiben.[20] Diese Bilanzposition kann aber nicht Sitz stiller Reserven sein.[21] Daher ergibt sich keine Auswirkung auf den Gewinn des Steuerpflichtigen, wenn die Nutzung des Fremdbaus zur Einkunftserzielung endet. Ein noch nicht abgeschriebener Restbetrag der Aufwendungen wird erfolgsneutral ausgebucht.[22] Übertragen in derartigen Fällen sowohl der Unternehmer-Ehegatte den Betrieb als auch beide Eheleute ihre Miteigentumsanteile an dem Grundstück samt Gebäude unentgeltlich auf einen Dritten (z. B. ein Kind), kann dieser den Miteigentumsanteil des Nichtunternehmer-Ehegatten zum Teilwert in seinen Betrieb einlegen und von diesem Wert AfA vornehmen.[23] Die Finanzverwaltung ist dieser Rechtsprechung, die offenkundig zu vorteilhaften Steuergestaltungen anregt,[24] in vollem Umfang gefolgt.[25]

Sind die Ehegatten Mitunternehmer des Betriebs, so gehören alle in ihrem Eigentum stehenden betrieblichen Wirtschaftsgüter zum Betriebsvermögen.[26]

---

18 BFH, Urteil v. 29.11.1968 - VI R 183/66, BStBl 1969 II S. 233; v. 8.3.1990 - IV R 60/89, BStBl 1994 II S. 559 und BFH, Beschluss v. 28.6.2005 - IV B 174/03, BFH/NV 2005 S. 2009.
19 BFH, Beschluss v. 30.1.1995 - GrS 4/92, BStBl 1995 II S. 281 und BFH, Urteile v. 10.4.1997 - IV R 12/96, BStBl 1997 II S. 718 und v. 14.5.2002 - VIII R 30/98, BStBl 2002 II S. 741.
20 BFH, Urteil v. 25.2.2010 - IV R 2/07, BStBl 2010 II S. 670 mit Anm. *Kanzler*, FR 2010 S. 662.
21 BFH, Urteil v. 9.3.2016 - X R 46/14, BStBl 2016 II S. 976; mit kritischer Anm. *P. Fischer*, jurisPR-SteuerR 4/2017 Anm. 2; *Hoffmann*, StuB 2017 S. 209 „Loch in der Bilanz"; *Kanzler*, FR 2016 S. 907 und *Weber-Grellet*, BB 2017 S. 176 „bilanzsteuerrechtliches Trauerspiel". Ergänzend auch Prinz, in: Festschrift für Georg Crezelius, 2018 S. 351, 362-364.
22 BFH, Urteil v. 19.12.2012 - IV R 29/09, BStBl 2013 II S. 387 mit Anm. *Kanzler*, FR 2013 S. 767 in Änderung älterer Rechtsprechung, die von einer Besteuerung stiller Reserven ausging und sogar die Übertragung einer Reinvestitionsrücklage nach § 6b EStG auf das Nutzungsrecht für zulässig hielt (so noch BFH v. 10.4.1997 - IV R 12/96, BStBl 1997 II S. 718).
23 BFH, Urteil v. 9.3.2016 - X R 46/14, BStBl 2016 II S. 976.
24 S. nur *Bolik*, NWB 2016 S. 1480; *Korn*, kösdi, 2016 S. 19830; *Kraft/Kraft*, NWB 2016 S. 2031.
25 BMF, Schreiben v. 16.12.2016 - IV C 6-S 2134/15/10003, BStBl 2016 I S. 1431 mit kritischer Anm. *Weber-Grellet*, BB 2017 S. 176.
26 BFH, Urteil v. 25.9.2008 - IV R 16/07, BStBl 2009 II S. 989.

1.3 Rechtsfolgen der Zugehörigkeit zum Betriebsvermögen

Die Zugehörigkeit von Wirtschaftsgütern zum Betriebsvermögen bewirkt, dass sie am Betriebsvermögensvergleich nach § 4 Abs. 1 EStG oder § 5 EStG teilnehmen und nach § 6 EStG zu bewerten sind. Die Zuführung zum Betriebsvermögen und das Ausscheiden aus dem Betriebsvermögen richten sich nach den Einlage- und Entnahmevorschriften (s. Rz. 580). So ist für die private Nutzung von Wirtschaftsgütern des Betriebsvermögens eine Entnahme anzusetzen (§ 4 Abs. 1 Satz 1, § 6 Abs. 1 Nr. 4 EStG). Wird ein Wirtschaftsgut des Betriebsvermögens nicht mehr betrieblich genutzt, so bleibt es gleichwohl Betriebsvermögen, wenn es seiner Art nicht Privatvermögen sein kann. Erträge und Aufwendungen, die im Zusammenhang mit Wirtschaftsgütern des Betriebsvermögens anfallen, sind betrieblich veranlasst und führen zu Betriebseinnahmen und Betriebsausgaben.   489

(Einstweilen frei)   490–493

1.4 Dreiteilung der Vermögensarten

1.4.1 Notwendiges Betriebs- und Privatvermögen sowie gewillkürtes Betriebsvermögen

Betriebs- und Privatvermögen: Die für die steuerliche Gewinnermittlung notwendige Abgrenzung des betrieblichen vom steuerrechtlich irrelevanten, privaten Bereich des Steuerpflichtigen erfordert die Unterscheidung des Betriebsvermögens vom Privatvermögen eines Einzelunternehmers. Dieses Problem der Abgrenzung des Betriebs- vom Privatvermögen stellt sich allerdings weder für das Gesamthandsvermögen einer Personenhandelsgesellschaft[27] noch für die Kapitalgesellschaft, die nach neuerer Rechtsprechung des BFH steuerrechtlich keine außerbetriebliche Sphäre haben soll.[28]   494

Die Abgrenzung des Betriebs- vom Privatvermögen kann auch durch Änderung der Verhältnisse, vor allem durch Nutzungsänderungen und Eigentumswechsel erschwert werden. So kann sich die Beziehung eines Wirtschaftsguts zum Betrieb in der Weise ändern, dass ein bisher dem Betriebsvermögen zuzurechnendes Wirtschaftsgut von einem bestimmten Zeitpunkt an zum Privatvermögen gehört oder die Voraussetzungen für gewillkürtes Betriebsvermögen erfüllt. Daher ist es möglich, dass ein bisher zu mehr als 50 % betrieblich genutzter PKW, künftig ausschließlich privat genutzt wird. Der Wechsel eines Wirtschaftsguts vom Betriebsvermögen zum Privatvermögen und umgekehrt vollzieht sich durch Entnahme beziehungsweise Einlage i. S. d. § 4 Abs. 1 Satz 2 und § 7 EStG (s. Rz. 580 ff.), die i. d. R. mit dem Teilwert anzusetzen ist (§ 6 Abs. 1 Nr. 4 und § 5 EStG).   495

Notwendiges und gewillkürtes Betriebsvermögen: Nach ständiger Rechtsprechung des BFH können Wirtschaftsgüter des Betriebsvermögens zum notwendigen oder gewillkürten Betriebsvermögen gehören und sind als solche von den Wirtschaftsgütern des Privatvermögens abzugrenzen. Daraus ergibt sich eine Dreiteilung der Vermögensarten in   496

---

27 Denn Wirtschaftsgüter des Gesellschaftsvermögens einer Personenhandelsgesellschaft gehören steuerrechtlich wegen der Maßgeblichkeit der Handelsbilanz für die Steuerbilanz grundsätzlich zum notwendigen Betriebsvermögen der Gesellschaft (BFH, Urteile v. 16.3.1983 - IV R 36/79, BStBl 1983 II S. 459 und v. 30.6.1987 - VIII R 353/82, BStBl 1988 II S. 418); s. auch Rz. 1356 ff.
28 BFH, Urteile v. 4.12.1996 - I R 54/95, BFHE 182 S. 123 und v. 6.10.2009 - I R 39/09, BFH/NV 2010 S. 470; kritisch dazu etwa *Prinz*, StbJb 1997/98 S. 97, 99 und 112.

notwendiges Betriebsvermögen, notwendiges Privatvermögen und gewillkürtes Betriebsvermögen.[29] Mit seiner Rechtsprechung zum gewillkürten Betriebsvermögen trägt der BFH der Unterscheidung von Wirtschaftsgütern Rechnung, die in einem objektiven Zusammenhang mit dem Betrieb stehen von solchen, bei denen der Zusammenhang erst durch Widmung zu betrieblichen Zwecken hergestellt wird. In beiden Fällen beruht die Zuordnung zum Betriebsvermögen auf einer betrieblichen Veranlassung[30] und führt zu den gleichen Rechtsfolgen. Die Unterscheidung notwendiger und gewillkürter Wirtschaftsgüter des Betriebsvermögens beruht auf einer Auslegung des § 4 Abs. 1 EStG und findet daher dort ihre Rechtsgrundlage.[31]

Bei Personengesellschaften gehören Wirtschaftsgüter des Gesamthandsvermögens grundsätzlich zum notwendigen Betriebsvermögen, weil gewillkürtes Betriebsvermögen ausgeschlossen ist (s. auch Rz. 1356 ff.).[32] Im Bereich des Sonderbetriebsvermögens wird allerdings wieder zwischen notwendigem und gewillkürtem Betriebsvermögen unterschieden (s. Rz. 497 und Teil A Kap. X, Rz. 1496 ff.).

497 **Notwendiges und gewillkürtes Sonderbetriebsvermögen:** Auch im Bereich des Sonderbetriebsvermögens wird zwischen notwendigem und gewillkürtem Betriebsvermögen unterschieden (Teil A Kap. X, Rz. 1496 ff.). Zum notwendigen Sonderbetriebsvermögen eines Mitunternehmers gehören alle Wirtschaftsgüter, die dazu geeignet und bestimmt sind, dem Betrieb der Personengesellschaft (Sonderbetriebsvermögen I) oder der Beteiligung des Mitunternehmers (Sonderbetriebsvermögen II) zu dienen. Notwendiges Sonderbetriebsvermögen II ist anzunehmen, wenn die dem Mitunternehmer gehörenden Wirtschaftsgüter zur Begründung oder Stärkung seiner Beteiligung, wie etwa die Beteiligung an einer Kapitalgesellschaft, eingesetzt werden.[33] Für die rechtliche Beurteilung notwendigen Sonderbetriebsvermögens ist es unerheblich, ob die Beteiligung bislang in der (Sonder-)Bilanz aktiviert worden war; ihre nachträgliche Aufnahme in die Bilanz ist eine berichtigende Einbuchung.[34] Gesellschafter können aber auch gewillkürtes Betriebsvermögen bilden. Da sie jedoch keinen Betrieb – unabhängig von der Personengesellschaft – unterhalten,[35] gehören Wirtschaftsgüter nur dann zum gewillkürten Sonderbetriebsvermögen, wenn sie objektiv geeignet sind, dem Betrieb der Personengesellschaft oder der Beteiligung der Gesellschafter zu dienen und wenn die Gesellschafter (und nicht etwa die Mitunternehmerschaft) die Widmung der Wirtschaftsgüter für diesen Zweck klar und eindeutig zum Ausdruck gebracht haben.[36] Zum Sonderbetriebsvermögen im Einzelnen s. Teil A Kap. X, Rz. 1465 ff.

---

29 BFH, Urteile v. 31.5.2001 - IV R 49/00, BStBl 2001 II S. 828; v. 2.10.2003 - IV R 13/03, BStBl 2004 II S. 985 und v. 23.9.2009 - IV R 14/07, BStBl 2010 II S. 227 jeweils m. w. N.; gl. A. *Kanzler*, Inf. 1981 S. 361, 363; *Leingärtner*, FR 1983 S. 214; *Musil*, HHR, § 4 EStG Anm. 42; a. A. *Wassermeyer*, DStJG 80 (3) S. 315 ff.
30 BFH, Urteil v. 11.11.1987 - I R 7/84, BStBl 1988 II S. 424.
31 BFH, Urteil v. 28.7.1994 - IV R 80/92, BFH/NV 1995 S. 288.
32 BFH v. 16.3.1983 - IV R 36/79, BStBl 1983 II S. 459 und v. 3.9.09 - IV R 61/06, BFH/NV 2010 S. 404 m. w. N.); ausnahmsweise ist auch von notwendigem Privatvermögen auszugehen (s. etwa *Musil*, HHR, § 4 EStG Anm. 80 m. w. N.).
33 BFH, Urteile v. 24.2.2005 - IV R 12/03, BStBl 2006 II S. 361 und v. 14.1.2010 - IV R 86/06, BFH/NV 2010 S. 1096 jeweils m. w. N.
34 BFH, Urteil v. 24.10.2001 - X R 153/97, BStBl 2002 II S. 75 m. w. N.
35 S. nur *Kanzler*, HHR, Vor §§ 4-7 EStG Anm. 91 m. w. N.
36 BFH, Beschlüsse v. 25.1.2006 - IV R 14/04, BStBl 2006 II S. 418 und v. 21.4.2008 - IV B 105/07, BFH/NV 2008 S. 1470 jeweils m. w. N.

Kein gewillkürtes Betriebsvermögen auf der Passivseite der Bilanz: Bei Verbindlichkeiten gibt es grundsätzlich kein gewillkürtes, sondern nur notwendiges Betriebsvermögen.[37] Deshalb gehören Schulden, unabhängig von der Art der Gewinnermittlung (§ 4 Abs. 1, § 4 Abs. 3 oder 5 EStG) entweder zum notwendigen Betriebsvermögen oder zum notwendigen Privatvermögen. Gegen diesen Grundsatz bestehen keine verfassungsrechtlichen Bedenken.[38]

498

1.4.2 Notwendiges Betriebsvermögen

Zum notwendigen Betriebsvermögen gehören die Wirtschaftsgüter, die dem Betrieb dergestalt dienen, dass sie objektiv erkennbar zum unmittelbaren Einsatz im Betrieb selbst bestimmt sind;[39] dabei wird nicht vorausgesetzt, dass sie für den Betrieb notwendig, wesentlich oder gar unentbehrlich sind.[40] Wirtschaftsgüter des notwendigen Betriebsvermögens zählen ohne weitere Einlagehandlung zum Betriebsvermögen (s. Rz. 585 und 627).

499

Eigenbetriebliche Nutzung erforderlich: Wirtschaftsgüter gehören nur dann zum notwendigen Betriebsvermögen, wenn sie dem Betriebsinhaber zuzurechnen und objektiv erkennbar zum unmittelbaren Einsatz im Betrieb bestimmt sind beziehungsweise tatsächlich betrieblich genutzt werden. Zum notwendigen Betriebsvermögen gehört daher das Umlaufvermögen des Betriebs. Grundstücke und Grundstücksteile gehören aber nicht schon allein deshalb zum notwendigen Betriebsvermögen, weil sie mit betrieblichen Mitteln erworben wurden oder der Sicherung betrieblicher Kredite dienen;[41] Gleiches gilt für Wertpapiere.[42]

500

Funktionszuweisung begründet Betriebsvermögenseigenschaft: Ein Wirtschaftsgut gehört zum notwendigen Betriebsvermögen, wenn der Steuerpflichtige ihm endgültig eine betriebliche Funktion zugewiesen hat.[43] An dieser Funktionszuweisung fehlt es, wenn der Einsatz des Wirtschaftsguts im Betrieb nur als möglich in Betracht kommt, aber noch nicht sicher ist.[44]

501

Wirtschaftsgüter des beweglichen Anlagevermögens gehören zum notwendigen Betriebsvermögen, wenn sie überwiegend, d. h. zu mehr als 50 % betrieblich genutzt werden.[45] Wirtschaftsgüter, die in mehreren Betrieben des Steuerpflichtigen genutzt werden, sind dem Betriebsvermögen des Betriebs der überwiegenden Nutzung zuzuordnen.[46] Dieser sogenannte Unteilbarkeitsgrundsatz lässt sich aus der Rechtsprechung zu gemischt (betrieblich und privat) genutzten Wirtschaftsgütern herleiten (dazu Rz. 529).[47]

502

---

37 BFH, Urteil v. 4.7.1990 - GrS 2–3/88, BStBl 1990 II S. 817 und v. 7.11.1991 - IV R 57/90, BStBl 1992 II S. 141.
38 BVerfG, Beschluss v. 7.1.1988 - 1 BvR 1187/87, HFR 1989 S. 215.
39 BFH, Urteil v. 13.5.1976 - IV R 4/75, BStBl 1976 II S. 617, m. w. N.
40 BFH, Urteil v. 11.12.2003 - IV R 19/02, BStBl 2004 II S. 280, m. w. N.
41 BFH, Urteile v. 13.8.1964 - IV 304/63 S, BStBl 1964 III S. 502 und v. 8.12.1993 - XI R 16/93, BFH/NV 1994 S. 631.
42 BFH, Urteil v. 17.3.1966 - IV 186/63, BStBl 1966 III S. 350 und v. 21.3.1997 - IV B 53/96, BFH/NV 1997 S. 651.
43 BFH, Urteil v. 22.1.2004 - IV R 45/02, BStBl 2004 II S. 512 zu Tz. 17.
44 BFH, Urteil v. 6.3.1991 - X R 57/88, BStBl 1991 II S. 829.
45 BFH, Urteil v. 2.10.2003 - IV R 13/03, BStBl 2004 II S. 985 m. w. N.; R 4.2 Abs. 1 Satz 4 EStR.
46 So andeutungsweise BFH, Urteil v. 11.9.1969 - IV R 160/67, BStBl 1970 II S. 317 zur Zuordnung einer Erfindung zum gewerblichen oder freiberuflichen Betriebsvermögen.
47 Gl. A. *Musil*, HHR, § 4 EStG Anm. 44 m. w. N. auch zur a. A.

503 **Bilanzierung notwendigen Betriebsvermögens nicht erforderlich:** Die rechtliche Beurteilung der Zugehörigkeit eines Wirtschaftsguts zum notwendigen Betriebsvermögen wird nicht dadurch berührt, dass es (bisher) nicht in der Bilanz aktiviert worden ist.[48]

504–507 *(Einstweilen frei)*

1.4.3 Notwendiges Privatvermögen

508 Das notwendige Privatvermögen ist unerlässlicher Komplementärbegriff zum Begriff des notwendigen Betriebsvermögens. Es erfasst die Wirtschaftsgüter, die nach ihren Eigenschaften und ihrer tatsächlichen Nutzung ungeeignet sind, in irgendeiner Weise dem Betrieb zu dienen oder ihn zu fördern. Notwendiges Privatvermögen sind insbesondere solche Wirtschaftsgüter, die dem persönlichen Bereich des Steuerpflichtigen zuzurechnen sind.

509 **Begründung von Privatvermögen:** Ein Wirtschaftsgut wird Privatvermögen durch Erwerb, Herstellung im privaten Bereich oder durch Entnahme aus dem Betriebsvermögen beziehungsweise Nutzungsänderung.

510 **Wirtschaftsgüter des notwendigen Privatvermögens** sind insbesondere die Gegenstände, die der Lebensführung des Steuerpflichtigen und seiner Angehörigen oder der Erzielung von Überschusseinkünften i. S. d. § 2 Abs. 1 Satz 1 Nr. 4–7 EStG dienen oder die als private Kapitalanlage, die keine einkommensteuerpflichtigen Erträge abwirft, angeschafft wurden (z. B. Wertsachen, unbebaute und ungenutzte Grundstücke) oder verwandtschaftsbegründete Darlehen.[49] Zum notwendigen Privatvermögen gehören auch betriebsschädliche Wirtschaftsgüter (s. Rz. 521).

511 **Erstattungsansprüche aus privaten Steuern,** insbesondere Personensteuern (s. § 12 Nr. 3 EStG), sind ebenfalls notwendiges Privatvermögen.[50] Das Gleiche gilt für Krankentagegeldversicherungen, die der Betriebsinhaber für sich oder seine Angehörigen abgeschlossen hat[51] und für eine sogenannte Betriebs- oder Praxisausfallversicherung, durch die im Falle einer krankheitsbedingten Arbeitsunfähigkeit des Steuerpflichtigen die fortlaufenden Kosten seines Betriebes ersetzt werden; die Versicherungsbeiträge sind daher keine Betriebsausgaben und die Versicherungsleistungen nicht steuerbar.[52] Allerdings kann der Anspruch auf Versicherungsleistungen zum Betriebsvermögen gehören, wenn eine Personenhandelsgesellschaft einen Versicherungsvertrag auf das Leben oder den Tod eines fremden Dritten abschließt und als Bezugsberechtigten das Unternehmen vorsieht.[53]

512–515 *(Einstweilen frei)*

---

[48] BFH, Urteil v. 2.9.2008 - X R 32/05, BStBl 2009 II S. 634 m. w. N.
[49] BFH, Urteil v. 22.12.1955 - IV 537/54 U, BStBl 1956 III S. 65 und v. 9.1.2009 - IV B 25/08, BFH/NV 2009 S. 754, m. w. N.
[50] BFH, Urteil v. 22.7.1966 - VI 12/65, BStBl 1966 III S. 542.
[51] BFH, Urteil v. 22.5.1969 - IV R 144/68, BStBl 1969 II S. 489.
[52] BFH, Urteil v. 19.5.2009 - VIII R 6/07, BStBl 2010 II S. 168.
[53] BFH, Urteile v. 14.3.1996 - IV R 14/95, BStBl 1997 II S. 343 und v. 3.3.2011 - IV R 45/08, BStBl 2011 II S. 552, jeweils m. w. N.

1.4.4 Gewillkürtes Betriebsvermögen

Gewillkürtes und geduldetes Betriebsvermögen: Das gewillkürte Betriebsvermögen steht als dritte Vermögensart zwischen notwendigem Betriebsvermögen und notwendigem Privatvermögen. Die Rechtsfolgen der Zuordnung von Wirtschaftsgütern zum gewillkürten Betriebsvermögen entsprechen den Rechtsfolgen einer Zuordnung zum notwendigen Betriebsvermögen (s. Rz. 488). Als Sonderform des gewillkürten Betriebsvermögens war das so genannte geduldete Betriebsvermögen von der Rechtsprechung insbesondere bei Grundstücken anerkannt, die nach einer Nutzungsänderung nicht mehr dem notwendigen Betriebsvermögen, aber auch nicht dem notwendigen Privatvermögen zuzuordnen waren.[54] In solchen Fällen war eine Zwangsentnahme ausgeschlossen. Mit Einfügung der Sätze 3 und 4 (jetzt 6 und 7[55]) des § 4 Abs. 1 EStG hat diese Rechtsfigur weitgehend ihre Bedeutung verloren.[56]

516

Rechtsgrundlage für die Unterscheidung notwendiger und gewillkürter Wirtschaftsgüter des Betriebsvermögens ist § 4 Abs. 1 EStG. Die dazu ergangene Rechtsprechung beruht auf einer inzwischen zu Gewohnheitsrecht[57] erstarkten Auslegung des Begriffs „Betriebsvermögen" in § 4 Abs. 1 Satz 1 EStG und trägt damit der Unterscheidung von Wirtschaftsgütern Rechnung, die in einem objektiven Zusammenhang mit dem Betrieb stehen von solchen, bei denen der Zusammenhang erst durch Widmung zu betrieblichen Zwecken hergestellt wird. In beiden Fällen beruht die Zuordnung zum Betriebsvermögen auf einer betrieblichen Veranlassung.[58]

517

Begriff des gewillkürten Betriebsvermögens: Wirtschaftsgüter gehören zum gewillkürten Betriebsvermögen, wenn sie weder die Voraussetzungen für notwendiges Betriebsvermögen, noch für notwendiges Privatvermögen erfüllen, dem Betrieb zu dienen oder ihn zu fördern geeignet sind, also in einer gewissen objektiven Beziehung zum Betrieb stehen und wenn der Steuerpflichtige sie subjektiv dem Betriebsvermögen zuordnet.[59] Das Wirtschaftsgut kann daher nicht allein aufgrund der (subjektiven) Willensbetätigung des Steuerpflichtigen als Betriebsvermögen gewillkürt werden; die Annahme gewillkürten Betriebsvermögens setzt vielmehr voraus, dass das Wirtschaftsgut objektiv geeignet und subjektiv dazu bestimmt ist, das Betriebskapital zu verstärken.[60] Daraus folgt zugleich, dass die Bildung gewillkürten Betriebsvermögens bei den Einkünften aus Gewerbebetrieb einfacher und umfassender möglich ist, als bei den anderen betrieblichen Einkunftsarten (Land- und Forstwirtschaft und selbständige Arbeit).[61] Denn die Berücksichtigung einkunftsspezifischer Besonderheiten führt nach der Rechtsprechung des BFH dazu, dass der Gewerbetreibende in der Bildung gewillkürten Betriebsver-

518

---

54 BFH, Urteil v. 14.5.2009 - IV R 44/06, BStBl 2009 II S. 811, m. w. N.
55 Dazu *Musil*, HHR, § 4 EStG Anm. 260 ff.
56 S. aber BFH, Urteil v. 24.3.2011 - IV R 46/08, BFH/NV 2011 S. 1225.
57 BFH, Urteil v. 28.7.1994 - IV R 80/92, BFH/NV 1995 S. 288; so schon *Kanzler*, INF 1981 S. 361, 363; andeutungsweise auch BFH, Urteil v. 2.10.2003 - IV R 13/03, BStBl 2004 II S. 985 „Dreiteilung der Vermögensarten...", von der der BFH in ständiger Rechtsprechung ausgeht".
58 BFH, Urteil v. 11.11.1987 - I R 7/84, BStBl 1988 II S. 424; a. A. FG Köln, Urteil v. 7.8.1980 - I (VII) 547/77 F, EFG 1980 S. 586 im Anschluss an *Wassermeyer*, DStJG 1980 (3) S. 315.
59 BFH, Urteile v. 11.10.1979 - IV R 125/76, BStBl 1980 II S. 40 und v. 2.10.2003 - IV R 13/03, BStBl 2004 II S. 985.
60 BFH, Urteil v. 23.9.2009 - IV R 14/07, BStBl 2010 II S. 227 m. w. N.
61 BFH, Urteile v. 14.5.2009 - IV R 44/06, BStBl 2009 II S. 811 und v. 23.9.2009 - IV R 14/07, BStBl 2010 II S. 227 jeweils m. w. N.

mögens praktisch nicht eingeschränkt ist, während Land- und Forstwirte ebenso wie selbständig Tätige bei der Willkürung branchenferner Wirtschaftsgüter die betriebliche Beziehung besonders nachweisen müssen. Die Anforderungen an die Feststellung der objektiven Eignung des Geschäfts zur Verstärkung des Betriebskapitals steigen umso mehr, je weiter Art und Inhalt des Geschäfts von der Haupttätigkeit des Unternehmens entfernt sind.[62]

519 **Unmissverständliche Willkürung erforderlich:** Die Bestimmung des Wirtschaftsguts zum Betriebsvermögen, der Willkürungsakt also, ist als innere Tatsache nur anhand von Beweisanzeichen festzustellen.[63] Der Steuerpflichtige muss seinen auf die Behandlung des Wirtschaftsguts als gewillkürtes Betriebsvermögen gerichteten Willen klar und eindeutig zum Ausdruck bringen.[64] Dies kann i. d. R. aus dem buchmäßigen Ausweis des Wirtschaftsguts und der Behandlung der Aufwendungen als betrieblicher Aufwand geschlossen werden.[65] Die Aufnahme in die Buchführung ist für die Zuordnung des Wirtschaftsguts als gewillkürtes Betriebsvermögen zwar nicht zwingend erforderlich; sie ist aber wesentliches Indiz einer Willkürung. Jedenfalls muss ein sachverständiger Dritter ohne weitere Erklärungen des Steuerpflichtigen die Zugehörigkeit des erworbenen oder eingelegten Wirtschaftsguts zum Betriebsvermögen erkennen können.[66] Das Nachweiserfordernis der Willkürung von Betriebsvermögen schließt die Zuordnung eines Wirtschaftsguts zum gewillkürten Betriebsvermögen bei Vollschätzung des Gewinns aus.[67]

520 **Wirtschaftsgüter des beweglichen Anlagevermögens** können zum gewillkürten Betriebsvermögen gezogen werden, wenn sie zu mehr als 10 % aber weniger als 50 % betrieblich genutzt werden. Solche gemischt genutzten Wirtschaftsgüter (z. B. PKW) gehören bei geringfügiger betrieblicher Nutzung (mit einem Zeitanteil von weniger als 10 %) zum notwendigen Privatvermögen und bei einer überwiegenden betrieblichen Nutzung (mit einem Zeitanteil von mehr als 50 %) zum notwendigen Betriebsvermögen (s. Rz. 501 und 528 ff.).[68] Vermindert sich der Umfang der betrieblichen Nutzung eines gemischtgenutzten Wirtschaftsguts (z. B. eines Pkw), das dem gewillkürten Betriebsvermögen eines Unternehmens in einem früheren Veranlagungszeitraum wegen einer mehr als 10%igen betrieblichen Nutzung zugeordnet wurde, in einem Folgejahr auf unter 10 %, so führt dies nicht zu einer Zwangsentnahme.[69] Von einer Entnahme ist erst auszugehen, wenn eine betriebliche Nutzung völlig ausgeschlossen ist.

521 **Willkürungsverbot für risikobehaftete und verlustgeneigte, betriebsschädliche Wirtschaftsgüter:** Der für die Annahme gewillkürten Betriebsvermögens erforderliche objektive Förderungszusammenhang begründet ein Willkürungsverbot für Wirtschaftsgüter, die Gegenstand von Risikogeschäften sind oder dem Betrieb nur Verluste einbringen.

---

62 BFH, Urteile v. 11.7.1994 - IV R 67/95, BFH/NV 1997 S. 114 und v. 23.9.2009 - IV R 14/07, BStBl 2010 II S. 227.
63 BFH, Urteil v. 23.9.1999 - IV R 12/98, BFH/NV 2000 S. 317.
64 BFH, Urteil v. 27.8.1998 - IV R 77/97, BStBl 1999 II S. 279.
65 BFH, Urteil v. 27.8.1998 - IV R 77/97, BStBl 1999 II S. 279.
66 BFH, Urteil v. 22.9.1993 - X R 37/91, BStBl 1994 II S. 172; s. auch BFH, Urteil v. 2.10.2003 - IV R 13/03, BStBl 2004 II S. 985 m. w. N. zur Dokumentation bei Einnahmenüberschussrechnung, bei der eine Aufnahme in die Buchführung nicht möglich ist.
67 *Leingärtner/Kanzler*, Besteuerung der Landwirte, Kap. 24 Rz. 129.
68 BFH, Urteil v. 2.10.2003 - IV R 13/03, BStBl 2004 II S. 985 m. w. N.
69 BFH v. 21.8.2012 - VIII R 11/11, BStBl 2013 II S. 117.

Die Unterscheidung betriebsschädlicher Wirtschaftsgüter von solchen die nur risikobehaftet sind, ist für die Praxis eher von geringer Bedeutung, da in allen Fällen der objektive Förderungszusammenhang zwischen Wirtschaftsgut und Betrieb bei Anschaffung oder Einlage zu prüfen ist.

Von vornherein betriebsschädliche Wirtschaftsgüter: Wirtschaftsgüter, bei deren Erwerb bereits abzusehen ist, dass sie dem Betrieb keinen Nutzen, sondern nur Verluste einbringen, können als Wirtschaftsgüter des notwendigen Privatvermögens nicht dem (gewillkürten) Betriebsvermögen zugerechnet werden.[70] Stellt sich die betriebsschädliche Disposition eines Wirtschaftsguts erst später heraus, so berührt dies nicht die Wirksamkeit einer Einlage.[71]

522

Einzelfälle betriebsschädlicher Wirtschaftsgüter sind etwa wertlose,[72] ungesicherte und zinslose Darlehensforderungen[73], notleidende GmbH-Beteiligungen,[74] überteuerte, von einem Weingroßhändler angeschaffte Gemälde[75] oder historische Fahrzeuge mit überhöhten Anschaffungskosten.[76]

523

Risikobehaftete Wirtschaftsgüter, für die ebenfalls ein Willkürungsverbot gilt, sind solche, bei denen der betriebliche Förderungszusammenhang nicht grundsätzlich und von vornherein auszuschließen, sondern einer besonderen Prüfung zu unterziehen ist. Problematisch sind hier vor allem branchenuntypische Geschäfte (s. auch Rz. 518 a. E.).[77]

524

Einzelfälle willkürungsfeindlicher Risikogeschäfte sind vor allem Wertpapiergeschäfte. Zwar ist der Förderungszusammenhang bei gängigen Wertpapieren grundsätzlich zu bejahen, weil sie grundsätzlich wie Bankguthaben geeignet sind, die Betriebszwecke zu fördern.[78] Bei einem branchenuntypischen Termingeschäft etwa kann eine betriebliche Veranlassung aber nur dann angenommen werden, wenn das Geschäft nach den im Zeitpunkt des Vertragsschlusses bekannten Umständen objektiv geeignet und subjektiv dazu bestimmt ist, das Betriebskapital zu verstärken.[79] Weitere Beispiele für Risikogeschäfte sind Wettgeschäfte eines gewerblich tätigen Pferdetrainers,[80] Lottospiele eines Kaufmanns[81] oder Goldgeschäfte in Betrieben, die nach ihrer Art oder Kapitalausstattung kurzfristig auf Liquidität für geplante Investitionen angewiesen sind.[82]

525

---

70 BFH, Urteil v. 19.2.1997 - XI R 1/96, BStBl 1997 II S. 399 m. w. N.
71 Gl. A. *Woerner*, StbJb 1989/90 S. 207; *Blümich/Wied*, § 4 EStG Rz. 377; *Musil*, HHR, § 4 EStG Anm. 62.
72 BFH, Urteile v. 22.5.1975 - IV R 193/71, BStBl 1975 II S. 804 und v. 11.10.1988 - VIII R 237/83, BFH/NV 1989 S. 305.
73 BFH, Urteil v. 19.7.1984 - IV R 207/83, BStBl 1985 II S. 6.
74 FG Rhld-Pf., Urteil v. 25.9.1990 - 2 K 251/88, EFG 1991 S. 304, rkr.
75 BFH, Urteil v. 25.2.1982 - IV R 25/78, BStBl 1982 II S. 461.
76 BFH, Beschluss v. 5.2.2007 - IV B 73/05, BFH/NV 2007 S. 1106.
77 BFH, Urteil v. 30.7.2003 - X R 7/99, BStBl 2004 II S. 408 betr. Wertpapierhandel im Rahmen freiberuflicher Einkünfte.
78 BFH, Urteil v. 19.2.1997 - XI R 1/96, BStBl 1997 II S. 399 betr. Wertpapier- und Devisengeschäfte einer Ehe- und Partnervermittlung.
79 BFH, Urteile v. 11.7.1996 - IV R 67/95, BFH/NV 1997 S. 114 und v. 20.4.1999 - VIII R 63/96, BStBl 1999 II S. 466.
80 BFH, Urteil v. 24.10.1969 - IV R 139/68, BStBl 1970 II S. 411; FG Köln, Urteil v. 19.4.1988 - 2 K 223/85, EFG 1988 S. 518, rkr.
81 BFH, Urteil v. 16.9.1970 - I R 133/68, BStBl 1970 II S. 865.
82 BFH, Urteil v. 18.12.1996 - XI R 52/95, BStBl 1997 II S. 351.

526–527 *(Einstweilen frei)*

1.4.5 Sonderkategorie: Gemischtgenutzte Wirtschaftsgüter

528 Eine gemischte Nutzung von Wirtschaftsgütern kann sowohl im Betriebs- und Privatvermögen, als auch im betrieblichen Bereich vorliegen, wenn das Wirtschaftsgut in verschiedenen Betrieben des Steuerpflichtigen genutzt wird.

529 **Gemischt betrieblich-private Nutzung (Einheitlichkeitsgrundsatz):** Nach Rechtsprechung und herrschender Meinung gehören Wirtschaftsgüter in vollem Umfang entweder zum Betriebs- oder zum Privatvermögen; bei gemischt betrieblich-privater Nutzung können sie daher nicht anteilig dem Betriebs- und Privatvermögen zugeordnet werden.[83] Mithin sind Wirtschaftsgüter, die nicht Grundstücke oder Grundstücksteile sind und die zu mehr als 50 % eigenbetrieblich genutzt werden, in vollem Umfang notwendiges Betriebsvermögen. Werden sie zu mehr als 90 % privat genutzt, gehören sie in vollem Umfang zum notwendigen Privatvermögen. Bei einer betrieblichen Nutzung von mindestens 10 % bis zu 50 % ist eine Zuordnung dieser Wirtschaftsgüter zum gewillkürten Betriebsvermögen in vollem Umfang möglich. Wird ein Wirtschaftsgut privat und in mehreren Betrieben des Steuerpflichtigen genutzt, so ist die gesamte eigenbetriebliche Nutzung für die Zuordnung zum Betriebs- oder Privatvermögen maßgebend.[84] Die Änderung der betrieblichen Nutzung in die Geringfügigkeit führt nicht zu einer Zwangsentnahme (s. Rz. 520 m. w. N.).

530 **Kritik am Einheitlichkeitsgrundsatz:** Nachdem der Große Senat des BFH das Aufteilungs- und Abzugsverbot des § 12 Nr. 1 EStG unter strikter Anwendung des Veranlassungsprinzips aufgegeben hat,[85] lassen sich kaum noch überzeugende Argumente für eine Fortführung des Grundsatzes der Unteilbarkeit bei der Zuordnung gemischtgenutzter Wirtschaftsgüter zum Betriebs- und Privatvermögen anführen.[86] Das Problem der Zuordnung von Wirtschaftsgütern ist der Zuordnung von Aufwendungen durchaus vergleichbar. Die abweichende Behandlung von Grundstücken und Grundstücksteilen ist Beleg für eine praktikable Handhabung der Zuordnung nach dem Nutzungs- und Funktionszusammenhang zugrundeliegenden Veranlassungsprinzip (s. Rz. 531).

531 **Ausnahme vom Einheitlichkeitsgrundsatz bei Gebäuden und Grundstücksteilen:** Nach Rechtsprechung, Finanzverwaltung und überwiegender Auffassung im Schrifttum ist ein Gebäude grundsätzlich zwar auch als einheitliches Wirtschaftsgut zu behandeln, zerfällt aber bei unterschiedlicher Nutzung in verschiedene Wirtschaftsgüter. Wird ein Gebäude daher teils eigenbetrieblich, teils fremdbetrieblich, teils zu eigenen und teils zu fremden Wohnzwecken genutzt, so ist jeder der vier unterschiedlich genutzten Gebäudeteile ein besonderes Wirtschaftsgut, weil das Gebäude in verschiedenen Nut-

---

[83] S. etwa BFH, Urteile v. 13.3.1964 - IV 158/61 S, BStBl 1964 III S. 455; v. 26.1.1994 - X R 1/92, BStBl 1994 II S. 353; v. 2.10.2003 - IV R 13/03, BStBl 2004 II S. 985 und v. 27.1.2016 - X R 2/14, BStBl 2016 II S. 534 Rz. 17 betr. Nutzungsausfallentschädigung als Betriebseinnahme; gl. A. *Wied*, in: Blümich, § 4 EStG Rz. 347; *Musil*, HHR, § 4 EStG Anm. 72; a. A. *Heinicke* in Schmidt, EStG, 37. Aufl. 2018, § 4 Rz. 207; *Wassermeyer*, DStJG 80 (3) S. 331 ff.; *Weber*, StuW 2009 S. 184, 195.
[84] BFH, Urteil v. 2.10.2003 - IV R 13/03, BStBl 2004 II S. 985 und R 4.2 Abs. 1 Satz 4-7 EStR.
[85] BFH, Beschluss v. 21.9.2009 - GrS 1/06, BStBl 2010 II S. 672.
[86] Zweifelnd aber *Bode* in Kirchhof, EStG, 17. Aufl. 2018, § 4 Rz. 39.

zungs- und Funktionszusammenhängen steht.[87] Entsprechend ist der Grund und Boden den verschiedenen Wirtschaftsgütern zuzuordnen.[88] Als Aufteilungsmaßstab sind die jeweiligen Nutzflächen ins Verhältnis zur Nutzfläche des gesamten Gebäudes zu setzen.[89] Nach § 51 Abs. 1 Nr. 1 Buchst. a EStG i. V. m. § 8 EStDV müssen eigenbetrieblich genutzte Grundstücksteile nicht als Betriebsvermögen behandelt zu werden, wenn ihr Wert nicht mehr als ein Fünftel des gemeinen Werts des gesamten Grundstücks und nicht mehr als 20.500 € beträgt.

Das Aufteilungsgebot gilt auch für Gebäudeteile, soweit sie nicht in einem einheitlichen Nutzungs- und Funktionszusammenhang mit dem Gebäude stehen. Ein Gebäudeteil ist selbständiges Wirtschaftsgut, wenn er besonderen Zwecken dient, mithin in einem von der eigentlichen Gebäudenutzung verschiedenen Nutzungs- und Funktionszusammenhang steht. Selbständige Gebäudeteile in diesem Sinne sind Betriebsvorrichtungen, Scheinbestandteile, Ladeneinbauten, Schaufensteranlagen, Gaststätteneinbauten, Schalterhallen von Kreditinstituten sowie ähnliche Einbauten.

Nutzung eines Wirtschaftsguts in verschiedenen Betrieben eines Steuerpflichtigen: Nutzt der Steuerpflichtige ein Wirtschaftsgut zugleich in verschiedenen Betrieben auch unterschiedlicher Einkunftsarten, so findet der Einheitlichkeitsgrundsatz ebenfalls Anwendung (s. Rz. 529). Nach der Rechtsprechung des BFH ist ein Wirtschaftsgut grundsätzlich nicht teilbar.[90] Das Wirtschaftsgut ist dann dem Betrieb der überwiegenden Nutzung zuzuordnen; die Aufwendungen sind dann, einschließlich der AfA, auf die verschiedenen Betriebe aufzuteilen.

Zu Einzelfällen der Vermögenszuordnung verschiedener Bilanzposten, wie Beteiligungen, Forderungen, Gebäude, Grund und Boden, Verbindlichkeiten und Wertpapieren, s. Teil B Kap. I, II und VII.

(Einstweilen frei)

532

533

534

535–539

2. Betriebsvermögen und Wirtschaftsgut
2.1 Bedeutung des Wirtschaftsguts für die Gewinnermittlung

Handelsrechtlich sind nach §§ 246 Abs. 1, 252, 253 und 266 HGB Vermögensgegenstände, steuerrechtlich nach §§ 4 Abs. 1, 5, 6 und 7 EStG als Wirtschaftsgüter anzusetzen. Beide Begriffe sind jedoch weitgehend identisch.[91] Allerdings erstreckt sich der Begriff des Wirtschaftsguts auch auf die Passivseite der Bilanz (s. Rz. 551).[92] Weder das EStG noch das KStG enthalten eine Legaldefinition des Wirtschaftsgutbegriffs (s. Rz. 545); auch der am 25.10.2016 von der EU-Kommission vorgestellte Vorschlag für

540

---

87 Grundlegend BFH, Beschluss v. 26.11.1973 - GrS 5/71, BStBl 1974 II S. 132; R 4.2 Abs. 4 EStR und statt aller *Musil*, HHR, § 4 EStG Anm. 73 m. w. N.; a. A. etwa *Wichmann*, BB 1990 S. 975.
88 H 4.2 (7) EStH m. w. N.
89 S. etwa BFH, Urteil v. 21.2.1990 - X R 174/87, BStBl 1990 II S. 578.
90 S. nur BFH, Urteil v. 11.9.1969 - IV R 160/67, BStBl 1970 II S. 317 unter Rz. 14 m. w. N.
91 BFH, Beschluss v. 7.8.2000 - GrS 2/99, BStBl 2000 II S. 632.
92 Zum Begriff des Wirtschaftsguts aus der Sicht des BFH, s. Rz. 2697 f.

eine Richtlinie des Rates über eine „Gemeinsame Körperschaftsteuer-Bemessungsgrundlage" (GKB-RLE), die am 1.1.2019 in Kraft treten soll,[93] setzt den Begriff des Wirtschaftsguts voraus, obwohl in Art. 4 insgesamt 33 grundlegende Begriffsbestimmungen aufgeführt sind.[94]

541 **Bedeutung des Begriffs „Wirtschaftsgut" für die Bestimmung des Betriebsvermögens**: Das für den Betriebsvermögensvergleich anzusetzende Betriebsvermögen besteht in der Differenz zwischen den Aktiva und Passiva, also dem Betriebsreinvermögen.[95] Zu den Aktiva gehören die dem betrieblichen Bereich zuzuordnenden Wirtschaftsgüter, die aktiven RAP sowie die geleisteten Anzahlungen; zu den Passiva Verbindlichkeiten, Rückstellungen, passive RAP und erhaltene Anzahlungen. Die Definition des Wirtschaftsgutsbegriffs bestimmt damit maßgeblich den Umfang des nach §§ 4 Abs. 1, 5 EStG zu ermittelnden Gewinns.[96]

542 **Bedeutung des Begriffs Wirtschaftsgut für Entnahmen und Einlagen:** Der Begriff des Wirtschaftsguts ist auch für die Entnahmen und Einlagen von Bedeutung (Rz. 580 ff.).

Entnahmen sind nach § 4 Abs. 1 Satz 2 EStG alle Wirtschaftsgüter, die der Steuerpflichtige dem Betrieb für sich, für seinen Haushalt oder für andere betriebsfremde Zwecke im Laufe des Wirtschaftsjahrs entnommen hat. Entgegen diesem Wortlaut sind aber nicht nur Wirtschaftsgüter entnahmefähig, denn es gibt – wie der Klammerzusatz in § 4 Abs. 1 Satz 2 EStG zeigt – auch die Nutzungs- und Leistungsentnahme. Daher ist der Begriff des Wirtschaftsguts nur für die Sachentnahme von entscheidender Bedeutung (s. Rz. 595).

Einlagen sind nach § 4 Abs. 1 Satz 8 EStG alle Wirtschaftsgüter (Bareinzahlungen und sonstige Wirtschaftsgüter), die der Steuerpflichtige dem Betrieb im Laufe des Jahres zugeführt hat. Dem Gesetzeswortlaut nach kommen als Einlagen auch nur Wirtschaftsgüter in Betracht. Obwohl in § 4 Abs. 1 Satz 8 EStG nicht einmal, wie in Satz 2 der Vorschrift im Klammerzusatz, Nutzungen und Leistungen erwähnt sind, gibt es auch Nutzungs- und Leistungseinlagen in Form der sogenannten Aufwandseinlage.[97] Der Begriff des Wirtschaftsguts ist auch hiernach nur für die Sacheinlage, also die Überführung eines Wirtschaftsguts vom Privatvermögen in das Betriebsvermögen, von Bedeutung.

543 **Bedeutung des Begriffs des Wirtschaftsguts für die Bewertung (§ 6 EStG) und die Absetzungen für Abnutzung (§ 7 EStG):** Da Gegenstand der Bewertung nach §§ 4 und 7 EStG jeweils das einzelne Wirtschaftsgut ist, sind der Begriff des Wirtschaftsguts sowie die Abgrenzung selbständiger Wirtschaftsgüter von Teilen eines Wirtschaftsguts auch für die Bewertung maßgeblich. Zugleich ist die Unterscheidung der verschiedenen Arten von Wirtschaftsgütern für die Anwendung der §§ 4 und 7 EStG von Bedeutung.

---

[93] Vgl. die letzte aktualisierte Fassung: EU-Kommission, Vorschlag für eine Richtlinie des Rates über eine Gemeinsame Körperschaftsteuer-Bemessungsgrundlage v. 25.10.2016, COM(2016) 685 final, zitiert als GKB-RLE (http://eur-lex.europa.eu/legal-content/EN/TXT/?uri=COM:2016:685:FIN).
[94] Zu Einzelheiten der Gewinnermittlung nach dem GKB-RLE s. etwa *Scheffler/Köstler*, Richtlinie, S. 29 ff.; *Velte/Mock*, StuW 2017 S. 126.
[95] BFH, Beschluss v. 26.10.1987 - GrS 2/86, BStBl 1988 II S. 348 unter C. I. 1.
[96] Zu Einzelheiten s. Rz. 540 ff. und *Kanzler*, HHR, Vor §§ 4-7 EStG Anm. 101.
[97] Grundlegend BFH, Beschluss v. 26.10.1987 - GrS 2/86, BStBl 1988 II S. 348 unter Rz. 64 ff.

Wirtschaftsgut als Gegenstand der Bewertung: Nur Wirtschaftsgüter unterliegen der Bewertung nach den §§ 6, 7 EStG, nicht dagegen Bilanzpositionen, die nicht als Wirtschaftsgüter zu qualifizieren sind. So werden insbesondere Rechnungsabgrenzungsposten nicht nach §§ 6, 7 EStG bewertet, sondern berechnet.

Einzelnes Wirtschaftsgut als Gegenstand der Bewertung: Der Grundsatz der Einzelbewertung schließt die Bewertung einer Gesamtheit von Wirtschaftsgütern aus. Für die Anwendung der §§ 6 und 7 EStG ist daher jeweils zu prüfen, ob es sich bei einer Position um ein selbständiges Wirtschaftsgut, um verschiedene miteinander verbundene Wirtschaftsgüter oder um den Teil eines anderen Wirtschaftsguts handelt.

2.2 Begriff des „einzelnen" Wirtschaftsguts

Der steuerrechtliche Begriff des Wirtschaftsguts entspricht der Funktion nach dem Begriff des Vermögensgegenstands im Handelsrecht, ohne dass beide Begriffe völlig übereinstimmen (s. Rz. 540). Probleme ergeben sich u. a. bei der Frage, was als selbständiges Wirtschaftsgut anzusehen und ob insbesondere die selbständige Verkehrsfähigkeit vorauszusetzen ist (s. Rz. 545). Anzusetzen und zu bewerten ist das „einzelne" Wirtschaftsgut (§ 6 Abs. 1 Satz 1 EStG). 544

Definition des Wirtschaftsguts: Der Begriff des Wirtschaftsguts findet sich mehrfach im EStG, ohne aber dort auch definiert zu werden. Nach ständiger höchstrichterlicher Rechtsprechung und herrschender Meinung in der Literatur sind Wirtschaftsgüter Sachen und Rechte, sowie tatsächliche Zustände und konkrete Möglichkeiten und Vorteile für den Betrieb, die dergestalt einer selbständigen Bewertung zugänglich sind, dass sie als Einzelheit greifbar sind, die einen mehrjährigen Nutzen für den Betrieb[98] bedeuten und deren Erlangung der Steuerpflichtige sich etwas hat kosten lassen.[99] Im Unterschied zum handelsrechtlichen Begriff des Vermögensgegenstands[100] wird die selbständige Verkehrs- oder Verwertungsfähigkeit nach Rechtsprechung und herrschender Meinung im Schrifttum nicht gefordert; es genügt, dass sie allein oder mit dem Betrieb verkehrsfähig sind.[101] 545

Selbständige Wirtschaftsgüter sind von Teilen eines Wirtschaftsguts einerseits und mehreren, verschiedenen Wirtschaftsgütern andererseits, sowie von bloßen Nutzungsvorteilen abzugrenzen. 546

Grundsatz der Einzelbewertung: In der Steuerbilanz werden jeweils einzelne Wirtschaftsgüter angesetzt und bewertet (§ 252 Abs. 1 Nr. 3 HGB i. V. m. § 5 Abs. 1 Satz 1 EStG und § 6 Abs. 1 Satz 1 EStG). Es ist daher festzustellen, ob eine Position ein selb-

---

98 Das Erfordernis der Mehrjährigkeit des Vorteils verneinend BFH, Urteil v. 26.11.2014 - X R 20/12, BStBl 2015 II S. 325.
99 S. nur BFH, Urteile v. 7.8.2000 - GrS 2/99, BStBl 2000 II S. 632, unter Rz. 43 ff. m. w. N. zur phasengleichen Aktivierung von „Dividendenforderungen"; v. 14.4.2011 - IV R 46/09, BStBl 2011 II S. 696 betr. Wirtschaftsgüter einer Windkraftanlage und v. 10.3.2016 - IV R 41/13, BStBl 2016 II S. 984, Rz. 26 betr. Rücklagebildung bei Erhöhung des Veräußerungspreises.
100 S. etwa *Hennrichs*, Münchner Kommentar Bilanzrecht, § 246 HGB Rz. 22 m. w. N.
101 BFH, Urteile v. 26.8.1992 - I R 24/91, BStBl 1992 II S. 977 f. betreffend Aktivierungspflicht der Transferentschädigung eines Bundesligafußballers und v. 19.10.2006 - III R 6/05, BStBl II 2007 S. 301. Gl. A. etwa *Hoffmann/Lüdenbach*, § 246 Rz. 45 ff.; Hüttemann, DStR 1994, 490; a. A. *Jansen*, DStR 1992 S. 1785. Zur Bilanzierung von Handgeldern und Spielervermittlungsprovisionen im deutschen Profifußball auch *Kirsch/Weber*, DStZ 2018 S. 584.

ständiges Wirtschaftsgut oder der unselbständige Teil eines Wirtschaftsguts ist oder ob sie aus mehreren selbständigen Wirtschaftsgütern besteht.

Eigenständige steuerrechtliche Beurteilung: Für die gebotene Einzelbewertung kann nicht stets auf zivilrechtliche Wertungen zurückgegriffen werden. So können wesentliche Bestandteile einer Sache i. S. d. §§ 93, 94 BGB steuerrechtlich selbständige Wirtschaftsgüter sein. Insbesondere Grund und Boden einerseits und aufstehendes Gebäude andererseits werden steuerrechtlich als zwei selbständige Wirtschaftsgüter angesehen. Demgegenüber können mehrere miteinander verbundene Gegenstände u. U. steuerrechtlich als ein einheitliches Ganzes und damit als ein einheitliches Wirtschaftsgut behandelt werden. So ist etwa der einzelne Baum eines Forstbetriebs nicht als selbständiges Wirtschaftsgut anzusehen, sondern der einzelne zusammenhängende Baumbestand einer bestimmten Fläche,[102] während ein aus mehreren Windkraftanlagen bestehender Windpark ungeachtet seiner „Zweckeinheit" kein einheitliches Wirtschaftsgut ist.[103]

Einheitlicher Nutzungs- und Funktionszusammenhang als Beurteilungsmerkmal: Maßgeblich für die Abgrenzung eines selbständigen Wirtschaftsguts von einem unselbständigen Teil eines anderen Wirtschaftsguts ist grundsätzlich die selbständige Bewertungsfähigkeit der Position. Ergänzend wird darauf abgestellt, ob die Hauptsache ohne die fragliche Position als unvollständig anzusehen ist, also ein negatives Gepräge hat. Dabei sind auch die Dauer und Festigkeit der Verbindung zwischen mehreren Gegenständen zu betrachten. Selbst ein mit einer Hauptsache fest verbundener Gegenstand wird jedoch als eigenständiges Wirtschaftsgut angesehen, wenn er in einem eigenen, selbständigen Nutzungs- und Funktionszusammenhang steht und entsprechend in Erscheinung tritt.[104] Andererseits kann ein einheitlicher Nutzungs- und Funktionszusammenhang auch zur Annahme eines zusammengesetzten Wirtschaftsguts führen, wenn einem Gegenstand ohne andere Gegenstände schon aus rein technischen Gründen allein keine Nutzbarkeit zukommt (so genannte funktionale Bewertungseinheiten[105]). Als Beispiel mag hier die Einbauküche angeführt werden.[106] Andere Zuordnungsregeln, wie sie etwa die International Accounting Standards bzw. International Financial Reporting Standards vorsehen, haben für die steuerliche Gewinnermittlung keine Bedeutung und sind deshalb nicht geeignet, den für den steuerlichen Wirtschaftsgutbegriff maßgeblichen Nutzungs- und Funktionszusammenhang durch einen Komponentenansatz zu ersetzen.[107]

BEISPIEL ▶ So stellt jede Windkraftanlage als Teil eines Windparks mit dem dazugehörigen Transformator und der verbindenden Verkabelung ebenso ein zusammengesetztes Wirtschaftsgut dar, wie die Verkabelung von den Transformatoren bis zum Stromnetz des Energieversorgers zusammen mit der Übergabestation, soweit dadurch mehrere Windkraftanlagen miteinander verbunden werden.

Nutzungsvorteile eines Wirtschaftsguts: Von den selbständigen Wirtschaftsgütern abzugrenzen sind die unselbständigen Teile, die wertbildenden Faktoren, wie z. B. geschäfts-

---

102 BFH, Urteil v. 5.6.2008 - IV R 67/05, BStBl 2008 II S. 960 zu Rz. 30.
103 BFH, Urteil v. 14.4.2011 - IV R 46/09, BStBl 2011 II S. 696.
104 BFH, Urteil v. 5.6.2008 - IV R 67/05, BStBl 2008 II S. 960.
105 S. etwa *Weber-Grellet*, Steuerbilanzrecht, München 1996, § 8 Rz. 6.
106 BFH, Urteil v. 3.8.2016 - IX R 14/15, BStBl 2017 II S. 437 mit Anm. *Kanzler*, NWB 2017 S. 1870.
107 BFH, Urteil v. 14.4.2011 - IV R 46/09, BStBl 2011 II S. 696.

wertbildende Rechtsreflexe oder Nutzungsvorteile eines Wirtschaftsguts.[108] So ist etwa die Möglichkeit auf einer Landwirtschaftsfläche eine Windenergieanlage zu betreiben, nicht als selbständiges immaterielles Wirtschaftsgut, sondern als wertbildender Faktor anzusehen.[109]

2.3 Abgrenzung des Wirtschaftsguts von anderen Bilanzpositionen

Der Begriff des Wirtschaftsguts ist von anderen Bilanzposten zu unterscheiden, die keine Wirtschaftsgüter sind. Dabei handelt es sich um aktive Rechnungsabgrenzungsposten, geleistete Anzahlungen und Bilanzierungshilfen. 547

Aktive Rechnungsabgrenzungsposten sind Ausgaben, die vor dem Abschlussstichtag geleistet werden, aber Aufwand für eine bestimmte Zeit nach diesem Tag darstellen (§ 250 Abs. 1 Satz 1 HGB, § 5 Abs. 5 Satz 1 Nr. 1 EStG). Sie dienen der periodengerechten Gewinnermittlung, indem sie Aufwand in die Abrechnungsperiode verlagern, der er wirtschaftlich zugehört (im Einzelnen Teil B Kap. III). Aktive Rechnungsabgrenzungsposten sind somit reine Verrechnungsposten und keine Wirtschaftsgüter.[110] Sie erscheinen auch in der Bilanzgliederung nach § 266 HGB als eigenständig gegenüber den Vermögensgegenständen (s. Rz. 4930 ff.). 548

Geleistete Anzahlungen sind Zahlungen im Rahmen eines schwebenden Geschäfts auf die noch ausstehenden Lieferungen oder Leistungen des anderen Vertragsteils (im Einzelnen dazu Teil B Kap. I Rz. 3213 ff.). Ebenso wie aktive Rechnungsabgrenzungsposten dienen sie der periodengerechten Gewinnermittlung, indem sie die Gewinnauswirkung geleisteter Ausgaben zunächst neutralisieren, um sie erst später, nämlich in der Abrechnungsperiode, der sie wirtschaftlich zugehören, eintreten zu lassen. Gleichwohl unterscheiden sie sich von den Rechnungsabgrenzungsposten durch den fehlenden Zeitraumbezug.[111] 549

Bilanzierungshilfen sind handelsrechtliche Aktivierungswahlrechte für Ausgaben, die weder zur Aktivierung eines Vermögensgegenstands, eines aktiven Rechnungsabgrenzungspostens oder einer geleisteten Anzahlung berechtigen. Steuerlich sind sie nicht aktivierungsfähig;[112] eine Abgrenzung zum Begriff des Wirtschaftsguts ist damit entbehrlich. 550

2.4 Das negative (passive) Wirtschaftsgut

Während nach den handelsrechtlichen Grundsätzen ordnungsmäßiger Buchführung auf der Aktivseite der Bilanz Vermögensgegenstände und auf der Passivseite Schulden 551

---

108 BFH, Urteil v. 10.3.2016 - IV R 41/13, BStBl 2016 II S. 984.
109 BFH, Urteil v. 10.3.2016 - IV R 41/13, BStBl 2016 II S. 984.
110 S. nur *Hoffmann/Lüdenbach*, § 250 Rz. 4; *Tiedchen*, HDJ II/11 Rz. 35 m. w. N. Nach anderer, u. E. aber abzulehnender Auffassung, besitzen aktive Rechnungsabgrenzungsposten „zweifelsfrei Wirtschaftsgutcharakter" (so *Babel* in Festschrift Mellwig, S. 1, 23 m. w. N.).
111 Nach wohl h. M. sind Anzahlungen allerdings als Wirtschaftsgut zu sehen (zum Meinungsstand *Tiedchen*, HHR, § 5 EStG Anm. 363).
112 *Weber-Grellet*, Steuerbilanzrecht, München 1996, § 8 Rz. 10 m. w. N.

aufgenommen werden, gehen alle Ertragsteuersenate des BFH von positiven und negativen bzw. aktiven und passiven Wirtschaftsgütern aus. Danach sind „Schulden ... im Grundsatz verkehrsfähige negative Wirtschaftsgüter".[113] Unseres Erachtens ist diese Begriffsbildung verfehlt, weil Voraussetzungen und Rechtsfolgen von Aktiva und Passiva unterschiedlich sind und der Begriff „Wirtschaftsgut" regelmäßig ohne einen Zusatz für die Aktivseite der Bilanz verwendet wird. Es empfiehlt sich daher bei den gesetzlich vorgesehenen Kategorien zu bleiben und steuerrechtlich die Aktiva als Wirtschaftsgüter und die Passiva als Verbindlichkeiten bzw. Rückstellungen zu bezeichnen.[114]

552–555 *(Einstweilen frei)*

2.5 Arten von Wirtschaftsgütern

2.5.1 Anlage- und Umlaufvermögen

556 **Bedeutung der Unterscheidung von Anlage- und Umlaufvermögen:** Bilanziell werden Wirtschaftsgüter des Anlage- und Umlaufvermögens unterschiedlich behandelt. Nur auf Anlagegüter anwendbar sind § 5 Abs. 2, § 4 Abs. 1 Nr. 1, § 4 Abs. 2 § 4b und § 7 EStG, sowie die Vorschriften über erhöhte AfA, Sonderabschreibungen und die Investitionszulagen. Demgegenüber wird Umlaufvermögen von § 4 Abs. 1 Nr. 2 und Abs. 2a EStG vorausgesetzt. Die Steuergesetze enthalten keine Definition der von ihnen verwendeten Begriffe des Anlagevermögens und des Umlaufvermögens. Die Rechtsprechung des BFH orientiert sich daher an den für die handelsrechtliche Bilanzierung maßgeblichen Vorschriften.[115]

557 **Begriff des Anlagevermögens:** Nach § 247 Abs. 2 HGB gehören zum Anlagevermögen die Gegenstände, die dazu bestimmt sind, dauernd dem Geschäftsbetrieb zu dienen.[116] Für die Einordnung als Anlagevermögen ist der Begriff „dauernd" nicht als reiner Zeitbegriff im Sinne von „immer" oder „für alle Zeiten" zu verstehen.[117] Damit sollen vielmehr die Wirtschaftsgüter des Anlagevermögens von denen des Umlaufvermögens unterschieden werden, die zum alsbaldigen Verbrauch oder der alsbaldigen Veräußerung bestimmt sind.

558 **Beispiele für Wirtschaftsgüter des Anlagevermögens** sind der Bilanzgliederung in § 266 Abs. 2 HGB folgend: Immaterielle Wirtschaftsgüter, wie Schutzrechte, Konzessionen und ähnliche Rechte und Werte sowie Lizenzen an solchen Rechten und Werten, Sachanlagen wie Grundstücke, grundstücksgleiche Rechte und Bauten einschließlich der Bauten auf fremden Grundstücken, technische Anlagen und Maschinen, andere Anla-

---

113 BFH, Beschluss v. 17.12.2007 - GrS 2/04, BStBl 2008 II S. 608 Rz. 69; s. auch BFH, Urteile v. 2.3.1973 - III R 88/69, BStBl 1973 II S. 475 Rz. 11; v. 26.2.1976 - I R 150/74, BStBl 1976 II S. 378 Rz. 10; v. 1.12.1992 - VIII R 57/90, BStBl 1994 II S. 607 Rz. 82; v. 18.10.2000 - X R 70/97, BFH/NV 2001 S. 440 Rz. 11; v. 17.4.2007 - IX R 44/05, BFH/NV 2007 S. 1834; und v. 6.5.2010 - IV R 52/08, BStBl 2011 II S. 261 Rz. 25 und v. 11.4.2013 - III R 32/12, BStBl 2014 II S. 242; gl. A. *Marx*, SteuerStud 2002 S. 603.
114 Gl. A. *Weber-Grellet*, Steuerbilanzrecht, München 1996, § 8 Rz. 1.
115 BFH, Urteil v. 5.2.1987 - IV R 105/84, BStBl 1987 II S. 448 m. w. N. zu Rz. 17.
116 Ständige Rechtsprechung: S. nur BFH, Urteil v. 16.12.2009 - IV R 48/07, BStBl 2010 II S. 799 m. w. N. unter Rz. 32; s. auch *Tiedchen*, HHR, § 5 EStG Anm. 371 m. w. N. zum Schrifttum.
117 BFH, Urteile v. 5.2.1987 - IV R 105/84, BStBl 1987 II S. 448 und v. 5.6.2008 - IV R 67/05, BStBl 2008 II S. 960 zu Rz. 29 jeweils m. w. N.

gen, Betriebs- und Geschäftsausstattung, Anlagen im Bau sowie Finanzanlagen, also Anteile an verbundenen Unternehmen, Ausleihungen an verbundene Unternehmen, Beteiligungen, Ausleihungen an Unternehmen, mit denen ein Beteiligungsverhältnis besteht, Wertpapiere des Anlagevermögens, sonstige Ausleihungen. Zu den in § 266 Abs. 2 A II Nr. 4 HGB ebenfalls aufgeführten Anzahlungen s. Rz. 549.

Ähnliche Rechte: Zu den genannten den Schutzrechten und Konzessionen ähnlichen Rechten gehören als ausschließliche, gegenüber jedermann geltende Rechte die Urheber- (§ 2 Abs. 1 UrhG), Leistungsschutz- (z. B. § 69b UrhG) und Verlagsrechte oder das Erfinderrecht.[118] Ähnliche Rechte vermitteln auch schuldrechtliche Ansprüche, die eine faktische Ausschließlichkeitsstellung begründen. Dazu gehören etwa Alleinvertriebs- und Belieferungsrechte, das Handelsvertreterrecht, die Spielerlaubnis für einen Lizenzfußballer oder der Internet-Domainname (s. Rz. 565 ff.). 559

Firmenwert als Anlagegut: Der ebenfalls in der Bilanzgliederung des § 266 Abs. 2 HGB aufgeführte Geschäfts- oder Firmenwert, ist als Unterschiedsbetrag zwischen der Summe der einzelnen Wirtschaftsgüter abzüglich der Schulden (Substanzwert) und dem Gesamtwert eines gewerblichen Unternehmens, ein besonderer, mit den übrigen Bilanzpositionen nicht vergleichbarer Bilanzposten. Er wird in Rechtsprechung[119] und Schrifttum[120] als immaterielles Wirtschaftsgut angesehen (Rz. 565 ff., 3308 ff.) und vom Gesetzgeber als Wirtschaftsgut (§ 7 Abs. 1 Satz 3 EStG) bzw. Vermögensgegenstand (§ 246 Abs. 1 Satz 4 EStG) fingiert. 560

Begriff des Umlaufvermögens: Gegenstände, die nicht als Anlagevermögen anzusehen und die dazu bestimmt sind, in einem einmaligen Akt veräußert oder verbraucht zu werden, sind dem Umlaufvermögen zuzurechnen,[121] das im Gegensatz zum Anlagevermögen im HGB nicht gesetzlich definiert ist. Ein solcher Gegenstand gehört auch dann zum Umlaufvermögen, wenn er bei fehlender Verkaufsmöglichkeit übergangsweise vermietet oder in anderer Weise für den Betrieb genutzt wird.[122] Beispiele für Wirtschaftsgüter des Umlaufvermögens sind nach der Bilanzgliederung des § 266 Abs. 2 HGB Vorräte (Roh-, Hilfs- und Betriebsstoffe, unfertige Erzeugnisse und unfertige Leistungen, fertige Erzeugnisse und Waren), Forderungen, Wertpapiere, soweit sie nicht zum Anlagevermögen zählen (Anteile an verbundenen Unternehmen, sonstige Wertpapiere), Kassenbestand, Bundesbankguthaben, Guthaben bei Kreditinstituten und Schecks. Außer dieser beispielhaften, nicht abschließenden Aufzählung sind auch neue Positionen dem Bilanzgliederungsschema zuzuordnen. So werden etwa die Emissionsberechtigungen nach dem Treibhausgas-Emissionshandelsgesetz als konzessionsähnliche immaterielle Wirtschaftsgüter dem Umlaufvermögen zugerechnet.[123] 561

---

118 Dazu im Einzelnen *Anzinger*, HHR, § 5 EStG Anm. 1783.
119 S. nur BFH, Urteil v. 26.11.2009 - III R 40/07, BStBl 2010 II S. 609 Rz. 14 m. w. N.
120 S. nur *Tiedchen*, HHR, § 5 EStG Anm. 367 und *Weber-Grellet* in Schmidt, EStG, 33. Aufl. 2014 § 5 Rz. 222 jeweils m. w. N. Nach a. A. soll der Geschäfts- oder Firmenwert eine Bilanzierungshilfe sein (so *Bruckner* in Gedenkschrift Kögelberger, 2008 S. 179).
121 Z. B. BFH, Urteile v. 23.9.2008 - I R 47/07, BStBl 2009 II S. 986 und v. 16.12.2009 - IV R 48/07, BStBl 2010 II S. 799 jeweils m. w. N.
122 BFH, Urteil v. 16.12.2009 - IV R 48/07, BStBl 2010 II S. 799 unter Rz. 32 m. w. N.
123 Ausführlich dazu *Anzinger*, HHR, § 5 EStG Anm. 1824 m. w. N.

562 **Abgrenzung des Anlagevermögens vom Umlaufvermögen und Umwidmung:** Die Zuordnung eines Gegenstands zum Anlage- oder Umlaufvermögen orientiert sich maßgeblich an der Zweckbestimmung des Wirtschaftsguts im Betrieb, die einerseits subjektiv vom Willen des Steuerpflichtigen abhängt, sich andererseits aber an objektiven Merkmalen nachvollziehen lassen muss.[124] So gehört ein Gegenstand, der zur Vermietung bestimmt ist, zum Anlagevermögen, es sei denn, die Vermietung dient nur dem Zweck, den Gegenstand anschließend dem Mieter zu verkaufen. Bei Wirtschaftsgütern, die unter die Aufzählung in § 266 Abs. 2 Teil B HGB fallen, spricht bereits eine (widerlegbare) Vermutung für ihre Zugehörigkeit zum Umlaufvermögen.[125]

563 *Unterschiedliche Zuordnung ein- und desselben Gegenstands:* Die individuelle Zweckbestimmung führt allerdings dazu, dass Gegenstände, die typischerweise zum Anlagevermögen gehören, in bestimmten Fällen dem Umlaufvermögen zuzuordnen sind und umgekehrt. So gehören Grundstücke grundsätzlich zum Anlagevermögen, sind aber bei einem gewerblichen Grundstückshandel Wirtschaftsgüter des Umlaufvermögens,[126] während Waren eines Kaufmanns dann dem Anlagevermögen zuzuordnen sind, wenn sie als Ausstellungsstücke oder Vorführgeräte fungieren.[127] Zwar führt allein die Absicht, einen Gegenstand nach Beendigung der betrieblichen Nutzung zu veräußern, noch nicht zur Annahme von Umlaufvermögen;[128] ist die Veräußerung jedoch Teil eines Gesamtplans, dann sind die Wirtschaftsgüter von Anfang an dem Umlaufvermögen zuzuordnen.[129]

564 *Umwidmung von Wirtschaftsgütern:* Die Zuordnung zum Anlage- oder Umlaufvermögen kann sich im Laufe der Zeit ändern. So können Grundstücke aus dem Anlagevermögen in das Umlaufvermögen übergehen, wenn ein ruhender Gewerbebetrieb zum Grundstückshandel wird.[130] Eine Umwidmung ist auch bei Wirtschaftsgütern mit doppelter Zweckbestimmung vorzunehmen, wie etwa bei Zuchtvieh eines land- und forstwirtschaftlichen oder gewerblichen Betriebs, das nach Beendigung ihrer Nutzung als Anlagevermögen allein zum Zweck des späteren Verkaufs noch einige Zeit gefüttert wird.[131] Maßgebend für eine solche doppelte Zweckbestimmung eines Wirtschaftsguts, die zu einer Umwidmung von Anlage- in Umlaufvermögen zwingt, sind weitere Aktivitäten des Steuerpflichtigen, die das Anlagegut zu einem verkehrsfähigen Gegenstand machen. So dienen ungeförderte Rohstoffe der künftigen, dauerhaften Nutzung und gehören daher zum Anlagevermögen; werden sie aber aufgeschlossen, so sind sie dem Umlaufver-

---

124 BFH, Urteil v. 16.12.2009 - IV R 48/07, BStBl 2010 II S. 799 unter Rz. 32 m. w. N.
125 BFH, Urteil v. 2.2.1990 - III R 165/85, BStBl 1990 II S. 706 Rz. 17.
126 Mit der Folge, dass auch AfA und Reinvestitionsvergünstigungen entfallen, s. etwa BFH, Urteil v. 8.11.2007 - IV R 34/05, BStBl 2008 II S. 231 betr. Landwirt mit gewerblichem Grundstückshandel.
127 BFH, Urteile v. 23.9.2008 - I R 47/07, BStBl 2009 II S. 986 und v. 31.3.1977 - V R 44/73, BStBl 1977 II S. 684 beide betr. Musterhäuser.
128 BFH, Urteile v. 9.2.2006 - IV R 15/04, BFH/NV 2006 S. 1267 und v. 26.6.2007 - IV R 49/04, BStBl 2009 II S. 289 beide betr. Flugzeugvermietung.
129 BFH, Urteil v. 2.2.1990 - III R 165/85, BStBl 1990 II S. 706 betr. Fernsehgeräte als Gegenstand eines „Test"-Mietvertrags.
130 BFH, Urteil v. 18.9.2002 - X R 28/00, BStBl 2003 II S. 133.
131 BFH, Urteil v. 15.2.2001 - IV R 19/99, BStBl 2001 II S. 549 zu Rz. 15 f.

mögen zuzuordnen.[132] Der Zuordnungswechsel vom Anlage- zum Umlaufvermögen und umgekehrt vollzieht sich erfolgsneutral.[133]

2.5.2 Materielle und immaterielle Wirtschaftsgüter

Bedeutung der Unterscheidung: Die Unterscheidung materieller Wirtschaftsgüter von immateriellen Wirtschaftsgütern folgt dem handelsbilanziellen Gliederungsschema, das die immateriellen Vermögensgegenstände von den Sach- und den Finanzanlagen abgrenzt. Für immaterielle Wirtschaftsgüter des Anlagevermögens gilt nach § 5 Abs. 2 EStG ein Aktivierungsverbot, wenn sie unentgeltlich erworben wurden. Im Übrigen können für immaterielle Wirtschaftsgüter weder die Sofortabschreibung für geringwertige Wirtschaftsgüter (§ 6 Abs. 2 und 2a EStG) noch die degressive AfA (§ 7 Abs. 2 EStG[134]) oder Investitionszulagen bzw. ein Investitionsabzugsbetrag nach § 7g EStG[135] in Anspruch genommen werden. Nach dem jeweiligen Gesetzeswortlaut sind zwar nur bewegliche Anlagegüter begünstigt. Damit sind aber zugleich immaterielle Wirtschaftsgüter ausgeschlossen, weil sie sich einer Unterscheidung hinsichtlich Beweglichkeit oder Unbeweglichkeit entziehen.[136]

565

Begriffsbestimmungen: Materielle Wirtschaftsgüter sind körperliche Gegenstände, wie z. B. Sachanlagen, Grundstücke, Gebäude, Maschinen, maschinelle Anlagen, Kraftfahrzeuge, Betriebsvorrichtungen, Geschäftsausstattungen, Roh-, Hilfs- und Betriebsstoffe.[137] Ohne Bedeutung ist, ob es sich dabei um Sachen i. S. d. § 90 BGB, Bestandteile von Sachen (§ 93 BGB) oder um Zubehör (§ 97 BGB) handelt.[138] Auch Tiere gehören – ungeachtet der zivilrechtlichen Vorschrift des § 90a BGB – zu den materiellen Wirtschaftsgütern.[139] Immaterielle Wirtschaftsgüter unterscheiden sich von den materiellen Wirtschaftsgütern durch die fehlende Körperlichkeit; es handelt sich zumeist um „geistige Werte" (z. B. Ideen) und Rechte (Berechtigungen). Immaterielle Wirtschaftsgüter sind z. B. Konzessionen, gewerbliche Schutzrechte, Urheberrechte, Lizenzrechte,[140] aber auch ungeschützte Erfindungen, Software, Rechte aus vertraglichen Wettbewerbsverboten, Belieferungsrechte, Kauf- und Verkaufsoptionen sowie der Geschäftswert.[141]

566

Die Abgrenzung zwischen materiellen und immateriellen Wirtschaftsgütern richtet sich zunächst danach, ob sie körperlich, also greifbar, oder unkörperlich sind. Besondere

567

---

132 *Kanzler*, DStR 2007 S. 1101, 1104.
133 Nach *Kirchhof* (Bundessteuergesetzbuch – Bilanzordnung, S. 1143 und 1159 f.) soll der Wechsel von Grundstücken zwischen Anlage- und Umlaufvermögen als entgeltliche Übertragung zum Verkehrswert erfolgen. Diese Rechtsfolge ist Teil des grundlegend anderen Konzepts seiner Besteuerung grundstücksbezogener Einkünfte.
134 Für Wirtschaftsgüter, die nach dem 31.12.2008 und vor dem 1.1.2011 angeschafft oder hergestellt worden sind.
135 BFH, Urteil v. 18.5.2011 - X R 26/09, BStBl 2011 II S. 865.
136 BFH, Urteil v. 28.7.1994 - III R 47/92, BStBl 1994 II S. 873 m. w. N.
137 BFH, Beschluss v. 4.12.2006 - GrS 1/05, BStBl 2007 II S. 508 unter Rz. 68.
138 BFH, Urteil v. 30.10.2008 - III R 82/06, BStBl 2009 II S. 421 unter Rz. 15 m. w. N.
139 BFH, Urteil v. 15.5.1997 - III R 143/93, BStBl 1997 II S. 575 betr. investitionszulagenrechtliche Herstellungskosten einer Kuh; a. A. *Crezelius* in Kirchhof, EStG, 17. Aufl. 2018, § 6 Rz. 63.
140 Zu Sendelizenzen, die mangels Übertragbarkeit kein Wirtschaftsgut sein sollen: FG Baden-Württemberg, Urteil v. 3.5.2017 - 4 K 173/14, nrkr. NZB BFH IV B 40/17, mit kritischer Anm. *Weiss*, BB 2017 S. 2419.
141 BFH, Beschluss v. 4.12.2006 - GrS 1/05, BStBl 2007 II S. 508 m. w. N.

Probleme wirft die Abgrenzung zwischen materiellen und immateriellen Wirtschaftsgütern in den Fällen auf, in denen ein immaterielles Gut an ein materielles Substrat gebunden ist, wie z. B. bei Büchern, Filmen, Tonträgern und Disketten. Nach herrschender Meinung soll sich die Abgrenzung in diesen Fällen danach richten, was als Schwerpunkt des Guts anzusehen ist. Entscheidend ist, ob es dem Erwerber überwiegend auf den materiellen oder den immateriellen Gehalt ankommt, ob der Verkörperung eine eigenständige Bedeutung zukommt oder ob sie lediglich als „Träger" den immateriellen Gehalt festhalten soll.[142] Erwirbt daher ein Steuerpflichtiger Messgeräte mit Schaltplänen in der Absicht, diese Geräte bis zur Serienreife fertig zu entwickeln, so hat er technisches Know-how erworben. Die Messgeräte sind nur ein unselbständiger Teil des erworbenen Know-how.[143] Dies gilt etwa auch für die aus materiellen und immateriellen Komponenten zusammengesetzte Standardsoftware.[144] Zu immateriellen Wirtschaftsgütern im Einzelnen s. Teil B Kap. I. 1 und zu immateriellen Wirtschaftsgütern in der Land- und Forstwirtschaft im Besonderen s. Teil A Kap. XV Rz. 2472 ff.

2.5.3 Bewegliche und unbewegliche Wirtschaftsgüter

568 **Die Abgrenzung zwischen beweglichen und unbeweglichen Wirtschaftsgütern** ist auf materielle Wirtschaftsgüter beschränkt. Immaterielle Wirtschaftsgüter werden weder als bewegliche noch als unbewegliche Wirtschaftsgüter angesehen (s. Rz. 565). Bewegliche Wirtschaftsgüter sind alle Sachen i. S. d. § 90 BGB mit Ausnahme von Grundstücken und Gebäuden sowie Betriebsvorrichtungen i. S. d. § 48 Abs. 2 Nr. 2 BewG. Alle anderen materiellen Wirtschaftsgüter zählen zu den unbeweglichen Wirtschaftsgütern.

569 **Bedeutung der Abgrenzung:** Die Unterscheidung der beweglichen von den unbeweglichen Wirtschaftsgütern ist für die anzuwendende AfA-Methode von Bedeutung. Leistungsabhängige AfA gem. § 7 Abs. 1 Satz 6 EStG und degressive AfA gem. § 7 Abs. 2 EStG sind nur bei beweglichen Wirtschaftsgütern zulässig, während unbewegliche, abnutzbare Wirtschaftsgüter stets linear abzuschreiben sind. Für Gebäude bestehen allerdings in § 7 Abs. 4 und 5 EStG eigenständige Regelungen über die Vornahme der AfA. Auch die Bewertungsfreiheit des § 6 Abs. 2 EStG und die Bildung eines Sammelpostens nach § 6 Abs. 2a EStG sind nur für bewegliche Anlagegüter in Anspruch zu nehmen. Dies gilt auch für den Investitionsabzugsbetrag gem. § 7g EStG und die Investitionszulagen nach dem InvZulG 2010 (§ 2 InvZulG), sowie für Sonderabschreibungen gem. § 2 FördG a. F. Dagegen sind die Sonderabschreibungen nach § 3 FördG a. F. auf unbewegliche Wirtschaftsgüter beschränkt.

570 **Der Begriff des beweglichen Wirtschaftsguts** wird in den einschlägigen Gesetzen (s. Rz. 569) nicht erläutert, sondern in Anlehnung an das Einkommensteuerrecht bestimmt. Das EStG wiederum grenzt bewegliche von den unbeweglichen Wirtschaftsgütern unter Rückgriff auf die Regelung des bürgerlichen Rechts in den §§ 93 f. BGB über wesentliche Gebäudebestandteile einerseits und Scheinbestandteile andererseits

---

142 BFH, Urteil v. 30.10.2008 - III R 82/06, BFHE 223, 567, BStBl 2009 II S. 421.
143 BFH, Urteil v. 22.5.1979 - III R 129/74, BStBl 1979 II S. 634.
144 BFH, Urteil v. 18.5.2011 - X R 26/09, BStBl 2011 II S. 865.

in erster Linie anhand des Bewertungsrechts ab.[145] Bewegliche Wirtschaftsgüter sind danach:[146]

- bewegliche Sachen;
- Scheinbestandteile von Grundstücken und Gebäuden i. S. v. § 95 BGB;
- Schiffe;[147]
- Betriebsvorrichtungen i. S. d. § 68 Abs. 2 Nr. 2 BewG auch wenn sie wesentliche Bestandteile sind;[148]
- Feldinventar und stehende Ernte.[149]

Begriff des unbeweglichen Wirtschaftsguts: Unbewegliche Wirtschaftsgüter sind alle Wirtschaftsgüter, die nicht zu den beweglichen Wirtschaftsgütern gehören. Zu den unbeweglichen Wirtschaftsgütern gehören daher:[150] 571

- Grundstücke[151] und Gebäude;[152]
- Gebäudeteile, Eigentumswohnungen und im Teileigentum stehende Räume i. S. d. § 7 Abs. 5a;
- Bodenschätze, soweit sie nicht als unselbständige Teile des Grundstücks, auf dem sie sich befinden, anzusehen sind;[153]
- Einfriedungen und Umzäunungen eines Grundstücks;[154]
- Hof- und Platzbefestigungen, Straßenzufahrten und Privatstraßen,[155] sofern sie nicht als Betriebsvorrichtungen und somit als bewegliche Wirtschaftsgüter anzusehen sind;
- Strand-, Sport- und Gartenanlagen;[156]
- Luftfahrzeuge.[157]

2.5.4 Abnutzbare und nichtabnutzbare Wirtschaftsgüter

Begriff der abnutzbaren und nichtabnutzbaren Wirtschaftsgüter: Abnutzbare Wirtschaftsgüter sind solche, die im Laufe der Zeit typischerweise einem wirtschaftlichen 572

---

145 BFH, Urteil v. 6.8.1998 - III R 28/97, BStBl 2000 II S. 144 unter Rz. 19 und v. 25.11.1999 - III R 77/97, BStBl 2002 II S. 233 unter Rz. 20.
146 Dazu statt aller *Tiedchen*, HHR, § 5 EStG Anm. 594 m. w. N.
147 BFH, Beschluss v. 5.3.1992 - IV B 178/90, BStBl 1992 II S. 725 zu Rz. 27.
148 BFH, Urteil v. 14.3.2006 - I R 109/04, BFH/NV 2006 S. 1812; s. aber BFH, Urteil v. 14.7.2010 - XI R 9/09 (BStBl 2010 II S. 1086), wonach für Betriebsvorrichtungen, die als wesentliche Bestandteile auf Dauer in ein Gebäude eingebaut wurden, der für Grundstücke geltende Vorsteuerberichtigungszeitraum von zehn Jahren gilt.
149 Als selbständiges Wirtschaftsgut des Umlaufvermögens; s. etwa BFH, Urteil v. 18.3.2010 - IV R 23/07, BFHE 228 S. 526 unter Rz. 14.
150 Im Einzelnen dazu *Tiedchen*, HHR, § 5 EStG Anm. 595 m. w. N.
151 BFH, Urteil v. 19.10.1999 - IX R 34/96, BStBl 2000 II S. 257.
152 BFH, Urteil v. 7.4.2011 - III R 8/09, BFH/NV 2011 S. 1187.
153 Grundlegend dazu BFH, Beschluss v. 4.12.2006 - GrS 1/05, BStBl 2007 II S. 508.
154 BFH, Urteil v. 4.3.1998 - X R 151/94, BFH/NV 1998 S. 1086.
155 BFH, Urteile v. 4.3.1998 - X R 151/94, BFH/NV 1998 S. 1086 und v. 14.4.2011 - IV R 46/09, BStBl 2011 II S. 696.
156 BFH, Urteil v. 15.10.1965 - VI 181/65 U, BStBl 1966 III S. 12.
157 BFH, Urteil v. 2.5.2000 - IX R 71/96, BStBl 2000 II S. 467 unter Rz. 12 ff.

oder technischen Wertverzehr unterliegen. Technischer Wertverzehr ist dabei als Verschleiß, wirtschaftlicher Wertverzehr als Beschränkung der Nutzbarkeit aus wirtschaftlichen Gründen anzusehen.[158] Nicht abnutzbare Wirtschaftsgüter sind solche, die weder einem wirtschaftlichen noch einem technischen Wertverzehr unterliegen. Die Abgrenzung zwischen abnutzbaren und nicht abnutzbaren Wirtschaftsgüter richtet sich nach den tatsächlichen Umständen.

573 **Bedeutung der Abgrenzung:** Die Abgrenzung der unbeweglichen von den Wirtschaftsgütern ist vor allem für die Bewertung von Bedeutung, da AfA nur bei abnutzbaren Wirtschaftsgütern vorzunehmen sind. Auch die Sofortabschreibung nach § 6 Abs. 2 EStG, die Sammelabschreibung nach § 6 Abs. 2a EStG sowie die Sonderabschreibung nach § 7f EStG kann nur für abnutzbare Wirtschaftsgüter in Anspruch genommen werden. Schließlich ist die Unterscheidung für die steuerliche Behandlung der Anschaffungs- oder Herstellungskosten bei der Einnahmenüberschussrechnung von Bedeutung.[159]

574 **Einzelfälle:** Zu den abnutzbaren Wirtschaftsgütern gehören danach praktisch alle materiellen Wirtschaftsgüter mit Ausnahme des Grund und Bodens. Nicht abnutzbar ist der Grund und Boden, die sogenannten finanziellen Wirtschaftsgüter und das vom Grund und Boden getrennt zu bewertende stehende Holz.[160] Bei immateriellen Wirtschaftsgütern kommt ein technischer Wertverzehr nicht in Betracht, wohl aber wirtschaftlicher Wertverzehr. Ob dieser zu erwarten ist, ist jeweils im Einzelfall anhand der tatsächlichen Verhältnisse festzustellen.[161] Ein immaterielles Wirtschaftsgut ist nicht abnutzbar, wenn seine Nutzung weder unter rechtlichen noch unter wirtschaftlichen Gesichtspunkten zeitlich begrenzt ist.[162] Ausnahmsweise kann bei zeitlich begrenzten Rechten von einer unbegrenzten Nutzungsdauer ausgegangen werden, wenn sie normalerweise ohne weiteres verlängert werden, ein Ende also nicht abzusehen ist; im Zweifel ist jedoch nach dem Grundsatz der Vorsicht von einer zeitlich begrenzten Nutzung auszugehen.[163] *Abnutzbare immaterielle Wirtschaftsgüter* sind etwa Arzneimittelkonzessionen, Fernseh- und Filmrechte, Kundenstamm Marken, Praxiswert, Software, Verlagsrechte, Wettbewerbsverbote und Zuckerrübenlieferrechte, während zu den *nicht abnutzbaren immaterielle Wirtschaftsgütern* die Ackerprämienberechtigung, Brennrechte, Domains und Linienkonzessionen gehören.[164]

Für den Geschäfts- oder Firmenwert wird in § 7 Abs. 1 Satz 3 EStG eine Nutzungsdauer von 15 Jahren fingiert (s. Rz. 3335 ff.).

575–579 *(Einstweilen frei)*

---

158 BFH, Urteil v. 9.8.1989 - X R 131-133/87, BStBl 1990 II S. 50 zu Rz. 19.
159 Dazu *Kanzler*, HHR, § 4 EStG Anm. 619 f., 628 ff.
160 BFH, Urteile v. 5.6.2008 - IV R 67/05, BStBl 2008 II S. 960 und IV R 50/07, BStBl 2008 II S. 968.
161 BFH, Urteil v. 28.5.1998 - IV R 48/97, BStBl 1998 II S. 775.
162 S. etwa BFH, Urteil v. 19.10.2006 - III R 6/05, BStBl 2007 II S. 301.
163 BFH, Urteil v. 16.10.2008 - IV R 1/06, BStBl 2010 II S. 28.
164 Zu Einzelheiten Teil B Kap. I Rz. 3140 ff.; s. auch *Tiedchen*, HHR, § 5 EStG Anm. 381.

3. Entnahmen und Einlagen
3.1 Grundsätze zu Entnahmen und Einlagen
3.1.1 Begriff und Bedeutung von Entnahmen und Einlagen

Legaldefinition des Entnahme- und Einlagetatbestands: Nach § 4 Abs. 1 Satz 2 EStG sind Entnahmen „alle Wirtschaftsgüter, die der Steuerpflichtige dem Betrieb für sich, für seinen Haushalt oder für andere betriebsfremde Zwecke im Laufe des Wirtschaftsjahrs entnommen hat". Diese Legaldefinition der Entnahme ist auch für die Bestimmung des Begriffs der Entnahme in § 4 Abs. 4a EStG zur Begrenzung des Schuldzinsenabzugs maßgebend.[165] Einlagen sind dementsprechend alle Wirtschaftsgüter, die der Steuerpflichtige dem Betrieb im Laufe des Wirtschaftsjahrs zugeführt hat (§ 4 Abs. 1 Satz 8 EStG). Entnahmen und Einlagen sind grundsätzlich mit dem Teilwert zu bewerten (§ 6 Abs. 1 Nr. 4 und 5 EStG). Die Entnahme dient der Erfassung nicht betrieblich veranlasster Abgänge von Betriebsvermögen, dessen tatsächliche Veränderungen Grundlage der Gewinnermittlung durch Bestandsvergleich sind (s. Rz. 480 ff.). Mit der Einlage werden nicht betrieblich veranlasste Zugänge erfasst.

580

Korrekturfunktion und Anwendungsbereich des Entnahme- und Einlagetatbestands: Der Wert der Entnahmen erhöht das Betriebsvermögen, der Wert der Einlage vermindert es im Wege einer Korrektur nach § 4 Abs. 1 Satz 1 EStG. Diese Korrekturen haben den Zweck, nicht betrieblich veranlasste Wertänderungen (Zu- und Abgänge) zu beseitigen.[166] Einlagen und Entnahmen verändern das Eigenkapital, ohne den Gewinn zu berühren.[167] Die Vorschriften über Entnahmen und Einlagen gelten für Personenunternehmen (Einzelunternehmer und Mitunternehmer), über § 8 Abs. 1 KStG aber auch für Körperschaftsteuersubjekte. Allerdings gelten für Einlagen bei Körperschaften Besonderheiten, weil Einlagen bei Kapitalgesellschaften keine betrieblichen Vorgänge sind, sondern auf gesellschaftlicher Veranlassung beruhen[168] und die Regelung über verdeckte Gewinnausschüttungen den Bestimmungen des EStG über die Entnahme vorgehen.[169]

581

Entnahmen und Einlagen als tatsächliche Vorgänge: Entnahmen sind „Wertabgaben aus dem Betrieb zu betriebsfremden Zwecken", unabhängig davon, „ob die entnommenen Wirtschaftsgüter aus versteuerten oder steuerbefreiten Vorgängen entstanden oder erworben worden sind"; umgekehrt wird die „Zuführung bisher betriebsfremder Wirtschaftsgüter" als Einlage bezeichnet.[170] Entnahmen und Einlagen beruhen auf tatsächlichen Vorgängen[171]. Sie setzen daher eine willensgetragene Entnahme- und Einlagehandlung voraus. Entnahmen können danach durch eine eindeutige Entnahmehandlung,[172] durch schlüssiges Verhalten (sogenannte konkludente Handlung[173] oder

582

---

165 BFH, Urteile v. 22.9.2011 - IV R 33/08, BStBl 2012 II S. 10 und v. 24.11.2016 - IV R 46/13, BStBl 2017 II S. 268 mit Anm. *Prinz*, FR 2017 S. 632.
166 S. auch *Hallerbach*, KKB 3. Aufl. 2018, § 4 Rz. 248 f.
167 S. etwa *Musil*, HHR, § 4 EStG Anm. 150.
168 Ausführlich *Schallmoser*, HHR, § 8 KStG Anm. 23.
169 BFH, Beschluss v. 26.10.1987 - GrS 2/86, BStBl 1988 II S. 348 Rz. 69 m. w. N.
170 BFH, Urteil v. 29.9.1955 - IV 647/54 U, BStBl 1955 III S. 348.
171 BFH, Urteil v. 22.6.1967 - I 192/64, BStBl 1968 II S. 4.
172 BFH, Urteil v. 1.7.2004 - IV R 10/03, BStBl 2004 II S. 947 m. w. N.
173 BFH, Urteile v. 7.10.1974 - GrS 1/73, BStBl 1975 II S. 168 und v. 31.1.1985 - IV R 130/82, BStBl 1985 II S. 395.

durch einen Rechtsvorgang erfolgen. Ebenso kann eine Einlage statt durch eine Einlagehandlung auch durch einen Rechtsvorgang bewirkt werden, der ein Wirtschaftsgut vom Privatvermögen in das Betriebsvermögen gelangen lässt.[174]

3.1.2 Gegenstand der Entnahme und Einlage

583 **Weiter Wirtschaftsgutbegriff:** Aus der Korrekturfunktion des Entnahme- und Einlagetatbestands folgt zwingend, dass der dort verwendete Wirtschaftsgutbegriff weit gefasst sein muss. In § 4 Abs. 1 Satz 2 EStG werden daher als entnahmefähige Wirtschaftsgüter nicht nur materielle (z. B. Bargeld, Waren, Erzeugnisse) und immaterielle (z. B. Rechte, Kryptowährungen[175]) Wirtschaftsgüter, sondern auch Nutzungen und Leistungen genannt. Dies gilt – obwohl in § 4 Abs. 1 Satz 8 EStG nicht ausdrücklich so bezeichnet – spiegelbildlich auch für die Einlagen. Da es auch Nutzungseinlagen gibt, trifft es daher nicht zu, dass nur bilanzierungsfähige Wirtschaftsgüter Gegenstand einer Einlage sein können.[176]

584 **Der Grundsatz der Einheitlichkeit** (Rz. 529, 531) setzt die Regelungen über Entnahmen und Einlagen nicht außer Kraft[177] und führt daher bei einer Nutzungsänderung, bei der das Wirtschaftsgut nicht zu notwendigem Privatvermögen wird, auch nicht zu einer Zwangsentnahme. Ein zunächst betrieblich genutzter Gebäudeteil verliert seine Eigenschaft als Betriebsvermögen daher nicht dadurch, dass er zu fremden Wohnzwecken vermietet wird und sich in dem Gebäude ein weiterer zu fremden Wohnzwecken vermieteter Gebäudeteil befindet, der zum Privatvermögen gehört.[178]

585 **Entnahme- und Einlagefähigkeit von Wirtschaftsgütern:** Wirtschaftsgüter des notwendigen Betriebsvermögens (s. Rz. 499 ff.) können grundsätzlich nicht durch bloße Erklärung oder einen Buchungsvorgang ins Privatvermögen entnommen werden und Wirtschaftsgüter des notwendigen Privatvermögens (s. Rz. 508 ff.) nicht ohne weiteres ins Betriebsvermögen eingelegt werden. In diesen Fällen muss der betriebliche Funktionszusammenhang oder die persönliche Zurechnung entweder völlig gelöst (dann Entnahme) oder ein solcher Zusammenhang erstmals hergestellt werden (dann Einlage).[179] Auch die Bilanzierung dieser Wirtschaftsgüter ist ohne Bedeutung. Fälschlich in der Bilanz ausgewiesene Wirtschaftsgüter des Privatvermögens sind daher erfolgsneutral auszubuchen und fälschlich nicht bilanzierte Wirtschaftsgüter des notwendigen Betriebsvermögens sind erfolgsneutral einzubuchen, es kommt daher weder zu einer Entnahme- noch zu einer Einlagebuchung. Wirtschaftsgüter des gewillkürten Betriebsvermögens sind hingegen ohne weiteres entnahme- und einlagefähig. Dies erfordert jedoch eine eindeutige Entnahme- oder Einlagehandlung, die von dem Willen getragen ist, das Wirtschaftsgut betrieblich oder privat zu nutzen; nicht erforderlich ist hingegen

---

174 BFH, Urteil v. 5.6.2008 - IV R 73/05, BStBl 2008 II S. 965.
175 So *Richter/Augel*, FR 2017 S. 937; s. auch *Pinkernell*, Ubg 2015 S. 19. Nach *Kirsch/von Wieding* (BB 2017 S. 2731) sind bitcoins im handelsrechtlichen Jahresabschluss im Umlaufvermögen als „Sonstige Vermögensgegenstände" und im Anlagevermögen als „Erworbene immaterielle Vermögensgegenstände" auszuweisen; s. auch *Trinks/Trinks*, NWB Nr. 13 Beil. 1/2018 S. 21.
176 So aber *Knobbe-Keuk*, Bilanz- und Unternehmenssteuerrecht, 9. Aufl. 1993, S. 288.
177 BFH, Urteil v. 23.9.2009 - IV R 70/06, BStBl 2010 II S. 270 m. w. N.
178 BFH, Urteil v. 10.11.2004 - XI R 31/03, BStBl 2005 II S. 334.
179 S. nur BFH, Urteil v. 23.9.2009 - IV R 70/06, BStBl 2010 II S. 270 m. w. N. zu Rz. 21.

der Wille zur Gewinnverwirklichung oder das Bewusstsein über die steuerlichen Folgen der Maßnahme.[180] Nicht einlagefähig sind im Übrigen risikobehaftete und verlustgeneigte, betriebsschädliche Wirtschaftsgüter des gewillkürten Betriebsvermögens (dazu Rz. 521).

Bedeutung des Betriebsbegriffs: Da die Entnahmen aus einem „Betrieb" und die Einlage in einen „Betrieb" erfolgen, ist der Betriebsbegriff immer noch von einiger Bedeutung. Denn je nachdem, ob man einen kleinen, großen oder mittleren Betriebsbegriff anwendet, ist § 6 Abs. 5 Satz 1 EStG anzuwenden oder entbehrlich (s. Rz. 606). Im Ergebnis bleibt dies gleich, weil die Buchwertübertragung zwingend angeordnet ist, wo bis zum Inkrafttreten des StEntlG 1999/2000/2002[181] ein Wahlrecht auf Gewinnrealisierung galt.[182] Während der BFH in seinen neueren Entscheidungen eine Stellungnahme zum Betriebsbegriff bei Entnahmen vermieden hat,[183] wird im Schrifttum zu Recht angenommen, der Gesetzgeber habe den Regelungen des § 6 Abs. 3 und 5 EStG i. d. F. des StEntlG 1999/2000/2002 einen engen Betriebsbegriff zugrunde gelegt.[184]

586

3.1.3 Zeitpunkt von Entnahmen und Einlagen

Entnahmen und Einlagen sind laufende Geschäftsvorfälle und werden durch tatsächliche Handlungen, Vorgänge (Tod eines Gesellschafters) oder Rechtsvorgänge bewirkt, die ihrerseits auf einem Verhalten des Steuerpflichtigen beruhen (s. Rz. 599).

587

Zeitpunkt der Gewinnrealisierung: Maßgebender Zeitpunkt für die Erfassung einer Entnahme und Einlage ist nicht der Augenblick der Willensbildung, sondern der nach außen erkennbaren Entnahmehandlung. Entnahmen und Einlagen sind daher erst in dem Zeitpunkt verwirklicht, in dem der entsprechende Wille nach außen hervorgetreten ist.[185]

588

Keine rückwirkenden Entnahme- und Einlagevorgänge: Als tatsächliche Vorgänge können Einlagen und Entnahmen nach ständiger Rechtsprechung des BFH grundsätzlich weder rückbezogen noch rückgängig gemacht werden.[186] Die Veräußerung eines Wirtschaftsguts geht einer hinsichtlich der Gewinnrealisierung nur gleichgestellten Entnahme vor, sodass ein bilanziertes Grundstück nach der Veräußerung nicht mehr rückwirkend zum vorletzten Bilanzstichtag durch Entnahme ausgebucht werden kann, wenn diese Bilanz erst nach der Veräußerung des Grundstücks aufgestellt wird.[187]

589

---

180 BFH, Urteile v. 31.1.1985 - IV R 130/82, BStBl 1985 II S. 395 und v. 14.5.2009 - IV R 44/06, BStBl 2009 II S. 811.
181 V. 24.3.1999, BGBl 1999 I S. 402; BStBl 1999 I S. 304.
182 Dazu *Kanzler*, HHR, Vor §§ 4-7 EStG Anm. 89; s. dort auch Anm. 85 ff. zu den unterschiedlichen Betriebsbegriffen in verschiedenen Rechtsgebieten sowie im Steuerrecht; zur Abgrenzung der verschiedenen Betriebsbegriffe s. *Vees/Dornheim*, Ubg 2014 S. 353, 354.
183 S. nur BFH, Urteil v. 22.9.2011 - IV R 33/08, BStBl 2012 II S. 10; anders noch BFH, Urteil v. 18.9.2002 - X R 28/00, BStBl 2003 II S. 133 II. 2. b) ee m. w. N. zum weiten Betriebsbegriff.
184 So *Bode* in Kirchhof, EStG, 17. Aufl. 2018, § 4 Rz. 92; *Hallerbach*, KKB 3. Aufl. 2018, § 4 Rz. 108; *Hennrichs* in Tipke/Lang, Steuerrecht, 22. Aufl. 2015, § 9 Rz. 361; *Musil*, HHR, § 4 EStG Anm. 154 m. w. N.
185 BFH, Urteil v. 10.11.2004 - XI R 31/03, BStBl 2005 II S. 334.
186 Z. B. BFH, Urteile v. 17.9.1997 - IV R 97/96, BFH/NV 1998 S. 311; v. 12.9.2002 - IV R 66/00, BStBl 2002 II S. 815 beide betr. Entnahmen und v. 15.11.1990 - IV R 97/82, BStBl 1991 II S. 226 betr. Einlage; a. A. noch RFH, Urteil v. 17.7.1930, RStBl 1930 S. 633 und BFH, Urteil v. 18.4.1973 - I R 57/71, BStBl 1973 II S. 700.
187 BFH, Urteil v. 12.9.2002 - IV R 66/00, BStBl 2002 II S. 815.

Auch eine nachträgliche Berichtigung fälschlich vorgenommener Einlagen oder Entnahmen ist grundsätzlich ausgeschlossen. Entnahmen können nur durch Einlagen ausgeglichen werden, die der Steuerpflichtige bis zum Bilanzstichtag tatsächlich vorgenommen hat. Die Berücksichtigung einer fiktiven Einlage für ein bereits abgelaufenes Geschäftsjahr ist nicht möglich.[188]

590–592   *(Einstweilen frei)*

3.2 Entnahmen (§ 4 Abs. 1 Satz 2 EStG)

3.2.1 Begriff und Arten der Entnahme

593   Entnahmen werden entsprechend der Legaldefinition in § 4 Abs. 1 Satz 2 EStG in Sach-, Nutzungs- und Leistungsentnahmen unterteilt.

594   **Gegenstand von Sachentnahmen** sind alle bilanzierungsfähigen Wirtschaftsgüter, also materielle und immaterielle, abnutzbare und nichtabnutzbare, sowie bewegliche und unbewegliche Wirtschaftsgüter. *Forderungen* können durch private Verwertung entnommen werden,[189] es sei denn es handele sich um eine bestrittene oder zweifelhafte Forderung, die auch nach Betriebsaufgabe Betriebsvermögen bleibt.[190] Ein Geschäftswert ist grundsätzlich mit dem Betrieb verwoben und kann daher weder separat veräußert, noch entnommen werden.[191] Betriebliche Verbindlichkeiten behalten als notwendiges (passives) Betriebsvermögen diese Eigenschaft grundsätzlich bis zu ihrem Erlöschen,[192] werden aber entnommen, wenn das Wirtschaftsgut, das mit ihnen finanziert wird, entnommen wird; Gleiches gilt, wenn Darlehensmittel – entgegen der ursprünglichen Absicht – für private Zwecke verwendet werden.[193]

595   **Nutzungs- und Leistungsentnahmen** werden ebenfalls vom Entnahmebegriff erfasst, obwohl es sich dabei nicht um Wirtschaftsgüter handelt (s. Rz. 542). Nach Auffassung des Großen Senats des BFH sind grundsätzlich nur Nutzungsrechte als Wirtschaftsgüter entnahme- und einlagefähig; ausnahmsweise ist jedoch auch Nutzungsaufwand (z. B. die private PKW-Nutzung, die verbilligte Vermietung[194] oder unentgeltliche Überlassung[195] einer Betriebswohnung) entnahmefähig.[196] Leistungsentnahmen sind grundsätzlich ebenso zu behandeln wie Nutzungsentnahmen. Nach ihrem wirtschaftlichen Gehalt handelt es sich dabei um Dienstleistungen des Unternehmens an den Unternehmer als Privatperson[197], so etwa beim Einsatz eines Betriebsangehörigen auf dem Privatgrundstück des Betriebsinhabers.

---

188   BFH, Urteil v. 22.6.1967 - I 192/64, BStBl 1968 II S. 4.
189   Niedersächsisches FG, Urteil v. 20.8.1969 - II 829/90, Juris; gl. A. *Heinicke* in Schmidt, EStG 37. Aufl. 2018, § 4 Rz. 219; *Musil*, HHR, § 4 EStG Anm. 171; a. A. noch BFH, Urteil v. 22.7.1966 - VI 12/65, BStBl 1966 III S. 542.
190   BFH, Urteil v. 10.2.1994 - IV R 37/92, BStBl 1994 II S. 564.
191   BFH, Urteil v. 26.11.2009 - III R 40/07, BStBl 2010 II S. 609 zu Rz. 14 m. w. N.
192   S. nur BFH, Urteil v. 7.5.1965 - VI 217/64 U, BStBl 1965 III S. 445 und BFH, Beschluss v. 12.2.2004 - VIII B 287/02, BFH/NV 2004 S. 951.
193   BFH, Beschluss v. 4.7.1990 - GrS 2-3/88, BStBl II 1990 S. 817 zu Rz. 74.
194   BFH, Urteil v. 23.4.1999 - IV R 49/97, BStBl 1999 II S. 652.
195   BFH, Urteil v. 15.12.2016 - IV R 22/14, BFH/NV 2017 S. 454.
196   BFH, Beschluss v. 4.7.1990 - GrS 2-3/88, BStBl II 1990 S. 817 zu Rz. 76; nach *Groh*, DB 1988 S. 514, 516, eine sog. Aufwandsentnahme.
197   BFH, Urteil v. 13.7.1994 - XI R 55/93, BStBl 1994 II S. 907 zu Rz. 18 betr. USt.

3.2.2 Der Entnahmetatbestand

Der Entnahmetatbestand erfordert eine von einem Entnahmewillen getragene Entnahmehandlung.[198] Zu einer Entnahme können aber auch Rechtsvorgänge oder Rechtsänderungen führen. Insoweit spricht man gelegentlich von Zwangsentnahmen.

596

Die Entnahmehandlung kann ausdrücklich oder konkludent vorgenommen werden.[199] Als objektives Merkmal des Entnahmetatbestands ist sie entscheidend von der Zuordnung des entsprechenden Wirtschaftsguts abhängig.

597

Wirtschaftsgüter des gewillkürten Betriebsvermögens sind ohne Weiteres durch eine eindeutige Entnahmehandlung aus dem betrieblichen Zusammenhang zu lösen. Dies kann durch eine ausdrückliche Willensbekundung oder die indiziell bedeutsame Behandlung in der Buchführung erfolgen. Eine Nutzungsänderung, die das Wirtschaftsgut nicht zu einem Gegenstand des notwendigen Privatvermögens macht, reicht indessen ebenso wenig aus,[200] wie die Vermietung eines Gebäudes zu fremden Wohnzwecken.[201]

Wirtschaftsgüter des notwendigen Betriebsvermögens sind nicht entnahmefähig, solange der betriebliche Veranlassungszusammenhang fortbesteht. Erforderlich ist daher eine endgültige, nachhaltige und erkennbare Lösung des betrieblichen Zusammenhangs,[202] wie sie in der Bebauung eines bisher betrieblich genutzten Grundstücks mit einem ausschließlich zu eigenen Wohnzwecken dienenden Gebäude zu sehen wäre.

Der Entnahmewille muss als innere Tatsache die Entnahmehandlung tragen und nach außen erkennbar sein. Danach ist die Erklärung von Einkünften aus Vermietung und Verpachtung für sich allein keine unmissverständliche Kundgabe eines Entnahmewillens.[203] Der Steuerpflichtige muss dazu vielmehr die sich aus der Entnahme ergebenden Folgerungen ziehen und regelmäßig den Gewinn aus der Entnahme erklären.[204] Daraus folgt, dass die gewinnneutrale Ausbuchung eines Wirtschaftsguts nicht in eine Entnahme umgedeutet werden kann.[205]

598

Entnahmen ohne Entnahmehandlung werden von der Rechtsprechung ausnahmsweise auf Grund eines die Entnahmehandlung ersetzenden Rechtsvorgangs anerkannt, wie etwa in den Fällen, dass ein bislang zum Betriebsvermögen gehörendes Wirtschaftsgut durch einen Todesfall notwendiges Privatvermögen wird[206] oder dass ein Gesellschafter aus einer Personengesellschaft ausscheidet und das bisherige Sonderbetriebsvermögen nicht mehr fortgeführt werden kann.[207] Auch beim Wegfall der tatbestandlichen Voraussetzungen einer Betriebsaufspaltung kommt es zu einer Totalentnahme durch Be-

599

---

198 *Musil*, HHR, § 4 EStG Anm. 170 m. w. N.; *Hallerbach*, KKB, 3. Aufl. 2018, § 4 Rz. 258.
199 S. nur BFH, Urteil v. 23.9.2009 - IV R 70/06, BStBl 2010 II S. 270 m. w. N.
200 BFH, Urteil v. 13.3.1986 - IV R 1/84, BStBl 1986 II S. 711.
201 BFH, Urteil v. 10.11.2004 - XI R 31/03, BStBl 2005 II S. 334.
202 Z. B. BFH, Urteil v. 23.9.2009 - IV R 70/06, BStBl 2010 II S. 270 m. w. N.
203 Dazu etwa BFH, Urteil v. 7.2.2002 - IV R 32/01, BFH/NV 2002 S. 1135 m. w. N. zu Rz. 17.
204 BFH, Urteil v. 23.9.2009 - IV R 70/06, BStBl 2010 II S. 270 zu Rz. 22 m. w. N.
205 BFH, Urteil v. 16.3.1983 - IV R 36/79, BStBl 1983 II S. 459.
206 BFH, Beschluss v. 7.10.1974 - GrS 1/73, BStBl 1975 II S. 168 zu Rz. 36 m. w. N.
207 BFH, Urteil v. 13.7.1967 - IV R 174/66, BStBl 1967 III S. 751.

triebsaufgabe.[208] In den Fällen der Betriebsverpachtung,[209] des Strukturwandels vom Gewerbebetrieb zur Landwirtschaft[210] oder des Übergangs zur Liebhaberei[211] hat die Rechtsprechung eine Betriebsaufgabe allerdings abgelehnt. Auch der Abschluss eines DBA[212] oder der Wechsel der Gewinnermittlungsart[213] führen nicht zu einer Zwangsentnahme von Wirtschaftsgütern des Betriebsvermögens.

600 **Entnahmefiktion durch Entstrickung (§ 4 Abs. 1 Satz 3 ff. EStG[214]):** Das EStG kannte bis zum Inkrafttreten des SEStEG v. 7.12.2006[215] keinen allgemeinen Entstrickungstatbestand, sondern nur einzelne Ersatzrealisationstatbestände, die eine Sofortversteuerung der stillen Reserven bei Verbringung eines Wirtschaftsguts ins Ausland meist durch Stundungsregelungen abmilderten.[216] Mit dem SEStEG hat der Gesetzgeber mit Wirkung für die nach dem 31.12.2005 endenden Wirtschaftsjahre (§ 52 Abs. 8b in der Fassung des SEStEG) einen Entstrickungstatbestand geschaffen. Nach der Gesetzesbegründung hat des SEStEG u. a. zum Ziel, für grenzüberschreitende Sachverhalte aufeinander abgestimmte allgemeine Grundtatbestände zur Entstrickung und Verstrickung betrieblicher Einzelwirtschaftsgüter, betrieblicher Einheiten und Gesellschaften einzuführen, damit das deutsche Besteuerungsrecht in gemeinschaftsverträglicher Weise gewahrt werden kann.[217]

601 **Grundtatbestand** ist § 4 Abs. 1 Satz 3 EStG, der anordnet, dass der Ausschluss oder die Beschränkung des Besteuerungsrechts der Bundesrepublik Deutschland hinsichtlich des Gewinns aus der Veräußerung oder der Nutzung eines Wirtschaftsguts einer Entnahme für betriebsfremde Zwecke gleichstehe. Die Vorschrift regelt damit vier Entstrickungstatbestände, nämlich

▶ den Ausschluss des Besteuerungsrechts bezüglich des Veräußerungsgewinns,

▶ die Beschränkung des Besteuerungsrechts bezüglich des Veräußerungsgewinns,

▶ den Ausschluss des Besteuerungsrechts bezüglich des Gewinns aus der Nutzung eines Wirtschaftsguts,

▶ und die Beschränkung des Besteuerungsrechts bezüglich des Gewinns aus der Nutzung eines Wirtschaftsguts.[218]

602 **Als Regelbeispiel eines Entstrickungsfalls** bezeichnet § 4 Abs. 1 Satz 4 EStG den Tatbestand, dass ein bisher einer inländischen Betriebsstätte des Steuerpflichtigen zuzuordnendes Wirtschaftsgut einer ausländischen Betriebsstätte zuzuordnen ist. Mit dieser

---

208 S. nur BFH, Urteil v. 5.12.1996 - IV R 83/95, BStBl 1997 II S. 287.
209 BFH, Urteil v. 13.11.1963 - GrS 1/63 S, BStBl 1964 III S. 124.
210 BFH, Beschluss v. 7.10.1974 - GtS 1/73, BStBl 1975 II S. 168.
211 BFH, Urteil v. 29.10.1981 - IV R 138/78, BStBl 1982 II S. 381.
212 BFH, Urteil v. 16.1.1975 - VIII R 3/74, BStBl 1976 II S. 246.
213 S. § 4 Abs. 1 Satz 6 EStG und BFH, Urteil v. 2.10.1997 - IV R 84/96, BStBl 1998 II S. 104.
214 Hierzu ausführlich *Kahle*, Teil A Kap. XX Rz. 2973 ff.
215 BGBl 2006 I S. 2782; BStBl 2007 I S. 4.
216 S. etwa BMF, Schreiben v. 24.12.1999, BStBl 1999 I S. 1076 zu Rz. 2.6.
217 BT-Drucks. 16/2710 S. 25 f.
218 Zu Einzelheiten des Entstrickungstatbestands s. etwa *Musil*, HHR, § 4 EStG Anm. 220 ff.; *Hallerbach*, KKB, 3. Aufl. 2018, § 4 Rz. 300 ff. und zu den bilanziellen Auswirkungen der Entstrickung, s. *Atilgan*, NWB 2016 S. 936.

Ergänzung durch das JStG 2010 v. 8.12.2010[219] sollte die sogenannte finale Entnahmetheorie verfestigt werden. Der Gesetzgeber reagierte damit auf eine Entscheidung des I. Senats des BFH, wonach die Überführung eines Wirtschaftsguts in eine ausländische Betriebsstätte des gleichen Unternehmers nicht zur Lösung des bisherigen betrieblichen Funktionszusammenhangs führt und deshalb mangels Außenumsatzes nicht als Realisationstatbestand angesehen werden könne.[220] Nach diesem Urteil sollte die Theorie der finalen Entnahme keine ausreichende gesetzliche Grundlage haben und auf einer unzutreffenden Beurteilung der Besteuerungshoheit bei ausländischen Betriebsstätten inländischer Stammhäuser beruhen.

Neben dem Grundtatbestand finden sich weitere Regelungen in § 12 KStG, im AStG und UmwStG.[221]

Rechtsfolge des § 4 Abs. 1 Satz 3 EStG ist die Entnahmebesteuerung unter Ansatz des gemeinen Werts (§ 6 Abs. 1 Nr. 4 Satz 1 zweiter Halbsatz EStG). Nach § 4g Abs. 1 und 2 EStG kann der Steuerpflichtige in Höhe des Unterschiedsbetrags zwischen dem Buchwert und dem gemeinen Wert des Anlageguts auf Antrag einen Ausgleichsposten bilden, der im Wirtschaftsjahr der Bildung und den folgenden vier Wirtschaftsjahren zu jeweils einem Fünftel gewinnerhöhend aufzulösen ist. Diese Regelung ist nach dem Urteil des EuGH in der Sache „Verder Lab Tec"[222] gemeinschaftskonform und insbesondere mit der Niederlassungsfreiheit vereinbar.[223]

603

Ausnahmen vom Entstrickungstatbestand sieht das Gesetz nach § 4 Abs. 1 Satz 5 EStG für den Fall der Sitzverlegung einer Europäischen Gesellschaft (SE) oder einer Europäischen Genossenschaft (SCE) vor. Entsprechendes gilt nach § 13 Abs. 2 Nr. 2 und § 21 Abs. 2 Satz 3 Nr. 2 UmwStG bei EU/EWR-grenzüberschreitender Verschmelzung oder bei Anteilstausch einer SE/SCE. In diesen Fällen wird die Besteuerung bei Veräußerung der Anteile im Ausland im Rahmen eines nationalen Treaty Override so nachgeholt, als habe die Sitzverlegung nicht stattgefunden (§ 15 Abs. 1a EStG).[224]

604

3.2.3 Entnahme „für sich, für seinen Haushalt oder für andere betriebsfremde Zwecke"

Die ersten beiden Tatbestandsvarianten „für sich" und „für seinen Haushalt" erfassen die klassischen Fälle der Überführung von Wirtschaftsgütern, Nutzungen und Leistungen aus dem Betriebs- in das Privatvermögen des Steuerpflichtigen. Umstritten war hingegen stets die Entnahme „für andere betriebsfremde Zwecke".

605

Entnahme abhängig vom Betriebsbegriff: Je nachdem ob man einen weiten oder engeren Betriebsbegriff vertrat, konnte hier ein Entnahme- oder Einlagetatbestand verwirklicht werden.[225] Mit der Neuregelung des Buchwertübergangs von einem Betriebsver-

606

---

219 BGBl 2010 I S. 1768, BStBl 2010 I S. 1394.
220 BFH, Urteil v. 17.7.2008 - I R 77/06, BStBl 2009 II S. 464.
221 Im Einzelnen dazu *Schwenke*, DStZ 2007 S. 235.
222 EuGH v. 21.5.2015 - C-697/13.
223 Dazu etwa *Rasch/Wenzel*, IWB 2015 S. 579.
224 Zu weiteren gewinnrealisierenden Ersatztatbeständen s. etwa *Schwenke*, DStZ 2007 S. 235.
225 S. Rz. 586 m. w. N.

mögen in ein anderes Betriebsvermögen des Steuerpflichtigen in § 6 Abs. 5 EStG durch das StEntlG 1999/2000/2002 v. 24.3.1999[226] war dieses Problem etwas entschärft (s. aber Rz. 608).

607 **Anwendung und Aufgabe des finalen Entnahmebegriffs:** In ständiger Rechtsprechung ging der BFH bis 2008 von einer gewinnrealisierenden Entnahme aus, wenn Einzelwirtschaftsgüter aus einem inländischen Stammhaus in eine ausländische Betriebsstätte überführt wurden.[227] Diese sogenannte Theorie der finalen Entnahme, der auch das BMF gefolgt ist,[228] gab der I. Senat des BFH mit Urteil v. 17.7.2008,[229] der Kritik im Schrifttum folgend,[230] auf. Zur Begründung wurde ausgeführt, § 4 Abs. 1 Satz 2 EStG setze voraus, dass der Steuerpflichtige das Wirtschaftsgut für private Interessen oder andere betriebsfremde Interessen entnehme; die Überführung eines Wirtschaftsguts in eine ausländische Betriebsstätte desselben Unternehmers führe aber noch nicht zur Lösung des bisherigen betrieblichen Funktionszusammenhangs und sei deshalb mangels Außenumsatzes nicht als Realisationstatbestand anzusehen. Im Übrigen sei der finale Entnahmebegriff überholt, nachdem sich die Auffassung über die Abgrenzung inländischer und ausländischer Einkünfte und die Wirkung einer Freistellung durch DBA geändert habe. Nachdem das BMF zunächst mit einem Nichtanwendungsschreiben auf das Urteil reagiert hatte, kam es zur Einführung eines Regelbeispiels zum Entstrickungstatbestand in § 4 Abs. 1 Satz 4 EStG durch das JStG 2010 v. 8.12.2010[231] (s. auch Rz. 602), dessen rückwirkende Anwendung (§ 52 Abs. 8b Satz 2 EStG) im Schrifttum für verfassungswidrig gehalten wird.[232]

608 **Die unentgeltliche Übertragung von Wirtschaftsgütern zwischen Schwester-Personengesellschaften** ist nicht in § 6 Abs. 5 EStG geregelt. Der I. Senat des BFH hat daher eine Buchwertübertragung abgelehnt und ist von einer Zwangsentnahme mit anschließender Einlage in das Betriebsvermögen der Schwester-Personengesellschaft ausgegangen.[233] Dem ist der IV. Senat des BFH mit einer analogen Anwendung und verfassungskonformen Auslegung des § 6 Abs. 5 EStG entgegengetreten.[234] Der auch im Schrifttum heftig geführte Streit um diese Divergenz[235] ist inzwischen dem BVerfG zur Entscheidung der Frage vorgelegt worden, ob die Versagung der Buchwertübertragung gegen den Gleichheitssatz verstößt.[236]

609–611 *(Einstweilen frei)*

---

226 BGBl 1999 I S. 402; BStBl 1999 I S. 304.
227 S. etwa BFH, Urteile v. 24.11.1982 - I R 123/78, BStBl 1983 II S. 113; v. 30.5.1972 - VIII R 111/69, BStBl 1972 II S. 760 und v. 19.2.1998 - IV R 38/97, BStBl 1998 II S. 509.
228 Im Betriebsstättenerlass: BMF, Schreiben v. 24.12.1999, BStBl 1999 I S. 1076.
229 BFH, Urteil v. 17.7.2008 - I R 77/06, BStBl 2009 II S. 464.
230 S. die Nachweise im BFH, Urteil v. 17.7.2008 - I R 77/06, BStBl 2009 II S. 464.
231 BGBl 2010 I S. 1768, BStBl 2010 I S. 1394.
232 S. nur *Kanzler*, in: StRA 2010/2011 S. 35; *Musil*, HHR, § 4 EStG Anm. 222 f. jeweils m. w. N.
233 BFH v. 25.11.2009 - I R 72/08, BStBl 2010 II S. 471.
234 BFH v. 15.4.2010 - IV B 105/09, BStBl 2010 II S. 971.
235 S. nur *Gosch*, „Zoff im BFH": Die vorläufig vorweggenommene Divergenzanrufung, DStR 2010 S. 1173.
236 BFH v. 10.4.2013 - I R 80/12, BStBl 2013 II S. 1004 (BVerfG 2 BvL 8/13).

3.2.4 Rechtsfolgen der Entnahme

Mit der Entnahme gehört das Wirtschaftsgut zum Privatvermögen und kann dort auch zur Erzielung von Überschusseinkünften eingesetzt werden. Zur erneuten Aufnahme in ein Betriebsvermögen bedarf es einer Einlage.

Buchmäßige Erfassung der Entnahme: Die Entnahme ist im Rahmen der Gewinnermittlung nach § 4 Abs. 1 oder § 5 EStG durch eine außerbilanzielle Korrektur des sich auf der ersten Stufe ergebenden Unterschiedsbetrags zu erfassen. Durch die Bewertung mit dem Teilwert oder dem gemeinen Wert werden u. U. stille Reserven aufgedeckt.

Bewertung zum Teilwert als Grundsatz: Entnahmen sind gem. § 6 Abs. 1 Nr. 4 EStG grundsätzlich mit dem Teilwert zu bewerten. Dies ist der Betrag, den ein Erwerber des ganzen Betriebs im Rahmen des Gesamtkaufpreises für das einzelne Wirtschaftsgut ansetzen würde, wobei davon auszugehen ist, dass der Erwerber den Betrieb fortführt (§ 6 Abs. 1 Nr. 1 Satz 3 EStG).[237]

Entnahme zum Buchwert und zum gemeinen Wert als Ausnahme: Werden Wirtschaftsgüter, mit Ausnahme von Nutzungen und Leistungen (§ 6 Abs. 1 Nr. 4 Satz 5 EStG), bestimmten körperschaftsteuerbefreiten Körperschaften, Personenvereinigungen oder Vermögensmassen überlassen, so kann die Entnahme auch zum Buchwert erfolgen (§ 6 Abs. 1 Nr. 4 Satz 4 EStG). Mit dem Verzicht auf Besteuerung der stillen Reserven soll die Spendenbereitschaft gefördert werden.[238] Dieses Wahlrecht auf Buchwertansatz gilt auch für die Gewerbesteuer.[239] Die fiktive Entnahme in den Fällen der Entstrickung nach § 4 Abs. 1 Satz 3 EStG ist mit dem gemeinen Wert anzusetzen (s. Rz. 600 und 603).[240]

Nutzungen und Leistungen, die dem Betrieb entnommen werden, sind i. d. R. mit den anteiligen festen und laufenden Aufwendungen anzusetzen.[241] Dies gilt etwa für die private Nutzung des *betrieblichen PKW*[242], ebenso wie für die private Nutzung eines Flugzeugs.[243]

Nutzungsentnahme eines betrieblichen PKW (sog. 1 %-Regelung): Mit dem JStG 1996 v. 11.10.1995[244] wurde für die entnommene PKW-Nutzung eine Pauschalregelung eingeführt. Wird kein Fahrtenbuch geführt, so findet der pauschalierte Entnahmewert nach § 6 Abs. 1 Nr. 4 Satz 2 EStG Anwendung.[245] Für jeden Kalendermonat ist die private Nutzung dann mit 1 % des inländischen Listenpreises im Zeitpunkt der Erstzulassung zuzüglich der Kosten für die Sonderausstattung einschließlich der Umsatzsteuer

---

237 Im Einzelnen dazu *Kahle/Hiller*, Rz. 810 ff. und 895 ff.
238 BT-Drucks. V/3890 S. 20.
239 *Schober*, HHR, § 6 EStG Anm. 840.
240 Zum gemeinen Wert ausführlich *Kahle/Hiller*, Rz. 923 ff.
241 BFH, Urteil v. 21.11.1980 - VI R 202/79, BStBl 1981 II S. 131.
242 BFH, Urteil v. 9.10.1953 - IV 536/52 U, BStBl 1953 III S. 337 und v. 14.10.1954 - IV 352/53 U, BStBl 1954 III S. 358.
243 BFH, Urteil v. 26.7.1979 - IV R 170/74, BStBl 1980 II S. 176.
244 BGBl 1995 I S. 1250; BStBl 1995 I S. 438.
245 Zur Nichtanwendung der 1 %-Regelung auf betriebliche Fahrzeuge, denen typischerweise eine Zweckbestimmung zur privaten Nutzung fehlt, s. BFH, Urteil v. 17.2.2016 - X R 32/11, BStBl 2016 II S. 708 betr. VW-Transporter T4 mit zwei Sitzen.

anzusetzen.²⁴⁶ Die Pauschalierung erfasst auch die Nutzung des betrieblichen PKW durch den Ehegatten des Steuerpflichtigen, der für seine betriebliche Nutzung keine Betriebsausgaben abziehen kann.²⁴⁷ Durch das *Gesetz zur Eindämmung missbräuchlicher Gestaltungen* v. 28.4.2006²⁴⁸ wurde die Pauschalregelung im Hinblick auf die geänderte Rechtsprechung des BFH zur Willkürung von Betriebsvermögen bei Einnahmenüberschussrechnung mit Wirkung v. 1.1.2006 dadurch eingeschränkt, dass die 1 %-Regelung auch beim Betriebsvermögensvergleich nicht mehr auf Pkw des gewillkürten Betriebsvermögens anzuwenden ist. Für PKW, deren betriebliche Nutzung mindestens 10 % und nicht mehr als 50 % beträgt, die also dem gewillkürten Betriebsvermögen zuzuordnen sind, ist die Privatnutzung daher mit den darauf entfallenden Kosten anzusetzen. Diesen Kostenanteil hat der Steuerpflichtige nachzuweisen oder zumindest glaubhaft zu machen. Die Führung eines Fahrtenbuchs ist dazu nicht zwingend erforderlich.²⁴⁹

618 **Nutzungsentnahme einer betrieblichen Wohnung:** Die Nutzungsentnahme aus der verbilligten oder unentgeltlichen Überlassung einer betrieblichen Wohnung ist entweder mit den anteiligen Selbstkosten seit Beginn der verbilligten Vermietung oder mit der Verbilligung gegenüber der Marktmiete zu bewerten.²⁵⁰ Jedenfalls ist die Begünstigung des § 21 Abs. 2 Satz 2 EStG auf Gewinneinkünfte nicht entsprechend anzuwenden.²⁵¹ Werden Grundstücke, mit Ausnahme von Wohnräumen, Angehörigen oder anderen Personen aus privaten Gründen unentgeltlich überlassen, so ist diese Nutzungsentnahme ebenfalls mit den anteiligen laufenden und festen Aufwendungen zu bewerten (zum umgekehrten Fall einer Nutzungseinlage in solchen Fällen s. Rz. 623).

619 *(Einstweilen frei)*

3.3 Einlagen (§ 4 Abs. 1 Satz 7 EStG)

3.3.1 Begriff und Arten der Einlage

620 Einlagen sind nach § 4 Abs. 1 Satz 8 EStG alle Wirtschaftsgüter (Bareinzahlungen und sonstige Wirtschaftsgüter), die der Steuerpflichtige dem Betrieb im Laufe des Wirtschaftsjahres zugeführt hat; einer Einlage steht die Begründung des Besteuerungsrechts der Bundesrepublik Deutschland hinsichtlich des Gewinns aus der Veräußerung eines Wirtschaftsguts gleich.

621 **Zweck der Einlageregelung**, wie er sich aus § 4 Abs. 1 Satz 8 und § 6 Abs. 1 Nr. 5 EStG ergibt, ist eine Begrenzung der Steuerverstrickung, die mit der Zuordnung zu einem Betriebsvermögen eintritt. Nur der im Betrieb erzielte Vermögenszuwachs soll besteuert werden, nicht aber steuerfreies oder aus bereits versteuertem Einkommen gebildetes

---

246 Dazu ausführlich BMF, Schreiben v. 27.8.2004, BStBl 2004 I S. 864 und v. 18.11.2009, BStBl 2009 I S. 1326.
247 BFH, Urteil v. 15.7.2014 - X R 24/12, BStBl 2015 II S. 132 mit Anm. *Kanzler*, FR 2015 S. 413.
248 BGBl 2006 I S. 1095, BStBl 2006 I S. 353.
249 BT-Drucks. 16/634 S. 11.
250 BFH, Urteile v. 14.8.2014 - IV R 56/11, BFH/NV 2015 S. 317 und v. 15.12.2016 - IV R 22/14, BFH/NV 2017 S. 454 betr. unentgeltliche Überlassung eines Wohnhauses an Gesellschafter einer GbR.
251 BFH, Urteil v. 29.4.1999 - IV R 49/97, BStBl 1999 II S. 652.

Vermögen des Steuerpflichtigen[252]; mit Hilfe der Einlageregelung wird zudem die dualistische Einkunftsermittlung gewährleistet.[253]

Gegenstand der Einlage: Wie bei der Entnahme sind Sacheinlagen sowie Nutzungs- und Leistungseinlagen zu unterscheiden. Mit der Sacheinlage lassen sich alle bilanzierungsfähigen materiellen und immateriellen Wirtschaftsgüter dem Betriebsvermögen zuführen. Zum Bilanzierungsverbot risikobehafteter und verlustgeneigter, betriebsschädlicher Wirtschaftsgüter s. Rz. 521. Erwirbt der Steuerpflichtige ein betrieblich genutztes Wirtschaftsgut durch einen privaten Vorgang (Rechtsakt), z. B. eine Schenkung oder Erbschaft, gelangt dieses Wirtschaftsgut ebenfalls im Wege der Einlage in das Betriebsvermögen. 622

Nutzungseinlage und Einlage von Nutzungsrechten: Nach der Rechtsprechung des BFH sind zu erwartende Nutzungsvorteile weder selbständige einlagefähige Wirtschaftsgüter (s. Rz. 546)[254] noch Vermögensgegenstände.[255] Eine Einlage ist jedoch für die Aufwendungen anzusetzen, die aufgrund der betrieblich veranlassten Nutzung betriebsfremden Vermögens entstehen (Aufwandseinlage).[256] Dingliche und obligatorische Nutzungsrechte werden vom BFH als einlagefähige Wirtschaftsgüter behandelt, bei deren Bewertung jedoch dem Zweck der Einlagenregelung Rechnung zu tragen ist.[257] Zur Bewertung eingelegter Nutzungsrechte s. Rz. 632. 623

Einlage von Bodenschätzen: Die unentgeltliche Gestattung der Ausbeute von Bodenschätzen ist nicht als bewertbares Nutzungsrecht einlagefähig, weil es an eigenen Aufwendungen des Nutzenden fehlt.[258] Gegenstände, die der Betriebsinhaber durch die Ausbeute erwirbt (z. B. Kies oder Sand), werden mit dem Abbau Betriebsvermögen und sind mit dem Teilwert einzulegen. Für den Großen Senat des BFH erlangt der Bodenschatz die Eigenschaft eines selbständigen Wirtschaftsguts, wenn mit seiner Aufschließung oder Verwertung begonnen wird.[259] Zur Bewertung mit dem Teilwert und zur AfA s. Rz. 633. 624

Privat veranlasste Verminderung von Betriebsschulden als Einlage: Soweit ein Steuerpflichtiger die Valuta einer betrieblichen Darlehensschuld auf Grund einer mit dem Darlehensgeber getroffenen Vereinbarung für die Anschaffung eines Gegenstands des notwendigen Privatvermögens verwendet, ist eine als Einlage zu beurteilende Umwandlung dieser Verbindlichkeit in eine Privatschuld gegeben.[260] Eine solche Einlage 625

---

252 *Groh*, DB 1988 S. 514, 516.
253 Vgl. *V. Wendt*, Das Verhältnis von Entnahme/Einlage zur Anschaffung/Veräußerung im Einkommensteuerrecht, 2003 S. 58 f.; grundlegend dazu auch BFH, Urteil v. 4.12.2006 - GrS 1/05, BStBl 2007 II S. 508 betr. Kiesausbeute.
254 BFH, Urteil v. 10.3.2016 - IV R 41/13, BStBl 2016 II S. 984.
255 BFH, Beschluss v. 26.10.1987 - GrS 2/86, BStBl 1988 II S. 348.
256 BFH, Beschluss v. 26.10.1987 - GrS 2/86, BStBl 1988 II S. 348.
257 BFH, Beschluss v. 26.10.1987 - GrS 2/86, BStBl 1988 II S. 348.
258 BFH, Urteil v. 19.7.1994 - VIII R 75/91, BStBl 1994 II S. 846; a. A. noch BFH, Urteil v. 16.11.1977 - I R 83/75, BStBl 1978 II S. 386.
259 BFH, Beschluss v. 4.12.2006 - GrS 1/05, BStBl 2007 II S. 508; BFH, Urteile v. 29.7.2015 - IV R 15/14, BStBl 2016 II S.593 und v. 4.2.2016 - IV R 46/12, BStBl 2016 II S. 607.
260 BFH, Urteil v. 10.5.1972 - I R 220/70, BStBl 1972 II S. 620.

durch Verminderung betrieblicher Verbindlichkeiten stellt auch der *Schulderlass* einer Betriebsschuld aus verwandtschaftlichen Gründen dar.[261]

626 **Eine verdeckte Einlage** liegt vor, wenn der Gesellschafter einer Kapitalgesellschaft einen einlagefähigen Vermögensvorteil zuwendet, ohne dass der Gesellschafter hierfür neue Gesellschaftsanteile erhält, und diese Zuwendung durch das Gesellschaftsverhältnis veranlasst ist.[262] Die Zuwendung hat ihre Ursache im Gesellschaftsverhältnis, wenn ein Nichtgesellschafter der Gesellschaft den Vermögensvorteil bei Anwendung der Sorgfalt eines ordentlichen Kaufmanns nicht eingeräumt hätte.[263] Als verdeckte Einlagen sind nur Wirtschaftsgüter geeignet, die das Vermögen der Kapitalgesellschaft vermehrt haben, sei es durch den Ansatz oder die Erhöhung eines Aktivpostens, sei es durch den Wegfall oder die Verminderung eines Passivpostens.[264] Ein auf dem Gesellschaftsverhältnis beruhender Verzicht eines Gesellschafters auf seine nicht mehr vollwertige Forderung gegenüber seiner Kapitalgesellschaft führt daher bei dieser zu einer Einlage in Höhe des Teilwerts der Forderung; dementsprechend führt der Verzicht des Gesellschafters auf die Forderung gegenüber seiner Kapitalgesellschaft im Wege der verdeckten Einlage bei ihm zum Zufluss des noch werthaltigen Teils der Forderung.[265] Auch ein Geschäftswert kann verdeckt in eine Kapitalgesellschaft eingelegt werden. Maßgebendes Kriterium für einen solchen Übergang des Geschäftswerts von einem Einzelunternehmen auf eine Kapitalgesellschaft im Wege der verdeckten Einlage ist jedoch, dass dem nutzenden Unternehmen die materiellen und immateriellen Wirtschaftsgüter sowie die sonstigen Faktoren, welche sich im Geschäftswert niederschlagen, auf einer vertraglichen Grundlage überlassen werden, die Nutzung auf Dauer angelegt ist und gegen den Rechtsträger des nutzenden Unternehmens kein Rechtsanspruch auf Rückgabe dieser Wirtschaftsgüter besteht.[266]

3.3.2 Der Einlagetatbestand

627 **Willensgetragene Einlagehandlung:** Einlagen setzen als tatsächliche Vorgänge eine willensgetragene Einlagehandlung voraus. Dies entspricht spiegelbildlich dem Entnahmetatbestand (s. Rz. 582 und 596 ff.). Während Wirtschaftsgüter des notwendigen Betriebsvermögens auch ohne Einlagehandlung stets Betriebsvermögen sind oder durch eine Nutzungsänderung werden, wird die Einlage in das gewillkürte Betriebsvermögen durch eine Buchung dokumentiert oder das Wahlrecht durch schlüssiges Verhalten ausgeübt. Eine Einlage kann nicht unterstellt werden, wenn das Wirtschaftsgut lediglich vom Betriebsprüfer auf Grund einer irrigen Rechtsauffassung als notwendiges Betriebsvermögen eingebucht worden ist.[267] Auch der sogenannte Einheitlichkeitsgrundsatz führt nicht zur „Zwangseinlage". Ein bisher zum Privatvermögen gehörender Gebäudeteil, der nunmehr für fremde gewerbliche Zwecke vermietet wird, bleibt daher Privat-

---

261 BFH, Urteil v. 12.3.1970 - IV R 39/69, BStBl 1970 II S. 518.
262 Zuletzt BFH, Urteil v. 23.8.2017 - VI R 4/16.
263 BFH, Urteile v. 20.7.2005 - X R 22/02, BStBl 2006 II S. 457 und v. 23.8.2017 - VI R 4/16, betr. nachträgliche Herabsetzung eines wirksam vereinbarten Ruhegehalts jeweils m. w. N.
264 BFH, Urteil v. 6.11.2003 - IV R 10/01, BStBl 2004 II S. 416.
265 BFH, Beschluss v. 9.6.1997 - GrS 1/94, BStBl 1998 II S. 307.
266 BFH, Urteil v. 2.9.2008 - X R 32/05, BStBl 2009 II S. 634.
267 BFH, Urteil v. 2.4.1973 - I R 159/71, BStBl 1973 II S. 628.

vermögen, auch wenn der Steuerpflichtige einen weiteren, schon vorher für fremde betriebliche Zwecke vermieteten Gebäudeteil dem gewillkürten Betriebsvermögen zugeordnet hat (s. auch Rz. 584 zur Ablehnung einer Zwangsentnahme auf Grund des Einheitlichkeitsgrundsatzes und Rz. 529 f. zur Kritik am Einheitlichkeitsgrundsatz). Zum Verbot rückwirkender Einlagen s. Rz. 589.

Verstrickungstatbestand durch Einlagefiktion in § 4 Abs. 1 Satz 8 2. Halbsatz EStG: Entsprechend der Entnahmefiktion des Entstrickungstatbestands in § 4 Abs. 1 Satz 3 EStG (s. Rz. 600 ff.) hat der Gesetzgeber mit dem SEStEG v. 7.12.2006[268] auch einen Verstrickungstatbestand geschaffen, der sich spiegelbildlich, aber ohne Tatbestandsidentität zur Regelung des § 4 Abs. 1 Satz 3 EStG einer Einlagefiktion bedient. Bis dahin galt ein dem finalen Entnahmebegriff (s. Rz. 607) spiegelbildlich entsprechender finaler (zweckbezogener) Einlagebegriff,[269] mit dem vergleichbare Ergebnisse erzielt wurden.[270]

628

3.3.3 Rechtsfolgen der Einlage

Mit der Einlage gehört das Wirtschaftsgut zum Betriebsvermögen und ist damit steuerverstrickt. Erträge und Aufwendungen im Zusammenhang mit einem eingelegten Wirtschaftsgut sind vom Einlagezeitpunkt an Betriebseinnahmen und Betriebsausgaben.

629

Bewertung der Einlage mit dem Teilwert, höchstens mit den Anschaffungs- oder Herstellungskosten: Nach § 6 Abs. 1 Nr. 5 EStG sind Einlagen mit dem Teilwert zu bewerten. Ist das eingelegte Wirtschaftsgut innerhalb der letzten drei Jahre vor dem Zeitpunkt der Zuführung zum Betriebsvermögen angeschafft oder hergestellt worden, kann die Einlage höchstens zu den Anschaffungs- oder Herstellungskosten erfolgen (§ 6 Abs. 1 Nr. 5 Satz 1 Buchst. a EStG), bei abnutzbaren Wirtschaftsgütern abzüglich der AfA.[271] Bei unentgeltlichem Erwerb des Wirtschaftsguts ist für den Drei-Jahreszeitraum der Anschaffungszeitpunkt des Rechtsvorgängers maßgebend; auch die Anschaffungs- und Herstellungskosten bestimmen sich nach den Aufwendungen des Rechtsvorgängers. Eine Beteiligung i. S. d. § 17 EStG oder ein Wirtschaftsgut i. S. d. § 20 Abs. 2 EStG kann ebenfalls höchstens mit den Anschaffungskosten eingelegt werden. Hat der Steuerpflichtige die eingelegte Beteiligung unentgeltlich erworben, dann sind die Anschaffungskosten des Rechtsvorgängers maßgebend, der die Beteiligung zuletzt entgeltlich erworben hatte (§ 6 Abs. 1 Nr. 5 Satz 1 Buchst. b i. V. m. § 17 Abs. 2 Satz 5 EStG; ähnlich § 20 Abs. 4 Satz 6 EStG, wenn auch ohne ausdrückliche Verweisung in § 6 Abs. 1 Nr. 5 EStG).[272]

630

Die fiktive Einlage des Verstrickungstatbestands nach § 4 Abs. 1 Satz 8 EStG (s. Rz. 628) ist wie die entsprechende Entnahme (s. Rz. 600 und 615) mit dem gemeinen Wert anzusetzen (§ 6 Abs. 1 Nr. 5a EStG).

631

---

[268] BGBl 2006 I S. 2782; BStBl 2007 I S. 4.
[269] BFH, Beschluss v. 4.12.2006 - GrS 1/05, BStBl 2007 II S. 508 zu II. 2. b) bb.
[270] Im Einzelnen dazu *Groh*, DB 1988 S. 529.
[271] BFH, Urteil v. 20.4.2005 - X R 53/04, BStBl 2005 II S. 698.
[272] Zu den Anschaffungs- und Herstellungskosten ausführlich *Kahle/Hiller*, Rz. 822 ff. und Rz. 865.

632 **Bewertung von Nutzungseinlagen und Nutzungsrechten:** Nach ständiger Rechtsprechung des BFH sind Nutzungsvorteile (z. B. die zinslose Nutzung eines Darlehens) nicht einlagefähig. Gleiches gilt für ein ohne Gegenleistung erlangtes Nutzungsrecht; obgleich es sich hierbei um ein Wirtschaftsgut handelt, scheidet der Ansatz einer steuerrechtlichen Einlage aus, weil infolge seiner Abschreibung die tatsächlich gezogenen Nutzungen der Besteuerung entzogen wären.[273] Die dem Nutzenden durch die betriebliche Nutzung betriebsfremden Vermögens entstandenen Aufwendungen mindern den Betriebsgewinn (arg. § 4 Abs. 4 EStG) und sind als sogenannte Aufwandseinlage (Rz. 623) zu einem modifizierten Teilwert anzusetzen. Bei vorbehaltenen Nutzungsrechten ist dies die Summe der AfA-Beträge, die der Überlassende während des vereinbarten Nutzungszeitraums hätte geltend machen können (AfA und laufende Kosten), wenn er das überlassene Wirtschaftsgut selbst steuerlich relevant genutzt hätte.[274] Bei zugewendeten Nutzungsrechten ist zu unterscheiden, ob derjenige, der das Nutzungsrecht einräumt, dieses bereits entgeltlich erworben hat (dann Einlage zum Teilwert) oder ob das Nutzungsrecht erstmals begründet wird (dann sogenanntes teilwertloses Nutzungsrecht).[275]

633 **Bewertung eingelegter Bodenschätze:** Ein im Privatvermögen entdecktes Kiesvorkommen ist bei Zuführung zum Betriebsvermögen gemäß § 6 Abs. 1 Nr. 5 Satz 1 Halbsatz 1 EStG zwar mit dem Teilwert anzusetzen; beim Abbau des Kiesvorkommens dürfen jedoch keine Absetzungen für Substanzverringerung vorgenommen werden.[276]

634–659 *(Einstweilen frei)*

---

273 BFH, Beschluss v. 26.10.1987 - GrS 2/86, BStBl 1988 II S. 348.
274 Vgl. etwa BFH, Urteil v. 16.12.1988 - III R 113/85, BStBl 1989 II S. 763.
275 Dazu im Einzelnen *Eckstein*, HHR, § 6 EStG Anm. 863 m. w. N.
276 BFH, Beschluss v. 4.12.2006 - GrS 1/05, BStBl 2007 II S. 508 zu Rz. 66, 77 und 99 mit kritischer Anmerkung und Gestaltungsempfehlungen von *Prinz*, StuB 2007 S. 428; zu Gestaltungsmöglichkeiten auch *Kanzler*, DStR 2007 S. 1101.

Teil A:
Grundsatz- und Querschnittsfragen steuerlicher Gewinnermittlung

Kapitel V:
Persönliche Zurechnung/Wirtschaftliches Eigentum

von
StB Professorin Dr. Simone Briesemeister, Köln

Kapitel V: Persönliche Zurechnung/Wirtschaftliches Eigentum

Inhaltsübersicht   Rz.

1. Zurechnungsgrundsätze   660 - 665
   1.1 Regelzurechnung: zivilrechtlicher Eigentümer   660
   1.2 Ausnahmezurechnung: wirtschaftlicher Eigentümer   661 - 665
       1.2.1 Wirtschaftliches Eigentum nach § 39 Abs. 2 Nr. 1 AO   661
       1.2.2 Wirtschaftliches Eigentum nach § 246 Abs. 1 Satz 2 HGB   662 - 663
       1.2.3 Normenkonkurrenz   664
       1.2.4 Prüfseite wirtschaftlichen Eigentums   665
2. Verhältnis von persönlicher Zurechnung und Gewinnrealisation   666 - 672
3. Wesentliche (potenzielle) Divergenzfälle zivilrechtlichen und wirtschaftlichen Eigentums an Wirtschaftsgütern   673 - 773
   3.1 Optionsgeschäfte   673 - 679
       3.1.1 Kauf-/Verkaufoption   673 - 677
       3.1.2 Doppeloption   678 - 679
   3.2 Mietkauf   680 - 683
   3.3 Leasing   684 - 698
       3.3.1 Grundsätze   684 - 686
       3.3.2 Vollamortisation   687 - 692
       3.3.3 Teilamortisation   693 - 696
       3.3.4 Spezial-Leasing   697 - 698
   3.4 Sale and lease back-Geschäfte   699 - 700
   3.5 Sale and buy back-Geschäfte   701 - 742
       3.5.1 Struktur/Systematisierung   701 - 705
       3.5.2 Wertpapierdarlehen („Wertpapierleihe")   706 - 714
       3.5.3 Pensionsgeschäfte i. S. d. § 340b HGB   715 - 732
       3.5.4 Sonstige Repo-Geschäfte   733 - 739
       3.5.5 Rückerwerbsoption   740 - 742
   3.6 Kommissionsgeschäfte   743 - 745
   3.7 Treuhand-/treuhandähnliche Verhältnisse   746 - 753
       3.7.1 Charakteristik Treuhandverhältnisse   746
       3.7.2 Vollrechtstreuhand   747
       3.7.3 Ermächtigungstreuhand   748
       3.7.4 Verwaltungs- vs. Sicherungstreuhand/doppelseitige Treuhand   749 - 750
       3.7.5 Treuhandähnliche Verhältnisse   751 - 753
   3.8 Factoring   754 - 769
   3.9 Dingliche Sicherungsrechte: Sicherungsübereignung/-abtretung/Eigentumsvorbehalt   770 - 771
   3.10 Nießbrauch   772 - 773
4. Zurechnung von Schulden   774 - 809

> **AUSGEWÄHLTE LITERATUR**
>
> *Brandis*, Neue Erkenntnisse zu Fragen des wirtschaftlichen Eigentums in der Steuerbilanz, StBJb 2016/2017, S. 299; *Döllerer*, Leasing – wirtschaftliches Eigentum oder Nutzungsrecht?, BB 1971 S. 535; *Gelhausen/Henneberger*, Die Bilanzierung von Leasingverträgen in Handbuch des Jahresabschlusses, Abt. VI/1; *Heitmüller/Hellen*, Miet-, Pacht- und Leasingverhältnisse in Küting/Pfitzer/Weber, Handbuch der Rechnungslegung Einzelabschluss, 5. Aufl., Kap. 6 Rz. 101-300; *Götz/Hülsmann*, Der Nießbrauch im Zivil- und Steuerrecht, 11. Aufl., Herne 2017; *Keller*, Der Grundsatz wirtschaftlicher Vermögenszugehörigkeit im Bilanzrecht, Auslegung von § 246 Abs. 1 Satz 2 HGB und Abgrenzung zu § 39 AO, Münster 2014; *Kolbinger*, Das wirtschaftliche Eigentum an Aktien, Frankfurt 2008; *Lorenz*, Wirtschaftliche Vermögenszugehörigkeit im Bilanzrecht, Düsseldorf 2002; *Mayer*, Wirtschaftliches Eigentum an Kapitalgesellschaftsanteilen, Marburg 2003; *Mayer*, Wirtschaftliches Eigentum in der Steuerbilanz, WPg 2003 S. 925; *Seeliger*, Der Begriff des wirtschaftlichen Eigentums im Steuerrecht, Stuttgart 1962; *Tonner*, Leasing im Steuerrecht, 6. Aufl., Heidelberg 2014; *Wagner*, Übergang des wirtschaftlichen Eigentums im Fall der Einräumung von Ankaufs- und Andienungsrechten (Call- und Put-Optionen), DK 2007 S. 199; *Wöhe/Richter*, Treuhandverhältnisse in Küting/Pfitzer/Weber, Handbuch der Rechnungslegung Einzelabschluss, Kap. 6 Rz. 301-400.

1. Zurechnungsgrundsätze

1.1 Regelzurechnung: zivilrechtlicher Eigentümer

660 Voraussetzung für den Ansatz von Wirtschaftsgütern und Schulden in der Bilanz ist, dass diese dem Steuerpflichtigen persönlich zuzurechnen und in sachlicher Hinsicht seinem Betriebsvermögen zuzuordnen sind. Der Kaufmann hat nach § 242 Abs. 1 HGB „sein" Vermögen und „seine" Schulden zu bilanzieren. Ausgangspunkt der personellen Zurechnung von Wirtschaftsgütern und Schulden ist im Handels- ebenso wie im Steuerrecht die **rechtliche Zuordnung** (§ 246 Abs. 1 Satz 2, 3 HGB, § 39 Abs. 1 AO). Das zivilrechtliche Eigentum umfasst grundsätzlich die unbeschränkte Verfügungsbefugnis über Substanz und Ertrag eines Wirtschaftsguts. Rechtliche und wirtschaftliche Zurechnung stimmen im Regelfall überein. Fallen diese auseinander, ist – vorbehaltlich abweichender gesetzlicher Anordnungen (z. B. § 6 RechKredV zu Treuhandgeschäften) – ausnahmsweise eine Zurechnung zum wirtschaftlichen Eigentümer vorzunehmen. Die Bilanzierung von Vermögensgegenständen, die im zivilrechtlichen Eigentum eines anderen Rechtssubjekts stehen, ist schon aus Vorsichtsgründen als Ausnahmetatbestand aufzufassen.[1] Die BGH-Rechtsprechung fordert für die Beantwortung der Zurechnungsfrage nachdrücklich die Berücksichtigung zivilrechtlicher Eigentumsverhältnisse und weist dem zivilrechtlichen Befund im Rahmen der gebotenen wirtschaftlichen Betrachtungsweise eine Kontrollfunktion zu.[2] Erst die zivilrechtliche Absicherung einer Position rechtfertige die Zurechnung zum Vermögen des Kaufmanns; der Ausweis eines Vermögensgegenstands ohne abgesicherte Rechtsposition verstoße gegen das Vorsichtsprinzip.[3] Eine vom zivil-

---

1 Zum Regel-/Ausnahmeverhältnis der Zurechnung nach Maßgabe des zivilrechtlichen bzw. wirtschaftlichen Eigentums BGH, Urteil v. 6.11.1995 – II ZR 164/94, BB 1996 S. 155; *Gelhausen/Henneberger* in Handbuch des Jahresabschlusses, Abt. VI/1 Rz. 46 f.; *Drüen* in Tipke/Kruse, AO/FGO, § 39 AO Rz. 20 f.; *Winnefeld*, Bilanz-Handbuch, 5. Aufl. 2015, D Rz. 110.
2 BGH, Urteil v. 6.11.1995 – II ZR 164/94, BB 1996 S. 155: „unkontrollierte wirtschaftliche Betrachtungsweise" bei Vernachlässigung des zivilrechtlichen Befundes.
3 BGH, Urteil v. 6.11.1995 – II ZR 164/94, BB 1996 S. 155.

rechtlichen Eigentum abweichende Zurechnung nach Maßgabe des wirtschaftlichen Eigentums kommt nur unter engen Voraussetzungen in Betracht (s. Rz. 661 ff.). Ungeachtet des in systematischer Hinsicht bestehenden Ausnahmecharakters der Zurechnung von Wirtschaftsgütern, die im rechtlichen Eigentum eines anderen stehen, haben Fälle, in denen rechtliches und wirtschaftliches Eigentum auseinanderfallen (s. Rz. 673 ff.), aufgrund der mit einem Zurechnungswechsel regelmäßig verknüpften Realisationsfragen (Rz. 665) in der Praxis eine außerordentlich hohe Bedeutung.

1.2 Ausnahmezurechnung: wirtschaftlicher Eigentümer

1.2.1 Wirtschaftliches Eigentum nach § 39 Abs. 2 Nr. 1 AO

Definition: Die Regelzurechnung zum zivilrechtlichen Eigentümer basiert auf der widerlegbaren Vermutung, dass der zivilrechtliche Eigentümer über Substanz und Ertrag eines Vermögensgegenstandes uneingeschränkt verfügen kann. Die Vermutung ist entkräftet, die Regelzurechnung damit aufgehoben, wenn ein anderer als der zivilrechtliche Eigentümer nachweislich die tatsächliche Herrschaft über ein Wirtschaftsgut in der Weise ausübt, dass er den zivilrechtlichen Eigentümer im Regelfall für die gewöhnliche Nutzungsdauer – auch gegen dessen Willen – von der Einwirkung auf das Wirtschaftsgut wirtschaftlich ausschließen kann (§ 39 Abs. 2 Nr. 1 AO), so dass ein Herausgabeanspruch des zivilrechtlichen Eigentümers entfällt oder keine wirtschaftliche Bedeutung hat.[4] Diese im Anschluss an das Leasing-Urteil des BFH vom 26.1.1970[5] formulierte, auf *Seeliger* zurückgehende **Negativ-Definition** wirtschaftlichen Eigentums[6] wird ergänzt durch die **Positiv-Definition** *Döllerers*.[7] Positiv zeichnet sich wirtschaftliches Eigentum durch dauerhaftes und vollständiges Innehaben von Substanz und Ertrag einschließlich Wertsteigerungschancen, Wertminderungsrisiken sowie des Risikos des Verlusts der Sache aus. § 39 Abs. 2 Nr. 1 AO nimmt tatbestandlich die „tatsächliche Herrschaft" über ein Wirtschaftsgut, d. h. auch ein durch positive Einwirkungsrechte bestimmtes Tatbestandsmerkmal auf. Die Positiv-Definition wird regelmäßig auf die Formel des Innehabens von Besitz, Gefahr, Nutzungen und Lasten verdichtet.[8]

661

(Negative) Ausschließungsbefugnis und (positive) Einwirkungsrechte stehen in einem untrennbaren wechselseitigen Bedingungsverhältnis: Die Ausschließungsbefugnis eines Nichteigentümers ist Voraussetzung dafür, dass der Eigentümer selbst nicht mehr über positive Herrschaftsbefugnisse verfügt und der Nichteigentümer anstelle des Eigentümers diese überhaupt innehaben kann. Der erforderliche Umfang der Ausschließungsbefugnis wird wiederum durch den positiven Inhalt der (wirtschaftsgut-/fallgruppenspezifisch jeweils wesentlichen) Herrschaftsbefugnisse bestimmt, auf die sich das

---

[4] Umfassende Nachweise zur Rspr. bei *Schmieszek*, AO/FGO, § 39 AO Rz. 9.
[5] BFH, Urteil v. 26.1.1970 – IV R 144/66, BStBl 1970 II S. 264.
[6] *Seeliger*, Der Begriff des wirtschaftlichen Eigentums im Steuerrecht, 1962, S. 89 f.
[7] Vgl. *Döllerer*, BB 1971 S. 535 f.
[8] Vgl. z. B. BFH, Urteil v. 4.6.2003 – X R 49/01, BStBl 2003 II S. 751 m. w. N.; *ADS*, 6. Aufl., § 246 Rz. 263; *Schmidt/Ries*, Beck'scher Bilanzkommentar, 11. Aufl. 2018, § 246 Rz. 6; *Fischer* in HHSp., AO/FGO-Kommentar, § 39 AO Rz. 47; *Drüen* in Tipke/Kruse, AO/FGO, § 39 AO Rz. 29; *Tiedchen* in HHR, § 5 EStG Rz. 515 m. w. N. zum Schrifttum.

Ausschließungsrecht richtet. Der BFH zieht in Zurechnungsfragen beide Definitionsansätze heran und konkretisiert diese z. T. wirtschaftsgut-/fallgruppenspezifisch.[9] Die Feststellung, ob der Nichteigentümer den Eigentümer im Regelfall für die gewöhnliche Nutzungsdauer von der Einwirkung auf das Wirtschaftsgut wirtschaftlich ausschließen kann, erfolgt unter Prüfung, ob die für die betreffende Fallgruppe jeweils als wesentlich identifizierten Herrschaftselemente beim ausschließungsbefugten Nichteigentümer zu verorten sind.

Für die Frage etwa, ob ein Nichteigentümer den Eigentümer eines **Grundstücks/Gebäude(teil)s** wirtschaftlich ausschließen kann, stellt die Rechtsprechung konkret auf die folgende Prüfformel ab:[10]

(1) Besitz in Erwartung des Eigentumserwerbs, d. h. Erwerb einer rechtlich geschützten, unentziehbaren Position,

(2) Übergang mit Grundstücken/Gebäuden verbundener wesentlicher, im Konfliktfall effektiv durchsetzbarer Rechte, hier Befugnis zur laufenden Nutzung sowie – bzgl. aperiodischer Nutzung – Befugnis, den zivilrechtlichen Eigentümer an der Veräußerung/Belastung des Grundstücks zu hindern und damit Übergang von Wertsteigerungschancen,

(3) Übergang von (Wertminderungs- u. a.) Gefahren sowie

(4) Lastenübergang.

Für den wirtschaftlichen Ausschluss des Eigentümers und Übergang des wirtschaftlichen Eigentums an **Rechten** (einschließlich **Anteilen an Kapitalgesellschaften**) formuliert die Rechtsprechung die folgenden konkreten Voraussetzungen:[11]

(1) Erwerb einer auf den Gesellschaftsanteil gerichteten, rechtlich geschützten, unentziehbaren Rechtsposition,

(2) Übergang mit dem Wirtschaftsgut verbundener wesentlicher, im Konfliktfall effektiv durchsetzbarer Rechte, bei Anteilen an Kapitalgesellschaften Gewinnbezugsrecht und Stimmrecht sowie eng verbunden,

(3) Übergang von Wertsteigerungschancen und

(4) Übergang von Wertminderungsrisiken auf den Erwerber (Rz. 4630 ff.).

In kritischen Fällen wirtschaftlichen Eigentumsübergangs sind die Kriterien typischerweise nicht kumulativ bzw. Einzelkriterien nur partiell erfüllt. Die fallgruppenspezifischen Prüfformeln decken die zurechnungsrelevanten Positiv- und Negativelemente jeweils wirtschaftsguttypischer Herrschaftsbefugnisse ab, konkretisieren indessen weder das für

---

9 Bsp. Negativ-Definition: BFH, Urteil v. 12.4.2000 – X R 20/99, BFH/NV 2001 S. 10; Bsp. Negativ- und Positiv-Definition: BFH, Urteil v. 18.7.2001 – X R 15/01, BStBl 2002 II S. 280.

10 St. Rspr., vgl. z. B. BFH, Urteile v. 29.11.1973 – IV R 181/71, BStBl. II 1974, S. 202; v. 2.5.1984 – VIII R 276/81, BStBl 1984 II S. 820; v. 20.1.1987 – IX R 147/83, BFH/NV 1987, S. 428; v. 2.3.1990 – III R 70/87, BStBl 1990 II S. 733; v. 7.11.1991 – IV R 43/90, BStBl. II 1992, S. 398; v. 25.1.1996 – IV R 114/94, BStBl. II 1997, S. 382; v. 28.3.2000 – VIII R 77/96, BStBl. II 2002, S. 227; v. 7.3.2001 – X R 147/97, BFH/NV 2001, S. 1235; v. 4.6.2003 – X R 49/01, BStBl 2003 II S. 751; v. 20.10.2011 – IV R 35/08, BFH/NV 2012 S. 377.

11 Z. B. BFH, Urteile v. 11.7.2006 – VIII R 32/04, BStBl 2007 II S. 296; v. 4.7.2007 – VIII R 68/05, BStBl 2007 II S. 937; v. 25.5.2011 – IX R 23/10, BStBl 2012 II S. 3; v. 5.10.2011 – IX R 57/10, BFH/NV 2012 S. 836.

die Annahme vom zivilrechtlichen abweichenden wirtschaftlichen Eigentums nötige Ausmaß von Befugnissen, noch halten sie Anweisungen für eine Gewichtung der Kriterien bereit. Entscheidend ist jeweils das Gesamtbild der Verhältnisse im Einzelfall, so dass ein wirtschaftlicher Eigentumsübergang in der Gesamtschau auch dann eintreten kann, wenn die fallgruppenspezifischen Kriterien nicht vollumfänglich erfüllt sind.[12]

In seiner jüngsten Grundsatzentscheidung zum wirtschaftlichen Eigentumsübergang im Fall von Andienungsrechten betont der BFH gestützt auf den Wortlaut des § 39 Abs. 2 Nr. 1 AO, dass es für eine Zurechnung zu einem Nichteigentümer grundsätzlich unabdingbar ist, dass der Nichteigentümer *rechtlich in der Lage* ist, den Ausschluss des Eigentümers auf das Wirtschaftsgut zu bewirken („ausschließen *kann*").[13] Wahrscheinlichkeitsbasierte Erwägungen, die in wirtschaftlicher Betrachtung basierend auf der Annahme rationalen, wirtschaftlich sinnvollen Verhalten der Beteiligten einzig die Prognose eines Volltransfers des betreffenden Wirtschaftsguts auf den Nichteigentümer zulassen, können demgemäß ohne rechtlich gesicherte Ausschließungsbefugnis des Nichteigentümers im Grundsatz nicht zu einem Auseinanderfallen von zivilrechtlichem und wirtschaftlichen Eigentum führen (s. auch Rz. 692). Der BFH formuliert hiermit explizit ein Primat des negativen Definitionselements wirtschaftlichen Eigentums. Klargestellt wird zugleich die Prüfseite wirtschaftlichen Eigentums (s. Rz. 665).

1.2.2 Wirtschaftliches Eigentum nach § 246 Abs. 1 Satz 2 HGB

Normcharakter: Der Grundsatz der Vermögenszurechnung nach Maßgabe des wirtschaftlichen Eigentums wurde als Grundsatz ordnungsmäßiger Buchführung[14] im Zuge des BilMoG mit Neufassung des § 246 Abs. 1 Satz 2 HGB handelsrechtlich erstmals kodifiziert. Ausweislich der Gesetzesbegründung wird der Vorschrift klarstellender Charakter beigemessen; sie bringe lediglich die bisherige handelsrechtliche Rechtslage zum Ausdruck.[15] Die bilanzielle Zurechnung nach wirtschaftlicher Zugehörigkeit des Vermögensgegenstandes wurde bereits zuvor als überwiegend nicht kodifizierter GoB eingeordnet, der durch die Zurechnungsregeln des § 39 AO und die in dessen Dogmatik zum Ausdruck kommenden Rechtsprinzipien stark geprägt wurde.[16] Gesetzgeber und Schrifttum gehen entsprechend von einer Inhaltsidentität der Normen ohne Änderungen in der Beurteilung der bilanziellen Zurechnung aus.[17]

662

---

12 Stellv. BFH, Urteile v. 15.2.2001 – III R 130/95, BFH/NV 2001 S. 1041; v. 11.7.2006 – VIII R 32/04, BStBl 2007 II S. 296; v. 9.10.2008 – IX R 73/06, BStBl 2009 II S. 140; BFH, v. 5.10.2011 – IX R 57/10, BFH/NV 2012 S. 836; v. 20.11.2011 – IV R 35/08, BFH/NV 2012 S. 377.
13 BFH, Urteil v. 13.10.2016 – IV R 33/13, BFH/NV 2017 S. 494; bestätigt durch BFH, Urteile v. 21.12.2017 - IV R 55/16, IV R 56/16, DB 2018 S. 1118.
14 Stellv. *Schmidt/Usinger*, in Beck'scher Bilanzkomm., 11. Aufl. 2018, § 243 Rz. 31.
15 BR-Drucks. 344/08, S. 101; BT-Drucks. 16/10067, S. 47; BT-Drucks. 16/12407, S. 84.
16 Vgl. z. B. *ADS*, 6. Aufl., § 246 HGB Rz. 266.
17 Ausdrücklich BT-Drucks. 16/10067, S. 47, BT-Drucks. 16/12407, S. 84 sowie z. B. *Lorenz*, wirtschaftliche Vermögenszugehörigkeit im Bilanzrecht, 2002, S. 96 ff.; *Meyer*, DStR 2009 S. 762; *Theile*, DStR 2009, Beihefter zu Heft 18, S. 35; *Henckel/Krenzer*, StuB 2009 S. 494; *Kühne/Melcher*, DB 2009, Beilage 5, S. 18; *Scheffler*, Besteuerung von Unternehmen II, Steuerbilanz, 8. Aufl. 2014, S. 122. Abweichungen werden lediglich für den Fall des bösgläubigen Eigenbesitzes konstatiert, vgl. z. B. *Schmieszek* in Beermann/Gosch, AO/FGO, § 39 AO Rz. 7; *Bode* in Kirchhof, EStG, 16. Aufl. 2017, § 4 Rz. 73; *Nöcker* in Bordewin/Brandt, EStG, § 4 Rz. 177; OFD Münster, Kurzinformation ESt v. 14.9.2012 – Nr. 17/2012, DB 2012 S. 2309.

663 **Entwicklungsoffene Kodifizierung:** Trotz des behaupteten Klarstellungscharakters folgt die handelsrechtliche Zurechnungsnorm in ihrem Wortlaut nicht – wie vom Bundesrat vorgeschlagen und in der Literatur gefordert[18] – dem Wortlaut des § 39 Abs. 2 Nr. 1 AO. Die handelsrechtlichen Zurechnungsgrundsätze wurden mit § 246 Abs. 1 Satz 2 HGB vielmehr entwicklungsoffen formuliert. § 246 Abs. 1 Satz 2 2. Halbsatz HGB bestimmt zwar, dass ein Vermögensgegenstand in die Bilanz desjenigen aufzunehmen ist, dem er wirtschaftlich zuzurechnen ist, formuliert anders als § 39 Abs. 2 Nr. 1 AO selbst aber keinen Rahmen für die Bestimmung wirtschaftlichen Eigentums. Mit Veränderungen des Gefüges von Informations- und Zahlungsbemessungsfunktion des handelsrechtlichen Jahresabschlusses besteht potenziell die Gefahr einer zunehmenden IFRS-Prägung der handelsrechtlichen Zurechnungsmaßstäbe[19] und damit die Gefahr einer **Störung der Parallelität von § 246 Abs. 1 Satz 2 HGB und § 39 Abs. 2 Nr. 1 AO**.[20] Dass diese Gefahr nicht nur theoretischer Natur ist, wird bereits durch die im Gesetzgebungsverfahren zum BilMoG ursprünglich IFRS-determinierte Begründung zu § 246 HGB dokumentiert,[21] darüber hinaus durch die Wertungen des IDW ERS HFA 13 „Einzelfragen zum Übergang von wirtschaftlichem Eigentum und zur Gewinnrealisierung nach HGB".[22] Die hier für Einzelfälle formulierten Zurechnungsgrundsätze sind erkennbar von IAS/IFRS-Gedankengut durchsetzt oder diesen z. T. konkret entlehnt. Abweichend von § 39 AO sind sie zudem stark vom Leitbild missbräuchlicher Gestaltungen geprägt und stimmen z. T. nicht mit den Zurechnungsgrundsätzen überein, die Literatur, Rechtsprechung und Finanzverwaltung im bisherigen Gleichlauf von Handels- und Steuerrecht entwickelt haben.[23] Mit der Fokussierung auf die Übertragung von Chancen und Risiken[24] sowie dem Abschwächen des steuerlichen Merkmals der „Dauerhaftigkeit" und „Vollständigkeit" durch das IFRS-Kriterium „im Wesentlichen" wird der risk-and-reward-approach der IFRS durch die Zurechnungskonzeption des IDW ERS HFA 13 in Teilen adaptiert; darüber hinaus werden die Anforderungen an die für die Zurechnung erforderliche Intensität der Verfügungsbefugnis über Substanz und Ertrag teilweise unter das bisher für notwendig befundene Maß gesenkt.[25] Darüber hinaus lässt IDW ERS HFA 13 explizit den **Doppelausweis** von Vermögensgegenständen, d. h. den parallelen

---

[18] Vgl. Stellungnahme des Bundesrates zum Entwurf des BilMoG v. 4.7.2008, BR-Drucks. 344/08 (B) S. 3; *Herzig*, DB 2008 S. 1343.
[19] Vgl. *Kühne/Melcher*, DB 2009, Beilage 5, S. 17 f.; BT-Drucks. 16/10067, S. 34: „maßvolle Annäherung der handelsrechtlichen Rechnungslegungsvorschriften an die IFRS [...] gleichzeitig Anhebung des Informationsniveaus des handelsrechtlichen Jahresabschlusses."
[20] Vgl. *Herzig/Briesemeister*, DB 2009 S. 928; *Kühne/Melcher*, DB 2009, Beilage 5, S. 17 f.
[21] Referentenentwurf BilMoG v. 8.11.2007, S. 93: „Mit der Neufassung des § 246 Abs. 1 Satz 1 HGB soll eine Annäherung an die auch nach IFRS übliche wirtschaftliche Betrachtungsweise („substance over form") erreicht werden."
[22] IDW ERS HFA 13 n. F. v. 29.11.2006, IDW-FN 2007 S. 83 ff. Wegen erheblicher ertragsteuerlicher Bedenken hat der HFA in seiner 218. Sitzung am 26./27.11.2009 beschlossen, den ERS HFA 13 n. F. zunächst nicht als endgültige Verlautbarung zu verabschieden, vgl. www.idw.de. Dieser Zustand hält bis dato an.
[23] Vgl. DIHK/BDI/BdB/GDV, Stellungnahme zu IDW ERS HFA 13 n. F. v. 3.9.2007, S. 12, abrufbar unter www.idw.de.
[24] Vgl. z. B. IDW ERS HFA 13 n. F. v. 29.11.2006, Rz. 6-9, allg. Zurechnungsgrundsätze.
[25] Vgl. auch DIHK/BDI/BdB/GDV, Stellungnahme zu IDW ERS HFA 13 n. F. v. 3.9.2007, S. 2, abrufbar unter www.idw.de; *Herzig*, IAS/IFRS und steuerliche Gewinnermittlung, 2004, S. 88 m. w. N.

Ausweis bei mehreren Bilanzierenden zu,[26] was mit den Zurechnungsgrundsätzen des § 39 AO unvereinbar ist.[27] Diese von Befürwortern einer handelsrechtlichen Doppelzurechnung ausgemachte Zurechnungsdivergenz sei Folge divergierender Schwerpunkte der Zurechnungsentscheidung im Handels- und Steuerrecht: gegenüber der gem. § 39 AO entscheidenden (negativen) Ausschließungsbefugnis sei für die Zurechnung nach § 246 Abs. 1 Satz 2 HGB die (positive) Verfügungsmacht über ein Wirtschaftsgut ausschlaggebend, die mehreren gleichzeitig zustehen könne.[28]

1.2.3 Normenkonkurrenz

Kommt es zu Abweichungen der handelsrechtlichen Zurechnungsmaßstäbe von denen der AO, wird die (bis dato weitgehend theoretische) Normenkonkurrenz zwischen § 246 Abs. 1 Satz 2 HGB und § 39 Abs. 2 Nr. 1 AO evident: nach § 5 Abs. 1 Satz 1 EStG ist die handelsbilanzielle Zurechnung gem. § 246 HGB für die Steuerbilanz maßgeblich.[29] Hiermit konkurriert die Anwendung des § 39 AO. Diese Konkurrenz wird anhand des Grundsatzes „lex specialis derogat legi generali" von der h. M. zugunsten des **Vorrangs des § 5 Abs. 1 Satz 1 EStG i. V. m. § 246 HGB** gelöst, da § 39 AO lediglich im allgemeinen, § 5 EStG dagegen im besonderen Steuerrecht verankert ist und die allgemeine Regel verdrängt.[30] Die dagegen gerichtete Mindermeinung vertritt in teleologischer Reduktion des § 5 Abs. 1 EStG einen Vorrang des § 39 AO. Dieser durchbreche den Maßgeblichkeitsgrundsatz, da der Telos des § 5 EStG – die leistungsfähigkeitsgerechte Besteuerung – anderenfalls durch das handelsrechtliche Vorsichtsprinzip beeinträchtigt werde[31] und Art. 3 Abs. 1 GG in der Frage der Zurechnung von Wirtschaftsgütern eine Gleichbehandlung aller Einkunftsarten verlange.[32] Zum Teil wird auch die vermittelnde Lösung vertreten, für die Zurechnung im Handelsrecht sei wirtschaftliches Eigentum i. S. d. § 39

664

---

26 IDW ERS HFA 13 n. F. v. 29.11.2006, Rz. 6, 20; vgl. z. B. auch *Gelhausen/Fey/Kämpfer*, Rechnungslegung und Prüfung nach dem BilMoG, 2009, Kap. B Rz. 14: Doppelausweis in Ausnahmefällen hinzunehmen; *Keller*, Der Grundsatz wirtschaftlicher Vermögenszugehörigkeit im Bilanzrecht, 2014, S. 114 „Doppelbilanzierung als notwendiges Übel"; *Noodt* in Bertram/Brinkmann/Kessler/Müller, Haufe HGB Kommentar, 7. Aufl. 2016, § 246 Rz. 18; *Schmidt/Ries* in Beck'scher Bilanzkommentar, 11. Aufl. 2018, § 246 Rz. 6.
27 Vgl. Hessisches FG, Urteil v. 10.2.2016 – 4 K 1684/14, EFG 2016, S. 761 rkr; BFH, Urteil v. 26.4.1968 – III 6/65, BStBl 1968 II S. 770 sowie z. B.; *Drüen* in Tipke/Kruse, AO/FGO, § 39 AO Rz. 15; *Bruns*, DStZ 2011 S. 680; *Musil* in HHR, § 2 EStG Rz. 147; *Brandis*, StBJb 2016/2017, S 308; *Florstedt*, FR 2016, S. 646: Prinzip der Alternativität; *Fu*, GmbHR 2017 S. 1252.
28 Vgl. *Keller*, Der Grundsatz wirtschaftlicher Vermögenszugehörigkeit im Bilanzrecht, 2014, S. 30, 136.
29 Mit Maßgeblichkeit der handelsbilanziellen Zurechnung erlangt auch IDW RS HFA 13 in seiner (bis dato ausstehenden) endgültigen Fassung steuerliche Bedeutung, zum Maßgeblichkeitsgrundsatz s. Rz. 331 ff.
30 Vgl. z. B. *Knobbe-Keuk*, Bilanz- und Unternehmenssteuerrecht, 1993, S. 75 f. m. w. N.; *Groh*, BB 1996 S. 1489; *Lorenz*, Wirtschaftliche Vermögenszugehörigkeit im Bilanzrecht, 2002, S. 79 f.; *Fischer* in HHSp., AO/FGO-Kommentar, § 39 AO Rz. 17; *Koenig* in Pahlke/Koenig, AO, 3. Aufl. 2014, § 39 Rz. 3; *Schwarz*, AO, § 39 Rz. 10; *Drüen* in Tipke/Kruse, AO/FGO, § 39 AO Rz. 11; *Krumm* in Blümich, EStG/KStG/GewStG, § 5 EStG Rz. 510; *Anzinger* in HHR, EStG/KStG, § 5 EStG Rz. 258; *Tiedchen* in HHR, EStG/KStG, § 5 EStG Rz. 516; *Nöcker* in Bordewin/Brandt, EStG, § 4 Rz. 176; *Lutz/Schlag* in Handbuch des Jahresabschlusses, I/4 Rn. 88; *Herzig/Briesemeister* in HdR-E, Kap. 3 Rz. 47; *Scheffler*, Besteuerung von Unternehmen II, Steuerbilanz, 8. Aufl. 2014, S. 22; *Wüstemann/Wüstemann*, BB 2012 S. 3128; *Brandis*, StBJb 2016/2017, S 300; zu § 11 StAnpG bereits *Döllerer*, BB 1971 S. 535.
31 Vgl. *Runge/Bremser/Zöller*, Leasing, 1978, S. 257 ff.; *Ruppel*, DStR 1979 S. 69 f.; *Mayer*, WPg 2003 S. 935 f.; *Kolbinger*, Das wirtschaftliche Eigentum an Aktien, 2008, S. 74 ff., 80; *Kempermann*, StbJb 2008/2009, S. 243.
32 Vgl. *Mayer*, WPg 2003 S. 936.

Abs. 2 Nr. 1 Satz 1 AO erforderlich und ausreichend,[33] wobei bzgl. der handelsrechtlichen Zurechnung unter Rückgriff auf die Konkretisierung durch § 39 Abs. 2 Nr. 1 Satz 1 AO „von einem bilanziellen Gewohnheitsrecht"[34] ausgegangen werden könne, das zu deckungsgleichen Zurechnungsergebnissen im Handels- und Steuerrecht führe.[35]

Die BFH-Rechtsprechung sah sich angesichts des bisher weitestgehenden Gleichlaufs von Handels- und Steuerrecht in der Zurechnungsfrage nicht veranlasst, das Konkurrenzverhältnis zu klären. Zurechnungsbegründungen folgen keiner einheitlichen Linie.[36] Die Rechtsprechung stützt die Zurechnung z. T. explizit auf § 5 Abs. 1 EStG und konkretisiert den GoB wirtschaftlicher Vermögenszugehörigkeit i. d. R. anhand des § 39 AO,[37] löst die Zurechnungsfrage im Regelfall gleichwohl unter (expliziter/impliziter) Annahme insoweit bestehender Inhaltsgleichheit von Handels- und Steuerrecht unter *unmittelbarer* Inbezugnahme des § 39 AO[38] oder lässt die Frage mit Hinweis auf fehlende Divergenz der Zurechnung in den Entscheidungsfällen z. T. explizit offen.[39]

Der handelsrechtlich in §§ 242 Abs. 1, 246 Abs. 1 Satz 2 HGB zum Ausdruck kommende Grundsatz wirtschaftlicher Vermögenszurechnung ist als kodifizierter Grundsatz ordnungsmäßiger Buchführung vom GoB-Verweis des § 5 Abs. 1 Satz 1 EStG erfasst. Mit der h. M. ist davon auszugehen, dass § 5 Abs. 1 Satz 1 EStG i. V. m. § 246 HGB als speziellere Gewinnermittlungsnorm der allgemeinen (Zurechnungs-)Norm § 39 AO vorgeht.[40] § 39 AO (ebenso wie die Vorgängervorschrift § 11 StAnpG) setzt(e) die Maßgeblichkeit der GoB in der Zurechnungsfrage nicht außer Kraft. Der teils vertretene gesetzessystematische Vorrang des § 39 AO geht von nicht leistungsfähigkeitsgerechter, weil (zu) vorsichtiger handelsrechtlicher Bilanzierung aus, in der Folge von Abweichungen zwischen der Zurechnung nach § 246 Abs. 1 Satz 2 HGB und nach § 39 AO in einem Maße, das bei Geltung des Maßgeblichkeitsgrundsatzes in der Zu-

---

33 Vgl. *Beisse*, BB 1980, S. 640; *Beisse*, DStR 1980, S. 248; *Mathiak*, StuW 1983, S. 263.
34 *Beisse*, BB 1980, S. 640.
35 *Beisse*, BB 1980, S. 640.
36 Vgl. *Stobbe*, BB 1990 S. 518 f.; *Mayer*, WPg 2003 S. 929 Fn. 29. Bspw. springt der BFH in seinem Urteil v. 18.11.1970 – I 133/64, BStBl 1971 II S. 135 f. ohne erkennbare Systematik in der Prüfreihenfolge zwischen § 5 Abs. 1 EStG und § 11 StAnpG.
37 Vgl. z. B. BFH, Urteil v. 9.2.1972 – I R 23/69, BStBl. II 1972, S. 563 (zur Zurechnung von Lager- und schwimmender Ware); BFH, Urteil v. 30.5.1984 – I R 146/81, BStBl. II 1984, S. 825 (zum Immobilienleasing); BFH, Urteil v. 3.8.1988 – I R 157/84, BStBl. II 1989, S. 21 (zum Zurechnungszeitpunkt erworbener Ware); BFH, Urteil v. 12.9.1991 – III R 233/90, BStBl. II 1992, S. 182 (zum Mietkauf); BFH, Urteil v. 15.4.1992 – III R 65/91, BFH/NV 1993, S. 431 (zu Gebäuden auf fremdem Grund und Boden); BFH, Urteil v. 15.10.1996 – VIII R 44/94, BStBl 1997 II S. 533 (zu Mieterein-/umbauten); BFH, Urteil v. 17.2.2004 – VIII R 26/01, BStBl. II 2004, S. 651 (zu GmbH-Anteilen).
38 Vgl. z. B. BFH, Urteile v. 11.3.1982 – IV R 46/79, BStBl 1982 II S. 544; v. 5.5.1983 – IV R 43/80, BStBl 1983 II S. 632; v. 12.9.1991 – III R 233/90, BStBl 1992 II S. 183; v. 15.7.1997 – VIII R 56/93, BStBl 1998 II S. 155; v. 14.5.2002 – VIII R 30/98, BStBl 2002 II S. 741; BFH, Urteil v. 25.7.2012 – I R 101/10, BStBl 2013 II S. 165; BFH, Urteil v. 28.5.2015 – IV R 3/13, BFH/NV 2015, S. 1577; BFH, Urteil v. 13.10.2016 – IV R 33/13, BStBl II 2018, S. 81.
39 Vgl. BFH, Urteil v. 29.11.1973 – IV R 181/71, BStBl. II 1974, S. 202 (zur Zurechnung bei nichtigem Grundstückskaufvertrag); BFH, Urteil v. 1.2.2012 – I R 57/10, BStBl 2012 II S. 407 (zur Zurechnung und Abschreibungsbeginn bei Windkraftanlagen).
40 Demgem. hat der BFH u. a, mit Urteil v. 26.2.1975 – I R 72/73, BStBl. II 1976, S. 13 festgestellt, „die handelsrechtlichen GoB sind [...] maßgebend für die Frage, ob überhaupt ein Wirtschaftsgut vorliegt, wie auch für die Frage, ob die weiteren Voraussetzungen für die Aktivierung eines Wirtschaftsguts erfüllt sind"; die „weiteren Voraussetzungen für die Aktivierung" schließt die Frage personeller Zurechnung als Voraussetzung konkreter Aktivierungsfähigkeit ein.

rechnungsfrage zu grundlegend abweichenden und damit gleichheitswidrigen Besteuerungsergebnissen führe. Diese Prämisse trägt nicht. Etwaige, auf Zweckdivergenzen zwischen Handels- und Steuerbilanzrecht zurückzuführende Abweichungen sind auf Ausnahmefälle (wie insbesondere den bösgläubigen unberechtigten Eigenbesitz) beschränkt,[41] für die divergierende Zurechnungsergebnisse zudem keineswegs durchgehend allgemein konsensfähig sind. Der Singularitätscharakter etwaiger Abweichungen stützt eine von Gleichmäßigkeitserwägungen getragene generelle Suspendierung des Maßgeblichkeitsgrundsatzes in Zurechnungsfragen nicht; eine gleichmäßige Zurechnung/Besteuerung wird hier im Regelfall gerade nicht verfehlt. Bestehende funktionale Divergenzen zwischen Handels- und Steuerbilanz lassen dem Gesetzgeber grundsätzlich Raum für eine abweichende Konkretisierung steuerlicher Gewinnermittlungsregeln, der mit zahlreichen maßgeblichkeitsbrechenden steuerlichen Regelungen gegenwärtig umfassend genutzt wird. In der Zurechnungsfrage sieht der Gesetzgeber indessen nicht nur keine Notwendigkeit für eine abweichende Konkretisierung von Zurechnungskriterien, sondern setzt die Zurechnung nach Handels- und Steuerrecht vielmehr explizit gleich – wie in der Gesetzesbegründung zu § 246 HGB („Inhaltlich entspricht die Vorschrift § 39 der Abgabenordnung (AO)")[42] unmissverständlich zum Ausdruck kommt – und weist der tatbestandlich konkreteren Norm § 39 AO für die Zurechnung im Anwendungsbereich des Maßgeblichkeitsgrundsatzes ausdrücklich die Funktion einer **Auslegungshilfe** zu (§ 39 AO „füllt [...] die wirtschaftliche Zurechnung [...] inhaltlich aus"[43]).[44] Durch die Auslegungshilfsfunktion des § 39 AO wird auch die – trotz Geltung des Maßgeblichkeitsgrundsatzes – durch die BFH-Rechtsprechung in Zurechnungsfragen z. T. erfolgende (verkürzende) unmittelbare Inbezugnahme des § 39 AO legitimiert. Die unmittelbare Inbezugnahme des § 39 AO dürfte der angenommenen Inhaltsgleichheit der Zurechnungsgrundlagen, nicht aber einem Vorrangverständnis des § 39 AO geschuldet sein. Ein solches Vorrangverständnis lässt sich der Rechtsprechung gerade nicht entnehmen. Der § 39 AO in der Zurechnung nicht zuzugestehende systematische Vorrang vor § 5 Abs. 1 EStG ist desgleichen mittelbar der Interpretation des Zurechnungswechselzeitpunkts eines Wirtschaftsguts als Realisationszeitpunkt zu entnehmen (s. Rz. 665 ff.). Das Realisationsprinzip gilt als zentraler Grundsatz ordnungsmäßiger Buchführung nach Maßgabe des § 5 Abs. 1 EStG (unstreitig) auch im Steuerrecht; eine Anbindung des Gewinnrealisationszeitpunkts unmittelbar an § 39 AO wird zutreffend weder im Schrifttum noch in der Finanzrechtsprechung vertreten.

---

41 Zur Übersicht im Schrifttum proklamierter Abweichungsfälle stellv. *Lorenz*, Wirtschaftliche Vermögenszugehörigkeit im Bilanzrecht, 2002, S. 66 Fn. 331.
42 BT-Drucks. 16/12407, S. 84; vgl. auch BT-Drucks. 16/10067, S. 47: „Mit § 246 Abs. 1 Satz 2 HGB ergeben sich keine Änderungen des Rechtszustands. [...] Diese Wertung entspricht § 39 AO".
43 BT-Drucks. 16/10067, S. 47.
44 Vgl. auch *Prinz/Keller*, StuB 2017, S. 215: die wirtschaftlichen Zuordnungskriterien des § 39 Abs. 2 Nr. 1 AO sind in § 246 Abs. 1 Satz 2 HGB im Wege der Auslegung „hineinzulesen". Das Verständnis des § 39 AO als Konkretisierungshilfe für den handelsrechtlichen GoB wirtschaftlicher Vermögenszugehörigkeit führte schon vor BilMoG zur Auffassung, die handelsrechtliche Zurechnung entspreche „im Wesentlichen" der Regelung des § 39 Abs. 1, Abs. 2 Nr. 1 Satz 1 AO, z. B. BFH, Urteile v. 12.9.1991 – III R 233/90, BStBl 1992 II S. 182; v. 15.4.1992 – III R 65/91, BFH/NV 1993, S. 431; v. BFH, Urteil v. 14.5.2002 – VIII R 30/98, BStBl. II 2002, S. 741; *Beisse*, BB 1980, S. 640; *Offerhaus*, BB 1983, S. 873; *Haarmann*, StBJb 2006/2007, S. 255.

Ausgehend vom bisherigen Gleichlauf von Handels- und Steuerrecht in der Zurechnungsfrage, der diesen Gleichlauf auch für die Zukunft bestätigenden Gesetzesbegründung zu § 246 HGB[45] einschl. Kehrtwende im Gesetzgebungsverfahren zum BilMoG bezüglich der Annäherung der handelsrechtlichen Zurechnung an die IFRS (s. Rz. 662 f.) ist (vorläufig) von einem **übereinstimmenden Regelungsinhalt** der Zurechnungsvorschriften und Auslegungshilfsfunktion des § 39 Abs. 1 und 2 Nr. 1 Satz 1 AO ohne Zulässigkeit eines lückenfüllenden Rückgriffs auf einschlägige IFRS-Regelungen auszugehen; abweichende Wertungen des IDW HFA ERS 13 sind entsprechend kritisch zu beurteilen. Mit möglicher zunehmender IFRS-Prägung der handelsrechtlichen Zurechnungskriterien sind Konflikte zum Steuerrecht gleichwohl absehbar, insbesondere da der BFH nachdrücklich festgestellt hat, dass die IFRS für die Besteuerung ohne Bedeutung sind.[46]

Der Vorrang maßgeblichkeitsbasierter Zurechnung nach § 5 Abs. 1 EStG schließt teleologische Reduktionserfordernisse der Maßgeblichkeit des Grundsatz wirtschaftlicher Vermögenszurechnung nach § 246 HGB nicht aus. Sofern – trotz gesetzgeberisch de lege lata angenommener Inhaltsgleichheit der Zurechnung – in Randbereichen bzw. als Folge der Fortentwicklung der GoB Zurechnungsergebnisse steuerlichen Zurechnungsgrundanforderungen gleichmäßiger und leistungsfähigkeitsgerechter Besteuerung entgegenstünden, wäre der GoB-Verweis entsprechend des Sinn und Zwecks der steuerrechtlichen Gewinnermittlung, den vollen Gewinn zu erfassen,[47] teleologisch zu reduzieren. Abweichungen zum Handelsrecht wären insoweit möglich. Dies wäre etwa der Fall, wenn es handelsrechtlich zu Keinmal- oder Doppelerfassungen von Wirtschaftsgütern käme, da weder durch eine Keinmal- noch durch eine Doppelerfassung die steuerlich gebotene (Einmal-)Erfassung des vollen Gewinns gewährleistet werden kann. Die Auslegungshilfsfunktion des § 39 Abs. 1 und 2 Nr. 1 Satz 1 AO steht derartigen Szenarien, d. h. Doppel- sowie Keinmalerfassung im Handelsrecht indessen durchgreifend entgegen. Abweichungen zwischen steuer- und handelsrechtlicher Zurechnung sind gleichwohl infolge spezialgesetzlicher Zurechnungsanordnungen (wie die Sonderzurechnung nach § 8b Abs. 4 Satz 3 KStG zur Abgrenzung von Streubesitz- und Schachtelbeteiligungen) möglich. Für Zurechnungsfragen bei nicht bilanzierenden Stpfl. greift § 39 AO unmittelbar. Die Auslegungshilfsfunktion des § 39 Abs. 1 und 2 Nr. 1 Satz 1 AO für die Zurechnung nach § 246 Abs. 1 Satz 2 HGB sichert die gebotene Einheitlichkeit der Zurechnung im Verhältnis von bilanzierenden und nicht bilanzierenden Steuerpflichtigen.

1.2.4 Prüfseite wirtschaftlichen Eigentums

665 Mit der § 39 Abs. 2 Nr. 1 AO systemimmanenten **Prüffolge** ((1.) Isolierung wirtschaftsgut-/fallgruppenspezifisch wesentlicher Herrschaftsbefugnisse, (2.) Prüfung des diesbezüglichen Ausschlusses des Eigentümers und Wahrnehmbarkeit durch den Nichteigen-

---

45 BR-Drucks. 344/08, S. 101; BT-Drucks. 16/10067, S. 47; BT-Drucks. 16/12407, S. 84.
46 Vgl. BFH, Urteil v. 14.4.2011 – IV R 52/10, BFH/NV 2011 S. 1339 zur Frage der Übertragbarkeit des IFRS-component approachs; dazu *Briesemeister/Joisten/Vossel*, FR 2011 S. 662.
47 BFH, Beschluss v. 3.2.1969 – GrS 2/68, BStBl. II 1969, S. 291.

tümer) ist zugleich die **Prüfseite** bestimmt: die Prüfung, wer die tatsächliche Herrschaft über ein Wirtschaftsgut ausübt, hat für die Seite des Nichteigentümers (= potenzieller wirtschaftlicher Eigentümer) zu erfolgen. Ausgehend von der möglichen zeitlich gestuften Abfolge des zivilrechtlichen/wirtschaftlichen Eigentumswechsels sind zwei Grundkonstellationen denkbar, die am Beispiel eines Veräußerungsgeschäfts mit Nebenabreden verdeutlicht werden sollen:

Fall 1 adressiert einen dem zivilrechtlichen Eigentumswechsel potenziell vorgelagerten wirtschaftlichen Eigentumswechsel, d. h. Zurechnungswechsel (mit Realisationsfolge, s. Rz. 665) und damit die Hauptkonstellation des Auseinanderfallens zivilrechtlichen und wirtschaftlichen Eigentums Fall 2 die umgekehrte Konstellation, dass trotz bereits erfolgten Übergangs des zivilrechtlichen Eigentums das wirtschaftliche Eigentum potenziell nicht mit übergegangen ist, d. h. ein Zurechnungswechsel (und Realisationstatbestand) noch nicht bewirkt wird. In beiden Fällen ist *nicht* primär zu prüfen, ob der zivilrechtliche Eigentümer noch (Fall 1) respektive schon (Fall 2) über ein bestimmtes Quantum an Herrschaftsbefugnissen verfügt, sondern es ist jeweils für den Nichteigentümer als potenziellen wirtschaftlichen Eigentümer zu prüfen, ob dieser in der Lage ist, den Eigentümer (im Regelfall für die gewöhnliche Nutzungsdauer wirtschaftlich) von der Einwirkung auf das Wirtschaftsgut auszuschließen und die Herrschaftsbefugnisse seinerseits wahrzunehmen. Die zutreffende Bestimmung der Prüfseite ist essentiell, insbesondere wenn – wie in Fall 2 – bereits ein Übergang des zivilrechtlichen Eigentums erfolgt ist, dem bisherigen zivilrechtlichen Eigentümer aber temporär (Teil-)Rechte verblieben sind, wie dies z. B. bei Übertragung unter Nießbrauchsvorbehalt (s. Rz. 772) der Fall ist oder etwa auch bei Earn-Out-Klauseln möglich ist. In diesen Fällen kann der neue (zivilrechtliche) Eigentümer die temporär zurückbehaltenen Herrschaftsbefugnisse selbst noch nicht wahrnehmen, der bisherige Eigentümer ist aufgrund der lediglich temporären Natur bei ihm verbliebener Rechte dennoch seinerseits i. d. R. nicht in der Lage, den neuen Eigentümer von der Einwirkung auf das Wirtschaftsgut für dessen gewöhnliche Nutzungsdauer – d. h. dauerhaft – auszuschließen, was für einen Verbleib des wirtschaftlichen Eigentums bei ihm gleichwohl erforderlich wäre.[48]

2. Verhältnis von persönlicher Zurechnung und Gewinnrealisation

666 § 246 Abs. 1 HGB konkretisiert mit dem Regel-/Ausnahmeverhältnis der Zurechnung von Wirtschaftsgütern nach dem zivilrechtlichen bzw. wirtschaftlichen Eigentum zum einen die wirtschaftliche Betrachtungsweise und ist zum anderen Ausprägung des Realisationsprinzips.[49] Gewinne sind gem. § 252 Abs. 1 Nr. 4 2. Halbsatz HGB, § 5 Abs. 1 Satz 1 EStG handels- ebenso wie steuerbilanziell nur zu berücksichtigen, wenn sie am Abschlussstichtag realisiert sind. Ein Gewinn ist bei gegenseitigen Verträgen in diesem Sinne realisiert, wenn der zur Sach- oder Dienstleistung Verpflichtete die vereinbarte Leistung wirtschaftlich erfüllt hat, sein Anspruch auf Gegenleistung mithin nicht mehr mit Risiken des Leistungsaustauschs behaftet ist.[50] Gewinne sind danach erst dann auszuweisen, wenn sie am Markt durch einen Umsatzvorgang bestätigt sind.[51] Das Realisationsprinzip ist Ausdruck kaufmännischer Vorsicht[52] und sachgerechtes Prinzip zur Verwirklichung einer leistungsfähigkeitsgerechten Besteuerung.[53]

Bei Übertragungsvorgängen **fallen** Übergang wirtschaftlichen Eigentums und Gewinnrealisationszeitpunkt **regelmäßig zusammen**. Die Rechtsprechung fasst die Frage des Realisationszeitpunkts bei Übertragungsvorgängen regelmäßig als Problem der personellen Zurechnung auf. So führt der BFH etwa aus: „Der Gewinn aus der Veräußerung eines Wirtschaftsguts ist im Allgemeinen realisiert, wenn der Veräußerer dem Erwerber das Eigentum an der Sache übertragen hat. Dabei kommt es auf den Zeitpunkt des

---

48 In der aufgegriffenen Prüfseite und in der Folge auch im Beurteilungsergebnis geht etwa BFH, Urteil v. 9.10.2008 – IX R 73/06, BStBl 2009 II S. 140 zur dinglichen Übertragung von KapGes.-Anteilen unter zeitlich verzögertem Übergang mit den Anteilen verbundener Rechte, insbes. des Gewinnbezugsrechts. Der BFH hat fehlgehend für die Erwerberseite geprüft, ob zusätzlich zum zivilrechtlichen Eigentum alle positiven Herrschaftsbefugnisse bereits beim Erwerber vereint sind und dies mit der Folge verneint, dass eine Zurechnung unverändert beim Veräußerer vorzunehmen war (und damit kein Realisationstatbestand angenommen). Er hätte indessen prüfen müssen, ob beim bisherigen Eigentümer Herrschaftsbefugnisse in einem Umfang verblieben sind, die ihn in die Lage versetzen, den neuen Eigentümer dauerhaft von der Einwirkung auf das zivilrechtlich übertragene Wirtschaftsgut auszuschließen, was mit der Folge fehlender Trennung von zivilrechtlichem und wirtschaftlichen Eigentum, d. h. Zurechnungswechsel mit Realisationsfolge zu bejahen gewesen wäre, krit. auch *Mayer*, DStR 2009 S. 675 ff.
49 Vgl. *Ballwieser* in Münchener Kommentar zum HGB, 3. Aufl. 2013, § 246 Rz. 8.
50 Vgl. BFH, Urteile v. 14.12.1988 – I R 44/83, BStBl 1989 II S. 323; v. 20.5.1992 – X R 49/89, BStBl 1992 II S. 904; v. 12.5.1993 – XI R 1/93, BStBl 1993 II S. 786; *Weber-Grellet* in Schmidt, EStG, 37. Aufl. 2018, § 5 Rz. 79; *Schubert/Huber*, Beck'scher Bilanz-Kommentar, 11. Aufl. 2018, § 247 Rz. 80, 84.
51 Stellv. *Winnefeld*, Bilanz-Handbuch, 5. Aufl. 2015, Kap. E Rz. 86, 90.
52 Dies wird insbesondere in der Anbindung der Gewinnrealisierung an den so gut wie vollständigen Risikoabbau deutlich, vgl. BFH, Beschluss v. 11.12.1985 – I B 49/85, BFH/NV 1986 S. 595; vgl. auch BFH, Urteil v. 25.2.1986 – VIII R 134/80, BStBl 1986 II S. 788; *Woerner*, FR 1984 S. 493; *Moxter*, Bilanzrechtsprechung, 6. Aufl. 2007, S. 45 ff.
53 Stellv. *Pezzer*, DStJG 14 (1991) S. 22.

Übergangs des wirtschaftlichen Eigentums an."[54] Bei Grundstücksübertragungen ist der Gewinn nach ständiger Rechtsprechung im (Regel-)Fall vor Übergang des zivilrechtlichen Eigentums mit der für die Beteiligten nicht disponiblen Grundbuchumschreibung realisiert und eine Kaufpreisforderung in voller Höhe zu aktivieren, wenn Besitz, Nutzungen und Lasten auf den Erwerber übergegangen sind.[55] Erfolgt der zivilrechtliche Eigentumsübergang bei Grundstücksübertragungen ausnahmsweise vor dem Übergang von Besitz, Nutzungen und Lasten, nimmt die Rechtsprechung einen Zurechnungswechsel und eine Gewinnrealisation bereits im Zeitpunkt des zivilrechtlichen Eigentumsübergangs an, da dem Veräußerer nach Auflassung und Eigentumsumschreibung auch in diesem (Ausnahme-)Fall kein wirtschaftliches Eigentum verbleibt, das eine vom zivilrechtlichen Eigentum abweichende Zurechnung rechtfertigen würde.[56] Für die Gewinnrealisation bei Übertragung beweglicher Wirtschaftsgüter verlangt die Rechtsprechung abhängig von der Art der Übertragung grundsätzlich die Übergabe (Kaufvertrag) bzw. Abnahme der Sache (Werkvertrag) unter Übergang des wirtschaftlichen Eigentums[57] und verknüpft den wirtschaftlichen Eigentumswechsel entscheidend mit dem realisationsauslösenden Gefahrenübergang (Übergang der Preisgefahr).[58] Der Gewinn aus der Veräußerung eines Betriebs ist ausweislich der Rechtsprechung regelmäßig mit Übergang des wirtschaftlichen Eigentums an den veräußerten wesentlichen Betriebsgrundlagen realisiert.[59] Vielfach Gegenstand der Rechtsprechung war die Frage des Verhältnisses von Übergang wirtschaftlichen Eigentums und Gewinnrealisation bei Anteilen an Kapitalgesellschaften. Gewinnrealisation wird hier jeweils mit Übergang des wirtschaftlichen Eigentums auf den Erwerber bejaht.[60] Gleiches gilt für die Veräußerung von Mitunternehmeranteilen.[61] Für (quasi-)dingliche Nutzungsrechte setzt sich der Gleichschritt von Übergang wirtschaftlichen Eigentums und Realisation fort.[62]

Dennoch ist die **personelle Zurechnung systematisch von der Realisationsfrage zu trennen**.[63] Übergang der Preisgefahr als wirtschaftlicher Erfüllungszeitpunkt und zentraler Zeitpunkt des realisationsauslösenden Risikoabbaus und Wechsel des wirtschaftlichen

667

---

54 BFH, Urteil v. 25.1.1996 – IV R 114/94, BStBl 1997 II S. 382 zum Kaufvertrag; vgl. auch BFH, Beschluss v. 26.3.1991 – VIII R 315/84, BB 1992 S. 836 sowie BFH, Urteil v. 12.9.2002 – IV R 66/60; ebenso zum Werkvertrag BFH, Urteil v. 22.9.2016 – IV R 1/14, BStBl. II 2017, S. 171; auch für Leasingfälle stellte der BFH mit Urteil v. 13.10.2016 – IV R 33/13, BStBl. II 2018, S. 81 fest, dass bei einer (unveränderten) Zurechnung zum Leasingnehmer bei diesem weder ein gewinnrealisierender Umsatzakt noch eine Anschaffung durch den Leasinggeber vorliegt, setzt mithin Zurechnungswechsel und Realisationszeitpunkt gleich.
55 Stellv. BFH, Urteil v. 28.3.2000 – VIII R 77/96, BStBl 2002 II S. 227 m. w. N. zur Rechtsprechung.
56 BFH, Urteil v. 18.5.2006 – III R 25/05, BFH/NV 2006 S. 1747.
57 Z. B. BFH, Urteil v. 29.4.1987 – I R 192/82, BStBl 1987 II S. 797, BFH, Urteil v. 22.9.2016 – IV R 1/14, BStBl. II 2017, S. 171.
58 BFH, Urteil v. 22.9.2016 – IV R 1/14, BStBl. II 2017, S. 171 zu Windkraftanlagen als bewegliche Wirtschaftsgüter (Scheinbestandteile).
59 Vgl. BFH, Urteile v. 26.7.1984 – IV R 137/82, BStBl 1984 II S. 829; v. 3.10.1984 – I R 119/81, BStBl 1985 II S. 245; BFH, Beschluss v. 26.3.1991 – VIII R 315/84, BStBl 1992 II S. 472.
60 Vgl. z. B. BFH, Urteile v. 10.2.1988 – IV R 226/85, BStBl 1988 II S. 832; v. 22.7.2008 – IX R 74/06, BStBl 2009 II S. 124.
61 Vgl. FG Hamburg, Urteil v. 2.2.2015 – 6 K 277/12, EFG 2015, S. 976, Rev. Az. BFH IV R 15/15.
62 Vgl. z. B. FG Münster, Urteil v. 15.12.2010 – 8 K 1543/E, BB 2011 S. 623: Ein Veräußerungsgeschäft im Sinne eines Rechtskaufs liegt dann vor, wenn die rechtsförmliche Nutzungsüberlassung wirtschaftlich eine Veräußerung des Schutzrechtes bildet. Das kann der Fall sein, wenn das Schutzrecht für die gesamte Schutzdauer exklusiv überlassen ist, so dass bei Vertragsablauf nichts mehr zurückzugeben ist.
63 Vgl. *Günkel*, StbJb 2009/10 S. 356.

Eigentums treten nicht zwingend zeitlich kongruent ein. So geht etwa beim Versendungskauf (§ 447 BGB) ebenso wie im Fall des (unstreitigen) Annahmeverzugs des Erwerbers (§ 446 Satz 2, 3 BGB, §§ 293 ff. BGB) mit Realisationsfolge zwar die Preisgefahr auf den Erwerber über, nicht aber zugleich das wirtschaftliche Eigentum.[64] Realisationshemmend können – trotz Übergang wirtschaftlichen Eigentums – dagegen insbesondere eine fehlende Wertbestätigung durch Umsatzakt am Markt sowie (teil-)kompensatorische Effekte durch parallel zu berücksichtigende Verbindlichkeiten oder Rückstellungen wirken. So wird etwa im Fall des Wertpapierdarlehens (s. Rz. 706 ff.) zwar der Übergang des wirtschaftlichen Eigentums auf den (Sach-)Darlehensnehmer bewirkt, nach h. M. mangels Übergang der Preisgefahr aber dennoch kein Realisationstatbestand verwirklicht. Der Übergang wirtschaftlichen Eigentums ist in der Regel[65] **notwendige, nicht aber hinreichende Voraussetzung für die Realisation.**[66] Dem Übergang wirtschaftlichen Eigentums kommt als ergänzendes Kriterium zur Bestimmung des Realisationszeitpunkts dann entscheidende Bedeutung zu, wenn das Kriterium des Übergangs der Preisgefahr versagt oder zu einem unzutreffenden, die wirtschaftliche Substanz/ökonomische Realität nicht widerspiegelnden Bilanzausweis führt.[67] Das (sachenrechtliche) Merkmal der Preisgefahr lässt sich etwa auf Rechte, die nicht zum Besitz einer Sache berechtigen (z. B. Anteile an Kapitalgesellschaften) nicht übertragen; § 446 BGB ist auf den Rechtskauf nicht anwendbar.[68] In diesen Fällen ist hilfsweise der Zeitpunkt des wirtschaftlichen Eigentumsübergangs als **Indikator für den Zustand der Sicherheit des Anspruchs auf die Gegenleistung**[69] heranzuziehen.

668 Die Zurechnung von Wirtschaftsgütern ist unmittelbar insbesondere auch für die Frage relevant, wem – unabhängig von der Abschreibungsberechtigung – in einem Wirtschaftsgut gebundene stille Reserven zuzurechnen sind, wer berechtigt ist, wirtschaftsgutbezogene Steuervergünstigungen in Anspruch zu nehmen[70] oder ob die (Grund-)Voraussetzung für die Anrechnung der Kapitalertragsteuer nach § 36a EStG gegeben ist.[71] Die personelle Zurechnung von Wirtschaftsgütern beantwortet dagegen nicht abschließend die Frage, wem die Einkünfte zuzurechnen sind, die durch Einsatz des Wirtschaftsguts erzielt werden.[72] Einkünfte unterliegen nach § 2 Abs. 1 EStG bei demjeni-

---

64 Stellv. *Weber-Grellet* in Schmidt, EStG, 37. Aufl. 2018, § 5 Rz. 609; zum Versendungskauf BFH, Urteil v. 3.8.1988 – I R 157/84, I R 157/84, BStBl 1989 II S. 21.
65 Ausnahmen z. B. Versendungskauf, Annahmeverzug.
66 Vgl. *Schmidt/Ries* in Beck'scher Bilanz-Kommentar, 11. Aufl. 2018, § 246 Rz. 40 zum sale and lease back: Übergang des wirtschaftlichen Eigentums ist „unerlässliche logische Voraussetzung einer Gewinnrealisierung"; vgl. auch IDW ERS HFA 13 n. F. v. 29.11.2006, Rz. 6, 13.
67 Vgl. *Euler*, Grundsätze ordnungsgemäßer Gewinnrealisierung, 1989, S. 102 f.; *Unkelbach*, Wirtschaftliches Eigentum und Gewinnrealisation, 2009, S. 51.
68 Vgl. *Weidenkaff* in Palandt, BGB, 76. Aufl. 2017, § 446 Rz. 2.
69 Vgl. *Euler*, Grundsätze ordnungsgemäßer Gewinnrealisierung, 1989, S. 72.
70 Vgl. *Schmieszek* in Beermann/Gosch, AO/FGO, § 39 AO Rz. 3.1; BFH, Urteil v. 19.12.2012 – IV R 29/09, BStBl 2013 II S. 387; zur Entkoppelung von Abschreibungsberechtigung und personeller Wirtschaftsgutzurechnung insb. bei Gebäuden auf fremdem Grund und Boden BFH, Urteil v. 25 2. 2010 – IV R 2/07, BStBl 2010 II S. 670; BFH, Urteil v. 9.3.2016 – X R 46/14, BStBl II 2016, S. 976; BFH, Urteil v. 21.2.2017 – VIII R 10/14, BStBl II 2017, S. 819.
71 BMF, Schreiben v. 3.4.2017 – IV C 1 - S 2299/16/10002, BStBl 2017 I S. 726; BMF, Schreiben v. 20.2.2018 – IV C 1 - S 2299/16/10002, DStR 2018 S. 473.
72 Vgl. *Musil* in HHR, § 2 EStG Rz. 144 m. w. N.; zu § 39 AO BFH, Urteil v. 27.1.1993 – IX R 269/87, BStBl 1994 II S. 615; *Fischer* in HHSp., AO/FGO-Kommentar, § 39 AO Rz. 9; *Drüen* in Tipke/Kruse, AO/FGO, § 39 AO Rz. 18; *Schmieszek* in Beermann/Gosch, AO/FGO, § 39 AO Rz. 5, 8, 40; *Fischer*, FR 1999 S. 811.

gen der Besteuerung, der sie „erzielt". Entscheidend ist, dass der Steuerpflichtige den Tatbestand des Steuergesetzes verwirklicht. Die Zurechnungskriterien des § 39 AO und § 246 HGB werden als Ausdruck wirtschaftlicher Betrachtungsweise bei der Zurechnung von Einkünften nur ergänzend herangezogen (wirtschaftliches Eigentum als Hilfstatsache).[73] Die Zurechnung eines zur Einkünfteerzielung genutzten Wirtschaftsguts ist insoweit Ausgangspunkt der Zurechnung der hierdurch vermittelter wirtschaftlicher Leistungsfähigkeit und damit für die Verknüpfung von Steuerobjekt (Einkünfte) und Steuersubjekt (Steuerpflichtiger).[74]

(Einstweilen frei) 669–672

3. Wesentliche (potenzielle) Divergenzfälle zivilrechtlichen und wirtschaftlichen Eigentums an Wirtschaftsgütern

3.1 Optionsgeschäfte

3.1.1 Kauf-/Verkaufoption

Die bloße Vereinbarung einer Kauf- oder Verkaufoption führt nicht bereits zum Übergang wirtschaftlichen Eigentums am Optionsgegenstand (Basiswert).[75] Selbst ein eingetragenes dingliches Vorkaufsrecht verschafft dem Berechtigten noch **kein wirtschaftliches Eigentum**.[76] Das Optionsrecht versetzt den Berechtigten zwar in die Lage, durch einseitige Willenserklärung vertragliche Verpflichtungen zu begründen, eine Bindung ist vor Ausübung der Option gleichwohl auf den Stillhalter beschränkt.[77] Eine Kaufoption vermittelt dem Berechtigten eine vor Zwischenverfügungen grundsätzlich nicht gesicherte Rechtsposition zum Erwerb des Optionsgegenstandes, durch die – bei a priori fixem Basispreis – Wertsteigerungschancen, nicht aber Wertminderungsrisiken auf ihn übergehen. Im Fall der Verkaufoption ist der Stillhalter als potenzieller Erwerber an die Andienungsentscheidung des Optionsberechtigten gebunden und trägt das Wertminderungsrisiko.[78] Er hat weder Einflussmöglichkeiten auf die Entscheidung des Andienungsberechtigten, noch kann er Zwischenverfügungen verhindern. Der Stillhalter ist damit nicht in der Lage, den zivilrechtlichen Eigentümer von der Einwirkung auf den Basiswert wirtschaftlich auszuschließen.[79] Wertsteigerungschance und Dispositionsbefugnis verbleiben beim Optionsberechtigten. Eine lediglich derivative (ggf. zeitlich begrenzte) Verlagerung wirtschaftlicher Chancen oder Risiken durch den zivilrechtlichen

673

---

73 Vgl. *Lang/Seer*, FR 1992 S. 639; *Musil* in HHR, § 2 EStG Rz. 144; *Schmieszek* in Beermann/Gosch, AO/FGO, § 39 AO Rz. 5, 40.
74 Vgl. *Englisch*, in Tipke/Lang, Steuerrecht, 22. Aufl. 2015, § 5 Rz. 140; *Brandis*, StBJb 2016/2017, S 303.
75 BFH, Urteile v. 27.9.1979 – IV R 149/72, BB 1980 S. 712 (Kaufoption Grundstück); v. 11.7.2006 – VIII R 32/04, BStBl 2007 II S. 296 (Doppeloption bzgl. Kapitalgesellschaftsanteilen); v. 4.7.2007 – VIII R 68/05, BStBl 2007 II S. 937 (Kaufoption bzgl. Kapitalgesellschaftsanteilen); v. 19.12.2007 – VIII R 14/06, BStBl 2008 II S. 475 (Doppeloption bzgl. Kapitalgesellschaftsanteilen); *Kempermann*, StbJb 2008/2009 S. 249.
76 BFH, Urteile v. 19.10.1971 – VIII R 84/71, BStBl 1972 II S. 452; v. 2.5.1984 – VIII R 276/81, BStBl 1984 II S. 820; *Fischer* in HHSp., AO/FGO-Kommentar, § 39 AO Rz. 56.
77 BFH, Urteil v. 10.6.1988 – III R 18/85, BFH/NV 1989 S. 348.
78 Zur Position des potenziellen Erwerbers in Kauf-/Verkaufoptionen *Rohde*, INF 2001 S. 551 f.; *Haun/Winkler*, DStR 2001 S. 1197 f.; *Häuselmann*, Ubg 2008 S. 396.
79 Vgl. BFH, Urteil v. 13.10.2016 – IV R 33/13, BStBl II 2018, S. 81 zu Sale-and-lease-back-Gestaltungen mit Andienungsrecht, d. h. Verkaufoption des Leasinggebers.

Eigentümer eines Wirtschaftsguts auf einen Dritten ohne jede Sachherrschaft oder Einwirkungsrechte auf das Wirtschaftsgut ist in der Regel nicht geeignet, dem Dritten wirtschaftliches Eigentum zu vermitteln.[80] Wirtschaftliches Eigentum geht regelmäßig erst infolge Ausübung der Option über.

674 In der Schwebephase vor Ausübung der Option kann ein optionsbedingter wirtschaftlicher Ausschluss des zivilrechtlich Berechtigten allerdings dann in Betracht kommen, wenn der Optionsinhaber (als Nichteigentümer) die Herrschaft über den Gegenstand der Option bereits innehat (z. B. auf der Grundlage eines Miet(kauf)vertrages, Leasingvertrages, Lizenzvertrages, bei Anteilen an Kapitalgesellschaften aufgrund bereits erfolgten Übergangs wesentlicher Rechte etc.).[81] Optionen sind in diesem Fall ausnahmsweise geeignet, wirtschaftliches Eigentum des Optionsberechtigten zu begründen, wenn nach dem typischen und damit für die wirtschaftliche Beurteilung maßgeblichen Geschehensablauf (insbesondere zur Abwendung von Vermögensnachteilen) tatsächlich mit einer Ausübung des Optionsrechts zu rechnen ist, so dass der zivilrechtliche Eigentümer für die gewöhnliche Nutzungsdauer, d. h. dauerhaft von der Einwirkung auf den Optionsgegenstand wirtschaftlich ausgeschlossen bleibt. Der BFH knüpft den Übergang wirtschaftlichen Eigentums auf den Optionsberechtigten entsprechend an den **Wahrscheinlichkeitsgrad der Optionsausübung**.[82] Die Frage des optionsbedingten Übergangs wirtschaftlichen Eigentums stellt sich damit insbesondere in (echten) Mietkauffällen (Rz. 680 ff.), bei Leasingverträgen mit Kaufoption (Rz. 689 f.), bei Optionen zum Erwerb von Anteilen an Kapitalgesellschaften unter Übertragung wesentlicher Gesellschaftsrechte bereits vor dem Ausübungszeitpunkt, bei Optionen zum Erwerb von Grundstücken unter Besitzübergang vor dem Ausübungszeitpunkt, in Fällen des Sale and lease back (Rz. 699) sowie generell in Fällen des Sale and buy back (Rz. 701 ff.). Zu Andienungsrechten s. Rz. 692.

675–677 *(Einstweilen frei)*

3.1.2 Doppeloption

678 Eine Doppeloption (auch wechselseitige oder gekreuzte Option) liegt vor, wenn der Berechtigte aus einer Kaufoption (Long Call) gleichzeitig Stillhalter in einer Verkaufoption (Short Put) mit demselben Vertragspartner über denselben Basiswert ist.[83] Werden für beide Optionen identische und a priori fixe Basispreise sowie identische Ausübungszeitpunkte bzw. überschneidende Ausübungszeiträume vereinbart, entspricht die wirt-

---

80 Vgl. DIHT/ BVB/BDI/GDV, Stellungnahme zu IDW ERS HFA 13 v. 3.9.2007, S. 2. Zur kumulativen Verlagerung von Risiken und Chancen im Wege eines Total Return Swap Rz. 751.

81 Vgl. auch *Wagner*, DK 2007 S. 205 zu Anteilen an Kapitalgesellschaften; *Fischer* in HHSp., AO/FGO-Kommentar, § 39 AO Rz. 56, der einen „die Kaufsache bereits besitzenden Optionsberechtigten" voraussetzt; *Kempermann*, StbJb 2008/2009 S. 255: kein Übergang wirtschaftlichen Eigentums bei Anteilen an Kapitalgesellschaften in Doppeloptionsfällen, wenn vor Optionsausübung weder Stimmrecht noch Gewinnbezugsrecht übergehen.

82 Grundlegend BFH, Urteile v. 26.1.1970 – IV R 144/66, BStBl 1970 II S. 264 (Leasingnehmer mit Kaufoption); v. 29. 7 1981 – I R 62/77, BStBl 1982 II S. 107 (Pächter mit Kaufoption); v. 10.6.1988 – III R 18/85, BFH/NV 1989 S. 348; zum Schrifttum stellv. *Rödder/Wochinger*, FR 2001 S. 1261 f. Bei Andienungsrechten lehnt die Rechtsprechung hingegen eine Relevanz der Wahrscheinlichkeit der Optionsausübung für die Beurteilung eines etwaigen wirtschaftlichen Eigentumsübergangs auf den Stillhalter aufgrund dessen fehlender Ausschlussbefugnis grundsätzlich ab, BFH, Urteil v. 13.10.2016 – IV R 33/13, BStBl II 2018 S. 81, dazu s. Rz. 692.

83 Zu Gestaltungsparametern *Haun/Winkler*, DStR 2001 S. 1198.

schaftliche Position der eines unbedingten Termingeschäfts. Eine derartige Doppeloption kommt in jedem Fall zur Ausübung: entweder durch Ausübung der Kaufoption zur Realisierung des Vermögensvorteils oder durch Ausübung der Verkaufsoption zur Abwendung von Vermögensnachteilen. Bei identischen und feststehenden Basispreisen sowie identischen Ausübungszeitpunkten bzw. überschneidenden Ausübungszeiträumen nimmt der in Optionsfällen für den Übergang wirtschaftlichen Eigentums am Optionsgegenstand entscheidende Grad der Ausübungswahrscheinlichkeit (Rz. 674) einen höchstmöglichen Wert an. Bei Hinzutreten des Übergangs wirtschaftsgutspezifisch jeweils wesentlicher Rechte am Optionsgegenstand[84] ist in diesen Fällen von einem Wechsel der tatsächlichen Sachherrschaft und damit von einem Zurechnungswechsel auszugehen.[85]

(Einstweilen frei) 679

3.2 Mietkauf

Mietkaufverträge verbinden mietvertragliche (§§ 535 ff. BGB) mit kaufvertraglichen Elementen (§§ 433 ff. BGB). Im Rahmen eines Mietkaufvertrages wird dem Mieter das Recht eingeräumt, den gemieteten Gegenstand unter Anrechnung der gezahlten Miete auf den Kaufpreis zu erwerben. Die Verträge können so gestaltet sein, dass sie bei wirtschaftlicher Betrachtung von Beginn an als (Raten-)Kaufverträge zu werten sind.[86] Bilanziell ist eine **Abgrenzung von Dauerschuldverhältnis und Anschaffungsgeschäft** zu treffen. Zu unterscheiden ist der sog. echte Mietkauf (= Miete mit Kaufoption, Dauerschuldverhältnis) vom unechten Mietkauf (= verdeckter Ratenkauf, Anschaffungsgeschäft). Soll der Mietvertrag bis zur Annahme des Kaufangebots als solcher steuerlich anerkannt werden, dürfen Mietzins, Mietzeit und Mietbedingungen bei wirtschaftlicher Betrachtung lediglich mit der Nutzungsüberlassung, nicht aber mit dem nachfolgenden Kaufvertrag so eng in Zusammenhang stehen, dass jeweils ausgewogene Verträge mit äquivalent bemessenen Leistungen und Gegenleistungen nicht mehr anzunehmen sind und der Mietvertrag nur in Verbindung mit dem Kaufvertrag wirtschaftlich sinnvoll ist.[87] 680

Der **echte Mietkauf** ist gekennzeichnet durch eine angemessene vereinbarte Miete, eine im Ermessen des Mieters stehende Ausübung der Kaufoption, deren Ausübung nicht bereits bei Abschluss hochwahrscheinlich ist, sowie (ggf. partielle) Anrechnung der bis zur Veräußerung gezahlten Mietbeträge auf den Kaufpreis (Listenpreis).[88] Während der 681

---

84 Z. B. BFH, Urteil v. 9.7.2014 – II R 49/12, BFH/NV 2014 S. 1667 zu wirtschaftlichem Eigentumsübergang bei Doppeloption bzgl. Personengesellschaftsanteil (für Zwecke des § 1 Abs. 2a GrEStG): bei Übergang Gewinnbezugsrecht hinderte fehlender Übergang des im Entscheidungsfall wirtschaftlich weitgehend bedeutungslosen Stimmrechts den wirtschaftlichen Eigentumswechsel nicht.
85 Vgl. BFH, Urteil v. 11.7.2006 – VIII R 32/04, BStBl 2007 II S. 296; FG Hessen, Urteil v. 31.8.2012 – 4 K 1637/09, EFG 2013 S. 4, zu wechselseitigen Kauf- und Verkaufsoptionen mit abweichenden Ausübungszeiträumen, nachgehend BFH, Beschluss v. 15.10.2013 – I B 159/12, BFH/NV 2014 S. 291; *Kempermann*, StbJb 2008/2009 S. 250 ff.; zu Strategien, den Übergang wirtschaftlichen Eigentums an Grundstücken durch Doppeloptionen zu vermeiden *Kessler/Mirbach/Egelhof*, DB 2014, S. 2192; zu Beteiligungen *Feldgen*, StuB 2016, S. 821 ff.
86 BFH, Urteil v. 12.9.1991 – III R 233/90, BStBl 1992 II S. 182.
87 Vgl. BFH, Urteil v. 5.11.1957 – I 221/56 U, BStBl 1957 III S. 445.
88 Vgl. OFD Frankfurt, Vfg. v. 12.3.2008 – S 2170 A – 103 – St 219, Rz. 2.

Mietdauer ist der Sachverhalt als Mietverhältnis zu behandeln (Dauerschuldverhältnis) und der Mietgegenstand dem Vermieter zuzurechnen. Die Zurechnung wechselt erst im Zuge der nachgelagert ggf. erfolgenden Veräußerung.

682 Ergibt sich dagegen aus dem Gesamtbild der Verhältnisse, dass Zweck des Mietkaufvertrages der endgültige Übergang des Wirtschaftsguts auf den Mieter ist, liegt ein **unechter Mietkauf** vor. Der Charakter des Anschaffungsgeschäfts überwiegt; der Bilanzierung ist nicht zunächst ein Mietvertrag, sondern von Beginn an ein (verdeckter) Ratenkaufvertrag zugrunde zu legen. Indizien für die Annahme eines verdeckten Ratenkaufvertrages sind:[89] eine hinsichtlich Höhe, Dauer und/oder Fälligkeit ungewöhnliche, insbesondere überhöhe Miete, die in voller Höhe auf den bereits bei Mietbeginn feststehenden Kaufpreis im Rahmen der unwiderruflichen Kaufoption angerechnet wird, so dass der bei Optionsausübung zu entrichtende Kaufpreis so niedrig bemessen ist (Unterschreitung des Zeitwerts), dass er als Restkaufpreis nur unter Berücksichtigung geleisteter Mietzahlungen als Kaufpreisraten wirtschaftlich sinnvoll interpretierbar ist,[90] mithin in jedem Fall ausgeübt wird. Ist keine Kaufoption vereinbart, ist ein verdeckter Ratenkaufvertrag gleichwohl dann anzunehmen, wenn die „Mietdauer" so bemessen ist, dass das Wirtschaftsgut nach Ablauf des „Mietverhältnisses" technisch oder wirtschaftlich verbraucht ist, so dass der „Mieter" bei Beendigung der Vertragsdauer keine Möglichkeit hat, dem Vermieter das Wirtschaftsgut zurückzugeben und aufgrund der Vertragsbedingungen auch eine vorzeitige Rückgabe ausscheidet.[91] Das wirtschaftliche Eigentum geht in diesen Fällen unmittelbar bei Vertragsschluss auf den Mieter über, da dieser jeweils die tatsächliche Sachherrschaft über das betreffende Wirtschaftsgut in der Weise ausübt, dass er den Vermieter als zivilrechtlichen Eigentümer von der Einwirkung auf das Wirtschaftsgut ausschließen kann. Der Vermieter hat trotz Verbleib des zivilrechtlichen Eigentums einen Realisationstatbestand verwirklicht. Die Mietzahlungen sind als (verdeckte) Kaufpreisraten zu behandeln.[92]

683 *(Einstweilen frei)*

3.3 Leasing

3.3.1 Grundsätze

684 Den unter dem Begriff Leasing zusammengefassten Rechtsverhältnissen ist gemein, dass der Leasinggeber dem Leasingnehmer ein Wirtschaftsgut zum Gebrauch gegen Entgelt überlässt, Gefahr und Haftung für Instandhaltung, Sachmängel und Beschädigung (im Gegensatz zu typischen Mietverträgen) aber den Leasingnehmer treffen.[93]

---

[89] Vgl. OFD Frankfurt, Vfg. v. 12.3.2008 – S 2170 A – 103 – St 219, Rz. 2.
[90] BFH, Urteile v. 5.11.1957 – I 221/56 U, BStBl 1957 III S. 445; v. 18.11.1970 – I 133/64, BStBl 1971 II S. 133; v. 12.9.1991 – III R 233/90, BStBl 1992 II S. 182.
[91] BFH, Urteil v. 25.10.1963 – IV 429/62 U, BStBl 1964 III S. 44.
[92] Zur bilanziellen Abbildung des nachgelagerten Anschaffungsvorgangs OFD Frankfurt, Vfg. v. 12.3.2008 – S 2170 A – 103 – St 219, Rz. 2.
[93] Vgl. z. B. BGH, Urteil v. 11.3.1998 – VIII ZR 205/97, NJW 1998 S. 1637. Zur Leasing-Typologie *Gelhausen/Henneberger* in Handbuch des Jahresabschlusses, Abt. VI/1 Rz. 1 ff.

Zivilrechtlich wird der Leasingvertrag überwiegend als **atypischer Mietvertrag** eingeordnet.[94] Das zivilrechtliche Eigentum am Leasingobjekt verbleibt stets beim Leasinggeber. Leasingverträge ermöglichen eine differenzierte Überlassung des wirtschaftlichen Nutzenpotenzials eines Wirtschaftsguts sowie der Gefahr- und Lastentragung durch den Leasingnehmer. Je nach Ausgestaltung ist der bilanziellen Abbildung und Besteuerung entsprechend der zivilrechtlichen Einordnung ein Mietvertrag oder abweichend hiervon ein (Raten-)Kaufvertrag zugrunde zu legen. Entscheidend für die bilanzielle Abbildung des Leasinggeschäfts ist, welche Partei wirtschaftlicher Eigentümer des Leasingobjekts ist. Die Leasingerlasse stellen insoweit – auch handelsrechtlich überwiegend akzeptierte[95] – Anwendungshilfen zur Auslegung des § 39 AO dar.[96] Bei Vertragsgestaltungen, die nicht erlasskonform sind, d. h. in der Ausgestaltung den Regelbeispielen und Typisierungen der Leasingerlasse nicht entsprechen, ist nach den allgemeinen Zurechnungskriterien vom Zivilrecht abweichendes wirtschaftliches Eigentum im Einzelfall zu prüfen.[97]

Beim **Operate-Leasing** wird der Leasinggegenstand gemessen an dessen betriebsgewöhnlicher Nutzungsdauer nur kurzfristig überlassen. Das Investitionsrisiko, insbesondere das Risiko der Anschlussnutzung und die Gefahr wirtschaftlicher Entwertung verbleiben beim Leasinggeber. Die Positionen von Leasinggeber und Leasingnehmer entsprechen auch wirtschaftlich denen von Vermieter und Mieter. Operate-Leasingverträge sind wie typische Mietverträge zu behandeln. Die mit dem Zivilrecht übereinstimmende personelle Zurechnung des Leasingobjekts zum Leasinggeber ist insoweit unstrittig.[98] Beim **Finanzierungs-Leasing**, das im Hinblick auf die personelle Zurechnung der Leasingobjekte ungleich komplexer ist, werden Leasingverträge über eine mittel- bis langfristige, i. d. R. unkündbare Grundmietzeit geschlossen und enthalten häufig eine Mietverlängerungs- und/oder Kauf-/Andienungsoption. Je nach Umfang der Finanzierung wird zwischen Leasingverträgen mit Vollamortisation (full-pay-out) bzw. Teilamortisation (non-pay-out) unterschieden.

685

(Einstweilen frei)

686

3.3.2 Vollamortisation

3.3.2.1 Abgrenzung

Im Fall von Vollamortisationsverträgen decken die Leasingraten des Leasingnehmers die Anschaffungskosten des Leasinggebers sowie dessen Nebenkosten einschließlich Finanzierungskosten vollständig ab. Sie beinhalten darüber hinaus regelmäßig eine Gewinnspanne des Leasinggebers. Ausgehend von der Leasing-Grundsatzentscheidung des BFH

687

---

94 Vgl. BGH, Urteile v. 8.10.1975 – VIII ZR 81/74, NJW 1977 S. 195; v. 14.12.1989 – IX ZR 283/88, NJW 1990 S. 1113; *Gelhausen/Henneberger* in Handbuch des Jahresabschlusses, VI/1 Rz. 23; zum Diskussionsstand bzgl. der rechtlichen Einordnung *Brinkmann* in HHR, § 5 EStG Rz. 1105 m. w. N.

95 Stellv. *Gelhausen/Henneberger* in Handbuch des Jahresabschlusses, Abt. VI/1 Rz. 48 m. w. N. zum Schrifttum; kritisch auch *Baetge/Ballwieser*, DBW 1978 S. 8 ff.; *Grewe*, WPg 1990 S. 162; *Amman/Wulf*, StuB 2000 S. 912 f.

96 Vgl. *Brinkmann* in HHR, § 5 EStG Rz. 1118; *Tonner*, Leasing im Steuerrecht, 6. Aufl. 2014, S. 58.

97 Vgl. z. B. *Tonner*, Leasing im Steuerrecht, 6. Aufl. 2014, S. 58.

98 Stellv. ADS, 6. Aufl., § 246 Rz. 386; *Ballwieser* in Münchener Kommentar zum HGB, 3. Aufl. 2013, § 246 Rz. 45.

vom 21.6.1970[99] hat das BMF die Zurechnungsfrage für Vollamortisationsverträge durch Formulierung detaillierter typisierender Kriterien für bewegliche Wirtschaftsgüter mit Schreiben vom 19.4.1971,[100] für unbewegliche Wirtschaftsgüter mit Schreiben vom 21.3.1972[101] geregelt.

3.3.2.2 Vollamortisation ohne Optionskomponente(n)

688 Bei Vollamortisationsverträgen ohne Mietverlängerungs- oder Kaufoption über **Mobilien oder Gebäude** erfolgt die Zurechnung zum Leasinggeber, wenn die unkündbare (Grund-)Mietzeit mindestens 40 % und höchstens 90 % der betriebsgewöhnlichen Nutzungsdauer des Leasinggegenstandes umfasst. Im Übrigen wird das Leasingobjekt dem Leasingnehmer zugerechnet. Übersteigt die Grundmietzeit 90 % der betriebsgewöhnlichen Nutzungsdauer, nimmt die Finanzverwaltung eine annähernde Deckung von Mietzeit und Nutzungsdauer und in der Folge einen wirtschaftlich wertlosen Rückübertragungsanspruch des Leasinggebers, d. h. Vollverschleiß beim Leasingnehmer an.[102] Zweck der 40 %-Grenze ist die Abgrenzung zum Ratenkauf.[103] Dem Leasingnehmer soll es verwehrt bleiben, den bei Anschaffung eines Wirtschaftsguts über die betriebsgewöhnliche Nutzungsdauer erfolgswirksamen Abschreibungsaufwand durch erhöhte Leasingraten innerhalb eines deutlich verkürzten Zeitraums vorzuziehen. Ist **Grund und Boden** Gegenstand eines Vollamortisationsvertrages ohne Optionskomponenten, erfolgt die Zurechnung zum Leasinggeber ohne weitere Voraussetzungen.

3.3.2.3 Vollamortisation mit Optionskomponente(n)

689 Die Rechtsprechung stellt in der Frage, ob eine **Kauf-/Mietverlängerungsoption des Leasingnehmers** bei diesem zu wirtschaftlichem Eigentum führt, auf den **Wahrscheinlichkeitsgrad der Ausübung** ab (vgl. auch Rz. 674).[104] Für die Annahme eines wirtschaftlichen Eigentumswechsels müssen Anschlusskaufpreis bzw. Anschlussmiete so bemessen sein, dass mit einer Ausübung durch den Leasingnehmer tatsächlich zu rechnen und damit von einem wirtschaftlichen Ausschluss des Leasinggebers auszugehen ist.[105] Die Finanzverwaltung versucht, den Wahrscheinlichkeitsgrad der Optionsausübung innerhalb der – einen Verbleib des wirtschaftlichen Eigentums beim Leasinggeber grundsätzlich zulassenden – Grundmietzeitspanne von 40 – 90 % der betriebsgewöhnlichen Nutzungsdauer anhand des Verhältnisses von Anschlusskaufpreis zum Buchwert (Kaufoption) bzw. anhand der Angemessenheit der Anschlussmiete (Mietverlängerungsoption) typisierend zu bestimmen.

---

99 BFH, Urteil v. 21.6.1970 – IV R 144/66, BStBl 1970 II S. 264.
100 BMF, Schreiben v. 19.4.1971 – IV B/2 – S 2170 – 31/71, BStBl 1971 I S. 264.
101 BMF, Schreiben v. 21.3.1972 – F/IV B 2 – S 2170 – 11/72, BStBl 1972 I S. 188.
102 Vgl. *Spittler*, Leasing für die Praxis, 1999, S. 131; *Ostermann/Hellen* in Handbuch der Rechnungslegung Einzelabschluss, Kap. 6 Rz. 129.
103 Stellv. *Spittler*, Leasing für die Praxis, 1999, S. 133; *Tonner*, Leasing im Steuerrecht, 6. Aufl. 2014, S. 41 f.; *Ostermann/Hellen* in Handbuch der Rechnungslegung Einzelabschluss, 5. Aufl., Kap. 6 Rz. 129.
104 BFH, Urteil v. 26.1.1970 – IV R 144/66, BStBl 1970 II S. 264.
105 BFH, Urteile v. 26.1.1970 – IV R 144/66, BStBl 1970 II S. 264; v. 9.12.1999 – III R 74/97, BStBl 2001 II S. 311 m. w. N.

Kaufoption: Bei Vollamortisationsverträgen mit Kaufoption des Leasingnehmers über **Mobilien** ist das Leasingobjekt dem Leasinggeber zuzurechnen, wenn (1.) die unkündbare Grundmietzeit mindestens 40 %, höchstens 90 % der betriebsgewöhnlichen Nutzungsdauer des Leasinggegenstands umfasst und (2.) der vereinbarte Kaufpreis bei Ausübung der Kaufoption durch den Leasingnehmer den bei Anwendung der linearen AfA nach amtlicher AfA-Tabelle ermittelten Buchwert des Leasingobjekts oder dessen niedrigeren gemeinen Wert im Veräußerungszeitpunkt nicht unterschreitet, der Leasingnehmer also nicht zu einem Vorzugspreis erwerben kann. Sind diese Kriterien nicht kumulativ erfüllt, erfolgt eine Zurechnung zum Leasingnehmer. 690

Bei Vollamortisationsverträgen mit Kaufoption des Leasingnehmers über **Immobilien** folgt die Zurechnung des Grund und Bodens der des Gebäudes. Gebäude und damit auch Grund und Boden sind dann dem Leasinggeber zuzurechnen, wenn (1.) die unkündbare Grundmietzeit mindestens 40 %, höchstens 90 % der betriebsgewöhnlichen Nutzungsdauer des Gebäudes beträgt und (2.) der Gesamtkaufpreis bei Ausübung der Kaufoption nicht geringer ist als der Buchwert des Grund und Bodens zzgl. Buchwert des Gebäudes unter Anwendung der linearen AfA oder als der niedrigere gemeine Wert von Grund und Boden zzgl. Gebäude im Veräußerungszeitpunkt.

Mietverlängerungsoption: Sind **Mobilien** Gegenstand eines Vollamortisationsvertrages mit Mietverlängerungsoption des Leasingnehmers, erfolgt eine Zurechnung zum Leasinggeber, wenn (1.) die unkündbare Grundmietzeit mindestens 40 %, höchstens 90 % der betriebsgewöhnlichen Nutzungsdauer des Leasingobjekts ausmacht und (2.) die Anschlussmiete so bemessen ist, dass sie den Wertverzehr für den Leasinggegenstand deckt, der sich auf der Basis des unter Berücksichtigung der linearen AfA nach amtlicher AfA-Tabelle ermittelten Buchwerts oder des niedrigeren gemeinen Werts und der Restnutzungsdauer ergibt. 691

Bei entsprechenden Verträgen über **Immobilien** ist die Zurechnung von Grund und Boden sowie Gebäude getrennt zu beurteilen. Der Grund und Boden ist grundsätzlich dem Leasinggeber zuzurechnen. Die Zurechnung des Gebäudes zum Leasinggeber erfolgt demgegenüber nur, wenn (1.) die unkündbare Grundmietzeit mindestens 40 %, höchstens 90 % der betriebsgewöhnlichen Nutzungsdauer des Gebäudes beträgt und (2.) die Anschlussmiete mehr als 75 % des Mietentgelts beträgt, das für ein nach Art, Lage und Ausstattung vergleichbares Objekt üblicherweise gezahlt wird. Die Vereinbarung einer in diesem Sinne für den Leasingnehmer günstigen Mietverlängerungsoption führt damit zu einer von der Zurechnung des Grund und Bodens abweichenden Zurechnung des Gebäudes zum Leasingnehmer. Ein Vertrag, der sich automatisch verlängert, sofern nicht eine Partei kündigt, steht einer Mietverlängerungsoption gleich. Überschreiten Grundmietzeit und Mietverlängerungszeit zusammen 90 % der betriebsgewöhnlichen Nutzungsdauer nicht, kann durch eine Mietverlängerungsoption ein wirtschaftlicher Eigentumswechsel allerdings grundsätzlich nicht bewirkt werden.[106]

In Fällen des **Andienungsrechts des Leasinggebers**, d. h. einer bloßen Stillhalterposition des Leasingnehmers, die diesen verpflichtet, den Leasinggegenstand auf Verlangen des 692

---

106 Vgl. *Brinkmann* in HHR, § 5 EStG Rz. 1151.

Leasinggebers abzunehmen, verneint die Rechtsprechung dagegen einen auf Wahrscheinlichkeitserwägungen bzgl. der Ausübung gestützten Übergang des wirtschaftlichen Eigentums auf den Leasingnehmer, wenn die betriebsgewöhnliche Nutzungsdauer die Grundmietzeit überschreitet.[107] Auch für die Prüfung der Zurechnungsfolgen eines beim zivilrechtlichen Eigentümer liegenden Andienungsrechts wechselt die Prüfseite nicht (s. Rz. 661). Zu prüfen ist auch insoweit, ob der Nichteigentümer (hier der Stillhalter) den Eigentümer im Regelfall für die gewöhnliche Nutzungsdauer von der Einwirkung auf das betreffende Wirtschaftsgut ausschließen kann. Die durch § 39 Abs. 2 Satz 1 AO für die Zurechnung geforderte tatsächliche Sachherrschaft über das Leasinggut ist aufgrund des Andienungsrechts beim Leasinggeber zu verorten, der Leasingnehmer ist mangels rechtlicher Befugnis gerade nicht in der Lage, den Leasinggeber von der Einwirkung auf das Leasinggut für die gewöhnliche Nutzungsdauer wirtschaftlich auszuschließen, so dass eine von der zivilrechtliche Eigentümerstellung abweichende bilanzielle Zurechnung grundsätzlich ausscheidet.[108] Dies gelte auch dann, wenn Ausübung des Andienungsrechts a priori wirtschaftlich vernünftig erscheint.

Die Wertung ist grundsätzlich zutreffend,[109] sie liegt sowohl auf der Linie der BGH-Rechtsprechung, die der Zivilrechtslage, d. h. rechtlichen Befugnissen im Rahmen der gebotenen wirtschaftlichen Betrachtungsweise eine Kontrollfunktion zuweist (s. Rz. 660),[110] als auch der bisherigen BFH-Rechtsprechung, die für eine vom Zivilrecht abweichende Zurechnung zum wirtschaftlichen Eigentümer – durchgehend für alle Arten von Wirtschaftsgütern – eine auf Erwerb gerichtete, rechtlich geschützte, unentziehbare Position des Nichteigentümers fordert (s. Rz. 661). Diese liegt bei Andienungsrechten nicht vor. Die Wertung korrespondiert überdies mit der Zurechnung im Fall eines unechten Pensionsgeschäfts, das sich wirtschaftlich nicht wesentlich von einer Veräußerung mit Andienungsrecht[111] des Erwerbers (hier Pensionsnehmers) unterscheidet (zur Funktionsweise s. Rz. 715). Auch hier erfolgt die Zurechnung zum andienungsberechtigten Pensionsnehmer (§ 340b Abs. 5 HGB, s. Rz. 727 f.). Mit den Entscheidungen hat die Rechtsprechung ein Instrument zur „Konfiguration" der Zurechnung des Leasingobjekts abgesichert (einschl. der daran geknüpften Konsequenzen wie etwa des Realisationszeitpunkts auf Leasinggeberseite, s. Rz. 665 f.). Ist ein Wechsel der Zurechnung auf den Leasingnehmer (mit Realisationsfolge) vor Ausübung der Optionskomponente nicht beabsichtigt (Regelfall), bietet sich die Vereinbarung eines Andienungsrechts des Leasinggebers (statt eines Erwerbsrechts des Leasingnehmers) an. Bei gleicher Ausübungswahrscheinlichkeit immunisiert im Grundsatz nur die Vereinbarung eines Andienungsrechts vor einem vorzeitigen Zurechnungswechsel. Dies gilt nicht, wenn die betriebsgewöhnliche Nutzungsdauer die Grundmietzeit überschreitet, da sich das Leasinggut in diesem Fall wirtschaftlich beim Leasingnehmer vollständig ver-

---

107 BFH, Urteil v. 13.10.2016 – IV R 33/13, BStBl. II 2018, S. 81 zum Sale and lease back; bestätigt durch BFH, Urteile v. 21.12.2017 – IV R 55/16, IV R 56/16.
108 BFH, Urteil v. 13.10.2016 – IV R 33/13, BStBl. II 2018, S. 81; v. 21.12.2017 – IV R 55/16, IV R 56/16.
109 Vgl. auch *Prinz/Keller*, StuB 2017, S. 7; *Hahne/Philipp*, DStRK 2017, S. 90; *Pöschke*, DB 2017, S. 628; a. A. *Brühl/Weiss*, NWB 2018, S. 96: widerstreitende Entscheidungen des I. Senats zur Wertpapierleihe und des IV. Senats zu Andienungsrechten, s dazu auch Rz. 708.
110 BGH, Urteil v. 6.11.1995 – II ZR 164/94, BB 1996 S. 155.
111 Bzgl. des nämlichen hingegebenen Wirtschaftsguts.

braucht, die rechtlich geschützte, unentziehbare, zum Ausschluss des Leasinggebers führende Position mithin bereits durch die mietvertragliche Komponente begründet wird. Ein Zurechnungswechsel auf den Leasingnehmer findet ferner (trotz etwaigen Andienungsrechts) auch dann statt, wenn tatsächlich ein Fall des Spezial-Leasings vorliegt, d. h. Leasinggegenstände derart speziell auf den Leasingnehmer zugeschnitten sind, dass diese auch nach Ablauf der Grundmietzeit nur durch den Leasingnehmer selbst wirtschaftlich sinnvoll Verwendung finden (s. Rz. 697), so dass ein etwaiger Herausgabeanspruch des Leasinggebers wirtschaftlich wertlos ist. Die Immunisierungswirkung eines Andienungsrechts vor einem (vorzeitigen) Zurechnungswechsel erreicht ferner dann ihre Grenze, wenn Leasingvereinbarungen so ausgestaltet sind, dass der Leasinggeber sein Andienungsrecht aufgrund der rechtlichen/tatsächlichen Gesamtumstände des Falls nicht nur wahrscheinlich, sondern a priori (quasi-)sicher ausüben wird, d. h. ein Ausübungsautomatismus greift und die Freiwilligkeit der Ausübung lediglich formaler Natur ist.[112] Ein solchermaßen konfiguriertes Andienungsrecht unterscheidet sich nicht wesentlich von den zurechnungsrelevanten Spezifikationen des Spezialleasings, für das dem Leasingnehmer ebenfalls ohne rechtliche Ausschlussbefugnis eine tatsächliche Ausschlussbefähigung zugestanden und die Zurechnung auf dieser Grundlage bei diesem vorgenommen wird.[113] Diese Wertung entspricht ebenso der für unechte Pensionsgeschäfte vertretenen ausnahmsweisen Zurechnung zum Pensionsgeber (als Stillhalter ohne rechtlich abgesicherte Ausschlussbefugnis statt zum Pensionsnehmer als Andienungsberechtigten), wenn der Pensionsnehmer unter Würdigung aller Umstände rechtlich oder tatsächlich dazu gezwungen ist, sein Andienungsrecht auszuüben und dasselbe (nämliche) Wirtschaftsgut auf den Pensionsgeber (zurück) zu übertragen (s. Rz. 729).[114]

3.3.3 Teilamortisation

Abgrenzung: Teilamortisationsverträge sind dadurch gekennzeichnet, dass die Anschaffungs-/Herstellungskosten des Leasinggebers sowie Neben- einschließlich Finanzierungskosten durch die Leasingraten während der Grundmietzeit nur zum Teil gedeckt werden und eine volle Amortisation erst durch besondere Restamortisationsvereinbarungen im Anschluss an die i. d. R. unkündbare Grundmietzeit bzw. durch Anschlussverwertung erreicht werden kann. Auch in Teilamortisationsfällen orientiert sich die bilanzielle Zurechnung der Leasinggegenstände an den – z. T. diskutablen – typisierenden Kriterien und Wertungen des BMF-Schreibens vom 22.12.1975[115] sowie der

693

---

112 Vgl. auch *Pöschke*, DB 2017, S. 628. Wertsteigerungschancen in einem Umfang, der geeignet ist. einen Ausübungszwang aufzuheben, müssen ausgeschlossen sein.
113 Dies berücksichtigend, liegt entgegen *Pöschke*, DB 2017, S. 628 insoweit auch keine „konzeptionelle Bruchlinie" in der Argumentation des BFH zu Andienungsrechten einerseits und zum Spezial-Leasing andererseits.
114 Desgleichen liegt bei unechten Factoring-/Forfaitierungsgestaltungen ein (implizites) Andienungsrecht des Erwerbers der Forderung vor, wenn der Abtretende weiterhin das Ausfallrisiko trägt. Jede Wahrscheinlichkeit eines Forderungsausfalls > 0 % zieht die Ausübung des (impliziten) Andienungsrechts, d. h. eine (Teil-)Inanspruchnahme des Forderungsverkäufers nach sich. Verbleibt das Ausfallrisiko beim Forderungsverkäufer, ordnet die Rechtsprechung BFH, Urteil v. 26.8.2010 – I R 17/09, BFH/NV 2011 S. 143 ebenfalls dem Forderungsverkäufer als Nichteigentümer das wirtschaftliche Eigentum zu, ohne dass in dessen Person eine rechtliche Ausschließungsbefugnis besteht (s. Rz. 757).
115 BMF, Schreiben v. 22.12.1975 – IV B 2 – S 2170 – 161/75, DB 1976 S. 172.

Vfg. der OFD Frankfurt vom 20.6.2006[116] für Mobilien bzw. des BMF-Schreibens vom 23.12.1991[117] für Immobilien. Diese enthalten für die Beurteilung der Zurechnung widerlegbare Vermutungen, die nur insoweit Geltung beanspruchen, wie besondere Regelungen in Einzelfällen nicht zu einer anderen Beurteilung zwingen.[118]

694 **Teilamortisation bei Mobilien:** Nach Erlasslage ist für die persönliche Zurechnung des Leasinggegenstandes bei Teilamortisations-Leasingverträgen über Mobilien entscheidend, wer an Wertsteigerungen des Leasinggegenstands bei Beendigung der Mietzeit partizipiert. Verbleibt die Wertsteigerungschance in wirtschaftlich ins Gewicht fallendem Umfang beim Leasinggeber, ist ihm der Leasinggegenstand selbst dann zuzurechnen, wenn der Leasingnehmer das Wertminderungsrisiko trägt. Eine für die Zurechnung zum Leasinggeber hinreichende Partizipation an Wertsteigerungen ist nach Erlasswertung gegeben, wenn der Leasinggeber an dem die Restamortisation übersteigenden Teil des Veräußerungserlöses zu mindestens 25 % beteiligt ist. Der Teilamortisations-Leasingerlass für bewegliche Wirtschaftsgüter[119] ergänzt um die Vfg. der OFD Frankfurt vom 20.6.2006[120] adressiert konkret vier Vertragsmodelle, in denen das Wertminderungsrisiko vom Leasingnehmer getragen wird, ohne dass dies bei ihm bereits zu wirtschaftlichem Eigentum führt.

Andienungsrecht des Leasinggebers ohne Erwerbsrecht des Leasingnehmers: Ist der Leasingnehmer aufgrund eines Andienungsrechts des Leasinggebers verpflichtet, den Leasinggegenstand auf dessen Verlangen zu einem bereits bei Abschluss des Vertrages festgelegten Preis zu erwerben, hat selbst aber kein Recht auf Erwerb des Leasinggegenstandes (kein Doppeloptionsfall, s. Rz. 678), ist der Leasinggegenstand dem Leasinggeber zuzurechnen (zu Andienungsrechten s. auch Rz. 692). Der Leasingnehmer trägt das nach Erlasslage für die Zurechnungsfrage nicht ins Gewicht fallende Wertminderungsrisiko, die relevanten Wertsteigerungschancen verbleiben dagegen beim Leasinggeber.

Kündbarer Mietvertrag mit Schlusszahlungsverpflichtung des Leasingnehmers unter Anrechnung des Veräußerungserlöses: Kann der Leasingnehmer (1.) den Vertrag nach Ablauf der mindestens 40 % der betriebsgewöhnlichen Nutzungsdauer umfassenden Grundmietzeit kündigen und hat dieser (2.) eine Abschlusszahlung in Höhe der Restamortisation abzgl. anteiligem (90 %), vom Leasinggeber erzielten Veräußerungserlös zu leisten, während ein die Restamortisation übersteigender Veräußerungserlös vollständig beim Leasinggeber verbleibt, ist der Leasinggegenstand nach Erlasswertung dem Leasinggeber zuzurechnen, da ausschließlich dieser an den Wertsteigerungen partizipiert. Der vollständige Übergang des Wertminderungsrisikos auf den Leasingnehmer ist nach Erlasswertung wiederum unerheblich.

Mehrerlösaufteilung: Wird der Leasinggegenstand nach Ablauf der Grundmietzeit durch den Leasinggeber veräußert und unterschreitet der Verwertungserlös die Diffe-

---

116 OFD Frankfurt, Vfg. v. 20.6.2006 – S 2170 A – 28 – St 219, FR 2006 S. 793.
117 BMF, Schreiben v. 23.12.1991 – IV B 2 – S 2170 – 115/91, BStBl 1992 I S. 13.
118 BMF, Schreiben v. 22.12.1975 – IV B 2 – S 2170 – 161/75, DB 1976 S. 172 Rz. 2c).
119 BMF, Schreiben v. 22.12.1975 – IV B 2 – S 2170 – 161/75, DB 1976 S. 172.
120 OFD Frankfurt, Vfg. v. 20.6.2006 – S 2170 A – 28 – St 219, FR 2006 S. 793.

renz aus Gesamtkosten des Leasinggebers und Summe der während der Grundmietzeit zu entrichtenden Leasingraten (Restamortisation), ist der Leasingnehmer verpflichtet, die Differenz auszugleichen. Übersteigt der Veräußerungserlös hingegen die Restamortisation, wird der Mehrerlös aufgeteilt. Bei derart strukturierten Leasingverhältnissen ist der Leasinggegenstand dem Leasinggeber dann zuzurechnen, wenn er mindestens 25 % des die Restamortisation übersteigenden Teils des Veräußerungserlöses erhält. Bei einer solchermaßen ins Gewicht fallenden Beteiligung des Leasinggebers an den Wertsteigerungschancen des Leasingobjekts ist nach Erlasswertung nicht von einem wirtschaftlichen Ausschluss des Leasinggebers als zivilrechtlichen Eigentümer von der Einwirkung auf das Wirtschaftsgut auszugehen.

Schlusszahlungsverpflichtung des Leasingnehmers mit Kaufoption unter Anrechnung der Schlusszahlung: Nach Auffassung der Finanzverwaltung soll eine Zurechnung zum Leasinggeber bei folgender Sachlage ausscheiden:[121] Der Leasingnehmer hat bei Vertragsablauf eine Abschlusszahlung in Höhe der Restamortisation zu leisten. Ihm wird eine Kaufoption eingeräumt, die einen Kaufpreis in Höhe der Abschlusszahlung zzgl. 25,1 % des die Abschlusszahlung übersteigenden Verkehrswerts des Leasinggegenstandes im Ausübungszeitpunkt vorsieht. Wird der Leasinggegenstand an einen Dritten veräußert, ist die Schlusszahlung zu leisten, der Veräußerungserlös steht dem Leasinggeber zu 25,1 % zu, dem Leasingnehmer zu 74,9 %. Obgleich der Leasinggeber auch in dieser Konstellation (infolge der Schlusszahlungsverpflichtung) von einem Wertminderungsrisiko ausgeschlossen ist, an Wertsteigerungen (infolge der Bestimmung des Basispreises der Kaufoption bzw. der Erlösverteilung bei Veräußerung an Dritte) aber in jedem Fall zu mindestens 25 %, d. h. in einem wirtschaftlich ins Gewicht fallenden Umfang beteiligt ist, wird eine Zurechnung zum Leasinggeber durch die Finanzverwaltung hier explizit verneint. Diese Wertung ist mit der Wertung im Grundfall der Mehrerlösaufteilung[122] nicht zur Deckung zu bringen.[123]

Teilamortisation bei Immobilien: Bei Teilamortisationsverträgen über Immobilien, welche beim Immobilienleasing die dominierende Leasingform darstellen, folgt die Zurechnung des Grund und Bodens generell der des Gebäudes.[124] Bei Verträgen ohne Optionsrecht(e) sind Gebäude sowie Grund und Boden stets dem Leasinggeber zuzurechnen. Abweichend von der Beurteilung der Wertsteigerungschance als maßgebendes Zurechnungskriterium bei Teilamortisationsverträgen über Mobilien (Rz. 694) sieht die Finanzverwaltung bei Teilamortisationsverträgen mit Kauf- oder Mietverlängerungsoption für Immobilien, die bereits zur Verlagerung der Wertsteigerungschancen auf den Leasingnehmer führen, den Verbleib des Wertminderungsrisiko als maßgebendes Beurteilungskriterium an. Im Fall der Teilamortisation mit Kauf- oder Mietverlängerungsoption setzt eine Zurechnung des Gebäudes und damit des Grund und Bodens zum Leasinggeber voraus, dass (1.) die unkündbare Grundmietzeit höchstens 90 % der betriebsgewöhnlichen Nutzungsdauer des Gebäudes beträgt, (2.) der Kaufpreis im Rahmen einer Kauf-

695

---

121 OFD Frankfurt, Vfg. v. 20.6.2006 – S 2170 A – 28 – St 219, FR 2006 S. 793.
122 BMF, Schreiben v. 22.12.1975 – IV B 2 – S 2170 – 161/75, DB 1976 S. 172 Rz. 2b).
123 Vgl. auch *Brinkmann* in HHR, § 5 EStG Rz. 1127 m. w. N
124 Zur abweichenden Wertung bei Vollamortisationsleasing mit Mietverlängerungsoption Rz. 691; krit. zu dieser Differenzierung *Hennrichs*, Münchener Kommentar zum AktG, 2. Aufl. 2003, § 246 HGB Rz. 169.

option nicht niedriger als der Restbuchwert unter Berücksichtigung der linearen AfA nach § 7 Abs. 4 EStG ist bzw. eine Anschlussmiete im Rahmen einer Mietverlängerungsoption 75 % der ortsüblichen Miete nicht unterschreitet und (3.) dem Leasingnehmer nicht eine der in Tz. 12-17 des Teilamortisations-Leasingerlasses über unbewegliche Wirtschaftsgüter bezeichneten, typischerweise beim Eigentümer liegenden Verpflichtungen[125] auferlegt wird. Bereits die Abwälzung einer der Verpflichtungen auf den Leasingnehmer verschiebe das Chancen-Risiko-Profil zwischen Leasinggeber und Leasingnehmer derart, dass wirtschaftliches Eigentum des Leasinggebers ausgeschlossen sei. Eine isolierte Betrachtung der pauschalierenden Risikoverteilkriterien des Teilamortisationserlasses für unbewegliche Wirtschaftsgüter ist nur begrenzt geeignet, die erforderliche Würdigung der Gesamtverhältnisse zu ersetzen. Insbesondere in Fällen mit bloßer Mietverlängerungsoption ist eine auf lediglich eines der Risikoverteilkriterien gestützte Zurechnung von Gebäude nebst Grund und Boden zum Leasingnehmer nicht ohne Weiteres vertretbar.[126]

696 *(Einstweilen frei)*

3.3.4 Spezial-Leasing

697 Für den Fall des Spezial-Leasings, d. h. bei derart speziell auf die Verhältnisse und Anforderungen des Leasingnehmers zugeschnitten Leasinggegenständen, dass diese auch nach Ablauf der Grundmietzeit nur durch den Leasingnehmer selbst wirtschaftlich sinnvoll Verwendung finden können, so dass ein Herausgabeanspruch des Leasinggebers stets wirtschaftlich wertlos ist,[127] sind **Mobilien** sowie **Gebäude** als Leasinggegenstände ohne Rücksicht auf das Verhältnis von Grundmietzeit und Nutzungsdauer oder auf Optionsklauseln stets dem Leasingnehmer zuzurechnen.[128] In Vollamortisationsfällen gilt dies für **Grund und Boden** nur, wenn der Spezial-Leasingvertrag eine Kaufoption umfasst, die einen Gesamtkaufpreis unterhalb des Restbuchwerts des Gebäudes bei linearer Abschreibung zzgl. Buchwert des Grund und Bodens oder unterhalb des niedrigeren gemeinen Werts des Grundstücks im Zeitpunkt der Veräußerung vorsieht.[129] Beim Teilamortisationsleasing folgt die Zurechnung des Grund und Bodens auch beim Spezial-Leasing der Zurechnung des Gebäudes, d. h. soll mit dem Gebäude dem Leasingnehmer zuzurechnen sein.[130] Die Voraussetzungen für die Annahme eines Spezial-Leasingvertrages bedürfen einer sorgfältigen Einzelfallprüfung.

698 *(Einstweilen frei)*

---

125 Gefahr zufälligen Untergangs, Kostenübernahme bei unverschuldeter Zerstörung, fortgesetzte Leistungspflicht bei unverschuldetem Nutzenausschluss, Übernahme nicht gedeckter Kosten bei vorzeitiger Vertragsbeendigung, Freistellung des Leasinggebers von leasingobjektbezogenen Ansprüchen Dritter, wirtschaftlicher Erwerbszwang bei Erbbaurecht.
126 Vgl. auch *Brinkmann* in HHR, § 5 EStG Rz. 1141.
127 Zu den Voraussetzungen stellv. *Brinkmann* in HHR, § 5 EStG Rz. 1160 f.
128 Zu Mobilien BFH, Urteil v. 21.6.1970 – IV R 144/66, BStBl 1970 II S. 264; BMF, Schreiben v. 19.4.1971 – IV B/2 – S 2170 – 31/71, BStBl 1971 I S. 264 Rz. 4; zu Immobilien BFH, Urteil v. 30.5.1984 – I R 146/81, BStBl 1984 II S. 825; BMF, Schreiben v. 21.3.1972 – F/IV B 2 – S 2170 – 11/72, BStBl 1972 I S. 188 Rz. I.2d); ohne Differenzierung BFH, Urteil v. 13.10.2016 – IV R 33/13, BStBl. II 2018, S. 81.
129 BMF, Schreiben v. 21.3.1972 – F/IV B 2 – S 2170 – 11/72, BStBl 1972 I S. 188 Rz. I.2b).
130 BMF, Schreiben v. 23.12.1991 – IV B 2 – S 2170 – 115/91, BStBl 1992 I S. 13 Rz. 7, 18; *Claßen/Schulz*, StuB 2011 S. 5.

3.4 Sale and lease back-Geschäfte

Bei Sale and lease back-Geschäften als Sonderform des Leasings wird der (Leasing-)Gegenstand zunächst veräußert und anschließend zurückgeleast. Der Veräußerer tritt zugleich als Leasingnehmer auf, der Erwerber zugleich als Leasinggeber. Sale and lease back-Geschäfte sind i. d. R. liquiditäts- und bilanzpolitisch motiviert. Die leasingtypische Dreiecksbeziehung (Leasingnehmer – Leasinggeber – Lieferant des Leasinggegenstandes) wird hier auf eine Zweierbeziehung (Leasingnehmer – Leasinggeber) reduziert. Das zivilrechtliche Eigentum geht auf den Erwerber/Leasinggeber über; ein Besitzübergang findet nicht statt. Wird mit der Veräußerung lediglich Liquidität generiert, ohne dass sich an der tatsächlichen Sachherrschaft am Veräußerungs-/Leasinggegenstand etwas ändert, ist dieser nach Maßgabe der Leasinggrundsätze unverändert dem Veräußerer/Leasingnehmer zuzurechnen.[131] Zur Beurteilung des Andienungsrechts des Leasinggebers[132] s. Rz. 692. Steuerlich ist in diesem Fall nicht von einem Anschaffungsgeschäft mit nachfolgendem Dauerschuldverhältnis sondern von einer bloßen Darlehensgewährung mit Sicherungsübereignung ohne Zurechnungswechsel auszugehen.[133] In diesem Fall fehlt es an einem Realisationstatbestand.[134]

699

(Einstweilen frei)

700

3.5 Sale and buy back-Geschäfte

3.5.1 Struktur/Systematisierung

Der Terminus **Sale and buy back** ist Oberbegriff für Gestaltungen, bei denen vertretbare oder unvertretbare Wirtschaftsgüter veräußert und aufgrund zeitgleich oder zeitnah abgeschlossener Verträge gattungsgleiche oder nämliche Wirtschaftsgüter (ggf. bereits binnen kurzer Frist) zurückerworben werden.[135] Gestaltungen dieser Art strapazieren bereits übliche Strukturen bürgerlichen Schuldrechts, wie die Diskussion um ihre Einordnung im zivilrechtlichen Schrifttum zeigt.[136] Da nach h. M. aber – ggf. abweichend vom wirtschaftlichen Gehalt der Gesamttransaktion – im Regelfall zwei Kaufverträge mit zweimaligem Wechsel zivilrechtlichen Eigentums vorliegen, böten Sale and buy back-Gestaltungen ohne das Korrektiv des wirtschaftlichen Eigentumsübergangs ein breites Instrumentarium zur Gestaltung der Vermögenszurechnung und Gewinnrealisation.

701

---

131 Vgl. FG Köln, Beschluss v. 20.9.2011 – 12 V 1524/11, DStRE 2013 S. 754, rkr.
132 BFH, Urteil v. 13.10.2016 – IV R 33/13, BStBl. II 2018, S. 81; v. 21.12.2017 - IV R 55/16, IV R 56/16, DB 2018 S. 1118.
133 Vgl. BFH, Urteil v. 9.2.2006 – V R 22/03, BStBl 2006 I S. 727 (aus umsatzsteuerlicher Sicht); *Schulze-Osterloh*, ZIP 2005 S. 1617 ff.; *Unkelbach*, Wirtschaftliches Eigentum und Umsatzrealisation, 2009, S. 178; *Weber-Grellet* in Schmidt, EStG, 37. Aufl. 2018, § 5 Rz. 725.
134 Vgl. *Kropff*, ZGR 1993 S. 54 f.; *Schulze-Osterloh*, ZIP 2005 S. 1620 m. w. N.
135 Vgl. auch IDW ERS HFA 13 n. F. v. 29.11.2006, Rz. 1.
136 Diskutiert wird die Einordnung als Kauf und Rückkauf / Darlehensgeschäft mit Sicherungsübereignung / Pfandrechtsbestellung / Treuhandgeschäft / Pachtvertrag / atypischer Vertrag mit kaufähnlicher, darlehnsähnlicher oder pachtähnlicher Ausgestaltung, dazu *Lohner*, Echte Pensionsgeschäfte, ihre ertragsteuerliche Behandlung und ihr Einsatz als Sachverhaltsgestaltungen im Rahmen der Steuerplanung, 1992, S. 9 ff.

702 Die **Motivationen** zum Abschluss von Sale and buy back-Gestaltungen sind vielschichtig. Sie reichen von der Realisierung stiller Reserven (ohne endgültigen Verlust der Verfügungsgewalt über ein Wirtschaftsgut) insbesondere zur Vermeidung des Untergangs steuerlicher Verlustvorträge und zur Einflussnahme auf die Bilanzstruktur, über die (temporäre) Substitution weniger liquider Wirtschaftsgüter durch liquide Mittel bis hin zur Vermeidung von Anhangangaben über Vermögensgegenstände.[137]

703 **Grundwertungen IDW ERS HFA 13:** Das IDW versteht den Begriff Sale and buy back-Geschäft im Entwurf des Rechnungslegungsstandards vom 29.11.2006 (der bislang wegen ertragsteuerlicher Bedenken nicht endgültig verabschiedet wurde) in einem weiten, den Erwerb und Rückerwerb sowohl nämlicher als auch gattungsgleicher Wirtschaftsgüter umfassenden Sinne und nimmt hinsichtlich der bilanziellen Beurteilung insoweit keine weiteren Differenzierungen vor.[138] Zurechnungswechsel und Gewinnrealisation werden grundsätzlich abgelehnt, wenn eine dauerhafte Übertragung der mit dem Wirtschaftsgut verbundenen Vorteile und Risiken aus tatsächlichen Gründen zu verneinen sei.[139] Bei lediglich zeitweisem Verbleib des Wirtschaftsguts beim Erwerber wird ein Zurechnungswechsel nur bejaht, wenn die wesentlichen Elemente wirtschaftlichen Eigentums zumindest für eine bezüglich Art des Geschäfts bzw. Wirtschaftsguts hinreichende Zeitspanne (ohne Ausgleichsvereinbarung) beim Erwerber liegen.[140] Ein Zurechnungswechsel setze demnach voraus, dass marktabweichende Preise nicht so aufeinander bezogen sind, dass der Unterschiedsbetrag nur eine Verzinsung, nicht aber eine ggf. eintretende Wertänderung widerspiegelt; bei Vereinbarung von Marktpreisen müsse aufgrund der Zeitspanne zwischen den Transaktionen gewährleistet sein, dass der Erwerber tatsächlich ein relevantes Wertänderungsrisiko übernimmt, wobei die erforderliche Zeitspanne von der Art des Wirtschaftsgutes sowie der Art und Volatilität des Marktes abhänge, d. h. für Immobilien z. B. länger zu veranschlagen sei als für Saisonartikel.[141] Im Fall abnutzbarer Wirtschaftsgüter sei entscheidend, welcher Anteil des Nutzenpotenzials/Wertverzehrs dem Erwerber zuzurechnen ist und für welchen Zeitraum das Risiko des zufälligen Untergangs bei ihm liegt.[142] Typisierungsversuche erfolgen insoweit nicht.

704 **Systematisierung:** Sale and buy back-Geschäfte können – wie in ABB. 1 dargelegt – systematisiert werden. Die Grenze zwischen Sale and lease back- und Sale and buy back-Geschäften ist fließend, wenn die Rückmiete nicht als reiner Mietvertrag (operate lease), sondern als verdeckter Ratenkaufvertrag (finance lease) einzuordnen ist. Der hier vertretene (eingeschränkte) Anwendungsbereich des § 340b HGB ist strittig (Rz. 715 ff.).

---

137 Bsp. § 285 Nr. 11 HGB: Angaben zu Beteiligungen.
138 IDW ERS HFA 13 n. F. v. 29.11.2006, Rz. 12.
139 IDW ERS HFA 13 n. F. v. 29.11.2006, Rz. 13, Bsp.: Erwerber hat außer der Rückveräußerung keine Möglichkeit der Verwertung.
140 IDW ERS HFA 13 n. F. v. 29.11.2006, Rz. 14.
141 IDW ERS HFA 13 n. F. v. 29.11.2006, Rz. 15.
142 IDW ERS HFA 13 n. F. v. 29.11.2006, Rz. 16.

ABB. 2: Systematisierung Buy back-Geschäfte						
Übertragung von/auf	Grund und Boden	Aufwuchs auf Grund und Boden	Gebäude	Abnutzbare bewegliche Wirtschaftsgüter	Anteile an Kapitalgesellschaften	Binnenschiffe
	%	%	%	%	%	%
Grund und Boden	100	100	100	--	--	--
Aufwuchs auf Grund und Boden	--	100	100	--	--	--
Gebäude	--	--	100	--	--	--
Anteile an Kapitalgesellschaften	--	--	60	60	100	--
Binnenschiffe	--	--	--	--	--	100

(Einstweilen frei) 705

3.5.2 Wertpapierdarlehen („Wertpapierleihe")

Bei Wertpapierdarlehensgeschäften (umgangssprachlich „Wertpapierleihgeschäfte") werden Wertpapiere mit der Verpflichtung übereignet, dass der Darlehensnehmer („Entleiher") dem Darlehensgeber („Verleiher") nach Ablauf der vertraglich vereinbarten, begrenzten Laufzeit Wertpapiere gleicher Art, Güte und Menge zurückübereignet und für die Darlehenslaufzeit ein Entgelt entrichtet.[143] Daneben hat der Darlehensnehmer regelmäßig Kompensationszahlungen für entgangene laufende Zins-/Dividendenerträge (manufactured payments) zu leisten. Mit der auf vertretbare Wirtschaftsgüter bezogenen Rückübertragungsverpflichtung entsteht beim Darlehensnehmer eine Gattungsschuld. Zivilrechtlich liegt mit der (zeitlich befristeten) Überlassung vertretbarer Sachen ein **Sachdarlehen** i. S. d. §§ 607 ff. BGB vor.[144] Der Darlehensnehmer erwirbt zivilrechtlich das Eigentum an den Wertpapieren,[145] er tritt in alle Rechte aus dem Wertpapier ein und kann über dieses frei verfügen.[146] 706

---

143 Stellv. LfSt Bayern, Vfg. v. 20.7.2010 – S 2134.1.1 – 5/2 St32, ESt-Kartei BY § 5 Karte 3.1.
144 Vgl. z. B. LfSt Bayern, Vfg. v. 20.7.2010 – S 2134.1.1 – 5/2 St32, ESt-Kartei BY § 5 Karte 3.1.; *Fischer* in HHSp., AO/FGO-Kommentar, § 39 AO Rz. 109; *Schmidt/Usinger*, Beck'scher Bilanz-Kommentar, 11. Aufl. 2018, § 254 Rz. 120.
145 Die gebräuchliche Bezeichnung des Wertpapierdarlehens als „Wertpapierleihe" ist sachlich unzutreffend, da der Verleiher bei einer Leihe (ebenso wie ein Vermieter) zivilrechtlicher Eigentümer des Leihguts bleibt, die Leihe unentgeltlich ist (§ 598 BGB) und der Verleiher verpflichtet ist, das nämliche (identische) Wirtschaftsgut zurückzugeben.
146 Vgl. z. B. *Schmidt/Usinger*, Beck'scher Bilanz-Kommentar, 11. Aufl. 2018, § 254 Rz. 120; *Scharpf/Schaber*, Handbuch Bankbilanz, 5. Aufl. 2013, S. 394.

707 Nach zutreffender h. M. im Schrifttum[147] ebenso wie nach Auffassung der Finanzverwaltung[148] geht neben dem zivilrechtlichen auch das **wirtschaftliche Eigentum auf den Darlehensnehmer** über; die Wirtschaftsgüter sind diesem entsprechend zuzurechnen. Diese Auffassung wird allgemein zum Sachwertdarlehen[149] sowie konkret zum Wertpapierdarlehen[150] im Grundsatz auch vom BFH geteilt. Eine Bestätigung auch durch den Gesetzgeber wird in § 8b Abs. 10 Satz 1 KStG gesehen, der bei Wertpapierdarlehen (als Grundfall der Norm) von einer Zurechnung der Wertpapiere zum Darlehensnehmer ausgeht.[151] Infolge der lediglich gattungsmäßig bestimmten Rückübertragungsverpflichtung des Darlehensnehmers ist dieser – anders als etwa ein Mieter – nicht gehindert, über die konkreten Wertpapiere uneingeschränkt zu verfügen. Er kann diese veräußern, verpfänden, im Rahmen eines weiteren Wertpapierdarlehens weiterübertragen etc., d. h. auch endgültig auf einen Dritten übertragen. Die von einem Zurechnungswechsel ausgehende h. M. ist schon deshalb zutreffend, weil es zu einem Auseinanderfallen von rechtlichem und wirtschaftlichem Eigentum generell nur im Hinblick auf ein und dasselbe Wirtschaftsgut kommen kann.[152] Die Regel-/Ausnahme-Zurechnungsgrundsätze des § 39 Abs. 1, Abs. 2 Nr. 1 AO sind ebenso wie die des § 246 Abs. 1 Satz 2 HGB auf ein konkretes Wirtschaftsgut bzw. einen konkreten Vermögensgegenstand bezogen.[153] Zudem unterfallen die Wertpapiere beim Darlehensnehmer dem Pfändungs- und Insolvenzzugriff; Gläubiger des Darlehensgebers haben für die Dauer des Sachdarlehens allenfalls Zugriff auf den Rückübertragungsanspruch als Wertpapier-Surrogat. Die Finanzverwaltung führt im Ergebnis zutreffend aus, durch die Zurechnung zum Darlehensnehmer werde vermieden, dass bei einer Übereignung der Wertpapiere durch den Darlehensnehmer an einen Dritten die Wertpapiere doppelt – nämlich sowohl beim Darlehensgeber als auch bei dem Dritten – erfasst werden.[154]

708 Der Wertpapierdarlehensgeber (als Nichteigentümer) übt ausnahmsweise weiterhin die tatsächliche Sachherrschaft über das Sachdarlehensgut in einem Maße aus, dass er den Wertpapierdarlehensnehmer (Eigentümer) von der Einwirkung wirtschaftlich ausschlie-

---

147 Vgl. *ADS*, 6. Aufl., § 246 Rz. 356; *Schmidt/Usinger*, Beck'scher Bilanz-Kommentar, 11. Aufl. 2018, § 254 Rz. 122; *Häuselmann/Wiesenbart*, DB 1990 S. 2130 f. m. w. N.; *Oho/von Hülst*, DB 1992 S. 2584; *Häuselmann/Wagner*, FR 2003 S. 332; *Häuselmann*, DStR 2007 S. 1380; *Häuselmann*, FR 2010 S. 201; *Hahne*, FR 2007 S. 821; *Wagner*, DK 2007 S. 506; *Schnittger/Bildstein*, IStR 2008 S. 203; *Hahne*, BB 2010 S. 2365; *Haisch/Helios* in Haisch/Helios, Rechtshandbuch Finanzinstrumente, 2011, § 2 Rz. 203; *Fischer* in HHSp., AO/FGO-Kommentar, § 39 AO Rz. 109; vgl. auch *IDW*, WP-Handbuch Bd. I, 15. Aufl. 2016, Abschnitt J Rz. 100; a. A. *Schmidt/Mühlhäuser*, BB 2001 S. 2611 ff.: kein wirtschaftlicher Eigentumswechsel; *Scharpf* in Küting/Pfitzer/Weber, Das neue deutsche Bilanzrecht, 2. Aufl. 2009, S. 201; *Scharpf/Schaber*, Handbuch Bankbilanz, 5. Aufl. 2013, S. 397 f., 501; einschränkend IDW RS VFA 1, WPg 2000 S. 380 Tz. 14.
148 BMF, Schreiben v. 11.11.2016 – IV C 6 - S 2134/10/10003-02, BStBl. I 2016, S. 1324; OFD Frankfurt, Vfg. v. 17.2.2016 – S 2134 A – 15 – St 210, DStR 2016, S. 1112.
149 BFH, Urteil v. 6.12.1984 – IV R 212/82, BStBl 1985 II S. 391.
150 BFH, Urteil v. 17.10.2001 – I R 97/00, BFH/NV 2002 S. 240 (obiter dictum); BFH, Urteil v. 16.4.2014 – I R 2/12, BFH/NV 2014 S. 1813; BFH, Urteil v. 18.8.2015 – I R 88/113, BFH/NV 2016 S. 341 mit der Feststellung des „ausnahmsweisen" Verbleib wirtschaftlichen Eigentums beim Sachdarlehensgeber.
151 Vgl. *Häuselmann*, DStR 2007 S. 1380; *Wagner*, DK 2007 S. 506; *Ruf*, FB 2008 S. 293; *Schnitger/Bildstein*, IStR 2008 S. 203.
152 Vgl. *Fischer* in HHSp., AO/FGO-Kommentar, § 39 AO Rz. 109; zum Dividendenstripping BFH, Urteil v. 15.12.1999 – I R 29/97, BStBl 2000 II S. 257 unter II. 1. b) bb).
153 Zu § 39 AO BFH, Urteil v. 15.12.1999 – I R 29/97, BStBl 2000 II S. 257.
154 BMF, Schreiben v. 3.4.1990 – IV B 2 – S 2134 – 2/90, DB 1990 S. 863; LfSt Bayern, Vfg. v. 20.7.2010 – S 2134.1.1 – 5/2 St32, ESt-Kartei BY § 5 Karte 3.1.

3. Wesentliche Divergenzfälle zivilrechtlichen und wirtschaftlichen Eigentums an WG

ßen kann, wenn a priori einstufig strukturierte Wertpapierdarlehensgeschäfte vorliegen, d. h. die Verfügungsbefugnis/-befähigung des Wertpapierdarlehensnehmers ausgeschlossen ist, dadurch eine rechtlich geschützte, auf Rückerwerb der nämlichen hingegebenen Wirtschaftsgüter gerichtete, unentziehbare Rechtsposition des Wertpapierdarlehensgebers besteht und mit zugleich gegebener (zeit- und betragsgleichen) Herausgabeverpflichtung aus den darlehensweise übereigneten Wertpapieren vereinnahmter Erträge alle zurechnungsrelevanten Herrschaftsbefugnisse, insbesondere Chancen und Risiken des Wertpapierdarlehensguts beim Wertpapierdarlehensgeber verbleiben.[155] Die durch formale Übertragung des zivilrechtlichen Eigentums verschaffte Rechtsposition des Wertpapierdarlehensnehmers stellt sich in diesem Fall als „leere Eigentumshülle"[156] dar.[157] Das Sachdarlehensgut ist unverändert dem Wertpapierdarlehensgeber zuzurechnen. Da der Wertpapierdarlehensnehmer an einer Weiterübertragung der Wertpapiere gehindert ist, ist eine Doppelbilanzierungsproblematik insoweit ausgeschlossen.

Wertpapierdarlehen haben beim Darlehensgeber mit Verlust des zivilrechtlichen und wirtschaftlichen Eigentums den Abgang der Wertpapiere sowie die parallele Aktivierung einer **Sachwertforderung als Surrogat** (Forderung auf Wertpapiere gleicher Art, Güte und Menge) zur Folge. Dieser Aktivtausch vollzieht sich nach herrschender, von der Finanzverwaltung geteilter Auffassung zum Buchwert, stellt mithin **keinen Realisationstatbestand** dar (Rz. 4664 f.).[158] Die Sachdarlehensgewährung ist auf die (temporäre) Überlassung eines vertretbaren Wirtschaftsguts gerichtet und kein auf Anschaffung gerichteter Umsatz; eine Gewinnrealisierung scheitert am fehlenden Umsatzakt am Markt.[159] Die von der Finanzverwaltung anerkannte Durchbrechung des Gleichklangs von wirtschaftlichem Eigentumsübergang und Realisation ist in diesem Fall gerechtfertigt.

709

(Einstweilen frei)

710–714

---

[155] Der von *Brühl/Weiss*, NWB 2018, S. 96 konstatierte Wertungswiderspruch zwischen der Rspr. des I. Senats zu Wertpapierdarlehen und dem IV. Senat zu Andienungsrechten besteht damit nicht.

[156] BFH, Urteil v. 18. 8. 2015 – I R 88/13, BFH/NV 2016, S. 341 zu einem Wertpapierdarlehensfall, der vorbezeichnete Merkmale aufweist.

[157] Die Finanzverwaltung hält darüber hinaus eine unveränderte Zurechnung zum Wertpapierdarlehensgeber (in offenkundiger Anlehnung an § 36a EStG) dann für angezeigt, wenn das Sachdarlehen lediglich für einen kurzen Zeitraum (weniger als 45 Tage) über den Dividendenstichtag erfolgt, BMF, Schreiben v. 11.11.2016 – IV C 6 - S 2134/10/10003-02, BStBl 2016 I S. 1324. Diese zusätzliche Zurechnungsvoraussetzung ist ohne Grundlage; bereits im Rahmen des § 36a EStG ist die Mindesthaltedauer nicht Voraussetzung wirtschaftlichen Eigentums, sie muss vielmehr als Voraussetzung für die KESt-Anrechnung zum wirtschaftlichen Eigentum hinzutreten, vgl. auch *Brandis*, StBJb 2016/2017, S 310.

[158] Vgl. BMF, Schreiben v. 3.4.1990 – IV B 2 – S 2134 – 2/90, DB 1990 S. 863; v. 9.3.2000 – IV C 2 – S 2244 – 5/00; LfSt Bayern, Vfg. v. 20.7.2010 – S 2134.1.1 – 5/2 St32, ESt-Kartei BY § 5 Karte 3.1; *Häuselmann/Wiesenbart*, DB 1990 S. 2131 f.; *Häuselmann/Wagner*, FR 2003 S. 332; *Häuselmann*, DStR 2007 S. 1380; *Häuselmann*, BB 2000 S. 1291; *Hahne*, FR 2007 S. 821; *Schnitger/Bildstein*, IStR 2008 S. 203; *Schmidt-Homann*, BB 2010 S. 355; *Schmidt/Usinger* in Beck'scher Bilanzkommentar, 11. Aufl. 2018, § 254 Rz. 121; *Weber-Grellet* in Schmidt, EStG, 37. Aufl. 2018, § 5 Rz. 270 „Wertpapierleihe", Rz. 602, 703; *Haisch/Helios* in Haisch/Helios, Rechtshandbuch Finanzinstrumente, 2011, § 2 Rz. 208 f.; *Hennrichs* in Münchener Kommentar zum Bilanzrecht, 2013, § 246 HGB Rz. 191; allg. zu Sachwertdarlehen BFH, Urteil v. 6.12.1984 – IV R 212/82, BStBl 1985 II S. 391 sowie BMF, Schreiben v. 21.2.2002 – IV A 6 –S 2132 – 4/02, BStBl 2002 I S. 262.

[159] Vgl. *Häuselmann/Wiesenbart*, DB 1990 S. 2132; *Häuselmann*, DB 2000 S. 496; *Schmidt/Usinger*, Beck'scher Bilanz-Kommentar, 11. Aufl. 2018, § 254 Rz. 121; BMF, Schreiben v. 9.3.2000 – IV C 2 – S 2244 – 5/00; allg. zu Sachdarlehen *Wassermeyer* in Raupach, Werte und Wertermittlung im Steuerrecht, DStJG 1984 S. 179.

3.5.3 Pensionsgeschäfte i. S. d. § 340b HGB

3.5.3.1 Funktionsweise/Zurechnungsproblematik

715 Pensionsgeschäfte sind Vereinbarungen, bei denen ein Pensionsgeber einem Pensionsnehmer ihm gehörende Vermögensgegenstände gegen Zahlung eines Betrages übereignet und zugleich vereinbart wird, dass die(se) Vermögensgegenstände gegen Entrichtung des empfangenen oder eines im Voraus vereinbarten abweichenden Betrages an den Pensionsgeber zu einem bestimmten oder vom Pensionsnehmer zu bestimmenden Zeitpunkt rückübereignet werden können oder müssen, § 340b Abs. 1 HGB. Ein **echtes Pensionsgeschäft** liegt vor, wenn der Pensionsnehmer zur Rückübereignung zu einem a priori bestimmten oder vom Pensionsgeber zu bestimmenden Zeitpunkt verpflichtet ist, § 340b Abs. 2 HGB. Ein **unechtes Pensionsgeschäft** ist gegeben, wenn der Pensionsnehmer nicht verpflichtet, sondern lediglich zu einem a priori bestimmten oder von ihm selbst zu bestimmenden Zeitpunkt zur Rückübertragung berechtigt ist, § 340b Abs. 3 HGB. Wie bei Wertpapierdarlehen (s. Rz. 706) sind auch bei Pensionsgeschäften Kompensationszahlungen üblich. Im Unterschied zu Wertpapier-/Sachdarlehen werden die Vermögensgegenstände bei Pensionsgeschäften gegen Zahlung eines Geldbetrags (Kaufpreis) übereignet, während im Wertpapier-/Sachdarlehensfall lediglich ein Nutzungsentgelt gezahlt wird.[160] Wertpapier-/Sachdarlehen fehlt die Geldseite der Pensionsgeschäfte.[161] Der Übergang vom Sachdarlehen zum Pensionsgeschäft ist allerdings fließend, wenn Barsicherheiten gestellt werden.[162] Wie im Fall des Wertpapier-/Sachdarlehens geht beim echten ebenso wie beim unechten Pensionsgeschäft das zivilrechtliche Eigentum auf den Pensionsnehmer über.[163]

716 **Zurechnungsproblematik:** Im Fall des unechten Pensionsgeschäfts ist die Frage der persönlichen Zurechnung weitgehend geklärt und durch § 340b Abs. 5 HGB mit der angeordneten Zurechnung des Pensionsguts zum Pensionsnehmer in Übereinstimmung mit allgemeinen Zurechnungsgrundsätzen geregelt (Rz. 727 f.). Die persönliche Zurechnung im Fall echter Pensionsgeschäfte ist dagegen hoch umstritten. Die h. M. geht auf der Grundlage des § 340b Abs. 2, 4 HGB unter Einordnung dieser Sondervorschrift für Kreditinstitute als GoB ohne weitere Differenzierungen vom Verbleib des wirtschaftlichen Eigentums und einer ununterbrochenen Zurechnung zum Pensionsgeber aus.[164] Gleichwohl ist der Pensionsnehmer jedenfalls bei einer lediglich auf vertretbare Wirtschaftsgüter bezogenen Rückübertragungsverpflichtung in seiner Verfügung über das Pensionsgut – anders als z. B. ein Mieter, Pächter oder Sicherungseigentümer – weder rechtlich noch tatsächlich beschränkt.[165] Er ist insbesondere nicht gehindert, ein vertretbares Pensionsgut zu veräußern, zu verpfänden oder seinerseits in Pension zu ge-

---

160 Zur Abgrenzung *ADS*, 6. Aufl., § 264 Rz. 353 ff.
161 Vgl. *Häuselmann*, BB 2000 S. 1287.
162 Vgl. IDW, WP-Handbuch Bd. I, 15. Aufl. 2016, J 101 f.; *Haisch* in Haisch/Helios, Rechtshandbuch Finanzinstrumente, 2011, § 1 Rz. 135.
163 Zum echten Pensionsgeschäft BFH, Urteil v. 29.11.1982 – GrS 1/81, BStBl 1983 II S. 272.
164 Vgl. z. B. IDW ERS HFA 13 n. F. v. 29.11.2006, Rz. 19; *Schmidt/Ries*, Beck'scher Bilanz-Kommentar, 11. Aufl. 2018, § 246 Rz. 25; *Scharpf/Schaber*, Handbuch Bankbilanz, 5. Aufl. 2013, S. 36; *Florstedt*, FR 2016, S. 649; *Krumm* in Blümich, EStG/KStG/GewStG, § 5 EStG Rz. 1082; *Frotscher* in Frotscher, EStG, § 5 Rn. 133; *Nöcker* in Bordewin/Brandt, EStG, § 4 Rz. 192; *Weber-Grellet* in Schmidt, EStG, 37. Aufl. 2018, § 5 Rn. 270 „Pensionsgeschäfte".
165 Vgl. BFH, Urteil v. 29.11.1982 – GrS 1/81, BStBl 1983 II S. 272.

ben, ohne dass z. B. ein (Dritt-)Erwerber durch die Rückübertragungsverpflichtung belastet würde. Veräußert der Pensionsnehmer das Pensionsgut endgültig an einen Dritten, erwirbt dieser neben dem zivilrechtlichen auch das wirtschaftliche Eigentum am betreffenden Wirtschaftsgut. Es ist dem (Dritt-)Erwerber zuzurechnen und entsprechend in dessen Bilanz zu zeigen.[166] Wird mit der h. M. zugleich eine Zurechnung zum Pensionsgeber bejaht, kommt es zu einer **bilanziellen Wirtschaftsgut-Verdopplung**,[167] die im handelsrechtlichen Schrifttum z. T. ausdrücklich hingenommen wird.[168]

Rechtsprechung und Finanzverwaltung haben sich zur Frage der persönlichen Zurechnung des Pensionsguts bislang nicht abschließend geäußert.[169] Unstreitig dürfte sein, dass die Reichweite der Zurechnungsanweisungen des § 340b HGB auf Fälle begrenzt ist, in denen die speziellen Tatbestandsmerkmale eines Pensionsgeschäfts i. S. d. § 340b HGB vorliegen;[170] im Übrigen ist die Zurechnung nach allgemeinen Grundsätzen zu bestimmen. Zu konstatieren ist, dass sich die Problematik der bilanziellen Wirtschaftsgut-Verdopplung – unabhängig von der Diskussion um die GoB-Qualität des § 340b HGB, d. h. des fraglichen personellen Anwendungsbereichs[171] – bei zutreffender Abgrenzung des sachlichen Anwendungsbereichs der Norm (Rz. 718 ff.) nur in Ausnahmefällen stellt.

(Einstweilen frei) 717

3.5.3.2 (Sachlicher) Anwendungsbereich

Identität der Vertragspartner: Ein Pensionsgeschäft i. S. d. § 340b HGB setzt Identität der Vertragspartner voraus. Der Pensionsgeber muss rücknahmeverpflichtet, der Pensionsnehmer rückgabeberechtigt (unechtes Pensionsgeschäft) bzw. rückgabeverpflichtet sein (echtes Pensionsgeschäft); Rückübertragung von einem oder auf einen Dritten genügt nicht.[172] Geschäfte, bei denen ein Wirtschaftsgut an der Börse veräußert und zeitgleich per Kasse oder auf Termin ein Wirtschaftsgut derselben Gattung zurückerworben wird, werden schon aus diesem Grund nicht von § 340b HGB erfasst.[173] Sind Identität der Vertragspartner und die Voraussetzungen für die Anwendung der Norm auch im Übrigen gegeben, ist es (entgegen des möglichen Wortverständnisses der Norm) unerheblich, ob Veräußerung und Rückerwerb in einem gemeinsamen Vertrag oder zwei getrennten Verträgen vereinbart wurden.[174] 718

Pensionsgut – Stückschuld vs. Gattungsschuld: Im Hinblick auf die Problematik des Mehrfachausweises (Rz. 716) ist die Abgrenzung der von § 340b HGB erfassten Pensi- 719

---

166 Vgl. z. B. IDW ERS HFA 13 n. F. v. 29.11.2006, Rz. 20; *Scharpf/Schaber*, Handbuch Bankbilanz, 5. Aufl. 2013, S. 37.
167 Bzw. zur bilanziellen Wirtschaftsgut-Vervielfachung (z. B. bei nachgeschalteten echten Pensionsgeschäften mit Weiterveräußerung auch durch den 2. Pensionsnehmer etc.).
168 So IDW ERS HFA 13 n. F. v. 29.11.2006, Rz. 20; *Scharpf/Schaber*, Handbuch Bankbilanz, 5. Aufl. 2013, S. 37.
169 Offen gelassen durch BFH, Urteil v. 29.11.1982 – GrS 1/81, BStBl 1983 II S. 272 sowie OFD Frankfurt a. M., Vfg. v. 15.3.1995 – S 2134 A – 15 – St II 20, BB 1995 S. 1081.
170 Vgl. *Bieg/Waschbusch/Käufer*, ZBB 2008 S. 64; *Scharpf/Schaber*, Handbuch Bankbilanz, 5. Aufl. 2013, S. 28.
171 Zur insoweit geführten Diskussion stellv. *Haisch* in HHR, § 5 EStG Rz. 1560 m. w. N.
172 Vgl. *ADS*, 6. Aufl. 1998, § 246 Rz. 348; *Scharpf/Schaber*, Handbuch Bankbilanz, 5. Aufl. 2013, S. 34.
173 Vgl. *ADS*, 6. Aufl. 1998, § 246 Rz. 348.
174 Vgl. IDW, ERS HFA 13 n. F. v. 29.11.2006, Rz. 19; abweichend BFH, Urteil v. 20.11.2007 – I R 85/05, BStBl 2013 II S. 287 bzgl. tagleichen An- und Verkaufs von Aktien: mangelnde Anwendbarkeit des § 340b HGB wegen fehlender vertraglicher Verbundenheit von Kauf- und Rückkaufverpflichtung, keine Äußerung zur hier fehlenden Identität der Vertragspartner.

onsgüter von zentraler Bedeutung. Nach h. M. ist für die Anwendbarkeit des § 340b HGB die Rückübertragung derselben Wirtschaftsgüter nicht erforderlich, d. h. Identität/Nämlichkeit im Sinne einer Stückschuld wird nicht verlangt; auch Vereinbarungen, die lediglich die Rückgabe von Gütern gleicher Art, Güte und Menge vorsehen (Gattungsschuld), werden in den Anwendungsbereich des § 340b HGB einbezogen.[175] Nach dem (missverständlichen) Wortlaut des § 340b Abs. 1 HGB ist für die Annahme eines Pensionsgeschäfts notwendig, dass „die Vermögensgegenstände" vom Pensionsnehmer an den Pensionsgeber zurückgegeben werden. Die deutschsprachige Fassung des Art. 12 der EG-Bankbilanzrichtlinie, auf dessen Transformation § 340b HGB beruht, verlangt explizit, dass „dieselben Vermögensgegenstände" zurückübertragen werden.[176] Auch nach dem Wortlaut/Wortlautverständnis aller weiteren Sprachfassungen sind Pensionsgeschäfte i. S. d. Art. 12 EG-Bankbilanzrichtlinie nur solche Geschäfte, die die Rückübertragung identischer Vermögensgegenstände beinhalten.[177] Bei richtlinienkonformer Auslegung der Norm kann die Formulierung „die Vermögensgegenstände" des § 340b HGB nur i. S. v. „dieselben Vermögensgegenstände" verstanden werden.[178] Hiervon geht ausweislich der Begründung des Regierungsentwurfs des Bankbilanzrichtlinie-Gesetzes auch der Gesetzgeber aus, wenn ausgeführt wird, dass sich die Regelung in § 340b HGB „in vollem Umfang aus Artikel 12 der Bankbilanzrichtlinie"[179] ergebe.

Von § 340b HGB werden damit lediglich Geschäfte erfasst, die die Rückübertragung der nämlichen hingegebenen Stücke vorsehen.[180] Eine Gesamtbetrachtung gleichartiger, lediglich gattungsmäßig bestimmter Wirtschaftsgüter als Zurechnungsobjekt steht auch nach Auffassung des BFH im Widerspruch zum klaren Wortlaut des § 39 AO[181] (ebenso wie zu den in § 246 Abs. 1 Satz 2 HGB kodifizierten Zurechnungsgrundsätzen). Bei einer nur gattungsmäßig bestimmten Rückgabeverpflichtung/-berechtigung fehlt es an einem identifizierbaren Bezugsobjekt des wirtschaftlichen Eigentums.[182] Der Anwendungsbereich des § 340b HGB ist insbesondere bedingt durch die Beschränkung des sachlichen Anwendungsbereichs auf Rückübertragungsverpflichtungen identischer Vermögensgegenstände (entgegen der Wertung des IDW ERS HFA 13 n. F., s. Rz. 703) begrenzt.

720 **Zivilrechtliches vs. wirtschaftliches Eigentum des Pensionsgebers:** Voraussetzung für die Annahme eines Pensionsgeschäfts i. S. d. § 340b Abs. 1 HGB ist, dass das Pensionsgut dem Pensionsgeber „gehört". Es sprechen gute Gründe dafür, dass das Tatbe-

---

175 Vgl. z. B. IDW HFA ERS 13 n. F. v. 29.11.2006, Rz. 20; *Stobbe*, BB 1990 S. 523; *Hinz*, BB 1991 S. 1153; *Dörge*, AG 1997 S. 401 f.; *Böcking/Becker/Helke* in Münchener Kommentar zum HGB, 3. Aufl. 2013, § 340b Rz. 14 m. w. N; *Scharpf/Schaber*, Handbuch Bankbilanz, 5. Aufl. 2013, S. 33; *Krumm* in Blümich, EStG/KStG/GewStG, § 5 EStG Rz. 1081.
176 ABl.EG Nr. L 372 v. 31.12.1986.
177 Vgl. auch *Mayer*, Wirtschaftliches Eigentum an Kapitalgesellschaftsanteilen, 2003, S. 132.
178 Vgl. *Mayer*, Wirtschaftliches Eigentum an Kapitalgesellschaftsanteilen, 2003, S. 132.
179 BT-Drucks. 11/6275, S. 20.
180 Vgl. *Häuselmann/Wiesenbart*, DB 1990 S. 2130; *Ebenroth/Bader*, ZBB 1990 S. 75; *Wagner*, StBp 1992 S. 174; *Häuselmann*, BB 2000 S. 1288; *Mayer*, Wirtschaftliches Eigentum an Kapitalgesellschaftsanteilen, 2003, S. 132 f.; *Haase*, INF 2006 S. 457; zum grundsätzlichen Verständnis eines Pensionsgeschäfts auch BMF, Schreiben v. 10.10.1969, BStBl 1969 I S. 652: „Überträgt jemand (Pensionsgeber) Vermögensgegenstände [...] mit der Maßgabe, dass der Pensionsnehmer *die empfangenen* Vermögensgegenstände auf den Pensionsgeber zurückübertragen muss (echtes Pensionsgeschäft), [...]".
181 So BFH, Urteil v. 15.12.1999 – I R 29/97, BStBl 2000 II S. 530 f.
182 Vgl. *Mayer*, Wirtschaftliches Eigentum an Kapitalgesellschaftsanteilen, 2003, S. 133.

standsmerkmal „ihm gehörende" Vermögensgegenstände darauf abstellt, dass sich die Pensionsgüter im wirtschaftlichen Eigentum des Pensionsgebers befinden.[183] Definitionsgemäß verfügt nur der wirtschaftliche Eigentümer über die tatsächliche Herrschaft über einen Vermögensgegenstand und kann über diesen etwa im Wege der Verpensionierung verfügen. Nur mit diesem Verständnis ist etwa die Verpensionierung unter Eigentumsvorbehalt stehender Wirtschaftsgüter von § 340b HGB erfasst.[184] Zudem ordnet die Vorschrift bezüglich echter Pensionsgeschäfte an, dass die Pensionsgüter in der Bilanz des Pensionsgebers „weiterhin auszuweisen" sind (§ 340b Abs. 4 Satz 1 HGB). In der Bilanz des Pensionsgebers finden sich indessen nur Wirtschaftsgüter, die ihm wirtschaftlich zuzurechnen sind.

Nicht abnutzbare vs. abnutzbare Pensionsgüter: Zur Art der im Hinblick auf die Abnutzbarkeit erfassten Wirtschaftsgüter trifft § 340b HGB keine Aussage. Art. 12 Abs. 1 der EG-Bankbilanzrichtlinie nennt beispielhaft Wechsel, Forderungen und Wertpapiere, d. h. ausschließlich nicht abnutzbare Wirtschaftsgüter. Die Wertung der EG-Bankbilanzrichtlinie, die gesetzessystematische Stellung des § 340b HGB als Sondervorschrift für Kreditinstitute und die bei diesen üblichen Pensionsgüter deuten darauf hin, dass abnutzbare Wirtschaftsgüter nicht erfasst sind. Der bei abnutzbaren Wirtschaftsgütern für die Beurteilung der tatsächlichen Verfügungsmacht grundsätzlich zu berücksichtigende Umfang des beim Erwerber stattfindenden Wertverzehrs sowie der Werthaltigkeit des Herausgabeanspruchs des Veräußerers haben entsprechend keinen Eingang in die Wertungen des § 340b HGB gefunden. Rechtsprechung und Finanzverwaltung fassen Fälle des Sale and buy-back von abnutzbaren Wirtschaftsgütern (Bsp. Pkw), in denen zwischen Hin- und Rückübertragung eine Abnutzung erfolgt, demgemäß nicht unter § 340b HGB.[185] Auch der HFA des IDW vertritt im Entwurf des RS HFA 13 bezüglich des Sale and buy back abnutzbarer Wirtschaftsgüter eine von § 340b HGB z. T. abweichende Bilanzierung, fasst diese mithin ebenfalls nicht unter die Norm.[186]

721

Im Voraus vereinbarter Rücknahmepreis: Die Anwendung des § 340b HGB setzt weiterhin voraus, dass bereits im Zeitpunkt der Übertragung auf den Pensionsnehmer der Rücknahmepreis (empfangener oder anderer Betrag) unveränderbar vereinbart wird. Erfolgt die Vereinbarung erst zu einem späteren Zeitpunkt oder wird der Rücknahmepreis an den Marktpreis im Rücknahmezeitpunkt gekoppelt, liegt kein Pensionsgeschäft i. S. d. § 340b HGB vor.[187] Entscheidend ist damit, dass Wertänderungen der verpensionierten Güter zu Gunsten oder zu Lasten des Pensionsgebers wirken.

722

(Einstweilen frei)

723

---

183 Vgl. auch *Graf von Treuberg/Scharpf*, DB 1991 S. 1234: rechtliche oder zumindest wirtschaftliche Zurechnung; *Oldenburger*, Die Bilanzierung von Pensionsgeschäften nach HGB, US-GAAP und IAS, 2000, S. 160: wirtschaftliches Eigentum ausreichend; ebenso *Böcking/Becker/Helke* in Münchener Kommentar zum HGB, 3. Aufl. 2013, § 340b Rz. 7.
184 Vgl. *Oldenburger*, Die Bilanzierung von Pensionsgeschäften nach HGB, US-GAAP und IAS, 2000, S. 160.
185 BFH, Urteil v. 11.10.2007 – IV R 52/04, BStBl 2009 S. 705; BMF, Schreiben v. 12.10.2011 – 1IV C 6 – S – 2137 / 09 / 10003, BStBl 2011 I S. 967.
186 IDW, ERS HFA 13 n. F. v. 29.11.2006, Rz. 17.
187 Vgl. z. B. *Bieg/Waschbusch/Käufer*, ZBB 2008 S. 65; *Scharpf/Schaber*, Handbuch Bankbilanz, 5. Aufl. 2013, S. 32.

3.5.3.3 Echte Pensionsgeschäfte

724 **Zurechnung Pensionsgut:** Bei echten Pensionsgeschäften i. S. d. hier vertretenen engen Abgrenzung (Rz. 718 ff.) ist das Pensionsgut weiterhin dem Pensionsgeber zuzurechnen und entsprechend bei diesem auszuweisen. § 340b Abs. 4 HGB kommt bei Beschränkung des Anwendungsbereichs entsprechend Art. 12 der EG-Bankbilanzrichtlinie auf Rückübertragung identischer Vermögensgegenstände (Stückschulden) zu einer mit allgemeinen Zurechnungsgrundsätzen übereinstimmenden Wertung. Mit der Rücknahmeverpflichtung des Pensionsgebers und der Rückgabeverpflichtung des Pensionsnehmers verfügt der Pensionsgeber über eine gesicherte Position zum Rückerwerb, Wertsteigerungschancen und Wertminderungsrisiken verbleiben ununterbrochen und vollständig beim Pensionsgeber. Infolge der auf den identischen Vermögensgegenstand bezogenen Rückübertragungsverpflichtung ist der Pensionsnehmer trotz seiner zivilrechtlichen Eigentümerstellung im Grundsatz auch tatsächlich an einer (endgültigen) Weiterübertragung des Pensionsguts gehindert.

Wirtschaftlich entspricht ein echtes Pensionsgeschäft über unvertretbare Sachen (§ 340b Abs. 2 HGB) einer Darlehensvergabe unter Sicherungsübereignung;[188] die bilanzielle Zurechnung korrespondiert entsprechend (s. Rz. 770).[189] In beiden Fällen besteht a priori eine lediglich temporäre zivilrechtliche Eigentümerschaft des Pensions-/Sicherungsnehmers. Der Pensions-/Sicherungsgeber erlangt bei normalem Verlauf der Dinge das zivilrechtliche Eigentum am Pensions-/Sicherungsgut zurück, ohne dass der Pensions-/Sicherungsnehmer dies zu verhindern vermag. Der Fall der Sicherungsübereignung ist erfasst von § 39 Abs. 2 Satz 2 2. Alt. AO: sicherungsweise übereignete Wirtschaftsgüter sind dem Sicherungsgeber zuzurechnen, im Rahmen eines echten Pensionsgeschäfts übereignete unvertretbare Wirtschaftsgüter entsprechend dem Pensionsgeber. § 340b Abs. 4 Satz 1 HGB und § 39 Abs. 2 Satz 2 2. Alt. AO treffen für wirtschaftlich parallel gelagerte Fälle zutreffend eine Parallelregelung.

725 Der Pensionsgeber hat das Pensionsgut weiterhin zu aktivieren (§ 340b Abs. 4 Satz 1 HGB), in Höhe des empfangenen Betrages eine Verbindlichkeit auszuweisen (§ 340b Abs. 4 Satz 2 HGB) und die Differenz zwischen dem erhaltenen und zurückzuzahlenden Betrag über die Laufzeit des Geschäfts (als Zins) zu verteilen (§ 340b Abs. 4 Satz 3 HGB). Speziell in der Anordnung des § 340b Abs. 4 Satz 3 HGB wird die Parallele des unechten Pensionsgeschäfts i. S. d. § 340b HGB zur Darlehensvergabe mit Sicherungsübereignung offenkundig.

726 *(Einstweilen frei)*

3.5.3.4 Unechte Pensionsgeschäfte

727 **Zurechnung Pensionsgut:** Beim unechten Pensionsgeschäft gehen sowohl zivilrechtliches als auch wirtschaftliches Eigentum auf den Pensionsnehmer über; § 340b Abs. 5

---

[188] Vgl. *Wiedmann* in Ebenroth/Boujong/Joost/Strohn, HGB, 2. Aufl. 2008, § 340b Rz. 7; *Merkt* in Baumbach/Hopt, HGB, 37. Aufl. 2016, § 340b Rz. 4; *Scharpf/Schaber*, Handbuch Bankbilanz, 5. Aufl. 2013, S. 33 jeweils ohne Beschränkung auf unvertretbare Vermögensgegenstände.

[189] Vgl. auch *Bode* in Kirchhof, EStG, 16. Aufl. 2017, § 4 Rz. 79: ununterbrochener Ausweis beim Pensionsgeber nur, wenn das echte Pensionsgeschäft Sicherungscharakter hat, d. h. der übertragene Gegenstand mit Erlöschen der gesicherten Forderung an den Sicherungsgeber zurückfällt.

HGB bestimmt folgerichtig den Ausweis des Pensionsguts beim Pensionsnehmer.[190] Für das Steuerrecht ergibt sich keine Abweichung.[191] Ein unechtes Pensionsgeschäft i. S. d. § 340b HGB unterscheidet sich wirtschaftlich nicht von einer Veräußerung mit Andienungsrecht des Erwerbers bezüglich des nämlichen Wirtschaftsguts. Der Pensionsgeber nimmt infolge des vereinbarten Rückübertragungsrechts des Pensionsnehmers für die Dauer des Pensionsgeschäfts wirtschaftlich eine Stillhalterposition in einer Verkaufoption (short put) ein.

Die Zurechnungsregeln des § 340b HGB haben – bei hier vertretener enger Abgrenzung des sachlichen Anwendungsbereichs der Norm (Rz. 718 ff.) – für echte ebenso wie für unechte Pensionsgeschäfte insgesamt lediglich **deklaratorischen Charakter.** Die gesetzlich insoweit jeweils angeordnete Zurechnung folgt bereits aus den allgemeinen Zurechnungskriterien des § 246 Abs. 1 Satz 2 HGB und § 39 Abs. 2 Nr. 1 AO. 728

Ausnahme vom Zurechnungswechsel: Ist der Pensionsnehmer unter Würdigung aller Umstände aus rechtlichen oder tatsächlichen Gegebenheiten dazu gezwungen, sein Andienungsrecht auszuüben und dasselbe (nämliche) Wirtschaftsgut wieder auf den Pensionsgeber zu übertragen, ist das Pensionsgut weiterhin dem Pensionsgeber zuzurechnen.[192] In Betracht kommt ein Auseinanderfallen von rechtlichem und wirtschaftlichem Eigentum im Hinblick auf ein und dasselbe Wirtschaftsgut insbesondere, wenn ein überhöhter Rückveräußerungspreis vereinbart wurde (deep in the money put), der Erwerber kein eigenes wirtschaftliches Interesse am Erwerb des Pensionsguts oder über die Rückveräußerung hinaus keine weitere Verwertungsmöglichkeit hat. 729

Keine Gewinnrealisation: Trotz Wechsel des zivilrechtlichen und wirtschaftlichen Eigentums auf den Pensionsnehmer wird eine Realisation beim Pensionsgeber verneint, wenn der Veräußerungspreis den Buchwert des abgehenden Vermögensgegenstandes überschreitet und die Verpflichtung besteht, den Vermögensgegenstand zu demselben Preis zurückzuerwerben. Ein Veräußerungsgewinn werde nur insoweit realisiert, wie der Rücknahmepreis den ursprünglichen Veräußerungspreis unterschreitet.[193] Bei einer Rücknahmeverpflichtung zu identischen Konditionen fungiert der vereinbarte Hingabe- und Rücknahmepreis nicht als Wertobjektivierung durch den Markt.[194] Die Parteien können angesichts der Rücknahmeverpflichtung des Pensionsgebers auch einen überhöhten Preis akzeptieren, eine Gewinnrealisation scheidet insoweit aus. Zieht die konkrete Preisvereinbarung faktisch einen Ausübungszwang des Andienungsrechts nach sich, ist schon kein Wechsel wirtschaftlichen Eigentums und damit kein Zurechnungswechsel des Pensionsguts anzunehmen (Rz. 692). Ist ein Zurechnungswechsel zu beja- 730

---

190 Vgl. z. B. IDW, ERS HFA 13 n. F. v. 29.11.2006, Rz. 23; *Schmidt/Ries*, Beck'scher Bilanz-Kommentar, 11. Aufl. 2018, § 246 Rz. 26; *Scharpf/Schaber*, Handbuch Bankbilanz, 5. Aufl. 2013, S. 41.
191 Vgl. z. B. BMF, Schreiben v. 10.10.1969, BStBl 1969 I S. 652; BMF, Entwurf v. 11.3.2002 – IV A 6 – S 2134 – 18/02, n. v.; *Offerhaus*, BB 1983 S. 870; *Hase*, INF 2006 S. 458; *Haisch in* HHR, § 5 EStG Rz. 1565; *Krumm* in Blümich, EStG/KStG/GewStG, § 5 EStG Rz. 1083; *Bode* in Kirchhof, EStG, 16. Aufl. 2017, § 4 Rz. 79.
192 Vgl. auch *Haisch* in HHR, § 5 EStG Rz. 1565; *Haisch/Helios* in Haisch/Helios, Rechtshandbuch Finanzinstrumente, 2011, § 2 Rz. 235; ohne Beschränkung auf unvertretbare/nämliche Pensionsgüter IDW ERS HFA 13 n. F. v. 29.11.2006, Rz. 25 f.; *Scharpf/Schaber*, Handbuch Bankbilanz, 5. Aufl. 2013, S. 45.
193 IDW, ERS HFA 13 n. F. v. 29.11.2006, Rz. 24; IDW, Stellungnahme BFA 2/1982, WPg 1982 S. 548; *Wiedmann* in Ebenroth/Boujong/Joost/Strohn, HGB, 2. Aufl. 2008, § 340b Rz. 15 m. w. N.
194 IDW, Stellungnahme BFA 2/1982, WPg 1982 S. 548; *Scharpf/Schaber*, Handbuch Bankbilanz, 5. Aufl. 2013, S. 277.

hen, hat der Pensionsnehmer den erhaltenen Kaufpreis durch Passivierung einer Verbindlichkeit in Höhe der Differenz zwischen erhaltenem Betrag und Buchwert des Pensionsguts zu neutralisieren.[195] Der Passivposten repräsentiert in diesem Fall die Stillhalterverpflichtung des Pensionsgebers.[196]

731 Kommt es im Zuge der Ausübung des Andienungsrechts zu einer **Rücknahme durch den Pensionsgeber,** ist der Pensionsgegenstand nach h. M. wieder mit dem alten Buchwert einzubuchen, die Verbindlichkeit aufzulösen und am folgenden Bilanzstichtag ggf. eine außerplanmäßige Abschreibung auf das Pensionsgut vorzunehmen,[197] wobei steuerlich insoweit ein Abschreibungswahlrecht besteht (§ 6 Abs. 1 Nr. 1 Satz 2 EStG, § 5 Abs. 1 Satz 1 EStG). Es entstehen beim Pensionsgeber nach h. M. keine neuen Anschaffungskosten.[198] Bei **Nichtausübung des Andienungsrechts** hat der Pensionsgeber die Verbindlichkeit auszubuchen und die stillen Reserven zu realisieren.

732 *(Einstweilen frei)*

3.5.4 Sonstige Repo-Geschäfte

733 Repo-Geschäfte (Repurchase Agreements) sind zivilrechtlich nicht definiert. Der Begriff wird allgemein als Oberbegriff für Geschäfte verwendet, die den Verkauf von Wirtschaftsgütern gegen Zahlung eines Kaufpreises mit der Verpflichtung oder Berechtigung des Erwerbers verbinden, nämliche Wirtschaftsgüter oder Wirtschaftsgüter gleicher Art, Menge und Güte zu einem künftigen Termin auf den Veräußerer zu übertragen.[199] Sind die speziellen Voraussetzungen des § 340b HGB erfüllt, liegen mithin Pensionsgeschäfte i. S. d. Norm als gesetzlich geregelte Teilmenge der Sale and buy back-/Repo-Geschäfte vor (Rz. 718 ff.), sind die durch § 340b HGB angeordneten Konsequenzen zu ziehen (Rz. 724 ff.). Im Übrigen gelten die allgemeinen Zurechnungsgrundsätze.

734 Im Sonderfall des **Kfz-Sale and buy back** zwischen Kfz-Händler und Autovermieter/Leasinggesellschaft, einem nicht von § 340b HGB erfassten Repo-Geschäft über abnutzbare Wirtschaftsgüter mit lediglich gattungsbezogener Rücknahmeverpflichtung (s. Rz. 719, 721), der Gegenstand des BFH-Urteils IV R 52/04 vom 11.10.2007 war, hat die Rechtsprechung ohne weitere Begründung den parallelen Übergang des zivilrechtlichen und wirtschaftlichen Eigentums auf den Erwerber festgestellt und zutreffend ein aus Veräußerung und Rückverkaufoption des Erwerbers bestehendes Mehrkomponentengeschäft angenommen.[200] Im konkreten Fall stellte sich die Frage des Auseinanderfallens zivilrechtlichen und wirtschaftlichen Eigentums, d. h. des Verbleibs des wirtschaftlichen Eigentums beim Veräußerer schon deshalb nicht, weil Gegenstand

---

195 IDW, ERS HFA 13 n. F. v. 29.11.2006, Rz. 24; *Scharpf/Schaber,* Handbuch Bankbilanz, 5. Aufl. 2013, S. 43.
196 Dazu auch BFH, Urteil v. 18.12.2002 – I R 17/02, BStBl 2004 II S. 126.
197 Vgl. *Krumnow,* Rechnungslegung der Kreditinstitute, 2. Aufl. 2004, § 340b HGB Rn. 38; *Wiedmann* in Ebenroth/Boujong/Joost/Strohn, HGB, 2. Aufl. 2008, § 340b Rz. 17; *Scharpf/Schaber,* Handbuch Bankbilanz, 5. Aufl. 2013, S. 43; *Krumm* in Blümich, EStG/KStG/GewStG, § 5 EStG Rz. 1083.
198 IDW, WP-Handbuch Bd. I, 15. Aufl. 2016, J 98; *Scharpf/Schaber,* Handbuch Bankbilanz, 5. Aufl. 2013, S. 43.
199 Vgl. *Häuselmann,* BB 2000 S. 1287; *Rau,* BB 2000 S. 2338; *Haisch* in HHR, § 5 EStG Rz. 1568.
200 BFH, Urteil v. 11.10.2007 – IV R 52/04, BStBl 2009 II S. 705; dazu *Prinz,* StuB 2008 S. 188; *Günkel,* StBJb 2008/2009 S. 273 ff.; *Jebens,* DB 2008 S. 833; *Kolbe,* BBK 2010 S. 159; *Herzig/Joisten,* Ubg 2010 S. 475; zustimmend auch *Klein,* DStR 2011 S. 1983 f.; wirtschaftlichen Eigentumsübergang verneinend insb. *Hoffmann,* DStR 2008 S. 240; *Hoffmann,* StuB 2011 S. 162; *Hoffmann,* StuB 2011 S. 890.

der Rückübertragung nicht identische, sondern lediglich gleichartige Wirtschaftsgüter (nach Modell und Ausstattung gleichartige Fahrzeuge) waren.[201] Die Finanzverwaltung ist dieser Wertung gefolgt.[202] Die Rückverkaufoption wird auch verwaltungsseitig als wirtschaftlich und rechtlich selbständige Leistung eingeordnet, wenn die Option entgeltlich eingeräumt wird, der Erwerber (und Rückverkaufsberechtigte) zivilrechtlicher Eigentümer wird und ihm das Wirtschaftsgut wirtschaftlich zuzurechnen ist.[203] Für die übernommene Rücknahmeverpflichtung zu einem festgelegten Preis ist bis zur Ausübung oder dem Verfall der Option eine (aufgrund des Vorleistungscharakters, § 6 Abs. 1 Nr. 3 Satz 2 EStG) nicht abzuzinsende Verbindlichkeit i. H. des dafür vereinnahmten (ggf. zu schätzenden) Entgelts auszuweisen.[204]

Im Übrigen sind die allgemeinen Zurechnungsgrundsätze anzuwenden. Für eine vom zivilrechtlichen Eigentum des Erwerbers abweichende Zurechnung eines (nämlichen) abnutzbaren Wirtschaftsguts zum Veräußerer (und Stillhalter in der Rückverkaufoption) ist entscheidend, dass der Veräußerer den Erwerber (und Rückverkaufsberechtigten) im Regelfall für die gewöhnliche Nutzungsdauer von der Einwirkung auf das Wirtschaftsgut wirtschaftlich ausschließen kann,[205] respektive bei wirtschaftlicher Betrachtung eine Rückverkaufsverpflichtung unter Ausschluss eines in wesentlichem Umfang beim rückverkaufsberechtigten Erwerber stattfindenden Wertverzehrs vorliegt.

(Einstweilen frei) 735–739

3.5.5 Rückerwerbsoption

Im Fall der Veräußerung eines Wirtschaftsguts hindert die Einräumung einer Rückerwerbsoption (Call) zugunsten des Veräußerers den Wechsel des wirtschaftlichen Eigentums und Abgang des Wirtschaftsguts beim Veräußerer grundsätzlich nicht.[206] Das Wertminderungsrisiko geht vollständig auf den Erwerber des Wirtschaftsguts (Stillhalter in der Kaufoption) über, die Wertsteigerungschancen verbleiben (bei a priori fixem Basispreis) gleichwohl beim Veräußerer (Optionsinhaber). Der Rückbehalt der Wertsteigerungschancen ist nach IDW ERS HFA 13 für den Wechsel des wirtschaftlichen Eigentums grundsätzlich unschädlich.[207] Die Rückerwerbsoption steht desgleichen einer Gewinnrealisation aus dem Veräußerungsgeschäft grundsätzlich nicht entgegen. Der realisierte Gewinn umfasst infolge der erforderlichen Separierung des Optionsrechts beim Veräußerer (Optionsinhaber) gleichwohl nicht die gesamte Differenz aus Veräußerungspreis und Buchwert des abgehenden Wirtschaftsguts, sondern wird um die

740

---

201 Einschl. Substituierbarkeit durch gleichartige Fahrzeuge, die ohne Rückverkaufoption veräußert wurden. Zum Erfordernis der Wirtschaftsgut-Identität für die Feststellung v. zivilrechtlichen abweichenden wirtschaftlichen Eigentums BFH, Urteil v. 15.12.1999 – I R 29/97, BStBl 2000 II S. 257.
202 BMF, Schreiben v. 12.10.2011 – IV C 6 – S-2137/09/10003, BStBl 2011 I S. 967; dem ging ein Nichtanwendungserlass voraus, BMF-Schreiben v. 12.8.2009 – IV C 6 – S 2137/07/10003, BStBl 2009 I S. 890 sowie eine den IV. Senat bestätigende Entscheidung des I. Senats, BFH, Urteil v. 17.11.2010 – I R 83/09, BStBl 2011 II S. 812; zur Historie *Prinz*, FR 2011 S. 1021 f.; *Rosen*, StuB 2012 S. 51.
203 BMF, Schreiben v. 12.10.2011 – IV C 6 – S-2137/09/10003, BStBl 2011 I S. 967; dazu *Klein*, DStR 2011 S. 1983.
204 BFH, Urteile v. 11.10.2007 – IV R 52/04, BStBl 2009 II S. 705; v. 17.11.2010 – I R 83/09, BStBl 2011 II S. 812; BMF, Schreiben v. 12.10.2011 – IV C 6 – S-2137/09/10003, BStBl 2011 I S. 967.
205 Vgl. auch BFH, Urteil v. 21.9.2011 – I R 50/10, BFH/NV 2012 S. 303.
206 Vgl. BFH, Urteil v. 25.8.1993 – XI R 6/93, BStBl 1994 II S. 23; IDW ERS HFA 13 n. F. v. 29.11.2006, Rz. 27.
207 IDW ERS HFA 13 n. F. v. 29.11.2006, Rz. 27.

Anschaffungskosten des Optionsrechts gemindert. Die Ausführungen zum Wahrscheinlichkeitsgrad der Ausübung (Rz. 674) gelten im Fall von Rückwerbsoptionen entsprechend,[208] im Übrigen ist für die Zurechnung die Verteilung der weiteren wirtschaftsgutspezifisch jeweils relevanten Herrschaftsbefugnisse entscheidend.

741 **Veräußerung unter Doppel-(Rückerwerbs-/Andienungs-)Option:** Im Sonderfall der Veräußerung unter Vereinbarung sowohl einer Rückveräußerungsoption des Erwerbers (Put) als auch parallel einer Rückerwerbsoption des Veräußerers (Call) mit derart aufeinander abgestimmten Konditionen, dass entweder der Call oder der Put zur Ausübung kommt, kommt es nach der im Entwurf des RS HFA 13 dargelegten Auffassung des IDW ungeachtet der Übertragung des rechtlichen Eigentums am Optionsgegenstand nicht zum Wechsel des wirtschaftlichen Eigentums und damit nicht zum Zurechnungswechsel[209] (zu Doppeloptionen s. auch Rz. 678). Derartige Sale and buy back-Geschäfte entsprechen wirtschaftlich der Struktur echter Pensionsgeschäfte (Rz. 715). Die insoweit für die Beurteilung des Zurechnungswechsels hinsichtlich des Pensionsguts erforderliche Differenzierung (Rückübertragungsverpflichtung bezüglich identischer vs. lediglich gattungsgleicher Wirtschaftsgüter (Rz. 719)) ist abweichend von der generalisierenden Auffassung des IDW auch in Fällen der Veräußerung mit Doppel-(Rückerwerbs-/Andienungs-)Option erforderlich.[210]

742 *(Einstweilen frei)*

3.6 Kommissionsgeschäfte

743 Im Rahmen eines Kommissionsgeschäfts übernimmt es ein Kommissionär gewerbsmäßig, Waren oder Wertpapiere für Rechnung des Kommittenten in eigenem Namen zu verkaufen oder zu kaufen (§ 383 Abs. 1 HGB). Bei der **Verkaufskommission** bleibt das Kommissionsgut im zivilrechtlichen Eigentum des Kommittenten. Da Nutzen und Lasten des Kommissionsguts ebenso wie Wertsteigerungschancen und Wertminderungsrisiken ebenfalls beim Kommittenten verbleiben, ist für eine Zurechnung der Kommissionsgüter zum Kommissionär kein Raum. Der Ausweis des Kommissionsguts (nicht einer Forderung als Surrogat) hat beim Kommittenten als zivilrechtlichem und wirtschaftlichem Eigentümer zu erfolgen.[211] Erst mit Veräußerung des Kommissionsguts an den Endabnehmer erwirbt der Kommittent eine Forderung gegen den Kommissionär.[212]

---

208 Vgl. *Fischer* in HHSp., AO/FGO-Kommentar, § 39 AO, Rn. 57.
209 IDW ERS HFA 13 n. F. v. 29.11.2006, Rz. 30.
210 Im Ergebnis auch FG Nürnberg, Urteil v. 1.3.2011 – 1 K 69/2009, EFG 2013 S. 966, zum außerbörslichen Erwerb von Aktien unter Doppel-Rückerwerbs-/Andienungs-Option mit a priori sicherer Ausübung einer der Optionen, d. h. sicherer Rückveräußerung: Annahme eines Zurechnungswechsels (mit Realisationsfolge) sowohl bei Erwerb als auch (doppel-)optionsbedingter Rückveräußerung (unter Qualifikation vereinnahmter Optionsprämie als Veräußerungspreisbestandteil, gezahlter Optionsprämie als Veräußerungskosten) statt Ablehnung eines (doppelten) Zurechnungswechsels unter Verweis auf einen fehlenden Übergang wirtschaftlichen Eigentums.
211 Vgl. BFH, Urteil v. 23.2.2006 – III R 43/04, BFH/NV 2006 S. 1350; *ADS*, § 246 Rz. 307; *Thiele/Turowski* in Baetge/Kirsch/Thiele, Bilanzrecht, § 246 HGB Rz. 239; *Schmidt/Ries*, Beck'scher Bilanz-Kommentar, 11. Aufl. 2018, § 246 Rz. 22; *Weber-Grellet* in Schmidt, EStG, 37. Aufl. 2018, § 5 Rz. 154.
212 Vgl. *Schmidt/Ries*, Beck'scher Bilanz-Kommentar, 11. Aufl. 2018, § 246 Rz. 22.

744 Als **(verkaufs-)kommissionsähnliches Geschäft** ohne bilanziellen Zurechnungswechsel ordnet der HFA des IDW im Entwurf des RS HFA 13 die Veräußerung unter Weiterverkaufsabrede und unter der Bedingung fehlgeschlagenen Weiterverkaufs stehender Rückgabeoption oder Rücktrittsrecht des Erwerbers vom Kaufvertrag ein, da zwar das zivilrechtliche Eigentum auf den Erwerber übergeht, wesentliche Elemente wirtschaftlichen Eigentums aber beim Veräußerer verblieben.[213] Konkret verbleibt beim Veräußerer aufgrund der beim Erwerber liegenden Rückverkaufs-/Rücktrittsoption hier indessen allein das Wertminderungsrisiko. Von der bei Weiterverkaufsabrede eindeutigen Verwendungsabsicht des Erwerbers sowie der Bedingtheit der Rückgabeoption (Bedingung: fehlgeschlagener Weiterverkauf) abgesehen, sind materielle Unterschiede zu unechten Pensionsgeschäften marginal. Die auch bei unechten Pensionsgeschäften gegebene Berechtigung des Pensionsnehmers zur Rückübertragung des Pensionsguts (ohne weitere Bedingungen) steht dem Erwerb wirtschaftlichen Eigentums und damit einem Zurechnungswechsel nicht entgegen (Rz. 727).[214] Ein Übergang wirtschaftlichen Eigentums wird hier lediglich dann verneint, wenn die Ausübung des Rückübertragungsrechts auf den Pensiongeber aus rechtlichen oder tatsächlichen Gründen mit an Sicherheit grenzender Wahrscheinlichkeit zu erwarten ist (Rz. 729).[215] Ein Verkauf mit Weiterverkaufsabrede ist indessen gerade nicht primär auf eine Rückübertragung gerichtet.

745 Im Fall der **Einkaufskommission** erwirbt der Kommissionär die Ware für Rechnung des Kommittenten im eigenen Namen und wird zivilrechtlicher Eigentümer des Kommissionsguts. Wirtschaftlicher Eigentümer wird nach h. M. unmittelbar der Kommittent.[216] Dieser erwirbt einen Herausgabeanspruch gegen den Kommissionär (§ 384 Abs. 2 2. Halbsatz HGB); der Kommissionär selbst kann über das Kommissionsgut nicht verfügen, ihm stehen weder Nutzen, Lasten, Chancen oder Risiken hieraus zu. Gehen Verfügungsmacht/Preisgefahr auf den Kommissionär (und damit mittelbar auf den Kommittenten) über, hat der Kommittent das Kommissionsgut (sowie eine Verbindlichkeit gegenüber dem Kommissionär) auszuweisen.[217] Praktisch wird der Kommittent regelmäßig erst mit Eingang der Anzeige und Abrechnung des Kommissionsgeschäfts durch den Kommissionär Kenntnis vom Kommissionsgeschäft erlangen und den Bilanzausweis vornehmen. Vorausgesetzt der Kommissionär kommt seiner Verpflichtung nach, die Ausführung der Kommission unverzüglich anzuzeigen (§ 384 Abs. 2 HGB), beschränken sich Fälle temporärer Nichtbilanzierung des Kommissionsguts infolge Abgang beim Veräußerer, aber fehlender Kenntnis des Zugangs wirtschaftlichen Eigentums bei Kommittenten auf Ausnahmen.

---

213 IDW ERS HFA 13 n. F. v. 29.11.2006, Rz. 34; ebenso *Schmidt/Ries*, Beck'scher Bilanz-Kommentar, 11. Aufl. 2018, § 246 Rz. 22.
214 Vgl. auch IDW ERS HFA 13 n. F. v. 29.11.2006, Rz. 23.
215 IDW ERS HFA 13 n. F. v. 29.11.2006, Rz. 25 f.
216 Vgl. *ADS*, 6. Aufl., § 246 Rz. 309; *Schmidt/Ries*, Beck'scher Bilanz-Kommentar, 11. Aufl. 2018, § 246 Rz. 23.
217 Vgl. *ADS*, 6. Aufl., § 246 Rz. 309; *Thiele/Turowski* in Baetge/Kirsch/Thiele, Bilanzrecht, § 246 HGB Rz. 240; *Schmidt/Ries* in Beck'scher Bilanz-Kommentar, 11. Aufl. 2018, § 246 Rz. 23.

3.7 Treuhand-/treuhandähnliche Verhältnisse

3.7.1 Charakteristik Treuhandverhältnisse

746 Wesen der gesetzlich nicht geregelten Treuhand ist, dass der Treugeber dem Treuhänder Rechte (Rechtsmacht) am Treugut verschafft, die den Treuhänder im **Außenverhältnis** befähigen, im eigenen Namen aufzutreten, während er im **Innenverhältnis** den Weisungen des Treugebers unterliegt und für dessen Rechnung handelt. Die formale Rechtsmacht des Treuhänders wird durch die im Innenverhältnis gegebenen Befugnisse des Treugebers ganz erheblich beschränkt;[218] die mit der zivilrechtlichen Eigentümerstellung verbundenen Rechte stehen im Innenverhältnis dem Treugeber zu. Wirtschaftlicher Eigentümer ist im Regelfall der Treugeber. Gelingt der Nachweis eines Treuhandverhältnisses in tatsächlicher Hinsicht nicht, ist eine Sache gem. § 159 AO dem Besitzer zuzurechnen, ein Recht dem Inhaber. Mangels gesetzlicher Regelung ist das Spektrum möglicher Treuhandspielarten erheblich.[219] Nach der Rechtsstellung des Treuhänders sowie (überlagernd) nach dem Zweck des Treuhandverhältnisses können im Wesentlichen die folgenden Treuhandarten unterschieden werden:

3.7.2 Vollrechtstreuhand

747 Bei einer Vollrechtstreuhand (fiduziarische/echte Treuhand) erwirbt der Treuhänder das zivilrechtliche Eigentum am Treugut. Die Treuhandabrede sieht zugleich vor, dass trotz des Übergangs zivilrechtlichen Eigentums Gefahr, Nutzungen und Lasten aus/am Treugut beim Treugeber verbleiben (bzw. auf diesen übergehen), dieser gegenüber dem Treuhänder weisungsbefugt ist und einen Anspruch auf (Rück-)Übertragung des treuhänderisch gehaltenen Vermögens hat. Im Innenverhältnis ist aus dem Treugut allein der Treugeber berechtigt und verpflichtet. Ihn treffen positive wie negative wirtschaftliche Auswirkungen. Er übt die tatsächliche Sachherrschaft über das Treugut in der Weise aus, dass er den Treuhänder als zivilrechtlichen Eigentümer im Regelfall für die gewöhnliche Nutzungsdauer von der Einwirkung auf das Treugut wirtschaftlich ausschließen kann. Das Treugut ist dem **Treugeber als wirtschaftlichem Eigentümer** zuzurechnen und (weiterhin) bei ihm zu aktivieren.[220] Dies gilt unabhängig davon, ob der Treuhänder das Treugut vom Treugeber, von einem Dritten für Rechnung des Treugebers erworben oder selbst hergestellt hat.[221] Eine übereinstimmende Anordnung trifft § 39 Abs. 2 Nr. 1 Satz 2 AO.[222] Eine Gewinnrealisation tritt nicht ein.

---

218 Vgl. BFH, Urteil v. 4.2.1998 – XI R 35/97, BStBl 1998 II S. 542.
219 Zu Treuhandformen und Differenzierungsmöglichkeiten *Wöhe/Richter* in Handbuch der Rechnungslegung Einzelabschluss, 5. Aufl., Kap. 6 Rz. 307 ff.
220 Vgl. *ADS*, 6. Aufl., § 246 Rz. 281; *Schmidt/Ries*, Beck'scher Bilanz-Kommentar, 11. Aufl. 2018, § 246 Rz. 11; IDW ERS HFA 13 n. F. v. 29.11.2006, Rz. 50; einschränkend *Wöhe/Richter* in Handbuch der Rechnungslegung Einzelabschluss, 5. Aufl., Kap. 6 Rz. 335 f.
221 Die für diese (Erwerbs-/Vereinbarungstreuhand-)Fälle z. T. diskutierte Aktivierung eines bloßen Herausgabeanspruchs scheidet aus, vgl. *ADS*, § 246 Rz. 282 m. w. N.; *Schmidt/Ries*, Beck'scher Bilanz-Kommentar, 11. Aufl. 2018, § 246 Rz. 11; a. A. *Wöhe/Richter* in Handbuch der Rechnungslegung Einzelabschluss, Kap. 6 Rz. 335.
222 Zum Ausweisgebot nach § 6 Abs. 1 RechKredV für Kreditinstitute beim Treuhänder *Scharpf/Schaber*, Handbuch Bankbilanz, 5. Aufl. 2013, S. 49 f., der damit verbundenen Doppelausweis-Problematik bei Nicht-Kreditinstituten als Treugeber *ADS*, § 246 Rz. 283; *Roß*, Rechtsgeschäftliche Treuhandverhältnisse im Jahres- und Konzernabschluss, 1994, S. 125 ff., 170.

3.7.3 Ermächtigungstreuhand

Im Rahmen einer Ermächtigungstreuhand (sogenannte unechte Treuhand) wird nicht das zivilrechtliche Eigentum am Treugut auf den Treuhänder übertragen, sondern diesem lediglich die Ermächtigung eingeräumt, über das Treugut im eigenen Namen für Rechnung des Treugebers nach dessen Weisungen zu verfügen.[223] Im Unterschied zur Vollrechtstreuhand liegen **sowohl zivilrechtliches als auch wirtschaftliches Eigentum beim Treugeber**. Dieser kann über das Treugut umfassend verfügen, solange und soweit der Treuhänder von seiner Ermächtigung nicht für Rechnung des Treugebers Gebrauch gemacht hat. Mangels Auseinanderfallen rechtlichen und wirtschaftlichen Eigentums stellt sich die Frage der Zurechnung des Treuguts zum Treuhänder nicht. Der Ausweis hat beim Treugeber zu erfolgen.[224] Gleiches gilt für die sogenannte **Vollmachtstreuhand**, bei der der Bevollmächtigte in fremdem Namen und für fremde Rechnung handelt.

748

3.7.4 Verwaltungs- vs. Sicherungstreuhand/doppelseitige Treuhand

Nach Maßgabe des Treuhandzwecks kann unterschieden werden zwischen Verwaltungs- und Sicherungstreuhand. Zweck der (uneigennützigen) **Verwaltungstreuhand** ist die Verwaltung des Treuguts durch den Treuhänder für Rechnung des Treugebers. Zweck der (eigennützigen) **Sicherungstreuhand** ist demgegenüber, Gläubigeransprüche durch treuhänderische Übertragung von Vermögenswerten des Schuldners (Treugeber) auf den Gläubiger (Treuhänder) zu sichern.[225] Bei der **doppelseitigen Treuhand** werden mit der Übertragung des Treuguts auf einen Dritten, der sowohl für den Gläubiger als auch für den Schuldner tätig wird, beide Treuhandformen kombiniert. Zwischen Treuhänder und Gläubiger besteht eine (uneigennützige) Verwaltungstreuhand, zwischen Treuhänder und Schuldner eine (mittelbar eigennützige) Sicherungstreuhand.[226] Bedeutung hat die doppelseitige Treuhand insbesondere im gerichtlichen Vergleichsverfahren sowie im außergerichtlichen Liquidationsverfahren, darüber hinaus im Rahmen von Contractual Trust Agreements (CTA) zur bilanziellen Auslagerung von Pensionsverpflichtungen.[227] In dieser Dreiecksbeziehung ist wirtschaftlicher Eigentümer i. d. R. der Schuldner.[228] Der Treuhänder scheidet nach Maßgabe der Darlegungen zur Vollrechts- sowie Ermächtigungstreuhand als wirtschaftlicher Eigentümer aus (Rz. 747 f.). Das Interesse des Gläubigers (als zweitem Treugeber) erschöpft sich regelmäßig in der Befriedigung seiner Forderungen. Bedient der Schuldner die Forderungen ordnungsgemäß, bleibt der Gläubiger von der Einwirkung auf das Treugut ausgeschlossen.

749

(Einstweilen frei)

750

---

223 Vgl. *Wöhe/Richter* in Handbuch der Rechnungslegung Einzelabschluss, Kap. 6 Rz. 309.
224 Vgl. *Schmidt/Ries*, Beck'scher Bilanz-Kommentar, 11. Aufl. 2018, § 246 Rz. 14; *Wöhe/Richter* in Handbuch der Rechnungslegung Einzelabschluss, Kap. 6 Rz. 335 f.
225 Zur Abgrenzung *Wöhe/Richter* in Handbuch der Rechnungslegung Einzelabschluss, Kap. 6 Rz. 311.
226 Vgl. *Wöhe/Richter* in Handbuch der Rechnungslegung Einzelabschluss, Kap. 6 Rz. 312.
227 Vgl. *Küting/Kessler*, DB 2009 S. 1717 ff.
228 Vgl. *Schmidt/Ries* in Beck'scher Bilanz-Kommentar, 11. Aufl. 2018, § 246 Rz. 13; *Noodt* in Haufe HGB Kommentar, 8. Aufl. 2017, § 246 Rz. 22.

3.7.5 Treuhandähnliche Verhältnisse

751 **Total Return Swaps:** Vereinbaren Veräußerer und Erwerber eines Wirtschaftsguts, dass der Veräußerer trotz Übertragung des zivilrechtlichen Eigentums sämtliche Wertsteigerungschancen und Wertminderungsrisiken des übertragenen Wirtschaftsguts für einen bestimmten Zeitraum zurückbehält, indem der Erwerber vertraglich verpflichtet wird, Erträge an den Veräußerer abzuführen sowie Wertzuwächse auszugleichen, während der Veräußerer zum Ausgleich von Wertminderungen verpflichtet ist, liegen so genannte Total Return Swaps vor. Besitzer und allein Verfügungsberechtigter ist der Erwerber als rechtlicher Eigentümer. Dessen Rechte und Pflichten sind nach der im Entwurf des RS HFA 13 geäußerten Auffassung des IDW jedoch nur noch formaler Natur und werden durch die Rechte und Pflichten des Veräußerers dominiert; die wesentlichen Elemente wirtschaftlichen Eigentums gehen für den Zeitraum der Vereinbarung nicht auf den Erwerber über, so dass ein Zurechnungswechsel nicht erfolgt.[229] Wirtschaftlich steht der Kaufpreis erst mit Ablauf des Swaps fest. Im Schrifttum wird insoweit die Parallele zur (besicherten) Darlehensgewährung gezogen und der Übergang wirtschaftlichen Eigentums nicht vor abschließender Kaufpreisbestimmung und Ausgleichzahlung bejaht.[230] Mit Befürwortung des Verbleibs wirtschaftlichen Eigentums und damit Bilanzierung beim Veräußerer bei Übergang der Dispositionsbefugnis auf den Erwerber entsteht auch insoweit die Problematik der Verdopplung des wirtschaftlichen Eigentums, wenn der Erwerber das betreffende Wirtschaftsgut während der Swap-Laufzeit weiterveräußert und die Zahlungen nur derivativ auf das nicht mehr im zivilrechtlichen Eigentum des Erwerbers stehende Referenzaktivum bezogen sind (Ausweis beim Veräußerer sowie beim Zweiterwerber).

752 **Veräußerung an (substanzlose) Zweck-/Tochtergesellschaft unter Stundung/Darlehensgewährung:** Eine treuhandähnliche Konstellation mit der Folge der Versagung des Zurechnungswechsels nimmt das IDW im Entwurf des RS HFA 13 auch an, wenn ein Vermögensgegenstand an eine „nahestehende" Gesellschaft veräußert wird, die von dem erworbenen Vermögensgegenstand abgesehen über kein nennenswertes Vermögen und auch nicht über operatives Geschäft verfügt und gleichzeitig der Kaufpreis gestundet oder insoweit ein Darlehen gewährt wird.[231] In diesem Fall fehle es an der für den Übergang wirtschaftlichen Eigentums und Ausweis einer Kaufpreisforderung notwendigen Übertragung des Risikos auf den Erwerber, da dieser zur Durchsetzung seines Zahlungsanspruchs mangels vorhandenen anderen Vermögens nur in den veräußerten Vermögensgegenstand selbst vollstrecken könne.[232] Praxisrelevanz ist insoweit insbesondere in Bezug auf gesellschaftsrechtliche Umstrukturierungen (recapitalizations) gegeben. Ein step up unter Zurechnungswechsel des betreffenden Wirtschaftsguts ist auch bei konzerninternen Umstrukturierungen bisher grundsätzlich ohne derart einschränkende Voraussetzungen möglich.[233] Gehen alle wesentlichen mit dem Wirtschaftsgut verbundenen Rechte (z. B. bei Gesellschaftsrechten insbesondere Stimmrecht,

---

229 IDW ERS HFA 13 n. F. v. 29.11.2006, Rz. 52.
230 Vgl. *Schmidt/Ries* in Beck'scher Bilanz-Kommentar, 11. Aufl. 2018, § 246 Rz. 18.
231 IDW ERS HFA 13 n. F. v. 29.11.2006, Rz. 97.
232 IDW ERS HFA 13 n. F. v. 29.11.2006, Rz. 97.
233 Vgl. nur IDW HFA 2/1997, WPg 1997 S. 235 Rz. 32212.

Gewinnbezugsrecht) einschließlich Verfügungsbefugnis über den Vermögensgegenstand sowie Wertsteigerungschancen und Wertminderungsrisiken auf den Erwerber über, ist ein beim Veräußerer verbleibendes Zahlungsrisiko, das im Übrigen jeder Forderung immanent ist, auch dann grundsätzlich nicht geeignet, den Übergang des wirtschaftlichen Eigentums auf den Erwerber zu verhindern, wenn dieses infolge einer Kaufpreisstundung oder Darlehensgewährung ggf. (temporär) erhöht ist.[234] Ein erhöhtes Zahlungsrisiko ist steuerlich regelmäßig erst bei Konkretisierung der Wertminderung der entstandenen Forderung und gegebener Dauerhaftigkeit im Wege aktivischer Korrektur berücksichtigungsfähig. Die nach IDW ERS HFA 13 einem Zurechnungswechsel entgegenstehenden Merkmale „Vermögenslosigkeit", „fehlendes operatives Geschäft" und „Kaufpreisfinanzierung durch Stundung/Darlehensgewährung" sind zudem kaum substantiiert operationalisierbar und zeitpunktbezogen ohne Weiteres z. B. durch Zwischenfinanzierungen Dritter auszuhebeln. Offen bleibt zudem, ob und unter welchen Voraussetzungen ein der Veräußerung nachgelagerter Vermögenszuwachs oder die Aufnahme operativer Tätigkeit beim Erwerber (nachträglich) zum Übergang des wirtschaftlichen Eigentums führt.[235] Da die Dispositionsbefugnis über den Vermögensgegenstand zudem beim Erwerber liegt, dieser also insbesondere auch nicht gehindert ist, den Vermögensgegenstand zu veräußern, ergibt sich bei fortgesetzter Bilanzierung des veräußerten Vermögensgegenstandes beim Veräußerer auch insoweit die Problematik der bilanziellen Wirtschaftsgutverdopplung (Bilanzierung beim Veräußerer sowie beim erwerbenden Dritten).

(Einstweilen frei) 753

3.8 Factoring

Factoring bezeichnet die Übertragung von (kurzfristigen) Forderungen gegen Drittschuldner (Debitoren) durch Abtretung an einen Factor. Für die Bestimmung des wirtschaftlichen Eigentums kommt es wesentlich auf die Risikotragung, speziell auf das Ausfallrisiko (Delkredererisiko) an. Zu differenzieren ist zwischen echtem Factoring (Forderungsverkauf) und unechtem Factoring (Zessionskredit). Die Frage des bilanzwirksamen Forderungsabgangs ist für das Factoring, die i. d. R. einzelgeschäftsbezogene Forfaitierung sowie ABS-Transaktion grundsätzlich übereinstimmend zu beantworten.[236] 754

Echtes Factoring liegt vor, wenn das Risiko des Forderungsausfalls auf den Factor übergeht.[237] Rechtlich liegt ein Forderungskauf (**Rechtskauf**) des Factors vor,[238] der Factoringkunde hat lediglich für die Verität der Forderung, d. h. deren rechtlichen Bestand einzustehen. Mit dem Forderungsverkauf gehen Wertänderungs-/Verlustrisiken ebenso wie Wertsteigerungschancen (relevant insbesondere bei Fremdwährungs- 755

---

234 Zum Fall des temporären Risikoverbleibs beim Veräußerer auch IDW ERS HFA 13 n. F. v. 29.11.2006, Rz. 55.
235 Vgl. auch *Freshfields Bruckhaus Deringer*, Stellungnahme zu IDW ERS HFA 13 n. F. v. 3.12.2007, abrufbar unter www.idw.de.
236 Vgl. *Häuselmann*, DStR 1998 S. 826; *Middendorf*, StuB 2011 S. 137.
237 Vgl. z. B. BFH, Urteil v. 4.9.2003 – V R 34/99, BStBl 2004 II S. 667.
238 Vgl. z. B. BGH, Urteile v. 19.9.1977 – VIII ZR 169/76, DB 1977 S. 2177; v. 7.6.1978 – VIII ZR 80/77, BGHZ 72 S. 15; *ADS*, 6. Aufl., § 246 Rz. 312.

forderungen) vollständig und endgültig auf den Factor über. Neben dem zivilrechtlichen Eigentum erwirbt der Factor damit auch das wirtschaftliche Eigentum an den betreffenden Forderungen.[239] Bilanziell ist das echte Factoring als Veräußerungsgeschäft abzubilden.

756 **Unechtes Factoring** unterscheidet sich vom echten Factoring dadurch, dass Wertänderungsrisiken nicht auf den Factor übergehen. Die Forderungen werden zunächst vergütet, bei Uneinbringlichkeit der Forderungen wird der Factoringkunde wiederum durch den Factor in Anspruch genommen. Für die Annahme eines unechten Factorings genügt etwa die Vereinbarung eines vorläufigen Kaufpreises, der später in Abhängigkeit von tatsächlichen Forderungsausfällen angepasst wird. Beim unechten Factoring liegt nach h. M. rechtlich kein Forderungsverkauf, sondern ein **atypisches Darlehensverhältnis** vor,[240] bei dem die Abtretung der Forderung (lediglich) zur Sicherung des Darlehens erfüllungshalber erfolgt (atypische Sicherungszession).[241] Darlehen und Sicherungszession sind insoweit atypisch, dass die Tilgung nicht durch den Darlehensschuldner, sondern durch Einziehungserlöse aus den übertragenen Forderungen erfolgt, die Verwertung des Sicherungsguts mithin Regel- und nicht Ausnahmefall ist und bei Erreichen des Sicherungszwecks entsprechend die Pflicht zur Rückübertragung der Forderung entfällt.[242]

Die Zurechnung der Forderung beim unechten Factoring ist umstritten. Die bislang wohl h. M. knüpft die Zurechnung an die Offenlegung der Abtretung:[243] Lediglich für den Fall, dass die Abtretung dem Schuldner nicht angezeigt wird und dieser daher mit schuldbefreiender Wirkung an den bisherigen Gläubiger (Factoringkunde) zahlt (stilles unechtes Factoring), wird entsprechend der Zurechnung im Fall der Sicherungsabtretung (Rz. 770 f.) eine Zurechnung der Forderung zum Factoringkunden vertreten; bei erfolgter Anzeige (offenes unechtes Factoring) soll dagegen wie beim echten Factoring (Rz. 755) eine Zurechnung der Forderung zum Factor erfolgen. Begründet wird diese Differenzierung im Wesentlichen mit praktischen, weniger mit systematischen Erwägungen: Da der Schuldner bei Offenlegung der Abtretung im Regelfall unmittelbar an den Factor leistet, könne der Factoringkunde ohne Unterrichtung durch den Factor den Werdegang der Forderung nicht ohne Weiteres nachvollziehen. Von einem Teil des Schrifttums wird vorrangig abstellend auf die wirtschaftliche Verfügungsmacht des Factors bei fehlendem Rückübertragungsanspruch des Factoringkunden

---

239 BFH, Urteil v. 10.12.1981 – V R 75/76, BStBl 1982 II S. 200; *Strickmann* in Handbuch der Rechnungslegung Einzelabschluss, Kap. 6 Rz. 422; *Winnefeld*, Bilanz-Handbuch, 5. Aufl. 2015, D 201.
240 Vgl. z. B. BGH-Urteile v. 3.5.1972 – VIII ZR 170/71, BGHZ 58 S. 364; 14.10.1981 – VIII ZR 149/80, BGHZ 82 S. 50, 61; *ADS*, 6. Aufl., § 246 Rz. 312.
241 Vgl. BGH-Urteil v. 10.5.1978 – VIII ZR 166/77, NJW 1978 S. 1521; *ADS*, 6. Aufl., § 246 Rz. 312.
242 Vgl. *Scharenberg*, Die Bilanzierung von wirtschaftlichem Eigentum in der IFRS-Rechnungslegung, 2009, S. 145 f.
243 Vgl. *Löhr*, WPg 1975 S. 460; *ADS*, 6. Aufl., § 246 Rz. 321 f.; *Kleindiek*, Großkommentar HGB, 4. Aufl. 2002, § 246 Rz. 61; *Ballwieser* in Münchener Kommentar zum HGB, 3. Aufl. 2013, § 246 Rz. 58; *Thiele/Turowski* in Baetge/Kirsch/Thiele, Bilanzrecht, § 246 HGB Rz. 246; *Hennrichs* in Münchener Kommentar zum AktG, 2. Aufl. 2003, § 246 HGB Rz. 159; *Winnefeld*, Bilanz-Handbuch, 5. Aufl. 2015, D 202 f.; *IDW*, WP-Handbuch Bd. I, 15. Aufl. 2016, E 56; *Strickmann* in Handbuch der Rechnungslegung Einzelabschluss, 5. Aufl., Kap. 6 Rz. 434 f.; *Hennrichs* in Münchener Kommentar zum Bilanzrecht, 2013, § 246 HGB Rz. 197.

sowie mit Hinweis auf die bilanzielle Abbildung unechter Pensionsgeschäfte eine im Ergebnis weitergehende Zurechnung zum Factor vertreten.[244]

Der BFH beantwortet die Zurechnungsfrage für den Fall der Abtretung von (kurzfristigen, unverzinslichen) Forderungen im Rahmen einer ABS-Transaktion in Übereistimmung mit dem HFA des IDW[245] sowie der Rechtsprechung zur (unechten) Forfaitierung[246] auch bei stillen Forderungsabtretungen ausschließlich danach, wer das Ausfallrisiko trägt.[247] Weder der Offenlegung der Abtretung noch der Verfügungsmacht über die Forderungen misst der BFH maßgebende Bedeutung bei. Der I. Senat wertet vielmehr den vollständigen **Übergang des Bonitätsrisikos auf den Zessionar als entscheidendes Kriterium** für den Übergang „wirtschaftlicher Inhaberschaft" der Forderung und damit für die Abgrenzung zwischen Dauerschuldverhältnis und Anschaffungsgeschäft in Forderungsfällen. Dies gilt für das Factoring, das regelmäßig die Abtretung kurzfristiger unverzinslicher Forderungen zum Gegenstand hat, gleichermaßen. Verbleibt das Ausfallrisiko (in wesentlichem Umfang) beim Factoringkunden, erfolgt bilanziell bezüglich der Forderung mangels Übergang des wirtschaftlichen Eigentums kein Zurechnungswechsel, die Forderung ist weiterhin beim Factoringkunden auszuweisen,[248] daneben die zufließenden liquiden Mittel sowie eine korrespondierende Verbindlichkeit. Auch eine Offenlegung der Abtretung hat nicht zur Folge, dass steuerlich eine Einordnung als gesichertes Darlehensgeschäft vermieden und eine Einordnung als Veräußerungsvorgang bewirkt wird. Bei Weiterübertragung der Forderung durch den Factor auf einen Dritten kann dieser – unveränderte Risikotragung durch den Factoringkunden vorausgesetzt – wirtschaftliche Inhaberschaft an den Forderungen ebenfalls nicht erwerben; die steuerliche Einordnung als Darlehensverhältnis setzt sich insoweit fort.[249]

757

Korrespondierend mit der Wertung des BFH verneint der HFA des IDW ein Erfordernis für die parallele bilanzielle Abbildung von unechtem Factoring und unechten Pensionsgeschäften nach Maßgabe des § 340b Abs. 3, 5 HGB (Zurechnung zum Pensionsgeber, s. Rz. 727) mit Hinweis darauf, dass bei unechten Pensionsgeschäften die Optionsfrist üblicherweise die Nutzungsdauer des übertragenen Vermögensgegenstands unterschreitet, dieser mithin auch nach Ablauf der Optionsfrist vom Pensionsgeber (bei Optionsausübung) bzw. vom Pensionsnehmer (bei Nichtausübung) einer Nutzung fähig ist, während bei unechten Factoring- und vergleichbaren ABS-Transaktionen die Optionsfrist die gesamte Restnutzungsdauer der übertragenen Vermögensgegenstände um-

758

---

244 Vgl. *Häuselmann*, DStR 1998 S. 826 ff.; *Wiese*, BB 1998 S. 1717; *Hultsch*, DB 2000 S. 2131 f.; *Scharenberg*, Die Bilanzierung von wirtschaftlichem Eigentum in der IFRS-Rechnungslegung, 2009, S. 151 f.
245 IDW RS HFA 8, Rz. 7 ff.
246 BFH, Urteil v. 8.11.2000 – I R 37/99, BStBl 2001 II S. 722.
247 BFH, Urteil v. 26.8.2010 – I R 17/09, BFH/NV 2011 S. 143 m. w. N. zum Schrifttum; dazu *Gosch*, BFH/PR 2011 S. 56; zustimmend *Middendorf*, StuB 2011 S. 136; krit. *Schmidt*, DStR 2011 S. 794 ff.; zur „wirtschaftlichen Inhaberschaft" von Forderungen auch BFH, Urteil v. 12.12.2012 – I R 28/11, BFH/NV 2013 S. 884.
248 Vgl. BFH, Urteil v. 26.8.2010 – I R 17/09, BFH/NV 2011 S. 143; IDW ERS HFA 13 n. F. v. 29.11.2006, Rz. 56 f.; IDW RS HFA 8, Rz. 7 ff.; *Schubert/Waubke* in Beck'scher Bilanz-Kommentar, 11. Aufl. 2018, § 247 Rz. 113; *Federmann*, Bilanzierung nach Handelsrecht, Steuerrecht und IAS/IFRS, 12. Aufl. 2010, S. 297; *Weber-Grellet* in Schmidt, EStG, 37. Aufl. 2018, § 5 Rz. 270 „Factoring"; vgl. auch ADS, 6. Aufl., § 246 Rz. 326 f.
249 Die praktische Problematik der Kenntnis des Werdegangs der Forderung verschärft sich in diesem Fall.

fasst, da eine Put-Option des Erwerbers insoweit gezielt darauf gerichtet ist, die (Ausfall-)Risiken endgültig beim Veräußerer zu belassen.[250]

759–769   *(Einstweilen frei)*

3.9 Dingliche Sicherungsrechte: Sicherungsübereignung/-abtretung/ Eigentumsvorbehalt

770   Sicherungsweise übereignete Sachen (§§ 929, 930 BGB), abgetretene Forderungen/Rechte (§ 398 BGB) sowie unter Eigentumsvorbehalt, d. h. unter der aufschiebenden Bedingung vollständiger Kaufpreiszahlung übereignete Sachen (§§ 449, 929, 158 Abs. 1 BGB) sind im Regelfall bis zum Eintritt des Verwertungsfalls dem **Sicherungsgeber zuzurechnen** (vgl. auch die insoweit klarstellende Regelung des § 39 Abs. 2 Nr. 1 Satz 2 AO).[251] Mit der Sicherungsübereignung, der Sicherungsabtretung sowie dem Eigentumsvorbehalt erlangt bzw. behält der Gläubiger (Sicherungsnehmer/Zessionar/Vorbehaltsverkäufer) das Vollrecht (zivilrechtliches Eigentum). Durch die Sicherungsabrede, die eine Ausübung der Rechte regelmäßig nur bei Eintritt des Sicherungsfalls gestattet, ist die Rechtsposition des Gläubigers wirtschaftlich gleichwohl ganz erheblich eingeschränkt. Der Schuldner (Sicherungsgeber/Zedent/Vorbehaltskäufer) kann den zivilrechtlich jeweils Berechtigten von der Einwirkung auf das Wirtschaftsgut vollständig ausschließen, indem er die gesicherte Schuld begleicht.[252] Das wirtschaftliche Eigentum liegt damit bei ihm. Bei Begleichung der Schuld ist der Gläubiger zur (Rück-)Übertragung des Vollrechts verpflichtet.

771   Mit **Verwertung des Sicherungsguts** wird der Gläubiger (Sicherungsnehmer) zumindest kurzzeitig auch wirtschaftlicher Eigentümer, so dass ihm das Sicherungsgut ab diesem Zeitpunkt zuzurechnen ist.[253] Außerhalb der Verwertung kann es ausnahmsweise zur Zurechnung des Sicherungsguts zum Gläubiger kommen, wenn diesem über den Sicherungszweck hinausgehende Verfügungsbefugnisse eingeräumt werden, die parallel zum zivilrechtlichen Eigentum dessen tatsächliche Sachherrschaft über das Wirtschaftsgut begründen (Bsp. Berechtigung zur Einziehung sicherungszedierter Forderungen oder Veräußerung des Sicherungsguts, auch wenn der Schuldner seinen Verpflichtungen nachkommt).[254]

3.10 Nießbrauch

772   Nießbrauch an Sachen (§ 1030 Abs. 1 BGB), Rechten (§ 1068 Abs. 1 BGB) oder am Vermögen (§ 1085 BGB) berechtigt zum Besitz des belasteten Vermögenswerts (§ 1036

---

250 IDW HFA 8, Rz. 5; vgl. auch IDW ERS HFA 13 n. F. v. 29.11.2006, Rz. 56.
251 Sicherungseigentum ist eine Form des Treuhandverhältnisses (eigennützige Sicherungstreuhand), vgl. *Drüen* in Tipke/Kruse, AO/FGO, § 39 AO Rz. 48 m. w. N.; *Schmieszek* in Beermann/Gosch, AO/FGO, § 39 AO Rz. 41 f.
252 Vgl. z. B. FG Hamburg, Urteil v. 24.9.1987 – II 133/84, EFG 1988 S. 475; *Fischer* in HHSp., AO/FGO-Kommentar, § 39 AO Rz. 221.
253 Vgl. *Schmieszek* in Beermann/Gosch, AO/FGO, § 39 AO Rz. 41.1.
254 Vgl. RFH, Urteil v. 8.1.1943 – Vz 9/42, RStBl. 1943 S. 26; FG Hamburg, Urteil v. 24.9.1987 – II 133/84, EFG 1988 S. 475; *Fischer* in HHSp., AO/FGO-Kommentar, § 39 AO Rz. 221; *Drüen* in Tipke/Kruse, AO/FGO, § 39 AO Rz. 50.

Abs. 1 BGB) und dazu, den Nutzen hieraus zu ziehen (§ 1030 Abs. 1 BGB). Der Nießbraucher trägt die öffentlichen und privaten Lasten (§ 1047 BGB), ist aber grundsätzlich nicht berechtigt, das Wirtschaftsgut auf eigene Rechnung zu veräußern oder zu belasten.[255] Beim **Zuwendungsnießbrauch** bestellt der Eigentümer den Nießbrauch zugunsten eines anderen. Eine Sonderform des (unentgeltlichen) Zuwendungsnießbrauchs ist der Vermächtnisnießbrauch: aufgrund einer letztwilligen Verfügung des Eigentümers wird der Nießbrauch durch dessen Erben einem Dritten eingeräumt. Beim **Vorbehaltsnießbrauch** überträgt der bisherige Eigentümer einer Sache das Eigentum auf einen anderen, behält sich aber Besitz und Nutzungsrecht vor.[256]

Zurechnung im Regelfall: Ein nießbrauchsbelastetes Wirtschaftsgut ist grundsätzlich dem zivilrechtlichen Eigentümer und Nießbrauchsbesteller zuzurechnen (beim Zuwendungsnießbrauch unverändert dem bisherigen Eigentümer; beim Vorbehaltsnießbrauch dem neuen Eigentümer). Der Nießbraucher wird i. d. R. nicht wirtschaftlicher Eigentümer des seiner Nutzung unterliegenden Wirtschaftsguts.[257] Das wirtschaftliche Eigentum liegt im Regelfall beim nießbrauchsbelasteten zivilrechtlichen Eigentümer, der durch den (maximal auf die Lebenszeit des Nießbrauchers, § 1061 Satz 1 BGB) befristeten Nießbrauch typischerweise nicht dauerhaft von der Einwirkung auf das betreffende Wirtschaftsgut ausgeschlossen wird.[258] Ob ein Zuwendungs- oder Vorbehaltsnießbrauch vorliegt, ist ebenso wie Entgeltlichkeit oder Unentgeltlichkeit der Nießbrauchsbestellung insoweit unerheblich.[259]

773

Eine **Ausnahme** von diesem Zurechnungsgrundsatz mit Zurechnungsfolge zum Nießbrauchsberechtigten ist gegeben, wenn dessen Rechte so stark ausgestaltet sind, dass er den zivilrechtlichen Eigentümer auf Dauer von der Einwirkung auf das belastete Wirtschaftsgut ausschließen und über Substanz und Ertrag des Wirtschaftsguts endgültig verfügen kann, mithin die tatsächliche Herrschaft über das nießbrauchsbelastete Wirtschaftsgut ausübt.[260] Hiervon ist insbesondere auszugehen, wenn der Nießbraucher berechtigt ist, über das Wirtschaftsgut für eigene Rechnung zu verfügen[261] oder die Nießbrauchsdauer so bemessen ist, dass das Wirtschaftsgut bis zum Erlöschen des Nießbrauchs technisch oder wirtschaftlich verbraucht, ein Herausgabeanspruch des Ei-

---

255 Vgl. *Fischer* in HHSp., AO/FGO-Kommentar, § 39 AO Rz. 75.
256 Zu Arten des Nießbrauchs BMF, Schreiben v. 24.7.1998 – IV B 3 – S 2253 – 59/98, BStBl 1998 I S. 914; ausführlich *Schön*, Der Nießbrauch an Sachen – gesetzliche Struktur und rechtsgeschäftliche Gestaltung, 1992.
257 St. Rspr., vgl. BFH, Urteile v. 16.12.1988 – III R 113/85, BStBl 1989 II S. 763; v. 1.3.1994 – VIII R 35/92, BStBl 1995 II S. 241; v. 26.11.1998 – IV R 39/98, BStBl 1999 II S. 263; v. 28.7.1999 – X R 38/98, BStBl 2000 II S. 653; v. 25.1.2017 – X R 59/14, BFH/NV 2017, S. 1077; vgl. auch IDW ERS HFA 13 n. F. v. 29.11.2006, Rz. 68; *ADS*, 6. Aufl., § 246 Rz. 396; *Tiedchen* in HHR, § 5 EStG Rz. 522 m. w. N.; *Franz* in HHR, § 5 EStG Rz. 1062, 1065.
258 BFH, Urteil v. 25.1.2017 – X R 59/14, BFH/NV 2017, S. 1077 m. w. N. zum Nießbrauch an Immobilien.
259 Beim Vorbehaltsnießbrauch gilt dies etwa selbst dann, wenn neben dem Nießbrauch ein schuldrechtliches Veräußerungsverbot vereinbart und dieses durch eine Rückauflassungsvormerkung gesichert ist, vgl. BFH, Beschluss v. 20.12.2005 – X B 128/05, BFH-NV 2006 S. 704. Zu weiteren Fällen fehlenden wirtschaftlichen Eigentums des Nießbrauchers *Fischer* in HHSp., AO/FGO-Kommentar, § 39 AO Rz. 78.
260 BFH, Urteil v. 25.1.2017 – X R 59/14, BFH/NV 2017, S. 1077 m. w. N.
261 Vgl. *Götz/Hülsmann*, Nießbrauch im Zivil- und Steuerrecht, 11. Aufl. 2017, Rz. 671; *Schmidt/Ries* in Beck'scher Bilanz-Kommentar, 11. Aufl. 2018, § 246 Rz. 49; *Tiedchen* in HHR, § 5 EStG Rz. 522.

gentümers entsprechend ohne wirtschaftlichen Wert ist.[262] Bei Übergang von Anteilen an Kapitalgesellschaften unter Nießbrauchsvorbehalt hat der BFH den Übergang wirtschaftlichen Eigentums auf den Erwerber insbesondere dann verneint, wenn der Vorbehaltsnießbraucher weiterhin alle mit der Beteiligung verbundenen Rechte (Vermögens- und Verwaltungsrechte) ausüben und im Konfliktfall durchsetzen kann.[263]

4. Zurechnung von Schulden

774 **Grundsatz:** § 246 Abs. 1 Satz 3 HGB bestimmt ausdrücklich, dass Schulden in der Bilanz des Schuldners zu zeigen sind, d. h. sie sind bei dem auszuweisen, der im Außenverhältnis rechtlich verpflichtet ist, wenn eine wirtschaftliche Belastung/wahrscheinliche Inanspruchnahme gegeben ist. Dies gilt ungeachtet eines bestehenden Freistellungsanspruchs grds. auch dann, wenn eine Schuld für fremde Rechnung eingegangen wurde.[264] Diese gesetzliche Anordnung folgt der rechtlichen Betrachtungsweise, schließt eine Passivierung beim wirtschaftlich Verpflichteten aber nicht aus. Die Dominanz der wirtschaftlichen Zurechnung wird handelsrechtlich für Schulden mit Hinweis auf das Vorsichtsprinzip zu Recht eingeschränkt.[265] Der im Außenverhältnis nicht entlastete Schuldner wird vom Gläubiger für die in seinem Namen begründeten Schulden in Anspruch genommen und trägt hinsichtlich eines Freistellungsanspruchs gegen den im Innenverhältnis Verpflichteten das Bonitätsrisiko. Unbeschadet der Passivierung bei dem im Außenverhältnis rechtlich Verpflichteten hat der im Innenverhältnis mit der Freistellungsverpflichtung wirtschaftlich und insoweit ebenso rechtlich verpflichtete Schuldner eine entsprechende Verpflichtung (Freistellungsverpflichtung als abgeleitete Schuld) auch in seiner Bilanz zu zeigen.[266]

775 § 39 Abs. 2 Nr. 1 AO gilt auch für die Zurechnung von Schulden. Diese sind beim wirtschaftlich Verpflichteten auszuweisen.[267] Fallen rechtliche und wirtschaftliche Verpflichtung auseinander, ist bilanziell eine faktische **Verdopplung der Schuld** (originäre

---

262 Vgl. BFH, Urteile v. 2.6.1978 – III R 4/76, BStBl 1978 II S. 507; v. 24.6.2004 – III R 50/01, BStBl 2005 II S. 80; IDW ERS HFA 13 n. F. v. 29.11.2006, Rz. 69; *ADS*, 6. Aufl., § 246 Rz. 397; *Götz/Hülsmann*, Nießbrauch im Zivil- und Steuerrecht, 11. Aufl. 2017, Rz. 673; *Schmidt/Ries* in Beck'scher Bilanz-Kommentar, 11. Aufl. 2018, § 246 Rz. 49; *Tiedchen* in HHR, § 5 EStG Rz. 522.
263 BFH, Urteil v. 24.1.2012 – IX R 51/10, BStBl 2012 II S. 308.
264 Vgl. *Schmidt/Ries* in Beck'scher Bilanz-Kommentar, 11. Aufl. 2018, § 246 Rz. 51.
265 BT-Druck. 16/10067, S. 47; *Gelhausen/Fey/Kämpfer*, Rechnungslegung und Prüfung nach dem BilMoG, 2009, Kap. B Rz. 21; *Braun* in Kölner Kommentar zum Rechnungslegungsrecht, 2011, § 246 Rz. 54; *Merkt* in Baumbach/Hopt, HGB, 37. Aufl. 2016, § 246 Rz. 13.
266 Vgl. *Schmidt/Ries* in Beck'scher Bilanz-Kommentar, 11. Aufl. 2018, § 246 Rz. 51. Bzgl. Freistellungsverpflichtung/-anspruch besteht ein eigenständiges Schuldverhältnis, vgl. BMF, Schreiben v. 24.6.2011 – IV C 6 – S 2137/0 – 03, BStBl 2011 I S. 627, Rz. 6; vgl. auch BFH, Urteil v. 16.12.2009 – I R 102/08, BStBl 2011 II S. 566; entspr. zu Freistellungsverpflichtungen im Rahmen von Treuhandverhältnissen *Roß*, Rechtsgeschäftliche Treuhandverhältnisse im Jahres- und Konzernabschluß, 1994, S. 175; a. A. *ADS*, 6. Aufl., § 246 Rz 416: Parallelausweis der originären Schuld. Der Qualität der Schuld (originäre Schuld bzw. derivative Freistellungsverpflichtung) wird Relevanz bzgl. eines für die originäre Schuld zu beachtenden Sonderausweises beigemessen (z. B. Verbindlichkeiten gegenüber Gesellschaftern), vgl. *ADS*, a. a. O. Das Sonderausweiserfordernis wird durch das Schuldsubstitut Freistellungsverpflichtung nach hier vertretener Auffassung indessen (bereits wegen § 265 Abs. 3 HGB) nicht beseitigt.
267 Vgl. *Schmidt/Ries* in Beck'scher Bilanz-Kommentar, 11. Aufl. 2018, § 246 Rz. 54.

Schuld und derivative Freistellungsverpflichtung) möglich.[268] Mit Aktivierung von Rückgriffsansprüchen wird der Verpflichtungsausweis gleichwohl bei dem (lediglich) rechtlich Verpflichteten – entsprechend der wirtschaftlichen Gegebenheiten – bilanziell im Ergebnis korrigiert.[269]

Zu Ansatz und Bewertung bei Schuldübernahme, Schuldbeitritt und Erfüllungsübernahme Rz. 2619 ff., 5603 ff., zur Aufwandsverteilung beim Übertragenden (§ 4f EStG) Rz. 2621, zur Negierung gebotener Neutralität des Anschaffungsvorgangs beim Übernehmenden durch Schaffung eines „Erwerbsgewinns" (§ 5 Abs. 7 EStG) Rz. 2620. 776

(Einstweilen frei) 777–809

---

[268] Vgl. *Schmidt/Ries* in Beck'scher Bilanz-Kommentar, 11. Aufl. 2018, § 246 Rz. 51 f.; *Tiedchen* in HHR, § 5 EStG Rz. 518.

[269] Zur Zurechnung bei befreiender Schuldübernahme (Zurechnung zum Schuldübernehmer) BFH, Urteile v. 17.10.2007 – I R 61/06, BStBl 2008 II S. 555; v. 14.12.2011 – I R 72/10, BFH/NV 2012 S. 635; v. 12.12.2012 – I R 69/11, BFH/NV 2013 S. 840; v. 12.12.2012 – I R 28/11, BFH/NV 2013 S. 884; bei Schuldbeitritt mit interner Erfüllungsübernahme (Zurechnung zum Beitretenden): BFH, Urteil v. 26.4.2012 – IV R 43/09, BFH/NV 2012 S. 1248; vgl. auch BFH, Urteil v. 12.12.2012 – I R 69/11, BFH/NV 2013 S. 840; bei Erfüllungsübernahme/Schuldfreistellung (Zurechnung zum Altschuldner, parallel Passivierung Freistellungsverpflichtung beim Erfüllungsübernehmer): BFH, Beschluss v. 7.8.2002 – VIII B 90/02, BFH/NV 2002 S. 1577 unter II.2.b); BFH, Urteile v. 16.10.2007 – VIII R 21/06, BStBl 2008 II S. 126 unter II.1.c); v. 16.12.2009 – I R 102/08, BStBl 2011 II S. 566; bei Gesamtschuld: ADS, 6. Aufl., § 246 Rz. 419 ff.; *Hennrichs* in Münchener Kommentar zum Bilanzrecht, 2013, § 246 Rz. 228 f.; bei Treuhandschulden: ADS, a. a. O, Rz. 414 f.; *Ballwieser* in Münchener Kommentar zum HGB, 3. Aufl. 2013, § 246 Rz. 42; *Roß*, Rechtsgeschäftliche Treuhandverhältnisse im Jahres- und Konzernabschluß, 1994, S. 174 f. Zur Sichtweise der FinVerw. s. BMF v. 30.11.2017, BStBl 2017 I S. 1619.

Teil A:
Grundsatz- und Querschnittsfragen steuerlicher Gewinnermittlung

Kapitel VI:
Bewertungsmaßstäbe bei der steuerlichen Gewinnermittlung

von
Professor Dr. Holger Kahle, Hohenheim
StB Professor Dr. Matthias Hiller, Nürtingen
(SRH Fernhochschule)

Kapitel VI: Bewertungsmaßstäbe bei der steuerlichen Gewinnermittlung

Inhaltsübersicht   Rz.

1. Überblick: Anwendungsbereiche der Bewertungsmaßstäbe   810 - 822
2. Anschaffungskosten   823 - 865
   2.1 Begriff der Anschaffungskosten   823 - 834
   2.2 Umfang der Anschaffungskosten   835 - 843
   2.3 Anschaffungsnebenkosten und nachträgliche Anschaffungskosten   844 - 857
   2.4 Anschaffungspreisminderungen   858 - 865
3. Herstellungskosten   866 - 894
   3.1 Begriff der Herstellungskosten   866 - 875
   3.2 Umfang der Herstellungskosten   876 - 894
4. Teilwert   895 - 922
   4.1 Begriff des Teilwertes   895 - 900
   4.2 Teilwertermittlung als Schätzung   901 - 910
   4.3 Teilwertvermutungen   911 - 922
5. Gemeiner Wert   923 - 954
   5.1 Begriff des gemeinen Wertes   923 - 934
   5.2 Ermittlung des gemeinen Wertes   935 - 954
6. Beizulegender Zeitwert   955 - 988
   6.1 Begriff und Anwendungsbereich des beizulegenden Zeitwertes   955 - 975
   6.2 Ermittlung des beizulegenden Zeitwertes   976 - 988
7. Währungsumrechnung   989 - 1019
   7.1 Anwendungszeitpunkt   989 - 996
   7.2 Zugangsbewertung   997 - 1007
   7.3 Folgebewertung   1008 - 1019

AUSGEWÄHLTE LITERATUR

Baetge/Kirsch/Thiele, Bilanzen, 14. Aufl., Düsseldorf 2017; *Bäuml*, Neues zur Teilwertabschreibung, StuB 2016 S. 763; *Dürr*, Aufwendungen für die Beseitigung nachträglicher Schäden: Sofort abzugsfähiger Aufwand oder anschaffungsnahe Herstellungskosten?, DB 2016 S. 2380; *Ettinger*, Interne Anschaffungsnebenkosten beim Erwerb von Kapitalgesellschaftsanteilen, Ubg 2017 S. 41; *Förster*, Das neue BMF-Schreiben v. 2.9.2016 zu Teilwertabschreibungen und Wertaufholungen, DB 2016 S. 2257; *Franke/Wächtershäuser*, Abgrenzung von Herstellungskosten und Erhaltungsaufwand bei Gebäuden in Handels- und Steuerbilanz, BBK 2016 S. 1186; *Gabert*, Der Bewertungsmaßstab des Teilwerts im Bilanzsteuerrecht, Berlin 2011; *Goy*, Erfassung von Anschaffungskosten vor dem Erwerbszeitpunkt, BBK 2016 S. 270; *Haisch/Helios*, Aktuelle Praxisfragen der steuerlichen Zeitwertbilanzierung von Finanzinstrumenten nach BilMoG, RdF 2011 S. 272; *Helios/Schlotter*, Steuerbilanzielle Behandlung von Finanzinstrumenten nach § 6 Abs. 1 Nr. 2b EStG i. d. F. des BilMoG, DStR 2009 S. 547; *Helios/Schlotter*, Zum Verhältnis von § 6 Abs. 1 Nr. 2b EStG zu § 5 Abs. 4a EStG bei nichtrealisierten Verlusten aus bilanzunwirksamen Derivaten, FR 2010 S. 874; *Herzig*, Steuerliche Konsequenzen des Regierungsentwurfs zum BilMoG, DB 2008 S. 1339; *Herzig/Briesemeister*, Steuerliche Konsequenzen der Bilanzrechtsmodernisierung für Ansatz und Bewertung, DB 2009 S. 976; *Herzig/Briesemeister*, Steuerliche Konsequenzen des BilMoG – Deregulierung und Maßgeblichkeit, DB 2009 S. 926; *Hiller*, Neues BMF-Schreiben zur Teilwertabschreibung, DStZ 2016 S. 813; *Hiller*,

Teilwert, gemeiner Wert, beizulegender Zeitwert und Fremdvergleichswert, Ubg 2016 S. 341; *Hiller*, Währungsumrechnung in Handels- und Steuerbilanz, StuB 2016 S. 487; *Hiller*, Bewertungsmaßstäbe im Bilanzsteuerrecht, Lohmar/Köln 2015; *Hiller/Biebinger*, Der Teilwert und seine Fiktionen, DStZ 2017 S. 442; *Hiller/Eichholz*, § 6 Abs. 1 Nr. 1b EStG-neu: Einbezug der angemessenen Teile der Kosten der allgemeinen Verwaltung sowie angemessenen Aufwendungen für soziale Einrichtungen in die steuerbilanziellen Herstellungskosten, DStZ 2016 S. 459; *Hoffmann*, Anschaffungsnahe Herstellungskosten, StuB 2016 S. 801; *Horschitz/Groß/Fanck/Guschl/Kirschbaum/Schustek*, Bilanzsteuerrecht und Buchführung, 14. Aufl., Stuttgart 2016; *Hübner/Leyh*, Währungsumrechnung und Folgebewertung nach BilMoG in Handelsbilanz und Steuerbilanz, DStR 2010 S. 1951; *Jaeger*, Der Teilwert, Bochum 1984; *Kahle*, Steuerliche Gewinnermittlung nach dem BilMoG, StuB 2011 S. 163; *Kahle*, Herstellungskosten bei Gebäuden, StuB 2013 S. 490; *Kahle/Hiller*, Bewertungsmaßstäbe im Bilanzsteuerrecht, WPg 2013 S. 403; *Kahle/Hiller*, Anschaffungs- und Herstellungskosten nach HGB, EStG und IFRS, DStZ 2013 S. 462; *Kahle/Hiller*, Anschaffungsnebenkosten beim Erwerb von Beteiligungen an Kapitalgesellschaften, IFSt Nr. 495, Berlin 2014; *Kahle/Hiller/Vogel*, Bewertungswahlrechte und Bewertungsmaßstäbe im Umwandlungsfall in Handels- und Steuerbilanz, FR 2012 S. 789; *Keller/Weber*, Neudefinition der Herstellungskosten nach BilMoG: Auswirkungen auf die Rechnungslegungspraxis, BC 2008 S. 129; *Kessler/Veldkamp*, Umrechnung von Fremdwährungsgeschäften, KoR 2009 S. 245; *Kußmaul/Küting*, Fair Value-Bewertung im HGB?, WISU 2009 S. 91; *Küting/Cassel*, Anschaffungs- und Herstellungskosten nach HGB und IFRS, StuB 2011 S. 283; *Lange*, 75 Jahre Teilwert, Gegenwart und Zukunft des Teilwertbegriffs vor dem Hintergrund seiner Geschichte, Berlin 2011; *Maaßen*, Der Teilwert im Steuerrecht, Köln 1968; *Marx*, Teilwertabschreibung des Anlagevermögens in wirtschaftlichen Krisensituationen, StuB 2012 S. 660; *Marx*, Anschaffungs- und Herstellungskosten. Zentrale Bewertungsmaßstäbe für die Handels- und Steuerbilanz, SteuerStud 2017 S. 117; *Meyering*, Ermittlung der Anschaffungskosten im Rahmen der Bewertung gem. § 6 Abs. 1 Nr. 7 EStG, DStR 2008 S. 1008; *Meyering/Gröne*, Die Neuregelung zu den Bestandteilen der steuerlichen Herstellungskosten, DStR 2016 S. 1696; *Moxter*, Zur Klärung der Teilwertkonzeption, in: Kirchhoff/Offerhaus/Schöberle (Hrsg.), Steuerrecht, Verfassungsrecht, Finanzpolitik, FS Klein, Köln 1994, S. 827; *Moxter*, Künftige Verluste in der Handels- und Steuerbilanz, DStR 1998 S. 509; *Moxter*, Funktionales Teilwertverständnis in: Rückle (Hrsg.), Aktuelle Fragen der Finanzwirtschaft und der Unternehmensbesteuerung, FS Loitlsberger, Wien 1991, S. 473; *Mujkanovic*, Der Teilwert, SteuerStud 1994 S. 341; *Mujkanovic*, Teilwertermittlung – ein betriebswirtschaftlich lösbares Problem, DB 1995 S. 837; *Mujkanovic*, Die Bewertung von Finanzinstrumenten zum Fair Value nach BilMoG, StuB 2009 S. 329; *Phillips*, Neues zu den Herstellungskosten in der steuerlichen Gewinnermittlung, BBK 2016 S. 641; *Prinz*, Steuerwirkungen des BilMoG: Ziel, Realität, Perspektiven, GmbHR 2009 S. 1027; *Prinz/Ludwig*, Due Diligence-Aufwand bei geplanten Akquisitionsmaßnahmen, DB 2018 S. 213, *Prinz/Otto*, Steuerbilanzielle Behandlung von Entwicklungskosten für immaterielle Wirtschaftsgüter in Zeiten vernetzten Wirtschaftens, DStR 2017 S. 275; *Rief-Drewes*, Der Teilwert, Berlin 2004; *Rätke*, Neues zu Teilwertabschreibung, voraussichtlich dauernder Wertminderung und Wertaufholungsgebot, BBK 2016 S. 987; *Rätke*, Bilanzierung von Aufwands- und Investitionszuschüssen, BBK 2016 S. 926; *Rukaber*, Anschaffungsnahe Herstellungskosten, NWB 2016 S. 3476; *Schießl*, Neues zu den anschaffungsnahen Herstellungskosten i. S. des § 6 Abs. 1 Nr. 1a EStG, StuB 2016 S. 719; *Schumann*, 79 Jahre steuerliche Herstellungskosten – Historische Entwicklung der Begriffsbestimmung durch Verwaltung und Rechtsprechung, DStZ 2013 S. 474; *Schüttler*, Währungsumrechnung in der Steuerbilanz, PiR 2011 S. 136; *Spingler/Dietter*, Die Neuregelungen beim steuerlichen Herstellungskostenbegriff im Rahmen der Einkommensteueränderungsrichtlinie (EStÄR) 2012, Ubg 2013 S. 201; *Wendland*, Die Teilwertabschreibung, Göttingen 1990; *Wendt*, Anschaffungsnahe Herstellungskosten – Erste Erfahrungen mit § 6 Abs. 1 Nr. 1a EStG, in: Mellinghoff/Schön/Viskorf (Hrsg.), Steuerrecht im Rechtsstaat, FS Spindler, Köln 2011, S. 879; *Weber-Grellet*, Bilanzsteuerrecht, 15. Aufl., Münster 2017; *Wichmann*, Nachträgliche Anschaffung und Herstellung – Plädoyer für eine sachgerechte Unterscheidung im Handels- und Ertragsteuerrecht, DB 2016 S. 2493; *Wohlgemuth/Radde*, Der Bewertungsmaßstab „Anschaffungskosten" nach HGB und IAS, WPg 2000 S. 903; *Zwirner/Künkele*, Währungsumrechnung nach HGB: Erstmalige Kodifikation durch das BilMoG, StuB 2009 S. 517; *Zwirner/Künkele/Froschhammer*, Angaben zur Fremdwährungsrechnung nach BilMoG, BB 2011 S. 1323.

1. Überblick: Anwendungsbereiche der Bewertungsmaßstäbe

Im Rahmen der handelsrechtlichen- und steuerrechtlichen Gewinnermittlung muss zunächst geklärt werden, welche Wirtschaftsgüter bzw. Vermögensgegenstände aktiviert bzw. passiviert werden (**Bilanzierung dem Grunde nach**).[1] Stehen die zu bilanzierenden Bilanzpositionen fest, dann ist in einem nächsten Schritt zu bestimmen, wie die Bewertung zu erfolgen hat (**Bilanzierung der Höhe nach**).[2] Durch unterschiedliche Bewertungsmaßstäbe wird die Höhe des Gewinns somit direkt beeinflusst. Aufgrund verschiedener Bewertungsziele und Bewertungsanlässe sind auch unterschiedliche Bewertungsmaßstäbe erforderlich und gesetzlich geregelt. 810

Gemäß § 253 Abs. 1 Satz 1 HGB sind Vermögensgegenstände höchstens mit den **Anschaffungs- oder Herstellungskosten**, vermindert um planmäßige und außerplanmäßige Abschreibungen, anzusetzen. Dieses Anschaffungs- bzw. Herstellungskostenprinzip ist Ausdruck des **Realisationsprinzips**, nach dem erst der Umsatz erfolgswirksam ist (§ 252 Abs. 1 Nr. 4 HGB); Anschaffungs- und Herstellungsvorgänge sind als **bloße Vermögensumschichtung** abzubilden.[3] Im Rahmen der **Folgebewertung** bilden die Herstellungskosten (wie auch die Anschaffungskosten) die Bewertungsobergrenze.[4] 811

Während der Bewertungsmaßstab Anschaffungskosten zugrunde zu legen ist, wenn Vermögensgegenstände **von Dritten erworben** wurden, kommen die Herstellungskosten als Bewertungsmaßstab zur Anwendung, wenn die Gegenstände **im eigenen Unternehmen hergestellt** oder bearbeitet wurden. Auch steuerlich werden Wirtschaftsgüter in der Regel mit den fortgeführten Anschaffungs- bzw. Herstellungskosten bewertet (§ 6 Abs. 1 Nr. 1 Satz 1 EStG, § 6 Abs. 1 Nr. 2 Satz 1 EStG). Aufgrund der fehlenden eigenständigen steuerlichen Definition wird auch im Bilanzsteuerrecht auf die handelsrechtliche Definition der Anschaffungskosten[5] bzw. Herstellungskosten[6] abgestellt. Dabei dienen die Anschaffungs- bzw. Herstellungskosten als Regelbewertungsmaßstab im Rahmen der steuerlichen Gewinnermittlung.[7]

Der **Teilwert** ist als rein steuerlicher Wert konzipiert.[8] Der wichtigste praktische Anwendungsfall des Teilwertes ist die **Teilwertabschreibung**. Abnutzbare Wirtschaftsgüter des 812

---

1 Vgl. *Werndl* in Kirchhof/Söhn/Mellinghoff, EStG, Heidelberg, § 6 EStG Rz. A 1 (Stand: Oktober 2015).
2 Vgl. *Hennrichs* in Tipke/Lang, Steuerrecht, 23. Aufl., Köln 2018, § 9 Rz. 230.
3 Vgl. *Moxter*, Grundsätze ordnungsgemäßer Rechnungslegung, Düsseldorf 2003, S. 41 ff.; *Kahle/Eichholz* in Hachmeister/Kahle/Mock/Schüppen (Hrsg.), Bilanzrecht, Köln 2018, § 252 HGB Rz. 150.
4 Vgl. *Leinen/Waschbusch* in Bertram/Brinkmann/Kessler/Müller (Hrsg.), Haufe HGB Bilanz Kommentar, 7. Aufl., Freiburg/München 2016, § 255 HGB Rz. 2.
5 Vgl. *Ehmcke* in Blümich, EStG, München, § 6 EStG Rz. 90 (Stand: Juli 2016); *Schindler* in Kirchhof (Hrsg.), EStG, 17. Aufl., Köln 2018, § 6 EStG Rz. 26; *Stobbe* in HHR, EStG/KStG, Köln, § 6 EStG Rz. 162 (Stand: September 2015).
6 Vgl. *Ehmcke* in Blümich, EStG, München, § 6 EStG Rz. 380 (Stand: Juli 2016); *Schindler* in Kirchhof (Hrsg.), EStG, 17. Aufl., Köln 2018, § 6 EStG Rz. 26; *Stobbe* in HHR, EStG/KStG, Köln, § 6 EStG Rz. 270 (Stand: September 2015).
7 Vgl. *Kulosa* in Schmidt, EStG, 37. Aufl., München 2018, § 6 EStG Rz. 237; *Krumm* in Hachmeister/Kahle/Mock/Schüppen (Hrsg.), Bilanzrecht, Köln 2018, § 255 HGB Rz. 6.
8 Diese Eigenständigkeit bezieht sich auf den Begriff und die Ermittlungsweise; von der Wirkung her ist der Teilwert mit dem handelsrechtlichen beizulegenden Wert (§ 253 Abs. 2 und 3 HGB) zu vergleichen. Vgl. *Uelner/Albert*, Zum geplanten Verbot der Teilwertabschreibung, IFSt Nr. 369, Bonn 1999, S. 31.

Anlagevermögens können steuerlich außerplanmäßig auf einen niedrigeren Teilwert abgeschrieben werden (vgl. Rz. 916 ff., 3232 ff.), sofern sich eine dauerhafte Wertminderung einstellt und der Teilwert unter den fortgeführten Anschaffungs- bzw. Herstellungskosten liegt (§ 6 Abs. 1 Nr. 1 Satz 2 EStG). Auch Grund und Boden, Beteiligungen und Umlaufvermögen können bei voraussichtlich dauernden Wertminderungen auf einen niedrigeren Teilwert abgeschrieben werden (§ 6 Abs. 1 Nr. 2 Satz 2 EStG). Entsprechend werden Verbindlichkeiten ggf. mit dem (höheren) Teilwert bewertet (§ 6 Abs. 1 Nr. 3 Satz 1 EStG).

813 Daneben findet der Teilwert weitere Anwendungsfälle. So sind Wirtschaftsgüter, die aus dem Privatvermögen in einen Betrieb eingelegt werden, grundsätzlich mit dem Teilwert zu bewerten (§ 6 Abs. 1 Nr. 5, 6 EStG). Ebenso ist der Teilwert im Rahmen der Übertragung von Wirtschaftsgütern bei Personengesellschaften maßgeblich, sofern ein schädliches Ereignis im Rahmen der Sperrfristen vorliegt (§ 6 Abs. 5 Satz 4 ff. EStG, vgl. Rz. 1571 ff.). Bei entgeltlichem Erwerb eines Betriebes müssen die Wirtschaftsgüter mit dem Teilwert angesetzt werden (§ 6 Abs. 1 Nr. 7 EStG). Grundsätzlich kommt der Teilwert bei der Bewertung von Aktiva und Passiva zum Einsatz.

814 Dem Teilwert kommt jedoch in den beschriebenen Fällen eine unterschiedliche Bedeutung zu. Im Rahmen der Bewertung von Einlagen und Entnahmen ist der Teilwert originärer Bewertungsmaßstab, während er bei der Teilwertabschreibung als **Korrekturmaßstab** dient.[9]

815 Im Vergleich zur Bewertung mit den Anschaffungs- bzw. Herstellungskosten bzw. mit dem Teilwert kommt der steuerlichen Wertermittlung mittels des **gemeinen Wertes** (§ 9 Abs. 2 BewG) eine weniger zentrale Rolle zu. Zwar ist der Teilwert der grundsätzliche Bewertungsmaßstab für Einlagen und Entnahmen. Eine Ausnahme von diesem Grundsatz bildet die Entstrickungsentnahme (§ 4 Abs. 1 Satz 3 EStG) und die Verstrickungseinlage (§ 4 Abs. 1 Satz 8 2. Halbsatz EStG).[10] Nach dem **allgemeinen Entstrickungstatbestand** des § 4 Abs. 1 Satz 3 EStG sind Sachverhalte, bei denen das Besteuerungsrecht Deutschlands hinsichtlich des Gewinns aus der Veräußerung oder aus der Nutzung eines Wirtschaftsgutes ausgeschlossen oder beschränkt wird, einer Entnahme des Wirtschaftsgutes aus dem Betriebsvermögen für betriebsfremde Zwecke gleichgestellt (vgl. Rz. 2963 ff.). Die Regelung zielt in erster Linie auf die Überführung von Wirtschaftsgütern in eine ausländische Betriebsstätte ab. Es wird eine Entnahme fingiert, die zum gemeinen Wert zu bewerten ist (§ 6 Abs. 1 Nr. 4 Satz 1 2. Halbsatz EStG). Nach dem **allgemeinen Verstrickungstatbestand** des § 4 Abs. 1 Satz 8 2. HS EStG wird die Begründung des deutschen Besteuerungsrechts hinsichtlich des Gewinns aus der Veräußerung eines Wirtschaftsgutes einer Einlage von Wirtschaftsgütern in das Betriebsvermögen gleichgestellt (vgl. Rz. 3025 ff.). Aufgrund der **Fiktion einer Einlage** ist das Wirtschaftsgut mit dem gemeinen Wert im Zeitpunkt der Zuführung anzusetzen (§ 6 Abs. 1 Nr. 5a EStG). Im Fall des § 6 Abs. 1 Nr. 4 Satz 4 EStG können Wirtschaftsgüter mit dem Buchwert bewertet werden, sofern sie unmittelbar nach der Entnahme unent-

---

9 Vgl. *Gabert*, Der Bewertungsmaßstab des Teilwerts im Bilanzsteuerrecht, Berlin 2011, S. 82; *Weber-Grellet*, Bilanzsteuerrecht, 15. Aufl., Münster 2017, S. 173.
10 Vgl. *Hennrichs* in Tipke/Lang, Steuerrecht, 23. Aufl., Köln 2018, § 9 Rz. 370.

geltlich für steuerbegünstigte Zwecke i. S. d. § 10b Abs. 1 Satz 1 EStG einer nach § 5 Abs. 1 Nr. 9 EStG steuerbefreiten Körperschaft, Personenvereinigung, Vermögensmasse oder einer juristischen Person des öffentlichen Rechts überlassen werden und die restlichen Voraussetzungen des § 6 Abs. 1 Nr. 4 Satz 4 EStG erfüllt sind. Dem Buchwert kommt in diesem Zusammenhang eine sozialzweckorientierte Aufgabe zu. Durch den Buchwertansatz verzichtet der Fiskus auf die **Besteuerung stiller Reserven**.[11] Dadurch sollen gesellschaftlich wünschenswerte Aktivitäten (i. S. d. § 10b EStG) mittels Buchwertbewertung gefördert werden. Das Buchwertprivileg findet auch dann Anwendung, wenn das steuerbegünstigte Wirtschaftsgut zeitnah weiterveräußert wird (vgl. R 6.12 Abs. 3 EStR).

Des Weiteren werden einzelne Wirtschaftsgüter, die außer in den Fällen der Einlage (§ 4 Abs. 1 Satz 8 EStG) **unentgeltlich** von einem Betriebsvermögen eines Steuerpflichtigen in das Betriebsvermögen eines anderen Steuerpflichtigen übertragen werden, mit dem gemeinen Wert bewertet (§ 6 Abs. 4 EStG). Gleiches gilt für den **Tausch** von Wirtschaftsgütern (§ 6 Abs. 6 EStG). Eine umfassende Bezugnahme auf den gemeinen Wert als Regelbewertungsmaßstab erfolgt im UmwStG. So sind in der steuerlichen Schlussbilanz die übergehenden Wirtschaftsgüter grundsätzlich mit ihren gemeinen Werten anzusetzen (§§ 3 Abs. 1 Satz 1, 11 Abs. 1 Satz 1, 20 Abs. 2 Satz 1, 24 Abs. 2 Satz 1 UmwStG, vgl. auch Rz. 1868).[12]

816

Handelsrechtlich sind folgende Sachverhalte mit dem **beizulegenden Zeitwert** zu bewerten:[13]

817

▶ Bewertung von Vermögensgegenständen, die Teil eines sog. Planvermögens sind (§ 246 Abs. 2 Sätze 2, 3 i. V. m. § 253 Abs. 1 Satz 4 HGB);

▶ Finanzinstrumente des Handelsbestands von Kredit- und Finanzdienstleistungsinstituten (§ 340e Abs. 3 Satz 1 HGB);

▶ Bewertung von Rückstellungen für wertpapiergedeckte Altersversorgungsverpflichtungen (§ 253 Abs. 1 Satz 3 HGB);

▶ Im Konzernabschluss im Rahmen der Kapitalkonsolidierung von Tochterunternehmen (§ 301 Abs. 1 Satz 2 HGB) und der Erfassung assoziierter Unternehmen nach der Equity-Methode (§ 312 Abs. 2 Satz 1 HGB).

Nach § 6 Abs. 1 Nr. 2b EStG haben Steuerpflichtige, die in den Anwendungsbereich des § 340 HGB fallen, **Finanzinstrumente des Handelsbestandes** auch steuerlich mit dem beizulegenden Zeitwert zu bewerten, sofern diese nicht zu einer Bewertungseinheit

818

---

11 Vgl. *Schindler* in Kirchhof (Hrsg.), EStG, 17. Aufl., Köln 2018, § 6 EStG Rz. 175.
12 Vgl. im Einzelnen *Kahle/Vogel* in Prinz (Hrsg.), Umwandlungen im Internationalen Steuerrecht, Köln 2013, S. 783 ff.; *Kahle/Hiller/Vogel*, FR 2012 S. 792 ff.
13 Diese Sachverhalte beziehen sich auf den Einzelabschluss. Im Konzernabschluss findet der beizulegende Zeitwert weitere Anwendungsfälle. So ist für die Kapitalkonsolidierung von Tochterunternehmen (§ 301 Abs. 1 Satz 2 HGB) sowie für die Konsolidierung assoziierter Unternehmen (§ 312 Abs. 2 Satz 1 HGB) die Bewertung zum beizulegenden Zeitwert vorgeschrieben. Seit dem MicroBilG dürfen jedoch Kleinstkapitalgesellschaften (§ 267a HGB) eine Bewertung zum beizulegenden Zeitwert nur vornehmen, wenn sie von keiner der in §§ 264 Abs. 1 Satz 5, 266 Abs. 1 Satz 4, 275 Abs. 5 und 326 Abs. 2 HGB normierten Erleichterungen Gebrauch machen (Fair Value-Vorbehalt). Vgl. zur Diskussion *Küting/Huwer/Palm*, StuB 2013 S. 479 ff.

i. S. d. § 5 Abs. 1a Satz 2 EStG gehören.[14] Im Gegensatz hierzu darf für die steuerliche Bewertung von Deckungsvermögen sowie für die Bewertung von Altersversorgungsverpflichtungen der beizulegende Zeitwert nicht übernommen werden (§ 5 Abs. 6 i. V. m. § 6 Abs. 1 Nr. 1, 2 EStG).

819 Durch das BilMoG wurden erstmals Grundsätze zur handelsrechtlichen **Währungsumrechnung** im HGB niedergelegt (vgl. Rz. 989 ff.). Nach der neuen Regelung sind Vermögensgegenstände und Verbindlichkeiten, die auf fremde Währung lauten, mit dem Devisenkassamittelkurs am Abschlussstichtag zu bewerten (§ 256a Satz 1 HGB). Das Realisations- bzw. Imparitätsprinzip (§ 252 Abs. 1 Nr. 4 HGB) und das Anschaffungskostenprinzip (§ 253 Abs. 1 Satz 1 HGB) sind dabei zu beachten.[15] Bei Vermögensgegenständen, die eine Restlaufzeit kleiner als ein Jahr aufweisen, können die genannten Prinzipien durchbrochen werden (§ 256a Satz 2 HGB).

820–822 *(Einstweilen frei)*

2. Anschaffungskosten

2.1 Begriff der Anschaffungskosten

823 Anschaffungskosten sind Ausgaben, die geleistet werden, um einen Vermögensgegenstand zu erwerben und ihn in einen betriebsbereiten Zustand zu versetzen, soweit sie dem Vermögensgegenstand einzeln zugeordnet werden können (§ 255 Abs. 1 Satz 1 HGB). Diese **wirtschaftliche Betrachtungsweise** folgt grundsätzlich dem Prinzip der Maßgeblichkeit der Gegenleistung.[16] Das Gesetz spricht zwar von „Aufwendungen" statt „Ausgaben"; maßgeblich sind aber Ausgaben, da Aufwendungen periodisierte Ausgaben darstellen. Die in § 255 Abs. 1 HGB enthaltene Definition der Anschaffungskosten basiert auf der langjährigen Rechtsprechung des BFH.[17]

824 Anschaffungskosten ergeben sich nach folgendem **Schema**:[18]

Anschaffungspreis
- − Anschaffungspreisminderungen
- + Kosten der Versetzung in die Betriebsbereitschaft
- + Anschaffungsnebenkosten
- + nachträgliche Anschaffungskosten
- = Anschaffungskosten

825–827 *(Einstweilen frei)*

828 **Voraussetzung für die Aktivierung** als Anschaffungskosten ist, dass die Aufwendungen dem Vermögensgegenstand einzeln zugeordnet werden können (§ 255 Abs. 1 Satz 1

---

14 Vgl. zu den Einzelfragen *Helios/Schlotter*, DStR 2009 S. 547 ff.
15 Vgl. *Zwirner/Künkele/Froschhammer*, BB 2011 S. 1323.
16 Vgl. *Moxter*, Bilanzrechtsprechung, 6. Aufl., Tübingen 2007, S. 183 f.
17 Vgl. *Kulosa* in Schmidt, EStG, 37. Aufl., München 2018, § 6 EStG, Rz. 32 m. w. N.
18 Vgl. auch *Hoffmann/Lüdenbach*, NWB Kommentar Bilanzierung, 9. Aufl., Herne 2018, § 255 HGB Rz. 21; *Leinen/Waschbusch*, Haufe HGB Bilanz Kommentar, 7. Aufl., Freiburg 2016, § 255 Abs. 1 HGB Rz. 17; *Ekkenga* in Claussen/Scherrer (Hrsg.), Kölner Kommentar zum Rechnungslegungsrecht, Köln 2011, § 255 HGB Rn. 12.

HGB). Gemeinkosten zählen zwar zu den Herstellungskosten (vgl. Rz. 881), nicht aber zu den Anschaffungskosten.[19] Das gilt auch steuerrechtlich.[20] Zu den Anschaffungskosten gehört auch der Wert ggf. **übernommener Verbindlichkeiten**.[21] **Ersparte Aufwendungen** begründen keine Anschaffungskosten.[22]

Durch den Ansatz von **Anschaffungsnebenkosten** können die Anschaffungskosten über dem Zeitwert des Vermögensgegenstands liegen. So kann es etwa durch die Berücksichtigung von Kosten der Inbetriebnahme zu einer Überbewertung kommen.[23] Im Rahmen der **Zugangsbewertung** ist dabei zwingend von diesen „erhöhten Anschaffungskosten" auszugehen.[24] Im Rahmen der Bewertung im Jahresabschluss muss subsidiär geprüft werden, ob bzw. inwieweit eine entsprechende Abwertung auf den beizulegenden Wert vorzunehmen ist (§ 253 Abs. 3 Satz 3, 4 und Abs. 4 Satz 2 HGB).[25]

829

Diese Grundsätze gelten über § 5 Abs. 1 Satz 1 EStG auch im Steuerrecht, es sei denn, es liegen gesellschaftsrechtliche Vorgänge (z. B. Verkauf eines Vermögensgegenstands von einem Gesellschafter an die Gesellschaft) vor, bei denen ggf. eine Entnahme oder eine verdeckte Gewinnausschüttung anzunehmen ist.[26]

830

Anschaffungsvorgänge sind im Grundsatz **zeitpunktbezogen** (Anschaffungszeitpunkt), sie können aber auch **zeitraumbezogen** sein, da Anschaffungskosten bereits vor und erst nach dem Anschaffungszeitpunkt anfallen können.[27] Der Anschaffungszeitpunkt entspricht grundsätzlich dem Zeitpunkt der Erlangung der wirtschaftlichen Verfügungsmacht über den Vermögensgegenstand.[28] Der Vermögensgegenstand ist ab diesem Zeitpunkt beim erwerbenden Unternehmen zu bilanzieren.[29]

831

(Einstweilen frei) 832–834

---

19 Vgl. *ADS*, Rechnungslegung und Prüfung der Unternehmen, Teilband 6, 6. Aufl., Stuttgart 1998, § 255 HGB Rz. 16; *Siegel* in Kirsch/Thiele (Hrsg.), Rechnungslegung und Wirtschaftsprüfung. FS Baetge, Düsseldorf 2007, S. 601; *Hennrichs* in Tipke/Lang, Steuerrecht, 23. Aufl., Köln 2018, § 9 Rz. 237.
20 Vgl. BFH, Urteil v. 13.4.1988 – I R 104/86, BStBl 1988 II S. 892; H 6.2 EStH 2016.
21 Vgl. BFH, Urteil v. 22.8.1966 – GrS 2/66, BStBl 1966 II S. 672; *Krumm* in Hachmeister/Kahle/Mock/Schüppen (Hrsg.), Bilanzrecht, Köln 2018, § 255 HGB Rz. 26.
22 Vgl. BFH, Urteil v. 12.2.2015 – IV R 29/12, BFH/NV 2015 S. 895; *Schindler* in Kirchhof (Hrsg.), EStG, 16. Aufl., Köln 2017, § 6 EStG Rz. 36.
23 Vgl. *Ekkenga* in Claussen/Scherrer (Hrsg.), Kölner Kommentar zum Rechnungslegungsrecht, Köln 2011, § 255 HGB Rz. 41; *Schülke* in Merkt/Probst/Fink (Hrsg.), Rechnungslegung nach HGB und IFRS, Stuttgart 2017, Kap. 6, Rz. 670.
24 Vgl. BFH, Urteil v. 8.10.1987 – IV R 5/85, BStBl 1987 II S. 853; *Schubert/Gadek*, Beck'scher Bilanz-Kommentar, 11. Aufl., München 2018, § 255 HGB Rz. 20.
25 Vgl. *Wohlgemuth* in Schulze-Osterloh/Hennrichs/Wüstemann (Hrsg.), Handbuch des Jahresabschlusses, Köln, Abt. I/9 Rz. 13 (Stand: Mai 2011); *Schubert/Gadek*, Beck'scher Bilanz-Kommentar, 11. Aufl., München 2018, § 255 HGB Rz. 20; a. A. *ADS*, Rechnungslegung und Prüfung der Unternehmen, Teilband 6, 6. Aufl., Stuttgart 1998, § 255 HGB Rz. 18, die ein Wahlrecht vorsehen.
26 Vgl. *ADS*, Rechnungslegung und Prüfung der Unternehmen, Teilband 6, 6. Aufl., Stuttgart 1998, § 255 HGB Rz. 72; *Hennrichs* in Tipke/Lang, Steuerrecht, 23. Aufl., Köln 2018, § 9 Rz. 232.
27 Vgl. *ADS*, Rechnungslegung und Prüfung der Unternehmen, Teilband 6, 6. Aufl., Stuttgart 1998, § 255 HGB Rz. 9 u. 11; vgl. im Einzelnen *Kahle* in Baetge/Kirsch/Thiele (Hrsg.), Bilanzrecht, Bonn/Berlin, § 255 HGB Rz. 29 (Stand: August 2017).
28 Vgl. BFH, Beschluss v. 22.8.1966 – GrS 2/66, BStBl 1966 III S. 672; BFH, Urteile v. 28.4.1977 – IV R 163/75, BStBl 1977 II S. 553 f.; v. 7.11.1991 – IV R 43/90, BStBl 1992 II S. 398, 400; *Schubert/Gadek*, Beck'scher Bilanz-Kommentar, 11. Aufl., München 2017, § 255 HGB Rz. 31; *Kulosa* in Schmidt, EStG, 37. Aufl., München 2018, § 6 EStG Rz. 35.
29 Zur Frage, wann der Zeitraum für Anschaffungskosten beginnt, vgl. *Kahle* in Baetge/Kirsch/Thiele (Hrsg.), Bilanzrecht, Bonn/Berlin, § 255 HGB Rz. 30 (Stand: August 2017).

2.2 Umfang der Anschaffungskosten

835 Die Ausgangsgröße zur Ermittlung der Anschaffungskosten ist der Anschaffungspreis, also i. d. R. der in der Rechnung ausgewiesene Betrag. Die in Rechnung gestellte **Umsatzsteuer** (Vorsteuer) gehört bei vorsteuerabzugsberechtigten Unternehmen i. S. v. §§ 2, 15 UStG nicht zu den Bestandteilen der Anschaffungskosten.[30]

836 Gemäß § 9b Abs. 1 EStG gehört die (abziehbare) **Vorsteuer** auch steuerlich nicht zu den Anschaffungskosten eines Wirtschaftsgutes.[31] Die Anschaffungskosten bleiben von späteren Berichtigungen des Vorsteuerabzugs nach § 15a UStG unberührt (§ 9b Abs. 2 EStG).[32] Dies gilt nach h. M. auch für die Handelsbilanz.[33] Wenn das Unternehmen nicht zum Vorsteuerabzug berechtigt ist, gehört die in Rechnung gestellte Umsatzsteuer zu den Anschaffungskosten.[34]

§ 6 Abs. 2 EStG eröffnet die Möglichkeit einer Sofortabschreibung auf sog. **geringwertige Wirtschaftsgüter** (GWG). Voraussetzung für eine Sofortabschreibung ist, dass die Anschaffungs- oder Herstellungskosten – vermindert um einen darin enthaltenen Vorsteuerbetrag – 800 Euro (bzw. bis einschließlich VZ 2016: 410 Euro) nicht übersteigen. Die Vorsteuer wird also nicht in die jeweils gültige Wertgrenze einbezogen und zwar unabhängig von der Frage, ob der Steuerpflichtige zum Vorsteuerabzug berechtigt ist oder nicht.[35]

837 Sofern beim Erwerb eines Vermögensgegenstandes **Schulden und Lasten** mit übernommen werden (z. B. Hypotheken, Grundschulden, rückständige Grundsteuern für ein Grundstück), zählen sie zum Anschaffungspreis.[36] Die Aktivierung des erworbenen Vermögensgegenstandes erfolgt in Höhe des Bruttobetrages, während die übernommene Verpflichtung zwingend zu passivieren ist. Letzteres gilt auch dann, wenn als Gegenleistung Pensionsverpflichtungen übernommen werden, für die ansonsten das Passivierungswahlrecht nach Art. 28 Abs. 1 EGHGB gelten würde.[37] Wenn ein Vermögensgegenstand in einer fremden Währung erworben wird, ist für die Ermittlung der Anschaffungskosten in Euro eine **Währungsumrechnung** erforderlich (vgl. Rz. 989 ff.).

838 **Steuerrechtlich** kommt es bei einem **Tausch** einzelner Wirtschaftsgüter zu einer vollständigen Gewinnrealisierung. Das eingetauschte Gut ist mit dem gemeinen Wert (§ 9

---

[30] Vgl. *Wohlgemuth/Radde*, Beck'sches Handbuch der Rechnungslegung – HGB und IFRS, München, B 162 Rz. 30 (Stand: Oktober 2009); *Schubert/Gadek*, Beck'scher Bilanz-Kommentar, 11. Aufl., München 2018, § 255 HGB Rz. 51; *Hennrichs* in Tipke/Lang, Steuerrecht, 23. Aufl., Köln 2018, § 9 Rz. 241.

[31] Vgl. im Einzelnen *Mellinghoff* in Kirchhof (Hrsg.), EStG, 16. Aufl., Köln 2017, § 9b EStG Rz. 10 ff.

[32] Für Vorsteuerkorrekturen nach anderen Normen gilt dies nicht, vgl. *Marx*, SteuerStud 2017 S. 118.

[33] Vgl. HFA 1/1985 i. d. F. 1990, WPg 1985 S. 257 Abschn. C; *ADS*, Rechnungslegung und Prüfung der Unternehmen, Teilband 6, 6. Aufl., Stuttgart 1998, § 255 HGB Rz. 20; *Schubert/Gadek*, Beck'scher Bilanz-Kommentar, 11. Aufl., München 2018, § 255 HGB Rz. 51.

[34] Vgl. *Winnefeld*, Bilanz-Handbuch, 5. Aufl., München 2015, Kap. E Rz. 423; *Schubert/Gadek*, Beck'scher Bilanz-Kommentar, 11. Aufl., München 2018, § 255 HGB Rz. 51.

[35] Vgl. BFH, Urteil v. 17.12.1974 – VIII R 66/71, BStBl 1975 II S. 365.

[36] Vgl. BFH, Urteile v. 31.5.1972 – I R 49/69, BStBl 1972 II S. 696; v. 2.10.1984 – VIII R 36/83, BStBl 1985 II S. 320; v. 11.10.2011 – IX R 15/11, BStBl 2012 II S. 205; H 6.2 EStH 2016; *ADS*, Rechnungslegung und Prüfung der Unternehmen, Teilband 6, 6. Aufl., Stuttgart 1998, § 255 HGB Rz. 67.

[37] Vgl. IDW, WP Handbuch, 15. Aufl., Kap. F, Rz. 117; *ADS*, Rechnungslegung und Prüfung der Unternehmen, Teilband 6, 6. Aufl., Stuttgart 1998, § 255 HGB Rz. 67; *Wohlgemuth/Radde*, Beck'sches Handbuch der Rechnungslegung – HGB und IFRS, München, B 162 Rz. 34 (Stand: Oktober 2009).

Abs. 2 BewG) des hingegebenen Wirtschaftsgutes anzusetzen (§ 6 Abs. 6 Satz 1 EStG).[38] Die Besteuerung kann unter den Voraussetzungen des § 6b EStG aufgeschoben werden. Es kann auch zur Aufdeckung der in dem hingegebenen Wirtschaftsgut ruhenden stillen Lasten kommen. In der **Handelsbilanz** besteht nach h. M. ein **Wahlrecht**, den eingetauschten Vermögensgegenstand (erfolgsneutral) mit den fortgeführten Anschaffungs- oder Herstellungskosten des hingegebenen Gutes (Buchwertfortführung) oder mit dessen höherem Zeitwert anzusetzen.[39]

Unentgeltlich erworbene Wirtschaftsgüter sind in der **Steuerbilanz** mit dem gemeinen Wert anzusetzen, sofern keine Einlage vorliegt (§ 6 Abs. 4 EStG).[40] Zur Bewertung von Einlagen vgl. Rz. 813. Nach § 6 Abs. 3 EStG entsprechen beim unentgeltlichen Erwerb eines Betriebes, Teilbetriebes oder Mitunternehmeranteils die Anschaffungskosten den Buchwerten des Rechtsvorgängers. 839

Die Finanzierung dient nur mittelbar, nicht unmittelbar der Anschaffung.[41] Die Aktivierung von **Eigenkapitalzinsen** kommt ohnehin nicht in Betracht, da Anschaffungskosten pagatorischer Natur sind.[42] **Fremdkapitalzinsen** gehören nicht zu den Anschaffungskosten, und zwar auch dann nicht, wenn die direkte Zuordnung der Finanzierung zum Anschaffungsvorgang möglich wäre.[43] 840

Sofern ein **Gebäude** im Zeitpunkt des Erwerbs objektiv **wertlos** ist und nach dem Erwerb **abgebrochen** wird, entfällt der volle Anschaffungspreis auf den **Grund und Boden**.[44] In diesem Fall ist es unzulässig, einen Teil des (Gesamt-)Anschaffungspreises beim Gebäude zu aktivieren und eine Abschreibung eines Restbuchwertes beim Abbruch vorzunehmen.[45] Zu den Anschaffungskosten des Grund und Bodens gehören auch die Kosten des Abbruchs des wertlosen Gebäudes und zwar unabhängig davon, ob der Erwerb des bebauten Grundstücks mit der Absicht erfolgte, das aufstehende Gebäude abzubrechen oder nicht. Wenn der Abbruch des wertlosen Gebäudes mit der **Herstellung eines neuen Wirtschaftsgutes** in einem engen wirtschaftlichen Zusammenhang steht, gehören die Abbruchkosten zu den Herstellungskosten dieses neuen Wirtschaftsgutes.[46] 841

Wird ein **objektiv werthaltiges Gebäude ohne Abbruchabsicht** erworben, ist es im Zeitpunkt des Erwerbs mit den anteiligen Anschaffungskosten des Gesamtkaufpreises zu aktivieren. Wenn das werthaltige Gebäude später abgebrochen wird, ist der Restbuchwert erfolgswirksam auszubuchen. Die Abbruchkosten stellen **Betriebsausgaben** dar.[47]

---

38 Vgl. *Crezelius* in Kirchhof (Hrsg.), EStG, 17. Aufl., Köln 2018, § 5 EStG Rz. 150; *Hoffmann/Lüdenbach*, NWB Kommentar Bilanzierung, 9. Aufl., Herne 2018, § 255 HGB Rz. 61 ff.
39 Vgl. im Einzelnen *Kahle* in Baetge/Kirsch/Thiele (Hrsg.), Bilanzrecht, Bonn/Berlin, § 255 HGB Rz. 72 (Stand: August 2017).
40 Vgl. im Einzelnen *Schindler* in Kirchhof (Hrsg.), EStG, 17. Aufl., Köln 2018, § 6 EStG Rz. 210.
41 Vgl. BFH, Urteil v. 24.5.1968 – VI R 6/67, BStBl 1968 II S. 574.
42 Vgl. *Husemann*, Grundsätze ordnungsmäßiger Bilanzierung für Anlagegegenstände, 2. Aufl., Düsseldorf 1976, S. 95; *ADS*, Rechnungslegung und Prüfung der Unternehmen, Teilband 6, 6. Aufl., Stuttgart 1998, § 255 HGB Rz. 34; *Meyering*, StuW 2009 S. 44.
43 Vgl. *Ballwieser*, Münchener Kommentar zum HGB, Bd. 4, 3. Aufl., München 2013, § 255 HGB Rz. 14. Zur Behandlung der Fremdkapitalzinsen im Rahmen der Herstellungskosten vgl. Rz. 886. Rz. §
44 Vgl. BFH, Urteil v. 15.2.1989 - X R 97/87, BStBl 1989 II S. 604.
45 Vgl. BFH, Urteil v. 28.3.1973 - I R 115/71, BStBl 1973 II S. 678.
46 Vgl. H 6.4 EStH 2015 „Abbruchkosten".
47 Vgl. BFH, Urteil v. 12.6.1978 - GrS 1/77, BStBl 1978 II S. 620; *Schumann*, SteuerStud 2013 S. 655.

Wenn ein **in Abbruchabsicht erworbenes werthaltiges Gebäude** beseitigt wird, ohne dass an seiner Stelle ein neues Gebäude errichtet oder ein sonstiges Wirtschaftsgut hergestellt wird, so ist das alleinige Ziel des Grundstückserwerbs in dem Erwerb des Grund und Bodens zu sehen. Die Abbruchkosten des Gebäudes und der Restbuchwert zählen zu den Anschaffungskosten des Grund und Bodens. Es handelt sich um **nachträgliche Anschaffungskosten** für den Grund und Boden, wenn das Gebäude nicht unmittelbar nach dem Erwerb abgebrochen wird.[48]

Wenn ein objektiv werthaltiges Gebäude mit Abbruchabsicht erworben und später abgebrochen wird, um ein **neues Gebäude** zu errichten, zählen der Restbuchwert des abgebrochenen Gebäudes (Erwerbskosten, die auf das Gebäude entfallen) und die Abbruchkosten zu den **Herstellungskosten des Neubaus**.[49] Der BFH argumentiert, dass schon bei der Anschaffung des alten Gebäudes ein unmittelbarer Zusammenhang der Anschaffungskosten mit den später beabsichtigten Maßnahmen besteht.[50] Bis zum Abbruch sind für ein in Abbruchabsicht erworbenes Gebäude AfA nach § 7 Abs. 4 EStG anzusetzen.[51]

Wenn der Zweck des Abbruchs des werthaltigen Gebäudes in der Freimachung des Grundstücks nicht zur Errichtung eines Neubaus, sondern zur **Herstellung eines anderen Wirtschaftsgutes** (z. B. Lagerplatz, Parkplatz, Zufahrtsstraße) besteht, sind der Restbuchwert des abgebrochenen Gebäudes und die Abbruchkosten Herstellungskosten dieses Wirtschaftsgutes.[52] Sofern ein wirtschaftlicher Zusammenhang zwischen dem Gebäudeabbruch und der Herstellung der neuen Wirtschaftsgüter nicht vorliegt (weil z. B. ein Teil der freien Fläche nicht als Grundlage neuer Wirtschaftsgüter dient), ist ein zu schätzender Teil des Restwerts und der Abbruchkosten dem Grund und Boden zuzurechnen.[53]

842 Der BFH geht vereinfachend folgendermaßen vor: Wenn das Gebäude innerhalb von drei Jahren nach dem Erwerb abgebrochen wird, gilt dies als Indiz für einen Erwerb in Abbruchabsicht (Beweis des ersten Anscheins).[54] Dabei ist grundsätzlich der Abschluss des obligatorischen Rechtsgeschäfts für den Beginn der Dreijahresfrist maßgebend.[55] Nach drei Jahren Gebäudenutzung spricht eine erste Anscheinsvermutung für einen Gebäudeerwerb ohne Abbruchabsicht, so dass der Restbuchwert i. d. R. als Aufwand im Abrissjahr wirksam wird. In besonders gelagerten Fällen (z. B. bei großen Arrondierungskäufen) kann auch bei einem Zeitraum von mehr als drei Jahren zwischen Erwerb und Gebäudeabbruch der Beweis des ersten Anscheins für einen Erwerb in Abbruchabsicht sprechen.[56]

---

48 Vgl. BFH, Urteil v. 12.6.1978 - GrS 1/77, BStBl 1978 II S. 620.
49 Vgl. BFH, Urteil v. 12.6.1978 - GrS 1/77, BStBl 1978 II S. 620; BFH, Urteil v. 26.6.2001 - IX R 22/98, BFH/NV 2002 S. 16.
50 Vgl. BFH, Urteil v. 20.4.1993 - IX R 122/88, BStBl 1993 II S. 504.
51 Vgl. BFH, Urteil v. 1.12.1992 - IX R 189/85, BStBl 1994 II S. 11.
52 Vgl. BFH, Urteil v. 12.6.1978 - GrS 1/77, BStBl 1978 II S. 620.
53 Vgl. BFH, Urteil v. 15.11.1978 - I R 2/76, BStBl 1979 II S. 299.
54 Vgl. BFH, Urteil v. 12.6.1978 - GrS 1/77, BStBl 1978 II S. 620; BFH, Urteil v. 15.10.1996 - IX R 2/93, BStBl 1997 II S. 325.
55 Vgl. BFH, Urteil v. 6.2.1979 - VIII R 105/75, BStBl 1979 II S. 509.
56 Vgl. H 6.4 EStH 2016 „Abbruchkosten".

Den Anscheinsbeweis kann der Erwerber „durch den Gegenbeweis entkräften, dass es zum Abbruch erst auf Grund eines ungewöhnlichen, zunächst nicht erkennbaren Geschehensablaufs gekommen ist".[57] De facto wird durch dieses Zeitmoment die Maßgeblichkeit der Abbruchabsicht erheblich relativiert und die Brauchbarkeit des Abgrenzungskriteriums der Abbruchabsicht in Frage gestellt.

(Einstweilen frei) 843

2.3 Anschaffungsnebenkosten und nachträgliche Anschaffungskosten

Zu den **Anschaffungsnebenkosten** (§ 255 Abs. 1 Satz 2 HGB) zählen alle Ausgaben, die in unmittelbarem Zusammenhang mit dem Erwerb und der Versetzung des Vermögensgegenstandes in den betriebsbereiten Zustand stehen, soweit sie dem Gut einzeln zugeordnet werden können. Für alle aktivierungsfähigen Anschaffungsnebenkosten besteht im Grundsatz **Aktivierungspflicht**.[58] Sofern die Kosten ihrer Ermittlung unangemessen hoch sind oder ihre Höhe im Verhältnis zu den gesamten Anschaffungskosten als unwesentlich eingestuft werden kann, darf mit Blick auf die Wirtschaftlichkeit der Rechnungslegung von einer Aktivierung abgesehen werden.[59] Auch bei einem im Übrigen **unentgeltlichen Erwerb** können Anschaffungsnebenkosten anfallen.[60] 844

Der zwingende Einbezug der Anschaffungsnebenkosten beruht auf der Überlegung, dass bestimmte Kosten nicht beim Erwerber, sondern beim Veräußerer anfallen könnten, die dieser dann bei der Bemessung des Kaufpreises berücksichtigen würde (z. B. Transportkosten).[61] Folglich bleiben solche Kosten unberücksichtigt, die auch ohne Kauf des Vermögensgegenstandes angefallen wären.[62]

Im Einzelnen werden zu den Anschaffungsnebenkosten die Nebenkosten des Erwerbs (z. B. Provisionen, Grunderwerbsteuer,[63] nicht aber dem Anschaffungsvorgang vorgelagerte Aufwendungen der Entscheidungsvorbereitung und -findung, wie etwa Kosten eines Bewertungsgutachtens bei dem Erwerb einer Beteiligung), die Nebenkosten der Verbringung in die Unternehmung (z. B. Zölle, Transportversicherung, Verpackung) sowie die Nebenkosten der Inbetriebnahme bzw. der Versetzung des Vermögensgegenstandes in den betriebsbereiten Zustand (z. B. Kosten der Fundamentierung, Mon- 845

---

57 Vgl. *Falterbaum* u.a., Buchführung und Bilanz, 22. Aufl., Achim 2015, S. 701.
58 Vgl. auch *Weber-Grellet*, Bilanzsteuerrecht, 15. Aufl., Münster 2017, S. 159 ff.
59 Vgl. *ADS*, Rechnungslegung und Prüfung der Unternehmen, Teilband 6, 6. Aufl., Stuttgart 1998, § 255 HGB Rz. 21.
60 Vgl. BFH, Urteil v. 9.7.2013 - IX R 43/11, BStBl 2014 II S. 878; *Winnefeld*, Bilanz-Handbuch, 5. Aufl., München 2015, Kap. E Rz. 405b.
61 Vgl. *Krumm* in Hachmeister/Kahle/Mock/Schüppen (Hrsg.), Bilanzrecht, Köln 2018, § 255 HGB Rz. 41; *Schülke* in Merkt/Probst/Fink (Hrsg.), Rechnungslegung nach HGB und IFRS, Stuttgart 2017, Kap. 6, Rz. 669.
62 Vgl. *Schülke* in Merkt/Probst/Fink (Hrsg.), Rechnungslegung nach HGB und IFRS, Stuttgart 2017, Kap. 6, Rz. 669.
63 Durch Anteilsvereinigung i. S. d. § 1 Abs. 3 Nr. 1 GrEStG ausgelöste Grunderwerbsteuer ist als Betriebsausgabe abziehbar. Vgl. BFH, Urteil v. 20.4.2011 – I R 2/10, BStBl 2011 II S. 761; *Tetzlaff/Weichhaus*, NWB 2011 S. 3770 ff.; *Lüdenbach*, StuB 2011 S. 796.

tagekosten, Kosten für Probeläufe und Sicherheitsüberprüfungen, nicht aber Aufwendungen für die Schulung des Bedienungspersonals) gezählt.[64]

Besonders umstritten ist der Ansatz von **Anschaffungsnebenkosten beim Beteiligungserwerb**. Nach Ansicht des BFH sind Aufwendungen ab einem endgültig gefassten Erwerbsbeschluss zu den Anschaffungskosten zu rechnen.[65] Im Anschluss an dieses Urteil wurde vom BFH am 27.3.2007 entschieden, dass Gutachtenkosten für den Erwerb einer Beteiligung dann als Anschaffungsnebenkosten anzusetzen sind, wenn diese nach einer „grundsätzlich gefassten Erwerbsentscheidung entstehen und die Erstellung des Gutachtens nicht lediglich eine Maßnahme zur Vorbereitung einer noch unbestimmten, erst später zu treffenden Erwerbsentscheidung darstellt."[66]

846 Fallen **Prozesskosten** im Zusammenhang mit dem Erwerb eines Vermögensgegenstandes an, sind sie im Grundsatz nur dann als Anschaffungsnebenkosten anzusehen, wenn mit ihnen von vornherein gerechnet wurde und sie bei der Bemessung des Kaufpreises berücksichtigt wurden.[67]

847 Anschaffungsnebenkosten sind im Grundsatz nur in der **tatsächlich angefallenen Höhe** den Vermögensgegenständen zuzurechnen. In die Anschaffungsnebenkosten dürfen dabei (nach § 255 Abs. 1 Satz 1 HGB) lediglich Einzelkosten eingerechnet werden.[68] Somit stellen Gemeinkosten keine Anschaffungsnebenkosten dar, was auch steuerrechtlich zu beachten ist[69] (vgl. Rz. 4260). Die Verrechnung von bestimmten Anschaffungsnebenkosten (z. B. Transportversicherung) durch pauschale Zuschlagssätze wird aber generell als zulässig angesehen, sofern keine Verrechnung von Gemeinkosten erfolgt und die pauschal zugerechneten Anschaffungsnebenkosten nicht wesentlich von den tatsächlichen abweichen.[70] Eine Pauschalierung wird dabei nur bei sog. **unechten Gemeinkosten** als zulässig angesehen, bei denen aus Vereinfachungsgründen eine Verrechnung durch Schlüsselung vorgenommen wird, ohne dass dabei ein wesentlich anderer Anschaffungskostenbetrag entsteht als bei direkter Verrechnung.[71] Beim **Vorratsvermögen** wird eine Pauschalierung der Anschaffungsnebenkosten handelsrechtlich für zulässig erachtet, so-

---

64 Vgl. im Einzelnen *Husemann*, Grundsätze ordnungsmäßiger Bilanzierung für Anlagegegenstände, 2. Aufl., Düsseldorf 1976, S. 90-92; *ADS*, Rechnungslegung und Prüfung der Unternehmen, Teilband 6, 6. Aufl., Stuttgart 1998, § 255 HGB Rz. 22-26; *Ballwieser*, Münchener Kommentar zum Handelsgesetzbuch: HGB, Bd. 4, 3. Aufl., München 2013, § 255 HGB Rz. 25-27.
65 Vgl. BFH, Urteil v. 20.4.2004 – VIII R 4/02, BStBl 2004 II S. 597.
66 BFH, Urteil v. 27.3.2007 – VIII R 62/05, BStBl 2010 II S. 159. Vgl. zur Diskussion *Prinz/Ludwig*, DB 2018 S. 213; *Lohmann/von Goldmann/Achatz*, BB 2008 S. 1593 f.; *Ditz/Tcherveniachki*, DB 2011 S. 2677; *Peter/Graser*, DStR 2009 S. 2034; *Adolf*, BB 2007 S. 1538; *Hoffmann*, GmbHR 2007, S. 783; *Siebmann*, StB 2011 S. 165; *Engler*, BB 2006 S. 749; *Kahle/Hiller*, Anschaffungsnebenkosten beim Erwerb von Beteiligungen an Kapitalgesellschaften, IFSt Nr. 495, Berlin 2014.
67 Vgl. *ADS*, Rechnungslegung und Prüfung der Unternehmen, Teilband 6, 6. Aufl., Stuttgart 1998, § 255 HGB Rz. 23.
68 Vgl. *Kahle/Hiller*, DStZ 2013 S. 466.
69 Vgl. BFH, Urteile v. 24.2.1972 – IV R 4/68, BStBl 1972 II S. 422; v. 10.3.1981 – VIII R 195/77, BStBl 1981 II S. 470; *Kaminski/Strunk*, Stbg 2011 S. 67.
70 Vgl. *Schubert/Gadek*, Beck'scher Bilanz-Kommentar, 11. Aufl., München 2018, § 255 HGB Rz. 202; *Wohlgemuth* in von Wysocki et al. (Hrsg.), Handbuch des Jahresabschlusses, Köln, Abt. I/9 Rz. 28 ff. (Stand: Mai 2011); *ADS*, Rechnungslegung und Prüfung der Unternehmen, Teilband 6, 6. Aufl., Stuttgart 1998, § 255 HGB Rz. 31.
71 Vgl. *Wohlgemuth* in von Wysocki et al. (Hrsg.), Handbuch des Jahresabschlusses, Köln, Abt. I/9 Rz. 28 (Stand: Mai 2011).

fern es sich um Einzelkosten handelt, sie im Verhältnis zum Wert der Vorräte geringfügig und gleich bleibend sind sowie ihre Ermittlung und Einzelzurechnung zu einem erheblichen Arbeitsaufwand führen würde.[72] Dies gilt auch für die Steuerbilanz.[73]

Aufgrund ihres Gemeinkostencharakters zählen etwa Kosten der Warenannahme, der Einkaufsabteilungen und der Lagerhaltung, die Transportkosten der erworbenen Gegenstände mit eigenen Fahrzeugen und die Kosten eines Vertreters nicht zu den Anschaffungsnebenkosten.[74] 848

(Einstweilen frei) 849–850

Die ursprünglich aktivierten Anschaffungskosten können sich noch erhöhen, wenn der Anschaffungsvorgang bereits abgeschlossen ist. Zu den Anschaffungskosten gehören nach § 255 Abs. 1 Satz 2 HGB auch die „**nachträglichen Anschaffungskosten**". Hierbei handelt es sich um Aufwendungen, die zwar nicht in zeitlicher Nähe zum Anschaffungszeitpunkt anfallen, aber zum Zwecke des Erwerbs oder der Herstellung der Betriebsbereitschaft getätigt werden.[75] Ihre Aktivierung folgt aus dem Realisationsprinzip; die Erfolgsneutralität des Vorgangs soll gesichert werden, es handelt sich um umsatzneutrale Zugänge. Voraussetzung des Ansatzes nachträglicher Anschaffungskosten ist, dass der betreffende Vermögensgegenstand durch die nachträglich auf ihn verwendeten Aufwendungen nach allgemeiner Verkehrsanschauung eine **erhebliche Wertsteigerung** erfahren hat.[76] Wenn nachträgliche Anschaffungskosten vorliegen, ändern sich die Anschaffungskosten nicht etwa rückwirkend, sondern erst im Zeitpunkt deren Anfalls, was z. B. für die Berechnung der Abschreibungen bedeutend ist.[77] 851

Zu den nachträglichen Anschaffungskosten gehören: 852

1. nachträgliche Aufwendungen für bereits beschaffte Vermögensgegenstände (vgl. Rz. 853) sowie
2. nachträgliche Erhöhungen des ursprünglichen Anschaffungspreises und der ursprünglichen Anschaffungsnebenkosten (vgl. Rz. 854).[78]

Nachträgliche Anschaffungskosten sind dabei abzugrenzen von:

1. laufendem Aufwand für den Vermögensgegenstand,
2. Ausgaben an Dritte für einen neuen Vermögensgegenstand und

---

72 Vgl. *Küting/Weber*, Küting/Pfitzer/Weber (Hrsg.), Handbuch der Rechnungslegung, Einzelabschluss, 5. Aufl., Stuttgart, § 255 Rz. 33 ff. und § 253 HGB Rz. 171 ff.
73 Vgl. *Horschitz* u.a., Bilanzsteuerrecht und Buchführung, 14. Aufl., Stuttgart 2016, S. 225.
74 Vgl. *ADS*, Rechnungslegung und Prüfung der Unternehmen, Teilband 6, 6. Aufl., Stuttgart 1998, § 255 HGB Rz. 28.
75 Vgl. *Wichmann*, FR 1997 S. 595.
76 Vgl. *ADS*, Rechnungslegung und Prüfung der Unternehmen, Teilband 6, 6. Aufl., Stuttgart 1998, § 255 HGB Rz. 42; *Schubert/Gadek*, Beck'scher Bilanz-Kommentar, 11. Aufl., München 2018, § 255 HGB Rz. 77; a. A. *Knop/Küting/Knop* in Küting/Pfitzer/Weber (Hrsg.), Handbuch der Rechnungslegung, Einzelabschluss, 5. Aufl., Stuttgart, § 255 HGB Rz. 44 (Stand: November 2016).
77 Vgl. *Schiffers* in Schiffers/Theile, Bilanzrecht der GmbH, Köln 2016, Rz. 1026.
78 Vgl. *ADS*, Rechnungslegung und Prüfung der Unternehmen, Teilband 6, 6. Aufl., Stuttgart 1998, § 255 HGB Rz. 41.

3. Ausgaben für die Selbsterstellung eines neuen Vermögensgegenstandes (Herstellungskosten).[79]

853 **Nachträgliche Aufwendungen** zählen zum Anschaffungspreis oder zu den Anschaffungsnebenkosten, wenn man sie zum Anschaffungszeitpunkt gekannt hätte.[80] Sie fallen bei der Ergänzung, Erweiterung oder Verbesserung des bereits aktivierten Vermögensgegenstandes durch Fremdleistungen an.[81] Als typische Fälle nachträglicher Aufwendungen werden erstmalige Erschließungs-, Straßenanliegerbeiträge oder Kanalanschlussgebühren bei Grundstücken sowie etwa Ausgaben für Aufstockungen von Häusern, Anbauten, Treppen u. a. genannt.[82]

854 **Nachträgliche Erhöhungen des Kaufpreises** treten auf, wenn etwa der Kaufpreis und damit die Anschaffungskosten rückwirkend aufgrund von Prozessstreitigkeiten oder Schiedssprüchen heraufgesetzt werden oder wenn der Kaufpreis teilweise vom Eintritt bestimmter Ereignisse abhängig gemacht wurde (z. B. Erreichen bestimmter Gewinnschwellen beim Kauf von Beteiligungen).[83]

855–857 *(Einstweilen frei)*

2.4 Anschaffungspreisminderungen

858 Um die **Erfolgsneutralität** von Anschaffungsvorgängen zu gewährleisten, sind Anschaffungspreisminderungen i. d. R. vom Anschaffungspreis abzuziehen.[84] Zu den Anschaffungspreisminderungen zählen alle diejenigen Abzüge vom Rechnungsbetrag, die der Käufer tatsächlich nicht zahlen musste. Es kommt entscheidend auf den wirtschaftlichen Zusammenhang der Anschaffungskostenminderung mit der Anschaffung an; eine rechtliche oder synallagmatische Verknüpfung ist nicht gefordert.[85] Durch das BilRUG wird nunmehr in § 255 Abs. 1 Satz 3 HGB explizit klargestellt, dass Anschaffungspreisminderungen dann anschaffungskostenmindernd zu behandeln sind, wenn diese dem einzelnen Bewertungsobjekt zugerechnet werden können.[86] Dies entspricht der bisherigen Praxis, weswegen sich u. E. keine Veränderungen bei der Behandlung von Anschaffungspreisminderungen einstellen werden. Die Minderung

---

79 Vgl. *Ballwieser*, Münchener Kommentar zum HGB, Bd. 4, 3. Aufl., München 2013, § 255 HGB Rz. 17.
80 Vgl. *Knop/Küting/Knop* in Küting/Pfitzer/Weber (Hrsg.), Handbuch der Rechnungslegung, Einzelabschluss, 5. Aufl., Stuttgart, § 255 HGB Rz. 44 (Stand: November 2016); zur Frage nachträglich erhöhter Anschaffungskosten bzw. Anschaffungsnebenkosten vgl. *Kahle* in Baetge/Kirsch/Thiele (Hrsg.), Bilanzrecht, Bonn/Berlin, § 255 HGB Rz. 111 f. (Stand: August 2017).
81 Vgl. *Ballwieser*, Münchener Kommentar zum HGB, Bd. 4, 3. Aufl., München 2013, § 255 HGB Rz. 16.
82 Vgl. *ADS*, Rechnungslegung und Prüfung der Unternehmen, Teilband 6, 6. Aufl., Stuttgart 1998, § 255 HGB Rz. 43; *Ballwieser*, Münchener Kommentar zum HGB, Bd. 4, 3. Aufl., München 2013, § 255 HGB Rz. 16; *Schubert/Gadek*, Beck'scher Bilanz-Kommentar, 11. Aufl., München 2018, § 255 HGB Rz. 77.
83 Vgl. *ADS*, Rechnungslegung und Prüfung der Unternehmen, Teilband 6, 6. Aufl., Stuttgart 1998, § 255 HGB Rz. 45 f.
84 Vgl. *Leinen/Waschbusch*, Haufe HGB Bilanz Kommentar, 7. Aufl., Freiburg 2016, § 255 Abs. 1 HGB Rz. 68; *Krumm* in Hachmeister/Kahle/Mock/Schüppen (Hrsg.), Bilanzrecht, Köln 2018, § 255 HGB Rz. 44; *Kahle* in: Baetge/Kirsch/Thiele (Hrsg.), Bilanzrecht, Bonn/Berlin, § 255 HGB Rz. 121 (Stand: August 2017); *Hennrichs* in Tipke/Lang, Steuerrecht, 23. Aufl., Köln 2018, § 9 Rz. 239.
85 Vgl. BFH, Urteil v. 14.6.2012 - VI R 89/10, BStBl 2012 II S. 835; *Schindler* in Kirchhof (Hrsg.), EStG, 16. Aufl., Köln 2017, § 6 EStG Rz. 46.
86 *Haaker* sieht dies kritisch, da hierin nur eine Klarstellung zu sehen ist und insofern evtl. „Scheinprobleme diskutiert werden", *Haaker*, StuB 2015 S. 13 (auch direktes Zitat).

des geschuldeten Kaufpreises aufgrund von Schlechtlieferung (§ 434 BGB) stellt den Grundfall der Anschaffungspreisminderung dar; der ursprüngliche Kaufpreis kann auch im Prozesswege oder durch Vergleich herabgesetzt werden.[87]

(Einstweilen frei) 859

Der **Bonus** wird dem Abnehmer i. d. R. mit einer Jahresabnahmemenge oder einem Jahresumsatz gewährt, so dass eine Zurechnung auf einzelne Vermögensgegenstände willkürlich ist. Er ist daher als **sonstiger betrieblicher Ertrag** zu buchen, nicht als Anschaffungspreisminderung abzuziehen.[88] 860

Rabatte in Form eines Preisnachlasses (§ 2 RabattG) sind als Anschaffungspreisminderungen vom Kaufpreis abzuziehen. Sie werden i. d. R. bereits offen in der Rechnung vom Anschaffungspreis abgezogen. Rabatte fallen auch unter § 255 Abs. 1 Satz 3 HGB, wenn es sich um Naturalrabatte handelt oder der Nachlass erst später gewährt wird.[89] Rabatte können auch von Dritten gewährt werden, sofern diese mit dem Veräußerer wirtschaftlich verbunden sind und der Nachlass in direktem Zusammenhang mit der Anschaffung steht.[90] 861

Skonti (Barzahlungsrabatte) stellen beim Kunden nach h. M. Anschaffungskostenminderungen, nicht Zinsen dar.[91] Es wird z. T. argumentiert, dass in wirtschaftlicher Betrachtungsweise die Skonti als Finanzierungskosten anzusehen seien.[92] Nach dieser Ansicht stellen Skonti immer sofort als Aufwand zu verrechnende Finanzierungskosten dar, so dass sich die Anschaffungskosten des Vermögensgegenstandes in Höhe des Anschaffungspreises abzüglich Skonto ergeben. An dieser Auffassung können berechtigte Zweifel angemeldet werden. Denn das Skonto kann als eine bedingte Kaufpreisminderung angesehen werden, so dass bei Nicht-Inanspruchnahme entsprechend höhere Anschaffungskosten zu bilanzieren sind. 862

(Einstweilen frei) 863–865

3. Herstellungskosten

3.1 Begriff der Herstellungskosten

Vermögensgegenstände werden mit den Herstellungskosten bewertet, wenn sie **selbst erstellt** werden. Somit zieht ein Herstellungsvorgang die Aktivierung eines 866

---

87 Vgl. *ADS*, Rechnungslegung und Prüfung der Unternehmen, Teilband 6, 6. Aufl., Stuttgart 1998, § 255 HGB Rz. 54.
88 Vgl. *Baetge/Kirsch/Thiele*, Bilanzen, 14. Aufl., Düsseldorf 2017, S. 195; a. A. *ADS*, Rechnungslegung und Prüfung der Unternehmen, Teilband 6, 6. Aufl., Stuttgart 1998, § 255 HGB Rz. 50.
89 Vgl. *Schubert/Gadek* in Beck'scher Bilanz-Kommentar, 11. Aufl., München 2018, § 255 HGB Rz. 61; *ADS*, Rechnungslegung und Prüfung der Unternehmen, Teilband 6, 6. Aufl., Stuttgart 1998, § 255 HGB Rz. 51; *Knop/Küting/Knop* in Küting/Pfitzer/Weber (Hrsg.), Handbuch der Rechnungslegung, Einzelabschluss, 5. Aufl., Stuttgart, § 255 HGB Rz. 56 (Stand: November 2016).
90 Vgl. *Schubert/Gadek*, Beck'scher Bilanz-Kommentar, 11. Aufl., München 2018, § 255 HGB Rz. 61.
91 Vgl. *ADS*, Rechnungslegung und Prüfung der Unternehmen, Teilband 6, 6. Aufl., Stuttgart 1998, § 255 HGB Rz. 52; *Schubert/Gadek*, Beck'scher Bilanz-Kommentar, 11. Aufl., München 2018, § 255 HGB Rz. 63.
92 Vgl. *Rückle* in Ballwieser, et al. (Hrsg.), Bilanzrecht und Kapitalmarkt, FS Moxter, Düsseldorf 1994, S. 367 f.; *Siegel* in Kirsch/Thiele (Hrsg.), Rechnungslegung und Wirtschaftsprüfung, FS Baetge, Düsseldorf 2007, S. 603 f.

neuen, bisher nicht vorhandenen Vermögensgegenstandes (bzw. Wirtschaftsgutes) nach sich.[93] Herstellungsvorgänge sind **erfolgsneutral** abzubilden;[94] sie sollen lediglich zu einer bilanziellen Vermögensumschichtung führen. Bei der Berechnung von Herstellungskosten muss gewährleistet sein, dass nur pagatorische Aufwendungen in die Kalkulation einbezogen werden und nicht-pagatorische Kostenbestandteile davon getrennt werden.[95]

867 Zur Herstellung zählt nicht nur die **Neuschaffung** eines Vermögensgegenstandes (Herstellung im engeren Sinne), sondern auch seine Erweiterung und seine „über seinen ursprünglichen Zustand hinausgehende wesentliche Verbesserung" (§ 255 Abs. 2 Satz 1 HGB). In den letzten beiden Fällen spricht man auch von **nachträglicher Herstellung**.[96]

868 Die **Herstellung im engeren Sinne** umfasst neben der Herstellung eines bisher noch nicht existierenden Vermögensgegenstandes des Anlage- oder Umlaufvermögens durch Be- oder Verarbeitung auch die Wiederherstellung eines vollständig verschlissenen Vermögensgegenstandes und die Veränderung der betrieblichen Funktion eines bereits vorhandenen bzw. angeschafften Vermögensgegenstandes (**Wesensänderung**).[97]

869 Mit der **Erweiterung eines bereits bestehenden Vermögensgegenstandes** wird auf eine Substanzmehrung des Gegenstandes als Ganzem abgestellt; grundsätzlich ist hiermit eine Erweiterung der Nutzungsmöglichkeiten verbunden.[98] Als Beispiele lassen sich der erstmalige Einbau einer Fahrstuhlanlage in ein bereits bestehendes Gebäude, der Anbau oder die Aufstockung um ein weiteres Geschoss bei einem bereits bestehenden Gebäude, der Einbau tragender Zwischendecken und die Verlängerung eines Förderbandes anführen.[99] Weil es nicht auf die Wesentlichkeit der Erweiterung ankommt, führt in enger Wortauslegung des § 255 Abs. 2 Satz 1 HGB jede auch geringfügige Erweiterung zur Aktivierung von Herstellungskosten.[100]

870 Die **über den ursprünglichen Zustand hinausgehende wesentliche Verbesserung** des Vermögensgegenstandes bezieht sich auf den Gegenstand als Ganzes, nicht auf ein-

---

93 Vgl. *Graumann*, BBK 2011 S. 122.
94 Zur Frage des Erfolgsneutralitätsprinzips bei Herstellungsvorgängen vgl. *Kahle* in Baetge/Kirsch/Thiele (Hrsg.), Bilanzrecht, Bonn/Berlin, § 255 HGB Rz. 134 (Stand: August 2017).
95 Zur Frage der Einbeziehung von Ist-Kosten vgl. *Kahle* in Baetge/Kirsch/Thiele (Hrsg.), Bilanzrecht, Bonn/Berlin, § 255 HGB Rz. 132 (Stand: August 2017).
96 Vgl. *ADS*, Rechnungslegung und Prüfung der Unternehmen, Teilband 6, 6. Aufl., Stuttgart 1998, § 255 HGB Rz. 118.
97 Vgl. *Glanegger*, DB 1987 S. 2173; *Krumm* in Hachmeister/Kahle/Mock/Schüppen (Hrsg.), Bilanzrecht, Köln 2018, § 255 HGB Rz. 51; *ADS*, Rechnungslegung und Prüfung der Unternehmen, Teilband 6, 6. Aufl., Stuttgart 1998, § 255 HGB Rz. 121.
98 Vgl. *Oestreicher*, Beck'sches Handbuch der Rechnungslegung – HGB und IFRS, München, B 163 Rz. 265 (Stand: Mai 2010); *ADS*, Rechnungslegung und Prüfung der Unternehmen, Teilband 6, 6. Aufl., Stuttgart 1998, § 255 HGB Rz. 122; *Schubert/Hutzler*, Beck'scher Bilanz-Kommentar, 11. Aufl., München 2018, § 255 HGB Rz. 380.
99 Vgl. *Glade*, DB 1997 S. 297; *ADS*, Rechnungslegung und Prüfung der Unternehmen, Teilband 6, 6. Aufl., Stuttgart 1998, § 255 HGB Rz. 122; *Schubert/Hutzler*, Beck'scher Bilanz-Kommentar, 11. Aufl., München 2018, § 255 HGB Rz. 380; BMF, Schreiben v. 18.7.2003 – IV C 3 – S 2211 – 94/03, BStBl 2003 I S. 386, Rz. 19-22.
100 Vgl. *Schubert/Hutzler*, Beck'scher Bilanz-Kommentar, 11. Aufl., München 2018, § 255 HGB Rz. 380.

zelne Teile hiervon.[101] Sie ist grundsätzlich gegeben, wenn entsprechende Maßnahmen über die zeitgemäße Erneuerung hinaus zu einer deutlichen Erhöhung des Gebrauchswertes des Vermögensgegenstandes führen.[102]

Sofern die Kriterien der Erweiterung und wesentlichen Verbesserung zu verneinen sind, werden die entsprechenden Aufwendungen als **Erhaltungsaufwand** behandelt; sie mindern sofort den Gewinn. Erhaltungsaufwand kann demnach in Umkehrung der Begriffsmerkmale des aktivierungspflichtigen Herstellungsaufwandes bestimmt werden.[103] 871

Gemäß § 6 Abs. 1 Nr. 1a Satz 1 EStG sind **(anschaffungsnahe) Herstellungskosten** eines Gebäudes dann anzunehmen, wenn innerhalb von drei Jahren nach Anschaffung des Gebäudes Instandsetzungs- und Modernisierungsarbeiten durchgeführt werden, deren Nettoaufwand 15 % der Anschaffungskosten des Gebäudes übersteigt. Zu diesen Aufwendungen gehören nach § 6 Abs. 1 Nr. 1a Satz 2 EStG nicht die Aufwendungen für Erweiterungen i. S. d. § 255 Abs. 2 Satz 1 HGB (originäre Herstellungskosten) sowie Aufwendungen für Erhaltungsarbeiten, die jährlich üblicherweise anfallen (z. B. Schönheitsreparaturen).[104] Durch die steuergesetzliche Regelung wird der steuerrechtliche Herstellungskostenbegriff ergänzt, was kritikwürdig ist.[105] 872

(Einstweilen frei) 873–875

3.2 Umfang der Herstellungskosten

Die handelsrechtlichen Bestandteile der Herstellungskosten sind in § 255 Abs. 2 und 3 HGB abschließend aufgezählt. Es ist zwischen aktivierungspflichtigen, aktivierbaren und nicht aktivierbaren Ausgaben zu unterscheiden, so dass sich eine **Wertunter-** und **Wertobergrenze** der Herstellungskosten ergibt. 876

(Einstweilen frei) 877–879

Damit existiert für die Bewertung eines Vermögensgegenstandes zu Herstellungskosten **kein vorgeschriebener Fixwert**, wie dies bei der Bewertung zu Anschaffungskosten der Fall ist.[106] Die folgende Übersicht fasst die Herstellungskostenbestandteile nach Handels- und Steuerrecht zusammen: 880

---

101 Vgl. *Schubert/Hutzler*, Beck'scher Bilanz-Kommentar, 11. Aufl., München 2018, § 255 HGB Rz. 385.
102 Vgl. BFH, Urteil v. 9.5.1995 – IX R 69/92, BStBl 1996 II S. 630; *Pezzer*, DB 1996 S. 849, 852 f.; *Funnemann*, WPg 2002 S. 792; *Stuhrmann*, BB 1997 S. 659; *Krumm* in Hachmeister/Kahle/Mock/Schüppen (Hrsg.), Bilanzrecht, Köln 2018, § 255 HGB Rz. 53; *Hoffmann/Lüdenbach*, NWB Kommentar Bilanzierung, 9. Aufl., Herne 2018, § 255 HGB Rz. 162 ff.
103 Vgl. *Schubert/Hutzler*, Beck'scher Bilanz-Kommentar, 11. Aufl., München 2018, § 255 HGB Rz. 390.
104 Vgl. im Einzelnen *Wendt* in Mellinghoff/Schön/Viskorf (Hrsg.), Steuerrecht im Rechtsstaat, FS Spindler, Köln 2011, S. 879 ff.; *Kahle* in Baetge/Kirsch/Thiele (Hrsg.), Bilanzrecht, Bonn/Berlin, § 255 HGB Rz. 146 (Stand: August 2017).
105 Vgl. *Hennrichs* in Tipke/Lang, Steuerrecht, 23. Aufl., Köln 2018, § 9 Rz. 256;, *Spindler*, DB 2004 S. 507; *Söffing*, DB 2004 S. 946; *Pezzer*, DStR 2004 S. 526 ff.; *Carlé* in Carlé et al. (Hrsg.), Gestaltung und Abwehr im Steuerrecht, FS Korn, Bonn 2005, S. 41.
106 Vgl. *Oestreicher* in Beck´sches Handbuch der Rechnungslegung – HGB und IFRS, München, B 163 Rz. 3 (Stand: Mai 2010).

881

ABB. 1: Handelsrechtliche und steuerliche Bestandteile der Herstellungskosten

Rechtsquelle: / Kostenarten:	Handelsrecht (HGB i. d. F. des BilMoG)	Steuerrecht entsprechend § 6 Abs. 1 Nr. 1b EStG (bzw. unter Geltung von R 6.3. EStR 2008 durch BMF-Schreiben v. 25.3.2013)	Steuerrecht entsprechend R 6.3. EStR 2012 (durch Kodifizierung der gesetzlichen Regelung in § 6 Abs. 1 Nr. 1b EStG mittlerweile überholt)
Materialeinzelkosten	Pflicht	Pflicht	Pflicht
Fertigungseinzelkosten	Pflicht	Pflicht	Pflicht
Sondereinzelkosten der Fertigung	Pflicht	Pflicht	Pflicht
Materialgemeinkosten	Pflicht	Pflicht	Pflicht
Fertigungsgemeinkosten	Pflicht	Pflicht	Pflicht
Verwaltungskosten des Material- und Fertigungsbereichs	Pflicht	Pflicht	Pflicht
Werteverzehr selbst erstellter immaterieller Anlagegüter, soweit durch die Fertigung veranlasst	Pflicht	Verbot	Verbot
Werteverzehr des sonstigen Anlagevermögens, soweit durch die Fertigung veranlasst	Pflicht	Pflicht	Pflicht
= Herstellungskostenuntergrenze HGB i. d. F. des BilMoG und Steuerrecht			
Aufwendungen für soziale Einrichtungen des Betriebs	Wahlrecht	Wahlrecht	Pflicht
Aufwendungen für freiwillige soziale Leistungen	Wahlrecht	Wahlrecht	Pflicht
Aufwendungen für die betriebliche Altersversorgung	Wahlrecht	Wahlrecht	Pflicht
Fremdkapitalzinsen	Wahlrecht (unter bestimmten Voraussetzungen)	Ansatz analog zur Handelsbilanz (formelle Maßgeblichkeit)	Ansatz analog zur Handelsbilanz (formelle Maßgeblichkeit)
Allgemeine Verwaltungskosten	Wahlrecht	Wahlrecht	Pflicht
= Herstellungskostenobergrenze			
Vertriebskosten	Verbot	Verbot	Verbot
Forschungskosten	Verbot	Verbot	Verbot

882 Durch das BilMoG wurden die **handels- und steuerbilanzielle Wertuntergrenze** angeglichen. Beide Wertuntergrenzen entsprechen sich bis auf die Ausnahme, dass beim

Wertverzehr des Anlagevermögens im HGB Abschreibungen, die auf **selbst erstellte immaterielle Vermögensgegenstände** entfallen, die für die Herstellung eingesetzt wurden und für die das Aktivierungswahlrecht des § 248 Abs. 2 Satz 1 HGB ausgeübt wurde,[107] zu berücksichtigen sind; steuerlich ist dies wegen § 5 Abs. 2 EStG nicht zulässig.[108]

Nach bisheriger Ansicht des BMF gehörten auch die in § 255 Abs. 2 Satz 3 HGB aufgeführten, dort wahlweise einzubeziehenden angemessenen Teile der Kosten der allgemeinen Verwaltung, angemessenen Aufwendungen für soziale Einrichtungen des Betriebs, für freiwillige soziale Leistungen und für die betriebliche Altersversorgung, soweit diese Kosten auf den Zeitraum der Herstellung entfallen, zwingend zu den steuerlichen Herstellungskosten.[109] Dieser Ansicht folgend nahm das BMF an, dass es **keine steuerlichen Wahlrechtsbestandteile** der Herstellungskosten gibt, was zu einem **steuerlichen Vollkostenansatz** führt.[110]

883

Nach heftigem Protest im Schrifttum[111] wurde Rz. 8 des BMF-Schreibens v. 12.3.2010 bis zum Erlass neuer Einkommensteuerrichtlinien suspendiert.[112] In R 6.3 Abs. 1 Satz 1 EStR 2012 wurde der Vollkostenansatz in den Einkommensteuerrichtlinien verankert, jedoch mit Veröffentlichung der Einkommensteuerrichtlinien 2012 ein BMF-Schreiben veröffentlicht, in dem niedergelegt wurde, dass es „nicht beanstandet [wird], wenn bis zur Verifizierung des damit verbundenen Erfüllungsaufwandes, spätestens aber bis zu einer Neufassung der Einkommensteuerrichtlinien bei der Ermittlung der Herstellungskosten nach der Richtlinie R 6.3 Abs. 4 EStR 2008 verfahren wird."[113] Somit nahm das BMF einen erneuten Aufschub des Vollkostenansatzes vor.

Mit dem **Steuermodernisierungsgesetz v. 15.5.2016** wurde § 6 Abs. 1 Nr. 1b EStG eingefügt, wonach nun ein **steuerliches Wahlrecht** bezüglich des Umfangs der zu aktivieren-

---

107 Zur Ermittlung der Herstellungskosten selbst geschaffener immaterieller Vermögensgegenstände des Anlagevermögens vgl. *Krumm* in Hachmeister/Kahle/Mock/Schüppen (Hrsg.), Bilanzrecht, Köln 2018, § 255 HGB Rz. 90 ff.; *Kahle/Haas* in Baetge/Kirsch/Thiele (Hrsg.), Bilanzrecht, Bonn/Berlin, § 255 HGB Rz. 212 ff. (Stand: August 2017).
108 Zur Diskussion, inwieweit Entwicklungskosten für immaterielle Wirtschaftsgüter als Sondereinzelkosten der Fertigung in die steuerlichen Herstellungskosten einzubeziehen sind, vgl. *Prinz/Otto*, DStR 2017 S. 275 ff.
109 Diese Ansicht wurde v. BMF erstmals mit: BMF, Schreiben v. 12.3.2010 – IV C 6 - S 2133/09/10001, BStBl 2010 I S. 239, Rz. 8 geäußert und wird nunmehr in R 6.3 Abs. 1 Satz 1 EStR 2012 fortgeschrieben. Zur Diskussion vgl. *Kahle/Hiller*, WPg 2013 S. 406 f. Zur Rechtsentwicklung vgl. auch *Prinz*, StbJb 2016/17, S. 346 ff.
110 Vgl. *Phillips*, BBK 2012 S. 504; *Künkele/Zwirner*, StuB 2013 S. 8. *Hoffmann* vertritt unterdessen die Ansicht, dass die Auffassung des BMF auf der Grundlage des BFH-Beschlusses v. 3.2.1969 – GrS 2/68, BStBl 1969 II S. 291 als begründet zu qualifizieren ist. Vgl. *Hoffmann*, StuB 2012 S. 850; *Hoffmann*, PiR 2012 S. 268.
111 Vgl. *Günkel/Teschke*, Ubg 2010 S. 401 ff.; *Herzig/Briesemeister*, DB 2010 S. 921; *Kaminski*, DStR 2010 S. 771 ff.; *Philipps*, BBK 2010, S. 468 ff.; *Richter*, GmbHR 2010, S. 507; *Scheffler*, StuB 2010 S. 295 ff.; *Velte/Sepetauz*, StuB 2010 S. 527; *Zwirner*, DStR 2010 S. 592.
112 Vgl. BMF, Schreiben v. 22.6.2010 – IV C 6 – S 2133/09/10001, BStBl 2010 I S. 597. *Velte/Sepetauz*, StuB 2010 S. 523, sprechen insoweit von einem „Fehlereingeständnis"; ähnlich *Kaminski*, DStR 2010 S. 1395. Zur Diskussion: *Zwirner/Künkele*, DStR 2013 S. 1200.
113 BMF v. 25.3.2013 – IV C 6 - S 2133/09/10001:004, BStBl 2013 I S. 296. Vgl. auch *Maus*, SteuerStud 2013 S. 319.

den Herstellungskosten in der Steuerbilanz gesetzlich verankert ist.[114] Demnach brauchen angemessene Teile der Kosten der allgemeinen Verwaltung sowie angemessene Aufwendungen für soziale Einrichtungen des Betriebs, für freiwillige soziale Leistungen und für die betriebliche Altersversorgung nicht in die Berechnung der Herstellungskosten einbezogen zu werden, soweit sie auf den Zeitraum der Herstellung entfallen (§ 6 Abs. 1 Nr. 1b Satz 1 EStG). Voraussetzung für die Nichteinbeziehung dieser Kosten in die steuerlichen Herstellungskosten ist allerdings, dass das Wahlrecht in Übereinstimmung mit der Handelsbilanz ausgeübt wird (§ 6 Abs. 1 Nr. 1b Satz 2 EStG; **formelle Maßgeblichkeit**).[115]

884 Bezüglich der in § 255 Abs. 2 Satz 3 HGB genannten Kosten besteht regelmäßig – wenn überhaupt – nur ein **mittelbarer Veranlassungszusammenhang** zum Herstellungsprozess;[116] sie betreffen nicht den Herstellungsbereich, sondern das Unternehmen als Ganzes.[117] Die allgemeinen Verwaltungs- und Sozialgemeinkosten fallen folglich unabhängig von der Erzeugnismenge an, weshalb auch der Gesetzgeber des BilMoG für sie nur ein Einbeziehungswahlrecht vorgegeben hat.[118] Das Risiko einer willkürlichen Kostenzuordnung der in § 255 Abs. 2 Satz 3 HGB genannten Kosten spricht eher für eine Nichtaktivierung als für eine Aktivierung, weshalb von einer Einbeziehungspflicht abgesehen werden sollte.[119]

Aus o. g. Gründen ist die gesetzliche Regelung in § 6 Abs. 1 Nr. 1b Satz 2 EStG grundsätzlich zu begrüßen,[120] jedoch tritt der mit der Norm verbundene Vereinfachungszweck nicht komplett ein, wenn das bestehende Kostenrechnungssystem des Unternehmens die Ermittlung angemessener Teile nicht produktionsbezogener Gemeinkosten ermöglicht; der Vereinfachungseffekt durch die gleichgerichtete Ausübung des Wahlrechts reduziert sich dann auf die Verhinderung des Entstehens **aktiver latenter Steuern**.[121] Außerdem bringt das Erfordernis der gleichgerichteten Wahlrechtsausübung, mit dem der Gesetzgeber in diesem Einzelfall zu einer Art „umgekehrten Maßgeblichkeit" zurückgekehrt ist,[122] einen höheren Planungsaufwand mit sich, da handels- und steuerbilanzpolitische Ziele gegeneinander abzuwägen sind.[123] § 6 Abs. 1 Nr. 1b Satz 2 EStG steht im Widerspruch zum **steuerlichen Wahlrechtsvorbehalt** des § 5 Abs. 1 EStG; um diesem zu

---

114 § 6 Abs. 1 Nr. 1b EStG ist am 23.7.2016 in Kraft getreten; die Norm ist erstmals ab dem Veranlagungszeitraum 2016 zu beachten, vgl. Vgl. Art. 4 Nr. 3 des Gesetzes zur Modernisierung des Besteuerungsverfahrens v. 18.7.2016, BGBl I 2016, S. 1679. Das neue gesetzliche Wahlrecht kann auch rückwirkend zur Anwendung kommen, d. h. auch für Wirtschaftsjahre, die vor der Verkündung des Steuermodernisierungsgesetzes enden (§ 52 Abs. 12 S. 1 EStG). Vgl. zur Erörterung ebenfalls Prinz in StbJB 2016/2017 S. 346 ff.
115 Vgl. *Hiller/Eichholz*, DStZ 2016 S. 464; *Prinz*, StbJb 2016/17 S. 350; *Hiller/Baschnagel/Eichholz*, StuB 2016 S. 696.
116 Vgl. *Geberth/Blasius*, FR 2010 S. 409; *Günkel/Teschke*, Ubg 2010 S. 404; *Prinz*, DB 2010 S. 2072.
117 Vgl. *Günkel/Teschke*, Ubg 2010 S. 403; *Kahle*, DB 2014, Beilage Nr. 4, S. 11.
118 Vgl. BT-Drucks. 16/10067 v. 30.7.2008, S. 60.
119 Vgl. *Moxter*, BB 1988 S. 945; *Döllerer*, BB 1965 S. 1413; *Freidank/Velte*, StuW 2010 S. 365 f. Zur Kritik auch *Spingler/Dietter*, Ubg 2013 S. 209 f.
120 So auch *Prinz*, StuB 2017 S. 691; *Prinz*, StbJb 2016/17, S. 349 f.; *Krumm* in Hachmeister/Kahle/Mock/Schüppen (Hrsg.), Bilanzrecht, Köln 2018, § 255 HGB Rz. 81.
121 Vgl. *Meyering/Gröne*, DStR 2016 S. 1700; *Rodermond*, WPg 2016 S. 820.
122 Vgl. *Prinz*, StuB 2017 S. 692.
123 Vgl. *Meyering/Gröne*, DStR 2016 S. 1700.

entsprechen, hätte der Gesetzgeber ein steuerbilanzielles Wahlrecht auch für allgemeine Verwaltungskosten festschreiben müssen.[124]

§ 6 Abs. 1 Nr. 1b EStG gilt nicht nur für die Herstellungskosten bei Wirtschaftsgütern des abnutzbaren Anlagevermögens, wie die Stellung dieser Norm im Gesetz es vermuten lassen könnte. In § 6 Abs. 1 Nr. 2 EStG, wo die Bewertung von Wirtschaftsgütern des Umlaufvermögens zu Herstellungskosten geregelt ist, fehlt zwar ein Hinweis auf § 6 Abs. 1 Nr. 1b EStG, hierin wird aber lediglich ein „redaktionelles Versehen" gesehen.[125]

Vom Grundsatz her gehören Fremdkapitalzinsen nicht zu den Herstellungskosten (§ 255 Abs. 3 Satz 1 HGB).[126] Allerdings eröffnet § 255 Abs. 3 Satz 2 HGB ein handelsrechtliches Einbeziehungswahlrecht. Wenn **Fremdkapitalzinsen** in die handelsrechtlichen Herstellungskosten einbezogen werden (§ 255 Abs. 3 Satz 2 HGB), hat dies nach Auffassung der Finanzverwaltung entsprechend in der steuerlichen Gewinnermittlung gemäß § 5 Abs. 1 Satz 1 EStG zu erfolgen.[127] Folglich sind Fremdkapitalzinsen steuerlich nur dann zwingend in die Herstellungskosten einzubeziehen, wenn sie handelsrechtlich aktiviert wurden.[128] Ist Letzteres nicht der Fall, kann auch steuerlich ein Einbezug der Fremdkapitalzinsen unterbleiben.[129]

885

(Einstweilen frei) 886–894

4. Teilwert

4.1 Begriff des Teilwertes

Eine Definition des Teilwertes findet sich sowohl in § 6 Abs. 1 Nr. 1 Satz 3 EStG als auch in § 10 Satz 2 und 3 BewG. Das EStG definiert den Teilwert als den Betrag, den ein Erwerber des ganzen Betriebes im Rahmen des Gesamtkaufpreises für das einzelne Wirtschaftsgut ansetzen würde, wobei davon auszugehen ist, dass der Erwerber den Betrieb fortführt.

895

Der Teilwertdefinition liegen demnach mehrere **Fiktionen** zugrunde. So soll sich der Steuerpflichtige fiktiv in die Situation eines Erwerbers versetzen (Erwerberfiktion), um so den Teilwert für ein einzelnes Wirtschaftsgut über den Gesamtkaufpreis bestimmen zu können (Fiktion der Verteilung des Gesamtkaufpreises), zudem soll vom Fortbestand des Unternehmens ausgegangen werden (going-concern-Fiktion).[130]

896

---

124 Vgl. *Prinz*, StuB 2017 S. 692.
125 Vgl. *Philipps*, BBK 2016 S. 643.
126 Vgl. *Bertram*, Haufe HGB Bilanz Kommentar, 7. Aufl., Freiburg 2016, § 255 Abs. 2 HGB Rz. 201 f.; *Jonas/Elprana/Heyes* in Heidel/Schall (Hrsg.), Handelsgesetzbuch, 2. Aufl., Baden-Baden 2015, § 255 HGB Rz. 101; *Ekkenga* in Claussen/Scherrer (Hrsg.), Kölner Kommentar zum Rechnungslegungsrecht, Köln 2011, § 255 HGB Rz. 149.
127 Vgl. R 6.3 Abs. 5 Satz 2 EStR 2012; BMF, Schreiben v. 12.3.2010 – IV C 6 - S 2133/09/10001, BStBl 2010 I S. 239, Rz. 6.
128 Vgl. *Meurer*, BB 2010 S. 822. *Scheffler* zufolge lässt sich diese Forderung nach übereinstimmender Vorgehensweise bei der Aktivierung von Fremdkapitalzinsen nur dann nachvollziehen, „wenn man dieses Wahlrecht als Billigkeitsregelung versteht", *Scheffler*, StuB 2010 S. 297.
129 Vgl. *Kaminski*, DStR 2010 S. 773.
130 Zu den Fiktionen im Einzelnen vgl. *Lange*, 75 Jahre Teilwert, Berlin 2011, S. 109 ff.; *Mujkanovic*, SteuerStud 1994 S. 341 ff.; *Hiller/Biebinger*, DStZ 2017 S. 442 ff. m. w. N.; *Hiller*, Ubg 2016 S. 341 ff.

897 Der Teilwert wird demnach nicht losgelöst von seiner **Betriebszugehörigkeit** ermittelt, sondern kann nur als Teil der wirtschaftlichen Gesamteinheit „Betrieb" bestimmt werden.[131] Die Bewertung eines Wirtschaftsgutes mit dem Teilwert soll sich daher immer vor dem Hintergrund der Frage, welche Bedeutung ein Wirtschaftsgut für den Betrieb (Gesamtheit aller Wirtschaftsgüter) inne hat, bemessen.[132] Der Bewertung als Bestandteil des Gesamtunternehmens liegt die Überlegung zugrunde, dass einzelne Wirtschaftsgüter aufgrund ihrer Zugehörigkeit zu einem wirtschaftlich und organisatorischen Gebilde vom Betrieb profitieren und ihnen dadurch ein Mehrwert innewohnen kann.[133] Daher ist der Teilwert in der Regel auch höher als der **Verkehrswert**, der sich bei einer isolierten Bewertung einstellt (vgl. auch Rz. 930).[134]

898 Die Definition des § 10 Satz 2 BewG ist weitgehend kongruent mit der Definition im Einkommensteuergesetz. Lediglich der „Betrieb" wird im Bewertungsgesetz durch das „Unternehmen" ersetzt. Diese unterschiedliche Wortwahl im Gesetzestext führt allerdings nicht zu einer unterschiedlichen Teilwertdefinition.[135] Vielmehr sind beide genannten Normen inhaltsgleich anzuwenden. Unterschiede in der Anwendung können sich lediglich aus der unterschiedlichen Grundausrichtung beider Gesetze ergeben.[136] Der Teilwert ist immer auf den **Bewertungsstichtag** zu errechnen.[137] Die persönlichen Verhältnisse und Fertigkeiten des Steuerpflichtigen dürfen im Rahmen der Teilwertermittlung keine Berücksichtigung finden.[138] Vielmehr soll der Teilwert als **objektiver Wert**, losgelöst von einseitigen Preisvorstellungen ermittelt werden.[139] Diese objektive Wertermittlung soll durch die **Teilwertfiktionen** erreicht werden, bringt aber auch praktische Ermittlungsprobleme mit sich (vgl. Rz. 901).[140]

899–900 *(Einstweilen frei)*

4.2 Teilwertermittlung als Schätzung

901 Aufgrund der Vielzahl von Anwendungsfällen des Teilwertes (vgl. Rz. 812, 813) ist es von praktischer Relevanz für Steuerpflichtige, sich mit der Teilwertermittlung auseinanderzusetzen. In der Literatur wird jedoch seit Jahren die Wertfindung des Teilwertes als

---

131 Vgl. BFH, Urteil v. 30.11.1988 – II R 237/83, BStBl 1989 II S. 183, 185; *Moxter* in Rückle (Hrsg.), Aktuelle Fragen der Finanzwirtschaft und der Unternehmensbesteuerung, FS Loitlsberger, Wien 1991, S. 474.
132 Vgl. *Kußmaul/Meyering*, StB 2007 S. 463.
133 Vgl. *Hennrichs* in Tipke/Lang, Steuerrecht, 23. Aufl., Köln 2018, § 9 Rz. 260. In diesem Zusammenhang stellt sich allerdings die Frage, wie die Wertaufteilung vom Gesamtkaufpreis auf die einzelnen Wirtschaftsgüter zu erfolgen hat. Eine Lösungsmöglichkeit stellt die Zuteilung mittels eines Zurechenalgorithmus dar. Vgl. *Gümbel*, ZfbF 1987 S. 131 ff. Zur Kritik am Gümbel-Algorithmus vgl. *Adam*, ZfbF 1987 S. 489 ff.
134 Dies trifft allerdings nicht in allen Fällen zu. Im Rahmen der Einlageleistung bei der Eröffnung des Betriebes sind Teilwert und gemeiner Wert gleich hoch. Vgl. BFH, Urteile v. 10.7.1991 – VIII R 126/86, BStBl 1991 II S. 841; v. 29.4.1999 – IV R 63/97, BStBl 2004 II S. 639 f. Auch sind bei manchen Wirtschaftsgütern Teilwert und Verkehrswert deckungsgleich. Vgl. z. B. BFH, Urteil v. 8.9.1994 – IV R 16/94, BStBl 1995 II S. 309 f.
135 Vgl. *Gabert* in HHR, EStG/KStG, Köln, § 6 EStG Rz. 422 (Stand: September 2015).
136 Vgl. *Ehmcke* in Blümich, EStG, München, § 6 EStG, Rz. 31 (Stand: Juli 2016).
137 Vgl. *Schindler* in Kirchhof (Hrsg.), EStG, 17. Aufl., Köln 2018, § 6 EStG Rz. 84.
138 Vgl. BFH, Urteil v. 17.1.1978 – VIII R 31/75, BStBl 1978 II S. 335, 337.
139 Vgl. BFH, Urteil v. 7.12.1978 – I R 142/76, BStBl 1979 II S. 729 f.
140 Insbesondere die Erwerberfiktion dient der Objektivierung, da durch die Fiktion eines gedachten Erwerbers die Teilwertermittlung losgelöst von persönlichen und einstigen Wertvorstellungen erfolgen soll.

problematisch angesehen.¹⁴¹ Insbesondere durch die Zugrundelegung der genannten Fiktionen erweist sich die Teilwertdefinition als schlecht handhabbar.¹⁴² Der Wortlaut der gesetzlichen Teilwertdefinition setzt die Lösung eines **unlösbaren Zurechnungsproblems** voraus.¹⁴³ Die Schwierigkeiten, die dem Teilwertbegriff anhaften, folgen „[a]us dem Widerstreit von wirtschaftlich sinnvoller Gesamtbewertung und prüfungstechnisch notwendiger Einzelbewertung".¹⁴⁴ Letztendlich lässt sich der Teilwert nur durch Schätzung ermitteln.¹⁴⁵ Der Schätzung vorgelagert stellt sich jedoch die Frage, wie der Teilwert zu interpretieren ist. Entsprechend seines Hauptanwendungsbereiches (Teilwertabschreibung) ist der Teilwert als **Verlustantizipationsmaßstab** zu begreifen.¹⁴⁶

Bei der Wertermittlung mittels **Schätzung** wird dem Steuerpflichtigen ein **Ermessensspielraum** eingeräumt. Dieser Ermessensspielraum scheint auch gerechtfertigt zu sein, denn der Steuerpflichtige kennt die Gegebenheiten seines Betriebes am besten und vermag daher am qualifiziertesten eine Abschätzung des Teilwertes vorzunehmen.¹⁴⁷ Der BFH hat in seiner Rechtsprechung jedoch **Grenzen für die Ermittlung** des Teilwertes festgelegt. So findet die Ermessensausübung des Steuerpflichtigen ihre Ober- und Untergrenze in kaufmännischen Überlegungen.¹⁴⁸ 902

Die **Untergrenze für die Teilwertermittlung** bildet der Einzelveräußerungspreis.¹⁴⁹ Im normalen Geschäftsverkehr entspricht der Einzelveräußerungspreis dem gemeinen Wert.¹⁵⁰ Als Einzelveräußerungspreis ist wiederum mindestens der Wert anzusetzen, der für Material bzw. Schrott erlöst werden kann.¹⁵¹ Um den Teilwert schlussendlich bestimmen zu können, müssen vom **Einzelveräußerungspreis** noch etwaig vorhandene Veräußerungskosten abgezogen werden.¹⁵² 903

Eine Bewertung zur **Teilwertuntergrenze vernachlässigt die wirtschaftliche Zugehörigkeit zu einem Betrieb**. Diese Einzelbewertung des Wirtschaftsgutes ist dann gerechtfertigt, wenn das Wirtschaftsgut für den Betrieb entbehrlich ist.¹⁵³ Die definierte Teil- 904

---

141 Vgl. *Groh*, DB 1985 S. 1245; *Drüen*, AG 2006 S. 713. Z. T. wurde die Teilwertermittlung auch als schlichtweg nicht möglich bezeichnet. Vgl. z. B. *Schult/Richter*, DStR 1991 S. 1263 oder der Teilwert als „gedankliche Fehlkonstruktion" abgestraft. Vgl. *Wall*, WPg 1957 S. 546 (auch direktes Zitat).
142 Vgl. *Malterdingen*, DStZ 2002 S. 567.
143 Vgl. *Moxter* in Kirchhof/Offerhaus/Schöberle (Hrsg.), Steuerrecht, Verfassungsrecht, Finanzpolitik, FS Klein, Köln 1994, S. 830; *Koch*, ZfhF 1960 S. 319 f.; *Heigl*, StuW 1969 S. 461 ff.
144 *Schneider*, WPg 1969 S. 306.
145 Vgl. *Kulosa* in Schmidt, EStG, 37. Aufl., München 2018, § 6 EStG Rz. 232.
146 Vgl. *Moxter* in Kirchhof/Offerhaus/Schöberle (Hrsg.), Steuerrecht, Verfassungsrecht, Finanzpolitik, FS Klein, Köln 1994, S. 830 ff.; *Euler*, ZfbF 1991 S. 191 ff.
147 Vgl. *Schindler* in Kirchhof (Hrsg.), EStG, 17. Aufl., Köln 2018, § 6 EStG Rz. 92; *Werndl* in Kirchhof/Söhn/Mellinghoff (Hrsg.), EStG, Heidelberg, § 6 EStG Rz. B 358 (Stand: Mai 2008). Dieser Ermessensspielraum des Steuerpflichtigen muss jedoch auf schlüssigen und wirtschaftlich durchsetzbaren Überlegungen beruhen. Vgl. BFH, Beschluss v. 26.10.1995 – I B 20/95, BFH/NV 1996 S. 378.
148 Vgl. *Werndl* in Kirchhof/Söhn/Mellinghoff (Hrsg.), EStG, Heidelberg, § 6 EStG Rz. B 359 (Stand: Mai 2008).
149 Vgl. BFH, Urteile v. 5.11.1981 – IV R 103/79, BStBl 1982 II S. 258, 260; v. 25.8.1983 – IV R 218/80, BStBl 1984 II S. 33 f.
150 Vgl. Wissenschaftlicher Beirat des Fachbereichs Steuer der Ernst & Young Wirtschaftsprüfungsgesellschaft, BB 2004, Beilage 3, S. 8.
151 Vgl. BFH, Urteil v. 2.3.1973 – III R 88/69, BStBl 1973 II S. 475, 477.
152 Vgl. *Herrmann* in Frotscher (Hrsg.), EStG, Freiburg, § 6 EStG Rz. 262 (Stand: Juli 2008).
153 Vgl. *Kulosa* in Schmidt, EStG, 37. Aufl., München 2018, § 6 EStG Rz. 252; *Moxter* in Kirchhof/Offerhaus/Schöberle (Hrsg.), Steuerrecht, Verfassungsrecht, Finanzpolitik, FS Klein, Köln 1994, S. 830.

wertuntergrenze ist auch im Hinblick der geforderten kaufmännischen Überlegungen haltbar. So kann der Teilwert nicht unter dem Einzelveräußerungspreis liegen, da ein rational handelnder Kaufmann in diesem Fall das Wirtschaftsgut nicht länger für Betriebszwecke einsetzen, sondern vielmehr die Veräußerung des Wirtschaftsgutes vornehmen würde.

905 Die **Obergrenze für die Teilwertschätzung** entspricht den Wiederbeschaffungskosten.[154] Bei selbst erstellten Wirtschaftsgütern besteht die Wertobergrenze in den Wiederherstellungskosten für das Wirtschaftsgut. Zu den Wiederbeschaffungs- bzw. Wiederherstellungskosten müssen Anschaffungsnebenkosten addiert werden.[155]

906 Bei der Wertobergrenze muss berücksichtigt werden, dass bei der Ermittlung der Wiederbeschaffungskosten auch die konkreten persönlichen Umstände des Einzelfalls berücksichtigt werden. So können die **Wiederbeschaffungskosten** für den Betriebsinhaber höher sein als für Dritte. Diese höheren Wiederbeschaffungskosten für den Betriebsinhaber können sich ergeben, wenn der Verkäufer eines Wirtschaftsgutes die speziellen Vorteile, die der Betriebsinhaber aus dem Erwerb des Wirtschaftsgutes ziehen kann, kennt und daher gegenüber dem Betriebsinhaber einen höheren Preis durchsetzen kann als gegenüber Dritten.[156]

907 Der jeweilige Wertansatz zwischen Ober- und Untergrenze orientiert sich daran, welchen Wertbeitrag das konkret zu bewertende Wirtschaftsgut für den Gesamtbetrieb erbringt.[157] Je betriebsnotwendiger ein Wirtschaftsgut für den Betrieb ist, umso eher wird sich die Teilwertschätzung an der Obergrenze orientieren müssen. Der aus der Ober- und Untergrenze abzuleitende **Schätzungskorridor** kann jedoch als zu breit angesehen werden, um den Teilwert abschätzen zu können.[158]

908–910 *(Einstweilen frei)*

4.3 Teilwertvermutungen

911 Der Schätzungskorridor kann mittels Teilwertvermutungen konkretisiert werden. Teilwertvermutungen werden aus Erfahrungswerten abgeleitet und aufgrund von **Praktikabilitätsüberlegungen** für Steuerpflichtige zur Erleichterung der Teilwertfindung ausgegeben.[159] Teilwertvermutungen sind anders als Teilwertgrenzen von der Rechtsprechung aufgestellte Leitsätze, die die Teilwertfindung vereinfachen sollen.[160] Im Gegensatz zu Teilwertgrenzen sind Teilwertvermutungen nicht das Ergebnis einer

---

154 Vgl. BFH, Urteile v. 13.12.1979 – IV R 30/77, BStBl 1980 II S. 346, 348; v. 5.11.1981 – IV R 103/79, BStBl 1982 II S. 258, 260.
155 Vgl. *Kulosa* in Schmidt, EStG, 37. Aufl., München 2018, § 6 EStG Rz. 254.
156 Vgl. *Moxter*, DStR 1998 S. 511.
157 Vgl. *Werndl* in Kirchhof/Söhn/Mellinghoff (Hrsg.), EStG, Heidelberg, § 6 EStG Rz. B 363 (Stand: Mai 2008).
158 Vgl. *Ebling*, DStR 1990 S. 327.
159 Vgl. *Werndl* in Kirchhof/Söhn/Mellinghoff (Hrsg.), EStG, Heidelberg, § 6 EStG Rz. B 357 (Stand: Mai 2008).
160 Vgl. *Gabert*, FR 2009 S. 812.

Gesetzesauslegung.[161] Sie haben daher auch keine absolute Rechtsbindungswirkung, vielmehr können sie widerlegt werden.[162]

Im **Zeitpunkt der Anschaffung bzw. Herstellung** wird für Wirtschaftsgüter des Anlage- und des Umlaufvermögens vermutet, dass die Anschaffungs- bzw. Herstellungskosten, zzgl. der angefallenen Nebenkosten, dem Teilwert entsprechen.[163] Für nichtabnutzbare Wirtschaftsgüter des Anlagevermögens wird vermutet, dass die historischen Anschaffungs- bzw. Herstellungskosten auch zu späteren Bewertungszeitpunkten dem Teilwert entsprechen.[164]

912

Abnutzbare Wirtschaftsgüter des Anlagevermögens, die einen Marktwert haben, werden auch zu folgenden Bilanzstichtagen mit den Wiederbeschaffungskosten bzw. Wiederherstellungskosten bewertet. Abnutzbare Wirtschaftsgüter des Anlagevermögens ohne Marktwert werden i. d. R. mit den Anschaffungs- bzw. Herstellungskosten vermindert um Abschreibungen bewertet.[165] Für das **Umlaufvermögen** gilt die Vermutung, dass der Teilwert zu späteren Bewertungsstichtagen den Wiederbeschaffungskosten entspricht.[166] Mithin wird für **nichtbetriebsnotwendige Wirtschaftsgüter** vermutet, dass der Teilwert dem Einzelveräußerungspreis entspricht.[167]

913

Es fällt auf, dass für Anlage- und Umlaufvermögen jeweils eine andere Basis für die Teilwertvermutung herangezogen wird. Beim Anlagevermögen dienen die Anschaffungs- bzw. Herstellungskosten als Basis für die Teilwertvermutung, während sich die Teilwertvermutung für das Umlaufvermögen an den Wiederbeschaffungskosten orientiert.[168] Allerdings kann auch eine Teilwertvermutung unter den Wiederbeschaffungskosten gerechtfertigt sein, beispielsweise wenn bei Vorräten die Wiederbeschaffungskosten die Selbstkosten nicht decken.[169]

914

Die Niederlegung von Teilwertvermutungen ist wegen des problematischen Teilwert-Begriffes zu begrüßen, allerdings bleiben zahlreiche Ermittlungsprobleme bestehen.[170] Die genannten Teilwertvermutungen sind nur solange haltbar, bis bessere Erkenntnisse eine zutreffendere Wertbestimmung ermöglichen.[171] Die **Beweislast für die Widerle-**

915

---

161 Vgl. *Gabert* in HHR, EStG/KStG, Köln, § 6 EStG Rz. 446 (Stand: September 2015); *Ebling*, DStR 1990, S. 327.
162 Vgl. BFH, Urteil v. 27.7.1988 – I R 104/84, BStBl 1989 II S. 274; *Marx* in Hachmeister/Kahle/Mock/Schüppen (Hrsg.), Bilanzrecht, Köln 2018, § 253 HGB Rz. 149.
163 Vgl. BFH, Urteile v. 13.10.1976 – I R 79/74, BStBl 1977 II S. 540 f.; v. 8.9.1994 – IV R 16/94, BStBl 1995 II S. 309 f.; *Herrmann* in Frotscher (Hrsg.), EStG, Freiburg, § 6 EStG Rz. 265 (Stand: Juli 2008).
164 Diese Auffassung entspricht der nunmehr ständigen Rechtsprechung des BFH. Vgl. BFH, Urteile v. 7.11.1990 – I R 116/86, BStBl 1991 II S. 342 f.; v. 19.5.1998 – I R 54/97, BStBl 1999 II S. 277; v. 7.2.2002 – IV R 87/99, BStBl 2002 II S. 294 f.
165 Vgl. BFH, Urteil v. 12.5.1993 – II R 2/90, BStBl 1993 II S. 587. Dabei ist davon auszugehen, dass grundsätzlich linear abgeschrieben wird. Vgl. BFH, Urteil v. 30.11.1988 – II R 237/83, BStBl 1989 II S. 183 f.; vgl. hierzu auch *Schmidt*, DB 1989 S. 610 ff.; *Schmidt*, BB 1989 S. 1596 ff.; *Schmidt*, BB 1991 S. 1013.
166 Vgl. BFH, Urteile v. 30.1.1980 – I R 89/79, BStBl 1980 II S. 327 f.; v. 13.4.1988 – I R 104/86, BStBl 1988 II S. 892, 894; v. 31.1.1991 – IV R 31/90, BStBl 1991 II S. 627.
167 Vgl. BFH, Urteil v. 5.10.1972 – IV R 118/70, BStBl 1973 II S. 207 f.
168 Diese Vermutung scheint auch gerechtfertigt zu sein, denn beim Umlaufvermögen setzen sich Wertänderungen i. d. R. schneller durch als beim Anlagevermögen. Vgl. *Ehmcke* in Blümich, EStG, München, § 6 EStG Rz. 611 (Stand: Juli 2016).
169 Vgl. BFH, Urteil v. 9.11.1994 – I R 68/92, BStBl 1995 II S. 336 f.
170 Vgl. *Euler*, DStJG 1984 S. 164 f.
171 Vgl. BFH, Urteil v. 12.8.1987 – II R 225/84, BStBl 1987 II S. 703 f.

gung von Teilwertvermutungen obliegt dabei demjenigen, der die Gültigkeit von Teilwertvermutungen anzweifelt.[172] Grundsätzlich gilt, dass eine Teilwertvermutung durch den Steuerpflichtigen dann widerlegt werden kann, wenn ein niedrigerer objektiver Wert unter Berücksichtigung des Einzelfalles glaubhaft gemacht werden kann.[173] Die Qualität der dargelegten Gründe, auf die die Abweichung von der Teilwertvermutung gestützt werden soll, ist dabei einzelfallabhängig.[174] Je näher der Bilanzstichtag an der Anschaffung bzw. Herstellung eines Wirtschaftsgutes liegt, umso stärker ist die Vermutung, dass die Anschaffungs- bzw. Herstellungskosten auch dem Teilwert entsprechen und umso höher sind die Anforderungen an die Widerlegungsgründe.[175]

916 Die Niederlegung von Teilwertvermutungen wird besonders auch mit Blick auf die Teilwertabschreibung vorgenommen.[176] Eine Teilwertabschreibung kommt nur bei Gewinnermittlung mittels Vermögensvergleich nach § 4 Abs. 1 EStG und § 5 EStG in Betracht, während eine Teilwertabschreibung im Rahmen der vereinfachten Gewinnermittlung i. S. v. § 4 Abs. 3 EStG nicht möglich ist.[177]

917 Die **Teilwertabschreibung** dient bei einem gesunkenen Wert der Wirtschaftsgüter der steuerkorrekten Berücksichtigung von Verlusten.[178] Durch die Teilwertabschreibung besteht die Möglichkeit, Verluste der Periode zuzuordnen, in der sie entstanden sind. Allerdings kommt bei voraussichtlich nur vorübergehender Wertminderung eine Teilwertabschreibung nicht in Betracht (§ 6 Abs. 1 Satz 1 Nr. 1 Satz 2 u. Nr. 2 Satz 2 EStG).[179]

Eine **voraussichtlich dauernde Wertminderung**[180] liegt bei aktiven Wirtschaftsgütern generell immer dann vor, wenn der Teilwert andauernd unter die fortgeführten Anschaffungs- und Herstellungskosten gesunken ist.[181] Konkret ist bei nicht abnutzbaren Wirtschaftsgütern eine dauerhafte Wertminderung dann zu vermuten, wenn aus Sicht des Bilanzstichtages mehr Gründe für als gegen eine dauerhafte Wertminderung sprechen.[182] Bei abnutzbarem Anlagevermögen ist von einer dauerhaften Wertminderung

---

172 Vgl. *Gabert* in HHR, EStG/KStG, Köln, § 6 EStG Rz. 452 (Stand: September 2015). Grundsätzlich können Teilwertvermutungen sowohl v. Steuerpflichtigen als auch vom Fiskus angezweifelt werden. Zweifelt das Finanzamt eine Teilwertvermutung an und will es von der Teilwertvermutung nach oben abweichen, so trifft es die Beweislast. Vgl. BFH, Urteil v. 16.6.1970 – II 95-96/64, BStBl 1970 II S. 690, 693.
173 Vgl. BFH, Urteil v. 7.11.1990 – I R 116/86, BStBl 1991 II S. 342, 344.
174 Vgl. BFH, Urteil v. 7.11.1990 – I R 116/86, BStBl 1991 II S. 342, 344.
175 Vgl. BFH, Urteil v. 17.1.1978 – VIII R 31/75, BStBl 1978 II S. 335 f.
176 Vgl. *Kulosa* in Schmidt, EStG, 37. Aufl., München 2018, § 6 EStG Rz. 237.
177 Vgl. BFH, Urteile v. 24.11.1955 – IV 231/53 U, BStBl 1956 III S. 38; v. 21.6.2006 – XI R 49/05, BStBl 2006 II S. 712; *Kulosa* in Schmidt, EStG, 37. Aufl., München 2018, § 6 EStG Rz. 360; *Herrmann* in Frotscher (Hrsg.), EStG, Freiburg, § 6 EStG Rz. 242 (Stand: November 2009); *Korn/Strahl* in Korn/Carlé/Stahl/Strahl (Hrsg.), EStG, Bonn, § 6 EStG Rz. 209 m. w. N. (Stand: Dezember 2016); a. A. *Groh*, FR 1986 S. 393, 396; *Kanzler* in HHR, EStG/KStG, Köln, § 4 EStG Rz. 536 m. w. N (Stand: Juni 2016).; *Söhn*, StuW 1991 S. 270, 277; *Bauer*, Das Prinzip der Besteuerung nach der Leistungsfähigkeit als Grundlage der Gewinnermittlungsarten im Einkommensteuerrecht, Hamburg 2011, S. 412.
178 Vgl. *Kulosa* in Schmidt, EStG, 37. Aufl., München 2018, § 6 EStG Rz. 237; vgl. auch *Hiller/Biebinger*, DStZ 2016 S. 612 ff.; *Hiller*, DStZ 2016 S. 813.
179 Vgl. *Hiller*, DStZ 2016 S. 813 ff.
180 Zu einer vergleichenden Darstellung der Kommentierungen hierzu vgl. *Marx* in Hachmeister/Kahle/Mock/Schüppen (Hrsg.), Bilanzrecht, Köln 2018, § 253 HGB Rz. 139.
181 Vgl. BMF, Schreiben v. 2.9.2016 – IV C 6 - S 2171-b/09/10002:002, DStR 2016 S. 2107, Tz. 6. Vgl. zu diesem BMF-Schreiben im Einzelnen *Bäuml*, StuB 2016 S. 763 ff.; *Förster*, DB 2016 S. 2257 ff.; *Hiller*, DStZ 2016 S. 813 ff.; *Rätke*, BBK 2016 S. 987 ff.
182 Vgl. *Ehmcke* in Blümich, EStG, München, § 6 EStG, Rz. 560c (Stand: Juli 2016).

dann auszugehen, wenn der Wert des Wirtschaftsgutes zum Bilanzstichtag für mindestens die halbe Restnutzungsdauer unter dem Buchwert liegt.[183] Wirtschaftsgüter des Umlaufvermögens sind dann vermutlich dauerhaft in ihrem Wert gesunken, wenn eine Wertminderung bis zur Bilanzaufstellung (bzw. zum Verbrauch oder Verkauf) anhält.[184]

Bei **festverzinslichen Wertpapieren** ist eine Teilwertabschreibung allein auf Grund gesunkener Kurse nicht zulässig.[185] Die Finanzverwaltung dehnt die Grundsätze des BFH-Urteils v. 8.6.2011 auch auf Wertpapiere im Umlaufvermögen aus, die keinem Bonitäts- oder Liquiditätsrisiko unterliegen und mit dem Nennwert eingelöst werden können.[186]

In Bezug auf **nicht abnutzbares Anlagevermögen** liegt nach Auffassung der Finanzverwaltung eine voraussichtlich dauerhafte Wertminderung dann vor, wenn die Gründe für eine niedrigere Bewertung „voraussichtlich anhalten werden."[187] Diese Formulierung war bereits im bisherigen BMF-Schreiben enthalten,[188] bringt jedoch bei der Anwendung der Teilwertabschreibung keine weitere Klarheit, da die Teilwertabschreibung auf dieser Basis immer noch schwer operationalisierbar ist. So soll bspw. bei „Grund und Boden" eine Wertminderung vorliegen, wenn äußere Ursachen eine Wertminderung verursachen.[189]

Mit Urteil v. 26.9.2007 („**Infineon-Urteil**"[190]) hat der BFH entschieden, dass bei **börsennotierten Anteilen** an einer Kapitalgesellschaft, die als Finanzanlage gehalten werden, bereits dann von einer voraussichtlichen Wertminderung i. S. d. § 6 Abs. 1 Nr. 2 Satz 2 EStG auszugehen ist, wenn der Börsenwert zum Bilanzstichtag unter die Anschaffungskosten gesunken ist und zum Zeitpunkt der Bilanzaufstellung keine konkreten Anhaltspunkte vorliegen, dass eine alsbaldige Wertaufholung eintreten könnte. Das Kriterium der Dauerhaftigkeit wird demnach eingeschränkt. Die Finanzverwaltung dehnte daraufhin die Grundsätze des Urteils aus und regelte, dass die Urteilsgrundsätze „über den entschiedenen Einzelfall hinaus anzuwenden [sind]"[191]. In der Folge regelte das BMF, dass eine voraussichtlich dauernde Wertminderung vorliegt, wenn der Börsenkurs von börsennotierten Aktien entweder (1) zu dem jeweils aktuellen Bilanzstichtag um mehr als 40 % unter die Anschaffungskosten oder (2) zu dem jeweils aktuellen und dem vorangegangenen Bilanzstichtag um mehr als 25 % unter die

---

183 Vgl. BFH, Urteil v. 14.3.2006 – I R 22/05, BStBl 2006 II S. 680 f.; hierzu *Teschke*, DStZ 2006 S. 661 ff; BMF, Schreiben v. 2.9.2016 – IV C 6 - S 2171-b/09/10002:002, DStR 2016 S. 2107, Tz. 8.
184 Vgl. *Schindler* in Kirchhof (Hrsg.), EStG, 17. Aufl., Köln 2018, § 6 EStG Rz. 104.
185 Vgl. BFH, Urteil v. 8.6.2011 – I R 98/10, BStBl 2012 II S. 716; hierzu *Schmid*, BB 2011, S. 2475 ff.; *Marx* in Hachmeister/Kahle/Mock/Schüppen (Hrsg.), Bilanzrecht, Köln 2018, § 253 HGB Rz. 153.
186 Vgl. BMF, Schreiben v. 2.9.2016 – IV C 6 - S 2171-b/09/10002:002, DStR 2016 S. 107, Tz. 21 ff. Bereits BMF, Schreiben v. 10.9.2012 – IV C 6 - S 2171-b/0:005, BStBl 2012 I, S. 939; hierzu *Altvater*, RdF 2012 S. 430.
187 Vgl. BMF, Schreiben v. 2.9.2016 – IV C 6 - S 2171-b/09/10002:002, DStR 2016 S. 2107, Tz. 11 (auch direktes Zitat).
188 Vgl. BMF, Schreiben v. 2.9.2016 – IV C 6 - S 2171-b/09/10002:002, DStR 2016 S. 2107, Tz. 11.
189 Vgl. BFH, Urteil v. 19.10.1993 – VIII R 14/92, BStBl. II 1993 S. 891.
190 Vgl. BFH, Urteil v. 26.9.2007 – I R 58/06, BStBl 2009 II S. 294; hierzu *Hoffmann*, DB 2008 S. 260 ff.; *Heger*, Ubg 2008 S. 68 ff.; *Scholze/Wielenberg*, StuW 2009 S. 372 ff.
191 Vgl. BMF, Schreiben v. 26.3.2009 – IV C 6 – S 2171.b/0, DB 2009 S. 707.

Anschaffungskosten gesunken ist.[192] Außerdem übertrug das BMF diese typisierenden Schwellenwerte auf Anteile an **in- und ausländischen Aktienfonds**.[193]

Mit **Urteil v. 21.9.2011**[194] kippte der BFH die typisierenden Schwellenwerte des BMF-Schreibens. Nach diesem Urteil liegt eine dauerhafte Wertminderung bei börsennotierten Aktien immer dann vor, wenn der Börsenwert zum Bilanzstichtag unter den zum Zeitpunkt des Aktienkaufes gesunken ist (und eine **5 % Bagatellgrenze** überschritten ist). Außerdem untersagt der BFH mit Beschluss v. 8.2.2012 eine Übertragbarkeit der Grundsätze der Teilwertabschreibung von börsennotierten Wertpapieren auf andere Wirtschaftsgüter (z. B. GmbH-Anteile).[195] Darüber hinaus hat der BFH am 24.10.2012 entschieden, dass eine Teilwertabschreibung auf eine im Anlagevermögen gehaltene Forderung wegen deren Unverzinslichkeit nicht zulässig ist.[196] Das BMF übernahm die Urteilsgrundsätze in Rz. 15 ff. des BMF-Schreibens v. 16.7.2014.[197] Nachdem das BMF-Schreiben v. 16.7.2014 durch das BMF-Schreiben v. 2.9.2016 suspendiert wurde, regeln nunmehr Rz. 17 ff. das Vorliegen einer dauerhaften Wertminderung bei börsennotierten, börsengehandelten und aktienindexbasierten Wertpapieren des Anlage- und Umlaufvermögens entsprechend der o. g. Grundsätze.[198]

In der Steuerbilanz sind **Wirtschaftsgüter des Umlaufvermögens** dann vermutlich dauerhaft in ihrem Wert gesunken, wenn eine Wertminderung bis zur Bilanzaufstellung (bzw. bis zum Abgang des Wirtschaftsguts) anhält.[199]

918 Im **Handelsrecht** muss hinsichtlich der Bewertung von Anlage- und Umlaufvermögen unterschieden werden.[200] Im Anlagevermögen hat eine außerplanmäßige Abschreibung bei einer dauerhaften Wertminderung zu erfolgen (§ 253 Abs. 3 Satz 5 HGB). Gemäß § 253 Abs. 3 Satz 6 HGB kann eine außerplanmäßige Abschreibung bei Finanzanlagevermögen auch bei einer nicht-dauerhaften Wertminderung vorgenommen werden. Im Umlaufvermögen greift das **strenge Niederstwertprinzip** (§ 253 Abs. 4 HGB). Hier muss eine Abschreibung auch bei einer vermutlich nicht dauerhaften Wertminderung erfolgen.

Im Gegensatz hierzu sieht die Steuerbilanz ein Abwertungswahlrecht im Anlage- und Umlaufvermögen vor.[201] Dieses Wahlrecht wird jedoch stellenweise abge-

---

192 Vgl. BMF, Schreiben v. 26.3.2009 – IV C 6 – S 2171.b/0, DB 2009 S. 707.
193 Vgl. BMF, Schreiben v. 5.7.2011 – IV C 1 – S 1980 – 1/10/10011:006, BStBl 2011 I S. 735.
194 Vgl. BFH, Urteil v. 21.9.2011 – I R 89/10, BFH/NV 2012 S. 306; hierzu *Bäuml*, FR 2012 S. 221 f.
195 Vgl. BFH, Beschluss v. 8.2.2012 – IV B 13/11, BFH/NV 2012 S. 963. Zur Diskussion hinsichtlich der Grundsätze bei börsennotierten Wertpapieren vgl. *Marx*, StuB 2012 S. 665 ff.; *Grützner*, StuB 2012 S. 180 ff.; *Grieser/Faller*, DStR 2012 S. 727.
196 Vgl. BFH, Urteil v. 24.10.2012 – I R 43/11, BStBl 2013 II S. 162; hierzu *Löbe*, NWB 2013 S. 1802 ff.
197 Vgl. BMF, Schreiben v. 16.7.2014 – IV C 6 - S 2171-b/09/0002, BStBl 2014 I S. 1162, Tz. 15 ff. Zum BMF-Schreiben vgl. *Prinz*, DB 2014 S. 1825 ff.
198 Vgl. Vgl. BMF, Schreiben v. 2.9.2016 – IV C 6 – S 2171-b/09/10002:002, DStR 2016 S. 2107 Tz. 17 ff.
199 Vgl. BMF, Schreiben v. 2.9.2016 – IV C 6 - S 2171-b/09/10002:002, DStR 2016 S. 2107 Tz. 16.
200 Vgl. *Meyering/Gröne/Portheine*, DStZ 2014 S. 303.
201 Vgl. BMF-Schreiben v. 12.3.2010 – IV C 6 – S 2133/09/10001, BStBl I 2010 S. 239, Rn. 15. Bis zur Einführung des BilMoG wurde aus den Abschreibungswahlrechten der §§ 6 Abs. 1 Nr. 1 Satz 2 und 6 Abs. 1 Nr. 2 Satz 2 EStG (über § 5 Abs. 1 EStG) eine Abschreibungspflicht, vgl. BFH, Urteil v. 31.1.1991 – IV R 31/90, BStBl 1991 II S. 627; *Kahle/Heinstein*, DStR 2007 S. 143; *Schulze-Osterloh*, DStR 2011 S. 536.

lehnt.[202] Die h. M. hält allerdings, unter Maßgabe einer wortlautgetreuen Auslegung von § 6 Abs. 1 Satz 1 Nr. 1 Satz 2 und § 6 Abs. 1 Satz 1 Nr. 2 Satz 2 EStG, eine **autonome Wahlrechtsausübung** für zulässig.[203] Eine autonome Wahlrechtsausübung bejaht auch die Finanzverwaltung.[204] Somit ist das Imparitätsprinzip für die steuerbilanzielle Bewertung nicht mehr verpflichtend anzuwenden.[205] Vielmehr hängt dessen Anwendung von einer positiven Wahlrechtsausübung im Rahmen der Teilwertabschreibung ab.

Damit kann der Steuerpflichtige die Teilwertabschreibung zur **Steuerbilanzpolitik** nutzen (vgl. Rz. 2720 ff.), da dem Steuerpflichtigen eine Wahlfreiheit zusteht, ob er Teilwertabschreibungen bei voraussichtlich dauerhafter Wertminderung durchführt.[206]

Diese Wahlrechtsausübung findet im Zusammenhang mit Betriebsvermögensmehrungen bzw. Betriebseinnahmen aus einem Schuldenerlass zum Zwecke einer unternehmensbezogenen Sanierung (**Sanierungsertrag**) eine Grenze. Gemäß § 3a Abs. 1 Satz 3 EStG ist ein niedriger Teilwert im Sanierungsjahr und im Folgejahr anzusetzen. Ein Wahlrecht entsprechend §§ 6 Abs. 1 Nr. 1 Satz 2 und Nr. 2 Satz 2 EStG ist insofern nicht vorgesehen. Eine Teilwertabschreibung auf einen Zwischenwert kann als problematisch angesehen werden.[207] Eine „Verteilung" der Teilwertabschreibung auf mehrere Veranlagungszeiträume kann sich jedoch u. U. im Rahmen der verfahrensrechtlichen Korrekturnormen ergeben, wenn in diesem Zusammenhang eine erstmals unterlassene Teilwertabschreibung nachgeholt wird, da das Nachholen der Teilwertabschreibung dann ggf. unter Beachtung der Bilanzänderungsgrenzen des § 4 Abs. 2 Satz 2 EStG zu beurteilen ist. Die Teilwertabschreibung ist von der **Absetzung für außergewöhnliche Abnutzung** (AfaA) abzugrenzen.[208]

Nachstehende Übersicht soll eine Zusammenfassung der aufgestellten Teilwertvermutungen und möglicher Widerlegungsgründe geben.[209]

919

---

202 Vgl. *Schulze-Osterloh*, DStR 2011 S. 534 ff.; *Hennrichs*, Ubg 2009 S. 538 ff.; *Schenke/Risse*, DB 2009 S. 1957.
203 Vgl. *Dörfler/Adrian*, Ubg 2009 S. 390; *Ernsting*, FR 2010 S. 1070; *Förster/Schmidtmann*, BB 2009 S. 1344; *Günkel* in Kessler/Förster/Watrin (Hrsg.), Unternehmensbesteuerung, FS Herzig, München 2010, S. 513; *Herzig*, DB 2010 S. 3; *Herzig/Briesemeister*, Ubg 2009 S. 163; *Herzig/Briesemeister*, DStR 2009 S. 978; *Künkele/Zwirner*, DStR 2010 S. 2265; *Mitschke*, FR 2010 S. 218; *Ortmann-Babel/Bolik*, BB 2010 S. 2101; *Strahl*, KÖSDI 2009, S. 16648; *Theile*, DStR 2009 S. 2385. A. A. *Anzinger/Schleiter*, DStR 2010 S. 398; Arbeitskreis Bilanzrecht der Hochschullehrer Rechtswissenschaft, DB 2009 S. 2570; *Hennrichs*, Ubg 2009 S. 539, 541; *Prinz*, GmbHR 2010 S. 21; *Hoffmann*, StuB 2010 S. 210; *Richter*, GmbHR 2010 S. 508 f.; *Weber-Grellet*, DB 2009 S. 2403; *Wehrheim/Fross*, DStR 2010 S. 1349 f.
204 Vgl. BMF-Schreiben v. 12.3.2010 – IV C 6 - S 2133/09/10001, BStBl I 2010 S. 239, Rn. 13, Rn. 15.
205 Vgl. *Künkele/Zwirner*, StuB 2010 S. 337.
206 Vgl. *Marx* in Hachmeister/Kahle/Mock/Schüppen (Hrsg.), Bilanzrecht, Köln 2018, § 253 HGB Rz. 148.
207 Vgl. *Herzig/Briesemeister*, DB 2010 S. 919; a. A. *Hoffmann*, DB 12/2010 S. M01.
208 Vgl. *Karrenbrock*, SteuerStud 2011 S. 437. So ist eine AfaA dann zulässig, wenn die Verwendbarkeit eines Wirtschaftsgutes aufgrund von außergewöhnlichen wertbeeinflussenden Verhältnissen gesunken ist. Eine Teilwertabschreibung ist hingegen bei jeder Form von Wertsenkung zulässig, sofern diese dauerhaft ist.
209 Die Widerlegungsgründe sind dabei nicht abschließend. Vielmehr sollen sie als typische Widerlegungsgründe für die dargestellten Kategorien verstanden werden.

ABB. 2: Teilwertvermutungen und mögliche Widerlegungsgründe

Kategorie	Teilwertvermutung	Mögliche Widerlegungsgründe
Nichtabnutzbare Wirtschaftsgüter des Anlagevermögens	▶ historische Anschaffungs- bzw. Herstellungskosten ▶ Teilwertabschreibung als Ausnahme	▶ Wiederbeschaffungskosten bzw. Einzelveräußerungspreis sind unter die AHK gefallen ▶ Gesunkene Rentabilität des Wirtschaftsgutes z. B. dadurch, dass das Wirtschaftsgut nicht wie geplant genutzt werden kann
Abnutzbare Wirtschaftsgüter des Anlagevermögens	▶ historische Anschaffungs- bzw. Herstellungskosten gemindert um Abschreibungen für Wirtschaftsgüter, die keinen Marktpreis haben ▶ Wiederbeschaffungskosten für Wirtschaftsgüter, die einen Marktpreis haben	▶ Wiederbeschaffungskosten bzw. Einzelveräußerungspreis sind unter die fortgeführten AHK gefallen ▶ Mängel des Wirtschaftsgutes, die im Kaufpreis nicht berücksichtigt wurden
Umlaufvermögen (Waren, Roh-, Hilfs- und Betriebsstoffe, fertige und unfertige Erzeugnisse)	▶ Wiederbeschaffungskosten bzw. Wiederherstellungskosten	▶ Verkaufspreis (abzüglich der noch entstehenden Kosten) liegt unter den Wiederbeschaffungskosten
Forderungen	▶ Nennwert der Forderung, unter Berücksichtigung der Grundsätze zur Währungsumrechnung	▶ Absinken des Fremdwährungskurses ▶ Unsicherheiten bei der Forderungsbegleichung ▶ niedrige Verzinsung
Liquide Mittel	▶ Nominalwert der Forderung, unter Berücksichtigung der Grundsätze zur Währungsumrechnung	▶ Absinken des Fremdwährungskurses
Verbindlichkeiten	▶ Rückzahlungsbetrag, unter Berücksichtigung der Grundsätze zur Währungsumrechnung	▶ Ansteigen des Fremdwährungskurses ▶ hohe Verzinsung

920–922 *(Einstweilen frei)*

5. Gemeiner Wert

5.1 Begriff des gemeinen Wertes

923 Eine **Legaldefinition** des Begriffs „gemeiner Wert" findet sich in § 9 Abs. 2 BewG. Er wird als der Preis definiert, der im gewöhnlichen Geschäftsverkehr nach der Beschaffenheit des Wirtschaftsgutes bei Veräußerung erzielt werden kann (§ 9 Abs. 2 Satz 1 BewG). Hierbei sind alle Umstände, die den Preis beeinflussen, zu berücksichtigen (§ 9 Abs. 2 Satz 2 BewG). Ungewöhnliche und persönliche Verhältnisse, die sich auf die Preisfindung auswirken, dürfen hingegen keinen Wertniederschlag finden (§ 9 Abs. 2 Satz 3 BewG).

Der Rechtsprechung des BFH folgend sind die Definition und die Wertermittlung des gemeinen Wertes nach dem Bewertungsgesetz **auch für das Ertragsteuerrecht** maßgeblich.[210] So regelt § 1 Abs. 2 BewG, dass die allgemeinen Bewertungsvorschriften des Bewertungsgesetzes dann gelten, sofern in den anderen Steuergesetzen keine besonderen Bewertungsvorschriften enthalten sind. In Ermangelung einer Definition des gemeinen Wertes im Einkommensteuergesetz kann auf die Definition im Bewertungsgesetz zurückgegriffen werden. 924

Im Rahmen der internationalen Rechnungslegung wird der Begriff **Fair-Value** verwendet; dieser wird als **Exit-Wert** verstanden und ist daher grundsätzlich gleichbedeutend wie der gemeine Wert.[211] 925

(Einstweilen frei) 926–927

Dem gemeinen Wert kommt im Bilanzsteuerrecht eine eher untergeordnete Rolle im Vergleich zum **Teilwert** zu.[212] Allerdings wurde durch das SEStEG 2006 für die Wertermittlung im Rahmen von **Umwandlungen** der Teilwert durch den gemeinen Wert ersetzt; ihm kommt im UmwStG eine zentrale Bedeutung zu (vgl. Rz. 816). 928

Beide Bewertungsmaßstäbe können nicht losgelöst voneinander betrachtet werden, da gemeiner Wert und Teilwert konzeptionelle Gemeinsamkeiten aufweisen.[213] Dies verwundert insoweit nicht, als der Teilwert historisch aus dem gemeinen Wert entwickelt wurde.[214] Trotz der Gemeinsamkeiten ist es von praktischer Relevanz, die Unterschiede beider Konzeptionen zu kennen.[215] 929

Ein **Unterscheidungskriterium zwischen Teilwert und gemeinem Wert** ist der Umstand, dass beim Teilwert die Bewertung aus Sicht eines fiktiven Erwerbers unter Berücksichtigung der Betriebszugehörigkeit erfolgt (vgl. Rz. 895, 896).[216] Die Ermittlung des gemeinen Wertes wird hingegen unter Berücksichtigung der Gegebenheiten des gewöhnlichen Geschäftsverkehrs vorgenommen. Man kann den gemeinen Wert und den Teilwert daher marktseitig voneinander abgrenzen. Für die Ermittlung des gemeinen Wertes sind die Bedingungen des **Absatzmarktes** relevant, während für die Ermittlung des Teilwertes die Bedingungen des **Beschaffungsmarktes** maßgeblich sind.[217] 930

---

210 Vgl. BFH, Urteil v. 20.10.2008 – IX R 96/07, BStBl 2009 II S. 45 f.; *Hennrichs* in Tipke/Lang, Steuerrecht, 23. Aufl., Köln 2018, § 9 Rz. 265; *Korn/Strahl* in Korn/Carlé/Stahl/Strahl (Hrsg.), EStG, Bonn, § 6 EStG Rz. 210.2. (Stand: Dezember 2016).
211 Vgl. *Knittel* in Gürsching/Stenger (Hrsg.), BewG, ErbStG, Köln, § 9 BewG, Rz. 4 (Stand: Dezember 2012).
212 Diese Feststellung gilt allerdings nur für das Bilanzsteuerrecht. Für die Wertermittlung für Zwecke der ErbSt wurde der gemeine Wert als alleiniger Bewertungsmaßstab eingeführt. Vgl. auch BVerfG, Beschluss v. 7.11.2006 – 1 BvL 10/02, BStBl 2007 II S. 192 f.
213 Als Beleg für die Ähnlichkeit beider Werte kann auch die Aussage gewertet werden, dass sich durch den Wechsel v. Teilwert zum gemeinen Wert im Rahmen des UmwStG keine fundamentalen Änderungen für Steuerpflichtige ergeben haben. Vgl. *Diller/Grottke*, SteuerStud 2007 S. 74.
214 Vgl. *Schreiber*, Das Problem des Teilwerts im Steuerrecht, Philippsburg 1940, S. 2; *Gabert*, Der Bewertungsmaßstab des Teilwerts im Bilanzsteuerrecht, Berlin 2011, S. 6 ff.
215 Zu den Unterschieden zwischen Teilwert und gemeinem Wert vgl. BFH, Urteil v. 30.11.1988 – I R 114/84, BStBl 1990 II S. 117 f.; *Kahle/Hiller*, WPg 2013 S. 409 f.
216 Vgl. *Hiller*, Ubg 2016 S 345 f.; *Diller/Grottke*, SteuerStud 2007 S. 72.
217 Vgl. *Uelner/Albert*, Zum geplanten Verbot der Teilwertabschreibung, IFSt Nr. 369, Bonn 1999, S. 11; *Lange*, 75 Jahre Teilwert, Berlin 2011, S. 236.

931　Ein weiterer zentraler Unterschied zwischen Teilwert und gemeinem Wert besteht darin, dass beim gemeinen Wert keine **Verbundeffekte** aufgrund einer Betriebszugehörigkeit berücksichtigt werden.[218] Daher stellt sich der Teilwert als gemeiner Wert korrigiert um die Effekte aufgrund der Betriebszugehörigkeit eines Wirtschaftsgutes ein.[219] Der gemeine Wert bezieht sich folglich auf den Nutzen, den **jeder** Wirtschaftsgutbesitzer erzielt, während der Teilwert auf den Nutzen abstellt, den ein **spezieller** Wirtschaftsgutbesitzer erzielen kann.[220] Für die Bewertung des Anlagevermögens kann vermutet werden, dass sich der gemeine Wert als niedriger als der Teilwert erweist (vgl. Rz. 913).[221] Beim Umlaufvermögen kann der Teilwert unter Umständen niedriger als der gemeine Wert sein, da sich der Teilwert in diesem Fall durch eine Rückwärtskalkulation errechnet und vom Listenpreis die Handelsspanne abgezogen wird.[222]

932　Häufig sind Teilwert und gemeiner Wert jedoch identisch. So sind gemeiner Wert und Teilwert bei der Bewertung von nichtbetriebsnotwendigen Vermögensgegenständen deckungsgleich, da **nichtbetriebsnotwendige Vermögensgegenstände** keinen Mehrwert aufgrund der Betriebszugehörigkeit aufweisen (vgl. Rz. 913).[223]

933–934　*(Einstweilen frei)*

5.2 Ermittlung des gemeinen Wertes

935　In der Regel entspricht der **Verkehrswert (Einzelveräußerungspreis)** dem gemeinen Wert.[224] Allerdings muss beachtet werden, dass bei der Ermittlung des gemeinen Wertes persönliche und außergewöhnliche Umstände keinen Wertniederschlag finden dürfen (§ 9 Abs. 2 Satz 3 BewG). Demgegenüber können bei der Einzelveräußerungspreisbestimmung persönliche und außergewöhnliche Umstände eingepreist werden.[225] Die Berücksichtigung von außergewöhnlichen und persönlichen Verhältnissen würde dem Ziel, einen Wert zu bestimmen, wie er im gewöhnlichen Geschäftsverkehr regelmäßig zustande kommt, widersprechen.[226] Diese Unterscheidung dürfte allerdings nur in wenigen Ausnahmefällen von praktischer Bedeutung sein. Ein vorhandener Börsenkurs ist am

---

218　Vgl. *Kulosa* in Schmidt, EStG, 37. Aufl., München 2018, § 6 EStG Rz. 235.
219　Vgl. *Wissenschaftlicher Beirat des Fachbereichs Steuer der Ernst & Young Wirtschaftsprüfungsgesellschaft*, BB 2004, Beilage 3, S. 4.
220　Vgl. *Albach*, WPg 1963 S. 624. Insofern hat der Teilwert Ähnlichkeit mit dem Nutzungswert nach IFRS. Vgl. *Coenenberg/Haller/Schultze*, Jahresabschluss und Jahresabschlussanalyse, 24. Aufl., Stuttgart 2016, S. 108.
221　Vgl. BFH, Urteil v. 30.1.1980 – I R 89/79, BStBl 1980 II S. 327, 329; *Uelner/Albert*, Zum geplanten Verbot der Teilwertabschreibung, IFSt Nr. 369, Bonn 1999, S. 11.
222　Vgl. *Werndl* in Kirchhof/Söhn/Mellinghoff (Hrsg.), EStG, Heidelberg, § 6 EStG Rz. B 333 (Stand: Mai 2008).
223　Vgl. BFH, Urteil v. 25.8.1983 – IV R 218/80, BStBl 1984 II S. 33 f.
224　Vgl. BFH, Urteil v. 2.2.1990 – III R 173/86, BStBl 1990 II S. 497, 499; *Hennrichs* in Tipke/Lang, Steuerrecht, 23. Aufl., Köln 2018, § 9 Rz. 265; *Seer* in Tipke/Lang, Steuerrecht, 23. Aufl., Köln 2018, § 15 Rz. 3; *Viskorf* in Viskorf/Knobel/Schuck (Hrsg.), NWB Kommentar ErbStG, BewG, 4. Aufl., Herne 2012, § 9 BewG Rz. 2. Ein über dem Verkehrswert liegender Wert kann nur dann angesetzt werden, wenn in Ausnahmefällen die Prognose besteht, dass dieser höhere Wert am Markt durchgesetzt werden kann, vgl. BFH, Urteil v. 10.9.1991 – VII R 26/87, BFH/NV 1992 S. 232 f.
225　Vgl. BFH, Urteil v. 5.11.1981 – IV R 103/79, BStBl 1982 II S. 258, 260.
226　Vgl. BFH, Urteil v. 14.10.1966 – III 281/63, BStBl 1967 III S. 82 f.

besten geeignet, die in § 9 Abs. 2 BewG niedergelegte Definition umzusetzen (§ 11 Abs. 1 BewG).[227]

Da der Verkehrswert dem gemeinen Wert eines Wirtschaftsgutes entspricht, soll der gemeine Wert vorrangig aus Verkäufen abgeleitet werden (§ 11 Abs. 2 Satz 2 BewG). Dabei muss eine **Vergleichbarkeit der Umstände** vorliegen, um den ermittelten Verkaufspreis als gemeinen Wert ansetzen zu können. Auch stellt sich die Frage, wie lange der Verkauf längstens zurückliegen darf, damit Wertänderungen berücksichtigt werden. 936

Generell müssen Verkäufe in einem **engen zeitlichen Zusammenhang** zum Bewertungsstichtag stehen, damit man aus diesen Verkäufen den gemeinen Wert ableiten kann.[228] Konkret regelt § 11 Abs. 2 BewG, dass die Ableitung des gemeinen Wertes aus Verkäufen nur dann infrage kommt, wenn diese weniger als ein Jahr zurückliegen. 937

(Einstweilen frei) 938

Können keine Verkäufe von vollständig bzw. fast vollständig vergleichbaren Wirtschaftsgütern festgestellt werden, so ist der gemeine Wert unter **Berücksichtigung der Ertragsaussichten** zu ermitteln (§ 11 Abs. 2 Satz 2 BewG). Die Ertragsaussichten können nur durch eine Prognose (Schätzung) definiert werden. Diese Schätzung läuft nach § 162 Abs. 1 AO auf das Ziel hinaus, den Preis so zu bestimmen, wie er im gewöhnlichen Geschäftsverkehr und unter Ausschaltung von persönlichen Umständen zustande gekommen wäre.[229] § 11 Abs. 2 Satz 2 Halbsatz 2 BewG regelt, dass die Methode anzuwenden ist, „die ein Erwerber der Bemessung des Kaufpreises zugrunde legen würde". Somit kommt es zu einem **Methodenpluralismus**.[230] 939

Im Gesetz findet sich keine Definition des gewöhnlichen Geschäftsverkehrs. Die Rechtsprechung definiert den Preis, der im gewöhnlichen Geschäftsverkehr zustande kommt, als den Preis, der sich aufgrund der Marktmechanismen (Angebot und Nachfrage) einstellt.[231] 940

Nach der Rechtsprechung des BFH hat bei der Schätzung die Preisbestimmung so zu erfolgen, wie sie von einer unvoreingenommenen und urteilsfähigen Person vorgenommen worden wäre.[232] Auch müssen die jeweilige Ausstattung und die Beschaffenheit des Wirtschaftsgutes berücksichtigt werden.[233] Unter der Beschaffenheit eines Wirtschaftsgutes „sind nur solche tatsächlichen und rechtlichen Verhältnisse zu verstehen, die dem zu bewertenden Wirtschaftsgut arteigen sind."[234] 941

(Einstweilen frei) 942–943

---

227 Vgl. *Viskorf* in Viskorf/Knobel/Schuck (Hrsg.), NWB Kommentar ErbStG, BewG, 4. Aufl., Herne 2012, § 11 BewG Rz. 1; *Mannek* in Gürsching/Stenger (Hrsg.), BewG, ErbStG, Köln, § 11 BewG Rz. 445 (Stand: März 2011).
228 Vgl. BFH, Urteil v. 20.12.1968 – III R 122/67, BStBl 1969 II S. 373 f.
229 Vgl. BFH, Urteil v. 6.6.2001 – II R 7/98, BFH/NV 2002 S. 28, 30; *Viskorf* in Viskorf/Knobel/Schuck (Hrsg.), NWB Kommentar ErbStG, BewG, 4. Aufl., Herne 2012, § 9 BewG Rz. 8. Siehe ergänzend auch Rn. 3.07, BMF, Schreiben v. 11.11.2011 – IV C 2 – S 1978 – b/08/10001, BStBl 2011 I S. 1314.
230 Vgl. *Viskorf* in Viskorf/Knobel/Schuck (Hrsg.), NWB Kommentar ErbStG, BewG, 4. Aufl., Herne 2012, § 11 BewG Rz. 42; *Meyering*, StuW 2011 S. 278.
231 Vgl. BFH, Urteil v. 28.11.1980 – III R 86/78, BStBl 1981 II S. 353, 355.
232 Vgl. BFH, Urteil v. 7.12.1973 – III R 158/72, BStBl 1974 II S. 195 f.
233 Vgl. BFH, Urteil v. 21.4.1999 – II R 87/97, BStBl 1999 II S. 810, 812.
234 BFH, Urteil v. 17.1.1975 – III R 68/73, BStBl 1975 II S. 377.

944 Für die Schätzung können je nach den besonderen Umständen des Einzelfalls die Vergleichswert-, Ertragswert- oder die Sachwertmethode herangezogen werden. Dabei gilt es, das Stichtagsprinzip einzuhalten. So dürfen im Rahmen der Schätzung nur die wertbeeinflussenden Fakten eines Wirtschaftsgutes berücksichtigt werden, die im Bewertungszeitpunkt bekannt waren.[235]

945 **Schätzungen müssen willkürfrei erfolgen** und das Ergebnis der Schätzung muss verständlich und in sich schlüssig sein; zudem muss es hinreichend genau dargelegt werden.[236]

946 Die **Vergleichswertmethode** ermittelt den gemeinen Wert aufgrund von Verkaufspreisen vergleichbarer Wirtschaftsgüter, die im gewöhnlichen Geschäftsverkehr gehandelt wurden. Am zuverlässigsten lässt sich der gemeine Wert aufgrund einer Vielzahl von Verkäufen vergleichbarer Wirtschaftsgüter bestimmen.[237] Zudem müssen die Wirtschaftsgüter gleich oder zumindest vergleichbar hinsichtlich der wertbestimmenden Faktoren sein.[238] Insbesondere der Börsenpreis bietet sich als geeigneter Wert an, den gemeinen Wert abzuleiten.[239]

947 *(Einstweilen frei)*

948 Das **Ertragswertverfahren** kann zur Wertbestimmung bei Wirtschaftsgütern verwendet werden, die zukünftige Erträge generieren.[240] Die Ermittlung des gemeinen Wertes aufgrund des Ertragswertverfahrens läuft auf die Abzinsung der zukünftigen Erträge des Wirtschaftsgutes auf den Gegenwartswert hinaus. In diese Erträge muss auch ein möglicher Verkaufserlös des Wirtschaftsgutes einbezogen werden.[241]

949 Ein im Gesetz niedergelegtes Ertragswertverfahren ist das sog. „vereinfachte Ertragswertverfahren" nach §§ 199 ff. BewG,[242] welches vom Steuerpflichtigen wahlweise angewendet werden kann.[243] Dieses Verfahren ist auch für ertragsteuerliche Zwecke anwendbar[244] und „... soll die Möglichkeit bieten, ohne Ermittlungsaufwand oder Kosten für einen Gutachter einen objektiven Unternehmens- bzw. Anteilswert [...] zu ermitteln."[245]

950 Die **Sachwertmethode** ist in Fällen heranzuziehen, bei denen das Wirtschaftsgut keinen Marktpreis aufweist und die Ertragswertmethode ins Leere geht. Insbesondere bei Wirt-

---

235 Vgl. *Knittel* in Gürsching/Stenger (Hrsg.), BewG, ErbStG, Köln, § 9 BewG, Rz. 32 (Stand: Dezember 2012).
236 Vgl. BFH, Urteil v. 8.12.1965 – II 158/62 U, BStBl 1966 III S. 54 f.
237 Vgl. BFH, Urteil v. 29.4.1987 – X R 2/80, BStBl 1987 II S. 769, 771.
238 Vgl. zur Unvergleichbarkeit bebauter Grundstücke BFH, Urteil v. 12.6.1974 – III 49/73, BStBl 1974 II S. 602 ff.
239 Vgl. *Knittel* in Gürsching/Stenger (Hrsg.), BewG, ErbStG, Köln, § 9 BewG, Rz. 41 (Stand: Dezember 2012).
240 Vgl. *Knittel* in Gürsching/Stenger (Hrsg.), BewG, ErbStG, Köln, § 9 BewG, Rz. 51 (Stand: Dezember 2012).
241 Vgl. *Knittel* in Gürsching/Stenger (Hrsg.), BewG, ErbStG, Köln, § 9 BewG, Rz. 53 (Stand: Dezember 2012).
242 Vgl. im Einzelnen *Kahle/Hiller/Vogel*, FR 2012 S. 794 ff. m. w. N.
243 Vgl. Richtlinie B 199.1 Abs. 4 Satz 1 ErbStR 2011; *Hofman* in Viskorf/Knobel/Schuck (Hrsg.), NWB Kommentar ErbStG, BewG, 4. Aufl., Herne 2012, § 199 BewG Rz. 2; *Schiffers*, DStZ 2009 S. 552; *Drosdzol*, DStR 2011 S. 1260.
244 Vgl. BMF-Schreiben v. 22.9.2011 – IV C 6 - S 2170/10/10001, BStBl 2011 I S. 859.
245 BT-Drucks. 16/11107 v. 26.11.2008, S. 22. Zur Anwendung vgl. *Drosdzol*, DStR 2011 S. 1258 ff.; *Watrin/Kappenberg*, DBW 2012 S. 573 ff.; *Kohl/König*, BB 2012 S. 607 ff. Zur Gegenüberstellung der Bewertung nach IDW S 1 mit dem vereinfachten Ertragswertverfahren vgl. *Blum/Weber*, GmbHR 2012 S. 322 ff.; *Bruckmeier/Zwirner/Mugler*, DStR 2011 S. 422 ff. Zum Ausschluss der Anwendbarkeit des Verfahrens vgl. *Kahle/Hiller/Vogel*, FR 2012 S. 795 f. m. w. N.

schaftsgütern, die individuell für einen Betrieb hergestellt wurden, verbleiben die Herstellungskosten als einziger objektiver Wert, der als gemeiner Wert angenommen werden kann.[246] Um dem Ziel gerecht zu werden, außergewöhnliche und persönliche Umstände nicht in die Ermittlung des gemeinen Wertes einfließen zu lassen, sollen die durchschnittlichen Herstellungskosten angesetzt werden.[247]

(Einstweilen frei) 951–954

6. Beizulegender Zeitwert
6.1 Begriff und Anwendungsbereich des beizulegenden Zeitwertes

Durch das BilMoG wurde der beizulegende Zeitwert als neuer Bewertungsmaßstab für die Bewertung von zu Handelszwecken erworbenen Finanzinstrumenten bei Kreditinstituten in das Handelsgesetzbuch aufgenommen (§ 340e Abs. 3 Satz 1 HGB).[248] Niedergelegt ist der beizulegende Zeitwert in § 255 Abs. 4 HGB. 955

Nach der in § 255 Abs. 4 HGB enthaltenen Definition entspricht der beizulegende Zeitwert dem **Marktpreis** (§ 255 Abs. 4 Satz 1 HGB). Sollte kein Marktpreis feststellbar sein, so kann der beizulegende Zeitwert mittels **anerkannter Bewertungsmethoden** ermittelt werden (§ 255 Abs. 4 Satz 2 HGB). Sollte auch dadurch kein beizulegender Wert ermittelbar sein, so regelt § 255 Abs. 4 Satz 3 HGB, dass die fortgeführten **Anschaffungs- und Herstellungskosten** dem beizulegenden Zeitwert entsprechen. 956

Nach dieser Definition weisen der beizulegende Zeitwert und der **Teilwert** Gemeinsamkeiten auf. Ein Unterschied zwischen Teilwert und beizulegendem Zeitwert besteht darin, dass dem Beschaffungsmarkt im Rahmen der Teilwertermittlung eine besondere Bedeutung beigemessen wird, während bei der handelsrechtlichen Ermittlung des beizulegenden Zeitwertes der Beschaffungsmarkt eher eine untergeordnete Rolle spielt.[249] 957

(Einstweilen frei) 958–959

Durch die Bewertung mit dem beizulegenden Zeitwert kommt es zu einem **Abweichen vom Realisationsprinzip**, da unabhängig von Realisationszeitpunkt nichtrealisierte Gewinne ausgewiesen werden.[250] Erstmals kann damit ein Wert, der über den fortgeführten Anschaffungs- bzw. Herstellungskosten liegt, angesetzt werden.[251] „Was für die Bewertung von Finanzinstrumenten noch akzeptabel erscheint, sollte für weitere Anwendungsfälle in der Steuerbilanz nicht übernommen werden. Die Bewertung mit dem Zeitwert kann zu einem Abweichen vom Realisationsprinzip (§ 252 Abs. 1 Nr. 4 HGB) führen, was für die Besteuerung abzulehnen ist."[252] Das Einbeziehen unrealisierter Ge- 960

---

246 Vgl. BFH, Urteil v. 29.4.1987 – X R 2/80, BStBl 1987 II S. 769, 771.
247 Vgl. BFH, Urteil v. 28.10.1998 – II R 37/97, BStBl 1999 II S. 51, 53.
248 Vgl. Gesetz zur Modernisierung des Bilanzrechtes v. 25.5.2009, BGBl 2009 I S. 1102.
249 Vgl. *Gabert* in HHR, EStG/KStG, Köln, § 6 EStG Rz. 424 (Stand: September 2015).
250 Vgl. *Helios/Schlotter*, FR 2010 S. 874; *Krumm* in Hachmeister/Kahle/Mock/Schüppen (Hrsg.), Bilanzrecht, Köln 2018, § 255 HGB Rz. 98.
251 Vgl. *Kahle/Schulz* in Baetge/Kirsch/Thiele (Hrsg.), Bilanzrecht, Bonn/Berlin, § 255 HGB, Rz. 331 (Stand: August 2017).
252 *Hiller*, DStZ 2016 S. 207.

winne führte zu einer realen Vermögensabgabe. Nur unter restriktiven Bedingungen (sofortiger Verlustausgleich, Liquiditätshilfe, Verzinsung der zeitweilig zu viel entrichteten Steuern) wäre das nicht der Fall.[253]

961 Auch nach dem BilMoG ist in dem **Realisationsprinzip** der zentrale Gewinnermittlungsgrundsatz zu sehen; nach dem Willen des Gesetzgebers sollen die bisherigen Grundprinzipien des Bilanzrechts, insbesondere die Grundsätze ordnungsmäßiger Buchführung, beibehalten werden.[254] Es ist davon auszugehen, dass das Realisationsprinzip nach wie vor als Dreh- und Angelpunkt der Gewinnermittlung[255] zu verstehen ist.[256]

962 *(Einstweilen frei)*

963 Gemäß § 340e Abs. 3 Satz 1 HGB sind **Finanzinstrumente des Handelsbestandes** mit dem beizulegenden Zeitwert **verringert um einen Risikoabschlag** zu bewerten. Ein Bewertungswahlrecht ist nicht vorhanden.[257] Nach § 6 Abs. 1 Nr. 2b EStG müssen Steuerpflichtige, die in den Anwendungsbereich des § 340 HGB fallen, Finanzinstrumente des Handelsbestandes auch steuerlich mit dem beizulegenden Zeitwert bewerten, sofern diese nicht zu einer Bewertungseinheit i. S. d. § 5 Abs. 1a Satz 2 EStG gehören.[258]

964 Der beizulegende Zeitwert ist auch dann zu übernehmen, wenn er unter den Anschaffungs- bzw. Herstellungskosten liegt und eine Teilwertabschreibung (vgl. Rz. 915) aufgrund einer nur vorläufigen Wertminderung eigentlich nicht zulässig wäre.[259] § 5 Abs. 4a Satz 1 EStG verbietet die Bildung einer Rückstellung für **drohende Verluste** aus schwebenden Geschäften. Nach der Einführung von § 6 Abs. 1 Nr. 2b EStG wurde die Frage aufgeworfen, ob über diese neue Norm eine Verlustberücksichtigung möglich ist. Diese Frage wurde vor allem vor dem Hintergrund des allgemeinen Grundsatzes, dass Umlaufvermögen verlustfrei zu bewerten ist,[260] gestellt.

965 Nach der h. M. im Schrifttum ist **§ 6 Abs. 1 Nr. 2b EStG lex specialis gegenüber § 5 Abs. 4a Satz 1 EStG**.[261] Auch kann man die Regelungen des § 6 Abs. 1 Nr. 2b EStG von der Drohverlustrückstellung abgrenzen, da bei der Bewertung zum beizulegenden Zeitwert keine Anknüpfung an die Anschaffungs- bzw. Herstellungskosten vorhanden ist.[262]

---

253 Vgl. *Schneider*, Betriebswirtschaftslehre, Bd. 2: Rechnungswesen, 2. Aufl., München/Wien 1997, S. 247-250; *Prinz*, FA 1984 S. 417 f.
254 Vgl. BT-Drucks. 16/12407 v. 24.3.2009 S. 1.
255 Vgl. *Moxter*, Grundsätze ordnungsgemäßer Rechnungslegung, Düsseldorf 2003, S. 41 ff.
256 Vgl. *Bieg/Bofinger/Küting/Kußmaul/Waschbusch/Weber*, DB 2008 S. 2549 ff.; *Hennrichs* in Bitter et al. (Hrsg.), Festschrift für K. Schmidt, Köln 2009, S. 594; *Kahle/Günter* in Schmiel/Breithecker (Hrsg.), Steuerliche Gewinnermittlung nach dem Bilanzrechtsmodernisierungsgesetz, Köln 2008, S. 88 f.
257 Vgl. *Ehmcke* in Blümich, EStG, München, § 6 EStG, Rz. 878 (Stand: Juli 2016).
258 Vgl. zu Einzelfragen *Helios/Schlotter*, DStR 2009 S. 547 ff.; *Kulosa* in Schmidt, EStG, 37. Aufl., München 2018, § 6 EStG Rz. 427 f.
259 Vgl. *Helios/Schlotter*, DStR 2009 S. 551; *Hahne*, Ubg 2010 S. 508.
260 Vgl. BMF, Schreiben v. 27.4.2001 – IV A 6 - S 2174 - 15/01, DStR 2001 S. 1527 (hier: Bilanzierung und Bewertung von halbfertigen Erzeugnissen); BFH, Urteil v. 25.11.2009 – X R 27/05, BFH/NV 2010 S. 1090 m. w. N.
261 Vgl. *Kulosa* in Schmidt, EStG, 37. Aufl., München 2018, § 6 EStG Rz. 428.; *Helios/Schlotter*, FR 2010 S. 876; *Wiesenbart*, RdF 2011 S. 108; *Hahne*, Ubg 2010 S. 508 f.
262 Vgl. *Haisch/Helios*, RdF 2011 S. 278.

(Einstweilen frei) 966–967

Im Gegensatz hierzu darf für die steuerliche **Bewertung von Deckungsvermögen** (§ 246 Abs. 2 Satz 2, 3 i. V. m. § 253 Abs. 1 Satz 4 HGB) sowie für die **Bewertung von Altersversorgungsverpflichtungen** (§ 253 Abs. 1 Satz 3 HGB) der beizulegende Zeitwert **nicht übernommen werden** (§ 5 Abs. 6 i. V. m. § 6 Abs. 1 Nr. 1, 2 EStG). Vielmehr stellen die fortgeführten Anschaffungs- bzw. Herstellungskosten die Wertobergrenze dar.[263] Damit kann es zur Bildung von **latenten Steuern** kommen.[264] 968

(Einstweilen frei) 969–971

Für Vermögensgegenstände i. S. d. § 246 Abs. 2 Satz 2 HGB, die mit einem beizulegenden Zeitwert bilanziert werden, der über den Anschaffungskosten liegt, besteht gemäß § 268 Abs. 8 HGB eine **Ausschüttungssperre**. Für Finanzinstrumente des Handelsbestandes besteht für Kredit- und Finanzdienstleistungsinstitute keine Ausschüttungssperre, da der Risikoabschlag, der vom beizulegenden Zeitwert abgezogen wird, als Surrogat für die Ausschüttungssperre nach § 268 Abs. 8 HGB angesehen wird.[265] 972

(Einstweilen frei) 973–975

6.2 Ermittlung des beizulegenden Zeitwertes

Generelles Ziel der Ermittlung des beizulegenden Zeitwertes ist es, den Wert so marktnah und objektiv wie möglich zu ermitteln.[266] Die Ermittlung im Rahmen der Handelsbilanz folgt einer Hierarchie, die zunächst auf den Markpreis auf einem aktiven Markt abstellt. 976

Ein **aktiver Markt** ist dann gegeben, wenn der Marktpreis an einer Börse, von einem Händler, von einem Broker, von einer Branchengruppe, von einem Preisberechnungsservice oder einer Aufsichtsbehörde leicht und regelmäßig erfragt werden kann und die Markttransaktionen von unabhängigen Dritten durchgeführt werden.[267] Um den Marktpreis auf einem aktiven Markt bestimmen zu können, ist es zusätzlich erforderlich, dass homogene Güter verglichen werden, die Preisinformation öffentlich verfügbar ist und jederzeit potentielle Käufer gefunden werden können. Sollte eines der genannten Kriterien nicht gegeben sein, so ist das Vorliegen eines aktiven Marktes zu verneinen.[268] Der Gesetzeswortlaut gibt dabei allerdings keinen Aufschluss darüber, ob ein „aktiver Markt" absatzmarkt- oder beschaffungsmarktseitig auszulegen ist.[269] Die wohl h. M. geht von einer absatzmarktseitigen Auslegung aus. Somit ist der beizule- 977

---

263 Vgl. *Herzig/Briesemeister*, DB 2009 S. 979 f.
264 Vgl. *Tichy/Brinkmann*, Haufe HGB Bilanz Kommentar, 7. Aufl., Freiburg 2016, § 255 Abs. 4 HGB Rz. 216.
265 Vgl. BT-Drucks. 16/10067 v. 30.7.2008 S. 95.
266 Vgl. *Schubert/Hutzler*, Beck'scher Bilanz-Kommentar, 11. Aufl., München 2018, § 255 HGB Rz. 514.
267 Vgl. BT-Drucks. 16/10067 v. 30.7.2008 S. 61.
268 Vgl. *Merkt* in Baumbach/Hopt, Beck HGB-Komm., 37. Aufl. München 2016, § 255 HGB Rz. 25.
269 Vgl. *Ballwieser* in Münchener Kommentar zum HGB, Bd. 4, 3. Aufl., München 2013, § 255 HGB Rz. 96 f.

gende Zeitwert als **Einzelveräußerungspreis** zu verstehen.[270] Fraglich ist, ob für die Mehrzahl der Finanzinstrumente überhaupt ein objektiv feststellbarer fair value ermittelt werden kann.[271]

978 Liegt ein aktiver Markt vor, so sind die Entwicklungen auf dem aktiven Markt bis zum Bilanzstichtag zu berücksichtigen. Nach dem Bilanzstichtag eintretende Wertentwicklungen dürfen aufgrund des **Stichtagsprinzips** keinen Wertniederschlag finden.[272]

979 Gegen das Vorliegen eines aktiven Marktes spricht auch, wenn aufgrund einer geringen Anzahl von Aktien im Vergleich zum Gesamtvolumen des Marktes nur wenige Transaktionen vorgenommen werden, die dann den Marktpreis abbilden.[273] Die h. M. geht davon aus, dass § 6 Abs. 1 Nr. 2b EStG auch auf das Bestehen eines aktiven Marktes abstellt.[274]

980 Liegt kein aktiver Markt vor, so folgt in der **Bewertungshierarchie** die Bewertung nach „allgemein anerkannten Bewertungsmethoden" gemäß § 255 Abs. 4 Satz 2 HGB.[275] Ziel dieser Wertermittlung ist es, den Marktpreis näherungsweise und unter Berücksichtigung normaler Geschäftsbedingungen, wie zwischen voneinander unabhängigen Geschäftspartnern, zu ermitteln.[276] Die Ermittlung anhand von anerkannten Bewertungsmethoden ist dabei „nur als Substitut für die Ermittlung beizulegender Zeitwerte auf der Grundlage von Marktpreisen zu sehen".[277] Dabei kann es als wenig überzeugend angesehen werden, wenn man auf der einen Seite die Handelsabsicht am Vorhandensein eines aktiven Marktes anknüpft, man aber andererseits zwei weitere Bewertungsebenen zur Ermittlung des beizulegenden Zeitwertes kodifiziert.[278]

981 Ein spezielles Verfahren zur Ermittlung des beizulegenden Zeitwertes nach § 255 Abs. 4 Satz 2 HGB ist weder im Gesetz noch in der Gesetzesbegründung enthalten.[279] Dieser scheinbaren Wahlfreiheit wird durch das Ziel, einen objektiven Zeitwert zu bestimmen, eine Grenze gesetzt. Ein objektiver Wert kann nur dadurch bestimmt werden, dass die Bewertungsmethode gewählt wird, die für die Bewertung im Markt regelmäßig herangezogen wird. Die Wertermittlung nach § 255 Abs. 4 Satz 2 HGB geschieht daher regelmäßig vor dem Hintergrund der Frage, welches Bewertungsverfahren eine zuverlässige

---

270 Vgl. *Ballwieser* in Münchener Kommentar zum HGB, Bd. 4, 3. Aufl., München 2013, § 255 HGB Rz. 97; *Krumm* in Hachmeister/Kahle/Mock/Schüppen (Hrsg.), Bilanzrecht, Köln 2018, § 255 HGB Rz. 99; *Schubert/Hutzler* in Beck'scher Bilanz-Kommentar, 11. Aufl., München 2018, § 255 HGB Rz. 513; *Mujkanovic*, StuB 2009 S. 331. Die absatzmarktseitige Auslegung eines „aktiven Marktes" entspricht dabei dem Vorgehen in IFRS 13. Vgl. *Hitz/Zachow*, WPg 2011 S. 966. *Coenenberg/Haller/Schultze* gehen unterdessen von einer Herleitung des beizulegenden Zeitwertes sowohl aus dem Absatz- als auch aus dem Beschaffungsmarkt aus. Vgl. *Coenenberg/Haller/Schultze*, Jahresabschluss und Jahresabschlussanalyse, 24. Aufl., Stuttgart 2016, S. 105 ff.
271 Vgl. *Mitschke*, FR 2010 S. 216.
272 Vgl. *Hoffmann/Lüdenbach*, NWB Kommentar Bilanzierung, 9. Aufl., Herne 2018, § 255 HGB Rz. 214.
273 Vgl. BT-Drucks. 16/10067 v. 30.7.2008 S. 61.
274 Hierzu bejahend: *Ehmcke* in Blümich, EStG, München, § 6 EStG, Rz. 877d (Stand: Juli 2016); *Schindler* in Kirchhof (Hrsg.), EStG, 17. Aufl., Köln 2018, § 6 EStG Rz. 143; *Werndl* in Kirchhof/Söhn/Mellinghoff (Hrsg.), EStG, Heidelberg, § 6 EStG Rz. Ca10 (Stand: November 2010); a. A. *Haisch/Helios*, RdF 2011 S. 276.
275 Vgl. *Korn/Strahl* in Korn/Carlé/Stahl/Strahl (Hrsg.), EStG, Bonn, § 6 EStG Rz. 363.20 m. w. N. (Stand: Februar 2017); *Krumm* in Hachmeister/Kahle/Mock/Schüppen (Hrsg.), Bilanzrecht, Köln 2018, § 255 HGB Rz. 100.
276 Vgl. *Schubert/Hutzler* in Beck'scher Bilanz-Kommentar, 11. Aufl., München 2018, § 255 HGB Rz. 519.
277 *Jonas/Elprana/Heyes* in Heidel/Schall (Hrsg.), Handelsgesetzbuch, 2. Aufl., Baden-Baden 2015, § 255 HGB Rz. 121 (im Original z. T. Fettdruck).
278 Vgl. *Hiller*, StuB 2016 S. 2017. Ebenfalls *Gemeindehardt/Bode*, StuB 2008 S. 463.
279 Vgl. *Velte/Haacker*, StuW 2012 S. 62.

Annäherung an den Marktpreis verspricht.[280] Neben der Anwendung von Bewertungsmethoden kommt auch eine Anwendung von Bewertungsmodellen in Frage.[281]

So können z. B. **marktorientierte Vergleichsverfahren** zur Ermittlung des beizulegenden Zeitwertes verwendet werden. Dabei wird der beizulegende Zeitwert aus kürzlich stattgefundenen Transaktionen zwischen sachverständigen und vertragswilligen Geschäftspartnern abgeleitet.[282] Hierbei ist es erforderlich, dass eine Vergleichbarkeit hinsichtlich Bewertungsobjekt und sonstiger Faktoren, wie Restlaufzeit, Nominalwert, Währung etc. gegeben ist.[283] I. d. R. dürfte ein Vergleichsverfahren vorrangig anzuwenden sein, da in dieses Verfahren mehr Marktdaten aufgenommen werden.[284]

982

Des Weiteren kommt die Anwendung international gebräuchlicher Bewertungsverfahren, wie etwa das **Discounted-Cash-Flow-Verfahren** oder **Optionspreismodelle** (Modell von *Black/Scholes/Merton*, Binomialmodell) in Frage.[285] Neben dem bekannten Prognoseproblem dürfte insbesondere die Bestimmung des geeigneten Zinssatzes in der Praxis schwierig sein, da sich ein allgemein vergleichbarer Zinssatz nur auf einem aktiven Markt einstellt. § 253 Abs. 1 Nr. 6 HGB fordert, dass die gewählte Methode grundsätzlich beizubehalten ist, um dem Stetigkeitsgebot zu entsprechen.[286] Somit können auch „bei hochentwickelten finanzwirtschaftlichen Bewertungsverfahren, wie etwa den DCF-Verfahren, […] die in den simulierten Preisbildungsprozess einfließenden Faktoren naturgemäß […] auf Schätzungen"[287] beruhen. Die Anwendung von Bewertungsmodellen zur Ermittlung des beizulegenden Zeitwertes erzeugt einen Ermessensspielraum für den Steuerpflichtigen.[288]

983

Kann der beizulegende Zeitwert weder durch den Marktpreis auf einem aktiven Markt noch durch allgemein anerkannte Bewertungsmethoden ermittelt werden, so sind gemäß § 255 Abs. 4 Satz 3 HGB die **Anschaffungs- bzw. Herstellungskosten** fortzuführen. Gleiches gilt auch dann, wenn sich der beizulegende Zeitwert auf einem aktiven Markt bzw. durch allgemein anerkannte Bewertungsmethoden nicht verlässlich ermitteln lässt.[289] Eine nichtverlässliche Bewertung ist laut Regierungsbegründung zum BilMoG dann gegeben, wenn ausgewählte Bewertungsmethoden eine Bandbreite möglicher Werte zulassen und diese Werte signifikant voneinander abweichen.[290] Laut § 255 Abs. 4 Satz 4 HGB gilt der zuletzt durch einen aktiven Markt bzw. durch allgemein

984

---

280 Vgl. *Tichy/Brinkmann*, Haufe HGB Bilanz Kommentar, 7. Aufl., Freiburg 2016, § 255 Abs. 4 HGB Rz. 244.
281 Vgl. *Kahle/Schulz* in Baetge/Kirsch/Thiele (Hrsg.), Bilanzrecht, Bonn/Berlin, § 255 HGB Rz. 357 (Stand: August 2017) m. w. N.
282 Vgl. *Merkt* in Baumbach/Hopt, Beck HGB-Komm., 37. Aufl., München 2016, § 255 HGB Rz. 26.
283 Vgl. *Tichy/Brinkmann*, Haufe HGB Bilanz Kommentar, 7. Aufl., Freiburg 2016, § 255 Abs. 4 HGB Rz. 250 ff.
284 Vgl. *Ballwieser* in Münchener Kommentar zum HGB, Bd. 4, 3. Aufl., München 2013, § 255 HGB Rz. 100; *Kahle/Schulz* in Baetge/Kirsch/Thiele (Hrsg.), Bilanzrecht, Bonn/Berlin, § 255 HGB Rz. 360 (Stand: August 2017) m. w. N.; *Böcking/Torabian*, BB 2008 S. 266.
285 Vgl. *Böcking/Torabian*, BB 2008, S 266; *Nguyen*, ZfgK 2009 S. 232; *Mujkanovic*, StuB 2009 S. 331; *Schubert/Hutzler* in Beck'scher Bilanz-Kommentar, 11. Aufl., München 2018, § 255 HGB Rz. 519.
286 Vgl. *Merkt* in Baumbach/Hopt, Beck HGB-Komm., 37. Aufl., München 2016, § 255 HGB Rz. 26.
287 *Kahle/Schulz* in Baetge/Kirsch/Thiele (Hrsg.), Bilanzrecht, Bonn/Berlin, § 255 HGB Rz. 366 (Stand: August 2017).
288 Vgl. *Brüggemann*, Finanzinstrumente des Handelsbestands in HGB-Abschlüssen von Kreditinstituten, Düsseldorf 2010, S. 166.
289 Vgl. BT-Drucks. 16/10067 v. 30.7.2008, S. 61.
290 Vgl. BT-Drucks. 16/10067 v. 30.7.2008, S. 61.

anerkannte Bewertungsmethoden ermittelte beizulegende Zeitwert als Anschaffungs- bzw. Herstellungskosten i. S. d. § 255 Abs. 4 Satz 3 HGB. Das heißt, die Fortführung der Anschaffungs- bzw. Herstellungskosten baut auf dem zuletzt verlässlich bestimmten beizulegenden Zeitwert auf. Die Bewertung mit den Anschaffungs- bzw. Herstellungskosten ist auch dann vorzunehmen, wenn der beizulegende Zeitwert im Rahmen der Zugangsbewertung nicht ermittelt werden kann.[291]

985 ABB. 3: Synopse der Bewertungsmaßstäbe[292]

Bewertungsmaßstab: / Kriterium:	Teilwert	Gemeiner Wert	Beizulegender Zeitwert
Definition	§ 6 Abs. 1 Nr. 1 Satz 3 EStG und § 10 Satz 2 und Satz 3 BewG (analog)[293]	§ 9 Abs. 2 BewG	§ 255 Abs. 4 HGB
Bewertungsziel	Wert eines einzelnen Wirtschaftsguts im Rahmen des Kaufes eines gesamten Betriebes	Veräußerungspreis eines einzelnen Wirtschaftsguts	Marktpreis des Wirtschaftsguts
Definitorisch Handelnder	fiktiver Erwerber des gesamten Betriebes (§ 6 Abs. 1 Nr. 1 Satz 3 EStG)	frei von persönlichen und ungewöhnlichen Umständen handelnder Verkäufer	Marktpreisnehmer
Bilanzsteuerliche Anwendungsbereiche	▶ Teilwertabschreibung ▶ Entnahmen (Regelbewertung) ▶ Einlagen (Regelbewertung) ▶ entgeltlicher bzw. teilentgeltlicher Erwerb eines Betriebes ▶ Übertragung bzw. Überführung von Wirtschaftsgütern innerhalb einer Mitunternehmerschaft	▶ Entstrickungsentnahme ▶ Verstrickungseinlage ▶ umwandlungsteuerliche Entstrickung ▶ Tausch von Wirtschaftsgütern ▶ Unentgeltliche Übertragung eines Wirtschaftsguts	Finanzinstrumente (sofern die weiteren Kriterien des § 6 Abs. 1 Nr. 2b EStG erfüllt sind)
Bewertungsobjekt	Einzelbewertung	Einzel- und Gesamtbewertung	Einzelbewertung
Relevanter Markt	Beschaffungsmarkt	Absatzmarkt	Absatzmarkt
Erfassung von betriebsindividuellen Umständen	berücksichtigen	nicht berücksichtigen	nicht berücksichtigen
Erfassung von persönlichen und ungewöhnlichen Verhältnissen	nicht zu berücksichtigen (Erwerberfiktion)	nicht zu berücksichtigen (gesetzliche Kodifikation)	nicht zu berücksichtigen (Auslegung des Gesetzestextes)

986–988   *(Einstweilen frei)*

---

291 Vgl. *Ekkenga* in Claussen/Scherrer (Hrsg.), Kölner Kommentar zum Rechnungslegungsrecht, Köln 2011, § 255 HGB Rz. 162 f.
292 In Anlehnung an *Hiller*, Bewertungsmaßstäbe im Bilanzsteuerrecht, Herne 2015, S. 286 f.; *Hiller*, Ubg 2016 S. 350.
293 Zudem spezielle Definition in § 6a Abs. 3 EStG (für die bilanzsteuerliche Bewertung von Pensionsrückstellungen).

7. Währungsumrechnung
7.1 Anwendungszeitpunkt

Durch das BilMoG wurde mit § 256a HGB erstmalig eine Gesetzesnorm zur Währungsumrechnung in das deutsche Handelsrecht aufgenommen.[294] Bisher ließ sich die Verpflichtung zur Währungsumrechnung aus § 244 HGB ableiten, wonach der Jahresabschluss in Euro aufzustellen ist.[295] Für die Währungsumrechnung wurden dabei die allgemeinen Bewertungsgrundlagen des § 252 HGB a. F. angewendet. Hiernach durften Gewinne aus Währungsumrechnungen erst ausgewiesen werden, nachdem sie realisiert waren, Verluste aus Währungsumrechnungen mussten hingegen sofort berücksichtigt werden.

989

Aufgrund der zunehmenden Anzahl von Fremdwährungsgeschäften sah sich der Gesetzgeber veranlasst, eine gesetzliche Regelung für die Währungsumrechnung zu erlassen, um auch die Vergleichbarkeit der Abschlüsse sicherzustellen.[296] „Zwar wurde durch die Einführung des Euros innerhalb der europäischen Währungsunion die Notwendigkeit einer Währungsumrechnung abgeschafft, trotzdem nimmt die praktische Bedeutung von Währungsumrechnungen aufgrund der zunehmenden Globalisierung der Güter-, Finanz- und Kapitalmärkte stetig zu."[297]

990

Nach der neuen Regelung sind Vermögensgegenstände und Verbindlichkeiten, die auf fremde Währung lauten, mit dem **Devisenkassamittelkurs**[298] am Abschlussstichtag zu bewerten (§ 256a Satz 1 HGB). Das Realisations- bzw. Imparitätsprinzip (§ 252 Abs. 1 Nr. 4 HGB) und das Anschaffungskostenprinzip (§ 253 Abs. 1 Satz 1 HGB) sind dabei zu beachten.[299]

991

Bei einer **Restlaufzeit kleiner als ein Jahr** können die genannten Prinzipien durchbrochen werden (§ 256a Satz 2 HGB). Die Bewertung zum Devisenkassamittelkurs kann somit ohne Rücksicht auf die Anschaffungskosten erfolgen.[300] Dies gilt jedoch nicht für die Steuerbilanz (vgl. Rz. 1015). Die Aufnahme einer verbindlichen Währungsumrechnung für alle Kaufleute soll die bisher gängige Praxis der Währungsumrechnung

992

---

294 Bis dahin war nur für Banken und Finanzdienstleistungsinstitute eine Norm zur Währungsumrechnung in § 340h HGB kodifiziert.
295 Vgl. *Pöller*, BC 2008 S. 193. Zur Rechtsentwicklung vgl. *Hiller* in Hachmeister/Kahle/Mock/Schüppen (Hrsg.), Bilanzrecht, Köln 2018, § 256a HGB Rz. 13 ff.
296 Vgl. BT-Drucks. 16/10067 v. 30.7.2008, S. 62.
297 Vgl. *Hiller*, StuB 2016 S. 487, mit Verweis auf BT-Druck 16/10067 v. 30.7.2008; vgl. auch *Kessler/Veldkamp*, Haufe HGB Bilanz Kommentar, 7. Aufl., Freiburg 2016, § 256a HGB, Rz. 1; *Kessler/Veldkamp*, KoR 2009 S. 245; *Hübner/Leyh*, DStR 2010 S. 1951; *Gebhardt/Breker*, DB 1991 S. 1529; *Schlick*, DStR 1993 S. 254.
298 Der Kassakurs ist der am Stichtag für die theoretisch gedachte sofortige Erfüllung anzusetzende Kurs. Der Devisenkassamittelkurs ist das arithmetische Mittel aus Geld- und Briefkurs einer Devise. Die Bewertung zum Devisenkassamittelkurs anstatt zum Devisenkassakurs stellt eine Vereinfachung für die Bewertungspraxis dar und geht auf einen Vorschlag der Rechnungslegungspraxis zurück. Vgl. BT-Drucks. 16/12407 v. 24.3.2009, S. 86. Zur Unterscheidung von Kassakurs und Devisenkassamittelkurs vgl. *Ballwieser* in Münchener Kommentar zum HGB, Bd. 4, 3. Aufl., München 2013, § 256a HGB Rz. 5 ff.; *Claussen* in Claussen/Scherrer (Hrsg.), Kölner Kommentar zum Rechnungslegungsrecht, Köln 2011, § 256a HGB Rz. 20 ff.
299 Vgl. *Zwirner/Künkele/Froschhammer*, BB 2011 S. 1323.
300 Vgl. BT-Drucks. 16/12407 v. 24.3.2009, S. 86. Ein Wahlrecht ist nicht vorhanden, vielmehr ist § 256a S. 2 HGB verpflichtend anzuwenden.

sicherstellen.[301] Die Währungsumrechnung für den Konzernabschluss, die in § 308a HGB geregelt ist,[302] wird im Nachfolgenden ausgeblendet.

993 Die neuen Grundsätze für die Währungsumrechnung sind nach Art. 66 Abs. 3 Satz 1 HGBEG erstmals für die nach dem 31.12.2009 beginnenden Wirtschaftsjahre auf Jahres- und Konzernabschlüsse verpflichtend anzuwenden. Für steuerbilanzielle Zwecke ist es fraglich, ob die Regelungen hinsichtlich der Berücksichtigung von Währungsänderungen für die Steuerbilanz als GoB zu übernehmen sind (vgl. Rz. 1014).[303]

994–996 *(Einstweilen frei)*

7.2 Zugangsbewertung

997 Die Regelungen des § 256a HGB beziehen sich auf die Folgebewertung. Für die Währungsumrechnung bei der **erstmaligen Erfassung** von Bilanzpositionen ergibt sich kein Anhaltspunkt aus dem Gesetz.[304] Es stellt sich daher die Frage, zu welchem Zeitpunkt und zu welchem Kurs die Rechnungslegungspraxis die Zugangsbewertung von Aktiva und Passiva vorzunehmen hat.

998 Die erstmalige Erfassung von Fremdwährungsgeschäftsvorfällen richtet sich nach den **Grundsätzen ordnungsmäßiger Buchführung**.[305] Grundsätzlich muss berücksichtigt werden, dass bei der Ermittlung des Zugangskurses das Realisationsprinzip beachtet werden muss, aus dem sich das Anschaffungskostenprinzip ableiten lässt. Unter Beachtung des Anschaffungskostenprinzips gilt es, die Aktivierung von Bilanzpositionen im Zugangszeitpunkt erfolgsneutral vorzunehmen. Die Zugangsbewertung ist daher als **reiner Transformationsvorgang** (Fremdwährung in Euro) und nicht als Bewertungsvorgang aufzufassen.[306]

999 Für diese Transformation können grundsätzlich der Geld- bzw. der Briefkurs zum Einsatz kommen.[307] Mit dem **Geldkurs** wird immer dann umgerechnet, wenn für den Erwerb des Vermögensgegenstandes (bzw. für die Begleichung der Schuld) Euro in Fremdwährung getauscht werden muss.[308] Mit dem **Briefkurs** werden hingegen Vermögensgegenstände bewertet, die zu einem künftigen Zufluss von Fremdwährung führen bzw. geführt haben.[309]

1000 Aus dieser Überlegung leitet sich die Konsequenz ab, dass bei der Zugangsbewertung für auf fremde Währung lautende Vermögensgegenstände die Anschaffungs- bzw. Herstellungskosten mit dem Geldkurs in Euro umzurechnen sind.[310] Spiegelbildlich hierzu

---

301 Vgl. *Zwirner/Künkele*, StuB 2009 S. 517. Vgl. ergänzend auch *Roß*, WPg 2012 S. 18.
302 Vgl. hierzu *Mühlberger* in Hachmeister u.a. (Hrsg.), Bilanzrecht, Köln 2018, § 308a Rz. 1 ff.
303 Vgl. *Weber-Grellet* in Schmidt, EStG, 37. Aufl., München 2018, § 5 EStG Rz. 270 (Stichwort „Fremdwährung") mit Verweis auf *Hiller*, StuB 2016 S. 487.
304 Vgl. *Künkele/Zwirner*, BC 2009 S. 557.
305 Vgl. *Zwirner/Künkele*, StuB 2009 S. 519.
306 Vgl. *Grottel/Koeplin*, Beck'scher Bilanz-Kommentar, 11. Aufl., München 2018, § 256a HGB Rz. 31; *Kessler/Veldkamp*, KoR 2009 S. 246.
307 Vgl. BR-Drucks. 344/08 v. 23.5.2008, S. 135.
308 Vgl. *Kessler/Veldkamp*, Haufe HGB Bilanz Kommentar, 7. Aufl., Freiburg 2016, § 256a HGB Rz. 9 f.
309 Vgl. *Grottel/Koeplin*, Beck'scher Bilanz-Kommentar, 11. Aufl., München 2018, § 256a HGB Rz. 35.
310 Vgl. *Hommel/Laas*, BB 2008 S. 1666.

sind Verbindlichkeiten und Rückstellungen ebenso mit dem Geldkurs umzurechnen. Durch diese Umrechnung wird sichergestellt, dass im Zugangszeitpunkt kein Gewinn entsteht und somit dem Realisationsprinzip entsprochen wird.

Für die Wahl des Wechselkurses ist dabei der Realisationszeitpunkt von entscheidender Bedeutung.[311] Dieser Tag ist dadurch gekennzeichnet, dass das **wirtschaftliche Eigentum** an einem Vermögensgegenstand übergeht. Für die Bestimmung des Wechselkurses muss daher geprüft werden, wann ein Vermögensgegenstand in das wirtschaftliche Eigentum übergegangen ist, weil dieser Tag auch den maßgeblichen Stichtag für den Geldkurs darstellt. Im Allgemeinen geht das wirtschaftliche Eigentum am Tag der Lieferung über.[312] Für Wirtschaftsgüter, deren Rechnungsstellung in Fremdwährung erfolgt, ist für die Währungsumrechnung der Kurs im Anschaffungszeitpunkt maßgeblich.[313]

1001

Mit dem Briefkurs sind Bankguthaben bzw. liquide Mittel und Fremdwährungsforderungen umzurechnen, da sie zu einem Zufluss von Fremdwährung geführt haben bzw. führen werden.[314]

1002

Falls sich keine wesentliche Verzerrung der Darstellung der Vermögens-, Finanz- und Ertragslage eines Unternehmens einstellt, können auch **Mittel- bzw. Durchschnittskurse** für die Währungsumrechnung eingesetzt werden.[315] So ist beispielsweise eine Umrechnung zum Devisenkassamittelkurs eines abweichenden Buchungstages aus Vereinfachungsgründen zulässig, wenn sich hierdurch keine erhebliche Abweichung im Vergleich zur Erfassung mit dem Devisenkassamittelkurs zum eigentlichen Erfassungszeitpunkt ergibt.[316] Liegen eine Vielzahl von ähnlichen Geschäftsvorfällen vor, so kann anstelle der taggenauen Bilanzierung der Durchschnittskurs angesetzt werden, sollte dies keine wesentlichen Abweichungen zur Folge haben.[317]

1003

Mit dem Kurs am Tag ihrer Entstehung sind **Aufwendungen und Erträge** umzurechnen, zur Vereinfachung kann auch mit Durchschnittskursen umgerechnet werden.[318] Eine Umrechnung mit Durchschnittskursen kommt insbesondere dann in Betracht, wenn Erträge und Aufwendungen gleichmäßig über einen bestimmten Zeitraum anfallen und für diesen Zeitraum der Durchschnittskurs ermittelt wird.[319]

1004

(Einstweilen frei)

1005–1007

---

311 Vgl. *Küting/Mojadadr* in Küting/Pfitzer/Weber (Hrsg.), Handbuch der Rechnungslegung, Einzelabschluss, 5. Aufl., Stuttgart, § 256a HGB Rz. 49 (Stand: Juni 2010).
312 Vgl. BFH, Urteil v. 16.12.1977 – III R 92/75, BStBl 1978 II S. 233.
313 Vgl. *Schindler* in Kirchhof (Hrsg.), EStG, 17. Aufl., Köln 2018, § 6 EStG Rz. 52.
314 Vgl. *Zwirner/Künkele*, StuB 2009 S. 512.
315 Vgl. BR-Drucks. 344/08 v. 23.5.2008 S. 135.
316 Vgl. *Grottel/Koeplin*, Beck'scher Bilanz-Kommentar, 11. Aufl., München 2018, § 256a HGB Rz. 36. Im Rahmen der Umrechnung von auf Fremdwährung lautenden Anschaffungskosten können bspw. die v. BMF monatlich bekanntgegebenen Durchschnittskurse zur Umrechnung verwendet werden. Vgl. *Ehmcke* in Blümich, EStG, München, § 6 EStG Rz. 313 (Stand: Juli 2016).
317 Vgl. *Maier*, SteuK 2010 S. 50.
318 Vgl. *Grottel/Koeplin*, Beck'scher Bilanz-Kommentar, 11. Aufl., München 2018, § 256a HGB Rz. 220.
319 Vgl. *Kessler/Veldkamp*, Haufe HGB Bilanz Kommentar, 7. Aufl., Freiburg 2016, § 256a HGB Rz. 13.

7.3 Folgebewertung

1008 § 256a HGB bezieht sich in erster Linie auf die Folgebewertung von Fremdwährungspositionen. Im Gegensatz zur Zugangsbewertung, die sich als reiner Transformationsvorgang herausstellt und bei der sich die Bewertungsfrage lediglich auf die Wahl eines Wechselkurses beschränkt, stellt die Folgebewertung eine Bewertungsentscheidung im eigentlichen Sinne dar.[320]

1009 Von grundlegender Bedeutung für die Folgebewertung ist die Unterscheidung, ob beim jeweiligen zu beurteilenden Sachverhalt das **Realisations- bzw. Imparitätsprinzip und das Anschaffungskostenprinzip** einzuhalten sind. Diese Prinzipien kommen dann zur Anwendung, wenn die Restlaufzeit der Fremdwährungsposition **größer als ein Jahr** ist. Bei einer Laufzeit kleiner (gleich) einem Jahr kann es durch die Bewertung zum **Devisenkassamittelkurs** zu einem Ausweis unrealisierter Gewinne kommen.[321]

1010 Vermögensgegenstände werden mit dem Devisenkassamittelkurs am Abschlussstichtag bewertet. Dabei muss beachtet werden, dass für Vermögensgegenstände, deren Laufzeit größer als ein Jahr ist, ein **Niederwerttest** durchgeführt werden muss.[322] Bei diesem Niederwerttest werden die fortgeführten Anschaffungs- bzw. Herstellungskosten mit dem Betrag, der sich nach der Fremdwährungsumrechnung ergibt, verglichen. Nach den Grundsätzen des Realisations- bzw. Imparitätsprinzips darf lediglich der niedrigere der beiden Werte angesetzt werden. Bei Vermögensgegenständen, deren Laufzeit kleiner (bzw. gleich) einem Jahr ist, kann auch der höhere der beiden Werte angesetzt werden. Spiegelbildlich ist das Vorgehen bei der Folgebewertung von Verbindlichkeiten. Allerdings ist hier bei Verbindlichkeiten, deren Restlaufzeit größer als ein Jahr ist, gemäß dem **Höchstwertprinzip** der höhere Wertansatz zu wählen.[323]

1011 Zu Handelszwecken erworbene Finanzinstrumente, Rückstellungen und latente Steuern sind zu jedem Bilanzstichtag neu zu ermitteln und mit dem **Devisenkassamittelkurs** des Bilanzstichtages zu bewerten.[324] Das Realisations- bzw. Imparitätsprinzip und das Anschaffungskostenprinzip können in diesem Fall durchbrochen werden. Rechnungsabgrenzungsposten, die auf Einnahmen bzw. Ausgaben in Fremdwährung beruhen, entziehen sich einer Folgebewertung, da lediglich bei der Zugangsbewertung der Zahlungsvorgang von Bedeutung ist und Währungsschwankungen nach der Zugangsbewertung nicht erfolgsrelevant sind.[325] Ebenso sind Aufwendungen und Erträge nur im Rahmen der erstmaligen Erfassung umzurechnen.

1012 Aus der Folgebewertung können **Währungsdifferenzen im Einzelabschluss** entstehen.[326] Diese Währungsdifferenzen sind als Aufwendungen und Erträge in der GuV zu erfassen. Bei der Erfassung muss allerdings beachtet werden, dass der Leser der GuV

---

320 Vgl. *Grottel/Koeplin*, Beck'scher Bilanz-Kommentar, 11. Aufl., München 2018, § 256a HGB Rz. 31.
321 Vgl. *Kessler/Veldkamp*, Haufe HGB Bilanz Kommentar, 7. Aufl., Freiburg 2016, § 256a HGB Rz. 17.
322 Vgl. *Grottel/Koeplin*, Beck'scher Bilanz-Kommentar, 11. Aufl., München 2018, § 256a HGB Rz. 36.
323 Vgl. *Küting/Mojadadr* in Küting/Pfitzer/Weber (Hrsg.), Handbuch der Rechnungslegung, Einzelabschluss, 5. Aufl., Stuttgart, § 256a HGB Rz. 69 (Stand: Juni 2010).
324 Vgl. BR-Drucks. 344/08 S. 134.
325 Vgl. *Grottel/Koeplin*, Beck'scher Bilanz-Kommentar, 11. Aufl., München 2018, § 256a HGB Rz. 190.
326 Diese Währungsdifferenzen kommen dadurch zustande, dass bei der Folgebewertung andere Wechselkurse angesetzt werden als bei der Zugangsbewertung.

erkennen kann, in welchem Umfang Erträge und Aufwendungen durch die Währungsumrechnung entstanden sind. Daher werden Umrechnungsdifferenzen gemäß § 277 Abs. 5 Satz 2 HGB gesondert unter den sonstigen betrieblichen Erträgen bzw. sonstigen betrieblichen Aufwendungen erfasst.[327]

Im Interesse des Gläubigerschutzes sieht das Gesetz in bestimmten Fällen eine Ausschüttungssperre für unrealisierte Gewinne vor. Daher wäre es denkbar gewesen, unrealisierte Gewinne aus der Währungsumrechnung ebenfalls mit einer Ausschüttungssperre zu belegen. Vom Gesetzgeber wurde in Fällen der Währungsumrechnung **keine Ausschüttungssperre für unrealisierte Gewinne kodifiziert**.

Unter Beachtung von § 5 Abs. 1 Satz 1 EStG kann zunächst angenommen werden, dass § 256a HGB auch für die Steuerbilanz zu beachten ist.[328] Einige Autoren vertreten die Auffassung, dass es bei Währungsumrechnungen, die zu einem Ausweis nicht realisierter Gewinne führen, das **Maßgeblichkeitsprinzip** aufgrund von § 6 Abs. 1 Nr. 1 Satz 1, Nr. 2 Satz 1 EStG durchbrochen wird.[329] Demnach steht dem Ausweis von unrealisierten Gewinnen in der Handelsbilanz „steuerbilanziell das Anschaffungskostenprinzip entgegen (§ 6 Abs. 1 Nr. 1 Satz 1, Abs. 1 Nr. 2 Satz 1 und Abs. 1 Nr. 3)."[330]

Andere Autoren vertreten die Meinung, dass die Stichtagsbewertung bei kurzfristigen Währungspositionen auch für die Steuerbilanz gilt.[331] Im Fall einer ungünstigen Kursentwicklung kann es zu einem Auseinanderfallen von Handels- und Steuerbilanz kommen. So ist handelsrechtlich bei Ausblendung der Dauerhaftigkeit der Kursentwicklung stets der gesunkene Kurs von Aktiva (bzw. der gestiegene Kurs von Passiva) anzusetzen, wohingegen steuerlich das Erfordernis der Dauerhaftigkeit der Wertminderung bestehen bleibt.[332] Bei Währungsumrechnungen kommt das Imparitätsprinzip daher nicht zur Anwendung, wenn eine ungünstige Kursentwicklung nicht dauerhaft ist.[333]

Zwar kann es bei Vermögensgegenständen, deren Restlaufzeit kleiner als ein Jahr ist, zu einem Ausweis von **Währungsgewinnen** kommen, dies gilt jedoch nur handelsrechtlich. Steuerlich bilden die Anschaffungs- und Herstellungskosten die Bewertungsobergrenze (§ 6 Abs. 1 Nr. 2, 3 EStG).[334] Insofern ist sich erstgenannter Auffassung anzuschließen.

Im Gegensatz zum Handelsrecht darf bilanzsteuerlich eine Wertminderung damit nur vorgenommen werden, wenn diese als **dauerhaft** zu qualifizieren ist.[335] Daher scheidet

---

327 Vgl. *Grottel/Koeplin*, Beck'scher Bilanz-Kommentar, 11. Aufl., München 2018, § 256a HGB Rz. 231.
328 Vgl. *Günkel*, Ubg 2008 S. 134; *Schüttler*, PiR 2011, S. 137; a. A. *Ehmcke* in Blümich, EStG, München, § 6 EStG Rz. 21a (Stand: Juli 2016).
329 Vgl. *Hübner/Leyh*, DStR 2010 S. 1952; *Hoffmann/Lüdenbach*, NWB Kommentar Bilanzierung, 9. Aufl., Herne 2018, § 256a HGB Rz. 35.
330 *Hoffmann/Lüdenbach*, NWB Kommentar Bilanzierung, 9. Aufl., Herne 2018, § 256a HGB Rz. 35
331 Vgl. *Hoffmann*, PiR 2011 S. 56; *Schüttler*, PiR 2011 S. 137. Zum Teil wird auch befürchtet, dass die Finanzverwaltung § 256a HGB als maßgeblich für die Steuerbilanz erklärt. Vgl. *Schüttler/Stolz/Jahr*, DStR 2010 S. 768.
332 Vgl. *Kulosa* in Schmidt, EStG, 37. Aufl., München 2018, § 6 EStG Rz. 22.
333 Vgl. *Hoffmann/Lüdenbach*, NWB Kommentar Bilanzierung, 9 Aufl., Herne 2018, § 256a HGB Rz. 24.
334 Vgl. *Kulosa* in Schmidt, EStG, 37. Aufl., München 2018, § 6 EStG Rz. 22; *Ehmcke* in Blümich, EStG, München, § 6 EStG Rz. 21a (Stand: Juli 2016); *Hoffmann/Lüdenbach*, NWB Kommentar Bilanzierung, 9. Aufl., Herne 2018, § 256a HGB Rz. 35.
335 Vgl. *Hiller*, StuB 2016 S. 491, mit Bezug u.a. auf *Schüttler/Stolz/Jahr*, DStR 2010 S. 768; *Schmidt*, BBK 2009 S. 127.

eine Wertminderung bei einer nichtdauerhaften Wertminderung aus. So kann es zu einem Abweichen von Handels- und Steuerbilanz kommen, denn handelsrechtlich muss (ohne Rücksicht auf die Dauerhaftigkeit der Kursentwicklung) der gesunkene Kurs von Aktiva (bzw. der gestiegene Kurs von Passiva) angesetzt werden.[336] „Eine Besteuerung von Währungsgewinnen kommt dabei nur in Frage, wenn ein Währungsverlust auch direkt voll steuerlich wirksam wäre. Da dies im geltenden Steuersystem nicht vorgesehen ist, sollte an der hier beschriebenen Regelung festgehalten werden".[337]

1017-1019   *(Einstweilen frei)*

---

336 Vgl. *Maier*, SteuK 2010 S. 53.
337 *Hiller*, StuB 2016 S. 491.

Teil A:
Grundsatz- und Querschnittsfragen steuerlicher Gewinnermittlung

Kapitel VII:
Bewertungseinheiten

von
StB Dr. Christian Hick, Bonn

Kapitel VII: Bewertungseinheiten

Inhaltsübersicht

	Rz.
1. Steuerbilanzielle Spezialregelung für in der handelsrechtlichen Rechnungslegung gebildete Bewertungseinheiten	1020 - 1025
2. Systematische Anknüpfung an in der handelsrechtlichen Rechnungslegung (§ 254 HGB) gebildete Bewertungseinheiten	1026 - 1050
2.1 Maßgeblichkeit der handelsrechtlichen Definition von Bewertungseinheiten	1026 - 1027
2.2 Abgrenzung zu Bilanzierungseinheiten	1028
2.3 Anforderungen an die Bildung von Bewertungseinheiten gemäß § 254 HGB	1029 - 1036
2.3.1 Anforderungen an Grund- und Sicherungsgeschäft	1029 - 1030
2.3.2 Grundgeschäfte im Rahmen einer Bewertungseinheit	1031
2.3.3 Sicherungsinstrumente im Rahmen einer Bewertungseinheit	1032
2.3.4 Vergleichbare Risiken von Grund- und Sicherungsgeschäft	1033
2.3.5 Nachweis der Wirksamkeit (Effektivität) der Sicherungsbeziehung	1034 - 1036
2.4 Von § 254 HGB erfasste Bewertungseinheiten	1037 - 1044
2.4.1 Unterscheidung nach dem Umfang der Sicherungsbeziehung	1037 - 1038
2.4.2 Arten von Bewertungseinheiten	1039 - 1041
2.4.3 Antizipative Sicherungsgeschäfte	1042 - 1044
2.5 Faktisches Wahlrecht zur Bildung von Bewertungseinheiten	1045 - 1046
2.6 Rechtsfolge der Bildung einer Bewertungseinheit	1047 - 1050
3. Maßgeblichkeit der Ergebnisse in der handelsrechtlichen Rechnungslegung gebildeter Bewertungseinheiten	1051 - 1109
3.1 Spezialmaßgeblichkeit für Bewertungseinheiten zur „Absicherung finanzwirtschaftlicher Risiken"	1051 - 1052
3.2 Bewertungseinheiten zur „Absicherung finanzwirtschaftlicher Risiken"	1053 - 1054
3.3 Auswirkungen der Spezialmaßgeblichkeit für die steuerliche Gewinnermittlung	1055 - 1059
3.3.1 Keine Abkopplung von Handels- und Steuerbilanz	1055 - 1056
3.3.2 Verdrängung von § 5 Abs. 6 EStG und § 6 Abs. 1 EStG	1057
3.3.3 Nicht der Absicherung finanzwirtschaftlicher Risiken dienende Bewertungseinheiten	1058 - 1059
3.4 Begründung einer Bewertungseinheit	1060
3.5 Bilanzielle Abbildung einer laufenden Bewertungseinheit	1061 - 1080
3.5.1 Keine gesetzliche Regelung zur bilanziellen Abbildung	1061 - 1066
3.5.2 Bindungswirkung der handelsbilanziellen „Ergebnisse" der Bewertungseinheit für die steuerliche Gewinnermittlung	1067 - 1071
3.5.3 Übernahme einer in der Handelsbilanz gebildeten Drohverlustrückstellung	1072 - 1080
3.6 Verlängerung einer Bewertungseinheit	1081 - 1084
3.6.1 Verlängerung eines vorhandenen Sicherungsinstruments	1081
3.6.2 Verlängerung eines Sicherungsinstruments mit Abwicklung des bestehenden Sicherungsgeschäfts und Abschluss eines Anschlusssicherungsgeschäfts	1082 - 1084

3.7 Auflösung einer Bewertungseinheit	1085 - 1109
3.7.1 § 254 HGB ist bis zum Ende der Bewertungseinheit anzuwenden	1085 - 1086
3.7.2 Beendigung der Bewertungseinheit durch gleichzeitige Auflösung von Grund- und Sicherungsgeschäft	1087 - 1089
3.7.3 Grund- und Sicherungsgeschäft werden nicht gleichzeitig beendet	1090 - 1091
3.7.4 Bewertungseinheit bei schwebenden Geschäften (Beschaffungs- und Absatzgeschäfte)	1092 - 1109

AUSGEWÄHLTE LITERATUR

Altvater, Zur Abbildung von internen Geschäften in der Steuerbilanz, DB 2012 S. 939; *Anstett/Husmann*, Die Bildung von Bewertungseinheiten bei Derivatgeschäften, BB 1998 S. 1528; *Breckheimer*, Die steuerbilanzielle Behandlung von Sicherungsbeziehungen, Wiesbaden 2010; *Christiansen*, Zum Grundsatz der Einzelbewertung – insbesondere zur Bildung sogenannter Bewertungseinheiten, DStR 2003 S. 264; *Freiberg*, Prolongation von Sicherungsbeziehungen mit Devisentermingeschäften, StuB 2014 S. 264; *Glaser/Kahle*, Zum Einfluss der IFRS auf die steuerliche Gewinnermittlung: Die Bildung handelsbilanzieller Bewertungseinheiten als Einfallstor für internationale Rechnungslegungstendenzen, Ubg 2015 S. 113; *Glaser/Hachmeister*, Pflicht oder Wahlrecht zur Bildung bilanzieller Bewertungseinheiten nach dem BilMoG, BB 2011 S. 555; *Hahne*, Bilanzierung von Bewertungseinheiten gem. § 5 Abs. 1a EStG bei Fälligkeitsunterschieden – Auswirkungen der gesetzlichen Spezialregelung bei wegfallenden Sicherungsbeziehungen und Anschlusssicherungsgeschäften, BB 2006 S. 2291; *Hahne*, Bewertungseinheiten – Bestimmung des Anwendungsbereichs von § 5 Abs. 1a EStG n. F., StuB 2007 S. 18; *Hahne*, Anwendung der Steuerbefreiung für Aktiengewinne bei Risikoabsicherungsgeschäften, StuB 2008 S. 181; *Häuselmann*, Zweifelsfragen bei der bilanzsteuerlichen Erfassung von anteilsbezogenen Derivaten, Ubg 2008 S. 399; *Helios/Meinert*, Steuerrechtliche Behandlung von Bewertungseinheiten im Rahmen von Umwandlungen, Ubg 2011 S. 592; *Hennrichs*, Zur handelsrechtlichen Beurteilung von Bewertungseinheiten bei Auslandsbeteiligungen, WPg 2010 S. 1185; *Hennrichs/Hörhammer*, Steuerbilanzielle Fragen von Bewertungseinheiten, in: Steuerberater-Jahrbuch 2016/2017, Köln 2017, S. 327, *Herzig/Briesemeister*, Steuerliche Problembereiche des BilMoG-RegE, Ubg 2009 S. 157; *Herzig/Briesemeister*, Steuerliche Konsequenzen der Bilanzrechtsmodernisierung für Ansatz und Bewertung, DB 2009 S. 981; *Johannemann/Reiter*, Verluste aus Termingeschäften im Betriebsvermögen – Der Begriff des Termingeschäfts i. S. v. § 15 Abs. 4 Satz 3 EStG – Eine Standortbestimmung mit Beispielen, DStR 2015 S. 1489; *Krüger*, Bilanzsteuerrechtliche Implikationen der Reform des Handelsrechts, StB 2008 S. 117; *Künkele/Zwirner*, Maßgeblichkeit im Fokus der Finanzverwaltung, StuB 2013 S. 3; *Kütter/Prahl*, Die handelsrechtliche Bilanzierung der Eigenhandelsaktivitäten von Kreditinstituten, WPg 2006 S. 9; *Löw/Scharpf/Weigel*, Auswirkungen des Regierungsentwurfs zur Modernisierung des Bilanzrechts auf die Bilanzierung von Finanzinstrumenten, WPg 2008 S. 1016; *Löw*, Verlustfreie Bewertung antizipativer Sicherungsgeschäfte nach HGB – Anlehnung an internationale Rechnungslegungsvorschriften, WPg 2004 S. 1109; *Lüdenbach/Freiberg*, Handelsbilanzielle Bewertungseinheiten nach IDW ERS HFA 35 unter Berücksichtigung der steuerbilanziellen Konsequenzen, BB 2010 S. 1971; *Meinert*, Die Bildung objektübergreifender Bewertungseinheiten nach Handels- und Steuerecht, Köln 2010; *Meinert*, Aktuelle Anwendungsfragen zur Bildung objektübergreifender Bewertungseinheiten, DStR 2017 S. 1401 (Teil I) und S. 1447 (Teil II); *Meinert/Helios*, Kompensatorische Bewertung und Bewertungseinheiten beim Einsatz von Credit Linked Notes, DB 2014 S. 1697; *Miksch/Mattern*, Anwendung von § 8b KStG bei der Währungskurssicherung von Auslandsbeteiligungen im Rahmen von Bewertungseinheiten, DB 2010 S. 579; *Niedling/Gsödl*, Steuerliche Fragen bei der Absicherung von Refinanzierungsgeschäften und Fremdwährungsdarlehen – eine Analyse anhand von Fallbeispielen, Ubg 2017 S. 429; *Patek*, Bilanzierung von Sicherungszusammenhängen nach § 5 Abs. 1a EStG, FR 2006 S. 714; *Petersen/Zwirner/Froschhammer*, Die Bilanzierung von Bewertungseinheiten nach § 254 HGB, StuB 2009 S. 449; *Prinz*, Steuerwirkungen des BilMoG: Ziel, Realität, Perspektiven, GmbHR 2009 S. 1027; *Prinz/Hick*, Der neue § 5 Abs. 1a EStG – Gelungene gesetzliche Verankerung der steuerbilanziellen Bildung von Bewertungseinheiten?, DStR 2006 S. 771; *Prinz*, Arten der Einkünfteermittlung – Bestandsaufnahme und Kritik – Betriebsvermögensvergleich, in DStJG 2011 S. 136; *Rau*, Kompensatorische Bewertung von Finanzinstrumenten (Bewertungseinheiten) in der Steuerbilanz, DStR 2017 S. 737; *Rimmelspacher/Fey*, Beendigung von Bewertungseinheiten im handelsrechtlichen Jahresabschluss, WPg 2013 S. 994; *Scharpf*, Bilanzierung von Bewertungseinheiten in der Fünften Jahreszeit, DB 2012 S. 357; *Schmitz*, Steuerliche Auswirkungen handelsrechtlicher Bewertungseinheiten, DB 2009 S. 1620; *Schnitger*, Anwendung des § 8b KStG bei Stillhalteprämien und Optionsgeschäften – Anmerkung zum Urteil des BFH vom 6.3.2013, I R 18/12, DStR 2013 S. 1771; *Schumacher*, Kompensatorische Bewertung bei der Sicherung von Bilanzpositionen durch Finanztermingeschäfte in Handels- und Steuerbilanz, DB 1995 S. 1473; *Schmidt*, Bewertungseinheiten nach dem BilMoG, BB 2009 S. 882; *Teiche*, Auslandsbeteiligungen und ihre Absicherung gegen Währungskursrisiken, DStR 2014 S. 1737; *Tönnis/Schiersmann*, Die Zulässigkeit von Bewertungseinheiten in der Handelsbilanz, DStR 1997 S. 714 (Teil I) und S. 756 (Teil II); *Velte/Haacker*, Bewertungseinheiten bei kompensatorischen Risikosicherungsbeziehungen in der Handels- und Steuerbilanz, StuW 2013 S. 182; *Wagner*, Die Bildung von Bewertungseinheiten in der Steuerbilanz – Ursache und Wirkung der neuen Rechtslage, INF 2006 S. 538; *Wulf*, Bilanzierung von Bewertungseinheiten nach § 254 HGB unter Berücksichtigung des IDW RS HFA 35, DStZ 2012 S. 534; *Zwirner/Boecker*, Bewertungseinheiten in Form antizipativer Hedges – Besonderheiten und Probleme, BB 2012 S. 2935; *Zwirner/Busch*, Bilanzierung von Fremdwährungsverbindlichkeiten im Konzern – Bewertungseinheiten auf Basis von Ausschüttungen in Fremdwährung?, DB 2012 S. 2641.

1. Steuerbilanzielle Spezialregelung für in der handelsrechtlichen Rechnungslegung gebildete Bewertungseinheiten

Mit § 5 Abs. 1a Satz 2 EStG weist das Einkommensteuergesetz seit über zehn Jahren eine steuerbilanzielle Spezialregelung für in der handelsrechtlichen Rechnungslegung gem. § 254 HGB gebildete Bewertungseinheiten auf.[1] Nach der Gesetzessystematik betrifft die Vorschrift Steuerpflichtige, die als Vollkaufleute zur Führung von Büchern nach §§ 238 ff. HGB gesetzlich verpflichtet sind.[2] Für die Gewinnermittlung nach § 4 Abs. 1 EStG gilt das Verrechnungsgebot durch Bildung von Bewertungseinheiten somit nicht.

1020

Gemäß § 5 Abs. 1a Satz 2 EStG sind die Ergebnisse in der handelsrechtlichen Rechnungslegung zur Absicherung finanzwirtschaftlicher Risiken gebildeter Bewertungseinheiten konkret maßgeblich für die Steuerbilanz.[3] Die konkrete Maßgeblichkeit erstreckt sich dabei auch auf die aus einer zukünftigen Transaktion resultierenden Verpflichtungsüberhänge einer Bewertungseinheit (antizipative Bewertungseinheit). Hintergrund ist, dass das Passivierungsverbot für Drohverlustrückstellungen (§ 5 Abs. 4a Satz 2 EStG) für die aus einer Bewertungseinheit resultierenden Verpflichtungsüberhänge außer Kraft gesetzt ist.

---

1 Die Vorschrift wurde mit dem Gesetz zur Eindämmung missbräuchlicher Steuergestaltungen in das EStG aufgenommen. In zeitlicher Hinsicht ist die Vorschrift nach dem Tag der Verkündung des Gesetzes (6.5.2006) in Kraft getreten. Vgl. BGBl I 2006 S. 1095; BStBl I 2006 S. 353. Im Rahmen des BilMoG v. 25.5.2009 (BGBl I 2009 S. 1102; BStBl I 2009 S. 650) wurde dem § 5 Abs. 1a EStG ein Satz 1 vorangestellt, wonach Posten der Aktivseite nicht mit Posten der Passivseite verrechnet werden dürfen.
2 Vgl. *Korn/Schiffers*, § 5 EStG Rz. 440; *Anzinger*, in: HHR, § 5 EStG Anm. 70.
3 Vgl. Kapitel III, Rz. 410.

1021 Der steuerbilanziellen Spezialregelung für Bewertungseinheiten liegt die Zielsetzung des Gesetzgebers zugrunde, eine streng imparitätische Bewertung von Hedginggeschäften (Antizipation drohender Verluste ohne Gegenrechnung erwarteter Gewinne) durch eine gleichlaufende Verpflichtung zur Bildung von Bewertungseinheiten in der Handels- und Steuerbilanz einzuschränken. Das gesicherte Wertänderungsrisiko soll nicht ergebniswirksam werden, weil sich die gegenläufigen Risiken aus Grund- und Sicherungsgeschäft im Ergebnis gegenseitig aufheben. Hintergrund ist, dass eine Einzelbewertung von Grund- und Sicherungsgeschäft unter Beachtung des Realisations- und Imparitätsprinzips in einem solchen Fall zu einer unangemessenen Darstellung der Vermögens- und Ertragslage des Unternehmens führt. Drohen aus dem Grundgeschäft Verluste, sind diese in der Handelsbilanz auszuweisen. Die gleichzeitig aus dem Sicherungsgeschäft resultierende Gewinnerwartung bleibt hingegen (als zum Abschlussstichtag noch nicht realisierter Gewinn) unberücksichtigt.

Insoweit liegt dem § 5 Abs. 1a Satz 2 EStG die Erkenntnis des Gesetzgebers zugrunde, dass das Vorsichts- und Imparitätsprinzip bei Sicherungszusammenhängen zu Bilanzierungsergebnissen führen können, die die wirtschaftliche Leistungsfähigkeit eines Unternehmens als Anknüpfungspunkt für eine Besteuerung nicht sachgerecht erfassen. Aus steuerlicher Sicht dienen Bewertungseinheiten damit v. a. der Erfassung des „objektiv richtigen Gewinns" i. S. einer leistungsfähigkeitsgerechteren Besteuerung. In systematischer Hinsicht resultiert die besondere Stellung der Vorschrift allerdings daraus, dass der Gesetzgeber das Maßgeblichkeitsprinzip zur Sicherung des Steueraufkommens heranzieht.

1022 Praktische Probleme bei der Abbildung von Bewertungseinheiten in der Steuerbilanz sind vor allem darauf zurückzuführen, dass das HGB mit dem zwischenzeitlich im Rahmen des BilMoG eingeführten § 254 HGB zwar eine Rechtsgrundlage für die Bildung von Bewertungseinheiten aufweist, hierdurch aber sowohl die Tatbestandsvoraussetzungen als auch die Rechtsfolgen nur unvollständig geregelt werden. Dem § 254 HGB kommt nicht nur deklaratorische Bedeutung zu. Eine Anwendung auf vor dem 1.1.2010 beginnende Geschäftsjahre ist ausgeschlossen.[4] Hinzukommt, dass die beiden Regelungen nicht identisch formuliert wurden.[5] Dies ist auch darauf zurückzuführen, dass bis zur Einführung des § 254 HGB für die Abgrenzung der Reichweite der aus § 5 Abs. 1a EStG resultierenden Spezialmaßgeblichkeit auf die „handelsrechtliche Praxis" und die „tatsächlichen Gegebenheiten der Praxis" abzustellen war. Dies hat zur Folge, dass streitig ist, ob § 5 Abs. 1a EStG sämtliche nach § 254 HGB gebildeten Bewertungseinheiten erfasst.[6] Insgesamt ist festzustellen, dass sich die praktischen Anwendungsfragen auch mehr als zehn Jahre nach Einführung der Vorschrift bislang nicht reduziert haben.[7]

1023–1025 *(Einstweilen frei)*

---

4 Vgl. BFH v. 2.12.2015, I R 83/13, BStBl. II 2016 S. 831. S. hierzu auch *Rau*, DStR 2017 S. 737 [741].
5 Vgl. BT-Drucks. 16/634 S. 10.
6 S. hierzu auch Tz. 1053.
7 So auch *Meinert*, DStR 2017 S. 1401 [1402].

2. Systematische Anknüpfung an in der handelsrechtlichen Rechnungslegung (§ 254 HGB) gebildete Bewertungseinheiten

2.1 Maßgeblichkeit der handelsrechtlichen Definition von Bewertungseinheiten

Mit § 5 Abs. 1a Satz 2 EStG wird der Maßgeblichkeitsgrundsatz für den Spezialfall der kompensatorischen Bewertung finanzwirtschaftlicher Sicherungsgeschäfte in der Handelsbilanz im EStG konkret gesetzlich verankert.[8] Welche handelsbilanziellen Bewertungseinheiten von § 5 Abs. 1a Satz 2 EStG erfasst werden, definiert die Vorschrift selbst nicht. Verwiesen wird auf die in der handelsrechtlichen Rechnungslegung gebildeten Bewertungseinheiten.

1026

Für die praktische Anwendung ist daher entscheidend, unter welchen Voraussetzungen in der handelsrechtlichen Rechnungslegung (§ 254 HGB) isolierbare Grund- und Sicherungsgeschäfte einzeln zu bewerten sind (§ 252 Abs. 1 Nr. 3 HGB) oder vielmehr Bewertungseinheiten „zur Absicherung finanzwirtschaftlicher Risiken" zu bilden sind. Nach dem Gesetzeswortlaut ist das zusammengefasste Ergebnis dann auch der steuerlichen Gewinnermittlung zugrunde zu legen. Der allgemeine Maßgeblichkeitsgrundsatz des Abs. 1 Satz 1 wird insoweit durch eine spezielle Maßgeblichkeit für Zwecke der Berücksichtigung des Ergebnisses nach Handelsrecht gebildeter Bewertungseinheiten ergänzt.

Obwohl der Regelungsgehalt des § 5 Abs. 1a Satz 2 EStG ausschließlich die Bewertung der in die Bewertungseinheit einbezogenen Wirtschaftsgüter betrifft und damit eine gesetzliche Verankerung in § 6 EStG nahe gelegen hätte, hat der Gesetzgeber die Vorschrift – im Hinblick auf die gesetzliche Verankerung in § 5 EStG als Bilanzierungsvorschrift eingestuft. Auch die Finanzverwaltung geht in systematischer Hinsicht davon aus, dass § 5 Abs. 1a Satz 2 EStG die Bewertung der in eine Bewertungseinheit einbezogenen Wirtschaftsgüter regelt.[9] Hierfür ist die von dem Gesetzgeber angestrebte Nutzung des Maßgeblichkeitsprinzip zur Sicherstellung einer kompensatorischen Bewertung in der Steuerbilanz ausschlaggebend.

1027

2.2 Abgrenzung zu Bilanzierungseinheiten

Abzugrenzen sind Bewertungseinheiten von sog. Bilanzierungseinheiten.[10] Die in die Bewertungseinheit einbezogenen Vermögens- oder Schuldpositionen bleiben als eigenständige Vermögenswerte und Schulden erhalten. Hintergrund ist, dass Vermögenswerte und Schulden lediglich nach Maßgabe einer saldierenden Betrachtungsweise für Zwecke der Bewertung gedanklich zusammengefasst werden.[11] Anders stellt sich die

1028

---

[8] Vgl. *Hick*, in: HHR, § 5 EStG Anm. 1730.
[9] Vgl. OFD-Frankfurt vom 22.3.2012, S 2133 A-30-St 210, DStR 2012 S. 1389 sowie OFD Rheinland vom 11.3.2011, S 2133 – 2011/0002 – St 141, DB 2011 S. 737. Die OFD Verfügungen sind im Nachgang zu dem Schreiben des BMF an die Verbände vom 25.8.2010 (IV C 6-S 2133/07/10001, DB 2010 S. 2024) ergangen.
[10] Vgl. *Hick*, in: HHR, § 5 EStG Anm. 1723.
[11] Vgl. *Christiansen*, DStR 2003 S. 264.

Situation hingegen bei den sog. Bilanzierungseinheiten dar, bei denen einzelne Bilanzierungsobjekte aufgrund eines einheitlichen Funktions- und Nutzungszusammenhangs zu einem Vermögensgegenstand zusammengefasst werden.[12] Der Grundsatz der Einzelbewertung kommt in diesem Fall erst auf Ebene der zusammengefassten Bilanzierungsobjekte zur Anwendung. Eine Durchbrechung des Grundsatzes der Einzelbewertung erfolgt daher nicht.

2.3 Anforderungen an die Bildung von Bewertungseinheiten gemäß § 254 HGB

2.3.1 Anforderungen an Grund- und Sicherungsgeschäft

1029 Vermögensgegenstände und Schulden sind gem. § 252 Abs. 1 Nr. 3 HGB einzeln zu bewerten. Dabei sind nach § 252 Abs. 1 Nr. 4 HGB alle vorhersehbaren Risiken und Verluste zu berücksichtigen, die bis zum Abschlussstichtag entstanden sind. Gewinne sind nur zu berücksichtigen, wenn sie zum Abschlussstichtag realisiert sind (Imparitäts- und Realisationsprinzip). Aufwendungen und Erträge dürfen nicht verrechnet werden (§ 246 Abs. 2 Satz 1 HGB). Von diesen Grundsätzen weicht der Gesetzgeber mit der in § 254 HGB geregelten Möglichkeit ab, Grundgeschäfte und Sicherungsgeschäfte zu Bewertungseinheiten zusammenzufassen. Bis zu der gesetzlichen Verankerung der Bildung von Bewertungseinheiten im Rahmen des BilMoG wurden die Grundsätze zur bilanziellen Abbildung von Bewertungseinheiten aus den GoB abgeleitet.[13] Nach der Gesetzesbegründung geht der Gesetzgeber davon aus, dass durch § 254 HGB lediglich die bisherige handelsrechtliche Praxis festgeschrieben wird.[14] Eine Änderung der bisherigen Bilanzierungspraxis war durch den Gesetzgeber nicht beabsichtigt. Diese Aussage ist allerdings nicht unproblematisch, da es vor der Einführung des § 254 HGB an einem klaren handelsbilanziellen Konzept zur Bildung von Bewertungseinheiten fehlte.[15] Folge ist, dass auch nach der Einführung des § 254 HGB keine Rechtssicherheit hinsichtlich der konkreten Anwendungsvoraussetzungen für die Bildung von Bewertungseinheiten besteht. Dies ist insoweit problematisch, als durch die Bildung von Bewertungseinheiten ein Eingriff in grundlegende Prinzipien der Rechnungslegung erfolgt.

1030 In § 254 Satz 1 HGB werden die Anforderungen an das Grundgeschäft, das Sicherungsgeschäft und den zwischen den beiden Geschäften bestehenden Zusammenhang formuliert. Danach setzt die Bildung einer Bewertungseinheit kumulativ voraus, dass Schulden, schwebende Geschäfte oder mit hoher Wahrscheinlichkeit eintretende Transaktionen (= Grundgeschäfte) zum Ausgleich gegenläufiger Wertänderungen oder Zahlungsströme aus dem Eintritt vergleichbarer Risiken mit Finanzinstrumenten (= Sicherungsgeschäfte) zusammengefasst werden.[16] Die Entscheidung zur Bildung einer Bewertungseinheit kann sowohl unmittelbar im Zusammenhang mit dem Erwerb des

---

12 Vgl. hierzu BFH v. 28.9.1990 – III R 178/86, BStBl II 1991 S. 187; *Tönnis/Schiersmann*, DStR 1997 S. 714.
13 Für eine Übersicht über die Rechtsentwicklung vgl. *Meinert*, Köln 2010, S. 66; *Schumacher*, DB 1995 S. 1473; *Velte/Haacker*, StuW 2013 S. 182.
14 Vgl. BT-Drucks. 16/10067 S. 59.
15 Vgl. *Hick*, in: HHR, § 5 EStG Anm. 11721.
16 Zu Einzelheiten vgl. *Schmidt/Usinger*, Beck-BilKomm. § 254 HGB Rz. 10; *Hoffmann/Lüdenbach*, § 254 HGB Rz. 17 ff.

Sicherungsgeschäfts als auch zu einem späteren Zeitpunkt getroffen werden. § 254 HGB bezieht sich allein auf die Absicherung finanzieller Risiken und unterscheidet zwischen Wertänderungsrisiken (fair-value-Risiken) und Zahlungsstromänderungsrisiken (Cashflow-Risiken). Ein Wertänderungsrisiko besteht in dem Risiko der nachteiligen Änderung des Zeitwerts eines Grundgeschäfts. Dagegen liegt ein Zahlungsstromänderungsrisiko vor, wenn die Höhe einer künftigen Ein- oder Auszahlung aus einem Grundgeschäft ungewiss ist.[17] Im Einzelnen ist wie folgt zu unterscheiden:

Soweit Geschäfte bei Fälligkeit zu physischen Lieferungen des Basiswerts (physical settlement) führen, unterliegen sie einem Wertänderungsrisiko. Hintergrund ist, dass der Marktpreis des zu beschaffenden oder abzusetzenden Basiswerts vom Kontraktpreis abweichen kann (Absicherung des Güterpreisrisikos durch eine Bewertungseinheit).[18] Ist das Termingeschäft hingegen auf einen Barausgleich gerichtet (cash settlement), besteht primär ein Zahlungsstromrisiko. Dies ist dadurch begründet, dass künftige Zahlungsströme unsicher sind. Sind die Voraussetzungen des § 254 Satz 1 HGB nicht erfüllt, sind das Grund- und das Sicherungsgeschäft – unter Anwendung der allgemeinen bilanziellen Grundsätze (s. hierzu Rz. 1059) — einzeln zu bewerten.

2.3.2 Grundgeschäfte im Rahmen einer Bewertungseinheit

Grundgeschäft im Rahmen einer Bewertungseinheit können Vermögensgegenstände (Debitoren, Ausleihungen, Aktien, Vorräte), Schulden, schwebende Geschäfte (bspw. Liefer- und Kaufverpflichtungen) sowie mit hoher Wahrscheinlichkeit erwartete Transaktionen sein.[19] Während bei schwebenden Geschäften zum Abschlussstichtag bereits ein Rechtsgeschäft vorliegt (bspw. ein abgeschlossenes aber noch nicht erfülltes Absatz- oder Beschaffungsgeschäft), reicht es auch aus, wenn der Abschluss des Geschäftes noch nicht erfolgt ist, jedoch mit hoher Wahrscheinlichkeit erwartet wird (Grundgeschäft im Rahmen einer antizipativen Bewertungseinheit). Für den Nachweis der „hohen Wahrscheinlichkeit" sind bloße Absichtserklärungen des Unternehmens nicht ausreichend. Für die Dokumentation sind Erfahrungswerte der Vergangenheit, aktuelle Business-Pläne sowie das wirtschaftliche Umfeld des Unternehmens von Relevanz.[20]

1031

2.3.3 Sicherungsinstrumente im Rahmen einer Bewertungseinheit

Sicherungsinstrumente im Rahmen einer Bewertungseinheit können C mangels einer gesetzlichen Definition in § 254 Satz 1 HGB – sowohl originäre Finanzinstrumente (Aktien, Kredite und Anleihen) als auch derivative Finanzinstrumente (Optionen, Forwards und Futures) sein. Als Sicherungsgeschäft sind damit nur Finanzinstrumente zugelassen, die wiederum selbst auch Sicherungsinstrument sein können. So kann bspw. dem Termingeschäft (Verkauf von Ware auf Termin = Grundgeschäft) ein gegenläufiges Si-

1032

---

17 Vgl. IDW RS HFA 35, Tz. 21-23; *Tiedchen*, in Münchener Kommentar Bilanzrecht, 2013, § 254 HGB Tz. 4.
18 Vgl. IDW RS HFA 35 Tz. 25; *Drüen*, in Großkommentar HGB, 5. Aufl. 2014, § 254 Tz. 18, 21, 24; *Schmidt/Usinger*, Beck-BilKomm., § 254 HGB Tz. 25; *Tiedchen*, in Münchener Kommentar Bilanzrecht, 2013, § 254 HGB Tz. 14 m. w. N.
19 Zu weiteren Einzelheiten *Förschle/Usinger*, Beck-BilKomm. § 254 HGB Rz. 10 ff.; *Hoffmann/Lüdenbach*, § 254 HGB Rz. 17 ff.; *Glaser*, in Hachmeister/Kahle/Mock/Schüppen, Bilanzrecht, § 254 HGB Rz. 57.
20 Vgl. *Hoffmann/Lüdenbach*, § 254 HGB Rz. 18 ff.

cherungsgeschäft (Kauf von Ware auf Termin = Sicherungsgeschäft) gegenüberstehen. Auf eine Definition des Begriffs der Finanzinstrumente hat der Gesetzgeber aufgrund der Vielfalt und der ständigen Weiterentwicklung bewusst verzichtet.[21] Durch § 254 Satz 2 HGB werden den Finanzinstrumenten Warentermingeschäfte gleichgestellt.

2.3.4 Vergleichbare Risiken von Grund- und Sicherungsgeschäft

1033   Grund- und Sicherungsgeschäft müssen den gleichen Risiken unterliegen, um gegenläufige Wertänderungen und Zahlungsströme zu erwarten. Bspw. kann eine Forderung, die einem Fremdwährungs- und Zinsrisiko unterliegt, mit einem Zinsswap gegen das Zinsänderungsrisiko und mit einem Devisentermingeschäft gegen das Fremdwährungsrisiko abgesichert werden.[22]

Zwischen Pensionsverpflichtung und Rückdeckungsanspruch fehlt es hingegen an einem gegenläufigen wertbeeinflussenden Zusammenhang.[23] Hieran kann auch die aus § 6a EStG resultierende Bewertungsdifferenz nichts ändern.[24]

2.3.5 Nachweis der Wirksamkeit (Effektivität) der Sicherungsbeziehung

1034   Die Bildung einer Bewertungseinheit setzt voraus, dass eine Sicherungsabsicht besteht und zudem der Ausgleich gegenläufiger Wertänderungen durch das Grund- und Sicherungsgeschäft zu jedem Abschlussstichtag überwacht wird (Effektivität der Sicherungsbeziehung).[25] Dies gilt sowohl retrospektiv zur quantitativen Ermittlung der bilanziell zu berücksichtigen Wertveränderungen als auch prospektiv zur Feststellung, ob die Effektivität der Sicherungsbeziehung auch zukünftig gegeben ist.[26] Aus Nachweisgründen empfiehlt es sich, die Verknüpfung zwischen Grund- und Sicherungsgeschäft bereits mit Begründung der Bewertungseinheit zu dokumentieren.[27]

Auch wenn die Dokumentation kein Tatbestandsmerkmal des § 254 HGB darstellt, verlangt § 285 Nr. 23 Buchst. a HGB (soweit keine Angaben im Lagebericht erfolgen) für Kapitalgesellschaften und bestimmte haftungsbeschränkte Personengesellschaften im Anhang umfangreiche Angaben hinsichtlich der abgesicherten Risikoart, Art der Bewertungseinheit, Höhe der abgesicherten Risiken, Betrag der in die Bewertungseinheit einbezogenen Vermögensgegenstände, Schulden, schwebende Geschäfte sowie Angaben zu antizipativen Bewertungseinheiten.[28]

1035–1036   (*Einstweilen frei*)

---

21 Vgl. BT-Drucks. 16/10067 S. 58.
22 Vgl. hierzu *Zwirner/Busch*, DB 2012 S. 2641.
23 Vgl. OFD Frankfurt vom 22.3.2012, S 2133 A-30-St 210, DStR 2012 S. 1389.
24 Vgl. BFH, Urteil vom 25.2.2004 – I R 54/02, BStBl II 2004 S. 654.
25 Vgl. *Hoffmann/Lüdenbach*, § 254 HGB Rz. 44 ff.; *Kessler/Cassel*, in: Bertram/Brinkmann/Kessler/Müller, § 254 HGB Rz. 29.
26 Vgl. BT-Drucks. 16/10067 S. 58.
27 IDW RS HFA 35, Tz. 14 lässt eine nachträgliche Dokumentation bis zur Aufstellung des Abschlusses zu. Hierzu krit. *Scharpf*, DB 2012 S. 357.
28 Vgl. *Kessler/Cassel*, in: Bertram/Brinkmann/Kessler/Müller, § 254 HGB Rz. 35.

2.4 Von § 254 HGB erfasste Bewertungseinheiten

2.4.1 Unterscheidung nach dem Umfang der Sicherungsbeziehung

Eine Definition bestimmter Arten von Bewertungseinheiten weist § 254 HGB nicht auf.[29] Folgende Kriterien werden zur Abgrenzung von Bewertungseinheiten herangezogen: 1037

- Hohe Risikohomogenität,
- vollständige bzw. zumindest partielle Fristen- und Betragskongruenz,
- fortwirkende Dokumentation des Sicherungszusammenhangs sowie Durchhalteabsicht.

Typischerweise wird anhand des Aggregationsgrads der Sicherungsbeziehung zwischen Micro-, Macro- und Portfolio-Hedges unterschieden.[30] Mangels einer gesetzlichen Definition existiert allerdings keine einheitliche Abgrenzung zwischen den unterschiedlichen Hedge-Arten.[31] Die Abgrenzung ist daher nicht immer zweifelsfrei. Für die Bilanzierungspraxis ist allerdings die Abgrenzung zwischen den unterschiedlichen Hedge-Arten von untergeordneter Bedeutung. 1038

2.4.2 Arten von Bewertungseinheiten

Ein Micro-Hedge liegt idealtypisch vor, falls ein Grundgeschäft durch ein Deckungsgeschäft unmittelbar betrags- und zeitidentisch abgesichert wird.[32] Dies ist bspw. dann der Fall, wenn eine Fremdwährungsforderung durch ein gegenläufiges und fristenidentisches Termingeschäft abgesichert wird. 1039

> **BEISPIEL** Ein Unternehmen hat aus einer Lieferung einen Zahlungsanspruch in USD, der am 15.6. eingebucht wird. Der Anspruch ist am 31.8. fällig. Um sich gegen das Risiko eines sinkenden USD abzusichern, verkauft das Unternehmen USD per Termin 31.8. oder erwirbt eine Option zum Verkauf von USD zum 31.8.
>
> Durch den Verkauf von USD auf Termin bzw. durch den Erwerb der Verkaufsoption (Sicherungsgeschäft) hat sich das Unternehmen die Risiken eines einzelnen Geschäfts gegen einen möglichen Kursverlust der USD-Forderung (Grundgeschäft) bis zum Zeitpunkt des vereinbarten Zahlungseingangs abgesichert.

Bei einem Macro-Hedge werden mehrere in ihrer Struktur homogene Forderungen und Verbindlichkeiten gebündelt und innerhalb eines organisatorisch abgegrenzten Verantwortungsbereichs global abgesichert. Eine Identifikation oder konkrete Verknüpfung von Grund- und Sicherungsgeschäft ist nicht gegeben. Somit werden im Fall eines Macro-Hedge aus einer Vielzahl eingegangener Geschäfte resultierende Zinsänderungs-, Währungs- oder sonstige Preisrisiken begrenzt.[33] 1040

---

29 Vgl. *Schmidt/Usinger*, Beck-BilKomm. § 254 HGB Rz. 4.
30 Vgl. BT-Drucks. 16/10067 S. 59.
31 Vgl. *Schmidt/Usinger*, Beck-BilKomm. § 254 HGB Rz. 4; *Merkt*, Baumbach/Hopt, § 254 HGB Rz. 4.
32 Vgl. *Schmidt/Usinger*, Beck-BilKomm. § 254 HGB Rz. 4.
33 Vgl. *Tönnies/Schiersmann*, DStR 1997 S. 756.

1041 Ein Portfolio-Hedge geht über die homogene Zusammenfassung von Geschäften hinaus und bündelt unterschiedliche Grundgeschäftstypen hinsichtlich einer möglichst kostengünstigen Absicherung.

2.4.3 Antizipative Sicherungsgeschäfte

1042 Von § 254 HGB werden auch antizipative Sicherungsgeschäfte erfasst. In diesem Fall erstreckt sich der Gegenstand der Bewertungseinheit nicht auf bereits bilanzierte Grundgeschäfte (bspw. Forderungen, Waren oder Verbindlichkeiten), sondern mit hoher Wahrscheinlichkeit erwartete zukünftige Transaktionen.[34] Im Hinblick auf die weitreichenden Folgen einer kompensatorischen Bewertung (Außerkraftsetzung des Realisations- und Imparitätsprinzips) werden an die Tatbestandsvoraussetzungen antizipativer Bewertungseinheiten hohe Anforderungen gestellt. Dies betrifft vor allem das Kriterium der hohen Wahrscheinlichkeit für den Eintritt der Transaktion in der Zukunft. Eine überwiegende Wahrscheinlichkeit für den Eintritt der Transaktion (i. S. v. mehr als 50 %) wird als nicht ausreichend eingestuft. Vielmehr muss die erwartete Transaktion mit hinreichender Sicherheit eintreten, d. h. der Eintritt muss so gut wie sicher sein.[35] Dies bedeutet, dass dem Abschluss der Transaktion lediglich außerhalb des Einflussbereichs des Bilanzierenden liegende und nicht vorhersehbare Umstände entgegenstehen dürfen.[36]

1043–1044 *(Einstweilen frei)*

2.5 Faktisches Wahlrecht zur Bildung von Bewertungseinheiten

1045 Der Wortlaut des § 254 HGB lässt offen, ob es sich bei der Bildung von Bewertungseinheiten um ein handelsbilanzielles Wahlrecht handelt. Die h. M.[37] spricht sich für ein Wahlrecht aus. Dem hat sich nunmehr der BFH in der Entscheidung vom 2.12.2015 angeschlossen.[38] Danach kann die Bildung einer Bewertungseinheit auch dann nicht verlangt werden, wenn zwischen Grund- und Sicherungsgeschäft eine tatsächliche Risikoabsicherung i. S. eines Micro-Hedge besteht.

Wenn in der Praxis darauf verzichtet wird, in ökonomischer Hinsicht bestehende Sicherungsbeziehungen auch in der Rechnungslegung nachzuvollziehen, so ist dies regelmäßig auch auf den mit der Bildung einer Bewertungseinheit in Zusammenhang stehenden Dokumentationsaufwand zurückzuführen.[39] Wird allerdings bei wesentlichen und offenkundig bestehenden Sicherungsbeziehungen ohne wirtschaftlich nachvollziehbaren Grund auf die Bildung einer Bewertungseinheit verzichtet und resultiert hieraus

---

34 Zu Einzelheiten vgl. *Zwirner/Boecker*, BB 2012 S. 2935.
35 Vgl. *Schmidt/Usinger*, Beck-BilKomm. § 254 HGB Rz. 12.
36 S. auch IDW RS HFA 35, Tz. 32.
37 Vgl. *IDW*, WP Handbuch 2017, F 203; IDW RS HFA 35, Tz. 12; *Hoffmann/Lüdenbach*, § 254 HGB Rz. 11; *Schmidt/Usinger*, Beck-BilKomm. § 254 HGB Rz. 5; a. A. *Glaser*, in Hachmeister/Kahle/Mock/Schüppen, Bilanzrecht, § 254 HGB Rz. 41; *Glaser/Hachmeister*, BB 2011 S. 555 ff.; *Wulf*, DStZ 2012 S. 534; *Kessler/Cassel*, in: Bertram/Brinkmann/Kessler/Müller, § 254 HGB Rz. 7; *Merkt*, Baumbach/Hopt, § 254 HGB Rz. 11.
38 I R 83/13, BStBl. II 2016 S. 831.
39 Vgl. *Hoffmann/Lüdenbach*, Beck-BilKomm. § 254 HGB Rz. 13.

eine Beeinträchtigung der Vermögens- bzw. Ertragslage, sind entsprechende Angaben im Anhang bzw. Lagebericht geboten.[40]

(Einstweilen frei) 1046

2.6 Rechtsfolge der Bildung einer Bewertungseinheit

Folge der Bildung einer Bewertungseinheit ist, dass das Imparitäts- und Realisationsprinzip nicht mehr auf ein abgegrenztes Bewertungsobjekt, sondern auf eine aggregierte Bewertungseinheit zur Anwendung gelangen. Dies folgt daraus, dass § 254 HGB vorschreibt, dass § 249 Abs. 1 HGB (Ansatz von Drohverlustrückstellungen), § 252 Abs. 1 Nr. 3 HGB (Grundsatz der Einzelbewertung), § 252 Abs. 1 Nr. 4 HGB (Vorsichts- und Realisationsprinzip), § 253 Abs. 1 Satz 4 HGB (Anschaffungshöchstwertgrenze) und § 256a HGB (erfolgswirksame Währungsumrechnung) in dem Umfang und für den Zeitraum nicht anzuwenden sind, in dem sich die gegenläufigen Wertänderungen der Bilanzpositionen ausgleichen (sog. effektiver Teil der Bewertungseinheit). Der nicht effektive Teil der Bewertungseinheit ist nach den allgemeinen Regeln zu bilanzieren. Durch § 254 HGB wird damit eine „Verrechnung" von unrealisierten Aufwendungen mit unrealisierten Erträgen (kompensatorische Bewertung) ermöglicht. Dies gilt bei der Absicherung zukünftiger Transaktionen auch periodenübergreifend. Ein einheitlicher Vermögensgegenstand entsteht durch die Bildung einer Bewertungseinheit allerdings nicht. Bei Grund- und Sicherungsgeschäft handelt es sich jeweils um eigenständig abzubildende Bilanzpositionen, die lediglich zu Bewertungszwecken zusammengefasst werden.[41] 1047

Die Verlustantizipation wird auf diejenigen Fälle beschränkt, in denen tatsächlich ein Verlust droht. Resultiert aus der kompensatorischen Bewertung ein positives Ergebnis, so steht einem Ausweis § 252 Abs. 1 Nr. 4 HGB entgegen. Ein negatives Ergebnis mindert dagegen den Gewinn; bei schwebenden Geschäften erfolgt eine Verlustantizipation durch die Bildung von Drohverlustrückstellungen i. S. d. § 249 Abs. 1 Satz 1 HGB.

Vor dem Hintergrund, dass der Gesetzgeber in § 254 HGB keine Regelung zum Zeitpunkt des Beginns und der Beendigung einer Bewertungseinheit getroffen hat, ist eine Bewertungseinheit ab dem Zeitpunkt ihrer nachweislichen Begründung bilanziell zu berücksichtigen.

(Einstweilen frei) 1048–1050

3. Maßgeblichkeit der Ergebnisse in der handelsrechtlichen Rechnungslegung gebildeter Bewertungseinheiten

3.1 Spezialmaßgeblichkeit für Bewertungseinheiten zur „Absicherung finanzwirtschaftlicher Risiken"

Werden handelsrechtlich nach § 254 HGB Bewertungseinheiten gebildet, sind die Ergebnisse nach dem Wortlaut des § 5 Abs. 1a Satz 2 EStG für die steuerliche Gewinnermittlung konkret (d. h. sowohl in Bezug auf den Ansatz als auch die Bewertung) maß- 1051

---

40 Vgl. *Schmidt/Usinger*, Beck-BilKomm. § 254 HGB Rz. 5.
41 Vgl. *Drüen*, in Staub, HGB, 5., Aufl., 2014, § 254 HGB Rz. 12.

geblich, soweit finanzwirtschaftliche Risiken abgesichert werden. Ein eigenständiges Steuerbilanzrecht für Bewertungseinheiten besteht damit nicht.[42] Auf die Art der Bewertungseinheit (Micro-, Macro- oder Portfolio-Hedge) kommt es dabei nicht an.[43] Zudem entsteht auch steuerlich durch die Bildung einer Bewertungseinheit kein neues Wirtschaftsgut. Ausgehend von dem Wortlaut des § 5 Abs. 1a Satz 2 EStG, der ausdrücklich nur zur Absicherung „finanzwirtschaftlicher Risiken" gebildete Bewertungseinheiten erfasst, erstreckt sich die konkrete Maßgeblichkeit somit nur auf einen Teilbereich der nach § 254 HGB handelsrechtlich zulässigen Bewertungseinheiten.[44] Antizipative Bewertungseinheiten sind für die steuerliche Gewinnermittlung ebenfalls nur dann maßgeblich, wenn die künftig höchstwahrscheinlich erwarteten Rechtsgeschäfte finanzwirtschaftliche Risiken betreffen. Der Wortlaut des § 5 Abs. 1a Satz 2 EStG, wonach nur „zur Absicherung finanzwirtschaftlicher Risiken" gebildete Bewertungseinheiten für die steuerliche Gewinnermittlung maßgeblich sind, steht dieser Beurteilung nicht entgegen.[45] Aus dem Wortlaut des § 5 Abs. 1a Satz 2 EStG lässt sich nicht die Schlussfolgerung ziehen, dass potentielle finanzwirtschaftliche Risiken und deren Absicherung durch antizipative Bewertungseinheiten i. S. v. § 254 HGB aus dem Anwendungsbereich des § 5 Abs. 1a Satz 2 EStG ausgenommen sind.[46] Dies folgt daraus, dass die Vorschrift allgemein von „finanzwirtschaftlichen Risiken" spricht. Es kommt demnach nicht darauf an, ob die Risiken bereits eingetreten sind.

1052 Es ist allerdings umstritten, welche rechtlichen Konsequenzen aus den sprachlichen Differenzen zwischen § 254 HGB und § 5 Abs. 1a Satz 2 EStG resultieren. Ein Teil des Schrifttums misst der sprachlichen Abweichung keine Bedeutung bei und geht im Ergebnis von einem identischen Regelungsbereich aus.[47] Die Gegenauffassung geht hingegen davon aus, dass die sprachliche Abweichung des § 5 Abs. 1a Satz 2 EStG von § 254 HGB auch auf den sachlichen Anwendungsbereich der steuerlichen Vorschrift durchschlägt.[48] Damit wäre nur ein Teil der handelsrechtlich zulässigen Bewertungseinheiten von § 5 Abs. 1a Satz 2 EStG erfasst. Im Kern geht es bei dem Streit um die Frage, ob § 5 Abs. 1a Satz 2 EStG den Anwendungsbereich des § 254 HGB über das Tatbestandsmerkmal „zur Absicherung finanzwirtschaftlicher Risiken" einschränkt.

3.2 Bewertungseinheiten zur „Absicherung finanzwirtschaftlicher Risiken"

1053 Der Gesetzgeber hat auf eine Definition des Begriffs der finanzwirtschaftlichen Risiken und auf eine Abgrenzung zu den gem. § 254 HGB gebildeten Bewertungseinheiten zur

---

42 Vgl. *Glaser*, in Hachmeister/Kahle/Mock/Schüppen, Bilanzrecht, § 254 HGB Rz. 135.
43 Vgl. *Schmidt/Weber-Grellet*, § 5 EStG Rz. 71; sowie BT-Drucks. 16/634 S. 10.
44 Vgl. *Prinz*, GmbHR 2009 S. 1027; *Hick*, in: HHR, § 5 EStG Anm. 1645; *Krüger*, StB 2008 S. 117.
45 A.A. *Glaser/Kahle*, Ubg 2015 S. 113 [120].
46 Vgl. *Hick*, in: HHR, § 5 EStG Anm. 1730.
47 Vgl. *Herzig/Briesemeister*, Ubg. 2009 S. 158; *Frotscher*, in: Frotscher, § 5 EStG Rz. 144a2; *Korn/Schiffers*, § 6 EStG Rz. 452.1; *Künkele/Zwirner*, StuB 2013 S. 3; *Haisch/Helios*, Rechtshandbuch der Finanzinstrumente, 2011, § 4 Rz. 14. Für eine Gegenüberstellung der Rechtsauffordderungen s. *Hennrichs/Hörhammer*, Steuerbilanzielle Fragen von Bewertungseinheiten, in: Steuerberater-Jahrbuch 2016/2017, Köln 2017, S. 340 ff.
48 Vgl. u. a. *Schmidt/Weber-Grellet*, § 5 EStG Rz. 70; *Meinert*, DStR 2017 S. 1401 [1405]; *Meinert/Helios*, DB 2014 S. 1697 [1701].

Absicherung „gegenläufiger Wertänderungs- und Zahlungsstromrisiken aus dem Eintritt vergleichbarer Risiken" verzichtet. In der Gesetzesbegründung spricht der Gesetzgeber von Sicherungsgeschäften zur Absicherung von Kursrisiken.[49] Auch die Finanzverwaltung hat zu dem Begriff der finanzwirtschaftlichen Risiken bislang noch nicht Stellung genommen. Im wirtschaftswissenschaftlichen Sprachgebrauch werden die „finanzwirtschaftlichen" Risiken eines Unternehmens von „leistungswirtschaftlichen" bzw. „realwirtschaftlichen" Risiken abgegrenzt.[50] Zudem stellt sich die Frage der Abgrenzung zu dem allgemeinen Unternehmerrisiko. Für die Abgrenzung des Anwendungsbereichs des § 5 Abs. 1a Satz 2 EStG kommt es somit darauf an, wie finanzwirtschaftliche Risiken von dem allgemeinen Unternehmerrisiko sowie leistungswirtschaftlichen Risiken abzugrenzen sind. In Bezug auf den Begriff des Risikos ist zunächst festzustellen, dass es sich hierbei um die zukünftige (meist negative) Abweichung einer bestimmten Größe vom errechneten Erwartungswert handelt.

Anhand der Bezugnahme auf finanzwirtschaftliche Risiken wird zunächst deutlich, dass das allgemeine Unternehmerrisiko nicht im Rahmen einer Bewertungseinheit absicherungsfähig ist.[51] Das allgemeine Unternehmerrisiko betrifft nicht betriebsbedingte Einzelwagnisse, sondern die Unternehmung als Ganzes (z. B. Rückschläge in der gesamtwirtschaftlichen Entwicklung, Inflation, technischer Fortschritt, plötzliche Nachfrageverschiebungen). Der Gesetzgeber wollte durch die ausdrückliche Bezugnahme auf finanzwirtschaftliche Risiken verhindern, dass allgemeine Verlustrisiken, die sich nicht einzelnen Geschäften oder betrieblichen Leistungen spezifisch zuordnen lassen, sondern Ausfluss der Unternehmerstellung sind, abweichend vom Imparitätsprinzip mit unrealisierten Gewinnen saldiert werden.

Ein leistungswirtschaftliches Risiko liegt vor, wenn die Unsicherheit, die das Unternehmensergebnis negativ beeinflusst, im leistungswirtschaftlichen Bereich zu verorten ist. Nach dieser Abgrenzung zählen zu den leistungswirtschaftlichen Risiken die Risiken in den Bereichen Beschaffung, Produktion, Absatz/Vertrieb sowie Forschung und Entwicklung. Erfasst sind bspw. Wertminderungen vorhandener körperlicher Gegenstände[52] oder das Betriebsrisiko bei der Fertigung von Wirtschaftsgütern. Hierbei kann es sich um Risiken handeln, die im Versagen interner Systeme/Verfahren (bspw. in Form von Organisationsmängeln, Mängeln des Risikomanagementsystems oder menschlichem Versagen) begründet sind.[53]

Eine Absicherung finanzwirtschaftlicher Risiken liegt vor, soweit die Absicherung von Marktpreisrisiken erfolgt. Finanzwirtschaftliche Risiken in diesem Sinne resultieren aus Warenpreisen, Währungskursen, Zinssätzen und Aktienkursen.[54] Damit kann man unter finanzwirtschaftlichen Risiken solche Risiken verstehen, die sich v. a. aus börsenmäßig ermittelten Preisänderungen für Währungen, Waren, Zinssätze, Optionen, Aktien, Obli-

---

[49] Vgl. BT-Drucks. 16/634 S. 10.
[50] Vgl. u. a. *Horváth/Gleich*, in: Dörner/Horváth/Kagermann, Praxis des Risikomanagements, Stuttgart 2000, S. 111 ff.
[51] Vgl. BT-Drucks. 16/634 S. 86.
[52] Vgl. *Hick*, in: HHR, § 5 EStG Anm. 1730.
[53] Vgl. *Herzig/Briesemeister*, Ubg 2009 S. 158.
[54] *Krumm*, in: Blümich, § 5 EStG, Tz. 451.

gationen und Ähnlichem ergeben und die durch Finanzinstrumente abgesichert werden können.[55] Bei den abgesicherten Risiken muss es sich somit um Preisänderungsrisiken (fair-value-Risiken) handeln.

In der Praxis ist die Abgrenzung zwischen der Absicherung finanzwirtschaftlicher Risiken und leistungswirtschaftlicher Risiken nicht immer trennscharf. Dies wird im Fall der Absicherung von Preisänderungsrisiken von Waren und Rohstoffen durch Warentermingeschäfte deutlich, für die nach § 254 Satz 2 HGB die Bildung einer Bewertungseinheit erfolgen kann. In diesen Fällen ist dem Grunde nach der Beschaffungs- bzw. Absatzbereich des Unternehmens und damit ein leistungswirtschaftliches Risiko betroffen. Die Transaktion wäre damit von dem Anwendungsbereich des § 5 Abs. 1a Satz 2 EStG ausgenommen.[56] Allerdings ist das abgeschlossene Termingeschäft zugleich auch auf die Absicherung eines finanzwirtschaftlichen Risikos in Form eines Marktpreisänderungsrisikos ausgerichtet. Dies hat zur Folge, dass von der Transaktion zugleich auch der Finanzbereich des Unternehmens und damit ein von dem Anwendungsbereich des § 5 Abs. 1a Satz 2 EStG erfasstes finanzwirtschaftliches Risiko betroffen ist. Nach dieser Sichtweise liegt ein finanzwirtschaftliches Risiko bspw. auch in Bezug auf die unsichere Entwicklung der Preise von energiewirtschaftlichen Commodities vor.[57] Basiswerte dieser Termingeschäfte sind realwirtschaftliche Güter. Mögliche Verluste aus diesen Geschäften sind aber auf schwankende Marktpreise zurückzuführen. Dies gilt insbesondere für diejenigen Geschäfte, die nicht auf physische Lieferung des Basiswerts, sondern auf ein Cash-Settlement gerichtet sind.[58] Bei dem aus dem Termingeschäft resultierenden Marktpreisrisiko handelt es sich um ein finanzwirtschaftliches Risiko.[59] Deutlich wird, dass im Zuge der Absicherung von Beschaffungs- und Absatzgeschäften abgeschlossene Finanzinstrumente der Absicherung finanzwirtschaftlicher Risiken dienen.

Selbst wenn man davon ausgeht „finanzwirtschaftlich" seien nur Zahlungsstromänderungsrisiken (Cashflow-Risiken), nicht aber die gleichfalls in § 254 HGB genannten Wertänderungsrisiken (fair-value-Risiken), gelangt man zu keinem anderen Ergebnis. Die zur Absicherung von Beschaffungs- und Absatzgeschäften getätigten Termingeschäfte unterliegen nämlich potentiell beiden Risiken. Insbesondere soweit Termingeschäfte auf einen Barausgleich (cash settlement) gerichtet sind, besteht primär ein Risiko unsicherer Zahlungsströme (Cashflow-Risiko).

1054 **BEISPIEL[60]** Geschäftsgegenstand eines Energiehandelsunternehmens bilden energiewirtschaftliche Handelsgeschäfte in Form des Kaufs und Verkaufs von Strom auf Termin. Im Rahmen dieser Geschäfte schließt das Unternehmen am 1.4.2018 ein Termingeschäft über den Kauf von Strom mit Lieferung zum 30.3.2019 (= Grundgeschäft) mit einem Marktwert von 5,5 Mio. € ab. Am

---

55 Vgl. *Schiffers*, DStZ 2006 S. 403; *Krumm*, in: Blümich, § 5 EStG Rz. 237.
56 Vgl. *Meinert*, Die Bildung objektübergreifender Bewertungseinheiten nach Handels- und Steuerrecht, Köln 2000, S. 189; *Hahne*, StuB 2007 S. 18; a. A. *Herzig/Briesemeister*, Ubg 2009 S. 158.
57 Zur Zulässigkeit der Absicherung von Commodity-Risiken nach § 254 HGB s. *Glaser*, in Hachmeister/Kahle/Mock/Schüppen, Bilanzrecht, § 254 HGB Rz. 125.
58 So auch *Krumm*, in: Blümich, § 5 EStG, Tz. 237.
59 Vgl. *Krumm*, in: Blümich, § 5 EStG, Tz. 237; *Hick*, in Herrmann/Heuer/Raupach, § 5 EStG Anm. 1645; *Herzig/Briesemeister*, DB 2009, S. 976, 980; *Herzig/Briesemeister*, Ubg 2009, S. 157, 158; *Barckow*, in StbJb 2006/07, S. 217, 220; *Hahne*, StuB 2007 S. 18, 20; *Schiffers*, DStZ 2006 S. 400, 403.
60 S. hierzu auch *Hennrichs*, Steuerbilanzielle Fragen von Bewertungseinheiten, in Tagungsunterlage 68. Fachkongress der Steuerberater, Köln 2016.

31.12.2018 ist der Marktpreis des erworbenen Stroms auf 4,5 Mio. € gefallen. Auf Grund bestehender Terminkontrakte könnte ein Verkauf des Stroms zum Termin 28.2.2019 (= Sicherungsgeschäft) für 5 Mio. € erfolgen. Das Unternehmen hat in der Handelsbilanz das Erwerbsgeschäft und das Verkaufsgeschäft gem. § 254 Satz 2 HGB zu einer Bewertungseinheit (antizipatives Hedging) zusammengefasst und eine Rückstellung für drohende Verluste aus Bewertungseinheiten zum 31.12.2018 i. H. v. 500.000 € gebildet.

Gemäß § 5 Abs. 1a Satz 2 i. V. m. Abs. 4a Satz 1 EStG wäre die in der Handelsbilanz gebildete Rückstellung für drohende Verluste aus Bewertungseinheiten auch der steuerlichen Gewinnermittlung des Energiehandelsunternehmens zum 31.12.2018 zugrunde zu legen. Denn die gebildete Bewertungseinheit dient der Absicherung eines finanzwirtschaftlichen Risikos i. S. d. § 5 Abs. 1a Satz 2 EStG in Gestalt eines Preisänderungsrisikos. Dem steht nicht entgegen, dass dem Termingeschäft als sog. Underlying ein realwirtschaftliches Wirtschaftsgut in Form von Strom zugrunde liegt. Die Absicherung eines leistungswirtschaftlichen Risikos liegt somit nicht vor.

3.3 Auswirkungen der Spezialmaßgeblichkeit für die steuerliche Gewinnermittlung

3.3.1 Keine Abkopplung von Handels- und Steuerbilanz

Ist in der Handelsbilanz gem. § 254 HGB eine kompensatorische Bewertung unterblieben, so bleibt es dabei auch für die steuerliche Gewinnermittlung. Die Bildung einer Bewertungseinheit in der Handelsbilanz stellt insoweit eine zwingende Voraussetzung für die Anwendung des § 5 Abs. 1a Satz 2 EStG dar.[61]

Die spezielle und konkrete „Ausschnittsmaßgeblichkeit" des § 5 Abs. 1a Satz 2 EStG verdrängt insoweit den allgemeinen Grundsatz der Maßgeblichkeit handelsrechtlicher GoB für die steuerliche Gewinnermittlung. Allerdings kann der wahlweise handelsbilanzielle Verzicht auf die Bildung einer Bewertungseinheit auch nicht mehr ein steuerbilanzielles Gebot zur Verrechnung auslösen. Auf Grund des Abs. 1a ist eine „Abkopplung" von Handels- und Steuerbilanz nunmehr nicht mehr möglich.

Die in § 5 Abs. 1a Satz 2 EStG angeordnete Bindung an die Handelsbilanz greift nicht nur für die Frage, „ob" eine Bewertungseinheit zu bilden ist, sondern auch hinsichtlich der Ergebnisauswirkung der Bildung, Fortführung und Auflösung der Bewertungseinheit.[62] Dies bedeutet, dass die Ergebnisse in der Handelsbilanz gebildeter Bewertungseinheiten so unmittelbar Eingang in die steuerliche Gewinnermittlung finden.

3.3.2 Verdrängung von § 5 Abs. 6 EStG und § 6 Abs. 1 EStG

Durch Übernahme der Ergebnisse in der handelsrechtlichen Rechnungslegung gebildeter Bewertungseinheiten in die steuerliche Gewinnermittlung werden der Bewertungsvorbehalt gemäß § 5 Abs. 6 EStG und der Grundsatz der Einzelbewertung gem. § 6 Abs. 1 EStG durch § 5 Abs. 1a EStG verdrängt.[63]

---

61 Vgl. *Hick*, in: HHR, § 5 EStG Anm. 1735.
62 Siehe hierzu nachfolgend unter 3.4. ff.
63 Vgl. *Hick*, in: HHR, § 5 EStG Anm. 1724.

3.3.3 Nicht der Absicherung finanzwirtschaftlicher Risiken dienende Bewertungseinheiten

1058 Für die Ergebnisse nicht der Absicherung finanzwirtschaftlicher Risiken dienender Bewertungseinheiten gilt § 5 Abs. 1a Satz 2 EStG nicht. Die Ergebnisse der Bewertungseinheiten sind dann über § 5 Abs. 1 Satz 1 EStG für die steuerliche Gewinnermittlung maßgeblich. In diesem Fall ist dann allerdings der steuerliche Bewertungsvorbehalt gem. § 5 Abs. 6 EStG zu beachten. Es kommt dann darauf an, ob die Übernahme der handelsrechtlichen Ergebnisse in Einklang mit dem steuerlichen Bewertungsvorbehalt gem. § 6 Abs. 1 EStG steht.

1059 Geht man davon aus, dass § 5 Abs. 1a Satz 2 EStG nur einen Teilbereich der nach § 254 HGB zulässigen Bewertungseinheiten erfasst, müsste für steuerliche Zwecke eine imparitätische Einzelbewertung der in eine (handelsrechtlich gebildete) Bewertungseinheit einbezogenen Grund- und Sicherungsgeschäfte erfolgen. Vor dem Hintergrund, dass im Falle einer Einzelbewertung die Saldierung von unrealisierten Gewinnen mit unrealisierten Verlusten entfällt, können sich im Einzelfall deutlich höhere steuerbilanzielle Ergebnisauswertungen als bei Ansatz der Bewertungseinheit ergeben. Den Gewinnminderungen liegen auch nicht Drohverlustrückstellungen zugrunde, denen bei Einzelbewertung das Passivierungsverbot des § 5 Abs. 4a Satz 1 EStG entgegenstünde. Sind als Grund- und Sicherungsgeschäft bspw. Termingeschäfte abgeschlossen worden (bspw. futures und forwards), handelt es sich hierbei um schwebende Geschäfte (§ 249 Abs. 1 Satz 1 HGB).[64] Im Fall einer Einzelbewertung wäre zu prüfen, ob eine steuerwirksame Teilwertabschreibung (§ 6 Abs. 1 Nr. 2 Satz 2 EStG) auf die sog. variation margins[65] (als Vorleistung im Rahmen eines schwebenden Geschäfts) in Betracht kommt. Die Voraussetzungen einer Teilwertabschreibung sind dann erfüllt, wenn der Marktwert des Kontrakts zum Bewertungsstichtag unter die geleistete Vorauszahlung gesunken ist.

Ist für das überschießende Ergebnis der Bewertungseinheit eine Drohverlustrückstellung gebildet worden, reicht es für den Übergang zu einer Einzelbewertung nicht aus eine etwaig gebildete Drohverlustrückstellung auszubuchen. Dies folgt daraus, dass sich die Drohverlustrückstellung als Saldogröße aus Teilwertabschreibungen, Drohverlustrückstellungen und unrealisierten Gewinnen zusammensetzt, die steuerbilanziell unterschiedlich zu behandeln sind.[66]

3.4 Begründung einer Bewertungseinheit

1060 Die Begründung einer Bewertungseinheit ist erfolgsneutral. Auf den Wertansatz der abgesicherten Wirtschaftsgüter ergeben sich keine Auswirkungen.[67] In zeitlicher Hin-

---

64 Vgl. IDW RS ÖFA 3, WPg Supplement 4/2015, Tz. 12.
65 Bei futures handelt es sich um standardisierte Verträge, die an einer Terminbörse gehandelt werden. Zu Vertragsbeginn verlangt die Clearingstelle als Kontrahent zwischen Käufer und Verkäufer, abhängig von der Volatilität des Basisobjektes, eine Sicherheitsleistung in Form einer Einschusszahlung (initial margin). Zur Angleichung des kontrahierten Preises an den aktuellen Marktpreis dienen Nachschusszahlungen (sog. variation margins).
66 Vgl. *Hick*, in: HHR, § 5 EStG Anm. 1736.
67 Vgl. *Hick*, in: HHR, § 5 EStG Anm. 1736.

sicht ist der Beginn einer Bewertungseinheit von der Zweckbestimmung „Designation" durch den Bilanzierenden abhängig.[68]

3.5 Bilanzielle Abbildung einer laufenden Bewertungseinheit

3.5.1 Keine gesetzliche Regelung zur bilanziellen Abbildung

Der Gesetzgeber hat in § 254 HGB die konkrete bilanzielle Abbildung einer Bewertungseinheit nicht geregelt. Nach der Gesetzesbegründung besteht ein Wahlrecht zwischen der sog. Einfrierungsmethode und der sog. Durchbuchungsmethode.[69] Dieser Beurteilung hat sich die h. M.[70] und das IDW[71] angeschlossen. Die beiden Methoden unterscheiden sich hinsichtlich des saldierten (= Einfrierungsmethode) bzw. unsaldierten (= Durchbuchungsmethode) Ansatzes von Wertveränderungen von Grund- und Sicherungsgeschäft in Bilanz und GuV.[72]

1061

Aufgrund des Verweises des Abs. 1a Satz 2 auf die handelsbilanziellen Ergebnisse der Bewertungseinheit sind in der Steuerbilanz beide Methoden zulässig.[73] Handelsrechtlich führt die Behandlung einer Bewertungseinheit unabhängig von der Wahl einer bestimmten Bilanzierungstechnik zu demselben bilanziellen Ergebnis.[74] Die Methodenwahl ist in der Handelsbilanz in sachlicher und in zeitlicher Hinsicht stetig auszuüben (vgl. §§ 246 Abs. 3 u. 252 Abs. 1 Nr. 6 i. V. m. § 252 Abs. 2 HGB).

3.5.1.1 Systematik der Einfrierungsmethode

Im Fall der Einfrierungsmethode (auch als Festbewertungs- oder Nettomethode bezeichnet) werden die sich ausgleichenden gegenläufigen Wertänderungen (= Änderungen der beizulegenden Zeitwerte) von Grund- und Sicherungsgeschäft in der Bilanz und GuV ab dem Schließen der Position nicht mehr berücksichtigt (effektiver Teil der Sicherungsbeziehung); der wirksame Teil der Sicherungsbeziehung wird in einer Nebenrechnung erfasst und dokumentiert.

1062

Gebräuchlich ist die Methode vor allem falls eine sog. „geschlossene Position" vorliegt.[75] Im Fall von Marktpreisschwankungen tritt eine Kompensation ein. Der Vorteil der Methode besteht darin, dass die GuV am Bilanzstichtag nur dann berührt wird, wenn der ursprünglich erwartete Wertausgleich nicht eintritt (ineffektiver Teil der Sicherungsbeziehung).

BEISPIEL ▶ Zum 1.1.2017 hat ein deutsches Unternehmen eine Beteiligung an einer US-Gesellschaft zum Preis von 100 Mio. USD erworben. Zur Absicherung des Risikos eines währungsbedingten Wertverlustes hat das deutsche Unternehmen im Erwerbszeitpunkt der Beteiligung

---

68 S. hierzu auch BFH, Urteil v. 2.12.2015 – I R 83/12, BStBl. II 2016 S. 831.
69 Vgl. BT-Drucks. 16/10067 S. 59.
70 Vgl. *Schmidt/Usinger*, Beck-BilKomm. § 254 HGB Rz. 53; *Hick*, in: HHR, § 5 EStG Anm. 1738; *Kessler/Cassel*, in: Bertram/Brinkmann/Kessler/Müller, § 254 HGB Rz. 55; *Meinert*, Köln 2010, S. 362 m. w. N.
71 Vgl. IDW RS HFA 35, Tz. 75.
72 Vgl. *Prinz*, Kölner Kommentar zum Rechnungslegungsrecht, § 254 HGB Rz. 15; *Petersen/Zwirner/Froschhammer*, StuB 2009 S. 449.
73 So auch OFD-Frankfurt vom 22.3.2012, S 2133 A-30-St 210, DStR 2012 S. 1389.
74 Vgl. *Kämpfer/Frey*, in Festschrift für Hannes Streim, 2008, S. 187.
75 Vgl. *Anstett/Husmann*, BB 1998 S. 1528; *Patek*, FR 2006 S. 714.

eine langfristige Verbindlichkeit über 100 Mio. USD aufgenommen. Zum 1.1.2017 betrug der Wechselkurs 1 EUR = 1 USD. Zum 31.12.2017 betrug der Wechselkurs 1 EUR = 1,30 USD. Die gebildete Absicherung ist zu 100 % effektiv (übereinstimmendes Zinsniveau im USD/EUR-Raum).

Ohne Bildung einer Bewertungseinheit wäre die Beteiligung zum 31.12.2017 um rund 23 Mio. EUR abzuwerten (dauernde Wertminderung unterstellt). Die Bewertung der Verbindlichkeit wäre beizubehalten. Auf Grund der Zusammenfassung von Beteiligung und Verbindlichkeit zu einer Bewertungseinheit sind sowohl die Beteiligung als auch die Verbindlichkeit zum 31.12.2017 weiterhin mit ihrem Zugangswert von 100 Mio. EUR zu bilanzieren.

1063 (*Einstweilen frei*)

3.5.1.2 Systematik der Durchbuchungsmethode

1064 Bei Anwendung der Durchbuchungsmethode (auch als Marktbewertungs- oder Bruttomethode bezeichnet) erfolgt am Bilanzstichtag eine ergebniswirksame Bewertung in die Bewertungseinheit eingehender Grund- und Sicherungsgeschäfte mit dem beizulegenden Zeitwert.

1065 Die sich ausgleichenden gegenläufigen Wertänderungen von Grund- und Sicherungsgeschäft werden sowohl für den effektiven als auch für den ineffektiven Teil der Sicherungsbeziehung in der Bilanz und auch in der GuV erfasst.[76] Als Unterfall der Durchbuchungsmethode wird auch eine rein bilanzielle Erfassung als zulässig eingestuft.[77] Nur für den effektiven Teil der Sicherungsbeziehung heben sich die gegenläufigen Wertänderungen auf.

> **BEISPIEL (FORTSETZUNG)** ▶ Bei Anwendung der Durchbuchungsmethode sind sowohl die Beteiligung als auch die Verbindlichkeit zum 31.12.2017 um 23 Mio. EUR GuV-wirksam abzuschreiben.

3.5.1.3 Einfrierungsmethode entspricht dem wirtschaftlichen Charakter einer Bewertungseinheit

1066 Für die Einfrierungsmethode spricht, dass die Methode im Gegensatz zu der Durchbuchungsmethode dem wirtschaftlichen Charakter einer Bewertungseinheit gerecht wird.[78] So bleibt durch die Durchbuchungsmethode unberücksichtigt, dass in einer Bewertungseinheit zusammengefasste Geschäfte in einem Sicherungszusammenhang stehen. Dieser Beurteilung hat sich die Finanzverwaltung angeschlossen.[79]

Für das Sicherungsgeschäft braucht bspw. keine Wertberichtigung bzw. Bildung einer Drohverlustrückstellung zu erfolgen, soweit das Grundgeschäft Bewertungsreserven aufweist. Ein positiver Bewertungsüberhang aus der Verrechnung unrealisierter Gewinne und unrealisierter Verluste aus Grund- und Sicherungsgeschäft bleibt unberücksichtigt (Realisationsprinzip). Verluste bei dem Grundgeschäft werden durch Abwertung des Geschäfts berücksichtigt. Bei dem Sicherungsgeschäft erfolgt dies durch die Bildung

---

[76] Hierzu krit. *Scharpf*, DB 2012 S. 357.
[77] Vgl. *Prinz*, Kölner Kommentar zum Rechnungslegungsrecht, § 254 HGB Rz. 15; *Kämpfer/Frey*, in Festschrift für Hannes Streim, 2008 S. 187.
[78] Vgl. *Grünewald*, Finanzterminkontrakte im handelsrechtlichen Jahresabschluss, 1993 S. 268; *Reichel/Kütter/Bedau*, Derivative Finanzinstrumente in Industrieunternehmen, 2001 Rz. 532.
[79] Vgl. OFD Frankfurt vom 22.3.2012 – S 2133 A-30-St 210, DStR 2012 S. 1389.

einer Rückstellung für drohende Verluste oder durch direkte aufwandswirksame Behandlung, soweit keine Verrechnung mit unrealisierten Gewinnen aus dem jeweils anderen Geschäft möglich ist.[80]

3.5.2 Bindungswirkung der handelsbilanziellen „Ergebnisse" der Bewertungseinheit für die steuerliche Gewinnermittlung

3.5.2.1 Keine Anwendung der steuerlichen Vorschriften über die Gewinn- und Einkommensermittlung und die Verlustverrechnung

Für die Abbildung einer laufenden Bewertungseinheit gelangen innerhalb des Kompensationsbereichs der Bewertungseinheit (effektiver Teil der Bewertungseinheit) die steuerlichen Vorschriften über die Gewinn- und Einkommensermittlung und die Verlustverrechnung nicht zur Anwendung. Dieser Beurteilung hat sich die Finanzverwaltung angeschlossen.[81]

Dies bedeutet, dass innerhalb des Kompensationsbereichs der Bewertungseinheit keine Separierung der Bestandteile der Bewertungseinheit zur Umsetzung steuerlicher Korrekturvorschriften erfolgt. Ursächlich ist, dass sich die in § 5 Abs. 1a Satz 2 EStG angeordnete Bindung an die handelsbilanziellen „Ergebnisse" der Bewertungseinheit auch auf die Übernahme der Ergebnisauswirkungen für die steuerliche Gewinnermittlung erstreckt.[82] Somit ist die bereits für Zwecke der handelsbilanziellen Gewinnermittlung erfolgte Saldierung der Ergebnisse von Grund- und Sicherungsgeschäft in die steuerbilanzielle Gewinnermittlung zu übernehmen. Dies gilt unabhängig davon, ob zur bilanziellen Abbildung der Bewertungseinheit die Einfrierungs- oder die Durchbuchungsmethode zur Anwendung gelangt.

Für die Abbildung einer laufenden Bewertungseinheit folgt hieraus, dass innerhalb des Kompensationsbereichs der Bewertungseinheit die Vorschriften über die Gewinnermittlung, die Einkommensermittlung und die Verlustverrechnung, genannt werden ausdrücklich § 3 Nr. 40 EStG, § 8b KStG und § 15 Abs. 4 EStG, nicht zur Anwendung gelangen.[83]

1067

(Einstweilen frei)

1068

3.5.2.2 Keine Separierung von § 8b KStG erfasster Bestandteile der Bewertungseinheit

Unter Verweis auf die in § 5 Abs. 1a Satz 2 EStG angeordnete Bindungswirkung der handelsbilanziellen „Ergebnisse" der Bewertungseinheit für die steuerliche Gewinnermittlung erfolgt innerhalb des Kompensationsbereichs der Bewertungseinheit keine Separierung von § 8b KStG erfasster Bestandteile der Bewertungseinheit (steuerfreie Ge-

1069

---

80 Vgl. *Tönnies/Schiersmann*, DStR 1997 S. 714.
81 Vgl. OFD Frankfurt v. 22.3.2012 – S 2133 A-30-St 210, DStR 2012 S. 1389; sowie BMF-Schreiben vom 25.8.2010, DB 2010 S. 2024.
82 Vgl. *Hoffmann/Lüdenbach*, § 254 HGB Rz. 128; *Hick*, in: HHR, § 5 EStG Anm. 1738; *Krumm*, in: Blümich, § 5 EStG Rz. 237; *Miksch/Mattern*, DB 2010 S. 579; a. A. *Schmitz*, DB 2009 S. 1620.
83 Vgl. OFD Frankfurt vom 22.3.2012 – S 2133 A-30-St 210, DStR 2012 S. 1389; sowie BMF-Schreiben vom 25.8.2010, DB 2010 S. 2024.

winne gem. § 8b Abs. 2 i. V. m. Abs. 3 Satz 1 KStG bzw. steuerlich außer Ansatz bleibende Gewinnminderungen nach § 8b Abs. 3 Satz 3 KStG).[84] Hierfür spricht, dass innerhalb des Kompensationsbereichs der Bewertungseinheit der mit einem Anteil i. S. d. § 8b Abs. 2 KStG in Zusammenhang stehende Gewinn des Grundgeschäfts mit dem Verlust des Sicherungsgeschäfts zu verrechnen ist. Dieses handelsbilanzielle Ergebnis ist auch für die steuerliche Gewinnermittlung maßgeblich.[85] Andernfalls würde der bilanzielle Bewertungszusammenhang für Zwecke der Ermittlung des steuerpflichtigen Einkommens aufgelöst.[86]

1070 Entsteht im Zusammenhang mit einem Anteil i. S. d. § 8b Abs. 2 KStG bzw. einem Gesellschafterdarlehen i. S. d. § 8b Abs. 3 Satz 4 KStG eine Gewinnminderung, steht § 8b Abs. 3 Satz 3 bzw. Satz 4 KStG einer steuerwirksamen Verrechnung mit dem Gewinn aus dem Sicherungsgeschäft nicht entgegen.[87]

> **BEISPIEL** Eine deutsche Muttergesellschaft gewährt ihrer US-Tochtergesellschaft ein Darlehen in USD, das in den Anwendungsbereich von § 8b Abs. 3 Satz 4 KStG fällt. Dieses Darlehen wird durch eine betrags- und laufzeitentsprechende Verbindlichkeit in USD abgesichert.
>
> Innerhalb des Kompensationsbereichs der Bewertungseinheit gelangt § 8b Abs. 3 Satz 4 KStG auf die mit dem USD-Darlehen in Zusammenhang stehende Gewinnminderung nicht zur Anwendung.

3.5.2.3 Keine Separierung von § 15 Abs. 4 Satz 3 EStG erfasster Bestandteile der Bewertungseinheit

1071 Durch § 15 Abs. 4 Satz 3 EStG wird eine steuerwirksame Verlustberücksichtigung auf einen Differenzausgleich ausgerichteter Termingeschäfte ausgeschlossen.[88] Das Verlustverrechnungsverbot gilt allerdings nicht bei einer Absicherung von Geschäften des gewöhnlichen Geschäftsbetriebs (§ 15 Abs. 4 Satz 4 EStG). Ausgenommen ist gem. dem Satz 5 der Vorschrift die Absicherung von Aktiengeschäften, die zu steuerfreien Erträgen i. S. d. § 8b Abs. 2 KStG führen. Hierdurch soll verhindert werden, dass im Zusammenhang mit der Absicherung von steuerfreien Erträgen entstehende Sicherungsaufwendungen steuerlich uneingeschränkt abziehbar sind. Dabei teilt die Einordnung des Sicherungsgeschäfts die Einordnung des Grundgeschäfts. Fällt dies nicht unter § 8b KStG, sind die Verluste aus dem Sicherungsgeschäft unbeschränkt ausgleichs- und abzugsfähig. Innerhalb des Kompensationsbereichs der Bewertungseinheit ist für die Anwendung des § 15 Abs. 4 Satz 3 EStG allerdings kein Raum. Ausschlaggebend ist, dass innerhalb des Kompensationsbereichs der Bewertungseinheit kein Verlust aus dem Sicherungsgeschäft ausgewiesen wird, an den die Rechtsfolgen des § 15 Abs. 4 Sätze 3 – 5 EStG anknüpfen könnten.

---

84 Vgl. *Prinz*, in DStJG 2011 S. 136; *Hoffmann*, in: L/B/H § 5 EStG Rz. 501; *Häuselmann*, Ubg 2008 S. 399; *Krumm*, in: Blümich, § 5 EStG Rz. 238; a. A. *Herzig/Briesemeister*, Ubg 2009 S. 157.
85 Vgl. auch Kapitel III, Rz. 411.
86 Vgl. *Hahne*, StuB 2008 S. 181.
87 A. A. *Schmitz*, DB 2009 S. 1620.
88 S. hierzu auch *Johannemann/Reiter*, DStR 2015 S. 1489 ff.

3.5.3 Übernahme einer in der Handelsbilanz gebildeten Drohverlustrückstellung

3.5.3.1 Bildung einer Drohverlustrückstellung für die Abbildung einer „laufenden Bewertungseinheit"

Die konkrete Maßgeblichkeit des § 5 Abs. 1a Satz 2 EStG erstreckt sich auch auf die Übernahme einer in der Handelsbilanz gebildeten Drohverlustrückstellung (§ 5 Abs. 4a Satz 2 i. V. m. § 249 Abs. 1 Satz 1 HGB).

1072

Dabei ist zu berücksichtigen, dass die Übernahme einer in der Handelsbilanz gebildeten Drohverlustrückstellung nur im Fall der Abbildung einer „laufenden Bewertungseinheit" in Betracht kommt.

Im Fall der Auflösung einer Bewertungseinheit sind während des Sicherungszusammenhangs entstandene Wertveränderungen von Grund- und Sicherungsgeschäft durch Zu- bzw. Abschreibungen zu realisieren, so dass für die Bildung einer Rückstellung für Verluste aus einem schwebenden Geschäft kein Raum ist (Fristenkongruenz von Grund- und Sicherungsgeschäft). Dem Wortlaut des Abs. 4a Satz 2 lässt sich kein Vorrang zwischen der Einfrierungsmethode oder der Durchbuchungsmethode entnehmen, so dass beide Methoden zulässig sind. Vier Konstellationen können unterschieden werden:[89]

1073

- **Saldo der Bewertungseinheit beträgt Null:** Dem Gewinn des Sicherungsgeschäftes steht ein Verlust des Grundgeschäfts in entsprechender Höhe gegenüber. Der Bilanzansatz von Grund- und Sicherungsgeschäft ist nicht zu verändern, eine Rückstellung für drohende Verluste ist nicht zu bilden.

1074

- **Positiver Saldo der Bewertungseinheit:** Ein positiver Saldo der Ergebnisse von Grund- und Sicherungsgeschäft darf aufgrund des Imparitätsprinzips nicht berücksichtigt werden.

- **Negativer Saldo der Bewertungseinheit (Verlust aus den Grundgeschäft übersteigt den Gewinn des Sicherungsgeschäfts):** Der Verlust ist durch die Vornahme einer Abschreibung in Höhe des negativen Saldos zu berücksichtigen.

- **Negativer Saldo der Bewertungseinheit (Verlust aus dem Sicherungsgeschäft übersteigt den Gewinn des Grundgeschäfts):** In diesem Fall ist in Höhe des negativen Saldos eine Rückstellung für drohende Verluste aus schwebenden Geschäften zu bilden.

3.5.3.2 Bildung einer Drohverlustrückstellung in „technischer Hinsicht"

3.5.3.2.1 Keine Aufteilung des Verpflichtungsüberhangs auf die in die Bewertungseinheit einbezogenen Positionen

Bei der zur Berücksichtigung des negativen Saldos einer Bewertungseinheit gebildeten Drohverlustrückstellung handelt es sich häufig nur technisch gesehen um eine Rückstellung.

1075

Hintergrund ist, dass es sich bei der Bilanzposition „Drohverlustrückstellung" um die Zusammenfassung einer Vielzahl unterschiedlichster Aufwendungen und Erträge han-

---

[89] Vgl. *Hick*, in: HHR, § 5 EStG Anm. 1738.

delt.⁹⁰ So setzt sich im Fall eines Macro- bzw. Portfolio-Hedges ein negativer Saldo aus einer Vielzahl in eine Bewertungseinheit eingehender Grund- und Sicherungsgeschäfte zusammen, der durch die Bildung einer Rückstellung für drohende Verluste aus schwebenden Geschäften abzubilden ist.

1076 Damit werden ggf. aktivische Wertkorrekturen (außerplanmäßige Abschreibungen auf das Grundgeschäft) mit Drohverlustrückstellungen für schwebende Geschäfte vermischt.⁹¹ Eine Aufteilung des Verpflichtungsüberhangs auf die in der Bewertungseinheit enthaltenen Positionen nach dem Verursachungsprinzip ist in der Handelsbilanz nicht vorzunehmen.⁹² Mangels einer Aufteilung des Verpflichtungsüberhangs auf die Bestandteile der Bewertungseinheit stellt sich nicht die Frage, ob außerplanmäßige Abschreibungen auf das Grundgeschäft auch die Voraussetzungen einer voraussichtlich dauerhaften Wertminderung erfüllen (§ 253 Abs. 3 HGB).

3.5.3.2.2 Keine Aufteilung des Verpflichtungsüberhangs auf unter § 8b KStG fallende Bestandteile

1077 Aus steuerlicher Sicht ist aufgrund der konkreten Maßgeblichkeit eine in der Handelsbilanz gebildete Drohverlustrückstellung (§ 5 Abs. 1a Satz 2 i. V. m. Abs. 4a Satz 2 EStG) ohne Aufteilung auf die Bestandteile der Bewertungseinheit in die steuerliche Gewinnermittlung zu übernehmen.⁹³

Dies ist bspw. dann von Bedeutung, falls der Verpflichtungsüberhang (außerplanmäßige Abschreibung auf das Grundgeschäft) im Zusammenhang mit Anteilen i. S. d. § 8b Abs. 2 KStG steht.⁹⁴ D. h. bei isolierter Betrachtung würde § 8b Abs. 3 Satz 3 KStG einer steuerwirksamen Berücksichtigung der Wertminderung der Beteiligung entgegenstehen. Aufgrund der Übernahme der handelsbilanziellen Drohverlustrückstellung zur Erfassung des Verpflichtungsüberhangs der Bewertungseinheit stellt sich aus steuerlicher Sicht auch nicht die Frage, ob mangels einer dauerhaften Wertminderung für einzelne Bestandteile der Bewertungseinheit die Voraussetzungen einer Teilwertabschreibung (§ 6 Abs. 1 Nr. 1 Satz 2 bzw. Nr. 2 Satz 2 EStG) erfüllt sind.⁹⁵

1078–1080 (*Einstweilen frei*)

3.6 Verlängerung einer Bewertungseinheit

3.6.1 Verlängerung eines vorhandenen Sicherungsinstruments

1081 Die Bildung einer Bewertungseinheit setzt nicht voraus, dass zwischen Grund- und Sicherungsgeschäft Fristenidentität besteht, soweit jederzeit ein Anschlusssicherungsgeschäft abgeschlossen werden kann.

---

90 Vgl. BT-Drucks. 16/634 S. 10.
91 Vgl. *Günkel*, StbJb 2001/02 S. 343.
92 Vgl. *Löw/Scharpf/Weigel*, WPg 2008 S. 1011.
93 Vgl. *Korn/Schiffers*, § 6 EStG Rz. 468.1; a. A. *Herzig/Briesemeister*, DB 2009 S. 981.
94 So auch OFD Frankfurt vom 22.3.2012 – S 2133 A-30-St 210, DStR 2012 S. 1389.
95 A.A. *Herzig/Briesemeister*, Ubg 2009 S. 162.

Wird ein vorhandenes Sicherungsinstrument verlängert, ohne dass sich zahlungsmäßige Auswirkungen ergeben, ist die Bewertungseinheit fortzuführen. Bilanzmäßige Auswirkungen ergeben sich durch die Verlängerung der Sicherungsbeziehung bei entsprechender Dokumentation nicht.[96]

3.6.2 Verlängerung eines Sicherungsinstruments mit Abwicklung des bestehenden Sicherungsgeschäfts und Abschluss eines Anschlusssicherungsgeschäfts

Wird die Bewertungseinheit dadurch fortgeführt, dass nach dem Auslaufen des Sicherungsgeschäfts der Abschluss eines neuen „Anschlusssicherungsgeschäfts" erfolgt, kann die bestehende Bewertungseinheit mit dem Anschlusssicherungsgeschäft fortgeführt werden. Dies ist dadurch begründet, dass der Austausch des Sicherungsinstruments lediglich zu einer formalen Durchbrechung des Sicherungszusammenhangs führt, da die Sicherungsabsicht fortbesteht. 1082

Im Rahmen der Abwicklung des bisherigen Sicherungsgeschäfts realisierte Ergebnisse können durch entsprechende Zuschreibung und Abschreibung auf das Grundgeschäft (vorübergehend) GuV-neutral behandelt werden.[97] Allerdings wird auch eine erfolgswirksame Realisation eines bestehenden Sicherungsgeschäfts vertreten.[98] Diese Beurteilung überzeugt allerdings vor dem Hintergrund nicht, dass der Sinn und Zweck einer Bewertungseinheit darin besteht, Verzerrungen der Vermögens- und Ertragslage zu vermeiden. Vor diesem Hintergrund ist es nicht sachgerecht, dass Gewinne und Verluste, die auf Grund des Austauschs des Sicherungsinstruments entstehen bilanziell abgebildet werden müssen, wenn mit dem Anschlusssicherungsgeschäft dasselbe Risiko des Grundgeschäfts abgesichert wird wie bereits mit dem ersten Sicherungsgeschäft.

Die Übertragung der Ergebnisauswirkung eines auslaufenden Sicherungsgeschäfts auf „Anschlusssicherungsgeschäfte" setzt aber voraus, dass das Anschlusssicherungsgeschäft der ursprünglichen Sicherungsabsicht entspricht. Insbesondere bei Anwendung der Einfrierungsmethode spricht für eine erfolgsneutrale Behandlung, dass Wertänderungen (= Änderungen der beizulegenden Zeitwerte) von Grund- und Sicherungsgeschäft in der Bilanz und GuV ab dem Schließen der Position nicht mehr berücksichtigt werden. Dies muss auch dann gelten, wenn der Sicherungszusammenhang mit einem anderen Sicherungsgeschäft fortgeführt wird. 1083

(Einstweilen frei) 1084

3.7 Auflösung einer Bewertungseinheit

3.7.1 § 254 HGB ist bis zum Ende der Bewertungseinheit anzuwenden

Von dem Wortlaut des § 5 Abs. 1a Satz 2 EStG wird nur die Übernahme des Ergebnisses einer gebildeten Bewertungseinheit angesprochen. Die Vorgehensweise bei der Auflösung einer Bewertungseinheit ist hingegen gesetzlich nicht geregelt. Wurde die Bilanzierung während des Bestehens der Bewertungseinheit nach der Einfrierungsmethode 1085

---

96 So auch *Freiberg*, StuB 2014 S. 264; *Schmidt/Usinger*, Beck-BilKomm. § 254 HGB Rz. 58.
97 Vgl. *Prinz*, Kölner Kommentar zum Rechnungslegungsrecht, § 254 HGB Rz. 6.
98 Vgl. *Hahne*, BB 2006 S. 2291; *Herzig/Briesemeister*, Ubg 2009 S. 157; *Häuselmann*, Ubg 2008 S. 399.

bzw. der Durchbuchungsmethode vollzogen, ist die gewählte Methode auch für die Auflösung einer Bewertungseinheit beizubehalten.

Ein bestehender Sicherungszusammenhang wird entweder durch die gleichzeitige Auflösung von Grund- und Sicherungsgeschäft oder dadurch aufgelöst, dass entweder das Grund- oder das Sicherungsgeschäft endet. Denkbar ist auch ein Wegfall der Bewertungseinheit durch Nichterfüllung der Dokumentationsanforderungen.[99]

1086 Streitig ist, ob die in § 5 Abs. 1a Satz 2 EStG angeordnete Bindungswirkung der handelsbilanziellen „Ergebnisse" der Bewertungseinheit für die steuerliche Gewinnermittlung auch im Zeitpunkt der Beendigung der Bewertungseinheit gilt.[100] Der Streit betrifft sonst die Frage nach der Reichweite der Vorschrift. Der BFH hat dies bislang noch nicht entschieden. Würde § 254 HGB auf das im Zeitpunkt der Beendigung der Bewertungseinheit – innerhalb des Kompensationsbereichs der Bewertungseinheit – erzielte Ergebnis zur Anwendung gelangen, hätte dies zur Folge, dass es sich für die Abrechnung der Bewertungseinheit im Zuge des Auflösungsvorgangs bei Grund- und Sicherungsgeschäft noch um Komponenten der Bewertungseinheit handeln würde.[101] Das aus der Abrechnung der Bewertungseinheit resultierende Ergebnis wäre nach Abs. 1a Satz 2 in die Steuerbilanz zu übernehmen. Dabei geht es auch um die Frage, ob § 5 Abs. 1a Satz 2 EStG eine „außerbilanzielle Wirkung" entfaltet.

Die Finanzverwaltung vertritt die Auffassung, dass im Rahmen der Beendigung einer Bewertungseinheit die allgemeinen Gewinn- und Einkommensermittlungsvorschriften zur Anwendung gelangen.[102] Dies begründet die Finanzverwaltung damit, dass es sich bei § 254 HGB um eine Bewertungsvorschrift handelt, die nur eine temporäre Ausnahme von dem Imparitäts- und Realisationsprinzip begründet. Auf die Beendigung einer Bewertungseinheit könne § 254 HGB nicht zur Anwendung gelangen. Aus Sicht der Finanzverwaltung kommt dem § 254 HGB damit lediglich die Funktion zu, bestimmte Besteuerungsfolgen zeitlich hinauszuschieben.

Ungeachtet der grundsätzlichen Maßgeblichkeit soll nach Auffassung der Finanzverwaltung der § 5 Abs. 1a Satz 2 EStG auch keine „außerbilanzielle Wirkung" entfalten.[103] Im Zeitpunkt der Auflösung sollen – auch innerhalb des Kompensationsbereichs der Bewertungseinheit – die Vorschriften über die Gewinnermittlung, die Einkommensermittlung und die Verlustverrechnung zur Anwendung gelangen. Genannt werden ausdrücklich § 3 Nr. 40 EStG, § 8b KStG und § 15 Abs. 4 EStG. Nach der Verwaltungsauffassung sind damit Grund- und Sicherungsgeschäft bei der (außerbilanziellen) Einkommensermittlung getrennt zu behandeln. Die Verwaltungsauffassung steht weder mit dem Wortlaut noch mit dem Sinn und Zweck einer kompensatorischen Bewertung in Einklang.[104] Der Wortlaut des § 254 HGB bezieht sich ausdrücklich nicht nur auf Wertveränderungen an Vermögensgegenständen und Schulden, sondern auch auf Zahlungs-

---

99 Vgl. *Häuselmann*, Ubg 2008 S. 399.
100 Für einen Überblick über den Meinungsstand s. auch *Krumm*, in: Blümich, § 5 EStG, Tz. 239.
101 Vgl. *IDW*, WP Handbuch 2017, F 470 sowie *Rimmelspacher/Fey*, WPg 2013 S. 997; *Hennrichs*, WPg 2010 S. 1189.
102 Vgl. OFD Frankfurt vom 22.3.2012 – S 2133 A-30-St 210, DStR 2012 S. 1389.
103 So auch *Meinert*, DStR 2017 S. 1401 [1452].
104 Kritisch auch *Niedling/Gsödl*, Ubg 2017 S. 429 [433]; *Krumm*, in: Blümich, § 5 EStG, Tz. 468.

ströme. Dies spricht dafür auch die tatsächliche Realisation von Grund- und Sicherungsgeschäft in die Bewertungseinheit einzubeziehen. Hinzukommt, dass es sich bei § 5 Abs. 1a EStG – auch wenn dies durch die Gesetzessystematik nicht zum Ausdruck kommt – um eine Gewinnermittlungsvorschrift handelt.[105] Die Vorschrift betrifft damit den auf der I. Gewinnermittlungsstufe zu ermittelnden Gewinn. Außerbilanzielle Korrekturvorschriften können daher nur insoweit zur Anwendung gelangen, als auf der I. Gewinnermittlungsstufe ein Gewinn festzustellen ist. Innerhalb des Kompensationsbereichs der Bewertungseinheit fehlt es allerdings an einem auf der I. Gewinnermittlungsstufe festzustellenden Gewinn. Soweit sich Grund- und Sicherungsgeschäft decken, führt die Auflösung der Bewertungseinheit damit zu keiner Betriebsvermögensmehrung oder -minderung. Erst auf die aus der Bewertungseinheit „entlassenen Teile" finden die allgemeinen Vorschriften wieder Anwendung.[106]

Zuletzt haben sich das FG Düsseldorf und das FG Berlin Brandenburg in den Entscheidungen vom 13.11.2016[107] und vom 10.2.2016[108] der Auffassung der Finanzverwaltung angeschlossen. Gegen die Entscheidung des FG Berlin-Brandenburg ist unter dem Az. I R 20/16 eine Revision anhängig, durch die eine Klärung der streitigen Rechtsfrage zu erwarten ist. Das FG Düsseldorf hatte bereits in der Entscheidung vom 13.12.2011[109] die Verwaltungsauffassung bestätigt. In der im Nachgang zu dieser Entscheidung ergangenen Revisionsentscheidung vom 6.3.2013[110] ist die Frage dann allerdings im Ergebnis offen geblieben.

3.7.2 Beendigung der Bewertungseinheit durch gleichzeitige Auflösung von Grund- und Sicherungsgeschäft

Werden Grund- und Sicherungsgeschäft gleichzeitig aufgelöst, bleibt der Vorgang ergebnisneutral. 1087

Bei der Einfrierungsmethode findet nur ein Gewinn- bzw. Verlustüberhang Eingang in die GuV.[111] In der Bilanz sind ggf. bei Grund- und Sicherungsgeschäft Zu- bzw. Abschreibungen erforderlich, die im Rahmen des Kompensationsbereichs nicht GuV-wirksam sind. Bei einer perfekten Risikoabsicherung ist daher eine erfolgsneutrale Auflösung der Bewertungseinheit auch für Zwecke der steuerlichen Gewinnermittlung möglich. Im Fall der Durchbuchungsmethode sind Erfolgsbeiträge aus beiden Geschäften vollständig GuV-wirksam auszuweisen, d. h. es wird sowohl Aufwand als auch Ertrag gebucht.[112]

Für außerbilanzielle steuerliche Korrekturen (steuerlich nicht abziehbare Aufwendungen bzw. steuerfreie Erträge) sind die Erfolgsbeiträge der Bewertungseinheit zu separieren, soweit der Kompensationsbereich überschritten wird. Dies bedeutet, dass § 3 Nr. 40 1088

---

105 Vgl. Hick, in H/H/R, § 5 EStG Anm. 1730.
106 So auch BT-Drucks. 16/10067 S. 59.
107 6 K 1209/09 F, DStR 2010 S. 2024.
108 11 K 12212/13, EFG 2016 S. 1629.
109 6 K 1209/09 F, EFG 2012 S. 1496.
110 I R 18/12, BStBl. II 2013 S. 588.
111 Der IDW tritt für diese Methode ein. Vgl. IDW RS HFA 35, Tz. 86.
112 Vgl. *Hahne*, BB 2006 S. 2291; *Kütter/Prahl*, WPg 2006 S. 9.

EStG bzw. § 8b KStG nur auf den überschießenden Saldo der Bewertungseinheit anzuwenden sind.[113]

> **BEISPIEL** Ein deutsches Unternehmen hat eine Beteiligung an einer US-Tochtergesellschaft zu einem Kaufpreis von 65 Mio. USD erworben. Das Währungsrisiko wird durch eine gegenläufige Verbindlichkeit i. H. v. 65 Mio. USD abgesichert.
>
> Die Beteiligung und die Verbindlichkeit werden bei einem Kurs von 1 EUR = 1,30 USD mit 50 Mio. EUR bilanziert. Zum 1.4.2018 wird die Beteiligung für 66 Mio. USD veräußert und das Darlehen getilgt (Kurs 1 EUR = 1,40 USD).
>
> Dem aus der Veräußerung der Beteiligung resultierenden Verlust in Höhe von 2,9 Mio. EUR, steht ein Gewinn durch den niedrigeren Rückzahlungsbetrag der Verbindlichkeit i. H. v. 3,6 Mio. EUR gegenüber. Der Währungsgewinn ist i. H. v. 2,9 Mio. EUR gegen die Anschaffungskosten der Beteiligung zu verbuchen. In Höhe von 700.000 EUR ist in der GuV ein Währungsgewinn erfolgswirksam zu erfassen. § 8b Abs. 3 Satz 3 KStG gelangt auf den realisierten Veräußerungsverlust nicht zur Anwendung.

1089   Die Finanzverwaltung geht allerdings davon aus, dass § 5 Abs. 1a Satz 2 EStG keine außerbilanzielle Wirkung entfaltet. Dies bedeutet, dass die Finanzverwaltung § 3 Nr. 40 EStG bzw. § 8b KStG auf die im Zuge der Auflösung einer Bewertungseinheit realisierten Gewinne und Verluste anwenden will. Diese Vorgehensweise ist in systematischer Hinsicht abzulehnen, da hierdurch allein für steuerliche Zwecke der bilanzielle Bewertungszusammenhang für Zwecke der steuerlichen Einkommensermittlung aufgelöst würde.

3.7.3 Grund- und Sicherungsgeschäft werden nicht gleichzeitig beendet

1090   Wird aus dem auslaufenden Geschäft bspw. ein Gewinn realisiert, steht dem Gewinn (im Fall eines engen Sicherungszusammenhangs) ein noch nicht realisierter Verlust des fortgeführten gegenläufigen Geschäfts gegenüber. Der Verlust des gegenläufigen Geschäfts ist durch erfolgswirksame Zuschreibung bei Verbindlichkeiten bzw. eine steuerlich wirksame Teilwertabschreibung zu realisieren. Hinsichtlich der Voraussetzungen einer Teilwertabschreibung gelten dann die allgemeinen Grundsätze des § 6 Abs. 1 Nr. 2 EStG.

1091   Im Zeitpunkt der Beendigung des Sicherungszusammenhangs ergibt sich so in Höhe des effektiven Teils der Bewertungseinheit ein ausgeglichenes Ergebnis, da dem Gewinn ein nach dem Imparitätsprinzip zu berücksichtigender Verlust gegenübersteht.[114] Schließt das auslaufende Geschäft mit einem Verlust ab, ist der noch nicht realisierte Bewertungsgewinn ertragswirksam zu erfassen.[115]

> **BEISPIEL** Ein Devisentermingeschäft dient der Absicherung einer Verbindlichkeit. Im Zeitpunkt der Glattstellung weist das Termingeschäft einen unrealisierten Ertrag aus, der nach der Einfrierungsmethode nicht gebucht wurde. Korrespondierend wurde eine Zuschreibung der Verbindlichkeit unterlassen.
>
> Mit der Glattstellung des Termingeschäfts wird der positive Wert des Termingeschäfts ertragswirksam. Zugleich ist die bislang unterlassene Zuschreibung der Verbindlichkeit nachzuholen.

---

113 Vgl. *Korn/Schiffers*, § 6 EStG Rz. 468.2.
114 Vgl. *Schmidt/Usinger*, Beck-BilKomm. § 254 HGB Rz. 57 f.
115 A.A. *Helios/Meinert*, Ubg 2011 S. 592.

3.7.4 Bewertungseinheit bei schwebenden Geschäften (Beschaffungs- und Absatzgeschäfte)

Bildet die Absicherung eines Beschaffungsgeschäfts (d. h. eines schwebenden Geschäfts) Gegenstand der Bewertungseinheit, geht das Ergebnis des Sicherungsgeschäfts in die Ermittlung der Anschaffungskosten des Grundgeschäfts ein, soweit die Sicherungsbeziehung effektiv war.[116] Hierdurch wird sichergestellt, dass der bilanzielle Zweck der Bewertungseinheit bis zum Ende erreicht wird. Dieser Vorgehensweise wird allerdings auch mit dem Argument entgegengetreten, dass das Ergebnis aus dem Termingeschäft nicht den Charakter einer Anschaffungskostenminderung i. S. d. § 255 HGB habe. Es fehle an einem finalen Zusammenhang mit den beschafften Wirtschaftsgütern. Denn der Abschluss des Sicherungsgeschäfts diene nicht der Erlangung der Wirtschaftsgüter, sondern allein der Eliminierung von Preisrisiken des Beschaffungsvorgangs.[117] Im Fall eines Beschaffungsgeschäfts sei daher bei der Ermittlung der Anschaffungskosten der Stichtagskurs im Zugangszeitpunkt anzusetzen. Das Ergebnis des Sicherungsgeschäfts sei daher in der GuV zu erfassen. Diese Beurteilung ist allerdings im Hinblick auf die enge wirtschaftliche Verknüpfung zwischen Grund- und Sicherungsgeschäft zu hinterfragen. Denn nach seiner Regelungsstruktur stellt § 254 HGB eine Regelung dar, die primär das Grundgeschäft erfasst („Werden Vermögensgegenstände, Schulden, schwebende Geschäfte oder mit hoher Wahrscheinlichkeit erwartete Transaktionen ... mit Finanzinstrumenten zusammengefasst, sind ..."). Diese Grundsätze gelten dann auch für die steuerliche Gewinnermittlung. Zum einen sind der handels- und der steuerbilanzielle Anschaffungskostenbegriff deckungsgleich, zum anderen gilt die Maßgeblichkeit des § 5 Abs. 1a Satz 2 EStG.

1092

Die Finanzverwaltung hat zu der Frage, inwieweit bei gegen Risiken abgesicherte Erwerbsvorgänge Gewinne und Verluste des Sicherungsgeschäfts einzubeziehen sind, noch nicht ausdrücklich Stellung genommen. Auch die Verfügungen der OFD NRW sowie OFD Frankfurt[118] nehmen hierzu nicht ausdrücklich Stellung. Klar ist lediglich, dass die Finanzverwaltung Bewertungseinheiten nur für Zwecke der Bewertung von Wirtschaftsgütern berücksichtigen will. Werden Gewinne und Verluste tatsächlich realisiert, seien die Vorgänge nicht mehr unter Bewertungs-, sondern unter Realisationsgesichtspunkten zu beurteilen. Die Frage, ob und inwieweit Gewinne und Verluste aus Sicherungsgeschäften in die Ermittlung der Anschaffungskosten einzubeziehen sind, liegt auf der Schnittstelle dieser beiden Aussagen. Dies folgt daraus, dass im Zeitpunkt der Beendigung der Bewertungseinheit einerseits die Gewinne und Verluste aus dem Sicherungsgeschäft realisiert werden; andererseits ist die Bewertung des Grundgeschäfts (Erwerb eines Wirtschaftsgutes) angesprochen.

---

116 S. auch *Teiche*, DStR 2014 S. 1737 [1740]; IDW RS HFA 35, Tz. 92; *Schmidt/Usinger*, Beck-BilKomm. § 254 HGB Rz. 58.
117 Vgl. *Hoffmann/Lüdenbach*, § 254 HGB Rz. 98. Für einen Überblick vgl. *Kessler/Cassel*, in: Bertram/Brinkmann/Kessler/Müller, § 254 HGB Rz. 59.
118 S. hierzu OFD Frankfurt vom 22.3.2012 – S 2133 A-30-St 210, DStR 2012 S. 1389 sowie OFD Rheinland vom 11.3.2011 – S 2133 – 2011/0002 – St 141, DB 2011 S. 737 im Nachgang zu dem Schreiben des BMF an die Verbände vom 25.8.2010 – IV C 6-S 2133/07/10001, DB 2010 S. 2024.

BEISPIEL Ein Unternehmen hat am 1.8.2017 Waren zum Preis von 1 Mio. USD bestellt. Zur Absicherung gegen währungsbedingte Wertänderungen wird ein Devisentermingeschäft über die Kaufpreissumme abgeschlossen. Der Wechselkurs beträgt 1 EUR = 1 USD. Die Lieferung der Ware erfolgt am 1.4.2018. Zum 31.12.2017 beträgt der Wechselkurs 1 EUR = 1,15 USD und zum 1.4.2018 1 EUR = 1,25 USD.

Zum 31.12.2017 kompensiert die Wertänderung des Termingeschäfts vollständig die währungsbedingte Wertänderung des Beschaffungsgeschäfts. Aus Grund- und Sicherungsgeschäft ergibt sich nach der Einfrierungsmethode keine GuV-Berührung.

Zum 1.4.2018 bucht das Unternehmen die Waren mit Anschaffungskosten in Höhe des Sicherungskurses von 1 EUR = 1 USD (= 1.000.000 EUR) ein. Hierdurch wird für die Ermittlung der Anschaffungskosten der Verlust aus dem Termingeschäft i. H. v. 200.000 EUR auf das Grundgeschäft übertragen.

1093 Im Zusammenhang mit Absatz- bzw. Veräußerungsgeschäften ist für die Ermittlung der Höhe von Umsatz und Veräußerungserlös der gesicherte Kurs und nicht der Kurs im Zeitpunkt der Leistungserbringung maßgeblich.[119]

1094–1109 (*Einstweilen frei*)

---

119 Vgl. *Hick*, in: HHR, § 5 EStG Anm. 1736.

Teil A:
Grundsatz- und Querschnittsfragen steuerlicher Gewinnermittlung

Kapitel VIII:
Bilanzenzusammenhang, Bilanzberichtigung und Bilanzänderung

von
RA/StB Professor Dr. Hans-Joachim Kanzler,
Vors. Richter am BFH a.D., Schloß Ricklingen

Kapitel VIII: Bilanzenzusammenhang, Bilanzberichtigung und Bilanzänderung

Inhaltsübersicht

	Rz.
1. Bilanzenzusammenhang	1110 - 1117
2. Vorbemerkung zu den Bilanzkorrekturen des § 4 Abs. 2 EStG	1118 - 1129
2.1 Begriff und Rechtsentwicklung der steuerlichen Bilanzkorrekturen	1118 - 1123
2.2 Änderungen der Handelsbilanz	1124 - 1129
3. Bilanzberichtigung	1130 - 1169
3.1 Tatbestandsvoraussetzungen der Bilanzberichtigung	1130 - 1149
3.1.1 Begriff der Bilanzberichtigung (§ 4 Abs. 2 Satz 1 1. Halbsatz EStG)	1130 - 1144
3.1.2 Keine Berichtigung einer Bilanz, die endgültiger Steuerfestsetzung zugrunde liegt (§ 4 Abs. 2 Satz 1 2. Halbsatz EStG)	1145 - 1149
3.2 Rechtsfolge: Durchführung der Bilanzberichtigung	1150 - 1169
3.2.1 Wahlrecht des Steuerpflichtigen	1150 - 1153
3.2.2 Technik der Fehlerberichtigung	1154 - 1159
3.2.3 Erfolgswirksame oder erfolgsneutrale Korrekturen im ersten noch offenen Folgejahr	1160 - 1169
4. Bilanzänderung	1170 - 1259
4.1 Tatbestandsvoraussetzungen der Bilanzänderung	1170 - 1195
4.1.1 Bilanzänderung im Gegensatz zur Bilanzberichtigung	1170 - 1177
4.1.2 Bilanzänderung im Zusammenhang mit einer Bilanzberichtigung	1178 - 1189
4.1.3 Beschränkung der Bilanzänderung auf den Umfang der Bilanzberichtigung	1190 - 1195
4.2 Rechtsfolge: Durchführung der Bilanzänderung	1196 - 1259

AUSGEWÄHLTE LITERATUR

v. Beckerath, Die Bindung an die Bilanzansätze, FR 2011 S. 349; *Brönner/Bareis/Hahn/Maurer/Schramm*, Die Bilanz nach Handels- und Steuerrecht, 10. Aufl., Stuttgart 2011; *Brandenberg/Prinz*, Der Beschluss des Großen Senats zum subjektiven Fehlerbegriff, StbJb 2013/2014 S. 267; *Broemel/Endert*, Korrektur einer unterlassenen Bilanzierung von notwendigem Betriebsvermögen, BBK 2014 S. 1141; *Dißars*, Der Grundsatz des formellen Bilanzenzusammenhangs nach einer Realteilung, StuB 2016 S. 624; *Dreßler*, Möglichkeit in sich gegenläufiger freiwilliger Bilanzänderungen gem. § 4 Abs. 2 S. 2 EStG, BB 2016 S. 2731; *Drüen*, Der Große Senat des BFH und die objektiv richtige Bilanz, GmbHR 2013 S. 505; *Hennrichs*, Zum Fehlerbegriff im Bilanzrecht, NZG 2013 S. 681; *Heß*, Der formelle Bilanzenzusammenhang umfasst auch Gewinnveränderungen, die sich aus der unterbliebenen oder fehlerhaften Verbuchung von Entnahmen oder Einlagen ergeben, BB 2016 S. 1394; *Hoffmann*, Aufgabe des subjektiven Fehlerbegriffs hinsichtlich bilanzieller Rechtsfragen, DB 2013 S. 733; *Hoffmann*, Die objektive Rechtslage bei der Bilanzierung, StuB 2013 S. 277; *Hoffmann*, Wertberichtigungszeitraum bei Änderung von Jahresabschlüssen, StuB 2015 S. 889; *Hoffmann/Lüdenbach*, NWB Kommentar Bilanzierung, 9. Aufl., 2018; *Kanzler*, Fragwürdige Rückwirkung am Beispiel der Aufhebung des Sanierungsprivilegs, FR 1997 S. 897; *Kanzler*, Flüchtige Bemerkungen zum neuen Bilanzänderungsverbot – Zum Konflikt zwischen steuerlichen Wahlrechten und Bilanzänderungsverbot, FR 1999 S. 833; *Kanzler*, Bilanzkorrekturen, NWB 2012 S. 2374; *Kanzler*, Aufgabe des subjektiven Fehlerbegriffs hinsichtlich bilanzieller Rechtsfragen, NWB 2013 S. 1405; *P. Kirchhof*, Bundessteuergesetzbuch – Bilanzordnung, Heidelberg, u. a. 2011; *Knobbe*, Der Grundsatz der subjektiven Richtigkeit im Handels- und Steuerbilanzrecht, Berlin 2009; *Marx*, Bedeutung der Grundsätze ordnungsmäßiger Buchführung im geltenden Steuerbilanzrecht, FR 2016 S. 389; *Otto*, Anwendung der Grundsätze des formellen Bilanzenzusammenhangs nach Realteilung einer Personengesellschaft auf Realteiler, BB 2016

S. 1202; *Pohl*, Zur Geltung des subjektiven Fehlerbegriffs in der Handelsbilanz, NWB 2017 S. 2848; *Prinz*, Die handels- und steuerrechtliche Änderung von Jahresabschlüssen – Gemeinsamkeiten und Unterschiede, aktuelle Entwicklungen, in: Hommelhoff/Zätsch/Erle (Hrsg.), FS Müller, 2001 S. 687; *Prinz*, Bilanzkorrekturen (Bilanzberichtigung, Bilanzänderung): Aktuelle Entwicklungen, neue Streitpunkte, StBJb 2007/2008 S. 203; *Prinz*, Der subjektive Fehlerbegriff, StBJb 2011/2012 S. 241; *Prinz*, Abschied vom subjektiven Fehlerbegriff für steuerbilanzielle Rechtsfragen – Anmerkungen zum BFH-Beschluss vom 31.1.2013, WPg 2013 S. 650; *Rätke*, Abschied vom subjektiven Fehlerbegriff bei der Bilanzberichtigung, StuB 2010 S. 528; *Schallok/Tetzlaff*, Bilanzberichtigung – Aufgabe des subjektiven Fehlerbegriffs, StBp 2014 S. 38; *Scheffler*, Besteuerung von Unternehmen Band II Steuerbilanz, 7. Aufl., Heidelberg 2011 (zitiert: Steuerbilanz); *Schlotter*, Die Abkehr vom subjektiven Fehlerbegriff bei steuerbilanziellen Rechtsfragen – materielle Wirkungen und verfahrensrechtliche Fragen, FR 2013 S. 835; *Schlotter*, Aufgabe des subjektiven Fehlerbegriffs und Pflichten nach § 153 AO, Ubg 2014 S. 22; *Schulze-Osterloh*, Das Ende des subjektiven Fehlerbegriffs bei der Anwendung von Bilanzrecht, BB 2013 S. 1131; *ders*, Die Verknüpfung der GoB mit steuerrechtlichen Bilanzierungsvorschriften in § 4 Abs. 2 Satz 1 EStG, FR 2016 S. 712; *Stapperfend*, Bilanzberichtigung und Bindung der Finanzverwaltung an die eingereichte Bilanz – Subjektiver Fehlerbegriff auf dem Prüfstand, Berlin 2010 (zitiert: Bilanzberichtigung); *Stapperfend*, DStR 2010 S. 2161; *Weber-Grellet*, Die Unterschiede handels- und steuerrechtlicher Wertaufhellung, in: Festschrift Reiss, Köln 2008, S. 483; *Weber-Grellet*, Abschied vom subjektiven Fehlerbegriff, DStR 2013 S. 729; *Weilep/Weilep*, Nichtigkeit von Jahresabschlüssen: Tatbestandsvoraussetzungen sowie Konsequenzen für die Unternehmensleitung, BB 2006 S. 147; *Wiesch*, Übersicht über die wichtigsten Ansatz- und Bewertungsregeln nach Handels- und Steuerrecht bei Gewerbetreibenden, SteuerStud 2011 S. 387.

1. Bilanzenzusammenhang

1110 **Grundsatz der Bilanzidentität:** Nach dem *handelsrechtlichen Grundsatz* der Bilanzidentität (der formellen Bilanzkontinuität[1]) müssen die Wertansätze der Eröffnungsbilanz mit der Schlussbilanz des vorhergehenden Geschäftsjahres übereinstimmen (§ 252 Abs. 1 Nr. 1 HGB). Daraus ergibt sich die sog. Zweischneidigkeit der Bilanz:[2] Vor- und Nachteile, die sich aus Bilanzierungsfehlern oder aus bilanzpolitischen Maßnahmen im abgelaufenen Wirtschaftsjahr ergeben, wirken sich im nachfolgenden Wirtschaftsjahr konträr aus, so dass durch diesen automatischen Fehlerausgleich ein zutreffender Totalgewinn ausgewiesen wird. Als Grundsatz ordnungsmäßiger Buchführung (GoB) untersteht der Grundsatz der Bilanzidentität neben dem Stetigkeitsprinzip (§§ 246 Abs. 3, 252 Abs. 1 Nr. 6 und § 265 Abs. 1 Satz 1 HGB) dem übergeordneten Grundsatz der Bilanzverknüpfung.[3] Zwischen der Schlussbilanz des Vorjahres und der Eröffnungsbilanz des Folgejahres wird nur aus buchungstechnischen Gründen unterschieden: Es sollen die Werte aus der Schlussbilanz des Vorjahres in die Bestandskonten der Buchführung des neuen Jahres übernommen werden.

1111 Der Grundsatz der Bilanzidentität (Consistency of accounting policies) findet sich nicht ausdrücklich, wohl aber mittelbar in den IFRS-Regelungen wieder. Das Merkmal der

---

1 *Tiedchen*, in: HHR, § 5 EStG Anm. 337.
2 *Tiedchen*, in: HHR, § 5 EStG Anm. 339
3 *Freidank/Velte/Weber*, in: Brönner/Bareis/u. a., S. 137; z. T. wird das übergeordnete Prinzip auch als Grundsatz der Bilanzkontinuität bezeichnet (s. *Tiedchen*, in: HHR, § 5 EStG Anm. 337). Eine andere Kategorisierung trifft *Scheffler* (Steuerbilanz, S. 54), der den Grundsatz der Vergleichbarkeit in die drei Unterprinzipien „Bilanzidentität", „formelle und materielle Bilanzstetigkeit" untergliedert.

Comparability fasst Ausweis- und Bewertungsstetigkeit zusammen und ist den Grundsätzen der Relevance und Reliability untergeordnet. Bei Konflikten mit diesen Kriterien ist sowohl Ausweis als auch Bewertung zu ändern. Dass auch die IAS von der Bilanzidentität ausgehen, zeigt sich insbesondere in IAS 8. Zur Berichtigung schwerwiegender Fehler (fundamental errors[4]) und bei Änderung von Bilanzierungs- und Bewertungsmethoden (change in accounting policies[5]) kann die Bilanzidentität durchbrochen werden. Dies zeigt eine geringere Gewichtung der Bilanzidentität als im deutschen Recht.

Bilanzenzusammenhang: *Im Steuerrecht* wird der Grundsatz der Bilanzidentität als Bilanzenzusammenhang bezeichnet. Eine dem Handelsrecht entsprechende Regelung existiert allerdings nicht.[6] Gleichwohl soll der Grundsatz des formellen Bilanzenzusammenhangs nicht aus dem Maßgeblichkeitsgrundsatz, sondern unmittelbar aus der Legaldefinition des Gewinns in § 4 Abs. 1 Satz 1 EStG folgen.[7] Wenn in § 4 Abs. 1 Satz 1 EStG nämlich bestimmt ist, dass für den Betriebsvermögensvergleich nur die jeweiligen Schlussbilanzen zweier aufeinander folgender Wirtschaftsjahre heranzuziehen sind, folgt daraus, dass die Schlussbilanz des vorangegangen Wirtschaftsjahres zugleich Eröffnungsbilanz des Folgejahres sein muss. Auch der Reformvorschlag Kirchhofs in seiner dem Bundessteuergesetzbuch angefügten Bilanzordnung geht von einer Bilanzkontinuität aus, die sich auch auf einzelne Bilanzposten bezieht und die durch Angabe von Vergleichswerten der Vorjahre sichergestellt werden soll.[8] Nach ständiger Rechtsprechung des BFH[9] gilt der Grundsatz des Bilanzenzusammenhangs interpersonell.[10] Er ist daher in allen Fällen des (zwingenden/wahlweisen) Buchwertübergangs anzuwenden; so bei der unentgeltlichen Betriebsübertragung,[11] Einbringung eines Betriebs,[12] formwechselnder Umwandlung,[13] Verschmelzung[14] oder Realteilung.[15] Das Urteil zur Realteilung betraf zwar noch die Rechtslage vor der Einführung der zwingenden Buchwertfortführung durch § 16 Abs. 3 Satz 2 EStG i. d. F. des StEntlG 1999/2000/2002 v. 24.3.1999,[16] das neben der Rechtsprechung[17] und Finanzverwaltung[18] noch ein Wahlrecht zwischen Gewinnrealisierung oder Buchwertfortführung vorsah; seine Grundsätze sind aber auch auf die Realteilung nach § 16 Abs. 3 Satz 2 EStG anzuwenden und sollen sogar für den Fall des Verstoßes gegen die dreijährige Sperrfrist nach § 16 Abs. 3 Satz 3 EStG gelten.[19]

1112

---

4 IAS 8 Tz. 7 und 13 ff.
5 IAS 8 Tz. 34 und 42.
6 Zur gesetzlichen Regelung des formellen Bilanzenzusammenhangs s. Rz. 1114.
7 BFH, Urteil v. 10.12.1991 – VIII R 17/87, BStBl 1992 II S. 650; s. auch *Hallerbach*, in: KKB 3. Aufl. 2018, § 4 Rz. 342 ff..
8 Siehe § 11 Abs. 2 Satz 2 BilO (S. 1175 und 1177 des Bundessteuergesetzbuchs von *P. Kirchhof*).
9 S. nur BFH, Urteile v. 16.12.2014 – VIII R 45/12, BStBl 2015 II S. 759 mit Anm. *Levedag*, NWB 2015 S. 3323; *Prinz*, FR 2015 S. 750 und *Rätke*, StuB 2015 S. 658 und v. 20.10.2015 – VIII R 33/13, BStBl 2016 II S. 596 m. w. N.
10 S. nur *Hallerbach*, in: KKB 3. Aufl. 2018, § 4 Rz. 344: Geltung des Grundsatzes unabhängig vom Betriebsinhaber und daher betriebsbezogen anzuwenden.
11 BFH, Beschluss v. 21.8.2012 - I B 179/11, BFH/NV 2013 S. 21.
12 BFH, Urteil v. 7.6.1988 - VIII R 296/82, BStBl 1988 II S. 886
13 BFH, Urteil v. 6.6.2013 - I R 36/12, BFH/NV 2014 S. 74.
14 BFH, Urteil v. 16.12.2014 – VIII R 45/12, BStBl 2015 II S. 759.
15 S. nur 20.10.2015 - VIII R 33/13, BStBl 2016 II S. 596 m. w. N.; dazu auch *Dißars*, StuB 2016 S. 624.
16 BGBl 1999 I S. 402; BStBl 1999 I S. 304.
17 S. etwa BFH, Urteil v. 1.12.1992 - VIII R 57/90, BStBl 1994 II S. 607.
18 S. nur BMF, Schreiben v. 14.7.1995 – IV B 3-S 1988-73/95, BStBl 1995 I S. 374.
19 So *Otto*, BB 2016 S. 1202.

1113 **Formeller und materieller Bilanzenzusammenhang:** Nach der vor allem von der höchstrichterlichen Rechtsprechung vertretenen Auffassung vom *formellen Bilanzenzusammenhang* ist die Korrektur eines unrichtigen Bilanzansatzes in einer Anfangsbilanz nicht zulässig, wenn diese als Schlussbilanz einer bestandskräftigen Veranlagung zu Grunde gelegen hat oder wenn der sich aus einer Berichtigung ergebende höhere Steueranspruch verjährt wäre.[20] Der unrichtige Bilanzansatz ist dann grundsätzlich in der Schlussbilanz des ersten Jahres, dessen Veranlagung noch geändert werden kann, erfolgswirksam zu berichtigen, wenn sich auch der Bilanzierungsfehler an der Fehlerquelle erfolgswirksam ausgewirkt hätte.[21] Nach der Rechtsprechung des BFH gilt der Grundsatz des formellen Bilanzenzusammenhangs jedoch nicht ausnahmslos; er kann sowohl unter Berücksichtigung der Grundsätze von Treu und Glauben (s. Rz. 1115) als auch dann durchbrochen werden, wenn der fehlerhafte Bilanzansatz (bestandskräftig) in den Vorjahren ohne Auswirkung auf die Höhe der festgesetzten Steuern geblieben ist.[22] Gebietet die Fehlerursache eine erfolgsneutrale „Gewinn"berichtigung, so ist sie innerhalb der Steuerbilanz erfolgswirksam auszuweisen und außerhalb derselben nach Einlagegrundsätzen wieder zu neutralisieren.[23] Nach der Lehre vom *materiellen Bilanzenzusammenhang* ist in der Bilanz stets der materiell zutreffende Bilanzansatz zu wählen. Daraus folgt eine Rückwärtsberichtigung bis zur Fehlerquelle, und zwar ungeachtet der Möglichkeit einer verfahrensrechtlichen Änderung der Steuerfestsetzung, die ihrerseits auf der Bilanz beruht.[24]

1114 **Gesetzliche Regelung des formellen Bilanzenzusammenhangs:** Durch JStG 2007[25] wurde die Auffassung vom formellen Bilanzenzusammenhang gesetzlich festgeschrieben. Danach bestimmt § 4 Abs. 2 Satz 1 Halbsatz 2 EStG seit dem 1.1.2007 (Art. 20 Abs. 6 JStG 2007), dass eine Bilanz nicht mehr berichtigt werden darf, wenn sie einer Steuerfestsetzung zugrunde liegt, die nicht mehr aufhebbar oder änderbar ist. Anlass für diese Regelung waren Entscheidungen des BFH zur Bilanzberichtigung bei dem vom Kalenderjahr abweichendem Regelwirtschaftsjahr der Land- und Forstwirte,[26] wonach der Grundsatz der richtigen Erfassung des Totalgewinns nicht dazu führen sollte, dass eine Bilanzberichtigung erst in der Bilanz vorgenommen werden darf, für die die Veranlagungen der beiden in Betracht kommenden Feststellungszeiträume noch offen sind.[27] Nachdem zunächst eine auf die besondere Situation der Land- und Forstwirte zugeschnittene Regelung in § 4a Abs. 2 Nr. 1 Satz 3 und 4 EStG-Entwurf geplant war,[28] traf der Gesetzgeber in § 4 Abs. 2 Satz 1 EStG die nun geltende allgemeinverbindliche Regelung zum formellen Bilanzenzusammenhang (s. auch Rz. 1145 ff.).

---

20 Zuletzt BFH, Urteil v. 16.12.2009 – I R 43/08, BFHE 227 S. 469.
21 BFH, Urteil v. 16.12.2009 – I R 43/08, BFHE 227 S. 469 und Beschluss v. 31.1.2013 – GrS 1/10, BStBl 2013 II S. 317 Tz. 77 m. w. N.
22 BFH, Urteil v. 9.5.2012 – X R 38/10, BStBl 2012 II S. 725 zu Tz. 23.
23 BFH, Urteil v. 6.8.1998 – IV R 67/97, BStBl 1999 II S. 14 zu Tz. 21.
24 So etwa *Knobbe-Keuk*, Bilanz- und Unternehmensteuerrecht, 9. Aufl. 1993, S. 58 f.
25 Vom 13.12.2006, BGBl 2006 I S. 2878; BStBl 2007 I S. 28.
26 Dazu Rz. 176.
27 BFH, Urteil v. 6.12.1990 – IV R 129/89, BStBl 1991 II S. 356 und BFH, Beschluss v. 25.8.2000 – IV B 150/99, BFH/NV 2001 S. 308 zu Tz. 5.
28 BT-Drucks. 16/3036 S. 6.

Formeller Bilanzenzusammenhang und Grundsatz von Treu und Glauben: Die Korrektur eines Bilanzierungsfehlers in einem Steuer- oder Gewinnfeststellungsbescheid nach den Grundsätzen des formellen Bilanzenzusammenhangs verstößt nicht gegen den Grundsatz von Treu und Glauben, wenn der Bilanzierungsfehler in vorangegangenen Außenprüfungen, die andere Veranlagungs- oder Feststellungszeiträume betrafen, nicht beanstandet worden ist.[29] Der Grundsatz von Treu und Glauben ist lediglich – zu Lasten des Steuerpflichtigen – in Betracht gezogen worden, wenn dieser in Vorjahren die Bilanzierung eines Schuldpostens bewusst rechtswidrig und willkürlich unterlassen oder in anderer Weise bewusst unrechtmäßige Steuervorteile erstrebt hat.[30] Zu Lasten des Finanzamts wurde der Grundsatz angewendet, wenn dieses dem Steuerpflichtigen unrichtige Bilanzansätze aufgedrängt hatte.[31]

1115

(Einstweilen frei)

1116–1117

2. Vorbemerkung zu den Bilanzkorrekturen des § 4 Abs. 2 EStG

2.1 Begriff und Rechtsentwicklung der steuerlichen Bilanzkorrekturen

Bilanzberichtigung und Bilanzänderung beschreiben zwei steuerliche Tatbestände, die sich unter den neutralen Oberbegriff der Steuerbilanzkorrektur einordnen lassen und die nur für die Steuerbilanz von Bedeutung sind. Änderungen der Handelsbilanz richten sich nach den handelsrechtlichen Vorschriften (s. Rz. 1124 ff.). Bis zum Veranlagungszeitraum 1999 waren die beiden Tatbestände der Bilanzberichtigung nach § 4 Abs. 2 Satz 1 EStG und der Bilanzänderung nach § 4 Abs. 2 Satz 2 EStG unabhängig voneinander anzuwenden. Die als *Bilanzberichtigung* bezeichnete Änderung der Bilanz war jederzeit möglich, soweit sie nicht den Grundsätzen ordnungsmäßiger Buchführung (GoB) entsprach. Die *Bilanzänderung*, mit der ein zulässiger Bilanzansatz durch einen anderen, zulässigen Bilanzansatz korrigiert wird, hing allerdings von der Zustimmung der Finanzbehörde ab.[32]

1118

Die Umstellung des Wirtschaftsjahres und damit des Bilanzstichtags (s. Rz. 182 ff.) wird nicht von § 4 Abs. 2 EStG erfasst. Die Regelungen des § 4a EStG sowie des § 7 Abs. 4 Satz 3 KStG und des § 4 Abs. 2 EStG schließen einander aus.[33] Wird ein unzulässiger Bilanzstichtag oder ein zulässiger Bilanzstichtag nach Einreichung der Bilanz durch einen anderen (zulässigen) Stichtag ersetzt, so liegt weder eine Bilanzberichtigung noch eine Bilanzänderung vor, die nur die Korrektur von Bilanzansätzen erfassen.[34]

1119

---

29 BFH, Urteile v. 28.10.1998 – X R 96/96, BStBl 1999 II S. 217 und v. 20.10.2015 - VIII R 33/13, BStBl 2016 II S. 596.
30 BFH, Urteil v. 20.10.2015 - VIII R 33/13, BStBl 2016 II S. 596 m. w. N.
31 BFH, Urteile v. 19.1.1982 - VIII R 21/77, BStBl 1982 II S. 456 m. w. N. und v. 20.10.2015 - VIII R 33/13, BStBl 2016 II S. 596.
32 Zum Zustimmungserfordernis in einem Übergangsfall s. BFH, Urteil v. 25.3.2004 – IV R 2/02, BStBl 2004 II S. 728.
33 *Kanzler*, FR 1997 S. 897, 899.
34 *Stapperfend*, in: HHR, § 4 EStG Anm. 371; *Kanzler*, FR 1997 S. 897, 899; *Seiler*, in: Kirchhof/Söhn/Mellinghoff, EStG, § 4 Rz. C 34; a. A. Schober in: HHR, § 4a EStG, Anm. S. 21.

1120 Beide Tatbestände des § 4 Abs. 2 EStG wurden grundlegend geändert: Das StEntlG 1999/2000/2002[35] normierte zunächst ein Bilanzänderungsverbot,[36] das durch Steuerbereinigungsgesetz 1999[37] abgemildert wurde: Die Möglichkeit der Bilanzänderung wurde eingeschränkt. Das Zustimmungserfordernis entfiel; stattdessen wurde die Bilanzänderung dem Grunde und der Höhe nach von einer Bilanzberichtigung abhängig gemacht (s. Rz. 1170 ff.). Wegen der erstmaligen Anwendung beider Vorschriften im Veranlagungszeitraum 1999, auch für Veranlagungszeiträume vor 1999, blieb das Bilanzänderungsverbot i. d. F. des StEntlG 1999/2000/2002 obsolet.[38] Der Tatbestand der Bilanzberichtigung wurde durch JStG 2007[39] dahingehend eingeschränkt, dass eine Bilanz nicht mehr berichtigt werden darf, wenn sie einer Steuerfestsetzung zugrunde liegt, die nicht mehr aufhebbar oder änderbar ist (s. Rz. 1114).

Obwohl auch der Reformvorschlag *Kirchhofs* von einer Bilanzkontinuität ausgeht (s. Rz. 1112), finden sich weder in seiner BilO noch in der diese ergänzende BilVO Bestimmungen zur Bilanzkorrektur.[40]

1121–1123 *(Einstweilen frei)*

2.2 Änderungen der Handelsbilanz

1124 **Die Änderung des Jahres- und Konzernabschlusses,** im Handelsrecht[41] kurz als Bilanzänderung bezeichnet, erfasst auch die GuV.[42] Sie ist weder im HGB noch im AktG oder im GmbHG ausdrücklich geregelt; § 243 HGB befasst sich nur mit der Aufstellung des Jahresabschlusses. Obwohl die steuerrechtliche Unterscheidung zwischen Bilanzberichtigung und Bilanzänderung im Handelsrecht nicht verwendet wird, differenziert man auch dort zwischen der Änderung „fehlerhafter" und „fehlerfreier" Jahresabschlüsse.[43] Bis zur Feststellung des Jahresabschlusses ist die Fehlerkorrektur uneingeschränkt zulässig. Nach seiner Feststellung kommt dem Jahresabschluss grundsätzlich Bindungswirkung zu. Mangels eines Feststellungsverfahrens gilt Entsprechendes für unterzeichnete und dadurch rechtswirksam gewordene Jahresabschlüsse.[44] Festgestellte fehlerhafte Jahresabschlüsse sind grundsätzlich dann zu ändern, wenn die Mängel betrags- oder ausweismäßig gewichtig sind und ohne die Korrektur kein den tatsächlichen Verhältnissen entsprechendes Bild der Vermögens-, Finanz- und Ertragslage des Unternehmens vermitteln.[45]

---

35 Vom 24.3.1999, BGBl 1999 I S. 402; BStBl 1999 I S. 304.
36 Zur fragwürdigen Entwurfsbegründung für das totale Bilanzänderungsverbot, für das das BFH-Urteil v. 24.3.1998 – I R 20/94 (BStBl 1999 II S. 272) Anlass gewesen war, vgl. *Kanzler*, FR 1999 S. 833 m. w. N.
37 Vom 22.12.1999, BGBl 1999 I S. 2601; BStBl 2000 I S. 13.
38 BFH, Urteil v. 31.5.2007 – IV R 54/05, BFH/NV 2007 S. 1973 m. w. N.; BMF, Schreiben v. 18.5.2000, BStBl 2000 I S. 587. Gleichwohl konnten Fälle auftreten, in denen das Bilanzänderungsverbot vor Inkrafttreten des StBereinG 1999 einer bestandskräftigen Steuerfestsetzung zugrunde lag.
39 Siehe Fn. 12.
40 Zu weiteren Reformüberlegungen in der Vergangenheit s. *Stapperfend*, in: HHR, § 4 EStG Anm. 352 (www.ertragsteuerrecht.de/hhr_archiv.htm).
41 Zur Änderung der Handelsbilanz s. auch *Stapperfend*, Bilanzberichtigung, S. 49 ff. m. w. N.
42 Z. B. *Hoffmann/Lüdenbach*, § 252 Rz. 244; IDW RS HFA 6 v. 12.4.2007, Tz. 2.
43 IDW RS HFA 6 v. 12.4.2007, Tz. 9 und 14.
44 IDW RS HFA 6 v. 12.4.2007, Tz. 6 f.
45 IDW RS HFA 6 v. 12.4.2007, Tz. 14; s. auch *Freidank/Sassen*, in: Brönner/Bareis/u. a., S. 148.

Der Fehlerbegriff ist unbestimmt. Nach h. M. im Schrifttum werden als Fehler „Unrichtigkeiten oder Verstöße gegen zwingende handels- oder steuerrechtliche Bilanzierungsgrundsätze oder satzungsmäßige Bestimmungen"[46] gewertet – oder kurz: „Ein Jahresabschluss ist fehlerhaft, wenn er gegen die gesetzlichen Vorschriften verstößt".[47] Zum Teil wird eine Fehlerbestimmung in Anlehnung an die Definitionen der IFRS vorgeschlagen und dementsprechend die Neueinschätzung von Sachverhalten nach IAS 8.36 f. (changes in accounting estimates) von den eigentlichen Fehlerkorrekturen nach IAS 8.41 (correction of errors) unterschieden (s. auch Rz. 1111). Danach sind wesentliche Fehler in dem Abschluss, der auf die Fehlerfeststellung folgt, retrospektiv zu korrigieren, d. h. dass die Vorjahreszahlen angepasst werden.[48]

1125

Fehlerhafte Jahresabschlüsse dürfen nach Auffassung des IDW unter Beachtung des Grundsatzes der Wesentlichkeit (materiality) und des Wertaufhellungsgedankens[49] jederzeit geändert werden. Eine Korrektur ist danach nur notwendig, wenn der Fehler einen wesentlichen Einfluss auf die Vermögens-, Finanz- und Ertragslage hat oder der verletzten Rechtsnorm besondere Bedeutung beizumessen ist.[50]

1126

Nichtige Jahresabschlüsse (§ 256 AktG) sind unbeschränkt durch wirksame Abschlüsse zu ersetzen. Dies ist allerdings keine Korrektur, weil der nichtige Abschluss nicht existent und der neue Abschluss damit ein erstmalig aufgestellter Jahresabschluss ist. Die aktienrechtliche Regelung wird auch auf die GmbH und die GmbH & Co. KG angewandt.[51]

Die Durchführung der Korrektur erfolgt „in laufender Rechnung" oder im folgenden Zwischenabschluss, etwa im Rahmen eines Halbjahresfinanzberichts oder eines Quartalsberichts. Dennoch ist eine rückwirkende (retrospektive) Änderung zulässig und geboten, wenn andernfalls kein den tatsächlichen Verhältnissen entsprechendes Bild der Vermögens-, Finanz- und Ertragslage wiedergegeben und das Informationsbedürfnis in laufender Rechnung nicht erfüllt werden kann.[52] Ergebnisse einer steuerlichen Außenprüfung führen i. d. R. nicht dazu, die nach Handelsrecht aufgestellten Jahresabschlüsse rückwirkend anpassen zu müssen. Gleichwohl kann es sich empfehlen, den handelsrechtlichen Jahresabschluss unter Beachtung des Maßgeblichkeitsgrundsatzes zu ändern, um steuerliche Mehrergebnisse durch gegenläufige Maßnahmen zu neutralisieren.[53] Im Rahmen der Steuererklärungen wird dann nach § 60 Abs. 2 Satz 1 EStDV eine gesonderte „Überleitung der Handelsbilanz auf die Steuerbilanz" zur Anpassung der beiden Bilanzen gefertigt.

1127

(Einstweilen frei)

1128–1129

---

46 So etwa *Freidank/Sassen*, in: Brönner/Bareis/u. a., S. 148 m. w. N.
47 Nach *Hoffmann/Lüdenbach* (§ 252 Rz. 245) ist diese Definition zirkulär und inhaltslos; s. auch *Kanzler*, NWB 2012 S. 2374, 2376.
48 Zu den Gemeinsamkeiten und Unterschieden der Fehlerkorrektur nach HGB und IFRS s. auch die synoptische Darstellung bei *Freidank/Sassen*, in: Brönner/Bareis/u. a., S. 153 f.
49 Kritisch dazu *Hoffmann/Lüdenbach*, § 252 Rz. 247 und zur unterschiedlichen Sicht handels- und steuerrechtlicher Wertaufhellung *Weber-Grellet*, in: Festschrift Reiss, Köln 2008, S. 483; s. auch *Hoffmann*, StuB 2015 S. 889 zum Wertberichtigungs- und Wertaufhellungszeitraum aus handelsbilanzieller Sicht.
50 IDW RS HFA v. 12.4.2007, Tz. 22.
51 Zu Einzelheiten s. *Weilep/Weilep*, BB 2006 S. 147.
52 IDW RS HFA v. 12.4.2007, Tz. 21.
53 IDW RS HFA v. 12.4.2007, Tz. 33-36.

3. Bilanzberichtigung
3.1 Tatbestandsvoraussetzungen der Bilanzberichtigung
3.1.1 Begriff der Bilanzberichtigung (§ 4 Abs. 2 Satz 1 1. Halbsatz EStG)

1130 Gemäß § 4 Abs. 2 Satz 1 1. Halbsatz EStG darf der Steuerpflichtige „die Vermögensübersicht (Bilanz) auch nach ihrer Einreichung beim Finanzamt ändern, soweit sie den Grundsätzen ordnungsmäßiger Buchführung unter Befolgung der Vorschriften dieses Gesetzes nicht entspricht". Mit der Einreichung der Steuerbilanz tritt eine Bindung des Steuerpflichtigen an die Bilanzansätze ein. Erst von diesem Zeitpunkt an ist eine Berichtigung nach Maßgabe des § 4 Abs. 2 Satz 1 EStG durchzuführen.

1131 **Berichtigungsfähig** ist nur eine den steuerrechtlichen Vorschriften entsprechende Vermögensübersicht. Diese liegt nicht vor, wenn das Rechenwerk dem Finanzamt von einem nicht vertretungsberechtigten Organ (§ 34 AO) vorgelegt wird. Eine solche „Nicht-Bilanz" ist rechtlich ebenso unwirksam, wie eine unter Vorbehalt erstellte Bilanz. Die Einreichung der rechtlich wirksamen Bilanz führt damit nicht zu einer Bilanzberichtigung i. S. d. § 4 Abs. 2 Satz 1 EStG.[54] Berichtigungsfähig ist dagegen eine nicht rechtzeitig aufgestellte[55] und eine aus einer nichtigen Handelsbilanz abgeleitete oder eine von den zuständigen Organen noch zu genehmigende Steuerbilanz.[56] Dies gilt auch wenn der Unternehmer keine eigene Steuerbilanz aufstellt.

1132 **Die Bilanzberichtigung nach § 4 Abs. 2 Satz 1 1. Halbsatz EStG setzt voraus**, dass die Vermögensübersicht den GoB unter Befolgung der Vorschriften des EStG widerspricht. Dies trifft nicht nur auf den fehlerhaften Ansatz aller aktiven und passiven von Bilanzposten[57] zu, sondern auch auf die unzutreffende Erfassung von Entnahmen, Einlagen[58] oder des Gewinns,[59] wie dies früher in § 5 Abs. 2 EStG 1934 ausdrücklich bestimmt war.[60] Eine Bilanz kann aber auch dann gemäß § 4 Abs. 2 Satz 1 EStG berichtigt werden, wenn ein darin enthaltener Ansatz nicht gegen Grundsätze ordnungsmäßiger Buchführung (GoB), sondern nur gegen steuerrechtliche Vorschriften verstößt.[61] Gegenstand einer Bilanzberichtigung kann daher auch eine fehlerhafte Gesellschafterbeteiligung sein (s. Rz. 1166).

1133 **Umstrittener Fehlerbegriff:** Bis zur Entscheidung des Großen Senats im Januar 2013[62] war umstritten, unter welchen Voraussetzungen ein Bilanzierungsfehler zu bejahen war, je nachdem, ob im Zeitpunkt der Bilanzaufstellung auf die objektive Sach- und Rechtslage am Bilanzstichtag oder auf die diesbezügliche Kenntnis des Steuerpflichti-

---

54 *Kanzler*, NWB 2012 S. 2374, 2378; *Wied*, in: Blümich, § 4 EStG Rz. 973.
55 BFH, Urteil v. 6.12.1983 – VIII R 110/79, BStBl 1984 II S. 227.
56 Siehe nur *Stapperfend*, in: HHR, § 4 EStG Anm. 400 m. w. N. auch zur a. A.
57 Einschließlich der Rechnungsabgrenzungsposten, vgl. BFH, Urteil v. 8.12.1988 - IV R 33/87, BStBl 1989 II S. 407 und der Verbindlichkeiten, vgl. BFH, Urteil v. 19.8.2015 - X R 30/12, BFH/NV 2016 S. 203.
58 S. *Heß*, BB 2016 S. 1394.
59 BFH, Urteile v. 31.5.2007 – IV R 25/06, BFH/NV 2007 S. 2086; v. 31.5.2007 – IV R 54/05, BStBl 2008 II S. 665; gl. A. BMF, Schreiben v. 13.8.2008, BStBl 2008 I S. 845.
60 Vgl. BFH, Urteil v. 31.5.2007 – IV R 25/06, BFH/NV 2007 S. 2086 zu Tz. 23.
61 BFH, Urteil v. 14.3.2006 - I R 83/05, BStBl 2006 II S. 799 mit zustimmender Anm. *Schulze-Osterloh*, FR 2016 S. 712.
62 BFH, Beschluss v. 31.1.2013 – GrS 1/10, BStBl 2013 II S. 317.

gen abgestellt wurde. Diese Gesichtspunkte waren auch für die Frage der Bindung an eine einmal aufgestellte und eingereichte Bilanz maßgebend. Der Tatsachen- und Rechtsfragen betreffende Streit wurde unter den Schlagworten „objektiver und subjektiver Fehlerbegriff" geführt.

Nach dem subjektiven Fehlerbegriff ist eine Bilanz nicht fehlerhaft und daher auch nicht zu berichtigen, wenn sie im Zeitpunkt ihrer Aufstellung auf einer vertretbaren Sachverhaltswürdigung oder Auffassung zu einer umstrittenen bzw. bislang unbekannten Rechtsfrage beruhte. Ein Fehler war auch ausgeschlossen, wenn die Bilanz der geltenden Rechtslage entsprach. Hatte sich die Rechtslage nach Aufstellung und Einreichung der Steuerbilanz zum Nachteil des Steuerpflichtigen geändert, so war dem Finanzamt eine Korrektur versagt; bei Änderungen zum Vorteil des Steuerpflichtigen konnte dieser keine Bilanzberichtigung zu seinen Gunsten durchführen. Der entsprechende Ansatz wurde erst in der Bilanz fehlerhaft, in der die neue Rechtslage erstmals berücksichtigt werden konnte.[63]

1134

Nach dem objektiven Fehlerbegriff ist die ursprüngliche Steuerbilanz in einem solchen Fall der nachträglichen Klärung oder Änderung der Rechtslage fehlerhaft und nach § 4 Abs. 2 Satz 1 EStG zu berichtigen. Sie kann dann auch keine Bindungswirkung für den Steuerpflichtigen oder das Finanzamt entfalten.

Vorlagebeschluss zum Großen Senat des BFH: Den zunächst nur für Sachverhaltsfragen geltenden subjektiven Fehlerbegriff hatte vor allem der I. Senat des BFH auch auf Rechtsfragen ausgedehnt[64] und den Rechtssatz aufgestellt, dass „jede der kaufmännischen Sorgfalt entsprechende Bilanzierung als ,richtig` anzusehen" sei.[65] Auf die anhaltende Kritik an seiner Rechtsprechung legte der I. Senat des BFH dem Großen Senat folgende Rechtsfrage vor:[66] „Ist das Finanzamt im Rahmen der ertragsteuerlichen Gewinnermittlung in Bezug auf zum Zeitpunkt der Bilanzaufstellung ungeklärte bilanzrechtliche Rechtsfragen an die Auffassung gebunden, die der vom Steuerpflichtigen aufgestellten Bilanz zu Grund liegt, wenn diese Rechtsauffassung aus der Sicht eines ordentlichen und gewissenhaften Kaufmanns vertretbar war."[67]

1135

Entscheidung des Großen Senats zum subjektiven Fehlerbegriff bei bilanziellen Rechtsfragen: Der Große Senat des BFH hat sich erwartungsgemäß zum objektiven Fehlerbegriff bei bilanziellen Rechtsfragen bekannt. Danach ist das Finanzamt im Rahmen der ertragsteuerrechtlichen Gewinnermittlung auch dann nicht an die rechtliche Beurteilung gebunden, die der vom Steuerpflichtigen aufgestellten Bilanz (und deren einzelnen Ansätzen) zugrunde liegt, wenn diese Beurteilung aus der Sicht eines ordentlichen und gewissenhaften Kaufmanns im Zeitpunkt der Bilanzaufstellung vertretbar war.[68]

1136

---

63 BFH, Urteil v. 12.11.1992 – IV R 59/91, BStBl 1993 II S. 392 m. w. N.
64 BFH, Urteil v. 30.1.2002 – I R 71/00, BStBl 2003 II S. 279.
65 BFH, Urteil v. 5.6.2007 – I R 47/06, BStBl 2007 II S. 818 in Bestätigung von BFH, Urteil v. 5.4.2006 – I R 46/04, BStBl 2006 II S. 688.
66 Nach zutreffender Auffassung von *Hoffmann* (StuB 2013 S. 277, 278) eine überflüssige Vorlage.
67 BFH, Beschluss v. 7.4.2010 – I R 77/08, BStBl 2010 II S. 739.
68 BFH, Beschluss v. 31.1.2013 – GrS 1/10, BStBl 2013 II S. 317.

Das gilt auch für eine in diesem Zeitpunkt von Verwaltung und Rechtsprechung praktizierte, später aber geänderte Rechtsauffassung.[69]

Zur Begründung beruft sich der Große Senat auf den Gleichheitssatz, der Verwaltung und Gerichte verpflichte, ihrer Entscheidung die objektiv richtige Rechtslage zugrunde zu legen. Für die Besteuerung sei, abgesehen von im Einzelfall gebotenen Billigkeitsmaßnahmen (§§ 163, 227 AO), generell die objektive Rechtslage maßgebend. Die Besteuerung knüpfe an den tatsächlich verwirklichten Sachverhalt an (§ 38 AO), nicht aber an Rechtsansichten des Steuerpflichtigen und erfolge materiell-rechtlich ohne Rücksicht auf deren Vertretbarkeit oder Verschulden des Steuerpflichtigen. Einen Gutglaubensschutz im Bereich der Rechtserkenntnis gibt es nicht.[70]

Im Streitfall ging es zwar nicht um eine Bilanzberichtigung, sondern um eine Korrektur der Gewinnermittlung durch das FA. Der Fehlerbegriff des Großen Senats ist aber auch und vor allem für die Bilanzkorrektur durch den Steuerpflichtigen im Rahmen des § 4 Abs. 2 Satz 1 EStG maßgebend.

1137 **Nach dem Sachverhalt des Ausgangsverfahrens** hatte die Klägerin, ein Mobilfunkunternehmen (GmbH), ihren Kunden bei Abschluss oder Verlängerung eines Vertrags mit einer Mindestlaufzeit von 24 Monaten den verbilligten Erwerb eines Mobiltelefons angeboten. Das Finanzamt war der Auffassung, der Preisnachlass sei ein Aufwand, der durch Bildung eines aktiven Rechnungsabgrenzungsposten (RAP) auf die Laufzeit des Vertrags zu verteilen sei (§ 5 Abs. 5 Satz 1 Nr. 1 EStG i. V. mit § 8 Abs. 1 Satz 1 KStG). Die dagegen gerichtete Klage hatte keinen Erfolg. Mit ihrer Revision machte die Klägerin dann erstmals geltend, dass das Finanzamt – unter Berücksichtigung des subjektiven Fehlerbegriffs – an die in der eingereichten Bilanz zum Ausdruck kommende Rechtsauffassung gebunden und der RAP nicht zu bilden sei. Diese Rechtsauffassung habe nämlich bei der Aufstellung der Bilanz wegen der seinerzeit ungeklärten Rechtslage nicht der kaufmännischen Sorgfalt widersprochen. Damit sei der Jahresabschluss subjektiv nicht fehlerhaft.

1138 **Fehlerhafte Bilanzansätze durch nachträgliche Änderung der Rechtsauffassung:** Mit der Auffassung, dass auch eine geänderte Rechtsauffassung die Fehlerhaftigkeit der Steuerbilanz nach ihrer Aufstellung begründet, ist der Große Senat ausdrücklich über die ihm vorgelegte Frage hinausgegangen, die sich nur auf die Bindung an ungeklärte oder streitige Rechtsfragen bezogen hatte. Er hat damit seine Entscheidung auch auf die fiktive Sachverhaltsvariante ausgedehnt, dass der Steuerpflichtige bei seiner Bilanzierung von einer anerkannten Rechtsauffassung ausgegangen ist, die sich nach Bilanzaufstellung geändert hat. Hierzu hatte bereits der IV. Senat des BFH in zwei Urteilen entschieden, dass frühere Bilanzansätze durch Rechtsprechungsänderungen nicht im Nachhinein fehlerhaft würden.[71] Insoweit hat der Beschluss des Großen Senats zu einer Rechtsprechungsänderung geführt.

---

69 BFH, Beschluss v. 31.1.2013 – GrS 1/10, BStBl 2013 II S. 317 Tz. 56 und 66.
70 *Prinz*, StBJb 2011/2012 S. 241, 255 f.
71 BFH, Urteile v. 12.11.1992 – IV R 59/91, BStBl 1993 II S. 392 betr. Kanalbaubeiträge und v. 16.12.2009 – IV R 18/07, BFH/NV 2010 S. 1419 betr. Buchwertabspaltung bei Milchlieferrechten.

Bedeutung der Abkehr vom subjektiven Fehlerbegriff: Die Entscheidung des Großen Senats führt zu einer Erweiterung der Möglichkeiten für den Steuerpflichtigen,[72] der nun – anders als bisher – bei einem Rechtsprechungswandel oder Änderungen der Verwaltungsauffassung zu seinen Gunsten, die Bilanz berichtigen kann, während bei neuen Rechtserkenntnissen zu seinen Lasten ggfls. die Vertrauensschutzregelung des § 176 AO eingreift. Auf diese Rechtsprechungsänderungen betreffende Schranke des § 176 Abs. 1 Satz 1 Nr. 3 AO weist der Große Senat ausdrücklich hin.[73] Dasselbe gilt nach § 176 Abs. 2 AO, wenn der Steuerpflichtige auf die Richtigkeit einer allgemeinen Verwaltungsvorschrift der Bundesregierung oder einer obersten Bundes- oder Landesbehörde vertraut hat, die von einem obersten Gerichtshof des Bundes als rechtswidrig erkannt worden ist. Im Übrigen kommen bei steuerverschärfenden Rechtsprechungsänderungen auch Billigkeitsmaßnahmen nach §§ 163, 227 AO i. V. m. Art. 108 Abs. 7 GG in Betracht.[74]

1139

Berichtigungspflicht des Finanzamts und umstrittenes Wahlrecht des Steuerpflichtigen: Nach dem Beschluss des Großen Senats ist das Finanzamt verpflichtet, die Gewinnermittlung des Steuerpflichtigen ausschließlich auf der Grundlage des für den Bilanzstichtag objektiv geltenden Rechts ohne Rücksicht auf Rechtsansichten des Steuerpflichtigen zu prüfen und ggf. zu korrigieren (s. Rz. 1150), unabhängig davon, ob sich die unzutreffende Rechtsansicht des Steuerpflichtigen zu seinen Gunsten oder zu seinen Lasten ausgewirkt hat.[75] Ob den Steuerpflichtigen eine Berichtigungspflicht trifft, wenn sich die Rechtsauffassung zu seinen Lasten geändert hat, ist umstritten (s. Rz. 1150 ff.). Der Beschluss des Großen Senats jedenfalls hat hierzu keine neue strafbewehrte Berichtigungspflicht aufgestellt. Nach dem Wortlaut des § 4 Abs. 2 Satz 2 EStG „darf" der Steuerpflichtige die fehlerhafte Bilanz nach ihrer Einreichung ändern.[76] Jedenfalls ist dem Steuerpflichtigen erst durch eine Bilanzberichtigung zu seinen Lasten der Weg zu einer die Belastung kompensierenden Bilanzänderung eröffnet (s. Rz. 1171).

1140

Keine Entscheidung zum sachverhaltsbezogenen Fehlerbegriff: Der Große Senat hat die Entscheidung über die Anwendung des subjektiven Fehlerbegriffs auf Fälle, in denen der Steuerpflichtige bei der Bilanzierung von unzutreffenden Tatsachen (Prognosen oder Schätzungen) ausgegangen ist, ohne dabei gegen die ihm obliegenden Sorgfaltspflichten verstoßen zu haben, ausdrücklich offengelassen. Diese richterliche Zurückhaltung erlaubt schon deshalb keine Rückschlüsse auf die eine oder andere Lösung, weil sich der I. Senat des BFH in seinem Vorlagebeschluss dezidiert für eine Beibehaltung des subjektiven Fehlerbegriffs ausgesprochen hatte. Trotz beachtlicher Argumente für eine Ausdehnung des objektiven Fehlerbegriffs auch auf Sachverhaltsfragen,[77] bleibt es nach der bisherigen Rechtsprechung des BFH zunächst bei einem gespaltenen Fehlerbe-

1141

---

72 *Schulze-Osterloh*, BB 2013 S. 1131, 1134.
73 BFH, Beschluss v. 31.1.2013 – GrS 1/10, BStBl 2013 II S. 317 Tz. 80.
74 Siehe etwa BFH, Urteil v. 7.11.1996 – IV R 69/95, BStBl 1997 II S. 245.
75 BFH, Beschluss v. 31.1.2013 – GrS 1/10, BStBl 2013 II S. 317 Tz.76.
76 Zur Berichtigungspflicht und -befugnis des Steuerpflichtigen und den damit zusammenhängenden verfahrensrechtlichen Fragen der Verzinsung, Ablaufhemmung und Verjährung s. *Drüen*, GmbHR 2013 S. 505, 511.
77 Dazu *Schulze-Osterloh*, BB 2013 S. 1131, 1133 m. w. N.

griff:[78] Dem objektiven Fehlerbegriff, der auf bilanzielle Rechtsfragen anzuwenden ist und dem subjektiven Fehlerbegriff für beurteilungsoffene Sachverhaltsfragen, der von der handelsrechtlichen Regelung des § 252 Abs. 1 Nr. 4 HGB ausgeht.[79] Nach § 252 Abs. 1 Nr. 4 HGB sind alle vorhersehbaren Risiken und Verluste, die bis zum Abschlussstichtag entstanden sind, zu berücksichtigen, selbst wenn diese erst zwischen dem Abschlussstichtag und dem Tag der Aufstellung des Jahresabschlusses bekannt geworden sind.[80]

1142 **Subjektiver und objektiver Fehlerbegriff bei kaufmännischen Beurteilungsspielräumen:** Allerdings kann sich die Frage nach dem sachverhaltsbezogenen, subjektiven Fehlerverständnis nur stellen, wenn dem Steuerpflichtigen hinsichtlich des Bilanzansatzes und der Bewertung ein (oft als kaufmännisches Ermessen bezeichneter) Beurteilungsspielraum zusteht. In diesem Fall der Vornahme von Schätzungen und Prognosen kann nur dann von einer fehlerhaften Bilanz ausgegangen werden, wenn das Ergebnis nicht auf einer pflichtgemäßen, gewissenhaften und nachvollziehbaren Prüfung beruht.[81] Hätte ein ordentlicher Kaufmann dagegen denselben Bilanzansatz gewählt, dann sind Finanzverwaltung und Gerichte daran gebunden. Dieser unstreitige Befund wird zum Teil als Ergebnis einer Anwendung des subjektiven Fehlerbegriffs auf Tatsachenfragen ausgewiesen;[82] nach anderer Auffassung folgt dieses Ergebnis aus dem objektiven Fehlerbegriff.[83] Steht dem Steuerpflichtigen kein entsprechender Beurteilungsspielraum zu, dann haben Finanzverwaltung und Gerichte von der objektiv richtigen Sachlage auszugehen.[84] Dies gilt auch für den Fall, dass dem Steuerpflichtigen Tatsachen erst nachträglich und außerhalb des durch § 252 Abs. 1 Nr. 4 HGB gezogenen Wertaufhellungsrahmens bekannt werden.[85] In beiden Fällen ist der Steuerpflichtige zu einer Bilanzberichtigung befugt.

1143 **Sonderregelung zum subjektiven Fehlerbegriff im Organschaftsrecht:** Durch die „Kleine Organschaftsreform"[86] wurde rückwirkend für alle noch offenen Fälle (§ 34 Abs. 9 Nr. 7 KStG) in § 14 Abs. 1 Nr. 3 ein neuer Satz 4 (und 5) angefügt, wonach der Gewinnabführungsvertrag unter bestimmten Voraussetzungen auch als durchgeführt gilt, „wenn der abgeführte Gewinn oder ausgeglichene Verlust auf einem Jahresabschluss beruht, der fehlerhafte Bilanzansätze enthält" und wenn deren „Fehlerhaftigkeit bei Erstellung des Jahresabschlusses unter Anwendung der Sorgfalt eines ordentlichen Kaufmanns nicht hätte erkannt werden müssen." Damit soll das Scheitern ertragsteuerlicher Organschaften wegen Durchführungsmängeln aus der Übernahme eines fehlerhaft ermittelten Gewinns vermieden werden. Nach der Begründung des Regierungsentwurfs knüpft die

---

78 *Prinz* (DB 2011 S. 2162) spricht insoweit von einem „dichotomen Fehlerbegriff", den er für sinnvoll und praktikabel hält; s. auch *Brandenberg/Prinz*, StbJb 2013/2014 S. 267.
79 S. auch OFD Niedersachsen, Verfügung v. 29.7.2014 - S 2141 - 25 - St 221/St 222.
80 BFH, Urteil v. 28.3.2000 – VIII R 77/96, BStBl 2002 II S. 227.
81 Gl. A. *Prinz*, WPg 2013 S. 650, 654 und *Schulze-Osterloh*, BB 2013 S. 1131, 1133 jeweils m. w. N.
82 So etwa von *Prinz*, WPg 2013 S. 650, 654 und *Schulze-Osterloh*, BB 2013 S. 1131, 1133.
83 *Stapperfend* in: HHR, § 4 EStG Anm. 410 unter Hinweis auf *Weber-Grellet*, DStR 2013 S. 729, 732.
84 BFH, Urteil v. 16.12.2014 - VIII R 45/12, BStBl 2015 II S. 759 Rz. 23; gl. A. schon *Weber-Grellet*, DStR 2013 S. 729, 732; a. A. *Schlotter*, FR 2013 S. 835, 837.
85 BFH, Urteil v. 16.12.2014 - VIII R 45/12, BStBl 2015 II S. 759 Rz. 22 ff.
86 Gesetz zur Änderung und Vereinfachung der Unternehmensbesteuerung und des steuerlichen Reisekostenrechts v. 20.2.2013, BGBl 2013 I S. 285. Zu Details s. A.XI.

Regelung „an den Gedanken des subjektiven Fehlerbegriffs an,[87] allerdings ohne dass es hier auf die Frage der Berichtigungsmöglichkeiten ankommt".[88] Aus der eher zufälligen Koinzidenz des Bekanntwerdens der Entscheidung des Großen Senats und des Inkrafttretens dieser Regelung zum subjektiven Fehlerbegriff lässt sich allerdings nichts ableiten, was gegen die Ausführungen des BFH sprechen könnte.[89] Es handelt sich vielmehr bei § 14 Abs. 1 Nr. 3 KStG um eine Sonderregelung, deren Zweck, die fehlerhafte Durchführung von Gewinnabführungsverträgen zu heilen, als sachliche Rechtfertigung für die Abweichung vom allgemeinen Gleichheitssatz (Art. 3 Abs. 1 GG) angeführt werden könnte, auf den sich der Große Senat berufen hat.[90]

Bedeutung der Entscheidung zum objektiven Fehlerbegriff für das Handelsbilanzrecht: 1144
Die grundlegenden verfassungsrechtlich begründeten Erwägungen des Großen Senats zur Maßgeblichkeit der objektiv richtigen Rechtslage müssen in gleicher Weise auch für das Handelsbilanzrecht gelten.[91] Zwar hat es der Große Senat des BFH dahinstehen lassen, ob der subjektive Fehlerbegriff ein Grundsatz ordnungsmäßiger Buchführung (GoB) ist,[92] weil ein solcher handelsrechtlicher GoB eine Steuerfestsetzung auf der Grundlage der jeweils maßgebenden steuerrechtlichen Vorschriften nicht verhindern könnte.[93] Ob ein Ansatz im handelsrechtlichen Jahresabschluss dem Gesetz entspricht oder dagegen verstößt, kann aber ebenfalls nicht von den Vorstellungen und Auffassungen des bilanzierenden Kaufmanns abhängen; dies wird – nicht anders als für die Steuerbilanz – verbindlich durch die Gerichte entschieden.[94]

3.1.2 Keine Berichtigung einer Bilanz, die endgültiger Steuerfestsetzung zugrunde liegt (§ 4 Abs. 2 Satz 1 2. Halbsatz EStG)

Gesetzliche Festschreibung der Auffassung vom formellen Bilanzenzusammenhang: 1145
Nach § 4 Abs. 2 Satz 1 2. Halbsatz EStG ist „diese Änderung (d. h. die Bilanzberichtigung) nicht zulässig, wenn die Vermögensübersicht (Bilanz) einer Steuerfestsetzung zugrunde liegt, die nicht mehr aufgehoben oder geändert werden kann. Mit dieser durch JStG 2007[95] geschaffenen – erstmals für den Veranlagungszeitraum 2007 anzuwendenden (§ 52 Abs. 1 EStG i. d. F. des StÄndG 2007) – Regelung sollte die Auffassung vom formellen Bilanzenzusammenhang gesetzlich festgeschrieben werden (s. Rz. 1112 ff.). Zugleich sollte damit eine unzutreffende Besteuerung der Land- und Forstwirte verhindert werden, die durch die Rechtsprechung des BFH zur Fehlerberichtigung bei vom

---

87 Gl. A. Fin Min Schleswig-Holstein v. 22.2.2016 - VI 3011 - S 2770 – 086 und OFD Frankfurt/M. v. 30.5.2016 - S 2770 A - 55 - St 51; a. A. aber OFD Karlsruhe v. 16.1.2014 - S 2770/52/2 - St 221.
88 BT-Drucks. 17/10774 S. 19. Nach *Pohl* (NWB 2017 S. 2848, 2850) beruht die Norm zwar auf dem objektiven Fehlerbegriff, folgt in ihrer Wirkung aber dem subjektiven Fehlerbegriff.
89 Gl. A. *Schulze-Osterloh*, BB 2013 S. 1131, 1134; so wohl auch *Prinz*, WPg 2013 S. 650, 655.
90 BFH, Beschluss v. 31.1.2013 – GrS 1/10, BStBl 2013 II S. 317 Tz. 61.
91 *Schulze-Osterloh*, BB 2013 S. 1131, 1132 m. w. N. zur a. A. daselbst Fn. 22; a.A. auch OFD Karlsruhe v. 16.1.2014 - S 2770/52/2 - St 221.
92 Dezidiert ablehnend: *Schulze-Osterloh*, BB 2013 S. 1131, 1132 m. w. N. zur a. A. daselbst Fn. 23.
93 BFH, Beschluss v. 31.1.2013 – GrS 1/10, BStBl 2013 II S. 317 Tz. 60.
94 Gl. A. *Schulze-Osterloh*, BB 2013 S. 1131, 1132 m. w. N.; aA *Hennrichs*, NZG 2013 S. 681; *Pohl*, NWB 2017 S. 2848, 2850.
95 Vom 13.12.2006, BGBl 2006 I S. 2878; BStBl 2007 I S. 28.

Kalenderjahr abweichendem Wirtschaftsjahr[96] ermöglicht wurde.[97] Die Änderung hat keinen Einfluss auf die Besteuerung Gewerbetreibender mit vom Kalenderjahr abweichendem Wirtschaftsjahr,[98] weil bei diesen die Zulässigkeit einer Bilanzberichtigung wie bisher davon abhängt, dass die Steuerfestsetzung, in der die Gewinnänderung sich nach § 4a Abs. 2 Nr. 2 EStG auswirkt, änderbar ist.[99]

1146 **Die Steuerfestsetzung beruht auf der zu berichtigenden Bilanz**, wenn sich der Bilanzierungsfehler auf die Veranlagung ausgewirkt hat. Dies ist dann nicht der Fall, wenn die Einkommensteuer auf 0 € festgesetzt wurde und die Auswirkungen auf die Gewerbesteuer unbeachtlich sind[100] oder wenn der Gewinn ohne Rückgriff auf die Bilanz geschätzt wurde und für das Folgejahr eine neue Anfangsbilanz zu erstellen war.[101] In diesen Fällen ist eine Rückwärtsberichtigung der Bilanz möglich, wenn auch die Steuerfestsetzung noch aufgehoben oder geändert werden kann.

1147 **Die Steuerfestsetzung kann noch aufgehoben oder geändert werden**, wenn der Steuerbescheid unter dem Vorbehalt der Nachprüfung i. S. d § 164 AO steht (Änderung in vollem Umfang) oder wenn die Steuer nach § 165 AO vorläufig festgesetzt wurde (Änderung soweit die Vorläufigkeit reicht) und die Festsetzungsfrist noch nicht abgelaufen ist.

1148 **Als Rechtsfolge des § 4 Abs. 2 Satz 1 2. Halbsatz EStG** scheidet eine Bilanzberichtigung für das Wirtschaftsjahr aus, für das die Steuerfestsetzung nicht mehr aufgehoben oder geändert werden kann. Der Steuerpflichtige kann dann nur die Schlussbilanz des ersten noch offenen Folgejahres berichtigen (s. Rz. 1156 und 1160 ff.).

1149 *(Einstweilen frei)*

3.2 Rechtsfolge: Durchführung der Bilanzberichtigung

3.2.1 Wahlrecht des Steuerpflichtigen

1150 **Der Steuerpflichtige „darf" die Bilanz berichtigen**, wenn die Voraussetzungen des § 4 Abs. 2 Satz 1 EStG vorliegen; er ist dazu grundsätzlich nicht verpflichtet (s. aber Rz. 1152). Entscheidet sich der Steuerpflichtige zu einer Berichtigung und kann die Bilanz auf verschiedenen Wegen berichtigt werden, so obliegt ihm die Auswahl des Korrekturwegs.[102] Nur der Steuerpflichtige selbst darf die Bilanzberichtigung vornehmen. Danach ist dem Finanzamt eine Berichtigung nach § 4 Abs. 2 Satz 1 EStG zwar verwehrt,[103] es darf aber eine fehlerhafte Bilanz nach § 85 AO nicht der Besteuerung zugrunde legen. Das Finanzamt hat daher eine eigene Gewinnermittlung durch Betriebsvermögensvergleich durchzuführen und – nach einer Betriebsprüfung etwa – eine sog. Prüferbilanz zu erstellen. Unabhängig von einem Recht oder einer Pflicht des Steuerpflichtigen zur Berichtigung

---

96 BFH, Urteil v. 6.12.1990 – IV R 129/89, BStBl 1991 II S. 356.
97 BT-Drucks. 16/3368 S. 16.
98 Dazu Rz. 175.
99 BT-Drucks. 16/3368 S. 16.
100 BFH, Urteil v. 6.9.2000 – XI R 18/00, BStBl 2001 II S. 106.
101 BFH, Urteile v. 28.1.1992 – VIII R 28/90, BStBl 1992 II S. 881; v. 12.10.1993 – VIII R 86/90, BStBl 1994 II S. 174.
102 BFH, Urteil v. 14.3.2006 - I R 83/05, BStBl 2006 II S. 799.
103 BFH, Urteile v. 4.11.1999 – IV R 70/98, BStBl 2000 II S. 129 unter Rz. 18; v. 5.6.2007 – I R 47/06, BStBl 2007 II S. 818; v. 5.6.2007 – I R 46/06, BFH/NV 2007 S. 2254 jeweils m. w. N.

der Bilanz gemäß § 4 Abs. 2 Satz 1 EStG ist das Finanzamt zu einer eigenständigen Gewinnermittlung berechtigt und verpflichtet.[104] Übernimmt der Steuerpflichtige dann die vom Finanzamt festgestellten Werte, so führt er selbst eine Bilanzberichtigung durch, deren Zulässigkeit nach § 4 Abs. 2 Satz 1 2. Halbsatz EStG zu beurteilen ist. Auch die Steuergerichte haben im Rahmen ihrer Rechtmäßigkeitskontrolle zu überprüfen, ob das FA entsprechend seiner Verpflichtung zur gesetzeskonformen Festsetzung der Steuer 2003 (§ 85 AO) die von der Klägerin eingereichten Bilanzansätze (Besteuerungsgrundlagen) nach den Grundsätzen des formellen Bilanzenzusammenhangs zu korrigieren hatte.[105] Führt der Steuerpflichtige die Bilanzberichtigung durch, so ist er für Wirtschaftsjahre, die nach dem 31.12.2010 beginnen, verpflichtet auch diese Korrektur durch Übermittlung einer E-Bilanz nach § 5b EStG vorzunehmen.[106]

Hat das FA hingegen einen unzutreffenden Wert angesetzt, den der Steuerpflichtige nicht übernimmt und zu dessen Übernahme er auch nicht durch ein rechtskräftiges Urteil verpflichtet ist (s. Rz. 1152), so muss seine richtige Bilanz für den Betriebsvermögensvergleich im Folgejahr herangezogen werden. Daraus folgt, dass das fehlerhafte Abweichen von einer Bilanz des Steuerpflichtigen nicht in einem späteren Veranlagungszeitraum korrigiert werden kann. Eine Korrektur kann nur in demselben Jahr erfolgen, soweit dies nach den Vorschriften der AO zulässig ist. Dies gilt in gleicher Weise für Fehler zugunsten und zuungunsten des Steuerpflichtigen.[107]

1151

Ausnahmsweise kann der Steuerpflichtige allerdings zu einer Bilanzberichtigung verpflichtet sein. Diese Verpflichtung kann sich etwa aus einem rechtskräftigen Urteil der Steuergerichte,[108] aus einer tatsächlichen Verständigung oder aus den Grundsätzen von Treu und Glauben ergeben. Davon wird z. B. dann auszugehen sein, wenn der Steuerpflichtige selbst die Fehlerhaftigkeit der Bilanz im Wege einer Selbstanzeige erklärt.[109] Ein Zwang zur Bilanzberichtigung kann schließlich auch daraus folgen, dass der Steuerpflichtige eine Bilanzänderung anstrebt, die nach § 4 Abs. 2 Satz 2 EStG aber nur zulässig ist, wenn sie in einem engen zeitlichen und sachlichen Zusammenhang mit einer Bilanzberichtigung steht (s. Rz. 1170 ff.). Dementsprechend hat auch das Finanzgericht fehlerhafte Bilanzansätze in den Grenzen des Klageantrags zu korrigieren; auf der Grundlage der Feststellungen des Finanzgerichts trifft diese Verpflichtung im Rahmen der Revisionsanträge auch den BFH, da bei einer Revision, die nicht ausschließlich auf die Verletzung von Verfahrensrecht gestützt ist, das angefochtene Urteil gem. § 118 Abs. 3 Satz 2 FGO in vollem Umfang auf seine Rechtmäßigkeit zu überprüfen ist.[110]

1152

---

104 BFH, Bechluss v. 31.1.2013 – GrS 1/10, BStBl 2013 II S. 317 Tz. 72.
105 BFH, Beschluss v. 31.1.2013 – GrS 1/10, BStBl 2013 II S. 317 und BFH, Urteil v. 25.6.2014 - I R 29/13, BFH/NV 2015 S. 27, Rz. 26.
106 Gl. A. *Gosch*, in: Kirchhof, EStG, 17. Aufl., § 5b Rz. 2a; *Schiffers* in Kom, § 5b Rz. 21; *Martin*, in: Lademann, § 5b Rz. 26. Bisher genügte in solchen Fällen eine an das Finanzamt gerichtete Mitteilung (R 4.4 Abs. 1 EStR 2012).
107 BFH, Urteil v. 4.11.1999 – IV R 70/98, BStBl 2000 II S. 129.
108 BFH, Urteil v. 4.11.1999 – IV R 70/98, BStBl 2000 II S. 129.
109 BFH, Urteil v. 28.4.1998 – VIII R 46/96, BStBl 1998 II S. 443.
110 BFH, Urteil v. 21.11.2007 – X R 27/05, BFH/NV 2008 S. 394.

Ob aus der Verpflichtung zur Berichtigung von Erklärungen, die zu einer Steuerverkürzung führen können oder geführt haben (§ 150 Abs. 2 und 4 sowie § 153 Abs. 1 Satz 1 Nr. 1 AO), auch eine Verpflichtung zur Bilanzberichtigung abzuleiten wäre, ist umstritten.[111]

1153 Dass der Steuerpflichtige die Bilanz nach § 4 Abs. 2 Satz 1 1. Halbsatz EStG „auch" nach ihrer Einreichung beim Finanzamt ändern darf, macht deutlich, dass die Steuerbilanz bis zur Einreichung jederzeit geändert werden kann; dieser Vorgang fällt dann aber nicht unter den Begriff der Bilanzberichtigung und eröffnet damit auch keine Bilanzänderung (s. Rz. 1170 ff.).

3.2.2 Technik der Fehlerberichtigung

1154 **Rückwärtsberichtigung an der Fehlerquelle als Grundsatz:** Unrichtige Bilanzansätze sind grundsätzlich an der Fehlerquelle durch Änderung der Schlussbilanz des betroffenen Wirtschaftsjahres zu berichtigen;[112] anders als nach handelsrechtlichen Grundsätzen, ist eine Berichtigung „in laufender Rechnung" (s. Rz. 1127) unzulässig. Dies folgt aus den Grundsätzen des Bilanzenzusammenhangs (s. Rz. 1112 ff.) und der Abschnittsbesteuerung (s. Rz. 170). Durch diese Rückwärtsberichtigung werden über den Bilanzenzusammenhang und die verfahrensrechtlichen Korrekturvorschriften (§ 175 Abs. 1 Satz 1 Nr. 2 AO) alle folgenden Bilanzen und die darauf beruhenden Veranlagungen richtig gestellt. Buchungsfehler ohne Auswirkung auf den Gewinn und die festgesetzte Steuer der Vorjahre können aus Vereinfachungsgründen unter Durchbrechung des formellen Bilanzenzusammenhangs in der „Anfangsbilanz" durch den richtigen Bilanzansatz ersetzt werden.[113]

1155 Eine Berichtigung der fehlerhaften Bilanz (Rückwärtsberichtigung) kommt insbesondere in Betracht, wenn das fehlerhaft ermittelte Betriebsvermögen einer Veranlagung noch nicht zugrunde gelegen hat, oder die Steuerfestsetzung zwar erfolgt, aber die Rechtsbehelfsfrist noch nicht abgelaufen ist, oder der bestandskräftige Steuerbescheid nach den Vorschriften der AO noch aufgehoben oder geändert werden kann. Dies ist z. B. bei einer Steuerfestsetzung der Fall, die unter dem Vorbehalt der Nachprüfung steht (§ 164 AO), die vorläufig erfolgte (§ 165 AO) oder bei der eine Berichtigung aufgrund neuer Tatsachen nach § 173 AO in Betracht kommt.[114] Nur wenn der Fehler an der Fehlerquelle, also im Entstehungsjahr, nicht mehr berichtigt werden kann, wird die Korrektur in das erste noch berichtigungsfähige Wirtschaftsjahr verlegt (s. Rz. 1156). Ein Wahlrecht besteht insoweit nicht; die Berichtigung an der Fehlerquelle hat Vorrang gegenüber der Berichtigung in einem späteren Wirtschaftsjahr.

1156 **Fehlerkorrektur im ersten noch offenen Folgejahr als Ausnahme:** Ist die Rückwärtsberichtigung wegen Verjährung oder Bestandskraft der Veranlagung und mangels ver-

---

111 Für eine Berichtigungspflicht: *v. Beckerath*, FR 2011 S. 349, 353; *Bode*, in: Kirchhof, EStG, 17. Aufl. 2018, § 4 Rz. 118; *Kanzler*, NWB 2012 S. 2374, 2381; *Meurer*, in: Lademann, § 4 Rz. 802, 834; *Wied*, in: Blümich, § 4 EStG Rz. 980; a. A. *Schallok/Tetzlaff*, StBp 2014 S. 38; *Schlotter*, Ubg 2014 S. 22; *Stapperfend*, in: HHR, § 4 EStG Anm. 385 und 423 m. w. N.; unentschieden: *Seiler*, in: Kirchhof/Söhn/Mellinghoff, § 4 Rz. C 59.
112 Grundlegend: BFH, Beschluss v. 29.11.1965 – GrS 1/65 S, BStBl 1966 III S. 142 zu Rz. 5; s. auch BFH, Urteil v. 30.11.1967 – IV R 96/67, BStBl 1968 II S. 144.
113 BFH, Beschluss v. 22.4.1998 – IV B 107/97, BFH/NV 1999 S. 162 zu Tz. 7; s. auch Rz. 1156.
114 BFH, Beschluss v. 29.11.1965 – GrS 1/65 S, BStBl 1966 III S. 142.

fahrensrechtlicher Korrekturmöglichkeiten ausgeschlossen (§ 4 Abs. 2 Satz 1 2. Halbsatz EStG[115]), so ist der falsche Bilanzansatz in der Schlussbilanz des auf die bestandskräftig veranlagten Wirtschaftsjahre folgenden Wirtschaftsjahres richtig zu stellen.[116] Diese mit der Fehlerkorrektur verbundene periodenübergreifende „Verlagerung" des Gewinns oder Verlusts ist verfassungsrechtlich unbedenklich.[117] Abgesehen davon, dass sich die Korrektur zugunsten wie zulasten des Steuerpflichtigen auswirken kann, verstößt eine auf dem formellen Bilanzenzusammenhang beruhende Fehlerberichtigung auch im Hinblick auf den Grundsatz der Gesamtgewinngleichheit gegenüber Steuerpflichtigen mit Einnahmenüberschussrechnung nicht gegen den Grundsatz der gleichmäßigen Besteuerung (Art. 3 GG[118]).

Die Zurückberichtigung bis zur Fehlerquelle ist auch durchzuführen, wenn sich der fehlerhafte Bilanzansatz steuerlich nicht ausgewirkt hat.[119] Die Frage, ob sich ein fehlerhafter Bilanzansatz steuerlich ausgewirkt hat und damit eine Zurückberichtigung des Fehlers für bereits unanfechtbar abgeschlossene VZ entfällt, ist allein nach den für diese Veranlagungszeiträume festgesetzten Steuerbeträgen zu beantworten. Ist die Steuer beispielsweise auf 0 € festgesetzt worden und erhöht sich durch die zusätzliche AfA lediglich der Verlust, so kann zurückberichtigt werden, weil sich der erhöhte Verlustabzug wegen Ablaufs des früher geltenden Fünfjahreszeitraums nicht mehr auswirken konnte.[120] Bei Gewinnfeststellungsbescheiden gem. §§ 179, 180 AO führt dagegen jede Gewinnänderung zu einer steuerlichen Auswirkung. Eine Rückwärtsberichtigung ist daher in diesen Fällen nur hinsichtlich der Entnahmen und Einlagen der Gesellschaft zulässig, die zwar den Kapitalanteil des betreffenden Gesellschafters beeinflussen, aber keinen Einfluss auf den Gewinn des Unternehmens haben.[121]

1157

(Einstweilen frei) 1158–1159

3.2.3 Erfolgswirksame oder erfolgsneutrale Korrekturen im ersten noch offenen Folgejahr

Ist der Fehler nicht mehr an der Quelle zu berichtigen und daher in der Schlussbilanz des ersten Jahres, dessen Veranlagung noch geändert werden kann oder für das eine Veranlagung noch nicht durchgeführt wurde, richtig zu stellen, so ist zu entscheiden, ob die Korrektur erfolgsneutral oder erfolgswirksam zu erfolgen hat. Gewinne oder Verluste dürfen durch eine solche Berichtigung nur nachgeholt werden, wenn sie unmittelbar auf der fehlerhaften Bilanzierung beruhen. Daher ist in jedem Fall die Fehlerursache

1160

---

115 Zum formellen Bilanzenzusammenhang s. Rz. 1113 und zu dessen gesetzlicher Regelung durch § 4 Abs. 2 Satz 1 2. Halbsatz EStG s. Rz. 1114 und 1160 ff.
116 S. nur BFH, Urteile v. 21.10.1976 – IV R 222/72, BStBl 1977 II S. 148; v. 28.4.1998 – VIII R 46/96, BStBl 1998 II S. 443; v. 5.9.2000 – XI R 18/00, BStBl 2001 II S. 106 und BFH, Beschluss v. 7.10.2008 – I B 3/08, BFH/NV 2009 S. 374 zu Tz. 9.
117 BVerfG, Beschluss v. 18.2.1993 – 2 BvR 1196/88, BB 1993 S. 1054.
118 BFH, Urteile v. 25.4.1990 – I R 78/85, BFH/NV 1990 S. 630 m. w. N.; v. 28.4.1998 – VIII R 46/96, BStBl 1998 II S. 443.
119 BFH, Urteil v. 7.5.1969 – I R 47/67, BStBl 1969 II S. 464.
120 BFH, Urteil v. 7.5.1969 – I R 47/67, BStBl 1969 II S. 464.
121 BFH, Urteil v. 19.1.1993 – VIII R 128/84, BStBl 1993 II S. 594.

zu suchen und festzustellen, wie sich ein fehlerhafter Bilanzansatz an der Fehlerquelle gewinnmäßig ausgewirkt hat.[122]

1161 **Erfolgswirksame Korrektur gewinnwirksamer Bilanzansätze:** Hat sich der Bilanzierungsfehler selbst als Gewinn oder Verlust ausgewirkt, muss i. d. R. auch die Korrektur gewinnwirksam sein. Hat sich allerdings ein gewinnwirksamer Bilanzierungsfehler steuerlich bislang nicht ausgewirkt, so ist der fehlerhafte Bilanzansatz unter Durchbrechung des formellen Bilanzenzusammenhangs in der Anfangsbilanz des ersten noch änderbaren Veranlagungszeitraumes gewinnneutral durch den richtigen zu ersetzen.[123] Eine „steuerliche Auswirkung" in diesem Sinne ist aufgrund eines Bilanzierungsfehlers nicht eingetreten, wenn die festgesetzte Steuer unabhängig von dem Bilanzierungsfehler in Folge von Verlusten 0 € betragen hat.[124] Gebietet die Fehlerursache eine erfolgsneutrale Berichtigung, so ist diese zwar innerhalb der Steuerbilanz gewinnwirksam auszuweisen, außerhalb derselben jedoch nach Einlagegrundsätzen wieder zu neutralisieren (s. auch Rz. 1113). Ist ein gewinnneutraler Vorgang Fehlerursache, können darauf beruhende, in der Vergangenheit nicht erfasste mögliche Gewinnauswirkungen nicht durch eine Bilanzberichtigung nachgeholt werden.[125] Für eine Bilanzberichtigung ist nur insoweit Raum, als zu dem maßgeblichen Stichtag noch ein Bilanzierungsfehler vorliegt.[126]

1162 **Erfolgsneutrale Korrektur gewinnneutraler Bilanzansätze:** Fehlerhaft in der Bilanz ausgewiesene Wirtschaftsgüter des Privatvermögens sind gewinnneutral (also mit ihrem Buchwert über Kapitalkonto) auszubuchen, auch wenn sie ursprünglich Betriebsvermögen waren und durch eine steuerlich nicht erfasste Entnahme in das Privatvermögen gelangt sind.[127] Umgekehrt ist ein Wirtschaftsgut des Betriebsvermögens, das bisher nicht bilanziert wurde, in die Bilanz nicht mit dem Teilwert, sondern mit dem Buchwert, den es nach den steuerlichen Vorschriften hat, einzubuchen, also unter Abzug fiktiver AfA, die auf die Zeit zwischen Einlage und Einbuchungsstichtag entfällt.[128] Auch die nachträgliche Aufnahme einer Beteiligung in die Bilanz ist eine berichtigende Einbuchung.[129] Gewinnneutral ist schließlich auch das Ein- oder Ausbuchen von Bankkonten und Darlehen, die bisher bei der Bilanzierung falsch behandelt wurden.[130] Hat der Steuerpflichtige dagegen ein Wirtschaftsgut zu Recht als gewillkürtes Betriebsvermögen behandelt, kommt eine Ausbuchung zum Buchwert im Wege der Bilanzberichtigung nicht in Betracht.[131]

---

122 Siehe auch die Zusammenstellung der Kasuistik zur Bilanzberichtigung bei *Hoffmann/Lüdenbach*, § 252 Rz. 263, und *Heinicke*, in: Schmidt, EStG, 37. Aufl., München 2018, § 4 Rz. 716 ff.
123 Ständige Rechtsprechung; s. nur BFH, Beschluss v. 31.1.2013 – GrS 1/10, BStBl 2013 II S. 317 Tz. 77 m. w. N. und BFH, Urteil v. 16.12.2014 - VIII R 45/12, BStBl 2015 II S. 759.
124 BFH, Urteil v. 16.12.2014 - VIII R 45/12, BStBl 2015 II S. 759.
125 BFH, Urteil v. 26.11.2008 – X R 23/05, BStBl 2009 II S. 407 zu Tz. 32.
126 BFH, Urteil v. 16.12.2009 – IV R 18/07, BFH/NV 2010 S. 1419 m. w. N. zu Tz. 19.
127 BFH, Urteile v. 21.6.1972 – I R 189/69, BStBl 1972 II S. 874; v. 23.7.1975 – I R 210/73, BStBl 1976 II S. 180 und v. 21.10.1976 – IV R 222/72, BStBl 1977 II S. 148.
128 BFH, Urteile v. 24.10.2001 – X R 153/97, BStBl 2002 II S. 75; v. 21.8.1984 – VIII R 1/81, BFH/NV 1985 S. 34.
129 BFH, Urteil v. 14.1.2010 – IV R 86/06, BFH/NV 2010 S. 1096.
130 BFH, Urteil v. 9.9.1980 – VIII R 64/79, BStBl 1981 II S. 125 zu einer Kontokorrentbankschuld.
131 BFH, Urteile v. 23.9.2009 – IV R 14/07, BStBl 2010 II S. 227; v. 23.9.2009 – IV R 5/07, BFH/NV 2010 S. 612, beide zur Einstufung eines Genossenschaftsanteils als gewillkürtes Betriebsvermögen.

Aus- und Einbuchung fehlerhaft bilanzierter oder nichtbilanzierter Wirtschaftsgüter: 1163
Der Buchwert eines bereits veräußerten oder entnommenen Wirtschaftsguts, das noch in der Bilanz geführt wird, ist gewinnmindernd auszubuchen, wenn der Veräußerungserlös oder der Teilwert gewinnwirksam erfasst worden ist. Denn auch im Wirtschaftsjahr der Veräußerung oder Entnahme hätte der Buchwert erfolgswirksam werden müssen: entweder als Aufwand oder als Minderung des Veräußerungsgewinns. Dagegen ist der Buchwert eines solchen Wirtschaftsguts gewinnneutral auszubuchen, wenn der Veräußerungserlös bzw. der Teilwert im Veräußerungs- bzw. Entnahmejahr nicht gewinnwirksam erfasst worden ist.[132] Hat der Steuerpflichtige den Buchwert eines Wirtschaftsguts zu Unrecht ausgebucht, so ist der Buchwert wieder einzubuchen; die erfolgsneutrale Ausbuchung[133] kann nicht in eine gewinnrealisierende Entnahme umgedeutet werden.[134] Bei der Korrektur einer unterlassenen Bilanzierung des notwendigen Betriebsvermögens im Wege der Bilanzberichtigung ist eine Schattenrechnung zur Feststellung des Buchwerts durchzuführen, der sich bei ordnungsgemäßer Bilanzierung ergeben hätte. Absetzungen für Abnutzung, die aufgrund der unterbliebenen Aktivierung bis zur Einbuchung nicht berücksichtigt wurden, können nicht nachgeholt werden und verfallen.[135]

Überhöhte AfA-Beträge, die zu Unrecht in Anspruch genommen wurden (z. B. weil die 1164
Nutzungsdauer zu kurz geschätzt wurde), werden dadurch ausgeglichen, dass der Restwert auf die (verlängerte) Restnutzungsdauer verteilt wird. Bei Gebäuden, die nach § 7 Abs. 4 Satz 1 EStG abgeschrieben werden, ändert sich der AfA-Satz nicht, sondern nur die Bemessungsgrundlage.[136] Die überhöhten Absetzungen der Vorjahre bleiben daher erhalten und gleichen sich erst wieder am Ende des Abschreibungszeitraums oder vorher bei Veräußerung oder Entnahme des Gebäudes aus. Die in den nicht mehr berichtigungsfähigen Bilanzen vorgenommenen zu hohen Abschreibungsbeträge können daher nicht im ersten berichtigungsfähigen Wirtschaftsjahr zum Bilanzansatz des Vorjahres hinzuaktiviert werden.[137]

Fehlerhafte Passivposten: Ist auf der Passivseite der Bilanz ein Schuldposten zu hoch 1165
angesetzt worden oder hätte er dem Grunde nach überhaupt nicht gebildet werden dürfen, so ist er gewinnerhöhend aufzulösen, wenn durch seine Bildung eine Gewinnminderung eingetreten ist.[138] Dieser sog. Stornierungsgedanke gilt auch für Rückstellungen, die für privat veranlasste Aufwendungen gebildet worden sind und deshalb ausgebucht werden müssen.[139] Dagegen kommt ein späterer Ausgleich nicht mehr in Betracht, wenn privat veranlasste Aufwendungen bereits bezahlt und als Betriebsausgaben behandelt worden sind. Derartige Fehler können nur im Jahr ihrer Entstehung

---

132 BFH, Urteil v. 21.10.1976 – IV R 222/72, BStBl 1977 II S. 148; a. A. *Stapperfend*, in: HHR, § 4 EStG Anm. 431 m. w. N.
133 BFH, Urteil v. 31.5.2007 – IV R 54/05, BStBl 2008 II S. 665 m. w. N.
134 BFH, Urteil v. 16.3.1983 – IV R 36/79, BStBl 1983 II S. 459 m. w. N.
135 *Broemel/Endert*, BBK 2014 S. 1141.
136 BFH, Urteile v. 11.12.1987 – III R 266/83, BStBl 1988 II S. 335; v. 4.5.1993 – VIII R 14/90, BStBl 1993 II S. 661; v. 18.8.2009 – X R 40/06, BStBl 2010 II S. 961; v. 9.5.2012 – X R 38/10, BStBl 2012 II S. 725 zu Tz. 27.
137 BFH, Urteil v. 11.12.1987 – III R 266/83, BStBl 1988 II S. 335.
138 BFH, Urteil v. 29.4.2009 – X R 51/08, BFH/NV 2009 S. 1789.
139 BFH, Urteile v. 22.1.1985 – VIII R 29/82, BStBl 1985 II S. 308; v. 16.12.2009 – I R 43/08, BFH/NV 2010 S. 552.

berichtigt werden, weil es an einem Bilanzposten fehlt, der in den folgenden Wirtschaftsjahren von der Gewinnauswirkung her gegenläufig berichtigt werden könnte.

1166 **Fehlerhafte Gesellschafterbeteiligung:** Im Wege der Bilanzberichtigung kann auch die Beteiligung der Gesellschafter einer Personengesellschaft am Gesellschaftsvermögen berichtigt und dadurch eine zurückliegende Gewinnverteilung korrigiert werden.[140] Auch der bilanzielle Ausweis einer Personengesellschaftsbeteiligung, der zu Unrecht um Verlustanteile des Gesellschafters gekürzt worden ist, kann der durch den formellen Bilanzenzusammenhang veranlassten Folgekorrektur unterliegen.[141] Bei einem Gesellschafterwechsel während des Wirtschaftsjahres der Personengesellschaft kann die Gesellschaft auf den Zeitpunkt des Gesellschafterwechsels eine Zwischenbilanz aufstellen, um eine exakte Gewinnaufteilung zu erreichen. Auch auf diese *Zwischenbilanz* sind die Grundsätze über die Bilanzberichtigung und den Bilanzenzusammenhang anzuwenden, um sicherzustellen, dass alle Geschäftsvorfälle des Wirtschaftsjahres – entweder bei der Gewinnfeststellung für dessen ersten oder dessen zweiten Teil – erfasst werden.[142]

1167–1169 *(Einstweilen frei)*

4. Bilanzänderung

4.1 Tatbestandsvoraussetzungen der Bilanzänderung

4.1.1 Bilanzänderung im Gegensatz zur Bilanzberichtigung

1170 Im Gegensatz zur Bilanzberichtigung betrifft die **Bilanzänderung** nur die Korrektur eines handels- und steuerrechtlich zulässigen Bilanzansatzes durch einen anderen ebenfalls zulässigen Bilanzansatz (s. Rz. 1118[143]). Nach § 4 Abs. 2 Satz 2 EStG ist „darüber hinaus ... eine Änderung der Vermögensübersicht (Bilanz) nur zulässig, wenn sie in einem engen zeitlichen und sachlichen Zusammenhang mit einer Änderung nach Satz 1 steht und soweit die Auswirkung der Änderung nach Satz 1 auf den Gewinn reicht". Einerseits schließen Bilanzänderung und Bilanzberichtigung danach einander aus, andererseits bedingen sie einander. Dies folgt aus der Formulierung „darüber hinaus", die auch auf die Subsidiarität der Bilanzänderung hinweist und damit zugleich an die Tatbestandsvoraussetzungen des § 4 Abs. 2 Satz 1 EStG anknüpft. Der von der Bilanzänderung betroffene Steuerbescheid muss daher nach den Vorschriften der AO noch änderbar sein[144] und wie die Bilanzberichtigung erfasst die Bilanzänderung nur Korrekturen nach Einreichen der Bilanz beim Finanzamt (s. Rz. 1153). Bis zu diesem Zeitpunkt ist der Abschluss ohne weiteres änderbar.[145] Eine gesetzlich eingeschränkte Bilanzänderung liegt daher auch dann nicht vor, wenn Ehegatten unter Verkennung der Mitunternehmerschaft eine Bi-

---

140 BFH, Urteil v. 11.2.1988 – IV R 19/87, BStBl 1988 II S. 825.
141 BFH, Urteil v. 25.6.2014 - I R 29/13, BFH/NV 2015 S. 27.
142 BFH, Urteil v. 30.4.1991 – VIII R 50/86, BFH/NV 1991 S. 676.
143 Ständige Rechtsprechung: S. etwa BFH, Urteile v. 9.4.1981 – I R 191/71, BStBl 1981 II S. 620; v. 21.1.1992 – VIII R 72/82, BStBl 1992 II S. 958; v. 19.10.2005 – I R 34/04, BFH/NV 2006 S. 1099 zu Tz. 13.
144 Dazu *Stapperfend*, in: HHR, § 4 EStG Anm. 475 m. w. N.
145 Noch weitergehend *Kanzler*, FR 1999 S. 833, 836: Freie Änderbarkeit bis zur Durchführung der auf der Bilanz beruhenden Veranlagung.

lanz für ein Einzelunternehmen vorgelegt haben und danach (erstmals) die Reinvestitionsvergünstigung des § 6b EStG in der Mitunternehmerbilanz beanspruchen.[146]

Gegenstand der Bilanzänderung sind Ansatz- und Bewertungswahlrechte,[147] denn ein zulässiger Bilanzansatz kann nur durch einen anderen zulässigen Bilanzansatz ersetzt werden, wenn dem Steuerpflichtigen ein Wahlrecht zusteht.[148] Die Bilanzänderung war daher von jeher ein Gestaltungsmittel zur Kompensation steuerlicher Mehrergebnisse nach einer Außenprüfung[149] oder einem Einspruchs-[150] und Klageverfahren.[151] Die Einschränkung der Ausübung steuerlicher Wahlrechte durch § 4 Abs. 2 Satz 2 EStG führt zu einer sachlich schwer zu rechtfertigenden Benachteiligung bilanzierender Steuerpflichtiger gegenüber Einnahmenüberschussrechnern, die ihre Gewinnermittlungswahlrechte bis zum Eintritt der Bestandskraft des Steuerbescheids ausüben können. Die Rechtsprechung des BFH war daher zunächst bemüht, den Anwendungsbereich der Bilanzänderung i. S. d. § 4 Abs. 2 Satz 2 EStG einzuschränken. Folglich liegt kein Fall der Bilanzänderung vor, wenn sich einem Steuerpflichtigen überhaupt erst nach Einreichung der Bilanz die Möglichkeit eröffnet, erstmalig ein Wahlrecht auszuüben und die Nichtausübung des Wahlrechts nicht auf einem mindestens fahrlässigen Verhalten des Steuerpflichtigen beruht.[152]

1171

Keine Bilanzänderung ist die rückwirkende Änderung tatsächlicher Vorgänge, wie Entnahmen[153] oder Einlagen, Anschaffungs- oder Veräußerungsvorgänge.[154] Daher ist die nachträgliche Erhöhung der Wertansätze eines zu Buchwerten in eine Kapitalgesellschaft eingebrachten Betriebsvermögens und damit die Änderung des Einbringungsvorgangs in eine gewinnrealisierende Betriebsveräußerung keine Bilanzänderung, sondern eine (unzulässige) rückwirkende Sachverhaltsgestaltung.[155] Da die Bilanzänderung die Ausübung von Ansatz- und Bewertungswahlrechten betrifft, ist die Umstellung des Bilanzstichtags und die in § 4a Abs. 1 EStG geregelte Wahl des Wirtschaftsjahres keine Bilanzänderung.[156]

1172

---

146 BFH, Urteil v. 18.8.2005 – IV R 37/04, BStBl 2006 II S. 165.
147 Gl. A. *Wied*, in: Blümich, § 4 EStG Rz. 1027; zu eng daher BFH, Urteil v. 9.4.1981 – I R 191/77 (BStBl 1981 II S. 620 zu Rz. 9), das die Bilanzänderung nur auf die Bewertung bezieht. Zu einer Übersicht über die wichtigsten Ansatz- und Bewertungsregeln nach Handels- und Steuerrecht bei Gewerbetreibenden s. *Wiesch*, SteuerStud 2011 S. 387.
148 Die Umstellung des Bilanzstichtags ist daher keine Bilanzänderung (s. Rz. 1119 m. w. N.).
149 S. nur BFH, Urteile v. 23.2.2016 – IV R 9/14, BStBl 2017 II S. 295 mit Anm. *Nöcker*, NWB 2016 S. 3157 und v. 6.4.2016 - X R 15/14, BStBl 2017 II S. 298 zu Rz. 14 m. w. N.
150 BFH, Urteil v. 17.1.2012 - VIII R 23/09, BFH/NV 2012 S. 933.
151 Siehe nur den Fall, der Anlass für die Einführung des Bilanzänderungsverbots 1999 war: BFH, Urteil v. 24.3.1998 – I R 20/94, BStBl 1999 II S. 272; dazu auch *Dreßler*, BB 2016 S. 2731.
152 So die nach Widerständen v. BMF akzeptierte Rechtsprechung des BFH: Urteil v. 27.9.2006 – IV R 7/06, BStBl 2008 II S. 600; BFH, Beschlüsse v. 25.1.2006 – IV R 14/04, BStBl 2006 II S. 418 jeweils zur Rücklage nach § 6b EStG und v. 12.9.2006 – I B 169/05, BFH/NV 2007 S. 48 zur Sonder-AfA nach FördG. Ähnlich *Kanzler*, FR 1999 S. 833, 836 für den Fall, dass der Steuerbescheid unter Vorbehalt der Nachprüfung steht oder noch kein Folgebescheid ergangen ist; für eine entsprechende verfassungskonforme Auslegung auch *Stapperfend*, in: HHR, § 4 EStG Anm. 358 m. w. N.
153 BFH, Urteil v. 19.10.2005 – I R 34/04, BFH/NV 2006 S. 1099.
154 BFH, Urteil v. 15.7.1976 – I R 17/74, BStBl 1976 II S. 748 zu Tz. 25.
155 BFH, Urteil v. 28.5.2008 – I R 98/06, BStBl 2008 II S. 916.
156 Siehe *Kanzler*, NWB 2012 S. 2374, 2385.

1173 **Wahlrechtsbeschränkung verfassungsgemäß:** Die Beschränkung der nachträglichen Ausübung von Wahlrechten durch Bilanzierende ist jedoch auch im Hinblick darauf mit dem Gleichheitssatz vereinbar, dass bei der Gewinnermittlung nach § 4 Abs. 3 EStG eine solche Beschränkung nicht gilt.[157] Der Gesetzgeber ist berechtigt, die Änderung von Bilanzen nach Einreichung beim FA an enge Voraussetzungen zu knüpfen.[158]

1174–1177 *(Einstweilen frei)*

4.1.2 Bilanzänderung im Zusammenhang mit einer Bilanzberichtigung

1178 Nach § 4 Abs. 2 Satz 2 EStG ist die Bilanzänderung nur zulässig, wenn sie in einem engen zeitlichen und sachlichen Zusammenhang mit einer Bilanzberichtigung steht und soweit die Auswirkung der Bilanzberichtigung auf den Gewinn reicht. Wann von einem solchen „engen zeitlichen und sachlichen Zusammenhang" mit der Bilanzberichtigung auszugehen ist und ob der Wortlaut auch einen engen sachlichen Zusammenhang erfordert, ist durch Auslegung zu ermitteln. Die Gesetzesmaterialen gehen auf diese Tatbestandsvoraussetzungen nicht ein, weil die Vorschrift erst im Vermittlungsverfahren zum StBereinG 1999 (s. Rz. 1120) aufgenommen wurde. Der gem. § 4 Abs. 2 Satz 2 EStG dem Grunde nach erforderliche Zusammenhang zwischen Bilanzberichtigung und Bilanzänderung führt nicht nur zu einer Änderungssperre, er hat auch Auswirkungen auf den Umfang der Bilanzänderung (s. Rz. 1184).

1179 **Der enge zeitliche Zusammenhang** mit einer Bilanzberichtigung besteht jedenfalls dann, wenn die Änderung der Bilanz *unverzüglich* nach der Bilanzberichtigung begehrt wird.[159] Offenkundiger Zweck dieser Regelung ist es, dem Finanzamt eine zeitnahe, zusammenfassende Prüfung von Bilanzberichtigung und Bilanzänderung zu ermöglichen. Die Bilanzänderung wurde nämlich im Hinblick auf die Rechtsprechung des BFH[160] eingeschränkt, die eine Bilanzänderung ... „auch Jahrzehnte nach Ablauf des maßgeblichen Veranlagungszeitraums" ermöglichte, „sofern Bestandskraft, z. B. infolge eines noch laufenden Rechtsbehelfsverfahrens, noch nicht eingetreten ist und der Steuerpflichtige nicht rechtsmissbräuchlich handelt".[161] Diese „Gestaltungsspielräume" sah der Gesetzgeber im Konflikt mit dem Gleichheitssatz, dem Leistungsfähigkeitsgrundsatz und dem Prinzip der Verlässlichkeit bei steuerlich begünstigten Umwandlungsvorgängen.[162] Eine notwendige spätere Bilanzänderung widerspricht diesem Normzweck nicht. Besteht nämlich Streit über die Zulässigkeit einer Bilanzberichtigung oder Bilanzänderung, so muss der Unternehmer nicht schon mit dem Antrag auf Bilanzänderung eine geänderte Bilanz aufstellen, wenn er den Streit gerichtlich klären lassen will; er ist vielmehr berechtigt, zunächst diese Klärung zu betreiben und im Anschluss daran seine Bilanz unverzüglich entsprechend zu ändern.[163]

---

157 BFH, Beschluss v. 11.6.2010 – IV S 1/10, BFH/NV 2010 S. 1851 m. w. N. unter Tz. 16.
158 BFH, Urteil v. 14.2.2007 – XI R 16/05, BFH/NV 2007 S. 1293.
159 BFH, Urteil v. 17.7.2008 – I R 85/07, BStBl 2008 II S. 924 m. w. N. zu Tz. 17.
160 BFH, Urteil v. 24.3.1998 – I R 20/94, BStBl 1999 II S. 272.
161 BT-Drucks. 14/23 S. 168.
162 BT-Drucks. 14/23 S. 168.
163 BFH, Urteile v. 27.9.2006 – IV R 7/06, BStBl 2008 II S. 600; v. 17.7.2008 – I R 85/07, BStBl 2008 II S. 924.

Der sachliche Zusammenhang der Bilanzänderung mit einer Bilanzberichtigung soll ebenfalls ein enger sein. Das Adjektiv „eng" soll sich nämlich nicht nur auf den zeitlichen Zusammenhang beziehen.[164] Dies hat u. a. Konsequenzen für die Beurteilung des sachlichen Zusammenhangs zwischen Gesamthands- und Sonderbilanzen bei Mitunternehmerschaften. Der Normzweck des § 4 Abs. 2 Satz 2 EStG (s. Rz. 1155) erfordert jedenfalls keinen „engen" sachlichen Zusammenhang. Im Gegenteil spricht die der steuerlichen Behandlung von Mitunternehmern zu Grunde liegende Gleichstellungsthese gegen das Erfordernis eines „engen" sachlichen Zusammenhangs (s. Rz. 1185). 1180

Einen sachlichen Zusammenhang mit der Bilanzberichtigung sehen Finanzverwaltung und Rechtsprechung jedenfalls, wenn sich Bilanzberichtigung und Bilanzänderung auf dieselbe Bilanz beziehen.[165] Die Finanzverwaltung fordert aber keinen allzu „engen" sachlichen Zusammenhang. Die Änderung der Bilanz eines bestimmten Wirtschaftsjahrs ist danach unabhängig von der Frage, auf welche Wirtschaftsgüter oder Rechnungsabgrenzungsposten sich die Berichtigung dieser Bilanz bezieht.[166] Wegen des Bilanzenzusammenhangs erfasst eine Bilanzberichtigung jede Steuerbilanz, die für die Besteuerung von Bedeutung ist und eröffnet so die Bilanzänderung auch in Folgejahren.[167] 1181

Anlassbezogener sachlicher Zusammenhang: Meines Erachtens ist diese Auffassung immer noch zu eingeschränkt. Da bei der Einnahmenüberschussrechnung gewinnermittlungsbezogene Wahlrechte uneingeschränkt ausgeübt werden können, ist eine verfassungskonforme, erweiternde Auslegung auch des Begriffs des sachlichen Zusammenhangs geboten. Danach ist der sachliche Zusammenhang einer Bilanzänderung mit einer Bilanzberichtigung anlassbezogen zu sehen, so dass die Berichtigung jeder Bilanz eines Gewerbebetriebs während eines 3-jährigen Prüfungszeitraums Anlass sein könnte, etwa jede andere Bilanz auch unterschiedlicher Wirtschaftsjahre des Betriebs desselben Steuerpflichtigen zu ändern, die Gegenstand derselben Betriebsprüfung ist.[168] 1182

Sachlicher Zusammenhang bei fehlerhafter oder unterlassener Verbuchung von Entnahmen und Einlagen: Ein Zusammenhang der Bilanzänderung mit einer Bilanzberichtigung i. S. d. § 4 Abs. 2 Satz 1 EStG besteht nicht nur dann, wenn ein unrichtiger Ansatz einer Bilanzposition dem Grunde oder der Höhe nach vorliegt, sondern auch dann, wenn die Gewinnänderung auf der fehlerhaften oder unterlassenen Verbuchung von Entnahmen und Einlagen beruht, weil in diesen Fällen eine sich aus § 4 Abs. 1 Satz 1 EStG ergebende und der Ermittlung des Gewinns dienende Position des Eigenkapitals verändert wird.[169] Nach Auffassung des BFH darf der Steuerpflichtige nicht dadurch benachteiligt werden, dass die Veränderung der Eigenkapitalposten Entnahme und Einlage durch die Gewinnänderung kompensiert wird und allein deswegen auf den technischen Vorgang einer Bilanzberichtigung verzichtet werden 1183

---

164 Gl. A. *Stapperfend*, in: HHR, § 4 EStG Anm. 469; a. A. wohl *Wied*, in: Blümich, § 4 EStG Rz. 1035.
165 BFH, Urteil v. 27.9.2006 – IV R 7/06, BStBl 2008 II S. 600 im Anschluss an BMF, Schreiben v. 18.5.2000, BStBl 2000 I S. 587.
166 BMF, Schreiben v. 18.5.2000, BStBl 2000 I S. 587.
167 BFH, Urteile v. 27.9.2006 – IV R 7/06, BStBl 2008 II S. 600; v. 25.10.2007 – III R 39/04, BStBl 2008 II S. 226.
168 Gl. A. wohl *Stapperfend*, in: HHR, § 4 EStG Anm. 469; a. A. *Wied*, in: Blümich, § 4 EStG Rz. 1035.
169 BFH, Urteil v. 31.5.2007 – IV R 54/05, BStBl 2008 II S. 665; BFH, Beschluss v. 5.10.2007 – IV B 125/06, BFH/NV 2008 S. 353 und BFH, Urteil v. 11.10.2007 – X R 4/05, BFH/NV 2008 S. 354.

kann.[170] Die Finanzverwaltung hat ihre früher abweichende Auffassung[171] revidiert und folgt dem BFH.[172]

1184 **Gewinnänderungen aufgrund außerbilanzieller Hinzu- oder Abrechnungen:** Da sich eine Bilanzberichtigung auf den unrichtigen Ansatz von Wirtschaftsgütern (aktiven und passiven Wirtschaftsgütern) sowie Rechnungsabgrenzungsposten dem Grunde oder der Höhe nach bezieht (s. Rz. 1162 ff.), berühren Gewinnänderungen aufgrund außerbilanzieller Hinzu- oder Abrechnungen (wie z. B. die Abzugsbeschränkung für Schuldzinsen nach § 4 Abs. 4 a EStG oder die Abzugsverbote des § 4 Abs. 5 EStG) keinen Bilanzansatz und eröffnen damit auch keine Bilanzänderung.[173]

1185 **Sachlicher Zusammenhang zwischen Bilanzberichtigung und Bilanzänderung bei Personengesellschaften:** Da die Personengesellschaft selbst Subjekt der Einkunftserzielung und -ermittlung ist und die Ergebnisse aus Gesamthands- und Gesellschafter-Sonderbilanzen zusammenzufassen sind (sog. additive Gewinnermittlung[174]), ist bei Personengesellschaften der sachliche Zusammenhang einer gewinnerhöhenden Berichtigung der Gesamthandsbilanz m. E. auch mit der Änderung einer Sonder- oder Ergänzungsbilanz gewahrt.[175] Diese Rechtsfolge liegt noch näher, wenn man von der Vorstellung einer Gesamtbilanz der Mitunternehmerschaft ausgeht,[176] die von der Rechtsprechung des BFH nicht unbedingt als Gegensatz zur additiven Gewinnermittlung verstanden wird.[177] Da innerhalb eines Organkreises keine einheitliche Steuerbilanz aufgestellt wird, ist eine Bilanzänderung nur im Zusammenhang mit einer Bilanzberichtigung bei derselben Organgesellschaft oder beim Organträger zulässig.[178]

1186–1189 (Einstweilen frei)

4.1.3 Beschränkung der Bilanzänderung auf den Umfang der Bilanzberichtigung

1190 **Soweit die Auswirkung der Bilanzberichtigung auf den Gewinn reicht,** ist die Bilanzänderung der Höhe nach zulässig. Danach kann jede gewinnerhöhende oder -mindernde Berichtigung eine gewinnmindernde oder -erhöhende Bilanzänderung eröffnen. Die steuerliche Auswirkung ist unbeachtlich, so dass auch die Verringerung oder Erhöhung eines Verlusts aufgrund einer Bilanzberichtigung ungeachtet der Steuerfestsetzung mit 0 € eine ausgleichende Bilanzänderung ermöglicht.

---

170 BFH, Urteil v. 31.5.2007 – IV R 54/05, BStBl 2008 II S. 665.
171 BMF, Schreiben v. 18.5.2000, BStBl 2000 I S. 587.
172 BMF, Schreiben v. 13.8.2008, BStBl 2008 I S. 845.
173 BFH, Urteil v. 23.1.2008 – I R 40/07, BStBl 2008 II S. 669; BMF, Schreiben v. 13.8.2008, BStBl 2008 I S. 845.
174 Z. B. BFH, Urteile v. 14.11.1985 – IV R 63/83, BStBl 1986 II S. 58; v. 2.12.1997 – VIII R 42/96, BStBl 2008 II S. 177 zu Tz. 39.
175 R 4.4 Abs. 2 EStR; gl. A. *Strahl*, in: Korn, EStG § 4 Rz. 444.1 m. w. N.; *Kanzler*, in: Leingärtner, Besteuerung der Landwirte, Kap. 29 Rz. 132; *Wied*, in: Blümich, § 4 EStG Rz. 1035; *Stapperfend*, in: HHR, § 4 EStG Anm. 469.
176 Z. B. BFH, Urteile v. 11.12.1980 – IV R 91/77, BStBl 1981 II S. 422; v. 11.12.2001 – VIII R 23/01, BStBl 2004 II S. 474 m. w. N. zu Tz. 37.
177 BFH, Urteile v. 14.11.1985 – IV R 63/83 BStBl 1986 II S. 58 zu Tz. 15; v. 2.12.1997 – VIII R 42/96, BStBl 2008 II S. 177 zu Tz. 39; a. A. *Weber-Grellet*, Steuerbilanzrecht 1996, S. 315.
178 Gl. A. *Strahl*, in: Korn, EStG § 4 Rz. 444.1; *Wied*, in: Blümich, § 4 EStG Rz. 1035.

BEISPIEL Zur Ausnutzung des Grundfreibetrags verzichtet der Steuerpflichtige auf bereits geltend gemachte Sonderabschreibungen i. H. v 20.000 €, nachdem er im Wege einer Bilanzberichtigung eine Rückstellung von 20.000 € und damit einen Verlust von 4.000 € ausweisen musste.

Gewinnerhöhende und gewinnmindernde Berichtigungen in einer Bilanz sind zu saldieren; der Steuerpflichtige kann seine Bilanzänderung nicht etwa gesondert auf die gewinnerhöhende Bilanzberichtigung beziehen, denn § 4 Abs. 2 Satz 2 EStG begrenzt die Bilanzänderung auf die „Auswirkung ... auf den Gewinn".[179]

Der Umfang der Bilanzänderung ist nicht wirtschaftsgut- sondern anlassbezogen zu ermitteln,[180] ansonsten würde die Regelung des § 4 Abs. 2 Satz 2 EStG leer laufen und man gelangte zu einem faktischen Bilanzänderungsverbot. Allerdings ist der Umfang der Bilanzänderung auf den Gewinnanteil beschränkt, der sich im jeweiligen Wirtschaftsjahr aus der Bilanzberichtigung nach § 4 Abs. 2 Satz 1 EStG ergibt.[181] Die Berichtigung der Bilanz des Gewerbebetriebs A eröffnet keine Änderung der Bilanz des Gewerbebetriebs B oder des land- und forstwirtschaftlichen Betriebs ein und desselben Steuerpflichtigen. Gewinnänderungen auf Grund fehlerhaft oder nicht verbuchter Entnahmen und Einlagen sind in den Kompensationsrahmen des § 4 Abs. 2 Satz 2 EStG einzubeziehen (s. Rz. 1157).

1191

(Einstweilen frei) 1192–1195

4.2 Rechtsfolge: Durchführung der Bilanzänderung

Wahlrechtsabhängige Bilanzänderung: Der Steuerpflichtige hat ein Wahlrecht zur Bilanzänderung, mit der er im Anschluss an die Bilanzberichtigung (s. Rz. 1155) zugleich ein Ansatz- oder Bewertungswahlrecht geltend macht (s. Rz. 1151). Entschließt er sich zur Bilanzänderung, dann hat er auch die Bilanzberichtigung durchzuführen, die die Änderung der Bilanz erst eröffnet (zur Bilanzberichtigung durch den Steuerpflichtigen s. Rz. 1150). Besteht Streit über die Zulässigkeit der Bilanzberichtigung oder Bilanzänderung, so kann der Steuerpflichtige diese Frage zunächst gerichtlich klären lassen, um im Anschluss daran seine Bilanz entsprechend zu ändern (s. Rz. 1155). Für Wirtschaftsjahre, die nach dem 31.12.2010 beginnen, ist die Bilanzänderung ebenso wie die voranzugehende Bilanzberichtigung durch Übermittlung einer E-Bilanz nach § 5b EStG vorzunehmen (s. Rz. 1150 m. w. N.).

1196

Steuerliche Wahlrechte abweichend von der Handelsbilanz: Für nach dem 31.12.2008 endende Wirtschaftsjahre können steuerliche Wahlrechte gem. § 5 Abs. 1 Satz 1 2. Halbsatz EStG in der Fassung des BilMoG[182] abweichend von der Handelsbilanz ausgeübt werden. Die Ausübung steuerlicher Wahlrechte und damit die Bilanzänderung werden seitdem nicht mehr nach § 5 Abs. 1 Satz 1 1. Halbsatz EStG durch die Maßgeblichkeit der

1197

---

179 Gl. A. die Rechtsprechung: BFH, Urteil v. 23.2.2011 - I R 52/10, BFH/NV 2011 S. 1354; BFH, Beschluss v. 5.10.2007 - IV B 125/06, BFH/NV 2008 S. 353; gl. A. BMF, Schreiben v. 18.5.2000, BStBl 2000 I S. 587 und das Schrifttum, s. nur *Dreßler*, BB 2016 S. 2731, 2732 m. w. N. Fn. 10; *Hallerbach*, in: KKB 3. Aufl. 2018, § 4 Rz. 369 und *Prinz*, in: Hommelhoff/Zätsch/Erle (Hrsg.), FS Müller, 2001 S. 687, 691.
180 BMF, Schreiben v. 18.5.2000, BStBl 2000 I S. 587.
181 BFH, Urteil v. 27.9.2006 – IV R 7/06, BStBl 2008 II S. 600.
182 Vom 28.5.2009, BGBl 2009 I S. 1102; BStBl 2009 I S. 650.

handelsrechtlichen GoB beschränkt.[183] Daher ist die Vornahme einer außerplanmäßigen Abschreibung in der Handelsbilanz nicht zwingend durch eine Teilwertabschreibung in der Steuerbilanz nachzuvollziehen; der Steuerpflichtige kann darauf auch verzichten.[184]

1198 **Aufzeichnungspflichten bei Ausübung steuerlicher Wahlrechte:** Die Ausübung eines steuerlichen Wahlrechts im Wege der Bilanzänderung ist durch Aufnahme in das nach § 5 Abs. 1 Satz 2 EStG laufend zu führende Verzeichnis[185] zu dokumentieren.[186] Das Verzeichnis, das Bestandteil der Buchführung ist,[187] muss nach § 5 Abs. 1 Satz 3 EStG den Tag der Anschaffung oder Herstellung, die Anschaffungs- oder Herstellungskosten, die Vorschrift des ausgeübten steuerlichen Wahlrechts und die vorgenommenen Abschreibungen enthalten. Die besonderen Aufzeichnungen können auch in einer entsprechenden Ergänzung des Anlagenverzeichnisses bestehen.[188]

1199 **Die laufende Führung** des in § 5 Abs. 1 Satz 3 EStG genannten Verzeichnisses ist Tatbestandsvoraussetzung für die wirksame Ausübung des jeweiligen steuerlichen Wahlrechts.[189] Mängel des Verzeichnisses führen dazu, dass der Gewinn hinsichtlich des betreffenden Wirtschaftsguts durch die Finanzbehörde so zu ermitteln ist, als wäre das Wahlrecht nicht ausgeübt worden.

1200 **Die besondere Aufzeichnungspflicht entfällt**, wenn ein Ausweis in der Handelsbilanz des Unternehmens nicht in Betracht kommt. Dies gilt etwa für die Ausübung steuerlicher Wahlrechte für Wirtschaftsgüter des Sonderbetriebsvermögens und für Umwandlungsvorgänge des Umwandlungssteuerrechts.[190] Auch die Bildung einer steuerfreien Rücklage, z. B. einer Rücklage für Ersatzbeschaffung oder einer Reinvestitionsrücklage nach § 6b EStG, begründet keine besonderen Aufzeichnungspflichten.[191] Erst mit der Übertragung der Rücklage auf die Anschaffungs- oder Herstellungskosten eines Reinvestitionsguts in einem folgenden Wirtschaftsjahr wird ein steuerliches Wahlrecht i. S. des § 5 Abs. 1 Satz 1 2. Halbsatz EStG ausgeübt und die Aufnahme in das Verzeichnis erforderlich.[192]

1201 **Bewertungswahlrechte, die in der Handelsbilanz ausgeübt werden**, ohne dass eine eigenständige steuerliche Regelung besteht, wirken wegen des maßgeblichen Handelsbilanzansatzes auch auf den Wertansatz in der Steuerbilanz. Daher sind die Regelungen zur Einbeziehung von Fremdkapitalzinsen in die Herstellungskosten (§ 255 Abs. 3 Satz 2 HGB) sowie zur Anwendung der Bewertungsvereinfachungsverfahren (§ 240 Abs. 3 und

---

183 Siehe auch BMF, Schreiben v. 12.3.2010, BStBl 2010 I S. 239.
184 BMF, Schreiben v. 12.3.2010, BStBl 2010 I S. 239 zu Tz. 15 auch zum Gestaltungsmissbrauch in derartigen Fällen.
185 Zum Begriff des laufend zu führenden Verzeichnisses, s. BFH, Urteil v. 9.8.1984 – IV R 151/81, BStBl 1985, S. 47: Danach sind die Voraussetzungen des nach § 7a Abs. 8 EStG zu führenden Verzeichnisses auch dann erfüllt, wenn es erst im Zeitpunkt der Geltendmachung der erhöhten Absetzungen oder Sonderabschreibungen erstellt wird.
186 BMF, Schreiben v. 12.3.2010, BStBl 2010 I S. 239 zu Tz. 21.
187 Nach *Weber-Grellet* ist das Verzeichnis der „Einstieg" in eine selbständige Steuerbilanz (in: Schmidt, EStG, 37. Aufl., München 2018, § 5 Rz. 61).
188 BMF, Schreiben v. 12.3.2010, BStBl 2010 I S. 239 zu Tz. 20.
189 BMF, Schreiben v. 12.3.2010, BStBl 2010 I S. 239 zu Tz. 21.
190 BMF, Schreiben v. 12.3.2010, BStBl 2010 I S. 239 zu Tz. 19.
191 BMF, Schreiben v. 12.3.2010, BStBl 2010 I S. 239 zu Tz. 22.
192 BMF, Schreiben v. 12.3.2010, BStBl 2010 I S. 239 zu Tz. 22.

4 HGB) für die steuerliche Gewinnermittlung gem. § 5 Abs. 1 Satz 1 1. Halbsatz EStG gleichermaßen zu beachten.[193] Soll das insoweit ausgeübte Wahlrecht anderweitig ausgeübt werden, ist also zunächst eine entsprechende Änderung der Handelsbilanz erforderlich.

Für vor dem 1.1.2009 endende Wirtschaftsjahre (und ab 1990) waren steuerliche Wahlrechte nur „in Übereinstimmung mit der handelsrechtlichen Jahresbilanz" auszuüben. Für diesen Zeitraum sind von den allgemeinen handelsrechtlichen Rechnungslegungsvorschriften abweichende, nach Steuerrecht zulässige Ansätze auch in der Handelsbilanz möglich (§§ 247, 254, 273 HGB a. F.). Steuerliche Wahlrechte waren danach bereits mit Aufstellung der Handelsbilanz auszuüben,[194] so dass auch eine Bilanzänderung die wirksame Änderung der Handelsbilanz voraussetzte. 1202

(Einstweilen frei) 1203–1259

---

193 BMF, Schreiben v. 12.3.2010, BStBl 2010 I S. 239 zu Tz. 6 und 7.
194 BFH, Urteil v. 8.10.2008 – I R 61/07, BStBl 2011 II S. 62.

Teil A:
Grundsatz- und Querschnittsfragen steuerlicher Gewinnermittlung

Kapitel IX:
E-Bilanz (§ 5b EStG)

von
StB Professorin Dr. Simone Briesemeister, Köln
StB Dipl.-Kaufm. Jens Schäperclaus, München

Kapitel IX: E-Bilanz (§ 5b EStG)

Inhaltsübersicht   **Rz.**

1. Digitale Bilanzen – Ziele und Einsatzbereiche	1260 - 1262
1.1 E-Bilanz (§ 5b EStG) – Bürokratieabbau und Effizienzsteigerung im Besteuerungsverfahren/Kommunikationsmedium besteuerungsrelevanter Informationen	1260
1.2 Digitale Offenlegung, §§ 325 ff. HGB	1261
1.3 Digitaler Finanzbericht (DiFin) zur Kreditwürdigkeitsprüfung (§ 18 KWG)	1262
2. Rechts- und Informationsgrundlagen der E-Bilanz	1263
3. Verhältnis zu anderen Vorschriften	1264
4. Persönlicher Anwendungsbereich	1265 - 1274
4.1 Grundsatz	1265 - 1268
4.1.1 Gewinnermittlung nach §§ 4 Abs. 1, 5, 5a EStG	1265
4.1.2 Atypisch stille Beteiligung	1266
4.1.3 Anwendungsbereich bei Auslandsbezug	1267
4.1.4 Einnahmen-Überschussrechnung/Gewinnermittlung nach Durchschnittssätzen	1268
4.2 Befreiungen / Erleichterungen	1269
4.3 Härtefälle	1270 - 1274
4.3.1 Antragserfordernis	1270
4.3.2 Härtefallvoraussetzungen	1271
4.3.3 Groß-/Kleinstbetriebe (§ 3 BpO)	1272 - 1274
5. Sachlicher Anwendungsbereich	1275 - 1280
6. Zeitlicher Anwendungsbereich	1281 - 1289
6.1 Erstmalige Anwendung	1281
6.2 Allgemeine Nichtbeanstandungsregelung	1282
6.3 Fallspezifische Nichtbeanstandungsregelungen	1283 - 1285
6.4 Sonder-/Ergänzungsbilanzen	1286
6.5 Kapitalkontenentwicklung	1287
6.6 Anlagenspiegel	1288
6.7 Atypisch stille Beteiligungen	1289
7. Gegenstand elektronischer Übermittlung nach § 5b EStG	1290 - 1327
7.1 Übermittlungsalternativen	1290 - 1293
7.1.1 Wahlmöglichkeiten	1290
7.1.2 Keine GuV-Übermittlungspflicht bei originärer steuerlicher Buchführungspflicht (§ 141 AO)	1291
7.1.3 Keine GuV-Überleitungspflicht	1292
7.1.4 GuV-Übermittlungspflicht bei derivativer steuerlicher Buchführungspflicht (§ 140 AO)	1293
7.2 Steuer-Taxonomien	1294 - 1318
7.2.1 Taxonomiearten	1294 - 1295
7.2.2 Berichtsbestandteile Kerntaxonomie	1296 - 1302
7.2.3 Mindestumfang	1303 - 1305

		7.2.4 Taxonomie-Feldattribute	1306 - 1318
	7.3	Taxonomie-Versionen	1319 - 1327
		7.3.1 Überblick/Anpassungsrhythmus	1319
		7.3.2 Wesentliche Neuerungen der Taxonomie-Version 6.1 v. 1.4.2017	1320 - 1327
8.	Technische / formale Aspekte der Übermittlung		1328 - 1330
	8.1	Format	1328
	8.2	Authentifizierung	1329
	8.3	Übermittlungsfrist	1330
9.	Konsequenzen unterlassener/fehlerhafter elektronischer Übermittlung		1331 - 1333
	9.1	Steuerliche Nebenleistungen	1331
	9.2	Schätzung von Besteuerungsgrundlagen (§ 162 AO)	1332
	9.3	Risikomanagement der Finanzverwaltung (§ 88 Abs. 5 AO)/ Faktisch erzwingbarer Mindestumfang der E-Bilanz	1333
10.	Prozessoptimierung durch digitale Bilanzen		1334 - 1339
	10.1	Automation im Besteuerungsverfahren	1334 - 1335
	10.2	Rückübermittlung der E-Bilanz nach Betriebsprüfung	1336
	10.3	E-Bilanz als Bestandteil des Tax Compliance Management Systems	1337 - 1339

AUSGEWÄHLTE LITERATUR

Althoff/Arnold/Jansen/Polka/Wetzel, E-Bilanz, Freiburg 2013; *Arnold/Schumann*, E-Bilanz: Das Anwendungsschreiben zu § 5b EStG v. 28.9.2011, DStZ 2011 S. 812; Bay. Landesamt für Steuern / RZF Düsseldorf / XBRL Deutschland e.V., Technischer Leitfaden zur HGB Taxonomie 6.1 v. 1.4.2017, abrufbar unter esteuer.de; *Bergan/Martin*, Die elektronische Bilanz, DStR 2010 S. 1755; Bundesministerium der Finanzen, E-Bilanz, Elektronik statt Papier – Einfacher, schneller und günstiger berichten mit der E-Bilanz, 2012; *Deloitte* (Hrsg.), E-Bilanz, 5. Aufl., Bonn 2016; *Ebner/Stolz/ Mönning/Bachem*, E-Bilanz, Ein praktischer Leitfaden, München, 2013; *Heinsen/Adrian*, E-Bilanz – Grundlegende Fragen zum Anwendungsbereich, DStR 2010 S. 2591; *Herzig/Briesemeister/Schäperclaus*, E-Bilanz und Steuer-Taxonomie, DB Beilage Nr. 5 zu 41/2010; *Herzig/Briesemeister/Schäperclaus*, Von der Einheitsbilanz zur E-Bilanz, DB 2011 S. 1; *Herzig/Briesemeister/Schäperclaus*, E-Bilanz – Konkretisierung, Erleichterungen, verbleibende Problembereiche, DB 2011 S. 1651; *Herzig/Briesemeister/Schäperclaus*, E-Bilanz: Finale Fassung des BMF-Schreibens und der Steuertaxonomien 2012, DB 2011 S. 2509; *Herzig/Schäperclaus*, Einheitstaxonomie für E-Bilanz und Offenlegung, DB 2013 S. 1; *Hülshoff*, Stand des Projekt E-Bilanz, DB 2016, Beilage 4, S. 2; *Kirsch*, Freiwillige Inhalte der E-Bilanz, StuB 2012 S. 825; *Karla*, Zur Rechtsgrundlage der E-Bilanz – Schlusspunkt der Diskussion oder neue Zweifelsfragen, Ubg 2012, S. 753; *Kirsch*, Prinzipien und Tendenzen der Kerntaxonomie, DStZ 2012, 223; *Koch/Nagel/Maltseva*, E-Bilanz – rationell und richtig umstellen, Herne 2012; *Kowallik*, Das Risikomanagementsystem der Finanzverwaltung für Gewinneinkünfte – Überblick, Gestaltungsmöglichkeiten und potenzielle Konfliktfelder aus der E-Bilanz, IWB 2014, S. 406; *Kowallik/Bongaerts*, E-Bilanz: Status aus der Sicht der Unternehmen, DB 2016, Beilage 4, S. 8; *Kußmaul/Ollinger/Weiler*, E-Bilanz: Kritische Analyse aus betriebswirtschaftlicher Sicht, StuW 2012 S. 131; *Ley*, Kapitalkonten in den Berichtsbestandteilen „Bilanz" und „Kapitalkontenentwicklung" der E-(Gesamt-)Bilanz, KÖSDI 2015, S. 19317 (Teil I), S. 19353 (Teil II); *Münch*, Finanzbehördliches Risikomanagement im Rahmen der Einkommensteuerveranlagung, DStR 2013, S. 212; *Nunnenkamp/Paffenholz*, Der Einfluss von XBRL auf Rechnungslegung und Prüfung, WPg 2010 S. 1142; *Polka/Arnold*, Elektronische Übermittlung von Bilanzdaten im Jahr 2016 – Bestandsaufnahme und Ausblick auf die zukünftige Taxonomie 6.0; *Richter/Kruczynski/Kurz*, Die E-Bilanz: Ein Beitrag zum Steuerbürokratieabbau?, DB 2010 S. 1604; *Richter/Kruczynski/Kurz*, Mindestumfang der steuerlichen Deklaration nach der geplanten Taxonomie, BB 2010 S. 2489; *Richter/Kruczynski* in Küting/Weber (Hrsg.), Handbuch der Rechnungslegung – Einzelabschluss, Kap. 6 Rz. 501–563;

Riepolt/Steinegger, E-Bilanz einer Personengesellschaft, StuB 2015 S. 667; *Riepolt*, E-Bilanz: Änderungen der Taxonomie 6.0, StuB 2016 S. 541; *Rust/Hülshoff/Kolbe*, Anforderungen der FinVerw. an den Datensatz nach § 5b EStG, BB 2011 S. 747; *Schäperclaus/Hülshoff*, E-Bilanz für Mitunternehmerschaften: Übermittlung von Sonder- und Ergänzungsbilanzen, DB 2014 S. 2601 ff.; *Schäperclaus/Hülshoff*, E-Bilanz für Mitunternehmerschaften: Eigenkapitalausweis, steuerliche Gewinnermittlung, Sonderfälle, DB 2014 S. 2781; *Schäperclaus/Kruczynski*, E-Blanz, Bestimmungsgrößen des Mindestumfangs, DB 2013 S. 2573; *Schiffers*, E-Bilanz (§ 5b EStG) – schlichte Verfahrensvorschrift vor dem Hintergrund des Risikomanagements im Steuervollzug und des Tax-Accounting, Stbg 2011 S. 7; *Schumann/Arnold*, E-Bilanz: Ziele, Anwendungsbereich und Umsetzung des § 5b EStG, DStZ 2011 S. 226.

1. Digitale Bilanzen – Ziele und Einsatzbereiche

1.1 E-Bilanz (§ 5b EStG) – Bürokratieabbau und Effizienzsteigerung im Besteuerungsverfahren/Kommunikationsmedium besteuerungsrelevanter Informationen

Bilanzierende Steuerpflichtige sind gem. § 5b EStG verpflichtet, Inhalte der Bilanz unter Anpassung an steuerliche Vorschriften sowie Inhalte der GuV – anstelle in aggregierter, nach Maßgabe der Gliederungsvorschriften des HGB (teil-)standardisierter Papierform – in hochdifferenzierter, (voll-)standardisierter Form unter Beachtung eines Mindestumfangs elektronisch an die Finanzbehörde zu übermitteln, soweit kein Härtefall vorliegt (s. Rz. 1270 ff.) oder übergangsweise von einer elektronischen Übermittlung abgesehen wurde/wird (s. Rz. 1282 ff.). § 5b EStG wurde mit dem wesentlichen Ziel des Bürokratieabbaus eingeführt.[1] Durch Standardisierung, Verkennzifferung und medienbruchfreie elektronische statt papierbasierte Übermittlung der Inhalte von Bilanz, GuV und Überleitungsrechnung sollen bürokratische Lasten reduziert und zugleich die Effizienz des Besteuerungsverfahrens erhöht werden.[2] An diesen Vorgaben sind die Wirkungen der Norm zu messen. Die E-Bilanz ist u. a. neben elektronischen Steuervoranmeldungen, -erklärungen und der digitalen Außenprüfung nach GoBD zentraler Baustein des steuerlichen E-Governments.[3]

1260

Verwaltungsseitige Effizienzsteigerung bedingt eine standardisierte Differenzierung elektronisch übermittelter steuerlicher Gewinnermittlungsdaten. Die Höhe des insoweit erforderlichen Differenzierungsniveaus formuliert die Finanzverwaltung mit Festlegung des Mindestinhalts des amtlich vorgeschriebenen Datensatzes (Taxonomie) nach Maßgabe der Ermächtigungsvorschrift § 51 Abs. 4 Nr. 1b EStG. Der Mindestumfang nach § 5b EStG elektronisch zu übermittelnder Daten wird nach Auffassung der Finanzverwaltung lediglich durch den Umfang besteuerungsrelevanter Informationen begrenzt, er wird durch die Kerntaxonomie sowie die Branchentaxonomien[4] verbindlich festgelegt (zu Taxonomiearten s. Rz. 1292).[5] Die Finanzverwaltung versteht § 5b EStG i. V. m. der Ermächtigungsvorschrift § 51 Abs. 4 Nr. 1b EStG damit als Rechtsgrundlage für eine

---

1 BT-Drucks. 16/10910 S. 1, 24.
2 Vgl. z. B. BMF, E-Bilanz - Elektronik statt Papier, 08/2012, S. 5 abrufbar unter www.bundesfinanzministerium.de.
3 Dazu Bongaerts in Deloitte (Hrsg.), E-Bilanz, 5. Aufl., 2016, Rz. 9 ff.
4 Begriff Taxonomie abgeleitet aus dem griechischen táxis = (An-)Ordnung und nómos = Gesetz.
5 BMF, Schreiben v. 28.9.2011 – IV C 6 – S 2133 – b/11/10009, BStBl 2011 I S. 855, Rz. 15.

Verpflichtung zum umfassenden elektronischen Reporting der gesamten, auf sehr hohem und branchenabhängig abweichendem Differenzierungsniveau standardisierten steuerlichen Gewinnermittlung sowie weiterer für das Besteuerungsverfahren direkt oder indirekt relevanter Informationen (Kapitalkontenentwicklung bei Mitunternehmerschaften, Anlagenspiegel). Damit wird der E-Bilanz/E-GuV für den Kreis bilanzierender Unternehmen der Status des zentralen Kommunikationsmediums besteuerungsrelevanter Informationen zugewiesen. Dieses Rechtsverständnis der Norm ist deutlich überschießend.[6] Gleichwohl sind die Anforderungen zwischenzeitlich von einer Vielzahl von Softwareherstellern in deren Produkten berücksichtigt[7] und von einem Großteil der Unternehmen – zumindest technisch – umgesetzt worden.[8]

Bürokratieabbau und Effizienzvorteile bleiben bisher weitestgehend auf die Finanzverwaltung beschränkt. Mit der E-Bilanz entfällt nicht nur die Notwendigkeit verwaltungsseitiger manueller (Teil-)Erfassung papierbasiert übermittelter Bilanz- und GuV-Informationen und damit eine potenzielle Fehlerquelle im Erhebungsverfahren,[9] die Finanzverwaltung verfügt mit den E-Bilanz-Daten vielmehr über eine „belastbare Dokumentation der Gewinnermittlung"[10]. Die elektronische Übermittlung hochdifferenzierter standardisierter Daten ermöglicht in Bezug auf bilanzierende Steuerpflichtige den Einsatz elektronischer Risikomanagementsysteme beim Steuervollzug,[11] insbesondere automatisierte Plausibilitätsprüfungen in Gestalt der Verprobung von Steuererklärungsangaben, Zeitreihen- und externen Betriebsvergleichen oder jahresabschlussbezogenen Ziffernanalysen.[12] Mittels steuersensibler Risikofilterung der E-Bilanz- und Steuererklärungsdaten ist eine gezielte – mehrergebnisorientierte – Auswahl von Außenprüfungsfällen möglich. Das für die Fallauswahl konzipierte Risikomanagement-Projekt „RMS-BP", das mittels eines (gem. § 88 Abs. 5 Satz 4 AO nicht zu veröffentlichenden) Scoring-Systems u. a. anhand der E-Bilanz-Daten identifizierte Steuer(ausfall)risiken durch Risikopunktevergabe zu einem Steuerfall berechnet, steht vor dem flächendeckenden Einsatz.[13] Die E-Bilanz-Übermittlungsverpflichtung stellt praktisch einen der Betriebsprüfung vorgelagerten Z3-Datenzugriff in standardisierter (datenträgerloser) Form dar.[14] Darüber hinaus werden die E-Bilanz-Daten absehbar eine valide Grundlage für

---

6 Vgl. z. B. *Bundessteuerberaterkammer*, Stellungnahme zum Entwurf des BMF-Schreibens zur E-Bilanz v. 5.10.2010, S. 4; *Spitzenverbände der deutschen Wirtschaft*, Stellungnahme zum Entwurf des BMF-Schreibens zur E-Bilanz v. 5.10.2010, S. 2 f., Stellungnahmen abrufbar unter www.bundesfinanzministerium.de; *Herzig/Briesemeister/Schäperclaus*, DB 2010 Beil. 5 S. 7; *Richter/Kruczynski* in Küting/Weber (Hrsg.), Handbuch der Rechnungslegung – Einzelabschluss, Kap. 6 Rz. 515; *Hüttemann*, DStZ 2011 S. 510; *Wenk/Jagosch/Straßer*, DStR 2011 S. 589 f.; *Risse*, DB 2011 Standpunkte S. 62.

7 Eine Übersicht der zur Übermittlung der E-Bilanz zur Verfügung stehenden Softwareanwendungen findet sich unter https://www.elster.de/elsterweb/softwareprodukt.

8 Nach Informationen der Finanzverwaltung auf dem Forum E-Bilanz am 27.1.2017 in Berlin sind allein im Jahr 2016 sind bei der Finanzverwaltung knapp 2,3 Mio. E-Bilanz-Übermittlungen eingegangen.

9 Vgl. zur parallelen Problematik infolge fehlender IT-Unterstützung der Entgegennahme seit 2011 ausschl. elektronisch zu erstellender Steuererklärungen von Personengesellschaften mit mehr als 500 Gesellschaftern *Bundesrechnungshof*, Jahresbericht 2017, Nr. 26.

10 FAQ-Dokument zur E-Bilanz, Vers. 17-1, Stand 08/2017, Abschn. 2.

11 Dazu *Seer*, DStR 2008 S. 1554 ff.; *Nagel/Waza*, DStZ 2008 S. 321; *Schiffers*, Stbg 2011 S. 13; *Herzig/Schäperclaus*, DB 2013 S. 1 ff.; *Kowallik*, IWB 2014 S. 406 ff.

12 Zu math.-statist. Methoden in der Betriebsprüfung stellv. *Kratzsch/Rahe*, StB 2010 S. 162 ff., 191 ff.

13 Vgl. *Hülshoff*, DB 2016, Beilage 4, S. 3.

14 *Kowallik/Bongaerts*, DB 2016, Beilage 4 S. 8: „Z3-Datenzugriff light"; zum Z3-Datenzugriff im Rahmen der Betriebsprüfung *Schäperclaus/Hanke*, DB 2016, Beilage 4, S. 17.

die Abschätzung von Aufkommenseffekten künftiger Änderungen in der Steuergesetzgebung ebenso wie aufkommensrelevanter Rechtsprechung bieten.

1.2 Digitale Offenlegung, §§ 325 ff. HGB

Mit Version 5.2 v. 1.6.2012 (zu Taxonomieversionen s. Rz. 1319) wurde die Taxonomie (wieder) an die Vorgaben der handelsrechtlichen Offenlegungspflichten (§ 325 ff. HGB) angepasst.[15] Seither fungiert die Taxonomie als Einheitstaxonomie für E-Bilanz- und Offenlegungszwecke und kann parallel zur Erfüllung elektronischer steuerlicher Übermittlungs- und handelsrechtlicher Offenlegungspflichten genutzt werden.[16] Mit stärkerer Anbindung des Buchführungsprozesses an die standardisierten Vorgaben der Taxonomie steigt zudem die Effizienz bei der Erfüllung von Offenlegungs-/Übermittlungspflichten, da die Taxonomie den Datenoutput auf jedem Aggregationsniveau erlaubt.

1261

1.3 Digitaler Finanzbericht (DiFin) zur Kreditwürdigkeitsprüfung (§ 18 KWG)

Mit dem Digitalen Finanzbericht (DiFin) etabliert die Deutsche Kreditwirtschaft aufsetzend auf der E-Bilanz-Verpflichtung ein Verfahren zur medienbruchfreien elektronischen Übertragung und automatisierten Analyse von Jahresabschlüssen. Die Gewährung von Krediten, die die Größenordnung nach § 18 KWG überschreiten (750.000 € oder 10 % des nach Art. 4 Abs. 1 Nr. 71 Kapitaladäquanzverordnung (EU) Nr. 575/2013 anrechenbaren Eigenkapitals des Instituts) ist an die Voraussetzung der Offenlegung der wirtschaftlichen Verhältnisse des Kreditnehmers insb. durch Vorlage der Jahresabschlüsse gekoppelt. Um bankenseitig eine digitale Kreditwürdigkeitsprüfung vornehmen zu können, wurden die bislang regelmäßig in Papierform vorgelegten Jahresabschlüsse manuell erfasst. Eine Anknüpfung an das auf Basis der Taxonomie erstellte XBRL-Instanzdokument führt zu einer Vermeidung dieses Medienbruchs, der Beseitigung offensichtlicher Ineffizienzen sowie einer tendenziellen Erhöhung des Detailgrads sowie der Vergleichbarkeit von Jahresabschlüssen. Zu diesem Zweck wurde der Taxonomie bereits mit Version 6.0 v. 1.4.2016 ein Berichtsbestandteil „Zusatzinformation Kreditwürdigkeitsprüfung" hinzugefügt und der Berichtsbestandteil „Bilanz" um Positionen ergänzt, die Relevanz für die Kreditwürdigkeitsprüfung haben (können). Damit ist die Nutzbarkeit des Datenschemas für Zwecke des § 18 KWG sowie darüber hinausgehende Kreditwürdigkeitsprüfungen gewährleistet. Um neue Mussfelder wurde die Taxonomie nicht erweitert, bei gegebenem Kreditwunsch haben die Parteien sich über den tatsächlichen Mindestumfang zu verständigen. Der Digitale Finanzbericht ist seit dem 1.6.2017 im Praxistest, er soll ab dem 1.4.2018 flächendeckend zur Übertragung von Abschlussinformationen an Kreditinstitute zur Verfügung stehen.

1262

---

15 Bereits die Taxonomien 2.0 bis 4.1 konnten / können hierfür verwendet werden; die Taxonomien 5.0 und 5.1 nur eingeschränkt.
16 Dazu im Einzelnen *Herzig/Schäperclaus*, DB 2013 S. 1.

2. Rechts- und Informationsgrundlagen der E-Bilanz

1263 **§ 5b EStG:** Die Ermächtigung zur Bestimmung des Mindestumfangs der nach § 5b EStG elektronisch zu übermittelnden Bilanz- und GuV-Daten liegt beim BMF (§ 51 Abs. 4 Nr. 1b, Abs. 1 Nr. 1a EStG). Das BMF hat die Ermächtigung im Einvernehmen mit den obersten Finanzbehörden der Länder mit dem Anwendungsschreiben zur E-Bilanz und Vorlage der Kern- und Branchentaxonomien ausgeübt. Die Reichweite der Ermächtigungsnorm ist nach wie vor umstritten.[17] Fraglich ist, ob die Erweiterung der handelsrechtlichen Gliederungsvorgaben für Bilanz und GuV (§§ 266, 275 HGB) unter Aufhebung der reduzierten Gliederungsvorgaben für Nicht-Kapitalgesellschaften (§ 247 Abs. 1 HGB) ebenso wie der Gliederungserleichterungen für kleine/mittelgroße Kapitalgesellschaften (§§ 266 Abs. 1 Satz 3, 276 HGB) sowie insbesondere für Kleinstkapitalgesellschaften (§§ 266 Abs. 1 Satz 4, 275 Abs. 5 HGB) und die Negierung der handelsrechtlichen Gliederungsflexibilität (§ 265 Abs. 5 Satz 2 HGB) von der Ermächtigungsgrundlage gedeckt sind. Überwiegend abgelehnt wird darüber hinaus die Auffassung der Finanzverwaltung, dass sich die Kennzeichnung weiterer Taxonomiebestandteile neben Bilanz, GuV und Überleitungsrechnung als Pflichtbestandteile noch innerhalb des mit der Ermächtigung eingeräumten Kompetenzrahmens bewegt (s. Rz. 1303 f.).

§ 60 EStDV: Die EStDV nimmt die E-Bilanz mit der Anordnung, der Steuererklärung eine Abschrift der Bilanz beizufügen, wenn der Gewinn nach § 4 Abs. 1, § 5 oder § 5a des Gesetzes ermittelt und auf eine elektronische Übermittlung nach § 5b Abs. 2 EStG (Härtefall, s. Rz. 1270 ff.) verzichtet wird, lediglich negativ in Bezug. Die Anwendung des § 5b EStG geht vor, § 60 EStDV ist entsprechend der inhaltlichen Parallelität der Regelungen für papierbasierte bzw. elektronisch zu übermittelnde Bilanz- und GuV-Daten gleichwohl die Funktion einer **Auslegungshilfe** in Fragen der nunmehr elektronisch zu übermittelnden Daten beizumessen.

FAQ-Dokument zur E-Bilanz: Die Finanzverwaltung stellt unter www.esteuer.de ein in unregelmäßigen Abständen aktualisiertes FAQ-Dokument zur E-Bilanz zur Verfügung. Dieser Fragen-Antworten-Katalog hat lediglich die Funktion einer Orientierungshilfe,[18] die Informationen haben keine Rechts- oder Bindungswirkung. Insoweit problematisch sind Stellenwert und Verlässlichkeit verwaltungsseitig ausschließlich im FAQ-Dokument formulierter Erleichterungen, wie etwa bzgl. der Interpretation des sog. Ableitbarkeitsgrundsatzes (s. Rz. 1306).

Technischer Leitfaden zur E-Bilanz: Für jede Taxonomie-Version (s. Rz. 1319) wird unter **www.esteuer.de** ein Technischer Leitfaden veröffentlicht, der in Zusammenarbeit des Bay. LfSt, des RZF Düsseldorf sowie des XBRL Deutschland e.V. erstellt wird.[19] Der Leitfaden enthält neben technischen Hinweisen zur Anwendung der HGB-Taxonomie insbesondere auch grundlegende fachliche Vorgaben zur Plausibilisierung der zu übermit-

---

17 Vgl. z. B. Herzig/Briesemeister/Schäperclaus, DB 2010 Beil. 5 S. 5 ff.; Herzig/Briesemeister/Schäperclaus, DB 2011 S. 6 f.; Heinsen/Adrian, DStR 2010 S. 2592; Fischer/Kalina-Kerschbaum, DStR 2010 S. 2116; Goldshteyn/Purer, StBp 2011 S. 188 f.; Metzing/Fischer, DStR 2011 S. 1584; Kußmaul/Ollinger/Weiler, StuW 2012 S. 143 f.
18 Vgl. FAQ-Dokument zur E-Bilanz, Vers. 17-1, Stand 08/2017, Abschn. 1.
19 Bay. LfSt / RZF Düsseldorf / XBRL Deutschland e.V., Technischer Leitfaden zur HGB Taxonomie 6.1 v. 1.4.2017.

telnden E-Bilanz-Daten, er beschreibt unter Verweis auf die jeweils angesprochenen Taxonomiepositionen sämtliche Prüfungen des ELSTER Rich Client (ERiC). Er richtet sich primär an Programmierer und Softwarehersteller, die E-Bilanz-Lösungen anbieten und sich mit der Übermittlung von E-Bilanzen befassen, dient aber ebenso dem Bilanzierenden zum besseren Verständnis der Regeln und Prüfungen. Der Technische Leitfaden ist lediglich Informations-, keine Rechtsgrundlage für die E-Bilanz, d. h. lediglich eine technische Dokumentation bestehender elektronischer Berichtspflichten. Erweiterungen oder Einschränkungen können hierdurch nicht begründet werden.

3. Verhältnis zu anderen Vorschriften

§ 5b EStG – Verfahrensvorschrift: Die Regelung ist trotz (deplatzierter) Verankerung innerhalb der Gewinnermittlungsvorschriften (§§ 4 ff. EStG) eine verfahrensrechtliche Vorschrift, die die gesetzlichen Anordnungen zur Abgabe der Steuererklärung (§ 25 EStG, § 31 KStG) für bilanzierende Unternehmen ergänzt.[20] § 5b EStG trifft weder Regelungen zur Gewinnermittlung, noch werden neue Buchführungs- oder Aufzeichnungspflichten begründet. Infolge der extensiven Nutzung der Ermächtigung zur Bestimmung des Mindestumfangs der E-Bilanz (§ 51 Abs. 4 Nr. 1b EStG) durch die Finanzverwaltung fällt die Wirkung der Norm als Verfahrensvorschrift allerdings deutlich überschießend aus.

1264

§ 60 EStDV konkretisiert, welche Unterlagen der Steuererklärung beizufügen sind. Die in § 60 Abs. 1, 2 EStDV vorgesehene Beifügung der Bilanz, GuV und Überleitungsrechnung in Papierform ist nur noch anzuwenden, wenn ein Härtefall i. S. d. § 5b Abs. 2 EStG vorliegt (s. Rz. 1270 f.), im Übrigen greift vorrangig die elektronische Übermittlungspflicht. Die in § 60 Abs. 3 EStDV angeordnete Beifügung von Anhang, Lagebericht sowie des Prüfungsberichts[21] in Papierform bzw. für Gewinnermittler nach § 5a EStG des besonderen Verzeichnisses nach § 5a Abs. 4 EStG in Papierform bleibt unberührt. Bei freiwilliger elektronischer Übermittlung dieser Unterlagen im Rahmen der E-Bilanz durch Nutzung der entsprechenden Berichtsteile der Taxonomie entfällt die papierbasierte Überlassung auch insoweit.

§ 4 Abs. 2 EStG – Bilanzberichtigungen/Bilanzänderungen: Die für Bilanzberichtigungen/Bilanzänderungen maßgebende Bilanz i. S. d. § 4 Abs. 2 EStG ist bei elektronischer Übermittlung die E-Bilanz nach § 5b EStG, im Übrigen die nach § 60 Abs. 1, 2 EStDV eingereichte Bilanz. Der übermittelte Inhalt ist (einschließlich positionsbezogener Zusätze/Vermerke in elektronischen Fußnoten)[22] Grundlage für Berichtigungen/Änderungen.

§§ 72a Abs. 1-3, 87a Abs. 6, 87b, 87c, 87d AO – Elektronische Kommunikation: Mit dem Besteuerungsverfahrensmodernisierungsgesetz wurde der Verweis in § 5b Abs. 1 S. 4 EStG auf § 150 Abs. 7 AO a. F. entfernt, da die einschlägigen Normen zur Kommunika-

---

20 Vgl. z. B. *Hofmeister* in Blümich, EStG, § 5b Rz. 1; *Martin* in Lademann, EStG, § 5b Rz. 6; *Prinz*, FR 2010 S. 923; *Schiffers* in Korn, EStG, § 5b Rz. 1; *Meurer*, DB 2011 Standpunkte S. 63. A. A. *Müller* in HHR, § 5b EStG Rz. 6, 14, der von bewusster Verortung innerhalb der Gewinnermittlungsvorschriften ausgeht, § 5b EStG nicht als nicht Teil der Steuererklärungspflicht einordnet.
21 Die nach IDW PS 450 WPg 2006 S. 113 ff. Rz. 110, FN-IDW 11/2009 S. 541 ff. vorgesehene Beifügung eines geprüften Jahresabschlusses als Anlage zum Prüfungsbericht ist für Zwecke des § 60 Abs. 3 EStDV redundant.
22 Zur Zulässigkeit der Übermittlung ergänzender textlicher Informationen in XBRL-Fußnoten FAQ-Dokument zur E-Bilanz, Vers. 17-1, Stand 08/2017, Abschn. 4i; *Schumann/Arnold*, DStZ 2011 S. 233.

tion mit der Finanzverwaltung (§§ 72a Abs. 1-3, 87a Abs. 6, 87b, 87c, 87d AO), insb. zur Eröffnung eines Zugangs für eingehende Datenübermittlungen nunmehr unmittelbar für jede Form der elektronischen Kommunikation (nicht mehr nur für die Einreichung von Steuererklärungen) gelten.

4. Persönlicher Anwendungsbereich

4.1 Grundsatz

4.1.1 Gewinnermittlung nach §§ 4 Abs. 1, 5, 5a EStG

1265 Die Vorschrift gilt gem. § 5b Abs. 1 Satz 1 EStG für alle Unternehmen, die ihren Gewinn nach § 4 Abs. 1, § 5 oder § 5a EStG ermitteln (s. Rz. 61, Rz. 128 ff.). Auch mit freiwilliger Buchführung geht die Verpflichtung zur Übermittlung einer E-Bilanz einher. § 5b EStG kommt damit unabhängig von der Rechtsform und der Größenklasse des bilanzierenden Unternehmens zur Anwendung (s. Rz. 1269). Auf persönlich steuerbefreite Körperschaften wird § 5b EStG nicht zur Anwendung gebracht; buchführungspflichtige (oder freiwillig buchführende) Körperschaften, die nur teilweise steuerbefreit sind, werden der Norm bzgl. des nicht steuerbefreiten Teils der Einkünfte unterworfen.[23] Erfasst werden damit insb. steuerpflichtige wirtschaftliche Geschäftsbetriebe steuerbegünstigter Körperschaften.[24] Für buchführungspflichtige (oder freiwillig buchführende) Betriebe gewerblicher Art von juristischen Personen des öffentlichen Rechts greift § 5b EStG ebenfalls.[25] Die Verpflichtung nach § 5b EStG besteht unabhängig von einem elektronischen Zugriff der Finanzverwaltung auf die Buchführungsdaten der Unternehmen nach § 147 Abs. 6 AO und unabhängig davon, ob die elektronische Buchführung/Aufzeichnungen nach § 146 Abs. 2a AO in das Ausland verlagert wurden (s. Rz. 79 ff.).

4.1.2 Atypisch stille Beteiligung

1266 Wird am gesamten/einem Teil des Unternehmens des Inhabers eines Handelsgewerbes eine atypisch stille Gesellschaft begründet, ist diese ertragsteuerlich als Mitunternehmerschaft i. S. d. § 15 Abs. 1 Satz 1 Nr. 2 EStG („andere Gesellschaft") zu qualifizieren.[26] Diese ist nach neuerer BFH-Rechtsprechung selbständiges Subjekt der Gewinnerzielung, Gewinnermittlung und Einkünftequalifikation.[27] Mit Schreiben v. 24.11.2017[28] äußert sich das BMF in der Frage, zu welcher Steuererklärung in diesen Fällen eine E-Bilanz konkret zu übermitteln ist. Demnach soll – teilweise abweichend von der bisherigen Handhabung[29] – wie folgt differenziert werden:

---

[23] Zu den Möglichkeiten der Übermittlung der Daten für den steuerrelevanten Bereich jeweils unter Nutzung des Berichtsbestandteils „Steuerliche Gewinnermittlung für besondere Fälle", BMF, Schreiben v. 19.12.2013 – IV C 6 – S 2133-b/11/10009: 004, DStR 2014 S. 100.

[24] BMF, Schreiben v. 28.9.2011 – IV C 6 – S 2133 – b/11/10009, BStBl 2011 I S. 855, Rz. 5; zu Problembereichen einer separaten Buchführung für wirtschaftliche Geschäftsbetriebe *Metzing/Fischer*, DStR 2011 S. 1584.

[25] BMF, Schreiben v. 28.9.2011 – IV C 6 – S 2133 – b/11/10009, BStBl 2011 I S. 855, Rz. 6.

[26] Vgl. etwa BFH, Beschluss v. 25.6.1984, GrS 4/82, BStBl 1984 II S. 751; BFH, Urteil v. 22. 8. 2002 – IV R 6/01, BFH/NV 2003 S. 36.

[27] Vgl. BFH, Urteil v. 26.11.1996 – VIII R 42/94, BStBl 1998 II S. 328; BFH, Urteil v. 15. 10. 1998 – IV R 62/97, BFH/NV 1999 S. 773; BFH, Urteil v. 12.2.2015 – IV R 48/11, BFH/NV 2015 S. 1075.

[28] BMF, Schreiben v. 24.11.2017 – IV C 6 – S 2133-b/17/10004, DB 2017 S. 2964.

[29] Vgl. *Riepold*, SteuStud 2016 S. 549.

Bei atypisch stiller Beteiligung **am gesamten Unternehmen** des Inhabers des Handelsgewerbes ist eine E-Bilanz zur Erklärung zur gesonderten und einheitlichen Feststellung der atypisch stillen Gesellschaft mit allen für eine Mitunternehmerschaft relevanten Berichtsbestandteilen und Angaben zu übermitteln.[30] Da das Unternehmen des Inhabers des Handelsgewerbes ertragsteuerlich für die Dauer des Bestehens der atypisch stillen Gesellschaft der Mitunternehmerschaft zugeordnet wird,[31] bedarf es lediglich einer E-Bilanz. Das Betriebsvermögen des Inhabers des Handelsgewerbes wird mit Begründung der atypisch stillen Beteiligung mitunternehmerisches Vermögen, das vom Inhaber des Handelsgewerbes im eigenen Namen, aber für Rechnung der Mitunternehmerschaft verwaltet wird.[32] Unterhält der Inhaber des Handelsgewerbes ertragsteuerlich *neben* dem der atypisch stillen Gesellschaft zuzuordnenden Betrieb einen weiteren Gewerbebetrieb (z. B. Gewerbebetrieb kraft Rechtsform nach § 8 Abs. 2 KStG in den Fällen der GmbH & atypisch Still oder bei gewerblicher Prägung oder Infektion von Personengesellschaften i. S. d. § 15 Abs. 3 EStG) soll ausweislich des BMF-Schreibens v. 24.11.2017 eine Verpflichtung zur Übermittlung der E-Bilanz zur Steuererklärung dieses neben der atypisch stillen Gesellschaft bestehenden Gewerbebetriebs unberührt bleiben.[33] Da das Betriebsvermögen des Inhabers des Handelsgewerbes bei atypischer Beteiligung an dessen gesamten Vermögen insgesamt mitunternehmerisches Vermögen der atypisch stillen Gesellschaft wird, bleibt offen, welche übermittlungsbedürftigen Inhalte die geforderte zweite E-Bilanz umfassen soll.[34]

Besteht eine atypisch stille Beteiligung lediglich **an einem Teil des Unternehmens**, wird das Unternehmen des Inhabers des Handelsgewerbes ertragsteuerlich für die Dauer des Bestehens der atypisch stillen Gesellschaft insoweit anteilig der Mitunternehmerschaft zugeordnet. In diesem Fall soll eine E-Bilanz der Erklärung zur gesonderten und einheitlichen Feststellung der atypisch stillen Gesellschaft mit allen für eine Mitunternehmerschaft relevanten Berichtsbestandteilen und Angaben für den Teil des Betriebs beigefügt werden, der aufgrund der atypisch stillen Beteiligung ertragsteuerlich der Mitunternehmerschaft zuzuordnen ist.[35] Daneben soll eine E-Bilanz zur Steuererklärung des Inhabers des Handelsgewerbes für den Teil des Betriebs übermittelt werden, der dem Inhaber des Handelsgewerbes ertragsteuerlich weiterhin zugeordnet wird.[36] Bestehen mehrere atypisch stille Beteiligungen am gesamten Unternehmen, einem Teil des Unternehmens oder verschiedenen Teilen des Unternehmens, vervielfachen sich die E-Bilanz-Forderungen der Finanzverwaltung entsprechend. Die Finanzverwaltung geht damit auch insoweit von einer parallelen steuerlichen Bilanzierungspflicht des Inhabers des Handelsgewerbes

---

30 BMF, Schreiben v. 24.11.2017 – IV C 6 – S 2133-b/17/10004, DB 2017 S. 2964.
31 Vgl. z. B. BFH, Urteil v. 24.4.2014 – IV R 34/10, BStBl 2017 S. 233; BFH, Urteil v. 25.6.2014 – I R 24/13, BStBl 2015 II S. 141; BFH, Urteil v. 18.6.2015 – IV R 5/12, BStBl 2015 II S. 935; BFH, Urteil v. 8.12.2016 – IV R 8/14, BStBl 2017 II S. 538.
32 BFH, Urteil v. 18.6.2015 – IV R 5/12, BStBl 2015 II S. 935.
33 BMF, Schreiben v. 24.11.2017 – IV C 6 – S 2133-b/17/10004, DB 2017 S. 2964.
34 Im Fall der GmbH & atypisch Still würde die GmbH als Inhaberin des Handelsgeschäfts – bei (fingierter) Einbringung des Betriebsvermögens des Geschäftsinhabers in die Mitunternehmerschaft nach § 24 UmwStG – steuerbilanziell zu einer „leeren Hülle", die statt des Betriebsvermögens nur noch einen spiegelbildlich bewerteten Mitunternehmeranteil ausweist, so *Bolk* in Festschrift Reiß, 2008, S. 467; *Suchanek/Hagedorn,* FR 2004 S. 1151.
35 BMF, Schreiben v. 24.11.2017 – IV C 6 – S 2133-b/17/10004, DB 2017 S. 2964.
36 BMF, Schreiben v. 24.11.2017 – IV C 6 – S 2133-b/17/10004, DB 2017 S. 2964.

aus – einerseits für die atypisch stille Gesellschaft, andererseits für den Teil des Betriebs, der dem Inhaber des Handelsgewerbes weiterhin zugeordnet bleibt – mit entsprechenden Zuordnungserfordernissen für alle Aktiva und Passiva.

Wie bereits die vorangehende grundsätzliche Frage, ob und auf welcher Grundlage für die atypisch stille Gesellschaft in beiden vorbezeichneten Konstellationen überhaupt die Verpflichtung zur Erstellung einer Steuerbilanz besteht,[37] ist ebenfalls nicht abschließend geklärt, wie eine Zuordnung von Aktiva, Passiva, Aufwendungen und Erträgen bei atypisch stiller Beteiligung an Teilen des Unternehmens konkret zu erfolgen hat.

Die atypisch stille Gesellschaft ist in der Taxonomie 6.1 den Rechtsformgruppen Einzelunternehmen, Personengesellschaften sowie Körperschaften zugeordnet, um sicherzustellen, dass stille Beteiligungen an allen Rechtsformen abgebildet werden können. Die Rechtsform „atypisch stille Gesellschaft" ist zudem ausdrücklich für die Übermittlung der Kapitalkontenentwicklung freigegeben. Wenngleich Gesamthandsvermögen insoweit nicht existent ist, sind bei Ausgestaltung der Einlage des Stillen als Eigenkapital verschiedene Kapitalkontenmodelle denkbar.

Zum zeitlichen Anwendungsbereich s. Rz. 1289.

4.1.3 Anwendungsbereich bei Auslandsbezug

1267 Unterhält ein inländisches Unternehmen eine **Betriebsstätte im Ausland (Outbound-Fall)**, ist der handelsrechtliche Charakter von Stammhaus und Betriebsstätte(n) als Einheitsunternehmen auch im Rahmen des § 5b EStG zu berücksichtigen. Ein nach § 4 Abs. 1, § 5 oder § 5a EStG gewinnermittelndes inländisches Unternehmen hat für das Unternehmen als Ganzes eine Bilanz und GuV zu erstellen.[38] Die Buchführungspflicht ist grundsätzlich ohne Rücksicht auf eine Steuerfreistellung der ausländischen Betriebsstätteneinkünfte nach einem Doppelbesteuerungsabkommen und – vorbehaltlich der Erleichterungen des § 146 Abs. 2 Satz 2-4 AO – ohne Rücksicht auf Buchführungs- und Aufzeichnungspflichten im Betriebsstättenstaat im Inland zu erfüllen.[39] § 5b EStG setzt diese Verpflichtung mit der Übermittlungsverpflichtung für die E-Bilanz fort.[40] Der Problematik fehlender Übereinstimmung von E-Bilanz-Gliederungsvorgaben mit der ausländischen Gewinnermittlung begegnet die Finanzverwaltung mit besonderen Auffangpositionen für ausländische Betriebsstätten (s. Rz. 1314).

---

37 BFH, Urteil v. 25.6.2014 – I R 24/13, BStBl 2015 II S. 141, lässt die Frage, ob es einer „eigenen" Steuerbilanz der atypisch stillen Gesellschaft bedarf, explizit offen; die Möglichkeit bejahend BFH, Urteil v. 12.2.2015 – IV R 48/11, BFH/NV 2015 S. 1075; Buchführungspflicht nach § 141 AO grundsätzlich bejahend FG Sachsen-Anhalt, Urteil v. 25.5.2016 – 3 K 1521/11, EFG 2016 S. 2024, Rev. eingelegt, Az. BFH I R 81/16. Verwaltungsseitig wurde bis dato u. a. durch OFD Frankfurt v. 3.11.2008 – S 2241 A – 37 – St 213 (unter Verweis auf überholte Rechtsprechung) verlautbart, der nach § 15 Abs. 1 Nr. 2 EStG zu ermittelnde Gewinnanteil des stillen Gesellschafters sei nur auf der Grundlage der Bilanz des Inhabers des Handelsgeschäfts zu ermitteln, es bestehe keine steuerliche Buchführungs-/Bilanzierungspflicht der stillen Gesellschaft selbst; der steuerliche Gesamtgewinn und die steuerliche Gesamtbilanz der Mitunternehmerschaft ergebe sich aus der Addition der Ergebnisse der Steuerbilanz des Geschäftsinhabers und einer etwaigen Sonderbilanz des stillen Gesellschafters unter Hinzurechnung des Gewinnanteils und etwaiger Sondervergütungen/-ausgaben des Stillen. Zum Diskussionsstand in der Literatur *Schäperclaus/Hülshoff*, DB 2014 S. 2788 m. w. N.
38 BFH, Urteil v. 16.2.1996 – I R 43/95, BStBl 1997 II S. 128; vgl. auch BMF, Schreiben v. 24.12.1999 – IV B 4 – S 1300 – 111/99, BStBl 1999 I S. 1076, Tz. 1.1.4.2.
39 BMF, Schreiben v. 24.12.1999 – IV B 4 – S 1300 – 111/99, BStBl 1999 I S. 1076, Abschn. 1.1.4.2.
40 BMF, Schreiben v. 28.9.2011 – IV C 6 – S 2133 – b/11/10009, BStBl 2011 I S. 855, Rz. 3.

Für ausländische Unternehmen, die eine **Betriebsstätte im Inland** unterhalten (Inbound-Fall) und buchführungspflichtig sind (z. B. nach handelsrechtlichen Vorschriften für inländische Zweigniederlassungen i. S. d. § 13d HGB oder nach § 141 AO, s. Rz. 4), greift die Verpflichtung zur Übermittlung einer E-Bilanz nur für die inländische(n) Betriebsstätte(n) als unselbständigen Unternehmensteil.[41] Die Problematik der von Kontenplan-Vorgaben des ausländischen Stammhauses ggf. wesentlich abweichenden E-Bilanz-Gliederungsvorgaben wird seitens der Taxonomie für Inbound-Betriebsstättenfälle nicht gesondert – z. B. über eigens hierfür vorgesehene Positionen – adressiert. Insoweit gelten die allgemeinen Grundsätze zur Ableitbarkeit von E-Bilanz-Positionen (s. Rz. 1306 ff.).

Für beschränkt steuerpflichtige Gewerbetreibende **ohne inländische Betriebsstätte**, die inländische laufende Einkünfte aus der **Vermietung/Verpachtung inländischen unbeweglichen Vermögens**, von Sachinbegriffen oder Rechten erzielen, stellt sich mit Umqualifizierung der Einkünfte in solche aus Gewerbebetrieb (§ 49 Abs. 1 Nr. 2 lit. f EStG) die Problematik des Eingreifens des § 5b EStG ebenfalls.[42] Bedingt durch diese Umqualifizierung kann die Verpflichtung zur Buchführung (§ 141 AO) und zur Gewinnermittlung durch Bestandsvergleich und damit eine E-Bilanz-Verpflichtung eintreten (s. Rz. 36).[43]

4.1.4 Einnahmen-Überschussrechnung/Gewinnermittlung nach Durchschnittssätzen

Gewinnermittlung nach § 4 Abs. 3 EStG schließt die Anwendung des § 5b EStG aus. § 60 Abs. 4 EStDV trifft für Überschussrechner parallele Anordnungen zur elektronischen Übermittlung von EÜR-Daten in standardisierter Form. Eine für Zwecke der Einnahmenüberschussrechnung durch den XBRL Deutschland e.V. entwickelte EÜR-Taxonomie kann derzeit (noch) nicht für die Übermittlung an die Finanzverwaltung verwendet werden. Bei Gewinnermittlung nach Durchschnittssätzen (§ 13a EStG) greift § 5b EStG ebenfalls nicht ein.

1268

4.2 Befreiungen / Erleichterungen

Keine rechtsform- oder größenabhängige Befreiungen/Erleichterungen: Rechtsform- oder größenabhängige Erleichterungen oder Befreiungen sind zugunsten eines einheitlichen Detailgrads der E-Bilanz-Daten nicht vorgesehen. Bezüglich des Datenmindestumfangs bestehende rechtsformspezifische Differenzierungen (für Einzelunternehmen, Personen- und Kapitalgesellschaften) haben keine Erleichterungsqualität. Weder die handelsrechtliche Differenzierung in Kleinst-, kleine, mittelgroße und große Gesellschaften nach §§ 267, 267a HGB, noch die damit verbundenen handelsrechtlichen Erleichterungen werden durch § 5b EStG reflektiert, was im Ergebnis zu einer Negierung und damit Entwertung der handelsrechtlich verankerten Erleichterungen führt. Desgleichen ist die Differenzierung in Kleinst- Klein-, Mittel- und Großbetriebe nach § 3 BpO für die

1269

---

41 BMF, Schreiben v. 28.9.2011 – IV C 6 – S 2133 – b/11/10009, BStBl 2011 I S. 855, Rz. 4.
42 E-Bilanz-Verpflichtung bejahend *Heinsen/Adrian*, DStR 2010 S. 2592; *Kaminski* in Frotscher, EStG, § 5b Rz. 27; *Bongaerts/Neubeck* in Baetge/Kirsch/Thiele, Bilanzrecht, Fach Aktuelles/Sonstiges Deutsches Recht/E-Bilanz, Rz. 22 f.; zur Diskussion *Herzig/Briesemeister/Schäperclaus*, DB 2011 S. 1653; *Mensching*, DStR 2009 S. 97; *Dörfler/Rautenstrauch/Adrian*, BB 2009 S. 582.
43 BMF, Schreiben v. 28.9.2011 – IV C 6 – S 2133 – b/11/10009, BStBl 2011 I S. 855, Rz. 4 i. V. m. BMF, Schreiben v. 16.5.2011 – IV C 3 – S 2300/08/10014, BStBl 2011 I S. 530, Rz. 3, 7.

E-Bilanz ohne Bedeutung. Verwaltungsseitig wird auf den undifferenzierten Wortlaut der Norm verwiesen, deren Zweck, das Besteuerungsverfahren effizienter und gleichmäßiger zu gestalten, was den Einbezug von Unternehmen aller Größenklassen und Rechtsformen in Risikomanagementsysteme der Finanzverwaltung erfordere sowie auf den Gleichheitssatz des Art. 3 GG.[44] Mit Blick auf den für anschlussgeprüfte Unternehmen bereits gewährleisteten lückenlosen elektronischen Datenzugriff, den damit überschaubaren verwaltungsseitigen Zusatznutzen einer E-Bilanz und die angesichts geltender BpO-Regelungen zur Prüfungshäufigkeit insoweit fehlende Notwendigkeit, anhand der E-Bilanz prüfungsbedürftige Fälle zu identifizieren, ist die bisher geübte Kritik nicht unberechtigt.[45] Wenngleich die Verpflichtung nach § 5b EStG und die Außenprüfung einschließlich Datenzugriff nach § 147 Abs. 6 AO in unterschiedlichen Abschnitten des Besteuerungsverfahrens zu verorten sind, führt eine gänzlich fehlende Berücksichtigung des (jedenfalls partiellen) Substitutverhältnisses der Mitwirkungspflichten zu einer überschießenden Gesamtwirkung der Regelungen. Die Kritik wäre überholt, wenn die starre und sehr grobe Risikoeinschätzung des § 3 BPO durch eine an den Informationen aus der E-Bilanz orientierte Fallauswahl flächendeckend ersetzt würde. Ähnlich wie bereits jetzt grundsätzlich nach § 3 BPO anschlussgeprüfte Großbetriebe nach Risikoeinschätzung der Betriebsprüfungsstelle vom BP-Prüfungsplan abgesetzt werden, käme in der Frage der Notwendigkeit einer lückenlosen Prüfung E-Bilanz-basiert eine (teil-)automatisierte Risikoevaluierung zum Tragen. Mit Implementierung des RMS-BP (s. Rz. 1325) werden die Grundlagen dafür bereits gelegt.

Einzige gesetzlich vorgesehene (dauerhafte) Erleichterung ist die Härtefallregelung des § 5b Abs. 2 EStG (s. Rz. 1270 f.). Ist der Anwendungsbereich der Härtefallregelung eröffnet, entfällt die E-Bilanz-Übermittlungsverpflichtung. Daneben mit befristeten Nichtbeanstandungs- und Übergangsregelungen bestehende **temporäre Erleichterungen** (s. Rz. 1282 ff.) sind inzwischen nahezu vollständig ausgelaufen (zu Erleichterungen für atypisch stille Beteiligungen s. Rz. 1289).

4.3 Härtefälle

4.3.1 Antragserfordernis

1270 Die Finanzbehörde kann auf Antrag zur Vermeidung unbilliger Härten auf eine elektronische Übermittlung verzichten (§ 5b Abs. 2 EStG i. V. m. § 150 Abs. 8 Satz 1 AO). Weder Antragsform noch -frist sind gesetzlich geregelt. Der Härtefallantrag kann damit grundsätzlich auch konkludent durch papierbasierte Übermittlung von Bilanz/GuV/Überleitungsrechnung[46] gestellt werden. Gleichwohl ist eine Antragsbegründung ebenso wie die Antragstellung vor Beginn des WJ, für das die Befreiung greifen soll, dringend anzuraten, um im Ablehnungsfall zeitnah erforderliche Maßnahmen zur E-Bilanz-Erstellung einleiten zu können.

---

44 Vgl. *Meurer*, DB 2011 Standpunkte S. 63.
45 Vgl. *Jonas*, Ubg 2010 S. 602; *Geberth/Burlein*, DB 2011 Heft 31 M 11; *Geberth/Burlein*, DStR 2011 S. 2015, 2017; *Herrfurth*, StuB 2011 S. 779 ff.; *Kußmaul/Ollinger/Weiler*, StuW 2012 S. 144, 146; *Bongaerts/Neubeck* in Baetge/Kirsch/Thiele, Bilanzrecht, Fach Aktuelles/Sonstiges Deutsches Recht/E-Bilanz, Rz. 37.
46 BT-Drucks. 16/10940, S. 4, 10; Bay LAfSt, Vfg. v. 4.2.2009, DStR 2009 S. 640.

4.3.2 Härtefallvoraussetzungen

§ 5b Abs. 2 EStG erlaubt es der Finanzverwaltung, auf die Übermittlung der E-Bilanz 1271 ganz oder in Teilen zur Vermeidung unbilliger Härten im Wege einer Ermessensentscheidung zu verzichten. Dem Härtefallantrag ist (ohne Ermessensspielraum) stattzugeben, wenn die elektronische Übermittlung unter Beachtung der inhaltlichen Mindestvorgaben für den Steuerpflichtigen **wirtschaftlich oder persönlich unzumutbar** ist (§ 5b Abs. 2 EStG i. V. m. § 150 Abs. 8 Satz 1 AO). Hiervon ist gem. § 150 Abs. 8 Satz 2 AO insbesondere auszugehen, wenn der Steuerpflichtige nicht über die erforderliche technische Ausstattung verfügt und die Schaffung der technischen Möglichkeiten für eine Datenfernübertragung nur mit einem nicht unerheblichen finanziellen Aufwand möglich wäre (wirtschaftliche Unzumutbarkeit) oder er nach seinen individuellen Kenntnissen und Fähigkeiten nicht oder nur eingeschränkt in der Lage ist, die Möglichkeiten der Datenfernübertragung zu nutzen (persönliche Unzumutbarkeit).

Wirtschaftliche Unzumutbarkeit ist etwa gegeben bei Totalverlust betrieblicher Daten oder der Systemumgebung etwa durch Elementarschäden oder u. U. bei Unternehmen in der Krise.[47] Wirtschaftliche Unzumutbarkeit der Datenübermittlung per Datenfernübertragung aufgrund der abstrakten Gefahr, dass Dritte mögliche Sicherheitslücken zur gezielten Ausspähung übermittelter Daten der E-Bilanz nutzen könnten, lehnt die Rechtsprechung dagegen ab.[48] Das abstrakte Risiko der Ausnutzung möglicher Sicherheitslücken zur Datenausspähung sei im überwiegenden Interesse des Gemeinwohls hinzunehmen, da für die Finanzverwaltung aus wirtschaftlichen und organisatorischen Gründen ein gewichtiges Interesse an der ausschließlichen Übermittlung der E-Bilanz im Wege der Datenfernübertragung bestehe; dies gelte auch dann, wenn aufgrund der Eigenart des Betriebes ein erhöhtes Ausspähungsrisiko bestehe.[49] Das FG Schleswig-Holstein verneint die Möglichkeit der E-Bilanz-Übermittlung per Datenträgerüberlassung (einschränkend) zumindest solange verwaltungsseitig keine Möglichkeit bestehe, per Datenträger übermittelte Datensätze unter Wahrung der erforderlichen Sicherheitsstandards in das System der Finanzverwaltung einzulesen.[50] Die Bereitstellung einer entsprechenden Schnittstelle zum Upload einer vorbereiteten XBRL-Datei im Finanzamt sollte indessen mit überschaubarem Aufwand möglich sein. In der parallel gelagerten Frage der Abgabe einer Steuererklärung durch Übergabe eines Datenträgers (USB-Stick oder CD) vereint der I. Senat des BFH indessen einen auf allgemeine Sicherheitsbedenken gestützten Anspruch des Steuerpflichtigen, die Daten (papierbasiert oder) elektronisch auf einem Datenträger an das Finanzamt zu übermitteln generell.[51] Zu erwarten ist, dass dies im Revisionsverfahren VII R 14/17 auch für die E-Bilanz bestätigt wird. **Persönliche Unzumutbarkeit** i. S. d. § 5b Abs. 2 EStG i. V. m. § 150 Abs. 8 Satz 1 AO wird dagegen bejaht, wenn der

---

47 Vgl. z. B. *Müller* in HHR, § 5b EStG, Rz. 34.
48 FG Schleswig-Holstein, Urteil v. 8.3.2017 – 1 K 149/15, EFG 2017 S. 920, Rev. eingel., Az BFH VII R 14/17.
49 FG Schleswig-Holstein, Urteil v. 8.3.2017 – 1 K 149/15, EFG 2017 S. 920, Rev. eingel., Az BFH VII R 14/17.
50 FG Schleswig-Holstein, Urteil v. 8.3.2017 – 1 K 149/15, EFG 2017 S. 920, Rev. eingel., Az BFH VII R 14/17.
51 Vgl. bereits BFH, Beschluss v. 17.8.2015 – I B 133/14, BFH/NV 2016 S. 72 zur Abgabe einer Steuererklärung durch Übergabe eines Datenträgers (USB-Stick oder CD).

Steuerpflichtige über keinerlei Medienkompetenz verfügt und insbesondere aus Altersgründen Medienkompetenzen auch nicht mehr erlangen wird.[52]

4.3.3 Groß-/Kleinstbetriebe (§ 3 BpO)

1272 Der antragsgebundene Verzicht auf elektronische Übermittlung ist auf Härtefälle beschränkt. Größen-, rechtsformabhängige, von der Prüfungsintensität oder dem Anwendungsbereich zeitnaher Betriebsprüfung (§ 4a BpO) sowie den hiermit jeweils verbundenen GoBD-Zugriffsrechten (§ 147 Abs. 6 AO) abhängige Ausnahmen wurden auch für anschlussgeprüfte Großunternehmen nicht konstituiert (s. Rz. 1269). Ebenso wenig wird in der kumulierenden Belastung durch lückenlose Prüfung inklusive elektronischer Datenüberlassung und der Verpflichtung zur E-Bilanz-Übermittlung eine wirtschaftliche Unzumutbarkeit erkannt. Die als zentrale Anwendungsfälle der Härtefallregelung im Gesetzgebungsverfahren benannten Kleinstbetriebe[53] sind vom möglichen Anwendungsbereich der Härtefallregelung häufig bereits mangels Buchführungspflicht infolge Unterschreitens der Grenzen des § 241a HGB (kleine Einzelunternehmen) bzw. des § 141 AO nicht erfasst (Ausnahme: freiwillig Buchführende). Für Kleinstkapitalgesellschaften i. S. d. § 267a HGB, die handelsrechtlich durch deutlich reduzierte Gliederungsvorgaben für Bilanz und GuV entlastet werden (§§ 266 Abs. 1 Satz 4, 275 Abs. 5 HGB), kann die Härtefallregelung als Minimalkorrektiv fehlender größenabhängiger E-Bilanz-Entlastungen fungieren, wenn die Kleinstkapitalgesellschaft i. S. d. § 267a HGB zugleich Kleinstbetrieb i. S. d. § 3 BpO ist und im Wege der Ermessensausübung durch das FA eine unbillige Härte i. S. d. § 5b Abs. 2 Satz 1 erkannt wird.

1273 Erfolgt eine Befreiung für die elektronische Übermittlung von Steuererklärungen/Voranmeldungen (§ 25 Abs. 4 Satz 2 EStG, § 31 Abs. 1a Satz 2 KStG, § 14a Satz 2 GewStG, § 181 Abs. 2a Satz 2 AO, § 18 Abs. 1 Satz 2 UStG), liegen aufgrund des übereinstimmenden Prüfmaßstabs regelmäßig auch die Voraussetzungen für eine Befreiung von der elektronischen Übermittlung nach § 5b EStG vor.[54] Die Härtefallregelung wird bei elektronischer Übermittlung von Umsatzsteuervoranmeldungen (§ 18 Abs. 1 UStG i. V. m. § 150 Abs. 8 AO) von Verwaltung und Rechtsprechung restriktiv gehandhabt.[55] Zu berücksichtigen ist, dass die technischen (Software-)Voraussetzungen ebenso wie Erwerb und Erhaltung notwendiger handels- und steuerrechtlicher sowie technischer Kenntnisse/Fähigkeiten zur taxonomiekonformen Aufbereitung der Rechnungslegungsdaten erheblich höhere materielle und personelle Ressourcen binden, d. h. die Härtefallvoraussetzungen bzgl. § 5b EStG i. V. m. § 150 Abs. 8 AO deutlich früher erreicht werden können. Das Hauptziel der Regelung – Bürokratieabbau – legt eine im Vergleich zur Handhabung im Rahmen der USt großzügigere Anwendung der Härtefallregelung nahe. Gegen Ablehnung des Antrags auf Befreiung sind Einspruch bzw. Verpflichtungsklage (§ 40 FGO) möglich. Ohne Antragserfordernis greifen für typisierte Härtefälle die (inzwi-

---

[52] Vgl. BFH, Urteil v. 14.3.2012 – XI R 33/09, BStBl 2012 II S. 477 zur elektronischen Abgabe von USt-Voranmeldungen, für die im Urteilsfall persönliche Unzumutbarkeit allerdings abgelehnt wurde.

[53] BT-Drucks. 16/10940 S. 10; Bay LAfSt, Vfg. v. 4.2.2009 – S 0321.1.1-3/3 St 41, DStR 2009 S. 640; zu den Größenklassen-Kriterien BMF, Schreiben v. 22.6.2012 - IV A 4 – S 1450/09/10001, BStBl 2012 I S. 689.

[54] Vgl. *Martin* in Lademann, EStG, § 5b Rz. 62; *Herzig/Briesemeister/Schäperclaus*, DB 2010 Beil. 5 S. 12.

[55] Vgl. BFH, Urteil v. 14.3.2012 – XI R 33/09, BStBl 2012 II S. 477.

schen ausgelaufenen) allgemeinen sowie spezifischen Nichtbeanstandungsregelungen ein (s. Rz. 1282 ff.).[56]

Wird nach § 148 AO Befreiung von der steuerlichen Buchführungspflicht gewährt (z. B. aufgrund des Überschreitens der Umsatz-/Gewinngrenze des § 141 AO infolge eines einmaligen Vorgangs, AEAO zu § 141 Rz. 4), wird zugleich die Verpflichtung zur Übermittlung einer E-Bilanz suspendiert.

(Einstweilen frei) 1274

5. Sachlicher Anwendungsbereich

§ 5b EStG ist eine verfahrensrechtliche Regelung, die für alle nach § 4 Abs. 1, § 5 oder § 5a EStG gewinnermittelnden Unternehmen zusätzliche Pflichten begründet. Die Norm ergänzt wie bereits § 60 EStDV betriebliche Steuererklärungspflichten (§ 150 Abs. 4 AO) im Rahmen der Einkommensteuer, Körperschaftsteuer (einschließlich Feststellungserklärungen) sowie infolge der gem. § 7 Abs. 1 GewStG an den Gewinn nach EStG/KStG anschließenden Ermittlung des Gewerbeertrages mittelbar der Gewerbesteuer. Mit der Abfrage differenzierter umsatzsteuerlicher Daten im Rahmen der E-GuV wird der Übermittlungsverpflichtung nach § 5b EStG verwaltungsseitig faktisch der Status einer ergänzenden Verpflichtung zu Erklärungspflichten im Rahmen der Umsatzsteuer zugewiesen. Zur Verringerung des sachlichen Anwendungsbereichs durch die Härtefallregelung, durch die ein ganz oder teilweiser Verzicht auf die Übermittlung der E-Bilanz möglich ist, s. Rz. 1270 ff. 1275

Übermittlungspflichtige Bilanzarten: Nach Verwaltungsauffassung ist jede steuerlich relevante Bilanz elektronisch übertragungspflichtig. Neben Eröffnungsbilanzen (§ 5b Abs. 1 Satz 4 EStG), regulären Jahresbilanzen einschließlich Sonder- und Ergänzungsbilanzen, berichtigten/geänderten Bilanzen und Schluss- sowie Anfangsbilanzen gem. § 13 KStG wird insb. auch die Übermittlung von Bilanzen anlässlich einer Betriebsveräußerung (§ 16 Abs. 1, 2, 4, 5 EStG), Betriebsaufgabe (§ 16 Abs. 3, 3a EStG), Änderung der Gewinnermittlungsart (z. B. R 4.5 Abs. 6 EStR), die Übermittlung in Umwandlungsfällen aufzustellender (Übertragungs-/Übernahme-)Bilanzen (z. B. §§ 11 Abs. 2 Satz 1, 12 Abs. 1 Satz 1 UmwStG), auf den Zeitpunkt eines Gesellschafterwechsels aufgestellter Zwischenbilanzen als Sonderform einer Schlussbilanz (z. B. § 24 Abs. 2 UmwStG) ebenso wie es von Liquidationsbilanzen (§ 11 KStG) verlangt wird.[57] 1276

Eine Verpflichtung zur taxonomiekonformen Aufbereitung von Rechnungslegungsdaten kann für „aperiodische" Anlässe überschießend sein und ist in Teilen ohne gesetzliche Grundlage.[58] Der gesetzgeberseitig auf die Eröffnungsbilanz beschränkte explizite Einbezug aperiodischer Bilanzen spricht für eine nicht im Belieben der Finanzverwaltung

---

56 Vgl. BMF, Schreiben v. 28.9.2011 – IV C 6 – S 2133 – b/11/10009, BStBl 2011 I S. 855, Rz. 7: „zur Vermeidung unbilliger Härten".
57 BMF, Schreiben v. 28.9.2011 – IV C 6 – S 2133–b/11/10009, BStBl 2011 I S. 855, Rz. 1; vgl. auch *Meurer*, DB 2011 Standpunkte S. 63.
58 Vgl. auch *Atilgan* in Ebner/Stolz/Mönning/Bachem, E-Bilanz, 2013, Rz. 241.

stehende Ausdehnbarkeit der E-Bilanz-Verpflichtung auf aperiodische Fälle.[59] Für den Liquidationsfall etwa ist eine Verpflichtung zur Erstellung einer E-Bilanz entgegen der Verwaltungsauffassung zu verneinen.[60] Im Liquidationsfall ist der Abwicklungsgewinn nicht nach §§ 4 Abs. 1, 5 oder 5a EStG, sondern nach Maßgabe des § 11 KStG durch Vergleich des Abwicklungs-Endvermögens mit dem Abwicklungs-Anfangsvermögen für den bis zu drei Jahre umfassenden Besteuerungszeitraum zu ermitteln.[61] Auch in Betriebsaufgabe-/-veräußerungsfällen greift § 5b EStG nicht zwingend.[62] § 16 EStG begründet keine Bilanzierungspflicht auf den Aufgabe-/Veräußerungszeitpunkt.[63] Die Ermittlung des Aufgabe-/Veräußerungsgewinns kann, muss aber nicht mit Hilfe einer Aufgabe-/Veräußerungsbilanz erfolgen.[64] Für Steuerpflichtige, die ihren Gewinn nach § 4 Abs. 3 EStG ermitteln, d. h. im Fall der Betriebsveräußerung zum Zweck der Ermittlung des Veräußerungsgewinns so zu behandeln sind, als wäre im Augenblick der Veräußerung ein Übergang zur Gewinnermittlung durch Betriebsvermögensvergleich nach § 4 Abs. 1 EStG erfolgt (H 4.5 Abs. 6 EStH), hat die Finanzverwaltung bereits eingelenkt und fordert explizit keine E-Bilanz.[65] Kritisiert wird zu Recht eine Anwendung des § 5b EStG auch in Umwandlungsfällen.[66] Die erheblichen Bürokratielasten der Erstellung von E-Bilanzen auch außerhalb von Eröffnungs- und laufenden Bilanzen werden durch einen etwaigen verwaltungsseitigen Informationsgewinn bzw. eine insoweit bewirkte teilweise Vorverlagerung des nach § 147 Abs. 6 AO möglichen Datenzugriffs nicht gerechtfertigt.[67] Die taxonomiekonforme elektronische Übermittlung nachträglich (z. B. aufgrund einer Außenprüfung) geänderter Bilanzen sollte im Sinne des intendierten Bürokratieabbaus für VZ *nach* dem BP-Zeitraum auf BP-Folgeänderungen beschränkt werden.Da für den BP-Zeitraum selbst künftig Prüferbilanzen im XBRL-Format zur weiteren Verarbeitung rückübermittelt werden sollen (s. Rz. 1328), käme es andernfalls zu redundanten Datenströmen zwischen Finanzverwaltung und Unternehmen.

Zum Inhalt der elektronischen Übermittlung s. Rz. 1290 ff.

1277–1280   *(Einstweilen frei)*

---

[59] Vgl. *Herzig/Briesemeister/Schäperclaus*, DB 2011 S. 1656, *Bongaerts/Neubeck* in Baetge/Kirsch/Thiele, Bilanzrecht, Fach Aktuelles/Sonstiges Deutsches Recht/E-Bilanz, Rz. 46.

[60] Vgl *Gosch* in Kirchhof, EStG, 16. Aufl. 2017 § 5b Rz. 2a; *Herzig/Briesemeister/Schäperclaus*, DB 2010 Beil. 5 S. 11; *Heinsen/Adrian*, DStR 2010 S. 2593; *Heinsen/Adrian*, DStR 2011 S. 1438; *Bongaerts/Neubeck* in Baetge/Kirsch/Thiele, Bilanzrecht, Fach Aktuelles/Sonstiges Deutsches Recht/E-Bilanz, Rz. 47; a. A. *Schumann/Arnold*, DStZ 2011 S. 228; *Müller* in HHR, § 5b EStG, Rz. 22.

[61] Zum Vorrang des § 11 KStG vor allg. Gewinnermittlungsvorschriften *Micker* in HHR, EStG/KStG, § 11 KStG Rz. 55.

[62] Vgl. auch *Bongaerts/Neubeck* in Baetge/Kirsch/Thiele, Bilanzrecht, Fach Aktuelles/Sonstiges Deutsches Recht/E-Bilanz, Rz. 47.

[63] Vgl. *Wacker* in Schmidt, EStG, 37. Aufl. 2018, § 16 Rz. 310 f.; BFH, Urteil v. 3.7.1991 – X R 163-164/87, BStBl 1991 II S. 802 unter 2.e).

[64] Vgl. *Wacker* in Schmidt, EStG, 37. Aufl. 2018, § 16 Rz. 290; *Kobor* in HHR, § 16 EStG, Rz. 437; BFH, Urteile v. 3.7.1991 – X R 163-164/87, BStBl 1991 II S. 802; v. 1.12.1992 – VIII R 57/90, BStBl 1994 II S. 607.

[65] OFD NRW v. 16.12.2015, S 2230-2013/0036-St 161, FMNR5c9380015, EStG-Kartei NW §§ 13, 13a EStG Fach 1 Nr. 822.

[66] Dazu *Heinsen/Adrian*, DStR 2010 S. 2592 f.; *Fuhrmann*, DB 2010 Standpunkte S. 59; *Bongaerts/Neubeck* in Baetge/Kirsch/Thiele, Bilanzrecht, Fach Aktuelles/Sonstiges Deutsches Recht/E-Bilanz, Rz. 47; *Müller* in HHR, § 5b EStG Rz. 22.

[67] Ein Verzicht wird verwaltungsseitig auf Basis der Härtefallregelung des § 5b Abs. 2 EStG erwogen, wenn Stpfl. von der elektronischen Übermittlungsverpflichtung nur einmalig für aperiodische Anlässe betroffen sind (z. B. Betriebsaufgabe/-veräußerung nach bisheriger Erfüllung der Informationspflichten in Papierform), vgl. *Meurer*, DB 2011 Standpunkte S. 63 sowie bereits *Herzig/Briesemeister/Schäperclaus*, DB 2011 S. 1657.

6. Zeitlicher Anwendungsbereich
6.1 Erstmalige Anwendung

§ 5b EStG war nach Verschiebung des Anwendungszeitpunkts um ein Jahr einschließlich Realisierung einer Pilotphase grundsätzlich erstmals anzuwenden für Wirtschaftsjahre, die nach dem 31.12.2011 begonnen haben (§ 51 Abs. 4 Nr. 1c EStG i. V. m. § 1 AnwZpvV).[68] Erstjahr für die Übermittlung der Inhalte von Bilanz und GuV war bei kalenderjahrgleichem Wirtschaftsjahr damit das Jahr 2012, bei abweichendem Wirtschaftsjahr die entsprechende nach dem 31.12.2011 beginnende Rechnungsperiode 2012/2013.[69]

1281

6.2 Allgemeine Nichtbeanstandungsregelung

Von der Finanzverwaltung wurde es nicht beanstandet, wenn die (an steuerliche Vorschriften angepasste) Bilanz und die GuV für das erste, nach dem 31.12.2011 beginnende Wirtschaftsjahr noch in Papierform abgegeben wurden.[70] Ein Antragserfordernis bestand insoweit nicht. § 5b EStG war im Ergebnis erstmals verpflichtend für das Wirtschaftsjahr 2013 bzw. 2013/14 anzuwenden.

1282

6.3 Fallspezifische Nichtbeanstandungsregelungen

Darüber hinaus wurde es für

1283

- unbeschränkt steuerpflichtige Körperschaften, die nur für einen Teil ihrer Einkünfte steuerbefreit sind, im Übrigen aber dem § 5b EStG unterliegen, z. B. steuerpflichtige wirtschaftliche Geschäftsbetriebe steuerbegünstigter Körperschaften (§§ 51 ff. AO),
- Betriebe gewerblicher Art juristischer Personen des öffentlichen Rechts,
- Ergebnisse ausländischer Betriebsstätten inländischer Unternehmen (s. Rz. 1267) sowie
- inländische Betriebsstätten ausländischer Unternehmen (s. Rz. 1267)

nicht beanstandet, wenn die Inhalte von Bilanz und GuV erstmals für Wirtschaftsjahre, die nach dem 31.12.2014 beginnen, nach den Vorgaben der Taxonomie elektronisch übermittelt wurden.[71] Für diese Fälle erfolgte faktisch eine Verschiebung der Verpflichtung zur elektronischen Datenübermittlung um insgesamt drei Jahre (bei kalendergleichem Wirtschaftsjahr erstmals verpflichtend für das Jahr 2015). Es lag damit in der Entscheidung der Unternehmen, für die Übergangszeit taxonomiekonform elektronisch, auf bisherigem Differenzierungsniveau in Papierform oder bereits (näherungsweise) taxonomiekonform papiergebunden zu übermitteln.

(Einstweilen frei) 1284–1285

---

68 Zur Rechtsentwicklung stellv. *Richter/Kruczynski in* Küting/Weber (Hrsg.), Handbuch der Rechnungslegung – Einzelabschluss, Kap. 6 Rz. 516.
69 BMF, Schreiben v. 28.9.2011 – IV C 6 – S 2133 – b/11/10009, BStBl 2011 I S. 855, Rz. 26.
70 BMF, Schreiben v. 28.9.2011 – IV C 6 – S 2133 – b/11/10009, BStBl 2011 I S. 855, Rz. 27.
71 BMF, Schreiben v. 28.9.2011 – IV C 6 – S 2133 – b/11/10009, BStBl 2011 I S. 855, Rz. 3-7.

6.4 Sonder-/Ergänzungsbilanzen

1286 Für Sonder- und Ergänzungsbilanzen, die ebenfalls von § 5b EStG erfasst werden,[72] wurde es für Wirtschaftsjahre, die vor dem 1.1.2015 enden, nicht beanstandet, wenn diese mit der Gesamthandsbilanz im Freitextfeld „Sonder- und Ergänzungsbilanzen" des Berichtsbestandteils „Steuerliche Modifikationen" übermittelt wurden.[73] Für den Übergangszeitraum konnten Sonder- und Ergänzungsbilanzen damit ohne jegliche Anpassungen an die Taxonomievorgaben übermittelt werden.[74]

6.5 Kapitalkontenentwicklung

1287 Die verpflichtende Übermittlung des Berichtsbestandteils „Kapitalkontenentwicklung für Personenhandelsgesellschaften/Mitunternehmerschaften" wurde für Wirtschaftsjahre, die bis einschließlich 31.12.2014 beginnen, ausgesetzt.[75] In der Übergangsphase (d. h. unter Berücksichtigung des allgemeinen einjährigen Moratoriums für den Zeitraum 1.1.2013 bis 31.12.2014) erwartete die Finanzverwaltung die zutreffende Belegung der nach Gesellschaftergruppen zusammengefassten Mussfelder der Kapitalkontenentwicklung in der E-Bilanz. Wurde der Berichtsbestandteil Kapitalkontenentwicklung bereits in der Übergangsphase übermittelt, mussten in der Bilanz nur die Positionen der Ebene „Kapitalanteile persönlich haftender Gesellschafter"/„Kapitalanteile der Kommanditisten" verpflichtend übermittelt werden. Die untergeordneten (Muss-)Felder konnten mit NIL-Werten (s. Rz. 1306) belegt werden. Seit VZ 2015 ist der Berichtsbestandteil Kapitalkontenentwicklung ohne Einschränkungen verpflichtend zu übermitteln.[76]

6.6 Anlagenspiegel

1288 Der Anlagenspiegel ist für WJ, die nach dem 31.12.2016 beginnen, verpflichtend taxonomiekonform zu übermitteln.

---

72 BMF, Schreiben v. 28.9.2011 – IV C 6 – S 2133 – b/11/10009, BStBl 2011 I S. 855, Rz. 22.
73 BMF, Schreiben v. 28.9.2011 – IV C 6 – S 2133 – b/11/10009, BStBl 2011 I S. 855, Rz. 22.
74 Zur E-Bilanz bei Mitunternehmerschaften *Ley* in Ebner/Stolz/Mönning/Bachem, E-Bilanz, 2013, Rz. 380 ff.; *Schäperclaus/Hülshoff*, DB 2014 S. 2601 ff.; *Schäperclaus/Hülshoff*, DB 2014 S. 2781 ff.; *Riepolt/Steinegger*, StuB 2015 S. 667 ff.
75 BMF, Schreiben v. 28.9.2011 – IV C 6 – S 2133 – b/11/10009, BStBl 2011 I S. 855, Rz. 20.
76 Zum Berichtsbestandteil Kapitalkontenentwicklung umfassend *Ley*, KÖSDI 2015 S. 19317 ff. (Teil I), S. 19353 ff. (Teil II); krit. zum Einführungszeitpunkt *Graf Kerssenbrock/Kirch*, Stbg 2017, S. 116.

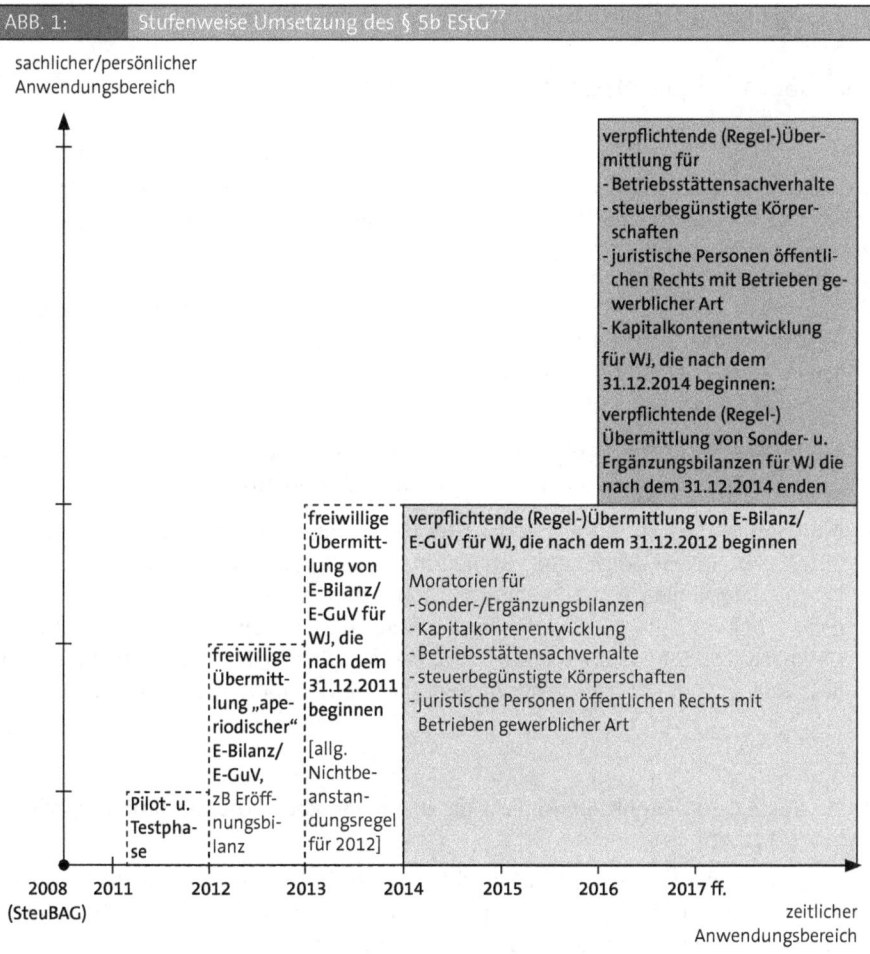

ABB. 1: Stufenweise Umsetzung des § 5b EStG[77]

6.7 Atypisch stille Beteiligungen

Im Hinblick auf die durch BMF-Schreiben v. 24.11.2017[78] dargelegten Grundsätze der für die atypisch stille(n) Beteiligung(en) und den Betrieb des Inhabers des Handelsgewerbes zu übermittelnden E-Bilanz(en) (s. Rz. 1266) wird es für WJ, die vor dem 1.1.2018 begonnen haben, nicht beanstandet, wenn der Inhalt der Bilanz sowie der GuV des Betriebs, soweit dieser ertragsteuerlich der atypisch stillen Gesellschaft zugeordnet wird, zur Steuererklärung des Inhabers des Handelsgewerbes übermittelt wird. Die Regelungen des BMF-Schreibens gelten also erstmals für das WJ 2018 bzw. 2018/2019.

1289

---

77 In Anlehnung an *Herzig/Briesemeister/Schäperclaus*, DB 2011 S. 1654.
78 BMF, Schreiben v. 24.11.2017 – IV C 6 – S 2133-b/17/10004, DB 2017, S. 2964.

7. Gegenstand elektronischer Übermittlung nach § 5b EStG

7.1 Übermittlungsalternativen

7.1.1 Wahlmöglichkeiten

1290 Der Gegenstand elektronischer Übermittlung nach § 5b EStG wird nach Wahl des Steuerpflichtigen analog zur papierbasierten Übermittlung nach § 60 Abs. 1, 2 EStDV durch folgende Alternativen bestimmt:

- ▶ **Alternative 1:** Übermittlung von Handelsbilanz und handelsrechtlicher GuV unter Anpassung der Bilanz (nicht der GuV) bzgl. Ansätzen oder Beträgen, die den steuerlichen Vorschriften nicht entsprechen, durch standardisierte Überleitungsrechnung (§ 5b Abs. 1 Satz 1, 2 EStG)

- ▶ **Alternative 2:** Übermittlung einer den steuerlichen Vorschriften entsprechenden (Steuer-)Bilanz sowie der handelsrechtlichen GuV (§ 5b Abs. 1 Satz 1, 3 EStG).

- ▶ Die Verpflichtung zur Erstellung der GuV (zur zwingend verknüpften Erstellung von Bilanz und GuV bei abgeleiteter steuerlicher Buchführungspflicht nach § 140 AO s. Rz. 3, 31; zur fehlenden Verknüpfung bei originärer steuerlicher Buchführungspflicht nach § 141 AO s. Rz. 43) und die Verpflichtung zur elektronischen Übermittlung der GuV nach § 5b EStG sind grundsätzlich zu trennen. Eine Verbindung besteht insoweit, dass eine fehlende Erstellungspflicht zugleich eine Übermittlungspflicht ausschließt.

7.1.2 Keine GuV-Übermittlungspflicht bei originärer steuerlicher Buchführungspflicht (§ 141 AO)

1291 Für originär nach § 141 AO steuerlich Buchführungspflichtige (zum Anwendungsbereich s. Rz. 34 ff.) besteht keine Verpflichtung zur Erstellung einer GuV, da § 141 Abs. 1 Satz 2 AO ausdrücklich nur auf § 242 Abs. 1 HGB, nicht aber auf § 242 Abs. 2, 3 HGB verweist.[79] Mit fehlender GuV-Erstellungspflicht entfällt – analog zu § 60 EStDV – auch eine elektronische Übermittlungspflicht.[80] § 5b EStG bewirkt als Verfahrensvorschrift (s. Rz. 1264) insoweit keine Erweiterung. Gleichermaßen wird bei freiwilliger Erstellung einer GuV durch § 5b EStG keine Übermittlungspflicht konstituiert.[81] Die Übermittlung der GuV wird abweichend von diesen Grundsätzen auch in diesen Fällen vom ERiC erzwungen.

---

[79] Stellv. *Drüen* in Tipke/Kruse, AO/FGO, § 141 AO, Rz. 25 ff.; *Koch/Nagel/Maltseva*, E-Bilanz, 2013, S. 122.

[80] § 60 EStDV setzt für eine Beifügung der GuV voraus, dass Bücher geführt werden, die den Grundsätzen der doppelten Buchführung entsprechen und ordnet selbst indessen keine solche an.

[81] Vgl. *Herzig/Briesemeister/Schäperclaus*, DB 2010, Beilage 5, 6; *Heinsen/Adrian*, DStR 2010 S. 2592; Bongaerts in Deloitte (Hrsg.), E-Bilanz, 5. Aufl. 2016, Rz. 27 ff.; *Bongaerts/Neubeck* in Baetge/Kirsch/Thiele, Bilanzrecht, Fach Aktuelles/Sonstiges Deutsches Recht/E-Bilanz, Rz. 22 f.; a. A. bei freiwilliger Erstellung einer GuV wohl *Martin* in Lademann, § 5b EStG, Rz. 26.

7.1.3 Keine GuV-Überleitungspflicht

Gesetzliche Überleitungsanweisungen bestehen nur in Bezug auf die Bilanz. Für eine verpflichtende steuerliche Überleitung der GuV fehlt eine gesetzliche Grundlage.[82] Bei Übermittlung einer Steuerbilanz nebst handelsrechtlicher GuV (Alternative 2) stehen der Finanzverwaltung zwei grundsätzlich unverbundene Rechenwerke[83] und im Ergebnis deutlich weniger Informationen zur Verfügung, als bei Übermittlung der Handelsbilanz mit Überleitungsrechnung und handelsrechtlicher GuV (Alternative 1). Verwaltungsseitig wird wohl vor diesem Hintergrund für Alternative 1 die Überleitung auch der handelsrechtlichen GuV gefordert.[84] Da die Finanzverwaltung bei Alternative 2 von einer gebuchten Steuerbilanz und GuV ausgeht, werden auch insoweit Erstellung und Übermittlung einer steuerlichen GuV verlangt.[85] Die Übermittlung von Handels- bzw. Steuerbilanz mit handelsrechtlicher GuV ohne überleitende Verknüpfung wird derzeit gesetzesinkonform nicht akzeptiert. Gleichwohl wird es nicht beanstandet, wenn formal eine Überleitungsrechnung zur GuV übermittelt wird indem sämtliche GuV-Wirkungen zusammengefasst ohne Differenzierungen in der Position „Sammelposten für Gewinnänderungen aus der Überleitungsrechnung" verarbeitet werden.[86]

1292

7.1.4 GuV-Übermittlungspflicht bei derivativer steuerlicher Buchführungspflicht (§ 140 AO)

Handelsrechtliche Buchführungspflicht vorausgesetzt, folgt die Verpflichtung zur Übermittlung der handelsrechtlichen GuV (korrespondierend zu § 60 Abs. 1, 2 EStDV) aus § 5b Abs. 1 Satz 1-3 EStG. Satz 3 sieht alternativ zur Übermittlung einer Handelsbilanz mit Überleitungsrechnung nach Satz 2 die Übermittlung einer Steuerbilanz vor. Von der Anordnung dieses bilanzbezogenen Substitutverhältnisses (Steuerbilanz statt Handelsbilanz mit Überleitungsrechnung) bleibt die Verpflichtung zur Übermittlung der handelsrechtlichen GuV nach Satz 1 unberührt.[87] Für Alternative 2 (Übermittlung einer Steuerbilanz) wird entgegen der gesetzlichen Anordnung der Übermittlung einer han-

1293

---

82 § 5b Abs. 1 Satz 2 EStG: „Enthält *die Bilanz* Ansätze oder Beträge, die den steuerlichen Vorschriften nicht entsprechen, so sind diese [...] anzupassen"; vgl. *Herzig/Briesemeister/Schäperclaus*, DB 2010 Beilage 5 S. 5; *Heinsen/Adrian*, DStR 2011 S. 1439; *Kußmaul/Ollinger/Weiler*, StuW 2012 S. 132; *Kuntschik* in K/S/M, EStG, § 5b Rz. B7; *Kaminski* in Frotscher, EStG, § 5b Rz. 127.
83 Rechnerische Verbindung generierbar durch Belegung der GuV-Auffangposition „Sammelposten für Gewinnänderungen aus der Überleitungsrechnung".
84 Vgl. FAQ-Dokument zur E-Bilanz, Vers. 2017-01, Stand 08/2017, Abschn. 4k (Handelsbilanz mit Überleitungsrechnung): „Die einzelnen Positionen der GuV sollen wie bei der Bilanz ebenfalls einzeln übergeleitet werden".
85 Vgl. FAQ-Dokument zur E-Bilanz, Vers. 2017-01, Stand 08/2017, Abschn. 4l (Steuerbilanz): „Wird von dieser Möglichkeit Gebrauch gemacht, ist auch eine GuV mit steuerlichen Werten zu erstellen und zu übermitteln". Krit. *Atılgan* in Ebner/Stolz/Mönning/Bachem, E-Bilanz, 2013, Rz. 241; *Kirsammer* in Ebner/Stolz/Mönning/Bachem, E-Bilanz, 2013, Rz. 274.
86 Vgl. FAQ-Dokument zur E-Bilanz, Vers. 2017-01, Stand 08/2017, Abschn. 4k: „Es wird jedoch nicht beanstandet, wenn für die GuV sämtliche Umgliederungen und Wertanpassungen in den Sammelposten einfließen." (s. Rz. 1290, Alternative 1). Bei Übermittlung einer Steuerbilanz ist der Sammelposten gesperrt.
87 Übermittlungspflicht handelsrechtlicher GuV vertretend z. B. *Herzig/Briesemeister/Schäperclaus*, DB 2010 Beil. 5 S. 1; *Heinsen/Adrian*, DStR 2010 S. 2593; *Heinsen/Adrian*, DStR 2011 S. 1439; *Schubert/Adrian*, Beck'scher Bilanz-Kommentar, 9. Aufl. 2014, § 266 Rz. 318 f.; *Bongaerts* in Deloitte (Hrsg.), E-Bilanz, 5. Aufl. 2016, Rz. 32; *Bongaerts/Neubeck* in Baetge/Kirsch/Thiele, Bilanzrecht, Fach Aktuelles/Sonstiges Deutsches Recht/E-Bilanz, Rz. 23.; a. A. *Richter/Kruczynski* in Küting/Weber (Hrsg.), Handbuch der Rechnungslegung – Einzelabschluss, Kap. 6 Rz. 534: Übermittlung steuerlicher GuV bei Übermittlung Steuerbilanz sachgerecht.

delsrechtlichen GuV weitergehend z. T. vertreten, es bestehe überhaupt kein Erfordernis zur Übermittlung einer GuV.[88]

7.2 Steuer-Taxonomien

7.2.1 Taxonomiearten

7.2.1.1 Kerntaxonomie

1294 Die elektronische Übermittlung der Inhalte von Bilanz und GuV erfolgt grundsätzlich nach den Vorgaben der allgemeinen (Steuer-)Taxonomie. Die Kerntaxonomie enthält größenunabhängige Positionen für alle Rechtsformen und definiert den geforderten Mindestumfang (s. Rz. 1303 ff.). Seit Version 5.2 kann die Kerntaxonomie einheitlich sowohl für Zwecke des § 5b EStG als auch für Offenlegungszwecke verwendet werden (Einheitstaxonomie, s. Rz. 1261). Mit dieser Version wurde die Kerntaxonomie zugleich um eine MicroBilG-Sicht erweitert, um die Gliederungserleichterungen für die mit dem MicroBilG in das HGB eingeführte Größenklasse der Kleinstkapitalgesellschaft bzgl. Bilanz (§ 266 Abs. 1 Satz 4 HGB), GuV (§ 275 Abs. 5 HGB) sowie Angaben unter der Bilanz (§ 264 Abs. 1 Satz 5 HGB) handelsrechtlich abbilden zu können.[89] Ungeachtet der handelsrechtlichen Gliederungserleichterungen ist der Umfang der verpflichtend mit der Kerntaxonomie zu übermittelnden Positionen auch in der MicroBilG-Version kaum geringer als in der Hauptsicht (dazu Rz. 1268.1), lediglich die Datenstrukturierung weicht ab.

7.2.1.2 Branchentaxonomien

1295 Zur Abbildung branchenspezifischer, handelsrechtlicher Rechnungslegungsvorschriften werden neben der Kerntaxonomie in zwei möglichen Ausprägungen Branchentaxonomien zur Verfügung gestellt. Branchenspezifische Besonderheiten werden entweder im Wege der Erweiterung der Kerntaxonomie durch ergänzende bzw. ersetzende Positionen oder den vollständigen Ersatz der Kerntaxonomie durch Spezialtaxonomien abgebildet.

Ergänzungstaxonomien existieren für:[90]

▶ wohnungswirtschaftliche Unternehmen,

▶ Verkehrsunternehmen,

▶ land- und forstwirtschaftliche Unternehmen,

▶ Krankenhäuser,

▶ Pflegeeinrichtungen und

▶ kommunale Eigenbetriebe.

---

88 So *Schiffers* in Korn, EStG, § 5b Rz. 32; *Schiffers*, Stbg 2011 S. 9.
89 Zur MicroBilG-Sicht im Einzelnen *Neubeck* in Deloitte (Hrsg.), E-Bilanz, 5. Aufl., Rz. 1896 ff.
90 BMF, Schreiben v. 28.9.2011 – IV C 6 – S 2133 – b/11/10009, BStBl 2011 I S. 855, Rz. 10.

Spezialtaxonomien existieren für:[91]

▶ Institute i. S. d. § 1 Abs. 1, 1a KWG sowie Finanzunternehmen i. S. d. § 1 Abs. 3 KWG (Taxonomie für Kreditinstitute),

▶ Institute i. S. d. § 1 Abs. 2a ZAG (Taxonomie für Zahlungsinstitute),

▶ Versicherungsunternehmen i. S. d. § 330 Abs. 3 HGB sowie Pensionsfonds i. S. d. § 112 Abs. 1 VAG (Taxonomie für Versicherungsunternehmen).

Die Branchentaxonomien sind nach Verwaltungsauffassung zu berücksichtigen, wenn eine Handelsbilanz (nebst Überleitungsrechnung) übermittelt wird.[92] Wird eine Steuerbilanz übermittelt, verzichtet die Finanzverwaltung auf die Verwendung der Ergänzungstaxonomie.[93] Die Branchentaxonomie führt infolge Definition zusätzlicher Mussfelder branchenabhängig zu einer weiteren Erhöhung des geforderten Mindestumfangs der E-Bilanz. Offen ist, ob für Unternehmen, die mehreren Branchen zuzuordnen sind (z. B. Krankenhaus mit Pflegebetrieb) kumulativ die Berücksichtigung mehrerer Bereiche der Ergänzungstaxonomie gefordert wird oder die überwiegende Tätigkeit maßgebend ist. Technisch ist eine Kombinierbarkeit gewährleistet, so dass dem handelsrechtlichen Vorgehen weitgehend gefolgt werden kann.

Weitere Branchentaxonomien behält sich das BMF ausdrücklich vor.[94]

7.2.2 Berichtsbestandteile Kerntaxonomie

7.2.2.1 Stammdaten-Modul (GCD-Modul)

Die Taxonomien umfassen ein Stammdaten-Modul (sog. GCD-Modul)[95] und ein Jahresabschluss-Modul (sog. GAAP-Modul)[96]. Das Stammdaten-Modul enthält ein umfassendes Datenschema zur Übermittlung von Informationen zum Unternehmen und zum Bericht selbst. Zu übermitteln sind Attribute wie z. B. Rechtsform, Mutterunternehmen, Gesellschafter-/Mitunternehmerdaten, Steuernummer(n) oder Angaben zum Wirtschaftsprüfer.

1296

7.2.2.2 Jahresabschluss-Modul (GAAP-Modul)

Das Jahresabschluss-Modul enthält ein Datenschema zur Übermittlung aller wesentlichen Bestandteile der Rechnungslegung von Unternehmen aller Rechtsformen und Größenordnungen. Zur (taxonomiekonformen) elektronischen Übermittlung sind bei Verwendung der Kerntaxonomie die folgenden Berichtsbestandteile vorgesehen:[97]

1297

---

91 Taxonomien abrufbar unter www.esteuer.de.
92 BMF, Schreiben v. 28.9.2011 – IV C 6 – S 2133 – b/11/10009, BStBl 2011 I S. 855, Rz. 10.
93 Vgl. FAQ-Dokument zur E-Bilanz, Vers. 2017-01, Stand 08/2017, Abschn. 4c.
94 BMF, Schreiben v. 28.9.2011 – IV C 6 – S 2133 – b/11/10009, BStBl 2011 I S. 855, Rz. 28.
95 GCD = Global Common Data/Document.
96 GAAP = Generally Accepted Accounting Principles.
97 BMF, Schreiben v. 28.9.2011 – IV C 6 – S 2133 – b/11/10009, BStBl 2011 I S. 855, Anlage zu Rz. 11.

1298 **Verpflichtende Berichtsbestandteile**

- Bilanz,
- Gewinn- und Verlustrechnung (nach Gesamtkosten- und Umsatzkostenverfahren sowie GuV nach MicroBilG),
- steuerliche Modifikationen (Überleitung der Handels- zur Steuerbilanz),
- steuerliche Gewinnermittlung (insb. außerbilanzielle Korrekturen) für
  - Einzelunternehmen und Personengesellschaften,
  - bei Feststellungsverfahren,
  - besondere Fälle (Betriebe gewerblicher Art, wirtschaftliche Geschäftsbetriebe, Handelsschiffe im internationalen Verkehr),
- Ergebnisverwendung (bei Ausweis eines Bilanzgewinns),
- Kapitalkontenentwicklung für Personenhandelsgesellschaften/Mitunternehmerschaften
- Anlagenspiegel für Wirtschaftsjahre, die nach dem 31.12.2016 beginnen (im Berichtsteil „Anhang" enthalten)
- Der im Berichtsteil Anhang hinterlegte Anlagenspiegel ist seit Taxonomie-Version 6.0 als Mussfeld (s. Rz. 1306) ausgestaltet und damit vom Katalog der freiwilligen in den der verpflichtenden Berichtsbestandteile überführt worden, da es sich insoweit um beurteilungsrelevante, aber häufig freiwillig nicht elektronisch übermittelte Informationen handelt.[98] Im Anwendungsbereich der Spezialtaxonomie für Kreditinstitute und für Zahlungsinstitute gilt die verpflichtende Ausgestaltung nur in Bezug auf den Anlagenspiegel für immaterielle Anlagewerte und Sachanlagen. Im Übrigen enthält der Anlagenspiegel hier keine Mussfelder, d. h. ist optional.

1299 **Freiwillige Berichtsbestandteile:**[99]

- Anhang (einschl. Forderungen- und Verbindlichkeitenspiegel; für WJ, die vor dem 31.12.2016 beginnen, einschließlich Anlagespiegel),
- Angaben unter der Bilanz (Haftungsverhältnisse, Angaben zum ausschüttungsgesperrten Unterschiedsbetrag aus der Abzinsung von Rückstellungen für Altersversorgungsverpflichtungen gem. § 253 Abs. 6 Satz 3 HGB, Angaben gem. § 264 Abs. 1 Satz 5 HGB für Kleinstkapitalgesellschaften)
- Eigenkapitalspiegel nach DRS 7/DRS 22
- Kapitalflussrechnung nach DRS 2/DRS 21
- Lagebericht,
- Andere Berichtsbestandteile (z. B. Bericht des Aufsichtsrats, Beschlüsse und zugehörige Erklärungen),
- Berichtigung des Gewinns bei Wechsel der Gewinnermittlungsart,

---

98 Vgl. auch LfSt Rheinland-Pfalz, Vfg. v. 6. 2. 2017 - S 2133b A/S 2226 A/S 2144 A-St 31 4, St 32 1, DB. 2017, S. 458 f.
99 Dazu *Kirsch*, StuB 2012 S. 825.

- Detailinformationen zu Positionen (Kontensalden),
- Zusatzinformation Kreditwürdigkeitsprüfung (s. Rz. 1262).

(Einstweilen frei) 1300–1302

7.2.3 Mindestumfang

Der Mindestumfang des amtlich vorgeschriebenen Datensatzes wird auf der Grundlage der Ermächtigungsnorm § 51 Abs. 4 Nr. 1b EStG von der Finanzverwaltung bestimmt und fortentwickelt. Von der Ermächtigung hat die Finanzverwaltung mit BMF-Schreiben v. 28.9.2011[100] und in der Folge mit allen Taxonomieversionen Gebrauch gemacht und einen Mindestumfang der E-Bilanz i. S. d. § 5b EStG definiert, der weit über die Gliederungsvorgaben der §§ 266, 275 HGB hinausgeht. Neben dem Stammdatenmodul (GCD-Modul) wird verpflichtend die taxonomiekonforme elektronische Übermittlung aller in Rz. 1298 bezeichneten Berichtsbestandteile des Jahresabschlussmoduls (GAAP-Modul) der Kerntaxonomie, d. h. insoweit Belegung aller für den Steuerpflichtigen relevanten Mussfelder (s. Rz. 1306) gefordert.[101] Die Legitimation des – ausweislich der Taxonomieversions-Historie – stetig zunehmenden Mindestumfangs der E-Bilanz wird verwaltungsseitig in der Besteuerungserheblichkeit der Daten und in der fortschreitenden Modernisierung des Besteuerungsverfahrens gesehen,[102] im Schrifttum darüber hinaus in einem abstrakt-generellen Verprobungsinteresse der Finanzverwaltung an den angeforderten Daten.[103] 1303

7.2.3.1 Teilweise fehlende Rechtsgrundlage

Die Mindestumfang-Forderung findet in § 5b EStG nur teilweise eine Rechtsgrundlage. Besteht keine Verpflichtung eine GuV zu erstellen (originäre steuerrechtliche Buchführungspflicht, § 141 AO s. Rz. 43), entfällt insoweit eine Übermittlungsverpflichtung nach amtlich vorgeschriebenem Datensatz (s. Rz. 1290 f.).[104] Auch mit freiwilliger GuV-Erstellung wird grundsätzlich keine Verpflichtung begründet, diese der Steuererklärung beizufügen.[105] Darüber hinaus besteht generell **kein GuV-bezogenes Überleitungserfordernis** – weder papiergebunden noch elektronisch (s. Rz. 1291). § 5b EStG beinhaltet ebenso keine Anordnung für eine taxonomiekonforme elektronische Übermittlung **außerbilanzieller Korrekturen**, d. h. der zweiten Stufe der steuerlichen Gewinnermittlung,[106] wie sie die Finanzverwaltung mit dem Berichtsbestandteil „Steuerliche Gewinnermittlung" so- 1304

---

100 BMF, Schreiben v. 28.9.2011 – IV C 6 – S 2133 – b/11/10009, BStBl 2011 I S. 855.
101 BMF, Schreiben v. 28.9.2011 – IV C 6 – S 2133 – b/11/10009, BStBl 2011 I S. 855, Anlage zu Rz. 11.
102 Vgl. z. B. FAQ zur E-Bilanz, Vers. 17-1, Stand 08/2017, Abschn. 2.
103 So *Müller*, HHR, § 5b EStG, Rz. 6, 11.
104 *Martin* in Lademann, EStG, § 5b Rz. 26; *Herzig/Briesemeister/Schäperclaus*, DB 2010 Beil. 5 S. 6; *Schiffers*, Stbg 2011 S. 9.
105 Vgl. *Heinsen/Adrian*, DStR 2010 S. 2592; *Herzig/Briesemeister/Schäperclaus*, DB 2010, Beilage 5 S. 6; *Bergan/Martin*, DStR 2011 S. 1755; *Richter/Kruczynski* in Küting/Weber (Hrsg.) Handbuch der Rechnungslegung – Einzelabschluss, Kap. 6 Rz. 534.
106 Vgl. *Herzig/Briesemeister/Schäperclaus*, DB 2010 Beil. 5 S. 6; *Richter/Kruczynski/Kurz*, BB 2010 S. 2490; *Schiffers*, Stbg 2011 S. 9; *Heinsen/Adrian*, DStR 2011 S. 1439; *Gosch* in Kirchhof, EStG, 16. Aufl. 2017, § 5b Rz. 5; *Kußmaul/Ollinger/Weiler*, StuW 2012 S. 144; *Kaminski* in Frotscher, EStG, § 5b Rz. 22; *Riepold*, StuB 2016 S. 9; Bongaerts in Deloitte (Hrsg.), E-Bilanz, 5. Aufl. 2016, Rz 25, 85; *Bongaerts/Neubeck* in Baetge/Kirsch/Thiele, Bilanzrecht, Fach Aktuelles/Sonstiges Deutsches Recht/E-Bilanz, Rz. 20, 100.

wie „Steuerliche Gewinnermittlung bei Feststellungsverfahren" für Einzelunternehmen und Personengesellschaften dennoch verpflichtend fordert. Die Erweiterung und teilweise Legitimation des Berichtsbestandteils „Steuerliche Gewinnermittlung" durch § 7g Abs. 2 Satz 1 Nr. 2 EStG (s. Rz. 1320) stützt die Ansicht, dass die Anforderung der übrigen außerbilanziellen Informationselemente ohne Rechtsgrundlage ist. Verlangt wird bei Ausweis eines Bilanzgewinns desgleichen die standardisierte elektronische Übermittlung des Berichtsbestandteils **Ergebnisverwendung**.[107] Bei zulässigem Ausweis der Ergebnisverwendung im Anhang (§ 268 Abs. 1 HGB, § 158 Abs. 1 Satz 2 AktG), für den weiterhin lediglich eine papierbasierte Übermittlung erforderlich ist (§ 60 Abs. 3 EStDV), besteht hierfür ebenfalls keine gesetzliche Grundlage.[108] Dies gilt gleichermaßen für die Übermittlung des Anlagenspiegels und der mitunternehmergenauen Kapitalkontenentwicklung.

7.2.3.2 Gliederungsvorgaben für die Steuerbilanz

1305 § 5b EStG stellt (lediglich) auf die Übermittlung der Inhalte von Bilanz, GuV und Überleitungsrechnung ab und ergänzt insoweit die Steuererklärungspflichten. Weder die Norm selbst noch die Ermächtigungsvorschrift beinhalten eine Grundlage für verbindliche Gliederungsvorgaben abgeleiteter oder originärer Steuerbilanzen i. S. d. §§ 140, 141 AO (s. Rz. 65 f.). Durch Vertreter der Finanzverwaltung wird der hohe Detailgrad insb. mit Verweis darauf gerechtfertigt, dass §§ 266, 275 HGB Orientierung für die Gliederungstiefe der E-Bilanz bieten, deren Spezifizierung jedoch durch Inhalt und Zweck der steuerlichen Gewinnermittlung determiniert wird.[109] Gestützt wird diese Sichtweise durch die Rechtsprechung des BFH zur Übermittlung der Anlage EÜR nach amtlich vorgeschriebenem Datensatz, durch die lediglich eine Konkretisierung und Standardisierung von Angaben, die die Steuerpflichtigen in Fällen der Einnahmen-Überschuss-Rechnung bereits vor Inkrafttreten des § 60 Abs. 4 EStDV zu machen hatten, eintrete.[110] Mit der tatbestandlichen Anbindung der Inanspruchnahme steuerlicher Subventionsnormen an einen entsprechenden Ausweis in der E-Bilanz (wie im Fall des § 7g EStG an den Ausweis im Berichtsbestandteil „Steuerliche Gewinnermittlung", s. Rz. 1320) stärkt letztlich auch der Gesetzgeber den Stellenwert der Taxonomie als verbindliche Gliederungsvorgabe, sollte sich diese Entwicklung auch für die Bilanz und GuV fortsetzen.

Rückwirkung auf handelsrechtliche Gliederungserfordernisse/Erleichterungen: § 5b EStG ist i. V. m. § 51 Abs. 4 Nr. 1b EStG ist weder eine geeignete Grundlage dafür, handelsrechtliche Gliederungsvorgaben zu erweitern, noch handelsrechtliche Erleichterungen (§§ 266 Abs. 1 Satz 3 f., 267a, 275 Abs. 5, 276 HGB) außer Kraft zu setzen oder die handelsrechtliche Gliederungsflexibilität (§ 265 Abs. 5 Satz 2 HGB) einzuschränken. Die primär am steuerlichen Informationsbegehren der Finanzverwaltung ausgerichtete Standardisierung von E-Bilanz/E-GuV wirkt vielmehr in gesetzlich nicht legitimierter

---

107 BMF, Schreiben v. 28.9.2011 – IV C 6 – S 2133 – b/11/10009, BStBl 2011 I S. 855, Anlage zu Rz. 11; Entwurf BMF, Schreiben v. 31.8.2010 – IV C 6 – S 2133 – b/10/10001, Rz. 8.
108 Vgl. *Herzig/Briesemeister/Schäperclaus*, DB 2010 Beil. 5 S. 6 f.; *Heinsen/Adrian*, DStR 2011 S. 1439; a. A. *Richter/Kruczynski/Kurz*, BB 2010 S. 2490.
109 Z. B. *Meurer*, DB 2011 S. 63; *Martin* in Lademann, § 5b EStG, Rz. 32; *Koch/Nagel/Maltseva*, E-Bilanz, 2012, S. 32, einschränkend S. 122.
110 BFH, Urteil v. 16. 11. 2011 – X R 18/09, BStBl 2012 II S. 129.

Weise zurück auf die Handelsbilanz und die handelsrechtliche GuV (faktische umgekehrte formale Maßgeblichkeit).[111]

7.2.4 Taxonomie-Feldattribute

7.2.4.1 Mussfelder

Abgrenzung: Die Taxonomie-Positionen mit den Attributen „Mussfeld" oder „Mussfeld, Kontennachweis erwünscht" sind zwingend zu übermitteln (zu „Summenmussfeldern" s. Rz. 1315). Der Datensatz wird durch den ELSTER Rich Client (ERiC) vor Übermittlung formal auf vollständige Belegung aller Mussfelder geprüft,[112] in diesem Sinne unvollständige Datensätze können nicht übermittelt werden, so dass der Mindestdatenumfang im Ergebnis sichergestellt ist. Bzgl. der Verpflichtung zur Belegung von Mussfeldern führt das BMF-Schreiben v. 28.9.2011 aus: „Sofern sich ein Mussfeld nicht mit Werten füllen lässt, weil die Position in der ordnungsmäßigen individuellen Buchführung nicht geführt wird oder aus ihr nicht ableitbar ist, ist zur erfolgreichen Übermittlung des Datensatzes die entsprechende Position ohne Wert (technisch: *NIL-Wert*, „Not In List"-Wert) zu übermitteln."[113] Die Übermittlung eines NIL-Werts ist mithin grundsätzlich dann zulässig, wenn ein zur Abbildung vorgesehener Geschäftsvorfall nicht existiert oder die abzubildende Position aus der Buchführung nicht ableitbar ist. Der damit formulierte Ableitbarkeitsgrundsatz lässt Raum für die Abgrenzung des tatsächlichen Mindestumfangs der E-Bilanz-Daten.[114]

1306

Ableitbarkeitsgrundsatz/Zulässigkeit von NIL-Werten: Wann von einer „Ableitbarkeit" einer E-Bilanz-Position aus der „ordnungsmäßigen individuellen Buchführung" auszugehen und die Verwendung von NIL-Werten somit ausgeschlossen ist, wird im Anwendungsschreiben zur E-Bilanz nicht konkretisiert. Im FAQ-Dokument zur E-Bilanz bringt die Finanzverwaltung ein grundsätzlich weites Verständnis der Ableitbarkeit zum Ausdruck. Diese wird bejaht, wenn sich ein Wert aus den Buchführungsunterlagen i. S. d. § 140 AO und den steuerlichen Aufzeichnungen ergibt, wobei die Buchführung als Ganzes erfasst ist (Hauptbuch, Nebenbücher (z. B. Beteiligungsverzeichnis) ebenso wie maschinell auswertbare Buchungskennzeichen/Buchungsschlüssel).[115] Als maßgebend wird insoweit das individuelle Buchungsverhalten des Steuerpflichtigen betrachtet. Da Bürokratieaufbau und E-Bilanz-bedingte Eingriffe in das Buchungsverhalten explizit vermieden werden sollen, wurde das Ableitbarkeitsverständnis im FAQ-Dokument bis Version Juli 2016 temporär eingeschränkt, indem eine Wertzuweisung zu einem Mussfeld nur dann zwingend gefordert wurde, wenn die Werte unmittelbar aus den Kontensal-

---

111 *Herzig/Briesemeister/Schäperclaus*, DB 2010 Beil. 5 S. 13; *Herzig/Briesemeister/Schäperclaus*, DB 2011 S. 2; vgl. auch Bongaerts in Deloitte (Hrsg.), E-Bilanz, 5. Aufl. 2016, Rz. 24; *Bongaerts/Neubeck* in Baetge/Kirsch/Thiele, Bilanzrecht, Fach Aktuelles/Sonstiges Deutsches Recht/E-Bilanz, Rz. 19; vgl. auch *Koch/Nagel/Maltseva*, E-Bilanz, 2012, S. 32: hohe[r] Freiheitsgrad von Personenunternehmen bei Gliederung ihres Jahresabschlusses (nach § 247 HGB) durch § 5b EStG praktisch beendet".
112 Vgl. Technischer Leitfaden zur HGB-Taxonomie v. 1.4.2017, Abschn. 11.1.
113 BMF, Schreiben v. 28.9.2011 – IV C 6 – S 2133 – b/11/10009, BStBl 2011 I S. 855, Rz. 16; vgl. auch Technischer Leitfaden zur HGB-Taxonomie v. 1.4.2017, Abschn. 11.1.
114 Vgl. allgemein zum Ableitbarkeitsgrundsatz *Schäperclaus/Kruczynski*, DB 2013 S. 2573 ff.
115 FAQ-Dokument zur E-Bilanz, Vers. 17-1, Stand 08/2017, Abschn. 4g; vgl. auch BMF, E-Bilanz – Elektronik statt Papier, 2012, S. 11.

den des (ordnungsgemäß geführten) Hauptbuchs ermittelt werden konnten.[116] Mit Version September 2016 des FAQ-Dokuments ist diese Erleichterung ersatz- und kommentarlos gestrichen worden. Demnach gelten nunmehr alle vorhandenen Daten (einschl. solcher aus Nebenbüchern und Buchungsschlüsseln/-kennzeichen) als ableitbar und unterliegen damit der Übermittlungspflicht.[117] Dieses verschärfte Verständnis des Ableitbarkeitsgrundsatzes ist sichtbarer Ausdruck der verwaltungsseitig als abgeschlossen betrachteten Einführungsphase der E-Bilanz.[118] Mit Hinweis auf das in der Verfügung der OFD NRW v. 18.12.2014 weiterhin enthaltene einschränkende Verständnis des Ableitbarkeitsgrundsatzes[119] und die (lediglich) durch die Deklaration des Anlagespiegels als verpflichtender Berichtsbestandteil (d. h. von Informationen, die sich regelmäßig nicht den Kontensalden des Hauptbuchs entnehmen lassen) motivierte Änderung des FAQ-Dokuments wird indessen darauf verwiesen, dass außerhalb des Anlagenspiegels auch weiterhin eine Mussfeldbefüllung lediglich auf Basis von Hauptbuchsalden nicht beanstandet wird, so dass sich Änderungen für die Praxis zunächst nicht ergeben.[120] Zur Rechtsqualität des FAQ-Dokuments s. Rz. 1263.

Die **Mapping-Problematik** ist wie folgt zu differenzieren:[121]

1307 [1.] Konto: Mussfeld = 1: 1 (Direktmapping)

Entspricht ein (Hauptbuch-)Konto inhaltlich einem Mussfeld der Taxonomie, ist ein Mapping unabhängig davon vorzunehmen, ob die Kontenbezeichnung von der Bezeichnung der Taxonomieposition abweicht (Direktmapping).[122] Weist ein direkt zuordenbares Konto einen Wert aus, ist eine Belegung der entsprechenden Taxonomieposition mit einem NIL-Wert unzulässig.[123]

1308 [2.] Konten: Mussfeld = n: 1 (Summenmapping)

Auch die Zuordnung mehrerer (Hauptbuch-)Konten zu einem Mussfeld der Taxonomie (Summenmapping) kann ohne Eingriffe in das Buchungsverhalten erfolgen. Das Buchungsverhalten ist in diesem Fall differenzierter als die Anforderungen der Taxonomie. Weist eines der summarisch zuordenbaren Konten einen Wert aus, kommt für die entsprechende Taxonomieposition die Verwendung eines NIL-Wertes nicht in Betracht.

---

116 FAQ-Dokument zur E-Bilanz, Stand 03/2014, Abschn. 4g: Es reicht jedoch aus, wenn die Ableitung der Werte aus dem Hauptbuch, d. h. die Werte, wie sie sich aus den im Unternehmen geführten Kontensalden des Hauptbuchs ermitteln lassen, vorgenommen wird; vgl. auch BMF, E-Bilanz – Elektronik statt Papier, 2012, S. 11; *Meurer*, DB 2011 Standpunkte S. 64. Diese Erleichterung war bis zur Version 01-2012 des FAQ-Dokuments zur E-Bilanz, Stand 15.6.2012 noch auf die „Einführungszeit der E-Bilanz" beschränkt (Abschn. 4g), diese Einschränkung wurde mit FAQ-Dokument in der Fassung 09/2012, Abschn. 4g aufgehoben.
117 Vgl. auch *Hülshoff*, DB 2016, Beilage 4, S. 5.
118 Zum Ende der Einführungsphase *Polka/Arnold*, DStZ 2016 S. 575; *Hülshoff*, DB 2016, Beilage 4 S. 3.
119 Vgl. OFD NRW, Vfg. v. 18.12.2014 – S 2133b – 2014/0009 – St 145, DB 2015 S. 99.
120 So *Bongaerts/Neubeck* in Baetge/Kirsch/Thiele, Bilanzrecht, Fach Aktuelles/Sonstiges Deutsches Recht/ E-Bilanz, Rz. 71.
121 Vgl. auch *Herzig/Briesemeister/Schäperclaus*, DB 2011 S. 1656.
122 Vgl. Entwurf BMF, Schreiben v. 1.7.2011 – IV C 6 – S 2133 – b/11/10009, Rz. 16: Bsp. Buchungskonto Auto statt Pkw; *Arnold/Schumann*, DStZ 2011 S. 815.
123 FAQ-Dokument zur E-Bilanz, Stand 03/2014, Abschn. 4g.

[3.] Konto: Mussfelder = 1: n (Separationsmapping) 1309

Problembehaftet ist der umgekehrte Fall, in dem die Taxonomie differenzierter als das bisherige Buchungsverhalten ist und ein (Hauptbuch-)Konto durch mehrere Mussfelder abgebildet wird. Eine zutreffende Belegung der betreffenden Mussfelder würde eine Aufteilung des Kontos erfordern (Separationsmapping). Ohne Eingriffe in das Buchungsverhalten respektive nachträgliche Anpassungen/Nebenrechnungen lassen sich die Taxonomiepositionen nicht zutreffend füllen. Die Belegung mit NIL-Werten ist nach Maßgabe des mit Vfg. der OFD NRW v. 18.12.2014 darlegten Verständnisses des Ableitbarkeitsgrundsatzes grundsätzlich (noch) zulässig (zur Problematik s. Rz. 1306).[124]

[4.] Konten: Mussfelder = m: n (Reorganisationsmapping) 1310

Werden mehrere (Hauptbuch-)Konten durch mehrere abweichend differenzierte Mussfelder angesprochen, wäre für eine zutreffende Belegung der Taxonomiepositionen eine Reorganisation der Konten erforderlich (Reorganisationsmapping). Hierin liegt ausgehend vom Verständnis des Ableitbarkeitsgrundsatzes entsprechend der Vfg. der OFD NRW v. 18.12.2014[125] ebenfalls ein Anwendungsfall für eine NIL-Wert-Belegung.

Für die Fälle [3.] und [4.] ist vor dem Hintergrund, dass die Finanzverwaltung Auffangpositionen lediglich als E-Bilanz-Einstiegshilfe versteht,[126] deren Existenz ursprünglich nur für einen Übergangszeitraum von 5-6 Jahren vorgesehen war,[127] von künftigen Einschränkungen des Anwendungsbereichs von NIL-Werten auszugehen, obschon Auffangpositionen verwaltungsseitig auch weiterhin als erforderlich angesehen werden (s. Rz. 1313).[128]

Die Differenzierung der Taxonomie trifft für Anpassungen des Buchungsverhaltens, die 1311
nicht durch die E-Bilanz verursacht sind, ebenso wie für die erstmalige Einrichtung einer Buchhaltung keine zwingend zu beachtenden Vorgaben. Sie beinhaltet aus Sicht der Finanzverwaltung verbindliche branchenspezifische Vorgaben für die Gliederungstiefe einer Steuerbilanz (s. Rz. 65 ff.).[129] Diese Vorgaben können ausschließlich im Wege der Nutzung von Auffangpositionen und NIL-Werten unter Beachtung des Ableitbarkeitsgrundsatzes verringert werden.

Ist eine Taxonomieposition als „Mussfeld, Kontennachweis erwünscht" gekennzeichnet, 1312
begehrt die Finanzverwaltung einen Auszug aus der Summen-/Saldenliste der in diese Position einfließenden Konten im XBRL-Format unter Angabe von Kontonummer, Kontobezeichnung sowie des Saldos zum Stichtag.[130] Die Übermittlung ist formal freiwillig

---

124 OFD NRW, Vfg. v. 18.12.2014 – S 2133b – 2014/0009 – St 145, DB 2015 S. 99.
125 OFD NRW, Vfg. v. 18.12.2014 – S 2133b – 2014/0009 – St 145, DB 2015 S. 99.
126 Vgl. BMF, Schreiben v. 25.8.2011, Bericht über die Informationsveranstaltung zur Auswertung der Pilotphase – IV C 6 – S 2133 – b/11/10009, 2011/0672703, S. 11; *Meurer*, DB 2011 Standpunkte S. 64.
127 Vgl. BMF, Schreiben v. 8.8.2011, Einführung der E-Bilanz, Geplante Erleichterungen aufgrund des Berichtes über die Auswertung der Pilotphase – IV C 6 – S 2133 – b/11/10009, 2011/0640263, S. 10; vgl. aber inzwischen BMF, E-Bilanz–Elektronik statt Papier, 2012, S. 17: „Eine Streichung dieser besonderen Positionen zu einem bestimmten Stichtag war und ist nicht beabsichtigt."
128 Vgl. FAQ-Dokument zur E-Bilanz, Vers. 17-1, Stand 08/2017, Abschn. 4g.
129 Vgl. auch *Schiffers* in Korn, EStG, § 5b Rz. 11.5; *Richter/Kruczynski/Kurz*, DB 2010 S. 1608; *Fischer/Kalina-Kerschbaum*, DStR 2010 S. 2116.
130 BMF, Schreiben v. 28.9.2011 – IV C 6 – S 2133 – b/11/10009, BStBl 2011 I S. 855, Rz. 17 f.

(zum faktischen Übermittlungszwang s. Rz. 1324). Darüber hinaus ist ein ebenfalls freiwilliger Kontennachweis im XBRL-Format auch für jede andere Taxonomieposition möglich.

7.2.4.2 Auffangpositionen

1313 Auffangpositionen sind durch den Zusatz „nicht zuordenbar", „nicht anders zuordenbar" oder „ohne Zuordnung" in der Positionsbezeichnung gekennzeichnet. Werden NIL-Werte verwendet, weil die durch Mussfelder vorgegebene Differenzierung nicht aus der Buchführung abgeleitet werden kann (s. Rz. 1306 ff.), sind für die Übermittlung der betreffenden Informationen Auffangpositionen zu nutzen.[131] Mittels Auffangpositionen sollen Eingriffe in das Buchungsverhalten vermieden, aber dennoch ein möglichst hoher Standardisierungsgrad erreicht werden. Kann die taxonomieseitig durch Mussfelder vorgegebene Differenzierung aus der Buchführung abgeleitet werden (zur Interpretation des Ableitbarkeitsgrundsatzes s. Rz. 1306), besteht kein Wahlrecht zur Nutzung von Auffangpositionen. Die Anzahl der Auffangpositionen wurde im Nachgang der Pilotphase deutlich ausgedehnt, gleichwohl stehen nicht für jede Differenzierungsebene, die Mussfelder enthält, Auffangpositionen zur Verfügung. Soll eine unzutreffende Belegung von Mussfeldern ebenso wie ein Zwang zur Änderung des Buchungsverhaltens vermieden werden, kommt bei NIL-Wert-Belegung von Mussfeldern und gleichzeitig fehlenden Auffangpositionen nur die Nutzung von „rechnerisch notwendigen" Positionen als Auffangfeld-Substitut (was zu unzutreffenden Werten führen würde) oder ein direktes Ansprechen übergeordneter Summenmussfelder in Betracht.[132]

1314 **Auffangpositionen für ausländische Betriebsstättensachverhalte:** Die Taxonomie enthält seit Version 5.1 spezielle Auffangpositionen für ausländische Betriebsstätten („z. B. Beteiligungen, soweit aus der/den für die ausländische(n) Betriebsstätte(n) geführten Buchführung(en) nicht anders zuordenbar"). Diese dürfen angesprochen werden, wenn der Detailierungsgrad der Betriebsstättenbuchhaltung die E-Bilanz-Vorgaben unterschreitet oder ein hiervon abweichender ausländischer Kontenplan verwendet wurde.[133] Hierin kommt das Verständnis der Finanzverwaltung über die gesetzliche Vorgabe des § 146 Abs. 2 Satz 3 AO zum Ausdruck, dass (zumindest) die Ergebnisse der ausländischen Betriebsstättenbuchführung übernommen werden müssen.

7.2.4.3 Summenmussfelder/Rechnerisch notwendige Positionen

1315 Die Taxonomien unterscheiden zwischen rechnerisch mit einer übergeordneten Ebene verknüpften und rechnerisch nicht verknüpften Positionen. Ist eine Position ein rechnerisch verknüpftes Mussfeld, so „vererbt" sich diese Eigenschaft an die übergeordnete

---

[131] Die für die elektronische USt-Erklärung notwendig vorzunehmende Differenzierung von Umsatzerlösen nach umsatzsteuerlichen Tatbeständen schließt die Nutzung von Auffangpositionen nicht aus. *Rust/Hülshoff/Kolbe*, BB 2011 S. 748: Auffangpositionen zulässig „soweit die differenzierte Zuordnung [...] maschinell nicht möglich ist." Anderenfalls wäre die Auffangposition „Umsatzerlöse ohne Zuordnung nach Umsatzsteuertatbeständen" entbehrlich.

[132] Dazu *Herzig/Briesemeister/Schäperclaus*, DB 2011 S. 2512; *Schäperclaus/Kruczynski*, DB 2013 S. 2576 f.; *Bongaerts/Neubeck* in Baetge/Kirsch/Thiele, Bilanzrecht, Fach Aktuelles/Sonstiges Deutsches Recht/E-Bilanz, Rz. 94, 97; vgl. auch BMF, E-Bilanz – Elektronik statt Papier, 2012, Bsp. S. 15.

[133] FAQ-Dokument zur E-Bilanz, Vers. 2017-01, Stand 08/2017, Abschn. 4j.

Position, sog. „Summenmussfeld". Diese sind ebenfalls zwingend zu übermitteln.[134] Ausgehend vom Vollständigkeitsgebot (§ 246 Abs. 1 HGB) gilt zudem, dass der Wert der übergeordneten Position der Summe der ihr rechnerisch zugeordneten (verknüpften) Positionen entsprechen muss. Hieraus resultiert die Existenz sog. „rechnerisch notwendiger Positionen", die grundsätzlich dann werthaltig zu übermitteln sind, wenn die Summe der rechnerisch im Übrigen verknüpften Felder nicht dem Wert der übergeordneten Position entspricht.[135] Somit sind die meisten verknüpften Auffangpositionen als „rechnerisch notwendig" gekennzeichnet.

(Einstweilen frei) 1316

7.2.4.4 Unzulässige Positionen

Die parallel sowohl für Zwecke des § 5b EStG als auch für Zwecke der Erfüllung handelsrechtlicher Offenlegungspflichten strukturierte Einheitstaxonomie (s. Rz. 1261) berücksichtigt spezifisch handelsrechtliche bzw. steuerrechtliche Vorgaben durch Kennzeichnung „handelsrechtlich unzulässiger" sowie „steuerlich unzulässiger" Positionen.[136] Die als **„handelsrechtlich unzulässig"** gekennzeichneten Positionen beschränken sich in der Taxonomie 6.1 auf den steuerlichen Aufwandsverteilungsposten für Bauten auf fremden Grundstücken gem. BFH-Rechtsprechung[137] (s. Rz. 1320). Handelsrechtlich zulässige, aber als **„steuerlich unzulässig"** gekennzeichnete Positionen, sind im Rahmen der Überleitungsrechnung aufzulösen (z. B. „Selbst geschaffene gewerbliche Schutzrechte und ähnliche Rechte und Werte", „Vermögensgegenstände zwischen Anlagevermögen und Umlaufvermögen" (sofern man diese handelsbilanziell überhaupt für zulässig befindet), „Aktive latente Steuern", „Passive latente Steuern", „Gesellschafterdarlehen mit EK-Charakter" sowie „Rückstellungen für drohende Verluste aus schwebenden Geschäften"). Des Weiteren sind einzelne Positionen der Taxonomie als nur für den handelsrechtlichen Konzernabschluss oder nur für den handelsrechtlichen Einzelabschluss nutzbar gekennzeichnet (z. B. Geschäfts- oder Firmenwert aus Kapitalkonsolidierung). 1317

Darüber hinaus sind **Erweiterungen** der Taxonomien um individuelle Positionen ebenso wie **Modifikationen** für Zwecke des § 5b EStG ausdrücklich ausgeschlossen.[138] Dies hat zur Folge, dass für handelsrechtlich (nach Maßgabe des § 265 Abs. 5 Satz 2 HGB) zulässige individuelle Posten eine Zuordnung zu Taxonomiefeldern erfolgen muss, was die handelsrechtliche Gliederungsflexibilität – bei Nutzung der Einheitstaxonomie auch für Offenlegungszwecke – beschneidet, wenn nicht Ergänzungstaxonomien verwendet werden. 1318

---

134 BMF, Schreiben v. 28.9.2011 – IV C 6 – S 2133 – b/11/10009, BStBl 2011 I S. 855, Rz. 14.
135 BMF, Schreiben v. 28.9.2011 – IV C 6 – S 2133 – b/11/10009, BStBl 2011 I S. 855, Rz. 14. Kritisch zum Zwang der Positionsbelegung ohne verwaltungsseitige Deklaration „rechnerisch notwendiger Positionen" als Bestandteil des Mindestumfangs i. S. d. § 51 Ab. 4 Nr. 1b EStG *Kußmaul/Ollinger/Weiler*, StuW 2012 S. 141 f.; *Schäperclaus/Kruczynski*, DB 2013 S. 2578 ff. Ausweislich FAQ-Dokument zur E-Bilanz, Vers. 17-1, Stand 08/2017, Abschn. 4g gestattet die Finanzverwaltung als Reaktion auf diese Kritik nunmehr auch die Verwendung von Auffangpositionen zur Herstellung rechnerischer Richtigkeit, wenn die rechnerisch notwendige Position nicht als Mussfeld gekennzeichnet ist.
136 Dazu BMF, Schreiben v. 28.9.2011 – IV C 6 – S 2133 – b/11/10009, BStBl 2011 I S. 855, Rz. 12 f.
137 BFH, Urteil v. 9.3.2016 – X R 46/14, BStBl II 2016 S. 976.
138 BMF, Schreiben v. 28.9.2011 – IV C 6 – S 2133 – b/11/10009, BStBl 2011 I S. 855, Rz. 10.

7.3 Taxonomie-Versionen

7.3.1 Überblick/Anpassungsrhythmus

1319 **Taxonomie-Anpassungen:** Die Taxonomien werden durch die Finanzverwaltung in Zusammenarbeit mit den Arbeitsgruppen des XBRL Deutschland e. V. regelmäßig an aktuelle Entwicklungen und Informationsbedürfnisse angepasst.[139] Gesetzesänderungen, Rechtsprechungsentwicklungen und Ausbau des verwaltungsseitigen Risikomanagementsystems ziehen stete Erweiterungen und eine zunehmende Differenzierung der Taxonomien (auch) im Hinblick auf steuersensible Daten jeweils mit unternehmensseitig möglichen Folgeanpassungen von Konten und Buchungsverhalten nach sich. Die Taxonomien sollen grundsätzlich im Jahresrhythmus aktualisiert werden. Mit BMF-Schreiben v. 16.5.2017 wurde die aktuelle Version 6.1 der Kern-, Ergänzungs- und Spezialtaxonomien veröffentlicht.[140] Zu verwenden ist grundsätzlich jeweils die für das Wirtschaftsjahr geltende Taxonomie (z. B. Taxonomie 6.1 v. 1.4.2017 für WJ, die nach dem 31.12.2017 beginnen, d. h. WJ 2018 bzw. 2018/19). In den vergangenen Jahren wurde es indessen nicht beanstandet, wenn eine aktualisierte Taxonomie-Version auch bereits für das Vorjahr verwendet wird (z. B. Taxonomie 6.1 v. 1.4.2017 für WJ 2017 bzw. 2017/18).[141] Für frühere Wirtschaftsjahre bleibt eine Übermittlung unter Nutzung der insoweit jeweils gültigen Vorversion(en) möglich.[142] Da seit Taxonomie 5.1 eine Taxonomieversion jeweils für zwei Wirtschaftsjahre angewendet werden kann (z. B. Taxonomie 5.3 für WJ 2014 und 2015, Taxonomie 6.0 für 2016 und 2017), ist unternehmensseitig – vorbehaltlich grundlegender Änderungen – zu erwägen, ein Versionsupdate und eine damit ggf. verbundene Aktualisierung des Kontenmappings nur im Zweijahresrhythmus vorzunehmen.[143]

7.3.2 Wesentliche Neuerungen der Taxonomie-Version 6.1 v. 1.4.2017

7.3.2.1 Überblick

1320 Nachdem mit Taxonomie-Version 6.0 v. 1.4.2016 durch das Bilanzrichtlinie-Umsetzungsgesetz (BilRUG) sowie das Projekt DiFin (s. Rz. 1262) begründete umfassende strukturelle Anpassungen umgesetzt wurden,[144] sind die Neuerungen der (Kern)Taxonomie 6.1 auf aktuelle Rechtsprechung (zu Gebäuden auf fremdem Grund und Boden),[145] Anpassungen der Voraussetzungen für die Inanspruchnahme des Investitionsabzugsbetrages nach § 7g EStG, das CSR-Richtlinie-Umsetzungsgesetz, DRS 22 zum Eigenkapitalspiegel sowie auf

---

139 BMF, Schreiben v. 28.9.2011 – IV C 6 – S 2133 – b/11/10009, BStBl 2011 I S. 855, Rz. 28.
140 BMF-Schreiben v. 16.5.2017 - IV C 6 - S 2133 - b/17/10003, BStBl 2017 I S. 776.
141 BMF-Schreiben v. 16.5.2017 - IV C 6 - S 2133 - b/17/10003, BStBl 2017 I S. 776.
142 Zum Überblick über bisherige Taxonomieversionen und deren Anwendbarkeit Technischer Leitfaden zur HGB-Taxonomie v. 1.4.2017, Abschn. 17.18.
143 Vgl. Bongaerts/Neubeck in Deloitte (Hrsg.), E-Bilanz, 5. Aufl. 2016, Rz. 270, 363; Bongaerts/Neubeck in Baetge/Kirsch/Thiele, Bilanzrecht, Fach Aktuelles/Sonstiges Deutsches Recht/E-Bilanz, Rz. 98.4, 102.2.
144 Infolge des Umfangs sowie der grundlegenden Natur der Änderungen erfolgte der Übergang zu einer ganzzahligen neuen Versionsnummer (von Version 5.4 auf 6.0), dazu Änderungsnachweis zum Taxonomie-Update 2016, abrufbar unter http://esteuer.de/download/%C3%84nderungsnachweis%20zur%20Taxonomie%206.0.pdf.
145 BFH, Urteil v. 9.3.2016 – X R 46/14, BStBl 2016 II S. 976.

Anpassungen an Steuererklärungsformulare und die allgemeine Taxonomie-Pflege zurückzuführen und damit überwiegend singulärer Natur.[146]

7.3.2.2 GCD-Modul

Neben der Aufnahme der Rechtsform der PartGmbB, die regelmäßig nicht bilanzierungspflichtig ist, gleichwohl freiwillig bilanzieren kann, und Vervollständigung der handelsrechtlichen Grundlagen für eine Befreiung von der Offenlegung, wurde das GCD-Modul um (bislang) freiwillige Positionen zur Erfassung umsatzsteuerlicher Merkmale ergänzt. Konkret aufgenommen wurden die Positionen Steuererhebung (Regelbesteuerung/Kleinunternehmer), USt-Voranmeldungszeitraum, Dauerfristverlängerung, Steuersatz (Regel-/Durchschnittssatzbesteuerung), Steuerberechnung (Soll-/Ist-Besteuerung). Mit dem Ausbau steuerdeklaratorischer Inhalte wird die sukzessive Fortentwicklung der Taxonomie zu einem Selbstveranlagungsinstrument (s. auch Rz. 1326) offensichtlich. Mit Hinweis auf die perspektivisch geplante Rückübermittlung geänderter Steuerbilanzen durch die Finanzverwaltung (z. B. nach Betriebsprüfung)[147] wurden die Ausprägungen zu „Status des Berichts" ergänzt um die Position „Korrektur durch Finanzverwaltung".

1321

7.3.2.3 Bilanz/Aufwandsverteilungsposten für Bauten auf fremden Grundstücken

Errichtet ein Betriebsinhaber mit eigenen Mitteln ein Gebäude auf einem auch dem Nichtunternehmer-Ehegatten gehörenden Grundstück, wird der Nichtunternehmer-Ehegatte sowohl zivilrechtlicher als auch wirtschaftlicher Eigentümer des auf seinen Miteigentumsanteil entfallenden Gebäudeteils, wenn keine dies verhindernden Vereinbarungen getroffen werden (s. Rz. 3448). Beim Unternehmerehegatten scheidet der bilanzielle Ausweis dieses Gebäudeteils damit aus. Die vom bilanzierenden Betriebsinhaber getragenen Aufwendungen sind steuerbilanziell gleichwohl in einem Aufwandsverteilungsposten abzubilden, dieser ist nach Maßgabe der Abschreibungsgrundsätze für Gebäude aufzulösen.[148] Mangels Wirtschaftsgutqualität des Verteilungspostens ist dieser der Gliederungssystematik der Steuerbilanz fremd und war entsprechend bislang in den Taxonomien nicht enthalten. Mit Version 6.1 wurde im Berichtsbestandteil „Bilanz" unterhalb der Position „Bauten auf fremden Grundstücken" die Position „Aufwandsverteilungsposten" ergänzt.[149] Für die Steuerbilanz liegt insoweit ein Mussfeld vor, d. h. die Position ist Bestandteil des Mindestumfangs. Für die Handelsbilanz ist diese Position als unzulässige

1322

---

146 Vgl. im Einzelnen Änderungsnachweis zum Taxonomie-Update 2017, abrufbar unter http://www.esteuer.de/download/%c3%84nderungsnachweis_Tax_6.1.pdf (Abruf: 17.12.2017). Darüber hinaus wurde die Bilanz um Positionen zur Abbildung von Anteilen an Komplementärgesellschaften ergänzt, Mussfeldeigenschaften der Kapitalentwicklung in der Bilanz vereinheitlicht und der Berichtsbestandteil „Steuerliche Gewinnermittlung bei Feststellungsverfahren" erweitert und umgestaltet. Zu den Anpassungen auch *Riepolt*, StuB 2017 S. 544. In den aktualisierten Branchentaxonomien wurden insb. Anpassungen der Pflegebuchführungsverordnung (PBV) sowie der Krankenhaus-Buchführungsverordnung (KHBV) im Zuge der Zweiten Verordnung zur Änderung von Rechnungslegungsverordnungen v. 21.12.2016, BGBl 2016 I S. 3076 abgebildet.
147 Vgl. Änderungsnachweis zum Taxonomie-Update 2017, S. 1, abrufbar unter http://www.esteuer.de/download/%c3%84nderungsnachweis_Tax_6.1.pdf.
148 BFH, Urteil v. 9.3.2016 – X R 46/14, BStBl 2016 II S. 976; BMF-Schreiben v. 16.12.2016, BStB 2016 I S. 2016.
149 BMF-Schreiben v. 16.5.2017 - IV C 6 - S 2133 - b/17/10003. Für gewinnmindernde Rücklagen gem. Rz. 4 des BMF-Schreibens aus der Umstellung der Bilanz auf die Rechtsprechung durch Bilanzberichtigung steht unter „Sonstige Sonderposten, andere Sonderposten" nunmehr die Position „Rücklagen im Zusammenhang mit dem Aufwandsverteilungsposten" zur Verfügung.

Position markiert. Im Anlagenspiegel wird die Bilanzposition durch entsprechend korrespondierende steuerliche Mussfelder reflektiert (Berichtsbestandteil: Anhang).

7.3.2.4 Bilanz/Sonstige Rückstellungen

1323 Mit Taxonomie-Version 6.1 wurden die Positionen der „sonstigen Rückstellungen" auf den weiteren Gliederungsebenen nach „Rückstellungen für ungewisse Verbindlichkeiten" und „Rückstellungen für drohende Verluste aus schwebenden Geschäften" neu geordnet, im Wesentlichen um Inkonsistenzen zu beseitigen. In diesem Zuge wurden etwa Rückstellungen für ungewisse Verbindlichkeiten um die Unterpositionen „Rückstellung für Rekultivierung", „Rückstellung wegen Patent- und Urheberrechtsverletzung", „Rückstellungen für Prozesskosten" und „Rückstellungen für Instandhaltung" ergänzt. Unter den Drohverlustrückstellungen sind nunmehr „Rückstellungen für zur Absicherung finanzwirtschaftlicher Risiken gebildeter Bewertungseinheiten (§ 5 Abs. 1a Satz 2 EStG)" separat ausweisbar. Keine der Positionen wurde als Mussfeld definiert. Speziell im Hinblick auf § 5 Abs. 1a Satz 2 EStG und die steuerlichen Folgen der Auflösung von Bewertungseinheiten (s. Rz. 1085) dürfte das Informationsinteresse der Finanzverwaltung erheblich und der Freiwilligkeitsstatus der Position nur temporärer Natur sein.

7.3.2.5 GuV

1324 Die umfangreichen Anpassungen der GuV zielen praktisch durchgehend auf eine Angleichung von Umsatz- und Körperschaftsteuererklärungsformularen und Taxonomie ab. Neben weiteren Differenzierungen der Umsatzerlöse wurden insb. die ohnehin bereits stark untergliederten Positionen „sonstige betriebliche Aufwendungen" und „sonstige betriebliche Erträge" um steuerlich sensible Differenzierungen ohne Mussfeldcharakter ergänzt. Innerhalb der **sonstigen betrieblichen Erträge** werden Erträge aus der Zuschreibung des Anlagevermögens nunmehr nach der Herkunft (immaterielles Vermögen, Sach-AV und Finanz-AV) differenziert. Erträge aus Anteilen an Kapitalgesellschaften werden einheitlich nach Erträgen aus in- und ausländischen Kapitalgesellschaften sowie nach der Beteiligungsquote im Falle von Darlehensforderungen untergliedert. In den **sonstigen betrieblichen Aufwendungen** wurden entsprechend der Differenzierung der Leasingerlasse geleistete Leasingzahlungen und deren Zinsanteile differenziert und die „sonstigen beschränkt abziehbaren Betriebsausgaben" noch stärker als bisher in Unterpositionen aufgesplittet (insb. bzgl. Aufwendungen für Aufsichts-/Verwaltungsräte und bzgl. Spenden). Innerhalb des **Finanz- und Beteiligungsergebnisses** erfolgte eine Anpassung sämtlicher auf Beteiligungen an Kapitalgesellschaften bezogener Positionen durch Differenzierung nach In- und Auslandssachverhalten sowie entsprechend der Besteuerungsrelevanz nach Beteiligungsquote (kleiner 10 %, 10-15 %, größer 15 %). Darüber hinaus wird bzgl. Gewinnabführungen/Verlustübernahmen differenziert zwischen Gewinnen/Verlusten aus Gewinnabführungsverträgen und Teilgewinnabführungsverträgen. Weiter differenziert wurde auch die Position Zinserträge.

7.3.2.6 Steuerliche Gewinnermittlung

1325 In Konsequenz der Änderung der Voraussetzungen für die Inanspruchnahme des **Investitionsabzugsbetrags nach § 7g EStG** (s. Rz. 3566) durch Einkommensteuerpflichtige bei Gewinnermittlung nach §§ 4 Abs. 1, 5 EStG für Wirtschaftsjahre ab 2016 dahingehend, dass Abzugsbeträge sowie hinzuzurechnende und rückgängig zu machende Beträge nach amtlich vorgeschriebenem Datensatz durch Datenfernübertragung an die Finanzverwaltung im Rahmen der E-Bilanz übermittelt werden,[150] wurde der Berichtsbestandteil um insoweit erforderliche Positionen mit Mussfeldstatus ergänzt. Die Erweiterung der Tatbestandsvoraussetzungen einer steuerlichen Subventionsnorm um die elektronische Übermittlung der Besteuerungsgrundlagen via E-Bilanz stellt ein Novum dar, das – bei Fortsetzung in weiteren Regelungen – die Diskussion bzgl. der Übermittlungspflicht des Berichtbestandteils „Steuerliche Gewinnermittlung" (s. Rz. 1304) schrittweise zugunsten der Auffassung der Finanzverwaltung entscheidet. Es dürfte davon auszugehen sein, dass Verknüpfungen dieser Art Schule machen.

7.3.2.7 Lagebericht

Die nach CSR-Richtlinie-Umsetzungsgesetz erforderlichen Angaben gem. § 289b, § 289c HGB machten entsprechende Anpassungen auch des Berichtsbestandteils Lagebericht erforderlich. Diese werden unter der Position „Nicht finanzielle Erklärung" der Gesetzesstruktur entsprechend differenziert, enthalten neben der „Beschreibung des Geschäftsmodells" nach § 289c Abs. 1 HGB umfangreiche Mindestangaben der nichtfinanziellen Erklärung gem. § 289c Abs. 2 HGB (Umweltbelange, Arbeitnehmerbelange, Sozialbelange, Achtung der Menschenrechte, Bekämpfung von Korruption und Bestechung). 1326

7.3.2.8 Eigenkapitalspiegel

Durch DRS 22 v. 5.9.2015 wurde der Eigenkapitalspiegel vollständig neu durch zwei separate Schemata für Kapitalgesellschaften (Anlage 1 zu DRS 22) und Personenhandelsgesellschaften i. S. des § 264a HGB (Anlage 2 zu DRS 22) gegliedert. In die Taxonomie 6.1 hat der Eigenkapitalspiegel nach DRS 22 neben dem Eigenkapitalspiegel nach DRS 7 Eingang gefunden. Die Differenzierung folgt den Anlagen 1 bzw. 2 des DRS 22. 1327

8. Technische / formale Aspekte der Übermittlung

8.1 Format

XBRL-Format: Für die Übermittlung des amtlich vorgeschriebenen Datensatzes wurde mit BMF-Schreiben v. 19.1.2010 XBRL (eXtensible Business Reporting Language) als Übermittlungsformat verbindlich festgelegt.[151] XBRL ist ein international verbreiteter Standard für den Austausch von Unternehmensinformationen, insbesondere Finanzdaten auf elektronischem Wege.[152] Mit Übermittlung der Bilanz- und GuV-Daten im XBRL-Format nach Taxonomievorgaben erfolgt ein hochstandardisierter und bezogen auf das Risikomanagementsystem der Finanzverwaltung inputoptimierter Datenaus- 1328

---

150 Vgl. BMF, Schreiben v. 20.3.2017 - IV C 6 - S 2139-b/07/10002-02, BStBl 2017 I S. 423, Rz. 24; zur Abbildung in der E-Bilanz (Taxonomie 5.4) auch *Riepold*, StuB 2016 S. 62. KSt-Pflichtige haben die Abzugsbeträge, Hinzurechnungen und Rückgängigmachungen nach § 7g EStG nicht im E-Bilanz-Datensatz, sondern in der Anlage GK der KSt-Erklärung anzugeben. Die Tatbestandsvoraussetzung der Datenfernübertragung nach amtlich vorgeschriebenen Datensatz ist an die Stelle der vormaligen Funktionsbenennung getreten.
151 BMF, Schreiben v. 19.1.2010 – IV C 6 – S 2133b/0, BStBl 2010 I S. 47; *Hülshoff*, StBJb 2010/2011 S. 248 f.
152 Grundlegend *Flickinger*, XBRL in der betrieblichen Praxis, 2. Aufl. 2013; zum XBRL-Einsatz in der Rechnungslegung *Nunnenkamp/Paffenholz*, WPg 2010 S. 1142; *Berger/Voit*, DB 2013 S. 1677; zum internationalen Einsatz *Kesselmeyer/Frank*, Die Bank 2009, S. 72 ff.

tausch. Durch die Nutzung des XBRL-Formats wird die Mehrfachnutzung des E-Bilanz-Datensatzes z. B. auch für Offenlegungszwecke (s. Rz. 1261), zur Befriedigung der Informationsbedürfnisse von Kreditinstituten (DiFin, s. Rz. 1262) sowie zur Information weiterer Stakeholder möglich. Durch den verwaltungsseitig bereitgestellten Elster Rich Client (ERiC), der in die Übertragungssoftware zu integrieren ist, wird der Datensatz bereits clientseitig Prüfungen auf rechnerische Richtigkeit und Plausibilität unterzogen. Ein vielfach gefordertes Erfassungstool wird durch die Finanzverwaltung mit dem Hinweis auf zu vermeidende Medienbrüche nicht bereitgestellt.

8.2 Authentifizierung

1329 Für die elektronische Übermittlung der E-Bilanz-Daten ist ein sicheres Verfahren zu verwenden, das den Datenübermittler authentifiziert und die Vertraulichkeit und Integrität des Datensatzes gewährleistet. Für die elektronische Übermittlung gelten § 72a Abs. 1–3 AO, § 87a Abs. 6 AO sowie §§ 87b bis 87d AO unmittelbar.[153] Die Authentifizierung erfolgt elektronisch. Das Authentifizierungsverfahren wird durch das BMF durch Rechtsverordnung mit Zustimmung des Bundesrates, konkret durch die StDÜV bestimmt.[154] Wie die elektronische Authentifizierung von Steuererklärungen erfolgt die Authentifizierung der E-Bilanz aktuell über das – Verfahrenssicherheit gewährleistende – ELSTER-Authentifizierungsverfahren.[155] Eine qualifizierte digitale Signatur, ist damit entbehrlich.[156]

8.3 Übermittlungsfrist

1330 **Anbindung an Steuererklärungsfristen:** Für die Datenübermittlung nach § 5b EStG besteht keine eigene Fristenregelung. Nach § 150 Abs. 4 AO sowie § 60 Abs. 1 EStDV sind die Unterlagen – zur Verifizierbarkeit der Deklaration des Steuerpflichtigen – (erst) der Steuererklärung beizufügen. Es greifen damit grundsätzlich die allgemeinen, mit Wirkung ab VZ 2018 verlängerten Fristen für die Abgabe von Steuererklärungen (§149 AO).[157] Technisch erfolgt die Datenübermittlung nach § 5b EStG unabhängig von der elektronischen Übermittlung der Steuererklärung.

9. Konsequenzen unterlassener/fehlerhafter elektronischer Übermittlung

9.1 Steuerliche Nebenleistungen

1331 Liegt kein Härtefall vor, kann die Finanzverwaltung die Datenübermittlung mittels Androhung und Festsetzung eines **Zwangsgeldes** durchsetzen (§ 328 AO).[158] Da es sich bei

---

153 § 5b Abs. 1 S. 4 EStG ist durch das Gesetz zur Modernisierung des Besteuerungsverfahrens weggefallen
154 Vgl. StDÜV v. 28.1.2003, BGBl I S. 139, zuletzt geändert durch Art. 23 Abs. 1 Satz 2 des Gesetzes zur Modernisierung des Besteuerungsverfahrens v. 18.7.2016, BGBl 2016 I S. 1679.
155 FAQ zur E-Bilanz, Vers. 17-1, Stand 08/2017, Abschn. 8, 9.
156 Vgl. auch *Rätke* in Klein, § 150 AO, Rz. 73f.
157 Vgl. *Gosch* in Kirchhof, EStG, 16. Aufl. 2017, § 5b Rz. 6; *Schiffers* in Korn, EStG, § 5b Rz. 7; a. A. *Müller* in HHR, EStG/KStG, § 5b EStG, Rz. 16: § 149 Abs. 2 Satz 1 AO erfasst nur Steuererklärungspflichten und ist nicht anwendbar.
158 Vgl. BMF, Schreiben v. 19.1.2010 – IV C 6 – S 2133 – b/0, BStBl 2010 I S. 47, Rz. 4.

den nach § 5b EStG elektronisch zu übermittelnden Berichtsbestandteilen nicht um einen Bestandteil der Steuererklärung, sondern lediglich um der Steuererklärung beizufügende Unterlagen handelt (§ 150 Abs. 4 AO), scheidet die Festsetzung eines **Verspätungszuschlages** insoweit aus (§ 152 AO).[159] Die **Wirksamkeit der Abgabe und Richtigkeit der Steuererklärung** wird durch unvollständige, formell fehlerhafte oder inhaltlich falsche Bilanz-/GuV-/Überleitungsdaten nicht gehindert.[160]

9.2 Schätzung von Besteuerungsgrundlagen (§ 162 AO)

Eine Schätzung der Besteuerungsgrundlagen kommt nach § 162 AO in Betracht, wenn Bilanz und GuV weder elektronisch noch papierbasiert übermittelt wurden, der Steuerpflichtige mithin über seine Angaben keine ausreichende Aufklärung leistet und die Finanzverwaltung damit außerstande ist, die Besteuerungsgrundlagen zu ermitteln.[161] Darüber hinaus behält sich die Finanzverwaltung eine Hinzuschätzung von Einnahmen sowie Kürzung von Aufwandsposten vor, wenn eine Übermittlung nachgeforderter Unterlagen unterbleibt.[162]

1332

9.3 Risikomanagement der Finanzverwaltung (§ 88 Abs. 5 AO)/ Faktisch erzwingbarer Mindestumfang der E-Bilanz

Die Übermittlung eines hinsichtlich aller Mussfelder auf allen Ebenen unmittelbar vollständigen Datensatzes kann de lege lata nicht erzwungen werden.[163] Technisch wird auf den Mindestumfang bezogene Vollständigkeit durch den ELSTER Rich Client (ERiC), d. h. clientseitige Validierungen gewährleistet, die unvollständige bzw. unplausible Datenübermittlungen unterbinden.[164] Die Übermittlung einer „E-Bilanz-light" unter ausgedehnter NIL-Wert-Belegung wird hierdurch gleichwohl technisch nicht verhindert. Im Hinblick auf die Nutzung verbleibender Spielräume bzgl. der Gliederungstiefe der E-Bilanz(en) sowie freiwilliger Berichtsinhalte ist zu berücksichtigen, dass gewähltes Compliance-Level der Unternehmen und Risikoklassen-Einstufung durch die Finanzverwaltung einschließlich Prüfungshäufigkeit korrelieren.[165] Die taxonomiekonforme Datenübermittlung wird

1333

---

159 Vgl. *Hofmeister* in Blümich, EStG, § 5b Rz. 40; *Gosch* in Kirchhof, EStG, 16. Aufl. 2017, § 5b Rz. 8.
160 Vgl. *Bergan/Martin*, DStR 2010 S. 1758; *Martin* in Lademann, EStG, § 5b Rz. 69; *Herzig/Briesemeister/Schäperclaus*, DB 2010 Beil. 5 S. 12; *Herzogenrath* in Ebner/Stolz/Mönning/Bachem, E-Bilanz, 2013, Rz. 113; *Schiffers* in Korn, EStG, § 5b Rz. 2.3.; BFH, Urteil v. 2.7.1986 – I R 70/83, BFH/NV 1987 S. 704.
161 Vgl. *Hofmeister* in Blümich, § 5b EStG, Rz. 40; *Herzogenrath* in Ebner/Stolz/Mönning/Bachem, E-Bilanz, 2013, Rz. 112; Bongaerts in Deloitte (Hrsg.), E-Bilanz, 5. Aufl. 2016, Rz. 32.
162 FinMin Sachsen-Anhalt, Vfg. v. 19.4.2016 - 46-S 2133 b-3, ESt-Kartei ST § 5b EStG Karte 3. 6.1.; FinMin Sachsen-Anhalt, Vfg. v. 19.4.2016 - 46-S 2133 b-3, ESt-Kartei ST § 5b EStG Karte 3, 6.1.; *Schumann*, EStB 2016, S. 98.
163 So selbst Vertreter der FinVerw. *Rust/Hülshoff/Kolbe*, BB 2011 S. 751; vgl. auch *Richter/Kruczynski* in Küting/Weber (Hrsg.), Handbuch der Rechnungslegung – Einzelabschluss, Kap. 6 Rz. 511; *Wittkowski/Knopf*, BC 2011 S. 257. Der Einsatz von Sanktionsmitteln ist auch vor dem Hintergrund der fraglichen Rechtsgrundlage des deutlich über die handelsrechtlichen Vorgaben hinausgehenden E-Bilanz-Mindestumfangs kritisch zu sehen, vgl. *Herrfurth*, StuB 2011 S. 564.
164 Vgl. Technischer Leitfaden zur HGB-Taxonomie v. 1.4.2017, Abschn. 11.1, 17.1 und 16.14.2, demgemäß der Datensatz bei unvollständiger Belegung aller Mussfelder zurückgewiesen wird.
165 Vgl. bereits *Meurer*, DB 2011 Standpunkte S. 63: Wertung des Verzichts auf intensiven Gebrauch von NIL-Werten als Kriterium für Einordnung als risikoarmer Sachverhalt; vgl. auch *Herzig/Briesemeister/Schäperclaus*, DB 2011 S. 2515; *Schiffers*, DStZ 2012 S. 167 f.; *Herzig/Schäperclaus*, DB 2013 S. 1 ff; *Jansen/Polka* in Althoff/Arnold/Jansen/Polka/Wetzel, E-Bilanz, 2013, S. 152.

als Form der Mitwirkungspflicht der Steuerpflichtigen nach § 90 AO eingeordnet.[166] Nicht freiwillig elektronisch übermittelte Unterlagen zur E-Bilanz werden mit Hinweis auf den allgemeinen Untersuchungsgrundsatz (§ 88 AO) nachgefordert (z. B. Kontennachweise, Informationen über die Zusammensetzung von Beträgen in den Auffangpositionen (s. Rz. 1313)), sofern diesen Unterlagen Beurteilungsrelevanz beigemessen wird.[167] Nachgeforderte Unterlagen sollen elektronisch übermittelt werden,[168] eine Verpflichtung hierzu besteht bei erfolgter Übermittlung einer E-Bilanz im Mindestumfang nicht. Eine legitime Unterlassung der Übermittlung freiwilliger Taxonomiebestandteile/-felder, die auch nach Aufforderung durch die Finanzverwaltung nicht nachgeholt wird, wird im Rahmen der Entscheidung über die Prüfungswürdigkeit des Einzelfalles gleichwohl als „gewichtiger Anhaltspunkt für die Annahme der Prüfungswürdigkeit"[169] gewertet. Vor dieser Drohkulisse werden freiwillige Berichtsbestandteile und Taxonomiepositionen nach Wahl der Finanzverwaltung faktisch zu Wahlpflicht-Bestandteilen/-feldern.

10. Prozessoptimierung durch digitale Bilanzen

10.1 Automation im Besteuerungsverfahren

1334   Mit dem Gesetz zur Modernisierung des Besteuerungsverfahrens v. 22.7.2016[170] wurden die gesetzlichen Grundlagen für den Einsatz automationsgestützter Risikomanagementsysteme (§ 88 AO) und weitergehend für eine vollständig automatisierte Veranlagung (§ 155 AO) geschaffen. Steuererklärungen unter Übermittlung von E-Bilanzen mit maximaldifferenzierendem Bilanz- und GuV-Datenniveau, für die das im Veranlagungsverfahren zum Einsatz kommende Risikomanagementsystem keine Bearbeitungshinweise ausgibt, sind geeignete Fälle für eine automatisierte Veranlagung. Mit den Anforderungen an den Mindestumfang der E-Bilanz-Daten (s. Rz. 1303) und der schrittweisen Rücknahme von Erleichterungen (insb. bzgl. des Ableitbarkeitsgrundsatzes, s. Rz. 1306) hat die Finanzverwaltung eine Infrastruktur geschaffen, die im nächsten Schritt für Zwecke der Festsetzung von Steuervorauszahlungen/Herabsetzungsanträge zu einer unterjährigen (halbjährlichen/quartalsweisen) E-Bilanz-Übermittlungspflicht ausbaufähig ist.[171] Im Außenprüfungsverfahren werden E-Bilanz-Daten darüber hinaus zusammen mit Steuererklärungsdaten und Compliance-Faktoren genutzt, um den Geschäftsplan der Betriebsprüfung zu bestücken (Fallauswahl durch RMS-BP). Nach flächendeckender Implementierung der E-Bilanz unter i. d. R. hohem technischen und organisatorischen Umstellungsaufwand bietet diese unternehmensseitig nunmehr die

---

166 So *Schumann/Arnold*, DStZ 2011 S. 234.
167 OFD Frankfurt, Vfg. v. 12.4.2016 – S 1456 A – 001 – St 33, DStR 2016 S. 1163; LfSt Rheinland-Pfalz, Vfg. v. 6.2.2017 - S 2133b A/S 2226 A/S 2144 A-St 31 4, St 32 1, DB 2017 S. 459.
168 OFD NRW, Vfg. v. 29.9.2015 - S 1501-2015/0004-St 417 / S 2133b-2014/0009-St 143; OFD Frankfurt, Vfg. v. 12.4.2016 – S 1456 A – 001 – St 33, DStR 2016 S. 1163; FinMin Sachsen-Anhalt, Vfg. v. 19.4.2016 - 46-S 2133 b-3, ESt-Kartei ST § 5b EStG Karte 3, 6.1; *Polka/Arnold*, DStZ 2016 S. 581.
169 OFD Frankfurt, Vfg. v. 12.4.2016 – S 1456 A – 001 – St 33, DStR 2016 S. 1163, vgl. auch LfSt Rheinland-Pfalz, Vfg. v. 6.2.2017 - S 2133b A/S 2226 A/S 2144 A-St 31 4, St 32 1, DB 2017 S. 459.
170 BGBl I 2016 S. 1679.
171 Vgl. *Kowallik* in Deloitte (Hrsg.), E-Bilanz, 5. Aufl. 2016, Rz. 1960.

Basis, Steuerermittlungs-, Steuerdeklarations- und Analyseprozesse durch standardisierte, technologieunterlegte Bearbeitungsprozesse effizienter zu gestalten.[172]

Konsequente Fortentwicklung der Automation ist auch im Bereich der Ertragsteuern die Selbstveranlagung.[173] Der Übergang zum Selbstveranlagungsverfahren bei der Ertragsbesteuerung steht seit Jahren auf der Agenda der Finanzverwaltung[174] und wird auch aus der Praxis gefordert.[175] Aktuell reichen Datenstruktur und -tiefe der Taxonomie für einen Ersatz der Steuererklärungsformulare nicht aus. Die E-Bilanz i. S. d. § 5b EStG kann in diesem Kontext aber ein wichtiger Grundbaustein der technischen Infrastruktur für eine Selbstveranlagung sein. Vor diesem Hintergrund ist mit Blick auf die verwaltungsseitig befürwortete, durch automatisierte Risikoprüfung (als Kompensation der Einschränkungen des Amtsermittlungsgrundsatzes) gestützte Selbstveranlagung von einer weiteren Fortentwicklung der Taxonomie zu einem zentralen Informationsinstrument im Rahmen der Ertragssteuererhebung auszugehen.[176]

10.2 Rückübermittlung der E-Bilanz nach Betriebsprüfung

Die **Rückübermittlung** der im Rahmen des Veranlagungsprozesses oder nach Betriebsprüfung durch die Finanzverwaltung geänderten E-Bilanz mit Dokumentation der Abweichungen und damit die Beseitigung des bislang insoweit bestehenden umgekehrten Medienbruchs ist eine seit langem von der Praxis zu Recht erhobene Forderung. Im Änderungsnachweis zum Taxonomie-Update 2017[177] wird die Ergänzung der Ausprägungen zu „Status des Berichts" im GCD-Modul um die Ausprägung „Korrektur durch Finanzverwaltung" begründet mit einem Hinweis auf die perspektivisch geplante Rückübermittlung durch die Finanzverwaltung – u. a. nach Betriebsprüfung – geänderter Steuerbilanzen. Hiermit werden die Weichen für einen spürbaren Effizienzgewinn auch auf Unternehmensseite gestellt. Mit dem vom BFH bejahten Anspruch des Steuerpflichtigen auf elektronische Überlassung sowohl der Kalkulationsgrundlagen bei Hinzuschätzung nach § 162 AO als auch der Kalkulationsergebnisse, wenn diese in elektronischer Form erfolgte,[178] ist ein Anspruch auf elektronische Rückübermittlung der E-Bilanz, die die sachlichen Grundlagen eines nach Betriebsprüfung erhöhten steuerlichen Gewinns detailliert ausweist, vorgezeichnet. Dass insoweit lediglich steuerliche Werte im Detailgrad der an die Finanzverwaltung übermittelten Daten für eine Rückübermittlung in Betracht kommen, versteht sich.[179]

---

172 Zu Potenzialen der E-Bilanz FAQ-Dokument zur E-Bilanz, Vers. 17-1, Stand 08/2017, Abschn. 2 sowie *Kowallik/Bongaerts*, DB 2016, Beilage 4, S. 9 ff.
173 Zu internationalen Entwicklungen in der Frage der Selbstveranlagung *Eismayr/Kirsch*, DB 2016 S. 40 ff.
174 Vgl. z. B. DStV/WPK, Stellungnahme v. 19.2.2014 zur Einführung eines Selbstveranlagungsverfahrens zur Ertragsbesteuerung von Unternehmen, abrufbar unter https://www.dstv.de/interessenvertretung/steuern/stellungnahmen-steuern/2014-s01-mit-wpk-selbstveranlagungsverfahren (Abruf: 17.12.2017); vgl. auch *Kowallik/Bongaerts*, DB 2016, Beilag 4, S. 8.
175 Stellv. *Kowallik/Bongaerts*, DB 2016, Beilage 4 S. 8.
176 *Kowallik/Bongaerts*, DB 2016, Beilage 4, S. 11 haben für eine Vollautomation der KSt- und GewSt-Steuerberechnung einen Bedarf in Höhe von 310 zusätzlichen, insb. die GuV betreffenden Positionen der Kerntaxonomie ermittelt.
177 Abrufbar unter http://www.esteuer.de/download/%c3%84nderungsnachweis_Tax_6.1.pdf (Abruf: 17.12.2017).
178 Vgl. BFH, Beschlüsse v. 5.7.2016 – X B 213/15, X B 4/16, BFH/NV 2016 S. 1679.
179 Vgl. *Polka/Arnold*, DStZ 2016 S. 581.

10.3 E-Bilanz als Bestandteil des Tax Compliance Management Systems

1337 Zweck eines Tax Compliance Management Systems ist die Sicherstellung der vollständigen, frist- und formgerechten Erfüllung steuerlicher Pflichten.[180] Mit Schreiben v. 23.5.2016[181] hat das BMF in Ergänzung des Anwendungserlasses zu § 153 AO verlautbart, die Existenz eines innerbetrieblichen, der Erfüllung steuerlichen Pflichten dienenden Kontrollsystems spreche indiziell gegen das Vorliegen eines Vorsatzes oder der Leichtfertigkeit und damit gegen ein straf- oder bußgeldrechtlich vorwerfbares Verhalten. Die Rechtsprechung wertet die Existenz eines Tax Compliance Management Systems gleichermaßen als Indiz gegen das Vorliegen des subjektiven Tatbestands potenzieller Steuerstraftaten.[182] Mit Veröffentlichung des auf Tax Compliance zielenden IDW Praxishinweises zum Prüfungsstandard 980[183] hat das IDW für prüfungspflichtige Unternehmen Vorgaben zur praktischen Umsetzung und Prüfung eines Tax CMS formuliert.[184] Ein Tax CMS ist demgemäß angemessen, wenn es geeignet ist, mit hinreichender Sicherheit sowohl Risiken für wesentliche Regelverstöße rechtzeitig zu erkennen als auch solche Regelverstöße zu verhindern.

Bestandteil der Organisationsstruktur zur Sicherstellung der Einhaltung steuergesetzlicher Bestimmungen ist auch die E-Bilanz i. S. d. § 5b EStG, durch die das bisherige Tax Reporting auf eine neue Transparenzebene gehoben, Steuerrisiken sichtbar gemacht und Verstöße gegen die Steuerstrategie des Unternehmens aufgedeckt werden (können). Das Fehlen besteuerungsrelevanter Daten wird sichtbar und kann automatisiert verwaltungsseitige Nachforderungen in Gang setzen. Die Übermittlung einer E-Bilanz „light" unter Nutzung aller gegebenen Möglichkeiten, die Tiefe der elektronisch zur Verfügung gestellten Daten abzuflachen, ist de lege lata zwar grundsätzlich sanktionsfrei zulässig (s. Rz. 1324), stellt gleichwohl kein kooperatives Compliance-Verhalten dar. Unter Tax-CMS-Gesichtspunkten ist – auch im Hinblick auf die mittel- bis langfristig absehbare Selbstveranlagung (s. Rz. 1326) und damit in Prozessoptimierungshinsicht – eine Erhöhung der steuerlichen Transparenz und damit eine Erhöhung des Compliance-Levels der E-Bilanz zu erwägen. Die E-Bilanz erweist sich damit als wesentlicher Treiber steuerlicher Transparenz.

1338–1339 *(Einstweilen frei)*

---

180 Zu Aufbau/Anforderungen an ein Tax CMS stellv. *Ebbinghaus/Neu*, StuB 2016 S. 862 ff.; *Risse*, DB 2017 S. 2061 ff.; *Kowallik*, DB 2017 S. 2571 ff.
181 BMF, Schreiben v. 23.5.2016 – IV A 3 – S 0324/15/10001/ IV A 4 – S 0324/14/10001, BStBl 2016 I S. 490 Rz. 2.6.
182 Vgl. BGH, Urteil v. 9.5.2017 – 1 StR 265/16, NJW 2017 S. 3798.
183 IDW Praxishinweis 1/2016 v. 31.5.2017 zur Ausgestaltung und Prüfung eines Tax Compliance Management Systems.
184 Dazu *Kowallik*, DB 2017 S. 386; *Risse*, DB 2017 S. 2061 ff.; zur Entwicklung weiterer Tax Compliance Regelwerke *Kowallik*, DB 2017 S. 2571.

Teil A:
Grundsatz- und Querschnittsfragen steuerlicher Gewinnermittlung

Kapitel X:
Besonderheiten der steuerlichen Gewinnermittlung bei Personengesellschaften

von
Professor Dr. Holger Kahle, Hohenheim

Kapitel X: Besonderheiten der steuerlichen Gewinnermittlung bei Personengesellschaften

Inhaltsübersicht	Rz.
1. Überblick	1340 - 1350
2. Erste Stufe der Gewinnermittlung	1351 - 1450
2.1 Aufstellung der Steuerbilanz	1351 - 1355
2.2 Betriebsvermögen der Gesamthand	1356 - 1370
2.3 Kapitalkonten der Gesellschafter	1371 - 1375
2.4 Schuldrechtliche Verträge auf der ersten Stufe	1376 - 1382
2.5 Grundsatz der einheitlichen Wahlrechtsausübung und dessen Ausnahmen	1383 - 1395
2.6 Ergänzungsbilanzen	1396 - 1450
2.6.1 Begriff und Funktion von Ergänzungsbilanzen	1396 - 1408
2.6.2 Anlässe für die Aufstellung von Ergänzungsbilanzen	1409 - 1415
2.6.3 Anwendungsbeispiel: Entgeltlicher Erwerb eines Mitunternehmeranteils	1416 - 1450
3. Zweite Stufe der Gewinnermittlung	1451 - 1549
3.1 Aufstellung der Sonderbilanz und der Sonder-GuV	1451 - 1458
3.2 Korrespondierende Bilanzierung	1459 - 1465
3.2.1 Bedeutung und Begründung	1459
3.2.2 Darlehen des Mitunternehmers an die Gesellschaft	1460 - 1461
3.2.3 Pensionszusagen	1462
3.2.4 Miet- und Pachtverträge	1463
3.2.5 Betriebsaufspaltung	1464
3.2.6 Künftig zu erbringende Dienstleistungen	1465
3.3 Umfang des Sonderbetriebsvermögens der Gesellschafter	1466 - 1505
3.3.1 Das Sonderbetriebsvermögen als Bestandteil des steuerrechtlichen Betriebsvermögens der Mitunternehmerschaft	1466 - 1471
3.3.2 Notwendiges Sonderbetriebsvermögen	1472 - 1495
3.3.3 Gewillkürtes Sonderbetriebsvermögen	1496 - 1505
3.4 Sondervergütungen, Sonderbetriebseinnahmen und Sonderbetriebsausgaben	1506 - 1530
3.4.1 Sondervergütungen	1506 - 1525
3.4.2 Sonderbetriebseinnahmen und Sonderbetriebsausgaben	1526 - 1530
3.5 Bilanzierungskonkurrenz zwischen Sonderbetrieb und eigenem Betrieb des Mitunternehmers und zwischen Schwesterpersonengesellschaften	1531 - 1545
3.6 Entnahme von Sonderbetriebsvermögen	1546 - 1549
4. Transfer von Wirtschaftsgütern bei Personengesellschaften	1550 - 1580
4.1 Einführung	1550 - 1553
4.2 Transfer von Wirtschaftsgütern ohne Rechtsträgerwechsel (§ 6 Abs. 5 Satz 2 EStG)	1554 - 1558
4.3 Transfer von Wirtschaftsgütern mit Rechtsträgerwechsel (§ 6 Abs. 5 Satz 3 EStG)	1559 - 1580
5. Doppelstöckige Personengesellschaft	1581 - 1609

AUSGEWÄHLTE LITERATUR

Bareis, Änderungen der Verfügungsrechte bei Mitunternehmerschaften ohne oder mit Gewinnrealisierung?, FR 2011 S. 153; *Bodden*, Einkünftequalifikation bei Mitunternehmern, Aachen 2001; *Bolk*, Bilanzierung und Besteuerung der Personengesellschaft und ihrer Gesellschafter, 2. Aufl., Köln 2016; *Bolk*, Auflösung von Ergänzungsbilanzen, DStZ 2015 S. 472; *Brucker*, Gesellschafterkontenabgrenzung einer inländischen Personenhandelsgesellschaft und deren Bedeutung in ausgewählten ertragsteuerlichen Normen, Lohmar/Köln 2016; *Carlé*, Leistungsvergütungen an Mitunternehmer, KÖSDI 2015 S. 19290; *Cremer*, Sonderbilanzen bei Personengesellschaften, NWB 2017, Beilage 2, S. 17; *Dannecker/Rudolf*, Veräußerung von Mitunternehmeranteilen und Unternehmenstransaktionen mit negativem Kaufpreis im Lichte der §§ 4f, 5 Abs. 7 EStG, BB 2014 S. 2539; *Egner/Gries/Stößel*, Abschreibung in Ergänzungsbilanzen bei Erwerb eines Mitunternehmeranteils, SteuerStud 2017 S. 295; *Farwick*, Ergänzungsbilanzen für persönlich haftende Gesellschafter einer KGaA?, StuB 2018 S. 11; *Farwick*, Berechnung der AfA anlässlich eines Gesellschafterwechsels bei einer Mitunternehmerschaft, StuB 2017 S. 175; *Farwick*, Fortführung und Auflösung der Ergänzungsbilanzen, StuB 2016 S. 732; *Förster/Staaden*, Veräußerung und Erwerb von Mitunternehmeranteilen mit passivierungsbeschränkten Verpflichtungen, BB 2016 S. 1323; *Gosch*, „Zoff im BFH": Die vorläufig vorweggenommene Divergenzanrufung, DStR 2010 S. 1173; *Groh*, Die Bilanzen der Mitunternehmerschaft, StuW 1995 S. 383; *Gschwendtner*, Ergänzungsbilanz und Sonderbilanz II in der Rechtsprechung des Bundesfinanzhofs, DStR 1993 S. 817; *Hallerbach*, Gleichstellungsthese – Wann ist der Mitunternehmer ein Einzelunternehmer?, FR 2016 S. 1117; *Hallerbach*, Die Personengesellschaft im Einkommensteuerrecht, München 1999; *Herbst/Stegemann*, Neues zur korrespondierenden Bilanzierung, DStR 2017 S. 2081; *Herbst/Stegemann*, Zur Reichweite der korrespondierenden Bilanzierung bei Mitunternehmerschaften, DStR 2013 S. 176; *Horschitz/Groß/Fanck/Guschl/Kirschbaum/Schustek*, Bilanzsteuerrecht und Buchführung, 14. Aufl., Suttgart 2016; *Hüttemann*, Einkünfteermittlung bei Gesellschaften, DStJG 34 (2011) S. 291; *IDW* (Hrsg.), Doppelstöckige Personengesellschaften, Düsseldorf 2017; *Ising*, Ergänzungsbilanzen anlässlich eines entgeltlichen Gesellschafterwechsels, Frankfurt a. M. u. a. 2001; *Jacobs/Scheffler/Spengel*, Unternehmensbesteuerung und Rechtsform, 5. Aufl., München 2015; *Kahle*, Steuerliche Gewinnermittlung bei Personengesellschaften: Die Gleichstellungsthese in der Diskussion, BB 2018 S. 747; *Kahle*, Steuerliche Gewinnermittlung bei doppelstöckigen Personengesellschaften, DStZ 2014 S. 273; *Kahle*, Ergänzungsbilanzen bei Personengesellschaften, FR 2013 S. 873; *Kahle*, Die Steuerbilanz der Personengesellschaft, DStZ 2012 S. 61; *Kahle*, Die Sonderbilanz bei der Personengesellschaft, FR 2012 S. 109; *Kahle*, Abgrenzung von Gesellschafterkonten bei Personengesellschaften, DStZ 2010 S. 720; *Kahle/Braun*, Bilanzierung angeschaffter Rückstellungen in der Steuerbilanz, FR 2018 S. 197 ff.; *Kanzler*, Das neue Abzugsverbot des § 4i EStG für Sonderbetriebsausgaben, NWB 2017 S. 326; *Kanzler*, Nachlaufende Bilanzierungspflichten bei Pensionszusagen an Mitunternehmer, FR 2014 S. 936; *Kempf/Obermann*, Offene Fragen zur Abstockung beim Kauf von Anteilen an Personengesellschaften, DB 1998 S. 545; *Kersten/Feldgen*, Steuerliche Implikationen der Kapitalkonten bei Personengesellschaften, FR 2013 S. 197; *Klein*, Bilanzierungskonkurrenzen bei Personengesellschaften, NWB 2003, Fach 17, S. 1727; *Kudert/Kahlenberg*, Bekämpfung von Besteuerungslücken auf Kosten der Rechtssicherheit – Aufruf an den Gesetzgeber zur Reformierung des § 4i EStG, StuW 2017 S. 344; *Lange/Bilitewski/Götz*, Personengesellschaften im Steuerrecht, 10. Aufl., Herne 2018; *Lehmann*, Betriebsvermögen und Sonderbetriebsvermögen, Wiesbaden 1988; *Ley*, Fortschreibung von Ergänzungsbilanzen in Fällen des Anteilserwerbs nach dem BMF-Schreiben v. 19.12.2016, KÖSDI 2017 S. 20278; *Ley*, Beteiligungen an gewerblichen Personengesellschaften in der Buchhaltung, in der Handels- und Steuerbilanz einschließlich der E-Bilanz sowie in der steuerlichen Gewinnermittlung, KÖSDI 2016 S. 19800; *Ley*, Ausgewählte Fragen und Probleme der Besteuerung doppelstöckiger Personengesellschaften, KÖSDI 2010 S. 17148; *Ley*, Zur Buchführungs- und Abschlusserstellungspflicht sowie zur Ausübung von Bilanzierungswahlrechten in der Sonderbilanz eines Mitunternehmers, WPg 2006 S. 904; *Ley*, Ausgewählte Fragen und Probleme im Zusammenhang mit Gesellschafterkonten und Ergänzungsbilanzen, StbJb 2003/04 S. 135; *Marx*, Steuerliche Ergänzungsbilanzen, StuW 1994 S. 191; *Meier/Geberth*, Behandlung des passiven Ausgleichspostens („negativer Geschäftswert") in der Steuerbilanz, DStR 2011 S. 733; *Menkel*, Sonderbetriebsvermögen bei der Überlassung von Wirtschaftsgütern, Aachen 2007; *Moxter*, Bilanzrechtliche Probleme beim Geschäfts- oder Firmenwert, in: Bierich/Hommelhoff/Kropff (Hrsg.), FS Semler, Berlin/New York 1993, S. 853; *Müller*, Steuerliche Gewinnermittlung bei Personengesellschaften, Wiesbaden 1992; *Niehus/Wilke*, Die Besteuerung der Personengesellschaften, 7. Aufl., Stuttgart 2015; *Niehus*, Fortführung von Ergänzungsbilanzen, StuW 2002 S. 116; *Neufang/Schmid*, Sonder-Betriebseinnahmen und Sonder-Betriebsausgaben – Haben die übrigen Gesellschafter ein Einsichtsrecht?, Stbg 2012 S. 337; *Pinkernell*, Einkünftezurechnung bei Personengesellschaften, Berlin 2001; *Pohl*, Betriebliche Veranlassung von Darlehen einer Personengesellschaft an ihre Gesellschafter, StuB 2015 S. 330; *Prinz*, Korrespondierende Bilanzierung bei Personengesellschaften, JbFSt 2015/2016 S. 488; *Prinz*, Negativer Kaufpreis: Ein steuerbilanzielles Sonderphänomen, FR 2011 S. 373; *Prinz*, Neuakzentuierung der BFH-Rspr. zur Sonderbetriebsvermögenseigenschaft von Kapitalgesellschaftsanteilen und Mitunternehmeranteilen?, DB 2010 S. 972; *Prinz*, Besteuerung der Personengesellschaften – unpraktikabel und realitätsfremd?, FR 2010 S. 736; *Prinz/Keller*, Praxisfragen der Fortführung von Ergänzungsbilanzen, DB 2017 S. 1607; *Regniet*, Ergänzungsbilanzen bei der Personengesellschaft, Köln 1990; *Reiß*, Personengesellschaften, in: Kube u. a. (Hrsg.), Leitgedanken des Rechts, FS Kirchhof, Bd. II, Heidelberg 2013, S. 1925; *Riedel*, Verlustrealisierung durch Wegfall der korrespondierenden Bilanzierung im Sonderbetriebsvermögen – „Umgehung" von § 6 Abs. 5 Satz 3 EStG oder §§ 4f, 5 Abs. 7 EStG reloaded?, FR 2017 S. 949; *Scheunemann/von Mandelsloh/Preuß*, Negativer Kaufpreis beim Unternehmenskauf, DB 2011 S. 201; *Schmitt/Schaflitzl*, Neuere Entwicklungen bei der Besteuerung von Personenunternehmen, Ubg 2017 S. 353; *Schmitz*, Bilanzierungskonkurrenzen bei Sonderbetriebsvermögen, NWB 2010 S. 425; *Schneider*, Sonderbetriebsvermögen – Rechtsgrundlagen und Umfang, Köln 2000; *Schoor*, Sonderbetriebsvermögen bei Mitunternehmerschaften, BBK 2017 S. 184; *Schoor*, Aufstellung und Fortentwicklung von Ergänzungsbilanzen, StBp 2006 S. 216; *Schulze zur Wiesche*, Mehrstöckige Personengesellschaft als Unternehmensverbund, DStZ 2017 S. 784; *Schulze zur Wiesche*, Die Ertragsbesteuerung der Personengesellschaft in der BFH-Rechtsprechung der letzten beiden Jahre, DStZ 2015 S. 562; *Schulze zur Wiesche*, Beteiligungen an Kapitalgesellschaften als Sonderbetriebsvermögen der Personengesellschaft, StBp 2010 S. 213; *Selbmann*, Die Übertragung stiller Reserven bei Personengesellschaften nach § 6b EStG, Berlin 2003; *Siegel*, Zuordnungsänderungen in Personengesellschaften, FR 2011 S. 45; *Siegel/Bareis*, Zum „negativen Geschäftswert" in Realität und Bilanz, BB 1994 S. 317; *Söffing*, Für die Anwendung der Subsidiaritätsthese in Fällen der Bilanzierungskonkurrenz, DB 2007 S. 1994; *Söffing* (Hrsg.), Besteuerung der Mitunternehmer, 5. Aufl., Herne/Berlin 2005; *Sparrer*, Sonderbetriebsvermögen – über die Legitimation zur Definition, Berlin 2007; *Steger*, Die Qualifikation aktivischer Gesellschafterkonten, NWB 2013, S. 998; *Strahl/Demuth*, Personengesellschaften, 2. Aufl., Köln 2013; *Uelner*, Ergänzungs- und Sonderbilanzen, DStJG 14 (1991) S. 139; *Tiede*, Keine Zuordnung einer Streubesitzbeteiligung an der Komplementär-GmbH zum Sonderbetriebsvermögen II des Kommanditisten, StuB 2015 S. 703; *Weiss*, Neuere Entwicklungen bei der korrespondierenden Bilanzierung, StuB 2017 S. 790; *Wenzel*, Sonderbetriebsvermögen, NWB 2009 S. 1070; *Weber-Grellet*, Bilanzsteuerrecht, 15. Aufl., Münster 2017; *Wichmann*, Die Sonderbilanz – eine kritische Bestandsaufnahme, DStZ 2016 S. 414; *Wichmann*, Fragen im Zusammenhang mit der Sonderergebnisermittlung und Verfassungsrecht, DStR 2012 S. 2513; *Zimmermann/Hottmann/Kiebele/Schaeberle/Schustek/Szczensy*, Die Personengesellschaft im Steuerrecht, 12. Aufl., Achim 2017.

1. Überblick

Der Anteil des Mitunternehmers am „Gesamtgewinn der Mitunternehmerschaft" sind seine gewerblichen Einkünfte.[1] Die Gewinnermittlung erfolgt bei Mitunternehmerschaften in zwei Stufen.[2] Die **erste Stufe** betrifft die Ermittlung des Anteils des Mit-

1340

---

[1] Vgl. BFH, Beschluss v. 3.5.1993 – GrS 3/92, BStBl 1993 II S. 616; BFH, Urteil v. 28.3.2000 – VIII R 13/99, BStBl 2000 II S. 612.

[2] Vgl. z. B. BFH, Urteile v. 14.5.1991 – VIII R 31/88, BStBl 1992 II S. 167; v. 30.3.1993 – VIII R 63/91, BStBl 1993 II S. 706; v. 13.10.1998 – VIII R 78/97, BStBl 1999 II S. 163.

unternehmers an dem von der Personengesellschaft erzielten Gewinn oder Verlust. Sie erfolgt in der Steuerbilanz der Gesellschaft (**steuerrechtliche Gesamthandsbilanz**). Das gesamthänderisch erzielte Ergebnis wird i. d. R. nach der gesellschaftsvertraglichen Vereinbarung auf die einzelnen Gesellschafter verteilt. Der dem jeweiligen Gesellschafter zugerechnete Gewinnanteil wird ggf. aufgrund gesellschaftsbezogener Regelungen korrigiert; so gelten z. B. die Regelungen des Teileinkünfteverfahrens und des § 8b KStG auch, wenn die entsprechenden Tatbestände der §§ 8b KStG, 3 Nr. 40 EStG von einer Mitunternehmerschaft verwirklicht werden. Zudem erfolgt ggf. eine Korrektur um das Ergebnis einer **Ergänzungsbilanz** (vgl. Rz. 1396 ff.). Man erhält im Ergebnis den Gewinnanteil des Mitunternehmers i. S. d. § 15 Abs. 1 Satz 1 Nr. 2 1. Halbsatz EStG.

1341 Auf der **zweiten Stufe** der Gewinnermittlung wird das Ergebnis etwaiger **Sonderbilanzen** ermittelt. Es umfasst a) die Ergebnisse der aktiven und passiven Wirtschaftsgüter des Sonderbetriebsvermögens (vgl. Rz. 1466 ff.), b) die in § 15 Abs. 1 Satz 1 Nr. 2 EStG genannten **Sondervergütungen** (vgl. Rz. 1506 ff.), c) die sonstigen **Sonderbetriebseinnahmen** und **Sonderbetriebsausgaben** (vgl. Rz. 1526 ff.) sowie d) etwaige Gewinne und Verluste aus der Veräußerung des Mitunternehmeranteils (§ 16 Abs. 1 Nr. 2 EStG).[3] Die Regelung des § 15 Abs. 1 Satz 1 Nr. 2 EStG zielt darauf ab, Einzelunternehmer und Mitunternehmer weitgehend gleich zu behandeln (**Gleichstellungsthese**) oder zumindest anzunähern.[4] Die Gleichstellungsthese entspricht der h. M. im Schrifttum,[5] sie ist aber als systemprägender Grundsatz umstritten.[6] Inhalt, Umfang und Abgrenzung der Gleichstellungsthese sind nach wie vor nicht abschließend geklärt.[7] Die Gleichstellungsthese ist „nicht in jeder Hinsicht verwirklicht"[8]. Sie steht nicht im Einklang mit der Entwicklung im Gesellschaftsrecht;[9] hier wird die Personengesellschaft als Rechtsträger anerkannt.[10] Es ist auch zu beachten, dass das deutsche Steuerrecht die Personengesellschaft **partiell** zum **Steuerrechtssubjekt** macht: Sie (und nicht der einzelne Gesellschafter) ist Subjekt der Gewinnerzielung, Gewinnermittlung und Einkünftequalifikation (**Einheit der Gesellschaft**; Einheitstheorie).[11]

1342 Der **Gesamtgewinn der Mitunternehmerschaft** ermittelt sich durch Addition der Teilgewinne aus der ersten und zweiten Stufe (**additive Gewinnermittlung**). Er wird für Zwecke der Einkommen- und Körperschaftsteuer aber nicht benötigt, denn die Gesellschaft wird nicht als Subjekt der Einkommensbesteuerung anerkannt, allerdings ist sie Subjekt der Gewinnermittlung.[12] Eine additive Gewinnermittlung ist hinreichend;[13] die Aufstel-

---

3 Vgl. *Wacker* in Schmidt, EStG, 37. Aufl., München 2018, § 15 Rz. 401.
4 Vgl. BFH, Urteile v. 22.11.1994 – VIII R 63/93, BStBl 1996 II S. 93; v. 10.5.2007 – IV R 69/04, BFH/NV 2007 S. 2023.
5 Vgl. z. B. *Wacker* in Schmidt, EStG, 37. Aufl., München 2018, § 15 Rz. 161; *Rätke* in HHR, EStG, KStG, Köln, § 15 Rz. 81 (Stand: Mai 2013); *Cordes/Kotzenberg* in Hachmeister u. a. (Hrsg.), Bilanzrecht, Köln 2018, Anh. 2, Rz. 6.
6 So auch *Wendt*, FR 2017 S. 959.
7 Vgl. im Einzelnen *Hallerbach*, FR 2016 S. 1117.
8 *Wendt*, FR 2017 S. 959.
9 Vgl. *Prinz/Keller*, DB 2017 S. 1608.
10 Vgl. *Schmidt*, Gesellschaftsrecht, 4. Aufl., 2002, §§ 8 III, 58 IV; *Schmidt*, AcP Bd. 209 (2009), S. 181 ff.
11 Vgl. BFH, Beschlüsse v. 25.6.1984 – GrS 4/82, BStBl 1984 II S. 761; v. 25.2.1991 – GrS 7/89, BStBl 1991 II S. 699; v. 3.7.1995 – GrS 1/93, BStBl 1995 II S. 621 ff.
12 Vgl. BFH, Beschluss v. 25.6.1984 – GrS 4/82, BStBl 1984 II S. 751.
13 Vgl. grundlegend *Kruse*, DStJG 2 (1979) S. 37 ff.

lung einer **Gesamtbilanz der Mitunternehmerschaft**[14], in der die Steuerbilanz der Gesellschaft, die Ergänzungsbilanzen sowie die Sonderbilanzen der Gesellschafter zusammengefasst werden, ist weder vom Gesetz vorgesehen noch nötig.[15] Vielmehr wäre eine solche Konsolidierung für die korrekte Gewinnverteilung sogar hinderlich.[16] Im Verhältnis zwischen Gesellschaft und Gesellschafter ist im Grundsatz korrespondierend zu bilanzieren („**additive Gewinnermittlung mit korrespondierender Bilanzierung**", vgl. Rz. 1459 f.). Der Gewinnanteil des jeweiligen Gesellschafters wird durch das Betriebsfinanzamt (§ 18 AO) **einheitlich** und **gesondert** festgestellt (§§ 179, 180 Abs. 1 Nr. 2a AO). Jedoch knüpft die **Gewerbesteuer** als Ausgangsgröße für die Berechnung des Gewerbeertrags an den Gesamtgewinn an (§ 7 GewStG); insoweit bedarf es der Berechnung des Gesamtgewinns der Mitunternehmerschaft.[17] Auch Gewinne aus der Veräußerung von **Sonderbetriebsvermögen I oder II** (vgl. Rz. 1472 ff.) unterliegen damit der Gewerbesteuer,[18] während Verluste den Gewerbeertrag verringern.

Außerhalb der Steuerbilanz wird der Gewinn aufgrund steuerrechtlicher Vorschriften (z. B. nichtabziehbare Betriebsausgaben) korrigiert. **Nicht abziehbare Betriebsausgaben** sind je nachdem, ob sie auf der Ebene der Gesellschaft oder auf der Ebene des Gesellschafters angefallen sind, Teil des Ergebnisses der ersten oder der zweiten Stufe der Gewinnermittlung. 1343

Für Zwecke der **Zinsschranke** (§§ 4h EStG, 8a KStG) haben **Mitunternehmerschaften** nur einen Betrieb; zu diesem gehört neben dem Gesamthandsvermögen (einschließlich der Korrekturen durch Ergänzungsbilanzen) auch das Sonderbetriebsvermögen der Mitunternehmer.[19] Nach Ansicht der Finanzverwaltung führen Zinsaufwendungen im Zusammenhang mit Gesellschafterdarlehen wegen § 15 Abs. 1 Nr. 2 EStG im Grundsatz weder zu Zinsaufwendungen noch zu Zinserträgen im Sinne des § 4h EStG.[20] Bezüglich der **Verteilung von nichtabziehbaren Zinsaufwendungen** fordert die Finanzverwaltung eine betriebsbezogene Betrachtungsweise.[21] Die nicht abziehbaren Zinsaufwendungen werden damit sämtlichen Mitunternehmern zugerechnet, obgleich die Zinsaufwendungen aus dem Sonderbetriebsvermögen eines einzelnen Mitunternehmers stammen (sog. „Sozialisierung" der Sonderbetriebsausgaben). 1344

---

14 Vgl. z. B. BFH, Urteil v. 2.12.1997 – VIII R 15/96, DStR 1998 S. 482.
15 Vgl. *Bolk*, Bilanzierung und Besteuerung der Personengesellschaft und ihrer Gesellschafter, 2. Aufl., Köln 2016, Rz. 2.2; *Groh*, StuW 1995 S. 389; *Haas*, JbFSt 1994/95 S. 22; *Pinkernell*, Einkünftezurechnung bei Personengesellschaften, Berlin 2001, S. 194. Zum Konzept der „konsolidierten Gesamtbilanz" vgl. *Döllerer*, DStZ/A 1974 S. 211 ff.; *Döllerer*, DStZ/A 1976 S. 435 ff.; *Döllerer*, DStZ 1980 S. 259 ff.; zur „strukturierten Gesamtbilanz" vgl. *Uelner*, JbFStR 1978/79 S. 300 ff.; vgl. hierzu auch *Müller*, Steuerliche Gewinnermittlung bei Personengesellschaften, Wiesbaden 1992, S. 39 ff.
16 Vgl. *Bolk*, Bilanzierung und Besteuerung der Personengesellschaft und ihrer Gesellschafter, 2. Aufl., Köln 2016, Rz. 4.44.
17 Vgl. BFH, Urteil v. 19.2.1981 – IV R 141/77, BStBl 1981 II S. 433; BFH, Beschluss v. 3.5.1993 – GrS 3/92, BStBl 1993 II S. 616.
18 Vgl. BFH, Urteil v. 3.4.2008 – IV R 54/04, BStBl 2008 II S. 742.
19 Vgl. BMF, Schreiben v. 4.7.2008 – IV C 7 – S 2742 – a/07/10001, BStBl 2008 I S. 718, Tz. 6. Zur Anwendung der Zinsschranke bei Mitunternehmerschaften vgl. im Einzelnen *Hoffmann*, GmbHR 2008 S. 113 ff.; *van Lishaut/Schumacher/Heinemann*, DStR 2008 S. 2341 ff.; *Feldgen*, NWB 2009 S. 998 ff.
20 Vgl. BMF, Schreiben v. 4.7.2008 – IV C 7 – S 2742 – a/07/10001, BStBl 2008 I S. 719, Tz. 19.
21 Vgl. BMF, Schreiben v. 4.7.2008 – IV C 7 – S 2742 – a/07/10001, BStBl 2008 I S. 724, Tz. 51.

1345 Die sich für gewerbliche Personengesellschaften aus § 15 Abs. 1 Satz 1 Nr. 2 EStG ergebenden Grundsätze der steuerlichen Gewinnermittlung gelten auch für Personengesellschaften mit Einkünften aus **Land- und Forstwirtschaft** oder **selbständiger Arbeit** (§§ 13 Abs. 7, 18 Abs. 4 Satz 2 EStG). Auch darüber hinaus finden bei Personengesellschaften mit nicht-gewerblichen Gewinneinkünften regelmäßig die gleichen Grundsätze wie bei gewerblichen Personengesellschaften Anwendung.[22]

1346 Diese Grundstruktur der zweistufigen Gewinnermittlung gilt auch dann, wenn die Beteiligung an einer gewerblichen Personengesellschaft in einem Betriebsvermögen gehalten wird und der steuerliche Gewinn durch Betriebsvermögensvergleich zu ermitteln ist. In der steuerlichen Betrachtung existiert aufgrund der Transparenz der Personengesellschaft kein Wirtschaftsgut **„Beteiligung an einer Personengesellschaft"**, das Eingang in einen Betriebsvermögensvergleich finden könnte.[23] Es handelt sich allenfalls um einen „Merkposten" in der Steuerbilanz des Gesellschafters;[24] es gibt folglich keine Teilwertabschreibungen auf einen Mitunternehmeranteil.[25] Ein Mitunternehmeranteil repräsentiert lediglich die ideellen Anteile an den einzelnen Wirtschaftsgütern des Gesamthandsvermögens der Personengesellschaft.[26] Die Höhe des Kapitalkontos des Gesellschafters in der Steuerbilanz der Gesellschaft spiegelt die anteilig dem Gesellschafter zuzurechnenden Buchwerte der Wirtschaftsgüter wider. Die Beteiligung des Mitunternehmers an der Personengesellschaft gehört auch nicht zum Sonderbetriebsvermögen.[27]

1347 Wenn die Beteiligung an einer vermögensverwaltenden Personengesellschaft im Betriebsvermögen gehalten wird (**Zebragesellschaft**), werden die nicht gewerblichen Einkünfte der Personengesellschaft beim Gesellschafter anteilig als Überschusseinkünfte erfasst. Erst auf der Ebene des gewerblich beteiligten Gesellschafters werden die Ein-

---

[22] Vgl. *Hüttemann*, DStJG 34 (2011) S. 306.
[23] Vgl. BFH, Urteile v. 25.4.1985 – IV R 83/83, BStBl 1986 II S. 350; v. 26.6.1990 – VIII R 81/85, BStBl 1994 II S. 645; BFH, Beschluss v. 25.2.1991 – GrS 7/89, BStBl 1991 II S. 691; *Weber-Grellet* in Schmidt, EStG, 37. Aufl., München 2018, § 5 Rz. 270, „Beteiligung an PersG"; *Prinz*, DB 2010 S. 975; *Wendt* in Kube u. a. (Hrsg.), Leitgedanken des Rechts, FS Kirchhof, Bd. II, Heidelberg u. a. 2013, S. 1965, Rz. 12; a. A. z. B. *Dietel*, DStR 2002 S. 2140. Demgegenüber stellt eine Beteiligung an einer Personengesellschaft in der Handelsbilanz einen Vermögensgegenstand dar, der im Grundsatz mit den Anschaffungskosten zu bilanzieren ist, vgl. IDW RS HFA 18, FN-IdW 2012, S. 24 ff.; *Grottel/Baldamus* in Beck'scher Bilanz-Kommentar, 11. Aufl., München 2018, § 247 Rz. 735; *Mische*, BB 2010 S. 2946.
[24] Vgl. *Wacker* in Schmidt, EStG, 37. Aufl., München 2018, § 15 Rz. 690. Wenn die Beteiligung an einer gewerblichen Personengesellschaft zu einem Gewerbebetrieb des Mitunternehmers gehört, wird sie in der Steuerbilanz oftmals nach der sog. Spiegelbildmethode bilanziert, vgl. hierzu z. B. *Groh*, StuW 1995 S. 385 f.; *Mayer*, DB 2003 S. 2035; *Ley*, KÖSDI 2016 S. 19806 ff.; *Cordes/Kotzenberg* in Hachmeister u. a. (Hrsg.), Bilanzrecht, Köln 2018, Anh. 2, Rz. 69 ff.
[25] Vgl. BFH, Urteil v. 1.7.2010, IV R 100/06, BFH/NV 2010 S. 2056; *Prinz*, DB 2010 S. 975; *Weber-Grellet* in Schmidt, EStG, 37. Aufl., München 2018, § 5 Rz. 270, „Beteiligung an PersG"; *Wacker* in Schmidt, EStG, 37. Aufl., München 2018, § 15 Rz. 690.
[26] Vgl. BFH, Beschluss v. 25.2.1991 – GrS 7/89, BStBl 1991 II S. 691; BFH, Urteil v. 20.11.2014 – IV R 1/11, BStBl 2017 II S. 36; *Wendt* in Kube u. a. (Hrsg.), Leitgedanken des Rechts, FS Kirchhof, Bd. II, Heidelberg u. a. 2013, S. 1965, Rz. 12; *Prinz/Thiel*, FR 1992 S. 193.
[27] Vgl. BFH, Urteil v. 30.8.2012 – IV R 44/10, BFH/NV 2013 S. 376. Hingegen kann nach der Auffassung der OFD Frankfurt ein Mitunternehmeranteil zum Sonderbetriebsvermögen einer anderen Mitunternehmerschaft gehören, vgl. OFD Frankfurt, Vfg. v. 16.9.2014 – S 2241 A – 99 - St 213, DStR 2014 S. 2180; a. A. *Bolk*, Bilanzierung und Besteuerung der Personengesellschaft und ihrer Gesellschafter, 2. Aufl., Köln 2016, Rz. 3.2. Vgl. zur Diskussion *Prinz*, DB 2010 S. 972 ff.; *Schumacher*, DStR 2010 S. 1606 ff.

künfte umqualifiziert.[28] Die **Zinsschranke** findet auf der Ebene des betrieblich beteiligten Gesellschafters Anwendung.[29]

(Einstweilen frei) 1348–1350

2. Erste Stufe der Gewinnermittlung
2.1 Aufstellung der Steuerbilanz

Personenhandelsgesellschaften (OHG, KG, EWIV) sind als Vollkaufleute zur Buchführung und Erstellung eines Jahresabschlusses verpflichtet (§§ 238, 242 HGB i. V. m. §§ 1, 6 Abs. 1 HGB).[30] Dieser Verpflichtung ist bei Gewinneinkünfte erzielenden Personenhandelsgesellschaften auch steuerrechtlich nachzukommen (§ 140 AO; **derivative Buchführungspflicht**). Auf der ersten Stufe wird der Gewinn der Gesellschaft in der sog. steuerrechtlichen Gesamthandsbilanz ermittelt, indem an die Handelsbilanz der Personengesellschaft angeknüpft wird (**derivative Steuerbilanz**; § 5 Abs. 1 EStG). **Ergänzungsbilanzen** (vgl. Rz. 1396 ff.) gelten als „integraler Bestandteil des Betriebsvermögensvergleichs des gesamthänderisch gebundenen Vermögens".[31] 1351

Bei der GbR, der PartG und wirtschaftlich vergleichbaren Rechtsgemeinschaften ist die Kaufmannseigenschaft nicht erfüllt, so dass eine handelsrechtliche Buchführungspflicht bezüglich des gesamthänderisch gebundenen Vermögens nicht besteht. § 140 AO kann also nicht greifen; jedoch ist § 141 AO für gewerbliche oder land- und forstwirtschaftliche Betriebe zu prüfen. Ergibt sich hiernach keine **originäre steuerrechtliche Buchführungspflicht**, weil keines der Größenkriterien des § 141 AO erfüllt ist, greift § 4 Abs. 3 EStG, sofern nicht freiwillig Bücher geführt werden. Für eine nicht bereits nach § 140 AO buchführungspflichtige Mitunternehmerschaft mit freiberuflichen Einkünften erfolgt die Gewinnermittlung über eine Einnahmen-Überschussrechnung nach § 4 Abs. 3 EStG oder durch einen freiwilligen Betriebsvermögensvergleich. 1352

Der **Abzug als Betriebsausgabe** bei der Ermittlung des Steuerbilanz-Gewinns setzt voraus, dass die Aufwendungen durch den eigenen Betrieb der Personengesellschaft veranlasst sind (§ 4 Abs. 4 EStG). Ist dies nicht der Fall, handelt es sich um eine Gewinnverwendung bzw. eine Entnahme durch die Gesellschafter. Die Regelungen zu **nicht abzugsfähigen Ausgaben** nach § 12 EStG gelten auch für Personengesellschaften.[32] 1353

(Einstweilen frei) 1354–1355

---

28 Vgl. BFH, Beschluss v. 11.4.2005 – GrS 2/02, BStBl 2005 II S. 679; BMF, Schreiben v. 29.4.1994 – IV B 2 – S. 2241 – 9/94; IV A 4 – S. 0361 – 11/94, BStBl 1994 I S. 282 mit Vereinfachungsregelung; BMF, Schreiben v. 8.6.1999 – IV C 2 – S. 2241 – 35/99, BStBl 1999 I S. 592.
29 Vgl. BMF, Schreiben v. 4.7.2008 – IV C 7 – S 2742 – a/07/10001, BStBl 2008 I S. 718, Tz. 43.
30 Vgl. im Einzelnen zur Buchführungspflicht bei Personenhandelsgesellschaften *Zimmermann* u. a., Die Personengesellschaft im Steuerrecht, 12. Aufl., Achim 2017, B Rz. 168-170.
31 *Niehus/Wilke*, Die Besteuerung der Personengesellschaften, 7. Aufl., Stuttgart 2015, S. 87.
32 Vgl. BFH, Urteil v. 29.10.1991 – VIII R 148/85, BStBl 1992 II S. 647; zum Abzug von Betriebsausgaben bei Personengesellschaften vgl. im Einzelnen *Wacker* in Schmidt, EStG, 37. Aufl., München 2018, § 15 Rz. 425 ff.

2.2 Betriebsvermögen der Gesamthand

1356 Regelmäßig haben Mitunternehmerschaften ein **Gesamthandsvermögen** (OHG, KG, GbR, Erben-, Gütergemeinschaft); dieses ist vom Vermögen der Gesellschafter getrennt (§§ 718 BGB, 124 HGB). Im Gegensatz zu einer Bruchteilsgemeinschaft ist der Gesellschafter einer Gesamthandsgesellschaft rechtlich nicht befugt, über die im Gesellschaftsvermögen gebundenen Vermögensgegenstände alleine zu verfügen, und zwar auch nicht in Höhe seiner Beteiligungsquote (**gesamthänderische Bindung**). Zum Gesamthandsvermögen zählen die Beiträge der Gesellschafter, die durch die Geschäftsführung für die Gesellschaft erworbenen Gegenstände und das, was aufgrund eines zu dem Gesellschaftsvermögen gehörenden Rechtes oder als Ersatz für die Zerstörung, Beschädigung oder Entziehung eines zu dem Gesellschaftsvermögen gehörenden Gegenstandes erworben wird (§ 718 BGB). Zum Gesamthandsvermögen gehören auch Wirtschaftsgüter, die zwar nicht im bürgerlich-rechtlichen, aber im **wirtschaftlichen Eigentum** der Personengesellschaft stehen.[33]

1357 In der **Handelsbilanz** sind alle der Personengesellschaft zivilrechtlich und wirtschaftlich zuzurechnenden Vermögensgegenstände ausgewiesen (§ 246 Abs. 1 HGB). Es ist unerheblich, ob bzw. inwieweit die Vermögensgegenstände von der Gesellschaft betrieblich genutzt werden. Folglich werden in der Handelsbilanz auch Vermögensgegenstände erfasst, die zwar zum Gesamthandsvermögen der Personengesellschaft gehören, aber von den Gesellschaftern nur für private Zwecke genutzt werden.[34] Vermögensgegenstände, die zivilrechtlich nicht zum Gesamthandsvermögen, aber zum Vermögen einzelner Gesellschafter zählen und dem Geschäftsbetrieb der Personengesellschaft dienen (**steuerrechtliches Sonderbetriebsvermögen**), finden keinen Eingang in die Handelsbilanz der Personengesellschaft.[35] Schulden, die Verpflichtungen der Gesamthand darstellen, sind in der Handelsbilanz zu passivieren, und zwar auch dann, wenn z. B. für die Aufnahme eines Darlehens die betriebliche Veranlassung fehlt oder wenn es sich um eine Verpflichtung der Gesellschaft gegenüber einem Gesellschafter handelt.[36]

1358 Steuerlich gehört das Gesamthandsvermögen aufgrund des Maßgeblichkeitsgrundsatzes (§ 5 Abs. 1 EStG) regelmäßig zum **notwendigen Betriebsvermögen**.[37] Wenn an einer KG Gesellschafter beteiligt sind, die nicht die Kriterien des Mitunternehmerbegriffs erfüllen, ist das Gesamthandsvermögen gleichwohl insgesamt Betriebsvermögen.[38]

1359 Das notwendige Betriebsvermögen umfasst die Vermögensgegenstände und Schulden des Gesamthandsvermögens, die unmittelbar dem Betrieb der Personengesellschaft

---

33 Vgl. *Bolk*, Bilanzierung und Besteuerung der Personengesellschaft und ihrer Gesellschafter, 2. Aufl., Köln 2016, Rz. 2.5.
34 Vgl. *Schmidt/Ries* in Beck'scher Bilanz-Kommentar, 11. Aufl., München 2018, § 246 Rz. 63; IDW RS HFA 7, IDW-FN 2012, S. 189 ff., Anm. 10.
35 Vgl. *Schneeloch*, Betriebswirtschaftliche Steuerlehre, Bd. 1: Besteuerung, 6. Aufl., München 2012, S. 317 f.; *Prinz*, FR 2010 S. 742.
36 Vgl. *Schmidt/Ries* in Beck'scher Bilanz-Kommentar, 11. Aufl., München 2018, § 246 Rz. 75.
37 Vgl. BFH, Urteil v. 30.6.1987 – VIII R 353/82, BStBl 1988 II S. 418; *Wacker* in Schmidt, EStG, 37. Aufl., München 2018, § 15 Rz. 481; *Hüttemann*, DStJG 34 (2011) S. 299; *Bolk*, Bilanzierung und Besteuerung der Personengesellschaft und ihrer Gesellschafter, 2. Aufl., Köln 2016, Rz. 2.8.
38 Vgl. BFH, Urteil v. 28.10.1999 – VIII R 66 – 70/97, BStBl 2000 II S. 183.

dienen oder zu dienen bestimmt sind[39] (z. B. die Warenvorräte einer Handelsgesellschaft, die Maschinen eines Herstellungsbetriebs, den Fuhrpark einer Transport-KG).[40] Dies gilt auch bei *zeitweiser* privater Nutzung.[41] Vermögen, das handelsrechtlich nicht zum Gesamthandsvermögen gehört, kann nicht steuerrechtliches Betriebsvermögen der Personengesellschaft sein.

Wie Kapitalgesellschaften können auch Personengesellschaften **keine Privatsphäre** haben, so dass sie **weder Privatvermögen noch gewillkürtes Betriebsvermögen** besitzen können.[42] Bis zur Grenze des notwendigen Privatvermögens gibt es im Gesamthandsvermögen nur Betriebsvermögen; im Gesamthandsvermögen ist gewillkürtes Betriebsvermögen begrifflich undenkbar.[43] In der Gesamthandsbilanz kann es also kein Wahlrecht geben, gewillkürtes Betriebsvermögen auszuweisen oder dies zu unterlassen.[44]

1360

Vermögensgegenstände und Schulden des Gesamthandsvermögens, die dem Betrieb der Personengesellschaft nicht unmittelbar dienen oder zu dienen bestimmt sind, gehören solange zum notwendigen Betriebsvermögen der Personengesellschaft, bis sie aus dem Gesamthandsvermögen ausgeschieden sind; das ergibt sich aus dem Maßgeblichkeitsgrundsatz des § 5 Abs. 1 Satz 1 EStG.[45] So gehört z. B. zum Betriebsvermögen einer OHG auch das zum Gesamthandsvermögen gehörende Wohnhaus, das die OHG zur Vermögensanlage erstellt und an Dritte vermietet hat.[46] Solche Wirtschaftsgüter bilden auch dann notwendiges Betriebsvermögen, wenn sie fälschlich nicht in der Bilanz ausgewiesen sind.[47] Diese Grundsätze gelten bei der OHG, KG und der GbR mit Gesamthandsvermögen[48] gleichermaßen, nicht jedoch bei der **Erbengemeinschaft**.[49]

Der steuerrechtliche Begriff des Betriebsvermögens (§ 4 Abs. 1 EStG) schränkt den Maßgeblichkeitsgrundsatz des § 5 Abs. 1 EStG ein. Nach Auffassung der Finanzverwaltung,[50]

1361

---

39 Vgl. BFH, Urteil v. 25.11.2004 – IV R 7/03, BStBl 2005 II S. 354; BFH, Beschluss v. 8.5.2009 – IV B 38/08, BeckRS 2009, 25015257.
40 Vgl. *Horschitz* u. a., Bilanzsteuerrecht und Buchführung, 14. Aufl., Stuttgart 2016, S. 635.
41 Vgl. *Wacker* in Schmidt, EStG, 37. Aufl., München 2018, § 15 Rz. 481; *Schoor*, BBK 2017 S. 184. Zur privaten Nutzung von Fahrzeugen des Gesamthandsvermögens vgl. im Einzelnen *Bolk*, Bilanzierung und Besteuerung der Personengesellschaft und ihrer Gesellschafter, 2. Aufl., Köln 2016, Rz. 4.68 ff.; *Cordes/Kotzenberg* in Hachmeister u. a. (Hrsg.), Bilanzrecht, Köln 2017, Anh. 2, Rz. 83 f.
42 Vgl. BFH, Urteil v. 23.5.1991 – IV R 94/90, BStBl 1991 II S. 800.
43 Vgl. BFH, Beschluss v. 27.4.1990 – X B 11/89, BFH/NV 1990 S. 769; BFH, Urteil v. 20.5.1994 – VIII B 115/93, BFH/NV 1995, S. 101; BFH, Urteil v. 3.9.2009 – IV R 61/06, BFH/NV 2010 S. 404; *Hallerbach*, Die Personengesellschaft im Einkommensteuerrecht, München 1999, S. 198; *Horschitz* u. a., Bilanzsteuerrecht und Buchführung, 14. Aufl., Stuttgart 2016, S. 635; a. A. *Klinkmann*, BB 1998 S. 1234.
44 Vgl. *Wendt*, FR 2015 S. 277; *Bolk*, Bilanzierung und Besteuerung der Personengesellschaft und ihrer Gesellschafter, 2. Aufl., Köln 2016, Rz. 2.10; a. A. *Pohl*, StuB 2015 S. 330.
45 Vgl. *Grottel/Baldamus* in Beck'scher Bilanz-Kommentar, 11. Aufl., München 2018, § 247 Rz. 738; vgl. auch R 4.2 Abs. 11 Satz 1 u. 2 EStR.
46 Vgl. *Horschitz* u. a., Bilanzsteuerrecht und Buchführung, 14. Aufl., Stuttgart 2016, S. 635; vgl. aber R 4.2 Abs. 11 S. 3 EStR.
47 Vgl. *Wacker* in Schmidt, EStG, 37. Aufl., München 2018, § 15 Rz. 481.
48 Vgl. z. B. BFH, Urteil v. 16.3.1983 – IV R 36/79, BStBl 1983 II S. 459.
49 Nach der Rechtsprechung ist ein fremdvermietetes Grundstück in diesem Fall als gewillkürtes Betriebsvermögen anzusehen, vgl. BFH, Urteil v. 23.10.1986 – IV R 214/84, BStBl 1987 II S. 120; *Wacker* in Schmidt, EStG, 37. Aufl., München 2018, § 15 Rz. 482.
50 Vgl. OFD Münster, Urteil v. 18.2.1994 – S 2241 – 79 – St 11 – 31, DStR 1994 S. 582 f.

der BFH-Rechtsprechung[51] und der h. M. in der Literatur[52] wird das Maßgeblichkeitsprinzip durchbrochen, wenn (1) aus der Sicht der Personengesellschaft für den Erwerb eines Wirtschaftsgutes jeglicher betriebliche Anlass fehlt[53] oder (2) bereits bei Erwerb erkennbar war, dass das Wirtschaftsgut für die Gesellschaft nur Verluste bringen wird[54], oder (3) das Wirtschaftsgut unentgeltlich ausschließlich oder fast ausschließlich der privaten Lebensführung eines, mehrerer oder aller Gesellschafter dient.[55] In diesen Fällen liegt regelmäßig **notwendiges Privatvermögen** der Gesellschafter vor.[56]

1362 Dies ist etwa gegeben, wenn eine OHG ein **Grundstück** erwirbt, das im Grundbuch für die OHG eingetragen wird, aber bereits im Zeitpunkt des Erwerbs für private Wohnzwecke der Gesellschafter bestimmt ist; es liegt notwendiges Privatvermögen der Gesellschafter vor.[57] Wird ein zum Gesamthandsvermögen gehörendes unbebautes Grundstück durch ein Gebäude bebaut, das eigenen Wohnzwecken eines, mehrerer oder aller Gesellschafter dienen soll, wird das Grundstück zu notwendigem Privatvermögen.[58]

1363 Unterschiedlich genutzte **Gebäudeteile** stellen selbständige Wirtschaftsgüter dar.[59] Damit gehört der Teil eines zum Gesamthandsvermögen gehörenden Gebäudes, der zu eigenen Wohnzwecken eines oder mehrerer Gesellschafter genutzt wird, nicht zum Betriebsvermögen der Personengesellschaft, sondern ist als notwendiges Privatvermögen zu behandeln.[60] Wenn aber zwischen der Personengesellschaft und dem Mitunternehmer ein Mietverhältnis zu Bedingungen wie unter fremden Dritten besteht, zählt der vom Mitunternehmer zu Wohnzwecken genutzte Teil des Grundstücks zum Betriebsvermögen der Personengesellschaft.[61]

1364 Ein **Darlehen einer Personengesellschaft an ihren Gesellschafter** zählt nur dann nicht zu ihrem Betriebsvermögen, wenn eine wesentliche betriebliche Veranlassung für die

---

51 Vgl. BFH, Urteile v. 22.5.1975 – IV R 193/71, BStBl 1975 II S. 804; v. 12.9.1985 – VIII R 336/82, BStBl 1985 II S. 257; v. 30.6.1987 – VIII R 353/82, BStBl 1988 II S. 418; v. 6.2.1992 – IV R 30/91, BStBl 1992 II S. 653; v. 9.5.1996 – IV R 64/93, BStBl 1996 II S. 642.
52 Vgl. *Wacker* in Schmidt, EStG, 37. Aufl., München 2018, § 15 Rz. 484-505; *Hüttemann*, DStJG 34 (2011) S. 299; *Kempermann*, StuW 1992 S. 83 ff.; *Friedrich* in Prinz/Hoffmann (Hrsg.), Beck'sches Handbuch der Personengesellschaften, 4. Aufl., München 2014, § 6 Rz. 49; *Horschitz* u. a., Bilanzsteuerrecht und Buchführung, 14. Aufl., Stuttgart 2016, S. 635 ff.; *Wolff-Diepenbrock*, StuW 1988 S. 376 f.
53 Vgl. z. B. BFH, Urteile v. 29.7.1997 – VIII R 57/94, BStBl 1998 II S. 652; v. 9.5.1996 – IV R 64/93, BStBl 1996 II S. 642.
54 Vgl. BFH, Urteile v. 19.7.1984 – IV R 207/83, BStBl 1985 II S. 6; v. 22.5.1975 – IV R 193/71, BStBl 1975 II S. 804.
55 Vgl. BFH, Urteile v. 6.6.1973 – I R 194/71, BStBl 1973 II S. 705; v. 30.6.1987 – VIII R 353/82, BStBl 1988 II S. 418; v. 23.11.2000 – IV R 82/99, BStBl 2001 II S. 232; *Bolk*, Bilanzierung und Besteuerung der Personengesellschaft und ihrer Gesellschafter, 2. Aufl., Köln 2016, Rz. 2.11; *Ruban* in Kirchhof/Offerhaus/Schöberle (Hrsg.), Steuerrecht, Verfassungsrecht, Finanzpolitik, FS Klein, Köln 1994, S. 796; alternativ wird vorgeschlagen, diese Vorgänge nach den Entnahme- bzw. Einlagegrundsätzen zu behandeln, vgl. *Knobbe-Keuk*, StuW 1976 S. 211 f.; *Knobbe-Keuk*, Bilanz- und Unternehmenssteuerrecht, 9. Aufl., Köln 1993, S. 415 f.
56 Zur erfolgsneutralen Ausbuchung eines Wirtschaftsgutes, das fälschlich als Betriebsvermögen ausgewiesen wurde, vgl. *Groh*, DB 1998 S. 1936.
57 Vgl. BFH, Urteil v. 6.6.1973 – I R 194/71, BStBl 1973 II S. 705.
58 Vgl. BFH, Urteil v. 30.6.1987 – VIII R 353/82, BStBl 1988 II S. 418.
59 Vgl. BFH, Beschluss v. 26.11.1973 – GrS 5/71, BStBl 1974 II S. 132; *Kahle/Heinstein*, DStZ 2006 S. 827.
60 Vgl. *Kahle/Heinstein*, DStZ 2006 S. 828 f.; *Horschitz* u. a., Bilanzsteuerrecht und Buchführung, 14. Aufl., Stuttgart 2016, S. 639.
61 Vgl. BFH, Urteil v. 17.5.1990 – IV R 27/89, BStBl 1991 II S. 216 f.

Ausreichung des Darlehens nicht bestanden hat.[62] Von einer **betrieblichen Veranlassung** wird ausgegangen, wenn die Darlehensgewährung zu marktüblichen Konditionen erfolgt, was eine Tilgungsregelung, im Grundsatz eine Besicherung und eine angemessene Verzinsung voraussetzt.[63] Auf die Art der Verwendung der Darlehensmittel kommt es in diesem Fall nicht an. Für die Beurteilung der Marktüblichkeit hat die Gestellung oder Nichtgestellung von Kreditsicherheiten aber keine allein entscheidende Bedeutung.[64] Eine angemessene Verzinsung liegt nach Auffassung der Finanzverwaltung dann nicht vor, wenn die Personengesellschaft die finanziellen Mittel zur Tilgung höher verzinster Betriebsschulden verwenden könnte.[65]

Sofern eine Personengesellschaft einem Gesellschafter ein **Darlehen ohne betriebliche Veranlassung** gewährt, gehört dieses Darlehen zwar zivilrechtlich zum Gesamthandsvermögen, steuerrechtlich aber nicht zum Betriebsvermögen i. S. d. § 4 Abs. 1 EStG.[66] Der Abfluss der Darlehenssumme ist als Entnahme aller Gesellschafter nach Maßgabe ihrer Beteiligung zu behandeln; Zahlungen zur Tilgung des Darlehens führen anteilig zu Einlagen aller Gesellschafter.[67] Entsprechend stellen die Zinszahlungen des Gesellschafters an die Gesellschaft Einlagen aller Gesellschafter dar und nicht betrieblich veranlasste Zinserträge.[68] Folgerichtig werden **Refinanzierungskosten** der Personengesellschaft als Entnahmen der Gesellschafter und nicht als Betriebsausgaben behandelt.[69]

Regelmäßig zählt ein zinsloses und ungesichertes **Darlehen** an einen Gesellschafter nicht zum Betriebsvermögen.[70] Den **Kriterien des Fremdvergleichs** hinsichtlich der Verzinslichkeit und Besicherung des Darlehens kommt nach der **Ansicht des BFH** im Rahmen der Gesamtwürdigung aber lediglich indizielle Bedeutung zu.[71] So kann auch ein unverzinsliches und nicht verkehrsüblich gesichertes Darlehen betrieblich veranlasst sein, wenn es dem Betrieb anderweitige Vorteile bringt, die den Nachteil der Ertragslosigkeit ausgleichen und einen Verzicht auf ausreichende Sicherheiten als betrieblich veranlasst erscheinen lassen.[72] Zudem ist es unerheblich, ob es sich um ein Darlehen aufgrund besonderer Vereinbarung handelt oder um ein auf einem aktivischen Gesellschafterverrechnungskonto ausgewiesenes Darlehen.

---

62 Vgl. BFH, Urteil v. 16.10.2014 – IV R 15/11, BStBl 2015 II S. 67; hierzu *Wendt*, FR 2015 S. 277; *Pohl*, StuB 2015 S. 330 ff.
63 Vgl. BMF, Schreiben v. 23.12.2010 – IV C 6 – S 2144/07, BStBl 2011 I, S. 37; *Bolk*, Bilanzierung und Besteuerung der Personengesellschaft und ihrer Gesellschafter, 2. Aufl., Köln 2016, Rz. 2.44.
64 Vgl. OFD Münster, Vfg. v. 4.12.2009 – S 2241 – 79 – St 12 – 33, BeckVerW 232699; *Bolk*, Bilanzierung und Besteuerung der Personengesellschaft und ihrer Gesellschafter, 2. Aufl., Köln 2016, Rz. 2.44.
65 Vgl. OFD Münster, Vfg. v. 4.12.2009 – S 2241 – 79 – St 12 – 33, BeckVerW 232699.
66 Vgl. BFH, Urteile v. 16.10.2014 – IV R 15/11, BStBl 2015 II S. 267; v. 16.10.2008 – IV R 98/06, BStBl 2009 II S. 272; v. 9.5.1996 – IV R 64/93, BStBl 1996 II, S. 642.
67 Vgl. *Bolk*, Bilanzierung und Besteuerung der Personengesellschaft und ihrer Gesellschafter, 2. Aufl., Köln 2016, Rz. 2.48 f.
68 Vgl. *Bolk*, Bilanzierung und Besteuerung der Personengesellschaft und ihrer Gesellschafter, 2. Aufl., Köln 2016, Rz. 2.49.
69 Vgl. *Bolk*, Bilanzierung und Besteuerung der Personengesellschaft und ihrer Gesellschafter, 2. Aufl., Köln 2016, Rz. 2.49.
70 Vgl. BFH, Urteil v. 9.5.1996 – IV R 64/93, BStBl 1996 II S. 642; zu einer Bürgschaftsschuld vgl. BFH, Urteil v. 2.6.1976 – I R 136/74, BStBl 1976 II S. 668.
71 Vgl. BFH, Urteil v. 16.10.2014 – IV R 15/11, BStBl 2015 II S. 267 ff.; *Wacker*, JbFSt 2016/2017, S. 516.
72 Vgl. BFH, Urteil v. 9.5.1996 – IV R 64/93, BStBl 1996 II S. 642.

Auch nach der Auffassung der **Finanzverwaltung** kann die betriebliche Veranlassung eines Darlehens der Gesellschaft an den Gesellschafter trotz marktunüblicher Konditionen bejaht werden, und zwar „wenn marktunüblich günstige Konditionen durch ein besonderes betriebliches Interesse der Gesellschaft an dem Verwendungszweck des Kredits bedingt sind"[73]. Als Beispiel wird ein niedrig verzinsliches Darlehen angeführt, das der Gesellschafter zur Finanzierung der Errichtung einer Fabrikhalle einsetzen soll, das nach der Fertigstellung der Personengesellschaft zur Nutzung überlassen werden soll.[74] Die fehlende Zinsvereinbarung oder Zinsverbilligung stellt unabhängig von der Aktivierung der Darlehensforderung in der Steuerbilanz der Gesellschaft eine **Nutzungsentnahme** aller Gesellschafter i. S. d. § 6 Abs. 1 Nr. 4 Satz 1 EStG dar;[75] diese Entnahme wird aber nicht mit dem Unterschiedsbetrag zu einer banküblichen Verzinsung, sondern mit ihren Selbstkosten, also mit den ggf. angefallenen Refinanzierungsaufwendungen, bewertet.[76]

1365 Bei **Versicherungsverträgen** hängt die Zugehörigkeit zum Betriebsvermögen im Grundsatz von der Art des versicherten Risikos ab. Wenn sich die Versicherung auf ein betriebliches Risiko bezieht, gehören die Ansprüche hieraus zum Betriebsvermögen; sie sind dem Privatvermögen zuzuordnen, wenn ein außerbetriebliches Risiko versichert wird.[77] Die Ansprüche aus einer **Risikolebensversicherung** auf das Leben eines Gesellschafters oder seiner Angehörigen gehören regelmäßig nicht zum Betriebsvermögen. Dies gilt etwa auch dann, wenn die Versicherung zur Absicherung und/oder Tilgung eines betrieblichen Kredits dient.[78] Besondere Umstände des Einzelfalls können zu einer Einordnung der Lebensversicherung als Betriebsvermögen führen.[79] Eine **Insassenunfallversicherung** für einen zum Betriebsvermögen gehörenden PKW zählt zum Betriebsvermögen.[80]

1366 Eine in der Handelsbilanz der Personengesellschaft ausgewiesene **Verbindlichkeit** muss betrieblich veranlasst sein, um ertragsteuerrechtlich als **Betriebsschuld** zu gelten.[81] Das gilt auch für eine Verbindlichkeit gegenüber einem Gesellschafter.[82] Zur Beurteilung eines Kredits der Personengesellschaft als Betriebs- oder Privatschuld kommt es auf

---

73 OFD Münster, Vfg. v. 4.12.2009 – S 2241 – 79 – St 12 – 33, BeckVerW 232699, unter b) bb).
74 Vgl. OFD Münster, Vfg. v. 4.12.2009 – S 2241 – 79 – St 12 – 33, BeckVerW 232699, unter b) bb). In der Sonderbilanz wird die Schuld also als passives Sonderbetriebsvermögen ausgewiesen, das Gebäude gehört zum Sonderbetriebsvermögen. Die Zinszahlungen des Gesellschafters an die Personengesellschaft führen zu Sonderbetriebsausgaben.
75 Vgl. *Bolk*, Bilanzierung und Besteuerung der Personengesellschaft und ihrer Gesellschafter, 2. Aufl., Köln 2016, Rz. 2.46.
76 Vgl. *Wacker* in Schmidt, EStG, 37. Aufl., München 2018, § 15 Rz. 631; *Bolk*, Bilanzierung und Besteuerung der Personengesellschaft und ihrer Gesellschafter, 2. Aufl., Köln 2016, Rz. 2.46.
77 Vgl. BFH, Urteile v. 21.5.1987 – IV R 80/85, BStBl 1987 II S. 710; v. 19.5.2009 – VIII R 6/07, BStBl 2010 II S. 168; v. 3.3.2011 – IV R 45/08, FR 2011 S. 659.
78 Vgl. BFH, Urteile v. 11.5.1989 – IV R 56/87, BStBl 1989 II S. 657; v. 10.4.1990 – VIII R 63/88, BStBl 1990 II S. 1017.
79 Vgl. BFH, Urteil v. 3.3.2011 – IV R 45/08, FR 2011 S. 658; hierzu *Kanzler*, FR 2011 S. 661 f.; *Grützner*, StuB 2011 S. 576; *Hoffmann*, StuB 2011 S. 601 f.
80 Vgl. BFH, Urteil v. 15.12.1977 – IV R 78/74, BStBl 1978 II S. 212.
81 Vgl. BFH, Urteil v. 19.2.1991 – VIII R 422/83, BStBl 1991 II S. 765; BFH, Urteil v. 8.12.1997 – GrS 1-2/95, BStBl 1998 II S. 193; BFH, Urteil v. 21.9.2005 – X R 46/04, BStBl II 2006, S. 125; R 4.2 (15) EStR.
82 Vgl. *Bolk*, Bilanzierung und Besteuerung der Personengesellschaft und ihrer Gesellschafter, 2. Aufl., Köln 2016, Rz. 2.5.

die tatsächliche Verwendung der Mittel an.[83] So ist eine Verbindlichkeit, die zwar von der Personengesellschaft eingegangen wurde und damit zum Gesamthandsvermögen gehört, aus steuerlicher Sicht nicht betrieblich veranlasst, wenn die Gesellschaft mit diesen Mitteln z. B. einen Swimmingpool im Garten eines ihrer Gesellschafter errichten lässt.[84] Schuldsalden auf gemischten Kontokorrentkonten werden entsprechend ihrer Veranlassung rechnerisch in betriebliche und private Unterkonten aufgeteilt.[85] Entsprechendes gilt für das von der Rechtsprechung anerkannte **Zwei- und Mehrkontenmodell**,[86] und zwar auch bei Personengesellschaften.[87]

Nach der Rechtsprechung des BFH kann für die Verpflichtung zur **Prüfung des Jahresabschlusses** einer **Personenhandelsgesellschaft** keine Rückstellung gebildet werden, wenn diese Verpflichtung ausschließlich durch den Gesellschaftsvertrag begründet ist.[88] Hiernach liegt eine reine Innenverpflichtung vor, wenn sich die Gesellschafter einer Personengesellschaft gesellschaftsvertraglich auf eine Prüfung des Jahresabschlusses einigen.[89]   1367

(Einstweilen frei)   1368–1370

2.3 Kapitalkonten der Gesellschafter

Bei Personengesellschaften wird für jeden Gesellschafter ein Kapitalkonto geführt, häufig sind es zwei (oder mehr) Kapitalkonten. Im Einzelnen ist danach zu unterscheiden, ob die Gesellschaft die Kapitalkonten nach dem **Regelstatut des HGB** führt (für persönlich haftende Gesellschafter ein einziges variables Kapitalkonto, für beschränkt haftende Gesellschafter ein Zweikonten-System)[90] oder ob **gesellschaftsvertragliche Regelungen** zu Gesellschafterkonten vorliegen (z. B. Dreikonten-Modell).[91]   1371

Der Abgrenzung von Gesellschafterkonten bei Personengesellschaften kommt sowohl im Zivilrecht als auch im Steuerrecht eine große Bedeutung zu (vgl. auch Rz. 1560 ff.). **Gesellschafterdarlehenskonten** weisen einen schuldrechtlichen Anspruch des Gesellschafters gegenüber der Gesellschaft aus, während die Kapitalkonten der Gesellschafter für   1372

---

83 Vgl. BFH, Beschluss v. 4.7.1990 – GrS 2-3/88, BStBl 1990 II S. 817; *Wacker* in Schmidt, EStG, 37. Aufl., München 2018, § 15 Rz. 486-489.
84 Vgl. *Friedrich* in Prinz/Hoffmann (Hrsg.), Beck'sches Handbuch der Personengesellschaften, 4. Aufl., München 2014, § 6 Rz. 49.
85 Vgl. BFH, Beschluss v. 4.7.1990 – GrS 2-3/88, BStBl 1990 II S. 817; *Wacker* in Schmidt, EStG, 37. Aufl., München 2018, § 15 Rz. 486.
86 Vgl. BFH, Beschluss v. 8.12.1997 – GrS 1-2/95, BStBl 1998 II S. 193; BFH, Urteil v. 19.3.1998 – IV R 110/94, BStBl 1998 II S. 513.
87 Vgl. BFH, Urteile v. 4.3.1998 – XI R 64/95, BStBl 1998 II S. 511; v. 8.11.1990 – IV R 127/86, BStBl 1991 II S. 505.
88 Vgl. BFH, Urteil v. 5.6.2014 – IV R 26/11, BStBl 2014 II S. 886; zustimmend *Weber-Grellet*, FR 2014 S. 1033.
89 Vgl. zur Diskussion im Einzelnen *Roser*, WPg 2015 S. 698 f.; *Strahl*, KÖSDI 2015 S. 19440 f.; *Oser*, DStR 2014 S. 2309 ff.; *Prinz*, DB 2014 S. 2188 ff.; *Prinz*, DB 2015 S. 151; *Sick/Lukaschek/Binding*, DStR 2015 S. 712 ff.; *Hennrichs*, StuW 2015 S. 65 ff.
90 Vgl. im Einzelnen *Brucker*, Gesellschafterkontenabgrenzung einer inländischen Personenhandelsgesellschaft und deren Bedeutung in ausgewählten ertragsteuerlichen Normen, Lohmar/Köln 2016, S. 74 ff.; *Strahl* in Strahl/Demuth, Personengesellschaften, 2. Aufl., Köln 2013, Rz. 1 ff.; *Kahle*, DStZ 2010 S. 724 ff.
91 Vgl. im Einzelnen *Brucker*, Gesellschafterkontenabgrenzung einer inländischen Personenhandelsgesellschaft und deren Bedeutung in ausgewählten ertragsteuerlichen Normen, Lohmar/Köln 2016, S. 77 ff.; *Strahl* in Strahl/Demuth, Personengesellschaften, 2. Aufl., Köln 2013, Rz. 11 ff.; *Kahle*, DStZ 2010 S. 727 ff.

die Stimmrechte, die Haftung und die Gewinnverteilung relevant sind.[92] Als maßgebliche **Kriterien zur Abgrenzung** von Gesellschafterkonten werden in erster Linie die Verlustverrechnung, die Ermittlung des Abfindungsguthabens und die Behandlung von Einlagen und Entnahmen herangezogen.[93] Insbesondere in folgenden Fällen ist die Abgrenzung des Eigenkapitals der Gesellschaft von Verbindlichkeiten gegenüber den Gesellschaftern und Forderungen an die Gesellschafter von ertragsteuerlicher Relevanz:[94]

- der Umfang der Verlustverrechnung nach § 15a EStG,
- die Ermittlung von Überentnahmen nach § 4 Abs. 4a EStG,
- die Behandlung von Zinsen für das Kapital als Betriebseinnahme bzw. -ausgabe oder als Gewinnverteilung,[95]
- die Ermittlung der Eigenkapitalquote bei Anwendung der Zinsschranke (§ 4h EStG),
- die Ermittlung des nicht entnommenen Gewinns sowie der Überentnahmen gemäß § 34a EStG,
- die Einbringung von Wirtschaftsgütern des Privatvermögens in das Gesamthandsvermögen gewerblicher Personengesellschaften (§ 4 Abs. 1 Satz 2, § 6 Abs. 1 Nr. 5, § 6 Abs. 6 Satz 1 EStG),
- Übertragungen einzelner Wirtschaftsgüter im betrieblichen Bereich (§ 6 Abs. 5 Satz 3 EStG),
- die unentgeltliche Übertragung betrieblicher Sachgesamtheiten (§ 6 Abs. 3 EStG),
- die Einbringung qualifizierter Sachgesamtheiten in eine Personengesellschaft (§ 24 UmwStG).

1373–1375 *(Einstweilen frei)*

2.4 Schuldrechtliche Verträge auf der ersten Stufe

1376 Aufgrund der relativen Rechtsfähigkeit der Personengesellschaft sind neben dem Gesellschaftsvertrag abgeschlossene schuldrechtliche Verträge zwischen der Personengesellschaft und ihren Gesellschaftern möglich. Sie sind auf der ersten Stufe der Gewinnermittlung **erfolgswirksam** zu berücksichtigen.[96] Vergütungen an die Gesellschafter i. S. d. § 15 Abs. 1 Satz 1 Nr. 2 EStG reduzieren also den Gesamthandsgewinn. Sondervergütungen werden unabhängig vom Ergebnis der Personengesellschaft gewährt, sie sind auch in Verlustjahren zu zahlen.[97] Zu den Schulden in der Steuerbilanz können solche gehören, die gegenüber Gesellschaftern bestehen; so ist z. B. eine Schuld ge-

---

92 Vgl. *Ley*, DStR 2009 S. 613; *Rodewald*, GmbHR 1998 S. 521.
93 Vgl. im Einzelnen *Brucker*, Gesellschafterkontenabgrenzung einer inländischen Personenhandelsgesellschaft und deren Bedeutung in ausgewählten ertragsteuerlichen Normen, Lohmar/Köln 2016, S. 143 ff.; *Kahle*, DStZ 2010 S. 722 ff.; *Steger*, NWB 2013 S. 998 ff.; *Strahl* in Strahl/Demuth, Personengesellschaften, 2. Aufl., Köln 2013, Rz. 35 ff.; *Cordes/Kotzenberg* in Hachmeister u. a. (Hrsg.), Bilanzrecht, Köln 2018, Anh. 2, Rz. 67.
94 Vgl. *Kersten/Feldgen*, FR 2013 S. 197 ff.; *Ley*, DStR 2009 S. 613.
95 Vgl. BFH, Urteil v. 4.5.2000 – IV R 16/99, BStBl 2001 II S. 171.
96 Vgl. BFH, Urteil v. 25.2.1991 – GrS 7/89, BStBl 1991 II S. 691; *Pinkernell*, Einkünftezurechnung bei Personengesellschaften, Berlin 2001, S. 191.
97 Vgl. BFH, Urteil v. 13.10.1998 – VIII R 4/98, BStBl 1999 II S. 284.

winnmindernd zu passivieren, wenn die Verpflichtung zur Zahlung der Sondervergütung am Stichtag bereits entstanden ist.[98] Weiterhin hat die Personengesellschaft für eine **Pensionszusage**, die einem Gesellschafter erteilt wurde, auch in der Steuerbilanz eine Rückstellung für ungewisse Verbindlichkeiten (§ 249 Abs. 1 HGB) zu bilden (§§ 5 Abs. 1, 6a EStG).[99]

Sofern die Leistungen des Gesellschafters nicht auf schuldrechtlicher Basis erbracht werden, sondern **im Gesellschaftsvertrag** vereinbart sind (§ 109 bzw. § 163 HGB), werden sie steuerlich auf der ersten Stufe der Gewinnermittlung nur dann wie Verträge mit fremden Dritten behandelt, wenn die Leistungen auch in der Handelsbilanz erfolgswirksam verbucht wurden.[100] Wenn ein Gesellschafter für die Gesellschaft aufgrund einer Vereinbarung im Gesellschaftsvertrag bestimmte Leistungen erbringt, kommt es oft vor, dass diese Leistungen des Gesellschafters bei der Gewinnverteilung durch eine Erhöhung des Gewinnanteils (**Vorabgewinn**) entgolten werden; es handelt sich in diesem Fall nicht um Vergütungen i. S. v. § 15 Abs. 1 Satz 1 Nr. 2 EStG. Vielmehr mindert der Vorabgewinn weder den Handels- noch den Steuerbilanzgewinn.[101] Die Auszahlung des Gewinnvorabs wird als Entnahme des Gesellschafters gebucht.[102] Nach der Rechtsprechung des BFH kann ein Gewinnvorab regelmäßig nur im Gewinnfall gezahlt werden;[103] nach einer anderen Ansicht ist als alleiniges Abgrenzungsmerkmal zu der Sondervergütung nur darauf abzustellen, dass der Gewinnvorab nicht aufwandswirksam gebucht wird.[104]

1377

Die schuldrechtlichen Vertragsbeziehungen zwischen der Personengesellschaft und ihren Gesellschaftern sind auf der ersten Stufe der Gewinnermittlung nicht nur dem Grunde nach anzuerkennen, die vereinbarten Entgelte sind auch auf ihre **Angemessenheit** zu überprüfen (**Anerkennung der Höhe nach**), sofern das der Besteuerung zugrunde liegende Konzept vollständig umgesetzt werden soll. Die vereinbarten Entgelte mindern nur insoweit den Gewinn erster Stufe, soweit sie den Bedingungen unter fremden Dritten entsprechen; der nicht angemessene (also zu hohe oder zu niedrige) Teil ist durch das Gesellschaftsverhältnis veranlasst und daher als **Entnahme** oder **Einlage** zu behandeln.[105] Der

1378

---

98 Vgl. *Bolk*, Bilanzierung und Besteuerung der Personengesellschaft und ihrer Gesellschafter, 2. Aufl., Köln 2016, Rz. 4.2, 4.52.
99 Vgl. BFH, Urteil v. 2.12.1997 – VIII R 15/96, BFH/NV 1998 S. 779; BMF, Schreiben v. 29.1.2008 – IV B 2 – S 2176/07/0001, BStBl 2008 I S. 317, Rz. 3. Nach früherer Rechtsauffassung stellten Pensionszusagen an Mitunternehmer Gewinnverteilungsabreden dar, weshalb Pensionsrückstellungen in der Steuerbilanz nicht gebildet werden durften. Vgl. BFH, Urteil v. 16.2.1967 – IV R 62/66, BStBl 1967 III S. 222. Zur Übergangsregelung vgl. BMF, Schreiben v. 29.1.2008, IV B 2 – S 2176/07/0001, BStBl 2008 I S. 317 Rz. 20, zur Billigkeitsregelung Rz. 5.
100 Vgl. *Jacobs/Scheffler/Spengel* (Hrsg.), Unternehmensbesteuerung und Rechtsform, 5. Aufl., München 2015, S. 259.
101 Vgl. BFH, Urteile v. 5.6.2014, IV R 43/11, BStBl II 2014, S. 695; v. 23.5.1979 – I R 163/77, BStBl 1979 II S. 757; v. 13.7.1993 – VIII R 50/92, BStBl 1994 II S. 282; *Cordes/Kotzenberg* in Hachmeister u. a. (Hrsg.), Bilanzrecht, Köln 2018, Anh. 2, Rz. 96; *Bolk*, Bilanzierung und Besteuerung der Personengesellschaft und ihrer Gesellschafter, 2. Aufl., Köln 2016, Rz. 4.49.
102 Vgl. *Bolk*, Bilanzierung und Besteuerung der Personengesellschaft und ihrer Gesellschafter, 2. Aufl., Köln 2016, Rz. 4.49.
103 Vgl. BFH, Urteile v. 23.1.2001 – VIII R 30/99, BStBl 2001 II S. 621; v. 13.10.1998 – VIII R 4/98, BStBl 1999 II S. 284; gl. A. *Wacker* in Schmidt, EStG, 37. Aufl., München 2018, § 15 Rz. 440; *Frystatzki*, EStB 2000, S. 27.
104 Vgl. *Groh*, DStZ 2001 S. 358; *Niehus/Wilke*, Die Besteuerung der Personengesellschaften, 7. Aufl., Stuttgart 2015, S. 117.
105 Vgl. *Jacobs/Scheffler/Spengel* (Hrsg.), Unternehmensbesteuerung und Rechtsform, 5. Aufl., München 2015, S. 260; *Wacker* in Schmidt, EStG, 37. Aufl., München 2018, § 15 Rz. 561.

Mehrgewinn, der aus der Aufdeckung einer (verdeckten) Entnahme entsteht (z. B. überhöhtes Gehalt), wird dem begünstigten Gesellschafter zugerechnet.[106]

1379 Erbringt eine Personengesellschaft im Rahmen eines schuldrechtlichen Vertrages **Leistungen gegenüber einem ihrer Gesellschafter**, gelten die allgemeinen Regeln des EStG. Folglich können sich unter den Wirtschaftsgütern des Gesamthandsvermögens auch Forderungen gegenüber Gesellschaftern befinden oder Wirtschaftsgüter, die Gesellschaftern überlassen wurden, an denen die Gesellschaft aber wirtschaftliches Eigentum hat. Die Verträge werden behandelt wie Verträge mit Dritten, soweit ein zwischen fremden Dritten übliches Entgelt vereinbart ist.[107] Ist Letzteres nicht der Fall, handelt es sich bei der Differenz zwischen dem angemessenen und dem vereinbarten Preis regelmäßig um eine **Einlage** (überhöhtes Entgelt) bzw. eine **Entnahme** (zu geringes Entgelt).[108]

1380–1382 *(Einstweilen frei)*

2.5 Grundsatz der einheitlichen Wahlrechtsausübung und dessen Ausnahmen

1383 Der Gewinn der Personengesellschaft auf der ersten Stufe wird so ermittelt, als ob die Gesellschaft ein eigenes Steuerrechtssubjekt wäre. Hiermit wird der **relativen Rechtsfähigkeit der Personengesellschaft** Rechnung getragen. Die Wirtschaftsgüter des Betriebsvermögens sind grundsätzlich einheitlich (z. B. hinsichtlich AfA, Rückstellungen) zu bilanzieren.[109] Ansatz- und Bewertungswahlrechte auf der Ebene der Personengesellschaft (z. B. Teilwertabschreibungen nach § 6 Abs. 1 Satz 1 Nr. 1 Satz 2 EStG, Behandlung geringwertiger Wirtschaftsgüter nach § 6 Abs. 2, Abs. 2a EStG) sind im Grundsatz für die Gesellschaft **einheitlich auszuüben (Einheitstheorie)**.[110] Steuerliche Wahlrechte werden ohne besondere Regelung im Gesellschaftsvertrag (einschließlich Gesellschafterbeschlüsse) von der die Steuerbilanz aufstellenden Geschäftsführung ausgeübt. Es liegt nahe, die Ausübung steuerlicher Wahlrechte zwischen den Gesellschaftern und der Geschäftsführung zu regeln (z. B. durch gesellschaftsvertragliche Wahlrechtsausübungsvorbehalte).[111]

1384 Da eine Personengesellschaft selbst nicht Subjekt der Einkommensteuer ist, sondern vielmehr der Gesellschafter, wird der **Grundsatz der einheitlichen Bilanzierung** im Falle **personenbezogener Steuervergünstigungen** und bei Vergünstigungen, bei denen die hierfür erforderlichen Voraussetzungen nur von einzelnen Mitunternehmern erfüllt

---

106 Vgl. BFH, Urteil v. 6.8.1985 – VIII R 280/81, BStBl 1986 II S. 17; a. A. *Knobbe-Keuk*, Bilanz- und Unternehmenssteuerrecht, 9. Aufl., Köln 1993, S. 429 f.
107 Vgl. BFH, Urteil v. 24.3.1983 – IV R 123/80, BStBl 1983 II S. 598.
108 Vgl. BFH, Urteil v. 24.3.1983 – IV R 123/80, BStBl 1983 II S. 598; im Einzelnen *Wacker* in Schmidt, EStG, 37. Aufl., München 2018, § 15 Rz. 627 ff.
109 Vgl. BFH, Urteil v. 7.8.1986 – IV R 137/83, BStBl 1986 II S. 910.
110 Vgl. BFH, Urteile v. 21.12.1972 – IV R 53/72, BStBl 1973 II S. 298 m. w. N.; v. 7.8.1986 – IV R 137/83, BStBl 1986 II S. 910; *Hennrichs* in Tipke/Lang, Steuerrecht, 23. Aufl., Köln 2018, § 10 Rz. 105; *Hüttemann*, DStJG 34 (2011) S. 299; *Knobbe-Keuk*, Bilanz- und Unternehmenssteuerrecht, 9. Aufl., Köln 1993, S. 416 f.; *Niehus*, StuW 2002 S. 121.
111 Vgl. IDW Arbeitshilfe zu steuerinduzierten Klauseln in Verträgen von und mit Personengesellschaften. Beilage zu FN-IDW 8/2011 S. B4.

werden, **durchbrochen**.[112] Da eine Personengesellschaft selbst personenbezogene Voraussetzungen nicht erfüllen kann, dürfen die hiervon abhängigen Steuervergünstigungen in der Gesamthandsbilanz nicht berücksichtigt werden. Vielmehr wird in einer **Ergänzungsbilanz** (vgl. Rz. 1409) für den jeweils betroffenen Gesellschafter die personenbezogene Steuervergünstigung ermittelt (z. B. Sonderabschreibungen, steuerfreie Rücklagen, Investitionszulagen).[113] Das Recht zur Ausübung dieser Wahlrechte steht dem einzelnen Mitunternehmer zu.[114] In der Zukunft kann ein einmal in der Ergänzungsbilanz ausgeübtes Wahlrecht nicht mehr geändert werden.[115] Wenn die Vergünstigung allen Mitunternehmern zusteht und sie trotz der Personenbezogenheit im Gesamthandsvermögen ausgeübt werden soll, wird sie in der Steuerbilanz der Gesellschaft ausgewiesen.[116] Sofern die Vergünstigung Wirtschaftsgüter des **Sonderbetriebsvermögens** (vgl. Rz. 1466 ff.) betrifft, erfolgt der Ausweis in der jeweiligen Sonderbilanz.[117]

Problematisch ist dabei nicht die Technik der Erstellung der Ergänzungsbilanzen, „sondern die Frage, ob es sich um personenbezogene Begünstigungen oder ob es sich um sog. betriebsbezogene (gesellschaftsbezogene) Begünstigungen handelt."[118] Dies wird durch Auslegung der jeweiligen Norm bestimmt, sofern nicht im Gesetz die Gesellschaft selbst explizit als berechtigt bezeichnet wird (z. B. § 1 InvZulG).[119]

So wird § 6b EStG grundsätzlich **personenbezogen** interpretiert.[120] Damit können nur diejenigen Mitunternehmer die Regelung des § 6b EStG in Anspruch nehmen, bei denen die Tatbestandsvoraussetzungen dieser Norm (insbesondere die erforderliche Besitzzeit bezüglich des veräußerten Wirtschaftsgutes nach § 6b Abs. 4 Nr. 2 EStG) erfüllt sind.[121] So kann etwa ein Mitunternehmer eine § 6b-Rücklage im Fall der Veräußerung eines Wirtschaftsgutes, das bereits mehr als sechs Jahre zum Betriebsvermögen der Personengesellschaft gehörte, nicht in Anspruch nehmen, wenn er seinen Mitunternehmeranteil z. B. erst vor vier Jahren von einem ausgeschiedenen Mitunternehmer entgeltlich erworben hat.[122] Denn bei entgeltlichen Vorgängen gilt die Anrechnung zur sechsjährigen Be-

1385

---

112 Vgl. BFH, Urteile v. 7.8.1986 – IV R 137/83, BStBl 1986 II S. 910; v. 13.7.1993 – VIII R 85/91, BStBl 1994 II S. 243; v. 17.7.2001 – IX R 50/98, BStBl 2001 II S. 760. Zur Kritik an der „gesellschafterbezogenen Anwendung" von Steuervergünstigungen vgl. *Hüttemann* in *Dötsch* et al. (Hrsg.), Die Personengesellschaft im Steuerrecht, Köln 2011, S. 51 f.
113 Vgl. z. B. *Hennrichs* in Tipke/Lang, Steuerrecht, 23. Aufl., Köln 2018, § 10 Rz. 124; *Schoor*, StBp 2006 S. 257.
114 Vgl. BFH, Beschluss v. 25.1.2006 – IV R 14/04, BStBl 2006 II S. 418; hierzu *Ley*, WPg 2006 S. 904.
115 Vgl. BFH, Urteil v. 25.4.2006 – VIII R 52/04, BStBl 2006 II S. 847 (zur Ausübung des Wahlrechts bei Anwendung des § 24 UmwStG 1977).
116 Vgl. *Friedrich* in Prinz/Hoffmann (Hrsg.), Beck'sches Handbuch der Personengesellschaften, 4. Aufl., München 2014, § 6 Rz. 83.
117 Vgl. BFH, Beschluss v. 25.1.2006 – IV R 14/04, BStBl 2006 II S. 418.
118 *Reiß* in Kirchhof (Hrsg.), EStG, 17. Aufl., Köln 2018, § 15 Rz. 260.
119 Vgl. *Reiß* in Kirchhof (Hrsg.), EStG, 17. Aufl., Köln 2018, § 15 Rz. 260.
120 Vgl. BFH, Beschluss v. 13.8.1987 – VIII B 179/86, BStBl 1987 II S. 782; BFH, Urteil v. 7.11.2000 – VIII R 27/98, DStR 2001 S. 230; *Wacker* in Schmidt, EStG, 37. Aufl., München 2018, § 15 Rz. 416; a. A. *Knobbe-Keuk*, Bilanz- und Unternehmensteuerrecht, 9. Aufl., Köln 1993, S. 417 ff.; *Schön*, Gewinnübertragungen bei Personengesellschaften nach § 6b EStG, Köln 1986, S. 37 ff. Anders für den Zeitraum 1999-2001, vgl. *Niehus/Wilke*, Die Besteuerung der Personengesellschaften, 7. Aufl., Stuttgart 2015, S. 94, 98 f.; *Selbmann*, Die Übertragung stiller Reserven bei Personengesellschaften nach § 6b EStG, Berlin 2003; *Kanzler*, FR 2006 S. 691.
121 Vgl. *Strahl*, FR 2001 S. 1156; *Schoor*, StBp 2006 S. 257; *Horschitz* u. a., Bilanzsteuerrecht und Buchführung, 14. Aufl., Stuttgart 2016, S. 677; *Hänsch*, BBK 2016 S. 190.
122 Vgl. *Grottel/Baldamus* in Beck'scher Bilanz-Kommentar, 11. Aufl., München 2018, § 247 Rz. 756.

sitzzeit als unterbrochen, während es bei unentgeltlichen Übertragungen zu einer Anrechnung der Besitzzeit kommen kann.[123] Sofern die Rücklage in der Steuerbilanz der Gesellschaft gebildet wird, hat eine entsprechende Korrektur in einer (positiven) **Ergänzungsbilanz** (vgl. Rz. 1409) für den nicht begünstigten Gesellschafter zu erfolgen.

1386 Ebenso wird die Vornahme der **degressiven Gebäude-AfA** gemäß § 7 Abs. 5 EStG vom BFH und von der Finanzverwaltung personenbezogen interpretiert, da nicht die Gesellschaft, sondern der einzelne Gesellschafter als Bauherr angesehen wird.[124] Daraus resultiert z. B., dass im Fall des Gesellschafterwechsels oder der Aufnahme eines zusätzlichen Gesellschafters in eine Mitunternehmerschaft, die ein zum Gesamthandsvermögen gehörendes Gebäude degressiv nach § 7 Abs. 5 EStG abschreibt, der Neugesellschafter die Vornahme der degressiven Gebäude-AfA gemäß § 7 Abs. 5 EStG nicht beanspruchen kann; er darf bezüglich seines ideellen Anteils an dem Gebäude lediglich die lineare AfA nach § 7 Abs. 4 EStG vornehmen.[125] In der Gesamthandsbilanz der Gesellschaft wird das Gebäude weiterhin degressiv abgeschrieben. Folglich erhält der Neugesellschafter in den ersten Jahren einen zu hohen, in den Folgejahren einen zu geringen AfA-Betrag zugewiesen. Es bedarf damit einer fortlaufenden Korrektur mithilfe einer **Ergänzungsbilanz** (vgl. Rz. 1409).[126]

1387 Auch infolge des Wahlrechts, bewegliche Wirtschaftsgüter des Anlagevermögens degressiv abzuschreiben (§ 7 Abs. 2 EStG), kann es zu einer Durchbrechung des Grundsatzes der einheitlichen Bilanzierung kommen. So kann etwa für einen nach dem 31.12.2010 in eine Personengesellschaft eintretenden Gesellschafter die degressive Abschreibung nach § 7 Abs. 2 EStG für ein im Jahre 2009 von der Personengesellschaft angeschafftes Wirtschaftsgut nicht mehr in Anspruch genommen werden.[127]

1388 Der Grundsatz der einheitlichen Bilanzierung gilt regelmäßig auch für **Sonderabschreibungen** und **erhöhte Absetzungen**.[128] Nach der Rechtsprechung[129] und der h. M. im Schrifttum[130] ist regelmäßig auf den einzelnen Gesellschafter als Anspruchsberechtigten abzustellen. Gegenteiliges gilt nur dann, wenn der Personengesellschaft explizit die Anspruchsberechtigung zuerkannt wird (z. B. §§ 5a Abs. 4a Satz 1, 7g Abs. 7 EStG).[131]

---

123 Vgl. BFH, Urteil v. 10.7.1980 – IV R 136/77, BStBl 1981 II S. 84.
124 Vgl. BFH, Urteile v. 19.2.1974 – VIII R 114/69, BStBl 1974 II S. 704; v. 17.7.2001 – IX R 50/98, BStBl 2001 II S. 760; a. A. *Knobbe-Keuk*, Bilanz- und Unternehmenssteuerrecht, 9. Aufl., Köln 1993, S. 418 ff.; *Hennrichs* in Tipke/Lang, Steuerrecht, 23. Aufl., Köln 2018, § 10 Rz. 124.
125 Vgl. *Wacker* in Schmidt, EStG, 37. Aufl., München 2018, § 15 Rz. 413; *Niehus/Wilke*, Die Besteuerung der Personengesellschaften, 7. Aufl., Stuttgart 2015, S. 94; *Horschitz u. a.*, Bilanzsteuerrecht und Buchführung, 14. Aufl., Stuttgart 2016, S. 677 (mit Beispiel auf S. 677); *Schoor*, StBp 2006 S. 216.
126 Vgl. *Niehus*, StuW 2002 S. 118. Es kann sich ein vergleichbarer Anwendungsfall für ein Gebäude ergeben, dass die Personengesellschaft nach § 7 Abs. 4 Satz 1 Nr. 1 EStG abschreibt, vgl. hierzu *Niehus/Wilke*, Die Besteuerung der Personengesellschaften, 7. Aufl., Stuttgart 2015, S. 94 f.
127 Vgl. *Niehus/Wilke*, Die Besteuerung der Personengesellschaften, 7. Aufl., Stuttgart 2015, S. 95.
128 Vgl. BFH, Urteil v. 7.8.1986 – IV R 137/83, BStBl 1986 II S. 910.
129 Vgl. z. B. BFH, Urteile v. 13.7.1993 – VIII R 85/91, BStBl 1994 II S. 243; v. 17.7.2001 – IX R 50/98, BStBl 2001 II S. 760.
130 Vgl. *Wacker* in Schmidt, EStG, 37. Aufl., München 2018, § 15 Rz. 411; *Niehus/Wilke*, Die Besteuerung der Personengesellschaften, 7. Aufl., Stuttgart 2015, S. 95; a. A. *Knobbe-Keuk*, Bilanz- und Unternehmensteuerrecht, 9. Aufl., Köln 1993, S. 420 f.; *Knobbe-Keuk*, DStJG 2 (1979) S. 109 ff.
131 Vgl. BFH, Urteile v. 15.1.2002 – IX R 21/98, BStBl 2002 II S. 309; v. 13.7.1993 – VIII R 85/91, BStBl 1994 II S. 243; *Wacker* in Schmidt, EStG, 37. Aufl., München 2018, § 15 Rz. 411; *Niehus/Wilke*, Die Besteuerung der Personengesellschaften, 7. Aufl., Stuttgart 2015, S. 95; *Hüttemann*, DStJG 34 (2011) S. 300.

Wenn etwa ein Gesellschafter ausscheidet und davor steuerliche Vergünstigungen in Anspruch genommen worden sind, werden diese unter Umständen (anteilig) rückwirkend versagt, wenn diese Vergünstigung an bestimmte Bindungsvoraussetzungen geknüpft war, die aber infolge des Gesellschafterwechsels nicht mehr gegeben sind.[132]

(Einstweilen frei) 1389–1395

2.6 Ergänzungsbilanzen

2.6.1 Begriff und Funktion von Ergänzungsbilanzen

Der **Gewinnanteil** eines Mitunternehmers aus der ersten Stufe der Gewinnermittlung (§ 15 Abs. 1 Satz 1 Nr. 2 Halbsatz 1 EStG) ergibt sich durch Zusammenfassung seines anteiligen Ergebnisses aus der Gesamthandsbilanz der Personengesellschaft mit dem Ergebnis der **Ergänzungsbilanz**.[133] Entsprechend modifiziert das positive oder negative Ergänzungskapital das in der Steuerbilanz ausgewiesene Kapitalkonto.[134] Auch bei der Ermittlung des Gewerbeertrags sind Ergänzungsbilanzen (wie auch Sonderbilanzen) zu berücksichtigen.[135] Es ist auch unstrittig, dass das in der Ergänzungsbilanz ausgewiesene Mehr- oder Minderkapital bei der Ermittlung des **Kapitalkontos i. S. d. § 15a EStG** berücksichtigt werden muss.[136] Im Gegensatz zu einer Sonderbilanz werden in einer Ergänzungsbilanz keine im rechtlichen und/oder wirtschaftlichen Eigentum des Gesellschafters stehende Wirtschaftsgüter erfasst; eine Ergänzungs-GuV beinhaltet keine eigenen laufenden Aufwendungen und Erträge des Gesellschafters.[137]

1396

Eine Ergänzungsbilanz wird im Allgemeinen dann „erforderlich, wenn Sachverhalte, die das Gesamthandsvermögen betreffen, sich nicht auf die steuerliche Gewinnermittlung der Gesellschaft, sondern nur auf die Einkünfte des Gesellschafters auswirken. Eine Ergänzungsbilanz wird also deswegen benötigt, weil die Gesellschaft zwar Subjekt der Gewinnermittlung, jedoch nicht Subjekt der Besteuerung ist."[138] Sie dient in erster Linie der Verwirklichung des **Subjektsteuerprinzips**; sie soll gewährleisten, dass stille Reserven bei dem Steuerpflichtigen der Besteuerung unterliegen, bei dem sich diese zuvor gebildet haben.[139]

1397

---

132 Vgl. *Zimmermann* u. a., Die Personengesellschaft im Steuerrecht, 13. Aufl., Achim 2017, B Rz. 232 ff., M Rz. 13 ff.; *Niehus/Wilke*, Die Besteuerung der Personengesellschaften, 7. Aufl., Stuttgart 2015, S. 95.
133 Vgl. BFH, Urteile v. 25.4.2006 – VIII R 52/04, BStBl 2006 II S. 847; v. 28.9.1995 – IV R 57/94, BStBl 1996 II S. 68; *Schreiber*, Besteuerung der Unternehmen, 4. Aufl., Wiesbaden 2017, S. 261.
134 Vgl. BFH, Urteil v. 20.11.2014 – IV R 1/11, BStBl 2017 II S. 36; *Tiede* in HHR, EStG, KStG, Köln, § 15 Rz. 500 (Stand: 3/2013); *Reiß* in Kirchhof (Hrsg.), EStG, 17. Aufl., Köln 2018, § 15 Rz. 261; *Dreissig*, StbJb 1990/91 S. 227; *Rödder*, DB 1992 S. 956.
135 Vgl. BFH, Urteil v. 6.7.1999 – VIII R 46/94, BStBl 1999 II S. 720. Es entstehen sog. fremdbestimmte Steuerwirkungen, die ggf. mittels Vertragsklauseln ausgeglichen werden können, vgl. *Prinz*, StuB 2013 S. 465; *Heymann* u. a. (Hrsg.), Beck'sches Handbuch der Rechnungslegung, München, Abschn. B 770, Rz. 60 ff. (Stand: 1/2007).
136 Vgl. BFH, Urteile v. 18.4.2000 – VIII R 11/98, BStBl 2001 II, S. 166; v. 30.3.1993 – VIII R 63/91, BStBl 1993 II S. 709; *Kahle*, FR 2010 S. 773 f.
137 Vgl. *Tiede* in HHR, EStG, KStG, Köln, § 15 Rz. 500 (Stand: 3/2013); *Reiß* in Kirchhof (Hrsg.), EStG, 17. Aufl., Köln 2018, § 15 Rz. 261.
138 *Schreiber*, Besteuerung der Unternehmen. Eine Einführung in Steuerrecht und Steuerwirkung, 4. Aufl., Wiesbaden 2017, S. 260.
139 Vgl. *Reiß*, BB 2000 S. 1968; *Thiel*, Stbg 2001 S. 6; *Niehus*, StuW 2002 S. 116. Vgl. grundlegend zum Subjektsteuerprinzip *Danz*, FR 2018 S. 160 ff.

1398 Die dogmatische Einordnung der Ergänzungsbilanzen ist nicht abschließend geklärt. Es ist strittig, ob eine Ergänzungsbilanz für den einzelnen Mitunternehmer zusätzliche oder geminderte Anschaffungskosten für die ideellen Anteile an den Wirtschaftsgütern der Personengesellschaft ausweist („Bruchteilsbilanz"),[140] oder **Korrekturwerte** hinsichtlich der in der Gesamthandsbilanz ausgewiesenen Wirtschaftsgüter enthält[141] und damit „eine bloße Wertkorrekturbilanz"[142] bildet. Nach einer weiteren Ansicht verkörpern die Wertansätze der Ergänzungsbilanz den bilanziellen Ausweis anteiliger Anschaffungskosten der Beteiligung des Gesellschafters.[143] Diese Diskussion über den „Inhalt" einer Ergänzungsbilanz bzw. die dogmatische Einordnung der Ergänzungsbilanz ist „aber nahezu ohne praktische Auswirkung".[144] Der Buchwert eines Wirtschaftsgutes setzt sich aus dem Buchwert laut der Steuerbilanz zuzüglich dem Buchwert aus der Ergänzungsbilanz zusammen.[145]

1399 Eine Ergänzungsbilanz gehört daher zu der ersten Stufe der Gewinnermittlung. Die **Pflicht zur Aufstellung** von Ergänzungsbilanzen obliegt der Geschäftsführung der Personengesellschaft, nicht dem einzelnen Gesellschafter.[146] Es ist für jeden Gesellschafter jeweils nur eine Ergänzungsbilanz zu führen, und zwar auch dann, wenn verschiedene Anlässe für sich genommen die Aufstellung einer Ergänzungsbilanz erfordern.[147] Die Aufstellung einer Ergänzungs-GuV-Rechnung ist insbesondere dann zweckmäßig, wenn eine Vielzahl von Wertdifferenzen besteht.[148]

1400 Eine **positive Ergänzungsbilanz** weist auf der Aktivseite Mehrwerte von Wirtschaftsgütern des Gesamthandsvermögens aus, während die Passivseite das Mehrkapital des jeweiligen Gesellschafters erfasst. Sie wird z. B. beim Erwerb der Beteiligung an einer Personengesellschaft gebildet, wenn der Kaufpreis über dem Buchwert des Kapitalkontos des Ausscheidenden liegt. Entsprechend bildet eine **negative Ergänzungsbilanz** Min-

---

140 Vgl. BFH, Urteile v. 25.4.1985 – IV R 83/83, BStBl 1986 II S. 30; v. 7.11.1985 – IV R 7/83, BStBl 1986 II S. 176; v. 18.2.1993 – IV R 40/92, BStBl 1994 II S. 225; v. 12.12.1996 – IV R 77/93, BStBl 1998 II, S. 180; BFH, Beschluss v. 25.2.1991 – GrS 7/89, BStBl 1991 II S. 700; Tiede in HHR, EStG, KStG, Köln, § 15 Rz. 500 (Stand: 3/2013); Bode in Blümich, EStG/KStG/GewStG, München, § 15 Rz. 554 (Stand: 9/2016).

141 Vgl. BFH, Urteile v. 20.11.2014 – IV R 1/11, BStBl 2017 II S. 36; v. 25.4.2006 – VIII R 52/04, BStBl 2006 II S. 847; v. 28.9.1995 – IV R 57/94, BStBl 1996 II S. 68; Wacker in Schmidt, EStG, 37. Aufl., München 2018, § 15 Rz. 460; Hüttemann, DStJG 34 (2011), S. 301; Schmitt/Keuthen, DStR 2013 1567; Prinz/Thiel, FR 1992 S. 193; Bolk, Bilanzierung und Besteuerung der Personengesellschaft und ihrer Gesellschafter, 2. Aufl., Köln 2016, Rz. 4.7; Regniet, Ergänzungsbilanzen bei der Personengesellschaft, Köln 1990, S. 16, 22; Rödder, DB 1992 S. 955; Schoor, StBp 2006 S. 212; Lehmann, Betriebsvermögen und Sonderbetriebsvermögen, Wiesbaden 1988, S. 134.

142 Rödder, DB 1992 S. 955, mit Verweis auf Dreissig, StbJb 1990/91 S. 225. Vgl. auch Hüttemann, DStJG 34 (2011), S. 301; Hennrichs in Tipke/Lang, Steuerrecht, 23. Aufl., Köln 2018, § 10 Rz. 123.

143 Vgl. im Einzelnen Gschwendtner, DStR 1993 S. 817; Groh, StuW 1995 S. 338; Reiß, StuW 1986 S. 342; Reiß in Kirchhof (Hrsg.), EStG, 17. Aufl., Köln 2018, § 15 Rz. 263-265; Schön, FR 1994 S. 658; Marx, StuW 1994 S. 191.

144 Reiß in Kirchhof (Hrsg.), EStG, 17. Aufl., Köln 2018, § 15 Rz. 263; ähnlich Tiede in HHR, EStG, KStG, Köln, § 15 Rz. 500 (Stand: 3/2013).

145 Vgl. BFH, Urteil v. 28.3.2000 – VIII R 28/98, BStBl 2000 II S. 347.

146 Vgl. BFH, Urteile v. 20.11.2014 – IV R 1/11, BStBl 2017 II S. 36; v. 25.4.2006 – VIII R 52/04, BStBl 2006 II S. 847; Grottel/Baldamus in Beck'scher Bilanz-Kommentar, 11. Aufl., München 2018, § 247 Rz. 744; Horschitz u. a., Bilanzsteuerrecht und Buchführung, 14. Aufl., Stuttgart 2016, S. 634; a. A. Hennrichs in Tipke/Lang, Steuerrecht, 23. Aufl., Köln 2018, § 10 Rz. 116.

147 Vgl. BFH, Urteil v. 21.4.1994 – IV R 70/92, BStBl 1994 II S. 745; Franitza in Lange/Bilitewski/Götz, Personengesellschaften im Steuerrecht, 10. Aufl., Herne 2018, Rz. 781.

148 Vgl. Friedrich in Prinz/Hoffmann (Hrsg.), Beck'sches Handbuch der Personengesellschaften, 4. Aufl., München 2014, § 6 Rz. 76.

derwerte zur Gesamthandsbilanz ab, indem auf der Aktivseite das Minderkapital und auf der Passivseite Minderwerte von Wirtschaftsgütern des Gesamthandsvermögens ausgewiesen werden. Negative Ergänzungsbilanzen sind vor allem bei der Übertragung von Wirtschaftsgütern des Betriebsvermögens zum Buchwert nach § 6 Abs. 5 Satz 3 EStG und bei der Aufnahme eines zusätzlichen Gesellschafters von Bedeutung. In der **Ergänzungs-GuV-Rechnung** werden entsprechend die Aufwendungen und Erträge erfasst, die sich aus der Veränderung der Korrekturwerte in der Ergänzungsbilanz ergeben, wobei es sich regelmäßig um **Mehr- oder Minderabschreibungen** handelt.[149]

Während des Bestehens der Mitunternehmerschaft werden die in den Ergänzungsbilanzen ausgewiesenen Korrekturpositionen **fortentwickelt**, d. h. die vom Gesellschafter getragenen Mehr- oder Minderaufwendungen sind während der laufenden Gewinnermittlung zu berücksichtigen, nicht erst bei Beendigung des mitunternehmerischen Engagements.[150] Dies gilt sowohl für positive als auch für negative Ergänzungsbilanzen. Beim betreffenden Gesellschafter führt die **Fortschreibung** einer **positiven Ergänzungsbilanz** zum jeweiligen Bilanzstichtag zu Mehraufwand, so dass sein Gewinnanteil aus der Steuerbilanz der Gesellschaft reduziert wird. Umgekehrt führt die Fortschreibung einer **negativen Ergänzungsbilanz** zu einem geringeren Aufwand im Verhältnis zur Gesamthandsbilanz, wodurch der aus der Gesamthandsbilanz zugewiesene Gewinnanteil des betreffenden Gesellschafters erhöht wird. Wenn Ergänzungsbilanzen nicht bereits während des Gesellschaftsverhältnisses vollständig aufgelöst werden, erfolgt dies (ebenfalls erfolgswirksam) bei der Liquidation der Gesellschaft oder der Veräußerung der Beteiligung.[151] Wird hingegen die Beteiligung unentgeltlich übertragen, wird auch die Ergänzungsbilanz des Übertragenden zu Buchwerten fortgeführt (§ 6 Abs. 3 EStG).

1401

Mit seinem **Urteil vom 15.3.2017** hat der BFH erstmals die Möglichkeit zur Bildung einer Ergänzungsbilanz für einen **persönlich haftenden KGaA-Gesellschafter** im Grundsatz anerkannt.[152] Im Schrifttum war dies bisher strittig.[153] Die Ergebnisse der Ergänzungsbilanz sind nur auf der Ebene des persönlich haftenden Gesellschafters maßgebend. Die aus dieser Ergänzungsbilanz folgenden Gewinnminderungen und -erhöhungen wirken sich weder auf den Betriebsvermögensvergleich der KGaA noch auf den Gewinnanteil i. S. d. § 9 Abs. 1 Nr. 1 KStG und des § 8 Nr. 4 GewStG aus, weil sich diese Normen ausschließlich auf die KGaA beziehen; die Ergänzungsbilanzen bleiben also bei den ge-

1402

---

149 Vgl. *Bolk*, Bilanzierung und Besteuerung der Personengesellschaft und ihrer Gesellschafter, 2. Aufl., Köln 2016, Rz. 4.12.
150 Vgl. BFH, Urteile v. 25.4.2006 – VIII R 52/04, BStBl 2006 II S. 847; v. 28.9.1995 – IV R 57/94, BStBl 1996 II S. 68; v. 19.2.1981 – IV R 41/78, BStBl 1981 II S. 730; *Ley*, KÖSDI 1992 S. 9161; *Uelner*, DStJG 14 (1991) S. 153; *Prinz/Thiel*, FR 1992 S. 193; *Hennrichs* in: Tipke/Lang, Steuerrecht, 23. Aufl., Köln 2018, § 10 Rz. 123; *Schmitt/Keuthen*, DStR 2013 S. 1571; a. A. *Marx*, StuW 1994 S. 191. Die Diskussion um die inhaltliche Interpretation der Wertansätze in den Ergänzungsbilanzen (vgl. Rz. 1398) ist für die Fortschreibung von Ergänzungsbilanzen bedeutungslos, vgl. *Wacker* in Schmidt, EStG, 37. Aufl., München 2018, § 15 Rz. 464; *Niehus*, StuW 2002 S. 119 f.; a. A. *Gschwendtner*, DStR 1993 S. 824 f.
151 Vgl. *Tiede* in HHR, EStG, KStG, Köln, § 15 Rz. 500 (Stand: 3/2013); *Franitza* in Lange/Bilitewski/Götz, Personengesellschaften im Steuerrecht, 10. Aufl., Herne 2018, Rz. 783.
152 Vgl. BFH, Urteil v. 15.3.2017 – I R 41/16, BFH/NV 2017 S. 1548; zustimmend z. B. *Farwick*, StuB 2018 S. 11 ff.
153 Befürwortend z. B. *Wacker* in Schmidt, EStG, 37. Aufl., München 2018, § 15 Rz. 891; *Hageböke/Koetz*, DStR 2006 S. 293; *Witt* in HHR, EStG, KStG, Köln, § 15 Rz. 905 (Stand: 8/2017); *Kempf*, DStR 2015 S. 1905. Ablehnend z. B. *Bitz* in Littmann/Bitz/Pust, EStG, Stuttgart, § 15 Rz. 116a (Stand: 10/2017); *Kollruss*, WPg 2016 S. 586.

werbesteuerlichen Hinzurechnungen und Kürzungen unberücksichtigt.[154] Vielmehr gehen sie ausschließlich in die Ermittlung der Einkünfte i. S. d. § 15 Abs. 1 Satz 1 Nr. 3 EStG und des Gewerbeertrags des persönlich haftenden Gesellschafters ein.

1403 Ergänzungsbilanzen sind auch von Personengesellschaften, die ihren **Gewinn nach § 4 Abs. 3 EStG** ermitteln, zu erstellen. So kann es auch bei Freiberuflerpersonengesellschaften, z. B. im Falle des Gesellschaftwechsels, zur Aufstellung einer Ergänzungsbilanz kommen. Angesichts eines fehlenden Betriebsvermögensvergleichs sollte allerdings besser von einer **Ergänzungsrechnung** gesprochen werden,[155] die den Regeln der Gewinnermittlung nach § 4 Abs. 3 EStG unterliegt.

1404–1408 *(Einstweilen frei)*

2.6.2 Anlässe für die Aufstellung von Ergänzungsbilanzen

1409 Ergänzungsbilanzen sind in erster Linie in folgenden Fällen relevant:[156]

- ▶ beim **entgeltlichen Erwerb eines Mitunternehmeranteils** (§ 16 Abs. 1 Satz 1 Nr. 2 und 3 EStG; vgl. im Einzelnen Rz. 1416 ff.);

- ▶ in den Fällen des § 24 UmwStG: Einbringung eines Betriebs, Teilbetriebs oder Mitunternehmeranteils in eine Personengesellschaft; Verschmelzung von Personengesellschaften; Ausgliederung auf eine Personengesellschaft;[157]

- ▶ bei der Inanspruchnahme steuerrechtlicher Regelungen, bei denen nur **einzelne Mitunternehmer** die hierfür erforderlichen Voraussetzungen erfüllen (z. B. §§ 6b, 7 Abs. 5 EStG; vgl. Rz. 1384 ff.);

- ▶ beim Übergang des Vermögens einer Kapitalgesellschaft auf eine Personengesellschaft nach §§ 2 ff. UmwG und bei formwechselnder Umwandlung einer Kapitalgesellschaft in eine Personengesellschaft nach §§ 190 ff. UmwG;

- ▶ bei der **Einbringung eines Mitunternehmeranteils** in eine Kapitalgesellschaft (§ 20 UmwStG); das Wahlrecht des § 20 UmwStG ist in diesem Fall in einer Ergänzungsbilanz bei der Personengesellschaft auszuüben.[158]

- ▶ in den Fällen des § 6 Abs. 5 EStG bei **steuerneutraler Übertragung** eines Wirtschaftsgutes (vgl. Rz. 1571 ff.).

---

154 Zustimmend z. B. *Dißars*, NWB 2017 S. 2961, nach dem aber „de lege ferenda die Herbeiführung einer Übereinstimmung mit der Regelung in § 15 Abs. 1 Satz 1 Nr. 3 EStG durchaus wünschenswert" erscheint.
155 Vgl. BFH, Urteil v. 24.6.2009 – VIII R 13/07, BStBl 2009 II S. 993; *Hüttemann*, DStJG 34 (2011) S. 306; *Ley*, KÖSDI 2001 S. 12982; *Bolk*, Bilanzierung und Besteuerung der Personengesellschaft und ihrer Gesellschafter, 2. Aufl., Köln 2016, Rz. 4.11.
156 Vgl. *Hennrichs* in Tipke/Lang, Steuerrecht, 23. Aufl., Köln 2018, § 10 Rz. 123; *Reiß* in Kirchhof (Hrsg.), EStG, 17. Aufl., Köln 2018, § 15 Rz. 244; *Wacker* in Schmidt, EStG, 37. Aufl., München 2018, § 15 Rz. 460; *Bolk*, Bilanzierung und Besteuerung der Personengesellschaft und ihrer Gesellschafter, 2. Aufl., Köln 2016, Rz. 4.9 f.; *Grottel/Baldamus* in Beck'scher Bilanz-Kommentar, 11. Aufl., München 2018, § 247 Rz. 745.
157 Vgl. im Einzelnen *Schmitt/Keuthen*, DStR 2013 S. 1565 ff.
158 Vgl. BFH, Urteil v. 30.4.2003 – I R 102/01, BStBl 2004 II S. 804.

Ergänzungsbilanzen sind als Richterrecht entstanden;[159] sie werden gesetzlich ausdrücklich in § 24 Abs. 2 Satz 1, Abs. 3 Satz 1 UmwStG und in § 6 Abs. 5 Satz 4 EStG erwähnt.[160] 1410

(Einstweilen frei) 1411–1415

2.6.3 Anwendungsbeispiel: Entgeltlicher Erwerb eines Mitunternehmeranteils
2.6.3.1 Aufstellung einer Ergänzungsbilanz bei einem Entgelt über dem Buchwert des Kapitalkontos

Beim Kauf eines Mitunternehmeranteils erwirbt der Käufer steuerlich nicht ein Wirtschaftsgut „Personengesellschaftsanteil";[161] der Anteil an einer Personengesellschaft stellt **kein Wirtschaftsgut** dar (vgl. auch Rz. 1346). Vielmehr repräsentiert die Beteiligung die Summe der dem Gesellschaftsanteil entsprechenden Bruchteils an den einzelnen (positiven und negativen) Wirtschaftsgütern der Personengesellschaft.[162] Der Erwerb von Anteilen an Personengesellschaften ist letztlich als Erwerb von einzelnen Wirtschaftsgütern (**asset deal**) zu qualifizieren.[163] Der Begriff des Mitunternehmeranteils umfasst nicht nur den Anteil des Gesellschafters am Gesamthandsvermögen, sondern auch das Sonderbetriebsvermögen des Gesellschafters.[164] 1416

Für den Erwerber gilt das bezahlte Entgelt als **Anschaffungskosten** für den Anteil an der Personengesellschaft (§ 6 Abs. 1 Nr. 7 EStG). Wenn die Anschaffungskosten des Anteils dem Buchwert des Kapitalkontos entsprechen, werden sie in der steuerlichen Gesamthandsbilanz über die Fortführung der Buchwerte festgehalten. Der Aufstellung einer Ergänzungsbilanz bedarf es in diesem Fall nicht.

Auch wenn für den Mitunternehmeranteil ein Entgelt bezahlt wird, das den bilanziellen Wert des Kapitalkontos in der Steuerbilanz der Gesellschaft übersteigt, bleibt die Bilanz der Gesellschaft unberührt.[165] Die Differenz zwischen Kaufpreis und Kapitalkonto wird als Ausgleich für die in den Wirtschaftsgütern der Gesamthandsbilanz enthaltenen stillen Reserven sowie für den Anteil am Geschäfts- oder Firmenwert bezahlt. Dieser Mehrpreis wird in einer **positiven Ergänzungsbilanz** zur Gesamthandsbilanz vom Erwerber aktiviert.[166] Auf der Passivseite der Ergänzungsbilanz wird der Mehrpreis als **Mehrkapital** ausgewiesen, auf der Aktivseite wird der Mehrpreis auf die Wirtschaftsgüter auf- 1417

---

159 Vgl. *Hennrichs* in Tipke/Lang, Steuerrecht, 23. Aufl., Köln 2018, § 10 Rz. 120.
160 Der Begriff der Ergänzungsbilanz ist erstmalig in § 6 Abs. 5 Satz 4 EStG durch das UntStFG v. 20.12.2001 in das EStG aufgenommen worden.
161 A. A. *Gschwendtner*, DStR 1993 S. 817; *Schön*, FR 1994 S. 662; *Reiss*, StuW 1986 S. 236.
162 Vgl. BFH, Urteile v. 26.1.1978 – IV R 97/76, BStBl 1978 II S. 368; v. 25.4.1985 – IV R 83 83, BStBl 1986 II S. 350; v. 6.7.1995 – IV R 30/93, BStBl 1995 II S. 831; v. 12.12.1996 – IV R 77/93, BStBl 1998 II S. 180; v. 20.11.2014 – IV R 1/11, BStBl 2017 II S. 36.
163 Vgl. *Herzig/Hötzel*, DBW 1990 S. 518.
164 Vgl. BFH, Urteil v. 19.3.1991 – VIII R 76/87, BStBl 1991 II S. 635.
165 Vgl. *Schreiber*, Besteuerung der Unternehmen, 4. Aufl., Wiesbaden 2017, S. 278.
166 Vgl. BFH, Urteile v. 26.1.1978 – IV R 97/76, BStBl 1978 II S. 368; v. 7.11.1985 – IV R 65/83, BStBl 1986 II S. 364; v. 18.2.1993 – IV R 40/92, BStBl 1994 II S. 224; BFH, Beschluss v. 21.3.1995 – IV B 95/94, BFH/NV 1996 S. 211; *Ley*, KÖSDI 2001 S. 12985; *Prinz/Thiel*, FR 1992 S. 193; *Hennrichs* in Tipke/Lang, Steuerrecht, 23. Aufl., Köln 2018, § 10 Rz. 123. Für Fälle des Gesellschafterwechsels findet § 24 UmwStG keine Anwendung, vgl. BMF, Schreiben v. 21.8.2001, IV A 6 – S 1909 – 11/01, BStBl 2001 I S. 543, Tz. 24.01 Buchst. c S. 3.

geteilt, die die stillen Reserven enthalten.[167] Die stillen Reserven sind insoweit aufzudecken, als der bisherige Gesellschafter an ihnen beteiligt war.[168]

Die zu aktivierenden (**Mehr-)Aufwendungen** können bestehen[169]

1. in der Zahlung von Bar- oder Buchgeld;
2. in der Übernahme privater Schulden oder eines negativen Kapitalkontos des ausscheidenden Gesellschafters, wobei es unerheblich ist, ob dieses Kapitalkonto auf Entnahmen oder auf ausgleichsfähigen oder auf nur verrechenbaren Verlusten beruht;[170]
3. in einer handelsrechtlichen Gewinnermittlungsabrede.[171]

1418 Bei Fremden (Interessengegensatz) ist regelmäßig die **vertragliche Aufteilung des Gesamtkaufpreises** maßgeblich.[172] Vereinbarungen der Vertragsparteien zur Verteilung des Kaufpreises sind anzuerkennen, sofern sie sachlich gerechtfertigt und nicht willkürlich sind.[173] Es empfiehlt sich, die Verhandlungsergebnisse und Vorstellungen der Parteien, für welche Wirtschaftsgüter der Kaufpreis gezahlt wird, zu dokumentieren.[174] Wenn eine derartige Kaufpreisaufteilung nicht vorliegt, ist zu klären, nach welchen Kriterien die Aufstockung zu erfolgen hat. Die Entscheidung hierüber hat Einfluss auf die Steuerbelastung des Gesellschafters, „da durch die Festlegung der Anschaffungskosten der einzelnen Wirtschaftsgüter die zeitliche Struktur der Aufwandswirksamkeit des Mehrbetrags im Wege der Abschreibung vorherbestimmt wird."[175]

Bezüglich der **Aufteilung des Mehrbetrages** gelten nach der sogenannten **Stufentheorie** die folgenden widerlegbaren Vermutungen:[176]

1) Die stillen Reserven in den bereits bilanzierten materiellen und immateriellen Wirtschaftsgütern sind aufzudecken.

---

167 Nicht in jedem Fall ist die Aufstellung einer Ergänzungsbilanz erforderlich, wenn die Beteiligung über dem Buchwert des Kapitalkontos des Ausscheidenden veräußert wird. Wenn alle Gesellschafter aus der Personengesellschaft ausscheiden oder wenn ein Mitunternehmer ausscheidet und sein Anteil den verbliebenen Mitunternehmern im Verhältnis ihrer Beteiligung anwächst, können die Folgen unmittelbar in der Steuerbilanz gezogen werden, vgl. BFH, Urteile v. 28.9.1993 - VIII R 67/92, BStBl 1994 II S. 449; v. 12.12.1996 - IV R 77/93, BStBl 1998 II S. 180. Ergänzungsbilanzen sind auch nicht nötig, wenn der Erwerb des Mitunternehmeranteils unentgeltlich erfolgt, da die Buchwerte fortzuführen sind (§ 6 Abs. 3 Satz 2 EStG), vgl. *Reiß* in Kirchhof (Hrsg.), EStG, 17. Aufl., Köln 2018, § 15 Rz. 246.
168 Vgl. BFH, Urteile v. 12.6.1975 – IV R 129/71, BStBl 1975 II S. 807; v. 25.1.1979 – IV R 56/75, BStBl 1979 II S. 302.
169 Vgl. zum Folgenden *Tiede* in HHR, EStG, KStG, Köln, § 15 Rz. 504 (Stand: 3/2013); *Wacker* in Schmidt, EStG, 37. Aufl., München 2018, § 15 Rz. 462.
170 Vgl. BFH, Urteil v. 30.3.1993 – VIII R 63/91, BStBl 1993 II S. 706 zu II.1.a; *Wacker* in Schmidt, EStG, 37. Aufl., München 2018, § 15 Rz. 462.
171 Vgl. BFH, Urteil v. 29.10.1991 – VIII R 148/85, BStBl 1992 II S. 647.
172 Vgl. im Einzelnen BFH, Urteile v. 1.4.2009 – IX R 35/08, BStBl 2009 II S. 663; v. 18.1.2006 – IX R 34/05, BFH/NV 2006 S. 1634; BFH, Beschluss v. 30.7.2007 – VII B 176/08, BFH/NV 2009 S. 1959; FG Rheinland-Pfalz, Urteil v. 23.2.2011, 2 K 1903/09, EFG 2012 S. 63; *Kahle/Heinstein* in Schulze-Osterloh/Hennrichs/Wüstemann (Hrsg.), HdJ, Köln, Abt. II/3, Rz. 76a ff. (Stand: 11/2015).
173 Vgl. BFH, Urteil v. 31.1.1973 – I R 197/70, BStBl 1973 II S. 391.
174 Vgl. *Friedrich* in Prinz/Hoffmann (Hrsg.), Beck'sches Handbuch der Personengesellschaften, 4. Aufl., München 2014, § 6 Rz. 78.
175 *Niehus/Wilke*, Die Besteuerung der Personengesellschaften, 7. Aufl., Stuttgart 2015, S. 285.
176 Vgl. BFH, Urteile v. 21.5.1970 – IV R 131/68, BStBl 1970 II S. 740; v. 25.1.1979 – IV R 56/75, BStBl 1979 II S. 302; v. 24.5.1984 – I R 166/78, BStBl 1984 II S. 747; v. 7.6.1984 – IV R 79/82, BStBl 1984 II S. 584.

2) Sodann ist der Mehrpreis als Anschaffungskosten für die bisher nicht bilanzierten (also selbstgeschaffenen immateriellen) Wirtschaftsgüter anzusehen.

3) Ein verbleibender Betrag ist als Ausgleichszahlung für eine Beteiligung am Geschäfts- oder Firmenwert zu aktivieren.

4) Sofern auch nach Schritt 3) ein zu verteilender Mehrbetrag verbleibt, kann dieser als Betriebsausgabe abgezogen werden, sofern keine außerbetrieblichen Gründe für diesen Mehrbetrag vorliegen.[177] Dieser Abzug dürfte regelmäßig nur dann möglich sein, wenn es sich um eine Fehlmaßnahme handelt, oder – im Falle des Erwerbs durch einen oder die Mitgesellschafter – ein lästiger Gesellschafter[178] zum Austritt bewegt werden soll.[179] Es handelt sich in diesem Fall nach der Rechtsprechung um Sonderbetriebsausgaben,[180] nicht um eine Betriebsausgabe im Ergänzungsbereich.[181]

Nach der **modifizierten Stufentheorie** werden die Stufen 1 und 2 zusammengefasst, d. h. in einem Schritt erfolgt eine gleichmäßige Aufstockung der bereits bilanzierten zusammen mit den bis dato nicht bilanzierten Wirtschaftsgütern.[182] Die **zweistufige Stufentheorie** vereint die Stufen 1 bis 3 zu einer Stufe, so dass auch der Geschäftswert von vornherein in die gleichmäßige Aufteilung einbezogen wird.[183] Hierin kommt die Überlegung zum Ausdruck, alle zukünftigen Ertragsaussichten innerhalb der Kaufpreisermittlung zu berücksichtigen, unabhängig davon, ob diese im Zusammenhang mit bereits bilanzierten materiellen und immateriellen Wirtschaftsgütern stehen, sich auf bisher nicht bilanzierte immaterielle Wirtschaftsgüter zurückführen lassen oder im Geschäftswert zusammengefasst werden.[184] Da sich der Firmenwert regelmäßig nur schwierig ermitteln lässt, erscheint es im Interesse der Objektivierung sinnvoll, nach der modifizierten Stufentheorie vorzugehen.[185] Ohne vertragliche Vereinbarungen erfolgt die **Aufteilung der zusätzlichen Anschaffungskosten** im Verhältnis der **Teilwerte** der angeschafften Wirtschaftsgüter.[186] Die Finanzverwaltung folgt nach dem **Umwandlungssteuererlass** der zweistufigen Stufentheorie bei Einbringungen zu Zwischenwerten (§ 20 Abs. 2 Satz 2 UmwStG, § 24 Abs. 2 Satz 2 UmwStG).[187]

1419

---

177 Vgl. BFH, Urteil v. 21.4.1994 – IV R 70/92, BStBl 1994 II S. 745.
178 Vgl. BFH, Urteile v. 30.3.1993 – VIII R 63/91, BStBl 1993 II S. 706; v. 29.10.1991 – VIII R 148/85, BStBl 1992 II S. 647.
179 Vgl. *Reiß* in Kirchhof (Hrsg.), EStG, 17. Aufl., Köln 2018, § 15 Rz. 247; *Friedrich* in Prinz/Hoffmann (Hrsg.), Beck'sches Handbuch der Personengesellschaften, 4. Aufl., München 2014, § 6 Rz. 78; *Schoor*, StBp 2006 S. 215.
180 Vgl. BFH, Urteile v. 30.3.1993 – VIII R 63/91, BStBl 1993 II S. 706; v. 18.2.1993 – IV R 40/92, BStBl 1994 II S. 224; v. 14.6.1994 – VIII R 37/93, BStBl 1995 II S. 246. Dies gilt u. U. nicht beim Erwerb eines KG-Anteils mit negativem Kapitalkonto, vgl. *Wacker* in Schmidt, EStG, 37. Aufl., München 2018, § 15 Rz. 462; *Mische*, BB 2010 S. 2948.
181 So *Reiß* in Kirchhof (Hrsg.), EStG, 17. Aufl., Köln 2018, § 15 Rz. 247.
182 Vgl. *Hörger/Stobbe*, DStR 1991 S. 1233; *Ley*, StbJb 2003/04 S. 168 f.
183 Vgl. *Siegel*, DStR 1991 S. 1478 f.
184 So offenbar auch BFH, Urteil v. 30.3.1993 – VIII R 63/91, BStBl 1993 II S. 706.
185 Vgl. BFH, Urteil v. 14.6.1994 – VIII R 37/93, BStBl 1995 II S. 246; *Reiß* in Kirchhof (Hrsg.), EStG, 17. Aufl., Köln 2018, § 15 Rz. 247; *Ley*, KÖSDI 2001 S. 12986.
186 Vgl. BFH, Urteile v. 6.7.1995 – IV R 30/93, BStBl 1995 II S. 831; v. 26.1.1994 – III R 39/91, DStR 1994 S. 610; v. 26.1.1978 – IV R 97/76, BStBl 1978 II S. 368; BFH, Beschluss v. 12.6.1978 – GrS 1/77, BStBl 1978 II S. 620; *Herzig*, DB 1990 S. 134; *Moxter*, BB 1979 S. 744; *Schoor*, FR 1987 S. 249; *Siegel*, DStR 1991 S. 1479; *Kempf/Obermann*, DB 1998 S. 546.
187 Vgl. BMF, Schreiben v. 11.11.2011 – IV C 2 – S 1978 – b/08/10001, BStBl 2011 I S. 1314, Rz. 03.25.

1420 Bei der Veräußerung von Mitunternehmeranteilen ist zu beachten, dass die §§ 4f, 5 Abs. 7 EStG zur Anwendung kommen können.[188] Die Finanzverwaltung hat sich im BMF-Schreiben vom 30.11.2017 für eine vollständige Anwendbarkeit des Transparenzprinzips und damit von § 4f Abs. 1 Satz 1 EStG ausgesprochen, sodass die Norm auch auf **passivierungsbeschränkte Verpflichtungen im Gesamthandsvermögen** einer Personengesellschaft anwendbar ist.[189] Nach § 4f Abs. 1 Satz 3 Alt. 1 EStG findet bei der Veräußerung oder Aufgabe des **gesamten Mitunternehmeranteils** keine Aufwandsstreckung nach § 4f Abs. 1 Satz 1, 2 EStG statt.[190] Die stille Last im Gesamthandsvermögen wird im Zeitpunkt der Übertragung des Mitunternehmeranteils zunächst gemäß dem Prinzip der **Neutralität der Anschaffungsvorgänge** in der Ergänzungsbilanz mit dem Verkehrswert erfasst.[191] Zum folgenden Abschlussstichtag findet § 5 Abs. 7 EStG in der Ergänzungsbilanz des Erwerbers Anwendung. Nach § 5 Abs. 7 Satz 3 EStG gilt zur Sicherung des Transparenzprinzips § 5 Abs. 7 Satz 1 EStG auch für den entgeltlichen Erwerb eines Mitunternehmeranteils.[192] § 5 Abs. 7 EStG ist sowohl bei der Übertragung eines gesamten Mitunternehmeranteils als auch bei der Übertragung eines Teilmitunternehmeranteils anzuwenden.[193] Folglich werden die in der Ergänzungsbilanz im Zeitpunkt des Erwerbs angesetzten stillen Lasten gewinnerhöhend aufgelöst, soweit sich die passivierungsbeschränkten Verpflichtungen auf das Gesamthandsvermögen beziehen.[194] Damit entsteht an dem auf die Übernahme der Verpflichtung folgenden Abschlussstichtag ein phasenverschobener Erwerbsgewinn. Die Möglichkeit zur Bildung einer gewinnmindernden Rücklage nach § 5 Abs. 7 Satz 5 EStG besteht auch in der Ergänzungsbilanz.[195] Dieses Wahlrecht können die betroffenen Mitunternehmer individuell ausüben, da sich die Tatbestandsmerkmale der Norm nur in der Sphäre des Erwerbers verwirklichen.[196]

2.6.3.2 Aufstellung einer Ergänzungsbilanz bei negativem Kaufpreis

1421 Ein **negativer Kaufpreis** liegt beim Erwerb von Mitunternehmeranteilen vor, wenn das vereinbarte Entgelt unter dem (anteiligen) bilanziellen Eigenkapital der Mitunternehmerschaft liegt oder der Verkäufer gar eine Zuzahlung leistet, um den Erwerber zur Übernahme der Beteiligung zu bewegen.[197] Ein negativer Kaufpreis für den Mitunter-

---

188 Vgl. im Einzelnen *Kahle/Braun*, FR 2018 S. 197 ff.
189 Vgl. BMF v. 30.11.2017 – IV C 6 – S 2133/14/10001, BStBl 2017 I 1619, Rz. 20; vgl. auch *Riedel*, Ubg 2017 S. 583.
190 Vgl. z. B. *Krumm* in Blümich, EStG/KStG/GewStG, § 4f EStG, Rz. 22, 35a (Stand: 11/2017).
191 Vgl. BFH v. 14.12.2011 – I R 72/10, BStBl 2017 II S. 1226; *Ley*, DStR 2007 S. 594; *Benz/Placke*, DStR 2013 S. 2659; *Dannecker/Rudolf*, BB 2014 S. 2540; *Kahle*, FR 2013 S. 879.
192 Vgl. *Schindler*, GmbHR 2014 S. 789; *Korn/Strahl*, KÖSDI 2014 S. 18750.
193 Vgl. *Neumann* in Ladermann, EStG, § 5 EStG, Rz. 1428y (Stand: 5/2014); *Schindler*, GmbHR 2014 S. 790; *Tiedchen* in HHR, EStG/KStG, § 5 EStG, Rz. 2450 (Stand: 1/2015); *Crezelius* in Kirchhof (Hrsg.), EStG, 17. Aufl. 2018, § 5 EStG, Rz. 160.
194 Vgl. *Watrin* in Frotscher/Geurts (Hrsg.), EStG, § 5 EStG, Rn. 448h (Stand: 6/2017); *Benz/Placke*, DStR 2013 S. 2659; *Ley*, DStR 2007 S. 594; *Schindler*, GmbHR 2014 S. 789; *Förster/Staaden*, BB 2016 S. 1326.
195 Vgl. *Tiedchen* in HHR, EStG/KStG, § 5 EStG, Rz. 2452 (Stand: 1/2015); *Lüdenbach/Hoffmann*, GmbHR 2014 S. 127; *Dannecker/Rudolf*, BB 2014 S. 2540; *Watrin* in Frotscher/Geurts (Hrsg.), EStG, § 5 EStG, Rn. 448h (Stand: 6/2017).
196 Vgl. *Dannecker/Rudolf*, BB 2014 S. 2540; *Krumm* in Blümich, EStG/KStG/GewStG, § 5 EStG, Rz. 242g (Stand: 8/2015); *Lüdenbach/Hoffmann*, GmbHR 2014 S. 127.
197 Vgl. z. B. *Prinz*, FR 2011 S. 373; *Dannecker/Rudolf*, BB 2014 S. 2541.

nehmeranteil ist von Entgelten für selbständig bewertbare, separate Leistungen des Käufers abzugrenzen. Ein negativer Kaufpreisbestandteil liegt z. B. nicht vor, wenn der Erwerber für Bankverbindlichkeiten der Gesellschaft eine selbstschuldnerische Bürgschaft übernimmt.[198] Um spätere Diskussionen mit der Finanzverwaltung über die Einordnung einer Zahlung vorzubeugen, sollten die Vertragsparteien die Gründe für eine Zuzahlung zeitnah und eindeutig dokumentieren,[199] insbesondere auch mit Blick auf §§ 4f, 5 Abs. 7 EStG.[200]

Wenn das bezahlte Entgelt aus betrieblichen Gründen (z. B. Notverkauf, schlechte wirtschaftliche Situation der Personengesellschaft) unter dem Buchwert des übernommenen Kapitalkontos liegt, stellt es die Anschaffungskosten für die Beteiligung dar. Ein steuerpflichtiger „Erwerbsgewinn" darf nach der unter Kaufleuten geltenden Ausgeglichenheitsvermutung von Leistung und Gegenleistung nicht entstehen;[201] er verstieße gegen das Realisationsprinzip und das Anschaffungskostenprinzip und scheidet daher stets aus.[202] Zur Umsetzung des Anschaffungskostenprinzips ist in einer **negativen Ergänzungsbilanz** des eintretenden Gesellschafters die Differenz zwischen Buchwert und (niedrigeren) Anschaffungskosten anteilig bei allen Wirtschaftsgütern des Anlage- und Umlaufvermögens der Personengesellschaft als Minderwert zu passivieren (**Abstockung, passive Wertberichtigungen**).[203] Voraussetzung ist, dass der Minderpreis nicht aufgrund einer Wertminderung bestimmter Wirtschaftsgüter erfolgte.[204] Den Minderwerten steht auf der Aktivseite der negativen Ergänzungsbilanz in gleicher Höhe ein **Minderkapital** gegenüber. Die passiven Wertberichtigungen sind in der Folgezeit entsprechend dem Abgang oder dem Verbrauch der Wirtschaftsgüter gewinnerhöhend aufzulösen.[205]

Die bisherigen Buchwerte in der Gesamthandsbilanz fortzuführen und die Differenz als Anteil an einem **negativen Geschäfts- oder Firmenwert** auszuweisen, kommt nicht in Betracht.[206] Ein negativer Geschäfts- oder Firmenwert ist nicht passivierungsfähig; er gehört nicht zu den Verbindlichkeiten, Rückstellungen und passiven Rechnungsabgrenzungsposten.[207] Zudem würden die unter dem Buchwert erworbenen Anteile an den

1422

---

198 Vgl. BFH, Urteil v. 26.4.2006 – I R 49, 50/04, BStBl 2006 II S. 656.
199 Vgl. *Prinz*, JbFSt 2011/2012 S. 436; *Ernsting*, GmbHR 2007 S. 137; *Scheunemann/von Mandelsloh/Preuß*, DB 2011 S. 202.
200 Vgl. *Dannecker/Rudolf*, BB 2014 S. 2541.
201 Vgl. Nds. FG, Urteil v. 24.10.1991 – XII 706/84, EFG 1993 S. 15; *Prinz*, FR 2011 S. 374.
202 Vgl. BFH, Urteile v. 26.4.2006 – I R 49, 50/04, BStBl 2006 II S. 656; v. 26.6.2002 – IV R 3/01, BStBl 2003 II, S. 112; v. 10.3.1998 – VIII R 76/96, BStBl 1999 II S. 269; v. 12.12.1996 – IV R 77/93, BStBl 1998 II S. 180; v. 24.10.1996 – IV R 90/94, BStBl 1997 II, S. 241; v. 21.4.1994 – IV R 70/92, S. 745; *Prinz*, FR 2011 S. 374.
203 Vgl. BFH, Urteile v. 21.4.1994 – IV R 70/92, BStBl 1994 I S. 745; v. 7.2.1995 – VIII R 36/93, BStBl 1995 II S. 770; v. 6.7.1995 – IV R 30/93, BStBl 1995 II S. 831; v. 26.6.2002 – IV R 3/01, BStBl 2003 II S. 112; *Prinz*, FR 2011 S. 374; *Strahl*, DStR 1998 S. 515 ff.
204 Vgl. *Reiß* in Kirchhof (Hrsg.), EStG, 17. Aufl., Köln 2018, § 15 Rz. 248.
205 Vgl. BFH, Urteile v. 21.4.1994 – IV R 70/92, BStBl 1994 II S. 745; v. 6.7.1995 – IV R 30/93, BStBl 1995 II S. 831; FG Düsseldorf, Urteil v. 15.12.2010 – 15 K 2784/09 F, DStR 2011 S. 113.
206 Vgl. BFH, Urteile v. 19.2.1981 – IV R 41/78, BStBl 1981 II S. 730; v. 18.2.1993 – IV R 40/92, BStBl 1994 II S. 224; v. 21.4.1994, IV R 70/92, BStBl 1994 II S. 745; v. 6.7.1995 – IV R 30/93, BStBl 1995 II S. 832; v. 12.12.1996 – IV R 77/93, BStBl 1998 II S. 180; *Groh*, StuW 1995 S. 387; *Siegel/Bareis*, BB 1993 S. 1477 ff. Gegen die „Abstockungslösung" und für einen negativen Geschäftswert z. B. *Moxter* in Bierich/Hommelhoff/Kropff (Hrsg.), FS Semler, Berlin/New York 1993, S. 856 f.; *Regniet*, Ergänzungsbilanzen bei der Personengesellschaft, Köln 1990, S. 149 ff.
207 Vgl. BFH, Urteil v. 19.2.1981 – IV R 41/78, BStBl 1981 II S. 730 f.; *Siegel/Bareis*, BB 1993 S. 481 f.; *Heurung*, DB 1995 S. 385.

Wirtschaftsgütern des Gesamthandsvermögens unverändert mit den höheren Werten in der Steuerbilanz der Gesellschaft ausgewiesen werden; die Höchstgrenze der Bewertung nach § 6 Abs. 1 Nr. 7 EStG würde überschritten werden, was nicht zulässig ist.[208] Ein Wahlrecht des Steuerpflichtigen zwischen Abstockung der Buchwerte und Ausweis des Differenzbetrages als negativer Geschäftswert wird durch § 6 Abs. 1 Nr. 7 EStG ausgeschlossen.[209]

Die erworbenen Wirtschaftsgüter werden maximal bis zum Erinnerungswert (1 €) abgestockt. Wirtschaftsgüter, die nach dem Nominalwertprinzip bewertet werden (z. B. Bar- und Buchgeld, vollwerthaltige Forderungen) scheiden für eine Abstockung aus,[210] denn ansonsten ergäbe sich ein Verstoß gegen das Realisationsprinzip.[211] Die Aufteilung des Abstockungsbetrages lässt sich nur im Schätzungswege ermitteln;[212] es erscheint praktikabel, sie nach dem Verhältnis der Buchwerte vorzunehmen.[213] Die Rechtsprechung untersagt auch eine „Aufstockung" von Verbindlichkeiten und Rückstellungen,[214] während die h. M. in der Literatur diese Auffassung nicht teilt.[215] Der Anwendungsbereich für eine Aufstockung von Verbindlichkeiten und Rückstellungen ist allerdings beschränkt, da Passiva regelmäßig ohnehin nach dem **Höchstwertprinzip** bewertet werden. Allerdings enthalten Pensionsrückstellungen aufgrund der Bewertung mit dem Teilwert (§ 6a EStG) **stille Lasten**, weshalb eine Aufstockung geboten ist. Zudem sind Verbindlichkeiten und Rückstellungen, die nicht oder nur eingeschränkt in der Steuerbilanz des Verkäufers angesetzt werden können, zu berücksichtigen; soweit der negative Kaufpreis (anteilig) auf Außenverpflichtungen mit stillen Lasten entfällt, sind diese Passivposten aufzustocken und anschließend §§ 4f, 5 Abs. 7 EStG zu unterwerfen.[216]

Wenn eine Abstockung von Wirtschaftsgütern nicht mehr möglich ist (z. B. Zuzahlungen des Veräußerers), muss ein erfolgsneutraler **passiver Ausgleichsposten** in der Ergänzungsbilanz des Erwerbers gebildet werden.[217] Es besteht kein Wahlrecht; die vorherige Abstockung von Aktiva bzw. die Aufstockung von Passiva ist zwingend vorzunehmen. Es darf nicht ein erhöhter passiver Ausgleichsposten angesetzt werden, um auf die Ab- bzw. Aufstockungen verzichten zu können.[218] Es würde dem Grundsatz der Erfolgsneu-

---

208 Vgl. FG Niedersachsen, Urteil v. 24.10.1991 – XII 706/84, EFG 1993 S. 16.
209 Vgl. FG Niedersachsen, Urteil v. 24.10.1991 – XII 706/84, EFG 1993, S. 16.
210 Vgl. BFH, Urteil v. 12.12.1996 – IV R 77/93, BStBl 1998 II S. 180.
211 Vgl. *Heurung*, DB 1995 S. 387; *Strahl*, DStR 1998 S. 517 f.
212 Vgl. BFH, Urteil v. 19.2.1981 – IV R 41/78, BStBl 1981 II S. 731.
213 Vgl. *Desens/Blischke* in K/S/M, EStG, Heidelberg, § 15 Rz. F 252 (Stand: 8/2016); *Ley*, KÖSDI 2001 S. 12987; *Tiede* in HHR, EStG, KStG, Köln, § 15 Rz. 506 (Stand: 3/2013).
214 Vgl. BFH, Urteil v. 12.12.1996 – IV R 77/93, BStBl 1998 II, S. 180; zustimmend *Reiß* in Kirchhof (Hrsg.), EStG, 17. Aufl., Köln 2018, § 15 Rz. 248; *Tiede* in HHR, EStG, KStG, Köln, § 15 Rz. 506 (Stand: 3/2013).
215 Für eine Aufstockung aller Passiva: *Moxter* in Bierich/Hommelhoff/Kropff (Hrsg.), FS Semler, Berlin/New York 1993, S. 856; *Scheunemann/von Mandelsloh/Preuß*, DB 2011 S. 202; *Pickhardt*, DStR 1997 S. 1099; *Pusecker/Schruff*, BB 1996 S. 741.
216 Vgl. *Dannecker/Rudolf*, BB 2014 S. 2543.
217 Vgl. BFH, Urteile v. 21.4.1994 – IV R 70/92, BStBl 1994 II S. 745; v. 12.12.1996 – IV R 77/93, BStBl 1998 II S. 180. Bei fehlendem Abstockungspotenzial gegen die Bildung eines passiven Ausgleichspostens und damit für eine sofortige erfolgswirksame Vereinnahmung des Differenzbetrages beim Erwerber z. B. *Siegel/Bareis*, BB 1993 S. 1477; *Groh* in Kirchhof/Offerhaus/Schöberle (Hrsg.), Steuerrecht, Verfassungsrecht, Finanzpolitik, FS Klein, Köln 1994, S. 825; *Hoffmann*, StuB 2011 S. 122.
218 Vgl. BFH, Urteile v. 21.4.1994 – IV R 70/92, BStBl 1994 II S. 745; v. 19.2.1981 – IV R 41/78, BStBl 1981 II S. 730.

tralität von Anschaffungsvorgängen widersprechen, den Betrag, der das Abstockungspotenzial übersteigt, sofort erfolgswirksam zu berücksichtigen.[219] Der Ausgleichsposten ist also das „technische Hilfsmittel" zur Umsetzung des Anschaffungskostenprinzips.

Werden **mehrere Gesellschaftsanteile** erworben, muss der Erwerber nur eine Ergänzungsbilanz führen, in der Auf- und Abstockungen sowie positive und negative Ausgleichsposten unter Berücksichtigung der unterschiedlichen Erwerbszeitpunkte zusammenzufassen sind.[220]

1423

2.6.3.3 Fortführung der Ergänzungsbilanz

2.6.3.3.1 Einheits- versus Vielheitsbetrachtung bei der Fortschreibung der Ergänzungsbilanz

Eine positive Ergänzungsbilanz wird fortgeführt, solange die stillen Reserven und der Geschäfts- oder Firmenwert noch vorhanden sind.[221] In einer **positiven Ergänzungsbilanz** ergibt sich bei abnutzbarem Anlagevermögen zusätzliches AfA-Potenzial, in einer **negativen Ergänzungsbilanz** eine Verminderung der Abschreibungen.[222] Beträge aus der Fortschreibung einer Ergänzungsbilanz sind Teil des laufenden Gewinnanteils nach § 15 Abs. 1 Satz 1 Nr. 2 Satz 1 EStG.[223]

1424

Im Rahmen der Fortführung von Ergänzungsbilanzen ist zu klären, ob der Erwerber in seiner Ergänzungsbilanz an die Wertfortführungsparameter (z. B. Restnutzungsdauer, AfA-Methode) der Gesellschaftsbilanz gebunden ist oder ihm statt dessen durch die Ausübung von Ansatz- und Bewertungswahlrechten in der Ergänzungsbilanz ein Entscheidungsspielraum zukommt. Der Rechtsprechung des BFH zufolge werden Auf- und Abstockungsbeträge in Ergänzungsbilanzen entsprechend dem Verbrauch, der Abnutzung oder der Veräußerung der Wirtschaftsgüter des Gesellschaftsvermögens gewinnwirksam aufgelöst.[224] Für den Fall des entgeltlichen Erwerbs eines Mitunternehmeranteils enthielt die bisherige Rechtsprechung „aber keine Aussage dazu, welche Restnutzungsdauer bezogen auf die in einer Ergänzungsbilanz auszuweisenden Mehrwerte anzusetzen ist bzw. ob die AfA-Methode neu gewählt werden kann."[225] Bis zum Urteil des BFH vom 20.11.2014 war es wohl h. M., dass die Wertansätze in der Ergänzungsbilanz grundsätzlich wie diejenigen in der Steuerbilanz der Gesellschaft fort-

---

219 Vgl. BFH, Urteil v. 26.4.2006, I R 49, 50/04, BStBl 2006 II S. 656; FG Niedersachsen, Urteil v. 24.10.1991 – XII 706/84, EFG 1993 S. 16; FG Düsseldorf, Urteil v. 15.12.2010 – 15 K 2784/09 F, DStR 2011 S. 113.
220 Vgl. BFH, Urteil v. 21.4.1994 – IV R 70/92, BStBl 1994 II S. 745.
221 Vgl. BFH, Urteil v. 28.9.1995 – IV R 57/94, BStBl 1996 II S. 68.
222 Vgl. BFH, Urteil v. 28.9.1995 – IV R 57/94, BStBl 1996 II S. 68; BMF v. 11.11.2011, IV C 2 – S 1978 – b/08/ 10001, BStBl 2011 I S. 1314 ff., Rz. 24.14.
223 Vgl. BFH, Urteil v. 25.4.2006 – VIII R 52/04, BStBl 2006 II, S. 847; BMF v. 11.11.2011, IV C 2 – S 1978 – b/08/ 10001, BStBl 2011 I S. 1314 ff., Rz. 24.14.
224 Vgl. BFH, Urteile v. 21.4.1994 – IV R 70/92, BStBl 1994 II S. 747; v. 6.7.1995 – IV R 30/93, BStBl 1995 II S. 831; v. 28.9.1995 – IV R 57/94, BStBl 1996 II S. 68; v. 6.7.1999 – VIII R 17/95, BFH/NV 2000 S. 34; *Schoor*, StBp 2006 S. 216.
225 BFH, Urteil v. 20.11.2014 – IV R 1/11, BStBl 2017 II S. 37; vgl. auch *Wendt* in Kube u. a. (Hrsg.), Leitgedanken des Rechts, FS Kirchhof, Bd. II, Heidelberg u. a. 2013, S. 1965, Rz. 12.

geschrieben werden (**Grundsatz der Einheitlichkeit der Bewertung**),[226] sofern nicht bestimmte Maßnahmen personenbezogen sind oder Wirtschaftsgüter betroffen sind, die nur in der Ergänzungsbilanz ausgewiesen werden.[227] Die Personengesellschaft ist partielles Steuerrechtssubjekt; daher hat der Grundsatz der Einheit der Gesellschaft auch bei der Aufstellung und Fortschreibung von Ergänzungsbilanzen regelmäßig Vorrang vor dem Grundsatz der Vielheit der Gesellschafter.[228] Mehrwerte **abnutzbarer Wirtschaftsgüter** des Anlagevermögens sollten im Grundsatz nach der gleichen AfA-Methode wie in der Steuerbilanz der Gesellschaft abgeschrieben werden.[229] Der aktivierte Mehrbetrag wurde auf die gleiche Restnutzungsdauer wie in der Steuerbilanz der Gesellschaft,[230] nach anderer Ansicht über eine neu zu schätzende Restnutzungsdauer[231], abgeschrieben. Nach letzterer Ansicht sind auch Aufwendungen für in der Steuerbilanz bereits vollständig abgeschriebene Wirtschaftsgüter zu aktivieren. Diese Ansichten waren aber strittig, weshalb auch **Einzelfragen** der Fortführung nicht abschließend geklärt waren.

2.6.3.3.2 Das Urteil des BFH vom 20.11.2014 zur Fortführung von Ergänzungsbilanzen

1425 Mit **Urteil vom 20.11.2014** hat der BFH entschieden, dass eine für den Erwerber eines Anteils an einer Personengesellschaft aufgestellte positive Ergänzungsbilanz so fortzuführen ist, dass der Gesellschafter soweit wie möglich **einem Einzelunternehmer**, dem Anschaffungskosten für entsprechende Wirtschaftsgüter entstanden sind, **gleichgestellt** wird.[232] In dieser Gleichstellung sieht der BFH den **Zweck der Ergänzungsbilanz**.[233] Demnach sind die Abschreibungsregeln für die Folgebewertung in der Ergänzungsbilanz nicht an die Abschreibungen in der Gesamthandsbilanz gekoppelt. Hieraus folgt das Gericht, dass die AfA auf die im Zeitpunkt des Anteilserwerbs geltende **Restnutzungsdauer** eines abnutzbaren Wirtschaftsgutes des Gesellschaftsvermögens vorzunehmen ist (und nicht auf die in der Gesamthandsbilanz ursprünglich zugrunde gelegte Restnutzungsdauer),[234] d. h. die Restnutzungsdauer des abnutzbaren Anlage-

---

226 Vgl. BFH, Urteil v. 28.9.1995 – IV R 57/94, BStBl 1996 II S. 68; *Dreissig*, BB 1990 S. 959; *Ley*, KÖSDI 1992 S. 9161; *Wismeth*, DB 1976 S. 792; *Schoor*, StBp 2006 S. 216; a. A. *Niehus*, StuW 2002 S. 119 ff.
227 Vgl. *Grottel/Baldamus* in Beck'scher Bilanz-Kommentar, 11. Aufl., München 2018, § 247 Rz. 747.
228 Vgl. *Dreissig*, BB 1990 S. 959; *Ley*, KÖSDI 1992 S. 9161; *Wismeth*, DB 1976 S. 792.
229 Vgl. BFH, Urteile v. 28.9.1995 – IV R 57/94, BStBl 1996 II S. 68; v. 10.3.2005 – II R 69/03, BFH/NV 2005 S. 1499; Nds. FG, Urteil v. 20.10.2009 – 8 K 323/05, EFG 2010 S. 558; *Bode* in Blümich, EStG/KStG/GewStG, München, § 15 Rz. 556a (Stand: 9/2016); *Ley*, KÖSDI 1992 S. 9161; *Ley*, KÖSDI 2001 S. 12988; *Schoor*, StBp 2006 S. 216; *Dreissig*, StJb 1990/91 S. 235; a. A. *Niehus*, StuW 2002 S. 116; *Schmitt/Keuthen*, DStR 2013 S. 1572; *Ising*, Ergänzungsbilanzen anlässlich eines entgeltlichen Gesellschafterwechsels, Frankfurt a. M. u. a. 2001, S. 152 ff.; *Tiede* in HHR, EStG, KStG, Köln, § 15 Rz. 505 (Stand: 3/2013).
230 So Nds. FG, Urteil v. 20.10.2009 – 8 K 323/05, EFG 2010 S. 558; *Ley*, KÖSDI 2001 S. 12988; *Friedrich* in Prinz/Hoffmann (Hrsg.), Beck'sches Handbuch der Personengesellschaften, 4. Aufl., München 2014, § 6 Rz. 79; *Bode* in Blümich, EStG/KStG/GewStG, München, § 15 Rz. 556a (Stand: 9/2016); *Dreissig*, BB 1990 S. 959.
231 Vgl. *Niehus*, StuW 2002 S. 119, 123; *Regniet*, Ergänzungsbilanzen bei der Personengesellschaft, Köln 1990, S. 160; *Mische*, BB 2010 S. 2948; *Uelner*, DStJG 14 (1991) S. 155; *Schmitt/Keuthen*, DStR 2013 S. 1572; *Tiede* in HHR, EStG, KStG, Köln, § 15 Rz. 505 (Stand: 3/2013).
232 Vgl. BFH, Urteil v. 20.11.2014 – IV R 1/11, BStBl 2017 II S. 34; hierzu *Bahlburg*, StuB 2015 S. 455 ff.; *Freikamp*, DB 2015 S. 1063 ff.; *Kraft/Kraft*, NWB 2015 S. 1452 ff.; *Paus*, FR 2015 S. 548 ff.; *Wendt*, FR 2015 S. 554 f.; *Farwick*, StuB 2016 S. 732 ff.; *Farwick*, StuB 2017 S. 175 ff.; *Schmitt/Schaflitzl*, Ubg 2017 S. 363 f. Zur Vorinstanz vgl. FG Niedersachsen, Urteil v. 20.10.2009 – 8 K 323/05, EFG 2010 S. 558; hierzu *Farwick*, StuB 2017 S. 175 f.
233 Vgl. BFH, Urteil v. 20.11.2014 – IV R 1/11, BStBl 2017 II S. 34, Rz. 19; *Wendt*, FR 2015 S. 554.
234 Vgl. BFH, Urteil v. 20.11.2014 – IV R 1/11, BStBl 2017 II S. 36.

vermögens ist neu zu bestimmen. Sie kann kürzer oder länger als die rein rechnerische Restnutzungsdauer sein.[235] Zugleich stehen dem Erwerber des Anteils die **Abschreibungswahlrechte** zu, die auch einem Einzelunternehmer, dem Anschaffungskosten für entsprechende Wirtschaftsgüter entstanden wären, zustehen würden.[236] Nach diesem Urteil besteht also keine „zwingende Synchronisation mit den Abschreibungen in der Gesamthandsbilanz"[237]. Dem Erwerber kommt nach der nunmehr vorliegenden Entscheidung des BFH ein Entscheidungsspielraum zu. Es ist aber zu beachten, dass die Frage nach einer anderen AfA-Methode regelmäßig ohne Bedeutung ist, da es seit 2011 nicht mehr möglich ist, bewegliche Wirtschaftsgüter degressiv abzuschreiben.[238] Mit seiner Entscheidung folgt der BFH ausdrücklich nicht dem im Schrifttum vertretenen **Grundsatz der Einheitlichkeit der Gesellschaftsbilanz** (vgl. Rz. 1424).[239]

Auch nach diesem Urteil blieben Einzelheiten der Fortschreibung der positiven Ergänzungsbilanz strittig. Es war vor allem „unklar, ob sich die eigenen Abschreibungsregeln des erwerbenden Mitunternehmers nur auf die in der **Ergänzungsbilanz ausgewiesenen Anschaffungskosten** (entsprechend den aufgedeckten stillen Reserven) beziehen oder auf die gesamten Anschaffungskosten inklusive der anteiligen Buchwerte in der Gesamthandsbilanz"[240]. Nach der ersten Variante bezieht sich die neu ermittelte Restnutzungsdauer sowie die Ausübung eines möglichen Wahlrechts betreffend der AfA-Methode nur auf die Ergänzungsbilanz,[241] während im zweiten Fall (sog. **Korrektivwertmethode**) „die gesamten Anschaffungskosten des neuen Mitunternehmers zugrunde gelegt werden"[242], aus denen sich folglich das zulässige Abschreibungsvolumen ergibt.[243] In dieser zweiten Variante erfolgt über die Ergänzungsbilanz ein Korrektiv (i. S. eines Differenzbetrags) des Abschreibungsvolumens aus der Gesamthandsbilanz; dies führt dazu, dass in der Ergänzungsbilanz „keine planmäßige Auflösung der Mehrwerte erfolgt. Es treten insb. nach dem Letztjahr der (bisherigen) Restnutzungsdauerabschreibung in der Gesellschaftsbilanz Einmaleffekte auf, die zu belastungsmäßigen Verwerfungen führen können."[244] Nach *Wendt*[245] ist das Urteil des BFH im Sinne der zweiten Variante zu verstehen, so „dass in der positiven Ergänzungsbilanz nur ergänzende Abschreibungen zur Gesamthandsbilanz nach Maßgabe einer neu geschätzten Restnutzungsdauer bzw. Neuausübung von Abschreibungswahlrechten anzusetzen sind."[246]

---

235 Vgl. *Prinz/Keller*, DB 2017 S. 1608.
236 Vgl. BFH, Urteil v. 20.11.2014 – IV R 1/11, BStBl 2017 II S. 36, Rz. 18.
237 *Prinz/Keller*, DB 2017 S. 1608.
238 Vgl. *Eckl*, BB 2015 S. 562; *Bolk*, Bilanzierung und Besteuerung der Personengesellschaft und ihrer Gesellschafter, 2. Aufl., Köln 2016, Rz. 4.28.
239 Vgl. BFH, Urteil v. 20.11.2014 –IV R 1/11, BStBl 2017 II S. 36.
240 *Strahl*, KÖSDI 2017 S. 20456.
241 Vgl. *Farwick*, StuB 2017 S. 176. Diese Auffassung vertritt *Wacker*, JbFSt 2015/16 S. 471.
242 *Farwick*, StuB 2017 S. 176.
243 Hierfür: *Bolk*, DStZ 2015 S. 472; *Bolk*, Bilanzierung und Besteuerung der Personengesellschaft und ihrer Gesellschafter, 2. Aufl., Köln 2016, Rz. 4.28 f.; *Freikamp*, DB 2015 S. 1063 ff.
244 *Prinz/Keller*, DB 2017 S. 1608.
245 Vgl. *Wendt*, FR 2015 S. 554 f.; *Wendt*, BFH/PR 4/2015 S. 120.
246 *Prinz/Keller*, DB 2017 S. 1608.

2.6.3.3.3 Das Schreiben des BMF vom 19.12.2016 zur Fortführung von Ergänzungsbilanzen

1426 Die Finanzverwaltung hat in einem **BMF-Schreiben vom 19.12.2016** ihre Auslegung und Umsetzung des Urteils dargelegt.[247] Sie folgt der im Schrifttum wohl h. M., dass es sich bei der Ergänzungsbilanz um eine **Wertkorrekturbilanz** handelt.[248] Hiernach sind bei der Ermittlung der Abschreibungen die gesamten Anschaffungskosten der Ausgangspunkt der Berechnung, also der in der Steuerbilanz ausgewiesene anteilige, auf den Erwerber entfallende Buchwert sowie der in der Ergänzungsbilanz ausgewiesene Mehrwert. „Für die so ermittelte AfA-Bemessungsgrundlage sind die im Zeitpunkt des Erwerbs für den Erwerber anwendbaren Abschreibungswahlrechte sowie AfA-Sätze maßgeblich."[249] In der Ergänzungsbilanz wird ein **Korrekturwert** ermittelt; das jährliche Gesamtabschreibungsvolumen des Mitunternehmers kann sich so erhöhen oder verringern. Wenn der neue Abschreibungsbetrag höher ist als die anteilige AfA in der Steuerbilanz, wird diese **Mehrabschreibung** in der Ergänzungsbilanz erfasst, indem sie den Mehrwert mindert;[250] die Mehrabschreibung bewirkt einen Verlust aus der Ergänzungsbilanz.

Umgekehrt „kann sich ergeben, dass trotz zusätzlicher Anschaffungskosten in der Ergänzungsbilanz wegen der neuen AfA-Bemessungsgrundlage und einer längeren Restnutzungsdauer für das einzelne Wirtschaftsgut eine geringere AfA entsteht, als sie in der Gesamthandsbilanz der Mitunternehmerschaft erfolgt."[251] Zu einer **Minder-AfA** wird es also bei einer längeren Restnutzungsdauer in der Ergänzungsbilanz als in der Gesamthandsbilanz und vergleichsweise niedrigen stillen Reserven kommen.[252] In Höhe der Minder-AfA ergibt sich „für den Mitunternehmer eine Gewinnerhöhung, die er in seiner steuerlichen Ergänzungsbilanz dem jeweils betroffenen Wirtschaftsgut zuschreiben muss"[253], während es zu einer Gewinnminderung erst in den Jahren kommt, „in denen in der Gesamthandsbilanz bereits die Vollabschreibung eingetreten ist."[254] Bei einer (ausnahmsweise) kürzeren Restnutzungsdauer kommt es in der Ergänzungsbilanz zu Mehrabschreibungen.[255]

---

247 Vgl. BMF, Schreiben v. 19.12.2016, IV C 6 – S 2241/15/10005, BStBl 2017 I S. 34. Das BMF-Schreiben sieht keine Übergangsregelung vor, so dass die darin enthaltenen Grundsätze auch für noch offene Altfälle anzuwenden sind. Vgl. auch *Schmitt/Schaflitzl*, Ubg 2017, S. 364; im Einzelnen *Ley*, KÖSDI 2017, S. 20291 f.
248 Das BMF-Schreiben enthält keine Aussagen zur Erfassung von Minderwerten, vgl. hierzu *Ley*, KÖSDI 2017 S. 20284 f.
249 *Strahl*, KÖSDI 2017 S. 20457.
250 Vgl. *Ley*, KÖSDI 2017 S. 20280.
251 *Bisle*, NWB 2017 S. 1433.
252 Vgl. *Ley*, KÖSDI 2017 S. 20281, Beispiel in Tz. 13; *Bolk*, DStZ 2015 S. 475; *Freikamp*, DB 2015 S. 1063; *Farwick*, StuB 2017 S. 177 f.; *Prinz/Keller*, DB 2017 S. 1609. Zur Verdeutlichung wird in Beispielen oftmals auf die Abschreibung nach § 7 Abs. 4 S. 1 Nr. 1 EStG zurückgegriffen, wonach bis Ende 2000 ein AfA-Satz von 4 % und danach ein AfA-Satz von 3 % gilt (§ 52 Abs. 21b EStG), so auch das Beispiel in BMF v. 19.12.2016, IV C 6 – S 2241/15/10005, BStBl I 2017, S. 34, Rz. 1, Bsp. 2; *Bolk*, Bilanzierung und Besteuerung der Personengesellschaft und ihrer Gesellschafter, 2. Aufl., Köln 2016, Rz. 4.33 f.
253 *Bisle*, NWB 2017 S. 1433. Vgl. auch *Ley*, KÖSDI 2017 S. 20280.
254 *Prinz/Keller*, DB 2017 S. 1609.
255 Vgl. das Beispiel bei *Ley*, KÖSDI 2017 S. 20281 f., Tz. 14.

2. Erste Stufe der Gewinnermittlung

BEISPIEL[256] A erwirbt am 1.1.01 zum Preis von 35.000 € einen 50 %igen Mitunternehmeranteil an einer KG, zu deren Betriebsvermögen ausschließlich ein abnutzbares Wirtschaftsgut mit einem Buchwert von 20.000 € gehört (ursprüngliche AK 100.000 €, bisher linear auf eine Nutzungsdauer von 10 Jahren abgeschrieben, d. h. jährlicher Abschreibungsbetrag 10.000 €). Im Zeitpunkt des Erwerbs des Mitunternehmeranteils beträgt die Nutzungsdauer für das gebrauchte Wirtschaftsgut noch 5 Jahre. In einer Ergänzungsbilanz des A auf den Erwerbszeitpunkt ist ein Mehrbetrag von 25.000 € (Kaufpreis 35.000 € ./. anteiliger Buchwert 10.000 €) auszuweisen.

A hat Anschaffungskosten i. H. v. 35.000 € für den Erwerb des Anteils an dem Wirtschaftsgut aufgewendet, wovon 10.000 € in der Gesellschaftsbilanz und 25.000 € in der Ergänzungsbilanz auszuweisen sind.

AfA-Anteil des A gesamt: AK gesamt 35.000 x 1/5 = 7.000

Bereits in der Gesellschaftsbilanz berücksichtigte AfA (1/2 von 10.000) ./. 5.000

Noch in der Ergänzungsbilanz zu berücksichtigende AfA 2.000

Nach Auffassung der Finanzverwaltung ermittelt sich die AfA also wie folgt:[257]

Jahr	Gesamthand	Anteil A (50 %)	Ergänzungsbilanz	Gesamt
01	10.000 €	5.000 €	2.000 €	7.000 €
02	10.000 €	5.000 €	2.000 €	7.000 €
03	-	-	7.000 €	7.000 €
04	-	-	7.000 €	7.000 €
05	-	-	7.000 €	7.000 €
		10.000 €	25.000 €	35.000 €

Wenn das Urteil des BFH anders zu interpretieren ist, sich die Ausführungen des IV. Senats also ausschließlich auf die Behandlung innerhalb der Ergänzungsbilanz bezogen haben, wäre dieses Beispiel folgendermaßen zu lösen:[258]

Jahr	Gesamthand	Anteil A (50 %)	Ergänzungsbilanz	Gesamt
01	10.000 €	5.000 €	5.000 €	10.000 €
02	10.000 €	5.000 €	5.000 €	10.000 €
03	-	-	5.000 €	5.000 €
04	-	-	5.000 €	5.000 €
05	-	-	5.000 €	5.000 €
		10.000 €	25.000 €	35.000 €

Das Urteil des BFH vom 20.11.2014 enthält keine Aussage zu der Frage, wie in **Erwerbsfällen** mit **negativen Ergänzungsbilanzen** umzugehen ist. Nach der wohl h. M. im Schrifttum ist die AfA-Korrektur in **negativen Ergänzungsbilanzen** unter Bindung an

1427

---

256 Vgl. BMF, Schreiben v. 19.12.2016 – IV C 6 – S 2241/15/10005, BStBl 2017 I S. 34.
257 Vgl. Bisle, NWB 2017 S. 1432.
258 Vgl. Bisle, NWB 2017 S. 1433.

die AfA-Methode und Nutzungsdauer in der Steuerbilanz der Gesellschaft vorzunehmen;[259] der Abstockungsbetrag ist dann verbraucht, wenn auch das Wirtschaftsgut in der Gesamthandsbilanz vollständig abgeschrieben ist.[260] *Wendt* zufolge sollte an dieser Vorgehensweise auch künftig festgehalten werden, „denn im Fall eines Minderwerts gibt es mangels zusätzlicher Anschaffungskosten keinen Anlass zur Bestimmung einer besonderen Nutzungsdauer oder Abschreibungsmethode für den Erwerber."[261]

Die **Finanzverwaltung** hat aus dem Urteil des BFH vom 20.11.2014 einen Umkehrschluss gebildet. Nach ihrer Auffassung ist auch bei negativen Ergänzungsbilanzen „die vom BFH herausgestellte Gleichbehandlung mit einem Einzelunternehmer zu beachten. Danach sind für die dem Mitunternehmer zustehenden AfA-Beträge ausschließlich seine eigenen Anschaffungskosten und die im Anschaffungszeitpunkt neu zu schätzende Restnutzungsdauer maßgebend"[262]. Korrespondierend zu den Fällen von Mehrwerten ist auch bei Minderwerten die Restnutzungsdauer neu zu schätzen, ggf. ist eine Neuausübung des Wahlrechts der AfA-Methode möglich. Im Schrifttum wird diese Auffassung der Finanzverwaltung als folgerichtig begrüßt,[263] es ist aber offen, ob diese Auffassung höchstrichterlich Bestand haben wird.[264]

1428 (*Einstweilen frei*)

2.6.3.3.4 Weitere Fragen der Fortschreibung von Ergänzungsbilanzen

1429 Mehrwerte in der Ergänzungsbilanz, die der Erwerber für **bereits voll abgeschriebene Wirtschaftsgüter** in der Steuerbilanz gezahlt hat, wurden bisher linear auf die neu geschätzte Restnutzungsdauer verteilt.[265] Da dem Erwerber des Mitunternehmeranteils nach dem Urteil des BFH vom 20.11.2014 auch Abschreibungswahlrechte offen stehen, könnte er je nach Rechtslage nicht nur die lineare, sondern auch eine andere AfA wählen.[266]

1430 Eine **Sonderabschreibung**, die **gesellschaftsbezogen** ist, darf nach dem Erwerb des Mitunternehmeranteils nicht anteilig fortgeführt werden, weil nach dem BFH-Urteil vom 20.11.2014 der Erwerber einem Einzelunternehmer gleichzustellen ist und für diesen ein gesellschaftsbezogenes Abschreibungswahlrecht nicht gilt.[267] Vielmehr werden die Anschaffungskosten, die anteilig auf den Erwerber entfallen, nach den für ihn geltenden Abschreibungsmöglichkeiten abgeschrieben, wobei erforderliche Korrekturen in der Ergänzungsbilanz abzubilden sind.[268] Demgegenüber ist eine **gesellschafterbezogene Sonderabschreibung**, die der Erwerber im Zeitpunkt des Anteilserwerbs selbst in Anspruch nehmen kann, der anteiligen AfA in der Steuerbilanz der Gesellschaft gegen-

---

259 Vgl. *Niehus*, StuW 2002 S. 125; *Mische*, BB 2010 S. 2949.
260 Vgl. BFH, Urteil v. 28.9.1995 – IV R 57/94, BStBl 1996 II S. 68.
261 *Wendt*, BFH/PR 2015 S. 121.
262 BMF, Schreiben v. 19.12.2016 – IV C 6 – S 2241/15/10005, BStBl 2017 I S. 34.
263 Vgl. *Farwick*, StuB 2017 S. 178.
264 So *Prinz/Keller*, DB 2017 S. 1611; *Farwick*, StuB 2017 S. 178.
265 Vgl. *Bolk*, DStZ 2015 S. 475; *Ley*, KÖSDI 2017 S. 20283.
266 Vgl. *Ley*, KÖSDI 2017 S. 20283.
267 Vgl. *Ley*, KÖSDI 2017 S. 20288.
268 Vgl. *Ley*, KÖSDI 2017 S. 20288.

überzustellen; in der Ergänzungsbilanz wird der zusätzliche Abschreibungsbetrag bzw. eine Minderabschreibung abgebildet.[269]

Mehrwerte für Anteile an **immateriellen Wirtschaftsgütern** des Gesellschaftsvermögens, die in der Steuerbilanz der Gesellschaft gemäß § 5 Abs. 2 EStG nicht aktiviert sind (z. B. ursprünglich selbst erstellte Markenrechte), werden in der Ergänzungsbilanz nach der tatsächlichen oder geschätzten Nutzungsdauer abgeschrieben.[270] Ein Geschäftswert ist über 15 Jahre abzuschreiben (§ 7 Abs. 1 Satz 3 EStG); es kommt nicht in Betracht, eine kürzere planmäßige Nutzungsdauer nachzuweisen.[271]

1431

Die Vornahme von **Teilwertabschreibungen** bei dauernder Wertminderung (§ 6 Abs. 1 Nr. 1 und 2 EStG) ist in der Ergänzungsbilanz im Grundsatz zulässig,[272] soweit der Anteil am Teilwert des Wirtschaftsgutes den anteiligen Buchwert dieses Wirtschaftsgutes aus der Steuerbilanz der Gesellschaft, ergänzt um den Buchwert aus der Ergänzungsbilanz, unterschreitet.[273]

1432

Wenn der Teilwert nach vorangegangener Teilwertabschreibung wieder steigt, ist nach § 6 Abs. 1 Nr. 1 und 2 EStG zwingend eine **Zuschreibung** vorzunehmen. Bei abnutzbaren Wirtschaftsgütern bilden die Anschaffungskosten abzüglich der planmäßigen Abschreibungen die Obergrenze der Zuschreibung, bei nicht abnutzbaren Wirtschaftsgütern sind es die Anschaffungs- bzw. Herstellungskosten. Da der erwerbende Mitunternehmer nach dem Urteil des BFH vom 20.11.2014 mit dem Einzelunternehmer gleichgestellt werden soll, dürfte die Obergrenze für die Zuschreibung des Erwerbers in seinen anteiligen Anschaffungskosten im Zeitpunkt des Erwerbs des Mitunternehmeranteils bestehen.[274]

Die Finanzverwaltung hat sich im BMF-Schreiben vom 19.12.2016 nicht zu der Frage geäußert, inwieweit in der Ergänzungsbilanz Sofortabschreibungen von GWG und Pool-Abschreibungen geltend gemacht werden können. Die **Sofortabschreibung geringwertiger Wirtschaftsgüter** nach § 6 Abs. 2 EStG[275] (vgl. Rz. 3465 ff.) war nach der bisherigen Auffassung in der Ergänzungsbilanz möglich,[276] wenn die Wirtschaftsgüter bei Anschaffung bzw. Herstellung durch die Gesellschaft geringwertige Wirtschaftsgüter i. S. d. § 6 Abs. 2 EStG waren, die Gesellschaft die Sofortabschreibung vorgenommen

1433

---

269 Vgl. *Ley*, KÖSDI 2017 S. 20288.
270 Vgl. *Wacker* in Schmidt, EStG, 37. Aufl., München 2018, § 15 Rz. 466; *Uelner*, DStJG 14 (1991) S. 158; *Dreissig*, StbJb 1990/91 S. 237; *Schmitt/Keuthen*, DStR 2013 S. 1572.
271 Vgl. *Prinz/Keller*, DB 2017 S. 1611.
272 Vgl. BFH, Urteil v. 6.7.1995 – IV R 30/93, BStBl 1995 II S. 831; *Prinz/Keller*, DB 2017 S. 1611; a. A. *Marx*, StuW 1994 S. 200.
273 Für diese gesellschafterbezogene Sichtweise vgl. *Wacker* in Schmidt, EStG, 37. Aufl., München 2018, § 15 Rz. 467; *Prinz/Keller*, DB 2017 S. 1611; *Ley*, KÖSDI 2017 S. 12988; *Bode* in Blümich, EStG/KStG/GewStG, München, § 15 Rz. 556a (Stand: 9/2016); *Tiede* in HHR, EStG, KStG, Köln, § 15 Rz. 505 (Stand: 3/2013); *Niehus*, StuW 2002 S. 124; *Schmitt/Keuthen*, DStR 2013 S. 1572; *Reiß* in Kirchhof (Hrsg.), EStG, 17. Aufl., Köln 2018, § 15 Rz. 251; *Regniet*, Ergänzungsbilanzen bei der Personengesellschaft, Köln 1990, S. 164; *Bitz*, DB 1992 S. 394. Demgegenüber auf den *gesamten* Buchwert in der Steuerbilanz der Gesellschaft abstellend (gesellschaftsbezogene Sichtweise): *Dreissig*, StbJb 1990/91 S. 236 f.; *Dreissig*, BB 1990 S. 960 f.; *Uelner*, DStJG 14 (1991) S. 157.
274 Vgl. *Ley*, KÖSDI 2017 S. 20288 (mit Beispiel).
275 Vgl. im Einzelnen auch *Kahle/Heinstein* in Schulze-Osterloh/Hennrichs/Wüstemann (Hrsg.), HdJ, Köln, Abt. II/3, Rz. 174 ff. (Stand: 11/2015).
276 A. A. *Regniet*, Ergänzungsbilanzen bei der Personengesellschaft, Köln 1990, S. 162 f.

hat und der Aufwand des Erwerbers nicht höher als der seinem Gesellschaftsanteil entsprechende Anteil von (bisher: 410 €, jetzt:) 800 € ist.[277] Wenn die Wirtschaftsgüter bei Erwerb durch die Gesellschaft nicht geringwertig waren, konnte nach der bisherigen Auffassung § 6 Abs. 2 EStG nicht zur Anwendung kommen, und zwar auch dann nicht, wenn der Aufwand des Erwerbers nicht höher ist als der dem Gesellschaftsanteil entsprechende Teil von 800 €.[278] Nunmehr dürfte es unerheblich sein, ob die Wirtschaftsgüter im Zeitpunkt des Erwerbs durch die Gesellschaft geringwertig waren, wenn man dem Urteil des BFH vom 20.11.2014 folgt;[279] erst im Zeitpunkt des Erwerbs des Mitunternehmeranteils durch den Gesellschafter müssen die Wirtschaftsgüter geringwertig sein.[280]

1434 Wenn die Personengesellschaft in ihrer Steuerbilanz einen **Sammelposten nach § 6 Abs. 2a EStG** gebildet hat, muss in der Ergänzungsbilanz ein Posten für im Sammelposten enthaltene Mehr- oder Minderwerte gebildet werden. Nach der Auffassung der Finanzverwaltung kommt es dabei nicht darauf an, ob der Mehr- oder Minderwert auf Wirtschaftsgüter entfällt, die in einem oder in mehreren Sammelposten erfasst wurden.[281] Im Wirtschaftsjahr des Erwerbs und in den folgenden vier Wirtschaftsjahren ist der Sammelposten in der Ergänzungsbilanz zu jeweils einem Fünftel aufzulösen.[282] Wenn hingegen die Anschaffungs- bzw. Herstellungskosten der Gesellschaft mehr als 1.000 € betragen haben, kommt die Bildung eines Sammelpostens in der Ergänzungsbilanz auch dann nicht in Betracht, wenn der anteilige Mehrbetrag des Erwerbers innerhalb der 1.000 €-Grenze liegt.[283] Die Größenkriterien für die **Poolabschreibung** richten sich nach der Auffassung der Finanzverwaltung nach den Anschaffungs- und Herstellungskosten im Zeitpunkt des Erwerbs durch die Mitunternehmerschaft. Infolge des BFH-Urteils vom 20.11.2014 ist auch diese Sichtweise überholt; es kommt vielmehr auf die Anschaffungs- bzw. Herstellungskosten im Zeitpunkt des Anteilserwerbs an, „und zwar anteilig in Höhe der Beteiligungsquote des Erwerbers."[284]

1435 Wenn ein Wirtschaftsgut, für das in einer Ergänzungsbilanz ein positiver oder negativer Wertkorrekturposten gebildet wurde, aus dem Gesamthandsvermögen **ausscheidet**, wird dieser Wertkorrekturposten aufgelöst, so dass sich beim betroffenen Mitunternehmer eine entsprechende Gewinnauswirkung ergibt.[285] Dies betrifft in erster Linie die Veräußerung von Umlauf- und nicht abnutzbarem Anlagevermögen, so dass im Falle

---

277 Vgl. *Wacker* in Schmidt, EStG, 37. Aufl., München 2018, § 15 Rz. 468; *Prinz/Keller*, DB 2017, S. 1611; *Niehus*, StuW 2002 S. 125; *Tiede* in HHR, EStG, KStG, Köln, § 15 Rz. 505 (Stand: 3/2013); *Ley*, KÖSDI 2001 S. 12988; *Ising*, Ergänzungsbilanzen anlässlich eines entgeltlichen Gesellschafterwechsels, Frankfurt a. M. u. a. 2001, S. 163; a. A. *Dreissig*, StbJb 1990/91 S. 237.
278 Vgl. *Uelner*, DStJG 14 (1991) S. 157; *Ley*, KÖSDI 1992 S. 9161; *Tiede* in HHR, EStG, KStG, Köln, § 15 Rz. 505 (Stand: 3/2013); a. A. *Niehus*, StuW 2002 S. 125; *Ising*, Ergänzungsbilanzen anlässlich eines entgeltlichen Gesellschafterwechsels, Frankfurt a. M. u. a. 2001, S. 163.
279 Vgl. *Wacker* in Schmidt, EStG, 37. Aufl., München 2018, § 15 Rz. 468; *Ley*, KÖSDI 2017 S. 20285.
280 Vgl. auch das Beispiel bei *Ley*, KÖSDI 2017 S. 20285.
281 Vgl. BMF v. 30.9.2010 - IV C 6 – S 2180/09/10001, BStBl 2010 I S. 755, Rz. 25.
282 Vgl. BMF v. 30.9.2010 - IV C 6 – S 2180/09/10001, BStBl 2010 I S. 755, Rz. 25.
283 Vgl. *Kulosa* in Schmidt, EStG, 37. Aufl., München 2018, § 6 Rz. 607.
284 *Ley*, KÖSDI 2017 S. 20286 (mit Beispiel in Tz. 33). Zu weiteren Einzelheiten zur Pool-AfA vgl. *Ley*, KÖSDI 2017 S. 20286.
285 Vgl. *Regniet*, Ergänzungsbilanzen bei der Personengesellschaft, Köln 1990, S. 70 f.; *Schulze-Osterloh*, ZGR 1991 S. 489; *Schoor*, StBp 2006 S. 216.

einer positiven Ergänzungsbilanz zusätzliche Betriebsausgaben anfallen, während bei negativer Ergänzungsbilanz eine Verminderung der Betriebsausgaben eintritt.[286]

Wenn das **mitunternehmerische Engagement des Erwerbers endet** (z. B. durch die Beendigung der Gesellschaft), sind positive wie negative Ergänzungsbilanzen erfolgswirksam aufzulösen. Die Auflösung fließt in die Ermittlung des Veräußerungsgewinns nach § 16 Abs. 1 Satz 2 EStG ein, indem das Ergänzungskapital zusammen mit dem Kapitalanteil in der Steuerbilanz der Gesellschaft den Buchwert des Gesellschaftsanteils am Betriebsvermögen i. S. d. § 16 Abs. 2 EStG darstellt.[287]

1436

2.6.3.3.5 Behandlung des passiven Ausgleichspostens

Auch bezüglich der Auflösung des passiven Ausgleichspostens zeigt sich, „dass es dem BFH nur darauf ankommt, dem [...] Anschaffungskostenprinzip Rechnung zu tragen."[288] Denn nach der Rechtsprechung des BFH wird der passive Ausgleichsposten mit **künftigen Verlustanteilen** des Gesellschafters verrechnet und ist spätestens bei vollständiger oder teilweiser Beendigung der Beteiligung gewinnerhöhend aufzulösen.[289] Der BFH hat sich damit gegen eine planmäßige Auflösung des Ausgleichspostens ausgesprochen. Der in der Literatur vereinzelt vertretenen Auffassung, den passiven Ausgleichsposten analog einem positiven Geschäftswert sukzessive gewinnwirksam aufzulösen,[290] wird zu Recht widersprochen; eine solche Auflösung ist weder sachgerecht noch steht sie im Einklang mit grundlegenden Bilanzierungsprinzipien.[291]

1437

„Durch die Auflösung soll vermieden werden, dass aus dem „steuerfrei" übertragenen Vermögen dem Erwerber auch noch ein steuerwirksamer Verlust entsteht."[292] Nur Verluste, die den Erwerber letztlich wirtschaftlich treffen, sind steuermindernd abziehbar. Eine anteilige Auflösung des Ausgleichspostens kommt demnach in Betracht, „wenn die dem Erwerber zugerechneten Verluste nachweisbar nicht durch ihn selbst getragen werden."[293] Der BFH befürchtet offenbar, dass der Steuerpflichtige den passiven Ausgleichsposten erst bei Beendigung der Mitunternehmerschaft erfolgserhöhend auflösen wird, wenn eine Verrechnung mit periodischen steuerlichen Verlusten nicht von vornherein verlangt wird.[294] Denn regelmäßig wird der Steuerpflichtige kein Interesse am Wegfall des passiven Ausgleichspostens haben und daher nicht um einen entsprechenden Nachweis bemüht sein. Nach dem **Realisationsprinzip** ist der Ausgleichsposten erst

1438

---

286 Vgl. BFH, Urteile v. 28.9.1995 – IV R 57/94, BStBl 1996 II S. 68; v. 19.2.1981 – IV R 41/78, BStBl 1981 II S. 730.
287 Vgl. *Reiß* in Kirchhof (Hrsg.), EStG, 17. Aufl., Köln 2018, § 15 Rz. 252; *Hennrichs* in Tipke/Lang, Steuerrecht, 23. Aufl., Köln 2018, § 10 Rz. 123.
288 *Heurung*, DB 1995 S. 391.
289 Vgl. BFH, Urteile v. 21.4.1994 – IV R 70/92, BStBl 1994 II S. 745; v. 12.12.1996 – IV R 77/93, BStBl 1998 II S. 180; zustimmend FG Düsseldorf, Urteil v. 15.12.2010, 15 K 2784/09 F, DStR 2011 S. 113; *Wacker* in Schmidt, EStG, 37. Aufl., München 2018, § 16 Rz. 511; *Groh*, StuW 1995 S. 387; *Schoor*, StBp 2006 S. 216. Zur Auflösung des passiven Ausgleichspostens bei Liquidation und bestimmten Übertragungsvorgängen vgl. *Scheunemann/von Mandelsloh/Preuß*, DB 2011 S. 205; *Meier/Gerberth*, DStR 2011 S. 735 ff.
290 So *Möhrle*, DStR 1999 S. 1420; *Pusecker/Schruff*, BB 1996 S. 741 f.; *Sauer*, FR 1974 S. 128.
291 Vgl. im Einzelnen *Ernsting*, GmbHR 2007 S. 138; *Hoffmann*, DStR 2006 S. 1315; *Schiffers*, WPg 2006 S. 1283; *Schulze-Osterloh*, BB 2006 S. 1956.
292 *Meier*, DStR 2011 S. 114 f. Vgl. auch *Heurung*, DB 1995 S. 391; FG Düsseldorf, Urteil v. 15.12.2010 - 15 K 2784/09 F, DStR 2011 S. 113.
293 *Prinz*, FR 2011 S. 374.
294 Vgl. *Heurung*, DB 1995 S. 392.

mit der Beendigung des Engagements aufzulösen, wenn keine effektiven Verluste entstehen oder die Verlusttragung nicht erkennbar ist.²⁹⁵

1439 In der Literatur wird vorgeschlagen, nach der Art der laufenden Verluste zu differenzieren, die für eine Auflösung des passiven Ausgleichspostens maßgebend sind. Eine erfolgswirksame Auflösung dieses Postens soll danach „nur in dem Ausmaß erfolgen, wie ein antizipierter und kaufpreismindernd einkalkulierter Verlust auch eintritt. ... Eine Auflösung ist erst dann gerechtfertigt, wenn gerade diejenigen Aufwendungen, die zur Bildung des passiven Ausgleichspostens geführt haben, nachweislich eintreten."²⁹⁶ Demnach ist der passive Ausgleichsposten z. B. dann beizubehalten, wenn die Zurechnung der Verlustanteile zu den erworbenen Wirtschaftsgütern nicht möglich ist.²⁹⁷ Es dürfte allerdings fraglich sein, ob eine derartige Analyse der einzelnen Verlustanteile gelingen kann; es wird daher vorgeschlagen, objektivierungsbedingt zu unterstellen, „dass die künftig eintretenden steuerlichen Verluste gerade die erwarteten Verlustdrohungen zum Zeitpunkt des Unternehmenserwerbs beinhalten."²⁹⁸ Der BFH hat hierzu bisher keine eindeutige Aussage getroffen.

1440 In einem Urteil des FG Düsseldorf wird nicht nach der Art der Verlustanteile differenziert.²⁹⁹ Zudem ist nach diesem Urteil zunächst eine Verrechnung der Verlustanteile mit dem Kapitalkonto und erst danach mit dem passiven Ausgleichsposten vorzunehmen, wenn vor dem Eintritt von Verlusten stehen gelassene Gewinne in der Mitunternehmerschaft vorliegen:³⁰⁰ Diese stehengelassenen Gewinne „bewirken [...] eine wirtschaftliche Verlusttragung",³⁰¹ weshalb die später erzielten Verluste insoweit steuerlich abziehbar sind und eine Verrechnung mit dem passiven Ausgleichsposten ausscheidet.

1441 Zudem bleibt der passive Ausgleichsposten von einer bloßen Verbesserung bzw. **Umkehrung der Ertragslage** (sog. Turnaround) des erworbenen Unternehmens unberührt;³⁰² er wird nicht alleine deshalb aufgelöst, weil mit künftigen Verlusten nicht mehr gerechnet wird und der Ausgleichsposten daher „wahrscheinlich nicht mehr für

---

295 Vgl. *Prinz*, FR 2011 S. 374. Gegen die Verrechnung des passiven Ausgleichspostens mit späteren Verlustanteilen: *Ernsting*, GmbHR 2007 S. 138; *Mujkanovic*, WPg 1994 S. 527 f.
296 *Scheunemann/von Mandelsloh/Preuß*, DB 2011 S. 204, mit Verweis auf *Moxter* in Bierich/Hommelhoff/Kropff (Hrsg.), FS Semler, Berlin/New York 1993, S. 858; vgl. auch *Reiß* in Kirchhof (Hrsg.), EStG, 17. Aufl., Köln 2018, § 15 Rz. 248; *Meier/Geberth*, DStR 2011 S. 735.
297 Vgl. *Scheunemann/von Mandelsloh/Preuß*, DB 2011 S. 204, sowie *Meier/Geberth*, DStR 2011 S. 735, die empfehlen, bereits im Zeitpunkt der Bildung des passiven Ausgleichspostens bzw. zeitnah nach dessen Bildung zu dokumentieren, welche konkreten negativen Erfolgsbeiträge antizipiert werden, damit in Folgeperioden zwischen antizipierten und sonstigen Verlusten unterschieden werden kann.
298 *Heurung*, DB 1995 S. 392; gl. A. *Geiger*, DB 1996 S. 1535.
299 Vgl. FG Düsseldorf, Urteil v. 15.12.2010 – 15 K 2784/09 F, DStR 2011, S. 112 ff.; *Scheunemann/Preuß*, DB 2011 S. 675.
300 Vgl. FG Düsseldorf, Urteil v. 15.12.2010 – 15 K 2784/09 F, DStR 2011 S. 112 ff., wobei das FG zur Begründung eine Parallele zu vorgezogenen Einlagen zum Ausgleich eines negativen Kapitalkontos bei § 15a Abs. 1 Satz 1 EStG zieht, die nach der Rechtsprechung des BFH zur Ausgleichsfähigkeit später erlittener Verluste führen können (BFH, Urteil v. 20.9.2007, IV R 10/07, BB 2008 S. 370; Abschaffung der Korrekturpostenmethode durch das JStG 2009); zustimmend *Scheunemann/Preuß*, DB 2011 S. 675; *Maier*, DStR 2011 S. 115; *Prinz*, FR 2011 S. 373 f.; *Tiede* in HHR, EStG, KStG, Köln, § 15 Rz. 506 (Stand: 3/2013); ablehnend: *Wacker* in Schmidt, EStG, 37. Aufl., München 2018, § 16 Rz. 511.
301 *Prinz*, FR 2011 S. 374.
302 Vgl. *Scheunemann/von Mandelsloh/Preuß*, DB 2011 S. 204; *Meier/Geberth*, DStR 2011 S. 735.

Kompensationszwecke herangezogen werden kann".[303] Entsprechend ergeben sich keine Auswirkungen auf den passiven Ausgleichsposten, wenn sich das Eigenkapital wieder im positiven Bereich bewegt.[304] Denn es ist oftmals „unklar, ob ein Turnaround dauerhaft ist oder es sich bloß um eine nur vorübergehende Verbesserung der Ertragslage handelt."[305]

(Einstweilen frei) 1442–1450

3. Zweite Stufe der Gewinnermittlung
3.1 Aufstellung der Sonderbilanz und der Sonder-GuV

Sonderbilanzen sind Bestandteil der zweiten Stufe der Gewinnermittlung. Sie weisen ausschließlich Wirtschaftsgüter aus, die im Eigentum eines, mehrerer oder aller Gesellschafter stehen und dem Gesellschaftszweck dienen (**Sonderbetriebsvermögen** [SBV], vgl. Rz. 1466 ff.), nicht aber solche Wirtschaftsgüter, die dem Gesamthandsvermögen zuzurechnen sind. In der Handelsbilanz ist das SBV also nicht ausgewiesen (§ 246 Abs. 1 HGB).[306] Wenn mehrere Gesellschafter über SBV verfügen, wird für jeden Gesellschafter eine Sonderbilanz erstellt.[307]   1451

Die **Verpflichtung zur Aufstellung** der Sonderbilanzen trifft nach der Rechtsprechung des BFH[308] und der Auffassung der Finanzverwaltung[309] die Personengesellschaft, nicht den einzelnen Gesellschafter.[310] Die Buchführungspflicht der Gesamthand für das Sonderbetriebsvermögen fußt nicht auf § 140 AO, da eine handelsrechtliche Buchführungspflicht der Gesellschaft für das Sonderbetriebsvermögen nicht besteht,[311] sondern ergibt sich aus § 141 AO, indem sich diese originäre steuerliche Buchführungspflicht auf das gesamte steuerliche Betriebsvermögen bezieht.[312] Damit muss der Gesellschafter alle relevanten Daten (z. B. auch „sensible Sonderbetriebsausgaben"[313]) der Geschäftsführung   1452

---

303 *Scheunemann/von Mandelsloh/Preuß*, DB 2011 S. 204; vgl. auch *Meier/Gerberth*, DStR 2011 S. 735.
304 Vgl. *Schiffers*, WPg 2006 S. 1282; *Scheunemann/von Mandelsloh/Preuß*, DB 2011 S. 204; anders *Hoffmann*, DStR 2006 S. 1316.
305 *Scheunemann/von Mandelsloh/Preuß*, DB 2011 S. 204.
306 Vgl. BFH, Urteil v. 19.3.1981 – IV R 39/78, BStBl 1981 II S. 731; *Cordes/Kotzenberg* in Hachmeister u. a. (Hrsg.), Bilanzrecht, Köln 2018, Anh. 2, Rz. 49.
307 Vgl. *Bolk*, Bilanzierung und Besteuerung der Personengesellschaft und ihrer Gesellschafter, 2. Aufl., Köln 2016, Rz. 3.1.
308 Vgl. BFH, Urteile v. 23.10.1990 – VIII R 142/85, BStBl 1991 II S. 401; v. 11.3.1992 – XI R 38/89, BStBl 1992 II S. 797; v. 25.3.2004 – IV R 49/02, BFH/NV 2004 S. 1247; v. 25.1.2006 – IV R 14/04, BStBl 2006 II S. 418.
309 Vgl. R 4.2 Abs. 2 EStR; H 4.1 EStH (Aufzeichnungs- und Buchführungspflichten); AEAO zu § 141 AO Nr. 1 Satz 6 u. 7; gl. A. *Bolk*, Bilanzierung und Besteuerung der Personengesellschaft und ihrer Gesellschafter, 2. Aufl., Köln 2016, Rz. 3.1; *Schulze zur Wiesche*, FR 1993 S. 43.
310 Im Ergebnis gl. A. *Ley* in Schulze-Osterloh/Hennrichs/Wüstemann (Hrsg.), HdJ, Köln, Abt. VII/4, Rz. 9 (Stand: 9/2016). A. A. *Wichmann*, DStR 2012 S. 2513 ff.; *Wichmann*, DStZ 2017 S. 254 ff.; *Drüen* in Tipke/Kruse, AO/FGO, Köln, § 141 AO Rz. 3a (Stand: 10/2015); *Dißars*, StuB 2016 S. 453; *Kauffmann* in Frotscher/Geurts, EStG, Freiburg, § 15 Rz. 422 (Stand: 11/2012).
311 Vgl. *Mathiak*, StbJb 1986/87 S. 106; *Neufang/Schmid*, Stbg 2012 S. 338 f.; *Dißars*, StuB 2016 S. 453.
312 Vgl. BFH, Urteil v. 23.10.1990 – VIII R 142/85, BStBl 1991 II S. 401; AEAO zu § 141 Nr. 1; *Neufang/Schmid*, Stbg 2012 S. 339; *Neufang/Schmid*, Stbg 2013 S. 26; a. A. *Wichmann*, Stbg 2012 S. 541; *Wichmann*, Stbg 2013 S. 28.
313 So *Hüttemann*, DStJG 34 (2011) S. 303.

der Gesellschaft mitteilen.[314] Es besteht die Vermutung, dass die Sonderbilanz mit dem Mitunternehmer abgestimmt ist; dies gilt nicht bei einem ausgeschiedenen Gesellschafter oder wenn der Finanzbehörde bekannt ist, dass zwischen der Personengesellschaft und dem Mitunternehmer ernstliche Meinungsverschiedenheiten bestehen.[315]

1453 Neben der Sonderbilanz ist eine **Sonder-GuV** aufzustellen, in der die **Sonderbetriebseinnahmen (SBE)** und **Sonderbetriebsausgaben (SBA)** erfasst werden. SBE erhöhen das SBV; durch das SBV veranlasste Ausgaben (SBA), welche dem Gesellschafter entstehen, mindern das SBV.

1454 Auf der ersten und der zweiten Stufe der Gewinnermittlung kommt einheitlich die von der Gesellschaft angewandte **Gewinnermittlungsmethode** zur Anwendung (§§ 4, 5 EStG oder § 4 Abs. 3 EStG).[316] Folglich ist auf der zweiten Stufe ein Betriebsvermögensvergleich nach §§ 4 Abs. 1, 5 Abs. 1 EStG vorzunehmen, wenn dies auch auf der ersten Stufe der Fall ist. Damit ist eine isolierte Gewinnermittlung nach § 4 Abs. 3 EStG nur für die Sonderbereiche der Gesellschafter unzulässig. Wenn die Mitunternehmerschaft als solche nach § 140 AO bzw. ggf. nach § 141 AO bilanzierungspflichtig ist oder freiwillig bilanziert, ist es unzulässig, Sonderbetriebseinnahmen nach dem Zuflussprinzip (§ 11 Abs. 1 EStG) zu erfassen.[317] Wird bei einer GbR (oder PartG) eine vereinfachte Gewinnermittlung nach § 4 Abs. 3 EStG vorgenommen, ist auf der zweiten Stufe nicht eine Sonderbilanz, sondern eine **Sonder-Rechnung** zu erstellen.[318]

1455 Die Sonderbilanz unterliegt der **Maßgeblichkeit** des § 5 Abs. 1 EStG,[319] allerdings ohne Maßgeblichkeit eines konkreten Handelsbilanz-Ansatzes.[320] Die Grundsätze ordnungsmäßiger Buchführung sind also auch in der Sonderbilanz zu beachten. In der Sonder-

---

314 Vgl. BFH, Urteil v. 11.9.1991 – XI R 35/90, BStBl 1992 II S. 4; BGH, Urteil v. 21.9.2009 – II ZR 264/08, DStR 2010 S. 65. Gerade auch aus diesem Grund wird in der Literatur z. T. eine Bilanzierungspflicht des einzelnen Gesellschafters gefordert, vgl. im Einzelnen *Knobbe-Keuk*, Bilanz- und Unternehmenssteuerrecht, 9. Aufl., Köln 1993, S. 442 f.; *Rose* in Ballwieser et al. (Hrsg.), Bilanzrecht und Kapitalmarkt, FS Moxter, Düsseldorf 1994, S. 1089; *Schön*, DStR 1993 S. 193; *Hoffmann*, BB 1991 S. 513 ff.; *Hennrichs* in Tipke/Lang, Steuerrecht, 23. Aufl., Köln 2018, § 10 Rz. 116; *Felix*, KÖSDI 1997, S. 6991 ff.
315 Vgl. BFH, Urteil v. 25.1.2006 – IV R 14/04, BStBl 2006 II S. 418.
316 Vgl. BFH, Urteile v. 23.5.1979 – I R 56/77, BStBl 1979 II S. 763; v. 11.12.1986 – IV R 222/84, BStBl 1987 II S. 553; v. 23.10.1990 – VIII R 142/85, BStBl 1991 II S. 401; v. 11.3.1992 – XI R 38/89, BStBl 1992 II S. 797; v. 14.6.1994 – VIII R 37/93, BStBl 1995 II S. 246; *Ley* in Schulze-Osterloh/Hennrichs/Wüstemann (Hrsg.), HdJ, Köln, Abt. VII/4, Rz. 12 (Stand: 9/2016); *Hennrichs* in Tipke/Lang, Steuerrecht, 23. Aufl., Köln 2018, § 10 Rz. 115; kritisch *Keuk*, StuW 1974 S. 32-34; *Rose*; in: Ballwieser et al. (Hrsg.), Bilanzrecht und Kapitalmarkt, FS Moxter, Düsseldorf 1994, S. 1102-1108; *Westerfelhaus*, DB 1991 S. 1340 f.; *Wichmann*, DB 1991 S. 2117 f.
317 Vgl. BFH, Urteile v. 4.12.2014 – IV R 28/11, BFH/NV 2015 S. 495, Rz. 31; v. 25.6.2014 – I R 24/13, BStBl 2015 II S. 141; v. 10.12.2014 – I R 3/13, DStR 2015 S. 629; v. 24.8.2010 – VIII B 28/10, BFH/NV 2010 S. 2272; H 4.1 EStH; *Hennrichs* in Tipke/Lang, Steuerrecht, 23. Aufl., Köln 2018, § 10 Rz. 115; *Kahle*, DStZ 2012 S. 64; *Reiß* in Kirchhof (Hrsg.), EStG, 17. Aufl., Köln 2018, § 15 Rz. 235; *Bolk*, Bilanzierung und Besteuerung der Personengesellschaft, 2. Aufl., Köln 2016, Rz. 3.3.
318 Vgl. BFH, Urteil v. 24.8.2010 – VIII B 28/10, BFH/NV 2010 S. 2272; H 4.1 EStH; *Reiß* in Kirchhof (Hrsg.), EStG, 17. Aufl., Köln 2018, § 15 Rz. 235; *Ley* in Schulze-Osterloh/Hennrichs/Wüstemann (Hrsg.), HdJ, Köln, Abt. VII/4, Rz. 13 (Stand: 9/2016); *Bolk*, Bilanzierung und Besteuerung der Personengesellschaft und ihrer Gesellschafter, 2. Aufl., Köln 2016, Rz. 3.3.
319 Vgl. BFH, Urteil v. 31.10.2000 – VIII R 85/94, BStBl 2001 II S. 185; *Wacker* in Schmidt, EStG, 37. Aufl., München 2018, § 15 Rz. 475; *Bolk*, Bilanzierung und Besteuerung der Personengesellschaft und ihrer Gesellschafter, 2. Aufl., Köln 2016, Rz. 3.4.
320 Vgl. BFH, Urteil v. 21.1.1992 – VIII R 72/87, BStBl 1992 II S. 958; im Einzelnen *Reiß* in Kirchhof (Hrsg.), EStG, 17. Aufl., Köln 2018, § 15 Rz. 237.

bilanz kann es auch zum Ansatz von Rechnungsabgrenzungsposten oder Rückstellungen kommen.[321]

Der Mitunternehmer entscheidet über Ansatz- und Bewertungswahlrechte in seiner Sonderbilanz.[322] Auch in der Sonderbilanz können **steuerliche Wahlrechte** nur in Anspruch genommen werden, wenn das **Verzeichnis** nach § 5 Abs. 1 Satz 2 EStG erstellt wird.[323] „Dem steht gleich, dass sich die entsprechenden Aufzeichnungen aus einer zu diesem Zweck erstellten Sonderbuchführung nebst Anlageverzeichnis ergeben."[324]

1456

Da die im Rahmen von Miet- bzw. Pachtverträgen der Personengesellschaft überlassenen Wirtschaftsgüter eines Gesellschafters dem Sonderbetriebsvermögen zugerechnet werden (Rz. 1472), können auch für diese Wirtschaftsgüter die für gewerbliche Unternehmen vorgesehenen **Steuervergünstigungen** (z. B. Sonderabschreibungen, Investitionszulagen) in Anspruch genommen werden. Der jeweilige Gesellschafter, nicht die Gesellschaft, gilt grundsätzlich als anspruchsberechtigt für **Investitionszulagen**, die Wirtschaftsgüter des Sonderbetriebsvermögens betreffen,[325] d. h. die Trennung zwischen der Vermögenssphäre der Personengesellschaft und der des Gesellschafters wird beachtet. Entsprechend ist es möglich, den **Investitionsabzugsbetrag nach § 7g EStG** für Investitionen im Sonderbetriebsvermögen zu bilden;[326] bzgl. der Schwellenwerte des § 7g Abs. 1 EStG wird dabei auf die Mitunternehmerschaft abgestellt.[327] Die Hinzurechnung des Investitionsabzugsbetrages nach § 7g Abs. 2 Satz 1 EStG ist zwingend im Sonderbetriebsvermögen vorzunehmen, selbst wenn die Investition im Gesamthandsvermögen der Personengesellschaft erfolgt.[328]

1457

In der Sonderbilanz werden **Zahlungsvorgänge**, die das Sonderbetriebsvermögen betreffen, über **Einlagen** und **Entnahmen** erfasst.[329] Regelmäßig scheidet der bilanzielle Ausweis von Bankkonten aus, weil sie weder Sonderbetriebsvermögen I noch Sonderbetriebsvermögen II darstellen.[330] Allenfalls könnte ein Bankkonto als gewillkürtes Sonderbetriebsvermögen eingestuft werden, sofern es ausschließlich Zahlungsvorgänge des Sonderbetriebsvermögens abbildet; Bankgebühren führen in diesem Fall zu Sonderbetriebsausgaben und Guthabenzinsen zu Sonderbetriebseinnahmen, während Schuldzinsen für die Überziehung des Kontos nur dann Sonderbetriebsausgaben darstellen,

1458

---

321 Vgl. *Bolk*, Bilanzierung und Besteuerung der Personengesellschaft und ihrer Gesellschafter, 2. Aufl., Köln 2016, Rz. 3.6 (mit Beispiel zu RAP).
322 Vgl. BFH, Urteil v. 25.1.2006 – IV R 14/04, BFH/NV 2006 S. 874; *Ley*, WPg 2006 S. 906.
323 Vgl. *Bolk*, Bilanzierung und Besteuerung der Personengesellschaft und ihrer Gesellschafter, 2. Aufl., Köln 2016, Rz. 3.5. A. A. *Ley* in Schulze-Osterloh/Hennrichs/Wüstemann (Hrsg.), HdJ, Köln, Abt. VII/4, Rz. 12 (Stand: 9/2016).
324 *Bolk*, Bilanzierung und Besteuerung der Personengesellschaft und ihrer Gesellschafter, 2. Aufl., Köln 2016, Rz. 3.5.
325 Vgl. FG Baden-Württemberg, Urteil v. 26.8.1987 - XII K 590/85, EFG 1988 S. 486; vgl. auch *Knobbe-Keuk*, Bilanz- und Unternehmenssteuerrecht, 9. Aufl., Köln 1993, S. 441; *Grottel/Baldamus* in Beck'scher Bilanzkommentar, 11. Aufl., München 2018, § 247 Rz. 754.
326 Vgl. BMF, Schreiben v. 8.5.2009 – IV C 6 – S 2139-b/07/10002, BStBl 2009 I S. 633, Rz. 1.
327 Vgl. BMF, Schreiben v. 8.5.2009 – IV C 6 – S 2139-b/07/10002, BStBl 2009 I S. 633, Rz. 1.
328 Vgl. FG Münster, Urteil v. 28.6.2017 – 6 K 3183/14 F, EFG 2017 S. 1594.
329 Vgl. *Bolk*, Bilanzierung und Besteuerung der Personengesellschaft und ihrer Gesellschafter, 2. Aufl., Köln 2016, Rz. 3.7.
330 Vgl. *Bolk*, Bilanzierung und Besteuerung der Personengesellschaft und ihrer Gesellschafter, 2. Aufl., Köln 2016, Rz. 3.7.

"wenn der negative Kontensaldo betrieblich veranlasst ist und nicht durch Entnahmen verursacht wurde."[331]

3.2 Korrespondierende Bilanzierung

3.2.1 Bedeutung und Begründung

1459   In der steuerlichen Gesamthandsbilanz und den Sonderbilanzen ist bezüglich der von § 15 Abs. 1 Satz 1 Nr. 2 EStG erfassten Rechtsbeziehungen zwischen Gesellschaft und Mitunternehmern **korrespondierend** zu bilanzieren („**additive Gewinnermittlung mit korrespondierender Bilanzierung**").[332] Sondervergütungen werden als Ausdruck der korrespondierenden Bilanzierung zeit- und betragsgleich als Aufwand auf der ersten Stufe der Gewinnermittlung und als Ertrag in der Sonder-GuV des Gesellschafters erfasst.[333] Eine in der Steuerbilanz der Gesellschaft passivierte Verbindlichkeit zur Zahlung der Sondervergütung wird durch einen gleich hohen Aktivposten (Forderung) in der Sonderbilanz des begünstigten Gesellschafters ausgeglichen.[334] Ansprüche und Verbindlichkeiten wirken sich durch die korrespondierende Bilanzierung innerhalb der Personengesellschaft erfolgsneutral aus; sie mindern nicht den Gewerbeertrag.[335] In bestimmten Fällen kann es zu einem Auseinanderfallen der Gewinnauswirkung kommen, z. B. wenn die an den Gesellschafter gezahlte Sondervergütung in der Steuerbilanz der Personengesellschaft als Anschaffungs- oder Herstellungskosten zu aktivieren ist.[336] Die Rechtsprechung leitet den Grundsatz der korrespondierenden Bilanzierung aus dem mit § 15 Abs. 1 Satz 1 Nr. 2 EStG verfolgten Zielen ab, den Gewinn des Mitunternehmers demjenigen eines Einzelunternehmers anzugleichen, der mit sich selbst keine schuldrechtlichen Verträge abschließen und folglich den Gewinn seines Einzelgewerbes z. B. nicht durch einen Unternehmerlohn mindern kann (sog. **Gleichstellungsthese**),[337] und den Gewinn unabhängig davon zu besteuern, ob die Leistungen des Gesellschafters durch eine Sondervergütung oder durch einen **Vorabgewinn** abgegolten werden.[338] Für

---

331 *Bolk*, Bilanzierung und Besteuerung der Personengesellschaft und ihrer Gesellschafter, 2. Aufl., Köln 2016, Rz. 3.7.
332 Vgl. BFH, Urteile v. 16.12.1992 – I R 105/91, BStBl 1993 II S. 792; v. 12.12.1995 – VIII R 59/62, BStBl 1996 II S. 219; v. 2.12.1997 – VIII R 15/96, DStR 1998 S. 482; v. 30.3.2006 – IV R 25/04, BStBl 2008 II S. 171; v. 28.3.2000 – VIII R 13/99, BStBl 2000 II S. 612; *Wacker* in Schmidt, EStG, 37. Aufl., München 2018, § 15 Rz. 404; *Ley* in Schulze-Osterloh/Hennrichs/Wüstemann (Hrsg.), HdJ, Köln, Abt. VII/4, Rz. 24 (Stand: 9/2016); *Hennrichs* in Tipke/Lang, Steuerrecht, 23. Aufl., Köln 2018, § 10, Rz. 108, 144; *Prinz*, FR 2018 S. 493-498; kritisch *Raupach*, DStZ 1992 S. 697 f. Demgegenüber plädieren für eine „reine additive Gewinnermittlung", d. h. Geltung der allgemeinen Ansatz- und Bewertungsregeln in der Sonderbilanz: *Knobbe-Keuk*, Bilanz- und Unternehmenssteuerrecht, 9. Aufl., Köln 1993, S. 479 ff.; *Kusterer*, DStR 1993 S. 1209; *Söffing*, BB 1999 S. 96 ff.; zu einem Überblick über weitere Ansichten im Schrifttum vgl. *Wacker* in Schmidt, EStG, 37. Aufl., München 2018, § 15 Rz. 405, 546.
333 Vgl. BFH, Urteil v. 12.12.1995 – VIII R 59/92, BStBl 1996 II S. 219; *Wacker* in Schmidt, EStG, 37. Aufl., München 2018, § 15 Rz. 404; *Reiß* in Kirchhof (Hrsg.), EStG, 17. Aufl., Köln 2018, § 15 Rz. 235.
334 Vgl. z. B. BFH, Urteile v. 30.8.2007 – IV R 14/06, BStBl 2007 II S. 942; v. 12.1.2012 – IV R 3/11, BFH/NV 2012 S. 779.
335 Vgl. *Rätke*, BBK 2012 S. 1007.
336 Vgl. *Herbst/Stegemann*, DStR 2013 S. 177; *Zimmermann* u. a., Die Personengesellschaft im Steuerrecht, 12. Aufl., Achim 2017, B Rz. 315.
337 Vgl. z. B. BFH, Urteil v. 21.12.2017 – IV R 44/14, DStR 2018, 400, Rz. 28; BFH, Urteil v. 20.11.2014 – IV R 1/11, BStBl 2017 II S. 34.
338 Vgl. BFH, Urteile v. 12.2.2015 – IV R 29/12, FR 2015 S. 555, Rz. 20; v. 30.8.2007 – IV R 14/06, BStBl 2007 II S. 942; BFH, Urteil v. 28.3.2000 - VIII R 13/99, BStBl 2000 II, S. 612; *Herbst/Stegemann*, DStR 2013 S. 177.

die Anwendbarkeit der korrespondierenden Bilanzierung kommt es auf die Beteiligungshöhe des Mitunternehmers nicht an.[339]

3.2.2 Darlehen des Mitunternehmers an die Gesellschaft

Folgt man der Gleichstellungsthese, „muss ein **Darlehen des Mitunternehmers an die Mitunternehmerschaft** im Ergebnis wie Eigenkapital behandelt werden."[340] Dies wird dadurch erreicht, dass sich im Fall der Gewährung eines Darlehens durch den Gesellschafter an die Gesellschaft sich in der **steuerlichen Gesamtbilanz** die Darlehensverpflichtung in der Gesamthandsbilanz und die Forderung in der Sonderbilanz (Sonderbetriebsvermögen I) gegeneinander aufheben.[341] M. a. W. in der Gesamtbilanz der Mitunternehmerschaft wandelt sich die Verbindlichkeit in der Steuerbilanz durch die korrespondierende Aktivierung einer Forderung in der Sonderbilanz zu (funktionalem) Eigenkapital.[342] Hierbei ist es unerheblich, ob die Darlehensgewährung marktüblich, niedrig oder unverzinslich ist und ob sie gesichert ist oder nicht.[343] Infolge der korrespondierenden Bilanzierung wird eine **unverzinsliche Verbindlichkeit** der Gesellschaft gegenüber einem Mitunternehmer nicht nach § 6 Abs. 1 Nr. 3 EStG abgezinst.[344]

1460

Die Behandlung als funktionales Eigenkapital bewirkt, dass die Darlehensgewährung die Höhe des Gewinns der Mitunternehmerschaft nicht beeinflusst.[345] Dies wird zunächst dadurch gewährleistet, dass die Darlehenszinsen als Sonderbetriebseinnahmen behandelt werden.[346] Zudem gilt das **Imparitätsprinzip** in der Steuerbilanz insoweit nicht;[347] die Forderung kann während des Bestehens der Gesellschaft nicht nach § 6 Abs. 1 Nr. 2 EStG wertberichtigt werden, so dass sich **stille Lasten** in der Sonderbilanz bilden.[348] Entsprechend kommt es grundsätzlich nicht zu einer Verlustrealisierung,

---

339 Vgl. *Ritzrow*, StBp 2015 S. 101; *Weiss*, StuB 2017 S. 792.
340 *Wendt*, FR 2017 S. 959 (im Original kein Fettdruck).
341 Vgl. BFH, Urteile v. 12.12.1997 – IV R 77/93, BStBl 1998 II S. 180; v. 5.6.2003 – IV R 36/02, BStBl 2003 II S. 871; *Ley* in Schulze-Osterloh/Hennrichs/Wüstemann (Hrsg.), HdJ, Köln, Abt. VII/4, Rz. 28 (Stand: 9/2016).
342 Vgl. BFH, Urteile v. 24.1.2008 – IV R 37/06, BB 2008 S. 941; v. 5.6.2003 – IV R 86/02, BStBl 2003 II S. 871; *Wacker* in Schmidt, EStG, 37. Aufl., München 2018, § 15 Rz. 540; *Wendt*, FR 2017 S. 959; *Groh*, DB 2007 S. 2279; *Strahl*, KÖSDI 2017 S. 20459; *Warnke*, EStB 2005 S. 188; a. A. *Hoffmann*, GmbHR 2005 S. 974.
343 Vgl. *Wacker* in Schmidt, EStG, 37. Aufl., München 2018, § 15 Rz. 540 m. w. N.; a. A. *Desens/Blischke* in K/S/M, EStG, Heidelberg, § 15 Rz. F 62 (Stand: 8/2016).
344 Vgl. BFH, Urteil v. 24.1.2008 – IV R 37/06, BStBl 2011 II S. 617; *Wacker* in Schmidt, EStG, 37. Aufl., München 2018, § 15 Rz. 540; *Ley* in Schulze-Osterloh/Hennrichs/Wüstemann (Hrsg.), HdJ, Köln, Abt. VII/4, Rz. 28 (Stand: 9/2016); *Korn/Strahl* in Korn (Hrsg.), EStG, Bonn, § 6 Rz. 368 (Stand: 2/2017); *Herbst/Stegemann*, DStR 2013 S. 178; *Weiss*, NWB 2017 S. 1785; a. A. *Hoffmann*, GmbHR 2005 S. 974. Zu Ausnahmen v. Grundsatz der korrespondierenden Bilanzierung vgl. *Herbst/Stegemann*, DStR 2013 S. 179 f.
345 Vgl. *Wendt*, FR 2017 S. 959 f.
346 Da die Zinsen im Ergebnis nicht den Gewerbertrag mindern, findet § 8 Nr. 1a GewStG auf diese Zinsen keine Anwendung, vgl. *Bolk*, Bilanzierung und Besteuerung der Personengesellschaft und ihrer Gesellschafter, 2. Aufl., Köln 2016, Rz. 3.31. Entsprechend findet § 4 Abs. 4a EStG keine Anwendung, vgl. BFH, Urteil v. 12.2.2014 – IV R 22/10, DB 2014 S. 1524.
347 Vgl. BFH, Urteil v. 16.3.2017 – IV R 1/15, DStR 2017 S. 1151; BFH, Beschluss v. 3.2.2005 – VIII B 25/04, BFH/NV 2005 S. 1257; BFH, Urteile v. 5.6.2003 – IV R 36/02, BStBl 2003 II S. 871; v. 12.12.1997 – IV R 77/93, BStBl 1998 II S. 180; v. 19.5.1993 – I R 60/92, BStBl 1993 II S. 714; *Wacker* in Schmidt, EStG, 37. Aufl., München 2018, § 15 Rz. 404, 544; *Friedrich* in Prinz/Hoffmann (Hrsg.), Beck'sches Handbuch der Personengesellschaften, 4. Aufl., München 2014, § 6 Rz. 84; *Strahl*, KÖSDI 2017 S. 20459; *Wendt* in Kube u. a. (Hrsg.), Leitgedanken des Rechts, FS Kirchhof, Bd. II, Heidelberg u. a. 2013, S. 1964, Rz. 11.
348 Vgl. *Riedel*, FR 2017 S. 951; *Ley* in Schulze-Osterloh/Hennrichs/Wüstemann (Hrsg.), HdJ, Köln, Abt. VII/4, Rz. 26 (Stand: 9/2016).

wenn der Gesellschafter auf eine nicht mehr voll werthaltige Forderung gegenüber der Gesellschaft verzichtet; vielmehr wird der **Forderungsverzicht** wie eine unentgeltliche Übertragung eines Wirtschaftsgutes aus dem Sonderbetriebsvermögen in das Gesamthandsvermögen behandelt (§ 6 Abs. 5 S. 3 Nr. 2 EStG).[349] Es kommt vielmehr (wie bei einem Verlust der Einlage) erst im Zeitpunkt der Beendigung des mitunternehmerischen Engagements (Ausscheiden des Gesellschafters, Beendigung der Gesellschaft) zu einer steuerlichen Berücksichtigung dieses Verlustes im Sonderbetriebsvermögen.[350]

1461 Die korrespondierende Bilanzierung einer Forderung aus einem Gesellschafterdarlehen **endet** zeitlich mit der **Veräußerung des gesamten Mitunternehmeranteils**.[351] Das für die Darlehensforderung geleistete Entgelt erhöht den Veräußerungserlös;[352] der Alt-Gesellschafter realisiert im Zuge der Veräußerung der Darlehensforderung einen Veräußerungsverlust im Sonderbetriebsvermögen, wenn das Entgelt unter dem Nennbetrag der Forderung liegt.[353] Der Erwerber führt nicht das Kapitalkonto aus der Sonderbilanz des veräußernden Mitunternehmers fort,[354] sondern stellt seine eigene Sonderbilanz auf, in der er die erworbene Forderung gegen die Gesellschaft mit seinen Anschaffungskosten (§ 255 Abs. 1 HGB) bilanziert.[355] Im Rahmen der **Aufteilung des Gesamtkaufpreises** werden sich bei einer wertgeminderten Forderung unter dem Nominalwert liegende Anschaffungskosten ergeben.[356] Das auch im Sonderbetriebsvermögen zu beachtende Anschaffungskostenprinzip[357] kommt also, anders als bei der Suspendierung des Imparitätsprinzips, gegenüber dem Grundsatz der korrespondierenden Bilanzierung vorrangig zur Anwendung.[358]

Für eine „logische Sekunde" verliert das Darlehen seine Funktion als funktionales Eigenkapital und wird zu Fremdkapital; bei Aufstellung der neuen Sonderbilanz für den Erwerber wird es wieder zu funktionalem Eigenkapital.[359] Die Grundsätze der korrespondieren-

---

349 Vgl. *Wacker* in Schmidt, EStG, 37. Aufl., München 2018, § 15 Rz. 550; *Herbst/Stegemann*, DStR 2013 S. 178; *Kulosa* in Schmidt, EStG, 37. Aufl., München 2018, § 6 Rz. 699; *Reiß* in Kirchhof (Hrsg.), EStG, 17. Aufl., Köln 2018, § 15 Rz. 332.
350 Vgl. BFH, Urteile v. 16.3.2017 – IV R 1/15, DStR 2017 S. 1151; v. 28.3.2000 – VIII R 28/98, BStBl 2000 II S. 347; v. 5.6.2003 – IV R 36/02, BStBl 2003 II S. 871; *Weber-Grellet*, StuB 2004 S. 27 f. Zum Forderungsverzicht bei Mitunternehmerschaften vgl. *Wacker* in Schmidt, EStG, 37. Aufl., München 2018, § 15 Rz. 550; *Herbst/Stegemann*, DStR 2013 S. 179 f.
351 Vgl. BFH, Urteil v. 16.3.2017 – IV R 1/15, DStR 2017 S. 1151; hierzu *Wendt*, FR 2017 S. 959 f.; *Weiss*, NWB 2017 S. 1784 f.; *Weiss*, StuB 2017 S. 790 ff.; *Strahl*, KÖSDI 2017 S. 20459 f.; *Herbst/Stegemann*, DStR 2017 S. 2081 ff.; *Riedel*, FR 2017 S. 949 ff.; *Schiffers*, DStZ 2017 S. 841 f.
352 Vgl. BFH, Urteile v. 16.3.2017 – IV R 1/15, DStR 2017 S. 1151; v. 1.3.2005 – VIII R 5/03, BFH/NV 2005 S. 1523.
353 Vgl. BFH, Urteile v. 16.3.2017 – IV R 1/15, DStR 2017 S. 1151; v. 1.3.2005 – VIII R 5/03, BFH/NV 2005 S. 1523.
354 Die Vorinstanz hatte die Ansicht vertreten, dass der Erwerber die Sonderbilanz des Veräußerers unverändert fortführt, vgl. FG Hessen v. 15.1.2013 – 8 K 762/08. Mit der Gleichstellungsthese lässt sich dies aber nicht rechtfertigen, „denn der neue Mitunternehmer ist ein eigenständiges Steuersubjekt und steht demjenigen gleich, der von einem Einzelunternehmer dessen Betrieb erwirbt", *Wendt*, FR 2017 S. 960.
355 Vgl. BFH, Urteil v. 16.3.2017 – IV R 1/15, DStR 2017 S. 1151, Rz. 42; *Wendt*, FR 2017 S. 960; *Eggert*, BBK 2017 S. 604.
356 Vgl. *Wendt*, FR 2017 S. 960; *Weiss*, NWB 2017 S. 1784; *Strahl*, KÖSDI 2017 S. 20459.
357 Vgl. BFH, Urteile v. 18.12.1991 – XI R 42-43/88, BStBl 1992 II S. 585; v. 21.2.2017 – VIII R 24/16, BFH/NV 2017 S. 899.
358 Vgl. *Wendt*, FR 2017 S. 959; *Herbst/Stegemann*, DStR 2017 S. 2084; *Schaflitzl/Crezelius*, DB 2017, Beilage 03, S. 4.
359 Vgl. BFH, Urteil v. 16.3.2017 – IV R 1/15, DStR 2017 S. 1151, Rz. 45; *Weiss*, StuB 2017 S. 792; *Eggert*, BBK 2017 S. 606.

den Bilanzierung gelten ab diesem Zugangszeitpunkt wieder, was aber natürlich nicht bedeutet, dass es zu einer Zuschreibung der Darlehensforderung in der Sonderbilanz über die Anschaffungskosten hinaus kommt.[360] Die Bilanzierung der Verbindlichkeit in der Steuerbilanz der Mitunternehmerschaft bleibt hiervon unberührt; ungeachtet der Übertragung auf den Neugesellschafter ist die Verbindlichkeit in unveränderter Höhe auszuweisen.[361] Eine unverzinsliche Verbindlichkeit wird nach wie vor nicht nach § 6 Abs. 1 Nr. 3 EStG abgezinst.[362] Sollte es wider Erwarten zu einer Rückzahlung in Höhe des vollen Nominalbetrags kommen oder werden zumindest Zahlungen geleistet, die die in der Sonderbilanz ausgewiesenen Anschaffungskosten übersteigen, entsteht im Sonderbetriebsvermögensbereich des neu eingetretenen Gesellschafters ein Gewinn.[363]

Die korrespondierende Bilanzierung einer Forderung aus einem Gesellschafterdarlehen **endet** entsprechend auch mit dem **Ausscheiden des Gesellschafters aus der Gesellschaft**, ohne dass die Gesellschaft ihren Betrieb aufgibt oder veräußert.[364] Die in der Steuerbilanz ausgewiesene Verbindlichkeit verliert ab diesem Zeitpunkt ihre Funktion als funktionales Eigenkapital und stellt entsprechend ihrem Bilanzausweis Fremdkapital dar. Der Grundsatz der korrespondierenden Bilanzierung ist im Ergebnis streng **gesellschafterbezogen** anzuwenden.[365]

Wenn allein die Forderung aus einem Gesellschafterdarlehen **auf einen Dritten entgeltlich übertragen** wird, der nicht Gesellschafter ist, stellt sich die Frage einer korrespondierenden Bilanzierung nicht mehr; das vormalige Sonderbetriebsvermögen stellt ab diesem Zeitpunkt kein funktionales Eigenkapital der Mitunternehmerschaft mehr da, so dass es zur Verlustrealisierung beim Gesellschafter kommt.[366] Länger als zwölf Monate laufende Verbindlichkeiten unterliegen in der Steuerbilanz der Gesellschaft dann der Abzinsung nach § 6 Abs. 1 Nr. 3 EStG. Diese Grundsätze dürften aufgrund der streng gesellschafterbezogenen Betrachtung der korrespondierenden Bilanzierung durch den BFH auch dann gelten, wenn (nur) die Darlehensforderung entgeltlich an einen anderen Mitunternehmer derselben Mitunternehmerschaft zum gemeinen Wert übertragen wird;[367] § 6 Abs. 5 Satz 3 Nr. 3 EStG steht dieser steuerwirksamen Verlustrealisierung im Sonderbetriebsvermögen nicht entgegen.[368] §§ 4f und 5 Abs. 7 EStG kommen nicht zur Anwendung, wenn stille Lasten im aktiven Sonderbetriebsvermögen (also etwa aufgrund einer Überbewertung einer Forderung des Mitunternehmers gegenüber seiner Gesellschaft) betroffen sind.[369]

---

360 Vgl. *Herbst/Stegemann*, DStR 2017 S. 2084.
361 Vgl. BFH, Urteil v. 16.3.2017 – IV R 1/15, DStR 2017 S. 1151, Rz. 43.
362 Vgl. *Weiss*, NWB 2017 S. 1785.
363 Vgl. BFH, Urteil v. 16.3.2017 – IV R 1/15, DStR 2017 S. 1151, Rz. 43; *Weiss*, NWB 2017 S. 1784; *Strahl*, KÖSDI 2017 S. 20459.
364 Vgl. BFH, Urteil v. 16.3.2017 – IV R 1/15, DStR 2017 S. 1151.
365 Vgl. BFH, Urteil v. 16.3.2017 – IV R 1/15, DStR 2017 S. 1151, Rz. 45.
366 Vgl. BFH, Urteile v. 5.6.2003 – IV R 36/02, BStBl 2003 II S. 871; v. 1.3.2005 – VIII R 5/03, BFH/NV 2005 S. 1523; *Weiss*, NWB 2017 S. 1785; *Riedel*, FR 2017 S. 952.
367 Vgl. *Riedel*, FR 2017 S. 953.
368 Vgl. *Riedel*, FR 2017 S. 953 f., die aber zu bedenken gibt, dass die Finanzverwaltung hierin womöglich eine „künstliche" Verlustrealisierung und damit einen Anwendungsfall von § 42 AO sehen wird.
369 Vgl. *Riedel*, FR 2017 S. 955. *Riedel* hält aber eine Anwendbarkeit der §§ 4f, 5 Abs. 7 EStG für möglich, wenn stille Lasten in der Sonderbilanz realisiert werden, die z. B. dadurch entstanden sind, dass in der Sonderbilanz eine Rückstellung nicht gebildet werden durfte, vgl. *Riedel*, FR 2017 S. 955.

3.2.3 Pensionszusagen

1462 Bildet die Gesellschaft eine Rückstellung für eine Pensionszusage an einen Gesellschafter (vgl. Rz. 1376), so ist in der Sonderbilanz des begünstigten Gesellschafters abweichend vom Realisationsprinzip eine **Forderung** als korrespondierender Aktivposten zu aktivieren.[370] Hier „suspendiert der Grundsatz der korrespondierenden Bilanzierung die Anwendung des Realisationsprinzips [...] in der Sonderbilanz des Mitunternehmers."[371] Es handelt sich bei diesem Aktivposten nicht um eine „echte Forderung", sondern um ein „bloßes technisches Hilfsmittel zur personellen Zurechnung der Gewinnauswirkungen einer Pensionszusage."[372] Nach dem durch das BilMoG geänderten Gesetzeswortlaut des § 5 Abs. 1 Satz 1 EStG könnte beim Ansatz von Pensionsrückstellungen von einem eigenständigen steuerlichen Wahlrecht auszugehen sein (§ 6a Abs. 1 EStG).[373] In diesem Fall könnte eine sofortige Besteuerung im Sonderbetriebsvermögen bei den pensionsberechtigten Mitunternehmern vermieden werden. Allerdings gilt das handelsrechtliche Passivierungsgebot (§ 249 Abs. 1 HGB i. V. m. Art. 28 Abs. 1 EGHGB) nach Ansicht der Finanzverwaltung[374] und der wohl h. M. in der Literatur[375] wegen § 5 Abs. 1 Satz 1 EStG auch für die Steuerbilanz. Es liegt demnach **kein steuerliches Passivierungswahlrecht** vor; vielmehr schränken die in § 6a Abs. 1 und 2 EStG genannten zusätzlichen Voraussetzungen die Maßgeblichkeit des handelsrechtlichen Passivierungsgebotes nur ein. Auch in der Leistungs-/Ablaufphase gilt das Korrespondenzprinzip, so dass sich wiederum keine Auswirkungen auf den Gesamtgewinn der Mitunternehmerschaft ergeben.[376]

Bei Pensionsansprüchen eines Mitunternehmers gegen die Mitunternehmerschaft wird die korrespondierende Bilanzierung nicht mit dem **Ausscheiden aus der Mitunternehmerschaft** beendet. Vielmehr wird auch danach in der Steuerbilanz der Gesamthand eine Rückstellung nach § 249 Abs. 1 HGB, § 6a EStG passiviert, während in der Sonderbilanz eine gleich hohe Forderung auszuweisen ist.[377] Der BFH sorgt so für die Gleichstellung des Mitunternehmers auch nach seinem Ausscheiden und der Weiterzahlung der Pension mit dem Einzelunternehmer.[378] Die Sonderbilanz des ausgeschiedenen Gesellschafters ist also mit Blick auf die **nachträglich bezogenen Einkünfte** (§ 24 Nr. 2

---

370 Vgl. BFH, Urteile v. 2.12.1997 – VIII R 15/96, BB 1998 S. 733; v. 14.2.2006 – VIII R 40/03, BStBl II 2008 S. 182; v. 30.3.2006 – IV R 25/04, BStBl II 2008 S. 171; BMF, Schreiben v. 29.1.2008 – IV B 2 – S 2176/07/0001, BStBl 2008 I S. 317 Rz. 5; *Hüttemann*, DStJG 34 (2011) S. 304; *Ley*, KÖSDI 2008 S. 1605; *Sievert/Kardekewitz*, Ubg 2008 S. 617.
371 *Herbst/Stegemann*, DStR 2013 S. 179.
372 *Prinz*, JbFSt 2015/2016 S. 492; vgl. auch *Wendt*, BFH/PR 9/2014 S. 295.
373 Vgl. z. B. *Dörfler/Adrian*, DB 2009, Beilage 5, S. 58; *Förster/Schmidtmann*, BB 2009 S. 1342; *Günter*, Stbg 2009 S. 399; *Scheffler*, StuB 2010 S. 300.
374 Vgl. BMF, Schreiben v. 12.3.2010 – IV C 6 – S 2133/09/10001, BStBl 2010 I S. 239, Rz. 4, 9 ff.
375 Vgl. *Anzinger/Schleiter*, DStR 2010 S. 398; *Arbeitskreis Bilanzrecht der Hochschullehrer Rechtswissenschaft*, DB 2009 S. 2570 ff.; *Döring/Heger*, DStR 2009 S. 2068; *Geberth/Blasius*, FR 2010 S. 409; *Hennrichs*, Ubg 2009 S. 533, 541 f.; *Hennrichs*, StbJb 2009/10 S. 272; *Hennrichs*, in Tipke/Lang, Steuerrecht, 23. Aufl., Köln 2018, § 9 Rz. 189; *Höfer/Rhiel/Veit*, DB 2009 S. 1608; *Hoffmann*, StuB 2009 S. 516; *Hoffmann*, StuB 2010 S. 210; *Klein*, NWB 2010 S. 2044; *Mitschke*, FR 2010 S. 219; *Rätke/Theile*, BBK 2010 S. 309; *Richter*, GmbHR 2010 S. 506; *Weber-Grellet*, DB 2009 S. 2403.
376 Vgl. *Prinz*, JbFSt 2015/2016 S. 491.
377 Vgl. BFH, Urteil v. 6.3.2014 – IV R 14/11, BStBl 2014 II S. 624; hierzu *Wendt*, BFH-PR 9/2014 S. 295; *Prinz*, JbFSt 2015/2016 S. 489 ff.; *Kanzler*, FR 2014 S. 936; *Stöckler*, BB 2014 S. 1842; *Weiss*, NWB 2017 S. 1785.
378 Vgl. *Prinz*, JbFSt 2015/2016 S. 496.

EStG) fortzuführen, obwohl er am Gesamthandsvermögen nicht mehr beteiligt ist.[379] Hier gibt es demnach „betriebslose Sonderbilanzen"[380]. Diese korrespondierende Bilanzierung ist auch für Hinterbliebene fortzuführen, die nach dem Tod des Gesellschafters in dessen Rechtsstellung einrücken, und zwar auch dann, wenn sie selbst nie Gesellschafter waren, sondern nur Gesamtrechtsnachfolger des verstorbenen Gesellschafters sind.[381] Wenn der Pensionsanspruch erlischt, wird eine noch bestehende Forderung im Sonderbetriebsvermögen erfolgswirksam aufgelöst, so dass es zu einer Sonderbetriebsausgabe des ehemaligen Gesellschafters kommt.[382]

3.2.4 Miet- und Pachtverträge

Wenn eine Personengesellschaft von einem ihrer Mitunternehmer ein **Grundstück** pachtet und zur **Instandhaltung** des Grundstücks verpflichtet ist, so dass sie in ihrer Steuerbilanz eine Rückstellung für Instandhaltungsverpflichtungen zu bilden hat, sofern sie mit der Instandhaltung im Rückstand ist, muss der Mitunternehmer nach Auffassung des FG Köln einen korrespondierenden Instandhaltungsanspruch in seiner Sonderbilanz gewinnerhöhend aktivieren.[383] Diese Auffassung teilt der BFH nicht;[384] zwar ist die Rückstellung wegen nicht rechtzeitiger Instandsetzung auf Seiten des Verpflichteten zu passivieren (**Rückstellung für ungewisse Verbindlichkeiten** nach § 249 Abs. 1 Satz 1 HGB),[385] ein Instandhaltungsanspruch ist aber auch dann nicht zu aktivieren, wenn der Pächter mit der Instandhaltung im Rückstand ist. Nach ständiger Rechtsprechung stellt eine **Forderung** ein aktivierungsfähiges Wirtschaftsgut dar, die mit den Anschaffungskosten zu bewerten ist. Nach § 255 Abs. 1 HGB sind die Anschaffungskosten einer Forderung die Aufwendungen, die geleistet werden, um die Forderung zu erwerben. Der BFH lässt es aber offen, ob es sich bei den streitigen Instandhaltungsansprüchen um Forderungen handelt. Denn im vorliegenden Fall wäre die Forderung ohnehin mit Null zu bewerten und daher nicht in der Sonderbilanz zu aktivieren, weil der Verpächter für den Erwerb der Instandhaltungsansprüche nichts aufgewendet hat.[386] Da im entschiedenen Fall die grundsätzlich dem Verpächter obliegende Instandhaltungspflicht vertraglich auf den Pächter übertragen wurde, wird der Pachtzins nur für die Gebrauchsüberlassung der Pachtsache, aber nicht auch für ihre Instandhaltung gezahlt; folglich können dem Verpächter für den Erwerb des Instandhaltungsanspruchs keine Aufwendungen entstanden sein. Durch die Übertragung der Instandhaltungspflicht erspart sich der Verpächter eigene Aufwendungen, so dass er dafür regelmäßig einen geringeren Pachtzins erhält. Hierin liegen nach der Auffassung des BFH keine Aufwendungen für den Erwerb des Instandhaltungsanspruchs, so dass eine solche Forderung mit Null zu bewerten ist

1463

---

379 Vgl. BFH, Urteil v. 6.3.2014 – IV R 14/11, BStBl 2014 II S. 624; *Weiss*, StuB 2017 S. 793.
380 So *Prinz*, JbFSt 2015/2016 S. 492; vgl. auch *Kanzler*, FR 2014 S. 936.
381 Vgl. BMF, Schreiben v. 29.1.2008 – IV B 2 - S 2176/07/0001, BStBl 2008 I S. 317, Rz. 17; *Weiss*, StuB 2017 S. 793.
382 Vgl. BMF, Schreiben v. 29.1.2008 – IV B 2 - S 2176/07/0001, BStBl 2008 I S. 317, Rz. 9; *Weiss*, StuB 2017 S. 793.
383 Vgl. FG Köln, Urteil v. 27.6.2012 – 15 K 3929/10, EFG 2012 S. 2091; hierzu z. B. *Lange/Inkemann*, NWB 2015 S. 2055.
384 Vgl. BFH, Urteil v. 12.2.2015 – IV R 29/12, BFH/NV 2015 S. 895 ff.; hierzu z. B. *Hoffmann*, DStR 2015 S. 814 ff.; *Roos*, BB 2015 S. 1074 ff.; *Strahl*, KÖSDI 2015 S. 19437 ff.; *Tiedchen*, StuW 2015 S. 281 ff.; *Weber-Grellet*, FR 2015 S. 557 f.; *Lange/Inkemann*, NWB 2015 S. 2054 ff.
385 Vgl. BFH, Urteil v. 12.2.2015 – IV R 29/12, BFH/NV 2015 S. 895 ff., Rz. 22.
386 Vgl. BFH, Urteil v. 12.2.2015 – IV R 29/12, BFH/NV 2015 S. 895 ff., Rz. 16 f.; a. A. Tiedchen, StuW 2015 S. 283 f.

(keine Anschaffungskosten durch ersparte Aufwendungen).[387] Die Aktivierung eines Instandhaltungsanspruchs würde zu einer fiktiven Einnahme des Verpächters führen, was dem Realisationsprinzip widersprechen würde.[388]

Aus dem **Grundsatz der korrespondierenden Bilanzierung** ergibt sich nach der Rechtsprechung des BFH kein abweichendes Ergebnis.[389] In der Sonderbilanz ist ein korrespondierender Aktivposten nur für solche Ansprüche des Gesellschafters zu bilden, die zu einer Sondervergütung im Sinne des § 15 Abs. 1 Satz 1 Nr. 2 EStG führen. Im Fall einer Nutzungsüberlassung durch einen Gesellschafter sind damit nur solche Ansprüche des Gesellschafters gegen die Gesellschaft in seiner Sonderbilanz zu aktivieren, die als Gegenleistung für die Nutzungsüberlassung des Wirtschaftsgutes erbracht werden.[390] Wie oben gesehen, liegt eine solche Gegenleistung bei Instandhaltungsverpflichtungen nicht vor; beim verpachtenden Mitunternehmer führt die Erfüllung der Instandhaltungspflicht durch den Pächter nicht zu Sonderbetriebseinnahmen. Es wird damit deutlich, dass der BFH die Reichweite der korrespondierenden Bilanzierung zwischen Gesamthands- und Sonderbilanz auf solche Sachverhalte begrenzt, die mit **Sondervergütungen** im Zusammenhang stehen. Hier zeigen sich die Grenzen einer korrespondierenden Bilanzierung; es wird deutlich, dass sich auch bei Vertragsbeziehungen zwischen einer Mitunternehmerschaft und einem Mitunternehmer im Anwendungsbereich des § 15 Abs. 1 Satz 1 Nr. 2 EStG imparitätisch abzubildende Rechtsfolgen ergeben können.[391]

3.2.5 Betriebsaufspaltung

1464 Im Fall einer Betriebsaufspaltung besteht grundsätzlich **keine allgemeine Pflicht zur korrespondierenden Bilanzierung** bei Besitz- und Betriebsunternehmen.[392] So kann z. B. das Besitzunternehmen bei dauernder Wertminderung eine Teilwertabschreibung auf eine Forderung gegen die Betriebskapitalgesellschaft geltend machen, während Letztere die entsprechende Verbindlichkeit gegenüber dem Besitzunternehmen weiterhin in voller Höhe zu passivieren hat.[393] Wenn die Betriebsgesellschaft aufgrund der sie treffenden Instandhaltungsverpflichtung eine Rückstellung gebildet hat, besteht für das Besitzunternehmen nicht die Verpflichtung, einen Instandhaltungsanspruch zu aktivieren;[394] eine korrespondierende Bilanzierung scheidet von vornherein aus, wenn es bei einer Gebrauchsüberlassung an einer Vergütung für die Erfüllung des Instandhaltungsanspruchs fehlt.

---

387 A.A. *Weber-Grellet*, FR 2015 S. 557 f.
388 Vgl. *Lange/Inkemann*, NWB 2015 S. 2057 f.
389 Vgl. BFH, Urteil v. 12.2.2015 – IV R 29/12, BFH/NV 2015 S. 895 ff.; *Bolk*, Bilanzierung und Besteuerung der Personengesellschaft und ihrer Gesellschafter, 2. Aufl., Köln 2016, Rz. 5.56.
390 Vgl. z. B. BFH, Urteil v. 28.3.2000 – VIII R 13/99, BStBl 2000 II S. 612.
391 Vgl. *Prinz*, JbFSt 2015/2016 S. 495.
392 Vgl. BFH, Urteile v. 8.3.1989 – X R 9/86, BStBl 1989 II S. 714; v. 6.11.2003 – IV R 10/01, BStBl 2004 II S. 416; v. 12.2.2015 – IV R 63/11, BFH/NV 2015 S. 832, Rz. 29; im Einzelnen *Kahle/Heinstein* in Frotscher/Geurts, EStG, Freiburg, Anhang 2 zu § 15, Rz. 166, 168, 217 b ff. (Stand: 8/2017).
393 Vgl. *Rätke*, BBK 2012 S. 1007.
394 Vgl. BFH, Urteil v. 12.2.2015 – IV R 63/11, BFH/NV 2015 S. 832.

3.2.6 Künftig zu erbringende Dienstleistungen

Der IV. Senat des BFH hat in einem aktuellen Urteil die Grundsätze der korrespondierenden Bilanzierung konsequent bestätigt.[395] Im Sachverhalt wurde der (mittelbare) Mitunternehmer, der zugleich Steuerberater der Gesellschaft war, mit der Erstellung des Jahresabschlusses der Gesellschaft beauftragt; hierfür hat die Gesellschaft eine Rückstellung hinsichtlich der **Jahresabschlusskosten** gebildet. Am Abschlussstichtag hatte der Mitunternehmer noch keinerlei Dienstleistungen für die Gesellschaft erbracht. Das FG Rheinland-Pfalz hatte die Bildung des Aktivpostens (Forderung) in der Sonderbilanz abgelehnt, solange die Leistung des Steuerberaters noch nicht erbracht ist.[396] Mangels Tätigkeitserbringung durch den betroffenen Mitunternehmer ist die Sondervergütungsregelung des § 15 Abs. 1 Satz 1 Nr. 2 EStG demnach nicht anwendbar. Damit hätte der Grundsatz der korrespondierenden Bilanzierung bei Rückstellungen in der Steuerbilanz für erst später zu erbringende Leistungen des Mitunternehmers nicht gegolten.[397] Der BFH teilt diese Auffassung nicht; da zum Bilanzstichtag feststand, dass der Jahresabschluss gegen eine entsprechende Vergütung durch den Gesellschafter aufgestellt werden wird,[398] ist in Höhe der in der Steuerbilanz der Personengesellschaft gebildeten Rückstellung eine Forderung in der Sonderbilanz des Gesellschafters zu aktivieren, um der Gleichstellungsthese zu genügen.[399] Ein **Einzelunternehmer** könnte für den Aufwand der eigenen künftigen Arbeitsleistung keine Rückstellung bilden; es wäre ihm also nicht möglich, den künftigen Aufwand für die Erstellung des Jahresabschlusses vorzuziehen.[400] Die Gleichstellungsthese hat zur Konsequenz, dass es nicht darauf ankommt, ob die Forderung in der Sonderbilanz nach den allgemeinen Grundsätzen ordnungsmäßiger Buchführung zulässig ist.[401] Der Grundsatz der korrespondierenden Bilanzierung durchbricht also auch hier das **Realisationsprinzip**.

1465

3.3 Umfang des Sonderbetriebsvermögens der Gesellschafter

3.3.1 Das Sonderbetriebsvermögen als Bestandteil des steuerrechtlichen Betriebsvermögens der Mitunternehmerschaft

Das steuerliche Betriebsvermögen der Personengesellschaft besteht aus dem Gesamthandsvermögen der Gesellschaft und dem **Sonderbetriebsvermögen** (SBV) der einzelnen Gesellschafter.[402] Zum SBV zählen im Grundsatz solche Wirtschaftsgüter, die nicht dem Gesamthandsvermögen der Gesellschaft, aber einem, mehreren oder allen Gesellschaftern zivilrechtlich und/oder wirtschaftlich zuzurechnen sind und dem Bereich der gewerblichen Betätigung des oder der Mitunternehmer im Rahmen der Mitunterneh-

1466

---

395 Vgl. BFH, Urteil v. 21.12.2017 – IV R 44/14, DStR 2018 S. 400. Eingehender dazu auch *Prinz*, FR 2018 S. 493-498; *Riedel*, FR 2018 S. 522.
396 Vgl. FG Rheinland-Pfalz, Urteil v. 23.9.2014, 3 K 1685/12, DStRE 2015 S. 1217; gl. A. *Bolk*, Bilanzierung und Besteuerung der Personengesellschaft und ihrer Gesellschafter, 2. Aufl., Köln 2016, Rz. 5.56; *Schmid*, BB 2014 S. 3058.
397 Vgl. *Prinz*, JbFSt 2015/2016 S. 493.
398 Vgl. BFH, Urteil v. 21.12.2017 – IV R 44/14, DStR 2018 S. 400, Rz. 32 f.
399 Vgl. BFH, Urteil v. 21.12.2017 – IV R 44/14, DStR 2018 S. 400, Rz. 35.
400 Vgl. BFH, Urteil v. 21.12.2017 – IV R 44/14, DStR 2018 S. 400, Rz. 31, 35.
401 Vgl. BFH, Urteil v. 21.12.2017 – IV R 44/14, DStR 2018 S. 400, Rz. 28, 35.
402 Vgl. BFH, Urteile v. 16.2.1996 – I R 183/94, BStBl 1996 II S. 342; v. 25.11.2009 – I R 72/08, BStBl 2010 II S. 471.

merschaft zuzuordnen sind. „Wenn das Gesetz den Mitunternehmer dem Einzelunternehmer gleichstellen will, so ist es folgerichtig, wenn alle von der Gesellschaft genutzten Güter Betriebsvermögen sind, gleichgültig ob sie der Gesellschaft oder dem Gesellschafter gehören."[403] Bezogen auf das Betriebsvermögen werden die Gesellschaft und ihre Gesellschafter also als **Einheit** betrachtet, was folgende Abbildung unterstreicht:[404]

Handelsrechtliches Bilanzvermögen der Personengesellschaft		
Gesamthänderisch gebundenes Privatvermögen der Mitunternehmer	Gesamthänderisch gebundenes Betriebsvermögen der Mitunternehmerschaft	Sonderbetriebsvermögen der einzelnen Mitunternehmer bei der Mitunternehmerschaft

Steuerrechtliches Betriebsvermögen der Mitunternehmerschaft

1467 Es existiert **keine gesetzliche Regelung** über das SBV. Das SBV wird aus dem Begriff des Betriebsvermögens in § 4 Abs. 1, § 5 Abs. 1 EStG abgeleitet,[405] zusätzlich aus § 6 Abs. 5 EStG.[406] Die Rechtsgrundlage für das SBV wird zudem in einem Gebot der Übereinstimmung zwischen der Zurechnung einer Einkunftsquelle und der Zurechnung der hieraus fließenden Einkünfte gesehen: Die Zurechnung der vom Mitunternehmer der Personengesellschaft überlassenen Wirtschaftsgüter zum steuerlichen Betriebsvermögen der Mitunternehmerschaft (als SBV) ist Folge der Zurechnung der Sondervergütungen zu den gewerblichen Einkünften (§ 15 Abs. 1 Satz 1 Nr. 2 EStG).[407]

1468 **Geldforderungen** oder **Verbindlichkeiten** zählen nur dann zum Sonderbetriebsvermögen, wenn deren Entstehung gesellschaftsrechtlich veranlasst ist oder ein wirtschaftlicher Zusammenhang mit Wirtschaftsgütern des Sonderbetriebsvermögens besteht.[408] So rechnen Forderungen, die auf laufenden Lieferungen oder Leistungen eines Betriebs des Gesellschafters gegenüber seiner Personengesellschaft beruhen und nicht durch das Gesellschaftsverhältnis veranlasst sind, nicht zum Sonderbetriebsvermögen.[409]

---

403 *Schreiber*, Besteuerung der Unternehmen, Eine Einführung in Steuerrecht und Steuerwirkung, 4. Aufl., Wiesbaden 2017, S. 249.
404 Vgl. *Niehus/Wilke*, Die Besteuerung der Personengesellschaften, 7. Aufl., Stuttgart 2015, S. 73.
405 Vgl. *Wacker* in Schmidt, EStG, 37. Aufl., München 2018, § 15 Rz. 506; *Prinz*, DB 2010 S. 972; *Bolk*, Bilanzierung und Besteuerung der Personengesellschaft und ihrer Gesellschafter, 2. Aufl., Köln 2016, Rz. 3.12.
406 Vgl. *Wacker* in Schmidt, EStG, 37. Aufl., München 2018, § 15 Rz. 506; *Hennrichs* in Tipke/Lang, Steuerrecht, 23. Aufl., Köln 2018, § 10 Rz. 131.
407 Vgl. z. B. BFH, Urteile v. 4.4.1968 – IV 210/61, BStBl 1968 II S. 411; v. 2.12.1982 – IV R 72/79, BStBl 1983 II S. 215; BFH, Beschluss v. 3.5.1993 – GrS 3/92, BStBl 1993 II S. 616; *Raupach*, DStZ 1992 S. 696; *Reiß* in Kirchhof (Hrsg.), EStG, 17. Aufl., Köln 2018, § 15 Rz. 230; *Neu*, DStR 1998 S. 1251; *Schön*, DStR 1993 S. 185 ff. Allerdings rechtfertigt diese Argumentation nur den Einbezug von SBV I, nicht von SBV II, weil in § 15 Abs. 1 Satz 1 Nr. 2 Satz 1 EStG keine Bestimmung enthalten ist, nach der die Erträge aus solchen Wirtschaftsgütern, die der Beteiligung eines Mitunternehmers an seiner Personengesellschaft dienen, zu den gewerblichen Einkünften aus der Mitunternehmerschaft gehören, vgl. *Söffing*, DStR 2003 S. 1106; *Knobbe-Keuk*, Bilanz- und Unternehmenssteuerrecht, 9. Aufl., Köln 1993, S. 444; *Knobbe-Keuk*, StuW 1974 S. 32; *Kruse*, DStJG 2 (1979) S. 37; *Schön*, DStR 1993 S. 185; *Tiedtke/Hils*, DStZ 2004 S. 482; *Schneider*, Sonderbetriebsvermögen – Rechtsgrundlage und Umfang, Köln 2000, S. 116 ff., 127 ff., 219 ff.; a. A. *Hüttemann*, DStJG 34 (2011) S. 303. Die Verfassungsmäßigkeit wurde v. BVerfG bejaht, vgl. BVerfG, Urteil v. 22.12.1992 – 1 BvR 1333/89, BB 1993 S. 402. Vgl. zur Diskussion *Ley* in Schulze-Osterloh/Hennrichs/Wüstemann (Hrsg.), HdJ, Köln, Abt. VII/4, Rz. 4 (Stand: 9/2016).
408 Vgl. BFH, Urteil v. 27.6.2006 – VIII R 31/04, BStBl 2006 II S. 874; hierzu *Kölpin*, StuB 2007 S. 31 ff.
409 Vgl. BFH, Urteile v. 26.3.1987 – IV R 65/85, BStBl 1987 II S. 564; v. 18.12.1991 – IV R 42/88, BStBl 1992 II S. 585; *Wacker* in Schmidt, EStG, 37. Aufl., 2018, § 15 Rz. 549.

Wirtschaftsgüter, die einer Person (z. B. Ehegatte) gehören, die nicht Mitunternehmer ist, können regelmäßig nicht Sonderbetriebsvermögen sein.[410] Wirtschaftsgüter, die im **Miteigentum mehrerer Personen** stehen, von denen nur eine oder einige Mitunternehmer der PersG sind, die das Gut nutzt, können nur insoweit Sonderbetriebsvermögen sein, als es anteilig auf die Beteiligten entfällt, die auch Mitunternehmer sind.[411]

1469

Bei Mitunternehmerschaften **ohne Gesamthandsvermögen** (z. B. **atypische stille Gesellschaft**) umfasst das Betriebsvermögen die zum Betrieb des tätigen Teilhabers (§ 235 HGB) gehörigen Wirtschaftsgüter und das Sonderbetriebsvermögen des atypischen stillen Gesellschafters.[412]

1470

Die Frage, ob Wirtschaftsgüter zum SBV gehören, ist von besonderer **steuerlicher Relevanz**. So lassen sich beispielhaft die Steuerverstrickung unabhängig von Spekulationsfristen (§ 23 EStG für Privatvermögen), die Zulässigkeit von Buchwertübertragungen (§ 6 Abs. 3, 5 EStG), Tarifermäßigungen (§§ 16, 34 EStG) oder gewerbesteuerliche Folgen anführen.[413]

1471

3.3.2 Notwendiges Sonderbetriebsvermögen

3.3.2.1 Begriff und Umfang des notwendigen Sonderbetriebsvermögens

Wirtschaftsgüter, die zivilrechtlich und wirtschaftlich oder nur wirtschaftlich (§ 39 Abs. 2 Nr. 1 AO)[414] im Eigentum eines Mitunternehmers stehen, zählen zum **notwendigen SBV**, sofern sie dem Betrieb der Personengesellschaft unmittelbar dienen bzw. objektiv erkennbar zum unmittelbaren Einsatz im Betrieb der Personengesellschaft selbst bestimmt sind (**notwendiges SBV I**)[415] oder unmittelbar der Begründung oder Stärkung der Beteiligung des Mitunternehmers an der Mitunternehmerschaft dienen (**notwendiges SBV II**).[416]

1472

Es kommt für die Eigenschaft von Wirtschaftsgütern als notwendiges SBV I und II nicht darauf an, ob sie tatsächlich in der Sonderbilanz bilanziert worden sind. Wenn also die Zugehörigkeit eines Wirtschaftsgutes zum notwendigen SBV keinen Niederschlag in der buchmäßigen Behandlung gefunden hat, entfällt deshalb nicht die Zuordnung zum notwendigen SBV.[417] Ein Wirtschaftsgut des notwendigen SBV, das fälschlicherweise

---

410 Vgl. BFH, Urteil v. 15.3.2000 – VIII R 51/98, BStBl 2000 II S. 316; BFH, Beschluss v. 3.5.1993 – GrS 3/92, BStBl 1993 II S. 616; *Wacker* in Schmidt, EStG, 37. Aufl., München 2018, § 15 Rz. 511.
411 Vgl. BFH, Urteile v. 8.3.1990 – IV R 60/89, BStBl 1994 II S. 599; v. 26.2.1987 – IV R 106/83, BFH/NV 1987 S. 497 f.; v. 18.3.1958 – I 147/57 U, BStBl 1958 III S. 262.
412 Vgl. *Wacker* in Schmidt, EStG, 37. Aufl., München 2018, § 15 Rz. 480; im Einzelnen *Lipp*, Die stille Gesellschaft im nationalen und internationalen Kontext, Lohmar/Köln 2014, S. 136 ff.
413 Vgl. *Prinz*, DB 2010 S. 973; *Bron*, DStZ 2011 S. 393.
414 Vgl. z. B. BFH, Urteil v. 14.5.2002 – VIII R 30/98, BStBl 2002 II S. 741.
415 Vgl. z. B. BFH, Urteile v. 18.12.2001 – VIII R 27/00, BStBl 2002 II S. 733; v. 7.12.2000 – III R 35/98, BStBl 2001 II S. 316; v. 13.10.1998 – VIII R 46/95, BStBl 1999 II S. 357; v. 2.12.1982 – IV R 72/79, BStBl 1983 II S. 215.
416 Vgl. BFH, Urteile v. 24.9.1976 – I R 149/74, BStBl 1977 II S. 69; v. 13.4.1988 – I R 300/83, BStBl 1988 II S. 667-670; v. 23.1.2001 – VIII R 12/99, BStBl 2001 II S. 825; v. 16.4.2015 – IV R 1/12, BStBl 2015 II S. 705.
417 Vgl. BFH, Urteil v. 19.2.1991 – VIII R 84/88, BFH/NV 1992 S. 161; *Schoor*, BBK 2017 S. 185.

nicht bilanziert wurde, ist im Wege der Bilanzberichtigung einzubuchen (§ 4 Abs. 2 Satz 1 EStG).[418]

1473 Die Unterscheidung zwischen SBV I und SBV II erklärt sich in erster Linie dadurch, dass die Zugehörigkeit zum notwendigen Betriebsvermögen bei SBV I regelmäßig unzweifelhaft ist, während dies bei SBV II oftmals strittig ist.[419] Sie kann im Einzelfall aber auch materielle Folgen haben.[420]

1474 Zum **notwendigen Sonderbetriebsvermögen I** können gehören:

- ▶ Wirtschaftsgüter, die einem Mitunternehmer allein gehören,
- ▶ Wirtschaftsgüter, die einer Bruchteilsgemeinschaft gehören, an der ein Gesellschafter oder mehrere Gesellschafter oder alle Gesellschafter beteiligt sind,
- ▶ Wirtschaftsgüter, die einer neben der Personengesellschaft bestehenden Gesamthandsgemeinschaft gehören, an der ein Gesellschafter oder mehrere Gesellschafter oder alle Gesellschafter beteiligt sind.[421]

1475 Bei **notwendigem SBV I** handelt es sich in erster Linie um Wirtschaftsgüter, die der Mitunternehmer der Personengesellschaft zur betrieblichen Nutzung überlässt.[422] So stellt etwa das vom Gesellschafter **zur Nutzung überlassene Grundstück**, das dem Betrieb der Personengesellschaft ausschließlich und unmittelbar dient, notwendiges SBV I dar.[423] Wenn ein Grundstück dem Betrieb der Personengesellschaft nur zum Teil dient, gehören die den Mitunternehmern zuzurechnenden Grundstücksteile lediglich mit ihrem betrieblich genutzten Teil zum notwendigen SBV I.[424] Betrieblich genutzte Grundstücksteile, die im Verhältnis zum Wert des ganzen Grundstücks (nicht im Verhältnis zum Wert des Grundstücksteils des Gesellschafters) von untergeordneter Bedeutung i. S. d. § 8 EStDV sind, brauchen nicht als SBV behandelt zu werden.[425] Dieses Wahlrecht kann jeder Mitunternehmer selbständig ausüben; wenn mehrere Gesellschafter zugleich Eigentümer dieses Grundstücks sind, braucht das Wahlrecht nicht einheitlich ausgeübt zu werden.[426]

---

418 Vgl. BFH, Urteil v. 12.10.1977 – I R 248/74, BStBl 1978 II S. 191.
419 Vgl. *Reiß* in Kirchhof (Hrsg.), EStG, 17. Aufl., Köln 2018, § 15 Rz. 233.
420 So z. B. bezüglich der Frage, ob das Wirtschaftsgut des SBV eine wesentliche Betriebsgrundlage darstellt, vgl. im Einzelnen *Wacker* in Schmidt, EStG-Kommentar, 37. Aufl., München 2018, § 15 Rz. 509; *Ley*, KÖSDI 2003 S. 13908.
421 Vgl. *Horschitz* u. a., Bilanzsteuerrecht und Buchführung, 14. Aufl., Stuttgart 2016, S. 637. Dies gilt entsprechend für das gewillkürte Sonderbetriebsvermögen.
422 Vgl. BFH, Urteile v. 12.10.1977 – I R 248/74, BStBl 1978 II S. 191 m. w. N.; v. 14.4.1988 – IV R 271/84, BStBl 1988 II S. 667; v. 13.9.1988 – VIII R 236/81, BStBl 1989 II S. 37; v. 24.2.2005 – IV R 12/03, BStBl 2006 II S. 361; v. 16.4.2015 – IV R 1/12, BStBl 2015 II S. 705; *Ley* in Schulze-Osterloh/Hennrichs/Wüstemann (Hrsg.), HdJ, Köln, Abt. VII/4, Rz. 18 ff. (Stand: 9/2016). Zur privaten Nutzung von Fahrzeugen des Sonderbetriebsvermögens vgl. im Einzelnen *Bolk*, Bilanzierung und Besteuerung der Personengesellschaft und ihrer Gesellschafter, 2. Aufl., Köln 2016, Rz. 4.97 ff.
423 Vgl. R 4.2 Abs. 12 S. 1 EStR; *Cremer*, NWB 2017, Beilage 2, S. 19.
424 Vgl. R 4.2 Abs. 12 Satz 2 EStR.
425 Vgl. R 4.2 Abs. 12 S. 3 EStR. Dies ist nach § 8 EStDV der Fall, wenn der Wert des Grundstücksteils nicht mehr als ein Fünftel des gemeinen Werts des gesamten Grundstücks und nicht mehr als 20.500 € beträgt.
426 Vgl. R 4.2 Abs. 12 S. 4 EStR.

Es kommt nicht darauf an, ob die Personengesellschaft das Wirtschaftsgut entgeltlich oder unentgeltlich nutzt[427] und ob die Nutzungsüberlassung aufgrund einer gesellschaftsrechtlichen Verpflichtung oder auf Basis eines schuldrechtlichen Vertrags (z. B. Miet-, Leih- oder Pachtvertrag) erfolgt.[428] **Dingliche Nutzungsüberlassungen** (z. B. durch Bestellung eines Erbbaurechtes oder Nießbrauchs zugunsten der Gesellschaft) bewirken eine Qualifikation des belasteten Wirtschaftsgutes als Sonderbetriebsvermögen.[429]

Es ist nicht erforderlich, dass die überlassenen Wirtschaftsgüter von der Mitunternehmerschaft auch tatsächlich benötigt werden; vielmehr ist jede wie auch immer geartete **betriebliche Nutzung** ausreichend, z. B. die Weitervermietung der überlassenen Wirtschaftsgüter an fremde Dritte.[430] Von Sonderbetriebsvermögen ist auch dann auszugehen, wenn ein Wirtschaftsgut von der Gesellschaft noch gar nicht betrieblich genutzt wird, aber objektiv erkennbar für den betrieblichen Einsatz bestimmt ist.[431] Die bloße Absicht der betrieblichen Nutzung reicht aber nicht aus.[432]

1476

Verbindlichkeiten des Gesellschafters zur Finanzierung der in der Sonderbilanz aktivierten Wirtschaftsgüter sind als **(negatives) SBV I** in der Sonderbilanz des Gesellschafters zu passivieren.[433]

1477

Wenn ein Mitunternehmer seiner Personengesellschaft **immaterielle Wirtschaftsgüter** zur Nutzung überlässt, sind sie in der Sonderbilanz zu aktivieren. § 5 Abs. 2 EStG, wonach unentgeltlich erworbene, immaterielle Wirtschaftsgüter des Anlagevermögens nicht aktiviert werden dürfen, steht der Aktivierung nicht entgegen, da diese Norm bei einer Einlage in das Betriebsvermögen nicht greift. Die einkommensteuerlichen Normen über Einlagen gehen § 5 Abs. 2 EStG vor.[434]

1478

Ein Wirtschaftsgut zählt zum **notwendigen SBV II**, d. h. es dient der Beteiligung eines Mitunternehmers, wenn es zwar nicht von der Gesellschaft betrieblich genutzt wird, aber unmittelbar der Begründung oder Stärkung der Rechtsstellung des Gesellschafters

1479

---

427 Vgl. BFH, Urteil v. 1.3.1994 – VIII R 35/92, BStBl 1995 II S. 241; *Bolk*, Bilanzierung und Besteuerung der Personengesellschaft und ihrer Gesellschafter, 2. Aufl., Köln 2016, Rz. 3.12.
428 Vgl. BFH, Urteile v. 2.12.1982 – IV R 72/79, BStBl 1983 II S. 215; v. 18.12.2001 – VIII R 27/00, BStBl 2002 II S. 733; *Bolk*, Bilanzierung und Besteuerung der Personengesellschaft und ihrer Gesellschafter, 2. Aufl., Köln 2016, Rz. 3.13; *Horschitz* u. a., Bilanzsteuerrecht und Buchführung, 14. Aufl., Stuttgart 2016, S. 637; *Niehus/Wilke*, Die Besteuerung der Personengesellschaften, 7. Aufl., Stuttgart 2015, S. 74.
429 Vgl. BFH, Urteil v. 11.12.2003 – IV R 42/02, BStBl 2004 II S. 353; *Bolk*, Bilanzierung und Besteuerung der Personengesellschaft und ihrer Gesellschafter, 2. Aufl., Köln 2016, Rz. 3.13; *Wacker* in Schmidt, EStG, 37. Aufl., München 2018, § 15 Rz. 514; *Niehus/Wilke*, Die Besteuerung der Personengesellschaften, 7. Aufl., Stuttgart 2015, S. 74 f.
430 Vgl. BFH, Urteile v. 16.12.1997 – VIII R 11/95, BStBl 1998 II S. 379; v. 3.9.2009 – IV R 61/06, BFH/NV 2010 S. 404.
431 Vgl. *Niehus/Wilke*, Die Besteuerung der Personengesellschaften, 7. Aufl., Stuttgart 2015, S. 75.
432 Vgl. BFH, Urteil v. 17.12.2008 – IV R 65/07, BFH/NV 2009 S. 645.
433 Vgl. BFH, Urteil v. 8.12.1982 – I R 9/79, BStBl 1983 II S. 570-572; *Ley* in Schulze-Osterloh/Hennrichs/Wüstemann (Hrsg.), HdJ, Köln, Abt. VII/4, Rz. 16 (Stand: 9/2016); im Einzelnen *Wacker* in Schmidt, EStG, 37. Aufl., München 2018, § 15 Rz. 521-524.
434 Vgl. z. B. BFH, Urteil v. 22.1.1980 – VIII R 74/77, BStBl 1980 II S. 244; BFH, Beschluss v. 26.10.1987 – GrS 2/86, BStBl 1988 II S. 348.

in der Personengesellschaft dient oder dienen kann.[435] Hierzu zählt z. B. ein Darlehen des Gesellschafters, das zur Finanzierung der Beteiligung an der Personengesellschaft aufgenommen wird (**notwendiges (negatives) SBV II**).[436]

1480 Wenn ein Mitunternehmer ein Grundstück an einen Dritten vermietet, damit dieser es seinerseits an die Personengesellschaft weitervermietet (**mittelbare Überlassung**), so bildet das Grundstück notwendiges SBV II des Mitunternehmers.[437]

3.3.2.2 Anteile an Kapitalgesellschaften als notwendiges Sonderbetriebsvermögen

1481 **Anteile an Kapitalgesellschaften** können zwar regelmäßig nicht als SBV I qualifiziert werden, da sie der Personengesellschaft nicht zur Nutzung überlassen werden bzw. nicht in deren Verfügungsbereich übergehen.[438] Sie können aber nach der ständigen Rechtsprechung des BFH zum **notwendigen SBV II** gehören,[439] sofern die Anteile die Beteiligung des Mitunternehmers an der Personengesellschaft stärken, indem sie entweder der Mitunternehmerstellung selbst dienen oder für das Unternehmen der Personengesellschaft wirtschaftlich vorteilhaft sind.[440] Wenn Anteile an Kapitalgesellschaften zum SBV II gehören, erhöht ein Gewinn aus der Veräußerung dieser Beteiligung den Gewerbeertrag der Personengesellschaft (§ 7 Satz 4 GewStG).[441]

1482 Bei einer **GmbH & Co. KG** gelten die Anteile der Kommanditisten an der **Komplementär-GmbH** als notwendiges SBV II, sofern die GmbH neben ihren Aufgaben als Komplementärin im Rahmen der Vertretung und Geschäftsführung für die KG keine wesentliche gewerbliche Tätigkeit ausübt.[442] Denn die Anteile an der GmbH vermitteln den betreffenden Mitunternehmern eine Einflussmöglichkeit auf die Geschäftsführung der GmbH, die sie im wirtschaftlichen Interesse der KG nutzen können. Die Stellung des

---

435 Vgl. z. B. BFH, Urteile v. 1.2.2001 – IV R 3/00, BStBl 2001 II S. 520; v. 13.10.1998 – VIII R 46/95, BStBl 1999 II S. 357; v. 9.9.1993 – IV R 14/91, BStBl 1994 II S. 250; v. 18.12.1991 – XI R 42, 43/88, BStBl 1992 II S. 585; v. 6.7.1989 – IV R 62/86, BStBl 1989 II S. 890; v. 6.10.1987 – IV R 271/84, BStBl 1988 II S. 667; *Ley* in Schulze-Osterloh/Hennrichs/Wüstemann (Hrsg.), HdJ, Köln, Abt. VII/4, Rz. 34 (Stand: 9/2016).

436 Vgl. *Bolk*, Bilanzierung und Besteuerung der Personengesellschaft und ihrer Gesellschafter, 2. Aufl., Köln 2016, Rz. 3.37; *Horschitz* u. a., Bilanzsteuerrecht und Buchführung, 14. Aufl., Stuttgart 2016, S. 639; *Niehus/Wilke*, Die Besteuerung der Personengesellschaften, 7. Aufl., Stuttgart 2015, S. 75. Demgegenüber werden die sog. Erbfallschulden als private Schulden und nicht als negatives SBV II behandelt, vgl. BFH, Urteil v. 27.7.1993 – VIII R 72/90, BStBl 1994 II S. 625.

437 Vgl. BFH, Urteile v. 15.1.1981 – IV R 76/77, BStBl II 1981, S. 314; v. 9.9.1993 – IV R 14/91, BStBl 1994 II S. 250; *Schmitz*, NWB 2010 S. 430.

438 Vgl. BFH, Urteil v. 31.10.1989 – VIII R 374/83, BStBl 1990 II S. 677.

439 Vgl. z. B. BFH, Urteile v. 13.2.2008 – I R 63/06, BStBl 2009 II S. 414; v. 23.1.2001 – VIII R 12/99, BStBl 2001 II S. 825; *Ley* in Schulze-Osterloh/Hennrichs/Wüstemann (Hrsg.), HdJ, Köln, Abt. VII/4, Rz. 35 ff. (Stand: 9/2016). Zur Diskussion um die Sonderbetriebsvermögenseigenschaft von Beteiligungen an gewerblichen Personengesellschaften vgl. *Ley* in Schulze-Osterloh/Hennrichs/Wüstemann (Hrsg.), HdJ, Köln, Abt. VII/4, Rz. 49 f. (Stand: 9/2016).

440 Vgl. BFH, Urteil v. 17.11.2011 – IV R 51/08, BFH/NV 2012 S. 723; BFH, Urteil v. 23.2.2012 – IV R 13/08, BFH/NV 2012 S. 1112; BFH, Urteile v. 23.1.2001 – VIII R 12/99, BStBl 2001 II S. 825; v. 24.2.2005 – IV R 12/03, BStBl 2006 II S. 361; v. 3.3.1998 – VIII R 66/96, BStBl 1998 II S. 383; *Bron*, DStZ 2011 S. 394.

441 Vgl. BFH, Urteile v. 13.2.2008 – I R 63/06, BStBl 2009 II S. 415; v. 3.4.2008 – IV R 54/04, BStBl 2008 II S. 742.

442 Vgl. BFH, Urteile v. 17.11.2011 – IV R 51/08, BFH/NV 2012 S. 723; v. 25.11.2009 – I R 72/08, BStBl 2010 II S. 471; v. 11.12.1990 – VII R 14/87, BStBl 1991 II S. 510; v. 23.1.2001 – VIII R 12/99, BStBl 2001 II S. 825; OFD München, Verfügung v. 2.4.2001 – S 2134 – 4/6 St 41, DStR 2001 S. 1032 f.; *Schneider* in HHR, EStG/KStG, Köln, § 15 Rz. 739 (Stand: 3/2013); *Schulze zur Wiesche*, DB 2010 S. 638; *Zimmermann* u. a., Die Personengesellschaft im Steuerrecht, 12. Aufl., Achim 2017, R Rz. 45; kritisch *Knobbe-Keuk*, Bilanz- und Unternehmenssteuerrecht, 9. Aufl., Köln 1993, S. 444 f.

Kommanditisten innerhalb der KG wird damit gestärkt.[443] Für einen an der Geschäftsführung nicht beteiligten Gesellschafter kommt es hierfür entscheidend auf die Beteiligung an der geschäftsführenden Komplementär-GmbH an.

Der BFH hat diese ständige Rechtsprechung inzwischen präzisiert. Danach gehört die Beteiligung an der GmbH dann nicht zum SBV II, wenn der Kommanditist infolge der Höhe der Beteiligung nicht in der Lage ist, über diese Beteiligung Einfluss auf die Geschäftsführung der GmbH zu nehmen; dies sei bei einer **Beteiligung von weniger als 10 %** der Fall.[444] Auf die tatsächliche Höhe der Gewinnbeteiligung der GmbH an der KG soll es dabei nicht ankommen. Allerdings ist eine Zuordnung dieser Beteiligung zum SBV II dann vorzunehmen, wenn eine Beschlussfassung nur unter Mitwirkung des Minderheitsgesellschafters möglich ist (z. B. bei im Gesellschaftsvertrag vereinbarter Einstimmigkeit).

Der BFH hat hierbei offengelassen, ob eine Zuordnung zum SBV II bei einer Mindestbeteiligung von 10 % eines Kommanditisten mit bestimmten Minderheitenrechten oder (erst) bei einem Überschreiten der Beteiligungshöhe von 25 % (**Sperrminorität**) gerechtfertigt ist. Wenn die Beteiligungsquote mehr als 25 % beträgt, reicht die notwendige Mitwirkung bei der Änderung der Satzung (§ 50 Abs. 2 GmbHG) aus, „um von einem Einfluss auf die GmbH zu sprechen, mit der eine Stärkung der KG-Beteiligung verbunden ist."[445] Bei einer Beteiligungsquote zwischen 10 % und 25 % vermittelt die Beteiligung im Grundsatz keinen Einfluss auf die Geschäftsführung der GmbH; die dem Gesellschafter nur zustehenden Minderheitsrechte dürften „wohl nicht ausreichen, um darin eine Stärkung seiner Beteiligung an der KG zu erkennen."[446]

Wenn der eigene Geschäftsbetrieb der GmbH **nicht von ganz untergeordneter Bedeutung** ist, sind die Anteile regelmäßig nicht dem notwendigen SBV II zuzuordnen.[447] Dies gilt wiederum dann nicht, wenn zwar dem eigenen Geschäftsbetrieb der Komplementär-GmbH eine gewisse Bedeutung beizumessen ist, die GmbH aber mit der KG in besonderem Maße wirtschaftlich miteinander verflochten ist, was etwa der Fall ist, wenn die Komplementär-GmbH als Vertriebsgesellschaft für die GmbH & Co. KG tätig ist.[448]

1483

---

443 Vgl. BFH, Urteile v. 15.10.1975 – I R 16/73, BStBl 1976 II S. 188; v. 11.12.1990 – VIII R 14/87, BStBl 1991 II S. 510; v. 30.3.1993 – VIII R 63/91, BStBl 1993 II S. 706; v. 16.5.1995 – VIII R 18/93, BStBl 1995 II S. 714; v. 23.1.2001 – VIII R 12/99, BStBl 2001 II S. 825.
444 Vgl. BFH, Urteil v. 16.4.2015 – IV R 1/12, BStBl 2015 II S. 705 ff.; hierzu *Tiede*, StuB 2015 S. 703 ff.; *Wendt*, FR 2015 S. 849 f.
445 *Bolk*, Bilanzierung und Besteuerung der Personengesellschaft und ihrer Gesellschafter, 2. Aufl., Köln 2016, Rz. 3.43.
446 *Bolk*, Bilanzierung und Besteuerung der Personengesellschaft und ihrer Gesellschafter, 2. Aufl., Köln 2016, Rz. 3.43.
447 Vgl. BFH, Urteile v. 25.11.2009 – I R 72/08, BStBl 2010 II S. 471; v. 23.1.2001 – VIII R 12/99, BStBl 2001 II S. 825; v. 31.10.1989 – VIII R 374/83, BStBl 1990 II S. 677; v. 7.7.1992 – VIII 2/87, BStBl 1993 II S. 328; OFD München, Verfügung v. 2.4.2001, S 2134 – 4/6 St 41, DStR 2001 S. 1032 f.; *Niehus/Wilke*, Die Besteuerung der Personengesellschaften, 7. Aufl., Stuttgart 2015, S. 350. Die GmbH-Anteile sind dem Privatvermögen der Kommanditisten zuzurechnen, sofern sie nicht als gewillkürtes Sonderbetriebsvermögen II in der Sonderbilanz des Kommanditisten aktiviert werden.
448 Vgl. FinMin Schleswig-Holstein, Verfügung v. 21.1.1993 – VI 310b – S 2134 – 036, DStR 1993 S. 517; OFD Frankfurt a. M., Verfügung v. 17.8.1998 – S 2134 A – 14 – St II 21, DStR 1998 S. 1793; OFD München, Verfügung v. 2.4.2001 – S 2134 – 4/6 St 41, DStR 2001 S. 1032 f.

1484 Die Beteiligung eines Kommanditisten an einer GmbH, die ebenfalls einen **Kommanditanteil** an der KG hält, gehört nur in Ausnahmefällen zum notwendigen SBV II.[449] Dies ist etwa der Fall, wenn die Kommanditisten-GmbH keine eigene Geschäftstätigkeit entfaltet und ihr alleiniger Zweck die Beteiligung an der KG in einem erheblichen Umfang ist.[450]

1485 Auch ohne das Vorliegen einer GmbH & Co. KG können Anteile an einer Kapitalgesellschaft notwendiges SBV II begründen, und zwar bei so **enger wirtschaftlicher Verflechtung** zwischen der Personen- und der Kapitalgesellschaft, dass die Kapitalgesellschaft eine wesentliche wirtschaftliche Funktion (z. B. Vertrieb, Einkauf) der Personengesellschaft erfüllt.[451] Über seine Anteile an der Kapitalgesellschaft muss der Mitunternehmer Einfluss auf die Entscheidungen der Kapitalgesellschaft zugunsten der Personengesellschaft nehmen können;[452] eine Minderheitsbeteiligung an einer Kapitalgesellschaft rechnet nicht zum notwendigen SBV II.[453] Die Unterhaltung von Geschäftsbeziehungen, wie sie regelmäßig auch mit anderen Unternehmen bestehen, ist demnach regelmäßig nicht ausreichend, um Anteile an Kapitalgesellschaften als SBV II zu qualifizieren,[454] „und zwar auch dann nicht, wenn diese Geschäftsbeziehungen besonders intensiv sind und sich die Gesellschaften in derselben Branche betätigen."[455]

Für die Zuordnung zum SBV II kommt es entscheidend darauf an, ob die Gesellschafter der Kapitalgesellschaft ihre Beteiligungen tatsächlich im Interesse der Personengesellschaft einsetzen.[456] Eine wirtschaftliche Verflechtung zwischen den beiden Unternehmen lässt sich nur bejahen, wenn die Kapitalgesellschaft infolge ihrer wirtschaftlichen und organisatorischen Eingliederung wie eine unselbständige Betriebsabteilung der Personengesellschaft tätig wird oder die Tätigkeit der Kapitalgesellschaft die aktive gewerbliche Tätigkeit der Personengesellschaft ergänzt.[457]

Im **umgekehrten Fall**, wenn die Personengesellschaft also für die Kapitalgesellschaft wirtschaftlich bedeutend tätig ist, liegt kein SBV II vor.[458]

1486 Enge wirtschaftliche Beziehungen liegen bei einer **Betriebsaufspaltung** regelmäßig vor. Im Rahmen einer Betriebsaufspaltung werden die Anteile an der Betriebsgesellschaft

---

449 Vgl. *Schneider* in HHR, EStG/KStG, Köln, § 15 Rz. 739 (Stand: 3/2013); *Reiß* in Kirchhof, EStG, 17. Aufl., Köln 2018, § 15 Rz. 337.
450 Vgl. BFH, Urteil v. 23.1.2001 – VIII R 12/99, BStBl 2001 II S. 825; hierzu z. B. *Bron*, DStZ 2011 S. 394 f.; kritisch *Walter/Stümper*, GmbHR 2006 S. 1187.
451 Vgl. z. B. BFH, Urteile v. 23.2.2012 – IV R 13/08, BFH/NV 2012 S. 1112; v. 14.1.2010 – IV R 86/06, BFH/NV 2010 S. 1096; v. 16.9.1994 – III R 45/92, BStBl 1995 II S. 75; v. 7.7.1992 – VIII R 2/87, BStBl 1993 II S. 328; v. 23.1.1992 – XI R 36/88, BStBl 1992 II S. 721. Vgl. hierzu im Einzelnen z. B. *Bron*, DStZ 2011 S. 395 f.; *Niehus/Wilke*, Die Besteuerung der Personengesellschaften, 7. Aufl., Stuttgart 2015, S. 76; *Schulze zur Wiesche*, StBp 2010 S. 213 ff.
452 Vgl. BFH, Urteile v. 3.3.1998 – VIII R 66/96, BStBl 1998 II S. 383; v. 24.2.2005 – IV R 12/03, BStBl 2006 II S. 361.
453 Vgl. BFH, Urteil v. 17.11.2011 – IV R 51/08, BFH/NV 2012 S. 723.
454 Vgl. BFH, Urteile v. 23.1.1992 – XI R 36/88, BStBl 1992 II S. 721; v. 16.9.1994 – III R 45/92, BStBl 1995 II S. 75; v. 31.1.1991 – IV R 2/90, BStBl 1991 II S. 786.
455 *Bolk*, Bilanzierung und Besteuerung der Personengesellschaft und ihrer Gesellschafter, 2. Aufl., Köln 2016, Rz. 3.48.
456 Vgl. BFH, Urteil v. 7.7.1992 – VIII R 2/87, BStBl 1993 II S. 328.
457 Vgl. BFH, Urteil v. 14.1.2010 – IV R 86/06, BFH/NV 2010 S. 1096; v. 7.3.1996 – IV R 12/95, BFH/NV 1996 S. 736; v. 24.2.2005 – IV R 12/03, BStBl 2006 II S. 361.
458 Vgl. BFH, Urteile v. 31.8.2006 – IV B 20/05, BFH/NV 2006 S. 2257; v. 7.3.1995 – IV R 12/95, BFH/NV 1996 S. 736.

dem SBV II zugerechnet, wenn sie von den Gesellschaftern gehalten werden, die auch an der Besitzpersonengesellschaft beteiligt sind.[459] Die Rechtsprechung begründet die Zuordnung zum SBV II damit, dass die Beteiligung an der Kapitalgesellschaft der Beteiligung der Gesellschafter an der Besitzpersonengesellschaft dient, indem sie die Durchsetzung des einheitlichen geschäftlichen Betätigungswillens gewährleistet.[460] Dies gilt auch dann, wenn es sich bei der Besitzpersonengesellschaft um eine GmbH & Co KG handelt.[461] Sofern die Betriebskapitalgesellschaft neben ihrer Geschäftsführertätigkeit für die Besitzpersonengesellschaft einen eigenen Geschäftsbetrieb von nicht ganz untergeordneter Bedeutung hat, müssen die Anteile an der Komplementär-GmbH nicht notwendiges SBV II sein.[462]

Ebenfalls zum notwendigen SBV II zählen Anteile des Besitzpersonengesellschafters an weiteren Kapitalgesellschaften, mit denen die Betriebskapitalgesellschaft in einer für diese wirtschaftlich vorteilhaften und nicht nur kurzfristigen Geschäftsbeziehung (**enge wirtschaftliche Verflechtung**) steht,[463] sowie Anteile an Kapitalgesellschaften, die einen mittelbaren Einfluss auf das Betriebsunternehmen gewähren. 1487

Im Fall der Zuordnung von Anteilen an der Betriebskapitalgesellschaft zum Sonderbetriebsvermögen sind in der Sonderbilanz auch **Dividendenansprüche** gegenüber der Betriebskapitalgesellschaft, die aufgrund eines Ergebnisverwendungsbeschlusses vor dem Ablauf des Wirtschaftsjahres entstanden, aber noch nicht ausgezahlt worden sind, erfolgswirksam zu aktivieren.[464] 1488

Anteile an einer Kapitalgesellschaft, die die Tatbestandsvoraussetzungen des notwendigen SBV II erfüllen, werden auch dann dem SBV zugerechnet, wenn es sich um eine **Organgesellschaft** handelt.[465] 1489

Wenn sich ein Gesellschafter einer GmbH an dieser GmbH auch als **atypisch stiller Gesellschafter** beteiligt, wird die Beteiligung an der GmbH regelmäßig dem SBV II des Gesellschafters zugerechnet,[466] wenn die Beteiligung an der GmbH mindestens 10 % beträgt.[467] 1490

---

459 Vgl. BFH, Urteile v. 18.12.2001 – VIII R 27/00, BStBl 2002 II S. 733; v. 19.3.2002 – VIII R 57/99, BStBl 2002 II S. 662; v. 27.6.2006 – VIII R 31/04, BStBl 2006 II S. 874. Vgl. im Einzelnen *Kahle/Heinstein* in Frotscher/Geurts, EStG, Freiburg, Anhang 2 zu § 15, Rz. 181, 185, 185a, 185b (Stand: 8/2017).
460 Vgl. z. B. BFH, Urteile v. 15.11.1967 – IV R 139/67, BStBl 1968 II S. 152; v. 21.5.1974 – VIII R 57/70, BStBl 1974 II S. 613; v. 23.7.1981 – IV R 103/78, BStBl 1982 II S. 60; v. 14.9.1999 – III R 47/98, BStBl 2000 II S. 255.
461 Vgl. BFH, Urteil v. 20.8.2015 – IV R 26/13, DStR 2015 S. 2536.
462 Vgl. BFH, Urteile v. 7.12.1984 – III R 91/81, BStBl 1985 II S. 241; v. 7.5.1986 – II R 137/79, BStBl 1986 II S. 615; v. 7.10.1987 – II R 187/80, BStBl 1988 II S. 23.
463 Vgl. BFH, Urteil v. 25.11.2004 – IV R 7/03, BStBl 2005 II S. 354. Über das (verbesserte) Ergebnis der Betriebsgesellschaft wird als zwangsläufige und beabsichtigte Folge die Beteiligung des Besitzgesellschafters gestärkt. Sofern die Beteiligung nicht vorrangig im Interesse der Besitzgesellschaft gehalten wird, scheidet eine Behandlung als Sonderbetriebsvermögen II aus. Vgl. dazu etwa BFH, Urteile v. 3.3.1998 – VIII R 66/96, BStBl 1998 II S. 383; v. 7.7.1992 – VIII R 2/87, BStBl 1993 II S. 328.
464 Vgl. BFH, Urteil v. 4.12.2014 – IV R 28/11, BFH/NV 2015 S. 495, Rz. 12; *Bolk*, Bilanzierung und Besteuerung der Personengesellschaft und ihrer Gesellschafter, 2. Aufl., Köln 2016, Rz. 3.50.
465 Vgl. BFH, Urteile v. 18.7.1979 – I R 199/75, BStBl 1979 II S. 750; v. 24.2.2005 – IV R 12/03, BStBl 2005 II S. 361. Zum Zusammentreffen von SBV mit den Regelungen der Organschaft vgl. *Haase/Brändel*, DB 2011 S. 1128 ff.; *Letzgus*, Ubg 2010 S. 699 ff.
466 Vgl. BFH, Urteile v. 1.7.2010 – IV R 100/06, BFH/NV 2010 S. 2056; v. 23.1.2001 – VIII R 12/99, BStBl 2001 II S. 825; v. 15.10.1999 – IV R 18/98, BStBl 1999 II S. 286; v. 15.10.1998 – IV R 18/98, BStBl 1999 II S. 286; *Lipp*, Die stille Gesellschaft im nationalen und internationalen Kontext, Lohmar/Köln 2014, S. 140 f.
467 Vgl. BFH, Urteil v. 18.6.2015 – IV R 5/12, BStBl 2015 II S. 935.

1491–1495 *(Einstweilen frei)*

3.3.3 Gewillkürtes Sonderbetriebsvermögen

1496 Während die Zuordnung von Wirtschaftsgütern zum SBV im Falle des notwendigen SBV zwingend ist, liegt sie beim sogenannten **gewillkürten SBV** im Ermessen des Mitunternehmers. Bei ihm kann unter den gleichen Voraussetzungen, nach denen auch ein Einzelunternehmer gewillkürtes Betriebsvermögen bilden kann, gewillkürtes Sonderbetriebsvermögen entstehen. Gewillkürtes SBV liegt vor bei Wirtschaftsgütern, die dem Mitunternehmer zuzurechnen sind und die sowohl **objektiv geeignet** als auch **subjektiv** dazu **bestimmt** sind, den Betrieb der Personengesellschaft zu fördern (**gewillkürtes SBV I**) oder der Beteiligung des Gesellschafters zu dienen (**gewillkürtes SBV II**).[468]

1497 In diesem Sinne „**objektiv geeignet**" sind z. B. Wertpapiere im Eigentum eines Mitunternehmers, die zur Besicherung von Darlehensschulden der Gesellschaft eingesetzt werden; es handelt sich hierbei nicht bereits um notwendiges Sonderbetriebsvermögen.[469] Auch fremdvermietete Grundstücke können dazu geeignet und bestimmt sein, den betrieblichen Zwecken einer Personengesellschaft als gewillkürtes SBV I zu dienen, wie z. B. ein Mietwohngrundstück eines Mitunternehmers, das mit Grundpfandrechten zur Sicherung von Krediten der Gesellschaft belastet ist.[470] Das Kriterium der objektiven Eignung ist bei Wirtschaftsgütern nicht erfüllt, bei denen jeglicher Nutzen für die Personengesellschaft ausscheidet.[471] Entsprechend kommen Wirtschaftsgüter, die von vornherein nur Verluste bringen können (z. B. Anteile an einer Abschreibungsgesellschaft)[472], als gewillkürtes SBV I nicht in Betracht.[473] Wertpapiere eines Mitunternehmers, die für Investitionen der Personengesellschaft als Sicherheit dienen sollen, können nur dann als gewillkürtes SBV behandelt werden, wenn sie zum Zeitpunkt der Einlage erkennbar keine Verluste bringen werden.[474]

1498 Die „**subjektive Bestimmtheit**" der Wirtschaftsgüter setzt einen Widmungsakt voraus, der rechtzeitig, klar und eindeutig zum Ausdruck gebracht werden muss; sie kommt in aller Regel darin zum Ausdruck, dass die Wirtschaftsgüter in der Sonderbilanz des Gesellschafters ausgewiesen werden.[475] Ohne einen Ausweis in der Sonderbilanz ist ge-

---

468 Vgl. BFH, Urteile v. 23.10.1990 – VIII R 142/85, BStBl 1991 II S. 401; v. 27.6.2006 – VIII R 31/04, BStBl 2006 II S. 874; *Ley* in Schulze-Osterloh/Hennrichs/Wüstemann (Hrsg.), HdJ, Köln, Abt. VII/4, Rz. 41 ff. (Stand: 9/2016).
469 Vgl. BFH, Urteil v. 4.4.1973 – I R 159/71, BStBl 1973 II S. 628; *Cremer*, NWB 2017, Beilage 2, S. 20.
470 Vgl. BFH, Urteil v. 17.5.1990 – IV R 27/89, BStBl 1991 II S. 216.
471 Vgl. *Horschitz* u. a., Bilanzsteuerrecht und Buchführung, 14. Aufl., Stuttgart 2016, S. 638.
472 Vgl. BFH, Urteil v. 20.6.1985 – IV R 36/83, BStBl 1985 II S. 654.
473 Vgl. *Horschitz* u. a., Bilanzsteuerrecht und Buchführung, 14. Aufl., Stuttgart 2016, S. 638.
474 Vgl. BFH, Urteile v. 25.11.2004 – IV R 7/03, BStBl 2005 II S. 354; v. 17.11.2011 – IV R 51/08, BFH/NV 2012, S. 723; *Bolk*, Bilanzierung und Besteuerung der Personengesellschaft und ihrer Gesellschafter, 2. Aufl., Köln 2016, Rz. 3.26 (Beispiel 2).
475 Vgl. BFH, Urteile v. 24.2.2005 – IV R 12/03, BStBl 2006 II S. 361; v. 7.4.1992 – VIII R 86/87, BStBl 1993 II S. 21; v. 23.10.1990 – VII R 142/85, BStBl 1991 II S. 401; v. 18.3.1986 – VIII R 316/84, BStBl 1986 II S. 713-714; *Schneeloch*, Betriebswirtschaftliche Steuerlehre. Bd. 1: Besteuerung, 6. Aufl., München 2012, S. 319. Es ist strittig, ob sich diese Widmung auch aus anderen Umständen ergeben kann, vgl. hierzu *Niehus/Wilke*, Die Besteuerung der Personengesellschaften, 7. Aufl., Stuttgart 2015, S. 79 m. w. N.; *Wacker* in Schmidt, EStG, 37. Aufl., München 2018, § 15 Rz. 530.

willkürtes Betriebsvermögen im Grundsatz nicht denkbar.[476] Eine Gewillkürung ist aber aufgrund der mit ihr verbundenen **Steuerverstrickung** der stillen Reserven regelmäßig nicht zu empfehlen.[477]

Verbindlichkeiten, die in einem wirtschaftlichen Zusammenhang mit aktivem gewillkürtem Sonderbetriebsvermögen stehen, können **passives gewillkürtes Sonderbetriebsvermögen** bilden.[478] Darüber hinaus können Schulden nicht als passives SBV gewillkürt werden.[479] 1499

(Einstweilen frei) 1500–1505

3.4 Sondervergütungen, Sonderbetriebseinnahmen und Sonderbetriebsausgaben

3.4.1 Sondervergütungen

3.4.1.1 Grundlagen

Die von der Personengesellschaft bezogenen **Sondervergütungen** bilden den wesentlichen Bestandteil der Sonderbetriebseinnahmen; hierbei handelt es sich um die Vergütungen, die der Mitunternehmer von der Gesellschaft für die Tätigkeit im Dienst der Gesellschaft, für die Hingabe von Darlehen und für die Überlassung von Wirtschaftsgütern bezogen hat (§ 15 Abs. 1 Satz 1 Nr. 2 Satz 2 Halbsatz 2 EStG). Diese Entgelte stellen Sondervergütungen i. S. dieser Norm dar, wenn sie auf einem schuldrechtlichen Vertrag beruhen oder zwar im Gesellschaftsvertrag vereinbart sind, jedoch nach Vereinbarung der Gesellschafter zu Aufwand der Gesellschaft führen sollen und auch dann zu zahlen sind, wenn die Gesellschaft keinen Gewinn erwirtschaftet.[480] 1506

Mit der Hinzurechnung der Sondervergütungen zum Gewinnanteil gemäß § 15 Abs. 1 Satz 1 Nr. 2 EStG wird der **Zweck** verfolgt, den Mitunternehmer einer Personengesellschaft dem Einzelunternehmer anzunähern, da dieser mit sich selbst keine Verträge abschließen kann[481] und das Ergebnis der Besteuerung nicht davon abhängen soll, ob die Leistungen des Gesellschafters durch eine besondere Vergütung oder durch einen **Vorabgewinn** abgegolten werden.[482] 1507

Sondervergütungen i. S. d. § 15 Abs. 1 Satz 1 Nr. 2 EStG werden auf der zweiten Stufe der Gewinnermittlung dem gewerblichen Gewinn zugerechnet, sofern die Leistungs- 1508

---

476 Vgl. *Bolk*, Bilanzierung und Besteuerung der Personengesellschaft und ihrer Gesellschafter, 2. Aufl., Köln 2016, Rz. 3.25; *Schoor*, BBK 2017 S. 187.
477 Vgl. *Bolk*, Bilanzierung und Besteuerung der Personengesellschaft und ihrer Gesellschafter, 2. Aufl., Köln 2016, Rz. 3.25.
478 Vgl. *Wacker* in Schmidt, EStG, 37. Aufl., München 2018, § 15 Rz. 527; *Grottel/Baldamus* in Beck'scher Bilanz-Kommentar, 11. Aufl., München 2018, § 247 Rz. 762; a. A. *Schoor*, BBK 2017, S. 188.
479 Vgl. BFH, Beschluss v. 4.7.1990 – GrS 2-3/88, BStBl 1990 II S. 817.
480 Vgl. BFH, Urteil v. 7.2.2002 – IV R 62/00, BStBl 2005 II S. 88; *Wacker* in Schmidt, EStG, 37. Aufl., München 2018, § 15 Rz. 440; *Röhrig/Doege*, DStR 2006 S. 493; *Altfelder*, FR 2005 S. 6 ff.; a. A. *Groh*, DStZ 2001 S. 358.
481 Vgl. BFH, Beschluss v. 25.2.1991 – GrS 7/89, BStBl 1991 II S. 691; BFH, Urteil v. 28.10.1999 – VIII R 41/98, BStBl 2000 II S. 339.
482 Vgl. BFH, Urteile v. 23.4.1996 – VIII R 53/94, BStBl 1996 II S. 515; v. 30.8.2007 – IV R 14/06, BStBl 2007 II S. 942.

beziehungen als Beitrag zu dem gemeinsamen Gesellschaftszweck anzusehen sind[483] (**Beitragsgedanke**).[484] Dabei kommt es nicht darauf an, auf welcher rechtlichen Grundlage die Gesellschaft die Sondervergütungen leistet; neben gesellschaftsrechtlichen Vereinbarungen sind vor allem schuldrechtliche Verträge denkbar (z. B. Dienst-, Miet- oder Pachtverträge).[485]

1509 **Fehlt ein Zusammenhang** zwischen der Leistungsbeziehung und der Mitunternehmerstellung, oder treffen beide nur zufällig und vorübergehend zusammen, kann § 15 Abs. 1 Satz 1 Nr. 2 EStG nicht greifen, so dass die Zahlungen an den Gesellschafter auf der zweiten Stufe der Gewinnermittlung unberücksichtigt bleiben.[486] Das ist z. B. der Fall, wenn ein Rechtsanwalt von einer Publikums-KG einen einmaligen Auftrag zur Führung eines Prozesses erhält und er selbst – neben zahlreichen anderen Kommanditisten – an dieser KG geringfügig beteiligt ist.[487]

1510 Für die Erfassung der Sondervergütungen nach § 15 Abs. 1 Satz 1 Nr. 2 EStG **kommt es nicht darauf** an,

- ▶ in welcher anderen Einkunftsart die Vergütungen ohne § 15 Abs. 1 Satz 1 Nr. 2 zu erfassen wären,
- ▶ ob die Vergütungen in der Steuerbilanz der Personengesellschaft sofort abzugsfähig oder aktivierungspflichtig sind,
- ▶ in welchem Umfang der Mitunternehmer an der Personengesellschaft beteiligt ist,
- ▶ ob es sich bei dem Mitunternehmer um eine natürliche Person, eine andere Personengesellschaft oder eine Kapitalgesellschaft handelt,
- ▶ ob der Mitunternehmer unbeschränkt oder beschränkt einkommen- bzw. körperschaftsteuerpflichtig ist.[488]

1511 Der Mitunternehmer muss die Leistung nicht persönlich erbringen, sie kann auch durch einen Dritten erbracht werden (**mittelbare Leistungsbeziehungen**). Wenn etwa ein Mitunternehmer ein Grundstück an einen Dritten mit der Auflage vermietet, es an die Personengesellschaft weiterzuvermieten, so stellen die vom Dritten an den Mitunternehmer gezahlten Mieten Sondervergütungen dar.[489]

1512 Typischerweise (aber nicht zwingend) handelt es sich bei Sondervergütungen um **laufende Zahlungen**.[490] Die Sondervergütungen reduzieren zwar den Steuerbilanzgewinn der Gesellschaft,[491] sie reduzieren infolge der korrespondierenden Bilanzierung (vgl. Rz. 1459) aber nicht die Summe der gewerblichen Einkünfte aller Mitunternehmer, son-

---

483 Vgl. BFH, Urteile v. 23.5.1979 – I R 163/77, BStBl 1979 II S. 757; v. 23.5.1979 – I R 56/77, BStBl 1979 II S. 763.
484 Vgl. *Woerner*, DStZ 1980 S. 203.
485 Vgl. BFH, Urteile v. 6.7.1999 – VIII R 46/94, BStBl 1999 II S. 720; v. 23.5.1979 – I R 163/77, BStBl 1979 II S. 757.
486 Vgl. BFH, Urteil v. 1.2.2001 – IV R 3/00, BStBl 2001 II S. 520.
487 Vgl. BFH, Urteile v. 24.1.1980 – IV R 154-155/77, BStBl 1980 II S. 269; v. 25.1.1980 – IV R 159/78, BStBl 1980 II S. 275.
488 Vgl. *Wacker* in Schmidt, EStG, 37. Aufl., München 2018, § 15 Rz. 561; *Niehus/Wilke*, Die Besteuerung der Personengesellschaften, 7. Aufl., Stuttgart 2015, S. 121.
489 Vgl. BFH, Urteil v. 7.4.1994 – IV R 11/92, BStBl 1994 II S. 796.
490 Vgl. BFH, Urteil v. 23.4.1996 – VIII R 53/94, BStBl 1996 II S. 515; *Jachmann*, DStR 2005 S. 2019.
491 Vgl. BFH, Urteil v. 13.10.1998 – VIII R 4/98, BStBl 1999 II S. 284.

dern führen zu einer anderen Verteilung.[492] Es kann ein Zusammenhang zwischen Sondervergütungen und Sonderbetriebsvermögen bestehen (wie z. B. bei der Überlassung von Wirtschaftsgütern), dies ist aber nicht zwingend (z. B. bei Tätigkeitsvergütungen).[493]

1513 Als Ausdruck der **korrespondierenden Bilanzierung** (vgl. Rz. 1459) werden die Sondervergütungen als gewerbliche Einkünfte in der Höhe und in dem Wirtschaftsjahr erfasst, in dem sie in der Steuerbilanz der Gesellschaft als Herstellungskosten zu aktivieren sind (z. B. Architektenleistungen)[494] oder sofort als Betriebsausgabe (z. B. Personalkosten) abgezogen werden.[495] Es kommt nicht auf den Zufluss beim Gesellschafter an.[496]

1514 § 15 Abs. 1 Satz 1 Nr. 2 EStG erfasst im Grundsatz nur Entgelte für Leistungen, die während der Zugehörigkeit zur Personengesellschaft erbracht werden.[497] Darüber hinaus gilt diese Norm auch für Vergütungen, die als **nachträgliche Einkünfte** (§ 24 Nr. 2 EStG) bezogen werden (§ 15 Abs. 1 Satz 2 EStG), also für Zahlungen an Nichtmehr-Gesellschafter oder Nicht-Gesellschafter.[498]

1515 Die **Veräußerung von Wirtschaftsgütern** durch den Mitunternehmer an die Personengesellschaft ist kein Anwendungsfall des § 15 Abs. 1 Satz 1 Nr. 2 EStG. Denn in diesem Fall ist die von der Gesellschaft gezahlte Vergütung weder durch eine Tätigkeit des Mitunternehmers noch durch die Gewährung eines Darlehens noch durch die Überlassung von Wirtschaftsgütern begründet.[499] Die Veräußerung ist wie ein Veräußerungsgeschäft mit Außenstehenden zu behandeln. Es ist unerheblich, ob es sich um Lieferungen im Rahmen des gewöhnlichen Geschäftsverkehrs oder um Veräußerungen außerhalb des gewöhnlichen Geschäftsverkehrs handelt. Im Falle **unangemessener Vertragsbedingungen** greifen die für Personengesellschaften geltenden Einlage- bzw. Entnahmegrundsätze.[500] Auch schuldrechtliche Rechtsbeziehungen der **Mitunternehmer untereinander** fallen nicht in den Anwendungsbereich des § 15 Abs. 1 Satz 1 Nr. 2 EStG.[501]

1516 Vergütungen, die eine gewerblich tätige Personengesellschaft von einer anderen gewerblich tätigen Personengesellschaft erhält, an der mehrheitlich die gleichen Personen beteiligt sind (**Schwestergesellschaften**), fallen nicht unter § 15 Abs. 1 Satz 1 Nr. 2 EStG.[502]

---

492 Vgl. *Reiß* in Kirchhof (Hrsg.), EStG, 17. Aufl., Köln 2018, § 15 Rz. 229; *Wacker* in Schmidt, EStG, 37. Aufl., München 2018, § 15 Rz. 440.
493 Vgl. *Friedrich* in Prinz/Hoffmann (Hrsg.), Beck'sches Handbuch der Personengesellschaften, 4. Aufl., München 2014, § 6 Rz. 91.
494 Vgl. BFH, Urteil v. 8.2.1996 – III R 35/93, BStBl 1996 II S. 427.
495 Vgl. BFH, Urteile v. 11.12.1986 – IV R 222/84, BStBl 1987 II S. 553; v. 2.12.1997 – VIII R 15/96, DStR 1998 S. 482.
496 Vgl. BFH, Urteil v. 21.12.2017 – IV R 44/14, DStR 2018 S. 400, Rz. 28; BFH, Urteil v. 26.6.2014 – IV R 5/11, BStBl 2014 II S. 972, Rz. 21; BFH, Urteil v. 30.8.2007 – IV R 14/06, BStBl 2007 II S. 942.
497 Vgl. BFH, Urteil v. 9.9.1993 – IV R 14/91, BStBl 1994 II S. 250.
498 Vgl. BFH, Urteil v. 2.12.1997 – VIII R 42/96, DStR 1998 S. 560; *Gschwendtner*, DStZ 1998 S. 777; *Jachmann*, DStR 2005 S. 2019; *Wacker* in Schmidt, EStG, 37. Aufl., München 2018, § 15 Rz. 572-573.
499 Vgl. BFH, Urteil v. 28.10.1999 – VIII R 41/98, BStBl 2000 II S. 339.
500 Vgl. im Einzelnen *Jacobs/Scheffler/Spengel* (Hrsg.), Unternehmensbesteuerung und Rechtsform, 5. Aufl., München 2015, S. 241-247.
501 Vgl. BFH, Urteil v. 12.10.1977 – I R 248/74, BStBl 1978 II S. 191.
502 Vgl. BMF, Schreiben v. 28.4.1998 – IV B 2 – S 2241 – 42/98, BStBl 1998 I S. 583-586; BFH, Urteil v. 26.11.1996 – VIII R 42/94, BStBl 1998 II S. 328 f.

3.4.1.2 Einzelfragen

1517 Zu den Vergütungen für eine **Tätigkeit im Dienst der Gesellschaft** zählen u. a. Vergütungen für Arbeitsleistungen (z. B. für die Geschäftsführung oder aufgrund eines Arbeitsverhältnisses), Vergütungen für sonstige Dienstleistungen (z. B. das Honorar eines freiberuflich tätigen Steuerberaters einer KG, an der er als Kommanditist beteiligt ist)[503] und Vergütungen für Werkleistungen.[504] Es liegt auch dann eine Tätigkeitsvergütung vor, wenn die Vergütung Bestandteil der Herstellungskosten für ein Wirtschaftsgut der Personengesellschaft (z. B. ein Bürogebäude) ist.[505] § 15 Abs. 1 Satz 1 Nr. 2 EStG erfasst aber nicht einheitliche Vergütungen für Gesamtleistungen, bei denen „der Wert der Lieferung im Verhältnis zum Wert der Arbeit nicht mehr von untergeordneter Bedeutung ist"[506]. So liegt eine Sondervergütung nicht vor, wenn eine Personengesellschaft ihrem Gesellschafter einen Festpreis für die schlüsselfertige Erstellung eines Gebäudes auf einem Grundstück der Gesellschaft zahlt.[507]

1518 Bei **Vergütungen für Arbeitsleistungen** wird vor allem zwischen laufenden Vergütungen und Pensionszusagen unterschieden. Zu den **laufenden Vergütungen** zählen Aufwendungen, die „die Gesellschaft bei Bezahlung eines fremden Arbeitnehmers als Betriebsausgaben abziehen kann."[508] Es ist dabei unerheblich, ob der Empfänger ohne Anwendung des § 15 Abs. 1 Satz 1 Nr. 2 EStG einen Arbeitslohn zu versteuern hätte oder eine Befreiungsregelung zur Anwendung käme. Auf die Form der Vergütung (Bar- oder Sachleistung) kommt es nicht an; es ist auch unmaßgeblich, ob die Vergütung einmal oder laufend gezahlt wird und ob sie fix oder variabel ist.[509] Der **Arbeitgeberanteil zur Sozialversicherung** des Kommanditisten, der sozialversicherungsrechtlich als Arbeitnehmer anzusehen ist, gehört neben dem Lohn bzw. Gehalt auch zu der Vergütung für seine Tätigkeit im Dienst der Gesellschaft,[510] ebenso Entschädigungen und Abfindungen im Zusammenhang mit dem Arbeitsverhältnis sowie die Arbeitgeberzuschüsse zu einer Lebensversicherung.[511] Nach Eintritt des Versorgungsfalls werden die laufenden Pensionszahlungen erfasst.[512]

1519 **Pensionszusagen** zugunsten eines Mitunternehmers führen in der Handelsbilanz zur Bildung einer Rückstellung für ungewisse Verbindlichkeiten (§ 249 Abs. 1 HGB), die aufgrund des Maßgeblichkeitsgrundsatzes (§ 5 Abs. 1 EStG) in die Steuerbilanz zu

---

503 Vgl. BFH, Urteil v. 21.12.2017 – IV R 44/14, DStR 2018 S. 400, Rz. 25.
504 Vgl. BFH, Urteile v. 18.9.1969 – IV 338/64, BStBl 1970 II S. 43; v. 30.11.1978 – IV R 15/73, BStBl 1979 II S. 236; v. 24.1.1980 – IV R 154-155/77, BStBl 1980 II S. 269; v. 11.12.1986 – IV R 222/84, BStBl 1987 II S. 553. Vgl. zu den Werkleistungen im Einzelnen *Niehus/Wilke*, Die Besteuerung der Personengesellschaften, 7. Aufl., Stuttgart 2015, S. 129 f.
505 Vgl. *Horschitz* u. a., Bilanzsteuerrecht und Buchführung, 14. Aufl., Stuttgart 2016, S. 655.
506 *Wacker* in Schmidt, EStG, 37. Aufl., München 2018, § 15 Rz. 580.
507 Vgl. BFH, Urteil v. 28.10.1999 – VIII R 41/98, BStBl 2000 II S. 339; *Kempermann*, FR 2000 S. 561.
508 *Niehus/Wilke*, Die Besteuerung der Personengesellschaften, 7. Aufl., Stuttgart 2015, S. 126.
509 Vgl. *Grottel/Baldamus* in Beck'scher Bilanz-Kommentar, 11. Aufl., München 2018, § 247 Rz. 780; *Wacker* in Schmidt, EStG, 37. Aufl., München 2018, § 15 Rz. 584.
510 Vgl. BFH, Urteile v. 30.8.2007 – IV R 14/06, BStBl 2007 II S. 942; v. 8.4.1992 – XI R 37/88, BStBl 1992 II S. 812; BFH, Beschluss v. 19.10.1970 – GrS 1/70, BStBl 1971 II S. 177; a. A. *Bolk*, FR 2003 S. 839; *Bolk*, Bilanzierung und Besteuerung der Personengesellschaft und ihrer Gesellschafter, 2. Aufl., Köln 2016, Rz. 4.54 f.; *Paus*, DStZ 2006 S. 336. § 3 Nr. 62 EStG findet keine Anwendung.
511 Vgl. *Grottel/Baldamus* in Beck'scher Bilanz-Kommentar, 11. Aufl., München 2018, § 247 Rz. 783.
512 Vgl. BFH, Urteile v. 9.4.1997 – I R 124/95, BStBl 1997 II S. 799; v. 5.5.2010 – II R 16/08, BStBl 2010 II S. 923.

übernehmen ist.[513] Dies gilt nach Auffassung der Finanzverwaltung[514] und der h. M. im Schrifttum[515] auch nach dem BilMoG. Auf der ersten Stufe der Gewinnermittlung mindern die in den einzelnen Jahren vorgenommenen Zuführungen zu den Pensionsrückstellungen den Gewinn der Personengesellschaft. Auf der zweiten Stufe erhöht der Zuführungsbetrag die gewerblichen Einkünfte des begünstigten Gesellschafters, indem der Anspruch auf die Versorgungszahlungen in der Sonderbilanz in gleicher Höhe erfasst wird;[516] der Gesamtgewinn der Mitunternehmerschaft wird also nicht gemindert. Die Zuführung zur Pensionsrückstellung steht im Ergebnis einer Tätigkeitsvergütung gleich. Weil bei Gewinneinkunftsarten das **Feststellungsprinzip** gilt, führen die Versorgungszusagen bereits während der Beschäftigungszeit zu steuerpflichtigen Einkünften.[517]

Die für einen Mitunternehmer gebildete Sonderbilanz ist grundsätzlich im Zeitpunkt seines Ausscheidens aus der Personengesellschaft aufzulösen. Dies gilt für **nachträgliche Tätigkeitsvergütungen** (wie z. B. geleistete Pensionszahlungen) aber nicht, denn gemäß § 15 Abs. 1 Satz 2 EStG gilt § 15 Abs. 1 Satz 1 Nr. 2 EStG auch für Vergütungen, die als nachträgliche Einkünfte (§ 24 Nr. 2 EStG) bezogen werden. Wenn der Mitunternehmer aus der Gesellschaft ausscheidet und der Versorgungsfall eintritt, stellen die Pensionszahlungen also Sondervergütungen i. S. v. § 15 Abs. 1 Satz 1 Nr. 2 EStG dar.[518] Auch nach Eintritt des Versorgungsfalls ist der in der Sonderbilanz des begünstigten Mitunternehmers aktivierte Pensionsanspruch korrespondierend zur Pensionsrückstellung in der Steuerbilanz der Personengesellschaft auszuweisen und fortzuentwickeln. Damit steht der Minderung der Pensionsrückstellung in gleicher Höhe eine aufwandswirksame Verringerung des Versorgungsanspruchs in der Sonderbilanz gegenüber; die regelmäßig deutlich höheren Pensionszahlungen werden beim ehemaligen Mitunternehmer gleichfalls auf der zweiten Stufe der Gewinnermittlung erfasst.

Wenn der berechtigte Mitunternehmer verstirbt und damit seine Pensionsansprüche wegfallen, entsteht in der Steuerbilanz der Personengesellschaft ein **Buchgewinn** in Höhe des noch passivierten Betrages der Pensionsrückstellung und in der Sonderbilanz des Verstorbenen ein Buchverlust in derselben Höhe; dieser Verlust wird sich oftmals steuerlich nicht in voller Höhe auswirken, da ein verbleibender Verlustvortrag nicht vererbt wird.[519]

---

513 Vgl. BFH, Urteile v. 2.12.1997 – VIII R 15/96, BB 1998 S. 733; v. 14.2.2006 – VIII R 40/03, BStBl 2008 II S. 182; v. 30.3.2006 – IV R 25/04, BStBl 2008 II S. 171; BMF, Schreiben v. 29.1.2008 – IV B 2 – S 2176/07/0001, BStBl 2008 I S. 317 Rz. 3.
514 Vgl. BMF, Schreiben v. 12.3.2010 – IV C 6 – S 2133/09/10001, BStBl 2010 I S. 239 Rz. 9-11.
515 Vgl. *Arbeitskreis Bilanzrecht der Hochschullehrer Rechtswissenschaft*, DB 2009 S. 2570 ff.; *Hennrichs*, Ubg 2009 S. 533, 541 f.; *Hennrichs* in Tipke/Lang, Steuerrecht, 23. Aufl., Köln 2018, § 10 Rz. 189; *Hoffmann*, StuB 2009 S. 516; *Mitschke*, FR 2010 S. 219; *Rätke/Theile*, BBK 2010 S. 309; *Richter*, GmbHR 2010 S. 506; *Wacker* in Schmidt, EStG, 37. Aufl., München 2018, § 15 Rz. 586; *Weber-Grellet*, DB 2009 S. 2403. Für ein eigenständiges steuerliches Wahlrecht z. B. *Förster/Schmidtmann*, BB 2009 S. 1342; *Herzig/Briesemeister*, WPg 2010 S. 73; *Kaminski*, DStR 2010 S. 773 f.; *Scheffler*, StuB 2010 S. 300.
516 Vgl. BFH, Urteile v. 16.10.2008 – IV R 82/06, BFH/NV 2009 S. 581; v. 14.2.2006 – VIII R 40/03, BStBl 2008 II S. 182; v. 30.3.2006 – IV R 25/04, BStBl 2008 II S. 171.
517 Vgl. BMF, Schreiben v. 29.1.2008 – IV B 2 – S 2176/07/0001, BStBl 2008 I S. 317 Rz. 5 ff.; im Einzelnen *Sievert/Kardekewitz*, Ubg 2008 S. 617 ff.; *Grützner*, StuB 2008 S. 212 ff.; *Groh*, DB 2008 S. 2391 ff.
518 Vgl. BFH, Urteil v. 6.3.2014 – IV R 14/11, BStBl 2014 I S. 624; hierzu *Bode*, DB 2014 S. 1838 f.; *Paus*, NWB 2014 S. 2998 ff.
519 Vgl. *Paus*, NWB 2014 S. 2998.

1520 Bezüglich der Vergütungen für die **Hingabe von Darlehen** i. S. d. § 15 Abs. 1 Satz 1 Nr. 2 EStG werden nicht nur Darlehen i. S. v. § 607 BGB und Rechtsverhältnisse, auf welche die Darlehensvorschriften Anwendung finden (§ 700 BGB), erfasst, sondern jede Art der Nutzungsüberlassung von Kapital auf schuldrechtlicher oder gesellschaftsrechtlicher Grundlage,[520] z. B. typische stille Beteiligung, partiarische Darlehen, Genussrechte, Kontokorrent, Aval und Stundung.[521]

Die von einer Mitunternehmerschaft gezahlten Schuldzinsen für ein Darlehen ihres Mitunternehmers sind **keine Schuldzinsen** i. S. d. § 4 Abs. 4a EStG, weil die in der Steuerbilanz der Gesellschaft eintretende Gewinnminderung durch eine Hinzurechnung der Zinseinnahmen als Sondervergütung gemäß § 15 Abs. 1 Satz 1 Nr. 2 EStG neutralisiert wird.[522] Dies gilt auch bei **mittelbarer Beteiligung** an der Personengesellschaft.[523]

1521 Zu den Vergütungen für die **Überlassung von Wirtschaftsgütern** zählen „alle Vergütungen, die der Gesellschafter von der Gesellschaft für die Überlassung der Wirtschaftsgüter des Sonderbetriebsvermögens I an die Gesellschaft zur Nutzung erhält, soweit es sich nicht um die Hingabe von Darlehen handelt"[524] (etwa Mietzinsen, Erbbauzinsen oder Lizenzgebühren).[525] Auf die Art des Wirtschaftsgutes kommt es nicht an, ebenso wenig auf die rechtliche Grundlage der Nutzungsüberlassung (Gesellschaftsvertrag, schuldrechtlicher Vertrag [z. B. Miet- oder Pachtvertrag], dingliches Recht [z. B. Nießbrauch, Erbbaurecht]).[526] Voraussetzung ist die Überlassung eines Wirtschaftsgutes **auf Zeit**; wenn das rechtliche oder wirtschaftliche Eigentum übergeht, liegt keine Überlassung, sondern eine **Veräußerung** oder **Einlage** vor.[527] Es werden auch Vergütungen für überlassene Wirtschaftsgüter erfasst, die dem Sonderbetriebsvermögen des Gesellschafters nicht zuzurechnen sind.[528]

1522 Wenn es sich um die Überlassung von Grundstücken handelt, ist bei der **Ermittlung des Gewerbeertrags** die Kürzung nach § 9 Nr. 1 GewStG zu beachten.[529] Hinzurechnungen nach § 8 Nr. 1 GewStG erfolgen nicht, weil der Gewerbeertrag die Sonderbetriebseinnahmen ja bereits enthält.[530]

1523–1525 *(Einstweilen frei)*

---

520 Vgl. BFH, Urteil v. 13.10.1998 – VIII R 78/97, BStBl 1999 II S. 163.
521 Vgl. *Wacker* in Schmidt, EStG, 37. Aufl., München 2018, § 15 Rz. 597 m. w. N.
522 Vgl. BMF, Schreiben v. 7.5.2008 – IV B 2 -S 2144/07/0001, BStBl 2008 I S. 588, Rz. 32; *Bode*, NWB 2014 S. 2322 f.
523 Vgl. BFH, Urteil v. 12.2.2014 – IV R 22/10, BStBl 2014 II S. 621; hierzu *Bode*, NWB 2014 S. 2320 ff.
524 *Niehus/Wilke*, Die Besteuerung der Personengesellschaften, 7. Aufl., Stuttgart 2015, S. 132.
525 Vgl. z. B. BFH, Urteil v. 11.12.2003 – IV R 42/02, BStBl 2004 II S. 353.
526 Vgl. *Grottel/Baldamus* in Beck'scher Bilanz-Kommentar, 11. Aufl., München 2018, § 247 Rz. 787; *Wacker* in Schmidt, EStG, 37. Aufl., München 2018, § 15 Rz. 593.
527 Vgl. *Friedrich* in Prinz/Hoffmann (Hrsg.), Beck'sches Handbuch der Personengesellschaften, 4. Aufl., München 2014, § 6 Rz. 91.
528 Vgl. *Niehus/Wilke*, Die Besteuerung der Personengesellschaften, 7. Aufl., Stuttgart 2015, S. 132 (mit einem Beispiel zum Leasing).
529 Vgl. *Bolk*, Bilanzierung und Besteuerung der Personengesellschaft und ihrer Gesellschafter, 2. Aufl., Köln 2016, Rz. 3.21.
530 Vgl. *Bolk*, Bilanzierung und Besteuerung der Personengesellschaft und ihrer Gesellschafter, 2. Aufl., Köln 2016, Rz. 3.21.

3.4.2 Sonderbetriebseinnahmen und Sonderbetriebsausgaben

3.4.2.1 Grundlegende Regelungen

§ 15 Abs. 1 Satz 1 Nr. 2 Halbsatz 2 EStG rechnet nicht nur die Sondervergütungen den gewerblichen Einkünften eines Mitunternehmers zu. Vielmehr sind alle Einnahmen und Ausgaben, die durch die Beteiligung des Mitunternehmers an der gewerblichen Personengesellschaft veranlasst sind, in die gewerblichen Einkünfte einzubeziehen (**Sonderbetriebseinnahmen und -ausgaben**).[531]

1526

Zu den **SBE** zählen neben den Sondervergütungen die persönlichen Einnahmen eines Gesellschafters, die in wirtschaftlichem Zusammenhang mit einer Mitunternehmerstellung stehen oder mit Wirtschaftsgütern des SBV zusammenhängen. Als Beispiele können Gewinne aus der Veräußerung von Wirtschaftsgütern des Sonderbetriebsvermögens, Zinseinnahmen bei Wertpapieren des Sonderbetriebsvermögens und Gewinnausschüttungen auf Anteile an Kapitalgesellschaften, die zum Sonderbetriebsvermögen gehören, angeführt werden.[532]

1527

SBA sind vom Gesellschafter getragene Aufwendungen, die wirtschaftlich durch die Beteiligung an der Mitunternehmerschaft verursacht sind. Hierzu rechnen Aufwendungen im Zusammenhang mit der Überlassung von Wirtschaftsgütern (AfA, Grundsteuer, Versicherungen, allgemeine Verwaltungskosten u. a.) sowie Aufwendungen, die im Zusammenhang mit der Beteiligung an der Personengesellschaft getätigt worden sind, z. B. vom Gesellschafter aufgewendete Sollzinsen für ein zur Finanzierung seines Gesellschaftsanteils aufgenommenes und daher zum notwendigen SBV II zählendes Darlehen, Reisekosten und Steuerberatungs- oder Rechtsberatungskosten des Gesellschafters im Zusammenhang mit der Wahrnehmung seiner Gesellschaftsrechte.[533] Wenn Aufwendungen nicht im Zusammenhang mit der Mitunternehmerschaft stehen, können sie auch nicht als Sonderbetriebsausgaben abgezogen werden (z. B. Gründungskosten für die Komplementär-GmbH).[534]

1528

3.4.2.2 Beschränkung des Abzugs von Sonderbetriebsausgaben bei Vorgängen mit Auslandsbezug (§ 4i EStG)

Im Rahmen des BEPS 1-Gesetzes[535] wurde **§ 4i EStG** in das Gesetz aufgenommen (**Beschränkung des Abzugs von Sonderbetriebsausgaben bei Auslandsbezug**).[536] Hiernach dürfen Aufwendungen eines Gesellschafters einer Personengesellschaft nicht als Son-

1529

---

531 Vgl. BFH, Urteile v. 9.2.1993 – VIII R 29/91, BStBl 1993 II S. 747; v. 9.11.1988 – I R 191/84, BStBl 1989 II S. 343; *Ley* in Schulze-Osterloh/Hennrichs/Wüstemann (Hrsg.), HdJ, Köln, Abt. VII/4, Rz. 63 ff. (Stand: 9/2016)
532 Vgl. im Einzelnen *Wacker* in Schmidt, EStG, 37. Aufl., München 2018, § 15 Rz. 648 f.; *Niehus/Wilke*, Die Besteuerung der Personengesellschaften, 7. Aufl., Stuttgart 2015, S. 132.
533 Vgl. im Einzelnen *Wacker* in Schmidt, EStG, 37. Aufl., München 2018, § 15 Rz. 645-647; *Niehus/Wilke*, Die Besteuerung der Personengesellschaften, 7. Aufl., Stuttgart 2015, S. 133; *Zimmermann* u. a., Die Personengesellschaft im Steuerrecht, 12. Aufl., Achim 2017, B Rz. 332 ff.; *Horschitz* u. a., Bilanzsteuerrecht und Buchführung, 14. Aufl., Stuttgart 2016, S. 658.
534 Vgl. im Einzelnen *Bolk*, Bilanzierung und Besteuerung der Personengesellschaft und ihrer Gesellschafter, 2. Aufl., Köln 2016, Rz. 4.43; *Wacker* in Schmidt, EStG, 37. Aufl., München 2018, § 15 Rz. 647.
535 Gesetz zur Umsetzung der Änderungen der EU-Amtshilferichtlinie und von weiteren Maßnahmen gegen Gewinnkürzungen und -verlagerungen v. 20.12.2016, BGBl. I 2016, Nr. 63 v. 23.12.2016, S. 3000 ff.
536 Die Regelung ist am 1.1.2017 in Kraft getreten (§ 52 Abs. 1 EStG). Zur Analyse und Würdigung des § 4i EStG vgl. im Einzelnen *Kanzler*, NWB 2017 S. 326 ff.; *Kudert/Kahlenberg*, StuW 2017 S. 344 ff.; *Käshammer/Gasser/Bellgardt*, ISR 2018 S. 115; *Kahle/Braun*, DStZ 2018 S. 381; ergänzend auch *van Lishaut*, BB 2018 S. 791.

derbetriebsausgaben abgezogen werden, soweit sie auch in einem anderen Staat die Steuerbemessungsgrundlage mindern (§ 4i Satz 1 EStG). § 4i EStG zielt auf Gestaltungen ab, die einen doppelten Abzug von Sonderbetriebsausgaben (z. B. Refinanzierungszinsen) – einmal auf der Ebene der Mitunternehmerschaft in Deutschland, zum zweiten beim Mitunternehmer im Ausland – ermöglichen (sog. **Double-dip-Modelle**).[537] Institut des Sonderbetriebsvermögens ist ausländischen Steuerrechtsordnungen regelmäßig unbekannt; in anderen Staaten werden Erträge und Aufwendungen aus dem Sonderbetriebsvermögen außerhalb der mitunternehmerischen Sphäre erfasst und nicht dem Gewinn aus der Mitunternehmerschaft zugerechnet. Werden Erträge und Aufwendungen im grenzüberschreitenden Kontext der Betriebsstätte der Personengesellschaft zugerechnet (etwa aufgrund des § 50d Abs. 10 EStG), kommt es zu einer doppelten steuerlichen Erfassung.[538]

BEISPIEL[539] Eine ausländische Kapitalgesellschaft, die in einem DBA-Staat ansässig ist, hält eine Beteiligung als Kommanditist an einer inländischen, gewerblich tätigen GmbH & Co. KG. Sie hat ihre Einlage über eine ausländische Bank fremdfinanziert. Dieses Darlehen gehört zum SBV II des Kommanditisten bei der inländischen Personengesellschaft; die Refinanzierungszinsen führen zu Sonderbetriebsausgaben des Kommanditisten bei der inländischen Personengesellschaft. Im anderen Staat ist die Kapitalgesellschaft unbeschränkt steuerpflichtig; ausländische Rechtsordnungen kennen das Rechtsinstitut des Sonderbetriebsvermögens nicht. Die Zinszahlungen stellen in der Regel abzugsfähige Betriebsausgaben dar, so dass sich im Ergebnis der Refinanzierungsaufwand steuerlich doppelt gewinnmindernd auswirken würde. Dies verhindert § 4i Satz 1 EStG.

Von § 4i EStG werden nur **Sonderbetriebsausgaben** erfasst, Auswirkungen auf das Gesamthandsvermögen ergeben sich nicht.[540] Die Norm setzt eine **zeitliche Übereinstimmung** hinsichtlich des doppelten Abzugs nicht voraus; vielmehr greift das Abzugsverbot auch dann, „wenn der Abzug im anderen Staat in einem vorhergehenden oder einem nachfolgenden Veranlagungszeitraum, Steuerjahr, Wirtschaftsjahr oder Kalenderjahr geltend gemacht wird."[541] „Der doppelte Abzug einer Ausgabe widerspricht der Steuersystematik und ist nicht gewollt. Er führt zudem zu Wettbewerbsvorteilen gegenüber anderen Unternehmen, die nur im Inland oder nur im Ausland besteuert werden."[542] Indem § 4i EStG Double-Dip-Gestaltungen verhindert und damit einer wettbewerbsrelevanten Besserstellung eines grenzüberschreitenden Vorgangs gegenüber dem reinen Inlandsfall entgegenwirkt, trägt diese Norm zu einer gleichheitsgerechten Besteuerung (Art. 3 GG) bei.[543] Gegenüber § 4i EStG bestehen daher **keine verfassungsrechtlichen Bedenken**.[544] Die Vereinbarkeit des § 4i EStG mit den **Grundfreiheiten des AEUV** ist aber strittig.[545]

---

537 Nach der Begründung des Bundesrates werden diese Gestaltungen „in einer Vielzahl von Fällen zur Erzielung von Steuervorteilen in erheblichem Ausmaß genutzt", BR-Drs. 406/16 v. 23.9.2016, S. 3.
538 Vgl. *Kudert/Kahlenberg*, PIStB 2017 S. 45; *Bodden* in Korn, EStG, § 4i Rz. 1 (Stand: 10/2017).
539 Vgl. BR-Drs. 406/16 v. 23.9.2016, S. 4.
540 Vgl. BR-Drs. 406/16 v. 23.9.2016, S. 5.
541 BR-Drs. 406/16 v. 23.9.2016, S. 5.
542 BR-Drs. 406/16 v. 23.9.2016, S. 5.
543 Vgl. *Kanzler*, NWB 2017 S. 326.
544 Vgl. *Wacker* in Schmidt, EStG, 37. Aufl. 2018, § 4i Rz. 6; *Kanzler*, NWB 2017 S. 326; *Pohl* in Blümich, EStG/KStG/GewStG, § 4i Rz. 9 (Stand: 11/2017); *Bodden* in Korn, EStG, § 4i Rz. 17 (Stand: 10/2017).
545 Vgl. zur Diskussion u. a. *Prinz*, GmbHR 2017 S. 553; *Schnitger*, IStR 2017 S. 219; *Wacker* in Schmidt, EStG, 37. Aufl. 2018, § 4i Rz. 7; *Kanzler*, NWB 2017 S. 326; *Pohl* in Blümich, EStG/KStG/GewStG, § 4i Rz. 12 (Stand: 11/2017).

Ein Abzug ist in diesen Fällen aber weiterhin möglich, soweit diese Aufwendungen des Mitunternehmers „Erträge desselben Steuerpflichtigen mindern, die bei ihm sowohl der inländischen Besteuerung unterliegen als auch nachweislich der tatsächlichen Besteuerung in dem anderen Staat" (§ 4i Satz 2 EStG). Hiermit soll eine überschießende Wirkung vermieden werden, die vor allem im Rahmen der Anrechnungsmethode (wenn also das DBA die Anrechnungsmethode vorsieht) oder bei Fehlen eines DBA auftreten kann (weil in diesen Fällen der Gewinn aus der Mitunternehmerschaft auch im Ausland der Besteuerung unterliegt).[546] Wenn auch Erträge steuerlich doppelt erfasst werden, gibt es keine Rechtfertigung, den Abzug der Betriebsausgaben zu versagen. Dabei muss es sich „nicht um mit den Ausgaben korrespondierende Erträge handeln. Maßgebend ist die Besteuerung von Erträgen desselben Steuerpflichtigen in Deutschland und in dem anderen Staat, von denen die Aufwendungen im Sinne des Satzes 1 abgezogen werden."[547] Dabei wird auf den Mitunternehmer abgestellt; auf die Beurteilung der Gesellschaft und deren Gesellschaftern im anderen Staat sowie die gewerbesteuerliche Qualifikation der Personengesellschaft kommt es nicht an.[548]

1530

§ 4i Satz 2 EStG setzt eine **tatsächliche Besteuerung** voraus, d. h. die Erträge müssen in die steuerliche Bemessungsgrundlage einbezogen werden. Wenn der andere Staat die Erträge nicht besteuern kann, etwa weil der Steuerpflichtige persönlich steuerbefreit ist oder die Erträge sachlich steuerbefreit sind, liegt eine tatsächliche Besteuerung nicht vor.[549] Der Steuerpflichtige, der den doppelten Abzug von Aufwendungen geltend macht, hat die tatsächliche Besteuerung von Erträgen im anderen Staat nachzuweisen; es gelten die **erhöhten Mitwirkungspflichten** nach § 90 Abs. 2 AO.[550] Die Ausnahmeregelung des § 4i Satz 2 EStG findet keine Anwendung, solange die erforderlichen Nachweise nicht oder nicht vollständig erbracht werden.[551] Eine zeitliche Übereinstimmung wird auch hier nicht vorausgesetzt; vielmehr kann die Besteuerung der Erträge im anderen Staat „auch in einem vorhergehenden oder einem nachfolgenden Veranlagungszeitraum, Steuerjahr, Wirtschaftsjahr oder Kalenderjahr erfolgen."[552] § 4i dürfte sowohl für die Finanzverwaltung als auch für den Steuerpflichtigen zu einem **erheblichen administrativen Mehraufwand** führen.[553]

3.5 Bilanzierungskonkurrenz zwischen Sonderbetrieb und eigenem Betrieb des Mitunternehmers und zwischen Schwesterpersonengesellschaften

Wenn ein Mitunternehmer der Personengesellschaft Wirtschaftsgüter zur Nutzung überlässt und diese Wirtschaftsgüter zuvor zum **Privatvermögen des Gesellschafters** zählten (weil der Mitunternehmer keinen eigenen Gewerbebetrieb unterhält oder die

1531

---

546 Vgl. BR-Drs. 406/16 v. 23.9.2016, S. 5.
547 BR-Drs. 406/16 v. 23.9.2016, S. 5.
548 Vgl. BR-Drs. 406/16 v. 23.9.2016, S. 5.
549 Vgl. BR-Drs. 406/16 v. 23.9.2016, S. 6.
550 Vgl. BR-Drs. 406/16 v. 23.9.2016, S. 6.
551 Vgl. BR-Drs. 406/16 v. 23.9.2016, S. 6; *Jehl-Magnus*, NWB 2017 S. 180.
552 BR-Drs. 406/16 v. 23.9.2016, S. 6.
553 Vgl. *Sommer/Retzer*, ISR 2016 S. 381.

Wirtschaftsgüter einem eigenen Betrieb nicht zuordenbar sind), bewirkt erst § 15 Abs. 1 Satz 1 Nr. 2 EStG den Einbezug dieser Wirtschaftsgüter in das Sonderbetriebsvermögen bei der Personengesellschaft. Mit dem Beginn der Nutzung des Wirtschaftsgutes im Gewerbebetrieb der Personengesellschaft ist es in das Sonderbetriebsvermögen eingelegt (§ 6 Abs. 1 Nr. 5 EStG).[554] Es besteht insoweit kein Wahlrecht des Gesellschafters.[555] Entsprechend ist bezüglich der Qualifikation als Sondervergütung die originäre Einkunftsart irrelevant, d. h. es ist unerheblich, welcher Einkunftsart die Vergütung nach den allgemeinen Abgrenzungskriterien des Einkommensteuerrechts zuzuordnen wäre.

Wenn der Mitunternehmer an verschiedenen Personengesellschaften beteiligt ist und ihnen einen Vermögensgegenstand zur Nutzung überlässt, entsteht **keine Bilanzierungskonkurrenz** zwischen den Sonderbetrieben, wenn der Vermögensgegenstand in steuerrechtlicher Sicht nach Nutzungs- und Funktionszusammenhängen getrennt aus mehreren Wirtschaftsgütern besteht.[556] Wenn hingegen der Vermögensgegenstand auch steuerrechtlich ein einheitlich zu beurteilendes Wirtschaftsgut (z. B. Fahrzeug, Beteiligung) ist, muss die entstehende **(Sonder-)Bilanzierungskonkurrenz** nach zeitlichen und qualitativen Kriterien gelöst werden.[557]

1532 Wenn der Gesellschafter die Leistungen an die Personengesellschaft aus einem eigenen Gewerbebetrieb heraus unmittelbar erbringt, stellt sich die Frage, ob die betreffenden Wirtschaftsgüter dem Sonderbetriebsvermögen oder dem eigenen **Gewerbebetrieb des Gesellschafters** zuzurechnen sind. Diese Bilanzierungskonkurrenz löst sich nach der Rechtsprechung und der h. M. in der Literatur mit der Auslegung des § 15 Abs. 1 Satz 1 Nr. 2 EStG als **Zurechnungsnorm** auf, wonach grundsätzlich von einem **Vorrang des Sonderbetriebsvermögens** vor dem Betriebsvermögen des eigenen Gewerbebetriebs des Gesellschafters auszugehen ist.[558] Dies gilt unabhängig von der Rechtsform des Mitunternehmers[559] und der Höhe seiner Beteiligung an der Personengesellschaft.[560] Nach anderer Ansicht ist § 15 Abs. 1 Satz 1 Nr. 2 Satz 1 Halbsatz 2 EStG lediglich als Qualifikationsnorm zu verstehen, nach der nur solche Einkünfte und Wirtschaftsgüter umqualifiziert werden, die zuvor keine gewerblichen Einkünfte bzw. Wirtschaftsgüter waren (**Subsidiaritätsthese**).[561]

1533 Entsprechend sind die mit der Leistungsbeziehung verbundenen Aufwendungen und Erträge im Grundsatz als **Sonderbetriebseinnahmen** und **Sonderbetriebsausgaben** zu

---

554 Vgl. *Hennrichs* in Tipke/Lang, Steuerrecht, 23. Aufl., Köln 2018, § 10 Rz. 132.
555 Vgl. *Bolk*, Bilanzierung und Besteuerung der Personengesellschaft und ihrer Gesellschafter, 2. Aufl., Köln 2016, Rz. 3.82.
556 Vgl. *Bolk*, Bilanzierung und Besteuerung der Personengesellschaft und ihrer Gesellschafter, 2. Aufl., Köln 2016, Rz. 3.83 (mit Beispiel).
557 Vgl. BFH, Urteil v. 10.5.2012 – IV R 34/09, BStBl 2013 II S. 471; *Bolk*, Bilanzierung und Besteuerung der Personengesellschaft und ihrer Gesellschafter, 2. Aufl., Köln 2016, Rz. 3.84.; *Ley* in Schulze-Osterloh/Hennrichs/Wüstemann (Hrsg.), HdJ, Köln, Abt. VII/4, Rz. 57 (Stand: 9/2016).
558 Vgl. BFH, Urteile v. 18.7.1979 – I R 199/75, BStBl 1979 II S. 750; v. 6.11.1980 – IV R 5/77, BStBl 1981 II S. 307; v. 23.10.1986 – IV R 352/84, BStBl 1988 II S. 128; v. 24.3.1999 – I R 114/97, BStBl 2000 II S. 399; v. 6.3.2003 – XI R 9/01, BStBl 2002 II S. 737; v. 18.8.2005 – IV R 59/04, BStBl 2005 II S. 830; *Döllerer*, DStZ 1992 S. 646; *Brandenberg*, FR 1997 S. 88; *Schmitz*, NWB 2010 S. 426.
559 Vgl. BFH, Urteil v. 18.7.1979 – I R 199/75, BStBl 1979 II S. 750; *Wenzel*, NWB 2009 S. 1075.
560 Vgl. *Wacker* in Schmidt, EStG, 37. Aufl., München 2018, § 15 Rz. 534.
561 Vgl. z. B. *Knobbe-Keuk*, Bilanz- und Unternehmenssteuerrecht, 9. Aufl., Köln 1993, S. 448 f.; *Söffing*, DB 2007 S. 1994; *Kerssenbrock*, BB 2000 S. 763.

behandeln, also nicht auf der Ebene des Gewerbebetriebs des Gesellschafters zu erfassen.[562] Die Rechtslage gilt entsprechend, wenn der eigene Betrieb des Gesellschafters **andere Gewinneinkünfte** erzielt,[563] und zwar auch für das SBV II.[564]

Nach § 6 Abs. 5 Satz 2 EStG erfolgt die Überführung des Wirtschaftsgutes aus dem Betriebsvermögen in das Sonderbetriebsvermögen zum Buchwert. Die Zuordnung zum Sonderbetriebsvermögen „kann materiell vor allem dann bedeutsam sein, wenn Steuervergünstigungen davon abhängen oder wenn die Belastung der Betriebe durch Gewerbesteuer unterschiedlich ist."[565] 1534

Die Interpretation des § 15 Abs. 1 Satz 1 Nr. 2 EStG (nicht nur als Qualifikationsnorm, sondern auch) als Zurechnungsnorm geht zurück auf den **Beitragsgedanken**: Wenn ein wirtschaftlicher Zusammenhang zwischen der Leistungsbeziehung und der Mitunternehmerstellung vorliegt, muss es unbeachtlich sein, ob der Gesellschafter neben der Beteiligung an der Personengesellschaft einen eigenen Gewerbebetrieb unterhält.[566] 1535

Die überlassenen Wirtschaftsgüter werden nach wie vor in der **Handelsbilanz** des eigenen Gewerbebetriebs des Gesellschafters bilanziert, da dem Handelsrecht der Begriff des Sonderbetriebsvermögens fremd ist (vgl. Rz. 1466). Es kommt also in Bezug auf die überlassenen Wirtschaftsgüter zu einer **Durchbrechung des Maßgeblichkeitsgrundsatzes**. 1536

In bestimmten Fällen gilt der Vorrang des Sonderbetriebsvermögens nicht. Sofern der Gesellschafter die Leistungen an die Personengesellschaft aus einem eigenen Gewerbebetrieb im Rahmen des laufenden Geschäftsverkehrs zu fremdüblichen Konditionen heraus erbringt und **kein wirtschaftlicher Zusammenhang** zwischen der Leistung und der Mitunternehmerstellung besteht, können Sonderbetriebsvermögen, Sonderbetriebseinnahmen und Sonderbetriebsausgaben nicht vorliegen.[567] Es ist nicht abschließend geklärt, ob im Fall einer nur **kurzfristigen Nutzungsüberlassung** der Grundsatz des Vorrangs des Sonderbetriebsvermögens gilt.[568] 1537

Eine Zuordnung der überlassenen Wirtschaftsgüter zum Sonderbetriebsvermögen kommt nicht in Betracht, wenn die einer gewerblichen Personengesellschaft überlassenen Wirtschaftsgüter nicht dem Gesellschafter selbst gehören, sondern einer anderen gewerblichen Personengesellschaft, an der der Gesellschafter ebenfalls beteiligt ist 1538

---

562 Vgl. BFH, Urteil v. 24.3.1999 – I R 114/97, BStBl 2000 II S. 399.
563 Vgl. BFH, Urteil v. 23.5.1979 – I R 163/77, BStBl 1979 II S. 757.
564 Vgl. BFH, Urteil v. 24.2.2005 – IV R 12/03, BStBl 2006 II S. 361.
565 *Schreiber*, Besteuerung der Unternehmen. Eine Einführung in Steuerrecht und Steuerwirkung, 4. Aufl., Wiesbaden 2017, S. 258. Vgl. im Einzelnen *Wacker* in Schmidt, EStG, 37. Aufl., München 2018, § 15 Rz. 534; *Ley*, KÖSDI 2003 S. 13916; *Niehus/Wilke*, Die Besteuerung der Personengesellschaften, 7. Aufl., Stuttgart 2015, S. 82.
566 Vgl. *Jacobs/Scheffler/Spengel* (Hrsg.), Unternehmensbesteuerung und Rechtsform, 5. Aufl., München 2015, S. 274.
567 Vgl. BFH, Urteile v. 26.3.1987 – IV R 65/95, BStBl 1987 II S. 564; v. 14.3.2012 - X R 24/10, BStBl 2012 II S. 498; *Wacker* in Schmidt, EStG, 37. Aufl., München 2018, § 15 Rz. 535, 549, 568; *Grottel/Baldamus* in Beck'scher Bilanz-Kommentar, 11. Aufl., München 2018, § 247 Rz. 764; *Klein*, NWB, Fach 17, S. 1734; a. A. *Niehus/Wilke*, Die Besteuerung der Personengesellschaften, 7. Aufl., Stuttgart 2015, S. 124 f.; *Schmitz*, NWB 2010 S. 427.
568 Vgl. *Schmitz*, NWB 2010 S. 426. Schneider zufolge liegt kein SBV vor, wenn ein Grundstück nicht für mindestens ein Jahr überlassen wird; bei sonstigen Wirtschaftsgütern stellt Schneider auf 10 % der gewöhnlichen Nutzungsdauer ab, vgl. *Schneider* in HHR, EStG, KStG, Köln, § 15 Rz. 723 (Stand: 3/2013); im Einzelnen *Schneider*, Sonderbetriebsvermögen – Rechtsgrundlage und Umfang, Köln 2000, S. 214 ff.

(**Schwesterpersonengesellschaft**,[569] **gesellschafteridentische Personengesellschaft**). Die überlassenen Wirtschaftsgüter verbleiben im Gesamthandsvermögen der überlassenden Gesellschaft, sie werden nicht anteilig im Sonderbetriebsvermögen der an beiden Gesellschaften beteiligten Mitunternehmer erfasst.[570] Die Entgelte sind keine Sondervergütungen, sondern Betriebseinnahmen der leistenden Personengesellschaft,[571] wobei es im Grundsatz unerheblich ist, ob die Entgelte einem Drittvergleich standhalten.[572] Im Rahmen der Nutzungsüberlassung zwischen gewerblichen Schwesterpersonengesellschaften folgt die Rechtsprechung damit der **Subsidiaritätstheorie**.

1539   Diese Rechtslage gilt nicht nur bei aktiv gewerblich tätigen Personengesellschaften, sondern etwa auch bei einer **gewerblich geprägten Personengesellschaft**,[573] bei einer **atypisch stillen Gesellschaft**[574] und im Fall einer **mitunternehmerischen Betriebsaufspaltung**,[575] d. h. die Ursache der Gewerblichkeit ist unerheblich.[576] Diese Grundsätze der Zurechnung von Wirtschaftsgütern bei Schwesterpersonengesellschaften wirken sich bei **doppel- bzw. mehrstöckigen Personengesellschaften** nicht aus (vgl. Rz. 1587).

1540   Wenn die überlassende Personengesellschaft zwar Gewinneinkünfte, aber **keine gewerblichen Einkünfte** erzielt und ein Wirtschaftsgut einer gewerblichen Schwesterpersonengesellschaft zur Nutzung überlässt, ist nicht abschließend geklärt, ob das überlassene Wirtschaftsgut anteilig im Sonderbetriebsvermögen der an beiden Gesellschaften beteiligten Gesellschafter bei der nutzenden Gesellschaft zu erfassen oder im Betriebsvermögen der überlassenden Personengesellschaft auszuweisen ist. Während der BFH diese Frage bisher offen gelassen hat,[577] kommt nach der wohl h. M. auch hier die Subsidiaritätsthese zum Tragen, d. h. das Wirtschaftsgut ist im Betriebsvermögen der überlassenden Gesellschaft zu bilanzieren.[578] Es wird vermutet, dass auch der BFH dieser Ansicht künftig folgen wird.[579] Hiergegen spricht, dass nach der Rechtsprechung des BFH die an eine freiberufliche Personengesellschaft gezahlten Vergütungen, die diese von ihrer gewerblichen Schwesterpersonengesellschaft für die Überlassung von Wirtschaftsgütern erhält, als Sondervergütungen der an beiden Gesellschaften beteiligten

---

569 Unter den Begriff Schwesterpersonengesellschaften fallen Personengesellschaften, an denen ganz oder teilweise dieselben Gesellschafter beteiligt sind.
570 Vgl. BFH, Urteile v. 30.10.1980 – IV R 223/79, BStBl 1981 II S. 307; v. 22.11.1994 – VIII R 63/93, BStBl 1996 II S. 93; v. 26.11.1996 – VIII R 42/94, BStBl 1998 II S. 328; v. 24.11.1998 – VIII R 61/97, BStBl 1999 II S. 483; BMF, Schreiben v. 28.4.1998 – IV B 2 – S 2241 – 42/98, BStBl 1998 I S. 583.
571 Vgl. z. B. BFH, Urteile v. 26.11.1996 – VIII R 42/94, BStBl 1998 II S. 328; v. 24.11.1998 – VIII R 61/97, BStBl 1999 II S. 483; *Bordewin*, DStZ 1997 S. 98; a. A. *Gebhardt*, GmbHR 1998 S. 1022.
572 Vgl. im Einzelnen *Wacker* in Schmidt, EStG, 37. Aufl., München 2018, § 15 Rz. 569, 601-603; *Groh*, DStZ 1996 S. 673.
573 Vgl. BFH, Urteil v. 16.6.1994 – IV R 48/93, BStBl 1996 II S. 82.
574 Vgl. BFH, Urteil v. 26.11.1996 – VII R 42/964, BStBl 1998 II S. 328.
575 Vgl. BFH, Urteil v. 23.4.1996 – VIII R 13/95, BStBl 1998 II S. 325; BMF, Schreiben v. 28.4.1998 – IV B 2 – S 2241 – 42/98, BStBl 1998 I S. 583.
576 Vgl. BMF, Schreiben v. 28.4.1998 – IV B 2 – S 2241 – 42/98, BStBl 1998 I S. 583; *Niehus/Wilke*, Die Besteuerung der Personengesellschaften, 7. Aufl., Stuttgart 2015, S. 84.
577 Vgl. BFH, Urteil v. 10.11.2005 – IV R 29/04, BStBl 2006 II S. 173.
578 Vgl. *Ley*, KÖSDI 2003 S. 13916; *Brandenberg*, StbJb 1996/97 S. 304; *Kempermann*, FR 2006 S. 279; *Niehus/Wilke*, Die Besteuerung der Personengesellschaften, 7. Aufl., Stuttgart 2015, S. 85; a. A. *Schmitz*, NWB 2010 S. 429.
579 Vgl. *Wacker* in Schmidt, EStG, 37. Aufl., München 2018, § 15 Rz. 533; *Korn*, KÖSDI 2007 S. 15717; a. A. FG Münster, Urteil v. 15.7.2008 – 1 K 2405/04 F, EFG 2009 S. 106.

Mitunternehmer bei der Schwestergesellschaft zu behandeln sind.[580] Ob der BFH an dieser Rechtsprechung festhalten wird, dürfte aber fraglich sein.[581]

Wenn die überlassende Personengesellschaft nur **vermögensverwaltend** tätig ist, werden die einer gewerblichen Schwesterpersonengesellschaft überlassenen Wirtschaftsgüter anteilig (§ 39 Abs. 2 Nr. 2 AO) im Sonderbetriebsvermögen der an beiden Gesellschaften beteiligten Gesellschafter bei der empfangenden Mitunternehmerschaft erfasst.[582] Entsprechend führen die Entgelte nur anteilig zu Sondervergütungen.[583]   1541

(Einstweilen frei)   1542–1545

3.6 Entnahme von Sonderbetriebsvermögen

Wenn ein Wirtschaftsgut seine Eigenschaft als Sonderbetriebsvermögen verliert, liegt im Grundsatz eine steuerpflichtige **Entnahme** vor. Folgende Konstellationen sind denkbar:[584]   1546

1. Gewillkürtes Sonderbetriebsvermögen wird nicht mehr bilanziert;
2. der (wirtschaftliche) Eigentümer verliert seine Mitunternehmereigenschaft;
3. das Wirtschaftsgut wird unentgeltlich an einen Nicht-Mitunternehmer übertragen;
4. die Nutzungsüberlassung des Wirtschaftsgutes durch den Gesellschafter wird beendet und das Wirtschaftsgut weiterhin privat genutzt.

Wenn ein Wirtschaftsgut zu einem eigenen Betriebsvermögen des Mitunternehmers gehört und nur aufgrund des Zuordnungsvorrangs (vgl. Rz. 1532) Sonderbetriebsvermögen bildet, liegt beim Wegfall der Sonderbetriebsvermögenseigenschaft keine Entnahme bzw. Einlage vor.[585] Eine Buchwertfortführung ist zwingend.[586]   1547

(Einstweilen frei)   1548–1549

4. Transfer von Wirtschaftsgütern bei Personengesellschaften

4.1 Einführung

§ 6 Abs. 5 EStG regelt aus ertragsteuerlicher Sicht die **Übertragung/Überführung** von Wirtschaftsgütern zwischen verschiedenen Betriebsvermögen. Sind die im Gesetz genannten Voraussetzungen erfüllt, hat die Übertragung zwingend mit dem **Buchwert** zu erfolgen. Somit kann die Aufdeckung der stillen Reserven vermieden werden. Ist   1550

---

580 Vgl. BFH, Urteil v. 23.5.1979 – I R 56/77, BStBl 1979 II S. 763.
581 Vgl. *Wacker* in Schmidt, EStG, 37. Aufl., München 2018, § 15 Rz. 533, 606; *Groh*, DStZ 1996 S. 676.
582 Vgl. BFH, Urteile v. 22.11.1994 – VIII R 63/93, BStBl 1996 II S. 93; v. 10.11.2005 – IV R 7/05, BStBl 2006 II S. 176; BFH, Beschluss v. 11.7.2008 – IV B 121/07, BFH/NV 2008 S. 2002; *Schmitz*, NWB 2010 S. 428.
583 Vgl. *Wacker* in Schmidt, EStG, 37. Aufl., München 2018, § 15 Rz. 606.
584 Vgl. im Einzelnen *Wacker* in Schmidt, EStG, 37. Aufl., München 2018, § 15 Rz. 538; *Grottel/Baldamus* in Beck'scher Bilanz-Kommentar, 11. Aufl., München 2018, § 247 Rz. 767.
585 Vgl. *Wacker* in Schmidt, EStG, 37. Aufl., München 2018, § 15 Rz. 538; *Grottel/Baldamus* in Beck'scher Bilanz-Kommentar, 11. Aufl., München 2018, § 247 Rz. 768.
586 Vgl. BFH, Urteil v. 6.3.2002 – XI R 9/01, BStBl 2002 II S. 737; *Ley*, KÖSDI 2003 S. 13914.

jedoch die spätere Besteuerung der stillen Reserven nicht sichergestellt, kann die Buchwertfortführung nicht in Anspruch genommen werden.

1551 Zudem werden nicht alle denkbaren Transaktionen zwischen verschiedenen Betriebsvermögen von § 6 Abs. 5 EStG erfasst. So unterliegt der Fall der Übertragung von Wirtschaftsgütern des Gesamthandsvermögens zwischen beteiligungsidentischen **Schwesterpersonengesellschaften** derzeit einer konträren Diskussion. Nach dem I. Senat des BFH kommt es zur Aufdeckung der stillen Reserven,[587] was der IV. Senat verneint.[588] Das BMF spricht sich für die Aufdeckung der stillen Reserven aus, nimmt aber die ernstlichen Zweifel des IV. Senats zum Anlass, in entsprechenden Fällen eine Aussetzung der Vollziehung zu gestatten.[589] Der I. Senat des BFH hält in seinem Beschluss vom 10.4.2013 an seiner bisherigen Auffassung fest; nach dem abschließend formulierten Wortlaut des § 6 Abs. 5 EStG komme eine buchwertneutrale Übertragung zwischen beteiligungsidentischen Schwesterpersonengesellschaften nicht in Betracht.[590] Allerdings sieht der I. Senat in dem Fehlen einer solchen gesetzlichen Möglichkeit in § 6 Abs. 5 Satz 3 EStG einen Verstoß gegen den allgemeinen Gleichheitssatz (Art. 3 Abs. 1 GG) und hat daher dem **BVerfG** die Frage zur Klärung vorgelegt. Im Wesentlichen sei der Fall vergleichbar mit der steuerneutralen Überführung eines Wirtschaftsgutes von einem in das andere Betriebsvermögen eines Steuerpflichtigen (§ 6 Abs. 5 Satz 1 EStG).

Die **entgeltliche Übertragung** fällt ohnehin nicht unter den Anwendungsbereich des § 6 Abs. 5 EStG, es sei denn, das Entgelt besteht in der **Gewährung oder Minderung von Gesellschaftsrechten**.[591] Wenn ein Wirtschaftsgut zwischen der Personengesellschaft und einem der Gesellschafter aufgrund eines schuldrechtlichen Vertrags unter Vereinbarung eines unter fremden Dritten üblichen Entgelts übertragen wird, so ist dieser Vorgang wie eine **Veräußerung** mit Außenstehenden zu behandeln.[592]

1552–1553 *(Einstweilen frei)*

---

587 Vgl. BFH, Urteil v. 25.11.2009 – I R 72/08, BStBl 2010 II S. 472.
588 Vgl. BFH, Urteil v. 15.4.2010 – IV B 105/09, FR 2010 S. 760; zur Diskussion vgl. *Wißborn*, NWB 2010 S. 4275 ff.; *Brandenberg*, NWB 2010 S. 2699 ff.; *Bareis*, FR 2011 S. 153 ff.; *Ley*, DStR 2011 S. 1208 ff.; *Hahne*, StuB 2010 S. 611 ff.; *Siegmund/Ungemach*, NWB 2010 S. 2206 ff.; *Gosch*, DStR 2010 S. 1173 ff.; *Siegel*, FR 2011 S. 45 ff.
589 Vgl. BMF, Schreiben v. 29.10.2010 – IV C 6 – S 2241/10/10002: 001, DB 2010 S. 2473. Siehe auch BMF, Schreiben v. 8.12.2011 – IV C 6 – S 2241/10/10002, BStBl 2011 I S. 1279, Rn. 18.
590 Vgl. BFH, Beschluss v. 10.4.2013 - I R 80/12, DStR 2013 S. 2158; hierzu z. B. *Oellerich*, NWB 2013 S. 3444 ff.
591 Vgl. *Kulosa* in Schmidt, EStG, 37. Aufl., München 2018, § 6 Rz. 696.
592 Vgl. BFH, Urteil v. 28.1.1976 – I R 84/74, BStBl 1976 II S. 744; BMF, Schreiben v. 7.6.2001 – IV A 6 – S 2241/52/01, BStBl 2001 I S. 367. Zu teilentgeltlichen Übertragungen vgl. BMF, v. 8.12.2011 – IV C 6 – S 2241/10/10002, BStBl 2011 I, S. 1279, Rz. 15; anders BFH, Urteile v. 21.6.2012 – IV R 1/08, DStR 2012 S. 1500; v. 19.9.2012 – IV R 11/12, DStR 2012 S. 2051; vgl. zur Diskussion *Demuth* in Strahl/Demuth (Hrsg.), Personengesellschaften: Nachfolge, Eintritt, Austritt, Übertragungen, 2. Aufl., Bonn 2013, Rz. 84 ff.; *Dornheim*, DStZ 2013 S. 397 ff.; *Levedag*, GmbHR 2013 S. 673 ff.; *Mitschke*, FR 2013 S. 648; *Prinz/Hütig*, DB 2012 S. 2597 ff.; *Vees*, DStR 2013 S. 743 ff. Der X. Senat des BFH hat die Rechtsfrage dem Großen Senat des BFH vorgelegt, vgl. BFH, Beschluss v. 27.10.2015 – X R 28/12, BStBl 2016 II S. 81; Kulosa in Schmidt, EStG, 37. Aufl., München 2018, § 6 Rz. 697.

4.2 Transfer von Wirtschaftsgütern ohne Rechtsträgerwechsel (§ 6 Abs. 5 Satz 2 EStG)

Bei der Überführung eines Wirtschaftsgutes aus dem **Einzelbetrieb eines Mitunternehmers in dessen Sonderbetriebsvermögen** oder umgekehrt bleibt der Gesellschafter zivilrechtlicher Eigentümer. Somit findet kein Rechtsträgerwechsel statt. Es ist zwingend der Buchwert anzusetzen (§ 6 Abs. 5 Satz 2 EStG). 1554

Dies gilt auch für den Fall der Überführung zwischen **verschiedenen Sonderbetriebsvermögen derselben Person bei verschiedenen Personengesellschaften** (§ 6 Abs. 5 Satz 2 EStG). 1555

(Einstweilen frei) 1556–1558

4.3 Transfer von Wirtschaftsgütern mit Rechtsträgerwechsel (§ 6 Abs. 5 Satz 3 EStG)

Die Übertragung von Wirtschaftsgütern nach § 6 Abs. 5 Satz 3 EStG gegen Gewährung oder Minderung von Gesellschaftsrechten stellt als eine Spezialform des Tausches einen Veräußerungsvorgang (**tauschähnlicher Vorgang**) dar, dessen Bewertung abweichend von den allgemeinen Grundsätzen zwingend zum **Buchwert** erfolgt (§ 6 Abs. 6 Satz 4 EStG).[593] 1559

Die Buchwertverknüpfung nach § 6 Abs. 5 Satz 3 Nr. 1 bis 3 EStG setzt voraus, dass die **Besteuerung der stillen Reserven** sichergestellt ist; dies bedeutet nach Auffassung der Finanzverwaltung, dass im Zeitpunkt der späteren Veräußerung auch diejenigen stillen Reserven zu besteuern sind, die sich in dem übertragenen Wirtschaftsgut zeitlich erst nach der Übertragung gebildet haben (also Besteuerung auch der künftigen stillen Reserven).[594] So ist die Besteuerung der stillen Reserven z. B. dann nicht sichergestellt, wenn ein Wirtschaftsgut bisher einer inländischen Betriebsstätte des Steuerpflichtigen zuzuordnen war und künftig einer ausländischen Betriebsstätte des Steuerpflichtigen zugeordnet wird (§ 6 Abs. 5 Satz 1 i. V. m. § 4 Abs. 1 Satz 4 EStG).[595] Diese Auffassung der Finanzverwaltung ist zu weitgehend, da sämtliche Regelungen des § 6 Abs. 5 EStG auf die im Zeitpunkt der Überführung bzw. Übertragung vorhandenen stillen Reserven abstellen; nur diese stillen Reserven können bezüglich der Sicherstellung der Besteuerung maßgebend sein.[596] Zudem stellt im EU-Kontext § 4g EStG bei der Überführung von Wirtschaftsgütern in eine ausländische Betriebsstätte die Besteuerung der im Überführungszeitpunkt vorhandenen stillen Reserven durch die Methode der aufgeschobenen Besteuerung sicher (vgl. Rz. 2993 ff.). Auf die Sicherstellung der Besteuerung für **gewerbesteuerrechtliche Zwecke** kommt es im Rahmen des § 6 Abs. 5 EStG nicht an.[597]

Voraussetzung für die Anwendung des § 6 Abs. 5 Satz 3 EStG ist, dass die Übertragung des Wirtschaftsguts **unentgeltlich** oder gegen **Gewährung oder Minderung von Gesell-** 1560

---

593 Vgl. BMF, Schreiben v. 8.12.2011 – IV C 6 – S 2241/10/10002, BStBl 2011 I S. 1280, Rz. 8.
594 Vgl. BMF, Schreiben v. 8.12.2011 – IV C 6 – S 2241/10/10002, BStBl 2011 I S. 1279 f., Rz. 7 i.V.m. S. 1280, Rz. 12.
595 Vgl. BMF, Schreiben v. 8.12.2011 – IV C 6 – S 2241/10/10002, BStBl 2011 I, S. 1279, Rz. 7.
596 Vgl. *Rogall/Gerner*, Ubg 2012 S. 83; *Korn/Strahl* in Korn (Hrsg.), EStG, Bonn, § 6 Rz. 492 (Stand: 4/2017).
597 Vgl. *Gragert/Wißborn*, NWB 2012 S. 975; *Goebel/Ungemach*, NWB 2012 S. 2540.

schaftsrechten erfolgt. Eine Legaldefinition des Begriffs der Gesellschaftsrechte besteht nicht. Im Grundsatz wird von einer Übertragung gegen **Gewährung bzw. Minderung von Gesellschaftsrechten** ausgegangen, wenn die Gegenbuchung auf dem Kapitalkonto des Gesellschafters erfolgt. Maßgeblich ist dabei auf das handelsrechtliche Kapitalkonto abzustellen. Bei einer **unentgeltlichen** Übertragung eines Wirtschaftsgutes zwischen Gesellschaft und Gesellschafter ist für die Übertragung keine Gegenleistung vereinbart worden, d. h. es werden keine Gesellschaftsrechte gewährt oder gemindert und auch keine sonstigen Gegenleistungen gewährt.[598]

1561 Im Fall der Gegenbuchung auf dem **Kapitalkonto I** wird im Grundsatz von einer Übertragung gegen Gewährung von Gesellschaftsrechten (also von einer Einbringung) ausgegangen.[599] Wenn auf dem **Kapitalkonto II** auch Verluste gebucht werden, führt eine Buchung auf diesem Konto i. d. R. zu einer Gewährung von Gesellschaftsrechten.[600] Auch in der Literatur wird bei einer Verbuchung auf dem Kapitalkonto II des übertragenden Gesellschafters in der Regel die Gewährung von Gesellschaftsrechten bejaht.[601] Das Kapitalkonto II stellt zwar nur einen summenmäßig bestimmten Anteil des Gesellschafters am Gesellschaftsvermögen dar und verschafft weder einen prozentualen Anteil am Gesellschaftsvermögen noch zusätzliche Stimmrechte.[602] Die Annahme erhöhter Gesellschaftsrechte lässt sich aber damit rechtfertigen, dass es infolge der Erhöhung des Kapitalkontos II zu einer veränderten Verteilung des Auseinandersetzungsguthabens kommt.[603]

1562 Mit **Urteil vom 29.7.2015** hat der **BFH** nunmehr entschieden, dass keine Einbringung gegen Gewährung von Gesellschaftsrechten vorliegt, wenn der Kommanditist einer KG dieser ein Wirtschaftsgut aus seinem Einzelbetrieb überträgt, dessen Gegenwert **allein** seinem **Kapitalkonto II** gutgeschrieben wird.[604] Es handelt sich in diesem Fall vielmehr um eine **Einlage**, wenn sich nach den Regelungen im Gesellschaftsvertrag der KG die maßgeblichen Gesellschaftsrechte nach dem aus dem Kapitalkonto I folgenden festen Kapitalanteil richten. Es kann daher nicht gefolgert werden, dass eine Gewährung von Gesellschaftsrechten immer vorliegt, wenn der Wert des eingebrachten Wirtschaftsguts irgendeinem Kapitalkonto gutgeschrieben wird. Der BFH hat diese Rechtsprechung in seinem **Urteil vom 4.2.2016** bestätigt.[605]

1563 Die **Finanzverwaltung** ist in der Vergangenheit von einem entgeltlichen Vorgang (= von der Gewährung von Gesellschaftsrechten) ausgegangen, wenn der Wert des in das Gesamthandsvermögen übertragenen Einzelwirtschaftsguts allein dem **Kapitalkonto II**

---

598 Vgl. BMF, Schreiben v. 11.7.2011 – IV C 6 – S 2178/09/10001, DStR 2011 S. 1319.
599 Vgl. BFH, Urteile v. 19.10.1998 – VIII R 69/95, BStBl 2000 II S. 230; v. 24.1.2008 – IV R 37/06, BStBl 2011 II S. 617; *Schiffers*, DStZ 2016 S. 936.
600 Vgl. BMF, Schreiben v. 11.7.2011 – IV C 6 – S 2178/09/10001, BStBl 2011 I S. 713; *Niehus/Wilke* in HHR, EStG, KStG, Köln, § 6 Rz. 1559 (Stand: 9/2015).
601 Vgl. zur Diskussion *Jacobs/Scheffler/Spengel*, Unternehmensbesteuerung und Rechtsform, 5. Aufl., München 2015, S. 249 f. m.w.N.
602 Aus diesen Gründen wird in der Literatur teilweise in der Verbuchung auf dem Kapitalkonto II keine Gewährung von Gesellschaftsrechten gesehen, vgl. *Düll/Fuhrmann/Eberhard*, DStR 2000 S. 1716; *van Lishaut*, DB 2000 S. 1786.
603 Vgl. im Einzelnen *Niehus/Wilke* in HHR, EStG, KStG, Köln, § 6 Rz. 1559 (Stand: 9/2015).
604 Vgl. BFH, Urteil v. 29.7.2015 – IV R 15/14, BStBl 2016 II S. 593.
605 Vgl. BFH, Urteil v. 4.2.2016 – IV R 46/12, BStBl 2016 II S. 607; hierzu *Schulze-Osterloh*, BB 2016 S. 945.

gutgeschrieben wird.⁶⁰⁶ Es kam maßgeblich darauf an, dass auf dem Konto nach gesellschaftsvertraglicher Regelung auch **Verluste** gebucht werden, während es für die Finanzverwaltung unerheblich war, ob die Buchung auf dem Kapitalkonto I oder dem Kapitalkonto II erfolgte. Hiervon ist die Finanzverwaltung inzwischen mit dem **BMF-Schreiben vom 26.7.2016** abgewichen und folgt der neuen Rechtsprechung des BFH.⁶⁰⁷ Die Finanzverwaltung hat also ihre Rechtsauffassung an die Verschärfung der BFH-Rechtsprechung angepasst. Aus der Rechtsprechung des BFH vom 29.7.2015 und vom 26.7.2016 folgt, dass sowohl eine ausschließliche Buchung auf dem Kapitalkonto II als auch eine gleichzeitige Gutschrift auf dem Kapitalkonto II und dem gesamthänderisch gebundenen Rücklagenkonto nicht zu einer Einbringung gegen Gewährung von Gesellschaftsrechten führt (kein entgeltlicher Vorgang).⁶⁰⁸

Es liegt kein tauschähnlicher Vorgang, sondern eine **unentgeltliche Übertragung** (Einlage) vor, wenn die Gegenbuchung auf einem **gesamthänderisch gebundenen Rücklagenkonto** erfolgt, an dem alle Gesellschafter entsprechend ihrer Beteiligungsquote partizipieren;⁶⁰⁹ indem die Einlage auf Rechnung aller Gesellschafter vorgenommen wird, liegt eine Gewährung von Gesellschaftsrechten nicht vor.⁶¹⁰ Auch im Fall der Buchung auf einem **Darlehenskonto** ist eine Gewährung von Gesellschaftsrechten zu verneinen.⁶¹¹ Ein Darlehenskonto kann keine Gesellschaftsrechte gewähren. Es handelt sich um einen entgeltlichen Vorgang, der nach § 6 Abs. 1 Nr. 1 oder 2 EStG zu bewerten ist. 1564

Wird ein Wirtschaftsgut unentgeltlich oder gegen Gewährung oder Minderung von Gesellschaftsrechten **aus dem Gesamthandsvermögen** in einen Einzelbetrieb des Mitunternehmers bzw. in dessen Sonderbetriebsvermögen oder umgekehrt übertragen, kommt es nach § 6 Abs. 5 Satz 3 Nr. 1 und 2 EStG zur **Buchwertfortführung**.⁶¹² 1565

Hierbei gehen bei einer **Einbringung** die stillen Reserven vom Einzelbetrieb des Gesellschafters bzw. von dessen Sonderbetriebsvermögen auf das Gesamthandsvermögen über; der Gewinn der Personengesellschaft wird somit bei der Aufdeckung der stillen Reserven zu hoch ausgewiesen. Die anderen Gesellschafter der Mitunternehmerschaft hätten die stille Reserve nach Maßgabe des Gewinnverteilungsschlüssels zu versteuern. Um dies zu verhindern, kommt es auf der Ebene der Personengesellschaft zur Bewertung mit dem Teilwert, während der einlegende Gesellschafter mithilfe einer **negativen Ergänzungsbilanz** der sofortigen Besteuerung der stillen Reserven entgehen kann.⁶¹³ 1566

---

606 Vgl. BMF, Schreiben v. 11.7.2011 – IV C 6 – S 2178/09/10001, BStBl 2011 I S. 713.
607 Vgl. BMF, Schreiben v. 26.7.2016 – IV C 6 – S 2178/09/10001, BStBl 2016 I S. 684.
608 Vgl. BMF, Schreiben v. 26.7.2016 – IV C 6 – S 2178/09/10001, BStBl 2016 I S. 684.
609 Vgl. BMF, Schreiben v. 26.11.2004 – IV B 2 – S 2178 – 2/04, StuB 2005 S. 32; *Düll/Fuhrmann/Eberhard*, DStR 2000 S. 1716. *Schiffers*, DStZ 2016 S. 936.
610 Vgl. *Reiß*, DB 2005 S. 361.
611 Vgl. BMF, Schreiben v. 11.7.2011 – IV C 6 – S 2178/09/10001, BStBl 2011 I S. 713; *Korn/Strahl* in Korn (Hrsg.), EStG, Bonn, § 6 Rz. 497.1 (Stand: 4/2017).
612 Zur Diskussion teilentgeltlicher Vorgänge vgl. *Demuth* in Strahl/Demuth (Hrsg.), Personengesellschaften: Nachfolge, Eintritt, Austritt, Übertragungen, 2. Aufl., Bonn 2013, Rz. 84 ff.; *Patt*, Umstrukturierungen von betrieblichen Unternehmen, Weil im Schönbuch 2017, S. 32 f.
613 Bei der Übertragung gegen Gewährung von Gesellschaftsrechten wird der übertragende Mitunternehmer regelmäßig am Teilwertansatz in der Gesamthandsbilanz interessiert sein, da er Gesellschaftsrechte in der Höhe erhalten möchte, „die dem Teilwert des übertragenen Wirtschaftsgutes entspricht", *Niehus/Wilke*, Die Besteuerung der Personengesellschaften, 7. Aufl., Stuttgart 2015, S. 207.

Die stillen Reserven werden somit nur dem einlegenden Gesellschafter zugerechnet und bei ihm versteuert (personenbezogene Besteuerung der stillen Reserven).[614]

1567 Bei der Übertragung eines Wirtschaftsgutes des Gesamthandsvermögens in einen Einzelbetrieb des Mitunternehmers oder in dessen SBV gegen Minderung von Gesellschaftsrechten (**Ausbringung**) verhält es sich genau entgegengesetzt. Der Buchwertansatz bringt es mit sich, dass stille Reserven von der Personengesellschaft auf den Mitunternehmer übergehen, d. h. es kommt zu einem **Konflikt mit dem Subjektsteuerprinzip**. Der Gesamthandsgewinn wird zu gering ausgewiesen. Die stillen Reserven sind bei deren Realisierung nur von dem Gesellschafter zu versteuern. Dies lässt sich nicht vermeiden, weil eine **Ergänzungsbilanz** nur für Wirtschaftsgüter der Gesellschafter aufgestellt werden kann.[615]

1568 Wenn ein Gesellschafter einer Personengesellschaft ein Wirtschaftsgut **unentgeltlich** auf einen anderen Gesellschafter derselben Mitunternehmerschaft überträgt, ist im aufnehmenden Betriebsvermögen zwingend der Buchwert anzusetzen (§ 6 Abs. 5 Satz 3 Nr. 3 EStG). D. h. die stillen Reserven gehen vom übertragenden Mitunternehmer auf den empfangenden Mitunternehmer über; das Subjektsteuerprinzip, nach dem die Einkünfte von demjenigen zu versteuern sind, der sie erwirtschaftet hat, wird verletzt.

1569–1570 *(Einstweilen frei)*

1571 Die Möglichkeit der Übertragung von Einzelwirtschaftsgütern auf einen anderen Rechtsträger nach § 6 Abs. 5 Satz 3 Nr. 1 bis 3 EStG soll nur dann zum Buchwert zulässig sein, wenn diese Übertragung zum **Zweck der Umstrukturierung** und nicht auch zum Zweck der Vorbereitung einer nachfolgenden Veräußerung oder Entnahme erfolgte. In § 6 Abs. 5 Satz 4 EStG hat der Gesetzgeber daher bestimmt, dass rückwirkend auf den Zeitpunkt der Übertragung der Teilwert anzusetzen ist, wenn das übertragene Wirtschaftsgut innerhalb einer sog. **Sperrfrist** (endet **drei Jahre** nach Abgabe der Steuererklärung des Übertragenden für den Veranlagungszeitraum, in dem die Übertragung erfolgt ist)[616] **veräußert oder entnommen** wird.

1572 Der rückwirkende Teilwertansatz gilt jedoch nicht, wenn die bis zur Übertragung entstandenen stillen Reserven durch die **Erstellung einer Ergänzungsbilanz** dem übertragenden Gesellschafter zugeordnet worden sind (§ 6 Abs. 5 Satz 4 EStG).[617]

---

614 Vgl. *Jacobs/Scheffler/Spengel* (Hrsg.), Unternehmensbesteuerung und Rechtsform, 5. Aufl., München 2015, S. 244.

615 Vgl. *Schreiber*, Besteuerung der Unternehmen. Eine Einführung in Steuerrecht und Steuerwirkung, 4. Aufl., Wiesbaden 2017, S. 389; *Wendt*, FR 2002 S. 61. Zudem sind bei einer Übertragung gegen Gewährung oder Minderung von Gesellschaftsrechten die Kapitalkonten aller Gesellschafter entsprechend anzupassen. Vgl. hierzu im Einzelnen *Jacobs/Scheffler/Spengel* (Hrsg.), Unternehmensbesteuerung und Rechtsform, 5. Aufl., München 2015, S. 249 ff., mit Beispiel auf S. 241-243 und *Niehus/Wilke*, Die Besteuerung der Personengesellschaften, 7. Aufl., Stuttgart 2015, S. 208 f., mit Beispiel auf S. 209-212.

616 Vgl. BMF, Schreiben v. 8.12.2011 – IV C 6 – S 2241/10/10002, BStBl 2011 I S. 1282, Rz. 22.

617 Im Falle der Einbringung in eine Personengesellschaft lässt sich somit das Überspringen stiller Reserven durch Bildung einer negativen Ergänzungsbilanz für den Einbringenden vermeiden, nicht aber im Falle der Ausbringung. Denn nach h. M. ist eine Ergänzungsbilanz an einer Bilanz eines Einzelbetriebs des Gesellschafters oder an einer Sonderbilanz nicht vorstellbar. Vgl. im Einzelnen *Niehus/Wilke*, Die Besteuerung der Personengesellschaften, 7. Aufl., Stuttgart 2015, S. 217.

Rückwirkend auf den Zeitpunkt der Übertragung ist nach Auffassung der Finanzverwaltung der **Teilwert trotz Erstellung einer Ergänzungsbilanz anzusetzen**, „wenn durch die Übertragung keine Änderung des Anteils des übertragenden Gesellschafters an dem übertragenen Wirtschaftsgut eingetreten ist, aber das Wirtschaftsgut einem anderen Rechtsträger zuzuordnen ist."[618] Dies ist z. B. gegeben, wenn ein Wirtschaftsgut aus einem Betriebsvermögen in das Gesamthandsvermögen einer Mitunternehmerschaft übertragen wird und der Übertragende zu 100 % am Vermögen dieser Mitunternehmerschaft beteiligt ist.[619] Mit dieser (übertrieben kleinlichen)[620] Regelung soll Steuergestaltungen begegnet werden, die zumindest auf eine verzögerte Besteuerung durch Steuerstundung abzielen.[621] Es ist allerdings äußerst fraglich, ob diese Rechtsauffassung der Finanzverwaltung vom insoweit eindeutigen Wortlaut des § 6 Abs. 5 Satz 4 EStG gedeckt ist.[622] Systematisch lässt sich diese Auffassung der Finanzverwaltung nicht rechtfertigen, denn ein Überspringen stiller Reserven findet nicht statt.[623]

So hat der BFH im Ergebnis dieser Auffassung der Finanzverwaltung widersprochen, indem er keine Sperrfristverletzung bei einer Einmann-GmbH & Co. KG sieht. Wenn der einbringende Kommanditist zum Zeitpunkt der Einbringung und bis zur Veräußerung des Wirtschaftsgutes zu 100 % am Ergebnis und am Vermögen der KG beteiligt ist, kommt es nach Auffassung des BFH nicht zu einem rückwirkenden Teilwertansatz, da es nicht zu einer interpersonellen Verlagerung der in dem eingebrachten Wirtschaftsgut ruhenden stillen Reserven kommt.[624] Die Sperrfristregelung sei in teleologischer Reduktion des § 6 Abs. 5 Satz 4 EStG auf den Fall der Einmann-GmbH & Co KG von vornherein gar nicht anwendbar. In dem zugrundeliegenden Sachverhalt hatte der Kommanditist aus seinem Betriebsvermögen ein Wirtschaftsgut in das Gesamthandsvermögen zum Buchwert nach § 6 Abs. 5 Satz 3 Nr. 1 EStG übertragen und dabei auf die Erstellung einer Ergänzungsbilanz verzichtet (**Buchwerteinbringung ohne Ergänzungsbilanz**). Der Zweck der Sperrfristregelung (Verhinderung der Verlagerung stiller Reserven) werde bereits durch die unveränderten Beteiligungsverhältnisse erreicht, das Erstellen einer negativen Ergänzungsbilanz bei gleichzeitigem Ansatz des eingebrachten Wirtschaftsgutes zum Teilwert in der Gesamthandsbilanz (Bruttomethode) sei nicht erforderlich.

1573

Der **IV. Senat** des BFH hat sich dieser Rechtsprechung für den Fall der unentgeltlichen Übertragung eines Wirtschaftsgutes aus dem SBV eines Kommanditisten in das Gesamthandsvermögen einer Einmann-GmbH & Co. KG zum Buchwert nach § 6 Abs. 5 Satz 3 Nr. 2 EStG angeschlossen.[625]

---

618 BMF v. 8.12.2011 – IV C 6 – S 2241/10/10002, BStBl 2011 I S. 1283, Rz. 26.
619 Vgl. BMF v. 8.12.2011 – IV C 6 – S 2241/10/10002, BStBl 2011 I S. 1283, Rz. 26.
620 So *Scharfenberg*, DB 2012 S. 196.
621 Vgl. *Gragert/Wißborn*, NWB 2012 S. 980.
622 Vgl. *Goebel/Ungemach*, NWB 2012 S. 2554; *Rogall/Gerner*, Ubg 2012 S. 87; *Tiede*, StuB 2012 S. 258.
623 Vgl. *Rogall/Gerner*, Ubg 2012 S. 87.
624 Vgl. BFH, Urteil v. 31.7.2013 – I R 44/12, DStR 2013 S. 2165; *Wacker*, NWB 2013 S. 3377 ff.; gl. A. z. B. *Ley*, Ubg 2010 S. 773; *Prinz*, FR 2012 S. 726; a. A. z. B. FG Düsseldorf, Urteil v. 6.7.2012 – 3 K 2579/11 F, EFG 2012 S. 1914; *Brandenberg*, Ubg 2010 S. 773; *Haberland*, FR 2013 S. 538.
625 Vgl. BFH, Urteil v. 26.6.2014 – IV R 31/12, FR 2015 S. 228 ff.; hierzu *Bode*, NWB 2014 S. 3950 ff.; *Tiede*, StuB 2015 S. 177 ff.; *Wendt*, FR 2015 S. 231 f.

1574 Eine weitere Einschränkung der steuerneutralen Übertragungsmöglichkeiten findet sich in § 6 Abs. 5 Satz 5 und 6 EStG. Wenn in den Fällen des § 6 Abs. 5 Satz 3 EStG der **Anteil einer Kapitalgesellschaft**, Personenvereinigung oder Vermögensmasse an dem übertragenen Wirtschaftsgut unmittelbar oder mittelbar begründet wird oder dieser sich erhöht, ist der Teilwert des übertragenen Wirtschaftsgutes anzusetzen (§ 6 Abs. 5 Satz 5 EStG). Dies gilt auch, soweit der Anteil einer Kapitalgesellschaft, Personenvereinigung oder Vermögensmasse an dem Wirtschaftsgut **innerhalb von sieben Jahren** nach der Übertragung unmittelbar oder mittelbar begründet wird oder dieser sich erhöht (§ 6 Abs. 5 Satz 6 EStG). Es kommt insoweit zum Ansatz des Teilwertes, als es der Veränderung der Vermögensbeteiligungsquote der Kapitalgesellschaft an der Personengesellschaft bzw. an dem übertragenen Wirtschaftsgut entspricht.[626]

1575–1580 *(Einstweilen frei)*

5. Doppelstöckige Personengesellschaft

1581 Eine Personenhandelsgesellschaft kann zivilrechtlich Gesellschafter (**Obergesellschaft**) einer anderen Personenhandelsgesellschaft (**Untergesellschaft**) sein. Damit kann eine natürliche Person nicht nur unmittelbar an einer Personengesellschaft beteiligt sein; vielmehr ist auch eine **mittelbare Beteiligung** über eine zwischengeschaltete Personengesellschaft möglich. Das Steuerrecht knüpft insoweit an die zivilrechtliche Einordnung einer Personengesellschaft an. Eine OHG, KG oder GbR kann Mitunternehmer einer anderen Personengesellschaft sein, soweit sie die Kriterien der **Mitunternehmerinitiative** und des **Mitunternehmerrisikos** erfüllt.[627]

1582 Gemäß § 15 Abs. 1 Satz 1 Nr. 2 Satz 2 EStG sind die Mitunternehmer der Obergesellschaft auch als Mitunternehmer der Untergesellschaft anzusehen. Diese Norm setzt eine **ununterbrochene Mitunternehmerkette** voraus, d. h. der Gesellschafter der Obergesellschaft muss als Mitunternehmer des Betriebs der Obergesellschaft und die Obergesellschaft als Mitunternehmer des Betriebs der Untergesellschaft anzusehen sein.

1583 Infolge des § 15 Abs. 1 Satz 1 Nr. 2 Satz 2 EStG führen alle Vergütungen des Obergesellschafters, die er von der Untergesellschaft für eine Tätigkeit im Dienst dieser Gesellschaft, für die Hingabe von Darlehen oder für die Überlassung von Wirtschaftsgütern an die Untergesellschaft bezogen hat, zu **gewerblichen Einkünften**. § 15 Abs. 1 Satz 1 Nr. 2 Satz 2 EStG kommt nicht zur Anwendung, wenn die unmittelbaren Leistungen an die Untergesellschaft und die mittelbare Beteiligung an dieser nur **zufällig** zusammentreffen, z. B. bei mehrstufiger Beteiligung, geringem Anteil an der Obergesellschaft und erheblichen eigengewerblichen Aktivitäten der Zwischengesellschaft.[628]

---

626 Vgl. im Einzelnen *Niehus/Wilke*, Die Besteuerung der Personengesellschaften, 7. Aufl., Stuttgart 2015, S. 203 ff.
627 Vgl. BFH, Beschlüsse v. 25.2.1991 – GrS 7/89, BStBl 1991 II S. 691; v. 3.5.1993 – GrS 3/92, BStBl 1993 II S. 622; BFH, Urteil v. 26.1.1995 – IV R 23/93, BStBl 1995 II S. 469; *Seer*, StuW 1992 S. 43; *Söhn*, StuW 1999 S. 328.
628 Vgl. *Felix*, KÖSDI 1994 S. 9768; *Wacker* in Schmidt, EStG, 37. Aufl., München 2018, § 15 Rz. 613.

Die vom Obergesellschafter an die Untergesellschaft unmittelbar zur Nutzung überlassenen Wirtschaftsgüter sind als **aktives SBV I** des Obergesellschafters Teil des Betriebsvermögens der Untergesellschaft.[629] Dies gilt entsprechend für damit zusammenhängende Schulden (passives SBV).[630] Der mittelbar Beteiligte kann SBV I und SBV II bei der Untergesellschaft bilden.[631] Der BFH hat die Existenz von **SBV II** bei doppelstöckigen Personengesellschaften bejaht;[632] für den Gesellschafter der Obergesellschaft kann SBV II bei der Untergesellschaft gebildet werden.[633] Das Ergebnis der Sonderbilanz des Obergesellschafters bei der Untergesellschaft ist Bestandteil des steuerlichen Gesamtgewinns der Untergesellschaft und wird dem Obergesellschafter im Rahmen der Gewinnverteilung der Untergesellschaft unmittelbar zugerechnet.[634] Hierzu rechnen auch Gewinne aus der Veräußerung oder Entnahme dieses Sonderbetriebsvermögens.

Wenn die Untergesellschaft eine **GmbH & Co. KG** ist, bilden die Anteile eines Obergesellschafters an der Komplementär-GmbH der Untergesellschaft SBV II des Obergesellschafters bei der Untergesellschaft.[635] Dies gilt nicht, wenn die Beteiligung weniger als 10 % beträgt und die Abstimmung in der Gesellschafterversammlung der GmbH nach der Mehrheit der abgegebenen Stimmen erfolgt[636] (vgl. auch Rz. 1482). An den Obergesellschafter gezahlte Entgelte für dessen Leistungen gegenüber der Komplementär-GmbH der Untergesellschaft werden bei Letzterer als Sondervergütungen des Obergesellschafters erfasst.[637] Wenn der Erwerb der Anteile an der Komplementär-GmbH mit Fremdkapital finanziert wurde, „stellt das Darlehen passives Sonderbetriebsvermögen II des Sonder-Mitunternehmers bei der Untergesellschaft dar."[638] 1584

Wenn der Erwerb der Beteiligung an der Obergesellschaft durch ein **Darlehen** finanziert wurde, ist es strittig, ob diese Darlehensschuld des mittelbar beteiligten Gesellschafters ganz oder anteilig in dessen Sonderbetriebsvermögen II bei der Untergesellschaft 1585

---

629 Vgl. BFH, Urteil v. 7.12.2000 – III R 35/98, BStBl 2001 II S. 316; *Ley*, KÖSDI 2010 S. 17155; *Seitz*, StbJb 2009/10 S. 110; *Schulze zur Wiesche*, StBp 2010 S. 37.
630 Vgl. *Wacker* in Schmidt, EStG, 37. Aufl., München 2018, § 15 Rz. 616; *Brandenberg*, JbFStR 2006/07 S. 318; *Mückl*, DB 2009 S. 1088.
631 Vgl. im Einzelnen *Mückl*, DB 2009 S. 1092; *Ley*, KÖSDI 2010 S. 17154; *Wacker* in: Lange/Bilitewski/Götz, Personengesellschaften im Steuerrecht, 10. Aufl., Herne 2018, Rz. 910; *Rätke* in HHR, EStG, KStG, Köln, § 15 Rz. 633 (Stand: 3/2013); *Förster*, DB 2011 S. 2571; *Niehus/Wilke*, Die Besteuerung der Personengesellschaften, 7. Aufl., Stuttgart 2015, S. 367; *Beekmann*, Ertragsteuerliche Behandlung der doppelstöckigen Personengesellschaft, Frankfurt a. M. 2007, S. 48 f.; a. A. *Schulze zur Wiesche*, FR 1999 S. 14; *Brandenberg*, JbFSt 2006/2007 S. 322; *Rödder*, StbJb 1994/95 S. 303 f.; *A. Söffing*, DStZ 1993 S. 587; *G. Söffing*, FR 1992 S. 188.
632 Vgl. BFH, Urteil v. 11.12.1990 – VIII R 14/87, BStBl 1990 II S. 510.
633 Vgl. BFH, Urteil v. 12.10.2016 – I R 92/12, HFR 2017 S. 299; BFH, Urteil v. 12.10.2016 – I R 93/12, BFH/NV 2017 S. 586; hierzu *Wacker*, IStR 2017 S. 286 ff.; *Kahlenberg*, PIStB 2017 S. 213 ff.
634 Vgl. *Seer*, StuW 1992 S. 43; *Niehus/Wilke*, Die Besteuerung der Personengesellschaften, 7. Aufl., Stuttgart 2015, S. 365; *Ley*, KÖSDI 2010 S. 17154.
635 Vgl. *Felix*, KÖSDI 1994 S. 9770; *Wacker* in Schmidt, EStG, 37. Aufl., München 2018, § 15 Rz. 617, 716; *Reiß* in Kirchhof (Hrsg.), EStG, 17. Aufl., Köln 2018, § 15 Rz. 345; *Ley*, KÖSDI 2010 S. 17155; *Seer*, StuW 1992 S. 44; *Schulze zur Wiesche*, StBp 1992 S. 252; a. A. *Rödder*, StbJb 1994/95 S. 303 f.; *G. Söffing*, FR 1992 S. 188; *A. Söffing*, DStZ 1993 S. 589 f.
636 Vgl. BFH, Urteil v. 16.4.2015 – IV R 1/12, BStBl 2015 II S. 705.
637 Vgl. *Wacker* in Schmidt, EStG, 37. Aufl., München 2018, § 15 Rz. 617; *Bordewin*, NWB, Fach 3 S. 8323.
638 *Förster*, DB 2011 S. 2571; gl. A. *Niehus/Wilke*, Die Besteuerung der Personengesellschaften, 7. Aufl., Stuttgart 2015, S. 366.

durchgestockt werden kann[639] oder – wie bei einer einstöckigen Personengesellschaft – vollumfänglich zu seinem passiven Sonderbetriebsvermögen II bei der Obergesellschaft zählt.[640]

1586 Das Ergebnis der **Steuerbilanz der Untergesellschaft** wird unmittelbar und anteilig den Gesellschaftern der Untergesellschaft einschließlich der Obergesellschaft als Mitunternehmer nach Maßgabe des gesellschaftsrechtlichen Gewinn- und Verlustverteilungsschlüssels zugerechnet, jedoch nicht auch den Gesellschaftern der Obergesellschaft,[641] da diese zivilrechtlich nicht Gesellschafter der Untergesellschaft sind. Damit beschränkt sich der sachliche Anwendungsbereich des § 15 Abs. 1 Satz 1 Nr. 2 Satz 2 EStG auf die von der Untergesellschaft bezogenen Sondervergütungen (und das damit verbundene SBV), obwohl dies dem Wortlaut des Gesetzes nicht direkt zu entnehmen ist.[642] Daher wird der mittelbar beteiligte Gesellschafter auch als „Sonder-Mitunternehmer" bezeichnet.[643] Der auf die Obergesellschaft entfallende Anteil am Steuerbilanzgewinn oder -verlust der Untergesellschaft geht in den Steuerbilanzgewinn oder -verlust der Obergesellschaft ein[644] und ist von den Gesellschaftern der Obergesellschaft als Teil ihres Anteils am Gesamtgewinn der Obergesellschaft zu versteuern.[645] Soweit die Wirtschaftsjahre der Ober- und Untergesellschaft nicht übereinstimmen, kommt es zu einer zeitversetzten Besteuerung, es sei denn, die Wahl des Wirtschaftsjahres gilt im Einzelfall als rechtsmissbräuchlich.[646]

---

639 So *IDW* (Hrsg.), Doppelstöckige Personengesellschaften, Düsseldorf 2017, Rz. 71, 189; *Wacker*, JbFStR 2006/07 S. 329 f.; *Raupach*, JbFStR 2006/07 S. 323 f.; *Mückl*, DB 2009 S. 1091 ff.; *Förster*, DB 2011 S. 2571 ff.; *Beekmann*, Ertragsteuerliche Behandlung der doppelstöckigen Personengesellschaft, Frankfurt a. M. 2007, S. 47; *Stegemann*, DB 2012 S. 376; *Prinz*, FR 2013 S. 662. Zu steuerlichen Konsequenzen der (teilweisen) Zuordnung des Anschaffungsdarlehens zum Sonderbetriebsvermögen II des Sonder-Mitunternehmers bei der Untergesellschaft (z. B. Schuldzinsenabzug) vgl. *Förster*, DB 2011 S. 2573 f.

640 So *Ley*, KÖSDI 2010 S. 17155; *Brandenberg*, JbFStR 2006/07 S. 321 ff.; *Niehus/Wilke*, Die Besteuerung der Personengesellschaften, 7. Aufl., Stuttgart 2015, S. 366; *Rätke* in HHR, EStG, KStG, Köln, § 15 Rz. 633 (Stand: 3/2013). Die Finanzverwaltung überträgt diese Vorgehensweise auch auf die gewerbesteuerliche Behandlung des Veräußerungsgewinns, d. h. der Veräußerungsgewinn unterliegt nur bei der Obergesellschaft der Gewerbesteuer, vgl. R 7.1 Abs. 3 Satz 5 GewStR; OFD Koblenz v. 28.2.2007, S 2243 A – St 31 3, DStR 2007, 992; a. A. z. B. *Hülsmann*, DStR 2014 S. 184 ff.

641 Vgl. *Wacker* in Schmidt, EStG, 37. Aufl., München 2018, § 15 Rz. 619; *Söhn*, StuW 1999 S. 333; *Schmidt* in Ballwieser et al. (Hrsg.), Bilanzrecht und Kapitalmarkt, FS Moxter, Düsseldorf 1994, S. 1114; a. A. *Bodden*, FR 2002 S. 564; *Bodden*, Einkünftequalifikation bei Mitunternehmern, Aachen 2001, S. 93 ff; *Bordewin*, DStR 1996 S. 1596.

642 Vgl. BFH, Urteile v. 22.1.2009 – IV R 90/05, DB 2009 S. 882; v. 22.6.2006 – IV R 56/04, BStBl 2006 II S. 838; v. 7.12.2000 – III R 35/98, BStBl II 2001 S. 319; v. 6.9.2006 – IV R 69/99, DB 2000 S. 2506; BFH, Beschluss v. 31.8.1999 – VIII B 74/99, DStR 1999 S. 1854; *Ley*, KÖSDI 2010 S. 17149; *Rätke* in HHR, EStG, KStG, Köln, § 15 Rz. 629 (Stand: 3/2013); *Felix*, BB 1994 S. 690; *Ley*, KÖSDI 2010 S. 17149; *Förster*, DB 2011 S. 2571; *Söffing*, DB 1994 S. 1488 f.; *Thiel* in Wachter (Hrsg.), Festschrift für Sebastian Spiegelberger zum 70. Geburtstag, Bonn 2009, S. 506; a. A. *Bodden*, FR 2002 S. 564. Diese einschränkende Auslegung des § 15 Abs. 1 Satz 1 Nr. 2 Satz 2 EStG ist nötig, um eine Doppelbesteuerung des (anteiligen) Gewinns der Untergesellschaft zu vermeiden, vgl. BFH, Urteil v. 6.9.2000 - IV R 69/99, DB 2000, S. 2506; *Rätke* in HHR, EStG, KStG, Köln, § 15 Rz. 629 (Stand: 3/2013).

643 Vgl. *Felix*, KÖSDI 1994 S. 9767.

644 Vgl. BFH, Urteil v. 26.1.1995 – IV R 23/93, BStBl 1995 II S. 467; *Ley*, KÖSDI 2010 S. 17151.

645 Vgl. BFH, Beschluss v. 25.6.2008 – X B 210/05, BFH/NV 2008 S. 1649; BFH, Urteil v. 26.1.1995 – IV R 23/93, BStBl 1995 II, S. 467.

646 Vgl. BFH, Urteil v. 16.12.2003 – VIII R 89/02, BFH/NV 2004 S. 936; *Wacker* in Schmidt, EStG, 37. Aufl., München 2018, § 15 Rz. 255, 619. In abweichenden Wirtschaftsjahren von Ober- und Untergesellschaft wird kein Missbrauch von Gestaltungsmöglichkeiten des Rechts gesehen, „wenn dadurch die Entstehung eines Rumpfwirtschaftsjahres vermieden wird", BFH, Urteil v. 9.11.2006 – IV R 21/05, BStBl 2010 II S. 230.

Wirtschaftsgüter des Gesellschaftsvermögens der Obergesellschaft, die der Untergesellschaft zur Nutzung überlassen werden, bilden aktives **Sonderbetriebsvermögen der Obergesellschaft** bei der Untergesellschaft.[647] Das Sonderbetriebsvermögen hat also auch hier Vorrang vor dem Betriebsvermögen des Eigenbetriebs des Gesellschafters. Schulden, die mit diesem Sonderbetriebsvermögen oder der Beteiligung der Obergesellschaft an der Untergesellschaft wirtschaftlich zusammenhängen, sind passives SBV bei der Untergesellschaft.[648] Die Grundsätze der Zurechnung von Wirtschaftsgütern bei **Schwesterpersonengesellschaften** (vgl. Rz. 1538) wirken sich bei doppel- bzw. mehrstöckigen Personengesellschaften damit nicht aus.

1587

Das Ergebnis einer etwaigen **Ergänzungsbilanz** für die Obergesellschaft zur Steuerbilanz der Untergesellschaft infolge entsprechender Anschaffungskosten beim Erwerb der Beteiligung an der Untergesellschaft zählt zum Gesamtgewinnanteil der Obergesellschaft als Mitunternehmerin der Untergesellschaft.[649] Hierzu rechnen auch die Sondervergütungen, die die Obergesellschaft von der Untergesellschaft für unmittelbare Leistungen erhält, sowie weitere Sonderbetriebseinnahmen und Sonderbetriebsausgaben des Sonderbetriebsvermögens der Obergesellschaft als Mitunternehmerin der Untergesellschaft.[650] Gewinne und Verluste aus der Veräußerung des Mitunternehmeranteils der Obergesellschaft an der Untergesellschaft sind gleichfalls Bestandteil des Gesamtgewinnanteils der Obergesellschaft.[651]

1588

Wenn der **Anteil an der Obergesellschaft** einer doppelstöckigen Personengesellschaft über bzw. unter dem Buchwert des Kapitalkontos des Veräußerers bei der Obergesellschaft entgeltlich erworben wird, müssen zwei Ergänzungsbilanzen erstellt werden.[652] Eine **Ergänzungsbilanz** ist für den Erwerber der Beteiligung **bei der Obergesellschaft** zu bilden; sie betrifft die Wirtschaftsgüter des Gesamthandsvermögens der Obergesellschaft, aber ohne den Anteil der Obergesellschaft an der Untergesellschaft, da dieser kein Wirtschaftsgut darstellt,[653] aber gleichwohl in der Steuerbilanz der Obergesellschaft zwar auszuweisen, aber nicht selbständig zu bewerten ist.[654] Stattdessen wird **bei der Untergesellschaft eine zweite Ergänzungsbilanz** gebildet, in der die Mehr- bzw. Minderwerte der durch den Gesellschaftsanteil der Obergesellschaft repräsentierten

1589

---

647 Vgl. BFH, Urteil v. 7.12.2000 – III R 35/98, BStBl 2001 II S. 316; BMF, Schreiben v. 28.4.1998 – IV B 2 – S 2241 – 42/98, BStBl 1998 I S. 583; *Rätke* in HHR, EStG/KStG, Köln, § 15 Rz. 635 (Stand: 3/2013).
648 Vgl. BFH, Urteile v. 24.3.1999 – I R 114/97, BStBl 2000 II S. 399; v. 20.9.2007 – IV R 68/05, BStBl 2008 II S. 483; *Schmid*, DStR 1997 S. 944.
649 Vgl. *Rätke* in HHR, EStG/KStG, Köln, § 15 Rz. 630, 636 (Stand: 3/2013); *Söhn*, StuW 1999 S. 333; *Wacker* in Schmidt, EStG, 37. Aufl., München 2018, § 15 Rz. 619.
650 Vgl. *Rätke* in HHR, EStG/KStG, Köln, § 15 Rz. 631 (Stand: 3/2013); *Wacker* in Schmidt, EStG, 37. Aufl., München 2018, § 15 Rz. 619.
651 Vgl. *Rätke* in HHR, EStG/KStG, Köln, § 15 Rz. 629 (Stand: 3/2013).
652 Vgl. *Wacker* in Schmidt, EStG, 37. Aufl., München 2018, § 15 Rz. 471; *Rätke* in HHR, EStG/KStG, Köln, § 15 Rz. 637 (Stand: 3/2013).
653 Vgl. z. B. BFH, Urteile v. 26.4.2012 – IV R 44/09, BFH/NV 2012 S. 1513; v. 8.9.2005 – IV R 52/03, BStBl 2006 II, S. 128; v. 30.4.2003 – I R 102/01, BStBl 2004 II S. 804.
654 Vgl. *Wacker* in Schmidt, EStG, 37. Aufl., München 2018, § 15 Rz. 622. Dem Ausweis der Beteiligung der Obergesellschaft an der Untergesellschaft kommt also für die steuerliche Gewinnermittlung über die Gewinnfeststellung bei der Untergesellschaft hinaus keine Bedeutung zu, vgl. BFH, Urteil v. 30.4.2003 – I R 102/01, BStBl 2004 II S. 804. Zur Diskussion um den Ausweis der Beteiligung in der Steuerbilanz vgl. *Rätke* in HHR, EStG/KStG, Köln, § 15 Rz. 643 (Stand: 3/2013); *Ley*, KÖSDI 2005 S. 14486 ff.; *Mayer*, DB 2003 S. 2034 ff.; *Mayer*, KÖSDI 2005 S. 14609 ff.; *Mische*, BB 2010 S. 2949 ff.

Wirtschaftsgüter im Gesamthandsvermögen der Untergesellschaft ausgewiesen werden, soweit auf diese Wirtschaftsgüter die Anschaffungskosten für den erworbenen Anteil an der Obergesellschaft mittelbar entfallen.[655] Es ist strittig, ob diese zweite Ergänzungsbilanz für den erwerbenden Obergesellschafter als Sonder-Mitunternehmer unmittelbar bei der Untergesellschaft[656] oder durch die Obergesellschaft als Gesellschafterin der Untergesellschaft für den mittelbar beteiligten Gesellschafter bei der Untergesellschaft[657] aufzustellen ist.[658]

1590–1609   *(Einstweilen frei)*

---

[655] Vgl. *Wacker* in Schmidt, EStG, 37. Aufl., München 2018, § 15 Rz. 471; *Mische*, BB 2010 S. 2949.

[656] Vgl. BFH, Urteil v. 1.7.2004 - IV R 67/00, BStBl 2010 II S. 1327; *Nickel/Bodden*, FR 2003 S. 393; *Wacker*, JbFStR 2006/07 S. 325; *Ludwig*, BB 2007 S. 2155; *Zimmermann* u. a. (Hrsg.), Die Personengesellschaft im Steuerrecht, 12. Aufl., Achim 2017, Kap. G, Rz. 61; *Seibold*, DStR 1998 S. 438; *Best*, DStZ 1991 S. 419 f.

[657] Vgl. *IDW* (Hrsg.), Doppelstöckige Personengesellschaften, Düsseldorf 2017, Rz. 51, 96; *Ley*, KÖSDI 2010 S. 17153 f.; *Ley*, KÖSDI 2011, S. 17277; *Groh*, DB 1991 S. 881; *Dörfler/Zerbe*, DStR 2012 S. 1213; *Rätke* in HHR, EStG, KStG, Köln, § 15 Rz. 637 (Stand: 3/2013); *Mische*, BB 2010 S. 2946; *Patt* in HHR, EStG, KStG, Köln, § 16 Rz. 206 (Stand: 5/2008).

[658] Zu weiteren Vorschlägen vgl. *Mayer*, DB 2003 S. 2038; *Mayer*, KÖSDI 2005 S. 14609; *Paul*, Die Behandlung negativer Kapitalkonten bei doppelstöckigen Personengesellschaften, Frankfurt a. M. u. a. 2006, S. 127 ff.; *Reiß* in Kirchhof (Hrsg.), EStG, 17. Aufl., Köln 2018, § 15 Rz. 350; zur Diskussion vgl. *Ley*, KÖSDI 2005 S. 14614; *IDW* (Hrsg.), Doppelstöckige Personengesellschaften, Düsseldorf 2017, Rz. 96 ff.

Teil A:
Grundsatz- und Querschnittsfragen steuerlicher Gewinnermittlung

Kapitel XI:
Besonderheiten bei ertragsteuerlicher Organschaft

von
WP/StB Professor Dr. Ulrich Prinz, Köln

Kapitel XI: Besonderheiten bei ertragsteuerlicher Organschaft

Inhaltsübersicht

	Rz.
1. Rechtsgrundlagen der ertragsteuerlichen Organschaft	1610 - 1619
2. Gewinnermittlung, Einkommensermittlung und -zurechnung bei der ertragsteuerlichen Organschaft	1620 - 1689
2.1 Handelsbilanzielle Abbildung bei Organgesellschaft und Organträger	1620 - 1629
2.2 Gewinn- und Einkommensermittlung bei der Organgesellschaft	1630 - 1659
2.2.1 Steuerbilanzielle Gewinnermittlung, Einkommens- und Gewerbeertragszurechnung an den Organträger	1630 - 1631
2.2.2 Neue GAV-Durchführungsfiktion für fehlerhafte Jahresabschlüsse	1632 - 1634
2.2.3 Rücklagenbildung und Rücklagenverwendung bei der Organgesellschaft	1635 - 1649
2.2.4 Vororganschaftliche Verlustabzüge	1650 - 1654
2.2.5 Besteuerung der Ausgleichszahlungen bei der Organgesellschaft	1655 - 1659
2.3 Gewinn- und Einkommensermittlung beim Organträger	1660 - 1679
2.3.1 Grundsätze	1660 - 1669
2.3.2 Besonderheiten bei einem verlustführenden Organträger mit Auslandsbezug	1670 - 1674
2.3.3 Besonderheiten bei einer Personengesellschaft als Organträger	1675 - 1679
2.4 Sonderfragen: Teilwertabschreibung auf Anteile an der Organgesellschaft wegen voraussichtlich dauernder Wertminderung	1680 - 1689
3. Steuerbilanzielle Ausgleichsposten bei innerorganschaftlichen Mehr- und Minderabführungen (§ 14 Abs. 4 KStG)	1690 - 1729
3.1 Grundinformationen zu aktiven und passiven steuerbilanziellen Ausgleichsposten	1690 - 1699
3.2 Rechtsentwicklung	1700 - 1704
3.3 Rechtsnatur der Ausgleichsposten: bilanzsteuerlicher Sonderposten ohne Wirtschaftsgutqualität	1705 - 1714
3.4 Behandlung der Ausgleichsposten in Veräußerungsfällen und bei veräußerungsähnlichen Transaktionen	1715 - 1724
3.5 Zukunft steuerlicher Ausgleichsposten: Einlagelösung?	1725 - 1729
4. Vororganschaftliche, nachorganschaftliche und außerorganschaftliche Mehr- und Minderabführungen mit ihren steuerbilanziellen Konsequenzen	1730 - 1819
4.1 Vororganschaftliche Mehr- und Minderabführungen (§ 14 Abs. 3 KStG, § 44 Abs. 7 EStG)	1730 - 1739
4.2 Nachorganschaftliche Mehr- und Minderabführungen	1740 - 1744
4.3 Außerorganschaftliche Mehr- und Minderabführungen	1745 - 1819

AUSGEWÄHLTE LITERATUR

Adrian/Fey, Organschaftsrettung durch den BFH, DStR 2017 S. 2409; *Bareis*, Systembruch durch Ausgleichsposten nach § 14 Abs. 4 KStG?, FR 2008 S. 649; *Breier*, Mehr- und Minderabführungen in der Organschaft, Der Konzern 2011 S. 11 und S. 84; *Dötsch*, Gruppenbesteuerung statt Organschaft: Vorschläge zur vereinfachten Abwicklung von Mehr- und Minderabführungen, Der Konzern 2011 S. 402; *Dötsch/Pung*, Minder- und Mehrabführungen bei Organschaft – Zur Abgrenzung zwischen § 14 Abs. 3 und § 14 Abs. 4 KStG – Der Konzern 2008 S. 150; *Dötsch/Pung*, Die organschaftlichen Ausgleichsposten: Warum tun wir uns das an?, Festschrift für Gerrit Frotscher, 2013, S. 51–74; *Faller*,

Organschaftliche Mehr- oder Minderabführungen bei einkommenserheblichen Abweichungen zwischen Handels- und Steuerbilanz – Anmerkungen zum BMF-Schreiben vom 15. 7. 2013, DStR 2013 S. 1977; *Fellinger/Welling*, Auslegungsfragen zur kleinen Organschaftsreform – Positives Ziel nicht aus den Augen verlieren, DStR 2013 S. 1718; *Gosch/Adrian*, Mehr- und Minderabführungen bei der ertragsteuerlichen Organschaft, GmbHR 2017 S. 965; *Hageböke/Hennrichs*, Organschaft: Der Gesetzeszweck der Ausschüttungssperre in § 253 Abs. 6 S. 2 HGB n. F. als Thesaurierungsgrund i. S. v. § 14 Abs. 1 Satz Nr. 4 KStG, DB 2017 S. 18; *Heurung/Seidel*, Ausgleichspostenmethode bei Organverlusten und mittelbarer Organschaft, Der Konzern 2009 S. 400; *Heurung/Müller-Thomczik*, Der organschaftliche Ausgleichsposten im Umwandlungsfall, StB 2013 S. 111; *IDW*, Aktuelles zur steuerlichen Organschaft, Beiheft zu FN/IDW 9/2011; *Joisten/Lüttchens*, Auswirkungen außerbilanzieller Korrekturen auf organschaftliche Mehr- und Minderabführungen, Ubg 2017 S. 561; *Kahle/Vogel/Schulz*, Internationale Aspekte der Organschaft unter besonderer Berücksichtigung der Reformvorschläge, Ubg 2011 S. 761; *Kolbe*, Mehr- oder Minderabführungen in organschaftlicher Zeit – Die Neuregelung des § 14 Abs. 4 KStG, StuB 2008 S. 293; *Neumann*, Mehr- und Minderabführungen – Ein altes Thema mit immer wieder neuen Fragestellungen, Ubg 2010 S. 673; *Oesterwinter*, Problembereiche der ertragsteuerlichen Organschaft – Lösung durch die Einführung eines modernen Gruppenbesteuerungssystems?, DStZ 2011 S. 585; *Petersen*, Heilung von Bilanzierungsfehlern im Rahmen der Organschaft, WPg 2018 S. 659; *Prinz/Keller*, Neue BFH-Rechtsprechung zur ertragsteuerlichen Organschaft, DB 2018 S. 400; *Prinz*, Organschaft in der Praxis – Aktuelle Brennpunkte, GmbHR 2018, R 273; *Reiß*, Steuerliche Einkommenszurechnung, handelsrechtliche Gewinnabführung und steuerliche Ausgleichsposten im Rahmen der Organschaft – München locuta, causa finita?, Der Konzern 2008 S. 9; *Rödder*, Einführung einer neuen Gruppenbesteuerung an Stelle der Organschaft, Ubg 2011 S. 473; *Rödder/Schmidtmann*, Zeitlicher Zusammenhang von konkretem Anlass und Rücklagenzuführung bei der Bildung einer Gewinnrücklage gemäß § 14 Abs. 1 Satz 1 Nr. 4 KStG, Ubg 2014 S. 177; *Ronneberger*, Zur Systematik organschaftlicher Ausgleichsposten nach dem BFH-Urteil vom 29. 8. 2012, Stbg 2013 S. 297; *Schumacher*, Mehr- und Minderabführungen i. S. d. § 14 Abs. 3 und 4 KStG im Rahmen von Umwandlungen, in: Festschrift Schaumburg, 2009 S. 477; *Schmidtmann*, Anteilige Auflösung organschaftlicher Ausgleichsposten bei „up-stream"-Abspaltungen, DStR 2014 S. 405; *Sedemund*, Ungelöste Fragen bei vor- und innerorganschaftlichen Mehr- und Minderabführungen, DB 2010 S. 1255; *Suchanek/Jansen/Hesse*, Organschaftliche Ausgleichsposten – Geht der Streit zwischen BFH und Finanzverwaltung weiter?, Ubg 2013 S. 280; *Thiel*, Probleme beim Übergang vom Halbeinkünfteverfahren zur Organschaft – Mehr- und Minderabführungen nach § 14 Abs. 3 KStG, in: Festschrift Raupach, Köln 2006 S. 543; *Thiel*, Nach 50 Jahren immer noch aktuell: Die besonderen Ausgleichsposten in der Steuerbilanz des Organträgers, in: Festschrift Lang, 2011 S. 755; *Tiede*, Organschaftliche Ausgleichsposten nur bei einkommenserheblichen Abweichungen von Handels- und Steuerbilanz – Anmerkungen zum BFH-Urteil vom 29.8.2012 - I R 65/11, StuB 2013 S. 93 und Kein passiver Ausgleichsposten für Mehrabführungen bei nach § 15a EStG nur verrechenbaren Verlusten – Anmerkungen zum BMF-Schreiben vom 15.7.2013, S. 606; *Tippelhofer*, Minder- und Mehrabführungen bei außerbilanziellen Gewinnkorrektiven in Organschaftsverhältnissen, StuB 2017 S. 744; *Trautmann/Faller*, Mehr- und Minderabführungen in der Organschaft nur bei einkommenserheblichen Abweichungen zwischen Handels- und Steuerbilanz, DStR 2013 S. 293; *von Freeden*, Minder- und Mehrabführungen nach § 14 Abs. 4, § 27 Abs. 6 KStG – Ausgleichspostenlösung und Einlagelösung, Frankfurt a. M. 2011; *von Freeden/Lange*, Ertragszuschuss eines Organträgers an seine Organgesellschaft, DB 2017 S. 2055;

1. Rechtsgrundlagen der ertragsteuerlichen Organschaft

1610   Die ertragsteuerliche Organschaft ist für Körperschaftsteuerzwecke in §§ 14-19 KStG, für Gewerbesteuerzwecke in § 2 Abs. 2 Satz 2 GewStG tatbestandsidentisch geregelt. Der

Gesetzgeber hat in diesem Bereich mit der sog. Kleinen Organschaftsreform v. 20.2.2013[1] wichtige Rechtsänderungen vorgenommen, die für national und international tätige Konzerne sowie mittelständische Unternehmensgruppen von großer praktischer Tragweite sind. Vor allem das „Bilanzrecht der Organschaft" wurde dabei modernisiert (s. Rz. 1616, 1632). Zwischenzeitlich sind etliche weitere punktuelle Änderungen im Organschaftsrecht zu vermerken (insbes. § 7a GewStG durch das BEPS-Umsetzungsgesetz v. 20.12.2016 mit einer rechtsprechungsbrechenden Sonderregelung bei der Gewerbeertragsermittlung einer Organgesellschaft; § 15 Nr. 1 S. 3 sowie Nr. 1a KStG als Bestandteil eines Sanierungssteuerrechts mit EU-rechtlichem Notifizierungsvorbehalt, geschaffen durch das „Gesetz gegen schädliche Steuerpraktiken im Zusammenhang mit Rechteüberlassungen" vom 27.6.2017).[2] Die Anbindung der ertragsteuerlichen Organschaft an den gesellschaftsrechtlichen Gewinnabführungsvertrag und die handelsbilanziellen Bezüge bei der Ermittlung der Gewinnabführung/Verlustübernahme sind ungeachtet dessen beibehalten worden. Das seinerzeit vom Gesetzgeber verfolgte Ziel der Einführung eines neuen Gruppenbesteuerungssystems ohne GAV-Erfordernis wurde wegen fehlender finanzieller Spielräume zunächst „ad acta" gelegt und ist seitdem konzeptionell nicht weiterverfolgt worden.

Wesentliche, kumulativ zu erfüllende **Tatbestandsvoraussetzungen** einer ertragsteuerlichen Organschaft sind:

▶ eine **Organgesellschaft (= OG)** in Gestalt einer AG, GmbH, SE, KGaA oder anderweitigen ausländischen KapGes mit inländischer Geschäftsleitung und Sitz in einem EU/EWR-Mitgliedstaat (Drittstaaten-KapGes sind trotz inländischer Geschäftsleitung nicht „organschaftsfähig"),

▶ ist in einen **Organträger (= OT)**, der eine Körperschaft, eine natürliche Person oder eine gewerblich tätige (nicht geprägte) Personengesellschaft mit jeweils inländischer Betriebsstätte sein muss, eingegliedert;

▶ die finanzielle Eingliederung besteht vom Beginn ihres Wirtschaftsjahres an ununterbrochen nach Maßgabe der Mehrheit der Stimmrechte (unmittelbar, ggf. mittelbar);

▶ die OG muss zudem ihren ganzen Gewinn wegen eines auf mindestens 5-Jahre (= Zeitjahre, nicht Wirtschaftsjahre)[3] abgeschlossenen und durchgeführten **Gewinnabführungsvertrags** (§ 291 Abs. 1 AktG; GAV oder EAV; Gewinnverwendung eigener Art) an den Organträger abführen. Ein Beherrschungsvertrag ist nicht erforderlich. Etwaige spätere BP-Mehrergebnisse stehen der Durchführung des GAV nicht entgegen.

---

[1] Vgl. „Gesetz zur Änderung und Vereinfachung der Unternehmensbesteuerung und des steuerlichen Reisekostenrechts" v. 20.2.2013, BGBl 2013 I S. 285. Aus der Literaturflut vgl. exemplarisch *N. Schneider*, StbJb 2012/2013 S. 93; *Prinz*, StuB 2013 S. 265; *Adrian*, StB 2013 S. 351. Bislang fehlt ein Anwendungsschreiben der FinVerw.; zu dem Thema der Kleinen Organschaftsreform schweigen die KStR 2015 weitgehend, s. auch *Pohl*, NWB 32/2016 S. 2424. Allerdings existieren Verfügungen einzelner Oberfinanzdirektionen oder Länderfinanzverwaltungen, insbes. OFD Frankfurt a. M. v. 30.5.2016, DStR 2016, S. 1375; Kurzinfo FinMin. Schleswig-Holstein v. 22.2.2016, GmbHR 2016, S. 560 sowie OFD Karlsruhe, Vgf. v. 16.1.2014, FR 2014 S. 434 (nicht bundeweit abgestimmt).

[2] Vgl. als Überblick *Prinz*, GmbHR 18/2017, R 273.

[3] Zur Mindestlaufzeit des GAV und Bildung eines Rumpfwirtschaftsjahrs s. BFH v. 13.11.2013 – I R 45/12, DStR 2014 S. 643; ergänzend auch BFH v. 12.1.2011 – I R 3/10, BStBl 2011 II S. 727 sowie BFH, Urteil v. 10.5.2017 – I R 19/15, DStR 2017 S. 2112.

1611 Üblicherweise handelt es sich um einen inländischen Organkreis. Durch die Kleine Organschaftsreform ist allerdings deutlich eine internationale Ausweitung des potenziellen Organkreises zu beobachten. Personengesellschaften können nur Organträger, nicht Organgesellschaft sein. Stets muss es sich um einen „einzigen" OT handeln; die Mehrmütterorganschaft wurde mit Wirkung ab dem Jahr 2003 abgeschafft. § 17 KStG enthält „Sonderkriterien" für eine GmbH als Organgesellschaft und wurde hinsichtlich der Verpflichtung zur Verlustübernahme durch den Gesetzgeber mit rückwirkender Heilungsmöglichkeit „dynamisiert" (§ 17 Abs. 2 KStG).[4] Dessen ungeachtet „entpuppen" sich gerade Verlustübernahmevereinbarungen in einem GmbH-Konzern noch immer als möglicher „deal breaker" für die steuerliche Anerkennung einer Organschaft; selbst positive Verwaltungsanweisungen bewirken für den Steuerpflichtigen keinen sicheren Rechtsschutz.[5] Das neue inländische Betriebsstättenkriterium (§ 12 AO sowie DBA-rechtlicher Betriebsstättenbegriff) für einen unbeschränkt oder beschränkt steuerpflichtigen OT wurde durch den Gesetzgeber mit Wirkung ab 2012 als Gegenreaktion auf die Entscheidung des BFH v. 9.2.2011[6] eingeführt. Unmittelbare oder mittelbare Beteiligungen an der OG müssen danach ebenso wie die „zuzurechnenden Einkünfte" national wie doppelbesteuerungsrechtlich ununterbrochen während der gesamten Dauer der Organschaft der inländischen Betriebsstättenbesteuerung unterliegen. Auf Sitz/Geschäftsleitung des OT kommt es nicht mehr an; § 18 KStG wurde ersatzlos aufgehoben. Im Übrigen würde die „dual-consolidated loss-Regelung" des § 14 Abs. 1 Nr. 5 KStG ausgeweitet. Soweit im Organkreis entstehende „negative Einkünfte" in einem ausländischen Staat im Rahmen der Besteuerung von OT, OG oder einer anderen Person berücksichtigt werden, scheiden sie für den Inlandsabzug aus. Nach Meinung des BFH liegen negative Einkünfte des Organträgers allerdings nur dann vor, „wenn bei diesen nach der Zurechnung des Einkommens der Organgesellschaft ein Verlust verbleibt", es ist von „konsolidierten Einkünften" des OT die Rede.[7] Die Regelung ist rückwirkend für alle offenen Fälle anzuwenden (§ 34 Abs. 9 Nr. 8 KStG) und führt für international tätige Gruppen zu erheblichen Verlustnutzungsrisiken. Darin könnte ein Verstoß gegen die Grundsätze der Leistungsfähigkeitsbesteuerung bestehen; auch für EU/EWR-Fälle bestehen Bedenken im Hinblick auf die unionsrechtlichen Grundfreiheiten.

Sind Minderheitsgesellschafter an der OG beteiligt, so müssen die erforderlichen Ausgleichszahlungen immer von der OG selbst versteuert werden (§ 16 KStG, § 4 Abs. 5 Nr. 9 EStG). In Umstrukturierungs- und Transaktionsfällen werden des Öfteren Rumpfwirtschaftsjahre zur zeitnahen Herstellung einer Organschaft gebildet. Bei Transaktionen kommt häufig auch die sog. Mitternachtsregelung (R 14.4 Abs. 2 KStR 2015) zur

---

[4] Der in § 34 Abs. 10 KStG ursprünglich zu findende „verunglückte" Zeitbezug (31.12.2014) wurde durch das AIFM-StAnpG v. 18.12.2013, BGBl 2013 I S. 4318 auf „vor dem 1.1.2015" abgeändert. Dadurch wurden – wie ursprünglich v. Gesetzgeber geplant – rückwirkende Heilungsmaßnahmen auch noch in 2014 ermöglicht. Vgl. zur Übergangsbestimmung auch bereits BFH, Urteil v. 24.7.2013 – I R 40/12, BStBl 2014 II S. 272; Erläuterungen bei *Gosch*, BFH/PR 11/2013 S. 411-413.

[5] Vgl. BFH, Urteil v. 10.5.2017 – I R 93/15, DStR 2017 S. 2429 für den Fall eines fehlenden Rechtsverweises auf § 302 Abs. 4 AktG (besondere Verjährungsfrist für Verlustübernahmen).

[6] BFH, Urteil v. 9.2.2011 – I R 54, 55/10, BStBl 2012 II S. 106.

[7] Vgl. BFH, Urteil v. 12.10.2016 – I R 92/12, DStR 2017 S. 589. Zur Einordnung des Judikats, auch im Hinblick auf den neuen, ab 1.1.2017 geltenden § 4i EStG vgl. *Prinz*, GmbHR 2017 S. 553 und JbFSt 2017/2018, S. 633; *Wacker*, IStR 2017 S. 286; *Pohl*, DStR 2017 S. 1687; *Weinberger*, IStR 2017 S. 970.

Anwendung, die entsprechender bilanzieller Handhabung beim jeweiligen Organträger bedarf.[8] Ein Ausweis der Beteiligung an der OG in der Schlussbilanz des betreffenden Wirtschaftsjahres beim OT ist für die Anwendung der organschaftsspezifischen Mitternachtsregelung allerdings nicht zwingend. Für Feststellungszeiträume, die nach dem 31.12.2013 beginnen, wurde schließlich im Rahmen der Kleinen Organschaftsreform ein neues (einheitliches und gesondertes) Feststellungsverfahren geschaffen, das für OG und OT in einer Grundlagen-Folgebescheidbeziehung bindend ist und Verwaltungsvereinfachung bewirken soll.

Rechtsfolge der Organschaft ist für Körperschaftsteuerzwecke die Zurechnung des positiven oder negativen Einkommens an den Organträger als ‚fremdes Einkommen'[9] (Durchbrechung des Steuersubjektprinzips wegen des GAV). Entsprechendes gilt im Bereich der Einkommensteuer bei natürlichen Personen als Mitunternehmer einer OT-Personengesellschaft als begrenzt steuerrechtsfähiges Einkunftserzielungssubjekt (§ 15 Abs. 1 Nr. 2 EStG, § 14 Abs. 1 Nr. 2 KStG). Daraus ergibt sich eine direkte Verlustverrechnung oder die Vermeidung der 5 % Belastung durch nicht abziehbare Betriebsausgaben bei körperschaftsteuerpflichtigem OT im Gewinnfall (§ 8b Abs. 5 KStG).[10] Die Organgesellschaft selbst bleibt allerdings als Steuer- und Bilanzierungssubjekt erhalten. Für Gewerbesteuerzwecke gilt die Organgesellschaft dagegen als (unselbständige) Betriebsstätte des Organträgers. Eine Ergebnis- oder Kapitalkonsolidierung – wie sie sich aus der Konzernrechnungslegung ergibt (etwa § 297 Abs. 3 Satz 1 HGB) – findet für die ertragsteuerliche Organschaft nicht statt. Organschaftsbezogene Gewinnabführungen und Ausschüttungen schließen sich allerdings nicht aus. Vororganschaftliche Rücklagen können neben einer Gewinnabführung an den Organträger ausgeschüttet werden. Nach dem seit 1.1.2014 geltenden neuen organschaftlichen Verfahrensrecht sind OG und OT jeweils selbständig gegen den Feststellungsbescheid i. S. d. § 14 Abs. 5 KStG rechtsbehelfsbefugt. Für gewinnbezogene gewerbesteuerliche Folgewirkungen gilt § 35b GewStG.[11]

1612

Darüber hinaus gibt es Organschaften auch für umsatzsteuerliche Zwecke. Dort muss eine juristische Person nach dem Gesamtbild der tatsächlichen Verhältnisse finanziell, wirtschaftlich und organisatorisch in das Unternehmen des Organträgers eingegliedert sein (§ 2 Abs. 2 Nr. 2 UStG). Ausgelöst durch neuere EuGH-Rechtsprechung und daran anknüpfende differenzierte BFH-Rechtsprechung sind zwischenzeitlich auch finanziell eingegliederte Personengesellschaften umsatzsteuerlich organgesellschaftsfähig. Dies ist dem Wortlaut von Art. 11 MwStSystRL geschuldet, der abweichend zu § 2 Abs. 2 Nr. 2 UStG nicht von einer juristischen Person, sondern von einer „im Inland ansässigen Person" spricht. Diesem Beurteilungswandel hat die FinVerw. zwischenzeitlich durch das BMF-Schreiben vom 26.5.2017 Rechnung getragen; ggf. wird der Gesetzgeber insoweit

1613

---

8 Zu den Details vgl. *Hierstetter*, in: Prinz/Witt (Hrsg.), Steuerliche Organschaft, 2015, Rz. 2022.
9 So BFH, Urteil v. 29.8.2012 – I R 65/11, BStBl 2013 II S. 555 Rz. 18; anders akzentuiert allerdings für Zwecke des § 14 Abs. 1 Nr. 5 KStG BFH, Urteil v. 12.10.2016 – I R 92/12, DStR 2017 S. 589 Rz. 49, wo von „konsolidierten Einkünften des OT nach der Zurechnung des Einkommens der OG" die Rede ist.
10 Zu den wirtschaftlichen Konsequenzen der Organschaft *Prinz*, in: Herzig, Organschaft, 2003 S. 545-561 sowie in *Prinz/Witt* (Hrsg.), Steuerliche Organschaft, 2015 Rz. 1.58-1.66.
11 Zu den Details des Verfahrensrechts der Organschaft s. *Drüen*, Der Konzern 2013 S. 433-451 sowie in *Prinz/Witt*, (Hrsg.), Steuerliche Organschaft, 2015 Rz. 4.11-4.58; *Teiche*, DStR 2013 S. 2197.

"nachbessern" müssen (unter Einschluss eines umsatzsteuerlichen Antragsrechts zur Organschaft). So bildet etwa eine geschäftsleitende Holding in der Rechtsform einer AG/GmbH zusammen mit ihrer 100%igen Tochter GmbH & Co. KG einen umsatzsteuerlichen Organkreis.[12] Ein Gewinnabführungsvertrag wird für **Umsatzsteuerzwecke** nicht benötigt, allerdings kann ein Beherrschungsvertrag (§ 291 Abs. 1 Satz 1 AktG) zur Sicherstellung der organisatorischen Eingliederung sinnvoll sein. Umsatzsteuerlich entsteht ein Einheitsunternehmen, so dass die Leistungsbeziehungen zwischen Organgesellschaft und Organträger nicht steuerbare Innenumsätze sind; der Gesetzgeber beschränkt dies auf im Inland gelegene Unternehmensteile. Umsatzsteuerschuldner – gegebenenfalls auch Erstattungsberechtigter bei Vorsteuerüberhängen – ist der Organträger; dem ist steuerbilanziell Rechnung zu tragen. Die Organgesellschaft kann allerdings Haftender gem. § 73 AO sein, was steuerbilanziell im Einzelfall zu Haftungsschulden führen kann.[13] Schließlich gibt es auch eine **grunderwerbsteuerliche Organschaft** (§ 1 Abs. 4 Nr. 2 Buchstabe b GrEStG), die als spezieller Zurechnungstatbestand ausschließlich steuererhöhende Wirkung entfaltet (Anteilsvereinigung zu 95 % „in einer Hand") und keine steuerbilanziellen Besonderheiten aufweist.

1614 Die Organschaftskriterien sind zwischenzeitlich in Rechtsprechung und Praxis vor allem im Hinblick auf den Gewinnabführungsvertrag stark formalisiert worden. Auch hinsichtlich der diversen Zeitebenen der Organschaft sind wachsende „Zerklüftungen" festzustellen.[14] In der Folge kommt es in einer Reihe von Fällen zu sog. verunglückten Organschaften, auch wenn sich der Gesetzgeber durch die „Kleine Organschaftsreform" vom 20.2.2013 um den Abbau von Formalhürden bemüht hat. Dies gilt für Begründung, Verlauf und Beendigung der Organschaft gleichermaßen. Zudem wird der hierarchische Ausgangspunkt der ertragsteuerlichen Organschaft mit strikten Unter- und Überordnungsverhältnissen den zunehmend virtuell ausgestalteten Konzernrealitäten häufig nicht mehr gerecht. Dennoch konnte sich der Steuergesetzgeber bislang aus Fiskalgründen nicht zu einer Umgestaltung der ertragsteuerlichen Organschaft nach Maßgabe eines **modernen Gruppenbesteuerungskonzepts** „durchringen", bei dem auf den Gewinnabführungsvertrag verzichtet wird und die diversen auslandsrelevanten Verlustabzugsgrenzen konzeptionell neu geordnet werden.[15] Das Ziel eines modernisierten Grup-

---

12 Ausgangspunkt dieser Rechtsentwicklung war die Larentia + Minerva-Entscheidung des EuGH v. 16.7.2015 – C - 108/14 und C - 109/14 HFR 2015, S. 901 = BStBl. II 2017, S. 604. Die darauf aufbauende BFH-Rechtsprechung war in der Begründung zur Einbeziehung von PersGes in den umsatzsteuerlichen Organkreis unterschiedlich akzentuiert; vgl. etwa BFH, Urteil v. 2.12.2015 – V R 25/13, BStBl. II 2017 S. 547 (teleologische Extension) sowie BFH, Urteil v. 19.1.2016 – XI R 38/12, BStBl. II 2017, S. 567 (richtlinienkonforme Auslegung); *Höink/Langenhövel*, Der Konzern 2017 S. 469. Das BMF-Schreiben v. 26.5.2017, BStBl. I 2017, S. 790 folgt im Wesentlichen der Sichtweise des V. Senats. Als Überblick vgl. *Heuermann*, DB 2016 S. 608; IDW-Arbeitshilfe: Fallsammlung zu jüngsten Änderungen bei der umsatzsteuerlichen Organschaft (Stand: 18.7.2017), WPg Beilage 2017.
13 Vgl. BFH, Urteil v. 31.5.2017 – I R 54/15, BStBl. II 2018 S. 54, wonach sich der Gegenstand der Haftung im mehrstufigen Organkreis nur auf das jeweils „konkrete Organschaftsverhältnis" erstreckt.
14 Vgl. insbes. BFH, Urteil v. 10.5.2017 – I R 19/15, DStR 2017 S. 2112 zur Mindestlaufzeit eines GAV bei körperschaftsteuerlicher Organschaft und umwandlungssteuerlicher Rückwirkungsfiktion; BFH, Urteil v. 10.5.2017 – I R 51/15, BStBl. II 2018 S. 30, zur Unterbrechung der Organschaft während der 5-jährigen Mindestlaufzeit. Zur Einordnung vgl. *Adrian/Fey*, DStR 2017 S. 2409; *Walter*, GmbHR 2017 S. 1223, 1226. Wegen der diversen Zeitebenen der Organschaft vgl. *Prinz* in: Prinz/Witt (Hrsg.), Steuerliche Organschaft, 2015 Rz. 144-147; *Prinz/Keller*, DB 2018 S. 400, 407.
15 Vgl. zur Fortentwicklung der Organschaft *Oesterwinter*, in: Prinz/Witt (Hrsg.), Steuerliche Organschaft, 2015 Rz. 10.1 ff.; *Geyer/Ullmann/Wittkowski*, DStZ 2018 S. 197.

penbesteuerungssystems soll allerdings auch nach der „Kleinen Organschaftsreform" weiter verfolgt werden, sobald sich dafür finanzielle Spielräume eröffnen. Entsprechende Anregungen und Erfahrungen vermitteln die seit 2005 in Österreich bestehenden Regeln zur Gruppenbesteuerung.[16] Schließlich sind weitere Diskussionsimpulse für ein modernes Konzernbesteuerungskonzept aus dem europäischen CCCTB-Richtlinienvorschlag (März 2011, fortentwickelt zu zwei Richtlinien-Entwürfen aus Oktober 2016) der Europäischen Kommission zu erwarten.[17]

Für das Gesamtverständnis der ertragsteuerlichen Organschaft ist wichtig: Organgesellschaft und Organträger bleiben trotz „Einkommens- und Gewerbeertragskonzentration" mittels Zurechnung zum Organträger **eigenständige Bilanzierungs- und Steuersubjekte**. Ungeachtet der Einbindung in einen Organkreis erwirtschaftet und ermittelt die OG ihr Einkommen selbst. Ein einheitliches Unternehmen entsteht durch die ertragsteuerliche Organschaft nicht. Der für die Organschaft erforderliche GAV führt aber zu einem vermögensmäßigen „Ergebnistransfer" mit Unterschiedsbeträgen zwischen handelsbilanzieller und steuerlicher Rechnungslegung. Während die handelsrechtliche Gewinnabführungsverpflichtung der Organgesellschaft gem. § 301 AktG beim Jahresüberschuss, der handelsrechtliche Verlustausgleichsanspruch gem. § 302 AktG beim Jahresfehlbetrag mit verschiedenen, vor allem im Gläubigerschutzinteresse liegenden Korrekturen ansetzt, ist steuerlich ein zweistufiges Vorgehen festzustellen. Auf der ersten Gewinnermittlungsstufe wird bei der OG ein steuerbilanzieller Gewinn oder Verlust (unter Berücksichtigung der Maßgeblichkeit) ermittelt, der im Übergang vom Jahresüberschuss/Jahresfehlbetrag zum Bilanzgewinn/Bilanzverlust auch gewisse Rücklagenbildungen und -auflösungen erlaubt; auf der zweiten Stufe erfolgt eine Fortentwicklung zum positiven oder negativen steuerlichen Einkommen der Organgesellschaft, das dem Organträger bei außerbilanziellen Korrekturen von Doppel- oder Nichterfassungen zugerechnet wird. Für Gewerbesteuerzwecke wird das steuerliche Einkommen der Organgesellschaft zu einem Gewerbeertrag umgerechnet und ebenfalls dem Organträger bei „Stornierung von Doppel- oder Nichterfassungen" als Betriebsstätteneinkommen zugeordnet. Die Sicherstellung einer ertragsteuerlichen **Einmalbelastung im Organkreis** ist das Ziel. Handelsrechtliche Ergebnisabführung mit Abgrenzung zur Ausschüttung vororganschaftlicher Rücklagen auf der einen Seite, steuerliche Gewinnermittlung, Einkommensermittlung und -zurechnung (für Gewerbesteuerzwecke: Gewerbeertragsermittlung und -zurechnung) bei Organgesellschaft und Organträger auf der anderen Seite müssen deshalb sorgsam unterschieden werden. Aus den Unterschieden resultieren beim OT mannigfache steuerbilanzielle Ausgleichsposten, die höchst nuancenreiche Rechtsfolgen nach sich ziehen. Dies alles gilt unabhängig davon, ob es sich um eine „schlichte" einstufige Organschaftsverbindung zwischen Mutter- und Tochtergesellschaft handelt oder ob mehrstufige Organschaftsketten (Mutter-, Tochter- und Enkelgesellschaft) betroffen sind.

---

16 Eingehender dazu *Leitner/Stetsko*, Ubg 2011 S. 746; *Mayr*, IStR 2010 S. 633; *Urtz*, Grenzüberschreitende Gruppenbesteuerung, Reform der Organschaft – Österreich als Vorbild?, in: Lüdicke (Hrsg), Forum der internationalen Besteuerung, Bd. 38, 2011 S. 59-144; *Kahle/Schulz*, in: Prinz/Witt (Hrsg.), Steuerliche Organschaft, 2015, Rz. 9.40-9.65.
17 Siehe Teil A Kap. III, Rz. 422.

1616 Im Folgenden sollen die bilanziellen (insbes. bilanzsteuerlichen) Besonderheiten der ertragsteuerlichen Organschaft dargestellt und analysiert werden. Das **„Bilanzrecht der Organschaft"** steht im Mittelpunkt. Zu diesem Zweck wird zunächst auf die steuerbilanziellen Gewinnermittlungs- und Einkommensfolgen der ertragsteuerlichen Organschaft eingegangen (s. 2.), anschließend werden die steuerbilanziellen Ausgleichsposten bei innerorganschaftlichen Mehr- und Minderabführungen erörtert (s. 3.), um abschließend vororganschaftliche, nachorganschaftliche und außerorganschaftliche Mehr- und Minderabführungen mit ihren steuerbilanziellen Konsequenzen in den Blick zu nehmen (s. 4.). Nicht beabsichtigt ist eine Erörterung der allgemeinen ertragsteuerlichen Organschaftskriterien mit ihren praktischen Anwendungsfragen und Rechtsfolgen. Dies geschieht nur insoweit, als es für das bilanzsteuerliche Verständnis der Organschaft erforderlich ist.

1617–1619 *(Einstweilen frei)*

2. Gewinnermittlung, Einkommensermittlung und -zurechnung bei der ertragsteuerlichen Organschaft

2.1 Handelsbilanzielle Abbildung bei Organgesellschaft und Organträger

1620 **Handelsbilanzielle Vorprägung der ertragsteuerlichen Organschaft:** Die handelsbilanzielle Gewinnabführungsverpflichtung und die korrespondierende Verlustübernahme haben sich – spätestens seit Geltung des BilMoG vom 25.5.2009 – deutlich von der organschaftsbezogenen steuerlichen Einkommenszurechnung entfernt. Das gesellschaftsrechtliche Erfordernis eines Gewinnabführungsvertrages als Organschaftsvoraussetzung hat dadurch an „steuersystematischer Überzeugungskraft" verloren. Dennoch ist die handelsbilanzielle Behandlung der Gewinnabführung nach wie vor prägend für die ertragsteuerliche Anerkennung der Organschaft, zumal der Höchstbetrag der Gewinnabführung und der Verlustübernahme im Gesellschaftsrecht (§§ 301, 302 AktG)[18] nach handelsbilanziellen Vorgaben definiert ist. Ohne eine den handelsgesetzlichen Vorgaben entsprechende Vereinbarung und Durchführung der Gewinnabführung auf beiden Vertragsseiten scheitert die Organschaft steuerlich (notwendige, aber nicht hinreichende Organschaftsbedingung); allerdings bestehen seit der „Kleinen Organschaftsreform" aus Februar 2013 rückwirkende Heilungsmöglichkeiten (s. Rz. 1632). Im Grundsatz muss eine „objektiv richtige" Ermittlung des handelsbilanziellen Ergebnisses der OG erfolgen, zumindest vom Bilanzersteller angestrebt werden. Dies bedeutet die zutreffende Handhabung sämtlicher handelsrechtlicher Ansatz- und Bewertungsvorschriften. Von einem Abschlussprüfer testierte Jahresabschlüsse der OG entfalten eine „Richtigkeitsvermutung" für gesellschaftsrechtliche und neuerdings auch steuerliche Zwecke (§ 14 Abs. 1 Nr. 3 Satz 5 KStG). Unter (abschlussprüfungsrelevanten) Wesent-

---

18 Die aktienrechtlichen Vorgaben gelten für die Rechtsform der AG, KGaA und SE unmittelbar, für die GmbH nach ständiger Rechtsprechung analog. Für eingegliederte Gesellschaften bestehen gem. § 324 Abs. 2 AktG Besonderheiten zum Höchstbetrag der Gewinnabführungsverpflichtung. Dieser Höchstbetrag liegt über dem einer „normalen" Organgesellschaft, da dem Gläubigerschutz bereits ausreichend durch die Eingliederungskonsequenzen Rechnung getragen wird.

lichkeitsgesichtspunkten geringfügige handelsrechtliche Bilanzierungsfehler sind insoweit nicht steuerschädlich. Wegen der Abkoppelung der Steuerbilanz von ihrer handelsbilanziellen Vorprägung besteht – auch im Hinblick auf § 14 Abs. 1 Nr. 3 Satz 4 Buchst. c KStG – nur ein eingeschränktes Prüfungsrecht der Finanzverwaltung, wobei allerdings der Steuerpflichtige in einem Streitfall nach Meinung der FinVerw. das Anerkennungsrisiko für die Organschaft trägt.[19] Die Details dazu sind streitig. Als Überblick soll vorab die handelsbilanzielle Abbildung der ertragsteuerlichen Organschaft in den Blick genommen werden.

Die Verpflichtung zur Erstellung handelsrechtlicher Jahresabschlüsse bleibt für in einen Vertragskonzern einbezogene Mutter-, Tochter- und Enkelgesellschaften vom Bestehen einer ertragsteuerlichen Organschaft grundsätzlich unberührt. Wegen des Erfordernisses eines Gewinnabführungsvertrags i. S. d. § 291 Abs. 1 AktG ergeben sich allerdings Besonderheiten im handelsrechtlichen GuV-Ausweis bei OT und OG. Die Ergebnisabführung spiegelt sich bilanziell jeweils in den Forderungen/Verbindlichkeiten verbundener Unternehmen wider. Letztlich sind als „abhängige" OG nur Inlandskapitalgesellschaften betroffen; Personengesellschaften dagegen können nicht den Status als Organgesellschaft haben. Für ausländische Kapitalgesellschaften, die mit einem „grenzüberschreitenden" Gewinnabführungsvertrag mit dem Mutterunternehmen verbunden sind, gelten Besonderheiten. § 264 Abs. 3 HGB sieht allerdings für bestimmte Tochterkapitalgesellschaften **Erleichterungen bei der Rechnungslegung** vor, die die Aufstellung von Anhang und Lagebericht, die Beachtung ergänzender Ansatz-, Bewertungs- sowie Gliederungs- und Ausweisvorschriften und schließlich die Prüfung und Offenlegung betreffen. Diese Rechnungslegungserleichterungen wurden durch das BilRUG vom 17.7.2015 modifiziert und setzen neben der Einbeziehung der Tochterunternehmen in einen Konzernabschluss vor allem eine „Verpflichtungserklärung" des Mutterunternehmens (insbes. für Verluste der Tochtergesellschaft) voraus. Letzteres wird vor allem durch abgeschlossene Gewinnabführungs- und auch Beherrschungsverträge begründet, kann aber auch andere Einstandspflichten im Wege der Außenhaftung gegenüber den Gläubigern oder einer Innenhaftung im Verhältnis zur Tochtergesellschaft, jeweils bezogen auf deren gesamtes folgendes Geschäftsjahr, beinhalten.[20] Betroffen sind nicht nur inländische Konzernmütter,[21] sondern – nach Erweiterung des § 264 Abs. 3 HGB durch das MicroBilG vom 20.12.2012 – sämtliche Mutterunternehmen, die ihren Sitz in einem EU/EWR-Mitgliedstaat haben. Schließlich sind bei den in eine ertragsteuerliche Organschaft einbezogenen Tochterkapitalgesellschaften im Hinblick auf die sonstigen Pflichtangaben nach § 285 Nr. 11 HGB (Anteilsbesitz) Besonderheiten zu beachten. Denn die Angaben zum Ergebnis des letzten Geschäftsjahres der Tochtergesellschaft entfallen im Fall eines Gewinnabführungsvertrags, da der Jahresüberschuss/Jahresfehlbetrag der Tochter regelmäßig Null beträgt. Allerdings sollte bei den Anhangangaben auf das Bestehen eines solchen Vertrages hingewiesen werden.[22] Für die Einstandspflichterklä-

1621

---

19 Vgl. OFD Frankfurt v. 30.5.2016, DStR 2016 S. 1375; FinMin. Schleswig-Holstein, GmbHR 2016 S. 560. Kritisch dazu *Suchanek/Klopsch*, GmbHR 2016 S. 524; *Petersen*, WPg 2018 S. 659, 664-667.
20 Vgl. zum Kriterium der Verpflichtungserklärung der Muttergesellschaft eingehend *Stöber*, in: Hachmeister/Kahle/Mock/Schüppen, Bilanzrecht, § 264 HGB Rz. 88-91; *Oser*, WPg 2017 S. 691, 692-696.
21 Dies schließt wegen § 264 Abs. 4 HGB unter das PublG fallende Mutterunternehmen ein.
22 Vgl. *Grottel*, in: Beck'scher Bilanz-Kommentar, 11. Aufl. 2018, § 285 HGB Rz. 406.

rung gem. § 264 Abs. 3 Nr. 2 HGB bestehen besondere Offenlegungsverpflichtungen (Bundesanzeiger, deutsche Sprache; § 264 Abs. 3 Nr. 5b i. V. m. § 325 Abs. 1-1b HGB). Im Übrigen lässt das Bestehen einer ertragsteuerlichen Organschaft die Verpflichtung zur **Aufstellung eines Konzernabschlusses** unberührt. Da im Konzernabschluss die Vermögens-, Finanz- und Ertragslage der einbezogenen Unternehmen gem. § 297 Abs. 3 HGB so darzustellen ist, als ob diese Unternehmen insgesamt ein einziges Unternehmen wären (Fiktion eines Einheitsunternehmens), erfährt die ertragsteuerliche Organschaft mit der Gewinnabführungsverpflichtung dort keinen Niederschlag.

1622 **Gewinnabführung/Verlustübernahme in der GuV:** § 277 Abs. 3 Satz 2 HGB sieht für Organschaftsverhältnisse sowohl beim Organträger als auch bei der Organgesellschaft einen GuV-Sonderausweis vor. Erträge und Aufwendungen aus Verlustübernahme sowie aufgrund eines Gewinnabführungsvertrages erhaltene und abgeführte Gewinne sind jeweils gesondert unter entsprechender Bezeichnung auszuweisen. Wo dies konkret bei Organträger und Organgesellschaft zu erfolgen hat, sagt der Gesetzgeber nicht. Üblicherweise erfolgt eine Einordnung als eigenständiger Gliederungsposten, nicht als Unterposten (sogenannter Davon-Vermerk) einer vorhandenen GuV-Position. Üblich ist der Ausweis der Erträge bzw. Aufwendungen bei der Muttergesellschaft als Teil des Finanzergebnisses. Bei der betroffenen Tochtergesellschaft erfolgt meist ein Ausweis vor dem Posten Jahresüberschuss/Jahresfehlbetrag, um dem Charakter der Vertragsverpflichtung als Ergebnisverwendung Ausdruck zu geben.[23] Da der Gewinnabführungsvertrag zur ertragsteuerlichen Anerkennung der Organschaft stets „den ganzen Gewinn" der Tochtergesellschaft erfassen muss, weist diese handelsrechtlich üblicherweise ein ausgeglichenes Ergebnis (= Nullergebnis) aus (vorbehaltlich Rücklagenbildung und Rücklagenauflösung). Auch wenn die Organschaft ertragsteuerlich „scheitert" – beispielsweise weil Formalien bei Abschluss, Eintragung oder Durchführung des Gewinnabführungsvertrages verletzt wurden – bleibt die handelsbilanzielle Sonderausweisverpflichtung unberührt. Bei mehreren in einen Organkreis einbezogenen Tochter- und Enkelgesellschaften gilt die Sonderausweisregelung bei der Muttergesellschaft separat in Bezug auf jeden einzelnen Rechtsträger. Es besteht ein Verrechnungsverbot, sodass die Erträge und Aufwendungen aus den einzelnen Vertragsverhältnissen jeweils gesondert für sich zu betrachten sind. In der GuV der Muttergesellschaft aufgeführt werden brauchen die verschiedenen Abführungs- und Ausgleichsverpflichtungen dagegen nicht.[24]

1623 Der GuV-Ausweis bei Organträger und Organgesellschaft erfolgt **phasengleich**, soweit identische Bilanzstichtage bestehen. Ein Gewinnverteilungsbeschluss der Tochtergesellschaft ist zwar nicht erforderlich, da die entsprechenden Abführungs- bzw. Ausgleichsansprüche unternehmensvertraglich begründet sind, allerdings wird meist – aber nicht zwingend – ein festgestellter JA der Tochtergesellschaft zwecks Konkretisierung der Höhe des Ergebnisanspruchs vorliegen.[25] Endet das Geschäftsjahr der Tochtergesellschaft dagegen nach dem Bilanzstichtag des Mutterunternehmens verbietet das Reali-

---

23 Vgl. *Hoffmann/Lüdenbach*, NWB Kommentar Bilanzierung, 9. Aufl. 2018, § 277 Rz. 36.
24 Vgl. *Schmidt/Peun*, in: Beck'scher Bilanz-Kommentar, 11. Aufl. 2018, § 277 HGB Rz. 14.
25 Vgl. *Schmidt/Peun*, in: Beck'scher Bilanz-Kommentar, 11. Aufl. 2018, § 277 HGB Rz. 17/18; *Hoffmann/Lüdenbach*, NWB Kommentar Bilanzierung, 9. Aufl. 2018, § 277 HGB Rz. 38.

sationsprinzip einen Ertragsausweis; drohende Verlustübernahmen sind dagegen imparitätisch zurückzustellen, wobei zur Rückstellungsbemessung Objektivierungsnotwendigkeiten bestehen. Etwaige Steuerumlageverträge schließlich wirken auf die Höhe des abzuführenden bzw. auszugleichenden Ergebnisses der Tochtergesellschaft ein.

Behandlung von Garantiedividenden: Sind an einer in einen Vertragskonzern einbezogenen Tochter- oder Enkelgesellschaft Minderheitsgesellschafter beteiligt, an die ein angemessener Ausgleich zu zahlen ist (§ 304 AktG), so muss die Muttergesellschaft die GuV-bezogene Ausweisnorm des § 158 Abs. 2 AktG beachten; entsprechendes gilt für eine GmbH. Danach ist von dem Ergebnis aus einem Gewinnabführungsvertrag ein vertraglich vom Mutterunternehmen zu leistender Minderheitenausgleich abzusetzen; ergibt sich ein Negativsaldo, so ist der übersteigende Betrag unter den Aufwendungen aus Verlustübernahme auszuweisen. Basierend darauf haben sich in der Praxis **zwei Gestaltungswege**[26] zur Abwicklung von Dividendengarantien entwickelt, wobei die Ertragsbesteuerung stets bei der Organgesellschaft erfolgt (§ 16 KStG):

1624

- Sofern der Organträger die Garantiedividende leistet, wird entsprechend § 158 Abs. 2 AktG durch Saldierung mit den Erträgen aus Gewinnabführung verfahren; reicht die Gewinnabführung nicht aus, so ergibt sich eine Verlustübernahme.
- Sofern die Garantiedividende von der Tochtergesellschaft gezahlt wird (OG als sog. Zahlstelle), erstreckt sich die Gewinnabführungsverpflichtung nur auf den um die Garantiedividende verminderten Betrag; reicht die Gewinnabführung zur Begleichung der Garantiedividende nicht aus, so erfolgt eine Einbeziehung in die Verlustübernahme.

Rücklagendotierung bei Organgesellschaft: § 301 AktG, der für GmbHs analog gilt und für Zwecke des § 17 Abs. 1 KStG in seiner Anwendung vorausgesetzt wird, definiert den Höchstbetrag der Gewinnabführung unter Gläubigerschutzaspekten dahingehend, dass die gesetzliche Rücklagenbildung bei der Tochtergesellschaft (unter Einschluss der Übergangsregelungen zum BilMoG, Art. 67 EGHGB) unberührt bleiben muss. Sind derartige Rücklagen während der Organschaftszeit gebildet worden, so können sie – bei Beachtung gesellschaftsrechtlicher und satzungsmäßiger Vorgaben – „unbehelligt" entnommen und abgeführt werden. Die Anwendung der Abführungssperre gem. § 301 AktG i. V. m. § 268 Abs. 8 HGB verändert die Gewinn- und Kapitalrücklagen in der Handelsbilanz der OG nicht. Ertragsteuerlich erlaubt § 14 Abs. 1 Nr. 4 KStG darüber hinaus eine Gewinnrücklagenbildung in dem Umfang, als dies bei vernünftiger kaufmännischer Beurteilung wirtschaftlich begründbar ist (s. Rz. 1635 ff.). Da die Rücklagenbildung gem. § 275 Abs. 4 HGB in der GuV immer erst nach dem Posten „Jahresüberschuss/Jahresfehlbetrag" ausgewiesen werden darf, ist der Aufwand aus Gewinnabführung bei der abführungsverpflichteten Tochtergesellschaft um die Rücklagenbildung zu vermindern. Die Einkommenszurechnung für ertragsteuerliche Organschaftszwecke bleibt allerdings davon unberührt. Besonderheiten gelten für die Ausschüttung vororganschaftlich gebildeter Rücklagen, die auch während der Organschaftszeit zulässig sind.

1625

---

26 Vgl. *Schmidt/Peun*, in: Beck'scher Bilanz-Kommentar, 11. Aufl. 2018, § 277 HGB Rz. 13; *Schüppen*, in: Hachmeister/Kahle/Mock/Schüppen, Bilanzrecht, § 277 HGB Rz. 24.

1626 **Ausweis latenter Steuern (§ 274 HGB):** Nach DRS 18 „Latente Steuern", der am 3.9.2010 im Bundesanzeiger bekannt gemacht worden ist und zuletzt am 22.9.2017 überarbeitet wurde, sind latente Steuern im Grundsatz beim Organträger zu bilden und bei der Organgesellschaft nicht ansatzfähig (DRS 18.32). Dies entspricht der sogenannten formellen Betrachtungsweise und trägt den steuergesetzlichen Grundlagen der Organschaft Rechnung. Allerdings räumt DRS 18.35 ein Wahlrecht zur Bildung latenter Steuern bei der Organgesellschaft im Fall ertragsteuerlicher Umlageverträge ein. Dies folgt einer sog. wirtschaftlichen Betrachtungsweise und ermöglicht die verursachungsgerechte Zuordnung von tatsächlichen und latenten Steuern. Es ist davon auszugehen, dass auch die Finanzverwaltung bei entsprechender Wahlrechtsausübung durch die Organgesellschaft das ertragsteuerliche Organschaftsverhältnis anerkennt.[27]

1627–1629 *(Einstweilen frei)*

2.2 Gewinn- und Einkommensermittlung bei der Organgesellschaft

2.2.1 Steuerbilanzielle Gewinnermittlung, Einkommens- und Gewerbeertragszurechnung an den Organträger

1630 Die handelsgesetzlich zutreffende Handhabung der Gewinnabführung bei der OG ist notwendige, aber nicht hinreichende Bedingung für die steuerliche Anerkennung der Organschaft. Entsprechendes gilt spiegelbildlich für den Organträger. Das von der OG erzielte steuerliche Einkommen, das von der handelsrechtlichen Gewinnabführung üblicherweise abweicht, wird dem Organträger körperschaftsteuerlich und nach Gewerbeertragsmodifikation über die Betriebsstättenfiktion auch gewerbesteuerlich zugerechnet (§ 14 Abs. 1 Satz 1 KStG, § 2 Abs. 2 Satz 2 GewStG; **Zurechnungskonzept** der ertragsteuerlichen Organschaft). Gem. R 14.6 KStR 2015 ist unter „zuzurechnendem Einkommen" zu verstehen: Das Einkommen der Organgesellschaft vor Berücksichtigung des an den OT abgeführten Gewinns oder des vom OT zum Ausgleich eines ansonsten entstehenden Jahresfehlbetrags geleisteten Betrags. Eventuelle verdeckte Gewinnausschüttungen der Organgesellschaft an den Organträger sind dabei als vorweggenommene Gewinnabführungen zu verstehen und stellen die steuerliche Durchführung des GAV nicht in Frage. Auch Gewinne der OG, die aus der Auflösung vorvertraglicher unversteuerter stiller Reserven herrühren, gehören nach Maßgabe ihrer Realisation zum zuzurechnenden Einkommen des „Auflösungswirtschaftsjahrs". Entsprechendes gilt für Gewinne aus der Veräußerung eines Teilbetriebs der OG. Weitere allgemeine steuerliche Besonderheiten bei einer Organschaft im Hinblick auf Sanierungssituationen, Zinsschranke, § 8b-Status, umwandlungssteuerliche Konstellationen und kommunale Dauerverlustbetriebe ergeben sich aus § 15 Nr. 1a-5 KStG. Steueranrechnungen (etwa aus Lizenzerträgen), die dem Grunde nach der Organgesellschaft zustehen, sind nach den in § 19 KStG (redaktionelle Neufassung im Kroatien-Anpassungsgesetz) genannten Voraussetzungen zugunsten des Organträgers anzuwenden (s. auch § 14 Abs. 5 Satz 3 KStG). Wird am Handelsgewerbe einer „potenziellen" Organgesellschaft eine atypisch

---

27 Vgl. zum Ganzen auch *Prinz/Ruberg*, Der Konzern 2009 S. 343; *Prinz*, Kölner Kommentar zum Rechnungslegungsrecht, 2011, § 274 HGB Rz. 20-22; *Melcher/Murer*, DB 2011 S. 2329; *Grottel/Larenz*, in: Beck'scher Bilanz-Kommentar, 11. Aufl. 2018, § 274 HGB Rz. 70-72.

stille Beteiligung begründet, so scheitert die Organschaft nach Meinung der FinVerw. (Teilgewinnabführungsvertrag; abweichend bei typisch stiller Beteiligung). Entsprechendes gilt bei Begründung einer atypischen Beteiligung an einer OT-KapGes (allerdings mit Übergangsregelung aus Billigkeitsgründen).[28]

Für die Gewerbesteuer gilt darüber hinaus: Trotz getrennter Gewerbeertragsermittlung (kein Einheitsunternehmen, R 2.3 Abs. 1 GewStR) unterbleiben Hinzurechnungen nach § 8 GewStG bei der OG, soweit daraus eine doppelte steuerliche Belastung im Organkreis entsteht (R 7.1 Abs. 5 GewStR). Dies ist etwa dann der Fall wenn die für eine gewerbesteuerliche Hinzurechnung in Betracht kommenden Beträge bereits in einem der zusammenzurechnenden Gewerbeerträge enthalten sind – etwa bei konzerninternen Finanzierungen, die bei der schuldenden OG nicht über die Zinsschranke „gekappt" sind. Steuerbilanziell sind bei der Einkommensermittlung der OG darüber hinaus weitere Besonderheiten zu beachten.

1631

2.2.2 Neue GAV-Durchführungsfiktion für fehlerhafte Jahresabschlüsse

Der Steuergesetzgeber hat durch die sog. Kleine Organschaftsreform vom 20.2.2013 rückwirkend für alle offenen Fälle (§ 34 Abs. 9 Nr 7 KStG) eine gesetzlich fingierte Richtigkeitsgewähr der Gewinnabführung/Verlustübernahme bei Organschaften trotz fehlerhaftem Jahresabschlusses eingeführt (§ 14 Abs. 1 Nr. 3 Satz 4 u. 5 KStG). Dies ist ein „gesetzliches Novum", wodurch gescheiterte Organschaften wegen Durchführungsfehlern beim GAV rückwirkend vermieden werden können. Lt. BGH-Rechtsprechung[29] muss der „richtige Gewinn/Verlust" nach Maßgabe der Handelsbilanz abgeführt werden; ansonsten wird der GAV – jedenfalls nach dem Verständnis der h. M. – nicht ordnungsgemäß durchgeführt. Die steuerliche Rechtsänderung soll deshalb Erleichterungen für Organschaften bringen, ohne die Verbindung zum Handelsbilanzrecht und zum unternehmensvertraglichen GAV aufzugeben.

1632

Die gesetzlich fingierte „Richtigkeitsgewähr" verlangt kumulativ:

▶ Der von einem fehlerhaften Bilanzansatz (unter Einschluss von Bewertungsfehlern) betroffene Jahresabschluss muss wirksam festgestellt sein. Ein gem. § 256 AktG (analog) nichtiger Jahresabschluss darf nicht vorliegen. Die gesetzliche Heilung der Nichtigkeit (§ 256 Abs. 6 AktG) gilt auch für Organschaftszwecke. Die Feststellung als Rechtsakt ist zu dokumentieren.

▶ Die Fehlerhaftigkeit des Jahresabschlusses hätte bei dessen Erstellung unter Anwendung der Sorgfalt eines ordentlichen Kaufmanns nicht erkannt werden müssen. Der Steuergesetzgeber stellt insoweit – entgegen dem Großen Senatsbeschluss des BFH vom 31.1.2013[30] – auf den subjektiven Fehlerbegriff für Rechts- und Tatsachenfragen ab. Dies ist konsequent, da insoweit an den handelsrechtlichen Jahresabschluss angeknüpft wird, bei dem das subjektive Fehlerbegriffsverständnis weiter gilt.[31]

---

28 Vgl. BMF v. 20.8.2015, BStBl. I 2015, S. 649. Kritisch dazu *Beinert/Nees*, in: Prinz/Witt (Hrsg.), Steuerliche Organschaft, 2015, Rz. 3.12 f. und 3.23 f.
29 Grundlegend: BGH v. 14.2.2005 – II ZR 361/02, DB 2005 S. 937.
30 BFH, Beschluss v. 31.1.2013 – GrS 1/10, BStBl 2013 II S. 317. Zu Erläuterungen vgl. *Prinz*, WPg 2013 S. 650.
31 Vgl. HFA v. 18./19.6.2013, Fachnachrichten IDW 8/2013 S. 356.

Gem. § 14 Abs. 1 Nr. 3 Satz 5 KStG besteht eine zwingende gesetzliche Richtigkeitsvermutung, sofern der „eigentlich fehlerhafte" Jahresabschluss mit einem uneingeschränkten Bestätigungsvermerk (§ 322 Abs. 3 HGB) oder einer qualifizierten Erstellungsbescheinigung durch einen Steuerberater/Wirtschaftsprüfer versehen wurde. Etwaige Bilanzierungs- und Bewertungsfehler sind bei „erteiltem Testat" organschaftsunschädlich. Dies gilt auch für den Fall, dass ein testierter Konzernabschluss vorliegt, in den der handelsrechtliche Jahresabschluss der Organtochter einbezogen ist. Nach Meinung der FinVerw werden IFRS-Konzernabschlüsse im EU/EWR-Bereich entgegen § 315a HGB nicht zur „Fehlerheilung" akzeptiert (streitig). Eine nachträgliche Einschränkung oder gar Versagung des Testats lässt die Richtigkeitsgewähr rückwirkend entfallen. Folge ist eine fehlerhafte Durchführung der Organschaft, sofern noch verfahrensrechtliche Änderungsmöglichkeiten bestehen.

▶ Schließlich muss ein von der FinVerw beanstandeter Fehler vorliegen, der bei handelsbilanzieller Korrekturnotwendigkeit spätestens im nächsten nach dem Zeitpunkt der Beanstandung aufzustellenden Jahresabschluss von OG und OT mit Abführungs- und Ausgleichsfolgen berichtigt wird (Korrektur in laufender Rechnung). Eine Änderung der Handelsbilanz ausschließlich zur Rettung der steuerlichen Organschaft soll dadurch vermieden werden, ist in Zweifelsfällen aber weiterhin zulässig. Allerdings ist das für den Steuerpflichtigen bestehende „Berichtigungszeitfenster" eng; bei Betriebsprüfungen soll auf die Bekanntgabe des Prüfungsberichts abgestellt werden, ohne dass dies vom Gesetzgeber zwingend vorgesehen ist. Letztlich muss für den Steuerpflichtigen eine abschließende Willensbildung der FinVerw. erkennbar sein.[32] Nach der Regierungsbegründung zur Kleinen Organschaftsreform soll die Nichtberücksichtigung vororganschaftlicher Verlustabzüge beim Höchstbetrag der Gewinnabführung (§ 301 AktG) von der Korrekturmöglichkeit mitumfasst sein; die FinVerw. akzeptiert dies.

1633–1634 *(Einstweilen frei)*

2.2.3 Rücklagenbildung und Rücklagenverwendung bei der Organgesellschaft

1635 **Rücklagenbildung bei der OG:** § 14 Abs. 1 Nr. 4 KStG erlaubt eine freiwillige Gewinnrücklagenbildung bei der OG nur insoweit, „als dies bei vernünftiger kaufmännischer Beurteilung wirtschaftlich begründet ist". Gesetzliche Rücklagenbildung ist dagegen stets zulässig. Beides stellt eine Ausnahme von dem „Steuergebot" der Abführung des ganzen Gewinns dar. Dadurch soll der Selbständigkeit der OG und der Wahrung ihres wirtschaftlichen Eigeninteresses (ausreichende Risikovorsorge, Gläubigerschutz) auch während einer bestehenden Organschaftsstruktur Rechnung getragen werden, zumal Organschaftsverhältnisse nicht „immerwährend laufen". Unabhängig von der Rücklagenbildung erfolgt die ungeschmälerte Einkommenszurechnung und Ertragsbesteuerung beim OT. Zur Vermeidung von Mehrfacherfassungen ist für die organschaftlich veranlasste handelsrechtliche Minderabführung ein aktiver Ausgleichsposten beim OT zu bilden (R 14.8 Abs. 1 KStR 2015). Sofern die Rücklagenbildung von der Finanzverwal-

---

32 Eine durch die Betriebsprüfung ausgelöste handelsbilanzielle Korrekturnotwendigkeit kann zu Konflikten mit dem Abschlussprüfer führen, die im Ergebnis zu Lasten des Steuerpflichtigen gehen können.

tung (etwa im Rahmen einer BP), gegebenenfalls später auch von der Rechtsprechung als unzulässig qualifiziert wird, erfolgt im Grundsatz die steuerliche Nichtanerkennung der Organschaft. Allerdings sollte eine unzulässige Gewinnrücklagenbildung bei der OG u.U. als „Bilanzierungsfehler" von der Heilungsmöglichkeit des § 14 Abs. 1 Nr. 3 Sätze 4 u. 5 KStG miterfasst sein (etwa bei gesellschaftsvertraglich gebotenem Gleichklang zwischen steuer- und handelsbilanzieller Rücklagenbildung; im Einzelnen streitig).[33] Dies setzt eine rechtzeitige und den von der FinVerw. geforderten technischen Voraussetzungen genügende Fehlerkorrektur in laufender Rechnung voraus; Streitigkeiten über die „richtige Rücklagenbildung" im Rechtsbehelfsverfahren dürften zu Lasten des betroffenen Steuerpflichtigen gehen. In der Praxis muss allerdings – ungeachtet dessen – ein besonderes Augenmerk auf die Rücklagenbildung gelegt werden. Die Abführung von Gewinnen aus der Auflösung vororganschaftlicher Kapital- und Gewinnrücklagen ist dagegen – und zwar unabhängig von ihrer eventuellen handelsrechtlichen Zulässigkeit – als Gewinnausschüttung zu behandeln. Eine solche Rücklagenausschüttung kann in ein und demselben Wirtschaftsjahr neben der Abführungsverpflichtung bestehen (R 14.5 Abs. 4 Satz 4 KStR 2015).

Bei der Diskussion um steuerlich zulässige Rücklagenbildung während einer Organschaft werden im Wesentlichen drei Problembereiche erörtert. 1636

Freiwillige Rücklagenbildung: Der Gesetzgeber verwendet mit dem Merkmal der wirtschaftlichen Begründung der freiwilligen Rücklagenbildung nach „vernünftiger kaufmännischer Beurteilung" einen unbestimmten Rechtsbegriff, der Objektivierungsüberlegungen Rechnung tragen soll, also eine im freien Belieben der Geschäftsführung der OG stehende überhöhte Bilanzvorsorge vermeiden will. Der Gesetzesmaßstab weist naturgemäß praktische Unschärfen auf. Der BFH erkennt den der OG zustehenden Beurteilungsspielraum steuerlich an, wenn für die Bildung der Rücklage „ein konkreter Anlass" dargetan werden kann.[34] Es ist eine Art „Anlassprüfung" für die Rücklagenbildung durchzuführen, die wirtschaftliche Begründung der Rücklagenbildung sollte durch die OG dokumentiert werden. Allerdings darf die Rücklagenbildung nicht eingeschränkt werden auf besonders ausgewählte betriebliche Anlässe – wie etwa Vorsorgemaßnahmen bei Betriebsverlegung, Werkserneuerung oder Kapazitätsausweitung (vgl. R 14.5 Abs. 5 Nr. 3 KStR 2015). Vielmehr kann ein steuerlich anzuerkennender konkreter Anlass auch dann vorliegen, „wenn das Unternehmen besondere Risiken trägt, die es bei Ausschüttung der in Rücklage gestellten Beträge an den Organträger, ohne Gefährdung des Unternehmens möglicherweise nicht abdecken könnte."[35] Die bloß gewohnheitsmäßige Bildung von freien Rücklagen ist dagegen zu unspezifiziert und wird von der Rechtsprechung nicht anerkannt. 1637

Gesetzliche Rücklagenbildung: Im Aktienrecht bestehen für eine gesetzliche Rücklagenbildung besondere Regeln (etwa §§ 150, 300 AktG). Das GmbH-Recht dagegen ist fle- 1638

---

33 Vgl. OFD Karlsruhe, Vfg. v. 16.1.2014, FR 2014 S. 434, 437; unklar insoweit OFD Frankfurt, Vfg. v. 30.5.2016, DStR 2016 S. 1375. Ergänzend *Dötsch/Pung*, DB 2013 S. 305, 309; zur Bildung und Auflösung von Kapitalrücklagen bei bestehenden GAV's vgl. auch *Bünning/Stoll*, BB 2016 S. 555.
34 Vgl. BFH, Urteil v. 29.10.1980 – I R 61/77, BStBl 1981 II S. 336. Zu Details *Rödder/Schmidtmann*, Ubg 2014 S. 177-182 sowie *Selchert*, DB 1977 S. 27 mit einer Unterscheidung zwischen investitions- und finanzierungsbedingten Anlässen.
35 So BFH, Urteil v. 29.10.1980 – I R 61/77, BStBl 1981 II S. 336, 338.

xibler und sieht keine allgemeine gesetzliche Rücklagenbildung vor. Allerdings ist durch das BilMoG vom 25.5.2009 in § 268 Abs. 8 HGB im Interesse des Gläubigerschutzes für sämtliche Kapitalgesellschaften eine Ausschüttungssperre für bestimmte Maßnahmen eingeführt worden (etwa bei wahlweiser Aktivierung selbst erstellter immaterieller Vermögensgegenstände oder aktiver latenter Steuern), die als Abführungssperre in § 301 AktG (Höchstbetrag der Gewinnabführung) Eingang gefunden hat. § 17 Abs. 1 S. 2 Nr. 1 KStG verweist auf § 301 AktG auch für Gewinnabführungsverträge einer GmbH. Aus dem Erlass der Finanzverwaltung vom 14.1.2010 ergibt sich:[36] Da die Höchstbetragsregelung des § 301 AktG aufgrund gesetzlicher Verpflichtung bei der Durchführung der Gewinnabführung zwingend zu beachten ist, sind eventuell abweichende vertragliche Vereinbarungen für die Anerkennung der ertragsteuerlichen Organschaft unbeachtlich. Darüber hinaus stellt auch die erfolgsneutrale Einstellung der aus der Auflösung einer Aufwandsrückstellung gem. Art. 67 Abs. 3 EGHGB (Übergangsvorschriften zum BilMoG) resultierenden Beträge in die Gewinnrücklage keine Verletzung der Grundsätze des § 14 Abs. 1 Nr. 4 KStG dar. Dies sollte über das BMF-Schreiben vom 14.1.2010 hinaus für sämtliche aufgrund der Übergangsregelungen im BilMoG bestehenden Möglichkeiten zur Auflösung und Bildung von Gewinnrücklagen gelten; eine Organschaftsgefährdung erfolgt insoweit nicht.[37] Ergänzend gelten die Heilungsmöglichkeiten wegen fehlerhaften Bilanzansatzes gem. § 14 Abs. 1 Nr. 3 KStG. Im Übrigen sollten bei Anwendung der Abführungssperre nach § 301 AktG sowohl freie Kapitalrücklagen als auch vorvertragliche Gewinnrücklagen berücksichtigt werden. Insoweit als auf der Ebene der OG eine Abführungssperre eingreift, ist das Organschaftsverhältnis anzuerkennen.

1639 **Streitige Rücklagenbildung bei der Neubewertung von Pensionsrückstellungen für Geschäftsjahre ab 2016:**[38] In Anbetracht der dauerhaften Niedrigzinsphase hat der Handelsgesetzgeber im „Gesetz zur Umsetzung der Wohnimmobilienkreditrichtlinie und zur Änderung handelsrechtlicher Vorschriften" vom 11.3.2016 den Durchschnittszeitraum für die Zinsermittlung anlässlich der Bewertung von Pensionsrückstellungen von sieben auf zehn Jahre verlängert. Der daraus resultierende Unterschiedsbetrag wurde unter Gläubigerschutzaspekten mit einer neuen Ausschüttungssperre gem. § 253 Abs. 6 HGB versehen. In der Praxis wurde daraufhin diskutiert, ob die Ausschüttungssperre bei Pensionszusagen von Organgesellschaften auch eine außerbilanzielle Abführungssperre nach sich ziehen muss, obgleich § 301 AktG insoweit nur auf § 268 Abs. 8 HGB, aber nicht den neu geschaffenen § 253 Abs. 6 HGB verweist. Eine „Verlagerung" der Ausschüttungssperre auf den Organträger kommt bei dort fehlender Pensionsverpflichtung sicherlich nicht in Betracht. Die Finanzverwaltung geht in ihrem Schreiben vom 23.12.2016[39] davon aus, dass die Ausschüttungssperre des § 253 Abs. 6 HGB wortlautgemäß nicht als Abführungssperre im Rahmen einer ertragsteuerlichen Organschaft wirkt, also die erzielten Gewinne vollständig an die OT abzuführen sind. Ausschüttungs- und Abführungssperre in Organschaftsfällen fallen deshalb auseinander. Handelsbilanziell fordern Teile der Literatur und auch das IDW als privater Standardsetzer ein han-

---

36 BMF, Schreiben v. 14.1.2010 – IV C 2 - S 2770/09/10002, BStBl 2010 I S. 65.
37 Vgl. mit weiteren Nachweisen *Prinz*, GmbHR 2009 S. 1027, 1029; *Zwirner*, StuB 2011 S. 643, 645-649; *Dötsch*, in: Dötsch/Möhlenbrock/Pung, KStG, § 14 Rz. 202, 209a (April 2013).
38 Vgl. *Prinz*, Betriebliche Altersversorgung 4/2017, S. 334; *Prinz*, WiSt 11/2017, S. 46-48.
39 BStBl. I 2017 S. 41.

delsbilanzielles Abführungswahlrecht. Dessen ungeachtet sollte aber in der Praxis ein Gleichklang von handels- und steuerrechtlicher Handhabung angestrebt werden, um eine Gefährdung der ertragsteuerlichen Organschaft – auch im Hinblick auf die nicht unproblematischen Ausgleichsposten – zu vermeiden. Ggf. kommt in Einzelfällen – aber nicht „per se" – die Bildung einer Rücklage bei der Organgesellschaft in Betracht, soweit sie bei vernünftiger kaufmännischer Beurteilung wirtschaftlich begründet ist (§ 14 Abs. 1 Nr. 4 KStG).[40] Gründe für eine entsprechende Rücklagenbildung können bspw. die absehbare Beendigung des GAV oder die zur Risikoabsicherung für Pensionszusagen notwendige Erhöhung der Eigenkapitalquote bei der Organgesellschaft sein. An die Nachweisführung für Zwecke des § 14 Abs. 1 Nr. 4 KStG sollten gerade im Pensionszusagenbereich keine zu strengen Anforderungen gestellt werden. Ergänzend kommen ggf. Heilungsmöglichkeiten gem. § 14 Abs. 1 Nr. 3 KStG in Betracht.

(Einstweilen frei) 1640–1649

2.2.4 Vororganschaftliche Verlustabzüge

§ 15 Satz 1 Nr. 1 KStG regelt: Ein Verlustabzug i. S. d. § 10d EStG ist bei der Organgesellschaft unzulässig. Die Finanzverwaltung versteht dies dahingehend, dass ein körperschaftsteuerlicher Verlustabzug, der in der Zeit vor Abschluss des GAV entstanden ist (= vororganschaftlicher Verlustabzug), das dem Organträger während der Organschaftszeit zuzurechnende Einkommen der Organgesellschaft nicht mindern darf (R 15 KStR 2015). Man spricht von **„eingefrorenen" vororganschaftlichen Verlustabzügen**,[41] die erst nach Beendigung der Organschaft wieder nutzbar sind. Gestalterisch gilt es, solche ggf. langfristig nicht nutzbaren Verlustabzüge zu vermeiden (etwa durch vorgezogene Gewinnrealisierung bei der OG unter Beachtung der Mindestbesteuerung oder einen zeitlich verzögerten GAV-Abschluss). Übernimmt der OT die Verpflichtung zum Ausgleich des vorvertraglichen Verlustabzugs und führt er dies entsprechend durch, so erfolgt eine Einlage des OT in die OG.[42] Ein entsprechendes Verlustabzugsverbot gilt – allerdings etwas modifiziert formuliert – seit Erhebungszeitraum 2004 auch für die Gewerbesteuer. Denn die OG darf ihren Gewerbeertrag nicht um Fehlbeträge kürzen, „die sich vor dem rechtswirksamen Abschluss des Gewinnabführungsvertrags ergeben haben" (§ 10a Satz 3 GewStG). Vororganschaftliche Verlustabzüge körperschaftsteuerlicher und auch gewerbesteuerlicher Art des OT sind dagegen voll verrechenbar. Für **nachorganschaftliche Verluste** der (ehemaligen) OG gilt: Der Verlust des ersten nachorganschaftlichen Wirtschaftsjahrs kann nicht gem. § 10d Abs. 1 EStG in das letzte Jahr der Organschaft zurückgetragen werden, sondern ist nur vortragsfähig.[43] Außerdem gilt gem. H 10a.4 GewStR unter Bezug auf einschlägige BFH-Rechtsprechung: Verluste einer OG, die während der Dauer einer Organschaft entstanden sind, können auch nach Beendigung der Organschaft nur vom maßgebenden Gewerbeertrag des OT abgezogen werden. Im Übrigen ist bei mehrstufigen Organschaftsketten ein stufenweises Vor-

1650

---

40 Kritisch zur tendenziell engen Sicht der Finanzverwaltung insbesondere *Hageböke/Hennrichs*, DB 2017 S. 18; *Oser/Wirtz*, DB 2017 S. 261; *Görden*, EStB 2/2017 S. 67; *Walter*, GmbHR 2016, S. 354; *Fuhrmann*, NWB 2017 S. 1009; *Kessler/Egelhof*, DStR 2017 S. 998; *Henckel*, StuB 2017 S. 345.
41 *Gosch/Neumann*, KStG, 3. Aufl. 2015, § 15 Tz. 5.
42 Vgl. *Gosch/Neumann*, KStG, 3. Aufl. 2015, § 15 Tz. 3.
43 Vgl. m. w. N. *Gosch/Neumann*, KStG, 3. Aufl. 2015, § 15 Tz. 6.

gehen geboten; so gilt beispielsweise die Tochtergesellschaft als OT des Enkels, die Muttergesellschaft als OT der Tochter; die Muttergesellschaft ist daher kein direkter OT aus der Enkelsicht. Die **Verlustabzugskaskade in Organschaftsketten** ist nach Maßgabe dieser Stufenbetrachtung vorzunehmen. Für Anwendungszwecke der Zinsschranke geht die Finanzverwaltung bezogen auf Zinsvorträge gem. § 4h Abs. 4 EStG von einer entsprechenden Anwendung des § 15 Satz 1 Nr. 1 KStG aus, was dem Wortlaut der Regelung nicht entspricht.[44]

1651 In der Bilanzierungspraxis ist im Zusammenhang mit vororganschaftlichen Verlustabzügen eine besondere Steuerfalle zu vermeiden, mit der sich der BFH in seinem Urteil vom 21.10.2010 auseinander gesetzt hat.[45] Wird in Übereinstimmung mit § 301 AktG in einem konkreten Gewinnabführungsverhältnis geregelt – dies ist zur steuerlichen Anerkennung der Organschaft zwingend –, dass bei der Ermittlung des Abführungshöchstbetrags ein „Verlustvortrag aus dem Vorjahr" zu kürzen ist, so muss dies auch entsprechend durchgeführt werden. Die Formulierung in § 301 AktG betrifft auch vororganschaftliche Verlustabzüge. Wird nun der „Jahresüberschuss" der OG absprachewidrig nicht mit einem vororganschaftlichen Verlustvortrag verrechnet, sondern „ungeschmälert" an den OT abgeführt, scheitert das Organschaftverhältnis – jedenfalls dem Grunde nach – an der fehlenden tatsächlichen Durchführung des GAV. Der IV. Senat des BFH lässt dabei den in Teilen des Schrifttums vertretenen Einwand, es handelt sich bei dem **„Vergessen" der Verlustvortragsverrechnung** um einen geringfügigen und danach unbeachtlichen Verstoß gegen eine Nebenpflicht, nicht gelten. Allerdings ist die fehlerhafte Nichtberücksichtigung vororganschaftlicher Verlustabzüge beim Höchstbetrag der Gewinnabführung von der rückwirkenden Korrekturmöglichkeit des § 14 Abs. 1 Nr. 3 Satz 4 KStG mit umfasst sein.[46] Die Nachholung der übersehenen Verlustabzugskürzung muss demzufolge im ersten offenen Jahresabschluss nach „Fehlererkennung" erfolgen. Insoweit sollten auch „freiwillige" Fehlerkorrekturen unabhängig von verwaltungsseitigen Beanstandungen in laufender Rechnung möglich sein (Erst-Recht-Schluss). Bei zutreffender Durchführung der verlustverrechnenden Gewinnabführung bei ungeschmälerter Einkommenszurechnung erfolgt beim OT eine handelsrechtliche Minderabführung, die vororganschaftlich veranlasst und deshalb steuerlich als Einlage des OT in die OG zu qualifizieren ist (kein aktiver Ausgleichsposten).[47]

1652 Zu außerorganschaftlichen Verlusten in Umwandlungsfällen s. Rz. 1968.

1653–1654 *(Einstweilen frei)*

---

44 So Tz. 48 BMF, Schreiben v. 4.7.2008 – IV C 7 – S 2742/a – 07 – 10001, BStBl 2008 I S. 718. Kritisch dazu *Hick*, in: HHR, § 4h EStG Anm. 32.

45 BFH, Urteil v. 21.10.2010 – IV R 21/07, BFH/NV 2011 S. 151; dazu *Buciek*, FR 2011 S. 325; *Walter*, GmbHR 2011 S. 43; *Heurung/Engel/Schröder*, BB 2011 S. 599, 603 f.; *Dötsch*, Der Konzern 2010 S. 99.

46 Vgl. mit Nachweisen etwa *Dötsch/Pung*, DB 2013 S. 305, 309; *Prinz*, StuB 2013 S. 265, 266; *Petersen*, WPg 2018 S. 659, 665; s. auch Gliederungspunkt II der OFD Karlsruhe v. 16.1.2014 – S 277.0/52/2 – St 221, FR 2014 S. 434; OFD Frankfurt, Vfg. v. 30.5.2016, DStR 2016, S. 1375 f.

47 Vgl. *Pohl*, NWB 2016 S. 2424, 2428 mit Hinweis auf die (unausgesprochene) Sichtweise der FinVerw. in R 14.8 Abs. 2 KStR 2015.

2.2.5 Besteuerung der Ausgleichszahlungen bei der Organgesellschaft

Aus Gründen des Minderheitenschutzes sieht das Gesellschaftsrecht für außenstehende Anteilseigner (= nicht konzernzugehörige Gesellschafter), die an einer zu einer Gewinnabführung verpflichteten Organgesellschaft beteiligt sind – damit vom Dividendenbezugsrecht ausgeschlossen werden und nicht gegen eine angemessene Abfindung aus der Gesellschaft ausscheiden wollen oder müssen (squeeze out) – Ausgleichszahlungen vor (= Garantiedividende). § 304 AktG definiert für AG, KGaA sowie SE den angemessenen Ausgleich unter nachhaltigen Ertragsgesichtspunkten und kann gesellschaftsrechtlich einen Mix von Festbetrag und variablen Bezügen vorsehen. Entsprechendes gilt für die GmbH. Schuldner der Ausgleichszahlung ist vorrangig das herrschende Unternehmen; aber auch Tochter- oder Enkelgesellschaften können Ausgleichszahlungen (als Zahlstellen) leisten. Für die Ausgestaltung der Ausgleichszahlung hat der BFH in seinem Urteil vom 4.3.2009 entschieden:[48] ein Überschreiten des von § 304 AktG vorgegebenen Mindestrahmens zugunsten außenstehender Anteilseigner durch variable Beträge soll nur in einem sehr begrenzten Rahmen steuerunschädlich möglich sein. Führt die ergebnisabhängige Flexibilisierung der Ausgleichszahlung dazu, dass die außenstehenden Anteilseigner mit oder ohne Organschaft das volle gewinnabhängige Gewinnpotential der Organtochter erhalten, so wird der Gewinnabführungsvertrag nach Meinung des BFH nicht durchgeführt; die Organschaft verunglückt. Die Finanzverwaltung hat durch einen Nichtanwendungserlass vom 20.4.2010 auf das BFH-Judikat reagiert.[49] Danach stehen zivilrechtlich zulässigerweise vereinbarte Ausgleichszahlungen der steuerrechtlichen Durchführung des GAV nicht entgegen, auch wenn der im Aktiengesetz vorgesehene Mindestrahmen durch variable Ausgleichszahlungsbestandteile überschritten wird. Der BFH hat nun allerdings in seinem Urteil vom 10.5.2017[50] seine frühere Judikatur aus 2009 ausdrücklich bestätigt und damit dem BMF-Schreiben vom 20.4.2010 die Grundlage entzogen. Demzufolge ist die ertragsteuerliche Organschaft nicht anzuerkennen, wenn einem außenstehenden Gesellschafter neben einem „bestimmten Festbetrag ein zusätzlicher Ausgleich gewährt wird, dessen Höhe sich am Ertrag der vermeintlichen Organgesellschaft orientiert und der zu einer lediglich anteiligen Gewinnzurechnung an den vermeintlichen Organträger führt". Für zukünftige Ausgleichsvereinbarungen wird die FinVerw. dies berücksichtigen müssen; für die Vergangenheit sollte im Hinblick auf das „alte BMF-Schreiben" und die dadurch begründete Selbstbindung der Verwaltung Vertrauensschutz bestehen. Variable Ausgleichsverpflichtungen, die an das Ergebnis des Organträgers anknüpfen, sollten dagegen organschaftsunschädlich sein. Im Übrigen gilt: Das Unterlassen einer zivilrechtlich gebotenen Ausgleichsverpflichtung und -zahlung führt zum steuerlichen Scheitern der Organschaftsbeziehung. Dies gilt auch nach Einführung der Korrekturmöglichkeit gem. § 14 Abs. 1 Nr. 3 Satz 4, 5 KStG durch die Kleine Organschaftsreform. Denn danach werden nur „Durchführungsfehler", nicht „Vertragsfehler" – wie etwa eine vergessene Ausgleichspflicht gegenüber Außenstehenden – erfasst.[51]

1655

---

48 BFH, Urteil v. 4.3.2009 – I R 1/08, BStBl 2010 II S. 407.
49 BMF, Schreiben v. 20.4.2010 – IV C 2 – S 2770/08/10006, BStBl 2010 I S. 372. Vgl. zur Diskussion.
50 BFH, Urteil v. 10.5.2017 – I R 93/15, DStR 2015 S. 2429. Zur Konzeption der Ausgleichszahlungen insgesamt vgl. *Wagner*, in: Prinz/Witt (Hrsg.), Steuerliche Organschaft, 2015 Rz. 15.1-15.63; *Petersen*, WPg 2018 S. 320, 325; *Jäckel/Schwarz*, DStR 2018 S. 433.
51 Vgl. *Rödder*, Ubg 2012 S. 720; *Prinz*, StuB 2013 S. 266.

1656 Unter ertragsteuerlichen Gesichtspunkten ist für die Behandlung von Ausgleichszahlungen zweierlei zu beachten. Zum einen statuiert § 4 Abs. 5 Nr. 9 EStG ein Abzugsverbot für Ausgleichszahlungen, die in den Fällen der §§ 14, 17 KStG an außenstehende Anteilseigner geleistet werden. Sie dürfen – unabhängig von der Kostentragung – weder den Gewinn der OG noch den Gewinn des OT mindern (R 16 Abs. 1 KStR 2015). Zum anderen sieht § 16 KStG – in Modifikation der Rechtsfolgen des § 14 KStG – darüber hinaus stets eine Versteuerung bei der Organgesellschaft in Höhe von 20/17 der geleisteten Ausgleichszahlungen vor (entspricht 15 % Belastung des Bruttobetrags; keine Berücksichtigung von Gewerbesteuer und Solidaritätszuschlag). Das Versteuerungsgebot bei der Organgesellschaft gilt auch dann, wenn die Verpflichtung zum Ausgleich vom OT erfüllt wird; auch ein negatives Einkommen bei der OG hindert ihre Versteuerungsverpflichtung für die geleistete Ausgleichszahlung nicht. Dies alles dient der körperschaftsteuerlichen Abwicklung der Garantiedividende unabhängig von der Rechtsform des OT, insbes. für den Fall einer OT-PersGes mit natürlichen Personen als Mitunternehmern. Für gewerbesteuerliche Organschaftszwecke existiert eine dem § 16 KStG vergleichbare Zurechnung von Teilen des Gewerbeertrags als eigener OG-Gewerbeertrag nicht; vielmehr erfolgt über die Betriebsstättenfiktion eine Gewerbeversteuerung stets in vollem Umfang beim OT.[52]

1657 Beim außenstehenden Gesellschafter als Empfänger der Ausgleichszahlung ergeben sich als Besteuerungswirkung: Bei einer Körperschaft greift die Befreiungsnorm des § 8b Abs. 1 KStG unter Berücksichtigung der 5 % nichtabziehbaren Betriebsausgaben; bei einer natürlichen Person als Minderheitsgesellschafter greift das Teileinkünfteverfahren (§ 3 Nr. 40 Satz 1 Buchstabe d EStG) ein. Kapitalertragsteuer und Solidaritätszuschlag sind bei Leistung der Ausgleichszahlung vom Schuldner einzubehalten. Rechtsfolgen für §§ 27, 38 KStG entstehen mangels Gewinnverteilungsbeschluss nicht.[53]

1658–1659 *(Einstweilen frei)*

2.3 Gewinn- und Einkommensermittlung beim Organträger

2.3.1 Grundsätze

1660 Organträger im Rahmen eines ertragsteuerlichen Organschaftsverhältnisses muss ein „gewerbliches Unternehmen" sein. Von der Rechtsform her kann es sich um eine unbeschränkt steuerpflichtige natürliche Person, eine nicht steuerbefreite inländische/ausländische Körperschaft mit inländischer Betriebsstätte (einschl. Holdingkapitalgesellschaften; zu Details Rz. 1670, 1675) oder – unter weiteren Voraussetzungen – eine gewerblich tätige Mitunternehmerschaft (§ 15 Abs. 1 Nr. 2 EStG) handeln. Komplexe bilanzsteuerliche Fragen beim OT ergeben sich in Bezug auf sogenannte Ausgleichsposten, die sich aus innerorganschaftlich verursachten Unterschieden zwischen handelsrechtlicher Gewinnabführung und steuerlicher Gewinnermittlung/Einkommenszurechnung ergeben (s. Rz. 1690 ff.). Da der OT im Idealfall (nur) Gewinnabführungen, keine Gewinnausschüttungen bezieht, greifen auf seiner Ebene keinerlei Abzugsverbote für Aufwendungen (etwa Finanzierungskosten für den Erwerb der Organbeteiligung) ein

---

52 Vgl. *Pache*, in: HHR, § 16 KStG Anm. 5 mit Hinweis auf R 7.1 Abs. 5 Satz 10 GewStR 2009.
53 Vgl. *Pache*, in: HHR, § 16 KStG Anm. 10.

(hier § 3c Abs. 2 EStG, § 8b Abs. 5 KStG).[54] Abweichendes kann sich ergeben bei Bezug vororganschaftlicher Rücklagen, vororganschaftlicher Mehrabführungen und zugerechneter steuerfreier Einkommensteile (§ 15 Nr. 2 KStG). Im Übrigen sind zur Vermeidung etwaiger Doppelbe- und -entlastungen diverse Einkommenskorrekturen beim OT erforderlich (etwa für eine als vorweggenommene Gewinnabführung behandelte vGA).[55] Eine steuerwirksame Rückstellungsbildung wegen erwarteter Verlustübernahme bei einem „zeitversetzten GAV" zur OG (abweichendes Wirtschaftsjahr) kommt beim OT (mit kalenderjahrgleichem Wirtschaftsjahr) nicht in Betracht; die einkommensbezogene Verlustzurechnung über den GAV schließt eine Rückstellungsbildung systementsprechend aus.[56] Wird am gesamten Handelsgewerbe eines „potenziellen" Organträgers eine atypisch stille Beteiligung begründet, so scheitert die Organschaft nach Meinung der FinVerw (m. E. unzutreffend); eine typisch stille Beteiligung soll dagegen unschädlich sein.[57]

Übernommene vororganschaftliche Verlustabzüge: Übernimmt der Organträger die Verpflichtung zum Ausgleich vororganschaftlicher Verlustabzüge der OG (§ 15 Nr. 1 KStG) und tätigt er eine Einlage in die OG, so ist eine Aktivierung als nachträgliche Anschaffungskosten für die Anteile an der OG auf dem Beteiligungskonto vorzunehmen.[58]

1661

Durch Organträger erbrachte Ausgleichszahlungen: § 16 KStG sieht stets die Besteuerung von Ausgleichszahlungen durch die OG vor. Unabhängig davon wird in der Praxis häufig der OT die Ausgleichszahlungen an die Minderheitsgesellschafter leisten. In diesem Fall ist der Handelsbilanzgewinn des OT zunächst um die Ausgleichszahlungen gemindert und außerbilanziell zu erhöhen. Der entsprechende Einkommensteil des Organträgers wird dann der OG zur Versteuerung zugerechnet. Im Organkreis insgesamt bleibt das Einkommen von der Ausgleichszahlung unberührt.[59]

1662

Durchführung des GAV bedeutet Vollzug nach Maßgabe der vertraglichen Vereinbarungen (s. auch R 14.5 Abs. 5 und 8 KStR 2015). Steuerbilanziell führt die Gewinnabführung/Verlustübernahme zu entsprechenden Forderungen/Verbindlichkeiten bei Organgesellschaft und Organträger, die mit Ablauf des Bilanzstichtags der OG entstehen. Die Gewinnabführungsverpflichtung wird fällig mit Feststellung des Jahresabschlusses der OG; der Verlustausgleichsanspruch entsteht nach der BGH-Rechtsprechung mit Ablauf des Bilanzstichtags. Mit Fälligkeit tritt eine gesetzliche Verzinsungspflicht ein; ein Verstoß gegen diese vertragliche Nebenpflicht hindert die Anerkennung der steuerlichen Organschaft allerdings nicht (ggf. vGA als vorweggenommene Gewinnabführung). Ein zeitnaher Zahlungsausgleich der Forderungen/Verbindlichkeiten wird vom Gesetzgeber nicht genannt; zumindest über eine längere Sicht sind aber Zahlungen oder Verrechnungen geboten. Bei der Beurteilung der „tatsächlichen Durchführung" sollte die Fin-

1663

---

54 Vgl. R 14.7 Abs. 1 KStR 2015.
55 Vgl. R 14.7 Abs. 2 KStR 2015. Zur steuerlichen Behandlung von Beteiligungsaufwendungen s. *Rödder*, in: Herzig, Organschaft, 2003, S. 153-166.
56 Vgl. BFH, Urteil v. 26.1.1977 – I R 101/75, BStBl 1977 II S. 441; s. auch H 14.7 KStH 2015.
57 Vgl. BMF v. 1.20.8.2015, BStBl. I 2015 S. 649. Kritisch etwa *Hageböke*, Der Konzern 2013 S. 334.
58 So H 14.7 KStH 2015 mit Hinweis auf BFH, Urteil v. 8.3.1955 – I 73/54 U, BStBl 1955 III S. 187.
59 Zu einem Beispiel vgl. *Müller/Stöcker/Lieber*, Die Organschaft, 10. Aufl. 2017, Rz. 720-722.

Verw. mangels eindeutiger gesetzlicher Durchführungsvorgaben großzügig sein. Konkret verlangt der BFH allerdings, dass nach den Grundsätzen ordnungsmäßiger Buchführung ermittelte Gewinne entweder durch Zahlung oder aber durch eine zur Anspruchserfüllung führende und der tatsächlichen Zahlung gleichstehende Aufrechnung abgeführt werden.[60] Ggf. bieten sich im Einzelfall Gestaltungsmöglichkeiten zur „zeitversetzten Heilung" von Durchführungsmängeln an, etwa die Aufrechnung/Verrechnung von Rücklagen der OG in Verlustfällen (= Herstellung einer „Aufrechnungslage"). Der OT muss im Verlustfall zudem zum Ausgleich in der Lage sein. Eine Abwicklung über laufende Verrechnungskonten mit Pauschalzahlungen von Zeit zu Zeit oder Einbeziehung in einen Cash Pool reicht zur Anerkennung einer ordnungsmäßigen GAV-Durchführung ebenso aus wie „Umwandlung" in ein Darlehen (sog. Novation). Bei fehlender/fehlerhafter Durchführung des GAV innerhalb der fünfjährigen Mindestdauer könnte die Organschaft von Anfang an gescheitert sein; allerdings sieht § 14 Abs. 1 Nr. 3 Satz 4, 5 KStG die rückwirkende Heilung von Durchführungsfehlern in einer Reihe von Fällen vor. Nach Ablauf der Fünf-Jahresfrist ist vom „Durchführungsrisiko" nur das entsprechende Jahr betroffen (R 14.5 Abs. 8 Nr. 2 KStR). Allerdings wird im Anschluss an die neue BFH-Rechtsprechung zur GAV-Mindestlaufzeit[61] diskutiert, ob auch in Fällen von Durchführungsmängeln innerhalb der 5-jährigen Mindestzeitperiode eine nur „partielle Versagung" der Organschaft in Betracht kommt. Liegt bspw. nur in Jahr drei des 5-Jahreszeitraums ein Durchführungsmangel vor, ist durchaus eine Anerkennung der Organschaft für die Jahre vier und fünf bei verlängerter Mindestvertragslaufzeit (entweder wegen einer Gleitklausel oder durch eine Änderung des bestehenden GAV) möglich. Ein Verzicht auf Gewinnabführung/Verlustübernahme wäre allerdings wohl steuerschädlich. Eine Wiedereinlage der bezogenen Gewinnabführung durch den Organträger zur Eigenkapitalstärkung in der OG ist dagegen unschädlich.

1664–1669 *(Einstweilen frei)*

2.3.2 Besonderheiten bei einem verlustführenden Organträger mit Auslandsbezug

1670 § 14 Abs. 1 Nr. 5 KStG regelt: Negative Einkünfte des Organträgers oder der Organgesellschaft bleiben bei der inländischen Besteuerung unberücksichtigt, soweit sie in einem ausländischen Staat im Rahmen der Besteuerung des Organträgers, der Organgesellschaft oder einer anderen Person berücksichtigt werden. Wegen des Wegfalls des doppelten Inlandsbezugs bei OG sah sich der Gesetzgeber im Rahmen der Kleinen Organschaftsreform v. 20.2.2013 zur „Verschärfung" der dual-consolidated loss-Regelung gezwungen. Die Neuregelung gilt rückwirkend für alle offenen Fälle (§ 34 Abs. 9 Nr. 8 KStG) und ist in ihren Anwendungskonturen höchst unbestimmt. Erste Anwendungshinweise hat der BFH in seiner Entscheidung vom 12.10.2016 gegeben; der Begriff „negative Einkünfte" des OT ist danach unter Berücksichtigung des zuzurechnenden Organeinkommens zu bestimmen (= konsolidierte, nicht isolierte Einkünfte des OT).[62] Bei

---

60 Vgl. BFH, Beschluss v. 26.4.2016 – I B 77/15, BFH/NV 2016 S. 1177 unter Bezugnahme auf BFH, Urteil v. 5.4.1995 – I R 156/93, BFHE 177 S. 429.
61 Vgl. BFH, Urteil v. 10.5.2017 – I R 19/15, DStR 2017 S. 2112 und BFH, Urteil v. 10.5.2017 – I R 51/15, BStBl. II 2018 S. 30.
62 Vgl. BFH, Urteil v. 12.10.2016 – I R 92/12, DStR 2017 S. 589.

einer Organträger-PersGes. mit im Ausland ansässigen Mitunternehmern gilt seit dem 1.1.2017 u.U. ergänzend § 4i EStG (Sonderbetriebsausgabenabzug bei Vorgängen mit Auslandsbezug). Ungeachtet dessen greift der Anwendungsbereich über die Verhinderung mehrfacher grenzüberschreitender Verlustnutzungen bei doppelt ansässigen Kapitalgesellschaften weit hinaus und ist deshalb sowohl unter dem Gesichtspunkt der verfassungsrechtlich gebotenen Leistungsfähigkeitsbesteuerung wie auch im Hinblick auf die Notwendigkeit der Gewährleistung der EU/EWR-Grundfreiheiten hoch problematisch. In Einschränkung des Gesetzeswortlauts sollten nach der Gesetzesteleologie eigentlich nur nach Deutschland „importierte" Verluste in Fällen doppelter Ansässigkeit abzugsgesperrt sein. Handelsbilanzielle Folgen aus § 14 Abs. 1 Nr. 5 KStG dürften vor allem im Bereich latenter Steuern entstehen, da Inlandsverluste im Anwendungsbereich des § 14 Abs. 1 Nr. 5 KStG nicht abziehbar sind.[63]

(Einstweilen frei) 1671–1674

2.3.3 Besonderheiten bei einer Personengesellschaft als Organträger

Für Personengesellschaften als Organträger sieht § 14 Abs. 1 Nr. 2 Satz 2 KStG ein rechtsformspezifisch doppeltes Tatbestandserfordernis vor. Zum einen muss es sich um eine gewerblich tätige Personengesellschaft mit inländischer Betriebsstätte (bei ununterbrochener funktionaler Zurechnung der Organeinkünfte und Organbeteiligungen) handeln. Die gewerbliche Prägung einer vermögensverwaltenden Personengesellschaft reicht für die Organträgerstellung nicht aus. Auch genügt eine gewerbliche Infizierung durch geringfügige eigengewerbliche Tätigkeiten nach Meinung der FinVerw nicht. Eine geschäftsleitende Holding dagegen wird als gewerblich anerkannt.[64] Die eigengewerbliche Tätigkeit muss aber nicht bereits zu Beginn des Wirtschaftsjahres der Organgesellschaft vorliegen, sondern kann auch unterjährig begründet werden.[65] Zum anderen müssen die Voraussetzungen der finanziellen Eingliederung der OG im Verhältnis zur Personengesellschaft selbst erfüllt sein, d. h. die Anteile an der OG müssen im Gesamthandsvermögen der Personengesellschaft steuerbilanziell erfasst werden. Eine steuerliche Zuordnung der Anteile zum Sonderbetriebsvermögen mit einer entsprechenden Erfassung in einer Sonderbilanz des Mitunternehmers reicht nicht aus. In der Gestaltungspraxis muss auf einen „stabilen OT-Status" sowie der „Betriebsstätteneignung" der Personengesellschaft geachtet werden; gegebenenfalls sind vorbereitende Umstrukturierungsmaßnahmen vorzunehmen (z. B. Übertragen der KapGes-Anteile aus SonderBV in Gesamthandsvermögen). Im Übrigen sollte die auf das zugerechnete Or-

1675

---

[63] Zu den streitigen Details des § 14 Abs. 1 Nr. 5 vgl. *Gründig/Schmid*, DStR 2013 S. 617; *Polatzky/Seitner*, Ubg 2013 S. 258; *Benecke/Schnitger*, IStR 2013 S. 143; *Schaden/Polatzky*, IStR 2013 S. 131; *Kröner/Momen/Boller*, IStR 2013 S. 405; *Wagner/Liekenbrock*, Ubg 2013 S. 133; *Scheipers/Linn*, IStR 2013 S. 139; *Kolbe*, in: HHR, § 14 KStG, Anm. 260-284. Vgl. auch zu einer Art „Fallsammlung" IDW-Schreiben v. 5.3.2014, Fachnachrichten IDW 4/2014 S. 277.
[64] Vgl. BMF, Schreiben v. 10.11.2005 – IV B 7 – S 2770 – 24/05, BStBl 2005 I S. 1038. Hinsichtlich eines neuen wirtschaftlichen Eingliederungserfordernisses deutlich zu weitgehend m. E. *Schirmer*, GmbHR 2013 S. 792, FR 2013 S. 605 und StBp 2013 S. 245; siehe ergänzend auch *Dötsch/Pung*, DB 2014 S. 1215. Zur Betriebsstättenzuordnung von Beteiligungen bei einer Holding PersGes. mit ausländischen Mitunternehmern vgl. *C. Kraft/Hohage*, DB 2017 S. 2565; *Blumers*, DB 2017 S. 2893.
[65] Vgl. BFH, Urteil v. 24.7.2013 – I R 40/12, BStBl. II 2014, S. 272 (ausdrücklich entgegen BMF v. 10.11.2015, BStBl. I 2015 S. 1038 Rz. 21).

ganeinkommen entfallende Gewerbesteuer (allerdings ohne der OG nachgeordnete Mitunternehmerschaften) für typisierte Anrechnungszwecke (§ 35 EStG) bei der Einkommensteuer der Mitunternehmer einer Organträger-Personengesellschaft anteilig „durchreichbar" sein.[66] Die Gewerbesteuer-Rückstellung beim OT bleibt vom einkommensteuerlichen Anrechnungsvolumen unberührt. Die gegebenenfalls verminderte Einkommensteuervorbelastung des Mitunternehmers findet als „Privatsteuer" keinerlei steuerbilanziellen Niederschlag. Bei einer verlustführenden Organträger-PersGes. mit Auslandsberührung entstehen besondere Anwendungsfragen des § 14 Abs. 1 Nr. 5 KStG (s. Rz. 1670).

1676–1679 *(Einstweilen frei)*

2.4 Sonderfragen: Teilwertabschreibung auf Anteile an der Organgesellschaft wegen voraussichtlich dauernder Wertminderung

1680 Sinkt der Ertrags- oder Substanzwert einer Tochtergesellschaft nachhaltig unter ihre Anschaffungskosten, so kann das Mutterunternehmen bei einer „voraussichtlich dauernden Wertminderung" nachweisgebunden eine Teilwertabschreibung auf den Beteiligungsansatz in seiner Steuerbilanz geltend machen. Es handelt sich um ein steuerliches Wahlrecht gem. § 5 Abs. 1 Satz 1 EStG, das unabhängig von der handelsbilanziellen Handhabung ausgeübt werden kann.[67] Korrespondierend entsteht ein latentes Wertaufholungspotential. Nur bei „willkürlicher Gestaltung" mit einem „Wechselspiel" zwischen Geltendmachung der Teilwertabschreibung und (ganz oder teilweise) entsprechender Wertaufholung erkennt die Finanzverwaltung das Wahlrecht nicht an. Außerbilanziell (2. Stufe der Gewinnermittlung) ist die Teilwertabschreibung allerdings für Körperschaften als Organträger gem. § 8b Abs. 3 KStG vollständig zu „stornieren", wobei Wertaufholungen ungeachtet dessen der 5 %-Besteuerung nichtabziehbarer Betriebsausgaben unterliegen. Bei Personengesellschaften als Organträger mit natürlichen Personen als Mitunternehmern bleiben 60 % der steuerlichen Teilwertabschreibung steuerwirksam (§ 3c Abs. 2 EStG). Insoweit behalten Teilwertabschreibungen vor allem bei Organträger-Personengesellschaften ihren Reiz. Bei Körperschaften als Mitunternehmer einer Personengesellschaft gilt über § 8b Abs. 6 KStG wiederum ein vollständiges außerbilanzielles Korrekturgebot.

1681 Ergänzende restriktive Besonderheiten über die einkommen-/körperschaftsteuerliche „Normalsituation" hinaus gelten für Organschaftszwecke (R 7.1 Abs. 5, R 8.6 GewStR): Denn trotz steuerbilanzieller Anerkennung werden verlustbedingte Teilwertabschreibungen aufgrund der „gebrochenen" Einheitstheorie im gewerbesteuerlichen Organkreis unabhängig vom „Steuerstatus" des OT „zurückgedreht" (= neutralisiert). Für Körperschaftsteuerzwecke gilt Entsprechendes. Es besteht eine „Rechtsvermutung", dass eine Identität der (abzuführenden) Verluste der OG mit den (abschreibungsbedingten)

---

66 Die Details der Rechtslage sind streitig. Vgl. *Wacker*, in: Schmidt, EStG, 37. Aufl. 2018, § 35 Rz. 54; *Levedag*, in: HHR, § 35 EStG Anm. 47; *Schaumburg/Bäuml*, FR 2010 S. 1061. Siehe auch BFH, Urteil v. 22.9.2011 – IV R 9/10, DB 2011 S. 2635; zur Erläuterung *Prinz/Hütig*, StuB 2012 S. 20.
67 Vgl. BMF, Schreiben v. 12.3.2010 – IV C 6 – S 2133/09/10001, BStBl 2010 I S. 239, Rz. 14, 15.

Verlusten des OT besteht. Selbst wenn eine Teilwertabschreibung nicht vorgenommen wurde, die OG-Beteiligung später allerdings zu einem entsprechend geringeren Verkaufspreis veräußert wird, soll bei der Ermittlung des Gewerbeertrags ein Betrag in Höhe des bei der Zusammenrechnung der Gewerbeerträge berücksichtigten Verlustes der OG hinzuzurechnen sein (so R 7.1 Abs. 5 Satz 9 GewStR). Schließlich mindern Teilwertabschreibungen aufgrund einer Gewinnabführung ebenso wenig den Gewerbeertrag der Muttergesellschaft wie ausschüttungsbedingte Teilwertabschreibungen.[68] Selbst außerhalb der Organschaft besteht ein ergänzend wirkendes spezielles **Hinzurechnungsgebot gem. § 8 Nr. 10 GewStG**, das auch für vororganschaftlich begründete Gewinnminderungen gilt. Das gewerbesteuerliche Gewinnminderungsverbot gilt lt. BFH-Rechtsprechung auch für Darlehensforderungen des OT gegen die Organgesellschaft, soweit die Teilwertabschreibung zumindest auch auf einer Verlustsituation der OG beruht (Neutralisationsgebot zur Verhinderung eines Doppelabzugs); spätere Wertaufholungen müssen systementsprechend steuerlich irrelevant bleiben. Dokumentation und Nachweis der Verlustquellen im Einzelfall kann schwierig sein.[69]

Verluste der Tochtergesellschaft kein steuerbilanzieller Teilwertabschreibungsgrund: 1682
Die Finanzverwaltung stellt – gestützt durch die Rechtsprechung – hohe Anforderungen an eine dauerhafte Wertminderung bei Anteilen an einer Organgesellschaft. Gem. R 14.7 Abs. 3 KStR 2015 gelten zwar die allgemeinen Teilwertkriterien. Eine Abschreibung auf den niedrigeren Teilwert kann allerdings nicht auf das Erwirtschaften ständiger Verluste gestützt werden. Dies liegt darin begründet, dass der Organträger selbst zur Deckung der Fehlbeträge in der Organgesellschaft verpflichtet ist; die Substanz der Organgesellschaft bleibt häufig erhalten (Ausnahme etwa: Abführung von Altrücklagen). Der BFH geht insoweit bei Mehrheitsbeteiligungen an der Organgesellschaft typisierend von einer „unwiderlegbaren Teilwertvermutung" in Höhe der Anschaffungskosten aus. Neumann spricht anschaulich von einem „erstarrten Teilwertansatz der Organgesellschaft" während der Organschaftszeit.[70] Dahinter verbirgt sich die Überlegung der Vermeidung einer doppelten Verlustnutzung; dieselben Verluste sollen nicht einerseits über die Ergebnisabführung beim Organträger steuerwirksam werden und dann „zum zweiten Mal" über eine Teilwertabschreibung Berücksichtigung finden. Auch wenn dieser Gedanke letztlich seit Abschaffung des körperschaftsteuerlichen Anrechnungsverfahrens und der vollständigen „Stornierung" von Teilwertabschreibungen über § 8b Abs. 3 KStG bei Organträgerkörperschaften nicht mehr einschlägig ist, erscheint eine substanzverzehrlose Verlusterzielung der Organgesellschaft richtigerweise nicht ausreichend für eine Teilwertabschreibung.

Steuerlich anerkannte Abschreibungsgründe: In anderen Konstellationen kommt auch 1683
bei Organgesellschaften – entsprechend allgemeinen Kriterien – eine Teilwertabschreibung in Betracht, wobei der Steuerpflichtige die Feststellungslast für die voraussichtlich

---

68 Vgl. R 8.6 GewStR sowie H 7.1 Abs. 5 GewStR: Teilwertabschreibungen bei Organschaft, mit Hinweis auf BFH, Urteil v. 19.11.2003 – I R 88/02, BStBl 2004 II S. 751.
69 Vgl. BFH, Urteil v. 5.11.2009 – IV R 57/06, BStBl 2010 II S. 646 (Streitjahr 2000; kein GAV-Erfordernis für Gewerbesteuer); dazu auch *Behrens/Renner*, BB 2010 S. 486.
70 Vgl. *Gosch/Neumann*, KStG, 3. Aufl. 2015, § 14 Rz. 430. Siehe aber auch bereits BFH, Urteil v. 17.9.1969 – I 170/65, BStBl 1970 II S. 48 unter Bezugnahme auf *Rose*, DB 1960 S. 1164 f. Ergänzend BFH, Urteile v. 6.11.1985 – I R 56/82, BStBl 1986 II S. 73; v. 26.1.1997 – I R 101/75, BStBl 1977 II S. 441 f.

dauernde Wertminderung trägt. Bei der Geltendmachung der Teilwertabschreibung handelt es sich um eine Prognoseentscheidung des Steuerpflichtigen aus der Sicht des Bilanzstichtags, die das nachhaltige Absinken des Beteiligungswerts unter die Anschaffungskosten aufgrund objektiver Anzeichen untersucht. Durch die Teilwertabschreibung soll der Verlust an wirtschaftlicher Leistungsfähigkeit periodengerecht erfasst werden[71]. Dabei müssen mehr Gründe für als gegen die Teilwertabschreibung sprechen. Anerkannt wird die Teilwertabschreibung etwa im Fall einer Fehlmaßnahme, weil die Beteiligung von vornherein oder aufgrund ihrer funktionalen Bedeutung im Konzern nachhaltig in ihrem Wert gesunken ist. Gleiches gilt, falls der Organträger für die Organgesellschaftsanteile einen Firmenwert „bezahlt" hat, der wegen nachhaltig sinkender Ertragskraft eine Werteinbuße erlitten hat.[72] Letztlich wird man stets für Zwecke der Teilwertabschreibung prüfen müssen, ob der Wert der Beteiligung trotz der bestehenden Verlustübernahmeverpflichtung der Muttergesellschaft nachhaltig gesunken ist. Dafür kann eine Reihe von Gründen ursächlich sein, die zu dokumentieren sind. Im Übrigen sind meines Erachtens **Gesellschafterdarlehen** hinsichtlich ihres Teilwerts im Grundsatz losgelöst von dem Beteiligungswert der Organgesellschaft selbst zu würdigen. Bei einer Organträgerkapitalgesellschaft ist allerdings auf der zweiten Gewinnermittlungsstufe § 8b Abs. 3 Satz 4-6 KStG zu beachten. Nur bei einem wirksam geführten Drittvergleich wird die Teilwertabschreibung steuerwirksam. Bei Personengesellschaften als Darlehensgeber mit natürlichen Personen als Mitunternehmern findet § 3c Abs. 2 Sätze 2-5 EStG mit seiner abzugsbegrenzenden Wirkung ab VZ 2015 Anwendung.[73] Insoweit sind Substanzverluste von bestimmten Darlehens- und Rückgriffsforderungen teilabzugsgesperrt. § 3c Abs. 2 Sätze 2-5 EStG und § 8b Abs. 3 Sätze 4-6 KStG sind tatbestandsähnlich formuliert.

1684–1689   *(Einstweilen frei)*

3. Steuerbilanzielle Ausgleichsposten bei innerorganschaftlichen Mehr- und Minderabführungen (§ 14 Abs. 4 KStG)

3.1 Grundinformationen zu aktiven und passiven steuerbilanziellen Ausgleichsposten

1690   Im „Leben" von ein- oder mehrstufigen Organschaftskonzernen tauchen aktive und passive Ausgleichsposten in vielfältiger Form auf. Sie resultieren vor allem aus technischen Abweichungen zwischen handelsbilanzieller Gewinnabführung/Verlustübernahme und steuerbilanzieller Gewinnermittlung/Einkommenszurechnung während der Organschaftszeit. Man spricht von sog. innerorganschaftlichen handelsbilanziellen Mehr- und Minderabführungen. Derartige vor allem bilanzierungs- und bewertungsbedingte Abweichungen, die sich in späteren Jahren wieder auflösen, sind in ihren

---

[71] Vgl. eingehender *Gosch/Neumann*, KStG, 3. Aufl. 2015, S. 14 Rn 429-434. Ergänzend auch BFH, Urteil v. 18.6.2015 – IV R 6/11, GmbHR 2015 S. 1058.

[72] Vgl. *Müller/Stöcker/Lieber*, Die Organschaft, 10. Aufl. 2017, Rz. 566.

[73] Für die Zeit bis einschl. VZ 2014 war § 3c Abs. 2 EStG a. F. nicht auf qualifizierte Gesellschafterdarlehen im Betriebsvermögen anwendbar. Vgl. BMF v. 23.10.2013, BStBl 2013 I S. 1269, Rz. 11 unter Bezugnahme auf BFH, Urteile v. 18.4.2012 – X R 5/10, BStBl 2013 II S. 785 und – X R 7/10, BStBl 2013 II S. 791; zu § 8b Abs. 3 KStG s. auch BFH, Urteil v. 12.3.2014 – I R 87/12, DStR 2014 S. 1227.

Grundlagen und Wirkungen hoch umstritten und haben in der Besteuerungspraxis eine besondere Bedeutung beim Organträger; Folgewirkungen entstehen bei der Organgesellschaft.[74] Sie führen mitunter zu besonderen „Steuerfallen im Konzern",[75] können als aktive Ausgleichsposten aber auch Gestaltungschancen bieten. Zu den organschaftsbezogenen Mehr- und Minderabführungen bestehen nur bruchstückhafte Rechtsgrundlagen, die eines durchdachten steuerkonzeptionellen Neuanfangs bedürfen (s. 3.5).

Organschaftsbezogene Mehr- und Minderabführungen bestehen in zwei Grundkonstellationen, die völlig unterschiedliche Rechtsfolgen nach sich ziehen und in der Praxis nicht immer leicht voneinander zu unterscheiden sind. Abgestellt wird auf den Zeitpunkt der Begründung der Abweichung zwischen Handels- und Steuerbilanz innerhalb oder außerhalb der Organschaftszeit (geschäftsvorfallbezogene Kausalanalyse nach zeitlichem Trennungsmerkmal).[76] Spätestens durch die „offizielle" Beendigung des Maßgeblichkeitsgrundsatzes im Umwandlungssteuerrecht und der durch das BilMoG vom 25.5.2009 erfolgten Neujustierung der Maßgeblichkeit mit eigenständigem steuerlichem Wahlrechtsvorbehalt (§ 5 Abs. 1 EStG) haben die Abweichungen zwischen Handels- und Steuerbilanz, die organschaftsbezogene Mehr- und Minderabführungen nach sich ziehen können, deutlich zugenommen.[77] Mitunter tauchen vororganschaftliche und innerorganschaftliche Mehr- und Minderabführungen nebeneinander auf, sind teils gegenläufig. Wegen der unterschiedlichen Rechtsfolgen ist eine Unterscheidung zwingend. Ein Subsidiaritätsverhältnis besteht insoweit nicht. Die jeweiligen Tatbestände und Rechtsfolgen sind separat anzuwenden.[78] Im Zusammenhang mit Umwandlungsvorgängen, die eine Organgesellschaft, aber auch den OT betreffen, tauchen vielschichtige, komplexe Abgrenzungsfragen für vor- und innerorganschaftliche Mehr- und Minderabführungen auf.[79]

1691

§ 14 Abs. 4 KStG (Grundkonstellation 1) gilt für Mehr- und Minderabführungen, die ihre Ursache in organschaftlicher Zeit haben **(innerorganschaftliche Mehr- und Minderabführungen).** Für sie ist gem. § 14 Abs. 4 Satz 1 KStG in der Steuerbilanz des OT (also nicht

1692

---

74 Vgl. grundlegend BFH, Urteil v. 29.8.2012 – I R 65/11, BStBl 2013 II S. 555 mit Hinweis auf BMF v. 5.7.2013, BStBl 2013 I S. 921; die Rechtsprechung wurde fortentwickelt durch BFH, Urteil v. 15.3.2017 – I R 67/15, BFH/NV 2017, S. 1276. Zur praktischen Bedeutung der Ausgleichsposten anschaulich *Dötsch*, Ubg 2008 S. 117 f.; *Gosch/Adrian*, GmbHR 2017 S. 965; *Dötsch/Pung*, Festschrift für Gerrit Frotscher, 2013, S. 55–58. Die organschaftlichen Ausgleichsposten wurden lange Jahre vor ihrer gesetzlichen Kodifizierung „erfunden" von *R. Thiel*, BB 1960 S. 735; *R. Thiel*, StbJb. 1961/62 S. 201. Zur „Geschichte der Ausgleichsposten" auch *J. Thiel*, in: Festschrift Lang, 2011 S. 755, 757-761. Zur Abgrenzung gegenüber vororganschaftlich verursachten Mehrabführungen s. BFH, Beschluss v. 6.6.2013 – I R 38/11, BFH/NV 2013 S. 1730 sowie BFH, Beschluss v. 27.11.2013 – I R 36/13.
75 Vgl. *Prinz*, Gastkommentar DB 12/2011.
76 Vgl. *Neumann*, Ubg 2010 S. 678.
77 Vgl. zu Details *von Freeden*, Minder- und Mehrabführungen nach § 14 Abs. 4, § 27 Abs. 6 KStG, 2011, S. 50-52; *von Freeden*, in: Prinz/Witt (Hrsg.), Steuerliche Organschaft, 2015 Rz. 14.1-14.68.
78 Vgl. FG Düsseldorf v. 15.4.2013 – 6 K 4270/10 K, F, EFG 2013 S. 1262 sowie mit einer Normenkontrollvorlage an das BVerfG dazu BFH v. 27. 11 2013 – I R 36/13. Dazu auch *Prinz*, FR 2013 S. 903 sowie *von Freeden*, Minder- und Mehrabführungen nach § 14 Abs. 4, § 27 Abs. 6 KStG, 2011, S. 41.
79 Vgl. Org 05, 28, 33 sowie 34, Rz. 22.24, UmwSt-Erlass v. 11.11.2011, BStBl 2011 I S. 1314. Siehe weiterhin Teil A Kap. XII Rz. 1934. Wegen der besonderen Fragestellung im Zusammenhang mit Umwandlungen siehe *Schumacher*, in: Festschrift Schaumburg, 2009, S. 477-491; *Dötsch*, Ubg 2011 S. 20, 27-29; *Dötsch/Pung*, Der Konzern 2010 S. 223; *Lohmann/Heerdt*, Ubg 2012 S. 91. *Heurung/Müller-Thomczik*, StB 2013 S. 111; zur Systematik eingehend auch *Pichler*, Die ertragsteuerliche Organschaft im Umwandlungssteuerrecht, 2015, S. 184 f., 268-280.

außerbilanziell) ein besonderer aktiver oder passiver Ausgleichsposten zu bilden, der dem Verhältnis der Beteiligung des OT am Nennkapital der OG entspricht. Solche Mehr- oder Minderabführungen liegen insbesondere (Regelbeispiel, keine abschließende Aufzählung)[80] vor, wenn der an den OT abgeführte Gewinn vom Steuerbilanzgewinn der OG abweicht und diese Abweichung ihre Ursache in organschaftlicher Zeit (während der Organschaft) hat (§ 14 Abs. 4 Satz 6 KStG). Beurteilungsmaßstab für das Vorliegen von organschaftlichen Mehr-/Minderabführungen ist aber letztlich das Grundanliegen des Gesetzgebers, „die Einmalbesteuerung der organschaftlichen Erträge beim Organträger sicherzustellen".[81] Handelsbilanziell gibt es solche Ausgleichsposten nicht. Die Wirkungen bei der OG beschreibt § 27 Abs. 6 KStG: Minderabführungen erhöhen, Mehrabführungen mindern das Einlagekonto einer OG, wenn sie ihre Ursache in organschaftlicher Zeit haben. Im Übrigen kann sich daraus nach § 27 Abs. 1 Satz 4 KStG ausnahmsweise ein negatives Einlagekonto ergeben. Die Einlagewirkungen sind stets mit 100 % der Mehr- oder Minderabführung zu berücksichtigen, also nicht quotal wie bei der Ausgleichspostenbildung. Im Übrigen dürfen aktive und passive Ausgleichsposten nicht saldiert werden. Der Beteiligungsbuchwert an der OG bleibt beim OT von Mehr- oder Minderabführungen unberührt; diese finden nur in den Ausgleichsposten ihren Ausdruck.

1693 **§ 14 Abs. 3 KStG** (Grundkonstellation 2) dagegen betrifft Mehr- und Minderabführungen, die ihre Ursache in vororganschaftlicher Zeit haben (**vororganschaftliche Mehr- und Minderabführungen**).[82] Mehrabführungen gelten als Gewinnausschüttung der OG an den OT (zum Zeitpunkt des Entstehens von Kapitalertragsteuer, s. § 44 Abs. 7 EStG). Minderabführungen sind als Einlagen durch den OT in die OG zu behandeln. Eine Ausgleichspostenproblematik besteht insoweit nicht. Nach Meinung der Finanzverwaltung sind durch Umwandlungsvorgänge auf Ebene der OG verursachte außerorganschaftliche Mehr- und Minderabführungen entsprechend § 14 Abs. 3 KStG zu behandeln (streitig).[83]

1694 **Begriffsklärung:** § 14 Abs. 4 Satz 6 KStG umschreibt Mehr- und Minderabführungen in Gestalt typusmäßiger Regelbeispiele als Abweichung zwischen dem an den OT abzuführenden (handelsbilanziellen) Gewinn und dem Steuerbilanzgewinn (§ 60 Abs. 2 Satz 2 EStDV) der OG, bezogen auf denselben Stichtag. Hinzukommen muss die Verursachung (= geschäftsvorfallbezogene Veranlassung) dieser Abweichung in organschaftlicher Zeit. Die handels- und steuerbilanzielle Verlustsituation ist begrifflich eingeschlossen. Mehr- oder Minderabführungen entstehen letztlich im Regelfall nur dann, wenn das steuerlich zugerechnete und das handelsbilanziell abgeführte Einkommen voneinander abweichen.[84] Außerbilanzielle Korrekturen auf der zweiten Gewinnermitt-

---

80 Nach Meinung des BFH, Urteil v. 29.8.2012 – I R 65/11, BStBl 2013 II S. 555, enthält § 14 Abs. 4 Satz 6 KStG keine abschließende Legaldefinition, sondern lediglich eine Umschreibung der Regelcharakteristika einer Mehr- oder Minderabführung im Sinne eines Typusbegriffs; BFH, Urteil v. 15.3.2017 – I R 67/15, BFH/NV 2017, S. 1276 spricht von einem „Regelbeispiel" (Rz. 19). Dazu *Gosch*, BFH/PR 2013 S. 53-55; zur Einordnung weiterhin *Gosch/Adrian*, GmbHR 2017 S. 965-969.
81 So ausdrücklich BFH, Urteil v. 15.3.2017 – I R 67/15, BFH/NV 2017 S. 1276.
82 Zu Details siehe Rz. 1730-1739. Grundlegend BFH, Beschluss v. 6.6.2013 – I R 38/11, BFH/NV 2013 S. 1730.
83 Vgl. OFD Münster, Kurzinformation Körperschaftsteuer Nr. 003/2010 v. 9.12.2010, DStR 2011 S. 367. Kritisch zur Auffassung der FinVerw mit weiteren Nachweisen *Dötsch/Pung*, Festschrift für Gerrit Frotscher, 2013, S. 64 f.
84 Vgl. *Neumann*, Ubg 2010 S. 676 f., differenzierend *Dötsch*, in: Dötsch/Jost/Pung/Witt, § 14 KStG Rz. 402 f. (Juni 2011).

lungsstufe sind nach herrschender Meinung nicht über Ausgleichsposten zu erfassen (etwa nicht abziehbare Betriebsausgaben gemäß § 4 Abs. 5 EStG, eine vGA, steuerfreie Vermögensmehrungen usw.).[85] Über das gesetzliche Regelbeispiel hinausgehend kommen aktive/passive Ausgleichsposten aber in zwei weiteren Falltypen in Betracht; die Sicherstellung der Einmalbesteuerung von Erträgen im Organkreis als Grundanliegen des Gesetzgebers macht dies lt. BFH erforderlich. Der erste Falltypus betrifft vorhandene Abweichungen zwischen handelsbilanzieller Ergebnisabführung und steuerbilanzieller Gewinnzurechnung, bei der keine systemwidrige Doppel-/Keinmalbesteuerung erfolgt. Der BFH hat dies im Zusammenhang mit nach § 15a EStG verrechenbaren Verlusten einer Organgesellschaft aufgrund einer haftungsbeschränkten Beteiligung an einer PersGes in seinem Urteil v. 29.8.2012 entschieden:[86] Ein passiver Ausgleichsposten für Mehrabführungen ist bei einem Organträger dann trotz Abweichung zwischen handels- und steuerbilanzieller Ergebniszurechnung nicht zu bilden, wenn die auf die Organgesellschaft entfallenden Beteiligungsverluste (konkret aus einem KG-Anteil) aufgrund außerbilanzieller Zurechnung (wegen § 15a EStG) neutralisiert werden; das dem Organträger zuzurechnende Einkommen bleibt wegen der § 15a-Sperrwirkung in einem solchen Fall von der handelsbilanziell niedrigeren Verlustzurechnung unberührt. Eines passiven Ausgleichspostens beim OT bedarf es zur Sicherstellung der Einmalbesteuerung nicht. Der dem BFH vorliegende Streitfall betraf zwar den VZ 2003, der I. Senat des BFH sieht in seinem Judikat aber keinen Grund dafür, dass sich an der rechtlichen Beurteilung etwas durch § 14 Abs. 4 KStG 2002 i. d. F des JStG 2008 geändert habe. Für § 15a EStG-Fallkonstellationen akzeptiert die FinVerw im Schreiben v. 15.7.2013[87] die Sichtweise des BFH; in allen anderen Fällen soll es nach BMF-Meinung bei der Bildung organschaftlicher Ausgleichsposten nach Maßgabe des Wortlauts des § 14 Abs. 4 Satz 6 KStG bleiben (etwa bei nach DBA oder § 8b KStG steuerfreien Einkünften). Dieser Rechtsauffassung des BMF hat der I. Senat des BFH in seinem Urteil vom 15.3.2017 für einen zweiten Falltypus eine Absage erteilt, bei der keine Abweichungen zwischen handels- und steuerbilanziellem Ergebnis bestehen, das Grundanliegen des Gesetzgebers zur Sicherstellung einmaliger Ertragsbesteuerung im Organkreis erfordert aber dennoch einen organschaftlichen Ausgleichsposten. Konkret entschieden hat dies der BFH für die Rückgewähr eines im ersten Schritt erfolgsneutral gewährten Ertragszuschusses, der einen passiven Ausgleichsposten wegen organschaftlicher Mehrabführung erfordert.[88]

Hinzu kommen muss: Die Ursache der Mehr- oder Minderabführung muss auf Geschäftsvorfällen beruhen, die ausschließlich während der Organschaftszeit mit Geltung des GAV entstanden sind (etwa die Bildung einer Drohverlustrückstellung während der Organschaftsperiode mit späteren Umkehreffekten). Ansonsten liegen vororganschaftlich be-

---

85 Vgl. übereinstimmend *Breier*, Der Konzern 2011 S. 11, 13; *Neumann*, Ubg 2010 S. 674; *von Freeden*, Minder- und Mehrabführungen nach § 14 Abs. 4, § 27 Abs. 6 KStG, 2011, S. 47; a. A. *Sedemund*, DB 2010 S. 1255.
86 BFH, Urteil v. 29.8.2012 – I R 65/11, BStBl 2013 II S. 555. Eingehender dazu *Tiede*, StuB 2013 S. 93; *Gosch*, BFH/PR 2013 S. 53. Vgl. dazu auch *Ronneberger*, Stbg 2013 S. 297; *Suchanek/Jansen/Hesse*, Ubg 2013 S. 280; *Trautmann/Faller*, DStR 2013 S. 293.
87 BMF, Schreiben v. 15.7.2013 – IV C 2-S 2770/07/10004:004 – 2013/04 57677, BStBl 2013 I S. 921. Dazu auch *Tiede*, StuB 2013 S. 606; *Faller*, DStR 2013 S. 1977.
88 Vgl. BFH, Urteil v. 15.3.2017 – I R 67/15, BFH/NV 2017 S. 1276. Zur Einordnung *Gosch/Adrian*, GmbHR 2017 S. 965; *von Freeden/Lange*, DB 2017 S. 2055 und davor bereits *Freeden/Lange*, WPg 2016 S. 697; *Tippelhofer*, StuB 2017 S. 744; *Joisten/Lüttchens*, Ubg 2017 S. 561.

gründete Mehr- oder Minderabführungen vor, die ohne Ausgleichspostenbildung den Ausschüttungs- und Einlageregeln des § 14 Abs. 3 KStG folgen (beispielsweise bei einer vor Organschaftsbeginn gebildeten Drohverlustrückstellung, die während der Organschaftszeit aufgelöst wird).[89] Zusammengefasst: Die für innerorganschaftliche Mehr- oder Minderabführungen erfolgsneutral und quotenentsprechend in der Steuerbilanz des OT zu bildenden aktiven und passiven Ausgleichsposten sollen letztlich eine Doppelerfassung (aktive Ausgleichsposten) oder Nichtbesteuerung (passive Ausgleichsposten) von Organeinkommen im Veräußerungsfall verhindern. Der Zweck der Ausgleichsposten besteht über das Regelbeispiel des § 14 Abs. 4 S. 6 KStG hinausgehend in der Sicherstellung der **Einmalbelastung der Gewinne** eines Organkreises im OG-Veräußerungsfall (einschl. gleichgestellten Transaktionen). Dies muss stets der Beurteilungsmaßstab für Bildung, Fortentwicklung und Auflösung von Ausgleichsposten sein. Ein rein „rechnerischer Vergleich" von Handels- und Steuerbilanzgewinn der OG genügt deshalb nicht zur Beurteilung der Ausgleichspostenproblematik, was den Umgang mit Ausgleichsposten in der Praxis sicherlich nicht einfacher macht. Die besonderen Ausgleichsposten sind allerdings nicht bereits mit Beendigung der Organschaft gewinnwirksam aufzulösen. Sie werden bis zur Veräußerung der Beteiligung (oder dem Entstehen eines veräußerungsgleichen Vorgangs) fortgeführt (so R 14.8 Abs. 3 Satz 1 KStR 2015). Im Übrigen wird die anteilige Bildung von Ausgleichsposten bei ausgleichspflichtigen Minderheitsgesellschaftern in Teilen von Rechtsprechung und Literatur zu Recht kritisiert. Dessen ungeachtet lässt § 14 Abs. 4 Satz 1 KStG nur eine quotenentsprechende Ausgleichspostenbildung zu.[90] Schließlich ist festzuhalten: Der Begriff „organschaftliche Mehr- und Minderabführungen" ist laut BFH-Rechtsprechung für inner- und vororganschaftliche Zwecke (einerseits §§ 14 Abs. 4, 27 Abs. 6 KStG; andererseits § 14 Abs. 3 KStG) identisch auszulegen.[91]

1695 **Typische Anwendungsfälle** für die (erfolgsneutrale) Bildung und (ergebniswirksame) Auflösung besonderer Ausgleichsposten sind in R 14.8 KStR 2015 angesprochen; Details dazu sind streitig. Als „Anwendungsklassiker" eines aktiven Ausgleichspostens wegen handelsrechtlicher Minderabführung wird in R 14.8 Abs. 1 KStR die Bildung einer Gewinnrücklage (§ 272 Abs. 3 HGB) entsprechend den Voraussetzungen des § 14 Abs. 1 Nr. 4 KStG genannt. In einem solchen Fall wird trotz **Rücklagenbildung bei der OG** das „ungeschmälerte" zuzurechnende Einkommen beim OT versteuert; der steuerrechtliche Wertansatz der Beteiligung an der OG bleibt beim OT aber unberührt. In einem solchen Fall soll der aktive Ausgleichsposten sicherstellen, dass bei einer Veräußerung der OG-Beteiligung die dort gebildeten Rücklagen nicht noch einmal steuerrechtlich erfasst werden; der aktive Ausgleichsposten führt deshalb im Veräußerungsfall zu steuerlichem Aufwand. Löst die OG die Rücklagen in den folgenden Jahren ganz oder teilweise zugunsten des an den OT abzuführenden Gewinns auf, ist der besondere aktive Ausgleichsposten entsprechend einkommensneutral fortzuentwickeln. Die rücklagenbegründete Abweichung zwischen Handelsbilanz und Steuerbilanz, die den aktiven Ausgleichsposten nach sich zieht, beruht auf der fehlenden Gewinnverwendung bei

---

89 Zu gewerbesteuerlichen Risiken in Transaktionsfällen (fehlendes Schachtelprivileg) siehe *Pyszka*, DB 4/2010 M 20. Es kann sich die Bildung eines Rumpfwirtschaftsjahres empfehlen.
90 Zu Kritik vgl. m. w. N. *von Freeden*, Minder- und Mehrabführungen nach § 14 Abs. 4, § 27 Abs. 6 KStG, 2011, S. 79-89; *Dötsch/Pung*, Festschrift für Gerrit Frotscher, 2013, S. 63.
91 So jedenfalls inzident BFH, Urteil v. 15.3.2017 – I R 67/15, BFH/NV 2017 S. 1276.

der Ermittlung des Steuerbilanzgewinns.[92] Streitig und in R 14.8 Abs. 2 KStR 2015 (abweichend zu R 63 Abs. 2 KStR 2004) nicht mehr angesprochen ist der Fall der Minderabführung wegen der handelsbilanziellen Verrechnung vororganschaftlicher Verlustabzüge gem. § 301 AktG (Abzugssperre gem. § 15 Nr. 1 Satz 1 KStG). Nach Meinung der FinVerw. dürfte insoweit eine vororganschaftlich begründete Minderabführung vorliegen, ein aktiver Ausgleichsposten würde dann ausscheiden. Rechtssicher ist dies m.E. aber nicht, da der Geschäftsvorfall der Verlustverrechnung erst während der Organschaftszeit erfolgt.[93] Schließlich kann ein durch eine Minderabführung beim OT begründeter aktiver Ausgleichsposten auch auf einer **handelsbilanziellen Drohverlustrückstellung** beruhen, die steuerbilanziell entfällt (§ 5 Abs. 4a EStG).[94]

Passive Ausgleichsposten ergeben sich beispielsweise bei einer handelsbilanziell nicht abgebildeten Verlustzuweisung aus einer mitunternehmerschaftlichen Beteiligung einer OG; entsprechendes gilt bei Einbringung eines Betriebs oder Teilbetriebs einer OG in eine Tochtergesellschaft mit steuerlichen Buchwerten und handelsbilanziell aufgestockten beizulegenden Zeitwerten. Die handelsbilanzielle Wertaufstockung anlässlich der Einbringung führt bei der OG zu einer Mehrabführung, die einen passiven Ausgleichsposten beim OT nach sich zieht.[95] Für erfolgswirksam vereinnahmte Ertragszuschüsse bei der OG, die außerbilanziell korrigiert werden (= gesellschaftlich veranlasste Einlage; erhöhter Beteiligungsbuchwert) und über die Ergebnisabführung direkt „zurückfließen", ist nach Meinung der Rechtsprechung und entgegen dem BMF-Schreiben vom 15.7.2013 wegen organschaftlicher Mehrabführung ein passiver Ausgleichsposten zu bilden. Dies ergibt sich aus dem Grundanliegen des Gesetzgebers, die Einmalbesteuerung der organschaftlichen Erträge beim OT sicherzustellen. Handels- und steuerbilanzielles Ergebnis sind in einem solchen Sachverhalt zwar identisch. Die Behandlung des Ertragszuschusses als verdeckte Einlage mit einer Erhöhung der Anschaffungskosten beim OT verlangt bei seiner Rückgewähr über die organschaftliche Gewinnabführung eine Neutralisierung als passiver Ausgleichsposten in der Steuerbilanz des OT (keine Verrechnung mit den durch die Einlage erhöhten Anschaffungskosten).[96]

1696

(Einstweilen frei)

1697–1699

3.2 Rechtsentwicklung

§ 14 Abs. 4 KStG wurde durch das JStG 2008 vom 20. 12. 2007[97] in Anlehnung an die „alte" körperschaftsteuerliche Richtlinienregelung (R 63 Abs. 2, 3 KStR 2004) geschaffen. Dadurch wollte der Gesetzgeber die „traditionelle Verwaltungsmeinung" zur einkommensneutralen Bildung und erfolgswirksamen Auflösung von Ausgleichsposten entgegen der BFH-Rechtsprechung festschreiben (rechtsprechungsbrechende Gesetzgebung). Grund dafür war: Der I. Senat des BFH hatte für einen Veräußerungsfall in

1700

---

92 So zutreffend *Neumann*, Ubg 2010 S. 676; kritischer dagegen *Breier*, Der Konzern 2011 S. 13.
93 Zur Diskussion vgl. *Pohl*, NWB 2016 S. 2424, 2428; *Breier*, Der Konzern 2011 S. 15.
94 Zu Detailfragen dazu *Breier*, Der Konzern 2011 S. 89; *Dötsch*, in: Dötsch/Möhlenbrock/Pung, § 14 KStG Rz. 482 (April 2013).
95 Vgl. *Breier*, Der Konzern 2011 S. 16.
96 Vgl. BFH, Urteil v. 15.3.2017 – I R 67/15, BFH/NV 2017 S. 1276.
97 BGBl 2007 I S. 3150.

seinem Urteil vom 7.2.2007 die erfolgsneutrale Auflösung eines besonderen passiven Ausgleichspostens (entgegen der Finanzverwaltungsauffassung) verlangt.[98] Darüber hinaus war der BFH der Meinung, dass aktive und passive Ausgleichsposten lediglich bilanztechnische Erinnerungsposten sind, die „außerhalb der Steuerbilanz des OT" zur Vermeidung späterer Doppel- oder Keinmalbesteuerungen festgehalten werden müssen. Nachdem diese Entscheidung zunächst mit einem Nichtanwendungserlass der Finanzverwaltung belegt wurde,[99] ist der Gesetzgeber selbst anschließend durch eine Ergänzungsregelung im Bereich der körperschaftsteuerlichen Organschaftsvorschriften tätig geworden. Darüber hinaus ist eine gesetzliche Typisierung des Begriffs der innerorganschaftlichen Mehr- und Minderabführungen (= Regelbeispiel) erfolgt.

1701 Gemäß § 34 Abs. 9 Nr. 5 KStG ist die Neuregelung des § 14 Abs. 4 KStG auch bereits für VZ vor 2008 anzuwenden, sofern noch offene Veranlagungen bestehen. Diese echte Rückwirkung begegnet im Hinblick auf die erfolgserhöhende Auflösung passiver Ausgleichsposten verfassungsrechtlichen Bedenken, da der BFH zuvor abweichend entschieden hatte.[100] Von einer Klarstellung der Rechtslage kann daher nicht die Rede sein. Es handelt sich um eine konstitutiv wirkende Rechtsänderung; insoweit folgt der Gesetzgeber Fiskalgründen. Im Hinblick auf die erfolgswirksame Auflösung aktiver Ausgleichsposten bestehen keine verfassungsrechtlichen Bedenken.

1702–1704 *(Einstweilen frei)*

3.3 Rechtsnatur der Ausgleichsposten: bilanzsteuerlicher Sonderposten ohne Wirtschaftsgutqualität

1705 Durch innerorganschaftliche Minder- und Mehrabführungen begründete aktive und passive Ausgleichsposten sind laut Regelungsanordnung in § 14 Abs. 4 Satz 1 KStG „in der Steuerbilanz des Organträgers" zu bilden. Sie sind erfolgsneutral zum Zwecke der Vermeidung von veräußerungsbedingten Doppel- oder Keinmalbesteuerungen in typisierter Form zu erfassen. Die Bildung eines Ausgleichspostens hat daher weder einkommenserhöhende noch einkommensmindernde Wirkung. Ausgleichsposten müssen nach ihrer Bildung abhängig von den Ergebnisentwicklungen in der Organgesellschaft steuer-

---

[98] BFH, Urteil v. 7.2.2007 – I R 5/05, BStBl 2007 II S. 796.
[99] BMF, Schreiben v. 5.10.2007 – IV B 7 – S 2770/07/0004, BStBl 2007 I S. 743. Nach Meinung der Finanzverwaltung steht das Urteil „nicht im Einklang mit dem Grundsatz der körperschaftsteuerlichen Organschaft, wonach sich innerhalb des Organkreises erzielte Gewinne und Verluste insgesamt nur einmal – und zwar beim Organträger – auswirken dürfen".
[100] Der BFH lässt in seinem Urteil v. 29.8.2012 – I R 65/11, BStBl 2013 II S. 555 die Verfassungsfrage der Rückwirkung ausdrücklich dahingestellt (Rz. 20 a. E.); sehr kritisch allerdings *Gosch*, BFH/PR 2013 S. 53, 55. Vgl. weiterhin *Suchanek/Herbst*, FR 2008 S. 112-118; differenzierend *von Freeden*, Minder- und Mehrabführungen nach § 14 Abs. 4, § 27 Abs. 6 KStG, 2011, S. 104-111. Zur verfassungsrechtlichen Neuakzentuierung der Rechtsprechung vgl. BVerfG, Beschluss v. 17.12.2013 – 1 BvL 5/08, FR 2014 S. 326 mit Anm. *Birk*, Der Rechtsverweis in § 14 Abs. 4 Satz 4 KStG geht bei rückwirkender Anwendung mitunter „ins Leere".

bilanziell ergebnisneutral fortentwickelt und im Veräußerungsfall der Organbeteiligung erfolgswirksam aufgelöst werden. Auch wenn die „Rechtsnatur" der Ausgleichsposten nach Meinung der Rechtsprechung geklärt ist – es handelt sich lediglich um einen steuerrechtlichen Merkposten[101] – fehlen eindeutige Meinungsäußerungen der Fin-Verw. Auch das Schrifttum ist in seiner Beurteilung uneinheitlich.[102]

Diskutiert wird, 1706

▶ ob es sich um einen steuerbilanziellen Korrekturposten zum Beteiligungsbuchwert an der OG (mit/ohne) Wirtschaftsgutqualität handelt, der den Steuerregeln für Beteiligungen folgt (Lösung 1), oder

▶ ob es sich um eine bloße Bilanzierungshilfe (= steuerrechtlicher Merkposten), ein bilanztechnisches Mittel zur Sicherstellung der Einmalbesteuerung von Organeinkommen handelt (Lösung 2).

Für die Rechtslage vor Kodifikation der Ausgleichsposten in § 14 Abs. 4 KStG geht der 1707
I. Senat des BFH von einem bilanzsteuerlichen Erinnerungsposten (entsprechend Lösung 2) aus, der aus den organschaftlichen Besonderheiten resultiert.[103] Dies wird im Urteil v. 29.8.2012[104] ausdrücklich auch für die Rechtslage nach Einführung des § 14 Abs. 4 KStG durch das JStG 2008 bestätigt: Der BFH spricht von einem steuerrechtlichen Merkposten, durch den das Eigenkapital des Organträgers weder erhöht noch vermindert wird. Seine Auflösung ist nur dann geboten, wenn der Zweck der Sicherstellung einer Einmalbesteuerung im Organkreis hinsichtlich der OG-Veräußerungsergebnisse entfällt. Bei Organschaftsbeendigung ohne Veräußerungsakt oder veräußerungsähnliche Transaktion sind die Ausgleichsposten unverändert fortzuführen (so auch R 14.8 Abs. 3 Satz 1 KStR). Die Finanzverwaltung sieht in den Ausgleichsposten – in Annäherung an den BFH – zunächst einmal ein bilanztechnisches Hilfsmittel zur Beteiligungswertkorrektur ohne Wirtschaftsgutqualität.[105] Die daraus zu ziehenden Folgen sind zweischneidig: Auf der einen Seite kommen Teilwertabschreibungen auf aktive Ausgleichsposten, die sich vor allem bei OT-Personengesellschaften wegen des Teileinkünfteverfahrens auswirken würden, nicht in Betracht; der aktive Ausgleichsposten ist kein abschreibungsfähiges Wirtschaftsgut. Auf der anderen Seite erfolgt aber auch keine Reduzierung des Abschreibungsvolumens durch einen passiven Ausgleichsposten. Nur wenn inner- oder nachorganschaftlich durch Minderabführungen bei der OG gebildete Einlagen an den OT abgeführt oder ausgeschüttet werden, erfolgt eine erfolgsneutrale Verrechnung mit dem aktiven Ausgleichsposten (so R 14.8 Abs. 1 Satz 4 KStR 2015 für innerorganschaft-

---

101 So ausdrücklich BFH, Urteil v. 29.8.2012 – I R 65/11, BStBl 2013 II S. 555.
102 Zur Diskussion vgl. *Breier*, Der Konzern 2011 S. 18 f.; *von Freeden*, Minder- und Mehrabführungen nach § 14 Abs. 4, § 27 Abs. 6 KStG, 2011, S. 112-120 und *von Freeden*, in: Prinz/Witt (Hrsg.), Steuerliche Organschaft, 2015 Rz. 14.57/14.58; *Thiel*, in: Festschrift Lang, 2011, S. 755, 771; *Reiß*, Der Konzern 2008 S. 9; *Bareis*, DStR 2008 S. 335; a. A. *Kolbe*, StuB 2008 S. 293, der § 14 Abs. 4 KStG als „Systembruch bei der Besteuerung von Organschaften" bezeichnet. Für § 8b-Zwecke s. OFD Frankfurt, Rundverfügung v. 8.11.2005 – S 2750a A – 8 – St II 1.01, DStR 2005 S. 2044: Korrekturbeträge zum Beteiligungsbuchwert; ergänzend auch R 14.8 Abs. 3 S. 4 KStR 2015.
103 Vgl. BFH, Urteile v. 17.2.2007 – I R 5/05, BStBl 2007 II S. 796, 799; v. 29.10.2008 – I R 31/08, BFH/ NV 2009 S. 790 f.
104 BFH, Urteil v. 29.8.2012 – I R 65/11, BStBl 2013 II S. 555.
105 Vgl. etwa *Gosch/Neumann*, KStG, 3. Aufl. 2015, § 14 Rz. 447-450; *Breier*, Der Konzern 2011 S. 18 f.

liche Rücklagen). Des Weiteren verlangt die FinVerw. ausdrücklich in R 14.8 Abs. 3 S. 4,5 KStR 2015, dass die Ausgleichsposten für die Anwendung des § 8b KStG bzw. §§ 3 Nr. 40, 3c Abs. 2 EStG „mit dem in der Steuerbilanz angewiesenen Buchwert der Beteiligung zusammenzufassen" sind, wodurch sich rechnerisch auch ein negativer Buchwert ergeben kann. Entsprechendes gilt für die Ermittlung eines umwandlungssteuerlichen Übernahmeergebnisses (§ 4 Abs. 4 S. 1, § 12 Abs. 2 Satz 1 UmwStG). Die FinVerw. spricht sich damit für die Anwendung der „Nettomethode" und damit für die Korrekturpostenlösung aus;[106] Wirtschaftsgutqualität erhält der Ausgleichsposten damit nicht. Schließlich ist der aktive oder passive Ausgleichsposten auch bei einer mittelbaren Organschaftsbeteiligung mit Mehr- und Minderabführungen stets beim OT (also der Muttergesellschaft) zu bilden, obwohl er nicht selbst beispielsweise an der Enkelgesellschaft beteiligt ist.

1708 **Bilanzberichtigung an Ausgleichsposten.** Ausgleichsposten sind als besondere, gesetzlich kodifizierte Steuerbilanzposition eigenständigen Bilanzberichtigungsmaßnahmen (§ 4 Abs. 2 Satz 1 EStG im Rahmen verfahrensrechtlicher Änderungsmöglichkeiten) zugänglich, die in Durchbrechung des formellen Bilanzzusammenhangs gegebenenfalls auch erst in der ersten offenen Bilanz des OT erfolgsneutral erfolgen können.[107] Die in den „alten KStR" von 2015 zu findende Regelung, dass nachträgliche Berichtigungen der Steuerbilanz der OG beim OT für alle Jahre mit organschaftlichen Mehr- und Minderabführungen die nachträgliche Bildung/Änderung besonderer Ausgleichsposten erlauben, ist in R 14.8 Abs. 3 KStR 2015 nicht mehr enthalten. Grund dafür dürfte im Wesentlichen das durch die Kleine Organschaftsreform eingeführte Feststellungsverfahren gem. § 14 Abs. 5 KStG sein. Die einheitliche und gesonderte Feststellung umfasst neben dem „zuzurechnenden Einkommen der OG" auch damit zusammenhängende „andere Besteuerungsgrundlagen", was auch Mehr- oder Minderabführungen beinhalten dürfte. Insoweit gelten die allgemeinen verfahrensrechtlichen Korrekturmöglichkeiten.[108]

1709–1714 *(Einstweilen frei)*

3.4 Behandlung der Ausgleichsposten in Veräußerungsfällen und bei veräußerungsähnlichen Transaktionen

1715 § 14 Abs. 4 Satz 2-5 KStG erhält Grund- und Ergänzungsregelungen zur erfolgswirksamen Auflösung von Ausgleichsposten. Wird der Wert einer Organbeteiligung realisiert – faktisch am Markt oder mittels Ersatzrealisationstatbeständen – müssen auch die (dazugehörigen) Ausgleichsposten beim OT wegfallen mit einkommensverändernder Wirkung. Nur so wird man dem Zweck der Ausgleichsposten gerecht. Dabei führt die Auflösung aktiver Ausgleichsposten zu Aufwand, die Auflösung passiver Ausgleichsposten zu Ertrag. Den Grundfall definiert § 14 Abs. 4 Satz 2-4 KStG: Im Zeitpunkt der **Veräußerung der Organbeteiligung** erfolgt eine Auflösung der Ausgleichsposten zugunsten oder zulasten des OT-Einkommens; wegen der „Beteiligungsnähe" der Ausgleichsposten sind – abhän-

---

106 Vgl. *Pohl*, NWB 2016 S. 2424, 2430; *von Freeden/Joisten*, Ubg 2014 S. 512.
107 Zu weiteren Details s. *Breier*, Der Konzern 2011 S. 22. Vgl. auch BFH, Urteil v. 29.10.2008 – I R 31/08, BFH/NV 2009 S. 790.
108 Vgl. dazu *Pohl*, NWB 2016 S. 2424, 2423 f.

gig von der Steuerstruktur des OT – für das verbleibende Nettoveräußerungsergebnis[109] außerbilanziell entweder die Teileinkünfteregelungen des § 3 Nr. 40, § 3c Abs. 2 EStG (natürliche Personen/Personengesellschaften mit natürlichen Mitunternehmern) oder die Beteiligungsertragsbefreiung mit entsprechenden Verlustabzugsverboten gem. § 8b KStG (bei Körperschaften) anzuwenden. Dies entspricht R 14.8 Abs. 3 Satz 3,4 KStR 2015. Entsprechendes dürfte für **Teilveräußerungen einer Organbeteiligung** gelten, auch wenn sich dies nicht direkt aus dem Wortlaut des § 14 Abs. 4 Satz 2 KStG ergibt.[110] Die Gesetzesregelung geht typisierend in Höhe des Auflösungsergebnisses von einer Wertveränderung der Organbeteiligung aus und zwar unabhängig davon, ob sich ihr Ertragswert tatsächlich verändert hat oder nicht. Im Umkehrschluss folgt aus dieser Gesetzeslage: Ohne Veräußerung sind Ausgleichsposten nicht erfolgswirksam aufzulösen.

Als Ergänzungsnorm statuiert § 14 Abs. 4 Satz 5 KStG drei Regelbeispiele für **veräußerungsgleiche Ausgleichspostenauflösungen:** Der Veräußerung gleichgestellt sind insbesondere (keine abschließende Regelung) die Umwandlung der OG auf eine Personengesellschaft oder eine natürliche Person (mit rechtsformbegründeter Zwangsbeendigung der körperschaftsteuerlichen Organschaft), die verdeckte Einlage der Beteiligung an der OG und schließlich die Auflösung der OG.[111] Steuerunschädlich sind deshalb Einbringungen der OG zu Buchwerten gem. § 21 UmwStG im Wege eines Anteilstauschs[112] sowie die buchwertverknüpfte Verschmelzung der OG auf eine andere Kapitalgesellschaft (Ausgleichsposten bleibt beim OT bestehen)[113]. Bei einer Umwandlung des OT zu Buchwerten (etwa durch Verschmelzung oder Spaltung) sollten bestehende Ausgleichsposten auf den übernehmenden Rechtsträger übergehen. Bei ganz oder teilweiser Gewinnrealisierung anlässlich von Umstrukturierungen sollte eine entsprechende Ausgleichspostenauflösung erfolgen; denn insoweit besteht keine Berechtigung mehr zur Fortführung der Ausgleichsposten. Unklar sind die Rechtsfolgen bei Bildung von Ausgleichsposten und (unterjähriger) Veräußerung der OG im „nämlichen" Wirtschaftsjahr. M. E. sind auch für diesen Fall bezogen auf den Veräußerungsstichtag Ausgleichspostenbildung, Auflösung und Veräußerungsfolgen entsprechend dem Normalfall zu ziehen.[114]

1716

Mehrstufige Organschaftsstrukturen mit Veräußerungsvorgängen im nachgeordneten Beteiligungsbereich sind mit ihren Rechtsfolgen für aktive und passive Ausgleichsposten nicht in § 14 Abs. 4 KStG angesprochen. Da die handelsbilanziellen Mehr- oder Minderabführungen bei durchgängigen Ergebnisabführungsverträgen bis zum OT „durchlaufen", ist dort der Ausgleichsposten zu bilden. Auch mittelbare Veräußerungen (einschließlich

1717

---

109 Veräußert beispielsweise eine OT-Kapitalgesellschaft ihre Organschaftsbeteiligung, die steuerbilanziell mit einem Buchwert von 200 und einem aktiven Ausgleichsposten von 100 ausgewiesen ist, für 500 Geldeinheiten, so wird ein Veräußerungsgewinn von 200 Geldeinheiten erzielt, der mit 190 Geldeinheiten gem. § 8b Abs. 2 KStG steuerbefreit ist, mit 10 % Geldeinheiten (§ 8b Abs. 3 KStG, fiktiv nicht abziehbare Betriebsausgabe), der Körperschaftsteuer und Gewerbesteuer unterliegt.
110 Zur Diskussion vgl. *von Freeden*, Minder- und Mehrabführungen nach § 14 Abs. 4, § 27 Abs. 6 KStG, 2011, S. 97 f.
111 Zu weiteren im Gesetz nicht genannten Sachverhalten vgl. *von Freeden*, Minder- und Mehrabführungen nach § 14 Abs. 4, § 27 Abs. 6 KStG, 2011, S. 100-102; als Überblick auch *von Freeden*, in: Prinz/Witt (Hrsg.), Steuerliche Organschaft, 2015 Rz. 14.39-14.56. Zum Sonderfall des Ausgleichspostens bei „up-stream"-Abspaltungen s. *Schmidtmann*, DStR 2014 S. 405.
112 M. E. „wandert" der Ausgleichsposten mit auf den übernehmenden Rechtsträger. A. A. *Breier*, Der Konzern 2011 S. 20.
113 Vgl. *Gosch/Neumann*, KStG, 3. Aufl. 2015, § 14 Rz. 462.
114 A. A. *Breier*, Der Konzern 2011 S. 21, der insoweit Ausgleichsposten vollständig wegfallen lassen will.

veräußerungsähnlicher Transaktionen) von mehr-/minderabführungsverursachenden OG-Beteiligungen müssen deshalb entsprechend den Regelungen des § 14 Abs. 4 Satz 2-4 KStG abgewickelt werden.[115] Gem. R 14.8 Abs. 3 S. 7 KStR 2015 sind die Ausgleichsposten bei mittelbarer Beteiligung an einer OG im Rahmen eines stufenüberspringenden GAV auch dann aufzulösen, wenn der OT die Beteiligung an der Zwischengesellschaft veräußert (m.E. zutreffend). Entsprechendes sollte gelten, falls die Zwischengesellschaft ihre Beteiligung veräußert, da insoweit die Organgesellschaft als mittelbare Grundlage für den Ausgleichsposten aus dem Organkreis ausscheidet.[116] Maßstab für die Beurteilung der vielschichtig möglichen Konstellationen muss stets das gesetzgeberische Anliegen sein, die Einmalbesteuerung der organschaftlichen Erträge beim OT sicherzustellen.

1718 **Ausgleichsposten bei Personengesellschaften als Organträger**: Für den Fall verrechenbarer Verluste gem. § 15a EStG hat der BFH in seinem Urteil v. 29.8.2012[117] zu Recht die Bildung passiver Ausgleichsposten abgelehnt, da trotz steuerlicher Anwendung der Spiegelbildmethode wegen der abzugsgesperrten Zurechnung der § 15a-Verluste keine Sicherstellung der Einmalbesteuerung von Erträgen im Organkreis erforderlich ist. Für diesen Fallbereich akzeptiert die FinVerw. die BFH-Rechtsprechung.[118] Schließlich lassen sich in Umwandlungsfällen, in denen ein handelsbilanzieller step-up auf die Verkehrswerte erfolgt, bei gleichzeitiger steuerlicher Buchwertabführung Mehrabführungen letztlich steuerfrei zu den Mitunternehmern einer Organträger-Personengesellschaft „transferieren". Erst wenn der OT die OG-Beteiligung veräußert oder einen veräußerungsgleichen Tatbestand auslöst, ergeben sich Steuerfolgen.[119]

1719 **Organschaftsbezogene Mehrabführungen als Gewinnrealisationstatbestand?** In buchwertverknüpften Umstrukturierungsfällen gem. §§ 20, 25 UmwStG wird diskutiert, ob eine nachträgliche Besteuerung des sogenannten Einbringungsgewinns I während des 7-Jahreszeitraums durch organschaftsbezogene Mehrabführungen ausgelöst wird. § 22 Abs. 1 Satz 6 Nr. 3 UmwStG spricht im Rahmen der Ersatzrealisationstatbestände von Ausschüttungen oder Rückzahlungen aus dem steuerlichen Einlagekonto. Meines Erachtens sind organschaftliche Mehrabführungen damit nicht gemeint, da sie nur aufgrund einer Fiktion nach Einlagegrundsätzen bei der OG abgewickelt werden. Die Finanzverwaltung sieht dies allerdings anders, wobei beim einbringenden OT zunächst eine Beteiligungsbuchwertverrechnung (wohl ohne Ausgleichsposten) erfolgen soll.

1720-1724 *(Einstweilen frei)*

---

115 Zu den nur mit Schwierigkeiten zu lösenden Detailkonstellationen vgl. *Neumann*, Ubg 2010 S. 680-682; *Heurung/Seidel*, Der Konzern 2009 S. 400, 403-407. Zur Beurteilung von Mehr- oder Minderabführungen bei Organschaftsketten insgesamt s. *Sedemund*, DB 2010 S. 1258-1260.
116 Zur Diskussion vgl. *Pohl*, NWB 2016 S. 2431-2432.
117 BFH, Urteil v. 29.8.2012 – I R 65/11, BStBl 2013 II S. 556.
118 So ausdrücklich BMF v. 15.7.2013, BStBl 2013 I S. 921. Im Übrigen können Ausgleichsposten wegen ihres bloßen Merkpostencharakters das Kapitalkonto gem. § 15a EStG weder erhöhen noch vermindern. Nach Meinung der FinVerw sind aktive Ausgleichsposten darüber hinaus einer Thesaurierungsbegünstigung nicht zugänglich. Vgl. *Breier*, Der Konzern 2011 S. 22; zu § 34a EStG a. A. *von Freeden/Rogall*, FR 2009 S. 785.
119 Kritisch dazu im Sinne „ungerechtfertigter Steuergestaltungen" *Dötsch/Pung*, Festschrift für Gerrit Frotscher, 2013, S. 68-72.

3.5 Zukunft steuerlicher Ausgleichsposten: Einlagelösung?

Die Rechtslage rund um die besonderen steuerlichen Ausgleichsposten ist trotz Kodifizierung in § 14 Abs. 4 KStG seit 2008 in vielerlei Beziehung höchst verworren. Tatbestand und Rechtsfolge der Ausgleichsposten sind nur bruchstückhaft geregelt; eine Reihe praktischer Fallkonstellationen sowie die geschäftsvorfallbezogene Untersuchung der Differenzursachen von HB/StB mittels einer Ausgleichspostenbuchführung lassen sich nicht rechtssicher lösen. Beteiligungsähnliche Ausgleichsposten beim OT und Abwicklung der Mehr- und Minderabführungen über fiktionsbasierte Einlagegrundsätze bei der OG führen immer wieder zu nur schwierig lösbaren Rechtsfragen. Seit längerem wird deshalb über ein schlüssiges Neukonzept der Ausgleichsposten für den Fall diskutiert, dass die Grundstrukturen des geltenden Organschaftsrechts erhalten bleiben, also keine „große Lösung" für ein Gruppenbesteuerungssystem (ohne gesellschaftsrechtlichen GAV) eingeführt wird. Ein solches Konzept, das als „kleine Lösung" zur Partialverbesserung des bestehenden Organschaftsrecht in Betracht kommt, könnte mit der sogenannten Einlagelösung verfolgt werden, die allerdings vom Gesetzgeber bislang – trotz mehrerer Bemühungen – nicht umgesetzt wurde; auch bei der „Kleinen Organschaftsreform" vom 20.2.2013 sind § 14 Abs. 3 und 4 KStG unverändert geblieben.[120] Bei einer solchen Neukonzeptionierung würden die besonderen Ausgleichsposten beim OT entbehrlich. Mehr- oder Minderabführungen würden vielmehr sowohl beim OT als auch bei der OG voll umfänglich unter Einlagegrundsätzen abgewickelt. Dabei werden bei einer Minderabführung fiktive Einlagen vom OT erbracht, bei einer Mehrabführung erfolgt eine fiktive Rückgewähr von Einlagen. Neuere Untersuchungen zeigen allerdings, dass auch die Einlagelösung Schwachstellen hat und eine Reihe neuer Zweifelsfragen aufwerfen dürfte. Deshalb könnte letztlich wohl eine vom Gesetzgeber ergänzte und in Teilen bereinigte Ausgleichspostenlösung dem Einlagekonzept gegenüber vorziehenswert sein. Mehr pragmatisch ausgerichtete Gesetzesergänzungen werden dabei insbesondere im Hinblick auf die Bestimmung des Rechtscharakters der Ausgleichsposten, die vollständige und nicht nur anteilige Bildung von Ausgleichsposten sowie die Saldierung zu einem einzigen Ausgleichsposten bei aktiven und passiven Beträgen in Betracht kommen.[121]

1725

(Einstweilen frei) 1726–1729

---

120 Zum Gesetzeswortlaut einer Einlagelösung nach einem Vorschlag der Fachebene des Bundes und der Länder zum JStG 2008 s. *von Freeden*, Minder- und Mehrabführungen nach § 14 Abs. 4, § 27 Abs. 6 KStG, 2011, S. 209 f. Einen Alternativvorschlag formuliert *Reiss*, Der Konzern 2008 S. 9, 30. Vgl. insg. auch *Dötsch*, Ubg 2008 S. 117, und *Dötsch*, Der Konzern 2011 S. 402; vehement erneut *Dötsch/Pung*, Festschrift für Gerrit Frotscher, 2013, S. 72–74; zur Einlagelösung bei Organverlusten und mittelbarer Organschaft s. *Heurung/Seidel*, Der Konzern 2009 S. 400, 408.

121 Zu einem Vergleich der Einlagelösung mit der Ausgleichspostenlösung und gesetzgeberischen Vorschlägen vgl. eingehend *von Freeden*, Minder- und Mehrabführungen nach § 14 Abs. 4, § 27 Abs. 6 KStG, 2011, S. 149-206.

4. Vororganschaftliche, nachorganschaftliche und außerorganschaftliche Mehr- und Minderabführungen mit ihren steuerbilanziellen Konsequenzen

4.1 Vororganschaftliche Mehr- und Minderabführungen (§ 14 Abs. 3 KStG, § 44 Abs. 7 EStG)

1730 § 14 Abs. 3 KStG betrifft die Behandlung vororganschaftlicher Mehr- und Minderabführungen bei OT/OG (Gewinnausschüttung, Einlage) und wurde durch das EURLUmsG vom 9.12.2004 (BGBl 2004 I S. 3310) in Konterkarierung der BFH-Rechtsprechung mit differenziertem zeitlichen Anwendungsbereich für Mehrabführungen (ab 2004, § 34 Abs. 9 Nr. 4 KStG) und Minderabführungen (ab 2005) eingeführt.[122] Die Vorschrift zielt vor allem ab auf die Vermeidung von Steuerausfällen im Zusammenhang mit ehemals gemeinnützigen Wohnungsbaugesellschaften; der Gesetzeswortlaut geht allerdings weit darüber hinaus. Durch Beschluss v. 6.6.2013[123] hat der BFH im Rahmen eines konkreten Normenkontrollverfahrens (Art. 100 Abs. 1 GG) das BVerfG zu der Frage angerufen, ob § 34 Abs. 9 Nr. 4 KStG (i. d. F. v. 9.12.2004) in Folge Verstoßes gegen das verfassungsrechtliche Rückwirkungsverbot verfassungswidrig ist. Nach Überzeugung des BFH sind die Grundsätze rechtsstaatlichen Vertrauensschutzes (Art. 20 Abs. 3 GG) verletzt, weil die Vertragsparteien den bestehenden Gewinnabführungsvertrag aufgrund der unecht rückwirkenden Ingangsetzung der Regelung im Dezember 2004 für den gesamten Veranlagungszeitraum nicht steuerschonend beenden konnten (dispositionsbezogener Vertrauensschutz). Das FG Düsseldorf hat dagegen in seinem Urteil v. 15.4.2013 hinsichtlich der unechten Rückwirkung keinen Verfassungsverstoß erkannt.[124] Das Verfahren beim BVerfG wird unter dem Az.: 2 BvL 7/13 geführt. Ob das BVerfG letztlich die streitige zeitliche Anwendungsbestimmung als verfassungswidrig einstufen wird, erscheint mir nicht zweifelsfrei, da der im Streitfall konkret anwendbare GAV bereits seit dem Jahre 1991 bestand und durchaus bei Erkennen der anstehenden Gesetzesänderung hätte steuerschonend beendet werden können.

1731 Tatbestandsmäßig sind nur solche Mehr- oder Minderabführungen von § 14 Abs. 3 KStG – für die Begriffsdefinition besteht Identität mit § 14 Abs. 4 S. 6, § 27 Abs. 6 KStG – betroffen, bei denen der auslösende Geschäftsvorfall in der Zeit vor Begründung der Organschaft stattgefunden hat. Es geht also um die Folgewirkung von Geschäftsvorfällen aus (vereinfacht) vorvertraglicher Zeit; sie wurden vor Beginn der Organschaftsbeziehung bei der (späteren) OG begründet (= verursacht, veranlasst) und müssen stets getrennt von den innerorganschaftlichen Vorgängen behandelt werden. Aus

---

122 Vgl. zur Rechtsentwicklung und Bedeutung im Einzelnen *von Freeden*, in: HHR, § 14 KStG Anm. 300-302, 340-342. Zur Sichtweise des BFH, Urteil v. 18.12.2002 – I R 51/01, BStBl 2005 II. S. 49: vororganschaftlich verursachte Mehrabführung ist keine Gewinnausschüttung, sondern Gewinnführung. Es bestehen Übergangsregelungen der Finanzverwaltung für Altfälle (vor dem 1.1.2004), s. BMF, Schreiben v. 22.12.2004 – IV B 7 S 2770 – 9/04, BStBl 2005 I Satz 65 sowie BMF, Schreiben v. 28.6.2005 – IV B 7 – S 2770 – 12/05, BStBl 2005 I S. 813; sehr kritisch *Rödder*, DStR 2005 S. 217 und *Schumann/Kempf*, FR 2006, S. 219.

123 Vgl BFH, Beschluss v. 6.6.2013 – I R 38/11, BFH/NV 2013 S. 1730. Dazu auch *Suchanek*, GmbHR 2013 S. 1104; *Gosch*, BFH/PR 2013 S. 408–411; *Adrian*, StuB 2013 S. 809, 813; s. ergänzend auch BFH, Beschluss v. 27.11.2013 – I R 36/13, BStBl. II 2014 S. 651; AZ beim BVerfG: 2 BvL 18/14..

124 FG Düsseldorf, Urteil v. 15.4.2013 – 6 K 4270/10 K, F, EFG 2013 S. 1262; FR 2013 S. 898, Az beim BFH: I R 36/13. Zu Anm. vgl. *Prinz*, FR 2013 S. 903; *Walter*, GmbHR 2013 S. 833.

Sicht des OT stellen vororganschaftliche Mehrabführungen bezogene **Gewinnausschüttungen**, vororganschaftliche Minderabführungen getätigte **Einlagen** dar (§ 14 Abs. 3 Satz 1 und 2 KStG). Ausgleichsposten sind nicht zu bilden; sie fallen nur für innerorganschaftliche Mehr- und Minderabführungen an. § 14 Abs. 3 KStG trägt damit einer Trennung der Regelungskonzepte vor und während der Organschaftszeit Rechnung.[125] Sofern Mehr- und Minderabführungen durch Geschäftsvorfälle begründet wurden, die vor Implementierung der Organschaft erfolgt sind (Verursachung bzw. Veranlassung in vororganschaftlicher Zeit), sollen sie „alten Grundsätzen" folgen, die das Trennungsprinzip zwischen Gesellschaft und Gesellschafter beachten (Gewinnausschüttung beziehungsweise Einlage, keine Gewinnabführung). Neumann spricht anschaulich von „Spätfolgen" aus Geschäftsvorfällen, für die nicht das Organschaftsrecht einschlägig ist.[126] Abgesehen von diesen Grundsätzen enthält § 14 Abs. 3 Satz 3 und 4 KStG zwei weitere „Rechtsfiktionen": Zum einen gelten vororganschaftliche Mehr- und Minderabführungen als in dem Zeitpunkt erfolgt, in dem das Wirtschaftsjahr der OG endet; darüber hinaus wird für den Spezialfall des § 13 Abs. 3 Satz 1 KStG (Beginn und Erlöschen der Steuerbefreiung einer Körperschaft) der Teilwertansatz der vororganschaftlichen Zeit zugerechnet (zielt ab auf die ehemals gemeinnützigen Wohnungsbaugesellschaften). Die Behandlung vororganschaftlicher Mehrabführungen/Minderabführungen als fiktionsbasierte Gewinnausschüttungen/Einlagen erfolgt bei Organträger und Organgesellschaft nach „allgemeinen" Grundsätzen. Beim OT liegen entsprechend Beteiligungserträge gem. § 8b KStG (bei Körperschaften) oder § 3 Nr. 40 EStG (bei natürlichen Personen oder Personengesellschaften mit natürlichen Mitunternehmern) vor.[127] Die Behandlung vororganschaftlicher Mehrabführungen als Gewinnausschüttung der OG an den OT ergibt sich auch aus der Übergangsbestimmung des § 37 Abs. 2 Satz 2 KStG (zur Effektuierung früherer Körperschaftsteuerguthaben). Vor allem bei den ehemals gemeinnützigen Wohnungsbauunternehmen können vororganschaftlich begründete Mehrabführungen zur „Nachversteuerung" von EK 02-Beständen gem. § 38 Abs. 2 KStG führen.[128] Schließlich führen vororganschaftliche Mehr- und Minderabführungen auch bei fehlender 100 %-Beteiligung des Organträgers an der Organgesellschaft zu vollen, nicht nur quotalen Gewinnausschüttungs- und Einlagewirkungen.

Ergänzend ist wegen der in § 14 Abs. 3 Satz 1 KStG zu findenden Gewinnausschüttungsfiktion eine **eigenständige Kapitalertragsteuerregelung** in § 44 Abs. 7 EStG aufgenommen worden. Danach entsteht die Kapitalertragsteuer im Zeitpunkt der Feststellung der Handelsbilanz der OG, wobei dies spätestens acht Monate nach Ablauf des Wirtschaftsjahrs der OG anzunehmen ist (soweit keine Verwendung des Einlagekontos erfolgt; Bescheinigung erforderlich gem. § 27 KStG). Dies präzisiert § 44 Abs. 7 Satz 2 EStG dahingehend: Die entstandene Kapitalertragsteuer ist an dem auf den Entstehungszeitpunkt nachfolgenden Werktag an das Finanzamt abzuführen, das für die Besteuerung der OG nach dem Einkommen zuständig ist. Bei kleinen Kapitalgesellschaf-

1732

---

125 So zutreffend *Neumann*, Ubg 2010 S. 682.
126 *Neumann*, Ubg 2010 S. 682.
127 Zu dieser zwischenzeitlich einheitlichen Meinung vgl. *Neumann*, Ubg 2010 S. 673, 678; *Breier*, Der Konzern 2011 S. 90.
128 Vgl. BFH, Beschluss v. 6.6.2013 – I R 38/11, BFH/NV 2013 S. 1730; FG Düsseldorf, Urteil v. 15.4.2013 – 6 K 4270/10 K, F, EFG 2013 S. 1262.

ten, bei denen die Feststellung des Jahresabschlusses bis zum Ablauf der ersten elf Monate des Geschäftsjahres zu erfolgen hat (§ 42a Abs. 2 Satz 1 GmbHG), sind finanzamtliche Billigkeitsmaßnahmen zur Verlängerung der Abführungspflicht geboten. Aus dem Wortlaut des § 44 Abs. 7 EStG selbst lässt sich dies allerdings nicht herleiten.[129] Weitere Billigkeitsmaßnahmen können sich ergeben bei durch die Finanzverwaltung gewährten Fristverlängerungen für Ertragsteuererklärungen, da die für die Ermittlung der vororganschaftlichen Mehrabführung benötigten Steuerbilanzen üblicherweise erst mit Erstellung der Steuererklärungen aufgestellt werden. Schließlich geht bei den durch eine Betriebsprüfung „entdeckten" vororganschaftlichen Mehrabführungen das Veranlagungsverfahren dem Abzugsverfahren nach allgemeinen Grundsätzen vor.[130]

1733 Die „Identifizierung" und Abgrenzung vororganschaftlich begründeter Mehr- und Minderabführungen ist in der Besteuerungspraxis mitunter nicht leicht. Die Beurteilung ist stets geschäftsvorfallbezogen durchzuführen. **Vororganschaftlich verursachte Geschäftsvorfälle** sind dabei üblicherweise durch Ansatz- und Bewertungsunterschiede zwischen Handelsbilanz und Steuerbilanz bei der Organgesellschaft vor Beginn der Organschaft gekennzeichnet, die zu aufwands- oder ertragswirksamen Umkehreffekten während der Organschaftszeit führen. Es erfolgen mithin Ergebnis- und Vermögensverlagerungen aus der Vororganschaftszeit in die Organschaftszeit, die zur Vermeidung einer Besteuerungslücke nach Gewinnausschüttungs- und Einlagegrundsätzen zu behandeln sind. Klassisches Beispiel ist der steuerliche Nichtansatz einer Passivposition.[131] Eine nicht organschaftzugehörige GmbH bildet in ihrer Handelsbilanz eine Drohverlustrückstellung in 01 ohne steuerliche Wirkung (§ 5 Abs. 4a EStG). Die GmbH wird zu einer Organgesellschaft in 02. In 03 (also während der Organschaftszeit) wird die Drohverlustrückstellung in Anspruch genommen. Es entsteht mithin eine handelsbilanzielle Mehrabführung, die zur „lückenlosen" steuerlichen Erfassung als vororganschaftlich begründete Gewinnausschüttung der OG an den OT qualifiziert werden muss. Entsprechendes gilt bei einer Auflösung (ohne Inanspruchnahme) während der Organschaftszeit. Auch insoweit entsteht eine vororganschaftliche Mehrabführung mit Gewinnausschüttungscharakter.[132] Als weitere praktische Anwendungsfälle vororganschaftlicher Mehr- und Minderabführungen kommen in Betracht: unterschiedliche Abschreibungsdauern in Handels- und Steuerbilanz, unterschiedlicher Umfang von Anschaffungs- oder Herstellungskosten in Handels- und Steuerbilanz, die Kürzung vororganschaftlicher Verluste (§ 15 Nr. 1 KStG) bei der ersten handelsbilanziellen Gewinnabführung (streitig) sowie Bewertungsdifferenzen bei Passivposten.[133] Insgesamt versteht der BFH vororganschaftlich verursachte Mehrabführungen als rein rechnerische Differenzbeträge unabhängig von tatsächlichen „Abführungen". Deshalb können nach Meinung der Rechtsprechung – und abweichend zu einer Vielzahl von Literaturstimmen – auch

---

129 Vgl. dazu auch *Thiel*, in: Festschrift Raupach 2006, S. 543, 561.
130 So zutreffend *Thiel*, in: Festschrift Raupach 2006, S. 561 f. unter Bezugnahme auf BFH, Urteile v. 28.11.1961 – I 40/60 S, BStBl 1962 III S. 107 sowie v. 3.7.1968 – I 191/65, BStBl 1969 II S. 4.
131 Vgl. dazu auch *Breier*, Der Konzern 2011 S. 91.
132 In diesem Fall ist das gedankliche Vergleichspaar für das Entstehen einer Besteuerungslücke, dass die GmbH ohne Bildung der handelsbilanziellen Drohverlustrückstellung eine Gewinnrücklage ausgewiesen hätte, die nur über eine Ausschüttung in den Verfügungsbereich des Gesellschafters auch während der Organschaft gelangen kann.
133 Vgl. *Breier*, Der Konzern 2011 S. 91.

aus „Minderverlustübernahmen", in welchen der OT infolge eines geringeren handelsbilanziellen Verlustes der OG einen geringeren Verlust ausgleichen musste, als fiktive Gewinnausschüttungen behandelt werden.[134] Schließlich ist die Festlegung einer „Vororganschaftszeit" vor allem in Umstrukturierungsfällen oder Anteilstransaktionen praktisch nicht immer einfach. Wird eine Organschaftsbeziehung beispielsweise durch „nahtlosen" Austausch des OT fortgesetzt (erfolgt also keine „Organschaftspause"), so sind spätere Mehr- und Minderabführungen in der zweiten Organschaftsphase nicht vororganschaftlich verursacht. Abweichend ist dies zu beurteilen, falls ungewollt oder gewollt Nichtorganschaftsjahre entstehen, in denen spätere Mehrabführungen verursacht sind; abzustellen ist dabei stets auf den für die Mehr- oder Minderabführung „verantwortlichen Geschäftsvorfall" in der OG.[135] Im Ergebnis müssen vororganschaftliche Mehr- und Minderabführungen stets geschäftsvorfallbezogen analysiert und mit ihren Auswirkungen verfolgt werden. Im Übrigen dürfen die Auswirkungen von Geschäftsvorfällen aus vororganschaftlicher Zeit und aus organschaftlicher Zeit nicht miteinander verrechnet werden.[136] Insoweit kann im Einzelfall eine eigenständige „Nebenbuchhaltung" zur Nachverfolgung von Mehr- und Minderabführungen in komplexeren, ggf. auch mehrstufigen Organschaftsstrukturen geboten sein.

(Einstweilen frei) 1734–1739

4.2 Nachorganschaftliche Mehr- und Minderabführungen

Während der Organschaftszeit gebildete, ggf. fortgeführte Ausgleichsposten werden mit Beendigung der Organschaft und Eintritt in die Nachorganschaftszeit nicht automatisch aufgelöst. Eine ergebniswirksame Auflösung ist gem. § 14 Abs. 4 Satz 2 und Satz 5 KStG erst mit Veräußerung der (ehemaligen) OG-Beteiligung oder Realisation einer veräußerungsähnlichen Transaktion vorzunehmen. Darüber hinaus sind im Einzelfall in der Praxis nachvertragliche organschaftliche Gewinnabführungen/Verlustübernahmen zu finden. Diese liegen dann vor, wenn der abzuführende handelsbilanzielle Gewinn unrichtigerweise zu gering festgesetzt wurde und nachträglich an den ehemaligen Organträger abgeführt wird; Umgekehrtes ergibt sich im Verlustübernahmefall. Eine Anpassung der festgestellten Handelsbilanz an die „Prüferbilanz" der Finanzverwaltung erfolgt üblicherweise nicht; die Folgen sind mehr-/minderabführungsrelevante Differenzen zwischen Handels- und Steuerbilanz. Steuergesetzliche Detailregelungen dazu gibt es nicht. Laut BGH-Rechtsprechung gehen Gewinnabführungs-/Verlustübernahmeansprüche, die für die Dauer der EAV-Geltung entstanden sind, nicht mit Beendigung des EAV unter. Vielmehr muss auch nach Ablauf eines EAV eine „Schlussabrechnung" durchgeführt werden.[137] Im Gewinnfall liegt dann keine Gewinnausschüttung, sondern eine nachvertragliche organschaftliche Gewinnabführung vor. Führt diese nachträgliche handelsbilanzielle Korrektur zu verursachungsgerecht zuzuordnenden

1740

---

134 Vgl. BFH, Beschluss v. 6.6.2013 – I R 38/11, BFH/NV 2013 S. 1730. Zu Erläuterungen *Gosch*, BFH/PR 2013 S. 408.
135 So *Gosch/Neumann*, KStG, 2. Aufl. 2009, § 14 Rz. 418. Zu weiteren Details und Fallvarianten s. *Schumacher*, DStR 2006 S. 310.
136 So ausdrücklich FG Düsseldorf v. 15.4.2013 – 6 K 4270/10 K, F, EFG 2013 S. 1262.
137 Vgl. BFH, Urteil v. 5.4.1995 – I R 156/93, FR 1995 S. 547 mit Hinweis auf BGH, Urteil v. 5.6.1989 – II ZR 172/88, BB 1989 S. 1518.

steuerlichen Einkommenserhöhungen, so erfolgt in der Praxis eine Abwicklung über einen aktiven Ausgleichsposten: Während der Organschaftszeit liegt eine handelsbilanzielle Minderabführung wegen entsprechend steuerlich erhöhten Gewinns vor; der aktive Ausgleichsposten wird anschließend bei nachvertraglicher Abführung ergebnisneutral verrechnet.[138] Schließlich können Verluste einer OG, die während der Dauer einer gewerbesteuerlichen Organschaft entstanden sind, auch nach Beendigung der Organschaft nur vom maßgebenden Gewerbeertrag des Organträgers abgesetzt werden.[139] Dies erscheint systementsprechend. Wegen der Möglichkeit zu einer Fehlerkorrektur gem. § 14 Abs. 1 Nr. 3 KStG bei beendeter Organschaft und Verkauf der (früheren) Organbeteiligung sollten Vertragsklauseln zur nachträglichen Heilung eines Bilanzierungsfehlers vorgesehen werden.[140]

1741–1744 *(Einstweilen frei)*

4.3 Außerorganschaftliche Mehr- und Minderabführungen

1745 Weder in § 14 Abs. 3 KStG noch in § 14 Abs. 4 KStG finden sich Hinweise zu Mehr- und Minderabführungen, die sich zwar innerhalb der Organschaftszeit auswirken, aber auf Geschäftsvorfällen außerhalb des Organkreises beruhen (außerhalb des Organkreises stehendes Vermögen ist betroffen). Man spricht insoweit von außerorganschaftlichen Mehr- und Minderabführungen. Ein Anwendungsbeispiel sind Geschäftsvorfälle in einer nachgeschalteten Personengesellschaft, die Mehr- oder Minderabführungen bei der als Mitunternehmer beteiligten Organgesellschaft zur Folge haben (beispielsweise im Rahmen einer Anwachsung). Die Finanzverwaltung will auf derartige außerorganschaftlich veranlasste Vorgänge üblicherweise die Regelungen des § 14 Abs. 3 KStG anwenden, was im Einzelfall allerdings zu undifferenziert sein dürfte.[141] Außerorganschaftlich verursachte Mehr- und Minderabführungen können auch im Zusammenhang mit organgesellschaftsbezogenen Umwandlungsvorgängen erfolgen. Eine Gleichstellung mit vororganschaftlichen Vorgängen wird allerdings nur für Fallgestaltungen denkbar sein, in denen ein Unterschiedsbetrag zwischen HB und StB bereits bestand und in die Organschaft „importiert" wird. Ist eine Organgesellschaft bspw. übertragender Rechtsträger (etwa in Bezug auf einen Betrieb, Teilbetrieb oder Mitunternehmeranteil) fallen allerdings auch nach Meinung der FinVerw. etwaige Mehrabführungen wegen handelsrechtlicher Verkehrswertaufstockung bei gleichzeitiger steuerlicher Buchwertverknüpfung unter § 14 Abs. 4 EStG (so Org. 28 UmwSt-Erlass 2011; abweichend allerdings Org. 33/34 bei einer Organgesellschaft als übernehmender Rechtsträger).[142]

1746–1819 *(Einstweilen frei)*

---

138 Vgl. *Gosch/Neumann*, KStG, 3. Aufl. 2015 § 14 Tz. 70; kritisch zu den Nachwirkungen einer ertragsteuerlichen Organschaft *Bogenschütz*, in: Herzig, Organschaft, 2003 S. 246-248.
139 BFH, Urteil v. 27.6.1990 – I R 183/85, BStBl 1990 II S. 917.
140 Vgl. *Kolbe*, in: Prinz/Witt (Hrsg.), Steuerliche Organschaft, 2015 Rz. 13.53; *Schneider/Sommer*, GmbHR 2013 S. 22, 27 f.
141 Vgl. *Neumann*, Ubg 2010 S. 679 f; *Sedemund*, DB 2010 S. 1255, 1257 f.; *Dötsch/Pung*, Der Konzern 2010 S. 223; *Sedemund*, DB 2010 S. 1255, 1257 f.
142 Kritisch zu Org. 33/34 s. *Sistermann* in Schneider/Ruoff/Sistermann, UmwSt-Erlass 2011, H Org 78-83.

Teil A:
Grundsatz- und Querschnittsfragen steuerlicher Gewinnermittlung

Kapitel XII:
Bilanzierung bei Unternehmenskauf und Umwandlung/Umstrukturierung

von
WP/StB Paul Forst, Düsseldorf
StB Axel Schaaf, Düsseldorf
StB Dipl.-Betriebsw. (FH) Paul Hannweber, Düsseldorf

Kapitel XII: Bilanzierung bei Unternehmenskauf und Umwandlung/Umstrukturierung

Inhaltsübersicht	Rz.
1. Unternehmenskauf	1820 - 1839
1.1 Asset Deal	1821 - 1834
1.1.1 Grundlagen	1821 - 1825
1.1.2 ABC ausgewählte Einzelfragen	1826 - 1834
1.2 Share Deal	1835 - 1836
1.3 Unentgeltliche Übertragungsvorgänge	1837 - 1839
2. Übersicht über die verschiedenen Umwandlungsmöglichkeiten	1840 - 1849
2.1 Umwandlungen mit und ohne Vermögensübertragung	1841 - 1842
2.2 Umwandlungen durch Einzelrechtsnachfolge und nach dem Umwandlungsgesetz	1843 - 1844
2.3 Übersicht über die Umwandlungen nach dem Umwandlungsgesetz	1845 - 1849
3. Bilanzierungs- und Bewertungsgrundsätze bei übertragenden Umwandlungen nach Handelsrecht	1850 - 1867
3.1 Behandlung von Umwandlungen als Veräußerungs- und Anschaffungsvorgang	1850
3.2 Übertragung durch Einzelrechtsnachfolge	1851
3.3 Umwandlung nach dem Umwandlungsgesetz	1852 - 1863
3.3.1 Bilanzen anlässlich der Umwandlung	1853 - 1854
3.3.2 Stichtag der handelsrechtlichen Übertragungsbilanz	1855
3.3.3 Ansatz und Bewertung in der handelsrechtlichen Übertragungsbilanz	1856
3.3.4 Ansatz und Bewertung bei der Übernehmerin: Wahlrecht gem. § 24 UmwG zwischen Zeitwerten und Buchwerten	1857 - 1861
3.3.5 Keine Rechtsnachfolge oder Wertverknüpfung	1862 - 1863
3.4 Latente Steuern aus Abweichungen zwischen Handels- und Steuerbilanz nach BilMoG	1864 - 1867
4. Bilanzierungs- und Bewertungsgrundsätze bei übertragenden Umwandlungen nach Steuerrecht	1868 - 1963
4.1 Grundsatz: Übertragung zum gemeinen Wert	1868 - 1872
4.2 Umwandlung nach dem Umwandlungssteuergesetz	1873 - 1902
4.2.1 Grundlagen	1873 - 1874
4.2.2 Übersicht über die Umwandlungsmöglichkeiten	1875 - 1877
4.2.3 Grundlegende Anwendungsvoraussetzungen und Prinzipien	1878 - 1879
4.2.4 Grundkonzeption der einzelnen Umwandlungsvorgänge	1880 - 1902
4.3 Ansatz und Bewertung nach dem Umwandlungssteuergesetz	1903 - 1953
4.3.1 Steuerbilanzen anlässlich der Umwandlung	1903 - 1906
4.3.2 Steuerliches Bilanzierungs- und Bewertungswahlrecht: Buchwert/Gemeiner Wert/Zwischenwert	1907 - 1917
4.3.3 Ausübung des Bewertungswahlrechts	1918 - 1921
4.3.4 Wertverknüpfung	1922

4.3.5 Verhältnis zur Handelsbilanz	1923
4.3.6 Steuerliche Rechtsnachfolge	1924 - 1935
4.3.7 Absetzung für Abnutzung nach Umwandlung	1936 - 1938
4.3.8 Steuerliche Rückbeziehung und Stichtag der steuerlichen Übertragungsbilanz	1939 - 1953
4.4. Einzelfragen zu bestimmten Umwandlungsarten	1954 - 1963
4.4.1 Formwechsel	1954 - 1956
4.4.2 Bilanzierung beim Down-Stream-Merger einer Kapitalgesellschaft auf eine Kapitalgesellschaft	1957 - 1963
5. ABC ausgewählter Bilanzpositionen	1964 - 1987
6. Sonstige Umwandlungsvorgänge	1988 - 2149
6.1 Übertragung von Einzelwirtschaftsgütern	1988 - 1996
6.2 Realteilung	1997 - 2000
6.3 Anwachsung	2001 - 2013
6.4 Übertragung im Rahmen des sog. Treuhand-Modells	2014 - 2018
6.5 Übertragung auf eine vermögensverwaltende Personengesellschaft	2019 - 2149

AUSGEWÄHLTE LITERATUR

Hölters (Hrsg.), Handbuch Unternehmenskauf, 8. Aufl. 2015; *Prinz/Hoffmann (Hrsg.)*, Beck'sches Handbuch der Personengesellschaften, 4. Aufl. 2014; *Rödder/Herlinghaus/van Lishaut*, Umwandlungssteuergesetz, 2. Aufl., Köln 2013; *Schmitt/Hörtnagl/Stratz*, UmwG – UmwStG, 7. Aufl., München 2016; *Widmann/Mayer*, Umwandlungsrecht, Loseblatt, München, Stand: 147. Lfg., November 2014 (Gesamtwerk Februar 2017).

1. Unternehmenskauf

1820 Der Kauf eines Unternehmens kann zivilrechtlich entweder durch einen Sachkauf (§ 433 Abs. 1 Satz 1 BGB) oder einen Rechtskauf (§ 453 Abs. 1 BGB) erfolgen. Im Falle des Sachkaufs erlangt der Erwerber die zum Unternehmen gehörenden Vermögensgegenstände – Sachen und Rechte – direkt und übernimmt die Verbindlichkeiten im Wege der Einzelrechtsnachfolge (sog. Asset Deal). Ein Unternehmenskauf im engeren Sinne liegt aber nur vor, wenn das Unternehmen (oder der Unternehmensteil) als Sachgesamtheit oder zumindest mit seinen wesentlichen Bestandteilen erworben wird. Gegenstand des Rechtskaufs ist der Erwerb der gesellschaftsrechtlichen Beteiligung (Share Deal) des Rechtsträgers (Kapital- oder Personenhandelsgesellschaft).[1] Zwischen Asset Deal und Share Deal ist auch ertragsteuerlich zu unterscheiden. Eine Besonderheit ergibt sich beim Kauf einer Beteiligung an einer Personengesellschaft insofern, dass hier steuerlich aufgrund der Transparenz der Personengesellschaft der Erwerb als Asset Deal behandelt wird.[2]

---

1 *Frey/Bruhn* in Beck PersGes-HB, § 26 Rz. 10.
2 Vgl. z. B. *Rödder/Hötzel* in Rödder/Hötzel/Müller-Thuns, Unternehmenskauf Unternehmensverkauf, München 2003, § 23 Rz. 5.

1.1 Asset Deal

1.1.1 Grundlagen

Ein Unternehmenskauf liegt – in Abgrenzung zum Erwerb von nur einzelnen Wirtschaftsgütern – vor, wenn ein Inbegriff von Sachen, Rechten und sonstigen Vermögenswerten erworben wird und der Erwerber dadurch in die Lage versetzt wird, das Unternehmen als solches weiterzuführen.[3] Der eigentliche vertragliche Kaufgegenstand ist die Sachgesamtheit aus den zum Unternehmen gehörenden Sachen, Forderungen, Namens-, Firmen- und sonstigen Kennzeichenrechten sowie gewerblichen Schutz- und Nutzungsrechten. Kaufgegenstand sind aber auch immaterielle Vermögenswerte wie die betriebliche Organisation, die kaufmännischen, betriebswirtschaftlichen und technischen Geheimnisse, Kunden- und Lieferantenbeziehungen und Reputation, die oft den eigentlichen Wert des Unternehmens ausmachen.[4]

1821

Im Fall des Erwerbs einer solchen Sachgesamtheit in Form eines Unternehmens sind nach den Vorgaben des § 6 Abs. 1 Nr. 7 EStG die im Einzelnen erworbenen Wirtschaftsgüter mit ihrem Teilwert, höchstens jedoch mit den Anschaffungs- oder Herstellungskosten anzusetzen. Mit der Bezugnahme auf die Anschaffungs- oder Herstellungskosten ist damit auch für den Fall des Erwerbs eines Betriebs der Grundsatz der Einzelbewertung zu beachten, wonach grundsätzlich die einzelnen Wirtschaftsgüter, die als Betriebsvermögen anzusetzen sind (§ 252 Abs. 1 Nr. 3 HGB), zu bewerten sind.[5]

1822

Für die Verteilung des Gesamtkaufpreises auf die einzelnen Wirtschaftsgüter gilt dabei folgendes:[6]

1823

Eine im Kaufvertrag seitens der Vertragsparteien vorgenommene Aufteilung des Kaufpreises auf die im Einzelnen erworbenen Wirtschaftsgüter ist grundsätzlich auch steuerlich bindend.[7]

Der vertraglichen Aufteilung ist nicht zu folgen, wenn sich Anhaltspunkte für einen Gestaltungsmissbrauch oder eine Scheinbestimmung ergeben oder bei einer Überprüfung der vertraglichen Aufteilung anhand der objektiven Verkehrswerte sich heraus stellt, dass die vertragliche Aufteilung die realen Wertverhältnisse in grundsätzlicher Weise verfehlt und wirtschaftlich nicht haltbar erscheint[8].

In den Fällen, in denen eine Aufteilung des Kaufpreises „vorab" im Kaufvertrag nicht erfolgt ist oder dieser steuerlich nicht gefolgt werden kann, hat die Aufteilung des Kaufpreises tatsächlich im Schätzungswege zu erfolgen. Als objektiver Aufteilungsmaßstab

1824

---

[3] BGH, Urteile vom 28.11.2001, VIII ZR 37/01, NJW 2002, S. 1042; v. 12.11.1975, VIII ZR 142/74, NJW 1976 S. 236; vom 14.6.1989, VIII ZR 176/88 NJW-RR 1990, S. 115.
[4] *Frey/Bruhn* in Beck PersGes-HB, § 26 Rz. 12.
[5] Die Regelungen des § 6 Abs. 1 Nr. 7 EStG sind dabei insofern als eine Begrenzung des Wertansatzes für das jeweilige Einzelwirtschaftsgut auf den Teilwert zu verstehen, da i. d. R. der gezahlte Kaufpreis die Summe der insgesamt im Rahmen der Sachgesamtheit erworbenen materiellen und immateriellen Einzelwirtschaftsgüter übersteigen wird.
[6] hierzu ausführlich *Meyering* DStR 2008, S. 1008 sowie *Bauer/Baumgartner*, FR 2015, S. 838.
[7] BFH, Urteile vom 31.1.1973 – I R 197/70, BStBl. II 1973, S. 391; vom 17.9.1987 – III R 272/83, BStBl. II 1988, S. 441, BB 1988, 186; vom 26.6.1991 – XI R 3/89, BFH/NV 1991, S. 682; vom 27.2.1992 – IV R 129/90, BStBl. II 1992, S. 841, BB 1992, S. 1552 Ls; BMF, Schreiben vom 16.4.2004 – IV C 3 – S 2211 – 36/04, BStBl. I 2004, S. 464, Rz. 2.
[8] Ausführlich BFH, Urteil v. 16.9.2015 IX R 12/14 BStBl 2016 II S. 397 Rz. 20 ff.

sind für alle erworbenen Wirtschaftsgüter die jeweiligen Verkehrswerte in der Form heranzuziehen, dass der Gesamtkaufpreis im Verhältnis der Teilwerte auf die Wirtschaftsgüter aufzuteilen ist.[9] Dazu wiederum ist für sämtliche materielle und immaterielle Wirtschaftsgüter ein Erwerbsinventar zu erstellen. Dies umfasst auch bisher nicht bilanzierte selbst geschaffene immaterielle Wirtschaftsgüter sowie Schulden und Abgrenzungsposten.[10]

1825 Der Teil des Gesamtkaufpreises, der den Wert der einzelnen Wirtschaftsgüter des Unternehmens abzüglich der Schulden im Zeitpunkt der Übernahme übersteigt (entgeltlich erworbener Geschäfts- oder Firmenwert), ist nach den Regelungen des § 5 Abs. 1 Satz 1 EStG i. V. m. § 246 Abs. 1 Satz 4 HGB als **Geschäftswert** zu behandeln.[11] Dem Geschäftswert ist nur insoweit ein Kaufpreisanteil zuzuordnen, als das gezahlte Entgelt die Summe der Teilwerte aller anderen materiellen und immateriellen Wirtschaftsgüter übersteigt.[12]

Die Kaufpreisallokation erfolgt damit stufenweise, wobei in der praktischen Anwendung zwischen der **Stufentheorie** und der **modifizierten Stufentheorie** zu differenzieren ist.[13] Bei der Stufentheorie wird

▶ auf der ersten Stufe der die Buchwerte übersteigende Betrag/Kaufpreis auf die bereits aktivierten Wirtschaftsgüter verteilt und

▶ auf der zweiten Stufe der verbleibende Kaufpreisanteil auf die noch nicht bilanzierten Wirtschaftsgüter verteilt (z. B. selbst geschaffene immaterielle Wirtschaftsgüter, die nach § 5 Abs. 2 EStG nicht aktiviert wurden) und

▶ auf der dritten Stufe der überschießende Betrag als Geschäfts- oder Firmenwert aktiviert.[14]

Bei der **modifizierten Stufentheorie** werden im Ergebnis die erste und zweite Stufe der Stufentheorie zusammengefasst, so dass der Kaufpreis mithin proportional auf alle Wirtschaftsgüter verteilt wird - unabhängig davon, ob diese bereits aktiviert sind oder nicht.[15]

1.1.2 ABC ausgewählte Einzelfragen

1826 Die im Rahmen des Erwerbs eines Unternehmens seitens des Käufers für Durchführung einer Due-Diligence-Prüfung aufgewendeten internen und externen Kosten stellen **Anschaffungsnebenkosten** dar, soweit sie dem anzuschaffenden Vermögensgegenstand

---

9 BFH, Urteile vom 10.10.2000 - IX R 86/97, BStBl 2001 II S. 183 unter II.2.; Beschluss v. 15.11.2016 IX B 98/16 BFH/NV 2017 S. 292 Rz. 4.
10 *Meyering* DStR 2008, S. 1008.
11 Vgl. zum Begriff des Geschäftswerts BFH, Urteil v. 27.3.2001 - I R 42/00, BStBl 2001 II S. 477; vom 26.11.2009 - III R 40/07, BStBl 2010 II S. 609; zu TW-AfA auf den Geschäftswert s. *Kulosa* in Schmidt, EStG, 37. Aufl., München 2018, § 6 Rz. 315.
12 BFH, Urteil v. 17.9.1987 - III R 272/83, BStBl 1988 II S. 441; vgl. *Wacker* in Schmidt, EStG, 37. Aufl., München 2018; § 16 Rz 489.
13 Vgl. *Hörger/Stobbe*, DStR 1991, S. 1230 m. w. N.
14 Vgl. *Bauer/Baumgartner*, FR 2015 S. 838 m. w. N.
15 Vgl. *Hörger/Stobbe*, DStR 1991 S. 1230. Auch der BFH sowie die Finanzverwaltung folgen der modifizierten Stufentheorie, vgl. *Bauer/Baumgartner*, FR 2015 S. 838; *Wacker* in Schmidt, EStG, 37. Aufl. 2018, § 16 Rz. 490 m. w. N.

wirtschaftlich zugeordnet werden können und der Steuerpflichtige bereits im Zeitpunkt der Beauftragung eines Beraters fest zum Erwerb entschlossen ist.[16]

Eine spätere Erhöhung des Entgelts führt zu **nachträglichen Anschaffungskosten** beim Erwerber mit Wirkung zum Zeitpunkt des Entstehens.[17] Vergebliche Aufwendungen eines Veräußerers bei gescheiterten Veräußerungsbemühungen sind als Betriebsausgaben abzuziehen und nicht als nachträgliche Anschaffungskosten zu aktivieren.[18]

1827 Nach § 255 Abs. 1 Satz 3 HGB i. V. m. § 5 Abs. 1 Satz 1 EStG sind **Anschaffungspreisminderungen** von den Anschaffungskosten abzusetzen. Einzelfälle der Anschaffungspreisminderungen sind z. B. mängelbedingte Minderungen des Kaufpreises nach §§ 441, 638 BGB[19], auch sofern der Minderungsanspruch durch eine Vertragsstrafe abgegolten wird[20]; nicht jedoch bei Schadensersatzzahlungen Dritter[21]; auch nicht, sofern der Verkäufer schadensbedingten Aufwand unmittelbar erstattet.[22]

1828 Ein **aktiver Ausgleichsposten** kann ggf. anzusetzen sein bei Zahlung eines die Teilwerte der übernommenen Wirtschaftsgüter übersteigenden Mehrbetrages, soweit nachweislich ein Firmenwert nicht existiert.[23]

Ein Teil des Kaufpreises kann ausnahmsweise als **sofortabzugsfähige Betriebsausgabe** zu behandeln sein, sofern dieser Betrag aus anderen Rechtsgründen gezahlt wird und ein Geschäftswert nachweislich nicht existiert.[24]

Eine **Buchwertfortführung** in Bezug auf die beim Veräußerer für die erworbenen Wirtschaftsgüter geführten Buchwerte durch den Erwerber kommt nur in Betracht, insoweit der Buchwert dem Teilwert entspricht, da der Erwerber eine Neubewertung vorzunehmen hat.[25]

1829 Die genannten Grundsätze für die Aufteilung eines Gesamtkaufpreises gelten auch bezogen auf den Erwerb von Unternehmensteilen (**sog. Carve-Out-Transaktionen**), im Rahmen derer die Herauslösung eines oder mehrerer Geschäftsbereiche aus einem Ge-

---

16 Zu Anschaffungskosten beim Erwerb von Beteiligungen an Kapitalgesellschaften vgl. *Kahle/Hiller*, ifst-Schrift Nr. 495 (2014) m. w. N.; BFH, Urteil vom 20.4.2004 – VIII R 4/02, BStBl. II 2004, S. 597, BB 2004, S. 2053; zur Behandlung der Gutachtenkosten BFH, Urteil vom 27.3.2007 – VIII R 62/05, BB 2007, S. 1424 m. BB-Komm. *Adolf*, BB 2007, S. 1537, DStR 2007, S. 1027; zur Behandlung von Akquisitionsaufwendungen im Rahmen des unmittelbaren und mittelbaren Erwerbs von Beteiligungen vgl. *Ditz/Tcherveniachki*, DB 2011 S. 2676; zu Anschaffungsnebenkosten beim Erwerb von Beteiligungen an Kapitalgesellschaften vgl. *Kahle/Hiller*, DB 2014 S. 504; zur Aktivierung von Due Diligence-Aufwand bei geplanten Akquisitionsmaßnahmen vgl. *Prinz/Ludwig*, DB 2018, S. 213 m. w. N.
17 Vgl. BFH, Urteil vom 26.7.1984 - IV R 10/83 BStBl II 84, S. 786 unter 2.
18 Vgl. *Bünning/Lorberg*, BB 2017, S. 2861; zu vergeblichen Due Diligence-Kosten vgl. *Ditz/Tcherveniachki*, DB 2013, S. 1634.
19 Vgl. BFH, Urteil vom 20.10.1965 - VI 185/65 U, BStBl. III 66, S. 16.
20 Vgl. FG Rheinland-Pfalz, Urteil vom 28.3.1994 - 7-K-2058/91, EFG 1994, S. 871, rkr.
21 Vgl. BFH, Urteil vom 26.3.1992 - IV R 74/90, BStBl. II 93, 96: Schadensersatz für schlechte steuerliche GrESt-Beratung als sofort steuerpflichtige Einnahme.
22 Vgl. BFH, Urteil vom 20.8.2013 - IX R 5/13 BFH/NV 14, S. 312: Saldierung der Schadensersatzzahlung mit dem Aufwand.
23 Vgl. BFH, Urteile vom 21.4.1994 – IV R 70/92, BStBl. II 1994 S. 745; vom 12.12.1996 – IV R 77/93, BStBl. II 1998 S. 180; s. auch *Hoffmann*, DStR 1994 S. 1764.
24 s. BFH, Urteil vom 12.6.1975 IV R 129/71 BStBl II 75, S. 807.
25 BFH, Urteil vom 31.5.1972 I R 49/69 BStBl II 72, S. 696.

samtunternehmen erfolgt. Carve-Out-Transaktionen sind i. d. R. dadurch gezeichnet, dass zum einen Anteile an Tochtergesellschaften, sofern diese dem zu erwerbenden Unternehmensteil zuzuordnen sind und zum anderen unselbständige Betriebsteile erworben werden.[26]

1830 Zur steuerlichen Behandlung von **negativen Kaufpreisen** im Rahmen des Erwerbs eines Krisenunternehmens vgl. Rz. 2216 f., 2221.

1831 Der Kaufpreis für den Erwerb eines Unternehmens kann (auch) lediglich in der Übernahme von **Verbindlichkeiten** bestehen.[27] Spätere Wertänderungen der Kaufpreisverbindlichkeit oder von Verbindlichkeiten, die als Teil des Entgelts übernommen wurden (z. B. Änderung des Barwerts einer Rentenverbindlichkeit), haben keinen Einfluss auf die ursprünglich zu aktivierenden Anschaffungskosten und führen nicht zu einer nachträglichen **Anschaffungskostenminderung.**[28] Verbindlichkeiten, für die ein teilweiser Verzicht des Gläubigers absehbar ist, sind allerdings mit dem voraussichtlich geminderten Rückzahlungsbetrag anzusetzen.[29] **Aufschiebend bedingte Verbindlichkeiten** sind nicht zu passivieren.[30] Sie führen erst bei Eintritt der Bedingung zu Anschaffungskosten.[31] Dies gilt auch für Bedingungen, die in Unternehmenskaufverträgen enthalten sind[32].

1832 Beim Erwerb eines Unternehmens übernimmt der Erwerber i. d. R. neben den mit dem Unternehmen verbundenen Verbindlichkeiten auch **sonstige Verpflichtungen** des Veräußerers. Bei Verpflichtungen wie z. B. Drohverlustrückstellungen, die beim Betriebsveräußerer einem **Passivierungsverbot** unterliegen, sind seit 2014 für den Übernehmer die Rechtsfolgen i. S. d. § 5 Abs. 7 EStG zu beachten. Dies gilt auch in Fällen, wo aufgrund der Vorgaben für die steuerliche Bewertung wie dem **Bewertungsvorbehalt gem. § 5 Abs. 6 EStG** für die Bewertung von Rückstellungen ein Teil dieser Verpflichtungen beim Veräußerer bis zum Zeitpunkt der Veräußerung/des Erwerbs steuerlich abweichend zur Handelsbilanz noch nicht bilanziell verarbeitet worden ist (vgl. hierzu unter Rz. 2620 ff.).

1833 Als bilanzierungsfähige originäre **immaterielle Wirtschaftsgüter** kommen beispielsweise Patente, Konzessionen, EDV-Software, Filmrechte, Belieferungsrechte etc. in Betracht.[33]

1834 Im Einzelfall können sog. **firmenwertähnliche Wirtschaftsgüter** ebenfalls selbständig aktivierungsfähig sein, sofern mit ihnen vom Firmenwert abgrenzbare, selbständig be-

---

26 Vgl. *Bünning/Lorberg*, BB 2017, S. 2859.
27 BFH, Urteil vom 31.05.1972 I R 49/69 BStBl II 72, S. 696.
28 Vgl. *Kulosa* in Schmidt, EStG, 37. Aufl., München 2018, § 6 Rz. 57, 81 m.w.N.
29 Zutr. *Paus*, FR 2006, S. 170; wohl auch *Groh*, DB 2007, S. 2275f.
30 *Kulosa* in Schmidt, EStG, 37. Aufl., München 2018, § 5 Rz 314.
31 BFH, Urteile vom 10.4.1991 XI R 7, 8/84 BStBl II 91, S. 791; vom 22.8.2007 X R 2/04 BStBl II 08, S. 109 unter II.3.b aa; s auch § 7 Rz 106.
32 z. B. Abhängigkeit eines Teils des Kaufpreises vom künftigen Erreichen bestimmter Ziele; a. A. *Fey/Deubert*, BB 12, S. 1461.
33 Vgl. z. B. *Maier*, Beck'sches Steuer- und Bilanzrechtslexikon, Edition 41/2017, Stand: 1.6.2017, unter: Immaterielle Wirtschaftsgüter.

wertbare, wirtschaftliche Vorteile verbunden sind. Hierzu zählen insbesondere ein Wettbewerbsverbot, das vorhandene Know-how und der bei Veräußerung vorhandene Auftragsbestand.[34]

1.2 Share Deal

Bei Anteilen an einer Kapitalgesellschaft ist der Erwerb eines Einzelwirtschaftsguts gegeben, für den die allgemeinen Regelungen zur Bestimmung der Anschaffungskosten gelten. Zur steuerlichen Behandlung von **negativen Kaufpreisen** im Rahmen eines Share Deals vgl. Rz. 2216 f., 2227 f.

1835

Bei Anteilen an einer Personengesellschaft ist aus ertragsteuerlicher Sicht der Share Deal wegen der Transparenz der Personengesellschaft als Veräußerung und Erwerb der einzelnen Wirtschaftsgüter des gesamthänderisch gebundenen Vermögens der Gesellschafter der Personengesellschaft auch als ein Asset Deal anzusehen.

1836

Durch den entgeltlichen Erwerb von Anteilen an einer Personengesellschaft sind positive oder negative Ergänzungsbilanzen zu bilden. Vgl. ausführlich zur Bildung dieser Ergänzungsbilanzen *Kahle* Rz. 1400, 1416 ff.

1.3 Unentgeltliche Übertragungsvorgänge

Abzugrenzen von den o. g. entgeltlichen Übertragungsvorgängen wie dem Unternehmenskauf sind Fälle der unentgeltlichen Übertragung. Diese unentgeltlichen Übertragungsvorgänge von qualifizierten Sachgesamtheiten sind insbesondere Fälle der vorweggenommenen Erbfolge (Schenkung) oder der Erbfall.

1837

Die Regelung des § 6 Abs. 3 EStG ordnet für diese Fälle des unentgeltlichen Betriebsübergangs die Fortführung der Buchwerte des Übertragenden beim Erwerber an. Gemäß § 6 Abs. 3 Satz 1, 1. Halbsatz EStG sind beim bisherigen Betriebsinhaber die Buchwerte anzusetzen, so dass es trotz des Ausscheidens der Wirtschaftsgüter aus „seinem" Betriebsvermögen nicht zu einer Gewinnrealisierung kommt. Nach § 6 Abs. 3 Satz 3 EStG ist der Rechtsnachfolger an diese Werte gebunden (sog. Buchwertfortführung).[35] Ein Wahlrecht zur Aufdeckung der stillen Reserven besteht nicht.[36]

1838

Die **Übernahme von Verbindlichkeiten**, die Teil der übertragenen Betriebsvermögenseinheit sind, stellt kein Entgelt dar.[37] Die Vereinbarung eines **teilweisen Entgelts (Teilentgelt)**, welches den Buchwert der übertragenen Betriebsvermögenseinheit nicht über-

1839

---

34 Vgl. *Winnefeld*, Bilanz-HB, S. 2217 Rz. 459 m. w. N.
35 Die Regelung des § 6 Abs. 3 EStG lässt abweichend vom Grundsatz der Individualbesteuerung eine interpersonelle Übertragung stiller Reserven auf andere Steuerpflichtige zu. Es liegt insoweit in diesen Fällen des unentgeltlichen Übergangs von Betriebsvermögen keine Entnahme des übertragenen Betriebsvermögens beim Übertragenden bzw. eine Einlage beim Erwerber vor; im Gegensatz zur Überführung von Wirtschaftsgüter zwischen verschiedenen Betriebsvermögen desselben Steuerpflichtigen. So BFH, Urteile vom 22.9.2011 - IV R 33/08, BStBl 2012 II S. 10 Rz 17; v. 12.12.2013 - IV R 17/10, BStBl 2014 II S. 316 Rz 19, allerdings beide bezogen auf den in § 4 IVa verwendeten Entnahmebegriff.
36 Zutreffend *Wendt*, FR 2005 S. 468 f.
37 Hintergrund ist, dass zu den betrieblichen Einheiten i. S. d. Abs. 3 in aller Regel auch Schulden gehören, was bei Zugrundelegung der Trennungstheorie die Anwendbarkeit des Abs. 3 ausschlösse (vgl. BFH, Urteil v. 11.12.2001 - VIII R 58/98, BStBl 2002 II S. 420 unter B. I.3.b bb aaa: „eng begrenzter Ausnahmefall" von der Trennungstheorie).

steigt, betrifft die Buchwertfortführung nicht. Übersteigt das Teilentgelt hingegen den Buchwert, handelt es sich beim Erwerber um einen (teilentgeltlichen) Anschaffungsvorgang, auf den grundsätzlich die allgemeinen Regelungen nach § 6 Abs. 1 Nr. 7 EStG Anwendung finden.

Im Rahmen eines unentgeltlichen Erwerbs entstehende **Anschaffungsnebenkosten** sind zu aktivieren.[38] Bei **Teilentgeltlichkeit** sind Nebenkosten in voller Höhe dem entgeltlichen Teil zuzuordnen.[39]

2. Übersicht über die verschiedenen Umwandlungsmöglichkeiten

1840 Die Rahmenbedingungen und Zielsetzungen unternehmerischen Handelns sind nicht statisch, sondern verändern sich im Zeitablauf. Derartige Veränderungen führen oftmals zu Anpassungen insbesondere der gesellschaftsrechtlichen Unternehmensstrukturen durch Umwandlungen und Umstrukturierungen.[40]

2.1 Umwandlungen mit und ohne Vermögensübertragung

1841 Umwandlungen und Umstrukturierungen sind i. d. R. mit der **Übertragung von Vermögen** von einem Rechtsträger auf einen anderen verbunden. Der das betreffende Vermögen übertragende Rechtsträger bzw. dessen Gesellschafter erhält i. d. R. in diesen Fällen vom übernehmenden Rechtsträger für die Übertragung des Vermögens eine Gegenleistung in Form der Gewährung von Gesellschaftsrechten an dem übernehmenden Rechtsträger.

1842 Eine Umwandlung ohne Vermögensübertragung ist der **Formwechsel** gem. §§ 190 ff. UmwG, bei dem der Rechtsträger identisch bleibt und lediglich seine Rechtsform ändert.[41]

2.2 Umwandlungen durch Einzelrechtsnachfolge und nach dem Umwandlungsgesetz

1843 Die Übertragung von Vermögen kann zum einen im Wege der **Einzelrechtsnachfolge** gegen Gewährung von Gesellschaftsrechten im Rahmen einer Sachkapitalerhöhung bei einer bereits bestehenden Gesellschaft oder im Falle der Neugründung einer Gesellschaft im Wege einer Sachgründung erfolgen.

---

38 Die Aktivierungspflicht gilt sowohl bei Gesamtrechtsnachfolge durch Erbfall (Vgl. BFH, Urteil v. 24.10.2012 - IX R 43/11 BStBl 2014 II S. 878) als auch bei Schenkung (Vgl. Grube FR 07, S. 533, 537; hierfür spricht auch die Begründung von BFH, Urteil v. 9.7.2013 - IX R 43/11 BStBl 2014 II S. 878). Die für Schenkungen gegenteilige Auffassung der FinVerw (Vgl. BMF, Schreiben v. 13.1.1993 - IV B 3 - S-2190 - 37/92, BStBl 1993 I S. 80 Tz. 13: Weder Anschaffungskosten noch Betriebsausgaben/Werbungskosten; zur unentgeltlichen Übertragung von Sonderbetriebsvermögen nochmals BMF, Schreiben v. 9.7.1993 – IV B 2 - S 2134 - 186/93, DB 1993 S. 1492.) ist nicht zutreffend.
39 BFH, Urteil v. 20.12.1990 - XI R 2/85, BFH/NV 1991, S. 383.
40 Im Folgenden werden Umwandlungen und Umstrukturierungen als Synonyme für die verschiedenen zivilrechtlichen und steuerrechtlichen Anpassungsvorgänge verwendet.
41 *Heckschen* in Widmann/Mayer, Umwandlungsrecht, München, 103. Lfg., § 1 UmwG Rz. 381.

Die Übertragung von Vermögen kann zum anderen nach den Vorschriften des UmwG erfolgen.[42] Die dort geregelten Umwandlungsvorgänge stellen einen abschließenden Katalog von Möglichkeiten dar, inländische Rechtsträger, insbesondere Gesellschaften, zu vereinigen oder zu teilen. Die Besonderheit der übertragenden Umwandlungen nach dem UmwG besteht darin, dass das Vermögen der übertragenden Rechtsträger insgesamt im Wege der **Gesamtrechtsnachfolge** oder Teile hiervon im Wege der **Sonderrechtsnachfolge** in einem Akt im Ganzen auf den übernehmenden Rechtsträger übergeht (vgl. §§ 20 Abs. 1 Nr. 1, 131 Abs. 1 Nr. 1 UmwG). Dies stellt eine Sonderregelung zum allgemeinen Rechtsgrundsatz des deutschen Zivilrechts dar, wonach Rechte und Verbindlichkeiten nur im Wege der Einzelrechtsnachfolge von einem Rechtsträger auf den anderen übergehen können. Ein praktisch bedeutsamer Unterschied ist, dass bei Gesamt- bzw. Sonderrechtsnachfolge, anders als bei Einzelrechtsnachfolge, der Übergang von Verbindlichkeiten keiner Zustimmung der betroffenen Gläubiger bedarf. Die Gläubigerinteressen werden u. a. durch spezielle Nachhaftungspflichten der beteiligten Rechtsträger berücksichtigt.[43]

1844

2.3 Übersicht über die Umwandlungen nach dem Umwandlungsgesetz

Übertragende Umwandlungen nach dem UmwG sind die Verschmelzung, die Spaltung und die Vermögensübertragung.

1845

Bei der **Verschmelzung** (§§ 2 ff. UmwG) geht das gesamte Vermögen eines Rechtsträgers im Wege der Gesamtrechtsnachfolge auf einen anderen, bereits bestehenden Rechtsträger (Verschmelzung durch Aufnahme) oder neu gegründeten Rechtsträger (Verschmelzung durch Neugründung) unter Auflösung ohne Abwicklung über. Die Anteilsinhaber des übertragenden Rechtsträgers werden Anteilsinhaber des übernehmenden bzw. neu gegründeten Rechtsträgers.

1846

Die **Spaltung** (§§ 123 ff. UmwG) ist in drei unterschiedlichen Formen möglich. Bei der **Aufspaltung** wird das gesamte Vermögen eines Rechtsträgers ohne Abwicklung übertragen. Die Vermögensteile gehen als Gesamtheit im Wege der Sonderrechtsnachfolge auf mindestens zwei andere, bereits bestehende Rechtsträger (Aufspaltung durch Aufnahme) oder neu gegründete Rechtsträger (Aufspaltung durch Neugründung) über. Die Anteilsinhaber des sich aufspaltenden Rechtsträgers werden an den übernehmenden Rechtsträgern beteiligt. Bei der **Abspaltung** bleibt der alte Rechtsträger bestehen und überträgt im Wege der Sonderrechtsnachfolge Vermögensteile auf einen oder mehrere andere, bereits bestehende Rechtsträger (Abspaltung zur Aufnahme) oder neu gegründete Rechtsträger (Abspaltung zur Neugründung); hinsichtlich der Beteiligung der Anteilsinhaber gilt entsprechendes wie bei der Aufspaltung. Bei der **Ausgliederung** werden ebenfalls Vermögensteile auf andere Rechtsträger durch Sonderrechtsnachfolge übertragen. Die Anteile an den übernehmenden Rechtsträgern (Ausgliederung zur Aufnah-

1847

---

42 Ziel des UmwG ist die Erleichterung von Umwandlungsvorgängen, unter angemessener Berücksichtigung des Schutzes von Anlegern, Gläubigern und Arbeitnehmern. Vgl. zu den Grundlagen des UmwG insgesamt: *Hörtnagl* in Schmitt/Hörtnagl/Stratz, UmwG – UmwStG, 7. Aufl., München 2016, Einf. UmwG Rz. 1-34.
43 *Hörtnagl* in Schmitt/Hörtnagl/Stratz, UmwG – UmwStG, 7. Aufl., München 2016, Einf. UmwG Rz. 1-35.

1848 Die **Vermögensübertragung** (§§ 174 ff. UmwG) regelt ausgewählte Übertragungen auf die öffentliche Hand und unter Versicherungsunternehmen. Sie ist als Spezialfall im Weiteren nicht Gegenstand der Ausführungen.

me) oder an den neu gegründeten Rechtsträgern (Ausgliederung zur Neugründung) erhält allerdings der übertragende Rechtsträger selbst, so dass ein Mutter-Tochter-Verhältnis entsteht.

1849 Der **Formwechsel** (§§ 190 ff. UmwG) ermöglicht den Wechsel der Rechtsform eines Rechtsträgers ohne entsprechende Übertragung des Vermögens auf einen anderen Rechtsträger.

In der nachfolgenden Übersicht sind die wesentlichen Umwandlungsmöglichkeiten nach dem UmwG zusammengefasst:[44]

TAB. 1: Wichtige Umwandlungsmöglichkeiten nach dem Umwandlungsgesetz				
von \ auf	PersG	GmbH	AG	natürliche Person
PersG	V / S / F	V / S / F	V / S / F	-
GmbH	V / S / F	V / S	V / S / F	V[1]
AG	V / S / F	V / S / F	V / S	V[1]
natürliche Person	S[2]	S[2]	S[2]	

V = Verschmelzung
S = Spaltung
F = Formwechsel

[1] Alleingesellschafter
[2] nur von e. K. als Ausgliederung

3. Bilanzierungs- und Bewertungsgrundsätze bei übertragenden Umwandlungen nach Handelsrecht

3.1 Behandlung von Umwandlungen als Veräußerungs- und Anschaffungsvorgang

1850 Die Übertragung von Vermögen im Rahmen von Umstrukturierungsvorgängen stellt grundsätzlich auf Ebene des übertragenden Rechtsträgers einen Veräußerungsvorgang sowie auf Ebene des übernehmenden Rechtsträgers einen Anschaffungsvorgang hinsichtlich des übertragenen Vermögens dar.[45] Die handelsbilanzielle Behandlung richtet sich in den Fällen der Übertragung von Vermögen im Wege der Einzelrechtsnachfolge nach den allgemeinen handelsrechtlichen Rechnungslegungsvorschriften[46] und bei Umwandlungen i. S. d. Umwandlungsgesetzes nach den dort geregelten speziellen Umwandlungsvorschriften.

---

44 Ausführliche Darstellung: *Hörtnagl* in Schmitt/Hörtnagl/Stratz, UmwG – UmwStG, 7. Aufl., München 2016, Einf. UmwG Rz. 1-34.

45 *Hörtnagl* in Schmitt/Hörtnagl/Stratz, UmwG – UmwStG, 7. Aufl., München 2016, § 24 UmwG Rz. 10 ff. m. w. N.

46 *ADS*, Rechnungslegung und Prüfung der Unternehmen, 6. Aufl., Stuttgart 1995, § 255 HGB Rz. 89 ff.; *Schubert/Gadek* in Beck'scher Bilanz-Kommentar, 10. Aufl., München 2016, § 255 Rz. 40, 142, 144, 146.

3.2 Übertragung durch Einzelrechtsnachfolge

Die Bilanzierung und Bewertung der Übertragung durch Einzelrechtsnachfolge im Rahmen von gesellschaftsrechtlichen Vorgängen der Sachgründung oder Sachkapitalerhöhung richtet sich handelsrechtlich nach h. M. nach Tauschgrundsätzen. Es besteht sowohl für die Überträgerin als auch für die Übernehmerin grundsätzlich ein Wahlrecht, die übertragenen Vermögensgegenstände mit Zeitwerten oder mit dem Buchwert anzusetzen, wobei Überträgerin und Übernehmerin ihr Wahlrecht jeweils unabhängig voneinander ausüben können.[47] Der Ansatz von Zwischenwerten ist nach h. M. nicht zulässig.[48] Die Erstellung einer Übertragungsbilanz ist bei der Übertragung von Vermögen im Wege der Einzelrechtsnachfolge nicht erforderlich.

1851

3.3 Umwandlung nach dem Umwandlungsgesetz

Für die Fälle der Umwandlung nach dem Umwandlungsgesetz sind die in den §§ 17 und 24 UmwG für den übertragenden sowie den übernehmenden Rechtsträger geregelten besonderen Bilanzierungs- und Bewertungsvorschriften maßgeblich.

1852

3.3.1 Bilanzen anlässlich der Umwandlung

Der **übertragende Rechtsträger** hat in allen Fällen der übertragenden Umwandlung nach dem Umwandlungsgesetz grundsätzlich in Bezug auf das zu übertragende Vermögen eine Übertragungsbilanz aufzustellen. Bei der Verschmelzung muss der übertragende Rechtsträger nach § 17 Abs. 2 UmwG eine Schlussbilanz aufstellen, die das gesamte Vermögen des mit der Verschmelzung aufgelösten Rechtsträgers umfasst.[49] Bei Spaltungsvorgängen hat nach § 125 i. V. m. § 17 Abs. 2 Satz 2 UmwG der übertragende Rechtsträger eine Spaltungsschlussbilanz zu erstellen.[50] Diese betrifft in jedem Falle das im Rahmen des Spaltungsvorgangs auf einen anderen Rechtsträger übergehende Vermögen[51] (sog. Teilschlussbilanz). Eine Gesamtbilanz auf den Umwandlungsstichtag auch für das verbleibende Vermögen ist gemäß dem IdW[52] bei allen drei Spaltungsarten nicht erforderlich. Nach a. A.[53] genügt eine Teilschlussbilanz nur im Falle der Ausgliederung.[54]

1853

---

47 IDW RS HFA 10 Rz. 9, FN-IDW 1/2012, S. 24, *Schubert/Gadek*, Beck'scher Bilanz-Kommentar, 10. Aufl., München 2016, § 255 Rz. 146.
48 IDW RS HFA 10 Rz. 9, FN-IDW 1/2012, S. 24; *Schubert/Gadek*, Beck'scher Bilanz-Kommentar, 10. Aufl., München 2016, § 255 Rz. 146.
49 *Deubert/Henckel* in Winkeljohann/Förschle/Deubert, Sonderbilanzen – Von der Gründungsbilanz bis zur Liquidationsbilanz, 5. Aufl., München 2016, Teil H, Rz. 77.
50 *Klingberg* in Winkeljohann/Förschle/Deubert, Sonderbilanzen – Von der Gründungsbilanz bis zur Liquidationsbilanz, 5. Aufl., München 2016, Teil I, Rz. 100.
51 *Klingberg* in Winkeljohann/Förschle/Deubert, Sonderbilanzen – Von der Gründungsbilanz bis zur Liquidationsbilanz, 5. Aufl., München 2016, Teil I, Rz. 300, mit Hinweisen auch zur Bilanzierungspflicht hinsichtlich des verbleibenden Vermögens bei den verschiedenen Spaltungsvorgängen.
52 IDW RS HFA 43 Rz. 7-9, FN-IDW 12/2012, S. 714 ff.
53 *Schmidt/Heinz*, DB 2008 S. 2696, nach denen eine Teilschlussbilanz bei der Ausgliederung genügt.
54 Praktisch bedeutsam ist das bei Umwandlungen auf einen vom Jahresabschlussstichtag abweichenden Umwandlungsstichtag. Es empfiehlt sich eine Abstimmung mit dem Registergericht.

1854 Für den **übernehmenden Rechtsträger** stellt die Übertragung grundsätzlich einen laufenden Geschäftsvorfall dar. Eine Verpflichtung zur Aufstellung einer Übernahmebilanz besteht grundsätzlich nicht. Etwas anderes gilt u. a. bei Umwandlungen zur Neugründung. In diesem Fall stellt die Übernahmebilanz die Eröffnungsbilanz dar.[55]

3.3.2 Stichtag der handelsrechtlichen Übertragungsbilanz

1855 Die Übertragungsbilanz nach § 17 Abs. 2 UmwG ist auf den Tag aufzustellen, der dem handelsrechtlichen Übertragungsstichtag vorangeht. Der handelsrechtliche Übertragungsstichtag ist der Stichtag, ab dem der übertragende Rechtsträger die Geschäfte für den übernehmenden Rechtsträger führt und ist grundsätzlich frei wählbar. Die Übertragungsbilanz ist gem. § 17 Abs. 2 Satz 4 UmwG auf einen Stichtag aufzustellen, der nicht mehr als 8 Monate vor dem Tag der Anmeldung der Eintragung zum Handelsregister liegt. Insoweit ist eine „Rückbeziehung" der Umwandlung von bis zu 8 Monaten möglich. Zivilrechtlich besteht der übertragende Rechtsträger bei Verschmelzung und bei Aufspaltung bis zur Eintragung in das zuständige Register fort.[56] Bei Abspaltung oder Ausgliederung ist er bis zur Eintragung ins Handelsregister Eigentümer des übertragenen Vermögens. Handelsrechtlich ist für die Zuordnung der Vermögensgegenstände und Schulden auf das wirtschaftliche Eigentum abzustellen.[57]

3.3.3 Ansatz und Bewertung in der handelsrechtlichen Übertragungsbilanz

1856 Der Ansatz und die Bewertung von Vermögensgegenständen und Schulden in der Übertragungsbilanz haben gem. § 125 i. V. m. § 17 Abs. 2 UmwG grundsätzlich nach denselben Grundsätzen zu erfolgen wie in der Jahresbilanz. Die Übertragungsbilanz kann bei der Verschmelzung identisch sein mit der Jahresbilanz, die in diesem Fall zugleich die Schlussbilanz darstellt.[58]

3.3.4 Ansatz und Bewertung bei der Übernehmerin: Wahlrecht gem. § 24 UmwG zwischen Zeitwerten und Buchwerten

1857 Die Übertragung von Vermögen stellt aus der Sicht des übernehmenden Rechtsträgers grundsätzlich einen Anschaffungsvorgang dar.[59] Der übernehmende Rechtsträger hat das erworbene Vermögen entsprechend gem. § 253 Abs. 1 Satz 1 HGB mit den Anschaffungskosten zu bewerten. Es besteht gem. § 24 UmwG ein **Wahlrecht**, abweichend von den Zeitwerten als Anschaffungskosten die in der Schlussbilanz des übertragenden Rechtsträgers ausgewiesenen Buchwerte anzusetzen. Im Ergebnis räumt die Vorschrift insoweit sowohl ein Bewertungs- als auch ein Ansatzwahlrecht ein.[60]

---

[55] *Hörtnagl* in Schmitt/Hörtnagl/Stratz, UmwG – UmwStG, 7. Aufl., München 2016, § 24 UmwG Rz. 4, 7.
[56] *Stratz* in Schmitt/Hörtnagl/Stratz, UmwG – UmwStG, 7. Aufl., München 2016, § 20 UmwG Rz. 7.
[57] Vgl. dazu im Einzelnen IDW RS HFA 42 unter 3.1, FN-IDW 12/2012 S. 701 ff.
[58] *Hörtnagl* in Schmitt/Hörtnagl/Stratz, UmwG – UmwStG, 7. Aufl., München 2016, § 17 UmwG Rz. 34.
[59] *Hörtnagl* in Schmitt/Hörtnagl/Stratz, UmwG – UmwStG, 7. Aufl., München 2016, § 24 UmwG Rz. 10 ff.; a. A. *Widmann* in Widmann/Mayer, Umwandlungsrecht, München, 35. Lfg., § 24 UmwG Rz. 290.
[60] *Hörtnagl* in Schmitt/Hörtnagl/Stratz, UmwG – UmwStG, 7. Aufl., München 2016, § 24 UmwG Rz. 19.

Im Fall des **Zeitwertansatzes** gelten die allgemeinen Bilanzierungs- und Bewertungsvorschriften. Alle Aktiva und Passiva sind bei der Übernehmerin als angeschafft zu behandeln und im Anschaffungszeitpunkt mit den Zeitwerten zu bewerten. Ein bei der Überträgerin gem. § 255 Abs. 4 HGB bilanzierter Geschäftswert kann von der Übernehmerin nicht übernommen werden. Vielmehr besteht bei der Übernehmerin ein eigenes Aktivierungswahlrecht für einen eigenen Geschäftswert, soweit nach Ansatz aller Vermögensgegenstände und Schulden ein darüber hinausgehender Wert des übernommenen Vermögens besteht.[61]

1858

Im Falle des **Buchwertansatzes** ist der übernehmende Rechtsträger an den Ansatz und die Bewertung der übernommenen Vermögensgegenstände und Schulden in der Bilanz des übertragenden Rechtsträgers gebunden. Das bedeutet u. a., dass ein von der Überträgerin gem. § 255 Abs. 4 HGB bilanzierter Geschäftswert von der Übernehmerin fortzuführen ist und ein originärer Geschäftswert der Überträgerin wie auch selbst erstellte immaterielle Vermögensgegenstände von dieser von der Übernehmerin nicht angesetzt werden können.[62]

1859

Ein **Zwischenwertansatz** für die übernommenen Vermögensgegenstände und Schulden seitens des übernehmenden Rechtsträgers ist nach h. M. nicht möglich.[63]

1860

Die **Ausübung des Wahlrechts** erfolgt durch den übernehmenden Rechtsträger im ersten dem Vermögensübergang folgenden Jahresabschluss. Das Wahlrecht kann nur einheitlich für das gesamte übernommene Vermögen ausgeübt werden. Eine Buchwertübernahme nur für ausgewählte Vermögensgegenstände ist nicht möglich.[64]

1861

3.3.5 Keine Rechtsnachfolge oder Wertverknüpfung

Die Buchwertübernahme gem. § 24 UmwG bewirkt nach h. M. **keine Rechtsnachfolge** in die Bilanzpositionen der Überträgerin. Vielmehr gelten auch die übernommenen Buchwerte als eigene Anschaffungskosten der Übernehmerin. Die historischen Anschaffungskosten der Überträgerin sind damit, z. B. für Fragen der Wertaufholung, nicht relevant.[65]

1862

Es besteht auch insoweit **keine Wertverknüpfung**, als die Ausübung des Wahlrechts beim übernehmenden Rechtsträger nach h. M. keine Auswirkung auf den Wertansatz in der Schlussbilanz des übertragenden Rechtsträgers hat.[66]

1863

---

61 *Hörtnagl* in Schmitt/Hörtnagl/Stratz, UmwG – UmwStG, 7. Aufl., München 2016, § 24 UmwG Rz. 26 m. w. N.
62 *Hörtnagl* in Schmitt/Hörtnagl/Stratz, UmwG – UmwStG, 7. Aufl., München 2016, § 24 UmwG Rz. 65 ff. m. w. N.
63 IDW RS HFA 42 Rz. 34, FN-IDW 12/2012 S. 701 ff.; *Hörtnagl* in Schmitt/Hörtnagl/Stratz, UmwG – UmwStG, 7. Aufl., München 2016, § 24 UmwG Rz. 18.; a. A. *Widmann* in Widmann/Mayer, Umwandlungsrecht, München, 35. Lfg., § 24 UmwG Rz. 291.
64 *Hörtnagl* in Schmitt/Hörtnagl/Stratz, UmwG – UmwStG, 7. Aufl., München 2016, § 24 UmwG Rz. 85 ff. m. w. N.
65 *Hörtnagl* in Schmitt/Hörtnagl/Stratz, UmwG – UmwStG, 7. Aufl., München 2016, § 24 UmwG Rz. 63 m. w. N.; *Widmann* in Widmann/Mayer, Umwandlungsrecht, München, 35. Lfg., § 24 UmwG Rz. 357 f.; *Schubert/Gadek*, Beck'scher Bilanz-Kommentar, 11. Aufl., München 2018, § 255 Rz. 44, 146; a. A. *Schlösser* in Sagasser/Bula/Brünger, Umwandlungen, 5. Aufl., München 2017, § 10 Rz. 225 ff.
66 Keine sog. diagonale Maßgeblichkeit: *Widmann* in Widmann/Mayer, Umwandlungsrecht, München, 38. Lfg., § 24 UmwG Rz. 151 m. w. N.

3.4 Latente Steuern aus Abweichungen zwischen Handels- und Steuerbilanz nach BilMoG

1864 Viele Umwandlungsvorgänge werden in der Praxis dazu genutzt, die Eigenkapitalsituation der Unternehmen durch Aufdeckung von stillen Reserven in den Handelsbilanzen der beteiligten Unternehmen zu verbessern.[67] Steuerlich wird auf eine Aufdeckung von stillen Reserven hingegen i. d. R. verzichtet und ein Ansatz unter Fortführung der Buchwerte gewählt.[68]

1865 Grundsätzlich ist bei Abweichungen zwischen Handelsbilanz und Steuerbilanz die Bilanzierung von latenten Steuern gem. § 274 HGB zu prüfen.[69] Dabei ist das temporary concept zugrunde zu legen.

1866 Sofern bei Umwandlungsvorgängen handelsrechtlich eine Aufdeckung von stillen Reserven erfolgt, während steuerrechtlich die Buchwerte fortgeführt werden, ist in vielen Fällen **passivisch eine Steuerabgrenzung** vorzunehmen.[70]

1867 Eine **aktivische Steuerabgrenzung** kommt in Betracht bei der Übertragung von abnutzbaren Einzelwirtschaftsgütern im Rahmen von gesellschaftsrechtlichen Vorgängen wie z. B. der Sacheinlage, wenn von dem handelsrechtlichen Wahlrecht, solche Tauschvorgänge erfolgsneutral behandeln zu können, Gebrauch gemacht wird, während steuerrechtlich grundsätzlich gem. § 6 Abs. 6 EStG eine Gewinnrealisierung erfolgen muss.[71]

4. Bilanzierungs- und Bewertungsgrundsätze bei übertragenden Umwandlungen nach Steuerrecht

4.1 Grundsatz: Übertragung zum gemeinen Wert

1868 Der übertragende Rechtsträger realisiert mit der Übertragung von Vermögen einen Veräußerungsvorgang, während der übernehmende Rechtsträger korrespondierend einen Anschaffungsvorgang zu erfassen hat. Verbunden mit der Gewährung von Gesellschaftsrechten ist von einem Tausch- bzw. tauschähnlichen Geschäft auszugehen.[72] Das gilt sowohl für Umwandlungen im Wege der Einzelrechtsnachfolge als auch für Umwandlungen nach dem Umwandlungsgesetz.[73]

1869 Die steuerbilanzielle Behandlung richtet sich nach allgemeinen ertragsteuerlichen Grundsätzen sowohl für Umwandlungen im Wege der Einzelrechtsnachfolge als auch für Umwandlungen nach dem Umwandlungsgesetz. Soweit die Anwendungsvorausset-

---

67 Vgl. die Ausführungen zu den unterschiedlichen Möglichkeiten von handelsrechtlichen Wahlrechten auf Ebene des übertragenden und übernehmenden Unternehmens in Kap. 2.2 und 2.3.4, zu latenten Steuern allgemein Kap. XVI.
68 Wegfall Maßgeblichkeit der Handels- für die Steuerbilanz nach SEStEG und Wegfall umgekehrte Maßgeblichkeit nach BilMoG sowie eigene Bewertungsregeln des EStG, z. B. § 6 Abs. 5 und 6 EStG.
69 Vgl. allgemein zu latenten Steuern, Kap. XVI.
70 *Grottel/Larenz*, Beck'scher Bilanz-Kommentar, 10. Aufl., München 2016, § 274 Rz. 11.
71 *Grottel/Larenz*, Beck'scher Bilanz-Kommentar, 10. Aufl., München 2016, § 274 Rz. 31.
72 Siehe hierzu oben Rz. 816, 838.
73 BMF, Schreiben v. 11.11.2011 – IV C 2 – S 1978-b/08/10001, BStBl 2011 I S. 1314 Rz. 00.02; BFH, Urteile v. 15.10.1997 – I R 22/96, BStBl 1998 II S. 168; v. 16.5.2002 – III R 45/98, BStBl 2003 II S. 10; v. 17. 9. 2003 – I R 97/02, BStBl 2004 II S. 686; differenzierter, insbesondere für Umwandlungen nach dem UmwG, bei denen keine Gesellschaftsrechte gewährt werden: *Hageböke*, Ubg 2011 S. 689; *Rödder*, Ubg 2011 S. 753.

zungen des Umwandlungssteuergesetzes erfüllt sind, gehen diese speziellen Regelungen den allgemeinen ertragsteuerlichen Regelungen vor.[74]

1870 Nach allgemeinen ertragsteuerlichen Grundsätzen ist der Tausch gem. § 6 Abs. 6 Satz 1 EStG mit dem gemeinen Wert zu bewerten.[75]

1871 Das Umwandlungssteuergesetz sieht zwar auch als Regelbewertung den gemeinen Wert vor, eröffnet aber bei Vorliegen bestimmter Voraussetzungen ein Wahlrecht, anstelle des gemeinen Werts den Buchwert oder einen Zwischenwert anzusetzen.

1872 Daneben bestehen einkommensteuerrechtliche Sonderregelungen für die Besteuerung der Übertragung von Vermögen, insbesondere für die Übertragung von Einzelwirtschaftsgütern unter Beteiligung von Personengesellschaften, die unter den dort genannten Voraussetzungen eine von den obigen ertragsteuerlichen Bewertungsgrundsätzen abweichende Bewertung vorsehen.[76]

4.2 Umwandlung nach dem Umwandlungssteuergesetz

4.2.1 Grundlagen

1873 Das Umwandlungssteuergesetz, dessen letzte grundlegende Reform mit dem SEStEG[77] erfolgte, sieht als Regelbewertung grundsätzlich den gemeinen Wert und damit die Aufdeckung und die Versteuerung von stillen Reserven vor. Abweichend davon kann unter bestimmten Voraussetzungen eine Umwandlung ohne die Aufdeckung und Versteuerung von stillen Reserven erfolgen. Das Umwandlungssteuergesetz regelt hierzu einen abschließenden Katalog von Fällen, in denen die Umwandlung ohne die Aufdeckung von stillen Reserven möglich ist. Zielsetzung des Umwandlungssteuergesetzes ist insoweit die Erleichterung von Umwandlungsvorgängen.[78]

1874 Die Vermeidung der Besteuerung stiller Reserven wird nach dem Grundprinzip des Umwandlungssteuergesetzes grundsätzlich dadurch ermöglicht, dass der übertragende Rechtsträger die zu übertragenden Wirtschaftsgüter unter bestimmten Voraussetzungen in seiner steuerlichen Schlussbilanz zu Buchwerten bewerten und der übernehmende Rechtsträger diese Werte in seiner Steuerbilanz fortführen kann (sog. Wertverknüpfung).[79] Die stillen Reserven gehen damit, in Abweichung vom Prinzip der Individualbesteuerung, nach dem jedes Steuersubjekt seine stillen Reserven selbst zu versteuern hat, von einem Steuersubjekt auf das andere über, bleiben aber weiterhin grundsätzlich steuerverhaftet.[80]

---

74 *Kulosa* in Schmidt, EStG, 37. Aufl., München 2018, § 6 EStG Rz. 733; *Patt* in Dötsch/Pung/Möhlenbrock, Die Körperschaftsteuer, 83. Lfg., § 20 UmwStG (SEStEG) Rz. 245; *Hörtnagl* in Schmitt/Hörtnagl/Stratz, UmwG – UmwStG, 7. Aufl., München 2016, § 1 UmwStG Rz. 10 f.
75 *Kulosa* in Schmidt, EStG, 37. Aufl., München 2018, § 6 EStG Rz. 731-736.
76 Vgl. Rz. 1989 ff.
77 Gesetz über steuerliche Begleitmaßnahmen zur Einführung der Europäischen Gesellschaft und zur Änderung weiterer steuerrechtlicher Vorschriften, BGBl 2006 I S. 2782.
78 Zu den Grundlagen des UmwStG insgesamt: *Rödder* in Rödder/Herlinghaus/van Lishaut, UmwStG, 2. Aufl., Köln 2013, Einf. Rz. 1 bis 136; *Hörtnagl* in Schmitt/Hörtnagl/Stratz, UmwG – UmwStG, 7. Aufl., München 2016, Einf. UmwStG D Rz. 1-31.
79 *Hörtnagl* in Schmitt/Hörtnagl/Stratz, UmwG – UmwStG, 7. Aufl., München 2016, Einf. UmwStG D Rz. 24.
80 *Hennrichs* in Tipke/Lang, Steuerrecht, 23. Aufl. 2018, § 9 Rz. 430 ff. m. w. N.

4.2.2 Übersicht über die Umwandlungsmöglichkeiten

1875 Der Katalog der nach dem UmwStG begünstigungsfähigen Umwandlungen greift zum einen die Umwandlungsformen des UmwG auf. Daneben sind bestimmte Übertragungen von Vermögen auf eine Kapital- oder Personengesellschaft im Wege der Einzelrechtsnachfolge im Rahmen einer Sachgründung oder einer Sachkapitalerhöhung begünstigungsfähig.[81]

1876 Die Struktur des Umwandlungssteuerrechts ist geprägt zum einen durch die verschiedenen Umwandlungsformen gemäß Zivilrecht, zum anderen durch das Erfordernis der Berücksichtigung der unterschiedlichen Besteuerungsregime von Körperschaften einerseits und Personengesellschaften bzw. natürlichen Personen andererseits, was zu vier Hauptgruppen von Umwandlungsvorgängen führt:

- ▶ Umwandlung von Kapitalgesellschaft in bzw. auf Personengesellschaft (2. bzw. 4. Teil UmwStG)
- ▶ Umwandlung von Kapitalgesellschaft in bzw. auf Kapitalgesellschaft (3. bzw. 4. Teil UmwStG)
- ▶ Einbringung von Vermögen in eine Kapitalgesellschaft (6. bzw. 8. Teil UmwStG)
- ▶ Einbringung von Vermögen in eine Personengesellschaft (7. Teil UmwStG)

1877 Die nachfolgende Tabelle gibt ausgehend von der Gliederung des Umwandlungssteuergesetzes einen Überblick über die wichtigsten vom Umwandlungssteuergesetz erfassten Umwandlungsfälle, ergänzt um ausgewählte Angaben zu den einzelnen Umwandlungsvorgängen:

---

81 *Möhlenbrock* in Dötsch/Jost/Pung/Witt, Die Körperschaftsteuer, 85. Lfg., UmwStG Einf. (SEStEG) Rz. 121-130.

TAB. 2: Wichtige Umwandlungsmöglichkeiten nach dem Umwandlungssteuergesetz					
Umwandlung von	auf	Übertragungsvorgang	§§	Steuerl. Rückbeziehung	Übergehendes Vermögen[1]
2. Teil bzw. 4. Teil UmwStG					
KapG	PersG	Verschmelzung[2]	3-10	ja[3]	B
		Formwechsel	9		B
		Auf- / Abspaltung	16		B / T / M, 100 %-Bet.
3. Teil bzw. 4. Teil UmwStG					
KapG	KapG	Verschmelzung	11-13	ja[3]	B
		Auf- / Abspaltung	15		B / T / M, 100 %-Bet.
6. Teil bzw. 8. Teil UmwStG					
PersG auch GmbH, AG, nat. Person	KapG	Verschmelzung	20 ff.	ja[4]	B
		Formwechsel	25	ja[4]	B
		Auf- / Abspaltung	20 ff.	ja[4]	B / T / M
		Ausgliederung[5]	20 ff.	ja[4]	B / T / M
		„Anteilstausch"[6]	21 ff.	nein	mehrheitsvermittelnde Beteiligung
		Einbringung	20 ff.	ja[7]	B / T / M
7. Teil UmwStG					
PersG auch GmbH, AG, nat. Person	PersG	Verschmelzung	24	ja[4]	B
		Auf- / Abspaltung	24	ja[4]	B / T / M, 100 %-Bet.[8]
		Ausgliederung[5]	24	ja[4]	B / T / M, 100 %-Bet.[8]
		Einbringung	24	nein	B / T / M, 100 %-Bet.[8]

[1] B = Betrieb, T = Teilbetrieb, M = Mitunternehmeranteil, 100 %-Bet. = 100 %-Beteiligung an Kapitalgesellschaft
[2] auch natürliche Person als Alleingesellschafter
[3] zwingend: Stichtag der handelsrechtlichen Übertragungsbilanz
[4] Wahlrecht: auf Antrag Stichtag der handelsrechtlichen Übertragungsbilanz
[5] natürliche Person beschränkt auf e. K.
[6] grundsätzlich alle Formen der Übertragung
[7] Wahlrecht: beliebiger Zeitpunkt im achtmonatigen Rückwirkungszeitraum
[8] BMF, Schreiben vom 11.11.2011 – IV C 2 – S 1978-b/08/10001, BStBl 2011 I S. 1314 Rn. 24.02 in Bezug auf 100 %-Beteiligung an einer Kapitalgesellschaft im Betriebsvermögen.

4.2.3 Grundlegende Anwendungsvoraussetzungen und Prinzipien

1878 Die Anwendung der Regelungen des Umwandlungssteuergesetzes ist an das Vorliegen persönlicher und sachlicher Voraussetzungen in Abhängigkeit vom jeweiligen Umwandlungsvorgang gebunden. Zu den grundlegenden Voraussetzungen gehören regelmäßig folgende:[82]

- ▶ Der Übertragungsgegenstand muss, in Abhängigkeit vom einzelnen Umwandlungsvorgang, das ganze Unternehmen des übertragenden Rechtsträgers oder ein Betrieb, ein Teilbetrieb, ein Mitunternehmeranteil, ein Teil eines Mitunternehmeranteils, eine 100 %-Beteiligung an einer Kapitalgesellschaft oder eine mehrheitsvermittelnde Beteiligung sein. Die Begünstigungen des Umwandlungssteuergesetzes knüpfen damit regelmäßig an den Grundgedanken der Möglichkeit der Fortführung eines unternehmerischen Engagements durch den Übernehmer an. Die Übertragung einzelner Wirtschaftsgüter ist vom Umwandlungssteuergesetz grundsätzlich nicht begünstigt. Einzelheiten sind der Tabelle 2 zu entnehmen.

- ▶ Die Umwandlung darf grundsätzlich nicht die weitere nichtbeschränkte Besteuerung von stillen Reserven in Deutschland einschränken.

- ▶ Die Umwandlung hat grundsätzlich gegen Gewährung von Gesellschaftsrechten zu erfolgen. Lediglich bei den Umwandlungen des 2. bis 4. Teils ist eine Übertragung ohne jede Gegenleistung zugelassen.

- ▶ Eine neben den Gesellschaftsrechten gewährte andere Gegenleistung steht bei Umwandlungen des 2. bis 4. Teils der Buchwertfortführung entgegen. Bei Umwandlungen des 6. bzw. 8. Teils ist eine Buchwertfortführung hingegen auch bei Gewährung einer anderen Gegenleistung möglich, wenn die im Gesetz genannten Wertgrenzen nicht überschritten werden.[83]

1879 Das Umwandlungssteuergesetz basiert neben dem Grundprinzip der Wertverknüpfung auf dem Rechtsinstitut der **steuerlichen Rechtsnachfolge** sowie der **steuerlichen Rückbeziehung**.[84] Beide Prinzipien haben in den einzelnen Umwandlungsvorgängen zum Teil jeweils unterschiedliche Ausprägungen.

4.2.4 Grundkonzeption der einzelnen Umwandlungsvorgänge

4.2.4.1 Umwandlung von Kapital- in bzw. auf Personengesellschaften

1880 Die Umwandlung einer Kapital- in bzw. auf eine Personengesellschaft (bzw. auf eine natürliche Person) ist in §§ 3 ff. UmwStG geregelt.

1881 Die **übertragende Kapitalgesellschaft** hat in ihrer steuerlichen Schlussbilanz gem. § 3 Abs. 1 UmwStG grundsätzlich die gemeinen Werte[85] der übergehenden Wirtschaftsgüter anzusetzen. Bei Vorliegen der Voraussetzungen gem. § 3 Abs. 2 UmwStG kann auf Antrag der Buchwert oder ein Zwischenwert angesetzt werden.

---

[82] Rödder in Rödder/Herlinghaus/van Lishaut, UmwStG, 2. Aufl., Köln 2013, Einf. Rz. 50.
[83] Vgl. ausführlich zur Thematik der sonstigen Gegenleistung in Bezug auf die Einbringung von Mitunternehmeranteilen: *Schaaf/Hannweber*, DStZ 2016, S. 155.
[84] Siehe hierzu unten Rz. 1924 und 1939.
[85] Für die Bewertung von Pensionsrückstellungen gilt § 6a EStG.

Die **übernehmende Personengesellschaft** führt die Buchwerte aus der Schlussbilanz fort (§ 4 Abs. 1 Satz 1 UmwStG) und tritt grundsätzlich in die steuerliche Rechtsstellung der Überträgerin ein (§ 4 Abs. 2 UmwStG).

Den **Gesellschaftern** der umgewandelten Kapitalgesellschaft werden als Folge der Umwandlung gem. § 7 UmwStG in Höhe des auf sie entfallenden ausschüttbaren Gewinns der Kapitalgesellschaft Einkünfte aus Kapitalvermögen zugewiesen („**fiktive Ausschüttung**"). Die Beträge werden Bestandteil des steuerlichen Eigenkapitals der Personengesellschaft.

Darüber hinaus ist infolge des Vermögensübergangs das sog. **Übernahmeergebnis** in Höhe des Unterschiedsbetrags zwischen dem Wert, mit dem die übergegangenen Wirtschaftsgüter bei der Personengesellschaft zu übernehmen sind, abzüglich der Kosten für den Vermögensübergang und dem Wert der Anteile an der übertragenden Körperschaft zu ermitteln. Das Übernahmeergebnis wird dabei gem. § 4 Abs. 5 Satz 2 UmwStG um den separat besteuerten Dividendenteil gekürzt.

Übersteigt der Anteilsbuchwert den (anteiligen) Buchwert des übernommenen Betriebsvermögens (abzüglich des separat besteuerten Dividendenteils), ergibt sich ein **Übernahmeverlust**. Dieser ist nach § 4 Abs. 6 UmwStG grundsätzlich steuerlich ohne Relevanz. Insoweit werden die ursprünglichen steuerlichen Anschaffungskosten des Gesellschafters der umgewandelten Kapitalgesellschaft durch die Umwandlung vernichtet.[86] Bei Einkommensteuerpflichtigen sowie in den Fällen des § 8b Abs. 7 und § 8 KStG ist ein Übernahmeverlust bis zur Höhe der Bezüge i. S. d. § 7 UmwStG abziehbar.[87]

Im steuerlichen Sinne **nicht wesentlich beteiligte Gesellschafter** der Kapitalgesellschaft nehmen an der Übernahmeergebnisermittlung nicht teil.[88] Sie treten mit dem Buchwert des übernommenen Betriebsvermögens der Personengesellschaft in die steuerliche Mitunternehmerstellung ein.[89]

4.2.4.2 Umwandlung von Kapital- in bzw. auf Kapitalgesellschaften

Die Umwandlung von Kapital- in bzw. auf Kapitalgesellschaften ist in §§ 11 ff. UmwStG geregelt.

Die **übertragende Kapitalgesellschaft** setzt in ihrer steuerlichen Schlussbilanz gem. § 11 Abs. 1 UmwStG grundsätzlich die gemeinen Werte der übergehenden Wirtschaftsgüter an.[90] Sie kann auf Antrag bei Vorliegen der Voraussetzungen gem. § 11 Abs. 2 UmwStG einheitlich die Buchwerte beibehalten bzw. einen Zwischenwert ansetzen.[91]

---

86 Die Anordnung der Irrelevanz von Übernahmeverlusten bei der Umwandlung einer Kapital- in bzw. auf eine Personengesellschaft ist Ausdruck einer rechtsträgerübergreifenden Sichtweise, vgl. *Rödder* in Rödder/Herlinghaus/van Lishaut, UmwStG, 2. Aufl., Köln 2013, Einf. Rz. 58.
87 Auch dies gilt allerdings nicht in den Fällen des § 17 Abs. 2 Satz 6 EStG und nicht, soweit Anteile an der umgewandelten Kapitalgesellschaft innerhalb der letzten fünf Jahre erworben wurden.
88 BMF, Schreiben v. 11.11.2011 – IV C 2 – S 1978-b/08/10001, BStBl 2011 I S. 1314 Rz. 04.18, 04.25.
89 *Rödder* in Rödder/Herlinghaus/van Lishaut, UmwStG, 2. Aufl., Köln 2013, Einf. Rz. 59.
90 Für die Bewertung von Pensionsrückstellungen gilt § 6a EStG.
91 Zur ausnahmsweise möglichen „erweiterten Wertaufholung" im Fall des Downstream-Merger vgl. § 11 Abs. 2 Satz 2 u. 3 UmwStG; vgl. *Rödder* in Rödder/Herlinghaus/van Lishaut, UmwStG, 2. Aufl., Köln 2013, Einf. Rz. 61.

1889 Die **übernehmende Kapitalgesellschaft** führt die Buchwerte gem. § 12 Abs. 1 UmwStG aus der Schlussbilanz fort und tritt gem. § 12 Abs. 3 UmwStG grundsätzlich in die steuerliche Rechtsstellung der Überträgerin ein. Wenn die Übernehmerin auch an der umgewandelten Kapitalgesellschaft beteiligt ist, ergibt sich bei ihr ein Übernahmegewinn oder -verlust in Höhe der Differenz zwischen dem Buchwert der untergehenden Anteile und dem Wert des übergehenden Vermögens abzgl. der Kosten des Vermögensübergangs. Nach § 12 Abs. 2 Satz 1 UmwStG bleibt ein Übernahmegewinn außer Ansatz. Gemäß § 12 Abs. 2 Satz 2 UmwStG ist § 8b KStG anzuwenden, soweit die übernehmende Körperschaft an der übertragenden Körperschaft beteiligt ist.[92]

1890 Für die **Gesellschafter** der übertragenden Kapitalgesellschaft führt die Umwandlung gem. § 13 Abs. 1 UmwStG grundsätzlich zu einem Anteilstausch zu gemeinen Werten. Gem. § 13 Abs. 2 UmwStG kann der Anteilstausch bei Vorliegen der dort geregelten Voraussetzungen auf Antrag zu Buchwerten bzw. Anschaffungskosten erfolgen. Ein Zwischenwertansatz ist auf Gesellschafterebene nicht möglich.

1891 Bei **Auf- und Abspaltungen gem. § 15 UmwStG** von einer Kapitalgesellschaft auf eine andere Kapitalgesellschaft bestehen u. a. folgende besondere Voraussetzungen und Einschränkungen des Bewertungswahlrechtes:

▶ Voraussetzung für das Bewertungswahlrecht gem. § 11 Abs. 2 UmwStG ist, dass nicht nur das übergehende Vermögen, sondern auch das nach der Abspaltung bei der übertragenden Kapitalgesellschaft verbleibende Vermögen ein Teilbetrieb, Mitunternehmeranteil oder eine 100 %-Beteiligung an einer Kapitalgesellschaft ist.[93]

▶ Das Bewertungswahlrecht gem. § 11 Abs. 2 UmwStG ist gem. § 15 Abs. 2 UmwStG nicht anwendbar, wenn

– Mitunternehmeranteile oder Beteiligungen innerhalb eines Zeitraums von 3 Jahren vor dem steuerlichen Übertragungsstichtag durch Erwerb von Wirtschaftsgütern, die kein Teilbetrieb sind, erworben oder aufgestockt wurden,

– durch die Spaltung die Veräußerung an außenstehende Personen vollzogen wird

– oder durch die Spaltung die Voraussetzungen für eine Veräußerung geschaffen werden, wovon auszugehen ist, wenn innerhalb von 5 Jahren nach dem steuerlichen Übertragungsstichtag Anteile an einer an der Spaltung beteiligten Körperschaft veräußert werden, die mehr als 20 % der vor Wirksamwerden der Spaltung bestehenden Anteile ausmachen.

4.2.4.3 Einbringungen in Kapitalgesellschaften

1892 Die **Einbringungen in Kapitalgesellschaften** sind in §§ 20 ff. UmwStG geregelt. Sie können als Einbringungen in inländische Kapitalgesellschaften im Wege der Einzelrechtsnachfolge oder als Umwandlung nach den Vorschriften des Umwandlungsgesetzes erfolgen. Dabei wird differenziert zwischen Sacheinlagen gem. § 20 UmwStG als der

---

92 *Rödder* in Rödder/Herlinghaus/van Lishaut, UmwStG, 2. Aufl., Köln 2013, Einf, Rz. 62, 64.
93 Vgl. BMF, Schreiben v. 11.11.2011 – IV C 2 – S 1978-b/08/10001, BStBl 2011 I S. 1314 Rz. 15.01 ff.; *Frotscher*, Umwandlungssteuererlass 2011, Freiburg, 2012, zu Rn. 15.04; *Schumacher* in Rödder/Herlinghaus/van Lishaut, UmwStG, 2. Aufl., Köln 2013, § 15 UmwStG Rz. 157.

Einbringung von Betrieben, Teilbetrieben und Mitunternehmeranteilen und dem Anteilstausch gem. § 21 UmwStG als Einbringung von Anteilen an Kapitalgesellschaften.

Die Sacheinlage wie auch der Anteilstausch sind gem. § 20 Abs. 2 Satz 1 bzw. § 21 Abs. 1 Satz 1 UmwStG grundsätzlich zum gemeinen Wert durchzuführen.[94] Soweit die Voraussetzungen dafür vorliegen, kann die Einbringung auf Antrag zum Buchwert oder einem Zwischenwert erfolgen. Der Wert, mit dem das eingebrachte Vermögen bei der Übernehmerin angesetzt wird, gilt für den **Einbringenden** als Veräußerungspreis und als Anschaffungskosten der gewährten Anteile.[95] Der Ansatz des eingebrachten Vermögens mit dem Buchwert vermeidet insoweit das Entstehen eines Einbringungsgewinns für den Einbringenden. Der Ansatz des eingebrachten Betriebsvermögens durch die übernehmende Kapitalgesellschaft zum Buch- bzw. Zwischenwert bewirkt gem. § 23 Abs. 1 und 3 UmwStG den Eintritt der Übernehmerin in die steuerliche Rechtsstellung des Einbringenden.

1893

Bei der Sacheinlage gem. § 20 UmwStG ist das Wahlrecht des Buchwert- oder Zwischenwertansatzes an zusätzliche besondere Voraussetzungen geknüpft. Gem. § 20 Abs. 2 Satz 2 Nr. 2 UmwStG darf der Buchwert des eingebrachten Betriebsvermögens zum steuerlichen Übertragungsstichtag nicht negativ sein. Im Fall eines **negativen steuerlichen Eigenkapitals** ist eine Aufstockung der Buchwerte bis zu einem Steuerbilanzwert von 0 € vorzunehmen.[96] Bei Einbringung eines Mitunternehmeranteils ist der Steuerbilanzwert einschl. Ergänzungsbilanzen und möglicher Sonderbilanzen aus miteingebrachtem Sonderbetriebsvermögen maßgeblich.

1894

Die Gewährung anderer neben den Gesellschaftsrechten gewährten Gegenleistungen (sog. sonstige Gegenleistung[97]) steht der Buchwertfortführung grundsätzlich nicht entgegen. Sofern im Rahmen der Einbringung sonstige Gegenleistungen gewährt werden, ist die steuerneutrale Buchwertfortführung nur noch möglich, soweit der gemeine Wert der sonstigen Gegenleistung nicht mehr beträgt als

1895

▶ 25 % des Buchwerts des eingebrachten Betriebsvermögens bzw. der eingebrachten Anteile, oder

▶ 500.000 €, höchstens jedoch den Buchwert des eingebrachten Betriebsvermögens bzw. der eingebrachten Anteile.[98]

Werden die im Gesetz genannten Grenzen überschritten, kommt es zu einer anteiligen Aufdeckung von stillen Reserven.[99] Die andere Gegenleistung mindert nach § 20 Abs. 3

---

[94] Dies betrifft das eingebrachte Betriebsvermögen; für die Bewertung von Pensionsrückstellungen gilt allerdings § 6a EStG.
[95] Umfasst das eingebrachte Betriebsvermögen auch einbringungsgeborene Anteile i. S. d. § 21 UmwStG a. F., gelten die erhaltenen Anteile insoweit auch als einbringungsgeborene Anteile i. S. d. § 21 UmwStG a. F. (§ 20 Abs. 3 Satz 4 UmwStG). Für nach altem Recht entstandene einbringungsgeborene Anteile gilt das alte Recht fort; §§ 27 Abs. 3 Nr. 3 UmwStG, 52 Abs. 4b EStG, 34 Abs. 7a KStG.
[96] Steuerlich kann zur Abbildung des Mindeststammkapitals ein Ausgleichsposten maximal in Höhe des Mindeststammkapitals gebildet werden; vgl. BMF, Schreiben v. 11.11.2011 – IV C 2 – S 1978-b/08/10001, BStBl. 2011 I S. 1314 Rz. 20.20.
[97] Vgl. dazu auch *Schaaf/Hannweber*, DStZ 2016, S. 155.
[98] Vgl. § 20 Abs. 2 S. 2 Nr. 4 i. V. m. S. 4 UmwStG; § 21 Abs. 1 S. 2 Nr. 2 i.V.m. S. 4 UmwStG.
[99] Zur genauen Funktionsweise der Neuregelung, auch mit Berechnungsbeispielen vgl. *Ott*, StuB 2015, S. 909.

Satz 3 UmwStG bzw. § 21 Abs. 2 Satz 6 UmwStG die Anschaffungskosten der Anteile beim übertragenden Rechtsträger.[100] Sofern die im Gesetz genannten Grenzen überschritten sind, ergeben sich auch Auswirkungen auf die Höhe der Aktivierung der Wirtschaftsgüter beim übernehmenden Rechtsträger (Step-Up) und auf die Anschaffungskosten der gewährten Anteile.[101]

1896 Durch die Umwandlung erhält der Einbringende anstelle des eingebrachten Vermögens nach § 8b KStG bzw. § 3 Nr. 40 EStG begünstigte Anteile. Soweit die Umwandlung zu einem Wert unterhalb des Verkehrswertes erfolgt, liegt eine sog. Statusverbesserung vor. Zur Verhinderung missbräuchlicher Gestaltungen sind daher die Sperrfristen des § 22 UmwStG zu beachten.

Die Sperrfristkonzeption des § 22 UmwStG ist eine typisierende, unwiderlegbare Missbrauchsvorschrift. Sie soll verhindern, dass der Steuerpflichtige bei einer Veräußerung der gewährten Anteile zeitnah (innerhalb von sieben Jahren) nach der Einbringung in vollem Umfang von den steuerlichen Erleichterungen gem. § 8b Abs. 2 KStG bzw. § 3 Nr. 40 i. V. m. § 3c Abs. 2 EStG profitiert, soweit diese Folge des Einbringungsvorgangs sind.[102]

1897 In den Fällen einer Sacheinlage i. S. d. § 20 Abs. 1 UmwStG unterhalb des gemeinen Wertes führt gem. § 22 Abs. 1 UmwStG eine **Veräußerung** der als Gegenleistung für die Sacheinlage unter dem gemeinen Wert erhaltenen Anteile oder die Realisierung eines **Ersatztatbestandes nach § 22 Abs. 1 Satz 6 UmwStG** innerhalb der siebenjährigen Sperrfrist zu einer rückwirkenden Besteuerung des sog. **Einbringungsgewinns I** beim Einbringenden. Der sog. **Einbringungsgewinn II** ist rückwirkend zu besteuern, sofern entsprechend § 22 Abs. 2 UmwStG im Rahmen einer Sacheinlage nach § 20 UmwStG mit eingebrachte Anteile an einer Kapitalgesellschaft oder im Rahmen eines Anteilstausches nach § 21 UmwStG eingebrachte Anteile an einer Kapitalgesellschaft innerhalb der siebenjährigen Sperrfrist veräußert werden und die Veräußerung nicht bereits beim Einbringenden nach § 8b Abs. 2 KStG begünstigt gewesen wäre.

1898 Der **Einbringungsgewinn I** entspricht der Differenz zwischen dem gemeinen Wert im Einbringungszeitpunkt und dem bei der Einbringung angesetzten Buch- oder Zwischenwert, vermindert um jeweils ein Siebtel für jedes seit dem Einbringungszeitpunkt abgelaufene Zeitjahr. Der Einbringungsgewinn I im Rahmen der ursprünglichen Sacheinlage stellt gem. § 22 Abs. 1 Satz 4 UmwStG nachträgliche Anschaffungskosten der erhaltenen Anteile dar.

1899 Bei der übernehmenden Kapitalgesellschaft ist gem. § 23 Abs. 2 Satz 1 und 2 UmwStG auf Antrag im Jahr der Veräußerung in Höhe des versteuerten Einbringungsgewinns ein „**Erhöhungsbetrag**" zu berücksichtigen.[103] Der Erhöhungsbetrag bewirkt eine wirtschaftsgutbezogene Buchwertaufstockung. Dies gilt jedoch nur, wenn das eingebrachte

---

100 Vgl. z. B. *Hruschka/Hellmann* in Haase/Hruschka, UmwStG, 2. Aufl. 2017, § 20 Rz. 190; *Lübbehüsen/Schütte* in Haase/Hruschka, UmwStG, 2. Aufl. 2017, § 21 Rz. 110 ff.
101 Vgl. dazu ausführlich mit Berechnungsbeispielen *Hruschka/Hellmann* in Haase/Hruschka, UmwStG, 2. Aufl. 2017, § 20 Rz. 147 ff.
102 *Schmitt* in Schmitt/Hörtnagl/Stratz, UmwG – UmwStG, 7. Aufl., München 2016, § 22 UmwStG Rz. 9.
103 Voraussetzung für die Berücksichtigung des Erhöhungsbetrages ist der Nachweis der Entrichtung der Steuer auf den Einbringungsgewinn.

Betriebsvermögen entweder noch zum Betriebsvermögen der Kapitalgesellschaft gehört oder zum gemeinen Wert übertragen wurde, d. h. nicht bei einer Weiterübertragung unter dem gemeinen Wert. Bei erfolgter Weiterübertragung zum gemeinen Wert ist der Erhöhungsbetrag als sofort abziehbarer Aufwand zu behandeln.[104]

BEISPIEL[105] Im Jahr 2015 bringt die Kapitalgesellschaft A einen Teilbetrieb im Wege der Sachgründung zu Buchwerten in die Kapitalgesellschaft B ein, der Buchwert beläuft sich auf 100 und der gemeine Wert auf 800, die stillen Reserven belaufen sich mithin auf 700. Im Jahr 2017 verkauft A sämtliche Anteile an B für 1.500. Es kommt zu einem steuerpflichtigen Einbringungsgewinn I i. H. v. 500 (700 ./. 2/7 * 700) und einem Anteilsveräußerungsgewinn i. H. v. 900 (1.500 ./. [100 + 500]), der zu 95 % freigestellt ist. Bei B erfolgt unter den genannten Voraussetzungen eine Buchwertaufstockung i. H. v. 500 oder auch (teilweise) ein Betriebsausgabenabzug.

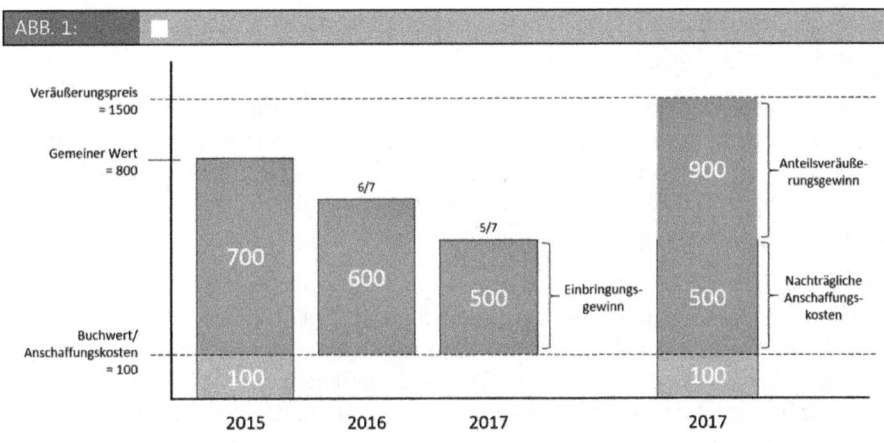

ABB. 1:

ABWANDLUNG[106] Der Anteilsveräußerungspreis im Jahr 2017 beträgt 10. Es kommt zur rückwirkenden Versteuerung eines steuerpflichtigen Einbringungsgewinn I von 500, einem nach § 8b Abs. 3 Satz 3 KStG nicht zu berücksichtigenden Anteilsveräußerungsverlust[107] von 590 sowie zu einer Buchwertaufstockung in B i. H. v. 500.

Die vorgenannten Grundsätze gelten entsprechend für den **Einbringungsgewinn II** gem. § 22 Abs. 2 UmwStG.

4.2.4.4 Einbringungen in Personengesellschaften

Einbringungen in **Personengesellschaften** sind in § 24 UmwStG geregelt und können im Wege der Einzelrechtsnachfolge oder als Umwandlung nach dem Umwandlungsgesetz erfolgen.

---

104 Vgl. *Rödder* in Rödder/Herlinghaus/van Lishaut, UmwStG, 2. Aufl., Köln 2013, Einf. Rz. 74.
105 Vgl. *Rödder/Schumacher*, DStR 2007, S. 369.
106 Vgl. *Rödder/Schumacher*, DStR 2007, S. 369.
107 Vgl. *Gosch*, in Gosch, 3. Aufl. 2015, KStG, § 8b Rz. 267.

1902 Einbringungen sind gem. § 24 Abs. 2 UmwStG grundsätzlich zum gemeinen Wert durchzuführen.[108] Auf Antrag ist auch ein Buch- bzw. Zwischenwertansatz möglich, sofern die Voraussetzungen dafür vorliegen.

Nach § 24 Abs. 3 Satz 1 UmwStG gilt der Wert, mit dem das eingebrachte Betriebsvermögen in der Bilanz der Personengesellschaft *„einschließlich der Ergänzungsbilanzen für ihre Gesellschafter"* angesetzt wird, für den Einbringenden als Veräußerungspreis. Die übernehmende Personengesellschaft bilanziert den Einbringungsvorgang

- ▶ in der Gesamthandsbilanz einschließlich der positiven bzw. negativen Ergänzungsbilanzen der Gesellschafter sowie
- ▶ in der Sonderbilanz des Einbringenden sofern Wirtschaftsgüter in das Sonderbetriebsvermögen eingebracht werden.[109]

Typischerweise wird die **Buchwertfortführung** über **Ergänzungsbilanzen** abgebildet. Diese verhindern das Überspringen von stillen Reserven zwischen den Mitunternehmern der übernehmenden Personengesellschaft.[110] Die Ergänzungsbilanzbildung kann nach einhelliger Auffassung[111] nach zwei Methoden erfolgen, der sog. Bruttomethode oder der sog. Nettomethode.

Bei der sog. **Bruttomethode** kommt es zu einer Aufdeckung der stillen Reserven in der steuerlichen Gesamthandsbilanz der Gesellschaft, d. h. die Kapitalkonten entsprechen den Verkehrswerten der eingebrachten Einbringungsgegenstände. Hierdurch spiegeln die Kapitalkonten die Beteiligungsverhältnisse zutreffend wider.[112] Für die Einbringenden erfolgt eine Abstockung der eingebrachten Wirtschaftsgüter über eine negative Ergänzungsbilanz.

Bei der sog. **Nettomethode** werden die Buchwerte des eingebrachten Betriebsvermögens in der steuerlichen Gesamthandsbilanz der Personengesellschaft fortgeführt. Die steuerliche Buchwertfortführung wird im Ergebnis durch die Kombination von positiven und negativen Ergänzungsbilanzen bei den Gesellschaftern der übernehmenden Personengesellschaft erreicht.[113]

Die in den Ergänzungsbilanzen abgebildeten Mehr- oder Minderwerte müssen in Zukunft fortgeführt werden. Die Abschreibung von Mehr- oder Minderwerten in einer Ergänzungsbilanz im Rahmen von Einbringungsvorgängen nach § 24 UmwStG erfolgt parallel zur Abschreibung in der Gesamthandsbilanz. Dadurch erfolgt eine gesellschafterbezogene Korrektur der dem einbringenden Gesellschafter hinsichtlich seiner höhe-

---

108 Für die Bewertung von Pensionsrückstellungen gilt § 6a EStG.
109 Vgl. *Schmitt/Keuthen*, DStR 2013, S. 1565.
110 Vgl. *Schmitt/Keuthen*, DStR 2013, S. 1565.
111 Vgl. *Tiede*, in Herrmann/Heuer/Raupach, EStG, Lfg. 256 März 2013, § 15 Anm. 509; BFH, Urteile v. 8.12.1994, IV R 82/92, BStBl 1995 II S. 599; v. 28.9.1995, IV R 57/94, BStBl 1996 II S. 68; v. 6.7.1999, VIII R 17/95, BFH/NV 2000 S. 34; v. 25.4.2006, VIII R 52/04, BStBl 2006 II S. 847; *Ley* KÖSDI 2001 S. 12982; BMF, Schreiben v. 11.11.2011, IV C 2 - S 1978 - b/08/10001, BStBl 2011 I, S. 1314, Rz. 24.14.
112 Vgl. *Schmitt/Keuthen*, DStR 2013 S. 1565.
113 Vgl. BMF, Schreiben v. 11.11.2011, IV C 2 - S. 1978 - b/08/10001, BStBl 2011 I S. 1314, Rz. 24.14; *Schmitt/Keuthen*, DStR 2013 S. 1565 m. w. N.

ren oder geringeren Anschaffungskosten gegenüber der Gesamthandsbilanz zuzuordnenden zu niedrigen oder zu hohen Abschreibung.[114]

Die **Übernehmerin** tritt bei Buchwertfortführung grundsätzlich gem. §§ 24 Abs. 4, 23 Abs. 1 und 3 UmwStG in die steuerliche Rechtsstellung des Einbringenden ein.

Bei Einbringung eines Mitunternehmeranteils (Untergesellschaft) in eine andere Mitunternehmerschaft (Obergesellschaft) nach § 24 UmwStG entsteht eine **doppelstöckige Personengesellschaft**. In diesem Fall ist eine Ergänzungsbilanz bei der Untergesellschaft für den mittelbar beteiligten Gesellschafter zu bilden.[115]

Alternativ kann im Rahmen der Einbringung zu Buchwerten, ähnlich wie bei der Realteilung, auch eine Kapitalkontenanpassung vorgenommen werden, was aber zur Folge hätte, dass stille Reserven von einem auf den anderen Mitunternehmer überspringen würden.[116] Dies ist steuerlich zulässig,[117] ohne die Buchwertfortführung in Frage zu stellen, in der Praxis jedoch in der Regel nicht erwünscht.

4.3 Ansatz und Bewertung nach dem Umwandlungssteuergesetz

4.3.1 Steuerbilanzen anlässlich der Umwandlung

Hinsichtlich der Pflichten zur Aufstellung einer Steuerbilanz ist zu unterscheiden zwischen dem übertragenden und dem übernehmenden Rechtsträger, wie auch zwischen den verschiedenen Umwandlungsvorgängen.

1903

Der **übertragende Rechtsträger** hat in den Fällen der Umwandlung des **zweiten bis vierten Teils** des UmwStG gem. §§ 3 Abs. 1, 11 Abs. 1, 15 Abs. 1, 16 UmwStG eine steuerliche Übertragungsbilanz aufzustellen. Diese dient der Schlussbesteuerung des übergehenden Vermögens beim übertragenden Rechtsträger. Im Falle der Verschmelzung bildet sie zugleich die Grundlage für die Schlussbesteuerung des übertragenden Rechtsträgers insgesamt.[118]

1904

In den Einbringungsfällen des **sechsten bis achten Teils** besteht dem Wortlaut des Gesetzes nach keine Pflicht zur Aufstellung einer Übertragungsbilanz. Das Bewertungswahlrecht wird in diesen Fällen durch den übernehmenden Rechtsträger ausgeübt. In der Praxis wird jedoch auch in diesen Fällen zumindest bei Einbringung von Betrieben oder Teilbetrieben für steuerliche Zwecke regelmäßig eine Übertragungsbilanz erstellt.

1905

---

114 Vgl. BFH, Urteil v. 28.9.1995 - IV R 57/94, BStBl 1996 II S. 68; BMF, Schreiben v. 19.12.2016 - IV C - S - 2241/15/10005, BStBl. I 2017 S. 34; *Prinz/Keller*, DB 2016, S. 1707.

115 Das Ergebnis dieser Ergänzungsbilanz geht in den Gewinn der Untergesellschaft ein, beeinflusst also auch den Gewerbeertrag der Untergesellschaft und wird zunächst der Obergesellschaft im Rahmen der für die Untergesellschaft einheitlich und gesonderten Gewinnfeststellung zugerechnet. Im Feststellungsbescheid für die Obergesellschaft wird das Ergebnis dieser Ergänzungsbilanz sodann jedoch dem mittelbar beteiligten Gesellschafter zugerechnet; vgl. *Rätke*, in Herrmann/Heuer/Raupach, EStG, Lfg. 256 März 2013, § 15 Anm. 637 m. w. N.

116 Vgl. *Schmitt*, in Schmitt/Hörtnagl/Stratz, UmwStG, 7. Aufl. 2016, § 24 Rz. 233 m.w.N.; *Tiede*, in Herrmann/Heuer/Raupach, EStG, Lfg. 256 März 2013, § 15 Anm. 509.

117 Wie sich auch aus § 24 Abs. 5 UmwStG ergibt, können stille Reserven überspringen; *Schmitt*, in Schmitt/Hörtnagl/Stratz, UmwStG, 7. Aufl. 2016, § 24 Rz. 233 m. w. N.; BFH, Urteil v. 18.9.2013 - X R 42/10, BStBl 2016 II S. 639.

118 *Van Lishaut* in Rödder/Herlinghaus/van Lishaut, UmwStG, 2. Aufl., Köln 2013, § 3 UmwStG Rz. 2, § 11 UmwStG Rz. 6,7; zu Ergänzungsbilanzen vgl. Kap. X. 2.6.

1906 Für den **übernehmenden Rechtsträger** stellt die Übertragung steuerbilanziell grundsätzlich einen laufenden Geschäftsvorfall dar. Eine Verpflichtung zur Aufstellung einer Übernahmebilanz besteht grundsätzlich nicht. Etwas anderes gilt u. a. bei Umwandlungen zur Neugründung. In diesem Fall stellt die steuerliche Übernahmebilanz die steuerliche Eröffnungsbilanz dar.[119]

4.3.2 Steuerliches Bilanzierungs- und Bewertungswahlrecht: Buchwert/Gemeiner Wert/Zwischenwert

1907 Steuerrechtlich ist bei allen Umwandlungsvorgängen das übergehende Vermögen grundsätzlich mit dem gemeinen Wert anzusetzen. Auf Antrag ist bei Vorliegen der Voraussetzungen der Ansatz mit dem Buchwert oder einem Zwischenwert möglich. Dabei darf der gemeine Wert der Sachgesamtheit nicht unterschritten werden.

1908 Nach Auffassung der Finanzverwaltung gilt dies auch für den Fall, dass der gemeine Wert der Sachgesamtheit geringer ist als die Summe der Buchwerte der übergehenden Wirtschaftsgüter.[120] In diesem Fall hätte insoweit eine Abstockung der Buchwerte der Wirtschaftsgüter des übertragenden Rechtsträgers auf den niedrigeren gemeinen Wert der Sachgesamtheit zu erfolgen.[121]

1909 Ein Ansatz des Zwischenwertes kann u. a. dann vorteilhaft sein, wenn der übertragende Rechtsträger über steuerliche Verlustvorträge verfügt, die im Rahmen der Umwandlung untergehen. Der durch die Buchwertaufstockung ausgelöste Übertragungsgewinn ist im Rahmen der Mindestbesteuerung mit den beim übertragenden Rechtsträger vorhandenen Verlustvorträgen zu verrechnen.[122] Der übernehmende Rechtsträger hat durch die höheren Buchwerte ein höheres Abschreibungsvolumen, soweit der Aufstockungsbetrag auf abnutzbare Wirtschaftsgüter entfällt.

4.3.2.1 Buchwert

1910 Der **Buchwert** ist gem. § 1 Abs. 5 Nr. 4 UmwStG der Wert, der sich nach den steuerrechtlichen Vorschriften über die Gewinnermittlung in einer für den steuerlichen Übertragungsstichtag zu erstellenden Bilanz ergibt oder ergäbe.[123]

4.3.2.2 Gemeiner Wert

1911 Der **gemeine Wert** im Anwendungsbereich des Umwandlungssteuerrechts ist nach h. M. im Hinblick auf die Zwecke des Umwandlungssteuerrechts und der Tatsache, dass Bewertungsgegenstand des Umwandlungssteuerrechts regelmäßig Sachgesamtheiten wie z. B. Betriebe oder Teilbetriebe sind, abweichend von dem vornehmlich auf die Bewertung von Einzelwirtschaftsgütern gerichteten gemeinen Wertes gem. § 9 BewG

---

119 *Van Lishaut* in Rödder/Herlinghaus/van Lishaut, UmwStG, 2. Aufl., Köln 2013, § 4 UmwStG Rz. 7-8; *Stahl* in Carlé/Korn/Stahl/Strahl, Umwandlungen, Köln 2007, Rz. 347; *Förschle/Hoffmann* in Winkeljohann/Förschle/Deubert, Sonderbilanzen – Von der Gründungsbilanz bis zur Liquidationsbilanz, 5. Aufl., München 2016, Teil K Rz. 1; zum gemeinen Wert siehe oben Rz. 923 und zur Begriffsabgrenzung Teilwert siehe oben Rz. 929 ff.
120 BMF, Schreiben v. 11.11.2011 – IV C 2 – S 1978-b/08/10001, BStBl 2011 I S. 1314, Rz. 03.12; strittig s. nur *Kutt/Carstens* in FGS/BDI, Der Umwandlungssteuer-Erlass 2011, 141. vgl. zu den Auswirkungen *Rödder*, DStR 2011 S. 1061.
121 Vgl. zum Verkaufsfall Rz. 2218 ff.
122 Vgl. z. B. *Strahl* in Carlé/Korn/Stahl/Strahl, Umwandlungen, Köln 2007, Rz. 7.
123 *Birkemeier* in Rödder/Herlinghaus/van Lishaut, UmwStG, 2. Aufl., Köln 2013, § 3 UmwStG Rz. 120.

zu verstehen.[124] Er umfasst danach nicht die Summe der Werte der Einzelwirtschaftsgüter, sondern ist der Preis, den ein gedachter Erwerber für die Sachgesamtheit zu zahlen bereit wäre und erfasst damit insbesondere auch den nicht entgeltlich erworbenen Geschäftswert des Betriebes oder Teilbetriebes.[125]

Bei Ansatz des **gemeinen Wertes** ist grundsätzlich für alle übergehenden Aktiva einschließlich der nicht entgeltlich erworbenen und selbstgeschaffenen immateriellen Wirtschaftsgüter der am Absatzmarkt erzielbare Einzelveräußerungspreis zu ermitteln. Ggf. ist er zu schätzen. Entsprechendes gilt für die übergehenden Passiva. Der Geschäftswert- oder Firmenwert ermittelt sich grundsätzlich als Unterschiedsbetrag zwischen dem Gesamtwert der Sachgesamtheit und dem Saldo der angesetzten Aktiva und Passiva.[126]

1912

Abweichend von diesen Grundsätzen sind Pensionsrückstellungen bei allen Umwandlungsvorgängen (§§ 3 Abs. 1 Satz 2, 11 Abs. 1 Satz 2, 20 Abs. 2 Satz 1, 24 Abs. 2 Satz 1 UmwStG) mit dem Wert i. S. d. § 6a EStG zu bewerten. Die stillen Lasten der Pensionsrückstellungen mindern den Geschäfts- oder Firmenwert.[127]

1913

Neben den nicht entgeltlich erworbenen und selbstgeschaffenen immateriellen Wirtschaftsgütern sind auch andere Aktiva und Passiva, für die Aktivierungs- bzw. Passivierungsverbote gelten, insbesondere Passiva, für die Ansatzverbote, -beschränkungen oder Bewertungsvorbehalte gelten, wie z. B. Drohverlustrückstellungen gem. § 5 Abs. 4a EStG, in der Übertragungsbilanz anzusetzen.[128] Danach konnten die stillen Lasten beim übertragenden Rechtsträger realisiert werden. Beim übernehmenden Rechtsträger handelte es sich um einen erfolgsneutralen Anschaffungsvorgang. Die Passivierungsbeschränkungen sind (waren) grundsätzlich auch in der ersten Schlussbilanz des Übernehmers nicht anzuwenden.[129]

1914

---

124 Vgl. allgemein zum gemeinen Wert, Kap. VI Rz. 923 ff.
125 BMF, Schreiben v. 11.11.2011 – IV C 2 – S 1978-b/08/10001, BStBl 2011 I S. 1314 Rz. 03.07; *Schmitt* in Schmitt/Hörtnagl/Stratz, UmwG – UmwStG, 7. Aufl., München 2016, § 3 UmwStG Rz. 47, § 11 UmwStG Rz. 23, 31, 41, § 20 UmwStG Rz. 271, 273, 281, 285, § 24 UmwStG Rz. 163, 172, 174; vgl. zum Begriff des gemeinen Wertes allgemein Kap. VI Rz. 923.
126 *Rödder* in Rödder/Herlinghaus/van Lishaut, UmwStG, 2. Aufl., Köln 2013, § 11 UmwStG Rz. 73 ff.
127 *Rödder* in Rödder/Herlinghaus/van Lishaut, UmwStG, 2. Aufl., Köln 2013, § 11 UmwStG Rz. 85; a. A. BMF, Schreiben. v. 11.11.2011 – IV C 2 – S 1978-b/08/10001, BStBl 2011 I S. 1314 Rz. 03.08, 11.04.
128 Vgl. BFH, Urteile v. 17.10.2007 – I R 61/06, BStBl 2008 II S. 555 und v. 16. 12. 2009 – I R 102/08, BFH/NV 2010 S. 517 zur Behandlung von Drohverlustrückstellungen beim Unternehmenserwerb, die insoweit einschlägig sind, als Umwandlungen über dem Buchwert als (anteilige) Veräußerungs- bzw. Anschaffungsvorgänge zu betrachten sind. Vgl. auch BFH v. 26.4.2012 - IV-R-43/09, BFH/NV-2012 S. 1248, für den Fall des Schuldbeitritts. Vgl. auch BMF, Schreiben v. 11.11.2011 – IV C 2 – S 1978-b/08/10001, BStBl 2011 I S. 1314, Rz. 03.06, 11.03, 20.20. Nach a. A. sind diese nicht in der Übertragungsbilanz anzusetzen, sondern sind als stille Lasten mindernd beim Geschäfts- bzw. Firmenwert zu berücksichtigen vgl. *Schmitt* in Schmitt/Hörtnagl/Stratz, UmwG – UmwStG, 7. Aufl., München 2016, § 3 UmwStG Rz. 35; *Rödder* in Rödder/Herlinghaus/van Lishaut, UmwStG, 2. Aufl., Köln 2013, § 11 UmwStG Rz. 66, 67; zu gesetzlich normierten Ansatz- und Bewertungsvorschriften im Einzelnen unten Rz. 2593-2618.
129 BFH, Urteil v. 14.12.2011 – I R 72/10, DStR 2012 S. 452, zu übernommenen Jubiläumszuwendungen und Beiträgen an Pensionssicherungsvereine; BFH, Urteil v.. 12.12.2012 – I R 69/11, DStR 2013 S. 570, zur Übernahme von betrieblichen Pensionsverpflichtungen gem. § 613a BGB; BFH, Urteil v. 12.12.2012 – I R 28/11, DStR 2013 S. 575, zur Übernahme von Pensionsverpflichtungen durch Ausgliederung. Nach anderer Auffassung wären diese beim übernehmenden Rechtsträger in der ersten steuerlichen Bilanz gewinnwirksam aufzulösen. Nach Ansicht der Finanzverwaltung hat die Übernehmerin in der Steuerbilanz nach § 5 EStG das Wirtschaftsgut erfolgswirksam auszubuchen. Es wird im Rahmen von Ansatz- und Bewertungsvorbehalten bei schuldrechtlichen Verpflichtungen auf das BMF, Schreiben v. 24.6.2011 – IV C 6 – S 2137/0-03 verwiesen; vgl. BMF, Schreiben v. 11.11.2011 – IV C 2 – S 1978-b/08/10001, BStBl 2011 I S. 1314, Rz. 04.16.

Für die Übernahme von Verpflichtungen im Rahmen von Umwandlungen zum gemeinen Wert oder Zwischenwert, deren steuerlicher Übertragungsstichtag in einem Wirtschaftsjahr liegt, dass nach dem 28.11.2013 endet, ist § 4f Abs. 1 Satz 1 EStG i. V. m. § 5 Abs. 7 Satz 1 EStG zu beachten.

Beim übertragenden Rechtsträger ist der sich aus der Passivierung derartiger Verpflichtungen ergebende Aufwand gleichmäßig im Jahr der Umwandlung und den folgenden 14 Jahren steuerlich abzugsfähig.[130]

1915 Beim übernehmenden Rechtsträger sind übernommene Verpflichtungen, die zum Ende des ersten nach dem 28.11.2013 endenden Wirtschaftsjahres noch vorhandenen sind, nunmehr gem. § 5 Abs. 7 Satz 1 EStG grundsätzlich so zu bilanzieren, wie sie beim ursprünglich Verpflichteten ohne Übernahme zu bilanzieren wären. Für den sich hieraus ergebenden Gewinn kann eine gewinnmindernde Rücklage i. H. v. 14/15 gebildet werden, die in den folgenden 14 Wirtschaftsjahren jeweils zu 1/14 aufzulösen ist. Betroffen von dieser Neuregelung sind alle zum Ende des ersten nach dem 28.11.2013 endenden Wirtschaftsjahres noch vorhandenen Verpflichtungen, unabhängig davon, wann die stille Last übertragen wurde.[131]

4.3.2.3 Zwischenwert

1916 Der **Zwischenwert** ist ein beliebiger Wert oberhalb des Buchwertes und unterhalb des gemeinen Wertes. Bei Ansatz eines Zwischenwertes hat die Aufstockung der Werte der Wirtschaftsgüter einheitlich zu erfolgen.[132]

1917 Bei Ansatz eines **Zwischenwertes** sind die sog. **Stufentheorie** sowie die modifizierte Stufentheorie, nach der nicht bilanzierte Wirtschaftsgüter, insbesondere ein Geschäfts- oder Firmenwert, erst nachrangig nach den bilanzierten Wirtschaftsgütern bei der Aufstockung zu berücksichtigen sind, nach h. M. nicht anwendbar. Im Falle eines Zwischenwertansatzes ist nach h. M. insbesondere ein selbstgeschaffener Geschäfts- oder Firmenwert von Beginn an gleichmäßig in der Aufstockung zu berücksichtigen. Dies gilt grundsätzlich bei allen Umwandlungsarten.[133] Nach hier vertretener Auffassung gilt das auch für Aktiva und Passiva, für die Aktivierungs- bzw. Passivierungsverbote gelten.

4.3.3 Ausübung des Bewertungswahlrechts

1918 Die Ausübung des Bewertungswahlrechts ist in den verschiedenen Teilen des Umwandlungssteuergesetzes unterschiedlich geregelt. Die Ausübung des Bewertungswahlrechts

---

130 Vgl. § 4f Abs. 1 Satz 1 i. V. m. § 52 Abs. 12c EStG; BT-Drucks. 18/68; vgl. *Benz/Placke*, DStR 2013 S. 2653; vgl. ausführlich Rz. 2620 ff., 1420.
131 Vgl. § 5 Abs. 7 i. V. m. § 5 Abs. 14a EStG; BT-Drucks. 18/68; vgl. *Benz/Placke*, DStR 2013 S. 2653; vgl. ausführlich Kap. XIII, Rn. 2587 ff., 1420.
132 BMF, Schreiben v. 11.11.2011 –IV C 2 – S 1978-b/08/10001, BStBl 2011 I S. 1314 Rz. 03.23; *Schmitt* in Schmitt/Hörtnagl/Stratz, UmwG – UmwStG, 7. Aufl., München 2016, § 3 UmwStG Rz. 58.
133 BMF, Schreiben v. 11.11.2011 – IV C 2 – S 1978-b/08/10001, BStBl 2011 I S. 1314 Rz. 03.23; *Birkemeier* in Rödder/Herlinghaus/van Lishaut, UmwStG, 2. Aufl., Köln 2013, § 3 UmwStG Rz. 126 ff.; *Rödder* in Rödder/Herlinghaus/van Lishaut, UmwStG, 2. Aufl., Köln 2013, § 11 UmwStG Rz. 158; *Herlinghaus* in Rödder/Herlinghaus/van Lishaut, UmwStG, 2. Aufl., Köln 2013, § 20 UmwStG Rz. 177; *Rasche* in Rödder/Herlinghaus/van Lishaut, UmwStG, 2. Aufl., Köln 2013, § 24 UmwStG Rz. 71; *Schmitt* in Schmitt/Hörtnagl/Stratz, UmwG – UmwStG, 7. Aufl., München 2016, § 3 UmwStG Rz. 58 ff., § 9 UmwStG Rz. 12, § 11 UmwStG Rz. 58, 59, § 20 UmwStG Rz. 300 ff.; § 23 UmwStG Rz. 69, § 24 UmwStG Rz. 186.

erfolgt bei sämtlichen Vorgängen nach dem UmwStG durch einen fristgerechten, schriftlich[134] zu stellenden **Antrag** beim jeweils zuständigen Finanzamt.

Für die Fälle, die unter den zweiten bis vierten Teil des UmwStG (z. B. Verschmelzung von KapGes auf KapGes i. S. d. § 11 UmwStG) fallen, muss gem. §§ 3 Abs. 2 Satz 2, 11 Abs. 3 i. V. m. § 3 Abs. 2 Satz 2 UmwStG der **Buchwertantrag** grundsätzlich durch den **übertragenden Rechtsträger** gestellt werden.[135] Demgegenüber muss für Fälle, die unter den sechsten bis achten Teils des UmwStG fallen (z. B. Einbringungen in eine KapGes i. S. d. § 20 UmwStG) gem. §§ 20 Abs. 2 Satz 3, 21 Abs. 1 Satz 2, 24 Abs. 2 Satz 2 UmwStG der **Buchwertantrag** grundsätzlich durch den **übernehmenden Rechtsträger** gestellt werden.[136]

1919

Für die Fälle des **zweiten bis vierten Teils** bestimmt der Wertansatz in der steuerlichen Übertragungsbilanz den Wertansatz in der Steuerbilanz der Übernehmerin. Neben dem erforderlichen Buchwertantrag wird das Bewertungswahlrecht steuerbilanziell insoweit durch den übertragenden Rechtsträger durch seinen Wertansatz in der steuerlichen Übertragungs- bzw. Schlussbilanz abgebildet.

1920

In den Fällen des **sechsten bis achten Teils** bestimmt der Wertansatz der Übernehmerin den Veräußerungspreis der Überträgerin. Insoweit wird das Bewertungswahlrecht steuerbilanziell neben dem erforderlichen Buchwertantrag durch den übernehmenden Rechtsträger durch den Wertansatz für das übernommene Vermögen in seiner Steuerbilanz abgebildet.

1921

4.3.4 Wertverknüpfung

Umwandlungssteuerrechtlich besteht, anders als handelsrechtlich, eine strikte **Wertverknüpfung** zwischen der Bilanzierung und Bewertung beim übertragenden und beim übernehmenden Rechtsträger (§§ 4 Abs. 1, 12 Abs. 1, 20 Abs. 3, 24 Abs. 3 UmwStG). Unabhängig davon, ob und in welcher Weise das Bewertungswahlrecht vom übertragenden oder dem übernehmenden Rechtsträger ausgeübt wird, ist der jeweils andere Rechtsträger an den Wertansatz gebunden. Das gilt einheitlich bei

1922

---

134 Zwar bedarf der Antrag auch nach Auffassung der Finanzverwaltung keiner bestimmten Form (vgl. BMF, Schreiben v. 11.11.2011 – IV C 2 – S 1978-b/08/10001, BStBl 2011 I S. 1314 Rz. 03.29), gleichwohl empfiehlt es sich aus Gründen der Beweislast den Buchwertantrag schriftlich zu stellen.

135 Vgl. BMF, Schreiben v. 11.11.2011 – IV C 2 – S 1978-b/08/10001, BStBl 2011 I S. 1314 Rz. 03.28 ff., 11.12, 15.14. Bei Verschmelzungen i. S. d. § 11 ff. UmwStG müssen auch die Anteilseigner abhängig von der Verschmelzungsrichtung einen Buchwertantrag i.s.d. § 13 Abs. 2 UmwStG stellen. Die Stellung des Buchwertantrags für die Anteilseigner nach § 13 UmwStG ist unabhängig v. Buchwertantrag i. S. d. § 11 UmwStG, vgl. BMF, Schreiben v. 11.11.2011 – IV C 2 – S 1978-b/08/10001, BStBl 2011 I S. 1314 Rz. 13.07, 13.08 (Für die Spaltung nach § 15 UmwStG sollte das auf Anteilseignerebene u. E. auch analog gelten, so auch *Luce/Claß* in Haase/Hruschka, UmwStG, 2. Aufl. 2017, § 15 Rz. 109, 32).

136 Vgl. BMF, Schreiben v. 11.11.2011 – IV C 2 – S 1978-b/08/10001, BStBl 2011 I S. 1314 Rz. 20.21 ff.; 21.12. Abweichend davon muss in Fällen des grenzüberschreitenden qualifizierenden Anteilstauschs i. S. d. § 21 Abs. 2 Satz 3 UmwStG der Einbringende einen Buchwertantrag stellen und nicht der übernehmende Rechtsträger, vgl. *Lübbehüsen/Schütte* in Haase/Hruschka, UmwStG, 2. Aufl. 2017, § 21 Rz. 103 ff. Ferner ergeben sich Besonderheiten bei der Antragstellung bei der Einbringung von Mitunternehmeranteilen in eine Mitunternehmerschaft nach § 24 UmwStG, vgl. dazu z. B. *Rasche* in Rödder/Herlinghaus/Van Lishaut, § 24 UmwStG Rz. 72 m. w. N.

allen Umwandlungsvorgängen des Umwandlungssteuergesetzes und sichert die Steuerverhaftung der stillen Reserven.[137]

4.3.5 Verhältnis zur Handelsbilanz

1923 Die Ausübung des steuerlichen Bewertungswahlrechtes ist unabhängig von der Bewertung in der Handelsbilanz.[138]

4.3.6 Steuerliche Rechtsnachfolge
4.3.6.1 Grundsatz des Rechtsinstituts der steuerlichen Rechtsnachfolge

1924 Für den übernehmenden Rechtsträger stellt die Umwandlung nach allgemeinen ertragsteuerlichen Grundsätzen einen Anschaffungsvorgang dar. Über die für die einzelnen Umwandlungsvorgänge geregelte Wertverknüpfung hinaus würde insoweit ohne besondere Anordnung keine steuerliche Rechtsnachfolge eintreten. Auch im Falle der Umwandlung nach dem UmwG kann das zivilrechtliche Institut der Gesamtrechtsnachfolge aufgrund unterschiedlichen Regelungszweckes des Zivilrechts nicht ohne weiteres auf das Steuerrecht übertragen werden.[139]

1925 Das Umwandlungssteuergesetz ordnet daher grundsätzlich für alle Umwandlungsvorgänge über die §§ 4 Abs. 2, 12 Abs. 3, 23 Abs. 1, 3, 4 UmwStG eine steuerliche Rechtsnachfolge an.

1926 Der Eintritt in die steuerliche Rechtsstellung beschränkt sich auf das übernommene Betriebsvermögen und die diesem anhaftenden objektbezogenen steuerrechtlich relevanten Besteuerungsmerkmale.[140]

1927 Die übernehmende Gesellschaft tritt danach insbesondere bzgl. der Bewertung der übernommenen Wirtschaftsgüter, der AfA und der den steuerlichen Gewinn mindernden Rücklagen in die steuerliche Rechtsstellung der übertragenden Gesellschaft ein. Der Eintritt in die steuerliche Rechtsstellung gilt grundsätzlich unabhängig von dem für das übergehende Vermögen gewählten Wertansatz auch dann, wenn die Übertragung zum Zwischenwert oder gemeinen Wert erfolgt.[141]

1928 Eine Ausnahme ergibt sich gem. § 23 Abs. 3 und 4 UmwStG bei **Einbringungen zum gemeinen Wert**. Im Fall der Gesamtrechtsnachfolge tritt zwar auch hier grundsätzlich

---

137 *Schmitt* in Schmitt/Hörtnagl/Stratz, UmwG – UmwStG, 7. Aufl., München 2016, § 4 UmwStG Rz. 11, § 12 UmwStG Rz. 10, § 20 UmwStG Rz. 264, 372, § 21 UmwStG Rz. 81, § 24 UmwStG Rz. 158, 240; *Hörtnagl* in Schmitt/Hörtnagl/Stratz, UmwG – UmwStG, 6. Aufl., München 2013, § 15 UmwStG Rz. 264, § 16 UmwStG, Rz. 27.
138 BMF, Schreiben v. 11.11.2011 – IV C 2 – S 1978-b/08/10001, BStBl 2011 I S. 1314 Rz. 20.20, 21.11; *Schmitt* in Schmitt/Hörtnagl/Stratz, UmwG – UmwStG, 7. Aufl., München 2016, § 3 UmwStG Rz. 26, § 9 UmwStG Rz. 9, § 11 UmwStG Rz. 19, § 20 UmwStG Rz. 268, § 21 UmwStG Rz. 39, § 24 UmwStG Rz. 199, § 25 UmwStG Rz. 34; siehe hierzu oben Rz. 415.
139 *Schmitt* in Schmitt/Hörtnagl/Stratz, UmwG – UmwStG, 7. Aufl., München 2016, § 4 UmwStG Rz. 55.
140 *Schmitt* in Schmitt/Hörtnagl/Stratz, UmwG – UmwStG, 7. Aufl., München 2016, § 12 UmwStG Rz. 67-69, § 23 UmwStG Rz. 17.
141 BMF, Schreiben v. 11.11.2011 – IV C 2 – S 1978-b/08/10001, BStBl 2011 I S. 1314 Rz. 04.10; *Rödder* in Rödder/Herlinghaus/van Lishaut, UmwStG, 2. Aufl., Köln 2013, § 12 UmwStG Rz. 97 ff.; *Schmitt* in Schmitt/Hörtnagl/Stratz, UmwG – UmwStG, 7. Aufl., München 2016, § 4 UmwStG Rz. 79.

Rechtsnachfolge ein, jedoch keine Besitzzeitanrechnung. Bei Übertragungen im Wege der Einzelrechtsnachfolge entfällt die Rechtsnachfolge insgesamt.[142]

4.3.6.2 Einzelne Folgen der steuerlichen Rechtsnachfolge

Im Einzelnen ergeben sich u. a. folgende wesentliche Auswirkungen der steuerlichen Rechtsnachfolge. 1929

Die Übernehmerin tritt in Bezug auf die Bewertung in die Wertansätze der Übertragerin ein. Die Übernehmerin ist gem. § 4f Abs. 1 Satz 7 EStG an die Aufwandsverteilung der Übertragerin gem. § 4f Abs. 1 Satz 1-6 EStG gebunden. Die Übernehmerin kann mangels Anschaffungsvorgang das Bewertungswahlrecht für übernommene **geringwertige Wirtschaftsgüter** gem. § 6 Abs. 2 EStG nicht neu ausüben.[143] 1930

Der übernehmende Rechtsträger kann mangels Anschaffungsvorgang keine **Investitionszulage** für die übernommenen Wirtschaftsgüter beanspruchen. 1931

Die übernommenen Wirtschaftsgüter stellen mangels Anschaffungsvorgang keine **Reinvestitionsobjekte gem. § 6b EStG** dar.[144] 1932

Hinsichtlich von **Wertaufholungen** gem. § 6 Abs. 1 Nr. 1 Satz 4 EStG sowie § 6 Abs. 1 Nr. 2 Satz 3 i. V. m. Nr. 1 Satz 4 EStG hat die Übernehmerin auf die Anschaffungs- bzw. Herstellungskosten der Übertragerin abzustellen.[145] Dies gilt nach h. M. auch dann, wenn die Wirtschaftsgüter mit dem gemeinen Wert übertragen wurden, dieser im Übertragungszeitpunkt unter den Anschaffungskosten liegt und nachfolgend aber eine weitere Werterholung stattfindet.[146] 1933

Das gilt entsprechend für die Pflicht gewinnerhöhender **Zuschreibungen** nach vorangegangenen Abschreibungen wegen außergewöhnlicher technischer oder wirtschaftlicher Abnutzung gem. § 7 Abs. 1 Satz 7 EStG.[147] 1934

Der übernehmende Rechtsträger tritt hinsichtlich der **Besitzzeiten** in die Rechtsstellung des übertragenden Rechtsträgers ein. Dies bedeutet im Einzelnen u. a.: 1935

▶ Anschaffungsnahe Aufwendungen: Die 15 %-Grenze i. S. d. § 6 Abs. 1 Nr. 1a EStG gilt auch für die Übernehmerin. Die Instandhaltungs- oder Modernisierungsaufwendungen der Übernehmerin und der Übertragerin werden zusammengerechnet. Die Übernehmerin tritt in den Dreijahres-Zeitraum der Übertragerin ein.[148]

---

142 *Ritzer* in Rödder/Herlinghaus/van Lishaut, UmwStG, 2. Aufl., Köln 2013, § 23 UmwStG Rz. 191, 271-273; *Schmitt* in Schmitt/Hörtnagl/Stratz, UmwG – UmwStG, 7. Aufl., München 2016, § 23 UmwStG Rz. 66, 101; a. A. auch bei Einbringung gem. §§ 20, 24 UmwStG zum Zwischenwert grundsätzlich keine Besitzzeitanrechnung, *Brähler*, Umwandlungssteuerrecht, 7. Aufl., Wiesbaden 2013, S. 568 ff.
143 *Schmitt* in Schmitt/Hörtnagl/Stratz, UmwG – UmwStG, 7. Aufl., München 2016, § 4 UmwStG Rz. 89.
144 BMF, Schreiben v. 11.11.2011 – IV C 2 – S 1978-b/08/10001, BStBl 2011 I S. 1314 Rz. 04.14; *van Lishaut* in Rödder/Herlinghaus/van Lishaut, UmwStG, 2. Aufl., Köln 2013, § 4 UmwStG Rz. 54.
145 *Van Lishaut* in Rödder/Herlinghaus/van Lishaut, UmwStG, 2. Aufl., Köln 2013, § 4 UmwStG Rz. 50 ff.
146 BMF, Schreiben v. 11.11.2011 – IV C 2 – S 1978-b/08/10001, BStBl 2011 I S. 1314 Rz. 04.09 i. V. m. 04.11; *Schmitt* in Schmitt/Hörtnagl/Stratz, UmwG – UmwStG, 7. Aufl., München 2016, § 4 UmwStG Rz. 71, 72, a. A. *Benecke* in PricewaterhouseCoopers, Reform des Umwandlungssteuerrechts, Stuttgart 2007, Rz. 1107.
147 *Schmitt* in Schmitt/Hörtnagl/Stratz, UmwG – UmwStG, 7. Aufl., München 2016, § 4 UmwStG Rz. 63.
148 *Van Lishaut* in Rödder/Herlinghaus/van Lishaut, UmwStG, 2. Aufl., Köln 2013, § 4 UmwStG Rz. 55 f.

- Beteiligungen an Kapitalgesellschaften: Nach bisher h. A. sind die Vorbesitzzeiten des übertragenden Rechtsträgers beim übernehmenden Rechtsträger hinsichtlich der sog. Schachtelprivilegien gem. § 9 Nr. 2a und Nr. 7 GewStG anzurechnen.[149] Dies gilt grundsätzlich auch dann, wenn allein die übernehmende Kapitalgesellschaft, nicht aber auch der Einbringende die persönlichen Voraussetzungen für die Inanspruchnahme des einschlägigen Schachtelprivilegs erfüllt, d. h. z. B. das Schachtelprivileg nur einer Kapitalgesellschaft gewährt wird, Einbringender aber ein Einzelunternehmer ist.[150] Nunmehr einschränkend zu § 9 Nr. 2a GewStG, BFH, Urteil vom 16.4.2014.[151]
- § 6b Rücklage: Die Besitzzeiten gem. § 6b Abs. 4 Satz 1 Nr. 2 EStG der betrieblichen Wirtschaftsgüter der Übertragerin sind der Übernehmerin zuzurechnen.[152]
- Organschaft: Bei Verschmelzung des Organträgers auf einen anderen Rechtsträger und Fortführung des Organschaftsverhältnisses werden die Laufzeiten von übertragender und übernehmender Gesellschaft im Hinblick auf die 5-jährige Mindestlaufzeit gem. § 14 Abs. 1 Nr. 3 KStG zusammengerechnet.[153]

4.3.7 Absetzung für Abnutzung nach Umwandlung

1936 Die planmäßige Absetzung für Abnutzung nach Umwandlung ist grundsätzlich abhängig von dem gewählten Wertansatz, dem einzelnen Umwandlungsvorgang und der Frage, ob ein Vorgang der Gesamt- oder Einzelrechtsnachfolge gegeben ist.

1937 Im Falle der Buchwertfortführung sind die Bemessungsgrundlage der **Abschreibung** und der Abschreibungssatz der Überträgerin durch die Übernehmerin fortzuführen. Die Möglichkeit zum Wechsel von der degressiven zur linearen AfA nach § 7 Abs. 3 EStG bleibt weiterhin bestehen.[154]

1938 In den Fällen des Zwischenwertansatzes oder des Ansatzes zum gemeinen Wert gelten hinsichtlich der planmäßigen Absetzung für Abnutzung die in der nachfolgenden Tabelle zusammengefassten Grundsätze.

---

149 BMF, Schreiben v. 11.11.2011 – IV C 2 – S 1978-b/08/10001, BStBl 2011 I S. 1314 Rz. 04.15; *Schmitt* in Schmitt/Hörtnagl/Stratz, UmwG – UmwStG, 7. Aufl., München 2016, § 4 UmwStG Rz. 75; *van Lishaut* in Rödder/Herlinghaus/van Lishaut, UmwStG, 2. Aufl., Köln 2013, § 4 UmwStG Rz. 63.
150 *Schmitt* in Schmitt/Hörtnagl/Stratz, UmwG – UmwStG, 7. Aufl., München 2016, § 23 UmwStG, Rz. 34.
151 BFH, Urteil v. 16.4.2014 – I R 44/13, BStBl 2015 II S. 303.
152 BMF, Schreiben v. 11.11.2011 – IV C 2 – S 1978-b/08/10001, BStBl 2011 I S. 1314 Rz. 04.15, 12.04; *Rödder* in Rödder/Herlinghaus/van Lishaut, UmwStG, 2. Aufl., Köln 2013, § 12 UmwStG Rz. 100.
153 BMF, Schreiben vom 11.11.2011 – IV C 2 – S 1978-b/08/10001, BStBl 2011 I S. 1314 Rz. Org. 11; *Schmitt* in Schmitt/Hörtnagl/Stratz, UmwG – UmwStG, 7. Aufl., München 2016, § 12 UmwStG, Rz. 82.
154 *Van Lishaut* in Rödder/Herlinghaus/van Lishaut, UmwStG, 2. Aufl., Köln 2013, § 4 UmwStG Rz. 52.

4. Steuerrechtliche Bilanzierungs- und Bewertungsgrundsätze

TAB. 3:	Absetzung für Abnutzung nach Aufstockung			
	Umwandlungen 2. bis 5. Teil UmwStG		Umwandlungen 6. bis 8. Teil UmwStG	
	sonstige WG[1]	Gebäude	sonstige WG[1]	Gebäude
Gemeiner Wert/ Gesamtrechtsnachfolge	Aufstockungsbetrag erhöht BMG. AfA-Methode bleibt gleich. RND wird neu geschätzt; ggf. neuer AfA-Satz.[2]	Aufstockungsbetrag erhöht BMG. AfA-Methode bleibt gleich. Der AfA-Satz bleibt gleich.[3]	Aufstockungsbetrag erhöht BMG. AfA-Methode bleibt gleich. Der AfA-Satz bleibt gleich.[4]	Aufstockungsbetrag erhöht BMG. AfA-Methode bleibt gleich. Der AfA-Satz bleibt gleich.[4]
Gemeiner Wert/ Einzelrechtsnachfolge	Einzelrechtsnachfolge ist nicht möglich.	Einzelrechtsnachfolge ist nicht möglich.	Einzelrechtsnachfolge gilt als Anschaffung. AfA nach allgemeinen Gewinnermittlungsvorschriften.[5]	Einzelrechtsnachfolge gilt als Anschaffung. AfA nach allgemeinen Gewinnermittlungsvorschriften.[5]
Zwischenwert/Gesamtrechtsnachfolge	Aufstockungsbetrag erhöht BMG. AfA-Methode bleibt gleich. RND wird neu geschätzt; ggf. neuer AfA-Satz.[6]	Aufstockungsbetrag erhöht BMG. AfA-Methode bleibt gleich. Der AfA-Satz bleibt gleich.[7]	Aufstockungsbetrag erhöht BMG. AfA-Methode bleibt gleich. Der AfA-Satz bleibt gleich.[8]	Aufstockungsbetrag erhöht BMG. AfA-Methode bleibt gleich. Der AfA-Satz bleibt gleich.[8]
Zwischenwert/ Einzelrechtsnachfolge	Einzelrechtsnachfolge ist nicht möglich.	Einzelrechtsnachfolge ist nicht möglich.	Aufstockungsbetrag erhöht BMG. AfA-Methode bleibt gleich. Der AfA-Satz bleibt gleich.[8]	Aufstockungsbetrag erhöht BMG. AfA-Methode bleibt gleich. Der AfA-Satz bleibt gleich.[8]

[1] Nicht in den sonstigen Wirtschaftsgütern enthalten ist der Geschäfts- oder Firmenwert. Dieser hat steuerlich nach § 7 Abs. 1 Satz 3 EStG eine Nutzungsdauer von 15 Jahren.

[2] BMF, Schreiben vom 11.11.2011 – IV C 2 – S 1978-b/08/10001, BStBl 2011 I S. 1314 Rn. 04.10; Schmitt in Schmitt/Hörtnagl/Stratz, UmwG – UmwStG, 7. Aufl., München 2016, § 4 UmwStG Rz. 60.

[3] BMF, Schreiben vom 11.11.2011 – IV C 2 – S 1978-b/08/10001, BStBl 2011 I S. 1314 Rn. 04.10; van Lishaut in Rödder/Herlinghaus/van Lishaut, UmwStG, 2. Aufl., Köln 2013, § 4 UmwStG Rz. 72; Schmitt in Schmitt/Hörtnagl/Stratz, UmwG – UmwStG, 7. Aufl., München 2016, § 4 UmwStG Rz. 79-87.

[4] Die Ansicht ist strittig, vgl. m. w. N. Schmitt in Schmitt/Hörtnagl/Stratz, UmwG – UmwStG, 7. Aufl., München 2016, § 23 UmwStG Rz. 79-86 i. V. m. Rz. 101; a. A. BMF, Schreiben vom 11.11.2011 – IV C 2 – S 1978-b/08/10001, BStBl 2011 I S. 1314 Rn. 23.19 i. V. m. 23.15; die Finanzverwaltung schätzt im Rahmen der degressiven Abschreibung i. S. d. § 7 Abs. 2 EStG nach § 23 Abs. 3 Satz 1 Nr. 2 UmwStG die Restnutzungsdauer im Zeitpunkt der Einbringung neu.

[5] BMF, Schreiben vom 11.11.2011 – IV C 2 – S 1978-b/08/10001, BStBl 2011 I S. 1314 Rn. 23.21; m. w. N. Schmitt in Schmitt/Hörtnagl/Stratz, UmwG – UmwStG, 7. Aufl., München 2016, § 23 UmwStG Rz. 99; Ritzer in Rödder/Herlinghaus/van Lishaut, UmwStG, 2. Aufl., Köln 2013, § 23, Rz. 253.

[6] BMF, Schreiben vom 11.11.2011 – IV C 2 – S 1978-b/08/10001, BStBl 2011 I S. 1314 Rn. 04.10; BFH, Urteil vom 29.11.2007 – IV R 73/02, BStBl 2008 II S. 407; *Schmitt* in Schmitt/Hörtnagl/Stratz, UmwG – UmwStG, 7. Aufl., München 2016, § 4 UmwStG Rz. 60.

[7] Das ist die Ansicht der Finanzverwaltung, BMF, Schreiben vom 11.11.2011 – IV C 2 – S 1978-b/08/10001, BStBl 2011 I S. 1314 Rn. 04.10; a. A. m. w. N. *Schmitt* in Schmitt/Hörtnagl/Stratz, UmwG – UmwStG, 7. Aufl., München 2016, § 4 UmwStG Rz. 79-87.

[8] Die Ansicht ist strittig, vgl. m. w. N. *Schmitt* in Schmitt/Hörtnagl/Stratz, UmwG – UmwStG, 7. Aufl., München 2016, § 23 UmwStG Rz. 77-86; a. A. BMF, Schreiben vom 11.11.2011 – IV C 2 – S 1978-b/08/10001, BStBl 2011 I S. 1314 Rn. 23.15, die Finanzverwaltung schätzt im Rahmen der degressiven Abschreibung i. S. d. § 7 Abs. 2 EStG nach § 23 Abs. 3 Satz 1 Nr. 2 UmwStG die Restnutzungsdauer im Zeitpunkt der Einbringung neu.

4.3.8 Steuerliche Rückbeziehung und Stichtag der steuerlichen Übertragungsbilanz

4.3.8.1 Grundlagen

1939 Die Übertragung von Vermögen ist steuerbilanziell grundsätzlich erst mit Übertragung des wirtschaftlichen Eigentums vollzogen. Die Übertragung des wirtschaftlichen Eigentums erfolgt regelmäßig zu dem Zeitpunkt, zu dem nach dem Willen der Beteiligten und nach der tatsächlichen Durchführung Besitz und Gefahr, Nutzen und Lasten auf den übernehmenden Rechtsträger übergehen. Ab diesem Zeitpunkt sind grundsätzlich die mit dem zu übertragenden Vermögen erzielten Einkünfte der Übernehmerin zuzurechnen. Von diesem Grundsatz enthält das Umwandlungssteuergesetz für die einzelnen Umwandlungsvorgänge insoweit eine abweichende Regelung, wonach für die steuerliche Zurechnung der mit dem übertragenen Vermögen erzielten Einkünfte grundsätzlich alleine jeweils der steuerliche Übertragungsstichtag maßgeblich ist.

1940 Der **steuerliche Übertragungsstichtag** ist der Zeitpunkt, zu dem der Vermögensübergang steuerlich als erfolgt gilt, d. h. zu dem die Einkommenswirkungen des Vermögensübergangs eintreten und ab dem die mit dem Vermögen erzielten Einkünfte der Übernehmerin zuzurechnen sind.[155]

1941 Soweit eine steuerliche Übertragungsbilanz aufzustellen ist, ist diese auf den steuerlichen Übertragungsstichtag aufzustellen.[156]

1942 In den Fällen der **übertragenden Umwandlung im 2. bis 4. Teil** des Umwandlungssteuergesetzes hat der übertragende Rechtsträger gem. § 17 Abs. 2 UmwG eine handelsrechtliche Übertragungsbilanz aufzustellen. In diesen Fällen bestimmt der Stichtag der handelsrechtlichen Übertragungsbilanz gem. § 2 Abs. 1 UmwStG zugleich zwingend den steuerlichen Übertragungsstichtag. Bei der Verschmelzung von Kapitalgesellschaften findet die steuerliche Rückwirkung auf Anteilseignerebene keine Anwendung.[157]

1943 In den Fällen der **Sacheinlage in eine Kapitalgesellschaft** durch einen Vorgang der **Gesamtrechtsnachfolge** besteht gem. § 20 Abs. 5 und 6 Satz 1 und 2 UmwStG ein antragsgebundenes Wahlrecht, als steuerlichen Übertragungsstichtag den Tag der han-

---

[155] *Hörtnagl* in Schmitt/Hörtnagl/Stratz, UmwG – UmwStG, 7. Aufl., München 2016, § 2 UmwStG Rz. 17 ff.
[156] *Schmitt* in Schmitt/Hörtnagl/Stratz, UmwG – UmwStG, 7. Aufl., München 2016, § 3 UmwStG Rz. 22 ff., § 9 UmwStG Rz. 9, § 11 UmwStG Rz. 15 ff., § 25 UmwStG Rz. 42.
[157] BMF, Schreiben v. 11.11.2011, BStBl 2011 I S. 1314, Rz. 1306, 02.03; *Neumann* in Rödder/Herlinghaus/Van Lishaut, UmwStG, § 13 Rz. 20.

delsrechtlichen Übertragungsbilanz zu wählen. Bei einem Vorgang der **Einzelrechtsnachfolge** besteht gem. § 20 Abs. 6 Satz 3 UmwStG ein Wahlrecht, die Einbringung auf einen beliebigen Stichtag zurückzubeziehen, der max. 8 Monate vor dem Zeitpunkt des Übergangs des Vermögens liegt. Nach h. M. wird das Wahlrecht zur Rückbeziehung vom Übernehmer ausgeübt.[158]

Eine steuerliche Rückbeziehung ist für **Einbringungen gem. § 21 UmwStG**[159] nicht möglich.

1944

In den Fällen einer **Sacheinlage in eine Personengesellschaft** durch **Gesamtrechtsnachfolge** besteht gem. § 24 Abs. 4 UmwStG das antragsgebundene Wahlrecht wie bei der Einbringung in eine Kapitalgesellschaft gem. § 20 Abs. 5 und 6 Satz 1 und 2 UmwStG. In Fällen der **Einzelrechtsnachfolge** ist eine Rückbeziehung nicht möglich.

1945

Der **steuerliche Rückwirkungszeitraum** ist in Fällen der **Gesamtrechtsnachfolge** die Zeit zwischen dem steuerlichen Übertragungsstichtag, welcher durch den Stichtag der handelsrechtlichen Übertragungsbilanz bestimmt wird und dem Tag der maßgeblichen Eintragung der Umwandlung im Handelsregister, mit dem der zivilrechtliche Vermögensübergang erfolgt.[160] In Fällen der **Einzelrechtsnachfolge** ist der steuerliche Rückwirkungszeitraum die Zeit zwischen dem steuerlichen Übertragungsstichtag und dem Zeitpunkt des Abschlusses des Einbringungsvertrages bzw. dem dort bestimmten späteren Zeitpunkt des Übergangs des wirtschaftlichen Eigentums.

1946

Die **Wirkung der steuerlichen Rückbeziehung** ist in allen genannten Fällen vom Grundsatz her identisch und beschränkt auf die Ertragsteuern. Besonderheiten gelten gem. § 2 Abs. 4 UmwStG u. a. dann, wenn es nur aufgrund der steuerlichen Rückwirkung zur Nutzung von Verlusten bzw. negativen Einkünften im Rückwirkungszeitraum kommt. Umstritten sind die Auswirkungen bei sog. Kettenumwandlungen, d. h. wenn mehrere ineinandergreifende Umwandlungen stattfinden und sich die Rückwirkungszeiträume überschneiden.[161] Die steuerliche Rückbeziehung entfaltet u. a. keine Wirkung für die Grunderwerbsteuer, Umsatzsteuer und Erbschaftsteuer.[162] Bei abweichenden ausländischen Rückwirkungsregelungen gilt eine spezielle Missbrauchsvermeidungsnorm (§ 2 Abs. 3 UmwStG).

1947

4.3.8.2 Vorgänge im steuerlichen Rückwirkungszeitraum

Für Vorgänge im Rückwirkungszeitraum sind u. a. folgende ausgewählte steuerbilanzielle Aspekte zu beachten:

1948

Lieferungen und Leistungen zwischen Überträgerin und Übernehmerin im steuerlichen Rückwirkungszeitraum stellen hinsichtlich des übergehenden Vermögens innerbetrieb-

1949

---

158 BMF, Schreiben v. 11.11.2001 – IV C 2 – S 1978-b/08/10001, BStBl 2011 I S. 1314 Rz. 20.14, 20.21; *Patt* in Dötsch/Pung/Möhlenbrock, Die Körperschaftsteuer, 90. Lfg., § 20 UmwStG (SEStEG) Rz. 304.
159 *Schmitt* in Schmitt/Hörtnagl/Stratz, UmwG – UmwStG, 7. Aufl., München 2016, § 21 UmwStG Rz. 35.
160 *Van Lishaut* in Rödder/Herlinghaus/van Lishaut, UmwStG, 2. Aufl., Köln 2013, § 2 UmwStG Rz. 18.
161 *Hörtnagl* in Schmitt/Hörtnagl/Stratz, UmwG – UmwStG, 7. Aufl., München 2016, § 2 UmwStG Rz. 27 ff. sowie *Pyszka*, DStR 2013 S. 1462 ff.
162 BMF, Schreiben v. 11.11.2011 – IV C 2 – S 1978-b/08/10001, BStBl 2011 I S. 1314 Rz. 01.01.

liche Vorgänge dar. Gewinne und Verluste aus diesen Transaktionen sind zu eliminieren.[163] Bei einer Veräußerung eines Wirtschaftsgutes von der Überträgerin an die Übernehmerin im steuerlichen Rückwirkungszeitraum ist ein etwaiger Veräußerungsgewinn zu eliminieren und das Wirtschaftsgut beim Erwerber mit dem bisherigen Buchwert des Veräußerers anzusetzen, ggf. erhöht um Anschaffungsnebenkosten.[164]

1950 Bei Umwandlung einer Kapitalgesellschaft in eine Personengesellschaft gilt für **offene Gewinnausschüttungen**, die vor dem steuerlichen Übertragungsstichtag beschlossen worden sind und nach dem steuerlichen Übertragungsstichtag abfließen, die Rückwirkungsfiktion nicht. Sie gelten als am steuerlichen Übertragungsstichtag bei der Überträgerin erfolgt. Für sie ist in der steuerlichen Übertragungsbilanz ein Schuldposten „Ausschüttungsverbindlichkeit" auszuweisen, der bei der Übernehmerin im Falle der Zahlung erfolgsneutral ausgebucht wird.[165] Für nach dem steuerlichen Übertragungsstichtag begründete und abfließende offene Gewinnausschüttungen ist im Falle des Ausscheidens eines Anteilseigners aus der Überträgerin vor Eintragung ins Handelsregister, die ihm zufließende Ausschüttung noch der Überträgerin zuzuordnen und in deren Übertragungsbilanz ein „passiver Korrekturposten" zu bilden, der von der Übernehmerin bei Zahlung erfolgsneutral ausgebucht wird.[166]

1951 Bei der übertragenden Kapitalgesellschaft im steuerlichen Rückwirkungszeitraum durchgeführte **Kapitalerhöhungen** sind steuerlich auf den Übertragungsstichtag zurückzubeziehen. Die neuen Anteile nehmen an der Umwandlung teil.[167]

1952 Bei Umwandlung einer Kapitalgesellschaft in eine Personengesellschaft werden Zahlungen der Überträgerin an Anteilseigner aufgrund schuldrechtlicher Beziehungen ab dem steuerlichen Übertragungsstichtag in Sondervergütungen gem. § 15 Abs. 1 Satz 1 Nr. 2 EStG umqualifiziert.[168] Wirtschaftsgüter, die bisher an die Überträgerin vermietet werden, können zum steuerlichen Übertragungsstichtag notwendiges **Sonderbetriebsvermögen I** werden.[169]

1953 Bei Einbringung in eine Kapitalgesellschaft gem. § 20 UmwStG nehmen **Einlagen im Rückwirkungszeitraum** nicht an der Rückwirkungsfiktion teil. Bei der Überträgerin ist hierfür am steuerlichen Übertragungsstichtag ein aktiver Korrekturposten zu

---

163 BMF, Schreiben v. 11.11.2011 – IV C 2 – S 1978-b/08/10001, BStBl 2011 I S. 1314 Rz. 02.13.
164 *Hörtnagl* in Schmitt/Hörtnagl/Stratz, UmwG – UmwStG, 7. Aufl., München 2016, § 2 UmwStG Rz. 65 f. m. w. N.
165 BMF, Schreiben v. 11.11.2011 – IV C 2 – S 1978-b/08/10001, BStBl 2011 I S. 1314 Rz. 02.27, 02.30; *Van Lishaut* in Rödder/Herlinghaus/van Lishaut, UmwStG, 2. Aufl., Köln 2013, § 2 UmwStG Rz. 61.
166 BMF, Schreiben v. 11.11.2011 – IV C 2 – S 1978-b/08/10001, BStBl 2011 I S. 1314 Rz. 02.31-02.33; *Van Lishaut* in Rödder/Herlinghaus/van Lishaut, UmwStG, 2. Aufl., Köln 2013, § 2 UmwStG Rz. 62-65 m. w. N.
167 Dies gilt sowohl bei Zeichnung der neuen Anteile durch Altgesellschafter wie auch durch neu hinzutretende Gesellschafter, vgl. *Hörtnagl* in Schmitt/Hörtnagl/Stratz, UmwG – UmwStG, 7. Aufl., München 2016, § 2 UmwStG Rz. 69; wohl auch *van Lishaut* in Rödder/Herlinghaus/van Lishaut, UmwStG, 2. Aufl., Köln 2013, § 2 UmwStG Rz. 72; a. A. *Widmann* in Widmann/Mayer, Umwandlungsrecht, München, 46. Lfg., § 2 UmwStG, Rz. 234; *Dötsch* in Dötsch/Patt/Pung/Möhlenbrock, Umwandlungssteuerrecht, Stuttgart, 84. Lfg., § 2 UmwStG, Rz. 22 ff.
168 BMF, Schreiben v. 11.11.2011 – IV C 2 – S 1978-b/08/10001, BStBl 2011 I S. 1314 Rz. 02.36.
169 *Van Lishaut* in Rödder/Herlinghaus/van Lishaut, UmwStG, 2. Aufl., Köln 2013, § 2 UmwStG Rz. 93-97.

bilden, der bei der Übernehmerin im Zeitpunkt der tatsächlichen Zuführung der Einlage zu verrechnen ist. Entsprechend ist für **Entnahmen im Rückwirkungszeitraum** am steuerlichen Übertragungsstichtag bei der Überträgerin ein passiver Korrekturposten zu bilden, der im Zeitpunkt der späteren Entnahme steuerneutral zu verrechnen ist.[170]

4.4. Einzelfragen zu bestimmten Umwandlungsarten

4.4.1 Formwechsel

Der Formwechsel wird handelsbilanziell entsprechend der zivilrechtlichen Wertung nicht als Veräußerungs- und Anschaffungsvorgang behandelt. Die Identität des Rechtsträgers bleibt gewahrt. Eine Handelsbilanz ist anlässlich des Formwechsels weder von der Gesellschaft alter Rechtsform noch von der Gesellschaft neuer Rechtsform aufzustellen.[171] Auch entsteht durch den Formwechsel im Jahr des Übergangs kein Rumpfgeschäftsjahr. Die Gesellschaft in neuer Rechtsform ist an die ursprünglichen (fortgeschriebenen) Anschaffungskosten der Gesellschaft ursprünglicher Rechtsform gebunden. Eine Aufstockung der Buchwerte in der Handelsbilanz anlässlich des Formwechsels ist nicht zulässig.[172]

1954

Ein Formwechsel innerhalb desselben Besteuerungsregimes ist steuerlich ohne Relevanz. Formwechsel einer Kapital- in eine Personengesellschaft und umgekehrt (sog. kreuzender Formwechsel[173]) hingegen werden abweichend von der zivilrechtlichen und handelsbilanziellen Betrachtung steuerlich als Veräußerungs- und Anschaffungsvorgang behandelt.[174] In diesen Fällen des Formwechsels hat gem. §§ 9 Satz 2, 25 Satz 2 UmwStG jeweils die übertragende Gesellschaft eine steuerliche Übertragungsbilanz und die übernehmende Gesellschaft eine steuerliche Eröffnungsbilanz auf den steuerlichen Übertragungsstichtag zu erstellen.

1955

Für den Formwechsel einer Kapitalgesellschaft in eine Personengesellschaft gelten gem. § 9 UmwStG die Regelungen der §§ 3 bis 8 und 10 UmwStG entsprechend. Für den Formwechsel einer Personengesellschaft in eine Kapitalgesellschaft gelten gem. § 25 UmwStG die Regelungen der §§ 20 ff. UmwStG entsprechend. Es besteht jeweils entsprechend der genannten Vorschriften ein steuerliches Bewertungswahlrecht hinsichtlich des Ansatzes zum Buch-, Zwischenwert oder gemeinen Wert sowie die Möglichkeit der steuerlichen Rückbeziehung des Formwechsels.

1956

---

170 Patt in Dötsch/Pung/Möhlenbrock, Die Körperschaftsteuer, 82. Lfg., § 20 UmwStG Rz. 319–325.
171 Schubert/Gadek, Beck'scher Bilanz-Kommentar, 10. Aufl., München 2016, § 255 Rz. 43; Bula/Schlösser in Sagasser/Bula/Brünger, Umwandlungen, 5. Aufl., München 2017, § 27 Rz. 4f.; IDW RS HFA 41 Rz. 3, 22, FN-IDW 10/2012, S. 539 ff.; Decher in Lutter/Winter, UmwG, 4. Aufl., Köln 2009, § 192 Rz. 64.
172 Deubert/Hoffmann in Winkeljohann/Förschle/Deubert, Sonderbilanzen – Von der Gründungsbilanz bis zur Liquidationsbilanz, 5. Aufl., München 2016, Teil L Rz. 30, IDW RS HFA 41 Rz. 5, FN-IDW 10/2012 S. 539 ff.; a. A. Priester, DB 1995 S. 911, der bei Formwechsel von Personengesellschaften in Kapitalgesellschaften eine Aufstockung der Wertansätze bis zu Zeitwerten für zulässig hält; ebenso wohl Joost in Lutter/Winter, UmwG, 4. Aufl., Köln 2009, § 220 Rz. 23, der den Ansatz der Verkehrswerte insoweit, als dies zur Deckung des Kapitals erforderlich ist, für zulässig erachtet.
173 Graw in Rödder/Herlinghaus/van Lishaut, UmwStG, 2. Aufl., Köln 2013, § 1 UmwStG Rz. 111.
174 BMF, Schreiben v. 11.11.2011 – IV C 2 – S 1978-b/08/10001, BStBl 2011 I S. 1314 Rz. 00.02.

4.4.2 Bilanzierung beim Down-Stream-Merger einer Kapitalgesellschaft auf eine Kapitalgesellschaft

1957 Unter einem Down-Stream-Merger versteht man eine Verschmelzung zur Aufnahme auf einen anderen bestehenden Rechtsträger i. S. d. § 2 Nr. 1 UmwG, bei der der übertragende Rechtsträger am übernehmenden Rechtsträger beteiligt ist (sog. Abwärtsverschmelzung).

1958 Im Falle eines Down-Stream-Mergers einer **Kapitalgesellschaft auf eine andere Kapitalgesellschaft** braucht die übernehmende Gesellschaft gem. § 54 Abs. 1 Satz 2 Nr. 2 UmwG ihr Stammkapital nicht erhöhen.

1959 Steuerlich besteht gem. § 11 Abs. 2 Satz 1 Nr. 3 UmwStG das Bewertungswahlrecht gem. § 11 Abs. 2 Satz 1 UmwStG auch dann, wenn eine Gegenleistung nicht gewährt wird.[175]

1960 **Eigene Anteile**, die die übertragende Körperschaft am steuerlichen Übertragungsstichtag besitzt, gehen mit der Verschmelzung unter und gehen damit nicht auf die übernehmende Körperschaft über. Die eigenen Anteile sind bereits in der steuerlichen Schlussbilanz der übertragenden Körperschaft nicht mehr zu erfassen. Sie werden steuerlich erfolgsneutral ausgebucht.[176]

1961 Bei **Anteilen der Überträgerin an der Übernehmerin** ist wie folgt zu unterscheiden: Werden diese im Zuge der Verschmelzung zu eigenen Anteilen der übernehmenden Kapitalgesellschaft, so besteht nach derzeit h. M. unter den Voraussetzungen des § 11 Abs. 2 UmwStG nicht die Notwendigkeit, die stillen Reserven in diesen Anteilen beim übertragenden Rechtsträger aufzudecken. Dies gilt selbst dann, wenn die übernehmende Gesellschaft die Anteile einzieht, da dies körperschaftsteuerrechtlich ein neutraler gesellschaftsrechtlicher Vorgang ist und sich das tatsächliche Vermögen des übernehmenden Rechtsträgers nicht schmälert.[177]

1962 Werden diese an die Gesellschafter der übertragenden Gesellschaft als Gegenleistung für i. R. d. Verschmelzung untergehende Anteile an der übertragenden Gesellschaft ausgekehrt, werden auch diese steuerlich erfolgsneutral ausgebucht (nachdem allerdings ggf. zunächst die Beteiligungskorrektur nach § 11 Abs. 2 Satz 2 f. UmwStG vorzunehmen ist).[178]

1963 Die Frage, ob diese Anteile im Wege des sog. Direkterwerbs unmittelbar an die Anteilseigner der übertragenen Gesellschaft ausgekehrt werden oder im Wege des sog. Durchgangserwerbs zunächst für eine logische Sekunde von der Tochtergesellschaft übernommen werden, wird steuerlich im Wesentlichen im Hinblick auf die Frage diskutiert, ob die Anteile zu den „übergehenden Wirtschaftsgütern" gem. § 11

---

175 *Rödder* in Rödder/Herlinghaus/van Lishaut, UmwStG, 2. Aufl., Köln 2013, § 11 UmwStG Rz. 139 m. w. N.
176 BMF, Schreiben v. 11.11.2011 – IV C 2 – S 1978-b/08/10001, BStBl 2011 I S. 1314 Rz. 03.05, *Rödder* in Rödder/Herlinghaus/van Lishaut, UmwStG, 2. Aufl., Köln 2013, § 3 UmwStG Rz. 78; *Schmitt* in Schmitt/Hörtnagl/Stratz, UmwG – UmwStG, 7. Aufl., München 2016, § 3 UmwStG Rz. 82.
177 *Schmitt* in Schmitt/Hörtnagl/Stratz, UmwG – UmwStG, 7. Aufl., München 2016, § 11 UmwStG Rz. 99, 100; a. A. Herrmann/Heuer/Raupach, § 14 UmwStG 1977, Rz. 39.
178 *Rödder* in Rödder/Herlinghaus/van Lishaut, UmwStG, 2. Aufl., Köln 2013, § 11 UmwStG Rz. 162; *Schmitt* in Schmitt/Hörtnagl/Stratz, UmwG – UmwStG, 7. Aufl., München 2016, § 11 UmwStG Rz. 75; a. A. BMF, Schreiben v. 11.11.2011 – IV C 2 – S 1978-b/08/10001, BStBl 2011 I S. 1314 Rz. 11.19.

Abs. 2 Satz 1 UmwStG gehören und das Bewertungswahlrecht insoweit nur gegeben ist, wenn die Besteuerung der stillen Reserven in diesen Anteilen im Inland gegeben ist.[179]

5. ABC ausgewählter Bilanzpositionen

Das nachfolgende ABC ausgewählter Bilanzpositionen gibt einen Überblick über die steuerbilanzielle Abbildung ausgewählter praxisrelevanter Sachverhalte im Rahmen von Umwandlungen nach dem UmwStG für den übertragenden wie auch für den übernehmenden Rechtsträger.

1964

Änderungen beim übertragenden Rechtsträger aufgrund Betriebsprüfung: Ändern sich im Falle der Buchwertfortführung die Ansätze der steuerlichen Schlussbilanz beim übertragenden Rechtsträger nachträglich, z. B. aufgrund einer Betriebsprüfung, ist die Übernahmebilanz des übernehmenden Rechtsträgers entsprechend zu ändern. Die Änderung erfolgt nach § 175 Abs. 1 Satz 1 Nr. 2 AO. Eine Bilanzberichtigung ist möglich, wenn bei der Übertragung des Vermögens der gemeine Wert zum Ansatz kommen sollte und sich später z. B. aufgrund einer Betriebsprüfung ergibt, dass die gemeinen Werte tatsächlich höher oder niedriger anzusetzen sind.[180]

1965

Ausgleichsposten bei Abweichungen zwischen handelsrechtlichem und steuerrechtlichem Wertansatz bei Verschmelzung von Kapitalgesellschaften gem. § 11 UmwStG: Gewährt bei einer Verschmelzung gem. §§ 11 ff. UmwStG die übernehmende Körperschaft als Gegenleistung für die Vermögensübertragung neue aus der Kapitalerhöhung entstehende Gesellschaftsrechte an die Anteilseigner der übertragenden Körperschaft, deren Nennwert höher ist als das Nettobuchwertvermögen des übertragenden Rechtsträgers, so wie es sich aus der steuerlichen Schlussbilanz des übertragenden Rechtsträgers ergibt, führt dies nicht zu einer Aufstockung der stillen Reserven in der steuerlichen Übernahmebilanz. Der Differenzbetrag ist vielmehr als steuerliches Minuskapital auf der Aktivseite auszuweisen. Dieser Ausgleichsposten kann nicht abgeschrieben werden, ist jedoch ggf. mit künftig entstehendem steuerlichen Mehrkapital verrechenbar.[181] Entsprechendes gilt in Fällen der Spaltung unter Einbeziehung von Kapitalgesellschaften gem. § 15 UmwStG.

1966

Ausgleichsposten bei Abweichungen zwischen handelsrechtlichem und steuerrechtlichem Wertansatz bei Einbringung in eine Kapitalgesellschaft gem. § 20 UmwStG: Soweit bei einer Einbringung gem. § 20 UmwStG der Ansatz der Sacheinlage in der

1967

---

179 Nach Auffassung im Schrifttum und der FG-Rechtsprechung gehören die Anteile nicht zu den „übergehenden Wirtschaftsgütern" i. S. d. § 11 Abs. 2 Satz 1 UmwStG; vgl. *Rödder* in Rödder/Herlinghaus/van Lishaut, UmwStG, 2. Aufl., Köln 2013, § 11 UmwStG Rz. 162; *Schmitt* in Schmitt/Hörtnagl/Stratz, UmwG – UmwStG, 7. Aufl., München 2016, § 11 UmwStG Rz. 75, FG Düsseldorf, Urteil v. 22.4.2016 – 6 K 1947/14 K, G, EFG 2016 S. 951; a. A. BMF, Schreiben v. 11.11.2011 – IV C 2 – S 1978-b/08/10001, BStBl 2011 I S. 1314 Rz. 11.19, nach Ansicht des BMF sind die Voraussetzungen des § 11 Abs. 2 S. 1 Nr. 2 und 3 UmwStG mit Blick auf die Anteilseigner der übernehmenden Körperschaft zu prüfen. Gegen das Urteil des FG Düsseldorf v. 22.4.2016 (FG Düsseldorf, Urteil v. 22.4.2016 – 6 K 1947/14 K, G, EFG 2016 S. 951) wurde Revision eingelegt. Das Revisionsverfahren ist derzeit noch beim BFH anhängig (BFH, I R 31/16, anhängiges Verfahren v. 19.8.2016).
180 BMF, Schreiben v. 11.11.2011 – IV C 2 – S 1978-b/08/10001, BStBl 2011 I S. 1314 Rz. 20.24; *Schmitt* in Schmitt/Hörtnagl/Stratz, UmwG – UmwStG, 7. Aufl., München 2016, § 20 UmwStG Rz. 320.
181 *Schmitt* in Schmitt/Hörtnagl/Stratz, UmwG – UmwStG, 7. Aufl., München 2016, § 12 UmwStG Rz. 44.

Steuerbilanz der übernehmenden Gesellschaft den Ansatz der Sacheinlage in der Handelsbilanz der übernehmenden Gesellschaft unterschreitet, ist ein steuerlicher Ausgleichsposten zu bilden. Der steuerliche Ausgleichsposten ist nicht Bestandteil des Betriebsvermögens i. S. d. § 4 Abs. 1 Satz 1 EStG, sondern ein bloßer „Luftposten". Der Ausgleichsposten nimmt nicht am Betriebsvermögensvergleich teil.[182] Er ist nicht abschreibungsfähig und hat keinen Einfluss auf das steuerliche Einlagekonto.[183]

1968 **Behandlung organschaftlicher Ausgleichsposten:** Bei Umwandlung des Organträgers geht ein in der steuerlichen Schlussbilanz ausgewiesener organschaftlicher Ausgleichsposten[184] im Falle des Buchwertansatzes auf den übernehmenden Rechtsträger über.[185] Beim Ansatz mit dem gemeinen Wert wird dieser gewinnwirksam aufgelöst. Bei Ansatz eines Zwischenwertes ist der Ausgleichsposten anteilig aufzulösen.[186] Bei einer Verschmelzung der Organgesellschaft auf einen anderen Rechtsträger im Rahmen des Buchwertansatzes bleibt der Ausgleichsposten in der Bilanz des Organträgers bestehen und wandelt sich zum Ausgleichsposten zur Beteiligung an der übernehmenden Gesellschaft.[187] Im Falle der Spaltung hat eine entsprechende Aufteilung zu erfolgen. Wird die Organgesellschaft auf eine Personengesellschaft oder natürliche Person verschmolzen, schreibt § 14 Abs. 4 Satz 5 KStG eine gewinnwirksame Auflösung des organschaftlichen Ausgleichspostens vor.[188]

1969 Zum **Ausgleichsposten anlässlich von Vorgängen im Rückwirkungszeitraum** vgl. Rz. 1949 ff.

1970 **Ausländisches Vermögen/ausländische Betriebsstätte:** Das Bewertungswahlrecht hinsichtlich des Ansatzes des Buchwertes oder eines Zwischenwertes kann für alle Wirtschaftsgüter nur einheitlich ausgeübt werden. Dies gilt grundsätzlich auch für Wirtschaftsgüter einer ausländischen Betriebsstätte, die aufgrund des Umwandlungsvorgangs erstmals unter die deutsche Besteuerungshoheit fallen. Fraglich ist aber, ob für solche Wirtschaftsgüter nach § 4 Abs. 1 Satz 8 i. V. m. § 6 Abs. 1 Nr. 5 bzw. Nr. 5a EStG der Teilwert/gemeiner Wert anzusetzen ist.[189]

1971 **Ausschüttungsverbindlichkeiten bei Umwandlung unter Beteiligung von Kapitalgesellschaften als übertragendem Rechtsträger:** Die vor dem steuerlichen Übertra-

---

182 Nach Auffassung der Finanzverwaltung ist die Aktivierung eines Ausgleichspostens nur dann erforderlich, wenn der Buchwert des eingebrachten Betriebs, Teilbetriebs oder Mitunternehmeranteils niedriger ist als das in der Handelsbilanz ausgewiesene gezeichnete Kapital. vgl. BMF, Schreiben v. 11.11.2011 – IV C 2 – S 1978-b/08/10001, BStBl 2011 I S. 1314 Rz. 20.20.
183 *Schmitt* in Schmitt/Hörtnagl/Stratz, UmwG – UmwStG, 7. Aufl., München 2016, § 20 UmwStG Rz. 270.
184 Kapitel XI Rz. 1690.
185 BMF, Schreiben v. 11.11.2011 – IV C 2 – S 1978-b/08/10001, BStBl 2011 I S. 1314 Rz. Org. 05.
186 Vgl. BMF, Schreiben v. 11.11.2011 – IV C 2 – S 1978-b/08/10001, BStBl 2011 I S. 1314 Rz. Org.05-Org.08; a. A. *Suchanek/Schaaf/Hannweber*, Ubg 2012 S. 223.
187 Vgl. *Suchanek/Schaaf/Hannweber*, Ubg 2012 S. 223, a. A. BMF, Schreiben v. 11.11.2011 – IV C 2 – S 1978-b/08/10001, BStBl 2011 I S. 1314 Rz. Org.21, die Finanzverwaltung will den Ausgleichsposten in voller Höhe auflösen.
188 *Schmitt* in Schmitt/Hörtnagl/Stratz, UmwG – UmwStG, 7. Aufl., München 2016, § 3 UmwStG Rz. 130; zum Thema „Umwandlungen und Organschaft" allgemein vgl. auch *Vogel*, DB 2011 S. 1239.
189 Zu Einzelfragen zu DBA- bzw. nicht-DBA-Fällen vgl. *Rödder* in Rödder/Herlinghaus/van Lishaut, UmwStG, 2. Aufl., Köln 2013, § 3 UmwStG Rz. 78, 104 ff., § 4 UmwStG Rz. 27 ff., § 11 UmwStG Rz. 159, 162, § 12 UmwStG Rz. 47; *Schmitt* in Schmitt/Hörtnagl/Stratz, UmwG – UmwStG, 7. Aufl., München 2016, § 3 UmwStG Rz. 98-100; § 4 UmwStG Rz. 28, § 11 UmwStG Rz. 70, § 12 UmwStG Rz. 21.

gungsstichtag beschlossenen Ausschüttungsverbindlichkeiten sind in der steuerlichen Schlussbilanz zu passivieren, falls die Auszahlung bis zum steuerlichen Übertragungsstichtag noch nicht erfolgt ist. Bei im Rückwirkungszeitraum beschlossenen Ausschüttungen ist im Hinblick auf den auf ausscheidende Gesellschafter entfallenden Anteil der Ausschüttung ein Korrekturposten passivisch zu erfassen.[190]

Ausstehende Einlagen bei Umwandlung unter Beteiligung von Kapitalgesellschaften als übertragendem Rechtsträger: Eingeforderte Einlagen sind nach h. A. als Forderungen der Überträgerin auf ausstehendes Stamm-/Grundkapital in der steuerlichen Schlussbilanz zu aktivieren. Die Aktivierung ist umstritten, falls die Einlagen noch nicht eingefordert worden sind.[191] Richtet sich die Einlageforderung gegen die Übernehmerin, so ist sie ebenfalls zunächst in der Schlussbilanz der übertragenden Körperschaft anzusetzen, erlischt dann aber im Rahmen der Konfusion auf Ebene der Übernehmerin als Übernahmefolgegewinn i. S. d. § 6 UmwStG.[192] Vgl. dazu auch Rücklage für Übernahmefolgegewinn.

1972

Eigene Anteile bei Umwandlung unter Beteiligung von Kapitalgesellschaften als übertragendem Rechtsträger: Soweit die Überträgerin am steuerlichen Übertragungsstichtag eigene Anteile hält, gehen diese mit der Verschmelzung unter. Die eigenen Anteile sind in der steuerlichen Schlussbilanz der Überträgerin nicht mehr zu erfassen.[193] Eine gewinnwirksame Ausbuchung der eigenen Anteile ist außerbilanziell wieder hinzuzurechnen.[194] Es erfolgt eine Minderung des steuerlichen Einlagekontos i. S. d. § 27 KStG der übertragenden Körperschaft.[195]

1973

Forderungen und Verbindlichkeiten: Forderungen und Verbindlichkeiten zwischen dem übertragenden und dem übernehmenden Rechtsträger erlöschen zivilrechtlich erst mit der Eintragung in das Handelsregister. Sie sind damit in der steuerlichen Schlussbilanz des übertragenden Rechtsträgers weiterhin zu aktivieren. Ihr Wegfall durch Konfusion ist

1974

---

190 BMF, Schreiben v. 11. 11. 2011 – IV C 2 – S 1978-b/08/10001, BStBl 2011 I S. 1314 Rz. 02.27, 02.31-02.33; vgl. *Frotscher*, Umwandlungssteuererlass 2011, Freiburg, 2012, zu Rz. 02.31; *Birkemeier* in Rödder/Herlinghaus/van Lishaut, UmwStG, 2. Aufl., Köln 2013, § 11 UmwStG Rz. 162.

191 Aktivierung: *Birkemeier* in Rödder/Herlinghaus/van Lishaut, UmwStG, 2. Aufl., Köln 2013, § 3 UmwStG Rz. 78, § 12 UmwStG Rz. 47; *Widmann* in Widmann/Mayer, Umwandlungsrecht, München, 147. Lfg., § 3 UmwStG Rz. R 145; *Schmitt* in Schmitt/Hörtnagl/Stratz, UmwG – UmwStG, 7. Aufl., München 2016, § 3 UmwStG Rz. 116, § 12 UmwStG Rz. 22; *Möhlenbrock/Pung* in Dötsch/Pung/Möhlenbrock, Die Körperschaftsteuer, 85. Lfg., § 3 UmwStG Rz. 140; Keine Aktivierung, unabhängig davon, ob eingefordert oder nicht eingefordert BMF, Schreiben v. 11.11.2011 – IV C 2 – S 1978-b/08/10001, BStBl 2011 I S. 1314 Rz. 03.05; *Frotscher*, Umwandlungssteuererlass 2011, Freiburg, 2012, zu Rz. 03.05.

192 *Schmitt* in Schmitt/Hörtnagl/Stratz, UmwG – UmwStG, 7. Aufl., München 2016, § 11 UmwStG Rz. 71; *Ropohl/Sonntag* in Haase/Hruschka, UmwStG, 2. Aufl., Berlin 2017, § 11 Rz. 239, 240; a. A. BMF, Schreiben v. 11. 11. 2011 – IV C 2 – S 1978-b/08/10001, BStBl 2011 I S. 1314 Rz. 03.05.

193 BFH, Urteil v. 28.10.1964 – IV 208/64, BStBl 1965 III S. 59 zum UmwStG 1957; *Streck/Posdziech*, GmbHR 1995 S. 271; *Widmann* in Widmann/Mayer, Umwandlungsrecht, München, 147. Lfg., § 3 UmwStG Rz. R 142; BMF, Schreiben v. 11.11.2011 – IV C 2 – S 1978-b/08/10001, BStBl 2011 I S. 1314 Rz. 03.05; *Möhlenbrock/Pung* in Dötsch/Pung/Möhlenbrock, Die Körperschaftsteuer, 85. Lfg., § 3 UmwStG Rz. 140; *Schmitt* in Schmitt/Hörtnagl/Stratz, UmwG – UmwStG, 7. Aufl., München 2016, § 3 UmwStG Rz. 82, 121 m. w. N.; nach Inkrafttreten des BilMoG ist der Ausweis eigener Anteile nicht mehr zulässig. Das Problem stellt sich dann nicht mehr.

194 BMF, Schreiben v. 11.11.2011 – IV C 2 – S 1978-b/08/10001, BStBl 2011 I S. 1314 Rz. 03.05; *Brinkhaus/Grabbe* in Haritz/Menner, Umwandlungssteuergesetz, 4. Aufl., München 2015, § 3 UmwStG Rz. 188-191; *Möhlenbrock/Pung* in Dötsch/Pung/Möhlenbrock, Die Körperschaftsteuer, 85. Lfg., § 3 UmwStG Rz. 143.

195 *Birkemeier* in Rödder/Herlinghaus/van Lishaut, UmwStG, 2. Aufl., Köln 2013, § 3 UmwStG Rz. 78.

erst in der steuerlichen Übernahmebilanz des übernehmenden Rechtsträgers zu verbuchen.[196] Wurde die Forderung in der Vergangenheit wertberichtigt, so ist zu prüfen, ob zum steuerlichen Übertragungsstichtag die Voraussetzungen für eine Zuschreibung gem. § 6 Abs. 1 Nr. 2 Satz 3 i. V. m. Nr. 1 Satz 4 EStG vorliegen. Hat der übertragende Rechtsträger eine abgeschriebene Forderung bilanziert, so muss er noch in der steuerlichen Schlussbilanz die Teilwertabschreibung rückgängig machen, falls die Voraussetzungen der Zuschreibung zum Umwandlungsstichtag vorliegen. In diesem Fall entsteht beim übernehmenden Rechtsträger insoweit kein Übernahmefolgegewinn. Das Gleiche gilt auch, wenn der übernehmende Rechtsträger eine Forderung gegenüber dem übertragenden Rechtsträger teilwertberichtigt hat. Ist der übernehmende Rechtsträger verpflichtet, gem. § 6 Abs. 1 Nr. 2 Satz 3 i. V. m. Nr. 1 Satz 4 EStG die Wertminderung rückgängig zu machen, so ist ein daraus entstehender Gewinn kein Übernahmefolgegewinn, eine Rücklagenbildung ist insoweit ausgeschlossen. Allein die Tatsache, dass es durch die Verschmelzung zu einer Konfusion kommt, führt nicht dazu, dass eine wertberichtigte Forderung wieder werthaltig ist.[197]

1975 **Forderungsverzicht mit Besserungsschein**[198]: Verzichtet ein Nicht-Gesellschafter auf eine Forderung gegenüber dem übertragenden Rechtsträger mit Besserungsschein, so ist in der steuerlichen Schlussbilanz des übertragenden Rechtsträgers eine Schuld nicht mehr auszuweisen.[199] Die bedingte Verpflichtung aus dem Forderungsverzicht mit Besserungsschein geht im Wege der Gesamtrechtsnachfolge auf den übernehmenden Rechtsträger über.[200]

1976 **Geschäfts- oder Firmenwert (GoF):** Ein originärer GoF des übertragenden Rechtsträgers darf im Falle der Buchwertfortführung aufgrund von § 5 Abs. 2 EStG nicht aktiviert werden.[201] In der Bilanz des übernehmenden Rechtsträgers wird ein originärer GoF des übertragenden Rechtsträgers lediglich angesetzt, falls im Rahmen des Umwandlungsvorgangs eine Aufstockung der Buchwerte beabsichtigt ist, d. h. der gemeine Wert oder ein Zwischenwert angesetzt werden soll. Im Falle eines Zwischenwertes findet die sog. (modifizierte) Stufentheorie keine Anwendung. Der originäre GoF der Überträgerin ist prozentual mit aufzustocken.[202] Hat der übertragende Rechtsträger einen derivativen GoF bilanziert und findet eine Buchwertfortführung statt, so übernimmt der überneh-

---

196 BMF, Schreiben v. 11.11.2011 – IV C 2 – S 1978-b/08/10001, BStBl 2011 I S. 1314 Rz. 03.05, 06.01 ff.
197 *Schmitt* in Schmitt/Hörtnagl/Stratz, UmwG – UmwStG, 7. Aufl., München 2016, § 3 UmwStG Rz. 123; nach Auffassung der Finanzverwaltung ist ein Übernahmefolgegewinn i. S. d. § 6 UmwStG aus der Vereinigung von Forderungen und Verbindlichkeiten auch dann in voller Höhe steuerpflichtig, wenn sich die Forderungsabschreibung wegen § 3c Abs. 2 EStG oder wegen § 8b Abs. 3 Satz 4 ff. KStG nicht ausgewirkt hat, vgl. BMF, Schreiben v. 11.11.2011 – IV C 2 – S 1978-b/08/10001, BStBl 2011 I S. 1314 Rz. 06.02; a. A. *Bron*, DStZ 2012, S. 609; *Frotscher*, Umwandlungssteuererlass 2011, Freiburg, 2012, zu Rz. 06.02; *Schmitt* in Schmitt/Hörtnagl/Stratz, UmwG – UmwStG, 7. Aufl., München 2016, § 3 UmwStG Rz. 123.
198 Vgl. Rz. 2178 zum Forderungsverzicht.
199 Kapitel XIII Rz. 2178 ff.
200 *Schmitt* in Schmitt/Hörtnagl/Stratz, UmwG – UmwStG, 7. Aufl., München 2016, § 3 UmwStG Rz. 124.
201 *Birkemeier* in Rödder/Herlinghaus/van Lishaut, UmwStG, 2. Aufl., Köln 2013, § 4 UmwStG Rz. 58.
202 BMF, Schreiben v. 11.11.2011 – IV C 2 – S 1978-b/08/10001, BStBl 2011 I S. 1314 Rz. 03.25, 20.18; *Birkemeier* in Rödder/Herlinghaus/van Lishaut, UmwStG, 2. Aufl., Köln 2013, § 3 UmwStG Rz. 127 m. w. N., § 20 UmwStG Rz. 177, § 23 UmwStG Rz. 185; *Schmitt* in Schmitt/Hörtnagl/Stratz, UmwG – UmwStG, 7. Aufl., München 2016, § 20 UmwStG Rz. 300, § 24 UmwStG Rz. 186, 188.

mende Rechtsträger den derivativen GoF des übertragenden Rechtsträgers nach der steuerlichen Fußstapfentheorie.[203]

KSt-Guthaben bei Umwandlung unter Beteiligung einer Kapitalgesellschaft als übertragendem Rechtsträger: Ein noch bestehender Anspruch auf Auszahlung des KSt-Guthabens i. S. d. § 37 Abs. 5 KStG ist in der steuerlichen Schlussbilanz der übertragenden Körperschaft mit dem Barwert als Forderung zu aktivieren. Die Forderung geht zivilrechtlich im Rahmen des betreffenden sich nach den Regelungen des Umwandlungsgesetzes vollziehenden Umwandlungsvorgangs durch Gesamtrechtsnachfolge auf den übernehmenden Rechtsträger über.[204] 1977

Bei der Verschmelzung als einem Vorgang der Gesamtrechtsnachfolge, bei dem der übertragende Rechtsträger erlischt, geht die Forderung gem. § 45 Abs. 1 Satz 1 AO auf den übernehmenden Rechtsträger über.[205] Dies gilt nicht bei Umwandlungsvorgängen unter partieller Gesamtrechtsnachfolge/Sonderrechtsnachfolge, da das bisherige Steuerrechtssubjekt nicht erlischt.[206] Insoweit wie auch bei Einzelrechtsnachfolge kann ein Anspruch grundsätzlich nur unter den Voraussetzungen des § 46 AO abgetreten werden.[207]

Behandlung steuerlicher Passivierungsverbote: Im Falle eines Ansatzes des übergehenden Betriebsvermögens mit einem Wert über dem Buchwert sind auch Passiva, für die steuerlich Passivierungsverbote gelten, in der Übertragungsbilanz anzusetzen.[208] Dies gilt insbesondere für Drohverlustrückstellungen gem. § 5 Abs. 4a EStG. Vgl. Kapitel XII Rz. 1914. 1978

Bewertung von Pensionsrückstellungen nach § 6a EStG: Pensionsrückstellungen sind ausschließlich mit dem Wert nach § 6a EStG anzusetzen. Die Bewertung der Pensionsrückstellung nach § 6a EStG gilt unabhängig davon, ob die anderen Wirtschaftsgüter mit einem Buch-, Zwischenwert oder zum gemeinen Wert angesetzt werden.[209] 1979

Bewertung einer Pensionsrückstellung zugunsten eines Gesellschafter-Geschäftsführers bei Umwandlung einer Kapitalgesellschaft auf den Pensionsberechtigten: Bei der Umwandlung einer Körperschaft auf eine natürliche Person ist eine Pensionsrückstellung zugunsten des Gesellschafter-Geschäftsführers auf Ebene der Übernehmerin gewinnerhöhend aufzulösen. Für den Gewinn kann eine Rücklage gem. § 6 Abs. 1 Satz 1 UmwStG gebildet werden. Aufgrund der Umwandlung fallen in diesem Fall Pensionsverpflichtung und Pensionsanwartschaft zusammen und erlöschen durch Konfusion.[210] Wird eine Rückdeckungsversicherung von der übernehmenden natürlichen Person fort- 1980

---

203 *Schmitt* in Schmitt/Hörtnagl/Stratz, UmwG – UmwStG, 7. Aufl., München 2016, § 4 UmwStG Rz. 33.
204 *Birkemeier* in Rödder/Herlinghaus/van Lishaut, UmwStG, 2. Aufl., Köln 2013, § 3 UmwStG Rz. 65.
205 AEAO zu § 45 Nr. 1 Satz 2.
206 AEAO zu § 45 Nr. 2 Satz 1; BFH v. 7.8.2002 – I R 99/00, BStBl 2003 II S. 835; Vgl. *Schindler* in Beermann/Gosch, 118. Lfg., § 45 AO Rz. 15 f.; BFH, Urteil v. 7.8.2002 – I R 99/00, BStBl 2003 II S. 835; v. 23.3.2005 – III R 20/03, BStBl 2006 II S. 432.
207 Vgl. *Sedemund/Schreiber*, DB 2009 S. 697.
208 Vgl. Rz. 1914; so auch *Frotscher*, in Frotscher/Maas, UmwStG, § 11 UmwStG Rz. 54, Stand: 4.9.2014; auch nach Ansicht der Finanzverwaltung gelten die steuerlichen Ansatzverbote des § 5 UmwStG nicht für die steuerliche Schlussbilanz, vgl. BMF, Schreiben v. 11.11.2011 – IV C 2 – S 1978-b/08/10001, BStBl 2011 I S. 1314, Rz. 03.06, 11.03, 20.20.
209 BMF, Schreiben v. 11.11.2011 – IV C 2 – S 1978-b/08/10001, BStBl 2011 I S. 1314 Rz. 03.07 ff.
210 BMF, Schreiben v. 11.11.2011 – IV C 2 – S 1978-b/08/10001, BStBl 2011 I S. 1314 Rz. 06.07; *Stahl* in Carlé/Korn/Stahl/Strahl, Umwandlungen, Köln 2007, Rz. 70.

geführt, so geht der Rückdeckungsanspruch auf diese über und wird dadurch Privatvermögen. Die Überführung ins Privatvermögen erfolgt als Entnahme nach § 6 Abs. 1 Nr. 4 EStG mit dem Teilwert. Falls die Rückdeckungsversicherung von der Überträgerin gekündigt wird, ist der Rückkaufswert mit dem Rückdeckungsanspruch zu verrechnen, ein Restbetrag ist erfolgswirksam aufzulösen.[211]

1981 **Behandlung von Pensionsrückstellungen zugunsten von Gesellschaftern bei Umwandlung einer Kapitalgesellschaft in eine Personengesellschaft:** Die von einer Kapitalgesellschaft gebildete Pensionsrückstellung ist beim Vermögensübergang auf eine Personengesellschaft nicht aufzulösen.[212] Die Pensionsrückstellung bleibt in der Steuerbilanz bestehen und ist nunmehr mit dem Anschaffungsbarwert nach § 6a Abs. 3 Nr. 2 EStG zu bewerten.[213] Die Aufzinsung dieser „alten" Pensionsrückstellung in den folgenden Wirtschaftsjahren ist für die Personengesellschaft eine abziehbare Betriebsausgabe. Falls die betreffenden Gesellschafter durch ihre Tätigkeit für die Personengesellschaft weitere Pensionsansprüche erdienen, sind die Zuführungen zu der Rückstellung sowie die Aufzinsungen für die „neuen" Pensionszusagen Betriebsausgaben in der Gesamthandsbilanz, werden aber in der Sonderbilanz des betreffenden Mitunternehmers durch einen korrespondierenden Aktivposten neutralisiert.[214]

1982 **Rücklage für Übernahmefolgegewinn:** Nach § 6 Abs. 1 Satz 1 UmwStG darf der übernehmende Rechtsträger eine gewinnmindernde Rücklage bilden, wenn infolge einer Konfusion von Forderungen und Verbindlichkeiten aufgrund des Umwandlungsvorgangs bzw. im Fall der Auflösung von Rückstellungen ein Gewinn entsteht. Das Wahlrecht der Rücklagenbildung bezieht sich auf die Bildung der Rücklage dem Grunde und der Höhe nach. Diese Rücklage ist in den auf ihre Bildung folgenden drei Wirtschaftsjahren mit mindestens je einem Drittel gewinnerhöhend aufzulösen. Für das Wirtschaftsjahr, in dem der Übertragungsstichtag liegt, ist keine gewinnerhöhende Auflösung der Rücklage vorgesehen. Die Rücklage dient der Abmilderung der Steuerfolgen eines ggf. zusammengeballten Übernahmefolgegewinns durch Verteilung der steuerlichen Erträge auf bis zu drei Jahre.[215]

1983 **Selbst geschaffene immaterielle Wirtschaftsgüter des Anlagevermögens:** Bei steuerlicher Rechtsnachfolge und Buchwertfortführung findet im Falle von selbst geschaffenen immateriellen Wirtschaftsgütern des Anlagevermögens das Bilanzierungsverbot des § 5 Abs. 2 EStG Anwendung. Das bedeutet, dass selbst geschaffene immaterielle Wirtschaftsgüter des Anlagevermögens der Überträgerin wie bspw. Patente oder ein originärer Firmenwert bei der Übernehmerin ebenfalls nicht aktiviert werden dürfen. Etwas anderes gilt für den Fall, dass insgesamt für die Wirtschaftsgüter ein Wertansatz gewählt wird,

---

211 BMF, Schreiben v. 11.11.2011 – IV C 2 – S 1978-b/08/10001, BStBl 2011 I S. 1314 Rz. 06.07; *Birkemeier* in Rödder/Herlinghaus/van Lishaut, UmwStG, 2. Aufl., Köln 2013, § 3 UmwStG Rz. 78.
212 BMF, Schreiben v. 11.11.2011 – IV C 2 – S 1978-b/08/10001, BStBl 2011 I S. 1314 Rz. 06.04.
213 *Birkemeier* in Rödder/Herlinghaus/van Lishaut, UmwStG, 2. Aufl., Köln 2013, § 6 UmwStG Rz. 21; *Schmitt* in Schmitt/Hörtnagl/Stratz, UmwG – UmwStG, 7. Aufl., München 2016, § 6 UmwStG Rz. 18; a. A. BMF, Schreiben v. 11.11.2011 – IV C 2 – S 1978-b/08/10001, BStBl 2011 I S. 1314 Rz. 06.05, die Finanzverwaltung will die Einbuchung mit dem Wert nach § 6a Abs. 3 S. 2 Nr. 1 EStG vornehmen.
214 BMF, Schreiben v. 11.11.2011 – IV C 2 – S 1978-b/08/10001, BStBl 2011 II S. 1314 Rz. 06.06; *Birkemeier* in Rödder/Herlinghaus/van Lishaut, UmwStG, 2. Aufl., Köln 2013, § 6 UmwStG Rz. 24.
215 *Birkemeier* in Rödder/Herlinghaus/van Lishaut, UmwStG, 2. Aufl., Köln 2013, § 6 UmwStG Rz. 43-48; Rz. 1975.

der über den Buchwert hinausgeht.[216] In diesem Fall aktiviert die Übernehmerin die immateriellen Wirtschaftsgüter und schreibt diese nach den allgemeinen Regeln ab.[217]

Steuerfreie Rücklagen: Steuerfreie Rücklagen sind bei Buch- und Zwischenwertansatz in der steuerlichen Schlussbilanz auszuweisen.[218] 1984

Stille Gesellschaft: Besteht zwischen der Überträgerin und der Übernehmerin eine typische stille Gesellschaft, so erlischt diese aufgrund der Umwandlung durch Konfusion. Bei unterschiedlichen Bilanzansätzen kann es zu einem Konfusionsgewinn nach § 6 UmwStG kommen. Im Falle einer atypisch stillen Beteiligung zwischen der Überträgerin und der Übernehmerin erlischt die stille Gesellschaft aufgrund der Umwandlung mit Wirkung zum steuerlichen Übertragungsstichtag entsprechend den Grundsätzen zur Anwachsung des Vermögens einer Personengesellschaft bei Ausscheiden des vorletzten Gesellschafters.[219] 1985

Umwandlungskosten bei Verschmelzung: Die jeweiligen Kosten einer Umwandlung sind von den an der Umwandlung beteiligten Rechtsträgern selbst zu tragen. Umwandlungskosten der Überträgerin sind sofort abzugsfähige Betriebsausgaben i. S. d. § 4 Abs. 4 EStG.[220] Die Umwandlungskosten des übernehmenden Rechtsträgers werden bei der Ermittlung des Übernahmeergebnisses i. S. d. § 4 Abs. 4, 5 UmwStG berücksichtigt. Die Kostenzuordnung richtet sich nach dem objektiven wirtschaftlichen Veranlassungszusammenhang und steht nach Auffassung des BFH nicht zur Disposition der Verschmelzungsbeteiligten.[221] Es ist bei den Kosten des Umwandlungsvorgangs, die der Sphäre der Übernehmerin zuzuordnen sind, noch zu differenzieren, ob es sich um objektbezogene Kosten handelt. Objektbezogene Kosten, wie bspw. konkret objektbezogene Notar- und Beurkundungskosten, sind bei den einzelnen Wirtschaftsgütern als zusätzliche Anschaffungskosten zu aktivieren.[222] Nach Ansicht der Finanzverwaltung sollen nicht objektbezogene Kosten, die bei der Verschmelzung einer Körperschaft auf eine Personengesellschaft dem übertragenden Rechtsträger zuzuordnen sind, dem übernehmenden Rechtsträger zuzuordnen sein, wenn sie nach dem steuerlichen Übertragungsstichtag entstanden sind.[223] 1986

---

216 BMF, Schreiben v. 11.11.2011 – IV C 2 – S 1978-b/08/10001, BStBl 2011 I S. 1314 Rz. 03.06, 04.16; kritisch zur Verwaltungsauffassung *van Lishaut* in Rödder/Herlinghaus/van Lishaut, UmwStG, 2. Aufl., Köln 2013, § 4 UmwStG Rz. 51.

217 BMF, Schreiben v. 11.11.2011 – IV C 2 – S 1978-b/08/10001, BStBl 2011 I S. 1314 Rz. 06.06; *Birkemeier* in Rödder/Herlinghaus/van Lishaut, UmwStG, 2. Aufl., Köln 2013, § 4 UmwStG Rz. 51.

218 BMF, Schreiben v. 11.11.2011 – IV C 2 – S 1978-b/08/10001, BStBl 2011 I S. 1314 Rz. 03.04; *Schmitt* in Schmitt/Hörtnagl/Stratz, UmwG – UmwStG, 7. Aufl., München 2016, § 3 UmwStG Rz. 134.

219 *Birkemeier* in Rödder/Herlinghaus/van Lishaut, UmwStG, 2. Aufl., Köln 2013, § 4 UmwStG Rz. 20, 18; zu weiteren Auswirkungen der atypisch stillen Gesellschaft im Umwandlungsfall vgl. *Suchanek*, Ubg 2012 S. 431.

220 BFH, Urteil v. 22.4.1998 – I R 83/96, DB 1998 S. 1945.

221 BFH, Urteil v. 22.4.1998 – I R 83/96, DB 1998 S. 1945; *Widmann* in Widmann/Mayer, Umwandlungsrecht, 47. Lfg., § 3 UmwStG Rz. 174; zu Einzelfragen der Zuordnung von Umwandlungskosten auf die beteiligten Rechtsträger vgl. *Schmitt* in Schmitt/Hörtnagl/Stratz, UmwG – UmwStG, 7. Aufl., München 2016, § 3 UmwStG Rz. 136, § 4 UmwStG Rz. 43, § 11 UmwStG Rz. 89, § 12 UmwStG Rz. 35.

222 Vgl. z. B. *Steierberg* in Haase/Hruschka, UmwStG, 2. Aufl. 2017, § 4 Rz. 98; BMF, Schreiben v. 11.11.2011 – IV C 2 – S 1978-b/08/10001, BStBl 2011 I S. 1314 Rz. 04.34.

223 Vgl. BMF, Schreiben v. 11.11.2011 – IV C 2 – S 1978-b/08/10001, BStBl 2011 I S. 1314 Rz. 04.34. Die Verwaltungsauffassung steht im Widerspruch zur Rechtsprechung des BFH, vgl. *Schmitt* in Schmitt/Hörtnagl/Stratz, UmwG – UmwStG, 7. Aufl., München 2016, § 12 UmwStG Rz. 35 m. w. N.

1987 **Vergütungen an Anteilseigner:** Vergütungen, die an Gesellschafter der übernehmenden Personengesellschaft für die Überlassung von Wirtschaftsgütern oder Darlehen sowie Tätigkeiten für die Personengesellschaft gezahlt werden, stellen ab dem Umwandlungsstichtag Sonderbetriebseinnahmen i. S. d. § 15 Abs. 1 Nr. 2 EStG dar.[224] Soweit entsprechende Vergütungen von der übertragenden Körperschaft noch geschuldet werden, die vor dem steuerlichen Übertragungsstichtag entstanden sind, sind diese Verbindlichkeiten in der steuerlichen Schlussbilanz der Überträgerin gewinnwirksam zu passivieren.[225]

6. Sonstige Umwandlungsvorgänge
6.1 Übertragung von Einzelwirtschaftsgütern

1988 Umstrukturierungsvorgänge können auch die isolierte Übertragung von Einzelwirtschaftsgütern vorsehen. Hinsichtlich der bilanzsteuerrechtlichen Behandlung und Wirkungen ist zu differenzieren zwischen der Übertragung der Einzelwirtschaftsgüter auf Kapitalgesellschaften oder auf Personengesellschaften.

1989 Im Falle der Übertragung von Einzelwirtschaftsgütern des Gesellschafters auf eine Kapitalgesellschaft z. B. im Rahmen einer Sachkapitalerhöhung erfolgt die Bewertung nach Maßgabe von § 6 Abs. 6 Satz 1 EStG. Bei einer verdeckten Einlage vollzieht sich die Einlagebewertung nach § 6 Abs. 1 Nr. 5 EStG.[226]

1990 Im Falle der Übertragung von Einzelwirtschaftsgütern des Gesellschafters auf eine Personengesellschaft gegen Gewährung von Gesellschaftsrechten ist auch hier vom Grundsatz her ein tauschähnlicher Vorgang gegeben.[227] Daher gilt grundsätzlich auch hier § 6 Abs. 6 Satz 1 EStG. Diese Regelung wird jedoch durch § 6 Abs. 5 Satz 3 EStG, die insoweit lex specialis ist, verdrängt. Sie ordnet grundsätzlich die Buchwertfortführung an.[228]

1991 Eine Übertragung gegen Gewährung von Gesellschaftsrechten liegt vor, wenn die durch die Übertragung eingetretene Erhöhung des Vermögens der Personengesellschaft dem Kapitalkonto des Einbringenden gutgeschrieben wird, das für seine Beteiligung am Gesellschaftsvermögen maßgebend ist.[229]

1992 Neben dem Fall der Übertragung gegen Gewährung von Gesellschaftsrechten erfasst § 6 Abs. 5 EStG auch Fälle der verdeckten Einlage von Wirtschaftsgütern des Gesellschafters in eine Personengesellschaft. Eine verdeckte Einlage liegt vor, wenn dem Einbringenden überhaupt keine Gesellschaftsrechte gewährt werden und demzufolge die

---

224 *Pung/Werner* in Dötsch/Patt/Pung/Möhlenbrock, Umwandlungssteuerrecht, Stuttgart, 85. Lfg., § 4 UmwStG (SEStEG) Rz. 113; BMF, Schreiben v. 25.3.1998, BStBl 1998 I S. 268, Tz. 02.39.
225 *Möhlenbrock/Pung* in Dötsch/Pung/Möhlenbrock, Die Körperschaftsteuer, 85. Lfg., § 3 UmwStG Rz. 138; *Birkemeier* in Rödder/Herlinghaus/van Lishaut, UmwStG, 2. Aufl., Köln 2013, § 3 UmwStG Rz. 78.
226 BFH, Urteil v. 22.7.2005 – X R 22/02, BStBl 2006 II S. 457.
227 BFH, Urteile v. 24.1.2008 – IV R 37/06, BStBl 2011 II S. 617; v. 19. 10. 1998 – VIII R 69/95, BStBl 2000 II S. 230.
228 Zum Thema „Übertragung von Einzelwirtschaftsgütern" vgl. insbesondere *Niehus/Wilke* in HHR, EStG/KStG, 271. Lfg. Sept. 2015, § 6 EStG Rz. 1550 ff. sowie Teil A Kap. X, Rz. 1559 ff.
229 BMF, Schreiben v. 8.12.2011 – IV C 6 – S 2241/10/10002, DStR 2011 S. 2401, Rz. 16.

Übertragung des Wirtschaftsguts ausschließlich auf einem gesamthänderisch gebundenen Kapitalrücklagenkonto gutgeschrieben wird.[230]

Des Weiteren erfasst der Anwendungsbereich auch die Fälle der Übertragung eines Einzelwirtschaftsgutes gegen Minderung von Gesellschaftsrechten aus dem Gesamthandsvermögen in ein Betriebsvermögen des Gesellschafters sowie die verdeckte Entnahme aus dem Gesamthandsvermögen einer Personengesellschaft. Eine Übertragung gegen Minderung von Gesellschaftsrechten liegt vor, wenn die durch die Übertragung eines Wirtschaftsgutes von der Personengesellschaft auf den Mitunternehmer eingetretene Minderung des Vermögens der Personengesellschaft bei dem für die Beteiligung am Gesellschaftsvermögen maßgebenden Kapitalkonto des Gesellschafters belastet wird.[231] Bei einer verdeckten Entnahme erfolgt – entsprechend zur verdeckten Einlage – eine Minderung der gesamthänderischen Rücklage. 1993

Ist Bestandteil der Übertragung auch eine Übertragung von Verbindlichkeiten, so lag nach der bisher h. M. ein teilentgeltlicher Vorgang vor, da die Übernahme von Verbindlichkeiten als (zusätzliches) Entgelt gerechnet wird (sog. Trennungstheorie).[232] Von einem teilentgeltlichen Vorgang war auch dann auszugehen, wenn als Gegenleistung für die Übertragung des einzelnen Wirtschaftsgutes neben der Gewährung von Gesellschaftsrechten weitere Gegenleistungen durch den übernehmenden Rechtsträger gewährt wurden. Dieser Trennungstheorie folgte bisher die Rechtspraxis wie auch die Verwaltungsauffassung.[233] Nach neuer Rechtsprechung des IV. Senats des BFH findet eine Einheitsbetrachtung Anwendung.[234] Bei einem Entgelt bis zur Höhe des Buchwerts kommt es nicht zu einer Gewinnrealisierung.[235] Die Finanzverwaltung wendet diese Rechtsauffassung derzeit noch nicht an.[236] 1994

Neben der Übertragung eines einzelnen Wirtschaftsgutes kann die Regelung des § 6 Abs. 5 Satz 3 EStG auch die Übertragung von mehreren Einzelwirtschaftsgütern erfassen, sofern es sich dabei nicht um eine Sachgesamtheit in Form des Betriebs, Teilbetriebs oder Mitunternehmeranteils handelt.[237] 1995

Für die weiteren Einzelheiten zum Thema § 6 Abs. 5 EStG vgl. *Kahle* Rz. 1550 ff. 1996

---

230 BMF, Schreiben v. 8.12.2011 – IV C 6 – S 2241/10/10002, DStR 2011 S. 2401, Rz. 14; BMF, Schreiben v. 11.7.2011 – IV C 6 – S 2178/09/10001, BStBl 2011 I S. 713.
231 *Schulze* in Widmann/Mayer, Umwandlungsrecht, München, 119. Lfg., Anh. 16 Rz. 63.
232 BMF, Schreiben v. 7.6.2001 – IV A 6 – S-2241 – 52/01, BStBl 2001 I S. 367; *Kulosa* in Schmidt, EStG, 37. Aufl., München 2018, § 6 Rz. 696 m. w. N.
233 Vgl. *Kulosa* in Schmidt, EStG, 37. Aufl., München 2018, § 6 Rz. 697; BMF, Schreiben v. 8.12.2011 – IV C 6-S-2241/10/10002, BStBl 2011 I S. 1279, Rz. 15; v. 7.6.2001 – IV A 6 –S-2241 – 52/01, BStBl 2001 I S. 367 unter 4; BFH, Urteil v. 11.12.2001 VIII R 58/98, BStBl 2002 II S. 420 unter B.I.3.b.cc); kritisch *Groh*, DB 2003 S. 1403 f.
234 Vgl. *Kulosa* in Schmidt, EStG, 37. Aufl., München 2018, § 6 Rz. 697; *Prinz/Hütig*, DB 2012 S. 2597; BFH, Urteil v. 21.6.2012 – IV R 1/08, BFH/NV 2012 S. 1536; BFH, Urteil v. 19.9.2012 – IV R 11/12, BFH/NV 2012 S. 1880.
235 Vgl. *Kulosa* in Schmidt, EStG, 37. Aufl., München 2018, § 6 Rz. 696 f. m. w. N.
236 BMF, Schreiben v. 12.9.2013 – IV C6 – S 2241/10/10002, BStBl 2013 I S. 1164.
237 *Niehus/Wilke* in HHR, EStG/KStG, 271. Lfg. Sept. 2015, § 6 EStG Rz. 1422; die Übertragung von Sachgesamtheiten richtet sich nach den Vorschriften über die Realteilung (§ 16 Abs. 3 Satz 2 EStG) oder die Einbringung (§ 24 UmwStG).

6.2 Realteilung

1997 Die Realteilung ist *das* steuerliche Instrument zur **"Aufteilung"** einer Mitunternehmerschaft auf ihre Gesellschafter. Nach § 16 Abs. 3 Satz 2 EStG erfolgt eine Realteilung bei Erfüllung der dort genannten Voraussetzungen zu Buchwerten.[238] Der BFH unterscheidet zwei Fälle der Realteilung:[239]

- Eine **echte Realteilung** liegt vor bei zivilrechtlicher Auflösung der Mitunternehmerschaft. Es handelt sich um eine Aufgabe des Gewerbebetriebs der Mitunternehmerschaft.[240]

- Eine **unechte Realteilung** liegt vor bei einem Ausscheiden eines Mitunternehmers gegen Sachwertabfindung bei zivilrechtlichem Fortbestehen der Mitunternehmerschaft. Es handelt sich um die Aufgabe des Mitunternehmeranteils des ausscheidenden Mitunternehmers.[241]

In beiden Fällen gehört zu den Voraussetzungen der Realteilung, dass das vom Ausscheidenden im Rahmen der Realteilung übernommene Vermögen in ein Betriebsvermögen des Ausscheidenden übertragen wird. Bei dem übernommenen Betriebsvermögen kann es sich um Teilbetriebe, Mitunternehmeranteile oder einzelne Wirtschaftsgüter handeln.

Der BFH[242] hat mit der Differenzierung zwischen echter und unechter Realteilung die Realteilung mit deutlich verändertem Verständnis fortentwickelt. Nach bisherigem Verständnis setzte eine Realteilung die Auflösung der Mitunternehmerschaft voraus. Nunmehr kann auch das Ausscheiden eines Mitunternehmers bei Fortbestand der Mitunternehmerschaft gegen Sachwertabfindung eine Realteilung darstellen. Zu beachten ist allerdings, dass im derzeitigen BMF-Schreiben zur Realteilung vom 20.12.2016[243] die Rechtsprechung des BFH[244] noch nicht vollständig berücksichtigt worden ist; insbesondere die Anwendung der für den Steuerpflichtigen günstige BFH-Rechtsprechung[245] zum Ausscheiden mit Sachwertabfindung in Form von Einzelwirtschaftsgütern (unechte Realteilung) ist derzeit noch offen.

1998 Bei der Realteilung gibt es Sperrfristen für die Veräußerung der im Zuge der Realteilung erhaltenen Wirtschaftsgüter, bei deren Verletzung rückwirkend der gemeine Wert anzusetzen ist. Ebenso ist insoweit der gemeine Wert anzusetzen, als sich durch die Realteilung der Anteil einer Körperschaft erhöht.

---

[238] Vgl. *Forst/Schaaf/Hannweber*, WPg 2018, S. 164.

[239] Vgl. BFH, Urteil v. 16.3.2017 – IV R 31/14, DB 2017 S. 1424, Kap. B.II.2.b).bb).

[240] Das entspricht auch dem bisherigen Verständnis der Realteilung. Vgl. BFH, Urteil vom 17.9.2015 – III R 49/13, BStBl 2017 II S. 37, m. w. N.; derzeit ist das grundsätzlich auch noch das Verständnis der Finanzverwaltung: BMF, Schreiben vom 20.12.2016 – IV C 6 – S 2242/07/10002:004, BStBl 2017 I S. 36.

[241] Mit dem Urteil (BFH v. 16.3.2017 – IV R 31/14, DB 2017 S. 1424) erweitert der BFH den Anwendungsbereich der Realteilung.

[242] Vgl. BFH, Urteile v. 17.9.2015 – III R 49/13, BStBl 2017 II S. 37; v. 16.12.2015 – IV R 8/12, BStBl 2017 II S. 766; v. 16.3.2017 – IV R 31/14, DB 2017 S. 1424; v. 30.3.2017 – IV R 11/15, DB 2017 S. 1427; ausführlich zu den Urteilen: *Forst/Schaaf/Hannweber*, WPg 2018 S. 164.

[243] BMF, Schreiben v. 20.12.2016 - IV C 6-S 2242/07/10002:004, BStBl 2017 I S. 36.

[244] Vgl. BFH, Urteile v. 17.9.2015 – III R 49/13, BStBl 2017 II S. 37; v. 16.12.2015 – IV R 8/12, BStBl 2017 II S. 766; v. 16.3.2017 – IV R 31/14, DB 2017 S. 1424; v. 30.3.2017 – IV R 11/15, DB 2017 S. 1427; ausführlich zu den Urteilen: *Forst/Schaaf/Hannweber*, WPg 2018 S. 164.

[245] Vgl. BFH, Urteil v. 30.3.2017 – IV R 11/15, DB 2017 S. 1427.

6. Sonstige Umwandlungsvorgänge

Die Realteilungsgrundsätze können auch auf die Aufspaltung einer Personengesellschaft gem. §§ 123 ff. UmwG Anwendung finden.[246] Andererseits können, soweit es sich bei dem übernommenen Vermögen um Teilbetriebe oder Mitunternehmeranteile handelt, auch die Voraussetzungen des § 24 UmwStG vorliegen.[247] Während nach den Realteilungsgrundsätzen zwingend die Buchwertfortführung zu erfolgen hat, kann nach § 24 UmwStG auch das Bewertungswahlrecht zugunsten des Ansatzes eines Zwischenwerts oder gemeinen Werts ausgeübt werden.

1999

Steuerbilanziell erfolgt die Realteilung durch die sog. Kapitalkontenanpassungsmethode[248], die im Regelfall[249] zu einer interpersonellen Verlagerung von stillen Reserven[250] und damit einhergehender latenter Steuerlasten führt. Bei der Kapitalkontenanpassungsmethode werden die Kapitalkonten der Realteiler laut Schlussbilanz der Mitunternehmerschaft durch Auf- oder Abstocken gewinnneutral dahin angepasst, dass ihre Höhe der Summe der Buchwerte der übernommenen Wirtschaftsgüter entspricht.[251]

2000

BEISPIEL[252] Die AB KG besitzt zwei Immobilien (Verkehrswert: jeweils 100), der Buchwert der Immobilie I beträgt 100, der Buchwert der Immobilie II beträgt 0. An der KG sind A und B zu jeweils 50 beteiligt. Im Zuge der echten Realteilung strebt A die Übernahme von Immobilie I an und B die Übernahme von Immobilie II. Zeitlich kurz vor der Realteilung

- bringt A seinen Mitunternehmeranteil an der AB KG steuerneutral nach § 24 UmwStG in die A KG ein (A ist zu 100% vermögensmäßig beteiligt) und
- bringt B seinen Mitunternehmeranteil an der AB KG steuerneutral nach § 24 UmwStG in die B KG ein (B ist zu 100% vermögensmäßig beteiligt).

Die latente Steuerlast auf die stillen Reserven in Immobilie II geht ausschließlich auf die B-KG und mithin mittelbar auf B über.

AB KG (vor Kapitalkontenanpassung)			
Immo I (VW 100)	100	Kap A	50
Immo II (VW 100)	0	Kap B	50
	100		100

A KG (nach Kapitalkontenanpassung)			
Immo I (VW 100)	100	Kap A	100
	100		100

---

246 Auch die Upstream-Abspaltung fällt unter den Begriff der steuerlichen Realteilung, sofern damit das Ausscheiden des Mitunternehmers aus der Mitunternehmerschaft verbunden ist, vgl. *Forst/Schaaf/Hannweber*, WPg 2018, S. 164.
247 Zum Verhältnis von § 16 EStG zu § 24 UmwStG und § 6 Abs. 5 EStG vgl. *Steiner/Ullmann*, StuW 2017, 320; *Niehus/Wilke* in HHR, EStG/KStG, 271. Lfg., § 6 Rz. 1507 f.
248 Vgl. BFH, Urteil v. 10.12.1991 - VIII R 69/86, BStBl 1992 II S. 385; BMF, Schreiben v. 20.12.2016 – IV C 6 – S 2242/07/10002:004, BStBl 2017 I S. 36 unter VII.
249 Die auf die Realteiler übergehenden Wirtschaftsgüter enthalten in der Regel unterschiedlich hohe stille Reserven.
250 Gegen die Kapitalkontenanpassungsmethode und das dadurch verursachte Überspringen von stillen Reserven vor dem Hintergrund des Subjektsteuerprinzips: *Siegel*, DB 2016, S. 2245; *Bareis*, DB 2016, S. 2973.
251 Vgl. BFH, Urteil v. 10.12.1991 - VIII R 69/86, BStBl 1992 II S. 385; BMF, Schreiben v. 20.12.2016 – IV C 6 – S 2242/07/10002:004, BStBl 2017 I S. 36 unter VII.
252 Vgl. *Forst/Schaaf/Hannweber*, WPg 2018 S. 164.

	B KG (nach Kapitalkontenanpassung)	
Immo II (VW 100)	0	Kap B	0
	0		0

Im Rahmen der Auseinandersetzung ist zu regeln,
- ob die latente Steuerlast bei der Auseinandersetzung berücksichtigt wird,
- auf Basis welcher Prämissen die latente Steuerlast ermittelt wird und
- ob ein etwaiger Ausgleich über die Bewertung des Vermögens oder anderweitig erfolgt.[253]

Dies ist bei der Aufteilung zu berücksichtigen.[254]

6.3 Anwachsung

2001 Die Regelungen zur Anwachsung nach § 738 BGB, welche maßgebend sind für die Auseinandersetzung über das Vermögen einer Personengesellschaft, werden in der Praxis häufig als eine Alternative zu dem sich nach den Regelungen des Umwandlungsgesetzes vollziehenden Umwandlungsvorgang der Verschmelzung genutzt. Zu unterscheiden ist zwischen der einfachen und der erweiterten Anwachsung.[255]

2002 Bei der **einfachen Anwachsung** scheiden alle Gesellschafter bis auf einen – sei es gegen oder unter Verzicht auf die Zahlung einer Abfindung – aus der Gesellschaft aus. Zivilrechtlich handelt es sich hierbei um einen Vorgang der Gesamtrechtsnachfolge, der die Anwachsung des Vermögens der Gesellschaft beim verbleibenden Gesellschafter zur Folge hat.[256] Die Personengesellschaft erlischt dabei ohne Liquidation.[257]

2003 Eine Rückbeziehung der einfachen Anwachsung ist weder handels- noch steuerrechtlich mangels eines unter das Umwandlungsgesetz bzw. Umwandlungssteuergesetz fallenden Übertragungsvorgangs möglich.[258]

2004 Handelsrechtlich kann die Anwachsung nach Tauschgrundsätzen sowie unter analoger Anwendung von § 24 UmwG abgebildet werden.[259] Bei der Anwachsung ist auf Ebene der untergehenden Personengesellschaft handelsrechtlich eine Schlussbilanz auf den

---

253 Vgl. *Forst/Schaaf/Hannweber*, WPg 2018, S. 164.
254 Vgl. *Siegel*, DB 2016, S. 2245 ff.
255 Zum Thema „Anwachsung" vgl. insbesondere *Orth*, DStR 1999 S. 1011; *Orth*, DStR 1999 S. 1053 sowie *Widmann* in Widmann/Mayer, Umwandlungsrecht, München, 96. Lfg. § 20 UmwStG Rz. R 103 ff.; zur einfachen Anwachsung vgl. *Schaaf/Hannweber*, GmbH-StB 2017, 315; zur erweiterten Anwachsung vgl. *Schaaf/Hannweber*, GmbH-StB 2017, S. 180.
256 BGH, Urteil v. 13.7.1967 – II ZR 268/64, BGHZ 48 S. 206; OLG Düsseldorf, Beschluss v. 14.9.1998 – 3 Wx 209/98, NZG 1999 S. 26.
257 *Orth*, DStR 1999 S. 1013.
258 Bei rückwirkender Verschmelzung der Komplementär-GmbH als vorletzte Gesellschafterin auf den letzten Anteilseigner der Personengesellschaft soll hingegen auch die Anwachsung mit steuerlicher Rückwirkung erfolgen vgl. *Jacobsen*, DB 2009, S. 1674; *Ropohl/Sonntag* in Haase/Hruschka, UmwStG, 2. Aufl., Berlin 2017, § 11 Rz. 355, 356 m. w. N.
259 IDW RS HFA 42 Rz. 92–95, FN-IDW 12/2012 S. 701 ff.; *Orth*, DStR 1999 S. 1011 u. 1053; *ADS*, Rechnungslegung und Prüfung der Unternehmen, 6. Aufl., Stuttgart 1995, § 255 HGB Rz. 101; *Knop/Küting* in Küting/Weber, Handbuch der Rechnungslegung, Stuttgart, 24. Lfg. 2016, § 255 HGB Rz. 97-99; *Schaaf/Hannweber*, GmbH-StB 2017, S. 315.

Zeitpunkt der Anwachsung nicht erforderlich.[260] Jedoch hat zur Ermittlung des Anwachsungsgewinns eine Fortschreibung der Buchwerte auf den Anwachsungsstichtag zu erfolgen.[261] Das Ergebnis der GmbH & Co. KG im Rückwirkungszeitraum wird mithin nicht zum eigenen operativen Ergebnis der GmbH[262]. Vielmehr erfolgt zunächst die Abbildung im Eigenkapital der GmbH & Co. KG, wodurch sich der Anwachsungsgewinn oder Anwachsungsverlust auf Ebene des übernehmenden Rechtsträgers verändert.[263]

Für steuerliche Zwecke muss nach der hier vertretenen Auffassung eine Schlussbilanz erstellt werden. Ziel dieser steuerlichen Schlussbilanz ist für Zwecke der einheitlichen und gesonderten Gewinnfeststellung i. S. d. §§ 179, 180 AO sowie für Zwecke der Gewerbesteuer, den Gewinn korrekt abzugrenzen. 2005

Das Ausscheiden eines Gesellschafters gegen Zahlung einer Abfindung stellt aus steuerrechtlicher Sicht von Seiten des ausscheidenden Gesellschafters eine Veräußerung, auf Seiten der Personengesellschaft bzw. des zuletzt verbleibenden Gesellschafters eine Anschaffung der (anteilig) nach den Regelungen zur Anwachsung zuwachsenden Wirtschaftsgüter dar.[264] 2006

Dementsprechend sind die anteilig auf die ausscheidenden Gesellschafter entfallenden und im Rahmen der Abfindung vergüteten stillen Reserven der betreffenden Wirtschaftsgüter zu aktivieren. Dies umfasst auch die anteilige Aktivierung von selbstgeschaffenen immateriellen Vermögensgegenständen und eines Geschäftswerts.[265] 2007

Ist die Abfindung geringer als der Buchwert des Kapitalanteils, sind in der Steuerbilanz die bilanzierten Wirtschaftsgüter abzustocken und eine darüber hinausgehende Differenz in einem sog. passiven Ausgleichsposten zu erfassen.[266] 2008

Ist der ausscheidende Gesellschafter nicht am Gesellschaftsvermögen beteiligt, z. B. wie die Komplementär-GmbH bei der GmbH & Co. KG, entfällt ein Abfindungsanspruch des ausscheidenden Gesellschafters. Ertragsteuerlich sind dem verbleibenden Gesellschafter (Kommanditistin) die seiner Beteiligung entsprechenden Wirtschaftsgüter schon vor der Anwachsung zuzurechnen (**Transparenzprinzip**). Die Anwachsung stellt mithin keinen – auch keinen unentgeltlichen – Übertragungsvorgang dar.[267] Die Anwachsung des Vermögens erfolgt steuerlich **zwingend** zu Buchwerten.[268] 2009

Eine **erweiterte Anwachsung** liegt vor bei der Einbringung sämtlicher Kommanditanteile an einer GmbH & Co. KG im Rahmen einer Kapitalerhöhung in die Komplementär-GmbH. Die GmbH ist nach der Einbringung die einzig verbleibende Gesellschafterin 2010

---

260 Vgl. *Ropohl/Freck*, GmbHR 2009, 1076 S. 1078; ebenso *Sagasser/Bula/Abele* in Sagasser/Bula/Brünger, Umwandlungen, 5. Aufl., München 2017, § 29 Rz. 12 m. w. N.
261 Vgl. *Bilitewski/Roß/Weiser*, WPg 2014, S. 13.
262 Im Fall einer GmbH als 100 % vermögensmäßig beteiligter Kommanditist.
263 Vgl. *Sagasser/Bula/Abele* in Sagasser/Bula/Brünger, Umwandlungen, 4. Aufl. 2011, § 29 Rz. 15.
264 *Orth*, DStR 1999 S. 1015.
265 *Orth*, DStR 1999 S. 1014.
266 BFH, Urteil v. 21. 4. 1994 – IV-R-70/92, BStBl 1994 II S. 745 ff.
267 Vgl. *Orth*, DStR 1999, S. 1053; OFD Berlin, Verfügung v. 19.7.2002 – ST 122 - S 2241 - 2/02, DB 2002 S. 1966; *Schaaf/Hannweber*, GmbH-StB 2017 S. 315.
268 Vgl. BMF, Schreiben v. 11.11.2011 – IV C 2 – S 1978 – b/08/10001 – DOK 2011/0903665, GmbH-StB 2012 S. 44 = BStBl 2011 I S. 1314 Rz. 01.44; *Schwedhelm*, Die Unternehmensumwandlung, 7. Aufl. 2012, Rz. 1564.

und die Personengesellschaft erlischt ohne Liquidation. Es handelt sich dabei um einen entgeltlichen Tauschvorgang.

2011 Steuerlich kann die Einbringung der Mitunternehmeranteile unter Erfüllung der Voraussetzungen des § 20 Abs. 1, Abs. 2 Satz 2 UmwStG zu Buchwerten oder einem höheren Wert – höchstens jedoch mit dem gemeinen Wert – der Sachgesamtheit erfolgen.[269] Zeitlich **nach** der Einbringung und eine logische Sekunde **vor** der Anwachsung sind ertragsteuerlich dem verbleibenden Gesellschafter (Komplementär-GmbH) bereits die seiner Beteiligung entsprechenden Wirtschaftsgüter zuzurechnen (**Transparenzprinzip**). Die Anwachsung stellt mithin keinen – auch nicht unentgeltlichen – Übertragungsvorgang dar.[270] Die Anwachsung des Vermögens erfolgt als Reflex der Einbringung **zwingend** zu Buchwerten.[271] Dabei ist in den Buchwerten die Ausübung des Bewertungswahlrechtes bei Einbringung der Mitunternehmeranteile abgebildet, denn bei Ansatz eines Wertes oberhalb des Buchwerts erfolgt die Aufstockung der Wirtschaftsgüter der GmbH & Co. KG.[272]

2012 Eine steuerliche Rückbeziehung ist bei der erweiterten Anwachsung möglich. Die Einbringung der Kommanditanteile kann gem. § 20 Abs. 5 und 6 UmwStG zurückbezogen werden. Die Anwachsung als Reflex der Einbringung nimmt nach h. M.[273] sowie nach Auffassung der Finanzverwaltung[274] an deren Rückwirkung teil. Soweit keine Rückbeziehung auf einen Abschlussstichtag erfolgt, ist für steuerliche Zwecke eine Schlussbilanz auf den Einbringungszeitpunkt zu erstellen, um das Ergebnis der Mitunternehmerschaft korrekt abzugrenzen. **Die Regelungen des § 20 Abs. 5 und 6 UmwStG** ermöglichen sowohl im Fall der Übertragung der Kommanditanteile als Einzel- als auch der Gesamtrechtsnachfolge die steuerliche Rückbeziehung des steuerlichen Übertragungsstichtags auf Antrag der übernehmenden Gesellschaft auf bis zu acht Monate.[275]

2013 Die handelsrechtliche Rückbeziehung ist nach h. M. – **abweichend** von der **steuerlichen** Beurteilung – auch dann nicht möglich, wenn die Kommanditanteile im Wege der rückbeziehungsfähigen Gesamtrechtsnachfolge (z. B. Ausgliederung) auf die GmbH übertragen werden. Auch eine rückwirkende Erfolgszuordnung im Verschmelzungsvertrag soll insoweit nicht möglich sein.[276]

---

[269] Vgl. BFH, Urteil v. 28.5.2008 – I R 98/06, BStBl 2008 II S. 916 = GmbH-StB 2008, S. 292; *Schwedhelm*, Die Unternehmensumwandlung, 7. Aufl. 2012, Rz. 1564; *Orth*, DStR 2009 S. 192; *Ettinger*, GmbHR 2008, S. 1089; *Ropohl/Freck*, GmbHR 2009, S. 1076; *Schmied/Diehl*, DStR 2008 S. 529.

[270] Vgl. *Orth*, DStR 1999, S. 1053; OFD Berlin, Verfügung v. 19.7.2002 – ST 122 S – 2241 – 2/02, DB 2002 S. 1966.

[271] Vgl. BMF, Schreiben v. 11.11.2011 – IV C 2 – S 1978 – b/08/10001 – DOK 2011/0903665, GmbH-StB 2012, S. 44 = BStBl. I 2011, 1314 Rz. 01.44; *Schwedhelm*, Die Unternehmensumwandlung, 7. Aufl. 2012, Rz. 1564.

[272] Vgl. *Schaaf/Hannweber*, GmbH-StB 2017, S. 180.

[273] Vgl. z. B. *Hruschka/Hellmann* in Haase/Hruschka, UmwStG, 2. Aufl. 2017, § 20 Rz. 47; *Ropohl/Sonntag* in Haase/Hruschka, UmwStG, 2. Aufl. 2017, § 11 Rz. 357-360 m. w. N.; *Schaaf/Hannweber*, EStB 2014, 228; *Jacobsen*, DB 2009, S. 1674.

[274] Vgl. BMF, Schreiben v. 11.11.2011 – IV C 2 – S 1978 – b/08/10001 – DOK 2011/0903665, GmbH-StB 2012, S. 44 = BStBl. I 2011, S. 1314 Rz. 01.44, 24.06.

[275] Vgl. BMF, Schreiben v. 11.11.2011 – IV C 2 – S 1978 – b/08/10001 – DOK 2011/0903665, GmbH-StB 2012, S. 44 = BStBl. I 2011, S. 1314 Rz. 20.14; *Herlinghaus* in Rödder/Herlinghaus/van Lishaut, UmwStG, 2. Aufl. 2013, § 20 Rz. 222 ff.; *Schaaf/Hannweber*, GmbH-StB 2017, S. 180.

[276] Vgl. *Bilitewski/Roß/Weiser*, WPg 2014, S. 13; *Schaaf/Hannweber*, GmbH-StB 2017, 180; a. A. *Orth*, DStR 2005, S. 1629 zur durch die Verschmelzung ausgelösten Anwachsung: Grds. keine Rückbeziehung, etwas anderes gilt nur, wenn die rückwirkende Erfolgszuordnung im Verschmelzungsvertrag geregelt ist.

6.4 Übertragung im Rahmen des sog. Treuhand-Modells

Die restriktiven Voraussetzungen dafür, betriebliche Einheiten steuerneutral entweder auf Basis der Regelungen des UmwStG oder auf Basis der Regelungen zur Übertragung von Einzelwirtschaftsgütern übertragen zu können, können oft nicht erfüllt werden. Eine Gestaltungsalternative, welche diese Schwierigkeiten vermeidet, kann das sog. Treuhandmodell sein.[277]

2014

Die typische Struktur[278] des Treuhandmodells ist, dass sich an einer Personengesellschaft in der Rechtsform einer Kommanditgesellschaft eine Muttergesellschaft als Komplementär – entgegen der typischen GmbH & Co. KG-Struktur – mit einem hohen Kapitalanteil beteiligt. Einzige Kommanditistin dieser KG ist eine Beteiligungs-GmbH, deren Anteile zu 100 % von der Muttergesellschaft der KG gehalten werden. Die Beteiligungs-GmbH hält ihre (kapitalmäßig geringere) Kommanditbeteiligung an der KG lediglich treuhänderisch für den Komplementär.

2015

Die Wirkung des Treuhandmodells beruht dabei auf der unterschiedlichen Behandlung der Personengesellschaft für zivil- und steuerrechtliche Zwecke.[279] Zivilrechtlich besteht eine Personengesellschaft. Die Wirtschaftsgüter sind zivilrechtlich im Eigentum der Personengesellschaft und in deren Handelsbilanz auszuweisen.[280]

2016

Die Personengesellschaft ist zivilrechtlich also ein selbstständiges Rechtssubjekt. Für ertragsteuerliche Zwecke wird die Treuhand-KG aufgrund der Treuhandvereinbarung als nicht existent behandelt.[281] Denn gem. § 39 Abs. 2 Nr. 1 AO ist der von der Beteiligungs-GmbH treuhänderisch gehaltene Kommanditanteil ebenfalls der Komplementärin zuzurechnen, so dass sich bei dieser steuerlich 100 % der Anteile vereinen. Aufgrund der ertragsteuerlichen Nichtexistenz der Personengesellschaft besteht die Möglichkeit, ganze Geschäftsbereiche von der Muttergesellschaft auf die Tochterpersonengesellschaft steuerneutral zu übertragen, ohne die Voraussetzungen der einschlägigen Regelungen zur Buchwertfortführung erfüllen zu müssen.[282]

2017

Ein weiterer Vorteil des Treuhandmodells ist, dass für körperschaft- und gewerbesteuerliche Zwecke eine Zusammenrechnung der Ergebnisse von Mutter- und Tochterunternehmen erfolgt, d. h. es erfolgt eine vollständige ertragsteuerliche Ergebniskonsolidierung.[283] Die Details der Umsetzung der „Umwandlung" einer typischen GmbH & Co. KG in eine Treuhand-KG wurden bereits von *Kraft/Sönnichsen* ausführlich dargestellt.[284]

2018

---

277 Allgemein zu Treuhand-/ treuhandähnlichen Verhältnissen siehe oben Rz. 746 ff.
278 Zum Thema „Treuhandmodell" vgl. OFD Magdeburg, Urteil v. 4.4.2005, G 1400 – 13 – St 213, DStR 2005 S. 867; *Benz/Grundke*, StuW 2009 S. 151; *Berg/Trompeter*, FR 2003 S. 903; *Brandenberg*, JbFSt 2005/2006 S. 361 ff.; *Köhler* in Kessler/Kröner/Köhler, Konzernsteuerrecht, München 2004, § 8 Rz. 119; *Kromer*, DStR 2000 S. 2157; *Hönle*, DB 1981 S. 1007; *Stegemann*, INF 2003 S. 629.
279 *Benz/Goß*, DStR 2010 S. 839.
280 Vgl. z.B. *Tschesche/Hofmann*, BB 2010, S. 1453.
281 *Pyska/Brauer* in Kessler/Kröner/Köhler, Konzernsteuerrecht, München 2004, § 3 Rz. 574; infolgedessen betreibt die Personengesellschaft kein gewerbliches Unternehmen i. S. d. Einkommensteuerrechts: BFH, Urteile v. 22.11.1972 – I R 252/70, BStBl 1973 II S. 405; v. 21.2.1974 – IV B 28/73, BStBl 1974 II S. 404 m. w. N.
282 *Rödder*, DStR 2005 S. 956; *Forst*, EStB 2004 S. 220; *Kromer*, DStR 2000 S. 2162.
283 Zur technischen Umsetzung der ertragsteuerlichen Konsolidierung vgl. *Viebrock/Stegemann*, DStR 2013 S. 2375.
284 Vgl. *Kraft/Sönnichsen*, DB 2011, S. 1936.

Ertragsteuerlich handelt es sich bei der „Umwandlung" der typischen GmbH & Co. KG in eine Treuhand-KG um eine (fingierte) Anwachsung die ertragsteuerneutral erfolgen kann.[285] Die weiteren Rechtsfolgen der Begründung des Treuhandmodells müssen einzelfallspezifisch untersucht werden. Beispielsweise können sich Besonderheiten in Bezug auf verrechenbare Verluste nach § 15a Abs. 4 EStG ergeben.[286]

6.5 Übertragung auf eine vermögensverwaltende Personengesellschaft

2019 Eine weitere Möglichkeit zur ertragsteuerneutralen Übertragung von Vermögen außerhalb der Regelungen des UmwStG oder denen zur Übertragung von Einzelwirtschaftsgütern kann in der Übertragung von Vermögen auf eine vermögensverwaltende Personengesellschaft bestehen.

2020 Eine vermögensverwaltende Personengesellschaft kann in unterschiedlichen Rechtsformen ausgestaltet sein und ist dadurch gekennzeichnet, dass sie Überschusseinkünfte erzielt und entsprechend nicht als Mitunternehmerschaft zu qualifizieren ist. Bei Ausgestaltung in der Rechtsform der GmbH & Co. KG erfolgt die Geschäftsführung gem. gesellschaftsvertraglicher Regelung durch den Kommanditisten, wodurch eine gewerbliche Prägung i. S. d. § 15 Abs. 3 Satz 1 Nr. 2 EStG vermieden wird.[287]

2021 Die steuerrechtliche Behandlung der vermögensverwaltenden Personengesellschaft ist durch eine Bruchteilsbetrachtung gekennzeichnet. Die gesamthänderische Bindung des Vermögens wird dabei gedanklich aufgelöst und die zum Gesellschaftsvermögen zugehörigen Wirtschaftsgüter werden den Gesellschaftern nach Maßgabe ihrer Beteiligungsquote an der vermögensverwaltenden Personengesellschaft gemäß § 39 Abs. 2 Nr. 2 AO zugerechnet.[288]

2022 Als vermögensverwaltende Personengesellschaft verfügt die GmbH & Co. KG steuerlich über kein eigenes Betriebsvermögen.

2023 Sofern die GmbH & Co. KG nicht freiwillig den Gewinn nach §§ 4 Abs. 1, 5 EStG ermittelt, hat das Stammhaus alle Wirtschaftsgüter der GmbH & Co. KG in seiner eigenen Buchführung zu erfassen und den Gewinn, der sich aus den einzelnen Geschäftsvorgängen der GmbH & Co. KG ergibt, für ertragsteuerliche Zwecke nach den Grundsätzen der Gewinnermittlung bei sich zu ermitteln und der Besteuerung zu unterwerfen.[289]

2024 Die Übertragung von Wirtschaftsgütern auf eine vermögensverwaltende Personengesellschaft im Wege der Gewährung von Gesellschaftsanteilen oder gegen Übernahme von Verbindlichkeiten stellt grundsätzlich eine Veräußerung dar. Die zum Gesellschaftsvermögen gehörenden Wirtschaftsgüter einer vermögensverwaltenden Personengesellschaft werden den Gesellschaftern nach Maßgabe ihrer Beteiligung gem. § 39 Abs. 2 Nr. 2 AO anteilig zugerechnet (sog. Bruchteilsbetrachtung). Somit verbleibt aus steuer-

---

285 Vgl. *Benz/Goß*, DStR 2010 S. 843; *Kraft/Sönnichsen*, DB 2011, S. 1936; OFD Berlin, Verfügung v. 19.7.2002 – St 122 – S 2241 – 2/02, DStR 2002 S. 1811; *Schaaf/Hannweber*, GmbH-StB 2017, S. 315.
286 Vgl. *Stegemann*, DB 2016, S. 314; *Schaaf/Hannweber*, GmbH-StB 2017, S. 315.
287 *Wacker* in Schmidt, EStG Kommentar, 37. Aufl., München 2018, § 15 EStG Rz. 222.
288 *Niehus*, DStZ 2004 S. 146; *Groh*, DB 1984 S. 2376; BFH, Urteil v. 9.5.2000 – VIII R 41/99, BStBl 2000 II S. 686.
289 BMF, Schreiben v. 29.4.1994 – IV B 2 – S 2241 9/24, BStBl 1994 I S. 282, Tz. 5.

licher Perspektive das Wirtschaftsgut (anteilig) bei der Überträgerin. Eine Aufdeckung der stillen Reserven erfolgt nur, soweit das Wirtschaftsgut nach Übertragung nicht mehr der Überträgerin, sondern den übrigen Gesellschaftern zuzurechnen ist.[290]

(Einstweilen frei) 2025–2149

---

[290] *Forst/Kofmann/Pittelkow*, EStB 2011 S. 40.

Teil A:
Grundsatz- und Querschnittsfragen steuerlicher Gewinnermittlung

Kapitel XIII:
Bilanzierungsfragen in der Unternehmenskrise und bei Liquidation

von
WP/StB Paul Forst, Düsseldorf
StB Axel Schaaf, Düsseldorf
StB Dipl.-Betriebsw. (FH) Paul Hannweber, Düsseldorf

1. Unternehmenskrise

Inhaltsübersicht | **Rz.**

1. Unternehmenskrise	2150 - 2277
1.1 Going Concern/Teilwertbegriff	2155 - 2160
1.2 Rückstellung für erwartete Verluste im Sanierungszeitraum	2161 - 2165
1.3 Einzelne Sanierungsmaßnahmen	2166 - 2206
1.3.1 Gesellschafterdarlehen	2167 - 2173
1.3.2 Rangrücktritt	2174 - 2177
1.3.3 Forderungsverzicht	2178 - 2184
1.3.4 Debt Equity Swap und Alternativen	2185 - 2189
1.3.5 Verlust-/Schuld- und Erfüllungsübernahme	2190 - 2197
1.3.6 Bürgschaftsverpflichtung	2198 - 2201
1.3.7 Werthaltigkeitsgarantie/Patronatserklärung	2202 - 2206
1.4 Spezialfälle bei Krisenunternehmen	2207 - 2215
1.4.1 Steuerliche Behandlung von Sanierungsgewinnen	2207 - 2211
1.4.2 Wirtschaftliches Eigentum/steuerliche Auswirkung von Besicherungen	2212 - 2215
1.5 Besonderheiten beim Erwerb eines Krisenunternehmens	2216 - 2277
1.5.1 Negativer Kaufpreis	2216 - 2232
1.5.2 Erwerb von schuldrechtlichen Verpflichtungen	2233 - 2277
2. Liquidation und Abwicklung	2278 - 2359
2.1 Rechnungslegung bei Liquidation	2279 - 2306
2.1.1 Handelsrechtliche Rechnungslegung	2279 - 2289
2.1.2 Steuerrechtliche Rechnungslegung bei Liquidation	2290 - 2306
2.2 Besonderheiten in der Insolvenz	2307 - 2359
2.2.1 Regelinsolvenz und Insolvenzplanverfahren	2308 - 2311
2.2.2 Rechnungslegungsvorschriften in der Insolvenz	2312 - 2317
2.2.3 Besteuerung in der Insolvenz	2318 - 2359

AUSGEWÄHLTE LITERATUR

Winkeljohann/Förschle/Deubert (Hrsg.), Sonderbilanzen – Von der Gründungsbilanz bis zur Liquidationsbilanz, 5. Aufl., München 2016; *Theiselmann* (Hrsg.), Praxishandbuch des Restrukturierungsrechts, 3. Aufl., Frankfurt a. M. 2016; *Waza/Uhländer/Schmittmann*, Insolvenzen und Steuern, 11. Aufl., Herne 2015; *Eilers/Rödding/Schmalenbach* (Hrsg.), Unternehmensfinanzierung – Gesellschaftsrecht, Steuerrecht, Rechnungslegung, 2. Aufl., München 2016.

1. Unternehmenskrise

Ein Unternehmen befindet sich in der Krise, wenn der Bestand des Unternehmens gefährdet ist. Nach Auffassung des IDW lassen sich als charakteristische Arten einer Krise

2150

die Stakeholder-, Strategie-, Produkt- und Absatzkrise sowie die Erfolgs- und die Liquiditätskrise bis hin zu einer Insolvenzlage unterscheiden.[1]

2151 Kennzeichnend für ein Unternehmen in der Krise sind der Verlust der Ertragskraft und das Risiko einer drohenden Zahlungsunfähigkeit. Bilanziell führt die Ertragsschwäche zu einer Minderung des Eigenkapitals des Krisenunternehmens.

2152 Bei Personengesellschaften kann eine solche sich zumeist schleichend vollziehende Entwicklung zur Entstehung negativer Kapitalkonten führen. Kapitalgesellschaften dagegen haben im Extremfall einen nicht durch Eigenkapital gedeckten Fehlbetrag auszuweisen.

2153 Befindet sich ein Unternehmen in der Krise, ist sowohl auf Ebene des Unternehmens als auch auf Ebene der Gesellschafter darüber nachzudenken, inwieweit der Krisensituation auch in bilanzieller Hinsicht Rechnung zu tragen ist, sei es dadurch, dass Vorsorge für weitere aufgrund der Krise zu erwartende Belastungen zu treffen oder aber die Bewertung bestimmter Wirtschaftsgüter zu hinterfragen ist. Darüber hinaus stellt sich die Frage nach der Beurteilung von zur Abwehr der Krise eingeleiteten Sanierungsmaßnahmen, insbesondere sofern es sich um Maßnahmen zur Beseitigung einer drohenden Überschuldung handelt.

2154 Grundsätzlich ist das Ergebnis eines Krisenprozesses offen. Das heißt eine erfolgreiche Bewältigung der Unternehmenskrise aufgrund positiver Erfolgsaussichten einer Sanierung des Krisenunternehmens kann möglich sein. Im ungünstigsten Fall jedoch führt eine Krise zur Insolvenz. Eine Krise kann aber auch bedeuten, dass die Gesellschafter die Entscheidung treffen, das Unternehmen aufgrund fehlender Perspektive zu liquidieren oder zu veräußern.

1.1 Going Concern/Teilwertbegriff

2155 Bei der Aufstellung der Bilanz ist grds. auch in der Unternehmenskrise von der Fortführung der Unternehmenstätigkeit auszugehen, sofern nicht bis zum Zeitpunkt der Aufstellung der Bilanz substantiierte Hinweise dafür vorliegen, dass die Fortführungsprämisse nicht aufrechterhalten werden kann.[2] Die Auswirkungen der Abkehr von der Going-Concern-Prämisse auf den handelsrechtlichen Jahresabschluss sind in IDW RS HFA 17[3] dargestellt.[4] Als Rechtsgrundlage des Going-Concern-Prinzips s. § 252 Abs. 1 Nr. 2 HGB.

2156 Mögliche Folge der Unternehmenskrise und der damit i. d. R. verbundenen Verschlechterung der Rentabilität des Gesamtbetriebes oder einzelner Betriebsteile können Teilwertabschreibungen sein.[5]

---

[1] Vgl. IDW S 6 v. 20.8.2012, Rz. 20 ff. Danach bestimmt das jeweilige Krisenstadium die Inhalte und den jeweils gebotenen Detaillierungsgrad eines Sanierungskonzepts.
[2] IDW PS 270, Tz. 8.
[3] IDW RS HFA 17 v. 8.9.2016.
[4] Zum Fortführungsprinzip vgl. *Tiedchen* in: Herrmann/Heuer/Raupach, EStG, 270. Lfg. Juli 2015, § 5 Rz. 360 ff.
[5] *Richter* in: HHR, EStG, 271 Lfg., Sept. 2015, § 6 Rz. 607 m. w. N.

Wenn ein Geschäftswert aktiviert ist, kann eine nachhaltig schlechte wirtschaftliche Entwicklung eine Teilwertabschreibung des Geschäftswertes rechtfertigen.[6] Ein kurzzeitiger Gewinnrückgang genügt nicht.[7]

2157

Diese Grundsätze gelten auch für Teilbetriebe. Der Geschäftswert eines Teilbetriebes ist der diesem Teilorganismus eigene, den Wert der einzelnen Wirtschaftsgüter übersteigende Wert.[8]

2158

Ein „negativer Geschäftswert" kann nicht angesetzt werden. Im Falle eines negativen Geschäftswertes und einer nachhaltig schlechten Rentabilität ist eine Teilwertabschreibung der Einzelwirtschaftsgüter zu prüfen.[9] Ein pauschaler Abschlag auf das gesamte Betriebsvermögen wegen nachhaltiger Unrentabilität des gesamten Betriebes ist grds. unzulässig.[10]

2159

Eine Teilwertabschreibung von Einzelwirtschaftsgütern kann auch geboten sein, wenn es aufgrund der Unternehmenskrise zu nachhaltigen Umsatzrückgängen kommt und ein Wirtschaftsgut insoweit überdimensioniert ist. In diesem Fall kann eine Teilwertabschreibung auf den Wert eines billigeren, richtig dimensionierten Wirtschaftsgutes geboten sein.[11]

2160

1.2 Rückstellung für erwartete Verluste im Sanierungszeitraum

Es ist typisch für eine Krisensituation, dass auch bei unmittelbarer Reaktion seitens des Unternehmens zumindest für eine gewisse Zeit weiterhin mit Verlusten zu rechnen sein wird. Häufig werden sich im Rahmen der Sanierung sogar für einen bestimmten Zeitraum zusätzliche Aufwendungen ergeben, wie z. B. Kosten für Sanierungsberater. Darüber hinaus entstehen typische Restrukturierungskosten wie Verpflichtungen aus der Vereinbarung von Sozialplänen. Die Sanierungsbemühungen eines Unternehmens können des Weiteren zur Folge haben, dass ganze Standorte oder nur einzelne Betriebsteile stillgelegt werden. In diesem Fall entstehen dann trotz der Stilllegung weiterhin Kosten, wie z. B. aus bestehenden Leasing- oder Mietverträgen, die nicht beendet werden können.

2161

Für die auch weiterhin erwarteten laufenden Verluste kann weder handels- noch steuerrechtlich eine Rückstellung gebildet werden.[12] Dies gilt gleichfalls für die Kosten der Sanierung. Eine Rückstellung kann aber gebildet werden, sofern für ein Unternehmen bestimmte Leistungsverpflichtungen aufgrund eines Sozialplans oder sozialplanähnlichen Verpflichtungen entstehen. Diese sind grds. steuer- und handelsbilanziell als Verbindlichkeitsrückstellungen zu passivieren (sog. Restrukturierungsrückstellung).[13]

2162

---

6 BFH, Urteil v. 13.4.1983 - I R 63/79, BStBl 1983 II S. 667.
7 BFH, Urteile v. 13.3.1991 - I R 83/89, BStBl 1991 II S. 595; v. 10.4. 1990 - VIII R 170/85, BFH/NV 1991 S. 226.
8 BFH, Urteil v. 20. 8. 1986 - I R 150/82, BStBl 1987 II S. 455.
9 BFH, Urteil v. 2. 3. 1973 - III R 88/69, BStBl 1973 II S. 475; siehe hierzu unten Rz. 3340 f.
10 BFH, Urteil v. 16. 12. 1998 - I R 53/95, BStBl 1999 II S. 160.
11 BFH, Urteil v. 17. 9. 1987 - III R 201/84, BStBl 1988 II S. 488.
12 Weber-Grellet in: Schmidt, EStG, 37. Aufl., München 2018, § 5 Rz. 550 „Geschäftsrisiko".
13 Schulz in: HHR, EStG, 267. Lfg., Jan. 2015, § 5 Rz. 925 „Sozialplan"; Passivierung frühzeitig anerkannt von der Finanzverwaltung durch BMF-Schreiben v. 2. 5. 1977 - IV B 2 - 2137 - 13/77, BStBl 1977 I S. 280; zur Begründung der wirtschaftlichen Verursachung siehe unten Rz. 5560.

2163 Der Ansatz der Rückstellung ist ab dem Zeitpunkt geboten, an dem der Unternehmer den Betriebsrat über die geplante Restrukturierung unterrichtet hat.[14] Des Weiteren liegen die Voraussetzungen für eine Rückstellungsbildung vor, wenn der Betriebsrat erst nach dem Bilanzstichtag, aber vor der Aufstellung oder Feststellung der Bilanz über die Restrukturierungsmaßnahmen in Kenntnis gesetzt wird und der Unternehmer sich bereits vor dem Bilanzstichtag zur Betriebsänderung entschlossen hat bzw. hierfür bereits vor dem Bilanzstichtag eine wirtschaftliche Notwendigkeit bestanden hat.[15]

2164 Obwohl nach dem maßgebenden BMF-Schreiben vom 2. 5. 1977[16] grundsätzlich alle sich im Wege des Sozialplans ergebenden Leistungen in die Restrukturierungsrückstellung einzubeziehen sind, bleibt die steuerliche Anerkennung bestimmter Leistungen von der Finanzverwaltung teilweise verwehrt. Hierzu zählen insbesondere der pauschale Ausgleich bei Frühverrentungsmaßnahmen, die Berücksichtigung von Erstattungspflichten für Arbeitslosengeld gem. § 147a SGB III sowie die Einbeziehung bestimmter Kostenerstattungen an weiterhin beschäftigte Mitarbeiter.[17] Von Seiten der Finanzverwaltung[18] wird diskutiert, ob und welche Vorteile im Rahmen von Restrukturierungsrückstellungen kompensatorisch gegengerechnet werden, also die Rückstellung mindern. Nach Schrifttumsauffassung[19] werden zukünftige innerbetriebliche Aufwandsersparnisse, Erlössteigerungen oder Hebung von Effizienzpotenzialen nicht rückstellungsmindernd berücksichtigt, da diese den wirtschaftlichen Zusammenhang zwischen Verpflichtung und künftigem Vorteil nicht erfüllen. Diese Auffassung ist mittlerweile durch das FG Baden-Württemberg[20] bestätigt worden.

2165 Bei den Kosten für nicht vorzeitig kündbare Leasing- oder Mietverträge besteht handelsbilanziell gem. § 249 Abs. 1 Satz 1 HGB wie auch für ähnlich gelagerte Sachverhalte die Pflicht zur Bildung von Rückstellungen für drohende Verluste aus schwebenden Geschäften. Hierunter fallen Einzelrückstellungen und Rückstellungen aus Dauerschuldverhältnissen.[21] Steuerbilanziell hingegen dürfen nach § 5 Abs. 4a Satz 1 EStG Drohverlustrückstellungen grds. nicht gebildet werden. Eine Ausnahme besteht lediglich für Drohverlustrückstellungen im Zusammenhang mit Bewertungseinheiten nach § 5 Abs. 1a Satz 2 EStG.[22]

1.3 Einzelne Sanierungsmaßnahmen

2166 Für die Sanierung eines in einer Krise befindlichen Unternehmens kommen verschiedene Maßnahmen in Betracht. Die bilanzsteuerrechtliche Behandlung der möglichen

---

14 Zum Zeitpunkt des Ansatzes bzw. der Unterrichtung des Betriebsrates siehe unten Rz. 5656 „Sozialplan".
15 R.57 Abs. 9 EStR; Die Unterrichtung des Betriebsrates ist entgegen der Auffassung der Finanzverwaltung nicht notwendig. Der Beschluss über die Betriebsänderung ist ausreichend (*Schulz* in: HHR, EStG, 267. Lfg., Jan. 2015, § 5 Rz. 925, „Sozialplan" m. w. N.).
16 BMF, Schreiben v. 2.5.1977 - IV B 2 - S 2137 - 13/77, BStBl 1977 I S. 280.
17 Ausführlich hierzu *M. Prinz*, DB 2007 S. 353; Erwiderung und Replik von *Brink/Tenbusch/M. Prinz*, DB 2008 S. 363 ff.
18 Vgl. *Ziegler/Renner*, DStR 2015, S. 1264.
19 Vgl. *Prinz/Keller*, DB 2015 S. 2224.
20 Vgl. FG Baden-Württemberg, Urteil v. 12.9.2017 - 6 K 1472/16.
21 *Weber-Grellet*, DStR 1996 S. 905.
22 Hierzu ausführlich *Prinz/Hick*, DStR 2006 S. 771; *Schick/Indenkämpen*, BB 2006 S. 655; zu Einzelheiten bei Drohverlustrückstellungen siehe Rz. 5608 ff.

Sanierungsmaßnahmen auf Ebene der Gesellschaft sowie des Gesellschafters stellt sich im Einzelnen wie folgt dar.

1.3.1 Gesellschafterdarlehen

In der Krise eines Unternehmens ist es üblich, dass die Gesellschafter zur Wahrung der Liquidität der Gesellschaft Darlehen zur Verfügung stellen.

Durch das Gesetz zur Modernisierung des GmbH-Rechts und zur Bekämpfung von Missbräuchen (MoMiG) vom 23. 10. 2008[23] wurde das Recht der Gesellschafterdarlehen grundlegend reformiert. Vor der Reform führte die Krise eines Unternehmens dazu, dass ein durch den Gesellschafter gewährtes Darlehen als sog. „eigenkapitalersetzendes" Darlehen gesellschaftsrechtlich wie Eigenkapital behandelt wurde. Seit Inkrafttreten des MoMiG sind Forderungen auf Rückgewähr eines Gesellschafterdarlehens in der Insolvenz gem. § 39 Abs. 1 Nr. 5 InsO nachrangig.[24]

Handelsrechtlich sind Gesellschafterdarlehen gem. § 246 HGB grundsätzlich beim Schuldner zu bilanzieren und gem. § 253 Abs. 1 Satz 2 HGB mit ihrem Erfüllungsbetrag zu bewerten. Über den Grundsatz der Maßgeblichkeit (§ 5 Abs. 1 Satz 1 EStG) erhält das Darlehen ebenfalls Einzug in die Steuerbilanz der Gesellschaft.

Die Qualifizierung als „eigenkapitalersetzendes" Darlehen führt auch steuerlich nicht zu einer Umqualifizierung in Eigenkapital.[25] Ein solches Darlehen stellt ein eigenständig in der Steuerbilanz zu erfassendes und zu bewertendes Wirtschaftsgut dar.[26] Zu beachten ist aber, dass eine Darlehenshingabe als verdeckte Einlage zu qualifizieren ist, sofern eine Verpflichtung zur Rückzahlung von Anfang an nicht bestanden hat.[27]

Die steuerbilanzielle Bewertung des Darlehens erfolgt auf Basis eigenständiger und abweichender Vorschriften des § 6 Abs. 1 Nr. 3 EStG, so dass sich hieraus Bilanzierungsdifferenzen zwischen Handels- und Steuerbilanz ergeben können. Gesellschafterdarlehen an ein Unternehmen in der Krise werden häufig unverzinslich gewährt. Gem. § 6 Abs. 1 Nr. 3 EStG sind unverzinsliche Darlehen abzuzinsen, wenn die Laufzeit am Bilanzstichtag mindestens 12 Monate beträgt.[28] Diese Grundsätze gelten laut BFH auch für Gesellschafterdarlehen.[29]

Eine Teilwertabschreibung auf ein Gesellschafterdarlehen, das während der Krise gegeben wird, ist grundsätzlich auf Gesellschafterebene im Zeitpunkt der Ausreichung des Darlehens nicht möglich, da dieses i. d. R. nur durch den Gesellschafter gewährt wird, wenn dieser eine Rückzahlung als wahrscheinlich erachtet. Bei Darlehen, die bereits vor

2167

2168

2169

2170

2171

2172

---

23 BGBl 2008 I S. 2026.
24 Siehe hierzu ausführlicher Rz. 5138 f.
25 BFH, Urteile v. 18.12.2001 - VIII R 27/00, BStBl 2002 II S. 733; v. 10.11.2005 - IV R 13/04, BFH/NV 2006 S. 409; v. 20.4.2005 - X R 2/03, BStBl 2005 II S. 694; v. 6.11.2003 - IV R 10/01, BStBl 2004 II S. 416.
26 BFH, Urteil v. 14.1.2009 - I R 5/08, BStBl 2009 II S. 674.
27 BFH, Urteile v. 12.12.2000 - VIII R 62/93, BStBl 2001 II S. 234; v. 20.4.2005 - X R 2/03, BStBl 2005 II S. 694; Neumann, Ubg 2008 S. 758.
28 BMF, Schreiben v. 26.5.2005 - IV B 2, S-2175 - 7/05, BStBl 2005 I S. 699 Tz. 11.
29 BFH, Beschluss v. 6.10.2009 - I R 4/08, BStBl 2010 II S. 177; Buciek, FR 2010 S. 341; BFH, Urteil v. 27.1.2010 - I R 35/09, BStBl 2010 II S. 478; Schimmele, GmbHStB 2010 S. 123; BFH, Beschluss v. 5.1.2011 - I B 118/10, BFH/NV 2011 S. 986; BMF, Schreiben v. 26.5.2005 - IV B 2 - S. 2175 - 7/05, EStB 2005 S. 251 = FR 2005, S. 769 = BStBl I 2005 S. 699 Rz. 21. Bestätigend z. B. BFH, Urteil v. 5.1.2011 - I B 118/10, BFH/NV 2011 S. 986.

der Krise gegeben wurden, kommt hingegen u. U. eine Teilwertabschreibung in Betracht. Der Ansatz des niedrigeren Teilwertes erfolgt nach § 6 Abs. 1 Nr. 2 EStG bei voraussichtlich dauernder Wertminderung.[30] Bei Forderungen ist im Hinblick auf die Abschätzung eines möglicherweise niedrigeren Teilwerts grds. auf die Bonität des Schuldners abzustellen.[31] Auch wenn dies grds. ebenso für Darlehen mit eigenkapitalersetzendem Charakter gilt, hat die Bestimmung des Teilwertes in diesem Fall grds. nach denselben Kriterien zu erfolgen wie bei der Bewertung der Kapitalanteile.[32] Eine Teilwertabschreibung auf die Darlehensforderung ist demnach nur zulässig, wenn im Rahmen einer Gesamtbetrachtung der Ertragsaussichten ein gedachter potenzieller Erwerber der Anteile an der Kapitalgesellschaft und der Darlehensforderung für diese einen Preis zahlen würde, der hinter den Anschaffungskosten beider Wirtschaftsgüter zurückbleiben würde. Eine Teilwertabschreibung ist auf Basis dieses gedachten Kaufpreises dann zuerst auf die Beteiligung vorzunehmen. Eine Teilwertabschreibung auf die Darlehensforderung ist erst dann geboten, wenn der so insgesamt ermittelte Teilwert auch die auf die Darlehensforderung entfallenden Anschaffungskosten unterschreitet.[33] Eine Teilwertabschreibung aufgrund der Unverzinslichkeit des Darlehens allein ist nicht zulässig.[34]

2173 Hinzuweisen ist in diesem Zusammenhang auf die Regelungen des § 8b Abs. 3 Satz 4 bis 8 KStG bzw. § 3c Abs. 2 Satz 2 ff. EStG zur steuerlichen Behandlung der Fremdkapitalgewährung und Sicherheitengestellung durch den Gesellschafter, die insbesondere Teilwertabschreibungen auf Gesellschafterdarlehen betreffen. Danach unterliegen Betriebsvermögensminderungen im Zusammenhang mit bestimmten Gesellschafterdarlehen gegenüber Kapitalgesellschaften, wie z. B. Teilwertabschreibungen

- bei Personengesellschaften, an denen natürliche Personen als Mitunternehmer beteiligt sind oder bei natürlichen Personen in Fällen der Betriebsaufspaltung einem Teilabzugsverbot (60 % als Betriebsausgabe abziehbar, 40 % nicht abziehbar),
- bei Kapitalgesellschaften einem vollständigen Abzugsverbot.

Die Hinzurechnungen der nicht abziehbaren Aufwendungen erfolgen außerbilanziell.[35] Die Vorschriften finden allerdings keine Anwendung, wenn nachgewiesen werden kann, dass auch ein fremder Dritter das Darlehen bei sonst gleichen Umständen gewährt oder nicht zurückgefordert hätte.[36]

---

30 So auch unten Rz. 4553 f.
31 Zur Bestimmung des Teilwerts einer Forderung im Allgemeinen vgl. z. B. *Kulosa* in: Schmidt, EStG, 37. Aufl., München 2018, § 6 Rz. 291, 302.
32 BFH, Urteil v. 6.11.2003 - IV R 10/01, BStBl 2004 II S. 416; FG Baden-Württemberg, Urteil v. 25.4.2008, EFG 2008 S. 1539; differenzierter z. B. FG Münster, Urteil v. 11.4.2011, 9 K 209/08 K, F, unter II. 1. b) cc).
33 *Forst/Schaaf/Küpper*, EStB 2009 S. 442.
34 BFH, Urteil v. 10.11.2005 - IV R 13/04, BStBl 2006 II S. 618; siehe auch FG Münster, Urteil v. 11.4.2011, 9 K 209/08 K, F, rkr.; BFH, Urteil v. 24.10.2012 - I R 43/11, BStBl 2013 II S. 162.
35 Vgl. z. B. *Rengers* in: Blümich, 140. Aufl. 2018, § 8b KStG Rz. 321.
36 Vgl. zur praktischen Durchführung des Nachweises *Schnitger* in: Schnitger/Fehrenbacher, KStG, 2012, § 8b Rz. 503 m.w.N.; *Herlinghaus* in Rödder/Herlinghaus/Neumann, KStG, 2015, § 8b Rz. 49 m. w. N.; *Kosner/Kaiser*, DStR 2012 S. 925.

1.3.2 Rangrücktritt

Ein Gesellschafterdarlehen für ein Unternehmen in der Krise wird meist mit einer Rangrücktrittsvereinbarung verbunden sein, wonach eine bestimmte Forderung als nachrangige Forderung hinter denen der übrigen Gläubiger zurücksteht. Der Rangrücktritt hat zur Folge, dass die im Rang zurückgetretenen Verbindlichkeiten nicht mehr in der insolvenzrechtlichen Überschuldungsbilanz einzubeziehen sind (§ 19 Abs. 2 InsO i. V. m. § 39 Abs. 2 InsO). Die Verbindlichkeiten sind jedoch in Handels- und Steuerbilanz bei einem Rangrücktritt grds. weiterhin als Fremdkapital zu passivieren, da die Darlehensschuld und damit die wirtschaftliche Belastung weiterhin besteht und sich lediglich die Rangfolge der Tilgung ändert.[37] Dies gilt sowohl für den einfachen Rangrücktritt[38] als auch den qualifizierten Rangrücktritt.[39]

2174

Bei einem einfachen Rangrücktritt ist jedoch zu beachten, dass eine Rangrücktrittsvereinbarung, nach der eine Verbindlichkeit nur aus künftigen Gewinnen oder einem eventuellen Liquidationsüberschuss zu bedienen ist, nicht zu bilanzieren ist.[40] Hinsichtlich der Bedienung der Verbindlichkeit aus künftigen Gewinnen gilt dies gem. § 5 Abs. 2a EStG, wonach Verbindlichkeiten, die nur aus zukünftigen Gewinnen zu erfüllen sind, nicht zu passivieren sind.[41] Im Hinblick auf die Begleichung der Verbindlichkeit aus einem Liquidationsüberschuss ist keine Verbindlichkeit zu bilden, solange kein Liquidationsbeschluss vorliegt bzw. nicht ernsthaft mit einer Liquidation zu rechnen ist, da mit dem Rangrücktritt eben diese vermieden werden soll.[42]

2175

Die obigen Ausführungen gelten grds. auch für den Fall einer Rangrücktrittsvereinbarung seitens eines Drittgläubigers.

2176

Im Falle der Vereinbarung eines Rangrücktritts kann dies auf Seiten des Gläubigers ggf. eine Teilwertabschreibung auf die Forderung notwendig machen.[43] Die Sanierungsmaß-

2177

---

37 BMF, Schreiben v. 8.9.2006 - IV B 2 - S 2133 - 10/06, BStBl 2006 I S. 497 Tz. 4; *Funk*, BB 2009 S. 869; *Seppelt*, BB 2009 S. 1398.
38 BMF, Schreiben v. 8.9.2006 - IV B 2 - S 2133 - 10/06, BStBl 2006 I S. 497 Tz. 1: „Bei einem einfachen Rangrücktritt vereinbaren Schuldner und Gläubiger, dass eine Rückzahlung der Verbindlichkeit nur dann zu erfolgen habe, wenn der Schuldner dazu aus zukünftigen Gewinnen, aus einem Liquidationsüberschuss oder aus anderem – freien – Vermögen künftig in der Lage ist und der Gläubiger mit seiner Forderung im Rang hinter alle anderen Gläubiger zurücktritt. Bei dieser Vereinbarung handelt es sich um einen Rangrücktritt, der mit einer Besserungsabrede verbunden wird."
39 BMF, Schreiben v. 8.9.2006 - IV B 2 - S 2133 - 10/06, BStBl 2006 I S. 497 Tz. 2: „Bei einem qualifizierten Rangrücktritt erklärt der Gläubiger sinngemäß, er wolle wegen der Forderung erst nach Befriedigung sämtlicher anderer Gläubiger der Gesellschaft und - bis zur Abwendung der Krise - auch nicht vor, sondern nur zugleich mit den Einlagenrückgewähransprüchen der Gesellschafter berücksichtigt, also so behandelt werden, als handele es sich bei seiner Forderung um statutarisches Kapital (vgl. BGH, Urteil v. 8.1.2001, BGHZ 146 S. 264-280)."
40 So auch die Auffassung der Finanzverwaltung, die eine ausdrückliche Möglichkeit der Rückzahlung aus sonstigem freien Vermögen in Rangrücktrittsvereinbarungen verlangt, BMF, Schreiben v. 8.9.2006 - IV B 2 S-2133 10/06, BStBl 2006 I 497. Für Musterformulierungen, die auch die Möglichkeit der Tilgung aus sonstigem freien Vermögen vorsehen, vgl. z. B. *Carlé*, NWB 2010 S. 2802; *Rätke*, BBK 2013 S. 33. *Kahlert* weist allerdings darauf hin, dass ein einfacher Rangrücktritt nicht mit einem Rangrücktritt gem. § 19 Abs. 2 Satz 2, § 39 Abs. 2 InsO gleichzusetzen ist, NWB 2012 S. 2141. Zum ausdrücklichen Verzicht auf die Möglichkeit zur Tilgung aus anderem freien Vermögen zur Nutzung von Verlustvorträgen vgl. *Ronneberger*, Stbg 2013 S. 201.
41 Zur Passivierungsbeschränkung Rz. 2599 ff.
42 BFH, Urteil v. 30.11.2011 - I R 100/10, BStBl 2012 II S. 332.
43 *Ellrott* in: Beck'scher Bilanz-Kommentar, 10. Aufl., München 2016, § 251 Rz. 35.

nahme Rangrücktritt scheint im Einzelfall der weitergehenden Sanierungsmaßnahme Forderungsverzicht vorzugswürdig, weil das Erlöschen der Forderung bei finaler Beendigung des Unternehmens im Rahmen der Liquidation ggf. nicht zu einem steuerpflichtigen Gewinn führt – im Gegensatz zu einem explizit ausgesprochenen Forderungsverzicht.[44]

1.3.3 Forderungsverzicht

2178 Bei einem Forderungsverzicht handelt es sich um einen Erlassvertrag gem. § 397 BGB zwischen der Gesellschaft und dem einzelnen Gläubiger.[45] Der Forderungsverzicht wird häufig mit einem Besserungsschein verbunden, d. h. er wird unter der Bedingung des Wiederauflebens der Forderung nach erfolgreicher Sanierung erklärt.[46]

2179 Der Forderungsverzicht eines Drittgläubigers führt grds. zur erfolgswirksamen Ausbuchung der Verbindlichkeit.[47] Die Vereinbarung einer Besserungsabrede steht dem nicht entgegen. Der Eintritt des Besserungsfalls bewirkt das Wiederaufleben der Forderung mit der Folge der aufwandswirksamen „Neuerfassung" einer Verbindlichkeit gegenüber dem Gläubiger.[48]

2180 Hinsichtlich des Forderungsverzichts durch einen Gesellschafter ist steuerrechtlich zum einen zu unterscheiden zwischen dem Forderungsverzicht gegenüber einer Kapitalgesellschaft und dem Forderungsverzicht gegenüber einer Personengesellschaft sowie zum anderen zwischen einem durch das Gesellschaftsverhältnis veranlassten und einem aus eigenbetrieblichem Interesse erfolgenden Forderungsverzicht.

2181 Im Allgemeinen wird eine gesellschaftsrechtliche Veranlassung bei einem Forderungsverzicht seitens des Gesellschafters unterstellt,[49] es sei denn, es liegt eine Situation vor, in der ein gedachter Dritter ebenfalls einen solchen Forderungsverzicht ausgesprochen hätte. Beispiele wären Forderungsverzicht zur Erhaltung von Geschäftsbeziehungen oder Erfolgen des Forderungsverzichts gemeinsam mit Drittgläubigern im Rahmen einer konzertierten Sanierungsmaßnahme.[50]

2182 Ist der Verzicht eines Gesellschafters gegenüber einer Kapitalgesellschaft nicht durch das Gesellschaftsverhältnis veranlasst, ist die Verbindlichkeit wie im Falle eines Drittgläubigers erfolgswirksam auszubuchen.[51] Ist der Forderungsverzicht des Gesellschafters hin-

---

44 Vgl. *Schiffers*, GmbH-StB 2018 S. 17; OFD Frankfurt am Main, Verfügung v. 30.6.2017 - S-2743 A - 12 - St 525, DB 2017 S. 1937; *Wälholz*, GmbH-StB 2011 S. 122; *Seppelt*, BB 2010 S. 1395; *Hierstetter*, StB 2013 S. 391; der I. Senat des BFH hat mit Urteil v. 5.2.2014 - I R 34/12, BFH/NV 2014 S. 1014 die steuerliche Beurteilung der Rechtsfrage offen gelassen. Nach Auffassung des BFH ist die Rechtsauffassung, in der Liquidationsschlussbilanz sei eine verbliebene Verbindlichkeit gegenüber einem Gesellschafter mangels wirtschaftlicher Belastung nicht zu passivieren, nicht evident rechtsfehlerhaft.
45 *Aleth/Wilkens* in: Eilers/Rödding/Schmalenbach (Hrsg.), Unternehmensfinanzierung – Gesellschaftsrecht, Steuerrecht, Rechnungslegung, 2. Aufl., München 2014, Teil H, Rz. 51.
46 Zum Forderungsverzicht mit Besserungsschein als Vermeidungsstrategie zur Erhaltung der Werthaltigkeit Rz. 5151.
47 *Knebel*, DB 2009 S. 1095.
48 *Weber-Grellet* in: Schmidt, EStG, 37. Aufl., München 2018, § 5 Rz. 550 „Gesellschafterfinanzierung".
49 BFH, Urteil v. 29.7.1997 - VIII R 57/94, BStBl 1998 II S. 652.
50 BFH, Urteile v. 16.5.2002 - IV R 11/01, BStBl 2002 II S. 854; v. 12.10.2005 - X R 20/03, BFH/NV 2006 S. 713; BMF, Schreiben v. 27.3.2003, IV A 6 - S-2140 - 8/03, BStBl 2003 I S. 240 zu unternehmensbezogenen Sanierungen.
51 *Weber-Grellet* in: Schmidt, EStG, 37. Aufl., München 2018, § 5 Rz. 671.

gegen auf das Gesellschaftsverhältnis zurückzuführen, so handelt es sich dabei um eine erfolgsneutrale verdeckte Einlage in Höhe des Teilwertes der Forderung gem. § 6 Abs. 6 EStG, während die Differenz zwischen dem Nennwert und dem Teilwert beim Gesellschafter als Aufwand und bei der Gesellschaft als Ertrag zu buchen ist.[52]

Bei einem Forderungsverzicht eines Gesellschafters gegenüber einer Personengesellschaft ist im Falle des Verzichts aus eigenbetrieblichem Interesse eine Einlage in Höhe des werthaltigen Teils der Forderung und Ertrag in Höhe des nicht werthaltigen Teils auf Seiten der Personengesellschaft bzw. Aufwand auf Seiten des Gesellschafters zu buchen.[53] Im Regelfall ist der Verzicht jedoch auf das Gesellschaftsverhältnis zurückzuführen, in diesem Fall ist der Forderungsverzicht unabhängig vom tatsächlichen Wert der Forderung als eine unentgeltliche Übertragung eines Wirtschaftsgutes zu Buchwerten aus dem eigenen Betriebsvermögen oder dem Sonderbetriebsvermögen in das Gesamthandsvermögen der Personengesellschaft i. S. d. § 6 Abs. 5 EStG zu behandeln. Das Kapital in der Steuerbilanz der Personengesellschaft erhöht sich um den Nennwert der Forderung und ist dann dem verzichtenden Gesellschafter zuzurechnen und das Kapital in der Eigen- oder Sonderbilanz des Gesellschafters vermindert sich um den gleichen Betrag.[54] Die Betragsgleichheit der Forderung des Gesellschafters im Sonderbetriebsvermögen und der Verbindlichkeit der Gesellschaft im Gesamtshandsvermögen resultiert aus dem sog. Grundsatz der korrespondierenden Bilanzierung.[55]

2183

Bei einem durch das Gesellschaftsverhältnis veranlassten Forderungsverzicht gegenüber einer Kapitalgesellschaft ist bei Eintritt des Besserungsfalls eine Erfassung des Besserungsscheins in Höhe des ursprünglich als nicht werthaltig behandelten Teils der Forderung ergebniswirksam vorzunehmen, während bezogen auf den werthaltigen Teil eine Rückzahlung einer Einlage vorliegt.[56]

2184

1.3.4 Debt Equity Swap und Alternativen

Bei einem Debt Equity Swap wird eine gegen die Gesellschaft gerichtete Forderung (Debt) in Anteile an dieser Gesellschaft (Equity) getauscht.[57] Dazu wird i. d. R. eine Kapitalerhöhung gegen Ausgabe neuer Gesellschaftsanteile vorgenommen, bei der die Forderung als Sacheinlage eingebracht wird.

2185

---

52 *Knebel*, DB 2009 S. 1095; BMF, Schreiben v. 2.12.2003 - IV A 2 - S 2743 - 5/03, BStBl 2003 I S. 648; BFH, Beschluss v. 9.6.1997 - GrS 1/94, BStBl 1998 II S. 307.
53 *Schneider* in: HHR, EStG, 256. Lfg., März 2013, § 15 Rz. 730; *Wacker* in: Schmidt, EStG, 33. Aufl., München 2014, § 15 Rz. 550; *Pyszka*, BB 1998 S. 1559; *Töben/Lohbeck/Specker*, NWB 2009 S. 1488; a. A. *Demuth*, KÖSDI 2008 S. 16177.
54 *Wacker* in: Schmidt, EStG, 37. Aufl., München 2018, § 15 Rz. 550.
55 Vgl. dazu z. B. *Herbst/Stegemann*, DStR 2013 S. 176; Zum Grundsatz der korrespondierenden Bilanzierung beim Erwerb von Mitunternehmeranteilen vgl. BFH, Urteil v. 16.3.2017 - IV R 1/15, BStBl 2017 II S. 943; *Herbst/Stegemann*, DStR 2017 S. 2081.
56 BMF, Schreiben v. 2.12.2003 - IV A 2 - S. 2743 - 5/03, Tz. 2, BStBl 2003 II S. 648; BFH, Urteil v. 30.5.1990 - I R 41/87, BStBl. II 1991 S. 588; zu beachten ist aber, dass die Einlagenrückgewähr nach überwiegender Ansicht unter Beachtung der Verwendungsreihenfolge des § 27 Abs. 1 S. 3 KStG zu erfolgen hat (*Berninghaus* in: HHR, KStG, 269. Lfg., Mai 2015, § 27 Rz. 41 m. w. N.).
57 *Born*, BB 2009 S. 1731; *Hoffmann*, PiR 2010 S. 117.

2186 Die Insolvenzordnung sieht seit dem ESUG in § 225a[58] u. a. die Möglichkeit eines Debt-Equity-Swap auch im Insolvenzverfahren explizit vor. Danach kann im Insolvenzplan festgelegt werden, Forderungen von Gläubigern in Anteils- oder Mitgliedschaftsrechte am Schuldner umzuwandeln. Dies erfordert die Zustimmung der Gläubiger, lässt jedoch Eingriffe in die Rechte der Altgesellschafter auch gegen deren Willen zu.[59]

2187 In Höhe des Teilwertes der Darlehensforderung handelt es sich auf der Ebene der Gesellschaft gem. §§ 4 Abs. 1 Satz 8, 6 Abs. 1 Nr. 5 EStG um eine Einlage.[60] In Höhe des nicht werthaltigen Teils der Forderung ergibt sich ein grundsätzlich steuerpflichtiger Sanierungsgewinn (vgl. Rn. 2205 ff.).[61] Dies gilt sowohl im Falle der Kapitalgesellschaft als auch der Personengesellschaft. Im Falle der Beteiligung an einer Kapitalgesellschaft im Rahmen des Debt Equity Swap ermitteln sich die Anschaffungskosten der Beteiligung beim Neugesellschafter gem. § 6 Abs. 6 Satz 1 EStG anhand des gemeinen Wertes der Forderung; in Höhe des nicht werthaltigen Teils kommt es zu Aufwand.

2188 Erfolgt der Debt Equity Swap auch unter Beteiligung von Altgesellschaftern, sofern z. B. Gesellschafterdarlehen einbezogen werden, so gelten hierfür die Ausführungen zum Forderungsverzicht in entsprechender Weise.

2189 Eine Alternative zum Debt to Equity Swap ist der Debt Mezzanine Swap.[62] Dabei werden Forderungen in ein mezzanines Finanzierungsinstrument umgewandelt. Wenn dieses so ausgestaltet ist, dass es handelsbilanziell als Eigenkapital, steuerrechtlich jedoch als Fremdkapital auszuweisen ist, lässt sich im Gegensatz zum Debt Equity Swap der Nachteil eines evtl. steuerpflichtigen Gewinns vermeiden.[63] Als Gestaltungsalternative kommen z. B. Genussrechte in Betracht,[64] zumindest sofern keine Beteiligung am Liquidationserlös vorgesehen ist.[65] Liegt steuerrechtlich Fremdkapital vor, soll beim Debt Mezzanine Swap steuerbilanziell – unabhängig von der Werthaltigkeit der Forderung – ein erfolgsneutraler Passivtausch, vergleichbar der Ablösung des Darlehens eines Gläubigers im Rahmen einer Refinanzierung durch Neuaufnahme von Darlehen bei einem anderen Gläubiger, stattfinden.[66] Nach Auffassung der OFD Rheinland führt eine handelsbilanzielle Umqualifizierung der Verbindlichkeit in Eigenkapital infolge des Maßgeblichkeitsprinzips jedoch auch zu einer steuerbilanziellen Umqualifizierung in Eigenkapi-

---

58 Gesetz zur weiteren Erleichterung der Sanierung von Unternehmen, v. 23. 2. 2011.
59 *Braun*, (Hrsg.): Insolvenzordnung (InsO), § 225a Rz. 1, 7. Aufl. München 2017; zum Insolvenzverfahren allgemein vgl. Rz. 2304 ff.
60 BFH, Beschluss v. 9.6.1997 - GrS 1/94, BStBl 1998 II S. 307; a. A. *Cahn/Simon/Theiselmann*, DB 2012 S. 331; DB 2010 S. 1629, nach deren Auffassung eine Einbringung der Forderung zum Nennwert möglich ist.
61 *Scheunemann/Hoffmann*, DB 2009 S. 985; zur steuerlichen Behandlung von Sanierungsgewinnen vgl. Rz. 2205 ff.
62 Weitere Alternativen sind z. B. Debt Asset Swap oder Debt Buy Back. Vgl. dazu die Ausführungen z. B. in *Theiselmann* (Hrsg.), Praxishandbuch des Restrukturierungsrechts, 3. Aufl., Frankfurt a. M. 2016.
63 *Meiisel/Weber* in: Theiselmann (Hrsg.), Praxishandbuch des Restrukturierungsrechts, 3. Aufl., Frankfurt a. M. 2016, Kap. 9 Rz. 122.
64 *Hofert/Möller*, GmbHR 2009 S. 528; *Oelke/Wöhlert/Degen*, BB 2010 S. 301; *Meiisel/Weber* in: Theiselmann (Hrsg.), Praxishandbuch des Restrukturierungsrechts, 3. Aufl., Frankfurt a. M. 2016, Kap. 9 Rz. 123.
65 Strittig ist allerdings die Definition der „Beteiligung am Liquidationserlös"; vgl. BFH, Urteil v. 19. 1. 1994 - I R 67/92, BStBl 1996 II S. 77 sowie den Nichtanwendungserlass des BMF, Schreiben v. 27. 12. 1995, IV B 7 - S 2742 - 76/95, BStBl 1996 I S. 49 und das BMF, Schreiben v. 8. 12. 1986, IV B 7 - S 2742 - 26/86, BB 1987 S. 667.
66 *Mückl*, FR 2009 S. 505; *Meiisel/Weber* in: Theiselmann (Hrsg.), Praxishandbuch des Restrukturierungsrechts, 3. Aufl., Frankfurt a. M. 2016, Kap. 9 Rz. 131.

tal. Dies führe folglich zu einem handels- und steuerbilanziellen Ertrag, der im Falle fehlender Werthaltigkeit der Forderung nicht durch den Abzug einer verdeckten Einlage außerbilanziell kompensiert werde.[67]

1.3.5 Verlust-/Schuld- und Erfüllungsübernahme

Eine Verbesserung der Eigenkapitalsituation eines sich in der Krise befindlichen Unternehmens bzw. die Abwendung einer Verschlechterung kann auch dadurch erreicht werden, dass sich der Gesellschafter gegenüber der Gesellschaft verpflichtet, die laufenden Verluste zu übernehmen. 2190

Im Falle eines Vertragskonzerns besteht für den Gesellschafter über den mit der Tochtergesellschaft abgeschlossenen Gewinnabführungsvertrag nach § 302 Abs. 1 AktG die Verpflichtung zur Verlustübernahme. Der Gesellschafter darf steuerrechtlich wegen der Verlustübernahme durch Einkommenszurechnung entsprechend der Regelungen des § 14 KStG für die Verpflichtung zur Verlustübernahme keine Rückstellung bilden.[68] 2191

Ein Verlustübernahmevertrag kann aber auch unabhängig von einem Gewinnabführungsvertrag geschlossen werden.[69] Der Abschluss eines solchen isolierten Verlustübernahmevertrages ist i. d. R. durch das Gesellschaftsverhältnis veranlasst. Auf der Ebene der Gesellschaft stellt die Verlustübernahme in diesem Fall in voller Höhe eine Einlage gem. §§ 4 Abs. 1, 6 Abs. 1 Nr. 5 EStG dar. Im Falle der Beteiligung an einer Kapitalgesellschaft dürfte die Verlustübernahme auf der Ebene des Gesellschafters im ersten Schritt als nachträgliche Anschaffungskosten zu behandeln sein. Im zweiten Schritt wäre dann zu prüfen, inwieweit der nun erhöhte Beteiligungsbuchwert zu einer Teilwertabschreibung führen kann.[70] 2192

Ist Hintergrund der Verlustübernahme ausnahmsweise ein eigenbetriebliches Interesse des Gesellschafters, so ist diese auf beiden Ebenen ergebniswirksam zu behandeln. 2193

Bei der Schuldübernahme gem. §§ 414 ff. BGB übernimmt ein Dritter eine Schuld des bisherigen Schuldners. Der Altschuldner scheidet aus dem Rechtsverhältnis aus; der Unterschiedsbetrag zwischen dem Buchwert der Verbindlichkeit und der zu zahlenden Gegenleistung ist erfolgswirksam zu erfassen.[71] Beim Neuschuldner ist die Verbindlichkeit handelsbilanziell grundsätzlich so zu behandeln wie beim Altschuldner, es sei denn, dass der Neuschuldner die übernommene Verpflichtung z. B. durch eine abweichende Einschätzung des Erfüllungsbetrages anders bewertet.[72] 2194

I. d. R. wird der Gesellschafter vor dem Hintergrund der angestrebten Sanierung auf Regressforderungen gegen die Schuldnergesellschaft verzichten. Die Gesellschaft kann 2195

---

67 OFD Rheinland, Kurzinfo v. 14.12.2011 - KSt. Nr. 56/2011, GmbHR 2012 S. 543; a. A. z. B. *Breuninger/Ernst*, GmbHR 2012 S. 494; *Kroener/Momen*, DB 2012 S. 829; *Lechner/Haisch*, Ubg 2012 S. 115.
68 BFH, Urteil v. 26.1.1977 - I R 101/75, BStBl 1977 II S. 441; *Schubert* in: Beck'scher Bilanz-Kommentar, 10. Aufl., München 2016, § 249 Rz. 100 „Verlustübernahme".
69 *Förschle/Heinz* in: Winkeljohann/Förschle/Deubert (Hrsg.), Sonderbilanzen – Von der Gründungsbilanz bis zur Liquidationsbilanz, 5. Aufl., München 2016, Teil Q Rz. 52.
70 BFH, Urteile v. 29.5.1968 - I 187/65, BStBl 1968 II S. 722; v. 9.3.1977 - I R 203/74, BStBl 1977 II S. 515; vgl. außerdem die Ausführungen von *Kraft/Kraft*, BB 1992 S. 2465.
71 *Häuselmann*, BB 2010 S. 948; *Weber-Grellet* in: Schmidt, EStG, 37. Aufl., München 2018, § 5 Rz. 674.
72 *M. Prinz*, FR 2011 S. 445, 450.

in diesem Fall die Verbindlichkeit ausbuchen und mit dem zu aktivierenden Freistellungsanspruch gegen den Gesellschafter infolge der Schuldübernahme nach § 415 Abs. 3 BGB aufrechnen.[73]

2196 Die Schuldübernahme bewirkt, dass – letztlich unabhängig von der Werthaltigkeit der Forderung – ein Gewinn aus einem Forderungsverzicht in eine Einlage umgewandelt werden kann.[74] Die unterschiedliche steuerliche Behandlung zum Forderungsverzicht folgt nach dem BFH daraus, dass die Gesellschaft durch die von vornherein unbedingte und unter Ausschluss aller Rückgriffsansprüche erklärte Schuldübernahme einen werthaltigen Freistellungsanspruch gegen den Gesellschafter erhält. Diese Steuerneutralität gilt nach dem BFH-Beschluss ausdrücklich auch dann, wenn die gegenüber der Krisengesellschaft bestehende Forderung des ursprünglichen Gläubigers nicht mehr voll werthaltig ist.[75]

2197 Bei der Erfüllungsübernahme gem. § 329 BGB verpflichtet sich ein Dritter (Freistellungsverpflichteter) im Innenverhältnis, eine Verbindlichkeit des Schuldners zu erfüllen. Dies hat einen Befreiungsanspruch des Schuldners gegenüber dem Freistellungsverpflichteten zur Folge. Die Schuld selbst wird dabei jedoch nicht übernommen. Daher ändert sich auch die Bilanzierung des ursprünglichen Rechtsverhältnisses nicht. Die Freistellungsverpflichtung ist beim Verpflichteten handels- wie steuerrechtlich allerdings als Verbindlichkeitsrückstellung, beim Freistellungsgläubiger als Forderung zu behandeln.[76] Im Falle der Vereinbarung einer solchen Erfüllungsübernahme mit dem Gesellschafter mit der Zielsetzung der Sanierung wird dieser i. d. R. für den Fall der Inanspruchnahme auf einen Rückgriff verzichten, da ansonsten die Passivierung einer möglichen Rückgriffsverpflichtung den Sanierungseffekt wieder aufheben würde.[77] Das somit regresslos gewährte Freistellungsversprechen des Gesellschafters ist auf Ebene der Gesellschaft wie eine verdeckte Einlage zu behandeln.

1.3.6 Bürgschaftsverpflichtung

2198 Der Gesellschafter kann sich zur Gewährleistung der Liquidität des Unternehmens – statt der Gewährung eines eigenen Darlehens – auch im Rahmen eines Bürgschaftsverhältnisses verpflichten, für die Erfüllung der seitens der Banken zur Überwindung der Krise zusätzlich gewährten Darlehen als Bürge einzustehen.

2199 Verpflichtungen aus der Gewährung einer Bürgschaft sind als Rückstellung zu passivieren, wenn eine Inanspruchnahme hieraus wahrscheinlich ist.[78] Steuerbilanziell stehen die §§ 5 Abs. 4a und 4b EStG der Bildung einer solchen Rückstellung nicht entgegen.[79] Mit der bilanziellen Erfassung einer drohenden Inanspruchnahme durch

---

73 BFH, Urteil v. 20.12.2001 - I B 74/01, BFH/NV 2002 S. 678.
74 *Fox/Scheidle*, GWR 2009 S. 51; *Vogt*, DStR 2002 S. 1433; *Schmidt/Hageböke*, DStR 2002 S. 2151.
75 BFH, Urteil v. 20.12. 2001 - I B 74/01, BFH/NV 2002 S. 678.
76 *M. Prinz*, FR 2011 S. 551, 555.
77 *Förschle/Heinz* in: Winkeljohann/Förschle/Deubert (Hrsg.), Sonderbilanzen – Von der Gründungsbilanz bis zur Liquidationsbilanz, 5. Aufl., München 2016, Teil Q Rz. 77.
78 BFH, Urteil v. 15.10.1998 - IV R 8/98 BStBl 1999 II S. 333; FG Köln, Urteil v. 25. 6. 2002 - 13 K 6968/99, DStRE 2003 S. 4.
79 BFH, Urteil v. 11.4.2003 - IV B 176/02, BFH/NV 2003 S. 919.

Passivierung einer Rückstellung ist eine Rückgriffsforderung gegen den Hauptschuldner[80] zu aktivieren, die ggf. wertzuberichtigen ist.[81]

Die Ablösung der Bürgschaft durch eine befreiende Schuldübernahme stellt auf der Ebene der Gesellschaft – entsprechend den zum Forderungsverzicht seitens des BFH aufgestellten Grundsätzen – eine Einlage i. S. v. §§ 4 Abs. 1 Satz 8, 6 Abs. 1 Nr. 5 EStG dar und führt auf der Ebene des Gesellschafters zu nachträglichen Anschaffungskosten, soweit der Freistellungsanspruch noch werthaltig ist; ansonsten liegt auf der Ebene der Gesellschaft ein Ertrag und auf der Ebene des Gesellschafters Aufwand vor.[82] 2200

Der BFH geht bei Bürgschaftsübernahmen von der Vermutung aus, dass eine Stützungsmaßnahme zugunsten der Gesellschaft regelmäßig durch das Gesellschaftsverhältnis veranlasst ist.[83] 2201

1.3.7 Werthaltigkeitsgarantie/Patronatserklärung

Eine Werthaltigkeitsgarantie liegt vor, wenn ein Gesellschafter bestimmte Aktiva, z. B. Forderungen oder Beteiligungen, durch eine Garantie gegenüber der Gesellschaft absichert. Diese Garantie kann so ausgestaltet sein, dass der Garantiegeber sich verpflichtet, auf Verlangen der Gesellschaft die betroffenen Vermögensgegenstände zum Buchwert zu erwerben, oder im Falle einer Abschreibung die daraus resultierenden Beträge auszugleichen. 2202

Eine Patronatserklärung wird entweder gegenüber einzelnen oder allen Gläubigern eines Schuldners (extern) oder gegenüber dem Schuldner selbst (intern) abgegeben.[84] Bei einer „harten" Patronatserklärung sichert das die Erklärung abgebende Unternehmen zu, das unterstützte Unternehmen finanziell so auszustatten, dass dieses seinen Verbindlichkeiten jederzeit nachkommen kann.[85] Der Gläubiger kann den Patron auf Zahlung in Anspruch nehmen, wenn die Verbindlichkeit von dem Tochterunternehmen nicht erfüllt wird.[86] 2203

Im Unterschied dazu gibt es bei einer „weichen" Patronatserklärung keine Kapitalausstattungsverpflichtung. In einer solchen erklärt z. B. eine Muttergesellschaft, dass es ihre gegenwärtige Politik sei, Tochtergesellschaften finanziell angemessen auszustatten. Ansprüche des Gläubigers gegen die Muttergesellschaft aus einer solchen Erklärung kommen allenfalls dann infrage, wenn das Verhalten des die Erklärung abgebenden Unternehmens zu dieser im Widerspruch steht.[87] 2204

Ist die Inanspruchnahme aus einer solchen Erklärung seitens des Gesellschafters, sei es eine Werthaltigkeitsgarantie oder eine Patronatserklärung, wahrscheinlich, so ist han- 2205

---

80 BFH, Urteil v. 16.12.1987 - I R 222/83, BFH/NV 1989 S. 103.
81 BFH, Urteil v. 15.10.1998 - IV R 8/98, BStBl 1999 II S. 333; *Hahne*, BB 2005 S. 823; so auch Rz. 5656, Bürgschaft.
82 BFH, Urteil v. 31.5.2005 - XR 36/02, BStBl 2005 II S. 707.
83 BFH, Urteil v. 29.11.2000 - I R 87/99, BStBl 2002 II S. 655.
84 *Wolf*, StuB 2011 S. 447.
85 *Hasselbach* in: Eilers/Rödding/Schmalenbach (Hrsg.), Unternehmensfinanzierung – Gesellschaftsrecht, Steuerrecht, Rechnungslegung, 2. Aufl., München 2014, Teil J Rz. 6.
86 BGH, Urteil v. 8.5.2003 - IX ZR 334/01, BB 2003 S. 1300.
87 *Schmalenbach* in: Eilers/Rödding/Schmalenbach (Hrsg.), Unternehmensfinanzierung – Gesellschaftsrecht, Steuerrecht, Rechnungslegung, 2. Aufl., München 2014, Teil C Rz. 94.

dels- und steuerrechtlich eine Rückstellung für ungewisse Verbindlichkeiten gem. § 249 Abs. 1 HGB zu bilden.[88]

2206 Die Inanspruchnahme des Gesellschafters stellt – sofern der Gesellschafter auf seinen Ersatzanspruch gegenüber der Gesellschaft verzichtet – auf Ebene der Gesellschaft in voller Höhe eine Einlage gem. §§ 4 Abs. 1, 6 Abs. 1 Nr. 5 EStG dar. Im Falle der Beteiligung an einer Kapitalgesellschaft dürfte die Inanspruchnahme auf der Ebene des Gesellschafters im ersten Schritt als nachträgliche Anschaffungskosten zu behandeln sein. Im zweiten Schritt wäre dann zu prüfen, inwieweit der nun erhöhte Beteiligungsbuchwert zu einer Teilwertabschreibung führen kann;[89] es sei denn, es liegt ein eigenbetriebliches Interesse des Gesellschafters vor.

1.4 Spezialfälle bei Krisenunternehmen

1.4.1 Steuerliche Behandlung von Sanierungsgewinnen

2207 Ein wesentlicher Aspekt der voran beschriebenen Sanierungsmaßnahmen ist die Verbesserung der Eigenkapitalstruktur des Unternehmens durch einen Schuldenerlass seitens der Gesellschafter oder seitens der Drittgläubiger.

2208 Der Schuldenerlass hat auf Seiten des Schuldners handels- wie auch steuerbilanziell eine erfolgswirksame Ausbuchung der dem Schuldenerlass zugrunde liegenden Verbindlichkeit zur Folge.

2209 Die ertragsteuerliche Behandlung von Sanierungsgewinnen war lange Zeit umstritten.[90] Diese war in der Vergangenheit im sog. Sanierungserlass (BMF-Schreiben vom 27.3.2003[91]) geregelt. Der Große Senat des BFH hat mit Beschluss vom 28.11.2016[92] festgestellt, dass der Sanierungserlass[93] gegen den Grundsatz der Gesetzmäßigkeit der Verwaltung verstößt und somit rechtswidrig ist. Daraufhin hat der Gesetzgeber reagiert und im Gesetzgebungsverfahren[94] kurzfristig eine gesetzliche Neuregelung zur steuerlichen Behandlung von Sanierungsgewinnen beschlossen. Der Bundesrat hat der Neuregelung am 2.6.2017 zugestimmt.[95] Die Anwendung ist vorgesehen auf Schulden, die ganz oder teilweise nach dem 8.2.2017 erlassen wurden.[96] Die gesetzliche Neuregelung

---

88 *Wolf*, StuB 2011 S. 447; *Scherff/Willeke*, StuB 2008 S. 744.
89 BFH, Urteile v. 29.5.1968 - I 187/65, BStBl 1968 II S. 722; v. 9.3.1977 - I R 203/74, BStBl 1977 II S. 515.
90 Vgl. zu einem Überblick zur Rechtsentwicklung von § 3 Nr. 66 EStG a. F. über den sog. Sanierungserlass (BMF, Schreiben v. 27.3.2003 - IV A 6 - S. 2140 - 8/03, BStBl 2003 I S. 240 = DStR 2003 S. 690, ergänzt durch BMF, Schreiben v. 22.12.2009 - IV C 6-S 2140/07/10001-01, BStBl 2010 I S. 18 = DStR 2010 S. 52.) bis zur Entscheidung des Großen Senat des BFH mit Beschluss v. 28.11.2016 (GrS 1/15, DStR 2017 S. 305).
91 BMF, Schreiben v. 27.3.2003, IV A 6 S 2140 8/03, BStBl 2003 I S. 240; ergänzt durch das BMF, Schreiben v. 22.12.2009 - IV C 6 S 2140/07/10001-01, BStBl 2010 I S. 18; sog. Sanierungserlass.
92 BFH, Beschluss v. 28.11.2016, GrS-1/15, BStBl 2017 II S. 393.
93 BMF, Schreiben v. 27.3.2003 - IV A 6 S 2140 8/03, BStBl 2003 I S. 240; ergänzt durch das BMF, Schreiben v. 22.12.2009 - IV C 6 S 2140/07/10001-01, BStBl 2010 I S. 18; sog. Sanierungserlass.
94 BT-Drs. 18/12128 v. 26.4.2017.
95 BR-Drs. 366/17 v. 12.5.2017; BR-Drs. 366/17 (Beschluss) v. 2.6.2017.
96 Vgl. für die Einkommensteuer § 3a EStG, für die Gewerbesteuer § 7b GewStG, für die Körperschaftsteuer ergänzend § 15 Nr. 1a KStG Vgl. zur Anwendungsregelung § 52 Abs. 4a EStG bzw. § 36 Abs. 2c GewStG 34 Abs. 1 KStG.

tritt jedoch erst an dem Tag in Kraft, an dem die Europäische Kommission durch Beschluss festgestellt hat, dass die Vorschrift keine staatlichen Beihilfen darstellt.[97]

Die Eckpunkte der gesetzlichen Neuregelung lassen sich wie folgt zusammenfassen[98]: 2210

- Der Sanierungsertrag wird steuerfrei gestellt (§ 3a Abs. 1 Satz 1 EStG).
- Die im Zusammenhang mit dem Sanierungsertrag stehenden Aufwendungen sind nicht abzugsfähig (§ 3c Abs. 4 EStG).
- Verlustvorträge und ggf. andere Steuerminderungspositionen gehen in Höhe des um die Sanierungsaufwendungen geminderten Sanierungsgewinns unter (§§ 3a Abs. 1 Satz 2 und Satz 3, Abs. 3 EStG).[99]

Im Zusammenhang mit dieser Neuregelung sind insbesondere folgende steuerbilanzielle Besonderheiten zu beachten. 2211

Im Sanierungsjahr und im Folgejahr sind steuerliche Wahlrechte im zu sanierenden Unternehmen gewinnmindernd auszuüben (§ 3a Abs. 1 Satz 2 EStG). Unter anderem entfällt das Abschreibungswahlrecht nach § 6 Abs. 1 Nr. 1 Satz 2 und Nr. 2 Satz 2 EStG. Es besteht insoweit ein Abschreibungszwang (§ 3a Abs. 1 Satz 3 EStG). Das gilt auch für das Wahlrecht für die Abschreibung geringwertiger Wirtschaftsgüter gem. § 6 Abs. 2 EStG.[100]

Steuerfreie Rücklagen z. B. nach § 6b EStG werden von § 3a Abs. 1 Satz 2 EStG nicht erfasst. Das heißt eine Pflicht zum Abzug des Gewinns nach § 6b Abs. 1 EStG bzw. zur Bildung einer Rücklage nach § 6b Abs. 3 EStG nach einer gewinnrealisierenden Grundstücksveräußerung besteht nicht.[101]

1.4.2 Wirtschaftliches Eigentum/steuerliche Auswirkung von Besicherungen

Finanzierungsmaßnahmen zur Sanierung eines Unternehmens wie z. B. Darlehen werden i. d. R. besichert. Eine Besicherung kann u. a. durch Hinterlegung von Geld und Wertpapieren, die Verpfändung von beweglichen Sachen oder Forderungen oder durch die Bestellung einer Hypothek erfolgen. 2212

Sicherungsrechte an Wirtschaftsgütern des Betriebsvermögens führen nicht zu einer steuerpflichtigen Veräußerung, denn das Sicherungseigentum ist gem. § 39 Abs. 2 Nr. 1 Satz 2 2. Alternative AO wirtschaftlich dem Sicherungsgeber zuzurechnen. Denn solange der Sicherungsgeber seine Zahlungsverpflichtung erfüllt, kann er den Sicherungsnehmer von der Einwirkung auf das Wirtschaftsgut ausschließen.[102] Eine Zurechnung 2213

---

[97] Vgl. BT-Drs. 18/12128 v. 26.4.2017 S. 23. Zum Zeitpunkt der Verfassung des Beitrags liegt dieser Beschluss noch nicht vor.
[98] Vgl. ausführlich *Sistermann/Beutel*, DStR 2017 S. 1065.
[99] Teilweise gehen auch Verlustvorträge von nahestehenden Personen und ehemaligen Organträgern unter, sog. interpersoneller Verlustuntergang, vgl. dazu *Suchanek/Schaaf/Hannweber*, WPg 2017 S. 909.
[100] Erhöht sich hierdurch z. B. ein laufender Verlust im Sanierungsjahr (§ 3a Abs. 3 Satz 2 Nr. 8 EStG) oder ein Verlust im Folgejahr (§ 3a Abs. 3 Satz 2 Nr. 12 EStG), gehen diese Verlustpositionen im Rahmen des § 3a Abs. 3 Satz 2 EStG unter.
[101] Vgl. *Sistermann/Beutel* DStR 2017 S. 1065: Unternehmenssanierungen nach der Grundsatzentscheidung des Großen Senats des BFH.
[102] *Drüen* in: Tipke/Kruse (Hrsg.), AO/FGO, Kommentar, 129. Lfg., Köln 2012, § 39 AO Rz. 50.

zum Sicherungsnehmer käme allenfalls dann in Betracht, wenn diesem die uneingeschränkte Dispositionsbefugnis eingeräumt wird, er über das Wirtschaftsgut somit auch unabhängig von der Frage, ob der Sicherungsgeber seiner Zahlungspflicht nachkommt, verfügen und es z. B. veräußern kann.[103]

2214 Diese Grundsätze gelten auch für die gerade in krisenhaften Situationen sehr häufig gewählten Sale and Lease Back-Gestaltungen, die vom wirtschaftlichen Gehalt i. d. R. als eine Darlehensgewährung zu qualifizieren sein dürften.[104] Der Veräußerer bleibt wirtschaftlicher Eigentümer des verkauften Wirtschaftsgutes. Der Mittelzufluss aus dem vereinbarten Kaufpreis ist als Darlehen auszuweisen, das mit der Zahlung der Leasingraten zurückgeführt wird.[105]

2215 Bei Übergang des wirtschaftlichen Eigentums auf den Leasinggeber kann – insbesondere bei Krisenunternehmen – der Ansatz einer Rückstellung für überhöhte Leasingraten angezeigt sein.[106]

1.5 Besonderheiten beim Erwerb eines Krisenunternehmens

1.5.1 Negativer Kaufpreis

2216 Der Erwerb eines Krisenunternehmens ist häufig dadurch gekennzeichnet, dass für das Unternehmen lediglich ein symbolischer Kaufpreis durch den Erwerber zu zahlen ist oder sogar seitens des Veräußerers Zuzahlungen an den Erwerber erfolgen (negativer Kaufpreis).[107] Zuzahlungen des Veräußerers sind üblich, wenn im Hinblick auf die Krisensituation des Unternehmens bis zum Abschluss der Sanierung noch nicht unwesentliche Restrukturierungsaufwendungen erwartet werden, für die in der Bilanz noch keine Vorsorge durch den Ansatz von Verbindlichkeiten oder Rückstellungen getroffen wurde.

2217 Ein negativer Kaufpreis kann sich aber auch erst nach Abschluss des Unternehmenskaufvertrages aufgrund einer nachträglichen Kaufpreisanpassung (z. B. aus der Inanspruchnahme für im Rahmen des Unternehmenskaufvertrages abgegebene Garantien) ergeben, soweit die seitens des Veräußerers zu leistenden Zahlungen den ursprünglich seitens des Erwerbers gezahlten Kaufpreis übersteigen.[108]

1.5.1.1 Asset Deal

2218 Aus steuerlicher Sicht liegt ein Asset Deal vor, sofern Wirtschaftsgüter, Wirtschaftsgütergesamtheiten oder auch Personengesellschaftsanteile (Mitunternehmeranteile) gekauft werden.

---

103 *Eilers* in: Eilers/Rödding/Schmalenbach (Hrsg.), Unternehmensfinanzierung – Gesellschaftsrecht, Steuerrecht, Rechnungslegung, 2. Aufl., München 2016, Teil A Rz. 55.
104 Vgl. dazu oben Rz. 699.
105 IDW ERS HFA 13 Anm. 72.
106 *Förschle/Heinz* in: Winkeljohann//Förschle/Deubert (Hrsg.), Sonderbilanzen – Von der Gründungsbilanz bis zur Liquidationsbilanz, 5. Aufl., München 2010, Teil Q Rz. 26.
107 *Preißler/Bressler*, BB 2011 S. 427.
108 *Scheunemann/Mandelsloh/Preuß*, DB 2011 S. 202; s. auch *Prinz*, FR 2011 S. 373.

Im Falle eines Asset Deals ist grundsätzlich auf der Basis der sog. Stufentheorie[109] eine Aufteilung des Gesamtkaufpreises nach § 6 Abs. 1 Nr. 7 EStG auf die im Einzelnen erworbenen Wirtschaftsgüter vorzunehmen. Die Stufentheorie ist grundsätzlich auch im Falle eines sog. negativen Kaufpreises anzuwenden. Die Behandlung eines solchen negativen Kaufpreises im Rahmen der Stufentheorie richtet sich nach der Grundsatzentscheidung des BFH vom 21. 4. 1994.[110]   2219

Die Erfassung des negativen Kaufpreises erfolgt im Falle des Asset Deals zunächst durch Abstockung von erworbenen Aktiva und durch Aufstockung von Passiva.[111] Bei Zuzahlungen seitens des Veräußerers wird danach häufig ein Restbetrag verbleiben. Der Restbetrag ist erfolgsneutral als passiver Ausgleichsposten zu erfassen. Dies verhindert den Ausweis eines „Anschaffungsertrags" beim Erwerber wie er sich ansonsten bei erfolgswirksamer Bilanzierung "negativer Anschaffungskosten" ergeben würde.[112]   2220

Die Erfassung „negativer" Anschaffungskosten beim Erwerber kommt nicht in Betracht, da nach § 255 Abs. 1 HGB begrifflich die Existenz von Aufwendungen auf Erwerberseite vorausgesetzt wird. Zudem verstößt eine Gewinnrealisierung in Höhe des vom Veräußerer gezahlten Aufgeldes gegen das Vorsichts- und Realisationsprinzip und damit gegen den Grundsatz der Erfolgsneutralität eines Anschaffungsvorgangs.[113]   2221

Ein passiver Ausgleichsposten ist in den Folgejahren gegen antizipierte Verluste, bei qualifizierten Übertragungsvorgängen oder spätestens bei Liquidation der Gesellschaft erfolgswirksam aufzulösen.[114]   2222

Die Auflösung eines negativen Ausgleichspostens im Zusammenhang mit antizipierten Verlusten hat zu erfolgen, sofern es sich um Aufwendungen handelt die nachweislich   2223

---

[109] Ausführlich zur Stufentheorie *Schmidt/Wacker* in: Schmidt, EStG, 37. Aufl., München 2018, § 16 EStG Rz. 4878 ff; zur Erfassung eines negativen Kaufpreises bei Mitunternehmeranteilen vgl. Rz. 1421 ff.
[110] BFH, Urteil v. 21. 4. 1994 - IV R 70/92, BStBl 1994 II S. 745.
[111] Eine Abstockung wird im Schrifttum z. T. abgelehnt; *Gießler*, DStR 1995 S. 699; *Möhrle*, DStR 1999 S. 1414.
[112] BFH, Urteile v. 19.2.1998 - IV R 59/96, BStBl 1999 II S. 266; v. 14.6.1994 - VIII R 37/93, BStBl 1995 II S. 246; v. 21.4.1994 - IV R 79/92, BStBl 1994 II S. 745; anders jedoch *Siegel/Bareis*, BB 1993 S. 1477, die die Bildung eines passiven Ausgleichspostens ablehnen und eine sofortige Gewinnrealisierung beim Erwerber annehmen; ähnlich auch *Pickhardt*, DStR 1997 S. 1095. Für handelsrechtliche Zwecke wird bei Kaufpreisabschlägen bzw. Zuzahlungen des Veräußerers, z. B. in Fällen einer befristeten Arbeitsplatzgarantie, veralteter Produktionsmethoden, Produktionsumstellungen, Entwicklung neuer Produkte oder Aufbau neuer Absatzmärkte, vertreten anstatt der Abstockungs- bzw. Aufstockungslösung einen negativen Geschäfts- oder Firmenwert anzusetzen, der die künftigen Mehraufwendungen des Erwerbers aufgrund der beispielhaft benannten Fälle abbilden soll; vgl. *Winnefetd*, Bilanz-Handbuch Rz. 506. Für steuerliche Zwecke ist hingegen eine solche Fortführung der Buchwerte der bilanzierten Wirtschaftsgüter und der Ansatz eines negativen Geschäftswerts ausdrücklich nicht zulässig; BFH, Urteil v. 21.4.1994 - IV R 70/92, BStBl 1994 II S. 745; *Schmidt/Wacker* § 16 Rz. 511.
[113] Vgl. auch BFH, Urteil v. 16. 12. 2009 - I R 102/08, BStBl 2011 II S. 566; *Scheunemann/Mandelsloh/Preus*, DB 2011 S. 201; *Preißler/Bressler*, BB 2011 S. 427.
[114] BFH, Urteil v. 21.4.1994 - IV R 70/92, BStBl 1994 II S. 745; in diesem Sinne auch FG Düsseldorf, Urteil v. 15.12.2010 - 15 K 2784/09 F, EFG 2011 S. 794; die analoge Anwendung des § 7 Abs. 1 Satz 3 EStG – also eine lineare Abschreibung des passiven Ausgleichspostens über die Dauer von 15 Jahren – erscheint aufgrund der Unvereinbarkeit mit grundlegenden Bilanzprinzipien nicht sachgerecht (so auch *Ernsting*, GmbHR 2007 S. 135; *Hoffmann*, DStR 2006 S. 1315; *Schiffers*, WPg 2006 S. 1283; *Schulze-Osterloh*, BB 2006 S. 1956; *Weber-Grellet*, BB 2007 S. 38; a. A. *Möhrle*, DStR 1999 S. 1420).

zur Bildung des Postens geführt haben und auf den im Erwerbszeitpunkt antizipierten Gründen beruhen.[115]

2224 Im Falle der Übertragung des ganzen Betriebs erfolgt grundsätzlich die Auflösung des gesamten passiven Ausgleichspostens. Erfolgt die Übertragung von Teilen eines Betriebs, so ist der negative Ausgleichsposten anteilig aufzulösen, sofern Wirtschaftsgüter übertragen werden, die mit der ursprünglichen Bildung des Postens im Zusammenhang stehen. Im Falle unentgeltlicher Übertragungen nach § 6 Abs. 3 und Abs. 5 EStG oder auch steuerneutraler Umwandlungen bzw. Einbringungen zu Buchwerten nach dem UmwStG ist der passive Ausgleichsposten (ggf. anteilig) steuerneutral fortzuführen.[116]

2225 Die Ab- und Aufstockungen sowie die Bildung eines passiven Ausgleichspostens für steuerliche Zwecke erfolgen bei Erwerb von Mitunternehmeranteilen in der Ergänzungsbilanz des Erwerbers.[117]

1.5.1.2 Share Deal

2226 Ein Share Deal im steuerlichen Sinne beschreibt den Erwerb von Kapitalgesellschaftsanteilen. Ein im Rahmen des Share Deal vorliegender negativer Kaufpreis ist in Form der Zuzahlung seitens des Veräußerers handels- und steuerbilanziell gemäß der Grundsatzentscheidung des BFH vom 26. 4. 2006[118] zu behandeln, wonach die Zuzahlung des Veräußerers beim Erwerber zur Bildung eines passiven Ausgleichspostens führt.

2227 Die Erfassung des negativen Kaufpreises beim Erwerber hat zunächst durch Abstockung[119] der erworbenen Beteiligung in der Bilanz des Erwerbers zu erfolgen. Eine solche Abstockung scheidet i. d. R. faktisch jedoch aus, weil die Beteiligung für einen symbolischen Betrag erworben wird. In einem zweiten Schritt erfolgt die erfolgsneutrale Erfassung des seitens des Veräußerers gezahlten Aufgeldes in einem besonderen passiven Ausgleichsposten.[120]

2228 Der passive Ausgleichsposten ist bei Verkauf der Beteiligung oder bei Liquidation der Gesellschaft erfolgswirksam aufzulösen[121] und führt dann zu einer entsprechenden Erhöhung eines möglichen Veräußerungsgewinns bzw. Minderung eines Veräußerungsverlusts. Eine teilweise Veräußerung der Beteiligung führt zu einer korrespondierenden Auflösung des passiven Ausgleichspostens.[122]

---

115 So auch *Scheunemann/Mandelsloh/Preuß*, DB 2011 S. 201; anders jedoch *Geiger*, DB 1996 S. 1533 sowie *Heurung*, DB 1995 S. 385, die eine Analyse der einzelnen Verlustanteile ablehnen und objektivierungsbedingt unterstellen, dass die künftig eintretenden Verluste gerade die erwarteten Verlustdrohungen zum Zeitpunkt des Unternehmenserwerbs beinhalten.
116 *Scheunemann/Mandelsloh/Preuß*, DB 2011 S. 201.
117 BFH, Urteil v. 21. 4. 1994 - IV R 70/92, BStBl 1994 II S. 745; FG Düsseldorf, Urteil v. 15.12.2010 - 15 K 2784/09 F, EFG 2011 S. 794.
118 BFH, Urteil v. 26. 4.2006 - I R 49 - 50/04, BStBl 2006 II S. 656.
119 BFH, Urteil v. 26.4.2006 - I R 49 - 50/04, BStBl 2006 II S. 656; z. T. wird eine Abstockung im Schrifttum abgelehnt: *Gießler*, DStR 1995 S. 699; *Möhrle*, DStR 1999 S. 1414.
120 Die h. M. folgt der Auffassung des BFH: *Ernsting*, GmbHR 2007 S. 135 ff.; a. A. *Christiansen*, HFR 2006 S. 867 m. w. N. *Plewka/Klümpen-Neusel*, NJW 2006 S. 3612, die den Ausweis eines negativen Geschäftswertes befürworten.
121 So auch *Scheunemann/Mandelsloh/Preuß*, DB 2011 S. 205; *Preißler/Bressler*, BB 2011 S. 431; *Ernsting*, GmbHR 2007 S. 135 f.; *Schiffers*, WPg 2006 S. 1279; *Schulze-Osterloh*, BB 2006 S. 1955.
122 *Ernsting*, GmbHR 2007 S. 135 f.; *Scheunemann/Mandelsloh/Preuß*, DB 2011 S. 205.

Eine Auflösung des Ausgleichspostens während des Haltens der Beteiligung wegen einer auf der Ebene der Beteiligung eintretenden Realisierung antizipierter Verluste kommt nicht in Betracht, da die zwingende Abstockung bei Beteiligungserwerb keinen Raum für weitere Abschreibungen zulässt.[123]

2229

1.5.1.3 Steuerliche Behandlung beim Veräußerer

Der Veräußerer einer Beteiligung hat die Differenz zwischen dem Kaufpreis und dem Buchwert der Beteiligung aufwandswirksam zu erfassen.

2230

Ein möglicherweise gezahltes Aufgeld erhöht den Veräußerungsverlust, der im Falle der Veräußerung von Kapitalgesellschaftsanteilen aufgrund der Regelungen des § 3c Abs. 2 EStG und § 8b Abs. 3 KStG jedoch nur begrenzt bei der Ermittlung des zu versteuernden Einkommens Berücksichtigung findet.

2231

1.5.1.4 Abgrenzung gesonderter Leistungen des Käufers vom negativen Kaufpreis

Ein negativer Kaufpreis ist von Entgelten für gesonderte Leistungen des Käufers abzugrenzen. Handelt es sich bei der Zuzahlung nach wirtschaftlicher Betrachtungsweise um ein Entgelt für ein eigenständiges vom Erwerb trennbares Leistungselement des Erwerbers, liegt kein negativer Kaufpreisbestandteil vor.[124] Dies ist bspw. der Fall, wenn der Erwerber für Bankverbindlichkeiten der Gesellschaft eine selbstschuldnerische Bürgschaft übernimmt.[125] Darüber hinaus kann dies auch Unternehmenskäufe betreffen, bei denen die Zuzahlung unter der Auflage erfolgt, dass der Erwerber das Unternehmen schließt. Auch hier liegt eine vom eigentlichen Erwerb unabhängige, gesonderte Leistung des Käufers vor, welche in einer – neben dem Unternehmenskauf – vereinbarten Dienstleistung besteht.[126]

2232

1.5.2 Erwerb von schuldrechtlichen Verpflichtungen

Beim Erwerb eines Unternehmens übernimmt der Erwerber i. d. R. auch die mit dem Unternehmen verbundenen Verbindlichkeiten und sonstigen Verpflichtungen des Veräußerers.

2233

Aufgrund der Vielzahl der allein steuerlich bestehenden Ansatzverbote – im Falle eines Unternehmens in der Krise betrifft dies insbesondere das Ansatzverbot nach § 5 Abs. 4a EStG für Drohverlustrückstellungen – sowie der Vorgaben für die steuerliche Bewertung, wie z. B. des Bewertungsvorbehalts gem. § 5 Abs. 6 EStG für die Bewertung von Rückstellungen ist ein Teil dieser Verpflichtungen bis zum Erwerbszeitpunkt steuerlich abweichend zur Handelsbilanz noch nicht bilanziell verarbeitet worden.

2234

Zur steuerlichen Behandlung beim Veräußerer ist § 4f EStG und auf Seiten des Erwerbers § 5 Abs. 7 EStG zu berücksichtigen. Zu Einzelheiten dazu vgl. Rz. 2620 ff.; 1420.

---

123 So auch *Scheunemann/Mandelsloh/Preuß*, DB 2011 S. 205; *Preißler/Bressler*, BB 2011 S. 431; *Ernsting*, GmbHR 2007 S. 138; *Kreidl/Schreiber*, BB 2007 S. 88; *Mujkanovic*, WPg 1994 S. 527; *Schulze-Osterloh*, BB 2006 S. 1956; *Schiffers*, WPg 2006 S. 1282; *Weber-Grellet*, BB 2007 S. 38.
124 *Ernsting*, GmbHR 2007 S. 135; *Hoffmann*, DStR 2006 S. 1315.
125 BFH, Urteil v. 26. 4. 2006 - I R 49, 50/04, BStBl 2006 II S. 1531.
126 So explizit *Scheunemann/Mandelsloh/Preiß*, DB 2011 S. 202.

2235–2277   *(Einstweilen frei)*

2. Liquidation und Abwicklung

2278   Die Gesellschafter einer Kapitalgesellschaft wie auch die Gesellschafter einer Personengesellschaft können grundsätzlich jederzeit die Auflösung der Gesellschaft beschließen. Folge des Beschlusses über die Auflösung der Gesellschaft ist die Eröffnung des Abwicklungs- bzw. Liquidationsverfahrens, dessen Ziel es ist, mit Beendigung der laufenden Geschäftstätigkeit Forderungen einzuziehen, das vorhandene Vermögen zu verwerten, Gläubiger zu befriedigen sowie ein danach verbleibendes Reinvermögen an die Gesellschafter auszukehren, so dass mit Vollbeendigung der Geschäftstätigkeit der Gesellschaft die Löschung im Handelsregister erfolgen kann.

2.1 Rechnungslegung bei Liquidation

2.1.1 Handelsrechtliche Rechnungslegung

2279   Die Buchführungs- und Inventuraufstellungspflichten wie auch die allgemeinen Rechnungslegungspflichten des HGB sind sowohl im Falle der Kapitalgesellschaft als auch der Personengesellschaft nach dem Auflösungsbeschluss weiterhin zu berücksichtigen, da alle Handelsgesellschaften auch nach ihrer Auflösung Kaufmann i. S. d. HGB bleiben.[127] Die handelsrechtlichen Buchführungs- und Bilanzierungspflichten obliegen den Liquidatoren.[128]

2.1.1.1 Kapitalgesellschaften

2280   Im Falle einer Kapitalgesellschaft sind im Hinblick auf die handelsrechtlichen Rechnungslegungspflichten ergänzend die Regelungen der § 71 GmbHG bzw. § 270 AktG zu beachten, wonach mit Beginn der Liquidation eine Liquidationseröffnungsbilanz sowie bei der Beendigung eine Liquidationsschlussbilanz aufzustellen sind.

2281   Es besteht zudem innerhalb des Abwicklungs- und Liquidationszeitraums die Pflicht für den Schluss eines jeden Jahres einen Jahresabschluss und einen Lagebericht aufzustellen. Nach Auffassung im Schrifttum ist der erste Liquidations-Folgeabschluss daher zum nächstfälligen Schluss des bisherigen Geschäftsjahres nach Auflösung aufzustellen.[129]

2282   Die Liquidationseröffnungsbilanz ist grundsätzlich weitestgehend identisch mit der Schlussbilanz der werbenden Gesellschaft.[130] Die bis zur Liquidationseröffnung handelsrechtlich Anwendung findenden Ansatz- und Bewertungsvorschriften gelten – auch nach Eröffnung des Liquidationsverfahrens – fort.[131]

---

127 *Deubert* in: Winkeljohann/Förschle/Deubert (Hrsg.), Sonderbilanzen – Von der Gründungsbilanz bis zur Liquidationsbilanz, 5. Aufl., München 2016, Teil T Rz. 12.
128 Vgl. *Winkeljohann/Lewe* in: Beck'scher Bilanz-Kommentar, 11. Aufl. 2018, HGB § 238 Rz. 60.
129 Vgl. *Deubert* in: Winkeljohann/Förschle/Deubert (Hrsg.), Sonderbilanzen – Von der Gründungsbilanz bis zur Liquidationsbilanz, 5. Aufl., München 2016, Teil T Rz. 200 ff. m.w.N.
130 *Deubert* in: Winkeljohann/Förschle/Deubert (Hrsg.), Sonderbilanzen – Von der Gründungsbilanz bis zur Liquidationsbilanz, 5. Aufl., München 2016, Teil T Rz. 143.
131 Ausführlich hierzu *Deubert* in: Winkeljohann/Förschle/Deubert (Hrsg.), Sonderbilanzen – Von der Gründungsbilanz bis zur Liquidationsbilanz, 5. Aufl., München 2016, Teil T Rz. 90 ff.

Eine Neubewertung aller Aktiva und Passiva ist daher im Rahmen der Aufstellung der Liquidationseröffnungsbilanz grundsätzlich nicht geboten.[132] Ist mit dem Beschluss über die Auflösung der Gesellschaft aber auch die tatsächliche Einstellung der betrieblichen Tätigkeit der Gesellschaft verbunden, hat aufgrund des Wegfalls der Going-Concern Prämisse nach § 252 Abs. 1 HGB eine Bilanzierung zu Liquidations- bzw. Zerschlagungswerten zu erfolgen.[133]

2283

Das Anschaffungswertprinzip des § 253 Abs. 1 Satz 1 HGB verliert wegen des Wegfalls der Fortführungsannahme nicht seine Geltung, so dass die historischen AK/HK nicht überschritten werden dürfen.[134]

2284

Für die innerhalb des Abwicklungs- bzw. Liquidationszeitraums jährlich zu erstellenden Jahresabschlüsse gelten die im Hinblick auf die Liquidationseröffnungsbilanz anzuwendenden Grundsätze fort.

2285

Die Liquidationsschlussbilanz ist unmittelbar vor Verteilung des Vermögens an die Gesellschafter aufzustellen.[135] Sie dient vorrangig dazu das mit Abschluss des Liquidationsverfahrens für die Auskehrung an die Gesellschafter zur Verfügung stehende (Rest-)Reinvermögen nachzuweisen.[136] Als Stichtag der Liquidationsschlussbilanz wird der Stichtag angesehen, ab dem die Voraussetzungen für die Verteilung des Gesellschaftsvermögens an die Gesellschafter vorliegen, es handelt sich also nicht um ein kalendermäßig bestimmtes Ereignis, sondern unterliegt vielmehr der konkreten Einschätzung der Liquidatoren.[137]

2286

Diesem Zweck entsprechend sind in der Liquidationsschlussbilanz sämtliche noch vorhandenen Vermögensgegenstände anzusetzen. Dies umfasst auch nicht entgeltlich erworbene immaterielle Vermögensgegenstände, die bisher aufgrund des Ansatzverbotes des § 248 Abs. 2 HGB nicht bilanziert wurden, sofern sie selbständig verkehrsfähig sind. Die Bewertung der zur Verteilung an die Gesellschafter vorgesehenen Vermögensgegenstände hat zum Zeitwert zu erfolgen. Dies entspricht dem für die steuerliche Liquidationsschlussbilanz vorgesehenen Ansatz mit dem gemeinen Wert. Die Bewertung zum Zeitwert ist auch insoweit sachgerecht als die Auskehrung an die Gesellschafter einen einer Sachausschüttung vergleichbaren Vorgang darstellt. Die Sachausschüttung stellt grundsätzlich eine umsatzähnliche Transaktion dar, die eine vollständige Auflösung stiller Reserven bewirkt.[138]

2287

---

132 *Deubert* in: Winkeljohann/Förschle/Deubert (Hrsg.), Sonderbilanzen – Von der Gründungsbilanz bis zur Liquidationsbilanz, 5. Aufl., München 2016, Teil T Rz. 140.
133 *Merkt* in: Baumbach/Hopt, Handelsgesetzbuch, 37. Aufl., München 2016, § 252 Rz. 7; Zu den Auswirkungen einer Abkehr von der Going-Concern-Prämisse auf den handelsrechtlichen Jahresabschluss vgl. IDW RS HFA 17 v. 8.9.2016.
134 *Deubert* in: Winkeljohann/Förschle/Deubert (Hrsg.), Sonderbilanzen – Von der Gründungsbilanz bis zur Liquidationsbilanz, 5. Aufl., München 2016, Teil T Rz. 141.
135 *Kleindiek* in: Lutter/Hommelhoff, GmbH-Gesetz, 19. Aufl., Köln 2016, § 71 Rz. 12.
136 *Hoffmann*, GmbHR 1976 S. 261.
137 *Deubert* in: Winkeljohann/Förschle/Deubert (Hrsg.), Sonderbilanzen – Von der Gründungsbilanz bis zur Liquidationsbilanz, 5. Aufl., München 2016, Teil T Rz. 267 m. w. N.
138 *Müller*, NZG 2002 S. 785 f.; *Schnorbus*, ZIP 2003 S. 516; *Orth*, WPg 2004 S. 786; *Heine/Lechner*, AG 2005 S. 270.

2.1.1.2 Personengesellschaft

2288 Im Hinblick auf die handelsrechtliche Rechnungslegung einer sich in Liquidation befindenden Personengesellschaft fehlt es an entsprechenden gesonderten Regelungen. Die Personenhandelsgesellschaft hat demnach auch während des Liquidationsverfahrens lediglich aufgrund der handelsrechtlichen Regelungen gem. §§ 238 ff. HGB jährlich einen Jahresabschluss zu erstellen. Darüber hinaus besteht gem. §§ 240, 242 HGB die Pflicht zur Aufstellung einer Liquidationsschlussbilanz. Jedoch braucht – mangels expliziter gesetzlicher Bestimmungen – keine Liquidationseröffnungsbilanz aufgestellt zu werden.[139]

2289 Im Hinblick auf die maßgebenden Ansatz- und Bewertungsvorschriften gelten sowohl für die im Liquidationszeitraum jährlich zu erstellenden Jahresabschlüsse als auch für die Liquidationsschlussbilanz die in Bezug auf die vergleichbaren Rechenwerke der Kapitalgesellschaft Anwendung findenden Grundsätze.

2.1.2 Steuerrechtliche Rechnungslegung bei Liquidation
2.1.2.1 Kapitalgesellschaft

2290 Im Falle der Liquidation erfolgt die Besteuerung einer Kapitalgesellschaft nach den Regelungen des § 11 KStG, der grundsätzlich die abschnittsweise Besteuerung nach Veranlagungszeiträumen aufhebt und stattdessen (nur) einmalig den über den gesamten handelsrechtlichen Abwicklungszeitraum insgesamt erzielten Gewinn der Besteuerung unterwirft. Zielsetzung der Regelung des § 11 KStG ist es, eine „Schlussbesteuerung" der Kapitalgesellschaft durchzuführen, die neben den im Verlauf der Liquidation (z. B. durch Verwertung von Vermögen) erzielten Gewinnen auch bereits erwirtschaftete, aber bislang noch nicht realisierte Gewinne in Form von stillen Reserven erfasst.[140]

2291 Der Tag der handelsrechtlichen Auflösung ist oftmals auch **der Beginn des verlängerten Besteuerungszeitraums**.[141] Nach der Rechtsprechung des BFH[142] ist bei Liquidation einer Kapitalgesellschaft innerhalb eines Wirtschaftsjahres steuerbilanziell ein **Rumpfwirtschaftsjahr** zu bilden, das vom Schluss des vorangegangenen Wirtschaftsjahres bis zum Tage der beschlossenen Auflösung reicht und das **nicht in den Liquidationszeitraum** einzubeziehen ist. Demgegenüber besteht nach Auffassung der **Finanzverwaltung** ein **Wahlrecht** ein Rumpfwirtschaftsjahr zu bilden und keine Pflicht.[143] Wird von dem Wahlrecht Gebrauch gemacht und auf die Bildung eines Rumpfwirtschaftsjahres verzichtet, beginnt der steuerliche Liquidationszeitraum bereits mit dem Schluss des letzten regulären Wirtschaftsjahres, was zur Folge hat, dass ein bis zur Auflösung erzieltes Ergebnis dann in die Ermittlung des Liquidationsgewinns einzubeziehen ist.[144]

---

139 Die Pflicht nach § 154 HGB, zum Beginn sowie bei Beendigung der Liquidation eine Bilanz aufzustellen, ist nach h. M. ausschließlich auf die interne Rechnungslegung beschränkt: *Eberhard* in: Beck'sches Handbuch der Personengesellschaften, 4. Aufl., München 2014, § 11 Rz. 4.
140 BFH, Urteil v. 8. 12. 1971 - I R 164/69, BStBl 1972 II S. 232.
141 Vgl. *Deubert* in: Winkeljohann/Förschle/Deubert (Hrsg.), Sonderbilanzen – Von der Gründungsbilanz bis zur Liquidationsbilanz, 5. Aufl., München 2016, Teil T Rz. 431.
142 Vgl. BFH, Urteile v. 17.7.1974 - I R 233/71, BStBl 1974 II S. 692; v. 9.3.1983 - I R 202/79, BStBl 1983 II S. 434.
143 Vgl. R 11 Abs. 1 Satz 3 KStR 2015.
144 Vgl. *Deubert* in: Winkeljohann/Förschle/Deubert (Hrsg.), Sonderbilanzen – Von der Gründungsbilanz bis zur Liquidationsbilanz, 5. Aufl., München 2016, Teil T Rz. 432.

Der **Besteuerungszeitraum endet** erst, wenn die **Liquidation rechtsgültig abgeschlossen** ist.[145]

2292

Nach § 11 Abs. 1 Satz 2 KStG soll der Besteuerungszeitraum drei Jahre nicht übersteigen. Nach Auffassung der Finanzverwaltung[146] und Teile des Schrifttums[147] ist nach dem ersten **Drei-Jahres-Zeitraum** in den Folgejahren zu jährlichen Veranlagungen überzugehen.[148] Nach a. A. im Schrifttum[149], sind weitere mehrjährige Veranlagungszeiträume zu bilden und keine Rückkehr zur jährlichen Veranlagung.[150] Nach der Rechtsprechung[151] darf eine Verkürzung des Besteuerungszeitraums auf weniger als drei Zeitjahre, solange das Liquidationsverfahren andauert, nicht erfolgen.[152]

2293

Der der Liquidationsbesteuerung zugrunde zu legende Gewinn wird durch Gegenüberstellung des Abwicklungs-Endvermögens und des Abwicklungs-Anfangsvermögens ermittelt.

2294

Das steuerliche Abwicklungs-Endvermögen entspricht grundsätzlich dem mit Beendigung der Liquidation zur Auskehrung an die Gesellschafter kommenden Vermögen. Dieses Vermögen kann auch Sachwerte umfassen. Diese sind bei der Ermittlung des steuerlichen Endvermögens mit ihrem gemeinen Wert i. S. v. § 9 BewG, d. h. mit dem Einzelveräußerungspreis zum Zeitpunkt der Übertragung anzusetzen.

2295

Selbstgeschaffene immaterielle Wirtschaftsgüter, die bei einer Verteilung auf die Gesellschafter erhalten bleiben und von diesen nachfolgend genutzt werden, sind ebenfalls zum gemeinen Wert anzusetzen.[153] Dies gilt auch für einen Geschäfts- oder Firmenwert. Der BFH sieht dies nur für einen originären Firmenwert.[154] Unseres Erachtens ist aber unter Zugrundelegung der Überlegungen zur Sachausschüttung, wie sie bei der Erstellung der handelsrechtlichen Liquidationsschlussbilanzen zum Tragen kommen, auch ein derivativer Geschäfts- oder Firmenwert zu berücksichtigen. Darüber hinaus ist zu berücksichtigen, dass das Umwandlungssteuergesetz seit dem SEStEG in seiner geltenden Fassung grds. ebenfalls eine Schlussbesteuerung der stillen Reserven auf Basis des gemeinen Wertes vorsieht. In der Schlussbilanz, die für vom Umwandlungssteuergesetz erfasste Umwandlungsvorgänge zu erstellen ist, ist beim Ansatz zum gemeinen Wert auch ein derivativer Geschäfts- oder Firmenwert anzusetzen, da dieser nach dem Umwandlungsvorgang weiter genutzt wird.

2296

---

145 Vgl. R 11 Abs. 2 Satz 1 KStR 2015.
146 Vgl. R 11 Abs. 1 Satz 7 KStR 2015.
147 Vgl. *Frotscher* in: Frotscher/Drüen, KStG § 11 Rz 38a m. w. N.
148 Vgl. *Deubert* in: Winkeljohann/Förschle/Deubert (Hrsg.), Sonderbilanzen – Von der Gründungsbilanz bis zur Liquidationsbilanz, 5. Aufl., München 2016, Teil T Rz. 433.
149 Vgl. *Lambrecht* in: Gosch, KStG, 2. Aufl. 2009, § 11 Rz 42 m. w. N.
150 Vgl. *Deubert* in: Winkeljohann/Förschle/Deubert (Hrsg.), Sonderbilanzen – Von der Gründungsbilanz bis zur Liquidationsbilanz, 5. Aufl., München 2016, Teil T Rz. 434.
151 Vgl. RFH, Urteil v. 1.6.1937 - I A 50/37, RStBl 1937 S. 967.
152 Vgl. *Deubert* in: Winkeljohann/Förschle/Deubert (Hrsg.), Sonderbilanzen – Von der Gründungsbilanz bis zur Liquidationsbilanz, 5. Aufl., München 2016, Teil T Rz. 437.
153 *Deubert* in: Winkeljohann/Förschle/Deubert (Hrsg.), Sonderbilanzen – Von der Gründungsbilanz bis zur Liquidationsbilanz, 5. Aufl., München 2016, Teil T Rz. 265 ff.
154 BFH, Urteil v. 14.2.1978 - VIII R 158/73, BStBl 1979 II S. 99.

2297 Da es sich beim Abwicklungsgewinn um einen Gewinn besonderer Art handelt, findet der Grundsatz der Maßgeblichkeit der Handelsbilanz – also der handelsrechtlichen Liquidationsschlussbilanz – für die Steuerbilanz bei der Ermittlung des Abwicklungs-Endvermögens keine Anwendung.[155] Die Ermittlung des Abwicklungs-Endvermögens i. S. d. § 11 Abs. 3 KStG folgt anderen Grundsätzen als die gem. § 71 GmbHG vom Liquidator aufzustellenden Jahresabschlussbilanz[156].[157] Der Abwicklungsgewinn wird nach § 14 KStG aufgrund eines Bestandsvergleichs eigener Art ermittelt, der, ohne Bindung an die handelsrechtlichen Jahresabschlüsse, auf eine möglichst vollständige Erfassung der stillen Reserven hinzielt.[158]

2298 Das Abwicklungs-Anfangsvermögen ist nach § 11 Abs. 4 Satz 1 KStG das Betriebsvermögen, das am Schluss des der Auflösung vorangegangenen Wirtschaftsjahres der Körperschaftsteuerveranlagung zugrunde gelegt worden ist.

2299 Maßgebend sind dementsprechend die Buchwerte der letzten Steuerbilanz.

2300 Für die Ermittlung des Liquidationsgewinns sind nach § 11 Abs. 6 KStG im Übrigen die sonst geltenden Vorschriften über die steuerliche Gewinnermittlung anzuwenden.

2301 Wird eine Kapitalgesellschaft still – also ohne vorherige Auflösung – liquidiert, ist § 11 KStG nicht anwendbar.

2.1.2.2 Personengesellschaft

2302 Die Auflösung einer Personengesellschaft entfaltet allein regelmäßig keine steuerliche Wirkung. Innerhalb des Abwicklungszeitraums unterliegt die Gesellschaft grds. den allgemeinen steuerlichen Vorschriften.

2303 Der Gewerbebetrieb i. S. v. § 15 EStG umfasst bei Personengesellschaften auch die auf die Abwicklung gerichteten Handlungen.[159] Die zu liquidierende Gesellschaft ist während der Abwicklung und solange sie nach außen auftritt steuerlich als fortbestehend zu behandeln und erzielt laufenden Gewinn bis zum Zeitpunkt der Abwicklung aller Rechtsbeziehungen.[160] Die allmähliche Abwicklung kann sich unter Umständen über Jahre hinziehen.[161]

2304 Zu beachten ist, dass es im Falle der allmählichen Liquidation zu einer zwangsweisen Realisation von stillen Reserven kommen kann, insofern nicht veräußerte Wirtschaftsgüter zu dem Zeitpunkt, zu dem mit einer Veräußerung dieser Wirtschaftsgüter – z. B. bei langfristiger Vermietung eines Betriebsgrundstücks – nicht mehr zu rechnen ist, steuerlich als notwendiges Privatvermögen der Gesellschafter behandelt werden.[162]

---

155 BFH, Urteile v. 14.12.1965 - I 246/62 U, BStBl 1966 III S. 152; v. 8.12.1971 - I R 164/69, BStBl 1972 II S. 229.
156 Vgl. *Haas* in Baumbach/Hueck, GmbHG, 21. Aufl. 2017, § 71 Rz. 28 f.
157 Vgl. BFH, Urteil v. 14.12.1965 - I 246/62 U, BStBl 1966 III S. 152.
158 Vgl. BFH, Urteil v. 14.12.1965 - I 246/62 U, BStBl 1966 III S. 152.
159 *Deubert* in: Winkeljohann/Förschle/Deubert (Hrsg.), Sonderbilanzen – Von der Gründungsbilanz bis zur Liquidationsbilanz, 5. Aufl., München 2016, Teil S Rz. 225.
160 BFH, Urteile v. 26.9.1961 - I 5/61 U, BStBl 1961 III S. 517; v. 1. 10. 1992 - IV R 60/91, BStBl 1993 II S. 139 m. w. N.
161 BFH, Urteil v. 27.10.1983 - IV R 217/81, BStBl 1984 II S. 364.
162 BFH, Urteile v. 30.3.1989 - IV R 45/87, BStBl 1989 II S. 509; v. 27.10.1983, IV R 217/81, BStBl II 1984 S. 364.

Stellt die Personengesellschaft ihre werbende gewerbliche Tätigkeit ein, so hat sie das Wahlrecht zwischen einer begünstigten Betriebsveräußerung oder -aufgabe i. S. d. §§ 16, 34 EStG und einer nichtbegünstigten allmählichen Betriebsabwicklung.[163]

2305

Die Gewerbesteuerpflicht endet grundsätzlich erst mit der völligen Aufgabe jeder werbenden Tätigkeit der Gesellschaft. Auch die im Abwicklungszeitraum erzielten Gewinne unterliegen der Gewerbesteuer.[164] Veräußerungs- oder Aufgabegewinne i. S. d. §§ 16, 34 EStG sind jedoch keine laufenden Gewinne und gehören folglich nicht zum Gewerbeertrag und unterliegen nicht der Gewerbesteuer.[165]

2306

2.2 Besonderheiten in der Insolvenz

Die Eröffnung des Insolvenzverfahrens stellt grds. sowohl für die Kapitalgesellschaft als auch die Personengesellschaft einen Auflösungsgrund dar. Sie muss jedoch keineswegs final zu einer Beendigung des Unternehmens führen. Denn ausweislich des § 1 InsO dient das Insolvenzverfahren dazu, die Gläubiger eines Schuldners gemeinschaftlich zu befriedigen, indem das Vermögen des Schuldners verwertet und der Erlös verteilt wird oder in einem Insolvenzplan eine abweichende Regelung insbesondere zum Erhalt des Unternehmens getroffen wird.

2307

2.2.1 Regelinsolvenz und Insolvenzplanverfahren

Das Regelinsolvenzverfahren sieht die Liquidation des Unternehmens und die Befriedigung der Gläubiger aus dem Erlös vor. Davon zu unterscheiden ist das in den §§ 217–269 InsO geregelte Insolvenzplanverfahren, welches die Fortführung des Unternehmens zum Ziel hat.[166]

2308

Hinsichtlich des Insolvenzplanverfahrens unterscheidet man zwischen dem Liquidationsplan, dem Eigensanierungsplan und dem Plan zur übertragenden Sanierung, wobei auch Mischformen des Insolvenzplans denkbar sind.

2309

Bei einem Liquidationsplan bleibt die Zerschlagung des Unternehmens und die Verwertung der Insolvenzmasse zur Befriedigung der Gläubiger das Ziel. Der Unterschied zum Regelinsolvenzverfahren besteht i. d. R. in der vorübergehenden Fortführung des Unternehmens zur Verbesserung der Verwertungssituation. Ein Eigensanierungsplan zielt auf die Fortführung des Unternehmens und die Befriedigung der Gläubiger aus künftigen Erträgen ab. Bei einem Plan zur übertragenden Sanierung soll der Erhalt des Unternehmens durch Übertragung des Unternehmens auf einen Dritten gewährleistet werden. Die Befriedigung der Gläubiger erfolgt aus dem Kaufpreis.

2310

Ist der Insolvenzplan rechtskräftig, wird das Insolvenzverfahren aufgehoben.

2311

---

163 BFH, Urteile v. 28.9.1995 - IV R 39/94 BStBl 1996 II S. 276; v. 5. 12. 1996 - IV R 65/95 BFH/NV 1997 S. 225 m. w. N.; zur Frage der Abgrenzung zwischen begünstigter Betriebsaufgabe und nichtbegünstigter Betriebsabwicklung s. *Wacker* in: Schmidt, EStG, 37. Aufl. 2018, § 16 Rz. 170 ff.
164 R 19 Abs. 1 Satz 1, 6 GewStR.
165 BFH, Urteil v. 3.2.1994 - III R 23/89, BStBl 1994 II S. 709; R 39 Abs. 1 Nr. 1 Satz 8 GewStR.
166 Zum Insolvenzplanverfahren vgl. *Waza/Uhländer/Schmittmann*, Insolvenzen und Steuern, 9. Aufl., Herne 2012, Rz. 1051 ff.

2.2.2 Rechnungslegungsvorschriften in der Insolvenz

2312 Auch insolvente Unternehmen unterliegen gem. § 155 Abs. 1 InsO uneingeschränkt den handels- und steuerrechtlichen Buchführungspflichten.[167]

2.2.2.1 Beginn eines neuen Geschäftsjahres

2313 Mit der Eröffnung des Insolvenzverfahrens beginnt nach § 155 Abs. 2 Satz 1 InsO grds. ein neues Geschäftsjahr. Darüber hinaus bewirkt nach § 155 Abs. 2 Satz 1 InsO die Beendigung des Insolvenzverfahrens das Ende des zu diesem Zeitpunkt laufenden Geschäftsjahres. Dies führt i. d. R. dazu, dass es zu Rumpfgeschäftsjahren zwischen dem letzten regulären Bilanzstichtag und der Eröffnung des Insolvenzverfahrens sowie zwischen dem letzten Bilanzstichtag innerhalb des Insolvenzverfahrens und der Beendigung des Insolvenzverfahrens kommt.[168] Die Geschäftsjahresänderungen sind auch steuerrechtlich nachzuvollziehen.[169]

2.2.2.2 Handelsrechtliche Rechnungslegung

2314 Das Unternehmen hat aufgrund des mit der Eröffnung des Insolvenzverfahrens beginnenden neuen Geschäftsjahres eine Schlussbilanz für das letzte Geschäftsjahr vor der Insolvenzeröffnung sowie eine Eröffnungsbilanz des Insolvenzverfahrens zu erstellen.

2315 Ferner ist zu jedem in den Zeitraum des Insolvenzverfahrens fallenden Bilanzstichtag eine Bilanz zu erstellen.[170]

2316 Bei der Beendigung des Insolvenzverfahrens ist zu unterscheiden. Endet es mit der Liquidation, ist lediglich eine Schlussbilanz zu erstellen. Im Falle eines Insolvenzplans ist zum Zeitpunkt der Aufhebung des Insolvenzverfahrens zusätzlich zur Schlussbilanz eine inhaltlich identische Eröffnungsbilanz für das folgende Geschäftsjahr zu erstellen.[171]

2317 Die bis zur Eröffnung des Insolvenzverfahrens handelsrechtlich Anwendung findenden Ansatz- und Bewertungsvorschriften gelten auch nach Eröffnung grds. fort. Die Eröffnung des Insolvenzverfahrens allein führt nicht dazu, dass im Hinblick auf die Bewertung vom Wegfall der Going-Concern Prämisse nach § 252 Abs. 1 HGB auszugehen ist.

---

[167] *Waza/Uhländer/Schmittmann*, Insolvenzen und Steuern, 9. Aufl., Herne 2012, Rz. 1002.
[168] Vgl. *Förschle/Weisang* in: Winkeljohann/Förschle/Deubert (Hrsg.), Sonderbilanzen – Von der Gründungsbilanz bis zur Liquidationsbilanz, 5. Aufl., München 2016, Teil R Rz. 56; Zu den Anforderungen an die Rückkehr zum satzungsmäßigen Geschäftsjahr einer Gesellschaft durch den Insolvenzverwalter vgl. BGH v. 21.2.2017 - II ZB 16/15, DB 2017 S. 836.
[169] Steuerrechtlich ist gem. § 4a Abs. 1 Nr. 2 Satz 2 EStG zur Änderung des Geschäftsjahres grundsätzlich die Zustimmung des Finanzamtes notwendig, die jedoch im Falle der Insolvenz als konkludent erteilt gilt (*Förschle/Weisang* in: Winkeljohann/Förschle/Deubert (Hrsg.), Sonderbilanzen – Von der Gründungsbilanz bis zur Liquidationsbilanz, 5. Aufl., München 2016, Teil R Rz. 55).
[170] *Förschle/Weisang* in: Winkeljohann/Förschle/Deubert (Hrsg.), Sonderbilanzen – Von der Gründungsbilanz bis zur Liquidationsbilanz, 5. Aufl., München 2016, Teil R Rz. 80.
[171] *Förschle/Weisang* in: Winkeljohann/Förschle/Deubert (Hrsg.), Sonderbilanzen – Von der Gründungsbilanz bis zur Liquidationsbilanz, 5. Aufl., München 2016, Teil R Rz. 86.

Dies ist erst anzunehmen, wenn die Gläubigerversammlung die Stilllegung des Unternehmens beschließt.[172]

2.2.3 Besteuerung in der Insolvenz

Es gibt grds. kein gesondertes Gesetz zur Regelung der Besteuerung in der Insolvenz. Es finden die für die betreffende Rechtsform geltenden steuerrechtlichen Regeln auch nach Eröffnung des Insolvenzverfahrens Anwendung. Insofern das Regelinsolvenzverfahren die Liquidation des Unternehmens vorsieht, folgt die Besteuerung in der Insolvenz allgemein den für die Liquidation geltenden Regelungen.[173]

2318

2.2.3.1 Kapitalgesellschaft

Die Regelungen des § 11 KStG zur „Schlussbesteuerung" der Kapitalgesellschaft im Rahmen der Liquidation finden gemäß § 11 Abs. 7 KStG im Falle der Insolvenz grds. entsprechende Anwendung.[174] Besteuerungszeitraum ist auch hier der gesamte Abwicklungszeitraum, der jedoch nicht schon mit Eröffnung des Insolvenzverfahrens, sondern erst mit der Abwicklung der Gesellschaft, d. h. der Einstellung der werbenden Tätigkeit, beginnt.[175] Endet das Insolvenzverfahren aufgrund des Zustandekommens eines Insolvenzplans mit der Fortführung des Unternehmens, verbleibt es bei der normalen Besteuerung.[176]

2319

2.2.3.2 Personengesellschaft

Die Eröffnung des Insolvenzverfahrens über das Vermögen einer Personengesellschaft entfaltet wie bei der Abwicklung der Gesellschaft allein keine steuerliche Wirkung. Es gelten insofern die Ausführungen zur Liquidation, Rn. 2299 ff. Die Eröffnung des Insolvenzverfahrens bewirkt keine Betriebsaufgabe i. S. v. § 16 EStG.[177]

2320

2.2.3.3 Ansatz von Verbindlichkeiten in der Insolvenz

Die Finanzverwaltung[178] hat zu der Frage Stellung genommen, ob und ggf. wann Verbindlichkeiten des Insolvenzschuldners im Rahmen eines Insolvenzverfahrens anstelle des Nennwertes mit einem niedrigeren Wert zu bilanzieren sind. Sie verweist zunächst auf die grundsätzliche Rechtsprechung des BFH, wonach Verbindlichkeiten sowohl in der Handels- als auch in der Steuerbilanz nicht mehr zu passivieren sind, wenn mit an Sicherheit grenzender Wahrscheinlichkeit nicht mehr mit der Inanspruchnahme gerechnet werden muss.[179] Der Umstand, dass der Schuldner mangels ausreichenden Ver-

2321

---

172 In Bezug auf mögliche Besonderheiten hinsichtlich des Ansatzes und der Bewertung von Vermögensgegenständen und Schulden in den verschiedenen während eines Insolvenzverfahrens handelsrechtlich zu erstellenden Bilanzen verweisen wir vereinfachend auf *Förschle/Weisang* in: Winkeljohann/Förschle/Deubert (Hrsg.), Sonderbilanzen – Von der Gründungsbilanz bis zur Liquidationsbilanz, 5. Aufl., München 2016, Teil R.
173 FG Münster, Urteil v. 30.10.1974, V - 1550/73, EFG 1975 S. 228.
174 *Waza/Uhländer/Schmittmann*, Insolvenzen und Steuern, 9. Aufl., Herne 2012, Rz. 1664.
175 *Pfirrmann* in: Blümich, EStG/KStG/GewStG, Kommentar, 135 Lfg., § 11 KStG Rz. 90 f.
176 *Waza/Uhländer/Schmittmann*, Insolvenzen und Steuern, 9. Aufl., Herne 2012, Rz. 1666.
177 FG Hessen, Urteil v. 9.9.1998 - 9 K 585/96, EFG 1999 S. 16; § 4 Abs. 2 GewStDV; R 2.6 IV GewStR.
178 Vgl. OFD NRW, Urteil v. 21.11.2017, DStR 2015 S. 699; Aktualisiert am 22.9.2017, DB 2017 S. 2580.
179 BFH, Urteil v. 22.11.1988 - VIII R 62/85, BStBl 1989 II S. 359.

mögens die Verbindlichkeiten bei Fälligkeit nicht erfüllen kann, reicht dafür jedoch nicht aus.[180] Nach der Finanzverwaltung ist daher von einer wirtschaftlichen Belastung in Höhe des Nennwertes auszugehen. Dies gilt auch nach Aufhebung des Insolvenzverfahrens, da gem. § 201 InsO die Gläubiger dann ihre restlichen Forderungen geltend machen können. [181]

2322 Nach Auffassung der Finanzverwaltung[182] liegt bei bestehenden Forderungen des Gesellschafters gegenüber der Gesellschaft im Falle der Liquidation der Gesellschaft, durch die Zustimmung des Gläubigers zur Liquidation, kein konkludenter Forderungsverzicht vor. Vielmehr ist unverändert von einer wirtschaftlichen Belastung des Schuldners auszugehen. Die Vermögenslosigkeit des Schuldners hat keinen Einfluss auf die Pflicht zur Passivierung der Verbindlichkeit in der Handels- und Steuerbilanz. Auch wenn sich die Tochtergesellschaft im Insolvenzverfahren befindet bzw. auch nach Aufhebung der Insolvenz ist weiterhin grundsätzlich von einer wirtschaftlichen Belastung und einer Verpflichtung der Passivierung der Verbindlichkeit auszugehen.[183]

2323 Erfolgswirksam auszubuchen ist eine Verbindlichkeit hingegen bei einem tatsächlichen Erlöschen der Schuld durch einen Forderungsverzicht der Gläubiger und im Falle eines rechtskräftigen Insolvenzplans, wenn dieser das Erlöschen von Forderungen nachrangiger Gläubiger oder eine entsprechende Befreiung vorsieht.[184]

2.2.3.4 Betriebsaufspaltung und Insolvenz

2324 Bei einer Insolvenz des Betriebsunternehmens geht das Verwaltungs- und Verfügungsrecht auf den Insolvenzverwalter über (§ 80 Abs. 1 InsO). Dies hat zur Folge, dass die für die Betriebsaufspaltung notwendige personelle Verflechtung nicht mehr besteht und es somit i. d. R. zur Betriebsaufgabe des Besitzunternehmens i. S. d. § 16 Abs. 3 Satz 1 EStG und somit zur Auflösung der in den Wirtschaftsgütern des Betriebsvermögens enthaltenen stillen Reserven kommt, da das bisherige Betriebsvermögen i. d. R. zu Privatvermögen wird.

2325 Eine Betriebsaufgabe liegt allerdings nicht vor, wenn das laufende Insolvenzverfahren mit anschließender Fortsetzung des Betriebsunternehmens aufgehoben bzw. eingestellt wird. Dann treten die Rechtsfolgen der (lediglich unterbrochenen) Betriebsaufspaltung wieder ein und die Erfassung der stillen Reserven bleibt gewährleistet.[185]

2326–2359 *(Einstweilen frei)*

---

180 BFH, Urteil v. 9.2.1993 - VIII R 29/91, BStBl 1993 II S. 747.
181 Vgl. OFD NRW, Urteil v. 21.11.2017, DStR 2015, S. 699; Aktualisiert am 22.9.2017, DB 2017, S. 2580.
182 Vgl. OFD Frankfurt am Main - S-2743 A - 12 - St 525, DB 2017 S. 1937.
183 Vgl. OFD Frankfurt am Main - S-2743 A - 12 - St 525, DB 2017 S. 1937 m. w. N.
184 OFD Münster, Verfügung v. 21.10.2005 - S 270, DB 2005 S. 2382.
185 BFH, Urteil v. 6. 3. 1997 - XI R 2/96, BStBl 1997 II S. 460.

Teil A:
Grundsatz- und Querschnittsfragen steuerlicher Gewinnermittlung

Kapitel XIV:
Besondere Bilanzierungsfragen bei Freiberuflern

von
RA Professorin Dr. Dorothee Hallerbach, Augsburg

Kapitel XIV: Besondere Bilanzierungsfragen bei Freiberuflern

Inhaltsübersicht

	Rz.
1. Verhältnis von Bestandsvergleich zu Einnahmenüberschussrechnung	2360
2. Wechsel der Gewinnermittlungsart	2361 - 2406
2.1 Gewinnermittlungswahlrecht	2361
2.2 Ausübung des Wahlrechts	2362 - 2364
2.3 Bindung an die Wahlrechtsausübung	2365
2.4 Gründe für den Wechsel der Gewinnermittlungsart	2366 - 2377
2.4.1 Gesetzliche Gründe für den Wechsel der Gewinnermittlungsart	2367 - 2374
2.4.2 Weitere Gründe für den Wechsel der Gewinnermittlungsart	2375 - 2377
2.5 Wechsel zum Bestandsvergleich	2378 - 2404
2.5.1 Übergangsbilanz	2378 - 2379
2.5.2 Gewinnkorrekturen	2380 - 2383
2.5.3 Ansatz des Betriebsvermögens	2384 - 2398
2.5.4 Übergangsgewinn oder -verlust	2399 - 2404
2.6 Wechsel zur Einnahmenüberschussrechnung	2405 - 2406
3. Besonderheiten der laufenden Gewinnermittlung	2407 - 2410
3.1 Keine Anwendung des § 5 Abs. 1 EStG	2407
3.2 Bilanzierungsgrundsätze	2408 - 2410
4. Bilanzierungsfragen bei international tätigen Kanzleien	2411 - 2413
5. Sollversteuerung	2414 - 2449

AUSGEWÄHLTE LITERATUR

Beinert/Werder, Vormarsch ausländischer Gesellschaften – Gesetzgeberische Klarstellungen im Steuerrecht tun Not, DB 2005, S. 1480; *Bernütz/Küppers*, Bilanzierungspflicht der deutschen Betriebsstätte einer britischen Limited Liability Partnership?, IStR 2011, S. 587; *Gunsenheimer*, Der Wechsel der Gewinnermittlungsart – Übergang von der Einnahme-Überschussrechnung zum Betriebsvermögensvergleich, NWB 2008, S. 2907; *Holler*, Wechsel der Gewinnermittlungsart im Einkommensteuerrecht, Diss. Konstanz 1992; *Kanzler*, Der Wechsel der Gewinnermittlungsart, FR 1999, S. 225; *Korts/Korts*, Die steuerrechtliche Behandlung der in Deutschland tätigen englischen Limited, BB 2005, S. 1474; *Krudewig*, Investitionsabzugsbetrag (Teil 1), NWB 2013, S. 2946; *Schnittker*, Gesellschafts- und steuerrechtliche Behandlung einer englischen Limited Liability Partnership mit Verwaltungssitz in Deutschland, Köln 2007; *Schnittker/Bank*, Die LLP in der Praxis, München 2008; *Wachter*, Die englische private limited im deutschen Steuerrecht, FR 2006, S. 358, 393; *Schoor*, Wechsel von der Einnahme-Überschussrechnung zum Bestandsvergleich, StuB 2007, S. 221; *Schulze-Osterloh*, Voraussetzungen für den Übergang auf Gewinnermittlung durch Bestandsvergleich, BB 2006, S. 436; *Korn/Strahl*, Aus der Steuerrechtsprechung und Verwaltungspraxis im Jahr 2016, NWB 2016, S. 3785; *Levedag*, Aufnahme neuer Gesellschafter nach dem Gewinnvorabmodell, NWB 2016, S. 534; *Levedag*, Gründung, Erweiterung und Auflösung freiberuflicher Sozietäten, FR 2016, S. 733; *Levedag*, Aufnahme von Freiberuflern in Einzelpraxen und Sozietäten, NWB 2016, S. 1881; *Levedag*, Eintritt in und Austritt aus Freiberuflerpraxen, DStR 2017, S. 1233; *Eggert*, Bilanzierung beim Austritt aus einer Personengesellschaft – Buchungen und steuerliche Auswirkungen, BBK 2017, S. 658; *Müller/Dorn/Schwarz*, Variable Veräußerungsentgelte – Grundsätzliches Hindernis für eine Steuerbegünstigung nach § 34 EStG? NWB 2017, S. 2906; *Happe*, Ausübung des Wahlrechts zum Wechsel der Gewinnermittlungsart – Wiederholter Wechsel im gleichen Wirtschaftsjahr, BBK 2017, S. 333; *Paus*, Aufnahme neuer Gesellschafter in Einzelunternehmen/Personengesellschaft, EStB 2017, S. 208; *Schoor*, Bilanzierung und Abschreibung eines Praxiswerts – Beratungsrelevante Aspekte für Freiberufler, BBK 2017, S. 608.

1. Verhältnis von Bestandsvergleich zu Einnahmenüberschussrechnung

2360 Regelgewinnermittlungsart ist nach der ständigen Rechtsprechung des BFH[1] die Gewinnermittlung nach § 4 Abs. 1 EStG, die Gewinnermittlung durch Bestandsvergleich. Besteht für den Steuerpflichtigen kein Wahlrecht, das er zugunsten der Einnahmenüberschussrechnung ausgeübt hat, so ist er verpflichtet, seinen Gewinn durch Bilanzierung zu ermitteln. Dennoch soll die Gewinnermittlung nach § 4 Abs. 3 EStG gleichrangig neben der Gewinnermittlung durch Bestandsvergleich stehen, weil beide Gewinnermittlungsmethoden über die Gesamtdauer der wirtschaftlichen Aktivität zum gleichen Totalgewinn führen müssen.[2] Trotz der gesetzlichen Grundregel ist die Gewinnermittlung nach § 4 Abs. 3 EStG rein tatsächlich die Regelgewinnermittlungsmethode bei freiberuflich tätigen Steuerpflichtigen. Spezialregelungen für die Gewinnermittlung durch Bestandsvergleich enthält die vorrangig auch vor der Gewinnermittlung nach § 4 Abs. 1 EStG anzuwendende Vorschrift des § 5 EStG, der aber persönlich nicht auf freiberuflich tätige Steuerpflichtige anwendbar ist, weil er ausdrücklich einen Gewerbebetrieb voraussetzt. Aus diesem Grund ist er auch nicht auf freiberuflich tätige Partnerschaftsgesellschaften oder freiberuflich tätige Kommanditgesellschaften anwendbar, solange diese nicht gewerblich geprägt sind.[3]

2. Wechsel der Gewinnermittlungsart

2.1 Gewinnermittlungswahlrecht

2361 Nach § 4 Abs. 3 EStG besteht die Möglichkeit für den Steuerpflichtigen, den Gewinn durch Einnahmenüberschussrechnung zu ermitteln, wenn sie nicht aufgrund gesetzlicher Vorschriften (handelsrechtlich nach §§ 238 ff. HGB oder steuerlich nach § 141 AO) verpflichtet sind, Bücher zu führen und Abschlüsse zu machen und dies auch tatsächlich nicht vornehmen. Die handelsrechtlichen Buchführungsvorschriften setzen die Kaufmannseigenschaft voraus, die bei freiberuflich Tätigen nicht vorliegt. Steuerlich knüpfen die Buchführungspflichten entweder an bestehende handelsrechtliche Buchführungspflichten an, die für Freiberufler nicht bestehen, oder das Steuerrecht begründet in § 141 AO eigene Buchführungspflichten, die aber nur für gewerblich Tätige oder Land- und Forstwirte gelten, nicht jedoch für selbständig i. S. d. § 18 Abs. 1 Nr. 1 EStG tätige Steuerpflichtige. Diese erfüllen grundsätzlich die persönlichen Voraussetzungen des § 4 Abs. 3 EStG unabhängig von Bilanzkennzahlen und Umsatzgrößen. Auch, wenn sie eine den Anforderungen des § 4 Abs. 1 EStG entsprechende Buchführung eingerichtet haben, werden sie nicht buchführungspflichtig, solange sie keine entsprechenden Abschlüsse erstellen und einreichen. Werden die persönlichen Voraussetzungen des § 4 Abs. 3 EStG erfüllt, gewährt dieser grundsätzlich ein Wahlrecht im Hinblick auf die Gewinnermittlungsart.

---

1 BFH, Urteile vom 17.5.1960 – I 35/57 S, BStBl 1960 III S. 306; vom 19.10.2005 – XI R 4/04, BFH/NV 2005 S. 881; vom 9.2.1992 – VIII R 49/97, BFH/NV 1999 S. 1195 und vom 19.3.2009 – IV R 57/07, BStBl 2009 II S. 659.
2 BFH, Urteile vom 30.3.1994 – I R 124/93, BStBl 1994 II S. 852; vom 21.7.2009 – X R 46/08, BFH/NV 2010 S. 186; *Kanzler*, in: HHR, EStG/KStG, vor §§ 4-7 Anm. 29.
3 *Korn*, in: Korn, EStG, § 4 Rn. 492.

2.2 Ausübung des Wahlrechts

Da die Gewinnermittlung nach § 4 Abs. 1 EStG die vorrangige Gewinnermittlungsart ist, muss das Wahlrecht zugunsten der Einnahmenüberschussrechnung gesondert ausgeübt werden. Die Ausübung ist nicht antragsgebunden, sondern kann konkludent erfolgen.[4] Das Wahlrecht wird üblicherweise durch die vom Steuerpflichtigen gewählte Art der Aufzeichnung (Belegsammlung oder Buchführung) und der Abschlusserstellung (Abschluss auf der Basis von Bestandsaufnahmen oder Ermittlung der Einnahmen und der Ausgaben auf der Basis von Belegen) ausgeübt. Nicht ausreichend ist eine unstrukturierte Belegsammlung.[5] Ein Freiberufler übt das Wahlrecht zugunsten der Einnahmenüberschussrechnung aus, indem er auf die Erstellung einer Eröffnungsbilanz verzichtet und die Gewinnermittlung entsprechend § 4 Abs. 3 EStG einreicht. Dies gilt auch, wenn er eine EDV gestützte Buchführung erstellt, die den Bestandsvergleich ermöglicht, dem Finanzamt aber eine Einnahmenüberschussrechnung übermittelt.[6]

2362

Zeitlich ist die Ausübung des Wahlrechts grundsätzlich bis zur Bestandskraft jederzeit möglich, das Wahlrecht ist auf den Beginn des Wirtschaftsjahres auszuüben.[7] Die zeitlichen Grenzen der Ausübung hängen davon ab, ob der Bestandsvergleich oder die Einnahmenüberschussrechnung gewählt wird. Dabei hat die zeitnahe Aufstellung einer Eröffnungsbilanz besondere Bedeutung: Eine bereits zugunsten der Einnahmenüberschussrechnung getroffene Wahl kann auch durch nachträgliche Erstellung einer Bilanz nicht mehr zugunsten der Gewinnermittlung durch Bestandsvergleich geändert werden, weil Eröffnungsbilanz und Einrichtung der Buchführung zeitnah erfolgen müssen.[8] Wurde das Wahlrecht innerhalb eines Wirtschaftsjahres bereits zugunsten der Einnahmenüberschussrechnung ausgeübt, ist der Steuerpflichtige an die Ausübung des Wahlrechts für das betreffende Wirtschaftsjahr gebunden.

2363

Andererseits schließt die Erstellung einer Eröffnungsbilanz und die Einrichtung einer Buchführung die Gewinnermittlung nach § 4 Abs. 3 EStG nicht aus, weil allein diese beiden Vorgänge noch keine abschließende Ausübung des Wahlrechts zugunsten des Bestandsvergleichs darstellen. Das Wahlrecht wird abschließend ausgeübt durch die Aufstellung eines Abschlusses aufgrund von Bestandsaufnahmen oder die Einreichung einer Einnahmenüberschussrechnung. Zusammenfassend kann gesagt werden, dass für den Ausschluss des Wahlrechts zugunsten der Gewinnermittlung nach § 4 Abs. 3 EStG allein die zeitnahe Aufstellung einer Eröffnungsbilanz und Einrichtung einer Buchführung nicht ausreichend sind, andererseits aber deren Fehlen die Gewinnermittlung durch Bestandsvergleich bei Vorliegen eines Wahlrechts ausschließt.[9] Vor diesem Hintergrund ist es empfehlenswert, in den Fällen, in denen ein Wechsel von der Einnahmenüberschussrechnung zum Bestandsvergleich in Betracht gezogen wird, zeitnah eine Eröffnungsbilanz zu

2364

---

4 BFH, Urteile vom 13.10.1989 – III 30-31/85, BStBl 1990 II S. 287; vom 12.10.1994 – X R 192/83, BFH/NV 1995 S. 587.
5 BFH, Urteile vom 12.10.1994 – X R 192/93, BFH/NV 1995 S. 587; vom 1.10.1996 – VIII R 40/94, BFH/NV 1997 S. 403.
6 BFH, Urteil vom 2.3.2006 – IV R 32/04, BFH/NV 2004 S. 1457.
7 BFH, Urteil vom 29.8.1985 – IV R 111/83, BFH/NV 1986 S. 158.
8 BFH, Urteil vom 19.10.2005 – XI R 4/04, BStBl 2006 II S. 509.
9 BFH, Urteil vom 19.3.2009 – IV R 57/07, BStBl 2009 II S. 659.

erstellen und stets auf eine ordnungsgemäße Buchführung zu achten. Im Zweifel kann dann immer noch eine Einnahmenüberschussrechnung eingereicht werden und so das Wahlrecht zugunsten dieser Gewinnermittlungsart ausgeübt werden, der umgekehrte Fall – Bestandsvergleich trotz fehlender zeitnah erstellter Eröffnungsbilanz – ist nicht zulässig. Der Begriff „zeitnah" ist positiv nicht geklärt. Nicht mehr zeitnah ist die Aufstellung der Eröffnungsbilanz nach Ende des streitigen Wirtschaftsjahres[10], der BFH geht wohl davon aus, dass die Bestände zum Wirtschaftsjahr, also unmittelbar vor dem Stichtag der Aufstellung der Eröffnungsbilanz zu erfassen sind.[11]

2.3 Bindung an die Wahlrechtsausübung

2365 Das Gesetz enthält keine Vorgaben im Hinblick auf eine zeitliche Bindung an die einmal getroffene Wahl. Nach Auffassung der Finanzverwaltung[12] und der Rechtsprechung des BFH ist der Steuerpflichtige grundsätzlich für drei Jahre an die Wahl der Gewinnermittlungsart gebunden, wenn nicht besondere Gründe einen vorzeitigen Wechsel zulassen.[13] Solche Gründe können dann vorliegen, wenn sich die wirtschaftlichen Verhältnisse nach dem Wechsel der Gewinnermittlungsart geändert haben. So ist der Wechsel der Gewinnermittlungsart beispielsweise zulässig, wenn der Übergang zum Bestandsvergleich durch eine Einbringung nach § 24 UmwStG erzwungen wurde.[14] Wurde das Wahlrecht in einem Jahr ausgeübt, so gilt die einmal getroffene Wahl bis zur ausdrücklichen Änderung der Gewinnermittlungsart; der Steuerpflichtige ist nicht verpflichtet, seine Wahl jährlich neu auszuüben.[15] Trifft der Steuerpflichtige keine Wahl, so gilt als vorrangige Gewinnermittlungsart die Gewinnermittlung durch Bestandsvergleich.

2.4 Gründe für den Wechsel der Gewinnermittlungsart

2366 Der Wechsel der Gewinnermittlungsart kann gesetzlich vorgeschrieben sein oder freiwillig erfolgen. Gesetzlich vorgeschrieben ist der Wechsel nur in Richtung hin zur Gewinnermittlung durch Bestandsvergleich.

2.4.1 Gesetzliche Gründe für den Wechsel der Gewinnermittlungsart

2367 Grundsätzlich ist nur der Wechsel der Gewinnermittlungsart von der Einnahmenüberschussrechnung zur Bilanzierung gesetzlich vorgeschrieben. Dies kann der Fall sein, weil die Grenzen der steuerlichen oder außersteuerlichen Buchführungspflichten überschritten sind (§§ 140, 141 AO) und dem Steuerpflichtigen dieser Umstand vom Finanzamt mitgeteilt wurde. Dieser Fall wird beim freiberuflich tätigen Steuerpflichtigen nicht eintreten, weil dieser keinen Buchführungspflichten unterliegt.

---

10 BFH, Urteil vom 19.10.2005 – XI R 4/04, BStBl. 2006 II S. 509.
11 BFH, Urteil vom 19.10.2005 – XI R 4/04, BStBl. 2006 II S. 509.
12 H 4.6. EStH 2016.
13 BFH, Urteil vom 9.11.2000 – IV R 18/00, BStBl 2001 II S. 102; Urteil vom 2.6.2016 – IV R 39/13,BStBl. 2017 II, S. 154.
14 BFH, Urteil vom 9.11.2000 – IV R 18/00, BStBl 2001 II S. 102.
15 OFD Niedersachsen, Urteil vom 17.2.2010 – S 2130 – 30 – St 222/St 221.

2368 Für einen Freiberufler ist der Übergang von der Einnahmenüberschussrechnung dann zwingend, wenn durch einen Realisationstatbestand ein steuerpflichtiger Gewinn entstehen kann, sei es, weil der Betrieb aufgegeben, veräußert oder nach § 20 Abs. 2 UmwStG bzw. § 24 Abs. 2 UmwStG zu einem höheren Wert als dem Buchwert eingebracht wird.[16] Für die Ermittlung des Veräußerungsgewinns ergibt sich dies zwingend aus § 18 Abs. 3 Satz 2 EStG i. V. m. § 16 Abs. 2 Satz 2 EStG. Folge ist, dass er Honorarforderungen und halbfertige Leistungen nach den allgemeinen Bilanzierungsregeln zu aktivieren hat und einen eventuell entstehenden Übergangsgewinn zu versteuern hat.

2369 Auch für einen aus einer Personengesellschaft ausscheidenden Gesellschafter ist eine Übergangsbilanz aufzustellen, weil für diesen der Veräußerungsgewinn und der laufende Gewinn zu ermitteln und abzugrenzen ist. Ein Ausscheiden des Gesellschafters, das zu der Ermittlung eines Übergangsgewinns führt, ist auch anzunehmen, wenn die Abfindungsmodalitäten über ein Gewinnvorabmodell geregelt werden.[17] Bei dieser Fallkonstellation überträgt der Gesellschafter einer Personengesellschaft seinen Mitunternehmeranteil partiell auf einen oder mehrere Nachfolger. Diese zahlen keine Abfindung, sondern verzichten über einen längeren Zeitraum auf einen ihrem Gesellschaftsanteil entsprechenden Gewinnanteil. Unabhängig davon, ob das Veräußerungsentgelt bereits im Vorfeld feststeht[18] oder erst im Nachhinein ermittelbar ist[19], weil ein rein gewinnabhängiges Entgelt gezahlt wird, handelt es sich um einen Veräußerungsvorgang. Der übertragende Gesellschafter hat einen Veräußerungsgewinn zu versteuern, der nicht nach § 16, § 34 EStG begünstigt ist, weil er nur einen Teilmitunternehmeranteil veräußert. Die übernehmenden Gesellschafter können die anteiligen Wirtschaftsgüter aktivieren und in ihrer Ergänzungsbilanz abschreiben, im Gegenzug wird ihnen der prozentual auf den von ihnen erworbenen Anteil entfallende Gewinnanteil zugerechnet. Von dem Gewinnvorabmodell, dem eine Veräußerung des Gesellschaftsanteils zugrunde liegt, ist u.E ein „Gewinnvorabmodell" zu unterscheiden, bei dem ein Gesellschafter einen Vorweggewinn erhält für einen überdurchschnittlichen Gesellschafterbeitrag. Sofern dies im Vorfeld vereinbart und durch das Gesellschaftsverhältnis veranlasst ist, bleibt dies als Gewinnverteilungsabrede zulässig und ist von der Rechtsprechung, die den Veräußerungsfall zugrunde legt, nicht erfasst[20].

Scheidet ein Gesellschafter nur partiell aus der Personengesellschaft aus (unabhängig davon, ob ein Gewinnvorabmodell vereinbart wird oder eine klassische Anteilsveräußerung erfolgt), so tritt neben die Anteilsveräußerung eine Einbringung seines zurückbehaltenen Mitunternehmeranteils und eine Einbringung der Mitunternehmeranteile der verbleibenden Gesellschafter nach § 24 UmwStG ein, für die das Wahlrecht des § 24 Abs. 2 UmwStG gilt. Nach der Verfügung der OFD Nordrhein-Westfalen[21] ist der Verzicht auf die Einbringungs- und Übergangsbilanz nur gestattet, wenn die Einbringung im vollen Umfang zum Buchwert erfolgt, so ist auch in diesem Fall eine Einbrin-

---

16 Vgl. dazu unten Rz. 2370.
17 BFH, Urteil vom 27.10.2015 – VIII R 47/12, BStBl. 2016 II S. 600.
18 BFH, Urteil vom 27.10.2015 – VIII R 47/12, BStBl. 2016 II S. 600.
19 BFH, Urteil vom 14.5.2002 – VIII R 8/01 BStBl. 2002 II S. 532.
20 H 15.8 Abs. r EStH OFD Frankfurt/M., Rundvfg. v. 13.5.2015 – S 2241 A - 9 - St 213, DStR 2015, S. 1802, BFH, Urteil vom 23.8.1990 – IV R 71/89, DStR 1991, S. 179.
21 OFD Nordrhein-Westfalen v. 9.2.2016 - S 1978 d-2015/0005-St 11.

gungs- und Eröffnungsbilanz zu erstellen. Da für den veräußernden Gesellschafter ohnehin ein Übergangsgewinn zu ermitteln ist und die Kapitalkonten neu zu ermitteln sind, bleibt für den Vereinfachungsgedanken, der der genannten OFD Verfügung zu Grunde liegt, kein Raum.

Dies ist nicht der Fall, wenn der Betrieb, Mitunternehmeranteil oder Teilbetrieb unentgeltlich nach § 6 Abs. 3 EStG übertragen wird, mit der Folge, dass in diesem Fall keine Übergangsbilanz zu erstellen ist.[22] Stirbt der Inhaber einer freiberuflichen Praxis, so ist ebenfalls nicht zwingend zur Bilanzierung zu wechseln, wenn die Erben die Praxis fortführen.[23] Der Erbe ist jedoch berechtigt, die Gewinnermittlungsart zu wechseln. Es gelten dann die allgemeinen Regeln, offen ist, ob der Wechsel ebenfalls zum Beginn des Wirtschaftsjahres zu erfolgen hat oder mit Übernahme des Betriebs möglich ist.[24]

2370 Nach ständiger Rechtsprechung des BFH ist der Übergang zum Bestandsvergleich auch dann erforderlich, wenn ein Betrieb, Teilbetrieb oder Mitunternehmeranteil nach §§ 20 oder 24 UmwStG in eine Personen- oder Kapitalgesellschaft eingebracht wird[25] und die aufnehmende Gesellschaft das Betriebsvermögen nicht mit dem Buchwert, sondern einem höheren Wert ansetzt[26]. Hintergrund ist, dass in diesem Fall ein Einbringungsgewinn als Veräußerungsgewinn entsteht und zutreffend zu ermitteln ist. Dies gilt auch, wenn die übernehmende Kapitalgesellschaft nach § 20 Abs. 2 UmwStG die Buchwerte ansetzt, weil hier die Bilanzierung auf Ebene der Kapitalgesellschaft bereits bei der Einbringung dazu zwingt, dass auf Ebene des Einbringenden eine Schlussbilanz aufzustellen ist.

2371 Anders ist der Fall nach Auffassung der Rechtsprechung,[27] wenn die aufnehmende Personengesellschaft die Wirtschaftsgüter mit dem Buchwert ansetzt und ihren Gewinn ebenso wie der Einbringende nach § 4 Abs. 3 EStG im Wege der Einnahmenüberschussrechnung ermittelt.[28] Hier soll keine Übergangsbilanz seitens des Einbringenden und keine Einbringungsbilanz seitens der Gesellschaft erforderlich sein. Dieser Rechtsprechung hat sich die Finanzverwaltung zwischenzeitlich angeschlossen[29]. Im Fall einer Einbringung nach § 24 UmwStG soll die Erstellung einer Übergangsbilanz entbehrlich sein, wenn die aufnehmende Personengesellschaft die Wirtschaftsgüter mit dem Buchwert ansetzt und ihren Gewinn ebenso wie der Einbringende nach § 4 Abs. 3 EStG im Wege der Einnahmenüberschussrechnung ermittelt. Die Zurückbehaltung der Forderungen ist nicht schädlich im Hinblick auf die Anwendung des § 24 UmwStG und erzwingt auch keine Bilanzierung[30], soweit es sich nicht – was i. d. R. der Fall ist – um wesentliche Betriebsgrundlagen handelt.[31]

---

22 BFH, Urteil vom 7.12.1971 – VIII R 22/67, BStBl 1972 II S. 3387.
23 BFH, Urteil vom 30.11.1989 – R 19/87, BStBl 1990 II S. 246.
24 *Kanzler*, in: HHR, EStG/KStG, vor §§ 4-7 Anm. 44.
25 BFH, Urteil vom 5.4.1984 – IV R 88/80, BStBl 1984 II S. 518.
26 BFH, Urteil vom 17.9.2015 – III R 49/13, BStBl. 2017 II S. 37.
27 BFH, Urteile vom 13.9.2001 – IV R 13/01, BStBl 2002 II S. 287; vom 14.11.2007 – XI R 32/06, BFH/NV 2008 S. 385; vom 11.4. 2013 – III R 32/12, BStBl. 2014 II S. 242.
28 BFH, Urteil vom 13.9.2001 – IV R 13/01, BStBl 2002 II S. 287 unter Hinweis auf BFH, Beschluss vom 18.10.1999 – GrS 2/98, BStBl 2000 II S. 123.
29 OFD Nordrhein-Westfalen vom 9.2.2016 - S 1978 d-2015/0005-St 111; OFD Niedersachsen Vfg. vom 3.3.2017 – S 1978d – 10 – St 243.
30 OFD Niedersachsen Vfg. vom 3.3.2017 – S 1978d – 10 – St 243.
31 Vgl. BFH, Urteil vom 14.11.2007 – XI R 32/06, BFH/NV 2008 S. 385.

Die Finanzverwaltung gestattet zwar den sofortigen Wechsel zurück zur Einnahmen-Überschussrechnung, dies soll aber zu einer unterschiedlichen Ergebniszuweisung führen. Während der Übergangsgewinn dem Einbringenden zuzuweisen sein muss, soll ein eventuell aus dem Wechsel entstehender Verlust nach dem neuen Gewinnverteilungsschlüssel verteilt werden.[32] Das führt dazu, dass der Einbringende Gewinne zu versteuern hat, die ihm nicht zustehen und kann dadurch vermieden werden, dass entweder die Forderungen zurückbehalten werden oder durch eine im Vorfeld getroffene vom allgemeinen Gewinnverteilungsschlüssel abweichende Regelung der Übergangsverlust anders verteilt wird.

2372

Da die Realteilung nach § 16 Abs. 2 Satz 3 EStG ebenfalls zwingend zu Buchwerten erfolgt, erfordert auch diese keinen Wechsel der Gewinnermittlungsart und keine Aufstellung einer Überleitungsbilanz.[33]

2373

In allen Fällen, in denen ein Veräußerungsgewinn zu ermitteln ist, wird durch den Übergang von der Einnahmenüberschussrechnung zum Bestandsvergleich zugleich der Veräußerungsgewinn von einem noch entstehenden laufenden Gewinn abgegrenzt,[34] was durch Ermittlung eines Übernahmeergebnisses erfolgt (vgl. unten Rz. 2378 ff.).

2374

2.4.2 Weitere Gründe für den Wechsel der Gewinnermittlungsart

In Einzelfällen kann der Wechsel der Gewinnermittlungsart auch aus steuerlichen Gründen sinnvoll sein. Hierbei ist insbesondere darauf zu achten, dass ein wiederholter Wechsel ausscheidet und Gestaltungsmissbrauch vermieden wird. Es sollten also neben den steuerlichen Gründen für den Wechsel auch anderweitige wirtschaftliche Gründe dokumentiert sein.

2375

Ein Wechsel zur Bilanzierung kann sinnvoll sein, wenn erhebliche, rückstellungsrelevante Risiken eingetreten sind oder drohen. Auch dann, wenn Anzahlungen geleistet werden, denen keine Teilleistungen gegenüberstehen, kann der Wechsel steuerlich interessant sein.[35] Hier sind allerdings die zeitlichen Grenzen für den Wechsel, insbesondere im Hinblick auf die Aufstellung der Eröffnungsbilanz zu beachten.

2376

Für einen Freiberufler kann sich in der Gründungsphase seiner Praxis eine Bilanzierung empfehlen, weil die zwingend notwendige Aktivierung der Forderungen mit einem ansonsten entstehenden Anlaufverlust steueroptimiert kompensiert werden kann. Bei einem Wechsel zur Gewinnermittlung nach § 4 Abs. 3 EStG kann später die Entstehung eines Übergangsverlusts generiert werden, wenn der Steuerpflichtige aufgrund seiner Ergebnisse ohnehin den Bereich des Spitzensteuersatzes erreicht hat.[36] Wegen des Grundsatzes der Gesamtgewinngleichheit können aber aus der Umstellung der Gewinnermittlung allenfalls Liquiditäts- und Progressionsvorteile abgeleitet werden.

2377

---

[32] OFD Frankfurt a. M., Urteil vom 16.1.2006 – S 1978d A.
[33] BFH, Urteil vom 11.4. 2013 – III R 32/12, BStBl. 2014 II S. 242; OFD Nordrhein-Westfalen vom 9.2.2016 - S 1978 d-2015/0005-St 111; OFD Niedersachsen Vfg. vom 3.3.2017 – S 1978d – 10 – St 243, *Eggert*, BBK 2017, S. 658 ff A. A. *Kanzler*, in: HHR, EStG/KStG, vor §§ 4-7 Anm. 46.
[34] BFH, Urteile vom 13.12.1979 – IV R 69/74, BStBl 1980 II S. 239; vom 14.11.2007 – XI R 32/06, BFH/NV 2008 S. 385.
[35] *Kanzler*, in: HHR, EStG/KStG, vor §§ 4-7 EStG, Anm. 45; *Korn*, in: Korn, EStG, § 4 Rn. 581.
[36] Im Einzelnen *Korn*, in: Korn, EStG, § 4 Rn. 581.

2.5 Wechsel zum Bestandsvergleich

2.5.1 Übergangsbilanz

2378 Nach der Rechtsprechung des BFH ist beim Wechsel der Gewinnermittlungsart eine Übergangsbilanz zu erstellen, außerdem ist eine Buchführung mit Bestandskonten einzurichten.[37] Während beim Wechsel vom Bestandsvergleich zur Einnahmenüberschussrechnung die letzte Bilanz zugleich die Funktion der Übergangsbilanz erfüllt, ist bei dem Wechsel aus der Einnahmenüberschussrechnung eine gesonderte Bilanz aufzustellen. In dieser sind die Wirtschaftsgüter und Geschäftsvorfälle so zu erfassen, als wäre von Beginn an bilanziert worden ohne allerdings Bilanzierungswahlrechte ausgeübt zu haben.[38]

2379 Die Übergangsbilanz hat eine **Doppelfunktion**: Sie stellt einerseits bei einem Wechsel von der Einnahmenüberschussrechnung zum Bestandsvergleich die Anfangsbilanz für den folgenden Bestandsvergleich dar, in dem die vorhandenen Wirtschaftsgüter mit dem für die Gewinnermittlung nach § 4 Abs. 1 EStG zutreffenden Wert zu erfassen sind, zum anderen ist sie erforderlich, um eventuelle Korrekturen – Zu- und Abrechnungen – abzubilden, die sich aus den unterschiedlichen Realisierungsgrundsätzen für die beiden Gewinnermittlungsarten ergeben. Der dogmatische Ansatz dieser Korrekturen ist nicht abschließend geklärt, während die eine Ansicht diese wegen des Grundsatzes der Gesamtgewinngleichheit unabhängig von der Art der Einkünfteermittlung zwingend für geboten hält,[39] sind die Korrekturen nach anderer Ansicht[40] Folge der zutreffenden Bilanzierung nach § 4 Abs. 1 EStG. Im Ergebnis spielt die dogmatische Einordnung keine Rolle, weil sich aus der nach § 4 Abs. 1 EStG zutreffend aufgestellten Bilanz und Gewinn- und Verlustrechnung die Gesamtgewinngleichheit bis zum Stichtag des Wechsels der Gewinnermittlungsart ergibt. Neben diesen Funktionen für die fortgeführte Buchführung dient die Übergangsbilanz der Abgrenzung der laufenden Gewinne von den Veräußerungs-, Aufgabe- und Einbringungsgewinnen. Nicht Zweck der Übergangsbilanz ist die Aufdeckung stiller Reserven, da die Wirtschaftsgüter mit den fortgeführten Buchwerten anzusetzen sind (vgl. § 4 Abs. 1 Satz 6 EStG).[41]

2.5.2 Gewinnkorrekturen

2380 Dennoch wird es i. d. R. beim Wechsel von der Einnahmenüberschussrechnung zum Bestandsvergleich zu Gewinnauswirkungen kommen, weil der Übergang von der Einnahmenüberschussrechnung zum Betriebsvermögensvergleich erfordert, dass bisher nicht berücksichtigte Betriebsvorgänge, die im Rahmen eines Bestandsvergleichs zu beachten sind, in die Übergangsbilanz Eingang finden. Im Rahmen der Übergangsbilanz sind die Geschäftsvorfälle zu korrigieren, die sich aufgrund der unterschiedlichen Reali-

---

[37] BFH, Urteil vom 1.10.1996 – VIII R 40/94, BFH/NV 1997 S. 403.
[38] BFH, Urteile vom 22.6.1966 – IV 340/65, BStBl 1966 III S. 540; vom 14.4.1988 – IV R 96/88, BStBl 1988 II S. 672.
[39] BFH, Urteil vom 28.5.1968 – IV R 202/67, BStBl 1968 II S. 650.
[40] *Kanzler*, in: HHR, EStG/KStG, vor §§ 4-7 Anm. 41; BFH, Urteil vom 13.9.1991 – IV R 13/01, BStBl 2002 II S. 287.
[41] BFH, Urteil vom 21.11.1973 – I R 252/71, BStBl 1974 II S. 314; *Kanzler*, in: HHR, EStG/KStG, vor § 4-7 Anm. 40, 50; *Korn*, in: Korn, EStG, § 4 Rn. 571.

sationsgrundsätze nach § 4 Abs. 1 EStG i. V. m. § 5 Abs. 1 EStG und § 4 Abs. 3 EStG doppelt oder gar nicht auf den Gewinn auswirken würden.[42]

> **BEISPIEL** Ist eine Forderung vor dem Wechsel der Gewinnermittlungsart entstanden, der Erlös aber noch nicht zugeflossen, so würde der Gewinn aus dieser Forderung steuerlich nicht mehr erfasst, wenn die Forderung nicht in der Übergangsbilanz erfasst würde. Gleiches gilt bei einer Verbindlichkeit, die vor dem Wechsel der Gewinnermittlungsart entstanden ist.

2381

Das Gesetz enthält keine ausdrückliche **Rechtsgrundlage** für die Korrekturen des laufenden Gewinns, diese ergeben sich unmittelbar aus den Vorgaben des § 4 Abs. 1 EStG, der dazu zwingt, die Anfangsbilanz nach den Grundsätzen des Bestandsvergleichs aufzustellen.[43] In der Anlage zu EStR 4.6. sind die Geschäftsvorfälle aufgelistet, die im Rahmen der Übergangsgewinnermittlung zu korrigieren sind. Soweit Geschäftsvorfälle sowohl nach § 4 Abs. 1 EStG als auch nach § 4 Abs. 3 EStG nach den gleichen Grundsätzen zu erfassen sind, ist eine Korrektur nicht notwendig.

2382

Bei der Aufstellung der Übergangsbilanz ist jeder Geschäftsvorfall darauf hin zu überprüfen, wie er im Rahmen des Bestandsvergleichs zu erfassen ist. Ist er auch im Rahmen der Einnahmenüberschussrechnung entsprechend erfasst worden, bleibt kein Raum für Korrekturen – er ist in den Bestandsvergleich so aufzunehmen, wie er sich aus der Gewinnermittlung nach § 4 Abs. 3 EStG ergibt. Wurde er – wie beispielsweise eine Forderung – nicht erfasst, so ist dies in der Übergangsbilanz erfolgswirksam zu korrigieren.

2383

2.5.3 Ansatz des Betriebsvermögens

Analog sind die als Betriebsvermögen des § 4 Abs. 3 Rechners erfassten Wirtschaftsgüter zu behandeln. Wurde im Rahmen des § 4 Abs. 3 EStG auf die Anwendung des § 4 Abs. 1 EStG verwiesen, besteht kein Korrekturbedarf. Wirtschaftsgüter des gewillkürten Betriebsvermögens sind sowohl bei der Gewinnermittlung durch Bestandsvergleich als auch durch Einnahmenüberschussrechnung auszuweisen.[44] Ansatz- und Bewertungswahlrechte können im Rahmen der Übergangsbilanz erstmals ausgeübt werden.[45]

2384

2.5.3.1 Wirtschaftsgüter des Anlagevermögens

So sind abnutzbare Wirtschaftsgüter des Anlagevermögens mit den Buchwerten, die sich aus der Einnahmenüberschussrechnung ergeben, anzusetzen, wenn sich im Rahmen des Bestandsvergleichs der gleiche Wert seit Anschaffung oder Herstellung des Wirtschaftsguts ergeben hätte (dies wird i. d. R. der Fall sein, vgl. § 4 Abs. 3 Satz 3 EStG).

2385

Gleiches gilt für nicht abnutzbare Wirtschaftsgüter des Anlagevermögens, die entweder mit den Anschaffungs- oder Herstellungskosten oder nach einer Einlage mit dem Teilwert anzusetzen sind. Auch Kassenbestand, Darlehensforderungen und Darlehensverbindlichkeiten sind ebenso wie durchlaufende Posten unverändert zu übernehmen.

2386

Keine Besonderheiten ergeben sich bei geringwertigen Wirtschaftsgütern. Sowohl für die Rechtslage vor dem 1.1.2008 als auch für die Jahre 2008 und 2009 und die nach

2387

---

42 *Kanzler*, in: HHR, EStG/KStG, vor § 4-7 Anm. 40.
43 BFH, Urteil vom 13.9.2001 – IV R 13/01, BStBl 2002 II S. 287.
44 BFH, Urteil vom 2.10.2003 – IV R 13/03, BStBl 2004 II S. 985.
45 BFH, Urteil vom 14.4.1988 – IV R 96/88, BStBl 1988 II S. 672.

dem 31.12.2009 angeschafften geringwertigen Wirtschaftsgüter sind mit den Buchwerten oder dem entsprechenden (im Rahmen der Einnahmenüberschussrechnung gebildeten) Sammelposten anzusetzen. Wurde der Sofortabzug gewählt, sind die Wirtschaftsgüter auch in der Übergangsbilanz nicht anzusetzen.[46]

2.5.3.2 Wirtschaftsgüter des Umlaufvermögens

2388 Wertpapiere, Anteile an Kapitalgesellschaften und Gebäude des Umlaufvermögens (§ 4 Abs. 3 Satz 4 und 5 EStG), sind mit den Werten in den Verzeichnissen nach § 4 Abs. 3 Satz 5 EStG, also den Buchwerten anzusetzen, so dass keine Ergebnisauswirkung entsteht.[47] Im Gegensatz dazu sind die nicht in § 4 Abs. 3 Satz 4 EStG genannten Wirtschaftsgüter des Umlaufvermögens beim Übergang zur Bilanzierung gewinnerhöhend zu aktivieren. Anders als die in § 4 Abs. 3 Satz 4 genannten Wirtschaftsgüter des Umlaufvermögens, haben dafür getätigte Aufwendungen den Gewinn des Einnahmenüberschussrechners unmittelbar als Betriebsausgaben gemindert. Da sich der Aufwand beim bilanzierenden Steuerpflichtigen erst beim Abgang des Wirtschaftsguts auswirkt, ist das Umlaufvermögen zur Vermeidung einer Doppelerfassung in der Übergangsbilanz gewinnwirksam zu aktivieren. Die Bewertung erfolgt nach § 6 Abs. 1 Nr. 2 EStG, die daraus resultierenden Zurechnungen führen zu einem Übergangsgewinn.

2389 **Geleistete Anzahlungen,** die nicht auf Wirtschaftsgüter des Anlagevermögens entfallen, wirken sich bei den Gewinnermittlungsarten unterschiedlich aus. Während sie beim Einnahmenüberschussrechner als Betriebsausgaben den Gewinn bei Zahlung gemindert haben, führen sie beim Bestandsvergleich erst beim Zugang der Ware zu Aufwand. Um den doppelten Abzug zu vermeiden, sind die geleisteten Anzahlungen in der Übergangsbilanz **ertragswirksam** zu aktivieren.

2390 Demgegenüber sind **erhaltene Anzahlungen aufwandswirksam** zu passivieren. Sie haben sich bei der Einnahmenüberschussrechnung bei Erhalt gewinnerhöhend ausgewirkt und führen beim Bestandsvergleich bei Lieferung der Ware erneut zum Ertrag. Diese Doppelerfassung wird durch die Passivierung vermieden.

2391 Für bereits vorausgezahlte Ausgaben ist in der Übergangsbilanz **ertragswirksam** ein aktiver Rechnungsabgrenzungsposten zu bilden, umgekehrt sind bereits erhaltene Vorauszahlungen z. B. auf Miete oder Pacht in einem passiven Rechnungsabgrenzungsposten **gewinnmindernd** zu erfassen, um eine doppelte Gewinnauswirkung zu vermeiden.

2.5.3.3 Forderungen/Verbindlichkeiten

2392 Da Forderungen und Verbindlichkeiten aus Lieferungen und Leistungen bei der Gewinnermittlung durch Bestandsvergleich nach § 6 Abs. 1 Nr. 2 und 3 EStG zu erfassen sind, während sie bei der Gewinnermittlung nach § 4 Abs. 3 EStG erst bei Befriedigung zu Ertrag oder Aufwand werden, ergeben sich aus der Aktivierung oder Passivierung in der Übergangsbilanz Gewinnauswirkungen. Der Ansatz der Forderungen erfolgt grundsätzlich mit dem Nominalbetrag einschließlich der Umsatzsteuer.

---

46 *Kanzler*, in: HHR, EStG/KStG, vor § 4-7 Anm. 56.
47 R 4.6. Abs. 1 Satz 6 EStR 2008.

Zu den Forderungen und Verbindlichkeiten, die zu berücksichtigen sind zählen auch eventuelle Vorsteuererstattungsansprüche oder Umsatzsteuerzahllasten.[48]

2.5.3.4 Rückstellungen, Teilwertabschreibungen

Da die Übergangsbilanz nach den allgemeinen bilanzrechtlichen Grundsätzen aufzustellen ist, sind für bestehende Risiken Rückstellungen zu bilden, die das Übergangsergebnis mindern.[49] Diese zwingend einzuhaltende gesetzliche Regelung würde es dem Steuerpflichtigen ermöglichen, das steuerliche Ergebnis nach Abschluss des Wirtschaftsjahres durch Wechsel der Gewinnermittlungsart zu beeinflussen. Um dies zu verhindern, fordert die Rechtsprechung des BFH, dass zeitnah zum Beginn des jeweiligen Wirtschaftsjahres eine Eröffnungsbilanz aufzustellen und eine Buchführung einzurichten ist.[50] 2393

Für bereits gewährte Pensionszusagen sind Rückstellungen zu bilden. Weil der Steuerpflichtige so zu behandeln ist, als habe er von Beginn seines Betriebes an bilanziert, ist das Nachholverbot nach § 6a Abs. 4 Satz 1 EStG nicht anwendbar. Die Rückstellung kann gewinnmindernd in der Höhe gebildet werden, die nach den Vorgaben des § 6a EStG zulässig wäre. 2394

Soweit die Teilwerte der zu aktivierenden Wirtschaftsgüter dauerhaft gemindert sind, können in der Übergangsbilanz gewinnmindernde Teilwertabschreibungen vorgenommen werden,[51] die nach h. M. bei der Einnahmenüberschussrechnung unzulässig sind.[52] 2395

Diese Grundsätze können steuerlichen Gestaltungsspielraum eröffnen. Soweit Risiken oder Wertminderungen zum Beginn des Wirtschaftsjahres absehbar sind, kann durch Wechsel der Gewinnermittlungsart gezielt auch die Steuerlast bei ansonsten hohen Einkünften aus freiberuflicher Tätigkeit gemindert werden. Auch die Minderung der Steuerbelastung eines gewinnstarken Vorjahres ist auf diese Weise möglich. Zu beachten sind die Grenzen des Gestaltungsmissbrauchs und die Tatsache, dass sich die tatsächlich eintretenden Risiken später steuerlich nicht mehr auswirken bzw. bei Wegfall der Risiken eine gewinnerhöhende Rückstellungsauflösung erforderlich ist. Angesichts des Grundsatzes der Gesamtgewinngleichheit liegt der Vorteil in der vorgezogenen Liquiditätsverbesserung und einer eventuellen Progressionswirkung. 2396

2.5.3.5 Rücklagen, Investitionsabzugsbetrag

Rücklagen nach § 6b EStG oder § 6c EStG sind beim Wechsel der Gewinnermittlungsart fortzuführen, falls die Reinvestitionsfrist noch nicht abgelaufen ist. Dies gilt auch für Rücklagen für Ersatzbeschaffungen.[53] 2397

---

48 *Korn*, in: Korn, EStG, § 4 Rn. 575.
49 *Kanzler*, in: HHR, EStG/KStG, vor § 4-7 Anm. 60.
50 BFH, Urteil vom 19.10.2005 – XI R 4/04, BStBl 2006 II S. 509.
51 *Kanzler*, in: HHR, EStG/KStG, § 4 EStG Anm. § 51 m. w. N.
52 BFH, Urteil vom 19.10.2006 – IIII R 6/05, BStBl 2007 II S. 30, a. A. *Kanzler*, in: HHR, EStG/KStG, § 4 EStG Anm. 536 ff.
53 R 6.6. Abs. 5 EStR 2008.

2398 Ein Investitionsabzugsbetrag ist aufzulösen, wenn beim Wechsel der Gewinnermittlungsart die jeweiligen Voraussetzungen des § 7g Abs. 1 Satz 2 Nr. 1 Buchst. a oder c EStG nicht mehr erfüllt sind.
Andererseits kann sich bei geringem Betriebsvermögen die Möglichkeit eröffnen, einen solchen Betrag zu bilden, wenn von Einnahme-Überschussrechnung zu Bestandsvergleich gewechselt wird.[54]

2.5.4 Übergangsgewinn oder -verlust

2399 Der Gewinn aus den Zu- und Abrechnungen in der Übergangsbilanz ist zutreffend laufender Gewinn. Er betrifft laufende Geschäftsvorfälle der Vergangenheit, die auch ohne Wechsel der Gewinnermittlungsart in den laufenden Gewinn einbezogen worden wären.

2.5.4.1 Abgrenzung zum Veräußerungsgewinn

2400 Trifft der laufende Übergangsgewinn mit einem Veräußerungsgewinn zusammen, so stellt sich die Frage, ob dadurch, dass der Veräußernde die Forderungen zusammen mit dem Betrieb oder Mitunternehmeranteil gegen Zahlung eines Veräußerungspreises überträgt, ein laufender Gewinn vermieden werden kann. Dies ist nach zutreffender Meinung[55] nicht der Fall. Der Verkaufserlös ist, soweit er den Buchwert der vorhandenen Wirtschaftsgüter übersteigt, zunächst den Forderungen zuzuordnen und erst nach deren Abgeltung als Veräußerungserlös anzusehen. Die laufende Gewinnbesteuerung beim Veräußerer führt zu sofortigem Betriebsausgabenabzug beim Zahlenden, während die Zahlung eines Veräußerungsentgelts zu Anschaffungskosten auf die erworbenen Wirtschaftsgüter führt.

2.5.4.2 Zeitliche Erfassung der Gewinnkorrekturen

2401 Die Gewinnkorrekturen wirken sich nach h. M. grundsätzlich auf den **laufenden** Gewinn des ersten Jahres nach dem Wechsel der Gewinnermittlungsart aus,[56] wenn der Betrieb nach dem Wechsel durch den Steuerpflichtigen fortgeführt wird. Dies gilt auch, wenn der Betrieb vom Rechtsnachfolger fortgeführt wird, dem dann der laufende Gewinn seines Rechtsvorgängers zeitlich zuzurechnen ist. Nach zutreffender a. A. ist der Gewinn dem Wirtschaftsjahr vor der Umstellung zuzurechnen.[57] Auslöser für die Gewinnkorrekturen sind Sachverhalte, die den Zeitraum vor der Umstellung betreffen. Sie werden lediglich im Hinblick auf die Gewinnermittlung nach § 4 Abs. 1 EStG in der Anfangsbilanz richtig gestellt und für die Vergangenheit abschließend erfasst.

2402 Entsteht der Übergangsgewinn wegen dem durch Veräußerung oder Betriebsaufgabe erzwungenen Wechsel der Gewinnermittlungsart, so ist der laufende Gewinn dem Jahr der Veräußerung zuzurechnen.

---

54 *Krudewig*, NWB 2013 S. 2946 ff. (2948).
55 *Korn*, in: Korn, EStG, § 4 Rn. 587.
56 R 4.6 Abs. 1 Satz 4 EStR 2008; BFH, Urteil vom 24.1.1985 – IV R 155/83, BStBl 1985 II S. 255; *Schmidt/Heinicke*, § 4 Rn. 663.
57 *Kanzler*, in: HHR, EStG/KStG, vor § 4-7 EStG Anm. 70.

2.5.4.3 Billigkeitsmaßnahmen

Mit der Zuordnung zum laufenden Gewinn entfällt die Möglichkeit, den Gewinn begünstigt zu besteuern. Entsteht ein außergewöhnlich hoher Gewinn, kann dieser aus Billigkeitsgründen auf verbindlichen Antrag des Steuerpflichtigen auf das Jahr der Entstehung und die beiden folgenden Jahre verteilt werden.[58] Neben einem Liquiditätsvorteil kann dies auch einen Progressionsvorteil ergeben. Eine einmal gewährte und in Anspruch genommene Billigkeitsmaßnahme ist für beide Seiten verbindlich und nicht mehr änderbar.[59] Die Verteilung ist als Billigkeitsmaßnahme nach der Rechtsprechung des BFH nicht möglich, wenn der Übergang von der Gewinnermittlung nach § 4 Abs. 3 EStG gesetzlich nicht vorgeschrieben ist,[60] wie dies bei der Einbringung zu Buchwerten nach § 24 Abs. 2 UmwStG der Fall sein soll. Eine Billigkeitsmaßnahme soll auch dann nicht möglich sein, wenn der Wechsel der Gewinnermittlungsart durch eine Betriebsaufgabe oder eine Betriebsveräußerung ausgelöst, also gesetzlich erzwungen wurde.[61] Begründet wird dies zum einen mit dem Sinn und Zweck der Billigkeitsmaßnahme, die den laufenden Betrieb nach dem Wechsel der Gewinnermittlungsart nicht beeinträchtigen soll, zum anderen wird davon ausgegangen, dass dem Steuerpflichtigen zumindest bei der Veräußerung des Betriebs Mittel zufließen, die ihn in die Lage versetzen, die Steuern zu zahlen. Folge ist, dass auch bei einer Betriebsaufgabe, oder -veräußerung die Billigkeitsmaßnahme endet.[62]

2403

2.5.4.4 Besonderheiten bei Personengesellschaften

Strittig ist die zeitliche Behandlung des Übergangsgewinns bei der Einbringung in eine Personengesellschaft und damit verknüpft die personelle Zuordnung.

2404

Erfolgt diese zu Buchwerten muss nach der Rechtsprechung des BFH kein Wechsel von der Gewinnermittlung nach § 4 Abs. 3 EStG zum Bestandsvergleich erfolgen[63] mit der Folge, dass kein Übergangsgewinn entstehen muss, für den eine Billigkeitsmaßnahme angezeigt wäre. Ist auf Bestandsvergleich umzustellen, so ist strittig, ob der Übergangsgewinn auf der Ebene der aufnehmenden Gesellschaft[64] oder zuvor beim einbringenden Gesellschafter entsteht.[65] M. E. entsteht der Gewinn beim Einbringenden, denn dieser hat die Forderungen, deren Aktivierung i. d. R. den Gewinn auslöst, veranlasst. Vertraglich kann diese Rechtsfolge dadurch vermieden werden, dass die Forderungen vom Einbringenden zurückbehalten werden. In diesem Fall kann nach der Rechtsprechung des BFH von der Erfassung der Forderungen als Übergangsgewinn abgesehen werden.[66] Einer Anwendung des § 24 UmwStG steht die Zurückbehaltung der Forderungen nicht entgegen, da diese nicht wesentliches Betriebsvermögen sind. Da mit der Frage der Zuordnung des Übergangsgewinns auch die Frage der zeitlichen Realisierung

---

58 R 4 Abs. 6 Satz 4 EStR 2008.
59 *Kanzler*, in: HHR, EStG/KStG, vor § 4-7 EStG Anm. 67.
60 BFH, Urteil vom 13.9.2001 – IV R 13/01, BStBl 2002 II S. 287.
61 BFH, Urteil vom 13.9.2001 – IV R 13/01, BStBl 2002 II S. 287.
62 R 4.6. Abs. 5 EStR 2008.
63 Vgl. dazu oben Rz. 2371 ff.
64 So BFH, Urteil vom 18.12.1984 – VI 236/63, HFR 1965 S. 311.
65 So BFH, Urteil vom 13.9.2001 – IV R 13/01, BStBl 2002 II S. 287.
66 BFH, Urteil vom 14.11.2007 – XI R 32/06, BFH 2008 S. 385; *Kanzler*, in: HHR, EStG/KStG, vor § 4-7 Anm. 68.

zusammenhängt, sollte vertraglich sichergestellt werden, dass der Gewinn und der Verlust in einem Veranlagungszeitraum anfallen.

2.6 Wechsel zur Einnahmenüberschussrechnung

2405 Analog dem Wechsel zum Bestandsvergleich sind beim Wechsel zur Einnahmenüberschussrechnung Korrekturen vorzunehmen, die sich in gegenteiliger Richtung auswirken. So sind Warenbestände gewinnmindernd auszubuchen, ebenso wie Forderungen aus Lieferungen und Leistungen. Verbindlichkeiten aus Lieferungen und Leistungen sind gewinnerhöhend auszubuchen, weil der Aufwand sich bei der Gewinnermittlung nach § 4 Abs. 3 EStG erst bei Abfluss auswirkt.

2406 Gewinnerhöhend kann sich insoweit die Auflösung von Rückstellungen auswirken. Eine Billigkeitsmaßnahme durch Verteilung eines eventuell entstehenden Gewinns auf bis zu drei Jahre wie beim Wechsel zum Bestandsvergleich ist nicht vorgesehen, der Gewinn kann aber nach R 4.6 Abs. 2 EStR 2008 auf das Jahr der tatsächlichen Auswirkung verschoben werden.

3. Besonderheiten der laufenden Gewinnermittlung

3.1 Keine Anwendung des § 5 Abs. 1 EStG

2407 Die Anwendung des § 5 Abs. 1 EStG setzt in persönlicher Hinsicht eine gewerbliche Tätigkeit voraus. Da diese auch bei bilanzierenden freiberuflich tätigen Steuerpflichtigen nicht vorliegt, ist § 5 Abs. 1 EStG nicht anwendbar. Dies hat i. d. R. keine Auswirkungen auf die Bilanzierung, da auch die Bilanzierung nach § 4 Abs. 1 EStG nach h. M.[67] die Grundsätze ordnungsgemäßer Buchführung und damit die Vorschriften des § 5 Abs. 2 bis 5 EStG entsprechend gelten sollen. Nach dieser Rechtsprechung ist die Frage, ob eine Buchhaltung ordnungsgemäß ist, für alle Berufsgruppen gleich zu beantworten,[68] soweit nicht die freiberuflichen Grundsätze ordnungsmäßer Buchführung von der handelsrechtlichen abweichen. Unterschiede ergeben sich nur noch bei der Anwendung des Niederstwertprinzips und der Behandlung des Praxiswertes.

3.2 Bilanzierungsgrundsätze

2408 **Keine Geltung des Niederstwertprinzips**: Soweit Bilanzierungsgrundsätze nur an die Kaufmannseigenschaft anknüpfen, sind sie für Freiberufler nicht anwendbar. So gilt das Niederstwertprinzip nicht im Rahmen der Gewinnermittlung nach § 4 Abs. 1 EStG. Der freiberuflich Tätige ist nicht berechtigt, Pauschalrückstellungen für Regressansprüche zu bilden, weil die Regressgefahr bei diesen eine dem allgemeinen Unternehmerrisiko zuzurechnende Gefahr ist, die zu wenig konkretisiert ist, als dass sie eine Rückstellung rechtfertigen würde.[69] Einzelrückstellungen sind ihm gestattet. Der bilanzierende Freiberufler hat Teilleistungen zu aktivieren, wenn diese selbständig abrechenbar sind und auf deren Vergütung ein selbständiger Honoraranspruch nach einer Ge-

---

67 BFH, Urteil vom 20.11.1980 – IV R 126/78, BStBl 1981 II S. 398.
68 BFH, Urteil vom 18.2.1966 – IV 326/65, BStBl 1966 III S. 496.
69 BFH, Urteil vom 12.3.1964 – IV 95/63 S, BStBl 1964 III S. 404.

bührenordnung oder aufgrund von gesonderter Vereinbarungen besteht.[70] Honorarforderungen sind auch dann zu aktivieren, wenn noch keine Rechnung gestellt wurde, die vertragliche Leistung aber vollendet ist.

Besonderheiten beim Praxiswert: Eine Besonderheit ergibt sich aus dem materiellen Unterschied zwischen dem **Praxiswert** einer freiberuflichen Praxis und dem Geschäftswert eines gewerblichen Unternehmens. Nach der ständigen Rechtsprechung des BFH unterscheidet sich der Praxiswert einer freiberuflichen Praxis vom Geschäftswert nach § 7 Abs. 1 Satz 3 EStG dadurch, dass ersterer auf dem persönlichen Vertrauensverhältnis zum Praxisinhaber beruht.[71] Anders als der objektsbezogene Geschäftswert ist er personenbezogen zu sehen.[72] Vor diesem Hintergrund akzeptiert die Rechtsprechung auch eine schnellere Abnutzung des Praxiswertes, der nicht nach den gesetzlichen Regelungen des gewerblichen oder land- und forstwirtschaftlichen Geschäftswertes nach § 7 Abs. 1 Satz 3 EStG abzuschreiben ist.[73] Dies gilt auch, wenn die freiberufliche Sozietät aufgrund der Beteiligung Berufsfremder oder aus anderen Gründen gewerblich nach § 15 Abs. 3 Nr. 1 EStG tätig ist[74] oder für den Erwerb eines Praxiswertes durch eine GmbH.[75] Der Praxiswert ist zu unterscheiden vom Mandantenstamm als Teil des Praxiswertes, der einer grundsätzlich kürzeren Nutzungsdauer unterliegt[76] und als eigenes verkehrsfähiges, immaterielles Wirtschaftsgut übertragen werden kann. Der Praxiswert selbst ist die Gewinnaussicht, die sich aus dem Vertrauensverhältnis zum Praxisinhaber ergibt.[77] Besonderheiten ergeben sich beim Erwerb einer Vertragsarztpraxis. Erwirbt der Nachfolger neben dem Vertragsarztsitz die zu der Praxis gehörenden materiellen und immateriellen Wirtschaftsgüter als Chancenpaket, so ist im durch den Kaufpreis abgegoltenen Praxiswert der Wert der Vertragsarztzulassung untrennbar enthalten und kann nach den Regeln für den Praxiswert abgeschrieben werden.[78] Anders verhält es sich, wenn sich der wirtschaftliche Gehalt des Vertrags so darstellt, dass nur die mit der Vertragsarztzulassung selbst verbundenen Marktchancen übertragen werden sollen. In diesem Fall ist nur der Vorteil aus dem Innehaben der Vertragsarztzulassung Gegenstand der Veräußerung. Damit wird der Vertragsarztsitz selbst (nicht die Praxis) zum Gegenstand des Veräußerungs- und Erwerbsvorgangs gemacht und hierdurch zu einem selbständigen Wirtschaftsgut konkretisiert.[79] Die vom Erwerber an den früheren Zulassungsinhaber gezahlten Beträge sind als Anschaffungskosten ausschließlich für den Erwerb des Vorteils aus der Vertragsarztzulassung, der ein nicht abnutz- und damit auch nicht abschreibbares Wirtschaftsgut darstellt.[80]

2409

Die Nutzungsdauer des Praxiswertes hängt davon ab, ob eine Einzelpraxis oder eine Sozietät übertragen wird. Bei einer Einzelpraxis kann von einer Nutzungsdauer von

2410

---

70 BFH, Urteil vom 28.1.1960 – IV 226/58 S, BStBl 1960 III S. 291.
71 BFH, Urteil vom 13.3.1991 – I R 83/89, BStBl 1991 II S. 595.
72 Schoor, BBK 2017, S. 608 ff.
73 BMF, Schreiben vom 20.11.1986 – S 2172, BStBl 1986 I S. 532.
74 BFH, Urteil vom 15.05.1997 - IV R 33/95, BFH/NV 1997 S. 751.
75 BMF vom 15.01.1995 - IV B 2 - S 2172 - 15/94 BStBl 1995 I S. 14.
76 BFH, Urteil vom 30.3.1994 – I R 52/93, BStBl 1994 II S. 903.
77 BFH, Urteil vom 1.4.1982 – IV R 3/79, BStBl 1982 II S. 620.
78 BFH, Urteil vom 21.02.2017 - VIII R 7/14 BStBl 2017 II S. 689.
79 BFH, Urteil vom 21.02.2017 - VIII R 56/14 BStBl 2017 II S. 694.
80 BFH, Urteil vom 21.02.2017 - VIII R 56/14 BStBl 2017 II S. 694.

drei bis fünf Jahren, bei einer Sozietät von einer Nutzungsdauer von sechs bis zehn Jahren ausgegangen werden.[81]

4. Bilanzierungsfragen bei international tätigen Kanzleien

2411 Aufgrund der Rechtsprechung des EuGH ist seit Ende der 1990er Jahre die inländische Niederlassung von im europäischen Ausland gegründeten Gesellschaften zulässig.[82] Auch international tätige Kanzleien nutzen zunehmend diese Möglichkeit, weil die ausländische Rechtsform die Vorteile der Personengesellschaft mit der Beschränkung der Haftung auf das Gesellschaftsvermögen kombiniert.[83] Häufigste Rechtsform, in der international tätige Sozietäten im Inland auftreten, ist die englische LLP. Das Privileg der beschränkten Haftung zwingt bei dieser Rechtsform in England zur Transparenz und begründet in England die Buchführungspflicht.[84] In Deutschland werden auch aus dieser Rechtsform freiberufliche Einkünfte erzielt, wenn die übrigen Voraussetzungen des § 18 EStG erfüllt sind.

2412 Nicht abschließend geklärt ist, ob § 4 Abs. 3 EStG die Einnahmenüberschussrechnung wegen der im Ausland bestehenden Buchführungspflicht untersagt, weil die Gesellschaft möglicherweise aufgrund gesetzlicher Vorschriften verpflichtet ist, Bücher zu führen und Abschlüsse zu erstellen. Unseres Erachtens kann die im Inland tätige freiberufliche ausländische Sozietät in Rechtsform der LLP ihren Gewinn nach § 4 Abs. 3 ermitteln,[85] denn sie stellt keine Abschlüsse nach deutschem Recht auf und unterliegt keiner originären Buchführungspflicht.

2413 Es besteht keine originäre Buchführungspflicht nach § 141 AO, weil die Vorschrift nicht für freiberuflich Tätige, sondern nur für Gewerbetreibende und Land- und Forstwirte gilt. Ob die Buchführungspflicht aufgrund englischer Rechnungslegungsvorschriften eine gesetzliche Verpflichtung im Sinne des § 140 AO darstellt, kann u. E. dahinstehen,[86] weil § 4 Abs. 3 EStG die Einnahmenüberschussrechnung nur dann nicht gestattet, wenn neben der Buchführungspflicht kumulativ regelmäßig Abschlüsse erstellt werden. Abschlüsse im Sinne dieser Vorschrift sind Abschlüsse, die nach deutschem Handels- und Steuerrecht aufgestellt werden;[87] die in England einzureichenden Ab-

---

81 BFH, Urteil vom 24.2.1994 – IV R 33/93, BStBl 1994 S. 590; BMF, Schreiben vom 15.1.1994 – IV B 2 – S 2172 – 15/94, BStBl 1995 I S. 14.
82 EuGH, Urteile vom 9.3.1999 – Rs. C-212/97, *Centros*, DB 1999, S. 625; vom 5.11.2002 – Rs. C-208/00; *Überseering*, DB 2002 S. 2425; vom 30.9.2003 – Rs. C-167/01 – Inspire Art, DB 2003, S. 2219.
83 Steuerlich wird sie als Personengesellschaft geführt, vgl. FinSen Berlin, Vfg. vom 19.1.2007 – III A – S -1301 GB – 2/2006, DStR 2007, S. 1034 unter Hinweis auf BMF, Schreiben vom 19.3.2004 – IV B – S 1301 USA – 22/04, BStBl 2004 II S. 411. Derzeit befindet sich ein Gesetzvorschlag zur Einführung einer Partnerschaftsgesellschaft mit beschränkter Berufshaftung in der parlamentarischen Diskussion.
84 Vgl. *Bernütz/Küppers*, IStR 2011, S. 587.
85 So auch *Bernütz/Küppers*, IStR 2011, S. 587; OFD Hannover, Vfg. vom 15.4.2005 – S 2700 – 2 – StO 241, FR 2006, S. 358, Tz. 3.4.1.
86 Die Finanzverwaltung geht davon aus, dass die ausländische Buchführungspflicht eine Pflicht aufgrund gesetzlicher Vorschriften i. S. d. § 140 AO begründet, so auch *Drüen*, in: Tipke/Kruse, AO § 170 Rn. 7 m. w. N.; BMF, Schreiben vom 16.5.2011 – IV C3 – S 2300/100014 Rz. 1; a. A. Hessisches Finanzgericht, Urteil vom 29.10.2010 – 11 V 252/10, DStRE 2011 S. 267; *Bernütz/Küppers*, IStR 2011, S. 587 m. w. N.
87 BFH, Urteil vom 13.9.1989 – I R 117/87, BStBl 1990 II S. 57; Hessisches Finanzgericht, Urteil vom 29.10.2010 – 11 V 252/10, DStRE 2011 S. 267; a. A. *Wachter*, FR 2006, S. 393; *Korts/Korts*, BB 2005, S. 1474.

schlüsse erfüllen diese Voraussetzungen nicht. Die Rechtsprechung ist zwar zu § 5 Abs. 1 EStG ergangen, § 4 Abs. 3 EStG enthält aber keinen anderen Begriff des Abschlusses als § 5 Abs. 1 EStG. Vor diesem Hintergrund kann auch nicht angenommen werden, dass die nach ausländischem Recht bilanzierende Gesellschaft freiwillig im Sinne des § 4 Abs. 3 EStG Abschlüsse aufstellt und somit aus dem Anwendungsbereich des § 4 Abs. 3 EStG ausscheidet. Denn auch die freiwillig i. S. d. § 4 Abs. 3 EStG aufgestellten Abschlüsse müssen deutschem Steuer- und Handelsrecht entsprechen.

5. Sollversteuerung

Nach § 16 UStG ist die Umsatzsteuer grundsätzlich nach vereinbarten Entgelten zu entrichten (Sollversteuerung). § 20 UStG gestattet ausnahmsweise die Versteuerung nach vereinnahmten Entgelten (Ist-Versteuerung), soweit der Unternehmer „Umsätze aus einer Tätigkeit als Angehöriger eines freien Berufs im Sinne des § 18 Abs. 1 Nr. 1 des Einkommensteuergesetzes ausführt". Nach der Rechtsprechung des BFH ist die Abgrenzung, ob ein Steuerpflichtiger berechtigt ist, seine Umsätze nach vereinnahmten Entgelten zu versteuern, danach zu treffen, ob er buchführungspflichtig ist.[88] So nahm der BFH an, dass eine GmbH, deren Tätigkeit zwar freiberuflich war, die aber qua Rechtsform der Buchführungspflicht unterlag, nicht berechtigt war, die Ist-Versteuerung durchzuführen. Wie bereits oben unter Rn. 2361 erläutert unterliegen die freiberuflich tätigen Steuerpflichtigen keinen Buchführungspflichten, dennoch nimmt der BFH im Hinblick auf den Zweck der Norm und den Grundsatz der Rechtsformneutralität des Umsatzsteuerrechts an, dass auch die freiberuflich Tätigen, die **freiwillig Bücher** führen, die Ist-Versteuerung nicht mehr wählen können. Das Gesetz knüpft nach der Rechtsprechung des BFH auch deshalb an die Buchführungspflicht an, weil bei Aufzeichnung nur der Einnahmezuflüsse gesonderte Aufzeichnungen nur unter erhöhtem Verwaltungsaufwand möglich sind. Führt der Steuerpflichtige selbst Bücher, so ist dieses Argument nicht mehr tragend und dieser Steuerpflichtige ist aus Gründen der steuerlichen Neutralität des Umsatzsteuerrechts ebenfalls von der Ist-Versteuerung ausgeschlossen. Die Finanzverwaltung schließt sich dieser Rechtsauffassung an.[89] Anders als im Einkommensteuerrecht, in dem erst die Erstellung eines Abschlusses nach den Grundsätzen des Bestandsvergleichs, endgültig darüber entscheidet, ob der Gewinn nach § 4 Abs. 1 EStG oder nach § 4 Abs. 3 EStG ermittelt wird, ist im Hinblick auf die umsatzsteuerlichen Regelungen nicht auszuschließen, dass bereits die Führung von Kreditoren- und Debitorenkonten die Istversteuerung ausschließt.

2414

Nicht abschließend geklärt ist, in welchen Fällen der Steuerpflichtige freiwillig Bücher führt,[90] insbesondere, wenn er für interne Zwecke eine EDV Buchführung verwendet, die sowohl einen Betriebsvermögensvergleich als auch eine Einnahmeüberschussrechnung ermöglicht. Das freiwillige Führen von Büchern mit ordnungsgemäßer Buchfüh-

2415

---

88 BFH, Urteil vom 22.7.2010 – V R 4/09, BStBl 2013 II S. 590.
89 BMF-Schreiben vom 31.7.2013 – IV D 2 – S-7368/10/10002, BStBl 2013 I S. 964.
90 Vgl. Eingabe der Bundessteuerberaterkammer an das Bundesministerium der Finanzen zur Berechnung der Umsatzsteuer nach vereinnahmten Entgelten durch die Angehörigen der freien Berufe, http://www.bstbk.de/de/presse/stellungnahmen/archiv/20131106_eingabe_bstbk/index.html. So auch OFD Niedersachsen v. 17.12.2013, DStR 2014, S.750.

rung verpflichtet den Steuerpflichtigen zur Gewinnermittlung nach § 4 Abs. 1 EStG.[91] Damit wäre das Wahlrecht zur Gewinnermittlung bereits dann ausgeschlossen, wenn der Steuerpflichtige intern Bücher führt, ohne diese jemals einem Abschluss zugrunde gelegt zu haben. Gerade dies lehnt der BFH aber ab.[92] Nach dieser Auffassung wurde das Wahlrecht zugunsten des Bestandsvergleichs nach § 4 Abs. 1 EStG gerade dann noch nicht ausgeübt, wenn eine interne Buchführung vorliegt, die beide Gewinnermittlungsarten zulässt. U. E. setzt damit das freiwillige Führen von Büchern im Sinne der oben zitierten Rechtsprechung des BFH und der dieser folgenden Auffassung der Finanzverwaltung voraus, dass die Bücher auch einer entsprechenden Gewinnermittlung zugrunde gelegt werden und damit eine Außenwirkung entfalten. Andernfalls wäre auch der von der Rechtsprechung zur Begründung herangezogene Grundsatz der steuerlichen Neutralität des Umsatzsteuerrechts nicht mehr gegeben, da dieses dann Einfluss auf das ertragsteuerliche Gewinnermittlungswahlrecht nehmen würde.

2416–2449   (Einstweilen frei)

---

91 *Kanzler*, in: HHR, EStG, KStG, vor §§ 4 – 7 Anm. 7, m. w. N.
92 BFH vom 2.3.2006 – IV R 32/04, BFH/NV 2006 S. 1457.

Teil A:
Grundsatz- und Querschnittsfragen steuerlicher Gewinnermittlung

Kapitel XV:
Besondere Bilanzierungsfragen bei Land- und Forstwirten

von
RA/StB Professor Dr. Hans-Joachim Kanzler,
Vors. Richter am BFH a.D., Schloß Ricklingen

Kapitel XV: Besondere Bilanzierungsfragen bei Land- und Forstwirten

Inhaltsübersicht	Rz.
1. Gewinnermittlungszeitraum und Gewinnermittlungsarten in der Land- und Forstwirtschaft	2450 - 2464
1.1 Gewinnermittlungszeitraum und zeitliche Zuordnung der Gewinne bei abweichendem Wirtschaftsjahr	2450 - 2459
1.1.1 Das Wirtschaftsjahr der Land- und Forstwirte	2450 - 2454
1.1.2 Zeitliche Zurechnung der Gewinne land- und forstwirtschaftlicher Betriebe	2455 - 2459
1.2 Drei Gewinnermittlungsarten in der Land- und Forstwirtschaft	2460 - 2464
2. Bilanzierung in der Land- und Forstwirtschaft	2465 - 2487
2.1 Besondere Aufzeichnungspflichten und -erleichterungen für den Landwirt	2466 - 2469
2.2 Das landwirtschaftliche Betriebsvermögen	2470 - 2487
2.2.1 Landwirtschaftliches Anlage- und Umlaufvermögen	2470 - 2479
2.2.2 Bewertung von Pflanzen und Kulturen	2480 - 2482
2.2.3 Bewertung der Tiere	2483 - 2487
3. Forstwirtschaftliche Sonderfragen der Bilanzierung	2488 - 2497
3.1 Aktivierung des stehenden Holzes	2489 - 2492
3.2 Bewertung des vom Boden getrennten Holzes	2493 - 2494
3.3 Steuerfreie Rücklage nach § 3 des Forstschäden-Ausgleichsgesetzes	2495 - 2497
4. Bilanzierung bei Betriebsverpachtung	2498 - 2509
4.1 Bedeutung der Betriebsverpachtung in der Landwirtschaft	2498
4.2 Bilanzierung im Verpachtungs- und im Pachtbetrieb	2499 - 2500
4.3 Bilanzierung bei eiserner Verpachtung	2501 - 2509

AUSGEWÄHLTE LITERATUR

Abele, Steuerrechtliche Bilanzierung von Wiederbepflanzungsrechten im Weinbau, BB 2018 S. 881; *Agatha/Eisele/Fichtelmann/Schmitz/Walter*, Besteuerung der Land- und Forstwirtschaft, 8. Aufl. 2017; *Bahrs*, Die Agrarreform 2005: ein neues Kapitel im landwirtschaftlichen Steuerrecht, INF 2006 S. 176; *Biedermann*, Das Anbauverzeichnis (§ 142 AO) in der Teichwirtschaft, INF 1982 S. 53; *Dumke*, Unterschiedliche Behandlung der Land- und Forstwirte bei der Buchführungs- und Aufzeichnungspflicht nach der Abgabenordnung 1977, INF 1978 S. 153; *Junker/Weiler*, Die Bilanzierung von Ökopunkten, StB 2010 S. 268; *Kanzler*, Grundzüge der Einkommensbesteuerung von Land- und Forstwirten, SteuerStud 1993 S. 318; *Kanzler*, Die steuerliche Gewinnermittlung zwischen Einheit und Vielfalt, FR 1998 S. 233; *Kanzler*, Der Wechsel der Gewinnermittlungsart, FR 1999 S. 225; *Kanzler*, Zum gewerblichen Grundstückshandel der Land- und Forstwirte – Ein vermeidbares Übel, DStZ 2013 S. 822; *Kanzler*, Die neue Durchschnittssatzgewinnermittlung für Land- und Forstwirte „noch zielgenauer ausgestaltet und weiter vereinfacht", DStZ 2015 S. 375; *Kanzler*, Das besondere Gewinnermittlungswahlrecht des Landwirts mit Durchschnittssatzgewinnermittlung und seine wiederholte Ausübung, FR 2017 S. 96; *Köhne/Wesche*, Landwirtschaftliche Steuerlehre, 3. Aufl. 1995; *König*, in: Felsmann, Einkommensbesteuerung der Land- und Forstwirte, Berlin 2013; *Stephany*, Ökokonten- und Flächenpoolmodelle – Eine steuerliche Betrachtung des Ausgleichsinstrumentariums, HLBS-Report 2003, S. 176; *Wiegand*, Die Umsetzung der EU-Agrarreform im deutschen Steuerrecht, NWB 2008 S. 4731; *Wiegand*, Steuervereinfachungsgesetz aus Sicht der Land- und Forstwirtschaft, NWB 2011 S. 3606; *Wiegand*, Neue Regelungen zur Bewertung des Feldinventars, NWB 2013 S. 2330; *Wiegand*, Die Gewinnermittlung nach Durchschnittssätzen gemäß § 13a EStG im neuen Gewand, NWB 2015 S. 250; *Wittwer*, Auf der Suche nach dem Wirtschaftsgut im Wald?, FR 2008 S. 617; *zu*

Ortenburg/zu Ortenburg, Zur Bedeutung des „stehenden Holzes" bei der Einkommensbesteuerung von Forstwirten, DStZ 2005 S. 782; *dies.*, Einzelfragen bei der Bilanzierung des Waldbestands, NWB 2009 S. 3344; *Ostmeyer*, Die eiserne Verpachtung des lebenden und toten Inventars im Rahmen der Verpachtung landwirtschaftlicher Betriebe, INF 2002, S. 357.

1. Gewinnermittlungszeitraum und Gewinnermittlungsarten in der Land- und Forstwirtschaft

1.1 Gewinnermittlungszeitraum und zeitliche Zuordnung der Gewinne bei abweichendem Wirtschaftsjahr

1.1.1 Das Wirtschaftsjahr der Land- und Forstwirte

2450 **Normal-Wirtschaftsjahr und wahlweise Sonder-Wirtschaftsjahre:** Anders als Gewerbetreibende (s. Rz. 175) unterliegen Land- und Forstwirte – unabhängig von einer Buchführungspflicht – grundsätzlich und zwingend dem Normal-Wirtschaftsjahr vom 1.7. bis zum 30.6. (§ 4a Abs. 1 Satz 2 Nr. 1 Satz 1 EStG). Von der Ermächtigung, aus wirtschaftlichen Gründen andere Wirtschaftsjahre als das Normal-Wirtschaftsjahr durch Rechtsverordnung zu bestimmen, wurde in § 8c EStDV Gebrauch gemacht. Solche wirtschaftlichen Gründe sind vor allem die Erntezyklen, die es nahelegen, die Inventur vor Einbringung der Ernte, also zu einem Zeitpunkt mit geringen Beständen, durchzuführen. Sonder-Wirtschaftsjahre gelten daher für

- Futterbaubetriebe (Weidewirtschaft) mit Wirtschaftsjahr vom 1.5. bis zum 30.4.,
- reine Forstbetriebe mit Wirtschaftsjahr vom 1.10. bis zum 30.9. und für
- reine Weinbaubetriebe mit Wirtschaftsjahr vom 1.9. bis zum 31.8.

des jeweiligen Folgejahrs.

2451 **Weiteres Wahlrecht zur Umstellung auf das Kalenderjahr:** Ausnahmsweise können reine Gartenbaubetriebe und reine Forstbetriebe nach § 8c Abs. 2 EStDV auch das Kalenderjahr als Wirtschaftsjahr bestimmen. Wird dieses Wahlrecht zu einer Umstellung des Wirtschaftsjahrs auf das Kalenderjahr genutzt, dann verlängert sich das letzte vom Kalenderjahr abweichende Wirtschaftsjahr um den Zeitraum bis zum Beginn des ersten mit dem Kalenderjahr übereinstimmenden Wirtschaftsjahrs; ein Rumpfwirtschaftsjahr ist nicht zu bilden. Dieses Wahlrecht und das verlängerte Wirtschaftsjahr gelten auch für den reinen Weinbaubetrieb, der sein Wirtschaftsjahr auf das Kalenderjahr umstellt (§ 8c Abs. 2 Satz 3 EStDV).[1] Reinen Gartenbau-, Forst- und Weinbaubetrieben steht mithin ein zweifaches Wahlrecht zu: Die Wahl vom Normal-Wirtschaftsjahr der Land- und Forstwirte (§ 4a Abs. 1 Satz 2 Nr. 1 EStG)[2] auf das entsprechende Sonder-Wirtschaftsjahr (§ 8c Abs. 1 Satz 1 Nr. 2 und 3 EStDV) oder das Kalenderjahr umzustellen (§ 8c Abs. 2 EStDV).

---

[1] Zu den land- und forstwirtschaftlichen Wirtschaftsjahren ausführlich: *Kanzler*, in: Leingärtner, Besteuerung der Land- und Forstwirte, Kap. 21 Rz. 6 ff. und insbesondere Rz. 10 zur Verfassungsmäßigkeit des verlängerten Wirtschaftsjahrs.

[2] BFH, Urteil vom 23.9.1999 – IV R 4/98, BStBl 2000 II S. 5.

1. Gewinnermittlungszeitraum und Gewinnermittlungsarten in der Land- und Forstwirtschaft

Die Regelungen zum Normal-Wirtschaftsjahr und zu den Sonder-Wirtschaftsjahren der Land- und Forstwirte lassen sich – einschließlich der für einige Bewirtschaftungsformen geltenden Option zur Umstellung auf das Kalenderjahr – schematisch wie folgt darstellen:

Kalenderjahr 01/02 Monate	J 1	F 2	M 3	A 4	M 5	J 6	J 7	A 8	S 9	O 10	N 11	D 12	J 1	F 2	M 3	A 4	M 5	J 6	J 7	A 8	S 9	O 10	N 11	D 12
Normal-Wj. für alle LuFw							▓	▓	▓	▓	▓	▓	▓	▓	▓	▓	▓	▓						
Weidewirtschaft*					▓	▓	▓	▓	▓	▓	▓	▓	▓	▓	▓	▓								
Forst Normal*										▓	▓	▓	▓	▓	▓	▓	▓	▓	▓	▓	▓			
Forst Wahlrecht**	▓	▓	▓	▓	▓	▓	▓	▓	▓	▓	▓	▓												
Weinbau Normal									▓	▓	▓	▓	▓	▓	▓	▓	▓	▓	▓	▓				
Weinbau Wahlrecht**	▓	▓	▓	▓	▓	▓	▓	▓	▓	▓	▓	▓												
Gartenbau Normal*					▓	▓	▓	▓	▓	▓	▓	▓	▓	▓	▓	▓								
Gartenbau Wahlrecht*																								

* Einfaches Wahlrecht zur Umstellung vom Normal-Wirtschaftsjahr auf das Sonderwirtschaftsjahr.

** Zweifaches Wahlrecht zur Umstellung vom Normal-Wirtschaftsjahr auf das Sonderwirtschaftsjahr und das Kalenderjahr. Die Umstellung auf das Kalenderjahr führt nicht zur Bildung eines Rumpf-Wirtschaftsjahrs, sondern zwingt zu einem verlängerten Wirtschaftsjahr.

Sachlicher Geltungsbereich der landwirtschaftsbezogenen Regelungen zum Wirtschaftsjahr: Die Regelungen zu den land- und forstwirtschaftlichen Wirtschaftsjahren gelten auch für in das Handelsregister eingetragene Land- und Forstwirte (§ 3 Abs. 2 HGB) und für land- und forstwirtschaftlich tätige Personengesellschaften, die als OHG oder KG in das Handelsregister eingetragen sind, denn auch diese Mitunternehmerschaften beziehen Einkünfte aus Land- und Forstwirtschaft. Nach umstrittener Auffassung sollen die Vorschriften des § 4a Abs. Abs. 1 Nr. 1 EStG und § 8c EStDV auch auf land- und forstwirtschaftliche Verpachtungsbetriebe anzuwenden sein, obwohl diese nicht mehr dem Erntezyklus unterliegen, der der eigentliche Grund für die Regelung vom Kalenderjahr abweichender Wirtschaftsjahre ist.[3]

2452

Zustimmungserfordernis bei Umstellung auf abweichendes Wirtschaftsjahr: Nach § 51 Abs. 1 Nr. 1 Buchst. b EStG i. V. m. § 8b Nr. 2 Satz 2 EStDV ist die Umstellung eines Wirtschaftsjahrs, das mit dem Kalenderjahr übereinstimmt, auf ein vom Kalenderjahr abweichendes Wirtschaftsjahr und die Umstellung eines vom Kalenderjahr abweichenden Wirtschaftsjahrs auf ein anderes, vom Kalenderjahr abweichendes Wirtschaftsjahr nur im Einvernehmen mit dem Finanzamt zulässig. Das der Missbrauchskontrolle dienende Einvernehmen bedeutet Zustimmung, denn das Gesetz verwendet beide Begriffe

2453

---

3 BFH, Urteil vom 11.3.1965 – IV 60/61 U, BStBl 1965 III S. 286; gl. A. H 4a [Verpachtung eines Betriebs der Land- und Forstwirtschaft] EStH; a. A. *Kanzler*, in: Leingärtner, Besteuerung der Land- und Forstwirte, Kap. 21 Rz. 20 m. w. N

bedeutungsgleich (s. etwa § 4a Abs. 1 Satz 2 Nr. 2 Satz 2 und Nr. 3 Satz 2 EStG).[4] Die Erteilung wie die Versagung der Zustimmung beruht auf einer Ermessensentscheidung, die das Finanzamt durch einen selbständig anfechtbaren Verwaltungsakt ausspricht; dieser ist Grundlagenbescheid für das Veranlagungsverfahren i. S. d. § 171 Abs. 10 AO.[5] Die Zustimmung zur Umstellung das Wirtschaftsjahrs kann auch konkludent erfolgen, wenn das Finanzamt im Einkommensteuerbescheid der Steuererklärung folgt, der eine solche Gewinnermittlung für das abweichende Wirtschaftsjahr zugrunde liegt.[6]

2454 **Wirtschaftsjahre für mehrere Betriebe eines Steuerpflichtigen:** Unterhält ein Steuerpflichtiger mehrere selbständige Betriebe der Land- und Forstwirtschaft, so können mehrere unterschiedliche Wirtschaftsjahre und (bei buchführenden Land- und Forstwirten) Bilanzstichtage in Betracht kommen, denn der Gewinn wird jeweils für einen bestimmten Betrieb ermittelt. Dies gilt auch wenn ein Steuerpflichtiger gleichzeitig Gewerbetreibender und Landwirt ist. In diesem Fall kann der Steuerpflichtige das Wirtschaftsjahr seines Gewerbebetriebs mit finanzamtlicher (auch konkludent erteilter) Zustimmung dem land- und forstwirtschaftlichen Wirtschaftsjahr anpassen (§ 4a Abs. 1 Satz 2 Nr. 2 Satz 2 und Nr. 3 Satz 2 EStG). Eine solche Angleichung der Bilanzstichtage und Wirtschaftsjahre kann erforderlich werden, wenn sich ein Gewerbebetrieb aus dem land- und forstwirtschaftlichen Betrieb herauslöst, sei es dass die Tierhaltung mangels Futtergrundlage zu gewerblichen Einkünften führt[7] oder dass ein gewerblicher Grundstückshandel entdeckt wird. An der unterschiedlichen zeitlichen Zurechnung der Gewinne aus Gewerbebetrieb (s. Rz. 201) und aus Land- und Forstwirtschaft (dazu Rz. 2455) ändert sich durch die Wahl übereinstimmender Wirtschaftsjahre nichts.

1.1.2 Zeitliche Zurechnung der Gewinne land- und forstwirtschaftlicher Betriebe

2455 **Zeitanteilige Zurechnung laufender Gewinne aus Land- und Forstwirtschaft:** Nach § 4a Abs. 2 Nr. 1 Satz 1 EStG ist der Gewinn (einschließlich der Entnahmegewinne) des vom Kalenderjahr abweichenden Wirtschaftsjahrs „auf das Kalenderjahr, in dem das Wirtschaftsjahr beginnt, und auf das Kalenderjahr, in dem das Wirtschaftsjahr endet, entsprechend dem zeitlichen Anteil aufzuteilen". Eine solche Aufteilung ist entbehrlich, wenn das Wirtschaftsjahr des Land- und Forstwirts ausnahmsweise dem Kalenderjahr entspricht, wie dies bei Forst-, Gartenbau- und Weinbaubetrieben der Fall sein kann (s. Rz. 2451). Regelungszweck der zeitanteiligen Gewinnzurechnung ist der Ausgleich guter und schlechter Erntejahre. Die Aufteilung kommt daher einer zweijährigen Durchschnittsbesteuerung nahe.[8] Sie ist auch für ein Rumpfwirtschaftsjahr vorzunehmen, das in zwei Kalenderjahre fällt. Unterhält der Steuerpflichtige auch einen Gewerbebetrieb mit gleichem Abschlussstichtag (§ 4a Abs. 1 Satz 2 Nr. 3 EStG), so ist das land- und forstwirtschaftliche Betriebsergebnis aufzuteilen und der gewerbliche Gewinn dem Veranlagungszeitraum zuzurechnen, in dem das Wirtschaftsjahr endet (s. auch Rz. 2454).

---

4 Dazu ausführlich *Kanzler*, in: Leingärtner, Besteuerung der Land- und Forstwirte, Kap. 21 Rz. 29 m. w. N. zu Zweck und Bedeutung des finanzbehördlichen Einvernehmens.
5 Vgl. BFH, Urteile vom 23.9.1999 – IV R 4/98, BStBl 2000 II S. 5 und vom 7.11.2013 – IV R 13/10.
6 Vgl. BFH, Urteil vom 7.11.2013 – IV R 13/10.
7 So der Fall im BFH, Urteil vom 7.11.2013 – IV R 13/10.
8 Ausführlich dazu *Kanzler*, in: Leingärtner, Besteuerung der Land- und Forstwirte, Kap. 21 Rz. 8.

Anteilige Zurechnung von Beteiligungsgewinnen: Zu den laufenden, zeitanteilig zuzurechnenden Gewinnen gehören auch die laufenden Gewinne aus der Beteiligung eines Mitunternehmers an einer land- und forstwirtschaftlichen Personengesellschaft. Gilt daher für den land- und forstwirtschaftlichen Betrieb des Gesellschafters das Normal-Wirtschaftsjahr, unterliegt die Personengesellschaft aber dem Forst-Wirtschaftsjahr, dann sind ½ des Gewinns aus dem Einzelunternehmen und ¼ des Gewinns der Personengesellschaft dem Kalenderjahr 01 zuzuordnen; im Kalenderjahr 02 werden dann ¾ des Beteiligungsgewinns, dem hälftigen Gewinn aus dem Einzelunternehmen zugerechnet.[9]

Aussonderung von Veräußerungs- und Aufgabegewinnen: Veräußerungsgewinne i. S. d. § 14 EStG sind nach § 4a Abs. 2 Nr. 1 Satz 2 EStG auszuscheiden und dem Gewinn des Kalenderjahrs hinzuzurechnen, in dem sie entstanden sind. Mit der gesonderten Erfassung der Veräußerungs- und Aufgabegewinne im Jahr ihrer Entstehung soll erreicht werden, dass die Tarifbegünstigungen der §§ 14, 14a, 16 Abs. 4, 34 EStG nur in einem Veranlagungszeitraum gewährt werden.[10] In § 4a Abs. 2 Nr. 1 Satz 2 EStG sind zwar nur die Veräußerungsgewinne i. S. d. § 14 EStG und nicht auch die in § 16 Abs. 3 EStG geregelten Betriebsaufgabegewinne angeführt; auch § 14 EStG erwähnt die Betriebsaufgabegewinne nicht. Gleichwohl sind wegen der Verweisung des § 14 Satz 2 EStG auf § 16 EStG auch (Teil-)Betriebsaufgabegewinne von der Tarifbegünstigung mit erfasst und daher ebenfalls dem Kalenderjahr zuzurechnen, in dem sie entstanden sind.[11] Da tarifbegünstigte Teilbetriebs- oder Betriebsaufgabegewinne in verschiedenen Kalenderjahren anfallen können,[12] ist die Regelung der Nr. 1 Satz 2 für das jeweilige Kalenderjahr der Gewinnentstehung anzuwenden.[13]

2456

Veräußerungsgewinn des Steuerpflichtigen bei Veräußerung an sich selbst: Nicht auszusondern und daher in die zeitanteilige Gewinnzurechnung einzubeziehen ist hingegen der Teil des Veräußerungsgewinns, der gem. § 14 Satz 2 i. V. m. § 16 Abs. 2 Satz 3 und Abs. 3 Satz 5 als „laufender Gewinn" gilt.[14] Dies folgt nicht nur aus einem umfassenden Verständnis der Fiktion „gilt als laufender Gewinn",[15] sondern vor allem aus dem Zweck der Regelung des § 4a Abs. 2 Nr. 2 EStG, nur die tarifbegünstigten Gewinne aus der zeitanteiligen Zurechnung auszusondern.[16]

2457

Veräußerungs- und Aufgabeverluste sind nach dem Wortlaut des Gesetzes und dem Regelungszweck ebenfalls nicht auszusondern,[17] denn die Erfassung der Veräußerungs-

---

9 Dazu *Kanzler*, in: Leingärtner, Besteuerung der Land- und Forstwirte, Kap. 21 Rz. 47 m. w. N.
10 Vgl. BFH, Urteil vom 24.8.2000 – IV R 42/99, BStBl 2003 II S. 67.
11 Vgl. BFH, Urteil vom 19.5.2005 – IV R 17/02, BStBl 2005 II S. 637 und vom 16.12.2009 – IV R 7/07, BStBl 2010 II S. 431.
12 Siehe z. B. BFH, Urteil vom 19.5.2005 – IV R 17/02, BStBl 2005 II S. 637.
13 Vgl. BFH, Urteil vom 24.8.2000 – IV R 42/99, BStBl 2003 II S. 67 m. w. N.
14 Gl. A. *Jahndorf*, in: KSM, § 4a Rn. C 20; *Kanzler*, in: Leingärtner, Besteuerung der Land- und Forstwirte, Kap. 21 Rz. 35 und 37; *Nacke*, in: Blümich, § 4a Rn. 50; *Schiffers* in: Korn, § 4a Rn. 47.
15 Dementsprechend hat der BFH diesen Teil des Veräußerungsgewinns auch der Gewerbesteuer unterworfen (BFH, Urteil vom 15. 6. 2004 – VIII R 7/01, BStBl 2004 II S. 754).
16 *Kanzler*, in: Leingärtner, Besteuerung der Land- und Forstwirte, Kap. 21 Rz. 37 m. w. N.
17 *Kanzler*, in: Leingärtner, Besteuerung der Land- und Forstwirte, Kap. 21 Rz. 26.

gewinne in einem Kalenderjahr soll die mehrfache Inanspruchnahme der Tarifbegünstigung verhindern.

2458–2459 (Einstweilen frei)

1.2 Drei Gewinnermittlungsarten in der Land- und Forstwirtschaft

2460 Für Land- und Forstwirte kommen drei Gewinnermittlungsarten in Betracht:

- ▶ Der Bestandsvergleich nach § 4 Abs. 1,
- ▶ die Einnahmenüberschussrechnung nach § 4 Abs. 3 und
- ▶ die Gewinnermittlung nach Durchschnittssätzen nach § 13 a.

Die Voraussetzungen für diese Gewinnermittlungsarten ergeben sich aus unterschiedlichen Gesetzen; zum Teil ist die Gewinnermittlung auch von Wahlrechten des Stpfl. oder Mitteilungen des FA abhängig.[18] Ein unkoordiniertes Geflecht von Regelungen in § 141 Abs. 1 AO und § 13 a Abs. 1 sieht drei abgestufte Arten der Gewinnermittlung[19] vor, die sich, grob eingeteilt, kleinen, mittleren und größeren land- und forstwirtschaftlichen Betrieben zuordnen lassen.[20]

Die Existenz dieser drei Gewinnermittlungsarten bedingt, dass betriebliche Veränderungen zu einem Wechsel der Gewinnermittlungsart zwingen; ein solcher Wechsel kann auch freiwillig herbeigeführt werden. In solchen Fällen kann eine Übergangsbilanz aufzustellen sein und wegen der unterschiedlichen Zeitpunkte der Gewinnrealisierung ein nicht tarifbegünstigter Übergangsgewinn entstehen.[21]

2461 **Dreistufensystem land- und forstwirtschaftlicher Gewinnermittlung:** Die Anwendungsvoraussetzungen für die Gewinnermittlung nach Durchschnittssätzen ergeben sich aus § 13 a Abs. 1 EStG[22] und für den Bestandsvergleich nach § 4 Abs. 1 EStG aus § 141 Abs. 1 Nr. 1, 3 und Nr. 5 AO. Da diese Voraussetzungen nicht aufeinander abgestimmt sind, ist es möglich, dass ein land- und forstwirtschaftlicher Betrieb zwar nicht mehr der Gewinnermittlung nach Durchschnittssätzen unterliegt, gleichwohl aber noch keine Buchführungspflicht ausgelöst hat, weil weder die Umsatz- noch die Gewinngrenze des § 141 Abs. 1 Nr. 1 und Nr. 5 AO oder der Wirtschaftswert von 25 000 € (§ 141 Abs. 1 Nr. 3 AO) überschritten sind (s. Rz. 35 ff.). Für diesen Zwischenbereich ist die Einnahmenüberschussrechnung nach § 4 Abs. 3 EStG vorgesehen, die aber nach der Rspr. nicht erzwungen werden kann.[23] Legt der Steuerpflichtige in einem solchen Fall daher keine

---

[18] S. etwa BFH, Urteil vom 2.6.2016 – IV R 39/13, BStBl 2017 II S. 154 betr. Gewinnermittlungswahlrecht nach § 13a Abs. 2 EStG mit Anm. Kanzler, FR 2017 S. 96 und zum Gewinnermittlungswahlrecht zwischen der Einnahmenüberschussrechnung und dem Bestandsvergleich s. Rz. 2362 ff.
[19] Nach BT-Drucks. 8/3673 S. 13 ein „Drei-Stufen-System".
[20] Vgl. Kanzler, FR 1998 S. 233, 239.
[21] Zum Wechsel der Gewinnermittlungsart ausführlich Kanzler, in: HHR, Vor §§ 4-7 EStG Anm. 40 ff. und Kanzler, FR 1999 S. 225; s. auch Rz. 2361 ff.
[22] Siehe nur Kanzler, in: HHR, § 13a EStG Anm. 17 ff. m. w. N.
[23] BFH, Urteil vom 11.8.1992 – VII R 90/91, BFH/NV 1993 S. 346.

Gewinnermittlung nach § 4 Abs. 3 EStG vor, so ist sein Gewinn nach den Grundsätzen des Bestandsvergleichs zu schätzen.[24]

Der nicht mehr der Durchschnittssatzgewinnermittlung unterliegende, aber noch nicht buchführungspflichtige Landwirt kann seinen Gewinn auch durch Bestandsvergleich aufgrund freiwilliger Buchführung ermitteln. Schließlich steht dem zwingend der Durchschnittssatzgewinnermittlung nach § 13a EStG unterliegenden Landwirt das Antragswahlrecht zu, seinen Gewinn nach § 13a Abs. 2 EStG für vier Jahre auch durch Betriebsvermögensvergleich oder Einnahmenüberschussrechnung zu ermitteln. Dieses Wahlrecht wird er immer dann in Anspruch nehmen, wenn er Verluste erwirtschaftet, die bei einer Durchschnittssatzgewinnermittlung nicht angesetzt werden können.

Der buchführungspflichtige Land- und Forstwirt hat seinen Gewinn durch Betriebsvermögensvergleich nach § 4 Abs. 1 EStG zu ermitteln. Verletzt er die Buchführungspflicht oder kommt er ihr nicht nach, dann ist sein Gewinn nach den Grundsätzen des Bestandsvergleichs zu schätzen. Bei den Einkünften aus Land- und Forstwirtschaft gibt es zudem die Besonderheit der sog. Schätzungslandwirte. Das sind buchführungspflichtige, aber pflichtwidrig keine Bücher führende Landwirte, die durch ihr Verhalten die Anwendung der von der Finanzverwaltung vorgehaltenen Richtsätze bezwecken[25] und damit in den weitaus meisten Fällen eine günstigere Besteuerung erreichen.[26]

Zu einer umfassenderen, alle Einkunftsarten einbeziehenden Darstellung der Buchführungspflichten s. Rz. 61.

Eine Gewinnermittlung nach § 5 EStG kommt für Land- und Forstwirte nicht in Betracht, auch nicht wenn sie als Kaufmann nach § 3 HGB im Handelsregister eingetragen

2462

---

24 Nach a. A. folgt die Schätzung den Grundsätzen der Einnahmenüberschussrechnung: Ausführlich zur Gewinnschätzung *Kanzler*, in: HHR, Vor §§ 4-7 EStG Anm. 13 ff. m. w. N. und zur speziellen Gewinnschätzung bei Land- und Forstwirten s. *Kanzler*, in: Leingärtner, Besteuerung der Land- und Forstwirte, Kap. 28.

25 S. etwa die Richtsätze für das Betriebseinkommen aus normaler landwirtschaftlicher Nutzung im Wirtschaftsjahr 2015/2016 für Niedersachsen nach OFD, Verfügung vom 8.5.2017 - S 2150a-71-St 282 (Juris), wo u. a. ausgeführt wird, „dass eine vollständige Erfüllung der steuerlichen Erklärungspflichten - was ebenso die Erfüllung der jeweiligen Aufzeichnungspflichten umfasst - auch nach Durchführung einer Schätzungsveranlagung für den betroffenen Zeitraum mit Zwangsmitteln durchgesetzt werden sollte. ... Das Hinnehmen eines Mitwirkungsmangels des Steuerpflichtigen durch das Finanzamt kann zu „Dauerschätzungsfällen" und Nachahmungseffekten seitens anderer Steuerpflichtiger führen („Mundpropaganda", „Stammtischgerede", Internetforen)".

26 BFH, Urteil vom 29.3.2001 – IV R 67/99, BStBl 2001 II S. 484 m. w. N.

sind, weil § 5 EStG nach seinem Eingangssatz nicht für alle Kaufleute, sondern nur für Gewerbetreibende gilt. Daher ist § 5 EStG auch nicht für die OHG und KG anwendbar, wenn diese Einkünfte aus Land- und Forstwirtschaft beziehen. Allerdings gelten § 5 Abs. 1a bis 7 EStG nach h. M. auch für die Gewinnermittlung nach § 4 Abs. 1 EStG.

2463–2464 (Einstweilen frei)

2. Bilanzierung in der Land- und Forstwirtschaft

2465 Dargestellt werden hier nur die Besonderheiten der Bilanzierung in der Land- und Forstwirtschaft, die vor allem durch das Anlagegut Grund und Boden und die damit zusammenhängende Urproduktion bestimmt sind. Im Übrigen gelten die allgemeinen Bilanzierungsgrundsätze, denn die Frage, ob eine Buchführung den GoB entspricht, kann handelsrechtlich und steuerrechtlich nur einheitlich beurteilt werden. Daher haben auch Unternehmer, die keine Handelsbilanz aufstellen, die handelsrechtlichen Rechnungslegungsvorschriften zu beachten, soweit sich daraus allgemeine GoB ergeben (R 4.1 Abs. 5 EStR). Die Verweisung in § 141 Abs. 1 Satz 2 AO auf die entsprechenden Vorschriften des HGB stellt dies klar. Daher sind auch die materiellen Grundsätze ordnungsmäßiger Bilanzierung und Buchführung nach ständiger Rechtsprechung des BFH nicht nur im Rahmen der steuerlichen Gewinnermittlung buchführungspflichtiger Kaufleute nach § 5 Abs. 1 EStG, sondern auch bei der Gewinnermittlung durch Betriebsvermögensvergleich nach § 4 Abs. 1 EStG zu beachten.[27] Die GoB finden mithin auch auf den buchführenden und den freiwillig buchführenden Land- und Forstwirt Anwendung.[28] So hat der buchführende Land- und Forstwirt, der ein Entgelt für eine zeitlich nicht begrenzte Dauerleistung erhält, zur Wahrung des Realisationsprinzips einen passiven Rechnungsabgrenzungsposten zu bilden, falls sich rechnerisch ein Mindestzeitraum für die Dauerleistung bestimmen lässt. Dieser RAP ist in derartigen Fällen einer zeitlich unbegrenzten Verpflichtung während eines Zeitraums von höchstens 25 Jahren in gleichen Jahresbeträgen gewinnerhöhend aufzulösen.[29]

2.1 Besondere Aufzeichnungspflichten und -erleichterungen für den Landwirt

2466 **Aktivierungswahlrechte und Durchschnittsbewertung:** Aus Vereinfachungsgründen lässt die Finanzverwaltung zu, dass bei jährlicher Fruchtfolge das Feldinventar und die stehende Ernte, sowie selbstgewonnene, nicht zum Verkauf bestimmte Vorräte (z. B. Heu, Stroh, Trockenfutter, Dünger) nicht bestandsmäßig aufgenommen und bewertet

---

[27] BFH, Urteile vom 6.12.1983 – VIII R 110/79, BStBl 1984 II S. 227; vom 10.9.1998 – IV R 80/96, BStBl 1999 II S. 21 betr. bilanzierende Freiberufler und vom 20.3.2003 – IV R 37/02, BFH/NV 2003 S. 1403.

[28] Siehe nur BFH, Urteile vom 24.2.1994 – IV R 103/92, BFH/NV 1994 S. 779 betr. Rückstellung für Sielbaubeitrag; vom 9.1.1993 – IV R 130/91, BStBl 1995 II S. 202 betr. passiven RAP für Überspannungsentschädigung und vom 15.2.2001 – IV R 19/99, BStBl 2001 II S. 549 betr. Grundsatz der Bewertungsstetigkeit.

[29] BFH, Urteile vom 17.10.1968 – IV 84/65, BStBl 1969 II S. 180 betr. Grunddienstbarkeit zur Nutzung des Seeufers; vom 9.1.1993 – IV R 130/91, BStBl 1995 II S. 202 betr. Überspannungsentschädigung und vom 15.2.2017 – VI R 96/13, BStBl 2017 II S. 884 betr. Entgelt für Verzicht auf Betriebserweiterung mit Anm. Weber-Grellet, NWB 2017 S. 2984.

werden müssen.[30] Nach Maßgabe von R 34 Satz 2 KStR steht dieses Aktivierungswahlrecht auch Körperschaften zu, die kraft ihrer Rechtsform ausschließlich gewerbliche Einkünfte erzielen.[31] Darüber hinaus lässt die FinVerw. für mehrjährige Kulturen und für das Vieh eine Durchschnittsbewertung sowie für Dauerkulturen zum Teil eine Festbewertung zu (§ 240 Abs. 3 HGB) und verzichtet auf die Aktivierung bestimmter Aufwendungen als Herstellungskosten bei mehrjährigen Kulturen und bei Dauerkulturen.[32] Die Rechtsgrundlage dieser Verwaltungsanweisungen sieht der BFH in § 163 AO.[33]

Erleichterungen für Entnahmen, Lieferungen und Leistungen: Unentgeltliche Wertabgaben, für die die von den OFD aufgestellten Richtsätze angesetzt werden, können in einem Gesamtbetrag am Ende des Wirtschaftsjahrs gebucht werden.[34] Führt der Land- und Forstwirt – wie in der Praxis üblich – Kontokorrentkonten (§ 355 HGB), über die die beiderseitigen Lieferungen und Leistungen verrechnet werden (z. B. für den Geschäftsverkehr mit Landhändlern und Genossenschaften), so ersetzt die geordnete und übersichtliche Sammlung und Aufbewahrung der Kontoauszüge die betreffenden Grundbücher. Voraussetzung ist, dass die darin ausgewiesenen Geschäftsvorfälle unter Hinweis auf den dazu gehörigen Beleg mit dem erforderlichen Buchungstext erläutert werden und dass diese Auszüge in regelmäßigen Zeitabständen – etwa nach einem Monat – vorliegen.[35]

2467

Warenein- und -ausgang: Da § 143 AO ausdrücklich nur für gewerbliche Unternehmer gilt, müssen Land- und Forstwirte ihren Wareneingang nicht gesondert aufzeichnen. Allerdings haben Land- und Forstwirte, die gem. § 141 AO buchführungspflichtig sind, den Warenausgang nach § 144 AO aufzuzeichnen (§ 144 Abs. 5 AO). Diese gesonderte Aufzeichnungspflicht gilt zwar nicht für Land- und Forstwirte, die für steuerliche Zwecke freiwillig Bücher führen oder die einer Buchführungspflicht nach § 140 AO unterliegen;[36] die nach § 144 AO geforderten Angaben und Aufzeichnungen sind jedoch bereits nach den auch auf Land- und Forstwirte anwendbaren (s. Rz. 2465) Grundsätzen ordnungsmäßiger Buchführung erforderlich.[37]

2468

Anbauverzeichnis: Land- und Forstwirte haben neben den jährlichen Bestandsaufnahmen und den jährlichen Abschlüssen ein Anbauverzeichnis zu führen (§ 142 AO). In diesem Verzeichnis ist aufzuführen, welche Fruchtarten im abgelaufenen Wirtschaftsjahr angebaut wurden. Nach dem ausdrücklichen Wortlaut des Gesetzes ist das Anbauverzeichnis nur von Land- und Forstwirten anzulegen, die nach § 141 AO buchführungspflichtig sind. Freiwillig oder nach § 140 AO buchführende Steuerpflichtige trifft diese

2469

---

30 Buchführungserlass des BMF vom 15.12.1981 – IV B 4-S 2163-63/81, BStBl 1981 I S. 878 zu Tz. 3.1.3; s. auch R 14. Abs. 1 Satz 3 EStR.
31 BFH, Urteil vom 7.12.2005 – I R 123/04, BFH/NV 2006 S. 1097.
32 Buchführungserlass des BMF vom 15.12.1981 – IV B 4-S 2163-63/81, BStBl 1981 I S. 878 zu Tz. 3.2. und 3.2.1.
33 BFH, Urteil vom 6.4.2000 – IV R 38/99, BStBl 2000 II S. 422.
34 Buchführungserlass des BMF vom 15.12.1981 – IV B 4-S 2163-63/81, BStBl 1981 I S. 878 zu Tz. 3.1.2.
35 Buchführungserlass des BMF vom 15.12.1981 – IV B 4-S 2163-63/81, BStBl 1981 I S. 878 zu Tz. 3.1.1.
36 *Dumke*, INF 1978 S. 153
37 BFH, Urteil vom 10.6.1954 – IV 68/53 U, BStBl 1954 III S. 298.

Pflicht nicht.[38] Ein sachlicher Grund für diese Differenzierung besteht zwar nicht; gleichwohl ist – ebenso wie bei § 144 Abs. 5 AO (Aufzeichnung des Warenausgangs) eine erweiternde Auslegung zu Lasten des Stpfl. nicht möglich.[39] Nach dem Gesetz ist eine laufende Führung des Anbauverzeichnisses nicht geboten; es muss nur grundsätzlich nach den Verhältnissen zum Beginn eines Wirtschaftsjahres aufgestellt werden.[40] Nach Auffassung der Finanzverwaltung sind die Eintragungen in das Anbauverzeichnis etwa im gärtnerischen Gemüsebau und im Blumen- und Zierpflanzenbau vierteljährlich vorzunehmen.[41] Im Übrigen regelt der Buchführungserlass, welche Angaben für das Anbauverzeichnis im Einzelnen erforderlich sind.[42] Auch in der Teichwirtschaft ist ein Anbauverzeichnis nach § 142 AO zu führen. Darin ist die produktive Wasserfläche unter Angabe ihrer Größe nach Fischarten zu unterteilen (z. B. Größe der Wasserfläche, die mit Forellen, Karpfen usw. besetzt ist).[43]

Ein Winzer hat das nach dem Weingesetz vorgeschriebene *Kellerbuch*, in dem er seine Weinbestände mengenmäßig nachzuweisen und fortzuschreiben hat, auch für steuerliche Zwecke zu führen, denn die Aufzeichnungspflicht nach dem Weingesetz wird über § 140 AO auch zu einer steuerlichen Verpflichtung.

2.2 Das landwirtschaftliche Betriebsvermögen

2.2.1 Landwirtschaftliches Anlage- und Umlaufvermögen

2470 **Wirtschaftsgüter des Anlage- und Umlaufvermögens:** Die Unterscheidung von Anlage- und Umlaufvermögen folgt den allgemeinen Grundsätzen (s. Rz. 556 ff.). Besonderheiten ergeben sich aber bei der Tierhaltung aus der zweifachen Zweckbestimmung der Nutzung dieser Tiere zur Produktion und als Schlachtvieh.[44] Hier erfolgt oft ein Wechsel vom Anlage- zum Umlaufvermögen oder umgekehrt, wenn z. B. eine Milchkuh oder ein Zuchtbulle nach Einstellung der betrieblichen Nutzung in besonderer Weise marktreif gemacht wird (Fütterung und tierärztliche Versorgung), um dann an einen Viehhändler oder anderen Landwirt veräußert zu werden. Bei diesen Tieren des Anlagevermögens, die ins Umlaufvermögen wechseln (z. B. auch Legehennen und Zuchtsauen), ist daher auch bei Inanspruchnahme der Bewertungsfreiheit für geringwertige Wirtschaftsgüter nach § 6 Abs. 2 EStG ein Schlachtwert zu berücksichtigen;[45] im Zeitpunkt der Umwidmung bildet der Schlachtwert dann die für die Bewertung gemäß § 6 Abs. 2 EStG maßgebliche Untergrenze.[46] Werden die nach § 6 Abs. 2 EStG bewerteten Tiere allerdings unverzüglich der Schlachtung zugeführt, sobald ihre Eignung zu Zuchtzwecken (z. B.

---

38 Gl. A. *Dumke*, INF 1978 S. 153; *Drüen*, in: Tipke/Kruse, § 142 AO Rz. 3; *Kanzler*, in: Leingärtner, Besteuerung der Land- und Forstwirte, Kap. 29 Rz. 61; Koenig, AO 3. Auf. 2014 Rz. 4; a. A. *Pape*, in: Felsmann, B Rz. 170; *Agatha/Eisele/FichtelmannSchmitz/Walter*, Besteuerung der Land- und Forstwirtschaft, 8. Aufl., 2017, Rz. 24.
39 Gl. A. *Dumke*, INF 1978 S. 153 und *Kanzler*, in: Leingärtner, Besteuerung der Land- und Forstwirte, Kap. 29 Rz. 61.
40 Buchführungserlass des BMF vom 15.12.1981 – IV B 4-S 2163-63/81, BStBl 1981 I S. 878 zu Tz. 3.3.1.
41 Buchführungserlass des BMF vom 15.12.1981 – IV B 4-S 2163-63/81, BStBl 1981 I S. 878 zu Tz. 3.3.1.
42 Buchführungserlass des BMF vom 15.12.1981 – IV B 4-S 2163-63/81, BStBl 1981 I S. 878 zu Tz. 3.3.
43 Zu weiteren Einzelheiten, s. *Biedermann*, INF 1982 S. 52.
44 BFH, Urteil vom 15.2.2001 – IV R 19/99, BStBl 2001 II S. 549.
45 BFH, Urteil vom 15.2.2001 – IV R 19/99, BStBl 2001 II S. 549 und BMF, Schreiben vom 22.2.1995 – IV B 4-S 2230-3/95, BStBl 1995 I S. 179 Tz. 22.
46 OFD Nordrhein-Westfalen, Verfügung vom 15.4.2015 - S 2230-2015/0004-St, Juris Nr. 5.

Zuchtsauen) oder zur Produktion (z. B. Legehennen) nachlässt und ihre Haltung unwirtschaftlich wird, so ist ein Schlachtwert nicht anzusetzen, denn es findet kein Wechsel ins Umlaufvermögen statt. In einem solchen Fall fehlt es an der zweifachen Zweckbestimmung der Nutzung dieser Tiere einerseits zur Produktion und andererseits als Schlachtvieh; sie werden dann als Anlagevermögen verkauft.[47] Umgekehrt wechseln Tiere vom Umlaufvermögen ins Anlagevermögen, wenn etwa bestimmte Ferkel eines Schweinemastbetriebs zur Nachzucht ausgewählt werden. Auch beim Grund und Boden kann ein Wechsel vom Anlage- zum Umlaufvermögen erfolgen, der dann zugleich auch mit der Begründung eines gewerblichen Grundstückshandels einhergeht.[48]

Vor allem beim Grund und Boden und dem dazugehörenden Aufwuchs ist die Abgrenzung des Anlage- vom Umlaufvermögen von besonderer Bedeutung, wenn der Land- und Forstwirt Flächen als Bauland veräußert und eine Gewinnübertragung nach § 6b oder § 6c EStG vornehmen will. Wird er in einem solchen Fall zum gewerblichen Grundstückshändler, dann wechseln die Flächen vom Anlagevermögen in das steuerlich nicht begünstigte Umlaufvermögen.[49]

Zum Anlagevermögen des land- und forstwirtschaftlichen Betriebs und zum notwendigen Betriebsvermögen gehören vor allem die Nutzflächen, die Wirtschaftsgüter des beweglichen Anlagevermögens, sofern sie zu mehr als 50 % betrieblich genutzt werden[50] und Beteiligungen an Agrargenossenschaften, GmbHs (z. B. Landhandels-GmbH) sowie Aktiengesellschaften (z. B. Zuckerrüben-AG); schließlich können auch immaterielle Wirtschaftsgüter zum notwendigen Anlagevermögen des land- und forstwirtschaftlichen Betriebs gehören (s. Rz. 2472). Besonderheiten bestehen beim Grund und Boden, weil dieser zwar stets zum notwendigen Betriebsvermögen gehörte, aber erst mit Einführung der Bodengewinnbesteuerung 1970 steuerlich verstrickt wurde (s. Rz. 2472). 2471

Immaterielle Wirtschaftsgüter des notwendigen Betriebsvermögens eines land- und forstwirtschaftlichen Betriebs entstehen meist aus untrennbar mit dem Grund und Boden verbundenen Nutzungsrechten. Solche immateriellen Wirtschaftsgüter können zum nichtabnutzbaren und abnutzbaren Anlagevermögen (s. Rz. 572 ff. und 3219 ff.) oder auch zum Umlaufvermögen (s. Rz. 561) gehören. Dabei ist das Aktivierungsverbot für selbstgeschaffene immaterielle Wirtschaftsgüter nach § 5 Abs. 2 EStG und § 248 Abs. 2 HGB als Grundsatz ordnungsmäßiger Buchführung auch von Land- und Forstwirten zu beachten. 2472

Zu den nichtabnutzbaren immateriellen Wirtschaftsgütern gehören das Betriebswerk oder Betriebsgutachten eines Forstbetriebs, ein Eigenjagd- oder Fischereirecht,[51] Brenn- und Wasserbezugsrechte, sowie Wieder- und Neuanpflanzungsrechte der Winzer.[52] Nach Auffassung der Finanzverwaltung waren auch die Zahlungsansprüche nach der GAP-Re- 2473

---

[47] BFH, Urteil vom 24.7.2013 – IV R 1/10, BStBl 2014 II S. 246 und vom 5.6.2014 - IV R 29/11, BFH/NV 2014 S. 1538.
[48] Siehe nur BFH, Urteil vom 8.11.2007 – IV R 34/05, BStBl 2008 II S. 231 m. w. N.; zum gewerblichen Grundstückshandel der Land- und Forstwirte auch *Kanzler*, DStZ 2013 S. 822.
[49] Dazu ausführlich, *Kanzler*, DStZ 2013 S. 822 m.w.N.
[50] BFH, Urteil vom 2.10.2003 – IV R 13/03, BStBl 2004 II S. 985 m. w. N.; R 4.2 Abs. 1 Satz 4 EStR.
[51] BMF, Schreiben vom 23.6.1999 – IV C 2-S 2520-12/99, BStBl 1999 I S. 593.
[52] BFH, Urteil vom 6.12.2017 – VI R 65/15, dazu *Abele*, BB 2018 S. 881; *Geserich*, jurisPR-SteuerR 20/2018 Anm. 2.

form den nichtabnutzbaren immateriellen Wirtschaftsgütern ebenso zuzuordnen,[53] wie die bis zum Veranlagungszeitraum 2004 zu beantragende sog. Ackerquote, die als immaterielles Wirtschaftsgut erst entstanden ist, wenn sie etwa als Gegenstand eines Kaufvertrags in Verkehr gebracht wurde.[54] Nachdem der BFH entschieden hat, dass es sich bei Zahlungsansprüchen nach der GAP-Reform 2003 um abnutzbare immaterielle Wirtschaftsgüter des Anlagevermögens handelt,[55] änderte auch das BMF seine Auffassung.[56]

2474 **Zu den abnutzbaren immateriellen Wirtschaftsgütern** gehören vor allem der entgeltlich erworbene Firmenwert und Rechte von zwar unbestimmter, aber begrenzter Dauer, wenn Gewissheit über ihr Ende, nicht aber über dessen Zeitpunkt besteht.[57] Dazu zählt man etwa betriebsgebundene Zuckerrübenlieferrechte,[58] die durch die Milch-Garantiemengen-Verordnung (MGV) zugeteilten und vom Grund und Boden abgespaltenen Milchlieferrechte, die auch bei Verpachtung im Privatvermögen auf zehn Jahre abzuschreiben sind,[59] sowie – nach geläuterter Auffassung der Finanzverwaltung (s. Rz. 2473) – auch die entgeltlich erworbenen Zahlungsansprüche nach der GAP-Reform. Auch bei diesen Zahlungsansprüchen ist von einer geschätzten betriebsgewöhnlichen Nutzungsdauer von zehn Jahren auszugehen.[60] Obwohl die Zahlungsansprüche nach der GAP-Reform unabhängig von der Fläche einzeln oder zusammen mit dem Betrieb handelbar sind, gehören sie nicht zum Umlaufvermögen, sondern zum Anlagevermögen.[61] Da diese Zahlungsansprüche keinen Bezug zu einer bestimmten Fläche aufweisen und die neue Agrarförderung zu keinerlei Einschränkungen der Nutzbarkeit des Grund und Bodens führt, kommt auch eine Abspaltung vom Grund und Boden nicht in Betracht.[62]

2475 **Besonderheiten beim Grund und Boden** ergeben sich für die Einkünfte aus Land- und Forstwirtschaft aus der Einführung der sog. Bodengewinnbesteuerung durch das 2. StÄndG 1971, durch die die landwirtschaftlichen Nutzflächen erstmals der Einkommensbesteuerung unterworfen wurden. Nach der heute noch bedeutsamen Sonderregelung des § 55 EStG[63] war der Grund und Boden, der bis dahin nach § 4 Abs. 1 Satz 5 EStG a. F. außer Ansatz geblieben war, beim Betriebsvermögensvergleich nach § 4 Abs. 1 EStG zum 1.7.1970 mit fiktiven Anschaffungskosten (§ 55 Abs. 1 EStG) oder auf Antrag mit dem höheren Teilwert (§ 55 Abs. 5 EStG) erfolgsneutral einzubuchen. Zugleich wurde eine Verlustausschlussklausel eingeführt, die die Berücksichtigung von Verlusten

---

53 BMF, Schreiben vom 25.6.2008 – IV C 6-S 2134/07/10001, BStBl 2008 I S. 682 Tz. 19; gl. A. *Wiegand*, NWB 2008 S. 4731, 4733 f. und *König*, in: Felsmann Rz. A 1537; a. A. *Bahrs*, INF 2006 S. 224, 226 und *Kanzler*, in: Leingärtner, Besteuerung der Land- und Forstwirte, Kap. 24 Rz. 50 m. w. N. zur a. A.
54 BFH, Urteil vom 30.9.2010 – IV R 28/08, BStBl 2011 II S. 406.
55 BFH, Urteil vom 21.10.2015 - IV R 6/12, BStBl 2017 II S. 45.
56 BMF, Schreiben vom 13.12.2016 - IV C 6-S 2134/07/10001, BStBl 2017 S. 33.
57 BFH, Urteil vom 29.4.2009 – IX R 33/08, BStBl 2009 II S. 958.
58 BFH, Urteil vom 16.10.2008 – IV R 1/06, BStBl 2010 II S. 28 m. w. N.
59 BFH, Urteil vom 29.4.2009 – IX R 33/08, BStBl 2009 II S. 958; gl. A. BMF, Schreiben vom 14.1.2003 – IV A 6-S 2134-52/02, BStBl 2003 I S. 78 zu Tz. 28.
60 BFH, Urteil vom 21.10.2015 – IV R 6/12, BStBl 2017 II S. 45; gl.A. BMF, Schreiben vom 13.12.2016 – IV C 6-S 2134/07/10001, BStBl 2017, 33; a.A. noch BMF, Schreiben vom 25.6.2008 – IV C 6-S 2134/07/10001, BStBl 2008 I S. 682 Tz. 19 und Sächsisches FG, Urteil vom 10. November 2011 – 2 K 1116/11, EFG 2012 S. 1039, rkr.
61 BMF, Schreiben vom 25.6.2008 – IV C 6-S 2134/07/10001, BStBl 2008 I S. 682 Tz. 18.
62 BMF, Schreiben vom 25.6.2008 – IV C 6-S 2134/07/10001, BStBl 2008 I S. 682 Tz. 21.
63 Zur Bedeutung des § 55 EStG ausführlich *Kanzler*, in: HHR, § 55 EStG Anm. 3.

aus der Veräußerung der Flächen zu einem geringeren Preis als dem festgestellten Pauschalwert verhindern sollte.

Buchwertabspaltung bei Lieferrechten: Da die Bewertung nach § 55 Abs. 1 EStG nur den nackten Grund und Boden zum Gegenstand hatte und seinerzeit später entstandene bodenabhängige immaterielle Rechte, wie Milch- oder Zuckerrübenlieferungsrechte nicht berücksichtigt werden konnten, stand dem Kaufpreis für diese Rechte bei einer Veräußerung des Grund und Bodens oder des gesamten Betriebs kein Buchwert gegenüber. Die Finanzverwaltung erfasste daher zunächst den Veräußerungspreis für die Milchquote als Veräußerungsgewinn, da ein Buchwert nicht anzusetzen war und ließ den beim nackten Grund und Boden realisierten Verlust wegen der Klausel nach § 55 Abs. 6 EStG unberücksichtigt. Der BFH hingegen vertrat die Auffassung, dass in solchen Fällen ein Buchwert für die später entstandenen Rechte abzuspalten sei.[64] Das BMF hat diese Rechtsprechung widerstrebend akzeptiert und zur Berechnung des abgespaltenen Werts von Milchlieferrechten eine Verwaltungsanweisung erlassen.[65] Nach dem Auslaufen der Regelungen zu Lieferrechten (wie etwa der Milch-Garantiemengen-Verordnung zum 31.3.2015 oder der Zuckerrübenlieferrechte zum Anbaujahr 2017) fallen die zu diesem Zeitpunkt noch aktivierten abgespaltenen Buchwerte nach § 55 Abs. 1 bis 4 EStG für Lieferrechte, die bis dahin nicht veräußert oder entnommen worden sind, wegen ihres Wegfalls auf die zugehörigen Erzeugungsflächen zurück (sog. Wertrückfluss in den Grund und Boden). Auf Veräußerungen oder Entnahmen vor diesem Zeitpunkt sind bei der Ermittlung der dadurch entstehenden Gewinne die Grundsätze zur Buchwertabspaltung unter Beachtung des § 55 Abs. 6 noch zu berücksichtigen.[66]

Zu den Wirtschaftsgütern des Umlaufvermögens eines land- und forstwirtschaftlichen Betriebs gehören die selbst erzeugten oder zugekauften Vorräte, das Feldinventar und die stehende Ernte sowie mehrjährige Kulturen, das Mastvieh und wie in anderen Betrieben auch, das Bargeld, die Bankguthaben und kurzfristigen Forderungen. Zu den immateriellen Wirtschaftsgütern des Umlaufvermögens gehören schon von ihrer Konzeption her die zum Handel bestimmten Ökopunkte.[67] Diese Ökopunkte werden einem Landwirt für die ökologisch sinnvolle Nutzung seiner Flächen von der Naturschutzbehörde zugesprochen, der sie dann Gemeinden oder anderen Bauinteressenten, die für ihre Baumaßnahmen Ausgleichsflächen bereitzustellen haben, zum Erwerb anbietet.

2476

Besonderheiten ergeben sich vor allem bei der Bewertung der Wirtschaftsgüter des land- und forstwirtschaftlichen Umlaufvermögens (s. Rz. 2477 ff.).

Bewertung von Vorräten: Zu unterscheiden ist zwischen selbst erzeugten und zugekauften Vorräten. Selbst erzeugte, nicht zum Verkauf bestimmte Vorräte muss der Land- und Forstwirt nach einer Vereinfachungsregelung der FinVerw nicht aktivieren;[68] andernfalls hat er ebenso wie bei zum Verkauf bestimmten Vorräten, die Herstellungs-

2477

---

64 Siehe etwa BFH, Urteile vom 5.3.1998 – IV R 23/96, BStBl 2003 II S. 56; vom 24.6.1999 – IV R 33/98, BStBl 2003 II S. 58 und vom 10.6.2010 – IV R 32/08, BStBl 2012 II S. 551 m. w. N.
65 BMF, Schreiben vom 14.1.2003 – BStBl 2003 I S. 78; dazu ausführlich *Kanzler*, in: HHR, § 55 EStG Anm. 116 f. und *Wendt*, in: Leingärtner, Besteuerung der Land- und Forstwirte, Kap. 29a Rz. 136 f.
66 BMF, Schreiben vom 5.11.2014 – IV C 6-S 2134/07/10002:002, BStBl 2014 I S. 1503, Tz. 9a.
67 Gl. A. *Junker/Weiler*, StB 2010 S. 268; a. A. *Stephany*, HLBS-Report 2003 S. 176, 183.
68 Buchführungserlass des BMF vom 15.12.1981 – IV B 4-S 2163-63/81, BStBl 1981 I S. 878 zu Tz. 3.1.3.

kosten oder den niedrigeren Teilwert anzusetzen. Dabei sind die Herstellungskosten im Wege der Schätzung zu ermitteln oder durch Ansatz der von der Finanzverwaltung bereitgestellten jährlichen Durchschnittswerte für land- und forstwirtschaftliche Erzeugnisse auszuweisen. Der Teilwert kann retrograd aus den Verkaufspreisen errechnet werden.[69] Die zugekauften Vorräte sind mit den Anschaffungskosten oder dem niedrigeren Teilwert zu bewerten. Da es für die Teichwirtschaft keine Vereinfachungsregelung gibt,[70] sind die Fischbestände mit den Anschaffungs- oder Herstellungskosten zu bewerten. Für zum Anlagevermögen gehörende Laich- und Zuchtfische kann auch die Bewertungsfreiheit nach § 6 Abs. 2 EStG in Anspruch genommen werden.

2478–2479   *(Einstweilen frei)*

2.2.2 Bewertung von Pflanzen und Kulturen

2480   **Pflanzenbestände als Anlage- und Umlaufvermögen:** Pflanzenbestände können zum Anlage- oder Umlaufvermögen gehören. Zum nicht abnutzbaren Anlagevermögen gehört das stehende Holz (s. auch Rz. 2489 ff.), während Dauerkulturen (Pflanzen, die über mehrere Jahre Ertrag durch Früchte bringen, z. B. Reb-, Hopfen-, Spargel-, Erdbeer- und Rhabarberanlagen, Obstbaumkulturen und Beerensträucher) als abnutzbares Anlagevermögen behandelt werden. Zum Umlaufvermögen gehören mehrjährige Kulturen (Pflanzen, die erst nach mehreren Jahren einmaligen Ertrag durch Verkauf erbringen, z. B. Baumschulanlagen und Rosenpflanzungen) und Pflanzen mit einer Kulturzeit von weniger als einem Jahr. Holz wird mit der Trennung vom Wurzelstock durch Einschlag oder Bruch zum Umlaufvermögen. Zur Bewertung der Holzbestände in der Forstwirtschaft s. Rz. 2489 ff.

2481   **Besonderheiten der Bewertung von Pflanzen und Kulturen:** Die Abgrenzung der besonderen Pflanzanlagen als eigenständige Wirtschaftsgüter gegenüber dem Grund und Boden ist nicht nach bürgerlichem Recht (d. h. den Vorschriften über die wesentlichen Bestandteile), sondern nach steuerrechtlichen Gesichtspunkten und nach dem Grundsatz ordnungsmäßiger Bilanzierung und Gewinnermittlung zu treffen.

Unterscheidung von Grund und Boden und Pflanzenanlagen: Unter Grund und Boden ist danach nur der „nackte" Grund und Boden zu verstehen. Das eigenständige abnutzbare Wirtschaftsgut des Anlagevermögens „Pflanzenanlage"[71] umfasst nicht nur die Pflanzen (Obstbäume, Reben und Ähnliches), etwaige Stützen, Umzäunungen zum Schutz vor Wildverbiss, sondern auch eine Umgestaltung des naturgewachsenen Grund und Bodens in der Weise, die erst eine wirtschaftlich sinnvolle Bepflanzung ermöglicht (z. B. die Anlage von Pflanzterrassen auf einem Hanggrundstück).[72]

Pflanzenanlagen und Kulturen als Wirtschaftsgut: Die Bewertung von Pflanzen und Kulturen folgt danach allgemeinen Grundsätzen, wobei Ausnahmen aus Gründen der Vereinfachung zugelassen sind. Bewertungsgegenstand ist grundsätzlich nicht die ein-

---

69 *Wendt*, in: Leingärtner, Besteuerung der Land- und Forstwirte, Kap. 29a Rz. 71 und 183.
70 Finanzministerium Bayern, Erlass vom 7.4.1982 – 31a - S 2235 - 2/4 - 68 946/81, StEK EStG § 13 Nr. 393.
71 Neben dem Grund und Boden ist daher auch der zu einem land- und forstwirtschaftlichen Betriebsvermögen gehörende Aufwuchs ein reinvestitionsbegünstigtes Wirtschaftsgut (§ 6b Abs. 1 EStG).
72 BFH, Urteil vom 30.11.1978 – IV R 43/78, BStBl 1979 II S. 281.

zelne Pflanze, sondern die als einheitlich zusammengehörendes Ganzes in Erscheinung tretende Pflanzenanlage, die in einem einheitlichen Nutzungs- und Funktionszusammenhang steht.[73] Eine Ausnahme gilt für Topf- und Containerpflanzen, die jeweils als einzelne WG angesehen werden.[74] Die innerhalb des Betriebs angebauten unterschiedlichen Pflanzenarten (z. B. bei einem Obstbaubetrieb: Äpfel, Birnen, Kirschen), die räumlich getrennte Lage der einzelnen Kulturen sowie das Alter der jeweiligen Pflanzenanlage ergeben innerhalb eines nachhaltig geführten Betriebs regelmäßig eine Mehrzahl von Wirtschaftsgütern (Pflanzenanlagen und Kulturen), die dann einer selbständigen Bewertung und Abschreibung unterliegen.[75] Danach sind sämtliche Aufwendungen für eine Pflanzenneuanlage von einigem Gewicht als Herstellungskosten für ein neues Wirtschaftsgut zu aktivieren.

Einjährige und mehrjährige Kulturen, sowie Dauerkulturen: Für die Aktivierung der Herstellungskosten ist die Unterscheidung von einjährigen und mehrjährigen Kulturen, sowie Dauerkulturen von Bedeutung. Während bei einjährigen Kulturen ein Aktivierungswahlrecht besteht, sind mehrjährige Kulturen und Dauerkulturen mit den Erstanlagekosten zu bilanzieren.[76] Zu den zu aktivierenden Erstanlagekosten solcher Kulturen gehören z. B. die Aufwendungen für Jungpflanzen, für die Aushebung der Pflanzgruben, für Baumpfähle und Bindematerial, für Umzäunungen oder Drahtschutz gegen Wildverbiss und für Veredelungsarbeiten. Auf die Aktivierung von Pflege- und Gemeinkosten wird aus Vereinfachungsgründen verzichtet.[77] 2482

Einjährige Kulturen (insbesondere Feldinventar und stehende Ernte) werden mit den Anschaffungs- oder Herstellungskosten einzeln bewertet (§ 6 Abs. 1 Nr. 2 Satz 1 EStG). Als Wirtschaftsgut Feldinventar bzw. stehende Ernte wird der jeweilige Pflanzenbestand definiert, der auf einer abgrenzbaren Fläche steht.[78] Anstelle der tatsächlichen Anschaffungs- oder Herstellungskosten kann bei einer Einzelbewertung unter den Voraussetzungen des § 6 Abs. 1 Nr. 2 Satz 2 EStG auch der niedrigere Teilwert zum Ansatz kommen. Für die Bewertung können entweder betriebsindividuelle Durchschnittswerte oder standardisierte Werte zugrunde gelegt werden (R 14 Abs. 2 EStR). Allerdings kann nach einer Vereinfachungsregelung der Finanzverwaltung in R 14 Abs. 3 Satz 1 EStR bei land- und forstwirtschaftlichen Betrieben auch auf eine Aktivierung des Feldinventars und der stehenden Ernte verzichtet werden (s. auch Rz. 2466).[79] Der Landwirt kann jederzeit auf die Billigkeitsregelung verzichten und zur Bilanzierung übergehen. Der Grundsatz der Bewertungsstetigkeit steht dem nicht entgegen, bindet allerdings dann für die Zukunft.[80] Auch wer von Anfang an das Feldinventar bilanziert, kann nicht von der Billigkeitsregelung Gebrauch machen.[81]

---

73 BFH, Urteil vom 30.11.1978 – IV R 43/78, BStBl 1979 II S. 281 betr. Rebanlage.
74 Buchführungserlass des BMF vom 15.12.1981 – IV B 4-S 2163-63/81, BStBl 1981 I S. 878 zu Tz. 3.2 und 3.3.2.
75 Ländereinheitlicher Erlass s. OFD Frankfurt vom 3.4.2007 – S 2163 A - 2 - St 225, Juris.
76 BFH, Urteil vom 14.3.1961 – I 17/60 S, BStBl 1961 III S. 398 und Buchführungserlass des BMF vom 15.12.1981 – IV B 4-S 2163-63/81, BStBl 1981 I S. 878 zu 3.2.1.
77 Buchführungserlass des BMF vom 15.12.1981 – IV B 4-S 2163-63/81, BStBl 1981 I S. 878 zu Tz. 3.2.1.
78 BFH, Urteil vom 18.3.2010 – IV R 23/07, BStBl 2011 II S. 654; s. auch 2.6.
79 Kritisch zu dieser Billigkeitsregelung zu Recht *Wiegand*, NWB 2013 S. 2330.
80 BFH, Urteil vom 6.4.2000 – IV R 38/99, BStBl 2000 II S. 422.
81 BFH, Urteil vom 18.3.2010 – IV R 23/07, BStBl 2011 II S. 654.

Mehrjährige Kulturen sind Pflanzungen, die nach einer Kulturzeit im Betrieb von mehr als einem Jahr einen einmaligen, zum Verkauf bestimmten Ertrag liefern (z. B. Baumschulkulturen). Sie gehören zum Umlaufvermögen und sind nach § 6 Abs. 1 Nr. 2 EStG zu bewerten. Zur Vereinfachung hat die Finanzverwaltung in sog. Baumschulerlassen bundeseinheitlich geltende Richtwerte für eine Schätzung der Anschaffungs- oder Herstellungskosten festgelegt, die von der Rechtsprechung des BFH akzeptiert werden.[82] Bei den Richtwerten handelt es sich um Hektarsätze, die für die am Bilanzstichtag entsprechend genutzte Fläche anzusetzen und die um einen Zuschlag für zugekaufte Pflanzen zu erhöhen sind.[83]

Zu den mehrjährigen Kulturen gehören auch die Gehölze auf Kurzumtriebsplantagen, die nicht der Energieerzeugung dienen sondern in der Holzwirtschaft verarbeitet werden. Nach Auffassung der Finanzverwaltung gehören diese Pflanzenbestände nicht zur Forstwirtschaft.[84]

Dauerkulturen sind Pflanzungen, die während einer Reihe von Jahren Erträge durch ihre zum Verkauf bestimmten Blüten, Früchte oder anderen Pflanzenteile liefern (z. B. Spargel-, Rhabarber- und Hopfenanlagen, Obstanlagen sowie Rebanlagen). Sie stellen abnutzbares Anlagevermögen dar, dessen Bewertung sich nach § 6 Abs. 1 Nr. 1 EStG richtet. Grundsätzlich erfolgt eine Einzelbewertung der einheitlichen Pflanzenanlage. Bei mehreren nach Gattung und Alter zusammengehörigen Pflanzenbeständen (z. B. Rebanlagen) kommt auch eine Gruppenbewertung mit Durchschnittswerten in Betracht. Die Anschaffungs- und Herstellungskosten ergeben sich aus den Einzelkosten, die bis zur Fertigstellung,[85] dem Eintritt der Ertragsreife, anfallen. Mit der Fertigstellung beginnt die für die Abschreibung maßgebende betriebsgewöhnliche Nutzungsdauer. Aus Vereinfachungsgründen kann jedoch auf eine Prüfung aktivierungspflichtiger Aufwendungen für die Herstellung einer neuen Obstanlage verzichtet werden, wenn die Aufwendungen für die Neuanpflanzung von Obstbäumen im Wirtschaftsjahr für den gesamten Betrieb nicht mehr als 1600 € betragen.[86]

Zu den Dauerkulturen gehören auch Pflanzenbestände zur Erzeugung von Energieholz, deren Fertigstellungszeitpunkt typisierend mit dem dritten Jahr nach der Pflanzung und deren Nutzungsdauer einheitlich mit 20 Jahren anzunehmen ist.[87]

2.2.3 Bewertung der Tiere

2483 **Bewertungswahlrecht bei Tieren:** Das Vieh ist nach den allgemeinen Grundsätzen ordnungsmäßiger Bilanzierung zu bewerten, die für das Anlagevermögen oder das Umlauf-

---

[82] BFH, Urteil vom 23.4.1998 – IV R 25/97, BFH/NV 1998 S. 1470 m. w. N.
[83] Zu Einzelheiten des letzten Baumschulerlasses des BMF vom 8.9.2009 – IV C 2-S 2163/09/10001, 2009/0335430, BStBl 2009 I S. 927 auch *Wendt*, in: Leingärtner, Besteuerung der Land- und Forstwirte, Kap. 29a Rz. 232.
[84] OFD Münster vom 6.3.2013 – S 2230 - 129 - St 23 - 33, DB 2013 S. 788 zu VII.
[85] Zur Fertigstellung einzelner Pflanzenbestände s. BMF, Schreiben vom 17.9.1990 – IV B 3-S 2190-25/90, BStBl 1990 I S. 420.
[86] OFD Frankfurt vom 3.4.2007 – S 2163 A - 2 - St 225, Juris; auch über die Nichtbeanstandungsgrenze hinausgehende Aufwendungen können sofort abziehbare Betriebsausgaben sein, etwa wenn Neuanpflanzungen wegen Frostschäden erforderlich werden.
[87] OFD Münster vom 6.3.2013 – S 2230 - 129 - St 23 - 33, DB 2013, S. 788 zu VII.

vermögen gelten. Nach dem Grundsatz der Einzelbewertung ist bilanzierendes Wirtschaftsgut das einzelne Tier und nicht die Herde oder ein Teil des Tierbestands.[88] Zulässig ist aber auch eine Gruppenbewertung, soweit mehrere gleichartige oder annähernd gleichwertige Tiere zu bewerten sind und ein Durchschnittswert bekannt ist (vgl. § 240 Abs. 4 HGB und R. 6.8 Abs. 4 EStR). Eine Gruppe bildet dabei jede Altersklasse einer bestimmten Tiergattung, also etwa Ferkel, Läufer, Schweine und Rinder, Färsen, Milchkühe. Das Bewertungsverfahren kann der Landwirt für jede Gruppe des gesamten Tierbestands unterschiedlich wählen. Für Tiere des Anlagevermögens kann die Bewertungsfreiheit gem. § 6 Abs. 2 und 2a EStG (s. Rz. 3465) ebenfalls für jede Tiergruppe einheitlich in Anspruch genommen werden. Für besonders wertvolle Tiere, das sind etwa Zuchttiere wie Zuchthengste und Zuchtbullen, Turnier- oder Rennpferde, ist die Gruppenbewertung nicht zulässig.[89]

Da das Einzelbewertungsverfahren Vorrang genießt, kann der Landwirt jederzeit von der Gruppenbewertung zur Einzelbewertung der Neuzugänge seines Viehanlagevermögens (z. B. Zuchtsauen) übergehen und damit das Wahlrecht auf Sofortabschreibung für geringwertige Wirtschaftsgüter nach § 6 Abs. 2 EStG in Anspruch nehmen.[90] Einem Wechsel von der Einzelbewertung zu einem anderen Verfahren steht jedoch in der Regel der Stetigkeitsgrundsatz entgegen. Der Grundsatz der Bewertungsstetigkeit lässt es aber zu, steuerliche Bewertungswahlrechte, z. B. Sonderabschreibungen oder die Bewertungsfreiheit nach § 6 Abs. 2 EStG, von Jahr zu Jahr unterschiedlich auszuüben.[91]

Viehbewertung mit Durchschnittswerten: Die Finanzverwaltung hält von je her in Musterbetrieben ermittelte Durchschnittswerte für Herstellungskosten von Tieren des land- und forstwirtschaftlichen Betriebsvermögens vor, die der Landwirt übernehmen kann. Diese Erleichterung „erscheint" auch nach der Rechtsprechung des BFH „erforderlich, weil die Zurechnung der Ausgaben wegen der verwobenen Betriebsvorgänge in der Landwirtschaft Schwierigkeiten macht und die meisten Betriebe nicht über eine innerbetriebliche Kostenrechnung verfügen".[92] Nachdem der BFH allerdings die bis 1994 vorgehaltenen Durchschnittswerte als realitätsfern beanstandet hatte,[93] sah sich das BMF gezwungen, neue Durchschnittswerte aufzustellen,[94] die der BFH auch akzeptierte.[95] Diese Durchschnittswerte wurden dann ihrerseits wieder durch die nun aktuell geltenden Werte für Pferde, Rindvieh, Schweine, Schafe und Geflügel ersetzt.[96] Auf dieser Grundlage ist eine Einzelbewertung und eine Gruppenbewertung mit Durchschnittswerten möglich.[97] Danach werden etwa Pferde wie folgt bewertet:[98]

2484

---

[88] BFH, Urteil vom 6.8.1998 – IV R 67/97, BStBl 1999 II S. 14.
[89] BMF, Schreiben vom 14.11.2001 – IV A 6-S 2170-36/01, BStBl 2001 I S. 864 zu Tz. 13 und 15.
[90] BFH, Urteil vom 15.2.2001 – IV R 19/99, BStBl 2001 II S. 549.
[91] BFH, Urteil vom 5.12.1996 – IV R 81/95, BFH/NV 1997 S. 394.
[92] BFH, Urteil vom 1.10.1992 – IV R 97/91, BStBl 1993 S. 284.
[93] BFH, Urteile vom 4.6.1992 – IV R 101/90, BStBl 1993 II S. 276 und vom 1.10.1992 – IV R 97/91, BStBl 1993 S. 284.
[94] BMF, Schreiben vom 22.2.1995 – IV B 4-S 2230-3/95, BStBl 1995 I S. 179.
[95] BFH, Urteil vom 6.8.1998 – IV R 67/97, BStBl 1999 I S. 14.
[96] BMF, Schreiben vom 14.11.2001 – IV A 6-S 2170-36/01, BStBl 2001 I S. 864 Anlage.
[97] Zu Einzelheiten s. *Wendt*, in: Leingärtner, Besteuerung der Land- und Forstwirte, Kap. 29a Rz. 198 m. w. N.
[98] S. auch die höheren Werte für besonders wertvolle Pferde: OFD Frankfurt/Main (Verfügung vom 3.3.2011 – S 2132a A-4-St 225, Juris).

Tierart	AK/HK je Tier		Schlachtwert je Tier		Gruppenwert je Tier	
	DM	€	DM	€	DM	€
	bis 31.12.2001	ab 1.1.2002	bis 31.12.2001	ab 1.1.2002	bis 31.12.2001	ab 1.1.2002
Pferde						
Pferde bis 1 Jahr	1600	800			1600	800
Pferde über 1 bis 2 Jahre	2800	1400			2800	1400
Pferde über 2 bis 3 Jahre	4000	2000			4000	2000
Pferde über 3 Jahre	5200	2600	800	400	3000	1500

2485 **Viehbewertung mit individuellen Herstellungskosten:** Grundlage der Bewertung mit individuellen Herstellungskosten des Viehs ist eine Kostenrechnung im jeweiligen Betrieb. Neben den Fertigungseinzelkosten sind auch die Fertigungsgemeinkosten anzusetzen. Dabei sind sämtliche Aufzuchtkosten eines Tieres bis zu seiner Fertigstellung anzusetzen. Während die Einzelkosten konkret jedem betreffenden Tier zuzuordnen sind, können die Gemeinkosten tiergruppenspezifisch erfasst werden. Nach Auffassung der Finanzverwaltung wird ein Jungtier erst mit der Geburt als Wirtschaftsgut greifbar. Deshalb ist es erst zu diesem Zeitpunkt mit den bis dahin als Betriebsausgaben behandelten Herstellungskosten zu bewerten. Die vor der Geburt entstandenen Herstellungskosten eines Jungtieres sind daher nur auf kalkulatorischem Weg von den Herstellungs- bzw. Erhaltungsaufwendungen des Muttertieres abgrenzbar.[99] Zu den Gemeinkosten der Fertigung von Tieren gehören die Unterhaltungskosten für Stallgebäude, sonstige bauliche Anlagen und Maschinen einschließlich der AfA, die Energie- und Wasserversorgung, die Entsorgung der Gülle, die tierärztliche Versorgung und die Versicherungsbeiträge, einschließlich der Beiträge zur Tierseuchenkasse. Die Kosten der allgemeinen Verwaltung brauchen nicht erfasst zu werden (z. B. Beiträge zur Berufsgenossenschaft, zur Landwirtschaftskammer, Kosten für die Leitung des Betriebes, freiwillige soziale Aufwendungen, Gewerbesteuer).[100]

2486 **Abschreibung von Tieren des abnutzbaren Anlagevermögens:** Tiere des Anlagevermögens sind nach den allgemeinen Grundsätzen mit den Anschaffungs- oder Herstellungskosten abzüglich der Absetzungen für Abnutzung (AfA) vorzunehmen.

Abschreibungsverfahren: Daher sind bei Einzelbewertung mit individuellen Herstellungskosten (Rz. 2485) und Einzelbewertung unter Ansatz der Durchschnittswerte des BMF (Rz. 2484) auch die degressive AfA nach § 7 Abs. 2 EStG und Sonderabschreibungen zulässig, während den in den Verwaltungsanweisungen vorgegebenen Gruppenwerten bereits die lineare AfA nach § 7 Abs. 1 EStG zugrunde liegt.[101] Bei Gruppenbewertungen sind degressive AfA oder Sonderabschreibungen ausgeschlossen, weil in diesem Fall die

---

99 BMF, Schreiben vom 14.11.2001 – IV A 6-S 2170-36/01, BStBl 2001 I S. 864 zu Tz. 7.
100 BMF, Schreiben vom 14.11.2001 – IV A 6-S 2170-36/01, BStBl 2001 I S. 864 zu Tz. 3 f.
101 BMF, Schreiben vom 14.11.2001 – IV A 6-S 2170-36/01, BStBl 2001 I S. 864 zu Tz. 27.

Voraussetzungen des § 7a Abs. 8 EStG nicht erfüllt sind. Danach sind für jedes Wirtschaftsgut Anschaffungszeitpunkt, Anschaffungs- oder Herstellungskosten und betriebsgewöhnliche Nutzungsdauer gesondert aufzuzeichnen.

Beginn der Abschreibung und Nutzungsdauer: Die AfA beginnt mit Fertigstellung des Tieres. Ein Tier ist dann „fertiggestellt", wenn es für den vorgesehenen Zweck genutzt oder verwendet werden kann.[102] Bei weiblichen Zuchtrindern ist dies der Zeitpunkt der ersten Kalbung,[103] bei Zuchthengsten ist dies der Beginn der ersten Deckperiode, bei Zuchtstuten der Zeitpunkt des ersten Abfohlens und bei Rennpferden der Zeitpunkt des ersten Renneinsatzes.[104] Die Finanzverwaltung gibt im Einzelnen die Nutzungsdauer der Tiere und damit die AfA-Sätze wie folgt vor:

	Nutzungsdauer	AfA-Satz
Zuchthengste	5 Jahre	20 %
Zuchtstuten	10 Jahre	10 %
Zuchtbullen	3 Jahre	331/3 %
Milchkühe	3 Jahre	331/3 %
übrige Kühe	5 Jahre	20 %
Zuchteber und -sauen	2 Jahre	50 %
Zuchtböcke und -schafe	3 Jahre	331/3 %
Legehennen	1,33 Jahre	75 %
Damtiere	10 Jahre	10 %

Bemessungsgrundlage und AfA-Volumen: In ständiger Rechtsprechung hat der BFH entschieden, dass bei der AfA von Tieren des Anlagevermögens ein Schlachtwert zu berücksichtigen ist, und dies im Wesentlichen mit der zweifachen Zweckbestimmung der Nutzung dieser Tiere zur Produktion und als Schlachtvieh begründet (s. auch Rz. 2470).[105] Da der BFH die Bewertungsfreiheit nach § 6 Abs. 2 EStG rechtssystematisch als Anwendungsfall des § 7 EStG gesehen hat,[106] ist ein Schlachtwert auch bei geringwertigen Wirtschaftsgütern zu berücksichtigen.[107] Schlachtwert ist der Veräußerungserlös, der bei vorsichtiger Beurteilung nach Beendigung der Nutzung erzielbar sein wird.[108] Der Schlachtwert kann betriebsindividuell, mit Wertansätzen aus vergleichbaren Musterbetrieben oder mit den vom BMF vorgegebenen Richtwerten ermittelt werden.[109]

---

102 BFH, Urteil vom 23.7.1981 – IV R 156/76, BStBl 1981 II S. 672 betr. Pferde eines Vollblutgestüts.
103 BFH, Urteil vom 9.12.1988 – III R 72/86, BStBl 1989 II S. 244 betr. Investitionszulage.
104 BMF, Schreiben vom 14.11.2001 – IV A 6-S 2170-36/01, BStBl 2001 I S. 864 zu Tz. 26.
105 BFH, Urteil vom 15.2.2001 – IV R 19/99, BStBl 2001 II S. 549 m. w. N.; s. auch BFH, Urteil vom 31.8.2006 – IV R 26/05, BStBl 2006 II S. 910 zum Verzicht auf Ansatz des Schlachtwerts bei der Ansparrücklage nach § 7g EStG a. F.
106 Siehe nur BFH, Urteil vom 27.1.1994 – IV R 101/92, BStBl 1994 II S. 638, m. w. N.
107 BMF, Schreiben vom 14.11.2001 – IV A 6-S 2170-36/01, BStBl 2001 I S. 864 zu Tz. 25.
108 BFH, Urteile vom 4.6.1992 – IV R 101/90, BStBl 1993 II S. 276 und vom 1.10.1992 – IV R 97/91, BStBl 1993 II S. 284.
109 Siehe lt. Spalte 4 und 5 der Anlage zum BMF, Schreiben vom 14.11.2001 – IV A 6-S 2170-36/01, BStBl 2001 I S. 864; s. auch die Tabelle zu Rz. 2484.

2487 *(Einstweilen frei)*

3. Forstwirtschaftliche Sonderfragen der Bilanzierung

2488 **Besonderheiten forstwirtschaftlicher Gewinnermittlung und Gewinnermittlungsarten:** Die forstwirtschaftliche Gewinnermittlung ist durch die extrem langen Produktionszeiträume (sog. Umtriebszeiten) von 60 bis 140 Jahren geprägt. In einigen Fällen, nämlich bei Eichen etwa, ist die Umtriebszeit noch weitaus länger.[110] Was heute Erträge bringt, beruht auf der Arbeit mehrerer Generationen. An das Vorliegen eines Forstbetriebs werden nur geringe Anforderungen gestellt, denn bereits eine durch Anpflanzung und Samenflug entstandene Waldfläche, kann Teil eines (sog. aussetzenden) Forstbetriebs oder forstwirtschaftlichen Teilbetriebs sein.[111] Denn als sog. Naturverjüngung ist der Samenflug eine forstwirtschaftlich anerkannte kostengünstige Methode zur Gewinnung neuer Bestände.[112] Das stehende Holz wird ungeachtet zivilrechtlicher Einordnung als wesentlicher Bestandteil des Grundstücks (§§ 93, 94 BGB), steuerrechtlich als vom Grund und Boden gelöstes selbständiges Wirtschaftsgut behandelt.[113] Den einzelnen Bäumen kommt eine doppelte Funktion zu: Sie sind einerseits Produktionsmittel, weil durch sie der Holzzuwachs erzeugt wird, andererseits sind sie aber auch das Produkt selbst. Das stehende Holz zählt daher, solange es noch nicht vom Grund und Boden getrennt ist, zum nicht abnutzbaren Anlagevermögen.[114]

Der Gewinn forstwirtschaftlicher Betriebe ist durch Bestandsvergleich nach § 4 Abs. 1 EStG oder Einnahmenüberschussrechnung nach § 4 Abs. 3 EStG zu ermitteln. Land- und Forstwirte, die für ihren landwirtschaftlichen Betrieb der Durchschnittssatzgewinnermittlung unterliegen, haben Gewinne aus forstwirtschaftlicher Nutzung hinzuzurechnen, weil sie nicht von den Durchschnittssätzen erfasst werden und als Sondernutzungen von der Pauschalierung in § 13a Abs. 5 EStG ausdrücklich ausgenommen sind (§ 13a Abs. 5 Satz 4 EStG). Nach § 13a Abs. 6 Satz 2 EStG ist der Gewinn aus forstwirtschaftlicher Nutzung in entsprechender Anwendung des § 4 Abs. 3 durch Einnahmenüberschussrechnung zu ermitteln.[115] In diesem Fall kann der Steuerpflichtige auch die Betriebsausgabenpauschale nach § 51 EStDV beanspruchen, die nur nicht buchführenden Land- und Forstwirten zusteht.

3.1 Aktivierung des stehenden Holzes

2489 **Wirtschaftsgut Baumbestand:** Wirtschaftsgut i. S. d. § 6 EStG ist beim stehenden Holz nicht der einzelne Baum und auch nicht der gesamte Baumbestand im Eigentum des Forstwirts, sondern der in einem selbständigen Nutzungs- und Funktionszusammen-

---

110 Zu forstwirtschaftlichen Umtriebszeiten s. etwa „http://www.waechtershaeuser.de/baum/index.php?section=utz".
111 Siehe etwa BFH, Urteile vom 18.3.1976 – IV R 52/72, BStBl 1976 II S. 482 und vom 18.5.2000 – IV R 27/98, BStBl 2000 II S. 524.
112 BFH, Urteile vom 18.5.2000 – IV R 27/98, BStBl 2000 II S. 524 und vom 9.3.2017 – VI R 86/14, BStBl 2017 II S. 981.
113 Siehe nur *Wittwer*, FR 2008 S. 617.
114 BFH, Urteile vom 5.6.2008 – IV R 50/07, BStBl 2008 II S. 960 und vom 5.6.2008 – IV R 67/05, BStBl 2008 II S. 968.
115 Vgl. *Kanzler*, in: HHR, § 13a EStG Anm. 62, m. w. N.

hang stehende Baumbestand, der sich durch geographische Faktoren, die Holzartzusammensetzung oder die Altersklassenzusammensetzung deutlich von den übrigen Holzbeständen abgrenzt und regelmäßig eine Mindestgröße von einem Hektar umfasst.[116] Der Umfang der einzelnen Wirtschaftsgüter (Baumbestand) ergibt sich vorrangig aus einem amtlich anerkannten Betriebsgutachten oder aus einem Betriebswerk, ansonsten aus den Regelungen zum Anbauverzeichnis nach § 142 AO.[117] Ein Baumbestand tritt als Teil eines land- und forstwirtschaftlichen Betriebs in der Regel nur dann als ein selbständiges Wirtschaftsgut nach außen in Erscheinung, wenn er eine Flächengröße von zusammenhängend mindestens einem Hektar aufweist.[118] Sofern Baumbestände auf verschiedenen räumlich voneinander entfernt liegenden Flurstücken nicht in einem einheitlichen Nutzungs- und Funktionszusammenhang stehen, sind sie auch dann selbständige Wirtschaftsgüter, wenn ihre Fläche weniger als einen Hektar ausmacht.[119] Jedes selbständige Wirtschaftsgut Baumbestand ist im Bestandsverzeichnis auszuweisen.

Aktivierungswahlrecht für stehendes Holz: Die Bestandsaufnahme braucht sich bei den nach § 141 Abs. 1 Nr. 1, 3 oder 5 AO buchführungspflichtigen Forstwirten nicht auf das stehende Holz zu erstrecken (§ 141 Abs. 1 Satz 4 AO bis 2013). Damit wollte der Gesetzgeber zum Ausdruck bringen, dass der jährliche Holzzuwachs nicht bestandsmäßig erfasst und bewertet werden muss und dass auf die periodische Bewertung von Waldbeständen aus Vereinfachungsgründen verzichtet werden kann.[120] Die Aufhebung des § 141 Abs. 1 Satz 4 AO durch das AmtshilfeRLUmsG hat nicht zu einer materiellrechtlichen Änderung geführt. Nach der Entwurfsbegründung ergibt sich die Möglichkeit des Verzichts auf eine jährliche Bestandsaufnahme bereits aus den allgemeinen Bewertungsvorschriften, so dass es keiner zusätzlichen Regelung durch § 141 Abs. 1 Satz 4 AO bedurfte.[121] Anschaffungs- oder Herstellungskosten können allerdings aktivierungspflichtig sein. Dies gilt namentlich für Waldanschaffungskosten, Erstaufforstungskosten und – je nach Umfang und Zeitpunkt des Holzeinschlags – auch Wiederaufforstungskosten.[122] M. E. gilt das Aktivierungswahlrecht für stehendes Holz auch für Land- und Forstwirte, die gem. § 140 AO nach anderen Vorschriften buchführungspflichtig sind oder für steuerliche Zwecke freiwillig Bücher führen und auch für Steuerpflichtige, die eine Forstwirtschaft im Rahmen ihres Gewerbebetriebes unterhalten.[123] Zum Aktivierungswahlrecht für Kalamitätsholz s. Rz. 2493.

2490

Bilanzierung des Wirtschaftsguts Baumbestand: Bei der Bilanzierung des Wirtschaftsguts Baumbestand wird zwischen Holznutzungen in Form von Kahlschlägen und anderen Holznutzungen unterschieden.

2491

---

116 BFH, Urteile vom 5.6.2008 – IV R 50/07, BStBl 2008 II S. 960; vom 5.6.2008 – IV R 67/05, BStBl 2008 II S. 968 und vom 18.2.20015 – IV R 35/11, BStBl 2015 II S. 763.
117 Buchführungserlass des BMF vom 15.12.1981 – IV B 4-S 2163-63/81, BStBl 1981 I S. 878 zu Tz. 3.3.3.
118 Vgl. BFH, Urteil vom 5.6.2008 – IV R 50/07, BStBl 2008 II S. 960 und BMF, Schreiben vom 16.5.2012 – V D 4-S 2232/0-01, BStBl 2012 I S. 595 zu A.I.
119 BMF, Schreiben vom 16.5.2012 – V D 4-S 2232/0-01, BStBl 2012 I S. 595 zu A.I.
120 BFH, Urteil vom 10.11.1994 – IV R 68/93, BStBl 1995 II S. 779.
121 BT-Drucks. 17/13033 S. 100 f.
122 Vgl. *Wittwer*, in: Leingärtner, Besteuerung der Land- und Forstwirte, Kap. 44 Rz. 10 ff.
123 Vgl. *Kanzler*, in: Leingärtner, Besteuerung der Land- und Forstwirte, Kap. 29 Rz. 45; a. A. *Dumke*, INF 1978 S. 153.

Holznutzungen in Form von Kahlschlägen: Ein Kahlschlag im ertragsteuerrechtlichen Sinn liegt vor, wenn das nutzbare Derbholz auf der gesamten Fläche des Wirtschaftsguts „Baumbestand" eingeschlagen wird und keine gesicherte Kultur bestehen bleibt. Ein Kahlschlag liegt ebenfalls vor, wenn sämtliches Holz auf einer zusammenhängenden Fläche von mindestens 1 ha unabhängig davon eingeschlagen wird, ob diese Fläche zuvor einem Baumbestand oder mehreren Baumbeständen zuzuordnen war.[124] Mit dem Einschlag des Holzes wird der Nutzungs- und Funktionszusammenhang zum bisherigen Wirtschaftsgut Baumbestand gelöst und das eingeschlagene Holz wird Umlaufvermögen. Zugleich wird der Buchwert des Wirtschaftsguts „Baumbestand" im Umfang des Einschlags gemindert und in gleicher Höhe den Herstellungskosten des eingeschlagenen Holzes (Umlaufvermögen) zugerechnet.[125]

Buchwertabspaltung bei teilweisem Einschlag: Der Einschlag einzelner hiebsreifer Bäume in der Endnutzung führt zu einer Abspaltung eines Teilbetrags vom Buchwert des stehenden Holzes. Die Buchwertabspaltung ist allerdings nur bis zur Höhe des Teilwerts des jeweiligen Bestands zulässig.[126] Eine Mindestgröße für diese Buchwertabspaltung besteht nicht.[127] Reine Durchforstungsmaßnahmen lassen den Buchwert des stehenden Holzes unberührt. Einschläge zur Anlegung befestigter Wirtschaftswege oder von Lagerplätzen führen immer zur Abspaltung des auf das eingeschlagene Holz entfallenden Teils des Buchwerts, während die Anlage unbefestigter Rückwege demgegenüber als Durchforstungsmaßnahme anzusehen ist, die keine Minderung des Buchwerts für das stehende Holz zur Folge hat.[128]

Wiederaufforstungskosten nach einem Kahlschlag sind Herstellungskosten für das neu entstehende Wirtschaftsgut Baumbestand und als nicht abnutzbares Anlagevermögen zu aktivieren. Die Wiederaufforstung beginnt mit den Pflanzmaßnahmen, der Naturverjüngung oder der Saat. Sie endet mit der Sicherung des Baumbestands, die nach Ablauf von fünf Wirtschaftsjahren nach dem Wirtschaftsjahr des Beginns der Wiederaufforstung anzunehmen ist. Zu den Wiederaufforstungskosten gehören insbesondere die Aufwendungen für Setzlinge, Pflanzung, Befestigung des Pflanzgutes (z. B. Pfähle und Drähte), Pflegemaßnahmen sowie Löhne. Dagegen führen Aufwendungen für Kulturzäune zu Herstellungskosten für ein selbständiges Wirtschaftsgut und werden über R 6.3 Abs. 1 EStR entsprechend berücksichtigt. Sofern die Wiederaufforstung erst in einem späteren Wirtschaftsjahr vorgenommen wird, ist eine Rückstellung nach § 5 Abs. 4b EStG ausgeschlossen. Aufwendungen für Bestandsverjüngung und Bestandspflege sind sofort abzugsfähige Betriebsausgaben.[129]

Holznutzungen, die keine Kahlschläge sind, führen grundsätzlich nicht zu einer Buchwertminderung, weil das Wirtschaftsgut „Baumbestand" erhalten bleibt. Führt die planmäßige Ernte hiebsreifer Bestände im Einzelfall jedoch zu einer weitgehenden Min-

---

124 BFH, Urteil vom 5.6.2006 – IV R 67/05, BStBl 2008 II S. 960; BMF, Schreiben vom 16.5.2012 – V D 4-S 2232/0-01, BStBl 2012 I S. 595 zu B. I. 1.; gl. A. schon *zu Ortenburg/zu Ortenburg,* DStZ 2005 S. 782.
125 BMF, Schreiben vom 16.5.2012 – V D 4-S 2232/0-01, BStBl 2012 I S. 595 zu B.I.
126 BFH, Urteile vom 18.2.2015 – IV R 35/11, BStBl 2015 II S. 763 und vom 18.2.2015 – IV R 37/11.
127 BFH, Urteil vom 2.7.2015 – IV R 21/14, BFH/NV 2016 S. 17.
128 BFH, Urteil vom 18.2.20015 – IV R 35/11, BStBl 2015 II S. 763.
129 BMF, Schreiben vom 16.5.2012 – V D 4-S 2232/0-01, BStBl 2012 I S. 595 zu B.I.4.

derung der Substanz und des Wertes des Wirtschaftsguts „Baumbestand", so kann dies eine Buchwertminderung begründen.[130] Die Buchwertminderung ist dann auf den Unterschied zwischen dem bisherigen Buchwert des jeweiligen Baumbestands und dem Teilwert des verbleibenden Baumbestands begrenzt. Diese Voraussetzungen und der Teilwert des verbleibenden Baumbestands (§ 6 Abs. 1 Nr. 2 Satz 2 EStG) sind vom Steuerpflichtigen nachzuweisen. Der Betrag, um den der Buchwert gemindert wurde, ist den Herstellungskosten des eingeschlagenen Holzes (Umlaufvermögen) zuzurechnen.[131]

Wiederaufforstungskosten sind nicht zu aktivieren, wenn eine Holznutzung, die keinen Kahlschlag darstellt, nicht zu einer Buchwertminderung geführt hat. Soweit jedoch eine Wiederaufforstungsverpflichtung besteht, sind diese Aufwendungen entsprechend dem Umfang der Verpflichtung und den Wertverhältnissen am Bilanzstichtag in eine Rückstellung einzustellen, wenn die Voraussetzungen für eine Rückstellungsbildung gem. R 5.7 Abs. 4 EStR erfüllt sind.[132] Ist dagegen eine Buchwertminderung vorgenommen worden, sind die Wiederaufforstungskosten als nachträgliche Anschaffungs- oder Herstellungskosten zu aktivieren, soweit die Aufwendungen für die Wiederaufforstung der gesicherten Kultur den bei der Buchwertminderung zugrunde gelegten Wert dieser Kultur übersteigen.[133]

Bilanzierung bei Kalamitätsnutzungen: Soweit durch Holznutzungen, die infolge höherer Gewalt angefallen sind (sog. Kalamitätsnutzungen), ein Kahlschlag entsteht, kann, abweichend von den Grundsätzen zur Bilanzierung bei Kahlschlägen (s. Rz. 2491), der Buchwert dieses Baumbestandes beibehalten werden. Die Wiederaufforstungskosten sind in diesem Fall sofort als Betriebsausgaben abzugsfähig.[134]

2492

3.2 Bewertung des vom Boden getrennten Holzes

Holzeinschlag führt zu Umlaufvermögen: Wird das Holz vom Grund und Boden getrennt, so wechselt es vom Anlagevermögen zum Umlaufvermögen und ist als Holzvorrat nach § 6 Abs. 1 Nr. 2 EStG zu aktivieren.[135] Zu den Anschaffungs- und Herstellungskosten des liegenden Holzes gehören auch die Anschaffungs- und Herstellungskosten des vormaligen Aufwuchses, wenn der Holzeinschlag zu einer Minderung des aktivierten Holzbestands führt.[136] Ansonsten gehören zu den aktivierungspflichtigen Herstellungskosten des Holzvorrats lediglich Aufwendungen, die im Zusammenhang mit der Trennung vom Wurzelstock und der Aufbereitung anfallen. Das sind die Kosten der Holzfällung, des Holztransports und der Lagerung bis zum Bilanzstichtag. Zugekaufte

2493

---

130 BFH, Urteil vom 5.6.2008 – IV R 67/05, BStBl 2008 II S. 968.
131 BMF, Schreiben vom 16.5.2012 – V D 4-S 2232/0-01, BStBl 2012 I S. 595 zu B.II.2.
132 Zu Rückstellungen aufgrund öffentlich-rechtlicher Verpflichtungen s. nur BFH, Urteile vom 13.12.2007 – IV R 85/05, BStBl 2008 II S. 516 und vom 17.10.2013 – IV R 7/11.
133 BMF, Schreiben vom 16.5.2012 – V D 4-S 2232/0-01, BStBl 2012 I S. 595 zu B.II.3.
134 BMF, Schreiben vom 16.5.2012 – V D 4-S 2232/0-01, BStBl 2012 I S. 595 zu E.
135 RFH, Urteil vom 17.11.1943 – VI 19/43, RStBl 1944 S. 50; BFH, Urteil vom 29.9.1966 – IV 166/62, BStBl 1967 III S. 3.
136 BFH, Urteil vom 29.9.1966 – IV 166/62, BStBl 1967 III S. 3; s. auch Rz. 2491 *„Holznutzungen in Form von Kahlschlägen"*.

Stämme sind mit den Anschaffungskosten zu bewerten. Bei einer voraussichtlich dauernden Wertminderung ist das liegende Holz auch mit dem niedrigeren Teilwert anzusetzen. Verwendet der Land- und Forstwirt das eingeschlagene Holz zur Herstellung eines aktivierungspflichtigen Wirtschaftsguts (z. B. einer Scheune), so ist der für das Holz aktivierte Betrag in die Anschaffungs- oder Herstellungskosten des Anlageguts einzubeziehen.[137] Mit der Verwendung zu eigenbetrieblichen Zwecken wechselt das Holz zum Buchwert wieder in das Anlagevermögen.[138]

2494 **Aktivierungswahlrecht für (geschlagenes) Kalamitätsholz:** Nach § 4a ForstSchAusglG können Steuerpflichtige, die ihren Gewinn aus Forstwirtschaft nach § 4 Abs. 1 oder § 5 EStG ermitteln, im Falle einer Einschlagsbeschränkung nach § 1 ForstSchAusglG von einer Aktivierung des eingeschlagenen und unverkauften Kalamitätsholzes ganz oder teilweise absehen. Verzichtet der Stpfl. auf eine (teilweise) Aktivierung, so ist er daran gebunden. Die Einkünfte aus diesen Kalamitätsnutzungen werden ab VZ 2012[139] gem. § 5 Abs. 1 ForstSchAusglG i. V. m. § 34b Abs. 3 Nr. 2 EStG ermäßigt besteuert, auch wenn sie erst in den Folgejahren anfallen (§ 5 Abs. 2 ForstSchAusglG).

3.3 Steuerfreie Rücklage nach § 3 des Forstschäden-Ausgleichsgesetzes

2495 **Begünstigte Steuerpflichtige:** Nach § 3 Abs. 1 ForstSchAusglG können Forstwirte mit Gewinnermittlung durch Bestandsvergleich unter bestimmten Voraussetzungen eine den steuerlichen Gewinn mindernde (oder Verlust erhöhende) Rücklage bilden. Das Gleiche gilt für freiwillig buchführende Forstwirte. Begünstigt sind auch natürliche Personen, Körperschaften, Personenvereinigungen und Vermögensmassen, bei denen Einkünfte aus einer Forstwirtschaft steuerlich als Einkünfte aus Gewerbebetrieb zu behandeln sind (§ 3 Abs. 1 Satz 2 ForstSchAusglG).

2496 **Bildung und Auflösung der Rücklage:** Die Rücklage darf 100 % und die jährliche Zuführung zur Rücklage 25 % der im Durchschnitt der vorangegangenen drei Wirtschaftsjahre erzielten nutzungssatzmäßigen Einnahmen nicht übersteigen (§ 3 Abs. 1 ForstSchAusglG). Sie ist an jedem Bilanzstichtag neu zu berechnen. Vermindert sich die Bemessungsgrundlage mit den nutzungssatzmäßigen Einnahmen gegenüber dem Vorjahr, so vermindert sich dadurch der jährliche Zuführungsbetrag. Dies bleibt jedoch ohne Wirkung auf die zulässige Höhe einer bereits gebildeten Rücklage (§ 3 Abs. 1 Satz 4 ForstSchAusglG). Eine Erhöhung der in den drei vorangegangenen Wirtschaftsjahren erzielten nutzungssatzmäßigen Einnahmen führt zu einer Aufstockung des Höchstbetrags der Rücklage und des jährlichen Zuführungsbetrags. Die aus der Bildung oder Zuführung resultierenden Betriebsausgaben sind ggf. nach § 34b Abs. 2 Satz 2 EStG auf die einzelnen Holznutzungen zu verteilen. In Höhe der Rücklage ist zugleich ein betrieblicher Ausgleichsfonds durch Einzahlung der Gelder auf ein besonderes Bankkonto bzw. durch Erwerb bestimmter festverzinslicher Wertpapiere zu bilden (§ 3 Abs. 2

---

137 BFH, Urteil vom 29.9.1966 – IV 166/62, BStBl 1967 III S. 3.
138 BFH, Urteil vom 11.10.1960 – I 175/60 U, BStBl 1960 III S. 492.
139 Dazu *Wiegand*, NWB 2011 S. 3606; zur Rechtslage bis VZ 2011 s. R 34b.4 Satz 1 EStR 2008.

ForstSchAusglG). Diese Gelder dienen der Bereitstellung von Mitteln im Schadensfall und dürfen nur

- zur Ergänzung der durch eine Einschlagsbeschränkung geminderten Erlöse,
- für vorbeugende oder akute Forstschutzmaßnahmen,
- für Maßnahmen zur Konservierung oder Lagerung von Holz,
- für die Wiederaufforstung oder Nachbesserung von Schadensflächen und die nachfolgende Waldpflege sowie
- für die Beseitigung der unmittelbar oder mittelbar durch höhere Gewalt verursachten Schäden an Wegen und sonstigen Betriebsvorrichtungen

in Anspruch genommen werden (§ 3 Abs. 3 ForstSchAusglG). Eine andere Verwendung löst einen Zuschlag zur Einkommensteuer oder Körperschaftsteuer in Höhe von 10 % der aus diesem Grund aufgelösten Rücklage aus (§ 3 Abs. 4 Satz 2 ForstSchAusglG). Im Umfang der – schädlich oder unschädlich – in Anspruch genommenen Fondsmittel ist die Rücklage zum Ende des Wirtschaftsjahrs der Inanspruchnahme gewinnerhöhend aufzulösen (§ 3 Abs. 4 Satz 1 ForstSchAusglG). Schließlich ist die Rücklage bei Berechnung der in § 141 Abs. 1 Nr. 5 AO bezeichneten Gewinngrenze für die Buchführungspflicht nicht zu berücksichtigen (§ 3 Abs. 5 ForstSchAusglG).

(Einstweilen frei) 2497

4. Bilanzierung bei Betriebsverpachtung

4.1 Bedeutung der Betriebsverpachtung in der Landwirtschaft

Bei den Einkünften aus Land- und Forstwirtschaft ist die Betriebsverpachtung, insbesondere die Nutzungsüberlassung unter Angehörigen, von großer Bedeutung.[140] Sie dient den Steuerpflichtigen nicht nur dazu, die Aufdeckung stiller Reserven zu vermeiden, solange der Verpächter nicht die Betriebsaufgabe erklärt hat; sie wird auch zur Vorbereitung der Hofnachfolge durch Überlassung an den künftigen Hoferben oder zur Vorbereitung einer altersbedingten, nach dem 55. Lebensjahr steuerbegünstigten Betriebsaufgabe (§§ 14, 16 Abs. 4 EStG) eingesetzt. Die Betriebsverpachtung wird weiterhin zur Umstrukturierung landwirtschaftlicher Betriebe genutzt, sei es durch Zusammenlegung oder Teilung von Betrieben im Wege einer Teilbetriebsverpachtung. Schließlich ist die eiserne Verpachtung (Rz. 2501) als typische Form der Nutzungsüberlassung in der Landwirtschaft von besonderer Bedeutung. Die Verpachtung mit Substanzerhaltungspflicht weist vor allem steuerbilanziell eine Reihe von Besonderheiten auf, die Pächter und Verpächter zu beachten haben. Schließlich hat die Verpachtung von Produktions- und Belieferungsrechten in den letzten Jahren eine gewisse Bedeutung erlangt. 2498

---

140 *Köhne/Wesche*, Landwirtschaftliche Steuerlehre, 3. Aufl. 1995, S. 412 ff.

4.2 Bilanzierung im Verpachtungs- und im Pachtbetrieb

2499 **Bilanzierung im Verpachtungsbetrieb:** Da die Buchführungspflicht mit der Verpachtung auf den Pächter übergeht (§ 141 Abs. 3 AO), ist der Pächter nur dann buchführungspflichtig und zur Gewinnermittlung nach § 4 Abs. 1 EStG gezwungen, wenn er selbst mit dem Verpachtungsbetrieb eine der Buchführungsgrenzen des § 141 Abs. 1 Satz 1 AO überschreitet.[141] Bei Beginn oder während der Verpachtung kann der Verpächter dem Pächter das Feldinventar und die stehende Ernte entgeltlich veräußern, ihm schenken oder in Form eines Sachwertdarlehens überlassen. Veräußerung und Schenkung führen beim Verpächter zur Gewinnrealisierung.[142] Erwirbt der Verpächter bei Beendigung des Pachtverhältnisses Vorräte und Feldbestände vom Pächter zurück, so hat er den Kaufpreis zu aktivieren, soweit er auf aktivierungspflichtige Wirtschaftsgüter entfällt, im Übrigen kann er ihn gewinnmindernd behandeln.[143]

Haben Pächter und Verpächter im Pachtvertrag oder in einem daneben geschlossenen Kaufvertrag bereits vereinbart, dass der Verpächter bei Beendigung des Pachtvertrags Vorräte und Feldbestände gegen Entschädigung vom Pächter zu übernehmen hat, kann der Verpächter hierfür weder eine Rückstellung bilden noch einen passiven Rechnungsabgrenzungsposten ausweisen, weil es sich um einen schwebenden Vertrag handelt.[144] Die Überlassung von Umlaufvermögen (Feldbestände und Vorräte) an den Pächter, mit der Verpflichtung, bei Pachtende Feldbestände und Vorräte von gleichem Realwert zurückzuerstatten, ist als Sachwertdarlehen zu behandeln, das auch dann nicht zur Gewinnrealisierung führt, wenn der Verpächter auf die Aktivierung seiner Feldbestände verzichtet hat.[145]

2500 **Bilanzierung im Pachtbetrieb:** Mit der Betriebsverpachtung eröffnet der Pächter einkommensteuerlich einen neuen landwirtschaftlichen Betrieb. Allerdings geht die Buchführungspflicht nach § 141 Abs. 3 AO auf ihn, den Pächter, über. AfA stehen dem Pächter nur für Wirtschaftsgüter in seinem Eigentum zu, denn den Wertverzehr an den verpachteten abnutzbaren Wirtschaftsgütern trägt der Verpächter. Hat der Pächter bei Ablauf des Pachtverhältnisses Pachtgegenstände zu erneuern oder wiederherzustellen, kann er für diese Verpflichtung ggf. eine Pachterneuerungsrückstellung bilden;[146] entsprechend muss der Verpächter den dieser Verpflichtung entsprechenden, noch nicht fälligen Pachterneuerungsanspruch aktivieren.[147] Erhaltungsaufwand des Pächters an im Eigentum des Verpächters stehenden und dem Pachtbetrieb dienenden Wirtschaftsgebäuden hat der BFH unter dem Gesichtspunkt vorweggenommener Betriebsausgaben als Aufwendungen des landwirtschaftlichen Pachtbetriebs anerkannt, wenn sie in

---

141 Zum Wirtschaftsjahr im Verpachtungsbetrieb s. Rz. 2452 m. w. N.
142 BFH, Urteil vom 29.7.1976 – IV R 172/72, BStBl 1976 II S. 781.
143 So z. B. entsprechend R 14 Abs. 2 EStR für Feldbestände bei Jahreskulturen, s. BFH, Urteile vom 16.7.1957 – I 331/56 U, BStBl 1957 III S. 323 und vom 7.11.1963 – IV 153/63 S, BStBl 1964 III S. 62.
144 BFH, Urteil vom 29.7.1976 – IV R 172/72, BStBl 1976 II S. 781.
145 BFH, Urteil vom 6.12.1984 – IV R 212/82, BStBl 1985 II S. 391.
146 Siehe etwa BFH, Urteil vom 3.12.1991 – VIII R 88/87, BStBl 1993 II S. 89; s. auch Rz. 5648 zur Pachterneuerungsrückstellung.
147 Dazu BFH, Urteil vom 17.2.1998 – VIII R 28/95, BStBl 1998 II S. 505.

Erwartung des späteren Eigentumsübergangs erbracht worden sind.[148] Zu Mietereinbauten und Mieterumbauten gelten die allgemeinen Grundsätze Rz. 3438 ff.

Soweit dem Pächter Umlaufvermögen (Vorräte, Feldbestände und Vieh) entgeltlich oder unentgeltlich überlassen wurde, hat er Anschaffungskosten zu aktivieren oder eine Einlage zum Teilwert vorzunehmen. Er kann allerdings auch die Bewertungswahlrechte für die übernommenen Wirtschaftsgüter in Anspruch nehmen, was beim Verzicht auf Bewertung zu Gewinnminderungen im Zeitpunkt des Erwerbs führt.[149] Ist ein Sachwertdarlehen anzunehmen (s. Rz. 2499 a. E.), so hat der Pächter die übernommenen Wirtschaftsgüter des Umlaufvermögens als Eigentümer oder zumindest als wirtschaftlicher Eigentümer zu aktivieren und gleichzeitig auf der Passivseite eine Sachwertschuld (Rückgabeverpflichtung) auszuweisen.[150]

4.3 Bilanzierung bei eiserner Verpachtung

Begriff der eisernen Verpachtung: Bei der als „eiserne Verpachtung" bezeichneten Nutzungsüberlassung von Betrieben mit Substanzerhaltungspflicht des Berechtigten übernimmt dieser das Inventar zum Schätzwert mit der Verpflichtung, es bei Beendigung der Pacht zum Schätzwert zurückzugeben (§ 582a Abs. 1 BGB). Der Pächter hat das Inventar in dem Zustand zu erhalten und in dem Umfang laufend zu ersetzen, der den Regeln einer ordnungsgemäßen Wirtschaft entspricht. Die von ihm angeschafften Stücke werden mit der Einverleibung in das Inventar Eigentum des Verpächters (§ 582a Abs. 2 BGB).

2501

Die steuerliche Behandlung der eisernen Verpachtung beruhte früher auf Vereinfachungsregelungen der Finanzverwaltung aus den Jahren 1965 und 1967. Im Hinblick auf die Rechtsprechung des BFH,[151] nach der für Verpächter und Pächter die allgemeinen Gewinnermittlungsgrundsätze, insbesondere die handels- und steuerrechtlichen Grundsätze ordnungsmäßiger Buchführung maßgebend sind, hat das BMF diese sog. Schätzwertmethode[152] aufgegeben und die Bilanzierung bei eiserner Verpachtung neu geregelt.[153]

Zur Bilanzierung bei Pachtbeginn sind Anlage- und Umlaufvermögen unterschiedlich zu behandeln:

2502

Bilanzierung des Anlagevermögens beim Verpächter: Das vom Pächter mit der Verpflichtung zur Rückgabe (§ 582a Abs. 3 Satz 1, § 1048 BGB) übernommene Inventar, die beweglichen Anlagegüter, bleibt im zivilrechtlichen und wirtschaftlichen Eigentum des Verpächters und ist daher ohne Rücksicht auf die Gewinnermittlungsart weiterhin ihm

---

148 BFH, Urteil vom 13.5.2004 – IV R 1/02, BStBl 2004 II S. 780 und vom 24.6.2009 – IV R 20/07, BFH/NV 2010 S. 20.
149 BFH, Urteil vom 29.7.1976 – IV R 172/72, BStBl 1976 II S. 781, 783; dazu auch *Kanzler*, in: Leingärtner, Besteuerung der Land- und Forstwirte, Kap. 42 Rz. 71 f. m. w. N.
150 Siehe z. B. BFH, Urteil vom 16.11.1978 – IV R 160/74, BStBl 1979 II S. 138.
151 BFH, Urteile vom 17.2.1998 – VIII R 28/95, BStBl 1998 II S. 505; vom 28.5.1998 – IV R 31/97, BStBl 2000 II S. 286 und vom 24.6.1999 – IV R 73/97, BStBl 2000 II S. 309.
152 Siehe etwa Ländereinheitlicher Erlass Finanzministerium Niedersachsen vom 17.12.1965 – S 2140-96-31 1, BStBl 1966 II S. 34 zu Abschn. 4.
153 BMF, Schreiben vom 21.2.2002 – IV A 6 - S 2132 - 4/02, BStBl 2002 I S. 262.

zuzurechnen und von ihm unverändert mit bisherigen Werten fortzuführen. Ihm allein stehen auch die Abschreibungen der abnutzbaren Wirtschaftsgüter zu.[154]

Bilanzierung von Umlaufvermögen: Übergibt der Verpächter im Zeitpunkt der Verpachtung mit eisernem Inventar auch Umlaufvermögen, das der Pächter nach Beendigung des Pachtverhältnisses zurückzugeben hat, so gewährt er damit ein Sachdarlehen. Beim Verpächter tritt an die Stelle der übergebenen Wirtschaftsgüter eine Sachwertforderung, die mit dem gleichen Wert anzusetzen ist wie die übergebenen Wirtschaftsgüter.[155] Als wirtschaftlicher Eigentümer hat der Pächter, die ihm überlassenen Wirtschaftsgüter bei Gewinnermittlung durch Betriebsvermögensvergleich gem. § 4 Abs. 1, § 5 EStG nach den allgemeinen Grundsätzen zu aktivieren und in gleicher Höhe eine Rückgabeverpflichtung zu passivieren.[156]

2503 **Anspruch und Verpflichtung auf Substanzerhaltung:** Der Verpächter hat den Anspruch gegen den Pächter auf Substanzerhaltung des eisern verpachteten Inventars als sonstige Forderungen zu aktivieren.[157] Dieser Anspruch ist zu jedem Bilanzstichtag unter Berücksichtigung der Wiederbeschaffungskosten neu zu bewerten, beträgt bei Pachtbeginn 0 Euro und wird infolge der Abnutzung der verpachteten Wirtschaftsgüter von Jahr zu Jahr um den Wert der Abnutzung erhöht; dabei sind auch die veränderten Wiederbeschaffungskosten zu berücksichtigen. Beim Verpächter wirkt sich damit nur der Unterschiedsbetrag zwischen der vorgenommenen Abschreibung und der Veränderung des Anspruchs auf Substanzerhaltung gewinnwirksam aus.[158]

Für die Rückgabeverpflichtung bei Beendigung der Pacht muss der Pächter den Erfüllungsrückstand (die noch nicht eingelöste Verpflichtung zur Substanzerhaltung) erfolgswirksam durch Passivierung einer Rückstellung ausweisen, auch wenn diese Verpflichtung noch nicht fällig ist.[159] Dieser Bilanzposten entwickelt sich nach Auffassung der Finanzverwaltung korrespondierend mit jenem des Verpächters wegen seines Substanzerhaltungsanspruchs.[160] Nach anderer und m. E. zutreffender Ansicht besteht jedoch keine Verpflichtung zur korrespondierenden Bilanzierung, die der BFH – auch in Betriebsaufspaltungsfällen etwa – nicht verlangt.[161]

2504 **Erhaltungsaufwendungen und Ersatzbeschaffungen des Pächters:** Zivilrechtlich trifft den Pächter bei der eisernen Verpachtung die Verpflichtung, das zur Nutzung übernommene bewegliche Anlagevermögen zu erhalten und laufend zu ersetzen (§ 582a Abs. 2

---

154 BFH, Urteil vom 21.12.1965 – IV 228/64 S, BStBl 1966 III S. 147.
155 BFH, Urteile vom 6.12.1984 – IV R 212/82, BStBl 1985 II S. 391 und vom 30.1.1986 – IV R 130/84, BStBl 1986 II S. 399.
156 BFH, Urteil vom 16.11.1978 – IV R 160/74, BStBl 1979 II S. 138; s. auch BMF, Schreiben vom 21.2.2002 – IV A 6 - S 2132 - 4/02, BStBl 2002 I S. 262 zu I.A.2.
157 BFH, Urteile vom 17.2.1998 – VIII R 28/95, BStBl 1998 II S. 505 und vom 24.6.1999 – IV R 73/97, BStBl 2000 II S. 309.
158 BMF, Schreiben vom 21.2.2002 – IV A 6 - S 2132 - 4/02, BStBl 2002 I S. 262.
159 BFH, Urteil vom 3.12.1991 – VIII R 88/87, BStBl 1993 II S. 89 und vom 28.5.1998 – IV R 31/97, BStBl 2000 II S. 286.
160 BMF, Schreiben vom 21.2.2002 – IV A 6 - S 2132 - 4/02, BStBl 2002 I S. 262 zu B.II.2, unter Hinweis auf das BFH, Urteil vom 17.2.1998 – VIII R 28/95 (BStBl 1998 II S. 505), das das Gegenteil aussagt (s. Fn. 146).
161 So ausdrücklich BFH, Urteil vom 17.2.1998 – VIII R 28/95, BStBl 1998 II S. 505 zu II.B.4.a.; zur Frage der korrespondierenden Bilanzierung auch *Kanzler*, in: Leingärtner, Besteuerung der Land- und Forstwirte, Kap. 42 Rz. 129.

Satz 1, § 1048 Abs. 1 Satz 2, 1. Halbsatz BGB). Die Erhaltungsaufwendungen sind bei ihm als Betriebsausgaben abziehbar. Die vom ihm ersetzten Wirtschaftsgüter werden auch insoweit Eigentum des Verpächters, als ihre Anschaffung oder Herstellung über diese Verpflichtung zur Ersatzbeschaffung hinausgeht (§ 582a Abs. 2 Satz 2, § 1048 Abs. 1 Satz 2, 2. Halbsatz BGB). Die vom Pächter aufgewendeten Anschaffungs- oder Herstellungskosten hat der Verpächter zu aktivieren und abzuschreiben; zugleich hat der Verpächter den auf die ersetzten Wirtschaftsgüter entfallenden (als sonstige Forderung aktivierten) Substanzerhaltungsanspruch entsprechend aufzulösen.[162]

(Einstweilen frei)   2505–2509

---

[162] BMF, Schreiben vom 21.2.2002 – IV A 6 - S 2132 - 4/02, BStBl 2002 I S. 262 zu B.II.3.

Teil A:
Grundsatz- und Querschnittsfragen steuerlicher Gewinnermittlung

Kapitel XVI:
Abweichungen zwischen Handels- und Steuerbilanz und latente Steuern

von
WP/StB Dipl.-Kaufm. Carsten Ernst, Herrenberg
Professor Dr. Christian Fink, Wiesbaden

Kapitel XVI: Abweichungen zwischen Handels- und Steuerbilanz und latente Steuern

Inhaltsübersicht

	Rz.
1. Arten von Abweichungen zwischen Handels- und Steuerbilanz	2510 - 2515
2. Konzeptionelle Grundlagen der Steuerlatenzierung	2516 - 2522
3. Bilanzansatz latenter Steuern (Bilanzierung dem Grunde nach)	2523 - 2538
3.1 Passivierungspflicht	2524 - 2525
3.2 Aktivierungswahlrecht	2526 - 2531
3.3 Besonderheiten beim Erstansatz von Vermögensgegenständen und Schulden	2532
3.4 Latente Steuern auf Verlustvorträge	2533 - 2536
3.5 Abweichungen zwischen Handels- und Steuerbilanz als Ursache latenter Steuern	2537
3.6 Auflösung latenter Steuern	2538
4. Bewertung latenter Steuern (Bilanzierung der Höhe nach)	2539 - 2550
4.1 Allgemeine Regelungen	2539 - 2541
4.2 Anzuwendender Steuersatz	2542 - 2546
4.3 Aktive latente Steuern auf Verlust- und Zinsvorträge	2547 - 2550
5. Ausweis latenter Steuern	2551 - 2563
5.1 Bilanzausweis und Saldierungswahlrecht	2552 - 2554
5.2 GuV-Ausweis	2555
5.3 Anhangangaben	2556 - 2563
6. Größenabhängige Erleichterungen	2564 - 2567
7. Ausschüttungssperre	2568 - 2569
8. Sonderfragen	2570 - 2585
8.1 Organschaften	2570 - 2575
8.2 Personenhandelsgesellschaften	2576 - 2585

AUSGEWÄHLTE LITERATUR

Coenenberg/Burkhardt, Wahlrechtsgestaltung bei der Bilanzierung latenter Steuern, in: Fink/Schultze/Winkeljohann (Hrsg.), Bilanzpolitik und Bilanzanalyse nach neuem Handelsrecht, Stuttgart 2010, S. 85; *Fink/Heyd/Kreher*, HGB aktuell – BilRUG und weitere Neuerungen handels- und steuerrechtlicher Bilanzierungsnormen, Berlin 2016; *Fink/Theile*, Anhang und Lagebericht nach dem RegE zum Bilanzrichtlinie-Umsetzungsgesetz, DB 2015, S. 753; *Harre/Lukat*, Latente Steuern, in: Merkt/Probst/Fink (Hrsg.), Rechnungslegung nach HGB und IFRS, Stuttgart 2017, S. 789; *Hartmann*, Latente Steuern bei Personengesellschaften, Entwicklung einer geschlossenen Abbildungskonzeption für Einzel- und Konzernabschlüsse nach HGB und IFRS, Baden-Baden 2011; *Herzig/Vossel*, Paradigmenwechsel bei den latenten Steuern nach dem BilMoG, BB 2009, S. 1174; *Hoffmann*, Weichgespülte Steuerlatenzen, StuB 2009, S. 555; *Karrenbrock*, Passive latente Steuern als Verbindlichkeitsrückstellungen, BB 2013, S. 235; *Kessler/Leinen/Paulus*, Das BilMoG und die latenten Steuern, KoR 2009, S. 716; *Kirsch*, Erweiterte Anhangangaben durch den BilRUG-RegE, BBK 2015, S. 321; *Kirsch/Hoffmann/Siegel*, Diskussion der Bilanzierung latenter Steuern nach § 249 Abs. 1 Satz 1 HGB, DStR 2012, S. 1290; *Kühne/Melcher/Wesemann*, Latente Steuern nach BilMoG, Grundlagen und Zweifelsfragen, WPg 2009, S. 1005 (Teil 1) und 1057 (Teil 2); *Küting/Seel*, Die Ungereimtheiten der Regelungen zu latenten Steuern im neuen Bilanzrecht, DB 2009, S. 922; *Kußmaul/Ollinger/Müller*, Bilanzierung latenter Steuern nach dem BilRUG-RegE, StuB 2015, S. 243; *Loitz*, Latente Steuern nach dem Bilanzrechtsmodernisierungsgesetz (BilMoG) – ein Wahlrecht als Mogelpackung?, DB 2009, S. 913; *Meyer/Loitz/Linder/Zerwas*, Latente Steuern – Bewertung, Bilanzierung, Beratung, 2. Aufl., Wiesbaden 2010; *Petersen/Zwirner*, Latente Steuern nach dem BilMoG – Darstellung und Würdigung der Neukonzeption, StuB 2009, S. 416; *Rimmelspacher/Reitmeier*, Anwendungsfragen zum (Konzern-)Anhang nach BilRUG, WPg 2015, S. 1003; *Wendholt/Wesemann*, Zur Umsetzung der HGB-Modernisierung durch das BilMoG: Latente Steuern im Einzel- und Konzernabschluss, DB 2009, Beil. 5, S. 64.

1. Arten von Abweichungen zwischen Handels- und Steuerbilanz

2510 Unternehmen, die sowohl handels- als auch steuerrechtlich Rechnung legen, stehen nicht erst seit dem Inkrafttreten des Bilanzrechtsmodernisierungsgesetzes (BilMoG) am 29.5.2009 vor der Herausforderung, die Unterschiede bei Bilanzansatz und Bewertung zwischen diesen beiden Rechenwerken auch bilanziell würdigen zu müssen. Differenzen zwischen Handelsbilanz und steuerrechtlichem Wertansatz (Im Folgenden kurz: Steuerbilanz) resultieren im Allgemeinen daraus, dass für handelsbilanzielle Zwecke andere Ansatz- und Bewertungsvorschriften anzuwenden sind als für die Erstellung der Steuerbilanz. Für das Gros der Unternehmen – insbesondere kleine und mittelständische Gesellschaften – besteht in diesem Zusammenhang die Zielsetzung, die Unterschiede zwischen den Rechenwerken möglichst gering zu halten und Wahlrechte oder Ermessensspielräume in diesem Sinne auszuüben bzw. zu nutzen. Im Optimalfall können dabei die Gestaltungsmöglichkeiten so umgesetzt werden, dass für handels- und steuerrechtliche Zwecke ein einheitliches Rechenwerk verwendet werden kann. Man spricht in diesem Fall von einer **Einheitsbilanz**.

Spätestens mit der Anwendung des BilMoG und den daraus resultierenden Änderungen ist es den Unternehmen jedoch kaum noch möglich, die Differenzen zwischen Handels- und Steuerbilanz in einem Maße zu reduzieren, das noch die Erstellung einer Einheitsbilanz erlaubt. Vor allem die bereits in Kapitel III dargestellten Einschränkungen hinsichtlich des Maßgeblichkeitsgrundsatzes und dabei im Besonderen die Aufhebung der umgekehrten Maßgeblichkeit führen zu einem oftmals sprunghaften Anstieg der ansatz- und bewertungsbezogenen Abweichungen zwischen Handels- und Steuerbilanz, zu teilweise erheblichem Mehraufwand in der Erstellung der entsprechenden Rechenwerke sowie – wie bereits angedeutet – in vielen Fällen zu einem Verlust der Möglichkeit zur Erstellung einer Einheitsbilanz.[1]

2511 Das Konzept der latenten Steuern baut auf exakt diesen ansatz- und bewertungsbezogenen Unterschieden zwischen handels- und steuerrechtlichen Wertansätzen auf. Allerdings sind nicht alle Differenzen im Hinblick auf die bilanzielle Behandlung auf dieselbe Art und Weise zu berücksichtigen. So hängt die Frage nach der Bildung latenter Steuern auf bestimmte Differenzen davon ab, um welche Art von Differenzen es sich handelt. Grundsätzlich wird dabei zwischen zeitlich begrenzten, quasi-permanenten und permanenten Differenzen unterschieden.

---

1 Vgl. *Fink/Reuther*, in: Fink/Schultze/Winkeljohann (Hrsg.), Bilanzpolitik und Bilanzanalyse nach neuem Handelsrecht, Stuttgart 2010, S. 13; *Herzig/Briesemeister*, DB 2009, S. 931.

Als **zeitlich begrenzte Differenzen** werden solche Abweichungen zwischen Handels- und Steuerbilanz bezeichnet, die sich im Zeitverlauf automatisch – d. h. ohne Zutun des Bilanzierenden – wieder auflösen. Derartige Differenzen können auf verschiedenste Art und Weise entstehen. So können zeitlich begrenzte Differenzen beispielsweise daraus resultieren, dass ein abnutzbarer Vermögensgegenstand nur in der Handels- oder in der Steuerbilanz zum Ansatz kommt, nicht jedoch in beiden Rechenwerken. Dadurch kommt es zu einer wertmäßigen Differenz im Bilanzansatz zwischen den Zahlenwerken. Über die Folgeperioden hinweg wird der Wertansatz durch planmäßige Abschreibungen vermindert, bis auch im Falle der Aktivierung kein Wertansatz mehr bzw. nur noch ein Wertansatz in Höhe von 0 € erfolgt.

BEISPIEL Bei der A GmbH fallen zum 1.1.20X1 aktivierungsfähige Entwicklungskosten für einen selbst erstellten immateriellen Vermögensgegenstand in Höhe von 1.000.000 € an. Gemäß § 248 Abs. 2 HGB besteht für den Ansatz von Entwicklungskosten ein handelsbilanzielles Wahlrecht, wohingegen für steuerliche Zwecke nach § 5 Abs. 2 EStG ein Ansatzverbot besteht. Die A GmbH entscheidet sich dafür, den selbst erstellten immateriellen Vermögensgegenstand handelsrechtlich zu seinen Entwicklungskosten zu aktivieren. Die wirtschaftliche Nutzungsdauer des Vermögensgegenstands beträgt fünf Jahre, die planmäßige Abschreibung soll linear vorgenommen werden. Daraus ergibt sich folgende Differenzenbetrachtung:

TAB. 1:	Entwicklung zeitlich begrenzter Differenzen		
t	Wertansatz Handelsbilanz	Wertansatz Steuerbilanz	Differenz
1. 1. X1	1.000.000 €	0 €	1.000.000 €
31.12.X1	800.000 €	0 €	800.000 €
31.12.X2	600.000 €	0 €	600.000 €
31.12.X3	400.000 €	0 €	400.000 €
31.12.X4	200.000 €	0 €	200.000 €
31.12.X5	0 €	0 €	0 €

Aufgrund der planmäßigen Abschreibung nähert sich der handelsrechtliche Wertansatz stetig dem steuerrechtlichen Wertansatz an, bis sich die Differenz nach Ablauf der wirtschaftlichen Nutzungsdauer des Vermögensgegenstandes komplett aufgelöst hat.

Selbiges gilt natürlich auch für zeitlich begrenzte Differenzen, die durch Transaktionen auf der Passivseite der Bilanz zustande kommen. So gilt für Drohverlustrückstellungen gemäß § 5 Abs. 4a EStG steuerrechtlich beispielsweise ein Passivierungsverbot, während diese handelsrechtlich regelmäßig nach den Vorschriften des § 249 Abs. 1 Satz 1 HGB zu passivieren sind. Mit der Inanspruchnahme oder Auflösung der entsprechenden Rückstellung wird die Differenz auch hier im Zeitablauf selbständig ausgeglichen.

Zeitlich begrenzte Differenzen ergeben sich aber nicht nur aus dem Ansatz bzw. Nichtansatz eines Postens in der Handels- oder Steuerbilanz. Auch der Ansatz in beiden Rechenwerken kann zu zeitlich begrenzten Differenzen führen, wenn dieser in unterschiedlicher Höhe erfolgt. So führen z. B. die unterschiedlichen Regelungen zur

Rückstellungsbewertung[2] nach Handels- und Steuerrecht grundsätzlich zu zeitlich begrenzten Differenzen. Dies gilt beispielsweise auch für die Anwendung unterschiedlicher Nutzungsdauern im Sachanlagevermögen, wenn für handelsrechtliche Zwecke die wirtschaftliche Nutzungsdauer unterstellt wird, steuerrechtlich hingegen die AfA-Tabellen Anwendung finden.[3]

2514 **Quasi-permanente Differenzen** sind im Gegensatz dazu Unterschiede zwischen handels- und steuerrechtlichen Wertansätzen, die sich zwar theoretisch im Zeitablauf auflösen, diese Umkehrung jedoch bei Entstehung der Differenz nicht zu erwarten bzw. absehbar ist. Dies kann beispielsweise darin begründet sein, dass die Auflösung einer derartigen Differenz im Ermessen des Unternehmens liegt oder im Extremfall erst bei Liquidation des gesamten Unternehmens erfolgt. Beispiele hierfür sind allein handelsrechtlich zulässige Abschreibungen auf nicht abnutzbare Vermögenswerte des Anlagevermögens, aber auch der unterschiedliche Wertansatz eines Grundstücks nach Handels- oder Steuerrecht ist hier zu nennen.[4]

> **BEISPIEL** Die B GmbH besitzt zum 1.1.20X1 ein Grundstück, das für 100.000 € angeschafft wurde. Dieses wird nun zum 31.12.20X1 handelsrechtlich außerplanmäßig auf 80.000 € abgeschrieben, während der steuerliche Wertansatz keiner Wertminderung unterliegt. Zum 31.12.20X3 wird das Grundstück aufgrund einer kurzfristigen Managemententscheidung verkauft.

TAB. 2:	Entwicklung quasi-permanenter Differenzen		
t	Wertansatz Handelsbilanz	Wertansatz Steuerbilanz	Differenz
1. 1. X1	100.000 €	100.000 €	0 €
31.12.X1	80.000 €	100.000 €	20.000 €
31.12.X2	80.000 €	100.000 €	20.000 €
31.12.X3	0 €	0 €	0 €

Aufgrund der außerplanmäßigen Abschreibung resultiert eine Differenz, die sich – zumindest nach dem Wissensstand am 31.12.20X1 – auf absehbare Zeit nicht ausgleicht (Grundstücke unterliegen keiner planmäßigen Abschreibung). Erst mit dem Verkauf des Grundstücks am 31.12.20X3 löst sich die Differenz wieder auf. Allerdings liegt dieser Tatsache eine Entscheidung des Managements zugrunde.

2515 Als **permanente Differenzen** bezeichnet man schließlich Unterschiede zwischen Handels- und Steuerbilanz, die sich auch in der Totalperiode nicht umkehren. Dies ist beispielsweise der Fall, wenn Aufwendungen oder Erträge nur im handelsrechtlichen oder nur im steuerrechtlichen Abschluss erfasst werden. Dies kann u. a. darin begründet

---

2 Vgl. dazu detailliert *Fink/Kunath*, DB 2010, S. 2345 ff.
3 Vgl. zur Diskussion um die Anwendbarkeit steuerlicher AfA-Tabellen für den handelsrechtlichen Jahresabschluss *Fink/Mannsperger*, StuB 2010, S. 377.
4 Vgl. *Coenenberg/Haller/Schultze*, Jahresabschluss und Jahresabschlussanalyse, 24. Aufl., Stuttgart 2016, S. 480 f.

liegen, dass bestimmte Aufwendungen steuerlich grundsätzlich nicht als Betriebsausgaben anerkannt werden oder bestimmte Erträge nicht der Steuerpflicht unterliegen.[5]

> **BEISPIEL** Nach § 10 Nr. 4 KStG ist die Vergütung von Mitgliedern des Aufsichtsrats, Verwaltungsrats, Grubenvorstands oder anderer mit der Überwachung der Geschäftsführung beauftragter Personen nur hälftig als Betriebsausgabe abzugsfähig. Im handelsrechtlichen Abschluss wird die entsprechende Vergütung hingegen vollumfänglich aufwandswirksam erfasst. Somit entsteht eine permanente Differenz in Höhe der Hälfte der Vergütung.[6]

Konzeptionell ist hierbei anzumerken, dass sich permanente Differenzen im Regelfall auf bestimmte Positionen in der handels- und steuerrechtlichen GuV niederschlagen und damit eine Art Sonderstellung im Vergleich zu den oben dargestellten, bilanzorientierten Differenzen einnehmen.

2. Konzeptionelle Grundlagen der Steuerlatenzierung

Die Bilanzierung latenter Steuern gründet auf dem Vorhandensein der dargestellten Differenzen zwischen handels- und steuerrechtlichen Abschlüssen. Aus diesen Unterschieden resultieren handels- und steuerrechtlich unterschiedliche Ergebnisse, so dass – würde man den individuellen Steuersatz des Unternehmens auf den jeweiligen Handels- oder Steuerbilanzgewinn anwenden – unterschiedliche Steuerlasten für beide Rechenwerke entstehen würden: eine aus dem steuerrechtlichen Ergebnis resultierende tatsächliche Steuerbelastung und eine fiktive Steuerschuld, die auf dem handelsrechtlichen Ergebnis basieren würde.

Das Konzept der latenten Steuern versucht nun die eben dargestellte Problematik zu lösen, indem zwar der tatsächlich auf das steuerrechtliche Ergebnis anfallende Steueraufwand in die handelsrechtliche GuV übernommen wird, dieser in einem zweiten Schritt jedoch durch den Ansatz latenter Steuern in einen sachlogischen Zusammenhang mit dem handelsrechtlichen Ergebnis und dem anzuwendenden Steuersatz gebracht wird. Dies bedeutet, dass mit der Bilanzierung latenter Steuern sowohl erwartete zukünftige Steuererstattungsansprüche als auch Steuermehrbelastungen antizipiert werden. Hierbei wird konzeptionell zwischen dem bilanzorientierten Temporary- und dem GuV-orientierten Timing-Konzept unterschieden.

Vor dem Inkrafttreten des BilMoG basierte die Abgrenzung latenter Steuern auf dem **Timing-Konzept**. Dieses sog. GuV-orientierte Konzept legt der Steuerlatenzierung – basierend auf einer Gesamtdifferenzenbetrachtung – Unterschiede zwischen dem handels- und dem steuerrechtlichen Ergebnis zugrunde. Ein handelsrechtlich höheres Vorsteuer-Ergebnis führt dabei zur Notwendigkeit, auch den Steueraufwand an das nunmehr erhöhte Ergebnis anzupassen. Die Gegenbuchung erfolgt in einer Passivposition in der Bilanz.

Das Timing-Konzept berücksichtigt bei der Bildung latenter Steuern lediglich solche Differenzen, die sowohl bei Entstehung als auch bei Umkehrung ergebniswirksam ver-

---

[5] Vgl. *Coenenberg/Burkhardt*, in: Fink/Schultze/Winkeljohann (Hrsg.), Bilanzpolitik und Bilanzanalyse nach neuem Handelsrecht, Stuttgart 2010, S. 89.
[6] Vgl. ähnlich *Pellens/Fülbier/Gassen/Sellhorn*, Internationale Rechnungslegung, 9. Aufl., Stuttgart 2014, S. 234.

bucht werden. Erfolgsneutrale Differenzen, die z. B. (wie verstärkt in der internationalen Rechnungslegung vorzufinden) direkt im Eigenkapital erfasst werden und damit zu keiner Ergebnisdifferenz zwischen der handels- und steuerrechtlichen GuV führen, bleiben nach dem Timing-Konzept unberücksichtigt. Des Weiteren ist zu beachten, dass nach dem GuV-orientierten Konzept nur zeitlich begrenzte Differenzen zur Steuerabgrenzung führen. Quasi-permanente Differenzen sowie permanente Differenzen lösen hingegen keine Abgrenzung latenter Steuern aus.[7] ABB. 1 stellt diesen Zusammenhang grafisch dar.

ABB. 1: Latente Steuern nach dem Timing-Konzept

2519 Mit dem BilMoG hält das international vorherrschende **Temporary-Konzept** auch in die handelsrechtliche Rechnungslegung Einzug. Dieses sog. bilanzorientierte Konzept legt der Abgrenzung latenter Steuern Unterschiede zwischen den handels- und steuerrechtlichen Wertansätzen von Vermögensgegenständen, Rechnungsabgrenzungsposten sowie Schulden zugrunde. Mit diesem Ansatz sollen die steuerlichen Auswirkungen einer Transaktion – in Analogie mit der Erfassung des Geschäftsvorfalls in der Handelsbilanz – ganzheitlich erfasst und abgebildet werden. Somit trägt das bilanzorientierte Temporary-Konzept der Tatsache Rechnung, dass sich das Gros der Geschäftsvorfälle eines Unternehmens über mehrere Perioden hinweg in den verschiedenen Posten der Bilanzen des Unternehmens auswirkt. Entsprechend sind nach dem Temporary-Konzept alle temporären Differenzen zwischen handels- und steuerrechtlichen Wertansätzen in die Ermittlung latenter Steuern einzubeziehen. Dies beinhaltet neben den zeitlich begrenzten Differenzen auch quasi-permanente Differenzen.[8] Im Zusammenhang mit dem Temporary-Konzept soll daher im Folgenden der Begriff der **temporären Differenzen** als Sammelbegriff für zeitlich begrenzte und quasi-permanente Differenzen verwendet werden.

---

7 *Coenenberg/Haller/Schultze*, Jahresabschluss und Jahresabschlussanalyse, 24. Aufl., Stuttgart 2016, S. 482 f.
8 Vgl. BT-Drucks. 16/10067 S. 67.

Die bilanzorientierte Steuerabgrenzung beschränkt sich nicht nur auf erfolgswirksame Differenzen. Nach dem Temporary-Konzept werden auch erfolgsneutral entstandene Differenzen bei der Steuerabgrenzung berücksichtigt.[9] Derartige Differenzen können sich im Rahmen des handelsrechtlichen Einzelabschlusses insbesondere bei erfolgsneutralen Zugangsbuchungen (vgl. Tz. 2532) ergeben, wie z. B. bei der bilanziellen Behandlung von asset deals, Tauschgeschäften, Sacheinlagen von Gesellschaftern oder gesellschaftsrechtlichen Einbringungsvorgängen für Sachgesamtheiten.[10]

2520

ABB. 2: Latente Steuern nach dem Temporary-Konzept

Entsprechend der bilanzorientierten Betrachtungsweise spricht man bei den erwarteten Erstattungsansprüchen, die einer zukünftigen Forderung gegenüber dem Finanzamt gleichkommen, von aktiven latenten Steuern. Erwartete Steuermehrbelastungen, die de facto erwartete Schulden gegenüber dem Fiskus abbilden, werden als passive latente Steuern erfasst. Das folgende Beispiel soll das Konzept der Steuerlatenzierung an einem einfachen Sachverhalt veranschaulichen.

2521

BEISPIEL Die D-GmbH erstellt zum 31.12.20X1 einen handels- sowie einen steuerrechtlichen Jahresabschluss. Im Zuge der Abschlusserstellung wird auch eine Drohverlustrückstellung in Höhe von 1.000 € gebildet. Es sei davon auszugehen, dass das Ergebnis vor Berücksichtigung der Rückstellung 10.000 € betragen hat, keine weiteren Geschäftsvorfälle anfallen und als Steuersatz 30 % unterstellt wird.

2522

Die Drohverlustrückstellung wird gemäß § 249 Abs. 1 Satz 1 HGB in der Handelsbilanz zum Ansatz gebracht, nach § 5 Abs. 4a EStG besteht hingegen ein Passivierungsverbot. Da die Rück-

---

9 Vgl. *ADS*, Rechnungslegung nach internationalen Standards, Stuttgart 2002, Abschnitt 20 Rz. 50 f.
10 Vgl. *Hoffmann/Lüdenbach*, NWB Kommentar Bilanzierung, 9. Aufl., Herne 2018, § 274 Rz. 25.

stellungsbildung handelsbilanziell zu einer Aufwandsbuchung führt, würde das steuerrechtliche Ergebnis vor Steuern somit um 1.000 € besser ausfallen als das handelsrechtliche Pendant. Damit ergibt sich ein tatsächlicher Steueraufwand in Höhe von 3.000 €, der auch in die handelsrechtliche GuV zu übernehmen ist. Um nun das handelsrechtliche Ergebnis vor Steuern unter Berücksichtigung des tatsächlichen Steueraufwands in ein Nach-Steuer-Ergebnis überzuleiten, ist im vorliegenden Fall eine Verminderung der Steuerlast angezeigt. Dies liegt darin begründet, dass man bei der bestehenden temporären Differenz davon ausgeht, dass sich diese in der Zukunft ausgleicht. Somit lässt die derzeitige Steuermehrbelastung aufgrund der steuerrechtlich nicht berücksichtigten Drohverlustrückstellung in künftigen Perioden eine niedrigere Steuerlast erwarten, da die entsprechenden Aufwendungen steuerlich erst bei Anfall ergebnismindernd wirken. Entsprechend wäre eine aktive Latenz zu buchen.

TAB. 3: Beispiel Drohverlustrückstellung Jahr 1		
31.12.20X1	steuerbilanziell	handelsbilanziell
Ergebnis vor Steuern	10.000 €	9.000 €
Ertragsteuern (30 %)	- 3.000 €	→ - 3.000 €
Latenter Steuerertrag	–	+ 300 €
= Ergebnis nach Steuern	7.000 €	6.300 €

Es sei nun davon ausgegangen, dass in der Folgeperiode die entsprechenden Verluste anfallen, steuerrechtlich das Ergebnis belasten und handelsrechtlich zu einer Inanspruchnahme der Rückstellung führen. Erneut sei von einem Ergebnis vor Berücksichtigung des Geschäftsvorfalls in Höhe von 10.000 € und einem Steuersatz von 30 % ausgegangen.

TAB. 4: Beispiel Drohverlustrückstellung Jahr 2		
31.12.20X2	steuerbilanziell	handelsbilanziell
Ergebnis vor Steuern	9.000 €	10.000 €
Ertragsteuern (30 %)	- 2.700 €	→ - 2.700 €
Latenter Steueraufwand	–	- 300 €
= Ergebnis nach Steuern	6.300 €	7.000 €

Das Beispiel zeigt, wie sich durch die Auflösung der temporären Differenzen auch die aktive Latenz wieder komplett auflöst.

Das bilanzorientierte Konzept findet mit dem BilMoG Eingang in den Wortlaut des § 274 Abs. 1 HGB. Danach sind beim Bestehen von temporären Differenzen zwischen den handelsrechtlichen Wertansätzen von Vermögensgegenständen, Schulden und Rechnungsabgrenzungsposten und deren steuerlichen Wertansätzen im Regelfall latente Steuern zu bilden.

Aktive und passive Steuerlatenzen werden dadurch vor allem bei mittelständischen Unternehmen zu einem neuen Beratungs- und Gestaltungsfeld mit hoher Ergebnis- und ggf. Ausschüttungsrelevanz.[11]

---

11 Vgl. *Prinz*, GmbHR 2009, S. 1027, 1032 ff. Zur konzeptionellen Aufwertung latenter Steuern durch das BilMoG und der „Vorbildfunktion" von IAS 12 für den deutschen Gesetzgeber vgl. *Prinz*, in: Kölner Kommentar zum Rechnungslegungsrecht, 2011, § 274 HGB Rn. 13, 15.

3. Bilanzansatz latenter Steuern (Bilanzierung dem Grunde nach)

Dem Wortlaut des § 274 Abs. 1 Satz 2 HGB folgend, sind die sich im Rahmen des handelsrechtlichen Jahresabschlusses ergebenden erwarteten Steuererstattungsansprüche oder Steuermehrbelastungen insgesamt abzubilden. Durch diesen Verweis auf den sich jeweils insgesamt ergebenden Betrag stellt der Gesetzgeber klar, dass für die Ermittlung einer aktiven oder passiven Latenz eine **Gesamtdifferenzenbetrachtung** vorzunehmen ist.

2523

3.1 Passivierungspflicht

Vor dem Hintergrund dieser Gesamtdifferenzenbetrachtung besteht für den Bilanzierenden die Möglichkeit, eine Saldierung aktiver und passiver Latenzen durchzuführen (vgl. zum Saldierungswahlrecht auch Rz. 2553). Resultiert aus der Saldierung ein passivischer Überhang, d. h. übersteigt der Gesamtumfang der passiven Latenzen den der aktiven Latenzen, so ist die sich hieraus ergebende Steuerbelastung entsprechend § 274 Abs. 1 Satz 1 HGB in jedem Fall anzusetzen.

2524

Passive latente Steuern basieren regelmäßig auf Ansatz- oder Bewertungsunterschieden zwischen Handels- und Steuerbilanz. Wird in der Steuerbilanz beispielsweise ein passiver Bilanzposten angesetzt, der nicht in die Handelsbilanz aufgenommen wird, so resultiert hieraus grundsätzlich eine passive latente Steuer. Selbiges gilt für den Fall, dass Aktiva in der Handelsbilanz berücksichtigt werden, die keinen Eingang in die Steuerbilanz finden. In Analogie hierzu führen neben diesen ansatzbezogenen Differenzen auch bewertungsbezogene Differenzen zu passiven latenten Steuern, wenn auf der Passivseite der Bilanz der steuerrechtliche Wertansatz höher ist als der in der Handelsbilanz. Umgekehrt resultiert eine passive Latenz auf der Aktivseite der Bilanz aus einem handelsbilanziellen Wertansatz, der über dem Steuerwert liegt.

2525

ABB. 3: Gründe für passive latente Steuern

3.2 Aktivierungswahlrecht

2526 Während die Gesamtdifferenzenbetrachtung bei einem Passivüberhang zu einer Passivierungspflicht führt, besteht im Falle eines Aktivüberhangs gemäß § 274 Abs. 1 Satz 2 HGB ein Wahlrecht zur Aktivierung der Latenz. Hierbei ist zu beachten, dass das Aktivierungswahlrecht nur in Verbindung mit einem Aktivüberhang, d. h. **nach Saldierung** der aktiven und passiven latenten Steuern ausgeübt werden kann. Wird das Saldierungswahlrecht hingegen nicht genutzt, kann auch das Aktivierungswahlrecht nicht in Anspruch genommen werden (vgl. zum Saldierungswahlrecht Rz. 2553).[12]

2527 Wie die passiven Latenzen basieren auch aktive latente Steuern regelmäßig auf Ansatz- oder Bewertungsunterschieden zwischen Handels- und Steuerbilanz. Wird in der Steuerbilanz beispielsweise ein aktiver Bilanzposten angesetzt, der nicht in die Handelsbilanz aufgenommen wird, so resultiert hieraus regelmäßig eine aktive latente Steuer. Selbiges gilt für den Fall, dass Passiva in der Handelsbilanz berücksichtigt werden, die keinen Eingang in die Steuerbilanz finden. Analog hierzu führen bewertungsbezogene Differenzen zu aktiven latenten Steuern, wenn auf der Aktivseite der Bilanz der steuerrechtliche Wertansatz höher ist als der in der Handelsbilanz. Umgekehrt resultiert eine aktive Latenz auf der Passivseite der Bilanz aus einem handelsbilanziellen Wertansatz, der über dem Steuerwert liegt.

2528 Da es sich bei latenten Steuern um einen „Sonderposten eigener Art" handelt (vgl. Rz. 2552) und sich der Vollständigkeitsgrundsatz des § 246 HGB lediglich auf alle Vermögensgegenstände, Schulden und Rechnungsabgrenzungsposten bezieht, stellt sich grundsätzlich die Frage nach der Möglichkeit einer nur teilweisen Aktivierung eines Überhangs aktiver Latenzen. Da sich der Wortlaut des § 274 Abs. 1 Satz 2 HGB jedoch explizit auf eine sich insgesamt ergebende Steuerentlastung bezieht, kann eine **Teilaktivierung** im Grundsatz ausgeschlossen werden.[13] Diese Positionierung bestätigt auch das Deutsche Rechnungslegungs Standards Committee (DRSC), das mit DRS 18 die Regelungen des § 274 HGB konkretisiert und auslegt. So kann eine entsprechende Aktivierung nach DRS 18.15 ebenso wenig auf aktive Latenzen aus ausgewählten Einzelsachverhalten beschränkt werden wie auf lediglich einen Teilbetrag der insgesamt erwarteten Steuerentlastung.

2529 Bei der Abgrenzung aktiver latenter Steuern ist das **Vorsichtsprinzip** zu berücksichtigen. Die Begründung zum Regierungsentwurf des BilMoG unterstellt für die Beurteilung des voraussichtlichen Ausgleichs temporärer Differenzen die Verwendung von Wahrscheinlichkeitsüberlegungen. Diese sind unter Beachtung des handelsrechtlichen Vorsichtsprinzips zu treffen.[14] DRS 18.17 konkretisiert die Verwendung des Vorsichtsprinzips dahingehend, dass die Abgrenzung aktiver Steuerlatenzen aus einer Unternehmensplanung abzuleiten ist und auf einer nachvollziehbaren steuerlichen Planungsrechnung zu beruhen hat. In diese Überlegungen sind auch beabsichtigte und realisierbare Steuerstrategien einzubeziehen. Als nicht sachgerecht erachtet das DRSC hingegen die Ver-

---

[12] Vgl. ähnlich auch *Grottel/Larenz*, in: Beck'scher Bilanz-Kommentar, 11. Aufl., München 2018, § 274 Rz. 14.
[13] Vgl. *Gelhausen/Fey/Kämpfer*, Rechnungslegung und Prüfung nach dem Bilanzrechtsmodernisierungsgesetz, Düsseldorf 2009, Abschnitt M Tz. 15.
[14] Vgl. BT-Drucks. 16/10067, S. 67.

wendung pauschalierter Risikoabschläge (vgl. DRS 18.A4). Besondere Bedeutung kommt dem Vorsichtsprinzip bei der Aktivierung latenter Steuern auf Verlustvorträge zu (vgl. Rz. 2533).

Im Gegensatz zu passiven Latenzen besteht beim Ansatz eines Aktivüberhangs ggf. eine Ausschüttungssperre nach den Vorgaben des § 268 Abs. 8 HGB (vgl. zur Ausschüttungssperre Rz. 2568).

2530

Die Ausübung des Aktivierungswahlrechts für Steuerlatenzen unterliegt dem **Stetigkeitsgebot** des § 246 Abs. 3 Satz 1 HGB. Danach ist eine Durchbrechung des Stetigkeitsprinzips nach § 246 Abs. 3 Satz 1 i. V. m. § 252 Abs. 2 HGB nur in Ausnahmefällen erlaubt. Derartige Gründe können z. B. eine neue Rechtslage oder die Anpassung an veränderte interne Strukturen sein.[15] Außerdem ist eine Durchbrechung der Stetigkeit nach § 284 Abs. 2 Nr. 3 HGB im Anhang zu berichten und zu begründen. Auch ist der Einfluss eines Stetigkeitsbruchs auf die Vermögens-, Finanz- und Ertragslage gesondert darzustellen.

2531

ABB. 4: Gründe für aktive latente Steuern

3.3 Besonderheiten beim Erstansatz von Vermögensgegenständen und Schulden

Wie bereits ausgeführt (vgl. Rz. 2520), werden auch erfolgsneutral entstandene Differenzen bei der Steuerabgrenzung berücksichtigt. Diese können sich im handelsrechtlichen Einzelabschluss bei erfolgsneutralen Zugangsbuchungen wie der bilanziellen Behandlung von asset deals, Tauschgeschäften, Sacheinlagen von Gesellschaftern oder gesellschaftsrechtlichen Einbringungsvorgängen für Sachgesamtheiten ergeben.

2532

So können im Falle eines asset deals – um nur ein Beispiel zu nennen – bei der Kaufpreisallokation immaterielle Vermögenswerte (Kundenstamm, Marke etc.) identifiziert werden, die als immaterielle Vermögensgegenstände in der Handelsbilanz angesetzt und ggf. abgeschrieben werden. Steuerrechtlich findet dieses immaterielle Vermögen keinen Ansatz, so dass sich hier ein höherer Geschäfts- oder Firmenwert ergibt. Die

---

15 Vgl. zu weiteren Beispielen *Küting/Tesche*, DStR 2009, S. 1491 ff.

sich aus derartigen Ansatz- und Bewertungsunterschieden bei den betroffenen Vermögenswerten und Schulden ergebenden latenten Steuern sind nach herrschender Meinung erfolgsneutral mit dem Geschäfts- oder Firmenwert zu verrechnen bzw. gegen das Eigenkapital zu erfassen.[16] Allerdings stellt sich hier die Frage, ob etwaige Differenzen zwischen dem handelsrechtlich verbleibenden Residuum und dem steuerrechtlich anzusetzenden Geschäfts- oder Firmenwert selbst zu latenten Steuern führen. Dies würde in der Anwendung zu einem Zirkularitätsproblem führen, das über ein iteratives Verfahren gelöst werden könnte. Allerdings wird hier – trotz der Erhebung des Geschäfts- oder Firmenwerts zu einem Vermögensgegenstand qua Fiktion (§ 246 Abs. 1 Satz 4 HGB) – weithin die Auslegung vertreten, dass der Gesetzgeber mit § 246 Abs. 1 Satz 4 HGB wohl eher ein lex specialis für die Zugangsbewertung des Geschäfts- oder Firmenwerts geschaffen hat und dieser damit den allgemeinen Bewertungsvorschriften für Vermögensgegenstände zu unterwerfen ist. Auf der Grundlage dieser Argumentation erscheint es sachgerecht, keine latenten Steuern auf Differenzen zwischen einem verbleibenden handelsbilanziellen Unterschiedsbetrag und dem steuerrechtlichen Geschäfts- oder Firmenwert im Zugangszeitpunkt anzusetzen. Ergeben sich in den Folgejahren jedoch neue Differenzen, z. B. aufgrund unterschiedlicher Nutzungsdauern, sind latente Steuern zu bilden.[17]

3.4 Latente Steuern auf Verlustvorträge

2533   Mit dem BilMoG wurde auch die Berücksichtigung von Verlustvorträgen bei der Berechnung aktiver latenter Steuern explizit verankert. So sind nach § 274 Abs. 1 Satz 4 HGB steuerliche Verlustvorträge bei der Berechnung aktiver latenter Steuern in Höhe der innerhalb der nächsten fünf Jahre zu erwartenden Verlustverrechnung zu berücksichtigen. Konzeptionell handelt es sich bei der Aktivierung latenter Steuern auf Verlustvorträge um eine Besonderheit. Zum einen stellen Verlustvorträge keine temporären Differenzen im eigentlichen Sinne des bilanzorientierten Konzepts dar. Zum anderen führen Verlustvorträge nicht per se zu einer Steuererstattung, sondern können im Verrechnungsfall vielmehr zukünftige steuerpflichtige Gewinne unter Beachtung der Grundsätze der Mindestbesteuerung mindern.[18] Nichtsdestotrotz trägt die Regelung nach Ansicht des Gesetzgebers den Informationsinteressen der Abschlussadressaten Rechnung und fördert die den tatsächlichen Verhältnissen entsprechende Darstellung der Vermögens-, Finanz- und Ertragslage im handelsrechtlichen Jahresabschluss.[19] Entsprechendes gilt nach herrschender Meinung für zinsschrankenbezogene Zinsvorträge (§ 4h EStG, § 8a KStG).

2534   In der Fachwelt werden insbesondere die Rahmenbedingungen für die Aktivierung latenter Steuern auf Verlustvorträge sehr kontrovers diskutiert. So regelt z. B. das DRSC in DRS 18.19, dass eine Steuerplanung über fünf Jahre Grundvoraussetzung für die steuer-

---

16 Vgl. DRS 18.51; IDW RS HFA 42.39 sowie u. a. *Grottel/Larenz*, in: Beck'scher Bilanz-Kommentar, 11. Aufl., München 2018, § 274 Rz. 10 ff., m. w. N.
17 Vgl. *Wendholt/Wesemann*, DB 2009, Beilage 5, S. 72.
18 Vgl. *Petersen/Zwirner*, in: Petersen/Zwirner/Brösel (Hrsg.), Systematischer Praxiskommentar Bilanzrecht, 3. Aufl., Köln 2016, § 274 Tz. 28.
19 Vgl. BT-Drucks. 16/10067, S. 67.

liche Abgrenzung von Verlustvorträgen sei. Liegt eine entsprechende Unternehmens- und eine daraus abgeleitete Steuerplanung intern nicht vor, so ist diese im Sinne einer sachgerechten und plausiblen Schätzung, beispielsweise durch Trendextrapolation, zu simulieren. Der Nachteil dieses Vorgehens ist jedoch, dass dadurch eine hohe Unsicherheit Eingang in den bilanziellen Wertansatz auf der Aktivseite findet, die insbesondere vor dem Hintergrund einer vorsichtigen Bilanzierung kaum vertretbar scheint. Auch die Werthaltigkeit solcher Positionen ist in diesem Fall nicht gesichert. Damit ist es durchaus als sachgerecht anzusehen, dass die aktiven Steuerlatenzen auf verrechenbare Verlustvorträge basierend auf der intern bereits vorliegenden Planung – in vielen Fällen weniger als fünf Jahre – ermittelt werden. In diesem Zusammenhang ist auch auf das einer Steuerlatenzierung auf Verlustvorträge inhärente Abwertungsrisiko hinzuweisen. So wird die Aktivierung aufgrund der Erwartung künftiger steuerlicher Gewinne vorgenommen, mit denen die Verlustvorträge verrechnet werden können. Bleiben diese Gewinne nun z. B. infolge einer individuellen oder allgemeinen Krisensituation aus, wird der Verlust der Periode durch die Abwertung der aktiven Latenzen sogar noch erhöht.

Für die Beurteilung der zu erwartenden Verlustverrechnung sind nach der Regierungsbegründung Wahrscheinlichkeitsbetrachtungen heranzuziehen. Allerdings liefert die Gesetzesbegründung keine Anhaltspunkte darüber, anhand welcher Kriterien die Verrechnungswahrscheinlichkeit zu prüfen ist. DRS 18.A3 interpretiert die Begriffe „voraussichtlich" und „zu erwarten" in diesem Zusammenhang in Übereinstimmung mit den einschlägigen IFRS als „more likely than not". Damit macht der deutsche Standardsetzer die Wahrscheinlichkeit an einer fiktiven 50 %-Grenze fest. In der Folge ist eine Verlustverrechnung erst dann voraussichtlich zu erwarten, wenn die Wahrscheinlichkeit hierfür bei über 50 % liegt. Damit wird zwar der Versuch einer Objektivierung der Wahrscheinlichkeitsbetrachtung unternommen, diese unterliegt jedoch einem überaus hohen Ermessensspielraum seitens des Bilanzierenden. Um somit die Beurteilung der Wahrscheinlichkeit der Verlustverrechnung angemessen fundieren zu können, sind verschiedene Indikatoren in die Überlegungen mit einzubeziehen. Hierzu zählt beispielsweise eine Verlusthistorie des zu untersuchenden Unternehmens. Allerdings ist hierbei auch die individuelle Unternehmenssituation (z. B. Art der Geschäftstätigkeit, Marktumfeld oder Stabilität der Steuergesetzgebung) zu berücksichtigen, ggf. sind nicht wiederkehrende Einflüsse zu bereinigen oder dienen – wenn sie zu den Verlustvorträgen geführt haben – als Argument gegen das Vorliegen einer Verlusthistorie.[20] Aber auch die Verfügbarkeit von Steuergestaltungsmöglichkeiten[21] kann Hinweise auf künftige positive Ergebnisse liefern. Dies macht wiederum die hohen Anforderungen an die Dokumentation der erwarteten Verrechnungsmöglichkeiten deutlich.[22] Hinsichtlich des Vorliegens einer Verlusthistorie wird im Allgemeinen ein Untersuchungszeitraum von drei Jahren unterstellt. Dieser kann jedoch in begründeten Fällen, z. B. in einem sehr volatilen Umfeld, auch länger oder kürzer angesetzt werden. Als Basis für die Analyse

---

20 Vgl. ähnlich auch *Meyer/Loitz/Linder/Zerwas*, Latente Steuern, 2. Aufl., Wiesbaden 2010, S. 114 f.
21 Vgl. zur Steuerbilanzpolitik *Scheffler*, Rz. 2720 ff.
22 Vgl. zu den Dokumentationserfordernissen detailliert *Hoffmann/Lüdenbach*, NWB Kommentar Bilanzierung, 9. Aufl., Herne 2018, § 274 Rz. 45 ff.

wird aus Gründen der Wirtschaftlichkeit regelmäßig das Ergebnis vor Steuern herangezogen, da sich die Bereinigung eines Ergebnisses nach Steuern – das bereits durch latente Steuern beeinflusst wurde – oftmals als komplex erweist.[23]

2536 Grundsätzlich ist die Bildung aktiver latenter Steuern auf Verlustvorträge, wie bereits geschildert, auf einen Zeithorizont von fünf Jahren begrenzt. Dies bezieht sich explizit auf den Fall, dass ohne die Berücksichtigung der Verlustvorträge bereits ein aktiver Überhang (nach Saldierung, vgl. Rz. 2553) an latenten Steuern vorliegt. Besondere Regelungen gelten hingegen, falls nach Saldierung ein passivischer Überhang resultiert.

Zwar weist die Beschlussempfehlung des Rechtsausschusses darauf hin, dass bei einer erwarteten Verlustverrechnung erst nach dem Fünf-Jahres-Horizont auch dann keine aktiven latenten Steuern zu bilden sind, wenn dies lediglich zur Verrechnung mit passiven Latenzen erfolgen würde.[24] In der Fachliteratur hat sich jedoch weitgehend die Meinung durchgesetzt, dass die Beschränkung auf den Fünf-Jahres-Horizont dann keine Wirkung entfaltet, wenn dadurch ein passiver Überhang an latenten Steuern gemindert werden kann.[25]

> **BEISPIEL** Die E GmbH ermittelt für ihren handelsrechtlichen Jahresabschluss des Jahres 20X1 aktive latente Steuern in Höhe von 50.000 € und passive latente Steuern in Höhe von 200.000 €. Verlustvorträge wurden noch nicht berücksichtigt. Nach Saldierung resultiert ein passivischer Überhang in Höhe von 150.000 €. Zudem liegen aufrechenbare und unbegrenzt vortragsfähige Verlustvorträge (insgesamt) in Höhe von 300.000 € vor, davon sind laut Steuerplanung 200.000 € in den nächsten fünf Jahren verrechenbar. Der Steuersatz beträgt 30 %.
>
> Aufgrund des hohen Passivüberhangs ist es sachgerecht, aktive Latenzen auf den Gesamtbetrag der Verlustvorträge zu ermitteln. Der Realisierungszeitpunkt ist in diesem Fall also für die Aktivierung der Latenzen unerheblich. Somit werden auf die bestehenden Verlustvorträge aktive latente Steuern in Höhe von 90.000 € ermittelt und mit den passiven latenten Steuern verrechnet. Es bleibt demnach ein Passivüberhang nach Verrechnung in Höhe von 60.000 € bestehen.

Dieses Vorgehen ist sachlogisch nachvollziehbar, da auf diese Weise ein Ausweis einer künftigen Steuermehrbelastung vermieden wird, die aufgrund der bestehenden Verlustvorträge mit hoher Wahrscheinlichkeit so nicht eintreten würde.

Der deutsche Standardsetzer konkretisiert die Auslegungen zu Verlustvorträgen in DRS 18.22 sogar noch weiter, indem er zwischen beschränkt und unbeschränkt vortragsfähigen Verlustvorträgen unterscheidet. Werden demnach nur beschränkt vortragsfähige Verlustvorträge über fünf Jahre hinaus berücksichtigt, sind die temporären Differenzen bis zum Beschränkungszeitpunkt zeitlich zuzuordnen.

Grundsätzlich darf bei dieser Auslegung des § 274 HGB jedoch nicht vergessen werden, dass entsprechende Planungsrechnungen mit einem Horizont von mehr als fünf Jahren einer hohen Unsicherheit unterliegen und daraus ein Konflikt mit dem Vorsichtsprinzip entstehen kann. Um Anhaltspunkte für die Qualität vergangener Planungsrechnungen zu erhalten, können z. B. vergangene Wertberichtigungen auf aktive Steuerlatenzen

---

23 Vgl. *Loitz*, WPg 2007 S. 781.
24 Vgl. BT-Drucks. 16/12407 S. 87.
25 Vgl. stellvertretend *Kessler/Leinen/Paulus*, KoR 2009, S. 716 ff.; *Wendholt/Wesemann*, DB 2009, Beilage 5 S. 70; a. A. *Hoffmann*, StuB 2009, S. 555; *Pöller*, BRZ 2009, S. 491 ff.

oder der Umfang der Soll-Ist-Abweichungen bei früheren Ergebnisschätzungen herangezogen werden.

Schließlich können für Unternehmen in Deutschland die Vorschriften zur körperschafts- und gewerbesteuerlichen Mindestbesteuerung beschränkend in Bezug auf die mögliche Verrechnung von Verlustvorträgen wirken.[26]

3.5 Abweichungen zwischen Handels- und Steuerbilanz als Ursache latenter Steuern

Die Ursache latenter Steuern liegt – mit Ausnahme aktiver latenter Steuern auf Verlust-/Zinsvorträge – in den unterschiedlichen Wertansätzen zwischen Handels- und Steuerbilanz bzw. den korrespondierenden steuerlichen Wertansätzen. Die folgende Übersicht enthält eine Zusammenfassung der – teilweise in Abhängigkeit von der Art der Ausübung bestehender Wahlrechte – wesentlichen Abweichungen zwischen Handels- und Steuerbilanz (soweit die jeweilige Abweichung für die Abgrenzung latenter Steuern relevant ist).[27]

2537

TAB. 5:	Abweichungen zwischen Handels- und Steuerbilanz		
Bilanzposition bzw. Sachverhalt	Art der unterschiedlichen Behandlung in Handels- (HB) und Steuerbilanz (SB)		Differenz führt i. d. R. zu:
Derivativer Geschäfts- oder Firmenwert – Abschreibung	HB:	über die voraussichtliche wirtschaftliche Nutzungsdauer (§ 253 Abs. 3 Satz 2 HGB) – i.d.R. < 15 Jahre; kann die voraussichtliche Nutzungsdauer nicht verlässlich geschätzt werden, sind planmäßige Abschreibungen über einen Zeitraum von 10 Jahren vorzunehmen (§ 253 Abs. 3 Satz 3 HGB).[28]	Aktive latente Steuern
	SB:	über 15 Jahre (§ 7 Abs. 1 Satz 3 EStG)	
Derivativer Geschäfts- oder Firmenwert – Zugangsbewertung	Bei einem *asset deal* entsteht i. d. R. ein GoF, welcher sowohl in der HB als auch in der SB zu aktivieren ist. Bei der Kaufpreisverteilung können sich jedoch Unterschiede zw. HB und SB ergeben mit der Folge eines abweichenden Ansatzes des GoF in HB und StB.[29]		unbestimmt
Selbst geschaffene immaterielle Vermögensgegenstände des Anlagevermögens (AV)	HB:	Aktivierungswahlrecht (§ 248 Abs. 2 Satz 1 HGB)[30]	Passive latente Steuern bei Aktivierung in der HB
	SB:	Aktivierungsverbot (§ 5 Abs. 2 EStG)	

---

26 Vgl. im Detail *Gelhausen/Fey/Kämpfer*, Rechnungslegung und Prüfung nach dem Bilanzrechtsmodernisierungsgesetz, Düsseldorf 2009, Abschnitt M, Tz. 36.
27 Vgl. *Herzig/Briesemeister*, WPg 2010 S. 63 ff.; *Herzig/Briesemeister*, DB 2009 S. 1 ff.; *Haller/Ferstl/Löffelmann*, DB 2011 S. 886 f.; *Bertram*, in: Haufe HGB Bilanz Kommentar, 7. Aufl., Freiburg 2016, § 274 Rz. 131 ff.
28 Vgl. *Hoffmann/Lüdenbach*, NWB Kommentar Bilanzierung, 9. Aufl., Herne 2018, § 253 Rz. 147.
29 Bzgl. der handelsrechtlichen Regelung vgl. *Hoffmann/Lüdenbach*, NWB Kommentar Bilanzierung, 9. Aufl., Herne 2018, § 274 Rz. 25 ff.
30 Vgl. *Hoffmann/Lüdenbach*, NWB Kommentar Bilanzierung, 9. Aufl., Herne 2018, § 248 Rz. 7 ff.

Bilanzposition bzw. Sachverhalt	Art der unterschiedlichen Behandlung in Handels- (HB) und Steuerbilanz (SB)		Differenz führt i. d. R. zu:
Anschaffungsnahe Aufwendungen	HB:	Gem. § 255 Abs. 2 Satz 1 HGB zählen Aufwendungen für die Erweiterung eines VG zu den Herstellungskosten.[31]	Aktive latente Steuern
	SB:	§ 6 Abs. 1 Nr. 1a EStG enthält detaillierte Vorgaben für anschaffungsnahe Aufwendungen.	
		„Eine steuerliche Herstellungskosten-Fiktion und damit eine Abweichung zum Handelsrecht liegt damit in dem Umfang vor, in dem Erhaltungsaufwendungen von § 6 Abs. 1 Nr. 1a EStG, nicht aber von § 255 Abs. 2 Satz 1 HGB erfasst werden."[32]	
Investitionszuschüsse	HB:	Entweder Kürzung der Anschaffungskosten oder ertragswirksame Erfassung (Wahlrecht)[33]	unbestimmt
	SB:	Gemäß R 6.5 EStG besteht auch hier das o. g. Wahlrecht.	
		Aufgrund unterschiedlicher Ausübung des Wahlrechts in HB und SB kann es zu einer Abweichung kommen.	
Tausch/tauschähnliche Vorgänge bei VG des AV	HB:	Wahlrecht, den erhaltenen VG erfolgsneutral mit dem Buchwert oder erfolgswirksam mit dem Zeitwert des hingegebenen VG anzusetzen.[34]	Aktive latente Steuern (bei Ansatz in HB mit Buchwert und Ansatz in SB mit dem – höheren – gemeinen Wert)
	SB:	Die Anschaffungskosten des erworbenen WG bemessen sich gemäß § 6 Abs. 6 EStG nach dem gemeinen Wert des hingegebenen WG (Ausnahmen bestehen für Umwandlungen, Realteilung und die Übertragung von Einzel-Wirtschaftsgütern).[35]	
Subventionelle Wahlrechte[36]	In diesen Bereich fallen insbesondere die folgenden Sachverhalte (welche in der SB ohne entsprechende Abbildung in der HB in Anspruch genommen werden können): ▶ Steuerliches Wahlrecht zur Übertragung stiller Reserven nach § 6b EStG oder R 6.6 EStR ▶ Erhöhte steuerliche Abschreibungen (§§ 7a, 7h, 7i EStG) ▶ Erhöhte Absetzungen nach §§ 82a, 82g, 82i EStDV ▶ Steuerliche Sonderabschreibungen nach §§ 7g EStG sowie §§ 81 und 82f EStDV		Passive latente Steuern

---

31 Vgl. *Hoffmann/Lüdenbach*, NWB Kommentar Bilanzierung, 9. Aufl., Herne 2018, § 255 Rz. 117 ff.
32 *Herzig/Briesemeister*, WPg 2010, S. 69.
33 Vgl. *Hoffmann/Lüdenbach*, NWB Kommentar Bilanzierung, 9. Aufl., Herne 2018, § 255 Rz. 53.
34 Vgl. *Schubert/Gadek*, in: Beck´scher Bilanz-Kommentar, 11. Aufl., München 2018, § 255 HGB Rn. 40.
35 Vgl. *Herzig/Briesemeister*, WPg 2010, S. 72.
36 Vgl. *Herzig/Briesemeister*, WPg 2010, S. 72.

3. Bilanzansatz latenter Steuern (Bilanzierung dem Grunde nach)

Bilanzposition bzw. Sachverhalt	Art der unterschiedlichen Behandlung in Handels- (HB) und Steuerbilanz (SB)	Differenz führt i. d. R. zu:
Abschreibungen – Planmäßige Abschreibungen von beweglichen Vermögensgegenständen (VG) des AV	HB: über die voraussichtliche wirtschaftliche Nutzungsdauer (§ 253 Abs. 3 Satz 2 HGB)[37] – i. d. R. kürzer als die steuerliche Nutzungsdauer. SB: über die (technische) Nutzungsdauer gemäß den Afa-Tabellen.	Aktive latente Steuern
Abschreibungen – Planmäßige Abschreibungen von Gebäuden des AV	HB: über die voraussichtliche wirtschaftliche Nutzungsdauer (§ 253 Abs. 3 Satz 2 HGB)[38] – i. d. R. länger als die typisierten Nutzungsdauern gem. Steuerrecht. SB: über typisierte Nutzungsdauer gem. § 7 Abs. 4 EStG.	Passive latente Steuern
Abschreibungen – Außerplanmäßige Abschreibungen auf VG des AV aufgrund dauernder Wertminderung	HB: sind vorzunehmen bei voraussichtlich dauerhafter Wertminderung (§ 253 Abs. 3 Satz 5)[39] SB: Gem. § 6 Abs. 1 Nr. 1 Satz 2, Nr. 2 Satz 2 EStG können Teilwertabschreibungen vorgenommen werden (steuerliches Wahlrecht).[40] Ferner können die Voraussetzungen für das Vorliegen einer voraussichtlich dauerhaften Wertminderung von der Finanzverwaltung abweichend zu den handelsrechtlichen GoB beurteilt werden.	Aktive latente Steuern (bei Nichtabschreibung in der SB)
Abschreibungen – Abschreibungsmethode	HB: Gem. § 253 Abs. 2 Satz 2 HGB sind verschiedene Methoden (linear, degressiv, progressiv, leistungsorientiert) zulässig, welche aber gem. § 252 Abs. 1 Nr. 6 HGB stetig anzuwenden sind.[41] SB: In den §§ 7 ff. EStG werden die handelsrechtlichen Afa-Methoden teilweise eingeschränkt (bspw. ist die degressive Afa seit 2011 nicht mehr zulässig).	unbestimmt
Abschreibungen – Komponentenansatz im Anlagevermögen	HB: Unter bestimmten Voraussetzungen ist handelsrechtlich eine komponentenweise Abschreibung zulässig.[42] SB: Der handelsrechtliche Komponentenansatz kann i. d. R. steuerlich nur im Bereich der Betriebsvorrichtungen nachvollzogen werden.	unbestimmt
Ansatzdifferenz i. V. m. dem Prinzip der wirtschaftlichen Zurechnung	HB: Das Prinzip der wirtschaftlichen Zurechnung ist in § 246 Abs. 1 Satz 2 HGB kodifiziert.[43] SB: Die entsprechende steuerrechtliche Vorschrift ist § 39 AO, ergänzt um die steuerlichen Leasingerlasse. Aus der unterschiedlichen Ausübung dieses Prinzips können sich Ansatzdifferenzen ergeben.	unbestimmt

---

37 Vgl. *Hoffmann/Lüdenbach*, NWB Kommentar Bilanzierung, 9. Aufl., Herne 2018, § 253 Rz. 139 ff.
38 Vgl. *Hoffmann/Lüdenbach*, NWB Kommentar Bilanzierung, 9. Aufl., Herne 2018, § 253 Rz. 139 ff.
39 Vgl. *Hoffmann/Lüdenbach*, NWB Kommentar Bilanzierung, 9. Aufl., Herne 2018, § 253 Rz. 178 ff.
40 Es ist strittig, ob diesbezüglich ein – unabhängig vom Handelsrecht – auszuübendes steuerliches Wahlrecht vorliegt. U. E. diese Frage zu Recht bejahend vgl. *Herzig/Briesemeister*, WPg 2010 S. 71 f.
41 Vgl. *Hoffmann/Lüdenbach*, NWB Kommentar Bilanzierung, 9. Aufl., Herne 2018, § 253 Rz. 165 ff.
42 Vgl. *Hoffmann/Lüdenbach*, NWB Kommentar Bilanzierung, 9. Aufl., Herne 2018, § 253 Rz. 141.
43 Vgl. *Hoffmann/Lüdenbach*, NWB Kommentar Bilanzierung, 9. Aufl., Herne 2018, § 246 Rz. 221 ff.

Bilanzposition bzw. Sachverhalt	Art der unterschiedlichen Behandlung in Handels- (HB) und Steuerbilanz (SB)		Differenz führt i. d. R. zu:
Zurechnung von VG zu AV oder UV	Eine § 247 Abs. 2 HGB vergleichbare Regelung bzgl. der Zurechnung von VG zu AV bzw. UV gibt es nicht. Hier könnte es zu Abweichungen kommen, wenn sich bspw. im Rahmen einer steuerlichen Außenprüfung die Finanzverwaltung der Zweckbestimmung des Bilanzierenden nicht anschließt.[44]		unbestimmt
Behandlung des Disagios	HB:	Aktivierungswahlrecht gem. § 250 Abs. 3 HGB.[45]	Aktive latente Steuern bei Nichtansatz in der HB
	SB:	Aktivierungspflicht gem. § 5 Abs. 5 Satz 1 Nr. 1 EStG.	
Bewertungsvereinfachung im Vorratsvermögen[46]	HB:	Gem. § 256 Satz 1 HGB ist nur noch die Wahl zwischen Fifo und Lifo möglich.	unbestimmt
	SB:	Neben der Anwendung des gewogenen Durchschnitts ist gem. § 6 Abs. 1 Nr. 2a Satz 1 EStG nur die Lifo-Methode zulässig.	
Forderungen aus Dividendenansprüchen	Unter bestimmten Voraussetzungen besteht handelsrechtlich eine Aktivierungspflicht, während steuerlich ein Aktivierungsverbot besteht.		Passive latente Steuern
Außerplanmäßige Abschreibungen im UV	HB:	§ 253 Abs. 4 HGB	Aktive latente Steuern
	SB:	§ 6 Abs. 1 Nr. 2 Satz 2 EStG	
	Abweichungen aufgrund unterschiedlicher Bewertungsvorschriften bzw. abweichender Definition einer voraussichtlich dauerhaften Wertminderung möglich.		
Wertaufholung	HB:	Eine Wertaufholung ist gem. § 253 Abs. 5 Satz 1 HGB vorzunehmen, wenn die ursprünglichen, für die außerplanmäßige Abschreibung ursächlichen Gründe nicht mehr bestehen.[47]	Aktive latente Steuern
	SB:	Steuerlich ist eine Wertaufholung auch dann vorzunehmen, wenn die für die Abschreibung ursächlichen Gründe zwar noch bestehen, der Teilwert sich aber wegen anderer Gründe erhöht hat.	
Umrechnung kurzfristiger Fremdwährungsposten	HB:	Auf fremde Währung lautende VG und Verbindlichkeiten sind gem. § 256a HGB zum Devisenkassamittelkurs am Abschlussstichtag umzurechnen. Bei Restlaufzeit von einem Jahr oder weniger gilt das Anschaffungs- und Imparitätsprinzip nicht.[48]	Passive latente Steuern
	SB:	Gem. § 6 Abs. 1 Nr. 1, 2 EStG sind steuerlich stets (auch bei Restlaufzeit von einem Jahr oder weniger) die Anschaffungskosten die Bewertungsobergrenze.	

---

44 Vgl. *Bertram*, in: Haufe HGB Bilanz Kommentar, 7. Aufl., Mannheim 2016, § 274 Rz. 142.
45 Vgl. *Hoffmann/Lüdenbach*, NWB Kommentar Bilanzierung, 9. Aufl., Herne 2018, § 250 Rz. 59 ff.
46 Bzgl. der unterschiedlichen Wahlrechtsausübung in Handels- und Steuerbilanz vgl. *Herzig/Briesemeister*, WPg 2010 S. 74.
47 Vgl. *Winkeljohann/Taetzner*, in: Beck`scher Bilanz-Kommentar, 11. Aufl., München 2018, § 253 HGB, Rn. 637.
48 Vgl. *Hoffmann/Lüdenbach*, NWB Kommentar Bilanzierung, 9. Aufl., Herne 2018, § 256a Rz. 13 ff.

3. Bilanzansatz latenter Steuern (Bilanzierung dem Grunde nach)

Bilanzposition bzw. Sachverhalt	Art der unterschiedlichen Behandlung in Handels- (HB) und Steuerbilanz (SB)		Differenz führt i. d. R. zu:
Pensionsrückstellungen[49] – Bewertung / Abzinsung	HB:	Gem. den Bewertungsvorschriften in § 253 Abs. 1 Satz 2 und 3, Abs. 2 Satz 1 und 2 HGB sind erwartete Lohn-, Gehalts- und Rentensteigerungen bei der Bewertung zu berücksichtigen. Abzinsung mit einem laufzeitkongruenten Zinssatz.[50]	Aktive latente Steuern
	SB:	Steuerliche Bewertungsvorschrift in § 6a EStG kodifiziert. Keine Berücksichtigung erwarteter Steigerungen und Abzinsung mit 6,0 %.	
Pensionsrückstellungen – Bewertung des Deckungsvermögen	HB:	Bewertung von sog. Deckungsvermögen i. S. v § 246 Abs. 2 Satz 2 HGB gem. § 253 Abs. 1 Satz 4 HGB mit dem beizulegenden Zeitwert und Saldierung mit den Pensionsrückstellungen.[51]	Passive latente Steuern
	SB:	Bewertung erfolgt zu fortgeführten Anschaffungskosten (§ 6 Abs. 1 Nr. 2 EStG); eine Saldierung ist unzulässig (§ 5 Abs. 1a Satz 1 EStG).	
Pensionsrückstellungen – Wertpapiergebundene Pensionszusagen	HB:	Für diese Form der Pensionszusagen bemisst sich die Rückstellung gem. § 253 Abs. 1 Satz 3 am beizulegenden Zeitwert der Wertpapiere, soweit er einen garantierten Mindestbetrag übersteigt.[52]	unbestimmt
	SB:	Auch für diese Pensionszusagen ist steuerlich der Teilwert gem. § 6a EStG maßgebend.	
Erwerbsgewinn bei Schuldübernahme[53]	HB:	Bei einer entgeltlichen Schuldübernahme ist gem. IDW die Erfassung eines Erwerbsgewinns beim Verpflichtungsübernehmer explizit nicht zugelassen (RS HFA 30 vom 16.12.2016, Rz. 104a).	
	SB:	Steuerlich entsteht gem. § 5 Abs. 7 EStG beim Verpflichtungsübernehmer ein Erwerbsgewinn am auf die Schuldübernahme folgenden Abschlussstichtag, der wahlweise über eine Rücklagenbildung auf 15 Jahre verteilt werden kann.	
Sonstige Rückstellungen – Steuerliche Ansatzverbote	Für sog. Drohverlustrückstellungen besteht steuerlich ein Passivierungsverbot (§ 5 Abs. 4a Satz 1 EStG). Jubiläumsrückstellungen (§ 5 Abs. 4 EStG) und Rückstellungen für Patentverletzungen (§ 5 Abs. 3 EStG) werden steuerlich nur unter bestimmten Voraussetzungen anerkannt.		Aktive latente Steuern

---

49 Die Bezeichnung „Pensionsrückstellungen" umfasst hier sowohl Altersversorgungsverpflichtungen als auch vergleichbare langfristig fällige Verpflichtungen.
50 Vgl. *Hoffmann/Lüdenbach*, NWB Kommentar Bilanzierung, 9. Aufl., Herne 2018, § 253 Rz. 87 ff.
51 Vgl. *Hoffmann/Lüdenbach*, NWB Kommentar Bilanzierung, 9. Aufl., Herne 2018, § 246 Rz. 392 ff.
52 Vgl. *Hoffmann/Lüdenbach*, NWB Kommentar Bilanzierung, 9. Aufl., Herne 2018, § 253 Rz. 105 ff.
53 Vgl. *Prinz*, DB 2017, S. M28 f; *Reitmeier/Peun/Schönberger*, WPg 2017, S. 813 ff. Aktuell auch BMF v. 30.11.2017, BStBl. I 2017 S. 1619; zu Erläuterungen *Prinz/Otto*, GmbHR 2018 S. 497.

Bilanzposition bzw. Sachverhalt	Art der unterschiedlichen Behandlung in Handels- (HB) und Steuerbilanz (SB)		Differenz führt i. d. R. zu:
Sonstige Rückstellungen – Bewertung / Abzinsung	HB:	Bewertung gem. § 253 Abs. 1 Satz 2 HGB zum voraussichtlichen Erfüllungsbetrag (d. h. unter Berücksichtigung von Preis- und Kostensteigerungen) und laufzeitäquivalente Abzinsung bei Restlaufzeit > 1 Jahr gem. § 253 Abs. 2 Satz 1 HGB.[54]	Passive latente Steuern
	SB:	Stichtagsprinzip verbietet die Berücksichtigung künftiger Steigerungen. Ferner abweichende steuerliche Bewertungen im Bereich der Altersteilzeitverpflichtungen und bei Rückstellungen für Sachleistungsverpflichtungen. Eine Abzinsung erfolgt pauschaliert mit 5,5 %.	
Unverzinsliche Verbindlichkeiten mit Laufzeit > 1 Jahr	HB:	Ansatzpflicht mit Rückzahlungsbetrag gem. § 253 Abs. 1 Satz 2 HGB.[55]	Aktive latente Steuern
	SB:	Ansatzpflicht mit abgezinstem Erfüllungsbetrag nach § 6 Abs. 1 Nr. 3 EStG; keine Abzinsung soweit die Verbindlichkeit auf einer Anzahlung oder Vorausleistung beruht.	

3.6 Auflösung latenter Steuern

2538 Nach § 274 Abs. 2 Satz 2 HGB sind latente Steuerpositionen aufzulösen, wenn die entsprechenden Steuerbe- oder -entlastungen eintreten oder mit deren Eintreten nicht mehr zu rechnen ist. Der Regelfall ist dabei das Eintreten der Be- oder Entlastung, da sich temporäre Differenzen im Zeitablauf regulär auflösen und somit zu den entsprechenden Be- oder Entlastungseffekten führen. Hierbei kann die Auflösung sowohl über einen bestimmten Zeitraum hinweg, z. B. durch Abschreibung eines handelsrechtlich aktivierten und steuerrechtlich nicht bilanzierten Vermögensgegenstandes, als auch zu einem expliziten Zeitpunkt erfolgen. Dies kann beispielsweise beim Verkauf eines Grundstücks mit einem über dem Buchwert liegenden Verkaufspreis der Fall sein.

Mit dem Eintreten einer Steuerbe- oder -entlastung wird hingegen nicht mehr gerechnet, wenn der zugrunde liegende Sachverhalt die Bildung der Latenz nicht mehr rechtfertigt. Dies ist beispielsweise bei Sachverhalten wie aktiven latenten Steuern auf Verlustvorträge möglich, wenn eine überarbeitete Steuerplanung den Ansatz der Latenz nicht mehr rechtfertigt.

4. Bewertung latenter Steuern (Bilanzierung der Höhe nach)

4.1 Allgemeine Regelungen

2539 Die Bewertung latenter Steuern ergibt sich unmittelbar aus § 274 Abs. 2 Satz 1 HGB. Demnach sind die Beträge der sich ergebenden Steuerbe- und -entlastungen

---

[54] Vgl. *Hoffmann/Lüdenbach*, NWB Kommentar Bilanzierung, 9. Aufl., Herne 2018, § 253 Rz. 55 ff.
[55] Vgl. *Hoffmann/Lüdenbach*, NWB Kommentar Bilanzierung, 9. Aufl., Herne 2018, § 253 Rz. 55 ff.

- mit den unternehmensindividuellen Steuersätzen (siehe Rz. 2542 ff.)
- im Zeitpunkt des Abbaus der Differenzen zu bewerten und
- nicht abzuzinsen.

Für Steuerlatenzen besteht gemäß § 274 Abs. 2 Satz 1 HGB ein **Abzinsungsverbot**. Es ist strittig, ob ein generelles Abzinsungsverbot latenter Steuern konzeptionell gerechtfertigt ist – insbesondere bei aktiven latenten Steuern auf Verlustvorträge/Steuergutschriften.[56] Das Abzinsungsverbot entspricht internationaler Praxis. Die Vornahme einer Abzinsung würde eine individuelle Analyse des voraussichtlichen Abbaus der einzelnen Differenzen erfordern, was i. d. R. sehr aufwendig sein dürfte. Das Abzinsungsverbot stellt somit einen nicht zu unterschätzenden Vereinfachungseffekt im Rahmen der Abschlusserstellungsarbeiten dar. Der Preis dieser Vereinfachung besteht allerdings in dem Risiko überbewerteter aktiver latenter Steuern und in der Inkonsistenz im Vergleich zu der Abzinsungspflicht von Rückstellungen mit einer Laufzeit von über einem Jahr.

2540

Die der Bewertung der Steuerlatenzen zugrunde gelegten Annahmen, Steuersätze und Wahrscheinlichkeiten sind zu jedem Bilanzstichtag zu überprüfen; dies gilt auch in Bezug auf die Werthaltigkeit der aktiven latenten Steuern. Einen Schwerpunkt bildet dabei der Nachweis der Werthaltigkeit von aktiven latenten Steuern auf Verlustvorträge (siehe Rz. 2547 ff.). Sobald sich die Differenz abgebaut hat oder mit der Entstehung einer zukünftigen Steuerbe- oder -entlastung nicht mehr zu rechnen ist, sind die ausgewiesenen Steuerlatenzen gemäß § 274 Abs. 2 Satz 2 HGB aufzulösen (vgl. Rz. 2538).

2541

4.2 Anzuwendender Steuersatz

Gemäß § 274 Abs. 2 Satz 1 HGB sind die Beträge der sich ergebenden Steuerbe- und -entlastung mit den **unternehmensindividuellen Steuersätzen** im Zeitpunkt des Abbaus der Differenzen zu bewerten. Das Wort „unternehmensindividuell" ist dabei lediglich für die Abgrenzung latenter Steuern im Konzernabschluss relevant (durch den Verweis in § 306 Satz 5 auf § 24 Abs. 2 HGB).

2542

Der **Zeitpunkt des Abbaus** der zwischen Handelsbilanz und Steuerbilanz bestehenden Differenzen ist im Regelfall nicht bekannt. Aus diesem Grund sind i. d. R. die am Abschlussstichtag gültigen Steuersätze anzuwenden. Dies gilt nur dann nicht, wenn vor oder am Abschlussstichtag bereits eine Änderung der Steuersätze wirksam beschlossen wurde. Eine wirksam beschlossene Änderung der Steuersätze ist in Deutschland erst dann gegeben, wenn der Bundestag und ggf. der Bundesrat dem geänderten Steuergesetz zugestimmt hat (DRS 18.46). Auf die Unterzeichnung des Gesetzes durch den Bundespräsidenten und die Veröffentlichung im BGBl. kommt es somit nicht an. Die aufgrund geänderter Steuersätze induzierten Änderungen der Buchwerte latenter Steuern sind ergebniswirksam zu erfassen.

2543

Der Steuersatz einer **Kapitalgesellschaft**, setzt sich aus KSt, Solz und GewSt zusammen und liegt i. d. R. bei ca. 30 % (siehe die Herleitung in TAB. 6). Die exakte Höhe des zusammengefassten Steuersatzes einer KapG ist abhängig von dem Gewerbesteuerhe-

2544

---

56 Vgl. *Haaker/Freiberg*, PiR 2010 S. 229 f.; *Freiberg*, PiR 2009 S. 375 ff.; *Müssig/Breitkreuz*, StuW 2012 S. 71.

besatz und kann dadurch variieren. Bei **Personengesellschaften** bestimmt sich die Höhe der latenten Steuer lediglich aus der Gewerbesteuer und ist auch hier dementsprechend von dem jeweiligen Gewerbesteuerhebesatz abhängig.

2545

TAB. 6: Vereinfachtes Beispiel zur Ermittlung des effektiven Steuersatzes		
Gewinn vor Steuer		100,00
Körperschaftsteuer		
Zu versteuerndes Einkommen	100,00	
KSt	15,0 %	−15,00
SolZ	5,5 %	−0,82
Gewerbesteuer		
Bemessungsgrundlage	100,00	
Hebesatz (Annahme)	405,0 %	
Steuermesszahl	3,5 %	
GewSt	14,18 %	−14,18
Gesamtsteuer		−30,00
Gesamtsteuersatz		30,0 %

2546 Bei der Anwendung von Gewerbesteuerhebesätzen kann aus Verhältnismäßigkeitsgesichtspunkten und Wesentlichkeitsgründen meist ein durchschnittlicher Hebesatz verwendet werden (DRS 18.42). Dies stellt insbesondere für Unternehmen mit mehreren inländischen Betriebstätten eine Erleichterung dar. Ansonsten wäre die Ermittlung des zu verwendenden Steuersatzes mit weiteren Schwierigkeiten behaftet. Die ausländischen Betriebsstätten zuzurechnenden Steuerlatenzen sind mit dem ausländischen Steuersatz zu bewerten.

4.3 Aktive latente Steuern auf Verlust- und Zinsvorträge

2547 Im Rahmen der Ermittlung der aktiven latenten Steuern sind auch aktive latente Steuern auf steuerliche Verlustvorträge zu berücksichtigen. Vor dem Hintergrund des Vorsichtsprinzips sind hier jedoch strenge Anforderungen bereits bzgl. des Bilanzansatzes zu beachten (vgl. die entsprechenden Ausführungen in Rz. 2533 ff.).

2548 Im Rahmen der Bewertung der aktiven latenten Steuern auf Verlustvorträge stellt sich im Wesentlichen die Frage nach der Bildung einer ausreichenden Wertberichtigung für die Unsicherheiten der steuerlichen Planungsrechnung und für die Risiken eines evtl. Untergangs der steuerlichen Verlustvorträge. Die Realisierbarkeit zukünftiger Steuerentlastungen muss geprüft werden. Dabei ist wie schon beim Ansatz der Steuerlatenz das Vorsichtsprinzip zu berücksichtigen. Die dem Ansatz und der Bewertung zugrunde gelegten Annahmen, Wahrscheinlichkeitsüberlegungen und Begründungen sind durch entsprechende Dokumentation sachgemäß zu belegen.

Insbesondere bei einer längeren Verlusthistorie sind hohe Anforderungen an die Qualität der (steuerlichen) Planungsrechnung zu stellen. Anhaltspunkte für hinreichende künftige zu versteuernde Einkünfte können bspw. sein:[57]

- Eingang profitabler Aufträge, die in Folgejahren abzuwickeln sind,
- Veräußerung, Stilllegung oder Aufgabe defizitärer Geschäftsbereiche oder Standorte,
- Abschluss von Restrukturierungsmaßnahmen als Grundlage für nachhaltige Kosteneinsparungen und Effizienzsteigerungen,
- steuerliche Verluste in Vorjahren aufgrund von Einmaleffekten, die für die Zukunft nicht mehr zu erwarten sind,
- zu versteuernde temporäre Differenzen, für die passive latente Steuern gebildet werden.

Aktive latente Steuern auf Zinsvorträge sind grundsätzlich vergleichbar mit Steuerlatenzen auf Verlustvorträge. Der im Rahmen der Zinsschrankenregelung nicht abzugsfähige Zinsaufwand ist nach § 4h Abs. 4 Satz 1 EStG gesondert festzustellen und zeitlich unbegrenzt vorzutragen. Zu beachten ist, dass der Ansatz latenter Steueransprüche zwischen Verlust- und Zinsvorträgen wechselseitig abhängig ist.[58]

5. Ausweis latenter Steuern

Im Hinblick auf den Bilanzausweis führte das BilMoG für den handelsrechtlichen Ansatz latenter Steuern zu verschiedenen Änderungen. Diese sind nicht zuletzt auf die Klassifizierung latenter Steuern als Posten eigener Art zurückzuführen.

5.1 Bilanzausweis und Saldierungswahlrecht

Mit dem BilMoG sind passive latente Steuern in der Handelsbilanz nicht mehr als Rückstellungen für ungewisse Verbindlichkeiten gem. § 249 Abs. 1 HGB auszuweisen. Ähnliches gilt für aktive latente Steuern, die aufgrund der bereits erwähnten Klassifizierung als Posten eigener Art keine Bilanzierungshilfe mehr darstellen und auch nicht mehr als Abgrenzungsposten bilanziert werden.

Stattdessen wurde § 266 HGB mit dem BilMoG dahingehend überarbeitet, dass das Bilanzgliederungsschema um einen Posten „Aktive latente Steuern" unter § 266 Abs. 2 D und einen Posten „Passive latente Steuern" unter § 266 Abs. 3 E ergänzt wurde. Damit trägt der Gesetzgeber der Definition der latenten Steuern als Posten eigener Art nun auch im Rahmen der Ausweisvorschriften Rechnung.

Nach § 274 Abs. 1 Satz 3 HGB wird dem bilanzierenden Unternehmen zudem ein **Saldierungswahlrecht** für aktive und passive latente Steuern im Sinne einer Gesamtdifferenzenbetrachtung gewährt. Damit steht es dem Anwender frei, sowohl aktive als auch passive latente Steuern jeweils in vollem Umfang zu zeigen oder nur einen Überhang in Form eines Saldos der beiden Positionen auszuweisen. DRS 18.40 definiert überdies Kriterien, deren Erfüllung eine Aufrechnung aktiver und passiver Latenzen ermöglichen

---

57 Vgl. *Bertram*, in: Haufe HGB Bilanz Kommentar, 7. Aufl., Freiburg 2016, § 274 Rz. 113 in Anlehnung an IDW ERS HFA 27 Tz. 7, der im Zuge der Veröffentlichung des DRS 18 aufgehoben wurde.
58 Vgl. *Görlach*, PiR 2009 S. 195 ff.

soll. Da für die Gesamtheit der Differenzen jedoch bereits ein allgemeines Saldierungswahlrecht besteht, stellt sich die Frage nach der Anwendbarkeit der ergänzenden Aufrechnungsbedingungen. Eine mögliche Auslegung könnte hierbei sein, dass selbst im Falle eines grundsätzlich unsaldierten Ausweises bestimmte Latenzen unter Berücksichtigung der Kriterien des DRS 18.40 verrechnet werden können. Dies würde demnach in einem begrenzten Umfang die Möglichkeit einer Teilsaldierung eröffnen. In allen anderen Fällen ist das Saldierungswahlrecht in Bezug auf die Möglichkeit einer Teilsaldierung jedoch eng auszulegen, d. h. eine Gestaltung des Bilanzausweises durch willkürliche Saldierung nur bestimmter Teile der aktiven und passiven Latenzen ist nicht möglich. Bei der Entscheidung über die Nutzung des Saldierungswahlrechts ist zu beachten, dass sich das in § 274 Abs. 1 Satz 2 HGB geregelte Aktivierungswahlrecht (vgl. Rz. 2526) lediglich auf einen aktivischen Überhang aus der Saldierung bezieht. Ein passiver Überhang ist indes stets ansatzpflichtig. Des Weiteren werden bilanzpolitische Spielräume durch das Stetigkeitsgebot begrenzt.[59] Die Entscheidung für oder gegen die Nutzung des Saldierungswahlrechts ist daher stetig auszuüben (DRS 18.57).

2554 **BEISPIEL** Die E GmbH ermittelt für ihren handelsrechtlichen Jahresabschluss des Jahres 20X1 aktive latente Steuern in Höhe von 500.000 € und passive latente Steuern in Höhe von 300.000 €. Der E GmbH stehen in diesem Falle drei Ausweisalternativen zur Verfügung.

1. Alternative:

Die E GmbH nimmt das Saldierungswahlrecht nicht in Anspruch und weist die latenten Steuern unsaldiert aus. Demnach würde das Unternehmen aktive latente Steuern in voller Höhe von 500.000 € und passive latente Steuern in Höhe von 300.000 € ausweisen. Beim unsaldierten Ausweis steht das Aktivierungswahlrecht nach § 274 Abs. 1 Satz 2 HGB nicht zur Verfügung.

2. Alternative:

Die E GmbH nimmt das Saldierungswahlrecht in Anspruch. Aus der Saldierung resultiert ein aktivischer Überhang in Höhe von 200.000 €. Insofern erwächst in einem zweiten Schritt die Möglichkeit zur Nutzung des Aktivierungswahlrechts nach § 274 Abs. 1 Satz 2 HGB. Wird dieses genutzt, weist die E GmbH aktive latente Steuern in Höhe von 200.000 € aus. Passive latente Steuern werden nicht bzw. mit einem Bilanzansatz von 0 € ausgewiesen.

3. Alternative:

Die E GmbH nimmt das Saldierungswahlrecht in Anspruch, woraus ein aktivischer Überhang in Höhe von 200.000 € resultiert. Das damit bestehende Aktivierungswahlrecht nach § 274 Abs. 1 Satz 2 HGB wird in der Folge nicht genutzt, weshalb die E GmbH sowohl die Position der aktiven als auch der passiven latenten Steuern mit einem Wert von 0 € ausweist.

5.2 GuV-Ausweis

2555 Nach § 274 Abs. 2 Satz 3 HGB sind Aufwendungen und Erträge, die aus Veränderungen bilanzierter Steuerlatenzen resultieren, in der GuV gesondert unter dem Posten „**Steuern vom Einkommen und vom Ertrag**" auszuweisen. Dies beinhaltet sowohl Aufwendungen und Erträge aus der Aktivierung oder Passivierung der Latenzen als auch aus der Fortführung bereits aktivierter oder passivierter Posten. DRS 18.60 konkretisiert die Ausweisalternativen dahingehend, dass ein gesonderter Ausweis in Form eines Unterpostens, einer Vorspalte oder eines Davon-Vermerks erfolgen kann.

---

59 Vgl. *Fink/Reuther*, in: Fink/Schultze/Winkeljohann (Hrsg.), Bilanzpolitik und Bilanzanalyse nach neuem Handelsrecht, Stuttgart 2010, S. 13.

5.3 Anhangangaben

Entsprechend der Forderung des § 285 Nr. 29 HGB hat ein Unternehmen im Anhang Angaben darüber zu machen, auf welchen Differenzen oder steuerlichen Verlustvorträgen die latenten Steuern beruhen und mit welchen Steuersätzen deren Bewertung erfolgt ist. Nach DRS 18.64 ist diese Angabe auch dann verpflichtend, wenn das Unternehmen das Aktivierungswahlrecht des § 274 Abs. 1 Satz 2 HGB ausübt und auf den Ansatz eines aktivischen Überhangs verzichtet.[60] Auch im Falle der Nutzung des Saldierungswahlrechts bedeutet dies, dass sich die Informationspflichten des bilanzierenden Unternehmens nicht ausschließlich auf den resultierenden Überhang beziehen, sondern auf die Gesamtheit der existierenden Latenzen in der Bruttosichtweise. Damit soll verhindert werden, dass die Wirkung der Inanspruchnahme der bestehenden Wahlrechte sich implizit auch auf die Anhangangaben auswirkt, was sich aus Informationsgesichtspunkten zum Nachteil der Abschlussadressaten auswirken würde.

2556

Die Angabepflicht bezieht sich zum einen auf die Art des Vermögensgegenstands oder der Schuld, aus der die latente Steuer resultiert, zum anderen auf die Art der Differenz, also ob eine aktive oder eine passive Latenz resultiert. Aus Gründen der Klarheit und der Übersichtlichkeit erfolgt die Angabe regelmäßig in aggregierter Form, d. h. unter Zusammenfassung gleichartiger Vermögensgegenstände und Schulden.[61] Zudem ist in diesem Zusammenhang der Grundsatz der Wesentlichkeit zu beachten. Anzugeben ist außerdem, auf welchen Verlustvorträgen – selbiges gilt für Steuergutschriften oder Zinsvorträge – die latenten Steuern beruhen. Nach der Begründung zum Reg-E BilMoG bezieht der Gesetzgeber in die Berichtspflicht auch Aussagen dazu mit ein, ob Differenzen aus dem Erstansatz von Vermögensgegenständen und Schulden bestehen, die mangels Auswirkungen auf die Gewinnermittlung nicht in die Latenzenberechnung einbezogen wurden.[62] In der Fachliteratur werden hieraus z. T. auch Erläuterungspflichten zu den der Berechnung latenter Steuern zugrunde gelegten Annahmen oder zur Wahrscheinlichkeit der Verlustverrechnung innerhalb der fünf auf den Abschlussstichtag folgenden Geschäftsjahre abgeleitet.[63] Die ebenfalls geforderte Angabe zu verwendeten Steuersätzen knüpft an § 274 Abs. 2 Satz 1 HGB an, wonach latente Steuern mit den unternehmensindividuellen Steuersätzen im Zeitpunkt der Umkehrung der Differenzen gebildet werden. Der im Gesetzestext verwendete Plural („Steuersätze") erscheint vor dem Hintergrund der Begründung zum Reg-E BilMoG nicht sachgerecht, da dort für die Steuerabgrenzung auf individuelle, d. h. steuersubjektbezogene Steuersätze abgestellt wird.[64]

2557

Hinsichtlich der Ausgestaltung der anzugebenden Informationen legt DRS 18.65 qualitative Angaben als regelmäßige Mindestanforderung fest. Aufgrund der Verwendung des Begriffs „regelmäßig" relativiert der deutsche Standardsetter dies jedoch dahingehend, dass wohl im Einzelfall auch quantitative Angabepflichten erforderlich sein können. So

2558

---

60 Vgl. zur Diskussion unter Einbeziehung weiterer Literaturmeinungen *Harre/Lukat*, in: Rechnungslegung nach HGB und IFRS, Stuttgart 2017, Kapitel 8, Rz. 33.
61 Vgl. *Grottel*, in: Beck'scher Bilanz-Kommentar, 11. Aufl., München 2018, § 285 Rz. 833.
62 Vgl. BT-Drucks. 16/10067, S. 68.
63 Vgl. *Grottel*, in: Beck'scher Bilanz-Kommentar, 11. Aufl., München 2018, § 285 Rz. 834; ferner werden z.T. Angaben zum verrechnungsfähigen Anteil am insgesamt bestehenden Verlustvortrag als sachgerecht erachtet, vgl. *Wendholt/Wesemann*, DB 2009, Beilage 5, S. 68.
64 Vgl. BT-Drucks. 16/10067, S. 68.

knüpft DRS 18.66 beispielsweise Angabepflichten zu Betrag und Zeitpunkt des Verfalls von Verlustvorträgen sowie weiterer abzugsfähiger temporärer Differenzen, für die keine Latenz in der Bilanz angesetzt wurde, an deren Informationsnutzen für den Abschlussadressaten. Allerdings ist die Quantifizierung der Angaben insbesondere vor dem Hintergrund der Zielsetzung des BilMoG, den Mittelstand zu entlasten, kaum als sachgerecht anzusehen. Insofern sollte die Notwendigkeit quantitativer Angaben hier de facto auch tatsächlich nur in spezifischen Ausnahmefällen erwachsen. Entsprechend könnte eine Angabe gem. § 285 Nr. 29 HGB beispielsweise wie folgt ausgestaltet sein:

> **FORMULIERUNGSBEISPIEL** „Zum Abschlussstichtag resultieren temporäre Differenzen im Wesentlichen aus Bilanzierungsunterschieden im Zusammenhang mit Pensionen und sonstigen Rückstellungen. Die Bewertung der latenten Steuern erfolgt auf Basis des kombinierten Ertragsteuersatzes von 30,5 %. Der kombinierte Ertragsteuersatz umfasst die Körperschaftsteuer, die Gewerbesteuer und den Solidaritätszuschlag."

2559 Nicht zuletzt aus Wirtschaftlichkeitsgründen abzulehnen ist hingegen die Auslegung des DRSC in DRS 18.67, wonach aus Gründen der verbesserten Information der Abschlussadressaten eine steuerliche Überleitungsrechnung vom erwarteten Steueraufwand/-ertrag auf den tatsächlich ausgewiesenen Steueraufwand/-ertrag gefordert wird. Entsprechende Angaben sind nicht vom Gesetzestext gedeckt und in der Aufbereitung deutlich zu komplex um aus Kosten-Nutzen-Gesichtspunkten verpflichtend gefordert zu werden.

2560 Als mögliche Gliederung für eine steuerliche Überleitungsrechnung schlägt DRS 18.A15 – unter dem Hinweis auf Wesentlichkeitsgesichtspunkte – folgende Struktur vor:

TAB. 7: Gliederungsvorschlag steuerliche Überleitungsrechnung		
Mio. €	Berichtsjahr	Vorjahr
Ergebnis vor Ertragsteuern (Handelsbilanz)		
Erwarteter Ertragsteueraufwand (Konzern-)Steuersatz xx,x % Vorjahr: xx,x %		
Überleitung:		
Abweichende ausländische Steuerbelastung	+/–	+/–
Steueranteil für:		
steuerfreie Erträge	–	–
steuerlich nicht abzugsfähige Aufwendungen	+	+
temporäre Differenzen und Verluste, für die keine latenten Steuern erfasst wurden	+/–	+/–
Steuergutschriften	–	–
Periodenfremde tatsächliche Steuern	+/–	+/–
Effekte aus Steuersatzänderungen	+/–	+/–
Sonstige Steuereffekte	+/–	+/–
Ausgewiesener Ertragsteueraufwand		
Effektiver (Konzern-)Steuersatz (%)		

Neben den Angaben nach § 285 Nr. 29 HGB sind gem. § 285 Nr. 30 HGB die latenten Steuersalden am Ende des Geschäftsjahres und die sich im Laufe des Geschäftsjahres ergebenden Änderungen dieser Salden anzugeben, wenn latente Steuerschulden in der Bilanz angesetzt werden. Der Gesetzgeber knüpft die Angabepflicht zu latenten Steuersalden, die erst mit dem Bilanzrichtlinie-Umsetzungsgesetz (BilRUG) in das HGB aufgenommen wurde, an den Ansatz latenter Steuerschulden in der Bilanz. Unter dem Begriff der latenten Steuerschulden sind – so die herrschende Meinung – passive latente Steuern zu verstehen.[65] Da als Auslöser für die Anhangangabe jedoch definiert ist, dass die passiven Latenzen „in der Bilanz angesetzt werden",[66] scheint eine Verknüpfung der Angabepflicht mit dem Bilanzansatz passiver latenter Steuern gem. § 274 Abs. 1 HGB sachgerecht. Die Angabepflicht erwächst demnach grundsätzlich im Falle eines unsaldierten Ausweises sowohl aktiver als auch passiver latenter Steuern sowie bei einem Passivüberhang nach Saldierung, der der Passivierungspflicht unterliegt. Im Gegensatz dazu führt nach der hier vertretenen Meinung die Inanspruchnahme des Saldierungswahlrechts bei einem Aktivüberhang, bei dem passive latente Steuern also verrechnet und dadurch nicht separat zum Ausweis gebracht werden, mangels eines Ansatzes passiver Latenzen in der Bilanz auch nicht zu einer entsprechenden Anhangangabe.[67]

2561

Fraglich bleibt in diesem Zusammenhang jedoch, wie die mit dem BilRUG neu eingeführte Anhangangabe abzubilden ist. In der Literatur wird teilweise die Auffassung vertreten, dass dieser Angabepflicht eine Aufgliederung der latenten Steuersalden nach Einzeldifferenzen, beispielsweise im Sinne eines sog. „Latenzenspiegels", zugrunde liegt.[68] Eine derart granulare Angabepflicht ist jedoch weder dem Gesetzestext noch den Gesetzesmaterialien zu entnehmen. Ein Indiz hierfür ist auch, dass die Angabe nach § 285 Nr. 30 HGB bereits von mittelgroßen Kapitalgesellschaften zu machen ist, die Angabe zu den Latenzen zugrunde liegenden temporären Differenzen gem. § 285 Nr. 29 HGB hingegen auf große Kapitalgesellschaften beschränkt ist. Stattdessen ist die Neuregelung im Kontext der überarbeiteten EU-Bilanzrichtlinie 2013/34/EU zu interpretieren. So wurde die Anhangangabe mit Art. 17 lit. f der Richtlinie 2013/34/EU vor dem Hintergrund eingeführt, dass Art. 10 i.V.m. Anlage III und Anlage IV der Richtlinie keinen gesonderten bilanziellen Ausweis latenter Steuern in einem Posten eigener Art fordert. Entsprechend ist auch die Implementierung einer derartigen Berichtspflicht aus dem Blickwinkel der EU-Kommission nachvollziehbar. In Bezug auf das deutsche Bilanzrecht ist dabei allerdings zu berücksichtigen, dass mit § 266 Abs. 2 lit. D und Abs. 3 lit. E HGB

2562

---

65 Vgl. *Fink/Theile*, DB 2015, S. 758; *Rimmelspacher/Meyer*, DB 2015, Beilage 5, S. 27; *Grottel*, in: Beck'scher Bilanz-Kommentar, 11. Aufl., München 2018, § 285 Rz. 845.
66 Wobei hier nicht trennscharf zwischen Bilanzansatz und Ausweis unterschieden wird.
67 So auch *Lüdenbach/Freiberg*, StuB 2015, S. 572; *Fink/Heyd/Kreher*, HGB aktuell, Berlin 2016, S. 183; *Grottel*, in: Beck'scher Bilanz-Kommentar, 11. Aufl., München 2018, § 285 Rz. 846; a.A. *Rimmelspacher/Reitmeier*, WPg 2015, S. 1005, die die Angabepflicht unabhängig von der Art des Ausweises latenter Steuern auslegen; *Kußmaul/Ollinger/Müller*, StuB 2015, S. 249, erachten die entsprechenden Angaben aus Informationsgesichtspunkten auch im Falle des Ansatzes aktiver latenter Steuern sowie zumindest bei Saldierung als notwendig.
68 Hierzu erwarten *Oser/Orth/Wirtz*, DB 2015, S. 200, die Angabe eines „Spiegels latenter Steuern"; Kirsch, IRZ 2015, S. 104, geht von einer Entwicklungsrechnung entsprechend der nach IFRS offenzulegenden Hauptbestandteilen des Steueraufwands aus.

bereits durch das BilMoG Posten eigener Art zu aktiven und passiven Latenzen eingeführt wurden. Angaben zu Anfangs- und Endbeständen und zur Veränderung latenter Steuern während des Berichtsjahres sind damit bereits aus den entsprechenden Bilanzposten sowie der Gewinn- und Verlustrechnung ersichtlich, in der gem. § 274 Abs. 2 Satz 3 HGB ein gesonderter Ausweis von Aufwand oder Ertrag aus der Veränderung bilanzierter latenter Steuern unter dem Posten „Steuern vom Einkommen und vom Ertrag" erfolgt. Die handelsrechtliche Umsetzung der Anhangangabe wäre somit nicht nötig gewesen.[69]

2563 Um der neuen – wenn auch sachlich obsoleten – Angabepflicht trotzdem nachzukommen und damit die buchstabengetreue Befolgung des Gesetzes sicherzustellen, sind die latenten Steuersalden am Ende des Geschäftsjahres und deren Änderungen im Laufe des Geschäftsjahres anzugeben. Werden aktive und passive latente Steuern in der Bilanz unsaldiert ausgewiesen, unterliegen lediglich die passiven latenten Steuersalden am Geschäftsjahresende sowie deren geschäftsjahresbezogene Änderungen der Angabepflicht.[70] Dies lässt sich aus der Formulierung des Gesetzgebers in der Begründung zum Reg-E BilRUG ableiten, in der formuliert wird: „Diese Vorgabe ist entsprechend der Richtlinie auf die angesetzten latenten Steuerschulden begrenzt".[71] De facto führt dies aus den oben genannten Gründen zu einer redundanten Angabe, da die entsprechenden Informationen bereits aus Bilanz sowie Gewinn- und Verlustrechnung ersichtlich sind. Im Falle des verpflichtenden Bilanzausweises eines passiven latenten Steuerüberhangs (nach Saldierung) ist dagegen davon auszugehen, dass diesem Saldo im Regelfall sowohl aktive als auch passive Steuerlatenzen zugrunde liegen und damit – anders als beim unsaldierten Ausweis – die in der folgenden Tabelle enthaltenen Angaben erforderlich sind.[72] Im Falle der Saldierung mit dem Ergebnis eines Aktivüberhangs entfällt dagegen die Berichtspflicht mangels eines Ansatzes passiver latenter Steuern in der Bilanz. Die folgende Übersicht stellte eine mögliche Darstellungsvariante für die erforderlichen Informationen dar:[73]

TAB. 8:	Darstellungsmöglichkeit zu den Anhangangaben gem. § 285 Nr. 30 HGB		
	Stand zum 1.1.20X1	Veränderung in 20X1	Stand zum 31.12.20X1
Aktive latente Steuern			
Passive latente Steuern			

---

69 So auch *Fink/Theile*, DB 2015, S. 758; *Theile*, GmbHR 2015, S. 284; *Lüdenbach/Freiberg*, StuB 2015, S. 572; *Fink/Heyd/Kreher*, HGB aktuell, Berlin 2016, S. 183.
70 Vgl. *Kirsch*, BBK 2015, S. 326; a.A. *Grottel*, in: Beck'scher Bilanz-Kommentar, 11. Aufl., München 2018, § 285 Rz. 850, der wegen des im Plural verwendeten Begriffs der Steuersalden die Berichtspflicht sowohl für die aktiven als auch die passiven latenten Steuersalden sieht.
71 BT-Drucks. 18/4050, S. 66.
72 Vgl. *Kirsch*, BBK 2015, S. 326.
73 Ähnlich auch *Grottel*, in: Beck'scher Bilanz-Kommentar, 11. Aufl., München 2018, § 285 Rz. 850.

6. Größenabhängige Erleichterungen

Kleine Kapitalgesellschaften sind gemäß § 274a Nr. 5 HGB von der Anwendung des § 274 HGB befreit. Dies gilt auch für Unternehmen, die nicht in der Rechtsform einer Kapitalgesellschaft firmieren, da diese regelmäßig nicht in den Anwendungsbereich des § 274 HGB fallen. Damit erstreckt sich die Pflichtanwendung des § 274 HGB grundsätzlich auf mittelgroße und große Kapitalgesellschaften sowie diesen gleichgestellte Personengesellschaften.

2564

Zwar können Gesellschaften, die nicht zur Anwendung des § 274 HGB verpflichtet sind, diesen unter Berücksichtigung aller damit verbundenen Bilanzierungsfragen freiwillig anwenden. Es bleibt jedoch offen, ob auch ein kompletter Verzicht auf die Bilanzierung latenter Steuern zulässig ist.

In der Fachliteratur wird diese Frage z. T. sehr kontrovers diskutiert.[74] Es hat sich diesbezüglich jedoch weithin die Auslegung herauskristallisiert, dass für Gesellschaften, die § 274 HGB nicht anwenden, eine Steuerlatenzierung basierend auf dem Timing-Konzept zu erfolgen hat. Dieses Vorgehen wird u. a. in den Interpretationsentwürfen des IDW vorgeschlagen, das zuerst in seinem IDW ERS HFA 27 – dieser wurde im Zuge der Veröffentlichung des DRS 18 aufgehoben – und schließlich im Rahmen des IDW RS HFA 7 n. F. zur Rechnungslegung von Personenhandelsgesellschaften die Anwendung des Timing-Konzepts bei Nicht-Anwendung des § 274 HGB proklamierte. Konkret bedeutet dies, dass die entsprechenden Unternehmen latente Steuern wie auch vor dem BilMoG lediglich auf zeitlich begrenzte Differenzen zwischen handels- und steuerbilanziellem Ergebnis bilden sollen. Quasi-permanente Differenzen sind hingegen von der Latenzierung ausgeschlossen. Zudem legt IDW RS HFA 7.26 die Bildung einer Rückstellung für passive Latenzen fest und knüpft deren Bewertung an die einschlägigen Bewertungsvorschriften des HGB für Rückstellungen. Eine explizite Prüfung möglicher Latenzierungssachverhalte auf deren Erfüllung der Tatbestandsvoraussetzungen für Rückstellungen i. S. d. § 249 Abs. 1 HGB erfolgt jedoch nicht. Dadurch setzt die gängige Kommentarliteratur die Regierungsbegründung oftmals nicht sinngemäß um, nach der passive latente Steuern nur dann zu ermitteln sind, „wenn gleichzeitig die Tatbestandsvoraussetzungen für den Ansatz einer Rückstellung [...] vorliegen."[75] Dies setzt eine entsprechende Auseinandersetzung mit den Sachverhalten voraus und kann nicht implizit für alle Sachverhalte vorausgesetzt werden.[76] Somit erfordert dieses weithin unterstützte Konzept von den bilanzierenden Unternehmen umfangreiche Analysen, um die Ermittlung der passiven latenten Steuern zu ermöglichen. Zusätzlicher Mehraufwand würde schließlich aus der Notwendigkeit der Minderung der Rückstellungen für passive Latenzen beim Vorliegen von aktiven Latenzen und Verlustvorträgen erwachsen.

2565

Da der Gesetzgeber mit der vorliegenden Erleichterung de facto eine Minimierung des administrativen Aufwands für die befreiten Unternehmen bezweckt hat, bietet die herr-

2566

---

[74] Vgl. *Ruberg*, Ubg 2011 S. 626 ff.; *Skoluda/Janitzschke*, StuB 2011 S. 363 ff.; *Lüdenbach/Freiberg*, BB 2011 S. 159 ff.; *Lüdenbach*, StuB 2011 S. 68 f.; *Müller*, DStR 2011 S. 1046 ff.; *Müller/Kreipl*, DB 2011 S. 1701 ff.; IDW, IDW FN 2011 S. 340 f.; *Förster/Beer*, StuW 2012 S. 85; *Karrenbrock*, BB 2013 S. 235 ff.; *Pollanz*, DStR 2013 S. 58 ff.; *Harre/Lukat*, in: Rechnungslegung nach HGB und IFRS, Stuttgart 2017, Kapitel 8 Rz. 12 ff.

[75] BT-Drucks. 16/10067, S. 68.

[76] Vgl. zu dieser Auslegung *Müller/Kreipl*, DB 2011, S. 1702; *Kirsch/Hoffmann/Siegel*, DStR 2012, S. 1295.

schende Meinung zur Frage der Steuerlatenzierung bei kleinen Kapitalgesellschaften und Unternehmen sonstiger Rechtsformen kaum eine befriedigende Alternative. Allein aus Wirtschaftlichkeitsgründen ist das weithin vorgeschlagene Vorgehen daher zu hinterfragen. Zusätzliche Kritik lässt sich zudem aus der Tatsache ableiten, dass latente Steuern nach § 274 HGB als Posten eigener Art definiert sind und somit eine Anwendung der Bilanzierungsvorschriften für Rückstellungen grundsätzlich nicht in Frage kommen dürfte.[77] Dies würde zu einer Ungleichbehandlung sich entsprechender Sachverhalte bei unterschiedlichen Unternehmen führen und kann aus Gründen der Vergleichbarkeit nicht gewünscht sein. Auch ist zu bedenken, dass dies insbesondere in Konzernstrukturen mit Gesellschaften, die § 274 HGB teilweise anwenden und teilweise nicht, zu einem konzeptionellen Bruch in der Bilanzierung führen würde. Eine auf dem Gesetzeszweck basierende, teleologische Auslegung der Regelungen würde den Unternehmen, die nicht in den Anwendungsbereich des § 274 HGB fallen, demnach einen kompletten Verzicht auf die Bilanzierung latenter Steuern ermöglichen.[78]

Unter wirtschaftlicher Betrachtungsweise kann aus einem kompletten Verzicht auf die entsprechende Latenzierung jedoch auch ein Konflikt mit den Grundprinzipien des deutschen Bilanzrechts resultieren. Dies sei an einem einfachen Zahlenbeispiel dargestellt. In der Handelsbilanz werden noch nicht realisierte Währungsgewinne in Höhe von 100.000 € ausgewiesen (dies ist aufgrund der teilweisen Aufhebung des Imparitätsprinzips durch das BilMoG möglich). Aufgrund abweichender steuerlicher Bewertungsvorschriften mussten diese 100.000 € bisher noch nicht versteuert werden. Bei Realisierung der Währungsgewinne sind diese jedoch steuerpflichtig und führen zu einer zukünftigen Steuerzahlung in Höhe von 30.000 €. Eine Vermögensmehrung i. V. m. den noch nicht realisierten Währungsgewinnen in Höhe von 100.000 € wird in dieser Höhe niemals eintreten – ohne die Verpflichtung zur Passivierung einer Rückstellung für die korrespondierende zukünftige Steuerbelastung wäre das Nettovermögen um 30.000 € zu hoch ausgewiesen. Insofern erscheint eine sachverhaltsabhängige Prüfung der Bildung einer Rückstellung für passive Latenzen sachgerecht.

2567 Eine weitere größenabhängige Erleichterung gewährt § 288 Abs. 2 HGB für mittelgroße Kapitalgesellschaften, indem diese von den Angabepflichten des § 285 Nr. 29 HGB (vgl. Rz. 2556) befreit werden. Somit entfällt für diese Unternehmen die Verpflichtung zur Angabe der Differenzen und steuerlichen Verlustvorträge, die den gebildeten latenten Steuern zugrunde liegen, sowie der für die Bewertung herangezogenen Steuersätze. Es ist jedoch zu beachten, dass trotz des Verzichts auf die entsprechenden Anhangangaben die Notwendigkeit einer hinreichend ausführlichen Ermittlung der latenten Steuern bestehen bleibt, um den Bilanzansatz zu errechnen. Einzig bei einem eindeutig zu begründenden Vorliegen eines Aktivüberhangs und dessen Nichtansatz kann unter Umständen auf die ausführliche Ermittlung der Latenzen verzichtet werden. In allen anderen Fällen, in denen latente Steuern zum Ansatz kommen, kann auf die Ermittlung der Latenzen zu Dokumentationszwecken nicht verzichtet werden. Kleine Kapitalgesellschaften brauchen gem. § 288 Abs. 1 HGB überdies die Angaben nach § 285 Nr. 30

---

[77] Vgl. hierzu auch die Pressemitteilung des DStV vom 20.7.2011: „Forderung des DStV: kein Ausweis latenter Steuern bei den Rückstellungen".
[78] Vgl. zur teleologischen Auslegung Zülch/Hoffmann, Praxiskommentar BilMoG, Weinheim 2009, S. 117.

HGB nicht zu machen. Im Gegensatz zu den Angabepflichten nach § 285 Nr. 29 HGB sind mittelgroße Kapitalgesellschaften jedoch nicht von den Angaben zu latenten Steuersalden befreit.

7. Ausschüttungssperre

§ 268 Abs. 8 HGB kodifiziert eine Ausschüttungssperre für den Fall, dass selbst geschaffene immaterielle Vermögensgegenstände des Anlagevermögens oder ein aktiver Überhang latenter Steuern in der Bilanz ausgewiesen werden. Danach dürfen Gewinne nur ausgeschüttet werden, wenn die nach der Ausschüttung verbleibenden frei verfügbaren Rücklagen zzgl. eines Gewinnvortrags und abzgl. eines Verlustvortrags mindestens den insgesamt angesetzten Beträgen entsprechen, allerdings abzgl. der hierfür ggf. gebildeten passiven Steuerlatenzen. Bei Vermögensgegenständen i.S.d. § 246 Abs. 2 Satz 2 HGB gilt die Ausschüttungssperre für den Betrag (erneut abzgl. der hierfür gebildeten passiven latenten Steuern), der – als Folge der Zeitwertbewertung – die Anschaffungskosten übersteigt. Daneben schreibt § 253 Abs. 6 HGB eine Ausschüttungssperre für den Fall der Rückstellungen für Altersversorgungsverpflichtungen fest. Sie gilt für den Unterschiedsbetrag, der sich zwischen dem Wertansatz der Rückstellungen unter Verwendung des durchschnittlichen Marktzinssatzes der vergangenen zehn Geschäftsjahre und dem Wertansatz der Rückstellungen unter Verwendung des entsprechenden durchschnittlichen Marktzinssatzes der vergangenen sieben Geschäftsjahre ergibt. Danach dürfen Gewinne nur ausgeschüttet werden, wenn die nach der Ausschüttung verbleibenden frei verfügbaren Rücklagen – zzgl. eines Gewinnvortrags, abzgl. eines Verlustvortrags – mindestens dem genannten Unterschiedsbetrag entsprechen. Anders als im Falle der Ausschüttungssperre nach § 268 Abs. 8 HGB, für die bei Existenz eines Ergebnisabführungsvertrags auch eine Abführungssperre besteht, gilt für die nach § 253 Abs. 6 HGB ausschüttungsgesperrte Beträge mangels Verweisung in § 301 AktG eine solche Abführungssperre nicht.[79]

2568

Die in § 268 Abs. 8 Satz 2 HGB geregelte Ausschüttungssperre soll u. a. eine durch die Aktivierung latenter Steuern generierte Ausschüttung oder Gewinnabführung verhindern. Diese Regelung ist Ausdruck des Vorsichtsprinzips und wurde zum Schutz der Gläubiger implementiert. Die Ausschüttungssperre greift dann, wenn die aktiven latenten Steuern die passiven latenten Steuern übersteigen und soweit keine frei verfügbaren Rücklagen und Ergebnisvorträge vorliegen.

Bei der Berechnung des gesamten ausschüttungsgesperrten Betrages ist darauf zu achten, dass die passiven latenten Steuern bei der Ermittlung des ausschüttungsgesperrten Betrags nicht doppelt in Abzug gebracht werden dürfen. Auch die übrigen Ausschüttungssperren beziehen sich auf die „Nettowerte", d. h. nach Kürzung um passive latente Steuern.

2569

---

[79] Vgl. dazu ausführlich *Oser/Wirtz*, StuB 2017, S. 3 f.; *Hageböke/Hennrichs*, DB 2017 S. 18; *Prinz*, Betriebliche Altersversorgung 4/2017 S. 334, 337.

BEISPIEL Annahmegemäß seien folgende Vermögensgegenstände aktiviert (Steuersatz 30 %):

Selbst erstellte immaterielle Vermögensgegenstände des Anlagevermögens	100.000 €
Aktive latente Steuern – nach Saldierung mit passiven latenten Steuern	60.000 €

Die Berechnung der Ausschüttungssperre ergibt sich nun wie folgt:

Selbst erstellte immaterielle Vermögensgegenstände des Anlagevermögens	100.000 €
Abzgl. passive latente Steuern (§ 268 Abs. 8 Satz 1)	– 30.000 €
Aktivüberhang latente Steuern lt. Bilanz	60.000 €
Zzgl. bereits oben gekürzte passive latente Steuern	+ 30.000 €
Gesamtbetrag der Ausschüttungssperre	160.000 €

Eine teilweise Doppelerfassung der passiven latenten Steuern bei der Berechnung des Gesamtbetrags der Ausschüttungssperre lässt sich auch durch die folgende Systematik der Ermittlung der Ausschüttungssperre vermeiden.[80]

TAB. 9: Ermittlung des Gesamtbetrags der Ausschüttungssperre

	Selbst geschaffene Vermögensgegenstände des Anlagevermögens (1)
+	Unrealisierte Vermögensmehrung aus der Zeitwertbewertung von Pensionsrückstellungen (2)
+	Aktive latente Steuern (Aktivüberhang nach Saldierung mit sonstigen passiven latenten Steuern – aber ohne passive latente Steuern auf (1) und (2)) (3)
=	Zwischensumme
–	Passive latente Steuern auf (1) und (2)
=	Ausschüttungssperre gemäß § 268 Abs. 8 HGB

8. Sonderfragen

8.1 Organschaften

2570 Die Gesetzesauslegung im Fall von Organschaftsbeziehungen ist mit Blick auf den handelsrechtlichen Jahresabschluss (Einzelabschluss) im Bereich der latenten Steuern nicht eindeutig. Aufgrund der fehlenden Detailregelung in § 274 HGB und der Aufhebung des IDW ERS HFA 27 kommt DRS 18 eine erhebliche Ausstrahlungswirkung auch für die Behandlung latenter Steuern im Einzelabschluss zu.

2571 Die umsatzsteuerliche Organschaft ist bzgl. der Bilanzierung latenter Steuern nicht relevant, da diesbezüglich keine temporären Differenzen als Voraussetzung zur Abbildung latenter Steuern nach § 274 HGB auftreten können.

2572 Anders ist dies bei ertragsteuerlichen Organschaften.[81] Die Bilanzierung der latenten Steuern bei ertragsteuerlichen Organschaften zieht die Frage des Auftretens von temporären Differenzen bei Organschaftsbeziehungen nach sich. Bei diesen handelt es sich

---

80 Vgl. *Wulf*, in: Haufe HGB Bilanz Kommentar, 7. Aufl., Freiburg 2016, § 268 Rz. 55.
81 Vgl. *Dreixler/Ernst*, StuB 2011 S. 123 ff.

immer um Inside Basis Differences (IBD)[82], d. h. um bilanzielle Unterschiede zwischen den handelsrechtlichen und steuerlichen Wertansätzen für Aktiv- und Passivposten auf Ebene derselben rechnungslegenden Einheit.

Da der Organträger der Steuerschuldner ist, sind grundsätzlich bei diesem auch die latenten Steuern auf temporäre Differenzen anzusetzen, welche auf Ebene der Organgesellschaft entstehen. Soweit jedoch aufgrund von Steuerumlageverträgen die steuerliche Be- oder Entlastung in voller Höhe auf die Organgesellschaft umgelegt wird, können die entsprechenden latenten Steuern auch bei der Organgesellschaft bilanziert werden (vgl. DRS 18.32 ff.). Entsprechend sind auch die Anhangangaben nach § 285 Nr. 29 und Nr. 30 HGB grundsätzlich nicht von der Organgesellschaft zu machen, sondern beim Organträger zu berücksichtigen, falls dieser entsprechend seiner Größenklasse der Angabepflicht unterliegt.[83]

2573

Aus Sicht des Organträgers sind dabei drei Ebenen zu differenzieren, die latente Steuern nach sich ziehen können (wobei die IBD III auch als Unterfall der IBD I aufgefasst werden kann):

2574

▶ Temporäre Differenzen in der Bilanz des Organträgers (IBD I),

▶ Temporäre Differenzen in der Bilanz der Organgesellschaft (IBD II) und

▶ Temporäre Differenzen in der Bilanz des Organträgers bezüglich der Bilanzierung der Anteile an der Organgesellschaft (IBD III)[84], die Ursache von Mehr- oder Minderabführungen sein können.

Im Rahmen der Rechnungslegungsverlautbarung DRS 18.32 ff. wird von diesen temporären Differenzen nur die Behandlung der IBD II thematisiert. Eine weitergehende Betrachtung findet hier nicht statt.

Neben dem Fall latenter Steuern aufgrund von Wertunterschieden ist auch der Fall aktiver latenter Steuern aufgrund steuerlicher Verlustvorträge näher zu betrachten (§ 274 Abs. 1 Satz 4 HGB). Hierbei können steuerliche Verluste, welche beim Organträger oder bei der Organgesellschaft während der Zeit der Organschaft entstanden sind, geeignet sein, eine aktive latente Steuer auszulösen.[85]

2575

BEISPIEL ▶ Die A GmbH bildet gemeinsam mit der B GmbH eine steuerliche Organschaft. Als Organträgerin wird ihr der Verlust der Organgesellschaft in Höhe von -1.000 € gem. § 14 Abs. 1 Satz 1 KStG zugerechnet. Die Organträgerin hat hingegen kein eigenes Einkommen. Es entsteht ein Verlustvortrag nach § 10d EStG. Die Organträgerin kann auf diesen Verlustvortrag latente Steuern in Höhe von 30 % (kombinierter Ertragsteuersatz) × 1.000 T € (= 300 T €) aktivieren, wenn sich eine entsprechende Verlustverrechnung innerhalb der nächsten 5 Jahre erwarten lässt (Werthaltigkeit). Daher kommt es auf die positive steuerliche Gewinnentwicklung beim Organträger an, um das Aktivierungswahlrecht in Anspruch zu nehmen.

---

82 Im Gegensatz zu Outside Basis Differences als Differenzen zwischen dem (nach HGB) bilanzierten Nettovermögen einer Gesellschaft und dem steuerlichen Ansatz der Beteiligung an der Gesellschaft bei der rechtlichen Muttergesellschaft vgl. *Loitz/Klevermann*, DB 2009 S. 413.
83 Vgl. *Wendholt/Wesemann*, DB 2009, Beil. 5 S. 71.
84 A. A. *Dahlke*, BB 2009 S. 879: Es handelt sich um *Outside Basis Difference*. U. E. ist dem nicht zuzustimmen, da die temporäre Differenz alleine dem Organträger zuzurechnen ist und daher die bei IBD geforderte Identität der rechnungslegenden Einheit erfüllt ist.
85 Vgl. *Dreixler/Ernst*, StuB 2011 S. 126.

8.2 Personenhandelsgesellschaften

2576 Bei der Bilanzierung latenter Steuern bei Personenhandelsgesellschaften bestehen im Wesentlichen die folgenden Sonderprobleme:[86]

▶ Frage des Anwendungsbereichs des § 274 HGB für Personengesellschaften

▶ Frage der Bilanzierung von Rückstellungen außerhalb des Anwendungsbereichs von § 274 HGB durch die „Hintertür" des § 249 HGB

▶ Bedeutung von Ergänzungs- und Sonderbilanzen bei der Ermittlung der latenten Steuern

▶ Besonderheiten bei der Steuerabgrenzung des Mitunternehmers einer Personenhandelsgesellschaft:

– In Abhängigkeit von der Rechtsform des Mitunternehmers (KapG, PersG oder natürliche Person)

– Bilanzierung latenter Steuern auf Beteiligungen an Personengesellschaften

▶ Ergebnisneutrale Erfassung latenter Steuern bei Fehlen entsprechender Rücklagen

▶ Aktive latente Steuern auf sog. „verrechenbare 15a-Verluste" beim Mitunternehmer

▶ Frage des Wiederauflebens der Haftung von Kommanditisten nach § 172 Abs. 4 Satz 3 HGB i. V. m. der Ausschüttungssperre bei Personengesellschaften

▶ Ermittlung des anzuwendenden Steuersatzes

Im Folgenden wird auf die Sonderfragen fokussiert, welche aus Sicht der Unternehmenspraxis die größte Bedeutung haben dürften.

2577 Bei der steuerlichen Betrachtung der Personenhandelsgesellschaften ist zunächst zu berücksichtigen, dass die Personengesellschaft zwar Subjekt der Gewinnermittlung und Gewinnerzielung ist, Subjekt der einkommensteuerlichen Betrachtung dagegen die jeweiligen Mitunternehmer darstellen.[87] Die Personengesellschaft ist gemäß § 5 Abs. 1 Satz 3 EStG Schuldner der Gewerbesteuer. Daher ist für die Bilanzierung latenter Steuern auf Ebene der Personengesellschaft auch nur die Gewerbesteuer relevant.

2578 In den Anwendungsbereich des § 274 HGB fallen Personengesellschaften im Sinne des § 264a HGB (sog. haftungsbeschränkte Personengesellschaften) sowie nicht haftungsbeschränkte große Personengesellschaften welche gemäß § 5 Abs. 1 Satz 2 PublG § 274 HGB sinngemäß anzuwenden haben. Die nicht unter § 264a HGB fallenden sowie die nach § 274a Nr. 5 HGB von der Anwendung des § 274 HGB befreiten kleinen Personengesellschaften im Sinne des § 264a HGB können § 274 HGB freiwillig anwenden. Die freiwillige Anwendung des § 274 HGB führt nicht dazu, dass auch alle übrigen für Kapitalgesellschaften geltenden Vorschriften anzuwenden sind. Die Frage nach der Pflicht zur Bilanzierung latenter Steuern für Personengesellschaften wurde bereits unter den Befreiungsregelungen in Kapitel 6 ausführlich diskutiert.

---

86 Vgl. *Ley*, KÖSDI 2011 S. 1425 ff.; *Skoluda/Janitschke*, StuB 2011 S. 487 ff.; *Kirsch*, DStR 2009 S. 1972 ff.; *Spingler*, WPg 2010 S. 1024 ff.; *IDW*, IDW FN 2010 S. 210 f.; *Kastrupp/Middendorf*, BB 2010 S. 815 ff.; *Feldgen*, NWB 2010 S. 3621 ff.

87 Vgl. BFH, Beschluss vom 3.7.1995 – GrS 3/93, BStBl 1995 II S. 617.

8. Sonderfragen

Als weitere Besonderheit bei Personengesellschaften stellt sich die Frage, ob steuerliche Ergänzungs- und Sonderbilanzen bei der Berechnung der latenten Steuern auf Ebene der Personengesellschaft zu berücksichtigen sind. Ergänzungsbilanzen sind bei der Gegenüberstellung der Wertansätze zu berücksichtigen, da die sich daraus ergebenden Mehr- oder Minderwerte dem Gesamthandsvermögen der Gesellschaft zuzuordnen sind.[88] Sowohl das DRSC als auch das IdW sind daher der Ansicht, dass Sonderbilanzen dagegen nicht berücksichtigt werden dürfen, da Eigentümer des Sonderbetriebsvermögens nicht die Personengesellschaft ist, sondern der jeweilige Mitunternehmer. Es ist darauf hinzuweisen, dass diese Argumentation jedoch nicht mit dem Grundkonzept der Bilanzierung latenter Steuern in Einklang steht. Im Rahmen einer ausführlichen Analyse kommt *Hartmann* zu dem Ergebnis, dass die in der Literatur vorgetragenen Argumente gegen die Einbeziehung von Sonderbilanzen in den Steuerwert nicht überzeugen.[89]

2579

Aufgrund steuerlicher Ergänzungsbilanzen kommt es regelmäßig bei (Teil-) Betriebsveräußerungen oder beim Ausscheiden eines Gesellschafters zu Differenzen zwischen Handels- und Steuerbilanz. Bei Differenzen, welche sich erst beim Ausscheiden des Gesellschafters abbauen (quasi-permanente Differenzen) ist es gewerbesteuerlich von Bedeutung, ob es sich bei dem ausscheidenden Mitunternehmer um eine natürliche Person als unmittelbar Beteiligter handelt oder nicht. Wird bspw. der Anteil an einer Personenhandelsgesellschaft von einer Kapitalgesellschaft gehalten und von ihr veräußert, so unterliegt diese Transaktionen gemäß § 7 Satz 2 GewStG auf Ebene der Personengesellschaft der Gewerbesteuer und ist somit relevant für die Abgrenzung latenter Steuern.

2580

> **BEISPIEL** An der XY-GmbH & Co. KG sind die Kommanditisten X-GmbH und die natürliche Person Y beteiligt. Im Anlagevermögen befindet sich lediglich ein Grundstück mit einem Buchwert von 1.000 T €. Die Kommanditeinlagen betragen jeweils 500 T €, die Komplementärin hat keine Einlage geleistet. Der Gewerbesteuersatz der Gesellschaft beträgt 14 %.

XY-GmbH & Co. KG – Handelsbilanz zum 31.12.2010			
Grundstück	1.000	Kapital X-GmbH	500
		Kapital Y	500
	1.000		1.000

Aufgrund stiller Reserven des Grundstücks kann die X-GmbH ihren Anteil an die D-GmbH für 700 T € verkaufen. Der gezahlte Mehrwert ist über eine Ergänzungsbilanz darzustellen.

Ergänzungsbilanz D-GmbH			
Grundstück	200	Mehrkapital	200

In der Handelsbilanz der Personengesellschaft werden die Buchwerte unverändert fortgeführt. Zu berücksichtigen ist lediglich eine Gewerbesteuerrückstellung aufgrund § 7 GewStG. Unter Berücksichtigung der Ergänzungsbilanz besteht eine Buchwertdifferenz zwischen Handels- und Steuerbilanz. Diese Differenz wird erst mit der Veräußerung des Vermögensgegenstandes ab-

---

[88] Vgl. *Skoluda/Janitzke*, StuB 2011 S. 363.
[89] Vgl. *Hartmann*, Latente Steuern bei Personengesellschaften, Bremen 2011, S. 111 ff.

gebaut und ist daher eine quasi-permanente Differenz, welche bei der Berechnung der latenten Steuern nach § 274 HGB zu berücksichtigen ist. Die Buchwertdifferenz führt zu einer aktiven latenten Steuer in Höhe von 28 T €.

Berechnung der aktiven latenten Steuer	
Buchwert Grundstück Handelsbilanz	1.000
Buchwert Grundstück Steuerbilanz	1.200
Differenz	200
Aktive latente Steuer (14 %)	28

2581–2585   *(Einstweilen frei)*

Teil A:
Grundsatz- und Querschnittsfragen steuerlicher Gewinnermittlung

Kapitel XVII:
Bilanzsteuerrecht unter besonderer Berücksichtigung von Verwaltungsanweisungen

von
RDin Evelyn Hörhammer, Berlin
Dipl.-Kaufm., Dipl.-Finanzw. (FH) RD
Dr. Jan Chr. Schumann, Erftstadt-Liblar

Kapitel XVII: Bilanzsteuerrecht unter besonderer Berücksichtigung von Verwaltungsanweisungen

Inhaltsübersicht

		Rz.
1.	Der Maßgeblichkeitsgrundsatz und seine Durchbrechungen	2586 – 2592
	1.1 Allgemein	2586 – 2588
	1.2 Maßgeblichkeit und GoBD	2589
	1.3 Aufgabe des subjektiven Fehlerbegriffs und die praktischen Folgen	2590 – 2592
2.	Gesetzlich normierte Ansatzvorschriften im Einzelnen	2593 – 2618
	2.1 Ansatzvorbehalte dem Grunde nach	2593
	2.2 Saldierungsverbot und Bewertungseinheit (§ 5 Abs. 1a EStG)	2594 – 2599
	2.3 Ansatzverbot für originär selbstgeschaffene Wirtschaftsgüter (§ 5 Abs. 2 EStG)	2600 – 2601
	2.4 Passivierungsbeschränkung für einnahme- und gewinnabhängige Verpflichtungen (§ 5 Abs. 2a EStG)	2602 – 2604
	2.5 Ansatz, -beschränkungen und -verbote bei Rückstellungen	2605 – 2609
	2.6 Ansatzbeschränkungen bei „besonderen Rückstellungen" (§ 5 Abs. 3 und 4 EStG)	2610 – 2611
	2.7 Drohverlustrückstellung (§ 5 Abs. 4a EStG)	2612
	2.8 Rückstellungen für künftige Anschaffungs- oder Herstellungskosten (§ 5 Abs. 4b EStG)	2613 – 2614
	2.9 Rechnungsabgrenzungsposten (§ 5 Abs. 5 EStG)	2615 – 2617
	2.10 Vorbehalte der steuerlichen Bewertung und Gewinnermittlung (§ 5 Abs. 6 EStG)	2618
3.	Ansatz- und Bewertungsvorschriften nach Schuldübernahme und Schuldbeitritt (§ 4f EStG, § 5 Abs. 7 EStG)	2619 – 2625
	3.1 Schuldübernahme nach § 414 ff. BGB	2620 – 2621
	3.1.1 Übernehmerseite (§ 5 Abs. 7 EStG)	2620
	3.1.2 Abzug des Aufwandes beim ursprünglich Verpflichteten (§ 4f Abs. 1 EStG)	2621
	3.2 Übernahme von mit einer Verpflichtung verbundenen Lasten	2622
	3.3 Schuldübernahme, Schuldbeitritt und Erfüllungsübernahme mit vollständiger oder teilweiser Schuldfreistellung im Zusammenhang mit Pensionsverpflichtungen im Sinne des § 6a EStG	2623
	3.4 Ausgewählte Themenschwerpunkte des BMF-Schreibens v. 30.11.2017	2624 – 2625
4.	Die E-Bilanz gemäß § 5b EStG	2626 – 2628
5.	Die steuerlichen Bewertungsvorschriften im Einzelnen	2629 – 2652
	5.1 Teilwertabschreibung (§ 6 Abs. 1 Nr. 1 Satz 2, Nr. 2 EStG)	2629 – 2636
	5.1.1 Grundlagen	2629
	5.1.2 Retrograde Bewertungsmethode	2630
	5.1.3 Abnutzbares Anlagevermögen	2631
	5.1.4 Grundstücke	2632
	5.1.5 Voraussichtlich dauernde Wertminderung bei Wertpapieren, Aktien und Investmentanteilen	2633 – 2634
	5.1.6 Festverzinsliche Wertpapiere, die eine Forderung in Höhe des Nominalwerts einer Forderung verbriefen	2635

	5.1.7 Verbindlichkeiten und Verbindlichkeiten des laufenden Geschäftsverkehrs	2636
5.2	Anschaffungsnahe Herstellungskosten (§ 6 Abs. 1 Nr. 1a)	2637 - 2640
5.3	Aktivierungswahlrecht für produktionsferne Herstellungskosten (§ 6 Abs. 1 Nr. 1b)	2641 - 2642
5.4	Lifo-Methode (§ 6 Abs. 1 Nr. 2a EStG)	2643 - 2646
5.5	Rückstellungsbewertung gem. § 6 Abs. 1 Nr. 3a	2647 - 2650
5.6	Bewertung von Pensionsrückstellungen gem. § 6a EStG	2651 - 2652

1. Der Maßgeblichkeitsgrundsatz und seine Durchbrechungen

1.1 Allgemein

2586 Auch aus Sicht der Finanzverwaltung haben sich spätestens nach der durch das Bilanzrechtsmodernisierungsgesetz (BilMoG)[1] erfolgten Aufgabe des umgekehrten Maßgeblichkeitsgrundsatzes weitere Praxisfragen in Zusammenhang mit Ansatz- und Bewertungsgrundsätzen gestellt, die auch für laufende und ausstehende Betriebsprüfungen Folgewirkungen haben können. Eine Vielzahl von Verwaltungsverfügungen (zumeist in Form von BMF-Schreiben) sollen für die Finanzverwaltung, insbesondere im Rahmen von Betriebsprüfungen, für eine bundeseinheitliche Vorgehensweise und für mehr Rechtsicherheit bei der Auslegung bestehender steuerrechtlicher Bilanzvorschriften (hier insbesondere die Vorschriften der §§ 4, 5 und 6 EStG) Sorge tragen. Die folgenden Ausführungen des Kapitels setzten sich insbesondere mit aktuellen Fragen des Bilanzsteuerrechts aus Sicht der Finanzverwaltung unter besonderer Berücksichtigung dieser Verwaltungsanweisungen auseinander.

Nach § 5 Abs. 1 Satz 1 Halbsatz 1 EStG ist im Rahmen des Betriebsvermögensvergleichs das nach den handelsrechtlichen Grundsätzen ordnungsmäßiger Buchführung (GoB) auszuweisende Betriebsvermögen anzusetzen. Dieser sog. Maßgeblichkeitsgrundsatz selbst ist rein steuerlicher Natur.[2] Er ist deshalb aus der Systematik des Einkommensteuerrechts und nach den dem EStG immanenten Zwecken auszulegen[3] und damit insbesondere vor dem Hintergrund der Gebote der Gleichmäßigkeit der Besteuerung, der Erfassung der wirtschaftlichen Leistungsfähigkeit und des Grundsatzes über die Abgrenzung von Betriebs- und Privatvermögen zu sehen. Ein Beispiel hierfür ist die Behandlung des Aufwands für ein betriebliches Gebäude/einen betrieblich genutzten Gebäudeteil auf fremden Grund und Boden des Nichtunternehmer-Ehegatten. Der steuerpflichtige Unternehmer ist weder zivilrechtlicher noch wirtschaftlicher Eigentümer.

---

1 Gesetz zur Modernisierung des Bilanzrechts v. 15.5.2009 (BGBl 2009 I S. 1102, BStBl 2009 I S. 650).
2 S. a. *Prinz*, Teil A Kap. III, Rz. 390 ff.; Bode, Teil A Kap. XVIII, Rz. 2680 ff.; *Bode*, Teil A Kap. XVIII, Rz. 2680.
3 So können „unterschiedliche Sachgesetzlichkeiten des Handelsrechts und des Steuerrechts" (vgl. BFH, Beschluss v. 7.8.2000 GrS 2/99, BStBl. II 2000 S. 632) oder eine spezifische steuerrechtliche Gesetzesteleologie (vgl. BFH, Urteil v. 6.12.1995 I R 51/95, BStBl. II 1998 S. 781) dazu führen, dass eine Frage im Steuerrecht abweichend v. Handelsrecht – und damit unter Zurückstellung des Maßgeblichkeitsgrundsatzes – beantwortet wird.

Eine Aktivierung als Wirtschaftsgut[4] in seiner Bilanz scheidet somit aus. Aus Gründen des objektiven Nettoprinzips ist jedoch ein Aufwandsverteilungsposten auf der Aktivseite der Steuerbilanz aufzunehmen, der den betrieblich veranlassten Aufwand nach den für das Betriebs- und Privatvermögen gleichermaßen geltenden Regeln der steuerrechtlichen Absetzungen für Abnutzung periodenübergreifend verteilt.[5] In diesem Kontext ist auch die derzeit offene Frage zu sehen, inwieweit der Grundsatz der Abgrenzung von Betriebs- und Privatvermögen und korrespondierende GoB im Fall einer Willkürung ineinander greifen. Die Willkürung erfordert einen eindeutig nach außen verbindlich manifestierten, d. h. unmissverständlich, zeitnah und unumkehrbar dokumentierten Widmungsakt.[6] Dem wird nach Ansicht des FG Köln nicht genügt, wenn die Einlagebuchung im Rahmen der elektronischen Buchführung nicht festgeschrieben ist.[7] Dem gegenüber ist es ausnahmsweise zulässig, dass der Grundsatz der Einheitlichkeit der Rechtsordnung dazu führt, dass das Steuerrecht über den Maßgeblichkeitsgrundsatz hinaus dem Handelsrecht folgt, um unlösbare Wertungswidersprüche zu vermeiden.[8] Unabhängig von der Frage, ob sich der Maßgeblichkeitsgrundsatz auf die Fragen des Ansatzes und der Bewertung erstreckt[9], gilt: Steuerrechtlich ist nur zwingendes Handelsrecht maßgeblich, und dies auch nur insoweit, als diesem Steuerrecht nicht entgegensteht.

Eine solche Einschränkung erfährt der Maßgeblichkeitsgrundsatz durch den Wortlaut des § 5 Abs. 1 Halbsatz 2 EStG: „... es sei denn, im Rahmen der Ausübung eines steuerlichen Wahlrechts wird oder wurde ein anderer Ansatz gewählt." Diese durch die handelsrechtliche Reform des Bilanzrechts durch das BilMoG[10] eingefügte Formulierung hat die bestehenden Ansatz- und Bewertungsvorschriften im Einkommensteuergesetz in den Fokus des Bilanzsteuerrechts gerückt und zusammen mit den zahlreichen weiteren handelsrechtlichen Änderungen die Finanzverwaltung vor die Aufgabe gestellt, die Auswirkung dieser Vorschriften auf das Bilanzsteuerrecht in Abgrenzung zum Handelsgesetz zu analysieren. Ein wichtiges Ergebnis dieses Prozesses stellt das BMF-Schreiben v. 12.3.2010[11] dar. Hierin nimmt die Finanzverwaltung zu bilanzsteuerrechtlichen Folgen des BilMoG Stellung. Die zentrale steuergesetzliche Änderung der ansonsten handelsrechtlichen Reform wurde in § 5 Abs. 1 EStG vollzogen: die umgekehrte Maßgeblichkeit wurde aufgege-

2587

---

4 Zur Definition des Wirtschaftsguts siehe BFH, Urteil v. 26.11.2014 – X R 20/12, BStBl 2015 II S. 325.
5 BFH, Urteil v. 9.3.2016 – X R 46/14, BStBl 2016 II S. 976; BMF v. 16.12.2016, BStBl I 2016 S. 1431; Schumann, KSR 6/2016 S. 2.
6 EStR/EStH.
7 Urteil v. 24. März 2015 – 1 K 2217/12, juris; aus formellen Gründen zu erneuten Verhandlung zurückgewiesen, BFH, Urteil v. 13.4.2017 – IV R 25/15, BFH/NV 2017, S. 1182.
8 Vgl. BFH, Urteil v. 30.11.2005, BFH/NV 2006 S. 616.
9 Die Frage lässt sich in verschiedener Art und Weise beantworten: a) die Bewertung liegt außerhalb des Maßgeblichkeitsgrundsatzes, b) „für die Bewertung der Wirtschaftsgüter besteht grundsätzlich keine Maßgeblichkeit der Handelsbilanz für die Steuerbilanz", BFH, Beschluss v. 12.6.1978 GrS 1/77, BStBl. II 1978 S. 620, c) die Bewertung in der Steuerbilanz richtet sich grundsätzlich nach den handelsrechtlichen GoB, so zu verstehen im BMF-Schreiben v. 12.03.2010 IV C 6 – S 2133/09/10001, BStBl I 2010 S. 239, d) Beurteilung der Fragestellung nach der Verortung der konkreten Problemstellung in der Normenschicht (vgl. Abbildung 1).
10 Gesetz zur Modernisierung des Bilanzrechts v. 15.5.2009 (BGBl 2009 I S. 1102, BStBl 2009 I S. 650).
11 BMF, Schreiben v. 12.3.2010 (BStBl 2010 I S. 239) unter Berücksichtigung der Änderung durch BMF v. 22.6.2010 (BStBl 2010 I S. 597) und BMF, Schreiben 25.3.2013 (BStBl 2013 I S. 296) hinsichtlich des Herstellungskostenbegriffs.

ben. Dieser bisher geltende Grundsatz wurde durch die gesetzliche Wertung ersetzt, dass steuerrechtlich ausgestaltete Wahlrechte zukünftig unabhängig vom Handelsrecht ausgeübt werden können. Damit musste sich die Finanzverwaltung für die Praxis mit der Frage auseinandersetzen, wo im EStG solche unabhängigen steuerrechtlichen Wahlrechte zu finden sind. Bei der Fragestellung, ob es sich um ein eigenständiges steuerrechtliches Wahlrecht handelt, ist vor allem dem Gesetzestext der jeweiligen Ansatz- oder Bewertungsvorschrift sowie dem Willen des historischen Gesetzgebers eine erhebliche Bedeutung beizumessen. Zusätzlich stellt sich durch die Aufgabe der umgekehrten Maßgeblichkeit und der entsprechenden gesetzlichen Anpassung in § 5 Abs. 1 EStG die Frage, wie steuerrechtliche Wahlrechte, die bisher entsprechend der handelsrechtlichen Vorgehensweise auszuüben waren, zukünftig zu behandeln sind. Am meisten diskutiert wurde hier, ob sich die steuerrechtliche Ausübung eines Wahlrechts entsprechend § 5 Abs. 1 Satz 1 EStG n. F. auf sog. „GoB-konforme" Wahlrechte[12] beschränkt. Mit dem o. g. BMF-Schreiben hat sich die Verwaltung der gesetzeskonformen Auslegung angeschlossen und ist zu dem Ergebnis gekommen, dass die Formulierung „steuerliche Wahlrechte" in § 5 Abs. 1 Satz 1 2. Halbsatz EStG keine einschränkende Auslegung zulässt.[13] Es besteht danach insbesondere bei der Teilwertabschreibung gemäß § 6 Abs. 1 Nr. 1 Satz 2 EStG und § 6 Abs. 1 Nr. 2 Satz 2 EStG ein eigenständiges steuerrechtliches Wahlrecht, das unabhängig von den handelsrechtlichen Bestimmungen in § 253 Abs. 3 Satz 3 HGB und § 253 Abs. 4 HGB ausgeübt werden kann (s. Rz. 2629 ff.). Neben dieser zentralen Frage der Bedeutung von steuerrechtlichen Wahlrechten stellt das BMF-Schreiben besondere Konstellationen heraus, bei denen es entweder zukünftig zu einer Durchbrechung des Maßgeblichkeitsgrundsatzes kommen kann oder es (weiterhin) bei der Maßgeblichkeit des handelsrechtlichen Ausweises in der Bilanz bleibt:[14]

▶ Handelsrechtliche Aktivierungsgebote und -wahlrechte führen zu Aktivierungsgeboten in der Steuerbilanz (es sei denn, die Aktivierung ist aufgrund einer steuerrechtlichen Regelung ausgeschlossen).

▶ Handelsrechtliche Passivierungsgebote sind auch für die steuerrechtliche Gewinnermittlung maßgeblich (vorbehaltlich steuerrechtlicher Vorschriften).

▶ Handelsrechtliche Bewertungswahlrechte wirken auch auf den Wertansatz in der Steuerbilanz (es sei denn, es besteht eine eigenständige steuerrechtliche Regelung – wie beispielsweise § 6a EStG).

▶ Wahrechte, die nur steuerrechtlich bestehen (sog. GoB-inkonforme Wahlrechte), können unabhängig vom handelsrechtlichen Wertansatz ausgeübt werden; es kann zu einer Durchbrechung der Maßgeblichkeit kommen.

▶ Sowohl handelsrechtlich als auch steuerrechtlich bestehende Wahlrechte können aufgrund des § 5 Abs. 1 Satz 1 2. Halbsatz EStG in der Handelsbilanz und in der Steuerbilanz unterschiedlich ausgeübt werden; auch hier kann es zu einer Durchbrechung der Maßgeblichkeit kommen.

---

12 Zu den sog. subventionellen steuerrechtlichen Wahlrechten: *Hennrichs*, Ubg 2009 S. 537; *Arbeitskreis Bilanzrecht der Hochschullehrer für Rechtswissenschaft*, DB 2009 S. 2570.
13 Vgl. hierzu *Klein*, NWB 2010 S. 2042.
14 Vgl. *Klein*, NWB direkt 2010 S. 704.

Die Folgen des Wegfalls der umgekehrten Maßgeblichkeit und Änderung des § 5 Abs. 1 i. d. F. des BilMoG auf die Steuerbilanz stellen sich anhand des BMF-Schreibens v. 12.3.2010 wie folgt dar:

ABB 1:

Handelsbilanz	Steuerbilanz	Beispiel	Steuerrechtlich Folge
Aktivierungsgebot und Aktivierungswahlrecht	Keine steuerrechtliche Sonderregelung		Der handelsrechtliche Ansatz und Wert ist maßgeblich (vgl. GrS 2/68, BStBl 1969 II S. 291)
Aktivierungsgebot und Aktivierungswahlrecht	steuerrechtliche Sonderregelungen	§ 5 Abs. 2 EStG/ § 248 Abs. 2 HGB (selbst geschaffene immaterielle WG)	Durchbrechung der Maßgeblichkeit
Passivierungsgebot	Keine steuerrechtliche Sonderregelung	§ 249 Abs. 1 Satz 1 HGB (allgemeine Verbindlichkeitsrückstellungen)	Die handelsrechtliche Passivierung ist maßgeblich
Passivierungsgebot	Steuerrechtliche Sonderregelung	§ 249 Abs. 1 Satz 1 HGB/§ 5 Abs. 4a EStG (Drohverlustrückstellungen)	Durchbrechung der Maßgeblichkeit
Bewertungswahlrecht	Keine steuerrechtliche Sonderregelung	§ 240 Abs. 3, 4 HGB (Bewertungsvereinfachungen)	Die handelsrechtliche Bewertung ist maßgeblich
Kein Bewertungswahlrecht	Steuerrechtliche Sonderregelung	§ 253 Abs. 3, Abs. 4 HGB/§ 6 Abs. 1 Nr. 1 Satz 2 EStG (Teilwertabschreibung)	Mögliche Durchbrechung der Maßgeblichkeit
Bewertungswahlrecht	Bewertungswahlrecht	§ 256 HGB (Fifo u. Lifo/§ 6 Abs. 1 Nr. 2a EStG (Lifo))	Mögliche Durchbrechung der Maßgeblichkeit
Rückstellungsbewertung nach § 253 Abs. 2 HGB	Steuerlicher Wert ist höher	§ 6 Abs. 1 Nr. 3a EStG	Handelsrechtlicher Wert ist maßgeblich (vgl. Wortlaut in § 6 Abs. 1 Nr. 3a EStG „höchstens")[15]

---

15 Vgl. Ausführungen unter 2.3. Rz. 2600.

1.2 Maßgeblichkeit und GoBD

2589 Mit Schreiben v. 14.11.2014 hat die Finanzverwaltung die Grundsätze zur ordnungsmäßigen Führung und Aufbewahrung von Büchern, Aufzeichnungen und Unterlagen in elektronischer Form sowie zum Datenzugriff (GoBD) formuliert.[16] Im Analogieschlussverfahren wird die Rechtsprechung des BFH zu den GoB auf die heute übliche dv-gestützte Buchführung übertragen.[17] Gegenstand des Schreibens sind insbesondere Anforderungen an die Beleg-, Journal- und Kontenfunktion, die Datensicherheit, das interne Kontrollsystem, die Umsetzung der Aufbewahrungspflichten sowie die Verfahrensdokumentation. Letztere beschreibt den organisatorisch und technisch gewollten Prozess der Abwicklung der elektronischen Buchführung vom Eingang bzw. der Entstehung einer Information bis zur Aufbewahrung. Inhalt, Aufbau, Ablauf und die Ergebnisse des DV-Verfahrens sind zu dokumentieren, um die Nachvollziehbarkeit und Nachprüfbarkeit der Ergebnisse der dv-gestützten Buchführung zu gewährleisten. Die folgende Übersicht fasst die wesentlichen Anforderungen an eine Verfahrensdokumentation zusammen.

---

[16] BStBl 2014 I S. 1450.
[17] *Schumann*, EStB 2015 S. 297.

ABB. 2:

Verfahrensdokumentation (IDW RS FAIT 1)

Anwenderdokumentation**
- Allgemeine Beschreibung
- Erläuterung der Beziehungen zwischen den Anwendungsmodulen
- Art und Bedeutung der Eingabefelder
- Maschinelle Verarbeitungsregeln
- Vorschriften zur Erstellung der Auswertungen

Technische Systemdokumentation*
- Aufgabenstellung der IT-Anwendung im Kontext der eingesetzten Module
- Datenorganisation und -strukturen (Datensatzaufbau bzw. Tabellenaufbau bei Datenbanken)
- Veränderbare Tabelleninhalte, die bei der Erzeugung einer Buchung herangezogen werden
- Programmierte Verarbeitungsregeln, einschließlich der implementierten Eingabe- und Verarbeitungskontrollen
- Programmierte Fehlerbehandlungsverfahren
- Schlüsselverzeichnisse
- Schnittstellen zu anderen Systemen

Betriebsdokumentation**
- Dokumentation der ordnungsgemäßen Anwendung des Verfahrens (IKS)
- Datensicherungsverfahren
- Verarbeitungsnachweise (Verarbeitungs- und Abstimmprotokolle)
- Art und Inhalt des Freigabeverfahrens für neue und geänderte Programme
- Auflistung der verfügbaren Programme mit Versionsnachweisen

! Beim Einsatz von Standardsoftware ist die vom Produkthersteller gelieferte Dokumentation um die anwendungsspezifischen Anpassungen und die Dokumentation des eingerichteten IKS des Anwenders (z. B. Parametrisierung, Verwendung der Eingabefelder, Schlüsselsystematiken) zu ergänzen.

! Die Dokumentation muss in einer Art und Weise dargestellt werden, die einem sachverständigen Dritten den Nachvollzug der programmierten Verarbeitung insbesondere der Funktionen und Regeln in angemessener Zeit ohne Kenntnisse einer Programmiersprache erlaubt.

Legende:
* gruppenbezogen möglich
** nur einzelfallbezogen

Ergänzende Hinweise:
E-Commerce, IDW RS FAIT 2, Tz. 38 ff.
Cloud Computing, IDW RS FAIT 5, Tz. 34 ff.

Musterverfahrensdokumentation:
Belegablage, AWV
Ersetzendes Scannen, BStBK/DStV
GoBD-Checkliste für DMS, Bitkom

Die Verfahrensdokumentation ist sowohl Grundlage der abstrakten Systemprüfung als auch der klassischen Außenprüfung zur Feststellung der Besteuerungsgrundlagen.[18] Um die materiell zutreffenden Ergebnisse der dv-gestützten Buchführung nicht wegen

---

18 Siehe auch *Becker/Danielmeyer/Neubert/Unger*, DStR 2016 S. 2983; *Danielmeyer/Neubert*, StBp 11/2016 S. 322; *Webel/Danielmeyer*, StBp 12/2015 S. 353.

schwer wiegender formaler Mängel zu gefährden, ist auf die Einhaltung der GoBD besondere Aufmerksamkeit und Sorgfalt zu richten. Die Überwachung der Aktualität der erforderlichen Unterlagen sowie die Kontrolle der tatsächlichen Durchführung der Prozesse sind eine betriebliche Daueraufgabe und bilden ein eigenes steuerliches Beratungsfeld. Besondere Bedeutung kommt der Verfahrensdokumentation seit 1.1.2018 im Rahmen der Kassennachschau (§ 146b AO) zu.[19]

1.3 Aufgabe des subjektiven Fehlerbegriffs und die praktischen Folgen

2590 Eine bedeutende Entscheidung des BFH, die wesentlichen Einfluss auf den Umgang der Finanzverwaltung mit steuerbilanziellen Fragestellungen hat, ist der Beschluss des Großen Senats v. 31.1.2013 zum sog. subjektiven Fehlerbegriff. Der BFH kommt hier zu dem Ergebnis, dass das Finanzamt im Rahmen der ertragsteuerrechtlichen Gewinnermittlung auch dann nicht an die rechtliche Beurteilung gebunden ist, die der vom Steuerpflichtigen aufgestellten Bilanz (und deren einzelnen Ansätzen) zugrunde liegt, wenn diese Beurteilung aus der Sicht eines ordentlichen und gewissenhaften Kaufmanns im Zeitpunkt der Bilanzaufstellung (rechtlich) vertretbar gewesen ist.[20]

Der Große Senat hat damit seine bisherige Rechtsprechung zum subjektiven Fehlerbegriff hinsichtlich der Wertung von Rechtsfragen aufgegeben. Die bisherige Verwaltungsauffassung sah entsprechend der bisher gefestigten Rechtsprechung zum subjektiven Fehlerbegriff unter R 4.4 EStR a. F. vor, dass bei unrichtigem Ansatz in der Bilanz, der Steuerpflichtige nach § 4 Abs. 2 Satz 1 EStG den Fehler durch eine entsprechende Mitteilung an das Finanzamt berichtigen kann (Bilanzberichtigung). Ein Ansatz in der Bilanz war danach unrichtig, wenn dieser unzulässig ist, d. h. der Ansatz verstößt gegen zwingende Vorschriften des Einkommensteuerrechts oder des Handelsrechts oder gegen die einkommensteuerrechtlich zu beachtenden handelsrechtlichen Grundsätze ordnungsmäßiger Buchführung. Eine Bilanzberichtigung war hiernach unzulässig, wenn der Bilanzansatz im Zeitpunkt der Bilanzaufstellung subjektiv richtig war. Subjektiv richtig war jede der im Zeitpunkt der Bilanzaufstellung der kaufmännischen Sorgfalt entsprechende Bilanzierung. Entsprach ein Bilanzansatz im Zeitpunkt der Bilanzaufstellung den Grundsätzen höchstrichterlicher Rechtsprechung, wurde dieser durch eine Änderung der Rechtsprechung nicht unrichtig.

2591 Der BFH hält nun u. E. zu Recht nicht mehr an dieser Rechtsprechung hinsichtlich der Auslegung von Rechtsfragen im Zusammenhang mit steuerbilanziellen Regelungen fest.[21] Zu Unrecht wurde die Regelung des § 4 Abs. 2 Satz 1 EStG als Begründung für den subjektiven Fehler ins Feld geführt, denn die Frage einer Bilanzberichtigung ist unabhängig von der Möglichkeit einer Berichtigung des steuerlichen Gewinns im Rahmen der Veranlagung zu sehen. Die Finanzverwaltung hat zur Ermittlung der richtigen Besteuerungsgrundlage im Rahmen des Veranlagungsverfahrens die allgemeinen Verfahrensvorschriften (insbesondere §§ 85 ff., 129, 164 f. und 172 ff. AO) zu beachten. Hieraus ergibt sich bereits eine notwendige Differenzierung danach, ob eine formelle

---

19 Siehe auch *Teutemacher*, BBK 2017 S. 1160, 1165; BBK 2018 S. 20; *Achilles*, DB 2018, S. 18.
20 S. a. *Bode*, Teil A XVIII, Rz. 2691 f.
21 Siehe auch OFD Niedersachsen, Vfg. v. 29. 7.2014 - S 2141-25-St 221/St 222, juris; *Korn*, NWB 2013 S. 1057.

Bilanzberichtigung nach § 4 Abs. 2 Satz 1 EStG in Frage kommt oder ob von einer bereits eingereichten Bilanz im Steuer- und Feststellungsbescheid abgewichen werden kann. Es besteht gerade keine Abhängigkeit zwischen einer – nicht mehr möglichen – Bilanzberichtigung gem. § 4 Abs. 2 EStG und einer möglichen Abweichung von Bilanzansätzen im Rahmen der Ermittlung der steuerlichen Bemessungsgrundlage durch die Finanzverwaltung. Der Steuerpflichtige ist beispielsweise unabhängig davon, ob er seine erstellte Bilanz noch nach § 4 Abs. 2 Satz 1 EStG berichtigt oder berichtigen darf, nach Maßgabe des § 153 AO weiterhin gehalten, bis zum Ablauf der Festsetzungsfrist Fehler, die zu einer Steuerverkürzung führen können, richtig zu stellen. Ebenso kann er außerhalb der Bilanzansätze Tatsachen im Rahmen der Veranlagung vortragen, die zu einer objektiv richtigen Steuerfestsetzung führen und die von den bisherigen Bilanzansätzen abweichen. Dieser Grundsatz gilt sowohl für Rechtsfragen, die unmittelbar die Bilanzansätze berühren als auch für solche Sachverhalte, die Bilanzansätze an sich nicht berühren, aber mit Bilanzierungsfragen im Zusammenhang stehen können, wie beispielsweise die Nichtabziehbarkeit von Betriebsausgaben. Für eine „richtige" an Recht und Gesetz gebundene Steuerfestsetzung muss der Steuerpflichtige nicht die Bilanz nach § 4 Abs. 2 Satz 1 EStG berichtigen, damit diese Eingang in die Steuerfestsetzung findet. § 4 Abs. 2 Satz 1 EStG hindert die Finanzverwaltung nicht daran, im Rahmen der Veranlagung oder in einer späteren Betriebsprüfung von den vom Steuerpflichtigen gewählten Bilanzansätzen abzuweichen, wenn sich zwischenzeitlich eine Rechtsauffassung i. S. d. höchstrichterlichen Rechtsprechung gebildet hat, die von den ursprünglich gewählten Ansätzen des Steuerpflichtigen abweicht und deren Rechtsanwendung noch ungeklärt ist. § 4 Abs. 2 EStG enthält ausschließlich eine formelle Aussage, wonach diese Vorschrift eine Schutzfunktion zugunsten des Steuerpflichtigen als alleinigem Urheber der Steuerbilanz darstellt. Für die Ermittlung der objektiv zutreffenden Bemessungsgrundlage im Veranlagungsverfahren ist es unerheblich, ob der Steuerpflichtige seine Bilanz zuvor berichtigt hat. Das zeigen auch die sog. BP-Fälle, bei denen der Betriebsprüfer durch seinen Prüfungsbericht und seine Prüfungsfeststellung, ggf. auch durch eine sog. Prüferbilanz dem für die Veranlagung des Steuerpflichtigen zuständigen Finanzamt mitteilt, dass aufgrund dieser Prüfungsfeststellung der ursprünglich ermittelte steuerliche Gewinn zu ändern ist.

Diese Unabhängigkeit der objektiv zutreffenden Steuerfestsetzung von der rein formalen Vorschrift des § 4 Abs. 2 EStG zeigt u. E. die richtige und konsequente Abstandnahme des BFH vom bisher geltenden subjektiven Fehlerbegriff bei Rechtsfragen. Der Beschluss des Großen Senats zum subjektiven Fehlerbegriff ist mittlerweile im BStBl veröffentlicht und damit unmittelbar für die Finanzverwaltung anzuwenden. Die bisherige Richtlinien-Regelung unter R 4.4. Abs. 1 Sätze 3 bis 8 EStR a. F. wurde insofern gestrichen, da sie durch die Rechtsprechung des Großen Senats überholt wäre. Das aktuelle Einkommensteuer-Handbuch sieht vielmehr vor, dass ein falscher Bilanzansatz grundsätzlich in der Schlussbilanz des ersten Jahres, dessen Veranlagung geändert werden kann, erfolgswirksam richtig zu stellen ist, wenn eine Bilanzberichtigung nicht mehr möglich ist. (R 4.4. Abs. 1 Satz 9 EStR).

2592

2. Gesetzlich normierte Ansatzvorschriften im Einzelnen

2.1 Ansatzvorbehalte dem Grunde nach

2593 Bei Ansatzverboten, -beschränkungen und Bewertungsbeschränkungen sind diejenigen Vorschriften, die die Bilanzierung dem Grunde nach verbieten oder beschränken, von denjenigen Vorschriften zu unterscheiden, die sich lediglich bei der Bewertung von den handelsrechtlichen Grundsätzen unterscheiden. Gesetzliche Ansatzverbote und -beschränkungen finden sich zumeist in § 5 EStG wieder. Die gesetzgeberische Herleitung und die jeweiligen Verwaltungsanweisungen zu den wichtigsten dieser Ansatzvorbehalte werden im Folgenden dargestellt.

2.2 Saldierungsverbot und Bewertungseinheit (§ 5 Abs. 1a EStG)

2594 Vor BilMoG bestand nach § 246 Abs. 2 HGB a. F. ein absolutes Saldierungsverbot für die Handelsbilanz, das nach dem Maßgeblichkeitsgrundsatz des § 5 Abs. 1 Satz 1 EStG auch für die steuerliche Gewinnermittlung bestand. Da im Rahmen des BilMoG jedoch § 246 Abs. 2 HGB um zwei weitere Sätze ergänzt wurde, die spezielle Ausnahmen vom Saldierungsverbot vorsehen, hat der Einkommensteuergesetzgeber in § 5 Abs. 1a Satz 1 EStG eine Klarstellung für erforderlich gehalten, wonach Wirtschaftsgüter, Schulden, Rechnungsabgrenzungsposten und sonstige Bilanzposten in der steuerlichen Gewinnermittlung in jedem Fall einzeln auszuweisen sind; also auch dann, wenn sie im Einzelfall nach § 246 Abs. 2 HGB zu verrechnen sind.[22]

Unabhängig von diesem neu eingefügten Satz 1, legt die bereits vor BilMoG geltende Regelung des § 5 Abs. 1a Satz 2 EStG[23] fest, dass die Ergebnisse der in der handelsrechtlichen Rechnungslegung zur Absicherung finanzwirtschaftlicher Risiken gebildeten Bewertungseinheiten auch für die steuerliche Gewinnermittlung maßgeblich sind.

Voraussetzung für die Bildung einer Bewertungseinheit ist damit – sowohl handelsrechtlich als auch steuerrechtlich – das Vorliegen eines Grundgeschäfts (Vermögensgegenstände, Schulden, schwebende Geschäfte oder mit hoher Wahrscheinlichkeit erwartete Transaktionen) und eines Sicherungsgeschäfts. Das Sicherungsgeschäft muss zum Ausgleich und zur Absicherung gegenläufiger Wertänderungen oder Zahlungsströme aus dem Eintritt vergleichbarer Risiken mit Finanzinstrumenten abgeschlossen sein.

2595 Bei Auslegung dieser Vorschrift ist fraglich, ob die Voraussetzung für die Bildung einer steuerlichen Bewertungseinheit zwangsläufig den Maßstäben der handelsrechtlichen Bewertungseinheit nach § 254 HGB entsprechen muss. Der Wortlaut bezieht sich zwar zunächst ausdrücklich auf das Ergebnis der in der handelsrechtlichen Rechnungslegung gebildeten Bewertungseinheit und ist damit ausdrücklich Ausfluss der Maßgeblichkeit des § 5 Abs. 1 Satz 1 EStG.[24] Gegen eine identische Bewertung steuerrechtlicher und handelsrechtlicher Bewertungseinheiten sprechen jedoch die zusätzlichen spezial-steu-

---

[22] Vgl. Gesetzentwurf der Bundesregierung v. 23.5.2008, BT-Drucks. 344/08.
[23] Eingeführt durch das Gesetz zur Eindämmung missbräuchlicher Steuergestaltungen v. 28.4.2006, BGBl 2006 I S. 1095; BStBl 2006 I S. 353.
[24] Zur sog. konkreten Maßgeblichkeit: *Weber-Grellet*, in: Schmidt, EStG, § 5 Rn. 71.

errechtlichen Tatbestandvoraussetzungen des § 5 Abs. 1a Satz 2 EStG. Ebenso wie bei der handelsrechtlichen Bewertungseinheit ist zwar auch steuerrechtlich zwischen einem Grund- und einem Sicherungsgeschäft zu unterscheiden. Im Gegensatz zu den Voraussetzungen des § 254 HGB muss es sich steuerrechtlich aber um eine Absicherung finanzwirtschaftlicher Risiken handeln. Dieses Tatbestandsmerkmal spricht dafür, dass es keinen absolut deckungsgleichen Anwendungsbereich des § 254 HGB und § 5 Abs. 1a EStG gibt. Vielmehr spricht dieses steuerrechtliche Tatbestandsmerkmal dafür, dass die Möglichkeit der Bildung einer steuerlichen Bewertungseinheit nach § 5 Abs. 1a Satz 2 EStG enger zu verstehen ist als die Möglichkeit der Bildung einer handelsrechtlichen Bewertungseinheit nach § 254 HGB.[25] Diese Sichtweise wird in der Literatur teilweise mit Hinweis auf den Gesetzeszweck, einen Gleichklang des § 5 Abs. 1a EStG mit der handelsrechtlichen Bewertungseinheit herstellen zu wollen, nicht geteilt.[26] Unseres Erachtens steht dieser Auffassung jedoch der eindeutige Wortlaut des § 5 Abs. 1a Satz 2 EStG entgegen, der eben nicht deckungsgleich mit den Voraussetzungen des § 254 HGB ist. Zu bedenken ist auch, dass § 254 HGB zeitlich erst nach § 5 Abs. 1a Satz 2 EStG im Gesetz verankert wurde. Der Steuergesetzgeber konnte daher bei Kodifizierung des § 5 Abs. 1a Satz 2 EStG eine mögliche gesetzliche „Bezugsgröße" im HGB noch gar nicht kennen. Darüber hinaus spricht auch die Gesetzesbegründung zu § 254 HGB allein von einer Maßgeblichkeit bei handelsrechtlich zur Absicherung finanzwirtschaftlicher Risiken gebildeten Bewertungseinheiten.[27] Konkrete Auswirkungen kann dieser Meinungsstreit bei den in § 254 Satz 2 HGB genannten Warentermingeschäften haben, die nach der o. g. „engeren" Leseart des § 5 Abs. 1a EStG nicht in einer steuerlichen Bewertungseinheit erfasst werden könnten.[28]

Die Finanzverwaltung hat zur steuerrechtlichen Bewertungseinheit mit einer Verfügung der OFD Rheinland v. 11.3.2011[29] Stellung genommen. Hierin wird klargestellt, dass trotz möglicher Bildung einer Bewertungseinheit weiterhin die einzelnen Wirtschaftsgüter und Passivposten Objekt des Bilanzansatzes bleiben und lediglich für Zwecke der Bewertung saldiert werden.[30] Eine eigenständige Bewertung der in der Bewertungseinheit einbezogenen Wirtschaftsgüter nach den entsprechenden Bewertungsvorschriften kommt jedoch nicht mehr in Betracht. Nach der o. g. OFD-Verfügung ist eine Bewertungseinheit ausschließlich für Zwecke der Bewertung der Wirtschaftsgüter zu berücksichtigen.

In der Praxis stellt sich zusätzlich die Frage, in welchem Verhältnis eine Bewertungseinheit nach § 5 Abs. 1a Satz 2 EStG zu denjenigen Vorschriften steht, die die steuerliche Gewinnermittlung, Einkommensermittlung und Verlustverrechnung außerhalb der Bilanz betreffen. Dies betrifft vor allem die Vorschriften §§ 3 Nr. 40, 3c und 15 Abs. 4 EStG sowie § 8b EStG. Hierzu stellt die OFD-Verfügung v. 11.3.2011 heraus, dass dann, wenn Verluste und Gewinne tatsächlich innerhalb der Bewertungseinheit realisiert wer-

2596

---

25 Siehe auch *Weider*, FR 2017 S. 425, 428.
26 *Herzig/Briesemeister*, Ubg 2009 S. 157.
27 Siehe BR-Drs. 344/08 S. 124.
28 *Wieder*, FR 2017, S. 425, 428.
29 OFD Rheinland, Verfügung v. 11.2.2011, DB 2011 S. 737.
30 So auch *Christansen*, DStR 2003 S. 264.

den, diese Vorgänge nicht mehr unter Bewertungs-, sondern unter Realisationsgesichtspunkten zu beurteilen sind. Wie oben aufgezeigt, stellt die Bewertungseinheit lediglich ein Instrument der Bewertung dar und findet ihre Grenze bei einer tatsächlichen Realisation von Verlusten und Gewinnen außerhalb der Bewertung. Unter diesem Gesichtspunkt sind vom Regelungsbereich der Bewertungseinheiten die Vorschriften über die Gewinnermittlung, die Einkommensermittlung und die Verlustverrechnung strikt zu trennen, da es sich auch hier um eine andere „Ermittlungsebene" handelt. Damit sind von der Bewertungseinheit die Vorschriften §§ 3 Nr. 40, 3c und 15 Abs. 4 EStG sowie § 8b KStG ausgenommen. Diese Regelungen zielen auf tatsächliche Betriebsvermögensmehrungen und -minderungen ab und sind daher nicht „bewertungseinheitsfähig".

Da es sich bei § 5 Abs. 1a Satz 2 EStG um eine Bewertungsvorschrift handelt, führt dieses Instrument der Bewertung bei Ausscheiden (Ausbuchung) des Grund- oder Sicherungsgeschäft zur Realisation dieses Ausscheidens des Sicherungsverbundes. Für diese Verwaltungsauffassung[31] spricht, dass es sich um einen reinen Bewertungsposten handelt. Daher ist zu berücksichtigen, dass trotz möglicher Bildung einer Bewertungseinheit weiterhin die einzelnen Wirtschaftsgüter und Passivposten Objekte des Bilanzansatzes bleiben und lediglich für Zwecke der Bewertung saldiert werden.[32] Wenn also Verluste und Gewinne tatsächlich innerhalb der Bewertungseinheit realisiert werden, müssen diese Vorgänge nicht mehr unter Bewertungs-, sondern unter Realisationsgesichtspunkten (z. B. § 8b Abs. 2, § 15 Abs. 4 EStG) beurteilt werden.[33] Auf die im Zuge der Auflösung der Bewertungseinheit realisierten Ergebnisse sind daher (auch innerhalb des Kompensationsbereichs der Bewertungseinheit) die steuerlichen Gewinn- und Einkommensermittlungsvorschriften und die Vorschriften über die Verlustverrechnung anzuwenden.

Dementsprechend hat auch das Finanzgericht Berlin-Brandenburg mit Urteil v. 10.2.2016[34] entschieden, dass eine Bewertungseinheit für die Einkommensermittlung nach § 8b KStG keine Rolle spielen kann und die in einer Bewertungseinheit zusammengefassten Geschäfte vielmehr für die Ermittlung des unter § 8b Abs. 2 KStG fallenden Veräußerungsgewinns aufzulösen und getrennt danach zu beurteilen sind, ob sie den Tatbestand eines solchen „Veräußerungsgewinns" zuzuordnen sind.

Folge dieses Systemverständnisses ist es, dass die einzelnen Wirtschaftsvorfälle, die durch eine Bewertungseinheit abgebildet werden sollen, danach einzuteilen sind, ob sie bei einer möglichen Realisation wieder konkret individualisierbar und damit zuordbar sind. Ist dies der Fall – so etwa bei **Micro-Hedges** –, ist das Grundgeschäft zunächst ausschließlich unter Berücksichtigung des Sicherungsgeschäftes zu bewerten.[35] Bei einer (späteren) Realisation, ist eine konkrete Zuordnung (weiterhin) möglich und die speziellen o. g. Gewinn- und Einkommensermittlungsvorschriften und die Verlustverrechnungsvorschriften sind anwendbar.

---

31 Siehe zum Meinungsstand *Hennrichs/Hörhammer* im StBJb 2016/2017, S. 327-342.
32 So auch *Christiansen*, DStR 2003 S. 264.
33 So auch OFD Frankfurt v. 22.3.2012, S 2133-A -30-St 210; OFD Rheinland v. 11.3.2011 – S 2133-2011/002-St 141, DB 2011 S. 737.
34 Urteil v. 10.2.2016, 11 K 12212/13, EFG 2016 S. 1629, Rev. I R 20/16.
35 Vgl. *Hick*, in: HHR, § 5 EStG, Anm. 1642.

Liegen demgegenüber nach Gruppen kategorisierte homogene Grundgeschäfte – wie bei **Marko-Hedges**[36] – oder „einfache" Zusammenfassungen von Grundgeschäften – wie **Portfolio-Hedges** – vor, ist zunächst eine Identifikation oder konkrete Verknüpfung von Grund- und Sicherungsgeschäften nicht (mehr) gegeben. Bei diesen beiden Formen des Grundgeschäfts wird lediglich ein sich ergebendes Netto-Risiko abgesichert und die Grundgeschäfte unterliegen einem bestimmten Preisrisiko. Im Rahmen der Bilanzierung kann das Gesamtrisiko lediglich durch den Ausweis einer Rückstellung abgebildet werden, deren Passivierung gemäß § 5 Abs. 4a Satz 2 EStG auch als Drohverlustrückstellung ausdrücklich zugelassen ist. Bei einer Realisation durch Veräußerung ist i. d. R. davon auszugehen, dass diese einzelnen Wirtschaftsvorfälle wiederum konkret bestimmbar sind und die o. g. einzelnen Gewinn- und Einkommensermittlungsvorschriften sowie die Vorschriften über die Verlustverrechnung Anwendung finden.

2597

Weiterhin hat sich die Finanzverwaltung zu der Frage geäußert, welche der beiden möglichen Bewertungsmethoden bei Bildung, Beibehalten und Beendigung einer Bewertungseinheit nach § 5 Abs. 1a Satz 2 EStG zur Anwendung gelangt. Hierzu gibt es zwei wesentliche Ansätze: die Netto-/Einfrierungsmethode oder die Bruttomethode.

Bei der **Einfrierungsmethode** findet ein möglicher Gewinn oder Verlust als Übergang Berücksichtigung in der GuV. Dies führt dazu, dass bei einem Ausgleich von positiven und negativen Wertveränderungen oder Zahlungsströmungen innerhalb der Bewertungseinheit zwischen Grund- und Sicherungsgeschäft nicht saldiert wird. Die Differenzbeträge werden werden weder in den Wertansätzen saldiert noch werden sie bei dem Sicherungsinstrument in der GuV erfasst (kompensatorische Bewertung).[37] Diese Methode ermöglicht bei einer hundertprozentigen Risikoabsicherung eine erfolgsneutrale Auflösung der Bewertungseinheit. Ergibt sich hingegen ein Überhang aus negativen Wertveränderungen, ist entsprechend der OFD-Verfügung v. 11.3.2011 diese Differenz als nicht realisierter Verlust entsprechend § 5 Abs. 4a Satz 2 EStG als Drohverlustrückstellung abzubilden. Ein nicht realisierter Gewinn bleibt hingegen unberücksichtigt.

2598

Demgegenüber sieht die sog. **Bruttomethode** ein „Durchbuchen" des separat zu betrachtenden Aufwands und Ertrags in der GuV vor.[38] Die jeweiligen Erfolgsbeiträge der Bewertungseinheit sind auch für Zwecke außerbilanzieller steuerlicher Korrekturen (z. B. nicht abzugsfähige Betriebsausgaben) zu individualisieren.

2599

Die OFD-Verfügung v. 11.3.2011 stellt zu diesen beiden Methoden heraus, dass nur die Nettomethode eine zutreffende Wiedergabe der Betriebsvermögensänderung gewährleistet und dem Anschaffungskostenprinzip und dem Realisationsprinzip gerecht wird, die als übergeordnete Grundsätze dem Instrument der Bewertungseinheit Grenzen setzen.

---

36 Zur Abgrenzung einzelner Hedge-Arten: *Förscher/Usinger*, Beck'scher Bilanz-Kommentar, § 254 Rz. 4.
37 *Hick*, in: HHR, § 5 EStG, Anm. 1649.
38 *Hahne*, BB 2006 S. 2291.

2.3 Ansatzverbot für originär selbstgeschaffene Wirtschaftsgüter (§ 5 Abs. 2 EStG)

2600 Mit § 5 Abs. 2 EStG hat der Gesetzgeber bereits im Rahmen des EStÄndG v. 15.5.1969 für immaterielle Wirtschaftsgüter des Anlagevermögens festgeschrieben, dass sie nur dann als Aktivposten anzusetzen sind, wenn sie entgeltlich erworben wurden. Zusätzlich ist gemäß R 5.5 Abs. 2 Satz 1 i. V. m. R 4.3 Abs. 1 EStR ein Ausweis der immateriellen Wirtschaftsgüter des Anlagevermögens dann möglich, wenn sie in das Betriebsvermögen eingelegt wurden.

Durch das Gesetz zur Modernisierung des Bilanzrechts (BilMoG) wurde das bisher auch handelsrechtlich bestehende Aktivierungsverbot für selbstgeschaffene immaterielle Vermögensgegenstände aufgegeben. Die neue Fassung des § 248 Abs. 2 HGB sieht nunmehr vor, dass selbstgeschaffene immaterielle Vermögensgegenstände des Anlagevermögens wahlweise als Aktivposten in die Bilanz aufgenommen werden können. Von diesem Aktivierungswahlrecht ausgeschlossen sind selbstgeschaffene Marken, Drucktitel, Verlagsrechte, Kundenlisten oder vergleichbare immaterielle Vermögensgegenstände des Anlagevermögens. Damit hat sich der Gesetzgeber gegen die zunächst noch im Referentenentwurf des BilMoG[39] enthaltene grundsätzliche Aktivierungspflicht entschieden. Dieses neu eingeführte handelsrechtliche Aktivierungswahlrecht würde entsprechend der in § 5 Abs. 1 Satz 1 EStG angeordneten Maßgeblichkeit der handelsrechtlichen Grundsätze ordnungsmäßiger Buchführung[40] steuerrechtlich an sich zu einem Aktivierungsgebot führen.[41] Da hier jedoch ein ausdrückliches steuergesetzliches Aktivierungsverbot in § 5 Abs. 2 EStG besteht, wird in diesem Fall der Maßgeblichkeitsgrundsatz ausdrücklich durchbrochen.

2601 Dieser Umstand führt zu einer möglichen Abweichung der Handelsbilanz von der Steuerbilanz. Das handelsrechtliche Aktivierungswahlrecht stellt eine Abweichung vom Vorsichtsprinzip dar, das vor BilMoG Grundlage für das bisher geltende Ansatzverbot des § 248 Abs. 2 HGB a. F. war. Der Grundgedanke war, dass nicht entgeltlich erworbene immaterielle Vermögensgegenstände schwer schätzbar sind und ihnen nur schwer ein objektivierter Wert zugewiesen werden konnte.[42] Deshalb war ein Ausweis dieser immateriellen Vermögensgegenstände handelsrechtlich vor BilMoG nur möglich, wenn sie entgeltlich erworben wurden und damit ein objektivierbarer Wert in Form von Anschaffungskosten vorlag. Dieses handelsrechtliche Wahlrecht besteht gemäß § 248 Abs. 2 Satz 2 HGB jedoch nicht für selbst geschaffene Marken, Drucktitel, Verlagsrechte, Kundenlisten oder vergleichbare Vermögensgegenstände des Anlagevermögens.

Das Einkommensteuerrecht differenziert hingegen nicht zwischen verschiedenen Arten von immateriellen Wirtschaftsgütern und folgt damit generell dem Vorsichtsprinzip, dessen Ausfluss § 5 Abs. 2 EStG ist.[43] Dieser gesetzgeberischen Entscheidung liegt – ebenso wie dem vor BilMoG bestehenden handelsrechtlichen Aktivierungsverbot – die

---

39 Vgl. Gesetzesentwurf der Bundesregierung zum BilMoG v. 8.11.2007, BT-Drucks. 16/10067.
40 BMF, Schreiben v. 12.3.2010, BStBl 2010 I S. 238 Rz. 3.
41 BFH, Beschluss v. 3.2.1969 – GrS 2/68, BStBl 1969 II S. 291.
42 Vgl. BR-Drucks. 344/08 S. 106.
43 So die h. M.: *Knobbe/Keuk*, Bilanz- und Unternehmenssteuerrecht, 9. Aufl. S. 1993, 90; *Hennrichs*, in: Tipke/Lang, Steuerrecht, 23. Aufl. 2018, § 9 Rz. 128 ff.

Einschätzung zugrunde, dass ein immaterielles Wirtschaftsgut erst durch einen entgeltlichen Erwerb einen objektivierten Wert in Form von Anschaffungskosten erlangt.

2.4 Passivierungsbeschränkung für einnahme- und gewinnabhängige Verpflichtungen (§ 5 Abs. 2a EStG)

In § 5 Abs. 2a EStG ist seit dem StBereinG 1999[44] festgelegt, dass für Verpflichtungen, die nur zur erfüllen sind soweit künftige Einnahmen oder Gewinne anfallen, Verbindlichkeiten und Rückstellungen erst anzusetzen sind, wenn die Einnahmen oder Gewinne angefallen sind. Dadurch soll verhindert werden, dass steuersystematisch durch eine Passivierung am Bilanzstichtag das vorhandene Vermögen und die steuerliche Leistungsfähigkeit zu niedrig ausgewiesen würde. Der Gesetzgeber wollte hier im Hinblick auf damals ergangene BFH-Rechtsprechung[45] Steuerausfälle verhindern.[46] Es ist jedoch davon auszugehen, dass dem gesetzlichen Passivierungsverbot von gewinnabhängigen Verpflichtungen lediglich klarstellende Wirkung beizumessen ist,[47] während die Einbeziehung von einnahmeabhängigen Verpflichtungen konstitutive Bedeutung hat.[48] Da das Handelsrecht ein Passivierungsverbot in diesem Sinne nicht kennt und § 5 Abs. 2a ESG insofern auch teilweise eine Durchbrechung des Realisations- und Imparitätsprinzips als handelsrechtlichen Grundsatz ordnungsmäßiger Buchführung darstellt, findet der Maßgeblichkeitsgrundsatz insofern keine Anwendung.

2602

Zum Anwendungsbereich des § 5 Abs. 2a EStG bei Rangrücktrittsvereinbarungen nimmt das BMF-Schreiben v. 8.9.2006[49] Stellung. Hiernach ist zivilrechtlich zunächst zwischen einem einfachen und einem qualifizierten Rangrücktritt zu unterscheiden. Von einem einfachen Rangrücktritt ist auszugehen, wenn der Schuldner und der Gläubiger vereinbaren, dass eine Rückzahlung lediglich dann zu erfolgen hat, wenn der Schuldner aus zukünftigen Gewinnen, aus einem Liquidationsüberschuss oder aus anderem – freiem – Vermögen dazu künftig in der Lage ist und der Gläubiger mit seiner Forderung im Rang hinter alle anderen Gläubiger zurücktritt. Bei einem qualifizierten Rangrücktritt tritt zusätzlich die Abrede hinzu, dass der Gläubiger wegen der Forderung erst nach Befriedigung sämtlicher anderer Gläubiger der Gesellschaft und – bis zur Abwendung der Krise – auch nicht vor, sondern nur gleichzeitig mit den Einlagenrückgewähransprüchen der Gesellschaft berücksichtig wird. Er soll also so behandelt werden, als handele es sich bei seiner Forderung um statuiertes Kapital.[50] Ziel dieser Vereinbarung muss es sein, die Verbindlichkeit in der insolvenzrechtlichen Überschuldungsbilanz der Gesellschaft nicht auszuweisen.

Die Finanzverwaltung differenziert bei der Anwendung des § 5 Abs. 2a EStG sodann danach, ob es sich um einen Forderungsverzicht einerseits oder um einen einfachen

2603

---

44 StBereinG 1999 v. 22.12.1999, BStBl 2000 I S. 13.
45 BFH, Urteile v. 3.7.1997, BStBl 1998 II S. 244; s. v. 17.12.1998, BStBl 2000 II S. 116; v. 4.2.1999, BStBl 2000 II S. 139.
46 BT-Drucks. 14/2070, S. 17 f.
47 So auch *Richter*, in: HHR, § 5 EStG, Anm. 1764.
48 *U. Prinz*, DStR 2000 S. 661.
49 BMF v. 8.9.2006, BStBl 2006 I S. 497.
50 Vgl. hierzu BGH, Urteil v. 8.1.2001, BGHZ 146, 264.

und **qualifizierten Rangrücktritt** andererseits handelt. Bei Letzterem erklärt der Gläubiger sinngemäß, dass er wegen der Forderung erst nach Befriedigung sämtlicher anderer Gläubiger der Gesellschaft und auch nicht vor, sondern nur zugleich mit den Einlagenrückgewähransprüchen der Gesellschaft berücksichtigt werden will. In der Steuerbilanz der Gesellschaft als Schuldnerin ist die Verbindlichkeit auch weiterhin als Fremdkapital auszuweisen. Es fehlt i. d. R. an der für die Anwendung des § 5 Abs. 2a EStG erforderlichen Abhängigkeit des Ansatzes der Verbindlichkeit von entsprechenden Gewinnen oder Einnahmen.

Das o. g. BMF-Schreiben stellt sodann heraus, dass ein **einfacher Rangrücktritt**[51] ausnahmsweise dann eine Auswirkung auf das Passivierungsverbot des § 5 Abs. 2a EStG hat, wenn eine bestimmte zeitliche Abhängigkeit zwischen dem Ansatz der Verbindlichkeit und Gewinnen und Einnahmen im Zahlungsjahr besteht. Als weitere Voraussetzung muss jedoch bei einem **einfachen Rangrücktritt**, die Vereinbarung eine Bezugnahme auf die Möglichkeit einer Tilgung auch aus sonstigem freien Vermögen enthalten. Nur dann ist der Ansatz von einer Verbindlichkeit oder einer Rückstellung gemäß § 5 Abs. 2a EStG ausgeschlossen. Diese Verwaltungsauffassung wurde jüngst vom BFH in seinem Urteil v. 30.11.2011[52] bestätigt. Der BFH hat hier entschieden, dass eine Verbindlichkeit, die nur aus künftigen Gewinnen oder einem etwaigen Liquidationsüberschuss erfüllt werden muss, mangels gegenwärtiger wirtschaftlicher Belastungen nicht ausgewiesen werden kann. Der BFH hatte hierbei über einen Sachverhalt zu entscheiden, bei dem im Falle einer Überschuldung ein Rangrücktritt der Gläubigerin hinter die Forderungen aller übrigen Gläubiger vereinbart wurde und gleichzeitig die Befriedigungsmöglichkeit ihrer Gesamtforderung auf künftige Jahresüberschüsse oder ggf. Liquidationsüberschüsse beschränkt wurde. Der BFH kommt zu dem Ergebnis, dass es in diesem Fall an einer wirtschaftlichen Belastung fehle, da die Befriedigung der Verbindlichkeit nur auf künftige Überschüsse beschränkt sei. Die Verbindlichkeit sei dementsprechend gemäß § 5 Abs. 2a EStG nicht auszuweisen. Der Fall sei jedoch anders zu beurteilen, wenn die Vereinbarung eine ausdrückliche Bezugnahme auf die Tilgung aus sonstigem Vermögen enthalten würde.

2604 Der BFH bestätigt damit die im BMF-Schreiben v. 8.9.2006 vertretene Verwaltungsauffassung, wonach der Tatbestand des § 5 Abs. 2a EStG nicht erfüllt ist, wenn vereinbart ist, dass eine Rückzahlung nur zu erfolgen hat, wenn der Schuldner dazu aus zukünftigen Gewinnen, aus dem Liquidationsüberschuss oder aus **sonstigem freien Vermögen** künftig in der Lage ist. Entgegen einer Literaturmeinung stellt diese BFH-Entscheidung auch im Hinblick auf die Änderungen durch das MoMiG[53] keinen Widerspruch zur bestehenden Verwaltungsauffassung dar. Mit dem MoMiG v. 23.10.2008 wurde das Eigenkapitalersatzrecht grundlegend geändert. Bei Rangrücktrittsvereinbarungen gemäß § 19 Abs. 2 InsO tritt die mit dem Rangrücktritt belegte Gesellschafterforderung gegenüber den Forderungen aller anderen Gläubiger nach § 39 Abs. 1 bis 5 InsO unabhängig von ihrer vertraglichen Ausgestaltung im Rang zurück. Dies wäre mit den im BMF-

---

51 Allgemein zum Rangrücktritt nach dem MoMiG vgl. *Henkel/Wentzler*, GmbHR 2013 S. 239.
52 BFH, Urteil v. 30.11.2011, BStBl 2012 II S. 332.
53 Gesetz zur Modernisierung des GmbH-Rechts und zur Bekämpfung von Missbräuchen (MoMiG) v. 1.11.2008, BGBl 2008 I S. 2026.

Schreiben dargestellten gesellschafts- und zivilrechtlichen Ausgestaltungen eines qualifizierten Rangrücktritts vergleichbar. Auch wenn der BFH keine – so wie im BMF-Schreiben vorgenommene – Unterscheidung zwischen qualifiziertem und einfachem Rangrücktritt vornimmt, stellt die Aussage des BMF-Schreibens zum sog. qualifizierten Rangrücktritt keine ausschließliche Regelung dergestalt dar, dass hier stets die Anwendung des § 5 Abs. 2a EStG zu verneinen ist und der Bezug auf die Tilgung aus sonstigem freien Vermögen völlig unerheblich zu sein scheint. Vielmehr bezieht sich die Regelung zur Anwendung des § 5 Abs. 2a EStG bei einem qualifizierten Rangrücktritt unter Rz. 7 des BMF-Schreibens lediglich auf die vorab im BMF-Schreiben dargestellte zivil- und gesellschaftsrechtliche Ausgestaltung eines Rangrücktritts. Nach Änderung der Insolvenzordnung in § 19 Abs. 2 InsO durch das MoMiG[54] und aufgrund der fehlenden Unterscheidung des BFH zwischen qualifizierten und einfachen Rangrücktritt könnte über eine entsprechende Anpassung der Verwaltungsauffassung nachgedacht werden. Das BMF-Schreiben jedoch aufgrund der aktuellen BFH-Rechtsprechung als „überholt" anzusehen,[55] ist u. E. aus fachlicher Sicht abzulehnen. Der BFH hat lediglich nicht die vom BMF-Schreiben vorgenommene Unterscheidung zwischen einfachem und qualifiziertem Rangrücktritt nachvollzogen. Dies stellt die Aussagen des BMF-Schreibens zum qualifizierten Rangrücktritt jedoch nicht schon automatisch in Frage. Für die Anwendung des § 5 Abs. 2a EStG lässt sich aus dem BFH-Urteil v. 30.11.2011[56] ableiten, dass eine Verbindlichkeit dann nicht passiviert werden darf, wenn eine wirtschaftliche Belastung des gegenwärtigen Vermögens am Bilanzstichtag nicht vorliegt. Dies gilt auch für die durch das MoMiG in der InsO neu geregelten Gesellschafterdarlehen i. S. d. § 19 Abs. 2 Satz 2 i. V. m. § 39 InsO.[57] Vorausgesetzt, auch in diesen Fällen fehlt die Möglichkeit der Tilgung auch aus sonstigem freien Vermögen, gehe ich entsprechend der vom BFH mit o. g. Urteil aufgestellten Grundsätzen davon aus, dass ein Passivierungsverbot nach § 5 Abs. 2a EStG gegeben ist. Und auch für den Sachverhalt, in dem ein qualifizierter Rangrücktritt abweichend von Rz. 2 des BMF-Schreibens mit einer – z. B. auf künftige Gewinne – beschränkenden Tilgungsvereinbarung i. S. d. § 5 Abs. 2a EStG verknüpft wird, ist auch hier – wie bei der Formulierung in Rz. 1 des BMF-Schreibens für den einfachen Rangrücktritt – eine Passivierung ausgeschlossen, wenn eine Tilgungsmöglichkeit aus sonstigem freien Vermögen fehlt.

In Ergänzung des BMF-Schreibens v. 8.9.2006 nimmt die OFD Frankfurt/M. mit Verfügung v. 30.6.2017[58] zur Passivierung von Darlehensverbindlichkeiten im Abwicklungsendvermögen einer Tochtergesellschaft Stellung.

Wenn eine Kapitalgesellschaft aufgelöst werden soll, stellt sich die Frage nach dem Schicksal der verbleibenden Verbindlichkeit. Die OFD-Verfügung v. 30.6.2017 befasst sich damit mit einem Sachverhalt, bei dem eine Mutter- und eine Tochtergesellschaft (beides Kapitalgesellschaften) eine Darlehensvereinbarung getroffen haben und die

---

54 Hierzu *Kahlert/Gehrke*, DStR 2010 S. 227.
55 So wohl *Kahlert*, NWB 2012 S. 2141.
56 BFH, Urteil v. 30.11.2011, BStBl 2012 II S. 332.
57 Zu den Besonderheiten nach der Änderungen der InsO: *Rätke*, StuB 2012 S. 338; *Hamminger*, NWB 2012 S. 1498
58 OFD Frankfurt, Verfügung v. 30.6.2017, DB 2017 S. 1937.

Muttergesellschaft die Auflösung und Liquidation der Tochtergesellschaft beschließt ohne ausdrücklich einen Forderungsverzicht hinsichtlich ihrer Darlehensforderung zu erklären. Fraglich war, ob die Beantragung der Liquidation oder die Zustimmung zu dieser als konkludenter Forderungsverzicht der Muttergesellschaft anzusehen ist und ob bei der Tochtergesellschaft aufgrund eines eventuellen Wegfalls der wirtschaftlichen Belastung durch die Darlehensverbindlichkeit ein steuerpflichtiger Ertrag entsteht.[59]

Die Finanzverwaltung stellt hierin klar, dass allein in der Beantragung oder Zustimmung des Gläubigers zur Liquidation einer Tochterkapitalgesellschaft kein konkludenter Forderungsverzicht zu sehen ist. Diese Auffassung entspricht der in der Literatur herrschenden Meinung[60], die auch in der bloßen Beantragung des Gläubigers zur Liquidation keinen Forderungsverzicht sieht. Auch der BFH hatte mit Urteil v. 10.8.2016[61] entschieden, dass eine allein aus der Liquidationsschlussbilanz ersichtliche Vermögenslosigkeit des Schuldners keinen Einfluss auf die Pflicht zur Passivierung der Verbindlichkeit in Handels- und Steuerbilanz hat.

Zudem wird in der OFD-Verfügung herausgestellt, dass unverändert von einer wirtschaftlichen Belastung durch die Verbindlichkeit beim Schuldner – also der Tochtergesellschaft – auszugehen ist. Diese wirtschaftliche Belastung entfällt erst, wenn bei objektiver Würdigung der Verhältnisse angenommen werden kann, dass der Gläubiger seine Forderung nicht mehr geltend machen wird.[62] Zudem wird in dieser Verfügung die im BMF-Schreiben v. 8.9.2006[63] dargestellte Auffassung der Finanzverwaltung bestätigt, wonach ein vereinbarter Rangrücktritt dann unmaßgeblich ist, wenn die Vereinbarung die Tilgung aus sonstigem freien Vermögen vorsieht. Bei Fehlen einer solchen Möglichkeit ist die Verpflichtung unabhängig von dem vorgenannten Beschluss bereits aus diesem Grund gem. § 5 Abs. 2a EStG nicht mehr zu passivieren, da es ansonsten an einer für die Passivierung maßgeblichen wirtschaftlichen Belastung mangelt.[64]

2.5 Ansatz, -beschränkungen und -verbote bei Rückstellungen

2605 Für die steuerliche Gewinnermittlung sind die handelsrechtlichen Regelungen zum Ansatz von ungewissen Verbindlichkeiten maßgeblich (§ 5 Abs. 1 Satz 1 EStG i. V. m. § 249 HGB). Dies gilt wegen des allgemeinen Gleichheitssatzes auch im Falle einer originären Steuerbilanz gemäß § 4 Abs. 1 EStG.[65]

Voraussetzungen für den Ansatz einer Rückstellung sind

▶ das Bestehen einer Schuld gegenüber einem Dritten (Außenverpflichtung. R 5.7 Abs. 3 EStR 2012),

---

59 Vgl. allgemein zu „aktuellen Herausforderungen" in Sanierungssteuerrecht bei „stehengelassenen" Verbindlichkeiten: *Blumenberg/Neumann*, UBg, 2016 S. 256.
60 *Kahlert*, DStR 2016 S. 2262; *Mayer/Betzinger*, DStR 2014 S. 1573; *Rödding/Scholz*, DStR 2013 S. 993; *Schmidt*, DB 2016 S. 1998.
61 BHF, Urteil v. 10.8.2016, BStBl II 2017 S. 670, Rz. 15.
62 BFH, Urteil v. 26.2.2003, BStBl II 2003 S. 561, Rz. 21.
63 BMF, Schreiben v. 8.9.2006, BStBl I 2006 S. 497, Rz. 6.
64 BMF, Schreiben v. 8.09.2006, BStBl I 2006 S. 497, Rz. 6.
65 BFH, Urteil v. 5.11.2014, BStBl. 2015 II S. 523.

- eine mindestens wirtschaftliche Verursachung von Aufwand bis zum Bilanzstichtag, mit dem Vergangenes abgegolten wird (R 5.7 Abs. 5 EStR 2012), sowie

- eine überwiegende Wahrscheinlichkeit des Bestehens/Entstehens einer Verbindlichkeit *und* der Inanspruchnahme hieraus (doppelte Wahrscheinlichkeitsprüfung/objektivierte Mindestwahrscheinlichkeit – R 5.7 Abs. 6 EStR 2012).

- Diese Voraussetzungen sind im Einzelfall auf der Grundlage objektiver, am Bilanzstichtag vorliegender Tatsachen aus der Sicht eines sorgfältigen und gewissenhaften Kaufmanns zu beurteilen.[66]

- Die Außenverpflichtung kann sich aus

- Vertragsverhältnissen,

- gesetzlichen Schuldverhältnissen,

- öffentlich-rechtlichen Verpflichtungen oder

- faktischen Verpflichtungen

- ergeben.

- Ist eine Verpflichtung ausschließlich durch den Gesellschaftsvertrag begründet worden, darf eine Rückstellung – bspw. für die Verpflichtung zur Prüfung des Jahresabschlusses einer Personenhandelsgesellschaft - nicht gebildet werden[67]. Durch die formalisierte Prüfungsverpflichtung durch einen objektiven Dritten werden im Ergebnis die Kontrollrechte und Ansprüche der einzelnen Gesellschafter gestärkt. Die Selbstverpflichtung dient damit ausschließlich dem einzelnen Gesellschafter. Im Ergebnis liegt daher keine Außenverpflichtung i. S. d. § 249 HGB vor. Die Argumentation ist auf Gesellschaften aller Rechtsformen übertragbar, die sich einer freiwilligen Jahresabschlussprüfung unterziehen, wie z. B. kleine Kapitalgesellschaften.[68] Bisweilen wird aus diesem Ergebnis abgeleitet, dass sich eine Rückstellungspflicht ergibt, wenn eine Prüfung des Jahresabschlusses ausschließlich wegen eines mit einer Bank begründeten Kreditvertrags besteht. Dem folgt die Finanzverwaltung nicht. Zwar liegt in diesen Fällen unstreitig eine Außenverpflichtung vor, die Verpflichtung selbst ist aber auf die Fortführung des Kreditverhältnisses gerichtet und damit nicht vergangenheitsbezogen.[69]

2606

- Die wirtschaftliche Last einer öffentlich-rechtlichen Verpflichtung (R 5.7 Abs. 4 EStR 2012) ist dadurch nachzuweisen, dass sie

- hinreichend konkretisiert (Forderung eines bestimmten Handelns in einer bestimmten Zeit) und

- sanktionsbewehrt ist.[70]

---

66 BFH, Urteil v. 30.1.2002 I R 68/00, BStBl II 2002 S. 688.
67 BFH, Urteil v. 5.6.2014, BStBl 2014 II S. 886.
68 A. A. *Althoff*, DB 2016 S. 1893. Siehe auch *Sick/Lukascheck/Binding*, DStR 2015 S. 172; *Hänsch*, Rückstellungen: Jahresabschluss-, Prüfungs- und Beratungskosten, Lexikon KAAAC-42910.
69 BMF v. 19.11.1982, DB 1982 S. 2490, lediglich aufgehoben zur Bereinigung der Weisungslage ohne Aufgabe der bisherigen Rechtsauffassung durch BMF v. 29.3.2007, BStBl I 2007 S. 369.
70 BFH, Urteil v. 6.6.2012, BStBl 2013 II S. 196.

- Innenverpflichtungen (R 5.7 Abs. 11 EStR 2012) sind nur dann rückstellungsfähig soweit sie in § 249 Abs. 1 Satz 2 Nr. 1 HGB ausdrücklich benannt sind. Nach den Änderungen durch das BilMoG sind dies Aufwendungen
- für Instandhaltung, die im folgenden Geschäftsjahr innerhalb von drei Monaten nachgeholt wird,
- für Abraumbeseitigung, die im folgenden Geschäftsjahr nachgeholt wird.[71]

2607
- Zur Annahme einer wirtschaftlichen Verursachung muss die Verpflichtung nicht nur an Vergangenes anknüpfen, sondern auch Vergangenes abgelten. Das ist der Fall, wenn sie auch dann zu erfüllen ist, wenn der Betrieb zum Ende des Bilanzzeitraums aufgegeben würde.[72] Eine Verursachung in diesem Sinne liegt vor, wenn die Verpflichtung so eng mit dem betrieblichen Geschehen des Wirtschaftsjahres verknüpft ist, dass es geboten ist, sie wirtschaftlich als Aufwand des jeweiligen Wirtschaftsjahres zu behandeln. Dafür müssen die wesentlichen Tatbestandsmerkmale des die Verpflichtung auslösenden Tatbestands erfüllt sein und das Entstehen der Verbindlichkeit nur noch von wirtschaftlich unwesentlichen Tatbestandsmerkmalen abhängen. Ist eine öffentlich-rechtliche Verpflichtung am Bilanzstichtag bereits rechtlich entstanden, bedarf es keiner Prüfung der wirtschaftlichen Verursachung mehr, weil eine Verpflichtung spätestens im Zeitpunkt ihrer rechtlichen Entstehung auch wirtschaftlich verursacht ist.[73] Bei öffentlich-rechtlichen Wartungsverpflichtungen hat der BFH in ständiger Rechtsprechung eine wirtschaftliche Verursachung u. E. zu Recht abgelehnt, da sich der Wartungsaufwand auf die zukünftige Nutzung bezieht. Insoweit ist in Betracht zu ziehen, die bezüglichen tatsächlich geleisteten Aufwendungen statt des sofortigen Abzugs in einen aktiven RAP einzustellen.[74] Unabhängig von einer aus diesen Gründen nicht rückstellungsfähigen öffentlich-rechtlichen Verpflichtung kann sich die Notwendigkeit der Bildung einer Rückstellung aus einer privatrechtlichen Verpflichtung auf Zahlung von Wartungsrücklagen-Garantiebeträgen ergeben, wenn bei Beendigung des Vertrages kein Anspruch auf Rückerstattung der Beträge besteht und der Steuerpflichtige deshalb stets mit den vereinbarten Beträgen belastet bleibt[75]. So ist beispielsweise eine Rückstellung eines Leasingnehmers/Pächters für vertragliche Instandhaltungspflichten denkbar.[76]

2608
- Bei der Prüfung des Ansatzes von ungewissen Verbindlichkeiten ist eine doppelte Wahrscheinlichkeitsprüfung vorzunehmen. Die Risiken aus
- der Wahrscheinlichkeit des Bestehens einer Verbindlichkeit und
- der Wahrscheinlichkeit der Inanspruchnahme hieraus sind einzeln zu bewerten.[77]
- Nur bei jeweils überwiegender Wahrscheinlichkeit des Bestehens und der Inanspruchnahme ist der Ansatz einer Rückstellung zulässig.

---

71 BGBl. 2009 I S. 1102.
72 BFH, Urteil v. 5.4.2017, BStBl 2017 II S. 900.
73 BFH, Urteil v. 17.10.13. BStBl 2014 II S. 302. Hierzu ausführlich *Hörhammer*, NWB Praxishandbuch Bilanzsteuerrecht 2014 (2. Auflage), Rz. 2610 f.
74 *Kolbe*, StuB 10/2017 S. 375.
75 BFH, Urteil v. 9.11.16, BStBl 2017 S. 379; *Schumann*, KSR 4/2017 S. 2.
76 *Lüdenbach*, StuB 10/2017 S. 396.
77 BFH, Urteil v. 16.12.2014, BStBl 2015 II S. 759.

▶ Gerade in Bezug auf Passivprozesse wird eine Prognose über ihren Ausgang und damit die Frage der Inanspruchnahme regelmäßig schwierig sein. Dennoch ist anzunehmen, dass sich ein bilanzierender Beklagter mit (aus seiner Sicht) guten und hoffentlich überzeugenden Gründen gegen eine Inanspruchnahme wehren wird. Die Zulässigkeit eines Rückstellungsansatzes wird damit fraglich. So kann der Steuerpflichtige nach den Umständen des Einzelfalls nicht verpflichtet sein, eine Rückstellung für eine ungewisse Verbindlichkeit wegen eines gegen ihn geführten Klageverfahrens zu bilden, wenn nach einem von fachkundiger dritter Seite erstellten Gutachten sein Unterliegen im Prozess am Bilanzstichtag nicht überwiegend wahrscheinlich ist.[78] Nach Auffassung des BFH ist jedoch bei Fehlen weiterer gewichtiger objektiver Umstände von einem ungünstigen Ausgang des Prozesses auszugehen. Damit ist die doppelte Wahrscheinlichkeitsanforderung regelmäßig erfüllt. Neben einem von fachkundiger dritter Seite erstellten Gutachten ist u. E. auch ein im Instanzenzug für den Beklagten günstiges Urteil ein gewichtiger objektiver Umstand, der beim Ansatz einer diesbezüglichen Rückstellung zu beachten ist.

▶ Sind rückgestellte Betriebsausgaben steuerlich nicht abzugsfähig (§ 4 Abs. 5, 5b EStG) ist die betreffende handelsrechtliche Rückstellung wegen des Maßgeblichkeitsgrundsatzes dennoch in die Steuerbilanz zu übernehmen. Eine Neutralisierung erfolgt in diesen Fällen durch eine außerbilanzielle Zurechnung, bspw. bei Gewerbesteuerrückstellungen (R 5.7 Abs. 1 Satz 2 EStR 2012) und Rückstellungen für die Kosten eines Strafverfahrens wegen Bestechung[79] oder Rückstellungen für passive latente Steuern[80].

2609

2.6 Ansatzbeschränkungen bei „besonderen Rückstellungen" (§ 5 Abs. 3 und 4 EStG)

§ 5 Abs. 3 EStG wurde im Rahmen des HBegleitG 1983[81] eingefügt. Der Gesetzgeber reagierte damit auf eine ihm zu weitgehende BFH-Rechtsprechung.[82] Nach § 5 Abs. 3 Satz 1 EStG dürfen Rückstellungen wegen einer Verletzung fremder Patent-, Urheber- oder ähnlicher Schutzrechte erst gebildet werden, wenn der Rechtsinhaber Ansprüche wegen der Rechtsverletzung geltend gemacht hat oder mit der Inanspruchnahme wegen der Rechtsverletzung ernsthaft zu rechnen ist. Gem. § 5 Abs. 3 Satz 2 EStG wird die Wahrscheinlichkeit einer Inanspruchnahme materiell-rechtlich typisiert. Die gewinnerhöhende Auflösung der Rückstellung wird angeordnet, wenn trotz der ernsthaften Befürchtung einer Inanspruchnahme auch nach dem dritten Wirtschaftsjahr nach der Rechtsverletzung Ansprüche nicht geltend gemacht wurden.

2610

---

78 Kritisch hierzu *Müller*, DB DB0698340.
79 BFH, Urteil v. 14.5.2014, BStBl 2014 II S. 684.
80 S. a. BStBK-Verlautbarung v. 12.10.2012, DStR 2012 S. 2296; IDW-Positionspapier v. 15.10.2012, IDW-Fn. 2012 S. 583. Zur Meinungsverschiedenheit s. *Hoffmann*, StuB 2012 S. 889; *Ott*, StuB 2015 S. 403.
81 HBegleitG 1983, BGBl 1982 I S. 1857.
82 BFH, Urteil v. 11.11.1981, BStBl 1982 II S. 748 entgegen BMF, Schreiben v. 25.3.1971, BB 1971 S. 509.

Die Finanzverwaltung nimmt in R 5.7 (10) EStR 2012 konkretisierend zu der Regelung des § 5 Abs. 3 EStG wie folgt Stellung:

„Rückstellungen für ungewisse Verbindlichkeiten wegen Benutzung einer offengelegten, aber noch nicht patentgeschützten Erfindung sind nur unter den Voraussetzungen zulässig, die nach § 5 Abs. 3 EStG für Rückstellungen wegen Verletzung eines Patentrechts gelten. Das Auflösungsgebot in § 5 Abs. 3 EStG bezieht sich auf alle Rückstellungsbeträge, die wegen der Verletzung ein und desselben Schutzrechts passiviert worden sind. Hat der Stpfl. nach der erstmaligen Bildung der Rückstellung das Schutzrecht weiterhin verletzt und deshalb die Rückstellung in den folgenden Wirtschaftsjahren erhöht, beginnt für die Zuführungsbeträge keine neue Frist. Nach Ablauf der Drei-Jahres-Frist sind weitere Rückstellungen wegen Verletzung desselben Schutzrechts nicht zulässig, solange Ansprüche nicht geltend gemacht worden sind."

§ 5 Abs. 3 Satz 1 ist eine gesetzliche Klarstellung der Grundsätze ordnungsmäßiger Buchführung.[83] § 5 Abs. 3 Satz 2 EStG hingegen führt nach überwiegender Auffassung in der Literatur zu einer Durchbrechung des Maßgeblichkeitsgrundsatzes. Nicht gefolgt werden kann unseres Erachtens der Mindermeinung, wonach es sich um eine nicht sachlich zu rechtfertigende Durchbrechung handele, die sogar verfassungsrechtliche Bedenken begegne.[84] Dies gilt insbesondere vor dem Hintergrund der höchstrichterlichen Judikatur zur Ansatzbeschränkung von Jubiläumsrückstellungen.

2611 § 5 Abs. 4 EStG, eingeführt durch StReformG 1990[85], regelt die Ansatzbeschränkung einer Rückstellung für die Verpflichtung zu einer Zuwendung anlässlich eines Dienstjubiläums. Ohnehin war ein Ansatz für diese Rückstellungen bis zum Urteil des BFH v. 5.2.1987 in der Verwaltungspraxis nicht anerkannt.[86] Die Verfassungsmäßigkeit dieser Passivierungsbegrenzung, die unstrittig zur Durchbrechung der Maßgeblichkeit führt, wurde im Schrifttum von Beginn an bezweifelt.[87] Zwischenzeitlich wurde jedoch die Verfassungsmäßigkeit durch das BVerfG mit Entscheidung v. 12.5.2009[88] ausdrücklich bestätigt. Das BVerfG bejaht die verfassungsrechtliche Unbedenklichkeit der Durchbrechung der Maßgeblichkeit der handelsrechtlichen Grundsätze ordnungsmäßiger Buchführung i. S. d. § 5 Abs. 4 EStG. Insbesondere misst es der Maßgeblichkeit der handelsrechtlichen Grundsätze ordnungsmäßiger Buchführung keinen Verfassungsrang bei[89] und sieht in steuerlichen Vorbehaltsvorschriften in Form eines Rückstellungsverbots keine Abweichung vom verfassungsrechtlich gebotenen Prinzip der Besteuerung nach der Leistungsfähigkeit sowie vom einfachgesetzlichen objektiven Nettoprinzip. Diese Grundsätze sind u. E. auf sämtliche Ansatzvorbehalte des § 5 EStG zu übertragen, da sich der Gesetzgeber jeweils verfassungsrechtlich unbedenklich bewusst für eine Durchbrechung des einfachgesetzlichen Maßgeblichkeitsgrundsatzes des § 5 Abs. 1 Satz 1 EStG entschieden hat. Er hat in diesen Fällen dem ihm zustehenden weitreichen-

---

83 BT-Drs. 9/2140 S. 62 und BR-Drs 9/2290 S. 5.
84 Zum Meinungsstand vgl. *Anzinger*, in: HHR, § 5 EStG, Anm. 1952.
85 StReformG 1990 v. 25.7.1988, BGBl 1988 I S. 1093, BStBl 1988 I S. 224.
86 IV R 81/84, BStBl 1987 II S. 845.
87 *Höfer*, DStR 2000 S. 372; *Knobbe-Keuk*, BB 1988 S. 1086.
88 BVerfG, Beschluss v. 12.5.1999 – 2 BvL 1/00, BStBl 2009 II S. 685.
89 So jedoch *Schlotter*, FR 2007 S. 951; *Hey*, BB 2000 S. 1453.

den Gestaltungsspielraum im Rahmen einer „periodischen Verschiebung" genutzt und damit allein das Wann, nicht das Ob der Besteuerung normiert.

Zu den Voraussetzungen für die Bildung von Rückstellungen für Zuwendungen anlässlich eines Dienstjubiläums nimmt die Finanzverwaltung mit BMF-Schreiben v. 8.12.2008[90] Stellung:

„Hiernach ist eine Jubiläumszuwendung jede Einmalzuwendung in Geld- oder Geldeswert an den Arbeitnehmer anlässlich eines Dienstjubiläums, die dieser neben dem laufenden Arbeitslohn und anderen sonstigen Bezügen erhält. Dazu gehören auch zusätzliche Urlaubstage im Jubiläumsjahr."

Liegen die Voraussetzungen des § 5 Abs. 4 EStG vor, kann eine Rückstellung aber dennoch nicht angesetzt werden, wenn der Steuerpflichtige nicht ernsthaft damit rechnen muss, aus der Zusage auch tatsächlich in Anspruch genommen zu werden.[91] Rückstellungen für Jubiläumszuwendungen dürfen nach § 5 Abs. 4 EStG nur passiviert werden, wenn die Zusage schriftlich erteilt wurde. Hierzu legt das BMF-Schreiben fest, dass hinsichtlich des Schriftformerfordernisses R 6a Abs. 7 EStR entsprechend anzuwenden ist. Für die Bewertung der zugesagten Leistung einer Jubiläumsrückstellung sind die Wertverhältnisse am Bilanzstichtag maßgebend, § 6 Abs. 1 Nr. 3a lit. f EStG. Die Grundsätze der Inventurerleichterung sind bei der Bewertung von Pensionsrückstellungen gemäß R 6a Abs. 18 EStR entsprechend anzuwenden. Soll der Arbeitgeber die Lohnsteuerbelastung des Arbeitnehmers tragen (Nettolohnvereinbarung), ist der am Bilanzstichtag geltende Steuertarif zu berücksichtigen. Änderungen der Bemessungsgrundlage oder des Steuertarifs, die erst nach dem Bilanzstichtag wirksam werden, sind zu berücksichtigen, wenn sie am Bilanzstichtag bereits feststehen.

2.7 Drohverlustrückstellung (§ 5 Abs. 4a EStG)

Zu dem gesetzlich normierten Passivierungsverbot für Drohverlustrückstellungen nach § 5 Abs. 4a EStG findet in der Literatur sowie auch in der Rechtsprechung eine verfassungsrechtliche Diskussion statt.[92] Mit dem Gesetz zur Fortsetzung der Unternehmenssteuerreform von 29.10.1997[93] hat der Gesetzgeber ein grundsätzliches Passivierungsverbot für drohende Verluste aus schwebenden Geschäften eingeführt. Dieses Passivierungsverbot stellt ebenfalls eine Durchbrechung der Maßgeblichkeit der handelsrechtlichen Grundsätze ordnungsmäßiger Buchführungen dar, weil das handelsrechtliche Vorsichts- und Imparitätsprinzip es gebietet, drohende Verluste aus schwebenden Geschäften zwingend bereits im Jahr der Entstehung aufwandswirksam zu erfassen.[94] Die o. g. Entscheidung des BVerfG v. 12.5.2009[95] ist unseres Erachtens auch

2612

---

90 BMF-Schreiben v. 8.12.2008, BStBl 2008 I S. 1013.
91 Vgl. zur Wahrscheinlichkeit der Inanspruchnahme: R 5.7 Abs. 6 EStR.
92 Vgl. hierzu *U. Prinz/Hörhammer*, Schuldübernahme, Schuldfreistellung und Schuldbeitritt, StBJb, 2012/2013 S. 307.
93 Gesetz zur Fortsetzung der Unternehmenssteuerreform v. 29.10.1997, BGBl 1997 I S. 2550, BStBl 1997 I S. 928.
94 *Rade/Stobbe*, in: HHR, § 5 EStG, Anm. 2052.
95 BVerfG, Beschluss v. 12.5.2009 – 2 BvL 1/00, BStBl 2009 II S. 685.

übertragbar auf das Passivierungsverbot hinsichtlich der Drohverlustrückstellung.[96] Das BVerfG hat für den gesetzlichen Ansatzvorbehalt für Jubiläumsrückstellungen entschieden, dass eine steuerbilanzrechtliche Abweichung von dem handelsrechtlichen Vorsichtsprinzip bei der Bildung von Rückstellungen nicht zu den zentralen Fragen gerechter Belastungsverteilung gehöre und daher das Gebot der folgerichtigen Ausgestaltung steuergesetzlicher Belastungsentscheidungen nur insoweit verletzt sei, als sich kein sachlicher Grund hierfür finden lasse.[97] In der anschließenden Willkürprüfung und der Überprüfung eines möglichen Verstoßes gegen das gleichheitsrechtliche Gebot der Folgerichtigkeit kommt das BVerfG zu dem Ergebnis, dass es nicht Aufgabe des BVerfG sei, die „Richtigkeit" von Lösungen komplexer dogmatischer Streitfragen zu überprüfen, die im Bereich des Steuerbilanzrechts und gerade auf dem Gebiet der Rückstellungsbildung typischerweise auftreten. Zu den nicht ohne weiteres verfassungsrechtlich erheblichen Einzelregelungen bei der Ausgestaltung von Steuertatbeständen würden Entscheidungen des Steuergesetzgebers zur Begrenzung des Grundsatzes der Maßgeblichkeit und zur Bildung für Rückstellungen nach dem handelsrechtlichen Grundsatz zählen. Da der Gesetzgeber keinen definitiven Ausschluss dieses Verlustausweises vorsieht, so dass die spätere Geltendmachung eines tatsächlich entstandenen Verlusts nicht in Frage steht, begegnet das Ansatzverbot einer Rückstellung keine verfassungsrechtlichen Bedenken. Die Verlustrückstellung führt – würde ihre Passivierung weiterhin möglich sein – lediglich zu einer „Verschiebung" der Steuerlast und die Gesamthöhe der Steuerbelastung wird nicht tangiert.[98] Damit stellen sämtliche Ansatzverbote und -beschränkungen des § 5 EStG, also auch das Ausweisverbot einer Drohverlustrückstellung, keine Abweichung vom verfassungsrechtlichen Prinzip der Besteuerung nach der Leistungsfähigkeit sowie vom objektiven Nettoprinzip dar. Verfassungsrechtlich allein problematisch erscheinen die Fälle, in denen periodisch nicht zugelassene Passivierungsbeschränkungen gleichzeitig auf Verlustabzugsbeschränkungen treffen. Dann kann es indirekt zu einer absoluten Versagung des Verlustes durch die zuvor eingreifende Passivierungsbeschränkung kommen. Hier stellt sich u. E. jedoch verfassungsrechtlich nicht die Frage, ob die Passivierungsbeschränkung aufgrund der Kombination mit einer Verlustbeschränkung als solches gegen den Leistungsfähigkeitsgrundsatz verstößt.[99] Vielmehr dürfte in diesen Fällen die jeweilige Verlustbeschränkung (z. B. § 10d EStG, § 8c KStG) auf den verfassungsrechtlichen Prüfstand zu stellen sein, denn nur sie führt im Ergebnis zur Nichtanerkennung eines Verlusts „in der Totalen". Zur quotalen Verlustkürzung nach § 8c Abs. 1 Satz 1 KStG hat das BVerfG[100] zwischenzeitlich entschieden, dass § 8c Abs. 1 Satz 1 KStG mit Art. 3 Abs. 1 GG unvereinbar ist. Dies betrifft jedoch nur die Fälle eines schädlichen Beteiligungserwerbs zwischen 25 und 50 %. Das BVerfG hat den Gesetzgeber verpflichtet, spätestens bis zum 31.12.2018 rückwirkend zum 1.1.2008 eine Neuregelung zu treffen. Gerichte und Verwaltungsbehörden dürfen diese Norm der quota-

---

96 So auch *Schlotter*, BB 2009 S. 1411.
97 So auch der BFH zur Frage der Verfassungsmäßigkeit des Abzinsungsgebotes gemäß § 6 Abs. 1 Nr. 3a Buchst. e EStG: BFH, Urteil v. 5.5.2011 – IV R 32/07, BStBl 2012 II S. 98.
98 *Weber-Grellet*, DB 1997 S. 2233.
99 So auch zur Frage der Verfassungsmäßigkeit des Abzinsungsgebots gem. § 6 Abs. 1 Nr. 3a Buchst. E EStG: BFH, Urteil v. 5.5.2011 – IV R 32/07, BStBl 2012 II S. 98.
100 BVerfG, Beschluss v. 29.3.2017, DB 2017 S. 1124.

len Verlustkürzung im Umfang der festgestellten Unvereinbarkeit nicht mehr anwenden, laufende Verfahren sind auszusetzen.[101]

Zu der sog. Mindestbesteuerung hat der BFH in seinem Urteil v. 22.8.2012[102] entschieden, dass diese insoweit keine verfassungsrechtlichen Bedenken begegnet, als der Verlust nicht gänzlich versagt bleibt, sondern lediglich zeitlich gestreckt wird. Bereits mit Beschluss v. 26.8.2010[103] hatte der BFH lediglich insofern ernstliche Zweifel an der Verfassungsmäßigkeit der Mindestbesteuerung geäußert, als sie für einen endgültigen Ausfall des Verlustabzugs keine gesetzliche Vorsorge treffe. Der BFH kam deshalb hier zu einer verfassungskonformen Normauslegung und ließ offen, ob § 8c KStG nicht seinerseits Verfassungsbedenken aufwerfe. Mit Bezug auf die Rechtsprechung des BVerfG[104] kommt der BFH in seinen Urteilen v. 22.8.2012 und v. 20.9.2012[105] ebenso zu dem Ergebnis, dass der Verlustvortrag nicht verfassungsrechtlich garantiert sei. Dies gilt entsprechend der BFH-Rechtsprechung jedenfalls für die Fälle, in denen kein „Definitiveffekt",[106] also kein endgültiger Ausschluss der Verlustnutzung, eintritt. Das Verbot der Drohverlustrückstellung steht in Konkurrenz mit der Teilwertabschreibung, wenn am Bilanzstichtag ersichtlich ist, dass sich aus dem teilerledigtem Auftrag insgesamt ein Verlust ergeben wird, weil der vereinbarte Preis unter den voraussichtlichen Selbstkosten bis zur Fertigstellung liegt. In diesem Fall hat der BFH der aktivischen Abwertung Vorrang eingeräumt.[107] Nur wenn der gebildete Aktivposten in seiner Höhe nicht ausreicht, den „Drohverlust" durch eine Teilwertabschreibung darzustellen, bildet der überhängende Betrag eine Drohverlustrückstellung, die nicht abzugsfähig ist.[108]

2.8 Rückstellungen für künftige Anschaffungs- oder Herstellungskosten (§ 5 Abs. 4b EStG)

Seit 1999 ist der durch das StEntlG 1999/2000/2002[109] neu eingefügte und durch das StÄndG 2001[110] lediglich redaktionell geänderte § 5 Abs. 4b EStG beim Ansatz von Rückstellungen zu beachten. § 5 Abs. 4b Satz 1 EStG untersagt Rückstellungen für Aufwendungen, die in künftigen Wirtschaftsjahren als Anschaffungs- oder Herstellungskosten zu aktivieren sind. Dies entspricht den Grundsätzen ordnungsmäßiger Buchführung und hat lediglich klarstellende Funktion.[111] Entgegen der überwiegend handelsrechtlichen Übung erfasst der Wortlaut der Vorschrift auch Anschaffungs- oder Herstellungskosten „wertloser" Wirtschaftsgüter. Eine teleologische Reduktion bezogen

2613

---

101 Vgl. BVerfG, Beschluss v. 29.3.2017, Rz. 163.
102 BFH, Urteil v. 22.8.2012 – I R 9/11, BStBl 2013 II S. 513.
103 BFH, Beschluss v. 26.8.2010 – I B 49/10, BStBl 2011 II S. 826.
104 BVerfG, Beschluss v. 8.3.1978 – 1 BvR 117/78, HFR 1978 S. 293; BVerfG, Beschluss v. 30.10.1980 – 1 BvR 785/80, HFR 1981 S. 181.
105 Zum gewerbesteuerlichen Verlustvortrag: BFH, Urteil v. 20.9.2012 – IV R 36/10, BFHE 238 S. 429.
106 Zur Unterscheidung zwischen temporären und definitiven Steuereffekten: s. den BVerfG-Beschluss in BVerfGE 123 S. 111; s. a. die BFH-Urteile v. 25.2.2010 – IV R 37/07, BStBl 2010 II S. 784 und v. 20.9.2012 – IV R 36/10, BStBl 2013 II S. 498, zum gewerbesteuerlichen Verlustvortrag.
107 BFH, Urteil v. 7.9.2005 – VIII R 1/03, BStBl 2006 II S. 298
108 Günkel/Bongarts, in: Prinz/Kanzler (Hrsg.), Herne, NWB BilStRecht, 3. Aufl. 2017, Rz. 5618.
109 Vom 24.3.1999, BGBl I S. 402.
110 Vom 20.12.2001, BGBl 2001 I S. 3794.
111 BT-Drs. 14/23 S. 170; BFH, Urteil v. 6.10.2009 – I R 36/07, BStBl 2010 II S. 232.

auf in künftigen Wirtschaftsjahren als Anschaffungs- oder Herstellungskosten eines Wirtschaftsgutes zu aktivierende Aufwendungen, die zu keinem künftigen Ertrag mehr führen können und daher "wertlos" sind, ist ausgeschlossen.[112] Deshalb sind bei einer Rückstellung für die Aufbewahrung von Geschäftsunterlagen die Kosten für die zukünftige Anschaffung von zusätzlichen Regalen und Ordnern nicht rückstellungsfähig.[113] Hingegen ist der Ansatz eines Passivpostens wegen der Zahlungsverpflichtung für den Erwerb eines bereits aktivierten Wirtschaftsguts auch dann zulässig, wenn aufgrund der ungewissen Höhe der Verbindlichkeit eine Rückstellung zu bilden ist.[114]

2614 § 5 Abs. 4b Satz 2 EStG enthält eine Sonderregelung für Entsorgungsrückstellungen für radioaktive Reststoffe oder Anlageteile. Hiernach dürfen Rückstellungen für die öffentlich-rechtliche Verpflichtung zur schadlosen Verwertung radioaktiver Reststoffe sowie ausgebauter oder abgebauter radioaktiver Anlagenteile nicht gebildet werden, wenn die Aufwendungen in Zusammenhang mit der Bearbeitung und Verarbeitung von Kernbrennstoffen stehen, die aus der Aufarbeitung bestrahlter Kernbrennstoffe gewonnen worden sind und keine radioaktiven Abfälle darstellen. Während handelsrechtlich eine Rückstellungsbildung für die Differenz zwischen Entsorgungskosten und wiederhergestelltem Brennelement zulässig ist, verbieten § 5 Abs. 4b Sätze 1 und 2 EStG – unabhängig von den Nutzungsmöglichkeiten und dem Ertragspotential - insgesamt einen steuerbilanziellen Ansatz.[115] Ohnehin ist jedoch seit dem 1.7.2005 die Abgabe von aus dem Betrieb von Anlagen zur Spaltung von Kernbrennstoffen zur gewerblichen Erzeugung von Elektrizität stammenden bestrahlten Kernbrennstoffen zur schadlosen Verwertung an eine Anlage zur Aufarbeitung bestrahlter Kernbrennstoffe unzulässig, § 9 Abs. 1 AtG.

2.9 Rechnungsabgrenzungsposten (§ 5 Abs. 5 EStG)

2615 Nach § 5 Abs. 5 Satz 1 EStG ist die Rechnungsabgrenzung auf sog. transitorische Posten beschränkt. Ihre Bildung ist nur zulässig, soweit die vor dem Abschlussstichtag angefallenen Ausgaben oder Einnahmen Aufwand oder Ertrag für eine bestimmte Zeit nach dem Abschlussstichtag darstellen.[116]

In der Betriebsprüfungspraxis wurden vermehrt Fälle, bei denen es zur verbilligten Abgabe von Mobiltelefone kam, streitig gestellt, da sich hier die Frage stellte, ob die Aufwendungen von Mobilfunkunternehmen für die verbilligt überlassenen Telefone sofort abziehbare Betriebsausgaben darstellten oder ob sie entsprechend der Laufzeit der parallel abgeschlossenen Dienstleistungsverträge abzugrenzen sind. Zu einem entsprechenden Fall hat der BFH mit Urteil v. 15.5.2013[117] entschieden, dass für die verbilligte Abgabe von Mobiltelefonen bei gleichzeitigem Abschluss von Mobilfunkdienstleistungs-Verträgen mit 24-monatiger Mindestlaufzeit das Mobilfunkunternehmen aktive

---

112 BFH, Urteil v. 8.11.2016 – I R 35/15, BStBl 2017 II S. 768. *Schumann*, KSR 5/2017 S. 2.
113 OFD Niedersachsen v. 5.10.2015 - S 2137-106-St 221/St 222, juris.
114 OFD Karlsruhe v. 1.12.2000 - 31-S 2000-645/281-24 031, juris.
115 A. A. *Prinz*, DB 2011 S. 492, 494.
116 R 5.6 Abs. 1 EStR 2012.
117 BFH, Urteil v. 15.5.2013 – I R 77/08, BStBl 2013 II S. 730; Bestätigung des Senatsbeschlusses v. 7.4.2010 – I R 77/08, BStBl 2010 II S. 739.

Rechnungsabgrenzungsposten zu bilden hat. Damit bestätigt der BFH die Auffassung der Finanzverwaltung im BMF-Schreiben v. 20.6.2005,[118] wonach beim Telekommunikationsunternehmen mit dem Abfluss des Sachwertes eine Ausgabe vorliegt, wenn es die Verfügungsmacht über den hingegebenen Gegenstand verliert. Diese Ausgabe war nach Verwaltungsauffassung als Aufwand dem Ertragszeitraum (das ist der Zeitraum, in dem die Gebühren zufließen) wirtschaftlich im Wege eines aktiven Rechnungsabgrenzungspostens zuzurechnen.

Mit Bestätigung dieser Rechtsauffassung stellt der BFH außerdem klar, dass als „Ausgabe" i. S. d. § 5 Abs. 5 Satz 1 Nr. 1 EStG nicht nur Bar- und Buchgeldzahlungen, sondern auch Vermögensminderungen durch geldwerte Sachleistungen – hier die Hingabe der Telefone unter Einstandspreis – in Betracht kommen. Der BFH geht hierbei davon aus, dass es sich bei der verbilligten Abgabe der Mobiltelefone um einen Zuschuss des Mobilfunkunternehmens an den Kunden handelt, der allerdings nicht in bar gezahlt wird, sondern unmittelbar mit dem Kaufpreis für das Mobiltelefon verrechnet wird. Dieses Urteil ist aus unserer Sicht insofern konsequent, als in aktueller Zeit die Mobilfunkunternehmen dazu übergegangen sind, die mehrjährigen Kundenverträge nicht nur mit der verbilligten Überlassung von Telefonen zu kombinieren, sondern vielmehr auch zusätzlich Einmalzahlungen als Prämie „auszuloben". Hier könnte man auch nicht ernsthaft in Frage stellen, diese Prämien gemäß § 5 Abs. 5 EStG über die Laufzeit des jeweiligen Vertrags abzugrenzen. Was jedoch für eine Geldleistung gelten muss, ist wirtschaftlich auch für eine Sachleistungsverpflichtung anzuwenden. 2616

Weiterhin sei auf zwei weitere BMF-Schreiben hinsichtlich der Rechnungsabgrenzung gemäß § 5 Abs. 5 EStG hingewiesen. Mit Schreiben v. 4.10.2005[119] hat die Finanzverwaltung zu der ertragsteuerlichen Beurteilung von sog. Öffentlichen privaten Partnerschaften – ÖPP (Public Privat Partnerships – PPP) Stellung genommen. Der Gesetzgeber hat mit dem Gesetz über die Erhebung streckenbezogener Gebühren für die Benutzung von Bundesautobahnen mit schweren Nutzfahrzeugen – Autobahnmautgesetz für schwere Nutzfahrzeuge – ABMG[120] – die Verkehrsinfrastruktur verbessern wollen. Dazu können für den Bau und die Unterhaltung öffentlicher Straßen private Unternehmer (als Konzessionsnehmer) eingesetzt werden. Bei der rechtlichen Ausgestaltung des Verkehrsprojekts nach dem sog. A-Modell, das im BMF-Schreiben näher dargestellt wird, werden von den Konzessionsnehmern Autobahnstreckenabschnitte errichtet und auch im verkehrsrechtlichen Sinne betrieben, der Bund (als Konzessionsgeber) bleibt jedoch Eigentümer des Autobahnstreckenabschnitts und ist allein berechtigt, für die Benutzung Mautgebühren zu erheben. Unter Einhaltung sämtlicher im genannten BMF-Schreiben dargestellter vertraglicher Voraussetzungen geht die Finanzverwaltung davon aus, dass die vertragliche Ausgestaltung des A-Models ein Dauerschuldverhältnis mit unterschiedlichen zeitraumbezogenen Leistungen darstellt. Dieses Dauerschuldverhältnis ist als schwebendes Geschäft grundsätzlich nicht bilanzwirksam. Das BMF-Schreiben schreibt zudem vor, dass in Höhe der Ausbaukosten, abzüglich einer etwaigen Anschubfinanzierung, eine Vorleistung des Konzessionsnehmers vorliegt. Die anfal- 2617

---

118 BMF, Schreiben v. 20.6.2005, BStBl 2005 I S. 801.
119 BMF, Schreiben v. 4.10.2005, BStBl 2005 I S. 916.
120 ABMG, Neufassung v. 2.12.2004, BGBl 2004 I S. 3122.

lenden Aufwendungen sind daher während der Bauphase ebenso wie die Anschubfinanzierung gewinnneutral zu behandeln (d. h. wie eine Anzahlung) und nach Fertigstellung und Abnahme des Bauwerks in einen aktiven Rechnungsabgrenzungsposten nach § 5 Abs. 5 Satz 1 Nr. 1 EStG einzustellen. Dieser Posten ist bis zum Ende des Konzessionszeitraums in gleichmäßigen Raten aufzulösen.

Das BMF-Schreiben v. 27.5.2013[121] stellt klar, dass die im BMF-Schreiben v. 4.10.2005 aufgestellten bilanziellen Grundsätze auch bei der Beurteilung anderer Projekte Öffentlich Privater Partnerschaften zum Tragen kommen können. Andere Projekte Öffentlich Privater Partnerschaften sind dabei insbesondere F-Modelle (Konzessionsmodell, z. B. Errichtung und Betrieb eines Tunnels) und Modelle im öffentlich Hochbau (z. B. Errichtung und Betrieb einer Schule). Bei der Beurteilung des jeweiligen steuerlichen Einzelsachverhalts sind die konkreten Vertragsvereinbarungen zu berücksichtigen. Sind die in den beiden BMF-Schreiben dargestellten vertraglichen Voraussetzungen erfüllt, kann es auch bei anderen Modellen zur Einstellung eines Rechnungsabgrenzungspostens auf Seiten des Konzessionsnehmers nach Fertigstellung kommen.

2.10 Vorbehalte der steuerlichen Bewertung und Gewinnermittlung (§ 5 Abs. 6 EStG)

2618   Der Vorbehaltskatalog des § 5 Abs. 6 EStG schränkt den Maßgeblichkeitsgrundsatz durch den Vorrang steuerlicher Spezialvorschriften ein. Hiernach sind die Vorschriften über die Entnahmen und die Einlagen (§ 4 Abs. 1 i. V. m. § 6 Abs. 1 Nr. 4 und Nr. 5, § 6 Abs. 7 Nr. 2 EStG), über die Zulässigkeit der Bilanzänderung (§ 4 Abs. 2 EStG), über die Betriebsausgaben (§ 4 Abs. 4 bis 8, §§ 3c, 4b, 4c, 4d, 4e, 9b EStG), über die Bewertung (§§ 6, 6a, 6b, 6d EStG) und über die Absetzung für Abnutzung oder Substanzverringerung (§§ 7 bis 7k EStG, §§ 81, 82a, 82f, 82g, 82i EStDV) ausdrücklich zu befolgen.

3. Ansatz- und Bewertungsvorschriften nach Schuldübernahme und Schuldbeitritt (§ 4f EStG, § 5 Abs. 7 EStG)

2619   Mit der Einfügung der Normen § 4f EStG und § 5 Abs. 7 EStG durch das Gesetz zur Anpassung des Investmentsteuergesetzes und anderen Gesetzen an das AIFM-Umsetzungsgesetz (AIFM-Steuer-Anpassungsgesetz – AIFM-StAnpG[122]) hat der Gesetzgeber auf die BFH-Rechtsprechung[123] zur Behandlung von den Ansatz- und Bewertungsvorbehalten nach einer Schuldübernahme reagiert. Die Grundregelung des § 4f EStG sieht für den ursprünglich Verpflichteten vor, dass in Anlehnung an die Betriebsausgabenverteilung gem. § 4e EStG die durch die Übertragung der Verpflichtung, die beim Übertragenden Ansatz- und Bewertungsvorbehalten unterlegen hat, entstehenden Betriebsausgaben sich nicht sofort, sondern verteilt über einen Zeitraum von 15 Jahren steuerlich auswirken. § 5 Abs. 7 EStG regelt für denjenigen, der die Schuld übernimmt,

---

121 BMF, Schreiben v. 27.5.2013, BStBl 2013 I S. 722.
122 AIFM-Steuer-Anpassungsgesetz v. 18.12.2013, BGBl 2013 I S. 4318.
123 Vgl. zum Themenkomplex: *U. Prinz/Hörhammer*, StBJb 2012/2013 S. 307-337.

die zunächst einen Ansatz- und Bewertungsvorbehalt beim ursprünglich Verpflichteten unterlag, in der ersten nach der Übernahme aufzustellenden Bilanz die Ansatzverbote, -beschränkungen und Bewertungsvorbehalte zu beachten hat, die auch für den ursprünglich Verpflichteten gegolten hatten. Zu den Anwendungsfragen im Zusammenhang mit den Regelungen des § 4f und § 5 Absatz 7 EStG nimmt das BMF-Schreiben v. 30.11.2017 Stellung[124]. Dieses Schreiben hebt die BMF-Schreiben v. 24.6.2011[125] und v. 16.12.2005[126] auf. Zeitgleich wurden die BFH-Urteile v. 14.12.2011[127], v. 26.4.2012[128] und v. 12.12.2012[129] veröffentlicht.

3.1 Schuldübernahme nach § 414 ff. BGB

3.1.1 Übernehmerseite (§ 5 Abs. 7 EStG)

Zunächst differenziert das BMF-Schreiben v. 30.11.2017 bei der Schuldübernahme danach, ob der Dritte an die Stelle des bisherigen Schuldners tritt (§§ 414 ff. BGB) oder ob die Verpflichtung einzeln oder im Rahmen einer entgeltlichen Betriebsübernahme oder kraft Gesetz (z. B. nach § 613a BGB) auf eine Dritten übertragen wird. Für diese Fälle der Schuldübernahme gilt grundsätzlich, dass bei der bilanziellen Behandlung beim Verpflichtungsübernehmer in nach dem 28.11.2013 endenden Wirtschaftsjahren die Neuregelung des § 5 Absatz 7 EStG maßgeblich ist. Der Übernehmer hat die gleichen Bilanzvorschriften zu beachten, die auch für den ursprünglich Verpflichteten am Bilanzstichtag gegolten hätten, wenn er die Verpflichtung nicht übertragen hätte. Unterliegt der „Übertragende" ausländischen Steuerrechts, ist der Wert maßgebend, der nach den Regelungen des EStG oder KStG anzusetzen gewesen wären (sog. Inbound-Fall). Wurde eine Verpflichtung bereits mehrfach übertragen, ist derjenige „ursprünglich Verpflichtete", der die Schuld erstmalig begründete. Nach der Übernahme sind die Verpflichtungen unter Berücksichtigung der steuerlichen Ansatz- und Bewertungsvorbehalte anzusetzen. Hierbei sind insbesondere die Normen des § 5 Abs. 2a bis 4b, Abs. 5 Satz 1 Nr. 2, § 6 Abs. 1 Nr. 3 und 3a sowie § 6a zu berücksichtigen. Dabei können Wahlrechte – insbesondere Teilwert- oder Pauschalwertverfahren bei Jubiläumsrückstellungen – unabhängig von der Wahl des Rechtsvorgängers in Anspruch genommen werden.[130]

2620

Für den Gewinn, der sich aus der Anwendung des § 5 Abs. 7 EStG ergibt, kann gem. § 5 Abs. 7 Satz 5 EStG jeweils eine gewinnmindernde Rücklage gebildet werden. Diese Rücklage muss jeweils mindestens 14/15 betragen und ist in den folgenden Wirtschaftsjahren jeweils mit mindestens 1/14 gewinnerhöhend aufzulösen (Auflösungszeitraum). Gewinn in diesem Sinne ist der Unterschiedsbetrag zwischen den „Anschaffungskosten" zum Zeitpunkt der Übernahme der Verpflichtung und dem in der

---

124 BMF, Schreiben v. 30.11.2017, BStBl I 2017 S. 1619; Dommermuth, in: Kanzler/Kraft/Bäuml, EStG Kommentar, 3. Aufl. 2018, § 4f EStG Rz. 61 ff; *Schumann*, EStB 2018, 64; *Prinz/Otto*, GmbHR 2018 S. 497-506; *Weber-Grellet*, DB 2018 S. 661; *Kahle/Braun*, FR 2018 S. 197.
125 BMF, Schreiben v. 24.6.2011, BStBl I 2011 S. 627.
126 BMF, Schreiben v. 16.12.2005, BStBl I 2005 S. 1052.
127 BFH, Urteil v. 14.12.2011, BStBl II 2017 S. 1226.
128 BFH, Urteil v. 26.4.2012, BStBl II 2017 S. 1228.
129 BFH, Urteil v. 12.12.2012, BStBl II 2017 S. 1232 und 1265.
130 Vgl. *Bisle/Dönmez*, in: Kanzler/Kraft/Bäuml, EStG Kommentar, 3. Aufl. 2018, § 5 Rz. 406 ff.

folgenden Schlussbilanz nach § 5 Abs. 7 EStG anzusetzenden niedrigeren Wert. Scheidet eine übernommene Verpflichtung bereits vor dem folgenden Bilanzstichtag aus, kann für einen sich insoweit ergebenden Gewinn keine Rücklage gebildet werden.

3.1.2 Abzug des Aufwandes beim ursprünglich Verpflichteten (§ 4f Abs. 1 EStG)

2621 Bei der von § 4f EStG angeordneten Verteilung des Aufwands ist danach zu differenzieren, ob es sich um die Differenzsumme der „Veräußerungskosten" einerseits und dem aufzulösenden bisher bilanziell erfassten Passivposten handelt. Der Aufwand in Form einer Differenz kann gem. § 4f Abs. 1 Satz 1 i. V. m. § 52 Abs. 8 EStG grundsätzlich nur auf das Jahr der Schuldübernahme und die folgenden 14 Wirtschaftsjahre gleichmäßig verteilt als Betriebsausgabe abgezogen werden. Diese Verteilung erfolgt durch außerbilanzielle Hinzurechnung und Abrechnung.

Demgegenüber wird der bisher erfasste Passivposten (z. B. Pensionszusagen gem. § 6a EStG) gewinnerhöhend aufgelöst und der sich aus dem Übertragungsvorgang ergebende Aufwand in dem Wirtschaftsjahr der Übertragung nach § 4f Abs. 1 Satz 2 1. Halbsatz EStG in Höhe des aufgelösten Passivposten als Betriebsausgabe abgezogen.[131]

3.2 Übernahme von mit einer Verpflichtung verbundenen Lasten

2622 Handelt es sich beim Übertragungsvorgang um einen Schuldbeitritt und eine Erfüllungsübernahme mit vollständiger oder teilweiser Schuldbefreiung besteht das bisherige Vertragsverhältnis zwischen dem Freigestellten und dem Gläubiger der Verpflichtung zwar unverändert fort, aufgrund der Rechtsprechung des BFH v. 26.4.2012[132] ist aufgrund fehlender Wahrscheinlichkeit der Inanspruchnahme des ursprünglich Verpflichteten die bislang passivierte Rückstellung aufgrund fehlender Wahrscheinlichkeit der Inanspruchnahme gewinnerhöhend aufzulösen. Für die Bilanzierung beim Übernehmer oder Beitretenden gelten dementsprechend die unter 3.1.1 gemachten Ausführungen.

3.3 Schuldübernahme, Schuldbeitritt und Erfüllungsübernahe mit vollständiger oder teilweiser Schuldfreistellung im Zusammenhang mit Pensionsverpflichtungen im Sinne des § 6a EStG

2623 Bei der Bewertung übernommener Pensionsverpflichtungen nach § 6a EStG sind bei der Anwendung des § 4f EStG und § 5 Abs. 7 EStG die hier besonders geltenden Wahlrechte zu berücksichtigen. Dazu zählt insbesondere das Pensionsalter nach EStR 6a Abs. 11 EStR und die Wahl der biometrischen Rechnungsgrundlage. Diese Wahrechte können bei einer Verpflichtungsübernahme unabhängig von der Entscheidung des Rechtsvorgängers in Anspruch genommen werden. Zudem gelten bei der Übernahme von Pensionsverpflichtungen gegenüber Arbeitnehmer, die bisher in einem anderen Unternehmen tätig waren (Unternehmenswechsel), unter gleichzeitiger Übernahme vom

---

131 Vgl. *Dommermuth*, in: Kanzler/Kraft/Bäuml, EStG Kommentar, 3. Aufl. 2018, § 4f EStG Rz. 61 ff.
132 BFH, Urteil v. 26.4.2012, BStBl II 2017 S. 1232 und 1265.

Vermögenswerten die Sonderregelung des § 5 Abs. 7 Satz 4 EStG, wonach bei der Ermittlung des Teilwerts der jeweiligen Verpflichtung der Jahresbetrag nach § 6a Abs. 3 Satz 2 Nr. 1 EStG so zu bemessen ist, dass zu Beginn des Wirtschaftsjahres der Übernahme der Barwert der Jahresbeträge zusammen mit den übernommenen Vermögenswerten gleich dem Barwert der künftigen Pensionsleistungen ist. Dabei darf sich kein negativer Jahresbetrag ergeben. Diese Sonderregelung des § 5 Abs. 7 Satz 4 EStG kommt bei Betriebsübergängen nach § 613a BGB nicht in Betracht, da kein Unternehmenswechsel in diesem Sinne vorliegt.

Die Verwaltungsanweisung v. 30.11.2017 gilt in allen noch offenen Fällen und hebt das BMF-Schreiben v. 16.12.2005[133] zur bilanziellen Behandlung von Schuldbeitrittsvereinbarungen sowie das BMF-Schreiben v. 24.6.2011[134] zu den bilanzsteuerrechtlichen Ansatz- und Bewertungsvorbehalten bei der Übernahme von schuldrechtlichen Verpflichtungen auf.

3.4 Ausgewählte Themenschwerpunkte des BMF-Schreibens v. 30.11.2017

Ausweislich der Randziffer 2 des BMF-Schreibens v. 30.11.2017 besteht zwischen der Regelung des § 4f EStG und des § 5 Abs. 7 EStG insofern eine **Korrespondenz,** dass eine Verteilung des Aufwands nach § 4f EStG nur dann in Betracht kommt, wenn die Verpflichtung an dem der Übertragung vorangegangenen Bilanzstichtag bestand und die Verpflichtung beim Übernehmer oder dessen Rechtsnachfolger in den Anwendungsbereich des § 5 Abs. 7 EStG fällt oder § 5 Abs. 7 EStG zur Anwendung käme, wenn der Übernehmer dem deutschen Steuerrecht unterläge.[135]

2624

Gemäß § 4f Abs. 1 Satz 3 EStG kann eine Aufwandsverteilung nach § 4f Abs. 1 Satz 1 EStG unter anderem bei kleinen und mittleren Betrieben im Sinne des § 7g EStG oder bei Betriebsveräußerungen und Betriebsaufgaben unterbleiben. Dies gilt nicht bei **Schuldbeitritten und Erfüllungsübernahmen,** da gemäß § 4f Abs. 2 EStG ausschließlich die Sätze 1, 2 und 7 des Abs. 1 für entsprechend anwendbar erklärt werden.[136]

Von einer Aufwandsverteilung nach § 4f EStG kann auch dann abgesehen werden, wenn ein Arbeitnehmer unter Mitnahme seiner erworbenen Pensionsansprüche zu einem neuen Arbeitgeber wechselt. Das BMF-Schreiben sieht darüber hinaus vor, dass die Ausnahmeregelung des § 4f Abs. 1 Satz 3 auch greift, wenn es sich um Verpflichtungen aus **Jubiläumszusagen, Altersteilzeitvereinbarungen** und ähnliche Verpflichtungen gegenüber dem Arbeitnehmer, die auf den neuen Arbeitgeber übertragen werden, handelt.[137]

---

133 BMF, Schreiben v. 16.12.2005, BStBl I 2005 S. 1052.
134 BMF, Schreiben v. 24.6.2011, BStBl I S. 627.
135 Vgl. auch Schumann, EStB 2018 S. 64; Adrian/Fey, StuB 2018 S. 85 ff.; Bisle/Dönmez, in: Kanzler/Kraft/Bäuml, EStG Kommentar, 3. Aufl. 2018, § 5 Rz. 406 ff.
136 Siehe BMF, Schreiben v. 30.11.2017, BStBl I 2017 S. 1619 Rz. 25.
137 Vgl. BMF, Schreiben v. 30.11.2017, BStBl I 2017 S. 1619 Rz. 29; Dommermuth, in: Kanzler/Kraft/Bäuml, EStG Kommentar, 3. Aufl. 2018, § 4f EStG Rz. 61 ff.

2625 § 5 Abs. 7 sieht vor, dass die Verpflichtung beim ursprünglich Verpflichteten Ansatzverbote, -beschränkungen oder Bewertungsvorbehalten unterlegen haben muss. Das BMF-Schreiben v. 30.11.2017 sieht zudem vor, dass nach dem Sinn und Zweck der Vorschrift, § 5 Abs. 7 EStG unabhängig davon zur Anwendung kommt, ob die Verpflichtung eines in- oder ausländischen Betriebsvermögens übernommen wurde.[138] Unterlag daher der ursprünglich Verpflichtete nicht dem deutschen Steuerrecht, ist der Wert maßgeblich, der nach den Regelungen des EStG oder KStG anzusetzen gewesen wäre. Dadurch soll sichergestellt werden, dass der Übernehmer entsprechend dem Sinn und Zweck der Regelung in § 5 Abs. 7 EStG die Verpflichtung unter Berücksichtigung der steuerlichen Ansatz- und Bewertungsvorbehalte ansetzt.[139]

4. Die E-Bilanz gemäß § 5b EStG

2626 Die sog. E-Bilanz gemäß § 5b EStG ist ein wesentlicher Bestandteil des Gesamtkonzepts zur Modernisierung des Besteuerungsverfahrens durch Etablierung einer E-Taxation-Wertschöpfungskette.[140] Idealtypisch sollen durch ihre Glieder die einzelnen Stufen des Deklarations- und Besteuerungsprozesses organisationsübergreifend und automationsgestützt miteinander verbunden werden. Zum Abbau bürokratischer Lasten und zur Effizienzsteigerung des Verwaltungshandelns sollen sukzessive papierbasierte Verwaltungsabläufe durch elektronische Kommunikationsverfahren ersetzt werden.[141] Nach §5b Abs. 1 EStG sind deshalb Steuerpflichtige, die ihren Gewinn nach „ § 4 Abs. 1, § 5 oder § 5a EStG ermitteln, verpflichtet, den Inhalt der Bilanz sowie Gewinn- und Verlustrechnung nach amtlich vorgeschriebenen Datensatz durch Datenfernübertragung zu übermitteln. Mit Schreiben v. 19.1.2010 wurde als Übermittlungsformat des amtlichen Datensatzes die Taxonomien des Datenschemas „XBRL" (eXtinsible Business Reporting Language) festgelegt.[142] Die Bekanntgabe der ersten amtlichen Taxonomie 5.0 erfolgte mit BMF-Schreiben v. 28.9.2011. Seitdem wurde die Taxonomie jährlich aktualisiert:

---

138 Vgl. BMF, Schreibens v. 30.11.2017, BStBl I 2017 S. 1619 Rz. 8.
139 Vgl. hierzu auch *Hennrichs/Hörhammer*, StbJb 2017/2018; *Adrian/Fey*, StuB 2018 S. 85 ff.; *Bisle/Dönmez*, in: Kanzler/Kraft/Bäuml, EStG Kommentar, 3. Aufl. 2018, § 5 Rz. 406 ff.
140 BMF, Schreiben v. 3.2.2010, FR 2010 S. 246.
141 BT-Drs. 16/10188 S. 13f; BT-Drs. 17/3549 S. 35f; *Schumann/Arnold*, DStZ 2011 S. 226.
142 BStBl 2010 I S. 47.

Taxonomie-Version	Wirtschaftsjahr	BMF, Schreiben v.
5.0	2012 2012/2013	28.9.2011, BStBl 2011 I S. 855[143]
5.1	2013 2013/2014	5.6.2012, BStBl 2012 I S. 598
5.2	2014 2014/2015	27.6.2013, BStBl 2013 I S. 844
5.3	2015 2015/2016	13.6.2014, BStBl 2014 I S. 886
5.4	2016 2016/2017	25.6.2015, BStBl 2015 I S. 541
6.0	2017 2017/2018	24.5.2016, BStBl 2016 I S. 500[144]
6.1	2018 2018/2019	16.5.2017, BStBl 2017 I S. 776[145]

Grundsätzlich ist eine Taxonomie nur für ein Wirtschaftsjahr zu verwenden. Für die Übermittlung der Inhalte der Bilanz und Gewinn- und Verlustrechnung ist jeweils die für dieses Jahr gültige Taxonomie zu verwenden. Die Finanzverwaltung beanstandet es jedoch nicht, wenn diese Taxonomie auch für das Vorjahr verwendet wird.[146]

Zum erleichterten Umgang mit den Taxonomien veröffentlicht die Finanzverwaltung jeweils technische Leitfäden sowie eine stetig aktualisierte Liste bekannter Fehler. Daneben wird ein sog. FAQ-Dokument (Häufig gestellte Fragen) gepflegt.[147] Hierbei handelt es sich um keine Verwaltungsanweisung sondern eine best-practise-Sammlung zum einheitlichen Verständnis aus Sicht der Verwaltung. Zusätzlich stellt sie einen eigenen Taxonomie-Browser bereit.[148]

Der Mindestumfang der E-Bilanz gem. § 51 Abs. 4 Nr. 1b EStG wird innerhalb der Taxonomien durch sog. Mussfelder bestimmt. Diese sind nur dann nicht werthaltig zu übermitteln, wenn die Position in der ordnungsgemäßen individuellen Buchführung nicht geführt wird oder aus ihr nicht ableitbar ist.[149] Ein Wert ist aus der Buchführung ableitbar, wenn er sich aus den Buchführungsunterlagen im Sinne des § 140 AO oder der steuerlichen Buchführung gem. § 141 AO ergibt. Die Ableitbarkeit erfasst die Buchführung als Ganzes (Hauptbuch, Nebenbücher – z. B. Beteiligungsverzeichnis – oder durch maschinelle Auswertungen von Buchungsschlüsseln). Auf die im Hauptbuch geführten Konten kommt es künftig (nicht mehr) an.[150]

---

143 *Arnold/Schumann*, DStZ 2011 S. 812.
144 *Schumann*, EStB 2016 S. 295.
145 *Riepolt*, StuB 2017 S. 544.
146 BMF, Schreiben v. 5.6.2012, BStBl. 2012 I S. 598.
147 Im Internet abrufbar unter www.eSteuer.de.
148 Im Internet abrufbar unter www. Taxonomie.hessen.de.
149 BMF, Schreiben v. 28.9.2011 BStBl. 2011 I S. 855.
150 Vgl. FAQ-Dokument Projekt E-Bilanz (Stand: August 2017), 11.

2627 Durch die Einführung der E-Bilanz bleiben der Amtsermittlungsgrundsatz (§ 88 AO) und die Mitwirkungspflichten des Steuerpflichtigen (§ 90 AO) unberührt.[151] Tatsächlich ist seit dem Beginn der elektronischen Übermittlung der E-Bilanz jedoch festzustellen, dass der Datenumfang bzw. der Informationsgehalt der übermittelten Gewinnermittlungsunterlagen hinter dem der bislang auf Papier eingereichten Unterlagen zurückbleibt. Die Finanzverwaltungen der Länder haben hierauf mit verschiedenen Verfügungen reagiert.[152] Diese weisen darauf hin, dass in Fällen nicht aussagekräftiger Unterlagen im Rahmen von Auskunftsersuchen weitere Informationen anzufordern sind. Dies bedeutet für alle Beteiligten einen vermeidbaren Mehraufwand. Ergeben sich durch die lückenhafte Informationslage, insbesondere nach erfolglosem Auskunftsersuchen, Schwierigkeiten bei der Sachverhaltsermittlung und Veranlagung, ist der Innendienst nach Umständen des Einzelfalls gehalten, die Hinzuschätzung von Einnahmen, die Kürzung entsprechender Aufwandsposten bzw. die Auflösung des Investitionsabzugsbetrages o. Ä. in Betracht zu ziehen. Ist die mangelhafte Datenlage ursächlich dafür, dass die Betriebsprüfungsstellen die Prüfungsbedürftigkeit des Steuerfalls nicht einschätzen können, indiziert dies dieselbe. Mit Urteil v. 25.1.2017 hält der BFH fest, dass der Steuerpflichtige seine steuerliche Erklärungspflicht nur dann erfüllt, wenn er gegenüber dem Finanzamt den Besteuerungsgegenstand und dessen Bemessungsgrundlage in einer Weise erläutert, dass das Finanzamt die zutreffende Steuer auch festsetzen kann. Dazu muss er gegenüber dem FA steuerrelevante Sachverhalte in der Steuererklärung und/oder Gewinnermittlung in einer Weise vollständig beschreiben, dass das Finanzamt diese erkennen und auch steuerlich überprüfen kann.[153] Diese Grundsätze sind u. E. auf die Mitwirkungspflichten im Rahmen der E-Bilanz übertragbar.

2628 Gemäß § 5 Abs. 2 Satz 1 EStG kann die Finanzbehörde auf Antrag zur Vermeidung unbilliger Härten auf eine elektronische Übermittlung verzichten. Nach § 5 Abs. 2 Satz 2 EStG i. V. m. § 150 Abs. 8 AO hat sie dem Antrag zum Verzicht auf die elektronische Übermittlung zu verzichten, wenn diese dem Steuerpflichtigen persönlich oder wirtschaftlich unzumutbar ist. U. E. sind bei der Entscheidung über Härtefallanträge die Grundsätze der BFH-Urteile v. 14.3.2012[154] und 14.2.2017[155] zu beachten:

▶ Bei wirtschaftlicher Zumutbarkeit der Anschaffung begründet allein das Fehlen der für eine elektronische Übermittlung erforderlichen Technik keinen Anspruch auf Befreiung von der elektronischen Abgabepflicht.

▶ Bei Personen- und Kapitalgesellschaften sind Alter und mangelnde Computererfahrung lediglich einzelner von mehreren Geschäftsführern grundsätzlich nicht geeignet, einen Anspruch auf Befreiung zu begründen.

▶ Allgemeine Bedenken gegen die Sicherheit der Datenübermittlung nach amtlich vorgeschriebenem Datensatz können ebenfalls keinen Anspruch auf Befreiung von der Übermittlungspflicht begründen.

---

151 BMF, Schreiben v. 19.1.2010, BStBl 2010 I S. 47, Rz. 2.
152 Vgl. bspw. OFD NRW v. 29.9.2015 [FAAAF-19015], FinMin Sa.-Anh. v. 19.11.2015, EStB 2016 S. 98.
153 I R 70/15, BStBl. II S. 780.
154 XI R 33/09, BStBl 2012 II S. 477.
155 VIII B 43/16, Juris.

▶ Der Steuerpflichtige darf von der Finanzbehörde hinsichtlich der Erfüllung seiner elektronischen Erklärungspflicht notwendigen Hard- und Software nicht auf den Internetzugang anderer „Konzerngesellschaften" verwiesen werden (Steuergeheimnis, § 30 AO).

5. Die steuerlichen Bewertungsvorschriften im Einzelnen
5.1 Teilwertabschreibung (§ 6 Abs. 1 Nr. 1 Satz 2, Nr. 2 EStG)
5.1.1 Grundlagen

Nach § 6 Abs. 1 Nr. 1 und 2 EStG können Wirtschaftsgüter statt mit den Anschaffungs- und Herstellungskosten mit dem Teilwert bewertet werden. Dies gilt sowohl für abnutzbare Wirtschaftsgüter des Anlagevermögens als auch für Wirtschafsgüter des Anlagevermögens, die nicht der Abnutzung unterliegen, sowie für Wirtschaftsgüter des Umlaufvermögens. Die Teilwertabschreibung ist als Bewertungsmethode häufig Gegenstand und Thema der Betriebsprüfung. Mit der gesetzlichen Neufassung des § 6 Abs. 1 EStG durch das StEntlG 1999/2002/2002[156] hat der Gesetzgeber die Voraussetzungen für eine Teilwertabschreibung dahin gehend modifiziert, dass die Inanspruchnahme einer Teilwertabschreibung für Wirtschaftsjahre, die nach dem 31.12.1998 enden, nur noch dann gestattet ist, wenn die Wertminderung des jeweiligen Wirtschaftsguts voraussichtlich von Dauer sein wird. Außerdem gilt für Wirtschaftsjahre, die nach dem 31.12.1998 enden, nach § 6 Abs. 1 Nr. 1 Satz 4 und Nr. 2 Satz 3 EStG ein ursachenunabhängiges Wertaufholungsgebot. Für bis zum 31.12.1998 endende Wirtschaftsjahre galt steuerrechtlich ein Zuschreibungswahlrecht. Die Inanspruchnahme dieses Wahlrechts war jedoch aufgrund der damalig noch geltenden umkehrten Maßgeblichkeit nach § 5 Abs. 1 Satz 2 EStG a. F. von der konkreten Bewertung in der Handelsbilanz abhängig. Ab dem Wirtschaftsjahr 1999 muss der Steuerpflichtige eine Zuschreibung auf die (fortgeführten) Anschaffungs- oder Herstellungskosten steuerrechtlich immer dann vornehmen, wenn er nicht nachweist, dass nach wie vor ein niedrigerer Teilwert aufgrund des Vorliegens einer voraussichtlich dauernden Wertminderung anzusetzen ist. Dem Steuerpflichtigen obliegt die jährliche Nachweispflicht sowohl für den unter der Teilvermutung der Finanzverwaltung[157] liegenden niedrigeren Teilwert als auch für die voraussichtlich dauernde Wertminderung[158] als Tatbestandsmerkmal.

2629

Für die Beurteilung eines voraussichtlich dauernden Wertverlustes zum Bilanzstichtag kommt der Eigenart des betreffenden Wirtschaftsguts nach ständiger Rechtsprechung eine maßgebliche Bedeutung zu.[159] Die Finanzverwaltung hat die bezüglichen Grundsätze zuletzt mit Schreiben v. 2.9.2016 zusammenfassend dargestellt.[160]

---

156 Steuerentlastungsgesetz 1999/2000/2002 v. 24.3.1999, BGBl 1999 I S. 402.
157 H 6.7 (Teilwertvermutungen) EStH 2016.
158 BMF, Schreiben v. 2.9.2016, BStBl 2016 I S. 995 Rz. 4.
159 BFH, Urteile v. 26.9.2007, BStBl 2009 II S. 294; v. 24.10.2012, BStBl 2013 II S. 162.
160 BMF, Schreiben v. 2.9.2016, BStBl 2016 I S. 995, Rz. 4.

5.1.2 Retrograde Bewertungsmethode

2630 Zunächst stellt das BMF-Schreiben fest, dass der Teilwert trotz der o. g. Gesetzesänderung weiterhin retrograd ermittelt werden kann. Die retrograde Bewertungsmethode ist in H 6.7 und H 6.8 EStH 2016 geregelt. Sie kann neben der sog. progressiven Methode, wonach der Wert eines Wirtschaftsguts anhand der bei der Produktion anfallenden Kosten ermittelt wird, angewandt werden. Bei der retrograden Methode erfolgt die Bewertung durch Rückrechnung vom voraussichtlichen Verkaufspreis. Hierbei sind als Selbstkosten insbesondere die noch anfallenden Verkaufs-, Vertriebs- und Reparaturkosten sowie ggf. auch anteilige betriebliche Fixkosten zu berücksichtigen.[161]

5.1.3 Abnutzbares Anlagevermögen

2631 Wirtschaftsgüter des abnutzbaren Anlagevermögens sind voraussichtlich dauerhaft im Wert gemindert, wenn der Wert des Wirtschaftsguts mindestens für die Hälfte der Restnutzungsdauer unter dem planmäßigen Buchwert gem. § 6 Abs. 1 Nr. 1 Satz 1 i. V. m. § 7 EStG liegt.[162] Werden abnutzbare Wirtschaftsgüter mit einem Nettoerwerbswert (AK/HK) von max. 1.000 € gem. § 6 Abs. 2a EStG zu einem Sammelposten zusammengefasst und über insgesamt 5 Jahre abgeschrieben, ist eine Teilwertabschreibung unzulässig. Der Sammelposten als bloßer Rechenposten ist der Teilwertabschreibung nicht zugänglich.[163]

5.1.4 Grundstücke

2632 Das Vorgehen einer Teilwertabschreibung wird im BMF-Schreiben v. 2.9.2016 anhand von zwei Beispielen erläutert. Diese illustrieren die allgemeinen Grundsätze lediglich punktuell.[164] Eine Verallgemeinerung der in den Beispielen getroffenen Aussagen ist umstritten. So sollen Preisschwankungen für Grund und Boden eine nur vorübergehende Wertminderung darstellen und den Voraussetzungen einer Teilwertabschreibung nicht genügen.[165] Unstreitig ist hingegen, dass die einzelnen Wirtschaftsgüter eines zivilrechtlich einheitlichen Grundstücks[166] für die Frage einer Teilwertabschreibung getrennt zu betrachten sind.[167]

5.1.5 Voraussichtlich dauernde Wertminderung bei Wertpapieren, Aktien und Investmentanteilen

2633 Bei der Frage, wann hinsichtlich der Eigenart von börsennotierten, börsengehandelten und aktienindexbasierten Wertpapieren des Anlage- und Umlaufvermögens von einer voraussichtlich dauernden Wertminderung auszugehen ist, folgt die Finanzverwaltung

---

161 BFH, Urteil v. 25.7.2000, BStBl 2001 II S. 566.
162 BMF, Schreiben v. 2.9.2016, BStBl 2016 I S. 995, Rz. 8.
163 R 6.13 Abs. 6 Satz 1 EStR 2016.
164 BMF, Schreiben v. 2.9.2016, BStBl 2016 I S. 995, Rz. 12 f.
165 A. A. BFH v. 29.7.2010, BFH/NV 2014 S. 1742; FG Baden-Württemberg v. 21.10.2013, juris.
166 Zur Abgrenzung siehe den gleich lautenden Länder-Erlass v. 5.6.2013 BStBl. 2013 I S. 734; *Schumann*, EStB 2013 S. 468.
167 Zur Möglichkeiten einer Absetzung für außergewöhnliche Abnutzung oder einer Teilwertabschreibung auf Grund und Boden, *Schumann*, EStB 2016 S. 65.

der höchstrichterlichen Auffassung[168], dass zu ihrer Beantwortung ein Typisierungserfordernis besteht.[169] Abweichend vom Handelsrecht soll die Dauerhaftigkeit der Wertminderung mit Hilfe der Informationseffizienzhypothese beurteilt werden. Hierbei wird unterstellt, dass der jeweils aktuelle Börsenkurs die informationsgestützte Einschätzung einer großen Zahl von Marktteilnehmern über die künftigen Risiken und Erfolgsaussichten des Unternehmens zum Bewertungszeitpunkt zutreffend widerspiegelt. Der somit auf allwissenden Märkten gebildete Kurs besitzt dauerhaften Charakter.[170] Dies gilt nicht, wenn objektive Anhaltspunkte für Kursverfälschungen vorliegen. Ebenso unbeachtlich sind aus Gründen der Vereinfachung des Besteuerungsverfahrens Kursverluste innerhalb einer Bandbreite minimaler und in ihrer Höhe zu vernachlässigende Wertschwankungen i. H. v. 5 % (sog. Bagatellgrenze). Bei einer vorangegangenen Teilwertabschreibung ist für die Bestimmung der Bagatellgrenze der Bilanzansatz am vorangegangenen Bilanzstichtag maßgeblich. In Fällen der Wertaufholung nach erfolgter Inanspruchnahme einer Teilwertabschreibung kommt die Bagatellgrenze nicht zur Anwendung. Die Wertaufholung ist auf den aktuellen Börsenkurs am Bilanzstichtag, maximal auf die Anschaffungskosten vorzunehmen. Zu beachten ist, dass sich die Beurteilung der Dauerhaftigkeit der voraussichtlichen Wertminderung zwar am Kurswert orientiert, der Teilwert der Aktien aber nicht nur den Börsenkurs erfasst, sondern auch die im Falle eines Erwerbs anteilig anfallenden Erwerbsnebenkosten.[171]

Beispiel: Der Steuerpflichtige hat Aktien der börsennotierten X-AG zum Preis von 100 €/Stück erworben. Die Aktien sind als langfristige Kapitalanlage dazu bestimmt, dauernd dem Geschäftsbetrieb zu dienen.

a. Der Kurs der Aktien schwankt nach der Anschaffung zwischen 70 € und 100 €. Am Bilanzstichtag beträgt der Börsenpreis 90 €. Am Tag der Bilanzaufstellung beträgt der Wert 92 €.

   Lösung: Eine Teilwertabschreibung auf 90 € ist zulässig, da der Kursverlust am Bilanzstichtag im Vergleich zum Erwerb mehr als 5 % beträgt. Die Kursentwicklung nach dem Bilanzstichtag ist als wertbegründender Umstand unerheblich.

b. Der Kurs der Aktien schwankt nach der Anschaffung zwischen 70 € und 100 €. Am Bilanzstichtag beträgt der Börsenpreis 98 € und am Tag der Bilanzaufstellung 80 €.

   Lösung: Eine Teilwertabschreibung ist nicht zulässig, da der Kursverlust am Bilanzstichtag im Vergleich zum Erwerb nicht mehr als 5 % beträgt. Die Erkenntnisse zwischen Bilanzstichtag und Aufstellung der Bilanz bleiben bei der Feststellung der voraussichtlich dauernden Wertminderung unberücksichtigt. Eine Teilwertabschreibung auf 80 € ist daher nicht möglich.

c. Der Kurs der Aktien schwankt nach der Anschaffung zwischen 70 € und 100 €. Am Bilanzstichtag beträgt der Börsenpreis 94 €. Der Steuerpflichtige macht von seinem Wahlrecht zu Teilwertabschreibung Gebrauch. Am nächsten Stichtag beträgt der Kurswert der Aktien 98 €/Stück.

---

168 BFH, Urteil v. 21.9.2011 BStBl 2014 II S. 612.
169 BMF, Schreiben v. 2.9.2016, BStBl 2016 I S. 995, Rz. 17 ff.
170 Kritisch hierzu u. a. *Marx*, StuB 2012 S. 660.
171 BFH, Urteil v. 21.9.2011, BStBl 2014 II S. 612.

Lösung: Gemäß § 6 Abs. 1 Nr. 1 Satz 4 i. V. m. Satz 1 EStG sind die Aktien mit ihren Anschaffungskosten i. H. v. 100 €/Stück anzusetzen. Für die Frage der Wertaufholung ist die Bagatellgrenze unbeachtlich. Eine Teilwertabschreibung von den Anschaffungskosten kommt nicht in Betracht, da die Bagatellgrenze nicht überschritten ist.

Ungeklärt ist bislang, ob trotz des von der Handelsbilanz unabhängigen Bewertungswahlrechts das Willkür- und Widerspruchsverbot zu beachten ist.[172] Demnach wäre es als widersprüchlich und unzulässig zu betrachten, wenn handelsrechtlich auf eine außerplanmäßige Abschreibung – z. B. aufgrund eines vom Kurswert abweichend ermittelten Fundamentalwerts – verzichtet, aber das steuerliche Wahlrecht einer Teilwertabschreibung ausgeübt wird.[173] Widersprüchlich wäre bspw. die handelsrechtliche Beibehaltung des niedrigeren beizulegenden Wertes bei gleichzeitigem Verzicht auf den Nachweis eines niedrigeren Teilwerts.[174]

2634 Für die Bewertung von Anteilen an Investmentfonds, die als Finanzanlage im Anlagevermögen[175] gehalten werden, gelten die oben dargestellten Grundsätze entsprechend, wenn der Investmentfond zu mehr als 50% seines Werts zum Bilanzstichtag in börsennotierte Aktien als Vermögensgegenstände investiert ist.[176] Abzustellen ist auf die tatsächlichen Verhältnisse beim Investmentfond am Bilanzstichtag des Anlegers. Unerheblich ist, ob der zu bewertende Investmentfond selbst börsennotiert ist.[177]

Als Vergleichswert zu den Anschaffungskosten ist der Ausgabepreis, zzgl. der ggf. anfallenden Erwerbsnebenkosten, insbesondere unter Berücksichtigung eines Ausgabeaufschlags, zum Stichtag. Die Bagatellgrenze ist zu beachten.[178]

5.1.6 Festverzinsliche Wertpapiere, die eine Forderung in Höhe des Nominalwerts einer Forderung verbriefen

2635 Bei festverzinslichen Wertpapieren, die eine Forderung in Höhe des Nominalwerts der Forderung verbriefen, ist eine Teilwertabschreibung unter ihren Nennwert allein wegen gesunkener Kurse regelmäßig nicht zulässig. Denn der Inhaber eines solchen Papiers hat das gesicherte Recht, am Ende der Laufzeit diesen Nominalwert zu erhalten. Diese Sicherheit besteht an jedem Bilanzstichtag, und zwar unabhängig davon, ob zwischenzeitlich infolge bestimmter Marktgegebenheiten der Kurswert des Papiers unter dessen Nominalwert liegt. Ein Absinken des Kurswerts unter den Nominalwert erweist sich unter diesem zeitlichen Blickwinkel jedenfalls dann, wenn sich darin nicht ein Risiko hinsichtlich der Rückzahlung widerspiegelt, als nur vorübergehend und folglich als nicht dauerhaft.[179]

Die für börsennotierten, börsengehandelten und aktienindexbasierten Wertpapieren des Anlage- und Umlaufvermögens dargestellten Grundsätze gelten für börsennotierte

---

172 *Schumann*, EStB 2014 S. 301.
173 *Hoffmann/Lüdenbach*, NWB Kommentar Bilanzierung, 9. Auflage 2018, § 253 Rz. 216.
174 *Scheffler/Binder*, StuB 2012 S. 89.
175 Zu Fondanteilen im Umlaufvermögen siehe FG Hannover, Urteil v. 26.11.2015, EFG 2016 S. 708.
176 BFH, Urteil v. 21.9.2011, BStBl 204 II S. 616.
177 BMF, Schreiben v. 2.9.2016, BStBl 2016 I S. 995, Rz. 24.
178 BMF, Schreiben v. 2.9.2016, BStBl 2016 I S. 995, Rz. 25.
179 BFH, Urteil v. 8.6.2011 BStBl 2012 II S. 716; BMF, Schreiben v. 2.9.2016, BStBl 2016 I S. 995, Rz. 21.

festverzinsliche Wertpapiere, die eine Forderung in Höhe des Nominalwerts verbriefen, entsprechend. Auch in diesem Fall hat die Beurteilung der Dauerhaftigkeit der voraussichtlichen Wertminderung typisierend anhand der Informationseffizienzhypothese zu erfolgen. Die Bagatellgrenze i. H. v. 5 % findet jedoch keine Anwendung.[180]

5.1.7 Verbindlichkeiten und Verbindlichkeiten des laufenden Geschäftsverkehrs

Gemäß § 6 Abs. 1 Nr. 3 Satz 1 i. V. m. Nr. 2 EStG gelten die Regelungen über die Teilwertabschreibung bei Verbindlichkeiten sinngemäß. Da in diesem Fall negative Wirtschaftsgüter zu bewerten sind, stellt sich die Frage nach der voraussichtlichen Dauerhaftigkeit eines höheren Teilwerts. Auf den Devisenmärkten übliche Wechselkursschwankungen sind nach Ansicht der Finanzverwaltung vorübergehend und berichtigen nicht zum Ansatz eines höheren Teilwerts.[181] Beruht die Erhöhung des Währungskurses jedoch auf einer fundamentalen Veränderung der wirtschaftlichen und/oder finanzpolitischen Daten kann eine voraussichtlich dauernde Erhöhung des Teilwerts vorliegen.[182] Besondere Regelungen gelten bei einer Verbindlichkeit des laufenden Geschäftsverkehrs, welche durch folgende Merkmale gekennzeichnet ist:

2636

- ▶ Ihr Entstehen wirtschaftlich eng mit einzelnen bestimmbaren, nach Art des Betriebs immer wiederkehrenden und nicht die Anschaffung oder Herstellung von Wirtschaftsgütern des Anlagevermögens betreffenden laufenden Geschäftsvorfällen zusammenhängt.
- ▶ Dieser Zusammenhang bis zur Tilgung der Verbindlichkeit erhalten bleibt.
- ▶ Die Verbindlichkeit innerhalb der nach Art des laufenden Geschäftsvorfalls allgemein üblichen Frist getilgt wird.[183]
- ▶ Hält in diesen Fällen eine Wechselkurserhöhung bis zum Zeitpunkt der Aufstellung der Bilanz oder dem vorangegangenen Tilgungs- oder Entnahmezeitpunkt an, ist davon auszugehen, dass die Werterhöhung voraussichtlich von Dauer ist. Zusätzliche Erkenntnisse (z. B. Wechselkursschwankungen auf den Devisenmärkten) bis zu diesen Zeitpunkten sind zu berücksichtigen.[184]

5.2 Anschaffungsnahe Herstellungskosten (§ 6 Abs. 1 Nr. 1a)

Jahrzehntelang war das durch Richterrecht geschaffene Institut der anschaffungsnahen Herstellungskosten in den Einkommensteuer-Richtlinien geregelt. Typisierend waren Aufwendungen für die Instandsetzung eines Gebäudes zu aktivieren, wenn diese in den ersten drei Jahren nach Anschaffung insgesamt 15 % der Anschaffungskosten überstiegen.[185] Erst nach der handelsrechtlichen Definition von Anschaffungs- und Herstellungskosten in § 255 Abs. 1 und 2 HGB[186] sowie der Aufgabe bezüglichen Rechtspre-

2637

---

180 BMF, Schreiben v. 2.9.2016, BStBl 2016 I S. 995, Rz. 22.
181 BMF, Schreiben v. 2.9.2016, BStBl 2016 I S. 995, Rz. 33.
182 FG Baden-Württemberg v. 11.7.2017 – 5 K 1091/15 –, juris.
183 BFH, Urteil v. 31.10.1990, BStBl 1991 II S. 471.
184 BMF, Schreiben v. 2.9.2016, BStBl 2016 I S. 995, Rz. 36.
185 Zuletzt A 154 Abs. 5 Satz 6 EStR 1994.
186 BiRiLiG v. 19.12.1985, BGBl 1985 I S. 2355.

chung wurde § 6 Abs. 1 Nr. 1a EStG durch das Steueränderungsgesetz 2003[187] in das EStG eingefügt.[188] Nach dem Wegfall der Unterstützung durch die Rechtsprechung war es erklärtes Ziel des Gesetzgebers, durch die Normierung der damaligen Verwaltungsauffassung Rechtsvereinfachung und -sicherheit für Bürger und Verwaltung zu schaffen.[189] Der Versuch einer Wiederherstellung der Rechtslage misslang jedoch durch die Wortwahl und den Regelungsinhalt des § 6 Abs. 1 Nr. 1a EStG.

2638 So bedurfte der gesetzlich nicht definierte Begriff der „Aufwendungen von Instandhaltungs- und Modernisierungsmaßnahmen" gem. § 6 Abs. 1 Nr. 1a Satz 1 EStG der Konkretisierung. Mit den von der Finanzverwaltung veröffentlichten Urteilen v. 14.6.2016 stellt der BFH fest, dass dieser Begriff als einkommensteuerrechtliche Sonderregelung Aufwendungen unabhängig von ihrer handelsrechtlichen Einordnung als Anschaffungs-, Herstellungskosten oder Erhaltungsaufwand erfasst.[190] Demnach sind darunter bauliche Maßnahmen zu verstehen, durch die Mängel oder Schäden an vorhandenen Einrichtungen eines bestehenden Gebäudes oder am Gebäude selbst beseitigt werden oder das Gebäude durch Erneuerung in einen zeitgemäßen Zustand versetzt wird. Hierunter zählen Aufwendungen für die Instandsetzung oder Erneuerung vorhandener Sanitär-, Elektro- und Heizungsanlagen, der Fußbodenbeläge, Fenster und Dacheindeckung sowie unabhängig von einem engen räumlichen, zeitlichen und sachlichen Zusammenhang hiermit durchgeführte Schönheitsreparaturen (z. B. Anstreichen oder Kalken der Wände und Decken, das Streichen der Fußböden, Heizkörper, Innen- und Außentüren sowie Fenster) wie auch Kosten für eine zur Herstellung der Betriebsbereitschaft[191] und über den ursprünglichen Zustand hinausgehende wesentliche Verbesserung des Gebäudes i. S. d. § 255 Abs. 2 Satz 1 HGB.[192] Hingegen nicht umfasst sind jährlich anfallende Aufwendungen i. S. d. § 6 Abs. 1 Nr. 1a Satz 2 EStG (z. B. Aufwendungen für Wartungen, die Beseitigung von Rohrverstopfungen oder Ablesekosten) und Erweiterungen i. S. d. § 255 Abs. 2 Satz 1 HGB.

2639 Im Ergebnis bricht § 6 Abs. 1 Nr. 1a EStG insoweit den Maßgeblichkeitsgrundsatz, da Erhaltungsaufwand[193] bei erfüllten Voraussetzungen zwingend in der Steuerbilanz zugunsten des Gebäudes zu aktivieren ist. Hinsichtlich der Aufwendungen zur Versetzung in die Betriebsbereitschaft findet nach der BFH-Rechtsprechung eine Doppelberücksichtigung statt, wenn man davon ausgeht, dass der Begriff der Anschaffungskosten auch gemäß § 6 Abs. 1 Nr. 1a EStG nach § 255 Abs. 1 HGB zu bestimmen ist. Demnach wären bei der Ermittlung der 15 %-Grenze die entsprechenden Aufwendungen sowohl im Zähler als auch im Nenner einzurechnen (Instandhaltungs- und Modernisierungsaufwand inkl. Betriebsbereitschaftskosten / Anschaffungskosten inkl. Betriebsbereitschaftskosten x 100). Versteht man die Rechtsprechung des BFH dahingehend, dass der Begriff der Anschaffungskosten in § 6 Abs. 1 Nr. 1a EStG ebenfalls spezialgesetzlich normiert ist, kann er u. E. sachlogisch – in allen entschiedenen Fällen – nur die Erwerbs-

---

[187] Vom 15.12.2003, BGBl 2003 I S. 2645.
[188] *Schumann*, EStB 2015 S. 374.
[189] BT-Drs. 15/1562 S. 32; kritisch hierzu *Pezzer*, DStR 2004 S. 525; *Söffing*, DB 2004 S. 946; *Spindler*, DB 2004 S. 507.
[190] BStBl 2016 II S. 992, 996 und 999.
[191] BFH, Urteil v. 14.6.2016, BStBl 2016 II S. 996.
[192] BFH, Urteil v. 14.6.2016, BStBl 2016 II S. 999.
[193] *Schumann*, EStB 2014 S. 172.

kosten sowie die Anschaffungsnebenkosten erfassen. Eine Doppelberücksichtigung von Aufwendungen würde so durch Loslösung von der handelsrechtlichen Anschaffungskostendefinition vermieden.[194]

Nach einhelliger Auffassung der Richter und der Verwaltung überschreibt § 6 Abs. 1 Nr. 1a EStG auch den steuerlichen Herstellungskostenbegriff (s. u.) in den ersten 3 Jahren nach Anschaffung des Gebäudes insoweit, als originäre Herstellungskosten bei hinreichender Höhe zwingend als aktivierungspflichtige Aufwendungen für Instandhaltungs- oder Modernisierungsmaßnahmen den Anschaffungskosten zuzurechnen sind. Nachrangig gilt gemäß § 6 Abs. 1 Nr. 1 EStG die Aktivierung zu Herstellungskosten.[195]

Die 3-Jahres-Frist des § 6 Abs. 1 Nr. 1a Satz 1 EStG ist auf den Tag genau zu berechnen. Zu erfassen sind alle Baumaßnahmen innerhalb des Betrachtungszeitraums unabhängig davon, ob sie abgeschlossen, abgerechnet oder bezahlt worden sind.[196] Nach Ablauf der drei Jahre gelten die allgemeinen Regelungen zur Unterscheidung von Anschaffungs-, Herstellungskosten und Erhaltungsaufwand. Unabhängig von einer erfolgten Aktivierung sind Aufwendungen für Instandhaltungs- und Modernisierungsaufwendungen in den weiteren zwei Jahren in die Prüfung der Sanierung auf Raten als über den ursprünglichen Zustand hinausgehende wesentliche Verbesserung einzubeziehen.[197]

Abweichend vom Wortlaut des § 6 Abs. 1 Nr. 1a EStG hat der BFH klargestellt, dass nach seiner Ansicht bei der Prüfung, ob die Aufwendungen für Instandsetzungs- und Modernisierungsmaßnahmen zu anschaffungsnahen Herstellungskosten im Sinne von § 6 Abs. 1 Nr. 1a EStG führen, bei einem aus mehreren Einheiten bestehenden Gebäude nicht auf das gesamte Gebäude, sondern auf den jeweiligen selbständigen Gebäudeteil abzustellen ist, wenn das Gesamtgebäude in unterschiedlicher Weise genutzt wird. Maßgeblich ist insoweit, ob die einzelnen Gebäudeteile in verschiedenen Nutzungs- und Funktionszusammenhängen stehen.[198]

2640

Nach Auffassung der Finanzverwaltung sind die durch die jüngere BFH-Rechtsprechung geprägten Grundsätze in allen offenen Fällen unter Beachtung des § 176 Abs. 1 Nr. 3 AO anzuwenden. Aus Billigkeitsgründen wird es jedoch nicht beanstandet, wenn auf Antrag des Steuerpflichtigen abweichend hiervon

▶ die bisherige BFH-Rechtsprechung zur Behandlung der Schönheitsreparaturen im Zusammenhang mit anschaffungsnahen Herstellungskosten und

▶ die bisher von der Finanzverwaltung vertretene Rechtsauffassung, dass eine gebäudebezogene Prüfung der Aufwendungen nach § 6 Abs. 1 Nr. 1a EStG vorzunehmen ist,

auf Sachverhalte weiter angewendet wird, bei denen der Kaufvertrag bzw. ein ihm gleichstehender Rechtsakt vor dem 1.1.2017 abgeschlossen wurde.[199]

---

194 *Schumann*, EStB 2017 S. 481.
195 Senatsverwaltung für Finanzen Berlin, 20.11.2012, III B-S 2211-2/2005-2; BFH, Urteil v. 14.6.2016, BStBl 2016 II S. 999.
196 Vfg. BayLfSt v. 6.8.2010 – S 2211.1.1 – 4/2 St 32, StEK EStG § 6 Abs. 1 Ziffer 1a Nr. 6.
197 BMF, Schreiben v. 18.7.2003, BStBl 2003 I S. 386, Rz. 31, 38. *Schumann*, EStB 2017 S. 481.
198 BFH v. 14.6.2016, BStBl 2016 II S. 992 und 999.
199 BMF, Schreiben v. 20.10.2017, BStBl 2017 I S. 1447.

Ebenfalls hat die Finanzverwaltung die Grundsätze des BFH-Urteils v. 9.5.2017 übernommen. Werden hiernach Schäden am Objekt beseitigt, die im Zeitpunkt der Anschaffung nicht vorhanden und auch nicht angelegt waren (z. B. nach Erwerb auftretenden altersüblichen Mängel und Defekte), sind Aufwendungen hierfür nicht in die Betragsgrenze nach § 6 Abs. 1 Nr. 1a EStG einzubeziehen, wenn sie zu einem späteren Zeitpunkt durch das schuldhafte Handeln eines Dritten (z. B. eines Mietnomaden) verursacht worden ist.[200] Diese Instandhaltungsaufwendungen entziehen sich der Regelvermutung für das Vorliegen anschaffungsnaher HK und stellen deshalb sofort abzugsfähigen Erhaltungsaufwand bzw. WK dar.

Praxishinweis: Die entsprechenden Aufwendungen sind von zeitgleich entstehenden Aufwendungen für Instandsetzungs- und Modernisierungsmaßnahmen zu trennen (*Segmentierung*). Letztere sind zwingend in die Prüfung anschaffungsnaher HK einzubeziehen.

5.3 Aktivierungswahlrecht für produktionsferne Herstellungskosten (§ 6 Abs. 1 Nr. 1b)

2641 Der Begriff der Herstellungskosten ist seit dem EStG 1934[201] ein primärer steuerlicher Bewertungsmaßstab, der nach dem ausdrücklichen Willen des damaligen Gesetzgebers einen Ansatz zu Vollkosten forderte.[202] Dieses Verständnis wurde in der Folgezeit überwiegend von der Finanzverwaltung selbst aufgeweicht.[203] Erst nach der Änderung des § 255 Abs. 2 HGB durch das Bilanzrechtsmodernisierungsgesetz[204] besann sich die Verwaltung wieder auf den Vollkostenansatz nach § 6 Abs. 1 Nr. 1 und 2 EStG.[205] Diese im Anschluss über mehrere Jahre kontrovers diskutierte Rückbesinnung fand ein (vorläufiges) Ende mit der Einfügung des § 6 Abs. 1 Nr. 1b EStG durch das Gesetz zur Modernisierung des Besteuerungsverfahrens.[206] Hierdurch wird das handelsrechtliche Wahlrecht gem. § 253 Abs. 2 Satz 4 HGB, bei der Berechnung der Herstellungskosten auf den Einbezug bestimmter nicht produktionsbezogener Kosten zu verzichten, vergleichbar auch im Rahmen der steuerbilanziellen Gewinnermittlung ermöglicht. Der Gesetzgeber bestätigt durch die Etablierung des steuerlichen Wahlrechts das unverändert historische Begriffsverständnis, nach dem im Rahmen der Steuerbilanz „die" Herstellungskosten anzusetzen sind, also alle auf die Herstellung entfallenden Aufwendungen.[207] Dies insbesondere vor dem Hintergrund, dass die Legaldefinition der Herstellungskosten gem. § 255 Abs. 2 Satz 1 HGB ihrem Wortlaut und ihrer Entstehungsgeschichte nach auf der Steuerrechtspraxis beruht und nur deswegen für das Steuerrecht „maßgeblich" ist.[208]

---

200 IX R 6/16, BStBl 2018 II S. 9.
201 RStBl 1934 S. 1261.
202 RStBl 1935 S. 33.
203 *Schumann*, DStZ 2013 S. 474.
204 BGBl 2009 I S. 1102.
205 BMF, Schreiben v. 12.3.2010, BStBl 2010 I S. 239.
206 StModG v. 18.7.2016, BGBl I S. 1679.
207 So auch BFH v. 21.10.1993 – IV R 87/92, BStBl 1994 II S. 176.
208 BFH v. 4.7.1990 – GrS 1/89, BStBl 1990 II S. 830.

Durch das Wahlrecht des § 6 Abs. 1 Nr. 1b EStG wird erstmals seit dem Bilanzrechtsmodernisierungsgesetz wieder eine Umkehrmaßgeblichkeit begründet. Diese hat insofern eine besondere Qualität, weil es sich hierbei um ein GoB-konformes Wahlrecht handelt, welches zur Zielerreichung in der Handelsbilanz übereinstimmend umgesetzt werden muss. Neben diesem dogmatischen Aspekt ist zu beachten, dass sich § 6 Abs. 1 Nr. 1b EStG nach seiner Stellung im Gesetz nur auf die Bewertung von abnutzbaren Wirtschaftsgütern des Anlagevermögens beziehen kann. Folgerichtig wäre bei der Bewertung der übrigen nicht abnutzbaren Wirtschaftsgüter des Anlage- und Umlaufvermögens gem. § 6 Abs.1 Nr. 2 EStG zwingend ein Ansatz zu Vollkosten geboten. Unseres Erachtens war eine dermaßen einschränkende Anwendung des Wahlrechts nicht intendiert. Vielmehr verweist die Beschlussempfehlung des Finanzausschusses auf R 6.3 EStR 2008 und stellt darauf ab, dass die Bewertung teilfertiger und fertiger Erzeugnis durch das Wahlrecht vereinfacht werden soll.[209] Da die Richtlinie hinsichtlich des Einbeziehungswahlrechts nicht nach der Art des Wirtschaftsguts sowie seiner möglichen Abnutzbarkeit differenziert und § 266 Abs. 2 B I HGB insbesondere teilfertige und unfertige Erzeugnisse zum Umlaufvermögen zählt, ist die missglückte Einfügung in das Gesetz ohne entsprechende Verweise wohl als redaktionelles Versehen zu betrachten.[210]

2642

5.4 Lifo-Methode (§ 6 Abs. 1 Nr. 2a EStG)

Ein oft strittiger Punkt in der Betriebsprüfung ist das nach § 6 Abs. 1 Nr. 2a EStG zulässige Verbrauchsfolgeverfahren der Lifo-Methode. Bei diesem Verfahren findet eine Fiktion der Verbrauchsfolge dergestalt statt, dass die zuletzt angeschafften oder hergestellten Vorräte wieder zuerst das Unternehmen verlassen haben. Vor der gesetzlichen Einführung des Lifo-Verfahrens durch das StReformG 1990 vertrat die Finanzverwaltung eine sehr restriktive Auffassung und ließ nur dann eine Fiktion entsprechend der Lifo-Methode zu, wenn glaubhaft gemacht werden konnte, dass die zuletzt erworbenen Wirtschaftsgüter tatsächlich zuerst verbraucht oder veräußert wurden (etwa unter Hinweis auf die Lagerung).

2643

Nach der gesetzlichen Festschreibung des Lifo-Verfahrens durch das StReformG 1990[211] wurde dieses Verbrauchsfolgeverfahren erstmals für Wirtschaftsjahre für anwendbar erklärt, die nach dem 31.12.1989 enden.

2644

Da im weiteren Verlauf die Voraussetzung der Anwendung dieses Verfahrens sehr umstritten waren, wurden verwaltungsseitig immer wieder wenig befriedigende „Inselregelungen" gefunden. Im Fokus stand hier die Rechtsprechung des BFH, der mit Urteil v. 20.6.2000 entschieden hat, dass eine Lifo-Bewertung nicht den handelsrechtlichen GoB entspricht und somit auch steuerrechtlich ausgeschlossen ist, wenn

▶ die Vorräte mit absolut betrachtet **hohen Erwerbsaufwendungen** (wie bei Neu- und Gebrauchtfahrzeugen) in Frage stehen,

▶ die Anschaffungskosten ohne Weiteres identifiziert **und**

---

209 BT-Drs. 18/8434 S. 125.
210 *Schumann*, EStB 2016 S. 337.
211 Steuerreformgesetz 1990 v. 25.7.1988, BGBl 1988 I S. 1093.

▶ den einzelnen Vermögensgegenständen angesichts derer individueller Merkmale ohne Schwierigkeiten zugeordnet werden können.

Diese Entscheidung des BFH wurde immer wieder im Rahmen von Rechtsstreitigkeiten für und gegen die Lifo-Methode in die Diskussion eingebracht. Auch wenn die Lifo-Methode den Einzelbewertungsgrundsatz des § 252 Abs. 1 Nr. 3 HGB durchbricht, stellt sich die Frage, ob sie solchen strengen Reglementierungen unterliegt, wie sie der BFH mit seinem Urteil aus dem Jahre 2000 zu erkennen gegeben hat. Die Grundsatzentscheidung des Einkommensteuergesetzgebers, mit der Lifo-Methode den Einzelbewertungsgrundsatz zu durchbrechen kann m. E. nicht wieder dadurch relativiert werden, dass eben jene Durchbrechung strenge Voraussetzungen an die Ausübung dieses Bewertungswahlrechts stellt, ohne dass diese Voraussetzungen im Gesetz verankert wären. Zu bedenken bleibt auch, ob der BFH wirklich über einen Lifo-typischen Fall zu entscheiden hatte.

2645 Durch die Änderungen des BilMoG (s. o) stellte sich auch im Bereich der Lifo-Methode die Frage, ob die steuerrechtlichen Anforderungen einer Neuausrichtung bedürfe. Entsprechend der Regelung unter R 6.9 Abs. 2 EStR 2012 muss die Lifo-Methode einerseits den handelsrechtlichen Grundsätzen ordnungsmäßiger Buchführung entsprechen. Andererseits gilt nach BilMoG entsprechend R 6.9 Abs. 1 EStR 2012,[212] dass die Anwendung der Lifo-Methode nicht voraussetzt, dass der Steuerpflichtige die Wirtschaftsgüter auch in der Handelsbilanz nach dieser Methode bewertet.

Diesen beiden Aussagen scheint zumindest auf den ersten Blick ein gewisser Widerspruch immanent zu sein: Wenn die steuerrechtliche Ausübung der Lifo-Methode nicht mehr voraussetzt, dass der Steuerpflichtige die Wirtschaftsgüter auch in der Handelsbilanz nach dieser Methode voraussetzt, kann dann der ursprüngliche Vereinfachungseffekt als Begründung für die Anwendung der Lifo-Methode noch maßgeblich sein? Sicherlich bleibt auch nach BilMoG zu berücksichtigen, dass die Zulässigkeit der Lifo-Methode zukünftig nicht ganz ohne Rücksicht auf die tatsächlichen Verhältnisse beurteilt werden kann.[213] Sieht man durch das Regime des BilMoG auch eine Akzentverschiebung hinsichtlich der Voraussetzung der Lifo-Methode, könnte man in dieser zukünftig auch ein eigenständiges steuerrechtliches Wahlrecht sehen, welches laut BMF-Schreiben v. 12.3.2010[214] bereits heute unabhängig von der handelsrechtlich gewählten Bewertungsmethode ausgeübt werden kann. Im Zusammenhang mit den durch den BFH aufgestellten Grundsätzen steht die Ausübung des Wahlrechts jedoch weiterhin unter der Prämisse, dass diese gewählte Verbrauchsfolgefiktion nicht schlechthin unvereinbar mit dem tatsächlichen betrieblichen Geschehensablauf unvereinbar sein darf.[215]

2646 Um diesen vermeintlichen Zielkonflikt für die Betriebsprüfungspraxis zu lösen, nimmt das BMF-Schreiben v. 12.5.2015[216] zur Bewertung des Vorratsvermögen nach § 6 Abs. 1 Nr. 2a EStG Stellung. In diesem Schreiben wird auch noch einmal der damalige Wille des

---

212 R 6.9 Abs. 1 EStR 2012.
213 So wohl auch *Hüttemann/Meinert*, DB 2013 S. 1865.
214 Vgl. ausführlich hierzu unter Kapitel IV: BMF, Schreiben v. 12.3.2010, BStBl 2010 I S. 239.
215 So wohl auch: *Hennrichs*, Ubg 2011 S. 705; *Kulosa*, in: Schmidt, EStG, § 6 Rz. 418.
216 BMF, Schreiben v. 12.5.2015, BStBl I S. 462.

Gesetzgebers bei der Normierung der Lifo-Bewertung aufgegriffen, wonach neben der Bewertungsvereinfachung auch die Verhinderung der Besteuerung von Scheingewinnen erreicht werden sollte.[217] Das BMF-Schreiben nimmt sodann Stellung zur Zulässigkeit der Anwendung dieser Bewertungsvereinfachung.[218]

Zunächst stellt die Finanzverwaltung heraus, dass es sich bei der steuerlichen Lifo-Bewertung um ein eigenständiges Wahlrecht handelt, dass unabhängig davon ausgeübt werden kann, ob in der Handelsbilanz das entsprechende Wahlrecht gem. § 256 Satz 1 HGB ausgeübt wird. Die handelsrechtliche Bewertungsvereinfachung Lifo muss jedoch auch handelsrechtlich dem Grunde nach zulässig sein. Auch eine Einzelbewertung im IFRS-Abschluss steht der Anwendung der Lifo-Methode in der Steuerbilanz nicht entgegen. Der oben dargelegte Zielkonflikt wird durch das BMF-Schreiben in der Weise aufgelöst, dass die Lifo-Methode hiernach nicht mit der tatsächlichen Verbrauchs- und Veräußerungsfolge übereinstimmen muss. Sie ist dadurch unabhängig vom Vorhandensein besonderer ordnungsrechtlicher Vorschriften, wie z. B. des Lebensmittelrechts, zulässig.

Der zwischenzeitlich fortgeschrittenen Entwicklung in der Wirtschaft durch den überwiegenden Einsatz von EDV gestützten Warenwirtschaftssystemen trägt das BMF-Schreiben insofern Rechnung, als dass vor allem bei sog. Handelswaren, also zur weiteren Ver- oder Bearbeitung bestimmter Vorräte, es technisch möglich ist, die individuellen Anschaffungskosten der einzelnen Wirtschaftsgüter ohne weiteres zu ermitteln, die Lifo-Methode unzulässig ist. Anderseits stellt das BMF-Schreiben heraus, dass die Lifo-Methode dann wiederum nicht unzulässig ist, wenn die Einzelbewertung der Wirtschaftsgüter zwar möglich wäre, dies aber weiteren Aufwand oder weitere Rechen- oder Ermittlungsschritte erfordern würde. Damit könnten z. B. die Zuordnung weiterer anteiliger Anschaffungsnebenkosten, aber auch weitere Programmierungs- oder Implementierungsschritte oder Kosten für den zusätzlichen manuellen Erfassungsaufwand in der Buchhaltung gemeint sein.

Für die oben dargestellten verderblichen Vorräte zieht das BMF-Schreiben eine zeitliche Grenze bei der Frage nach der Dauerhaftigkeit der Haltbarkeit ein. Als dauerhaft gilt hiernach eine Haltbarkeit von mindestens einem Jahr. Haben Vorräte eine geringere Haltbarkeit, so ist die Lifo-Methode entsprechend des BMF-Schreibens nicht zulässig, weil eine Verbrauchs- oder Veräußerungsfolge, wonach die zuletzt gekaufte Ware als erstes verarbeitet und verkauft wird, dem betrieblichen Geschehensablauf völlig widersprechen würde.

5.5 Rückstellungsbewertung gem. § 6 Abs. 1 Nr. 3a

Nach R 6.11 Abs. 3 EStR 2012 gilt – mit Ausnahme für die Bewertung der Pensionsrückstellungen –, dass die Höhe der Rückstellung in der Steuerbilanz den zulässigen Ansatz in der Handelsbilanz nicht überschreiten darf. Diese Auffassung wird vom Gesetzestext in § 6 Abs. 1 Nr. 3a EStG getragen:

2647

---

217 BT-Drucksache 11/2157 S. 140 und BT-Drs. 11/2536 S. 47.
218 S. a. *Schumann*, EStB 2015 S. 247.

"Rückstellungen sind höchstens insbesondere unter Berücksichtigung folgender Grundsätze anzusetzen."

Aus dieser durch das StEntlG[219] eingeführten Gesetzesformulierung ergibt sich, dass die Regelung des § 6 Abs. 1 Nr. 3a EStG den Rückgriff auf die allgemeinen handelsrechtlichen Regelungen bei der steuerlichen Bewertung von Rückstellungen nicht ausschließt. Der Gesetzgeber normiert steuerrechtlich immer dann einen Höchstbetrag, wenn der handelsrechtliche Wert niedriger ist als der steuerrechtliche. Die Entstehungsgeschichte des § 6 Abs. 1 Nr. 3a EStG stützt den sich bereits aus dem Gesetzeswortlaut ergebenden Regelungsmechanismus. So lautet die Gesetzesbegründung des BT-Finanzausschusses[220]:

„Zum Einleitungssatz: Klarstellung, dass die in § 6 Abs. 1 Nr. 3a EStG genannten Grundsätze keine abschließende Aufzählung enthalten. Die beispielsweise in § 5 EStG festgelegten Regeln sind ebenfalls zu beachten. Ist der Ausweis für die Rückstellung in der Handelsbilanz zulässigerweise niedriger als der sich nach § 6 Abs. 1 Nr. 3a EStG ergebende Ausweis, so ist der Ausweis in der Handelsbilanz für die Steuerbilanz maßgebend."

Hierdurch wird deutlich, dass immer dann eine „Deckelung" des steuerlichen Werts gemäß § 6 Abs. 1 Nr. 3a EStG erfolgt, wenn der handelsrechtliche Wert niedriger ist.

2648 Diese Auffassung wird u. E. auch durch die Rechtsprechung des BFH bestärkt. Mit seinem Urteil v. 11.10.2012 hatte der BFH darüber zu entscheiden, ob auch diejenigen Zinsen, die als sog. Gemeinkosten, die der Pflicht zur Aufbewahrung von Geschäftsunterlagen geschuldet sind, Eingang in die Rückstellungsbewertung finden. Es handelte sich in dem zu entscheidenden Sachverhalt um Finanzierungskosten (Zinsen) für einen Raum zur Aufbewahrung von Geschäftsunterlagen. Der BFH kam in seinem Urteil zu dem Ergebnis, dass auch diese „Gemeinkosten" für die zur Aufbewahrung genutzten Räume auch dann in einer Rückstellungsbewertung mitenthalten sein dürfen, wenn die Anschaffung/Herstellung der Räume nicht unmittelbar (einzel-)finanziert worden ist, sondern der Aufbewahrungspflichtige (hier: eine Sparkasse) seine gesamten liquiden Eigen- und Fremdmittel in einen „Pool" gegeben und hieraus sämtliche Aufwendungen seines Geschäftsbetriebs finanziert hat (sog. Poolfinanzierung).

Bei der Begründung dieser Entscheidung nimmt der BFH außerdem allgemein zur Bewertung von Rückstellungen nach § 6 Abs. 1 Nr. 3a EStG wie folgt Stellung:

„Auszugehen ist hierbei davon, dass § 6 Abs. 1 Nr. 3a EStG die Bewertung von Rückstellungen nicht abschließend regelt, sondern – wie dem auf Vorschlag des Finanzausschusses eingefügten Einleitungssatz der Vorschrift unmissverständlich zu entnehmen ist – die nach dem Maßgeblichkeitsgrundsatz zu beachtende handelsrechtliche Bewertung nur dann durchbricht, wenn die steuerrechtlichen Sonderbestimmungen des § 6 Abs. 1 Nr. 3a Buchst. a bis e EStG 2002 dazu führen, dass der handelsrechtliche Wertansatz (Höchstwert) unterschritten wird."

---

219 Steuerentlastungsgesetz 1999/2000/2002, v. 24.3.1999, BGBl 1999 I S. 402.
220 Gesetzesbegründung, BT-Drucks. 14/443, S. 23.

Für einen ersten Veranlagungszeitraum unter Geltung des BilMoG hat das FG Rheinland-Pfalz gleichermaßen entschieden. Das Verfahren ist beim BFH anhängig.[221]

Diese Konstellation wäre jedoch vor BilMoG äußert selten in der Praxis anzutreffen gewesen, da vor BilMoG die handelsrechtlichen Rückstellungswerte i. d. R. stets höher waren als die steuerrechtlichen Werte. Dies war durch ein fehlendes Abzinsungsgebot im Bereich der handelsrechtlichen Rückstellungsbewertung bedingt. Entsprechend der Neuregelung in § 253 Abs. 2 HGB müssen künftig alle handelsrechtlichen Rückstellungen mit einer Restlaufzeit von mehr als einem Jahr – und damit auch solche für Sachleistungsverpflichtungen – mit einem fristenkongruenten Marktzinssatz abgezinst werden. Bislang war eine Abzinsung nur dann zulässig, wenn in der zugrunde liegenden Verbindlichkeit ein Zinsanteil enthalten war. Damit kann sich aus dieser handelsrechtlich erheblichen Änderung zukünftig die Situation – vor allem im Bereich der Sachleistungsverpflichtungen – ergeben, dass der handelsrechtliche Wert unter dem steuerrechtlich ermittelten Wert nach § 6 Abs. 1 Nr. 3 EStG liegt.

2649

Verstärkt wird diese Konstellation durch den unterschiedlichen steuerrechtlichen und handelsrechtlichen Abzinsungssatz. Handelsrechtlich ist mit dem durchschnittlichen Marktzins am Bilanzstichtag abzuzinsen, bei dem der Durchschnitt über die letzten 7 Geschäftsjahre zu bilden ist, um Zufallsschwankungen in der Zinsentwicklung zu glätten. Steuerrechtlich wird hingegen mit einem pauschalen Zinssatz von 5,5 % abgezinst.[222] Handelsrechtlich kann dieser Abzinsungseffekt zwar wieder durch die Einbeziehung von zukünftigen Preis- und Kostenänderungen teilweise „kompensiert" werden,[223] dennoch kann es durch die Änderungen im Handelsrecht durch BilMoG zu einer unterhalb der steuerlichen Werte liegenden handelsrechtlichen Bewertung kommen.

Diese Situation tritt auch verschärft im Bereich der Sachleistungsverpflichtungen auf, da hier der handelsrechtliche Abzinsungszeitraum vom steuerrechtlichen Zeitraum abweicht: Während steuerrechtlich gem. § 6 Abs. 1 Nr. 3a Buchst. e EStG für Sachleistungsverpflichtungen die hierfür gebildete Rückstellung lediglich bis zum Beginn der Erfüllung abzuzinsen ist, ist handelsrechtlich eine längerer Abzinsungszeitraum nötig (ggf. bis zur vollständigen Erfüllung der Verbindlichkeit).

2650

Aufgrund dieser erheblichen Auswirkung in der Praxis bei der Neubewertung von Rückstellungen nach BilMoG sieht die Finanzverwaltung aus Billigkeitsgründen eine sog. Rücklagenregelung vor. Denn die Anwendung dieser einkommensteuerrechtlichen Regelung im Zusammenwirken mit der erstmaligen Anwendung der handelsrechtlichen Bewertung von Rückstellung nach dem BilMoG könnte zu gewinnerhöhenden Auflösungen von bereits gebildeten Rückstellungen in einem nicht unerheblichen Ausmaß führen. Deshalb sieht die Regelung in R 6.11 Abs. 3 EStR 2012 eine Abmilderung der durch die Auflösung der steuerlichen Rückstellungen bedingten Gewinnauswirkungen vor.[224] Danach können die durch die BilMoG-bedingten Gewinnauswirkungen wahlweise über 15 Jahre durch eine Gewinnrücklagenbildung verteilt werden. Dieser Zeit-

---

221 Urteil v. 7.12.2016 - 1 K 1912/14, EFG 2017 S. 693, Rev. XI R 46/17.
222 Vgl. *Hörhammer/Rosenbaum*, StuB 2013 S. 252.
223 „Erfüllungsbetrag" i. S. d. § 253 Abs. 1 Satz 2 HGB.
224 Vgl. Beschluss des Bundesrates v. 14.12.2012, BR-Drucks. 681/12 (B).

raum wurde im BilMoG allgemein vorgesehen, um Anpassungsschwierigkeiten abzufedern.[225] Er soll daher auch für die durch die oben dargestellte notwendige Teilauflösung der Rückstellung in der Steuerbilanz herangezogen werden. Die hiernach gebildete Gewinnrücklage ist sodann in den Folgejahren zu mindestens je einem Fünfzehntel gewinnerhöhend aufzulösen.[226]

5.6 Bewertung von Pensionsrückstellungen gem. § 6a EStG

2651 Wie bereits mehrfach betont, stellte die durch das BilMoG bewirkte Reform des handelsrechtlichen Bilanzrechts einen entscheidenden Einschnitt auch für die steuerrechtlichen Vorschriften dar: Die umgekehrte Maßgeblichkeit in § 5 Abs. 1 Satz 2 EStG a. F. wurde aufgehoben. Damit erlangten nicht nur steuerrechtliche Wahlrechte, die gem. § 5 Abs. 1 2. Halbsatz EStG n. F. unabhängig von dem handelsrechtlichen Ausweis ausgeübt werden können, sondern auch die steuerrechtlichen Ansatz- und Bewertungsvorschriften eine neue Bedeutung. Vor dem BilMoG galt für die steuerrechtlichen Ansatz- und Bewertungsvorschriften nach § 5 Abs. 6 EStG, dass sie unabhängig vom handelsrechtlichen Wert anzuwenden sind. Eine besondere Vorbehaltsvorschrift stellt § 6a EStG für die Bildung und Bewertung einer Rückstellung aufgrund einer Pensionszusage dar. § 6a EStG stellt sowohl einen Ansatz- als auch einen Bewertungsvorbehalt dar. So bestehen steuerrechtlich im Rahmen des § 6a EStG weitreichende Vorbehalte hinsichtlich der Bilanzierung dem Grunde nach, wie z. B. das Schriftformerfordernis gem. § 6 Abs. 1 Nr. 3 EStG oder das Verbot der Gewinnabhängigkeit und des unzulässigen Widerrufsvorbehalts gem. § 6a Abs. 2 Nr. 2 EStG. Andererseits enthält § 6a Abs. 3 und Abs. 4 eine Anzahl von Bewertungsvorbehalten, wie z. B. das Teilwertverfahren, Abzinsung mit 6 % gem. § 6a Abs. 3 EStG. Mit Wegfall der umgekehrten Maßgeblichkeit steht damit fest, dass diese Ansatz- und Bewertungsvorbehalte zukünftig unabhängig von der handelsrechtlichen Bewertung von Pensionszusagen gelten. Damit können sowohl der Ansatz als auch die Bewertung einer Pensionszusage steuerrechtlich von dem handelsrechtlichen Ansatz oder der handelsrechtlichen Bewertung abweichen. Diese Aussage findet sich entsprechend im BMF-Schreiben v. 12.3.2010[227] unter Rz. 9 wieder:

„Nach § 249 HGB müssen in der Handelsbilanz für unmittelbare Pensionszusagen Rückstellungen gebildet werden. Dieses Passivierungsgebot gilt auch für die steuerliche Gewinnermittlung. Die bilanzsteuerlichen Ansatz- und Bewertungsvorschriften des § 6a EStG schränken jedoch die Maßgeblichkeit des handelsrechtlichen Passivierungsgebotes ein."

Dies hat zur Folge, dass die steuerrechtliche Passivierung einer Pensionsrückstellung unter dem Vorbehalt steht, dass die Voraussetzungen des § 6a Abs. 1 und 2 EStG erfüllt sein müssen. Außerdem unterliegt die Bewertung den Vorbehalten des § 6a Abs. 3 und Abs. 4 EStG. Zukünftig können die steuerrechtlichen Werte somit vom handelsrechtlichen Wert abweichen. Folglich war die Regelung in R 6a Abs. 20 Satz 2 bis 4 EStR a. F.

---

225 Art. 67 Abs. 1 Satz 1 EGHGB: „Ist auf Grund der geänderten Bewertung von Verpflichtungen, die die Bildung einer Rückstellung erfordern, eine Auflösung der Rückstellung erforderlich, dürfen dies beibehalten werden, soweit der aufzulösende Betrag bis spätestens zum 31.12.2024 wieder zugeführt werden müsste."
226 Vgl. *Rosenbaum/Hörhammer*, DStZ 2013 S. 345.
227 BMF, Schreiben v. 12.3.2010, BStBl 2010 I S. 239.

aufzuheben. Hiernach war der handelsrechtliche Ansatz der Pensionsrückstellung die Bewertungsobergrenze für den steuerrechtlichen Ausweis.

Hinzuweisen ist auch in diesem Zusammenhang auf das aktuelle BMF-Schreiben v. 18.9.2017[228] zur Frage der Bewertung von Pensionsrückstellungen nach § 6a EStG bei Versorgungsleistungen, die ohne die Voraussetzung des Ausscheidens aus dem Dienstverhältnis gewährt werden. Ausgangspunkt ist die sog. Ausgeglichenheitsvermutung, wonach Pensionsleistungen nach § 6a EStG in erster Linie der Deckung des Versorgungsbedarfs dienen sollen und folgerichtig erst bei Wegfall der Bezüge aus der betrieblichen Tätigkeit gezahlt werden. Bisher sah das BMF-Schreiben v. 25.4.1995[229] vor, dass wenn der Arbeitnehmer die gesetzliche Teilrente in Anspruch nimmt, er nicht aus dem bestehenden Dienstverhältnis ausscheidet, sondern er lediglich seine Erwerbstätigkeit bei herabgesetzten Arbeitsentgelt einschränkt. Demnach sah diese Verwaltungsanweisung einen Anspruch auf betriebliche Teilrente nur unter bestimmten Voraussetzungen vor und die Zusage einer betrieblichen Teilrente hatte auf die Bewertung der Pensionsverpflichtung grundsätzlich keine Auswirkungen.

2652

Mit BMF-Schreiben v. 18.9.2017 wird diese Verwaltungsanweisung schließlich aufgehoben. Das aktuelle BMF-Schreiben berücksichtigt die zwischenzeitlich ergangene Rechtsprechung des BFH[230]. Die Rechtsprechung sieht vor, dass Versorgungszusagen nicht den Charakter als betriebliche Altersversorgung verlieren, wenn Leistungen nicht von dem Ausscheiden des Begünstigten aus dem Dienstverhältnis abhängig gemacht werden. Zur bilanziellen Berücksichtigung von Versorgungsleistungen, die ohne die Voraussetzung des Ausscheidens aus dem Dienstverhältnis gewährt werden, regelt das BMF-Schreiben sodann, dass bei einem Arbeitsverhältnis als schwebendes Rechtsgeschäft die Ausgeglichenheitsvermutung gilt und Pensionsrückstellungen nach § 6a EStG grundsätzlich nur auf Basis der nach dem Ausscheiden aus dem Dienstverhältnis zu gewährenden Leistungen angesetzt und bewertet werden können. Enthält eine Pensionszusage im Sinne des § 6a EStG keine Aussage zum Ausscheiden aus dem Dienstverhältnis als Voraussetzung für die Gewährung der Versorgungsleistungen nach Eintritt des Versorgungsfalles, ist davon auszugehen, dass zeitgleich mit der Inanspruchnahme der Leistungen auch das Arbeitsverhältnis beendet wird. In der Anwartschaftsphase ist die Versorgungsverpflichtung nach § 6a Abs. 3 Satz 2 Nr. 1 EStG zu bewerten.

---

228 BMF, Schreiben v. 18.9.2017, BStBl. I 2017 S. 1293.
229 BMF, Schreiben v. 25.4.1995, BStBl I 1995 S. 250.
230 BFH, Urteil v. 5.3.2008, BStBl II 2015 S. 409; BFH, Urteil v. 23.10.2013, BStBl II 2015 S. 413.

Teil A:
Grundsatz- und Querschnittsfragen steuerlicher Gewinnermittlung

Kapitel XVIII:
Die Steuerbilanz aus der Sicht des BFH

von
Dipl.-Kaufm. Walter Bode, Richter am BFH, München

1. Einleitung

Inhaltsübersicht

	Rz.
1. Einleitung	2653 - 2655
1.1 Thematische Eingrenzung	2653
1.2 Sachliche Zuständigkeit beim BFH	2654 - 2655
2. Begriff und Zweckbestimmung der Steuerbilanz aus der Sicht des BFH	2656 - 2679
2.1 Die Steuerbilanz als ein Instrument der Gewinnermittlung	2656 - 2670
2.1.1 Ermittlung des laufenden Gewinns	2656 - 2662
2.1.2 Gewinnermittlung bei Veräußerungs-, Aufgabe- und Umwandlungsvorgängen	2663
2.1.3 Die Steuerbilanz im Kontext der unterschiedlichen Arten der Einkünfte- und Gewinnermittlung	2664 - 2670
2.2 Die Steuerbilanz als Instrument zur Abbildung finanzieller Leistungsfähigkeit	2671 - 2679
3. Reichweite der Maßgeblichkeit handelsrechtlicher Grundsätze ordnungsmäßiger Buchführung	2680 - 2686
4. Ausgewählte Einzelaspekte der Bilanzierung und ihre Würdigung in der Rechtsprechung des BFH	2687 - 2712
4.1 Grundfragen der Bilanzierung	2688 - 2696
4.1.1 Bei Aufstellung der Bilanz zu berücksichtigende Tatsachen	2688
4.1.2 Bilanzenzusammenhang	2689
4.1.3 Bilanzberichtigung und Aufgabe des subjektiven Fehlerbegriffs hinsichtlich bilanzieller Rechtsfragen	2690 - 2696
4.2 Grundbegriffe und ausgewählte Einzelposten der Bilanz	2697 - 2712
4.2.1 Begriff des Wirtschaftsguts	2697 - 2698
4.2.2 Gewillkürtes Betriebsvermögen	2699
4.2.3 Eigenkapitalersetzende Darlehen als Fremdkapital	2700
4.2.4 Rückstellungen (ausgewählte Beispiele)	2701 - 2712
5. Folgerungen: Charakter und Bedeutung der Steuerbilanz aus der Sicht des BFH	2713 - 2719

1. Einleitung

1.1 Thematische Eingrenzung

Die gesetzlichen Vorgaben der Steuerbilanz, die für ihre Erstellung und Ausgestaltung im Einzelnen gültigen Rechtsgrundsätze und Maßstäbe sind in anderen Beiträgen dieses Praxishandbuchs bereits eingehend gewürdigt und hergeleitet. Sie werden deshalb im Folgenden nicht – auch nicht jeweils weiter angereichert um einschlägige BFH-Rechtsprechung – erneut detailliert und systematisch abgehandelt. Vielmehr beleuchtet dieses Kapitel einige Grundlinien des Verständnisses des BFH von der Steuerbilanz und ihrer Einordnung in das einkommensteuerliche System der Ermittlung des laufenden Gewinns, wobei diese teilweise durch vom BVerfG entwickelte Maßstäbe vorgeprägt werden. Außerdem werden ausgewählte bedeutsame Einzelaspekte der Bilanzierung aufgezeigt, zu denen die Rechtsprechung des BFH prägende Rechtsgrundsätze formu- 2653 liert hat. Auch sie konturieren die derzeitige höchstrichterliche Sicht auf die Steuerbilanz, wobei sie auf unterschiedliche Weise an die zuvor aufgezeigten Grundlinien anknüpfen.

1.2 Sachliche Zuständigkeit beim BFH

2654 Die Beantwortung bilanzsteuerrechtlicher Fragen fiel zuletzt nach der bis zum 31.12.2017 gültigen Geschäftsverteilung des BFH im Wesentlichen in die sachliche Zuständigkeit des I., III., IV., VI., VIII. und X. Senats; ab dem 1.1.2018 sind außerdem dem XI. Senat Fragen des Bilanzsteuerrechts zugewiesen, die zuvor in die Zuständigkeit des I. Senats fielen. Der I. und IV. Senat zählen zu den vier Gründungssenaten des BFH; sie sind schon seit jeher mit dieser Rechtsmaterie befasst.[1] Auch in die Zuständigkeit des mit Wirkung zum 1.4.1971 errichteten VIII. Senats und des zum 1.1.1987 eingerichteten X. Senats des BFH konnten von Beginn an derartige Fragestellungen fallen.[2] Dem III. Senat des BFH ist seit dem 1.1.1985 (bis heute) u. a. (teilweise) die Zuständigkeit für Einkünfte aus Gewerbebetrieb natürlicher Personen zugewiesen, wobei sich ebenfalls bilanzsteuerrechtliche Fragen ergeben können;[3] unabhängig davon war der III. Senat auch aus seiner langjährigen Zuständigkeit für die Investitionszulage wiederholt mit bilanzsteuerrechtlichen Fragen befasst. Dem VI. Senat wurde mit Wirkung vom 1.1.2017 die Zuständigkeit für die Einkünfte aus Land- und Forstwirtschaft sowie die Einkünfte aus gewerblicher Tierzucht oder gewerblicher Tierhaltung und dabei auch für die gesonderte Feststellung gemäß § 180 Abs. 1 Nr. 2 Buchst. a, Abs. 2 und 5 AO, betreffend die genannten Einkünfte für alle Personengesellschaften, übertragen, die bis dahin in die Zuständigkeit des IV. Senats fiel. Deshalb kann jetzt auch der VI. Senat Fragen des Bilanzsteuerrechts zu beantworten haben. Darüber hinaus hat der Große Senat des BFH immer wieder auch zu bilanzsteuerrechtlichen Fragen Stellung genommen.

2655 (Einstweilen frei)

2. Begriff und Zweckbestimmung der Steuerbilanz aus der Sicht des BFH

2.1 Die Steuerbilanz als ein Instrument der Gewinnermittlung

2.1.1 Ermittlung des laufenden Gewinns

2656 Auch der der Rechtsprechung des BFH zugrunde gelegte Begriff der Steuerbilanz ist geprägt durch deren Funktion im Rahmen der Gewinnermittlungsart des Betriebsvermögensvergleichs nach den §§ 4 Abs. 1, 5 EStG. Dabei geht der BFH in ständiger Rechtsprechung davon aus, dass die Gewinnermittlung nach § 4 Abs. 1 EStG die Regel ist (s. auch Rz. 2666).[4]

---

[1] Näher hierzu *BFH* (Hrsg.), 60 Jahre Bundesfinanzhof, Eine Chronik 1950-2010, Bonn 2010, S. 283 und 545 f. (I. Senat), S. 330 und 548 f. (IV. Senat).
[2] Näher 60 Jahre Bundesfinanzhof, a. a. O., S. 389 und 552 f. (VIII. Senat), S. 415 und 554 f. (X. Senat).
[3] Vgl. 60 Jahre Bundesfinanzhof, a. a. O., S. 318 und 548.
[4] Vgl. BFH, Urteil v. 19.3.2009 – IV R 57/07, BStBl 2009 II S. 659 (m. w. N.), und Urteil v. 21.7.2009 – X R 46/08, BFH/NV 2010 S. 186.

2. Begriff und Zweckbestimmung der Steuerbilanz aus der Sicht des BFH

Zwar wird der Begriff der Bilanz nur in § 4 Abs. 2 Satz 1 EStG in einem Klammerzusatz ausdrücklich erwähnt und dabei als Synonym zum Begriff der Vermögensübersicht verwendet, ohne dass – anders als in § 242 Abs. 1 HGB – Zweck und Ausgestaltung der Bilanz näher umschrieben werden.[5] Die Funktion der Steuerbilanz als Instrument zur Ermittlung des laufenden Gewinns ergibt sich jedoch aus den Modalitäten des in § 4 Abs. 1 Satz 1 EStG geregelten Betriebsvermögensvergleichs, die im Ergebnis und im Grundsatz der sog. Reinvermögenszugangstheorie folgen,[6] diese jedoch im Hinblick auf eine Besteuerung nach der finanziellen Leistungsfähigkeit (dazu auch Rz. 2671 ff.) nicht uneingeschränkt umsetzen dürfen.[7] Der danach anzustellende Vergleich des Betriebsvermögens am Schluss des Wirtschaftsjahrs und des Betriebsvermögens am Schluss des vorangegangenen Wirtschaftsjahrs setzt die Ermittlung des Betriebsvermögens auf den jeweiligen Stichtag voraus. Dabei ist der in § 4 Abs. 1 Satz 1 EStG verwendete Begriff des Betriebsvermögens gleichzusetzen mit dem Begriff des Betriebsreinvermögens, das wiederum dem Eigenkapital entspricht.[8] Das Eigenkapital lässt sich nur als Differenz von Vermögen und Schulden – bezogen auf den jeweils maßgebenden Stichtag – ermitteln, was wiederum eine Bilanz voraussetzt, in der Aktiva und Passiva gegenübergestellt sind. 2657

Insoweit lässt sich die Steuerbilanz als Vermögensübersicht definieren, die das Betriebsreinvermögen bzw. Eigenkapital auf einen bestimmten Stichtag unter Beachtung der für die Bewertung von Aktiva und Passiva steuerrechtlich maßgeblichen Regeln feststellt. Von den genannten Begrifflichkeiten geht auch die gegenwärtige Rechtsprechung des BFH aus, die die Steuerbilanz funktional als Mittel zur Gewinnermittlung definiert.[9] Aber auch bereits früher ist die daraus folgende Umschreibung des Begriffs der Steuerbilanz – soweit ersichtlich – nicht in Frage gestellt worden. 2658

Eine Beschreibung der Sicht des BFH auf die Steuerbilanz wäre allerdings unvollständig, soweit sich diese auf deren Funktion als Instrument der Ermittlung des laufenden Gewinns beschränkte. Der Charakter der Steuerbilanz wird vielmehr auch durch die Maßstäbe geprägt, denen der hierdurch zu ermittelnde laufende Gewinn zu genügen hat. Deshalb ist nachfolgend zusätzlich in den Blick zu nehmen, welchen Maßstäben die Rechtsprechung des BFH (entscheidende) Bedeutung bemisst (näher Rz. 2671 ff.). In diesem Zusammenhang ist festzustellen, dass sich in jüngster Zeit in der Rechtsprechung des BFH auch Änderungen bei der Gewichtung solcher Maßstäbe ergeben, wie die Aufgabe des subjektiven Fehlerbegriffs hinsichtlich bilanzieller Rechtsfragen zeigt (näher Rz. 2690 ff.). 2659

(Einstweilen frei) 2660–2662

---

5 Vgl. hierzu und zum Folgenden z. B. *Bode*, in: Kirchhof, EStG, 17. Aufl. 2018, § 4 Rz. 4a; *Seiler*, in Kirchhof/Söhn/Mellinghoff (im Folgenden: K/S/M), EStG, § 4 Rz. A 10 und B 160 f.; *Weber-Grellet*, Bilanzsteuerrecht, 15. Aufl., Münster 2017, Rz. 24.
6 Näher zur Reinvermögenszugangstheorie z. B. *Paul Kirchhof*, in: K/S/M, § 2 Rz. A 321 ff.
7 Dazu auch *Wendt*, in: Kube/Mellinghoff/Morgenthaler/Palm/Puhl/Seiler, Leitgedanken des Rechts (im Folgenden: Leitgedanken), Heidelberg u. a. 2013, Band II, § 180 Bilanzrecht, Rz. 19, m. w. N.
8 Z.B. auch *Hennrichs* in: Tipke/Lang, Steuerrecht, 23. Aufl. 2018, § 9 Rz. 12; *Seiler*, in K/S/M, EStG, § 4 Rz. 150.
9 Vgl. z. B. BFH, Vorlagebeschluss v. 7.4.2010 – I R 77/08, BStBl 2010 II S. 739.

2.1.2 Gewinnermittlung bei Veräußerungs-, Aufgabe- und Umwandlungsvorgängen

2663   Bilanzen können steuerrechtlich nicht nur als Instrument zur Ermittlung des laufenden Gewinns, sondern auch im Zusammenhang mit der Ermittlung von Gewinnen aus Veräußerungs-, Aufgabe- und Umwandlungsvorgängen aufzustellen sein. So ist beispielsweise bei Veräußerung des ganzen Gewerbebetriebs – auch insoweit der sog. Reinvermögenszugangstheorie folgend (Rz. 2657) – der Veräußerungsgewinn als Differenz von Veräußerungspreis (nach Abzug der Veräußerungskosten) und dem Wert des Betriebsvermögens zu ermitteln. § 16 Abs. 2 Satz 2 EStG bestimmt hierzu, dass der Wert des Betriebsvermögens für den Zeitpunkt der Veräußerung nach § 4 Abs. 1 EStG oder nach § 5 EStG zu ermitteln ist. Hier kann der Steuerpflichtige sogar zu einer einmaligen Bilanzierung verpflichtet sein. Dabei gelten allerdings bei der Bilanzierung im Zusammenhang mit derartigen Vorgängen teilweise Sonderregeln, wie z. B. die Bewertung zum gemeinen Wert nach § 16 Abs. 3 Satz 7 EStG bei Aufgabe des Betriebs oder eines Mitunternehmeranteils oder nach § 11 Abs. 1 Satz 1 UmwStG bei Verschmelzung oder Vermögensübertragung auf eine andere Körperschaft zeigt.[10] Die Rechtsprechung zu derartigen Sonderkonstellationen illustriert regelmäßig nur die Sicht des BFH auf im Zusammenhang mit der speziellen Rechtsmaterie auftauchende Problemstellungen. Ihr wird deshalb im Folgenden nicht weiter nachgegangen.

2.1.3 Die Steuerbilanz im Kontext der unterschiedlichen Arten der Einkünfte- und Gewinnermittlung

2664   Die ertragsteuerliche Bedeutung der Steuerbilanz bestimmt sich mittelbar nach dem Gewicht des Betriebsvermögensvergleichs (§ 4 Abs. 1 Satz 1 EStG) im Rahmen der unterschiedlichen Formen der Einkünfte- und Gewinnermittlung. Der BFH legt – wie im Folgenden näher dargestellt – seiner Rechtsprechung ohne grundsätzliche Kritik die derzeit gesetzlich vorgegebene Grundstruktur der Einkünfteermittlung und der verschiedenen Arten bzw. Methoden der Gewinnermittlung zugrunde. Somit beeinflusst diese Grundstruktur auch die Sicht des BFH auf die Steuerbilanz.

2665   In Folge des in § 2 Abs. 2 EStG begründeten sog. Dualismus der Einkunftsarten bzw. der Einkünfteermittlung, den das BVerfG bislang als „historisch gewachsene Grundentscheidung" gleichheitsrechtlich nicht in Frage gestellt hat[11] und der demzufolge auch vom BFH verfassungsrechtlich nicht in Zweifel gezogen worden ist, erlangt die Steuerbilanz nur bei den in Nr. 1 der Vorschrift aufgezählten Gewinneinkunftsarten (Einkünfte bei Land- und Forstwirtschaft, Gewerbebetrieb und selbständiger Arbeit) Bedeutung, während bei den anderen Einkunftsarten i. S. d. § 2 Abs. 1 Satz 1 EStG nach Abs. 2 Nr. 2 der Vorschrift statt des Gewinns der Überschuss der Einnahmen über die Werbungskosten (§§ 8 – 9a EStG) als „Einkünfte" definiert wird.

2666   Innerhalb der Gewinnermittlungsarten wiederum bemisst sich die Bedeutung der Steuerbilanz insbesondere danach, inwieweit der laufende Gewinn durch Betriebsvermögensvergleich zu ermitteln ist. Verpflichtend ist der Betriebsvermögensvergleich ge-

---

10 Näher zur Bilanzierung im Zusammenhang mit Veräußerungs-, Aufgabe- oder Umwandlungsvorgängen *Wendt*, in: Leitgedanken, § 180 Bilanzrecht, Rz. 14 f.
11 Vgl. BVerfG, Beschl. v. 9.7.1969 – 2 BvL 20/65, BVerfGE 26 S. 302 (312); v. 7.10.1969 – 2 BvL 3/66, 2 BvR 701/64, BVerfGE 27 S. 111 (127); v. 7.7.2010 – 2 BvR 748, 753, 1738/05, BVerfGE 127 S. 61 (86).

mäß § 5 Abs. 1 Satz 1 EStG (i. d. F. des BilMoG) für aufgrund gesetzlicher Verpflichtung oder freiwillig Bücher führende und regelmäßig Abschlüsse machende Gewerbetreibende, wobei das Betriebsvermögen anzusetzen ist, das grundsätzlich, d. h. nach Aufgabe der sog. formellen Maßgeblichkeit vorbehaltlich der Ausübung steuerlicher Wahlrechte, nach den handelsrechtlichen Grundsätzen ordnungsgemäßer Buchführung auszuweisen ist (sog. materielle Maßgeblichkeit). Nicht aufgrund gesetzlicher Vorschriften buchführungspflichtige und auch nicht freiwillig Bücher führende und Abschlüsse machende Steuerpflichtige „können" hingegen nach § 4 Abs. 3 Satz 1 EStG als Gewinn den Überschuss der Betriebseinnahmen über die Betriebsausgaben ansetzen. Dabei geht der BFH zwar in ständiger Rechtsprechung davon aus, dass die Gewinnermittlung nach § 4 Abs. 1 EStG die Regel ist.[12] Hieraus folgert der BFH allerdings nicht, dass beide Gewinnermittlungsarten in einem Über- und Unterordnungsverhältnis zueinander stehen. Vielmehr werden Bestandsvergleich und Einnahmenüberschussrechnung als zwei unterschiedliche, aber grundsätzlich gleichwertige Gewinnermittlungsmethoden angesehen.[13] Der Gewinnermittlung durch Betriebsvermögensvergleich als Grundform wird vom BFH vielmehr nur Bedeutung für die Frage beigemessen, nach welcher Methode der Gewinn zu ermitteln ist, wenn der Steuerpflichtige keine (wirksame) Wahl für die eine oder andere Gewinnermittlungsart getroffen hat; in einem solchen Fall bleibt es bei der Gewinnermittlung durch Betriebsvermögensvergleich.[14] Gleichheitsrechtliche Zweifel hat der BFH – soweit ersichtlich – auch insoweit nicht erörtert. Denn das BVerfG hat bislang auch die Existenz unterschiedlicher einkommensteuerrechtlicher Gewinnermittlungs-vorschriften nicht in Frage gestellt.[15] Vielmehr dürften verfassungsrechtliche Gesichtspunkte eher dafür sprechen, dem Steuerpflichtigen unter bestimmten Voraussetzungen auch eine „vereinfachte" Gewinnermittlungsmethode in Gestalt der Überschussrechnung nach § 4 Abs. 3 EStG zur Verfügung zu stellen.[16]

Soweit das Gesetz neben der Schätzung des Gewinns (§ 162 AO)[17] noch zwei besondere Gewinnermittlungsmethoden vorsieht, die nichts mit dem Betriebsvermögensvergleich gemein haben, relativieren diese ebenfalls die ertragsteuerliche Bedeutung der Steuerbilanz. Denn anstelle der Gewinnermittlung nach § 4 Abs. 1 oder § 5 EStG lässt die sog. Tonnagebesteuerung nach § 5a EStG für den Betrieb von Handelsschiffen im internationalen Verkehr die wahlweise (pauschale) Gewinnermittlung nach der Tonnage zu. Des Weiteren sieht § 13a EStG für Betriebe der Land- und Forstwirtschaft, für die keine Buchführungspflicht besteht, unter weiteren Voraussetzungen eine eigene (ebenfalls pauschale) Gewinnermittlung nach Durchschnittssätzen vor. Ernsthafte verfassungsrechtliche Zweifel hinsichtlich beider Gewinnermittlungsmethoden, die sich allenfalls

---

12 Vgl. BFH, Urteil v. 19.3.2009 – IV R 57/07, BStBl 2009 II S. 659 (m. w. N.), und Urteil v. 21.7.2009 – X R 46/08, BFH/NV 2010 S. 186.
13 Vgl. BFH, Urteil v. 21.7.2009 – X R 46/08, BFH/NV 2010 S. 186; s. a. *Hallerbach* in: Kanzler, Kraft, Bäuml, Einkommensteuergesetz Kommentar Online, § 4 Rz. 54.
14 BFH, Urteil v. 21.7.2009 – X R 46/08, BFH/NV 2010 S. 186.
15 Dies lässt sich aus BVerfG, Beschluss v. 20.5.1988 – 1 BvR 273/88, BB 1988 S. 1716, wohl auch für das Verhältnis von Betriebsvermögensvergleich und Einnahmen-Überschussrechnung folgern.
16 Näher *Bode*, in: Leitgedanken, a. a. O., Bd. II, § 172 Gewinn, Rz. 10.
17 Ob es sich dabei um eine gesonderte Gewinnermittlungsart handelt, ist zweifelhaft, vgl. *Kanzler*, FR 1998 S. 233 (237 f.).

durch Lenkungs- und Subventionszwecke rechtfertigen lassen,[18] hat der BFH – soweit ersichtlich – bislang trotz überzeugender Kritik[19] ebenfalls nicht geäußert. Nicht entschieden hat der BFH bislang auch, ob die Tonnagebesteuerung nach europarechtlichen Maßstäben als unzulässige Beihilfe anzusehen ist.

2668–2670   *(Einstweilen frei)*

2.2 Die Steuerbilanz als Instrument zur Abbildung finanzieller Leistungsfähigkeit

2671   Der Blick auf die Steuerbilanz als Instrument der Ermittlung des laufenden Gewinns wird außer durch deren Gewichtung im Rahmen der unterschiedlichen Gewinnermittlungsmethoden entscheidend durch die Maßstäbe bestimmt, denen die Zielgröße der Gewinnermittlung durch Betriebsvermögensvergleich – eben der „Gewinn" – genügen soll. Geht man davon aus, dass sich der Rechtsbegriff des Gewinns lediglich als Ergebnis der jeweils angewandten Gewinnermittlungsvorschriften charakterisieren lässt,[20] es deshalb ein „Wesen" des Gewinns nicht gibt und die Qualität des Gewinns nicht über seine Quantität hinausgeht,[21] sind diese Maßstäbe nach den das Ertragsteuerrecht prägenden Grundsätzen zu bestimmen, die letztlich verfassungsrechtlich begründet und vom BVerfG fortentwickelt worden sind. Danach ist der dem Gesetzgeber bei der Auswahl des Steuergegenstandes und bei der Bestimmung des Steuersatzes eingeräumte weitreichende Entscheidungsspielraum insbesondere durch das Gebot der Ausrichtung der Steuerlast am Prinzip der finanziellen Leistungsfähigkeit begrenzt.[22] Aus verfassungsrechtlicher Sicht hat deshalb auch der (laufende) Gewinn grundsätzlich eine gleichheitsgerechte Abbildung finanzieller Leistungsfähigkeit zu gewährleisten.[23] Ist die Steuerbilanz ein Instrument zur Ermittlung dieses Gewinns, hat auch sie diesem Maßstab zu genügen.

2672   An diese Vorgaben ist der BFH gebunden. Eine Abweichung hiervon ist auch in früherer Rechtsprechung des BFH nicht erkennbar. So hat der Große Senat des BFH in einer Entscheidung aus dem Jahr 1969[24] für Fragen der Bilanzierung ausdrücklich an gleichheitsrechtliche Maßstäbe angeknüpft: Da es dem Sinn und Zweck der steuerrechtlichen Gewinnermittlung entspreche, den vollen Gewinn zu erfassen, könne es nicht im Belieben des Kaufmanns stehen, sich durch Nichtaktivierung von Wirtschaftsgütern, die handelsrechtlich aktiviert werden dürften, oder durch den Ansatz eines Passivpostens, der handelsrechtlich nicht geboten sei, ärmer zu machen, als er ist. Bilanzierungswahlrechte im Steuerrecht stünden auch schwerlich im Einklang mit dem verfassungsrechtlichen Grundsatz der Gleichheit der Besteuerung (Art. 3 GG). Die Rechtsprechung des

---

18 Zu den verfassungsrechtlichen Maßstäben bei Verfolgung außerfiskalischer Förderungs- und Lenkungsziele durch den Gesetzgeber z. B. BVerfG, Beschluss v. 9.12.2008 – 2 BvL 1, 2/07, 1, 2/08, BVerfGE 122 S. 210 (232), m. w. N.
19 Vgl. nur *Kanzler*, in: Hermann/Heuer/Raupach (im Folgenden HHR), EStG, Vor § 4-7 Rz. 31 (m. w. N.) und Rz. 35, zu § 5a und § 13a EStG; *Kanzler*, FR 1998 S. 233 (236 f.) zu § 13a EStG.
20 Vgl. *Bode*, in: Leitgedanken, a. a. O., § 172 Gewinn, Rz. 3.
21 So zutreffend *Drüen*, FR 1999 S. 1097 (1107).
22 Ausführlich z. B. BVerfG, Beschluss v. 6.7.2010 – 2 BvL 13/09, BVerfGE 126, S. 268 (277), m. w. N.
23 Näher *Bode*, in: Leitgedanken, a. a. O., § 172 Gewinn, Rz. 4 ff..
24 BFH, Beschluss v. 3.2.1969 – GrS 2/68, BStBl 1969 II S. 291.

BFH war also schon früher im Grundsatz deckungsgleich mit verfassungsrechtlichen Anforderungen, auch wenn das BVerfG die für das Einkommensteuerrecht gültigen gleichheitsrechtlichen Maßstäbe erst in jüngerer Zeit immer deutlicher konturiert hat.

Folgert man hieraus, dass Funktion der Steuerbilanz auch aus Sicht des BFH die Ermittlung des „wirklichen" Gewinns als Indikator der finanziellen Leistungsfähigkeit und steuerlichen Belastbarkeit eines Unternehmens zum Zweck einer gesetzmäßigen, insbesondere gleichmäßigen Besteuerung ist,[25] so kommt der Frage, ob und inwieweit die Sicht des BFH auf die Steuerbilanz durch die statische oder dynamische Bilanztheorie[26] beeinflusst worden ist, keine Bedeutung (mehr) zu.[27] Die „betriebswirtschaftliche Richtigkeit" der Steuerbilanz spielt ebenfalls keine Rolle.[28] Die Aussage, dass die Entwicklung heute in die Richtung eines eigenständigen Steuerbilanzrechts geht, das den steuerrechtlichen Zweck des Steuerbilanzrechts stärker in den Vordergrund stellt,[29] lässt sich uneingeschränkt auch auf die Rechtsprechung des BFH übertragen.

2673

Auch aus der Sicht des BFH kommt es (allein) für die Steuerbilanz maßgeblich auf eine zutreffende Abbildung der finanziellen Leistungsfähigkeit in der jeweiligen Periode an. Das Postulat der Gesamtgewinngleichheit, nach dem der Betriebsvermögensvergleich zu dem gleichen Totalgewinn wie die Einnahmenüberschussrechnung führen sollte,[30] wurde in der Rechtsprechung des BFH ursprünglich gar nicht in Bezug zum Leistungsfähigkeitsprinzip gesetzt und erst in jüngerer Zeit ausdrücklich auf Art. 3 Abs. 1 GG gestützt.[31] Teilweise wurde dem Totalgewinn in anderem Zusammenhang als mit Gewinnermittlungsmethoden Bedeutung beigemessen.[32] In jüngster Zeit hat es der BFH (auch) unter dem Gesichtspunkt der Totalgewinngleichheit für geboten erachtet, gewillkürtes Betriebsvermögen auch bei der Einnahmenüberschussrechnung zuzulassen (Rz. 2699),[33] wobei allerdings zweifelhaft ist, ob es hierzu eines Rekurses auf den Grundsatz der Totalgewinngleichheit überhaupt bedurft hätte.[34] Gleichwohl taucht der Gedanke auch in neueren Urteilen des BFH immer wieder auf, wobei der BFH ausdrücklich (einschränkend) darauf hinweist, dass der Grundsatz der Gesamtgewinngleichheit insbesondere nur die Identität des nach verschiedenen Methoden ermittelten (Gesamt-)Gewinns als Bemessungsgrundlage für die Ertragsteuern verlange, nicht jedoch eine Gleichheit der gesamten steuerlichen Belastung.[35] Der Gedanke der Gesamt-

2674

---

25 Vgl. *Weber-Grellet*, DB 2010 S. 2298 (2298 f.).
26 Näher dazu z. B. *Musil*, in: HHR, EStG, § 4 Rz. 16.
27 Vgl. auch *Weber-Grellet*, DB 2010 S. 2298 (2299); *Weber-Grellet*, Bilanzsteuerrecht, a. a. O., Rz. 43.
28 Vgl. auch *Seiler*, in: K/S/M, § 4 Rz. B 160, Fn. 266; *Weber-Grellet*, DB 2010 S. 2298 (2299); jeweils m. w. N.
29 *Weber-Grellet*, DB 2010 S. 2298 (2299); *Weber-Grellet*, Bilanzsteuerrecht, a. a. O., Rz.43.
30 Vgl. dazu BFH, Urteil v. 4.12.2012 – VIII R 41/09, BStBl 2014 II S. 288, m. w. N.
31 Etwa in BFH, Urteil v. 29.4.1999 – IV R 7/98, BStBl 1999 II S. 488, dort abgeleitet aus Art. 3 Abs. 1 GG; ebenso BFH, Urteil v. 4.12.2012 – VIII R 41/09, BStBl 2014 II S. 288; zur historischen Entwicklung dieses Gedankens in der BFH-Rechtsprechung auch *Kanzler*, in: HHR, Vor §§ 4-7, Rz. 29.
32 Vgl. etwa BFH, Beschluss v. 25.6.1984 – GrS 4/82, BStBl 1984 II S. 751, wo dem (Streben nach) Totalgewinn Bedeutung im Zusammenhang mit der Gewinnerzielungsabsicht als Merkmal des gewerblichen Unternehmens i. S. v. § 15 Nr. 1 Satz 1 EStG a. F. beigemessen wird.
33 BFH, Urteil v. 2.10.2003 – IV R 13/03, BStBl 2004 II S. 985.
34 Kritsch insoweit *Druen*, FR 2004 S. 94; s. weiterhin auch *Kanzler*, FR 2004 S. 93; *Druen*, in: HHR, EStG, Vor §§ 4-7, Rz. 35 („gleichheitswidrig, da durch sachliche Gründe nicht geboten").
35 BFH, Urteile v. 4.12.2012 – VIII R 41/09, BStBl 2014 II S. 288, Rz. 29; v. 11.4.2013 – III R 32/12, BStBl 2014 II S. 242, Rz. 38; v. 3.8.2017 – IV R 12/14, Rz. 20, m. w. N.

gewinngleichheit entspricht der Idealvorstellung, trotz der Unterschiede von Betriebsvermögensvergleich und Einnahmenüberschussrechnung – soweit dies im Einzelfall überhaupt verfahrensrechtlich zulässig ist – einen (annähernd) identischen Totalgewinn zu ermitteln. Wollte man hieraus auch auf ein periodenübergreifendes Verständnis der finanziellen Leistungsfähigkeit schließen, wäre dies jedenfalls für die Steuerbilanz nicht prägend. Denn bereits aus der Technik des Betriebsvermögensvergleichs und der Stichtagsbezogenheit der Steuerbilanz ergibt sich, dass diese vornehmlich dazu dient, den Unternehmensgewinn für Zwecke der Ertragsbesteuerung zu periodisieren.[36] Dabei steht dies im Einklang mit der verfassungsrechtlich zulässigen Entscheidung des Gesetzgebers für eine Abschnittsbesteuerung, aus der notwendig auch eine periodische Gewinnermittlung folgt.[37] Die hierauf gründende Folgerung, dass die gleichheitsrechtliche Funktion der Steuerbilanz vornehmlich in der periodengerechten Abbildung der finanziellen Leistungsfähigkeit liegt, dürfte deshalb mit der Rechtsprechung des BFH durchweg in Einklang stehen. Im Übrigen ist auch der BFH sich dessen bewusst, dass eine rein zeitlich unterschiedliche Erfassung des Gewinns in der Struktur des Betriebsvermögensvergleichs einerseits und der Einnahmenüberschussrechnung andererseits schon durch die unterschiedlichen Grundsätze des Realisationsprinzips und des Zufluss- und Abflussprinzips[38] angelegt ist; deshalb stehe dies einer (im Wesentlichen) gleichen Erfassung des Totalgewinns nicht entgegen.[39] Letztlich gilt zum Postulat der Gesamtgewinngleichheit nach wie vor das Resümee von *Kanzler*, das wie folgt lautet:[40] „Wenn die Rechtsprechung bisher den Totalgewinngedanken angeführt hatte, so war dies in aller Regel nicht Ausdruck dogmatischer Überzeugung, sondern diente eher als Hilfserwägung der Begründung des gefundenen, auch erwünschten Ergebnisses, meist in dem Bewusstsein, dass es *die* Totalgewinngleichheit letztlich doch nicht geben kann."

2675–2679 *(Einstweilen frei)*

3. Reichweite der Maßgeblichkeit handelsrechtlicher Grundsätze ordnungsmäßiger Buchführung

2680 Nach § 5 Abs. 1 Satz 1 EStG ist bei Gewerbetreibenden, die aufgrund gesetzlicher Vorschriften verpflichtet sind, Bücher zu führen und regelmäßig Abschlüsse zu machen, oder die ohne eine solche Verpflichtung Bücher führen und regelmäßig Abschlüsse machen, bei der steuerbilanziellen Gewinnermittlung grundsätzlich das Betriebsvermögen anzusetzen, das nach den handelsrechtlichen Grundsätzen ordnungsmäßiger Buchführung auszuweisen ist, es sei denn, im Rahmen der Ausübung eines steuerlichen Wahlrechts wird oder wurde ein anderer Ansatz gewählt. Folglich gelten diese handelsrechtlichen Grundsätze unmittelbar nur für bilanzierende Gewerbetreibende (§ 5 Abs. 1 EStG). Der BFH geht jedoch davon aus, dass auch bei der Gewinnermittlung nach § 4

---

36 So im Ergebnis auch *Wendt*, in: Leitgedanken, a. a. O., § 180 Bilanzrecht, Rz. 16.
37 Vgl. *Bode*, in: Leitgedanken, a. a. O., § 172 Gewinn, Rz. 11, unter Hinweis auf *Drüen*, FR 1999 S. 1097 (1104).
38 Vgl. § 11 Abs. 1 Satz 5, Abs. 2 Satz 6 EStG.
39 BFH, Urteil v. 3.8.2017- IV R 12/14, Rz. 20.
40 *Kanzler*, FR 2001 S. 918 (920).

3. Reichweite der Maßgeblichkeit handelsrechtlicher Grundsätze ordnungsmäßiger Buchführung

Abs. 1 Satz 1 EStG die materiellen Grundsätze ordnungsmäßiger Buchführung entsprechend gelten.[41] Sie seien nämlich auch von sonstigen bilanzierenden Steuerpflichtigen – beispielsweise von bilanzierenden freiberuflich Tätigen – zu beachten, weil die Grundsätze ordnungsmäßiger Buchführung für alle bilanzierenden Steuerpflichtigen einheitlich zu beurteilen seien.[42]

Steuerrechtlich ist allerdings zu berücksichtigen, dass die handelsrechtlichen Grundsätze ordnungsgemäßer Buchführung nicht nur unter dem Vorbehalt der Ausübung eines steuerlichen Wahlrechts (§ 5 Abs. 1 Satz 1 EStG) stehen, sondern auch sonst von steuerrechtlichen Sonderregelungen verdrängt werden.[43] Dabei hat der BFH auch darauf geachtet, dass eine gleichheitsrechtlich unzulässige Besteuerung „nach Wahl", wie sie bei Ausübung handelsrechtlicher Aktivierungs- und Passivierungswahlrechte, die dann für die Steuerbilanz maßgeblich sind, zu besorgen sein könnte, unterbleibt. Danach sind grundsätzlich handelsrechtliche Aktivierungswahlrechte steuerlich als Aktivierungsgebote und handelsrechtliche Passivierungswahlrechte steuerlich als Passivierungsverbote zu behandeln.[44]

2681

Damit ist jedoch noch nichts Grundlegendes über die Bedeutung des in § 5 Abs. 1 Satz 1 EStG aufgeführten Grundsatzes gesagt. Solche Ausführungen zum Maßgeblichkeitsgrundsatz finden sich in jüngerer Zeit erneut nicht in Entscheidungen des BFH, sondern in der Rechtsprechung des BVerfG.[45] Diese ist auch insoweit für die Sicht des BFH auf die Steuerbilanz von Bedeutung. Nach Ansicht des BVerfG verdankt der Maßgeblichkeitsgrundsatz seine Existenz seit jeher nicht primär Überlegungen zur gerechten Verteilung von Steuerlasten, sondern beruht in erster Linie – als Instrument zur Vermeidung einer sonst notwendigen zweifachen Rechnungslegung – auf Gründen der Praktikabilität der unternehmerischen Gewinnermittlung. Im historischen Rückblick wie auch gegenwärtig erweist sich die Maßgeblichkeit der handelsrechtlichen Grundsätze ordnungsmäßiger Buchführung – so das BVerfG – nicht etwa als eine strikte, einmal getroffene Belastungsgrundentscheidung des Gesetzgebers, sondern als eine entwicklungsoffene Leitlinie. In diesem Sinne ist auch die Neuregelung der Maßgeblichkeit durch das Gesetz zur Modernisierung des Bilanzrechts (Bilanzrechtsmodernisierungsgesetz – BilMoG) vom 25.5.2009[46] zu verstehen, das u. a. mit der Neufassung des § 5 Abs. 1 EStG einen steuerlichen Wahlrechtsvorbehalt (vgl. Satz 1 der Vorschrift) eingeführt hat.

2682

Dadurch, dass Handels- und Steuerbilanz unterschiedlichen Zielsetzungen folgen und das Steuerbilanzrecht heute vornehmlich am Grundsatz der Besteuerung nach der fi-

2683

---

41 Vgl. dazu BFH, Urteile v. 13.9.1989 – I R 117/87, BStBl 1990 II S. 57; v. 27.11.1997 – IV R 95/96, BStBl 1998 II S. 375; v. 20.12.2012 – III R 33/12, BStBl 2013 II S. 1035, Rz.19.
42 BFH, Urteil v. 27.11.1997 – IV R 95/96, BStBl 1998 II S. 375.
43 Zusammenfassend hierzu z. B. *Wendt*, in: Leitgedanken, a. a. O., § 180 Bilanzrecht, Rz. 9 und 22; auch bei den hier nicht näher behandelten Umwandlungsvorgängen gilt kein allgemeiner Grundsatz der Maßgeblichkeit, vgl. auch Rz. 415, des Weiteren BFH, Urteil v. 28.5.2008 – I R 98/06, BStBl 2008 II S. 916; *Wendt*, in: Leitgedanken, a. a. O., § 180 Bilanzrecht, Rz. 15; kritisch zur eingeschränkten Maßgeblichkeit im Rückstellungsbereich *Prinz*, in: DStJG 34 (2011) S. 168 ff.
44 Vgl. auch hierzu BFH, Beschluss v. 3.2.1969 – GrS 2/68, BStBl 1969 II S. 291.
45 BVerfG, Beschluss v. 12.5.2009 – 2 BvL 1/00, BVerfGE 123 S. 111.
46 BGBl 2009 I S. 1102.

nanziellen Leistungsfähigkeit auszurichten ist (vgl. Rz. 2671 ff.), bedeutet die genannte Einschätzung des BVerfG, dass die Entwicklung einer eigenständigen Steuerbilanz jederzeit möglich ist.[47] Eine solche eigenständige Steuerbilanz als Regelfall ist schon im Hinblick auf die Regelungen des BilMoG prognostiziert worden,[48] de lege ferenda ist eine solche Entwicklung indes nicht zwingend.[49] In jedem Fall obliegt eine grundlegende Weiterentwicklung des Steuerbilanzrechts dem Gesetzgeber und nicht dem BFH.

2684–2686 (Einstweilen frei)

4. Ausgewählte Einzelaspekte der Bilanzierung und ihre Würdigung in der Rechtsprechung des BFH

2687 Nachfolgend besprochene Entscheidungen beleuchten Einzelaspekte der Bilanzierung, konturieren in der Summe aber die Steuerbilanz aus der Sicht des BFH, wobei sie sowohl Kontinuität in der Rechtsprechung als auch im Laufe der Zeit veränderte Entwicklungslinien aufzeigen. Dabei lässt sich als ein „roter Faden" auch in den Einzelfragen meist mehr oder weniger deutlich (auch) eine Ausrichtung an dem oben skizzierten gleichheitsrechtlichen Grundsatz der Besteuerung nach der finanziellen Leistungsfähigkeit ausmachen.

4.1 Grundfragen der Bilanzierung

4.1.1 Bei Aufstellung der Bilanz zu berücksichtigende Tatsachen

2688 In einer Entscheidung aus dem Jahr 1973[50] zum Unterschied zwischen wertaufhellenden und wertbeeinflussenden Tatsachen hat der BFH dazu Stellung genommen, welche Tatsachen der Steuerpflichtige bei der Aufstellung der Bilanz zu berücksichtigen hat. Die sog. wertaufhellenden Tatsachen berühren die Verhältnisse am Bilanzstichtag insoweit, als sie diese so zeigen, wie sie sich am Bilanzstichtag tatsächlich (objektiv) darstellten und deshalb für die Bewertung eines Bilanzpostens auch dann zu berücksichtigen sind, wenn sie am Bilanzstichtag noch nicht eingetreten oder noch nicht bekannt waren. Von diesen wertaufhellenden Tatsachen sind – so der BFH – solche Ereignisse zu unterscheiden, die erst nach dem Bilanzstichtag eingetreten sind, ohne dass sie die Verhältnisse am Bilanzstichtag objektiv zu zeigen, d. h. aufzuhellen vermögen, weil sie – als wertbeeinflussende Tatsachen – nichts enthalten, was einen Rückschluss auf die Wertverhältnisse am Bilanzstichtag zulässt, seinen Ursprung im abzuschließenden Geschäftsjahr hat. Solche wertbeeinflussenden Tatsachen dürfen nicht bei der Bilanzierung berücksichtigt werden. Die Entscheidung verdeutlicht das Bemühen um eine möglichste objektive Darstellung des Betriebsvermögens auf den entsprechenden Stichtag und steht damit zwangsläufig auch im Kontext einer gleichheitsgerechten Abbildung finanzieller Leistungsfähigkeit (Rz. 2671 ff.).

---

47 Vgl. auch Wendt, in: Leitgedanken, a. a. O., § 180 Bilanzrecht, Rz. 21.
48 Vgl. Herzig/Briesemeister/Schäperclaus, DB 2011 S 1 (4 und 9); Herzig, DB 2012 S. 1 (4); Weber-Grellet, Bilanzsteuerrecht, a. a. O., Rz. 17.
49 Zu möglichen Entwicklungen Wendt, in: Leitgedanken, a. a. O. § 180 Bilanzrecht, Rz. 26, m. w. N.
50 BFH, Urteil v. 4.4.1973 – I R 130/71, BStBl 1973 II S. 485.

4.1.2 Bilanzenzusammenhang

Ein Beschluss des Großen Senats des BFH aus dem Jahr 1965[51] geht davon aus, dass es ein absolut zutreffend bewertetes Betriebsvermögen und bei dessen Vergleich mit dem vorangegangenen Betriebsvermögen keinen absolut zutreffenden gewerblichen Gewinn, den allein richtigen Gewinn, geben kann. Bei der Gewinnermittlung durch Betriebsvermögensvergleich ist allerdings als Anfangsbetriebsvermögen das Betriebsvermögen zugrunde zu legen, auf dem die Veranlagung des Vorjahrsgewinns beruht, solange diese Veranlagung nicht geändert worden ist (Grundsatz des formellen Bilanzenzusammenhangs). Die Berichtigung eines unrichtigen Bilanzansatzes in einer Anfangsbilanz ist nicht zulässig, wenn diese Bilanz als Schlussbilanz der Veranlagung eines früheren Jahres zugrunde gelegen hat, die nach den Vorschriften der AO nicht mehr berichtigt werden kann, oder wenn der sich bei einer Berichtigung dieser Veranlagung ergebende höhere Steueranspruch wegen Verjährung erloschen wäre. Scheidet also die steuerliche Berichtigung des Betriebsvermögens am Schluss des Wirtschaftsjahres aus, so scheidet infolge seiner Identität mit dem Betriebsvermögen am Anfang des folgenden Wirtschaftsjahres auch dessen Berichtigung aus. Den Grundsatz des formellen Bilanzenzusammenhang hat der Gesetzgeber heute in § 4 Abs. 2 Satz 1 Halbsatz 2 EStG aufgenommen (näher Rz. 1114). Soweit die Entscheidung die Existenz eines „richtigen" Gewinns in Frage stellt, kennzeichnet sie ein Verständnis der Funktion der Steuerbilanz als Instrument zur Ermittlung des „wirklichen" Gewinns (vgl. Rz. 2673) als Idealbild.

2689

4.1.3 Bilanzberichtigung und Aufgabe des subjektiven Fehlerbegriffs hinsichtlich bilanzieller Rechtsfragen

Das Bemühen um eine gleichheitsgerechte Abbildung der finanziellen Leistungsfähigkeit (vgl. Rz. 2671 ff.) kommt auch in der Rechtsprechung des BFH zur Bilanzberichtigung zum Ausdruck.

2690

Nach § 4 Abs. 2 Satz 1 EStG darf der Steuerpflichtige die Vermögensübersicht (Bilanz) auch nach ihrer Einreichung beim Finanzamt ändern, soweit sie den Grundsätzen ordnungsmäßiger Buchführung unter Befolgung der Vorschriften des EStG nicht entspricht (Bilanzberichtigung). In einer Entscheidung aus dem Jahr 1960[52] hatte der BFH es als nicht gerechtfertigt angesehen, der erst nach Bilanzaufstellung erlangten Kenntnis der tatsächlichen Verhältnisse am Bilanzstichtag die gleiche Bedeutung beizumessen wie der bis zur Bilanzaufstellung erlangten Kenntnis. Erhält der Kaufmann erst nach Aufstellung der Bilanz von am Bilanzstichtag gegebenen Tatsachen Kenntnis, die eine Forderung am Bilanzstichtag nicht vollwertig erscheinen lassen, so kommt nach jenem BFH-Urteil eine Bilanzberichtigung nicht in Betracht. Der Kaufmann ist im Allgemeinen auch nicht berechtigt, die unter Anwendung der gebotenen Sorgfalt aufgestellte Bilanz zu ändern. Den in jener Entscheidung der Auslegung des § 4 Abs. 2 EStG zugrunde gelegten sog. subjektiven Fehlerbegriff hat der BFH dann bis in die jüngste Zeit vertreten.[53] In seiner Vorlage vom

2691

---

[51] BFH, Beschluss v. 29.11.1965 – GrS 1/65 S, BStBl 1966 III S. 142.
[52] BFH, Urteil v. 11.10.1960 – I 56/60 U, BStBl 1961 III S. 3.
[53] Vgl. z. B. BFH, Urteile v. 23.1.2008 – I R 40/07, BStBl 2008 II S. 669; v. 17.7.2008 – I R 85/07, BStBl 2008 II S. 924.

7. 4. 2010[54] hatte jedoch der I. Senat dem Großen Senat des BFH die Rechtsfrage vorgelegt, ob das Finanzamt im Rahmen der ertragsteuerlichen Gewinnermittlung in Bezug auf zum Zeitpunkt der Bilanzaufstellung ungeklärte bilanzrechtliche Rechtsfragen an die Auffassung gebunden ist, die der vom Steuerpflichtigen aufgestellten Bilanz zugrunde liegt, wenn diese Rechtsauffassung aus der Sicht eines ordentlichen und gewissenhaften Kaufmanns vertretbar war. Der I. Senat hatte es dabei vorgezogen, den subjektiven Fehlerbegriff nicht auf die Beurteilung bilanzrechtlicher Rechtsfragen zu erstrecken. Dem folgend hat daraufhin der Große Senat mit Beschluss vom 31.1.2013[55] den subjektiven Fehlerbegriff hinsichtlich bilanzieller Rechtsfragen aufgegeben. Danach ist das Finanzamt im Rahmen der ertragsteuerrechtlichen Gewinnermittlung auch dann nicht an die rechtliche Beurteilung gebunden, die der vom Steuerpflichtigen aufgestellten Bilanz (und deren einzelnen Ansätzen) zugrunde liegt, wenn diese Beurteilung aus der Sicht eines ordentlichen und gewissenhaften Kaufmanns im Zeitpunkt der Bilanzaufstellung vertretbar war. Im Interesse einer gesetzmäßigen, d. h. insbesondere gleichmäßigen Besteuerung ist vielmehr die objektiv richtige Rechtslage maßgebend.[56] Dies gilt auch für eine im Zeitpunkt der Bilanzaufstellung von Verwaltung und Rechtsprechung praktizierte, später aber geänderte Rechtsauffassung. Hieraus ist zu folgern, dass der Große Senat des BFH den subjektiven Fehlerbegriff auch für den Fall einer geänderten „objektiven" Rechtslage aufgegeben hat.[57] Das Finanzamt hat somit einen Bilanzierungsfehler des Steuerpflichtigen grundsätzlich bei der Steuerfestsetzung oder Gewinnfeststellung für den Veranlagungszeitraum zu berichtigen, in dem der Fehler erstmals aufgetreten ist und steuerliche Auswirkungen hat. Das gilt auch dann, wenn die Bilanzierung auf einer später geänderten Rechtsprechung beruht. Liegt die fehlerhafte Bilanz einem Steuer- oder Feststellungsbescheid zugrunde, der aus verfahrensrechtlichen Gründen nicht mehr geändert werden kann, so ist nach dem Grundsatz des formellen Bilanzzusammenhangs (vgl. auch Rz. 2689) der unrichtige Bilanzansatz grundsätzlich bei der ersten Steuerfestsetzung oder Gewinnfeststellung richtigzustellen, in der dies unter Beachtung der für den Eintritt der Bestandskraft und der Verjährung maßgeblichen Vorschriften möglich ist.[58]

2692 Über die Anwendung des subjektiven Fehlerbegriffs auf Fälle, in denen der Steuerpflichtige bei der Bilanzierung von unzutreffenden Tatsachen (Prognosen oder Schätzungen) ausgegangen ist, ohne dabei gegen die ihm obliegenden Sorgfaltspflichten verstoßen zu haben, hat der Große Senat des BFH nicht entschieden.[59] Deshalb ist weiterhin von der Gültigkeit des subjektiven Fehlerbegriffs für Tatsachenfragen auszugehen.[60] Diese Fragen eignen sich regelmäßig nicht für eine weitergehende Objektivierung im Sinne einer gleichheitsgerechteren Abbildung finanzieller Leistungsfähigkeit.

2693–2696 *(Einstweilen frei)*

---

54 BFH, Beschluss v. 7.4.2010 – I R 77/08, BStBl 2010 II S. 739.
55 BFH, Beschluss v. 31.1.2013 – GrS 1/10, BStBl 2013 II S. 317; zustimmend z. B. *Seiler*, in: K/S/M, § 4 Rn. C 45; *Weber-Grellet*, DStR 2013 S. 729.
56 Vgl. BFH, Beschluss v. 31.1.2013 – GrS 1/10, BStBl 2013 II S. 317, unter Rz. 61.
57 Vgl. auch *Kanzler*, NWB 2013 S. 1405 (1408).
58 Vgl. BFH, Beschluss v. 31.1.2013 – GrS 1/10, BStBl 2013 II S. 317, unter Rz. 77, m. w. N.
59 Vgl. BFH, Beschluss v. 31.1.2013 – GrS 1/10, BStBl 2013 II S. 317, unter Rz. 78.
60 So auch die Vorlage BFH, Beschluss v. 7.4.2010 – I R 77/08, BStBl 2010 II S. 739; *Prinz*, DB 2011 S. 2162 – „zwingende" Anwendung.

4.2 Grundbegriffe und ausgewählte Einzelposten der Bilanz

4.2.1 Begriff des Wirtschaftsguts

Der von den sog. wertbildenden Faktoren abzugrenzende Begriff des Wirtschaftsguts ist nach der Rechtsprechung des BFH weit gespannt.[61] Er hat u. a. – neben seiner Bedeutung für Entnahmen (§ 4 Abs. 1 Satz 2 EStG) und Einlagen (§ 4 Abs. 1 Satz 8 EStG)[62] – Einfluss darauf, was im Rahmen des Betriebsvermögensvergleichs – soweit man bei Verbindlichkeiten oder Rückstellungen nicht von „negativen" Wirtschaftsgütern ausgeht – als Aktiva zum Betriebsvermögen zu zählen ist, so dass sich die Abgrenzung dieses Begriffs unmittelbar auf die Höhe des nach den §§ 4 Abs. 1, 5 EStG zu ermittelnden Gewinns auswirkt.[63] Ist nämlich der für eine betrieblich veranlasste Ausgabe erlangte Gegenwert als zu aktivierendes Wirtschaftsgut anzusehen, wirken sich regelmäßig erst die Absetzungen für Abnutzung dieses Wirtschaftsguts erfolgswirksam aus. Bildet der Gegenwert kein Wirtschaftsgut, handelt es sich regelmäßig um eine sofort abziehbare und damit unmittelbar gewinnwirksame Betriebsausgabe. Zwar geht der BFH davon aus, dass der handelsrechtliche Begriff des Vermögensgegenstands dem steuerrechtlichen Begriff des Wirtschaftsguts entspricht.[64] Die steuerrechtliche Beurteilung folgt indes nicht zwingend dem Zivilrecht, soweit etwa wesentliche Bestandteile einer Sache (§§ 93, 94 BGB) steuerrechtlich als selbständige Wirtschaftsgüter anzusehen sein können. Andererseits können Gegenstände mit unterschiedlicher Lebensdauer zu einem einheitlichen Wirtschaftsgut zusammenzufassen sein. So hat auf Vorlage des VIII. Senats des BFH[65] der Große Senat des BFH im Jahr 1973 entschieden,[66] dass Heizungs-, Fahrstuhl- sowie Belüftungs- und Entlüftungsanlagen – sofern sie nicht Betriebsvorrichtungen sind – keiner gegenüber dem Gebäude gesonderten Absetzung für Abnutzung unterliegen, und sich dabei auf die Einheit des Wirtschaftsguts „Gebäude" berufen; die einheitliche Abschreibung beruhe auf der Fiktion, dass sich die Teile des Gebäudes gleichmäßig abnutzen. Dabei ist der Große Senat davon ausgegangen, dass die Frage der Zulässigkeit gesonderter Abschreibung von Gebäudeteilen (entgegen der vorherigen Rechtsprechung) für Gebäude des Betriebsvermögens und des Privatvermögens gleich zu beurteilen ist. Insoweit lassen sich in der Rechtsprechung des BFH auch bei der Abgrenzung des Begriffs des Wirtschaftsguts Überlegungen ausmachen, die sich (auch) am Maßstab einer gleichheitsgerechten Besteuerung nach der finanziellen Leistungsfähigkeit orientieren.

2697

Dies gilt auch in einem den Begriff des Wirtschaftsguts „erweiternden" Sinne. Um zur Verwirklichung des objektiven Nettoprinzips Abschreibungen auf das Nutzungsrecht eines Ehegatten, der einen Teil des im Miteigentum beider Ehegatten stehenden Einfamilienhauses beruflich nutzt, zuzulassen, hat der BFH die Behandlung dieses Nutzungsrechts, das weder ein Vermögensgegenstand noch ein selbständiges Wirtschafts-

2698

---

61 Näher z.B. BFH, Urteil v. 10.3.2016 - IV R 41/13, BStBl 2016 II S. 984, Rz. 26, m. w. N.
62 Näher hierzu z. B. *Kanzler*, in: HHR, Vor §§ 4-7, Rz. 103 f.
63 Vgl. hierzu auch *Kanzler*, in: HHR, Vor §§ 4-7, Rz. 101.
64 Vgl. z. B. BFH, Beschluss v. 26.10.1987 – GrS 2/86, BStBl 1988 II S. 348.
65 BFH, Beschluss v. 31.8.1971 – VIII R 61/68, BStBl 1971 II S. 768.
66 BFH, Beschluss v. 26.11.1973 – GrS 5/71, BStBl 1974 II S. 132.

gut ist, „wie ein materielles Wirtschaftsgut" zugelassen.[67] In jüngerer Zeit hat der IV. Senat des BFH die Behandlung von Aufwendungen „wie ein materielles Wirtschaftsgut" näher umschrieben.[68] Diese solle die typisierte Verteilung der Aufwendungen in Anlehnung an die Regeln bewirken, die für Aufwendungen auf ein eigenes Wirtschaftsgut derselben Art gelten. Dies solle einerseits der Gleichbehandlung von Eigentümern und nutzungsbefugten Dritten, andererseits der Vereinfachung der Gewinnermittlung dienen. Deshalb sollten die Regelungen des EStG für Absetzungen für Abnutzung, erhöhte Absetzungen und Sonderabschreibungen insoweit entsprechend angewendet werden, was allerdings nicht bedeute, dass der Aufwandsposten im Übrigen einem Wirtschaftsgut gleichgestellt werde. Dies hat der X. Senat des BFH[69] jüngst – wenn auch nicht entscheidungserheblich[70] – dahin präzisiert, dass die für die typisierte Verteilung des eigenen Aufwands eines Unternehmer-Ehegatten, der mit eigenen Mitteln ein Gebäude auf einem auch dem Nichtunternehmer-Ehegatten gehörenden Grundstück errichtet hat, gebildete Bilanzposition nicht Sitz stiller Reserven sein könne und der Unternehmer-Ehegatte folglich in dieser Bilanzposition auch nicht dadurch stille Reserven bilden könne, dass er hierauf ertragsteuerrechtliche Subventionsvorschriften anwende, die der Gesetzgeber nur für Wirtschaftsgüter des Betriebsvermögens, nicht aber für Wirtschaftsgüter des Privatvermögens vorgesehen habe. Auch bei dogmatischen Zweifeln an dieser Rechtsprechung des BFH zu sog. Fremdbauten ließen sich indes Lösungen finden, um in solchen Fällen auch dem objektiven Nettoprinzip Rechnung tragen.[71]

4.2.2 Gewillkürtes Betriebsvermögen

2699 Die Bildung gewillkürten Betriebsvermögens war ursprünglich beschränkt auf den Betriebsvermögensvergleich; nach früherer Rechtsprechung des BFH durfte im Rahmen der Einnahmenüberschussrechnung kein gewillkürtes Betriebsvermögen gebildet werden.[72] In einer Entscheidung aus dem Jahr 2003 hat der IV. Senat des BFH dieses Alleinstellungsmerkmal aufgegeben.[73] Ungeachtet der Frage, ob es hierzu einer Berufung (auch) auf den Grundsatz der Totalgewinngleichheit bedurfte, war die frühere Ungleichbehandlung mangels sachlicher Gründe nicht weiter zu rechtfertigen (vgl. auch Rz. 2674). Denn § 4 Abs. 3 EStG ordnet – so die weitergehende Begründung des BFH – keinen anderen Betriebsvermögensbegriff an als den des § 4 Abs. 1 EStG. Im Ergebnis orientiert sich deshalb auch diese Rechtsprechung an einer gleichheitsgerechten Abbildung finanzieller Leistungsfähigkeit, hier allerdings nicht bezogen auf den Betriebsvermögensvergleich, sondern im Sinne eines partiellen Gleichklangs unterschiedlicher Ge-

---

67 BFH, Beschluss v. 30.1.1995 – GrS 4/92 BStBl 1995 II S. 281; v. 23.8.1999 – GrS 1/97, BStBl 1999 II S. 778.
68 Vgl. im Einzelnen BFH, Urteil v. 19.12.2012 – IV R 29/09, BStBl 2013 II S. 387, Rz. 27 ff.; *Kanzler*, FR 2013 S. 767, bewertet die Entscheidung dahin, dass nach einer langen Reihe verwirrender Entscheidungen zu Bauten auf fremdem Grund und Boden nun endlich Klarheit zu herrschen scheine.
69 BFH, Urteil v. 9.3.2016 – X R 46/14, BStBl 2016 II S. 976, Rz. 40 ff.
70 Vgl. *Kanzler*, FR 2016 S. 907 (908).
71 Kritisch zur Rechtsprechung des X. Senats z.B. *Kanzler*, FR 2016 S. 907; *Weber-Grellet*, BB 2016 S. 2220 (der Fremdbauer sei wirtschaftlicher Eigentümer und der Fremdbau ein materielles Wirtschaftsgut, das den allgemeinen bilanzsteuerrechtlichen Regeln unterliege) und BB 2017 S. 43 (43 f., 50); kritisch zu den Folgerungen des BMF (Schreiben v. 16.12.2016, BStBl 2016 I, S. 1431) *Weber-Grellet*, BB 2017 S. 176 (u. a. kenne das Bilanzsteuerrecht keinen Aufwandsverteilungsposten als "Wirtschaftsgut zweiter Klasse").
72 Z.B. BFH, Urteil v. 7.10.1982 – IV R 32/80, BStBl 1983 II S. 101, m. w. N.
73 BFH, Urteil v. 2.10.2003 – IV R 13/03, BStBl 2004 II S. 985.

winnermittlungsarten, die allerdings in ihren Besonderheiten vom BFH im Grundsatz gleichheitsrechtlich nicht in Frage gestellt werden (vgl. auch Rz. 2666).

4.2.3 Eigenkapitalersetzende Darlehen als Fremdkapital

In einer Entscheidung aus dem Jahr 1992[74] hat der I. Senat des BFH die zu jener Zeit streitige Frage bejaht, ob in der Steuerbilanz eigenkapitalersetzende Darlehen als Verbindlichkeiten einer GmbH behandelt werden können. Vor Inkrafttreten des Gesetzes zur Modernisierung des GmbH-Rechts und zur Bekämpfung von Missbräuchen (MoMiG) vom 23.10.2008[75] wurde das Darlehen eines Gesellschafters als eigenkapitalersetzend angesehen, wenn dieses der GmbH in der Krise gewährt worden war, in der ein ordentlicher Kaufmann der Gesellschaft Eigenkapital zugeführt hätte. Der I. Senat führte unter Bezug auf Rechtsprechung des BGH aus, dass für das Innenrecht einer GmbH das eigenkapitalersetzende Darlehen gleichwohl Fremdkapital bleibe. Als Fremdkapital sei es grundsätzlich geeignet, eine Zinsverbindlichkeit gegenüber dem Gesellschafter entstehen zu lassen. Wegen des in § 5 Abs. 1 EStG verankerten Maßgeblichkeitsgrundsatzes schlage die handelsbilanzrechtliche Behandlung sowohl des eigenkapitalersetzenden Darlehens als auch der Zinsverbindlichkeit auf die steuerrechtliche Beurteilung durch. Die Entscheidung kann insoweit als Beispiel für eine enge Orientierung des BFH an dem erst später relativierten Maßgeblichkeitsgrundsatz (näher dazu Rz. 2680 ff.) dienen.

2700

4.2.4 Rückstellungen (ausgewählte Beispiele)

4.2.4.1 Rückstellungen für ungewisse Verbindlichkeiten

Ein Beispiel für ein in der Rechtsprechung des BFH über längere Zeit nicht abschließend geklärtes bilanzrechtliches Problem[76] bildet die Frage, unter welchen Voraussetzungen die Bildung von Rückstellungen für ungewisse (öffentlich-rechtliche) Verpflichtungen zulässig ist. In einem Urteil aus dem Jahr 2001[77] hat der I. Senat des BFH entschieden, dass die Frage der wirtschaftlichen Verursachung einer Verbindlichkeit nur dann von Bedeutung ist, wenn diese zum Bilanzstichtag rechtlich noch nicht entstanden ist. Fielen rechtliche Entstehung und wirtschaftliche Verursachung einer Verbindlichkeit zeitlich auseinander, so sei für ihre Passivierung der frühere der beiden Zeitpunkte maßgebend. Dies bedeutet, dass bereits rechtlich entstandene Verbindlichkeiten unabhängig vom Zeitpunkt ihrer wirtschaftlichen Verursachung bilanziell auszuweisen sind. Die Finanzverwaltung war dem nicht gefolgt.[78] Der IV. Senat des BFH hatte bis in jüngste Zeit offen gelassen, ob er sich der vom I. Senat des BFH vertretenen Auffassung zur wirtschaftlichen Verursachung anschließen könnte.[79] In einem Urteil aus dem

2701

---

74 BFH, Urteil v. 5.2.1992 – I R 127/90, BStBl 1992 II S. 532.
75 BGBl 2008 I S. 2026; zur Aufhebung der Unterscheidung zwischen eigenkapitalersetzenden und „normalen" Gesellschafterdarlehen vgl. z. B. *Kratzsch*, in: Kanzler/Nacke, Steuerrecht aktuell, Spezial Steuergesetzgebung 2008/2009, Herne 2009, S. 462.
76 Näher dazu *Prinz*, in: DStJG 34 (2011), S. 174 ff., m. w. N.
77 BFH, Urteil v. 27.6.2001 – I R 45/97, BStBl 2003 II S. 121; bestätigt in BFH, Urteile v. 5.6.2002 – I R 96/00, BStBl 2005 II S. 736, und – I R 23/01, BFH/NV 2002 S. 1434.
78 Vgl. BMF, Schreiben v. 21.1.2003, BStBl 2003 I S. 125 (Nichtanwendungserlass).
79 Vgl. BFH, Urteil v. 8.9.2011 – IV R 5/09, BStBl 2012 II S. 122.

Jahr 2013[80], das jetzt von der Finanzverwaltung angewendet wird,[81] hat der IV. Senat dann ein „Verständnis" von der wirtschaftlichen Verursachung einer Verbindlichkeit entwickelt, nach dem der IV. Senat – wie dieser in seiner Entscheidung ausdrücklich hervorgehoben hat – zu denselben Ergebnissen wie der I. Senat des BFH kommt. Ist eine öffentlich-rechtliche Verpflichtung am Bilanzstichtag bereits rechtlich entstanden, bedarf es auch nach dem „neuen Verständnis" des IV. Senats keiner Prüfung der wirtschaftlichen Verursachung mehr, weil eine Verpflichtung nach Ansicht des IV. Senats spätestens im Zeitpunkt ihrer rechtlichen Entstehung auch wirtschaftlich verursacht ist. Denn mit der rechtlichen Entstehung seien – so der IV. Senat – nicht nur die wesentlichen, sondern alle Tatbestandsmerkmale des die Verpflichtung auslösenden Tatbestands erfüllt. Ab diesem Zeitpunkt sei auch eine Verpflichtung zur technischen Anpassung eines Wirtschaftsguts, das weiter genutzt werden solle, nicht mehr lediglich darauf gerichtet, die objektive Nutzbarkeit des Wirtschaftsguts in Zeiträumen nach Ablauf des Bilanzstichtags zu ermöglichen. Vielmehr seien diese Verpflichtungen bereits der Rechnungsperiode zuzuordnen, in der sie rechtlich entstanden seien. Letztlich steckt hinter dieser Diskussion um die „richtige" zeitliche Zuordnung der wirtschaftlichen Verursachung von Aufwendungen das Bemühen um eine periodengerechte Abbildung finanzieller Leistungsfähigkeit (vgl. auch Rz. 2674).

4.2.4.2 Rückstellungen für drohende Verluste

2702 Eine Entscheidung des Großen Senats des BFH aus dem Jahr 1997[82] beschäftigt sich mit Rückstellungen für drohende Verluste aus schwebenden Geschäften. Danach dürfen Ansprüche und Verbindlichkeiten aus einem schwebenden Geschäft in der Steuerbilanz grundsätzlich nicht berücksichtigt werden. Ein Bilanzausweis ist nur geboten, wenn und soweit das Gleichgewicht solcher Vertragsbeziehungen durch Vorleistungen oder Erfüllungsrückstände eines Vertragspartners gestört ist oder aus diesem Geschäft ein Verlust droht. Diese Bilanzierungsgrundsätze gelten nicht nur für gegenseitige Verträge, die auf einen einmaligen Leistungsaustausch gerichtet sind, sondern auch für Dauerschuldverhältnisse. Die Pflicht zur Verlustrückstellung ergibt sich zwar aus dem bilanzrechtlichen Imparitätsprinzip. Durch die Rückstellung dürfen jedoch nur objektiv zu erwartende („drohende") Verluste antizipiert werden; die bloße Möglichkeit, dass das eingeleitete Geschäft mit einem Verlust abgeschlossen wird, reicht hierfür nicht aus. Ein Verlust „droht", wenn konkrete Anzeichen dafür vorliegen, dass der Wert der eigenen Verpflichtungen aus dem Geschäft den Wert des Anspruchs auf die Gegenleistung übersteigt. Entscheidend hierfür sind laut BFH die objektiven Wertverhältnisse am Bilanzstichtag. Der Beschluss des Großen Senats steht insoweit sehr deutlich in einem Kontext mit einer objektivierten und insoweit gleichheitsgerechten (periodengerechten) Abbildung finanzieller Leistungsfähigkeit.

---

80 BFH, Urteil v. 17.10.2013 – IV R 7/11, BStBl 2014 II, S. 302, Rz. 24 f.
81 Vgl. auch EStH 2016, H 5.7 (4).
82 BFH, Beschluss v. 23. 6. 1997 – GrS 2/93, BStBl 1997 II S. 735.

4.2.4.3 Jubiläumsrückstellungen

Im Jahr 1999 hat der X. Senat des BFH eine Entscheidung des BVerfG darüber eingeholt, ob § 52 Abs. 6 Satz 1 und Satz 2 EStG in der bis einschließlich 1998 gültigen Fassung des Steuerreformgesetzes 1990 vom 25.7.1988[83] insofern gegen Art. 3 Abs. 1 GG verstieß, als die darin getroffene Regelung für die Veranlagungszeiträume 1988 bis 1992 die Bildung von Rückstellungen für die Verpflichtung zu einer Zuwendung anlässlich eines Dienstjubiläums (Jubiläumsrückstellungen) i. S. d. § 5 Abs. 4 EStG untersagte und für schon gebildete Rückstellungen dieser Art die gewinnerhöhende Auflösung anordnete.[84] Der X. Senat bejahte einen Verstoß gegen Art. 3 Abs. 1 GG, soweit eine Gruppe von Normadressaten, nämlich diejenigen, die für die Zeit zwischen 1988 und 1992 Jubiläumsrückstellungen gebildet hatten, im Vergleich zu anderen Normadressaten benachteiligt sei.

2703

Das BVerfG folgte dem BFH nicht.[85] Mit dem Rückstellungsverbot und dem Auflösungsgebot des § 52 Abs. 6 Satz 1 und Satz 2 EStG a. F. habe der Gesetzgeber die in § 5 Abs. 1 EStG angeordnete Maßgeblichkeit handelsrechtlicher Grundsätze ordnungsmäßiger Buchführung für die steuerliche Gewinnermittlung eingeschränkt, denn nach diesen Grundsätzen seien, wie der BFH mit seinem Urteil vom 5.2.1987[86] entschieden habe, für zugesagte Zuwendungen aus Anlass eines Dienstjubiläums in der Zeit zwischen Zusage und Auszahlung der Zuwendung in der Bilanz anteilige Beträge als Rückstellung für ungewisse Verbindlichkeiten (§ 249 Abs. 1 Satz 1 HGB) anzusetzen gewesen. Da die Grundsätze ordnungsmäßiger Buchführung zu den Rückstellungen eine spezifische Ausprägung des handelsrechtlichen Vorsichtsprinzips seien, bedeute diese Einschränkung des Grundsatzes der Maßgeblichkeit i. S. d. § 5 Abs. 1 Satz 1 EStG inhaltlich eine Abweichung von diesem handelsrechtlichen Prinzip. Eine steuergesetzliche Abweichung der vorliegenden Art von der Maßgeblichkeit des handelsrechtlichen Vorsichtsprinzips auch für die steuerrechtliche Gewinnermittlung, verletze nur dann das aus Art. 3 Abs. 1 GG folgende Gebot folgerichtiger Ausgestaltung steuergesetzlicher Belastungsentscheidungen, wenn sich kein sachlicher Grund für diese Abweichung finden lasse, die einfachgesetzliche „Ausnahmevorschrift" also als willkürlich zu bewerten sei. Der Grundsatz des § 5 Abs. 1 Satz 1 EStG, wonach bei der steuerbilanziellen Gewinnermittlung „das Betriebsvermögen anzusetzen" sei, „das nach den handelsrechtlichen Grundsätzen ordnungsmäßiger Buchführung auszuweisen ist", verdanke seine Existenz seit jeher nicht primär Überlegungen zur gerechten Verteilung von Steuerlasten, sondern beruhe in erster Linie – als Instrument zur Vermeidung einer sonst notwendigen zweifachen Rechnungslegung – auf Gründen der Praktikabilität der unternehmerischen Gewinnermittlung (vgl. auch Rz. 2682). Das Rückstellungsverbot bewirke weder eine relevante Abweichung von einer verfassungsrechtlich gebotenen Besteuerung nach finanzieller Leistungsfähigkeit noch eine Durchbrechung des (einfachgesetzlichen) objektiven Nettoprinzips, das grundsätzlich für Gewinn- und Überschusseinkunftsarten gleichermaßen gelte. Die zeitlich begrenzte Aufrechterhaltung der bis zur Fortentwicklung der

2704

---

[83] BGBl 1988 I S. 1093.
[84] BFH, Beschluss v. 10.11.1999 – X R 60/95, BStBl 2000 II S. 131.
[85] BVerfG, Beschluss v. 12.5.2009 – 2 BvL 1/00, BVerfGE 123 S. 111 = BStBl 2009 II S. 685.
[86] BFH, Urteil v. 5.2.1987 – IV R 81/84, BStBl 1987 II S. 845.

Rechtsprechung durch das BFH-Urteil vom 5.2.1987[87] geübten langjährigen höchstrichterlich angeleiteten Gesetzesanwendungspraxis sei weder in sachlicher noch in zeitlicher Hinsicht willkürlich gewesen. Die Reaktion des Gesetzgebers auf die Hinwendung der höchstrichterlichen Rechtsprechung zur grundsätzlichen Anerkennung von Jubiläumsrückstellungen im Jahr 1987, als deren Folge erhebliche Einnahmenausfälle zu erwarten seien, bewege sich innerhalb seines weiten Gestaltungsspielraums. Er habe nicht zuletzt auch zum Schutz fiskalischer Interessen die alte Rechtspraxis durch ein befristetes Rückstellungsverbot und ein begleitendes Auflösungsgebot zunächst – bis zum Geltungsbeginn einer grundsätzlichen gesetzlichen Neugestaltung der Rechtslage – aufrechterhalten dürfen. Entgegen den Ausführungen des vorlegenden Gerichts lasse auch die Abfolge von zeitlich befristetem Rückstellungsverbot von 1988 bis 1992, Auflösungsgebot in den Jahren 1988 bis 1990 und Zulassung beschränkter Rückstellungsbildung ab dem Jahr 1993 eine willkürliche Widersprüchlichkeit der rechtlichen Qualifikation der betroffenen Rückstellungen nicht erkennen.

2705 Die Entscheidung des BVerfG hat einen Anspruch auf „Gleichbehandlung in der Zeit" abgelehnt. Hierzu ist zutreffend angemerkt worden, dass die „Belastungsgleichheit in der Zeit" stets mit dem grundlegenden Prinzip der Abschnittsbesteuerung (vgl. Rz. 2674) kollidieren müsse und dass der Vorrang eines solchen Grundsatzes jeden sinnvollen Wandel des Rechts verhindern würde.[88] Zugleich hat das BVerfG die Gestaltungsfreiheit des Gesetzgebers bei der Fortentwicklung des Maßgeblichkeitsprinzips betont (vgl. auch Rz. 2682). Insoweit markiert die Entscheidung des BVerfG auch einen Vorrang des Gesetzgebers bei der Weiterentwicklung des steuerrechtlichen Betriebsvermögensvergleichs, der die Bedeutung der Sicht des BFH auf die Steuerbilanz entsprechend relativiert.

2706–2712 *(Einstweilen frei)*

5. Folgerungen: Charakter und Bedeutung der Steuerbilanz aus der Sicht des BFH

2713 Die gegenwärtige Grundstruktur unterschiedlicher Methoden der Gewinnermittlung wird durch den BFH auch verfassungsrechtlich nicht in Frage gestellt. Der Betriebsvermögensvergleich wird im Verhältnis zur Einnahmenüberschussrechnung als grundsätzlich gleichwertige Gewinnermittlungsmethode angesehen, was sich auch auf die Gewichtung der Steuerbilanz als Instrument der Gewinnermittlung auswirkt. Die Steuerbilanz als Instrument zur Ermittlung des laufenden Gewinns dient auch aus Sicht des BFH einer gleichheitsgerechten Abbildung finanzieller Leistungsfähigkeit. Dabei ist diese Zielsetzung vornehmlich periodenbezogen zu verstehen. Dem Grundsatz der Totalgewinngleichheit kommt in der Rechtsprechung des BFH eher der Charakter eines Hilfsarguments zu, das zudem nicht allein im Zusammenhang mit der Steuerbilanz gebraucht wird.

---

87 BFH, Urteil v. 5.2.1987 – IV R 81/84, BStBl 1987 II S. 845.
88 Vgl. *Kanzler*, FR 2010 S. 987.

5. Folgerungen: Charakter und Bedeutung der Steuerbilanz aus der Sicht des BFH

Ausgestaltung und Bestimmung der Reichweite des Maßgeblichkeitsgrundsatzes sind nach der Rechtsprechung des BVerfG dem Gesetzgeber vorbehalten, der (auch) insoweit eine weitreichende Gestaltungsfreiheit genießt. Wenn im Zusammenhang der „Neujustierung der Maßgeblichkeit" durch das BilMoG vom 25.5.2009 eine systematische Zersetzung des Steuerbilanzrechts beklagt worden ist,[89] ist dies nicht dem BFH anzulasten. Dieser taugt nur eingeschränkt als „Reparaturbetrieb" von als missglückt empfundenen gesetzgeberischen Entscheidungen zum Steuerbilanzrecht. 2714

(Einstweilen frei) 2715–2719

---

[89] So *Prinz*, DB 2013 Heft 45 S. M 1.

Teil A:
Grundsatz- und Querschnittsfragen steuerlicher Gewinnermittlung

Kapitel XIX:
Möglichkeiten und Grenzen der Steuerbilanzpolitik

von
Professor Dr. Wolfram Scheffler, Nürnberg

Kapitel XIX: Möglichkeiten und Grenzen der Steuerbilanzpolitik

Inhaltsübersicht

	Rz.
1. Ansatzpunkte der Steuerbilanzpolitik	2720 - 2739
2. Instrumente der Steuerbilanzpolitik	2740 - 2819
2.1 Ausgangspunkt: Interpretation des Maßgeblichkeitsprinzips durch die Finanzverwaltung	2741 - 2757
2.2 Eigenständige Steuerbilanzpolitik möglich	2758 - 2804
2.2.1 Zusammenhang mit dem Maßgeblichkeitsprinzip	2758
2.2.2 Keine vergleichbare handelsrechtliche Regelung	2759 - 2775
2.2.3 Trotz Bestehen einer handelsrechtlichen Regelung in der Steuerbilanz unabhängige Wahlrechtsausübung möglich	2776 - 2789
2.2.4 Folgewirkungen einer eigenständigen Steuerbilanzpolitik	2790 - 2804
2.3 Notwendigkeit, die Steuerbilanzpolitik mit der Handelsbilanz abzustimmen	2805 - 2819
3. Strategien der Steuerbilanzpolitik	2820 - 2882
3.1 Auswirkungen der Steuerbilanzpolitik	2821 - 2834
3.2 Strategie 1: Gewinnnachverlagerung	2835 - 2840
3.3 Strategie 2: Tendenz zur Gewinnnivellierung	2841 - 2861
3.3.1 Begründung der Zielfunktion	2841 - 2844
3.3.2 Zahlenbeispiel	2845 - 2849
3.3.3 Konsequenzen für die Steuerbilanzpolitik	2850 - 2861
3.4 Strategie 3: Gewinnvorverlagerung	2862 - 2875
3.5 Einfluss der Steuerbilanzpolitik auf die Steuerquote	2876 - 2882
4. Einsatz der Instrumente der Steuerbilanzpolitik	2883 - 2899
4.1 Leitlinien für die Auswahl der Instrumente der Steuerbilanzpolitik	2883 - 2890
4.2 Integration der Steuerbilanzpolitik in den Prozess der Aufstellung einer Steuerbilanz	2891 - 2899
5. Zusammenfassung	2900 - 2929

AUSGEWÄHLTE LITERATUR

Binder, Möglichkeiten der Bilanzpolitik in der Handels- und Steuerbilanz, Hamburg 2014; *Dörfler/Adrian*, Steuerbilanzpolitik nach BilMoG, Ubg 2009 S. 385; *Ernsting*, Ausübung steuerbilanzieller Wahlrechte nach dem BilMoG, FR 2010 S. 1067; *Kappler*, Steuerbilanzpolitik kleiner und mittlerer Unternehmen unter Berücksichtigung der jüngsten Entwicklungen des Steuerrechts, Bonn/Berlin 2000; *Künkele/Zwirner*, Eigenständige Steuerbilanzpolitik durch das Bilanzrechtsmodernisierungsgesetz (BilMoG), StuB 2010, S. 335; *dies.*, Steuerbilanzpolitik: Ausweitung der Möglichkeiten durch das BilMoG, DStR 2010 S. 2263; *Patek*, Auswirkungen der Bilanzrechtsmodernisierung auf Handels- und Steuerbilanzpolitik, StB 2010 S. 389; *Rätke/Theile*, Bilanzpolitik im steuerlichen Wahlrechtsbereich nach dem BMF-Schreiben vom 12.3.2010, BBK 2010 S. 306; *Scheffler*, Entwicklungsstand der Modelldiskussion im Bereich der Steuerbilanzpolitik, in: Freidank (Hrsg.), Rechnungslegungspolitik, Berlin/Heidelberg/New York 1998, S. 407 (mit zahlreichen Nachweisen zu den methodischen Grundlagen der Steuerbilanzpolitik); *Scheffler/Binder*, Bedeutung des Stetigkeitsgrundsatzes für die Steuerbilanzpolitik, StuB 2012 S. 891; *dies.*, Vorteilhaftigkeit einer gewinnvorverlagernden Steuerbilanzpolitik, BB 2014 S. 1643; *Schmiel*, Steuerbilanzpolitische Strategien für kleine und mittlere Unternehmen, in: Meyer (Hrsg.), Strategien von kleinen und mittleren Unternehmen, Lohmar/Köln 2010, S. 451 (mit zahlreichen Nachweisen zu den methodischen Grundlagen der Steuerbilanzpolitik).

1. Ansatzpunkte der Steuerbilanzpolitik

2720 Unter dem Begriff „Steuerbilanzpolitik" werden die rechtlich zulässigen Maßnahmen zusammengefasst, mit denen der Bilanzierende den Inhalt der Steuerbilanz bewusst gestaltet. Die **Instrumente der Steuerbilanzpolitik** lassen sich in **vier Gruppen** einteilen (vgl. ABB. 1). In einer engen Definition gehören zur Steuerbilanzpolitik nur sachverhaltsabbildende Maßnahmen. Bei diesen wird nach Ablauf des Wirtschaftsjahres entschieden, wie ein in der Vergangenheit verwirklichter wirtschaftlicher Tatbestand in das steuerliche Rechnungswesen eingeordnet wird. Zu den sachverhaltsabbildenden Maßnahmen gehören insbesondere die bei der Aufstellung einer Steuerbilanz bestehenden **Ansatz- und Bewertungswahlrechte** sowie **Ermessensspielräume**. Darüber hinaus können Sachverhalte mit dem Ziel gestaltet werden, in dem betrachteten Wirtschaftsjahr die Höhe der steuerpflichtigen Einkünfte zu beeinflussen. Für die Steuerbilanzpolitik weniger bedeutsam sind **Ausweiswahlrechte** und **zeitliche Wahlrechte**. Die Entscheidung über die Gewinnverwendung lässt zwar die Höhe des steuerpflichtigen Gewinns und dessen Verteilung im Zeitablauf unverändert, sie beeinflusst allerdings über den Steuersatz in Teilbereichen die Höhe der Steuerbelastung.

ABB. 1: Instrumente der Steuerbilanzpolitik

2721 In diesem Beitrag erfolgt eine Konzentration auf Ansatzwahlrechte und Bewertungswahlrechte sowie Ermessensspielräume.[1] Für jeden in einem Unternehmen auftretenden wirtschaftlichen Sachverhalt ist bei der Erstellung der Steuerbilanz zu entscheiden, ob er zum Ansatz eines (aktiven oder passiven) Wirtschaftsguts, einer steuerfreien Rücklage oder eines Rechnungsabgrenzungspostens führt. Bei den zu bilanzierenden Posten ist festzulegen, mit welchem Wert sie in die Steuerbilanz eingehen. Da sowohl

---

1 Bei der Aufstellung einer Steuerbilanz werden Wahlrechte und Ermessensspielräume immer ausgeübt. Dies kann möglicherweise unbewusst geschehen. Von einer Steuerbilanzpolitik wird gesprochen, wenn über den Einsatz eines bilanzpolitischen Instruments bewusst entschieden wird.

die Bilanzierung als auch die Bewertung die Höhe des Betriebsvermögens beeinflussen, ist offensichtlich, dass bei gesetzlich geregelten beziehungsweise von der Finanzverwaltung oder Finanzrechtsprechung gewährten Wahlrechten der Steuerpflichtige den in den einzelnen Jahren ausgewiesenen Gewinn beeinflussen kann. **Die Differenzierung zwischen Ansatz- und Bewertungswahlrechten** ist lediglich insoweit bedeutsam, auf welcher Ebene der Bilanzierende einen Gestaltungsspielraum hat.

Ermessensspielräume wirken sich in gleicher Weise auf die ertragsteuerliche Bemessungsgrundlage aus wie Ansatz- und Bewertungswahlrechte. Während Wahlrechte die Alternativen zur Bewertung und Bilanzierung eines bestimmten Sachverhalts abschließend vorgeben (eindeutige Vorschrift), sind Ermessensspielräume dadurch gekennzeichnet, dass sich die bei der Anwendung einer Regelung bestehenden Möglichkeiten nicht vollständig aufzählen lassen. Ermessensspielräume entstehen, wenn eine Norm entweder einen unbestimmten Rechtsbegriff enthält oder wenn keine einheitliche Meinung darüber besteht, wie eine Vorschrift auszulegen ist (unbestimmte Vorschrift). Ermessensspielräume sind für die Steuerbilanzpolitik von **sehr großer Bedeutung**. Aufgrund der Unbestimmtheit der Ermessensspielräume kann im Einzelfall durch sie die ertragsteuerliche Bemessungsgrundlage oft stärker beeinflusst werden als durch (explizit geregelte) Ansatz- und Bewertungswahlrechte.

2722

Sachverhaltsgestaltungen bestimmen den Umfang, in dem Instrumente der Steuerbilanzpolitik eingesetzt werden können. Zu den steuerbilanzpolitisch motivierten Sachverhaltsgestaltungen (Sachverhaltsgestaltungen im engeren Sinne) zählen diejenigen Maßnahmen, die in erster Linie ergriffen werden, um die Höhe der steuerpflichtigen Einkünfte zu beeinflussen. Wichtige Beispiele für diese Art der Steuerbilanzpolitik sind der Zeitpunkt der Gewinnrealisierung durch Festlegung des Zeitpunkts der Erbringung einer Leistung oder der Übergabe eines Wirtschaftsguts, der Verkauf eines Wirtschaftsguts zwischen verbundenen Unternehmen zur Vermeidung einer Wertaufholung (nach vorangegangener Teilwertabschreibung), die Lagerhaltungspolitik (insbesondere, wenn Wirtschaftsgüter des Vorratsvermögens nach dem Lifo-Verfahren bewertet werden) sowie die Auswahl der Finanzierungsform (Leasing einschließlich Sale-and-Lease-Back, Factoring, Pensionsgeschäfte).

2723

Ausweiswahlrechte sind für die Steuerbilanzpolitik grundsätzlich **nicht bedeutsam**, da bei den Ertragsteuern auf die Einkünfte aus Gewerbebetrieb beziehungsweise den Gewerbeertrag abgestellt wird. Für die Ertragsteuern ist die Zahlungsbemessungsfunktion der Steuerbilanz relevant. Die Informationsfunktion der externen Rechnungslegung ist für die Höhe der zu zahlenden Steuern nicht ausschlaggebend.

2724

Zu den **zeitlichen Wahlrechten** gehören die Festlegung des Wirtschaftsjahres (§ 4a EStG), der Wechsel eines Wirtschaftsjahres, die Bildung von Rumpfwirtschaftsjahren sowie der Zeitpunkt der Abgabe der Steuererklärung (§ 149 AO).

2725

Gewinnverwendungsentscheidungen beeinflussen bei Einzelunternehmen und Personengesellschaften die Ertragsteuerbelastung grundsätzlich **nicht**. Eine bedeutsame **Ausnahme** gilt im Zusammenhang mit der Begünstigung der nicht entnommenen Gewinne nach § 34a EStG. Einzelunternehmer, die ihren Gewinn durch einen Betriebsver-

2726

mögensvergleich ermitteln, und Gesellschafter einer Personengesellschaft können diese Begünstigung auf Antrag in Anspruch nehmen. Haben sie sich für die **Thesaurierungsbegünstigung** entschieden, können sie unter Umständen in den folgenden Jahren den Zeitpunkt wählen, zu dem sie die einbehaltenen Gewinne entnehmen und damit die 25%ige Nachversteuerung auslösen. Bei Kapitalgesellschaften kann durch eine vorübergehende Thesaurierung auf Ebene der Kapitalgesellschaft die Besteuerung auf Ebene der Gesellschafter solange vermieden werden, bis diese Gewinne in Form von Dividenden an die Anteilseigner ausbezahlt werden (positiver Zeiteffekt). Halten die Gesellschafter ihre Anteile im Privatvermögen, treten grundsätzlich keine Steuersatzeffekte auf, da für Einkünfte aus Kapitalvermögen ein proportionaler Sondersteuersatz von 25 % gilt (Abgeltungsteuer, § 32d EStG).

2727 Im Abschnitt 2 werden die Instrumente der Steuerbilanzpolitik vorgestellt. Auf der Grundlage der Interpretation des Maßgeblichkeitsprinzips durch die Finanzverwaltung wird aufgezeigt, in welchen Fällen eine eigenständige Steuerbilanzbilanzpolitik möglich und bei welchen bilanzpolitischen Instrumenten eine Abstimmung mit der Handelsbilanz erforderlich ist. Im Abschnitt 3 wird zunächst kurz begründet, weshalb es im Rahmen der Steuerbilanz grundsätzlich empfehlenswert ist, Erträge so spät wie möglich auszuweisen und Aufwendungen so früh wie möglich zu verrechnen (Gewinnnachverlagerung). Anschließend wird analysiert, in welchen Situationen eine möglichst konstante Gewinnausweisreihe (Tendenz zur Gewinnnivellierung) beziehungsweise ein Vorziehen des Gewinnausweises vorteilhaft ist (Gewinnvorverlagerung). Im Abschnitt 4 wird erläutert, nach welchen Kriterien die verfügbaren Instrumente der Steuerbilanzpolitik auszuwählen sind und wie die Steuerbilanzpolitik in den Prozess der Aufstellung einer Steuerbilanz integriert werden kann. Abschnitt 5 enthält eine kurze Zusammenfassung.

2728–2739   *(Einstweilen frei)*

2. Instrumente der Steuerbilanzpolitik

2740 In diesem Abschnitt wird beschrieben, dass die im Zusammenhang mit dem **Bilanzrechtsmodernisierungsgesetz** (BilMoG) vorgenommene Änderung des § 5 Abs. 1 EStG die **Möglichkeiten der Steuerbilanzpolitik erweitert** hat. Dies betrifft insbesondere die Instrumente, denen keine vergleichbare handelsrechtliche Regelung gegenübersteht, sowie die Instrumente, bei denen im Rahmen der steuerlichen Gewinnermittlung eine unabhängige Wahlrechtsausübung zulässig ist, obwohl für diesen Sachverhalt eine (identische oder abweichende) handelsrechtliche Vorschrift besteht. Dennoch kann die Steuerbilanzpolitik nicht unabhängig von der handelsrechtlichen Rechnungslegung betrieben werden, da sich bei Abweichungen zwischen Handels- und Steuerbilanz **Folgewirkungen** auf die Aufzeichnungsverpflichtungen und auf die Steuerabgrenzung nach § 274 HGB (latente Steuern) ergeben. Zusätzlich ist relevant, dass auch nach dem Übergang von der formellen auf die materielle Maßgeblichkeit bei einigen bilanzpolitischen Maßnahmen (weiterhin) die Notwendigkeit besteht, die Steuerbilanzpolitik mit der Handelsbilanz abzustimmen.

2.1 Ausgangspunkt: Interpretation des Maßgeblichkeitsprinzips durch die Finanzverwaltung

§ 5 Abs. 1 Satz 1 1. Halbsatz EStG sieht vor, dass Gewerbetreibende, die ihren Gewinn durch einen Betriebsvermögensvergleich ermitteln, für den Schluss des Wirtschaftsjahres das Betriebsvermögen anzusetzen haben, das nach den handelsrechtlichen Grundsätzen ordnungsmäßiger Buchführung (GoB)[2] auszuweisen ist. Nach § 5 Abs. 1 Satz 1 2. Halbsatz EStG muss der handelsrechtliche Wertansatz allerdings nicht übernommen werden, wenn im Rahmen der Ausübung eines steuerlichen Wahlrechts ein davon abweichender Ansatz gewählt wird. Für die Steuerbilanzpolitik ist weniger die bilanztheoretische Analyse des Maßgeblichkeitsprinzips relevant. Für die praktische Anwendung bildet vielmehr die **Auslegung dieser Vorschrift durch die Finanzverwaltung** den Rahmen für die bei der Aufstellung der Steuerbilanz bestehenden Gestaltungsmöglichkeiten.

2741

Die Finanzverwaltung interpretiert den durch das Bilanzrechtsmodernisierungsgesetz neugefassten § 5 Abs. 1 Satz 1 EStG im Sinne einer **materiellen Maßgeblichkeit**.[3] Nach der materiellen Maßgeblichkeit dürfen Bilanzierungs- und Bewertungswahlrechte in den beiden Rechnungslegungsinstrumenten in unterschiedlicher Weise ausgeübt werden. Handels- und Steuerbilanz können übereinstimmen, sie müssen es aber nicht.

2742

Die Möglichkeit, **steuerliche Wahlrechte** bei Aufstellung der Steuerbilanz **unabhängig** von der Behandlung dieses Sachverhalts in der Handelsbilanz **ausüben** zu können, besteht nach Ansicht der Finanzverwaltung generell und nicht nur für die Vorschriften, die einen speziellen steuerlichen Hintergrund aufweisen (Sonderabschreibungen, erhöhte Absetzungen, Bewertungsabschläge und steuerfreie Rücklagen sowie im Umwandlungssteuergesetz enthaltene Wahlrechte). Die eigenständige Wahlrechtsausübung bezieht sich **sowohl auf GoB-widrige als auch auf GoB-konforme Wahlrechte**. Der Umfang der in der Steuerbilanz eigenständig auszuübenden Wahlrechte geht auch deshalb sehr weit, weil sich steuerliche Wahlrechte nicht nur aus dem Gesetz (insbesondere EStG) ergeben können, sondern auch aus Verwaltungsvorschriften, wie Richtlinien (insbesondere EStR) und BMF-Schreiben.[4]

2743

Der **Handelsbilanzansatz** ist auch nach der Änderung des § 5 Abs. 1 Satz 1 EStG durch das Bilanzrechtsmodernisierungsgesetz grundsätzlich für die steuerliche Gewinnermittlung dem Grunde und der Höhe nach **zu übernehmen**. Nach Ansicht der Finanzverwaltung ist diese Grundaussage jedoch **in drei Bereichen zu modifizieren**:

2744

▶ Besteht eine steuerliche Regelung, die für die Bilanzierung oder die Bewertung eine abweichende Regelung vorsieht, geht diese spezielle steuerliche Norm vor.

---

2 Siehe hierzu ausführlich *Prinz*, Teil A Kap. III, Rz. 390 ff.
3 Vgl. BMF, Schreiben vom 12.3.2010 – IV C 6 – S 2133/09/10001, BStBl 2010 I S. 239 Tz. 3, 4, 13, 16; H 5.2 EStH. Siehe hierzu ausführlich *Prinz*, Teil A Kap. III, Rz. 331 sowie *Herzig/Briesemeister*, DB 2009 S. 1; *Rätke/Theile*, BBK 2010 S. 308 f.; *Scheffler*, BBK 2010 Beilage zu Heft 9; *Scheffler*, Das Verhältnis von Handels- und Steuerbilanz, in: Beck´sches Handbuch der Rechnungslegung, B120.
4 Vgl. BMF, Schreiben vom 12.3.2010 – IV C 6 – S 2133/09/10001, BStBl 2010 I S. 239 Tz. 12-18; H 5.2 EStH. Die Ansicht der Finanzverwaltung, dass steuerliche Wahlrechte (insbesondere bei Teilwertabschreibungen) unabhängig von der handelsbilanziellen Behandlung ausgeübt werden können, wird durch die Formulierungen im § 3a Abs. 1 EStG vom Gesetzgeber indirekt bestärkt.

▶ Gilt für die Handelsbilanz ein Bilanzierungswahlrecht und existiert steuerrechtlich keine Vorschrift, kommt es zu einer Einschränkung der Maßgeblichkeit.[5] Wirtschaftsgüter, für die handelsrechtlich ein Aktivierungswahlrecht besteht, müssen in der Steuerbilanz aktiviert werden. Für passive Wirtschaftsgüter, die handelsrechtlich bilanziert werden können, gilt steuerrechtlich ein Passivierungsverbot.[6]

▶ Besteht für die steuerliche Gewinnermittlung ein Wahlrecht, kann dieses bei der Aufstellung der Steuerbilanz eigenständig ausgeübt werden. Die handelsrechtliche Behandlung dieses Sachverhalts ist insoweit für die steuerliche Gewinnermittlung nicht bindend (§ 5 Abs. 1 Satz 1 2. Halbsatz EStG). Diese Aussage ist unabhängig davon, ob für die Handelsbilanz eine verbindliche Regelung (Pflicht oder Verbot) oder ein Wahlrecht besteht.

2745 Für den Umfang der steuerbilanzpolitischen Möglichkeiten ist es also entscheidend, wie die für die Handels- und Steuerbilanz geltenden Normen formuliert sind:[7] Die handelsrechtlichen Regelungen kennen entweder zwingende Vorschriften (Pflicht oder Verbot), Wahlrechte oder Ermessensspielräume. Im Bilanzsteuerrecht besteht entweder keine eigene Norm oder in das Steuerrecht sind spezielle Regelungen aufgenommen worden. Diese steuerlichen Vorschriften können entweder eine verbindliche Vorgehensweise (Pflicht oder Verbot) vorsehen oder ein Wahlrecht gewähren. Darüber hinaus existieren auch im Rahmen der steuerlichen Gewinnermittlung Ermessensspielräume.

2746 Sofern **im Steuerrecht keine Regelung besteht oder eine bestimmte Vorgehensweise verbindlich vorgegeben** ist, besteht **kein Ansatzpunkt** für die Steuerbilanzpolitik. Dies gilt unabhängig davon, ob die Maßgeblichkeit der Handelsbilanz für die steuerliche Gewinnermittlung gilt (Handels- und Steuerbilanz stimmen überein), ob es zu einer Einschränkung der Maßgeblichkeit kommt (bei einer entsprechenden Vorgehensweise in der Handelsbilanz können Handels- und Steuerbilanz übereinstimmen) oder ob eine Durchbrechung der Maßgeblichkeit vorliegt (Handels- und Steuerbilanz weichen voneinander ab):

▶ Für die Handelsbilanz besteht eine zwingende Vorschrift (Bilanzierungsgebot, -verbot, eindeutige Bewertungsregel) und im Steuerrecht existiert keine Regelung

– Maßgeblichkeit gilt.

▶ Sowohl das Handelsrecht als auch das Steuerrecht kennen eine zwingende Norm und die beiden Regelungen sind inhaltlich identisch

– Maßgeblichkeit wirkt deklaratorisch.

---

5 Vgl. BMF, Schreiben vom 12.3.2010 – IV C 6 – S 2133/09/10001, BStBl 2010 I S. 239 Tz. 3, 4; H 5.2 EStH sowie BFH, Beschluss vom 3.2.1969 – GrS 2/68, BStBl 1969 II S. 291; BFH, Urteil vom 19.3.1975 – I R 182/73, BStBl 1975 II S. 535.

6 Bei Sachverhalten, für die handelsrechtlich ein Bewertungswahlrecht besteht und im Steuerrecht eine eigenständige Norm fehlt, gilt allerdings die Maßgeblichkeit nach § 5 Abs. 1 Satz 1 1. Halbsatz EStG, d. h. der handelsrechtliche Wert ist in die Steuerbilanz zu übernehmen, vgl. BMF, Schreiben vom 12.3.2010 – IV C 6 – S 2133/09/10001, BStBl 2010 I S. 239 Tz. 5, 7; H 5.2 EStH.

7 Zu dieser Einteilung siehe z. B. *Scheffler*, Besteuerung von Unternehmen, Band II: Steuerbilanz, 8. Aufl., Heidelberg 2014, S. 25-32.

- Für die Handelsbilanz ist eine verbindliche Regelung kodifiziert und für die steuerliche Gewinnermittlung gilt eine davon abweichende verbindliche Vorschrift[8]
  - Durchbrechung der Maßgeblichkeit.

- Im Handelsrecht besteht ein Wahlrecht, während für die Steuerbilanz eine verbindliche Vorgehensweise vorgeschrieben ist
  - Einschränkung der Maßgeblichkeit.[9]

- Das Handelsgesetzbuch kennt ein Aktivierungs- oder Passivierungswahlrecht, während im Rahmen der steuerlichen Gewinnermittlung für diesen Sachverhalt der Ansatz dem Grunde nach nicht geregelt ist
  - Einschränkung der Maßgeblichkeit.

Die steuerpolitischen Instrumente werden in den beiden folgenden Abschnitten stichwortartig vorgestellt.[10] Grundlage für diesen Überblick bildet die von der Finanzverwaltung im Anschluss an die Änderung des § 5 Abs. 1 EStG durch das Bilanzrechtsmodernisierungsgesetz vorgenommene Interpretation des Maßgeblichkeitsprinzips. Beim Vergleich zwischen der Handels- und Steuerbilanz wird auf die **einzelnen Ansatz- und Bewertungsregelungen** getrennt eingegangen. Durch die getrennte Beurteilung der verschiedenen Berechnungsparameter können die Unterschiede zwischen handels- und steuerrechtlicher Rechnungslegung und die dabei bestehenden bilanzpolitischen Gestaltungsmöglichkeiten detaillierter herausgearbeitet werden. Dies gilt insbesondere dann, wenn die verschiedenen Ansatz- und Bewertungsregelungen gegenläufig wirken. Eine **bilanzpostenorientierte Zusammenfassung** der einzelnen Detailregelungen wird im vierten Abschnitt vorgenommen, in dem aufgezeigt wird, in welcher Weise die zahlreichen steuerbilanzpolitisch einsetzbaren Instrumente ausgewählt werden können.

2747

(Einstweilen frei)   2748–2757

2.2 Eigenständige Steuerbilanzpolitik möglich

2.2.1 Zusammenhang mit dem Maßgeblichkeitsprinzip

Steuerliche **Wahlrechte** können bei Aufstellung der Steuerbilanz **eigenständig ausgeübt** werden. Die handelsrechtliche Behandlung dieses Sachverhaltes ist insoweit für die steuerliche Gewinnermittlung nicht bindend. Da bei derartigen Geschäftsvorgängen

2758

---

[8] Zu dieser Gruppe gehören auch die Sachverhalte, für die im Steuerrecht spezielle Grundsätze gelten. Insb. im Zusammenhang mit der Besteuerung von Personen- und Kapitalgesellschaften, der Abgrenzung des betrieblichen Bereichs von der privaten Sphäre und den Maßnahmen zur Vermeidung einer internationalen Doppelbesteuerung stehen den steuerlichen Vorschriften keine vergleichbaren handelsrechtlichen Regelungen gegenüber, sodass sich Handels- und Steuerbilanz konzeptionell unterscheiden. Aufgrund konzeptioneller Abweichungen besteht hier keine Maßgeblichkeit.

[9] Zu einer Einschränkung der Maßgeblichkeit kommt es, wenn nach den handelsrechtlichen Regelungen mehrere Ansätze zulässig sind und in der Steuerbilanz von diesen ein bestimmter Wert heranzuziehen ist. Liegt eine Einschränkung der Maßgeblichkeit vor, können Handels- und Steuerbilanz übereinstimmen, sie müssen es aber nicht.

[10] Siehe hierzu auch *Schmiel*, Steuerbilanzpolitische Strategien für kleine und mittlere Unternehmen, in: Meyer (Hrsg.), Strategien von kleinen und mittleren Unternehmen, Lohmar/Köln 2010, S. 452-454.

keine Maßgeblichkeit besteht, kommt es insoweit zu keinen Einschränkungen der Möglichkeiten, diese Instrumente im Rahmen der Steuerbilanzpolitik einzusetzen:

- ▶ Für die Handelsbilanz gilt eine verbindliche Regelung und für die steuerliche Gewinnermittlung wird ein Wahlrecht eingeräumt[11]
  - Handels- und Steuerbilanz stimmen dann überein, wenn bei der Aufstellung der Steuerbilanz das steuerliche Wahlrecht so ausgeübt wird, dass sich die steuerbilanzielle Behandlung an der im Handelsrecht vorgeschriebenen Vorgehensweise orientiert.
- ▶ Sowohl in der Handelsbilanz als auch in der Steuerbilanz kann der Bilanzierende ein Wahlrecht ausüben
  - Handels- und Steuerbilanz stimmen dann überein, wenn das Wahlrecht in den beiden Rechnungslegungskreisen in gleicher Weise ausgeübt wird.
- ▶ Für die Handelsbilanz gilt eine verbindliche Regelung und im Rahmen der steuerlichen Gewinnermittlung besteht ein eigenständiger Ermessensspielraum
  - Handels- und Steuerbilanz stimmen dann überein, wenn sich der Steuerpflichtige bei der Aufstellung der Steuerbilanz an die im Handelsrecht vorgeschriebene Vorgehensweise anlehnt.

2.2.2 Keine vergleichbare handelsrechtliche Regelung

2759 In ABB. 2 sind die Sachverhalte ausgewiesen, bei denen Ansatz- bzw. Bewertungswahlrechte in der Steuerbilanz eigenständig ausgeübt werden können, da ihnen **keine vergleichbaren handelsrechtlichen Gestaltungsalternativen** gegenüberstehen.[12] Darüber hinaus sind die steuerlichen Ermessensspielräume enthalten, die in der Handelsbilanz nicht bestehen bzw. Sachverhalte betreffen, die handelsrechtlich nicht relevant sind.

ABB. 2:	Eigenständige steuerliche Wahlrechte und Ermessensspielräume[13]	
Instrument der Steuerbilanzpolitik	BMF-Schreiben	Art des Instruments
Sonderabschreibungen, erhöhte Absetzungen (§§ 7g Abs. 5-6, 7h, 7i EStG)	Tz. 12	Bewertungswahlrecht
Übertragung von Veräußerungsgewinnen (§ 6b EStG, R 6.6 EStR)	Tz. 14	Bewertungswahlrecht (Bewertungsabschlag) bzw. Ansatzwahlrecht (steuerfreie Rücklage)

---

11 Zu dieser Fallgruppe gehören nicht nur die auf dem Lenkungszweck der Besteuerung beruhenden steuerlichen Wahlrechte (Sonderabschreibungen, erhöhte Absetzungen und Bewertungsabschläge, steuerfreie Rücklagen sowie Umwandlungssteuergesetz), sondern sämtliche steuerliche Ansatz- und Bewertungswahlrechte.

12 Verteilungswahlrechte wirken sich in gleicher Weise aus wie Ansatz- oder Bewertungswahlrechte. Dies gilt unabhängig davon, ob sie zur Passivierung einer steuerfreien Rücklage führen, bei der Bewertung eines Bilanzpostens berücksichtigt oder außerhalb der Bilanz verrechnet werden.

13 Die in der zweiten Spalte angegebene Textziffer bezieht sich auf das BMF, Schreiben vom 12.3.2010 – IV C 6 – S 2133/09/10001, BStBl 2010 I S. 239; H 5.2 EStH. Sofern in diesem BMF-Schreiben das steuerliche Wahlrecht nicht explizit angesprochen wird, wird auf die Grundaussage in Tz. 12 verwiesen.

2. Instrumente der Steuerbilanzpolitik

Instrument der Steuerbilanzpolitik	BMF-Schreiben	Art des Instruments
Wahlrechte nach dem UmwStG	Tz. 12	Bewertungswahlrecht
Investitionsabzugsbetrag (§ 7g Abs. 1-4 EStG)	Tz. 12	Ansatzwahlrecht (Verrechnung außerhalb der Bilanz)
Teilwertabschreibungen bei Aktiva (§ 6 Abs. 1 Nr. 1 Satz 2, Nr. 2 Satz 2 EStG)	Tz. 15	Bewertungswahlrecht
Teilwertzuschreibungen bei Passiva (§ 6 Abs. 1 Nr. 3 i. V. m. Nr. 2 EStG)	Tz. 12	Bewertungswahlrecht
Absetzungen für außergewöhnliche technische oder wirtschaftliche Abnutzung (§ 7 Abs. 1 Satz 7 EStG)	Tz. 12	Bewertungswahlrecht
Ausgleichsposten bei Überführung von Wirtschaftsgütern des Anlagevermögens in eine EU-Betriebsstätte (§ 4g i. V. m. § 4 Abs. 1 Satz 3, 4 EStG, § 12 Abs. 1 KStG)	Tz. 12	Ansatzwahlrecht (Verteilungswahlrecht)
Verteilungswahlrechte, insbesondere nach der Änderung von gesetzlichen Vorschriften (z. B. § 52 Abs. 9 EStG) oder bei aperiodisch eintretenden Ereignissen (z. B. § 6a Abs. 4 Satz 2–4, 6 EStG im Zusammenhang mit Pensionsrückstellungen)	Tz. 12	Bewertungs- bzw. Ansatzwahlrecht (Verteilungswahlrecht)
Erhaltungsaufwand bei Gebäuden in Sanierungsgebieten und städtebaulichen Entwicklungsbereichen und bei Baudenkmälern (§ 4 Abs. 8 i. V. m. §§ 11a, 11b EStG)	Tz. 12	Zeitpunkt der Verrechnung der Aufwendungen (Verteilungswahlrecht, Verrechnung außerhalb der Bilanz)
Geschäfts- oder Firmenwert (Anlehnung an Einheits- oder Trennungstheorie mit Auswirkung auf Wertaufholung, § 6 Abs. 1 Nr. 1 Satz 4 i. V. m. § 5 Abs. 2 EStG)	-.-	Ermessensspielraum
Zuordnung von Wirtschaftsgütern des gewillkürten Betriebsvermögens (R 4.2 Abs. 1, 9-12 EStR), Abgrenzung und Bewertung von Einlagen und Entnahmen (Einzelunternehmen und Personengesellschaften) sowie von verdeckten Gewinnausschüttungen und verdeckten Einlagen (Kapitalgesellschaften)	-.-	Ansatzwahlrecht sowie Ermessensspielraum mit Auswirkung auf die Bemessungsgrundlage

Instrument der Steuerbilanzpolitik	BMF-Schreiben	Art des Instruments
Hinweis: kein Ansatzwahlrecht		entfällt
▶ Passivierung von Pensionsrückstellungen für „Neuzusagen" (Zusage nach dem 31.12.1986, § 6a EStG)	Tz. 12	
▶ Rückstellungen bei Verletzung fremder Patent-, Urheber- oder ähnlicher Schutzrechte (§ 5 Abs. 3 EStG)	Tz. 10 analog	
▶ Rückstellungen für Jubiläumszusagen (§ 5 Abs. 4 EStG)	Tz. 10 analog	

2760 Steuerpflichtige können spezielle steuerliche Wahlrechte in Anspruch nehmen, die in erster Linie der **Förderung von Investitionen** sowie der **Vermeidung einer Behinderung von unternehmerischen Umstrukturierungen** dienen. Diesen auf steuerpolitischen Überlegungen beruhenden Wahlrechten stehen seit der Aufhebung der umgekehrten Maßgeblichkeit durch das Bilanzrechtsmodernisierungsgesetz keine vergleichbaren handelsrechtlichen Vorschriften mehr gegenüber. Die Übernahme des niedrigeren steuerlichen Werts (§§ 254, 279 Abs. 2 HGB a. F.) beziehungsweise von steuerfreien Rücklagen (§§ 247 Abs. 3, 273 HGB a. F.) in die Handelsbilanz ist nicht mehr zulässig. Auch bei dem außerhalb der Bilanz zu verrechnenden **Investitionsabzugsbetrag** (§ 7g Abs. 1-4 EStG) besteht keine vergleichbare handelsrechtliche Regelung.

2761 Bei **voraussichtlich dauernden Wertminderungen** von Wirtschaftsgütern des Anlagevermögens und des Umlaufvermögens besteht steuerlich ein **Abwertungswahlrecht** (§ 6 Abs. 1 Nr. 1 Satz 2, Nr. 2 Satz 2 EStG), obwohl handelsrechtlich insoweit eine Abwertungspflicht besteht. Konsequenterweise gilt bei Verbindlichkeiten und Rückstellungen in der Steuerbilanz ein Aufwertungswahlrecht, soweit die Erhöhung der Belastung voraussichtlich von Dauer ist (§ 6 Abs. 1 Nr. 3 i. V. m. Nr. 2 EStG). Bei **Absetzungen für außergewöhnliche technische oder wirtschaftliche Abnutzung** liegt gleichfalls ein **Wahlrecht** vor, diese in dem Jahr anzusetzen, in dem die Wertminderung eingetreten ist, oder auf die Abwertung zu verzichten (§ 7 Abs. 1 Satz 7 EStG).

2762 Beim **Wahlrecht zur Bildung eines Ausgleichspostens bei der Überführung eines Wirtschaftsguts des Anlagevermögens in eine EU-Betriebsstätte** geht es darum, eine sofortige Besteuerung der dabei aufzulösenden stillen Reserven zu vermeiden (§ 4g i. V. m. § 4 Abs. 1 Satz 3, 4 EStG, § 12 Abs. 1 KStG). Bei Gesetzesänderungen, die zu einer Erhöhung des steuerpflichtigen Gewinns führen, besteht zum Teil die Möglichkeit, die dadurch ausgelöste Belastung auf mehrere Jahre zu verteilen (z. B. § 52 Abs. 9 EStG, R 6.11 Abs. 3 Satz 2 EStR). Bei den **anderen Verteilungswahlrechten** hat der Steuerpflichtige das Wahlrecht, in unregelmäßigen Zeitabständen anfallende Aufwendungen nicht sofort abzuziehen, sondern über mehrere Perioden zu verteilen (z. B. § 6a Abs. 4 Satz 2-4, 6 EStG im Zusammenhang mit Pensionsrückstellungen). Durch die erste Gruppe der Verteilungswahlrechte sollen negative Zeiteffekte vermieden oder zumindest abgeschwächt werden. Die zweite Gruppe dient in erster Linie dazu, bei aperiodischen Geschäftsvorgängen Progressionsnachteile durch schwankende Gewinne zu vermeiden.

Wird beim **Geschäfts- oder Firmenwert** eine Abschreibung auf den niedrigeren Teilwert vorgenommen und entfallen die Gründe für die Teilwertabschreibung, hängen die Folgen in der Steuerbilanz davon ab, wie man die Erhöhung des Werts des Geschäfts- oder Firmenwerts einordnet. Sieht man den Geschäfts- oder Firmenwert als ein einheitliches Wirtschaftsgut an (**Einheitstheorie**), ist ein Wertanstieg des Geschäfts- oder Firmenwerts bei der Ermittlung der steuerpflichtigen Einkünfte insoweit durch eine Zuschreibung auszugleichen, als in den vergangenen Jahren eine Teilwertabschreibung vorgenommen wurde (§ 6 Abs. 1 Nr. 1 Satz 4 EStG). Geht man demgegenüber davon aus, dass der Geschäfts- oder Firmenwert, der beim Erwerb eines Unternehmens bezahlt wurde, als ein eigenständiges Wirtschaftsgut anzusehen ist und dass die Werterhöhung auf Aktivitäten des übernehmenden Unternehmens zurückzuführen sind, handelt es sich bei dem Anstieg des Werts um einen originären Geschäfts- oder Firmenwert (**Trennungstheorie**). Für den originären Geschäfts- oder Firmenwert besteht wie für alle selbst geschaffenen Wirtschaftsgüter des Anlagevermögens in der Steuerbilanz ein Ansatzverbot (§ 5 Abs. 2 EStG). Der steuerbilanzielle Gestaltungsspielraum ergibt sich daraus, dass die Interpretation der steuerrechtlichen Vorschriften nicht eindeutig ist.[14]

2763

Einzelunternehmer und Gesellschafter einer Personengesellschaft haben bei Wirtschaftsgütern des **gewillkürten (Sonder-)Betriebsvermögens** ein Wahlrecht, diese in den Betriebsvermögensvergleich einzubeziehen oder dem Privatvermögen zuzurechnen (R 4.2 Abs. 1, 9-12 EStR). Durch Einlagen beziehungsweise Entnahmen sowie durch verdeckte Gewinnausschüttungen und verdeckte Einlagen wird eine Abgrenzung zwischen der betrieblichen Sphäre und dem privaten beziehungsweise gesellschaftsrechtlichen Bereich vorgenommen. In diesem Zusammenhang besteht ein **Ermessensspielraum**, ob die Voraussetzungen für eine dieser Korrekturen vorliegen. Kommt eine dieser Korrekturvorschriften zur Anwendung, besteht zusätzlich ein Ermessensspielraum bei der Konkretisierung des dabei heranzuziehenden Teilwerts beziehungsweise gemeinen Werts. Dieser Ermessensspielraum wird am Beispiel der Schätzung des privaten Nutzungsanteils eines dem Betriebsvermögen zugeordneten Fahrzeugs besonders deutlich. Diese Wahlrechte und Ermessensspielräume unterscheiden sich von den anderen Instrumenten der Steuerbilanzpolitik dadurch, dass durch sie die Höhe der steuerpflichtigen Einkünfte beeinflusst werden kann. Es geht also nicht in erster Linie um Zeiteffekte, sondern um Bemessungsgrundlageneffekte.

2764

Bei konsequenter Anwendung der Aussage, dass steuerliche Wahlrechte unabhängig von dem Wertansatz in der Handelsbilanz ausgeübt werden dürfen, müsste für **Pensionsrückstellungen** bei „Neuzusagen" (Pensionszusagen, die nach dem 31.12.1986 erteilt werden), für Rückstellungen bei Verletzung fremder Patent-, Urheber- oder ähnlicher Schutzrechte

2765

---

14 Siehe hierzu *Adrian*, Teil B Kap. I.2, Rz. 3339 sowie *Herzig/Briesemeister*, Ubg 2009 S. 164; *Herzig/Briesemeister*, DB 2009 S. 928; *Ortmann-Babel/Bolik/Gageur*, DStR 2009, S. 936; *Velte*, StuW 2008 S. 280. Ein derartiger Ermessensspielraum besteht im Rahmen der handelsrechtlichen Rechnungslegung nicht, da in der Handelsbilanz aufgrund einer eindeutigen gesetzlichen Vorschrift ein Zuschreibungsverbot besteht (§ 253 Abs. 5 Satz 2 HGB).

sowie für Rückstellungen für Jubiläumszusagen ein Ansatzwahlrecht bestehen. Die Finanzverwaltung interpretiert aber die Formulierung „dürfen erst/nur gebildet werden, wenn..." (§§ 6a Abs. 1, 5 Abs. 3 S. 1, Abs. 4 EStG) nicht als Wahlrecht, sondern als spezielle Ansatzvoraussetzung. Akzeptiert man diese Sichtweise, liegt bei der Bilanzierung dieser Rückstellungen für die Steuerbilanzpolitik kein Anknüpfungspunkt vor.

2766–2775 (Einstweilen frei)

2.2.3 Trotz Bestehen einer handelsrechtlichen Regelung in der Steuerbilanz unabhängige Wahlrechtsausübung möglich

2776 ABB. 3 enthält die steuerbilanzpolitischen Instrumente, bei denen auch im Rahmen der Handelsbilanz Wahlmöglichkeiten bestehen. Aufgrund der von der Finanzverwaltung vorgenommenen Interpretation des § 5 Abs. 1 Satz 1 2. Halbsatz EStG im Sinne einer materiellen Maßgeblichkeit können diese Wahlrechte in der Steuerbilanz unabhängig davon ausgeübt werden, wie in der Handelsbilanz verfahren wird.

ABB. 3:	Trotz handelsrechtlicher Regelung in der Steuerbilanz unabhängige Ausübung der Wahlrechte möglich[15]	
Instrument der Steuerbilanzpolitik	BMF-Schreiben	Art des Instruments
planmäßige Abschreibungen: Wahl der Abschreibungsmethode (§ 7 EStG)	Tz. 18	Bewertungswahlrecht
Lifo-Verfahren als eine Form der Verbrauchs- bzw. Veräußerungsfolgeverfahren (§ 6 Abs. 1 Nr. 2a EStG)	Tz. 17	Bewertungswahlrecht
geringwertige Wirtschaftsgüter (§ 6 Abs. 2, 2a EStG)	Tz. 12	Bewertungswahlrecht
Investitionszuschuss (R 6.5 EStR)	Tz. 12	Bewertungswahlrecht (Bewertungsabschlag) bzw. Ansatzwahlrecht (steuerfreie Rücklage)

2777 Bei den Wahlrechten, die im Rahmen der steuerlichen Gewinnermittlung unabhängig von der Vorgehensweise in der Handelsbilanz ausgeübt werden können, handelt es sich in erster Linie um **Bewertungswahlrechte**. Bei der Auswahl der Methode für die planmäßige Abschreibung von abnutzbaren Wirtschaftsgütern des Anlagevermögens sowie für die Ermittlung der Anschaffungs- oder Herstellungskosten von Wirtschaftsgütern des Vorratsvermögens mit Hilfe von Verbrauchs- beziehungsweise Veräußerungsfolgeverfahren bestehen sowohl handelsrechtlich als auch steuerrechtlich Wahlrechte. Die Wahlmöglichkeiten nach § 253 Abs. 3 Satz 1, 2 bzw. § 256 Satz 1 HGB gehen zwar weiter als die nach § 7 bzw. § 6 Abs. 1 Nr. 2a EStG. Allerdings können bei Aufstellung

---

15 Die in der zweiten Spalte angegebene Textziffer bezieht sich auf das BMF, Schreiben vom 12.3.2010 – IV C 6 – S 2133/09/10001, BStBl 2010 I S. 239; H 5.2 EStH. Sofern in diesem BMF-Schreiben das steuerliche Wahlrecht nicht explizit angesprochen wird, wird auf die Grundaussage in Tz. 12 verwiesen.

der Steuerbilanz die im EStG gewährten Wahlrechte unabhängig von der Ausübung handelsrechtlicher Wahlrechte genutzt werden:

► Bei beweglichen Wirtschaftsgütern kann zwischen der **linearen Abschreibung** und der **Leistungsabschreibung** gewählt werden (§ 7 Abs. 1 EStG). Für „Altfälle" besteht zusätzlich die Möglichkeit, die Wirtschaftsgüter geometrisch-degressiv abzuschreiben (§ 7 Abs. 2, 3 EStG a. F.). Bei Abbaubetrieben stehen die lineare Abschreibung sowie die Absetzung für Substanzverringerung zur Wahl (§ 7 Abs. 1, 6 EStG). Gebäude sind linear abzuschreiben. Die Abschreibung in fallenden Staffelsätzen ist nur für „Altfälle" möglich (§ 7 Abs. 4, 5 EStG). Beim Geschäfts- oder Firmenwert besteht kein steuerbilanzieller Gestaltungsspielraum, da die lineare Abschreibung verpflichtend ist (§ 7 Abs. 1 EStG).

► Bei der Ermittlung der Anschaffungs- oder Herstellungskosten von gleichartigen Wirtschaftsgütern des Vorratsvermögens kann von den verschiedenen **Verbrauchs- bzw. Veräußerungsfolgeverfahren** steuerrechtlich nur das Lifo-Verfahren gewählt werden.[16] Das Fifo-Verfahren kann bei Aufstellung der Steuerbilanz nicht herangezogen werden (§ 6 Abs. 1 Nr. 2a EStG).

Bei **geringwertigen Wirtschaftsgütern** kann der Steuerpflichtige zwischen einer planmäßigen Abschreibung nach § 7 EStG, einer sofortigen Aufwandsverrechnung nach § 6 Abs. 2 EStG (wirtschaftsgutbezogenes Wahlrecht bei Anschaffungs- oder Herstellungskosten von höchstens 800 €) sowie der Bildung eines Sammelpostens nach § 6 Abs. 2a EStG (wirtschaftsjahrbezogenes Wahlrecht bei Anschaffungs- oder Herstellungskosten von über 250 € und höchstens 1.000 €) wählen. Zu einer Übereinstimmung zwischen Handels- und Steuerbilanz kommt es nur, wenn diese steuerlichen Wahlrechte auch handelsrechtlich angewandt werden.[17]

2778

Investitionszuschüsse können entweder mit den Anschaffungs- oder Herstellungskosten des erworbenen bzw. hergestellten Wirtschaftsguts verrechnet oder sofort als Betriebseinnahme versteuert werden. Wird der Zuschuss vor Zugang des Wirtschaftsguts ausbezahlt, kann eine sofortige Gewinnwirkung durch die Passivierung einer steuerfreien Rücklage vermieden werden (R 6.5 EStR). Dieses Bewertungs- beziehungsweise Ansatzwahlrecht kann steuerlich unabhängig davon ausgeübt werden, wie der Investitionszuschuss in der Handelsbilanz behandelt wird. Es ist sowohl eine Übereinstimmung zwischen Handels- und Steuerbilanz, ein früherer handelsrechtlicher Gewinnausweis (Verrechnung mit den Anschaffungs- oder Herstellungskosten in der Steuerbilanz und sofortige Gewinnvereinnahmung in der Handelsbilanz) als auch ein früherer Gewinnausweis in der Steuerbilanz möglich (sofortige Verbuchung als Betriebseinnahme im Rahmen der steuerlichen Gewinnermittlung und Verrechnung mit den Anschaffungs- oder Herstellungskosten in der Handelsbilanz).

2779

---

16 Zur Durchschnittsbewertung siehe Rz. 2809.
17 Für geringwertige Wirtschaftsgüter ist die Sofortabschreibung oder die Bildung eines Sammelpostens nach Verlautbarung des HFA des IDW grundsätzlich auch in der Handelsbilanz möglich. Die Bildung eines Sammelpostens soll in der Handelsbilanz jedoch nur dann zulässig sein, wenn dieser Posten insgesamt von untergeordneter Bedeutung ist und sofern durch diesen weiterhin ein den tatsächlichen Verhältnissen entsprechendes Bild der Vermögens- und Ertragslage vermittelt wird. Siehe hierzu Bundesrat-Drucksache 344/ 08 S. 80; HFA des IDW, FN-IDW 2007, S. 506 sowie IDW Life 2017, S. 848.

2780–2789   *(Einstweilen frei)*

2.2.4 Folgewirkungen einer eigenständigen Steuerbilanzpolitik

2790 Aufgrund der Interpretation des § 5 Abs. 1 Satz 1 2. Halbsatz EStG im Sinne einer materiellen Maßgeblichkeit kann sich der Wert in der Handelsbilanz von dem in der Steuerbilanz unterscheiden. Die Abweichungen führen zu speziellen steuerlichen Aufzeichnungsverpflichtungen sowie zur Bildung von latenten Steuern (Steuerabgrenzung nach § 274 HGB).

2791 **Voraussetzung** für die Ausübung von steuerlichen Wahlrechten ist, dass die Wirtschaftsgüter, die nicht mit dem handelsrechtlich relevanten Wert in der steuerlichen Gewinnermittlung ausgewiesen werden, **in besondere, laufend zu führende Verzeichnisse** aufgenommen werden.[18] Dies gilt unabhängig davon, ob es sich um ein eigenständiges steuerliches Wahlrecht handelt oder ob ein auch steuerlich bestehendes Wahlrecht unabhängig von der Vorgehensweise in der Handelsbilanz ausgeübt wird.

2792 In den Verzeichnissen sind

▶ der Tag der Anschaffung oder Herstellung,

▶ die Anschaffungs- oder Herstellungskosten,

▶ die Vorschrift des ausgeübten steuerlichen Wahlrechts und

▶ die Höhe der vorgenommenen Abschreibungen

nachzuweisen. Wird das Verzeichnis nicht oder unvollständig geführt, kann das steuerliche Wahlrecht nicht genutzt werden. Das Verzeichnis ist zeitnah zu erstellen, eine nachträgliche Erstellung ist nicht ausreichend (§ 5 Abs. 1 Satz 2, 3 EStG, R 5.4 Abs. 1 i. V. m. R 5.3 Abs. 1 EStR).[19]

2793 Zu **aktiven latenten Steuern** kommt es, wenn auf der Aktivseite der Wert in der Handelsbilanz niedriger ist als in der Steuerbilanz oder wenn Passiva in der Handelsbilanz höher bewertet werden als im Rahmen der steuerlichen Gewinnermittlung.[20] Umgekehrt entstehen **passive latente Steuern,** wenn Aktiva nach handelsrechtlichen Vorschriften höher bewertet werden als nach steuerrechtlichen Vorgaben oder wenn auf der Passivseite in der Handelsbilanz ein niedrigerer Wert angesetzt wird als in der Steuerbilanz (§ 274 HGB):[21]

---

18 Siehe hierzu BMF, Schreiben vom 12.3.2010 – IV C 6 – S 2133/09/10001, BStBl 2010 I S. 239 Tz. 19-23; H 5.2 EStH sowie *Dörfler/Adrian,* Ubg 2009 S. 387; *Grützner,* StuB 2009 S. 481; *Herzig,* DB 2008 S. 1340; *Ortmann-Babel/Bolik,* BB 2010 S. 2099; *Ortmann-Babel/Bolik/Gageur,* DStR 2009 S. 934; *Richter,* GmbHR 2010 S. 510. Für geringwertige Wirtschaftsgüter bestehen eigenständige Aufzeichnungsverpflichtungen (§ 6 Abs. 2 Satz 4, 5 EStG sowie BMF, Schreiben vom 30.9.2010 – IV C 6 – S 2180/09/10001, BStBl 2010 I S. 755).

19 Ausnahmen von der gesonderten Verzeichnisführung bestehen beispielsweise bei Wirtschaftsgütern des Sonderbetriebsvermögens, bei Wahlrechten nach dem UmwStG oder wenn bei geringwertigen Wirtschaftsgütern sich die erforderlichen Angaben aus den dafür bestehenden eigenständigen Aufzeichnungsverpflichtungen ergeben.

20 Zusätzlich können aktive latente Steuern aus steuerlichen Verlustvorträgen (§§ 10d EStG, § 8 Abs. 1 KStG, § 10a GewStG) sowie dem Zinsvortrag im Rahmen der „Zinsschranke" (§§ 4h EStG, § 8a KStG) entstehen.

21 Zur Steuerabgrenzung siehe *Ernst/Fink,* Teil A Kap. XVI, Rz. 2510 ff.

ABB. 4:	Allgemeine Ursachen für latente Steuern	
	Aktiva	**Passiva**
aktive latente Steuern	Handelsbilanz < Steuerbilanz	Handelsbilanz > Steuerbilanz
passive latente Steuern	Handelsbilanz > Steuerbilanz	Handelsbilanz < Steuerbilanz

Die meisten steuerlichen Wahlrechte führen zu passiven latenten Steuern, da der steuerliche Wert von Aktiva unter dem Handelsbilanzwert liegt beziehungsweise auf der Passivseite höhere Werte oder steuerfreie Rücklagen ausgewiesen werden. Zu aktiven latenten Steuern kann es insbesondere beim Verzicht auf eine Teilwertabschreibung bei voraussichtlich dauernden Wertminderungen von Wirtschaftsgütern des Anlage- oder Umlaufvermögens und bei einem Unterlassen des Ansatzes eines höheren Teilwerts bei einer voraussichtlich dauernden Werterhöhung von Verbindlichkeiten oder Rückstellungen kommen. Aktive latente Steuern entstehen auch, wenn es beim Geschäfts- oder Firmenwert im Anschluss an eine Teilwertabschreibung wieder zu einer Werterhöhung kommt und sich der Bilanzierende der Einheitstheorie anschließt.

Ein Teil der steuerlichen Wahlrechte (insbesondere Investitionsabzugsbetrag und beim Verteilungswahlrecht für Erhaltungsaufwand bei Gebäuden in Sanierungsgebieten und städtebaulichen Entwicklungsbereichen und bei Baudenkmälern) wird durch **Korrekturen außerhalb der Bilanz** umgesetzt. Da sich der Wert in der Steuerbilanz nicht ändert, ist keine Steuerabgrenzung vorzunehmen. Im Zusammenhang mit Einlagen und Entnahmen beziehungsweise verdeckten Gewinnausschüttungen und Einlagen entstehen dann keine latenten Steuern, wenn sich diese auf die Handelsbilanz nicht auswirken.

(Einstweilen frei)

2.3 Notwendigkeit, die Steuerbilanzpolitik mit der Handelsbilanz abzustimmen

Bei einigen Sachverhalten können bei Aufstellung der Steuerbilanz Ansatz und Bewertung nicht ausschließlich aus steuerrechtlichen Regelungen abgeleitet werden, sondern nur **im Zusammenhang mit der im handelsrechtlichen Jahresabschluss gewählten Vorgehensweise:**

▶ Handelsrechtlich wird ein Bewertungswahlrecht gewährt und im Steuerrecht fehlt für diesen Geschäftsvorgang eine eigenständige Norm.

▶ Die handelsrechtliche Rechnungslegung verwendet einen unbestimmten Rechtsbegriff, der nur durch eine Ermessensentscheidung konkretisiert werden kann, und im Steuerrecht existiert keine Regelung.

▶ Sowohl für die Handelsbilanz als auch für die Steuerbilanz besteht ein Ermessensspielraum.[22]

---

[22] Geht der handelsrechtliche Ermessensspielraum weiter als der steuerrechtliche Ermessensspielraum, werden insoweit die Möglichkeiten der Steuerbilanzpolitik eingeschränkt.

ABB. 5: Notwendigkeit, die Steuerbilanzpolitik mit der Handelsbilanz abzustimmen[23]

Instrument der Steuerbilanzpolitik	BMF-Schreiben	Art des Instruments
Herstellungskosten: Möglichkeit zum Einbezug von Kosten der allgemeinen Verwaltung sowie von Aufwendungen für soziale Einrichtungen des Betriebs, für freiwillige soziale Leistungen und für die betriebliche Altersversorgung (§ 255 Abs. 2 Satz 3 HGB, § 6 Abs. 1 Nr. 1b EStG)	-.-	Einbezugswahlrecht
Herstellungskosten: Art und Weise der Ermittlung der einzubeziehenden Material- und Fertigungsgemeinkosten (§ 255 Abs. 2 Satz 2 HGB, § 6 Abs. 1 Nr. 1, 2 EStG)	-.-	Ermessensspielraum
Anschaffungs- oder Herstellungskosten: Möglichkeit zum Einbezug von Fremdkapitalzinsen (§ 255 Abs. 3 HGB, § 6 Abs. 1 Nr. 1, 2 EStG, R 6.3 Abs. 5 EStR)	Tz. 6	Ermessensspielraum
Abgrenzung zwischen Erhaltungs- und Herstellungsaufwand (§ 255 Abs. 2 Satz 1 HGB, § 6 Abs. 1 Nr. 1, 1a, 2 EStG)	-.-	Ermessensspielraum
Festbewertung, Gruppenbewertung (§§ 240 Abs. 3, 4, § 256 Satz 2 HGB, R 5.4 Abs. 3 EStR, R 6.8 Abs. 4 EStR)	Tz. 7	Bewertungswahlrecht (Vereinfachungswahlrecht)
Durchschnittsbewertung (als eine Form der Verbrauchs- bzw. Veräußerungsfolgeverfahren, GoB)	-.-	Bewertungswahlrecht (Vereinfachungswahlrecht)
planmäßige Abschreibungen: Konkretisierung der betriebsgewöhnlichen Nutzungsdauer (§ 253 Abs. 3 Satz 1, 2 HGB, § 7 EStG)	-.-	Ermessensspielraum
Ansatz von Rückstellungen (Vorliegen der Kriterien für eine abstrakte Bilanzierungsfähigkeit)	-.-	Ermessensspielraum
Passivierung von Pensionsrückstellungen für „Altzusagen" (Zusage vor dem 1.1.1987, Art. 28 Abs. 1 Satz 1 EGHGB, § 6a EStG)	Tz. 11	Ansatzwahlrecht
Bewertung von Rückstellungen (Berücksichtigung der Ungewissheit, GoB, § 6 Abs. 1 Nr. 3, 3a EStG)	-.-	Ermessensspielraum

---

23 Die in der zweiten Spalte angegebene Textziffer bezieht sich auf das BMF, Schreiben vom 12.3.2010 – IV C 6 – S 2133/09/10001, BStBl 2010 I S. 239; H 5.2 EStH. Sofern in diesem BMF-Schreiben das steuerliche Wahlrecht nicht explizit angesprochen wird, wird auf die Grundaussage in Tz. 12 verwiesen.

Instrument der Steuerbilanzpolitik	BMF-Schreiben	Art des Instruments
Bewertung von Rückstellungen (Berücksichtigung von Erfahrungen aus der Vergangenheit, Einbezug von Gemeinkosten, Berücksichtigung von Vorteilen, Bewertungsvereinfachung, GoB, § 6 Abs. 1 Nr. 3a EStG)	-.-	Ermessensspielraum
Bestimmung des (niedrigeren) Teilwerts von Wirtschaftsgütern des Anlage- und Umlaufvermögens sowie des (höheren) Teilwerts von Verbindlichkeiten und Rückstellungen (§ 6 Abs. 1 Nr. 1, 2, 3 EStG)	-.-	Ermessensspielraum
Abgrenzung zwischen voraussichtlich dauernden und voraussichtlich vorübergehenden Wertminderungen (Aktiva, § 6 Abs. 1 Nr. 1, 2 EStG) bzw. Werterhöhungen (Passiva, § 6 Abs. 1 Nr. 3 EStG)	-.-	Ermessensspielraum

Bei der **Ermittlung der Herstellungskosten** bestehen zahlreiche Ansatzpunkte für die Steuerbilanzpolitik. Die Höhe der Herstellungskosten lässt sich zum einen dadurch beeinflussen, dass angemessene Teile der Kosten der allgemeinen Verwaltung sowie angemessene Aufwendungen für soziale Einrichtungen des Betriebs, für freiwillige soziale Leistungen und für die betriebliche Altersvorsorge nicht zwingend in die Herstellungskosten einbezogen werden müssen (Einbezugswahlrecht). Zum anderen kann der Steuerpflichtige über die Ausgestaltung des Kostenrechnungssystems die Art und Weise bestimmen, wie die einzubeziehenden Material- und Fertigungsgemeinkosten ermittelt werden (Ermessensspielraum). Sowohl das Wahlrecht, angemessene Kosten der allgemeinen Verwaltung sowie Aufwendungen für soziale Einrichtungen des Betriebs für freiwillige soziale Leistungen und für die betriebliche Altersvorsorge in die Herstellungskosten einzubeziehen, als auch der bei der Bestimmung der Höhe der Herstellungskosten entstehende Ermessensspielraum können in der handels- und steuerrechtlichen Rechnungslegung nicht unterschiedlich ausgelegt werden. Da eine abweichende Vorgehensweise als willkürlich zu werten ist, besteht insoweit die Notwendigkeit die Handels- und Steuerbilanz aufeinander abzustimmen. 2806

Fremdkapitalaufwendungen dürfen unter bestimmten Voraussetzungen in die Anschaffungs- oder Herstellungskosten einbezogen werden. Die Finanzverwaltung gestattet, diese handelsrechtliche Bilanzierungshilfe in die Steuerbilanz zu übernehmen. Voraussetzung ist allerdings eine korrespondierende Ausübung dieser Ermessensentscheidung in Handels- und Steuerbilanz. 2807

Die **Abgrenzung zwischen Herstellungsaufwand und Erhaltungsaufwand** bereitet zum Teil erhebliche praktische Schwierigkeiten. Der daraus resultierende Ermessensspielraum kann im Rahmen der Steuerbilanzpolitik genutzt werden. Grenzen ergeben sich insoweit, als für die Handels- und Steuerbilanz nicht unterschiedlich argumentiert werden kann und die vom Gesetzgeber (§ 6 Abs. 1 Nr. 1a EStG) sowie von der Finanzver- 2808 waltung im Anschluss an die Rechtsprechung des Bundesfinanzhofs formulierten Kriterien als Rahmenbedingung zu beachten sind.[24]

2809 Das Wahlrecht der zu den **Inventur- und Bewertungsvereinfachungen** gehörenden Festbewertung (R 5.4 Abs. 3 EStR) und Gruppenbewertung (R 6.8 Abs. 4 EStR) ist in der Handelsbilanz und in der Steuerbilanz in übereinstimmender Weise auszuüben.[25] Die Zulässigkeit der Durchschnittsbewertung als Alternative zum Lifo-Verfahren ergibt sich aus dem Grundsatz der Wirtschaftlichkeit und damit aus § 5 Abs. 1 Satz 1 1. Halbsatz EStG. Wird dieses gesetzlich nicht explizit geregelte Verbrauchs- bzw. Veräußerungsfolgeverfahren im Rahmen der handelsrechtlichen Rechnungslegung gewählt, ist es auch in der Steuerbilanz anzuwenden.[26]

2810 Bei abnutzbaren Wirtschaftsgütern des Anlagevermögens sind die Anschaffungs- oder Herstellungskosten auf die **betriebsgewöhnliche Nutzungsdauer** zu verteilen. Bei der Auslegung dieses unbestimmten Rechtsbegriffs besteht ein erheblicher Interpretationsspielraum. Durch die AfA-Tabellen (bewegliche Wirtschaftsgüter), § 7 Abs. 4, 5 EStG (Gebäude) und § 7 Abs. 1 Satz 3 EStG (Geschäfts- oder Firmenwert) wird dieser zwar im Rahmen der steuerlichen Gewinnermittlung eingeschränkt. Bei beweglichen Wirtschaftsgütern kann der Steuerpflichtige allerdings eine kürzere betriebsgewöhnliche Nutzungsdauer ansetzen, wenn er dafür eine nachprüfbare Begründung nennen kann. Auch bei Gebäuden ist der Nachweis einer kürzeren Nutzungsdauer als die gesetzlich unterstellte möglich (§ 7 Abs. 4 Satz 2 EStG). Macht der Steuerpflichtige von diesem Gestaltungsspielraum Gebrauch, wäre es willkürlich, wenn er in der Handelsbilanz von einer anderen Nutzungsdauer ausgehen würde als bei Aufstellung der Steuerbilanz.

2811 Eine **bilanzielle Schuld** liegt vor, wenn eine Verpflichtung besteht, die vor dem Abschlussstichtag (wirtschaftlich) verursacht wurde und die hinreichend konkretisiert ist. Eine Verpflichtung ist hinreichend konkretisiert, wenn der Steuerpflichtige ernsthaft damit rechnen muss, aus der Verpflichtung in Anspruch genommen zu werden (R 5.7 Abs. 2 EStR).[27] Insbesondere bei den beiden **Kriterien „Verursachung vor dem Abschlussstichtag"** sowie **„hinreichende Konkretisierung"** besteht ein mehr oder weniger großer **Ermessensspielraum**, ob die Voraussetzungen für das Vorliegen einer Rückstellung für ungewisse Verbindlichkeiten bestehen. Der bei der Auslegung der Merkmale („nicht nur an Vergangenes anknüpfen, sondern auch Vergangenes abgelten"[28] sowie „für das Bestehen einer Verpflichtung müssen mehr Gründe angegeben werden können als dagegen"[29]) bestehende Ermessensspielraum kann für die Steuerbilanzpolitik ge-

---

24 Vgl. BMF, Schreiben vom 18.7.2003 – IV C 3 – S 2211 – 94/03, BStBl 2003 I S. 386 mit zahlreichen Hinweisen auf die Rechtsprechung des Bundesfinanzhofs.
25 Vgl. BMF, Schreiben vom 12.3.2010 – IV C 6 – S 2133/09/10001, BStBl 2010 I S. 239 Tz. 7; H 5.2 EStH. Diese Interpretation des Maßgeblichkeitsprinzips ist insoweit nicht konsequent, als die Finanzverwaltung ansonsten davon ausgeht, dass sich steuerliche Wahlrechte auch aus Verwaltungsanweisungen ergeben können und dabei ausdrücklich auf die EStR und BMF-Schreiben verweist.
26 Das BMF, Schreiben vom 12.3.2010 – IV C 6 – S 2133/09/10001, BStBl 2010 I S. 239 enthält zur Durchschnittsbewertung keine Aussage.
27 Siehe hierzu *Günkel/Bongaerts*, Teil B Kap. VI, Rz. 5567-5575.
28 Vgl. BFH, Urteile vom 19.5.1987 – V III R 327/83, BStBl 1987 II S. 848; vom 25.8.1989 – III R 95/87, BStBl 1989 II S. 893; vom 13.12.2007 – IV R 85/05, BStBl 2008 II S. 516; R 5.7 Abs. 5 EStR.
29 Vgl. BFH, Urteil vom 1.8.1984 – I R 88/80, BStBl 1985 II S. 44; vom 19.10.2005 – XI R 64/04, BStBl 2006 II S. 371; R 5.7 Abs. 6 EStR.

nutzt werden. Allerdings hat der Bilanzierende die dabei verwendeten Argumente in der Handelsbilanz in gleicher Weise heranzuziehen wie bei Aufstellung der Steuerbilanz.

Für **Pensionszusagen,** die vor dem 1.1.1987 erteilt wurden („**Altzusagen**"), gilt im Rahmen einer langfristigen Übergangsregelung in der Handelsbilanz ein Passivierungswahlrecht (Art. 28 Abs. 1 Satz 1 EGHGB). § 6a Abs. 1 EStG enthält für Pensionsverpflichtungen bei „Altzusagen" gleichfalls ein Passivierungswahlrecht. Dieses **Ansatzwahlrecht** ist nach Ansicht der Finanzverwaltung in den beiden Rechnungslegungskreisen in übereinstimmender Weise auszuüben.[30]

2812

Bei der **Bewertung von Rückstellungen** existiert ein weit gehender **Ermessensspielraum.** So bestehen beispielsweise keine konkreten Vorgaben, wie die Ungewissheit erfasst wird, wie die Erfahrungen aus der Vergangenheit berücksichtigt werden, in welcher Weise bei Sachleistungsverpflichtungen die einzubeziehenden Gemeinkosten zu ermitteln sind, in welchen Fällen die mit einer Verpflichtung zusammenhängenden Vorteile soweit konkretisiert sind, dass sie wertmindernd einzubeziehen sind und in welchen Fällen Bewertungsvereinfachungen vorgenommen werden. Diese Unbestimmtheit kann bei Rückstellungen definitionsgemäß nie vollständig vermieden werden. Es kann lediglich gefordert werden, dass für den gewählten Wert mehr Gründe sprechen als für eine andere Bewertung. Der Bilanzierende muss selbst davon überzeugt sein, dass die von ihm vorgenommene Bewertung die aus der Verpflichtung resultierende Belastung am besten wiedergibt. Aus dieser Anforderung ist zu schließen, dass der Bilanzierende den Ermessensspielraum in der Steuerbilanz nicht anders auslegen kann als in der Handelsbilanz. Das **Willkürverbot** begrenzt insoweit den für steuerplanerische Zwecke nutzbaren Ermessensspielraum, ohne ihn allerdings vollständig aufzuheben.

2813

Bei der steuerbilanziellen Bewertung von Rückstellungen ist allerdings zu beachten, dass der handelsbilanzielle Wertansatz einer Rückstellung immer dann für die Steuerbilanz maßgeblich ist, wenn sich nach dem Handelsrecht ein im Vergleich zum Steuerrecht niedrigerer Wertansatz ergibt (R 6.11 Abs. 3 EStR). Folglich kommen die steuerbilanziellen Bewertungsvorschriften des § 6 Abs. 1 Nr. 3a EStG nur zur Anwendung, wenn sich aus diesen Vorschriften ein geringerer Wertansatz ergibt als aus dem Handelsrecht. Bei der steuerbilanziellen Bewertung von Rückstellungen ist insofern eine weitere Abstimmung mit der handelsbilanziellen Bewertung vorzunehmen.

Die Unbestimmtheit des (niedrigeren) **Teilwerts** von Wirtschaftsgütern des Anlage- und Umlaufvermögens, des (höheren) Teilwerts von Verbindlichkeiten und Rückstellungen sowie der **Abgrenzung zwischen voraussichtlich dauernden und voraussichtlich vorübergehenden Wertminderungen** (Aktiva) beziehungsweise Werterhöhungen (Passiva) kann gleichfalls im Rahmen der Steuerbilanzpolitik genutzt werden. Trotz den von der Finanzverwaltung vorgegebenen Anforderungen zur Widerlegung der Teilwertvermutung (R 6.7 EStR) bzw. den von ihr formulierten Kriterien zur Abgrenzung zwischen

2814

---

[30] Wird die Zusage nach dem 31.12.1986 erteilt („Neuzusagen"), gilt nach Ansicht der Finanzverwaltung sowohl für die Handelsbilanz als auch die Steuerbilanz eine Passivierungspflicht. Zu diesem Widerspruch siehe statt aller *Scheffler*, StuB 2010 S. 300.

der Art der Wertminderung[31] verbleiben dem Steuerpflichtigen Ermessensspielräume, die er für die Steuerbilanzpolitik nutzen kann.

2815–2819 (Einstweilen frei)

3. Strategien der Steuerbilanzpolitik

2820 In Abschnitt 3.1 werden die Zeit-, Steuersatz- und Bemessungsgrundlageneffekte der Steuerbilanzpolitik aufgezeigt. Die Empfehlungen für die Steuerbilanzpolitik hängen in den meisten Situationen davon ab, wie der **Steuersatzeffekt** wirkt. Deshalb ist bei den Empfehlungen zur Strategie für die Steuerbilanzpolitik zwischen natürlichen Personen mit hohen Einkünften (Einkünfte unterliegen dem Spitzensteuersatz der Einkommensteuer) und Kapitalgesellschaften einerseits sowie natürlichen Personen mit niedrigen Einkünften (Einkünfte, die unter dem zu versteuernden Einkommen liegen, ab dem der Spitzensteuersatz zur Anwendung kommt) andererseits zu differenzieren.[32] Die Strategie der **Gewinnnachverlagerung** (kein Steuersatzeffekt, Abschnitt 3.2) beziehungsweise der tendenziellen **Gewinnnivellierung** (mit Steuersatzeffekt aufgrund des progressiven Einkommensteuertarifs, Abschnitt 3.3) ist aufgrund mehrerer steuerlicher Effekte zu modifizieren: Es gibt nämlich zahlreiche Situationen, in denen es sich empfiehlt, die Instrumente der Steuerbilanzpolitik so einzusetzen, dass Gewinne früher ausgewiesen werden (Strategie der **Gewinnvorverlagerung**, Abschnitt 3.4).

3.1 Auswirkungen der Steuerbilanzpolitik

2821 Soweit sich ein steuerbilanzpolitisches Instrument auf die Höhe des steuerpflichtigen Gewinns auswirkt, löst sein Einsatz bei den Ertragsteuern (Einkommen-, Körperschaft- und Gewerbesteuer) eine **Steuerminderung** in Höhe des Produkts aus der Gewinnminderung in der ersten Periode (M) und dem kombinierten Ertragsteuersatz ($s_{e,0}$) aus. In dem kombinierten Ertragsteuersatz sind die Einkommen- bzw. Körperschaftsteuer, die Gewerbesteuer sowie die beiden Zuschlagsteuern (Kirchensteuer, Solidaritätszuschlag) zusammengefasst.

2822 In den **Folgeperioden** ergeben sich bei **abnutzbaren Wirtschaftsgütern gegenläufige Effekte,** da in den einzelnen Jahren der betriebsgewöhnlichen Nutzungsdauer die Abschreibungen jeweils um das Produkt $a_t \times M$ geringer ausfallen. In den einzelnen Jahren erhöhen sich die Ertragsteuern um $a_t \times M \times s_{e,t}$. Der Faktor a_t gibt den Anteil wieder, in dem sich die steuerbilanzpolitische Maßnahme in dem entsprechenden Jahr wieder umkehrt. Über die gesamte betriebsgewöhnliche Nutzungsdauer betrachtet gibt die Summe der anteiligen Auflösungen a_t den Wert 1,0. Bei **nicht abnutzbaren Wirtschafts-**

---

31 Siehe stellvertretend BMF, Schreiben vom 2.9.2016 – IV C 6 – S 2171 – b/09/10002:002, BStBl 2016 I S. 995.
32 Vgl. z. B. *Breithecker/Schmiel*, Steuerbilanz und Vermögensaufstellung in der Betriebswirtschaftlichen Steuerlehre, Bielefeld 2003, S. 239-265; *Kappler*, Steuerbilanzpolitik kleiner und mittlerer Unternehmen unter Berücksichtigung der jüngsten Entwicklungen des Steuerrechts, Bonn/Berlin 2000, S. 324-363; *Scheffler*, in: Freidank (Hrsg.), Rechnungslegungspolitik, Berlin/Heidelberg/New York 1998, S. 419-427; *Schmiel*, Steuerbilanzpolitische Strategien für kleine und mittlere Unternehmen, in: Meyer (Hrsg.), Strategien von kleinen und mittleren Unternehmen, Lohmar/Köln 2010, S. 459-473; *Schneeloch*, Betriebswirtschaftliche Steuerlehre, Band 2: Betriebliche Steuerpolitik, 3. Aufl., München 2009, S. 143-186; *Wagner/Dirrigl*, Die Steuerplanung der Unternehmung, Stuttgart/New York 1980, S. 282-293.

gütern tritt die Erhöhung der Ertragsteuern erst zu dem Zeitpunkt ein, zu dem das Wirtschaftsgut durch Verkauf oder Entnahme aus dem Betriebsvermögen ausscheidet (= $1,0 \times M \times s_{e,N}$).

Zur Erfassung der gegenläufigen Steuerwirkungen der Folgeperioden wird die Summe dieser Effekte mit dem Nettokalkulationszinssatz (Nachsteuerzinssatz) i_s diskontiert.[33] Formelmäßig lassen sich die ertragsteuerlichen Effekte der Steuerbilanzpolitik wie folgt darstellen:

ABB. 6: Grundsätzliche Auswirkungen der Steuerbilanzpolitik

in der ersten Periode $t = 0$	in den Folgeperioden: abnutzbares Wirtschaftsgut	in den Folgeperioden: nicht abnutzbares Wirtschaftsgut
$M \times s_{e,0}$	$-\sum_{t=1}^{N} \dfrac{a_t \times M \times s_{e,t}}{(1 + i_s)^t}$	$-\dfrac{M \times s_{e,N}}{(1 + i_s)^N}$

mit M = bilanzpolitische Manövriermasse; $s_{e,t}$ = kombinierter Ertragsteuersatz im Jahr t; a_t = Auflösungsfaktor der bilanzpolitischen Maßnahme im Jahr t, wobei $\sum_{t=1}^{N} a_t = 1,0$; i_s = Nachsteuerzinssatz (dezimal) = $i \times (1-s_e)$; t = Periodenindex; N = Nutzungsdauer bzw. Zeitpunkt des Abgangs des Wirtschaftsguts.

Aufgrund des Bilanzzusammenhangs (Grundsatz der Bilanzidentität) gleichen sich die Gewinnminderung in der ersten Periode und die Erhöhungen der ertragsteuerlichen Bemessungsgrundlagen über geringere Abschreibungen, Zuschreibungen oder höhere Veräußerungsgewinne in den Folgeperioden grundsätzlich aus. Deshalb löst die Steuerbilanzpolitik prinzipiell keinen **Bemessungsgrundlageneffekt** aus. Im Regelfall wird durch die Steuerbilanzpolitik die Summe der zu versteuernden Gewinne nicht verändert, sondern lediglich deren zeitliche Verteilung beeinflusst.

Zu der Grundsatzaussage, dass aus der Steuerbilanzpolitik kein Bemessungsgrundlageneffekt resultiert, gibt es **drei wichtige Ausnahmen:**

▶ Von den Wahlrechten im Zusammenhang mit der Zuordnung von Wirtschaftsgütern des **gewillkürten (Sonder-)Betriebsvermögens** gehen bei Einzelunternehmern beziehungsweise Gesellschaftern einer Personengesellschaft Bemessungsgrundlageneffekte aus. Die Entscheidung, diese Wirtschaftsgüter dem (Sonder-)Betriebsvermögen zuzurechnen, ist nur dann im Interesse des Steuerpflichtigen, wenn der Bemessungsgrundlageneffekt positiv ist, mit anderen Worten, wenn sich in einer Zusammenfassung des gesamten Betrachtungszeitraums eine Minderung der ertragsteuerlichen Bemessungsgrundlage ergibt. Bei der Abgrenzung, ob eine Einlage oder Entnahme (Einzelunternehmen, Personengesellschaften) beziehungsweise eine verdeckte Gewinnausschüttung oder verdeckte Einlage (Kapitalgesellschaft) vorliegt, und bei der Konkretisierung des dabei heranzuziehenden Teilwerts beziehungsweise gemeinen Werts bestehen Ermessensspielräume, über die die Höhe der insgesamt zu versteuernden Einkünfte beeinflusst werden kann.

---

33 Das Fehlen eines Zeitindizes zeigt an, dass von einem konstanten Nachsteuerzinssatz ausgegangen wird.

- Bei der **Auflösung einer steuerfreien Rücklage** nach § 6b EStG ist ein Zuschlag von 6 %/Jahr vorzunehmen, wenn innerhalb des Reinvestitionszeitraums kein Ersatzwirtschaftsgut beschafft wird.[34]

- Wird der Wert eines Einzelunternehmens oder eines Anteils an einer Personen- oder Kapitalgesellschaft nach dem **vereinfachten Ertragswertverfahren** berechnet (§§ 200-203 BewG), löst die Steuerbilanzpolitik bei der **Erbschaft- und Schenkungsteuer** einen Folgeeffekt aus: Es kommt insoweit zu einer Minderung der erbschaft- und schenkungsteuerlichen Bemessungsgrundlage, als die steuerbilanzpolitischen Instrumente in den letzten drei Jahren vor der unentgeltlichen Übertragung eingesetzt wurden. Der nach dem vereinfachten Ertragswertverfahren ermittelte Wert erhöht sich dagegen in den Fällen, in denen sich die Wirkungen von in der Vergangenheit eingesetzten steuerbilanziellen Instrumenten in den letzten drei Jahren vor der Übertragung des Unternehmens beziehungsweise der Anteile umkehren.

2826 Der **Zeiteffekt** der Steuerbilanzpolitik ist generell positiv, da die durch den Einsatz eines steuerbilanziellen Instruments ausgelöste Minderung der ertragsteuerlichen Bemessungsgrundlagen stets vor deren Erhöhung erfolgt. Bei einer Verlagerung des Gewinnausweises in spätere Jahre kommt es zu einer Ertragsteuerstundung, die einen positiven Liquiditäts- und Zinseffekt auslöst.[35]

2827 Der **Steuersatzeffekt** wirkt rechtsformabhängig. Bei der Körperschaftsteuer und der Gewerbesteuer gilt ein proportionaler Steuersatz. Bei Kapitalgesellschaften tritt deshalb kein Steuersatzeffekt auf. Demgegenüber ergeben sich bei Einzelunternehmern und Gesellschaftern einer Personengesellschaft im Rahmen der Einkommensteuer Progressionswirkungen, die sowohl positiv als auch negativ sein können. Die Steuerbilanzpolitik führt dann zu einer Minderung der Summe der zu zahlenden Ertragsteuern, wenn in den Jahren, in denen ein steuerbilanzielles Instrument eingesetzt wird, die Einkünfte höher sind als in den Perioden, in denen sich die zunächst vorgenommene Minderung der Bemessungsgrundlage wieder aufhebt. Dementsprechend wird der positive Zeiteffekt durch einen negativen Steuersatzeffekt zum Teil aufgehoben oder überkompensiert, wenn in den Jahren, in denen Steuerbilanzpolitik betrieben wird, die Höhe der zu versteuernden Einkünfte niedriger ist als in den Veranlagungszeiträumen, in denen sich der Effekt wieder umkehrt. Die Nachteile aus dem progressiven Verlauf des Einkommensteuertarifs lassen sich dann vollständig vermeiden, wenn es durch den Einsatz der steuerbilanziellen Instrumente gelingt, den Steuerbilanzgewinn so zu beeinflussen, dass in jedem Jahr das zu versteuernde Einkommen gleich hoch ist.

2828 Diese allgemeinen Aussagen sind bei **Änderungen des Steuersatzes beziehungsweise des Gewerbesteuerhebesatzes** zu modifizieren. Werden in späteren Jahren die Steuersätze oder Hebesätze gesenkt, wird der positive Zeiteffekt einer Gewinnnachverlagerung durch einen positiven Steuersatzeffekt verstärkt. Die Ertragsteuerbelastung wird nicht nur in zukünftige Perioden verlagert, sie fällt auch absolut niedriger aus. Wird der Steuersatz oder Gewerbesteuerhebesatz erhöht, steht dem positiven Zeiteffekt ein ne-

---

34 Beim Investitionsabzugsbetrag ist die Verzinsungspflicht zu beachten, wenn kein begünstigtes Wirtschaftsgut beschafft wird (§ 7g Abs. 4 Satz 4 EStG i. V. m. § 233a Abs. 2a AO).
35 Im Begriff „Zeiteffekt" sind der Liquiditätseffekt und der Zinseffekt zusammengefasst.

gativer Steuersatzeffekt gegenüber. Aus Sicht des Steuerpflichtigen ist das Gesamtergebnis umso eher positiv (negativ), je später (früher) der Umkehreffekt eintritt und je geringer (stärker) der Steuersatz beziehungsweise Hebesatz angehoben wird.

(Einstweilen frei) 2829–2834

3.2 Strategie 1: Gewinnnachverlagerung

Die **Grundidee** der Gewinnnachverlagerung besteht darin, in jeder Periode die verfügbaren Instrumente der Steuerbilanzpolitik vollständig einzusetzen. Diese Strategie wird aus dem **Zeiteffekt** der Steuerbilanzpolitik abgeleitet. Der Steuersatzeffekt bleibt bei einer maximalen Gewinnnachverlagerung unberücksichtigt. Diese Strategie ist natürlichen Personen, deren Einkünfte so hoch sind, dass diese dem Spitzensteuersatz der Einkommensteuer unterliegen, und Kapitalgesellschaften zu empfehlen. Bei diesen Steuerpflichtigen treten keine Steuersatzeffekte auf. Da der Zeiteffekt der Steuerbilanzpolitik positiv ist und der Bemessungsgrundlageneffekt sich regelmäßig auf Null beläuft, empfiehlt es sich für diesen Personenkreis, die steuerbilanzpolitischen Instrumente so einzusetzen, dass die Gewinne so weit wie möglich in spätere Jahre verlagert werden (maximale Gewinnnachverlagerung durch Aufwandsvorverlagerung und Ertragsnachverlagerung). Die **Vorteile** einer gewinnnachverlagernden Steuerbilanzpolitik fallen **umso höher** aus, **je länger der Zeitraum** ist, über den sich die in der ersten Periode verrechnete Gewinnminderung durch Minderabschreibungen, Zuschreibungen oder höhere Veräußerungsgewinne wieder umkehrt, und **je höher der Nachsteuerzinssatz** ist. 2835

(Einstweilen frei) 2836–2840

3.3 Strategie 2: Tendenz zur Gewinnnivellierung

3.3.1 Begründung der Zielfunktion

Um zusätzlich zu den **Zeiteffekten** der Steuerbilanzpolitik auch deren **Steuersatzeffekte** zu erfassen, ist auf das **Konzept der Steuerbarwertminimierung** abzustellen:[36] 2841

$$\sum_{t=1}^{N} \frac{S_t}{(1+i_s)^t} \longrightarrow \min$$

Zielsetzung ist es, die verfügbaren bilanzpolitischen Instrumente so auf die einzelnen Jahre zu verteilen, dass der Barwert der Steuerzahlungen möglichst gering wird. Es wird also davon ausgegangen, dass die vor Steuern erzielbaren Einzahlungsüberschüsse durch den Einsatz der Instrumente der Steuerbilanzpolitik nicht beeinflusst werden. Durch diese Annahme wird die **Steuerbilanzpolitik als eigenständige Teilpolitik** angesehen. Die Interdependenzen zu anderen Planungsbereichen des Unternehmens werden nicht erfasst.

Bei natürlichen Personen, deren Einkünfte innerhalb des progressiven Teils des Einkommensteuertarifs liegen, sind zur Erreichung des Ziels der Steuerbarwertminimierung die Zeiteffekte und die Steuersatzeffekte der Steuerbilanzpolitik gegeneinander abzuwä- 2842

---

[36] Siehe hierzu grundlegend *Gintrowski/Marettek*, StuW 1972 S. 231; *Marettek*, BFuP 1970 S. 22.

gen. Der **Zeiteffekt** wird am besten genutzt, wenn die Gewinne so weit wie möglich in die Zukunft verlagert werden. Demgegenüber wirkt der **Steuersatzeffekt** am besten, wenn in jedem Jahr das zu versteuernde Einkommen gleich hoch ist.[37] Auf diese Weise können bei der Einkommensteuer Progressionsnachteile vermieden werden. Das Nebeneinander von Zeiteffekt (möglichst später Zeitpunkt der Steuerzahlung) und Steuersatzeffekt (in jedem Jahr das zu versteuernde Einkommen gleich hoch) führt zu der Empfehlung, die Gewinne so lange in die Zukunft zu verlagern, bis der positive Zeiteffekt durch einen negativen Steuersatzeffekt kompensiert wird. Dieses Ziel ist dann erreicht, wenn die steuerbilanzpolitischen Instrumente so eingesetzt werden, dass **in jeder Periode der Barwert der Grenzsteuersätze den gleichen Wert aufweist:**[38]

$$s_{e,1} = \frac{s_{e,2}}{(1+i_s)^1} = \frac{s_{e,3}}{(1+i_s)^2} = \ldots = \frac{s_{e,N}}{(1+i_s)^{N-1}}$$

2843   Diese Bedingung hat zur Konsequenz, dass sich der **Grenzsteuersatz** von Jahr zu Jahr um den Nettokalkulationszinssatz (Zinssatz nach Steuern) erhöhen sollte. Das zu versteuernde Einkommen weist damit innerhalb des Planungszeitraums eine steigende Tendenz auf. Die Leitlinie „Übereinstimmung des Barwerts der Grenzsteuersätze" wird verständlich, wenn man die Wirkung des Zinssatzes nach Steuern betrachtet: Durch ihn werden die Vor- und Nachteile des Einsatzes eines Instruments der Steuerbilanzpolitik zum Ausgleich gebracht. Wird in einer Periode t der Gewinn durch den Einsatz eines Wahlrechts oder eines Ermessensspielraumes reduziert, errechnet sich die Steuerersparnis aus dem in der Periode t geltenden Steuersatz. Die dadurch erreichte Minderung der zu zahlenden Ertragsteuern kann zinsbringend angelegt werden. Die Steuerbilanzpolitik ist dann von Vorteil, wenn in der nachfolgenden Periode t+1 der Anstieg der Steuerbelastung nicht höher ist als die Steuerersparnis in Periode t zuzüglich der Zinsen aus der Anlage dieser Steuerersparnis abzüglich der Ertragsteuern auf die Zinserträge:

$$s_{e,1} = \frac{s_{e,2}}{(1+i_s)^1} \text{ umgeformt zu } s_{e,2} = s_{e,1} \times (1+i_s)$$

2844   Um den **positiven Zeiteffekt** aus der Nachverlagerung des Gewinnausweises nutzen zu können und um **negative Progressionseffekte** möglichst weitgehend zu vermeiden, ist anzustreben, dass sich das zu versteuernde Einkommen des Steuerpflichtigen von Jahr zu Jahr leicht erhöht. Das Ausmaß des Anstiegs der Einkünfte hängt vom **Nettokalkulationszinssatz** ab. Je höher der Nachsteuerzinssatz ist, umso mehr kann in der Folgeperiode der Ertragsteuersatz steigen, bis der Steuersatznachteil aufgrund des progressiven Einkommensteuertarifs den aus der Gewinnnachverlagerung resultierenden positiven Zeiteffekt neutralisiert. Umgekehrt gilt, dass bei einem nach Steuern geringen Kalkulations-

---

37 Der Steuersatzeffekt ergibt sich nicht ausschließlich aus dem Gewinn des Einzelunternehmens bzw. Anteils am Gewinn der Personengesellschaft. Vielmehr sind zusätzlich die weiteren Einkünfte des Steuerpflichtigen und (bei Zusammenveranlagung) die Einkünfte seines Ehegatten einzubeziehen. Deshalb ist nicht auf die Einkünfte aus Gewerbebetrieb abzustellen, sondern auf das zu versteuernde Einkommen.

38 Zur mathematischen Ableitung siehe *Günther*, StuW 1980 S. 31; *Heinhold*, ZOR 1981 S. B213; *Marettek*, Steuer- und Unternehmenspolitik, Freiburg i. Br. 1971, S. 169-191; *Siegel*, BFuP 1972 S. 65; *Siegel*, ZfB 1973, S. 265; *Wagner/Dirrigl*, Die Steuerplanung der Unternehmung, Stuttgart/New York 1980, S. 282–293. Zur rechentechnischen Erfassung von Besonderheiten des Einkommensteuertarifs siehe *Hundsdoerfer*, StuW 2000 S. 18.

zinssatz der Steuersatznachteil relativ gesehen an Gewicht gewinnt, so dass sich eine Tendenz zu einem möglichst gleichmäßigen Gewinnausweis einstellt.[39]

3.3.2 Zahlenbeispiel

Innerhalb eines fünfjährigen Planungszeitraums erwirtschaftet ein Einzelunternehmer Einzahlungsüberschüsse von insgesamt 200.000 €. Durch die Steuerbilanzpolitik kann das zu versteuernde Einkommen um 50.000 € reduziert werden. Die Summe der innerhalb des Berechnungszeitraums zu versteuernden Einkommen beträgt damit 150.000 €.

	1. Jahr	2. Jahr	3. Jahr	4. Jahr	5. Jahr	Summe
Einkommen vor Steuerbilanzpolitik	25.000 €	45.000 €	30.000 €	40.000 €	60.000 €	200.000 €

Die Einkommensteuer wird nach der Grundtabelle berechnet. Der Solidaritätszuschlag, die Kirchensteuer sowie die Gewerbesteuer werden aus Vereinfachungsgründen nicht berücksichtigt. Der Einkommensteuertarif 2018 bleibt über den Berechnungszeitraum unverändert. Der Nettokalkulationszinssatz beträgt 5 %.

Die Leitlinie, dass der Barwert des Grenzsteuersatzes in jedem Jahr gleich hoch ist, führt zu folgender Gewinnausweisreihe:[40]

Jahr	Grenzsteuersatz	Gewinnausweis	Umfang der Steuerbilanzpolitik
1	$s_{e,1}$ = 28,0655 %	23.298 €	1.702 €
2	$s_{e,2}$ = 29,4688 % = $s_{e,1}$ × 1,05	26.486 €	18.514 €
3	$s_{e,3}$ = 30,9422 % = $s_{e,2}$ × 1,05 = $s_{e,1}$ × $1,05^2$	29.833 €	167 €
4	$s_{e,4}$ = 32,4893 % = $s_{e,3}$ × 1,05 = $s_{e,1}$ × $1,05^3$	33.347 €	6.653 €
5	$s_{e,5}$ = 34,1138 % = $s_{e,4}$ × 1,05 = $s_{e,1}$ × $1,05^4$	37.036 €	22.964 €
Summe		150.000 €	50.000 €

Die aus der Strategie der Steuerbarwertminimierung abzuleitende **Empfehlung** lautet, eine langsam ansteigende Gewinnausweisreihe anzustreben. Auf diese Weise werden

---

39 Eine Besonderheit besteht, wenn in absehbarer Zeit eine Betriebsaufgabe oder Betriebsveräußerung geplant ist. Um die in diesem Zusammenhang gewährten steuerlichen Erleichterungen (Freibetrag nach § 16 Abs. 4 EStG, ermäßigter Steuersatz nach § 34 Abs. 1, 3 EStG, keine Gewerbesteuer) möglichst weitgehend nutzen zu können, empfiehlt sich eine stärkere Gewinnnachverlagerung, vgl. *Schmiel*, Steuerbilanzpolitische Strategien für kleine und mittlere Unternehmen, in: Meyer (Hrsg.), Strategien von kleinen und mittleren Unternehmen, Lohmar/Köln 2010, S. 469-471.

40 Abweichungen beruhen auf Rundungsdifferenzen.

der positive Zeiteffekt (Anstieg der Gewinne) und der Steuersatzeffekt (langsamer Anstieg) am besten miteinander kombiniert.

2848 Allerdings sind die Vorteile der Strategie der Steuerbarwertminimierung gegenüber einer Gleichverteilung der zu versteuernden Einkommen relativ gering. Beim optimalen Einsatz der Instrumente der Steuerbilanzpolitik ist der Barwert der Steuerzahlungen mit 22.932 € nur um 224 € oder nur ein knappes Prozent niedriger als bei einer Strategie der Gewinnnivellierung (Barwert von 23.156 €). Die Summe der zu zahlenden Steuern erhöht sich um 260 € (= 27.002 € − 26.742 €). Durch den positiven Zeiteffekt des Anstiegs der Gewinnausweisreihe von 484 € resultiert der Gesamteffekt von +224 € (= 484 € − 260 €).[41]

Jahr	Barwert der Grenzsteuersätze		Gleichverteilung der Gewinne	
	Gewinn	Steuer	Gewinn	Steuer
1	23.298 €	3.369 €	30.000 €	5.348 €
2	26.486 €	4.286 €	30.000 €	5.348 €
3	29.833 €	5.297 €	30.000 €	5.348 €
4	33.347 €	6.411 €	30.000 €	5.348 €
5	37.036 €	7.640 €	30.000 €	5.348 €
Summe	150.000 €	27.002 €	150.000 €	26.742 €
Barwert		22.932 €		23.156 €

2849 Bei einem Nettokalkulationszinssatz von 5 % beträgt die Bandbreite zwischen dem Gewinn im ersten und dem fünften Jahr 13.738 € (23.298 € im Vergleich zu 37.036 €). Bei einem Nettokalkulationszinssatz von 2 % reduziert sich diese Spanne auf 5.580 € (von 27.238 € bis zu 32.817 €). Bei einem Nettokalkulationszinssatz von 8 % steigt sie auf 21.645 € (von 19.593 € bis zu 41.238 €).

3.3.3 Konsequenzen für die Steuerbilanzpolitik

2850 Das in Grundzügen dargestellte **Konzept der Steuerbarwertminimierung** weist den **Nachteil** auf, dass es die in der Praxis auftretenden Probleme nicht ausreichend löst.[42] Die Berechnungen, wie ein vorgegebener Gesamtgewinn innerhalb eines abgegrenzten Planungszeitraums zu verteilen ist, sind deshalb unvollständig, weil der Gesamtgewinn im Regelfall nicht bekannt ist und weil zahlreiche Instrumente auch noch in den Perioden die Bemessungsgrundlage beeinflussen, die sich an den betrachteten Planungszeitraum anschließen. Darüber hinaus werden weder das Informationsproblem (Welche Instrumente stehen im konkreten Fall zur Verfügung?) noch das Auswahlproblem (Welche der verfügbaren Instrumente sollen eingesetzt werden?) gelöst. Es wird lediglich aufgezeigt, in welchem Umfang in den einzelnen Jahren Steuerbilanzpolitik betrieben

---

41 Abweichungen beruhen auf Rundungsdifferenzen.
42 Siehe hierzu *Breithecker/Klapdor/Passe*, StuW 2002 S. 36; *Scheffler*, in: Freidank (Hrsg.), Rechnungslegungspolitik, Berlin/Heidelberg/New York 1998, S. 428-436.

werden soll. Diese Kritikpunkte lassen sich auch durch eine Verfeinerung des Grundmodells der Steuerbilanzpolitik nicht entkräften.

Der Versuch, die Steuerbilanzpolitik in die allgemeine betriebswirtschaftliche Planung zu integrieren, hilft gleichfalls nicht weiter.[43] Das Problem liegt nicht darin, dass die Unternehmen, für die das Konzept der Steuerbarwertminimierung entwickelt wurde (natürliche Personen mit Einkünften, die unter dem zu versteuernden Einkommen liegen, ab dem der Spitzensteuersatz zur Anwendung kommt), keine Gesamtunternehmensplanung betreiben, sondern darin, dass die Aufstellung von derartigen Modellen aus theoretischen – nicht nur aus praktischen – Gründen nicht möglich ist.[44]

2851

Trotz dieser kritischen Anmerkungen sind die Untersuchungen zum Konzept der Steuerbarwertminimierung nicht ohne praktischen Nutzen. Die umfangreichen Analysen zur **Erweiterung des Grundmodells** haben gezeigt, dass auch bei einer Berücksichtigung von zahlreichen Details die **Grundaussagen bestehen bleiben,** dass in den Fällen, in denen sich die Progression des Einkommensteuertarifs bemerkbar macht, eine langsam ansteigende Gewinnausweisreihe anzustreben ist und dass der Anstieg bei einer höheren Verzinsung stärker ist. Da aber ohne Kenntnis der im Einzelfall geltenden Daten das konkrete Ausmaß des Anstiegs der Gewinnausweisreihe unbekannt bleibt, kann die aus dem Grundmodell ableitbare Strategie der Steuerbilanzpolitik nicht exakt umgesetzt werden. Es bleibt nur die unbestimmte Aussage, dass Einzelunternehmen und Personengesellschaften mit niedrigen Einkünften bei der Aufstellung der Steuerbilanz die verfügbaren bilanzpolitischen Instrumente nicht vollständig einsetzen sollten. Vielmehr sollten sie darauf achten, dass es beim zu versteuernden Einkommen im Zeitablauf zu keinen größeren Abweichungen kommt.[45] Die Entwicklung von immer weiter verfeinerten Modellen der Steuerbilanzpolitik hat diese schon seit langem bekannte Aussage[46] zwar bestätigt. Für die Unternehmenspraxis hat sie aber leider keine darüber hinausgehenden praktisch verwertbaren Erkenntnisse gebracht.

2852

(Einstweilen frei) 2853–2861

3.4 Strategie 3: Gewinnvorverlagerung

Die Grundaussage, dass eine steuerbilanzpolitische Strategie der (weitestmöglichen beziehungsweise tendenziellen) **Gewinnnachverlagerung** vorteilhaft ist, ist zu relativieren, wenn **zusätzlich die Rückwirkungen auf andere Ziele der Rechnungslegungspolitik berücksichtigt** werden. Der zwischen dem Ziel der Minimierung der Steuerbelastung und

2862

---

43 Siehe hierzu den Vorschlag von *Haberstock*, zfbf 1984 S. 464 sowie die sich daran anschließende Diskussion zwischen *Heinhold*, zfbf 1984, S. 1061; *Siegel*, zfbf 1984 S. 1064 und *Haberstock*, zfbf 1984 S. 1067.
44 Vgl. *Schmiel*, Steuerbilanzpolitische Strategien für kleine und mittlere Unternehmen, in: Meyer (Hrsg.), Strategien von kleinen und mittleren Unternehmen, Lohmar/Köln 2010, S. 456-459; *Scheffler*, in: Freidank (Hrsg.), Rechnungslegungspolitik, Berlin/Heidelberg/New York 1998, S. 437-440.
45 Siehe auch *Schmiel*, Steuerbilanzpolitische Strategien für kleine und mittlere Unternehmen, in: Meyer (Hrsg.), Strategien von kleinen und mittleren Unternehmen, Lohmar/Köln 2010, S. 463-469. Aufgrund der geringen Vorteile, die mit dieser Strategie insbesondere bei niedrigen Zinssätzen verbunden ist, schlagen *Lück/Schult*, SteuerStud 2003 S. 314, als Faustregel vor, auch für diesen Personenkreis eine (absolute) Gewinnnivellierung anzustreben.
46 Vgl. *Findeisen*, Die Reserven der Unternehmung mit besonderer Berücksichtigung der Steuer, Berlin 1922, S. 183-184.

den Auswirkungen auf die nicht steuerlichen Ziele (wie Darstellung der wirtschaftlichen Lage, Gewinnausschüttungen beziehungsweise Entnahmen) möglicherweise bestehende Zielkonflikt wird im Rahmen dieses Beitrags nicht aufgegriffen.[47] Zielsetzung dieses Abschnitts ist es vielmehr, Anregungen zu geben, in welchen Fällen es sich – bei alleiniger Betrachtung der steuerlichen Effekte – anbietet, **Gewinne früher auszuweisen.**

2863 In den Situationen, in denen eine **Gewinnvorverlagerung** anzustreben ist, sind die mit einem bestimmten Instrument erzielbaren Vorteile (**positiver Primäreffekt**) dem negativen Zeiteffekt einer gewinnvorverlagernden Steuerbilanzpolitik gegenüberzustellen (**negativer Sekundäreffekt**). Damit eine gewinnvorverlagernde Steuerbilanzpolitik zu einer Minderung der Steuerbelastung führt, müssen die Wirkung des Instruments hoch und der negative Zeiteffekt der Gewinnvorverlagerung gering sein.

2864 Hinsichtlich ihrer Wirkungsweise lassen sich die Instrumente, bei denen eine gewinnvorverlagernde Steuerbilanzpolitik von Vorteil sein kann, in **sieben Gruppen** einteilen:[48]

ABB. 7: Gründe für eine gewinnvorverlagernde Steuerbilanzpolitik

- ▶ Investitionszulagen
- ▶ Abzug von Fremdkapitalzinsen (§ 8 Nr. 1 Buchst. a GewStG bzw. § 4 Abs. 4a EStG bzw. § 4h EStG, § 8a KStG)
- ▶ Vermeidung des Entstehens von nichtabziehbaren Betriebsausgaben (§ 8b Abs. 3 Satz 1 KStG)
- ▶ Steuerermäßigungen (Anrechnung ausländischer Steuern nach § 34c EStG, § 26 KStG und Steuerermäßigung für gewerbliche Einkünfte nach § 35 EStG)
- ▶ Umfang und Zeitpunkt der Verlustverrechnung
- ▶ Vermeidung einer Nachversteuerung bei Inanspruchnahme der Thesaurierungsbegünstigung (§ 34a EStG)
- ▶ Sicherung der erbschaft- und schenkungsteuerlichen Entlastungen für Unternehmensvermögen (§§ 13a - 13c ErbStG)

2865 Soweit **Investitionszulagen** in Anspruch genommen werden können, sind die **Anschaffungs- oder Herstellungskosten möglichst hoch** auszuweisen. In dem Jahr, in dem die gewinnvorverlagernde Steuerbilanzpolitik betrieben wird, steht dem Vorteil aus der höheren Investitionszulage ein Anstieg der Einkünfte aus Gewerbebetrieb und damit der Ertragsteuern gegenüber. Durch den höheren Ausweis der Anschaffungs- oder Herstellungskosten des Wirtschaftsguts können in den Folgejahren höhere Abschreibungen verrechnet werden beziehungsweise fallen die Veräußerungsgewinne geringer aus. Die Minderung der Ertragsteuern verteilt sich über den Zeitraum, über den das Wirtschaftsgut im Unternehmen genutzt wird. In einer Gesamtbetrachtung **steht dem Vorteil aus**

---

[47] Aufgrund der Aufhebung der umgekehrten Maßgeblichkeit sowie der Möglichkeit, steuerliche Wahlrechte unabhängig von der Vorgehensweise in der Handelsbilanz ausüben zu können, lässt sich die Strategie in der handels- und steuerrechtlichen Rechnungslegung in größerem Umfang unabhängig festlegen als vor Inkrafttreten des Bilanzrechtsmodernisierungsgesetzes.

[48] Die Erstveröffentlichung einer ausführlicheren Version dieses Abschnitts erfolgte in *Scheffler/Binder*, BB 2014 S. 1643. Der Abdruck geschieht mit freundlicher Genehmigung der dfv Mediengruppe. Die Analysen konzentrieren sich auf den Zeiteffekt, d. h. der Steuersatzeffekt wird in diesem Abschnitt ausgeklammert.

der höheren Investitionszulage ein negativer Zeiteffekt aus der späteren Verrechnung von Aufwendungen gegenüber.[49]

Werden **Fremdkapitalzinsen** in die Herstellungskosten eines Wirtschaftsguts einbezogen, gelten diese nicht als Entgelt i. S. d. § 8 Nr. 1 Buchst. a GewStG. Vielmehr mindern sie dann über die Verrechnung von planmäßigen Abschreibungen während der betriebsgewöhnlichen Nutzungsdauer des Wirtschaftsguts in vollem Umfang den Gewerbeertrag. Im ersten Jahr ergibt sich bei Ermittlung des Gewerbeertrags ein Vorteil aus der Vermeidung der Hinzurechnung von einem Viertel der Fremdkapitalzinsen.[50] Der Minderung der Gewerbesteuer steht der Nachteil gegenüber, dass die Zinsen beim Einbezug in die Herstellungskosten im ersten Jahr nicht als Betriebsausgaben abgezogen werden dürfen. Diese Mehrbelastung wird in den Folgejahren durch die Verrechnung höherer Abschreibungen beziehungsweise den Ausweis geringerer Veräußerungsgewinne (zeitverzögert) wieder kompensiert. Bei der Entscheidung über den Einsatz dieses steuerbilanzpolitischen Instruments ist der **Gewerbesteuervorteil mit dem negativen Zeiteffekt der Steuerbilanzpolitik zu vergleichen.** Eine derartige Entscheidungssituation ist insbesondere für Kapitalgesellschaften relevant. Bei Einzelunternehmen und Personengesellschaften wird der Gewerbesteuervorteil durch die Steuerermäßigung **nach § 35 EStG weitgehend neutralisiert,** sodass im Grundsatz nur der negative Zeiteffekt im Rahmen der gewinnvorverlagernden Steuerbilanzpolitik verbleibt.

2866

Bei Einzelunternehmen und Personengesellschaften sind **Schuldzinsen insoweit nicht abziehbar, als eine Überentnahme getätigt wurde** (§ 4 Abs. 4a EStG). Überentnahmen liegen vor, wenn die Entnahmen die Summe aus dem Gewinn und den Einlagen des Wirtschaftsjahres übersteigen. Die nicht abziehbaren Schuldzinsen werden typisiert mit 6 % der Überentnahmen (abzüglich 2.050 €) angesetzt. Um die Abziehbarkeit von Schuldzinsen zu sichern, d. h. die Einordnung als nichtabziehbare Betriebsausgaben zu vermeiden, können im Entnahmejahr die Instrumente der Steuerbilanzpolitik so eingesetzt werden, dass sich der Gewinn erhöht.[51] Der **positive Effekt** besteht darin, dass in diesem Jahr der Schuldzinsabzug um 6 % der Gewinnerhöhung höher ausfällt.[52] Diesem positiven Effekt ist, wie bei den anderen Instrumenten, **der negative Zeiteffekt einer gewinnvorverlagernden Steuerbilanzpolitik gegenüberzustellen.**[53] Die Gewinnvorverlagerung mit dem Ziel der Vermeidung einer Einordnung von Schuldzinsen als nichtabziehbare Betriebsausgaben nach § 4 Abs. 4a EStG ist nur dann vorteilhaft, wenn Instrumente eingesetzt werden, bei denen der Umkehreffekt sehr schnell eintritt.

2867

Vergleichbare Aussagen gelten im Zusammenhang mit der **„Zinsschranke",** wonach der Abzug von Fremdkapitalzinsen grundsätzlich auf 30 % des EBITDA beschränkt ist (§ 4h

2868

---

49 Bei Investitionszuschüssen besteht das Wahlrecht, diese mit den Anschaffungs- oder Herstellungskosten zu verrechnen (R 6.5 EStR). Damit mindert sich die steuerliche Abschreibungsbasis, sodass der Vorteil geringer ausfällt als bei Investitionszulagen.
50 Der Vorteil tritt nur ein, wenn der Freibetrag für die Hinzurechnung von Fremdkapitalaufwendungen von 100.000 € überschritten ist.
51 Siehe hierzu *Schneeloch*, Betriebswirtschaftliche Steuerlehre, Band 2: Betriebliche Steuerpolitik, 3. Aufl., München 2009, S. 176-177.
52 Kommt es zu einer Hinzurechnung nach § 8 Nr. 1 Buchst. a GewStG, fällt dieser Vorteil entsprechend niedriger aus.
53 Zusätzlich ist zu prüfen, ob in den Folgejahren die Beschränkungen des § 4 Abs. 4a EStG zur Anwendung kommen.

EStG, § 8a KStG).⁵⁴ Die Vorteile aus der Erhöhung der sofort abziehbaren Zinsaufwendungen sind gegenüber den Nachteilen aus den negativen Zeiteffekten einer gewinnvorverlagernden Steuerbilanzpolitik abzuwägen.

2869 Sinkt **der Teilwert von Anteilen an einer Kapitalgesellschaft** und führt der Anteilseigner sein Unternehmen als Kapitalgesellschaft, kann bei einem Verzicht auf eine Teilwertabschreibung bei einer eventuellen Wertaufholung die 5 %ige Umqualifizierung in nichtabziehbare Betriebsausgaben (§ 8b Abs. 3 Satz 1 KStG) vermieden werden. **Gegenläufige Effekte treten nicht auf,** weil sich weder die Teilwertabschreibungen (§ 8b Abs. 3 Satz 3 KStG) noch die Zuschreibungen (§ 8b Abs. 2 Satz 3 KStG) auf die steuerpflichtigen Einkünfte auswirken.⁵⁵

2870 Durch eine gewinnvorverlagernde Steuerbilanzpolitik kann es gelingen, den **Umfang der Anrechnung von im Ausland bezahlten Steuern zu erhöhen.** Erreicht wird dies dadurch, dass durch Erhöhung der im Inland ausgewiesenen Gewinne die inländische Einkommen- bzw. Körperschaftsteuer erhöht wird. Sind die **inländischen Einkünfte positiv,** ist diese Gestaltung allerdings **nicht vorteilhaft,** weil sich der Anteil der inländischen Steuer, der auf die ausländischen Einkünfte entfällt, (absolut betrachtet) grundsätzlich nicht verändert. Damit wirkt im Gewinnfall nur der negative Zeiteffekt der gewinnvorverlagernden Steuerbilanzpolitik. Anders ist die Situation **im Verlustfall.** Der Verlustfall ist dadurch gekennzeichnet, dass die ausländischen Einkünfte positiv und die inländischen Einkünfte negativ sind. Stimmen die ausländischen Gewinne betragsmäßig mit den inländischen Verlusten überein und sind die im Ausland erzielten Einkünfte gewerbesteuerpflichtig, lässt sich der **Gesamteffekt** wie folgt beschreiben: In dem Jahr, in dem die gewinnvorverlagernde Steuerbilanzpolitik betrieben wird, ergibt sich der Vorteil, dass eine Anrechnung von ausländischen Steuern möglich wird. Diesem Vorteil steht der negative Zeiteffekt der gewinnvorverlagernden Steuerbilanzpolitik gegenüber. Bei der Analyse dieser beiden gegenläufigen Effekte ist zu beachten, dass sich der Vorteil aus der höheren Anrechnung der im Ausland bezahlten Steuern nur bei der Einkommen- bzw. Körperschaftsteuer auswirkt, während der negative Zeiteffekt bei allen Ertragsteuern auftritt.

2871 Bei Einzelunternehmen und Personengesellschaften kann eine gewinnvorverlagernde Steuerbilanzpolitik auch eingesetzt werden, um die **Steuerermäßigung nach § 35 EStG nutzen zu können,** genauer um die Nachteile aus der Begrenzung dieser Steuerermäßigung auf die anteilig auf die gewerblichen Einkünfte entfallende Einkommensteuer zu vermeiden. Analog zu den anderen Instrumenten sind zur Berechnung des Gesamteffekts die Vorteile aus der Minderung der Einkommensteuer durch die höhere Steuerermäßigung nach § 35 EStG und die Nachteile aus dem negativen Zeiteffekt gegenüberzustellen.

---

54 Beim „EBITDA" handelt es sich um den steuerpflichtigen Gewinn vor Abzug der Zinsaufwendungen sowie vor Verrechnung der Absetzungen für Abnutzungen und der Aufwendungen für geringwertige Wirtschaftsgüter.

55 Vgl. z. B. *Dörfler/Adrian*, Ubg 2009 S. 391 (mit zusätzlichen Hinweisen zur Behandlung von Teilwertabschreibungen auf Gesellschafterdarlehen); *Künkele/Zwirner*, DStR 2010 S. 2266. Bei einkommensteuerpflichtigen Anteilseignern tritt dieser negative Bemessungsgrundlageneffekt nicht auf, da sowohl die Teilwertabschreibungen als auch die (späteren) Zuschreibungen die Einkünfte aus Gewerbebetrieb jeweils zu 60 % beeinflussen (§§ 3c Abs. 2, § 3 Nr. 40 EStG).

Diese Gestaltung lässt sich insbesondere einsetzen, wenn die gewerblichen Einkünfte positiv und die anderen Einkünfte negativ sind.

Beim **Verkauf von Anteilen an einer Kapitalgesellschaft** entfällt auf Ebene der Kapitalgesellschaft, deren Anteile übertragen werden, unter bestimmten Voraussetzungen der Verlustvortrag (§§ 8c, 8d KStG, § 10a Satz 10 GewStG).[56] Ist bei einer Kapitalgesellschaft ein Gesellschafterwechsel absehbar, sollten **vor dem Verkauf der Anteile Gewinne in Höhe des Verlustvortrags realisiert werden,** um diesen Verlustvortrag auszugleichen. Der Vorteil einer gewinnvorverlagernden Steuerbilanzpolitik beim Gesellschafterwechsel in Form eines share deals besteht darin, dass durch die Verrechnung der dadurch entstehenden Erträge mit dem Verlustvortrag keine Ertragsteuern ausgelöst werden und gleichzeitig durch die Erhöhung der Buchwerte für die zukünftigen Jahre höhere Abschreibungen verrechnet werden können beziehungsweise geringere Veräußerungsgewinne zu versteuern sind. Der Veräußerer partizipiert an der Aufstockung der Buchwerte dann mittelbar, wenn es ihm gelingt, beim Verkauf seiner Anteile einen höheren Veräußerungserlös zu erzielen. Die **Obergrenze** für diesen Vorteil bildet der **Barwert der Steuerersparnisse auf Ebene der Kapitalgesellschaft** durch die vermehrte Aufwandsverrechnung.[57]

2872

Die bei der **Verrechnung von Verlusten** bestehenden Einschränkungen (insbesondere §§ 10d, 15a EStG) haben – bei Ausklammerung von Steuersatzeffekten – prinzipiell **keine Auswirkung auf die Zielrichtung der Steuerbilanzpolitik.** Zwar führt im Verlustfall eine gewinnnachverlagernde Steuerbilanzpolitik dazu, dass die Verrechenbarkeit der Verluste mit positiven Einkünften in die Zukunft verlagert wird. Dies bedeutet allerdings lediglich, dass die Vorteile einer gewinnnachverlagernden Steuerbilanzpolitik nicht in vollem Umfang genutzt werden können. Die Grundaussage, dass sich Aufwandsvorverlagerungen beziehungsweise Ertragsnachverlagerungen umso früher auswirken, je früher sie eingesetzt werden, bleibt erhalten. Der Zeiteffekt einer gewinnnachverlagernden Steuerbilanzpolitik bleibt positiv, er ist im Verlustfall lediglich kleiner. Anders stellt sich allerdings die Situation dar, wenn die **quotalen Beschränkungen des Verlustvortrags** auf 60 % des Gesamtbetrags der Einkünfte zur Anwendung kommen, soweit der Sockelbetrag von 1 Mio. € überschritten ist. In diesem Fall besteht die Zielsetzung der Steuerbilanzpolitik darin, einen laufenden Wechsel zwischen Gewinnen und Verlusten zu vermeiden. Wird beispielsweise im ersten Jahr ein Verlust von 100 und im nächsten Jahr ein Gewinn in gleicher Höhe ausgewiesen, können bei einer Beschränkung des Verlust-

2873

---

56 Zur Diskussion um die Vereinbarkeit mit dem Art. 3 GG siehe BVerfG, Beschluss vom 29.3.2017 – 2 BvL 6/11, ECLI:DE:BVerfG:2017:ls20170329.2bvl000611. Beim Wechsel des Gesellschafterbestands einer Personengesellschaft entfällt der gewerbesteuerliche Verlustvortrag anteilig (vgl. BFH, Beschluss vom 3.5.1993 – GrS 3/92, BStBl 1993 II S. 616). Da bei natürlichen Personen über die Steuerermäßigung nach § 35 EStG die Gewerbesteuerbelastung weitgehend kompensiert wird, ist es grundsätzlich nicht erforderlich, durch eine gewinnvorverlagernde Steuerbilanzpolitik den gewerbesteuerlichen Verlustvortrag der Personengesellschaft vor dem Gesellschafterwechsel auszugleichen.

57 Zu den Auswirkungen der Besteuerung auf den beim Verkauf von Anteilen an Kapitalgesellschaften (share deal) erzielbaren Veräußerungserlös siehe *Elser*, DStR 2002 S. 1827; *Müller/Semmler*, ZfB 2003 S. 583; *Rogall*, Die Besteuerung des Kaufs und des Zusammenschlusses von Kapitalgesellschaften, Wiesbaden 2003, S. 30–40; *Scheffler*, StuW 2001 S. 293. Durch eine gewinnvorverlagernde Steuerbilanzpolitik kann der beim share deal in Kauf zu nehmende Kaufpreisabschlag reduziert werden. Alternativ zu einem share deal mit gewinnvorverlagernder Steuerbilanzpolitik kann der Verlustvortrag auch durch einen asset deal (Verkauf der einzelnen Wirtschaftsgüter) oder durch eine Kombination der beiden Verkaufsalternativen genutzt werden.

vortrags auf 60 % des Gesamtbetrags der Einkünfte im zweiten Jahr lediglich 60 vorgetragen werden, die verbleibenden 40 unterliegen der Besteuerung, obwohl der Gesamterfolg Null beträgt. Gelingt es, im ersten Jahr in dem Umfang Steuerbilanzpolitik zu betreiben, dass ein ausgeglichenes Ergebnis ausgewiesen wird und lösen sich diese Instrumente bereits im zweiten Jahr auf, fallen weder im ersten Jahr noch im zweiten Jahr Ertragsteuern an. Bei dem vorstehenden Beispiel handelt es sich um eine nur selten anzutreffende Fallkonstellation. Müssen die Instrumente eingesetzt werden, deren gegenläufige Effekte erst in späteren Perioden verteilt (und nicht auf einmal in der nachfolgenden Periode) auftreten, sind zwei gegenläufige Zeiteffekte gegeneinander abzuwägen: Eine gewinnvorverlagernde Steuerbilanzpolitik zur Vermeidung der Nachteile aus der quotalen Beschränkung des Verlustvortrags ist nur dann vorteilhaft, wenn der negative Zeiteffekt aus den Beschränkungen des Verlustvortrags höher ist als der negative Zeiteffekt der gewinnvorverlagernden Steuerbilanzpolitik.

2874 Nimmt ein Einzelunternehmer oder ein Gesellschafter einer Personengesellschaft die **Thesaurierungsbegünstigung nach § 34a EStG** in Anspruch, kommt es in den Jahren zu einer 25 %igen Nachversteuerung, in denen die Entnahmen die Summe aus Gewinn und Einlagen übersteigen. Durch eine gewinnvorverlagernde Steuerbilanzpolitik kann diese **Nachversteuerung zumindest vorübergehend vermieden werden**. Diese Gestaltung ist allerdings nur dann zu empfehlen, wenn dadurch die 25 %ige Nachversteuerung so weit in spätere Jahre verlagert werden kann, dass der dadurch erzielbare positive Zeiteffekt den allgemein auftretenden negativen Zeiteffekt einer gewinnvorverlagernden Steuerbilanzpolitik mindestens kompensiert.

2875 Die **erbschaft- und schenkungsteuerlichen Entlastungen nach §§ 13a-13c ErbStG** (85%iger Verschonungsabschlag und Abzugsbetrag von bis zu 150.000 € beziehungsweise 100 %iger Verschonungsabschlag) entfallen unter anderem dann, wenn innerhalb der Behaltensfrist Entnahmen getätigt werden, die die Summe aus Einlagen und Gewinnen um mehr als 150.000 € übersteigen (§ 13a Abs. 6 Nr. 3 ErbStG).[58] Bei einer gewinnvorverlagernden Steuerbilanzpolitik **erhöhen sich die Gewinne, sodass es möglich werden kann, die Nachbelastung zu vermeiden**. Eine Aufwandsnachverlagerung bzw. Ertragsvorverlagerung ist zu empfehlen, wenn die Entlastungen nach §§ 13a–13c ErbStG zu entfallen drohen und durch eine gewinnvorverlagernde Steuerbilanzpolitik eine Erfüllung der Ungleichung „Entnahmen − (Einlagen + Gewinne) > 150.000 €" vermieden werden kann. Die dadurch erzielbaren erbschaft- und schenkungsteuerlichen Vorteile übersteigen regelmäßig den negativen ertragsteuerlichen Zeiteffekt einer gewinnvorverlagernden Steuerbilanzpolitik.

3.5 Einfluss der Steuerbilanzpolitik auf die Steuerquote

2876 Bei kapitalmarktorientierten Unternehmen erfolgt die Beurteilung der steuer-planerischen Strategie häufig anhand der Steuerquote (= Steueraufwand im Verhältnis zum Jahresüberschuss). Aus Sicht der Steuerbilanzpolitik weist diese Kennziffer den **Nachteil auf, dass die Wirkung einer steuerbilanzpolitischen Maßnahme, insbesondere die Vor-**

---

58 Bei Kapitalgesellschaften ist auf Gewinnausschüttungen abzustellen. Die weiteren Gründe für einen Wegfall der Erleichterungen sind unabhängig von der Steuerbilanzpolitik.

teile einer Gewinnnachverlagerung nicht erkennbar ist. Da der Einsatz von steuerbilanzpolitischen Instrumenten insbesondere einen Zeiteffekt auslöst, kommt es in dem Fall, in dem sich Bilanzierung oder Bewertung in der Handelsbilanz von den Wertansätzen in der Steuerbilanz unterscheiden, in der Handelsbilanz zur Bildung von latenten Steuern. Die Steuerabgrenzung nach § 274 HGB führt dazu, dass der in der handelsrechtlichen Gewinn- und Verlustrechnung ausgewiesene Steueraufwand unabhängig vom Einsatz der Instrumente der Steuerbilanzpolitik ist. Da sich der Steueraufwand aus den gezahlten Steuern und den latenten Steuern zusammensetzt, hat die Steuerbilanzpolitik keinen Einfluss auf die im handelsrechtlichen Jahresabschluss ausgewiesene Steuerquote. **Der Barwertvorteil einer gewinnnachverlagernden Steuerbilanzpolitik ist in der Handelsbilanz nicht erkennbar.**[59] Daraus lässt sich allerdings keine Änderung der vorgestellten Strategie ableiten. Die finanziellen Wirkungen der Steuerbilanzpolitik treten unabhängig von der Darstellung im handelsrechtlichen Jahresabschluss ein. Offen ist lediglich, ob der Bilanzierende die **fehlende Publizitätswirkung** der Steuerbilanzpolitik als positiv oder negativ einschätzt. Es wäre allerdings verfehlt, aufgrund der Nichterkennbarkeit im handelsrechtlichen Jahresabschluss auf die Möglichkeit zu verzichten, durch eine gewinnnachverlagernde Steuerbilanzpolitik den Barwert der Steuerbelastung zu senken.

Beruht die vorteilhafte Wirkung steuerbilanzpolitischer Instrumente nicht auf einem Zeiteffekt, sondern auf der **Nutzung von tatsächlichen Steuersenkungspotenzialen**, ist die positive Wirkung der Steuerbilanzpolitik auch in der Steuerquote erkennbar. Dies lässt sich beispielsweise dadurch erreichen, dass vor einem anstehenden Gesellschafterwechsel Verlustvorträge unter Berücksichtigung der Mindestbesteuerung (§ 10d Abs. 2 EStG) durch eine Gewinnvorverlagerung verrechnet werden. Damit können sie nicht nach §§ 8c, 8d KStG bzw. § 10a Satz 10 GewStG untergehen. 2877

(Einstweilen frei) 2878–2882

4. Einsatz der Instrumente der Steuerbilanzpolitik
4.1 Leitlinien für die Auswahl der Instrumente der Steuerbilanzpolitik

Im zweiten Abschnitt wurde gezeigt, welche Instrumente für die Steuerbilanzpolitik zur Verfügung stehen. Im dritten Abschnitt wurde erläutert, wie in Abhängigkeit von der Unternehmensrechtsform und der wirtschaftlichen Lage des Unternehmens die Strategie für die Steuerbilanzpolitik festzulegen ist. Verfolgt das Unternehmen die Strategie der **Gewinnnachverlagerung** (Strategie 1), ist die Auswahl der bilanzpolitischen Instrumente einfach. Bei natürlichen Personen, deren Einkünfte so hoch sind, dass diese dem Spitzensteuersatz der Einkommensteuer unterliegen, und bei Kapitalgesellschaften sind **alle verfügbaren Instrumente** einzusetzen. Orientiert sich die Steuerbilanzpolitik an der Strategie 2 (tendenziell **Gewinnnivellierung**: natürliche Personen mit Einkünften, die unter dem zu versteuernden Einkommen liegen, ab dem der Spitzensteuersatz zur Anwendung kommt) oder an der Strategie 3 (bei bestimmten Situationen bietet sich eine **Gewinnvorverlagerung** an), ist aus den insgesamt zulässigen Instrumenten eine Aus- 2883

---

59 Siehe statt aller *Herzig/Dempfle*, DB 2002 S. 1; *Scheffler*, Besteuerung von Unternehmen, Band III: Steuerplanung, 2. Aufl., Heidelberg 2013, S. 228-230.

wahl zu treffen. Für diesen Auswahlprozess sind **drei Aspekte von besonderer Bedeutung:**[60]

▶ Die Instrumente der Steuerbilanzpolitik sind hinsichtlich ihrer Eigenschaft zu beschreiben und zu systematisieren.

▶ Es ist darauf zu achten, wie die Steuerbilanzpolitik organisatorisch einzubinden ist. In diesem Zusammenhang sind insbesondere die Beziehungen zur Kostenrechnung, zur buchungstechnischen Erfassung von Zugängen und zur Lagerbuchhaltung zu berücksichtigen.

▶ Es ist darauf einzugehen, wie die Steuerbilanzpolitik mit dem Prozess der Erstellung der Steuerbilanz verknüpft werden kann.

2884 Bei der Beschreibung und Systematisierung der Instrumente der Steuerbilanzpolitik steht eine Beurteilung hinsichtlich ihrer **Flexibilität** im Mittelpunkt.[61] Dieses Hauptmerkmal wird in **vier Teilkriterien** unterteilt. Im Hinblick auf die **zeitliche Flexibilität** wird danach differenziert, ob die Gestaltungsalternative nur zu einem bestimmten Zeitpunkt eingesetzt werden darf oder ob mehrere Zeitpunkte zur Verfügung stehen. Beim Merkmal der **quantitativen Flexibilität** werden die Instrumente der Steuerbilanz danach beurteilt, ob nur die Wahl zwischen zwei betragsmäßig feststehenden Bilanzansätzen besteht (Entweder-Oder-Entscheidung), ob innerhalb einer definierten Ober- und Untergrenze Zwischenansätze zulässig sind oder ob ein betragsmäßig nicht eindeutig eingrenzbarer Gestaltungsspielraum vorhanden ist. Anhand der **Analogieflexibilität** wird geprüft, ob der Einsatz eines Instruments in der gleichen Periode oder in anderen Jahren für gleiche oder vergleichbare Sachverhalte eine gleichgerichtete Vorgehensweise bedingt. Mit dem Kriterium der **Reversibilität** wird gekennzeichnet, ob die Nutzung einer bilanzpolitischen Gestaltung in Folgeperioden wieder rückgängig gemacht werden kann oder ob sie endgültig ist.

2885 Der **Hauptvorteil** der Einordnung der Instrumente der Steuerbilanzpolitik nach ihrer Flexibilität ist, dass sie die **Suche nach den im Einzelfall bilanzpolitisch nutzbaren Gestaltungen erleichtert.** Für diese Aufgabe sind aber die im zweiten Abschnitt vorgestellten Checklisten ausreichend. Der **Nachteil** der qualitativen Ansätze der Steuerbilanzpolitik ist darin zu sehen, dass bei ihnen die zahlreichen Instrumente der Steuerbilanzpolitik **isoliert analysiert werden.** Da die Wahlrechte und Ermessensspielräume nicht anhand einer bilanzpolitischen Strategie beurteilt werden, ist nicht unmittelbar erkennbar, für welche Maßnahmen sich der Bilanzersteller in seiner konkreten Situation entscheiden soll. Die Beschreibung der Instrumente nach ihrer Flexibilität liefert zwar einige **Anhaltspunkte** für die Lösung des Auswahlproblems. Diese Indizien reichen jedoch nicht aus,

---

60 Siehe hierzu z. B. *Dyck*, Ein Expertensystem zur Unterstützung der Bilanzpolitik, Bergisch Gladbach/Köln 1991, insbes. S. 243-258, S. 303-306; *Schmiel*, Steuerbilanzpolitische Strategien für kleine und mittlere Unternehmen, in: Meyer (Hrsg.), Strategien von kleinen und mittleren Unternehmen, Lohmar/Köln 2010, S. 473–477.

61 Siehe hierzu insbesondere *Binder*, Möglichkeiten der Bilanzpolitik in der Handels- und Steuerbilanz, Hamburg 2014; *Bauer*, Grundlagen einer handels- und steuerrechtlichen Rechnungspolitik der Unternehmung, Wiesbaden 1981; *Börner/Krawitz*, Steuerbilanzpolitik, Berlin 1977; *Packmohr*, Bilanzpolitik und Bilanzmanagement, Köln 1984; *Pfleger*, Die neue Praxis der Bilanzpolitik, 4. Aufl., Freiburg i. Br. 1991; *Schmiel*, Steuerbilanzpolitische Strategien für kleine und mittlere Unternehmen, in: Meyer (Hrsg.), Strategien von kleinen und mittleren Unternehmen, Lohmar/Köln 2010, S. 473–477.

um die Auswahl abschließend festzulegen. Da sich die vier Merkmale, anhand derer die Flexibilität eines Instruments beurteilt wird, nicht so operationalisieren lassen, dass eine eindeutige Entscheidung über den Einsatz oder Nichteinsatz eines Instruments getroffen werden kann, dienen sie „nur" dazu, eine **allgemeine Leitlinie** für die Auswahl zwischen den verfügbaren Instrumenten aufzustellen. Die zeitlich inflexiblen und/oder die betragsmäßig feststehenden Instrumente sind vor denjenigen Instrumenten einzusetzen, die auch in späteren Jahren noch zur Verfügung stehen oder die quantitativ flexibel sind.[62]

Bei einigen Instrumenten der Steuerbilanzpolitik ist eine **Abstimmung mit der Kostenrechnung** sowie der Erfassung von Zu- und Abgängen in der Finanzbuchhaltung und Lagerbuchhaltung erforderlich. Über den Einsatz dieser Instrumente kann nicht erst bei der Aufstellung der Steuerbilanz entschieden werden. Vielmehr sind bereits während des Wirtschaftsjahres entsprechende organisatorische Vorkehrungen zu treffen. Dies betrifft insbesondere Instrumente, bei denen für die Art und Weise der Ermittlung der **Anschaffungs- oder Herstellungskosten** Wahlrechte oder Ermessensspielräume bestehen. Soll beispielsweise der Ermessensspielraum genutzt werden, der bei der Bestimmung der in die Herstellungskosten einzubeziehenden Gemeinkosten besteht, ist die Kostenrechnung so auszugestalten, dass die erforderlichen Informationen zur Verfügung stehen. Es besteht also die Notwendigkeit, den Nutzen der Steuerbilanzpolitik mit dem damit verbundenen organisatorischen Aufwand abzuwägen. 2886

Bei der Steuerbilanzpolitik handelt es sich um ein **Partialmodell,** das in den Prozess der Erstellung einer Steuerbilanz zu integrieren ist. Die Abschlussarbeiten gehen nicht von den Instrumenten der Steuerbilanzpolitik aus. Es ist nicht üblich, vor Aufstellung einer Steuerbilanz zunächst alle verfügbaren Wahlrechte und Ermessensspielräume aufzulisten und anschließend aus dieser Liste die geeigneten Instrumente auszuwählen. Vielmehr erfolgt im Regelfall eine **sukzessive Bearbeitung** der einzelnen Bilanzpositionen, bei denen jeweils entschieden wird, ob und in welcher Weise ein bilanzpolitisches Instrument eingesetzt wird. 2887

Da die Steuerbilanzpolitik häufig auf der Ausnutzung von Wahlrechten und Ermessensspielräumen beruht, besteht das Risiko, dass einzelne Maßnahmen im Rahmen der **Betriebsprüfung** nicht anerkannt werden. Sind der Steuerpflichtige und die Finanzverwaltung über den steuerbilanzpolitischen Spielraum unterschiedlicher Ansicht, kann dies zu einem langjährigen Rechtsstreit führen. Bei einer Änderung des Steuerbescheids gleichen sich zwar die Gewinnerhöhungen und die Gewinnberichtigungen in den Folgejahren grundsätzlich aus. Aufgrund der Verzinsung von Steuernachforderungen und -erstattungen können sich jedoch für den Steuerpflichtigen erhebliche Belastungen ergeben. 2888

Der **Stetigkeitsgrundsatz** wird über das Maßgeblichkeitsprinzip (§ 5 Abs. 1 Satz 1 1. Halbsatz EStG) Teil der steuerlichen Gewinnermittlung. Da aber bei steuerlichen Wahlrechten die Maßgeblichkeit der handelsrechtlichen GoB nicht beachtet werden muss (§ 5 Abs. 1 Satz 1 2. Halbsatz EStG), wirkt sich in diesem Bereich der Stetigkeitsgrundsatz für die Steuerbilanz nicht aus. Insoweit hat sich die Flexibilität des Bilanzie- 2889

---

62 Vgl. *Wagner/Dirrigl*, Die Steuerplanung der Unternehmung, Stuttgart/New York 1980, S. 281–282.

renden erhöht. Zu beachten ist aber, dass bei der Umsetzung der Strategie der Steuerbilanz im Einzelfall aus speziellen im EStG formulierten Vorgaben (z. B. §§ 6 Abs. 1 Nr. 2a Satz 3, § 6 Abs. 2a Satz 5, § 6a Abs. 4 Satz 1, 5 EStG sowie § 7 Abs. 3 EStG a. F.) sowie aus dem Willkürverbot und den Mitwirkungspflichten nach § 90 Abs. 1 AO Einschränkungen resultieren.[63]

2890 *(Einstweilen frei)*

4.2 Integration der Steuerbilanzpolitik in den Prozess der Aufstellung einer Steuerbilanz

2891 Bei den Instrumenten, die Rückwirkungen auf den **organisatorischen Ablauf** haben, steht häufig der mit einer Gestaltungsalternative verbundene **Vereinfachungseffekt** im Vordergrund. Bei derartigen Instrumenten gehen andere betriebswirtschaftliche Überlegungen der Umsetzung der steuerbilanziellen Strategie vor.[64] Im Zeitpunkt der Aufstellung einer Steuerbilanz bestehen insoweit nur noch wenige Gestaltungsmöglichkeiten. Beispiele für Instrumente, bei denen im Rahmen von längerfristigen Überlegungen die Steuerbilanzpolitik mit der Gestaltung der Kostenrechnung, der Erfassung von Zu- und Abgängen im Rahmen der Finanzbuchhaltung sowie der Lagerbuchhaltung abzustimmen ist, sind:

▶ Bewertungsvereinfachungen (insbesondere bei Wirtschaftsgütern des Umlaufvermögens)

Einzelbewertung, Festbewertung, Gruppenbewertung und Verbrauchs- bzw. Veräußerungsfolgeverfahren (Durchschnittsbewertung oder Lifo-Verfahren)

▶ Ermittlung der Herstellungskosten

Art und Weise der Ermittlung der einzubeziehenden Gemeinkosten, Entscheidung über den Einbezug von Fremdkapitalzinsen

▶ Behandlung von geringwertigen Wirtschaftsgütern

Abschreibung nach § 7 Abs. 1 EStG (Abschreibung über die betriebsgewöhnliche Nutzungsdauer), Bewertungsfreiheit nach § 6 Abs. 2 EStG (Sofortverrechnung) oder Sammelposten nach § 6 Abs. 2a EStG (Verrechnung über fünf Jahre)

▶ Bewertung von Rückstellungen, soweit es um die Konkretisierung der Berechnungsparameter geht

Berücksichtigung von Erfahrungen aus der Vergangenheit, Art und Weise des Einbezugs von Gemeinkosten, Berücksichtigung von Vorteilen, Bewertungsvereinfachungen.

2892 Bei der Zuordnung von Wirtschaftsgütern des neutralen Vermögens zum Betriebsvermögen (**gewillkürtes Betriebsvermögen**) oder zum Privatvermögen, der Abgrenzung und Bewertung von **Einlagen und Entnahmen** sowie von **verdeckten Gewinnausschüt-**

---

63 Zu den Auswirkungen des Stetigkeitsgrundsatzes auf die Steuerbilanz siehe z. B. *Scheffler/Binder*, StuB 2012 S. 891–896.
64 Zur Umsetzung einer eigenständigen Steuerbilanzpolitik unter Einsatz von Standardsoftware siehe *Binder*, Möglichkeiten der Bilanzpolitik in der Handels- und Steuerbilanz, Hamburg 2014, S. 277–300.

tungen und verdeckten Einlagen sind im Laufe des Jahres entsprechende organisatorische Vorkehrungen und Dokumentationen zu treffen, damit das vom Steuerpflichtigen gewünschte Ergebnis eintritt. Bei diesen Ansatzwahlrechten und Ermessensspielräumen besteht gegenüber den anderen Instrumenten der Steuerbilanzpolitik die Besonderheit, dass mit diesen auch positive Bemessungsgrundlageneffekte erzielt werden können. Es handelt sich um Instrumente, bei denen es darum geht, absolute Steuervorteile zu erreichen oder zumindest Mehrbelastungen zu vermeiden.

Einige Instrumente der Steuerbilanzpolitik stehen nur in **Sondersituationen** zur Verfügung. Die dabei bestehenden Wahlrechte und Ermessensspielräume sollten vorab entsprechend der verfolgten bilanzpolitischen Strategie eingesetzt werden. Damit wird der Rahmen vorgegeben, in welchem Umfang und in welche Richtung die Steuerbilanzpolitik bei den weiteren (laufenden) Geschäftsvorgängen zu konkretisieren ist:

▶ Wahlrechte nach dem UmwStG

▶ Ausgleichsposten bei Überführung von Wirtschaftsgütern des Anlagevermögens in eine EU-Betriebsstätte (§ 4g EStG)

▶ Geschäfts- oder Firmenwert (Wertaufholung ist davon abhängig, ob sich der Bilanzierende der Trennungstheorie oder der Einheitstheorie anschließt).

Im Hinblick auf die fehlende oder nur geringe Flexibilität und die betragsmäßigen Auswirkungen sollte bei der Aufstellung der Steuerbilanz mit den **steuerfreien Rücklagen** und mit den **Wirtschaftsgütern des Anlagevermögens** fortgefahren werden. Auf diese Weise können auch die zwischen dem Ansatz von steuerfreien Rücklagen und der Bewertung von Wirtschaftsgütern des Anlagevermögens bestehenden Zusammenhänge erfasst werden. Ein Beispiel für diese Verknüpfung ist die Entscheidung, ob der bei der Veräußerung eines Wirtschaftsguts entstehende Gewinn nach § 6b EStG in eine steuerfreie Rücklage eingestellt oder auf ein Ersatzwirtschaftsgut übertragen wird. Darüber hinaus bestehen bei Wirtschaftsgütern des Anlagevermögens häufig betragsmäßig bedeutsame Einflussmöglichkeiten auf die Höhe des steuerpflichtigen Gewinns, die jedoch eine verhältnismäßig geringe quantitative Flexibilität aufweisen (so beispielsweise bei der Wahl der Abschreibungsmethode oder der Konkretisierung der Nutzungsdauer eines Wirtschaftsguts):

▶ Übertragung von Veräußerungsgewinnen (§ 6b EStG, R 6.6 EStR)

▶ Behandlung von Investitionszuschüssen (R 6.5 EStR)

▶ Abgrenzung zwischen Erhaltungs- und Herstellungsaufwand

▶ Sonderabschreibungen, erhöhte Absetzungen (§§ 7g Abs. 5-6, 7h, 7i EStG)

▶ planmäßige Abschreibungen: betriebsgewöhnliche Nutzungsdauer und Abschreibungsmethode (§ 7 EStG).

Mit den bisher genannten Instrumenten kann der gewünschte Gewinnausweis tendenziell erreicht werden. Zur Feinabstimmung eignen sich insbesondere Instrumente, die deshalb **flexibel eingesetzt werden können,** weil rechtlich kein bestimmter Betrag vorgegeben ist oder weil bei der Konkretisierung des Ansatzes dem Grunde nach sowie der Höhe nach ein Ermessensspielraum besteht. Die Auswahl zwischen diesen Instrumenten hängt davon ab, mit welchem organisatorischen Aufwand sie in der konkreten Situation eingesetzt werden können:

▶ Ansatz von Rückstellungen für ungewisse Verbindlichkeiten

insbesondere bei der Prüfung der Kriterien „Verursachung vor dem Abschlussstichtag" sowie „hinreichende Konkretisierung"

▶ Bewertung von Rückstellungen

insbesondere bei der Art und Weise der Berücksichtigung der Ungewissheit

▶ Instrumente im Zusammenhang mit außerplanmäßigen Abschreibungen

Wahlrecht zu **Teilwertabschreibungen** bei voraussichtlich dauernder Wertminderung bei Aktiva, Wahlrecht zur Verrechnung von Absetzungen für außergewöhnliche technische oder wirtschaftliche Abnutzung, Wahlrecht zu Teilwertzuschreibungen bei einer voraussichtlich dauernden Erhöhung der Belastung bei Passiva, Ermessensspielraum bei der Bestimmung des (niedrigeren) Teilwerts von Wirtschaftsgütern des Anlage- und Umlaufvermögens sowie des (höheren) Teilwerts von Verbindlichkeiten und Rückstellungen, Ermessensspielraum bei der Abgrenzung zwischen voraussichtlich dauernden und voraussichtlich vorübergehenden Wertminderungen (Aktiva) bzw. Werterhöhungen (Passiva)

▶ keine (weitere) Zuführung zu den Pensionsrückstellungen für „Altzusagen"[65]

▶ Verteilungswahlrechte (z. B. §§ 6a Abs. 4 Satz 2-4, 6, § 52 Abs. 9 EStG)

▶ Behandlung des Erhaltungsaufwands bei Gebäuden in Sanierungsgebieten und städtebaulichen Entwicklungsbereichen und bei Baudenkmälern (§ 4 Abs. 8 i. V. m. §§ 11a, 11b EStG)

▶ Investitionsabzugsbetrag nach § 7g Abs. 1-4 EStG.

2896 Fasst man die Überlegungen zusammen, erscheint es **wenig sinnvoll,** die Steuerbilanzpolitik als **mehrperiodige Planungsaufgabe** anzugehen. Vielmehr ist ein **einperiodiger Ansatz** vorzuziehen. Der Mehrperiodenbezug ergibt sich daraus, dass bei einkommensteuerpflichtigen Personen darauf zu achten ist, dass starke Schwankungen des zu versteuernden Einkommens vermieden werden. Die Hauptaufgabe der Steuerbilanzpolitik besteht nicht darin, ein möglichst umfassendes Rechenmodell zu entwickeln, sondern Wege aufzuzeigen, wie bei der Aufstellung einer Steuerbilanz zur Verfügung stehende Instrumente und deren im laufenden Jahr und in den Folgeperioden auftretende Auswirkungen erkannt werden können. Dies bedeutet, dass für denjenigen, der Steuerbilanzpolitik betreiben möchte, Kenntnisse über die theoretischen und praktischen Fragen der Bilanzierung und Bewertung sowie über die organisatorischen Gegebenheiten bei der Erstellung der Steuerbilanz wichtiger sind als das Wissen über die Modelle der Steuerbilanzpolitik.

2897–2899 *(Einstweilen frei)*

---

65 In den Folgejahren ist allerdings das Nachholungsverbot nach § 6a Abs. 4 Satz 1, 5 EStG zu beachten.

5. Zusammenfassung

In diesem Beitrag erfolgt eine Konzentration auf **Ansatzwahlrechte und Bewertungswahlrechte sowie Ermessensspielräume** (sachverhaltsabbildende Maßnahmen). Darüber hinaus gehören Sachverhaltsgestaltungen, Ausweiswahlrechte, zeitliche Wahlrechte und Entscheidung über die Gewinnverwendung zu den Instrumenten der Steuerbilanzpolitik.

Ausgangspunkt für die Steuerbilanzpolitik bildet die **Interpretation des Maßgeblichkeitsprinzips** durch die Finanzverwaltung. Es gibt Instrumente, bei denen eine eigenständige Steuerbilanzbilanzpolitik möglich ist, weil entweder keine vergleichbare handelsrechtliche Regelung existiert oder weil trotz Bestehens einer handelsrechtlichen Regelung in der Steuerbilanz eine unabhängige Wahlrechtsausübung möglich ist. Allerdings sind in diesen Fällen spezielle steuerliche Aufzeichnungsverpflichtungen sowie die Auswirkungen auf die Steuerabgrenzung (latente Steuern, § 274 HGB) zu berücksichtigen. Trotz des mit dem BilMoG vollzogenen **Übergangs von der formellen auf die materielle Maßgeblichkeit** ist bei einigen bilanzpolitischen Instrumenten eine Abstimmung mit der Vorgehensweise in der Handelsbilanz erforderlich.

Die bilanzpolitischen Instrumente sind grundsätzlich so einzusetzen, dass Erträge so spät wie möglich ausgewiesen und Aufwendungen so früh wie möglich verrechnet werden (**Gewinnnachverlagerung**). Es gibt aber auch Situationen, in denen eine möglichst konstante Gewinnausweisreihe (Tendenz zur **Gewinnnivellierung**) oder ein Vorziehen des Gewinnausweises vorteilhaft ist (**Gewinnvorverlagerung**).

Für die Auswahl zwischen den zur Verfügung stehenden Instrumenten der Steuerbilanzpolitik ist insbesondere deren **Flexibilität von Bedeutung.** Der Hauptvorteil der Einordnung der Instrumente der Steuerbilanzpolitik nach ihrer Flexibilität ist, dass sie die Suche nach der im Einzelfall bilanzpolitisch nutzbaren Gestaltungen erleichtert. Die Beschreibung der Instrumente nach ihrer Flexibilität ist allerdings nicht dazu geeignet, um die Auswahl abschließend festzulegen. Zusätzlich ist darauf zu achten, wie die Steuerbilanzpolitik **organisatorisch einzubinden** ist. In diesem Zusammenhang sind insbesondere die Beziehungen zur Ausgestaltung der Kostenrechnung, zur buchungstechnischen Erfassung von Zu- und Abgängen und zur Lagerbuchhaltung zu berücksichtigen. Darüber hinaus ist die Steuerbilanzpolitik **mit dem Prozess der Erstellung der Steuerbilanz zu verknüpfen.** Es ist nicht üblich, vor Aufstellung einer Steuerbilanz zunächst alle verfügbaren Wahlrechte und Ermessensspielräume aufzulisten und anschließend aus dieser Liste die geeigneten Instrumente auszuwählen. Vielmehr erfolgt im Regelfall eine sukzessive Bearbeitung der einzelnen Bilanzpositionen, bei denen jeweils entschieden wird, ob und in welcher Weise ein bilanzpolitisches Instrument eingesetzt wird.

(Einstweilen frei)

Teil A:
Grundsatz- und Querschnittsfragen steuerlicher Gewinnermittlung

Kapitel XX:
Internationale Bezüge der steuerlichen Gewinnermittlung

von
Professor Dr. Holger Kahle, Hohenheim

Kapitel XX: Internationale Bezüge der steuerlichen Gewinnermittlung

Inhaltsübersicht	Rz.
1. Einleitung	2930 - 2938
2. Steuerliche Gewinnermittlung und -abgrenzung ausländischer Betriebsstätten	2939 - 2957
2.1 Grundlagen	2939 - 2946
2.2 Erfolgsermittlung und Erfolgsabgrenzung nach der Umsetzung des AOA	2947 - 2950
2.3 Inhalt und Bedeutung der Hilfs- und Nebenrechnung nach § 3 BsGaV	2951 - 2957
3. Steuerliche Gewinnermittlung im Inbound-Fall	2958 - 2962
3.1 Überblick	2958
3.2 Steuerliche Gewinnermittlung im Rahmen des § 49 Abs. 1 Nr. 2 Buchst. a EStG	2959 - 2960
3.3 Steuerliche Gewinnermittlung im Rahmen des § 49 Abs. 1 Nr. 2 Buchst. f EStG	2961 - 2962
4. Entstrickung	2963 - 3024
4.1 Überblick: Tatbestände der Entstrickung	2963 - 2972
4.2 Entstrickung nach § 4 Abs. 1 Satz 3, 4 EStG	2973 - 2992
4.2.1 Überblick über die Rechtsentwicklung bis zum JStG 2010	2973 - 2987
4.2.2 Ergänzung der Entstrickungsregelung durch das JStG 2010	2988 - 2992
4.3 Gewinnaufschub durch Bildung eines Ausgleichspostens nach § 4g EStG	2993 - 3018
4.3.1 Grundzüge der Ausgleichspostenmethode (§ 4g Abs. 1 EStG)	2993 - 3000
4.3.2 Gewinnerhöhende Auflösung des Ausgleichspostens	3001 - 3007
4.3.3 Rückführung (§ 4g Abs. 3 EStG)	3008 - 3015
4.3.4 Europarechtliche Bedenken	3016 - 3017
4.3.5 Einnahmen-Überschussrechnung nach § 4 Abs. 3 EStG	3018
4.4 Betriebsaufgabe (§ 16 Abs. 3a EStG)	3019 - 3024
5. Verstrickung (§ 4 Abs. 1 Satz 8 2. Halbsatz EStG)	3025 - 3037
5.1 Tatbestandsmerkmale	3025 - 3031
5.2 Rechtsfolgen des gesetzlichen Verstrickungstatbestandes	3032 - 3037
6. EuGH-Rechtsprechung und deutsches Steuerbilanzrecht	3038 - 3045
7. Einflüsse der IFRS auf die steuerliche Gewinnermittlung	3046 - 3060
7.1 Inbezugnahme der IFRS bei der Auslegung steuerlicher Ansatz- und Bewertungsfragen	3046 - 3052
7.2 Unmittelbare Bezugnahme auf die IFRS im Rahmen der Zinsschranke	3053 - 3060

AUSGEWÄHLTE LITERATUR

Adrian, Übertragung einer § 6b-Rücklage auf eine ausländische EU/EWR-Betriebsstätte, StuB 2017 S. 739; *Bernütz/Küppers*, Bilanzierungspflicht der deutschen Betriebsstätte einer britischen Limited Liability Partnership?, IStR 2011 S. 587; *Böhmer/Wegener*, Zum Verhältnis der Verstrickung zu sonstigen Vorschriften des nationalen Rechts, Ubg 2015 S. 69; *Broemel/Endert*, Überführung von Wirtschaftsgütern in ausländische Betriebsstätten, BBK 2013 S. 208; *Cloer/Gerlach*, Die „virtuelle Betriebsstätte": Ein angemessenes Instrument zur Besteuerung der „digitalen Wirtschaft"?, FR 2018 S. 105; *Ditz*, Der „Authorised OECD Approach" wird Wirklichkeit, ISR 2013 S. 261; *Ditz/*

Tcherveniachki, Entstrickungsbesteuerung gem. § 4 Abs. 1 Satz 3 f. EStG – Kritische Anmerkung zu den Urteilen des FG Düsseldorf v. 19.11.2015 sowie des FG Köln v. 16.2.2016, ISR 2016 S. 417; *Dörr/Bühler*, Keine Sofortbesteuerung bei Betriebsverlegung ins Ausland – Abkehr von der finalen Betriebsaufgabe, IWB 2010 S. 123; *Ehlermann/Müller*, Die Verstrickung – Chancen, Risiken und Nebenwirkungen, ISR 2013 S. 47; *Förster*, Die Neuregelung des § 6b Abs. 2a EStG für Reinvestitionen im EU/EWR-Ausland, WPg 2015 S. 1319; *Glaser/Kahle*, Zum Einfluss der IFRS auf die steuerliche Gewinnermittlung: Die Bildung handelsbilanzieller Bewertungseinheiten als Einfallstor für internationale Rechnungslegungstendenzen?, Ubg 2015 S. 113; *Goebel/Jenet/Franke*, Anwendungsfragen beim Ausgleichsposten gemäß § 4g EStG, IStR 2010 S. 235; *Gosch*, Über Entstrickungen, IWB 2012 S. 779; *Hennrichs*, Bilanzwahrheit, Realisationsprinzip und wirtschaftliche Betrachtungsweise nach EU-Bilanzrecht – Zugleich zur Bilanzierung bei verdeckter Einlage und Besprechung der Entscheidung des EuGH v. 3.10.2013 – C-322/12 (GIMLE), WPg 2015 S. 315; *Hennrichs*, GoB im Spannungsfeld von BilMoG und IFRS, WPg 2011 S. 861; *Hennrichs*, Zinsschranke, Eigenkapitalvergleich und IFRS, DB 2007 S. 2101; *Hennrichs*, Zur normativen Reichweite der IFRS – Zugleich Anmerkungen zu den Urteilen des EuGH und des FG Hamburg in der Rechtssache „BIAO", NZG 2005 S. 783; *Heurung/Engel/Thiedemann*, Die Entstrickungsbesteuerung im Lichte des Europarechts, EWS 2011 S. 228; *Hoffmann*, Der Ausgleichsposten nach § 4g EStG i. d. F des SEStEG, DB 2007 S. 652; *Kahle*, Steuerliche Gewinnermittlung unter dem Einfluss der IAS/IFRS, IRZ 2006 S. 87; *Kahle*, Ausgewählte internationale Aspekte der steuerlichen Gewinnermittlung, StuB 2013 S. 759; *Kahle*, Internationale Gewinnabgrenzung bei Betriebsstätten nach dem Authorised OECD Approach, in: Lüdicke/Mössner/Hummel (Hrsg.), Das Steuerrecht der Unternehmen, Festschrift für Frotscher, Freiburg/München 2013, S. 287; *Kahle/Beinert*, Zur Diskussion um die Europarechtswidrigkeit der Entstrickungstatbestände nach Verder LabTec, FR 2015 S. 585; *Kahle/Dahlke/Schulz*, Zunehmende Bedeutung der IFRS für die Unternehmensbesteuerung?, StuW 2008 S. 266; *Kahle/Eichholz*, Ausgewählte Aspekte der Bildung und Auflösung eines Ausgleichspostens nach § 4g EStG, FR 2015 S. 7; *dies.*, Entstrickung nach § 4 Abs. 1 Satz 3 und 4 EStG - Ausgewählte Aspekte und Zweifelsfragen, StuB 2014 S. 867; *Kahle/Eichholz/Kindich*, Das Verhältnis der allgemeinen Entstrickungstatbestände zu der Einkünftekorrektur nach § 1 Abs. 5 AStG, Ubg 2016 S. 132; *Kahle/Günter*, Fortentwicklung des Handels- und Steuerbilanzrechts nach dem BilMoG, StuW 2012 S. 43; *Kahle/Kindich*, Erfolgs- und Vermögensabgrenzung bei Betriebsstätten, in: Lübbehüsen/Kahle (Hrsg.), Brennpunkte der Besteuerung von Betriebsstätten, Herne 2016, S. 213; *Kahle/Mödinger*, Betriebsstättenbesteuerung: Zur Anwendung und Umsetzung des Authorised OECD Approach, DStZ 2012 S. 802; *Kanzler*, Die Reinvestitionsvergünstigung weiter auf dem Prüfstand der EU-Kommission, FR 2017 S. 336; *Kessler/Philipp*, Rechtssache National Grid Indus BV – Ende oder Bestätigung der Entstrickungsbesteuerung?, DStR 2012 S. 267; *Kessler/Winterhalter/Huck*, Überführung und Rückführung von Wirtschaftsgütern: Die Ausgleichspostenmethode des § 4g EStG, DStR 2007 S. 133; *Kindich*, Erfolgs- und Vermögensabgrenzung bei Betriebsstätten nach dem Fremdvergleichsgrundsatz, Baden-Baden 2018; *Kramer*, Entstrickung: Entstrickungsbesteuerung, ISR 2016 S. 336; *Looks/Heinsen* (Hrsg.), Betriebsstättenbesteuerung, 3. Aufl., München 2017; *Mitschke*, Aufgabe der finalen Entnahmetheorie durch den BFH und gesetzliches Entstrickungskonzept des SEStEG – wie geht es weiter?, Ubg 2010 S. 355; *Mitschke*, Entstrickung und Verstrickung – BFH I R 77/06 und § 4 Abs. 1 Satz 3 EStG, IStR 2010 S. 95; *Mitschke*, Konkretisierung der gesetzlichen Entstrickungsregelungen und Kodifizierung der finalen Betriebsaufgabetheorie durch das Jahressteuergesetz 2010, Ubg 2011 S. 328; *Mitschke*, Das EuGH-Urteil „National Grid Indus" v. 29.11.2011 – Eine Bestandsaufnahme und eine Bewertung aus Sicht der Finanzverwaltung, DStR 2012 S. 629; *Moxter*, IFRS als Auslegungshilfe für handelsrechtliche GoB?, WPg 2009 S. 7; *Müller*, Entstrickungsbesteuerung bei Einbringung einer EU-Anrechnungsbetriebsstätte, ISR 2018 S. 58; *Musil*, Die Ergänzung des Entstrickungstatbestands durch § 4 Abs. 1 Satz 4 EStG – Herrscht hier endlich Klarheit?, FR 2011 S. 545; *Oppel*, Entstrickung: Offene nationalrechtliche Fragen zur Entstrickung nach § 4 Abs. 1 Satz 3, 4 EStG – der BFH ist gefragt, ISR 2016 S. 298; *Prinz*, Entwicklungsperspektiven im Bilanzsteuerrecht, DB 2016 S. 9; *Prinz*, Komplex und unübersichtlich: Die neue Zinsschranke und ihre IFRS-Bezüge, GmbHR 2007 S. R257; *Prinz*, Steuerliches Entstrickungskonzept – gelungen oder reparaturbedürftig?, GmbHR 2012 S. 195; *Prinz/Otto*, Steuerbilanzielle Behandlung von Entwicklungskosten für immaterielle Wirtschaftsgüter in Zeiten vernetzten Wirtschaftens, DStR 2017 S. 275 ff.; *Richter/Heyd*, Die Konkretisierung der Entstrickungsregelungen und Kodifizierung der finalen Betriebsaufgabe durch das Jahressteuergesetz 2010, Ubg 2010 S. 172; *Scheffler*, Europäisierung des Bilanzsteuerrechts, StuB 2004 S. 776; *Scheffler*, Steuerbilanz und EuGH: Vorabentscheidungszuständigkeit, true and fair view und Vorsichtsprinzip, Wertaufhellung, StuB 2003 S. 298; *Schön*, Verdeckte Einlagen in Kapitalgesellschaften – unsichtbar für den EuGH?, ZHR 2014 S. 373; *Schulz*, Zinsschranke und IFRS – Geklärte, ungeklärte und neue Fragen nach dem Anwendungserlass v. 4.7.2008, DB 2008 S. 2043; *Siegel*, Neuinterpretation der Grundsätze ordnungsmäßiger Buchführung als Bilanzrechtsmodernisierung? – Ein konzeptioneller Irrtum!, ZSteu 2008 S. 53; *Thömmes/Linn*, Verzinsung und Sicherheitsleistung bei aufgeschobener Fälligkeit von Steuern im Wegzugsfall, IStR 2012 S. 282; *Ungemach*, Europarechtliche und abkommensrechtliche Beurteilung der Entstrickungsregelungen des deutschen Umwandlungssteuerrechts, Ubg 2011 S. 251; *Vater*, Zum Einfluss der IFRS auf die Auslegung der handelsrechtlichen GoB und das deutsche Bilanzsteuerrecht, StuB 2005 S. 67; *Wassermeyer*, Verliert Deutschland im Fall der Überführung von Wirtschaftsgütern in eine ausländische Betriebsstätte das Besteuerungsrecht?, DB 2006 S. 1176; *Wassermeyer*, Entstrickung durch Beschränkung des deutschen Besteuerungsrechts, DB 2006 S. 2420; *Wassermeyer/Andresen/Ditz* (Hrsg.), Betriebsstätten Handbuch, 2. Aufl., Köln 2018; *Watrin/Riegler*, Steuerfreie Rücklage oder Steuerstundung? – Barwertkalküle zu § 6b Abs. 2a EStG, FR 2016 S. 345; *Wolf*, Die Buchführungspflicht der Zweigniederlassung, BBK 2011 S. 864; *Wüstemann/Wüstemann*, Das System der Grundsätze ordnungsmäßiger Buchführung nach dem Bilanzrechtsmodernisierungsgesetz, in: Baumhoff/Dücker/Köhler (Hrsg.), Besteuerung, Rechnungslegung und Prüfung der Unternehmen, Festschrift für Krawitz, Wiesbaden 2010, S. 751.

1. Einleitung

Die Internationalisierung der **handelsrechtlichen Rechnungslegung** ist im Zuge der Globalisierung der Wirtschaftstätigkeit und der Kapitalmärkte inzwischen weit fortgeschritten. Dies zeigt sich etwa daran, dass seit dem Jahr 2005 IFRS für Konzernabschlüsse kapitalmarktorientierter Unternehmen verbindlich sind (§ 315a Abs. 1 HGB) und § 315a Abs. 3 HGB nicht kapitalmarktorientierten Unternehmen ein Wahlrecht zur Anwendung der IFRS im Konzernabschluss gewährt. Der Einzelabschluss nach HGB bleibt für alle Unternehmen erhalten.[1]

2930

Auch die **steuerliche Gewinnermittlung** weist zunehmend stärkere internationale Bezüge auf, die allerdings sehr heterogen sind. Zunächst ist das Bilanzsteuerrecht freilich in dem Sinne „international", dass aufgrund des Welteinkommensprinzips **Direktgeschäfte** in der steuerlichen Gewinnermittlung erfasst werden.[2] Demgegenüber hängt die bilanzsteuerrechtliche Abbildung von **Direktinvestitionen** von der Art des unternehmerischen Engagements ab.[3] Die Beteiligung an einer ausländischen Kapitalgesellschaft

2931

---

1 Beschränkt auf Informationszwecke wird großen, zur Publizität verpflichteten Kapitalgesellschaften gestattet, zusätzlich einen Einzelabschluss nach IFRS aufzustellen (§ 325 Abs. 2a HGB); dieser wäre statt des HGB-Einzelabschlusses im Bundesanzeiger offen zu legen. Für die Einreichung beim Handelsregister ist nach wie vor der HGB-Einzelabschluss maßgebend.
2 Ein Direktgeschäft bezeichnet den direkten grenzüberschreitenden Leistungsaustausch ohne festen Stützpunkt im Quellenstaat (z. B. Export, Darlehensvergabe). Vgl. *Jacobs/Endres/Spengel* (Hrsg.), Internationale Unternehmensbesteuerung, 8. Aufl., München 2016 S. 243, 245.
3 Eine Direktinvestition erfordert eine dauerhafte Kapital- und/oder Personalbindung im Quellenland. Als Direktinvestitionen kommen die Errichtung einer Betriebsstätte, die Beteiligung an einer Personengesellschaft oder die Beteiligung an einer Kapitalgesellschaft (Beteiligungsquote mind. 10 %) in Frage. Vgl. *Jacobs/Endres/Spengel* (Hrsg.), Internationale Unternehmensbesteuerung, 8. Aufl., München 2016 S. 243.

wird mit ihren Anschaffungskosten aktiviert und unterliegt in der Folgezeit den Regelungen der Teilwertabschreibung (§ 6 Abs. 1 Satz 1 Nr. 2 EStG), während sich die Ermittlung des steuerlichen Gewinns der ausländischen Kapitalgesellschaft nach dem Steuerrecht ihres Domizilstaates richtet. Wenn die ausländische Kapitalgesellschaft allerdings der deutschen **Hinzurechnungsbesteuerung** (§§ 7 ff. AStG) unterliegt, bestimmt sich die Höhe der **passiven Einkünfte** nach den deutschen Einkunftsermittlungsvorschriften (§ 10 Abs. 3 Satz 1-4 AStG). Die Ermittlung der Einkünfte wird so vorgenommen, als sei die ausländische Gesellschaft unbeschränkt steuerpflichtig. Die steuerliche Gewinnermittlung und -abgrenzung im Fall einer **ausländischen Betriebsstätte** wird in Abschnitt 2 aufgegriffen (vgl. Rz. 2939 ff.).

Abschnitt 3 behandelt die steuerliche Gewinnermittlung im **Inbound-Fall** (vgl. Rz. 2958 ff.).

2932 Von weiteren internationalen Bezügen der steuerlichen Gewinnermittlung kann gesprochen werden, wenn einzelne Wirtschaftsgüter des Betriebsvermögens ins Ausland überführt werden, Unternehmen wegziehen oder im Zuge eines Umwandlungsvorganges deutsches Besteuerungssubstrat droht verloren zu gehen. Diese Tatbestände der **Entstrickung** sind Gegenstand des Abschnitts 4 (vgl. Rz. 2963 ff.), wobei der Schwerpunkt auf §§ 4 Abs. 1 Satz 3, 4 EStG, 12 Abs. 1 KStG sowie § 4g EStG gelegt wird. In Abschnitt 5 wird der umgekehrte Fall der **Verstrickung** im Betriebsvermögen (§ 4 Abs. 1 Satz 8 2. Halbsatz EStG) behandelt (vgl. Rz. 3025 ff.).

2933 Darüber hinaus ist der Einfluss des **Europäischen Gerichtshofs** auf das deutsche Bilanzsteuerrecht zu untersuchen (Abschnitt 6, Rz. 3038 ff.). Damit verknüpft ist der **Einfluss der IFRS** auf die steuerliche Gewinnermittlung, der aber über die EuGH-Rechtsprechung hinausgeht (Abschnitt 7, Rz. 3046 ff.).

2934–2938 *(Einstweilen frei)*

2. Steuerliche Gewinnermittlung und -abgrenzung ausländischer Betriebsstätten

2.1 Grundlagen

2939 Wenn ein inländisches Unternehmen eine **ausländische Betriebsstätte**[4] unterhält, ist es erforderlich, den auf die ausländische Betriebsstätte entfallenden Gewinn festzustellen. „Die Zuordnung eines Anteils am Gesamtgewinn des Einheitsunternehmens dient der Abgrenzung der Besteuerungsrechte zwischen Ansässigkeitsstaat einerseits und Quellenstaat (Betriebsstättenstaat) andererseits."[5] Der **Quellenstaat** muss die Höhe der auf seinem Staatsgebiet erwirtschafteten Einkünfte feststellen. Der **Wohnsitzstaat** muss gleichfalls die ausländischen Einkünfte ermitteln, und zwar sowohl im DBA-Fall als auch ohne Vorliegen eines DBA. Wenn die **Anrechnungsmethode** (Art. 23B OECD-MA, §§ 34c Abs. 1,

---

[4] Zum Begriff der Betriebsstätte vgl. *Puls* in Wassermeyer/Andresen/Ditz (Hrsg.), Betriebsstätten Handbuch, 2. Aufl., Köln 2018, S. 27 ff.; *Kahle/Kindich* in Lübbehüsen/Kahle (Hrsg.), Brennpunkte der Besteuerung von Betriebsstätten, Herne 2016, S. 27 ff. Zur aktuellen Diskussion um die „virtuelle" bzw. „digitale" Betriebsstätte vgl. Cloer/Gerlach, FR 2018 S. 105 ff.

[5] *Förster/Naumann/Rosenberg*, IStR 2005 S. 618.

6 EStG, 26 Abs. 1 KStG) zur Anwendung kommt, bestimmt die Höhe der ausländischen Einkünfte den Höchstbetrag der Anrechnung. Für Zwecke der **Freistellungsmethode** (Art. 23A OECD-MA) sind ausländische Einkünfte von den inländischen abzugrenzen und gegebenenfalls für den **Progressionsvorbehalt** nach § 32b EStG zu bestimmen.

Die Buchführungspflicht betrifft stets das gesamte Unternehmen und damit auch die in der ausländischen Betriebsstätte verwirklichten Geschäftsvorfälle.[6] Die in einem ausländischen Staat über eine Betriebsstätte erzielten Erfolge sind ungeachtet einer dort bestehenden Buchführungspflicht in die deutsche steuerliche Gewinnermittlung einzubeziehen.[7] Der Gewinn ausländischer Betriebsstätten wird nach §§ 4 ff. EStG ermittelt, soweit gewerbliche Einkünfte vorliegen. Es ist ein **Betriebsvermögensvergleich** nach § 5 Abs. 1 EStG anzufertigen, wenn handelsrechtliche Buchführungspflichten bestehen.

2940

Das **Vollständigkeitsprinzip** (§ 246 Abs. 1 HGB, § 5 Abs. 1 Satz 1 EStG) hat die Verpflichtung des Stammunternehmens zur Erstellung einer **Gesamtbilanz** zur Konsequenz; die Gesamtbilanz hat alle dem Stammunternehmen zuzurechnenden Wirtschaftsgüter, Schulden etc. zu enthalten. Das Stammunternehmen ist nach deutschem Recht aber nicht zur Erstellung einer gesonderten Betriebsstätten-Buchführung verpflichtet.[8] Vielmehr kann es eine **Weltbuchführung** führen, in der auch die Geschäftsvorfälle der Betriebsstätte und die ihr dienenden Wirtschaftsgüter erfasst werden. Die Auslandsbetriebsstätte ist in einem gesonderten Kontenkreis zu erfassen, aus dem das Betriebsstättenergebnis abgeleitet werden kann, wenn die **direkte Methode** (vgl. Rz. 2949) Anwendung findet. Statt einer Weltbuchführung kann das Stammhaus aber auch getrennte Bücher für beide Betriebsteile führen. Beide Verfahren müssen zum gleichen Ergebnis führen.

2941

Die Bücher und Aufzeichnungen sind **im Inland** zu führen (§ 146 Abs. 2 Satz 1 AO),[9] es sei denn, der Belegenheitsstaat der Betriebsstätte schreibt die Führung von Büchern nach seinen eigenen innerstaatlichen Gewinnermittlungsvorschriften vor (was den Regelfall darstellt) und dieser Verpflichtung wird tatsächlich nachgekommen (§ 146 Abs. 2 Satz 2 AO).[10] In letzterem Fall kann auf eine originäre Buchführung nach Maßgabe der deutschen Regeln verzichtet werden; die Ergebnisse der ausländischen Betriebsstättenbuchführung sind unter Beachtung des **deutschen Gewinnermittlungsrechts** in die inländische Buchführung zu übernehmen (§ 146 Abs. 2 Satz 3 u. 4 AO).

2942

§ 90 Abs. 2 AO begründet für im Ausland verwirklichte Sachverhalte eine **erweiterte Mitwirkungspflicht** des Steuerpflichtigen. Danach sind alle rechtlichen und tatsächlichen Möglichkeiten auszuschöpfen, um einen Sachverhalt im Ausland aufzuklären

2943

---

6 Vgl. BMF, Schreiben v. 24.12.1999 – IV B 4 – S 1300 – 111/99, BStBl 1999 I S. 1076, Tz. 1.1.4.2; *Wassermeyer* in Wassermeyer/Andresen/Ditz (Hrsg.), Betriebsstätten Handbuch, 2. Aufl., Köln 2018, S. 10, Rz. 1.13.
7 Vgl. z. B. Schaumburg, Internationales Steuerrecht, 4. Aufl., Köln 2017, S. 1117 f., Rz. 21.25.
8 Vgl. *Wassermeyer* in Wassermeyer/Kaeser/Schwenke (Hrsg.), Doppelbesteuerung, München, Art. 7 OECD-MA Rz. 181 (Stand: Oktober 2013).
9 Für den EU-Bereich ergibt sich eine Ausnahme aus § 146 Abs. 2a AO.
10 Auf Verlangen der inländischen Finanzbehörde sind im Ausland geführte und aufbewahrte Bücher und Aufzeichnungen zur Einsicht und Prüfung vorzulegen; sofern das ausländische Recht die Vorlage der Bücher in Deutschland nicht gestattet, besteht diese Vorlagepflicht nicht. Vgl. *Schaumburg*, Internationales Steuerrecht, 4. Aufl., Köln 2017, S. 1118, Rz. 21.26 m. w. N.

und die Beweismittel zu beschaffen.[11] Gemäß § 90 Abs. 3 AO müssen Steuerpflichtige mit ausländischen Betriebsstätten besondere Aufzeichnungspflichten beachten, die den Finanzbehörden die Kontrolle der Gewinnaufteilung erleichtern sollen.[12]

2944 Wenn die Bücher der ausländischen Betriebsstätte in **Fremdwährung** geführt werden, ist eine Umrechnung der ausländischen Betriebsstättenergebnisse in Euro vorzunehmen.[13]

2945–2946 *(Einstweilen frei)*

2.2 Erfolgsermittlung und Erfolgsabgrenzung nach der Umsetzung des AOA

2947 Die **direkte Methode** der Erfolgsabgrenzung zielt darauf ab, den Gewinn ähnlich wie bei Geschäften unter fremden Dritten durch Betrachtung einzelner Transaktionen zu bestimmen.[14] Der Betriebsstättenerfolg wird hierbei auf Basis einer eigenen **Betriebsstätten-Buchführung** ermittelt.[15] Die direkte Methode wird als „Normalmethode"[16] angesehen. Die OECD präferiert die direkte Methode,[17] und auch der BFH hat sich wiederholt für diese Methode ausgesprochen.[18] Die Finanzverwaltung sieht in der direkten Methode gleichfalls die Regelmethode.[19] Bei Anwendung der direkten Methode erfolgen Gewinnermittlung und Gewinnabgrenzung in einem Schritt.[20] Hier wird eine Gewinnabgrenzung erst durch die **Zuordnung von Wirtschaftsgütern** zum Stammhaus oder zur Betriebsstätte möglich, denn die Erzielung von Erträgen und Aufwendungen wird durch die Zuordnung von Wirtschaftsgütern begründet.[21]

2948 Die Betriebsstätte wird für Zwecke der Erfolgsabgrenzung als ein für sich operierender Unternehmensteil angesehen (**Selbständigkeitsfiktion**). Die Reichweite dieser Selbständigkeitsfiktion war lange Zeit strittig.[22] Seit der Neufassung des Art. 7 OECD-MA 2010 geht die OECD von der uneingeschränkten Selbständigkeitsfiktion der Betriebsstätte aus (**Functionally Separate Entity Approach**).[23] Dieser Ansatz fingiert die Betriebsstätte

---

11 Vgl. im Einzelnen *Sterner* in Looks/Heinsen (Hrsg.), Betriebsstättenbesteuerung, 3. Aufl., München 2017, S. 111 f.; *Seer*, EWS 2013 S. 257 ff.
12 Vgl. im Einzelnen *Sterner* in Looks/Heinsen (Hrsg.), Betriebsstättenbesteuerung, 3. Aufl. München 2017, S. 112 f.; *Seer*, EWS 2013 S. 257 ff.
13 Vgl. BFH, Urteile v. 19.1.1978 – IV R 61/73, BStBl 1978 II S. 295; v. 16.2.1996 – I R 43/95, BStBl 1997 II S. 128. Zur Währungsumrechnung vgl. im Einzelnen *Kahle/Hiller*, Teil A Kap. VI, Rz. 987 ff. sowie *Schaumburg*, Internationales Steuerrecht, 4. Aufl., Köln 2017, S. 1119 f., Rz. 21.27 f.
14 Auf die indirekte Methode wird verwiesen, vgl. hierzu *Kahle/Kindich* in Haun/Kahle/Goebel/Reiser (Hrsg.), Außensteuergesetz, Stuttgart, § 1 Abs. 5, 6 AStG, Rz. 11 ff. (Stand: Februar 2018).
15 Vgl. BMF, Schreiben v. 24.12.1999 – IV B 4 – S 1300 – 111/99, BStBl 1999 I S. 1076, Tz. 2.3.1.
16 *Hemmelrath* in Vogel/Lehner (Hrsg.), DBA, 6. Aufl., München 2015, Art. 7 OECD-MA Rz. 101.
17 Vgl. im Einzelnen *Kahle/Mödinger*, IStR 2010 S. 758.
18 Vgl. BFH, Urteile v. 28.3.1985 – IV R 80/82, BStBl 1985 II S. 405; v. 25.6.1986 – II R 213/83, BStBl 1986 II S. 785; v. 29.7.1992 – II R 39/89, BStBl 1993 II S. 63; v. 12.1.1994 – II R 95/89, IStR 1994 S. 176.
19 Vgl. BMF, Schreiben v. 24.12.1999 – IV B 4 – S 1300 – 111/99, BStBl 1999 I S. 1076, Tz. 2.3. u. 2.7.1.
20 Vgl. *Ditz*, Internationale Gewinnabgrenzung bei Betriebsstätten, Berlin 2004, S. 53.
21 Vgl. *Kessler/Jehl*, IWB 2007 S. 835.
22 Vgl. im Einzelnen *Kahle/Mödinger*, DB 2011 S. 338 f. m. w. N.
23 Vgl. OECD-Betriebsstättenbericht 2010, Tz. 8, 50; OECD-Betriebsstättenbericht 2008, Tz. 9, 78; *Kahle/Mödinger*, IStR 2010 S. 757 ff. Für die Auffassung der vollständigen Selbständigkeit der Betriebsstätte plädieren in Deutschland u. a. *Becker*, DB 1989 S. 13 ff.; *Becker*, DB 1990 S. 392 ff.; *Beiser*, IStR 1992 S. 7; *Kumpf*, StbJb 1988/89 S. 399 ff.; *Kroppen*, IStR 2005 S. 74 ff.; *Kramer*, StuW 1991 S. 153 ff.; *Ditz*, Internationale Gewinnabgrenzung bei Betriebsstätten, Berlin 2004, S. 131 ff.; *Ditz/Schneider*, DStR 2010 S. 82 ff.

insbesondere hinsichtlich der Leistungsbeziehungen mit anderen Unternehmensteilen als völlig selbständiges und unabhängiges Unternehmen.[24] Innerunternehmerische Transaktionen sind hiernach für Zwecke der Erfolgsabgrenzung grundsätzlich nach dem **Fremdvergleichsgrundsatz** abzurechnen.[25] Durch die Fiktion eines völlig selbständigen und unabhängigen Unternehmens kann der Betriebsstätte auch ein Gewinn zugerechnet werden, obwohl das Unternehmen als Ganzes keinen Gewinn erzielt hat.[26]

Die OECD weicht damit von dem „**Relevant Business Activity Approach**" ab, der eine eingeschränkte Selbständigkeitsfiktion der Betriebsstätte beinhaltet.[27] Nach diesem Ansatz sind der Betriebsstätte nach dem Fremdvergleichsgrundsatz nur diejenigen Einkünfte zuzurechnen, die aus der Ausübung der jeweiligen Geschäftstätigkeit des Gesamtunternehmens in der Betriebsstätte resultieren.[28] Darüber hinaus ist jedoch nur eine Aufwandsverrechnung denkbar, wodurch innerunternehmerische Zins- oder Mietzahlungen grundsätzlich nicht möglich sind.[29] Da sich das Gesamtergebnis des Unternehmens nach dieser Theorie durch die aggregierten Gewinne und Verluste aus jeder Geschäftstätigkeit ergeben, kann einer Betriebsstätte nur dann ein Gewinn zugeordnet werden, wenn auf Gesamtunternehmensebene ein positives Ergebnis erzielt wurde.[30]

Die Transformation des „**Authorised OECD Approach**" (AOA) in innerstaatliches Recht (§ 1 Abs. 4, 5 AStG) erfolgte im Zuge des AmtshilfeRLUmsG[31]. Durch diese Neuregelungen hat der Gesetzgeber eine an den international erarbeiteten Grundsätzen orientierte innerstaatliche Rechtsgrundlage für die Anwendung des **Fremdvergleichsgrundsatzes** auf Betriebsstätten geschaffen.[32] Unternehmensinterne Lieferungs- und Leistungsbeziehungen zwischen Stammhaus und Betriebsstätte werden als sog. „anzunehmende schuldrechtliche Beziehungen" einer Geschäftsbeziehung zwischen nahe stehenden Personen gleichgestellt (§ 1 Abs. 4 Satz 1 Nr. 2 AStG). Gemäß § 1 Abs. 5 Satz 2 AStG ist die Betriebsstätte zur Anwendung des Fremdvergleichsgrundsatzes als eigenständiges und unabhängiges Unternehmen zu behandeln, „es sei denn, die Zugehörigkeit der Betriebsstätte zum Unternehmen erfordert eine andere Behandlung." Das von der

2949

---

24 Vgl. im Einzelnen *Kahle/Kindich* in Haun/Kahle/Goebel/Reiser (Hrsg.), Außensteuergesetz, Stuttgart, § 1 Abs. 5, 6 AStG, Rz. 29 ff. (Stand: Februar 2018).; *Mödinger*, Internationale Erfolgs- und Vermögensabgrenzung zwischen Stammhaus und Betriebsstätte nach der Neufassung des Art. 7 OECD-MA, Lohmar/Köln 2012, S. 95 ff.
25 Vgl. grundlegend zum Fremdvergleichsgrundsatz Kindich, Erfolgs- und Vermögensabgrenzung bei Betriebsstätten nach dem Fremdvergleichsgrundsatz, Baden-Baden 2018, S. 133 ff.
26 Vgl. OECD-MK 2010 zu Art. 7 OECD-MA, Tz. 17. Vgl. hierzu im Einzelnen *Kahle/Mödinger*, IStR 2010 S. 757 ff.
27 Vgl. OECD-Betriebsstättenbericht 2008, Tz. 59 ff.
28 Vgl. OECD-Betriebsstättenbericht 2008, Tz. 61; vgl. auch *Förster/Naumann/Rosenberg*, IStR 2005 S. 621. Dieser Ansatz entspricht der früher in Deutschland vertretenen h. M., vgl. *Debatin*, DB 1989 S. 1692 ff.; *Debatin*, DB 1989 S. 1739 ff.; *Schaumburg*, Internationales Steuerrecht, 4. Aufl., Köln 2017, S. 862 ff., Rz. 19.264 ff.; *Wassermeyer* in Wassermeyer/Kaeser/Schwenke (Hrsg.), Doppelbesteuerung, München, Art. 7 OECD-MA Rz. 185 m. w. N. (Stand: Oktober 2013); *Hemmelrath* in Vogel/Lehner (Hrsg.), DBA, 6. Aufl., München 2015, Art. 7 OECD-MA Rz. 77 ff.; *Ziehr*, Einkünftezurechnung im internationalen Einheitsunternehmen, Lohmar 2008, S. 132 ff.
29 Vgl. *Kroppen* in Kessler/Förster/Watrin (Hrsg.), Unternehmensbesteuerung, FS Herzig, München 2010, S. 1074.
30 Vgl. OECD-Betriebsstättenbericht 2008, Tz. 63; vgl. auch *Debatin*, DB 1989 S. 1696, 1739 f.
31 AmtshilfeRLUmsG v. 26.6.2013, BGBl 2013 I S. 1809.
32 Vgl. im Einzelnen z. B. *Ditz*, ISR 2013 S. 261 ff.; *Schaumburg*, ISR 2013 S. 197 ff.; *Kahle*, DStZ 2012 S. 695 ff.

OECD vorgegebene Verfahren der Gewinnzurechnung zu einer Betriebsstätte erfolgt zweistufig.[33] In einem ersten Schritt ist festzustellen, welche Funktionen die Betriebsstätte im Verhältnis zum restlichen Unternehmen durch ihr Personal (**people functions**) tatsächlich ausübt (§ 1 Abs. 5 Satz 3 Nr. 1 AStG). Auf der Basis dieser Analyse soll bestimmt werden, welche Vermögenswerte und welche Chancen und Risiken der Betriebsstätte zuzurechnen sind (§ 1 Abs. 5 Satz 3 Nr. 2 und 3 AStG). Hieraus bestimmt sich die Zuordnung des **Dotationskapitals** (§ 1 Abs. 5 Satz 3 Nr. 4 AStG). In einem zweiten Schritt sollen auf der Basis dieser Analyse die (anzunehmenden) Geschäftsbeziehungen innerhalb des internationalen Einheitsunternehmens festgestellt und fremdvergleichskonform vergütet werden (§ 1 Abs. 5 Satz 4 AStG).

Auf Grundlage des § 1 Abs. 6 AStG hat der Verordnungsgeber am 13.10.2014 die «Verordnung zur Anwendung des Fremdvergleichsgrundsatzes auf Betriebsstätten nach § 1 Abs. 5 des Außensteuergesetzes» (**Betriebsstättengewinnaufteilungsverordnung – BsGaV**) erlassen.[34] Die BsGaV wird durch ein BMF-Schreiben ergänzt.[35]

2950 *(Einstweilen frei)*

2.3 Inhalt und Bedeutung der Hilfs- und Nebenrechnung nach § 3 BsGaV

2951 § 3 Abs. 1 Satz 1 BsGaV statuiert die **Pflicht**, für eine Betriebsstätte zu Beginn eines Wirtschaftsjahres eine **Hilfs- und Nebenrechnung** aufzustellen,[36] während des Wirtschaftsjahres entsprechend den Regeln der steuerlichen Gewinnermittlung laufend fortzuschreiben und zum Ende des Wirtschaftsjahres abzuschließen.[37] Damit soll eine Parallelität zu rechtlich selbständigen Unternehmen hergestellt werden.[38] Die Hilfs- und Nebenrechnung ist Grundlage für die Berechnung des steuerlichen Ergebnisses der Betriebsstätte.[39] Im Gegensatz zur Betriebsstättenbilanz wird die Hilfs- und Nebenrechnung unter der Selbständigkeitsfiktion aufgestellt. Die Pflicht zur Erstellung gilt unabhängig von einer spezifischen Umsatz- oder anderen Größenschwelle.

Die Hilfs- und Nebenrechnung ist aber weder eine Vermögensübersicht noch eine Bilanz im steuerrechtlichen Sinne, so dass die Regelungen über die Änderung der Vermögensübersicht (Bilanz) nach § 4 Abs. 2 EStG nicht unmittelbar anwendbar sind.[40] Es bietet sich gleichwohl eine **Erstellung in T-Kontenform** an.[41] Der Steuerpflichtige kann die Form frei wählen, solange die Hilfs- und Nebenrechnung alle erforderlichen Informationen enthält.[42]

---

33 Vgl. im Einzelnen *Kahle/Kindich* in Haun/Kahle/Goebel/Reiser (Hrsg.), Außensteuergesetz, Stuttgart, § 1 Abs. 5, 6 AStG, Rz. 45 ff., 119 ff. (Stand: Februar 2018).
34 Vgl. BGBl I 2014 S. 1603 ff.
35 Vgl. BMF, Schreiben v. 22.12.2016 – IV B 5 – S 1341/12/10001-03, BStBl 2017 I S. 182.
36 Vgl. zum Folgenden auch *Kahle/Kindich* in Haun/Kahle/Goebel/Reiser (Hrsg.), Außensteuergesetz, Stuttgart, § 1 Abs. 5, 6 AStG, Rz. 197 ff. (Stand: Februar 2018).
37 Vgl. auch BMF, Schreiben v. 22.12.2016, BStBl 2017 I S. 182, Tz. 52.
38 Vgl. BR-Drs. 401/14, S. 51.
39 Vgl. BMF, Schreiben v. 22.12.2016 – IV B 5 – S 1341/12/10001-03, BStBl 2017 I S. 182, Tz. 51.
40 Vgl. BR-Drucks. 401/14, S. 52.
41 Vgl. *Greier/Friedrich*, DB 2016 S. 1777.
42 Vgl. *Busch*, DB 2016 S. 915.

Grundsätzlich ist gem. § 3 BsGaV für jede Betriebsstätte eine gesonderte Hilfs- und Nebenrechnung aufzustellen. Nach Ansicht der Finanzverwaltung soll es jedoch nicht zu beanstanden sein, wenn für mehrere Betriebsstätten in einem Staat eine **zusammengefasste Hilfs- und Nebenrechnung** erstellt wird, sofern nicht die Beachtung steuerlicher Vorschriften (z.B. § 2a EStG, Regelungen der DBA) eine getrennte Ermittlung der jeweiligen Betriebsstätteneinkünfte erfordert.[43] Diese Vereinfachungsregelung gilt jedoch nicht für **Bau- und Montage-** sowie **Förderbetriebsstätten**; für diese ist stets eine gesonderte Hilfs- und Nebenrechnung zu erstellen.[44] Sofern alle im Inland erzielten Einkünfte aufgrund von Art. 8 OECD-MA nicht besteuert werden können, ist es aus Vereinfachungsgründen nicht erforderlich, eine Hilfs- und Nebenrechnung zu erstellen.[45]

2952

Ausgangspunkt der Hilfs- und Nebenrechnung einer in- oder ausländischen Betriebsstätte kann die freiwillig oder aus steuer- bzw. handelsrechtlichen Gründen erstellte Bilanz sein. Die für eine **inländische Betriebsstätte** eines ausländischen Unternehmens oder für eine **ausländische Betriebsstätte** eines inländischen Unternehmens erstellte Bilanz kann sogar „unter Berücksichtigung der Umstände des Einzelfalls der Hilfs- und Nebenrechnung entsprechen"[46]; dies wird aber nur ausnahmsweise der Fall sein, da anzunehmende schuldrechtliche Beziehungen i.S.d. § 1 Abs. 4 Satz 1 Nr. 2 AStG in der Bilanz keinen Niederschlag finden.[47] Sofern das Ergebnis einer ausländischen Betriebsstätte (ggf. nach den Anpassungen i.S.d. § 146 Abs. 2 Satz 4 AO) in einer **ausländischen Währung** ermittelt wird, ist es nicht zu beanstanden, wenn zu dem am Bilanzstichtag geltenden Umrechnungskurs umgerechnet wird;[48] es bedarf damit u. a. keiner Bestimmung der Umrechnungskurse für sämtliche einzelne Geschäftsvorfälle.

2953

§ 3 Abs. 1 Satz 2 BsGaV stellt zunächst klar, dass die Hilfs- und Nebenrechnung ähnlich einer Bilanz bei rechtlich selbständigen Unternehmen in erster Linie dazu dient, Grundlage für die Berechnung des **steuerlichen Ergebnisses der Betriebsstätte** zu sein.[49] Die Hilfs- und Nebenrechnung beinhaltet alle Bestandteile, die der Betriebsstätte auf Grund ihrer Personalfunktionen zuzuordnen sind (§ 3 Abs. 2 Satz 1 BsGaV). Dazu gehören gem. § 3 Abs. 2 Sätze 2 und 3 BsGaV im Einzelnen:

2954

1. **Vermögenswerte**, wenn sie von einem selbständigen Unternehmen in der steuerlichen Gewinnermittlung erfasst werden müssten. **Selbst geschaffene immaterielle Werte** sind nur dann in der Hilfs- und Nebenrechnung zu erfassen, „wenn sie von einem rechtlich selbständigen Unternehmen in der Situation der Betriebsstätte in der steuerlichen Gewinnermittlung zu erfassen wären".[50] Ein immaterieller Wert,

---

43 Vgl. BMF, Schreiben v. 22.12.2016 – IV B 5 – S 1341/12/10001-03, BStBl 2017 I S. 182, Tz. 56.
44 Vgl. BMF, Schreiben v. 22.12.2016 – IV B 5 – S 1341/12/10001-03, BStBl 2017 I S. 182, Tz. 56.
45 Vgl. BMF, Schreiben v. 22.12.2016 – IV B 5 – S 1341/12/10001-03, BStBl 2017 I S. 182, Tz. 57.
46 BR-Drs. 401/14, S. 51; BMF, Schreiben v. 22.12.2016 – IV B 5 – S 1341/12/10001-03, BStBl 2017 I S. 182, Tz. 53, für ausländische Betriebsstätten Rz. 54.
47 Vgl. *Greier/Friedrich*, DB 2016 S. 1773.
48 Vgl. BMF, Schreiben v. 22.12.2016 – IV B 5 – S 1341/12/10001-03, BStBl 2017 I S. 182, Tz. 55.
49 Vgl. BR-Drucks. 401/14, S. 51.
50 BR-Drucks. 401/14, S. 52; vgl. auch BMF, Schreiben v. 22.12.2016 – IV B 5 – S 1341/12/10001-03, BStBl 2017 I, S. 182, Tz. 59.

der im übrigen Unternehmen geschaffen wurde und daher aufgrund des § 5 Abs. 2 EStG bisher in der Bilanz nicht zu erfassen war, wird zu einem Bestandteil der Hilfs- und Nebenrechnung, „wenn wegen einer Änderung der Zuordnung im Verhältnis zwischen der Betriebsstätte und dem übrigen Unternehmen ein fiktiver Erwerb i.S.d. § 16 Absatz 1 Nummer 1 BsGaV anzunehmen ist"[51].

2. das Dotationskapital[52],

3. die übrigen Passivposten[53],

4. die mit den Bestandteilen der Hilfs- und Nebenrechnung zusammenhängenden Betriebseinnahmen und Betriebsausgaben[54] sowie

5. fiktive Betriebseinnahmen und fiktive Betriebsausgaben aufgrund anzunehmender schuldrechtlicher Beziehungen nach §§ 16, 17 BsGaV.[55]

Der Verordnungsgeber betont, dass sich die Erstellung einer Hilfs- und Nebenrechnung auf die Erfassung einer **Entstrickung** nach § 4 Abs. 1 Satz 3 EStG oder eine fiktive Veräußerung nach § 12 Abs. 1 KStG in der steuerlichen Gewinnermittlung des inländischen Unternehmens nicht auswirkt.[56] Diese Vorgänge werden in der inländischen Steuerbilanz des Unternehmens regelmäßig im Wege der Aufstockung erfasst; in der Hilfs- und Nebenrechnung der betreffenden ausländischen Betriebsstätte werden entsprechende Ansätze erforderlich.[57]

2955 Die Hilfs- und Nebenrechnung muss gem. § 3 Abs. 1 Satz 3 BsGaV **spätestens** zum **Zeitpunkt der Abgabe der Steuererklärung** erstellt sein,[58] zu der das Unternehmen nach § 149 AO verpflichtet ist und in der die Einkünfte der Betriebsstätte zu berücksichtigen sind, weil die Hilfs- und Nebenrechnung „Grundlage für die wahrheitsgemäßen Angaben zu den Betriebsstätteneinkünften in der Steuererklärung ist"[59]. Im Einzelfall können Erleichterungen nach § 148 AO bewilligt werden.[60]

Im Zeitpunkt der **Begründung einer Betriebsstätte** ist die erste Hilfs- und Nebenrechnung zu erstellen (§ 3 Abs. 4 Satz 1 BsGaV). Wenn eine **Betriebsstätte beendet** wird, so ist die Hilfs- und Nebenrechnung in diesem Zeitpunkt abzuschließen (§ 3 Abs. 4 Satz 2 BsGaV).

---

51 BMF, Schreiben v. 22.12.2016 – IV B 5 – S 1341/12/10001-03, BStBl 2017 I S. 182, Tz. 59.
52 Vgl. im Einzelnen *Kahle/Kindich* in Haun/Kahle/Goebel/Reiser (Hrsg.), Außensteuergesetz, Stuttgart, § 1 Abs. 5, 6 AStG, Rz. 303 ff. (Stand: Februar 2018).
53 Vgl. im Einzelnen *Kahle/Kindich* in Haun/Kahle/Goebel/Reiser (Hrsg.), Außensteuergesetz, Stuttgart, § 1 Abs. 5, 6 AStG, Rz. 342 ff. (Stand: Februar 2018).
54 Vgl. im Einzelnen *Kahle/Kindich* in Haun/Kahle/Goebel/Reiser (Hrsg.), Außensteuergesetz, Stuttgart, § 1 Abs. 5, 6 AStG, Rz. 202, 216, 275 (Stand: Februar 2018).
55 Vgl. dazu auch BMF, Schreiben v. 22.12.2016 – IV B 5 – S 1341/12/10001-03, BStBl 2017 I S. 182, Tz. 61 f.; im Einzelnen *Kahle/Kindich* in Haun/Kahle/Goebel/Reiser (Hrsg.), Außensteuergesetz, Stuttgart, § 1 Abs. 5, 6 AStG, Rz. 360 ff. (Stand: Februar 2018).
56 Vgl. BR-Drucks. 401/14, S. 51.
57 Vgl. BMF, Schreiben v. 22.12.2016 – IV B 5 – S 1341/12/10001-03, BStBl 2017 I S. 182, Tz. 62.
58 Aufgrund der Anwendung für alle Rechtsformen kann dies die Einkommensteuererklärung, Körperschaftsteuererklärung oder Erklärung zur gesonderten und einheitlichen Feststellung sein, vgl. BMF, Schreiben v. 22.12.2016, – IV B 5 – S 1341/12/10001-03, BStBl 2017 I S. 182, Tz. 52.
59 BR-Drucks. 401/14, S. 51.
60 Vgl. BMF, Schreiben v. 22.12.2016 – IV B 5 – S 1341/12/10001-03, BStBl 2017 I S. 182, Tz. 52.

Diese selbstverständlich wirkenden Regelungen bergen in der praktischen Umsetzung erhebliches Streitpotenzial.[61]

(Einstweilen frei) 2956–2957

3. Steuerliche Gewinnermittlung im Inbound-Fall

3.1 Überblick

Im Rahmen der **beschränkten Steuerpflicht** ergibt sich ein Steueranspruch des Staates nur, soweit beschränkt steuerpflichtige Einkünfte i. S. d. § 49 EStG vorliegen (Inbound-Fall). Fragen der steuerlichen Gewinnermittlung werden im Inbound-Fall in bestimmten Fällen aufgeworfen, insbesondere im Hinblick auf die Gewinnermittlung für beschränkt steuerpflichtige Einkünfte i. S. v. § 49 Abs. 1 Nr. 2 Buchst. a EStG (vgl. Rz. 2959 f.) und § 49 Abs. 1 Nr. 2 Buchst. f EStG (vgl. Rz. 2961). Grundsätzlich gilt, dass im Rahmen der Gewinnermittlung im Inbound-Fall die allgemeinen Ermittlungsmethoden (insbesondere §§ 4, 5 EStG) Anwendung finden.[62]

2958

3.2 Steuerliche Gewinnermittlung im Rahmen des § 49 Abs. 1 Nr. 2 Buchst. a EStG

Da es sich bei der inländischen Betriebsstätte um einen rechtlich unselbständigen Bestandteil des ausländischen Unternehmens handelt, stellt der im Inland erzielte Gewinn einen **Teil des Gesamtgewinns** dieses Unternehmens dar.[63] Unterhält eine im Ausland steuerpflichtige Person eine Betriebsstätte im Inland, ist die Frage der Gewinnermittlung zu klären.

2959

Inländische Betriebsstätten, die als **Zweigniederlassungen** des ausländischen Unternehmens im Handelsregister eingetragen (bzw. eintragungspflichtig) sind, werden handelsrechtlich wie inländische Hauptniederlassungen behandelt (§ 13d HGB). Folglich besteht gemäß § 238 Abs. 1 HGB **Buchführungspflicht**,[64] die gemäß § 140 AO derivativ

---

61 Vgl. im Einzelnen *Kahle/Kindich* in Haun/Kahle/Goebel/Reiser (Hrsg.), Außensteuergesetz, Stuttgart, § 1 Abs. 5, 6 AStG, Rz. 211 ff. (Stand: Februar 2018).
62 Vgl. *Loschelder* in Schmidt, EStG, 37. Aufl., München 2018, § 50 EStG Rz. 29.
63 Vgl. *Wassermeyer* in Wassermeyer/Kaeser/Schwenke (Hrsg.), Doppelbesteuerung, München, Art. 7 OECD-MA Rz. 184 (Stand: Oktober 2013).
64 Vgl. BGH, Urteile v. 8.5.1972 – II ZR 155/69, NJW 1972 S. 1859; v. 16.12.1992 – I R 46/88, BStBl 1993 II S. 677; BayObLG, Urteil v. 11.5.1979 – BReg. 1 Z 21/79, BB 1980 S. 335; OLG Dresden, Beschluss v. 28.4.1999 – 19 U 2884/98, NZG 2000 S. 32. Regelmäßig wird eine bei der Hauptniederlassung geführte Buchhaltung für ausreichend erachtet, sofern dort die Geschäfte der Zweigniederlassung gesondert ausgewiesen werden. Es ist allerdings strittig, ob die inländische Zweigniederlassung einer Gesellschaft mit Sitz in einem Mitgliedstaat der EU mit Blick auf die Niederlassungsfreiheit nach ausländischem Recht (so z. B. *Schulze-Osterloh* in v. Wysocki u. a. (Hrsg.), Handbuch des Jahresabschlusses, Köln, Abt. I/1, Rz. 140 ff. (Stand: September 2016); *Wachter*, FR 2006 S. 395; *Just*, Die englische Limited in der Praxis, 4. Aufl., München 2012, Rz. 258 ff.; *Müller*, BB 2006 S. 837; *Kußmaul/Ruiner*, IStR 2007 S. 696; *Wolf*, BBK 2011 S. 868; *Graf/Bisle*, IStR 2004 S. 873) oder (auch) nach dem HGB (so z. B. *Drüen* in Hachmeister/Kahle/Mock/Schüppen (Hrsg.), Bilanzrecht, Köln 2018, § 238 HGB Rz. 7; *Ebert/Levedag*, GmbHR 2003 S. 1337; *Kessler/Eicke*, DStR 2005 S. 2101; *Dierksmeier*, BB 2005 S. 1516) buchführungspflichtig ist.

auch für steuerliche Zwecke relevant ist.[65] Die Einkünfte der Betriebsstätte sind damit nach § 5 Abs. 1 EStG zu ermitteln, und zwar nach dem Wirtschaftsjahr (§ 4a Abs. 1 Nr. 2 EStG).[66] Für steuerrechtliche Zwecke sind die Bücher im Inland zu führen (§ 146 Abs. 2 Satz 1 AO); in der Praxis werden Erleichterungen mit Genehmigung des Finanzamts gewährt (§ 148 AO).

Wenn die inländische Betriebsstätte nicht als Zweigniederlassung im Handelsregister eingetragen (oder eintragungspflichtig) ist, besteht handelsrechtlich **keine Buchführungspflicht** und somit scheidet auch eine steuerliche Buchführungspflicht nach § 140 AO aus. Da für das ausländische Stammhaus regelmäßig eine ausländische handelsrechtliche Buchführungspflicht besteht, stellt sich allerdings die Frage, ob diese **ausländische handelsrechtliche Buchführungspflicht** unter „andere Gesetze" i. S. v. § 140 AO subsumiert werden kann. Dies hätte zur Konsequenz, dass trotz unterbliebener Eintragung als Zweigniederlassung im Handelsregister eine Buchführungspflicht zu bejahen wäre. In der Literatur wird die Auffassung vertreten, dass es dem Zweck des § 140 AO entspricht, auch ausländische außersteuerliche Pflichten dem deutschen Steuerrecht zu unterstellen.[67] Auch nach Auffassung der Finanzverwaltung bezieht sich § 140 AO auf ausländische Rechtsnormen.[68] Diese bewusst weite Auslegung des § 140 AO beinhaltet demnach auch die Erfassung ausländischer handelsrechtlicher Buchführungspflichten. Hingegen kann nach der h. M., die sich regelmäßig auf die Rechtsprechung des BFH[69] bezieht, eine ausländische Verpflichtung, Bücher zu führen, nicht unter § 140 AO eingeordnet werden.[70]

2960 Allerdings kann sich für das ausländische Unternehmen eine **originäre steuerliche Buchführungspflicht** aus § 141 Abs. 1 AO ergeben (vgl. auch Rz. 34 ff.). Ausländische Unternehmen fallen unter § 141 AO, wenn und soweit sie im Inland eine Betriebsstätte unterhalten.[71] Bei Überschreiten bestimmter Größenmerkmale (Umsatz > 600.000 € oder

---

65 Vgl. BMF, Schreiben v. 24.12.1999 – IV B 4 – S 1300 – 111/99, BStBl 1999 I S. 1076, Tz. 1.1.3.2; *Jacobs/Endres/Spengel* (Hrsg.), Internationale Unternehmensbesteuerung, 8. Aufl., München 2016, S. 764; *Sterner* in Looks/Heinsen (Hrsg.), Betriebsstättenbesteuerung, 3. Aufl., München 2017, S. 105, Rz. 289; *Wied* in Blümich, EStG/KStG/GewStG, München, § 49 EStG Rz. 42 (Stand: Mai 2015).
66 Vgl. *Sterner* in Looks/Heinsen (Hrsg.), Betriebsstättenbesteuerung, 3. Aufl., München 2017, S. 105, Rz. 290.
67 Vgl. *Drüen* in Tipke/Kruse (Hrsg.), Abgabenordnung, Köln, § 140 AO Rz. 7 (Stand: Oktober 2012); *Mathiak* in Kirchhof/Söhn/Mellinghoff (Hrsg.), EStG, Heidelberg, § 5 EStG Rz. A 219 (Stand: Januar 1987); *Dornheim*, DStR 2012 S. 1582; *Schuhmann/Arnold*, DStZ 2012 S. 229.
68 Vgl. BMF, Schreiben v. 16.5.2011 – IV C 3 – S 2300/08/10014, BStBl 2011 I S. 530; AEAO zu § 140 AO.
69 Vgl. BFH, Urteil v. 13.9.1989 – I R 117/87, BStBl 1990 II S. 57; BFH, Beschluss v. 9.8.1989 – I B 118/88, BStBl 1990 II S. 175; zur Kritik vgl. *Mathiak*, DStR 1990 S. 256; *Mathiak*, DStR 1992 S. 450. Vgl. auch FG Hessen, Beschluss v. 29.10.2010 – 11 V 252/10, IStR 2011 S. 121; *Rohde*, IStR 2011 S. 124.
70 Vgl. *Frotscher* in Frotscher (Hrsg.), EStG, Freiburg, § 4 EStG Rz. 9 (Stand: Dezember 2009); *Wassermeyer* in Wassermeyer/Kaeser/Schwenke (Hrsg.), Doppelbesteuerung, München, Art. 7 OECD-MA Rz. 212 (Stand: Oktober 2013); *Schulze-Osterloh* in v. Wysocki u. a. (Hrsg.), Handbuch des Jahresabschlusses, Köln, Abt. I/1, Rz. 150 (Stand: September 2016); *Wied* in Blümich, EStG/KStG/GewStG, München, § 49 EStG Rz. 42 (Stand: Mai 2015); *Reimer* in Blümich, EStG/KStG/GewStG, München, § 49 EStG Rz. 138 (Stand: November 2016); *Wachter*, FR 2006 S. 399; *Schmidt/Heinz*, GmbHR 2008 S. 583; *Bernütz/Küppers*, IStR 2011 S. 588; *Beinert/Werder*, DB 2005 S. 1484 f.; *Wolf*, BBK 2011 S. 869; *Gläser/Birk*, IStR 2011 S. 762; *Huschke/Hartwig*, IStR 2008 S. 746; *Schnitger/Fischer*, DB 2007 S. 598; *Richter* in Wassermeyer/Richter/Schnittker (Hrsg.), Personengesellschaften im Internationalen Steuerrecht, 2. Aufl., Köln 2015, S. 398, Rz. 7.109; *Könemann/Blaudow*, Stbg 2012 S. 221; *Sandleben/Hörtnagel*, DStR 2017 S. 2298 ff.
71 Vgl. BFH, Urteil v. 14.9.1994 – I R 116/93, BStBl 1995 II S. 238; AEAO zu § 141 AO, Nr. 2. Dies gilt entsprechend für einen ständigen Vertreter im Inland.

Gewinn > 60.000 € im Kalenderjahr) muss das ausländische Unternehmen für seine im Inland belegene Betriebsstätte Bücher führen. Diese Größenmerkmale beziehen sich auf die Geschäftstätigkeit der Betriebsstätte, d. h. die im Inland erzielten Gewinne bzw. Umsätze[72] (vgl. auch Rz. 36). Aus dem Überschreiten der Größenmerkmale leitet sich auch die Konsequenz ab, dass die Betriebsstätte, nach Aufforderung durch das Finanzamt (§ 141 Abs. 2 AO), bilanzierungspflichtig wird.[73] Die Einkünfteermittlung erfolgt durch Betriebsvermögensvergleich nach § 4 Abs. 1 EStG, und zwar regelmäßig für das Kalenderjahr (§ 4a Abs. 1 Nr. 3 EStG).[74] § 141 AO ist gegenüber § 140 AO subsidiär.[75]

Wenn im Inland keine Buchführungspflicht besteht bzw. nicht freiwillig Bücher geführt werden, kann der beschränkt Steuerpflichtige seine Gewinne durch **Aufteilung** aus der Buchführung des Einheitsunternehmens ableiten.[76] Diese Aufteilung erfolgt nach dem Prinzip der wirtschaftlichen Zugehörigkeit (vgl. Rz. 2950 f.).[77] Der zu verteilende Betriebsgewinn kann dabei entweder durch einen Betriebsvermögensvergleich nach § 4 Abs. 1 EStG oder durch eine vereinfachte Gewinnermittlung nach § 4 Abs. 3 EStG ermittelt werden.[78] Es kann auch eine auf die inländische Betriebsstätte beschränkte Gewinnermittlung nach § 4 Abs. 1 oder 3 EStG vorgelegt werden.[79] Besteht keine Buchführungspflicht eines ausländischen Unternehmens für seine im Inland belegene Betriebsstätte, sind dennoch die Warenein- und Warenausgänge gemäß §§ 143 ff. AO bei der Betriebsstätte zu erfassen.[80] Durch diese Dokumentation wird sichergestellt, dass genügend Daten vorhanden sind, um eine Einnahmen-Überschuss-Rechnung nach § 4 Abs. 3 EStG zu erstellen.

3.3 Steuerliche Gewinnermittlung im Rahmen des § 49 Abs. 1 Nr. 2 Buchst. f EStG

Erzielt ein beschränkt Steuerpflichtiger Einkünfte i. S. v. § 49 Abs. 1 Nr. 2 Buchst. f EStG, ist der steuerliche Gewinn nach §§ 4 ff. EStG zu ermitteln.[81] Die Gewinnermittlung für

2961

---

72 Vgl. BFH, Urteil v. 17.12.1997 – I R 95/96, BStBl 1998 II S. 260; *Busch* in Wassermeyer/Andresen/Ditz (Hrsg.), Betriebsstätten Handbuch, 2. Aufl., Köln 2018, S. 903, Rz. 13.13; *Sterner* in Looks/Heinsen (Hrsg.), Betriebsstättenbesteuerung, 3. Aufl., München 2017, S. 106, Rz. 293 f.; *Mensching*, DStR 2009 S. 97; *Bron*, DB 2009 S. 593; *Ege*, DStR 2010 S. 1208.
73 Vgl. *Busch* in Wassermeyer/Andresen/Ditz (Hrsg.), Betriebsstätten Handbuch, 2. Aufl., Köln 2018, S. 913, Rz. 13.29; *Sterner* in Looks/Heinsen (Hrsg.), Betriebsstättenbesteuerung, 3. Aufl., München 2017, S. 106, Rz. 295.
74 Vgl. *Sterner* in Looks/Heinsen (Hrsg.), Betriebsstättenbesteuerung, 3. Aufl., München 2017, S. 109, Rz. 295.
75 Vgl. AEAO zu § 141 AO, Nr. 1.
76 Vgl. *Andresen* in Wassermeyer/Andresen/Ditz (Hrsg.), Betriebsstätten Handbuch, 2. Aufl., Köln 2018, S. 171, Rz. 4.12.
77 Vgl. BFH, Urteil v. 20.7.1988 – I R 49/84, BStBl 1989 II S. 140.
78 Vgl. *Andresen* in Wassermeyer/Andresen/Ditz (Hrsg.), Betriebsstätten Handbuch, 2. Aufl., Köln 2018, S. 171, Rz. 4.10. Zur Diskussion um die Zulässigkeit einer Einnahmen-Überschuss-Rechnung für den Fall einer Buchführungspflicht im (EU-)Ausland vgl. *Bernütz/Küppers*, IStR 2011 S. 589 f.; *Wachter*, FR 2006 S. 399; *Beinert/Werder*, DB 2005 S. 1485.
79 Vgl. *Andresen* in Wassermeyer/Andresen/Ditz (Hrsg.), Betriebsstätten Handbuch, 2. Aufl., Köln 2018, S. 171, Rz. 4.10.
80 Vgl. *Wassermeyer* in Wassermeyer/Kaeser/Schwenke (Hrsg.), Doppelbesteuerung, München, Art. 7 OECD-MA Rz. 213 (Stand: Oktober 2013).
81 Vgl. BFH, Urteil v. 5.6.2002 – I R 81/00, BStBl 2004 II S. 344.

Vermietung und Verpachtung (Doppelbuchst. aa) und Veräußerung (Doppelbuchst. bb) ist dabei getrennt vorzunehmen.[82]

Die Ermittlung der **Einkünfte aus Vermietung und Verpachtung** (§ 49 Abs. 1 Nr. 2 Buchst. f Doppelbuchst. aa EStG) erfolgt entweder durch die Einnahmen-Überschussrechnung nach § 4 Abs. 3 EStG oder durch einen Betriebsvermögensvergleich (§ 4 Abs. 1 EStG).[83] Eine Buchführungspflicht und damit eine Pflicht zur Gewinnermittlung nach § 140 AO scheidet aus, da sich § 140 nicht auf ausländische Rechtsnormen bezieht[84] (vgl. auch Rz. 2959).

Neben der freiwilligen Buchführung (§ 5 Abs. 1 Satz 1 EStG) kommt eine Buchführungspflicht aufgrund von § 141 AO in Betracht. Jedoch ist fraglich, ob bei **Überschreiten der Grenzen des § 141 AO** eine originäre Buchführungspflicht begründet wird, da § 141 AO eine Betriebsstätte oder einen ständigen Vertreter voraussetzt.[85] Eine Betriebsstätte wird durch die Fiktion des § 49 Abs. 1 Nr. 2 Buchst. f EStG nicht begründet.[86] Dass die Grenzwerte nur anhand der Zugehörigkeit zu einem Betrieb überprüft werden können, ist jedoch im Rahmen der Grundstücksvermietung nicht maßgebend, da es sich bei dem Vermietungsobjekt um Betriebsvermögen handelt.[87] Im Ergebnis greift die originäre steuerrechtliche Buchführungspflicht bei Überschreiten eines Schwellenwertes des § 141 AO und erfolgtem Hinweis auf die Buchführungspflicht[88] (vgl. auch Rz. 36).

Insbesondere bei Einkünften i. S. v. § 49 Abs. 1 Nr. 2 Buchst. f Doppelbuchst. bb EStG könnte zunächst angenommen werden, dass aufgrund der Stichtagsbezogenheit eine Gewinnermittlung analog zu § 17 Abs. 2 Satz 1 EStG und § 23 Abs. 3 Satz 1 EStG möglich wäre. Mangels Regelungslücke scheidet eine Übernahme dieser Normen für die Gewinnermittlung im Rahmen des § 49 Abs. 1 Nr. 2 Buchst. f EStG jedoch aus; vielmehr finden für die Ermittlung des **Veräußerungsgewinns bzw. -verlustes** die allgemeinen Regelungen (§§ 4 ff. EStG) Anwendung.[89] Ein Veräußerungsgewinn errechnet sich, indem vom Veräußerungspreis die Veräußerungskosten und die Anschaffungs- bzw. Herstellungskosten (i. S. d. § 6 Abs. 1 Nr. 1 Satz 1, Nr. 2 EStG) vermindert um bisher

---

82 Vgl. *Gosch* in Kirchhof (Hrsg.), EStG, 17. Aufl., Köln 2018, § 49 EStG Rz. 46.
83 Vgl. BMF, Schreiben v. 16.5.2011, IV C 3 – S 2300/08/10014, BStBl 2011 I S. 530, Rz. 6 f.; *Reimer* in Blümich, EStG/KStG/GewStG, München, § 49 EStG Rz. 138 (Stand: November 2016).
84 Vgl. *Reimer* in Blümich, EStG/KStG/GewStG, München, § 49 EStG Rz. 138 (Stand: November 2016); *Briesemeister*, Kapitel I, Rz. 36; a. A. BMF, Schreiben v. 16.5.2011 – IV C 3 – S 2300/08/10014, BStBl 2011 I S. 530; AEAO zu § 140 AO.
85 Vgl. *Drüen* in Tipke/Kruse, Abgabenordnung, Köln, § 141 AO Rz. 6 (Stand: Oktober 2012).
86 Vgl. BMF, Schreiben v. 16.5.2011 – IV C 3 – S 2300/08/10014, BStBl 2011 I S. 530, Rz. 15; *Wassermeyer*, IStR 2009 S. 239.
87 Vgl. BFH, Urteile v. 5.6.2002 – I R 81/00, BStBl 2004 II S. 344; v. 22.8.2006 – I R 6/06, BStBl 2007 II S. 163; *Gosch* in Kirchhof (Hrsg.), EStG, 17. Aufl., Köln 2018, § 49 EStG Rz. 46. Zum Wechsel der Einkunftsermittlungsart ab dem VZ 2009 durch das JStG 2009 vgl. *Mensching*, DStR 2009 S. 96 ff.; *Töben/Lohbeck/Fischer*, FR 2009 S. 151; *Reimer* in Blümich, EStG/KStG/GewStG, München, § 49 EStG Rz. 138 (Stand: November 2016).
88 Vgl. BMF, Schreiben v. 16.5.2011, IV C 3 – S 2300/08/10014, BStBl 2011 I S. 530, Rz. 3; *Könemann/Blaudow*, Stbg 2012 S. 223 f.; a. A. *Lindauer/Westphal*, BB 2009 S. 421.
89 Vgl. BFH, Urteile v. 5.6.2002 – I R 81/00, BStBl 2004 II S. 344; v. 5.6.2002 – I R 105/00, IStR 2002 S. 596; *Gosch* in Kirchhof (Hrsg.), EStG, 17. Aufl., Köln 2018, § 49 EStG Rz. 45; *Loschelder* in Schmidt, EStG, 37. Aufl., München 2018, § 49 EStG Rz. 59; *Reimer* in Blümich, EStG/KStG/GewStG, München, § 49 EStG Rz. 139 (Stand: November 2016); a. A. *Pfeffermann* in HHR, EStG/KStG, Köln, § 49 EStG Rz. 633 (Stand: Juni 2014); *Hendricks*, IStR 1997 S. 229.

angefallene AfA abgezogen werden.[90] Stille Reserven, die vor dem 1.1.1994 entstanden sind, dürfen nicht in die steuerpflichtigen Veräußerungseinkünfte einbezogen werden, da erst ab diesem Zeitpunkt eine Veräußerung i. S. v. § 49 Abs. 1 Nr. 2 Buchst. f Doppelbuchst. bb EStG steuerbar wurde und der Gesetzgeber keine Übergangsvorschrift, die die Steuerbarkeit begründet hätte, erlassen hat.[91]

(Einstweilen frei) 2962

4. Entstrickung

4.1 Überblick: Tatbestände der Entstrickung

Entstrickung meint einen grenzüberschreitenden Vorgang, durch den stille Reserven eines Wirtschaftsgutes der deutschen Besteuerung entzogen werden.[92] Der **Grundtatbestand** der einkommensteuerlichen Entstrickung ist in § 4 Abs. 1 Satz 3, 4 EStG kodifiziert (vgl. Rz. 2984). Demnach steht einer Entnahme für betriebsfremde Zwecke der Ausschluss oder die Beschränkung des deutschen Besteuerungsrechts hinsichtlich des Gewinns aus der Veräußerung oder der Nutzung eines Wirtschaftsgutes gleich (§ 4 Abs. 1 Satz 3 EStG). Ein Ausschluss oder eine Beschränkung dieses Besteuerungsrechts liegt insbesondere dann vor, wenn ein bisher einer inländischen Betriebsstätte zuzuordnendes Wirtschaftsgut einer ausländischen Betriebsstätte zugeordnet wird (§ 4 Abs. 1 Satz 4 EStG).[93] Bei EU-Sachverhalten gewährt § 4g EStG einen Aufschub der Besteuerung (vgl. Rz. 2993 ff.). § 12 Abs. 1 KStG ist das körperschaftsteuerliche Pendant zu § 4 Abs. 1 Satz 3, 4 EStG (vgl. Rz. 2984).[94] § 16 Abs. 3a EStG betrifft die Entstrickung von betrieblichen (Teil-)Einheiten (vgl. Rz. 3019 ff.). 2963

Bezüglich des Anwendungsbereichs dieser Grundtatbestände der Entstrickung lassen sich folgende **Fallgruppen** bilden: 2964

- ▶ **objektbezogene Entstrickung**: Überführung von Wirtschaftsgütern aus einer inländischen Betriebsstätte in eine ausländische Betriebsstätte; Überführung von Wirtschaftsgütern in das ausländische Stammhaus eines beschränkt Steuerpflichtigen;

- ▶ **subjektbezogene Entstrickung**: Wegzug eines Einzelunternehmers oder Mitunternehmers; Sitzverlegung einer Kapitalgesellschaft.[95]

---

90 Vgl. *Gosch* in Kirchhof (Hrsg.), EStG, 17. Aufl., Köln 2018, § 49 EStG Rz. 45.
91 Vgl. BFH, Urteile v. 5.6.2002 – I R 81/00, BStBl 2004 II S. 344; v. 5.6.2002 – I R 105/00, IStR 2002 S. 596; v. 22.8.2006, I R 6/06, BFH/NV 2007 S. 127; *Gosch* in Kirchhof (Hrsg.), EStG, 17. Aufl., Köln 2018, § 49 EStG Rz. 47; *Loschelder* in Schmidt, EStG, 37. Aufl., München 2018, § 49 EStG Rz. 54.
92 Vgl. BT-Drucks. 16/2710 S. 26; *Kahle/Eichholz* in Haun/Kahle/Goebel/Reiser, Außensteuergesetz, Stuttgart, Einf Ent- und Verstrickung, Rz. 31 (Stand: März 2016); *Kessler/Huck*, StuW 2005 S. 198; *Prinz*, GmbHR 2007 S. 966.
93 Eine entsprechende Anwendung des § 4 Abs. 1 Satz 4 EStG ist in § 6 Abs. 5 Satz 1 EStG und in § 16 Abs. 3 Satz 2 EStG enthalten. Vgl. hierzu *Mitschke*, Ubg 2011 S. 332.
94 § 12 Abs. 2 KStG sieht eine Ausnahme von der allgemeinen Entstrickungsregelung des § 12 Abs. 1 KStG vor und erlaubt die Buchwertfortführung bei Verschmelzungen von Kapitalgesellschaften in Drittstaaten. Vgl. *Cortez* in Haun/Kahle/Goebel/Reiser, Außensteuergesetz, Stuttgart, § 12 KStG Rz. 17 (Stand: März 2015).
95 Vgl. *Heurung/Engel/Thiedemann*, EWS 2011 S. 229. Auf den weiteren Fall der „passiven Entstrickung" sei hier nur verwiesen. Vgl. ebd., S. 229 f. Zum Wegzug einer Kapitalgesellschaft in einen Drittstaat vgl. § 12 Abs. 3 KStG; hierzu *Kahle/Cortez* in Haun/Kahle/Goebel/Reiser, Außensteuergesetz, Stuttgart, § 12 KStG Rz. 168 ff. (Stand: März 2015).

2965 Von diesen Grundtatbeständen der Entstrickung sind diverse **spezielle Entstrickungstatbestände** zu unterscheiden. So beruht etwa § 6 Abs. 5 Satz 1 EStG auf dem gleichen Grundgedanken wie § 4 Abs. 1 Satz 3 EStG;[96] durch den Verweis auf § 4 Abs. 1 Satz 4 EStG in § 6 Abs. 5 Satz 1 2. Halbsatz EStG ist bei der Überführung eines Wirtschaftsgutes in eine **ausländische Personengesellschaft** ein Buchwertansatz regelmäßig nicht möglich.[97]

2966 Darüber hinaus sind insbesondere die **umwandlungssteuerrechtlichen Entstrickungsregelungen** zu nennen. Bei der **Verschmelzung** einer Kapitalgesellschaft auf eine Personengesellschaft oder auf eine natürliche Person und beim **Formwechsel** einer Kapitalgesellschaft in eine Personengesellschaft kann die übertragende Körperschaft auf Antrag die übergehenden Wirtschaftsgüter einheitlich mit dem Buchwert oder einem Zwischenwert (höchstens jedoch mit dem gemeinen Wert) ansetzen, soweit die Voraussetzungen des § 3 Abs. 2 UmwStG erfüllt sind. Gemäß § 3 Abs. 2 Satz 1 Nr. 2 UmwStG darf das Recht der Bundesrepublik Deutschland hinsichtlich der Besteuerung des Gewinns aus der Veräußerung der übertragenen Wirtschaftsgüter bei den Gesellschaftern der übernehmenden Personengesellschaft oder bei der natürlichen Person **nicht ausgeschlossen oder beschränkt** sein. Eine entsprechende Entstrickungsregelung enthält § 11 Abs. 2 Satz 1 Nr. 2 UmwStG für den Fall der Verschmelzung von Kapitalgesellschaften.

2967 Bei der **Einbringung** von Unternehmensteilen in eine Kapitalgesellschaft oder eine Genossenschaft kann die übernehmende Gesellschaft auf Antrag das eingebrachte Betriebsvermögen mit seinem Buchwert oder mit einem Zwischenwert unter den Voraussetzungen des § 20 Abs. 2 Satz 2 UmwStG ansetzen. Nach § 20 Abs. 2 Satz 2 Nr. 3 UmwStG darf das Recht Deutschlands hinsichtlich der Besteuerung des Gewinns aus der Veräußerung des eingebrachten Betriebsvermögens bei dem übernehmenden Rechtsträger weder ausgeschlossen noch beschränkt werden. Eine entsprechende Entstrickungsregelung enthält § 21 Abs. 2 Satz 3 Nr. 1 UmwStG für den **Anteilstausch**.

2968–2972 *(Einstweilen frei)*

4.2 Entstrickung nach § 4 Abs. 1 Satz 3, 4 EStG
4.2.1 Überblick über die Rechtsentwicklung bis zum JStG 2010
4.2.1.1 Finale Entnahmetheorie und deren Aufgabe durch den BFH

2973 Bis zum SEStEG 2006 war es in der Rechtsprechung und der Literatur einhellige Meinung, dass das Einkommensteuerrecht **keinen allgemeinen Entstrickungsgrundsatz** enthält, nach dem die stillen Reserven eines Wirtschaftsgutes aufgelöst und versteuert werden müssen, wenn das Wirtschaftsgut nicht mehr in die Gewinnermittlung einzubeziehen ist.[98] Allerdings hatte die frühere Rechtsprechung des BFH bei der Überführung von Wirt-

---

96 Vgl. *Mitschke*, Ubg 2011 S. 332.
97 Die Rechtslage war vor der Einfügung des § 4 Abs. 1 Satz 4 EStG durch das JStG 2010 noch anders. Vgl. *Kahle/Eicholz* in Haun/Kahle/Goebel/Reiser, Außensteuergesetz, Stuttgart, § 4 EStG Rz. 46 (Stand: März 2015).
98 Vgl. BFH, Urteile v. 9.2.1972 – I R 205/66, BStBl 1972 II S. 455; v. 16.12.1975 – VIII R 3/74, BStBl 1976 II S. 246; v. 26.1.1977 – VIII R 109/75, BStBl 1977 II S. 283; v. 14.6.1988 – VIII R 387/83, BStBl 1989 II S. 187; *Loschelder* in Schmidt, EStG, 37. Aufl., München 2018, § 4 EStG Rz. 50, 316, 320; *Klingberg/van Lishaut*, DK 2005 S. 698, 703; *Prinz* in HHR, EStG/KStG, Jahresband 2007, Köln 2007, vor § 4 Rz. J 06-1.

schaftsgütern des Anlagevermögens in eine ausländische Betriebsstätte eine Entnahme bejaht, sofern ansonsten die Besteuerung der stillen Reserven gefährdet war (**finale Entnahmetheorie**).[99] Diese Rechtsprechung wurde durch den BFH mit seinem früheren Abkommensverständnis, nach dem Deutschland durch die Überführung eines Wirtschaftsgutes in eine ausländische Betriebsstätte mit **DBA-Freistellung** das Besteuerungsrecht an den in dem Wirtschaftsgut vorhandenen stillen Reserven verlor, begründet.

Die **Finanzverwaltung** unterstellte bereits lange einen Entstrickungsgrundsatz[100] und entwickelte daraus die „Theorie der aufgeschobenen Gewinnrealisierung"[101] und die „**Korrekturpostenmethode**"[102]. Demnach sind materielle und immaterielle Wirtschaftsgüter, die in eine DBA-Betriebsstätte mit Freistellungsmethode überführt werden, beim inländischen Stammhaus zum Fremdvergleichspreis im Überführungszeitpunkt anzusetzen.[103]

2974

Die Rechtsprechung des BFH zur finalen Entnahmetheorie wurde in der Literatur massiv kritisiert, weil eine Entnahme nicht vorliegt, solange Wirtschaftsgüter im Vermögen der Betriebsstätte verbleiben.[104] Durch die finale Entnahmetheorie des BFH wurde ein im Gesetz nicht enthaltener Gewinnrealisierungstatbestand eingeführt.[105] Mit **Urteil v. 17.7.2008** hat der BFH seine finale Entnahmetheorie ausdrücklich aufgegeben.[106] Die Aufgabe basiert im Wesentlichen auf einem geänderten Abkommensverständnis des BFH. Die finale Entnahmetheorie beruhte nach der neuen Rechtsprechung des BFH auf einer unzutreffenden Beurteilung der Abgrenzung zwischen den inländischen und den ausländischen Einkünften sowie der Wirkung der abkommensrechtlichen Freistellung; auch bei Freistellung der ausländischen Betriebsstättengewinne wird die inländische Besteuerung von im Inland entstandenen stillen Reserven nicht beeinträchtigt, weil die Freistellung nur solche Gewinne erfasst, die in der Betriebsstätte erwirtschaftet wurden. Die bis zum Zeitpunkt der Überführung erwirtschafteten stillen Reserven können weiterhin in Deutschland besteuert werden; das Besteuerungsrecht Deutschlands ist insoweit nicht gefährdet.[107] Während in der Literatur diese Änderung der Rechtspre-

2975

---

99 Vgl. BFH, Urteile v. 16.7.1969 – I 266/65, BStBl 1970 II S. 175; v. 28.4.1971 – I R 55/66, BStBl 1971 II S. 630 ff.; v. 30.5.1972 – VIII R 111/69, BStBl 1972 II S. 760-762; v. 17.8.1972 – IV R 26/69, BStBl 1972 II S. 903; v. 7.10.1974 – GrS 1/73, BStBl 1975 II S. 168; v. 24.11.1982 – I R 123/78, BStBl 1983 II S. 113; v. 18.5.1983 – I R 5/82, BStBl 1983 II S. 771.
100 Vgl. Stellungnahme des BdF in BFH, Urteil v. 16.7.1969 – I 266/65, BStBl 1970 II S. 175.
101 Vgl. grundlegend *Baranowski*, DB 1962 S. 881.
102 Erstmals vorgestellt von *Neubauer*, JbFfSt 1976/77 S. 318 f.
103 Vgl. im Überblick *Kahle/Franke*, IStR 2009 S. 407.
104 Vgl. zur Kritik an dieser Rechtsprechung im Einzelnen *Debatin*, BB 1990 S. 826 ff.; *Kempka*, Gewinnrealisierung bei der Überführung von Wirtschaftsgütern zwischen Stammhaus und Betriebsstätte, Frankfurt a. M. 1995, S. 66-68, 103-110 u. 125 f.; *Kessler/Huck*, StuW 2005 S. 193 ff.; *Keuk*, DB 1973 S. 890 ff.; *Kleineidam*, IStR 2000 S. 577 ff.; *Meilicke/Hohlfeld*, BB 1972 S. 508; *Wassermeyer*, DB 2003 S. 2622.
105 Vgl. *Tipke*, StuW 1972 S. 264 ff.; *Debatin*, BB 1990 S. 828 f.
106 Vgl. BFH, Urteil v. 17.7.2008 – I R 77/06, DB 2008 S. 2285.
107 Nach Auffassung des BFH müsse es folglich zu einer Aufteilung der stillen Reserven bzw. eines etwaigen späteren Veräußerungsgewinns zwischen Deutschland und dem Betriebsstättenstaat kommen. Der BFH lässt die konkreten Maßstäbe für eine solche Aufteilung aber offen; vgl. BFH, Urteil v. 17.7.2008 – I R 77/06, DB 2008 S. 2285. Er weist lediglich auf verschiedene Lösungsansätze hin (insbes. Theorie der aufgeschobenen Gewinnrealisierung, die auf die stillen Reserven im Zeitpunkt der Überführung in das Ausland abstellt; Aufteilung des später tatsächlich durch eine Außentransaktion realisierten Gewinns nach Wertschöpfungsbeiträgen). Auch die Wirkung später betrieblich veranlasster Wertminderungen an dem überführten Wirtschaftsgut auf den in Deutschland steuerverhafteten Ergebnisanteil bleibt ungeklärt (Gewinn bei der Innentransaktion, Verlust im Außenverkehr). Vgl. *Prinz*, DB 2009 S. 810; *Wassermeyer*, S:R 2008 S. 376 f.

chung überwiegend begrüßt wurde,[108] reagierte die Finanzverwaltung mit einem Nichtanwendungserlass.[109]

2976–2983 (Einstweilen frei)

4.2.1.2 Einfügung des § 4 Abs. 1 Satz 3, 4 EStG durch das SEStEG 2006

2984 Durch das SEStEG 2006 wurde ein **allgemeiner Entstrickungstatbestand** im EStG eingeführt (§ 4 Abs. 1 Satz 3 EStG). Danach werden Sachverhalte, bei denen das Besteuerungsrecht Deutschlands hinsichtlich des Gewinns aus der Veräußerung oder aus der Nutzung eines Wirtschaftsgutes ausgeschlossen oder beschränkt wird, einer Entnahme des Wirtschaftsgutes aus dem Betriebsvermögen für betriebsfremde Zwecke gleichgestellt (§ 4 Abs. 1 Satz 3 EStG).[110] Die Regelung zielt in erster Linie auf die Überführung von Wirtschaftsgütern in eine ausländische Betriebsstätte ab. Es wird eine Entnahme fingiert, die zum gemeinen Wert (§ 9 Abs. 2 BewG, vgl. Rz. 923 ff.) zu bewerten ist (§ 6 Abs. 1 Nr. 4 Satz 1 2. Halbsatz EStG).[111] Es kommt zu einer **Sofortbesteuerung der stillen Reserven**, obgleich diese noch gar nicht realisiert sind. Wenn die Tatbestandsvoraussetzungen des § 4 Abs. 1 Satz 3 EStG erfüllt sind und das Wirtschaftsgut in eine Betriebsstätte in einem EU-Staat überführt wird, gewährt § 4g EStG bei unbeschränkter Steuerpflicht die Möglichkeit einer **aufgeschobenen Besteuerung** (vgl. Rz. 2993). Im Falle der Überführung von Wirtschaftsgütern einer Kapitalgesellschaft in ihre ausländische Betriebsstätte wird die Fiktion einer Entnahme von Wirtschaftsgütern durch die Annahme einer Veräußerung oder Überlassung ersetzt (§ 12 Abs. 1 KStG). Keine Beschränkung i. S. d. § 4 Abs. 1 Satz 3 EStG liegt vor, wenn das Wirtschaftsgut nur der Gewerbesteuer nicht mehr unterliegt (**gewerbesteuerliche Entstrickung**).[112]

2985 Der Sinn und Zweck des § 4 Abs. 1 Satz 3 EStG wird darin gesehen, die Besteuerung im Inland entstandener stiller Reserven im letztmöglichen Zeitpunkt (dem der Verlagerung des Wirtschaftsguts) sicherzustellen und die Besteuerungsrechte abzugrenzen.[113] Der Gesetzgeber hingegen sieht in § 4 Abs. 1 Satz 3 EStG eine Klarstellung zur ohnehin bestehenden Rechtslage.[114] Dieser Ansicht des Gesetzgebers des SEStEG ist nach h. M. mit der **Aufgabe der finalen Entnahmetheorie** durch den BFH endgültig der Boden ent-

---

108 Vgl. z. B. *Ditz*, IStR 2009 S. 115 ff.; *Gosch*, BFH-PR 2008 S. 500; *Hoffmann*, DB 2008 S. 2286 f.; *Köhler* in Baumhoff/Dücker/Köhler (Hrsg.), Besteuerung, Rechnungslegung und Prüfung der Unternehmen, FS Krawitz, Wiesbaden 2010, S. 218 ff.; *Prinz*, DB 2009 S. 807 ff.; *Wassermeyer*, S:R 2008 S. 376 f.; a. A. *Mitschke*, FR 2008 S. 1144 ff.; *Mitschke*, FR 2009 S. 326 ff.
109 Vgl. BMF, Schreiben v. 20.5.2009 – IV C 6 – S 2134/07/10005, BStBl 2009 I S. 671; hierzu *Mitschke*, DB 2009 S. 1376 ff.
110 Zum Ausschluss oder der Beschränkung des deutschen Besteuerungsrechts bei der Nutzung eines Wirtschaftsgutes vgl. im Einzelnen *Wissenschaftlicher Beirat von Ernst & Young tax*, DB 2010, S. 1782 f.; *Kahle/Eichholz* in Haun/Kahle/Goebel/Reiser, Außensteuergesetz, Stuttgart, § 4 EStG Rz. 89 ff. (Stand: März 2015).
111 § 4 Abs. 1 Satz 3 EStG gilt nicht für Anteile an einer europäischen Gesellschaft (SE) oder Europäischen Genossenschaft (SCE), wenn diese ihren Sitz von einem Mitgliedstaat der EU in einen anderen Mitgliedstaat verlegt (§ 4 Abs. 1 Satz 5 EStG).
112 Vgl. *Benecke/Schnitger*, IStR 2006 S. 766; *Schönherr/Lemaitre*, GmbHR 2006 S. 567; *Förster*, DB 2007 S. 73; *Wassermeyer*, IStR 2008 S. 178.
113 Vgl. *Benecke*, NWB 2007 S. 3239; *Frotscher* in Frotscher (Hrsg.), EStG, Freiburg, § 4 EStG Rz. 358 (Stand: März 2011). Zur systematischen Stellung des § 4 Abs. 1 Satz 3 EStG und zur Konkurrenz dieser Norm zu anderen Vorschriften vgl. *Kahle/Eichholz* in Haun/Kahle/Goebel/Reiser, Außensteuergesetz, Stuttgart, § 4 EStG Rz. 42 ff. (Stand: März 2015).
114 Vgl. BT-Drucks. 16/2710, S. 28.

zogen worden. Ein Ausschluss des deutschen Besteuerungsrechts liegt nicht vor, wenn ein Wirtschaftsgut von einem inländischen Betrieb in eine ausländische Betriebsstätte des Steuerpflichtigen überführt wird und der Gewinn der ausländischen Betriebsstätte (und damit auch ein Gewinn aus der Veräußerung des überführten Wirtschaftsgutes) aufgrund eines DBA mit Freistellungsmethode nicht mehr der inländischen Besteuerung unterliegt. Denn Deutschland behält das Recht an der Besteuerung der bis zur Überführung entstandenen stillen Reserven. Hiernach läuft § 4 Abs. 1 Satz 3 EStG weitestgehend ins Leere.[115] Diese Argumentation wird durch die Aufgabe der finalen Entnahmetheorie durch den BFH bestätigt; von einem Ausschluss des deutschen Besteuerungsrechts für die bisher gebildeten stillen Reserven kann nicht mehr die Rede sein.[116]

Nach anderer Auffassung ist die Aufgabe der finalen Entnahmetheorie durch den BFH nach aktuellem Recht überholt, weil § 4 Abs. 1 Satz 3 EStG die **steuerpflichtige Gewinnrealisierung** vorschreibt.[117] Der Gesetzgeber geht offenbar davon aus, „dass ein Ausschluss des Besteuerungsrechts bereits dann vorliegt, wenn sich der weitergehende Aufbau stiller Reserven nach der Überführung des Wirtschaftsguts im Ausland vollzieht und Deutschland auf diese neu gebildeten stillen Reserven keinen Zugriff mehr hat".[118]

2986

(Einstweilen frei)

2987

4.2.2 Ergänzung der Entstrickungsregelung durch das JStG 2010

Um den aufgezeigten Unsicherheiten bei der Auslegung des § 4 Abs. 1 Satz 3 EStG zu begegnen, hat der Gesetzgeber mit dem **JStG 2010** einen Satz 4 angefügt, nach dem der Ausschluss oder die Beschränkung des deutschen Besteuerungsrechts hinsichtlich des Veräußerungsgewinns des Wirtschaftsgutes insbesondere dann eintritt, „wenn ein bisher einer inländischen Betriebsstätte des Steuerpflichtigen zuzuordnendes Wirtschaftsgut einer ausländischen Betriebsstätte zuzuordnen ist." Eine entsprechende Ergänzung wurde in § 12 Abs. 1 Satz 2 KStG vorgenommen.[119]

2988

Nach wohl herrschender Meinung erreicht der Gesetzgeber damit sein Ziel der Aufdeckung der stillen Reserven im Zeitpunkt der Überführung (vorbehaltlich des § 4g

2989

---

115 Vgl. *Wassermeyer*, DB 2006 S. 1176; *Schwenke*, DStZ 2007 S. 245; *Rödder/Schumacher*, DStR 2007 S. 371; *Stadler/Elser*, BB-Special 8/2006 S. 19. A. A. *Benecke*, NWB 2007 S. 3236; *Hruschka*, StuB 2006 S. 586; *Körner*, IStR 2006 S. 469; *Schönherr/Lemaitre*, GmbHR 2006 S. 562; *Voß*, BB 2006 S. 412; *Werra/Teiche*, DB 2006 S. 1455.
116 Vgl. *Blumenberg* in Spindler/Tipke/Rödder (Hrsg.), Steuerzentrierte Rechtsberatung, FS Schaumburg, Köln 2009, S. 577; *Ditz*, IStR 2009 S. 120; *Gosch*, BFH-PR 2008 S. 499 f.; *Kahle/Franke*, IStR 2009 S. 409; *Köhler*, IStR 2010 S. 341; *Körner*, IStR 2009 S. 744 f.; *Prinz*, DB 2009 S. 810 f.; *Roser*, DStR 2008 S. 2393 f.; *Schneider/Oepen*, FR 2009 S. 28.
117 Vgl. *Benecke*, IStR 2010 S. 102; *Koch*, BB 2008 S. 2452; *Mitschke*, FR 2009 S. 329; *Mitschke*, Ubg 2010 S. 356 f.; *Musil*, FR 2011 S. 549 f.
118 *Stadler/Elser* in Blumenberg/Schäfer (Hrsg.), Das SEStEG, München 2007, S. 47.
119 Die Aufgabe der finalen Entnahmetheorie durch den BFH dürfte sich aufgrund der fehlenden außerbetrieblichen Sphäre bei Kapitalgesellschaften zwar nicht auswirken; der BFH würde aber bei einer Prüfung des § 12 Abs. 1 KStG sicherlich zu den gleichen Folgeschlüssen kommen wie in seinem Urteil v. 17.7.2008. Um den zu erwartenden steuerlichen Folgen einer solchen Rechtsprechung entgegenzuwirken, wurde die Ergänzung des § 12 Abs. 1 KStG vorgenommen. Vgl. BR-Drucks. 318/1/10, S. 10 f.

EStG),[120] die bisherigen Kritikpunkte (vgl. Rz. 2984 f.) bleiben aber bestehen.[121] Auch die Argumentation des Gesetzgebers, die neue BFH-Rechtsprechung zur Aufgabe der finalen Entnahmetheorie sei mit verfassungsrechtlich nicht hinnehmbaren Vollzugsdefiziten verbunden und sei nur schwer zu administrieren,[122] kann nicht völlig überzeugen. Zwar müsste der Verbleib der überführten Wirtschaftsgüter in der ausländischen Betriebsstätte verfolgt werden, wenn die Besteuerung erst bei einem Außenumsatz eintreten soll. Mithilfe der Gesamtbilanz des inländischen Stammhauses dürfte dies aber möglich sein.[123] Zudem können mit der **Amtshilferichtlinie** und der **Beitreibungsrichtlinie** die notwendigen Informationen über den Verbleib der Wirtschaftsgüter beschafft und Steueransprüche durchgesetzt werden.[124] Außerdem können nach der EuGH-Rechtsprechung[125] bloße Verwaltungserschwernisse keinen Rechtfertigungsgrund für die Behinderung einer EU-Grundfreiheit darstellen.[126]

2990 Zudem ist die steuerliche Zuordnung von Wirtschaftsgütern nach § 4 Abs. 1 Satz 4 EStG nicht eindeutig;[127] so könnte ein Wirtschaftsgut mehreren Betriebsstätten anteilig zuordenbar sein (z. B. immaterielle Wirtschaftsgüter, die von mehreren Betriebsstätten gleichzeitig genutzt werden).[128] Es bleibt unklar, wie in diesem Fall zu verfahren ist.

2991–2992 *(Einstweilen frei)*

4.3 Gewinnaufschub durch Bildung eines Ausgleichspostens nach § 4g EStG

4.3.1 Grundzüge der Ausgleichspostenmethode (§ 4g Abs. 1 EStG)

2993 Für unbeschränkt Steuerpflichtige besteht die Möglichkeit, die Bildung eines Ausgleichspostens und damit eine zeitlich gestreckte Besteuerung zu beantragen, soweit ein (materielles oder immaterielles) Wirtschaftsgut des Anlagevermögens infolge seiner Zuordnung zu einer Betriebsstätte desselben Steuerpflichtigen in einem anderen EU-Mitgliedstaat[129] als entnommen gilt (§ 4g Abs. 1 EStG).[130] § 4g EStG erfasst nach dem

---

120 Vgl. *Richter/Heyd*, Ubg 2011 S. 174 f.; *Musil*, FR 2011 S. 549 f.; *Mitschke*, FR 2011 S. 707; *Mitschke*, IStR 2016 S. 395 f.; a.A. *Gosch*, IStR 2015 S. 709 ff.
121 Vgl. *Richter/Heyd*, Ubg 2011 S. 174 f. Zur Diskussion um die rückwirkende Anwendung des § 4 Abs. 1 S. 3 f. EStG vgl. *Ditz/Tcherveniachki*, ISR 2016 S. 417 ff.; *Oppel*, ISR 2016 S. 298 ff.
122 Vgl. BR-Drucks. 318/1/10 S. 9, 11; vgl. auch *Musil*, FR 2011 S. 549.
123 Vgl. *Richter/Heyd*, Ubg 2011 S. 175.
124 Vgl. *Eickmann/Stein*, DStZ 2007 S. 728; *Richter/Heyd*, Ubg 2011 S. 175. Zum Inkrafttreten des EU-Amtshilfegesetzes zum 1.1.2013, mit dem die EU-Amtshilferichtlinie v. 15.2.2011 in deutsches Recht umgesetzt wird, vgl. z. B. *Ortmann-Babel/Bolik/Griesfeller*, DB 2013 S. 1324 f.
125 Vgl. EuGH, Urteil v. 4.3.2004, Rs. C-334/02, Kommission Frankreich, Slg. 2004, I-2229, Rz. 29 f.
126 Vgl. *Richter/Heyd*, Ubg 2011 S. 175.
127 Vgl. *Richter/Heyd*, Ubg 2011 S. 175; *Lendewig/Jaschke*, StuB 2011 S. 94 f.
128 Vgl. *Wissenschaftlicher Beirat von Ernst & Young tax*, DB 2010 S. 1777.
129 § 4g EStG erfasst nicht die Überführung eines Wirtschaftsgutes eines inländischen Stammhauses in eine Betriebsstätte in einem EWR-Staat. Allerdings garantieren Art. 31 und 34 EWR-Abkommen die Niederlassungsfreiheit auch für die EWR-Staaten. Vgl. EFTA-Gerichtshof, Urteil v. 23.11.2004, E I/04, Fokus Bank, IStR 2005 S. 55. § 4g EStG sollte daher auch im Verhältnis zu Mitgliedstaaten des EWR-Abkommens Anwendung finden. Auch die ATAD verlangt eine entsprechende Ergänzung des § 4g EStG. Vgl. *Crezelius* in Kirchhof (Hrsg.), EStG, 17. Aufl., Köln 2018, § 4g EStG Rz. 5, 9; *Heurung/Engel/Thiedemann*, EWS 2011 S. 231.
130 Diese Regelung gilt seit dem VZ 2006. Zu § 4g EStG vgl. auch *Kahle/Eichholz*, FR 2015 S. 7 ff.

eindeutigen Wortlaut des § 4 Abs. 1 Satz 1 EStG nicht das Umlaufvermögen.[131] Für beschränkt Steuerpflichtige gilt § 4g EStG nicht.[132] Auf die Art der Gewinneinkünfte kommt es nicht an.[133] Diese Norm gilt analog für Kapitalgesellschaften (§ 12 Abs. 1 Satz 1 KStG). Durch die Implementierung des **AOA** im nationalen Recht in § 1 Abs. 4, 5 AStG (Rz. 2949) wird die Möglichkeit, einen Ausgleichsposten nach § 4g EStG zu bilden, nicht eingeschränkt (§ 1 Abs. 5 Satz 6 AStG); dies impliziert, dass die allgemeinen Entstrickungsregelungen vorrangig gegenüber § 1 Abs. 5 AStG anzuwenden sind.[134] Die Finanzverwaltung wendet die Regelung des § 4g EStG großzügig im Rahmen von Billigkeitsmaßnahmen an.[135]

Der passive Ausgleichsposten wird in Höhe des Unterschiedsbetrags zwischen dem steuerlichen Buchwert und dem **gemeinen Wert** (§ 6 Abs. 1 Nr. 4 Satz 1 2. Halbsatz EStG) des überführten Wirtschaftsgutes gebildet (§ 4g Abs. 1 Satz 1 EStG). Er ist für jedes Wirtschaftsgut separat auszuweisen (§ 4g Abs. 1 Satz 2 EStG). Gemäß § 4g Abs. 1 Satz 3 EStG kann das Antragsrecht für jedes Wirtschaftsjahr nur einheitlich für sämtliche Wirtschaftsgüter ausgeübt werden; offenbar können für mehrere Betriebsstätten eines Steuerpflichtigen unterschiedliche Anträge gestellt werden.[136] Der Antrag ist nach § 4g Abs. 1 Satz 4 EStG unwiderruflich.

2994

§ 4g EStG stellt eine Ausnahmeregelung im Verhältnis zu § 4 Abs. 1 Satz 3, 4 EStG dar und gilt daher nicht für andere Entstrickungsvorgänge.[137] Der Anwendungsbereich von §§ 4 Abs. 1 Satz 3, 4g EStG ist auf **einzelne Wirtschaftsgüter** beschränkt; § 4g EStG ist auf Gewinnrealisierungen nach dem UmwStG nicht anwendbar (§ 4g Abs. 1 Satz 5 EStG).[138] Die jüngste Rechtsprechung des EuGH macht aber im Hinblick auf § 20 Abs. 2 Satz 2 Nr. 3 UmwStG eine europarechtskonforme Anpassung des UmwStG analog zu § 4g EStG erforderlich.[139] Dies gilt entsprechend für grenzüberschreitende Verschmelzungen.[140]

2995

Ein Ausgleichsposten nach § 4g Abs. 1 EStG kann im Falle der Überführung eines Wirtschaftsgutes in eine **ausländische Personengesellschaft** sowie bei Überführung in das Sonderbetriebsvermögen des Mitunternehmers bei der ausländischen Personengesellschaft nicht gebildet werden.[141] Die Begründung dürfte darin liegen, dass es in diesen Fällen zu einem Wechsel des steuerrechtlichen Zurechnungssubjekts kommt. Steuer-

2996

---

131 Vgl. auch *Schaumburg*, Internationales Steuerrecht, 4. Aufl., Köln 2017, S. 292 f., Rz. 6.388; *Crezelius* in Kirchhof (Hrsg.), EStG, 16. Aufl., Köln 2017, § 4g EStG Rz. 1.
132 Vgl. *Schaumburg*, Internationales Steuerrecht, 4. Aufl., Köln 2017, S. 292 f., Rz. 6.388. Zur Anwendung des § 4g Abs. 1 EStG bei inländischen Personengesellschaften vgl. *Kolbe* in HHR, EStG/KStG, Köln, § 4g EStG Rz. 15, 19 (Stand: September 2016).
133 Vgl. *Heinicke* in Schmidt, EStG, 37. Aufl., München 2018, § 4g EStG Rz. 2.
134 Vgl. *Kahle/Eichholz* in Haun/Kahle/Goebel/Reiser, AStG, Stuttgart, § 4 EStG, Rz. 43g (Stand: März 2015); *Kahle/Eichholz/Kindich*, Ubg 2016 S. 141.
135 Vgl. BMF, Schreiben v. 22.12.2016, IV B 5 – S 1341/12/10001-03, BStBl 2017 I S. 182, Tz. 455 ff.
136 So BT-Drucks. 16/3369, S. 11; kritisch *Heinicke* in Schmidt, EStG, 37. Aufl., München 2018, § 4g EStG Rz. 20.
137 Vgl. *Crezelius* in Kirchhof (Hrsg.), EStG, 17. Aufl., Köln 2018, § 4g EStG Rz. 2.
138 Vgl. *Heinicke* in Schmidt, EStG, 37. Aufl., München 2018, § 4g EStG Rz. 4; *Crezelius* in Kirchhof (Hrsg.), EStG, 17. Aufl., Köln 2018, § 4g EStG Rz. 3.
139 Vgl. EuGH, Urteil v. 23.11.2017 – Rs. C-292/16, A Oy, IStR 2018 S. 32.
140 Vgl. *Müller*, ISR 2018 S. 61.
141 Vgl. BT-Drucks. 16/2710, S. 57; BT-Drucks. 16/3369, S. 11 f.

systematisch kann diese Vorgehensweise nicht überzeugen,[142] da die Beteiligung an einer ausländischen Personengesellschaft eine Betriebsstätte begründet.[143]

§ 4g EStG findet auch keine Anwendung auf Wirtschaftsgüter, die im Rahmen einer **grenzüberschreitenden Sitzverlegung** „wegziehen". Denn diese Norm setzt die unbeschränkte Steuerpflicht voraus (§ 4g Abs. 1 Satz 1 EStG), die aber im Fall des Wegzugs erlischt.[144]

2997 Wenn die Tatbestandsvoraussetzungen des § 4g EStG erst **nachträglich** eintreten (indem z. B. ein Wirtschaftsgut zwei Jahre nach der Überführung in eine Betriebsstätte in einem Drittstaat in eine Betriebsstätte in einem EU-Staat überführt wird)[145], ist bisher ungeklärt, ob für die verbleibende Fünf-Jahresfrist ein anteiliger Ausgleichsposten angesetzt werden kann. Dem Wortlaut des § 4g Abs. 1 Satz 3 EStG zufolge sollte dies der Fall sein.[146]

2998 Die **rechtssystematische Einordnung** des passiven Ausgleichspostens als passive Bilanzierungshilfe[147] oder als reinen Merkposten[148] ist strittig. Auch die bilanzielle Umsetzung der Ausgleichspostenmethode ist nicht abschließend geklärt; in Betracht kommen die Erfassung in der Steuerbilanz[149] oder in einer gesonderten Abgrenzungsbilanz[150] oder in einer Nebenrechnung zur Steuerbilanz[151]. Die Bildung dieses Ausgleichspostens in der Handelsbilanz kommt freilich nicht in Betracht.

2999–3000 *(Einstweilen frei)*

4.3.2 Gewinnerhöhende Auflösung des Ausgleichspostens

4.3.2.1 Ratierliche Auflösung des Ausgleichspostens über einen Zeitraum von fünf Jahren

3001 Im Grundsatz ist der Ausgleichsposten im Wirtschaftsjahr der Überführung[152] und in den folgenden vier Wirtschaftsjahren zu **jeweils einem Fünftel** gewinnerhöhend aufzulösen (§ 4g Abs. 2 Satz 1 EStG). Dies erfolgt unabhängig von der Restnutzungsdauer;

---

142 Vgl. *Crezelius* in Kirchhof (Hrsg.), EStG, 17. Aufl., Köln 2018, § 4g EStG Rz. 7.
143 Vgl. BFH, Urteil v. 16.10.2002 – I R 17/01, BStBl 2003 II S. 635.
144 Vgl. *Dötsch/Pung*, DB 2006 S. 2650 f.; *Crezelius* in Kirchhof (Hrsg.), EStG, 17. Aufl., Köln 2018, § 4g EStG Rz. 7; *Kolbe* in HHR, EStG/KStG, Köln, § 4g EStG Rz. 17 (Stand: September 2016); a. A. *Förster*, DB 2007 S. 75.
145 Vgl. *Heinicke* in Schmidt, EStG, 37. Aufl., München 2018, § 4g EStG Rz. 4.
146 Vgl. *Crezelius* in Kirchhof (Hrsg.), EStG, 17. Aufl., Köln 2018, § 4g EStG Rz. 3; a. A. *Kolbe* in HHR, EStG/KStG, Köln, § 4g EStG Rz. 18 (Stand: September 2016); *Heinicke* in Schmidt, EStG, 37. Aufl., München 2018, § 4g EStG Rz. 4.
147 Vgl. *Prinz*, DStJG 34 (2011) S. 145; *Hoffmann*, DB 2007 S. 652; *Hoffmann*, PiR 2007 S. 90; *Lange*, StuB 2007 S. 265; *Benecke/Schnitger*, IStR 2007 S. 23; *Goebel/Jenet/Franke*, IStR 2010 S. 236; *Kolbe* in HHR, EStG/KStG, Köln, § 4g EStG Rz. 21 (Stand: September 2016).
148 Vgl. *Kramer*, DB 2007 S. 2338; *Kramer*, StuW 1991 S. 160, 163; *Crezelius* in Kirchhof (Hrsg.), EStG, 17. Aufl., Köln 2018, § 4g EStG Rz. 11.
149 Vgl. *Wassermeyer*, DB 2008 S. 430; *Prinz*, DStJG 34 (2011) S. 145.
150 Vgl. *Kramer*, DB 2007 S. 2338.
151 Vgl. *Hoffmann*, DB 2007 S. 652; *Hoffmann*, DB 2008 S. 433.
152 Der Fortgang des Wirtschaftsjahres ist unerheblich; es findet keine Zwölftelung statt. Vgl. *Heinicke* in Schmidt, EStG, 37. Aufl., München 2018, § 4g EStG Rz. 10; *Kolbe* in HHR, EStG/KStG, Köln, § 4g EStG Rz. 30 (Stand: September 2016).

es ist auch unerheblich, ob das überführte Wirtschaftsgut abnutzbar oder nicht abnutzbar ist.[153] Der pauschale Auflösungszeitraum von fünf Wirtschaftsjahren gilt auch bei kürzerer Nutzungsdauer des Wirtschaftsgutes.[154] Rumpfwirtschaftsjahre sind als Wirtschaftsjahre einzubeziehen.[155]

Das Auflösungsergebnis zählt zum **laufenden Gewinn** des Stammhauses.[156] Folglich kommt es „zu einer Stundung mit ratierlicher Zahlung der aus den aufgedeckten stillen Reserven resultierenden Steuer über eine Laufzeit von fünf Jahren."[157] Nach der Überführung ins Ausland auftretende Wertminderungen des Wirtschaftsgutes führen nicht zu einer Verringerung des zeitlich gestreckt zu besteuernden Entstrickungsgewinns.[158]

4.3.2.2 Sofortige Auflösung des Ausgleichspostens

In bestimmten, abschließend in § 4g Abs. 2 Satz 2 Nr. 2 EStG aufgezählten Fällen kommt es zu einer sofortigen Auflösung des gebildeten Ausgleichspostens. In diesen Fällen greift wie bei der Bildung des Ausgleichspostens (§ 4g Abs. 1 Satz 2, 3 EStG) eine Einzelbetrachtung. Aus der Auflösung des Ausgleichspostens bzw. Restpostens resultierende Erfolge werden dem laufenden Gewinn des inländischen Stammhauses hinzugerechnet.[159]

3002

Eine Auflösung des passiven Ausgleichspostens ist in **vollem Umfang** gemäß § 4g Abs. 2 Satz 2 Nr. 1 EStG vorzeitig vorzunehmen, wenn das Wirtschaftsgut **aus dem Betriebsvermögen** des Steuerpflichtigen **ausscheidet** (z. B. durch Untergang, Verfall oder Veräußerung). Hiervon ist auch bei einem Wechsel des Rechtssubjekts auszugehen, das Wirtschaftsgut also in eine (andere) inländische oder ausländische Personengesellschaft oder Kapitalgesellschaft übertragen wird.[160] Auch umwandlungssteuerrechtliche Vorgänge dürften von § 4g Abs. 2 Satz 2 Nr. 1 EStG betroffen sein.[161] Ein Ausscheiden des Wirtschaftsgutes wird auch nicht durch die planmäßige oder außerplanmäßige Abnutzung des Wirtschaftsgutes begründet.[162]

3003

Eine vorzeitige vollumfängliche Auflösung des Ausgleichspostens tritt auch dann ein, wenn das als entnommen geltende Wirtschaftsgut **aus der Besteuerungshoheit der EU ausscheidet** (§ 4g Abs. 2 Satz 2 Nr. 2 EStG), also in eine Betriebsstätte des Steuer-

3004

---

153 Vgl. *Stadler/Elser* in Blumenberg/Schäfer (Hrsg.), Das SEStEG, München 2007, S. 55; *Goebel/Jenet/Franke*, IStR 2010 S. 235; *Hoffmann*, DB 2007 S. 652; *Lange*, StuB 2007 S. 262 f.
154 Vgl. *Heinicke* in Schmidt, EStG, 37. Aufl., München 2018, § 4g EStG Rz. 10; *Crezelius* in Kirchhof (Hrsg.), EStG, 17. Aufl., Köln 2018, § 4g EStG Rz. 12.
155 Vgl. *Heinicke* in Schmidt, EStG, 37. Aufl., München 2018, § 4g EStG Rz. 10.
156 Vgl. *Heinicke* in Schmidt, EStG, 37. Aufl., München 2018, § 4g EStG Rz. 10.
157 *Stadler/Elser* in Blumenberg/Schäfer (Hrsg.), Das SEStEG, München 2007, S. 55.
158 Vgl. *Kahle*, IStR 2007 S. 763.
159 Vgl. *Goebel/Jenet/Franke*, IStR 2010 S. 235.
160 Vgl. *Crezelius* in Kirchhof (Hrsg.), EStG, 17. Aufl., Köln 2018, § 4g EStG Rz. 12.
161 Vgl. *Kolbe* in HHR, EStG/KStG, Köln, § 4g Rz. 31 (Stand: September 2016); a. A. *Crezelius* in Kirchhof (Hrsg.), EStG, 17. Aufl., Köln 2018, § 4g EStG Rz. 12.
162 Vgl. *Heinicke* in Schmidt, EStG, 37. Aufl., München 2018, § 4g EStG Rz. 11; *Goebel/Jenet/Franke*, IStR 2010 S. 235.

pflichtigen außerhalb der EU verbracht wird.[163] Wird das Anlagegut nach der Verbringung in die EU-Betriebsstätte in eine andere Betriebsstätte innerhalb der EU überführt, ist der Ausgleichsposten also nicht aufzulösen.[164]

3005 Nach § 4g Abs. 2 Satz 2 Nr. 3 EStG kommt es zu einer vorzeitigen Auflösung des Ausgleichspostens, wenn die stillen Reserven des als entnommen geltenden Wirtschaftsguts im Ausland aufgedeckt werden[165] oder bei entsprechender Anwendung der Vorschriften des deutschen Steuerrechts hätten aufgedeckt werden müssen (z. B. bei Tauschvorgängen, verdeckter Einlage, Einlage in eine Personengesellschaft im In- oder Ausland)[166]. Die Beendigung der unbeschränkten Steuerpflicht (Wegzug des Steuerpflichtigen) dürfte hiervon nicht erfasst werden.[167]

3006 *(Einstweilen frei)*

4.3.2.3 Auflösung bei Verstoß gegen die Mitwirkungspflichten (§ 4g Abs. 5 EStG)

3007 Der Steuerpflichtige hat der zuständigen Finanzbehörde die Entnahme oder ein Ereignis im Sinne des § 4g Abs. 2 EStG **unverzüglich anzuzeigen** (§ 4g Abs. 5 Satz 1 EStG). „Unverzüglich" meint ein Verhalten ohne schuldhaftes Verzögern und bedeutet regelmäßig eine Frist von zwei Wochen.[168] Wenn der Steuerpflichtige diese Anzeigepflicht nicht erfüllt, ist der Ausgleichsposten gewinnerhöhend aufzulösen (§ 4g Abs. 5 Satz 2 EStG). Dies gilt auch, wenn der Steuerpflichtige seinen Mitwirkungspflichten nach § 90 AO nicht nachkommt. Der Gesetzgeber definiert nicht den konkreten Zeitpunkt der Auflösung. Es bietet sich der Veranlagungszeitraum an, in dem es erstmals zu einem Verstoß gegen die Mitwirkungspflichten kommt.[169]

4.3.3 Rückführung (§ 4g Abs. 3 EStG)

3008 Wenn ein Wirtschaftsgut innerhalb des fünfjährigen Auflösungszeitraums und innerhalb der tatsächlichen Nutzungsdauer wieder in das Inland zurücküberführt wird, ist der zum Zeitpunkt der Rückführung noch bestehende **Ausgleichsposten erfolgsneutral aufzulösen** (§ 4g Abs. 3 Satz 1 EStG). Nach der Rückführung ist das Wirtschaftsgut nach § 4g Abs. 3 Satz 1 EStG abweichend von § 6 Abs. 1 Nr. 5a EStG wie folgt anzusetzen:[170]

---

163 Vgl. *Goebel/Jenet/Franke*, IStR 2010 S. 235.
164 Vgl. *Hoffmann*, DB 2007 S. 655; *Goebel/Jenet/Franke*, IStR 2010 S. 235 f.
165 Der Ausgleichsposten nach § 4g EStG ist also gewinnerhöhend aufzulösen, wenn die stillen Reserven nach dem nationalen Steuerrecht des ausländischen EU-Staates aufzudecken sind.
166 Vgl. *Hoffmann*, DB 2007 S. 655.
167 Vgl. *Crezelius* in Kirchhof (Hrsg.), EStG, 17. Aufl., Köln 2018, § 4g EStG Rz. 14; *Kolbe* in HHR, EStG/KStG, Köln, § 4g EStG Rz. 31 (Stand: September 2016); *Benecke/Schnitger*, IStR 2007 S. 22; *Goebel/Jenet/Franke*, IStR 2010 S. 236. A. A. *Winkeljohann/Fuhrmann*, Handbuch Umwandlungssteuerrecht, Düsseldorf 2007, S. 635; *Heinicke* in Schmidt, EStG, 37. Aufl., München 2018, § 4g EStG Rz. 11.
168 Vgl. *Goebel/Jenet/Franke*, IStR 2010 S. 236.
169 Vgl. *Goebel/Jenet/Franke*, IStR 2010 S. 236.
170 Wenn die tatsächliche Nutzungsdauer des Wirtschaftsgutes vor Ablauf der Fünfjahresfrist endet, dürfte nach dem Gesetzeswortlaut des § 4g Abs. 3 Satz 1 EStG die Bewertung zum gemeinen Wert nach § 6 Abs. 1 Nr. 5a EStG erfolgen. Vgl. *Heinicke* in Schmidt, EStG, 37. Aufl., München 2018, § 4g EStG Rz. 17; a. A. *Goebel/Jenet/Franke*, IStR 2010 S. 237.

	fortgeführte Anschaffungskosten
+	gewinnerhöhend berücksichtigte Auflösungsbeträge (§ 4g Abs. 2 und Abs. 5 Satz 2 EStG)
+	Unterschiedsbetrag zwischen dem Rückführungswert und dem Buchwert im Zeitpunkt der Überführung
=	Wertansatz i. S. d. § 4g Abs. 3 EStG (höchstens gemeiner Wert)

Die **fortgeführten Anschaffungskosten** bestimmen sich nach deutschem Steuerrecht aus der Sicht des Stammhauses; sie stellen die Differenz zwischen dem Buchwert zum Zeitpunkt der Überführung in das Ausland und fiktiven inländischen AfA-Beträgen dar. Es werden fiktiv die Abschreibungen berücksichtigt, die bei einem Verbleib des Wirtschaftsgutes im Inland angefallen wären; es kommt auf die im Ausland in dieser Zeit angefallene und steuermindernd geltend gemachte AfA nicht an.[171]

3009

Die **gewinnerhöhend berücksichtigten Auflösungsbeträge** des Ausgleichspostens erhöhen den Ansatz des rücküberführten Wirtschaftsgutes in der Bilanz des inländischen Stammhauses, um so die im Inland bereits erfolgte Besteuerung der stillen Reserven, die sich bis zur Überführung in das Ausland gebildet hatten, zu berücksichtigen.[172] Durch die so erhöhten Abschreibungen über die Restnutzungsdauer des Wirtschaftsgutes kommt es zu geringeren künftigen Steuerbelastungen im Inland.

3010

Bei dem **Rückführungswert** handelt es sich um einen nach EU-ausländischem Steuerrecht ermittelten Überführungswert.[173] Auch der Buchwert im Zeitpunkt der Überführung ermittelt sich nach Maßgabe des ausländischen Steuerrechts. Es kommt also zu einer Anknüpfung an nach ausländischem Recht ermittelten Werten.[174] Der Unterschiedsbetrag zwischen dem Rückführungswert und dem Buchwert im Zeitpunkt der Rückführung entspricht den im Ausland im Zuge der Rücküberführung versteuerten stillen Reserven.[175] Indem dieser Unterschiedsbetrag den inländischen Ansatz des rücküberführten Wirtschaftsgutes erhöht, werden „im Ergebnis die im Ausland angefallenen und der Besteuerung unterliegenden stillen Reserven in inländisches Abschreibungspotenzial umgewandelt".[176] Der Unterschiedsbetrag beläuft sich auf Null, wenn der ausländische Staat eine Entstrickungsbesteuerung nicht vorsieht.[177]

3011

---

171 Vgl. *Heinicke* in Schmidt, EStG, 37. Aufl., München 2018, § 4g EStG Rz. 17; *Goebel/Jenet/Franke*, IStR 2010 S. 237.
172 Vgl. *Kessler/Winterhalter/Huck*, DStR 2007 S. 135; *Goebel/Jenet/Franke*, IStR 2010 S. 237. Die Verweisung in § 4g Abs. 3 Satz 2 EStG auf § 175 Abs. 1 Nr. 2 AO geht ins Leere. Vgl. im Einzelnen *Heinicke* in Schmidt, EStG, 37. Aufl., München 2018, § 4g EStG Rz. 15.
173 Vgl. *Kessler/Winterhalter/Huck*, DStR 2007 S. 136; *Benecke/Schnitger*, IStR 2007 S. 23; *Lange*, StuB 2007 S. 261. Dieser Wert dürfte mit dem gemeinen Wert bei Entstrickung i. S. d. § 4 Abs. 1 Satz 3 EStG vergleichbar sein. Vgl. *Hoffmann*, DB 2007 S. 656.
174 Vgl. *Benecke/Schnitger*, IStR 2007 S. 23; *Heinicke* in Schmidt, EStG, 37. Aufl., München 2018, § 4g EStG Rz. 17; *Crezelius* in Kirchhof (Hrsg.), EStG, 17. Aufl., Köln 2018, § 4g EStG Rz. 16.
175 Vgl. *Kessler/Winterhalter/Huck*, DStR 2007 S. 136.
176 *Goebel/Jenet/Franke*, IStR 2010 S. 237. Es ist dabei unerheblich, ob es im Ausland zu einer sofortigen, zeitlich aufgeschobenen Entstrickungsbesteuerung kommt. Vgl. *Kessler/Winterhalter/Huck*, DStR 2007 S. 136.
177 Vgl. *Kolbe* in HHR, EStG/KStG, Köln, § 4g EStG Rz. 37 (Stand: September 2016); *Kessler/Winterhalter/Huck*, DStR 2007 S. 137.

3012 Die Ermittlung des Ansatzes des rücküberführten Wirtschaftsgutes nach § 4g Abs. 3 Satz 1 EStG beinhaltet die **Gefahr einer Doppelbesteuerung**, indem bei der Ermittlung der fortgeführten Anschaffungskosten fiktive inländische AfA-Beträge abgezogen werden. Wenn der Abschreibungszeitraum nach ausländischem Steuerrecht länger ist als im Inland, kommt es in der Summe zu einer Verrechnung eines zu geringen Abschreibungsvolumens.[178] Im umgekehrten Fall (ein nach ausländischem Recht kürzerer Abschreibungszeitraum) wird das Entstehen eines ungerechtfertigten Step-up im Inland verhindert, indem der **gemeine Wert** des Wirtschaftsgutes gemäß § 4g Abs. 3 Satz 1 EStG die Höchstgrenze für die inländische Bewertung des rücküberführten Wirtschaftsgutes bildet.[179]

3013 Wenn das nach § 4 Abs. 1 Satz 3 EStG als entnommen geltende Wirtschaftsgut nach Ablauf der tatsächlichen Nutzungsdauer oder nach der Frist von fünf Jahren nach Deutschland zurücküberführt wird, ist das Wirtschaftsgut mit dem gemeinen Wert im inländischen Betriebsvermögen anzusetzen (§§ 4 Abs. 1 Satz 8, 6 Abs. 1 Nr. 5a EStG).[180]

3014–3015 *(Einstweilen frei)*

4.3.4 Europarechtliche Bedenken

3016 Mit § 4g EStG soll vor dem Hintergrund der EuGH-Entscheidungen *Hughes de Lasteyrie du Saillant*[181] und *N*[182] europarechtlichen Bedenken begegnet werden. Der Gesetzgeber zielt mit dem Konzept der aufgeschobenen Besteuerung nach § 4g EStG also darauf ab, die Entstrickungsregelung des § 4 Abs. 1 Satz 3 EStG europarechtskonform auszugestalten.[183] Eine Sofortbesteuerung würde einen Verstoß gegen die **Niederlassungsfreiheit** (Art. 49 AEUV) bedeuten.[184]

Nach der Entscheidung des EuGH in der Rechtssache *National Grid Indus*[185] ist eine Entstrickungsbesteuerung im Grundsatz geeignet, die Wahrung der Aufteilung der Besteuerungsbefugnisse der betroffenen Staaten zu gewährleisten. Zwar ist eine entsprechende sofortige Steuerfestsetzung mit EU-Recht vereinbar,[186] jedoch würde eine

---

178 Vgl. *Benecke/Schnitger*, IStR 2007 S. 23 f.; *Lange*, StuB 2007 S. 264; *Goebel/Jenet/Franke*, IStR 2010 S. 238; *Kolbe* in HHR, EStG/KStG, Köln, § 4g EStG Rz. 37 (Stand: September 2016).
179 Vgl. *Goebel/Jenet/Franke*, IStR 2010 S. 238; *Benecke/Schnitger*, IStR 2007 S. 24.
180 Vgl. *Kolbe* in HHR, EStG/KStG, Köln, § 4g EStG Rz. 36 (Stand: September 2016); *Heinicke* in Schmidt, EStG, 37. Aufl., München 2018, § 4g EStG Rz. 17; a. A. *Kessler/Winterhalter/Huck*, DStR 2007 S. 135; *Lange*, StuB 2007 S. 261.
181 Vgl. EuGH, Urteil v. 11.3.2004 – C-9/02, Slg. 2004, I-2409 f.
182 Vgl. EuGH, Urteil v. 7.9.2006, C – 470/04, *N*, IStR 2006 S. 702.
183 Vgl. BT-Drucks. 16/2710, S. 28.
184 Vgl. *Förster*, DB 2007 S. 75; *Stadler/Elser*, BB-Special 8/2006 S. 22; *Rödder/Schumacher*, DStR 2006 S. 1485.
185 Die Rechtssache *National Grid Indus* betrifft den Fall der Wegzugsbesteuerung einer Kapitalgesellschaft von den Niederlanden nach Großbritannien. Vgl. EuGH v. 29.11.2011 – C – 371/10, DStR 2011 S. 2334; zur Diskussion vgl. z. B. *Gosch*, IWB 2012 S. 779 ff.; *Kessler/Phillip*, DStR 2012 S. 267 ff.; *Kraft/Gebhardt*, FR 2012 S. 403 ff.; *Mitschke*, IStR 2012 S. 6 ff.; *Prinz*, GmbHR 2012 S. 195 ff. Die grundlegenden Aussagen in der Rechtssache *National Grid Indus BV* wiederholt der EuGH in diversen Nachfolgeentscheidungen, z.B. EuGH, Urteil v. 6.9.2012 – C-38/10, Kommission/Portugal, IStR 2012 S. 763 ff.; hierzu *Müller*, ISR 2012 S. 60; EuGH, Urteil v. 25.4.2013 – C-64/11, Kommission/Königreich Spanien, EWS 2013 S. 206; hierzu *Mitschke*, IStR 2013 S. 393. Ebenso z.B. EuGH, Urteil v. 31.1.2013 – C-301/11, Kommission/Niederlande, ISR 2013 S. 225; vgl. auch *Müller*, ISR 2013 S. 225 f.
186 Die spätere tatsächliche Wertentwicklung ist hierbei unbeachtlich. Womöglich sind die stillen Reserven zu einem späteren Zeitpunkt nicht realisierbar; spätere Wertminderungen sind nicht steuermindernd zu berücksichtigen.

sofortige Besteuerung der nicht realisierten Wertzuwächse gegen den **Verhältnismäßigkeitsgrundsatz** verstoßen. Aus diesem Urteil lässt sich ableiten, dass die zum Überführungszeitpunkt festgesetzte Steuer nicht unmittelbar, sondern erst zum Zeitpunkt der tatsächlichen Realisation fällig gestellt werden sollte.[187] Der EuGH erörtert in dieser Entscheidung auch Lösungsmöglichkeiten und schlägt insbesondere ein Wahlrecht des Steuerpflichtigen zwischen der Sofortzahlung und der Steuerstundung bis zum Zeitpunkt der Wertrealisierung vor; die Mitgliedstaaten können bei Stundung eine Sicherheitsleistung verlangen.[188]

In der Rechtssache *DMC* hatte der EuGH über die Europarechtskonformität einer Stundungsregelung des UmwStG 1995 zu entscheiden,[189] die eine Einziehung der Steuer über einen **Zeitraum von fünf Jahren** vorsah und sich in zeitlicher Hinsicht zweifelsfrei als Parallele zu § 4g EStG erweist.[190] Der EuGH sieht die gestaffelte Zahlung der ohne tatsächliche Realisierung festgesetzten Steuern in fünf Jahresraten in Anbetracht des mit der Zeit steigenden Risikos einer Nichteinbringung als ein angemessenes und verhältnismäßiges Mittel.

Zu einer grundlegenden Entscheidung über die unionsrechtliche Vereinbarkeit der deutschen Entstrickungskonzeption kam es durch den Vorlagebeschluss des FG Düsseldorf[191] in der Rechtssache *Verder LabTec*.[192] Die Regelung des § 4 Abs. 1 Satz 3, § 4g EStG hatte das FG Düsseldorf dem EuGH vor dessen Entscheidung in der Rechtssache *DMC* vorgelegt. Der EuGH kommt zu dem Schluss, dass die fragliche Regelung mit europarechtlichen Vorgaben übereinstimmt und verweist zur Begründung schlicht auf seine Ausführungen in der Rechtssache *DMC*, ohne diese argumentativ weiter aufzubereiten. Die unionsrechtskonforme Ausgestaltung des § 4g EStG insgesamt war hingegen nicht Gegenstand des Verfahrens *Verder LabTec*.[193]

Zwar wird die Stundungsregelung i.S.d. § 4g EStG zumindest **in zeitlicher Hinsicht als unionsrechtskonform angesehen**.[194] Die Europarechtskonformität des § 4g EStG bleibt weiterhin strittig, da diese Norm zahlreiche Übertragungsvorgänge nicht erfasst.[195] Nach h. M. genügt die durch § 4g EStG geschaffene Vorgehensweise den europarecht-

---

[187] Vgl. *Brinkmann/Reiter*, DB 2012 S. 16; *Kessler/Philipp*, DStR 2012 S. 271 ff.; *Prinz*, GmbHR 2012 S. 197; *Körner*, IStR 2012 S. 1.
[188] Vgl. EuGH, Urteil v. 29.11.2011 - Rs. C-371/10, *National Grid Indus BV*, DStR 2011 S. 2334, Rz. 73 f.; *Momen*, RIW 2012 S. 308.
[189] Vgl. EuGH, Urteil v. 23.1.2014 - Rs. C-164/12, *DMC*, IStR 2014 S. 106; hierzu z.B. *Gosch*, IWB 2014 S. 183 ff.; *Linn*, IStR 2014 S. 136 ff.; *Mitschke*, IStR 2014 S. 214 ff.
[190] Vgl. *Sydow*, DB 2014 S. 265; *Müller*, ISR 2014 S. 59.
[191] Vgl. FG Düsseldorf, Beschluss v. 5.12.2013 - 8 K 3664/11, EFG 2014 S. 119.
[192] Vgl. EuGH, Urteil v. 21.5.2015 - Rs. C-657/13, *Verder LabTec*, IStR 2015 S. 440; vgl. hierzu *Kahle/Beinert*, FR 2015 S. 585 ff.; *Kudert/Kahlenberg*, DB 2015 S. 1377 ff.; *Rasch/Wenzel*, IWB 2015 S. 579 ff.; *Faller/Schröder*, DStZ 2015 S. 890 ff.; *Mössner*, IStR 2015 S. 768 ff.
[193] Vgl. *Kudert/Kahlenberg*, DB 2015 S. 1378.
[194] Vgl. bspw. *Mössner*, IStR 2015 S. 769; *Rasch/Wenzel*, IWB 2015 S. 579; *Schiefer*, NWB 2015 S. 2294; *Kramer*, ISR 2016 S. 340; *Cloer/Sedija*, SWI 2016 S. 267, 269.
[195] Vgl. im Einzelnen z. B. *Oellerich* in Schaumburg/Englisch, Europäisches Steuerrecht, 2015, Rz. 8.92 f.; *Kahle/Eichholz*, FR 2015 S. 16 ff.; *Kudert/Kahlenberg*, DB 2015 S. 1378.

lichen Anforderungen nicht,[196] weil die Überführung in eine EU-Betriebsstätte zu einer zeitlich früheren Besteuerung als im Inlandsfall führt, § 4g EStG für beschränkt Steuerpflichtige nicht gilt und sich nicht auf das Umlaufvermögen erstreckt.[197] Es ist zudem europarechtlich bedenklich, dass die Bewertung der nach §§ 4 Abs. 1 Satz 3, 4g EStG fingierten Entnahme zum **gemeinen Wert** erfolgt (§ 6 Abs. 1 Nr. 4 Satz 1 2. Halbsatz EStG), während im reinen Inlandsfall der Teilwert zum Tragen kommt.[198]

Im Zuge der Umsetzung der **EU-Richtlinie zur Bekämpfung von Steuervermeidungspraktiken**[199], die spätestens im Jahr 2019 umzusetzen ist, wird eine Anpassung der Entstrickungsregelung des § 4 Abs. 1 S. 3 f. EStG nicht erwartet.[200] Allerdings ist der Anwendungsbereich des § 4g EStG auf den EWR zu erweitern.[201]

3017 *(Einstweilen frei)*

4.3.5 Einnahmen-Überschussrechnung nach § 4 Abs. 3 EStG

3018 Gemäß § 4g Abs. 4 Satz 1 EStG können die Regelungen des § 4g Abs. 1-3 EStG auch von Steuerpflichtigen angewendet werden, die ihren **Gewinn nach § 4 Abs. 3 EStG** ermitteln. Es sind in diesem Fall bestimmte Aufzeichnungspflichten zu erfüllen (§ 4g Abs. 4 Satz 2 u. 3 EStG), da der Einnahme-Überschussrechner keine Bilanz erstellt. Für Wirtschaftsgüter, für die auf Antrag ein Ausgleichsposten gebildet worden ist, sind im Inland zu führende Verzeichnisse zu erstellen (§ 4g Abs. 4 Satz 2 EStG). Zudem hat der Steuerpflichtige Aufzeichnungen zu führen, aus denen sich die Bildung und die Auflösung der Ausgleichsposten ergeben (§ 4g Abs. 4 Satz 3 EStG). Die Aufzeichnungen sind der Steuererklärung beizufügen (§ 4g Abs. 4 Satz 4 EStG). Wenn der Steuerpflichtige diesen Aufzeichnungspflichten nicht nachkommt, wird der Ausgleichsposten gewinnerhöhend aufgelöst (§ 4g Abs. 5 Satz 2 EStG, vgl. Rz. 3007).

4.4 Betriebsaufgabe (§ 16 Abs. 3a EStG)

3019 Die frühere Rechtsprechung des BFH ging bei der Überführung eines Betriebes oder Teilbetriebes in Anlehnung an die **finale Entnahmetheorie** (vgl. Rz. 2973) konsequenter-

---

196 Stundungsregelungen fehlen bei den umwandlungssteuerrechtlichen Entstrickungstatbeständen völlig; hier ist infolge der *National Grid Indus*-Entscheidung des EuGH eine gesetzliche Nachbesserung zu erwarten. Vgl. z. B. *Prinz*, DB 2012, Nr. 13, S. M1. Vgl. auch Rz. 2995.
197 Vgl. *Benecke/Schnitger*, IStR 2007 S. 28; *Förster*, DB 2007 S. 75; *Faller/Schröder*, DStZ 2015 S. 893; *Kramer*, ISR 2016 S. 340; *Crezelius* in Kirchhof (Hrsg.), EStG, 17. Aufl., Köln 2018, § 4g EStG Rz. 9; *Kahle/Eichholz* in Haun/Kahle/Goebel/Reiser, Außensteuergesetz, Stuttgart, § 4g EStG Rz. 9-14b (Stand: März 2015); *Heurung/Engel/Thiedemann*, EWS 2011 S. 232; *Hey* in Tipke/Lang, Steuerrecht, 22. Aufl., Köln 2015, § 13 Rz. 154; *Kahle*, IStR 2007 S. 763; *Prinz*, GmbHR 2007 S. 971; *Richter/Heyd*, Ubg 2011 S. 175; *Rödder/Schumacher*, DStR 2007 S. 372; *Schaumburg*, Internationales Steuerrecht, 4. Aufl., Köln 2017, S. 294, Rz. 6.389; *Stadler/Elser* in Blumenberg/Schäfer (Hrsg.), Das SEStEG, München 2007, S. 56-58; *Brähler/Bensmann*, DStZ 2011 S. 798 f.; a. A. *Schwenke*, DStZ 2007 S. 245; *Musil*, FR 2011 S. 548 f.; *Mitschke*, FR 2011 S. 707; *Mitschke*, DStR 2012 S. 629 ff.; *Mitschke*, IStR 2013 S. 393.
198 Vgl. *Crezelius* in Kirchhof (Hrsg.), EStG, 17. Aufl., Köln 2018, § 4g EStG Rz. 9.
199 Vgl. Richtlinie (EU) 2016/1164 des Rates mit Vorschriften zur Bekämpfung von Steuervermeidungspraktiken mit unmittelbaren Auswirkungen auf das Funktionieren des Binnenmarkts v. 12.07.2016, Abl. L 193, S. 1 ff. Vgl. hierzu z.B. *Rautenstrauch/Suttner*, BB 2016, S. 2391 ff.; *Oppel*, IStR 2016, S. 797 ff.
200 Zu einem Vergleich der deutschen und italienischen Entstrickungsbesteuerung mit den Regelungen der ATAD vgl. *Kraft/Staccioli*, Ubg 2017 S. 543 ff.
201 Vgl. z.B. *Schreiber*, Besteuerung der Unternehmen, 4. Aufl., Wiesbaden 2017, S. 635.

weise von einer **Betriebsaufgabe** bzw. **Teilbetriebsaufgabe** aus, wenn der Gewinn aus dem Betrieb bzw. Teilbetrieb nach der Überführung in eine ausländische Betriebsstätte nicht mehr dem deutschen Besteuerungsrecht unterlag (**finale Betriebsaufgabetheorie**). Da dies nach dem der finalen Entnahmetheorie zugrunde liegenden Abkommensverständnis bei einer Überführung in einen DBA-Staat mit Freistellungsmethode der Fall war, kam der BFH in diesen Fällen zu einer **finalen Betriebsaufgabe** mit Aufdeckung der bis zur Überführung entstandenen stillen Reserven einschließlich eines selbst geschaffenen Geschäfts- oder Firmenwertes.[202]

Die **finale Betriebsaufgabetheorie** wurde wie auch die finale Entnahmetheorie im Schrifttum kritisiert. § 16 Abs. 3 EStG setzt als „Entnahmevorgang eigener Art (Totalentnahme)"[203] die Übertragung aller wesentlichen Betriebsgrundlagen des ganzen Betriebs oder eines Teilbetriebs ins Privatvermögen oder die Zuführung zu anderen betriebsfremden Zwecken aufgrund einer Betriebsaufgabe voraus.[204] Bei der Verlagerung des inländischen Betriebs oder eines Teilbetriebs ins Ausland besteht keine außerbetriebliche Veranlassung, denn der Betrieb bzw. Teilbetrieb wird fortgeführt. Eine Totalentnahme i. S. d. § 16 Abs. 3 EStG liegt daher nicht vor.[205] Der BFH hat in Fortsetzung seiner Aufgabe der finalen Entnahmetheorie für die Überführung von Einzelwirtschaftsgütern (vgl. Rz. 2975) die Theorie der finalen Betriebsaufgabe mit **Urteilen v. 28.10.2009** aufgegeben.[206] Die Finanzverwaltung reagierte auch hier mit einem Nichtanwendungserlass.[207]

3020

Nach der Kodifikation der Entstrickungsregelung des § 4 Abs. 1 Satz 3 EStG war es strittig, ob sich diese Regelung auch auf die Verlagerung eines Betriebs oder Teilbetriebs in einen ausländischen Staat erstreckt.[208] Da zudem der BFH die Theorie der finalen Betriebsaufgabe aufgegeben hat, sah sich der Gesetzgeber veranlasst, diese Theorie in einem neuen § 16 Abs. 3a EStG im Rahmen des **JStG 2010** zu kodifizieren; diese Norm ist in allen noch offenen Fällen anzuwenden. Damit wird bei einem Ausschluss oder einer Beschränkung des deutschen Besteuerungsrechts hinsichtlich des Gewinns aus der Veräußerung sämtlicher Wirtschaftsgüter des Betriebs oder eines Teilbetriebs die **Betriebsaufgabe fingiert**. § 4 Abs. 1 Satz 4 EStG findet im Fall der Betriebsverlegung analog Anwendung (§ 16 Abs. 3a Satz 1 2. Halbsatz EStG).

3021

Für Fälle der Betriebsverlegung in einen anderen EU/EWR-Staat ist die festgesetzte Steuer auf den (fiktiven) Aufgabegewinn auf Antrag des Steuerpflichtigen in fünf gleichen Jahresraten zinslos zu entrichten (§ 36 Abs. 5 EStG). Im Gegensatz zu § 4g EStG steht der Antrag nach § 36 Abs. 5 EStG auch beschränkt Steuerpflichtigen offen.[209]

3022

(Einstweilen frei)

3023–3024

---

202 Vgl. BFH, Urteile v. 28.4.1971 – I R 55/66, BStBl 1971 II S. 630; v. 13.10.1976 – I R 261/70, BStBl 1977 II S. 76.
203 BFH, Beschluss v. 7.10.1974 – GrS 1/73, BStBl 1975 II S. 168.
204 Vgl. im Einzelnen *Wacker* in Schmidt, EStG, 37. Aufl., München 2018, § 16 EStG Rz. 173.
205 Vgl. *Buciek*, DStZ 2003 S. 145; *Kessler/Huck*, StuW 2005 S. 199; *Kramer*, IStR 2000 S. 455.
206 Vgl. BFH, Urteile v. 28.10.2009 – I R 99/08, IStR 2010 S. 98; v. 28.10.2009 – I R 28/08, IStR 2010 S. 103. Vgl. hierzu *Dörr/Bühler*, IWB 2010 S. 123 ff.; *Krüger/Heckel*, NWB 2010 S. 1334 ff.
207 Vgl. BMF, Schreiben v. 18.11.2011, IV C 6 – S 2134/10/10004, BStBl 2011 I S. 1278.
208 Vgl. *Reiß* in Kirchhof (Hrsg.), EStG, 17. Aufl., Köln 2018, § 16 EStG Rz. 207.
209 Vgl. *Gosch* in Kirchhof (Hrsg.), EStG, 17. Aufl., Köln 2018, § 36 EStG Rz. 28; *Richter/Heyd*, Ubg 2011 S. 176.

5. Verstrickung (§ 4 Abs. 1 Satz 8 2. Halbsatz EStG)
5.1 Tatbestandsmerkmale

3025 In § 4 Abs. 1 Satz 8 2. Halbsatz EStG hat der Gesetzgeber mit dem SEStEG 2006 einen **allgemeinen Verstrickungstatbestand** geschaffen. **Verstrickung** meint einen Vorgang, durch den stille Reserven erstmals in den Bereich der deutschen Steuerhoheit gelangen.[210] Die Begründung des deutschen Besteuerungsrechts hinsichtlich des Gewinns aus der Veräußerung eines Wirtschaftsgutes wird einer Einlage von Wirtschaftsgütern in das Betriebsvermögen gleichgestellt (§ 4 Abs. 1 Satz 8 2. Halbsatz EStG). Man spricht in diesem Zusammenhang auch von einer **fiktiven Einlage**.[211] Die Bewertung erfolgt nicht – wie ansonsten bei Einlagen – mit dem Teilwert (§ 6 Abs. 1 Nr. 5 EStG), sondern mit dem gemeinen Wert (§ 6 Abs. 1 Nr. 5a EStG). Auch die Verstrickung von **Sachgesamtheiten** wird erfasst.[212] Diese Regelungen finden über § 8 Abs. 1 KStG ebenso im Bereich des Körperschaftsteuerrechts Anwendung.[213]

3026 Voraussetzung für den Tatbestand der Verstrickung ist, dass das deutsche Besteuerungsrecht hinsichtlich des Gewinns aus der Veräußerung des Wirtschaftsgutes zuvor ausgeschlossen war und nunmehr begründet wird (**erstmalige Verstrickung in Deutschland**).[214] Eine Verstrickung liegt z. B. dann vor, wenn ein unbeschränkt Steuerpflichtiger Wirtschaftsgüter aus einer ausländischen Betriebsstätte (DBA mit Freistellungsmethode) in das inländische Stammhaus überführt oder ein beschränkt Steuerpflichtiger Wirtschaftsgüter aus dem ausländischen Stammhaus oder einer Auslandsbetriebsstätte in eine deutsche Betriebsstätte überführt.[215] Im Falle der beschränkten Steuerpflicht kommt es unabhängig von einem DBA zu einer fiktiven Einlage. „Denn sowohl im Fall des Freistellungs-DBA als auch im Fall des Anrechnungs-DBA und erst recht, wenn kein DBA besteht, wird das deutsche Besteuerungsrecht begründet."[216]

3027 Während der Entstrickungstatbestand des § 4 Abs. 1 Satz 3 EStG auch die Beschränkung des deutschen Besteuerungsrechts erfasst, bleibt umgekehrt im Rahmen des Verstrickungstatbestandes des § 4 Abs. 1 Satz 8 2. Halbsatz EStG die **Erstarkung des deutschen Besteuerungsrechts** unberücksichtigt.[217] So führt die Überführung eines Wirtschafts-

---

210 Vgl. *Prinz* in HHR, EStG/KStG, Jahresband 2007, Köln 2007, vor § 4 Rz. J 06-1; *Rödder/Schumacher*, DStR 2006 S. 1486; *Stadler/Elser* in Blumenberg/Schäfer (Hrsg.), Das SEStEG, München 2007, S. 59; *Levedag* in Prinz (Hrsg.), Umwandlungen im Internationalen Steuerrecht, Köln 2013, Rz. 11.151.
211 Vgl. *Levedag* in Prinz (Hrsg.), Umwandlungen im Internationalen Steuerrecht, Köln 2013, Rz. 11.151; *Bode* in Kirchhof (Hrsg.), EStG, 17. Aufl., Köln 2018, § 4 EStG Rz. 110.
212 Vgl. *Bode* in Kirchhof (Hrsg.), EStG, 17. Aufl., Köln 2018, § 4 EStG Rz. 111. Zum Verhältnis des § 4 Abs. 1 Satz 8 2. Halbsatz EStG zu § 6 Abs. 5 EStG, zu den Normen des UmwStG und zu § 50i EStG vgl. *Böhmer/Wegener*, Ubg 2015 S. 71 ff.
213 Vgl. *Prinz* in HHR, EStG/KStG, Jahresband 2007, Köln 2007, vor § 4 Rz. J 06-3; *Benecke*, NWB 2007 S. 3253; *Schnittker/Pitzal* in Prinz (Hrsg.), Umwandlungen im Internationalen Steuerrecht, Köln 2013, Rz. 10.115.
214 Vgl. *Hruschka*, StuB 2006 S. 587; *Wied* in Blümich, EStG/KStG/GewStG, München, § 4 EStG Rz. 513 (Stand: Oktober 2015); *Böhmer/Wegener*, Ubg 2015 S. 69.
215 Vgl. *Förster*, DB 2007 S. 76; *Wied* in Blümich, EStG/KStG/GewStG, München, § 4 EStG Rz. 513 (Stand: Oktober 2015); *Ditz* in Schönfeld/Ditz (Hrsg.), DBA, Köln 2013, Art. 7 (2008) Rz. 165.
216 *Stadler/Elser* in Blumenberg/Schäfer (Hrsg.), Das SEStEG, München 2007, S. 60.
217 Vgl. *Loschelder* in Schmidt, EStG, 37. Aufl., München 2018, § 4 EStG Rz. 334; *Bode* in Kirchhof (Hrsg.), EStG, 17. Aufl., Köln 2018, § 4 EStG Rz. 110; *Ehlermann/Müller*, ISR 2013 S. 48, 51 f.; *Schreiber*, Besteuerung der Unternehmen, 4. Aufl., Wiesbaden 2017, S. 633; *Levedag* in Prinz (Hrsg.), Umwandlungen im Internationalen Steuerrecht, Köln 2013, Rz. 11.153.

gutes aus einer ausländischen Betriebsstätte eines unbeschränkt Steuerpflichtigen in das Inland nicht zu einer fiktiven Einlage, sofern ein DBA mit Anrechnungsmethode besteht oder kein DBA vorliegt, weil das Wirtschaftsgut schon vor der Überführung dem deutschen Besteuerungsrecht unterlegen hat.[218] Hier liegt ein **systematischer Bruch** vor, da im umgekehrten Fall, der Überführung eines Wirtschaftsgutes in eine ausländische Anrechnungs-Betriebsstätte, von einem Entstrickungstatbestand ausgegangen wird.[219] Aus Anrechnungs-Betriebsstätten überführte Wirtschaftsgüter werden daher mit dem Buchwert angesetzt.[220]

Weil **Nutzungen** im Grundsatz nicht einlagefähig sind,[221] führt die bloße Nutzung eines Wirtschaftsgutes, das einer ausländischen Betriebsstätte zuzurechnen ist, durch das inländische Stammhaus nicht zu einer Nutzungseinlage im Inland, d. h. § 4 Abs. 1 Satz 8 2. Halbsatz EStG greift in diesem Fall nicht. Das Gesetz kennt also **keine Nutzungsverstrickung**.[222] Vielmehr ist von den **Selbstkosten** auszugehen.[223] Fiskalisch ist dies zwar verständlich,[224] denn „[w]ürde das Gesetz die Bewertung von Nutzungsvorteilen zum gemeinen Wert zulassen, entstünde über den Zeitraum der Nutzung den Gewinn mindernder Aufwand aus der Abschreibung der Nutzungsvorteile."[225] Systematisch liegt dennoch ein Bruch vor, weil der analoge Vorgang im Outbound-Fall zur Entstrickung nach § 4 Abs. 1 Satz 3 EStG („Nutzungsentstrickung", vgl. Rz. 2963) führt.[226]

3028

Ein Fall einer Verstrickung liegt nach h. M. auch bei einem **Methodenwechsel** im DBA von der Freistellungs- zur Anrechnungsmethode oder der **Kündigung eines DBA** vor.[227] Mangels zurechenbarer Handlung des Steuerpflichtigen dürfte dies aber strittig sein.

3029

(Einstweilen frei)   3030–3031

5.2 Rechtsfolgen des gesetzlichen Verstrickungstatbestandes

Aufgrund der **Fiktion einer Einlage** ist das Wirtschaftsgut mit dem **gemeinen Wert** im Zeitpunkt der Zuführung anzusetzen (§ 6 Abs. 1 Nr. 5a EStG). Stille Reserven, die sich im Ausland gebildet haben, bleiben infolge der Bewertung zum gemeinen Wert vom

3032

---

218 Vgl. *Loschelder* in Schmidt, EStG, 37. Aufl., München 2018, § 4 EStG Rz. 334; *Stadler/Elser* in Blumenberg/Schäfer (Hrsg.), Das SEStEG, München 2007, S. 59; *Wied* in Blümich, EStG/KStG/GewStG, München, § 4 EStG Rz. 513 (Stand: Oktober 2015); *Frotscher* in Frotscher (Hrsg.), EStG, Freiburg, § 4 EStG Rz. 428 (Stand: September 2008).
219 Vgl. *Benecke/Schnitger*, IStR 2006 S. 767; *Förster*, DB 2007 S. 76; *Wied* in Blümich, EStG/KStG/GewStG, München, § 4 EStG Rz. 513 (Stand: Oktober 2015); *Brähler/Bensmann*, DStZ 2011 S. 708 f.; *Bode* in Kirchhof (Hrsg.), EStG, 17. Aufl., Köln 2018, § 4 EStG Rz. 110; *Ehlermann/Müller*, ISR 2013 S. 52; *Ditz* in Schönfeld/Ditz (Hrsg.), DBA, Köln 2013, Art. 7 (2008) Rz. 165.
220 Vgl. *Ditz* in Schönfeld/Ditz (Hrsg.), DBA, Köln 2013, Art. 7 (2008) Rz. 165.
221 Vgl. BFH, Beschluss v. 26.10.1987 – GrS 2/86, BStBl 1988 II S. 348; BFH, Urteil v. 20.9.1990 – IV R 300/84, BStBl 1991 II S. 83.
222 Vgl. *Benecke/Schnitger*, IStR 2006 S. 767; *Böhmer/Wegener*, Ubg 2015 S. 70.
223 Vgl. *Hruschka*, StuB 2006 S. 590; *Stadler/Elser* in Blumenberg/Schäfer (Hrsg.), Das SEStEG, München 2007, S. 62; *Frotscher* in Frotscher (Hrsg.), EStG, Freiburg, § 4 EStG Rz. 429 (Stand: September 2008).
224 Vgl. *Ehlermann/Müller*, ISR 2013 S. 51.
225 *Schreiber*, Besteuerung der Unternehmen, 4. Aufl., Wiesbaden 2017, S. 634.
226 Vgl. *Ehlermann/Müller*, ISR 2013 S. 51.
227 Vgl. *Benecke*, NWB 2007 S. 3253; *Frotscher* in Frotscher (Hrsg.), EStG, Freiburg, § 4 EStG Rz. 426 (Stand: September 2008); *Levedag* in Prinz (Hrsg.), Umwandlungen im Internationalen Steuerrecht, Köln 2013, Rz. 11.153; *Ehlermann/Müller*, ISR 2013 S. 52 f.; *Böhmer/Wegener*, Ubg 2015 S. 70 f.

Zugriff des deutschen Fiskus verschont (kein Import stiller Reserven).[228] Es sollen nur die stillen Reserven, die im Inland entstanden sind, im Inland besteuert werden können.[229] Mit der Verstrickung zum gemeinen Wert soll ein Anreiz geschaffen werden, Wirtschaftsgüter nach Deutschland zu bringen, um sie dort produktiv einsetzen zu können.[230]

Es kommt nicht auf die steuerliche Behandlung im Herkunftsstaat an.[231] Wenn der ausländische Staat das Wirtschaftsgut im Zeitpunkt der Überführung mit einem geringeren Wert als dem gemeinen Wert ansetzt, ergibt sich für den Steuerpflichtigen insoweit ein Vorteil, als er den Differenzbetrag als **steuerfreien Step-up** erzielt.[232] Stille Reserven werden insoweit gar nicht besteuert. In Deutschland erfolgt die Bewertung zum gemeinen Wert auch dann, wenn der ausländische Staat eine Wegzugsbesteuerung gar nicht kennt.[233] „Andererseits besteht auch die Gefahr der Doppelbesteuerung, wenn der ausländische Staat das Wirtschaftsgut bei Überführung mit einem höheren Wert als dem (deutschen) gemeinen Wert ansetzt".[234]

Ein von einer ausländischen Freistellungs-Betriebsstätte selbstgeschaffenes immaterielles Wirtschaftsgut (z. B. Patent), das in das inländische Stammhaus überführt wird, ist mit dem gemeinen Wert zu aktivieren; die Einlagevorschriften gehen dem Aktivierungsverbot des § 5 Abs. 2 EStG vor.[235]

Im Fall einer (Teil-)Betriebsverlagerung ins Inland sind nicht nur die übertragenen Einzelwirtschaftsgüter mit dem gemeinen Wert anzusetzen. Vielmehr gilt konsequenterweise auch ein **Goodwill** als „mitverstrickt".[236]

3033   Die Sofortabschreibung für **geringwertige Wirtschaftsgüter** ist auch im Fall einer Verstrickung möglich (§ 6 Abs. 2 EStG). Wenn der Teilwert des Wirtschaftsgutes nach der Verstrickung dauerhaft unter dem gemeinen Wert liegt, kann eine **Teilwertabschreibung** vorgenommen werden (§ 6 Abs. 1 Nr. 1 Satz 2, Nr. 2 Satz 2 EStG).[237]

3034   Diese Regelungen greifen auch im Falle der **Rückführung eines Wirtschaftsgutes** aus einer ausländischen Betriebsstätte in das inländische Stammhaus, also Aufdeckung der stillen Reserven im Zeitpunkt der Überführung (vorbehaltlich § 4g EStG) und Ansatz

---

228 Vgl. *Ehlermann/Müller*, ISR 2013 S. 48, die auch herausstellen, dass „die deutsche Regelung der Verstrickung von Betriebsvermögen unionsrechtskonform" ist, ebd., S. 50.
229 Vgl. *Böhmer/Wegener*, Ubg 2015 S. 69.
230 Vgl. BT-Drucks. 16/2710, S. 27.
231 Vgl. BT-Drucks. 16/2710 S. 28; *Prinz* in HHR, EStG/KStG, Jahresband 2007, Köln 2007, vor § 4 Rz. J 06-3; *Prinz* in Prinz (Hrsg.), Umwandlungen im Internationalen Steuerrecht, Köln 2013, Rz. 1.31; *Dötsch/Pung*, DB 2006 S. 2651; *Bode* in Kirchhof (Hrsg.), EStG, 17. Aufl., Köln 2018, § 4 EStG Rz. 111; *Levedag* in Prinz (Hrsg.), Umwandlungen im Internationalen Steuerrecht, Köln 2013, Rz. 11.151.
232 Vgl. *Stadler/Elser* in Blumenberg/Schäfer (Hrsg.), Das SEStEG, München 2007, S. 61; *Kupsch/Schulte-Krumpen* in Brähler/Lösel (Hrsg.), Deutsches und internationales Steuerrecht, FS Djanani, Wiesbaden 2008, S. 470; *Bode* in Kirchhof (Hrsg.), EStG, 17. Aufl., Köln 2018, § 4 EStG Rz. 111.
233 Vgl. *Böhmer/Wegener*, Ubg 2015 S. 69.
234 *Stadler/Elser* in Blumenberg/Schäfer (Hrsg.), Das SEStEG, München 2007, S. 61; gl. A. *Bode* in Kirchhof (Hrsg.), EStG, 17. Aufl., Köln 2018, § 4 EStG Rz. 111; *Kupsch/Schulte-Krumpen* in Brähler/Lösel (Hrsg.), Deutsches und internationales Steuerrecht, FS Djanani, Wiesbaden 2008, S. 470 f.
235 Vgl. *Ditz* in Schönfeld/Ditz (Hrsg.), DBA, Köln 2013, Art. 7 (2008) Rz. 165.
236 Vgl. *Ehlermann/Müller*, ISR 2013 S. 51.
237 Vgl. *Levedag* in Prinz (Hrsg.), Umwandlungen im Internationalen Steuerrecht, Köln 2013, Rz. 11.152.

des gemeinen Wertes im Zeitpunkt der Rückführung. Im Fall der Rückführung eines Wirtschaftsgutes i. S. d. § 4g Abs. 3 Satz 1 EStG wird der nach dieser Norm zu errechnende Rückführungswert anstelle des gemeinen Wertes angesetzt.

Weil im Fall der Überführung eines Wirtschaftsgutes aus einer ausländischen Anrechnungs-Betriebsstätte eines unbeschränkt Steuerpflichtigen in das Inland keine fiktive Einlage vorliegt (vgl. Rz. 3027), wird dieses Wirtschaftsgut im Inland nicht mit dem gemeinen Wert im Inland steuerverstrickt. Es kann ein **Anrechnungsüberhang** entstehen, soweit es im ausländischen Betriebsstättenstaat bei der Überführung des Wirtschaftsgutes zur Besteuerung kommt. In der Folgezeit stehen diesem Anrechnungsüberhang keine höheren Abschreibungen im Inland gegenüber.[238]   3035

(Einstweilen frei)   3036–3037

6. EuGH-Rechtsprechung und deutsches Steuerbilanzrecht

Ein direkter Einfluss des Unionrechts auf das deutsche Steuerbilanzrecht besteht infolge einer fehlenden EU-Harmonisierung auf diesem Gebiet nicht (zur Reformprojekt der GKB vgl. Rz. 3076). Eine mittelbare Wirkung europarechtlicher Entscheidungen ist aber durchaus möglich und tendenziell festzustellen.   3038

Vorschriften, mit denen eine Richtlinie in innerstaatliches Recht umgesetzt worden ist, sind **richtlinienkonform** auszulegen. Die Auslegung der 4. EG-Richtlinie (Bilanzrichtlinie)[239] obliegt dem Europäischen Gerichtshof. Der EuGH entscheidet im Wege der Vorabentscheidung u. a. über die Auslegung der Richtlinien des Rates der EU als sekundärem Gemeinschaftsrecht (Art. 19, 267 AEUV).[240]

Nach herrschender Meinung trifft den BGH die **Vorlagepflicht**, soweit Fragen des Jahresabschlusses einer AG, GmbH oder KGaA angesprochen sind, da durch die Vorschriften im Dritten Buch des HGB vor allem die 4. und die 7. EG-Richtlinie in deutsches Recht umgesetzt worden sind.[241] Dies kommt im Fall *Tomberger*[242] zum Ausdruck; hier hat der EuGH – dem ersten Urteil des EuGH betreffend den Jahresabschluss einer deutschen Kapitalgesellschaft über die materielle Auslegung der 4. Richtlinie – keinen Zweifel an seiner Zuständigkeit gelassen. Entsprechendes gilt für die Handelsbilanz einer   3039

---

238 Vgl. *Benecke/Schnitger*, IStR 2006 S. 767; *Benecke*, NWB 2007 S. 3253; *Ehlermann/Müller*, ISR 2013 S. 52.
239 In deutsches Recht umgesetzt durch das BiRiLiG (Bilanzrichtlinien-Gesetz) v. 19.12.1985, BGBl. I 1985, S. 2355; inzwischen ersetzt durch Richtlinie 2013/34/EU des Europäischen Parlaments und des Rates v. 26.6.2013 über den Jahresabschluss, den konsolidierten Abschluss und damit verbundene Berichte von Unternehmen bestimmter Rechtsformen und zur Änderung der Richtlinie 2006/43/EG des Europäischen Parlaments und des Rates und zur Aufhebung der Richtlinien 78/660/EWG und 83/349/EWG des Rates, ABl.EU Nr. L 182 v. 29.6.2013, S. 19 ff.
240 Vgl. im Einzelnen zu Reichweite und Bedeutung der Vorabentscheidungskompetenz des EuGH *Schön*, BB 2004 S. 763 ff.; *Jensen-Nissen*, IAS 32/IAS 39 und steuerliche Gewinnermittlung. Bilanzierung von Finanzinstrumenten dem Grunde nach, Wiesbaden 2007, S. 29-33; *Najderek*, Harmonisierung des europäischen Bilanzrechts. Problembestimmung und konzeptionelle Würdigung, Wiesbaden 2009, S. 59-69.
241 Vgl. *Hoffmann* in Littmann/Bitz/Pust, EStG, Stuttgart, §§ 4, 5 EStG Rz. 349 (Stand: August 2010); *Schiffers* in Korn, EStG, Bonn, § 5 EStG Rz. 39 (Stand: März 2016); *Krumm* in Blümich, EStG/KStG/GewStG, München, § 5 EStG Rz. 99 (Stand: August 2015); *Schulze-Osterloh*, DStZ 1997 S. 282; *Kolb* in Breuninger/Müller/Strobl-Haarmann (Hrsg.), Steuerrecht und europäische Integration, FS Rädler, München 1999, S. 397.
242 Vgl. EuGH, Urteil v. 27.6.1996 – C-234/94, IStR 1996 S. 352 ff., mit Berichtigungsbeschluss v. 10.7.1997, DB 1997 S. 1513. Daran anschließend BGH, Urteil v. 12.1.1998 – II ZR 82/93, WPg 1998 S. 375 ff.

Kapitalgesellschaft & Co i. S. d. § 264a HGB.[243] Für die Jahresabschlüsse von Einzelunternehmen und Personenhandelsgesellschaften bejaht die wohl überwiegende Meinung in der Literatur ebenfalls die Vorlagepflicht.[244] Der EuGH führt im Urteil *BIAO* aus, dass die Sicherstellung einer einheitlichen Auslegung des sekundären Gemeinschaftsrechts auch hinsichtlich des Handelsbilanzrechts der Einzelkaufleute und Personenhandelsgesellschaften eine richtlinienkonforme Auslegung erfordert.[245]

3040 Ein direkter europarechtlicher Einfluss auf steuerliche Normen der Gewinnermittlung kann nicht unmittelbar gegeben sein, sondern kommt nur in Betracht, wenn steuerrechtlich auf die GoB zurückgegriffen wird.[246] Die wohl herrschende Meinung in der Literatur versteht den **Maßgeblichkeitsgrundsatz** (§ 5 Abs. 1 Satz 1 EStG) als strenge Inbezugnahme des handelsbilanziellen Gemeinschaftsrechts. Es wird herausgestellt, dass sich die steuerliche Gewinnermittlung auf Regelungen europarechtlicher Qualität stützt. Das Ziel dieses Verweises ist nach herrschender Lehre eine einheitliche Interpretation des handelsrechtlichen Normenbestandes.[247] Die Finanzgerichte sind zur Vorlage berechtigt (Art. 267 Abs. 2 AEUV) bzw. im Falle des BFH verpflichtet (Art. 267 Abs. 3 AEUV;[248] vgl. auch Rz. 386 f.).

3041 Der EuGH hat in dem Urteil *BIAO*[249] auf der Grundlage eines Vorlagebeschlusses des FG Hamburg[250] entschieden, dass seine Vorabentscheidungszuständigkeit auch bei Sachverhalten zu beachten ist, die für die steuerliche Gewinnermittlung relevant sind, wenn mittelbar (d. h. wie z. B. in Deutschland für Zwecke der Besteuerung über den Maßgeblichkeitsgrundsatz) auf die Bilanzrichtlinie verwiesen wird.[251] **Vorabentscheidungsersuche zur Steuerbilanz** sind demnach zulässig, „wenn sich die vorzulegende Sachfrage im Wesentlichen auf die Auslegung der Bilanzrichtlinie bezieht, die Richtlinienbestimmungen ohne materielle Änderungen in das nationale Recht übernommen wurden und keine dem Richtlinienzweck und den Richtlinienregelungen entgegenstehenden nationalen

---

243 Vgl. *Hennrichs*, NZG 2005 S. 787; *Schulze-Osterloh*, DStZ 1997 S. 283; *Herlinghaus*, IStR 1997 S. 533.
244 Vgl. *Groh*, DStR 1996 S. 1208; *Arndt/Wiesbrock*, DStR 1999 S. 353; *Herlinghaus*, IStR 1997 S. 537; *Herlinghaus*, FR 2005 S. 1191; *Herzig/Dautzenberg*, BFuP 1998 S. 27; *Herzig/Riek*, IStR 1998 S. 317 ff.; *Kropff*, ZGR 1997 S. 128; a. A. *Schulze-Osterloh*, DStZ 1997 S. 283; *Hennrichs*, ZGR 1997 S. 74 ff.; *Hennrichs*, NZG 2005 S. 787.
245 Vgl. EuGH, Urteil v. 7.1.2003 – C-306/99, BIAO, IStR 2003 S. 95 ff.
246 Vgl. *Theile*, GmbHR 1999 S. 1123; *Schiffers* in Korn, EStG, Bonn, § 5 EStG Rz. 39 (Stand: März 2016).
247 Vgl. z. B. *Herlinghaus*, IStR 1997 S. 538.
248 Vgl. *Anzinger* in HHR, EStG, Rn. 45 zu § 5 EStG; *Dziadkowski*, FR 1998 S. 871; *Groh*, DStR 1996 S. 1209; *Herlinghaus*, IStR 1997 S. 529; *Herzig*, DB 1996 S. 1402; *Hirsch*, DStZ 1998 S. 494; *Kempermann*, DStZ 1996 S. 571; *Kropff*, ZGR 1997 S. 128; a. A. *Krumm* in Blümich, EStG/KStG/GewStG, München, § 5 EStG Rz. 99 (Stand: August 2015); *Hennrichs*, ZGR 1997 S. 74 ff.; *Hennrichs*, NZG 2005 S. 787; *Hennrichs* in Tipke/Lang, Steuerrecht, 22. Aufl., Köln 2015, § 9 Rz. 72 ff.; *Hennrichs*, StuW 1999 S. 149 ff.; *Weber-Grellet* in Schmidt, EStG, 37. Aufl., München 2018, § 5 EStG Rz. 3 (erkennt lediglich ein Vorlagerecht); *Weber-Grellet*, DStR 1996 S. 1095; *Schulze-Osterloh*, DStZ 1997 S. 286; *Beisse*, BB 1999 S. 2184.
249 Vgl. EuGH, Urteil v. 7.1.2003 – C-306/99, BIAO, IStR 2003 S. 95 ff.; vgl. hierzu z. B. *Bärenz*, DStR 2003 S. 492 ff.; *Dziadkowski*, FR 2003 S. 552 ff.; *Hennrichs*, NZG 2005 S. 783 ff.; *Kahle/Dahlke/Schulz*, StuW 2008 S. 268 f.; *Moxter*, BB 2003 S. 363 ff.; *Scheffler*, StuB 2003 S. 298 ff.; *Scheffler*, StuB 2004 S. 776 ff.; *Schütz*, DB 2003 S. 688 ff.; *Vater*, StuB 2005 S. 67 ff.
250 Vgl. FG Hamburg, Beschluss v. 22.4.1999 – II 23/97, DStRE 2000 S. 171.
251 Vgl. EuGH, Urteil v. 7.1.2003 – C-306/99, BIAO, IStR 2003 S. 95 ff., Tz. 88-94. So auch für die steuerliche Gewinnermittlung in Belgien EuGH, Urteil v. 15.6.2017 – C-444/16, C-445/16, Immo Chiaradia SPRL, DStR 2017 S. 1669 ff.; hierzu *Hennrichs/Pöschke*, NZG 2017 S. 917 f.; *Kleinmanns*, BB 2017 S. 1777.

Vorschriften bestehen".²⁵² Das gilt nicht nur dann, wenn die Steuerbilanz einer Gesellschaft betroffen ist, die vom Anwendungsbereich der Bilanzrichtlinie erfasst wird (also vor allem Kapitalgesellschaften und haftungsbeschränkte Personengesellschaften), sondern auch bei Unternehmen, die nicht in den Anwendungsbereich der Bilanzrichtlinie fallen (z. B. Einzelunternehmen, nicht haftungsbeschränkte Personengesellschaft).²⁵³

Allerdings hängt die Bedeutung der Rechtsprechung des EuGH für die Steuerbilanz in entscheidendem Maße von der künftigen **Vorlagepraxis der deutschen Finanzgerichte** ab. Denn die nationalen Gerichte haben sowohl die Erforderlichkeit einer Vorabentscheidung als auch die Erheblichkeit der Fragestellung zu beurteilen.²⁵⁴ Der EuGH kann die nationalen Gerichte nicht zur Anrufung zwingen.²⁵⁵ *Weber-Grellet* stellt zutreffend fest, dass es „bilanzsteuerrechtlich ... um den EuGH eher ruhig geworden"²⁵⁶ ist, da die Finanzgerichte von bilanzsteuerrechtlichen EuGH-Vorlagen Abstand genommen haben.

3042

Mit einem zunehmenden Einfluss des EuGH auf das deutsche Steuerbilanzrecht könnte auch ein schleichendes Eindringen der **IFRS** in die Steuerbilanz verbunden sein (vgl. Rz. 3049).

Zudem kommt eine Vorlage an den EuGH nicht in Betracht, wenn eine **eigenständige steuerbilanzielle Regelung** existiert.²⁵⁷ Eine Vorlagepflicht besteht auch z. B. nicht in Fällen, in denen das Steuerrecht Begriffe und Differenzierungen einführt, die keine handelsrechtliche Entsprechung haben (z. B. die Abgrenzung zwischen Betriebs- und Privatvermögen; Teilwertbegriff).²⁵⁸ Sofern das Steuerrecht zwar besondere Regelungen enthält, diese aber inhaltlich mit dem Handelsbilanzrecht übereinstimmen, kommt es auf den „spezifischen steuerrechtlichen Charakter"²⁵⁹ an; eine Vorlage kommt nicht in Betracht, wenn der Steuergesetzgeber darauf abzielt, eine spezifisch steuerrechtliche Sachgesetzlichkeit zu regeln.²⁶⁰

3043

Nach der **BFH-Rechtsprechung** kommt eine Vorlage an den EuGH bei Nicht-Kapitalgesellschaften und in Fragen, die die Bewertung von Aktiva und Passiva betreffen, aufgrund des Bewertungsvorbehalts des § 5 Abs. 6 EStG nicht in Betracht, auch wenn die steuerrechtlichen Bewertungsmaßstäbe mit den Grundsätzen des Handelsrechts übereinstimmen.²⁶¹ Der BFH verneint eine Vorlagepflicht bei originär steuerrechtlichen

---

252 *Herlinghaus*, FR 2005 S. 1191.
253 Vgl. EuGH, Urteil v. 7.1.2003 – C-306/99, *BIAO*, IStR 2003 S. 95 ff., Tz. 91.
254 Vgl. EuGH, Urteil v. 7.1.2003 – C-306/99, *BIAO*, IStR 2003 S. 95 ff., Tz. 88.
255 Vgl. *Scheffler*, StuB 2003 S. 300 f.; *Scheffler*, StuB 2004 S. 777.
256 *Weber-Grellet*, DStR 2016, Beihefter zu Heft 9 S. 22.
257 Vgl. *Hoffmann*, DStR 1999 S. 1887; *Krumm* in Blümich, EStG/KStG/GewStG, München, § 5 EStG Rz. 99 (Stand: August 2015); *Schiffers* in Korn, EStG, Bonn, § 5 EStG Rz. 39 (Stand: März 2016); *Kleinmanns*, BB 2017 S. 1777.
258 Vgl. *Grotherr*, IWB 2003 S. 431 f.; *Herlinghaus*, FR 2005 S. 1191 f.; *Günter*, Fortentwicklung des Handels- und Steuerbilanzrechts, Lohmar/Köln 2012, S. 189.
259 *Schön* in Klein/Stihl/Wassermeyer (Hrsg.), Unternehmen Steuern, FS Flick, Köln 1997, S. 581.
260 Vgl. *Schön* in Klein/Stihl/Wassermeyer (Hrsg.), Unternehmen Steuern, FS Flick, Köln 1997, S. 581 f.; *Herlinghaus*, FR 2005 S. 1192.
261 Vgl. BFH, Urteile v. 15.7.1998 – I R 24/96, DStR 1998 S. 1463 f.; v. 20.6.2000 – VIII R 32/98, IStR 2000 S. 730; v. 28.3.2000 – VIII R 77/96, BStBl 2002 II S. 227; differenzierend *Schön* in Klein/Stihl/Wassermeyer (Hrsg.), Unternehmen Steuern, FS Flick, Köln 1997, S. 583; *Arndt/Wiesbrock*, DStR 1999 S. 352; kritisch *Meilicke*, BB 2001 S. 40.

Regelungen.[262] Im Ergebnis ist der Einfluss des Europäischen Rechts auf das Bilanzrecht eher gering; es kann festgehalten werden, dass bis jetzt „keine mittelbare (Teil-) Europäisierung des Steuerbilanzrechts vermittelt über die Maßgeblichkeit"[263] stattgefunden hat.

3044 Bei der *GIMLE*-Entscheidung des EuGH[264] geht es um einen belgischen Fall, bei dem der Streitgegenstand eine Sacheinlage "unter Wert" war (Ertrag oder Einlage).[265] Der EuGH hat entschieden, dass Vermögensgegenstände auch dann mit ihren Anschaffungskosten zu bewerten sind, wenn diese erheblich vom tatsächlichen Wert zum Anschaffungszeitpunkt abweichen.[266] Demnach kann auf Basis der Vierten Richtlinie keine Bewertung zum Fair Value gefordert werden; vielmehr folgt der EuGH dem Anschaffungs- und Herstellungskostenprinzip.[267] „Der EuGH hat damit dem Vorsichts- und Realisationsprinzip ausdrücklich europäische Geltung verliehen"[268]; dies kann sich mittelbar z.B. bei Fragen der **Teilgewinnrealierung** auswirken.[269]

3045 Eine Einwirkungsmöglichkeit des EuGH auf das Steuerbilanzrecht ergibt sich auch daraus, dass das Steuerbilanzrecht den allgemeinen Anforderungen unterliegt, die das Unionsrecht stellt; hier ist vor allem die Vereinbarkeit mit den **Grundfreiheiten** von Bedeutung.[270] Der EuGH kann **Diskriminierungsverstöße** im Bereich des Bilanzsteuerrechts feststellen; daraus resultiert eine „EuGH-induzierte Gesetzesänderung"[271]. So hat der **EuGH mit Urteil v. 16.4.2015** den Inlandsbezug bei der nach § 6b zu bildenden Rücklage als mit Unionsrecht unvereinbar gewertet.[272] § 6b Abs. 4 Satz 1 Nr. 3 EStG setzt voraus, dass die stillen Reserven auf ein angeschafftes oder hergestelltes Wirtschaftsgut übertragen werden, das zum Anlagevermögen einer inländischen Betriebsstätte gehört (sogenannter **Inlandsbezug**). Eine Reinvestition in ein Wirtschaftsgut, wel-

---

262 Vgl. BFH, Urteil v. 8.11.2000, I R 6/96, BStBl 2001 II S. 572; BFH, Urteil v. 18.12.2002, I R 11/02, BStBl 2002 II S. 402 f.
263 *Krumm* in Blümich, EStG/KStG/GewStG, München, § 5 EStG Rz. 100 (Stand: August 2015).
264 Vgl. EuGH, Urteil v. 3.10.2013 – C-322/12, GIMLE, IStR 2014 S. 24; hierzu *Schulze-Osterloh*, NZG 2014 S. 1 ff.; *Hennrichs*, WPg 2015 S. 315 ff.; *Schön u. a.*, JbFSt 2014/15 S. 17 ff.; *Schön*, ZHR 2014 S. 373 ff.; *Dziadkowski*, IStR 2014 S. 461 ff.
265 Vgl. *Prinz*, DB 2016 S. 14.
266 Vgl. EuGH, Urteil v. 3.10.2013 – C-322/12, GIMLE, IStR 2014 S. 26 f.
267 Vgl. *Prinz*, DB 2016 S. 14; *Hennrichs*, WPg 2015 S. 315; *Schön*, ZHR 2014 S. 375; *Bravidor/Mehnert*, StuB 2014 S. 602.
268 *Prinz*, DB 2016 S. 14.
269 Vgl. *Prinz*, DB 2016 S. 14. Des Weiteren wird in der Literatur vor allem der fehlende Einbezug des Grundsatzes der wirtschaftlichen Betrachtungsweise bei der Beurteilung des Sachverhalts kritisiert, welcher insofern zu einem anderen Ergebnis geführt hätte (verdeckte Einlage anstatt reines Kaufgeschäft), vgl. hierzu *Hennrichs*, WPg 2015 S. 315; *Schön*, ZHR 2014 S. 375 ff.; *Schulze-Osterloh*, NZG 2014 S. 2 ff.; *Hoffmann*, StuB 2014 S. 277 f.
270 Vgl. *Krumm* in Blümich, EStG/KStG/GewStG, München, § 5 EStG Rz. 99 (Stand: August 2015); *Prinz*, DB 2016 S. 14; *Kraft*, FR 2017 S. 406.
271 *Prinz*, DB 2016 S. 14.
272 Vgl. EuGH, Urteil v. 16.04.2015 – C 591/13, Europäische Kommission/Bundesrepublik Deutschland (Vertragsverletzungsklage nach Art. 258 AEUV), IStR 2015 S. 361 ff., mit Anm. *Hruschka*; hierzu *Adrian*, StuB 2015 S. 483 ff.; *Kanzler*, FR 2015 S. 465 ff.; *Lipp/Vogel*, DStZ 2015 S. 681 ff.; *Müller*, ISR 2015 S. 220 ff.; *Prinz*, DB 2015 S. 949 f.; *Strahl*, KÖSDI 2015 S. 19440; *Vogel/Cortez*, FR 2015 S. 437 ff. Im Jahre 2012 hatte der BFH noch eine Vorlage des FG Niedersachsen, welches ebenfalls den Inlandsbezug als unzulässig erachtete, aufgrund eines Formfehlers zurückgewiesen, vgl. BFH, Beschluss v. 20.8.2012 – I R 3/12, BFH/NV 2012 S. 1990. Ungeachtet des BFH-Beschlusses hatte die EU-Kommission ein Vertragsverletzungsverfahren gegen Deutschland eingeleitet und den Inlandsbezug von § 6b EStG dem EuGH vorgelegt.

ches außerhalb Deutschlands angeschafft oder hergestellt wird, kann nach dieser Norm nicht begünstigt werden. Nach Ansicht des EuGH verstößt es gegen die **Niederlassungsfreiheit** (Art. 49 AEUV) und gegen Art. 31 EWR-Abkommen, wenn es zu einer Ungleichbehandlung im Vergleich zu einer Reinvestition in Wirtschaftsgüter in einem anderen EU-Mitgliedstaat oder einem EWR-Staat kommt. Deutschland darf zwar die auf den Veräußerungsgewinn entstandene Steuer festsetzen, bevor die im Rahmen seiner Steuerhoheit erzielten Gewinne ins Ausland transferiert werden. Allerdings ist die sofortige Erhebung der Steuer unverhältnismäßig, da sie über das hinausgeht, was erforderlich ist, um die Aufteilung der Besteuerungsbefugnisse zwischen den Mitgliedstaaten zu wahren. Der nationale Gesetzgeber war damit angehalten, eine europarechtskonforme Regelung zu schaffen.

Zur Beseitigung der vom EuGH festgestellten Vertragsverletzung sieht das Gesetz im Zuge des Steueränderungsgesetzes 2015 eine **eigene neue Regelung für Reinvestitionen im EU/EWR-Ausland** vor (§ 6b Abs. 2a EStG).[273] Danach hat der Steuerpflichtige bei einer Reinvestition in das EU/EWR-Ausland die Wahl, die auf die stillen Reserven des veräußerten Wirtschaftsguts entfallenden Steuern entweder **sofort zu entrichten** oder die **zinslose Streckung über fünf gleiche Jahresraten** zu beantragen. Die übrigen Regelungen des § 6b EStG bleiben unverändert. § 6b Abs. 2a EStG gilt nicht für Reinvestitionen in **Drittstaaten**. Der Antrag kann nur im Wirtschaftsjahr der Veräußerung gestellt werden. Wenn das Reinvestitionsgut während dieser Zeitspanne entnommen, veräußert oder außerhalb des EU-/EWR-Raumes verlegt wird, wird die noch nicht entrichtete verbleibende Steuer innerhalb der Monatsfrist fällig. Da der EuGH einen fünfjährigen Stundungszeitraum für verhältnismäßig erachtet (vgl. auch Rz. 3016),[274] hat auch der BFH weder gegenüber der Steuerstundung noch dem Stundungszeitraum von fünf Jahren nach § 6 Abs. 2a EStG europarechtliche Bedenken.[275] Zur Auslegung von Zweifelsfragen im Zusammenhang mit § 6 Abs. 2a EStG hat die Finanzverwaltung inzwischen Stellung bezogen.[276]

Auch nach dieser Neuregelung verbleiben **Nachteile für EU-/EWR-Betriebsstätten** bestehen, die womöglich als diskriminierend einzustufen sind. So könnte etwa „die fehlende Ausstrahlung der Steuerstundungsmöglichkeit auf die Gewerbesteuer diskriminierend wirken."[277] Auch die fehlende Anwendbarkeit der Stundungsregelung auf Gewinne aus der Veräußerung von Anteilen an Kapitalgesellschaften (Fälle des § 6b Abs. 10 EStG) ruft EU-rechtliche Bedenken hervor.[278] Das am 15.2.2017 eingeleitete Vertragsverletzungsverfahren der Kommission zeigt, dass weiterhin Zweifel der EU in Bezug auf die Inlandsklausel des § 6b Abs. 4 Satz 1 Nr. 2 EStG vorliegen.[279]

---

273 Vgl. hierzu im Einzelnen *Adrian/Tigges*, StuB 2015 S. 858 ff.; *Bannes/Holle*, IStR 2016 S. 411 ff.; *Förster*, WPg 2015 S. 1319 ff.; *Kanzler*, NWB 2015 S. 3814 ff.; *Loschelder*, DStR 2016 S. 9 ff.; *Schiefer/Scheuch*, FR 2016 S. 11 ff. Zu Vorteilhaftigkeitsberechnungen vgl. *Watrin/Riegler* FR 2016 S. 345 ff.; *Richter*, FR 2016 S. 652 ff.
274 Vgl. EuGH, Urteil v. 23.1.2014 – C-164/12, *DMC*, IStR 2014 S. 106; EuGH, Urteil v. 21.5.2015 – C-657/13, *Verder LabTec*, IStR 2015 S. 440.
275 Vgl. BFH, Urteil v. 22.6.2017 – VI R 84/14, IStR 2017 S. 829 ff.; hierzu *Adrian*, StuB 2017 S. 739 ff.; *Buchholz/Gebhardt*, IStR 2017 S. 832 ff.
276 Vgl. BMF, Schreiben v. 7.3.2018 – IV C 6 - S 2139/17/10001 001, BStBl 2018 I S. 309.
277 *Prinz*, DB 2016 S. 14; gl. A. z.B. *Adrian*, StuB 2017 S. 741.
278 Vgl. *Adrian*, StuB 2017 S. 741; *Kanzler*, FR 2017 S. 338.
279 Vgl. hierzu *Kanzler*, NWB 2017 S. 1533.

7. Einflüsse der IFRS auf die steuerliche Gewinnermittlung
7.1 Inbezugnahme der IFRS bei der Auslegung steuerlicher Ansatz- und Bewertungsfragen

3046 Im Zuge der Internationalisierung der Rechnungslegung ist die Frage nach dem Einfluss der IFRS auf die steuerliche Gewinnermittlung umfassend diskutiert worden. Nach mittlerweile völlig h.M. scheidet die Reformalternative einer **formellen IFRS-Maßgeblichkeit** aus.[280] Es ist damit fraglich, ob die IFRS überhaupt einen geeigneten Bezugspunkt für die steuerliche Gewinnermittlung darstellen können,[281] da sie im Vergleich zu den Grundsätzen ordnungsmäßiger Bilanzierung (GoB) „weder zu einer verbesserten Messung steuerlicher Leistungsfähigkeit noch zu einer erhöhten Neutralität der Einkommensermittlung"[282] führen.

Allerdings könnte sich eine schleichende Veränderung der Grundsätze ordnungsmäßiger Buchführung durch eine **Einstrahlung der IFRS** über § 5 Abs. 1 EStG auch auf die Steuerbilanz auswirken. Jedoch werden die handelsrechtlichen Grundsätze ordnungsmäßiger Buchführung nach dem ausdrücklichen Willen des Gesetzgebers auch nach dem BilMoG beibehalten.[283] Eine Fortentwicklung in Richtung der Informationsfunktion, die in der internationalen Rechnungslegung dominierend ist, sollte nur insoweit erfolgen, wie die Ausschüttungsbemessungsfunktion tatsächlich nicht gefährdet wird.[284] Zugunsten einer angeblich verbesserten Informationsvermittlung wird das **Vorsichtsprinzip** zwar teilweise zurückgedrängt, dem wird aber durch korrespondierende Ausschüttungssperren Rechnung getragen (§ 268 Abs. 8 HGB). Das Vorsichtsprinzip, das **Realisations- und das Imparitätsprinzip** bleiben weiterhin tragende Grundsätze der handelsrechtlichen Rechnungslegung.[285] Zu den überkommenen handelsrechtlichen GoB zählt auch das **Objektivierungsprinzip**.[286] Schon mit Blick auf den begrenzten Anwendungsbereich der Ausschüttungs- und Entnahmesperre (§ 268 Abs. 8 HGB)[287] kann von einer Abschwächung des Objektivierungsprinzips nicht ausgegangen werden. Es ist

---

280 Vgl. z.B. *Schreiber*, StuW 2002 S. 106 f.; *Breithecker/Klapdor/Rokitta*, StuW 2007 S. 159 f.; *Herzig*, IAS/IFRS und steuerliche Gewinnermittlung, Düsseldorf 2004, S. 34; *Kahle/Dahlke/Schulz*, StuW 2008 S. 266; *Weber-Grellet*, DB 2010 S. 2303; *Wendt* in Kube u. a. (Hrsg.), Leitgedanken des Rechts, FS Kirchhof, Bd. II, Heidelberg 2013, S. 1971, Rz. 25.

281 Zwar lassen mehrere EU-Mitgliedstaaten inzwischen eine Anwendung der IFRS für Zwecke der Steuerbemessung zu, durchbrechen aber die IFRS regelmäßig durch zahlreiche Sonderregelungen, vgl. im Einzelnen *Schanz/Schanz*, StuW 2009 S. 318 ff.

282 *Spengel/Oestreicher*, DStR 2009 S. 778; vgl. auch *Kahle*, WPg 2002 S. 182 ff.; *Günter*, Fortentwicklung des Handels- und Steuerbilanzrechts, Lohmar/Köln 2012, S. 228 ff.

283 Vgl. BT-Drucks. 16/12407, S. 1; BT-Drucks. 16/10067, S. 32.

284 Vgl. BT-Drucks. 16/10067, S. 32; *Küting/Lorson/Eichenlaub/Toebe*, GmbHR 2011 S. 1; *Hennrichs*, WPg 2011 S. 863 ff.

285 Vgl. *Hennrichs* in Bitter u. a. (Hrsg.), FS K. Schmidt, Köln 2009, S. 594; *Malke/Schulz* in Hachmeister/Kahle/Mock/Schüppen (Hrsg.), Bilanzrecht, Köln 2018, § 243 HGB Rz. 35; *Kahle/Günter* in Schmiel/Breithecker (Hrsg.), Steuerliche Gewinnermittlung nach dem Bilanzrechtsmodernisierungsgesetz, Köln 2008, S. 88 f.; differenzierend *Böcking/Gros*, DK 2009 S. 358 u. 361.

286 Vgl. *Beisse* in Beisse u. a. (Hrsg.), FS Beusch, Berlin/New York 1993, S. 83; *Döllerer*, BB 1969 S. 505; *Groh* in Ballwieser u. a. (Hrsg.), Bilanzrecht und Kapitalmarkt, FS Moxter, Düsseldorf 1994, S. 67; *Moxter*, DB 2008 S. 1515 ff.

287 Vgl. *Moxter*, DB 2008 S. 1517; *Hennrichs*, DB 2008 S. 541 f.

von einer weitergehenden **Dominanz der Ausschüttungsbemessungsfunktion** im HGB auch nach dem BilMoG auszugehen.[288]

Vor diesem Hintergrund verbietet es sich, die IFRS als Auslegungshilfe des neuen Bilanzrechts heranzuziehen.[289] Vielmehr sind die handelsrechtlichen Vorschriften nach wie vor im **Lichte der GoB** als Eckpfeiler der handelsrechtlichen Rechnungslegung[290] auszulegen.[291] Bereits die mit dem HGB weiterhin verfolgte Zielsetzung der Ausschüttungsbemessung widerspricht einer Auslegung anhand eines rein informationsorientierten Regelungswerks.[292] Aufgrund des nur moderaten Bedeutungsgewinns der Informationsfunktion sollte sich folgerichtig die Auslegung der klassischen GoB nicht ändern.[293] Die IFRS können allenfalls eine **Erkenntnisquelle des Rechtsvergleichs** sein.[294] Auch nach Ansicht von *Krumm* können den IAS bzw. IFRS (evtl. sogar den US-GAAP) allenfalls i. R. einer hermeneutischen Rechtsfindung **Argumentationshilfen** entnommen werden.[295]

3047

Es ist allerdings nicht auszuschließen, dass gerade bei neueren Bilanzierungsfragen in der Praxis doch verstärkt **auf die IFRS Bezug genommen** wird.[296] Das HGB würde durch diese Annäherungen an die IFRS Gefahr laufen, mittel- bis langfristig zumindest teilweise seine Eigenständigkeit einzubüßen.[297] Eine derart weitgehende Inbezugnahme der IFRS zur Auslegung handelsbilanzieller Fragestellungen hätte eine mittelbare Einwirkung der IFRS auf die Steuerbilanz zur Folge, sofern dem keine steuerrechtliche Sonderregelung entgegensteht.

3048

---

288 Vgl. BT-Drucks. 16/10067, S. 32; *Wüstemann/Wüstemann* in Baumhoff/Dücker/Köhler (Hrsg.), Besteuerung, Rechnungslegung und Prüfung der Unternehmen, FS Krawitz, Wiesbaden 2010, S. 759; *Wüstemann/Koch* in Küting/Pfitzer/Weber (Hrsg.), IFRS und BilMoG, Stuttgart 2010, S. 330 f.; *Marx*, BB 2011 S. 1004; *Kahle/Günter*, StuW 2012 S. 44; *Bieker*, PiR 2008 S. 367. A. A. *Baetge/Kirsch/Thiele*, Bilanzen, 14. Aufl., Düsseldorf 2017, S. 103 f.; *Baetge/Kirsch/Solmecke*, WPg 2009 S. 1214.

289 So aber *Theile* in Heuser/Theile, IFRS Handbuch, 5. Aufl., Köln 2012, S. 54 f., Rz. 158; abwägend *Plaumann*, Auslegungshierarchie des HGB, Wiesbaden 2013, S. 112 ff.

290 Vgl. BT-Drucks. 16/10067, S. 32; *Hennrichs*, WPg 2011 S. 864.

291 Vgl. BT-Drucks. 16/10067, S. 35; *Moxter*, WPg 2009 S. 7 ff.; *Hennrichs* in Bitter u. a. (Hrsg.), FS K. Schmidt, Köln 2009, S. 595-597; *Hennrichs*, DB 2008 S. 542; *Hennrichs*, WPg 2011 S. 867 ff.; *Hennrichs/Pöschke*, DK 2009 S. 539; *dies.* in Fink/Schultze/Winkeljohann (Hrsg.), Bilanzpolitik und Bilanzanalyse nach neuem Handelsrecht, Stuttgart 2010, S. 61; *Malke/Schulz* in Hachmeister/Kahle/Mock/Schüppen (Hrsg.), Bilanzrecht, Köln 2018, § 243 HGB Rz. 35; *Kahle/Haas*, WPg 2010 S. 39; *Kahle/Günter* in Schmiel/Breithecker (Hrsg.), Steuerliche Gewinnermittlung nach dem Bilanzrechtsmodernisierungsgesetz, Köln 2008, S. 88 f.; *dies.*, StuW 2012 S. 44.

292 Vgl. *Moxter*, WPg 2009 S. 10; *Wüstemann/Wüstemann*, ZfB 2009 S. 39; *Kahle*, StuB 2013 S. 759 f.

293 So auch *Wüstemann/Wüstemann* in Baumhoff/Dücker/Köhler (Hrsg.), Besteuerung, Rechnungslegung und Prüfung der Unternehmen, FS Krawitz, Wiesbaden 2010, S. 759; *Schulze-Osterloh* in von Wysocki u. a. (Hrsg.), Handbuch des Jahresabschlusses, Köln, Abt. I/1, Rz. 17 (Stand: September 2016). Eine Veränderung des Inhalts einzelner GoB befürchtend: *Ballwieser* in Mellinghoff/Schön/Viskorf (Hrsg.), Steuerrecht im Rechtsstaat, FS Spindler, Köln 2011, S. 588 ff.; *Schildbach* in Seicht (Hrsg.), Jahrbuch für Controlling und Rechnungswesen 2010, Wien 2010, S. 153 f.

294 Vgl. *Hennrichs/Pöschke*, DK 2009 S. 536; *dies.* in Fink/Schultze/Winkeljohann (Hrsg.), Bilanzpolitik und Bilanzanalyse nach neuem Handelsrecht, Stuttgart 2010, S. 60 f.; *Prinz*, DB 2016 S. 14; *Hennrichs*, WPg 2011 S. 867; *Schulz*, Harmonisierung der steuerlichen Gewinnermittlung in der Europäischen Union, Lohmar/Köln 2012, S. 12.

295 Vgl. *Krumm* in Blümich, EStG/KStG/GewStG, München, § 5 EStG Rz. 208 (Stand: August 2015).

296 Vgl. *Prinz*, DB 2010 S. 2074.

297 Vgl. kritisch *Siegel*, ZSteu 2008 S. 54; *Fülbier/Gassen* in Wagner/Schildbach/Schneider (Hrsg.), Private und öffentliche Rechnungslegung, FS Streim, Wiesbaden 2008, S. 144 f.

Die Gefahr einer solchen Verwässerung der traditionellen GoB dürfte aber begrenzt sein. So hat der BFH[298] mit der **Ablehnung des component approach** (IAS 16.14-IAS 16.44) die Gelegenheit genutzt, einer „ergebnisorientierte[n] Übernahme von IAS/IFRS-Wertungen in das deutsche Bilanzrecht deutlich entgegenzutreten."[299] Zumindest diesen „Testfall"[300] eines möglichen Einflusses der IFRS hat das Bilanzsteuerrecht bestanden (vgl. auch Rz. 383). In einem weiteren Urteil hat der BFH grundsätzlich herausgestellt, „dass die International Accounting Standards bzw. die IFRS die steuerrechtliche Gewinnermittlung nicht bestimmen"[301].

Es ist dennoch erkennbar, dass internationale Rechnungslegungstendenzen über die Handelsbilanz Einfluss auf die Steuerbilanz nehmen können. Aktuell wird derzeit in der Betriebsprüfungspraxis ein Rückgriff auf die IFRS/US-GAAP bei der Abgrenzung „Erwerb/eigene Herstellung" von **immateriellen Werten bei Auftragsproduktionen** diskutiert. Die Finanzverwaltung versucht hier vermehrt i.S.d. IFRS/US-GAAP-Bilanzierung, die entscheidend auf das wahrscheinliche künftige Nutzenpotenzial abstellen (etwa IAS 38.17,.51 ff.), die Aktivierungsfragen bei Intangibles (insbes. Entwicklungskosten) fiskalisch auszulegen.[302] Ein weiteres Beispiel für die Einflussnahme der IFRS auf die Steuerbilanz ist die Bilanzierung von **Bewertungseinheiten**.[303]

3049 Darüber hinaus könnte sich im Zuge der EuGH-Rechtsprechung (vgl. Rz. 3041) ein schleichendes Eindringen der IFRS in die Steuerbilanz ergeben. Nach der Rechtsprechung des EuGH kommt neben dem **Grundsatz des true and fair view** dem Vorsichtsprinzip für die Anwendung der Bilanzrichtlinie auf konkrete Sachverhalte eine herausragende Bedeutung zu.[304] Die Konkretisierung dieser allgemeinen Grundsätze bleibt dem nationalen Recht vorbehalten, wobei **gegebenenfalls ergänzend die IFRS heranzuziehen** sind.[305] Damit sind über den mittelbaren Verweis auf die Bilanzrichtlinie die IFRS im Grundsatz auch für die Steuerbilanz maßgeblich. Offenbar spricht der EuGH den IFRS im Falle fehlender Detailregelungen der Bilanzrichtlinie und Auslegungsspielräumen des nationalen Rechts die Funktion einer Auslegungshilfe zu. Womöglich vollzieht sich „eine schleichende Internationalisierung des Steuerbilanzrechts gleichsam durch

---

298 Vgl. BFH, Urteil v. 14.4.2011 – IV R 46/09, FR 2011 S. 662 ff.; hierzu *Urbahns*, StuB 2011 S. 537 ff.; *Briesemeister/Joisten/Vossel*, FR 2011 S. 666 f.
299 *Briesemeister/Joisten/Vossel*, FR 2011 S. 667.
300 So *Prinz*, DStJG 34 (2011) S. 163.
301 BFH, Urteil v. 25.8.2010 – I R 103/09, BStBl 2011 II S. 218, Rz. 23.
302 Vgl. im Einzelnen *Prinz/Otto*, DStR 2017 S. 275 ff.
303 Vgl. im Einzelnen *Glaser/Kahle*, Ubg 2015 S. 114 ff.
304 So auch bereits EuGH, Urteil v. 14.9.1999 – C-275/97, DE+ES Bauunternehmung GmbH, GmbHR 1999 S. 1145 ff., Tz. 26.
305 Vgl. EuGH, Urteil v. 7.1.2003 – C-306/99, *BIAO*, IStR 2003 S. 95, Tz. 77, 103, 118. Daran anschließend kam das FG Hamburg zu der Entscheidung, dass die für Kapitalgesellschaften und andere Kaufleute geltenden handelsrechtlichen Vorschriften i. S. d. EG-Bilanzrichtlinie und ggf. unter Heranziehung der IFRS auszulegen sind, sofern dieser Vorgehensweise keine steuerrechtlichen Besonderheiten entgegenstehen. Vgl. FG Hamburg, Urteil v. 28.11.2003, III 1/01, DStRE 2004 S. 613. Der BFH lehnt in seiner Revisionsentscheidung die IFRS-Anwendung auf den dem Urteil des FG Hamburg zu Grunde liegenden Sachverhalt aus zeitlichen Gründen ab. Vgl. BFH, Urteil v. 15.9.2004 – I R 5/04, DStR 2005 S. 238 m. Anm. *Bärenz* = BB 2005 S. 483, m. Anm. *Schulze-Osterloh*.

die Hintertür"[306]. Offen bleibt, in welchem Umfang im Einzelfall die IFRS heranzuziehen sind.[307]

Folglich könnten die IFRS auch für Unternehmen relevant sein, die nicht unter die Bilanzierungspflicht nach IFRS fallen. Anders formuliert: Mittelständische Unternehmen könnten künftig auch dann von den IFRS betroffen sein, wenn sie weiterhin HGB-Bilanzen aufstellen. Wenn der Gesetzgeber diesen Einfluss der IFRS auf die steuerliche Gewinnermittlung nicht wünscht, muss er das Maßgeblichkeitsprinzip aufgeben.[308]

Allerdings wird die **Reichweite des EuGH-Urteils *BIAO*** mit Blick auf die IFRS überzeichnet.[309] Denn IFRS endorsed erlangen zwar Rechtsnormqualität in den Staaten der EU,[310] so dass sie im Grundsatz geeignet erscheinen, bei der Auslegung anderer europäischer Vorschriften herangezogen zu werden. Jedoch setzt die EU nicht für alle Bilanzarten und für alle Unternehmen auf die IFRS, sondern nur für die konsolidierten Abschlüsse kapitalmarktorientierter Unternehmen.[311] Wenn sich ein Mitgliedstaat dazu entschließt, die IFRS von den Einzelabschlüssen fernzuhalten, „dann darf diese Begrenzung nicht auf kaltem Wege' über eine IFRS-dominierte Auslegung des nationalen Bilanzrechts umgangen werden".[312]

3050

(Einstweilen frei) 3051–3052

7.2 Unmittelbare Bezugnahme auf die IFRS im Rahmen der Zinsschranke

Im Rahmen der Zinsschranke (§§ 4h EStG, 8a KStG) sollen die **Konzern-Klausel** und die **Escape-Klausel** unter unmittelbarem Rückgriff auf die **IFRS** konkretisiert werden. Die IFRS bilden den zentralen Rechnungslegungsstandard der Zinsschranke.[313] Die Zinsschranke soll vorgeblich international tätige Konzernstrukturen treffen, deren kapitalmarktorientierte Mutterunternehmen ohnehin nach IFRS bilanzieren dürften; die IFRS sollen offenbar eine „einheitliche Beurteilungsgrundlage"[314] für die Abzugsbeschrän-

3053

---

306 *Hennrichs*, StuW 2005 S. 264.
307 Vgl. zur Diskussion *Hennrichs*, StuW 2005 S. 263 f.; *Hoffmann*, GmbH-StB 2005 S. 155; *Kahle*, IRZ 2006 S. 90-92; *Prinz*, FR 2006 S. 571; *Raupach* u. a., JbFSt 2006/2007 S. 404; *Vater*, StuB 2005 S. 69; *Scheffler*, StuB 2004 S. 778.
308 Vgl. *Hennrichs*, StuW 2005 S. 264.
309 Vgl. *Hennrichs*, StuW 2005 S. 263 f.; *Hennrichs*, NZG 2005 S. 783 ff.; *Kahle*, IRZ 2006 S. 91; *Günter*, Fortentwicklung des Handels- und Steuerbilanzrechts, Lohmar/Köln 2012, S. 190 f.; *Schulz*, Harmonisierung der steuerlichen Gewinnermittlung in der Europäischen Union, Lohmar/Köln 2012, S. 11 f.
310 Vgl. *Hauck/Prinz*, DK 2005 S. 636.
311 Vgl. *Hennrichs*, NZG 2005 S. 784; *Schulze-Osterloh*, BB 2004 S. 2567 f.; *Schulze-Osterloh*, BB 2005 S. 488.
312 *Hennrichs*, StuW 2005 S. 264. Vgl. auch *Hennrichs* in Bitter u. a. (Hrsg.), FS K. Schmidt, Köln 2009, S. 596 f.; *Schulze-Osterloh* in von Wysocki u. a. (Hrsg.), Handbuch des Jahresabschlusses, Köln, Abt. I/1 Rz. 17 (Stand: September 2016).
313 Gemeint sind nach einhelliger Auffassung im Schrifttum die sog. „IFRS-endorsed". Vgl. *Hennrichs*, DB 2007 S. 2103, *Korn*, KÖSDI 2008 S. 15874, Rz. 33; *Schulz*, DB 2008 S. 2043.
314 *Heintges/Kamphaus/Loitz*, DB 2007 S. 1266.

kung schaffen. Die IFRS werden damit im Rahmen der Unternehmensteuerreform 2008 erstmalig in eine ertragsteuerliche Gewinnermittlungsvorschrift inkorporiert.[315]

3054 Trotz Konzernzugehörigkeit kann die Anwendung der Zinsschranke ausgeschlossen werden, wenn der Betrieb den sogenannten **Eigenkapitaltest** erfolgreich absolvieren kann (§ 4h Abs. 2 Satz 1 Buchst. c EStG, Escape-Klausel; **Rückausnahme** in § 8a Abs. 3 KStG). Hierbei wird die **Eigenkapitalquote** (Verhältnis zwischen Eigenkapital und Bilanzsumme, § 4h Abs. 2 Satz 1 Buchst. c Satz 3 EStG) des Betriebs mit der des Konzerns verglichen. **Maßgeblicher Abschluss** ist der bestehende Einzelabschluss des Betriebs und der bestehende Konzernabschluss. Die Eigenkapitalquote wird im Grundsatz **auf Basis der IFRS** ermittelt (§ 4h Abs. 2 Satz 1 Buchst. c Satz 8 EStG).[316] Nur wenn kein Konzernabschluss nach IFRS zu erstellen und offenzulegen ist und auch für die letzten fünf Jahre kein Konzernabschluss nach IFRS (freiwillig) aufgestellt wurde, ist ein Rückgriff auf HGB-Abschlüsse beziehungsweise Abschlüsse, die nach dem nationalen Recht eines EU-Mitgliedstaates erstellt wurden, zulässig (§ 4h Abs. 2 Satz 1 Buchst. c Satz 9 EStG). Auf Basis von US-GAAP erstellte Abschlüsse dürfen nur verwendet werden, wenn auch keine Abschlüsse nach „EU-GAAP" verfügbar sind (§ 4h Abs. 2 Satz 1 Buchst. c Satz 9 2. Halbsatz EStG).[317] Auch der einzelne Betrieb hat seine Eigenkapitalquote nach dem für den Konzernabschluss geltenden Rechnungslegungsstandard in einer Überleitungsrechnung zu ermitteln (§ 4h Abs. 2 Satz 1 Buchst. c Satz 11 EStG). Damit kommt es zu einer „steuerlich induzierte[n] Obliegenheit zur Bilanzierung nach IFRS"[318] auf Ebene der Betriebe.

3055 Eine Ausnahme von der Zinsschranke gilt auch, wenn der fremdfinanzierte Betrieb nicht beziehungsweise nur anteilsmäßig zu einem Konzern gehört (**Konzern-Klausel**, § 4h Abs. 2 Satz 1 Buchst. b EStG). In § 4h Abs. 3 Satz 5 EStG wird auf den im Rahmen der Escape-Klausel (§ 4h Abs. 2 Satz 1 Buchst. c EStG) verwendeten Rechnungslegungsstandard verwiesen.

3056 Um der Zinsschranke zu entgehen, können sich konzernzugehörige Betriebe auf die Escape-Klausel nach § 4h Abs. 2 Satz 1 Buchst. c EStG berufen. Demnach kommt die Zinsschranke nicht zur Anwendung, wenn die Eigenkapitalquote des Betriebs diejenige des Konzerns um höchstens zwei Prozentpunkte unterschreitet. Die **Eigenkapitalquote** wird als Verhältnis zwischen Eigenkapital und Bilanzsumme ermittelt (§ 4h Abs. 2 Satz 1 lit. c Satz 3 EStG). Es stellt sich die Frage, inwiefern **bilanzpolitische Maßnahmen** Einfluss auf die Eigenkapitalquote und damit auf die Nutzung der Escape-Klausel nehmen können.[319] Denn für Zwecke der Escape-Klausel gilt, dass die Eigenkapitalquote im Konzern möglichst niedrig, im Einzelabschluss aber möglichst hoch sein sollte.[320]

---

315 Dies ist im Schrifttum freilich nicht ohne Widerhall geblieben. Vgl. z. B. *Herzig*, WPg 2007 S. 13; *Herzig/Bohn*, DB 2007 S. 9; *Lüdenbach/Hoffmann*, DStR 2007 S. 636; *Hennrichs*, DB 2007 S. 2101; *Prinz*, GmbHR 2007 S. R257; *Hauck/Prinz*, BB 2007 S. 2434; *Heintges/Kamphaus/Loitz*, DB 2007 S. 1261; *Kahle/Dahlke/Schulz*, StuW 2008 S. 269 ff.; *Schreiber/Overesch*, DB 2007 S. 817; *Roth*, DStR 2007 S. 1458; *Führich*, IStR 2007 S. 344; *Kußmaul/Pfirmann/Meyering/Schäfer*, BB 2008 S. 139.
316 Vgl. auch BMF, Schreiben v. 4.7.2008 – IV C 7 – S 2742-a/07/10001, BStBl 2008 I S. 727, Tz. 77.
317 Vgl. auch BMF, Schreiben v. 4.7.2008 – IV C 7 – S 2742-a/07/10001, BStBl 2008 I S. 727, Tz. 78.
318 *Hennrichs*, DB 2007 S. 2105.
319 Grundsätzlich bestehen unabhängig vom verwendeten Rechnungslegungsstandard (IFRS/HGB/US-GAAP/sonstige GAAP) bilanzpolitische Möglichkeiten. Regelmäßig werden die IFRS zumindest umfangreichere bilanzpolitische Möglichkeiten bieten als das HGB.
320 Vgl. *Lüdenbach/Hoffmann*, DStR 2007 S. 641.

Bilanzpolitik kann zum einen durch die Ausübung von Ansatz- und Bewertungswahlrechten beziehungsweise die Nutzung von Ermessensspielräumen, zum anderen durch Gestaltung bestimmter Sachverhalte und Gegebenheiten verfolgt werden.[321] Bei der **Wahlrechtsausübung** ist zu beachten, dass Wahlrechte im Konzernabschluss und in dem für den Betrieb maßgeblichen Einzelabschluss einheitlich auszuüben sind (§ 4h Abs. 2 Satz 1 lit. c Satz 4 EStG). Dennoch lässt sich dann ein Effekt im Hinblick auf die Eigenkapitalquoten erzielen, wenn die Wahlrechtsausübung im Konzern- und Einzelabschluss ein relativ unterschiedliches Gewicht hat.[322] Beispielhaft seien hier etwa die Neubewertungsmethode für Sachanlagen, die Zeitwertbewertung von investment property oder die Designierung von Finanzinstrumenten (etwa zur Kategorie financial instruments at fair value through profit or loss) genannt.[323] Zu beachten sind allerdings das Stetigkeitsgebot und die Vorgaben zur konzerneinheitlichen Bilanzierung.[324] Grundsätzlich erlauben hierbei „Wahlrechte, die zu einer Erhöhung (Verminderung) der Eigenkapitalquote führen", Vorteile im Hinblick auf die Nutzung der Escape-Klausel, „wenn deren Auswirkungen auf der Ebene des Betriebs stärker (schwächer) als auf Konzernebene sind".[325]

Nicht nur durch explizite Wahlrechte, sondern auch durch implizite **Ermessensspielräume** kann Einfluss auf die Eigenkapitalquote genommen werden. In diesem Zusammenhang besteht v. a. auch die Möglichkeit, bestimmte Nachweise zu erbringen oder eben (absichtlich) nicht, um bestimmte bilanzielle Konsequenzen auszulösen. So ist etwa die Aktivierung selbst geschaffener immaterieller Vermögenswerte oder die Nutzung der percentage-of-completion-Methode im Rahmen langfristiger Fertigungsaufträge von bestimmten Dokumentationserfordernissen abhängig.[326] Selbiges gilt vor dem Hintergrund der Aktivierung latenter Steuern auf Verlustvorträge für den Nachweis der Nutzbarkeit dieser Verlustvorträge.[327]

3057

Gemäß § 4h Abs. 2 Satz 1 Buchst. c Satz 5 EStG ist das Eigenkapital des Betriebes um einen **Geschäfts- oder Firmenwert**, welcher auf diesen Betrieb entfällt und im Konzernabschluss enthalten ist, zu erhöhen.[328] Hierdurch könnte ein Anreiz zu einer „aggressiveren" Aufdeckung von Firmenwerten im Rahmen der Kapitalkonsolidierung entstehen.[329] Auch im Rahmen der erstmaligen Umstellung auf IFRS und der Erstellung einer IFRS-Eröffnungsbilanz gem. IFRS 1 bestehen zusätzlich besondere Wahlrechte, die im Hinblick auf die Escape-Klausel genutzt werden können.[330]

Schließlich birgt auch eine geschickte **Beteiligungspolitik** Potenzial, die Eigenkapitalquote zu beeinflussen. Hier sind insbesondere der Verkauf/Erwerb von Tochterunternehmen oder die Einbringung von Unternehmen in Gemeinschafts- oder assoziierte

3058

---

321 Vgl. hierzu auch *Kirsch*, DK 2007 S. 657 ff.
322 Vgl. *Kirsch*, DK 2007 S. 660.
323 Vgl. auch zu weiteren Beispielen *Köster*, BB 2007 S. 2283.
324 Vgl. *Hoffmann*, Zinsschranke, Stuttgart 2008, Rz. 631.
325 *Köster*, BB 2007 S. 2282 (beide Zitate). Vgl. auch *Hoffmann*, Zinsschranke, Stuttgart 2008, Rz. 634.
326 Vgl. *Kirsch*, DK 2007 S. 661.
327 Vgl. *Kirsch*, DK 2007 S. 661.
328 Vgl. auch BMF, Schreiben v. 4.7.2008 – IV C 7 – S 2742 – a/07/10001, BStBl 2008 I S. 718, Rz. 73, 75 f.
329 Vgl. im Einzelnen *Kirsch*, DK 2007 S. 661 f.
330 Vgl. *Lüdenbach/Hoffmann*, DStR 2007 S. 638, 641; *Kirsch*, DK 2007 S. 662.

Unternehmen angesprochen.[331] Letztere Option dient vor allem dem Herausnehmen hoch verschuldeter (niedrig verschuldeter) Unternehmen aus dem Konsolidierungskreis, wodurch die Konzerneigenkapitalquote erhöht (gesenkt) wird.[332] Die „herausgenommenen" Unternehmen gehören dann gem. § 4h Abs. 3 Satz 5 EStG nicht mehr zu einem Konzern i. S. d. Zinsschranke und haben daher grundsätzlich selbst keine Zinsschrankenfolgen zu befürchten (Nutzung der Konzern-Klausel des § 4h Abs. 2 Satz 1 Buchst. b EStG). Auch die Verringerung der Eigenkapitalquote einer Tochtergesellschaft, mit dem Ziel der Senkung der Konzerneigenkapitalquote und daraus resultierender Nutzbarkeit der Escape-Klausel bei anderen Tochtergesellschaften, ist zu erwägen.[333]

3059–3060   *(Einstweilen frei)*

---

331 Vgl. *Kirsch*, DK 2007 S. 662. Im Einzelfall kann sich ein Erwerb/Verkauf von Tochterunternehmen vor- oder nachteilig im Hinblick auf die Escape-Klausel auswirken.
332 Vgl. *Kirsch*, DK 2007 S. 662.
333 Vgl. hierzu *Krüger/Thiere*, KoR 2007 S. 477.

Teil A:
Grundsatz- und Querschnittsfragen steuerlicher Gewinnermittlung

Kapitel XXI:
Zukunft der Steuerbilanz

von
Professor Dr. Holger Kahle, Hohenheim

Kapitel XXI: Zukunft der Steuerbilanz

Inhaltsübersicht

	Rz.
1. Das Maßgeblichkeitsprinzip nach BilMoG unter Reformdruck	3061 - 3068
2. Leitlinien der Besteuerung und Steuerbemessung auf Basis handelsrechtlicher GoB	3069 - 3075
3. Vorschläge der EU-Kommission für eine konsolidierte Körperschaftsteuerbemessungsgrundlage innerhalb der EU (CCCTB)	3076 - 3090
4. Die vereinfachte Vermögensrechnung als Leitbild einer eigenständigen Steuerbilanz	3091 - 3099
5. Maßgeblichkeit als „second best"-Lösung	3100 - 3139

AUSGEWÄHLTE LITERATUR

Arbeitskreis Bilanzrecht der Hochschullehrer Rechtswissenschaft, Zur Maßgeblichkeit der Handelsbilanz für die steuerliche Gewinnermittlung gem. § 5 Abs. 1 EStG i. d. F. durch das BilMoG, DB 2009 S. 2570; *Ballwieser*, Steuerliche Gewinnermittlung: Plädoyer für die Maßgeblichkeit, in: Kahle/Overesch/Ruf/Spengel (Hrsg.), Kernfragen der Unternehmensbesteuerung, Symposium für Ulrich Schreiber zum 65. Geburtstag, Wiesbaden 2017, S. 103; *Ballwieser*, Möglichkeiten und Grenzen der Erstellung einer Einheitsbilanz – Zur Rolle und Entwicklung des Maßgeblichkeitsprinzips, in: Mellinghoff/Schön/Viskorf (Hrsg.): Steuerrecht im Rechtsstaat. Festschrift für W. Spindler, Köln 2011, S. 577; *Dahlke*, Harmonisierung der Konzernbesteuerung in der Europäischen Union, Lohmar/Köln 2011; *Eiling*, Das GK(K)B-Projekt bekommt neuen Wind, IWB 2017 S. 49; *Ertel/Rosnitschek/Schanz*, Abweichungen zwischen Handelsbilanz und Steuerbilanz vor und nach dem BilMoG, DStR 2017 S. 2068; *Förster/Krauß*, Der Richtlinienvorschlag der Europäischen Kommission zur Gemeinsamen Konsolidierten Körperschaftsteuer-Bemessungsgrundlage vom 16.3.2011, IStR 2011 S. 607; *Günter*, Fortentwicklung des Handels- und Steuerbilanzrechts, Lohmar/Köln 2012; *Hennrichs*, Bilanzrechtsmodernisierung und Besteuerung, StbJb 2009/2010 S. 261; *Herzig/Briesemeister*, Steuerliche Konsequenzen des BilMoG – Deregulierung und Maßgeblichkeit, DB 2009 S. 926; *Herzig/Kuhr*, Grundlagen der steuerlichen Gewinnermittlung nach dem GKKB-Richtlinienentwurf, DB 2011 S. 2053; *dies.*, Realisations- und Imparitätsprinzip im Richtlinienentwurf der GKKB, StuW 2011, S. 305; *Hüttemann*, Die Zukunft der Steuerbilanz, DStZ 2011 S. 507; *Jakob/Fehling*, Harmonisierung 2.0 – Überblick über die wesentlichen Neuerungen im GKB-Richtlinienentwurf, ISR 2017 S. 290; *Kahle*, Entwicklung der Steuerbilanz, DB 2014, Beilage Nr. 4 zu Heft 22, S. 1; *Kahle*, Steuerliche Gewinnermittlung nach dem BilMoG. Abschaffung der umgekehrten Maßgeblichkeit, StuB 2011 S. 163; *Kahle*, Steuerliche Gewinnermittlung unter dem Einfluss der IAS/IFRS, IRZ 2006 S. 87; *Kahle*, Internationale Rechnungslegung und ihre Auswirkungen auf Handels- und Steuerbilanz, Wiesbaden 2002; *Kahle*, Maßgeblichkeitsgrundsatz auf Basis der IAS?, WPg 2002 S. 178; *Kahle/Dahlke/Schulz*, Zunehmende Bedeutung der IFRS für die Unternehmensbesteuerung?, StuW 2008 S. 266; *dies.*, Der EU-Richtlinienvorschlag zur CCCTB – Anmerkungen aus Theorie und Praxis, Ubg 2011 S. 491; *Kahle/Günter*, Fortentwicklung des Handels- und Steuerbilanzrechts nach dem BilMoG, StuW 2012 S. 43; *Kahle/Lipp*, Die Komplexität einer G(K)KB: Ein vergleichender Blick auf den Prozess der Umsatzsteuerharmonisierung in Europa, DStR 2013 S. 1205; *Kahle/Schulz*, Richtlinienentwurf für eine gemeinsame konsolidierte Körperschaftsteuer-Bemessungsgrundlage in der Europäischen Union. Regelungen zur Gewinnermittlung, StuB 2011 S. 296; *Kahle/Schulz*, Harmonisierung der steuerlichen Gewinnermittlung in der Europäischen Union, BFuP 2011 S. 455; *Kahle/Schulz*, Sachstand und Lösungsansätze zur Entwicklung einer G(K)KB, FR 2013 S. 49; *Krauß*, Richtlinienvorschlag zur Gemeinsamen Körperschaftsteuer-Bemessungsgrundlage vom 25.10.2016, IStR 2017 S. 479; *Kußmaul/Niehren*, Die Gemeinsame Konsolidierte Körperschaftsteuer-Bemessungsgrundlage in der Europäischen Union, StB 2011 S. 344; *Marx*, Bedeutung der Grundsätze ordnungsmäßiger Buchführung im geltenden Steuerbilanzrecht, FR 2016 S. 389; *Marx*, Die Gewinnermittlungskonzeption der GKKB nach dem Richtlinienentwurf der EU-Kommission, DStZ 2011 S. 547; *Marx*, Teilhaberthese als Leitbild zur Neukonzeption der steuerrechtlichen Gewinnermittlung nach Inkrafttreten des BilMoG, BB 2011 S. 1003; *Moxter*, Missverständnisse um das Maßgeblichkeitsprinzip, DStZ 2000 S. 157; *Oestrei-*

cher, Zukunft des Steuerbilanzrechts aus deutscher Sicht, WPg 2007 S. 572; *Prinz*, Aktuelle Trends im Bilanzsteuerrecht, StuB 2017 S. 91; *Prinz*, Differenziertes Maßgeblichkeitsverständnis im Steuerbilanzrecht, StuB 2017 S. 689; *Prinz*, Entwicklungsperspektiven im Bilanzsteuerrecht, DB 2016 S. 9; *Prinz*, Rückstellungen in der Steuerbilanz: Ein Gebot sachgerechter Leistungsfähigkeitsbesteuerung, DB 2011 S. 492; *Prinz*, Materielle Maßgeblichkeit handelsrechtlicher GoB – ein Konzept für die Zukunft im Steuerbilanzrecht?, DB 2010 S. 2069; *Prinz*, Das europäische GKKB-Projekt – eine Einschätzung aus Beratersicht, StuB 2011 S. 461; *Scheffler*, Steuerliche Gewinnermittlung als Two-Book System, in: Kahle/Overesch/Ruf/Spengel (Hrsg.), Kernfragen der Unternehmensbesteuerung, Symposium für Ulrich Schreiber zum 65. Geburtstag, Wiesbaden 2017, S. 117; *Scheffler*, Bestandsaufnahme zur Reichweite des Maßgeblichkeitsprinzips, DK 2016 S. 482; *Scheffler/Köstler*, Richtlinie über eine Gemeinsame Körperschaftsteuer-Bemessungsgrundlage – mehr als eine Harmonisierung der steuerlichen Gewinnermittlung, ifst-Schrift 518 (2017); *Scheffler/Krebs*, Richtlinienvorschlag zur CCCTB: Bestimmung der Steuerbemessungsgrundlage im Vergleich mit der Steuerbilanz nach EStG, DStR 2011, Beihefter zu Heft 22, S. 13; *Scheffler/Schöpfel/Köstler/Binder*, Konsequenzen der GKKB für die Gewerbesteuer, StuW 2013 S. 28; *Schneider*, Ein Jahrhundert Unmaßgeblichkeit des Maßgeblichkeitsgrundsatzes, in: Baumhoff/Dücker/Köhler (Hrsg.): Besteuerung, Rechnungslegung und Prüfung der Unternehmen. Festschrift für Krawitz, Wiesbaden 2010, S. 705; *Schreiber*, Unternehmensbesteuerung im Binnenmarkt. Angleichung der Gewinnermittlung und des Satzes der Körperschaftsteuer?, StuW 2004 S. 212; *Schreiber*, Gewinnermittlung und Besteuerung der Einkommen, StuW 2002 S. 105; *Schulz*, Harmonisierung der steuerlichen Gewinnermittlung in der Europäischen Union, Lohmar/Köln 2012; *Schulze-Osterloh*, Handelsrechtliche GoB und steuerliche Gewinnermittlung. Das Beispiel der Teilwertabschreibung, DStR 2011 S. 534; *Sopp/Richter/Meyering*, Felix Austria und seine Maßgeblichkeit, StuW 2017 S. 234; *Spengel/Oestreicher*, Gemeinsame (konsolidierte) Körperschaftsteuerbemessungsgrundlage in der EU und Umsetzungsfragen, DStR 2009 S. 773; *Spengel/Ortmann-Babel/Zinn/Matenaer*, Gemeinsame Konsolidierte KSt-Bemessungsgrundlage (G(K)KB) und steuerliche Gewinnermittlung in den EU-Mitgliedstaaten, der Schweiz und den USA, DB 2013, Beilage 2; *Velte/Mock*, EU-Richtlinienvorschlag über eine Gemeinsame Körperschaftsteuer-Bemessungsgrundlage (GKB) vom 25.10.2016, StuW 2017, S. 126; *Wagner*, Neutralität und Gleichmäßigkeit als ökonomische und rechtliche Kriterien steuerlicher Normkritik, StuW 1992 S. 2; *Weber-Grellet*, Entwicklungstendenzen und Zukunftsperspektiven des Maßgeblichkeitsgrundsatzes, DB 2016 S. 1279; *Weber-Grellet*, Grundfragen und Zukunft der Gewinnermittlung, DB 2010 S. 2298; *Wendt*, Bilanzrecht, in: Kube u. a. (Hrsg.), Leitgedanken des Rechts, FS Kirchhof, Bd. II, Heidelberg 2013, S. 1961.

1. Das Maßgeblichkeitsprinzip nach BilMoG unter Reformdruck

3061 Auch nach dem BilMoG sind die handelsrechtlichen Grundsätze ordnungsmäßiger Buchführung (GoB) Grundlage der steuerlichen Gewinnermittlung (§ 5 Abs. 1 Satz 1 EStG, **materielle Maßgeblichkeit**); BilMoG und BilRuG haben den Kernbestand der GoB nicht verändert.[1] Die Zukunft des Maßgeblichkeitsprinzips ist jedoch fraglich.[2] Denn die Maßgeblichkeit ist mit der Aufgabe der formellen Maßgeblichkeit deutlich entwertet worden; der neu eingefügte § 5 Abs. 1 Satz 1 2. Halbsatz EStG ermöglicht eine von den handelsrechtlichen GoB abweichende Ausübung steuerlicher Wahlrechte.[3] Die Än-

---

1 Vgl. im Einzelnen *Marx*, FR 2016 S. 389 ff.; *Prinz*, DB 2016 S. 9; *Kahle*, DB 2014, Beilage 4, S. 5 f.
2 Vgl. zur aktuellen Diskussion z. B. *Prinz*, StuB 2017 S. 689 ff.; *Prinz*, DB 2016 S. 9 ff.; *Ballwieser* in Kahle u. a. (Hrsg.), Kernfragen der Unternehmensbesteuerung, Wiesbaden 2017, S. 103 ff.; *Sopp/Richter/Meyering*, StuW 2017 S. 234 ff.; *Scheffler*, DK 2016 S. 482; *Weber-Grellet*, DB 2016 S. 1279 ff.; *Kahle*, DB 2014, Beilage Nr. 4, S. 1 ff.
3 Voraussetzung hierfür ist die Führung von laufenden Verzeichnissen (§ 5 Abs. 1 Satz 2, 3 EStG).

derung des § 5 Abs. 1 EStG führt dazu, dass die materielle Maßgeblichkeit durch einen generellen **steuerlichen Wahlrechtsvorbehalt** eingeschränkt wird: Der Steuerpflichtige wird bei der Ausübung steuerrechtlicher Wahlrechte nach Auffassung der Finanzverwaltung und der h. M. in der Literatur weder durch den handelsrechtlichen Wertansatz noch durch die GoB gebunden.[4] Die Diskussion um den Begriff der „steuerlichen Wahlrechte" dürfte aufgrund der Einfügung des § 3a Abs. 1 EStG durch das „Gesetz gegen schädliche Steuerpraktiken im Zusammenhang mit Rechteüberlassungen" vom 27.6.2017 beendet sein.[5] Jeder Bilanzierende kann prüfen, ob eine abweichende Wahlrechtsausübung in Handels- und Steuerbilanz Vorteile bringt.[6] Gleichzeitig ist der Wahlrechtsvorbehalt aus steuersystematischer Sicht höchst fragwürdig.[7]

Die Durchbrechungen der Maßgeblichkeit[8] durch zwingende steuerrechtliche Ansatz- und Bewertungsvorschriften sind nach dem BilMoG und auch zuvor schon nach dem StEntlG 1999/2000/2002 derart zahlreich, dass z. B. von einem eigenen „steuerlichen Rückstellungsrecht"[9] gesprochen wird. Das BilMoG hat „den Abschied von der **Einheitsbilanz** als Leitbild besiegelt"[10], auch wenn sie insbesondere bei kleineren Unternehmen nicht unmöglich ist.[11] Die früher im Mittelstand regelmäßig praktizierte Überleitungsrechnung nach § 60 Abs. 2 EStDV wird infolge der gestiegenen Anzahl an Abweichungen zwischen Handels- und Steuerbilanz schnell unübersichtlich und fehleranfällig.[12]

3062

Nach der Auffassung von *Prinz* hat sich die Entkoppelung von Handels- und Steuerbilanz seit dem BilMoG „bislang im Großen und Ganzen als praktikabel erwiesen"[13]; er betont aber auch die Notwendigkeit zur „Verbesserung im Detail".[14] Ohne Frage ist das Bilanzsteuerrecht seit dem BilMoG sehr unsystematisch geworden und von Einzelregelungen geprägt, was einige Beispiele belegen sollen.[15] So ist die Bewertung von Rückstellungen in der Steuerbilanz nach Auffassung der Finanzverwaltung – außer bei

3063

---

4 Vgl. BMF, Schreiben vom 12.3.2010 – IV C 6 – S 2133/09/10001, BStBl 2010 I S. 239. Ebenso für den Einbezug sämtlicher steuerlicher Wahlrechte plädierend z. B. *Herzig/Briesemeister*, DB 2009 S. 929 f.; *Herzig*, DB 2010 S. 3 f.; *Ortmann-Babel/Bolik*, BB 2010 S. 2099; *Thiel* in Herlinghaus et al. (Hrsg.): Festschrift für Meilicke, Baden-Baden 2010, S. 743; *Marx*, BB 2011 S. 1003. Für eine Beschränkung auf rein steuerlich motivierte Wahlrechte z. B.: *Arbeitskreis Bilanzrecht der Hochschullehrer Rechtswissenschaft*, DB 2009 S. 2570 ff.; *Hennrichs*, StbJb 2009/2010, S. 269 ff.; *Hüttemann*, DStZ 2011 S. 509; *Freidank/Velte*, StuW 2010 S. 188 ff.; *Schulze-Osterloh*, DStR 2011 S. 535 ff.
5 Vgl. hierzu *Prinz*, StuB 2017 S. 691.
6 Vgl. zur Steuerbilanzpolitik nach BilMoG *Scheffler*, Beck'sches Handbuch der Rechnungslegung, Rz. 145 ff. zu B 120 (Stand: November 2016); *Scheffler*, Rz. 2720 ff.
7 Vgl. *Hennrichs*, StbJb 2009/10, S. 270; *Schulze-Osterloh*, DStR 2011 S. 537; *Kahle*, StuB 2011 S. 164.
8 Vgl. im Einzelnen z. B. *Scheffler*, DK 2016 S. 482 ff. Nach der Begründung zum BilMoG ist zu analysieren, ob eine „eigenständige steuerliche Gewinnermittlung notwendig ist und erforderlichenfalls wie sie zu konzipieren ist", BT-Drucks. 16/10067 S. 34.
9 *Scheffler*, Beck'sches Handbuch der Rechnungslegung, München (Stand: November 2016), Rz. 34 zu B 233 (Hervorh. im Original).
10 *Herzig*, DB 2012 S. 4. Vgl. auch *Weber-Grellet*, DB 2010 S. 2303; *Prinz*, StuB 2017 S. 92.
11 Vgl. *Prinz*, StuB 2017 S. 691. In einer empirischen Untersuchung (mit relativ kleinem Datensatz) konnte gezeigt werden, dass das BilMoG vor allem bei kleinen und mittleren Unternehmen eine einheitliche Bilanzierung erschwert, während die Einheitsbilanz bei großen Kapitalgesellschaften vor und nach dem BilMoG eine Ausnahme ist. Bei Kleinst-Kapitalgesellschaften konnte ein hoher Anteil an Einheitsbilanzen belegt werden. Vgl. *Ertel/Rosnitschek/Schanz*, DStR 2017 S. 2068 ff.
12 Vgl. *Herzig*, DB 2012 S. 4.
13 *Prinz*, StuB 2017 S. 689.
14 *Prinz*, StuB 2017 S. 690.
15 Vgl. auch *Sopp/Richter/Meyering*, StuW 2017 S. 241 ff.

Pensionsrückstellungen – auf den in der Handelsbilanz zulässigen Ansatz beschränkt (R 6.11 Abs. 3 Satz 1 EStR 2012, **Deckelung der Rückstellungen**). Im umgekehrten Fall ist unbestritten, dass der niedrigere Wert nach § 6 Abs. 1 Nr. 3a EStG in der Steuerbilanz anzusetzen ist.[16] Folglich werden Rückstellungen in der Steuerbilanz im Grundsatz mit dem niedrigeren der beiden ermittelten Werte ausgewiesen („Meistbegünstigung des Fiskus"[17]). Ein weiteres Beispiel für „systemwidrige Friktionen im Steuerbilanzrecht" sind die Regelungen zu den **angeschafften Rückstellungen** (§§ 4f, 5 Abs. 7 EStG).[18]

Wenn **Fremdkapitalzinsen** in die handelsrechtlichen Herstellungskosten einbezogen werden (§ 255 Abs. 3 Satz 2 HGB), hat dies nach Auffassung der Finanzverwaltung entsprechend in der steuerlichen Gewinnermittlung gemäß § 5 Abs. 1 Satz 1 EStG zu erfolgen (R 6.3 Abs. 5 EStR 2012).[19] Damit erkennt die Finanzverwaltung das Wahlrecht zum Einbezug der Zinsen nicht als eigenständiges steuerliches Wahlrecht an. Folglich sind Fremdkapitalzinsen steuerlich nur dann zwingend in die Herstellungskosten einzubeziehen, wenn sie handelsrechtlich aktiviert wurden.[20] Ist Letzteres nicht der Fall, kann auch steuerlich ein Einbezug der Fremdkapitalzinsen unterbleiben.

3064   Mit dem Steuermodernisierungsgesetz vom 15.5.2016 wurde § 6 Abs. 1 Nr. 1b EStG eingefügt, wonach nun ein steuerliches Wahlrecht bezüglich des Umfangs der zu aktivierenden **Herstellungskosten** in der Steuerbilanz gesetzlich verankert ist.[21] Demnach brauchen angemessene Teile der Kosten der allgemeinen Verwaltung sowie angemessene Aufwendungen für soziale Einrichtungen des Betriebs, für freiwillige soziale Leistungen und für die betriebliche Altersversorgung nicht in die Berechnung der Herstellungskosten einbezogen zu werden, soweit sie auf den Zeitraum der Herstellung entfallen (§ 6 Abs. 1 Nr. 1b Satz 1 EStG). Voraussetzung für die Nichteinbeziehung dieser Kosten in die steuerlichen Herstellungskosten ist allerdings, dass das Wahlrecht in Übereinstimmung mit der Handelsbilanz ausgeübt wird (§ 6 Abs. 1 Nr. 1b Satz 2 EStG; **formelle Maßgeblichkeit**).[22] Das Erfordernis der gleichgerichteten Wahlrechtsausübung bringt einen höheren Planungsaufwand mit sich, da handels- und steuerbilanzpolitische Ziele gegeneinander abzuwägen sind.[23] § 6 Abs. 1 Nr. 1b Satz 2 EStG steht im Widerspruch zum steuerlichen Wahlrechtsvorbehalt des § 5 Abs. 1 EStG; um diesem zu entsprechen, hätte der Gesetzgeber ein steuerbilanzielles Wahlrecht auch für allgemeine Verwaltungskosten festschreiben müssen.[24]

---

16 Vgl. *Hoffmann*, StuB 2013 S. 41; *Rätke*, BBK 2014 S. 21; *Kahle*, DStZ 2017 S. 909 ff.
17 So *Hoffmann*, StuB 2013 S. 41.
18 Vgl. *Prinz*, StuB 2017 S. 692; *Kahle*, DB 2014, Beilage 4, S. 12 ff; im Einzelnen *Kahle/Braun*, FR 2018 S. 197 ff.
19 Vgl. auch BMF vom 12.3.2010, IV C 6 - S 2133/09/10001, BStBl 2010 I S. 239 Rz. 6.
20 Vgl. *Meurer*, BB 2010 S. 822. *Scheffler* zufolge lässt sich diese Forderung nach übereinstimmender Vorgehensweise bei der Aktivierung von Fremdkapitalzinsen nur dann nachvollziehen, "wenn man dieses Wahlrecht als Billigkeitsregelung versteht", *Scheffler*, StuB 2010 S. 297.
21 § 6 Abs. 1 Nr. 1b EStG ist am 23.7.2016 in Kraft getreten; die Norm ist erstmals ab dem Veranlagungszeitraum 2016 zu beachten, vgl. Art. 4 Nr. 3 des Gesetzes zur Modernisierung des Besteuerungsverfahrens vom 18.7.2016, BGBl I 2016, S. 1679. Das neue gesetzliche Wahlrecht kann auch rückwirkend zur Anwendung kommen, d. h. auch für Wirtschaftsjahre, die vor der Verkündung des Steuermodernisierungsgesetzes enden (§ 52 Abs. 12 Satz 1 EStG).
22 Vgl. *Hiller/Eichholz*, DStZ 2016 S. 464.
23 Vgl. *Meyering/Gröne*, DStR 2016 S. 1700.
24 Vgl. *Prinz*, StuB 2017 S. 692.

Zudem betont der BFH in einigen Urteilen „die Autonomie und eigenständige Auslegung des Steuerbilanzrechts"[25], so etwa in dem Beschluss des Großen Senats zur **Aufgabe des subjektiven Fehlerbegriffs**[26], der in der Literatur als „eine weitere Ablösung des Steuerbilanzrechts vom Handelsbilanzrecht"[27] gewertet wird. Hinsichtlich bilanzieller Rechtsfragen führt der BFH hier aus: „Spezielle steuerrechtliche Vorschriften sind dabei auch dann eigenständig auszulegen und anzuwenden, wenn sie im Handelsrecht eine Entsprechung finden ... und zwar unter Berücksichtigung des systematischen Zusammenhangs, in dem sie im Steuerrecht stehen"[28]. Darüber hinaus legt der BFH **wortgleiche Begriffe** teilweise abweichend von der Handelsbilanz aus, so insbesondere die „voraussichtlich dauernde Wertminderung" (§ 253 Abs. 3 Satz 3 HGB, § 6 Abs. 1 Satz 1 Nr. 1 Satz 2, Nr. 2 Satz 2 EStG, vgl. Rz. 917 f.).

3065

Schließlich hat das BVerfG die **verfassungsrechtliche Bedeutung** des Maßgeblichkeitsgrundsatzes deutlich relativiert.[29] Das Maßgeblichkeitsprinzip „verdankt seine Existenz seit jeher nicht primär Überlegungen zur gerechten Verteilung von Steuerlasten, sondern beruht in erster Linie – als Instrument zur Vermeidung einer sonst notwendigen zweifachen Rechnungslegung – auf Gründen der Praktikabilität der unternehmerischen Gewinnermittlung".[30] Die Maßgeblichkeit der handelsrechtlichen GoB erweise sich im historischen Rückblick wie auch gegenwärtig „nicht etwa als eine strikte, einmal getroffene Belastungsgrundentscheidung des Gesetzgebers, sondern als eine entwicklungsoffene Leitlinie."[31] Demnach gibt es kein verfassungsrechtliches Gebot für eine Anknüpfung der Steuerbilanz an die handelsrechtlichen GoB.[32] Nach dieser Rechtsprechung des BVerfG ist die Entwicklung eines **eigenständigen Steuerbilanzrechts** jederzeit möglich.[33] Bisher vorgelegte Entwürfe eines eigenständigen steuerlichen Gewinnermittlungsrechts wurden vom Gesetzgeber aber nicht berücksichtigt.[34] Die Forderung nach einem **eigenständigen Bilanzsteuerrecht** wird aber nach wie vor erhoben.[35]

3066

---

25 *Hennrichs*, NZG 2013 S. 685; gl.A. z. B. *Drüen*, GmbHR 2013 S. 509; *Schiffers/Köster*, DStZ 2013 S. 842.
26 Vgl. BFH, Urteil vom 31.1.2013 - GrS 1/10, BStBl 2013 II S. 317; hierzu z. B. *Drüen*, GmbHR 2013 S. 505 ff.; *Hennrichs*, NZG 2013 S. 681 ff.; *Prinz*, WPg 2013 S. 650 ff.; *Schulze-Osterloh*, BB 2013 S. 1131 ff.; *Weber-Grellet*, DStR 2013 S. 729 ff.
27 *Schiffers/Köster*, DStZ 2013 S. 842; gl.A. z. B. *Hennrichs*, NZG 2013 S. 684 f.; *Weber-Grellet*, DB 2016 S. 1280, 1282.
28 BFH, Urteil vom 31.1.2013 - GrS 1/10, BStBl 2013 II S. 323.
29 Vgl. BVerfG, Urteil vom 12.5.2009 – 2 BvL 1/00, BStBl 2009 II S. 685; hierzu z. B. *Hey*, DStR 2009 S. 2561; *Hennrichs* in Tipke u. a. (Hrsg.), Gestaltung der Steuerrechtsordnung, FS Lang, Köln 2010, S. 255; *Hüttemann* in Mellinghoff/Schön/Viskorf (Hrsg.), Steuerrecht im Rechtsstaat, FS Spindler, Köln 2011, S. 627.
30 BVerfG, Urteil vom 12.5.2009 – 2 BvL 1/00, BStBl 2009 II S. 689; ähnlich *Wendt* in Kube u. a. (Hrsg.), Leitgedanken des Rechts, FS Kirchhof, Bd. II, Heidelberg 2013, S. 1961, Rz. 1.
31 BVerfG vom 12.5.2009 – 2 BvL 1/00, BStBl 2009 II, S. 689.
32 So auch *Wendt*, ÖStZ 2012 S. 301 f.; *Wendt* in Kube u. a. (Hrsg.), Leitgedanken des Rechts, FS Kirchhof, Bd. II, Heidelberg 2013, S. 1963, Rn. 5, der betont, dass es vielmehr umgekehrt geboten sein kann, „für Zwecke der Besteuerung punktuell oder vollständig von der Handelsbilanz abzuweichen, um den verfassungsrechtlichen Anforderungen an die Bemessung der Besteuerungsgrundlage zu genügen" (Rz. 5).
33 Vgl. *Wendt* in Kube u. a. (Hrsg.), Leitgedanken des Rechts, FS Kirchhof, Bd. II, Heidelberg 2013, S. 1968, Rz. 21; *Bode*, Rz. 2683. Mit dieser Entscheidung räumt das BVerfG dem Gesetzgeber offenbar einen sehr weiten Entscheidungsspielraum im Bereich der Unternehmensbesteuerung ein, vgl. z. B. *Drüen*, Ubg 2009 S. 23 f.; *Brandis*, StuW 2013 S. 88.
34 Vgl. hierzu z. B. *Herzig* in Lang/Eilfort (Hrsg.), Strukturreform der deutschen Ertragsteuern. Bericht über die Arbeit und Entwürfe der Kommission „Steuergesetzbuch" der Stiftung Marktwirtschaft, 2013, S. 311 ff.; *Kirchhof*, Bundessteuergesetzbuch, 2011, Anhang Bilanzrecht mit Bilanzordnung.
35 Vgl. u. a. *Weber-Grellet* in Schmidt, EStG, 37. Aufl., München 2018, § 5 Rz. 1.

3067 Die verstärkte Trennung von Handels- und Steuerbilanz sowie die hierdurch induzierte zunehmende Bedeutung **latenter Steuern** lässt die Notwendigkeit einer gesonderten Steuerbuchhaltung (**tax accounting**) steigen.[36] Die Bedeutung des Reporting für Steuerzwecke nimmt auch durch die **E-Bilanz** (§ 5b EStG) zu.[37] Mit den von der Finanzverwaltung geforderten, differenzierten und über das Handelsbilanzrecht hinausgehenden Informationsanforderungen steigt die Wahrscheinlichkeit, dass sich die Steuerbilanz bei vielen Unternehmen zu einem eigenständig gepflegten oder bei kleineren Unternehmen sogar zum maßgeblichen Rechenwerk entwickelt.[38] Die Taxonomien wirken durch die Definition des Mindestumfangs „auf die inhaltliche, prozessuale und technische Ausgestaltung des Rechnungswesens zurück."[39] Zunehmend steht die Frage im Raum, ob diese Rechtsentwicklung zu einem **eigenständigen Steuerbilanzrecht** führen wird.

3068 Sieht man diese Rechtsentwicklung zusammen mit dem Beschluss des BVerfG zu den Jubiläumsrückstellungen, so stellt sich „insgesamt noch drängender die Frage nach dem Sinn der `Rest-Maßgeblichkeit´".[40] Als Gefahren für den Maßgeblichkeitsgrundsatz werden des Weiteren **europarechtliche Einflüsse** (vgl. Kap. XX, Rz. 3038 ff.) und eine womöglich steigende Bedeutung der **IFRS** für die Unternehmensbesteuerung diskutiert (vgl. Kap. XX, Rz. 3046 ff.). Zudem könnte langfristig das **europäische Reformprojekt CCCTB** die Maßgeblichkeit ins Wanken geraten lassen (vgl. Rz. 3076 ff.).

Angesichts dieser Entwicklungen wird im Folgenden der Frage nach der künftigen Entwicklung der Steuerbilanz und des Maßgeblichkeitsgrundsatzes nachgegangen. Dabei konzentrieren sich die Überlegungen auf die Ermittlung des laufenden Gewinns; auf Fragestellungen im Zusammenhang mit der Ermittlung von Gewinnen aus **Veräußerungs-, Aufgabe- oder Umwandlungsvorgängen** sei lediglich verwiesen.[41]

---

36 Vgl. zur steigenden Bedeutung des tax accounting nach BilMoG *Herzig*, DStR 2010 S. 1900 ff.; *Herzig*, DB 2012 S. 1351; *Förster/Beer*, StuW 2012 S. 85. Die Bedeutung der Steuerlatenzierung sollte aber auch nicht überzeichnet werden. Denn auch nach BilMoG dürfte ein Aktivüberhang latenter Steuern schon aufgrund der eingeschränkten steuerlichen Rückstellungsbildung der Regelfall sein. Wird sodann nicht von der Aktivierungsoption des § 274 Abs. 1 Satz 2 HGB Gebrauch gemacht, ist eine differenzierte Ermittlung analog zu der vor dem BilMoG üblichen Vorgehensweise nicht notwendig, vgl. *Hoffmann*, StuB 2011 S. 241 f.
37 Vgl. hierzu z. B. *Briesemeister*, Rz. 1260 ff.
38 Vgl. *Herzig/Briesemeister/Schäperclaus*, DB 2011 S. 9; *Günter*, Fortentwicklung des Handels- und Steuerbilanzrechts, Köln 2012, S. 184; *Weber-Grellet*, DB 2016 S. 1280.
39 *Herzig*, DB 2012 S. 8 („umgekehrte formale Maßgeblichkeit").
40 *Drüen*, GmbHR 2013 S. 510. Gl.A. *Hennrichs*, NZG 2013 S. 685.
41 Vgl. hierzu im Überblick *Wendt* in Kube u. a. (Hrsg.), Leitgedanken des Rechts, FS Kirchhof, Bd. II, Heidelberg 2013, S. 1965 f., Rz. 14 f. Bei Umwandlungsvorgängen besteht kein allgemeiner Grundsatz der Maßgeblichkeit, vgl. BFH, Urteil vom 28.5.2008 - I R 98/06, BStBl 2008 II S. 916; BMF vom 11.11.2011 - IV C 2 - S 1978-b/08/10001, BStBl 2011 I S. 1314, Rz. 04.04; *Kahle/Vogel* in Prinz (Hrsg.), Umwandlungen im Internationalen Steuerrecht, Köln 2013, Rz. 12.6 ff.

2. Leitlinien der Besteuerung und Steuerbemessung auf Basis handelsrechtlicher GoB

Als bedeutendstes ökonomisches Leitbild der Besteuerung gilt die **Entscheidungsneutralität**.[42] Nur unter neoklassischen Annahmen kann eine Einkommensteuer dieser Forderung gerecht werden, indem der **ökonomische Gewinn** besteuert wird.[43] Aussagen über die potenzielle Entscheidungsneutralität von Regelungen steuerlicher Gewinnermittlung treffen zum einen auf das Problem, dass das auf einem Gesamtbewertungsmodell fußende Modell des ökonomischen Gewinns keine Ableitung von Ansatz- und Bewertungsvorschriften für ein auf dem Prinzip der Einzelbewertung basierendes Bilanzsteuerrecht erlaubt.[44] Zum anderen sind Neutralitätsverstöße ohnehin nur von Bedeutung, wenn sie auch tatsächlich Verhaltensänderungen und Entscheidungsverzerrungen gegenüber der „Vorsteuer-Welt" bewirken. Die Wirkung einer Vorschrift hängt damit von deren expliziter Berücksichtigung im realen Investitionskalkül eines Steuerpflichtigen ab: Werden Neutralitätsverstöße steuerplanerisch nicht abgebildet, so verursachen diese keine Entscheidungsänderung, sie sind dann in ihrer faktischen Wirkung entscheidungsneutral.[45]

3069

Befragungsstudien zeigen, dass Periodisierungen außerhalb planmäßiger Abschreibungen in den realiter angewandten, **komplexitätsreduzierten Entscheidungskalkülen** von Investoren meist keine Berücksichtigung finden.[46] Viele Periodisierungsregelungen dürften damit in ihrer faktischen Wirkung tatsächlich entscheidungsneutral sein. Allerdings handelt es sich bei vielen steuermindernden Gewinnermittlungsvorschriften sodann um Gewinnvergünstigungen, die keinerlei Investitionsanreize mit sich bringen. Daher kann aus diesen Ergebnissen abgeleitet werden, dass Periodisierungen im Vergleich zu den GoB sehr viel stärker eingeschränkt werden können. Im Gegenzug könnten die **tariflichen Steuersätze** attraktiver gestaltet werden.[47] Man macht sich auf diese Weise „[d]ie unterschiedlich stark ausgeprägte Wahrnehmung der verschiedenen Steuerelemente [...] bei der Konzeption von Steuersystemen zunutze"[48]. Eine solche Einschränkung von Periodisierungen dürfte auch in vielen Branchen kaum zu Einbußen hinsichtlich der finanziellen Zielerreichung führen. Denn Unternehmenssimulationen zeigen, dass neben planmäßigen Abschreibungen allein Bestandsveränderungen des Vorratsvermögens sowie Rückstellungen

3070

---

42 Vgl. zur Entscheidungsneutralität als steuerpolitisches Prinzip *Wagner*, StuW 1992 S. 3 f.; *Wagner* in Elschen/Siegel/Wagner (Hrsg.), Unternehmenstheorie und Besteuerung, FS Schneider, Wiesbaden 1995, S. 741. Vgl. zur Entscheidungsneutralität allein als „Nullpunkt" der Steuerwirkungsanalyse *Schneider*, Investition, Finanzierung und Besteuerung, 7. Aufl., Wiesbaden 1992, S. 193-205, 239-251.
43 Vgl. *Samuelson*, Journal of Political Economy 1964 S. 604 ff.; *Schreiber*, Besteuerung der Unternehmen, 4. Aufl., Wiesbaden 2017, S. 690 ff.; zur Kritik *Schmiel* in Schmiel/Breithecker (Hrsg.), Steuerliche Gewinnermittlung nach dem Bilanzrechtsmodernisierungsgesetz, Berlin 2008, S. 334 ff.
44 Vgl. *Wagner*, StuW 2008 S. 101; *Kahle*, IRZ 2006, S. 89.
45 Vgl. *Wagner*, StuW 2010 S. 27.
46 Vgl. *Schwenk*, Die Wirkung impliziter Steuervorteile des Bilanzrechts, Wiesbaden 2003, S. 143-175.
47 Denn insbesondere internationale Investoren richten ihre Investitionsentscheidung maßgeblich am tariflichen Steuersatz aus, vgl. ökonometrisch *Buettner/Ruf*, ITPF 2007 S. 159 f., 162; im Rahmen einer Befragungsstudie *Dietrich/Kiesewetter/Moosmann*, PWP 2008 S. 77 ff.
48 *Jacob/Pasedag/Wagner*, PWP 2011 S. 78. Vgl. auch *Wagner*, BFuP 2000 S. 191 ff.; *Schreiber*, StuW 2002 S. 112 f.

einen maßgeblichen Einfluss auf die finanzielle Zielgröße in Form des Endvermögens haben.[49] Hinsichtlich weiterer Vorschriften kann geschlossen werden, „dass auf eine Periodisierung dieser Elemente verzichtet werden könnte"[50].

3071 Auch das Kriterium der **Gleichmäßigkeit der Besteuerung** wird im Schrifttum kritisch hinterfragt, da dessen Unbestimmtheit keine eindeutige Deduktion von Regelungen zur Gewinnermittlung zulässt.[51] Gleichwohl sollte zumindest versucht werden, erkennbaren Ungleichbehandlungen zu begegnen. Daher kann zumindest die grundlegende Forderung nach einer möglichst unterschiedslosen Behandlung verschiedener Einkunftsarten aus dem Gleichmäßigkeitspostulat abgeleitet werden.[52] Zudem ist unmittelbar ersichtlich, dass Wahlrechte und Ermessensspielräume der Gleichmäßigkeit entgegenstehen, weshalb zusätzlich auch die Forderung nach einem möglichst **hohen Objektivierungsgrad** steuerlicher Gewinnermittlungsregeln erhoben werden kann.[53]

3072 Die Maßgeblichkeit ist auch mit dem Gleichmäßigkeitspostulat kaum zu vereinbaren. So wird durch die steuerliche Berücksichtigung der aus dem **Imparitätsprinzip** resultierenden Teilwertabschreibungen bilanzierenden Unternehmen quasi ein zinsloser Steuerkredit gewährt. Allgemein ist die Rückstellungsbildung vor dem Hintergrund der Gleichmäßigkeit der Besteuerung kritisch zu sehen, denn die Möglichkeit zur Generierung derartigen Innenfinanzierungspotenzials steht Überschussrechnern nicht zu. Eine Diskontierungspflicht, wie sie § 6 Abs. 1 Nr. 3a Buchst. e) EStG vorsieht, vermag die Gleichmäßigkeitsverstöße nicht gänzlich auszuschalten, denn dies würde bedingen, der Diskontierung unternehmensspezifische Zinssätze zugrunde zu legen. Auch aus dieser Zielsetzung folgt daher, dass Periodisierungen im Vergleich zu den handelsrechtlichen GoB sehr viel stärker eingeschränkt werden sollten.[54] Die Maßgeblichkeit handelsrechtlicher GoB ist aus Gleichmäßigkeitssicht nur zu rechtfertigen, wenn ein vergleichsweise enges Verständnis steuerlicher Leistungsfähigkeit zugrunde gelegt wird, das einzig auf den Zugewinn an Zahlungen oder Zahlungsansprüchen in einer Periode abstellt.[55]

3073 Als weitere Anforderung an ein Steuersystem ist schließlich dessen **durchführungsorientierte Effizienz** zu nennen. Einfache und praktikable Regelungen sollen aus ökonomischer Sicht zu einer Verringerung von Kontrollkosten des Fiskus und Deklarations-

---

49 Vgl. *Knirsch*, ZfbF 2007 S. 496, 503; *dies.*, Die antizipierte und realisierte Steuerbelastung von Unternehmen, Wiesbaden 2005, passim.
50 *Oestreicher* in Oestreicher (Hrsg.), Reform der Unternehmensbesteuerung, Herne/Berlin 2007, S. 252.
51 Vgl. *Schreiber* in Kleineidam (Hrsg.), Unternehmenspolitik und Internationale Besteuerung, FS Fischer, Berlin 1999, S. 897, 900; *Wenger* in Alheim/Wenzel/Wiegard (Hrsg.), Steuerpolitik – von der Theorie zur Praxis, FS Rose, Berlin u. a. 2003, S. 179 ff.
52 Vgl. zu dieser Forderung statt vieler bereits *Schneider*, StuW 1971 S. 329 f.; *Schneider* in Schmiel/Breithecker (Hrsg.), Steuerliche Gewinnermittlung nach dem Bilanzrechtsmodernisierungsgesetz, Berlin 2008, S. 286, 294; *Wagner*, DStR 1997 S. 519 ff.; *Wagner* in Tipke u. a. (Hrsg.), Gestaltung der Steuerrechtsordnung, FS Lang, Köln 2010, S. 349 f.
53 Vgl. *Hennrichs*, DStJG 24 (2001) S. 313.
54 Vgl. *Schneider* in Baumhoff/Dücker/Köhler (Hrsg.), Besteuerung, Rechnungslegung und Prüfung der Unternehmen, FS Krawitz, Wiesbaden 2010, S. 717 f.; vgl. bereits *Schneider*, StuW 1971 S. 330; vgl. auch *Kahle*, Internationale Rechnungslegung und ihre Auswirkungen auf Handels- und Steuerbilanz, Wiesbaden 2002, S. 211.
55 So *Schmiel*, ZSteu 2011 S. 120-122, 124, die vertritt, dass der handelsrechtliche Gewinn gerade als zutreffender Indikator steuerlicher Leistungsfähigkeit bei Gesellschaftern von Kapital- und Personengesellschaften angesehen werden könne, da die Gesellschafter genau in dieser Höhe einen Zahlungsanspruch erlangen.

kosten der Steuerpflichtigen (**administrative and compliance costs**) und damit des über die eigentliche Steuerlast hinausgehenden Ressourcenverbrauchs beitragen.[56] M. E. kann die Maßgeblichkeit letztlich allein mit der Forderung nach durchführungsorientierter Effizienz begründet werden. Denn sind Periodisierungen bereits für außersteuerliche Zwecke zu ermitteln, können Deklarationskosten eingespart werden, indem diese gleichzeitig der Besteuerung zugrunde gelegt werden. Empirische Studien zeigen, dass einer Kopplung von Ausschüttungs- und Steuerbemessung auch heute noch – trotz möglicher EDV-technischer Automatisierungen – in der Unternehmenspraxis eine hohe Bedeutung beigemessen wird.[57]

Die Reformalternative einer **formellen IFRS-Maßgeblichkeit** scheidet nach mittlerweile überaus h. M. aus.[58] Dass die IFRS überhaupt einen geeigneten Bezugspunkt für die steuerliche Gewinnermittlung darstellen, ist fraglich. „Im Vergleich zu den GoB als Ausgangspunkt der steuerlichen Gewinnermittlung führt eine IFRS-basierte Besteuerung weder zu einer verbesserten Messung steuerlicher Leistungsfähigkeit noch zu einer erhöhten Neutralität der Einkommensermittlung."[59] Viele Regelungen der IFRS erscheinen unter der Zielsetzung der stärkeren Zahlungsorientierung des Steuerbilanzrechts vielmehr kontraproduktiv, denn die IFRS sind etwa durch die fair value-Bewertung oder die percentage of completion-Methode von dieser Leitlinie weit entfernt.[60] Allenfalls sollte für Zwecke der Steuerbemessung auf einzelne, objektivierte Regelungen der IFRS zurückgegriffen werden.[61]

3074

(Einstweilen frei)

3075

3. Vorschläge der EU-Kommission für eine konsolidierte Körperschaftsteuerbemessungsgrundlage innerhalb der EU (CCCTB)

Im März 2011 wurde ein Richtlinienvorschlag zur **Common Consolidated Corporate Tax Base (CCCTB)**[62] vorgelegt, der im Oktober 2016 durch zwei Richtlinienvorschläge ersetzt

3076

---

56 Vgl. etwa *Alm*, NTJ 1996 S. 117, 129 f.; *Fülbier*, StuW 2006 S. 233; *Treisch*, Europataugliche Ausgestaltung der Unternehmensbesteuerung, Wiesbaden 2004, S. 101 ff.
57 Vgl. *Eierle/Haller/Beiersdorf*, Entwurf eines internationalen Standards zur Bilanzierung von Small and Medium-sized Entities (ED-IFRS for SMEs). Ergebnisse einer Befragung mittelständischer Unternehmen, Berlin 2007, 9 f.; *Haller/Ferstl/Löffelmann*, DB 2011 S. 886 ff.
58 Vgl. *Schreiber*, StuW 2002 S. 106 f.; *Kahle/Dahlke/Schulz*, StuW 2008 S. 266; *Herzig*, IAS/IFRS und steuerliche Gewinnermittlung, Düsseldorf 2004, S. 34; *Herzig/Lochmann*, ZfB-Special Issue 6/2006 S. 152 f.; *Kahle*, IRZ 2006 S. 90; *Breithecker/Klapdor/Rokitta*, StuW 2007 S. 159 f.; *Köhrle*, IFRS-Einzelabschluss. Folgen für die steuerliche Gewinnermittlung auf der Grundlage des Maßgeblichkeitsgrundsatzes (§ 5 Abs. 1 Satz 1 EStG), Berlin 2010, S. 301 ff.; *Patek*, Steuerliche Ergebnisermittlung der Unternehmen, Berlin 2015, S. 104 ff.; *Gräbe*, Das Maßgeblichkeitsprinzip vor dem Hintergrund des BilMoG, Berlin 2012, S. 338 f.
59 *Spengel/Oestreicher*, DStR 2009 S. 778; vgl. auch *Kahle*, WPg 2002 S. 182-186.
60 Vgl. *Kahle*, WPg 2002 S. 186.
61 Vgl. *Böcking in* Wehrheim/Heurung (Hrsg.), Steuerbelastung – Steuerwirkung – Steuergestaltung, FS Mellwig, Wiesbaden 2007, S. 67 f.; *Spengel/Ernst/Finke*, DBW 2010 S. 287; *Wendt*, A Common Tax Base for Multinational Enterprises in the European Union, Wiesbaden 2009, S. 115.
62 Vgl. KOM(2011) 121 endg. vom 16.3.2011. Vgl. hierzu *Lenz/Rautenstrauch*, DB 2011 S. 726 ff.; *Prinz*, StuB 2011 S. 461 ff.; *Kahle/Schulz*, StuB 2011 S. 296 ff.; *Kahle/Dahlke*, StuB 2011 S. 453 ff.; *Kahle/Dahlke/Schulz*, Ubg 2011 S. 491 ff.; *Scheffler/Krebs*, DStR 2011, Beihefter zu Heft 22, S. 13 ff.; *Förster/Krauß*, IStR 2011 S. 607 ff.; *Kußmaul/Niehren*, StB 2011 S. 344 ff.; *Spengel/Ortmann-Babel/Zinn/Matenaer*, DB 2013 Beilage Nr. 3.

wurde, und zwar die Vorschläge für eine Gemeinsame Körperschaftsteuer-Bemessungsgrundlage (**GKB**)[63] und eine Gemeinsame Konsolidierte Körperschaftsteuer-Bemessungsgrundlage (**GKKB**)[64]. Der Richtlinienvorschlag zur GKB beinhaltet ein umfassendes Konzept für die Harmonisierung der Gewinnermittlungsvorschriften innerhalb der EU. Hieraus kann ein langfristiger Druck auf die Maßgeblichkeit entstehen. Denn es wird gefordert, dass die harmonisierten Regelungen steuerlicher Gewinnermittlung im Falle ihrer Umsetzung obligatorisch sowie – zumindest langfristig – auf alle Rechtsformen anwendbar sein müssten, um Verstöße gegen die Gleichmäßigkeit der Besteuerung und hohe administrative Aufwendungen aufgrund der Koexistenz zweier Systeme zu vermeiden.[65] Während der RL-E zur GKB für multinationale Unternehmen eine verbindliche Anwendung der Regeln zur Gewinnermittlung vorsieht, ist für Unternehmen, die nicht zwangsläufig in den Anwendungsbereich der GKB fallen, aber die Voraussetzungen nach Art. 2 Abs. 1 Buchst. a, b RL-E erfüllen, eine Anwendung optional möglich.

Jedoch sind die Realisierungschancen der CCCTB aufgrund der vielfältigen Umsetzungsfragen und politischen Unwägbarkeiten unsicher.[66] Es sollte aber bereits geprüft werden, ob sich aus den bisherigen Ergebnissen auf EU-Ebene Implikationen für die Fortentwicklung der steuerlichen Gewinnermittlung ergeben, um Divergenzen und eine erneute Änderungsnotwendigkeit im Falle des Erfolgs möglichst zu vermeiden.

3077 Es könnte zu einer „nationalen Insellösung" führen, ein **eigenständiges Steuerbilanzrecht** zu schaffen, ohne die Überlegungen auf EU-Ebene, die sich teilweise an die IFRS anlehnen, in Betracht zu ziehen.[67] Um dies zu vermeiden, wird im Folgenden untersucht, inwiefern die bisherigen Ergebnisse im Rahmen des CCCTB-Projekts Impulse für die Fortentwicklung der steuerlichen Gewinnermittlung liefern können.[68]

3078 Der Richtlinienvorschlag enthält Normen, denen im Rahmen der Fortentwicklung des Steuerbilanzrechts durchaus eine Vorbildfunktion zukommen könnte. Dies gilt etwa für **die streng normierten Abschreibungsvorschriften**. Für Wirtschaftsgüter mit einer Nutzungsdauer ab 15 Jahren ist verpflichtend eine lineare Abschreibung mit standardisierten Nutzungsdauern vorgesehen, dies gilt zudem stets für Gebäude und immaterielle Wirtschaftsgüter (Art. 33 RL-E).[69] Für bewegliche abnutzbare Wirtschaftsgüter des Anlagevermögens mit einer Nutzungsdauer von weniger als acht Jahren gilt die Pool-

---

[63] Vgl. COM(2016) 685 final, 25.10.2016.
[64] Vgl. COM(2016) 683 final, 25.10.2016.
[65] Vgl. zur Kritik an einem Nebeneinander zweier Systeme *Mintz*, CESifo Forum 1/2002, S. 6 ff.; *Schreiber*, StuW 2004, S. 225; *Gammie et al.*, Achieving a Common Consolidated Corporate Tax Base in the EU, Brussels 2005, S. 4, 21.
[66] Vgl. *Hey*, StuW 2011 S. 142; *Kußmaul/Niehren/Pfeifer*, StuW 2010, S. 184; *Herzig*, StuW 2010 S. 220; *Rödder* in Kessler/Förster/Watrin (Hrsg.), Unternehmensbesteuerung, FS Herzig, München 2010, S. 359 ff.; *Kahle/Schulz*, FR 2013 S. 49 ff.
[67] Vgl. *Rautenstrauch*, FR 2009 S. 117 (auch Zitat).
[68] Vgl. zu ausführlicheren Würdigungen des Richtlinienvorschlags zur GKB vom 25.10.2016 vgl. *Scheffler/Köstler*, ifst-Schrift 518 (2017), S. 1 ff.; *Velte/Mock*, StuW 2017 S. 126 ff.; *Jakob/Fehling*, ISR 2017 S. 290 ff.; *Eiling*, IWB 2017 S. 49 ff.; *Krauß*, IStR 2017 S. 479 ff. Zu den Auswirkungen einer GKB auf die Vorteilhaftigkeit von FuE-Projekten vgl. *Bardens/Scheffler*, Ubg 2017 S. 155 ff.
[69] Für Gebäude und andere unbewegliche Vermögenswerte beträgt hierbei die normierte Nutzungsdauer 40 Jahre (bei Industriegebäuden: 25 Jahre), für andere Wirtschaftsgüter 15 Jahre. Bei gebrauchten Wirtschaftsgütern besteht die Möglichkeit, eine kürzere Restnutzungsdauer nachzuweisen. Für immaterielle Werte gelten Sondervorschriften, vgl. Art. 33 RL-E; *Velte/Mock*, StuW 2017 S. 132.

abschreibung; diese Wirtschaftsgüter werden in einen Sammelposten eingestellt und gemeinsam jährlich mit 25 % abgeschrieben (Art. 37 Nr. 1 RL-E), was zu deutlichen Vereinfachungen gegenüber der bisherigen Einzelabschreibung führen könnte.[70] Jedoch enthält der Vorschlag mehrere Vorschriften, die aus steuersystematischer Sicht problematisch erscheinen. So übernimmt der Richtlinienentwurf die **fair value-Bewertung** bei Finanzinstrumenten des Handelsbestands (Art. 20 Nr. 1 d) Nr. RL-E) und die **percentage of completion-Methode** bei langfristigen Fertigungsaufträgen (Art. 22 RL-E) nach dem Vorbild der IFRS. Nur unter restriktiven Bedingungen (sofortiger Verlustausgleich, Liquiditätshilfe, Verzinsung der zeitweilig zu viel entrichteten Steuern) kommt aber die Besteuerung unrealisierter Gewinne keiner realen Vermögensabgabe gleich.[71] Auch im Rahmen des Imparitätsprinzips bleibt der Richtlinienvorschlag hinter den ökonomischen Anforderungen zurück. Der Entwurf schränkt außerplanmäßige Abschreibungen im Geltungsbereich ein, indem er diese im Anlagevermögen nur bei nicht abnutzbaren Wirtschaftsgütern und Wertminderungen infolge höherer Gewalt oder krimineller Aktivitäten von Dritten (Art. 39 Nr. 1 RL-E) zulässt. **Drohverlustrückstellungen** würden nicht zum Ansatz kommen (Art. 23 Nr. 3a) RL-E).

Bei Schaffung eines eigenständigen Steuerbilanzrechts sollte die einmalige Möglichkeit genutzt werden, Periodisierungselemente bei gleichzeitigem Ausbau des Verlustausgleichs einzuschränken, um die hiermit einhergehenden Effizienzverluste und Gleichmäßigkeitsverstöße möglichst zu minimieren. Der Richtlinienvorschlag stellt jedoch nur ansatzweise einen Schritt in diese Richtung dar. Da auch der GKB-Vorschlag nur Teile des **Imparitätsprinzips** in das Steuerbilanzrecht transferieren würde, ist dieser unter Berücksichtigung der Entscheidungswirkungen der Besteuerung sowie des Gleichmäßigkeitspostulats wohl kaum dem bisherigen Recht überlegen. 3079

(Einstweilen frei) 3080–3090

4. Die vereinfachte Vermögensrechnung als Leitbild einer eigenständigen Steuerbilanz

Aus ökonomischer Sicht sollte die steuerliche Gewinnermittlung dem Konzept einer **vereinfachten Vermögensrechnung** folgen.[72] Durch die hiermit einhergehende Einschränkung von Periodisierungen können die Regelungen zur Ermittlung der Bemessungsgrundlage besser in Entscheidungskalkülen berücksichtigt werden; Investitionsanreize können gezielter gesetzt und reine Mitnahmeeffekte vermieden werden. Offensichtliche Diskrepanzen zwischen den Einkünfteermittlungsmethoden würden reduziert. Auch die Komplexität und Streitanfälligkeit des Bilanzsteuerrechts könnte bei- 3091

---

70 So für den Richtlinienentwurf 2011: *Scheffler/Krebs*, DStR 2011, Beihefter zu Heft 22, S. 19*; kritisch aber *Voß*, Absetzung für Abnutzung (AfA), Göttingen 2006, S. 212-220; *Voß*, FR 2007 S. 1156.
71 Vgl. *Schneider*, FA 1984 S. 417; *Schneider*, BB 2003 S. 301 f.
72 Vgl. im Einzelnen *Schneider*, Betriebswirtschaftslehre als Einzelwirtschaftstheorie der Institutionen, Wiesbaden 2011, S. 174-179; *Schneider*, StuW 2004 S. 302 ff.; *Schreiber*, StuW 2002 S. 108 f.; *Spengel*, FR 2009 S. 105 ff.; *Kahle*, Internationale Rechnungslegung und ihre Auswirkungen auf Handels- und Steuerbilanz, Wiesbaden 2002, S. 212 ff.; *Kahle*, DB 2014 Beilage Nr. 4, S. 15 ff.; *Schulz*, Harmonisierung der steuerlichen Gewinnermittlung in der Europäischen Union, Lohmar/Köln 2012, S. 149 ff.; *Evers/Köstler/Meier/Nicolay/Scheffler/Spengel*, StuW 2015 S. 359 ff.

spielsweise durch den Wegfall des Teilwertbegriffs oder eine Einschränkung der Rückstellungsbildung wohl deutlich vermindert werden.

3092 Die vereinfachte Vermögensrechnung sollte dem **Grundsatz der Barrealisation** folgen.[73] Zwar sind auch Forderungen im Allgemeinen hinreichend liquidierbar, weshalb das klassische Realisationsprinzip als akzeptable Ertragsrealisierungskonvention angesehen werden kann.[74] Allerdings erlaubt nur das Prinzip der Barrealisation eine Annäherung von Vermögensvergleich und Überschussrechnung. Auf die Bedingung des **entgeltlichen Erwerbs** im Falle immaterieller Güter sollte ein zahlungsorientiertes, möglichst manipulationsarmes Bilanzsteuerrecht nicht verzichten. Es empfiehlt sich aus Objektivierungsgesichtspunkten, die **lineare Abschreibung** als einzig zulässige Methode der Abschreibungsverrechnung zuzulassen.[75] Das **Imparitätsprinzip** in Form von Teilwertabschreibungen und Drohverlustrückstellungen sollte aufgrund seiner einseitigen Begünstigungswirkungen entfallen. Auf Rückstellungen im Allgemeinen könnte verzichtet[76] oder deren Zulässigkeit auf einzelne, langfristige Verpflichtungen eingegrenzt werden.[77] Denn der Verzicht auf die Rückstellungsbildung hätte erhebliche intersektorale Steuerbelastungsverschiebungen zur Folge,[78] zu deren Abmilderung und einer Akzeptanzerhöhung der vereinfachten Bemessungsgrundlage eine solche Ausnahmeregelung beitragen könnte. Unverzichtbare Voraussetzung für eine derartige Reform ist jedoch – um zu verhindern, dass Verluste besteuert werden – die Gewährung möglichst weitreichender, **verzinslicher Verlustrück- und -vorträge**.[79] Hierbei könnte dem Vorschlag *Schneiders* gefolgt werden, der als verwaltungstechnische Kompromisslösung eine Begrenzung des Verlustrücktrags auf fünf Jahre sowie des Verlustvortrags auf zehn Jahre vorsieht.[80]

3093–3099 *(Einstweilen frei)*

5. Maßgeblichkeit als „second best"-Lösung

3100 Es zeigt sich, dass eine zweckmäßige Reform der steuerlichen Gewinnermittlung einen **möglichst weitreichenden verzinslichen Verlustausgleich** voraussetzt. Doch ist überaus

---

73 Das Barrealisationsprinzip verlangt zusätzlich zur Lieferung oder Leistung als kumulative Bedingung der Ertragsrealisation den Zahlungszufluss, vgl. *Schneider*, Betriebswirtschaftslehre. Bd. 2: Rechnungswesen, 2. Aufl., München/Wien 1997, S. 279 f.; *Schneider*, StuW 2004 S. 303.
74 Vgl. *Schmiel* in Schmiel/Breithecker (Hrsg.), Steuerliche Gewinnermittlung nach dem Bilanzrechtsmodernisierungsgesetz, Berlin 2008, S. 346, die mit dieser Begründung den Grundsatz der Barrealisation in Frage stellt.
75 Vgl. *Oestreicher/Spengel*, Steuerliche Abschreibung und Standortattraktivität, Baden-Baden 2003, S. 62 f.
76 Vgl. *Schreiber*, StuW 2002 S. 109; *Kahle*, Internationale Rechnungslegung und ihre Auswirkungen auf Handels- und Steuerbilanz, Wiesbaden 2002, S. 214; *Kahle/Schulz*, StuB 2011 S. 302; a. A. aber *Schneider*, StuW 2004 S. 296.
77 Vgl. zur Abgrenzung einer derartigen Ausnahme *Spengel*, ZfCM 2004 S. 137; *Hausen*, Modifizierte Einnahmen-Überschussrechnung, Lohmar/Köln 2009, S. 288 ff.
78 Vgl. zu diesbezüglichen Simulationen *Knirsch*, ZfB 2006 S. 243 f., 247; *Schanz/Schanz*, EAR 2010 S. 325, 327 f.
79 Vgl. *Schneider* in Schmiel/Breithecker (Hrsg.), Steuerliche Gewinnermittlung nach dem Bilanzrechtsmodernisierungsgesetz, Berlin 2008, S. 294 f.; *Schreiber*, StuW 2004 S. 226.
80 Vgl. *Schneider*, Betriebswirtschaftslehre als Einzelwirtschaftstheorie der Institutionen, Wiesbaden 2011, S. 177. Bei derartigen Begrenzungen handelt es sich stets um Kompromisse, da diese zur Folge haben können, dass Verluste bei Betriebsbeendigung endgültig untergehen, vgl. kritisch *Schmiel*, ZSteu 2011 S. 124. Ein relativ breites Zeitfenster von insgesamt 15 Jahren, wie von *Schneider* vorgeschlagen, dürfte diese Gefahr jedoch eingrenzen.

fraglich, ob der Gesetzgeber auf absehbare Zeit zu einer solchen liberalen Verlustverrechnung bereit ist. Wird dies nicht gewährt, stellt sich aber die Frage, ob tatsächlich von der Maßgeblichkeit abgegangen werden sollte, da sodann durch ein eigenständiges Bilanzsteuerrecht kaum eine spürbare ökonomische Verbesserung erreicht werden kann. Denn ein eigenständiges Steuerbilanzrecht unter Verlustausgleichsbeschränkungen sollte nicht viel anders aussehen als das HGB (unter Beachtung der Gewinnanspruchs-GoB), da in diesem Fall insbesondere auf das Imparitätsprinzip und eine ausreichende Rückstellungsbildung nicht verzichtet werden kann.[81] Ob eine originäre steuerliche Gewinnermittlung kodifiziert werden sollte, ist in dieser Konstellation eher eine formelle Frage.[82]

Wenn auch eine möglichst liberale Verlustverrechnung das Ziel sein sollte, hat sich der Gesetzgeber zumindest für eine der Alternativen steuerlicher Verlustberücksichtigung zu entscheiden. Diesen Grundsätzen widerspricht es diametral, wenn sowohl die Möglichkeiten der Verlustverrechnung als auch der bilanziellen Verlustvorsorge beschnitten werden, wie es de lege lata insbesondere durch die Mindestbesteuerung des § 10d EStG und die vielfältigen Einschränkungen im Rahmen der steuerbilanziellen Rückstellungsbildung geschieht. Bleibt es bei ersterem, haben die Begrenzungen der bilanziellen Verlustvorsorge zu entfallen.[83] Vor allem kann unter dieser Prämisse das Verbot der Drohverlustrückstellung (§ 5 Abs. 4a EStG) nicht überzeugen. Es müsste aber beispielsweise auch die **Rückstellungsbewertung** überdacht werden. Denn eine stichhaltige Begründung, im Nenner auf den künftigen Wert einer Verpflichtung abzustellen, nicht aber im Zähler, kann nicht gefunden werden. Genau dies geschieht durch die Abzinsungspflicht unter gleichzeitiger Stichtagsbewertung (§ 6 Abs. 1 Nr. 3a Buchst. e) i. V. m. Buchst. f) EStG) und bringt eine systematische Unterbewertung der Rückstellungen mit sich.[84] M. E. sollte zudem eine uneingeschränkte Anknüpfung an die handelsrechtliche Abzinsungsregelung (§ 253 Abs. 2 HGB) geprüft werden. Denn diese hätte eine realitätsgerechtere Diskontierung im Vergleich zu der typisierenden und zu hohen Abzinsung mit 5,5 % (§ 6 Abs. 1 Nr. 3a Buchst. e) EStG) zur Folge und wäre zugleich hinreichend objektiviert. Diese allgemeinen Erläuterungen gelten insbesondere für die systematische Unterbewertung von **Pensionsrückstellungen** durch § 6a EStG, die schon lange kritisiert wird.[85]

3101

---

81 Vgl. *Sigloch*, BFuP 2000 S. 178; *Sigloch* in Schneider u. a. (Hrsg.), Kritisches zu Rechnungslegung und Unternehmensbesteuerung, FS Siegel, Berlin 2005, S. 556; vgl. auch *Schmiel* in Schmiel/Breithecker (Hrsg.), Steuerliche Gewinnermittlung nach dem Bilanzrechtsmodernisierungsgesetz, Berlin 2008, S. 346 f. und *Ballwieser* in Mellinghoff/Schön/Viskorf (Hrsg.), Steuerrecht im Rechtsstaat, FS Spindler, Köln 2011, S. 583, die das Imparitätsprinzip sowie die Notwendigkeit der Rückstellungsbildung mit Liquiditätseffekten der Besteuerung begründen, die aber nur bei Nichtgewährung eines sofortigen Verlustausgleichs relevant werden.
82 Dies zeigt etwa auch der Vorschlag für ein Gesetz zur Steuerlichen Gewinnermittlung der Kommission „Steuergesetzbuch" der Stiftung Marktwirtschaft, der im Wesentlichen bisherige handelsrechtliche Grundsätze übernimmt; gl. A. *Böcking/Gros*, DStR 2007 S. 2343; *Oestreicher*, WPg 2007 S. 575.
83 So auch statt vieler *Spengel/Zinn* in Tipke u. a. (Hrsg.), Gestaltung der Steuerrechtsordnung, FS Lang, Köln 2010, S. 418; *Günkel* in Kessler/Förster/Watrin (Hrsg.), Unternehmensbesteuerung, FS Herzig, München 2010, S. 515 f.
84 Vgl. *Roser/Tesch/Seemann*, FR 1999 S. 1346 f.; *Ernsting*, StuB 1999 S. 460; *Hennrichs* in Tipke u. a. (Hrsg.), Gestaltung der Steuerrechtsordnung, FS Lang, Köln 2010, S. 247 f.; *Herzig/Briesemeister*, Ubg 2009 S. 165 f.; *Prinz*, DB 2011 S. 495;*Prinz*, DStJG 34 (2011), S. 173.
85 Vgl. statt aller *Herzig/Briesemeister*, Ubg 2009 S. 166, die vorschlagen, haushaltspolitischen Konsequenzen aufgrund einer Reform des § 6a EStG durch eine Verteilung der Mehrbeträge auf mehrere Jahre zu begegnen. Das FG Köln hält den Zinsfuß von 6 % bei Pensionsrückstellungen für verfassungswidrig und hat das BVerfG angerufen, vgl. FG Köln, Beschluss vom 12.10.2017 – 10 K 977/17, DStR 2017 S. 2792.

3102 Ein Festhalten an der Maßgeblichkeit (unter der Prämisse einer Überarbeitung der aus ökonomischer Sicht nicht gerechtfertigten Durchbrechungen sowie eines Überdenkens des überschießenden steuerlichen Wahlrechtsvorbehalts) wäre auch eine durchaus akzeptable Lösung auf absehbare Zeit.[86] Dass aufgrund einer möglichen **Übernahme der IFRS** in den Einzelabschluss von der Maßgeblichkeit abgegangen werden muss, ist wenig wahrscheinlich. Denn wie gezeigt spricht hierfür auf absehbare Zeit wenig. Auch die bislang schon bestehenden „Einfallstellen" der IFRS in das Steuerbilanzrecht sind nur punktuell und machen alleine eine Aufgabe der Maßgeblichkeit nicht notwendig. Impulse aus dem **GKB-Projekt** sind allenfalls längerfristig zu erwarten. Kurzfristig wird die Maßgeblichkeit vielmehr durch fiskalische Eingriffe oder überhöhte, über das Handelsbilanzrecht hinausgehende Informationsanforderungen, wie durch das Projekt der **E-Bilanz**, gefährdet. Es ist daher vor allem die Forderung an Gesetzgeber und Finanzverwaltung zu stellen, diese problematischen Eingriffe in die derzeit vorliegende Rechnungslegungskonzeption zu überdenken. Langfristig könnte sodann erwogen werden, bei kapitalmarktorientierten Unternehmen die Überleitungsrechnung für Ausschüttungs- als auch für Steuerbemessungszwecke nutzbar zu machen, um deren Rechnungslegungsaufwand zu reduzieren.[87]

3103–3139   *(Einstweilen frei)*

---

[86] Bemerkenswerterweise ist in Österreich momentan eine solche Verstärkung der Maßgeblichkeit i. S. einer engeren Bindung von Handels- und Steuerbilanz zu beobachten, vgl. hierzu *Sopp/Richter/Meyering*, StuW 2017 S. 234 ff.

[87] Vgl. *Gros*, Rechnungslegung in Deutschland und den USA, Wiesbaden 2010, S. 200 f., 203; *Treisch* in Funk/Rossmanith (Hrsg.), Internationale Rechnungslegung und internationales Controlling, 3. Aufl., Wiesbaden 2017, S. 139; *Günter*, Fortentwicklung des Handels- und Steuerbilanzrechts, Lohmar/Köln 2012, S. 262 f.

Teil B:
Bilanzierung und Bewertung bei der Gewinnermittlung nach Bilanzposten

Kapitel I:
Anlagevermögen

1. Immaterielle Wirtschaftsgüter

von
StB Professor Dr. Gerrit Adrian, Frankfurt am Main

Kapitel I: Anlagevermögen

Inhaltsübersicht

	Rz.
1. Immaterielle Wirtschaftsgüter	3140 - 3299
1.1 Begriff und Abgrenzung zu materiellen Wirtschaftsgütern	3140 - 3151
1.1.1 Begriff	3140 - 3145
1.1.2 Abgrenzungsfälle	3146 - 3149
1.1.3 Bedeutung der Abgrenzung	3150 - 3151
1.2 Aktivierungsvoraussetzung: Entgeltlicher Erwerb	3152 - 3180
1.2.1 Regelung des § 5 Abs. 2 EStG	3152 - 3158
1.2.2 Entgeltlicher Erwerb	3159 - 3166
1.2.3 Abgrenzung zur Herstellung	3167 - 3168
1.2.4 (Verdeckte) Einlage, verdeckte Gewinnausschüttung und Entnahme	3169 - 3175
1.2.5 Umwandlungsvorgänge	3176 - 3177
1.2.6 Abgrenzung zum Geschäfts- oder Firmenwert	3178 - 3180
1.3 Entgeltlich erworbene Konzessionen, gewerbliche Schutzrechte und ähnliche Rechte und Werte	3181 - 3212
1.3.1 Grundlagen zu Nutzungsrechten – Wirtschaftliches Eigentum sowie Abgrenzung zum schwebenden Geschäft und zu Rechnungsabgrenzungsposten	3181 - 3187
1.3.2 Konzessionen	3188 - 3193
1.3.3 Gewerbliche Schutzrechte	3194 - 3196
1.3.4 Sonstige Rechte und Werte	3197 - 3198
1.3.5 EDV-Software	3199 - 3204
1.3.6 Lizenzen an Rechten und Werten	3205 - 3212
1.4 Geleistete Anzahlungen (immaterielle Wirtschaftsgüter)	3213 - 3214
1.5 (Erst-)Bewertung von immateriellen Wirtschaftsgütern	3215 - 3218
1.6 Folgebewertung	3219 - 3235
1.6.1 Nicht abnutzbare immaterielle Wirtschaftsgüter	3219 - 3222
1.6.2 Abnutzbare immaterielle Wirtschaftgüter	3223 - 3235
1.7 Steuerbilanzieller Ausweis (E-Bilanz)	3236 - 3299

AUSGEWÄHLTE LITERATUR

Babel, Nutzungsrechte, Rechnungsabgrenzungsposten, schwebende Geschäfte – ein „magisches Dreieck" der Bilanzierung, in: FS Mellwig 2007, S. 1; *Groß/Georgius/Matheis*, Aktuelles zu bilanziellen Behandlung von ERP-Systemen – Die Gretchenfrage nach Anschaffung oder Herstellung, DStR 2006 S. 339; *Herzig/Jensen-Nissen/Koch*, Bilanzierung von Emissionsberechtigungen gem. Treibhausgas-Emissionshandelsgesetz (TEHG) nach Handels- und Steuerbilanzrecht, FR 2006 S. 109; *Kessler*, Qualifikation der Einkünfte aus dem Online-Vertrieb von Standardsoftware nach nationalem und DBA-Recht, IStR 2000 S. 70; *Kuhner*, Die immateriellen Vermögengegenstände und -werte des Anlagevermögens, HdJ, Abtl. II/1; *Kußmaul*, in: Federmann/Kußmaul/Müller, HdB, 2010, Immaterielles Vermögen; *Laubach/Kraus/Bornhofen*, Zur Durchführung der HGB-Modernisierung durch das BilMoG: Die Bilanzierung selbst geschaffener immaterieller Vermögensgegenstände, DB Beilage Nr. 5/2009 S. 19; *Lüdenbach/Hoffmann*, Das schwebende Geschäft als Vermögenswert: Bilanzierung bei Erwerb und Verkauf von Nutzungsrechte, DStR 2006 S. 1382; *Prinz/Otto*, Steuerbilanzielle Behandlung von Entwicklungskosten für immaterielle Wirtschaftsgüter in Zeiten vernetzten Wirtschaftens, DStR 2017, S. 275; *Richter/Augel*, Geld 2.0 (auch) als

Herausforderung für das Steuerrecht, FR 2017 S. 937; *Treiber,* Die Behandlung von Software in der Handels- und Steuerbilanz, DStR 1993 S. 887; *Velte,* Intangible Assetes und Goodwill im Spannungsfeld zwischen Entscheidungsrelevanz und Verlässlichkeit, Diss., Wiesbaden 2008; *Wehrheim,* Bilanzierung von Aufhebungszahlungen im Lizenzfußball, BB 2004 S. 433.

1. Immaterielle Wirtschaftsgüter
1.1 Begriff und Abgrenzung zu materiellen Wirtschaftsgütern
1.1.1 Begriff

3140 Die Begriffe des immateriellen (handelsrechtlichen) Vermögensgegenstands und des immateriellen (steuerrechtlichen) Wirtschaftsguts werden weder im HGB noch im EStG definiert. Das **Gliederungsschema des § 266 HGB**, das nach dem Maßgeblichkeitsprinzip des § 5 Abs. 1 Satz 1 1. Halbsatz EStG grundsätzlich auch für steuerbilanzielle Zwecke gilt,[1] grenzt im Anlagevermögen „Immaterielle Vermögensgegenstände" gegen „Sachanlagen" und „Finanzanlagen" ab. § 266 HGB gliedert die immateriellen Vermögensgegenstände wie folgt auf:

1. Selbst geschaffene gewerbliche Schutzrechte und ähnliche Rechte und Werte;

2. Entgeltlich erworbene Konzessionen, gewerbliche Schutzrechte und ähnliche Rechte und Werte sowie Lizenzen an solchen Rechten und Werten;

3. Geschäfts- oder Firmenwert;

4. Geleistete Anzahlungen.

3141 Grundstücksgleiche Rechte werden nach § 266 Abs. 2 HGB in Verbindung mit § 5 Abs. 1 EStG hingegen beim Sachanlagevermögen gezeigt. Betroffen sind dingliche Nutzungsrechte an Grundstücken, wie z. B. Erbbaurechte oder Wohnrechte.

3142 Im Sinne einer **wörtlichen Auslegung** sind immaterielle Wirtschaftsgüter unkörperliche Werte, während materielle Wirtschaftsgüter körperliche Werte darstellen.[2] Nach dieser Definition wären z. B. Forderungen oder auch Beteiligungen als immaterielle Wirtschaftsgüter zu qualifizieren, da diese Werte keinen körperlichen Gegenstand darstellen. Mithin kann der wörtlichen Auslegung nur eine eingeschränkte Bedeutung beigemessen werden.

3143 Gemäß BFH handelt es sich bei immateriellen Wirtschaftsgütern zumeist um **geistige beziehungsweise rein wirtschaftliche Werte** oder **Rechte**. Der Beschluss des GrS des BFH vom 4.12.2006 enthält folgende beispielhafte Aufzählung für immaterielle Wirtschaftsgüter: „Konzessionen, gewerbliche Schutzrechte, Urheberrechte, Lizenzrechte, aber auch ungeschützte Erfindungen (BFH, Urteil vom 2.6.1976 – I R 20/74, BStBl 1976 II S. 666), Know-how (BFH, Urteil vom 23.11.1988 – II R 209/82, BStBl 1989 II S. 82), Software (BFH, Urteil vom 3.7.1987 – III R 7/86, BStBl 1987 II S. 728), Rechte aus vertraglichen Wettbewerbsverboten, Belieferungsrechte, Kauf- und Verkaufsoptionen so-

---

1 Vgl. *Heinsen/Adrian,* DStR 2010 S. 2591; zu Auswirkungen der E-Bilanz siehe Rz. 3236 ff.
2 Vgl. BFH, Urteile vom 5.10.1979 – III R 78/75, BStBl 1980 II S. 16; vom 30.10.2008 – III R 82/06, BStBl 2009 II S. 421.

wie der Geschäftswert (vgl. § 266 Absatz 2 A. I. HGB)."[3] Finanzwerte werden gemäß diesem BFH-Beschluss als materielle Wirtschaftsgüter behandelt, weil sich ihr Gegenstand auf materielle Werte richtet. Steuerbilanziell gesehen gehören auch **Bitcoins** als virtuelle Währung zu den immateriellen Wirtschaftsgütern, die mit ihren Anschaffungs- oder Herstellungskosten zu bewerten sind.[4]

Für bilanzrechtliche Zwecke grenzt die herrschende Lehre materielle und immaterielle Wirtschaftsgüter nicht allein nach Maßgabe der wörtlichen Auslegung ab.[5] Bei immateriellen Anlagewerten handelt es sich typischerweise um besonders **risikobehaftete Positionen**, deren Existenz und Wert im Unterschied zu materiellen Wirtschaftsgütern häufig schwer nachweisbar und damit unsicher sind.[6] Nach dieser Abgrenzung werden somit auch bestimmte unkörperliche Gegenstände, die bei Zugang hinsichtlich ihres Werts dem Grunde nach sicher sind (wie z. B. Forderungen oder Beteiligungen), als materielle Gegenstände qualifiziert. Dies spiegelt sich auch im handelsrechtlichen Bilanzgliederungsschema des § 266 Abs. 2 HGB in Verbindung mit § 5 Abs. 1 EStG wider.

3144

Vor dem Hintergrund, dass im steuerbilanziellen Anlagevermögen nur entgeltlich erworbene immaterielle Wirtschaftsgüter zu aktivieren sind, ist meines Erachtens die allein am Wortsinn orientierte Auslegung von immateriellen und materiellen Wirtschaftsgütern nicht sachgerecht. Denn das Ansatzverbot des § 5 Abs. 2 EStG von nicht entgeltlich erworbenen immateriellen Wirtschaftsgüter fußt auf dem Umstand des typischerweise unsicheren Werts. Ist der Wert dem Grunde nach aber sicher, wie bei Forderungen oder Beteiligungen, besteht kein systematisch zu rechtfertigender Grund, derartige Wirtschaftsgüter – auch wenn sie nicht entgeltlich erworben wurden – in der steuerlichen Vermögensübersicht nicht zu zeigen. Gleichwohl ist zu konstatieren, dass aufgrund des Kriteriums des „sicheren Werts" Abgrenzungsprobleme entstehen können.

3145

1.1.2 Abgrenzungsfälle

Bei Wirtschaftsgütern, die sowohl materielle als auch immaterielle Bestandteile aufweisen, ist nach BFH-Rechtsprechung und Verwaltungsauffassung vorrangig auf das **wirtschaftliche Interesse** abzustellen.[7] Maßgebend ist, wofür der Kaufpreis mit Blick auf die **Wertrelationen** von materiellen und immateriellen Komponenten gezahlt wurde. Daneben ist auch danach zu unterscheiden, ob der Verkörperung eine eigenständige Bedeutung zukommt oder der materielle Bestandteil lediglich als „Träger" den immateriellen Bestandteil festhalten soll. Bei Büchern und Tonträgern wird angenommen, dass die immaterielle Eigenschaft in Folge der häufigen **Vervielfältigung** untergehe und daher ein materielles Wirtschaftsgut anzunehmen ist.[8] Dies gilt nach einem Urteil des BFH vom

3146

---

3 Vgl. BFH, Beschluss vom 4.12.2006 – GrS 1/05, BStBl. 2007 II S. 508.
4 Vgl. *Richter/Augel*, FR 2017 S. 937.
5 Vgl. *Kußmaul*, in: Federmann/Kußmaul/Müller, HdB 2010, Immaterielles Vermögen, Rn. 5; *Weber/Grellet*, in: Schmidt, EStG, 37. Aufl. 2018, § 5 Rn. 171; *Anzinger*, in: HHR, § 5 Anm. 1654.
6 Vgl. BFH, Urteil vom 8.11.1979 – IV R 145/77, BStBl 1980 II S. 146.
7 Vgl. BFH, Urteil vom 30.10.2008 – III R 82/06, BStBl 2009 II S. 421 m. w. N.; H 5.5 „Abgrenzung zu materiellen Wirtschaftsgütern" EStH.
8 Vgl. BFH, Urteile vom 28.10.2008 – IX R 22/08, BStBl 2009 II S. 527; vom 30.10.2008 – III R 82/06, BStBl 2009 II S. 421.

18.5.2011 aber nicht (mehr) für Standardsoftware.[9] Danach ist Standardsoftware auch dann ein immaterielles Wirtschaftsgut, wenn die Software auf einem Datenträger gespeichert wird. Dies ist sachgerecht, weil heute die Software meist nicht mehr über einen materiellen Datenträger verkauft, sondern zum direkten Download angeboten wird.

3147 Aufwendungen für immaterielle Werte werden **materiellen Wirtschaftsgütern** zugerechnet, wenn sie Anschaffungsnebenkosten oder Herstellungskosten eines materiellen Wirtschaftsguts sind. Voraussetzung ist insofern, dass der immaterielle Wert in einem unmittelbaren Zusammenhang mit dem materiellen Wirtschaftsgut steht und dass das materielle Wirtschaftsgut das wirtschaftlich im Vordergrund stehende Element ist.[10] Dies trifft z. B. bei Aufwendungen für eine **Baugenehmigung** zu, die im Rahmen der Herstellung des materiellen Wirtschaftsguts „Gebäude" anfallen und diesem unmittelbar zugerechnet werden können. Ein weiteres Beispiel ist die **Steuerungssoftware** für eine Maschine.[11] Auch Druckvorlagen werden als materielle Wirtschaftsgüter behandelt, da es sich bei Druckvorlagen um Gegenstände handelt, deren materieller Wert gegenüber dem geistigen Gehalt bedeutungsmäßig nicht zurücktritt.[12]

3148 Ein **immaterielles Wirtschaftsgut** liegt hingegen vor, wenn der materielle, körperliche Bestandteil gegenüber dem geistigen Gehalt bedeutungsmäßig zurücktritt und die immaterielle Eigenschaft auch nicht durch eine häufige Vervielfältigung untergeht. Z. B. gehören auf Datenträger in Form von Zahlenkolonnen gespeicherte Koordinaten des Gebäudebestands der Bundesrepublik (sogenannte Geopunkte) zu den immateriellen Wirtschaftsgütern.[13] Zu Computerprogrammen (Software) siehe Rz. 3199 ff.

3149 Im sogenannten **Kiesgrubenbeschluss** hatte der Große Senat des BFH am 4.12.2006 zu entscheiden, ob ein im Privatvermögen konkretisierter Bodenschatz ein materielles oder ein immaterielles Wirtschaftsgut ist.[14] Für ein immaterielles Wirtschaftsgut könnte sprechen, dass nicht der Bodenschatz in das Betriebsvermögen eingebracht wird, sondern die Berechtigung, den Bodenschatz auszubeuten, so dass insoweit ein Nutzungsrecht vorliegt. Für ein materielles Wirtschaftsgut, so dann auch die Entscheidung des Großen Senats, spricht hingegen, dass der Bodenschatz ein körperlicher Gegenstand ist. Die Befugnis, den Bodenschatz abzubauen (ähnlich einer Baugenehmigung), ist somit bereits **Teil des Eigentumsrechts** am Grundstück. In der Entscheidung vom 25.7.2012 hat der BFH die Frage offengelassen, ob das Bergwerkseigentum, d. h. das Gewinnungsrecht, den materiellen oder immateriellen Wirtschaftsgütern zuzurechnen ist. Denn zugleich wurde das wirtschaftliche Eigentum an den Bodenschätzen erworben, die als materielle Wirtschaftsgüter nach § 39 Abs. 2 Nr. 1 Satz 1 AO sowie § 242 Abs. 1 HGB i. V. m. § 5 Abs. 1 Satz 1 EStG und § 8 Abs. 1 KStG in der Steuerbilanz zu aktivieren sind.[15]

---

9 Vgl. BFH, Urteil vom 18.5.2011 – X R 26/09, BFH/NV 2011, S. 1755.
10 Vgl. BFH, Urteil vom 30.10.2008 – III R 82/06, BStBl 2009 II S. 421.
11 Vgl. *Kuhner*, Die immateriellen Vermögensgegenstände und -werte des Anlagevermögens, HdJ, Abtl. II/1, Rn. 61.
12 Vgl. BMF, Schreiben vom 18.4.2007, BStBl 2007 I S. 458; BFH, Urteil vom 22.10.2009 – III R 14/07, BStBl 2010 II S. 361.
13 Vgl. BFH, Urteil vom 30.10.2008 – III R 82/06, BStBl 2009 II S. 421.
14 Vgl. BFH, Beschluss vom 4.12.2006 – GrS 1/05, BStBl 2007 II S. 508.
15 Vgl. BFH, Urteil vom 25.7.2012 – I R 101/10, BStBl 2013 II S. 165.

1.1.3 Bedeutung der Abgrenzung

Aus steuerbilanzieller Sicht hat die Abgrenzung zwischen materiellen und immateriellen Wirtschaftsgütern insbesondere deshalb Bedeutung, weil bei immateriellen Wirtschaftsgütern des Anlagevermögens als zusätzliche Aktivierungsvoraussetzung der **entgeltliche Erwerb** erfüllt sein muss. Nach § 5 Abs. 2 EStG ist ein Aktivposten für immaterielle Wirtschaftsgüter des Anlagevermögens anzusetzen, wenn sie entgeltlich erworben wurden. Aufwendungen für nicht entgeltlich erworbene immaterielle Wirtschaftsgüter des Anlagevermögens sind nach § 4 Abs. 4 EStG als sofortige Betriebsausgabe zu erfassen.[16] Für Umlaufvermögen gilt hingegen das zusätzliche Aktivierungserfordernis des entgeltlichen Erwerbs nicht. Für steuerbilanzielle Zwecke gilt aufgrund der Sonderregelung des § 5 Abs. 2 EStG das eingeschränkte handelsrechtliche Aktivierungswahlrecht für selbstgeschaffene immaterielle Vermögensgegenstände des Anlagevermögens des § 255 Abs. 2a HGB ebenfalls nicht. Insofern muss steuerlich dem Grunde nach auch nicht zwischen sofort abziehbaren Forschungskosten und aktivierungsfähigen Entwicklungskosten nach § 255 Abs. 2a HGB unterschieden werden.

3150

Neben dem zusätzlichen Ansatzerfordernis des entgeltlichen Erwerbs ist die Abgrenzung zwischen immateriellen und materiellen Wirtschaftsgüter hinsichtlich der **Folgebewertung** bedeutsam. Als nicht bewegliche Wirtschaftsgüter kommt bei immateriellen Wirtschaftsgütern z. B. keine degressive Abschreibung in Betracht. Auch für die Investitionszulage ist die Abgrenzung entscheidend, da immaterielle Wirtschaftsgüter nach dem **InvZulG** nicht gefördert werden.[17]

3151

Neben steuerbilanziellen Aspekten bestehen im Zusammenhang mit immateriellen Werten zahlreiche weitere steuerliche Besonderheiten:[18] Neben **umsatzsteuerlichen** und **zollrechtlichen Aspekten** bei der Einräumung, Wahrnehmung und Übertragung von immateriellen Werten,[19] sind bei grenzüberschreitenden Lizenzzahlungen möglicherweise einzubehaltende **Quellensteuern** zu berücksichtigen. Für die Prüfung müssen zunächst beschränkt steuerpflichtige Einkünfte vorliegen, die den inländischen Schuldner zum Einbehalt und Abführung einer Steuer nach § 50a EStG verpflichten. Dazu sind DBA-Regelungen, die Zins- und Lizenzrichtlinie, aber auch die Vorschriften zum sog. treaty/directive-Shopping des § 50d Abs. 3 EStG zu beachten. Zudem wird unter bestimmten Voraussetzungen des Betriebsausgabenabzug von Lizenzzahlungen nach der sog. **Lizenzschranke** des § 4j EStG beschränkt.[20] Die Abzugsbeschränkung betrifft inländische Lizenzaufwendungen, die in ein als schädlich eingestuftes Präferenzregime (ausländische Lizenzbox) fließen. Des Weiteren sind mit immateriellen Werten besondere Herausforderungen bei der **Gewinnabgrenzung** nach Maßgabe des Wertschöpfungsbeitrags verbunden und Anforderungen an die **Verrechnungspreisdokumentation** zu beachten.[21]

Nach **§ 8 Nr. 1 GewStG** sind dem Gewinn aus Gewerbebetrieb ein Viertel der Summe von verschiedenen Finanzierungsentgelten hinzuzurechnen, soweit die Summe den Betrag von

---

16 Vgl. BFH, Urteil vom 8.9.2011 – IV R 5/09, BStBl 2009 II S. 122.
17 Vgl. BFH, Urteil vom 30.10.2008 – III R 82/06, BStBl 2009 II S. 421.
18 Vgl. zum Überblick z.B. *Baumhoff/Liebchen* IStR 2014, S. 711.
19 Vgl. dazu *Nientimp/Stein/Hundebeck* DStR 2016, S. 2871.
20 Vgl. *Adrian/Tigges* StuB 2017, S. 288.
21 Vgl. *Nientimp/Stein/Hundebeck* DStR 2016, S. 2871; *Ditz/Bärsch/Engelen* IStR 2016, S. 789.

100.000 € übersteigt.[22] Dabei sind nach § 8 Nr. 1 Buchst. f GewStG ein Viertel der Aufwendungen für die zeitlich befristete Überlassung von Rechten (insbesondere Konzessionen und Lizenzen, mit Ausnahme von Lizenzen, die ausschließlich dazu berechtigen, daraus abgeleitete Rechte Dritten zu überlassen), bei der Hinzurechnung zu berücksichtigen. Diese Aufwendungen werden dem Gewinn somit zu 6,25 % (25 % von 25 %) wieder hinzugerechnet. Eine Hinzurechnung unterbleibt für Aufwendungen, die nach § 25 des Künstlersozialversicherungsgesetzes Bemessungsgrundlage für die Künstlersozialabgabe sind.

1.2 Aktivierungsvoraussetzung: Entgeltlicher Erwerb
1.2.1 Regelung des § 5 Abs. 2 EStG

3152 In der Steuerbilanz ist ein Aktivposten für immaterielle Wirtschaftsgüter des Anlagevermögens nach § 5 Abs. 2 EStG (verpflichtend) anzusetzen, wenn sie entgeltlich erworben wurden. In anderen Fällen, d. h. bei fehlendem entgeltlichem Erwerb, besteht für das steuerbilanzielle Anlagevermögen ein steuerliches Ansatzverbot.[23] § 5 Abs. 2 EStG gilt sowohl für die Gewinnermittlungen nach § 5 Abs. 1, § 4 Abs. 1 EStG als auch nach § 4 Abs. 3 EStG.[24]

3153 Da die Bestimmung des Wertes immaterieller Wirtschaftsgüter unsicher ist, kann gemäß BFH-Rechtsprechung auf eine objektiv feststellbare Gegenleistung in Gestalt effektiver Anschaffungskosten, durch die der Wert am **Markt** bestätigt wird, nicht verzichtet werden.[25] Andererseits wird § 5 Abs. 2 EStG auch als Vereinfachungsnorm gesehen, die Bewertungsschwierigkeiten bzw. ein verwaltungsaufwändiges und streitanfälliges Bewertungsverfahren bei immateriellen Vermögenswerten vermeiden soll.[26]

3154 § 5 Abs. 2 EStG verhindert insoweit, dass Aufwendungen für **selbst hergestellte immaterielle Wirtschaftsgüter** als Anlagevermögen ausgewiesen werden; die Aufwendungen stellen sofort abziehbare Betriebsausgaben nach § 4 Abs. 4 EStG dar.[27] Liegt kein entgeltlicher Erwerb vor, entbindet § 5 Abs. 2 EStG von der (schwierigen) Prüfung, ob überhaupt ein Wirtschaftsgut vorliegt. Einer periodengerechten Gewinnermittlung entspricht das Aktivierungsverbot allerdings nicht.[28] Andererseits ist das Aktivierungsverbot für selbsterstellte immaterielle Wirtschaftsgüter Ausfluss des Vorsichtsprinzips[29] und wirkt steuermindernd – zumindest, wenn ein steuerlicher Gewinn erzielt wird, der durch die Erfassung der Aufwendungen als sofort abziehbare Betriebsausgabe reduziert

---

22 Zu den Hinzurechnungstatbeständen siehe Gleichlautender Erlass der Obersten Finanzbehörden der Länder vom 2.7.2012, BStBl 2012 I S. 654.
23 Vor BilMoG bestand auch handelsrechtlich ein Aktivierungsverbot für selbstgeschaffene immaterielle Vermögensgegenstände des Anlagevermögens (§ 248 Abs. 2 HGB a. F.). Dieses Verbot ist mit dem BilMoG durch ein Aktivierungswahlrecht ersetzt worden. Ausgenommen davon sind selbst geschaffene Marken, Drucktitel, Verlagsrechte, Kundenlisten und vergleichbare immaterielle Wirtschaftsgüter des Anlagevermögens, für die ein Aktivierungsverbot besteht. Eine von der Steuerbilanz abweichende handelsrechtliche Bilanzierung führt zu einer passivisch abzugrenzenden Differenz (latente Steuern). Vgl. *Dörfler/Adrian*, DB 2009, Beilage Nr. 5, S. 60; OFD Münster, DB 2012 S. 2309.
24 Vgl. BFH, Urteil vom 8.11.1979 – IV R 145/77, BStBl 1980 II S. 146.
25 Vgl. BFH, Urteil vom 3.8.1993 – VIII R 37/92, BStBl 1994 II S. 444 m. w. N.
26 Vgl. *Herzig*, DB 2008 S. 5.
27 Vgl. BFH, Urteil vom 8.9.2011 – IV R 5/09, BStBl 2012 II 122.
28 Vgl. *Weber-Grellet*, in: Schmidt, EStG, 37. Aufl. 2018, § 5 Rn. 162.
29 Vgl. *Crezelius*, in: Kirchhof, 17. Aufl. 2018, § 5 Rn. 65.

werden kann. Durch (konzerninterne) Veräußerung kann das Aktivierungsverbot im Konzern vermieden werden. Beim Veräußerer wird aufgrund der Veräußerungsabsicht steuerbilanzielles Anlagevermögen und damit die Regelung des § 5 Abs. 2 EStG vermieden. Bei dem Erwerber greift § 5 Abs. 2 EStG; die Tatbestandsvoraussetzung des entgeltlichen Erwerbs ist jedoch bei der erwerbenden Konzerngesellschaft erfüllt, so dass eine Aktivierungspflicht des immateriellen Wirtschaftsguts besteht.

§ 5 Abs. 2 EStG betrifft ausschließlich immaterielle Wirtschaftsgüter des Anlagevermögens. Für das **Umlaufvermögen** gilt § 5 Abs. 2 EStG nicht. Im Umkehrschluss folgt aus § 5 Abs. 2 EStG, dass immaterielle Wirtschaftsgüter des Umlaufvermögens unabhängig vom entgeltlichen Erwerb stets zu aktivieren sind.[30] Bei späterer Umwidmung, d. h. zunächst erfolgt eine Zuordnung zum Umlaufvermögen, später eine Zuordnung zum Anlagevermögen, ist § 5 Abs. 2 EStG und damit die zusätzliche Aktivierungsvoraussetzung des entgeltlichen Erwerbs aber wieder zu beachten.[31] Nicht entgeltlich erworbene Wirtschaftsgüter sind in diesem Fall erfolgsmindernd auszubuchen.

Das steuerrechtliche Aktivierungsverbot für nicht entgeltlich erworbene immaterielle Wirtschaftsgüter des Anlagevermögens ist nicht anzuwenden, wenn ein beim Rechtsvorgänger aktiviertes immaterielles Wirtschaftsgut im Rahmen einer unentgeltlichen Übertragung eines (Teil)Betriebs oder eines Mitunternehmeranteils nach **§ 6 Abs. 3 EStG** auf einen anderen übergeht (R 5.5 Abs. 3 Satz 1 EStR). Der Rechtsnachfolger ist in diesem Fall an die Aktivierung des Rechtsvorgängers gebunden. Das Aktivierungsverbot findet ferner bei **Einlagehandlungen** (§ 4 Abs. 1 Satz 7 EStG) keine Anwendung (R 5.5 Abs. 3 Satz 3 EStR). Im Ergebnis verdrängen alle Vorschriften, nach denen Wirtschaftsgüter mit dem gemeinen Wert oder dem Teilwert anzusetzen sind, z. B. § 6 Abs. 4 EStG, § 6 Abs. 5 EStG oder § 6 Abs. 6 EStG, das Erfordernis des entgeltlichen Erwerbs des § 5 Abs. 2 EStG.[32]

Die Aktivierung von **unfertigen immateriellen Wirtschaftsgütern** ist ebenfalls möglich.[33] Entscheidend für die Aktivierungsfähigkeit ist, ob im Erwerbszeitpunkt die Wirtschaftsguteigenschaft erfüllt ist. Bei entgeltlichem Erwerb ist nach § 5 Abs. 2 EStG eine Aktivierung verpflichtend, sofern ein Wirtschaftsgut vorliegt. Aufwendungen des Steuerpflichtigen nach Erwerb, die der Herbeiführung der Nutzungsreife dienen, sind keine Erwerbsaufwendungen und insofern nicht aktivierbar. Bei diesen Aufwendungen handelt es sich um sofort abziehbare Betriebsausgaben, da Herstellungsaufwendungen vorliegen. Ein kompletter Abzug als Betriebsausgabe (auch der Erwerbsaufwendungen) kommt allerdings in Betracht, wenn das unfertige immaterielle Wirtschaftsgut derart wesentlich verändert wird, dass ein neues Wirtschaftsgut entsteht. In diesen Fällen ist das erworbene unfertige immaterielle Wirtschaftsgut lediglich ein Bestandteil oder Ausgangspunkt für ein neu entstandenes Wirtschaftsgut.

---

30 Vgl. *Weber-Grellet*, in: Schmidt, EStG, 37. Aufl. 2018, § 5 Rn. 161; *ADS*, 1995, § 248 HGB Rn. 23.
31 Vgl. *Krumm*, in: Blümich, EStG, § 5 Rn. 523.
32 Vgl. *Schiffers*, in: Korn, EStG, § 5 Rn. 505.
33 Vgl. *Schiffers*, in: Korn, EStG, § 5 Rn. 529; *Krumm*, in: Blümich, EStG; § 5 Rn. 533a. Zur Einordnung pharmazeutischer F&E-Vorgänge als Anschaffungsvorgänge vgl. C. Schmidt, DStR 2014 S. 547.

3158 Das **Verbot der Bilanzierung schwebender Geschäfte** geht dem Aktivierungsgebot des § 5 Abs. 2 EStG vor.[34] Unter einem schwebenden Geschäft ist ein zweiseitig verpflichtender Vertrag zu verstehen, der auf einen Leistungsaustausch gerichtet ist und bei dem der zu Sach- oder Dienstleistung Verpflichtende noch nicht erfüllt hat.[35] Gemäß BFH-Urteil vom 12.8.1982 entfällt ein Ansatz eines Aktivpostens für ein entgeltlich erworbenes **Nutzungsrecht** dann, wenn das Recht auf Nutzung Bestandteil eines schwebenden Vertrags ist, der noch von keiner Seite (voll) erfüllt ist, soweit der Anspruch auf die künftigen Nutzungen (Nutzungsrecht) und die Verpflichtung zu künftigen Gegenleistungen (Nutzungsentgelt) sich am Bilanzstichtag gleichwertig gegenüberstehen.[36]

1.2.2 Entgeltlicher Erwerb

3159 Gemäß EStR ist ein immaterielles Wirtschaftsgut entgeltlich erworben, wenn es durch einen Hoheitsakt oder ein Rechtsgeschäft gegen Hingabe einer bestimmten Gegenleistung übergangen oder eingeräumt worden ist (R 5 Abs. 2 Satz 2 EStR). Notwendig ist somit ein **Leistungsaustausch**. Insofern liegt kein entgeltlicher Erwerb vor, wenn der Steuerpflichtige das immaterielle Wirtschaftsgut selbst herstellt.

3160 Das Erfordernis des Entgelts setzt eine **geldwerte Gegenleistung** voraus. Eine Geldzahlung ist nach § 5 Abs. 2 EStG aber keine tatbestandliche Voraussetzung für die Aktivierung. Als Gegenleistung kommt z. B. auch ein Sachbezug oder die Einräumung eines sonstigen Vorteils, etwa die (zeitlich befristete) Einräumung eines Nutzungsrechts oder eine zinslose bzw. niedrig verzinste Darlehensgewährung in Betracht. Die Gegenleistung muss sich nicht zwangsläufig in etwas Einmaligem erschöpfen. Es kann sich hierbei auch um eine zeitraumbezogene Duldung oder wiederkehrende Bezüge handeln. Sofern sich die wiederkehrenden Bezüge allerdings auf schwankende, ungewisse Größen beziehen, z. B. die künftigen Umsätze oder Gewinne, liegt zwar ein entgeltlicher Erwerb vor, aber die Anschaffungskosten können schlechthin nicht ermittelt werden. In der Folge muss eine Aktivierung unterbleiben und die Zahlungen müssen als sofort abziehbare Betriebsausgaben behandelt werden.[37] Bei wiederkehrenden Leistungen im Rahmen von Nutzungsrechten ist zu unterscheiden, ob die **wiederkehrenden Leistungen** für die Nutzung als solche geleistet werden oder als Entgelt für die Einräumung eines Nutzungsrechts i. S. d. § 5 Abs. 2 EStG. Von Letzterem und damit von einer Aktivierung ist meines Erachtens nur dann auszugehen, wenn die wiederkehrenden Leistungen auch dann noch zu erbringen sind, wenn eine Nutzungsmöglichkeit nicht mehr gegeben ist (z. B. aufgrund Zerstörung oder wirtschaftlichem Verbrauch des immateriellen Wirtschaftsguts). Wertloses ist grundsätzlich kein Entgelt, es sei denn, die involvierten Parteien haben der Gegenleistung irrtümlich einen Wert beigemessen.[38]

---

34 Vgl. BFH, Urteile vom 19.6.1997 – IV R 16/95, BStBl 1997 II S. 808; vom 12.8.1982 – IV R 184/79, BStBl 1982 II S. 696.
35 Vgl. BFH, Beschluss vom 11.12.1985 – I B 49/85, BFH/NV 1986, S. 595; siehe auch *Babel*, in: FS Mellwig, 2007, S. 10.
36 Vgl. BFH, Urteil vom 12.8.1982 – IV R 184/79, BStBl 1982 II S. 696.
37 Vgl. BFH, Urteil vom 18.1.1989 – X R 10/86, BStBl 1989 II S. 550.
38 Vgl. *Krumm*, in: Blümich, EStG, § 5 Rn. 542.

Das Entgelt muss nicht zwingend **gesondert vereinbart** oder **ausgewiesen** sein.[39] Es ist ausreichend, wenn es nach den Vorstellungen beider Vertragsteile die Gegenleistung für die erlangten Vorteile darstellt.[40] Das Entgelt muss sich aber auf den Vorgang des Erwerbs des immateriellen Wirtschaftsguts als solchen beziehen.[41] Es genügt nicht, dass dem Erwerber irgendwelche **Aufwendungen** entstanden sind. So ist es z. B. nicht ausreichend, wenn Provisionszahlungen im Rahmen des Erwerbs des immateriellen Wirtschaftsguts gezahlt werden.

3161

Gemäß BFH-Rechtsprechung ist ein Nutzungsrecht entgeltlich erworben, wenn es Gegenstand eines gegenseitigen Vertrags war oder ist, bei dem Leistung und Gegenleistung nach kaufmännischen Gesichtspunkten gegeneinander abgewogen sind und bei dem die Leistung der einen Vertragspartei in der Übertragung eines bereits bestehenden Nutzungsrechts oder in der Begründung (Einräumung) eines solchen Nutzungsrechts besteht.[42] Allerdings ist es nicht notwendig, dass das immaterielle Wirtschaftsgut und das Entgelt in einem **zivilrechtlichen Gegenseitigkeitsverhältnis** stehen. Im Fall von Transferzahlungen bei Spielerwechseln im Profifußball hat der BFH entschieden, dass die Spielerlaubnis als entgeltlich erworbenes immaterielles Wirtschaftsgut (konzessionsähnliches Recht) zu aktivieren ist,[43] die von einem Dritten, etwa dem Verband, gewährt wird, der nicht Vertragspartner ist. Aus wirtschaftlicher Sicht wird die Ablöse (Entgelt) jedoch zum Erhalt der Spielerlaubnis gezahlt.

3162

Für den entgeltlichen Erwerb ist es nicht erforderlich, dass das Wirtschaftsgut bereits vor Abschluss des Rechtsgeschäfts bestanden hat. Es kann somit auch erst durch den Abschluss des Rechtsgeschäfts entstehen und muss beim Vertragspartner nicht zuvor bereits vorhanden gewesen sein. Dies betrifft z. B. ein entgeltlich erworbenes Belieferungsrecht.[44]

3163

Wird ein immaterielles Wirtschaftsgut gegen ein anderes (immaterielles) Wirtschaftsgut getauscht, liegt ebenfalls ein entgeltlicher Erwerb vor.[45] Ein entgeltlicher Erwerb eines immateriellen Wirtschaftsguts liegt auch bei der Hingabe eines so genannten verlorenen **Zuschusses** vor, wenn der Zuschussgeber von dem Zuschussempfänger eine bestimmte Gegenleistung erhält oder eine solche nach den Umständen zu erwarten ist oder wenn der Zuschussgeber durch die Zuschusshingabe einen besonderen Vorteil erlangt, der nur für ihn wirksam ist.[46] Dabei ist als Aktivierungsvoraussetzung zu beachten, dass die Gegenleistung des Zuschussempfängers ein aktivierbares Wirtschaftsgut ist. Deshalb scheidet die Aktivierung eines Beitrags für den öffentlichen Straßenbau, eine städtische Kläranlage oder einen Trafo für die Stromversorgung grundsätzlich aus.[47]

3164

---

[39] Vgl. *Krumm*, in: Blümich, EStG, § 5 Rn. 536a.
[40] Vgl. BFH, Urteil vom 3.8.1993 – VIII R 37/92, BStBl 1994 II S. 444.
[41] Vgl. BFH, Urteil vom 3.8.1993 – VIII R 37/92, BStBl 1994 II S. 444.
[42] Vgl. BFH, Urteil vom 12.8.1982 – IV R 184/79, BStBl 1982 II S. 696.
[43] Vgl. BFH, Urteil vom 26.8.1992 – I R 24/91, BStBl 1992 II S. 977; vgl. BFH, Urteil vom 14.12.2011 – I R 108/10, BStBl 2012 II S. 238; vgl. auch *Wehrheim*, BB 2004 S. 433.
[44] Vgl. BFH, Urteil vom 3.8.1993 – VIII R 37/92, BStBl 1994 II S. 444.
[45] Vgl. BFH, Urteil vom 13.7.1971 – VIII 15/65, BStBl 1971 II S. 731.
[46] R 5.5 Abs. 2 Satz 4 EStR.
[47] Vgl. auch *Schiffers*, in: Korn, EStG, § 5 Rn. 524.

3165 Bei Zahlung einer **Abfindung** an einen aus einer Personengesellschaft **ausscheidenden Gesellschafter** liegt ebenfalls ein entgeltlicher Erwerb von immateriellen Wirtschaftsgütern vor, soweit die Abfindung auf nicht bilanzierte (da nicht entgeltlich erworbene) immaterielle Wirtschaftsgüter entfällt.[48] Die Abfindung stellt insoweit keine Betriebsausgabe nach § 4 Abs. 4 EStG dar.

3166 Kein entgeltlicher Erwerb liegt in folgenden Fällen vor:[49]

▶ Aufwendungen für **selbst geschaffene immaterielle Wirtschaftsgüter**, z. B. Patente.

▶ Aufwendungen, die nicht Entgelt für den Erwerb eines Wirtschaftsguts von einem Dritten sind, sondern nur **Arbeitsaufwand** oder sonstiger Aufwand. Dies betrifft z. B. Honoraraufwendungen bei Dienstleistungen für einen im Betrieb selbstgeschaffenen Wert oder Vorteil.

▶ Aufwendungen, die lediglich einen **Beitrag zu den Kosten** einer vom Steuerpflichtigen mitbenutzten Einrichtung darstellen. Derartige Aufwendungen gehören zu den nicht aktivierbaren Aufwendungen für einen selbst geschaffenen – d. h. nicht entgeltlich erworbenen – Nutzungsvorteil. Dies betrifft z. B. den geleisteten Beitrag des Steuerpflichtigen zum Bau oder Ausbau einer öffentlichen Straße.

▶ Aufwendungen des Arbeitgebers für die Inanspruchnahme von **Diensterfindungen** nach dem Arbeitnehmererfindungsgesetz.[50] Danach steht dem Arbeitnehmer zwar eine gesetzlich geregelte Vergütung zu. Es ist jedoch meines Erachtens letztlich ein selbst erstelltes und nicht ein entgeltlich erworbenes Wirtschaftsgut, da es vom Arbeitnehmer des Unternehmens im Rahmen des Dienstverhältnisses erfunden wurde und auch keine Übertragung eines Rechts vom Arbeitnehmer auf den Arbeitgeber erfolgt. Die Zahlung an den Arbeitsnehmer anlässlich der Erfindung stellt somit lediglich Lohnaufwand im Zusammenhang mit einem Herstellungsvorgang dar.[51] Ebenso sind Aufwendungen für Dienstleistungen Dritter, die im Zuge der Herstellung eines (immateriellen) Wirtschaftsguts anfallen, kein aktivierungsfähiges Entgelt.[52]

▶ Von Diensterfindungen sind **freie Erfindungen** des Arbeitnehmers zu unterscheiden, die neben dem bestehenden Arbeitsverhältnis entstehen. Bei diesen Erfindungen hat der Arbeitgeber nach dem Arbeitnehmererfindungsgesetz lediglich ein Vorkaufsrecht. Übt der Arbeitgeber dieses Vorkaufsrecht aus, sind die Voraussetzungen des entgeltlichen Erwerbs erfüllt.[53]

1.2.3 Abgrenzung zur Herstellung

3167 Der für die Aktivierung notwendige entgeltliche Erwerb setzt einen Leistungsaustausch voraus. Stellt der Steuerpflichtige das immaterielle Wirtschaftsgut selbst her, liegt kein

---

48 Vgl. BFH, Urteil vom 16.5.2002 – III R 45/98, BStBl 2003 II S. 10. Die Entscheidung erging zum Geschäfts- oder Firmenwert.
49 Vgl. H 5.5 EStR.
50 Vgl. *Anzinger*, in: HHR, EStG, § 5 Rn. 1750; a.A. *Geier* DStR 2017, S. 1193 mit dem Argument es läge ein kaufrechtlicher Vermögensübergang vor, der die Voraussetzungen des entgeltlichen Erwerbs erfülle.
51 Vgl. auch OFD NRW, Kurzinformation ESR Nr. 20/2017, DB 2017, S. 1876.
52 Vgl. *Crezelius*, in: Kirchhof, EStG 2018, § 5 Rn. 68.
53 Vgl. OFD NRW, Kurzinformation ESR Nr. 20/2017, DB 2017, S. 1876.

entgeltlicher Erwerb vor. Eine Aktivierung von hergestellten immateriellen Wirtschaftsgütern kommt aufgrund des Ansatzverbots im Anlagevermögen nicht in Betracht.[54] Anderes gilt für selbst geschaffene Wirtschaftsgüter des Umlaufvermögens, die aktivierungspflichtig sind (z. B. zum Verkauf bestimmte Software, die als immaterielles Wirtschaftsgut qualifiziert).

Für die Abgrenzung zur Herstellung ist maßgebend, ob der Steuerpflichtige den Herstellungsprozess **beherrscht** und ob die Herstellung auf die Gefahr und Rechnung des Steuerpflichtigen erfolgt.[55] Sind diese Voraussetzungen gegeben, liegt eine Herstellung und kein entgeltlicher Erwerb vor. Auch Aufwendungen für die Dienstleistungen Dritter im Rahmen des Herstellungsprozesses begründen noch keinen entgeltlichen Erwerb eines immateriellen Wirtschaftsguts.

3168

Aufgrund zunehmender betriebsübergreifender **Arbeitsteiligkeit** im Produktionsprozess werden die Entwicklung und die Herstellung von einzelnen Produktbestandteilen immer häufiger auf andere Unternehmen ausgelagert. Damit steigen die Fälle, in denen zwischen entgeltlichem Erwerb und der eigenen Herstellung eines immateriellen Wirtschaftsguts zu differenzieren ist.[56] Aufwendungen für Dienstleistungen Dritter, die im Zuge der Herstellung eines (immateriellen) Wirtschaftsguts anfallen, stellen jedoch im Grundsatz kein aktivierungsfähiges Entgelt dar und sind somit als Betriebsausgabe nach § 4 Abs. 4 EStG zu erfassen.[57]

Bei der Auftragsproduktion, z.B. in der **Automobilbranche**, ergeben sich aufgrund der Arbeitsteiligkeit zwischen **Hersteller** und **Zulieferer** immer wieder **Abgrenzungsfragen** zwischen dem entgeltlichen Erwerb und der eigenen Herstellung.[58] Zur steuerbilanziellen Einordnung der Entwicklungsaufwendungen empfehlen *Prinz/Otto* zunächst eine Abgrenzung der Entwicklungsaufwendungen von etwaigen Sonderkosten der Fertigung eines materiellen Wirtschaftsguts.[59] Letztere können bei zwingender Verknüpfung der Entwicklungsvergabe an das andere Unternehmen mit der späteren Serienproduktion vorliegen und insofern in die Herstellungskosten einbezogen werden. Dies ist jedoch nur dann der Fall, wenn keine nicht aktivierbaren Forschungsaufwendungen vorliegen. Zudem ist zu differenzieren, ob das benötigte Entwicklungswissen beim Auftraggeber dem Anlagevermögen oder dem Umlaufvermögen zuzuordnen ist, weil es für den Verkauf bestimmt ist. Beim Umlaufvermögen ist eine Aktivierung verpflichtend, beim Anlagevermögen muss der Tatbestand des entgeltlichen Erwerbs für eine Aktivierung hinzukommen. Hierbei ist der eigene Entwicklungsaufwand und der für eigene Rechnung entstehende Entwicklungsaufwand, die jeweils Betriebsausgaben nach § 4 Abs. 4 EStG darstellen, von den derivativ erworbenen Entwicklungsergebnissen, die bei Vorliegen der Wirtschaftsguteigenschaften nach § 5 Abs. 2 EStG zu aktivieren sind, zu unterscheiden. Tätigt ein Unternehmen (sei es z.B. Zulieferer oder Automobilhersteller) eine reine Eigenentwicklung, ist diese mangels entgeltlichem Erwerb nicht im Anlagevermögen aktivier-

---

54 Vgl. BFH, Urteil vom 8.9.2011 – IV R 5/09, BStBl 2012 II S. 122.
55 Vgl. *Crezelius*, in: Kirchhof, EStG 2018, § 5 Rn. 68.
56 Vgl. für Automobilhersteller *Prinz/Otto*, DStR 2017, S. 275 ff.
57 Vgl. *Crezelius*, in: Kirchhof, EStG 2018, § 5 Rn. 68.
58 Vgl. *Prinz/Otto* DStR 2017, S. 275; *Jochimsen/Zinowsky* Ubg 2016, S. 520; *Ernsting/Fellinger* Ubg 2008, S. 771.
59 Vgl. *Prinz/Otto* DStR 2017, S. 276.

bar. Allgemeingültig ist zur Abgrenzung des entgeltlichen Erwerbs zur Herstellung maßgebend, wer den Herstellungsprozess der Entwicklung bzw. des Know-Hows beherrscht. Dabei macht es für steuerbilanzielle Zwecke keinen Unterschied, ob der Steuerpflichtige den immateriellen Wert auf eigene Rechnung und Gefahr selbst erschafft oder durch einen Dritten schaffen lässt und dabei den Herstellungsprozess beherrscht.[60]

Bei der Beurteilung, ob der Herstellungsprozess beherrscht wird, sind die vertraglichen Vereinbarungen entscheidend. So ist z.B. relevant, wer die wirtschaftlichen Folgen trägt und wer die Leitung des Entwicklungsprojekts steuert.[61] Bei einer **echten Auftragsproduktion**, bei der der Auftragnehmer (z.B. der Zulieferer im Automobilbereich) die Verantwortung in zeitlicher, sachlicher und budgetärer Hinsicht für die vereinbarte Entwicklung trägt, sollte in der Regel ein entgeltlicher Erwerb des Auftraggebers vorliegen. Der Auftraggeber ist insofern nicht der Hersteller des immateriellen Wirtschaftsguts. Bei einer **unechten Auftragsproduktion** verbleiben hingegen entscheidende Aufgaben beim Auftraggeber (z.B. Planung, Gestaltung und Überwachung der Entwicklung) und der Auftraggeber trägt die wesentlichen Risiken und Marktchancen der Entwicklung. Indiz für eine unechte Auftragsproduktion kann auch sein, dass das entwickelnde Unternehmen auf wesentliches Know-How des Auftraggebers angewiesen ist. Hingegen könnte ein sehr hoher Anteil an Fremdentwicklungstätigkeiten, nach *Prinz/Otto* könnte als Richtgröße etwa 90% oder mehr Entwicklungsaufwand für einen Auftrag dienen, eher für einen derivativen Erwerb und damit eine echte Auftragsproduktion sprechen. Im Fall der unechten Auftragsproduktion liegt kein entgeltlicher Erwerb vor, weil wirtschaftlich diese Produktion wie die eigene Herstellung eines immateriellen Wirtschaftsguts zu werten ist.[62] Dabei schließt der fehlende entgeltliche Erwerb jedoch nicht aus, dass der Auftragnehmer ein mängelfreies Produkt schuldet und insoweit nicht völlig frei von zu tragenden wirtschaftlichen Risiken ist.[63]

1.2.4 (Verdeckte) Einlage, verdeckte Gewinnausschüttung und Entnahme

3169 Für immaterielle Wirtschaftsgüter ist ein Aktivposten auch dann anzusetzen, wenn sie in das Betriebsvermögen eingelegt wurden.[64] Gemäß ESt-Richtlinien findet bei **Einlagen** das Aktivierungsverbot für nicht entgeltlich erworbene immaterielle Wirtschaftsgüter keine Anwendung. Dies entspricht auch der BFH-Rechtsprechung.[65] Somit sind auch selbstgeschaffene und unentgeltlich erworbene immaterielle Wirtschaftsgüter zu aktivieren, wenn diese in das Betriebsvermögen eingelegt werden.

3170 Einer Einlage steht nach § 4 Abs. 1 Satz 8 2. Halbsatz EStG die Begründung des Besteuerungsrechts der Bundesrepublik Deutschland hinsichtlich des Gewinns aus der Veräußerung eines (immateriellen) Wirtschaftsguts gleich (**Verstrickung**). Darunter fällt z. B.

---

60 Vgl. *Prinz/Otto* DStR 2017, S. 277.
61 Zur Herstellereigenschaft bei Film- und Fernsehfonds vgl. BMF-Schreiben vom 23.2.2001; BStBl. I 2001, S. 175; BMF-Schreiben vom 5.8.2003, BStBl. I 2003, S. 406.
62 Vgl. *Prinz/Otto* DStR 2017, S. 277.
63 Vgl. *Anzinger*, in: HHR, EStG, § 5 Rn. 1834; *Prinz/Otto* DStR 2017, S. 277.
64 Vgl. R 5.5 Abs. 2 Satz 1 EStR.
65 Vgl. z. B. BFH, Urteil vom 22.1.1980 – VIII R 74/77, BStBl 1980 II S. 244.

die Überführung eines Wirtschaftsguts aus einer ausländischen Freistellungs-Betriebsstätte in das Inland.

Ein immaterielles Wirtschaftsgut kann auch Gegenstand einer **verdeckten Einlage** sein. Eine verdeckte Einlage liegt vor, wenn der Körperschaft vom Gesellschafter (oder eine ihm nahestehende Person) außerhalb der gesellschaftsrechtlichen Einlagen ein einlagefähiger Vermögensvorteil zugewendet wird und diese Zuwendung durch das Gesellschaftsverhältnis veranlasst ist.[66] Insoweit steht der Vorteilsgewährung durch den Gesellschafter keine Gegenleistung bzw. Entgelt der Körperschaft gegenüber. Gleichwohl ist das immaterielle Wirtschaftsgut zu aktivieren. Die Regelungen zur verdeckten Einlage (§ 8 Abs. 3 Satz 3-6 KStG) gehen insofern dem Aktivierungsverbot von nicht entgeltlich erworbenen immateriellen Wirtschaftsgütern des Anlagevermögens vor.[67] Reine Nutzungsvorteile sind allerdings nicht einlagefähig. 3171

Gegenstand einer **verdeckten Gewinnausschüttung** können auch immaterielle Wirtschaftsgüter sein.[68] Ein entgeltlicher Vorgang liegt insoweit nicht vor – ähnlich zur verdeckten Einlage. Wurde keine Gegenleistung vereinbart, entspricht die Höhe der verdeckten Gewinnausschüttung dem Fremdvergleichspreis des immateriellen Wirtschaftsguts. In diesem Fall liegt in Gänze kein entgeltlicher Erwerb vor. Gleichwohl hat der Gesellschafter das immaterielle Wirtschaftsgut zu aktivieren; die Regelungen zur verdeckten Gewinnausschüttung gehen insoweit § 5 Abs. 2 EStG vor.[69] 3172

Entnahmen sind nach § 4 Abs. 1 Satz 2 EStG alle Wirtschaftsgüter, die der Steuerpflichtige dem Betrieb für sich, für seinen Haushalt oder für andere betriebsfremde Zwecke im Laufe des Wirtschaftsjahres entnommen hat. Insofern kann auch ein immaterielles Wirtschaftsgut entnommen werden. Die Entnahmefähigkeit eines immateriellen Wirtschaftsguts gilt unabhängig von der Aktivierbarkeit. Somit können auch nicht aktivierte immaterielle Wirtschaftsgüter Gegenstand einer Entnahme sein. Nach § 4 Abs. 1 Satz 3 EStG steht der Ausschluss oder die Beschränkung des Besteuerungsrechts der Bundesrepublik Deutschland hinsichtlich des Gewinns aus der Veräußerung oder der Nutzung eines Wirtschaftsguts einer Entnahme gleich. Dies soll insbesondere vorliegen, wenn ein bisher einer inländischen Betriebsstätte zuzuordnendes Wirtschaftsgut nunmehr einer ausländischen Betriebsstätte zuzuordnen ist (§ 4 Abs. 1 Satz 4 EStG).[70] 3173

Die **Liquidation** ist kein entgeltlicher Vorgang. Gleichwohl wird von der herrschenden Lehre angenommen, dass ein immaterielles Wirtschaftsgut, das der Gesellschafter aufgrund der Liquidation der Kapitalgesellschaft erhält, bei dem Gesellschafter zu aktivieren ist.[71] 3174

---

66 Vgl. R 40 Abs. 1 KStR.
67 Vgl. BFH, Urteil vom 20.8.1986 – I R 150/82, BStBl 1987 II S. 455.
68 Zur verdeckten Gewinnausschüttung vgl. *Schulte*, in: Erle/Sauter, KStG, 3. Aufl., § 8. Zum Korrespondenzprinzip siehe *Dörfler/Adrian*, Ubg 2008 S. 373.
69 Vgl. BFH, Urteil vom 20.8.1986 – I R 150/82, BStBl 1987 II S. 455.
70 Vgl. z. B. *Richter/Heyd*, Ubg 2010 S. 172; vgl. dazu auch *Wassermeyer* DB 2006 S. 1176; BFH, Urteil vom 17.7.2008 – I R 77/06, BStBl 2009 II S. 464.
71 Vgl. *Krumm*, in: Blümich, EStG, § 5 Rn. 551; *Anzinger*, in: HHR, EStG, § 5 Rn. 1750.

3175 Die Ausnahmen vom Erfordernis des entgeltlichen Erwerbs bei Einlage, verdeckter Einlage, verdeckter Gewinnausschüttung, Entnahme und Liquidation sind meines Erachtens sachgerecht. In diesen Fällen geht es jeweils um eine Abgrenzung zwischen betrieblichen und privaten beziehungsweise gesellschaftsrechtlichen Bereichen (siehe Sphärentheorie).[72]

1.2.5 Umwandlungsvorgänge

3176 Bei **Umwandlungs- und Einbringungsvorgängen** gilt das Aktivierungsverbot des § 5 Abs. 2 EStG nicht. In der steuerlichen Schlussbilanz sind die Wirtschaftsgüter bei Übertragungen zum gemeinen Wert, einschließlich nicht entgeltlich erworbener und selbst geschaffener immaterieller Wirtschaftsgüter anzusetzen (§ 3 Abs. 1 Satz 1 UmwStG, § 11 Abs. 1 Satz 1 UmwStG, § 15 Abs. 1, 2 UmwStG, § 20 Abs. 2 UmwStG, § 24 Abs. 2 UmwStG, § 25 UmwStG). Grundsätzlich liegt darin kein Verstoß gegen das Aktivierungsverbot für nicht entgeltlich erworbene immaterielle Wirtschaftsgüter des Anlagevermögens vor, weil aus Sicht des übernehmenden Rechtsträger – der an die Werte der steuerlichen Schlussbilanz gebunden ist – ein entgeltlicher Erwerb vorliegt.[73]

3177 Nach dem SEStEG sind die übergehenden Wirtschaftsgüter (einschließlich nicht entgeltlich erworbener und selbst geschaffener immaterieller Wirtschaftsgüter) „einheitlich" zum Buchwert oder einem höheren Wert (Zwischenwert), höchstens mit dem gemeinen Wert anzusetzen (z. B. § 3 Abs. 2 UmwStG). Insoweit sind die Wirtschaftsgüter „einheitlich", d. h. gleichmäßig nach Maßgabe der stillen Reserven aufzustocken.[74] Die (modifizierte) Stufentheorie findet somit keine Anwendung. Dies bedeutet, dass auch bei Ansatz eines Zwischenwertes der Geschäfts- oder Firmenwert anteilig aufzustocken ist. Kritisch anzumerken ist, dass eine dafür notwendige Unternehmensbewertung einen unverhältnismäßig hohen Ermittlungsaufwand darstellt.[75]

1.2.6 Abgrenzung zum Geschäfts- oder Firmenwert

3178 Unselbständige „Geschäftswertbildende Faktoren" sind – auch bei entgeltlichem Erwerb – nicht als (selbständiges) immaterielles Einzelwirtschaftsgut aktivierbar.[76] Insofern ist abzugrenzen zwischen selbständigen immateriellen Einzelwirtschaftsgütern und unselbständigen geschäftswertbildenden Faktoren. Die gesonderte Aktivierung von geschäftswertbildenden Faktoren scheitert regelmäßig daran, dass derartige Faktoren nicht selbständig bewertbar sind. Nicht selbständig bewertbare geschäftswertbildende Faktoren sind somit keine (aktivierbaren) immateriellen Einzelwirtschaftsgüter.

3179 Steuerbilanziell ist nur der entgeltlich erworbene **Geschäfts- oder Firmenwert**, nicht aber der originär beim Unternehmen entstandene Geschäfts- oder Firmenwert aktivier-

---

72 Vgl. *Schiffers*, in: Korn, EStG, § 5 Rn. 504.
73 Vgl. FG Düsseldorf, Urteil vom 3.12.2012 – 6 K 1883/10 F, EFG 2013 S. 337 (nrkr. Az. beim BFH: I R 1/13); UmwStE vom 11.11.2011 – IV C2 – S. 1978, BStBl 2011 I S. 1314, Rz. 03. 04.
74 Vgl. *Rödder*, DStR 2011 S. 1062; UmwStE vom 11.11.2011 – IV C2 – S 1978, BStBl 2011 I S. 1314, Rz. 03. 25.
75 Vgl. auch *Geberth*, DB 2011 Heft 22, Seite 1 mit dem Hinweis, dass vor diesem Hintergrund der Geschäfts- oder Firmenwert erst nach Aufstockung der übrigen Wirtschaftsgüter ausgewiesen werden sollte und bei (dennoch) notwendiger Bewertung des Geschäfts- oder Firmenwerts das Vereinfachte Ertragswertverfahren nach §§ 199 BewG Anwendung finden sollte.
76 Vgl. BFH, Urteile vom 7.11.1985 – IV R 7/83, BStBl 1986 II S. 176; vom 26.11.2009 – III R 40/07, BStBl 2010 II S. 609.

bar. Der Geschäfts- oder Firmenwert hat einen Residualcharakter im Rahmen eines Unternehmenskaufs. Er ergibt sich als Differenzwert und verkörpert den Teil des Unternehmenswerts, der sich nicht in materiellen oder immateriellen Wirtschaftsgütern konkretisieren lässt (z. B. Gewinnchance, der gute Ruf oder die Aufbau- und Ablauforganisation des Unternehmens, Kapitalisierungsmehrwert). Zur Ermittlung des derivativen Geschäfts- oder Firmenwerts ist der Kaufpreis um die Zeitwerte der bilanzierten Wirtschaftsgüter und (beim erworbenen Unternehmen) nicht bilanzierten immateriellen Wirtschaftsgüter zu vermindern. Der verbleibende Betrag ist grundsätzlich als Geschäfts- oder Firmenwert aktivierbar (ausführlich zur Ermittlung des Geschäfts- oder Firmenwerts Rz. 3318 ff.). Dieser Betrag beinhaltet insofern die wertbildenden Bestandteile des erworbenen Unternehmens, die nicht selbständig erfasst werden konnten.

Der **Kundenstamm** ist beispielsweise ein geschäftswertbildender Faktor, der grundsätzlich nicht gesondert zu aktivieren ist. Wird der Kundenstamm jedoch isoliert und gesondert erworben, kommt eine Aktivierung in Betracht: „Der Auftragsbestand umschreibt den zu erwartenden Gewinn, der sich aus rechtsverbindlich abgeschlossenen (schwebenden) Verträgen ergibt."[77] Er ist ein gesondert vom Geschäftswert zu aktivierendes immaterielles Wirtschaftsgut, „wenn er als werthaltige greifbare Einzelheit gegenüber dem Geschäftswert abgegrenzt werden kann."[78] Das ist der Fall, „wenn er rechtlich verselbständigt werden kann oder er von der Verkehrsanschauung als selbständig bewertbar anerkannt wird und darauf Anschaffungskosten entfallen."[79] Nicht ausreichend für die Aktivierung eines Auftragsbestands als selbständiges immaterielles Wirtschaftsgut ist hingegen die bloße Gewinnerwartung auf Grund zukünftig erwarteter Aufträge, deren Umfang noch ungewiss ist. Das ist insbesondere bei Abschluss von Rahmenverträgen mit unbestimmtem Auftragsvolumen der Fall, die noch keine bestimmten Leistungen vorsehen und aus denen sich kein konkreter Auftragsumfang ergibt. Die Gewinnerwartungen aus solchen Rahmenverträgen sind mit denen vergleichbar, die allgemein mit dem Kundenstamm verbunden sind. Derartige Gewinnerwartungen sind als geschäftswertbildende Faktoren Bestandteil des Geschäfts- oder Firmenwerts.[80]

3180

1.3 Entgeltlich erworbene Konzessionen, gewerbliche Schutzrechte und ähnliche Rechte und Werte

1.3.1 Grundlagen zu Nutzungsrechten – Wirtschaftliches Eigentum sowie Abgrenzung zum schwebenden Geschäft und zu Rechnungsabgrenzungsposten

Keine immateriellen Wirtschaftsgüter sind Dienstleistungen oder Nutzungen. Rechte auf Dienstleistungen oder Nutzungen können aber zu aktivierende immaterielle Wirt-

3181

---

77 Vgl. FG Düsseldorf, Urteil vom 20.2.2003 – 15 K 7704/00 F, EFG 2003 S. 1290 (rkr).
78 Vgl. BFH, Urteil vom 13.9.1989 – II R 1/87, BStBl 1990 II S. 47; vgl. auch BFH, Urteil vom 26.11.2009 – III R 40/07, BStBl 2010 II S. 609.
79 Vgl. BFH, Urteil vom 28.10.1987 – II R 224/82, BStBl 1988 II S. 50.
80 Vgl. FG Düsseldorf, Urteil vom 20.2.2003 – 15 K 7704/00 F, EFG 2003 S. 1290.

schaftsgüter sein, wenn sie entgeltlich erworben sind.[81] Die notwendige Bewertbarkeit als greifbares Einzelobjekt besitzt ein Nutzungsrecht typischerweise nur dann, wenn der Nutzende eine Rechtsposition innehat, die ihm ohne Weiteres nicht entzogen werden kann. Der Aktivierung steht auch nicht entgegen, wenn das entgeltlich erworbene Nutzungsrecht Teil eines schwebenden Geschäfts ist.[82] Allerdings muss sich das Entgelt auf den Vorgang des Erwerbs des immateriellen Wirtschaftsguts als solchen beziehen.[83] Insofern ist das Entgelt für den Erwerbsvorgang (Anschaffungskosten) abzugrenzen vom Entgelt für die Nutzung (z. B. in Form von Mietaufwand oder Lizenzgebühren). Ein Betrag kann nicht gleichzeitig Anschaffungskosten und Nutzungsentgelt sein.[84]

3182 Nutzungsrechte können durch **Dauerschuldverhältnisse** begründet werden, z. B. durch Vermietung oder Lizenzierung. In diesen Fällen kommt grundsätzlich aber keine Aktivierung in Betracht, da es sich um schwebende Geschäfte handelt, die nicht bilanziert werden dürfen, solange ein „störungsfreier" Verlauf vorliegt.[85] Gemäß BFH-Urteil vom 12.8.1982 entfällt ein Ansatz eines Aktivpostens für ein entgeltlich erworbenes Nutzungsrecht dann, wenn das Recht auf Nutzung Bestandteil eines schwebenden Vertrags ist, der noch von keiner Seite (voll) erfüllt ist, soweit der Anspruch auf die künftigen Nutzungen (Nutzungsrecht) und die Verpflichtung zu künftigen Gegenleistungen (Nutzungsentgelt) sich am Bilanzstichtag gleichwertig gegenüberstehen.[86] Das Verbot der Bilanzierung schwebender Geschäfte geht dem Aktivierungsgebot des § 5 Abs. 2 EStG vor.[87]

3183 Liegt kein entgeltlich erworbenes Wirtschaftsgut vor, weil das Entgelt allein einem Nutzungsentgelt und nicht einem Erwerbsvorgang zuzuordnen ist, ändert daran eine Einmalzahlung oder Vorauszahlung nichts. In diesen Fällen kommt eine periodische Verteilung der Zahlungen über **Rechnungsabgrenzungsposten** in Betracht.[88] Als aktiver Rechnungsabgrenzungsposten sind nach § 5 Abs. 5 Satz 1 Nr. 1 EStG Ausgaben vor dem Abschlussstichtag anzusetzen, soweit sie Aufwand für eine bestimmte Zeit nach diesem Tag darstellen. Die noch ausstehende Gegenleistung muss insofern zeitbezogen und periodisch aufteilbar sein (zeitraumbezogene Gegenleistung). Demzufolge ist es für die Bildung eines Rechnungsabgrenzungspostens meines Erachtens nicht ausreichend, wenn die Gegenleistung nur künftige zeitraumbezogene Wirkung entfaltet, aber tatsächlich zeitpunktbezogen erbracht wird und sich in einem einmaligen Tun, Handeln oder Dulden erschöpft (Beispiel: Werbemaßnahme, die zwar grundsätzlich auf einen unbestimmten (zukünftigen) Zeitraum wirkt, aber zeitpunktbezogen erbracht wird).[89]

---

81 Vgl. BFH, Beschluss vom 26.10.1987, GrS 2/86, BStBl 1988 II S. 348; *Krumm*, in: Blümich, EStG, § 5 Rn. 585; *Weber-Grellet*, in: Schmidt, EStG, 37. Aufl. 2018, § 5 Rz. 176; *Babel*, in: FS Mellwig, 2007, S. 19; *Kraft/Hohage* DStR 2017, S. 64; a. A. *Eisgruber*, DStR 1997 S. 522.
82 Vgl. z. B. *Weber-Grellet*, in: Schmidt, EStG, 37. Aufl. 2018, § 5 Rz. 176.
83 Vgl. BFH, Urteil vom 3.8.1993 – VIII R 37/92, BStBl 1994 II S. 444.
84 Vgl. *Schiffers*, in: Korn, EStG, § 5 Rn. 539.
85 Vgl. *Lüdenbach/Hoffmann*, DStR 2006 S. 1384.
86 Vgl. BFH, Urteil vom 12.8.1982 – IV R 184/79, BStBl 1982 II S. 696.
87 Vgl. BFH, Urteile vom 19.6.1997 – IV R 16/95, BStBl 1997 II S. 808; vom 12.8.1982 – IV R 184/79, BStBl 1982 I S. 696.
88 Vgl. *Babel*, in: FS Mellwig, 2007, S. 1 ff.; a. A. *Schubert*, DStR 1995 S. 362.
89 So auch *Kuhner*, Die immateriellen Vermögensgegenstände und -werte des Anlagevermögens, HdJ, Abtl. II/1, Rn. 96.

Die steuerbilanzielle Abbildung des Nutzungsverhältnisses hängt insoweit entscheidend von der zivilrechtlichen Ausgestaltung ab. Insoweit ist auf die Verhältnisse im Einzelfall abzustellen und die vereinbarten (vertraglichen) Grundlagen zu prüfen. Wird das Nutzungsrecht von einem **Dritten** erworben, sind keine weiteren Besonderheiten zu beachten: Sofern der Erwerb entgeltlich erfolgt, ist eine Aktivierung nach allgemeinen Grundsätzen verpflichtend.[90] Für die Aktivierung als Wirtschaftsgut ist zu beachten, dass für die feste Dauer des Nutzungsrechts ein unentziehbarer und greifbarer Vorteil besteht. Zudem muss das Recht zumindest mit dem gesamten Betrieb übertragbar sein.[91] Es sind dabei die allgemeinen Kriterien des Wirtschaftsguts zu erfüllen, damit eine Aktivierung als immaterieller Wert in Betracht kommt.[92]

3184

Wird ein Nutzungsrecht von dem **Inhaber bzw. dem Eigentümer** des zu nutzenden Wirtschaftsguts eingeräumt, ist dies typischerweise die Gegenleistung für das Nutzungsentgelt. Damit ist die Leistung des Eigentümers/Inhabers grundsätzlich erst bei vereinbartem Laufzeitende vollständig erbracht. Insoweit greift hier typischerweise der Grundsatz der Nichtbilanzierung schwebender Geschäfte. Es liegen keine Aufwendungen für den Erwerb eines Nutzungsrechts, d. h. keine Anschaffungskosten vor. Typische Anwendungsbeispiele sind laufende Nutzungsentgelte, wie Lizenzgebühren oder Mietzahlungen. Vorauszahlungen sind über aktive bzw. passive Rechnungsabgrenzungsposten nach § 5 Abs. 5 EStG zu erfassen. Bei einem Erfüllungsrückstand kommt die Passivierung der entsprechenden Verpflichtung in Betracht.

3185

Anders ist der Fall allerdings zu beurteilen, wenn der Inhaber/Eigentümer des Rechts das **wirtschaftliche Eigentum** überträgt. Gemäß FG Münster richtet sich die steuerliche Einordnung eines Pachtlizenzvertrags als Kauf oder Dauerschuldverhältnis gemäß § 39 AO nach der wirtschaftlichen Betrachtungsweise der getroffenen Vereinbarung.[93] Danach führt (zumindest) das exklusiv und unbeschränkt gewährte Patentnutzungsrecht über die gesamte Patentlaufzeit ohne die Vereinbarung von ordentlichen Kündigungsrechten oder Rückfallklauseln zu einer Behandlung als Rechtskauf. Maßgebend für die steuerbilanzielle Behandlung ist gemäß FG Münster, ob die Einräumung des Nutzungsrechts zeitlich befristet oder auf Dauer erfolgt, beziehungsweise ob nach Ablauf des Lizenzvertrags noch wirtschaftlich relevante Verwertungsmöglichkeiten verbleiben. Bei einer Veräußerung ist zu beachten, dass – unabhängig vom Zeitpunkt der Zahlung – mit Übertragung der (künftige) Veräußerungserlös zu besteuern ist.[94] Zum Übergang des wirtschaftlichen Eigentums kommt es hingegen nicht (und damit auch nicht zu einer Veräußerungsgewinnbesteuerung), wenn keine umfassende und exklusive Verfügungsmacht über das Patent über die gesamte Patentlaufzeit gewährt werden.

3186

Die Beurteilung, ob das wirtschaftliche Eigentum auf einen anderen übergangen ist, muss nach dem Gesamtbild der Verhältnisse im jeweiligen Einzelfall vorgenommen

---

[90] Vgl. z. B. BFH, Urteil vom 17.3.1977 – IV R 218/72, BStBl 1977 II S. 595 zur Zahlung an einen Dritten für den Eintritt in Automatenaufstellungsverträge.
[91] Vgl. BFH, Urteil vom 10.8.1989 – X R 176/87, 177/87, BStBl 1990 II S. 15.
[92] Vgl. *Kraft/Hohage* DStR 2017, S. 64
[93] Vgl. FG Münster, Urteil vom 15.12.2010 – 8 K 1543/07 E, BB 2011, S. 623.
[94] Vgl. *Funke*, BB 2011 S. 626.

werden. Insofern handelt es sich um eine stark einzelfallbasierte Betrachtung.[95] Bei der Gesamtbeurteilung ist zu beachten, dass § 39 Abs. 1 AO die Grundregel beinhaltet und eine vom zivilrechtlichen Eigentum abweichende Zurechnung von Wirtschaftsgütern die Ausnahme darstellt.[96] Derjenige, der sich auf wirtschaftliches Eigentum beruft, ist darlegungs- und beweispflichtig.[97] Im Zweifelsfall ist daher meines Erachtens von der Grundregel des § 39 Abs. 1 AO auszugehen.

Übt ein anderer als der Eigentümer die tatsächliche Herrschaft über ein Wirtschaftsgut in der Weise aus, dass er den Eigentümer im Regelfall für die gewöhnliche Nutzungsdauer von der Einwirkung auf das Wirtschaftsgut wirtschaftlich ausschließen kann, so ist ihm nach § 39 Abs. 2 Nr. 1 AO als wirtschaftlicher Eigentümer das Wirtschaftsgut zuzurechnen. Wirtschaftliches Eigentum setzt somit voraus, dass der zivilrechtliche Eigentümer im Regelfall für die gewöhnliche Nutzungsdauer von der Einwirkung auf das Wirtschaftsgut wirtschaftlich ausgeschlossen werden kann. Die tatsächliche Herrschaft des einen muss also dazu führen, dass dieser die Rechte des Eigentümers an dessen Stelle wahrnimmt, da § 39 AO einer überschneidungsfreien persönlichen Zurechnung dient.[98] Die Einräumung von schuldrechtlichen und/oder dinglichen Nutzungsrechten reicht für einen Ausschluss des zivilrechtlichen Eigentümers von einer Einwirkung auf das Wirtschaftsgut regelmäßig nicht aus.[99] Wesentliches Argument ist dabei, dass es dem Eigentümer unbenommen bleibt, das belastete Grundstück durch Verkauf zu verwerten.[100] Abweichend sollte der Fall zu beurteilen sein, wenn zusätzlich zur Nutzungsberechtigung ein Recht auf Übertragung des Wirtschaftsgutes zu einem späteren Zeitpunkt gegen geringes Entgelt besteht oder wenn der Nutzungsberechtigte die Kosten des Wirtschaftsgutes getragen und bei Beendigung des Nutzungsrechts einen Anspruch auf Entschädigung hat.[101]

3187 Bei der Überlassung von **Nutzungsrechten** lässt sich zwischen der Rechteüberlassung durch die öffentliche Hand (Konzession) und durch Private (Lizenz) unterscheiden.[102] Beide Überlassungen haben gemein, dass ein immaterielles Wirtschaftsgut zur Nutzung gegen Entgelt überlassen wird.

1.3.2 Konzessionen

3188 Unter Konzessionen versteht man die Verleihung eines Nutzungsrechts an einer öffentlichen Sache durch die zuständige staatliche oder kommunale Behörde. Beispiele für Konzessionen sind:[103]

---

95 Vgl. *Drüen* in Tipke/Kruse, § 39 AO, Rn. 22; *Schwarz* in Schwarz/Pahlke, § 39, Rn. 24.
96 Vgl. *Blesinger* in Kühn/von Wedelstädt, § 39 AO, Rn. 11.
97 Vgl. *Schmieszek* in Beermann/Gosch, § 39 AO, Rn. 23.
98 Vgl. *Drüen* in Tipke/Kruse, § 39 AO, Rn. 24; *Schmieszek* in Beermann/Gosch, § 39 AO Rn. 28.
99 Vgl. *Ratschow* in Klein, § 39 AO, Rn. 23, 37, 42; *Schmieszek* in Beermann/Gosch, § 39 AO Rn. 27.
100 Vgl. *Ratschow* in Klein, § 39 AO, Rn. 40; *Schmieszek* in Beermann/Gosch, § 39 AO Rn. 104.
101 Vgl. *Schmieszek* in Beermann/Gosch, § 39 AO Rn. 27, 106; *Ratschow* in Klein, § 39 AO, Rn. 23
102 Zu Lizenzen siehe Gliederungspunkt 1.3.6.
103 Vgl. auch *Kuhner*, Die immateriellen Vermögensgegenstände und -werte des Anlagevermögens, HdJ, Abtl. II/1, Rn. 36.

- Gewerbeberechtigung,
- Betriebs- und Versorgungsrechte,
- Verkehrskonzessionen (z. B. im Personennahverkehr, Güterfernverkehr, Luftfahrt),
- Fischereirechte,
- Brau- und Brennereirechte,
- Schürfrechte, Wegerechte,
- Vertragsarztzulassungen,[104]
- Milchlieferrechte.[105]

Zu unterscheiden ist zwischen Sach- und Personalkonzessionen. **Personalkonzessionen** sind an die Person des Konzessionierenden gebunden und besitzen typischerweise aufgrund fehlender Übertragbarkeit (weder im Einzelnen noch mit dem gesamten Betrieb) keine Wirtschaftsguteigenschaft.[106] **Sachkonzessionen** sind an eine bestimmte Sache beziehungsweise einen Gegenstand gebunden, z. B. die Berechtigung zur Errichtung einer (genehmigungspflichtigen) Anlage.[107] In diesen Fällen kann die gesonderte Aktivierung allerdings daran scheitern, dass das Entgelt für die Sachkonzession einem materiellen Wirtschaftsgut zuzurechnen ist. 3189

Bei entgeltlichem Erwerb ist die Konzession zu aktivieren, vorausgesetzt die übrigen Wirtschaftsguteigenschaften liegen vor. Die an die Behörde zu zahlende Gebühr begründet den entgeltlichen Erwerb.[108] Nach anderer Auffassung ist entsprechend den Nutzungsrechten grundsätzlich nur dann ein entgeltlicher Erwerb gegeben, wenn der Erwerb von einem Dritten erfolgt. Erworben werde dann jedoch nicht die Konzession, sondern ein firmenwertähnliches Wirtschaftsgut.[109] 3190

Güterverkehrsgenehmigungen qualifizieren seit der Entkontingentierung mangels Werthaltigkeit nicht mehr als Wirtschaftsgut.[110] Derartige Genehmigungen sind nur noch an bestimmte Berufszugangsvoraussetzungen geknüpft. 3191

Konzessionsähnlich ist das immaterielle Wirtschaftsgut „Spielerlaubnis". Im Fall von Transferzahlungen bei Spielerwechseln im Profifußball hat der BFH entschieden, dass die **Spielerlaubnis** als entgeltlich erworbenes immaterielles Wirtschaftsgut (konzessionsähnliches Recht) aktivierbar ist,[111] die von einem Dritten, etwa dem Verband, gewährt wird, der nicht Vertragspartner ist. Aus wirtschaftlicher Sicht wird die Ablöse (Entgelt) jedoch zum Erhalt der Spielerlaubnis gezahlt. Hingegen verbleibt das Nutzungsrecht am Lizenzspieler bei einer **Spielerleihe** beim abgebenden Verein, so dass 3192

---

104 Vgl. FG Niedersachsen, Urteil vom 28.9.2004 – 13 K 412/01, EFG 2005, 420 (rkr).
105 Vgl. z. B. BFH, Urteil vom 24.8.2000 – IV R 11/00, BStBl 2003 II S. 64; BMF, Schreiben vom 14.1.2003, BStBl 2003 I S. 78.
106 Vgl. BFH, Urteil vom 10.8.1989 – X R 176-177/87, BStBl 1990 II S. 15.
107 Vgl. *Kuhner*, Die immateriellen Vermögensgegenstände und -werte des Anlagevermögens, HdJ, Abtl. II/1, Rn. 132.
108 Vgl. R 5.5 Abs. 2 Satz EStR; *Anzinger*, in: HHR, EStG § 5 Rn. 1732; a. A. *Schiffers*, in: Korn, § 5 Rn. 523.
109 Vgl. *Schiffers*, in: Korn, EStG, § 5 Rn. 523.
110 Vgl. *Krumm*, in: Blümich, EStG, § 5 Rn. 740.
111 Vgl. BFH, Urteil vom 26.8.1992 – I R 24/91, BStBl 1992 II S. 977; vgl. BFH, Urteil vom 14.12.2011 – I R 108/10, BStBl 2012 II S. 512; vgl. auch *Wehrheim*, BB 2004 S. 433.

die Leihgebühr kein Aufwand für den Erwerb eines immateriellen Wirtschaftsguts, sondern eine Betriebsausgabe nach § 4 Abs. 2 EStG darstellt.[112]

3193 **Emissionsrechte** sind ebenfalls konzessionsähnliche immaterielle Wirtschaftsgüter. Allerdings ist § 5 Abs. 2 EStG nicht anzuwenden, da es sich um Wirtschaftsgüter des Umlaufvermögens handelt.[113]

1.3.3 Gewerbliche Schutzrechte

3194 Durch ein gewerbliches Schutzrecht hat der Inhaber des Rechts ein rechtlich geschütztes Verwendungsrecht und insofern eine eigentumsähnliche Position. Folgende **Typen von Schutzrechten** lassen sich hinsichtlich ihrer Rechtsgrundlage unterscheiden:[114]

- ▶ **Patentrecht**: Das PatG gewährt dem Erfinder den Anspruch auf Patentschutz, sofern die Erfindung neu und gewerblich anwendbar ist. Der Patentschutz sichert dem Erfinder ein exklusives Nutzungsrecht für eine Dauer von 20 Jahren zu.
- ▶ **Gebrauchsmusterrecht**: Das Gebrauchsmusterrecht schützt ähnlich wie das Patentrecht in erster Linie technische Erfindungen. Die Anforderungen sind jedoch im Vergleich zum Patentrecht geringer. Die gewährte Schutzdauer ist kürzer. Sie beträgt 3 Jahre und ist auf 10 Jahre verlängerbar (§ 23 GebrMG).
- ▶ **Geschmacksmusterrecht**: Das Geschmacksmusterrecht schützt die äußere, sinnlich wahrnehmbare Form von Gegenständen, wenn diese gewerblich verwendbar ist, neu und eigentümlich erscheint. Die Schutzdauer beträgt 6 Jahre und ist auf 20 Jahre verlängerbar (§ 9 GeschmMG).
- ▶ **Markenrecht**: Das Markenrecht schützt insbesondere Zeichen, Wörter, Namen, Abbildungen, Buchstaben und Zahlen einschließlich der Form einer Ware oder ihrer Verpackung, Farben etc., die als Abgrenzungs- beziehungsweise Unterscheidungsmerkmal für Waren oder Dienstleistungen eines bestimmten Unternehmens geeignet sind.

3195 Gewerbliche Schutzrechte sind immaterielle Wirtschaftsgüter. Wirtschaftsgut ist das Schutzrecht selbst, d. h. beispielsweise das Patent, nicht die zugrunde liegende Erfindung.[115] Dabei ist jedes Patent ein selbständiges Wirtschaftsgut. Entsprechendes gilt für Waren- und Markenzeichen.[116] Steuerbilanziell ist die Voraussetzung des entgeltlichen Erwerbs zu beachten. Entwicklungsaufwendungen[117] und Kosten für die Rechtssicherung sind nicht aktivierbar.

3196 Das Patent als solches kann nicht veräußert werden. Allerdings könnte die zugrundeliegende Erfindung erworben werden. Dies kann über die Gewährung eines Nutzungs-

---

112 Zur gewerbesteuerlichen Hinzurechnung vgl. *Bley/Caro* DStR 2017, S. 1512.
113 Vgl. BMF, Schreiben vom 6.12.2005, BStBl 2005 I S. 1047, Tz. 8; *Herzig/Jensen-Nissen/Koch*, FR 2006 S. 112.
114 Vgl. auch *Kuhner*, Die immateriellen Vermögensgegenstände und -werte des Anlagevermögens, HdJ, Abtl. II/1, Rn. 29 ff.
115 Vgl. BFH, Urteil vom 2.6.1976 – I R 20/74, BStBl 1976 II S. 666; vgl. BFH, Urteil vom 8.9.2011 – IV R 5/09, BStBl 2012 II S. 122.
116 Vgl. BMF, Schreiben vom 12.7.1999, BStBl 1999 I S. 686.
117 Zur Abgrenzung von Forschung und Entwicklung vgl. *Laubach/Kraus/Bornhofen*, DB Beilage Nr. 5/2009, S. 22; zu den steuerlichen Konsequenzen von Auftragsforschung und der notwendigen Differenzierung zwischen einem Dienstvertrag und einem Werkvertrag siehe *Broemel/Endert*, IStR 2014 S. 87.

rechts erfolgen. Der Erwerb einer Erfindung kann insoweit allenfalls über die Einräumung eines zeitlich unbegrenzten beziehungsweise bis zur voraussichtlichen wirtschaftlichen Erschöpfung des Werts begrenzten Nutzungsrechts führen.

1.3.4 Sonstige Rechte und Werte

Unter sonstige Rechte und Werte fallen obligatorische und dingliche Nutzungsrechte, die zu den immateriellen Wirtschaftsgütern des Anlagevermögens im Sinne von § 5 Abs. 2 EStG gehören.[118] Durch ein **obligatorisches Nutzungsrecht** wird die Erlaubnis zur Nutzung eines Wirtschaftsguts auf Grundlage einer schuldrechtlichen Vereinbarung gewährt. Beispiele für obligatorische Nutzungsrechte sind Lizenzen (siehe dazu unter Gliederungspunkt 1.3.6.), Wohnrechte und Schürfrechte. Im Gegensatz zu obligatorischen Nutzungsrechten beinhalten **dingliche Nutzungsrechte** eine sachenrechtlich (nicht schuldrechtlich) abgesicherte Rechtsposition zur Nutzung eines Wirtschaftsguts.[119] Prominentes Beispiel ist das Nießbrauchrecht im Sinne der §§ 1030 ff. BGB.

3197

Unter **sonstige Rechte und Werte**, die ein immaterielles Wirtschaftsgut des Anlagevermögens begründen können, fallen z. B. **Belieferungsrechte**,[120] **Wettbewerbsverbote** und das Recht an einem **Domainnamen** (Internet-Adresse).[121] Aufwendungen, die für die Übertragung eines Domainnamens an den bisherigen Domaininhaber geleistet werden, sind gemäß BFH Anschaffungskosten für ein in der Regel nicht abnutzbares immaterielles Wirtschaftsgut.[122] Die Aktivierung eines Nutzungsrechts kommt im Rahmen von **Pfandgeldern** auch bei sog. Mehrrücknahmen in Betracht.[123] Mehrrücknahmen liegen vor, wenn die Teilnehmer eines Mehrwegsystems mehr Leergut von ihren Kunden zurücknehmen als sie vorher als Vollgut ausgegeben hatten.

3198

1.3.5 EDV-Software

Bei Software kann zwischen Systemsoftware (Betriebssoftware) und Anwendersoftware (z. B. Textverarbeitungsprogramm) differenziert werden.[124] Bilanzsteuerrechtlich wird Software grundsätzlich nicht als Einheit mit der Hardware, sondern gesondert behandelt. Dies gilt auch für die **Systemsoftware**, für die abgrenzbare Kosten von den Aufwendungen für die Hardware entstanden sind – z. B. aufgrund gesonderten Ausweises in der Rechnung oder aufgrund gesonderter Anschaffung.[125] Wird hingegen die Software ohne gesonderte Berechnung und ohne Aufteilbarkeit des Entgelts zur Verfügung gestellt, bildet die Hardware zusammen mit der Software eine Einheit.[126]

3199

---

118 Vgl. BFH, Urteil vom 12.8.1982 – IV R 184/79, BStBl 1982 II S. 696.
119 Vgl. auch *Kuhner*, Die immateriellen Vermögensgegenstände und -werte des Anlagevermögens, HdJ, Abtl. II/1, Rn. 38.
120 Vgl. BFH, Urteil vom 3.8.1993 – VIII R 37/92, BStBl 1994 II S. 444.
121 Vgl. BFH, Urteil vom 19.10.2006 – III R 6/05, BStBl 2007 II S. 301; OFD Koblenz, BB 2007 S. 1497; siehe auch *Ehmcke*, in: Blümich, EStG, § 6 Rn. 782; vgl. FG Köln, Urteil vom 20.4.2010 – 8 K 3038/08, EFG 2010 S. 1216.
122 Vgl. BFH, Urteil vom 19.10.2006 – III R 6/05, BStBl II 2007 S. 301; vgl. auch OFD Koblenz, DB 2005 S. 1821.
123 Vgl. BFH, Urteil vom 9.1.2013 – I R 33/11, BFH/NV 2013 S. 1009; vgl. auch *Zwirner*, Steuk 2013 S. 275.
124 Vgl. *Treiber*, DStR 1993 S. 887.
125 Vgl. BFH, Urteil vom 28.7.1994 – III R 47/92, BStBl 1994 II S. 873.
126 Vgl. BFH, Urteil vom 28.7.1994 – III R 47/92, BStBl 1994 II S. 873.

3200 Bei der Frage, ob Software als **materielles** oder **immaterielles Wirtschaftsgut** zu behandeln ist, ergeben sich Abgrenzungsschwierigkeiten, da Software sowohl materielle Bestandteile (Datenträger) als auch immaterielle Bestandteile (Programmcode) beinhalten kann. Der Miterwerb des materiellen Bestandsteils Datenträger ist jedoch nicht zwingend – vielfach kann oder muss Software gegen Entgelt aus dem Internet heruntergeladen werden.

3201 Bei **Standardsoftware** wurde in der Rechtsprechung zunächst davon ausgegangen, dass die immaterielle Eigenschaft in Folge der häufigen Vervielfältigung untergehe und daher ein materielles Wirtschaftsgut anzunehmen sei.[127] Nach aktueller höchstrichterlicher Rechtsprechung des BFH (Urteil vom 18.5.2011) handelt es sich bei Standardsoftware jedoch um ein immaterielles Wirtschaftsgut.[128] Nach R 5.5. Abs. 2 Satz 2 EStR sind **Trivialprogramme** abnutzbare bewegliche und selbständig nutzbare Wirtschaftsgüter. Computerprogramme, deren Anschaffungskosten nicht mehr als 410 € betragen, sind nach Verwaltungsauffassung wie Trivialprogramme zu behandeln. Insofern liegen keine immateriellen Wirtschaftsgüter vor. Nach dem Anstieg der Wertgrenze für geringwertige Wirtschaftsgüter von 410 € auf 800 € für Wirtschaftsgüter, die nach dem 31.12.2017 angeschafft werden,[129] sollten diese neue Wertgrenze meines Erachtens auch für Trivialprogramme gelten. Eine Anpassung der EStR an die neue Rechtslage fand bislang jedoch nicht statt.

Keine immateriellen Wirtschaftsgüter sind nach H 5.5 EStH auch Computerprogramme, die keine Befehlsstruktur enthalten, sondern nur **Bestände von Daten**, die allgemein bekannt und jedermann zugänglich sind Allerdings liegt wiederum ein immaterielles Wirtschaftsgut vor, wenn der materielle, körperliche Bestandteil gegenüber dem geistigen Gehalt bedeutungsmäßig zurücktritt und die immaterielle Eigenschaft auch nicht durch eine häufige Vervielfältigung untergeht. Beispielsweise hat der BFH mit Urteil vom 30.10.2008 entschieden, dass auf Datenträger in Form von Zahlenkolonnen gespeicherte Koordinaten des Gebäudebestands der Bundesrepublik (sog. Geopunkte) zu den immateriellen Wirtschaftsgütern gehören.[130]

3202 Bei **Individualsoftware** handelt es sich typischerweise um immaterielle Wirtschaftsgüter. Bei Individualsoftware besteht keine häufige Vervielfältigung, die ein materielles Wirtschaftsgut begründet. Voraussetzung für die Behandlung als immaterielles Wirtschaftsgut ist zudem, dass kein Trivialprogramm vorliegt und die Individualsoftware auch eine Befehlsstruktur enthält und nicht nur allgemein bekannte und zugängliche Datenbestände.

3203 Die steuerbilanzielle Behandlung bei Softwarelösungen, die aus mehreren Modulen bestehen, richtet sich zunächst nach der Nutzbarkeit der Module. Sind die einzelnen Bestandteile unabhängig voneinander nutzbare Einheiten, die auch einer getrennten Be-

---

127 Vgl. BFH, Urteile vom 28.10.2008 – IX R 22/08, BStBl 2009 II S. 527; vom 30.10.2008 – III R 82/06, BStBl 2009 II S. 421; FG Köln, Urteil vom 4.12.2009.
128 Vgl. BFH, Urteil vom 18.5.2011 – X R 26/09, BStBl 2011 II S. 865; vgl. auch LFD Thüringen vom 25.10.2011, DB 2011 S. 2812.
129 Gesetz gegen schädliche Steuerpraktiken im Zusammenhang mit Rechteüberlassung vom 27.6.2017, BGBl. I 2017, S. 2074. Vgl. dazu *Bauer* Ubg 2017, S. 529.
130 Vgl. BFH, Urteil vom 30.10.2008 – III R 82/06, BStBl 2009 II S. 421.

wertung zugänglich sind, liegen mehrere Wirtschaftsgüter vor. Bei **ERP-Systemen** (Enterprise Resource Planning Software) besteht hingegen häufig ein einheitlicher Nutzungs- und Funktionszusammenhang. In diesem Fall ist von nur einem Softwaresystem und insoweit auch nur von einem Wirtschaftsgut auszugehen.[131] Gemäß Finanzverwaltung gehören Kosten der Installation, des Customizing und der Implementierung grundsätzlich zu den Anschaffungsnebenkosten, soweit die Aufwendungen dazu dienen, die Software in einen betriebsbereiten Zustand zu versetzen.[132] Planungskosten, die in direktem Zusammenhang mit der Software stehen, gehören ebenso zu den Anschaffungsnebenkosten. Hingegen sind Kosten der Datenmigration und Schulungskosten – auch nach Verwaltungsauffassung – sofort abziehbare Betriebsausgaben im Sinne des § 4 Abs. 4 EStG.[133]

Bei Updates ist fraglich, ob die Aufwendungen für die verbesserte bzw. aktualisierte Version als Erhaltungsaufwand oder als Anschaffungskosten für ein entgeltlich erworbenes immaterielles Wirtschaftsgut zu qualifizieren ist. Nach allgemeinen Grundsätzen führt die Reparatur (oder: Austausch von bestimmten Teilen des Wirtschaftsguts) nicht zu einem neuen Wirtschaftsgut, sondern die Aufwendungen sind als sofort abziehbare Betriebsausgabe zu behandeln. Entsprechendes sollte für Updates von Software gelten, die lediglich Programmpflege sind, um die Software auf einem aktuellen, verbesserten Stand zu bringen.[134] Selbst eine funktionale Erweiterung des Softwaresystems führt typischerweise nicht zu einem neuen Wirtschaftsgut. Ein solches entsteht erst, wenn eine völlige Neukonzeption der Software beziehungsweise eine tief greifende Überarbeitung einer bisherigen Programmversion erfolgt.[135] Indizien hierfür können die Vergabe einer neuen Lizenz, eine tiefgreifende Funktionserweiterung der Software oder die Notwendigkeit einer Datenmigration sein.[136] 3204

1.3.6 Lizenzen an Rechten und Werten

Lizenzen sind Erlaubniserteilungen für bestimmte Nutzungen. Durch Lizenzierung wird erlaubt, dass einem anderen durch staatlichen Akt verliehene Schutzmonopol (Schutzrecht, Patent) oder die Anmeldung hierauf (Schutzrechtsanmeldung, Patentanmeldung) zu nutzen. Neben gewerblichen Schutzrechten kann eine Lizenz auch jede andere Form der entgeltlichen (ausnahmsweise auch unentgeltlichen) Nutzungsüberlassung immaterieller Wirtschaftsgüter umfassen.[137] Unter Lizenzen fallen auch Erlaubniserteilungen zur Nutzung von nicht allgemein zugänglichen, d. h. geheimen Wissen/Know-how, das nicht durch ein Patent geschützt ist.[138] 3205

---

131 Vgl. BMF, Schreiben vom 18.11.2005, BStBl 2005 I S. 1025, Tz. 2
132 Vgl. FinSen Bremen, Urteil vom 14.9.2004, FR 2004 S. 1410; BMF, Schreiben vom 18.11.2005, BStBl 2005 I S. 1025, Tz. 6.
133 Vgl. BMF, Schreiben vom 18.11.2005, BStBl 2005 I S. 1025, Tz. 15, 19.
134 Vgl. FinSen Bremen, Urteil vom 13.9.2004, FR 2004 S. 1410 zu Software, die als immaterielles Wirtschaftsgut zu qualifizieren ist. Vgl. auch *Schiffers*, in: Korn, EStG, § 5 Rn. 535, Tz. 535, nach dem jede Update-Version bei Software, die als materielles Wirtschaftsgut qualifiziert, ein eigenständiges Wirtschaftsgut darstelle.
135 Vgl. BMF, Schreiben vom 18.11.2005, BStBl 2005 I S. 1025, Tz. 9 f.
136 Vgl. BMF, Schreiben vom 18.11.2005, BStBl 2005 I S. 1025, Tz. 10.
137 Vgl. *Engler*, in: Vögele/Borstell/Engler, Handbuch der Verrechnungspreise, 3. Aufl., N 351; grundlegend bereits *Lehmann*, StuW 1961 Sp. 489 ff.; BFH, Urteil vom 17.2.1965 – I-174/60 S, BStBl 1965 III S. 230.
138 Vgl. *Henn*, Patent- und Know-how-Lizenzvertrag, 4. Aufl. 1999, S. 7 m. w. N.

3206 Der rechtliche Typus einer Lizenz ist abhängig vom konkreten Nutzungsgegenstand und von den vereinbarten Nutzungsbedingungen. Die Festlegung eines einheitlichen rechtlichen Typus ist aufgrund der weiten Definition der Lizenz kaum möglich. Somit liegt nach Ansicht des BGH beim Abschluss von Lizenzverträgen regelmäßig ein so genannter „**Vertrag eigener Art**" (sui generis) vor, der keinem zivilrechtlich explizit geregelten Vertragstypus entspricht, sondern sich typischerweise aus verschiedenen Elementen zusammensetzt, die keine einheitliche Zuordnung ermöglichen.[139]

3207 Grundtypen von Lizenzverträgen:

▶ Lizenzverträge für gewerbliche Schutzrechte

▶ Lizenzverträge hinsichtlich ungeschützter immaterieller Wirtschaftsgüter

▶ Kombinierte Rechtsüberlassung (vertraglich vereinbarte Nutzung des Schutzrechts ist ohne die weitere Übertragung von Know-how nicht oder nur eingeschränkt möglich).[140]

3208 Lizenzverträge lassen sich hinsichtlich der Nutzungsart zwischen Herstellungs-, Vertriebs- und Gebrauchslizenzen unterscheiden:[141] Eine **Herstellungslizenz** gewährt dem Lizenznehmer das Recht, den Gegenstand selbst zu produzieren.[142] Herstellungslizenzen umfassen typischerweise auch das Recht, die produzierten Waren in Verkehr zu bringen und zu gebrauchen (**Vertriebslizenz**).[143] Eine reine Herstellungslizenz kann beispielsweise vorliegen, wenn der Lizenznehmer nur für den eigenen Gebrauch produziert oder zur ausschließlichen Lieferung an den Lizenzgeber verpflichtet beziehungsweise befugt ist.

3209 Die **Entwicklungslizenz** ist ein Sonderfall der Herstellungslizenz. Der Lizenznehmer ist bei einer Entwicklungslizenz berechtigt, die Produkte selbst zu entwickeln, insbesondere auch eigene Schutzrechte und eigenes Know-how zu erarbeiten.[144] Bei einer **Gebrauchslizenz** wird dem Lizenznehmer typischerweise eine patentgeschützte Vorrichtung zur Nutzung überlassen, z. B. eine spezielle Produktionsanlage im Bereich des Maschinenbaus.[145]

3210 Der Umfang des Nutzungsrechts kann in persönlicher, zeitlicher und räumlicher Hinsicht vertraglich begrenzt werden. Bei den **persönlichen Beschränkungen** wird unterschieden zwischen ausschließlicher, alleiniger und einfacher Lizenz.[146] Bei der **ausschließlichen Lizenz** wird dem Lizenznehmer für die vereinbarte Nutzungsdauer das alleinige positive Recht zur Ausübung aller oder einzelner Befugnisse erteilt, die das übertragene Recht gewährt. Bei der **alleinigen Lizenz** behält sich der Lizenzgeber sein eigenes Nutzungs-

---

139 Vgl. BGH, Urteil vom 3.11.1988 – I ZR 242/86, GRUR 1989 S. 68; so bereits *Leibrecht*, StuW 1965 Teil 1, Sp. 279 ff.; *Knoppe*, FR 1965 S. 179.
140 Vgl. *Kraßler/Schmid*, GRUR 1982 S. 324, 329/330.
141 Vgl. *Stumpf*, Der Lizenzvertrag, 5. Aufl. 1984, S. 38 ff.; *Engler*, in: Vögele/Borstell/Engler, Handbuch der Verrechnungspreise, 3. Aufl., N 363.
142 Vgl. *Engler*, in: Vögele/Borstell/Engler, Handbuch der Verrechnungspreise, 3. Aufl., N 385.
143 Vgl. *Stumpf*, Der Lizenzvertrag, 5. Aufl. 1984, S. 38 f.
144 Vgl. *Henn*, Patent- und Know-how-Lizenzvertrag, 4. Aufl. 1999, S. 79 m. w. N.; *Stumpf*, Der Lizenzvertrag, 5. Aufl. 1984, S. 46.
145 Vgl. *Stumpf*, Der Lizenzvertrag, 5. Aufl. 1984, S. 46; *Engler*, in: Vögele/Borstell/Engler, Handbuch der Verrechnungspreise, 3. Aufl., N 401.
146 Vgl. *Engler*, in: Vögele/Borstell/Engler, Handbuch der Verrechnungspreise, 3. Aufl., N 407.

recht vor.[147] Die **einfache Lizenz** gewährt dem Lizenznehmer lediglich ein gewöhnliches Nutzungsrecht, das keine Ausschließlichkeitswirkung gegenüber Dritten entfaltet.[148]

Die Dauer der Lizenz richtet sich grundsätzlich nach den getroffenen (vertraglichen) Vereinbarungen. Wurde keine gesonderte Vereinbarung getroffen, so ist in Fällen der Lizenzierung gewerblicher Schutzrechte die gesetzliche Dauer des Schutzrechts maßgeblich.[149] Die Lizenz für die Nutzung eines immateriellen Wirtschaftsguts kann räumlich auf das Gebiet eines Staates oder eines Landesteils beschränkt werden (**Gebietslizenz**). Ist keine derartige Beschränkung vereinbart, richtet sich der räumliche Nutzungsbereich nach dem territorialen Geltungsbereich des Schutzrechts.

Wird eine Lizenz zeitlich unbefristet überlassen, kommt eine Aktivierung in Betracht, wenn der Vorgang nicht als Nutzungsüberlassung, sondern als Kaufgeschäft zu werten ist und insofern der „Lizenznehmer" bzw. der Käufer **wirtschaftlicher Eigentümer** wird.[150] Übt ein anderer als der Eigentümer die tatsächliche Herrschaft über ein Wirtschaftsgut in der Weise aus, dass er den Eigentümer im Regelfall für die gewöhnliche Nutzungsdauer von der Einwirkung auf das Wirtschaftsgut wirtschaftlich ausschließen kann, so ist ihm nach § 39 Abs. 2 Nr. 1 AO als wirtschaftlicher Eigentümer das Wirtschaftsgut zuzurechnen. Im Falle eines ordentlichen Kündigungsrechts geht das wirtschaftliche Eigentum an der Lizenz nicht auf den Lizenznehmer über. Etwas anderes kann gelten, sofern lediglich ein außerordentliches Kündigungsrecht besteht, beispielsweise ein Kündigungsrecht für den Fall, dass der Lizenznehmer mit der Zahlung der Lizenzgebühren in Verzug gerät. Bei einer zeitlich befristeten Überlassung einer Lizenz verbleibt das wirtschaftliche Eigentum in der Regel beim Lizenzgeber. Es kann nur dann zum Übergang des wirtschaftlichen Eigentums kommen, sofern sich zum Zeitpunkt des Vertragsendes der wirtschaftliche Wert der Lizenz erschöpft hat (sogenannte verbrauchende Überlassung). Insgesamt ist die Beurteilung, ob das wirtschaftliche Eigentum auf einen anderen übergangen ist, nach dem Gesamtbild der Verhältnisse im jeweiligen Einzelfall vorzunehmen und daher sehr einzelfallspezifisch und sorgsam zu prüfen.

3211

3212

1.4 Geleistete Anzahlungen (immaterielle Wirtschaftsgüter)

Für geleistete Anzahlungen auf immaterielle Vermögensgegenstände ist im Gliederungsschema des § 266 Abs. 2 HGB ein gesonderter Bilanzposten vorgesehen. Auch das Gliederungsschema zur E-Bilanz sieht für geleistete Anzahlungen auf immaterielle Wirtschaftsgüter eine gesonderte Taxonomieposition vor.

3213

Unter der Position Anzahlungen sind Vorleistungen auf ein im Übrigen noch schwebendes Geschäft zu erfassen, das auf den Erwerb eines immateriellen Wirtschaftsguts des Anlagevermögens gerichtet ist.[151] Damit wird vermieden, dass die Anzahlung sich be-

3214

---

147 Vgl. *Engler*, in: Vögele/Borstell/Engler, Handbuch der Verrechnungspreise, 3. Aufl., N 410; *Stumpf*, Der Lizenzvertrag, 5. Aufl. 1984, S. 49.
148 Vgl. *Engler*, in: Vögele/Borstell/Engler, Handbuch der Verrechnungspreise, 3. Aufl., N 412; *Stumpf*, Der Lizenzvertrag, 5. Aufl. 1984, S. 50.
149 Vgl. *Engler*, in: Vögele/Borstell/Engler, Handbuch der Verrechnungspreise, 3. Aufl., N 371 ff.
150 Vgl. *Wallis*, in: HHR, EStG, § 5 Rn. 1202.
151 Vgl. *Kußmaul*, in: Federmann/Kußmaul/Müller, HdB 2010, Immaterielles Vermögen, Rn. 26.

reits als Betriebsausgabe im Sinne des § 4 Abs. 4 EStG auswirkt. Insofern dient die Aktivierung der geleisteten Anzahlung der periodengerechten Gewinnabgrenzung.

1.5 (Erst-)Bewertung von immateriellen Wirtschaftsgütern

3215 Die steuerbilanzielle Bewertung von immateriellen Wirtschaftsgütern des Anlagevermögens richtet sich nach § 6 EStG. Gemäß § 6 Abs. 1 Nr. 1 EStG sind Wirtschaftsgüter des Anlagevermögens, die einer Abnutzung unterliegen, mit den Anschaffungs- oder Herstellungskosten oder dem an deren Stelle tretenden Wert, vermindert um AfA, erhöhte Absetzungen, Sonderabschreibungen, Abzüge nach § 6b EStG und ähnliche Abzüge, anzusetzen. Für nicht abnutzbare Wirtschaftsgüter bestimmt § 6 Abs. 1 Nr. 2 EStG die Bewertung zu Anschaffungs- oder Herstellungskosten oder dem an deren Stelle tretenden Wert, vermindert um Abzüge nach § 6b EStG und ähnliche Abzüge. Die steuerbilanzielle Zugangsbewertung für immaterielle Wirtschaftsgüter des Anlagevermögens erfolgt – identisch für abnutzbare und nicht abnutzbare Wirtschaftsgüter – mit den Anschaffungskosten oder dem an deren Stelle tretenden Wert. Die Bewertung mit Herstellungskosten kommt aufgrund des für den Ansatz notwendigen entgeltlichen Erwerbs nicht in Betracht.

3216 Eine eigenständige steuergesetzliche Definition für Anschaffungskosten gibt es nicht. Insoweit gelten für die **Anschaffungskosten** die handelsrechtlichen Vorschriften des § 255 HGB. Nach § 255 Abs. 1 Satz 1 HGB sind Anschaffungskosten die Aufwendungen, die geleistet werden, um einen Vermögensgegenstand zu erwerben und ihn in einen betriebsbereiten Zustand zu versetzen, soweit die Aufwendungen dem Vermögensgegenstand einzeln zugeordnet werden können. Zu den Anschaffungskosten gehören nach § 255 Abs. 1 Satz 2 HGB auch die Anschaffungsnebenkosten und die nachträglichen Anschaffungskosten. Anschaffungspreisminderungen, z. B. ein Rabatt, sind von den Anschaffungskosten abzusetzen (§ 255 Abs. 1 Satz 3 HGB).

3217 Für die Zuordnung von Aufwendungen zu den Anschaffungskosten ist insbesondere der mit ihnen verfolgte Zweck maßgebend. Es genügt nicht, dass das Entgelt nur gelegentlich im Hinblick auf den Erwerb des immateriellen Wirtschaftsguts gezahlt wird, d. h. ein bloßer Veranlassungszusammenhang ist nicht ausreichend.[152] Das Entgelt muss sich auf den Erwerb des immateriellen Wirtschaftsguts als solches beziehen.[153]

3218 Steuerliche Besonderheiten können sich aufgrund des steuerlichen Bewertungsvorbehalts ergeben. Beim Tausch ist das immaterielle Wirtschaftsgut nach § 6 Abs. 6 Satz 1 EStG mit dem gemeinen Wert des hingegebenen Wirtschaftsguts zu bewerten. Wird ein immaterielles Wirtschaftsgut eingelegt, ist nach § 6 Abs. 1 Nr. 5 EStG der Teilwert maßgebend, höchstens jedoch die Anschaffungs- oder Herstellungskosten, wenn das zugeführte Wirtschaftsgut innerhalb der letzten drei Jahre vor dem Zeitpunkt der Zuführung angeschafft oder hergestellt worden ist (§ 6 Abs. 1 Nr. 5 Satz 1 Buchst. a EStG). Bei einer steuerlichen Verstrickung nach § 4 Abs. 1 Satz 8 2. Halbsatz EStG, z. B. die

---

152 Vgl. BFH, Urteil vom 13.12.1984 – VIII R 249/80, BStBl 1985 II S. 289.
153 Vgl. z. B. BFH, Urteil vom 10.12.1992 – XI R 45/88, BStBl 1993 II S. 538, nach dem Konzeptionskosten als Anschaffungskosten eines immateriellen Wirtschaftsgutes qualifizieren können; vgl. BFH, Urteil vom 16.5.2002 – III R 45/98, BStBl 2003 II S. 10.

"Überführung" eines immateriellen Wirtschaftsguts von der ausländischen Betriebsstätte zum inländischen Stammhaus, vgl. R 4.3 EStR 2012, ist nach § 6 Abs. 1 Nr. 5a EStG wiederum der gemeine Wert maßgebend.[154] Im Rahmen von Umwandlungen und Einbringungen können immaterielle Wirtschaftsgüter, je nach Ausübung der Wahlrechte, zum Buchwert, gemeinen Wert oder zu einem Zwischenwert angesetzt werden.

1.6 Folgebewertung
1.6.1 Nicht abnutzbare immaterielle Wirtschaftsgüter

Immaterielle Wirtschaftsgüter können sowohl zu den abnutzbaren als auch zu den nicht abnutzbaren Wirtschaftsgütern gehören. Ob ein immaterielles Wirtschaftsgut abnutzbar ist, entscheidet sich danach, ob seine Nutzung unter rechtlichen und wirtschaftlichen Gesichtspunkten zeitlich begrenzt ist.[155] Nicht abnutzbare immaterielle Wirtschaftsgüter unterliegen weder einem rechtlichen noch einem wirtschaftlichen Wertverzehr. Eine (planmäßige) **AfA** ist daher nicht zulässig. Eine außerplanmäßige Abschreibung kommt jedoch auch bei nicht abnutzbaren immateriellen Wirtschaftsgütern in Betracht. Ist der Teilwert aufgrund einer voraussichtlich dauernden Wertminderung niedriger, kann nach § 6 Abs. 1 Nr. 2 Satz 2 EStG dieser niedrigere Wert angesetzt werden. Insofern besteht für den Steuerpflichtigen ein von der Handelsbilanz unabhängig ausübbares Wahlrecht zur Teilwertabschreibung.[156] Wird ein niedrigerer Teilwert angesetzt, ist in jedem Folgejahr nachzuweisen, dass der Teilwert weiterhin aufgrund einer dauernden Wertminderung niedriger als die (fortgeführten) Anschaffungskosten sind. Gelingt dieser Nachweis nicht oder wird der Nachweis nicht erbracht, ist eine Zuschreibung die Folge (§ 6 Abs. 1 Nr. 2 Satz 3 i. V. m. Nr. 1 Satz 4 EStG).

3219

Beispiele für nicht abnutzbare immaterielle Wirtschaftsgüter des Anlagevermögens sind:

3220

▶ Domainnamen (Internet-Adresse),[157]
▶ Warenzeichen.[158]

---

154 *Schnitger*, IStR 2013 S. 82; *Dötsch/Pung*, DB 2006 S. 2648.
155 BFH, Urteile vom 28.5.1998 – IV R 48/97, BStBl 1998 II S. 775; vom 19.10.2006 – III R 6/05, BStBl 2007 II S. 301.
156 Vgl. BMF, Schreiben vom 12.3.2010, BStBl 2010 I S. 239 Tz. 15; *Dörfler/Adrian*, Ubg 2009 S. 390; *Herzig/Briesemeister*, DB 2009 S. 976; a. A. *Richter*, GmbHR 2010 S. 508.
157 Vgl. OFD Koblenz, BB 2007 S. 1497; BFH, Urteil vom 19.10.2006 – III R 6/05, BStBl 2007 II S. 301.
158 Vgl. BFH, Urteil vom 4.9.1996 – II B 135/95, BStBl 1996 II S. 586 zum BewG. Gemäß BMF, Schreiben vom 27.2.1998, kann jedoch bei entgeltlich erworbenen Warenzeichen eine Nutzungsdauer von 15 Jahren angenommen werden (in Anlehnung an § 7 Abs. 1 Satz 3 EStG), wenn vom Steuerpflichtigen nicht eine kürzere Nutzungsdauer dargelegt wird. Vgl. BMF, Schreiben vom 27.2.1998, DB 1998 S. 698.

Grundsätzlich nicht (mehr) als nicht abnutzbare Wirtschaftsgüter sind:

- Konzessionen des PBefG (z. B. Taxikonzession)[159]
- Amtliche Arzneimittelzulassungen,[160]

zu qualifizieren.

3221 Der BFH hatte bei seiner Entscheidung zur Nichtabnutzbarkeit eines Domainnamens den Fall vorliegen, dass der Name der **Domain** nach einer Region beziehungsweise einem Fluss benannt war.[161] Der BFH führt aus, dass die wirtschaftliche Abnutzbarkeit derartiger Domains auch nicht mit fehlenden werterhaltenen Maßnahmen begründbar ist, weil der Wert des Domain-Namens nicht von seinem Bekanntheitsgrad abhänge. Insoweit sei bei diesen Domains der Bekanntheitsgrad weder von werterhaltenden Maßnahmen noch vom Zeitgeist abhängig. Nach diesen Maßstäben könnte eine Domain wirtschaftlich abnutzbar sein, wenn werterhaltende Maßnahmen notwendig sind (z. B. die Werbung für eine Marke). Dagegen könnte aber einzuwenden sein, dass werterhaltende Maßnahmen gerade gegen die Abnutzbarkeit des Domain-Namens sprechen.[162]

3222 Gleichwohl wird von der Finanzverwaltung anerkannt, dass bestimmte – dem Grunde nach nicht abnutzbare immaterielle Wirtschaftsgüter – in Anlehnung an die Regelungen zum entgeltlich erworbenen Geschäfts- oder Firmenwert planmäßig abschreibbar sind. Gemäß BMF, Schreiben vom 12.7.1999, kann eine **Marke** aus wirtschaftlicher Sicht nur zeitlich begrenzt genutzt werden und ist dadurch steuerbilanzrechtlich als abnutzbares Wirtschaftsgut zu behandeln.[163] Das gilt gemäß BMF auch dann, wenn ihr Bekanntheitsgrad laufend durch Werbemaßnahmen gesichert wird. Als betriebsgewöhnliche Nutzungsdauer einer Marke gilt gemäß BMF-Schreiben in Anlehnung an § 7 Abs. 1 Satz 3 EStG ein Zeitraum von 15 Jahren, es sei denn, der Steuerpflichtige weist eine kürzere Nutzungsdauer nach. Entsprechendes gilt auch für entgeltlich erworbene Arzneimittelzulassungen. Der wirtschaftliche Vorteil einer Arzneimittelzulassung besteht in der Möglichkeit, das **Arzneimittel** in den allgemeinen Verkehr zu bringen. Unter wirtschaftlichen Gesichtspunkten kann auch dieser Vorteil als ein immaterielles Wirtschaftsgut des Anlagevermögens nur zeitlich begrenzt genutzt werden, weshalb die

---

[159] Vgl. FG Baden-Württemberg, Urteil vom 23.6.2010 – 7 K 3964/09; vgl. BFH, Urteil vom 15.12.1993 – X R 102/92, BFH/NV 1994 S. 543. Siehe auch Kurzinformationen der OFD Nordrhein-Westfalen vom 16.1.2014, DStR 2014 S. 268 mit dem Hinweis, dass für eine entgeltlich erworbene Personenbeförderungsgenehmigung eine lineare Abschreibung vorzuziehen ist, wenn die Konzession im Rahmen eines europaweiten Ausschreibungsverfahrens erworben wurde. Maßgebliche betriebsgewöhnliche Nutzungsdauer ist die Geltungsdauer der Konzession; die Kurzinformation erläutert, dass spätestens mit Novellierung des Personenbeförderungsgesetzes zum 1.1.2013 und der damit einhergehenden Ausschreibungspflicht für die Vergabe von Konzessionen nicht mit einer regelmäßigen Verlängerung gerechnet werden kann.

[160] Vgl. BMF, Schreiben vom 12.7.1999, BStBl 1999 I S. 686 mit dem sachgerechten Hinweis, dass eine **Arzneimittelzulassung** unter wirtschaftlichen Gesichtspunkten nur zeitlich begrenzt genutzt werden kann und daher wie ein abnutzbares Wirtschaftsgut zu behandeln ist. Als betriebsgewöhnliche Nutzungsdauer einer Arzneimittelzulassung gilt gleichfalls in Anlehnung an § 7 Abs. 1 Satz 3 EStG ein Zeitraum von 15 Jahren, es sei denn, der Steuerpflichtige weist eine kürzere Nutzungsdauer nach.

[161] Vgl. BFH, Urteil vom 19.10.2006 – III R 6/05, BStBl 2007 II S. 301.

[162] Vgl. *Hoffmann*, BC 2007 S. 298; *Wübbelsmann*, DStR 2005 S. 1659; *Mank*, DStR 2005 S. 1294.

[163] BMF, Schreiben vom 12.7.1999, BStBl 1999 I S. 686.

Finanzverwaltung auch in diesem Fall eine Abschreibung über 15 Jahre oder einen kürzeren Zeitraum zulässt.[164]

1.6.2 Abnutzbare immaterielle Wirtschaftgüter
1.6.2.1 Beispiele

Für abnutzbare (immaterielle) Wirtschaftsgüter ist kennzeichnend, dass sie einem Wertverzehr unterliegen.[165] Der Wertverzehr kann auf wirtschaftliche, aber auch auf rechtliche Gründe, wie eine vertragliche vereinbarte Laufzeit, zurückzuführen sein. 3223

Beispiele für abnutzbare immaterielle Wirtschaftsgüter des Anlagevermögens sind: 3224

- Software
- Gewerbliche Schutzrechte, z. B. Patent,[166]
- Ungeschützte Erfindungen, Know-How,[167]
- Belieferungsrechte,[168]
- Nutzungsrechte,[169]
- Vertreterrecht, das durch Ablösung des Ausgleichsanspruchs des Handelsvertreters erworben wurde,[170]
- Milchlieferrechte,[171]
- Zuckerquoten, Zuckerrübenlieferungsrecht,[172]
- Wettbewerbsverbot,[173]
- Anspruch auf Beteiligung am Prozesserfolg,[174]
- Personenbeförderungskonzession,[175]
- Arzneimittelzulassung,[176]
- Filmrechte nach § 94 UrhG[177].

---

164 Vgl. BMF, Schreiben vom 12.7.1999, BStBl 1999 I S. 686.
165 BFH, Urteil vom 28.5.1998 – IV R 48/97, BStBl 1998 II S. 775.
166 Vgl. BFH, Urteil vom 2.6.1976 – I R 20/74, BStBl 1976 II S. 666; vgl. BFH, Urteil vom 8.9.2011 – IV R 5/09, BStBl 2012 II S. 122.
167 Vgl. BFH, Urteil vom 23.11.1988 – II R 209/82, BStBl 1989 II S. 82.
168 Vgl. BFH, Urteil vom 28.5.1998 – IV R 48/97, BStBl 1998 II S. 775; vgl BFH, Urteil vom 29.4.2009 – IX 33/08, BStBl 2010 II S. 958.
169 Vgl. BFH, Urteil vom 14.9.1999 – IX R 31/96, DStRE 2000 S. 397.
170 Vgl. BFH, Urteil vom 12.7.2007 – X R 5/05, BStBl 2007 II S. 959; vgl. BFH, Beschluss vom 25.10.2012 – X B 99/12, BFH/NV 2013 S. 190.
171 Vgl. BFH, Urteil vom 29.4.2009 – IX R 33/08, BStBl 2010 II S. 958; vgl *Glaser*, Steuk 2011 S. 77.
172 Vgl. BFH, Urteile vom 16.10.2008 – IV R 1/06, BStBl 2010 II S. 28; vom 17.3.2010 – IV R 3/08, BFH/NV 2010 S. 1531; vom 9.9.2010 – IV R 2/10, BStBl 2011 II S. 171; vom 9.8.2011 – VIII R 13/08, BStBl 2011 II S. 875; *Glaser*, Steuk 2011 S. 77. Siehe zur steuerlichen Behandlung auch Verfügung der OFD Nordrhein-Westfalen vom 21.12.2013 – S 2134 – St 157/01, 2007.
173 Vgl. BFH, Urteile vom 25.1.1979 – IV R 21/75, BStBl 1979 II S. 369; vom 16.10.2008 – IV R 1/06, BStBl 2010 II S. 28.
174 Vgl. FG Berlin-Brandenburg, Urteil vom 6.3.2013 – 6 K 6014/09, EFG 2012 S. 1912.
175 Vgl. OFD Nordrhein-Westfalen, DStR 2014 S. 268.
176 Vgl. BMF, Schreiben vom 12.7.1999, BStBl 1999 I S. 686.
177 Vgl. BMF, Schreiben vom 23.2.2001; BStBl. I 2001, S. 175.

1.6.2.2 Planmäßige Abschreibung

3225 Bei abnutzbaren immateriellen Wirtschaftsgütern ist eine planmäßige Abschreibung vorzunehmen. **Degressive AfA** nach § 7 Abs. 2 EStG kommt nicht in Betracht, da immaterielle Wirtschaftsgüter nicht als bewegliche Wirtschaftsgüter qualifizieren. Bewegliche Wirtschaftsgüter können gemäß R 7.1 Abs. 2 EStR grundsätzlich nur Sachen (§ 90 BGB), Tiere (§ 90a BGB) und Scheinbestandteile (§ 95 BGB) sein. Dementsprechend kommt bei immateriellen Wirtschaftsgütern auch keine **leistungsabhängige AfA** nach § 7 Abs. 1 Satz 6 EStG in Betracht. § 7 Abs. 1 Satz 6 EStG beschränkt die Leistungs-AfA auf bewegliche Wirtschaftsgüter des Anlagevermögens, bei denen es wirtschaftlich begründet ist, die AfA nach Maßgabe der Leistung des Wirtschaftsguts vorzunehmen. Somit bleibt bei immateriellen Wirtschaftsgütern als steuerliche Abschreibungsmethode ausschließlich die Anwendung der linearen AfA nach § 7 Abs. 1 EStG.

3226 Nach § 7 Abs. 1 Satz 1 EStG ist bei Wirtschaftsgütern, deren Verwendung oder Nutzung sich (erfahrungsgemäß) auf einen Zeitraum von mehr als einem Jahr erstreckt, jeweils für ein Jahr der Teil der Anschaffungskosten abzusetzen, der bei gleichmäßiger Verteilung der Anschaffungskosten auf die Gesamtdauer der Verwendung oder Nutzung auf ein Jahr entfällt. Die Voraussetzungen für die AfA in gleichen Jahresbeträge (**lineare AfA**) erfüllen abnutzbare, entgeltlich erworbene immaterielle Wirtschaftsgüter des Anlagevermögens.

3227 Gemäß § 7 Abs. 1 Satz 2 EStG bemisst sich die Absetzung nach der **betriebsgewöhnlichen Nutzungsdauer** des Wirtschaftsguts. Insofern ist zum Zwecke der Folgebewertung zunächst die betriebsgewöhnliche Nutzungsdauer zu bestimmen.

3228 Das BMF hat umfangreiche **AfA-Tabellen** veröffentlicht. Die dort angegebenen Werte für die betriebsgewöhnliche Nutzungsdauer beruhen auf Erfahrungen der steuerlichen Betriebsprüfung.[178] Eine glaubhaft gemachte kürzere Nutzungsdauer wird ebenfalls von der Finanzverwaltung akzeptiert.[179] Zu immateriellen Wirtschaftsgütern finden sich dort jedoch keine Angaben, so dass im Grundsatz vom Steuerpflichtigen eine individuelle Schätzung vorzunehmen ist, die dokumentiert werden sollte.[180]

3229 Abnutzbare immaterielle Wirtschaftsgüter sind durch eine zeitlich begrenzte Nutzung unter rechtlichen und wirtschaftlichen Gesichtspunkten geprägt. Eine **rechtliche zeitliche Begrenzung** ist zumindest Anhaltspunkt für die betriebsgewöhnliche Nutzungsdauer. Ein aktivierungsfähiges Nutzungsrecht ist in der Regel über die Laufzeit des Rechts abzuschreiben.[181] Bei gesetzlich vorgegebenen Laufzeiten kann die betriebsgewöhnliche Nutzungsdauer deutlich abweichen: Z. B. wird bei gewerblichen Schutzrechten teils eine deutlich kürzere Nutzungsdauer vorgeschlagen.[182]

Für Filmrechte etwa die beträgt die betriebsgewöhnliche Nutzungsdauer grundsätzlich 50 Jahre (§ 94 Abs. 3 UrhG). Es kann jedoch im Einzelfall eine kürzere Nutzungsdauer

---

178 Vgl. Allgemeine Vorbemerkungen zu den AfA-Tabellen.
179 Vgl. Allgemeine Vorbemerkungen zu den AfA-Tabellen.
180 Vgl. auch *Velte*, Intangible Assetes und Goodwill im Spannungsfeld zwischen Entscheidungsrelevanz und Verlässlichkeit, Diss., Wiesbaden 2008, S. 238.
181 Vgl. BFH, Urteil vom 17.3.1977 – IV R 218/72, BStBl 1977 II S. 595.
182 Vgl. *Kußmaul*, in: Federmann/Kußmaul/Müller, HdB 2010, Immaterielles Vermögens, Rn. 61 m. w. N.

nachgewiesen werden.[183] Dabei sind die zukünftigen Erlöserwartungen zu berücksichtigen.[184]

Bei **Individualsoftware** ist die Nutzungsdauer individuell und meines Erachtens auch unabhängig von der Nutzungsdauer der Hardware zu bestimmen. Die Nutzungsdauer der Hardware kann allenfalls Orientierung zur Bestimmung der Nutzungsdauer der Software geben.[185] In der Nutzungsdauer der Hardware kann etwa die Obergrenze der Nutzungsdauer der Software gesehen werden, wenn die Software auf künftiger Hardware wahrscheinlich nicht mehr funktionieren wird. Wird eine Software zusammen mit der Hardware erworben und bilden sie eine Einheit (weil die Software ohne gesonderte Berechnung und ohne Aufteilbarkeit des Entgelts zur Verfügung gestellt wird)[186], ist die steuerbilanzielle Einheit „Hardware und Software" auch einheitlich über die Nutzungsdauer abzuschreiben. Bei **Standardsoftware** kann sich ebenfalls an der für Hardware orientiert werden; sie wird prinzipiell über eine betriebsgewöhnliche Nutzungsdauer von 3 Jahren abgeschrieben.[187] Für **ERP-Softwaresysteme** (Enterprise-Ressource-Planning) wird von der Finanzverwaltung grundsätzlich eine betriebsgewöhnliche Nutzungsdauer von 5 Jahren angenommen.[188] Werden nachträgliche Anschaffungskosten für das ERP-Softwaresystem aufgewendet, bemisst sich die Abschreibung nach der Restnutzungsdauer.[189] 3230

Hinsichtlich der AfA ist bei immateriellen Wirtschaftsgütern die Abgrenzung zum Geschäfts- oder Firmenwert wichtig (zur Abgrenzung vgl. Rz. 3178 ff.). Bei dem Geschäfts- oder Firmenwert ist im Unterschied zu den übrigen immateriellen Wirtschaftsgütern die Nutzungsdauer gesetzlich vorgegeben. § 7 Abs. 1 Satz 3 EStG bestimmt, dass als betriebsgewöhnliche Nutzungsdauer des Geschäfts- oder Firmenwerts eines Gewerbebetriebs oder eines Betriebs der Land- und Forstwirtschaft ein Zeitraum von 15 Jahren gilt. 3231

1.6.2.3 Außerplanmäßige Abschreibungen

Außerplanmäßige Abschreibungen kommen sowohl bei abnutzbaren als auch nicht abnutzbaren immateriellen Wirtschaftsgütern in Betracht. Ist der Teilwert aufgrund einer voraussichtlich dauernden Wertminderung niedriger, kann nach § 6 Abs. 1 Nr. 2 Satz 2 EStG dieser niedrigere Wert angesetzt werden. Insofern besteht für den Steuerpflichtigen ein Wahlrecht zur Teilwertabschreibung.[190] Dieses Wahlrecht kann unabhängig von der Handelsbilanz ausgeübt werden. Wird das steuerliche Wahlrecht zur Teilwertabschreibung abweichend von der handelsrechtlichen Möglichkeit zur außerplanmäßigen Abschreibung ausgeübt, sind die **Dokumentationsanforderungen** des § 5 Abs. 1 Sätze 2 und 3 EStG als tatbestandliche Voraussetzung für die Wahlrechtsausübung zu beachten.[191] 3232

---

183 Vgl. BMF-Schreiben vom 23.2.2001; BStBl 2001 I S. 175.
184 Vgl. BFH, Urteil vom 19.11.1997, BStBl 1998 II S. 59.
185 Vgl. auch *Schiffers*, in: Korn, EStG, § 5 Rn. 533.1.
186 Vgl. BFH, Urteil vom 28.7.1994 – III R 47/92, BStBl 1994 II S. 873.
187 Vgl. *Krumm*, in: Blümich, EStG, § 5 Rn. 644.
188 Vgl. BMF, Schreiben vom 18.11.2005, BStBl 2005 I S. 1025, Tz. 22.
189 Vgl. BMF, Schreiben vom 18.11.2005, BStBl 2005 I S. 1025, Tz. 9, 22.
190 Vgl. BMF, Schreiben vom 12.3.2010, BStBl 2010 I S. 239, Tz. 15; *Dörfler/Adrian*, Ubg 2009 S. 390; *Herzig/Briesemeister*, DB 2009 S. 976; a. A. *Richter*, GmbHR 2010 S. 508.
191 Vgl. zu Teilwertabschreibungen *Dörfler/Adrian*, Ubg 2009 S. 390.

3233 Nach § 6 Abs. 1 Nr. 1 Satz 4 EStG sind Wirtschaftsgüter, die bereits am Schluss des vorangegangenen Wirtschaftsjahrs zum Anlagevermögen des Steuerpflichtigen gehört haben, mit den fortgeführten Anschaffungskosten anzusetzen, es sei denn, der Steuerpflichtige weist nach, dass ein niedrigerer Teilwert nach § 6 Abs. 1 Nr. 2 Satz 2 EStG angesetzt werden kann (sogenanntes **Wertaufholungsgebot**). Insofern sind die Voraussetzungen der Teilwertabschreibung zu jedem Bilanzstichtag nachzuweisen. Anderenfalls muss eine Zuschreibung erfolgen. Diesbezüglich ist zu beachten, dass die gestalterische Nutzung des steuerlichen Wahlrechts zu Teilwertabschreibung gemäß BMF-Schreiben vom 12.3.2010 Grenzen haben soll: Hat der Steuerpflichtige in einem Wirtschaftsjahr eine Teilwertabschreibung vorgenommen und wird in einem darauf folgenden Jahr auf den Nachweis der dauernden Wertminderung verzichtet (z. B. zur Verlustnutzung), soll zu prüfen sein, ob eine willkürliche Gestaltung vorliegt.[192] Unklar ist, unter welchen Voraussetzungen eine „willkürliche Gestaltung" vorliegen soll.[193] Für den umgekehrten Fall enthält das BMF-Schreiben keine Restriktionen, d. h. es wird zunächst auf eine Teilwertabschreibung verzichtet und in einem darauf folgenden Jahr die Teilwertabschreibung vorgenommen.[194]

3234 Eine außerplanmäßige Abschreibung kommt zudem nach § 7 Abs. 1 Satz 7 1. Halbsatz EStG für immaterielle Wirtschaftsgüter in Betracht. Nach § 7 Abs. 1 Satz 7 1. Halbsatz EStG sind Absetzungen für außergewöhnliche technische oder wirtschaftliche Abnutzungen zulässig. Immaterielle Wirtschaftsgüter sind nur wirtschaftlich abnutzbar. Eine technische Abnutzung wie bei einer Maschine kommt hingegen für ein immaterielles Wirtschaftsgut nicht in Betracht.[195]

3235 Sonderabschreibungen nach § 7g EStG kommen für immaterielle Wirtschaftsgüter des Anlagevermögens nicht in Betracht.[196] Denn § 7g Abs. 1 Satz 1 EStG setzt die Anschaffung oder Herstellung eines abnutzbaren beweglichen Wirtschaftsguts des Anlagevermögens voraus.

1.7 Steuerbilanzieller Ausweis (E-Bilanz)

3236 Bereits Ende 2008 wurde mit § 5b EStG die gesetzliche Grundlage für die E-Bilanz durch das Steuerbürokratieabbaugesetz geschaffen.[197] Danach sind Bilanz sowie Gewinn- und Verlustrechnung (GuV) elektronisch einzureichen (sogenannte E-Bilanz). Die Besonderheit an der E-Bilanz ist, dass sie sich nicht in einer rein technischen Umstellung erschöpft. Erstmals wird ein steuerliches Gliederungsschema (sogenannte Steuer-Taxonomie) für die Bilanz und GuV vorgegeben. Bisher gab es eine derartige Standardisierung nicht. Die Taxonomie ist unter www.esteuer.de abrufbar. In ihrem Detaillierungsgrad und Umfang geht die Steuer-Taxonomie deutlich über die handelsrechtlichen Vorgaben der §§ 266, 275 HGB hinaus. Der Weg vom bestehenden Kontenplan zur Steuer-Taxo-

---

[192] Vgl. BMF, Schreiben vom 12.3.2010, BStBl 2010 I S. 239, Tz. 15.
[193] Vgl. *Kaminski*, DStR 2010 S. 771; *Grieser/Faller*, DStR 2012 S. 727.
[194] Einen Hinweis auf „willkürliche Gestaltungen" enthält ein Entwurf eines BMF-Schreibens vom 17.1.2014 zu Teilwertabschreibungen und Wertaufholungen übrigens nicht; vgl. dazu *Adrian/Helios*, DStR 2014 S. 722.
[195] Vgl. z. B. *Bartone*, in: Korn, EStG, § 7 Rn. 76.
[196] Vgl. z. B. *Groß/Georgius/Matheis*, DStR 2006 S. 343.
[197] Steuerbürokratieabbaugesetz vom 20.12.2008, BGBl 2008 I S. 2850.

1. Immaterielle Wirtschaftsgüter

nomie führt über „Mussfelder", „Summenmussfelder", Quasi-Mussfelder („rechnerisch notwendige Positionen"), „Auffangpositionen" und „unzulässige Positionen".

Für handelsrechtliche Zwecke gliedert § 266 Abs. 2 HGB die immateriellen Vermögensgegenstände wie folgt auf: 3237

1. Selbst geschaffene gewerbliche Schutzrechte und ähnliche Rechte und Werte;
2. entgeltlich erworbene Konzessionen, gewerbliche Schutzrechte und ähnliche Rechte und Werte sowie Lizenzen an solchen Rechten und Werten;
3. Geschäfts- oder Firmenwert;
4. geleistete Anzahlungen.

Die Kern-Taxonomie (Taxonomie 6.1) sieht hingegen die folgende Aufgliederung vor: 3238

- 4. Immaterielle Vermögensgegenstände (Summenmussfeld)
    - 5. Selbst geschaffene gewerbliche Schutzrechte und ähnliche Rechte und Werte (rechnerisch notwendig, soweit vorhanden steuerlich unzulässig)
        - 6. davon fertige (Kannfeld)
        - 6. davon in Entwicklung befindlich (Kannfeld)
    - 5. Entgeltlich erworbene Konzessionen, gewerbliche Schutz- und ähnliche Rechte und Werte sowie Lizenzen an solchen Rechten und Werten (Mussfeld, Kontennachweis erwünscht)
        - 6. Konzessionen (Kannfeld)
        - 6. Gewerbliche Schutzrechte (Kannfeld)
        - 6. Sonstige Rechte und Werte (Kannfeld)
        - 6. EDV-Software (Kannfeld)
        - 6. Lizenzen an Rechten und Werten (Kannfeld)
        - 6. Entgeltlich erworbene Konzessionen, gewerbliche Schutz- und ähnliche Rechte und Werte sowie Lizenzen an solchen Rechten und Werten, soweit aus der/den für die ausländische(n) Betriebsstätte(n) geführten Buchführung(en) nicht anders zuordenbar (Kannfeld; die Position dient als Auffangposition für Vermögensgegenstände ausländischer Betriebsstätten, soweit keine detaillierte Zuordnung auf die unter der Position entgeltlich erworbene Konzessionen, gewerbliche Schutz- und ähnliche Rechte und Werte sowie Lizenzen an solchen Rechten und Werten vorhandenen Positionen möglich ist.)
    - 5. Geschäfts-, Firmen- oder Praxiswert (Mussfeld, Kontennachweis erwünscht)
        - 6. derivativer Firmenwert (Goodwill) (Kannfeld)
        - 6. Geschäfts-, Firmen- oder Praxiswert, soweit aus der/den für die ausländische(n) Betriebsstätte(n) geführten Buchführung(en) nicht anders zuordenbar (Kannfeld)
    - 5. Geleistete Anzahlungen (immaterielle Vermögensgegenstände), (Mussfeld, Kontennachweis erwünscht)

5. Sonstige immaterielle Vermögensgegenstände (rechnerisch notwendig, soweit vorhanden)
6. Erläuterungen zu sonstigen immateriellen Vermögensgegenständen (Kannfeld, inhaltliche Spezifikation zum Vorposten)

3239 Die Taxonomie unterscheidet bei immateriellen Wirtschaftsgütern insgesamt 17 Positionen. Davon sind vier als Mussfelder ausgestaltet, die grundsätzlich verpflichtend zu übermitteln sind. Sofern kein entsprechender Sachverhalt vorliegt, sind die Mussfelder mit dem Wert NIL zu übermitteln. Sofern sich ein Mussfeld nicht mit Werten füllen lässt, weil die Position in der ordnungsgemäßen Buchführung nicht geführt wird oder aus ihr nicht ableitbar ist, darf das Mussfeld ebenfalls mit NIL übermittelt werden. Mit „Selbst geschaffene gewerbliche Schutz- und ähnliche Rechte und Werte" und „Sonstigen immateriellen Vermögensgegenständen" weist die Taxonomie zwei Quasimussfelder der (rechnerisch notwendig, soweit vorhanden) aus. Diese sind ebenfalls grundsätzlich verpflichtend zu befüllen, wenn entsprechende Sachverhalte vorliegen. Schließlich sind die übrigen Taxonomiefelder nur wahlweise zu übersenden (sogenannte Kannfelder inklusive der einen Erläuterungsposition). Wird das Kannfeld nicht in Anspruch genommen, sind entsprechende Sachverhalte der nächst höheren Hierarchiestufe zuzuordnen.[198]

3240–3299 *(Einstweilen frei)*

---

198 Vgl. *KPMG*, E-Bilanz, 2. Aufl. 2014, Rz. 5.2, 4.8 ff.

Teil B:
Bilanzierung und Bewertung bei der Gewinnermittlung nach Bilanzposten

Kapitel I:
Anlagevermögen

2. Geschäfts- oder Firmenwert

von
StB Professor Dr. Gerrit Adrian, Frankfurt am Main

2. Geschäfts- oder Firmenwert

Inhaltsübersicht	Rz.
2. Geschäfts- oder Firmenwert	3300 - 3399
2.1 Definition und Inhalt	3300 - 3307
2.1.1 Geschäfts- oder Firmenwert	3300 - 3305
2.1.2 Praxiswert	3306 - 3307
2.2 Aktivierungsvoraussetzungen	3308 - 3317
2.2.1 Wirtschaftsguteigenschaft	3308 - 3311
2.2.2 Entgeltlicher Erwerb: Originärer versus derivativer Geschäfts- oder Firmenwert	3312 - 3317
2.3 Ermittlung	3318 - 3332
2.3.1 Ermittlung des Geschäfts- oder Firmenwerts als Residualgröße	3318 - 3321
2.3.2 Abgrenzung zu Einzelwirtschaftsgütern	3322 - 3328
2.3.3 Sonderfälle	3329 - 3332
2.4 Bewertung	3333 - 3334
2.5 Folgebewertung	3335 - 3339
2.6 Negativer Geschäfts- oder Firmenwert	3340 - 3399

AUSGEWÄHLTE LITERATUR

Bisle, Steuerliche Gestaltungsüberlegungen zur Kaufpreisaufteilung beim Unternehmenskauf, StEuK 2016, S. 451; *Dörfler/Adrian*, Zur Umsetzung der HGB-Modernisierung durch das BilMoG: Steuerbilanzrechtliche Auswirkungen, DB 2009, Beilage 5, S. 58; *Ernsting*, Zur Bilanzierung eines negativen Geschäfts- oder Firmenwerts nach Handels- und Steuerrecht, Wpg 1998 S. 405; *Fichtelmann*, Übergang des Geschäftswerts bei Betriebsverpachtung und -veräußerung, INF 2002 S. 46; *Meier/Geberth*, Behandlung des passiven Ausgleichspostens („negativer Geschäftswert") in der Steuerbilanz, DStR 2011 S. 733; *Mujkanovic*, Die Bilanzierung des derivativen Geschäfts- oder Firmenwerts, StuB 2010 S. 167; *Preißler/Bressler*, Bilanzierungsfragen beim negativen Geschäftswert im Falle des Share Deal, BB 2011 S. 427; *Prinz*, Negativer Kaufpreis: Ein steuerbilanzielles Sonderphänomen, FR 2011 S. 373; *Schoor*, Handels- und steuerrechtliche Bilanzierung eines Geschäfts- oder Firmenwerts, BBK 2004 S. 209; *Sinewe/Frase*, „Negativer Kaufpreis" und „negativer Geschäftswert" bei Unternehmenstransaktionen – Kein Grund zur Beunruhigung, SteuerConsultant 2011 S. 26; *Velte*, Handels- und steuerbilanzielle Qualifikation des derivativen Geschäfts- oder Firmenwerts, StuW 2010 S. 97.

2. Geschäfts- oder Firmenwert

2.1 Definition und Inhalt

2.1.1 Geschäfts- oder Firmenwert

Die Steuergesetze enthalten keine eigene Definition für den Geschäfts- oder Firmenwert. Handelsrechtlich definiert § 246 Abs. 1 Satz 4 HGB den entgeltlich erworbenen Geschäfts- oder Firmenwert als Unterschiedsbetrag, um den die für die Übernahme eines Unternehmens bewirkte Gegenleistung den Wert der einzelnen Vermögensgegenstände abzüglich der Schulden im Zeitpunkt der Übernahme übersteigt. Mit steuerlichem Bezug beschreibt der BFH leicht abweichend den Geschäftswert als Wert, „der 3300 einem gewerblichen Unternehmen über den Substanzwert (Verkehrswert) der einzelnen materiellen und immateriellen Wirtschaftsgüter hinaus innewohnt".[1]

3301 Bei dem Geschäfts- oder Firmenwert handelt es sich um eine Restgröße, die sich nur indirekt nach Identifikation aller Einzelwirtschaftsgüter des Unternehmens als Saldo bestimmen lässt.[2] Bei der Ermittlung des Substanzwerts sind sämtliche materiellen und immateriellen Wirtschaftsgüter zu berücksichtigen. Dazu gehören auch Wirtschaftsgüter, für die ein Aktivierungsverbot besteht, wie z. B. für nicht entgeltlich erworbene immaterielle Wirtschaftsgüter des Anlagevermögens gem. § 5 Abs. 2 EStG.[3] Zudem sind solche Wirtschaftsgüter zu berücksichtigen, die der Steuerpflichtige aufgrund eines steuerbilanziellen Wahlrechts nicht angesetzt hat.[4]

3302 Der Geschäfts- und Firmenwert ist Ausdruck der **Gewinnchancen** eines Unternehmens, soweit diese Chancen nicht in Wirtschaftsgütern verkörpert sind.[5] Im Geschäfts- oder Firmenwert werden jedoch nur solche Gewinnchancen erfasst, die durch den Betrieb eines lebenden Unternehmens vermittelt werden[6] und damit losgelöst von der Person des Unternehmers bzw. der Anteilseigner einer Kapitalgesellschaft sind.[7] Die Gewinnchancen müssen aufgrund besonderer, dem Unternehmen eigener Vorteile grundsätzlich höher oder gesicherter erscheinen als bei anderen Unternehmen mit sonst vergleichbaren Wirtschaftsgütern.[8]

3303 Die höchstrichterliche Rechtsprechung bejaht auch bei „**personenbezogenen Gewerbebetrieben**" einen Geschäfts- oder Firmenwert, wenn der Betrieb standortabhängig ist und insoweit die Chance besteht, den bestehenden Kundenstamm unabhängig von der Person des Unternehmens zu halten.[9] Der Betrieb eines Handelsvertreters hat nur dann einen Geschäfts- oder Firmenwert, wenn er ausnahmsweise durch geschäftswertbildende Faktoren geprägt ist, so dass den Geschäftsherren und/oder deren Kunden ohne Rücksicht auf die Person des Handelsvertreters an einer Einschaltung gerade dieser Vertretung gelegen sein kann.[10] In der Regel hat der Gewerbebetrieb eines Handelsvertreters jedoch keinen Geschäfts- oder Firmenwert, weil kein nennenswerter Kapitaleinsatz erforderlich ist und der geschäftliche Erfolg vom persönlichen Arbeitseinsatz bestimmt wird. Das von einem Handelsvertreter entgeltlich erworbene Vertreterrecht ist jedoch ein immaterielles Wirtschaftsgut, das vom Geschäfts- oder Firmenwert abzugrenzen ist.[11]

---

1 BFH, Urteile vom 27.3.2001 – I R 42/00, BStBl 2001 II S. 771; vom 26.6.2007 – IV R 71/04, BFH/NV 2008 S. 347.
2 Vgl. *Anzinger*, in: HHR, EStG, § 5 E 771.
3 Vgl. *Bisle* SteuK 2016, S. 451.
4 Vgl. BFH, Urteil vom 27.3.1996 – IV R 60/95, BStBl 1996 II S. 576; vgl. BFH, Urteil vom 9.8.2011 – VIII R 13/08, BStBl 2011 II S. 875.
5 Vgl. BFH, Urteil vom 27.3.2001 – I R 42/00, BStBl 2001 II S. 771; siehe auch H 5.5 EStR.
6 Vgl. BFH, Urteil vom 26.12.2009 – III R 40/07, DStR 2010 S. 371, m. w. N.
7 Vgl. BFH, Urteile vom 27.3.1996 – I R 60/95, BStBl 1996 II S. 576; vom 30.1.2002 – X R 56/99, BStBl 2002 II m. w. N.
8 Vgl. BFH, Urteile vom 27.3.1996 – I R 60/95, BStBl 1996 II S. 576; vom 30.1.2002 – X R 56/99, BStBl 2002 II m. w. N.
9 Z. B. Friseur: BFH, Urteil vom 2.2.1972 – I R 96/70 BStBl 1972 II S. 381; Apotheke: BFH, Urteil vom 16.11.1977 – I R 212/75, BStBl 1978 II S. 103; vom 27.3.1996 – I R 60/95, BStBl 1996 II S. 576; Zahntechniker: BFH, Urteil vom 25.11.1981 – I R 54/77, BStBl 1982 II S. 189; Buchmacher: BFH, Urteil vom 29.7.1982 – IV R 49/78, BStBl 1982 II S. 650; bauwirtschaftlicher Berater: BFH, Urteil vom 28.9.1993 – VIII R 67/92, BStBl 1994 II S. 469.
10 Vgl. BFH, Urteil vom 26.2.1964 – I 383/61, BStBl 1964 III S. 423.
11 Vgl. BFH, Urteil vom 12.7.2007 – X R 5/05, BStBl 2007 II S. 959.

Der Geschäfts- oder Firmenwert besteht aus einer Anzahl von im Ergebnis nicht isoliert messbaren und wenig greifbaren Vorteilen. Da diese Vorteile nicht selbständig bewertbar sind, handelt es sich bei den Bestandteilen des Geschäfts- oder Firmenwerts nicht um (immaterielle) Einzelwirtschaftsgüter.[12] **Bestandteile** des Geschäfts- oder Firmenwerts können sein:[13]

3304

- Günstige Zugänge zu besonderen Märkten, z. B. einem Einkaufs- oder Absatzmarkt,
- Kundenstamm,
- Ruf, Reputation, Marktstellung des Unternehmens,
- Bestehende Organisation des Unternehmens,
- Qualifikation von Mitarbeitern und Management,
- Besondere Verfahrens- und Fertigungstechniken.

Ein **Teilbetrieb** kann auch einen Geschäfts- oder Firmenwert haben.[14] Bei Teilbetrieben handelt es sich um organisch geschlossene, mit gewisser Selbständigkeit ausgestattete Betriebseinheiten, die auch für sich als Unternehmen bestehen können. Ein solcher Teilbetrieb kann insoweit als „lebensfähige" Einheit übertragen werden, für die ein Gesamtwert unter Berücksichtigung der Gewinnaussichten ermittelbar und damit auch ein Geschäfts- oder Firmenwert bestimmbar ist. Ein Unternehmen im Aufbau hat hingegen i. d. R. keinen Geschäfts- oder Firmenwert.[15] Der Geschäfts- oder Firmenwert ist an den Betrieb bzw. Teilbetrieb gebunden, sodass er nicht ohne diesen veräußert, verpachtet[16] oder „entnommen" werden kann.[17] Etwas anderes kann gleichwohl gelten für die pachtweise Übertragung eines Mandantenstammes, da dieser Gegenstand eines selbständigen Übertragungsgeschäfts sein kann.[18] Wird ein einheitlicher Betrieb mit einem grundsätzlich einheitlichen Geschäfts- oder Firmenwert in einzelne organisatorisch geschlossene und allein lebensfähige Betriebe aufgeteilt und werden diese veräußert, geht der Geschäfts- oder Firmenwert nicht notwendigerweise unter. Mit den nunmehr verselbständigten Betriebsteilen können gewinnchancenerhöhende Momente auf den Erwerber übertragen werden (so z. B. Kundenkreis, Ruf, Personalausstattung, örtliche Lage u. a.).[19] Dabei wird die Zuordnung von geschäftswertbildenden Faktoren zu dem neu gebildeten und veräußerten Betriebsteil gemäß BFH nicht dadurch ausgeschlossen, dass die den Teilbetrieben anhaftenden Geschäftswerte in ihrer Summe nicht mehr dem Geschäftswert des ursprünglichen Gesamtunternehmens entsprechen.[20] Im Falle einer echten Betriebsaufspaltung verbleibt der Geschäftswert grundsätzlich beim Besitzunternehmen, wenn die wesentlichen Betriebsgrundlagen an die

3305

---

12 Vgl. R 5.5. Abs. 1 Satz 4 EStR; zur Abgrenzung: BFH, Urteil vom 23.11.1988 – II R 209/89, BStBl 1989 II S. 82.
13 Vgl. z. B. *Handzik*, in: Littmann/Bitz/Pust, § 7 Rn. 89c.
14 Vgl. BFH, Urteil vom 27.3.1996 – I R 60/95, BStBl 1996 II S. 576.
15 Vgl. BFH, Urteil vom 18.2.1993 – IV R 40/92, BStBl 1994 II S. 224.
16 Vgl. BFH, Urteil vom 19.12.2012 – IV R 29/09, BStBl 2013 II S. 387.
17 Vgl. BFH, Urteile vom 30.3.1994 – I R 52/93, BStBl 1994 II S. 903; vom 14.1.1998 – X R 57/93, DStR 1998 S. 887.
18 Vgl. BFH, Beschluss vom 8.4.2011 – VIII B 116/10, BFH/NV 2011 S. 1135.
19 Vgl. BFH, Urteile vom 1.12.1992 – VIII R 57/90, BStBl 1994 II S. 607 unter IV. 2. d; vom 27.3.1996 – I R 60/95, BStBl 1996 II S. 576.
20 Vgl. BFH, Urteil vom 27.3.1996 – I R 60/95, BStBl 1996 II S. 576.

Betriebsgesellschaft nur verpachtet sind (bloße Nutzungsüberlassung auch des Geschäftswerts).[21] Überträgt die Besitzgesellschaft dagegen alle Aktiva und Passiva einschließlich der Firma mit Ausnahme der langfristig an die Betriebsgesellschaft vermieteten Immobilien entgeltlich auf die Betriebsgesellschaft, geht der Geschäftswert in der Regel mit über.[22]

2.1.2 Praxiswert

3306　Der Geschäfts- oder Firmenwert ist von dem Praxiswert einer freiberuflichen Praxis zu unterscheiden.[23] Die Abgrenzung resultiert aus den Besonderheiten freiberuflicher Tätigkeit, da der Praxiswert auf dem persönlichen Vertrauensverhältnis der Mandanten/Kunden zum Praxisinhaber beruht.[24] Insoweit verflüchtigt sich der Praxiswert mit Ausscheiden des bisherigen Praxisinhabers. Ein freiberuflicher Praxiswert stellt daher im Gegensatz zum Geschäfts- und Firmenwert von jeher einen abnutzbaren Wert dar (dies war beim Geschäfts- und Firmenwert nicht immer der Fall).[25]

3307　Die gesetzliche Vorgabe des § 7 Abs. 1 Satz 3 EStG von einer Nutzungsdauer von 15 Jahren für einen Geschäfts- oder Firmenwert ist gemäß BMF bei der Bemessung der AfA für den Praxiswert nicht anzuwenden.[26] Dies gilt sowohl für den Einzel- als auch den Sozietäts-Praxiswert. Die betriebsgewöhnliche Nutzungsdauer ist nach den Umständen des Einzelfalls zu schätzen. Gemäß BMF ist es nicht zu beanstanden, wenn

- ▶ für den anlässlich einer Gründung einer **Sozietät** aufgedeckten Praxiswert eine betriebsgewöhnliche Nutzungsdauer von sechs bis zehn Jahren und
- ▶ für den Praxiswert einer erworbenen **Einzelpraxis** eine betriebsgewöhnliche Nutzungsdauer von drei bis fünf Jahren

angenommen wird.[27]

Bestandteile des Praxiswertes können sein[28]

- ▶ Patienten-/Mandantenstamm
- ▶ Standort
- ▶ Umsatz
- ▶ Facharztgruppe
- ▶ unter Umständen Zulassung als Vertragsarzt im Rahmen der gesetzlichen Krankenversicherung.[29]

---

21 Vgl. BFH, Urteile vom 20.8.1997 – X R 58/93, BFH/NV 1998 S. 314; vom 14.1.1998 – X R 57/93, DStR 1998 S. 887, m. w. N.
22 Vgl. BFH, Urteile vom 27.3.2001 – I R 42/00, BStBl 2001 II S. 771; vom 16.6.2004 – X R 34/03, BStBl 2005 II S. 378; *Fichtelmann*, INF 2002 S. 46, mit Gestaltungshinweisen.
23 Vgl. BFH, Urteil vom 13.3.1991 – I R 83/89, BStBl 1991 II S. 595.
24 Vgl. BFH, Urteil vom 1.4.1982 – IV R 2-3/79, BStBl 1982 II S. 620.
25 Vgl. BFH, Urteil vom 23.1.1975 – IV R 166/71, BStBl 1975 II S. 381.
26 Vgl. BMF, Schreiben vom 15.1.1995, BStBl 1995 I S. 14.
27 Vgl. BMF, Schreiben vom 15.1.1995, BStBl 1995 I S. 14.
28 Vgl. BFH, Urteil vom 9.8.2011 – VIII R 13/08, BStBl 2011 II S. 875.
29 Vgl. OFD Magdeburg vom 29.2.2012 – S 2134a – 15 St 213.

2.2 Aktivierungsvoraussetzungen

2.2.1 Wirtschaftsguteigenschaft

Die bilanzrechtliche Einordnung des derivativen Geschäftswerts ist umstritten: Vor dem BilMoG wurde die Qualifizierung als Bilanzierungshilfe,[30] Vermögensgegenstand,[31] aktiver Rechnungsabgrenzungsposten,[32] Wertberichtigungsposten[33] oder Wert eigener Art (sui generis)[34] diskutiert. Nunmehr definiert § 246 Abs. 1 Satz 4 HGB den entgeltlich erworbenen Geschäfts- oder Firmenwert als zeitlich begrenzt nutzbaren Vermögensgegenstand. Die Gesetzesformulierung „gilt als zeitlich begrenzt nutzbarer Vermögensgegenstand" verdeutlicht, dass der Geschäfts- oder Firmenwert kein (handelsrechtlicher) Vermögensgegenstand ist, sondern im Wege einer Fiktion zu einem solchen erhoben wird.[35] An einer entsprechenden steuerlichen Regelung fehlt es. Somit kann die handelsrechtliche Fiktion nicht auf die Qualifikation des Geschäfts- oder Firmenwerts als steuerliches Wirtschaftsgut übertragen werden.

3308

Gegen die Wirtschaftsguteigenschaft könnte zunächst sprechen, dass es sich bei dem Geschäfts- oder Firmenwert nur um eine Restgröße handelt, die sich nur indirekt nach Identifikation aller Einzelwirtschaftsgüter des Unternehmens als Saldo bestimmen lässt. Der Geschäfts- oder Firmenwert ist typischerweise ein ganzes Bündel von geschäftswertbildenden Faktoren, die nicht weiter zerlegt werden können – insoweit stellt er allenfalls ein „Gesamtwirtschaftsgut" dar.[36] Zudem kann der Geschäfts- oder Firmenwert als Einzelnes nicht veräußert werden[37] und einen gemeinen Wert kann der Geschäfts- oder Firmenwert insoweit nicht haben.

3309

Gemäß BFH-Rechtsprechung ist für ein Wirtschaftsgut im Gegensatz zum handelsrechtlichen Vermögensgegenstand eine Einzelveräußerbarkeit nicht erforderlich.[38] Die Übertragbarkeit zusammen mit dem gesamten Unternehmen ist vielmehr ausreichend. Damit ist der Kreis der (immateriellen) Wirtschaftsgüter weiter zu fassen als derjenige der handelsrechtlichen Vermögensgegenstände. Dies spricht für die Annahme des Geschäfts- oder Firmenwerts als Wirtschaftsgut, auch wenn Rechtsprechung[39] und Schrifttum[40] die beiden Begriffe „Vermögensgegenstand" und „Wirtschaftsgut" häufig gleichsetzen.[41] Der BFH geht bei dem Geschäfts- oder Firmenwert in ständiger Recht-

3310

---

30 *Kleindiek*, in: Canaris/Schilling/Ulmer (Hrsg.), HGB Großkommentar Dritter Band 1. Teilband §§ 238-289 HGB, § 255, S. 560.
31 Statt vieler: *Mutter*, BB 1994 S. 473.
32 *Deubner*, Die Aktivierung und Abschreibung des Geschäftswerts in der Steuerbilanz, 1971, S. 39
33 *Kosiol*, Pagatorische Bilanz, 1976, S. 329.
34 *ADS*, Rechnungslegung und Prüfung der Unternehmen, 1995, Rz. 272 zu § 255 HGB, Satz 421.
35 Vgl. *Dörfler/Adrian*, DB 2009, Beilage 5, S. 59; *Mujkanovic*, StuB 2010 S. 168.
36 So BFH, Urteil vom 12.8.1982 – IV R 43/79, BStBl 1982 II S. 652.
37 Vgl. z. B. *Schoor*, BBK 2004 S. 210.
38 Vgl. BFH, Urteil vom 15.4.2004 – IV R 51/02, BFH/NV 2004 S. 1393; vgl. BFH, Urteil vom 9.9.2010 – IV R 2/10, BStBl 2011 II S. 171; *Crezelius*, in: Kirchhof, EStG, 17. Aufl. 2018, § 5 Rz. 73.
39 Vgl. BFH, Urteile vom 6.12.1978 – I R 35/78, BStBl 1979 II S. 262; Grs 2/86 vom 26.10.1987, BStBl 1988 II S. 348, wonach der „steuerrechtliche Begriff des Wirtschaftsgutes nicht weitergehen [kann] als der handelsrechtliche Begriff des Vermögensgegenstands" bzw. dem „Begriff des Vermögensgegenstands entspricht".
40 Stellvertretend *Beisse*, BB 1980 S. 638 m. w. N.
41 Vgl. *Velte*, StuW 2010 S. 97 f.

sprechung von einem immateriellen Wirtschaftsgut aus.[42] Auch nach Verwaltungsauffassung ist der Geschäfts- oder Firmenwert ein Wirtschaftsgut, das zu den abnutzbaren Wirtschaftsgütern des Anlagevermögens gehört.[43]

3311 Nach *Weber-Grellet*[44] sei es allerdings überlegenswert, die steuerrechtliche Qualifikation des Geschäfts- oder Firmenwerts als Wirtschaftsgut de lege ferenda aufzugeben, da die bilanziellen Probleme (Teilwertabschreibung, negativer Geschäfts- oder Firmenwert) größtenteils auf dieser Qualifikation beruhen. Die Alternative bestünde in einem positiven oder negativen Ausgleichsposten.

2.2.2 Entgeltlicher Erwerb: Originärer versus derivativer Geschäfts- oder Firmenwert

3312 In der Steuerbilanz gilt für den Geschäfts- oder Firmenwert, entsprechend zu immateriellen Wirtschaftsgütern des Anlagevermögens, die Aktivierungsvoraussetzung des entgeltlichen Erwerbs.[45] Der entgeltlich erworbene (derivative) Geschäfts- oder Firmenwert (Goodwill) ist in der Steuerbilanz nach § 5 Abs. 2 EStG zu aktivieren.

3313 Für den selbst erstellten (originären) Geschäfts- oder Firmenwert besteht ein steuerbilanzielles Ansatzverbot. Der originäre Geschäfts- oder Firmenwert beruht auf selbst erstellten firmenwertbegründenden Faktoren. Er kann sowohl durch einen gezielten Einsatz bestimmter Investitionen erhöht werden (z. B. Fortbildung von Mitarbeitern) als auch aus einer günstigen Unternehmens- oder Marktentwicklung ohne besondere Aufwendungen resultieren.[46] Im Gegensatz zum derivativen hat der originäre Geschäfts- oder Firmenwert keine marktmäßige Objektivierung erfahren.[47] Das steuerliche Ansatzverbot gilt auch dann, wenn bei Beginn bzw. bei Erlöschen einer Körperschaftsteuerbefreiung gemäß § 13 Abs. 1 bzw. Abs. 2 KStG eine Schluss- bzw. Anfangsbilanz aufzustellen ist.[48]

3314 Zum Ansatz eines derivativen Geschäfts- oder Firmenwerts kommt es insbesondere bei sogenannten **asset deals**, also dem (entgeltlichen) Erwerb eines gesamten Betriebs, eines Teilbetriebs oder eines Mitunternehmeranteils. Die Übertragung eines Geschäfts- oder Firmenwerts ist insoweit zwangsläufig, da die verbundenen Vorteile typischerweise unlösbar mit dem einzelnen (Teil-)Betrieb verbunden sind und somit nur mit diesem übertragen werden können.[49] Bei **share deals**, d. h. dem Erwerb von Anteilen an einer Kapitalgesellschaft, wird hingegen kein Geschäfts- oder Firmenwert aktiviert, auch wenn dieser bei der Ermittlung des Kaufpreises für die Anteile berücksichtigt wird. In diesem Fall werden Anteile an der Kapitalgesellschaft als eigenes Wirtschaftsgut aktiviert.[50]

---

42 BFH, Urteile vom 25.11.1981 – I R 54/77, BStBl 1982 II S. 189; vom 24.3.1987 – I R 202/83, BStBl 1987 II S. 705; vom 12.7.2007 – X R 5/05, BStBl 2007 II S. 959.
43 Vgl. BMF, Schreiben vom 20.11.1986, BStBl 1986 I S. 532. Siehe auch H 40 KStR. Danach kann Gegenstand einer verdeckten Einlage auch ein immaterielles Wirtschaftsgut, wie z. B. ein nicht entgeltlich erworbener Firmenwert sein.
44 Vgl. *Weber-Grellet*, in: Schmidt, EStG, 37. Aufl. 2018, § 5 Rz. 222.
45 Vgl. *Dörfler/Adrian*, DB 2009, Beilage 5, S. 59.
46 Vgl. *Ludz*, Der neue Firmenwert des Bilanzrichtlinien-Gesetz, 1997, S. 35.
47 Vgl. *Velte*, StuW 2010 S. 93.
48 Vgl. BFH, Urteil vom 9.8.2000 – I R 69/98, BStBl 2001 II S. 71.
49 Vgl. *Schiffers*, in: Korn, EStG, § 5 Tz. 508.
50 Vgl. *Küting*, DStR 2011 S. 1676.

2. Geschäfts- oder Firmenwert

Der Ansatz eines Geschäfts- oder Firmenwerts kommt außerdem bei **Umwandlungen** und **Einbringungen** in Betracht. Voraussetzung ist, dass die übergehenden Wirtschaftsgüter mit einem Wert oberhalb des Buchwerts angesetzt werden. Im Umwandlungsteuererlass vertritt die Finanzverwaltung die Auffassung, dass nach § 3 Abs. 1 Satz 1 UmwStG auch ein originärer Geschäfts- oder Firmenwert in der steuerlichen Schlussbilanz der übertragenden Körperschaft anzusetzen ist.[51] Grundsätzlich liegt darin kein Verstoß gegen das Aktivierungsverbot für den originären Geschäfts- oder Firmenwert vor, weil aus Sicht des übernehmenden Rechtsträger – der an die Werte der steuerlichen Schlussbilanz gebunden ist – ein derivativer Geschäfts- oder Firmenwert vorliegt.[52] Der Umwandlungserlass führt weiter aus, dass der Ansatz eines Geschäfts- oder Firmenwerts auch dann erfolgt, wenn der Betrieb der übertragenden Körperschaft nicht fortgeführt wird.[53] Für die Aktivierung eines derivativen Geschäfts- oder Firmenwerts ist jedoch die Annahme der Unternehmensfortführung zu beachten.[54] Daher kann ein Geschäfts- oder Firmenwerts grundsätzlich nur aktiviert werden, wenn ein Gewerbebetrieb oder Teilbetrieb zum Zwecke der unveränderten oder umstrukturierten Fortführung[55] erworben wird. Insoweit kommt meines Erachtens nach Übernahme der Werte des übertragenden Rechtsträgers eine Teilwertabschreibung des Geschäfts- oder Firmenwerts beim übernehmenden Rechtsträger in Betracht.

3315

Ein Geschäfts- oder Firmenwert kann auch verdeckt eingelegt werden.[56] Dies gilt auch für einen nicht entgeltlich erworbenen Geschäfts- oder Firmenwert.[57] Beim „Erwerber" ist dieser als derivativer Geschäfts- oder Firmenwert zu aktivieren. Ein Geschäfts- oder Firmenwert ist z. B. Gegenstand einer **verdeckten Einlage**, wenn ein Steuerpflichtiger sein Einzelunternehmen an eine Kapitalgesellschaft verkauft, an der er beteiligt ist, und sich der Kaufpreis (trotz Vorliegens eines Geschäftswerts) nur nach den von dem Einzelunternehmen bilanzierten Aktiva und Passiva bemisst. Die Kapitalgesellschaft muss den Geschäftswert in ihrer Steuerbilanz nach § 8 Abs. 1 KStG, § 6 Abs. 1 Satz 1 Nr. 5 EStG mit dem Teilwert ansetzen. Dabei ist das Korrespondenzprinzip des § 8 Abs. 3 Satz 3 ff. KStG zu beachten.[58]

3316

Zahlt eine Kapitalgesellschaft einem ausscheidenden **atypisch stillen Gesellschafter** (allgemein: Mitunternehmer) eine Abfindung, die auch einen selbst geschaffenen Geschäfts- oder Firmenwert abdeckt, hat sie den darauf entfallenden Anteil der Abfindung als derivativen Geschäfts- oder Firmenwert zu aktivieren.[59] Denn der BFH behandelt das Ausscheiden des atypisch stillen Gesellschafters gegen Abfindung als einen entgeltlichen (abgeleiteten) Erwerb eines Mitunternehmeranteils.[60] Damit kann die einem aus-

3317

---

51 Vgl. Umwandlungssteuererlasses vom 11.11.2011, BStBl 2011 I S. 1314, Rn. 03.05.
52 Vgl. FG Düsseldorf, Urteil vom 3.12.2012 – 6 K 1883/10 F, EFG 2013 S. 337 (nrkr. Az. beim BFH: I R 1/13).
53 Vgl. Umwandlungssteuererlasses vom 11.11.2011, BStBl 2011 I S. 1314, Rn. 03.14; 11.03.
54 Vgl. *Velte*, StuW 2010 S. 93.
55 Vgl. BFH, Urteile vom 24.4.1980 – IV R 61/77, BStBl 1980 II S. 690; vom 28.10.1976 – IV R 76/72, BStBl 1977 II S. 73.
56 Vgl. BFH, Urteile vom 20.8.1986 – I R 150/82, BStBl 1987 II S. 455; vom 24.3.1987 – I R 202/83, BStBl 1987 II S. 705; siehe auch H 40 KStR; BMF, Schreiben vom 4.8.1976, BStBl 1976 I S. 418.
57 Vgl. H 40 „Einlagefähiger Vermögensvorteil" KStR.
58 Vgl. ausführlich *Dörfler/Adrian*, Ubg 2008 S. 373.
59 Vgl. BFH, Urteil vom 16.5.2002 – III R 45/98, BStBl 2003 II S. 10; siehe auch H 5.5 EStR.
60 Vgl. z. B. BFH, Urteil vom 3.6.1997 – VIII B 73/96, BFH/NV 1997, S. 838.

scheidenden Gesellschafter einer Personengesellschaft gezahlte Abfindung nur dann als Betriebsausgabe abgezogen werden, wenn und soweit im Betriebsvermögen der Personengesellschaft keine stillen Reserven und auch kein Geschäfts- oder Firmenwert vorhanden sind, die auf die fortführenden Gesellschafter übergehen. Dabei besteht die Vermutung, dass die den Buchwert des Gesellschaftsanteils übersteigenden Zahlungen die Gegenleistung für die übergehenden stillen Reserven und/oder einen Geschäfts- oder Firmenwert bilden.[61] Eine Behandlung als sofort abziehbare Betriebsausgabe kommt in Fällen des sogenannten **„lästigen Gesellschafters"** in Betracht.[62] In diesen Fällen erfolgt die Zahlung nicht zum Erwerb eines Wirtschaftsguts, sondern um einen Gesellschafter zum Austritt aus der Gesellschaft zu bewegen. Abweichend hiervon sind Abfindungen an einen lästigen Gesellschafter aktivierungspflichtig, soweit der Mehrbetrag, den der lästige Gesellschafter über dem Buchwert seines Kapitalkontos und seinem Anteil an den stillen Reserven erhält, einen entsprechenden Anteil am Geschäftswert abgelten soll.[63]

2.3 Ermittlung

2.3.1 Ermittlung des Geschäfts- oder Firmenwerts als Residualgröße

3318 Der Geschäftswert stellt eine Residualgröße dar. Für die Ermittlung seiner Anschaffungskosten muss zunächst festgestellt werden, welche (anderen) einzelnen Wirtschaftsgüter auf den Erwerber übergegangen sind und welcher Teilwert ihnen jeweils im Zeitpunkt der Übernahme beizulegen ist.[64] Folgendes ist zu beachten: Soweit das Gesamtentgelt für den Erwerb eines Unternehmens höher ist als der Substanzwert (Summe der Teilwerte aller übrigen auf den Erwerber übergehenden materiellen und immateriellen Wirtschaftsgüter dieses Unternehmens abzüglich der Verbindlichkeiten), können überhaupt nur Anschaffungskosten für einen Geschäftswert vorliegen.[65]

3319 Übersteigt der Kaufpreis die Summe der Teilwerte der vom Veräußerer aktivierten Einzelwirtschaftsgüter, muss geprüft werden, ob der überschießende Betrag für andere Einzelwirtschaftsgüter bezahlt wurde. Dies können Wirtschaftsgüter sein, die der Veräußerer aufgrund eines Aktivierungswahlrechts oder wegen eines Aktivierungsverbots nicht angesetzt hat. Typisches Beispiel sind nicht entgeltlich erworbene immaterielle Wirtschaftsgüter des Anlagevermögens, die nach § 5 Abs. 2 EStG nicht angesetzt werden dürfen. Ob Teile des Kaufpreises auf bestimmte immaterielle Einzelwirtschaftsgüter entfallen, beurteilt sich primär nach der Zweckrichtung der Aufwendungen und damit nach dem erklärten Willen der Vertragsparteien.[66] Dabei sind jedoch Grenzen zu beachten: Die Erklärungen der Vertragsparteien, insbesondere die im Einzelfall gewählte Bezeichnung für den Gegenstand des entgeltlichen Erwerbs, können bilanzsteuerrechtlich nur insoweit maßgeblich sein, als sie den objektiven Gegebenheiten entsprechen.[67] Da-

---

61 Vgl. BFH, Urteil vom 25.1.1979 – IV R 56/75, BStBl 1979 II S. 302 m. w. N.
62 Vgl. BFH, Urteil vom 11.10.1960 – I T 229/59, BStBl 1960 III S. 509.
63 Vgl. *Schallmoser*, in: Blümich, EStG, § 16 Rn. 272.
64 Vgl. BFH, Urteil vom 25.11.1981 – I R 54/77, BStBl 1982 II S. 189.
65 Vgl. BFH, Urteil vom 27.2.1992 – IV R 129/90, BStBl 1992 II S. 841.
66 Vgl. BFH, Urteile vom 7.6.1984 – IV R 79/82, BStBl 1984 II S. 584; vom 7.11.1985 – IV R 7/83, BStBl 1986 II S. 176.
67 Vgl. BFH, Urteil vom 25.11.1981 – I R 54/77, BStBl 1982 II S. 189.

mit scheidet z. B. eine Aktivierung eines immateriellen Einzelwirtschaftsguts aus, wenn diese Werte nicht als immaterielle Einzelwirtschaftsgüter, sondern lediglich als unselbständige geschäftswertbildende Faktoren anzusehen sind.[68] In Zweifelsfällen kann dabei bedeutsam sein, ob die Vertragsparteien erkennbar eine rational nachvollziehbare Einzelbewertung bestimmter tatsächlicher oder rechtlicher Verhältnisse des Unternehmens vorgenommen und damit deren selbständige Bewertbarkeit indiziert haben.[69] Weiterführend zur Abgrenzung von Einzelwirtschaftsgütern s. Rz. 3322 ff.

Die Annahme von Anschaffungskosten für einen Geschäfts- oder Firmenwert kommt somit erst dann in Betracht, wenn der Kaufpreis nachweislich nicht für bestimmte einzelne Wirtschaftsgüter bezahlt wurde.[70] Insoweit ist bei der Ermittlung stufenweise vorzugehen. Dabei wird diskutiert, ob auf einer ersten Stufe zunächst nur die stillen Reserven der bilanzierten Wirtschaftsguter und auf einer zweiten Stufe dann die stillen Reserven der nicht bilanzierten Wirtschaftsgüter aufzudecken sind („**Stufentheorie**") oder diese beiden Stufen zusammengefasst werden (sog. „modifizierte Stufentheorie").[71] Für die Höhe des Geschäfts- oder Firmenwerts spielt dies keine Rolle. Bei Umwandlungen und Einbringungen ist jedoch eine Besonderheit zu beachten: Nach dem SEStEG sind die übergehenden Wirtschaftsgüter (einschließlich nicht entgeltlich erworbener und selbst geschaffener immaterieller Wirtschaftsgüter) „einheitlich" zum Buchwert oder einem höheren Wert (Zwischenwert), höchstens mit dem gemeinen Wert anzusetzen (z. B. § 3 Abs. 2 UmwStG). Insoweit sind die Wirtschaftsgüter „einheitlich", d. h. gleichmäßig nach Maßgabe der stillen Reserven aufzustocken.[72] Die (modifizierte) Stufentheorie findet insoweit keine Anwendung (siehe auch Rz. 3332). 3320

Nicht in allen Fällen ist ein **Kaufpreis** als Ausgangspunkt für die Ermittlung des Geschäfts- oder Firmenwerts vorhanden. Dies ist z. B. bei Umwandlungen und Einbringungen, aber auch bei der Bemessung einer möglichen Teilwertabschreibung der Fall. In diesen Fällen ist eine Unternehmensbewertung durchzuführen, wenn sich der Marktpreis nicht durch einen Börsenkurs ergibt oder aus Verkäufen unter fremden Dritten in den vergangenen Monaten ableiten lässt.[73] Steuerlich anerkannte Bewertungsverfahren sind z. B. Bewertungen nach **IDW S 1** oder auf Grundlage des **Leitfadens der Oberfinanzdirektionen Rheinland und Münster**. Meines Erachtens ist auch das Vereinfachte Ertragswertverfahren für ertragsteuerliche Zwecke anzuerkennen. Dies ergibt sich aus der historischen Auslegung: Der Regierungsentwurf zum JStG 2010 enthielt eine Regelung in § 11 Abs. 2 Satz 4 BewG, wonach das **Vereinfachte Ertragswertverfahren** „für Zwecke der Erbschaft- und Schenkungsteuer" zu berücksichtigen ist.[74] Hiermit sollte ausweislich der Gesetzesbegründung „redaktionell klargestellt" werden, dass das Vereinfachte Ertragswertverfahren nur bei der Wertermittlung für Zwecke der Erbschaft- 3321

---

68 Vgl. BFH, Urteil vom 7.11.1985 – IV R 7/83, BStBl 1986 II S. 176; vgl. BFH, Urteil vom 9.8.2011 – VIII R 13/08, BStBl 2011 II S. 875.
69 Vgl. BFH, Urteil vom 7.11.1985 – IV R 7/83, BStBl 1986 II S. 176.
70 Vgl. BFH, Urteil vom 25.11.1981 – I R 54/77, BStBl 1982 II S. 189.
71 Vgl. *Schoor*, BBK 2004 S. 212; *Bisle* SteuK 2016, S. 451.
72 Vgl. *Rödder*, DStR 2011 S. 1059, 1062.
73 Vgl. *Kulosa*, in: Schmidt, EStG, 37. Aufl. 2018, § 6 Rn. 280.
74 Vgl. BR-Drucks. 318/10, S. 40.

und Schenkungsteuer zu berücksichtigen ist.[75] Der Finanzausschuss des Bundesrates empfahl, die Änderungen nicht zu übernehmen. Er ging davon aus, dass das Vereinfachte Ertragswertverfahren nach der bisherigen Regelung grundsätzlich für alle Steuerarten gelte. Unterschiedliche gemeine Werte in den einzelnen Steuerarten sollten vermieden werden.[76] In der endgültigen Fassung des JStG 2010 ist die noch im Regierungsentwurf enthaltene Formulierung nicht mehr enthalten. Nach dem Bericht des Finanzausschusses des Bundestagstags sei auf Fachebene zwischenzeitlich mit den obersten Finanzbehörden der Länder eine einheitliche Auslegung des § 11 Abs. 2 BewG für Wertermittlungen für Zwecke der Erbschaft- Schenkungsteuer und der Ertragsteuern abgestimmt worden, weshalb auf die vorgesehene Gesetzesänderung habe verzichtet werden können.[77] Mit Schreiben vom 22.9.2011 hat das BMF klargestellt, dass die Erlasse vom 17.5.2011 zum Antrag der bewertungsrechtlichen Regelungen (§§ 11, 95-109, 199 ff. BewG)[78] für ertragsteuerliche Zwecke bei der Bewertung von Unternehmen und Anteilen an Kapitalgesellschaften entsprechend anzuwenden sind.[79]

2.3.2 Abgrenzung zu Einzelwirtschaftsgütern

3322 Bei dem Geschäfts- oder Firmenwert handelt es sich um eine Restgröße, die sich nur indirekt nach Identifikation aller Einzelwirtschaftsgüter des Unternehmens als Saldo von Kaufpreis und Wert der Wirtschaftsgüter (einschließlich der stillen Reserven) bestimmen lässt.[80] Bei der Ermittlung des Geschäfts- oder Firmenwerts sind sämtliche materiellen und immateriellen Wirtschaftsgüter zu berücksichtigen. Dabei sind auch diejenigen Wirtschaftsgüter zu berücksichtigen, die der Veräußerer nicht ansetzen durfte oder aufgrund eines Wahlrechts nicht angesetzt hat.[81] Die Zuordnung eines Entgelt(teils) zum Erwerb solcher Einzelwirtschaftsgüter hat somit grundsätzlich Vorrang vor einer Zuordnung zum Geschäfts- oder Firmenwert.[82] Folglich greift die Ansatzpflicht für einen derivativen Geschäfts- oder Firmenwert beim Käufer nur, soweit das Entgelt auf nicht bilanzierungsfähige geschäftswertbildende Faktoren entfällt, die in der Summe das „Gesamtwirtschaftsgut" Geschäfts- oder Firmenwert ergeben.

3323 Der Geschäfts- oder Firmenwert ist somit insbesondere von den (sonstigen) **immateriellen Einzelwirtschaftsgütern** abzugrenzen, zu denen auch sog. **firmen- oder geschäftswertähnliche Wirtschaftsgüter** gehören. Der Begriff des firmen- oder geschäftswertähnlichen Wirtschaftsguts hat aufgrund des Bilanzrichtlinien-Gesetzes vom 19.12.1985[83] seine ursprüngliche steuerliche Bedeutung verloren. Ursprünglich diente der Begriff dazu, die firmen- oder geschäftswertähnlichen Wirtschaftsgüter von den abnutzbaren

---

75 Vgl. BR-Drucks. 318/10, S. 151.
76 Vgl. BR-Drucks. 318/1/10, S. 86.
77 Vgl. BT-Drucks. 17/3549, S. 38.
78 Vgl. Erlasse vom 17.5.2011, BStBl 2011 I S. 606.
79 Vgl. BMF, Schreiben vom 22.9.2011, BStBl 2011 I S. 859.
80 Vgl. BFH, Urteile vom 7.11.1985 – IV R 7/83, BStBl 1986 II S. 176; vom 18.2.1993 – IV R 40/92, BStBl 1994 II S. 224.
81 Vgl. BFH, Urteile vom 5.8.1970 – I R 180/66, BStBl 1970 II S. 804; vom 1.2.1989 – VIII R 361/83, BFH/NV 1989 S. 778; *Mathiak*, StuW 1986 S. 287; a. A. *Flies*, DB 1996 S. 846; *Siegel*, DB 1997 S. 941.
82 Vgl. BFH, Urteile vom 5.8.1970 – I R 180/66, BStBl 1970 II S. 804; vom 1.2.1989 – VIII R 361/, BFH/NV 89 S. 778; FG Düsseldorf, Urteil vom 20.3.2003, EFG 2003 S. 1290.
83 Vgl. BGBl I S. 2355.

immateriellen Einzelwirtschaftsgütern zu unterscheiden. Für firmen- oder geschäftswertähnliche Wirtschaftsgüter galt wie für den Geschäfts- oder Firmenwert ein generelles Abschreibungsverbot.

Durch das Bilanzrichtlinien-Gesetz ist die Bezeichnung „Geschäftswert- oder Firmenwert" im Klammerzusatz des § 6 Abs. 1 Satz 1 Nr. 2 EStG entfallen. Zudem wurde eine Abschreibungsdauer von 15 Jahren für den Geschäfts- oder Firmenwert in § 7 Abs. 1 Satz 3 EStG gesetzlich festlegt. Nunmehr können firmen- oder geschäftswertähnliche Wirtschaftsgüter – wie andere immateriellen Einzelwirtschaftsgüter auch – als abnutzbare oder als nicht abnutzbare Wirtschaftsgüter zu qualifizieren sein.[84] Damit muss bei immateriellen Wirtschaftsgütern außerhalb des Gesamtwirtschaftsguts Geschäftswert nur noch zwischen abnutzbaren und nicht abnutzbaren immateriellen Einzelwirtschaftsgütern unterschieden werden.[85]

3324

Die Abgrenzung ist somit insbesondere für die AfA relevant, da für die sonstigen immateriellen Einzelwirtschaftsgüter weder die Abnutzbarkeit noch die Abschreibungsdauer gesetzlich festgelegt ist.[86] Ob ein immaterielles Wirtschaftsgut abnutzbar ist, hängt davon ab, ob seine Nutzung unter rechtlichen und wirtschaftlichen Gesichtspunkten zeitlich begrenzt ist. Im Falle der Abnutzbarkeit der immateriellen Einzelwirtschaftsgüter bestimmt sich die Abschreibung nach der betriebsgewöhnlichen Nutzungsdauer. Bezüglich § 5 Abs. 2 EStG ist die Unterscheidung zwischen Geschäfts- oder Firmenwert und immateriellen Einzelwirtschaftsgütern einschließlich geschäftswertähnlicher Wirtschaftsgüter hingegen ohne Bedeutung: Sowohl Geschäfts- oder Firmenwert als auch immaterielle Einzelwirtschaftsgüter dürfen nur bei entgeltlichem Erwerb aktiviert werden.

3325

Ein sonstiges selbständiges immaterielles Einzelwirtschaftsgut kann beispielsweise der entgeltlich erworbene **Auftragsbestand** sein:[87] „Der Auftragsbestand umschreibt den zu erwartenden Gewinn, der sich aus rechtsverbindlich abgeschlossenen (schwebenden) Verträgen ergibt."[88] Er ist ein gesondert vom Geschäftswert zu aktivierendes immaterielles Wirtschaftsgut, „wenn er als werthaltige greifbare Einzelheit gegenüber dem Geschäftswert abgegrenzt werden kann."[89] Das ist der Fall, „wenn er rechtlich verselbständigt werden kann oder er von der Verkehrsanschauung als selbständig bewertbar anerkannt wird und darauf Anschaffungskosten entfallen."[90] Nicht ausreichend für die Aktivierung eines Auftragsbestands als selbständiges immaterielles Wirtschaftsgut ist hingegen die bloße Gewinnerwartung auf Grund zukünftig erwarteter Aufträge, deren Umfang noch ungewiss ist. Das ist insbesondere bei Abschluss von Rahmenverträgen mit unbestimmtem Auftragsvolumen der Fall, die noch keine bestimmten Leistungen vorsehen und aus denen sich kein konkreter Auftragsumfang ergibt. Die Gewinnerwartungen aus solchen Rahmenverträgen sind mit denen vergleichbar, die allgemein mit

3326

---

84 Vgl. BFH, Urteil vom 28.5.1998 – IV R 48/97, BStBl 1998 II S. 775.
85 Vgl. BFH, Urteil vom 28.5.1998 – IV R 48/97, BStBl 1998 II S. 775.
86 Vgl. *Anzinger*, in: HHR, EStG, § 5 E 772.
87 Vgl. BFH, Urteil vom 26.11.2009 – III R 40/07, BStBl 2010 II S. 609.
88 FG Düsseldorf, Urteil vom 20.2.2003 – 15 K 7704/00 F, EFG 2003 S. 1290.
89 BFH, Urteil vom 13.9.1989 – II R 1/87, BStBl 1990 II S. 47.
90 BFH, Urteil vom 28.10.1987 – II R 224/82, BStBl 1988 II S. 50; vgl. BFH, Urteil vom 30.9.2010 – IV R 28/08, BStBl 2011 II S. 406.

dem Kundenstamm verbunden sind. Derartige Gewinnerwartungen sind als geschäftswertbildende Faktoren Bestandteil des Geschäfts- oder Firmenwerts.[91]

3327 Das von einem Handelsvertreter entgeltlich erworbene **„Vertreterrecht"** (Ablösung des dem Vorgänger-Vertreter nach § 89b HGB zustehenden Ausgleichsanspruchs durch Vereinbarung mit dem Geschäftsherrn) ist wegen seiner selbständigen Bewertbarkeit nicht Bestandteil eines Geschäfts- oder Firmenwerts.[92] Das Vertreterrecht ist als eigenes (derivativ erworbenes) immaterielles Wirtschaftsgut des Anlagevermögens gesondert zu aktivieren und nach der betriebsgewöhnlichen Nutzungsdauer abzuschreiben.

3328 Zu den gesondert zu aktivierenden firmen- oder geschäftswertähnlichen Wirtschaftsgütern können folgende immateriellen Güter und Rechte gehören:

- ▶ Warenzeichen[93] bzw. Marken;[94]
- ▶ Mandantenstamm;[95] Verlagswert;[96]
- ▶ Linienkonzessionen des Personenbeförderungsrechts, Bundesbahnlinien und Beförderungsverträge mit Schulverbänden;[97]
- ▶ Vertragsarztzulassung[98]; Wettbewerbsverbote;[99]
- ▶ technisches Spezialwissen (Know-how), das in Lizenz vergeben wird, und Diensterfindungen bzw. geschützte Erfindungen (Patente);[100]
- ▶ Kundenstamm (soweit sich der Wert tatsächlich nicht innerhalb einer bestimmbaren Zeit erschöpft[101]) oder Geschäftsbeziehungen (soweit gegenüber dem Geschäftswert abgrenzbar);[102]
- ▶ Brennrechte;[103]
- ▶ Arzneimittelzulassung;[104]
- ▶ Zahlungen an Konkurrenten, damit dieser seinen Betrieb einstellt;[105]

---

91 Vgl. FG Düsseldorf, Urteil vom 20.2.2003 – 15 K 7704/00 F, EFG 2003 S. 1290.
92 Vgl. BFH, Urteile vom 12.7.2007 – XR5/05, BStBl 2007 II S. 959; vom 18.1.1989 – X R 10/86, BStBl 1989 II S. 549.
93 Vgl. BFH, Urteil vom 4.9.1996 – II B 135/95, BStBl 1996 II S. 586; BMF, Schreiben vom 12.7.1999, BStBl 1999 I S. 686.
94 Vgl. BFH, Urteil vom 25.3.1992 – II B 12/91, BFH/NV 1993 S. 221; BMF, Schreiben vom 12.7.1999, BStBl 1999 I S. 686.
95 Vgl. BFH, Urteil vom 18.12.1996 – I R 128-129/95, BStBl 1997 II S. 546.
96 Vgl. BFH, Urteil vom 28.5.1998 – IV R 48/97, BStBl 1998 II S. 775; siehe auch BMF, Schreiben vom 20.11.1986, BStBl 1986 I S. 532.
97 Vgl. BFH, Urteil vom 15.12.1993 – X R 102/92, BFH/NV 1994 S. 543.
98 Vgl. BFH, Urteil vom 9.8.2011 – VIII R 13/08, BStBl 2011 II S. 875; OFD Magdeburg vom 29.2.2012 – S 2134a – 15 St 213.
99 Vgl. BFH, Urteil vom 11.3.2003 – IX R 76/99, BFH/NV 2003 S. 973.
100 Vgl. BFH, Urteil vom 23.11.1988 – II R 209/82, BStBl 1989 II S. 82; zu Know-how s. auch Moxter, BB 1987 S. 1848.
101 Vgl. BFH, Urteil vom 16.10.2008 – IV R 1/06, BStBl 2010 II S. 28.
102 Vgl. BFH, Urteil vom 26.7.1989 – I R 49/85, BFH/NV 1990 S. 442.
103 Vgl. Niemann, Immaterielle Wirtschaftsgüter im Handels- und Steuerrecht, 2006, S. 186; vgl. FG Niedersachsen, Urteil vom 18.11.2009 – 2 K 100/07, EFG 2010 S. 699.
104 BMF, Schreiben vom 12.7.1999, BStBl 1999 I S. 686.
105 Vgl. BFH, Urteil vom 22.7.1964 – I 188/62, BStBl 1964 III S. 565.

- Belieferungsmöglichkeiten, sofern sie von der Konkurrenz zumindest faktisch garantiert werden;[106]
- Anspruch auf Beteiligung Prozesserfolg.[107]

2.3.3 Sonderfälle

In Zweifelsfällen muss trotz Berechnung des Geschäfts- oder Firmenwerts als Saldogröße zusätzlich ermittelt werden, ob und in welcher Höhe ein Geschäftswert tatsächlich vorhanden ist.[108] Beispielsweise ist zu beachten, dass bestimmte Gewerbebetriebe in der Regel keinen Geschäfts- oder Firmenwert haben und eine Aktivierung insoweit nicht möglich ist.[109] Die Annahme des entgeltlichen Erwerbs eines Geschäftswerts scheidet auch dann aus, wenn der Erwerber für die Einzelwirtschaftsgüter aufgrund des Verhandlungsgeschicks des Veräußerers einen überhöhten Preis gezahlt hat.[110] In diesem Fall führt der „Überpreis" beim Erwerber zu sofort abziehbaren Betriebsausgaben gemäß § 4 Abs. 4 EStG. Bei Abfindungen beim Ausscheiden eines Gesellschafters kommt die Annahme von Anschaffungskosten für einen (Anteil am) Geschäftswert nicht in Betracht, wenn der ausgeschiedene Gesellschafter nicht am Geschäftswert beteiligt war oder aufgrund der Zweckrichtung der Aufwendungen die Annahme von Anschaffungskosten für einen Anteil am Geschäftswert nicht in Betracht kommt.[111]

3329

Die Aktivierung eines derivativen Geschäfts- oder Firmenwerts ist zudem an die Beachtung der Annahme der Unternehmensfortführung gebunden (**Going Concern-Prinzip**, § 252 Abs. 1 Nr. 2 HGB i. V. m. § 5 Abs. 1 EStG).[112] Daher kann ein Geschäfts- oder Firmenwerts nur aktiviert werden, wenn ein Gewerbebetrieb oder Teilbetrieb zum Zwecke der unveränderten oder umstrukturierten Fortführung[113] erworben wird. Wird der Gewerbebetrieb oder Teilbetrieb hingegen zwecks Stilllegung oder Zerschlagung erworben, z. B. bei Erwerb eines Konkurrenten, dienen die damit verbundenen Aufwendungen lediglich der Verbesserung des eigenen Geschäftswerts. In solchen Fällen sind daher grundsätzlich keine aktivierungsfähigen Aufwendungen, sondern sofort abziehbare Betriebsausgaben nach § 4 Abs. 4 EStG gegeben.[114]

3330

Übersteigt der Gesamtkaufpreis nicht die Summe der Teilwerte aller Einzelwirtschaftsgüter abzüglich der Verbindlichkeiten, besteht gemäß Saldoermittlung kein (positiver) Geschäfts- oder Firmenwert (zum negativem Geschäfts- oder Firmenwert siehe Rz. 3340 ff.). Dabei wird ein Geschäftswert auch dann nicht (teil-) entgeltlich erworben, wenn ein gegebenenfalls erheblicher Goodwill vorhanden war und die Vertragsparteien

3331

---

106 Vgl. BFH, Urteil vom 28.5.1998 – IV R 48/97, BStBl 1998 II S. 775; a. A. FG Niedersachesen, Urteil vom 18.3.2004 – 6 K 18/00, EFG 2004 S. 1428.
107 Vgl. FG Berlin-Brandenburg, Urteil vom 6.3.2012 – 6 K 6014/09, rkr., EFG 2012 S. 1912.
108 Vgl. BFH, Urteil vom 8.12.1976 – I R 215/73, BStBl 1977 II S. 409.
109 Vgl. BFH, Urteil vom 7.10.1976 – IV R 50/72, BStBl 1977 II S. 201 hinsichtlich Handelsvertreter.
110 Vgl. *Krumm*, in: Blümich, EStG, § 5 Rz. 615c.
111 Vgl. BFH, Urteil vom 7.6.1984 – IV R 79/82, BStBl 1984 II S. 584.
112 Vgl. *Velte*, StuW 2010 S. 93.
113 Vgl. BFH, Urteile vom 24.4.1980 – IV R 61/77, BStBl 1980 II S. 690; vom 28.10.1976 – IV R 76/72, BStBl 1977 II S. 73.
114 Vgl. BFH, Urteil vom 26.7.1989 – I R 49/85, BFH/NV 1990 S. 442.

hierfür ein Entgelt vereinbart haben.[115] Insoweit greift die vorrangige Bilanzierung der Einzelwirtschaftsgüter.

3332 Bei **Umwandlungen** und **Einbringungen** ist eine Besonderheit zu beachten: Nach dem SEStEG sind die übergehenden Wirtschaftsgüter (einschließlich nicht entgeltlich erworbener und selbst geschaffener immaterieller Wirtschaftsgüter) „einheitlich" zum Buchwert oder einem höheren Wert (Zwischenwert), höchstens mit dem gemeinen Wert anzusetzen (z. B. § 3 Abs. 2 UmwStG). Buchwert/Zwischenwert sind nur antragsgebunden möglich. Insoweit sind die Wirtschaftsgüter „einheitlich", d. h. gleichmäßig nach Maßgabe der stillen Reserven aufzustocken.[116] Die (modifizierte) Stufentheorie findet somit keine Anwendung. Dies bedeutet, dass auch bei Ansatz eines Zwischenwertes der Geschäfts- oder Firmenwert anteilig aufzustocken ist. Kritisch anzumerken ist, dass eine dafür notwendige Unternehmensbewertung einen unverhältnismäßig hohen Ermittlungsaufwand darstellt.[117]

2.4 Bewertung

3333 Der Geschäfts- oder Firmenwert gehört seit der Streichung der Worte „Geschäfts- oder Firmenwert" in der beispielhaften Aufzählung von Wirtschaftsgütern des nicht abnutzbaren Anlagevermögens in § 6 Abs. 1 Nr. 2 EStG durch das BiRiLiG vom 19.12.1985 zu den **abnutzbaren Wirtschaftsgütern des Anlagevermögens** i. S. d. § 6 Abs. 1 Satz 1 Nr. 1 EStG.[118] Damit ist der Geschäfts- oder Firmenwert mit den Anschaffungskosten vermindert um die AfA anzusetzen.

3334 Wird ein (Teil)Betrieb oder Mitunternehmeranteil entgeltlich erworben und entfällt ein Teil des Kaufpreises dem Grunde auf den Geschäfts- oder Firmenwert, ergibt sich die Höhe nach der Restwertmethode als Residualgröße. Eine weitere Bewertung für ertragsteuerliche Zwecke ist grundsätzlich nicht erforderlich.[119] Eine gesonderte Bewertung ist allerdings notwendig, wenn eine **Teilwertabschreibung**[120] vorgenommen werden soll. Dies gilt ebenso, wenn kein Kaufpreis vorliegt, aber die Aufdeckung aller stillen Reserven geboten ist oder gewählt wird, wie z. B. in **Umwandlungs- oder Einbringungsfällen** und bei **verdeckten Einlagen**.[121] Eine Bewertung ist des Weiteren notwendig, wenn der Erwerber oder Veräußerer der Auffassung ist, der überschießende Betrag sei ganz oder teilweise nicht für den Geschäfts- oder Firmenwert, sondern für andere Vorteile geleistet worden.[122] Das hat insbesondere Relevanz, wenn die Vermutung widerlegt werden soll, dass bei Zahlung einer Abfindung an einen ausscheidenden Gesell-

---

115 Vgl. BFH, Urteil vom 18.7.1982 – VIII R 16/68, BStBl 1972 II S. 884.
116 Vgl. *Rödder*, DStR 2011 S. 1059, 1062.
117 Vgl. auch *Gerberth*, DB 2011, Heft 22, Seite 1 mit dem Hinweis, dass vor diesem Hintergrund der Geschäfts- oder Firmenwert erst nach Aufstockung der übrigen Wirtschaftsgüter ausgewiesen werden sollte und bei (dennoch) notwendiger Bewertung des Geschäfts- oder Firmenwerts das Vereinfachte Ertragswertverfahren nach § 199 BewG Anwendung finden sollte. Kritisch auch *Schneider/Ruoff/Sistermann*, FR 2012 S. 2 f.
118 Vgl. BMF, Schreiben vom 20.11.1986, BStBl 1986 I S. 532 Abschn. I; a. A. *Borst*, BB 1986 S. 2170, da die Abnutzbarkeit des Geschäftswerts nur fingiert wird.
119 Vgl. *Korn/Strahl*, in: Korn, EStG, § 6 Rz. 268.
120 Vgl. BFH, Urteil vom 24.4.1980 – IV R 61/77, BStBl 1980 II S. 690.
121 *Korn/Strahl*, in: Korn, EStG, § 6 Rz. 268.
122 *Korn/Strahl*, in: Korn, EStG, § 6 Rz. 268.

schafter die den Buchwert des Gesellschaftsanteils übersteigenden Zahlungen die Gegenleistung für die übergehenden stillen Reserven und einen Geschäftswert bilden.[123]

2.5 Folgebewertung

Als abnutzbares Wirtschaftsgut des Anlagevermögens ist der Geschäfts- oder Firmenwert zum Bilanzstichtag mit den Anschaffungskosten reduziert um die AfA anzusetzen. § 7 Abs. 1 Satz 3 EStG legt für die Absetzung für Abnutzung (AfA) eine verbindliche **Nutzungsdauer** von 15 Jahren fest. Die fiktive steuerliche Nutzungsdauer von 15 Jahren führt zu einer Durchbrechung des Grundsatzes der Maßgeblichkeit der Handels- für die Steuerbilanz. Im Rahmen der planmäßigen AfA ist bei dem Geschäfts- oder Firmenwert, entsprechend zu sonstigen immateriellen Wirtschaftsgütern, als steuerliche Abschreibungsmethode ausschließlich die **lineare AfA** zulässig.[124]

3335

Die Festlegung einer fiktiven Nutzungsdauer verhindert die betriebsindividuell notwendige Schätzung und hat insoweit Praktikabilitätsgründe. Andererseits besteht aber auch der fiskalische Zweck, die AfA über die tatsächlich meist geringere betriebsgewöhnliche Nutzungsdauer hinaus zu strecken.[125] Gemäß BMF-Schreiben vom 20.11.1986 darf die AfA auch dann nicht nach einer kürzeren Nutzungsdauer bemessen werden, wenn im Einzelfall Erkenntnisse vorliegen, dass die tatsächliche Nutzungsdauer kürzer als 15 Jahre ist. Mit Urteil vom 28.9.1993 hat der BFH entschieden, dass bei entgeltlichem Erwerb eines Geschäfts- oder Firmenwerts eines gewerblichen Betriebs die nach § 7 Abs. 1 Satz 3 EStG anzusetzende "Nutzungsdauer" von 15 Jahren auch für eine aus zwei Gesellschaftern bestehende KG gelte, die sich vor allem mit Grundstücksverwaltung befasst.[126] Eine Ausnahme hiervon kommt gemäß dem genannten BFH-Urteil allenfalls in Betracht, wenn diese Abschreibungsdauer zu einer offensichtlich unzutreffenden Besteuerung führen würde. Nähere Hinweise, wann diese Voraussetzungen vorliegen sollen, werden nicht gegeben. Kritisch anzumerken ist meines Erachtens, dass diese Auffassung vom Gesetzeswortlaut nicht gedeckt ist. Im Rahmen der Folgebewertung kommt gegebenenfalls eine Teilwertabschreibung in Betracht; dies ist z. B. bei einer Fehlmaßnahme möglich.

3336

Da der Geschäfts- oder Firmenwert zu den abnutzbaren Wirtschaftsgütern des Anlagevermögens gehört, kommt dem Grunde nach auch eine **Teilwertabschreibung** nach i. S. d. § 6 Abs. 1 Satz 1 Nr. 1 Satz 2 EStG in Betracht. Eine Teilwertabschreibung wird durch die Festlegung der Nutzungsdauer in § 7 Abs. 1 Satz 3 EStG nicht ausgeschlossen.[127] Die Teilwertabschreibung bietet insoweit die Möglichkeit (steuerliches Wahlrecht seit dem Veranlagungszeitraum 2009),[128] den derivativen Geschäfts- oder Firmen-

3337

---

123 Vgl. BFH, Urteil vom 25.1.1979 – IV R 56/75, BStBl 1979 II S. 302.
124 Vgl. z. B. *Weber-Grellet*, in: Schmidt, EStG, 37. Aufl. 2018, § 5 Rz. 227.
125 Vgl. BT-Drucks. 10/4268 S. 147; BFH, Urteil vom 16.6.2004 – X R 34/, BStBl 2005 II S. 378.
126 Vgl. BFH, Urteil vom 28.9.1993 – VIII R 67/92, BStBl 1994 II S. 449.
127 Vgl. BMF, Schreiben vom 20.11.1986, BStBl 1986 I S. 532 Abschn. I.
128 Vgl. BMF, Schreiben vom 12.3.2010, BStBl 2010 I S. 239, Tz. 15; OFD Münster vom 14.9.2012, DB 2012 S. 2309; *Dörfler/Adrian*, Ubg 2009 S. 390; *Herzig/Briesemeister*, DB 2009 S. 976; a. A. *Richter*, GmbHR 2010 S. 508.

wert mit einem niedrigeren als dem sich durch die AfA nach § 7 Abs. 1 Satz 3 EStG ergebenden Wert anzusetzen.[129]

3338 Fraglich ist, ob eine Teilwertabschreibung allein deshalb in Betracht kommt, wenn die tatsächliche Nutzungsdauer geringer als die gesetzlich vorgesehenen 15 Jahre ist. Im Schrifttum wird argumentiert, dass die gesetzliche Fiktion der 15jährigen Nutzungsdauer nicht durch eine Teilwertabschreibung „unterlaufen" werden dürfe[130] und daher das Vorliegen einer tatsächlichen Nutzungsdauer von weniger als 15 Jahren zur Rechtfertigung einer Teilwertabschreibung nicht ausreiche.[131] Die Wertminderung müsse sich vielmehr unabhängig von der tatsächlichen Nutzungsdauer aufgrund von Veränderungen der firmen- bzw. geschäftswertbildenden Faktoren ergeben. Solche Veränderungen liegen z. B. vor bei der Verschlechterung des guten Rufs der Erzeugnisse aufgrund besonderer Ereignisse, der Reduzierung des Kundenstamms, der Verschlechterung der früher vorteilhaften örtlichen Lage, z. B. durch Veränderung der Verkehrsverhältnisse oder durch betriebliche Umstellungen, der fehlenden Qualifikation der von dem früheren Firmeninhaber eingestellten Arbeitnehmer, da diese nicht den Anforderungen des neuen Betriebs entsprechen.[132] Diese Sichtweise entspricht auch der Verwaltungsauffassung: Die prinzipielle Möglichkeit zur Teilwertabschreibung wird anerkannt, dabei sei jedoch die gesetzliche Festlegung der betriebsgewöhnlichen Nutzungsdauer auf 15 Jahre zu beachten.[133] Diese einschränkende Sichtweise auf die Teilwertabschreibung ergibt sich meines Erachtens nicht zwingend aus dem Gesetz. Für abnutzbare Wirtschaftsgüter des Anlagevermögens hat der BFH in Übereinstimmung mit der Auffassung der Finanzverwaltung entschieden, dass eine dauernde Wertminderung nur dann vorliegt, wenn der Teilwert des Wirtschaftsguts für mindestens die Hälfte der Restnutzungsdauer geringer ist als die planmäßigen Buchwerte.[134] Bei der Bestimmung der Restnutzungsdauer sind meines Erachtens konsequenterweise die fiktiven 15 Jahre des § 7 Abs. 1 Satz 3 EStG zugrunde zu legen. Bei Übertragung der höchstrichterlichen Maßstäbe an die Teilwertabschreibung auf den Fall des Geschäfts- oder Firmenwerts wäre eine Teilwertabschreibung allein aufgrund der kürzeren tatsächlichen Nutzungsdauer möglich.

3339 Bei der Frage, wann ein niedrigerer Teilwert bei dem aktivierten Geschäfts- oder Firmenwert vorliegt, ist umstritten, ob dabei der gesamte einheitliche Unternehmenswert (sogenannte Einheitstheorie) oder nur der derivativ erworbene Geschäfts- oder Firmenwert zu berücksichtigen ist.[135] Die Vertreter der **Einheitstheorie** argumentieren, dass ein Unternehmen nur einen einheitlichen Geschäfts- oder Firmenwert habe und auch nur dieser aus Sicht eines potenziellen Erwerbs betrachtet wird.[136] Nach dieser Auffassung wäre eine Teilwertabschreibung nur zulässig, wenn der einheitliche Geschäfts- oder

---

129 Vgl. *Nolde*, in: HHR, EStG, § 7 Rz. 202; *Neufang/Otto*, DStR 2012 S. 226.
130 Vgl. *Borst*, BB 1986 S. 2171.
131 Vgl. *Kulosa*, in: Schmidt, EStG, 37. Aufl. 2018, § 6 Rn. 313.
132 Vgl. *Nolde*, in: HHR, EStG, § 7 Rz. 202.
133 Vgl. BMF, Schreiben vom 20.11.1986, BStBl 1986 I S. 532.
134 Vgl. BFH, Urteile vom 14.3.2006 – I R 22/05, BStBl 2006 II S. 680; vom 29.4.2009 – I R 74/08, BStBl 2009 II S. 899.
135 Vgl. zum Überblick z. B. *Schoor*, BBK 2004 S. 216; zur Historie siehe *Velte*, StuW 2008 S. 282.
136 Vgl. *Kulosa*, in: Schmidt, EStG, 37. Aufl. 2018, § 6 Rn. 313.

Firmenwert (originärer zuzüglich derivativer Geschäfts- oder Firmenwert) dauerhaft unterhalb des Werts des aktivierten Geschäfts- oder Firmenwerts gesunken ist. Für diese Auffassung spricht zudem der Umstand, dass in der Praxis eine klare Trennung zwischen Wertabnahme und Wertzunahme, getrennt nach originärem und derivativem Geschäfts- oder Firmenwert kaum möglich ist.[137] Die überwiegende Meinung spricht sich gegen die Einheitstheorie aus.[138] Die steuerbilanzielle Abbildung verdeutlicht aber, dass nur der derivative Geschäfts- oder Firmenwert zu berücksichtigen ist.[139] Denn auch nur dieser darf angesetzt und somit auch bewertet werden.

2.6 Negativer Geschäfts- oder Firmenwert

Von einem negativen Geschäfts- oder Firmenwert („**Badwill**") spricht man, wenn der Gesamtwert des Unternehmens – die Fortführung des Unternehmens vorausgesetzt – niedriger ist als der Substanzwert.[140] Nach Maßgabe der Ermittlung als Saldogröße ist daher Voraussetzung für einen negativen Geschäfts- oder Firmenwert, dass der Unternehmenskaufpreis niedriger ist als die steuerrechtlichen Teilwerte der Wirtschaftsgüter abzüglich Schulden. Dabei kann es sogar zu einem „**negativen Kaufpreis**" durch Zuzahlung des Veräußerers kommen.[141] Typischerweise liegt in diesen Fällen eine negative Ertragslage vor. Insoweit verkörpert der negative Geschäfts- oder Firmenwert künftige Verluste.[142]

3340

Nach herrschender Auffassung ist ein negativer Geschäfts- oder Firmenwert weder in der Handelsbilanz noch in der Steuerbilanz des Erwerbers passivierbar.[143] Allerdings ist das **Prinzip der erfolgsneutralen Anschaffung** zu beachten. Ein „Anschaffungsgewinn" entsteht somit nicht – trotz Nichtbilanzierung eines negativen Geschäfts- oder Firmenwerts und obwohl sich das Vermögen erhöht hat (zumindest vor Betrachtung des negativen Geschäfts- oder Firmenwerts).[144] Um dies zu erreichen, entspricht es gefestigter BFH-Rechtsprechung, dass die erworbenen Wirtschaftsgüter nicht mit dem Teilwert anzusetzen, sondern um die stillen Lasten des negativen Geschäfts- oder Firmenwerts abzustocken sind.[145] Reichen die stillen Reserven für die (anteilige) Abstockung nicht aus, wird trotzdem kein negativer Geschäfts- oder Firmenwert ausgewiesen. In diesem Fall ist ein **passiver Ausgleichsposten** zu bilden, um nicht gegen das Prinzip der erfolgs-

3341

---

137 Vgl. auch BFH, Urteil vom 16.2.2002 – III R 45/98, BStBl 2003 II S. 10.
138 Z. B. *Schoor*, BBK 2004 S. 216; *Velte*, StuW 2008 S. 282; *Korn/Strahl*, in: Korn, EStG, § 6 Tz. 272.; *Nolde*, in: HHR, EStG, § 7 Anm. 202.
139 Vgl. auch BFH, Urteil vom 28.5.1998 – IV R 48/97, BStBl 1998 II S. 775.
140 Vgl. *Siegel/Bareis*, BB 1994 S. 317; *Ernsting*, Wpg 1998 S. 405.
141 Vgl. *Prinz*, FR 2011 S. 373; *Sinewe/Frase*, SteuerConsultant 2011 S. 26.
142 Vgl. z. B. *Ernsting*, Wpg 1998 S. 405.
143 Vgl. BFH, Urteile vom 21.4.1994 – IV R 70/92, BStBl 1994 II S. 745; vom 12.12.1996 – IV R 77/93, BStBl 1998 II S. 180; *Weber-Grellet*, in: Schmidt, EStG, 37. Aufl. 2018, § 5 Tz. 226; *Groh*, in: FS Klein, S. 815; *Schülen*, in: FS Stehle S. 151; a. A. z. B. *Claussen*, 1997, S. 605; *Crezelius*, in: Kirchhof, EStG, § 5 Rz. 74, der aus systematischen Gründen eine Bilanzierung eines negativen Geschäftswerts für richtig hält.
144 Vgl. BFH, Urteile vom 21.4.1994 – IV R 70/92, BStBl 1994 II S. 745; vom 26.4.2006 – I R 49, 50/04, DStR 2006 S. 1313.
145 Vgl. zur Kritik *Meier/Geberth*, DStR 2011 S. 734 mit dem Hinweis auf „schicksalhafte Züge" der Abstockungsvariante aufgrund einer zufälligen Zusammensetzung von Wirtschaftsgütern, deren Buchwerte sowie deren Umschlaggeschwindigkeit beim Erwerber, die dann darüber entscheidet, inwieweit anschließend ein Gewinn beim Erwerber entsteht und zu versteuern ist.

neutralen Anschaffung zu verstoßen.[146] Unter die Neuregelung des § 5 Abs. 7 EStG fällt der negative Geschäfts- oder Firmenwert nicht, weil es sich nicht um eine übernommene Verpflichtung handelt.

3342 Ein passiver Ausgleichsposten kann bei **Veräußerung eines Mitunternehmeranteils** i. S. d. § 16 Abs. 1 Satz 1 Nr. 2 EStG entstehen.[147] Eine solche Veräußerung liegt auch bei Ausscheiden eines Gesellschafters aus einer Personengesellschaft vor, sofern dieser Vorgang nicht unentgeltlich erfolgt. In diesem Zusammenhang ist auch die Zahlung der dem Ausscheidenden nach dem Gesellschaftsvertrag zustehenden Abfindung als ein Entgelt anzusehen.[148] Ist die Abfindung niedriger als der Buchwert des Mitunternehmeranteils, erzielt der ausgeschiedene Gesellschafter in Höhe des Differenzbetrags einen Veräußerungsverlust. Für die verbleibenden Gesellschafter stellt das Ausscheiden des Gesellschafters einen Anschaffungsvorgang dar, sodass diese in diesem Zusammenhang keinen „Erwerbsgewinn" erzielen.[149] Da der Mitunternehmeranteil einkommensteuerlich kein eigenes Wirtschaftsgut darstellt, sondern als Anteil an den Wirtschaftsgütern des Gesellschaftsvermögens zu werten ist, sind den Gesellschaftern dann in Höhe der Abfindung Anschaffungskosten für die Wirtschaftsgüter des Gesellschaftsvermögens entstanden.[150] Aufgrund § 6 Abs. 1 Satz 1 Nr. 1 EStG dürfen bei der Bilanzierung von Wirtschaftsgütern die Anschaffungskosten jedoch nicht überschritten werden. Deshalb ist in Höhe des Differenzbetrags zwischen Buchwert und Kaufpreis (Abfindung) des Mitunternehmeranteils eine Abstockung der Buchwerte der aktivierten Wirtschaftsgüter vorzunehmen.[151] Diese Abstockungen ergeben sich nach Maßgabe einer Art „umgekehrten Stufentheorie", d. h. zunächst erfolgt die Abstockung der erworbenen Wirtschaftsgüter (bzw. Aufstockung erworbener Verbindlichkeiten) und sodann erfolgt eine erfolgsneutrale Einstellung in einen steuerbilanziellen passiven Ausgleichsposten.[152] Entsprechendes gilt für den Erwerb eines Einzelunternehmens.

3343 Ein passiver Ausgleichsposten kann zur Wahrung des Anschaffungskosten-Prinzips auch bei dem Erwerb von **Anteilen an Kapitalgesellschaften** gegen Zuzahlung des Veräußerers zu bilden sein.[153] Ansonsten würde der Erwerber mit der vereinnahmten Zuzahlung einen Anschaffungs**ertrag** erzielen, der dem Grundsatz der erfolgsneutralen Behandlung von Anschaffungsvorgängen widerspricht.[154] Insoweit steht das Realisationsprinzip dem Ausweis eines Anschaffungs**gewinns** entgegen.[155] Zuzahlungen

---

146 Vgl. *Heurung*, DB 1995 S. 385; vgl. BFH, Urteil vom 26.4.2006 – I R 49, 50/04, BStBl 2006 II S. 656.
147 Vgl. BFH, Urteil vom 12.12.1996 – IV R 77/93, BStBl 1998 II S. 180; FG Düsseldorf, Urteil vom 15.12.2010 – 15 K 2784/09 F, FR 2011 S. 375, rkr.
148 Vgl. BFH, Urteile vom 26.7.1984 – IV R 10/83, BStBl 1984 II S. 786; vom 10.11.1988 – IV R 70/86, BFH/NV 1990 S. 31; vom 28.7.1994 – IV R 53/91, BStBl 1995 II S. 112, 114; vom 14.12.1994 – X R 128/92, BStBl 1995 II S. 465, 467.
149 Vgl. BFH, Urteile vom 11.7.1973 – I R 126/71, BStBl 1974 II S. 50; vom 30.1.1974 – IV R 109/73, BStBl 1974 II S. 352.
150 Vgl. BFH, Urteil vom 6.7.1995 – IV R 30/93, BStBl 1995 II S. 831 m. w. N.
151 Vgl. BFH, Urteile vom 19.2.1981 – IV R 41/78, BStBl 1981 II S. 730; vom 21.4.1994 – IV R 70/92, BStBl 1994 II S. 745.
152 Vgl. *Prinz*, FR 2011 S. 374.
153 Vgl. *Sinewe/Frase*, SteuerConsultant 2011 S. 27.
154 Vgl. BFH, Urteil vom 26.4.2006 – I R 49, 50/04, DStR 2006 S. 1313.
155 Vgl. FG Niedersachsen, Urteil vom 24.10.1991 – XII 706/84, EFG 1993 S. 15.

im Rahmen eines Anschaffungsvorgangs führen allerdings nicht zum passiven Ausweis „negativer Anschaffungskosten", da Anschaffungskosten (§ 255 Abs. 1 HGB) begrifflich Aufwendungen voraussetzen, die der (erwerbende) Steuerpflichtige geleistet hat.[156] Deshalb muss aus bilanztechnischen Gründen und nur zu dem Zweck, den Anschaffungsvorgang erfolgsneutral zu halten und damit das Realisationsprinzip einzuhalten, ein passiver Ausgleichsposten in Höhe der Zuzahlung gebildet werden.[157]

Die Folgebehandlung des passiven Ausgleichspostens im Anschluss an seine Bildung ist unklar.[158] Prinzipiell kommen folgende Lösungsmöglichkeiten in Betracht: [159]   3344

1. Sofortige erfolgswirksame Auflösung des passiven Ausgleichspostens am nächsten Bilanzstichtag.   3345

Dieser Lösungsansatz ist meines Erachtens nicht sachgerecht, da somit die Erfolgsneutralität des Anschaffungsvorgangs sofort wieder rückgängig gemacht wird. Ebenso scheidet eine Auflösung im Gewinnfall aus.[160]

2. Lineare Auflösung über einen Zeitraum von 15 Jahren.   3346

Diese Lösung knüpft an die Regelung des § 7 Abs. 1 Satz 3 EStG zur Abschreibung eines positiven derivativen Geschäftswerts an. Dieser Ansatz macht meines Erachtens nur Sinn, wenn von einem negativen Geschäfts- oder Firmenwert und nicht von einem Ausgleichsposten ausgegangen wird.[161] Mit Ablehnung des bilanziellen Ausweises eines negativen Geschäfts- oder Firmenwerts sollte die lineare Verteilung auf Basis des § 7 Abs. 1 Satz 3 EStG nicht in Betracht kommen.

3. Auflösung bzw. Verrechnung mit künftigen Verlusten.   3347

Dieser Lösungsansatz knüpft daran an, dass der negative Geschäfts- oder Firmenwert künftige Verluste verkörpert.[162] Diesen Lösungsweg befürwortet der BFH bei Erwerb eines Kommanditanteils („asset deal"), bei dem es zur Vermeidung eines Erwerbsgewinns zu einem passiven Ausgleichsposten in der Ergänzungsbilanz kam.[163] Dieser Ausgleichsposten ist gemäß BFH gegen künftige Verlustanteile des Gesellschafters erfolgserhöhend aufzulösen. Dabei ist jedoch fraglich, ob generell alle Verluste zur Verrechnung mit dem Ausgleichsposten herangezogen werden müssen oder nur solche, die aus dem übernommenen Unternehmens(teil) resultieren und im Kaufpreis berücksichtigt wurden. Sachgerecht wäre meines Erachtens Letzteres, wenngleich dies in der Praxis schwierig darstellbar ist und eine entsprechende Dokumentation bzw. Spartenrechnung voraussetzt.[164] Zudem ist anzumerken, dass diese Lösung z. B. nicht beim Erwerb von

---

156 Vgl. BFH, Urteil vom 20.4.1999 – VIII R 38/96, BStBl 1999 II S. 647.
157 Vgl. BFH, Urteil vom 20.4.1999 – VIII R 38/96, BStBl 1999 II S. 647.
158 Vgl. *Meier/Geberth*, DStR 2011 S. 733 ff.
159 Vgl. *Meier/Geberth*, DStR 2011 S. 733 ff.; *Preißer/Bressler*, BB 2011 S. 430 f.; *Preißer/Preißer*, DStR 2011 S. 133.
160 Vgl. *Prinz*, FR 2011 S. 374.
161 Vgl. *Sinewe/Frase*, SteuerConsultant 2011 S. 27.
162 Vgl. z. B. *Ernsting*, Wpg 1998 S. 405.
163 Vgl. BFH, Urteil vom 21.4.1994 – IV R 70/92, BStBl 1994 II S. 745; vgl. FG Düsseldorf, Urteil vom 15.12.2010 – 15 K 2784/09, EFG 2011 S. 794.
164 Vgl. *Meier/Geberth*, DStR 2011 S. 735.

Anteilen an Kapitalgesellschaften unter Zuzahlung in Betracht kommt („share deal"), da das Trennungsprinzip die steuerliche Zurechnung von Verlusten verhindert.[165]

3348 4. Auflösung bei Liquidation der Gesellschaft bzw. Veräußerung der Anteile.

Bei diesem Lösungsansatz erfolgt weder eine planmäßige Auflösung des passivischen Ausgleichspostens noch eine Verrechnung gegen Verluste. Erst bei Beendigung des unternehmerischen Engagements, d. h. bei Liquidation der Gesellschaft beziehungsweise Veräußerung der Anteile, ist der passivische Ausgleichsposten erfolgserhöhend aufzulösen. Dieser Ansatz ist sicherlich einfach handhabbar, kann aber nur ultima ratio sein.[166] Soweit der Ausgleichsposten auf Anteile an Kapitalgesellschaften entfällt, ist meines Erachtens § 8b KStG zu berücksichtigen, d. h. im Grundfall gilt § 8b Abs. 2 i. V. m. Abs. 3 KStG.

3349–3399 *(Einstweilen frei)*

---

[165] Vgl. *Preißer/Bressler*, BB 2011 S. 431. Offengelassen: BFH, Urteil vom 26.4.2006 – I R 49, 50/04, BStBl 2006 II S. 656.
[166] Vgl. *Prinz*, FR 2011 S. 374.

Teil B:
Bilanzierung und Bewertung bei der Gewinnermittlung nach Bilanzposten

Kapitel I:
Anlagevermögen

3. Sachanlagen

von
StB Professor Dr. Gerrit Adrian, Frankfurt am Main

Kapitel I: Anlagevermögen

Inhaltsübersicht

	Rz.
3. Sachanlagen	3400 - 3599
3.1 Grundstücke, grundstücksgleiche Rechte und Bauten einschließlich der Bauten auf fremden Grundstücken	3400 - 3453
3.1.1 Überblick	3400 - 3405
3.1.2 Grund und Boden, unbebaute Grundstücke und grundstücksgleiche Rechte ohne Bauten	3406 - 3416
3.1.3 Bauten auf eigenen Grundstücken und grundstücksgleiche Rechte	3417 - 3447
3.1.4 Bauten auf fremden Grundstücken	3448 - 3453
3.2 Technische Anlagen und Maschinen	3454 - 3457
3.3 Betriebsvorrichtungen	3458 - 3461
3.4 Andere Anlagen, Betriebs- und Geschäftsausstattung	3462 - 3464
3.5 Geringwertige Wirtschaftsgüter und Sammelposten	3465 - 3480
3.5.1 Regelung des § 6 Abs. 2 EStG	3465 - 3469
3.5.2 Sammelposten gemäß § 6 Abs. 2a EStG	3470 - 3479
3.5.3 Wahlrechte des Steuerpflichtigen	3480
3.6 Geleistete Anzahlungen und Anlagen im Bau	3481 - 3484
3.7 Bewertung	3485 - 3522
3.7.1 Allgemeine Grundsätze	3485 - 3497
3.7.2 Besonderheiten bei Grundstücken	3498 - 3522
3.8 Folgebewertung	3523 - 3572
3.8.1 Abnutzbares und nicht abnutzbares Sachanlagevermögen	3523 - 3524
3.8.2 Planmäßige Abschreibung	3525 - 3553
3.8.3 Teilwertabschreibung	3554 - 3559
3.8.4 Abschreibung für außergewöhnliche technische oder wirtschaftliche Abnutzung	3560 - 3562
3.8.5 Erhöhte Absetzungen	3563 - 3565
3.8.6 Sonderabschreibungen nach § 7g EStG	3566 - 3572
3.9 Ausweis (E-Bilanz)	3573 - 3599

AUSGEWÄHLTE LITERATUR

Adrian/Helios, BMF-Entwurf zu Teilwertabschreibungen, voraussichtlich dauernder Wertminderung und Wertaufholung, DStR 2014 S. 721; *Beck*, Anschaffungsnaher Aufwand und das BMF-Schreiben vom 18.7.2003, DStR 2003 S. 1462; *Böhl/Schmidt-Naschke/Böttcher*, Besteuerung von Vermietungseinkünften bei Direktinvestitionen in Deutschland, IStR 2008 S. 651; *Dörfler/Adrian*, Steuerbilanzpolitik nach BilMoG, Ubg 2009 S. 385; *Dörfler/Adrian/Oblau*, Europäisierung des deutschen Steuerrechts durch das SEStEG, RIW 2007 S. 266; *Dörfler/Rautenstrauch/Adrian*, Das Jahressteuergesetz 2009 – Ausgewählte Aspekte der Unternehmensbesteuerung, BB 2009 S. 580; *Eisgruber*, Bauten auf fremden Grund und Boden, DStR 1997 S. 522; *Freidank/Velte*, Quo vadis Maßgeblichkeit?, StuW 2010 S. 189; *Grützner*, Gebäudeherstellungskosten, BBK 2005 S. 599; *Günkel/Teschke*, Änderungen des steuerlichen Herstellungskostenbegriffs durch das BilMoG? – Anmerkungen zum BMF-Schreiben vom 12.3.2010, Ubg 2010 S. 401; *Herzig/Briesemeister/Schäperclaus*, E-Bilanz – Konkretisierung, Erleichterungen, verbleibende Problembereiche, DB 2011 S. 1651; *Heß*, Investitionszulage für betriebliche Investitionen bei Bauten auf fremdem Grund und Boden, DStR 2002 S. 1169 ff.; *Hofmann*, Bilanzierung von Erbbaurechten, StuB 2009 S. 667;

Huschke/Hartwig, Das geplante Jahressteuergesetz 2009: Auswirkungen auf Vermietungseinkünfte beschränkt steuerpflichtiger Kapitalgesellschaften, IStR 2008 S. 748; *Kahle/Heinstein*, Ansatz von Grundstücken in der Steuerbilanz, DStZ 2006 S. 825; *dies.*, Die Bewertung von Grundstücken in der Steuerbilanz, DStZ 2007 S. 93; *Kolbinger*, Bilanzsteuerrechtliche Fragen bei Ersteigerung von Grundstücken durch Grundpfandgläubiger, BB 1993 S. 2119; *Küffner/Haberstock*, „Drittaufwand": Eine Reise ins Ungewisse, DStR 2000 S. 1677; *Kußmaul/Weiler*, Bilanzsteuerliche Abschreibungswahlrechte für sog. „Geringwertige Wirtschaftsgüter" – Das BMF-Schreiben vom 30.9.2010: Darstellung und kritische Würdigung, GmbHR 2011 S. 169; *Laubach/Kraus/Bornhofen*, Umsetzung der HGB-Modernisierung, DB Beilage Nr. 5/2009 S. 22; *Lenz/Dörfler/Adrian*, Änderungen bei der Zinsschranke durch das Wachstumsbeschleunigungsgesetz, Ubg 2010 S. 2; *Lindauer*, Immobilien und Steuern, 2. Auflage, Wiesbaden 2016; *Maier*, Steuerliche Behandlung kommunaler Stadt- und Mehrzweckhallen, DStR 2010 S. 198; *Moxter*, Zur bilanzrechtlichen Behandlung von Mietereinbauten nach der neueren höchstrichterlichen Rechtsprechung, BB 1998 S. 259; *Niehues*, Abschreibungen bei Mietereinbauten, DB 2006 S. 1234; *Ortmann-Babel/Zipfel*, Umsetzung des Sofortprogramms der Bundesregierung – das Wachstumsbeschleunigungsgesetz, Ubg 2009 S. 819; *Rammert/Thies*, Mit dem Bilanzrechtsmodernisierungsgesetz zurück in die Zukunft – was wird aus Kapitalerhaltung und Besteuerung?, WPg 2009 S. 43; *Richter*, Die Maßgeblichkeit der handelsrechtlichen Grundsätze ordnungsgemäßer Buchführung für die steuerliche Gewinnermittlung – Anmerkungen zum BMF-Schreiben vom 12.3.2010, GmbHR 2010 S. 507; *Sauren*, Die neue Rechtslage bei Mietereinbauten, DStR 1998 S. 706; *Scheffler/Glaschke*, Bilanzielle Behandlung von Baumaßnahmen an bestehenden Gebäuden, StuB 2006 S. 491; *Schoor*, AfA-Bemessungsgrundlage nach einer Einlage, BBK 2011 S. 115; *Schuster*, Wirtschaftliches Eigentum bei Bauten auf fremdem Grund und Boden, DStZ 2003 S. 371; *Söffing*, Geringwertige Wirtschaftsgüter, BB 2007 S. 1032; *Spiegelberger/Spindler/Wälzholz*, Die Immobilie im Zivil- und Steuerrecht, Köln 2008; *Spindler*, Wie geht es weiter mit dem anschaffungsnahen Aufwand?, DB 2004 S. 510; *Teschke*, Der Begriff der voraussichtlich dauernden Wertminderung bei der Teilwertabschreibung, DStZ 2006 S. 661; *Wagner/Staats*, Die Behandlung geringwertiger Wirtschaftsgüter im Handels-, Steuer- und Investitionszulagenrecht nach dem Unternehmensteuerreformgesetz 2008, DB 2007 S. 2395; *Wassermeyer*, Verliert Deutschland im Fall der Überführung von Wirtschaftsgütern in eine ausländische Betriebsstätte das Besteuerungsrecht?, DB 2006 S. 1176.

3. Sachanlagen

3.1 Grundstücke, grundstücksgleiche Rechte und Bauten einschließlich der Bauten auf fremden Grundstücken

3.1.1 Überblick

3400 Zivilrechtlich ist ein **„Grundstück"** ein einheitlicher Vermögensgegenstand.[1] Zum Grundstück gehören zivilrechtlich auch die mit diesem fest verbundenen Sachen, insbesondere Gebäude (wesentliche Bestandteile gem. §§ 93, 94 BGB). Der zivilrechtliche Begriff des Grundstücks umfasst neben unbebauten und bebauten Grundstücken auch Gebäude auf fremdem Grund und Boden sowie die grundstücksgleichen Rechte.[2] Auch in der Bilanzgliederung des § 266 HGB müssen Grundstücke nicht weiter aufgeteilt werden. Als Posten des Sachanlagevermögens führt § 266 Abs. 2 A. II 1. HGB „Grundstücke, grundstücksgleiche Rechte und Bauten einschließlich der Bauten auf fremden Grundstücken" auf.

---

1 Vgl. *Grützner*, BBK 2005 S. 599.
2 Vgl. *Hoffmann/Nacke*, in: Littmann/Bitz/Pust (Hrsg.), EStG, §§ 4, 5 Rz. 159.

Aus (steuer)bilanzieller Sicht ist das Grundstück zwischen **Grund und Boden**, **Gebäuden** und **Gebäudeteilen** aufzuteilen.[3] Die Abgrenzung zwischen Grund und Boden und Gebäude ist zunächst bereits deshalb vorzunehmen, weil es sich bilanzsteuerrechtlich um zwei Wirtschaftsgüter handelt, die einzeln zu bewerten sind.[4] Während Grund und Boden ein nicht abnutzbares Wirtschaftsgut darstellt, ist ein Gebäude ein abnutzbares Wirtschaftsgut. Zudem knüpfen einige spezielle Normen des EStG an Grund und Boden oder Gebäude an, z. B. steuerliche Herstellungskosten für Gebäude nach § 6 Abs. 1 Nr. 1a EStG, die Übertragung von stillen Reserven von Grund und Boden oder Gebäude nach § 6b EStG, AfA für Gebäude nach § 7 Abs. 4, 5 EStG, erhöhte Absetzungen für bestimmte Gebäude nach § 7h, 7i und 7k EStG, Erhaltungsaufwendungen bei Gebäuden nach §§ 11a und 11b EStG. Neben diesen steuerbilanziellen Aspekten ist die Unterscheidung auch für weitere steuerrechtliche Normen wie z. B. die erweiterte Kürzung nach § 9 Nr. 1 Satz 2 ff. GewStG oder umsatzsteuerliche Aspekte wichtig.[5]

3401

Die notwendigen Abgrenzungen bei einem Grundstück enden nicht mit der Unterscheidung zwischen Gebäude sowie Grund und Boden. Bei einem Grundstück können weitere Wirtschaftsgüter zu identifizieren sein, z. B. Außenanlagen oder Betriebsvorrichtungen, die weder dem Gebäude noch dem Grund und Boden zuzurechnen sind (sog. selbständige Gebäudeteile). Dies sind Gebäudeteile, die nicht in einem einheitlichen Nutzungs- und Funktionszusammenhang mit dem Gebäude stehen und somit einem besonderen Zweck dienen.[6] **Selbständige Gebäudeteile** sind:[7]

3402

▶ Betriebsvorrichtungen (vgl. dazu Rz. 3458 ff.);

▶ Scheinbestandteile im Sinne des § 95 BGB (Bestandteile, die nur zu einem vorübergehenden Zweck mit dem Grund und Boden verbunden sind, gehören nicht zum Grundstück; Entsprechendes gilt für nur kurzfristig mit dem Gebäude verbundene Bestandteile);[8]

▶ Ladeneinbauten, Schaufensteranlagen, Gaststätteneinbauten, Schalterhallen von Kreditinstituten sowie ähnliche Einbauten, die einem schnellen Wandel des modischen Geschmacks unterliegen. Als Herstellungskosten dieser Einbauten kommen nur Aufwendungen für Gebäudeteile in Betracht, die statisch für das gesamte Gebäude unwesentlich sind, z. B. Aufwendungen für Trennwände, Fassaden, Passagen sowie für die Beseitigung und Neuerrichtung von nichttragenden Wänden und Decken;

▶ Sonstige Mietereinbauten (vgl. dazu Rz. 3438 ff.).

Neben den selbständigen Gebäudeteilen kann auch das Gebäude selbst als Mehrzahl von Wirtschaftsgütern qualifizieren. Dabei ist auf die verschiedenen Nutzungs- und

3403

---

3 Vgl. BFH, Beschluss vom 16.7.1968 – GrS 7/67, BStBl 1969 II S. 108.
4 Vgl. BFH, Urteil vom 12.7.1979 – IV R 55/74, BStBl 1980 II S. 5.
5 Vgl. z. B. *Maier*, DStR 2010 S. 198 zu umsatzsteuerlichen Aspekten der steuerfreien Vermietung von Grundstücken und der steuerpflichtigen Vermietung von Betriebsvorrichtungen. Zu ertragsteuerlichen Aspekten vgl. *Böhl/Schmidt-Naschke/Böttcher*, IStR 2008 S. 651.
6 Vgl. R 4.2 Abs. 3 Satz 1 und 2 EStR.
7 Vgl. R 4.2 Abs. 3 Satz 3 EStR.
8 Vgl. R 7.1 Abs. 4 EStR.

Funktionszusammenhänge des Gebäudes abzustellen. Für die folgenden unterschiedlich genutzten Bereiche ist jeweils ein Wirtschaftsgut anzunehmen:[9]

- Nutzung für eigenbetriebliche Zwecke,[10]
- Nutzung für fremdbetriebliche Zwecke,
- Nutzung für eigene Wohnzwecke,[11]
- Nutzung für fremde Wohnzwecke.

3404 Gebäude gehören zum **Anlagevermögen**, wenn sie auf Dauer dem Betrieb gewidmet sind. Auch **Musterhäuser** gehören zum Anlagevermögen.[12] Die Veräußerungsabsicht, selbst eine zum Zwecke der Veräußerung vorgenommene Parzellierung des Grund und Bodens oder eine Aufteilung des Gebäudes in Eigentumswohnungen, ändert diese Zugehörigkeit nicht.[13] Eigenbetrieblich genutzte Grundstücksteile brauchen nach § 8 EStDV nicht als Betriebsvermögen behandelt zu werden, wenn ihr Wert nicht mehr als ein Fünftel des gemeinen Werts des gesamten Grundstücks und nicht mehr als 20.500 € beträgt (sog. **Grundstücksteile von untergeordnetem Wert**). Maßgeblich ist dabei der Wert des Gebäudeteils zuzüglich des anteiligen Grund und Bodens.[14]

3405 Wird ein **gemischt genutztes Grundstück** durch einheitlichen Kaufvertrag erworben und teils mit Fremd-, teils mit Eigenmitteln finanziert, kommt es für den Zinsabzug auf die Zuordnung des Darlehens an.[15] Ist keine Zuordnung erfolgt, sind die Zinszahlungen nur im Verhältnis des betrieblich zum privat genutzten Anteils als Betriebsausgabe abziehbar. Insofern erfolgt keine vorrangige Tilgung des privat veranlassten Teils.[16]

3.1.2 Grund und Boden, unbebaute Grundstücke und grundstücksgleiche Rechte ohne Bauten

3.1.2.1 Unbebaute Grundstücke (Grund und Boden)

3406 Der zivilrechtliche Begriff des Grundstücks umfasst neben unbebauten und bebauten Grundstücken auch Gebäude auf fremdem Grund und Boden sowie die grundstücksgleichen Rechte.[17] Danach ist ein Grundstück ein räumlich abgegrenzter Teil der Erdoberfläche, der im Bestandsverzeichnis eines Grundbuchblatts ohne Rücksicht auf die Art seiner Nutzung unter einer besonderen Nummer eingetragen ist.[18] Der Begriff

---

9 Vgl. R 4.2 Abs. 4 EStR.
10 Zu eigenbetrieblichen Nutzung gehört auch die Vermietung an Arbeitnehmer des Steuerpflichtigen, vgl. R 4.2 Abs. 4 Satz 2 EStR; zur Nutzungsänderung vgl. H 4.2 Abs. 4 EStH.
11 Zu „Wohnzwecken" vgl. R 7.2 Abs. 1 bis 3 EStR.
12 Vgl. BFH, Urteil vom 31.3.1977 – V R 44/73, BStBl 1977 II S. 684.
13 Vgl. R 6.1 Satz 8 EStR.
14 Vgl. R 4.2 Abs. 8 EStR.
15 Vgl. dazu BMF, Schreiben vom 16. 4. 2004, BStBl 2004 I S. 464.
16 Vgl. BFH, Urteil vom 7.11.1991 – IV R 57/90, BStBl 1992 II S. 141. Gem. BFH, Urteil vom 20.6.2012 – IX R 67/10, BStBl 2013 II S. 275 können Schuldzinsen auch nach steuerbarer Veräußerung nach § 23 Abs. 1 Satz 1 Nr. 1 EStG weiterhin als (nachträgliche) Schuldzinsen abgezogen werden, wenn und soweit die Verbindlichkeiten durch den Veräußerungserlös nicht getilgt werden können.
17 Vgl. *Hoffmann/Nacke*, in: Littmann/Bitz/Pust (Hrsg.), EStG, §§ 4, 5 Rz. 159.
18 Vgl. BGH, Beschluss vom 19.12.1967 – BGHZ 49, S. 145.

„Grund und Boden", der zum steuerbilanziellen Anlagevermögen gehört, ist nicht nach den Vorschriften des bürgerlichen Rechts, sondern nach den Grundsätzen ordnungsmäßiger Bilanzierung i. V. m. mit der steuerrechtlichen Gewinnermittlung abzugrenzen.[19] Unter „Grund und Boden" ist nur der „nackte" Grund und Boden zu verstehen.

Unter den unbebauten Grundstücken ist der Grund und Boden zu erfassen, auf dem sich keine selbständig erfassbaren Gebäude oder sonstige Bauwerke und Anlagen befinden.[20] Der Grund und Boden umfasst auch den Luftraum und den Untergrund, die grundsätzlich nicht als selbständiges Wirtschaftsgut zu bilanzieren sind.[21] Bodenbestandteile, insbesondere **Bodenschätze**, bilden solange eine Einheit mit dem Grund und Boden, solange sie im Boden lagern und nicht abgebaut werden.[22] Bodenbestandteile sind allerdings dann als selbständiges Wirtschaftsgut neben dem Grund und Boden zu aktivieren, sobald mit ihrer Aufschließung (z. B. durch Stellung eines Antrags auf Genehmigung zum Abbau) oder Verwertung als Bodenschätze begonnen worden ist, zumindest aber mit dieser Verwertung unmittelbar zu rechnen ist.[23]

3407

Typische unbebaute Grundstücke sind Reservegrundstücke, Brach- und Ödland, Grubengelände, Wälder, Seen, Teiche, Wiesen und Äcker.[24] Das **Erbbaugrundstück**, das im wirtschaftlichen Eigentum des Erbbauverpflichteten steht und auf dem der Erbbauberechtigte ein Gebäude errichtet, ist ebenso unter den unbebauten Grundstücken zu erfassen.[25] Bei Übergang des wirtschaftlichen Eigentums am Gebäude auf den Grundstückseigentümer mit Ablauf des Erbbaurechtsverhältnisses (sogenannter Heimfall) erfolgt eine Umqualifizierung zum bebauten Grundstück.[26] Entsprechendes gilt für Grundstücke, auf denen ein Pächter Bauten errichtet hat und dieser als wirtschaftlicher Eigentümer des Bauwerks, aber nicht des Grundstücks, anzusehen ist (siehe Bauten auf fremden Grundstücken).[27] Das Grundstück wird im Fall einer vertraglich vorgesehenen oder zu erwartenden späteren Übernahme des Bauwerks bei Pachtende, jedoch erst mit dem Übernahmezeitpunkt, zu einem bebauten Grundstück des Eigentümers.[28]

3408

Besondere Anlagen auf oder im Grund und Boden, die zum beweglichen Anlagevermögen oder zum Umlaufvermögen gehören, sind grundsätzlich als eigene Wirtschaftsgüter aktivierungspflichtig. Auch **Außenanlagen**, wie z. B. Hofbefestigungen, Umzäunungen, Grünanlagen oder Bodenbefestigungen, die Bestandteile des Bodens geworden sind, rechnen als solche zwar zum Boden, sind allerdings steuerbilanziell als selbständige

3409

---

19 Vgl. BFH, Urteil vom 14.3.1961 – I 17/60 S, BStBl 1961 III S. 398.
20 Vgl. *Hoffmann/Nacke*, in: Littmann/Bitz/Pust (Hrsg.), EStG, §§ 4, 5 Rz. 159.
21 Vgl. BFH, Beschluss vom 16.7.1968 – GrS 7/67, BStBl 1969 II S. 108; *Spiegelberger/Wälzholz*, in: Spiegelberger/Spindler/Wälzholz (Hrsg.), Die Immobilie im Zivil- und Steuerrecht, Köln 2008, Kap. 2 Rz. 11.
22 Vgl. BFH, Urteil vom 13.7.2006 – IV R 51/05, BFH/NV 2006, S. 2064 m. w. N.
23 Vgl. BFH, Beschluss vom 4.12.2006 – GrS 1/05, BStBl 2007 II S. 508; BFH, Urteile vom 13.7.2006 – IV R 51/05, BFH/NV 2006, S. 2064; vom 7.12.1989 – IV R 1/88, BStBl 1990 II S. 317.
24 Vgl. *ADS*, Rechnungslegung und Prüfung der Unternehmen, 6. Aufl., Stuttgart 1997, § 266 Rz. 38.
25 Vgl. *ADS*, Rechnungslegung und Prüfung der Unternehmen, 6. Aufl., Stuttgart 1997, § 266 Rz. 38; *Hoffmann*, StuB 2009 S. 667.
26 Vgl. *Hoffmann*, StuB 2009 S. 667.
27 Vgl. *ADS*, Rechnungslegung und Prüfung der Unternehmen, 6. Aufl., Stuttgart 1997, § 266 Rz. 38; *Kahle/Heinstein*, in: Wysocki/Schulze-Osterloh/Henrichs/Kuhner (Hrsg.), Handbuch des Jahresabschlusses, Abteilung II/2, Rz. 27.
28 Vgl. *ADS*, Rechnungslegung und Prüfung der Unternehmen, 6. Aufl., Stuttgart 1997, § 266 Rz. 38.

unbewegliche Wirtschaftsgüter vom Grund und Boden abzugrenzen.[29] Eine Ausnahme bildet die „lebende Umzäunung" (Hecken, Büsche, Bäume) von Wohngebäuden an den Grundstücksgrenzen. Diese ist dem Gebäude zuzurechnen.[30]

3410 Die Zugehörigkeit von unbebauten Grundstücken zum **notwendigen Betriebsvermögen** oder zum Privatvermögen richtet sich nach dem nach außen erkennbaren Nutzungswillen des Steuerpflichtigen.[31] Das Grundstück ist dem Betriebsvermögen zuzuordnen, wenn die Nutzung für betriebliche Zwecke beabsichtigt ist. Sofern nur ein Teil des Gebäudes eigenbetrieblich genutzt wird, gehört auch der Grund und Boden nur anteilig zum notwendigen Betriebsvermögen.[32] Die anteilige Zugehörigkeit des Grund und Bodens richtet sich grundsätzlich nach dem Verhältnis des Gebäudes (oder Gebäudeteils) zum Betriebsvermögen.[33]

3411 Eine bisher betrieblich genutzte und seitdem ungenutzte (freie) Grundstücksfläche, deren spätere betriebliche Nutzung möglich ist, bleibt grundsätzlich auch weiterhin **Betriebsvermögen**.[34] Eine Ausbuchung erfolgt erst bei einer von einem Entnahmewillen getragenen Entnahmehandlung. **Keine Entnahme** des Grundstücks oder eines Grundstücksteils liegt ohne Hinzutreten weiterer Umstände auch in den folgenden Fällen vor:[35]

▶ **Erbbaurecht**: Belastung eines land- und forstwirtschaftlich genutzten Grundstücks mit einem entgeltlich eingeräumten Erbbaurecht, wenn die Nutzungsänderung nicht mehr als 10 % der Gesamtfläche des Betriebs erfasst (Fläche, die im Vergleich zur Gesamtfläche von geringer Bedeutung ist).[36]

▶ **Gebäudeabriss**, wenn die betriebliche Nutzung der Freifläche möglich ist.[37]

3412 Wird hingegen auf einem bisher unbebauten Betriebsgrundstück ein zum **Privatvermögen** gehörendes Gebäude errichtet, wird der Grund und Boden durch die Bebauung entnommen.[38] Eine anteilige Entnahme des Grund und Bodens liegt vor, wenn auf einem Betriebsgrundstück ein Gebäude errichtet wird, das teilweise Privatvermögen ist.[39] Die notwendige Aufteilung erfolgt grundsätzlich nach den jeweils genutzten Flächen. Der Entnahmegewinn kann nach Maßgabe der §§ 13 Abs. 5, 15 Abs. 1 Satz 3 und 18 Abs. 4 Satz 1 EStG außer Ansatz bleiben.

3413 **Bodenschätze** sind zivilrechtlich wesentlicher Bestandteil des Grundstücks im Sinne des § 94 Abs. 1 BGB. Auch steuerbilanziell ist der Bodenschatz (z. B. das Kiesvorkommen)

---

29 Vgl. BFH, Beschluss vom 16.7.1968 – GrS 7/67, BStBl 1969 II S. 108; BFH, Urteile vom 19.8.1971 – V R 48/71, BStBl II 1972 S. 76; vom 15.10.1965 – VI 181/65 U, BStBl 1966 III S. 12.
30 Vgl. R 21.1 Abs. 3 Satz 1 EStR.
31 Vgl. BFH, Beschluss vom 5.3.2002 – IV B 22/01, BStBl 2002 II S. 690.
32 Vgl. R 4.2 Abs. 7 EStR.
33 Vgl. BFH, Urteil vom 12.7.1979 – IV R 55/74, BStBl 1980 II S. 5.
34 Vgl. BFH, Urteil vom 6.11.1991 – XI R 27/90, BStBl 1993 II S. 391.
35 Vgl. H 4.3 Abs. 2 bis 4 EStH.
36 Vgl. BFH, Urteil vom 10.12.1992 – IV R 115/91, BStBl 1993 II S. 342.
37 Vgl. BFH, Urteil vom 6.11.1991 – XI R 27/90, BStBl 1993 II S. 391.
38 Vgl. H 4.3 Abs. 2 bis 4 „Grundstücke oder Grundstücksteile" EStH; vgl. auch BFH, Urteil vom 14.5.2009 – IV R 44/06, BStBl 2009 II S. 811.
39 Vgl. BFH, Urteil vom 24.11.1982 – I R 51/82, BStBl 1983 II S. 365.

dem Grund und Boden zuzuordnen – es sei denn, der Bodenschatz wird entdeckt und betrieblich verwertet.[40] Im sogenannten Kiesgrubenbeschluss hat der Große Senat des BFH am 4.12.2006 entschieden, dass ein im Privatvermögen konkretisierter Bodenschatz ein materielles (nicht ein immaterielles Wirtschaftsgut) ist.[41] Tragend für die Entscheidung war, dass der Bodenschatz ein körperlicher Gegenstand ist. Die Befugnis, den Bodenschatz abzubauen (ähnlich einer Baugenehmigung), ist somit bereits Teil des Eigentumsrechts am Grundstück.

3.1.2.2 Grundstücksgleiche Rechte ohne Bauten

Grundstücksgleiche Rechte sind dingliche Rechte an einem Grundstück, die zivilrechtlich wie Grundstücke behandelt werden, im Gegensatz zu Grundstücken aber der Abnutzung durch Fristablauf unterliegen.[42] Zu den grundstücksgleichen Rechten zählen insbesondere Erbbaurechte, Dauerwohn- und Nutzungsrechte, Teileigentum sowie Abbaurechte.[43] Nicht zu den grundstücksgleichen Rechten gehören Grunddienstbarkeiten (§ 1018 BGB), der Nießbrauch (§§ 1030 ff. BGB) und die beschränkt persönlichen Dienstbarkeiten (§§ 1090 ff. BGB).[44]

3414

Bei dem **Erbbaurecht** ist mangels einer eigenen steuerlichen Definition auf den zivilrechtlichen Begriff zurückzugreifen.[45] Danach ist ein Erbbaurecht das veräußerliche und vererbliche Recht, auf oder unter der Oberfläche eines Grundstücks ein Bauwerk zu haben (§ 1 Abs. 1 ErbbauRG). Das Erbbaurecht ist als grundstücksgleiches Recht ein Wirtschaftsgut des Sachanlagevermögens.[46] Insoweit ist das Erbbaurecht kein immaterielles Wirtschaftsgut.

3415

Der zivilrechtliche Grundsatz der Zugehörigkeit des Gebäudes als wesentlicher Bestandteil des Grundstücks (siehe Rz. 3400) wird bei Errichtung eines Gebäudes durch den Erbbauberechtigten durchbrochen. Nach § 95 Abs. 1 Satz 2 BGB gehört ein Gebäude, das in Ausübung eines Rechts an einem fremden Grundstück von dem Berechtigten mit dem Grundstück verbunden worden ist, nicht zu den Bestandteilen eines Grundstücks. Ein von dem Erbbauberechtigten errichtetes Gebäude ist als wesentlicher Bestandteil

3416

---

40 Vgl. *Kahle/Heinstein*, DStZ 2006 S. 825; siehe auch FG Baden-Württemberg, Urteil vom 30.4.2012 – 6 K 3775/08, DStRE 2013 S. 582, rkr.
41 Vgl. BFH, Beschluss vom 4.12.2006 – GrS 1/05, DStR 2005 S. 848.
42 Vgl. *Palandt*, BGB, 77. Aufl., München 2018, vor § 873 Rz. 3; *Ehmcke*, in: Blümich, EStG, § 6 Rz. 794; *Heno*, Jahresabschluss nach Handelsrecht, Steuerrecht und internationalen Standards (IFRS), 6. Aufl., Hamburg 2010, S. 222.
43 Vgl. *Lindauer*, Immobilien und Steuern, 2. Aufl., Wiesbaden 2016, S. 23.
44 Vgl. ADS, Rechnungslegung und Prüfung der Unternehmen, 6. Aufl., Stuttgart 1997, § 266 Rz. 38; *Lindauer*, Immobilien und Steuern, 2. Aufl., Wiesbaden 2016, S. 24; zur Frage der Qualifikation als Wirtschaftsgüter siehe *Anzinger*, in: HHR, EStG, § 5 Rz. 1687.
45 Vgl. *Lindauer*, Immobilien und Steuern, 2. Aufl., Wiesbaden 2016, S. 24. Zum Handelsrecht vgl. *Seidler*, BB 2014 S. 171.
46 Vgl. H 5.5 „Erbbaurecht" EStH; BFH, Urteil vom 4.6.1991 – X R 136/87, BStBl 1992 II S. 70. Zu den Anschaffungskosten gehören die einmaligen Aufwendungen für den Erwerb eines Erbbaurechts wie Grunderwerbsteuer, Maklerprovision, Notar- und Gerichtsgebühren, nicht aber die Erbbauzinsen. Insoweit ist zu beachten, dass mit dem Erbbaurecht ein schwebendes Dauerschuldverhältnis vorliegt, das die entgeltliche Nutzung eines Grundstücks zum Gegenstand hat. Vgl. BFH, Urteil vom 7.4.1994 – IV R 11/92, BStBl 1994 II S. 796. Zur Frage der Wirtschaftsguteigenschaft oder schwebendes Nutzungsverhältnis siehe auch *Weber-Grellet*, in: Schmidt, EStG, 37. Aufl. 2018, § 5 Rz. 270; *Hoffmann*, StuB 2009 S. 667.

des Erbbaurechts Eigentum des Erbbauberechtigten (§ 12 Abs. 1 Satz 1 ErbbauRG).[47] Eigentümer des belasteten Grundstücks bleibt grundsätzlich der Erbbauverpflichtete.[48] Ausnahmsweise ist der Erbbauberechtigte dann als wirtschaftlicher Eigentümer des Grundstücks anzusehen, wenn Besitz, Gefahr, Nutzungen und Lasten auf ihn übergegangen sind und der rechtliche Eigentumsübergang nachfolgen soll. Dazu ist erforderlich, dass der Verkauf des Grundstücks zwischen den Beteiligten endgültig beschlossen ist und lediglich der Vollzug dieser Absicht noch von bestimmten Gegebenheiten abhängt.[49]

3.1.3 Bauten auf eigenen Grundstücken und grundstücksgleiche Rechte
3.1.3.1 Gebäudebegriff

3417 Der Begriff Bauten umfasst Gebäude und andere selbständige Grundstückseinrichtungen.[50] Das „Gebäude" wird weder im HGB noch im Ertragsteuerrecht definiert. Ertragsteuerlich sind die bewertungsrechtlichen Abgrenzungsmerkmale gemäß §§ 68 ff. BewG maßgebend.[51] Ein Gebäude ist ein Bauwerk auf eigenem oder fremdem Grund und Boden, das Menschen oder Sachen durch räumliche Umschließung Schutz gegen äußere Einflüsse gewährt, den Aufenthalt von Menschen gestattet, fest mit dem Grund und Boden verbunden, von einiger Beständigkeit und standfest ist.[52] Voraussetzung für die Qualifizierung als Gebäude ist nicht, dass das Bauwerk über die Erdoberfläche hinausragt. Unter der Erd- oder Wasseroberfläche befindliche Bauwerke wie **Tiefgaragen**, **unterirdische Betriebsräume, Lagerkeller** und **Gärkeller**, können ebenfalls Gebäude im Sinne des Bewertungsgesetzes sein. Dies gilt auch für Bauwerke, die ganz oder teilweise in Berghänge gebaut sind. Für den Gebäudebegriff ist ohne Bedeutung, ob sich das Bauwerk auf eigenem oder fremdem Grund und Boden befindet.[53]

Es gelten folgende Kriterien im Einzelnen:[54]

3418 **Schutz gegen äußere Einflüsse durch räumliche Umschließung:** Ein Gebäude muss einen gewissen Schutz gegen äußere Einflüsse durch eine räumliche Umschließung bieten. Dies bedingt jedoch nicht, dass das Bauwerk an allen Seiten Außenwände haben muss: Selbst wenn bei dem Bauwerk die Außenwände an sämtlichen Seiten fehlen, kann dennoch ein Gebäude vorliegen, wenn das Bauwerk nach der Verkehrsauffassung einen Raum umschließt und dadurch gegen Witterungseinflüsse schützt.[55] Somit kann auch eine **Überdachung** als Gebäude qualifizieren. Bei freistehenden schmalen Überdachungen und ähnlichen Schutzdächern kann ein Schutz durch räumliche Umschließung

---

47 Vgl. BFH, Urteil vom 2.5.1984 – VIII R 276/81, BStBl 1984 II S. 820; *Lindauer*, Immobilien und Steuern, 2. Aufl., Wiesbaden 2016, S. 24.
48 Vgl. BFH, Urteil vom 2.5.1984 – VIII R 276/81, BStBl 1984 II S. 820; *Lindauer*, Immobilien und Steuern, 2. Aufl., Wiesbaden 2010, S. 24.
49 Vgl. BFH, Urteil vom 2.5.1984 – VIII R 276/81, BStBl 1984 II S. 820; bei Leasing-Konstruktionen: BFH, Urteil vom 8.6.1995 – IV R 67/94, BFH/NV 1996, S. 101.
50 Vgl. *ADS*, Rechnungslegung und Prüfung der Unternehmen, 6. Aufl., Stuttgart 1997, § 266 Rz. 42.
51 Vgl. R 7.1. Abs. 5 EStR
52 Vgl. BFH, Urteil vom 28.5.2003 – II R 41/01, BStBl 2003 II S. 693; BFH, Erlass vom 15.3.2006, BStBl 2006 I S. 314, Tz. 2.2.; gleichlt. Erlass vom 5.6.2013, BStBl 2013 I S. 734 Tz. 2.2.
53 Vgl. gleichlt. Ländererlass vom 5.6.2013, BStBl 2013 I S. 734 Tz. 2.2.
54 Vgl. gleichlt. Ländererlass vom 5.6.2013, BStBl 2013 I S. 734 Tz. 2.3.
55 Vgl. BFH, Urteil vom 28.9.2000 – III R 26/99, BStBl 2001 II S. 137.

aber gemäß Erlass nicht angenommen werden, wenn die Breite der Überdachung nicht mindestens die doppelte mittlere lichte Höhe aufweist.[56] Bei Überdachungen in leichter Bauausführung (nicht hierzu gehören Bahnsteig-, Haltestellen- und Tankstellenüberdachungen) ist ein Schutz durch räumliche Umschließung nicht gewährleistet, wenn die überdachte Fläche, unabhängig von der Höhe, nicht mehr als 30 qm beträgt. Sind Überdachungen nach diesen Grundsätzen nicht als Gebäude anzusehen, ist zu prüfen, ob eine Außenanlage oder eine Betriebsvorrichtung vorliegt.[57]

Aufenthalt von Menschen: Für den möglichen Aufenthalt von Menschen muss das Bauwerk durch einen normalen Eingang, z. B. Türen, betreten werden können. Behelfsmäßige Eintrittsmöglichkeiten wie Luken, Leitern und schmale Stege genügen nicht. Das Bauwerk muss nicht zum Aufenthalt von Menschen bestimmt sein, aber der Aufenthalt von Menschen darf nicht nur vorübergehend möglich sein.[58] Dies ist z. B. bei selbsttragenden Stahl-Glas-Konstruktionen zur Präsentation von Personenkraftwagen (Tower) sowie für Imbisse und Kioske der Fall.[59]

3419

Insbesondere die folgenden Einflüsse berühren nicht die Gebäudeeigenschaft:[60]

3420

- ▶ Bauliche Unzulänglichkeiten (z. B. schlechte Entlüftung oder Lichtverhältnisse)
- ▶ Betrieblich hervorgerufene Einwirkungen, die auf Dauer zu gesundheitlichen Schäden führen können (z. B. Fälle, in denen Masken oder Schutzkleidung getragen werden müssen)
- ▶ Vorübergehend nicht möglicher Aufenthalt während eines Betriebsvorgangs (z. B. bei Versuchen oder gewissen Arbeitsvorgängen in Laboratorien)
- ▶ Möglichkeit des Aufenthalts allein auf bestimmten Vorrichtungen, die nur zur Bedienung oder Wartung der Maschinen bestimmt sind (z. B. Arbeitsbühnen)
- ▶ Hoher Lärmpegel, wenn das Tragen eines entsprechenden Gehörschutzes die Schalleinwirkungen auf das menschliche Ohr unter den arbeitsschutzrechtlich zulässigen Höchstwert absenkt.

Keine Gebäude sind hingegen Bauwerke, in denen eine besonders hohe oder niedrige Temperatur herrscht und die deshalb während des laufenden Betriebsvorgangs einen Aufenthalt von Menschen nicht oder nur kurzfristig mit Schutzkleidung (z. B. für Inspektionsgänge) zulassen.[61] Bei kleinen Bauwerken, die Betriebsvorrichtungen enthalten und nicht mehr als 30 qm Grundfläche haben (insbesondere **Transformatorenhäuschen**, **kleinen Rohrnetzstationen** oder **Pumphäuschen**, ebenso Türme von **Windkraftanlagen**), wird eine nur vorübergehende Aufenthaltsmöglichkeit angenommen. Sie sind ohne weitere Prüfung als Betriebsvorrichtungen anzusehen.[62] Bei der Beurteilung, ob Gebäu-

3421

---

56 Vgl. gleichlt. Ländererlass vom 5.6.2013, BStBl 2013 I S. 734 Tz. 2.3.
57 Gleichlt. Ländererlass vom 5.6.2013, BStBl 2013 I S. 734 Tz. 2.3.
58 Vgl. BFH, Urteile vom 18.3.1987 – II R 222/84, BStBl 1987 II S. 551; vom 15.6.2005 – II R 67/04, BStBl 2005 II S. 688; s. a. gleichlt. Ländererlass vom 5.6.2013, BStBl 2013 I S. 734, Tz. 2.4.
59 Vgl. gleichlt. Ländererlass vom 5.6.2013, BStBl 2013 I S. 734, Tz. 2.4.
60 Vgl. gleichlt. Ländererlass vom 5.6.2013, BStBl 2013 I S. 734, Tz. 2.4.
61 Vgl. BFH, Urteil vom 30.1.1991 – II R 48/88, BStBl 1991 II S. 618; s. aber zu Tiefkühllager als Gebäude BFH, Urteil vom 7.4.2011 – III R 8/09, BFH/NV 2011 S. 1187.
62 Vgl. gleichlt. Ländererlass vom 5.6.2013, BStBl 2013 I S. 734, Tz. 2.4.

deteile zum Aufenthalt von Menschen geeignet sind, kommt es aber nicht nur auf die Größenverhältnisse der Bauteile an, sondern auch auf die Intensität der Nutzung. Somit sind auch kleine Bauwerke nicht grundsätzlich aus der Gebäudedefinition ausgenommen.[63]

3422 **Feste Verbindung mit dem Grund und Boden:** Eine feste Verbindung eines Bauwerks mit dem Grund und Boden setzt grundsätzlich ein Fundament voraus, mit dem das Bauwerk fest mit dem Grund und Boden verankert wird und damit nicht mehr jederzeit versetzbar und transportabel ist.[64] Auf die Tiefe, die Art und das Material der Fundamente kommt es nicht an.[65] Eine feste Verbindung mit dem Grund und Boden ist auch dann anzunehmen, wenn das Bauwerk nur infolge der eigenen Schwere auf dem Fundament ruht und keine Verankerung zwischen Fundament und Bauwerk erfolgt.[66] Bei **Beton-Fertiggaragen** und vergleichbaren Bauwerken kann eine feste Verbindung mit dem Grund und Boden bereits durch das Eigengewicht gegeben sein.[67] Ebenso ausreichend ist eine „mittelbare" Verbindung mit dem Grund und Boden dergestalt, dass ein selbständiges Gebäude auf einem anderen Bauwerk steht und mit diesem und das andere Bauwerk mit dem Grund und Boden fest verbunden ist.[68] Eine feste Verbindung mit dem Grund und Boden wird auch dann angenommen, wenn bei Bauwerken entweder eine auf Dauer angelegte Nutzung (mindestens sechs Jahre) gegeben ist oder aufgrund der Zweckbestimmung eine dauernde Nutzung zu erwarten ist.[69]

3423 Sind Bauwerke hingegen nach ihrer baulichen Gestaltung zur Verwendung auf stets wechselnden Einsatzstellen vorgesehen und ohne größere bauliche Maßnahmen jederzeit versetzbar und transportabel, fehlt es dagegen an der für den Gebäudebegriff immanenten Ortsfestigkeit.[70] Ebenfalls nicht ausreichend ist eine bloße Versorgungsleitung.[71]

3424 Ein **Container** ist nach diesen Grundsätzen ein Gebäude, wenn der Container nach seiner individuellen Zweckbestimmung für eine dauernde Nutzung an einem Ort aufgestellt ist und seine Beständigkeit auch im äußeren Erscheinungsbild deutlich wird.[72] Ein **Bürocontainer**, der auf einem festen Fundament ruht, ist ein Gebäude. Aber auch ein nur auf loseverlegten Kanthölzern aufgestellter Container kann ein Gebäude sein. Bei einem **Baustellencontainer**, der seiner baulichen Gestaltung nach zur Verwendung auf stets wechselnden Einsatzstellen vorgesehen ist, handelt es sich mangels Ortsfestigkeit hingegen nicht um ein Gebäude.[73]

---

63 Vgl. gleichlt. Ländererlass vom 5.6.2013, BStBl 2013 I S. 734, Tz. 2.4.
64 Vgl. BFH, Urteile vom 23.9.1988 – III R 67/85, BStBl 1989 II S. 113; vom 25.4.1996 – III R 47/93, BStBl 1996 II S. 613; zur schwimmenden Anlage vgl. BFH, Urteil vom 26.10.2011 – II R 27/10, BStBl 2012 II S. 274; zum Verkaufspavillon vgl. FG Rheinland-Pfalz, Urteil vom 18.3.2011 – 4 K 2522/08, EFG 2012 S. 1118.
65 Vgl. BFH, Urteil vom 10.6.1988 – III R 65/84, BStBl 1988 II S. 847.
66 Vgl. BFH, Urteil vom 18.6.1986 – II R 222/83, BStBl 1986 II S. 787.
67 Vgl. BFH, Urteil vom 4.10.1978 – II R 15/77, BStBl 1979 II S. 190.
68 Vgl. gleichlt. Ländererlass vom 5.6.2013, BStBl 2013 I S. 734, Tz. 2.5.
69 Vgl. BFH, Urteil vom 23.9.1988 – III R 67/85, BStBl 1989 II S. 113.
70 Vgl. BFH, Urteil vom 18.6.1986 – II R 222/83, BStBl 1986 II S. 787.
71 Vgl. gleichlt. Ländererlass vom 5.6.2013, BStBl 2013 I S. 734, Tz. 2.5.
72 Vgl. BFH, Urteil vom 23.9.1988 – III R 67/85, BStBl 1989 II S. 113.
73 Vgl. BFH, Urteil vom 18.6.1986 – II R 222/83, BStBl 1986 II S. 787.

Beständigkeit: Ein Bauwerk muss von einiger „Beständigkeit" sein, um als Gebäude zu qualifizieren. Die Beständigkeit richtet sich allein nach der Beschaffenheit (Material) des Bauwerks. Ob das Bauwerk nur zu einem vorübergehenden Zweck errichtet wurde, z. B. für Zwecke einer Ausstellung, ist nicht entscheidend.[74]

3425

Standfestigkeit: Als letztes für ein Gebäude zu erfüllendes Kriterium muss das Bauwerk standfest sein. Im Grundsatz muss ein Gebäude so gebaut sein, dass es bei Entfernung sämtlicher als Betriebsvorrichtungen zu qualifizierenden Bestandteile (siehe dazu Rz. 3458 ff.) nicht einstürzt.[75] Bauteile wie Fundamente, Stützen, Mauervorlagen und Verstrebungen, die der Standfestigkeit des Gebäudes, aber auch einer Betriebsvorrichtung dienen, werden zum Gebäude gerechnet.[76] Die Standfestigkeit darf sich aber nicht aus Stützen und sonstigen Bauteilen wie Mauervorlagen und Verstrebungen ergeben, die ausschließlich zu einer Betriebsanlage gehören.[77]

3426

3.1.3.2 Aufteilung in selbständige Gebäudeteile

Ein Gebäude stellt grundsätzlich ein einheitliches Wirtschaftsgut dar.[78] Bei unterschiedlicher Nutzung des Gebäudes hat jedoch eine Aufteilung in jeweils selbständige Wirtschaftsgüter (Gebäudeteile) zu erfolgen. Dabei ist zu unterscheiden, ob das Gebäude zu eigen- oder fremdbetrieblichen Zwecken, zu eigenen oder fremden Wohnzwecken genutzt wird. Aufgrund des unterschiedlichen Nutzungs- oder Funktionszusammenhangs des Gebäudes ist jeder der vier unterschiedlich genutzten Gebäudeteile ein besonderes Wirtschaftsgut.[79] Auf einen getrennten Ausweis in der Bilanz kommt es nicht an.[80] Gebäudeteile, die demselben Zweck dienen, sind grundsätzlich als ein Wirtschaftsgut zusammenzufassen.[81]

3427

Ein Gebäude wird **eigenbetrieblich** genutzt, soweit es der Erzielung von Gewinneinkünften dient; dazu zählt auch die Vermietung an Arbeitnehmer mit der Folge, dass notwendiges Betriebsvermögen gegeben ist.[82] **Fremdbetriebliche** Nutzung liegt vor, soweit das Gebäude an einen anderen überlassen ist und von diesem zur Erzielung von Gewinneinkünften oder für eine hoheitliche Tätigkeit genutzt wird.[83] Die Begriffe Nutzung „zu eigenen bzw. zu fremden Wohnzwecken" sind entsprechend auszulegen.[84] Die aufgrund unterschiedlicher Nutzungszwecke entstandenen Wirtschaftsgüter können unabhängig voneinander dem Betriebs- oder dem Privatvermögen zugeordnet werden:[85]

3428

---

74 Vgl. BFH, Urteil vom 24.5.1963 – III 140/60 U, BStBl 1963 III S. 376; gleichlt. Ländererlass vom 5.6.2013, BStBl 2013 I S. 734, Tz. 2.6.
75 Vgl. BFH, Urteil vom 13.6.1969 – III R 132/67, BStBl 1969 II S. 612; gleichlt. Ländererlass vom 5.6.2013, BStBl 2013 I S. 734, Tz. 2.7.
76 Vgl. gleichlt. Ländererlass vom 5.6.2013, BStBl 2013 I S. 734, Tz. 2.7.
77 Gleichlt. Ländererlass vom 5.6.2013, BStBl 2013 I S. 734, Tz. 2.7.
78 Vgl. *Lindauer*, Immobilien und Steuern, 2. Aufl., Wiesbaden 2016, S. 27.
79 Vgl. R 4.2 Abs. 4 Satz 1 EStR; BFH, Beschluss vom 26.11.1973 – GrS 5/71, BStBl 1974 I S. 132.
80 Vgl. BFH, Urteil vom 15.7.1983 – III R 27/80, BStBl 1983 II S. 689.
81 Vgl. *Krumm*, in: Blümich, EStG, § 5 Rz. 426; *Kahle/Heinstein*, DStZ 2006 S. 827.
82 Vgl. R 4.2 Abs. 4 Satz 2 EStR, H 4.2 Abs. 7 EStH.
83 Vgl. R 4.2 Abs. 4 Satz 3 EStR.
84 Vgl. *Krumm*, in: Blümich, EStG, § 5 Rz. 426; zu „Wohnzwecken" vgl. R 7.2 Abs. 1 bis 3 EStR.
85 R 4.2 Abs. 6, Abs. 9 EStR; vgl. *Heno*, Jahresabschluss nach Handelsrecht, Steuerrecht und internationalen Standards (IFRS), 6. Aufl., Hamburg 2010, S. 224.

- eigenbetrieblich genutzte Gebäudeteile: notwendiges Betriebsvermögen
- zu eigenen Wohnzwecken genutzte Gebäudeteile: notwendiges Privatvermögen
- fremdbetrieblich genutzte Gebäudeteile: gewillkürtes Betriebs- oder Privatvermögen
- zu fremden Wohnzwecken genutzte Gebäudeteile: gewillkürtes Betriebs- oder Privatvermögen

3429 Allerdings ist jedes Wirtschaftsgut einheitlich entweder dem Betriebs- oder Privatvermögen zuzurechnen.[86]

3.1.3.3 Abgrenzungen
3.1.3.3.1 Unselbständige Gebäudeteile

3430 Gebäude sind grundsätzlich als Einheit zu erfassen.[87] Nach diesem Grundsatz umfasst das einheitliche Wirtschaftsgut „Gebäude" auch alle ihm zuordenbaren unselbständigen Bestandteile.[88] Davon zu unterscheiden sind die selbständigen Gebäudeteile. Die Abgrenzung zwischen unselbständigen und selbständigen Bestandteilen eines Gebäudes erfolgt danach, ob ein einheitlicher Nutzungs- und Funktionszusammenhang zwischen Bestandteil und Gebäude besteht.[89]

3431 Gebäudeteile, die in einem einheitlichen **Nutzungs- und Funktionszusammenhang** zu dem Gebäude stehen, gelten als unselbständige Gebäudeteile.[90] Auch räumlich vom Gebäude getrennt errichtete Baulichkeiten sind unselbständige Gebäudeteile, sofern sie in einem so engen Nutzungs- und Funktionszusammenhang mit dem Gebäude stehen, dass das Gebäude ohne sie als unvollständig erscheint.[91]

3432 BEISPIELE[92]

- **Bäder**, Schwimmbecken und Duschen eines Hotelbetriebs.
- **Beleuchtungsanlagen** (ausgenommen Spezialbeleuchtungsanlagen, die nicht zur Gebäudebeleuchtung erforderlich sind).
- **Garagen:** Garagen sind grundsätzlich als unselbständige Gebäudeteile zu qualifizieren. Nachträglich errichtete Garagen sind allerdings selbständige Wirtschaftsgüter, wenn ihre Errichtung nicht Bestandteil der Baugenehmigung für das Mietwohngebäude war und kein enger Zusammenhang zwischen der Wohnungsnutzung und den Garagen besteht.[93] Dies ist z. B. der Fall, wenn die Anzahl der Garagen die Anzahl der Wohnungen deutlich überschreitet und die Garagen (zumindest teilweise) an Dritte vermietet werden.
- **Heizungsanlagen**, Be- und Entlüftungsanlagen, Klimaanlagen, Warmwasseranlagen und Müllschluckanlagen, sofern sie nicht als Betriebsvorrichtungen qualifizieren.

---

86 Vgl. *Buciek*, in: Blümich, EStG, § 5 Rz. 433.
87 Vgl. BFH, Beschluss vom 26.11.1973 – GrS 5/71, BStBl 1974 II S. 132.
88 Vgl. *Lindauer*, Immobilien und Steuern, 2. Aufl., Wiesbaden 2016, S. 27.
89 Vgl. BFH, Beschluss vom 26.11.1973 – GrS 5/71, BStBl 1974 II S. 132.
90 Vgl. BFH, Beschluss vom 26.11.1973 – GrS 5/71, BStBl 1974 II S 132; R 4.2 Abs. 5 EStR.
91 Vgl. R 4.2 Abs. 5 EStR.
92 Vgl. H 4.2 Abs. 5 EStH; gleichlt. Ländererlass vom 5.6.2013, BStBl 2013 I S. 734, Tz. 3.6.
93 Vgl. H 7.1 EStH.

- **Personenaufzüge**, Rolltreppen oder Fahrtreppen zur Bewältigung des Publikumsverkehrs.
- **Umzäunung.**[94]

3.1.3.3.2 Selbständige Gebäudeteile

Selbständige Gebäudeteile zeichnen sich dadurch aus, dass sie nicht in einem einheitlichen Nutzungs- und Funktionszusammenhang mit dem Gebäude stehen.[95] Ein Gebäudeteil ist selbständig, wenn es besonderen Zwecken dient, also in einem von der eigentlichen Gebäudenutzung verschiedenen Nutzungs- und Funktionszusammenhang steht.[96] Sie sind bilanziell von dem Gebäude zu separieren und gesondert unter einem anderen, entsprechenden Posten der Sachanlagen – etwa unter „technische Anlagen und Maschinen" oder „Andere Anlagen, Betriebs- und Geschäftsausstattung" – auszuweisen.[97] Nach R 4.2 Abs. 3 EStR sind selbständige Gebäudeteile:

3433

1. Betriebsvorrichtungen,
2. Scheinbestandteile,
3. Ladeneinbauten,
4. sonstige Mietereinbauten,
5. sonstige selbständige Gebäudeteile (vgl. Rz. 3427 ff. zur Aufteilung aufgrund unterschiedlichen Nutzungszwecks).

Betriebsvorrichtungen: Mangels einer eigenständigen ertragsteuerlichen Definition der Betriebsvorrichtungen ist auf die Abgrenzungsgrundsätze des Bewertungsgesetzes abzustellen.[98] Nach § 68 Abs. 2 Nr. 2 BewG sind Maschinen und sonstige Vorrichtungen aller Art, die zu einer Betriebsanlage gehören, Betriebsvorrichtungen (vgl. ausführlich zu Betriebsvorrichtungen Rz. 3458 ff.). Dies sind nicht nur Maschinen oder maschinenähnliche Vorrichtungen, sondern alle Vorrichtungen, mit denen ein Gewerbe unmittelbar betrieben wird.[99] Dabei genügt es nicht, dass eine Anlage zu einem gewerblichen Betrieb gehört oder sie für die Ausübung des konkret im Gebäude ausgeübten Gewerbebetriebs nützlich, notwendig oder vorgeschrieben ist. Erforderlich ist vielmehr, dass die Anlage in einer besonderen Beziehung zum gegenwärtig im Gebäude ausgeübten Betrieb steht, mithin ihr in Bezug auf die Ausübung des Gewerbebetriebs eine ähnliche Funktion wie einer Maschine zukommt.[100] Betriebsvorrichtungen sind selbständige Wirtschaftsgüter, da sie nicht in einem einheitlichen Nutzungs- und Funktionszusammenhang mit dem Gebäude stehen. Sie sind bewegliche Wirtschaftsgüter, ungeachtet

3434

---

94 Vgl. auch H 6.4 EStH.
95 Vgl. BFH, Beschluss vom 26.11.1973 – GrS 5/71, BStBl 1974 II S. 132.
96 Vgl. R 4.2 Abs. 3 EStR.
97 Vgl. *Kahle/Heinstein*, in: Wysocki/Schulze-Osterloh/Henrichs/Kuhner (Hrsg.), Handbuch des Jahresabschlusses, Abteilung II/2, Rz. 27; *Marx/Dallmann*, in: Baetge/Kirsch/Thiele (Hrsg.), Bilanzrecht, § 266 Rz. 54.2.
98 Vgl. *Lindauer*, Immobilien und Steuern, 2. Aufl., Wiesbaden 2016, S. 29; gleichlt. Ländererlass vom 5.6.2013, BStBl 2013 I S. 734, Tz. 1.1.
99 Vgl. gleichlt. Ländererlass vom 5.6.2013, BStBl 2013 I S. 734, Tz. 1.3.
100 Vgl. BFH, Urteil vom 11.12.1991 – II R 14/89, BStBl 1992 II S. 278 m. w. N.

davon, ob sie wesentliche Bestandteile des Grundstücks sind.[101] Als bewegliche Wirtschaftsgüter sind sie entweder unter „Technische Anlagen und Maschinen" oder „Andere Anlagen, Betriebs- und Geschäftsausstattung" auszuweisen.[102]

3435 Erfüllt ein Bauwerk alle Kriterien eines Gebäudes (vgl. dazu Rz. 3418 ff.), kann keine Betriebsvorrichtung vorliegen.[103] Allerdings können einzelne Bestandteile des Gebäudes, unabhängig von ihrer zivilrechtlichen Zugehörigkeit zum Gebäude, steuerrechtlich als Betriebsvorrichtungen qualifizieren.[104] Erfüllt ein Bauwerk nicht alle Kriterien eines Gebäudes, muss aber nicht zwingend eine Betriebsvorrichtung vorliegen. Es ist weiter zu differenzieren, ob ein unselbständiger Gebäudeteil oder eine Außenanlage vorliegt.[105]

3436 **Scheinbestandteile:** Scheinbestandteile im Sinne des § 95 BGB sind selbständige Gebäudeteile. Scheinbestandteile sind Bestandteile, die nur zu einem **vorübergehenden Zweck** mit dem Grund und Boden verbunden sind; sie gehören somit nicht zum Grundstück. Entsprechendes gilt für nur kurzfristig mit dem Gebäude verbundene Bestandteile.[106] **Einbauten** zu vorübergehenden Zwecken sind auch die vom Steuerpflichtigen für seine eigenen Zwecke vorübergehend eingefügten Anlagen sowie die vom Vermieter oder Verpächter zur Erfüllung besonderer Bedürfnisse des Mieters oder Pächters eingefügten Anlagen, deren Nutzungsdauer nicht länger als die Laufzeit des Vertragsverhältnisses ist (R 7.1 Abs. 4 EStR).[107] Wirtschaftsgüter werden nur zu einem vorübergehenden Zweck eingefügt, wenn ihre Nutzungsdauer länger ist als die Nutzungsdauer, für die sie eingebaut werden, sie auch nach ihrem Ausbau noch einen beachtlichen Wiederverwendungswert repräsentieren und, abhängig von Art und Zweck der Verbindung, damit gerechnet werden kann, dass sie später wieder entfernt werden.[108] Als bewegliche Wirtschaftsgüter sind Scheinbestandteile entweder unter „Technische Anlagen und Maschinen" oder „Andere Anlagen, Betriebs- und Geschäftsausstattung" auszuweisen.[109]

3437 **Ladeneinbauten:** Ladeneinbauten sind selbständige Gebäudeteile, da sie einen vom Gebäude unterschiedlichen Nutzungs- und Funktionszusammenhang haben.[110] Dies gilt ebenso für Schaufensteranlagen, Gaststätteneinbauten, Schalterhallen von Kreditinstituten sowie ähnliche Einbauten, die einem schnellen Wandel des modischen Geschmacks unterliegen. Sie sind dann selbständige unbewegliche Wirtschaftsgüter, wenn sie bei wirtschaftlicher Betrachtung einen eigenen Rentabilitätsfaktor verkörpern und vom Gebäude klar abgrenzbar sind.[111] Dabei ist es unerheblich, ob ein solches

---

101 Vgl. R 7.1 Abs. 3 EStR.
102 Vgl. *Marx/Dallmann*, in: Baetge/Kirsch/Thiele (Hrsg.), Bilanzrecht, § 266 Rz. 54.4.
103 Vgl. gleichlt. Ländererlass vom 5.6.2013, BStBl 2013 I S. 734, Tz. 1.2.
104 Vgl. *Lindauer*, Immobilien und Steuern, 2. Aufl., Wiesbaden 2016, S. 29.
105 Vgl. gleichlt. Ländererlass vom 5.6.2013, BStBl 2013 I S. 734, Tz. 1.2.
106 Vgl. R 7.1 Abs. 4 EStR; vgl. auch *Eisgruber*, DStR 1997 S. 522.
107 Vgl. BFH, Beschluss vom 26.11.1973 – GrS 5/71, BStBl 1974 II S. 132.
108 Vgl. H 7.1 EStH; BFH, Urteile vom 24.11.1970 – VI R 143/69, BStBl 1971 II S. 157; vom 4.12.1970 – VI R 157/68, BStBl 1971 II S. 165.
109 Vgl. *Marx/Dallmann*, in: Baetge/Kirsch/Thiele (Hrsg.), Bilanzrecht, § 266 Rz. 54.4.
110 Vgl. *Hoffmann/Nacke*, in: Littmann/Bitz/Pust (Hrsg.), EStG, §§ 4, 5 Rz. 163a.
111 Vgl. BFH, Beschluss vom 26.11.1973 – GrS 5/71, BStBl 1974 II S. 132; BFH, Urteil vom 29.3.1965 – I 411/61 U, BStBl 1965 III S. 291.

Wirtschaftsgut schon beim Neubau oder erst bei einem Umbau oder Wiederaufbau mit dem Gebäude verbunden worden ist.[112] Als Herstellungskosten dieser Einbauten kommen nur Aufwendungen für Gebäudeteile in Betracht, die statisch für das gesamte Gebäude unwesentlich sind, z. B. Aufwendungen für Trennwände, Fassaden, Passagen sowie für die Beseitigung und Neuerrichtung von nichttragenden Wänden und Decken.[113]

Sonstige Mietereinbauten: Mietereinbauten und Mieterumbauten sind Baumaßnahmen, die der Mieter eines Gebäudes oder Gebäudeteils auf eigene Rechnung an dem gemieteten Gebäude oder Gebäudeteil vornehmen lässt, wenn die Aufwendungen des Mieters nicht Erhaltungsaufwand sind.[114] Gemäß H 4.2 Abs. 3 EStH sind Mietereinbauten und -umbauten unter folgenden Voraussetzungen in der Bilanz des Mieters zu aktivieren:[115] 3438

▶ Bei dem Mietereinbau/-umbau handelt es sich um ein gegenüber dem Gebäude **selbständiges Wirtschaftsgut**.[116] Dazu ist notwendig, dass die Wirtschaftsgüter in einem vom Gebäude verschiedenen Funktionszusammenhang oder im wirtschaftlichen Eigentum des Mieters stehen.

▶ Der Mieter muss für den Mietereinbau/-umbau Herstellungskosten aufgewendet haben.[117]

▶ Das Wirtschaftsgut muss dem Betriebsvermögen des Mieters zuzurechnen sein.

▶ Die Nutzung des Mietereinbaus durch den Mieter muss sich erfahrungsgemäß über einen Zeitraum von mehr als einem Jahr erstrecken.

Für Mietereinbauten bejaht die Rechtsprechung **wirtschaftliches Eigentum**, wenn der Mieter während der Mietzeit den Eigentümer wirtschaftlich von Einwirkungen auf die Einbauten ausschließen kann und bei Beendigung des Nutzungsverhältnisses einen Anspruch auf eine Entschädigung in Höhe des Restwertes der Einbauten besitzt.[118] Denn damit steht der jeweilige Wert der Einbauten zu jedem gedachten Zeitpunkt des Mietvertrages dem Mieter zu. 3439

Mietereinbauten und -umbauten können Scheinbestandteile, Betriebsvorrichtungen oder sonstige Mietereinbauten oder -umbauten sein.[119] Das gegenüber dem Gebäude selbständige Wirtschaftsgut kann beweglich oder unbeweglich sein. Ein **bewegliches Wirtschaftsgut** liegt vor, wenn der Mieter sachenrechtlicher Eigentümer ist (**Scheinbestandteil** nach § 95 BGB) oder eine **Betriebsvorrichtung** nach § 68 Abs. 2 Nr. 2 BewG besteht.[120] Sie können in der Bilanz unter „Andere Anlagen, Betriebs- und Geschäfts- 3440

---

112 Vgl. BFH, Urteil vom 29.3.1965 – I 411/61 U, BStBl 1965 III S. 291.
113 Vgl. R 4.2 Abs. 3 EStR.
114 Vgl. BMF, Schreiben vom 15.1.1976, BStBl 1976 I S. 66; siehe auch *Moxter*, BB 1998 S. 259.
115 Vgl. auch BFH, Urteil vom 15.10.1996 – VIII R 44/94, BStBl 1997 II S. 533.
116 Vgl. auch BFH, Urteil vom 28.7.1993 – I R 88/92, BStBl 1994 II S. 164.
117 Vgl. BFH, Urteil vom 11.6.1997 – XI R 77/96, BStBl 1997 II S. 774.
118 Vgl. BFH, Urteil vom 20.11.2003 – III R 4/02, BStBl 2004 II S. 305.
119 Vgl. BMF, Schreiben vom 15.1.1976, BStBl 1976 I S. 66, Tz. 1.
120 Vgl. BFH, Urteil vom 11.6.1997 – XI R 77/96, BStBl 1997 II S. 774.

ausstattung" (eingebaute Ladentheken oder Zwischenwände) oder „Technische Anlagen und Maschinen" ausgewiesen werden.[121] Scheinbestandteile sind Bestandteile, die nur zu einem vorübergehenden Zweck mit dem Grund und Boden verbunden sind. Sie gehören nicht zum Grundstück. Entsprechendes gilt für nur kurzfristig mit dem Gebäude verbundene Bestandteile. Ein vorübergehender Zweck ist nach der Rechtsprechung des BFH anzunehmen, wenn die Nutzungsdauer der eingefügten Sachen länger als die voraussichtliche Mietdauer ist und nach den gesamten Umständen damit gerechnet werden kann, dass die eingebauten Sachen später wieder entfernt werden.[122] Als **Betriebsvorrichtungen** sind gemäß § 68 Abs. 2 Nr. 2 BewG Maschinen und sonstige Vorrichtungen aller Art, die zu einer Betriebsanlage gehören, auch wenn sie wesentliche Bestandteile des Grundstücks darstellen (vgl. ausführlich zu Betriebsvorrichtungen Rz. 3458 ff.). Sofern es sich bei den Aufwendungen des Mieters um eine Betriebsvorrichtung handelt, ist diese steuerbilanziell nicht Teil des Gebäudes, sondern als selbständiges Wirtschaftsgut zu aktivieren. **Sonstige Mietereinbauten und -umbauten** liegen vor, wenn durch die Aufwendungen des Mieters weder ein Scheinbestandteil noch eine Betriebsvorrichtung entsteht.[123]

3441 **Sonstige Mietereinbauten und -umbauten**, die ein Mieter in gemieteten Räumen auf eigene Rechnung vornimmt, sind als materielle, dem Mieter zuzurechnende Wirtschaftsgüter zu aktivieren und zwar als **unbewegliche Wirtschaftsgüter** unter dem Gesichtspunkt des besonderen Nutzungs- und Funktionszusammenhangs oder des wirtschaftlichen Eigentums.[124] Sofern sie Gebäudesubstanzen enthalten, sind sie den „Bauten auf fremdem Grund und Boden" zuzuordnen.[125] Dies trifft z. B. auf eine **Zwischendecke** zu, die als selbständiges unbewegliches Wirtschaftsgut (selbständiger Gebäudeteil) dem Mieter zuzurechnen ist.[126] In diesem Fall liegt weder ein Scheinbestandteil noch eine Betriebsvorrichtung vor. Auch ist der Mieter nicht wirtschaftlicher Eigentümer. Dennoch erfolgt eine Aktivierung beim Mieter, weil die Aufwendungen unmittelbar den besonderen betrieblichen oder beruflichen Zwecken des Mieters dienen und mit dem Gebäude nicht in einem einheitlichen Nutzungs- und Funktionszusammenhang stehen.[127] Dafür ist ein unmittelbarer sachlicher Zusammenhang mit dem Betrieb notwendig; ein daneben stehender Zusammenhang mit dem Gebäude tritt in diesen Fällen zurück. Insoweit ist nicht von Bedeutung, dass die Aufwendungen – hätte sie der Eigentümer getragen – bei diesem nicht zur Entstehung selbständiger Gebäudeteile geführt hätten, sondern als unselbständige Gebäudeteile einheitlich mit dem Gebäude abzuschreiben wären. Beispiele:[128]

▶ Der Mieter entfernt Zwischenwände und schafft durch neue Zwischenwände eine andere Einteilung des Raumes.

---

121 Vgl. Marx/Dallmann, in: Baetge/Kirsch/Thiele (Hrsg.), Bilanzrecht, § 266 Rz. 54.4.
122 Vgl. BFH, Urteil vom 20.11.2003 – III R 4/02, BStBl 2004 II S. 305.
123 Vgl. BMF, Schreiben vom 15.1.1976, BStBl 1976 I S. 66, Tz. 4.
124 Vgl. H 4.2. Abs. 4 EStH; BFH, Urteil vom 11.6.1997 – XI R 77/96, BStBl 1997 II S. 774.
125 Vgl. Marx/Dallmann, in: Baetge/Kirsch/Thiele (Hrsg.), Bilanzrecht, § 266 Rz. 54.4.
126 Vgl. BFH, Urteil vom 11.12.1987 – III R 191/85, BStBl 1988 II S. 300.
127 Vgl. BMF, Schreiben vom 15.1.1976, BStBl 1976 I S. 66.
128 Vgl. BMF, Schreiben vom 15.1.1976, BStBl 1976 I S. 66.

- Der Mieter gestaltet das Gebäude derart um, dass es für seine besonderen gewerblichen Zwecke nutzbar ist, z. B. durch Entfernung von Zwischendecken, Einbau eines Tores.
- Der Mieter ersetzt eine Treppe durch eine Rolltreppe.

Ist der Mieter **wirtschaftlicher Eigentümer** von sonstigen Mietereinbauten oder -umbauten, sind diese ebenfalls beim Mieter zu aktivieren. Sofern der Mieter bei Beendigung des Mietverhältnisses Anspruch auf eine Entschädigung in Höhe des Restwerts der Einbauten hat, ist er grundsätzlich wirtschaftlicher Eigentümer.[129] Er ist ebenfalls wirtschaftlicher Eigentümer (obwohl kein Anspruch auf Entschädigung besteht), wenn dieser Anspruch keine wirtschaftliche Bedeutung hat. Dies ist z. B. der Fall, wenn die Einbauten während der voraussichtlichen Mietdauer technisch oder wirtschaftlich verbraucht werden.

Aufwendungen des Mieters, die weder Scheinbestandteile oder Betriebsvorrichtungen noch materielle Wirtschaftsgüter sind (aufgrund wirtschaftlichen Eigentums oder dem Gesichtspunkt des besonderen Nutzungs- und Funktionszusammenhangs), sind beim Mieter ggf. als **immaterielle Wirtschaftsgüter** zu erfassen. Dies kann z. B. der Fall sein, wenn anstelle des Gebäudeeigentümers der Mieter eine von Anfang an vorgesehene Baumaßnahme durchführt, die auch unabhängig von der betrieblichen Nutzung des Mieters hätte vorgenommen werden müssen (z. B. der Einbau einer Zentralheizung). Sofern nicht aufgrund der Verrechnung mit der Miete ein aktiver Rechnungsabgrenzungsposten zu bilden ist, sind die Aufwendungen als entgeltlich erworbenes Nutzungsrecht zu aktivieren.[130]

Die AfA ist bei Mietereinbauten nach allgemeinen Grundsätzen zu bestimmen. Allerdings bemisst sie sich bei Mietereinbauten, die keine Scheinbestandteile und keine Betriebsvorrichtungen sind, nach den für Gebäude geltenden Grundsätzen.[131]

3.1.3.3.3 Außenanlagen

Bei der Abgrenzung zwischen Außenanlagen als selbständiges Wirtschaftsgut zum Gebäude ist maßgeblich, ob ein einheitlicher Nutzungs- und Funktionszusammenhang mit dem Gebäude besteht.[132] Außenanlagen wie **Hofbefestigungen** oder **Straßenzufahrten** stehen grundsätzlich in keinem einheitlichen Nutzungs- und Funktionszusammenhang mit dem Gebäude und gehören daher nicht zu dem Gebäude.[133] Sie dienen vielmehr dem Zweck, das Grundstück zu erschließen und zugänglich zu machen und sind daher selbständige Wirtschaftsgüter. Eine Ausnahme bildet die „**lebende Umzäunung**" (Hecken, Büsche, Bäume) von Wohngebäuden an den Grundstücksgrenzen. Diese ist dem Gebäude zuzurechnen.[134]

---

129 Vgl. auch BFH, Urteil vom 28.7.1993 – I R 88/92, BStBl 1994 II S. 164.
130 Vgl. BMF, Schreiben vom 15.1.1976, BStBl 1976 I S. 66.
131 Vgl. H 7.4 „Mietereinbauten" EStH; vgl. auch BFH, Urteile vom 15.10.1996 – VIII R 44/94, BStBl 1997 II S. 533; vom 4.5.2004 – XI R 43/01, DStRE 2004 S. 1122. Zur Kritik vgl. *Sauren*, DStR 1998, S. 706 und *Niehues*, DB 2006 S. 1234, nach der die Abschreibung weiterhin nach der Mietdauer zu bemessen ist.
132 Vgl. z. B. BFH, Urteil vom 1.7.1983 – III R 161/81, BStBl 1983 II S. 686.
133 Vgl. H 6.4 „Außenanlagen" EStH; BFH, Urteil vom 1.7.1983 – III R 161/81, BStBl 1983 II S. 686.
134 Vgl. R 21.1 Abs. 3 Satz 1 EStR.

3446 Bei Außenanlagen ist zudem eine Abgrenzung zu Betriebsvorrichtungen vorzunehmen. Als Betriebsvorrichtungen definiert § 68 Abs. 2 Nr. 2 BewG Maschinen und sonstige Vorrichtungen aller Art, die zu einer Betriebsanlage gehören, auch wenn sie wesentliche Bestandteile des Grundstücks darstellen (vgl. im Einzelnen Rz. 3458 ff.). Für die steuerliche Einordnung ist insoweit nicht maßgeblich, ob die Betriebsvorrichtungen nach bürgerlichem Recht wesentlicher Bestandteil des Grund und Bodens oder des Gebäudes sind.[135] Als Betriebsvorrichtungen qualifizieren somit nur solche Bauwerke, mit denen das Gewerbe unmittelbar betrieben wird.[136] Z. B. sind **Bodenbefestigungen** von Tankstellenbetriebe wegen ihrer besonderen betrieblichen Ausgestaltung und Zweckbestimmung als Betriebsvorrichtungen anzusehen.[137] Dagegen sind die Bodenbefestigungen vor Garagen, Reparaturwerkstätten und Waschhallen sowie die Bodenbefestigungen der Dauerpark- und Abstellplätze den Außenanlagen zuzurechnen. Freistehende Rampen rechnen wiederum regelmäßig zu den Außenanlagen, da mit ihnen das Gewerbe nicht unmittelbar betrieben wird.[138] Zu den Außenanlagen gehören typischerweise auch die **Beleuchtungsanlagen** auf Straßen, Wegen und Plätzen des Grundstücks. Beleuchtungsanlagen sind jedoch den Betriebsvorrichtungen zuzurechnen, wenn sie überwiegend einem Betriebsvorgang dienen (z. B. der Ausleuchtung eines Lagerplatzes für Zwecke der Materiallagerung).[139]

3447 Ein **Kinderspielplatz** auf dem Grundstück des Steuerpflichtigen ist ein selbständig zu bewertendes Wirtschaftsgut.[140] Ausnahmsweise können Herstellungskosten des Gebäudes vorliegen, wenn die Gemeinde als Eigentümer den Kinderspielplatz anlegt und dafür Beiträge von den Grundstückseigentümern erhebt.[141]

3.1.4 Bauten auf fremden Grundstücken

3448 Bauten auf fremden Grundstücken liegen in den folgenden Fällen vor:

▶ Der Steuerpflichtige bebaut ein Grundstück, dessen zivilrechtlicher Grundstückseigentümer er zwar nicht ist, der Steuerpflichtige wohl aber als wirtschaftlicher Eigentümer des Bauwerks anzusehen ist.

▶ Das Grundstück gehört zivilrechtlich mehreren Personen (Miteigentum), aber nur ein bzw. einzelne Miteigentümer bebauen dieses Grundstück auf eigene Rechnung.

▶ Der Steuerpflichtige bebaut ein mit einem Erbbaurecht belasteten Grundstück, wobei er nicht der Erbbauberechtigte ist.

3449 In solchen Fällen stellt sich die Frage, unter welchen Voraussetzungen die auf einem fremden Grundstück errichteten Gebäude bilanzsteuerrechtlich dem Bauherrn zuzurechnen sind.[142] Zivilrechtlich wird das auf fremdem Grundstück errichtete Gebäude gemäß

---

[135] Vgl. gleichlt. Ländererlass vom 5.6.2013, BStBl 2013 I S. 734, Tz. 1.1.
[136] Vgl. BFH, Urteil vom 10.10.1990 – II R 171/87, BStBl 1991 II S. 59.
[137] Vgl. BFH, Urteil vom 23.2.1962 – III 222/58 U, BStBl 1962 III S. 179; gleichlt. Ländererlass vom 5.6.2013, BStBl 2013 I S. 734, Tz. 4.2.
[138] Vgl. gleichlt. Ländererlass vom 5.6.2013, BStBl 2013 I S. 734, Tz. 4.2.
[139] Vgl. gleichlt. Ländererlass vom 5.6.2013, BStBl 2013 I S. 734, Tz. 4.3.
[140] Gemäß R 6.4 Abs. 2 Satz 2 EStR gilt im Allgemeinen eine Nutzungsdauer von zehn Jahren.
[141] Vgl. R 6.4 Abs. 2 Satz 1 EStR.
[142] Vgl. eingehend und zur Entwicklung der Rechtsprechung *Schuster*, DStZ 2003 S. 369 ff.

§§ 93, 94, 946 BGB grundsätzlich wesentlicher Bestandteil des Grundstücks[143] und geht daher in das **(zivilrechtliche) Eigentum** des Grundstückseigentümers über. Nach der steuerlichen Grundregel des § 39 Abs. 1 AO hat der Grundstückseigentümer als zivilrechtlicher Eigentümer auch das Gebäude zu aktivieren. Der Bauherr ist selbst zivilrechtlicher Eigentümer an dem Gebäude, wenn er das Gebäude auf fremdem Grund und Boden auf Basis eines dinglichen Rechts wie eines Erbbaurechts oder Nießbrauchrechts erbaut hat. Abweichend hiervon entscheidet nach § 39 Abs. 2 Nr. 1 AO das **wirtschaftliche Eigentum** über die steuerbilanzielle Zugehörigkeit eines Wirtschaftsgutes, wenn der zivilrechtliche und der wirtschaftliche Eigentümer nicht identisch sind. Danach ist dem Bauherrn das Bauwerk/Gebäude zuzuordnen, wenn er die tatsächliche Sachherrschaft in der Weise ausübt, dass er den Grundstückseigentümer im Regelfall für die gewöhnliche Nutzungsdauer von der Einwirkung auf das Gebäude wirtschaftlich ausschließen kann. Ob eine solche tatsächliche Sachherrschaft vorliegt, hängt vom Einzelfall ab. Nach der Rechtsprechung des BFH lassen sich im Wesentlichen folgende Fallgruppen unterscheiden:[144]

1. Aufgrund (vertraglicher) Vereinbarungen mit dem Grundstückseigentümer hat dessen **zivilrechtlicher Herausgabeanspruch keine wirtschaftliche Bedeutung** mehr.[145]

    Dies ist insbesondere dann der Fall, wenn der Bauherr auf eigene Gefahr und Rechnung ein Gebäude herstellt und

    — ihm ein unentgeltliches rechtsverbindliches Nutzungsrecht für die gesamte voraussichtliche Nutzungsdauer des Gebäudes eingeräumt wird[146] oder

    — der Grundstückseigentümer keinen Herausgabeanspruch hat, weil z. B. der Bauherr nach Ablauf der Nutzungsdauer berechtigt oder verpflichtet ist, das Gebäude nach Ablauf der Nutzungsdauer zu beseitigen.[147]

    Die steuerbilanzielle Zurechnung des Gebäudes erfolgt in diesen Fällen zum Bauherrn als wirtschaftlichen Eigentümer des Bauwerks. Ein immaterielles Wirtschaftsgut ist nicht zu bilanzieren.

2. Bei Beendigung des Nutzungsverhältnisses steht dem Bauherrn ein **gesetzlicher** (z. B. gemäß §§ 812, 951 BGB) oder **vertraglicher Ersatzanspruch** in Höhe des Verkehrswertes des Bauwerks zu.[148] Der gesetzliche Ersatzanspruch gemäß §§ 951, 812 BGB ist in der Regel gegeben, wenn der Bauherr das Bauwerk aufgrund eines Nutzungsrechts im eigenen Interesse und ohne Zuwendungsabsicht errichtet hat und keine ausdrückliche oder stillschweigende Abbedingung des Anspruchs vorliegt, was insbesondere bei Ehegatten der Fall sein kann.[149]

---

143 Eine Ausnahme besteht insbesondere dann, wenn es sich bei dem Gebäude(teil) um einen sogenannten Scheinbestandteil nach § 95 Abs. 1 Satz 1 BGB handelt.
144 Vgl. auch *Wied*, in: Blümich, EStG, § 4 Rz. 323.
145 Vgl. BFH, Urteile vom 22.8.1984 – I R 198/80, BStBl 1985 II S. 126; vom 27.2.1991 – XI R 14/87, BStBl 1991 II S. 628; vom 27.11.1996 – X R 92/92, BStBl 1998 II S. 97.
146 Vgl. BFH, Urteil vom 27.11.1996 – X R 92/92, BStBl 1998 II S. 97.
147 Vgl. BFH, Urteile vom 22.8.1984 – I R 198/80, BStBl 1985 II S. 126; vom 27.2.1991 – XI R 14/87, BStBl 1991 II S. 628.
148 Vgl. BFH, Urteile vom 14.5.2002 – VIII R 30/98, BStBl 2002 II S. 741; vom 25.6.2003 – X R 72/98, BStBl 2004 II S. 403; *Schuster*, DStZ 2003 S. 371.
149 Vgl. BFH, Urteil vom 14.5.2002 – VIII R 30/98, BStBl 2002 II S. 741 m. w. N.

3451 Auch in diesem Fall ist der nutzungsberechtigte Bauherr wirtschaftlicher Eigentümer des Gebäudes. Durch den Anspruch sind die Substanz und der Ertrag des bebauten Grundstücks auf den Bauherrn übergegangen, so dass der Eigentümer wegen der Verpflichtung zum Wertersatz letztlich nicht über sein Eigentum wirtschaftlich verfügen kann.[150]

3. Der Bauherr ist nicht der wirtschaftliche Eigentümer des Gebäudes.

3452 Der Bauherr ist kein wirtschaftlicher Eigentümer, wenn er bei Beendigung der Nutzung keinen Ersatzanspruch gegenüber dem Grundstückseigentümer hat und er den Grundstückseigentümer für die gewöhnliche Nutzungsdauer von der Einwirkung auf das Gebäude auch nicht wirtschaftlich ausschließen kann. Der Bauherr muss in diesem Fall steuerbilanziell das Nutzungsrecht „wie ein materielles Wirtschaftsgut" aktivieren (Korrekturposten), wenn er das Gebäude im eigenen betrieblichen Interesse mit Einverständnis des Grundstücks(mit)eigentümers auf eigene Rechnung errichtet hat und auch nutzt.[151] Obwohl die für das jeweilige materielle Wirtschaftsgut maßgeblichen steuerlichen Vorschriften entsprechend anzuwenden sind (z. B. § 7 Abs. 4 und 5, § 6b EStG),[152] handelt es sich bei dem Aktivposten um kein Wirtschaftsgut,[153] sondern um einen rein steuerrechtlichen Verrechnungsposten (Merkposten) zur Wahrung des Nettoprinzips.[154] Endet das Nutzungsverhältnis vor Ablauf der betriebsgewöhnlichen Nutzungsdauer des Gebäudes, ist der Aktivposten mit dem Restbuchwert auszubuchen[155] und gegebenenfalls ein Ausgleichsanspruch gem. §§ 951, 812 BGB in Höhe des Verkehrswerts des Gebäudes gegenüber dem Eigentümer anzusetzen. Außerdem hat der Bauherr für Bauten auf fremdem Grund und Boden bei Erfüllung der Voraussetzungen des InvZulG einen Anspruch auf eine Investitionszulage, auch wenn er weder zivilrechtlicher noch wirtschaftlicher Eigentümer des Gebäudes ist.[156]

Errichtet ein Unternehmer-Ehegatte mit eigenen Mitteln ein Gebäude ohne besondere Vereinbarung auf einem im Eigentum des anderen Ehegatten stehenden Grundstück gilt nach dem Urteil des BFH vom 9.3.2016[157] und BMF Schreiben vom

---

150 Vgl. BFH, Urteil vom 24.6.2004 – III R 50/01, BStBl 2005 II S. 80.
151 Vgl. BFH, Urteile vom 23.8.1999 – GrS 1/97, BStBl 1999 II S. 774, 776; vom 25.2.2010 – IV R 2/07, DStR 2010 S. 798; a. A. *Kusterer*, DStR 1996 S. 439, allerdings zur handelsrechtlichen Bilanzierung von Bauten auf fremdem Grund und Boden, der das Nutzungsrecht den immateriellen Wirtschaftsgütern des Anlagevermögens zuordnet und aufgrund § 248 Abs. 2 HGB a. F. zu dem Ergebnis kommt, dass die Aufwendungen des Bauherrn für die Gebäudeerrichtung in dem Geschäftsjahr ihrer Verausgabung erfolgswirksam zu berücksichtigen sind, weil diese nicht zwangsläufig mit dem Erwerb des Nutzungsrechts an den Gebäuden verbunden sind, so dass das Nutzungsrecht nicht entgeltlich erworben wurde.
152 Vgl. BFH, Urteil vom 25.2.2010 – IV R 2/07, DStR 2010 S. 798, 800; BMF, Schreiben vom 5.11.1996, BStBl 1996 I S. 1257; a. A. BGH, Urteil vom 6.11.1995 – II ZR 164/94, DStR 1996 S. 187 zur handelsrechtlichen Bilanzierung von Bauten auf fremdem Grund und Boden, wonach das Nutzungsrecht innerhalb der vereinbarten Nutzungszeit vollständig abgeschrieben werden muss.
153 Vgl. BFH, Urteil vom 23. 8. 1999 – GrS 1/97, BStBl 1999 II S. 778, 780, m. w. N.
154 Vgl. *Küffner/Haberstock*, DStR 2000 S. 1677; kritisch dazu *Weber-Grellet*, FR 1996 S. 29, Weber-Grellet, BB 2000 S. 1024 f.
155 Vgl. BFH, Urteile vom 11.12.1987 – III R 188/81, BStBl 1988 II S. 493, vom 17.3.1989 – III R 58/87, BStBl 1990 II S. 6.
156 Vgl. *Heß*, DStR 2002 S. 1169 ff.
157 Vgl. BFH, Urteil vom 9.3.2016 - X R 46/14, BStBl II 2016 S. 976; siehe dazu auch *Kanzler*, FR 2016 S. 900; *Bergan*, SteuK 2016 S. 297.

16.12.2016[158], teilweise abweichend zu den vorgenannten Grundsätzen, Folgendes: Der Nichtunternehmer-Ehegatte wird zivilrechtlicher und wirtschaftlicher Eigentümer des Gebäudes. Die vom Unternehmer-Ehegatten getragenen AK/HK sind als eigener Aufwand als Betriebsausgaben abzuziehen; abzubilden ist dies über einen Aufwandsverteilungsposten. Der Aufwandverteilungsposten ist kein Wirtschaftsgut (somit entstehen auch keine stillen Reserven; es ist jedoch nach Verwaltungsauffassung aber auch kein § 6b EStG anwendbar). Die AfA erfolgt analog zu § 7 Abs. 4 Nr. 2 EStG über 50 Jahre (2 %, keine 3 % nach § 7 Abs. 4 Satz 1 Nr. 1 EStG). Bei Beendigung der betrieblichen Nutzung des Grundstücks ist der Aufwandsposten erfolgsneutral auszubuchen. In Höhe des Restpostens sind dem Eigentümer (Nichtunternehmer-Ehegatten) AK/HK des Gebäudes zuzurechnen. Mit Übertragung des Grundstücks an Betriebsinhaber wird dieses Betriebsvermögen. Bei einer unentgeltlichen Übertragung erfolgt eine Einlage zum Teilwert nach § 6 Abs. 1 Nr. 5 EStG. Die während der Nutzung zu betrieblichen Zwecken geltend gemachte AfA mindert den Einlagewert nicht (§ 7 Abs. 1 Satz 5 EStG setzt ein „Wirtschaftsgut" voraus). Der Aufwandsverteilungsposten ist aufgrund des Übergangs des Eigentums nicht fortzuführen, sondern aufzulösen.

Mietereinbauten sind den „Bauten auf fremdem Grund und Boden" zuzuordnen, sofern sie als unbewegliches Wirtschaftsgut qualifizieren. Dies trifft z. B. auf eine Zwischendecke zu, die als selbständiges unbewegliches Wirtschaftsgut (selbständiger Gebäudeteil) dem Mieter zuzurechnen ist.[159] **Halbfertige Bauten** auf fremdem Grund und Boden werden nicht dem Anlagevermögen, sondern als Vorräte dem Umlaufvermögen zugeordnet.[160]

3453

3.2 Technische Anlagen und Maschinen

Zu den technischen Anlagen und Maschinen gehören Wirtschaftsgüter des Sachanlagevermögens, die dem Produktionsprozess dienen. Technische Anlagen und Maschinen sind in der Regel als Anlagevermögen zu qualifizieren, wenn sie dauerhaft dem Betrieb dienen, d. h. für die Durchführung von mehreren Aufträgen angeschafft oder hergestellt werden. Finden sie hingegen nur bei einem einzelnen Auftrag Verwendung, handelt es sich bei der technischen Anlage oder der Maschine um Umlaufvermögen.[161]

3454

Als **technische Anlagen** sind technische Geräte des Anlagevermögens auszuweisen, die keine Maschinen sind, aber dem Produktionsprozess dienen. Als technische Anlagen wird auch die Anlageeinheit, d. h. die Kombination mehrerer Maschinen, erfasst.

3455

BEISPIELE für technische Anlagen sind:[162]

▶ Chemische Produktionsanlage,

▶ Leitungsnetze für Strom, Gas und Wasserversorgung (innerhalb eines Fabrikationsbetriebs),

---

158 Vgl. BMF, Schreiben vom 16.12.2016, BStBl I S. 1431.
159 Vgl. BFH, Urteil vom 11.12.1987 – III R 191/85, BStBl 1988 II S. 300.
160 Vgl. BFH, Urteil vom 7.9.2005 – VIII R 1/03, BStBl 2006 II S. 298; H 6.1 EStH.
161 Vgl. *Kulosa*, in: Schmidt, EStG, 37. Aufl. 2018, § 6 Rz. 346.
162 Vgl. R 5.4 Abs. 2 Satz 1 EStR; *Kahle/Heinstein*, in: Wysocki/Schulze-Osterloh/Henrichs/Kuhner (Hrsg.), Handbuch des Jahresabschlusses, Abteilung II/2, Rz. 32.

- Breitbandstraße/Förderband/Transportband,
- Hochofen,
- Gießerei,
- Kran,
- Silos,
- Kühltürme.

3456 Unter dem Bilanzposten **Maschinen** sind technische Geräte zu erfassen, die der Energieumwandlung und der Substitution oder der Unterstützung der menschlichen Arbeitskraft dienen.[163]

BEISPIELE für Maschinen sind:

- Arbeitsbühnen,
- Maschinengebundene Werkzeuge,[164]
- Bagger,
- Roboter,
- Pressen,
- Transformatoren.

3457 **Reserve- und Ersatzteile** sind den technischen Anlagen und Maschinen zuzuordnen, soweit die Anlagen und Maschinen zum Anlagevermögen gehören. Insoweit muss eine Abgrenzung zu Reserve- und Ersatzteilen des Umlaufvermögens erfolgen. Die Reserve- und Ersatzteile teilen das steuerbilanzielle Schicksal des Bilanzpostens, für dessen Ersatz sie bestimmt sind.[165] Ein sofortiger Abzug als Betriebsausgabe nach § 4 Abs. 4 EStG kommt nicht in Betracht.

3.3 Betriebsvorrichtungen

3458 Das Ertragsteuerrecht enthält keine Definition von Betriebsvorrichtungen. Allerdings beinhaltet das Bewertungsgesetz eine Definition, die auch für ertragsteuerliche Zwecke gilt.[166] Als Betriebsvorrichtungen definiert § 68 Abs. 2 Nr. 2 BewG Maschinen und sonstige Vorrichtungen aller Art, die zu einer Betriebsanlage gehören, auch wenn sie wesentliche Bestandteile des Grundstücks darstellen. Für die steuerliche Einordnung ist insoweit nicht maßgeblich, ob die Betriebsvorrichtungen nach bürgerlichem Recht wesentlicher Bestandteil des Grund und Bodens oder des Gebäudes sind.[167] Die steuerbilanzielle Unterscheidung ist insbesondere für die Abschreibung von Bedeutung, aber

---

163 Vgl. *Baetge/Kirsch/Thiele*, Bilanzen, 12. Aufl., Düsseldorf 2012, S. 240.
164 Andere Werkzeuge hingegen bei „Andere Anlagen, Betriebs- und Geschäftsausstattung". Ausführlich zu eigenen, kundengebundenen und fremden Werkzeugen vgl. *ADS*, Rechnungslegung und Prüfung der Unternehmen, 6. Aufl., Stuttgart 1997, § 266 Rz. 51.
165 Vgl. *Kahle/Heinstein*, in: Wysocki/Schulze-Osterloh/Henrichs/Kuhner (Hrsg.), Handbuch des Jahresabschlusses, Abteilung II/2, Rz. 34.
166 Vgl. z. B. BFH, Urteil vom 11.12.1987 – III R 191/85, BStBl 1988 II S. 300.
167 Vgl. gleichlt. Ländererlass vom 5.6.2013, BStBl 2013 I S. 734, Tz. 1.1.

auch für weitere steuerrechtliche Normen wie z. B. die erweiterte Kürzung nach § 9 Nr. 1 Satz 2 ff. GewStG, die Anwendung von § 6b EStG oder umsatzsteuerliche Aspekte.[168]

Nach dem gleichlautenden Ländererlass vom 5.6.2013 (nachfolgend kurz: Erlass) ist zu Abgrenzungszwecken von Gebäudebestandteilen zunächst zu prüfen, ob das Bauwerk alle Kriterien eines Gebäudes erfüllt (Kriterien: Schutz gegen Witterungseinflüsse durch räumliche Umschließung, Aufenthalt von Menschen, feste Verbindung mit dem Grund und Boden, Beständigkeit und Standfestigkeit).[169] Liegen sämtliche Merkmale vor, kann das Bauwerk selbst keine Betriebsvorrichtung sein.[170] Allerdings ist zu prüfen, ob es sich möglicherweise bei einem einzelnen Bestandteil des Gebäudes zwar zivilrechtlich um einen wesentlichen Bestandteil des Gebäudes handelt, der jedoch steuerrechtlich als Betriebsvorrichtung qualifiziert. Handelt es sich bei dem Bauwerk nicht um ein Gebäude, liegt nicht zwingend eine Betriebsvorrichtung vor. Vielmehr muss geprüft werden, ob es sich um einen unselbständigen Gebäudeteil, eine Außenanlage oder eine Betriebsvorrichtung handelt (zur Abgrenzung siehe Gliederungspunkt 3.1.3.3 „Abgrenzungen").

3459

Aus der nach § 68 Abs. 2 Nr. 2 BewG erforderlichen Zugehörigkeit „zu einer Betriebsanlage" folgt die Rechtsprechung und die Finanzverwaltung, dass der Begriff der Betriebsvorrichtung Gegenstände voraussetzt, durch die das Gewerbe unmittelbar betrieben wird.[171] Dies erfordert, dass zwischen Anlage und Betriebsablauf ein besonders enger Zusammenhang besteht, wie er bei einer Maschine üblicherweise gegeben ist. Es reicht gemäß Rechtsprechung nicht aus, wenn eine Anlage bzw. Vorrichtung für einen Gewerbebetrieb lediglich nützlich oder notwendig oder sogar gewerbepolizeilich vorgeschrieben ist. Für die steuerbilanzielle Zuordnung ist somit der Nutzungs- und Funktionszusammenhang maßgebend. Dies bedeutet, dass zu prüfen ist, ob die Anlage/Vorrichtung der Benutzung des Gebäudes ohne Rücksicht auf den gegenwärtig ausgeübten Betrieb dient (z. B. Personenaufzug) oder ob die Anlage/Vorrichtung in einer besonderen Beziehung zu dem Betrieb steht (z. B. Lastenaufzug einer Produktionshalle).[172] Nur im letzteren Fall kommt eine Behandlung als Betriebsvorrichtung in Betracht.[173]

3460

Zur Einordnung als Betriebsvorrichtung oder Gebäudebestandteil ist oftmals eine **Einzelfallbetrachtung** notwendig. Dies wird am Beispiel der **Sprinkleranlage** deutlich.[174] Gemäß BFH ist es für eine Betriebsvorrichtung erforderlich, dass die Anlage in einer besonderen und unmittelbaren Beziehung zu dem ausgeübten Betrieb steht und nicht nur der Benutzung des Gebäudes dient.[175] Eine solche besondere und unmittelbare Beziehung zu dem in dem Gebäude ausgeübten Gewerbebetrieb ist gemäß BFH-Rechtsprechung nur dann gegeben, wenn die Anlage in Bezug auf die Ausübung des Gewerbebetriebs

3461

---

168 Vgl. z. B. *Maier*, DStR 2010 S. 198 zu umsatzsteuerlichen Aspekten der steuerfreien Vermietung von Grundstücken und der steuerpflichtigen Vermietung von Betriebsvorrichtungen. Zu ertragsteuerlichen Aspekten vgl. *Böhl/Schmidt-Naschke/Böttcher*, IStR 2008 S. 651.
169 Vgl. gleichlt. Ländererlass vom 5.6.2013, BStBl 2013 I S. 734, Tz. 1.2.
170 Vgl. gleichlt. Ländererlass vom 5.6.2013, BStBl 2013 I S. 734, Tz. 1.2.; siehe auch BFH, Urteil vom 15.6.2005 – II R 67/04, BStBl 2005 II S. 688.
171 Vgl. BFH, Urteil vom 11.12.1987 – III R 191/85, BStBl 1988 II S. 300 m. w. N.
172 Vgl. gleichlt. Ländererlass vom 5.6.2013, BStBl 2013 I S. 734, Tz. 3.1.
173 Vgl. BFH, Urteile vom 23.3.1990 – III R 63/87, BStBl 1990 II S. 751; vom 10.10.1990 – II R 171/87, BStBl 1991 II S. 59; vom 11.12.1991 – II R 14/89, BStBl 1992 II S. 278.
174 Vgl. *Hoffmann/Lüdenbach*, NWB Kommentar Bilanzierung, 9. Aufl. 2018, § 266 Rz. 36.
175 Vgl. BFH, Urteil vom 15.2.1980 – III R 105/78, BStBl 1980 II S. 409.

eine ähnliche Funktion wie eine Maschine hat. Eine Sprinkleranlage normaler Kapazität ist bei einem gewerblich genutzten Gebäude Bestandteil der üblichen Ausstattung und insoweit als Gebäudebestandteil zu sehen.[176] Anderes und insoweit eine Ausnahme ist möglich, wenn in dem Betrieb in besonderem Maße feuergefährliche Materialien verarbeitet werden oder ähnliche Risiken mit dem Produktionsprozess verbunden sind.[177]

Bei **doppelfunktionalen Konstruktionselementen,** d. h. dient die Anlage/Vorrichtung sowohl dem Gebäude als auch dem Betrieb, geht die Gebäudefunktion der Betriebsfunktion vor.[178]

BEISPIELE für Betriebsvorrichtungen:[179]

- **Bedienungsvorrichtungen** wie **Arbeitsbühne,** Bedienungsbühne und Ähnliches, die ausschließlich zur Bedienung und Wartung von Maschinen bestimmt und geeignet sind. Allerdings ist im Einzelfall eine Abgrenzung zur Geschossdecke notwendig: Nach BFH ist eine in einem Gebäude errichtete Stahlbühne als Geschossdecke und nicht als Betriebsvorrichtung zu qualifizieren, auch wenn bei ihrer Konstruktion betriebsspezifische Gesichtspunkte berücksichtigt worden sind.[180] Insoweit stand der Gesichtspunkt der Raumaufteilung im Vordergrund, da durch die Stahlbühne eine zweite „Ebene" geschaffen wurde.

- Verstärkungen der **Decken** oder **Wände** sind nach Verwaltungsauffassung stets dem Gebäude zuzurechnen, also keine Betriebsvorrichtungen. Nach BFH-Rechtsprechung können aber Schallschutzvorrichtungen an Decken oder Wänden eines Gebäudes ausnahmsweise Betriebsvorrichtungen sein, wenn ohne die Vorrichtungen ein reibungsloser Betriebsablauf in Frage gestellt wäre.[181]

- **Einzelfundamente** für Maschinen.

- **Lastenaufzüge** in gewerblich genutzten Gebäuden, die unmittelbar dem Betriebsvorgang dienen. Auch der dazugehörige Schacht, der ausschließlich dem Lastenaufzug dient, ist Teil der Betriebsvorrichtung. So entschied der BFH bspw., dass ein Aufzug in einer Bäckerei, welcher hauptsächlich dazu genutzt wird, die für die Produktion der Backwaren erforderlichen Zutaten zwischen den einzelnen Produktionsebenen zu befördern, eine Betriebsvorrichtung darstellt.[182] Ebenso sind Autoaufzüge in Parkhäusern Betriebsvorrichtungen.

- **Förderbänder** (allgemein: Anlagen zum Transport von Rohstoffen oder Gegenständen der Fertigung).

---

176 Vgl. BFH, Urteil vom 15.2.1980 – III R 105/78, BStBl 1980 II S. 409.
177 Vgl. BFH, Urteil vom 23.3.1990 – III R 63/87, BStBl 1990 II S. 751.
178 Vgl. gleichlt. Ländererlass vom 5.6.2013, BStBl 2013 I S. 734, Tz. 1.2, 3.1.
179 Vgl. ausführlich gleichlt. Ländererlass vom 5.6.2013, BStBl 2013 I S. 734.
180 Vgl. BFH, Urteil vom 12.2.1982 – III R 127/78, BStBl 1982 II S. 448.
181 Vgl. BFH, Urteil vom 23.3.1990 – III R 63/87, BStBl 1990 II S. 751.
182 BFH, Urteil vom 28.2.2013 – III R 35/12, BFH/NV 2013 S. 1193.

- **Stahltüren**, Stahlkammer und Stahlfächer von Tresoranlage sowie dazugehörigen Alarmanlagen.
- **Fotovoltaikanlagen**[183] in Form einer Aufdachanlage.[184]

BEISPIELE ► für keine Betriebsvorrichtung:[185]

- Bauten im Inneren von größeren **Werkhallen**, durch die der insgesamt vorhandene Gebäuderaum lediglich unterteilt wird (z. B. Materiallager, Meisterbüro, Schaltraum).[186] Ist aber der Aufenthalt von Menschen ausgeschlossen oder auch mit Schutzkleidung nur kurzfristig möglich, liegt eine Betriebsvorrichtung vor.
- **Schwimmbecken** bei Hotelbetrieben.[187]
- Ein auf dem Betriebsgelände befindlicher Abstellplatz mit einer als **Parkplatz** geeigneten Bodenbefestigung, auf dem PKW verladegerecht aufgestellt werden, ist keine Betriebsvorrichtung.[188] Dies gilt unabhängig von der Größe des Parkplatzes.
- **Personenaufzüge**.
- **Rolltreppen**.
- **Fahrstuhlschächte**, die konstruktive Funktion haben, gehören zum Gebäude.
- **Beleuchtungsanlagen** gehören grundsätzlich zum Gebäude.[189] Das BFH-Urteil vom 8.10.1987, nach dem die Beleuchtungsanlage steuerbilanziell zum Gebäude gehört, erging zu einer abgehängten, mit einer Beleuchtungsanlage versehenen Kassettendecke eines Büroraumes. Als Betriebsvorrichtungen können jedoch spezielle Beleuchtungsanlagen, wie eine Schaufensterbeleuchtung, qualifizieren.[190]
- **Heizungsanlagen**, Be- und Entlüftungsanlagen, Be- und Entwässerungsanlagen, Klimaanlagen, Warmwasseranlagen und Müllschluckanlagen sind typischerweise Teile des Gebäudes. Sie sind aber dann Betriebsvorrichtungen, wenn sie ganz oder überwiegend einem Betriebsvorgang dienen (z. B. eine Klimaanlage, die für die Produktion in einer Tabakfabrik notwendig ist).

3.4 Andere Anlagen, Betriebs- und Geschäftsausstattung

Der Bilanzposten „**Andere Anlagen**" ist ein Sammelposten. Technische Anlagen und Maschinen werden unter „Andere Anlagen" ausgewiesen, wenn sie nicht im Zusam-   3462

---

183 Vgl. FG Hessen, Urteil vom 20.1.2011 – 11 K 2735/08, EFG 2011 S. 1158; siehe auch *Fromm*, DStR 2010 S. 207.
184 Vgl. gleichlt. Ländererlass vom 5.6.2013, BStBl 2013 I S. 734, Tz. 3.6; s. a. *Eisele*, NWB 2013 S. 2481; OFD Rheinland, Verfügung vom 10.7.2012, EStK NW § 15 (2) Nr. 2001: ertragsteuerlich sind auch sog. dachintegrierte Photovoltaikanlagen „wie" Betriebsvorrichtungen als selbständige bewegliche Wirtschaftsgüter zu behandeln.
185 Vgl. ausführlich gleichlt. Ländererlass vom 5.6.2013, BStBl 2013 I S. 734.
186 Zum Tiefkühllager vgl. BFH, Urteil vom 7.4.2011 – III R 8/09, BFH/NV 2011, S. 1187.
187 Vgl. BFH, Urteil vom 11.12.1991 – II R 14/89, BStBl 1992 II S. 278.
188 Vgl. BFH, Urteil vom 10.10.1990 – II R 171/87, BStBl 1991 II S. 59.
189 Vgl. BFH, Urteil vom 8.10.1987 – IV R 56/85, BStBl 1988 II S. 440.
190 Vgl. gleichlt. Ländererlass vom 5.6.2013, BStBl 2013 I S. 734, Tz. 3.6.

menhang mit dem Produktionsprozess stehen.[191] Betroffen sind auch Anlagen des Verwaltungs- und Vertriebsbereichs.

BEISPIELE für Wirtschaftsgüter, die unter andere Anlagen ausgewiesen werden:[192]

- Transportanlagen,
- Maschinenwerkzeuge (die nicht dem Produktionsprozess dienen).[193]

3463 Unter **Betriebs- und Geschäftsausstattung** sind Wirtschaftsgüter zu erfassen, die nicht unmittelbar dem Produktionsprozess dienen und den übrigen Posten des Sachanlagevermögens nicht zuordenbar sind. Es handelt sich um Wirtschaftsgüter, die dem allgemeinen Unternehmensbetrieb dienen, und um Wirtschaftsgüter, die für die Unternehmensbereiche „Verwaltung" und „Vertrieb" erforderlich sind. Insoweit kann sich dieser Bilanzposten sehr heterogen zusammensetzen.[194]

Zur **Betriebsausstattung** gehören z. B. folgende Wirtschaftsgüter:[195]

- Werkstätten-, Labor, Kantinen- und Lagereinrichtungen,
- Leergut (sowohl Individualleergut von Getränkeherstellern oder von sonstigen Leergutwiederverwendern als auch das nicht einem bestimmten Betrieb zuordenbare Leergut),[196]
- Werkzeuge (sofern nicht Maschinenwerkzeuge),
- Modelle, Muster, Zeichnungen,
- Fuhrpark,
- Baustellencontainer,[197]
- Transportbehälter.

Zur **Geschäftsausstattung** gehören z. B. folgende Wirtschaftsgüter:

- Büro, Ausstellungs- und Ladeneinrichtungen,
- Restaurantausstattungen (Stühle, Tische etc.),
- EDV-Anlagen, Telekommunikationsanlagen,
- Vorführwagen eines Kfz-Händlers (allgemein: Wirtschaftsgüter zu Verkaufsförderungen und Kundeninformation).[198]

3464 Ein steuerbilanzieller Ansatz von anderen Anlagen bzw. Betriebs- und Geschäftsausstattung ist nicht zwingend notwendig. Sofern die Voraussetzungen für ein geringwertiges

---

191 Vgl. *Kahle/Heinstein*, in: Wysocki/Schulze-Osterloh/Henrichs/Kuhner (Hrsg.), Handbuch des Jahresabschlusses, Abteilung II/2, Rz. 31.
192 Vgl. *Schubert/Huber*, in: Beck'scher Bilanz-Kommentar, 11. Aufl., § 247 Rz. 500; *ADS*, Rechnungslegung und Prüfung der Unternehmen, 6. Aufl., Stuttgart 1997, § 266 Rz. 56.
193 Vgl. BFH, Urteil vom 9.3.1967 – IV R 149/66, BStBl 1967 III S. 238.
194 Vgl. *ADS*, Rechnungslegung und Prüfung der Unternehmen, 6. Aufl., Stuttgart 1997, § 266 Rz. 56.
195 Vgl. *ADS*, Rechnungslegung und Prüfung der Unternehmen, 6. Aufl., Stuttgart 1997, § 266 Rz. 56.
196 Vgl. *Schubert/Huber*, in: Beck'scher Bilanz-Kommentar, 11. Aufl., § 247, Rz. 500.
197 Vgl. BFH, Urteil vom 18.6.1986 – II R 222/83, BStBl 1986 II S. 787.
198 Vgl. auch BFH, Urteil vom 17.11.1981 – VII R 86/78, BStBl 1982 II S. 344; für eine Erfassung im Umlaufvermögen vgl. *Wehrheim*, BB 2003 S. 2508.

Wirtschaftsgut erfüllt sind, kommt die sofortige Behandlung als Betriebsausgabe oder die Einstellung in einen Sammelposten in Betracht.[199]

3.5 Geringwertige Wirtschaftsgüter und Sammelposten
3.5.1 Regelung des § 6 Abs. 2 EStG

Mit dem Wachstumsbeschleunigungsgesetz vom 22.12.2009[200] wurde die Abzugsmethode für geringwertige Wirtschaftsgüter (so genannte „GWG") in § 6 Abs. 2 EStG wieder eingeführt, die durch das Unternehmensteuerreformgesetz 2008 zu Gunsten der sogenannten Sammelpostenmethode (§ 6 Abs. 2a EStG) interimistisch abgeschafft wurde.[201] Nach § 6 Abs. 2 EStG können die Anschaffungs- oder Herstellungskosten von abnutzbaren, beweglichen und einer selbständigen Nutzung fähigen Wirtschaftsgütern des Anlagevermögens in voller Höhe als Betriebsausgaben abgezogen werden, wenn die Anschaffungs- und Herstellungskosten für das einzelne Wirtschaftsgut 410 € nicht übersteigen (steuerliches Wahlrecht). Für Wirtschaftsgüter, die nach dem 31.12.2017 angeschafft, hergestellt oder in das Betriebsvermögen eingelegt werden, wurde die Wertgrenze von 410 € auf 800 € durch das Gesetz gegen schädliche Steuerpraktiken im Zusammenhang mit Rechteüberlassung vom 27.6.2017 angehoben.[202]

3465

§ 6 Abs. 2 EStG gilt auch bei Einlagen und im Falle der Betriebseröffnung entsprechend (§ 6 Abs. 1 Nr. 5, 6 EStG). In diesen Fällen tritt an die Stelle der Anschaffungs- oder Herstellungskosten der Einlagewert nach § 6 Abs. 1 Nr. 5 EStG. Danach sind Einlagen grundsätzlich mit dem Teilwert anzusetzen. Sie können jedoch höchstens mit den Anschaffungs- oder Herstellungskosten angesetzt werden, wenn das eingelegte Wirtschaftsgut innerhalb der letzten drei Jahre vor Einlage angeschafft oder hergestellt wurde.

Unter abnutzbare bewegliche Wirtschaftsgüter des Anlagevermögens fällt insbesondere das Sachanlagevermögen, in erster Linie Betriebsvorrichtungen sowie die Betriebs- und Geschäftsausstattung. Zudem muss das Wirtschaftsgut einer **selbständigen Nutzung** fähig sein. Nach § 6 Abs. 2 Satz 2 EStG ist ein Wirtschaftsgut einer selbständigen Nutzung *nicht* fähig, wenn es nach seiner betrieblichen Zweckbestimmung nur zusammen mit anderen Wirtschaftsgütern des Anlagevermögens genutzt werden kann und die in den Nutzungszusammenhang eingefügten Wirtschaftsgüter aufeinander abgestimmt sind.[203] Zu einer selbständigen Nutzung ist ein Wirtschaftsgut nach § 6 Abs. 2 Satz 3 EStG auch nicht fähig, wenn das Wirtschaftsgut aus dem betrieblichen Nutzungszusammenhang gelöst und in einen anderen betrieblichen Nutzungszusammenhang eingefügt werden kann.[204]

3466

---

199 Vgl. BFH, Urteil vom 9.3.1967 – IV R 149/66, BStBl 1967 III S. 238.
200 BGBl 2009 I S. 3950.
201 Zur Entwicklung vgl. *Kußmaul/Weiler*, GmbHR 2011 S. 169.
202 BGBl 2017 I S. 2074.
203 Vgl. *Ehmke*, in: Blümich, EStG, § 6 Rz. 1124 f.
204 Vgl. *Ehmke*, in: Blümich, EStG, § 6 Rz. 1134; *Kulosa*, in: Schmidt, 37. Aufl. 2018, EStG, § 6 Rn. 597.

BEISPIELE für selbständige Nutzbarkeit:[205]

- Ausstellungsgegenstände,
- Bücher,
- Möbel (Tisch, Rollcontainer, Stuhl, Regal etc.),
- Müllbehälter,
- Aufbewahrungskiste,
- PC.

BEISPIELE

für nicht selbständig nutzungsfähige Wirtschaftsgüter (für die eine Anwendung der GWG-Regelungen somit nicht in Betracht kommt):

- Beleuchtungsanlagen in Fabrikräumen/Werkhallen,
- Kinobestuhlung,
- Bohrer für eine Werkzeugmaschine,
- Regalteile,
- Drucker[206].

3467 **Software** qualifiziert grundsätzlich als immaterielles Wirtschaftsgut und ist daher einer Anwendung der GWG-Regelungen nicht zugänglich. Trivialprogramme werden jedoch den materiellen Wirtschaftsgütern zugerechnet. Aus Vereinfachungsgründen werden zu den Trivialprogrammen alle Programme gerechnet, deren Anschaffungskosten 410 € nicht überschreiten.[207] Insoweit erfolgt eine Orientierung an der Wertgrenze des § 6 Abs. 2 EStG. Eine Anpassung der Richtlinien an die Sammelpostenmethode erfolgte nach dem Unternehmensteuerreformgesetz 2008 nicht. Insofern ist wie folgt zu unterscheiden: Überschreiten die Anschaffungs- oder Herstellungskosten des Softwareprogramms nicht 410 €, ist ein sofortiger Abzug als Betriebsausgabe nach § 6 Abs. 2 EStG oder die Sammelpostenmethode des § 6 Abs. 2a EStG anwendbar. Überschreiten die Anschaffungs- oder Herstellungskosten hingegen die Grenze von 410 € ist weder § 6 Abs. 2 noch Abs. 2a EStG anwendbar, da das Programm nicht mehr als materielles Wirtschaftsgut qualifiziert. Als immaterielles Wirtschaftsgut ist das Programm zwar abnutzbar, aber nicht beweglich. Aufgrund der Anhebung der Wertgrenze für GWG für Wirtschaftsgüter, die nach dem 31.12.2017 angeschafft werden (von 410 € auf 800 € durch das Gesetz gegen schädliche Steuerpraktiken im Zusammenhang mit Rechteüberlassung vom 27.6.2017),[208] sollte die erhöhte Wertgrenze von 800 € ab 2018 auch für Trivialprogramme gelten. Die Anhebung ist jedoch noch nicht in den ESt-Richtlinien berücksichtigt.

3468 Für bestimmte GWG sieht § 6 Abs. 2 EStG eine **Verzeichnispflicht** vor. Nach § 6 Abs. 2 Satz 4 EStG sind GWG, deren Wert 150 € übersteigt (für Wirtschaftsgüter, die nach dem 31.12.2017 angeschafft, hergestellt oder in das Betriebsvermögen eingelegt werden,

---

205 Ausführlich H 6.13 „ABC der selbständig nutzungsfähigen Wirtschaftsgüter" EStH.
206 Vgl. BFH, Urteil vom 19.2.2004 – VI R 135/01, BStBl 2004 II S. 958.
207 Vgl. R 5.5 Abs. 1 Satz 2, 3 EStR.
208 BGBl 2017 I S. 2074.

wurde die Wertgrenze von 150 € auf **250 €** durch das Zweite Bürokratieentlastungsgesetz angehoben)[209], unter folgenden Angaben in ein besonderes, laufend zu führendes Verzeichnis aufzunehmen:

▸ Tag der Anschaffung, Herstellung oder Einlage des Wirtschaftsguts oder Tag der Eröffnung des Betriebs,

▸ Anschaffungs- oder Herstellungskosten bzw. Einlagewert.

Das Verzeichnis braucht nicht geführt zu werden, wenn die geforderten Angaben aus der Buchführung ersichtlich sind (§ 6 Abs. 2 Satz 5 EStG). Da es sich bei § 6 Abs. 2 EStG um ein steuerliches Wahlrecht handelt, muss bei Abweichung von der Handelsbilanz auch die Verzeichnispflicht nach § 5 Abs. 1 Satz 2 und 3 EStG beachtet werden.[210] Gemäß BMF-Schreiben vom 12.3.2010 braucht dieses Verzeichnis jedoch insoweit nicht geführt zu werden, soweit sich die relevanten Angaben für die GWG aus dem Verzeichnis nach § 6 Abs. 2 EStG oder dem Anlagespiegel ergeben.[211]

3469

3.5.2 Sammelposten gemäß § 6 Abs. 2a EStG

Durch die Unternehmenssteuerreform 2008 wurde für GWG das sogenannte Sammelpostenverfahren eingeführt.[212] Der Gesetzgeber wollte damit die bestehende Rechtslage vereinfachen und Bürokratiekosten der Unternehmen reduzieren.[213] Vom Sammelposten erfasst werden abnutzbare bewegliche Wirtschaftsgüter des Anlagevermögens mit Anschaffungs- oder Herstellungskosten zwischen 150,01 € und 1.000 €, die selbständig nutzbar sind (§ 6 Abs. 2a EStG).[214] Erstmals anzuwenden war die damalige Neuregelung bei Wirtschaftsgütern, die nach dem 31.12.2007 angeschafft, hergestellt oder in das Betriebsvermögen eingelegt werden (§ 52 Abs. 16 Satz 17 EStG a. F.). § 6 Abs. 2 und 2a in der Fassung des Artikels 1 des Gesetzes vom 22.12.2009 ist erstmals bei Wirtschaftsgütern anzuwenden, die nach dem 31.12.2009 angeschafft, hergestellt oder in das Betriebsvermögen eingelegt werden (§ 52 Abs. 16 Satz 14 EStG). Für Wirtschaftsgüter, die nach dem 31.12.2017 angeschafft, hergestellt oder in das Betriebsvermögen eingelegt werden, wurde die Wertgrenze von 150 € auf **250 €** durch das Gesetz gegen schädliche Steuerpraktiken im Zusammenhang mit Rechteüberlassung vom 27.6.2017 angehoben.[215] Die Einstellung in den Sammelposten erfolgt im Wirtschaftsjahr der Anschaffung, Herstellung oder Einlage des Wirtschaftsguts. Der Sammelposten ist im Wirtschaftsjahr der Bildung sowie in den folgenden vier Wirtschaftsjahren jeweils mit 20 % pauschal abzuschreiben. Scheidet ein Wirtschaftsgut aus dem Betriebsvermögen aus, berührt dies den Sammelposten nicht.

3470

Für das gesetzgeberische Ziel der Vereinfachung sprechen zunächst die Erleichterungen bei den Dokumentationspflichten. Eine Dokumentation entsprechend § 6 Abs. 2 Satz 4

3471

---

209 BGBl 2017 I S. 2143.
210 Zum Maßgeblichkeitsprinzip vgl. *Dörfler/Adrian*, Ubg 2009 S. 385.
211 Vgl. BMF, Schreiben vom 12.3.2010, BStBl 2010 I S. 239, Tz. 20.
212 Vgl. *Söffing*, BB 2007 S. 1032; *Wagner/Staats*, DB 2007 S. 2395.
213 Vgl. BR-Drucks. 220/07, S. 80 f.
214 Zur Voraussetzung der selbständigen Nutzbarkeit siehe Rz. 3466 zu § 6 Abs. 2 EStG.
215 BGBl 2017 I S. 2074.

und 5 EStG sieht § 6 Abs. 2a EStG nicht vor. Allerdings sind die allgemeinen Dokumentationspflichten nach § 5 Abs. 1 Satz 2 und 3 EStG für die Ausübung von steuerlichen Wahlrechten gegebenenfalls zu beachten. Für eine Vereinfachung spricht ferner die pauschale Abschreibung des Sammelpostens und die Anhebung der Wertgrenze von 410 € auf 1.000 €. Die Einführung des Sammelpostens führte aber auch zu einer Reihe von Zweifelsfragen.[216]

3472 Der Sammelposten selbst ist kein Wirtschaftsgut. Er stellt lediglich eine **Rechengröße** dar.[217] Die Bildung des Sammelpostens ist wirtschaftsjahrbezogen für sämtliche Wirtschaftsgüter zu entscheiden. Somit gibt es einen jahrgangsbezogenen Sammelposten pro Bilanz. Insoweit besteht keine Vereinfachung mit Blick auf das gesetzgeberische Ziel bei Einführung des Sammelpostens. Ein gesonderter, jahresbezogener Ausweis erfolgt auch in Ergänzungs- und Sonderbilanzen.[218]

3473 **Nachträgliche Anschaffungs- oder Herstellungskosten** erhöhen den Sammelposten des Wirtschaftsjahres, in dem die Aufwendungen entstanden sind.[219] Dabei ist unerheblich, ob der Steuerpflichtige sich im Jahr der nachträglichen Anschaffungs- oder Herstellungskosten für oder gegen die Anwendung der Sammelpostenmethode entschieden hat. Sofern der Erwerb bzw. die Herstellung nach Maßgabe der Sammelpostenmethode abgebildet wurde, folgen nachträgliche Kosten dieser Entscheidung. Insofern kann die Situation entstehen, dass ein jahresbezogener Sammelposten ausschließlich aus nachträglichen Anschaffungs- oder Herstellungskosten besteht, weil sich der Steuerpflichtige in diesem Wirtschaftsjahr gegen die Anwendung der Sammelpostenmethode entschieden hat.

3474 Sofern die nachträglichen Anschaffungs- oder Herstellungskosten bereits im Jahr der Anschaffung oder Herstellung anfallen und die Summe der Gesamtkosten in diesem Jahr die Grenze von 1.000 € übersteigt, kann die Sammelpostenmethode nicht angewendet werden.[220] Das BMF-Schreiben vom 30.9.2010 beschränkt diesen Fall – m. E. sachgerecht – auf das Investitionsjahr. Die Sammelpostenmethode kann gemäß BMF-Schreiben ebenfalls nicht angewendet werden, wenn ein Wirtschaftsgut bereits im Wirtschaftsjahr der Anschaffung, Herstellung oder Einlage wieder aus dem Betriebsvermögen ausscheidet.[221]

3475 Der Ausgleichsposten ist am Ende des Wirtschaftsjahres unabhängig von der betriebsgewöhnlichen Nutzungsdauer des einzelnen Wirtschaftsguts um jeweils ein Fünftel aufzulösen. Dies gilt auch, wenn die tatsächliche Nutzungsdauer weniger als fünf Jahre beträgt. Eine Art Gegenbeweis ist somit nicht möglich. Der unterjährige Zeitpunkt der Anschaffung der einzelnen Wirtschaftsgüter wird bei der pauschalen Abschreibung nicht berücksichtigt. In jedem Wirtschaftsjahr erfolgt eine gewinnmindernde **Abschreibung** um ein Fünftel. Die volle Abschreibung gilt auch bei einem Rumpfwirtschaftsjahr.[222]

---

216 Vgl. nur BMF, Schreiben vom 30.9.2010, BStBl 2010 I S. 755.
217 Vgl. R 6.13 Abs. 6 Satz 1 EStR.
218 Vgl. BMF, Schreiben vom 30.9.2010, BStBl 2010 I S. 755, Tz. 9.
219 Vgl. BMF, Schreiben vom 30.9.2010, BStBl 2010 I S. 755, Tz. 10.
220 Vgl. BMF, Schreiben vom 30.9.2010, BStBl 2010 I S. 755, Tz. 10.
221 Vgl. BMF, Schreiben vom 30.9.2010, BStBl 2010 I S. 755, Tz. 10.
222 Vgl. BMF, Schreiben vom 30.9.2010, BStBl 2010 I S. 755, Tz. 14.

3. Sachanlagen

Die **Veräußerung** eines Wirtschaftsguts, das gemäß Sammelpostenmethode steuerbilanziell abgebildet wurde, hat keinen Einfluss auf die Höhe des Sammelpostens beim Veräußerer am Schluss des Wirtschaftsjahres. Das Wirtschaftsgut bleibt auch nach Veräußerung im Sammelposten verhaftet. Entsprechendes gilt für die Entnahme, Verschrottung oder sonstiges Abhandenkommen des Wirtschaftsguts.[223] Bei Ermittlung des Veräußerungsgewinns können dem Veräußerungspreis deshalb keine Anschaffungs-/Herstellungskosten gegengerechnet werden. Die Anschaffungs-/Herstellungskosten des Wirtschaftsguts können nur im Rahmen der Abschreibung des Sammelpostens am Schluss des Wirtschaftsjahres geltend gemacht werden. Dem Veräußerer entstehen dadurch Zinsnachteile. Auf Ebene des Erwerbers richtet sich die bilanzielle Behandlung des Wirtschaftsguts nach den allgemeinen Regelungen. Somit kann die Situation entstehen, dass dasselbe Wirtschaftsgut bei mehreren Steuerpflichtigen gleichzeitig aktiviert wird.

3476

BEISPIEL Im September 2010 wird ein PC zum Preis von 1.000 € netto angeschafft (betriebsgewöhnliche Nutzungsdauer = 3 Jahre). Im April 2012 wird der PC zum Preis von 500 € netto veräußert; der Erwerber geht von einer betriebsgewöhnlichen Nutzungsdauer von zwei Jahren aus. Sowohl Veräußerer als auch Erwerber nutzen die Sammelpostenmethode. In der Alternative sind die Ergebnisauswirkungen bei Aktivierung und planmäßiger Abschreibung auf Basis der linearen AfA nach § 7 Abs. 1 EStG dargestellt.

3477

TAB. 1:	Steuerliche Bilanzierung beim Veräußerer		
Wirtschaftsjahr	Sammelposten	Ergebnis/ Sammelposten	Ergebnis/ Alternative
2010	800,00 €	-200,00 €	-111,11 €
2011	600,00 €	-200,00 €	-333,33 €
2012	400,00 €	300,00 €	-55,56 €
2013	200,00 €	-200,00 €	0,00 €
2014	0,00 €	-200,00 €	0,00 €

TAB. 2:	Steuerliche Bilanzierung beim Erwerber		
Wirtschaftsjahr	Sammelposten	Ergebnis/ Sammelposten	Ergebnis/ Alternative
2010	–	–	–
2011	–	–	–
2012	400,00 €	-100,00 €	-187,50 €
2013	300,00 €	-100,00 €	-250,00 €
2014	200,00 €	-100,00 €	-62,50 €
2015	100,00 €	-100,00 €	0,00 €
2016	0,00 €	-100,00 €	0,00 €

---

223 Vgl. BMF, Schreiben vom 30.9.2010, BStBl 2010 I S. 755, Tz. 14.

3478 Eine weitere Zweifelsfrage betrifft die Fortschreibung des Sammelpostens bei einer **unentgeltlichen Übertragung eines Betriebs oder Teilbetriebs**. Ausweislich der Gesetzesbegründung sollen bei einem unentgeltlichen Betriebsübergang die jeweiligen Sammelposten mit ihren Buchwerten beim Erwerber fortgeführt werden.[224] Die Rechtsfolge der Buchwertfortführung des Sammelpostens kann aus § 6 Abs. 2a EStG nicht abgeleitet werden. Als Rechtsgrundlage kommt aber § 6 Abs. 3 EStG in Betracht. Gemäß BMF-Schreiben soll zwischen Übertragung des gesamten Betriebs und eines Teilbetriebs differenziert werden. Danach soll der übernehmende Rechtsträger bei Übertragung des gesamten Betriebs den Sammelposten unverändert fortführen.[225] Dies kommt bei Umwandlungen und Einbringungen aber nur unter den Voraussetzungen der Buchwertfortführung in Betracht. Anderenfalls liegt ein Veräußerungsvorgang vor, der zur Bildung eines neuen Sammelpostens führt. Behält der übertragende Rechtsträger Betriebsvermögen zurück, soll der Sammelposten gemäß BMF-Schreiben immer im verbleibenden Betriebsvermögen auszuweisen sein. Auch die Übertragung oder Einbringung eines Teilbetriebs hat keine Auswirkungen auf den Sammelposten. Dies gilt – entsprechend des Veräußerungsfalls – unabhängig vom tatsächlichen Verbleib der Wirtschaftsgüter. Dies bedeutet, dass es insoweit nicht maßgeblich ist, ob die Wirtschaftsgüter des Sammelpostens zum übertragenden Vermögen gehören oder nicht. Wird ein Teilbetrieb zu Buchwerten übertragen oder eingebracht, soll gemäß BMF-Schreiben beim übernehmenden Rechtsträger mangels eines eigenen Buchwerts weder ein Ausweis der einzelnen Wirtschaftsgüter des Sammelpostens noch ein Ausweis des Sammelpostens selbst erfolgen.[226] Meines Erachtens ist dies nicht sachgerecht. Eine Vorgehensweise gemäß Verwaltungsauffassung vermeidet zwar – ausnahmsweise – die doppelte Erfassung der Wirtschaftsgüter im Zusammenhang mit der Sammelpostenmethode. Allerdings bilanziert nach dieser Lösung weder der zivilrechtliche noch der wirtschaftliche Eigentümer die Wirtschaftsgüter (der übernehmende Rechtsträger), sondern weiterhin nur der übertragende Rechtsträger. Aus steuersystematischer Sicht, auch unter Beachtung der Eigenarten des Sammelpostens, ist dies ein zweifelhaftes Ergebnis. Meines Erachtens ist die Lösung, auch in diesem Fall den Sammelposten doppelt auszuweisen, vorzugswürdig.

3479 Bei der **Zinsschranke** nach § 4h EStG (i. V. m. § 8a KStG) ist eine Besonderheit im Zusammenhang mit dem Sammelposten zu beachten.[227] Nach § 4h Abs. 1 Satz 1 EStG sind Zinsaufwendungen abziehbar in Höhe des Zinsertrags, darüber hinaus nur bis zur Höhe des verrechenbaren EBITDA. § 4h Abs. 1 Satz 2 EStG definiert verrechenbares EBITDA als 30 % des um die Zinsaufwendungen und die nach § 6 Abs. 2 Satz 1 EStG abzuziehenden, nach § 6 Abs. 2a Satz 2 EStG gewinnmindernd aufzulösenden und nach § 7 EStG abgesetzten Beträge erhöhten und um die Zinserträge verminderten maßgeblichen Gewinns. Bei den Verweisen auf § 6 EStG ist zu beachten, dass sich § 6 Abs. 2 und Abs. 2a EStG durch das Wachstumsbeschleunigungsgesetz geändert

---

[224] Vgl. BR-Drucks. 220/07, S. 80 f.
[225] Vgl. BMF, Schreiben vom 30.9.2010, BStBl 2010 I S. 755, Tz. 19.
[226] Vgl. BMF, Schreiben vom 30.9.2010, BStBl 2010 I S. 755, Tz. 23. Entsprechendes soll für Übertragungen nach § 6 Abs. 5 EStG gelten. Zu Übertragungen und Veräußerungen eines Mitunternehmeranteils vgl. BMF, Schreiben vom 30.9.2010, BStBl 2010 I S. 755, Tz. 24 ff.
[227] Vgl. dazu *Lenz/Dörfler/Adrian*, Ubg 2010 S. 2.

haben, aber die Verweise in § 4h EStG unverändert geblieben sind. Die Beibehaltung der bisherigen Verweise hat zur Folge, dass der Sofortabzug von Anschaffungs- und Herstellungskosten bis 410 € für geringwertige Wirtschaftsgüter im Sinne des § 6 Abs. 2 EStG bei der Ermittlung des verrechenbaren EBITDA berücksichtigt wird. Bei Anwendung der Sammelpostenmethode wird der Sofortabzug nach § 6 Abs. 2a Satz 4 EStG für Wirtschaftsgüter, deren Anschaffungs- und Herstellungskosten 150 € nicht übersteigen, hingegen nicht mehr berücksichtigt. Die Abschreibungen auf den Sammelposten nach § 6 Abs. 2a Satz 2 EStG ist hingegen dem maßgeblichen Gewinn hinzuzurechnen. Ein Grund für diese unterschiedliche Behandlung der AfA-Beträge ist nicht ersichtlich. Gemäß Finanzausschuss besteht die Zielrichtung der Hinzurechnung von Abschreibungen bei der Ermittlung des steuerlichen EBITDA darin, dass sich Investitionen über Abschreibungen nicht negativ auf das steuerliche EBITDA und damit auf die Abzugsfähigkeit von Zinsaufwendungen auswirken sollen.[228] Vor diesem Hintergrund müsste das Gesetz dahingehend geändert werden, dass bei der Ermittlung des EBITDA sämtliche Abschreibungsbeträge hinzuzurechnen sind, unabhängig davon, ob es sich um planmäßige (einschließlich des Sofortabzugs nach § 6 Abs. 2a Satz 4 EStG) oder außerplanmäßige Abschreibungen (wie eine Teilwertabschreibung) handelt.

3.5.3 Wahlrechte des Steuerpflichtigen

Für GWG bestehen folgende steuerliche Wahlrechte als Ausnahmen vom Grundsatz, dass die AfA nach Maßgabe der §§ 7 ff. EStG unter Berücksichtigung der jeweiligen betriebsgewöhnlichen Nutzungsdauer eines Wirtschaftsguts zu ermitteln ist:[229]

3480

▶ Anschaffungs- oder Herstellungskosten bis 150 € (ab 2018: bis 250 €): Wahlrecht zum sofortigen Abzug als Betriebsausgaben (§ 6 Abs. 2 EStG). Das Wahlrecht kann für jedes Wirtschaftsgut individuell in Anspruch genommen werden (wirtschaftsgutbezogenes Wahlrecht). Mit Ausnahme der buchmäßigen Erfassung bestehen keine weiteren Aufzeichnungspflichten.[230] Das BMF-Schreiben verweist hinsichtlich des Wahlrechts zum Sofortabzug bei Anschaffungs- und Herstellungskosten bis 150 € (bzw. 250 € ab 2018) nur auf die Regelung des § 6 Abs. 2 EStG und nicht auf die Regelung des § 6 Abs. 2a EStG. Auch der Sofortabzug nach § 6 Abs. 2a Satz 4 EStG ist innerhalb des Sammelpostens als Wahlrecht („können") formuliert. M. E. ist jedoch zweifelhaft, ob tatsächlich ein Wahlrecht besteht oder nicht innerhalb des Sammelpostensystems zwingend ein Sofortabzug zu erfolgen hat. Gemäß Gesetzesbegründung sollte die bisherige Regelung zum Sammelposten beibehalten werden.[231] Somit wäre das „können" vor dem Hintergrund der alternativen Regelungskreise „§ 6 Abs. 2 EStG" und „§ 6 Abs. 2a EStG" als Pflicht zum Sofortabzug zu verstehen.[232]

---

228 Vgl. BT-Drucks. 16/5452, S. 10.
229 Vgl. auch BMF, Schreiben vom 30.9.2010, BStBl 2010 I S. 755.
230 Vgl. BMF, Schreiben vom 30.9.2010, BStBl 2010 I S. 755, Tz. 3.
231 Vgl. BT-Drucks. 17/15, S. 17
232 Vgl. *Lenz/Dörfler/Adrian*, Ubg 2010 S. 2; a. A. *Ortmann-Babel/Zipfel*, Ubg 2009 S. 819; zu verschiedenen Interpretationsmöglichkeiten vgl. *Kußmaul/Weiler*, GmbHR 2011 S. 171 f.

▶ Bei Anschaffungs- oder Herstellungskosten von mehr als 150 € (ab 2018: 250 €), aber nicht mehr als 410 € (ab 2018: 800 €), bestehen zwei Wahlrechte:

1. Die Aufwendungen können nach § 6 Abs. 2 EStG im maßgebenden Wirtschaftsjahr in voller Höhe als Betriebsausgaben abgezogen werden. In diesem Fall ist das Wirtschaftsgut unter Angabe des Tags der Anschaffung, Herstellung oder Einlage sowie der Anschaffungs- und Herstellungskosten oder des Einlagewerts in ein besonderes, laufend zu führendes Verzeichnis aufzunehmen (§ 6 Abs. 2 Satz 4, 5 EStG). Das Verzeichnis braucht nicht geführt zu werden, wenn diese Angaben aus der Buchführung ersichtlich sind. Soweit die nach § 5 Abs. 1 Satz 3 EStG geforderten Angaben für das Verzeichnis in dem GWG-Verzeichnis enthalten sind oder diese Angaben im Anlageverzeichnis ergänzt werden, braucht kein gesondertes Verzeichnis nach § 5 Abs. 1 Satz 2 EStG geführt zu werden.[233]

2. Als zweites Wahlrecht bzw. alternativ zur Behandlung als sofortige Betriebsausgabe kommt die Erfassung in einem Sammelposten nach § 6 Abs. 2a EStG in Betracht. Dieses Wahlrecht kann jedoch nur einheitlich für alle Wirtschaftsgüter des Wirtschaftsjahres mit Anschaffungs- oder Herstellungskosten von mehr als 150 € (ab 2018: 250 €) bis 1.000 € in Anspruch genommen werden (wirtschaftsjahrbezogenes Wahlrecht).

▶ Bei Anschaffungs- oder Herstellungskosten von mehr als 410 € (ab 2018: bis 800 €), aber nicht mehr als 1.000 €, besteht ein Wahlrecht nach § 6 Abs. 2a EStG (Erfassung in einem Sammelposten). Dieses Wahlrecht kann nur einheitlich für alle Wirtschaftsgüter des Wirtschaftsjahres mit Anschaffungs-/Herstellungskosten von mehr als 150 € (ab 2018: 250 €) bis 1.000 € in Anspruch genommen werden (wirtschaftsjahrbezogenes Wahlrecht). Somit können Anschaffungs- oder Herstellungskosten von mehr als 150 € (ab 2018: 250 €) bis 410 € (ab 2018: 800 €) nicht als Betriebsausgaben nach § 6 Abs. 2 EStG abgezogen werden, sofern in dem maßgebenden Wirtschaftsjahr das Wahlrecht zur Bildung eines Sammelpostens in Anspruch genommen wird.

3.6 Geleistete Anzahlungen und Anlagen im Bau

3481 Der Bilanzposten **„Geleistete Anzahlungen"** bezieht sich auf Vorleistungen bezüglich des Sachanlagevermögens. Diese geleisteten Anzahlungen sind zu aktivieren, damit das ansonsten schwebende Geschäft erfolgsneutral abgebildet wird.[234] Aktiviert wird jedoch nicht der Anspruch auf die Gegenleistung (Sach- oder Dienstleistungsanspruch), da dies dem Grundsatz der Nichtbilanzierung schwebender Geschäfte entgegen stehen würde. Die Vorauszahlung ist bilanziell vielmehr als **schwebendes Kreditgeschäft** anzusehen; zurückgezahlt wird jedoch bei vertragsgemäßem Ablauf nicht ein Geldbetrag, sondern eine Sachanlage wird übergeben. Auch die „Anzahlung" muss nicht zwingend in Form eines Geldbetrags erfolgen, um steuerbilanziell als „Anzahlung" zu qualifizieren. Die Anzahlung kann z. B. auch durch Übernahme einer Verbindlichkeit vorliegen.[235]

---

233 Vgl. BMF, Schreiben vom 30.9.2010, BStBl 2010 I S. 755, Tz. 20.
234 Vgl. *Schubert/Huber*, in: Beck'scher Bilanz-Kommentar, 11. Aufl., § 247 Rz. 545.
235 Vgl. BFH, Urteil vom 17.1.1973 – I R 17/70, BStBl 1973 II S. 487.

Geleistete Anzahlungen sind von dem aktiven **Rechnungsabgrenzungsposten** nach § 5 Abs. 5 Satz 1 Nr. 1 EStG zu unterscheiden. Nach § 5 Abs. 5 Satz 1 Nr. 1 EStG sind Ausgaben vor dem Abschlussstichtag auf der Aktivseite als Rechnungsabgrenzungsposten anzusetzen, soweit sie Aufwand für eine bestimmte Zeit nach diesem Tag darstellen. Insofern setzt der Rechnungsabgrenzungsposten eine zeitraumbezogene Gegenleistung voraus, wie sie z. B. bei einem Miet- oder Pachtverhältnis vorliegt. Vorleistungscharakter haben zudem „Sonstige Vermögensgegenstände", wobei die Vorleistung in diesen Fällen nicht in einer Zahlung, sondern in einer Lieferung oder Leistung besteht.[236] Eine Umgliederung von „Geleistete Anzahlungen" in „Sonstige Vermögensgegenstände" erfolgt, wenn mit der Sachleistung nicht mehr gerechnet wird und insoweit mit einer Rückforderung der Anzahlung zu rechnen ist.

3482

Der steuerbilanzielle Zugang der Anzahlung folgt den Grundsätzen der Kreditgewährung bzw. der Erfüllung von Verbindlichkeiten, d. h. die Anzahlung muss geleistet sein. Die vertragliche Verpflichtung, eine Anzahlung zu leisten, begründet allein noch keine Aktivierung.[237] Die Anzahlung ist erfolgsneutral gegen das entsprechende Sachanlagevermögen aufzulösen, wenn der andere Vertragsteil geliefert bzw. geleistet hat.

3483

Als „**Anlagen im Bau**" sind alle zu aktivierenden Aufwendungen auszuweisen, sofern diese am Bilanzstichtag nicht fertig gestelltes Sachanlagevermögen betreffen. Insoweit kann es sich z. B. um ein Gebäude im Bau, aber auch um technische Anlagen oder Maschinen im Bau handeln. Der Ausweis im Anlagevermögen ist dem Umstand geschuldet, dass die Mittel durch die Investitionsentscheidung des Steuerpflichtigen langfristig gebunden sind.[238] Nach Fertigstellung des Sachanlagevermögens erfolgt eine Umgliederung auf den jeweils zutreffenden Posten des Sachanlagevermögens.[239]

3484

3.7 Bewertung

3.7.1 Allgemeine Grundsätze

3.7.1.1 Abnutzbares und nicht abnutzbares Sachanlagevermögen

Die steuerbilanzielle Bewertung von Wirtschaftsgütern des Sachanlagevermögens richtet sich nach § 6 EStG. Gemäß § 6 Abs. 1 Nr. 1 Satz 1 EStG sind Wirtschaftsgüter des Anlagevermögens, die einer Abnutzung unterliegen, mit den Anschaffungs- oder Herstellungskosten oder dem an deren Stelle tretenden Wert, vermindert um die Absetzungen für Abnutzungen (AfA), erhöhte Absetzungen, Sonderabschreibungen, Abzüge nach § 6b EStG und ähnliche Abzüge, anzusetzen. Für nicht abnutzbare Wirtschaftsgüter bestimmt § 6 Abs. 1 Nr. 2 Satz 1 EStG die Bewertung zu Anschaffungs- oder Herstellungskosten oder dem an deren Stelle tretenden Wert, vermindert um Abzüge nach § 6b EStG und ähnliche Abzüge. Die steuerbilanzielle Zugangsbewertung für Sachanlagevermögen erfolgt – insoweit gleichlaufend für abnutzbare und nicht abnutzbare Wirtschaftsgüter – mit den Anschaffungs- oder Herstellungskosten oder dem an deren Stelle tretenden Wert.

3485

---

236 Vgl. *Schubert/Huber*, in: Beck'scher Bilanz-Kommentar, 11. Aufl., § 247 Rz. 549.
237 Vgl. BFH, Urteil vom 13.12.1979 – IV R 69/74, BStBl 1980 II S. 239.
238 Vgl. *Schubert/Huber*, in: Beck'scher Bilanz-Kommentar, 11. Aufl., § 247 Rz. 561.
239 Vgl. *Wiedmann*, in: Ebenroth/Boujong/Jost/Strohn, HGB, 2. Aufl., München 2008, § 266 Tz. 19.

3.7.1.2 Anschaffungskosten

3486 Eine eigenständige Definition für Anschaffungskosten enthalten die Steuergesetze nicht. Insoweit gelten für die **Anschaffungskosten** gemäß Maßgeblichkeitsprinzip des § 5 Abs. 1 Satz 1 EStG die handelsrechtlichen Vorschriften des § 255 Abs. 1 HGB.[240] Nach § 255 Abs. 1 HGB sind Anschaffungskosten die Aufwendungen, die geleistet werden, um einen Vermögensgegenstand zu erwerben und ihn in einen betriebsbereiten Zustand zu versetzen, soweit die Aufwendungen dem Vermögensgegenstand einzeln zugeordnet werden können.

3487 Ausgangspunkt der Anschaffungskosten ist der **Anschaffungspreis**, der sich regelmäßig aus der Rechnung ergibt. Die ausgewiesene Umsatzsteuer (aus Sicht des Erwerbers der Vorsteuerbetrag) gehört nicht zu den Anschaffungskosten, wenn der Erwerber zum Abzug der Vorsteuer berechtigt ist (§ 9b Abs. 1 EStG). Sofern später eine Berichtigung der Vorsteuer nach § 15a UStG notwendig ist, lässt dies die Anschaffungskosten unberührt (§ 9b Abs. 2 EStG).

3488 Zu den Anschaffungskosten gehören nach § 255 Abs. 1 Satz 2 HGB auch die **Anschaffungsnebenkosten** und die nachträglichen Anschaffungskosten. Voraussetzung für Anschaffungsnebenkosten ist, dass sie einzeln dem Wirtschaftsgut zugeordnet werden können.[241] **Anschaffungspreisminderungen**, z. B. ein Rabatt, sind von den Anschaffungskosten abzusetzen. Dies gilt auch dann, wenn der Preisnachlass nicht vom Verkäufer bzw. Hersteller, sondern von dem Händler/Agenten aus dessen Provision gewährt wird.[242] Maßgeblich für die Anschaffung ist gemäß § 9a EStDV der Zeitpunkt der Lieferung. Bei einem Anschaffungsgeschäft in ausländischer Währung muss eine Umrechnung in € mit dem Wechselkurs im Anschaffungszeitpunkt erfolgen.[243]

3.7.1.3 Herstellungskosten

3489 Eine eigene Definition von **Herstellungskosten** enthält das Ertragsteuerrecht nicht. Allerdings beinhalten die Einkommensteuerrichtlinien eine Regelung in R 6.3 EStR. Mit dem BilMoG wollte der Gesetzgeber, wie der Gesetzesbegründung zu entnehmen ist, die handelsrechtlichen Herstellungskosten an die steuerlichen Herstellungskosten angleichen.[244] Insoweit wird R 6.3 EStR als eigenständiger steuerlicher Herstellungskosten-Begriff vom Gesetzgeber anerkannt. Daraus könnte geschlossen werden, dass die Wahlrechte der Einkommensteuerrichtlinien auch als eigene steuerliche Wahlrechte im Sinne des § 5 Abs 1 Satz 1 2. Halbsatz EStG zu qualifizieren sind, die unabhängig von der Handelsbilanz ausgeübt werden dürfen.[245] Auch das BMF-Schreiben vom 12.3.2010 führt aus, dass sich steuerliche Wahlrechte nicht nur aus dem Gesetz, sondern auch aus Verwaltungsvorschriften, wie Richtlinien oder BMF-Schreiben, ergeben können.[246]

---

240 Vgl. H 6.2 „Anschaffungskosten" EStH.
241 Vgl. H 6.2 „Nebenkosten" EStH.
242 Vgl. BFH, Urteil vom 22.4.1988 – III R 54/83, BStBl 1988 II S. 901.
243 H 6.2 „Ausländische Währung" EStH.
244 Vgl. BT-Drucks. 16/10067, S. 36.
245 Vgl. *Dörfler/Adrian*, Ubg 2009 S. 393; *Herzig/Briesemeister*, DB 2009 S. 976; a. A. *Rammert/Thies*, WPg 2009 S. 43 f.
246 Vgl. BMF, Schreiben vom 12.3.2010, BStBl 2010 I S. 239, Tz. 12.

Nach R 6.3 EStR waren bis zur Änderung durch die Einkommensteuer-Änderungsrichtlinien 2012 (EStÄR 2012) entsprechend zu den handelsrechtlichen Herstellungskosten (§ 255 HGB) **Einzelkosten** (Materialeinzelkosten, Fertigungseinzelkosten, Sondereinzelkosten der Fertigung) und variable fertigungsbezogene Gemeinkosten verpflichtend in die steuerrechtlichen Herstellungskosten einzubeziehen. Zu den fertigungsbezogenen Gemeinkosten gehören **Materialgemeinkosten, Fertigungsgemeinkosten** und der **Wertverzehr von Anlagevermögen** (AfA), soweit dies durch die Herstellung des Wirtschaftsguts veranlasst ist. Teilwertabschreibungen dürfen nicht berücksichtigt werden.[247] Wahlbestandteile der Herstellungskosten waren gemäß R 6.3 Abs. 3 EStR angemessene Teile der Kosten für die allgemeine Verwaltung, angemessene Aufwendungen für soziale Einrichtungen des Betriebs, für freiwillige soziale Leistungen und für die betriebliche Altersversorgung, soweit die vorgenannten Aufwendungen auf den Herstellungszeitraum entfallen.

3490

Gemäß BMF-Schreiben vom 12.3.2010 sind bei der steuerlichen Gewinnermittlung nach § 6 Abs. 1 Nr. 2 Satz 1 EStG alle Aufwendungen anzusetzen, die ihrer Art nach Herstellungskosten sind. Dazu gehören nach Verwaltungsauffassung auch die Kosten im Sinne des § 255 Abs. 2 Satz 3 HGB (**allgemeine Verwaltungskosten und Aufwendungen für soziale Einrichtungen des Betriebs, für freiwillige soziale Leistungen und für die betriebliche Altersversorgung**).[248] Diese Kosten sind nach Auffassung der Finanzverwaltung somit verpflichtend und unabhängig von der handelsrechtlichen Wahlrechtsausübung bei den steuerlichen Herstellungskosten zu berücksichtigen.[249] Vor Hintergrund der entgegenstehenden EStR wurde mit BMF-Schreiben vom 22.6.2010 eine Übergangsregelung von der bisherigen Verwaltungsauffassung (Einbeziehungswahlrecht unter Beachtung des Maßgeblichkeitsprinzips) zur neuen Verwaltungsauffassung (steuerliche Pflicht zum Einbezug in die Herstellungskosten unabhängig von der Handelsbilanz) eingeführt.[250] Nach der Übergangsregel wird es von der Finanzverwaltung nicht beanstandet, wenn für Wirtschaftsjahre, die vor Veröffentlichung einer geänderten Richtlinienauffassung enden, noch nach der bisherigen Richtlinienauffassung verfahren wird. Im BMF-Schreiben wird nicht explizit geregelt, ob für sämtliche offene Jahre die neue Verwaltungsauffassung rückwirkend angewendet werden darf. Dies sollte aber meines Erachtens zulässig und von der Finanzverwaltung anerkannt werden, da es sich nur um eine Nichtbeanstandungsregelung handelt. Sobald die Einkommensteuerrichtlinien im Sinne der neuen Verwaltungsauffassung geändert werden, müssten gemäß BMF-Schreiben allgemeine Verwaltungskosten und Aufwendungen für soziale Einrichtungen des Betriebs, für freiwillige soziale Leistungen und für die betriebliche Altersversorgung verpflichtend in die steuerlichen Herstellungskosten einbezogen werden. Dabei war zu beachten, dass dies bereits für das Wirtschaftsjahr gelten soll, in dem die geänderte Richtlinienauffassung veröffentlicht wird. Die neue Verwaltungsauffassung wurde in die **Einkommensteuer-Änderungsrichtlinien 2012** aufgenommen (R 6.3 Abs. 1 EStÄR 2012). Nach R 6.3 Abs. 9 EStÄR 2012 darf die bisherige Richtlinienauffassung (Einbezie-

3491

---

247 Vgl. R 6.3 Abs. 4 Satz 6 EStR.
248 Vgl. BMF, Schreiben vom 12.3.2010, BStBl 2010 I S. 239, Tz. 8.
249 Vgl. zur Kritik *Freidank/Velte*, StuW 2010 S. 189, die einen redaktionellen Fehler vermuten; *Richter*, GmbHR 2010 S. 507; *Günkel/Teschke*, Ubg 2010 S. 401.
250 Vgl. BMF, Schreiben vom 22.6.2010, BStBl 2010 I S. 597.

hungswahlrecht unter Beachtung der Maßgeblichkeit) weiter für WG angewendet werden, mit deren Herstellung vor dem 28.3.2013 begonnen wurde. Das BMF-Schreiben vom 25.3.2013 sieht aber wiederum eine Nichtbeanstandungsregelung vor.[251] Die Nichtbeanstandung soll zeitlich befristet sein bis zur Verifizierung des mit der geänderten Richtlinienauffassung verbundenen Erfüllungsaufwands, spätestens mit einer (weiteren) künftigen Neufassung der EStR.

Durch das Steuermodernisierungsgesetz[252] wurde ein neuer § 6 Abs. 1 Nr. 1b EStG eingefügt, der die steuerliche Behandlung von allgemeinen Verwaltungskosten im Rahmen der Herstellungskosten regelt. Danach brauchen bei der Berechnung der Herstellungskosten angemessene Teile der Kosten der allgemeinen Verwaltung sowie angemessene Aufwendungen für soziale Einrichtungen des Betriebs, für freiwillige soziale Leistungen und für die betriebliche Altersversorgung i. S. d. § 255 Abs. 2 Satz 3 HGB nicht einbezogen zu werden, soweit diese auf den Zeitraum der Herstellung entfallen. Nach § 6 Abs. 1 Nr. 1b Satz 2 EStG ist das steuerliche Wahlrecht, entgegen der freien Wahlrechtsausübung nach § 5 Abs. 1 Satz 1, 2. Halbsatz EStG, bei der Gewinnermittlung nach § 5 EStG in Übereinstimmung mit der Handelsbilanz auszuüben. Damit ist es entgegen der ursprünglichen Verwaltungsabsicht bei einem Wahlrecht geblieben, das aber an die Handelsbilanz gebunden ist. Somit können Verwaltungsgemeinkosten sowie die Aufwendungen für soziale betriebliche Einrichtungen und die betriebliche Altersversorgung bei der Ermittlung der steuerlichen Herstellungskosten unbeachtet bleiben, sofern handelsrechtlich ebenfalls auf eine Aktivierung verzichtet wird.

3492 **Zinsen für Fremdkapital**, das zur Herstellung eines Wirtschaftsguts aufgenommen wurde, dürfen ebenfalls in die Herstellungskosten einbezogen werden, soweit die Zinsen auf den Herstellungszeitraum entfallen (sogenannte Bauzeitzinsen).[253] Gemäß BMF-Schreiben vom 12.3.2010 gilt für Zinsen das materielle Maßgeblichkeitsprinzip des § 5 Abs. 1 Satz 1 1. Halbsatz EStG.[254] Insofern wird das Wahlrecht in den R 6.3 Abs. 5 EStR zum Einbezug von Zinsen in die Herstellungskosten von der Finanzverwaltung nicht als eigenständiges steuerliches Wahlrecht anerkannt. Dies ist meines Erachtens mit dem Argument insoweit vertretbar, dass R 6.3 Abs. 5 EStR lediglich das handelsrechtliche Wahlrecht wiederholt, aber kein eigenes steuerrechtliches Wahlrecht begründen.

3493 Forschungskosten sind nicht als Herstellungskosten aktivierbar. Auch Entwicklungskosten sind im Unterschied zur Handelsbilanz nicht in die Herstellungskosten einzubeziehen.[255] Vertriebskosten gehören ebenfalls nicht zu den Herstellungskosten (§ 255 Abs. 2 Satz 4 HGB). Jahr der Herstellung ist nach § 9a EStDV das Jahr der Fertigstellung.

3.7.1.4 Zuschüsse

3494 Ein **Zuschuss** ist ein Vermögensvorteil, den ein Zuschussgeber zur Förderung eines (zumindest auch) im Interesse des Zuschussgebers liegenden Zwecks dem Zuschussempfän-

---

251 Vgl. BMF, Schreiben vom 25.3.2013, BStBl 2013 I S. 296.
252 BGBl 2016 I S. 1679.
253 Vgl. zu Überschusseinkünften ohne Möglichkeit des Werbungskostenabzugs BFH, Urteil vom 23.5.2012 – IX R 2/12, BStBl 2012 II S. 674; a. A. BFH, Urteil vom 7.11.1989 – IX R 190/85, BStBl 1990 II S. 460.
254 Vgl. BMF, Schreiben vom 12.3.2010, BStBl 2010 I S. 239, Tz 6.
255 Vgl. *Laubach/Kraus/Bornhofen*, DB Beilage Nr. 5/2009, S. 22.

ger zuwendet.[256] Werden Anlagegüter mit Zuschüssen aus öffentlichen oder privaten Mitteln angeschafft oder hergestellt (sogenannter Investitionszuschuss), hat der Steuerpflichtige nach R 6.5 Abs. 2 EStR ein Wahlrecht. Der Steuerpflichtige kann die Zuschüsse als Betriebseinnahme vereinnahmen. Die Anschaffungs- oder Herstellungskosten (und damit die AfA-Bemessungsgrundlage) bleiben in diesem Fall durch den Zuschuss unberührt. Alternativ kann der Steuerpflichtige den Zuschuss erfolgsneutral behandeln. In diesem Fall sind die Anschaffungs- oder Herstellungskosten des Anlageguts um den (steuerpflichtigen) Zuschuss zu kürzen. Wird der Zuschuss erst nachträglich gewährt (d. h. erst nach der Anschaffung oder Herstellung von Anlagegütern) und wählt der Steuerpflichtige die erfolgsneutrale Behandlung, ist der Zuschuss auch erst nachträglich von den gebuchten Anschaffungs- oder Herstellungskosten abzusetzen.[257] Entsprechendes gilt, wenn das Anlagegut mit einem Darlehen finanziert wurde und der nachträglich gewährte Zuschuss mit dem Darlehen verrechnet oder zur Darlehenstilgung verwendet wird. Bei im Voraus gewährten Zuschüssen, d. h. das Anlagegut wird erst in einem auf die Gewährung des Zuschusses folgenden Wirtschaftsjahr angeschafft oder hergestellt, kann in Höhe des gewährten, aber noch nicht verwendeten Zuschusses eine „steuerfreie" Rücklage gebildet werden.[258] Diese Rücklage kann dann erfolgsneutral im Jahr der Anschaffung oder Herstellung auf das Anlagegut übertragen werden. Das Wahlrecht zur steuerbilanziellen Behandlung von Zuschüssen kann nach § 5 Abs. 1 Satz 1 2. Halbsatz EStG unabhängig von der handelsrechtlichen Abbildung ausgeübt werden.[259] Auch für die Bildung der „steuerfreien" Rücklage ist keine entsprechende Abbildung in der Handelsbilanz notwendig. Bei unterschiedlicher Abbildung des Zuschusses in Steuer- und Handelsbilanz sind aus steuerlicher Sicht die besonderen Aufzeichnungspflichten bei Ausübung eines steuerlichen Wahlrechts zu beachten (§ 5 Abs. 1 Satz 2 und 3 EStG).

3.7.1.5 An Stelle der Anschaffungs- oder Herstellungskosten tretender Wert

Sachanlagen können in das Betriebsvermögen eingelegt werden oder Gegenstand einer verdeckten **Einlage** sein. Bei der Bewertung des Sachanlagevermögens bzw. der Einlage ist nach § 6 Abs. 1 Nr. 5 EStG grundsätzlich der Teilwert maßgebend, höchstens jedoch die Anschaffungs- oder Herstellungskosten, wenn das zugeführte Wirtschaftsgut innerhalb der letzten drei Jahre vor dem Zeitpunkt der Zuführung angeschafft oder hergestellt worden ist. Bei Einlagen in eine Kapitalgesellschaft gehen jedoch die Regelungen zur verdeckten Einlage nach § 8 Abs. 3 KStG vor. Sofern es sich beim eingelegten Sachanlagevermögen um ein abnutzbares Wirtschaftsgut handelt, sind die Anschaffungs- oder Herstellungskosten um AfA zu kürzen, die auf den Zeitraum zwischen der Anschaffung oder Herstellung des Wirtschaftsguts und der Einlage entfallen (§ 6 Abs. 1 Nr. 5 Satz 2 EStG). Wurde ein Wirtschaftsgut eingelegt, das vor der Zuführung aus dem Betriebsvermögen des Steuerpflichtigen entnommen wurde, tritt der Entnahmewert an die Stelle der Anschaffungs- oder Herstellungskosten (§ 6 Abs. 1 Nr. 5 Satz 3 EStG). Einer Einlage steht nach § 4 Abs. 1 Satz 8 2. Halbsatz EStG die Begründung des Besteuerungs-

3495

---

256 Vgl. R 6.5 Abs. 1 EStR.
257 Vgl. R 6.5 Abs. 3 EStR.
258 Vgl. R 6.5 Abs. 4 EStR.
259 Vgl. *Dörfler/Adrian*, Ubg 2009 S. 394.

rechts der Bundesrepublik Deutschland hinsichtlich des Gewinns aus der Veräußerung eines Wirtschaftsguts gleich (**Verstrickung**). Darunter fällt z. B. die Überführung eines Wirtschaftsguts aus einer ausländischen Freistellungs-Betriebsstätte in das inländische Stammhaus.[260] In Verstrickungsfällen ist das Wirtschaftsgut mit dem gemeinen Wert anzusetzen (§ 6 Abs. 1 Nr. 5a EStG).

3496 Sachanlagevermögen kann auch im Wege einer **Umwandlung** oder **Einbringung** nach dem UmwStG übertragen werden. Nach dem SEStEG gilt als Grundregel die Bewertung zum gemeinen Wert. Unter bestimmten Voraussetzungen dürfen die übergehenden Wirtschaftsgüter (einschließlich nicht entgeltlich erworbener und selbst geschaffener immaterieller Wirtschaftsgüter) „einheitlich" zum Buchwert oder zu einem höheren Wert (Zwischenwert), höchstens mit dem gemeinen Wert angesetzt werden (z. B. § 3 Abs. 2 UmwStG).[261]

3497 Weitere **steuerbilanzielle Bewertungsvorbehalte**, die Sachanlagen betreffen können, sind in § 6 Abs. 4 bis 6 EStG zu finden. Nach § 6 Abs. 4 EStG gilt der gemeine Wert als Anschaffungskosten, wenn ein einzelnes Wirtschaftsgut außer in den Fällen der Einlage unentgeltlich in das Betriebsvermögen eines anderen Steuerpflichtigen übertragen wird. § 6 Abs. 5 EStG betrifft verschiedene Übertragungsvorgänge eines einzelnen Wirtschaftsguts (z. B. die Überführung von einem Betriebsvermögen in ein anderes Betriebsvermögen desselben Steuerpflichtigen oder die Überführung in ein Sonderbetriebsvermögen einer Mitunternehmerschaft). In den Fällen des § 6 Abs. 5 EStG erfolgt die Bewertung grundsätzlich zum Buchwert.[262] Wird Sachanlagevermögen durch einen **Tauschvorgang** erworben, bemessen sich die Anschaffungskosten nach § 6 Abs. 6 Satz 1 EStG nach dem gemeinen Wert des hingegebenen Wirtschaftsguts.

3.7.2 Besonderheiten bei Grundstücken

3.7.2.1 Abgrenzung Gebäude und Grund und Boden

3498 Bei der Bewertung von bebauten Grundstücken ist zwischen dem Gebäude sowie dem Grund und Boden zu unterscheiden. Während für das Gebäude als abnutzbares Wirtschaftsgut § 6 Abs. 1 Nr. 1 EStG gilt, ist für den Grund und Boden als nicht abnutzbares Wirtschaftsgut § 6 Abs. 1 Nr. 2 EStG einschlägig. Wird ein einheitlicher Kaufpreis vereinbart und ist vertraglich keine Aufteilung vorgesehen (die zwischen fremden Dritten grundsätzlich anerkannt wird),[263] ist der Gesamtkaufpreis nach Maßgabe der Verkehrswerte von Gebäude sowie Grund und Boden aufzuteilen. Dazu sind zunächst die Werte von Gebäude sowie Grund und Boden gesondert zu ermitteln. In einem zweiten Schritt

---

260 Vgl. *Hoffmann*, in: Littmann/Bitz/Pust, EStG, § 6 Rn. 777.
261 Vgl. im Einzelnen *Dörfler/Adrian/Oblau*, RIW 2007 S. 266.
262 Vgl. BMF, Schreiben vom 8.12.2011, BStBl 2011 I S. 1279.
263 Grundsätzlich ist das Finanzamt an eine von Vertragsparteien getroffene vertragliche Vereinbarung zur Aufteilung des Kaufpreises gebunden, wenn keine begründeten Zweifel an einer zutreffenden Aufteilung bestehen (d. h., wenn die Aufteilung nicht den wirtschaftlichen Gegebenheiten entspricht), vgl. z. B. FG Berlin-Brandenburg, Urteil vom 22.8.2013 – 10 K 12122/09, EFG 2013 S. 1903; Az. beim BFH: IX B 120/13. Zur grundsätzlichen Anerkennung der vertraglich vereinbarten Aufteilung siehe BFH, Urteil vom 18.1.2006 – IX R 34/05, BFH/NV 2006 S. 1634; BFH, Urteil vom 9.7.2002 – IV B 160/01, BFH/NV 2002 S. 1563; FG Hessen, Urteil vom 1.11.2011 – 11 K 439/11, EFG 2012 S. 1129.

sind die Anschaffungskosten nach Maßgabe der ermittelten Werte zu verteilen.[264] Die **Verkehrswerte** von Gebäude sowie Grund und Boden können nach ständiger BFH-Rechtsprechung mittels der Verordnung über die Grundsätze für die Ermittlung des Verkehrswerts von Grundstücken **(WertV)** vom 6.12.1988[265] bestimmt werden.[266] Danach stehen als grundsätzlich gleichwertige Verfahren das Vergleichswert-, Sachwert- und Ertragswertverfahren zur Verfügung. Die Restwertmethode (zunächst erfolgt die Ermittlung des Werts von Grund und Boden; dann wird dieser Wert vom Gesamtkaufpreis abgezogen und das Ergebnis wird dem Gebäude zugeschlagen) wurde bereits mehrfach von der BFH-Rechtsprechung aufgrund des Verstoßes gegen den Einzelbewertungsgrundsatz abgelehnt.[267] Die Finanzverwaltung wendet die Aufteilung nach dem Verhältnis der Verkehrswerte ebenfalls an und stellt dazu auf ihrer Internetseite eine Arbeitshilfe als xls-Datei zur Verfügung, die es ermöglicht in einem typisierten Verfahren entweder eine Kaufpreisaufteilung selbst vorzunehmen oder die Plausibilität einer vorliegenden Kaufpreisaufteilung zu prüfen.[268]

Zur Abgrenzung zu Betriebsvorrichtungen vgl. Rz. 3458 ff. Aufwendungen für das Entfernen von Betriebsvorrichtungen gehören aber zu den Herstellungskosten des Gebäudes, wenn das Gebäude dadurch wesentlich verbessert wird.[269] Zur Abgrenzung zu unbeweglichen Gebäudeteilen (Mietereinbauten) sowie den sonstigen selbständigen unbeweglichen Wirtschaftsgütern (Außenanlagen) vgl. Rz. 3445 ff.

3499

Bei dem Gebäude besteht zudem die steuerbilanzielle Besonderheit, dass ein eigentlich einheitliches Wirtschaftsgut (Gebäude) für steuerliche Zwecke aufteilungsfähig ist. Dabei ist die Nutzung des Gebäudes maßgeblich: Zu unterscheiden ist eine eigen- und fremdbetriebliche Nutzung sowie die Nutzung zu eigenen und zu fremden Wohnzwecken.[270] Jeder der vier unterschiedlich genutzten Gebäudeteile ist ein eigenes Wirtschaftsgut.[271] Zudem kann das Gebäude nach Maßgabe der Anzahl der Gebäudeeigentümer aufzuteilen sein, sodass jeder Eigentümer nur ein Teil des Gebäudes in seiner Bilanz aufzunehmen hat. Bei notwendiger Aufteilung eines Gesamtkaufpreises kommt nach Differenzierung zwischen Gebäude sowie Grund und Boden eine weitere Aufteilung grundsätzlich nach dem Verhältnis der Nutzflächenanteile, ausnahmsweise unter Anwendung des Sachwert- oder des Ertragswertverfahrens in Betracht.[272] Eine Bewertung mit dem Sachwert- oder dem Ertragswertverfahren (an Stelle der Aufteilung nach den Nutzflächen) ist insbesondere dann vorzunehmen, wenn eine Aufteilung nach dem Verhältnis der zur Vermietung genutzten Flächen zu den eigengenutzten Flächen we-

3500

---

264 Vgl. BFH, Urteil vom 11.2.2003 – IX R 13/00, BFH/NV 2003, S. 769.
265 BGBl 1988 I S. 2209.
266 Vgl. BFH, Urteil vom 15.2.2001 – III R 20/99, BStBl 2003 II S. 635; vgl. auch *Ehmcke*, in: Blümich, EStG, § 6 Rz. 350.
267 Vgl. BFH, Urteil vom 10.10.2000 – IX R 86/97, BStBl 2001 II S. 183 m. w. N.
268 Vgl. BMF, Schreiben vom 28.3.2018; s.a. TAAAG-79991.
269 Vgl. BFH, Urteil vom 25.1.2006 – I R 58/04, BStBl 2006 II S. 707.
270 Zu „Wohnzwecken" vgl. R 7.2 Abs. 1 bis 3 EStR.
271 Vgl. R 4.2 Abs. 4 EStR.
272 Vgl. BFH, Urteil vom 15.2.2001 – III R 20/99, BStBl 2003 II S. 635.

gen der unterschiedlichen Nutzbarkeit der jeweiligen Bereiche zu einem ersichtlich sachwidrigen Ergebnis führt.[273]

3501 **Einzelfragen:**[274]

▶ **Abbruchkosten:** Bei Erwerb eines bebauten Grundstücks mit anschließendem Abriss des Gebäudes sind gemäß H 6.4 EStR folgende Fallkonstellationen zu unterscheiden:

1. Der Steuerpflichtige hatte das Gebäude auf einem ihm bereits gehörenden Grundstück errichtet.
2. Der Steuerpflichtige hat das Gebäude in der Absicht erworben, es als Gebäude zu nutzen (Erwerb ohne Abbruchabsicht).
3. Der Steuerpflichtige hat das Gebäude zum Zweck des Abbruchs erworben (Erwerb mit Abbruchabsicht). Sofern nach dem Erwerb innerhalb von drei Jahren mit dem Abbruch des Gebäudes begonnen wird, spricht gemäß H 6.4 EStH der Beweis des ersten Anscheins für einen Erwerb mit Abbruchabsicht.[275] Der Gegenbeweis ist jedoch möglich, z. B. durch den Nachweis der Umstände, die erst nach dem Erwerb zu der Abbruchentscheidung geführt haben. Der Dreijahreszeitraum beginnt grundsätzlich mit dem Abschluss des obligatorischen Rechtsgeschäfts. In besonders gelagerten Fällen, z. B. bei großen Arrondierungskäufen, kann auch nach Ablauf von drei Jahren der Anscheinsbeweis für einen Erwerb mit Abbruchabsicht sprechen.
4. Der Steuerpflichtige plant den Abbruch eines zum Privatvermögen gehörenden Gebäudes und die anschließende Errichtung eines zum Betriebsvermögen gehörenden Gebäudes (Einlage mit Abbruchabsicht).

In den Fallkonstellationen der Nr. 1 (abzureißendes Gebäude wurde auf einem Grundstück des Steuerpflichtigen errichtet) und Nr. 2 (Erwerb ohne Abbruchabsicht) sind die Abbruchkosten als sofort abziehbare Betriebsausgaben nach § 4 Abs. 4 EStG zu behandeln. Dies gilt bei einem geplanten Teilabbruch auch für den Gebäudeteil, dessen Abbruch nicht geplant war.[276]

In der Fallkonstellation Nr. 3 (Erwerb mit Abbruchabsicht) gilt gemäß H 6.4 EStH das Folgende:

a. Sofern das Gebäude technisch oder wirtschaftlich nicht verbraucht ist und mit dem Abbruch die Herstellung eines neuen Wirtschaftsguts in engem wirtschaftlichen Zusammenhang steht, gehören der Buchwert des Gebäudes und die Abbruchkosten zu den Herstellungskosten des neuen Wirtschaftsguts. Ansonsten sind diese Aufwendungen zu den Anschaffungskosten des Grund und Bodens zu zählen. Wenn bei einem in Teilabbruchabsicht erworbenen Gebäude umfangreichere Teile als geplant abgerissen werden müssen, gehören sowohl die Abbruchkosten als auch der Restwert des abgerissenen Gebäudes insoweit zu den Herstel-

---

273 Vgl. BFH, Urteil vom 25.5.2005 – IX R 46/04, BFH/NV 2006, S. 261.
274 Vgl. ausführlich H 6.4 EStH.
275 Vgl. BFH, Urteil vom 13.4.2010 – IX R 16/09, BFH/NV 2010 S. 1799.
276 Vgl. BFH, Urteil vom 15.10.1996 – IX R 2/93, BStBl 1997 II S. 325.

lungskosten des neuen Gebäudes, als sie auf Gebäudeteile entfallen, die bei Durchführung des im Erwerbszeitpunkt geplanten Umbaus ohnehin hätten entfernt werden sollen. Dieser Anteil ist ggf. im Wege der Schätzung zu ermitteln.[277]

b. Bei objektiver Wertlosigkeit des Gebäudes im Zeitpunkt des Erwerbs ist der volle Anschaffungspreis für das Gebäude dem Grund und Boden zuzuordnen. Für die Abbruchkosten gelten die Ausführung unter a).

In der Fallkonstellation Nr. 4 (Einlage mit Abbruchabsicht) gehören der Wert des abgerissenen Gebäudes und die Abbruchkosten zu den Herstellungskosten des neuen Betriebsgebäudes. Bei der Ermittlung des Einlagewerts des Gebäudes (Teilwert) ist eine etwaige Abbruchabsicht nicht zu berücksichtigen.[278] Insofern ist der Einlagewert des Gebäudes nicht schon null €, weil eine Einlage mit Abbruchabsicht vorliegt.

Sofern das abgebrochene Gebäude zuvor eigenen Wohnzwecken diente (oder anderen nicht einkommensteuerlich relevanten Zwecken), sind die Abbruchkosten als Herstellungskosten des neuen Gebäudes zu behandeln.

- **Abfindungszahlungen (Entschädigungen)** an Mieter für die vorzeitige Räumung des Gebäudes zwecks Errichtung eines neuen Gebäudes sind Herstellungskosten des neuen Gebäudes.[279]
- **Anschaffungsnahe Herstellungskosten:** siehe Rz. 3512 ff.
- Zu den **Anschaffungskosten des Grund und Bodens** gehören die Erdarbeiten, Erschließungs-, Straßenanlieger- und andere auf das Grundstückseigentum bezogene kommunale Beiträge und Beiträge für sonstige Anlagen außerhalb des Grundstücks und Hausanschlusskosten.[280]
- **Ansiedlungsbeitrag:** Ein Ansiedlungsbeitrag gehört zu den Anschaffungskosten des Grund und Bodens, wenn der Beitrag im Zusammenhang mit dem Erwerb des Grund und Bodens zu zahlen ist.[281]
- **Arbeitsleistung**: Die eigene Arbeitsleistung gehört nicht zu den Herstellungskosten eines Gebäudes.[282]
- **Ausgleichsbeträge nach § 154 BauGB:** Ausgleichs- und Ablösungsbeträge, die anlässlich einer städtebaulichen Sanierungsmaßnahme zu zahlen sind, können Anschaffungs- oder Herstellungskosten, aber auch Betriebsausgaben sein. Sie sind als Anschaffungs- oder Herstellungskosten zu behandeln, wenn das Grundstück in seiner Substanz oder seinem Wesen verändert wird, z. B. bei der erstmaligen Erschließung des Grundstücks oder bei Maßnahmen zur Verbesserung der Bebaubarkeit. Die zu zahlenden Beträge sind ansonsten sofort abziehbare Betriebsausgaben (z. B., wenn eine vorhandene Anlage lediglich ersetzt wird). Erhaltungsaufwendungen sind z. B. nachträgliche Straßenbaukostenbeiträge.

---

277 Vgl. BFH, Urteil vom 15.10.1996 – IX R 2/93, BStBl 1997 II S. 325.
278 Vgl. BFH, Urteil vom 9.2.1983 – I R 29/79, BStBl 1983 II S. 451.
279 Vgl. BFH, Urteil vom 9.2.1983 – I R 29/79, BStBl 1983 II S. 451.
280 H 6.4 EStH.
281 Vgl. BFH, Urteil vom 9.12.1965 – IV 62/63 U, BStBl 1966 III S. 191.
282 Vgl. BFH, Urteil vom 10.5.1995 – IX R 73/91, BStBl 1995 II S. 713.

- **Außenanlagen:** Aufwendungen für die Hof- und Straßenbefestigung gehören grundsätzlich nicht zum Gebäude und damit nicht zu den Herstellungskosten des Gebäudes.[283]
- **Baukostenzuschüsse:** Nicht rückzahlbare Beiträge, die Versorgungsunternehmen dem Kunden zu den Baukosten gewähren, sind Investitionszuschüsse.[284] Nach R 6.5 Abs. 2 Satz 1 und 2 EStR besteht für Investitionszuschüsse ein steuerliches Wahlrecht: Die Zuschüsse sind entweder von den Anschaffungs- oder Herstellungskosten zu kürzen oder erfolgswirksam zu vereinnahmen. Das steuerliche Wahlrecht für Zuschüsse kann unabhängig von der Handelsbilanz ausgeübt werden.[285] Bei der Ausübung des steuerlichen Wahlrechts abweichend von der Handelsbilanz sind die besonderen Aufzeichnungspflichten nach § 5 Abs. 1 Satz 2 und 3 EStG zu beachten.
- **Bauplanungskosten:** Planungskosten für die Bebauung eines Grundstücks gehören zu den Herstellungskosten des Gebäudes. Dies gilt gemäß H 6.4 EStH auch für vergebliche Planungskosten, wenn der Steuerpflichtige die ursprüngliche Planung zwar nicht verwirklicht hat, aber später ein Gebäude erstellt, das die beabsichtigten Zwecke erfüllt und den Aufwendungen insoweit tatsächlich erbrachte Leistungen gegenüber stehen.[286]
- **Bauzeitversicherung:** Beiträge für eine Bauzeitversicherung sind Betriebsausgaben und nicht Herstellungskosten des Gebäudes.[287]
- **Einbauküche:** Eine Einbauküche gehört grundsätzlich nicht zu den Herstellungskosten eines Gebäudes bzw. einer Eigentumswohnung. Anderes gilt für die Spüle und den nach regionaler Verkehrsauffassung erforderlichen Kochherd.[288]
- **Erdarbeiten:** Übliche Erdarbeiten sowie die Entfernung von Buschwerk und Bäumen (soweit für die Gebäudeherstellung notwendig) sind Herstellungskosten des Gebäudes. Dazu zählen Kosten der Abtragung, evtl. Lagerung, Einplanierung und der Abtransport des Bodens und der Pflanzen.[289] Maßnahmen zur Bodenverbesserung (z. B. Austausch des Mutterbodens) sind den Anschaffungskosten des Grund und Bodens zuzurechnen.
- **Fahrtkosten:** Fahrtkosten zur Baustelle gehören in tatsächlicher Höhe zu den Herstellungskosten des Gebäudes.[290]
- **Grunderwerbsteuer:** Als Nebenkosten gehört die Grunderwerbsteuer zu den Anschaffungskosten eines Gebäudes bzw. von Grund und Boden. Säumniszuschläge rechnen ebenfalls zu den Anschaffungskosten,[291] Aussetzungszinsen hingegen nicht.[292]

---

283 Vgl. BFH. Urteil vom 19.8.1971 – V R 48/71, BStBl 1972 II S. 76; zu Straßenzufahrten BFH, Urteil vom 1.7.1983 – III R 161/81, BStBl 1983 II S. 686.
284 Vgl. H 6.5 EStH.
285 Vgl. *Dörfler/Adrian*, Ubg 2009 S. 394.
286 Vgl. BFH, Urteile vom 29.11.1983 – VIII R 96/81, BStBl 1984 II S. 303; vom 8.9.1998 – IX R 75/95, BStBl 1999 II S. 20.
287 Vgl. BFH, Urteil vom 25.2.1976 – VIII R 81/74, BStBl 1980 II S. 294.
288 Vgl. BFH, Urteil vom 13.3.1990 – IX R 104/85, BStBl 1990 II S. 514.
289 Vgl. BFH, Urteil vom 26.8.1994 – III R 76/92, BStBl 1995 II S. 71.
290 Vgl. BFH, Urteil vom 10.5.1995 – IX R 73/91, BStBl 1995 II S. 713.
291 Vgl. BFH, Urteil vom 14.1.1992 – IX R 226/87, BStBl 1992 II S. 464.
292 Vgl. BFH, Urteil vom 25.7.1995 – IX R 38/93, BStBl 1995 II S. 835.

▶ **Hausanschlusskosten:** Die an die Gemeinde zu zahlende Kanalanschlussgebühr gehört zu den nachträglichen Anschaffungskosten des Grund und Bodens. Die Aufwendungen des Steuerpflichtigen für die Zuleitung vom Gebäude an den (öffentlichen) Kanal (sogenannte Hausanschlusskosten) zählen hingegen zu den Herstellungskosten des Gebäudes.[293] Ebenso gehören die Kosten für die Anschlüsse an sonstige Versorgungsnetze (z. B. Strom, Gas) zu den Herstellungskosten des Gebäudes. Werden derartige Anschlüsse hingegen nur gegen neue Anschlüsse ersetzt, liegen Erhaltungsaufwendungen vor, die als Betriebsausgabe sofort abziehbar sind.

▶ **Heizungsanlage:** Eine Heizungsanlage ist i. d. R. keine Betriebsvorrichtung, sondern Gebäudebestandteil.[294]

▶ **Prozesskosten:** Maßgebend für die steuerbilanzielle Einordnung von Prozesskosten sind die Aufwendungen, um die gestritten wird. Sind die streitbehafteten Aufwendungen Teil der Herstellungskosten, sind auch die Prozesskosten Herstellungskosten.[295]

▶ **Stellplätze:** Besteht bei Herstellung eines Gebäudes die Verpflichtung, eine bestimmte Anzahl für PKW-Stellplätzen zu errichten, und wird diese Verpflichtung durch Zahlung eines Geldbetrags abgelöst, gehören diese Zahlungen zu den Herstellungskosten des Gebäudes.[296]

▶ **Vorauszahlungen:** Hat der Steuerpflichtige Vorauszahlungen an ein Bauunternehmen geleistet, für die er aufgrund von Insolvenz des Bauunternehmens keine Gegenleistung erhalten wird, gehören diese Vorauszahlungen nicht zu den Herstellungskosten des Gebäudes. Insoweit liegen sofort abziehbare Betriebsausgaben vor. Ebenso können Vorauszahlungen auf Anschaffungskosten als Betriebsausgaben abgezogen werden, wenn das Anschaffungsgeschäft nicht zustande gekommen ist und eine Rückzahlung der Vorauszahlung nicht erlangt werden kann.[297]

▶ **Zwangsversteigerung:** Die Anschaffungskosten des Grundstücks können sich bei einer Zwangsversteigerung aus mehreren Bestandteilen zusammensetzen:[298]

– Meistgebot[299] einschließlich der verbleibenden vorrangigen Belastungen[300] gemäß Zuschlagsbeschluss.

– Nicht ausgebotene (eigene) Grundpfandrechte des Ersteigerers (sofern der Wert dieser Rechte vom Verkehrswert des Grundstücks gedeckt ist).[301]

---

[293] Vgl. BFH, Urteil vom 24.11.1967 – VI R 302/66, BStBl 1968 II S. 178.
[294] H 6.4 EStH.
[295] BFH, Urteil vom 1.12.1987 – IX R 134/83, BStBl 1988 II S. 431.
[296] BFH, Urteil vom 8.3.1984 – IX R 45/80, BStBl 1984 II S. 702.
[297] Vgl. BFH, Urteil vom 28.6.2002 – IX R 51/01, BStBl 2002 II S. 758.
[298] Vgl. *Kulosa*, in: Schmidt, EStG, 37. Aufl. 2018, § 6 Rn. 140; *Ehmcke*, in: Blümich, EStG, § 6 Rz. 375; *Kolbinger*, BB 1993 S. 2119; siehe auch BFH, Urteil vom 18.5.2011 – X R 4/10, BStBl 2011 II S. 887, Rz. 60.
[299] Vgl. H 23 EStH.
[300] Vgl. BFH, Urteil vom 16.4.2002 – IX R 53/98, BFH/NV 2002, S. 1152.
[301] Vgl. BFH, Urteil vom 25.7.1972 – VIII R 69/68, BStBl 1972 II S. 881, H 6.2 „Zwangsversteigerung" EStH.

- Zu den Anschaffungskosten gehören alle Aufwendungen, die getätigt werden, um das Wirtschaftsgut zu erwerben und es erstmals betrieblich nutzen zu können. Dazu gehören bei einem Erwerb im Zwangsversteigerungsverfahren nicht nur die Beträge, die bei der Ersteigerung im Zuschlagsbeschluss aufgeführt werden, sondern alle Verpflichtungen, die der Ersteiger gegenüber dem Schuldner oder Dritten übernimmt. [302] Dies kann z. B. eine Verpflichtung aus Mietvorauszahlungen sein, die Mieter an den Voreigentümer geleistet haben.
- Anschaffungsnebenkosten wie Gerichts- und Grundbuchkosten und die Grunderwerbsteuer.[303]

Die Zinsen, die für den Zeitraum zwischen Zuschlag und Verteilung zu leisten sind (so genannte Bargebotzinsen), gehören nicht zu den Anschaffungskosten.[304] Diese Zinsen sind als Schuldzinsen somit Betriebsausgaben i. S. d. § 4 Abs. 4 EStG. Kosten für eine gegebenenfalls notwendige Zwangsräumung gehören zu den Anschaffungskosten für den Grund und Boden.[305]

3.7.2.2 Abgrenzung von Anschaffungskosten, (anschaffungsnahen) Herstellungskosten und Erhaltungsaufwendungen

3.7.2.2.1 Anschaffungskosten

3502 Anschaffungsvorgänge sind als Folge des Realisationsprinzips erfolgsneutral zu behandeln.[306] Erworbene Wirtschaftsgüter sind (erfolgsneutral) mit ihren Anschaffungskosten, (selbst) hergestellte Wirtschaftsgüter mit ihren Herstellungskosten zu aktivieren. Hingegen sind Erhaltungsaufwendungen, d. h. Aufwendungen für die Erneuerung von bereits vorhandenen Teilen, Einrichtungen oder Anlagen[307] als Betriebsausgaben nach § 4 Abs. 4 EStG sofort abziehbar. Im Einzelnen besteht eine Reihe von Abgrenzungsproblemen.

3503 Anschaffungskosten sind nach § 255 Abs. 1 Satz 1 HGB Aufwendungen, die geleistet werden, um einen Vermögensgegenstand zu erwerben und ihn in einen betriebsbereiten Zustand zu versetzen. Betriebsbereit ist ein Gebäude, wenn es entsprechend seiner Zweckbestimmung genutzt werden kann. Die **Betriebsbereitschaft** ist bei einem Gebäude für jeden Teil des Gebäudes, der nach seiner Zweckbestimmung selbständig genutzt werden soll, gesondert zu prüfen.[308]

3504 Sofern der Erwerber das Gebäude ab dem Zeitpunkt der Anschaffung (d. h. ab Übergang von Besitz, Gefahr, Nutzungen und Lasten) zur Erzielung von Einkünften oder zu eigenen Wohnzwecken nutzt, ist es ab diesem Zeitpunkt grundsätzlich betriebsbereit mit

---

302 Vgl. BFH, Urteil vom 17.12.1970 – IV 226/65, BStBl 1971 II S. 325.
303 Vgl. *Ehmke*, in: Blümich, EStG, § 6 Rz. 375.
304 Vgl. *Kolbinger*, BB 1993 S. 2119.
305 Vgl. H 6.4 EStH.
306 Vgl. z. B. *Prinz/Adrian*, BB 2011 S. 1646; siehe auch BFH, Urteil vom 16.12.2009 – I R 102/08, BFH/NV 2010, S. 517.
307 Vgl. R 21.1 EStR.
308 Vgl. BMF, Schreiben vom 18.7.2003, BStBl 2003 I S. 386, Rz. 2; vgl. BFH, Urteil vom 18.8.2010 – X R 30/07, BFH/NV 2011 S. 215.

der Folge, dass Instandsetzungs- und Modernisierungsaufwendungen in diesem Fall grundsätzlich keine Anschaffungskosten mehr sein können.[309] Anderes gilt, wenn der Erwerber ein vermietetes Gebäude erwirbt, aber umgehend die Mietverträge kündigt, da der Erwerber eine andere Zweckbestimmung verfolgt.[310] Auch wenn das Gebäude bei Erwerb leerstehend ist beziehungsweise nicht genutzt wird, muss für die Beurteilung der Betriebsbereitschaft zunächst die Zweckbestimmung geprüft werden. Werden nach der Anschaffung zunächst Baumaßnahmen durchgeführt, um das Gebäude entsprechend seiner Zweckbestimmung zukünftig nutzen zu können, sind die Aufwendungen als Anschaffungskosten zu aktivieren.[311]

Zur Zweckbestimmung gehört auch die Entscheidung des Steuerpflichtigen, welchen **Standard** das Gebäude künftig haben soll (sehr einfach, mittel oder sehr anspruchsvoll).[312] Zentrale Ausstattungsmerkmale zur Einordnung des Standards sind gemäß BMF-Schreiben vom 18.7.2003 der Umfang und die Qualität der Heizung-, Sanitär- und Elektroinstallation sowie der Fenster. Sehr einfacher Wohnungsstandard liegt vor, wenn die zentralen Ausstattungsmerkmale im Anschaffungszeitpunkt nur im nötigen Umfang oder in einem technisch überholten Zustand vorhanden sind. Genügen die zentralen Ausstattungsmerkmale durchschnittlichen und selbst höheren Ansprüchen, liegt ein mittlerer Standard vor. Sehr anspruchsvoller Standard (Luxussanierung) liegt vor, wenn bei den zentralen Ausstattungsmerkmalen das Mögliche verwendet wurde, vor allem der Einbau außergewöhnlich hochwertiger Materialien. Aufwendungen für Baumaßnahmen, die das Gebäude auf einen höheren Standard bringen, sind Anschaffungskosten. Dabei ist von einer Erhöhung des Standards auszugehen, wenn Baumaßnahmen bei mindestens drei der vier zentralen Ausstattungsmerkmale zu einer Gebrauchswerterhöhung geführt haben. Von einer **Standarderhöhung** ist ebenfalls auszugehen, wenn eine Erweiterung des Gebäudes in einem Bereich der zentralen Ausstattungsmerkmale vorgenommen wird (diese Erweiterung ist bereits nach § 255 Abs. 2 Satz 1 HGB in Verbindung mit § 5 Abs. 1 EStG den Herstellungskosten zuzurechnen) und zudem eine Verbesserung von mindestens zwei weiteren Bereichen der zentralen Ausstattungsmerkmale erfolgt (vgl. auch Rz. 3509).

3505

3.7.2.2.2 Herstellungskosten

Nach § 255 Abs. 2 Satz 1 HGB sind **Herstellungskosten** die Aufwendungen, die durch den Verbrauch von Gütern und die Inanspruchnahme von Diensten für die Herstellung eines Vermögensgegenstands entstehen. Wirtschaftlich vergleichbar mit der Erstherstellung ist die Wiederherstellung eines vollständig verschlissenen Wirtschaftsguts (so genannte Zweitherstellung).[313] Ein Vollverschleiß liegt gemäß BMF-Schreiben vom 18.7.2003 vor, wenn „das Gebäude schwere Substanzschäden an den für die Nutzbarkeit als Bau und die Nutzungsdauer des Gebäudes bestimmenden Teilen hat."[314] Von einem neuen Wirtschaftsgut und insofern von Herstellungskosten ist auch auszugehen,

3506

---

309 Vgl. auch *Kahle/Heinstein*, DStZ 2007 S. 96; *Scheffler/Glaschke*, StuB 2006 S. 491.
310 Vgl. BMF, Schreiben vom 18.7.2003, BStBl 2003 I S. 386, Rz. 3.
311 Vgl. *Kahle/Heinstein*, DStZ 2007 S. 96.
312 Vgl. BMF, Schreiben vom 18.7.2003, BStBl 2003 I S. 386, Rz. 11 ff.
313 Vgl. *Kahle/Heinstein*, DStZ 2007 S. 97; *Beck*, DStR 2003 S. 1464.
314 Vgl. BMF, Schreiben vom 18.7.2003, BStBl 2003 I S. 386, Rz. 18.

wenn sich durch die Baumaßnahmen die Funktion, d. h. die Zweckbestimmung des Gebäudes ändert.[315] Dies kommt z. B. beim Umbau eines Wohngebäudes in ein Bürogebäude oder der Umbau einer (alten) Mühle in Wohnraum in Betracht.

3507 Zu den Herstellungskosten gehören ebenfalls Aufwendungen, die für die **Erweiterung** oder für eine über den ursprünglichen Zustand hinausgehende **wesentliche Verbesserung** entstehen. Insofern qualifizieren Instandsetzungs- und Modernisierungsaufwendungen unabhängig von ihrer Höhe als Herstellungskosten, wenn sie für eine Erweiterung im Sinne von § 255 Abs. 2 Satz 1 HGB entstehen. Davon sieht R 21.1 Abs. 2 EStR eine Ausnahmeregelung i. S. einer Vereinfachungsregelung vor: Betragen die Aufwendungen nach Fertigstellung eines Gebäudes für die einzelne Baumaßnahme nicht mehr als 4.000 € (Rechnungsbetrag ohne Umsatzsteuer) je Gebäude, ist auf Antrag dieser Aufwand stets als Erhaltungsaufwand zu behandeln. Diese Vereinfachungsregelung ist jedoch nicht anwendbar auf Aufwendungen, die der endgültigen Fertigstellung eines neu errichteten Gebäudes dienen.

3508 Aufwendungen für die Erweiterung eines Gebäudes sind aktivierungspflichtige Herstellungskosten. Eine **Erweiterung** liegt z. B. in den folgenden Fällen vor:[316]

▶ Ein Gebäude wird aufgestockt.

▶ Ein Anbau wird an einem Gebäude errichtet.

▶ Die nutzbare Fläche des Gebäudes wird (wenn auch nur geringfügig) vergrößert, z. B. durch Errichtung einer Gaube, eines Balkons, einer Terrasse oder durch die Ersetzung eines Flachdachs durch ein Satteldach.[317]

▶ Die Substanz des Gebäudes wird vermehrt ohne Vergrößerung der nutzbaren Fläche, z. B. durch zusätzliche Trennwände, die Errichtung einer Außentreppe, den Einbau einer Alarmanlage, einer Sonnenmarkise, einer Treppe zum Spitzboden, eines Kachelofens oder eines Kamins.

3509 Wenn die Instandsetzungs- oder Modernisierungsaufwendungen nicht bereits zu den Anschaffungskosten (aufgrund der Schaffung der Betriebsbereitschaft) gehören, sind sie nach § 255 Abs. 2 Satz 1 HGB in Verbindung mit § 5 Abs. 1 EStG als Herstellungskosten zu behandeln, vorausgesetzt, die Aufwendungen führen zu einer über den ursprünglichen Zustand hinausgehenden **wesentlichen Verbesserung**. Ursprünglicher Zustand ist der Zustand im Zeitpunkt der Anschaffung oder Herstellung. Insoweit ist eine Vergleichsbetrachtung notwendig. Eine wesentliche Verbesserung liegt nicht zwangsläufig bei einer Generalüberholung vor; vielmehr muss der Gebrauchswert des Gebäudes insgesamt deutlich erhöht und damit für die Zukunft eine erweiterte Nutzungsmöglichkeit geschaffen werden.[318] Jedenfalls ist bei einer Erhöhung des Standards von einer wesentlichen Verbesserung und damit von Herstellungskosten auszugehen (zu den Standards vgl. Rz. 3505). Die Maßnahmen müssen nicht zwingend in einem Veranlagungszeitraum durchgeführt werden, um als Herstellungskosten zu qualifizieren.

---

315 Vgl. *Kahle/Heinstein*, DStZ 2007 S. 97.
316 Vgl. im Einzelnen BMF, Schreiben vom 18.7.2003, BStBl 2003 I S. 386, Rz. 19 ff.
317 Vgl. zum Satteldach BFH, Urteil vom 15.5.2013 – IX R 36/12, BStBl 2013 II S. 732.
318 Vgl. BMF, Schreiben vom 18.7.2003, BStBl 2003 I S. 386, Rz. 28.

Gemäß BMF-Schreiben vom 18.7.2003 wird von einer Sanierung in Raten grundsätzlich ausgegangen, wenn die Maßnahmen innerhalb eines Fünfjahreszeitraumes durchgeführt worden sind.

BEISPIEL[319] In einem bewohnten, aber verwahrlosten Wohnhaus werden die alten Kohleöfen durch eine moderne Heizungsanlage ersetzt. An Stelle der einfach verglasten Fenster werden Isolierglasfenster eingesetzt. Das Bad wird modernisiert, durchgängig gefliest und neben der Badewanne wird auch eine separate Dusche eingebaut. Im Übrigen werden Schönheitsreparaturen durchgeführt.

Hinsichtlich der Aufwendungen für die zentralen Ausstattungsmerkmale (der Heizung-, Sanitär- und Elektroinstallation sowie der Fenster) liegen Herstellungskosten als wesentliche Verbesserung im Sinne von § 255 Abs. 2 Satz 1 HGB vor. Bei den Schönheitsreparaturen handelt es sich grundsätzlich um sofort abziehbare Erhaltungsaufwendungen.

Nach einer Verlautbarung des IDW (IDW RS IFA 1) zur Abgrenzung von Herstellungskosten und Erhaltungsaufwand bei Gebäuden in der Handelsbilanz liegt eine Anhebung des Standards und damit eine wesentliche Verbesserung auch vor, wenn drei der folgenden fünf (nicht vier!) Kriterien erfüllt sind. Dabei werden die oben beschriebenen vier zentralen Ausstattungsmerkmale (Heizung, Sanitär, Elektroinstallation und Fenster) hinsichtlich der Standarderhöhung um ein weiteres Kriterium, nämlich der Wärmedämmung erweitert. Zudem wird das Ausstattungsmerkmal „Elektroinstallation" durch „Elektroinstallation/Informationstechnik" konkretisiert.

Auf Basis der IDW-Verlautbarung könnte bereits eine umfassende energetische Sanierung (Heizung, Fenster und Wärmedämmung) zu einer wesentlichen Verbesserung und damit zusätzlich zu Herstellungskosten führen. Die Finanzverwaltung zählt im Schreiben vom 18.7.2003[320] Aufwendungen für eine Wärmedämmung grundsätzlich nicht zu den Herstellungskosten.

Mit Blick auf die zentralen Ausstattungsmerkmale kann sich im Zeitablauf, z. B. durch technische und gesellschaftliche Entwicklungen, durchaus Änderungsbedarf ergeben, der dann auch in die steuerrechtliche Behandlung einfließen muss.[321] Als Alternative zum IDW-Vorschlag könnte man es zum Beispiel in Betracht ziehen, es aus steuerlicher Sicht bei vier Kriterien zu belassen und dafür das Kriterium der Elektroinstallation durch die Wärmedämmung zu ersetzen.[322] Sofern eine derartige Änderung ansteht, bedarf es aus Gründen der Planungssicherheit einer klaren steuerlichen Regelung und auch einer großzügigen Übergangsregelung.

3.7.2.2.3 Erhaltungsaufwand

Erhaltungsaufwand betrifft Aufwendungen für die Erneuerung von bereits vorhandenen Teilen, Einrichtungen oder Anlagen.[323] Erhaltungsaufwendungen sind als Betriebsausgabe im Sinne des § 4 Abs. 4 EStG zu erfassen. Es liegen auch dann keine Herstellungsaufwendungen vor, wenn ein neuer Gebäudebestandteil oder eine neue Anlage

3510

---

319 Vgl. BMF, Schreiben vom 18.7.2003, BStBl 2003 I S. 386, Rz. 30.
320 Vgl. BMF, Schreiben vom 18.7.2003, BStBl 2003 I S. 386.
321 Vgl. *Kulosa*, in: Schmidt, EStG, 37. Aufl. 2018, § 6 Rn. 183.
322 Vgl. *Kulosa*, in: Schmidt, EStG, 37. Aufl. 2018, § 6 Rn. 183.
323 Vgl. R 21.1 EStR.

die Funktion des bisherigen Gebäudebestandteils für das Gebäude in vergleichbarer Weise erfüllt. Insofern entsteht kein neues Wirtschaftsgut und es liegt weder eine Erweiterung noch eine wesentliche Verbesserung vor. Erhaltungsaufwendungen können aber auch dann angenommen werden, wenn der neue Gebäudebestandteil isoliert betrachtet nicht die gleiche Beschaffenheit aufweist wie der bisherige Gebäudebestandteil oder die Anlage technisch nicht in der gleichen Weise wirkt, sondern lediglich entsprechend dem technischen Fortschritt modernisiert worden ist.

Von Erhaltungsaufwendungen ist danach regelmäßig z. B. in den folgenden Fällen auszugehen:[324]

- ▶ Zusätzliche Fassadenverkleidung wird zu Wärmeschutzzwecken oder Schallschutzzwecken angebracht.[325]
- ▶ Umstellung einer Heizungsanlage von Einzelöfen/Kohleöfen auf eine Zentralheizung.[326]
- ▶ Ersatz eines Flachdaches durch ein Satteldach, wenn dadurch lediglich eine größere Raumhöhe erreicht wird, nicht aber eine zusätzlich nutzbare Fläche.[327]
- ▶ Versetzen von Wänden.
- ▶ Vergrößerung von Fenstern.

Die Qualifikation der Aufwendungen ist in Praxis häufig mit Schwierigkeiten verbunden. Die Einkommensteuerrichtlinien und -hinweise enthalten weitere Beispiele.[328]

3511 Für Erhaltungsaufwendungen bei Wohngebäuden enthält **§ 82b EStDV** eine besondere **Verteilungsnorm**. Danach darf der Steuerpflichtige größere Aufwendungen für die Erhaltung von Gebäuden, die im Zeitpunkt der Leistung des Erhaltungsaufwands nicht zu einem Betriebsvermögen gehören und überwiegend „Wohnzwecken dienen", auf zwei bis fünf Jahre gleichmäßig verteilen (statt des sofortigen Abzugs in voller Höhe als Betriebsausgabe). Nach § 82b Abs. 1 Satz 2 EStDV dient ein Gebäude überwiegend Wohnzwecken, wenn die Grundfläche der Wohnzwecken dienenden Räume des Gebäudes mehr als die Hälfte der gesamten Nutzfläche beträgt. Zum Gebäude gehörende Garagen sind unabhängig von der tatsächlichen Nutzung als „Wohnzwecken dienend" zu behandeln, soweit in ihnen nicht mehr als ein Personenkraftwagen für jede in dem Gebäude befindliche Wohnung untergestellt werden kann (§ 82b Abs. 1 Satz 3 EStDV). Räume für weitere Kraftwagen sind stets als „nicht Wohnzwecken dienend" zu behandeln (§ 82b Abs. 1 Satz 4 EStDV). Sofern das Gebäude während des Verteilungszeitraums veräußert wird, regelt § 82b Abs. 2 EStDV, dass der noch nicht berücksichtigte Teil des Erhaltungsaufwands im Jahr der Veräußerung als Werbungskosten abzusetzen ist. Dies gilt ebenfalls, wenn ein Gebäude in ein Betriebsvermögen eingebracht oder nicht mehr zur Einkunftserzielung genutzt wird.

---

324 Vgl. BMF, Schreiben vom 18.7.2003, BStBl 2003 I S. 386, Rz. 23.
325 Vgl. BFH, Urteil vom 13.3.1979 – VIII R 83/77, BStBl 1979 II S. 435; s. aber Rz. 3509.
326 Vgl. BFH, Urteil vom 24.7.1979 – VIII R 162/78, BStBl 1980 II S. 7.
327 Vgl. BFH, Urteil vom 15.5.2013 – IX R 36/12, BStBl 2013 II S. 732.
328 R 6.4 EStR 2008; H 6.4 EStH 2008.

3.7.2.2.4 Anschaffungsnahe Herstellungskosten

Erfolgsneutral zu aktivierende Wirtschaftsgüter sind nach § 6 Abs. 1 Nr. 1 und Nr. 2 EStG mit den Anschaffungs- und Herstellungskosten zu bewerten. Erhaltungsaufwendungen qualifizieren hingegen nicht als Anschaffungs- oder Herstellungskosten und sind daher als sofort abziehbare Betriebsausgabe zu erfassen. Von diesem Grundsatz enthält § 6 Abs. 1 Nr. 1a EStG eine Ausnahme (sog. anschaffungsnahe Herstellungskosten).[329] Die Regelung ist nach § 52 Abs. 16 Satz 7 EStG auf Baumaßnahmen anzuwenden, mit denen nach dem 31.12.2003 begonnen wurde (maßgebend ist der Zeitpunkt, in dem der Bauantrag gestellt wurde, ansonsten der Zeitpunkt der Einreichung der Bauunterlagen).

3512

Nach § 6 Abs. 1 Nr. 1a Satz 1 EStG gehören zu den Herstellungskosten eines Gebäudes auch Aufwendungen für **Instandsetzungs- und Modernisierungsmaßnahmen**, die innerhalb von drei Jahren nach der Anschaffung des Gebäudes durchgeführt werden, wenn die Aufwendungen ohne die Umsatzsteuer 15 % der Anschaffungskosten des Gebäudes übersteigen. In diesem Fall liegen sogenannte „anschaffungsnahe" Herstellungskosten vor (anderenfalls, d. h. wird die 15 %-Grenze nicht überschritten, erfolgt die Abgrenzung zwischen Herstellungskosten und Erhaltungsaufwand nach allgemeinen Regeln).[330]

3513

Um in den Anwendungsbereich des § 6 Abs. 1 Nr. 1a EStG zu gelangen, müssen zunächst Herstellungskosten von Erhaltungsaufwendungen abgegrenzt werden, da § 6 Abs. 1 Nr. 1a EStG Erhaltungsaufwendungen voraussetzt.[331] Zu den anschaffungsnahen Herstellungskosten gehören nach § 6 Abs. 1 Nr. 1a Satz 2 EStG nicht die Aufwendungen für **Erweiterungen** im Sinne des § 255 Abs. 2 Satz 1 HGB sowie Aufwendungen für **Erhaltungsarbeiten**, die jährlich üblicherweise anfallen.[332] Der Anwendungsbereich der letzteren Ausnahme ist jedoch sehr begrenzt, da Erhaltungsaufwendungen typischerweise nicht jährlich anfallen. Eine Ausnahme könnte für die laufende (jährliche) Wartung der Heizung in Betracht kommen.[333] Gleichwohl dürfte in diesem Fall eine Anwendung des § 6 Abs. 1 Nr. 1a EStG bereits daran scheitern, dass die Heizungswartung weder eine Instandsetzungs- noch eine Modernisierungsmaßnahme ist.[334] Nicht ausgeschlossen sind Aufwendungen, die zu einer über den ursprünglichen Zustand hinausgehenden wesentlichen Verbesserung führen. Diese Aufwendungen sind bei der Ermittlung der 15 %-Grenze einzubeziehen. Mit Urteilen vom 14.6.2016 hat der BFH entschieden, dass zu den anschaffungsnahen Herstellungskosten sämtliche Aufwendungen für bauliche Maßnahmen gehören, die im Rahmen der Instandsetzung und Modernisierung im Zusammenhang mit der Anschaffung des Gebäudes anfallen. Dazu

3514

---

329 Insoweit liegt eine Abweichung zwischen Handelsbilanz und Steuerbilanz vor, vgl. *Kahle/Heinstein*, DStZ 2007 S. 99; zur historischen Entwicklung vgl. *Beck*, DStR 2003 S. 1462.
330 Vgl. *Spindler*, DB 2004 S. 510; *Kulosa*, in: Schmidt, EStG, 37. Aufl. 2018, § 6 Rn. 382.
331 Vgl. *Söffing*, DB 2004 S. 947.
332 Vgl. dazu *Kulosa*, in: Schmidt, EStG, 37. Aufl. 2018, § 6 Rn. 385; OFD Frankfurt a. M., Urteil vom 31.1.2006, DStR 2006 S. 567; BayLfSt, Erlass vom 24.11.2005, DStR 2006 S. 235.
333 Vgl. OFD Frankfurt a. M., Urteil vom 31.1.2006, DStR 2006 S. 567; *Pezzer*, DStR 2004 S. 528.
334 Vgl. *Kulosa*, in: Schmidt, EStG, 37. Aufl. 2018, § 6 Rn. 386.

zählen Aufwendungen zur Herstellung der **Betriebsbereitschaft**, Aufwendungen für eine über den ursprünglichen Zustand hinausgehende **wesentliche Verbesserung** sowie **Schönheitsreparaturen**.[335]

3515 Für die Ermittlung der 15 %-Grenze ist die Umsatzsteuer von den Aufwendungen abzuziehen. Der Abzug der Umsatzsteuer gilt nach dem Gesetzeswortlaut unabhängig von der Abziehbarkeit als Vorsteuer; § 9b EStG ist insoweit nicht zu beachten.[336] Der Vergleichswert „Anschaffungskosten des Gebäudes" für die 15 %-Grenze ist hingegen unter Beachtung des § 9b EStG zu ermitteln. Nach Verwaltungsauffassung ist bei der 15 %-Grenze auf das Gesamtgebäude abzustellen, so dass die gegebenenfalls steuerbilanzrechtlich bestehende Aufteilung des Gebäudes in mehrere Wirtschaftsgüter nicht nachzuvollziehen ist.[337]

3.7.2.2.5 Zusammentreffen von Anschaffungs-, Herstellungskosten und Erhaltungsaufwendungen

3516 Werden bei einer umfassenden Instandsetzungs- und Modernisierungsmaßnahme sowohl Arbeiten zur Schaffung eines betriebsbereiten Zustandes (Anschaffungskosten), zur Erweiterung des Gebäudes oder Maßnahmen, die über eine zeitgemäße substanzerhaltende Erneuerung hinausgehen (Herstellungskosten), als auch Erhaltungsarbeiten (Betriebsausgaben) durchgeführt, sind die hierauf jeweils entfallenden Aufwendungen grundsätzlich entsprechend aufzuteilen.[338] Die Aufteilung muss gegebenenfalls im Wege der Schätzung erfolgen (z. B., wenn eine einheitliche Rechnung gestellt wird).[339]

3517 Liegt bei einem derartigen Bündel von Einzelmaßnahmen ein sachlicher Zusammenhang im Sinne eines bautechnischen Ineinandergreifens vor, sind die Aufwendungen insgesamt als Anschaffungskosten oder Herstellungskosten zu beurteilen.[340] Ein bautechnisches Ineinandergreifen liegt vor, wenn die Erhaltungsarbeiten entweder notwendige Vorbedingungen für die Schaffung des betriebsbereiten Zustandes sind, oder ein Veranlassungs- beziehungsweise Verursachungszusammenhang mit Herstellungsarbeiten oder Maßnahmen zur Schaffung eines betriebsbereiten Zustands besteht.

3.7.2.3 Besonderheiten bei beschränkt Steuerpflichtigen

3518 Nach § 49 Abs. 1 Nr. 2 Buchst. f EStG werden laufende Vermietungseinkünfte ausländischer Körperschaften ohne inländische Betriebsstätte seit dem Veranlagungszeitraum 2009 als Einkünfte aus Gewerbebetrieb behandelt.[341] Die Gewerblichkeitsfiktion führt zu einer Angleichung der Gewinnermittlung,[342] da vor der gesetzlichen Änderung nur

---

335 BFH, Urteile vom 14.6.2016 – IX R 25/14, BStBl 2016 II S. 992; IX R 15/15, BStBl. 2016 II, S. 996; IX R 22/15, BStBl. 2016 II, S. 999. Die Finanzverwaltung wendet die Grundsätze der BFH-Urteile in allen offenen Fällen an. Siehe BMF, Schreiben vom 20.10.2017.
336 Vgl. *Kulosa*, in: Schmidt, EStG, 37. Aufl. 2018, § 6 Rn. 385.
337 Vgl. z. B. OFD Frankfurt a. M., Urteil vom 31.1.2006, DStR 2006 S. 567; BayLfSt, Erlass vom 24.11.2005, DStR 2006 S, 235; ablehnend *Kulosa*, in: Schmidt, EStG, 37. Aufl. 2018, § 6 Rn. 382.
338 Vgl. BMF, Schreiben vom 18.7.2003, BStBl 2003 I S. 386, Rz. 33 ff.
339 Vgl. *Kahle/Heinstein*, DStZ 2007 S. 99.
340 Vgl. BMF, Schreiben vom 18.7.2003, BStBl 2003 I S. 386, Rz. 35.
341 Vgl. dazu *Dörfler/Rautenstrauch/Adrian*, BB 2009 S. 580.
342 Vgl. BT-Drucks. 16/10189, S. 9.

die Veräußerungsgewinne als gewerbliche Einkünfte zu behandeln waren. Der Erwerb eines die Steuerpflicht begründenden Vermögensgegenstands (d. h. des inländischen Grundstücks) ist der zuständigen Gemeinde gemäß § 138 Abs. 1 AO innerhalb eines Monats nach dem Erwerb, d. h. nach Übergang von Nutzen und Lasten anzuzeigen.[343] Die Gewinnermittlung des beschränkt Steuerpflichtigen erfolgt grundsätzlich nach § 4 Abs. 3 EStG. Überschreitet der beschränkt Steuerpflichtige allerdings eine der in § 141 AO genannten Grenzen und weist die zuständige Finanzbehörde auf das Vorliegen der Buchführungspflicht nach § 141 AO hin, besteht eine Pflicht zur Bilanzierung nach § 4 Abs. 1 EStG. Nach Verwaltungsauffassung könnte sich die steuerliche Pflicht, Bücher zu führen, auch aus § 140 AO ergeben, da auch ausländische Rechtsnormen – nicht nur das HGB – eine Buchführungspflicht nach § 140 AO begründen können.[344] Der Wortlaut des § 140 AO lässt eine derartige Auslegung zu. Gleichwohl hat der BFH an dieser Auslegung Zweifel.[345] Entschieden hat der BFH für beschränkt Steuerpflichtige jedoch, dass jedenfalls die freiwillige Buchführung ausländischer Gesellschaften, sei es aufgrund einer nach ausländischen Recht vorhandenen Verpflichtung oder nicht, den Anwendungsbereich der Gewinnermittlung nach § 4 Abs. 3 EStG sperrt.[346] Das der Gewinnermittlung des beschränkt Steuerpflichtigen zugrunde liegende Wirtschaftsjahr entspricht dem Kalenderjahr. Dies gilt nach dem BMF-Schreiben vom 16.5.2011 auch dann, wenn der beschränkt Steuerpflichtige im Ausland ein abweichendes Wirtschaftsjahr hat.[347]

Ist aufgrund der Rechtsänderungen durch das JStG 2009 für den VZ 2009 erstmals ein Gewinn nach § 4 Abs. 1 EStG zu ermitteln, muss eine Eröffnungsbilanz aufgestellt werden. Dabei sind auf der Aktivseite die in § 49 Abs. 1 Nr. 2 Buchst. f EStG genannten Wirtschaftsgüter und auf der Passivseite die mit diesen Wirtschaftsgütern zusammenhängenden Schulden zu erfassen.[348] 3519

Folge der Qualifizierung laufender Vermietungseinkünfte als gewerbliche Einkünfte ab dem 1.1.2009 ist aber nicht die Einlage des Grundbesitzes in ein inländisches Betriebsvermögen mit dem Teilwert nach § 6 Abs. 1 Nr. 5 EStG. Bereits mit Einführung des bisherigen § 49 Abs. 1 Nr. 2 Buchst. f EStG (Gewerblichkeit der Einkünfte aus der Veräußerung des inländischen Grundbesitzes) ab dem 1.1.1994 galt das inländische Immobilienvermögen als in ein inländisches Betriebsvermögen eingelegt. Diesbezüglich hatte der BFH entschieden, dass der grundsätzlich erforderliche Einlagewille durch eine gesetzliche Anordnung ersetzt werden kann (sogenannte Quasi-Einlage).[349] Eine weitere, d. h. doppelte Quasi-Einlage zum 1.1.2009 scheidet aus, da der inländische Grundbesitz bereits eingelegt und somit steuerverhaftet ist.[350] 3520

---

343 Vgl. BMF, Schreiben vom 16.5.2011, BStBl 2011 I S. 350, Tz. 2.
344 Vgl. BMF, Schreiben vom 16.5.2011, BStBl 2011 I S. 350, Tz. 5.
345 Vgl. BFH, Beschluss vom 9.8.1989 – I B 118/88, BStBl 1990 II S. 175. Vgl. auch *Herzig/Briesemeister/Schäperclaus*, DB 2011 S. 1651.
346 Vgl. BFH, Urteil vom 25.6.2014 – I R 24/13, BStBl 2014 II, S. 141; BFH, Urteil vom 10.12.2014 – I R 3/13, DStRE 2015, S. 441.
347 Vgl. BMF, Schreiben vom 16.5.2011, BStBl 2011 I S. 350, Tz. 7.
348 Vgl. BMF, Schreiben vom 16.5.2011, BStBl 2011 I S. 350, Tz. 8.
349 Vgl. BFH, Urteil vom 22.8.2006 – I R 6/06, BStBl 2007 II S. 163.
350 Vgl. *Dörfler/Rautenstrauch/Adrian*, BB 2009 S. 580; *Huschke/Hartwig*, IStR 2008 S. 748.

3521 Gemäß BMF-Schreiben vom 16.5.2011 gilt hinsichtlich der Bewertung das Folgende:[351]

- ▶ Inländisches unbewegliches Vermögen, das nach dem 31.12.1993 und vor dem 1.1.2009 angeschafft oder hergestellt wurde, ist zum 1.1.2009 unabhängig von der Gewinnermittlungsart nach § 6 Abs. 1 Nr. 1, 1a EStG mit den Anschaffungs- oder Herstellungskosten vermindert um die i. R. v. § 49 Abs. 1 Nr. 6 EStG (Einkünfte aus Vermietung und Verpachtung) tatsächlich geltend gemachten substanzbezogenen Absetzungen anzusetzen.

- ▶ Für Wirtschaftsgüter, die vor dem 1.1.1994 angeschafft oder hergestellt wurden, tritt an die Stelle der Anschaffungs- oder Herstellungskosten der Teilwert zum 1.1.1994, vermindert um die im Zeitraum vom 1.1.1994 bis zum 31.12.2008 i. R. v. § 49 Abs. 1 Nr. 6 EStG (Einkünfte aus Vermietung und Verpachtung) tatsächlich geltend gemachten substanzbezogenen Absetzungen.

- ▶ Als AfA-Bemessungsgrundlagen gelten (auch nach dem 31.12.2008) die ursprünglichen Anschaffungs- oder Herstellungskosten oder der Teilwert zum 1.1.1994. Eine Minderung der AfA-Bemessungsgrundlage nach § 7 Abs. 1 Satz 5 EStG (Minderung um AfA, Sonderabschreibungen und erhöhte Absetzungen) kommt mangels Einlage nicht zur Anwendung.

- ▶ § 6b EStG ist mangels einer inländischen Betriebsstätte (§ 6b Abs. 4 EStG) nicht anwendbar. Teilwertabschreibungen sind nach allgemeinen Grundsätzen zulässig.

- ▶ Ab dem Veranlagungszeitraum 2009 sind AfA für Gebäude in Höhe von 3 % nach § 7 Abs. 4 Satz 1 Nr. 1 EStG vorzunehmen, soweit das Gebäude nicht Wohnzwecken dient und der Bauantrag nach dem 31.3.1985 gestellt wurde. Anderenfalls beträgt die jährliche AfA 2 % für Gebäude, die nach dem 31.12.1924 fertig gestellt worden sind bzw. 2,5 % pro Jahr für Gebäude, die vor dem 1.1.1925 fertig gestellt worden sind.

3522 Auswirkungen auf die Gewerbesteuer hat die Änderung des § 49 Abs. 1 Nr. 2 Buchst. f EStG beziehungsweise die neue Gewerblichkeitsfiktion nicht. Eine Gewerbesteuerpflicht ausländischer Körperschaften mit inländischem Grundbesitz kommt weiterhin nur bei Vorliegen einer inländischen Betriebsstätte in Betracht.

3.8 Folgebewertung

3.8.1 Abnutzbares und nicht abnutzbares Sachanlagevermögen

3523 Eine planmäßige Abschreibung (steuerrechtlich: Absetzung für Abnutzung, kurz: AfA) ist für abnutzbare Wirtschaftsgüter des Anlagevermögens vorgesehen. Neben der Abnutzbarkeit des Wirtschaftsguts setzt eine planmäßige AfA voraus, dass die Nutzungsdauer des Wirtschaftsguts einen Zeitraum von zwölf Monaten übersteigt (§ 7 Abs. 1 Satz 1 EStG).[352] Gemäß § 6 Abs. 1 Nr. 1 EStG sind Wirtschaftsgüter des Anlagevermögens, die einer Abnutzung unterliegen, mit den Anschaffungs- oder Herstellungskosten oder dem an deren Stelle tretenden Wert, vermindert um AfA, erhöhte Absetzungen, Sonderabschreibungen, Abzüge nach § 6b EStG und ähnliche Abzüge, anzusetzen. Zum **abnutz-**

---

351 Vgl. BMF, Schreiben vom 16.5.2011, BStBl 2011 I S. 350, Tz. 11 f.
352 Vgl. auch H 7.4 „Nutzungsdauer" EStH.

baren **Sachanlagevermögen** gehören insbesondere Gebäude, Gebäudeteile, technische Anlagen und Maschinen sowie die Betriebs- und Geschäftsausstattung.[353]

Für **nicht abnutzbares Sachanlagevermögen** gilt für die Folgebewertung § 6 Abs. 1 Nr. 2 EStG. Danach erfolgt die Bewertung zu Anschaffungs- oder Herstellungskosten oder dem an deren Stelle tretenden Wert, vermindert um Abzüge nach § 6b EStG und ähnliche Abzüge. Eine planmäßige Abschreibung ist nicht zulässig. Zum nicht abnutzbaren Sachanlagevermögen gehört insbesondere der Grund und Boden.

3524

3.8.2 Planmäßige Abschreibung
3.8.2.1 Beginn und Ende der AfA

AfA ist vorzunehmen, sobald ein abnutzbares Wirtschaftsgut angeschafft oder hergestellt ist. Angeschafft ist ein Wirtschaftsgut mit der Lieferung; hergestellt ist ein Wirtschaftsgut mit der Fertigstellung (§ 9a EStDV). Sofern im Kaufvertrag neben der Lieferung auch die Montage des Wirtschaftsguts durch den Verkäufer vorgesehen ist, gilt das Wirtschaftsgut erst mit Beendigung der Montage geliefert.[354] Nimmt der Steuerpflichtige die Montage hingegen selbst vor (oder ein von ihm beauftragter Dritter), ist das Wirtschaftsgut bereits bei Übergang der wirtschaftlichen Verfügungsmacht geliefert.

3525

Im Anschaffungs- oder Herstellungsjahr ist der Betrag der Jahres-AfA um jeweils ein Zwölftel für jeden Monat zu kürzen, der dem Anschaffung- oder Herstellungsmonat vorangeht (§ 7 Abs. 1 Satz 4 EStG). Wird z. B. eine Maschine im April angeschafft, darf im Anschaffungsjahr nur die anteilige Jahres-AfA von 9/12 angesetzt werden; für die Monate Januar bis März darf keine Absetzung geltend gemacht werden.

3526

Die planmäßige AfA endet mit dem Ausscheiden des Wirtschaftsguts aus dem Betriebsvermögen (z. B. durch Veräußerung oder Entnahme). Scheidet das Wirtschaftsgut im Laufe des Wirtschaftsjahres aus, kann entsprechend zum Beginn der Abschreibung auch nur der Teil des jährlichen AfA-Betrags geltend gemacht werden, der auf den Zeitraum vom Beginn des Wirtschaftsjahres bis zum Ausscheiden des Wirtschaftsguts entfällt.[355]

3527

3.8.2.2 AfA-Methoden

Das EStG sieht unterschiedliche AfA-Methoden vor. Steuerliche Hauptmethode ist die lineare AfA. Unter bestimmten Voraussetzungen darf aber auch eine degressive AfA und eine Abschreibung nach Maßgabe der Leistung (Unterform der linearen AfA) gewählt werden.

3528

Nach dem **BilMoG** können steuerliche Wahlrechte unabhängig von der Handelsbilanz ausgeübt werden (§ 5 Abs. 1 Satz 1 2. Halbsatz EStG). Dies gilt auch für steuerliche Wahlrechte, denen ein entsprechendes handelsrechtliches Wahlrecht gegenüber steht.[356] Somit ist auch die steuerliche Wahl der Abschreibungsmethode unabhängig

3529

---

353 R 6.1 Abs. 1 Satz 4 EStR.
354 Vgl. R 7.4 Abs. 1 Satz 3 EStR.
355 Vgl. R 7.4 Abs. 8 EStR.
356 Vgl. *Dörfler/Adrian*, Ubg 2009 S. 385.

von der Handelsbilanz möglich. Beispielsweise kann steuerlich die degressive AfA gewählt werden, während handelsrechtlich linear abgeschrieben wird. Werden unterschiedliche Abschreibungsmethoden in Steuerbilanz und Handelsbilanz gewählt, sind die Dokumentationserfordernisse des § 5 Abs. 1 Satz 2 und 3 EStG als Voraussetzung der steuerlichen Wahlrechtsausübung zu beachten.

3530 Als AfA-Methode kommt für Sachanlagen die **lineare AfA** nach § 7 Abs. 1 Satz 1 und 2 EStG in Betracht. Nach § 7 Abs. 1 Satz 1 EStG ist bei Wirtschaftsgütern, deren Verwendung oder Nutzung durch den Steuerpflichtigen zur Erzielung von Einkünften sich erfahrungsgemäß auf einen Zeitraum von mehr als ein Jahr erstreckt, jeweils für ein Jahr der Teil der Anschaffungs- oder Herstellungskosten abzusetzen, der bei gleichmäßiger Verteilung dieser Kosten auf die Gesamtdauer der Verwendung oder Nutzung auf ein Jahr entfällt. Die Absetzung bemisst sich dabei nach der betriebsgewöhnlichen Nutzungsdauer des Wirtschaftsguts (§ 7 Abs. 1 Satz 2 EStG). Dabei ist die AfA grundsätzlich so zu bemessen, dass die Anschaffungs- oder Herstellungskosten nach Ablauf der betriebsgewöhnlichen Nutzungsdauer des Wirtschaftsguts voll abgesetzt sind.[357] Die **betriebsgewöhnliche Nutzungsdauer** ist der Zeitraum, in dem das Wirtschaftsgut unter Berücksichtigung der Verhältnisse seines konkreten Einsatzes seiner Zweckbestimmung entsprechend genutzt werden kann.[358] Bei gebraucht erworbenen Wirtschaftsgütern ist der linearen AfA die Restnutzungsdauer zugrunde zu legen. Die tatsächliche Dauer der betrieblichen Nutzung ist nicht maßgeblich. Die betriebsgewöhnliche Nutzungsdauer wird auch nicht durch eine voraussichtliche Veräußerung oder Beseitigung vor der technischen oder wirtschaftlichen Abnutzung verkürzt.[359] Bei der Nutzungsdauer kann die technische Nutzungsdauer (Zeitraum bis zum Verschleiß des Wirtschaftsguts), die wirtschaftliche Nutzungsdauer (Zeitraum, in dem das Wirtschaftsgut rentabel genutzt werden kann) und die rechtliche Nutzungsdauer (Zeitraum, in dem das Wirtschaftsgut genutzt werden darf) unterschieden werden. Der Steuerpflichtige kann grundsätzlich die für ihn günstigste Nutzungsdauer verwenden.[360] Gemäß der EStR entspricht die Nutzungsdauer eines Wirtschaftsguts jedoch regelmäßig dem Zeitraum, in dem es sich technisch abnutzt.[361] Als Hilfsmittel zur Schätzung der Nutzungsdauer dienen die von der Verwaltung veröffentlichten AfA-Tabellen. Die dort angegebenen Werte für die betriebsgewöhnliche Nutzungsdauer beruhen auf Erfahrungen der steuerlichen Betriebsprüfung.[362] Eine glaubhaft gemachte kürzere Nutzungsdauer wird ebenfalls von der Finanzverwaltung akzeptiert.[363] Die Nutzungsdauer der AfA-Tabellen haben zunächst die Vermutung der Richtigkeit für sich, sind aber für die Gerichte nicht bindend.[364]

---

357 Vgl. R 7.4 Abs. 3 Satz 1 EStR.
358 Entsprechend zu Gebäuden siehe § 11c Abs. 1 Satz 1 EStDV; vgl. auch *Kulosa*, in: Schmidt, EStG, 37. Aufl. 2018, § 7 Rn. 101.
359 Vgl. BFH, Urteil vom 9. 12. 1999 – X R 78/94, BStBl II 2001 S. 311.
360 Vgl. z. B. BFH, Urteil vom 26.1.2001 – VI R 26/98, BStBl 2001 II S. 94; *Kulosa*, in: Schmidt, EStG, 37. Aufl. 2018, § 7 Rn. 102.
361 Vgl. H 7.4 „Nutzungsdauer" EStH.
362 Vgl. Allgemeine Vorbemerkungen zu den AfA-Tabellen.
363 Vgl. Allgemeine Vorbemerkungen zu den AfA-Tabellen.
364 Vgl. BFH, Urteil vom 19.11.1997 – X R 78/94, BStBl 1998 II S. 59.

§ 7 Abs. 1 Satz 6 EStG sieht die Möglichkeit einer Abschreibung nach Maßgabe der **Leistung** bei beweglichen Wirtschaftsgütern des Anlagevermögens vor. Die Leistungs-AfA darf an Stelle der linearen AfA nur bei Wirtschaftsgütern gewählt werden, bei denen dies wirtschaftlich begründet ist. Wirtschaftlich begründet ist die Leistungs-AfA als Alternative zur linearen AfA in erster Linie bei Wirtschaftsgütern, deren Nutzung in den einzelnen Jahren der Nutzungsdauer erheblich schwankt und dementsprechend der Verschleiß des Anlageguts wesentliche Unterschiede aufzeigt.[365] Die jährliche AfA wird durch einen Prozentsatz von der AfA-Bemessungsgrundlage (i. d. R. die Anschaffungs- oder Herstellungskosten) ermittelt. Der jährlich variierende Prozentsatz ergibt sich aus dem Quotient der Jahresleistung und der (zu schätzenden) Gesamtleistung. Die maßgeblichen Einheiten können Leistungseinheiten (z. B. Fahrleistung in km) oder Zeiteinheiten sein.[366] Der Steuerpflichtige muss nach § 7 Abs. 1 Satz 6 EStG den auf das einzelne Jahr entfallenden Umfang der Leistung nachweisen. Dazu kommt z. B. ein Zählwerk, ein Betriebsstundenzähler oder Ähnliches in Betracht.[367]

3531

Die **degressive AfA** wurde durch das Konjunkturpaket I vom 21.12.2008 zeitlich begrenzt (wieder) eingeführt.[368] Für bewegliche Wirtschaftsgüter des Anlagevermögens, die nach dem 31.12.2008 und vor dem 1.1.2011 angeschafft oder hergestellt worden sind, darf nach § 7 Abs. 2 EStG die degressive AfA an Stelle der linearen in Anspruch genommen werden. Maßgeblich für die mögliche Nutzung der degressiven AfA ist somit der Zeitpunkt der Anschaffung oder Herstellung: Liegt dieser Zeitpunkt nach dem 31.12.2008, aber vor dem 1.1.2011 kann das Wirtschaftsgut auch im Jahr 2011 und den Folgejahren degressiv abgeschrieben werden. Bei der degressiven AfA wird die Absetzung nach einem unveränderlichen Prozentsatz vom jeweiligen Buchwert (bzw. Restbuchwert) vorgenommen. Dabei ist der anzuwendende Prozentsatz begrenzt auf 25 Prozent, höchstens jedoch das Zweieinhalbfache der linearen AfA (§ 7 Abs. 2 Satz 2 2. Halbsatz EStG). Für den Beginn der AfA bei unterjährigem Zugang des Wirtschaftsguts ist entsprechend zur linearen AfA nur die anteilige AfA (monatsgenau) absetzbar (§ 7 Abs. 2 Satz 3 in Verbindung mit § 7 Abs. 1 Satz 4 EStG). Zudem sind nach § 7a Abs. 8 EStG in Verbindung mit § 7 Abs. 1 Satz 4 EStG besondere Aufzeichnungspflichten zu beachten, die allerdings entfallen, wenn die Angaben aus der Buchführung ersichtlich sind. Sofern die degressive AfA vom Steuerpflichtigen genutzt wird, sind Absetzungen für außergewöhnliche technische oder wirtschaftliche Abnutzungen nach § 7 Abs. 1 Satz 7 EStG nicht zulässig (§ 7 Abs. 2 Satz 4 EStG). Teilwertabschreibungen nach § 6 Abs. 1 Nr. 1 Satz 2 EStG dürfen jedoch vorgenommen werden, wenn der Teilwert aufgrund einer voraussichtlich dauernden Wertminderung niedriger als die fortgeführten Anschaffungs- oder Herstellungskosten ist.

3532

Ein **Wechsel** der AfA-Methoden ist teilweise möglich. Nach § 7 Abs. 3 Satz 1 EStG ist der Übergang von der degressiven AfA zur linearen AfA zulässig. In diesem Fall bemisst sich die AfA gemäß § 7 Abs. 3 Satz 2 EStG vom Übergangszeitpunkt an nach dem dann noch vorhandenen Restbuchwert und der Restnutzungsdauer des einzelnen Wirtschaftsguts.

3533

---

365 Vgl. R 7.4 Abs. 5 EStR.
366 Vgl. *Kulosa*, in: Schmidt, EStG, 37. Aufl. 2018, § 7 Rn. 115.
367 Vgl. R 7.4 Abs. 5 EStR.
368 Vgl. BGBl 2008 I S. 2896.

Dies bedeutet, dass zur Ermittlung des jährlichen linearen AfA-Betrags der vorhandene Restbuchwert durch die Restnutzungsdauer zu teilen ist. Der Übergang von der linearen AfA zur degressiven AfA ist nach § 7 Abs. 3 Satz 3 EStG nicht zulässig. Hingegen ist ein Wechsel zwischen Leistungs-AfA und linearer AfA möglich, da § 7 Abs. 3 EStG insoweit keine Einschränkungen enthält. War die Wahl der Leistungs-AfA wirtschaftlich begründet und fällt der wirtschaftliche Grund weg, muss die AfA-Methode aber nicht zwingend gewechselt werden. Insofern besteht ein Beibehaltungswahlrecht.[369]

3534 Zur Möglichkeit der Inanspruchnahme der Regelungen für **geringwertige Wirtschaftsgüter** nach § 6 Abs. 2 EStG bzw. § 6 Abs. 2a EStG siehe Rz. 3465 ff.

3.8.2.3 Bemessungsgrundlage der AfA

3535 Die Bemessungsgrundlage der planmäßigen AfA sind grundsätzlich die Anschaffungs- oder Herstellungskosten des Wirtschaftsguts oder der an die Stelle der Anschaffungs- oder Herstellungskosten tretende Wert. Vgl. Rz. 3495 ff. zu diesen Fällen.

3536 Ist dem Steuerpflichtigen im Jahr der Anschaffung oder Herstellung ein (steuerpflichtiger) **Zuschuss** gewährt worden, der erfolgsneutral behandelt wurde, ist die AfA von den um den Zuschuss geminderten Anschaffungs- oder Herstellungskosten vorzunehmen.[370] Entsprechendes gilt bei Abzügen nach § 6b Abs. 1 oder Abs. 3 EStG oder nach R 6.6 EStR.

3537 Wird ein Wirtschaftsgut, das zur Erzielung von Einkünften im Sinne des § 2 Abs. 1 Satz 1 Nr. 4 bis 7 EStG genutzt wurde, in das Betriebsvermögen eingelegt, mindert sich der **Einlagewert** nach **§ 7 Abs. 1 Satz 5 EStG** um die AfA, Sonderabschreibungen oder erhöhte Absetzungen, die bis zum Zeitpunkt der Einlage geltend gemacht wurden.[371] Höchstens erfolgt jedoch eine Minderung auf die fortgeführten Abschaffungs- oder Herstellungskosten. Ist der Einlagewert niedriger als der nach vorstehenden Regelungen ermittelte Wert, bemisst sich die weitere AfA nach § 7 Abs. 1 Satz 5 2. Halbsatz EStG von der Grundlage des Einlagewerts.[372]

3538 Bei **nachträglichen Anschaffungs- oder Herstellungskosten** ist die Restnutzungsdauer unter Berücksichtigung des Zustands des Wirtschaftsguts im Zeitpunkt des Abschlusses der nachträglichen Herstellungsarbeiten neu zu schätzen.[373] Bei Bemessung der AfA für das Jahr der Entstehung der nachträglichen Anschaffungs- oder Herstellungskosten sind diese so zu berücksichtigen, als wären sie zu Beginn des Jahres aufgewendet worden. Die AfA bemisst sich vom Jahr der Entstehung der nachträglichen Anschaffungs- oder Herstellungskosten an nach der Restnutzungsdauer.

3539 Sofern eine AfA unterblieben ist, kann die AfA **nachgeholt** werden, indem die noch nicht abgesetzten Anschaffungs- oder Herstellungskosten entsprechend der gewählten AfA-Methode auf die noch verbleibende Restnutzungsdauer verteilt werden.[374] Die in den

---

369 Vgl. *Kulosa*, in: Schmidt, EStG, 37. Aufl. 2018, § 7 Rn. 115.
370 Vgl R 7.3 Abs. 4 EStR.
371 Vgl. mit Berechnungsbeispielen BMF, Schreiben vom 27.10.2010, BStBl 2010 I S. 1204.
372 Vgl. *Schoor*, BBK 2011 S. 115.
373 Vgl. H 7.4 „Nachträgliche Anschaffungs- oder Herstellungskosten" EStH.
374 Vgl. H 7.4 „Unterlassene oder überhöhte AfA" EStH.

Vorjahren im Hinblick auf eine zu niedrige Bemessungsgrundlage zu wenig geltend gemachte AfA kann in der letzten Anfangsbilanz gewinnneutral berichtigt werden, indem der richtige höhere Anfangswert gekürzt um die tatsächlich vorgenommenen Absetzungsbeträge in die Bilanz eingestellt wird.[375] Bisher unterlassene AfA kann aber gemäß BFH-Rechtsprechung jedenfalls dann nicht nachgeholt werden, wenn ein Wirtschaftsgut des notwendigen Betriebsvermögens aufgrund einer Fehlerberechtigung erstmals im Betriebsvermögen ausgewiesen wird.[376]

3.8.2.4 Besonderheiten bei Gebäuden

Für Gebäude ist im EStG die planmäßige Abschreibung gesondert geregelt (§ 7 Abs. 4, Abs. 5 EStG). Der Steuerpflichtige kann sowohl eine lineare als auch eine degressive AfA unter bestimmten Voraussetzungen wählen. 3540

Die **lineare AfA** nach § 7 Abs. 4 EStG bemisst sich in Abhängigkeit von der Nutzung des Gebäudes, der Zugehörigkeit zum Betriebsvermögen und von dem Zeitpunkt, in dem der Bauantrag gestellt wurde bzw. das Gebäude fertiggestellt wurde. Nach § 7 Abs. 4 Satz 1 Nr. 1 EStG sind bei Gebäuden, soweit sie zu einem Betriebsvermögen gehören und nicht Wohnzwecken[377] dienen und für die der Bauantrag nach dem 31.3.1985 gestellt worden ist, jährlich **3 %** der Anschaffungs- oder Herstellungskosten abzuziehen. Die vorherige Gesetzesfassung sah noch eine jährliche AfA von 4 % vor. 3541

Nach § 52 Abs. 21b EStG darf der **erhöhte (alte) AfA-Satz** von **4 %** bei Gebäuden weiterhin angewendet werden, soweit sie zum Betriebsvermögen gehören und nicht Wohnzwecken dienen, wenn der Steuerpflichtige im Fall der Herstellung vor dem 1.1.2001 mit der Herstellung des Gebäudes begonnen hat oder im Fall der Anschaffung das Gebäude aufgrund eines vor dem 1.1.2001 rechtswirksam geschlossenen Vertrags (oder gleichstehenden Rechtsakts) angeschafft hat. Gemäß § 52 Abs. 21b Satz 2 EStG gilt als Beginn der Herstellung bei Gebäuden, bei denen eine Baugenehmigung notwendig ist, der Zeitpunkt, in dem der Bauantrag gestellt wurde. Bei baugenehmigungsfreien Gebäuden gilt der Zeitpunkt, in dem die Bauunterlagen einzureichen sind, als Beginn der Herstellung. Bei **Personengesellschaften** ist der einzelne Gesellschafter abschreibungsberechtigter Steuerpflichtiger im Sinne der Anwendungsvorschrift.[378] Somit ist maßgeblich, ob der Steuerpflichtige bei Beginn der Herstellung oder bei der Anschaffung bereits Gesellschafter der Personengesellschaft war. Erfolgt hingegen ein Beitrag eines neuen Gesellschafters nach dem 31.12.2000, so ist bereits der neue, niedrigere AfA-Satz von 3 % anzuwenden. 3542

Sind die Voraussetzungen des § 7 Abs. 4 Satz 1 Nr. 1 EStG nicht erfüllt (z. B. Gebäude, die Wohnzecken dienen) gilt § 7 Abs. 4 Satz 1 Nr. 2 EStG für die lineare AfA. Bei Gebäuden, die nach dem 31.12.1924 fertiggestellt worden sind, beträgt der lineare AfA-Satz **2 %** der Anschaffungs- oder Herstellungskosten. Bei Gebäude, die vor dem 1.1.1925 fertiggestellt worden sind, sind jährlich **2,5 %** absetzbar. Bei Gebäuden, die vor Einlage 3543

---

375 Vgl. H 4.4 „Bilanzberichtigung" EStH; siehe auch BFH, Urteil vom 29.10.1991 – VIII R 51/84, BStBl 1992 II S. 512.
376 Vgl. BFH, Urteil vom 24.10.2001 – X R 153/97, BStBl 2002 II S. 75.
377 Zu „Wohnzwecken" vgl. R 7.2 Abs. 1 bis 3 EStR.
378 Vgl. H 7.2 „Zeitliche Anwendung bei linearer Gebäude-AfA" EStH.

in das Betriebsvermögen zur Erzielung von Einkünften im Sinne des § 2 Abs. 2 Nr. 4 bis 7 EStG verwendet worden sind, gilt § 7 Abs. 1 Satz 5 EStG entsprechend (vgl. dazu Rz. 3537).

3544 Den linearen AfA-Sätzen von 4 %, 3 %, 2,5 % und 2 % liegen **Nutzungsdauern** von 25 Jahren, 33 Jahren, 40 Jahren und 50 Jahren zugrunde. Auch durch einen **Eigentümerwechsel** ändert sich die in § 7 Abs. 4 Satz 1 EStG typisierte (Regel-) Nutzungsdauer eines Gebäudes nicht. Sie beginnt, unabhängig vom Alter des Gebäudes bei jedem Eigentümerwechsel erneut mit der Folge, dass sich Abschreibungszeiträume ergeben können, die über die im Bewertungsrecht unterstellte (bei Mietwohngrundstücken: 80 Jahre) Gesamtnutzungsdauer weit hinausreichen.[379] Unabhängig von einem Eigentümerwechsel können nach § 7 Abs. 4 Satz 2 EStG anstelle der typisierten Absetzungen auch höhere (lineare) AfA-Sätze geltend gemacht werden, wenn die tatsächliche Nutzungsdauer des Gebäudes geringer als die gesetzlich angenommene Nutzungsdauer ist. Eine Unterschreitung der gesetzlich vorgegebenen AfA-Sätze ist nicht möglich.[380]

3545 Die **degressive AfA** ist auch bei Gebäuden ein auslaufendes Recht. Für Neubauten und Anschaffung ab dem 1.1.2006 ist keine degressive AfA mehr möglich. Bei den „Altfällen" werden bei der Höhe der degressiven AfA, entsprechend zur linearen AfA, Fälle des § 7 Abs. 4 Satz 1 Nr. 1 EStG (Gebäude, soweit sie zu einem Betriebsvermögen gehören und nicht Wohnzwecken dienen) und Fälle des § 7 Abs. 4 Satz 1 Nr. 2 EStG (Gebäude, soweit sie die Voraussetzungen des § 7 Abs. 4 Satz 1 Nr. 1 EStG nicht erfüllen) unterschieden. Im Fall der Anschaffung kann eine degressive AfA nach § 7 Abs. 5 Satz 1 EStG nur angewendet werden, wenn der Hersteller für das veräußerte Gebäude weder degressive AfA nach § 7 Abs. 5 Satz 1 EStG vorgenommen noch erhöhte Absetzungen oder Sonderabschreibungen in Anspruch genommen hat (§ 7 Abs. 5 Satz 2 EStG). Dies schließt aber die degressive AfA durch den Erwerber nur für das Jahr der Fertigstellung aus, sodass der Erwerber im Folgejahr auf die degressive AfA übergehen kann.[381] Insoweit besteht eine Ausnahme von dem Grundsatz, dass bei Gebäuden ein Wechsel der AfA-Methode grundsätzlich unzulässig ist.[382]

3546 Im Einzelnen gilt nach § 7 Abs. 5 EStG Folgendes: Bei Gebäuden, die in einem EU- oder EWR-Staat belegen sind und die vom Steuerpflichtigen hergestellt oder bis zum Ende des Jahres der Fertigstellung angeschafft worden sind, können abweichend von § 7 Abs. 4 EStG (lineare AfA) als AfA die folgenden Beträge (Staffelsätze) von den Anschaffungs- oder Herstellungskosten abgezogen werden:

3547 Nr. 1: bei Gebäuden im Sinne des **§ 7 Abs. 4 Satz 1 Nr. 1 EStG**, die vom Steuerpflichtigen aufgrund eines **vor dem 1.1.1994** gestellten Bauantrags hergestellt oder aufgrund eines vor diesem Zeitpunkt rechtswirksam abgeschlossenen obligatorischen Vertrags angeschafft worden sind,

---

[379] FG Köln, Urteil vom 30.06.2016 - 11 K 3657/14, BeckRS 2016, 124316.
[380] Vgl. *Kulosa*, in: Schmidt, EStG, 37. Aufl. 2018, § 7, Rn. 152.
[381] Vgl. H 7.4 „Degressive AfA nach § 7 Abs. 5 EStG in Erwerbsfällen" EStG; siehe auch BFH, Urteil vom 3.4.2001 – IX R 16/98, BStBl 2001 II S. 599.
[382] Vgl. BFH, Urteil vom 10.3.1987 – IX R 24/86, BStBl 1987 II S. 618; H 7.4 „Wechsel der AfA-Methode bei Gebäuden" EStH.

- ▶ im Jahr der Fertigstellung und in den folgenden 3 Jahren   jeweils 10 %,
- ▶ in den darauf folgenden 3 Jahren   jeweils 5 %,
- ▶ in den darauf folgenden 18 Jahren   jeweils 2,5 %,

Nr. 2: bei Gebäuden i. S. d. **§ 7 Abs. 4 Satz 1 Nr. 2 EStG**, die vom Steuerpflichtigen aufgrund eines **vor dem 1.1.1995** gestellten Bauantrags hergestellt oder aufgrund eines vor diesem Zeitpunkt rechtswirksam abgeschlossenen obligatorischen Vertrags angeschafft worden sind,   3548

- ▶ im Jahr der Fertigstellung und in den folgenden 7 Jahren   jeweils 5 %,
- ▶ in den darauf folgenden 6 Jahren   jeweils 2,5 %,
- ▶ in den darauf folgenden 36 Jahren   jeweils 1,25 %,

Nr. 3: bei Gebäuden i. S. d. **§ 7 Abs. 4 Satz 1 Nr. 2 EStG**, soweit sie **Wohnzwecken** dienen, die vom Steuerpflichtigen   3549

a) aufgrund eines **nach dem 28.2.1989** und **vor dem 1.1.1996** gestellten Bauantrags hergestellt oder nach dem 28.2.1989 aufgrund eines nach dem 28.2.1989 und vor dem 1.1.1996 rechtswirksam abgeschlossenen obligatorischen Vertrags angeschafft worden sind,

- ▶ im Jahr der Fertigstellung und in den folgenden 3 Jahren   jeweils 7 %,
- ▶ in den darauf folgenden 6 Jahren   jeweils 5 %,
- ▶ in den darauf folgenden 6 Jahren   jeweils 2 %,
- ▶ in den darauf folgenden 24 Jahren   jeweils 1,25 %,

b) aufgrund eines **nach dem 31.12.1995** und **vor dem 1. 1 2004** gestellten Bauantrags hergestellt oder aufgrund eines nach dem 31. 12. 1995 und vor dem 1.1.2004 rechtswirksam abgeschlossenen obligatorischen Vertrags angeschafft worden sind,

- ▶ im Jahr der Fertigstellung und in den folgenden 7 Jahren   jeweils 5 %,
- ▶ in den darauf folgenden 6 Jahren   jeweils 2,5 %,
- ▶ in den darauf folgenden 36 Jahren   jeweils 1,25 %,

c) aufgrund eines **nach dem 31.12.2003** und **vor dem 1.1.2006** gestellten Bauantrags hergestellt oder aufgrund eines nach dem 31.12.2003 und vor dem 1.1.2006 rechtswirksam abgeschlossenen obligatorischen Vertrags angeschafft worden sind,

- ▶ im Jahr der Fertigstellung und in den folgenden 9 Jahren   jeweils 4 %,
- ▶ in den darauf folgenden 8 Jahren   jeweils 2,5 %,
- ▶ in den darauf folgenden 32 Jahren   jeweils 1,25 %.

3550 Im Erstjahr (Jahr der Anschaffung oder Herstellung) ist bei Anwendung der degressiven AfA auch bei unterjährigem Zugang keine zeitanteilige AfA, sondern die volle Jahres-AfA vorzunehmen.[383] § 7 Abs. 5 Satz 3 EStG bestimmt insoweit, dass die Regelung zur Minderung des AfA-Betrags nach § 7 Abs. 1 Satz 4 EStG nicht gilt.[384]

3551 Nach § 7 Abs. 5a EStG sind die lineare und degressive Gebäude-AfA nach § 7 Abs. 4 und 5 EStG

- auf Gebäudeteile, die selbständige unbewegliche Wirtschaftsgüter sind,
- auf Eigentumswohnungen und
- auf im Teileigentum stehende Räume

entsprechend anzuwenden. Zu den selbständigen unbeweglichen Wirtschaftsgütern im Sinne des § 7 Abs. 5a EStG gehören insbesondere Mietereinbauten und -umbauten, Ladeneinbauten sowie sonstige selbständige Gebäudeteile im Sinne der R 4.2 Abs. 3 Satz 3 Nr. 5 EStR (sonstige selbständige Gebäudeteile).[385]

3552 Zudem enthält § 11c EStDV Vorschriften für die Absetzung für Abnutzung bei Gebäuden. § 11c Abs. 1 Satz 1 EStDV definiert zunächst die **Nutzungsdauer**. Danach ist die Nutzungsdauer eines Gebäudes im Sinne des § 7 Abs. 4 Satz 2 EStG der Zeitraum, in dem ein Gebäude voraussichtlich seiner Zweckbestimmung entsprechend genutzt werden kann. Nach § 11 Abs. 1 Satz 2 EStDV beginnt der Zeitraum der Nutzungsdauer

- bei Gebäuden, die der Steuerpflichtige vor dem 21.6.1948 angeschafft oder hergestellt hat, mit dem 21.6.1948;
- bei Gebäuden, die der Steuerpflichtige nach dem 20.6.1948 hergestellt hat, mit dem Zeitpunkt der Fertigstellung;
- bei Gebäuden, die der Steuerpflichtige nach dem 20.6.1948 angeschafft hat, mit dem Zeitpunkt der Anschaffung.

3553 Für Berlin und das Saarland gelten Sonderregelungen. Für im Land Berlin belegene Gebäude treten an die Stelle des 20.6.1948 jeweils der 31.3.1949 und an die Stelle des 21.6.1948 jeweils der 1.4.1949. Für im Saarland belegene Gebäude treten an die Stelle des 20.6.1948 jeweils der 19.11.1947 und an die Stelle des 21.6.1948 jeweils der 20.11.1947; soweit im Saarland belegene Gebäude zu einem Betriebsvermögen gehören, treten an die Stelle des 20.6.1948 jeweils der 5.7.1959 und an die Stelle des 21.6.1948 jeweils der 6.7.1959.

3.8.3 Teilwertabschreibung

3554 Ist der Teilwert von abnutzbaren Wirtschaftsgütern des Anlagevermögens aufgrund einer voraussichtlich dauernden Wertminderung niedriger, so kann nach § 6 Abs. 1 Nr. 1 Satz 2 EStG der niedrigere Teilwert angesetzt werden. Entsprechend formuliert § 6 Abs. 1 Nr. 2 Satz 2 EStG für andere Wirtschaftsgüter (z. B. Grund und Boden): Ist der Teilwert aufgrund einer voraussichtlich dauernden Wertminderung niedriger, so kann

---

383 Vgl. auch *Kahle/Heinstein*, DStZ 2007 S. 102.
384 A. A. wohl R 7.4 Abs. 2 EStR.
385 Vgl. R 7.1 Abs. 6 EStR.

dieser angesetzt werden. Teilwert ist nach § 6 Abs. 1 Nr. 1 Satz 3 EStG der Betrag, den ein Erwerber des ganzen Betriebs im Rahmen des Gesamtkaufpreises für das einzelne Wirtschaftsgut – unter der Annahme der Fortführung des Betriebs durch den Erwerber – ansetzen würde.[386]

Die Teilwertabschreibung setzt eine **voraussichtlich dauernde Wertminderung** voraus. Gesetzlich ist nicht geregelt, wann eine Wertminderung als voraussichtlich dauernd zu qualifizieren ist. Aus dem Gesetzeswortlaut lässt sich allenfalls negativ abgrenzen, dass eine nur vorübergehende Wertminderung für eine Teilwertabschreibung nicht ausreicht. Entsprechend streitbehaftet sind Teilwertabschreibungen in der Praxis. 3555

Gemäß BMF-Schreiben vom 16.4.2014 ist eine Wertminderung voraussichtlich dauernd, wenn der Steuerpflichtige mit der Dauerhaftigkeit aus Sicht des Bilanzstichtags aufgrund objektiver Anzeichen ernsthaft rechnen kann.[387] Es müssen mehr Gründe für als gegen die Nachhaltigkeit der Wertminderung sprechen.[388] Wertminderungen aus besonderem Anlass, z. B. einer Katastrophe oder einem technischen Fortschritt, sind regelmäßig als nachhaltig einzustufen.[389] Bei **abnutzbaren Wirtschaftsgütern** des Anlagevermögens kann von einer voraussichtlich dauernden Wertminderung ausgegangen werden, wenn der Wert des Wirtschaftsguts zum Bilanzstichtag mindestens für die halbe Restnutzungsdauer unterhalb des planmäßigen Restbuchwerts liegt.[390] Wertbegründende Tatsachen sind gemäß BMF-Schreiben vom 25.2.2000 bis zum Zeitpunkt der Erstellung der Handelsbilanz zu berücksichtigen (sofern keine Handelsbilanz vorliegt, sind sie bis zur Erstellung der Steuerbilanz zu erfassen). Bei **nicht abnutzbarem Anlagevermögen** (z. B. Grund und Boden) ist darauf abzustellen, ob die Gründe für eine niedrigere Bewertung voraussichtlich anhalten werden oder nur vorübergehend sind. Wird bei einem Grundstück z. B. festgestellt, dass der Grund- und Boden mit Altlasten verseucht ist, liegt eine dauernde Wertminderung vor.[391] Preisschwankungen des Grund und Bodens sind demgegenüber grundsätzlich als nur vorübergehende Wertminderung zu beurteilen, die eine Teilwertabschreibung nicht begründen können. 3556

Nach § 6 Abs. 1 Nr. 1 Satz 4 EStG sind Wirtschaftsgüter, die bereits am Schluss des vorangegangenen Wirtschaftsjahres zum Anlagevermögen des Steuerpflichtigen gehört haben, in den Folgejahren mit den fortgeführten (planmäßigen) Anschaffungs- oder Herstellungskosten nach § 6 Abs. 1 Nr. 1 Satz 1 EStG anzusetzen, es sei denn, der Steuerpflichtige weist nach, dass ein niedrigerer Teilwert nach § 6 Abs. 1 Nr. 1 Satz 2 EStG angesetzt werden kann (sog. **Wertaufholungsgebot**). Das Wertaufholungsgebot gilt für andere als die in § 6 Abs. 1 Nr. 1 EStG bezeichneten Wirtschaftsgüter (z. B. Grund und Boden) entsprechend (§ 6 Abs. 1 Nr. 2 Satz 3 EStG). Gemäß § 6 Abs. 1 Nr. 1 Satz 4 3557

---

386 Zur Ermittlung des Teilwerts vgl. *Teschke*, DStZ 2006 S. 661.
387 Vgl. BMF, Schreiben vom 16. 4. 2014, BStBl 2014 I S. 1162, Tz. 6. Vgl. dazu *Adrian/Helios*, DStR 2014 S. 721.
388 BFH, Urteil vom 21.9.2011 – I R 89/10, BFH/NV 2012 S. 306.
389 Vgl. BMF, Schreiben vom 16. 4. 2014, BStBl 2014 I S. 1162, Tz. 4; BFH, Urteil vom 9.9.2010 – IV R 38/08, BFH/NV 2011, S. 423.
390 Vgl. BFH, Urteile vom 14.3.2006 – I R 22/05, BStBl 2006 II S. 680; vom 29.4.2009 – I R 74/08, BStBl 2009 II S. 899; vom 9.9.2010 – IV R 38/08, BFH/NV 2011, S. 423. Vgl. auch BMF, Schreiben vom 16. 4. 2014, BStBl 2014 I S. 1162, Tz. 8.
391 Vgl. BMF, Schreiben vom 16. 4. 2014, BStBl 2014 I S. 1162, Tz. 12 f; siehe dazu auch *Grube*, DB 2006 S. 63; BFH, Urteil vom 19.11.2003 – I R 77/01, BStBl 2010 II S. 482.

EStG sind die Voraussetzungen der Teilwertabschreibung zu jedem Bilanzstichtag nachzuweisen. Anderenfalls muss eine Zuschreibung erfolgen. Dabei kommt es nicht darauf an, ob die konkreten Gründe für die zuvor vorgenommene Teilwertabschreibung weggefallen sind. Dies bedeutet, dass auch eine Teilwerterhöhung aus anderen Gründen zu einer Zuschreibung führt, z. B., weil der Steuerpflichtige eine dauernde Wertminderung nicht nachweisen kann oder will.[392]

3558 Wird bei einem **Gebäude** eine Teilwertabschreibung vorgenommen, bemisst sich die planmäßige AfA von dem folgenden Wirtschaftsjahr oder Kalenderjahr an gemäß § 11c Abs. 2 Satz 2 EStDV nach den Anschaffungs- oder Herstellungskosten des Gebäudes abzüglich des Betrags der Teilwertabschreibung. Bei einer Zuschreibung in einem Folgejahr erhöht sich die Bemessungsgrundlage für die AfA von dem folgenden Wirtschaftsjahr oder Kalenderjahr an um den Betrag der Zuschreibung (§ 11 Abs. 2 Satz 3 EStDV).

3559 Die Teilwertabschreibungen nach § 6 Abs. 1 Nr. 1 Satz 2 EStG und § 6 Abs. 1 Nr. 2 Satz 2 EStG sind als **steuerliches Wahlrecht** ausgestaltet.[393] Der Steuerpflichtige kann bei dauernder Wertminderung eine Teilwertabschreibung vornehmen oder alternativ bei dem höheren Wert der planmäßig fortgeführten Anschaffungs- oder Herstellungskosten bleiben. Das Wahlrecht zur Teilwertabschreibung kann unabhängig von der Handelsbilanz ausgeübt werden. Wird das steuerliche Wahlrecht zur Teilwertabschreibung abweichend von der handelsrechtlichen Möglichkeit zur außerplanmäßigen Abschreibung ausgeübt, sind die Dokumentationsanforderungen des § 5 Abs. 1 Sätze 2 und 3 EStG als tatbestandliche Voraussetzung für die Wahlrechtsausübung zu beachten.[394] Die gestalterische Nutzung des steuerlichen Wahlrechts zur Teilwertabschreibung soll gemäß BMF-Schreiben vom 12.3.2010 Grenzen haben: Hat der Steuerpflichtige in einem Wirtschaftsjahr eine Teilwertabschreibung vorgenommen und wird in einem darauf folgenden Jahr auf den Nachweis der dauernden Wertminderung verzichtet (z. B. zur Verlustnutzung), soll zu prüfen sein, ob eine willkürliche Gestaltung vorliegt.[395] Dabei ist unklar, unter welchen Voraussetzungen eine „willkürliche Gestaltung" gegeben ist. Für den umgekehrten Fall enthält das BMF-Schreiben keine Restriktionen, d. h. wird zunächst auf eine Teilwertabschreibung verzichtet und in einem darauf folgenden Jahr die Teilwertabschreibung vorgenommen, so muss wohl keine „willkürliche Gestaltung" geprüft werden.

3.8.4 Abschreibung für außergewöhnliche technische oder wirtschaftliche Abnutzung

3560 Nach § 7 Abs. 1 Satz 7 1. Halbsatz EStG sind Absetzungen für außergewöhnliche technische oder wirtschaftliche Abnutzungen (AfaA) zulässig. Dabei sind für die Bemessung der Höhe der AfaA zunächst die planmäßige AfA vorzunehmen. Soweit der Grund für die AfaA in späteren Wirtschaftsjahren entfällt, ist gemäß § 7 Abs. 1 Satz 7 2. Halbsatz

---

392 Vgl. BMF, Schreiben vom 16. 4. 2014, BStBl 2014 I S. 1162, Tz. 26.
393 Vgl. BMF, Schreiben vom 12.3.2010, BStBl 2010 I S. 239,Tz. 15; *Dörfler/Adrian*, Ubg 2009 S. 390; *Herzig/Briesemeister*, DB 2009 S. 976; a. A. *Richter*, GmbHR 2010 S. 508; *Schulze-Osterloh*, DStR 2011 S. 534.
394 Vgl. zu Teilwertabschreibungen *Dörfler/Adrian*, Ubg 2009 S. 390.
395 Vgl. BMF, Schreiben vom 12.3.2010, BStBl 2010 I S. 239, Tz. 15. Siehe zum neuen Teilwerterlass aber *Adrian/Helios*, DStR 2014 S. 722.

EStG eine entsprechende Zuschreibung vorzunehmen. AfaA ist nur im Rahmen der linearen AfA möglich; bei degressiver AfA nach § 7 Abs. 2 EStG ist eine AfaA nach § 7 Abs. 2 Satz 4 EStG nicht zulässig. Entsprechendes sollte bei Gebäuden gelten. Insofern wäre eine AfaA nur bei Anwendung der linearen AfA nach § 7 Abs. 4 EStG, nicht aber bei der degressiven AfA nach § 7 Abs. 5 EStG möglich. Gleichwohl wird es von der Finanzverwaltung nicht beanstandet, wenn auch bei Gebäuden AfaA vorgenommen wird, die degressiv nach § 7 Abs. 5 EStG abgeschrieben werden.[396]

Eine AfaA setzt eine außergewöhnliche wirtschaftliche oder technische Abnutzung voraus. Einzelfälle:[397]

- Eine AfaA ist vorzunehmen, wenn ein Gebäude durch Abbruch, Brand oder ähnliche Ereignisse aus dem Betriebsvermögen ausgeschieden ist.[398]
- Eine AfaA ist vorzunehmen, wenn ein im Privatvermögen gehaltenes Fahrzeug bei einer betrieblich veranlassten Fahrt durch einen Unfall beschädigt, aber nicht repariert wird.
- Baumängel bei einem Gebäude rechtfertigen grundsätzlich keine AfaA.
- Eine AfaA ist vorzunehmen bei einer Entfernung von Gebäudeteilen ohne vorherige Abbruchabsicht.[399]

3561

Bei **Gebäuden** kommt eine AfaA grundsätzlich bei linearer AfA als auch bei degressiver AfA in Betracht.[400] Bei der linearen AfA für Gebäude sieht § 7 Abs. 4 EStG in Abhängigkeit von dem Verwendungszweck, von der Zugehörigkeit zum Betriebsvermögen und von dem Zeitpunkt der Fertigstellung unterschiedliche Abschreibungssätze vor. Nach § 7 Abs. 4 Satz 4 EStG rechtfertigen die höheren linearen Abschreibungssätze weder eine Teilwertabschreibung noch eine AfaA für Gebäude, bei denen nach § 7 Abs. 4 Satz 1 Nr. 2 EStG niedrigere Abschreibungssätze anzuwenden sind. Werden bei einem Gebäude AfaA vorgenommen, bemisst sich die planmäßige AfA von dem folgenden Wirtschaftsjahr oder Kalenderjahr an gemäß § 11c Abs. 2 Satz 1 EStDV nach den Anschaffungs- oder Herstellungskosten des Gebäudes abzüglich des Betrags der AfaA. Bei einer Zuschreibung erhöht sich die Bemessungsgrundlage für die AfA von dem folgenden Wirtschaftsjahr oder Kalenderjahr an um den Betrag der Zuschreibung (§ 11 Abs. 2 Satz 3 EStDV).

3562

3.8.5 Erhöhte Absetzungen

Erhöhte Absetzungen sind nach Maßgabe der §§ 7c, d, h, i und k EStG möglich. Die Vorschriften betreffen

3563

- Erhöhte Absetzungen für Baumaßnahmen an Gebäuden zur Schaffung neuer Mietwohnungen (§ 7c EStG);[401]

---

396 Vgl. R 7.4 Abs. 11 EStR.
397 Vgl. H 7.4 EStH.
398 Vgl. BFH, Urteil vom 7.5.1969 – I R 47/67, BStBl 1969 II S. 464.
399 Vgl. BFH, Urteil vom 15.10.1996 – IX R 2/93, BStBl 1997 II S. 325.
400 Vgl. R 7.4 Abs. 11 EStR.
401 § 7c EStG ist für Wohnungen anwendbar, die vor dem 1.1.1996 fertig gestellt worden sind (§ 7c Abs. 2 EStG). Der fünfjährige Begünstigungszeitraum nach § 7c Abs. 1 EStG ist somit spätestens 1999 abgelaufen.

- Erhöhte Absetzungen für Wirtschaftsgüter, die dem Umweltschutz dienen (§ 7d EStG);[402]
- Erhöhte Absetzungen bei Gebäuden in Sanierungsgebieten und städtebaulichen Entwicklungsbereichen (§ 7h EStG);[403]
- Erhöhte Absetzungen bei Baudenkmalen (§ 7i EStG);[404]
- Erhöhte Absetzungen für Wohnungen mit Sozialbindung (§ 7k EStG).[405]

3564 Die erhöhten Absetzungen sind als **steuerliche Wahlrechte** ausgestaltet, die unabhängig von der Handelsbilanz ausgeübt werden können.[406] Voraussetzung für die steuerliche Wahlrechtsausübung ist, dass die Wirtschaftsgüter, die aufgrund der erhöhten AfA mit einem von der Handelsbilanz abweichenden steuerlichen Wert ausgewiesen werden, in besondere, laufend zu führende Verzeichnisse nach § 5 Abs. 1 Satz 2 und 3 EStG aufgenommen werden. In den Verzeichnissen sind der Tag der Anschaffung oder Herstellung des Wirtschaftsguts, die Anschaffungs- oder Herstellungskosten, die Vorschrift des ausgeübten Wahlrechts und die vorgenommenen Abschreibungen anzugeben.[407]

3565 Die erhöhte AfA tritt an die Stelle der planmäßigen AfA. Bei Inanspruchnahme der erhöhten AfA ist die „**Mindest-AfA**" nach § 7a Abs. EStG zu beachten. Danach müssen in jedem Jahr des Begünstigungszeitraums mindestens die Absetzungen vorgenommen werden, die sich bei Anwendung der planmäßigen linearen AfA nach § 7 Abs. 1 oder Abs. 4 EStG ergeben würde. Fallen im Begünstigungszeitraum nachträgliche Anschaffungs- und Herstellungskosten an, werden die erhöhten Absetzungen vom Jahr der Entstehung der nachträglichen Anschaffungs- oder Herstellungskosten an von den entsprechend erhöhten Anschaffungs- und Herstellungskosten bemessen (§ 7a Abs. 1 Satz 1, 2 EStG). Entsprechendes gilt nach § 7a Abs. 1 Satz 3 EStG für den Fall von geminderten Anschaffungs- oder Herstellungskosten.

3.8.6 Sonderabschreibungen nach § 7g EStG

3566 § 7g EStG wurde durch das Unternehmensteuerreformgesetz 2008 vom 14.8.2007[408] neu gefasst. § 7g EStG gewährt kleinen und mittleren Betrieben bei der Anschaffung oder Herstellung von abnutzbaren beweglichen Wirtschaftsgütern des Anlagevermögens bestimmte Vergünstigungen in Form von Investitionsabzugsbeträgen und Sonderabschreibungen. Nach § 7g Abs. 1 EStG dürfen für die künftige Anschaffung oder Herstellung des Wirtschaftsguts bis zu 40 % der voraussichtlichen Anschaffungs- oder Herstellungskosten gewinnmindernd abgezogen werden (sog. Investitionsabzugs-

---

[402] § 7d EStG ist auf Wirtschaftsgüter anwendbar, die vor dem 1.1.1991 angeschafft oder hergestellt worden sind (§ 7d Abs. 1 EStG). Der Begünstigungszeitraum ist nicht auf eine bestimmte Anzahl von Jahren begrenzt.
[403] Vgl. auch R 7h EStR.
[404] Vgl. auch R 7i EStR.
[405] § 7k EStG ist auf Wohnungen anwendbar, die vor dem 1.1.1996 fertiggestellt worden sind (§ 7k Abs. 2 EStG). Der zehnjährige Begünstigungszeitraum nach § 7k Abs. 1 EStG ist somit spätestens 2004 abgelaufen. Nach Ablauf der zehn Jahre sind als AfA jährlich 3 1/3 Prozent des Restwerts bis zur vollen Absetzungen abzuziehen (§ 7k Abs. 1 Satz 3 EStG).
[406] Vgl. *Dörfler/Adrian*, Ubg 2009 S. 389.
[407] Vgl. *Schubert/Adrian*, in: Beck'scher Bilanz-Kommentar, 11. Aufl., § 274 HGB Rz. 165.
[408] BGBl 2007 I S. 1912.

betrag). Der Investitionsabzugsbetrag wird nicht innerhalb der Steuerbilanz ausgewiesen, sondern stellt eine außerbilanzielle Korrektur dar.[409]

3567 Voraussetzungen für die Inanspruchnahme des Investitionsabzugsbetrags ist nach § 7g Abs. 1 Satz 2 EStG, dass der Betrieb am Schluss des Wirtschaftsjahres, in dem der Abzug vorgenommen wird, die folgenden **Größenmerkmale** nicht überschreitet:[410]

▶ bei Gewerbebetrieben oder der selbständigen Arbeit dienenden Betrieben, die ihren Gewinn nach § 4 Abs. 1 EStG oder § 5 EStG ermitteln, ein Betriebsvermögen von 235.000 € (in Wirtschaftsjahren, die nach dem 31.12.2008 und vor dem 1.1.2011 enden: 335.000 €, vgl. § 52 Abs. 23 Satz 5 EStG);

▶ bei Betrieben der Land- und Forstwirtschaft einen Wirtschaftswert oder einen Ersatzwirtschaftswert von 125.000 € (in Wirtschaftsjahren, die nach dem 31.12.2008 und vor dem 1.1.2011 enden: 175.000 €, vgl. § 52 Abs. 23 Satz 5 EStG) oder

▶ bei Betrieben im vorgenannten Sinne, die ihren Gewinn nach § 4 Abs. 3 EStG ermitteln, ohne Berücksichtigung des Investitionsabzugsbetrags einen Gewinn von 100.000 € (in Wirtschaftsjahren, die nach dem 31.12.2008 und vor dem 1.1.2011 enden: 200.000 € vgl. § 52 Abs. 23 Satz 5 EStG).

3568 Weitere **Voraussetzungen** für den Investitionsabzugsbetrag sind, dass der Steuerpflichtige beabsichtigt, das begünstigte Wirtschaftsgut voraussichtlich

▶ in den dem Wirtschaftsjahr des Abzugs folgenden drei Wirtschaftsjahren anzuschaffen oder herzustellen;

▶ mindestens bis zum Ende des dem Wirtschaftsjahr der Anschaffung oder Herstellung folgenden Wirtschaftsjahres in einer inländischen Betriebsstätte des Betriebs ausschließlich oder fast ausschließlich betrieblich zu nutzen.

3569 Zudem muss der Steuerpflichtige das begünstigte Wirtschaftsgut in den beim Finanzamt einzureichenden Unterlagen seiner Funktion nach benennen und die Höhe der voraussichtlichen Anschaffungs- oder Herstellungskosten angeben (§ 7g Abs. 1 Satz 2 Nr. 3 EStG).

3570 Im Wirtschaftsjahr der Anschaffung oder Herstellung des begünstigten Wirtschaftsguts ist ein Betrag von 40 % der tatsächlichen Anschaffungs- oder Herstellungskosten, maximal jedoch der geltend gemachte Investitionsabzugsbetrag dem steuerlichen Gewinn hinzuzurechnen (§ 7g Abs. 2 Satz 1 EStG). Auch insoweit handelt es sich um eine außerbilanzielle Korrektur. Die Minderung der Investitionskosten des begünstigten Wirtschaftsgutes nach § 7g Abs. 2 Satz 2 EStG ist durch eine erfolgswirksame Kürzung der entsprechenden Anschaffungs- oder Herstellungskosten vorzunehmen (Buchung bei Bilanzierung: a. o. Aufwand/Wirtschaftsgut).[411] Die Bemessungsgrundlage für die AfA, erhöhte Absetzungen und Sonderabschreibungen verringern sich entsprechend (§ 7g

---

409 Vgl. BMF, Schreiben vom 8.5.2009, BStBl 2009 I S. 633, Tz. 69.
410 Vgl. dazu BMF, Schreiben vom 8.5.2009, BStBl 2009 I S. 633.
411 Vgl. BMF, Schreiben vom 8.5.2009, BStBl 2009 I S. 633, Tz. 70.

Abs. 2 Satz 2 2. Halbsatz EStG). Dies gilt auch für die Anschaffungs- oder Herstellungskosten im Sinne des § 6 Abs. 2 und Abs. 2a EStG.

3571 Nach § 7g Abs. 5 EStG kann bei abnutzbaren beweglichen Wirtschaftsgüter des Anlagevermögens im Jahr der Anschaffung oder Herstellung und in den vier Folgejahren eine **Sonderabschreibung** bis zu 20 % der Anschaffungs- oder Herstellungskosten geltend gemacht werden. Die Sonderabschreibungen treten neben die planmäßige AfA nach § 7 Abs. 1 bzw. 2 EStG. Die Sonderabschreibungen können aber nur unter den Voraussetzungen der oben aufgeführten Größenkriterien genutzt werden. Zudem muss das Wirtschaftsgut im Jahr der Anschaffung oder Herstellung sowie im darauf folgenden Wirtschaftsjahr in einer inländischen Betriebsstätte des Steuerpflichtigen ausschließlich oder fast ausschließlich betrieblich genutzt werden (§ 7g Abs. 6 EStG).

3572 § 7g EStG ist als **steuerliches Wahlrecht** ausgestaltet.[412] Nach Wegfall der umgekehrten Maßgeblichkeit können die Wahlrechte des § 7 g EStG nach § 5 Abs. 1 Satz 1 2. Halbsatz EStG unabhängig von der Handelsbilanz ausgeübt werden. Bei der Wahlrechtsausübung sind die Dokumentationspflichten zu beachten: Angabe des Tags der Anschaffung/Herstellung, Anschaffungs- oder Herstellungskosten, Vorschrift des ausgeübten Wahlrechts (§ 7g Abs. 2 Satz 2 EStG) und der vorgenommenen Abschreibungen. M. E. sollte bei der Angabe der Anschaffungs- oder Herstellungskosten von der Finanzverwaltung sowohl der nicht geminderte als auch der geminderte Betrag anerkannt werden.[413] Werden die Anschaffungs- oder Herstellungskosten ohne Abzug angegeben, sollte der Abzug nach § 7g Abs. 2 Satz 2 EStG im Verzeichnis unter den Abschreibungen dokumentiert werden. Das BMF-Schreiben vom 12.3.2010 enthält keine Ausführungen zu § 7g EStG.[414] Sofern Sonderabschreibungen nach § 7g Abs. 5 EStG in Anspruch genommen werden, ist für die Ausübung des steuerlichen Wahlrechts ebenfalls notwendig, dass das Verzeichnis nach § 5 Abs. 1 Satz 2 und 3 EStG geführt wird.

3.9 Ausweis (E-Bilanz)

3573 Nach § 5b EStG haben bilanzierende Unternehmen ihre Bilanz sowie Gewinn- und Verlustrechnung elektronisch einzureichen (E-Bilanz).[415] Dabei wird erstmals ein steuerliches Gliederungsschema für Bilanz sowie Gewinn- und Verlustrechnung vorgegeben (sogenannte Steuer-Taxonomie). Die Steuer-Taxonomie im Bereich des Sachanlagevermögens sieht folgende Aufgliederung vor:

Ebene 4: Sachanlagen (Summenmussfeld)

Ebene 5: Grundstücke, grundstücksgleiche Rechte und Bauten einschließlich der Bauten auf fremden Grundstücken (Summenmussfeld)

---

412 Vgl. *Dörfler/Adrian*, Ubg 2009 S. 389; *Schubert/Adrian*, in: Beck'scher Bilanz-Kommentar, 11. Aufl., § 274 HGB Rz. 157.
413 Vgl. auch *Schubert/Adrian*, in: Beck'scher Bilanz-Kommentar, 11. Aufl., § 274 HGB Rz. 160.
414 Vgl. BMF, Schreiben vom 12.3.2010, BStBl 2010 I S. 239.
415 Siehe dazu *KPMG*, E-Bilanz, 2. Aufl. 2014.

- Ebene 6: Unbebaute Grundstücke (Mussfeld, Kontennachweis erwünscht)
- Ebene 6: Grundstücksgleiche Rechte ohne Bauten (Mussfeld, Kontennachweis erwünscht)
- Ebene 6: Bauten auf eigenen Grundstücken und grundstücksgleichen Rechten (Mussfeld, Kontennachweis erwünscht)
    - Ebene 7: Bauten auf eigenen Grundstücken und grundstücksgleichen Rechten, davon Grund und Boden-Anteil (Mussfeld)
- Ebene 6: Bauten auf fremden Grundstücken (Mussfeld, Kontennachweis erwünscht)
- Ebene 6: Aufwandsverteilungsposten (Mussfeld)
- Ebene 6: Übrige Grundstücke, nicht zuordenbar (Rechnerisch notwendig, soweit vorhanden); hierbei handelt es sich um eine Auffangposition
- Ebene 6: soweit aus der/den für die ausländische(n) Betriebsstätte(n) geführten Buchführung(en) nicht anders zuordenbar (Rechnerisch notwendig, soweit vorhanden)

Ebene 5: Technische Anlagen und Maschinen (Mussfeld, Kontennachweis erwünscht)
- Ebene 6: Technische Anlagen (Kannfeld)
- Ebene 6: Maschinen und maschinengebundene Werkzeuge (Kannfeld)
- Ebene 6: Betriebsvorrichtungen (Kannfeld)
- Ebene 6: Reserve- und Ersatzteile (Kannfeld)
- Ebene 6: GWG (Kannfeld)
- Ebene 6: GWG-Sammelposten (Kannfeld)
- Ebene 6: Sonstige technische Anlagen und Maschinen (Kannfeld)
- Ebene 6: soweit aus der/den für die ausländische(n) Betriebsstätte(n) geführten Buchführung(en) nicht anders zuordenbar (Kannfeld)

Ebene 5: Andere Anlagen, Betriebs- und Geschäftsausstattung (Mussfeld, Kontennachweis erwünscht)
- Ebene 6: Andere Anlagen (Kannfeld)
- Ebene 6: Betriebsausstattung (Kannfeld)
- Ebene 6: Geschäftsausstattung (Kannfeld)
- Ebene 6: GWG (Kannfeld)
- Ebene 6: GWG-Sammelposten (Kannfeld)
- Ebene 6: Sonstige Betriebs- und Geschäftsausstattung (Kannfeld)
- Ebene 6: soweit aus der/den für die ausländische(n) Betriebsstätte(n) geführten Buchführung(en) nicht anders zuordenbar (Kannfeld)

Ebene 5: Geschäfts- und Vorführwagen (Rechnerisch notwendig, soweit vorhanden)
- Ebene 6: Geschäftswagen (Kannfeld)

Ebene 6: Vorführwagen (Kannfeld)

Ebene 5: Geleistete Anzahlungen und Anlagen im Bau (Mussfeld, Kontennachweis erwünscht)

Ebene 6: Geleistete Anzahlungen auf Sachanlagen (Kannfeld)

Ebene 6: Gebäude im Bau (Kannfeld)

Ebene 6: technische Anlagen und Maschinen im Bau (Kannfeld)

Ebene 6: soweit aus der/den für die ausländische(n) Betriebsstätte(n) geführten Buchführung(en) nicht anders zuordenbar (Kannfeld)

Ebene 5: Sonstige Sachanlagen (Mussfeld, Kontennachweis erwünscht)

Ebene 6: Vermietete Anlagewerte (Kannfeld)

Ebene 6: Übrige sonstige Sachanlagen, nicht zuordenbare Sachanlagen (Kannfeld)

Ebene 7: Erläuterungen zu sonstigen Sachanlagen (Kannfeld)

3574–3599 *(Einstweilen frei)*

Teil B:
Bilanzierung und Bewertung bei der Gewinnermittlung nach Bilanzposten

Kapitel I:
Anlagevermögen

4. Finanzanlagen

von
WP/RA Dr. Rainer Stadler, München
WP/StB Dr. Dennis J. Hartmann, Hannover

Inhaltsübersicht

	Rz.
4. Finanzanlagen	3600 - 4219
4.1 Begriffsdefinition und Gliederung der Finanzanlagen	3600 - 3611
4.1.1 Definition	3600 - 3602
4.1.2 Handelsrechtliches Gliederungsschema	3603 - 3611
4.2 Grundlagen der Bilanzierung von Finanzanlagen in Handels- und Steuerbilanz	3612 - 3618
4.2.1 Ansatz	3612
4.2.2 Zugangsbewertung	3613 - 3616
4.2.3 Folgebewertung	3617 - 3618
4.3 Handels- und steuerbilanzielle Behandlung der einzelnen Finanzierungstitel	3619 - 4219
4.3.1 Eigenkapitaltitel	3620 - 3663
4.3.2 Fremdkapitaltitel	3664 - 3686
4.3.3 Hybride Finanzierungstitel	3687 - 4219

AUSGEWÄHLTE LITERATUR

Adler/Düring/Schmaltz, Rechnungslegung und Prüfung von Unternehmen, 6. Aufl., Stuttgart ab 1995; *Adrian/Helios*, Teilwertabschreibung, voraussichtlich dauernde Wertminderung und Wertaufholung, Anmerkungen zum Entwurf eines BMF-Schreibens v. 17. 1. 2014, DStR 2014 S. 721; *Assmann/Schütze*, Handbuch des Kapitalanlagerechts, 4. Aufl., München 2015; *Baetge/Kirsch/Thiele*, Bilanzen, 14. Aufl., Düsseldorf 2017; *Baur/Tappen*, Investmentgesetze, 3. Auflage, Berlin 2014; *Beckmann*, Bilanzierung und Besteuerung von Zerobonds und Zerofloatern, BB 1991 S. 938; *Beckmann/Scholtz/Vollmer*, Investment: Ergänzbares Handbuch für das gesamte Investmentwesen, Berlin; *Bertsch*, Bilanzierung strukturierter Produkte, KoR 2003 S. 550; *Böcking/Castan/Heymann/Pfitzer/Scheffler*, Beck'sches Handbuch der Rechnungslegung, Loseblatt München; *Bürkle/Knebel*, Bilanzierung von Beteiligungen an Personengesellschaften, DStR 1998 S. 1067; *Bösl/Schimpfky/von Beauvais*, Fremdfinanzierung für den Mittelstand, München 2014; *Briesemeister*, Hybride Finanzinstrumente im Ertragsteuerrecht, Düsseldorf 2006; *Büschgen*, Das kleine Börsenlexikon, 23. Aufl., Stuttgart 2012; *Dietel*, Bilanzierung von Anteilen an Personengesellschaften in Handels- und Steuerbilanz, DStR 2002 S. 2140; *Dreyer/Herrmann*, Die Besteuerung von Aktien-, Wandel- und Umtauschanleihen, BB 2001 S. 705; *Dürrschmidt/Friedrich-Vache*, Materiell- und verfahrensrechtliche Aspekte der Einkünfteermittlung bei der Zebragesellschaft, DStR 2005 S. 1515; *Eilers/Rödding/Schmalenbach*, Unternehmensfinanzierung, 2. Aufl., München 2014; *Eisele/Knobloch*, Offene Probleme bei der Bilanzierung von Finanzinnovationen (Teil II), DStR 1993 S. 617; *Elser/Stadler*, Einschneidende Änderungen der Investmentbesteuerung nach dem nunmehr in Kraft getretenen AIFM-Steuer-Anpassungsgesetz, DStR 2014 S. 233; *Erle/Sauter*, Körperschaftsteuergesetz, Kommentar, 3. Aufl., Heidelberg 2010; *Ernst&Young*, Körperschaftsteuergesetz, Kommentar, Bonn; *Fellbach*, Gesellschaftsanteile an einer Personengesellschaft im Bilanzsteuerrecht, BB 1992 S. 885; *Grottel/Schmidt/Schubert/Winkeljohann*, Beck'scher Bilanz-Kommentar, 10. Aufl., München 2016; *Frotscher/Geurts*, Kommentar zum Einkommensteuergesetz, Freiburg; *Gelhausen/Rimmelspacher*, Wandel- und Optionsanleihen in den handelsrechtlichen Jahresabschlüssen des Emittenten und des Inhabers, AG 2006 S. 729; *Goette/Habersack*, Münchener Kommentar zum Aktiengesetz, Band 4, 4. Aufl., München 2016; *Göttgens*, Bilanzielle Behandlung des Bondstripping, Wpg 1998 S. 567; *Gosch*, Körperschaftsteuergesetz, Kommentar, 3. Aufl., München 2015; *Gummert/Weipert*, Münchener Handbuch des Gesellschaftsrechts, Band 2, 4. Aufl., München 2014; *Habersack/Mülbert/Schlitt*, Unternehmensfinanzierung am Kapitalmarkt, 3. Aufl., Köln 2013; *Hagemann/Kahlenberg*, Steuerfreie Einnahmen aus Redeemable Preference Shares, IWB 2013 S. 879; *Haisch/Helios*, Rechtshandbuch Finanzinstrumente, München 2011; *Häuselmann*,

Die steuerliche Erfassung von Pflichtwandelanleihen, BB 2003 S. 1531; *Häuselmann*, Restrukturierung von Finanzverbindlichkeiten und ihre Abbildung in der Bilanz, BB 2010 S. 944; *Häuselmann/ Wagner*, Steuerbilanzielle Erfassung aktienbezogener Anleihen: Options-, Wandel-, Umtausch- und Aktienanleihen, BB 2002 S. 2431; *Hennrichs/Kleindiek/Watrin*, Münchener Kommentar zum Bilanzrecht, Band 2, München 2013; *Herrmann/Heuer/Raupach*, Einkommensteuer- und Körperschaftssteuergesetz, Loseblatt Köln; *Heuermann/Brandis*, Blümich, EStG KStG GewStG Kommentar, München; *Hoffmann*, Die Beteiligung an Personenhandelsgesellschaften in der Steuerbilanz, BB 1991 S. 448; *Hoffmann*, Die Bilanzierung von Beteiligungen an Personengesellschaften, Ein Vorschlag zur Neufassung der IdW-Stellungnahme HFA 3/1976, BB Beilage 2 S. 1; *Hüffer/Koch*, Aktiengesetz, Kommentar, 12. Aufl., München 2016; *Kessler/Kröner/Köhler*, Konzernsteuerrecht, 2. Aufl., München 2008; *Kirchhof*, Einkommensteuergesetz, Kommentar, 16. Aufl., Köln 2017; *Kirchhof/Söhn/Mellinghoff*, Einkommensteuergesetz, Kommentar, Heidelberg u. a.; *Korn*, Einkommensteuergesetz, Bonn; *Kratzsch*, Die Behandlung von Genussrechten im Steuerrecht, BB 2005 S. 2603; *Kupsch/Scherrer/Grewe/Kirsch*, Bonner Handbuch Rechnungslegung, Bonn; *Kußmaul*, Betriebswirtschaftliche Überlegungen bei der Ausgabe von Null-Kupon-Anleihen, BB 1987 S. 1562; *Küting/Pfitzer/Weber*, Handbuch der Rechnungslegung Einzelabschluss, 5. Aufl., Stuttgart; *Lademann/Söffing/Brockhoff*, Kommentar zum Einkommensteuergesetz, Stuttgart; *Linscheidt*, Die steuerliche Behandlung des Genußrechtskapitals der Kapitalgesellschaft, DB 1992 S. 1852; *Lohr*, Steuerliche Behandlung von Anleihen mit Umtausch- bzw. Rückgaberecht, FB 2000 S. 578; *Maulshagen/Maulshagen*, Rechtliche und bilanzielle Behandlung von Swapgeschäften, BB 2000 S. 243; *Patzner/Rockel*, Behandlung von Erträgen aus Investmentfonds in der Steuerbilanz betrieblicher Anleger am Beispiel des investmentsteuerlichen Werbungskostenabzugsverbots, DStR 2007 S. 1546; *Rau*, Zur steuerbilanziellen Behandlung von Aktienanleihen, DStR 2006 S. 627; *Rockel/ Patzner*, Handels- und steuerbilanzielle Behandlung von Investmentfondsanteilen im Vergleich zu den Neuregelungen des UntStRefG 2008 für die private Kapitalanlage, DStR 2008 S. 2126; *Rozijn*, Wandelanleihe mit Wandlungspflicht – eine deutsche equity note?, ZBB 1998 S. 77; *Schaber/Rehm/Märk/Spiesl*, Handbuch strukturierte Finanzinstrumente, 2. Aufl., Düsseldorf 2010; *Scharpf/Schaber*, Handbuch Bankbilanz, 6. Aufl., Düsseldorf 2015; *Schmidt/Ebke*, Münchener Kommentar zum Handelsgesetzbuch, Band 4, 3. Aufl., München 2013; *Schmidt/Lutter*, Aktiengesetz Kommentar, 3. Aufl., Köln 2015; *Schulze-Osterloh/Hennrichs/Wüstemann*, Handbuch des Jahresabschlusses, Köln; *Stadler/Bindl*, Das neue InvStG – Überblick und Korrekturbedarf, DStR 2016, S. 1953, *Utz/Frank*, Bilanzierungen von Beteiligungen an Personenhandelsgesellschaften, BBK 2012 S. 64; *Weber-Grellet*/Schmidt Einkommensteuergesetz, 36. Aufl., München 2017; *Widmayer*, Genussrechte als Instrument für grenzüberschreitende Finanzierungen, IStR 2001 S. 337; *Wiese/ Dammer*, Zusammengesetzte Finanzinstrumente der AG, Hybride Kapitalmaßnahmen, strukturierte Anleihen und Kreditderivate im Bilanz-, Ertragsteuer- und Aktienrecht – Ein Überblick, DStR 1999 S. 867; *Wittkowski/Westmeier*, Steuerliche Auswirkungen der stillen Gesellschaft, BC 2010 S. 422; *Zöllner/Noack*, Kölner Kommentar zum Aktiengesetz, Band 5/1, 3. Aufl., Köln 2014.

4. Finanzanlagen

4.1 Begriffsdefinition und Gliederung der Finanzanlagen

4.1.1 Definition

3600 Die Finanzanlagen bilden handelsrechtlich einen Unterposten des Anlagevermögens. Nach der allgemeinen Definition des Anlagevermögens in § 247 Abs. 2 HGB handelt es sich bei den Finanzanlagen um Vermögensgegenstände, die dazu bestimmt sind, dauernd dem Geschäftsbetrieb des Unternehmens zu dienen. Unter den Finanzanlagen werden – in Abgrenzung zu den immateriellen Vermögensgegenständen und den Sachanlagen – langfristig an Dritte überlassene Finanzmittel ausgewiesen; mit diesen Mitteln wird somit, anders als bei immateriellen Vermögensgegenständen und Sachanlagen, nicht innerhalb, sondern außerhalb des eigenen Unternehmens gearbeitet.[1]

Die mit der Überlassung von Finanzmitteln verbundenen Rechte und Pflichten werden finanzwirtschaftlich in ihrer Gesamtheit als Finanzierungstitel bezeichnet.[2] Die Finanzanlagen können eine Vielzahl unterschiedlicher Finanzierungstitel umfassen, die sowohl auf gesellschafts- als auch auf schuldrechtlicher Grundlage beruhen können. Hierbei können konzeptionell Eigen- und Fremdkapitaltitel unterschieden werden. Eigenkapitaltitel beinhalten grundsätzlich Mitgliedschafts- und Vermögensrechte auf gesellschaftsrechtlicher Basis.[3] In Abhängigkeit von der Rechtsform des Unternehmens besteht die Möglichkeit, (direkt oder indirekt) auf die Geschäftspolitik Einfluss zu nehmen. Eigenkapitaltitel beinhalten regelmäßig eine Beteiligung am Unternehmensgewinn sowie an einem etwaigen Liquidationserlös.[4] Gegenläufig partizipieren solche Titel grundsätzlich auch am Verlust eines Unternehmens und sind gegenüber Fremdkapitaltiteln nachrangig.

3601

In Abgrenzung hierzu bestehen bei Fremdkapitaltiteln regelmäßig keine Einflussnahmemöglichkeiten auf die Geschäftspolitik.[5] Ansprüche auf Rückzahlung und Verzinsung der überlassenen Mittel werden grundsätzlich auf schuldrechtlicher Basis begründet; gleichwohl kann die Höhe der Verzinsung gewinnabhängig ausgestaltet sein.[6] Die Fremdkapitaltitel sind gegenüber den Eigenkapitaltiteln grundsätzlich vorrangig, können aber gegenüber anderen Fremdkapitaltiteln subordiniert werden. Neben den Eigen- und Fremdkapitaltiteln können die Finanzanlagen ferner hybride Finanzierungstitel umfassen, die im Hinblick auf die mit ihnen verbundenen Rechte und Pflichten sowohl Eigen- als auch Fremdkapitalmerkmale aufweisen.[7]

3602

4.1.2 Handelsrechtliches Gliederungsschema

Auch das handelsbilanzielle Gliederungsschema für Kapitalgesellschaften des § 266 Abs. 2 HGB untergliedert die Finanzanlagen grundsätzlich in Eigen- und Fremdkapitaltitel. Die Finanzierungstitel werden anhand der Intensität der Verbindung zwischen Kapitalgeber und Kapitalnehmer weiter differenziert; zusätzlich werden verbriefte und unverbriefte Titel unterschieden.[8] Auf Basis dieser Gliederungskriterien ergeben sich sechs Unterposten:

3603

---

1 *ADS*, Rechnungslegung und Prüfung der Unternehmen, 6. Aufl., Stuttgart ab 1995, § 266 Rz. 26; *Baetge/Kirsch/Thiele*, Bilanzen, 14. Aufl., Düsseldorf 2017, S. 321f.; *Scheffler* in Beck'sches Handbuch der Rechnungslegung, Kap. B 213 Rz. 3,16; *Schubert/F. Huber/Kreher* in Beck'scher Bilanz-Kommentar, 11. Aufl. 2018, § 266 Rz. 69.
2 *Hachmeister/Glaser* in Handbuch des Jahresabschlusses, Abt. II/4 Rz. 1; *Scheffler* in Beck'sches Handbuch der Rechnungslegung, Kap. B 213 Rz. 4.
3 *Hachmeister/Glaser* in Handbuch des Jahresabschlusses, Abt. II/4 Rz. 2; *Scheffler*, Beck'sches Handbuch der Rechnungslegung, Kap. B 213 Rz. 4-5. Zu weiteren Details s. auch Rz. 5041 ff.
4 *Hachmeister/Glaser*, Handbuch des Jahresabschlusses, Abt. II/4 Rz. 2.
5 *Scheffler*, Beck'sches Handbuch der Rechnungslegung, Kap. B 213 Rz. 6; *Hachmeister/Glaser*, Handbuch des Jahresabschlusses, Abt. II/4 Rz. 3.
6 *Hachmeister/Glaser*, Handbuch des Jahresabschlusses, Abt. II/4 Rz. 3.
7 Siehe hierzu im Einzelnen unten Rz. 3687 ff.
8 Siehe hierzu *Hachmeister/Glaser*, Handbuch des Jahresabschlusses, Abt. II/4 Rz. 15.

- Beteiligungen (§ 266 Abs. 2 Nr. A. III. 3. HGB)
- Anteile an verbundenen Unternehmen (§ 266 Abs. 2 Nr. A. III. 1. HGB)
- Wertpapiere des Anlagevermögens (§ 266 Abs. 2 Nr. A. III. 5. HGB)
- Ausleihungen an Unternehmen, mit denen ein Beteiligungsverhältnis besteht (§ 266 Abs. 2 Nr. A. III. 4. HGB)
- Ausleihungen an verbundene Unternehmen (§ 266 Abs. 2 Nr. A. III. 2. HGB)
- Sonstige Ausleihungen (§ 266 Abs. 2 Nr. A. III. 6. HGB)

3604 Bei der GmbH müssen zudem Ausleihungen an Gesellschafter in einem separaten Unterposten abgebildet werden (§ 42 Abs. 3 GmbHG).[9] Einzelkaufleute und Personengesellschaften, die nicht unter das PublG fallen, sowie kleine Kapitalgesellschaften i. S. d. § 267 Abs. 1 HGB müssen die Finanzanlagen grundsätzlich nicht in die genannten Unterposten aufgliedern. Bei Kleinstkapitalgesellschaften i. S. d. § 267a HGB kann der separate Ausweis der Finanzanlagen vereinfachungsweise sogar ganz entfallen und lediglich der Sammelposten Anlagevermögen ausgewiesen werden (§ 266 Abs. 1 Satz 4 HGB).

3605 Die Unterposten des § 266 Abs. 2 HGB können wie folgt voneinander abgegrenzt werden:

4.1.2.1 Beteiligungen

3606 Beteiligungen sind verbriefte oder unverbriefte Eigenkapitaltitel an Unternehmen, mit denen eine dauernde Verbindung hergestellt wird, um dem Geschäftsbetrieb des eigenen Unternehmens zu dienen (§ 271 Abs. 1 HGB). Handelt es sich hierbei um Anteile an verbundenen Unternehmen, ist der entsprechende Ausweis nach § 271 Abs. 2 HGB vorrangig.[10] Beteiligungen können sowohl an Kapital- als auch an Personengesellschaften bestehen; Genossenschaftsanteile begründen hingegen explizit keine Beteiligungen (§ 271 Abs. 1 Satz 5 HGB). Reine BGB-Innengesellschaften ohne eigenes Gesamthandsvermögen, wie sie etwa häufig bei Joint Ventures und Arbeitsgemeinschaften anzutreffen sind, sind keine Unternehmen i. S. d. § 271 Abs. 1 HGB und können daher nicht unter den Beteiligungen ausgewiesen werden.[11]

3607 Da Anteile an Unternehmen regelmäßig über keine feste Laufzeit verfügen, ist das Vorliegen einer „dauernden" Verbindung anhand der subjektiven Absicht des Kaufmanns zu beurteilen.[12] Nur wenn dieser beabsichtigt, die Anteile zumindest für eine gewisse Dauer zu halten, liegt eine Beteiligung i. S. d. § 271 Abs. 1 HGB vor. Beteiligungen müssen ferner dem Geschäftsbetrieb des eigenen Unternehmens dienen. Sofern es

---

9 Alternativ kann gem. § 42 Abs. 3 GmbHG auch eine Angabe im Anhang vorgenommen oder bei Ausweis unter einem anderen Posten die Mitzugehörigkeit vermerkt werden.
10 Vgl. *ADS*, Rechnungslegung und Prüfung der Unternehmen, 6. Aufl., Stuttgart ab 1995, § 266 Rz. 70; *Dusemond/Heusinger-Lange/Knop* in Küting/Weber, Handbuch der Rechnungslegung Einzelabschluss, § 266 Rz. 42; *Reiner/Haußer*, Münchener Kommentar zum HGB, Band 4, 3. Aufl., München 2013, § 266 Rz. 43; vgl. auch *Suchan*, Münchener Kommentar zum Bilanzrecht, Band 2, München 2013, § 266 Rn. 43 f.; *Grottel/Kreher*, Beck'scher Bilanz-Kommentar, 10. Aufl., München 2016, § 266 Rn. 78.
11 Vgl. *Reiner/Haußer*, Münchener Kommentar zum HGB, Band 4, 3. Aufl., München 2013, § 266 Rz. 43.
12 Vgl. *Schubert/F. Huber*, Beck'scher Bilanz-Kommentar, 10. Aufl., München 2016, § 247 Rn. 357.

sich bei Unternehmensanteilen um eine bloße Kapitalanlage handelt, liegt keine Beteiligung vor; dies gilt selbst dann, wenn eine Daueranlageabsicht vorliegt.[13] Bei Anteilsquoten von über 20 % an einer Kapitalgesellschaft wird das Vorliegen einer Beteiligung gesetzlich vermutet (§ 271 Abs. 1 Satz 3 HGB). Anteile an Personengesellschaften sind aufgrund ihrer eingeschränkten Fungibilität unabhängig von der Beteiligungshöhe als Beteiligungen auszuweisen.[14]

4.1.2.2 Anteile an verbundenen Unternehmen

Anteile an verbundenen Unternehmen sind verbriefte oder unverbriefte Eigenkapitaltitel an Unternehmen, mit denen eine Verbindung über einen Konzernverbund besteht.[15] Nach der Definition des § 271 Abs. 2 HGB sind verbundene Unternehmen alle Unternehmen, die gem. §§ 290 ff. HGB als Mutter- oder Tochterunternehmen in einen Konzernabschluss im Wege der Vollkonsolidierung einzubeziehen sind bzw. einzubeziehen wären, sofern das Mutterunternehmen aufgrund einer Befreiung keinen Konzernabschluss aufstellt. Maßgeblich für die Abgrenzung der verbundenen Unternehmen ist der weitestgehende Konsolidierungskreis des obersten Mutterunternehmens. Die Definition des § 271 Abs. 2 HGB stellt auf die Zugehörigkeit zum selben Konsolidierungskreis und nicht auf eine unmittelbare Mutter-Tochter-Beziehung ab. Somit besteht auch zwischen Schwester- und Enkelunternehmen eine Verbundbeziehung. 3608

Verbundene Unternehmen können in der Rechtsform von Kapital- und Personengesellschaften oder ggf. auch Genossenschaften vorliegen. Reine BGB-Innengesellschaften ohne eigenes Gesamthandsvermögen erfüllen die Voraussetzungen eines Unternehmens hingegen, wie oben erläutert, nicht.[16] Die allgemeinen Ansatzvoraussetzungen für Finanzanlagen gelten auch für Anteile an verbundenen Unternehmen; d. h., sofern Anteile an einem verbundenen Unternehmen nicht zur dauernden Nutzung bestimmt sind (z. B. im Falle konkreter Veräußerungsabsicht), muss ein Ausweis im Umlaufvermögen erfolgen.[17] 3609

4.1.2.3 Wertpapiere des Anlagevermögens

Die Wertpapiere des Anlagevermögens umfassen verbriefte Eigen- und Fremdkapitaltitel, die langfristig gehalten werden sollen. Eine langfristige Halteabsicht setzt eine Mindestdauer von einem Jahr voraus; bei einer beabsichtigten Haltedauer von vier Jahren sollte Langfristigkeit zweifelsfrei gegeben sein.[18] Bei Eigenkapitaltiteln geht der Ausweis als Beteiligung oder als Anteile an verbundenen Unternehmen vor. Unter den Wertpapieren sind somit beispielsweise Aktien auszuweisen, die in bloßer Kapital- 3610

---

13 *ADS*, Rechnungslegung und Prüfung der Unternehmen, 6. Aufl., Stuttgart ab 1995, § 271 Rz. 17.
14 Vgl. IDW RS HFA 18, WPg Supplement 3/2014 S. 42 f., Rz. 2; *Hachmeister/Glaser*, Handbuch des Jahresabschlusses, Abt. II/4 Rz. 26; *Utz/Frank*, BBK 2012 S. 64.
15 Der aktienrechtliche Verbundbegriff i. S. d. §§ 15 AktG ff. ist – auch wenn weitgehend deckungsgleich – für bilanzrechtliche Zwecke nicht anzuwenden, *ADS*, Rechnungslegung und Prüfung der Unternehmen, 6. Aufl., Stuttgart ab 1995, § 266 Rz. 70; *Grottel/Kreher*, Beck'scher Bilanz-Kommentar, 10. Aufl., München 2016, § 266 Rz. 72.
16 Siehe oben Rz. 3606.
17 Vgl. *Grottel/Kreher*, Beck'scher Bilanz-Kommentar, 10. Aufl., München 2016, § 266 Rz. 72.
18 *Baetge/Kirsch/Thiele*, Bilanzen, 14. Aufl., Düsseldorf 2017, S. 322.

anlageabsicht erworben werden und daher keine Beteiligung i. S. d. § 271 Abs. 1 HGB begründen.[19] GmbH-Geschäftsanteile sind mangels Verbriefung nicht unter den Wertpapieren des Anlagevermögens auszuweisen. Sie sind unter Anpassung der Postenbezeichnung bei den sonstigen Ausleihungen oder vorzugsweise in einem separaten Unterposten zu erfassen.[20] Zu den verbrieften Fremdkapitaltiteln, die unter die Wertpapiere des Anlagevermögens fallen, zählen etwa langfristige Anleihen oder Genussscheine.[21]

4.1.2.4 Ausleihungen

3611 Ausleihungen sind unverbriefte Fremdkapitaltitel in Gestalt langfristiger Kapitalforderungen. Forderungen mit einer Laufzeit bis zu einem Jahr sind stets kurzfristig, solche mit Laufzeiten von mindestens vier Jahren stets langfristig; bei Laufzeiten zwischen einem und vier Jahren entscheidet die subjektive Absicht des Kaufmanns, ob die Forderung im Umlaufvermögen oder als Finanzanlage erfasst wird.[22] Ausleihungen an Beteiligungsunternehmen (§ 266 Abs. 2 Nr. A. III. 4 HGB) und verbundene Unternehmen (§ 266 Abs. 2 Nr. A. III. 2 HGB) werden in separaten Unterposten ausgewiesen. Die sonstigen Ausleihungen (§ 266 Abs. 2 Nr. A. III. 6 HGB) bilden einen Auffangposten für alle übrigen Ausleihungen.

4.2 Grundlagen der Bilanzierung von Finanzanlagen in Handels- und Steuerbilanz

4.2.1 Ansatz

3612 Finanzanlagen unterliegen handels- und steuerbilanziell als Vermögensgegenstände bzw. Wirtschaftsgüter dem Vollständigkeitsgebot des § 246 Abs. 1 HGB, welches über den Maßgeblichkeitsgrundsatz des § 5 Abs. 1 Satz 1 EStG auch für die Steuerbilanz gilt. Alle Finanzanlagen, die dem wirtschaftlichen Eigentum des Unternehmens zuzurechnen sind, sind anzusetzen (§ 246 Abs. 1 Satz 2 HGB; § 39 Abs. 1, 2 Nr. 1 AO).[23] Der relevante Zugangszeitpunkt ist dabei abhängig von der Art des Finanzierungstitels und von der Art des Erwerbs.[24] Ein Ansatz unter den Finanzanlagen kommt allerdings, wie eingangs erläutert, nur bei Finanzierungstiteln in Betracht, die dazu bestimmt sind, „dauernd dem Geschäftsbetrieb zu dienen" (allgemeine Definition des Anlagevermögens, § 247 Abs. 2 HGB). Ansonsten sind solche Finanzierungstitel als Umlaufvermögen anzusetzen. Das Merkmal des „Dienens" ist hierbei kein eindeutiges Abgrenzungskriterium zwischen finanziellem Anlagevermögen und Umlaufvermögen, da auch

---

19 ADS, Rechnungslegung und Prüfung der Unternehmen, 6. Aufl., Stuttgart ab 1995, § 266 Rz. 86; *Matschke/Brösel/Haaker*, Bonner Handbuch der Rechnungslegung, § 266 Rz. 261.
20 *Reiner/Haußer*, Münchener Kommentar zum HGB, Band 4, 3. Aufl., München 2013, § 266 Rz. 48; *Suchan*, Münchener Kommentar zum Bilanzrecht, Band 2, München 2013, § 266 Rz. 48; *Grottel/Kreher*, Beck'scher Bilanz-Kommentar, 10. Aufl., München 2016, § 266 Rz. 81.
21 Siehe hierzu *ADS*, Rechnungslegung und Prüfung der Unternehmen, 6. Aufl., Stuttgart ab 1995, § 266 Rz. 84; *Grottel/Kreher*, Beck'scher Bilanz-Kommentar, 10. Aufl., München 2016, § 266 Rz. 80.
22 *Schubert/F. Huber*, Beck'scher Bilanz-Kommentar, 10. Aufl., München 2016, § 247 Rz. 357.
23 Siehe zum wirtschaftlichen Eigentum Rz. 661 ff.
24 Siehe hierzu *Hachmeister/Glaser*, Handbuch des Jahresabschlusses, Abt. II/4 Rz. 53 ff.

im Umlaufvermögen ausgewiesene Forderungen und Wertpapiere dazu bestimmt sind, dem Geschäftsbetrieb zu dienen; entscheidend für die Abgrenzung von Finanzanlagen ist daher das Zeitelement, d. h. das Merkmal der „Dauer".[25] Bei Ausleihungen ist die „Dauer" grundsätzlich unmittelbar anhand der Laufzeit ersichtlich.[26] Anteile an Unternehmen verfügen hingegen regelmäßig über eine unbegrenzte Laufzeit. Bei Anteilen ist daher die vom Kaufmann subjektiv beabsichtigte Haltedauer entscheidend.[27]

4.2.2 Zugangsbewertung
4.2.2.1 Anschaffungs- versus Herstellungskosten

Die Zugangsbewertung erfolgt bei nicht abnutzbarem Anlagevermögen gem. § 253 Abs. 1 Satz 1 i. V. m. § 255 Abs. 1 und 2 HGB bzw. § 6 Abs. 1 Nr. 2 Satz 1 EStG zu Anschaffungs- oder Herstellungskosten. Anschaffungskosten sind alle Aufwendungen, die geleistet werden, um einen Vermögensgegenstand zu erwerben und ihn in einen betriebsbereiten Zustand zu versetzen (§ 255 Abs. 1 Satz 1 HGB). Zu den Anschaffungskosten gehören auch Anschaffungsnebenkosten (§ 255 Abs. 1 Satz 2 HGB) wie etwa Notar-, Eintragungs- und Maklergebühren, Provisionen sowie bestimmte Beratungs- und Gutachtenkosten.[28] Herstellungskosten sind hingegen alle Aufwendungen für den Verbrauch von Gütern und die Inanspruchnahme von Dienstleistungen für die Herstellung, Erweiterung oder wesentliche Verbesserung eines Vermögensgegenstandes (§ 255 Abs. 2 Satz 1 HGB). Anders als bei den Anschaffungskosten müssen auch bestimmte Gemeinkosten in die Ermittlung der Herstellungskosten einbezogen werden (§ 255 Abs. 2 Satz 2 und 3 HGB). In der Literatur wird diskutiert, ob bei Finanzanlagen ausschließlich die Anschaffungskosten als Bewertungsmaßstab hergezogen werden können, oder ob bei bestimmten Bewertungsanlässen Herstellungskosten anzusetzen sind.[29] Praktische Unterschiede hat diese Unterscheidung zum einen im Hinblick auf eine etwaige Einbeziehung von Gemeinkosten in die Herstellungskosten und zum anderen im Hinblick auf die Behandlung von nachträglichen Aufwendungen.[30]

3613

Der derivative Erwerb eines existierenden Finanzierungstitels von einem Dritten stellt zweifelsfrei einen Anschaffungsvorgang dar. Originäre Erwerbe von Anteilen, d. h. Gründungen und Kapitalerhöhungen, weisen durch die Schaffung neuer Anteile hingegen auch eine inhaltliche Parallele zu Herstellungsvorgängen auf. Gleichwohl qualifiziert die h. M. auch Gründungen und Kapitalerhöhungen als Anschaffungs- und nicht als Herstellungsvorgänge; insbesondere mangele es an einem güter- oder leistungswirtschaftlichen Transformationsprozess innerhalb des Betriebes, welcher für Herstellungen

3614

---

25 *Schubert/F. Huber*, Beck'scher Bilanz-Kommentar, 10. Aufl., München 2016, § 247 Rz. 356; *Suchan*, Münchener Kommentar zum Bilanzrecht, Band 2, München 2013, § 266 Rz. 39.
26 Siehe hierzu Rz. 3611.
27 Vgl. BFH, Urteil v. 18.12.1986 – I R 293/82, BStBl 1987 II S. 446; *Schubert/F. Huber*, Beck'scher Bilanz-Kommentar, 10. Aufl., München 2016, § 247 Rz. 357.
28 Siehe hierzu, insbesondere differenzierend hinsichtlich der Beratungskosten *Schubert/Gadek*, Beck'scher Bilanz-Kommentar, 10. Aufl., München 2016, § 255 Rz. 141, Rz. 325 Stichwort „Beratungskosten"; vgl. auch *Baetge/Kirsch/Thiele*, Bilanzen, 12. Aufl., Düsseldorf 2012, S. 322.
29 Vgl. etwa *Baetge/Kirsch/Thiele*, Bilanzen, 14. Aufl., Düsseldorf 2017, S. 323; *Scheffler*, Beck'sches Handbuch der Rechnungslegung, Kap. B 213 Rz. 54 ff.
30 Zu letzterem *Werndl* in Kirchhof/Söhn/Mellinghoff, EStG, § 6 Rz. B 516, Fn. 293.

charakteristisch sei.[31] Offene Einlagen im Zuge eines originären Anteilserwerbs stellen daher Anschaffungskosten dar. Etwas anderes gilt handelsrechtlich hingegen für verdeckte Einlagen. Da bei verdeckten Einlagen keine neuen Anteile gewährt werden, liegt keine Anschaffung vor.[32] Verdeckte Einlagen in eine Gesellschaft sind daher handelsbilanziell als nachträgliche Herstellungskosten zu aktivieren, sofern sie zu einer nachhaltigen Wertsteigerung der Gesellschaftsanteile führen.[33] Steuerlich erhöhen verdeckte Einlagen hingegen die Anschaffungskosten in Höhe des Teilwerts des eingelegten Wirtschaftsgutes (§ 6 Abs. 6 Satz 2 EStG).[34]

4.2.2.2 Sacheinlagen

3615 Insbesondere Anteile an Unternehmen können auch im Wege von Sacheinlagen angeschafft werden. Handelsrechtlich besteht in diesem Fall nach h. M. ein dreifaches Wahlrecht: Die erhaltenen Finanzanlagen können entweder mit dem Buchwert oder dem Zeitwert des hingegebenen Einlagegegenstandes bewertet werden; ferner ist eine Bewertung zum sog. ergebnisneutralen Zwischenwert unter Berücksichtigung etwaiger Ertragsteuerbelastungen möglich.[35]

3616 Steuerlich werden offene Sacheinlagen als Tausch i. S. d. § 6 Abs. 6 Satz 1 EStG qualifiziert mit der Folge, dass die im Wege der Sacheinlage erhaltenen Wirtschaftsgüter zwingend zum gemeinen Wert des Einlagegegenstandes bewertet werden. Eine Sacheinlage ist zwar kein Tausch im zivilrechtlichen Sinne, sondern ein gesellschaftsrechtlicher Vorgang, nach Ansicht des BFH liegt wirtschaftlich aber zumindest ein tauschähnliches Geschäft vor.[36] Eine Realisation der in dem Einlagegegenstand enthaltenen stillen Reserven kann in der Steuerbilanz somit anders als in der Handelsbilanz nur unter weiteren Voraussetzungen vermieden werden – etwa auf Basis der Vorschriften des § 6 Abs. 5 EStG oder des UmwStG. Verdeckte Sacheinlagen fallen nicht unter § 6 Abs. 6 Satz 1 EStG, sondern sind explizit in Satz 2 normiert. Es kommt bei verdeckten Sacheinlagen aber ebenfalls zu einer Gewinnrealisierung.[37]

4.2.3 Folgebewertung

3617 Grundsätzlich sind auch Finanzanlagen planmäßig abzuschreiben. Da Finanzanlagen aber regelmäßig keiner zeitlich begrenzten Nutzungsdauer unterliegen, sind sie mit fortgeführten Anschaffungskosten zu bewerten, es sei denn, zum Bilanzstichtag liegt

---

31 *Hachmeister/Glaser*, Handbuch des Jahresabschlusses, Abt. II/4 Rz. 94; *Baetge/Kirsch/Thiele*, Bilanzen, 14. Aufl., Düsseldorf 2017, S. 323; a. A *Schubert/Gadek*, Beck'scher Bilanz-Kommentar, 11. Aufl., München 2018, § 255 Rz. 143; differenzierend *Scheffler*, Beck'sches Handbuch der Rechnungslegung, Kap. B 213 Rz. 60.
32 *Schubert/Gadek*, Beck'scher Bilanz-Kommentar, 11. Aufl., München 2018, § 255 Rz. 163.
33 *Scheffler*, Beck'sches Handbuch der Rechnungslegung, Kap. B 213 Rz. 61; *Schubert/Pastor*, Beck'scher Bilanz-Kommentar, 10. Aufl., München 2016, § 255 Rz. 405.
34 *Kulosa* in Schmidt, EStG, 37. Aufl. 2018, § 6 Rz. 748.
35 IDW RS HFA 18, WPg Supplement 3/2014 S. 42 f., Rz. 9; *ADS*, Rechnungslegung und Prüfung der Unternehmen, 6. Aufl., Stuttgart ab 1995, § 253 Rz. 44, § 255 Rz. 89 ff.; *Scheffler*, Beck'sches Handbuch der Rechnungslegung, Kap. B 213 Rz. 311; *Schubert/Gadek*, Beck'scher Bilanz-Kommentar, 11. Aufl., München 2018, § 255 Rz. 146.
36 Grundlegend BFH, Urteil v. 15.7.1976 – I R 17/74, BStBl 1976 I S. 748; siehe auch BFH, Urteil v. 5.6.2002 – I R 6/01, BFH/NV 2003 S. 88.
37 *Kulosa* in Schmidt, EStG, 37. Aufl. 2018, § 6 Rz. 741; *Ehmcke* in Blümich, EStG, § 6 Rz. 1422.

eine Wertminderung vor.[38] Nach dem gemilderten Niederstwertprinzip des § 253 Abs. 3 Satz 3 HGB müssen Finanzanlagen bei voraussichtlich dauernder Wertminderung in der Handelsbilanz zwingend außerplanmäßig auf den niedrigeren beizulegenden Wert abgeschrieben werden. Zusätzlich besteht bei Finanzanlagen – anders als etwa bei Sachanlagen – auch bei nicht dauernder Wertminderung ein Abschreibungswahlrecht (§ 253 Abs. 3 Satz 4 HGB). Die Wahlrechtsausübung unterliegt dem Gebot der Bewertungsstetigkeit (§ 252 Abs. 1 Nr. 6 HGB). Sofern die Gründe für eine Wertminderung in den nachfolgenden Geschäftsjahren entfallen, muss ein niedrigerer Ansatz wertaufgeholt werden (§ 253 Abs. 5 Satz 1 HGB).

Abweichend von der Handelsbilanz dürfen Finanzanlagen in der Steuerbilanz nur dann auf den niedrigeren Teilwert abgewertet werden, wenn dieser aufgrund einer voraussichtlich dauernden Wertminderung gemindert ist (§ 6 Abs. 1 Nr. 2 Satz 2 EStG). Steuerlich besteht somit selbst bei dauernder Wertminderung keine Abwertungspflicht, sondern ein Abwertungswahlrecht. Auch steuerlich ist zwingend eine Wertaufholung vorzunehmen, sofern sich der geminderte Teilwert erholt hat. Der Steuerpflichtige muss zu diesem Zweck in den nachfolgenden Wirtschaftsjahren darlegen, dass der Teilwert zum jeweiligen Bilanzstichtag weiterhin gemindert ist (§ 6 Abs. 1 Nr. 1 Satz 4 und Nr. 2 Satz 3 EStG).

3618

4.3 Handels- und steuerbilanzielle Behandlung der einzelnen Finanzierungstitel

Finanzanlagen können, wie erwähnt, in (typische) Eigenkapitaltitel, (typische) Fremdkapitaltitel und hybride Finanzierungstitel unterschieden werden. Die Einordnung als Eigen- oder Fremdkapital ist insbesondere auch für die steuerliche Behandlung entscheidend. Die handels- und steuerbilanzielle Behandlung der unterschiedlichen Finanzierungstitel stellt sich im Einzelnen wie folgt dar:

3619

4.3.1 Eigenkapitaltitel

Wie eingangs erläutert, handelt es sich bei Eigenkapitaltiteln um Finanzierungstitel, die Mitgliedschafts- und Vermögensrechte auf gesellschaftsrechtlicher Basis beinhalten.[39] Diese Rechte umfassen regelmäßig eine gewisse Einflussnahme auf die Geschäftspolitik sowie eine Beteiligung am Unternehmensgewinn und am Liquidationserlös.[40] Nachfolgend werden Anteile an Kapitalgesellschaften, Personengesellschaften und Investmentvermögen unterschieden.

3620

4.3.1.1 Anteile an Kapitalgesellschaften

4.3.1.1.1 Definition

Anteile an Kapitalgesellschaften sind Eigenkapitaltitel und umfassen insbesondere Aktien, GmbH-Anteile sowie Anteile an ausländischen Kapitalgesellschaften. Bei auslän-

3621

---

38 Vgl. *Schubert/Andrejewski/Roscher* Beck'scher Bilanz-Kommentar, 10. Aufl., München 2016, § 253 Rz. 215.
39 Siehe hierzu oben Rz. 3601.
40 Statt vieler *Hachmeister/Glaser*, Handbuch des Jahresabschlusses, Abt. II/4 Rz. 2.

dischen Gesellschaften ist die steuerliche Einordnung als Kapitalgesellschaft im Wege eines sog. Rechtstypenvergleichs vorzunehmen.[41] Die Finanzverwaltung stellt für die Einordnung der US-amerikanischen Limited Liability Company (LLC) Kriterien auf, anhand derer ein solcher Rechtstypenvergleich vorzunehmen ist. Für eine Einordnung der ausländischen Gesellschaft als Kapitalgesellschaft spricht insbesondere eine zentralisierte (Fremd-) Geschäftsführung, eine beschränkte Haftung der Gesellschafter, die freie Übertragbarkeit der Anteile, die Gewinnzuteilung per Beschluss sowie die Kapitalaufbringung in Form von Bar- oder Sacheinlagen (nicht aber in Form von Dienstleistungen).[42]

3622 Bei bestimmten Formen der Beteiligung an einer ausländischen Kapitalgesellschaft muss zudem geprüft werden, ob es sich aus deutscher steuerlicher Sicht um Anteile handelt. Dies ist bei typischen Eigenkapitaltiteln häufig unkritisch; problematisch sind hingegen ausländische gesellschaftsrechtliche Beteiligungsformen, die dem deutschen Gesellschaftsrecht fremd sind, wie etwa sog. Preference Shares.[43] Hier stellt sich für die steuerbilanzielle Einordnung die Frage, ob es sich um Eigenkapitaltitel oder um (hybride) Fremdkapitaltitel handelt.[44] Die jüngere finanzgerichtliche Instanzrechtsprechung stellt hierbei für die Beurteilung, ob es sich bei einer spezifischen Beteiligungsform um Anteile handelt, auf das geltende ausländische Gesellschaftsrecht ab.[45]

4.3.1.1.2 Ansatz und Zugangsbewertung

3623 Bei Ansatz und Zugangsbewertung gelten die allgemeinen Grundsätze für Finanzanlagen und es ergeben sich keine konzeptionellen Unterschiede zwischen Handels- und Steuerbilanz. Anteile an Kapitalgesellschaften sind somit als nicht abnutzbarer Vermögensgegenstand bzw. Wirtschaftsgut im Zugangszeitpunkt mit Anschaffungskosten anzusetzen. Ob die Anteile als Finanzanlage oder als finanzielles Umlaufvermögen einzuordnen sind, hängt insbesondere davon ab, wie lange der Bilanzierende beabsichtigt, die Anteile zu halten.[46] Sowohl handelsrechtlich[47] als auch nach h. M. im Steuerrecht[48] stellen Anteile an Kapitalgesellschaften einen einheitlichen Vermögensgegenstand bzw. ein einheitliches Wirtschaftsgut dar; dies gilt grundsätzlich unabhängig davon, ob die Anteile in einer oder in mehreren Tranchen erworben wurden.

---

41 Grundlegend RFH, Urteil v. 12.2.1930 – VI A 899/27, RFHE 27 S. 73 (sog. Venezuela-Entscheidung); seitdem ständ. Rspr., vgl. etwa BFH, Urteil v. 20.8.2008 – I R 34/08, BStBl 2009 II S. 263; BMF, Schreiben v. 19.3.2004 – IV B 4-S 1301 USA–22/04, BStBl 2004 I S. 411; zur Einordnung ausgewählter ausländischer Gesellschaftsformen siehe BMF, Schreiben v. 24.12.1999 – IV B 4-S 1300 – 111/99, BStBl 1999 I S. 1076, Anhang Tabellen 1 und 2.
42 Siehe hierzu BMF, Schreiben v. 19.3.2004 – IV B 4–S 1301 USA–22/04, BStBl 2004 I S. 411.
43 Zu den Erscheinungsformen und Motiven der Ausgabe von Preference Shares siehe *Häuselmann* in Kessler/Kröner/Köhler, Konzernsteuerrecht, 2. Aufl., München 2008, § 10 Rz. 265 f.
44 Siehe hierzu unten Rz. 3687 ff.
45 Siehe FG Düsseldorf, Urteil v. 20.8.2013 – 6 K 4183/11 K, EFG 2013 S. 1881; siehe hierzu auch *Hagemann/Kahlenberg*, IWB 2013 S. 879.
46 Siehe oben Rz. 3607.
47 Statt vieler *Scheffler*, Beck'sches Handbuch der Rechnungslegung, Kap. B 213 Rz. 22.
48 BFH, Urteil v. 10.10.1978 – VIII R 126/75, BStBl 1979 II S. 77; Urteil v. 14.2.1973 – I R 76/71, BStBl 1973 II S. 397; *Korn/Strahl* in Korn, EStG, § 6 Rz. 304; *Frotscher* in Frotscher, EStG, § 5 Rz. 206.

4.3.1.1.3 Folgebewertung

Anteile an Kapitalgesellschaften unterliegen sowohl in der Handels- als auch in der Steuerbilanz der Folgebewertung nach allgemeinen handels- und steuerrechtlichen Grundsätzen. Handelsbilanziell gilt das gemilderte Niederstwertprinzip; hiernach besteht eine Abwertungspflicht auf den beizulegenden Wert bei voraussichtlich dauernder Wertminderung. Bei vorübergehender Wertminderung besteht ein Abschreibungswahlrecht. Steuerbilanziell besteht ein Wahlrecht zur Teilwertabschreibung nur bei voraussichtlich dauernder Wertminderung.[49] Der beizulegende Wert von Kapitalgesellschaftsanteilen ist nach einhelliger handelsrechtlicher Meinung grundsätzlich auf Basis des Ertragswertverfahrens – beispielsweise nach den Grundsätzen des IDW RS HFA 10[50] – zu ermitteln.[51] Steuerlich wird für die Ermittlung des Teilwerts eine Wiederbeschaffung der Anteile unterstellt; hierbei sind der Ertragswert, der Substanzwert und die funktionale Bedeutung der Anteile für den Steuerpflichtigen zu berücksichtigen.[52]

3624

Wann eine voraussichtlich dauernde Wertminderung vorliegt, ist nicht gesetzlich normiert. Handelsrechtlich ist aufgrund des Vorsichtsprinzips im Zweifel eine dauernde Wertminderung anzunehmen, sofern keine konkreten Anhaltspunkte für eine Werterholung ersichtlich sind.[53] Nach IDW RS VFA 2 deuten bei börsennotierten Wertpapieren die folgenden Indizien auf eine lediglich vorübergehende Wertminderung hin:

3625

- lediglich geringfügige Differenz zwischen Börsenkurs und Buchwert,
- Börsenkurs war während der letzten 6 Monate/12 Monate nicht permanent mehr als 20 % / 10 % geringer als der Buchwert,
- Kursentwicklung weicht lediglich geringfügig von der allgemeinen Marktentwicklung ab,
- lediglich geringfügige Bonitätsverschlechterungen des Emittenten.[54]

Der BFH hat die Bandbreitenbetrachtung des IDW RS VFA 2 abgelehnt. Nach Ansicht des BFH stellt grundsätzlich jedes Absinken des Stichtagskurses unter die Anschaffungskosten eine dauernde Wertminderung dar; eine Ausnahme soll lediglich bei geringfügigen Kursverlusten von bis zu 5 % der Anschaffungskosten gelten.[55] In solchen Fällen soll aus Gründen der Verfahrensvereinfachung keine Teilwertabschreibung möglich sein (Bagatellgrenze). In zeitlicher Hinsicht ist für die Ermittlung der Wertminderung der jeweilige Börsenwert am Bilanzstichtag maßgeblich. Der BFH hatte nach-

3626

---

49 Siehe im Einzelnen oben Rz. 3618.
50 IDW RS HFA 10, WPg Supplement 1/2013 S. 132.
51 *ADS*, Rechnungslegung und Prüfung der Unternehmen, 6. Aufl., Stuttgart ab 1995, § 253 Rz. 465; *Hachmeister/Glaser*, Handbuch des Jahresabschlusses, Abt. II/4 Rz. 321; *Baetge/Kirsch/Thiele*, Bilanzen, 14. Aufl., Düsseldorf 2017, S. 324.
52 BFH, Beschluss v. 9.3.2000 – X B 106/99, BFH/NV 2000 S. 1184; so auch ausdrücklich BFH, Urteil v. 28.4.2004 – I R 20/03, BFH/NV 2005 S. 19 m. w. N.; so auch *Hachmeister/Glaser*, Handbuch des Jahresabschlusses, Abt. II/4 Rz. 334; *Scheffler*, Beck'sches Handbuch der Rechnungslegung, Kap. B 213 Rz. 405.
53 *Scheffler*, Beck'sches Handbuch der Rechnungslegung, Kap. B 213 Rz. 67; *Schubert/Andrejewski/Roscher/Grottel/Kreher*, Beck'scher Bilanz-Kommentar, 10. Aufl., München 2016, § 253 Rz. 351.
54 Vgl. IDW RS VFA 2, WPg 2002 S. 475 ff., Tz. 19.
55 BFH, Urteil v. 21.9.2011 – I R 89/10, BStBl 2014 II S. 612.

trägliche Kurserholungen explizit als wertbegründend und damit als grundsätzlich unerheblich für die Stichtagsbewertung erachtet.[56]

3627 Das BMF hat zwischenzeitlich auf die dargestellte Rechtsprechung reagiert und die Urteilsgrundsätze in das aktuelle Schreiben zur Teilwertabschreibung vom 2.9.2016[57] übernommen. Somit stellen Kursverluste – über die 5 %-ige Bagatellgrenze hinaus – auch nach Verwaltungsauffassung nunmehr generell dauernde Wertminderungen dar.[58] Generell ist zu beachten, dass Teilwertabschreibungen auf Kapitalgesellschaftsanteile grundsätzlich im Rahmen der Einkommensermittlung außerbilanziell nach § 3c Abs. 2 EStG bzw. § 8b Abs. 3 Satz 3 KStG hinzuzurechnen sind.

4.3.1.2 Anteile an Personengesellschaften
4.3.1.2.1 Definition

3628 Anteile an Personengesellschaften sind Eigenkapitaltitel an Gesellschaften bürgerlichen Rechts (GbR – § 705 BGB), an offenen Handelsgesellschaften (OHG – § 105 HGB), an Kommanditgesellschaften (KG – § 161 HGB) sowie Eigenkapitaltitel an vergleichbaren ausländischen Rechtsformen. Ob eine ausländische Gesellschaft aus deutscher steuerlicher Sicht als Personengesellschaft qualifiziert, ist anhand eines sog. Rechtstypenvergleichs zu ermitteln.[59] Für eine steuerliche Einordnung der ausländischen Gesellschaft als Personengesellschaft spricht nach Auffassung der Finanzverwaltung insbesondere eine dezentralisierte Eigengeschäftsführung durch die Gesellschafter, eine unbeschränkte Haftung zumindest eines Gesellschafters, Beschränkungen bei der Übertragbarkeit von Anteilen, eine Gewinnzuteilung ohne Beschluss sowie die Möglichkeit, dass Gesellschafter Dienstleistungen anstelle von Bar- oder Sacheinlagen erbringen.[60] Im Hinblick auf die steuerbilanzielle Behandlung sind Anteile an gewerblichen Personengesellschaften (Mitunternehmerschaften) und Anteile an vermögensverwaltenden Personengesellschaften (Bruchteilsbetrachtung) zu unterscheiden; diese Unterscheidung spielt für Zwecke der handelsrechtlichen Bilanzierung keine Rolle.

4.3.1.2.2 Handelsbilanzielle Behandlung von Anteilen an Personengesellschaften
4.3.1.2.2.1 Ansatz und Zugangsbewertung

3629 Handelsrechtlich stellt eine Beteiligung an einer Personengesellschaft nach h. M. ebenso wie die Beteiligung an einer Kapitalgesellschaft einen einheitlichen Vermögensgegenstand dar.[61] Dies wird handelsrechtlich damit begründet, dass es sich bei dem Gesamthandsvermögen der Personengesellschaft um ein zweckgebundenes, rechtlich

---

56 BFH, Urteil v. 21.9.2011 – I R 89/10, BStBl 2014 II S. 612; siehe hierzu auch *Adrian/Helios*, DStR 2014 S. 723 f.
57 BMF, Schreiben v. 2. 9. 2016 – IV C 6 – S 2171 – b/09/10002 :002, BStBl 2016 I S. 995.
58 Die Finanzverwaltung hatte voraussichtlich dauernde Wertminderungen bei börsennotierten Anteilen an Kapitalgesellschaften bis dahin nur dann anerkannt, wenn der Börsenkurs zu einem Bilanzstichtag um mehr als 40 % unter die Anschaffungskosten oder an zwei aufeinanderfolgenden Bilanzstichtagen um jeweils mehr als 25 % unter die Anschaffungskosten gesunken war. Vgl. BMF, Schreiben v. 26. 3. 2009 – IV C 6 S-2171b/0, BStBl 2009 I S. 514.
59 Siehe hierzu oben Rz. 3621.
60 BMF, Schreiben v. 19.3.2004 – IV B 4-S 1301 USA–22/04, BStBl 2004 I S. 411.
61 IDW RS HFA 18, WPg Supplement 3/2014 S. 42 f., Rz. 2; *Hoffmann*, BB 1988 Beil. 2 S. 3; *Hoffmann*, BB 1991 S. 448 ff.; *Fellmeth*, BB 1992 S. 885; *Dietel*, DStR 2002 S. 2140.

verselbständigtes Vermögen handelt.[62] Anteile an Personengesellschaften werden im Zugangszeitpunkt nach allgemeinen Regelungen mit Anschaffungskosten bewertet; die Einordnung von Personengesellschaftsanteilen als Finanzanlage oder als finanzielles Umlaufvermögen ist wie bei Kapitalgesellschaftsanteilen maßgeblich anhand der Halteabsicht des Bilanzierenden zu beurteilen.[63]

4.3.1.2.2.2 Folgebewertung

Die handelsbilanzielle Folgebewertung von Anteilen an Personengesellschaften erfolgt nach allgemeinen handelsrechtlichen Grundsätzen, die auch für die Folgebewertung von Kapitalgesellschaftsanteilen gelten.[64]   3630

4.3.1.2.3 Steuerbilanzielle Behandlung von Anteilen an gewerblichen Personengesellschaften

4.3.1.2.3.1 Ansatz und Zugangsbewertung

Gewerbliche Personengesellschaften – d. h. originär gewerblich tätige (§ 15 Abs. 2 EStG), gewerblich infizierte (§ 15 Abs. 3 Nr. 1 EStG) oder gewerblich geprägte (§ 15 Abs. 3 Nr. 2 EStG) Personengesellschaften – werden steuerlich auch als Mitunternehmerschaften bezeichnet, ihre Gesellschafter als Mitunternehmer. Nach älterer Rechtsprechung waren die Gesellschafter einer Personengesellschaft vollständig Einzelunternehmern gleichgestellt; die Steuerbilanz der Personengesellschaft wurde als Bündel der Einzelbilanzen ihrer Gesellschafter verstanden (sog. Bilanzbündeltheorie).[65] Diese Bilanzbündeltheorie hat der Große Senat des BFH im Jahre 1984 aufgegeben.[66] An ihre Stelle ist die Einheitstheorie getreten.[67] Der Personengesellschaft kommt hiernach eine gewisse Eigenständigkeit zu; so wird etwa der Gewinn einer Personengesellschaft durch Betriebsvermögensvergleich auf Ebene der Personengesellschaft und nicht auf Ebene der einzelnen Gesellschafter ermittelt.[68]   3631

Gleichwohl geht die Eigenständigkeit der Personengesellschaft aus steuerlicher Sicht nicht so weit wie bei einer Kapitalgesellschaft. Anders als im Handelsrecht stellen Anteile an Personengesellschaften daher steuerlich kein eigenständiges Wirtschaftsgut dar.[69] Dies wird bei gewerblichen Personengesellschaften damit begründet, dass die Mitunternehmerschaft zwar nicht Steuersubjekt der Einkommen- und Körperschaftsteuer ist, ihr aber dennoch eine partielle Steuersubjektivität zukommt.[70] Es gilt das sog. Transparenzprinzip; Steuersubjekte der Einkommen- und Körperschaftsteuer sind   3632

---

62 *Scheffler*, Beck'sches Handbuch der Rechnungslegung, Kap. B 213 Rz. 340; *Schubert/Gadek*, Beck'scher Bilanz-Kommentar, 11. Aufl., München 2018, § 255 Rz. 141.
63 Siehe oben Rz. 3607.
64 Siehe oben Rz. 3624 f.
65 RFH, Urteil v. 14.7.1937 – VI A 422/37, RStBl 1937 II S. 937.
66 Vgl. BFH, Beschluss v. 25.6.1984 – GrS 4/82, BStBl 1984 II S. 751.
67 Statt vieler explizit BFH, Urteil v. 30.4.1991 – VII R 68/86, BStBl 1991 II S. 873.
68 Vgl. BFH, Beschluss v. 10.11.1980 – GrS 1/79, BStBl 1981 II S. 164; Beschluss v. 25.6.1984 – GrS 4/82, BStBl 1984 II S. 751.
69 Ständige BFH-Rspr., statt vieler BFH, Urteil v. 19.2.1981 – IV R 41/78, BStBl 1981 II S. 730; Beschluss v. 25.2.1991 – GrS 7/89, BStBl 1991 II S. 691; *Loschelder* in Schmidt, EStG, 37. Aufl. 2018, § 4 Rz. 251; *Neumann* in Lademann, EStG, § 5 Rz. 884 f.; *Krumm* in Blümich, EStG, § 5 Rz. 1112a.
70 Statt vieler BFH, Beschluss v. 25.6.1984 – GrS 4/82, BStBl 1984 II S. 751.

die Gesellschafter der Personengesellschaft (§§ 1, 1a EStG bzw. § 1 KStG). Lediglich für Zwecke der Gewerbesteuer ist die Personengesellschaft selbst Steuerschuldnerin (§ 5 Abs. 1 Satz 3 GewStG). Gleichwohl werden die gewerblichen Einkünfte, die bei den Gesellschaftern der Körperschaft- oder Einkommensteuer unterliegen, auf Ebene der Personengesellschaft ermittelt und den Gesellschaftern gem. § 15 Abs. 1 Satz 1 Nr. 2 Satz 1 EStG zugerechnet.[71] Verfahrensrechtlich erfolgt dies durch gesonderte und einheitliche Feststellung nach den §§ 179 ff. AO. Wäre der Anteil an der gewerblichen Personengesellschaft ein selbständig bewertbares Wirtschaftsgut, ergäbe sich hierbei die Gefahr einer Doppelerfassung von Einkünften auf Gesellschafterebene.[72] Einerseits könnten den Gesellschaftern Einkünfte aus der Personengesellschaft über § 15 Abs. 1 Satz 1 Nr. 2 Satz 1 EStG zugerechnet werden, andererseits könnten sich aus der selbständigen Bewertbarkeit der Anteile auf Gesellschafterebene weitere Betriebseinnahmen und -ausgaben ergeben. Um eine solche Doppelerfassung zu vermeiden, haben Anteile an Personengesellschaften daher für Zwecke der steuerlichen Gewinnermittlung keine eigenständige Bedeutung.[73]

3633 Vor diesem Hintergrund werden Anteile an gewerblichen Personengesellschaften in der Steuerbilanz des Gesellschafters nach der sog. Spiegelbildmethode bilanziert. Die Mitunternehmer setzen in ihrer Steuerbilanz ihr anteiliges Kapitalkonto an. Die Anteile an einer Personengesellschaft werden somit im Ergebnis zwar in den Steuerbilanzen der Gesellschafter ausgewiesen, gleichwohl findet keine separate Bewertung statt.[74] Die Kapitalkonten der Mitunternehmer umfassen neben dem anteiligen Gesamthandsvermögen auch die Kapitalien in etwaigen Ergänzungs- und Sonderbilanzen des jeweiligen Mitunternehmers.

4.3.1.2.3.2 Folgebewertung

3634 Anteile an Personengesellschaften stellen wie erläutert kein eigenständiges Wirtschaftsgut dar. Teilwertabschreibungen auf das spiegelbildlich angesetzte Kapitalkonto des Gesellschafters sind daher nicht möglich.[75] Etwaige Wertminderungen manifestieren sich auf Ebene des Gesellschafters lediglich mittelbar: Sofern in der Steuerbilanz der Personengesellschaft Teilwertabschreibungen auf einzelne Wirtschaftsgüter vorgenommen werden, wird das Kapitalkonto des Gesellschafters in der Steuerbilanz der Personengesellschaft gemindert. Diese Minderung wird wiederum spiegelbildlich in der Steuerbilanz des Gesellschafters nachvollzogen. Bei der Spiegelbildmethode findet das Anschaffungskostenprinzip des § 253 Abs. 1 Satz 1 HGB folgelogisch keine Anwendung.[76] Da die Gesellschafter in ihren Steuerbilanzen immer spiegelbildlich ihre Kapital-

---

71 *Wacker* in Schmidt, EStG, 37. Aufl. 2018, § 15 Rz. 161, 163; *Dürrschmidt/Friedrich-Vache*, DStR 2005 S. 1516.
72 *Bürkle/Knebel*, DStR 1998 S. 1071.
73 Vgl. BFH, Urteil v. 6.11.1985 – I R 242/81, BStBl 1986 II S. 333; Urteil v. 23.7.1975 – I R 165/73, BStBl 1976 II S. 73; *Loschelder* in Schmidt, EStG, 37. Aufl. 2018, § 4 Rz. 251.
74 BFH, Urteil v. 30.4.2003 – I R 102/01, BStBl 2004 II S. 804.
75 BFH, Urteil v. 20.6.1985 – IV R 36/83, BStBl 1985 II S. 654, m.w. Rspr.-N.; *Neumann* in Lademann, EStG, § 5 Rz. 884/1; *Crezelius* in Kirchhof, EStG Kompaktkommentar, 17. Aufl. 2018, § 5 Rz. 163 Stichwort „Beteiligungen an Personengesellschaften".
76 *Pyszka/Brauer* in Kessler/Kröner/Köhler, Konzernsteuerrecht, 2. Aufl., München 2008, § 3 Rz. 538; *Frotscher* in Frotscher, EStG, § 5 Rz. 204.

konten ansetzen, stellen die Anschaffungskosten steuerlich keine Bewertungsobergrenze dar; auch höhere steuerliche Wertansätze sind möglich.

4.3.1.2.4 Steuerbilanzielle Behandlung von Anteilen an vermögensverwaltenden Personengesellschaften

4.3.1.2.4.1 Ansatz und Zugangsbewertung

Steuerbilanziell stellen Anteile an vermögensverwaltenden Personengesellschaften – wie auch Mitunternehmeranteile – keine eigenständigen Wirtschaftsgüter dar.[77] Im Unterschied zu Mitunternehmerschaften kommt die Spiegelbildmethode bei vermögensverwaltenden Personengesellschaften allerdings nicht zur Anwendung. Vielmehr werden die Wirtschaftsgüter der vermögensverwaltenden Personengesellschaft den Gesellschaftern nach den Grundsätzen der Bruchteilsbetrachtung des § 39 Abs. 2 Nr. 2 AO anteilig zugerechnet; die Gesellschafter der vermögenverwaltenden Personengesellschaft weisen die einzelnen anteilig zugerechneten Wirtschaftsgüter unmittelbar in ihrer Steuerbilanz aus.[78] Auch bei vermögensverwaltenden Personengesellschaften kommt somit das Transparenzprinzip zur Anwendung. Aufgrund der Zurechnung zu den Gesellschaftern erfolgt auf Ebene der vermögensverwaltenden Personengesellschaft kein steuerbilanzieller Ansatz. Vor diesem Hintergrund besteht bei vermögensverwaltenden Personengesellschaften – anders als bei Mitunternehmerschaften – auch kein Risiko einer Doppelerfassung von Wirtschaftsgütern; ein steuerbilanzieller Ansatz erfolgt ausschließlich auf Ebene der Gesellschafter.[79] Werden Anteile an vermögensverwaltenden Personengesellschaften nicht nur in einem Betriebsvermögen, sondern von anderen Gesellschaftern auch in einem Privatvermögen gehalten, werden diese auch als Zebragesellschaften bezeichnet.[80]

3635

Die Tatsache, dass vermögensverwaltende Personengesellschaften zwar handelsbilanziell eigenes Vermögen ansetzen, steuerlich aber nicht, ist Ansatzpunkt für handelsrechtliche Gestaltungsüberlegungen. In der Bilanzierungspraxis sind insbesondere sog. „Book-up"-Strukturen anzutreffen. Bei diesen Gestaltungen bringt ein Bilanzierender bestimmte Vermögensgegenstände gegen Gewährung von Anteilen in eine vermögensverwaltende Personengesellschaft ein. Handelsrechtlich erfolgt eine solche Einbringung nach Sacheinlagegrundsätzen.[81] Der Einlagegegenstand kann daher in der Handelsbilanz der vermögensverwaltenden Personengesellschaft zum Zeitwert bewertet werden, wodurch handelsrechtlich stille Reserven gehoben werden können. Die Anteile an der vermögensverwaltenden Personengesellschaft sind auf Gesellschafterebene nach Tauschgrundsätzen zu bewerten. Hier besteht wiederum ein Wahlrecht zwischen Buch- oder Zeitwertbewertung der Anteile, welches unabhängig von dem Wahlrecht in Bezug auf den Einlagegegenstand auf Ebene der Personengesellschaft ausgeübt werden kann.

3636

---

77 BFH, Beschluss v. 25.2.1991 – GrS 7/89, BStBl 1991 II S. 691; Urteil v. 13.7.1999 – VIII R 72/98, BStBl 1999 II S. 820; Urteil v. 26.4.2012 - IV R 44/09, BStBl 2013 II S. 142.
78 Vgl. BFH, Urteil v. 2.4.2008 – IX R 18/06, BStBl 2008 II S. 679; Urteil v. 13.7.1999 – VIII R 72/98, BStBl 1999 II S. 820; Urteil v. 9.5.2000 – VIII R 40/99, BFH/NV 2001 S. 17; vgl. auch BFH, Beschluss v. 25.6.1984 – GrS 4/82, BStBl 1984 II S. 751; BMF, Schreiben v. 29.4.1994 – IV B 2-S 2241-9/94, BStBl 1994 I S. 282.
79 *Wacker* in Schmidt, EStG, 37. Aufl. 2018, §15 Rz. 204 f.; *Dietel*, DStR 2002 S. 2144.
80 *Wacker* in Schmidt, EStG, 37. Aufl. 2018, § 15 Rz. 201; *Dürrschmidt/Friedrich-Vache*, DStR 2005 S. 1515.
81 Siehe hierzu oben Rz. 3615.

Insbesondere inkongruente Wahlrechtsausübungen bieten einen Ansatzpunkt für Handelsbilanzpolitik. Interessant sind diese handelsrechtlichen Gestaltungen insbesondere aufgrund der Steuerneutralität, denn steuerlich ist die Einbringung von Wirtschaftsgütern in eine vermögensverwaltende Personengesellschaft ein „Nullum". Die wirtschaftlichen Eigentumsverhältnisse und die Ansätze in der Steuerbilanz des Gesellschafters ändern sich nicht, da die eingebrachten Wirtschaftsgüter über § 39 Abs. 2 Nr. 2 AO weiterhin dem Gesellschafter zugerechnet werden. Da somit ausschließlich handelsbilanziell stille Reserven aufgedeckt werden, muss aber nach den Regelungen des § 274 HGB ggf. eine passive latente Steuer gebildet werden.

4.3.1.2.4.2 Folgebewertung

3637 Die anteilig zugerechneten Wirtschaftsgüter sind in der Steuerbilanz des Gesellschafters nach allgemeinen Regelungen der Folgebewertung anzusetzen.

4.3.1.3 Anteile an Investmentvermögen
4.3.1.3.1 Definition

3638 Anteile an Investmentvermögen sind Eigenkapitaltitel an bestimmten Gesellschaften oder eigenkapitalähnliche Finanzierungstitel an bestimmten vertraglichen Sondervermögen. Aufsichtsrechtlich handelt es sich bei einem Investmentvermögen um einen Organismus für gemeinsame Anlagen, der von einer Anzahl von Anlegern Kapital einsammelt, um es gemäß einer festgelegten Anlagestrategie zum Nutzen dieser Anleger zu investieren, der zugleich kein operativ tätiges Unternehmen außerhalb des Finanzsektors darstellt (§ 1 Abs. 1 KAGB).[82] Von dieser Regelung sind neben Organismen für gemeinsame Anlagen in Wertpapiere (OGAW) auch offene und geschlossene Alternative Investmentfonds (AIF) – wie z. B. geschlossene Private-Equity-Fonds – erfasst. Aufgrund des Verweises in § 1 Abs. 1 InvStG v. 15. 12. 2003 i. d. F. des Investmentsteuerreformgesetzes v. 19.7.2016 (InvStG 2004), welches letztmalig zum 31. 12. 2017 Anwendung fand, und nunmehr in § 1 Abs. 2 Satz 1 InvStG v. 19.7.2016 (InvStG 2018), welches ab 1.1.2018 anzuwenden ist, gilt der aufsichtsrechtliche Investmentvermögensbegriff grundsätzlich (zu den Ausnahmen s. u.) auch für das Investmentsteuerrecht. Anders als in handelsbilanzieller Hinsicht (s. u. Rz. 3639 f.) ist für steuerbilanzielle Zwecke zu unterscheiden zwischen dem InvStG 2004 und dem InvStG 2018. Nach dem InvStG 2004 qualifizieren Investmentvermögen als Investmentfonds einerseits oder als Personen- oder Kapital-Investitionsgesellschaften andererseits. Für erstere ist in steuerbilanzieller Hinsicht das investmentsteuerliche Transparenzprinzip zu beachten, d.h. die Steuerbilanzansätze können die Anschaffungskosten im Zuge der Folgebewertung übersteigen (s. u. Rz. 3643 ff.). Für zweitere gelten die allgemeinen steuerlichen Regelungen abhängig von der jeweiligen Rechtsform (s. u. Rz. 3648 f.). Seit dem 1.1.2018 ist zwischen Investmentfonds nach Kapitel 2 und Spezial-Investmentfonds nach Kapitel 3 des InvStG 2018 zu unterscheiden. Für Anteile an Investmentfonds nach Kapitel 2 gilt

---

[82] Siehe zu den Tatbestandsmerkmalen im Einzelnen BaFin, Auslegungsschreiben zum Anwendungsbereich des KAGB und zum Begriff des „Investmentvermögens" v. 14. 6. 2013, WA 41-Wp 2137-2013/0001; ESMA, Guidelines on key concepts of the AIFMD v. 24. 5. 2013, ESMA/2013/600; *Jetter/Mager* in Beckmann/Scholtz/Vollmer, Investment-Handbuch für das gesamte Investmentwesen, Kz. 420 § 1 InvStG 2004 Rz. 46 ff

das Anschaffungskostenprinzip grundsätzlich sowohl für die Zugangs- als auch Folgebewertung (s. u. Rz. 3652 f.). Für Anteile an Spezial-Investmentfonds nach Kapitel 3 ist hingegen – wie für Investmentfonds i. S. d. InvStG 2004 – das investmentsteuerliche Transparenzprinzip zu beachten, d.h. auch insoweit können die Steuerbilanzansätze im Zuge der Folgebewertung die Anschaffungskosten übersteigen (s. u. Rz. 3655 ff.).

4.3.1.3.2 Handelsbilanzielle Behandlung von Anteilen an Investmentvermögen

Anteile an einem Investmentvermögen werden als selbständige Vermögensgegenstände angesetzt; auch bei Investmentvermögen in Vertragsform werden vom Anteilseigner nicht die durch das Sondervermögen gehaltenen einzelnen Vermögensgegenstände bilanziert.[83] Als Finanzanlagen gehaltene verbriefte Anteile an einem Investmentvermögen – z. B. an einem Aktienfonds oder an einem offenen Immobilienfonds – sind als Wertpapiere des Anlagevermögens auszuweisen.[84] Dies gilt unabhängig davon, ob das Investmentvermögen als Sondervermögen in Vertragsform oder als Kapitalgesellschaft (z. B. als Investment AG oder als Luxemburger SA SICAV) ausgestaltet ist. Anteile an geschlossenen Fonds in der Rechtsform einer Personengesellschaft (z. B. an einer Limited Partnership) stellen hingegen regelmäßig keine Wertpapiere dar. Auch ein Ausweis unter den Beteiligungen sollte bei geschlossenen Fonds nicht in Betracht kommen, da Anteile an einem Investmentvermögen grundsätzlich der Kapitalanlage und somit in der Regel nicht dem Geschäftsbetrieb des eigenen Unternehmens dienen (§ 271 Abs. 1 Satz 1 HGB). Anteile an einem Investmentvermögen ohne Wertpapiereigenschaft sind handelsrechtlich daher vorzugsweise als separater Posten nach den sonstigen Ausleihungen anzusetzen.[85]

3639

Anteile an Investmentvermögen werden im Zugangszeitpunkt mit Anschaffungskosten bewertet. Diese umfassen den Ausgabepreis zuzüglich Anschaffungsnebenkosten und stellen zugleich die handelsbilanzielle Wertobergrenze dar (§ 253 Abs. 1 Satz 1 HGB); darüberhinausgehende unrealisierte Wertsteigerungen sind nach allgemeinen handelsrechtlichen Grundsätzen nicht zu berücksichtigen. Wertminderungen bei Investmentfondsanteilen sind ebenfalls nach allgemeinen handelsrechtlichen Grundsätzen für Finanzanlagen zu bilanzieren.[86] Es gilt das gemilderte Niederstwertprinzip, so dass bei voraussichtlich dauernder Wertminderung eine Abwertung auf den niedrigeren beizulegenden Wert erfolgen muss (§ 253 Abs. 3 Satz 3 HGB). Bei vorübergehenden Wertminderungen besteht ein Abwertungswahlrecht (§ 253 Abs. 3 Satz 4 HGB). Bei der Beurteilung, ob eine voraussichtlich dauernde Wertminderung vorliegt, muss handelsrechtlich grundsätzlich auf die einzelnen von dem Investmentvermögen gehaltenen Vermögensgegenstände abgestellt werden.[87]

3640

---

83 *Helios/Gstädtner* in Haisch/Helios, Rechtshandbuch Finanzinstrumente, § 7 Rz. 138.
84 *Grottel/Kreher* in Beck'scher Bilanz-Kommentar, 10. Aufl., München 2016, § 266 Rz. 80.
85 Siehe hierzu oben Rz. 3610.
86 Siehe hierzu oben Rz. 3617.
87 Vgl. IDW VFA, FN 2002 S. 668.

4.3.1.3.3 Steuerbilanzielle Behandlung von Anteilen an Investmentvermögen (Rechtslage bis 31.12.2017)

4.3.1.3.3.1 Steuerliche Unterscheidung in Investmentfonds und Investitionsgesellschaften

3641 Bis Ende 2017 wurde investmentsteuerlich zwischen Investmentfonds und Investitionsgesellschaften unterschieden (§ 1 Abs. 1c Satz 1 InvStG 2004). Für Investmentfonds galt das besondere Besteuerungsregime nach dem InvStG 2004. Die Investitionsgesellschaften unterlagen hingegen grundsätzlich den allgemeinen steuerlichen Regelungen für Personengesellschaften bzw. für Körperschaften (§§ 18, 19 InvStG 2004).

4.3.1.3.3.2 Steuerbilanzielle Behandlung von Anteilen an Investmentfonds

3642 Investmentfonds sind Investmentvermögen, die die zusätzlichen Voraussetzungen des § 1 Abs. 1b Satz 2 InvStG 2004 erfüllen.[88] Investmentfonds müssen hiernach insbesondere einer Investmentaufsicht unterliegen und den Anlegern ein jährliches Rückgaberecht einräumen (§ 1 Abs. 1b Satz 2 Nr. 1 und 2 InvStG 2004); letzteres ist bei einer Börsennotierung der Anteile erfüllt. Investmentfonds dürfen lediglich passiv vermögensverwaltend tätig sein; eine aktive unternehmerische Bewirtschaftung der Vermögensgegenstände ist grundsätzlich ausgeschlossen (§ 1 Abs. 1b Satz 2 Nr. 3 InvStG 2004). Das Vermögen ist nach dem Grundsatz der Risikomischung anzulegen (§ 1 Abs. 1b Satz 2 Nr. 4 InvStG 2004). Zudem müssen die Anlagerestriktionen des § 1 Abs. 1b Satz 2 Nr. 5 bis 7 InvStG 2004 beachtet werden. Hiernach dürfen z. B. grundsätzlich keine Anteile an gewerblichen Personengesellschaften oder Kapitalgesellschaftsbeteiligungen von 10 % oder mehr erworben werden.[89]

3643 Ansatz und Zugangsbewertung von Investmentfondsanteilen erfolgen auch in der Steuerbilanz zu Anschaffungskosten; es ergeben sich insoweit keine konzeptionellen Unterschiede zur Handelsbilanz. Die Folgebewertung in der Steuerbilanz richtet sich hingegen nach eigenständigen Regelungen. Anstelle des handelsrechtlichen Anschaffungskostenprinzips gilt steuerbilanziell das investmentsteuerliche Transparenzprinzip. Dadurch können die Steuerbilanzansätze (einschließlich eines steuerlichen aktiven Ausgleichspostens aufgrund zugerechneter ausschüttungsgleicher Erträge) die Anschaffungskosten im Zuge der Folgebewertung übersteigen.

3644 Investmentsteuerlich ist hierbei zwischen ausgeschütteten und ausschüttungsgleichen Erträgen zu unterscheiden. Ausgeschüttete Erträge sind die vom Investmentfonds zur Ausschüttung verwendeten Erträge (§ 1 Abs. 3 Satz 2 InvStG 2004). Bei der Ermittlung der ausgeschütteten Erträge sind investmentsteuerliche Sondervorschriften in Bezug auf den Werbungskostenabzug[90] und die Verrechnung mit bestehenden Verlustvorträ-

---

[88] Siehe zu den Voraussetzungen im Einzelnen *Jetter/Mager* in Beckmann/Scholtz/Vollmer, Investment-Handbuch für das gesamte Investmentwesen, Kz. 420 § 1 InvStG 2004 Rz. 92 ff.; *Elser/Stadler*, DStR 2014 S. 234 f.

[89] Siehe hierzu BMF, Schreiben v. 4.6.2014 – IV C 1 - S 1980-1/13/10007:002, ergänzt durch BMF, Schreiben v. 23.10.2014 – IV C 1 – S 1980-1/13/10007:007; ausführlich hierzu auch *Jetter/Mager* in Beckmann/Scholtz/Vollmer, Investment-Handbuch für das gesamte Investmentwesen, Kz. 420 § 1 InvStG 2004 Rz. 154 ff.

[90] Siehe hierzu im Einzelnen *Mertes* in Baur/Tappen, Investmentgesetze, § 3 InvStG 2004 Rz. 44 ff.

gen zu beachten. Die steuerbilanziellen ausgeschütteten Erträge weichen daher regelmäßig von den tatsächlichen handelsbilanziellen Ausschüttungen ab.[91] Um im Falle einer späteren Rückgabe oder Veräußerung der Anteile eine Doppelbelastung zu vermeiden, darf in der Steuerbilanz in Höhe des steuerlichen Mehrergebnisses ein aktiver steuerlicher Ausgleichsposten gebildet werden; der aktive Ausgleichsposten ist im Falle einer späteren Veräußerung der Anteile gewinnmindernd aufzulösen.[92]

Unabhängig von einer tatsächlichen Ausschüttung werden den Anteilseignern eines Investmentfonds darüber hinaus bestimmte Erträge als sog. ausschüttungsgleiche Erträge zugerechnet. Zu den ausschüttungsgleichen Erträgen zählen etwa Dividenden- und Zinserträge (§ 20 Abs. 1 Nr. 1 und 7 EStG), nicht aber Gewinne aus der Veräußerung von Kapitalgesellschaftsanteilen (§ 20 Abs. 2 Nr. 1 EStG). Handelsbilanziell können solche unrealisierten Erträge nicht vereinnahmt werden. In der Steuerbilanz des Anteilseigners ist daher ein Ausgleichsposten für bereits versteuerte ausschüttungsgleiche Erträge zu aktivieren.[93] Im Falle einer späteren Veräußerung des Anteils ist dieser aktive Ausgleichsposten wiederum gewinnmindernd aufzulösen, um eine Doppelbelastung zu vermeiden.[94]

3645

Wertminderungen von Investmentfondsanteilen werden im Kern nach den allgemeinen Regelungen zur Teilwertabschreibung behandelt (§ 6 Abs. 1 Nr. 2 Satz 2 EStG). Das Wahlrecht zur Teilwertabschreibung besteht auch hier nur bei voraussichtlich dauernder Wertminderung. Wann bei Anteilen an einem Investmentfonds eine dauernde Wertminderung gegeben ist, hängt insbesondere davon ab, welche Wirtschaftsgüter ein Investmentfonds vorrangig hält. Bei Aktienfonds wird das Vorliegen einer dauerhaften Wertminderung nach denselben Kriterien beurteilt wie bei börsennotierten Anteilen an Kapitalgesellschaften.[95] Aktienfonds sind Investmentfonds, die überwiegend – d. h. zu mindestens 51 % – in Aktien investieren.[96] Ein Absinken des Teilwerts stellt daher auch bei Aktienfonds eine dauernde Wertminderung dar, sofern die 5 %-ige Bagatellgrenze überschritten wird. Im Schreiben zur Teilwertabschreibung v. 2.9.2016 erkennt die Finanzverwaltung die vom BFH aufgestellten Grundsätze explizit auch für Aktienfonds an.[97]

3646

Die dargestellten Grundsätze zur Teilwertabschreibung bei Aktienfonds gelten für den Investmentfondsanteil als Ganzes. Bei Aktienfonds werden somit typisierend alle Wertminderungen nach den Grundsätzen für börsennotierte Kapitalgesellschaftsanteile behandelt, auch wenn diese beispielsweise in Teilen aus festverzinslichen Wertpapieren resultieren.[98] Ferner sind Teilwertabschreibungen aufgrund von Wechselkursverlusten

3647

---

91 *Rockel/Patzner*, DStR 2007 S. 1546; *dies.*, DStR 2008 S. 2126; *Helios/Gstädtner* in Haisch/Helios, Rechtshandbuch Finanzinstrumente, München 2011, § 7 Rz. 151 f.
92 OFD Rheinland, Verfügung v. 11.1.2008 – S 1980-1030-St 222, EStG-Kartei NW InvStG Nr. 2004; *Rockel/Patzner*, DStR 2007 S. 1548.
93 BMF, Schreiben v. 18.8.2009 zum InvStG 2004 – IV C 1-S 1980-1/08/10019, BStBl 2009 I S. 931, Rz. 29.
94 *Rockel/Patzner*, DStR 2007 S. 1548.
95 Siehe hierzu oben Rz. 3626 f.
96 BFH, Urteil v. 21.9.2011 – I R 7/11, BFH/NV 2012 S. 310.
97 Vgl. BMF, Schreiben v. 1.2.9.2016 – IV C 6 - S 2171-b/09/10002:002, BStBl 2016 I S. 995, Rz. 24 f.
98 BFH, Urteil v. 21.9.2011 – I R 7/11, BFH/NV 2012 S. 310.

möglich, wenn der Aktienfonds in einer Fremdwährung geführt wird.[99] Bei festverzinslichen Wertpapieren, die zum Laufzeitende zum Nominalwert zurückgezahlt werden, stellen Kursverluste, soweit sie den Nominalwert unterschreiten, anders als bei börsennotierten Aktien regelmäßig keine voraussichtlich dauernde Wertminderung dar.[100] Eine Teilwertabschreibung auf Anteile an einem Investmentfonds, der kein Aktienfonds ist, ist daher grundsätzlich nicht möglich, soweit die Wertminderung aus einem solchen Kursverlust festverzinslicher Wertpapiere resultiert. Generell ist zudem zu beachten, dass Teilwertabschreibungen auf Investmentfondsanteile ggf. im Rahmen der Einkommensermittlung außerbilanziell nach § 8 Abs. 3 S. 2 InvStG 2004 i. V. m. § 3c Abs. 2 EStG bzw. § 8b Abs. 3 Satz 3 KStG hinzuzurechnen sind. Selbst wenn durch eine solche Hinzurechnung eine Teilwertabschreibung aufgrund eines Wechselkursverlusts rückgängig gemacht wird, liegt darin keine Verletzung unionsrechtlicher Grundfreiheiten, weil im umgekehrten Fall eines Wechselkursgewinns eine außerbilanzielle Kürzung nach § 8b Abs. 2 KStG erfolgen würde.[101]

4.3.1.3.4 Steuerbilanzielle Behandlung von Anteilen an Investitionsgesellschaften (Rechtslage bis 31. 12. 2017)

3648 In Abgrenzung zu den Investmentfonds sind Investitionsgesellschaften alle Investmentvermögen, die die zusätzlichen Voraussetzungen des § 1 Abs. 1b Satz 2 InvStG 2004 nicht erfüllen (§ 1 Abs. 1c Satz 1 InvStG 2004). Innerhalb der Investitionsgesellschaften wird wiederum in Personen-Investitionsgesellschaften (§ 18 InvStG 2004) und Kapital-Investitionsgesellschaften (§ 19 InvStG 2004) unterschieden. Personen-Investitionsgesellschaften sind die deutsche Investmentkommanditgesellschaft sowie vergleichbare ausländische Rechtsformen (§ 18 Satz 1 InvStG 2004). Kapital-Investitionsgesellschaften sind im Umkehrschluss hierzu alle Investitionsgesellschaften, die keine Personen-Investitionsgesellschaften sind (§ 19 Abs. 1 Satz 2 InvStG 2004). Investitionsgesellschaften in Form ausländischer Sondervermögen – wie etwa der Luxemburger FCP oder der französische FCPR – gelten explizit als Kapital-Investitionsgesellschaften (§ 19 Abs. 1 Satz 2 InvStG 2004).

3649 Für Personen-Investitionsgesellschaften gelten die allgemeinen steuerlichen Regelungen. D.h. je nachdem, ob die Personen-Investitionsgesellschaft als gewerblich einzustufen ist, gelten für die steuerbilanzielle Behandlung die allgemeinen Grundsätze für Anteile an Mitunternehmerschaften bzw. an vermögensverwaltenden Personengesellschaften.[102] Auch bei Kapital-Investitionsgesellschaften kommen allgemeine steuerliche Bilanzierungsregeln für Anteile an Kapitalgesellschaften zur Anwendung. Investmentsteuerliche Besonderheiten ergeben sich lediglich auf außerbilanzieller Ebene; insbesondere werden die Beteiligungsertragsprivilegierungen des § 3 Nr. 40 EStG und des § 8b KStG bei unzureichender ertragsteuerlicher Vorbelastung versagt (§ 19 Abs. 2 Satz 2 InvStG 2004).[103]

---

99 BFH, Urteil v. 21.9.2016 – I R 63/15, BStBl 2017 II S. 357.
100 Vgl. BFH, Urteil v. 8.6.2011 – I R 98/10, BStBl 2012 II S. 716; BMF, Schreiben v. 10.9.2012 – IV C 6-S 2171-b/0:005, BStBl 2012 I S. 939.
101 BFH, Urteil v. 21.9.2016 – I R 63/15, BStBl 2017 II S. 357.
102 Siehe hierzu oben Rz. 3631 ff. und 3635.
103 Siehe hierzu ausführlich *Elser/Stadler*, DStR 2014 S. 237.

4.3.1.3.5 Steuerbilanzielle Behandlung von Anteilen an Investmentvermögen (Rechtslage ab 1.1.2018)

4.3.1.3.5.1 Steuerliche Unterscheidung in Investmentfonds und Spezial-Investmentfonds

Mit dem Investmentsteuerreformgesetz v. 19.7.2016, welches ab dem 1.1.2018 anzuwenden ist, wird die Besteuerung von (Spezial-)Investmentfonds und deren Anlegern neu geregelt. Investmentsteuerlich wird nur noch zwischen steuerlich intransparenten Investmentfonds nach Kapitel 2 des InvStG 2018 und den weiterhin der investmentrechtlichen Transparenz unterliegenden Spezial-Investmentfonds nach Kapitel 3 des InvStG 2018 unterschieden. Die Kategorie der Personen- und Kapital-Investitionsgesellschaften ist aufgegeben worden. Wie bisher knüpft der steuerliche Begriff des Investmentfonds grundsätzlich an den aufsichtsrechtlichen Begriff des Investmentvermögens an, erweitert diesen jedoch (z. B. um Ein-Anleger-Fonds) bzw. schränkt diesen ein (z. B. fallen AIF in der Rechtsform der Personengesellschaft nicht mehr in den investmentsteuerrechtlichen Anwendungsbereich).[104]

3650

4.3.1.3.5.2 Steuerbilanzielle Behandlung von Anteilen an Investmentfonds nach Kapitel 2

Investmentfonds nach Kapitel 2 sind Investmentvermögen nach § 1 Abs. 1 KAGB (§ 1 Abs. 2 Satz 1 InvStG 2018). Als Investmentfonds gelten insbesondere auch sog. Ein-Anleger-Fonds (§ 1 Abs. 2 Satz 2 Nr. 1 InvStG 2018). Keine Investmentfonds sind u. a. AIF in der Rechtsform einer Personengesellschaft (§ 1 Abs. 3 Nr. 2 InvStG 2018). Anders als Investmentfonds nach dem alten Recht sind Investmentfonds nach Kapitel 2 steuerlich intransparent und grundsätzlich auch nicht mehr vollständig steuerbefreit. Vielmehr unterliegen sie mit bestimmten inländischen Einkünften (insb. inländische Dividenden und Immobilieneinkünfte) der Körperschaftsteuer (§ 6 Abs. 2 InvStG 2018). Die Investmentfonds nach Kapitel 2 sind grundsätzlich von der Gewerbesteuer befreit, können jedoch bei einer schädlichen aktiven unternehmerischen Bewirtschaftung auch der Gewerbesteuer unterliegen (§ 15 InvStG 2018). Der steuerlichen Vorbelastung auf Ebene des Investmentfonds nach Kapitel 2 soll pauschalierend durch sog. Teilfreistellungen beim Anleger Rechnung getragen werden. Für diese Zwecke wird typisierend zwischen Aktien-, Misch- und Immobilienfonds sowie unterschiedlichen Anlegergruppen unterschieden. Bei betrieblichen bzw. körperschaftsteuerpflichtigen Anlegern reichen die Teilfreistellungssätze von 30 % bzw. 40 % (bei Mischfonds) bis zu 60 % bzw. 80 % (z. B. bei Aktienfonds) und betragen einheitlich 80 % bei ausländischen Immobilienfonds. Für gewerbesteuerliche Zwecke ist jeweils nur der halbe Freistellungssatz anzuwenden (§ 20 InvStG 2018). Erfüllt der Fonds nicht die Voraussetzungen für die Einstufung als Aktien-, Misch- oder Immobilienfonds, sind die Investmenterträge auf Anlegerebene allerdings voll steuerpflichtig. § 3 Nr. 40 EStG und § 8b KStG sind auf Investmenterträge nicht anzuwenden (§ 16 Abs. 3 InvStG 2018).

3651

Ansatz und Zugangsbewertung von Anteilen an Investmentfonds nach Kapitel 2 erfolgen auch in der Steuerbilanz zu Anschaffungskosten; es ergeben sich insoweit keine

3652

---

104 Allgemein zur Investmentsteuerreform siehe *Stadler/Bindl*, DStR 2016 S. 1953.

konzeptionellen Unterschiede zur Handelsbilanz. Dies gilt grundsätzlich auch für die Folgebewertung. Es bestehen jedoch Ausnahmen. So können Substanzausschüttungen (Rückzahlung von Nennkapital bzw. Rückgewähr von Einlagen) vor der Liquidation des Investmentfonds nach Kapitel 2 nicht mehr steuerneutral vereinnahmt werden. Eine steuerliche Geltendmachung der Anschaffungskosten bei Kapitalrückzahlungen ist somit nur noch im Rahmen eines Rückkaufs von Anteilen durch den Fonds möglich (§ 17 InvStG 2018). Ferner ist auf Anlegerebene bei thesaurierenden Investmentfonds nach Kapitel 2 eine sog. Vorabpauschale anzusetzen (§ 18 InvStG 2018). Die Vorabpauschale gilt den Anlegern am ersten Werktag des folgenden Kalenderjahres als zugeflossen, und zwar unabhängig vom Geschäftsjahr des Fonds. Zur Vermeidung von Doppelbesteuerungen darf in Höhe der zugerechneten Vorabpauschalen in der Steuerbilanz ein aktiver steuerlicher Ausgleichsposten gebildet werden, der im Falle der Veräußerung der Investmentanteile bei der Ermittlung des Veräußerungsgewinns zum Abzug gebracht wird (§ 19 Abs. 1 Satz 4 InvStG 2018). Der aktive Ausgleichsposten ist kein abschreibbares Wirtschaftsgut.

3653 Wertminderungen von Anteilen an Investmentfonds nach Kapitel 2 werden nach den allgemeinen Regelungen zur Teilwertabschreibung behandelt (§ 6 Abs. 1 Nr. 2 Satz 2 EStG). Ob bei Anteilen an Aktienfonds (§ 2 Abs. 6 InvStG 2018) eine dauerhafte Wertminderung vorliegt, orientiert sich (weiterhin) an den Kriterien von börsennotierten Anteilen an Kapitalgesellschaften.[105] Bei teilfreigestellten Erträgen aus Aktien-, Misch- oder Immobilienfonds werden Teilwertabschreibungen auf diese Investmentanteile bei der Ermittlung der Einkünfte in Höhe des entsprechenden Teilfreistellungssatzes außerbilanziell hinzugerechnet, sind also anteilig nicht abziehbar (§ 21 InvStG 2018).

4.3.1.3.5.3 Steuerbilanzielle Behandlung von Anteilen an Spezial-Investmentfonds nach Kapitel 3

3654 Voraussetzung für das Vorliegen eines Spezial-Investmentfonds ist, dass ein Investmentfonds die in § 26 InvStG 2018 genannten Anlagebestimmungen sowie die Voraussetzungen für eine GewSt-Befreiung nach § 15 Abs. 2 und 3 InvStG 2018 erfüllt. Der Anforderungskatalog orientiert sich stark an den Regelungen des § 1 Abs. 1b Satz 2 InvStG 2004, enthält jedoch einige Verschärfungen. Dazu zählen insb. der engere Wertpapierbegriff sowie das Verbot auch der mittelbaren Beteiligung von natürlichen Personen an Spezial-Investmentfonds über vermögensverwaltende Personengesellschaften einschließlich des in diesem Zusammenhang zwingend vorzusehenden Sonderkündigungsrechts. Sämtliche Regelungen für Investmentfonds nach Kapitel 2 gelten auch für Spezial-Investmentfonds nach Kapitel 3, soweit für diese keine Sonderregelungen getroffen werden.

3655 Ansatz und Zugangsbewertung von Anteilen an Spezial-Investmentfonds nach Kapitel 3 erfolgen auch in der Steuerbilanz zu Anschaffungskosten; es ergeben sich insoweit keine konzeptionellen Unterschiede zur Handelsbilanz. Die Folgebewertung in der Steuerbilanz richtet sich jedoch – wie bisher beim Investmentfonds nach dem InvStG 2004 – nach eigenständigen Regelungen. Anstelle des handelsrechtlichen Anschaffungskosten-

---

105 Siehe BMF, Schreiben v. 2.9.2016 – IV C 6 - S 2171-b/09/10002:002, BStBl 2016 I S. 995, Rz. 24f.

prinzips gilt steuerbilanziell das investmentsteuerliche Transparenzprinzip unter Berücksichtigung einer eventuell ausgeübten Transparenzoption (§ 30 InvStG 2018). Dadurch können die Steuerbilanzansätze (einschließlich eines steuerlichen aktiven Ausgleichspostens aufgrund zugerechneter ausschüttungsgleicher Erträge) die Anschaffungskosten im Zuge der Folgebewertung übersteigen.

Wie unter dem alten Recht ist investmentsteuerrechtlich bei Spezial-Investmentfonds nach Kapitel 3 zwischen ausgeschütteten und ausschüttungsgleichen Erträge zu unterscheiden. Ausgeschüttete Erträge sind die nach §§ 37 bis 41 InvStG 2018 ermittelten Einkünfte, die von einem Spezial-Investmentfonds nach Kapitel 3 zur Ausschüttung verwendet werden (§ 35 Abs. 1 InvStG 2018), wobei sog. Zurechnungsbeträge aufgrund ausgeübter Transparenzoption und sog. Absetzungsbeträge vorrangig als ausgeschüttet gelten (§ 35 InvStG 2018). Bei der Ermittlung der ausgeschütteten Erträge sind die investmentsteuerrechtlichen Sondervorschriften in Bezug auf den Werbungskostenabzug (§ 44 i. V. m. § 21 InvStG 2018) zu beachten. Die steuerbilanziellen ausgeschütteten Erträge weichen daher regelmäßig von den tatsächlichen handelsbilanziellen Ausschüttungen ab. Um im Falle einer späteren Rückgabe oder Veräußerung der Anteile eine Doppelbelastung zu vermeiden, darf in der Steuerbilanz in Höhe des steuerlichen Mehrergebnisses ein aktiver steuerlicher Ausgleichsposten gebildet werden; der aktive Ausgleichsposten ist im Falle einer späteren Veräußerung der Anteile gewinnmindernd aufzulösen.

3656

Unabhängig von einer tatsächlichen Ausschüttung werden den Anteilseignern eines Investmentfonds darüber hinaus bestimmte Erträge als sog. ausschüttungsgleiche Erträge zugerechnet (§ 36 InvStG 2018). Zu den ausschüttungsgleichen Erträgen zählen etwa Dividenden- und Zinserträge (§ 20 Abs. 1 Nr. 1 und Nr. 7 EStG), nicht aber sog. steuerfrei thesaurierbare Kapitalerträge wie z. B. Gewinne aus der Veräußerung von Kapitalgesellschaftsanteilen oder sonstigen Kapitalforderungen (§ 20 Abs. 2 Nr. 1 und Nr. 7 EStG). Handelsbilanziell können solche unrealisierten Erträge nicht vereinnahmt werden. In der Steuerbilanz des Anteilseigners ist daher ein Ausgleichsposten für bereits versteuerte ausschüttungsgleiche Erträge zu aktivieren.[106] Im Falle einer späteren Veräußerung des Anteils ist dieser aktive Ausgleichsposten wiederum gewinnmindernd aufzulösen, um eine steuerliche Doppelbelastung zu vermeiden. Steuerfrei thesaurierbare Kapitalerträge gelten mit Ablauf des 15. Geschäftsjahres nach dem Geschäftsjahr der Vereinnahmung als ausschüttungsgleiche Erträge und zu diesem Zeitpunkt als zugeflossen, soweit sie die Verluste der Vorjahre übersteigen und nicht vor dem Zuflusszeitpunkt ausgeschüttet wurden (§ 36 Abs. 5 InvStG 2018).

3657

Ein weiteres Auseinanderlaufen von Handels- und Steuerbilanz ergibt sich bei Ausübung der Transparenzoption (§ 30 InvStG 2018). Danach entfällt für inländische Beteiligungseinnahmen und sonstige inländische Einkünfte, die einem Steuerabzug unterliegen, die Besteuerung auf Ebene des Spezial-Investmentfonds, wenn dieser gegenüber den zur KapESt-Entrichtung Verpflichteten (d. h. im Regelfall gegenüber der depotführenden Stelle) unwiderruflich erklärt, dass die Steuerbescheinigungen gem. § 45a Abs. 2 EStG nicht gegenüber dem Spezial-Investmentfonds, sondern gegenüber den Anlegern

3658

---

106 Insoweit hat sich unseres Erachtens zur alten Rechtslage nichts verändert.

auszustellen sind (§ 30 Abs. 1 Satz 1 InvStG 2018). Die Ausübung der Transparenzoption hat zur Folge, dass die Anleger für steuerliche Zwecke als Gläubiger der betreffenden Einkünfte gelten (§§ 30 Abs. 1 Satz 2, 31 Abs. 1 Satz 1 InvStG 2018). Dies bedeutet, dass die betreffenden Erträge den Anlegern für steuerliche Zwecke unmittelbar (d. h. am Fonds vorbei) zugerechnet werden. Handelsrechtlich erzielt jedoch der Fonds die betreffenden Erträge. Sofern der Fonds die Erträge thesauriert, fallen handelsrechtlicher Gewinn und steuerrechtliche Einkünfte auf Anlegerebene insoweit auseinander. Wenn der Fonds die Erträge später ausschüttet, sind diese als sog. Zurechnungsbeträge (§ 35 Abs. 2 Satz 1 InvStG 2018) nicht steuerpflichtig. Die Zurechnungsbeträge gelten vorrangig als ausgeschüttet.

3659 Bei Wertminderungen gelten die gleichen Grundsätze wie bei Wertminderungen von Anteilen an Investmentfonds nach Kapitel 2 (s.o. Rz. 3653).[107]

4.3.1.3.5.4 Steuerbilanzielle Aspekte der Umstellung vom InvStG 2004 auf das InvStG 2018

3660 Das InvStG 2018 ist ab dem 1.1.2018 anzuwenden (§ 56 Abs. 1 Satz 1 InvStG 2018). Eine besondere Übergangsregelung oder ein Bestandsschutz für bestehende Investmentvehikel und deren Anleger ist nicht vorgesehen. Vielmehr soll es nach dem Willen des Gesetzgebers einen klaren Schnitt zwischen dem alten und dem neuen Recht geben. Der klare Schnitt und die einheitliche Rechtsanwendung ab dem 1.1.2018 erfolgt insbesondere auch durch verschiedene gesetzliche Fiktionen.[108]

3661 So wird bei Investmentfonds (§ 1 Abs. 1b Satz 2 InvStG 2004) und Kapital-Investitionsgesellschaften (§ 19 InvStG 2004) mit einem vom Kalenderjahr abweichenden Geschäftsjahr für steuerliche Zwecke ein Rumpfgeschäftsjahr zum Ablauf des 31.12.2017 gesetzlich fingiert (§ 56 Abs. 1 Satz 3 InvStG 2018). Hierbei handelt es sich unseres Erachtens um eine rein steuerrechtliche Verpflichtung, die jedoch nicht für handelsrechtliche Zwecke gelten sollte. In der Praxis dürfte jedoch zur Erreichung eines Gleichlaufs in der Regel auch handelsrechtlich ein Rumpfgeschäftsjahr eingelegt werden.

3662 Ferner fingiert das Gesetz, dass Anteile an Investmentfonds, an Kapital-Investitionsgesellschaften und an Organismen, die zum 1.1.2018 erstmals in den Anwendungsbereich des InvStG 2018 fallen (z. B. Ein-Anleger-Fonds), mit Wirkung zum Ablauf des 31.12.2017 veräußert und mit Wirkung zum Beginn des 1.1.2018 (neu) angeschafft werden (§ 56 Abs. 2 InvStG 2018). Die Ermittlung des Veräußerungsgewinns erfolgt auf Basis der zum 31.12.2017 geltenden Rechtslage. Es wird jedoch lediglich die Höhe des Veräußerungsgewinns bestimmt, eine Besteuerung erfolgt dagegen erst bei tatsächlicher Veräußerung der Fondsanteile mit den dann geltenden Steuersätzen. Es liegt keine Steuerstundung vor; vielmehr wird der Besteuerungstatbestand erst durch einen entsprechenden Realisierungstatbestand vollständig verwirklicht. Ein Wahlrecht zur Realisierung sieht das Gesetz nicht vor.

---

107 Siehe BMF, Schreiben v. 2.9.2016 – IV C 6 - S 2171-b/09/10002:002, BStBl 2016 I S. 995, Rz. 24f.
108 *Stadler/Bindl* in Beckmann/Scholtz/Vollmer, Investment-Handbuch für das gesamte Investmentwesen, Kz. 415 § 56 InvStG 2018 Rz. 1 ff.

Handelsbilanziell ist die Veräußerungs- und Anschaffungsfiktion zum 31.12.2017 bzw. 1.1.2018 nicht anzuwenden. Auch latente Steuern sind nicht auszuweisen. Da der Besteuerungstatbestand der fiktiven Veräußerung erst im Zeitpunkt der tatsächlichen Veräußerung vollständig verwirklicht wird, ist der fiktive Veräußerungsgewinn bzw. -verlust nicht in der Steuerbilanz abzubilden, und es sind mangels Bewertungsunterschieden in der Handels- und Steuerbilanz insoweit auch keine latenten Steuern gem. § 274 HGB anzusetzen.[109]

3663

4.3.2 Fremdkapitaltitel

Wie eingangs erläutert beinhalten Fremdkapitaltitel regelmäßig keine Einflussnahme auf die Geschäftspolitik des Emittenten, sondern lediglich schuldrechtliche Ansprüche auf Rückzahlung und Verzinsung der überlassenen Mittel. Die Fremdkapitaltitel werden nachfolgend in Kapitalforderungen und Derivate unterschieden.

3664

4.3.2.1 Kapitalforderungen (Darlehensforderungen und Anleihen)

4.3.2.1.1 Definition

Kapitalforderungen sind typische Fremdkapitaltitel, die unverzinslich, festverzinslich oder variabel verzinslich ausgestaltet sein können. Sie umfassen insbesondere Forderungen aus Darlehensverträgen i. S. d. § 488 BGB und Anleihen. Anleihen sind verbriefte Kapitalforderungen, die über den Kapitalmarkt zu standardisierten Bedingungen ausgegeben werden. Diese können zivilrechtlich als Inhaberschuldverschreibungen (§ 793 BGB) oder als Namensschuldverschreibungen ausgestaltet sein. Anleihen können nach dem jeweiligen Emittenten in Industrieobligationen, Bankobligationen, öffentliche Anleihen und Pfandbriefe unterschieden werden.

3665

4.3.2.1.2 Grundlagen der handels- und steuerbilanziellen Behandlung von Kapitalforderungen

Langfristige Kapitalforderungen sind als Finanzanlagen anzusetzen. Kapitalforderungen mit einer Laufzeit bis zu einem Jahr sind stets kurzfristig, solche mit Laufzeiten von mindestens vier Jahren stets langfristig; bei Laufzeiten zwischen ein und vier Jahren entscheidet die subjektive Absicht des Kaufmanns, ob die Kapitalforderung im Umlaufvermögen oder als Finanzanlage erfasst wird.[110] Langfristige Darlehensforderungen sind grundsätzlich als sonstige Ausleihungen auszuweisen; Darlehensüberlassungen an verbundene Unternehmen und Beteiligungsunternehmen werden als gesonderte Bilanzposten erfasst.[111] Anleihen sind hingegen als Wertpapiere des Anlagevermögens zu aktivieren.[112]

3666

In der Handels- und Steuerbilanz werden Kapitalforderungen im Zugangszeitpunkt mit den Anschaffungskosten einschließlich Anschaffungsnebenkosten bewertet. Gezahlte Stückzinsen sind nicht als Anschaffungskosten der Anleihe, sondern als separate Zins-

3667

---

109 So auch die Gesetzesbegründung, vgl. BT-Drucks. 18/8045 S. 124.
110 Schubert/F. Huber, Beck'scher Bilanz-Kommentar, 11. Aufl., München 2018, § 247 Rz. 357.
111 Siehe hierzu oben Rz. 3611.
112 Siehe hierzu oben Rz. 3610.

forderungen zu aktivieren.[113] Kapitalforderungen werden im Rahmen der Folgebewertung nicht planmäßig abgeschrieben. Bei Wertminderungen gelten im Kern die allgemeinen Grundsätze zu außerplanmäßigen Abschreibungen und Teilwertabschreibungen (§ 253 Abs. 3 Satz 3 HGB, § 6 Abs. 1 Nr. 2 Satz 2 EStG).

3668 Steuerliche Besonderheiten gelten für festverzinsliche Anleihen, die eine Forderung in Höhe eines festen Nominalwerts verbriefen. Bei nicht börsennotierten festverzinslichen Anleihen stellen Kursverluste, soweit sie den Nominalwert unterschreiten, regelmäßig keine voraussichtlich dauernde Wertminderung dar, sofern die Anleihe am Laufzeitende zum Nominalwert zurückgezahlt wird.[114] Da eine Rückzahlung des Nominalwerts in diesem Fall gesichert ist, sei ein bloßes stichtagszinsbedingtes Absinken des Kurses unter den Nominalwert lediglich vorübergehender Natur. Eine Teilwertabschreibung ist daher in diesen Fällen grundsätzlich nur möglich, soweit der Buchwert der Anleihe den Nominalwert der Anleihe übersteigt. Zudem können Kursverluste aufgrund einer Verschlechterung der Bonität des Emittenten generell eine dauernde Wertminderung und infolgedessen eine Teilwertabschreibung begründen.[115] Börsennotierte festverzinsliche Anleihen können hingegen – abweichend von den voranstehenden Grundsätzen – auf den niedrigeren Kurswert zum Bilanzstichtag abgeschrieben werden.[116] Es gelten für Teilwertabschreibungen auf börsennotierte festverzinsliche Wertpapiere damit im Ergebnis die gleichen Voraussetzungen, wie für börsennotierte Eigenkapitaltitel, mit der Ausnahme, dass die 5 %-ige sog. Bagatellgrenze nicht zur Anwendung kommt.[117]

4.3.2.1.3 Nullkuponanleihen (Zerobonds)

4.3.2.1.3.1 Definition

3669 Nullkuponanleihen sind festverzinsliche Kapitalforderungen. Inhaber von Nullkuponanleihen erhalten keine laufende Verzinsung ihres eingesetzten Kapitals. Eine wirtschaftliche Verzinsung wird bei Zerobonds stattdessen dadurch erreicht, dass der Rückzahlungsbetrag den Ausgabepreis übersteigt. Hierdurch kommt es erst am Ende der Laufzeit der Nullkuponanleihe zu einer Zinsauszahlung. Zerobonds können in Abzinsungs- und Aufzinsungsanleihen unterschieden werden: Abzinsungsanleihen werden zu einem Betrag unter dem Nennwert ausgegeben (unter pari), der Rückzahlungsbetrag entspricht dem Nennbetrag; Aufzinsungsanleihen werden zum Nennbetrag ausgegeben, der Rückzahlungsbetrag liegt aber über dem Nennwert (über pari).[118]

4.3.2.1.3.2 Ansatz und Bewertung

3670 Für die handels- und steuerbilanzielle Behandlung ist die Unterscheidung in Abzinsungs- und Aufzinsungsanleihen unerheblich. In beiden Fällen werden Zerobonds mit

---

113 Das Vorliegen von Kapitalforderungen bereits bejahend BFH, Urteil v. 13.12.1963 – VI 22/61 S, BStBl 1964 III S. 184; *Haisch* in HHR, EStG, § 5 Rz. 1083; *Brösel/Olbrich* in Küting/Weber, Handbuch der Rechnungslegung Einzelabschluss, § 253 Rz. 146.
114 BFH, Urteil v. 8.6.2011 – I R 98/10, BStBl 2012 II S. 716; BMF, Schreiben v. 2.9.2016 – IV C 6 – S 2171 – b/09/10002:002, BStBl 2016 I S. 995, Rz. 21.
115 Siehe hierzu *Kulosa* in Schmidt, EStG, 37. Aufl. 2018, § 6 Rz. 371.
116 BMF, Schreiben v. 2.9.2016 – IV C 6 – S 2171 – b/09/10002:002, BStBl 2016 I S. 995, Rz. 22.
117 Siehe zur Bagatellgrenze oben Rz. 3626 f.
118 *Beckmann*, BB 1991 S. 938.

Anschaffungskosten zuzüglich etwaiger Anschaffungsnebenkosten angesetzt. Die Anschaffungskosten bemessen sich anhand des Ausgabebetrages und nicht anhand des Nennbetrages, weil nur der Ausgabepreis zum Erwerb aufgewendet wurde (§ 253 Abs. 1 Satz 1 HGB). Sowohl in der Handels- als auch in der Steuerbilanz sind die endfälligen Zinsen ertragswirksam über die Laufzeit zu vereinnahmen. Dies erfolgt nach h. M. durch Zuschreibung der aktivierten Nullkuponanleihe zum jeweiligen Bilanzstichtag.[119] Der Zuschreibungsbetrag ist hierbei nach der Effektivzinsmethode zu berechnen.[120] Die Zuschreibung des Zerobonds stellt keinen Verstoß gegen das Anschaffungskostenprinzip dar, weil die Zinserträge zeitanteilig realisiert wurden und daher zusätzliche Anschaffungskosten darstellen.[121] Für die Folgebewertung von Zerobonds gelten im Übrigen die allgemeinen handels- und steuerbilanziellen Grundsätze.

4.3.2.1.4 Zerlegbare Anleihen (Stripped Bonds)
4.3.2.1.4.1 Definition

Zerlegbare Anleihen (Stripped Bonds) sind fest- oder variabel verzinsliche Schuldverschreibungen, bei denen Kapitalforderung und Zinsscheine getrennt gehandelt werden können. Die Kapitalforderung und die Zinsscheine werden bei zerlegbaren Anleihen als Strips[122] bezeichnet; das Abtrennen der Zinsscheine als Bondstripping.[123] Die handels- und steuerbilanzielle Behandlung von Stripped Bonds ist konzeptionell identisch. Solange noch keine Abtrennung der Zinsstrips vorgenommen wurde, ist die zerlegbare Anleihe als einheitlicher Vermögensgegenstand bzw. einheitliches Wirtschaftsgut mit den Anschaffungskosten zu bilanzieren.[124] Laufende Zahlungen auf die ungetrennte Anleihe sind als Zinsertrag zu erfassen.

3671

4.3.2.1.4.2 Ansatz und Bewertung

Mit Abtrennung sind die Zinsstrips als separater Vermögensgegenstand/separates Wirtschaftsgut anzusetzen.[125] Die verbleibende Kapitalforderung ist wie eine Nullkuponanleihe zu bilanzieren.[126] Es gelten die bereits erläuterten Bilanzierungsregeln für diese Art von Finanzierungstiteln.[127] Die ursprünglichen Anschaffungskosten der zerlegbaren Anleihe sind auf die Nullkuponanleihe und die Zinsstrips aufzuteilen.[128] Die Aufteilung der ursprünglichen Anschaffungskosten muss nach dem Verhältnis der gegenwärtigen

3672

---

119 BMF, Schreiben v. 5.3.1987 – IV B 2-S 2133-1/87, BStBl 1987 I S. 394; *Haisch* in HHR, EStG, § 5 Rz. 1084; *Krumm* in Blümich, EStG, § 5 Rz. 1091; *Neumann* in Lademann, EStG, § 5 Rz. 1095; *Kussmaul*, BB 1987 S. 1562, 1566.
120 Vgl. IDW HFA 1/1986, WPg 1986 S. 248 f.; *Beckmann*, BB 1991 S. 938; *Brösel/Olbrich* in Küting/Weber, Handbuch der Rechnungslegung Einzelabschluss, § 253 Rz. 147.
121 *Bordewin*, WPg 1986 S. 267; *Kussmaul*, BB 1987 S. 1566; *Brösel/Olbrich* in Küting/Weber, Handbuch der Rechnungslegung Einzelabschluss, § 253 Rz. 147.
122 „STRIPS" = Separate Trading of Registered Interest and Principal of Securities.
123 *Göttgens*, WPg 1998 S. 567.
124 *Haisch/Helios* in Haisch/Helios, Rechtshandbuch Finanzinstrumente, München 2011, § 2 Rz. 183.
125 *Göttgens*, WPg 1998 S. 568 f.; *Haisch* in HHR, EStG, § 5 Rz. 1084.
126 IDW RH BFA 1.001, WPg Supplement 1/2012 S. 125 ff., Rz. 11.
127 Siehe hierzu oben Rz. 3670.
128 IDW RH BFA 1.001, WPg Supplement 1/2012 S. 125 ff., Rz. 5; *Göttgens*, WPg 1998 S. 569.

Marktwerte oder einem anderen sachgerechten Verfahren erfolgen.[129] Bei Verkauf ist ein Gewinn oder Verlust in Höhe der Differenz zwischen Veräußerungspreis und Buchwert zu realisieren.[130] Nullkuponanleihe und Zinsstrips können zu einem späteren Zeitpunkt durch sog. Rekonstruktion wieder verbunden werden. Hierdurch entsteht wiederum ein einheitlicher Vermögensgenstand, der erfolgsneutral mit der Summe der Buchwerte von Nullkuponanleihe und Zinsstrips zu bewerten ist.[131]

4.3.2.2 Derivate

4.3.2.2.1 Definition

3673 Derivate sind Termingeschäfte, die sich auf ein bestimmtes Basisobjekt beziehen, beispielsweise eine Aktie, einen Index, einen Währungskurs oder einen Leitzins. Derivate werden – soweit sie überhaupt zu bilanzieren sind – regelmäßig als Umlaufvermögen ausgewiesen. Gleichwohl kann auch ein Ansatz unter dem Anlagevermögen in Betracht kommen, wenn diese nach allgemeinen Grundsätzen dazu bestimmt sind, dauernd dem Geschäftsbetrieb des Bilanzierenden zu dienen.[132] Innerhalb der Derivate können bedingte und unbedingte Termingeschäfte unterschieden werden. Bei bedingten Termingeschäften wird einer Vertragspartei (Inhaber) das Recht eingeräumt, die Erfüllung des Termingeschäfts zu verlangen; die andere Vertragspartei (Stillhalter) erhält hierfür eine Prämie. Unbedingte Termingeschäfte begründen hingegen für beide Vertragsparteien eine unbedingte Erfüllungspflicht.[133] Derivate und korrespondierende Grundgeschäfte werden häufig als Bewertungseinheiten bilanziert. Hierzu wird auf die Ausführungen in Teil A Kap. VII verwiesen.

4.3.2.2.2 Optionen

4.3.2.2.2.1 Definition

3674 Optionen sind bedingte Termingeschäfte. Sie verleihen dem Inhaber das Recht, ein bestimmtes Basisobjekt zu einem vereinbarten Basispreis von einem Stillhalter zu kaufen (Kauf- oder Call-Option) oder an einen Stillhalter zu verkaufen (Verkaufs- oder Put-Option). Das Optionsrecht kann entweder nur zu einem bestimmten Ausübungszeitpunkt (sog. europäische Optionen) oder bis zu einem bestimmten Ausübungszeitpunkt (sog. amerikanische Optionen) ausgeübt werden.[134] Ferner können Optionsgeschäfte so ausgestaltet sein, dass entweder der Basiswert physisch von der einen an die andere Vertragspartei geliefert wird (physical settlement) oder dass ein Barausgleich zwischen den Vertragsparteien erfolgt (cash settlement). Der Barausgleich bemisst sich in diesen Fällen anhand des sog. inneren Werts der Option. Dies ist die Differenz zwischen Wert des Basisobjekts im Ausübungszeitpunkt und dem vereinbarten Basispreis.

---

129 Vgl. IDW RH BFA 1.001, WPg Supplement 1/2012 S. 1255 ff., Rz. 11; *Haisch/Helios* in Haisch/Helios, Rechtshandbuch Finanzinstrumente, München 2011, § 2 Rz. 184.
130 Vgl. *Haisch* in HHR, EStG, § 5 Rz. 1084.
131 *Göttgens*, WPg 1998 S. 571; *Haisch/Helios* in Haisch/Helios, Rechtshandbuch Finanzinstrumente, München 2011, § 2 Rz. 185; *Haisch* in HHR, EStG, § 5 Rz. 1084.
132 Siehe hierzu auch oben Rz. 3612.
133 *Haisch* in HHR, EStG, § 5 Rz. 1077.
134 Ausführlich hierzu *Büschgen*, Das kleine Börsenlexikon, 23. Aufl., Stuttgart 2012, Stichwort „europäische Option".

4.3.2.2.2.2 Ansatz und Bewertung

Unverbriefte Optionsrechte sind als immaterielle Vermögensgegenstände bzw. Wirtschaftsgüter, Optionsscheine als Wertpapiere zu bilanzieren.[135] Die Zugangsbewertung in der Bilanz des Optionsinhabers erfolgt zu Anschaffungskosten in Höhe der Optionsprämie zuzüglich etwaiger Anschaffungsnebenkosten.[136] Bei Ansatz und Zugangsbewertung ergeben sich keine Unterschiede zwischen Handels- und Steuerbilanz.

3675

Eine planmäßige Abschreibung der Optionsrechte erfolgt nicht.[137] Bei der Folgebewertung gelten im Übrigen die allgemeinen handels- und steuerbilanziellen Regelungen.[138] Die handels- und steuerbilanzielle Behandlung ist unabhängig davon, ob es sich um eine Kauf- oder eine Verkaufsoption handelt. Für die bilanzielle Zugangs- und Folgebewertung ist ferner nicht entscheidend, ob das Basisobjekt bei Ausübung physisch geliefert wird oder ob lediglich ein Barausgleich in Höhe des inneren Werts der Option erfolgt.

3676

Basisobjekte, die durch die Ausübung von Kaufoptionen erworben werden, sind als neue Vermögensgegenstände bzw. Wirtschaftsgüter anzusetzen. Steuerlich handelt es sich nicht um einen Tausch i. S. d. § 6 Abs. 6 EStG.[139] Der Buchwert der ausgeübten Kaufoption ist Bestandteil der Anschaffungskosten des erworbenen Basisobjekts.[140] Wird ein Basisobjekt durch Ausübung einer Verkaufsoption veräußert, ist der Buchwert der Verkaufsoption aufwandswirksam mit dem Veräußerungserlös zu verrechnen.[141] Bei Optionen mit Barausgleich ergibt sich ein Gewinn oder Verlust in Höhe der Differenz zwischen erhaltenem Geldbetrag und Buchwert der Option.[142] Verfallene Optionen sind aufwandswirksam auszubuchen.[143] Bei Ausübung und Verfall von Optionen ergeben sich keine konzeptionellen Unterschiede zwischen Handels- und Steuerbilanz.

3677

4.3.2.2.3 Zinsbegrenzungsvereinbarungen (Caps, Floors und Collars)
4.3.2.2.3.1 Definition

Zinsbegrenzungsvereinbarungen sind ebenfalls bedingte Termingeschäfte. Sie dienen der Absicherung von Zinsänderungsrisiken. Der Inhaber einer Zinsbegrenzungsvereinbarung erhält bei Über- oder Unterschreiten eines bestimmten Referenzzinssatzes eine Ausgleichszahlung vom Stillhalter. Eine Zinsbegrenzung nach oben wird als Cap, eine Zinsbegrenzung nach unten als Floor bezeichnet; daneben sind auch kombinierte Bandbreitenabsicherungen nach oben und unten üblich (sog. Collars).[144]

3678

---

135 Vgl. IDW RS BFA 6, WPg Supplement 4/2011 S. 52 ff., Rz. 12.
136 *Haisch* in HHR, EStG, § 5 Rz. 1072.
137 Vgl. *Kulosa* in Schmidt, EStG, 37. Aufl. 2018, § 6 Rz. 140 Stichwort „Optionen".
138 Siehe hierzu oben Rz. 3617.
139 *Haisch* in HHR, EStG, § 5 Rz. 1072; mit der Ausübung der Option fällt das Optionsrecht fort, *Frotscher* in Frotscher, EStG, § 5 Rz. 134.
140 IDW RS BFA 6, WPg Supplement 4/2011 S. 52 ff., Rz. 22; *Kulosa* in Schmidt, EStG, 37. Aufl. 2018, § 6 Rz. 140 Stichwort „Optionen"; *Krumm* in Blümich, EStG, § 5 Rz. 1101.
141 Vgl. IDW RS BFA 6, WPg Supplement 4/2011 S. 52 ff., Rz. 22; *Krumm* in Blümich, EStG, § 5 Rz. 1101.
142 IDW RS BFA 6, WPg Supplement 4/2011 S. 52 ff., Rz. 22; *Haisch/Helios* in Haisch/Helios, Rechtshandbuch Finanzinstrumente, München 2011, § 2 Rz. 119; *Krumm* in Blümich, EStG, § 5 Rz. 1101.
143 Vgl. *Krumm* in Blümich, EStG, § 5 Rz. 1101.
144 Ausführlich hierzu *Büschgen*, Das kleine Börsenlexikon, 23. Aufl., Stuttgart 2012, Stichworte „Cap"; „Floor"; „Collar".

4.3.2.2.3.2 Ansatz und Bewertung

3679 Wirtschaftlich betrachtet handelt es sich bei einer Zinsbegrenzungsvereinbarung um eine Serie von Teiloptionen mit unterschiedlichen Ausübungszeitpunkten.[145] Zinsbegrenzungsvereinbarungen werden daher in Handels- und Steuerbilanz im Kern nach den für Optionen geltenden Grundsätzen bilanziert.[146] Sie sind als Vermögensgegenstände bzw. Wirtschaftsgüter in Handels- und Steuerbilanz anzusetzen und mit Anschaffungskosten zu bewerten. Die Anschaffungskosten umfassen den Barwert der gezahlten Prämie zuzüglich Anschaffungsnebenkosten.

3680 Als Finanzanlagen aktivierte Zinsbegrenzungsvereinbarungen werden im Zuge der Folgebewertung planmäßig über die Laufzeit der Vereinbarung abgeschrieben; dem liegt die wirtschaftliche Überlegung zugrunde, dass die einzelnen Teiloptionen über die Laufzeit der Zinsvereinbarung sukzessive verfallen.[147] Die Abschreibungsbeträge sind grundsätzlich nicht linear, sondern auf Basis finanzmathematischer Methoden zu ermitteln.[148] Ausgleichszahlungen aus einer Zinsbegrenzungsvereinbarung sind ertragswirksam unter den Zinserträgen zu erfassen bzw. mit den Zinsaufwendungen zu saldieren. Handels- und steuerbilanziell ergeben sich bei Zinsbegrenzungsvereinbarungen keine konzeptionellen Bilanzierungsunterschiede.

4.3.2.2.4 Terminverkäufe (Futures und Forwards)
4.3.2.2.4.1 Definition

3681 Terminverkäufe sind unbedingte Termingeschäfte. Bei einem Terminverkauf vereinbaren zwei Vertragsparteien, ein bestimmtes Basisobjekt an einem Termin in der Zukunft zu einem festen Terminpreis zu kaufen bzw. zu verkaufen. Hinsichtlich der vertraglichen Ausgestaltung der Terminverkäufe sind Futures und Forwards zu unterscheiden. Futures sind standardisierte terminbörslich gehandelte Kontrakte. Käufer und Verkäufer sind verpflichtet, an einem sog. Margin-System teilzunehmen.[149] Im Abschlusszeitpunkt ist eine Sicherheit zu leisten (sog. initial margin); darüber hinaus werden börsentäglich Gewinn- oder Verlustausgleichszahlungen fällig (sog. variation margins). Futures werden üblicherweise durch Barausgleich (cash settlement) und nicht durch physische Lieferung (physical settlement) erfüllt. Im Unterschied hierzu sind Forwards individualvertraglich vereinbarte Terminverkäufe (sog. Over the Counter-Geschäfte). Bis zur Abrechnung werden grundsätzlich keine Sicherheiten oder Ausgleichszahlungen geleistet.[150] Bei Forwards kann sowohl eine physische Lieferung des Basisobjekts als auch ein Barausgleich vereinbart werden.

---

145 Vgl. IDW RS BFA 6, WPg Supplement 4/2011 S. 52 ff., Rz. 4; *Haisch/Helios* in Haisch/Helios, Rechtshandbuch Finanzinstrumente, München 2011, § 2 Rz. 124.
146 *Haisch* in HHR, EStG, § 5 Rz. 1075; *Haisch/Helios* in Haisch/Helios, Rechtshandbuch Finanzinstrumente, München 2011, § 2 Rz. 124.
147 *Haisch* in HHR, EStG, § 5 Rz. 1075; *Haisch/Helios* in Haisch/Helios, Rechtshandbuch Finanzinstrumente, München 2011, § 2 Rz. 124.
148 Vgl. *Haisch/Helios* in Haisch/Helios, Rechtshandbuch Finanzinstrumente, München 2011, § 2 Rz. 124.
149 Vgl. IDW RS BFA 5, WPg Supplement 4/2011 S. 50 ff., Rz. 3.
150 Vgl. IDW RS BFA 5, WPg Supplement 4/2011 S. 50 ff., Rz. 5.

4.3.2.2.4.2 Ansatz und Bewertung

Bilanziell stellen beide Formen von Terminverkäufen schwebende Geschäfte dar (vgl. § 252 Abs. 1 Nr. 4 HGB).[151] Nach dem Grundsatz der Nichtbilanzierung schwebender Geschäfte erfolgt bei Vertragsschluss kein bilanzieller Ansatz; lediglich etwaige Sicherheitsleistungen sind erfolgsneutral zu bilanzieren. Im Rahmen der Folgebewertung sind etwaige Verpflichtungsüberhänge des Käufers oder des Verkäufers in der Handelsbilanz als Drohverlustrückstellungen anzusetzen;[152] steuerbilanziell scheidet eine Passivierung von Drohverlusten aus (§ 5 Abs. 4a EStG). Unrealisierte Gewinne sind wegen des Realisationsprinzips des § 252 Abs. 1 Nr. 4 HGB weder in der Handels- noch in der Steuerbilanz ertragswirksam zu erfassen.

3682

Bei späterer physischer Lieferung aktiviert der Käufer das erhaltene Basisobjekt zum vereinbarten Terminpreis.[153] Sofern der Wert des Basisobjekts niedriger ist als der Terminpreis, sind ggf. außerplanmäßige Abschreibungen bzw. Teilwertabschreibungen vorzunehmen. Handelsbilanziell passivierte Drohverlustrückstellungen sind ertragswirksam aufzulösen,[154] wodurch ggf. der Aufwand aus einer etwaigen außerplanmäßigen Abschreibung des erhaltenen Basisobjekts (teilweise) kompensiert wird. Der Verkäufer weist in Höhe der Differenz zwischen Terminpreis und Buchwert des Basisobjekts einen Veräußerungsgewinn oder -verlust aus; auch beim Verkäufer sind handelsbilanziell gebildete Drohverlustrückstellungen aufzulösen.[155] Sofern ein Barausgleich vereinbart wurde, ist die entsprechende Zahlung bei Käufer und Verkäufer ergebniswirksam zu erfassen.[156] Auch bei Barausgleich sind in der Handelsbilanz passivierte Drohverluste aufzulösen.[157] Aktivierte Sicherheitsleistungen sind generell erfolgsneutral zurückzugewähren.[158]

3683

4.3.2.2.5 Swaps

4.3.2.2.5.1 Definition

Swaps sind ebenfalls unbedingte Termingeschäfte. Wirtschaftlich betrachtet stellen Swapgeschäfte einen Tausch zukünftiger Zahlungsströme dar. Die Vertragsparteien können hierdurch vorteilhafte Konditionen in einem bestimmten Marktsegment an die jeweils andere Vertragspartei weitergeben, wodurch im Ergebnis beide Parteien profitieren.[159] Swaps sind zwar individualvertragliche, sog. Over the Counter-Geschäfte, gleichwohl werden häufig standardisierte Vertragsbedingungen zugrunde gelegt.[160]

3684

---

151 BFH, Urteil v. 5.3.1981 – IV R 94/78, BStBl 1981 II S. 658, m. w. N.; Urteil v. 4.7.1991 – IV R 29/88, BStBl. 1992 II S. 76; Urteil v. 19.2.1997 – XI R 1/96, BStBl. 1997 II S. 399; IDW RS BFA 5, WPG Supplement 4/2011, S. 50 ff., Rz. 9; ADS, Rechnungslegung und Prüfung der Unternehmen, 6. Aufl., Stuttgart ab 1995, § 246 Rz. 377.
152 IDW RS BFA, WPg Supplement 4/2011 S. 50 ff., 5 Rz. 15; ADS, Rechnungslegung und Prüfung der Unternehmen, 6. Aufl., Stuttgart ab 1995, § 246 Rz. 377.
153 Vgl. IDW RS BFA 5, WPg Supplement 4/2011 S. 50 ff., Rz. 21.
154 Haisch in HHR, EStG, § 5 Rz. 1078.
155 Haisch in HHR, EStG, § 5 Rz. 1078; so generell hinsichtlich der Bildung von Drohverlustrückstellungen Neumann in Lademann, EStG, § 5 Rz. 934.
156 Haisch in HHR, EStG, § 5 Rz. 1078.
157 Vgl. hierzu auch Eisele/Knobloch, DStR 1993 S. 623, wonach u. U. eine Drohverlustrückstellung zu bilden ist.
158 Haisch in HHR, EStG, § 5 Rz. 1078, m. w. N.
159 Schmidt/Usinger, Beck'scher Bilanz-Kommentar, 11. Aufl., München 2018, § 254 Rz. 110.
160 Schmidt/Usinger, Beck'scher Bilanz-Kommentar, 11. Aufl., München 2018, § 254 Rz. 110.

Swapgeschäfte können sich – wie Derivate im Allgemeinen – auf eine Vielzahl unterschiedlicher Grundgeschäfte beziehen. Die größte praktische Bedeutung haben Zinsswaps und Währungsswaps.

3685 Bei Zinsswaps vereinbaren die Vertragsparteien, Zinsen aus zwei Grundgeschäften gleichen Nominalbetrags und gleicher Währung zu tauschen; regelmäßig ist dabei eines der Grundgeschäfte festverzinslich, das andere variabel verzinst.[161] Das wirtschaftliche Eigentum an den Kapitalbeträgen selbst wird bei Zinsswaps regelmäßig nicht auf die jeweils andere Vertragspartei übertragen, sondern lediglich die aus den Kapitalbeträgen resultierenden Zinszahlungsströme.[162] Bei Währungsswaps vereinbaren die Vertragsparteien, Kapitalbeträge in unterschiedlichen Währungen einschließlich der daraus resultierenden Zinszahlungsströme auszutauschen.

4.3.2.2.5.2 Ansatz und Bewertung

3686 Der Austausch zukünftiger Zahlungsströme bei Swaps stellt ein schwebendes Geschäft dar, das im Zeitpunkt des Geschäftsabschlusses grundsätzlich nicht zu bilanzieren ist.[163] Bei Währungsswaps, bei denen auch die Nominalbeträge getauscht werden, geht das wirtschaftliche Eigentum regelmäßig auf die jeweils andere Vertragspartei über; es kommt zu einem grundsätzlich erfolgsneutralen Aktiv- bzw. Passivtausch.[164] Sofern Swapgeschäfte zu den jeweiligen Bilanzstichtagen negative Marktwerte aufweisen, sind solche Verpflichtungsüberhänge handelsbilanziell als Drohverlustrückstellungen zu erfassen.[165] Eine Passivierung in der Steuerbilanz scheidet wegen § 5 Abs. 4a EStG aus. Bei Beendigung des Swapgeschäfts sind die entsprechenden Ein- und Auszahlungen ergebniswirksam zu erfassen.[166] Handelsbilanziell passivierte Drohverluste sind ertragswirksam aufzulösen.

4.3.3 Hybride Finanzierungstitel

3687 Hybride Finanzierungstitel weisen sowohl Eigen- als auch Fremdkapitalmerkmale auf.[167] Daher muss handels- und steuerbilanziell im Grundsatz eine Einordnung als Eigenkapital- oder Fremdkapitaltitel vorgenommen werden. Zu den hybriden Finanzierungstiteln zählen insbesondere auch strukturierte Finanzierungstitel, die aus mindestens zwei Finanzierungstiteln zusammengesetzt sind.

---

161 *Schmidt/Usinger*, Beck'scher Bilanz-Kommentar, 10. Aufl., München 2016, § 254 Rz. 110; vgl. auch *Haisch* in Haisch/Helios, Rechtshandbuch Finanzinstrumente, München 2011, § 1 Rz. 49.

162 *Krumm* in Blümich, EStG, § 5 Rz. 1111; *Frotscher* in Frotscher, EStG, § 5 Rz. 145; *Haisch* in HHR, EStG, § 5 Rz. 1080.

163 *ADS*, Rechnungslegung und Prüfung der Unternehmen, 6. Aufl., Stuttgart ab 1995, § 246 Rz. 379; *Maulshagen/Maulshagen*, BB 2000 S. 248; *Schmidt/Usinger* in Beck'scher Bilanz-Kommentar, 10. Aufl., München 2016, § 254 Rz. 111; *Haisch* in HHR, EStG, § 5 Rz. 1080.

164 *Scharpf* in Küting/Weber, Handbuch der Rechnungslegung Einzelabschluss, Kap. 6 Rz. 852; vgl. auch *Haisch* in HHR, EStG, § 5 Rz. 1080; Haisch/Helios, Rechtshandbuch Finanzinstrumente, München 2011, § 2 Rz. 135.

165 *ADS*, Rechnungslegung und Prüfung der Unternehmen, 6. Aufl., Stuttgart ab 1995, § 246 Rz. 379; *Maulshagen/Maulshagen*, BB 2000 S. 249; *Haisch* in HHR, EStG, § 5 Rz. 1080; *Schiffers* in Korn, EStG, § 5 Rz. 263.

166 Vgl. *Schiffers* in Korn, EStG, § 5 Rz. 263; *Haisch/Helios* in Haisch/Helios, Rechtshandbuch Finanzinstrumente, München 2011, § 2 Rz. 137; *Schmidt/Usinger*, Beck'scher Bilanz-Kommentar, 10. Aufl., München 2016, § 254 Rz. 114.

167 Ausführlich hierzu *Briesemeister*, Hybride Finanzinstrumente im Ertragsteuerrecht, Düsseldorf 2006, S. 10 ff., m. w. N. S. ergänzend auch Rz. 5131-5249.

Für die Bilanzierung von strukturierten Finanzinstrumenten bestehen zwei grundlegenden Bilanzierungsansätze: der Einheitsansatz (integration approach) und der Zerlegungsansatz (bifurcation approach). Nach dem Einheitsansatz werden strukturierte Finanzierungstitel als Einheit innerhalb eines Bilanzpostens ausgewiesen.[168] Beim Zerlegungsansatz wird eine Aufteilung in die einzelnen Finanzierungstitel vorgenommen; die Einzeltitel werden dann getrennt unter den jeweiligen Bilanzposten ausgewiesen.[169]

3688

Ob der Einheits- oder der Zerlegungsansatz zur Anwendung kommt, ist insbesondere davon abhängig, ob es sich um einen echten oder einen unechten strukturierten Finanzierungstitel handelt. Bei echten strukturierten Finanzierungstiteln werden die einzelnen Komponenten zu einem einzigen unzerlegbaren Instrument zusammengefügt. Echte strukturierte Finanzierungstitel sind grundsätzlich nach dem Einheitsansatz zu bilanzieren.[170] Unechte strukturierte Finanzierungstitel werden ebenfalls aus mehreren Einzelkomponenten zusammengefügt; gleichwohl kann der Inhaber die einzelnen Komponenten ohne Zustimmung des Emittenten wieder in die Einzelkomponenten zerlegen. Unechte strukturierte Finanzierungstitel sind nach dem Zerlegungsansatz zu bilanzieren.[171] Dies gilt auch bereits bevor eine tatsächliche Zerlegung stattgefunden hat.

3689

4.3.3.1 Genussrechte

4.3.3.1.1 Definition

Gesellschaftsrechtlich stellen Genussrechte Finanzierungstitel dar, die zwar auf schuldrechtlicher Basis begründet werden, dem Inhaber aber regelmäßig bestimmte gesellschaftertypische Vermögensrechte gewähren, wie z. B. eine Beteiligung am Gewinn oder am Liquidationserlös.[172] Genussrechte begründen als schuldrechtliche Instrumente keine mitgliedschaftliche Stellung. Sie gewähren somit keine Verwaltungs-, Stimm- und Kontrollrechte. Genussrechte können auch verbrieft werden (Genussscheine).

3690

Beteiligungen am Gewinn können bei Genussrechten sowohl gewinnorientiert als auch gewinnabhängig ausgestaltet sein.[173] Gewinnorientierte Erfolgsbeteiligungen sind variabel und werden auf Basis einer bestimmten Erfolgsgröße bemessen (z. B. Jahresüberschuss, Bilanzgewinn oder Dividende). Gewinnabhängige Erfolgsbeteiligungen sind hingegen fix, stehen aber unter dem Vorbehalt, dass ein entsprechender

3691

---

168 *Haisch/Helios* in Haisch/Helios, Rechtshandbuch Finanzinstrumente, München 2011, § 2 Rz. 16.
169 IDW RS HFA 22, WPg Supplement 4/2015 S. 30 ff., Tz. 18; *Bertsch*, KoR 2003 S. 553 f.; *Haisch/Helios* in Haisch/Helios, Rechtshandbuch Finanzinstrumente, München 2011, § 2 Rz. 16.
170 Siehe hierzu mit verschiedenen Ausnahmen und Rückausnahmen IDW RS HFA 22, WPg Supplement 4/2015 S. 30 ff., Rz. 6, 18; *Hachmeister*, Handbuch des Jahresabschlusses, Abt. II/3 Rz. 61 ff.; *Haisch*, HHR, EStG, § 5 Rz. 1085 ff.; ausführlich zur Bilanzierung strukturierter Finanzinstrumente *Briesemeister*, Hybride Finanzinstrumente im Ertragsteuerrecht, Düsseldorf 2006, S. 175 ff.
171 *Haisch* in HHR, EStG, § 5 Rz. 1086; *Haisch/Helios* in Haisch/Helios, Rechtshandbuch Finanzinstrumente, München 2011, § 2 Rz. 15.
172 BGH, Urteil v. 5.10.1992 – II ZR 172/91, BGHZ 119 S. 305; *Habersack*, Münchener Kommentar zum AktG, 3. Aufl., München 2011, § 221 Rz. 64 f.; *Hüffer*, AktG, 12. Aufl., München 2016, § 221 Rz. 25; jeweils m. w. N.
173 Siehe hierzu *Habersack* in Münchener Kommentar zum AktG, 3. Aufl., München 2011, § 221 Rz. 94 ff.; *Florstedt* in Kölner Kommentar zum AktG, 3. Aufl., Köln 2017, § 221 Rz. 526 ff.; *Merkt* in Schmidt/Lutter, AktG, 3. Aufl., Köln 2015, § 221 Rz. 57 ff.

Unternehmensgewinn erwirtschaftet wird. Genussrechte können ferner auch ganz ohne Beteiligung am Gewinn ausgestaltet werden. Eine fixe gewinnunabhängige Vergütung steht der Qualifikation als Genussrecht nach h. M. nicht entgegen, sofern dem Genussrechtsinhaber daneben eine Beteiligung am Liquidationserlös bzw. an den stillen Reserven der Emittentin gewährt wird.[174]

4.3.3.1.2 Steuerrechtliche Unterscheidung in Eigen- und Fremdkapitalgenussrechte

3692 Der Genussrechtsbegriff ist steuerrechtlich nicht legal definiert. Die höchstrichterliche Rechtsprechung und die herrschende steuerrechtliche Literatur greifen deswegen auf das oben dargestellte gesellschaftsrechtliche Verständnis dieses Begriffs zurück.[175] Sofern nach diesem Verständnis ein Genussrecht vorliegt, ist für steuerliche Zwecke weiter zwischen sog. Eigenkapitalgenussrechten und sog. Fremdkapitalgenussrechten zu differenzieren. Genussrechte sind als Eigenkapitalgenussrechte einzuordnen, sofern der Genussrechtsinhaber sowohl am Gewinn als auch am Liquidationserlös einer Kapitalgesellschaft beteiligt ist (§ 8 Abs. 3 Satz 2 KStG, § 20 Abs. 1 Satz 1 Nr. 1 EStG). Umgekehrt sind Fremdkapitalgenussrechte sämtliche Genussrechte, die nicht als Eigenkapitalgenussrechte einzuordnen sind. Nach einer jüngeren Verfügung der OFD Nordrhein-Westfalen[176] wird die steuerliche Qualifikation von Genussrechten zusätzlich von deren handelsrechtlicher Einordnung abhängig gemacht. Handelsrechtlich sind Genussrechte – aus Emittentensicht, also auf der Passivseite – dann als Eigenkapital zu qualifizieren, wenn diese nachrangig, erfolgsabhängig, mit voller Verlustbeteiligung und längerfristig ausgestaltet sind.[177] Die Finanzverwaltung führt aus, dass ein Genussrecht, welches handelsrechtlich Eigenkapital darstellt, auch steuerlich als Eigenkapitalgenussrecht ausgewiesen werden muss.[178] Eigenkapitalgenussrechte können nach h. M. nur von Körperschaften emittiert werden. Sofern Personengesellschaften – als Gesamthandsgemeinschaften – Genussrechte emittieren, qualifizieren diese steuerlich stets als Fremdkapitalgenussrechte.[179]

3693 Nach der h. M. liegt eine Beteiligung am Gewinn dann vor, wenn die Genussrechtsvergütungen mittelbar oder unmittelbar vom handelsrechtlich verteilbaren Gewinn abhängig sind. Als Bezugsgröße kommt dabei neben dem Handelsbilanzgewinn auch der Jahresüberschuss, der Steuerbilanzgewinn, Dividendenzahlungen an die Gesellschafter oder andere aus dem Jahresabschluss abgeleitete Kennziffern in Betracht; entscheidend ist, dass die Genussrechtsvergütung dem Grunde und der Höhe nach vom Erfolg der Gesellschaft abhängt.[180] Keine Beteiligung am Gewinn stellen Ver-

---

[174] *Habersack*, Münchener Kommentar zum AktG, 3. Aufl., München 2011, § 221 Rz. 114; *Florstedt*, Kölner Kommentar zum AktG, 3. Aufl., Köln 2017, § 221 AktG Rz. 526ff.; *Hartrott* in HHR, EStG, § 43 Rz. 19.
[175] BFH, Urteil v. 8.4.2008 – VIII R 3/05, BStBl 2008 II S. 852; *Gosch* in Gosch, KStG, 2. Aufl., München 2009, § 8 Rz. 149; *Schulte* in Erle/Sauter, KStG, 3. Aufl., Heidelberg u. a. 2010, § 8 Rz. 317; *Weber-Grellet* in Schmidt, EStG, 37. Aufl. 2018, § 20 Rz. 32.
[176] OFD Nordrhein-Westfalen, Verfügung v. 12.5.2016 – S 2742-2016/0009-St 131. Kritisch dazu Rz. 5196, 5197.
[177] IDW HFA 1/1994, WPg 1994 S. 419.
[178] OFD Nordrhein-Westfalen, Verfügung v. 12.5.2016 – S 2742-2016/0009-St 131.
[179] Vgl. *Intemann* in HHR, EStG, § 20 Rz. 56; *Schulte* in Erle/Sauter, KStG, 3. Aufl., Heidelberg u. a. 2010, § 8 Rz. 319.
[180] *Schulte* in Erle/Sauter, KStG, 3. Aufl., Heidelberg u. a. 2010, § 8 Rz. 320; *Janetzko* in HHR, KStG, § 8 KStG Rz. 184; *Widmayer*, IStR 2001 S. 339; *Kratzsch*, BB 2005 S. 2605.

gütungen dar, die unabhängig vom Erfolg, insbesondere auch in Verlustjahren, zu zahlen sind.[181]

Eine Beteiligung am Liquidationserlös liegt nach h. M. vor, wenn der Genussrechtsinhaber über die Rückzahlung des Nominalbetrags hinaus an den Liquidationserträgen der Emittentin partizipiert. Ferner ist eine Beteiligung am Liquidationserlös auch dann gegeben, wenn der Genussrechtsinhaber in den Fällen der Rückzahlung des Genussrechtskapitals vor Liquidation an den stillen Reserven der Emittentin beteiligt wird.[182]

3694

4.3.3.1.3 Ansatz und Bewertung

Genussrechte gewähren dem Inhaber zwar gewisse Vermögensrechte auf schuldrechtlicher Basis, nicht aber die Mitwirkungsrechte eines Eigenkapitalgebers. Mangels gesellschaftsrechtlicher Einflussnahmemöglichkeiten können Genussrechte vom Inhaber daher weder als Beteiligungen noch als Anteile an verbundenen Unternehmen angesetzt werden.[183] Dies gilt insbesondere auch für Genussrechte, die aus Sicht des Emittenten handelsrechtliches Eigenkapital darstellen. Innerhalb des Anlagevermögens sind unverbriefte Genussrechte daher unter den sonstigen Ausleihungen auszuweisen; Genussscheine stellen Wertpapiere des Anlagevermögens dar.[184] Sowohl handels- als auch steuerbilanziell erfolgt die Zugangsbewertung zu Anschaffungskosten zuzüglich etwaiger Anschaffungsnebenkosten.

3695

4.3.3.1.4 Folgebewertung

Die handels- und steuerbilanzielle Folgebewertung erfolgt nach allgemeinen Grundsätzen. Die steuerliche Unterscheidung zwischen Eigen- und Fremdkapitalgenussrechten hat keinen Einfluss auf die Behandlung innerhalb der Steuerbilanz. Erst auf außerbilanzieller Ebene ergeben sich Unterschiede. So sind Aufwendungen und Erträge aus der Folgebewertung von Eigenkapitalgenussrechten für steuerliche Zwecke ggf. außerbilanziell nach den Vorschriften der §§ 3 Nr. 40, 3c Abs. 2 EStG und des § 8b KStG zu korrigieren.

3696

4.3.3.2 Stille Beteiligungen

4.3.3.2.1 Definition

Stille Beteiligungen sind Beteiligungen an einem Handelsgewerbe eines Kaufmanns. Die stille Gesellschaft ist eine reine Innengesellschaft ohne Gesamthandsvermögen. Der stille Gesellschafter leistet eine Vermögenseinlage, die in das Vermögen des Kaufmanns übergeht (§ 230 Abs. 1 HGB); er partizipiert durch seine Einlage an den Gewinnen und Verlusten des Kaufmanns (§ 231 Abs. 1 HGB). Die Verlustbeteiligung kann gesellschaftsvertraglich – anders als die Gewinnbeteiligung – auch abbedungen werden (§ 231 Abs. 2 HGB). Von Genussrechten unterscheiden sich stille Beteiligungen ins-

3697

---

181 *Frotscher* in Frotscher/Maas, KStG, § 8 Rz. 125; *Janetzko* in HHR, KStG, § 8 KStG Rz. 184; *Linscheidt*, DB 1992 S. 1853.
182 *Rengers* in Blümich, KStG, § 8 Rz. 203.
183 *Haisch/Helios* in Haisch/Helios, Rechtshandbuch Finanzinstrumente, München 2011, § 2 Rz. 195.
184 Siehe hierzu oben Rz. 3610.

besondere dadurch, dass stiller Gesellschafter und Kaufmann mit der stillen Beteiligung einen gemeinsamen Zweck verfolgen.[185] Bei stillen Beteiligungen muss das gemeinsame Streben zur Erreichung gemeinsamer Ziele im Vordergrund stehen. Hiervon abzugrenzen ist das bloße Verfolgen eigener Motive und Interessen der beteiligten Parteien, das noch keinen gemeinsamen Zweck begründet.[186]

3698 Steuerlich sind typisch stille Beteiligungen i. S. d. § 20 Abs. 1 Nr. 4 EStG und atypisch stille Beteiligungen zu unterscheiden.[187] Typisch stille Gesellschafter sind zwar am laufenden Gewinn der Gesellschaft, nicht aber an den stillen Reserven beteiligt. Mitwirkungsrechte im Rahmen der Geschäftsführung kommen typisch stillen Gesellschaftern grundsätzlich nicht zu.[188] Atypisch stille Gesellschafter haben hingegen weiterreichende Vermögens- und Mitwirkungsrechte. Eine atypisch stille Beteiligung liegt steuerlich dann vor, wenn der stille Gesellschafter nach dem Typusbegriff als Mitunternehmer anzusehen ist. Hierfür muss dieser nach allgemeinen Regelungen Mitunternehmerinitiative ausüben können und Mitunternehmerrisiko tragen:[189] Mitunternehmerinitiative kann dann ausgeübt werden, wenn dem stillen Gesellschafter wenigstens die Stimm-, Kontroll- und Widerspruchsrechte eines Kommanditisten nach dem gesetzlichen Regelstatut des HGB (§§ 161, 164, 166 HGB) zustehen; Mitunternehmerrisiko beinhaltet eine – über die bloße Gewinn- und Verlustbeteiligung hinausgehende – Beteiligung an den stillen Reserven der Gesellschaft einschließlich eines etwaigen Geschäfts- oder Firmenwertes. Maßgeblich für das Vorliegen dieser Typusmerkmale ist stets das Gesamtbild.[190] Zivilrechtlich ist hingegen u. U. bereits mit dem Vorliegen gewisser unternehmerischer Einflussnahme von einer atypisch stillen Gesellschaft auszugehen.[191]

4.3.3.2.2 Ansatz und Bewertung

3699 Der Anteil des stillen Gesellschafters wird in dessen Handelsbilanz entweder als Beteiligung oder als sonstige Ausleihung angesetzt. Ein Ansatz als Beteiligung setzt nach h. M. voraus, dass der stille Gesellschafter eine unternehmerische Zielsetzung verfolgt, was regelmäßig bei atypisch stillen Beteiligungen gegeben ist.[192] Die handelsbilanzielle Zugangs- und Folgebewertung erfolgt nach allgemeinen Regelungen.

3700 Die steuerbilanzielle Behandlung von Anteilen eines stillen Gesellschafters richtet sich hingegen nach der Einordnung als typisch oder atypisch stille Beteiligung. Anteile an

---

185 BFH, Urteil v. 8.4.2008 – VIII R 3/05, BStBl 2008 II S. 852; Urteil v. 22.7.1997 – VIII R 57/95, BStBl 1997 II S. 755; ausführlich hierzu *Janetzko* in HHR, KStG, § 8 Rz. 177.
186 Vgl. BFH, Urteil v. 8.4.2008 – VIII R 3/05, BStBl 2008 II S. 852 m. w. N.
187 Exemplarisch hierzu *Richter* in HHR, EStG, § 6 Rz. 830.
188 *Wittkowski/Westmeier*, BC 2010 S. 423.
189 BFH, Urteil v. 10.10.2012 – VIII R 42/10, BStBl 2013 II, 79; BFH, Beschluss v. 25.6.1984 – GrS 4/82, BStBl 1984 II S. 751; BFH, Urteil v. 28.11.1974 – I R 232/72, BStBl 1975 II S. 498; ausführlich hierzu *Bode* in Blümich, EStG, § 15 Rz. 349 ff.
190 *Wacker* in Schmidt, EStG, 37. Aufl. 2018, § 15 Rz. 261; BFH, Beschluss v. 25.6.1984 – GrS 4/82, BStBl 1984 II S. 751.
191 Siehe hierzu *Keul*, Münchener Handbuch des Gesellschaftsrechts, Band 2, 4. Aufl., München 2014, § 73 Rz. 37 ff.
192 So zur Zielsetzung *ADS*, Rechnungslegung und Prüfung der Unternehmen, 6. Aufl., Stuttgart ab 1995, § 271 Rz. 19; *Grottel/Kreher*, Beck'scher Bilanz-Kommentar, 11. Aufl., München 2018, § 271 Rz. 15.

typisch stillen Gesellschaften werden wie Kapitalforderungen bilanziert.[193] Für Anteile an atypisch stillen Gesellschaften gelten die Bilanzierungsgrundsätze für Anteile an Mitunternehmerschaften.[194]

4.3.3.3 Forderungen aus partiarischen Darlehen

Forderungen aus partiarischen Darlehen sind Kapitalforderungen, deren Verzinsung ganz oder teilweise von einer bestimmten bilanziellen Erfolgsgröße des Emittenten abhängt (etwa vom Gewinn oder vom Umsatz). Verbriefte partiarische Darlehensforderungen werden auch als Gewinnobligationen bezeichnet.[195] Partiarische Darlehensforderungen können nach h. M. – anders als Genussrechte – keine Verlustbeteiligung aufweisen.[196] Zudem sind sie nicht nachrangig ausgestaltbar.[197] In Abgrenzung zur stillen Beteiligung wird mit der Hingabe eines partiarischen Darlehens kein gemeinsamer Zweck verfolgt.[198]

3701

Forderungen aus partiarischen Darlehen werden daher, sofern es sich um Anlagevermögen handelt, unter den sonstigen Ausleihungen ausgewiesen. Die handels- und steuerbilanzielle Zugangs- und Folgebewertung richtet sich nach den allgemeinen Grundsätzen für Kapitalforderungen.[199]

3702

4.3.3.4 Hybridanleihen

Bei Hybridanleihen handelt es sich im wirtschaftlichen Kern wie bei konventionellen Anleihen um Kapitalforderungen und damit um Fremdkapitaltitel. Sie können zivilrechtlich ebenfalls als Inhaberschuldverschreibungen (§ 793 BGB) oder Namensschuldverschreibungen ausgestaltet sein. Daneben weisen Hybridanleihen aber auch bestimmte Merkmale von Eigenkapitaltiteln auf. So sind Hybridanleihen häufig nachrangig ausgestaltet und verfügen über eine lange oder unbegrenzte Laufzeit (sog. ewige Anleihen oder perpetuals).[200]

3703

Hybridanleihen sind als Wertpapiere des Anlagevermögens anzusetzen. Handels- und steuerbilanziell gelten für den Inhaber der Hybridanleihe die allgemeinen Bewertungsgrundsätze. Für die außerbilanzielle steuerliche Behandlung muss wie bei Genussrechten geprüft werden, ob es sich aus steuerlicher Sicht um einen Eigen- oder einen Fremdkapitaltitel handelt.[201] Bei einer steuerlichen Qualifikation als Eigenkapitaltitel

3704

---

193 Siehe oben Rz. 3666 ff.
194 Siehe oben Rz. 3631 ff.
195 *Haisch* in Haisch/Helios, Rechtshandbuch Finanzinstrumente, München 2011, § 1 Rz. 117.
196 BFH, Urteil v. 22.6.2010 – I R 78/09, BFH/NV 2011 S. 12; Urteil v. 22.7.1997 – VIII R 57/95, BStBl 1997 II S. 755; vgl. auch BFH, Urteil v. 19.10.2005 – I R 48/04, BStBl 2006 II S. 334; *Habersack*, Münchener Kommentar zum AktG, § 221 Rz. 58; *Intemann* in HHR, EStG, § 20 Rz. 191; *Weber-Grellet* in Schmidt, EStG, 37. Aufl. 2018, § 20 Rz. 78.
197 Vgl. *Haisch* in Haisch/Helios, Rechtshandbuch Finanzinstrumente, München 2011, § 1 Rz. 117.
198 *Wittkowski/Westmeier*, BC 2010 S. 423; siehe auch *Weber-Grellet* in Schmidt, EStG, 37. Aufl. 2018, § 20 Rz. 78.
199 Siehe oben Rz. 3666 ff.
200 *Haisch* in Haisch/Helios, Rechtshandbuch Finanzinstrumente, München 2011, § 1 Rz. 109.
201 Siehe hierzu auch oben Rz. 3692 ff.

sind Aufwendungen und Erträge aus der Folgebewertung ggf. nach den Vorschriften der §§ 3 Nr. 40, 3c Abs. 2 EStG und des § 8b KStG außerbilanziell zu korrigieren.

4.3.3.5 Wandelanleihen
4.3.3.5.1 Definition

3705 Wandelanleihen (convertible bonds) gewähren dem Inhaber neben einer festen Verzinsung das Recht, die Anleihe in eine festgelegte Zahl junger Aktien des Emittenten umzutauschen.[202] Das Wandlungsrecht ist untrennbar mit der Anleihe verbunden und kann nicht eigenständig gehandelt werden. Wandelanleihen sind daher echte strukturierte Finanzierungstitel, die aus einer Anleihe und einer Call-Option auf junge Aktien zusammengesetzt sind.[203] Da dem Inhaber zusätzlich das Optionsrecht gewährt wird, ist die Verzinsung der Wandelanleihe regelmäßig niedriger als bei vergleichbaren konventionellen Anleihen. Wandelanleihen sind zivilrechtlich als Wandelschuldverschreibungen i. S. d. § 221 Abs. 1 Satz 1 AktG einzuordnen. Eine Sonderform der Wandelanleihe stellen sog. Pflichtwandelanleihen dar, bei denen der Inhaber während der Laufzeit der Anleihe berechtigt, am Ende der Laufzeit aber verpflichtet ist, die Anleihe in junge Aktien umzutauschen.[204]

4.3.3.5.2 Ansatz und Bewertung

3706 Handelsbilanziell ist umstritten, ob Wandelanleihen nach dem Einheitsansatz als einheitlicher Vermögensgegenstand bilanziert werden müssen oder ob nach dem Zerlegungsansatz eine Aufteilung in eine Anleihe- und eine Optionskomponente erfolgen muss.[205] Der HFA des IDW nimmt in RS HFA 22[206] zur Bilanzierung strukturierter Finanzierungstitel Stellung. Hiernach sind die Umstände des Einzelfalls maßgeblich dafür, ob eine einheitliche oder getrennte Bilanzierung vorzunehmen ist. Grundsätzlich sind strukturierte Finanzinstrumente als einheitlicher Vermögensgegenstand zu bilanzieren, sofern dies zu einer zutreffenden Darstellung der Vermögens-, Finanz- und Ertragslage führt.[207] Sofern die Optionskomponente aber einem wesentlich über das Zinsrisiko hinausgehenden Marktpreisrisiko unterliegt, muss eine Zerlegung vorgenommen werden.[208]

---

202 *Haisch* in HHR, EStG, § 5 Rz. 1089; *Häuselmann/Wagner*, BB 2002 S. 2432.
203 Vgl. *Briesemeister*, Hybride Finanzierungsinstrumente im Ertragsteuerrecht, Düsseldorf 2006, S. 26, 207; *Rozijn*, ZBB 1998 S. 83; *Siddiqui*, FB 1999 S. 448.
204 *Häuselmann/Wagner*, BB 2002 S. 2432; vgl. auch *Haisch* in Haisch/Helios, Rechtshandbuch Finanzinstrumente, München 2011, § 1 Rz. 92.
205 Für eine Bilanzierung nach dem Einheitsansatz etwa *Hachmeister*, Handbuch des Jahresabschlusses, Abt. II/3 Rz. 61; *Fischer/Lackus* in Bösl/Schimpfky/von Beauvais, Fremdfinanzierung für den Mittelstand, München 2014, § 9 Rz. 88; *Eilers/Teufel* in Eilers/Rödding/Schmalenbach, Unternehmensfinanzierung, 2. Aufl., München 2014, S. 82; für eine Bilanzierung nach dem Zerlegungsansatz hingegen *Gelhausen/Rimmelspacher*, AG 2006 S. 741; so grds. auch *Mihm* in Habersack/Mülbert/Schlitt, Unternehmensfinanzierung am Kapitalmarkt, 3. Aufl, Köln 2013, § 15 Rz. 12.
206 IDW RS HFA 22, WPg Supplement 4/2015 S. 30 ff.
207 Vgl. IDW RS HFA 22, WPg Supplement 4/2015 S. 30 ff., Rz. 6 und 13.
208 Vgl. IDW RS HFA 22, WPg Supplement 4/2015 S. 30 ff., Rz. 16a.

Steuerbilanziell sind Wandelanleihen hingegen nach h. M. als einheitliches Wirtschaftsgut anzusetzen, da es sich um echte strukturierte Finanzierungstitel handelt.[209] Der Ausweis erfolgt beim Einheitsansatz unter den Wertpapieren des Anlagevermögens. Die Zugangs- und Folgebewertung von Wandelanleihen richtet sich in diesem Fall nach allgemeinen Grundsätzen.

3707

4.3.3.5.3 Ausübung des Optionsrechts

Die Umwandlung der Wandelanleihe in junge Aktien des Emittenten stellt handels- und steuerbilanziell keinen Realisationsvorgang dar.[210] Die jungen Aktien werden nicht durch Hingabe der Anleihe angeschafft. Es liegt aus steuerlicher Sicht insbesondere auch kein Tausch oder tauschähnliches Geschäft i. S. d. § 6 Abs. 6 Satz 1 EStG vor.[211] Die erhaltenen jungen Aktien sind daher in Handels- und Steuerbilanz erfolgsneutral mit dem Buchwert der Wandelanleihe zuzüglich etwaig zu leistender Zuzahlungen zu bewerten.[212]

3708

4.3.3.6 Umtauschanleihen

4.3.3.6.1 Definition

Umtauschanleihen (exchangeables) gewähren dem Inhaber neben einer festen Verzinsung das Recht, anstelle der Rückzahlung der Anleihe die Lieferung einer festgelegten Zahl von Aktien zu verlangen; anders als bei Wandelanleihen bezieht sich das Optionsrecht nicht auf junge, sondern auf Altaktien des Emittenten oder auf Aktien einer anderen Gesellschaft.[213] Sie werden daher teilweise auch als Fremdwandelanleihen bezeichnet. Umtauschanleihen sind echte strukturierte Finanzierungstitel, die aus einer Anleihe und einer Call-Option auf die jeweiligen Aktien zusammengesetzt sind. Da dem Inhaber einer Umtauschanleihe neben der Anleihekomponente eine Option gewährt wird, sind Umtauschanleihen regelmäßig niedriger verzinst als vergleichbare konventionelle Anleihen.

3709

4.3.3.6.2 Ansatz und Bewertung

Ob Umtauschanleihen handelsbilanziell nach dem Einheits- oder Zerlegungsansatz bilanziert werden müssen, ist wie bei Wandelanleihen umstritten.[214] Steuerbilanziell sind

3710

---

209 *Krumm* in Blümich, EStG, § 5 Rz. 920 Stichwort „Wandelschuldverschreibungen"; *Dreyer/Herrmann*, BB 2001 S. 706; *Haisch* in HHR, EStG, § 5 Rz. 1089; *Haisch/Helios* in Haisch/Helios, Rechtshandbuch Finanzinstrumente, München 2011, § 2 Rz. 159; *Wiese/Dammer*, DStR 1999 S. 870; *Häuselmann*, BB 2003 S. 1535.
210 BFH, Urteil v. 21.2.1973 – I R 106/71, BStBl 1973 II S. 460; Urteil v. 30.11.1999 – IX R 70/96, BStBl 2000 II S. 262; *Haisch* in HHR, EStG, § 5 Rz. 1089.
211 *Haisch* in HHR, EStG, § 5 Rz. 1089.
212 *Haisch* in HHR, EStG, § 5 Rz. 1089; *Häuselmann/Wagner*, BB 2002 S. 2432.
213 Vgl. *Haisch* in HHR, EStG, § 5 Rz. 1090.
214 Für eine Bilanzierung nach dem Einheitsansatz *ADS*, Rechnungslegung und Prüfung der Unternehmen, 6. Aufl., Stuttgart ab 1995, § 246 Rz. 365; *Eilers/Teufel* in Eilers/Rödding/Schmalenbach, Unternehmensfinanzierung, 2. Aufl., München 2014, S. 73 f.; *Fischer/Lackus* in Bösl/Schimpfky/von Beauvais, Fremdfinanzierung für den Mittelstand, München 2014, § 9 Rz. 109; für eine Anwendung des Zerlegungsansatzes hingegen *Mihm* in Habersack/Mülbert/Schlitt, Unternehmensfinanzierung am Kapitalmarkt, 3. Aufl., Köln 2013, § 15 Rz. 73; *Schaber/Rehm/Märkl/Spies*, Handbuch strukturierte Finanzinstrumente, 2. Aufl., Düsseldorf 2010, S. 179. Siehe hierzu auch oben Rz. 3706.

Umtauschanleihen hingegen nach h. M. als einheitliches Wirtschaftsgut anzusetzen, da es sich um echte strukturierte Finanzierungstitel handelt.[215] Umtauschanleihen sind nach dem Einheitsansatz unter den Wertpapieren des Anlagevermögens auszuweisen und werden nach allgemeinen Grundsätzen bewertet.

Auf Ebene des Emittenten ist die Verbindlichkeit aus der Umtauschanleihe nach Ansicht des FG Köln steuerbilanziell immer mit dem Nennwert zu bewerten, ohne dass eine Teilwerterhöhung aufgrund von Wertsteigerungen der zugrunde liegenden Aktien zulässig wäre.[216] Nach seiner Ansicht kann aber eine Rückstellung für ungewisse Verbindlichkeiten gebildet werden, wenn aufgrund von Wertsteigerungen der zugrunde liegenden Aktien eine hinreichende Wahrscheinlichkeit dafür besteht, dass der Inhaber sein Optionsrecht ausübt und der Emittent sich die zu liefernden Aktien zu einem über dem Nennwert der Umtauschanleihe liegenden Preis beschaffen muss.[217]

4.3.3.6.3 Ausübung des Optionsrechts

3711 Die Ausübung der Option stellt bei Umtauschanleihen steuerlich – anders als bei Wandelanleihen – einen tauschähnlichen Vorgang dar.[218] Handelsbilanziell besteht ein Wahlrecht zwischen erfolgsneutraler und erfolgswirksamer Behandlung.[219] Steuerbilanziell ist in Höhe der Differenz zwischen Buchwert der Umtauschanleihe und gemeinem Wert der erhaltenen Aktien ein Gewinn oder Verlust zu realisieren. Der bilanzielle Gewinn- oder Verlust ist für steuerliche Zwecke ggf. außerbilanziell nach den Vorschriften der §§ 3 Nr. 40, 3c EStG bzw. § 8b KStG zu korrigieren.

4.3.3.7 Optionsanleihen

4.3.3.7.1 Definition

3712 Optionsanleihen gewähren dem Inhaber zum einen eine feste Verzinsung und zum anderen ein Recht, junge Aktien des Emittenten zu beziehen; anders als bei Wandelanleihen ist das Optionsrecht allerdings abtrennbar und kann separat gehandelt werden.[220] Optionsanleihen sind daher unechte strukturierte Finanzierungstitel, die aus einer Anleihe und einer Call-Option auf junge Aktien zusammengesetzt sind.[221]

---

215 *Haisch* in HHR, EStG, § 5 Rz. 1090; *Haisch/Helios* in Haisch/Helios, Rechtshandbuch Finanzinstrumente, München 2011, § 2 Rz. 164; *Häuselmann/Wagner*, BB 2002 S. 2434.
216 FG Köln, Urteil v. 18.1.2017 – 10 K 3615/14, FR 2017 S. 726 mit Anm. *Prinz* (Rev. anhängig, BFH I R 20/17); ergänzend auch *Th. Müller*, FR 2017 S. 1054.
217 FG Köln, Urteil v. 18.1.2017 – 10 K 3615/14, FR 2017 S. 726 mit Anm. *Prinz* (Rev. anhängig, BFH I R 20/17).
218 *Haisch* in HHR, EStG, § 5 Rz. 1090; *Häuselmann/Wagner*, BB 2002 S. 2434; *Lohr*, FB 2000 S. 579; *Sagasser* in Assmann/Schütze, Handbuch des Kapitalanlagerechts, 4. Aufl., München 2015, § 2 Rz. 658; a. A. *Dreyer/Herrmann*, BB 2001 S. 707 f.
219 So generell zum Tausch *Schubert/Gadek*, Beck'scher Bilanz-Kommentar, 11. Aufl., München 2018, § 255 Rz. 40, m. w. N.
220 *Häuselmann/Wagner*, BB 2002 S. 2431.
221 Vgl. *Briesemeister*, Hybride Finanzierungsinstrumente im Ertragsteuerrecht, Düsseldorf 2006, S. 27; *Haisch* in HHR, EStG, § 5 Rz. 1088.

4.3.3.7.2 Ansatz und Bewertung

Bei Optionsanleihen sind die Anleihe- und die Optionskomponente handels- und steuerbilanziell nach dem Zerlegungsansatz als separate Vermögensgegenstände bzw. separate Wirtschaftsgüter anzusetzen.[222] Die Anleihe ist hierbei als Wertpapier, die Option als immaterieller Vermögensgegenstand/immaterielles Wirtschaftsgut zu bilanzieren.[223] Die Anschaffungskosten sind im Rahmen der Zugangsbewertung auf die Anleihe und die Option aufzuteilen. Für Zwecke der Zugangsbewertung sind Optionsanleihen mit offenem und verdecktem Aufgeld zu unterscheiden. Bei marktüblich verzinsten Optionsanleihen mit offenem Aufgeld entsprechen die Anschaffungskosten des Optionsrechts dem offenen Aufgeld; die Anleihekomponente wird mit dem Ausgabebetrag bewertet.[224] Sofern marktüblich verzinste Optionsanleihen ohne offen ausgewiesenes Aufgeld emittiert werden, muss der Ausgabebetrag anhand des Verhältnisses der Teilwerte auf die Anleihekomponente und die Option aufgeteilt werden.[225] Bei niedrigverzinslichen Optionsanleihen ist die Anleihekomponente mit dem vollen Ausgabebetrag zu bewerten.[226] Das erhaltene Optionsrecht wird als vorausbezahlter Zins interpretiert und mit dem Teilwert aktiviert. Da dieser „vorausbezahlte Zins" noch nicht realisiert ist, wird korrespondierend in Höhe des Teilwerts der Option ein Rechnungsabgrenzungsposten passiviert, der ertragswirksam über die Laufzeit aufzulösen ist.[227] Für die Folgebewertung von Anleihekomponente und Option gelten im Übrigen allgemeine Grundsätze.

3713

4.3.3.7.3 Ausübung des Optionsrechts

Die Ausübung des Optionsrechts führt bei Optionsanleihen anders als bei Wandelanleihen nicht zum Erlöschen der Anleihe.[228] Gleichwohl führt die Ausübung des Optionsrechts auch bei Optionsanleihen zu keiner Gewinnrealisierung. Die erhaltenen Aktien sind mit dem Ausübungspreis zuzüglich des Buchwerts der Option zu bewerten. Sofern das Optionsrecht nicht ausgeübt wird und verfällt, ist der Buchwert des Optionsrechts aufwandswirksam auszubuchen.

3714

4.3.3.8 Aktienanleihen

4.3.3.8.1 Definition

Aktienanleihen (reverse convertibles) sind Anleihen mit Andienungsrechten. Dem Emittenten wird das Recht gewährt, anstelle der Rückzahlung des Nominalbetrags der An-

3715

---

222 *Gelhausen/Rimmelspacher*, AG 2006 S. 745; *Mihm* in Habersack/Mülbert/Schlitt, Unternehmensfinanzierung am Kapitalmarkt, 3. Aufl, Köln 2013, § 15 Rz. 60; *Wiese/Dammer*, DStR 1999 S. 870; *Haisch/Helios* in Haisch/Helios, Rechtshandbuch Finanzinstrumente, München 2011, § 2 Rz. 150; *Eilers/Teufel* in Eilers/Rödding/Schmalenbach, Unternehmensfinanzierung, 2. Aufl., München 2014, S. 65; a. A. *Häuselmann/Wagner*, BB 2002 S. 2432.
223 *Weber-Grellet* in Schmidt, EStG, 37. Aufl. 2018, § 5 Rz. 270 Stichwort „Anleihen".
224 *Haisch/Helios* in Haisch/Helios, Rechtshandbuch Finanzinstrumente, München 2011, § 2 Rz. 151.
225 *Haisch/Helios* in Haisch/Helios, Rechtshandbuch Finanzinstrumente, München 2011, § 2 Rz. 153.
226 zur Differenzierung zwischen Doppel- und Alleinerwerb siehe *Haisch* in HHR, EStG, § 5 Rz. 1088.
227 *Haisch/Helios* in Haisch/Helios, Rechtshandbuch Finanzinstrumente, München 2011, § 2 Rz. 154.
228 *Häuselmann/Wagner*, BB 2002 S. 2432.

leihe eine bestimmte Anzahl alter Aktien (häufig einer anderen Gesellschaft) zu liefern.[229] Der Inhaber der Aktienanleihe ist in Bezug auf das Andienungsrecht des Emittenten Stillhalter. Aktienanleihen sind echte strukturierte Finanzierungstitel, die aus dem Kauf einer Anleihe und einer Stillhalterverpflichtung (aus dem Verkauf einer Call-Option, sog. short call) zusammengesetzt sind. Aktienanleihen werden höher verzinst als konventionelle Anleihen, weil Inhaber von Aktienanleihen durch das Andienungsrecht des Emittenten beschwert sind.

4.3.3.8.2 Ansatz und Bewertung

3716 Ob Aktienanleihen handelsbilanziell nach dem Einheits- oder Zerlegungsansatz bilanziert werden müssen, ist wie bei Wandelanleihen umstritten.[230] Steuerbilanziell sind Aktienanleihen nach dem Einheitsansatz als einheitliches Wirtschaftsgut anzusetzen; eine separate Passivierung der Stillhalterverpflichtung erfolgt nicht.[231] Der Ausweis erfolgt beim Einheitsansatz unter den Wertpapieren des Anlagevermögens. Die Zugangs- und Folgebewertung richtet sich in diesem Fall nach allgemeinen Grundsätzen.

4.3.3.8.3 Ausübung des Andienungsrechts

3717 Die für Wandelanleihen geltenden Grundsätze können bei einem Umtausch von Aktienanleihen nicht angewandt werden. Der Umtausch der Aktienanleihe in die jeweiligen Aktien stellt steuerlich einen Tauschvorgang dar.[232] Handelsbilanziell besteht ein Wahlrecht zwischen erfolgsneutraler und erfolgswirksamer Behandlung.[233] Steuerbilanziell ist hingegen in Höhe der Differenz zwischen Buchwert der Aktienanleihe und gemeinem Wert der erhaltenen Aktien zwingend ein Gewinn oder Verlust zu realisieren. Der innerbilanzielle Gewinn- oder Verlust ist für steuerliche Zwecke ggf. außerbilanziell nach den Vorschriften der §§ 3 Nr. 40, 3c EStG bzw. § 8b KStG zu korrigieren.

3718–4219 *(Einstweilen frei)*

---

[229] *Haisch* in HHR, EStG, § 5 Rz. 1091; *Häuselmann/Wagner*, BB 2002 S. 2434; *Scherrer*, DStR 1999 S. 1205.
[230] Für eine Bilanzierung nach dem Einheitsansatz etwa *Hachmeister* in Handbuch des Jahresabschlusses, Abt. II/3 Rz. 61; für den Zerlegungsansatz etwa *Schaber/Rehm/Märkl/Spies*, Handbuch strukturierte Finanzinstrumente, 2. Aufl, Düsseldorf 2010, S. 180. Siehe hierzu auch oben Rz. 3706.
[231] Vgl. *Haisch* in HHR, EStG, § 5 Rz. 1091; *Häuselmann/Wagner*, BB 2002 S. 2435; *Scherrer*, DStR 1999 S. 1207.
[232] *Haisch* in HHR, EStG, § 5 Rz. 1091; *Häuselmann/Wagner*, BB 2002 S. 2435; a. A. *Dreyer/Herrmann*, FR 2001 S. 722 ff.
[233] So generell zu den Anschaffungskosten beim Tausch *Schubert/Gadek* in Beck'scher Bilanz-Kommentar, 11. Aufl., München 2018, § 255 Rz. 40, m. w. N.

Teil B:
Bilanzierung und Bewertung bei der Gewinnermittlung nach Bilanzposten

Kapitel II:
Umlaufvermögen

von
StB Dr. Christian Hick, Bonn

Kapitel II: Umlaufvermögen

Inhaltsübersicht   **Rz.**

1. Begriffsabgrenzung	4220 - 4224
2. Folgen der Zuordnung von Wirtschaftsgütern zum Umlaufvermögen	4225 - 4229
3. Vorratsvermögen	4230 - 4499
3.1 Gegenstand des Vorratsvermögens	4230 - 4245
3.1.1 Abgrenzung des Vorratsvermögens	4230 - 4233
3.1.2 Rohstoffe	4234
3.1.3 Unfertige Erzeugnisse und Leistungen	4235
3.1.4 Fertige Erzeugnisse und Waren	4236 - 4237
3.1.5 Geleistete Anzahlungen	4238 - 4240
3.1.6 Sonderfälle	4241 - 4245
3.2 Umwidmung von Wirtschaftsgütern des Vorratsvermögens	4246 - 4247
3.3 Bewertungsmaßstäbe für das Vorratsvermögen	4248 - 4249
3.4 Anschaffungs- und Herstellungskosten des Vorratsvermögens	4250 - 4299
3.4.1 Überblick über die Bewertungsgrundsätze im Rahmen der Zugangsbewertung	4250
3.4.2 Ermittlung der Anschaffungskosten für beschaffte Vorräte	4251 - 4299
3.5 Herstellungskosten bei selbst erstellten Vorräten	4300 - 4349
3.5.1 Umfang und Ermittlung der Herstellungskosten	4300 - 4309
3.5.2 Zusammensetzung der Herstellungskosten	4310 - 4349
3.6 Sonderfälle der Ermittlung der Anschaffungs- und Herstellungskosten	4350 - 4382
3.6.1 Ausnahmen von dem Gebot der Einzelbewertung	4350 - 4352
3.6.2 Festwertbewertung	4353 - 4358
3.6.3 Durchschnittsbewertung	4359 - 4369
3.6.4 Gruppenbewertung	4370 - 4371
3.6.5 Verbrauchsfolgeverfahren	4372 - 4382
3.7 Folgebewertung des Vorratsvermögens	4383 - 4499
3.7.1 Bestimmung des maßgeblichen Bewertungsmaßstabes und Teilwertvermutungen	4383 - 4394
3.7.2 Voraussichtlich dauernde Wertminderung	4395 - 4411
3.7.3 Wirtschaftliche Überlegungen im Zusammenhang mit der Vornahme einer Teilwertabschreibung	4412 - 4413
3.7.4 Nachweis eines niedrigeren Teilwerts	4414 - 4424
3.7.5 Einzelheiten zur Ermittlung der Wiederbeschaffungs- und Wiederherstellungskosten	4425 - 4449
3.7.6 Widerlegung der Teilwertvermutung bei zum Absatz bestimmten Wirtschaftsgütern bei vermindertem Veräußerungserlös	4450 - 4474
3.7.7 Sonderfälle der Teilwertermittlung	4475 - 4499
4. Forderungen und sonstige Wirtschaftsgüter	4500 - 4624
4.1 Abgrenzung aktivierungspflichtiger Forderungen	4500 - 4519
4.1.1 Voraussetzungen der Forderungsaktivierung	4500 - 4506
4.1.2 Teilerfüllung	4507 - 4509

4.1.3 Bestrittene Forderungen	4510
4.1.4 Aufschiebend bzw. auflösend bedingte Forderungen	4511 - 4512
4.1.5 Teilrealisation bei Dauerschuldverhältnissen	4513 - 4519
4.2 Ermittlung der Anschaffungskosten von Forderungen	4520 - 4549
4.2.1 Forderungen aus Liefer- und Leistungsbeziehungen	4520 - 4525
4.2.2 Darlehensforderungen	4526 - 4549
4.3 Ansatz von Forderungen mit dem niedrigeren Teilwert	4550 - 4589
4.3.1 Voraussetzungen einer Teilwertabschreibung	4550 - 4557
4.3.2 Aufholung einer Teilwertabschreibung	4558 - 4559
4.3.3 Teilwertermittlung bei Un- bzw. Niedrigverzinslichkeit einer Forderung	4560 - 4589
4.4 Berücksichtigung des Ausfallrisikos bei der Forderungsbewertung	4590 - 4604
4.4.1 Grundsätze für die Ermittlung des Ausfallrisikos	4590 - 4594
4.4.2 Besonderheiten bei der Betriebsaufspaltung	4595 - 4599
4.4.3 Auslandsforderungen	4600 - 4604
4.5 Methoden zur Wertberichtigung von Forderungen	4605 - 4619
4.5.1 Einzelbewertung	4605 - 4611
4.5.2 Gruppenbewertung	4612 - 4619
4.6 Sonstige Wirtschaftsgüter	4620 - 4624
4.6.1 Abgrenzung des Bewertungsgegenstandes	4620
4.6.2 Geleistete Anzahlungen	4621 - 4624
5. Wertpapiere und Anteile an Kapitalgesellschaften	4625 - 4721
5.1 Abgrenzung des Bewertungsgegenstandes	4625 - 4629
5.2 Zuordnung des wirtschaftlichen Eigentums	4630 - 4637
5.3 Abgrenzung zu Finanzprodukten	4638 - 4639
5.4 Folgen der Abgrenzung zwischen Anlage- und Umlaufvermögen	4640 - 4547
5.5 Anschaffungskosten	4648 - 4672
5.5.1 Ermittlung der Anschaffungskosten	4648 - 4656
5.5.2 Sonderfälle	4657 - 4672
5.6 Bewertung von Wertpapieren und Anteilen an Kapitalgesellschaften mit dem niedrigeren Teilwert	4673 - 4721
5.6.1 Ansatz mit dem niedrigeren Teilwert	4673 - 4677
5.6.2 Börsennotierte Wertpapiere und Anteile an Kapitalgesellschaften	4678 - 4682
5.6.3 Nicht börsennotierte Wertpapiere und Anteile an Kapitalgesellschaften	4683 - 4690
5.6.4 Sonderfälle der Ermittlung des Teilwerts eines Anteils an einer Kapitalgesellschaft	4691 - 4700
5.6.5 Voraussichtlich dauernde Wertminderung	4701 - 4710
5.6.6 Wertaufholungsgebot	4711 - 4721
6. Kassenbestand, Bundesbankguthaben, Guthaben bei Kreditinstituten und Schecks	4722 - 4929
6.1 Kassenbestand	4723
6.2 Guthaben bei Kreditinstituten	4724

6.3 Schecks	4725 - 4726
6.4 Zahlungsmittel in ausländischer Währung	4727 - 4929
6.4.1 Ermittlung der Anschaffungskosten	4727
6.4.2 Bewertung mit dem Teilwert	4728 - 4929

AUSGEWÄHLTE LITERATUR

Atilgan, Steuerfalle: Teilwertabschreibung, StuB 2017 S. 456; *Behrens/Renner*, Kein Wechsel von Anlage- in das Umlaufvermögen bei Grundstücksverkäufen durch Kapitalgesellschaften, DStR 2013 S. 1458; *Birkhan*, Gängigkeitsabschläge auf das Vorratsvermögen, JbFfSt 2007/2008 S. 645; *Blumenberg/Roßner*, Steuerliche Auswirkungen der durch das BilMoG geplanten Änderungen der Bilanzierung von eigenen Anteilen, GmbHR 2008 S. 1080; *Brandis*, Neue Erkenntnisse zu Fragen des wirtschaftlichen Eigentums in der Steuerbilanz, in Steuerberater-Jahrbuch 2016/2017, Köln 2017 S. 299; *Bruckmeier/Zwirner/Künkele*, Die Behandlung eigener Anteile – Das BilMoG kürzt das Steuersubstrat und fördert Investitionen in eigene Aktien, DStR 2010 S. 1642; *Buciek*, Abzinsung nach § 6 Abs. 1 Nr. 3 Satz 1 EStG von aus handelsrechtlicher Sicht eigenkapitalersetzenden Gesellschafterdarlehen, FR 2010 S. 341 f.; *Christiansen*, Die bilanzielle Berücksichtigung sogenannter bewusster Vorteile, StBp 1988 S. 266; *Dietel*, Steuerliches Wahlrecht zur Teilwertabschreibung und Stetigkeit, DB 2012 S. 483; *Ditz/Tcherveniachki*, Eigene Anteile und Mitarbeiterbeteiligungsmodelle – Bilanzierung nach dem BilMoG und Konsequenzen für das steuerliche Einlagekonto, Ubg 2010, S. 875; *Dörre/Blank*, FG Kassel zu Teilwertabschreibungen auf börsengehandelte Wertpapiere im Umlaufvermögen, DB 2014 S. 861; *Dörfler/Adrian*, Steuerbilanzpolitik nach BilMoG, Ubg 2009 S. 385; *Gabert*, Der Bewertungsmaßstab des Teilwerts im Bilanzsteuerrecht, Berlin 2011; *Görgen*, Grenzen zulässiger Teilwertabschreibungen auf Warenvorräte durch Gängigkeitsverfahren, DStR 2015 S. 2250; *Häuselmann/Wagner*, Pensions- und Wertpapierleihgeschäfte unter dem Halbeinkünfteverfahren, FR 2003 S. 332; *Häuselmann/Wiesenbart*, Die Bilanzierung und Besteuerung von Wertpapier-Leihgeschäften, DB 1990 S. 2129; *Hennrichs*, Lifo in der Handels- und Steuerbilanz – Neues nach BilMoG, Ubg 2011 S. 705; *Herzig/Briesemeister*, Steuerliche Problembereiche des BilMoG-RegE, Ubg 2009 S. 157; *dies.*, Medienfonds mit Defeasance-Struktur – Steuerli che Konsequenzen von Schuldübernahmeverpflichtungen, Ubg 2011 S. 583; *Herzig/Teschke*, Vorrang der Teilwertabschreibung vor der Drohverlustrückstellung – Anmerkungen zum BFH-Urteil vom 7.9.2005 – VIII R 1/03, DB 2006 S. 576; *Hillebrandt*, Führt die Nutzung von elektronischer Datenverarbeitung zur Abschaffung der Lifo-Bewertung?, DB 2011 S. 1999; *Hiller/Biebinger*, Der Teilwert und seine Fiktionen – Historische Entstehung und Interpretation eines zentralen Bewertungsmaßstabs, DStZ 2017 S. 442; *Hoffmann*, Die Zuordnung von Grundbesitz zum Anlage- oder Umlaufvermögen, StuB 2008 S. 285; *Hoffmann*, BFH-Beschluss zur Abzinsung unverzinslicher Gesellschafterdarlehen bzw. eigenkapitalersetzendes Darlehen als Fremdkapital – Analyse und Auswirkung, DB 2009 S. 2757; *Hoffmann*, Forderungsabschreibung bei Fortführung der Geschäftsbeziehung – Urteilsanmerkung zum BFH-Urteil vom 20.8.2003 – I R 49/02, DStZ 2004 S. 44; *Hohage*, Erwerb eigener Anteile, Einziehung, Aufstockung und vGA bei der GmbH, DB 2009 S. 1034; *Hüttemann/Meinert*, Anwendungsfragen der Lifo-Methode in Handels- und Steuerbilanz, DB 2013 S. 1865; *dies.*, Die Lifo-Methode in Handels- und Steuerbilanz, ifst-Schrift Nr. 486; *Kanzler*, Zum gewerblichen Grundstückshandel der Land- und Forstwirte – Ein vermeidbares Übel, DStZ 2013 S. 822; *Kleinert/Podewils*, Neues zu Teilwertabschreibungen auf Gesellschafterdarlehen, GmbHR 2009, S. 849; *Kleinheisterkamp/Schell*, Der Übergang des wirtschaftlichen Eigentums an Kapitalgesellschaftsanteilen beim Unternehmenskauf, DStR 2010 S. 833; *Köhler*, Die Prüfung des Vorratsvermögens, StBp 2009 S. 309; *Krüger*, Entwicklungen zum Konzernrückhalt und Auswirkungen für die Prüfungspraxis, DStZ 2017 S. 284; *Kusterer*, Abschreibungen von Forderungen gegenüber Tochtergesellschaften, EStB 2003 S. 231; *Kußmaul/Huwer*, Die Widerspruchslosigkeit der bilanziellen Differenzierung zwischen Anlage- und Umlaufvermögen – Ein Widerspruch?, DStR 2010 S. 2471; *Lechner/Haisch*, Was nun? Erwerb eigener Anteile nach dem BMF-Schreiben vom 10.8.2010, Ubg 2010 S. 694; *Löbe*, Keine Teilwertabschreibung wegen Unverzinslichkeit einer Forderung, NWB 2013 S. 1802; *Marx*, Der Wesentlichkeitsgrundsatz in der steuerlichen Gewinnermittlung, FR 2011 S. 267; *Marx*, Fehlabbildungen in der steuerrechtlichen Gewinnermittlung, Ubg 2013 S. 354; *Marx*, Bestandsaufnahme und Bewertung des Vorratsvermögens, Steuer und Studium 2016 S. 346; *Mayer*, Steuerliche Behandlung eigener Anteile nach dem BilMoG, Ubg 2008 S. 782; *Mihm*, Wertminderung einer Forderung wegen Unverzinslichkeit ist nicht dauerhaft, BB 2013 S. 177; *Müller*, Gängigkeitsabschläge auf den Warenbestand, PiR 2017 S. 195; *Orth*, Organschaft und Anwachsung, DStR 2005 S. 1630; *Patek*, Verlustfreie Bewertung von Vermögensgegenständen des Vorratsvermögens und schwebenden Geschäftspositionen in Handels- und Steuerbilanz, BFuP 2011 S. 282; *Pawelzik*, Das Verhältnis des gemeinen Wertes i. S. d. § 11 Abs. 2 BewG für nicht notierte Anteile zum Ertragswertverfahren nach IDW S1 – objektivierter Unternehmenswert – Bewertungseinheit – Substanzwert, Ubg 2010 S. 885; *Preißer/Preißer*, Negativer Geschäftswert beim Asset Deal – Handelsrechtliche Überlegungen unter Einbeziehung der Steuersituation der Beteiligten, DStR 2011 S. 135; *Prinz*, Negativer Kaufpreis: Ein steuerbilanzielles Sonderphänomen, FR 2011 S. 374; *Prinz*, Körperschaftsteuerliche Sonderregelungen für Gesellschafterdarlehen und Finanzunternehmen auf dem „BFH-Prüfstand" – Wichtige neue Rechtsprechungserkenntnisse zu § 8b KStG, StuB 2009 S. 353; *Prinz*, Aktuelle Fälle des Steuerbilanzrechts, in: Steuerberater-Jahrbuch 2014/2015, Köln 2015 S. 365; *Prinz*, Aktuelle Fälle des Steuerbilanzrechts, in Steuerberater-Jahrbuch 2015/2016, Köln 2016 S. 296; *Prinz*, Aktuelle Fälle des Steuerbilanzrechts, in: Steuerberater-Jahrbuch 2016/2017, Köln 2017, S. 352; *Rau*, „Cum/Cum" Geschäfte über Repos- und Wertpapierdarlehen nach dem BMF-Schreiben vom 17.7.2017, FR 2017 S. 891; *Rautenstrauch/Adrian*, § 15a EStG bei Anwachsung auf eine Kapitalgesellschaft, DStR 2006 S. 359; *Ropohl/Freck*, Die Anwachsung als rechtliches und steuerliches Gestaltungsinstrument, GmbHR 2009 S. 1079; *Saure*, Teilwertabschreibungen in der Steuerbilanz auf Warenbestände bei Handelsunternehmen, DStR 2017 S. 408; *Schampera*, Überprüfung von Einzelwertberichtigungen auf der Grundlage von Datenbankanalysen, NWB 2017 S. 3939; *Schmid*, Das wirtschaftliche Eigentum an Forderungen und das „limited-recourse"-Darlehen, Anmerkung zum BFH-Urteil vom 26.8.2010, DStR 2011 S. 794; *Schlotter*, „Voraussichtlich dauernde Wertminderung" bei börsennotierten Wertpapieren – Update zu BB 2008 S. 546 ff.

1. Begriffsabgrenzung

4220 Der Begriff des Umlaufvermögens wird wie der Begriff des Anlagevermögens im EStG nicht erläutert. In Umkehrung der aus § 247 Abs. 2 HGB resultierenden Zuordnungsentscheidung zählen danach diejenigen Gegenstände zum Umlaufvermögen, die am Abschlussstichtag nicht dazu bestimmt sind, dauernd dem Geschäftsbetrieb zu dienen.[1] Die beiden Vermögensarten schließen damit einander aus. Somit kann die Abgrenzung auch dadurch erfolgen, dass zum Umlaufvermögen alle Wirtschaftsgüter gehören, die nicht Anlagevermögen darstellen oder RAP sind.

4221 Maßgeblich ist damit die Zweckbestimmung, mit der ein Wirtschaftsgut im Betrieb eingesetzt wird.[2] Auf Grund des handels- und steuerrechtlichen Einzelansatz- und Einzelbewertungsgrundsatzes (§ 240 Abs. 1, § 252 Abs. 1 Nr. 3 HGB) ist für die Beurteilung, ob Anlage- oder Umlaufvermögen vorliegt, auf jedes einzelne Wirtschaftsgut abzustellen. Soll ein Wirtschaftsgut dem Anlagevermögen zugerechnet werden, muss die Zweckbestimmung gemäß § 247 Abs. 2 HGB auf eine dauerhafte betriebliche Nutzung gerichtet sein. Dem Geschäftsbetrieb dauernd zu dienen bestimmt sind solche Wirtschaftsgüter, die der planmäßig wiederholten betrieblichen Nutzung gewidmet sind, d. h. es muss eine funktional dauernde Nutzung für den allgemeinen Geschäftszweck

---

1 Vgl. *Schubert/F.Huber*, in: Beck'scher Bilanz-Kommentar, § 247 HGB Rz. 350 ff R. 6.1 Abs. 2 EStR.
2 Vgl. BFH, Urteil vom 28.5.1998 – X R 80/94, BFH/NV 1999 S. 359.

beabsichtigt sein. Für die Feststellung der Zweckbestimmung ist von der tatsächlichen Verwendung des Vermögensgegenstands im Unternehmen, hilfsweise von der typischen Verwendungsart auszugehen.[3] Dabei ist allerdings zu beachten, dass das Vorratsvermögen auf Grund seiner Zweckbestimmung - unabhängig von dem Zeitelement - stets als Umlaufvermögen auszuweisen ist.[4]

Ist über die Zuordnung von Wirtschaftsgütern zum Anlage- oder Umlaufvermögen einer Mitunternehmerschaft zu entscheiden, kann die Entscheidung nur auf der Ebene der Gesellschaft getroffen werden. D. h. etwaige Aktivitäten der Gesellschafter, insbesondere die Absicht der Gesellschafter ihre Mitunternehmeranteile zu veräußern, sind für die Zuordnung der Wirtschaftsgüter zum Anlage- oder Umlaufvermögen der Gesellschaft nicht relevant. 4222

Der Begriff des Umlaufvermögens wird damit über unbestimmte Rechtsbegriffe bestimmt. Die hieraus in der Praxis resultierenden Abgrenzungsfragen sind durchaus vielschichtig. Aufgrund der in § 5 Abs. 1 EStG angeordneten Maßgeblichkeit der handelsrechtlichen GoB für die steuerliche Gewinnermittlung ist die in der Handelsbilanz getroffene Zuordnungsentscheidung zwischen Anlage- und Umlaufvermögen dann auch für die Steuerbilanz maßgeblich.[5] Der Begriff des Umlaufvermögens hat unkommentiert Eingang in § 6 Abs. 1 Nr. 2 EStG gefunden.[6] Es bestehen auch keine steuerrechtlichen Gliederungsvorschriften für das Umlaufvermögen. 4223

Um die in der Praxis im Zusammenhang mit der Bilanzierung des Umlaufvermögens auftretenden zahlreichen bilanzsteuerrechtlichen Fragestellungen zu systematisieren, orientiert sich die nachfolgende Darstellung an dem Gliederungsschema des § 266 HGB. Folgende Beispiele für das Umlaufvermögen werden genannt: 4224

▶ Vorräte (Roh-, Hilfs- und Betriebsstoffe, unfertige Erzeugnisse und unfertige Leistungen, fertige Erzeugnisse und Waren, geleistete Anzahlungen),

▶ Forderungen und sonstige Vermögensgegenstände,

▶ Wertpapiere (Anteile an verbundenen Unternehmen, eigene Anteile, sonstige Wertpapiere),

▶ sowie der Kassenbestand, Bundesbankguthaben, Guthaben bei Kreditinstituten und Schecks.

2. Folgen der Zuordnung von Wirtschaftsgütern zum Umlaufvermögen

Die Unterscheidung zwischen Anlage- und Umlaufvermögen ist für die Bewertung in mehrfacher Hinsicht von Bedeutung: 4225

▶ Verbot der Aktivierung immaterieller Wirtschaftsgüter des Anlagevermögens (§ 5 Abs. 2 EStG);

---

3 Vgl. BFH, Urteil vom 13.12.2006 – VIII R 51/04, BStBl 2008 II S. 137.
4 Zu Abgrenzungsfragen vgl. *Kußmaul/Huwer*, DStR 2010 S. 2471.
5 Vgl. BFH, Urteil vom 10.8.2005 – V III R 78/02, BStBl 2006 II S. 58 mit Anm. *Kanzler*, FR 2006 S. 133.
6 Vgl. *Hoffmann/Lüdenbach*, NWB Kommentar Bilanzierung, 9. Aufl., Herne 2018, § 247 HGB Rz. 18.

- ausgehend von § 253 Abs. 3 HGB kommt die Inanspruchnahme planmäßiger AfA gemäß § 7 EStG nur für Wirtschaftsgüter des Anlagevermögens in Betracht. Vor diesem Hintergrund kommt im Zusammenhang mit der Bewertung von Wirtschaftsgütern des Umlaufvermögens den Voraussetzungen für die Inanspruchnahme einer Teilwertabschreibung besondere Relevanz zu;
- in weiteren Vorschriften des EStG wird zwischen Wirtschaftsgütern des Anlage- und des Umlaufvermögens differenziert (u. a. in § 6 Abs. 1 Nr. 2a EStG, § 6 Abs. 2 und Abs. 2a EStG, § 6b EStG).

4226–4229 *(Einstweilen frei)*

3. Vorratsvermögen

3.1 Gegenstand des Vorratsvermögens

3.1.1 Abgrenzung des Vorratsvermögens

4230 Zum Vorratsvermögen zählen diejenigen Wirtschaftsgüter, die am Abschlussstichtag nicht dazu bestimmt sind, dauernd dem Betrieb zu dienen, sondern vielmehr zur Veräußerung oder Verarbeitung bestimmt sind.[7]

4231 Bei Produktionsunternehmen umfasst das Vorratsvermögen die Roh-, Hilfs- und Betriebsstoffe sowie die unfertigen und fertigen Erzeugnisse. Bei Handelsunternehmen gehören zu den Vorräten Hilfs- und Betriebsstoffe sowie Handelswaren. Für Dienstleistungsunternehmen treten an die Stelle der unfertigen und fertigen Erzeugnisse die unfertigen Leistungen als Vorratsvermögen.

4232 Der Begriff des Vorratsvermögens wird im EStG nicht definiert, so dass die handelsrechtliche Begriffsabgrenzung maßgeblich ist. Die aus § 266 Abs. 2 Pos. B HGB resultierende Untergliederung des Vorratsvermögens stellt erkennbar auf ein Produktions- und Handelsunternehmen ab. Die Regelung ist über § 5 Abs. 1 Satz 1 EStG auch für die Steuerbilanz anwendbar. Danach setzt sich das Vorratsvermögen beispielhaft aus folgenden Wirtschaftsgütern zusammen:

- Roh-, Hilfs- und Betriebsstoffe,
- unfertige Erzeugnissen und Leistungen sowie
- fertigen Erzeugnissen und Waren sowie geleistete Anzahlungen.

4233 In der Praxis können bei der Abgrenzung der einzelnen Arten des Vorratsvermögens nicht unerhebliche Abgrenzungsschwierigkeiten eintreten. So ist es denkbar, dass Rohstoffe sowohl in die Produktion eingehen, aber auch zur Weiterverarbeitung verkauft werden. Auch Erzeugnisse können sowohl in fertiggestelltem Zustand, als auch in unfertigem Zustand verkauft werden. Zudem können sich auch die Bestände an fertigen Erzeugnissen aus (selbst hergestellten) fertigen Erzeugnissen und aus hinzugekaufter Ware zusammensetzen.[8] Abgrenzungsfragen stellen sich zudem bei sog. Mehrkom-

---

[7] Vgl. R 6.1 Abs. 2 EStR.
[8] Zu Einzelheiten vgl. *Ellrott/Krämer*, in: Beck'scher Bilanz-Kommentar, § 266 HGB Rz. 90 ff.

ponentengeschäften.⁹ Hierbei handelt es sich um gegenseitige Verträge zur Lieferung und Leistung einer Sache oder der Erbringung einer Dienstleistung, die neben der eigentlichen Hauptleistung noch mindestens eine Nebenleistung zum Gegenstand haben. Vor dem Hintergrund, dass sich die für bilanzsteuerrechtliche Zwecke die Realisationszeitpunkte der Komponenten regelmäßig unterscheiden, muss ein Mehrkomponentengeschäft in bilanziell gesondert zu beurteilende Bestandteile zerlegt werden.¹⁰ Dies wirft neben dem Realisationszeitpunkt dann auch die Frage nach der Bewertung der einzelnen Komponenten auf.

3.1.2 Rohstoffe

Zu den Rohstoffen zählen alle Stoffe, die unmittelbar in das Fertigerzeugnis oder das Sachanlagegut eingehen. Die Abgrenzung zu den ebenfalls in das Fertigerzeugnis eingehenden Hilfsstoffen ergibt sich daraus, dass die Rohstoffe nicht von untergeordneter Bedeutung sind. Betriebsstoffe gehen hingegen nicht in das Erzeugnis ein, sondern werden unmittelbar bei der Herstellung verbraucht. Von den unfertigen und fertigen Erzeugnissen unterscheiden sich Roh-, Hilfs- und Betriebsstoffe dadurch, dass sie fremdbezogen und am Bilanzstichtag noch nicht be- oder verarbeitet sind.

4234

3.1.3 Unfertige Erzeugnisse und Leistungen

Bei unfertigen Erzeugnissen und Leistungen handelt es sich um materielle bzw. immaterielle Wirtschaftsgüter, die zum Absatz an Dritte bestimmt sind. Ein unfertiges Erzeugnis zeichnet sich dadurch aus, dass mit der Herstellung zwar bereits begonnen, diese Phase aber noch nicht beendet wurde. Unfertige Erzeugnisse sind daher im Regelfall die technische und zeitliche Vorstufe der fertigen Erzeugnisse. So sind beispielsweise auch teilfertige Bauten als unfertige Erzeugnisse auszuweisen.¹¹

4235

Zu den unfertigen Leistungen zählen vor allem unfertige Aufträge von Dienstleistungsunternehmen.¹² Die Bilanzierungsfähigkeit unfertiger Leistungen ist gegeben, solange ein Vergütungsanspruch für die bisher angefallenen Aufwendungen besteht. Ein Ausweis von fertigen Leistungen kommt nicht in Betracht, da bei „Fertigstellung" einer Leistung die Forderung auf das Leistungsentgelt zu bilanzieren ist.¹³

3.1.4 Fertige Erzeugnisse und Waren

Fertige Erzeugnisse und Waren liegen bei Abschluss des Herstellungs- bzw. Anschaffungsvorgangs vor. Unter „Waren" werden alle (auch fremdbezogenen) Wirtschaftsgüter verstanden, die ohne Be- oder Verarbeitung (ggf. auch nach unwesentlicher Be-

4236

---

9 S. hierzu FG Baden-Württemberg, Urteil vom 3.3.2016 – 3 K 1603/14, Rev., EFG 2016 S. 1071; sowie Prinz, in: Steuerberater-Jahrbuch 2016/2017, Köln 2017, S. 352 ff.
10 S. auch *Kahle/Eichholz*, in Hachmeister/Kahle/Mock/Schüppen, § 252 HGB Rz. 174.
11 Vgl. BFH, Urteil vom 7.9.2005 – VIII R 1/03, BStBl 2006 II S. 298; BFH, Urteil vom 25.11.2009 – X R 27/05, BFH/NV 2010 S. 1090.
12 Zum Zeitpunkt der Gewinnrealisierung bei Werkleistungen von Architekten und Ingenieuren s. auch Tz. *4501*.
13 Vgl. *Schubert/Roscher*, in: Beck'scher Bilanz-Kommentar, § 247 HGB, Rz. 99.

arbeitung) veräußert werden sollen.[14] In Einzelfällen können sich Abgrenzungsfragen zwischen Waren und Rohstoffen ergeben, wenn ein und dasselbe fremdbezogene Teil sowohl in eigene Fertigerzeugnisse eingeht oder aber auch ohne Be- und Verarbeitung verkauft werden kann.

4237 Bei fertigen und abgenommenen Leistungen hat ein Ausweis als Forderungen zu erfolgen, auch wenn sie noch nicht abgerechnet sind.

3.1.5 Geleistete Anzahlungen

4238 Geleistete Anzahlungen für Wirtschaftsgüter des Umlaufvermögens sind handelsrechtlich unter den sonstigen Vermögensgegenständen auszuweisen. Der erfolgsneutrale Ausweis geleisteter Anzahlungen in der Handelsbilanz mit dem Nennwert ist gemäß § 5 Abs. 1 EStG auch für die steuerliche Gewinnermittlung maßgeblich. Demgegenüber sind erhaltene Anzahlungen auf Bestellungen von Wirtschaftsgütern des Vorratsvermögens nach § 268 Abs. 5 Satz 2 HGB entweder als Verbindlichkeiten auszuweisen oder auf der Aktivseite offen von dem Posten „Vorräte" abzusetzen.[15]

4239 Bei den unter den Vorräten gesondert oder mit anderen Posten zusammengefasst auszuweisenden geleisteten Anzahlungen handelt es sich um Vorleistungen, die auf zu erwerbende Wirtschaftsgüter des Vorratsvermögens erbracht wurden. Andere Vorleistungen können im Anlagevermögen als sonstige Wirtschaftsgüter oder als aktive Rechnungsabgrenzungsposten (§ 250 HGB) auszuweisen sein.[16] Anzahlungen, die ursprünglich auf Wirtschaftsgüter des Umlaufvermögens geleistet wurden, sind in das Anlagevermögen umzugliedern, sobald feststeht, dass das zu liefernde Wirtschaftsgut auf Dauer dem Geschäftsbetrieb dienen soll. Dabei muss es sich um Anzahlungen auf aktivierbare Wirtschaftsgüter handeln. Geleistete Anzahlungen auf nicht aktivierungsfähige Vermögensgegenstände oder auf Dienstleistungen sind unter den sonstigen Vermögensgegenständen zu erfassen.

4240 Bei geleisteten Anzahlungen handelt es sich um Vorleistungen auf eine von dem anderen Vertragsteil zu erbringende Lieferung oder Leistung. Dies bedeutet, dass eine Vorleistung einer Vertragspartei im Rahmen eines schwebenden Geschäfts vorliegt.[17] D. h. es muss sich um einen Vorgang handeln, bei dem die Lieferung oder Leistung des anderen Vertragsteils ganz oder teilweise noch aussteht. Der Anspruch, auf den geleistet wird, ist rechtlich allerdings ganz oder teilweise bereits entstanden. Insoweit besteht die Funktion der Bilanzposition geleistete Anzahlungen in der Stornierung von Aufwendungen.[18] Unter diesem Gesichtspunkt dient die Bilanzposition der periodengerechten Gewinnermittlung.

---

14 Vgl. *Schubert/Roscher*, in: Beck'scher Bilanz-Kommentar, § 247 HGB Rz. 68.
15 Vgl. *Mock*, in Hachmeister/Kahle/Mock/Schüppen, § 268 HGB Rz. 63.
16 Vgl. hierzu Teil B Kap. III, Rz. 4940 ff. sowie Kap. I, Rz. 3482 ff.
17 Vgl. *Tiedchen*, in: HHR, § 5 EStG Anm. 410.
18 Vgl. BFH, Urteil vom 25.10.1994 – VIII R 65/91, BStBl 1995 II S. 312.

3.1.6 Sonderfälle

Zu beachten ist, dass mit der aus § 266 Abs. 2 Pos. B HGB resultierenden Untergliederung der Begriff des Vorratsvermögens nicht abschließend beschrieben wird. Aus der Rechtsprechung sind folgende Sonderfälle hervorzuheben:[19]

▶ Auftragsproduktionen von urheberechtsfähigen immateriellen Wirtschaftsgütern[20] (beispielsweise Filme und Episoden von Fernsehserien) bei der die Rechte aus § 94 UrhG zwar in der Person des Produzenten entstehen, aber dazu bestimmt sind, alsbald und endgültig in einem einmaligen Akt auf den Auftraggeber überzugehen, bei Herstellung zur Lizensierung der Rechte liegt Anlagevermögen vor,[21]
▶ Ärztemuster eines Arzneimittelherstellers,[22]
▶ Brennstoffelemente bei Kernkraftwerken,
▶ Ersatzteile,[23] die auf Vorrat beschafft wurden,
▶ zur Veräußerung bestimmte Grundstücke[24] und Gebäude, Tiere und Holz,
▶ ein zur Weiterveräußerung an eine Fondsgesellschaft bestimmtes Schiff[25] bzw. Flugzeug,[26]
▶ Nutzungsrecht an Brunneneinheitsflaschen.[27]

(Einstweilen frei) 4242–4245

3.2 Umwidmung von Wirtschaftsgütern des Vorratsvermögens

Anzutreffen sind in der Praxis auch Fälle der Umwidmung von Wirtschaftsgütern des Vorratsvermögens. Eine Umwidmung vom Umlaufvermögen ins Anlagevermögen erfolgt beispielsweise dann, wenn der Hersteller zum Verkauf bestimmte Produkte verleast.[28] Die Umwidmung ist vorzunehmen, sobald sich die geänderte Zweckbestimmung konkretisiert.

Die Umwidmung von Umlaufvermögen in Anlagevermögen kann zur Realisation stiller Reserven führen, falls die Wirtschaftsgüter bislang unter Anwendung des Lifo-Verfah-

---

19 Für eine Übersicht vgl. auch *Kleinle/Dreixler*, in: HHR, § 6 Anm. 570; *Ehmcke*, in: Blümich, 138. Aufl., 2017, § 6 EStG Rz. 930.
20 Vgl. BFH, Urteil vom 20.9.1995 – X R 225/93, BStBl 1997 II S. 320.
21 Wobei die Produktionskosten entsprechend dem für selbst erstellte Wirtschaftsgüter des Anlagevermögens geltenden Aktivierungsverbot in voller Höhe als Betriebsausgabe abzugsfähig sind. Vgl. *Herzig/Briesemeister*, Ubg 2011 S. 583, sowie BFH, Beschluss vom 6.11.2008 – IV B 126/07, BStBl 2009 II S. 294; BFH, Urteil vom 10.8.2005 – VIII R 78/02, BStBl 2006 II S. 58; vgl. auch BMF, Schreiben vom 23.2.2001 – VV DEU BMF 2001-02-23 IV A 6-S 2241-8/01, BStBl 2001 I S. 175, Tz. 20.
22 Vgl. BFH, Urteil vom 20.10.1976 – I R 122/75, BStBl 1977 II S. 278.
23 Vgl. BFH, Urteil vom 17.5.1968 – VI R 232/67, BStBl 1968 II S. 568; *Behrens/Renner*, DStR 2013 S. 1458.
24 Vgl. FG Düsseldorf, Urteil vom 4.11.2010 – 16 K 4489/08 E,G, rkr., EFG 2011 S. 542; sowie auch *Hoffmann*, StuB 2008, S. 285.
25 Vgl. FG Hamburg, Gerichtsbescheid vom 15.11.2010 – 2 K 209/09, rkr., zitiert nach juris.
26 Vgl. BFH, Urteil vom 11.8.2010 – IV B 17/10, BFH/NV 2010 S. 2268.
27 Vgl. BFH, Urteil vom 9.1.2013 – I R 33/11, DStR 2013 S. 957; siehe hierzu auch *Hoffmann*, DB 2013 S. 1090.
28 Vgl. *Kulosa*, in: Schmidt, EStG, 37. Aufl. 2018, § 6 EStG Rz. 345.

rens gemäß § 6 Abs. 1 Nr. 2a EStG bewertet worden sind, da das Verfahren nur bei Wirtschaftsgütern des Umlaufvermögens anwendbar ist.[29]

3.3 Bewertungsmaßstäbe für das Vorratsvermögen

4248 Die Behandlung des Vorratsvermögens im Rahmen der steuerbilanziellen Gewinnermittlung baut für bilanzierende Steuerpflichtige aufgrund der Maßgeblichkeit der Handelsbilanz für die steuerliche Gewinnermittlung auf den handelsbilanziellen Vorgaben auf.[30] Folge ist, dass sich die steuerbilanzielle Behandlung (vorbehaltlich abweichender einkommensteuerrechtlicher Vorschriften) sowohl hinsichtlich Ansatz und Bewertung nach den handelsbilanziellen Vorgaben richtet. Dies bedeutet im Einzelnen:

- ▶ Der Ausweis eines Wirtschaftsgutes als Vorratsvermögen setzt voraus, dass es sich um ein Wirtschaftsgut handelt, das in sachlicher und personeller Hinsicht dem Vermögen des Kaufmanns zugerechnet werden kann;
- ▶ alle vorhandenen Wirtschaftsgüter des Vorratsvermögens sind zu aktivieren und aufzuzeichnen (§ 240 HGB und § 246 HGB);[31]
- ▶ für die Ermittlung der Anschaffungs- und Herstellungskosten gilt § 255 Abs. 1 und 2 HGB;
- ▶ die Wirtschaftsgüter des Vorratsvermögens sind einzeln zu bewerten (§ 252 Abs. 1 Nr. 3 HGB und R 6.8 Abs. 3 EStR). Zur Vereinfachung der Bewertung stehen die Möglichkeiten der Durchschnittsbewertung, Festwertbildung und Gruppenbewertung zur Verfügung.

4249 *(Einstweilen frei)*

3.4 Anschaffungs- und Herstellungskosten des Vorratsvermögens

3.4.1 Überblick über die Bewertungsgrundsätze im Rahmen der Zugangsbewertung

4250 Im Rahmen der Bewertung des Vorratsvermögens ist zwischen beschafften und selbst erstellten Vorräten zu unterscheiden. Für die Ermittlung des Wertansatzes im Rahmen der steuerlichen Zugangsbewertung schreibt der § 6 Abs. 1 Nr. 2 Satz 1 EStG für die steuerliche Gewinnermittlung einen Ansatz angeschaffter bzw. hergestellter Wirtschaftsgüter des Umlaufvermögens mit den Anschaffungs- bzw. Herstellungskosten vor. Die Bedeutung der Ermittlung der Anschaffungs- bzw. Herstellungskosten für die steuerliche Gewinnermittlung besteht darin, dass die Anschaffungs- und Herstellungskosten nach Abschluss des Anschaffungs- bzw. Herstellungsvorgangs die Obergrenze der Bewertung bilden.

---

29 Zur Umwidmung vor Grundstücken im Fall der Eröffnung eines gewerblichen Grundstückshandels vgl. *Kanzler*, DStZ 2013 S. 822 sowie BFH, Urteil vom 18.9.2002 – X R 28/00, BStBl 2003 II S. 133; zur Umwidmung von Anlage- und Umlaufvermögen bei Land- und Forstwirten s. Rz. 2470.
30 Zu Prüfungsaspekten im Rahmen von Betriebsprüfungen vgl. *Köhler*, StBp 2009 S. 309.
31 Sowie entsprechend H 5.3 EStH.

3.4.2 Ermittlung der Anschaffungskosten für beschaffte Vorräte

3.4.2.1 Umfang der Anschaffungskosten

3.4.2.1.1 Handelsrechtlicher Anschaffungskostenbegriff als Ausgangsgröße

Im Rahmen der Zugangsbewertung sind die Anschaffungskosten angeschaffter Roh-, Hilfs- und Betriebsstoffe sowie fremdbezogener Waren zu ermitteln (§ 6 Abs. 1 Nr. 2 EStG). 4251

Ausgangspunkt für die Ermittlung der Anschaffungskosten bildet der handelsrechtliche Begriff i. S. d. § 255 Abs. 1 HGB, der auch der steuerlichen Gewinnermittlung zugrunde zu legen ist.[32] Danach umfassen die Anschaffungskosten neben dem Anschaffungspreis, den Anschaffungsnebenkosten auch später entstandene nachträgliche Anschaffungskosten.[33] D. h. der Anschaffungsvorgang wird um die Versetzung in einen betriebsbereiten Zustand erweitert.[34] Zu den Anschaffungskosten zählen daher auch alle sonstigen Aufwendungen des Erwerbers, die in einem unmittelbaren wirtschaftlichen Zusammenhang mit der Anschaffung stehen und zwangsläufig im Gefolge der Anschaffung anfallen.[35] 4252

Anschaffungskosten eines Wirtschaftsguts des Vorratsvermögens können allerdings nur solche Aufwendungen sein, die nach wirtschaftlichen Gesichtspunkten dessen Beschaffung tatsächlich zuzuordnen sind. D. h. ein bloß kausaler oder zeitlicher Zusammenhang mit der Anschaffung ist nicht ausreichend. Maßgeblich ist somit die Zweckbestimmung der getätigten Aufwendungen. Die BFH-Rechtsprechung hat den Begriff der „finalen Anschaffungskosten" geprägt.[36] Nicht zu den Anschaffungskosten zählen daher die Aufwendungen, die angefallen sind, bevor der konkrete Entschluss zur Anschaffung eines Wirtschaftsgutes getroffen wurde. Zudem gehen in die Ermittlung der Anschaffungskosten nur die ausgabewirksamen Aufwendungen ein. Kalkulatorische Kosten sind bei der Ermittlung der Anschaffungskosten damit nicht zu berücksichtigen. 4253

Anschaffungskostenminderungen sind von den Anschaffungskosten abzusetzen (§ 255 Abs. 1 Satz 3 HGB). Hintergrund für die wirtschaftliche Betrachtungsweise bei der Abgrenzung des Anschaffungskostenbegriffs ist die Zielsetzung, den Anschaffungsvorgang erfolgsneutral auszugestalten. Ein gewährter Verkaufsrabatt, der erst bei Weiterverkauf der Waren beansprucht werden kann, zählt nicht zu den Anschaffungskostenminderungen.[37] Entsprechendes gilt für genossenschaftliche Rückvergütungen an die Mitglieder einer Genossenschaft. Hierbei handelt es sich nicht um einen Preisnachlass, sondern um eine Rückvergütung gesellschaftsrechtlicher Natur an die Genossen.[38] 4254

---

[32] Vgl. BFH, Urteile vom 3.8.2005 – I R 36/04, BStBl 2006 II S. 369; vom 19.12.2000 – IX R 100/97, BFH/NV 2001 S. 699.
[33] Zu Einzelheiten vgl. *Hoffmann/Lüdenbach*, NWB Kommentar Bilanzierung, 9. Aufl., Herne 2018, § 255 Rz. 47. Zum ABC der Anschaffungskosten vgl. auch *Kleinle/Dreixler*, in: HHR, § 6 EStG Anm. 580.
[34] Vgl. *Hoffmann/Lüdenbach*, NWB Kommentar Bilanzierung, 9. Aufl., Herne 2018, § 255 Rz. 47.
[35] Vgl. z. B. BFH, Urteil vom 6.7.1989 – IV R 27/87, BStBl 1990 II S. 126.
[36] Vgl. hierzu zuletzt BFH, Urteil vom 20.4.2011 – I R 2/10, DStR 2011 S. 1169.
[37] Vgl. BFH, Urteil vom 15.5.1963 – I 69/62 U, BStBl 1963 III S. 503.
[38] Vgl. BFH, Urteil vom 12.4.1984 – IV R 112/81, BStBl 1984 II S. 554.

4255 Gehen fremdbezogene Dienstleistungen in ein aktivierungsfähiges Wirtschaftsgut des Vorratsvermögens ein, sind die angefallenen Aufwendungen zum Bezug der Dienstleistung maßgeblich.

4256 In Fremdwährung erworbene Wirtschaftsgüter sind im Zeitpunkt der Anschaffung nach den Kursen des Devisenkassakurses in Euro umzurechnen. Dies bedeutet, dass spätere Schwankungen des Wechselkurses nicht zu einer Anpassung der Anschaffungskosten führen.[39] Werden die Anschaffungskosten im Wege vereinfachender Bewertungsverfahren (Festbewertung, Gruppenbewertung und Lifo-Verfahren) ermittelt, sind die Umrechnungskurse der gemäß den Bewertungsverfahren unterstellten Anschaffungstage maßgeblich.[40]

4257 Anschaffungskosten sind vom Gesetz insoweit typisiert, als nur Aufwendungen, die dem Wirtschaftsgut im Einzelnen zugeordnet werden können, zu den Anschaffungskosten zählen. Nicht zu den Anschaffungskosten zählen daher die sog. Gemeinkostenkosten der Beschaffung.[41] Entsprechendes gilt für im Warenbeschaffungsbereich anfallende Reisekosten,[42] im Zusammenhang mit der Vorbereitung der Veräußerung anfallende Aufwendungen, nachlaufende Aufwendungen, eigene Finanzierungsaufwendungen sowie Aufwendungen für die Geldbeschaffung.[43] Durch den Verzicht auf die Zuordnung von Anschaffungsgemeinkosten zu dem Anschaffungsvorgang sollen Überbewertungen vermieden werden, die aus einer Erhöhung der Anschaffungskosten um einen Gemeinkostenzuschlag resultieren könnten.

3.4.2.1.2 Nebenkosten des Anschaffungsvorgangs

4258 Im Zusammenhang mit dem Anschaffungsvorgang anfallende Nebenkosten zählen gemäß § 255 Abs. 1 Satz 2 HGB ebenfalls zu den Anschaffungskosten, falls sie einzeln dem angeschafften Wirtschaftsgut zugeordnet werden können.[44]

4259 Bei den Anschaffungsnebenkosten handelt es sich um sonstige Aufwendungen des Erwerbers neben der Entrichtung des Kaufpreises, die in einem unmittelbaren wirtschaftlichen Zusammenhang mit der Anschaffung stehen und in Folge der Anschaffung anfallen.[45] Nicht entscheidend ist, ob diese Kosten bereits im Zeitpunkt des Erwerbs oder erst im Anschluss hieran als "unmittelbare Folgekosten des Erwerbsvorgangs" anfallen. Es muss sich um Aufwendungen handeln, die zwangsläufig im Zusammenhang mit dem Anschaffungsvorgang anfallen.[46] Dabei ist zwischen externen und innerbetrieblichen Einzelkosten zu unterscheiden.

4260 Eine Aktivierung von Gemeinkosten als Nebenkosten ist nicht zulässig. Das Aktivierungsverbot für Gemeinkosten betrifft bei den Materialgemeinkosten die Kosten der

---

[39] Vgl. BFH, Urteil vom 6.11.1997 – III R 190/94, FR 1998 S. 385.
[40] Vgl. hierzu Rz. 4372 ff.
[41] Vgl. BFH, Urteil vom 13.4.1988 – I R 104/86, BStBl 1972 II S. 422.
[42] Zu Verwaltungsgemeinkosten vgl. BFH, Urteil vom 24.2.1972 – IV R 4/68, BStBl 1972 II S. 422.
[43] Vgl. auch *Kleinle/Dreixler*, in: HHR, § 6 EStG Anm. 580.
[44] Vgl. H 6.2 EStH Stichwort Nebenkosten; BFH, Urteil vom 29.4.1999 – IV R 63/97, BStBl 2004 II S. 639.
[45] Vgl. BFH, Urteil vom 6.7.1989 – IV R 27/87, BStBl 1990 II S. 126.
[46] Vgl. *Kulosa*, in: Schmidt, EStG, 37. Aufl. 2018, § 6 EStG Rz. 51.

Beschaffung und Einlagerung, die Kosten der Lagerung bis zum Abschlussstichtag und die Kosten des Lagerausgangs.

Bei extern anfallenden Kosten kommt auch eine Zuordnung im Pauschalverfahren in Betracht. Es handelt sich hierbei nicht um die Zurechnung von Gemeinkosten im Wege eines Pauschalverfahrens, sondern vom Anfall her um typische Einzelkosten, die gesondert gesammelt werden. Zur Pauschalierung geeignete externe Kosten sind insbesondere Eingangsfrachten, Verpackungskosten und Kosten der Transportversicherung. 4261

Soweit individuell zurechenbar, sind Einzelkosten aus innerbetrieblichen Leistungen, die bis zur Beendigung des Beschaffungsvorgangs entstehen, als Nebenkosten zu aktivieren. Angesprochen sind vor allem Aufwendungen für Transport, Verpackung und Versicherung. Nicht eingerechnet werden dürfen damit verbundene Gemeinkosten, insbesondere Hilfslöhne und Abschreibungen. 4262

Nicht zu den Anschaffungsnebenkosten zählen hingegen Aufwendungen, die in einem bloß kausalen Zusammenhang mit der getätigten Anschaffung stehen. Dies trifft beispielsweise auf Lagerkosten zu. So ist der Anschaffungsvorgang im Zeitpunkt der Einlagerung des Wirtschaftsgutes bereits abgeschlossen. 4263

In Sonderfällen ist es allerdings zulässig, bei länger lagernden Waren, z. B. Holz, Wein, Chemieprodukten, der Anschaffung nachfolgende Betriebs- und Verwaltungskosten zu aktivieren.[47] 4264

3.4.2.1.3 Maßgeblichkeit der tatsächlich angefallenen Anschaffungskosten

Die Anschaffungskosten für Wirtschaftsgüter des Vorratsvermögens werden durch die für das Wirtschaftsgut tatsächlich angefallenen Anschaffungskosten bestimmt. D. h. die tatsächlich entstandenen Anschaffungskosten sind auch dann anzusetzen, wenn deren Höhe die fremdüblichen Anschaffungskosten übersteigt. Das Abzugsverbot nach § 4 Abs. 5 Satz 1 Nr. 7 EStG greift nur, wenn und soweit Ausgaben erfolgswirksam behandelt werden. Dem steht allerdings nicht entgegen, dass das Wirtschaftsgut noch in der gleichen Periode auf den niedrigeren Teilwert abgeschrieben wird.[48] 4265

Allerdings kann sich bei einem durch das Gesellschaftsverhältnis veranlassten Erwerb von Wirtschaftsgütern durch eine Kapitalgesellschaft zu einem überhöhten Preis die Frage einer verdeckten Gewinnausschüttung (§ 8 Abs. 3 Satz 2 KStG) stellen.[49] Die Finanzverwaltung kann den angemessenen Kaufpreis im Wege der Schätzung bestimmen. Ist der Steuerpflichtige seiner Mitwirkungspflicht im Rahmen der Kaufpreisermittlung nachgekommen, muss sich eine Schätzung an dem für den Steuerpflichtigen günstigeren Ober- oder Unterwert aus der Bandbreite angemessener Fremdvergleichspreise orientieren.[50] 4266

BEISPIEL ▶ Eine GmbH erwirbt von Ihrem Gesellschafter Waren des Vorratsvermögens zu einem Preis von 200 €. Der fremdübliche Kaufpreis hätte 100 € betragen. 4267

---

47 Vgl. *Schubert/Gadek*, in: Beck'scher Bilanz-Kommentar, § 255 HGB Rz. 207.
48 Vgl. *Ekkenga*, in: Kölner Kommentar zum Rechnungslegungsrecht, § 255 HGB Rz. 15.
49 Vgl. *Neumann*, vGA und verdeckte Einlagen, 2006, S. 328 f.
50 Vgl. BFH, Urteile vom 22.10.2010 – I R 47/10, BFH/NV 2011 S. 1019; vom 17.10.2001 – I R 103/00, BStBl 2004 II S. 171.

Die GmbH darf die Wirtschaftsgüter nur mit dem fremdüblichen Kaufpreis von 100 € aktivieren. Der Differenzbetrag zu dem entrichteten Kaufpreis wurde nicht zur Erlangung des Wirtschaftsguts aufgewendet, sondern im Interesse des Gesellschafters. Zu einer Einkommenszurechnung nach § 8 Abs. 3 Satz 2 KStG kommt es zunächst nicht, da die aus dem Erwerb des Wirtschaftsgutes resultierende Vermögensminderung keine Auswirkungen auf das Einkommen der GmbH hatte.

Im Fall der Weiterveräußerung der Waren ist der Gewinn der GmbH allerdings um 100 € zu niedrig. Im Rahmen der Einkommensermittlung der GmbH hat daher eine Hinzurechnung von 100 € nach § 8 Abs. 3 Satz 2 KStG zu erfolgen. Der Gesellschafter hat eine verdeckte Gewinnausschüttung von 100 € zu versteuern.

4268 Erfolgt hingegen durch den Gesellschafter einer Kapitalgesellschaft der Verkauf von Waren gegen ein zu niedriges Entgelt, liegt eine verdeckte Einlage vor, die mit dem Teilwert des eingelegten Wirtschaftsgutes zu bewerten ist. D. h. die Kapitalgesellschaft muss das Wirtschaftsgut mit dem Teilwert gemäß § 6 Abs. 1 Nr. 5 Satz 1 EStG bilanzieren.

4269 **BEISPIEL** Der Gesellschafter einer Kapitalgesellschaft verkauft an die Gesellschaft Waren mit einem Teilwert von 200 € für 100 €.

Die Kapitalgesellschaft bilanziert das Wirtschaftsgut mit dem Teilwert von 200 €. In Höhe von 100 € liegt eine durch das Gesellschaftsverhältnis veranlasste Vermögensmehrung vor. Das Einkommen der Kapitalgesellschaft ist außerbilanziell um 100 € zu vermindern.

3.4.2.1.4 Zugangszeitpunkt von Waren

4270 Als Vorräte können nur Wirtschaftsgüter aktiviert werden, die gemäß § 39 Abs. 2 Nr. 1 AO im wirtschaftlichen Eigentum des Steuerpflichtigen stehen. Die Rechtsprechung geht davon aus, dass gekaufte Ware im wirtschaftlichen Eigentum des Steuerpflichtigen steht, sobald er die Verfügungsmacht über die Ware erlangt hat.[51]

4271 Verfügungsmacht über Sachen (§ 90 BGB) ist gegeben, sobald der Steuerpflichtige den unmittelbaren oder mittelbaren Besitz erlangt hat. Durch die Erlangung des Besitzes wird gekaufte Ware wirtschaftlich dem Vermögen des Kaufmanns zugeordnet. Dies gilt auch dann, wenn der Eigentumserwerb noch aussteht, denn durch den Besitz in Verbindung mit der vertraglichen Berechtigung zur Benutzung oder Weiterveräußerung der Sachen ist der Steuerpflichtige in der Lage, über die Vorräte unter Ausschluss des Eigentümers zu verfügen oder sie ungestört zu nutzen.[52]

4272 Daraus folgt, dass bei dem Versendungskauf gekaufte Ware nicht schon mit dem Übergang der Preisgefahr, sondern erst mit der Besitzerlangung dem Vermögen des Käufers zugerechnet werden kann.

3.4.2.2 Ermittlung der Anschaffungskosten

3.4.2.2.1 Gebräuchliche Ermittlungsmethoden

4273 Die Methodenwahl zur Ermittlung der Anschaffungskosten des Vorratsvermögens steht im Ermessen des Steuerpflichtigen. Dabei ist allerdings der Grundsatz der Einzelbewer-

---

51 Vgl. *Schindler*, in: Kirchof, 18. Aufl., EStG, § 6 Rn. 33.
52 Vgl. BFH, Urteil vom 3.8.1988 – I R 157/84, BStBl 1989 II S. 21.

tung zu beachten.⁵³ Im Rahmen einer individuellen Ermittlung der Anschaffungskosten ist eine progressive oder retrograde Ermittlung der Anschaffungskosten gebräuchlich.⁵⁴

Üblicherweise erfolgt, entsprechend der zeitlichen Abfolge des Anschaffungsvorgangs, eine progressive Ermittlung. Dabei werden die im Einzelnen ermittelten Anschaffungskosten beispielsweise um Anschaffungsnebenkosten erhöht. Die progressive Ermittlung eignet sich besonders für Roh-, Hilfs- und Betriebsstoffe sowie noch nicht marktreife selbsterzeugte Vorräte:⁵⁵ 4274

Anschaffungspreis

± Anschaffungspreiserhöhungen/-minderungen

+ Anschaffungsnebenkosten

+ Aufwendungen, um das WG in einen betriebsbereiten Zustand zu versetzen (Transport, Inbetriebnahme)

+ nachträgliche Anschaffungsaufwendungen

= **Anschaffungskosten**

Zulässig ist allerdings auch eine sog. retrograde Ermittlung (sog. Verkaufswertverfahren).⁵⁶ Das Verfahren ist von der retrograden Wertermittlung zur Widerlegung der für Wirtschaftsgüter des Vorratsvermögens geltenden Teilwertvermutung zu unterscheiden.⁵⁷ Dabei erfolgt im Rahmen der retrograden Methode die Ermittlung der Anschaffungskosten durch Rückrechnung vom Verkaufspreis der Waren.⁵⁸ Zu diesem Zweck wird der Nettoverkaufspreis um Erlösminderungen (beispielsweise Rabatte) und um einen Rohgewinnabschlag vermindert, um auf die Anschaffungskosten zu schließen. Gebräuchlich ist die retrograde Ermittlung vor allem bei Waren und Fertigerzeugnissen. Verkaufspreise und Abschläge sind im Inventar festzuhalten: 4275

Netto-Verkaufspreis (ohne USt)
+ Erlösminderungen (z. B. Rabatte)
= Brutto-Verkaufspreis
− Rohgewinnabschlag
= **geschätzte Anschaffungskosten**

Für Waren erkennt die Finanzverwaltung eine retrograde Ermittlung der Anschaffungskosten nur dann an, wenn der Rohgewinnabschlag ohne beachtliche Schätzfehler ermittelt werden kann. Die praktischen Schwierigkeiten der Methode bestehen in der 4276

---

53 Vgl. BFH, Urteil vom 20.6.2000 – VIII R 32/98, BStBl 2001 II S. 636.
54 Daneben kann eine Ermittlung der Anschaffungskosten auch durch die in Rz. 4350 dargestellten Ermittlungsverfahren erfolgen.
55 Vgl. BFH, Urteil vom 29.4.1970 – III 217/63, BStBl 1970 II S. 614.
56 Vgl. *Richter*, in: HHR, § 6 EStG Anm. 107.
57 Vgl. hierzu Rz. 4450 ff.
58 Vgl. BFH, Urteile vom 7.9.2005 – VIII R 1/03, BStBl 2006 II S. 298; vom 25.11.2009 – X R 28/05, zitiert nach juris.

Ermittlung unterschiedlicher Rohgewinnaufschläge für unterschiedliche Produktgruppen, sich im Zeitablauf verändernde Aufschlagsätze sowie im Vorhinein nicht kalkulierte Preisherabsetzungen.

3.4.2.2.2 Ermittlung der Anschaffungskosten in Sonderfällen

4277 § 6 Abs. 1 Nr. 2 Satz 1 EStG sieht vor, dass an die Stelle der Anschaffungskosten für Zwecke der steuerlichen Gewinnermittlung auch ein „anderer Wert" treten kann. Angesprochen ist der Fall, dass Vorratsvermögen aus dem Privatvermögen oder einem anderen Betriebsvermögen in das steuerliche Betriebsvermögen eingelegt wird. Es handelt sich somit um einen Sonderfall der Zugangsbewertung, dem in formaler Hinsicht kein Anschaffungs- bzw. Herstellungsvorgang zugrunde liegt.

4278 Für in das Betriebsvermögen ohne Gegenleistungen eingelegte Wirtschaftsgüter des Vorratsvermögens schreibt § 6 Abs. 1 Nr. 5 Satz 1 EStG den Ansatz des Teilwerts im Zeitpunkt der Zuführung vor.[59]

4279 Erfolgt die Überführung der Wirtschaftsgüter aus einem anderen Betriebsvermögen des Steuerpflichtigen, erlaubt § 6 Abs. 5 Satz 1 EStG die Fortführung der Buchwerte.

4280 Werden Wirtschaftsgüter des Vorratsvermögens im Wege eines Tauschvorgangs erworben, ermitteln sich die Anschaffungskosten des erhaltenen Wirtschaftsguts nach dem gemeinen Wert des eingetauschten Wirtschaftsguts (§ 6 Abs. 6 EStG).

4281 Auch kommt es in der Praxis vor, dass der Zugang von Wirtschaftsgütern des Vorratsvermögens im Rahmen eines unter das UmwStG fallenden Vorgangs erfolgt. In diesen Fällen ist zu beachten, dass das UmwStG diese Vorgänge aus Sicht des übertragenden Rechtsträgers als Veräußerungsvorgang und aus Sicht des übernehmenden Rechtsträgers als Anschaffungsvorgang zum gemeinen Wert einstuft.[60] Unter den im UmwStG im Einzelnen geregelten Voraussetzungen lässt das UmwStG allerdings auf Antrag auch eine Fortführung der Buchwerte (oder den Ansatz von Zwischenwerten) des übertragenden Rechtsträgers zu.

4282 Liegt dem Vermögensübergang eine nicht im UmwStG geregelte Anwachsung zugrunde, geht die h. M. davon aus, dass es sich bei dem unentgeltlichen Übergang des Vermögens auf den verbleibenden Gesellschafter nicht um einen gewinnrealisierenden Anschaffungsvorgang handelt.[61] Zivilrechtlich hat die in § § 736, 738 BGB geregelte Anwachsung zur Folge, dass das Vermögen der Personengesellschaft auf den verbleibenden Gesellschafter im Wege der Gesamtrechtsnachfolge übergeht. Die Einordnung der Anwachsung durch die Finanzverwaltung als Fall der Einzel- bzw. Gesamtrechtsnachfolge ist allerdings nicht abschließend geklärt.[62] Die h. M. geht davon aus, dass für das im Zuge der Anwachsung übergehende Vermögen die Buchwerte fortzuführen

---

59 Vgl. BMF, Schreiben vom 8.12.2011 – IV C 6-S 2241/10/10002, BStBl 2011 I S. 1279.
60 Vgl. BMF-Schreiben vom 11.11.2011 – IV C 2-S1978-b/08/1001, BStBl 2011 I S. 1314, Tz. 00.02.
61 Vgl. BGH, Urteil vom 15.3.2004 – II ZR 247/01, DStR 2004 S. 1137.
62 Vgl. *Orth*, DStR 2005 S. 1630; *Ropohl/Freck*, GmbHR 2009 S. 1079 f.

sind.⁶³ Dies geschieht entweder als schlichte Fortführung der Buchwerte mangels eines Übertragungsvorgangs oder als unentgeltliche Übertragung gemäß § 6 Abs. 3 EStG.

Erfolgt der Erwerb von Wirtschaftsgütern des Vorratsvermögens im Rahmen eines sog. „asset-deals" gegen einen von dem Verkäufer entrichteten sog. neg. Kaufpreis, geht die h. M. gestützt auf die BFH-Rechtsprechung davon aus, dass die Buchwerte der übertragenen Wirtschaftsgüter nach dem Verhältnis der Teilwerte (ggf. bis zu einem Buchwert von 0) abzustocken sind (faktisch umgekehrte Stufentheorie).⁶⁴ Hierdurch vermindern sich die Anschaffungskosten.⁶⁵ Ein die Buchwerte übersteigender Betrag ist in einen passiven Ausgleichsposten einzustellen, der bei Anfall der durch den Erwerber übernommenen (i. d. R. vom Verkäufer nicht bilanzierte und auch nicht bilanzierungsfähige) Verpflichtungen aufzulösen ist. Durch diese Vorgehensweise kann ein Erwerbsgewinn im Zeitpunkt des Erwerbs der Wirtschaftsgüter vermieden werden.⁶⁶   4283

(Einstweilen frei)   4284–4289

3.4.2.2.3 Abgrenzung des Anschaffungsvorgangs in zeitlicher Hinsicht

Die zeitliche Abgrenzung des Anschaffungsvorgangs beeinflusst den Umfang der als Anschaffungskosten zu berücksichtigenden Aufwendungen. Vor dem Hintergrund einer erfolgsneutralen Ausgestaltung des Anschaffungsvorgangs lässt die Rechtsprechung in zeitlicher Hinsicht den Anschaffungsvorgang bereits dann beginnen, wenn der Steuerpflichtige noch nicht das rechtliche oder wirtschaftliche Eigentum an den Vermögensgegenständen erlangt hat. Ausreichend ist, wenn am Bilanzstichtag bereits mit der Anschaffung begonnen wurde (beispielsweise durch den Abschluss eines Kaufvertrages über das betreffende Wirtschaftsgut).⁶⁷   4290

Der Anschaffungsvorgang endet mit der Erlangung des wirtschaftlichen Eigentums über das angeschaffte Wirtschaftsgut. Die Berücksichtigung nach diesem Zeitpunkt anfallender nachträglicher Anschaffungskosten setzt voraus, dass eine direkte Zuordnung zu dem angeschafften Wirtschaftsgut möglich ist.   4291

3.4.2.2.4 ABC der Anschaffungskosten⁶⁸

▶ **Anschaffungskostenminderungen:** Die Anschaffungskosten sind um tatsächlich eingetretene Anschaffungskostenminderungen zu vermindern.   4292

▶ **Anschaffungsnebenkosten:** In die Anschaffungskosten gehen auch Nebenkosten wie Transportkosten, Kosten des Umladens sowie Kosten des Einlagerns ein.

---

63 Vgl. OFD Berlin, Vfg. vom 19.7.2002 – St 122 – S 2241 – 2/02, GmbHR 2002 S. 1091; *Rautenstrauch/Adrian*, DStR 2006 S. 359.
64 Vgl. BFH, Urteile vom 21.4.1994 – IV R 70/92, BStBl 1994 II S. 745; vom 26.4.2006 – I R 49, 50/04, BStBl 2006 II S. 656.
65 Zur Behandlung eines negativen Kaufpreises bei Erwerb eines Mitunternehmeranteils durch Aufstellung von Ergänzungsbilanzen vgl. FG Düsseldorf, Urteil vom 15.12.2010 – 15 K 2784/09 F, rkr., FR 2011 S. 373 mit Anm. *Prinz*.
66 Vgl. *Prinz*, FR 2011 S. 374; *Preißer/Preißer*, DStR 2011 S. 135.
67 Vgl. BFH, Urteil vom 13.10.1983 – IV R 160/78, BStBl 1984 II S. 101.
68 Vgl. hierzu auch *Kleinle/Dreixler*, in: HHR, § 6 EStG Anm. 581.

- **Anzahlungen auf Vorräte:** Im Zusammenhang mit der Anschaffung von Vorräten geleistete Anzahlungen sind zu aktivieren. Die Bewertung erfolgt mit dem Anzahlungsbetrag. Die in dem Anzahlungsbetrag enthaltene Umsatzsteuer zählt nur dann zu den Anzahlungen nach § 9b Abs. 1 EStG, soweit kein Vorsteuerabzug möglich ist.

- **Betriebsbereitschaftskosten:** Kosten für die Aufrechterhaltung der Betriebsbereitschaft zählen zu den Anschaffungskosten.[69]

- **Bonuszahlungen:** Erworbene Vorräte sind mit dem vertraglich geschuldeten Entgelt zu bewerten. Nachträgliche Bonuszahlungen führen erst im Zeitpunkt der tatsächlichen Gewährung zu einer nachträglichen Minderung der Anschaffungskosten des erworbenen Wirtschaftsgutes.[70]

- **Fiktive Anschaffungskosten:** Fiktive Anschaffungskosten können dann den maßgeblichen Bewertungsmaßstab bilden, wenn die Vertragsparteien gegenseitige Ansprüche aufrechnen oder Wirtschaftsgüter tauschen.

- **Finanzierungskosten:** Finanzierungskosten gehören grundsätzlich nicht zu den Anschaffungskosten. Es handelt sich um sofort abzugsfähige Geldbeschaffungskosten.[71]

- **Fremdwährung:** Im Zusammenhang mit Anschaffungsvorgängen in Fremdwährung anfallende Bankgebühren zählen zu den Anschaffungsnebenkosten.

- **Gemeinkosten:** Gemeinkosten zählen nicht zu den Anschaffungskosten.[72]

- **Kalkulatorische Kosten:** Kalkulatorische Kosten sind keine ausgabewirksamen Aufwendungen i. S. d. § 255 Abs. 1 HGB und führen daher nicht zu Anschaffungskosten (dies gilt beispielsweise für kalkulatorische Zinsen für Eigenkapital, fiktiven Unternehmerlohn).

- **Lagerkosten:** Lagerkosten zählen bei Gegenständen des Vorratsvermögens ab dem Zeitpunkt der Aufnahme der Wirtschaftsgüter in das Lager nicht zu den Anschaffungskosten. Für die Rechtsprechung ist maßgeblich, dass der Anschaffungsvorgang insoweit abgeschlossen ist. Ausgenommen sind Aufwendungen für die Zwischenlagerung von Gegenständen.[73]

- **Optionsprämien:** Liegt dem Erwerb eines Wirtschaftsgutes ein Optionsgeschäft zugrunde, stellen gezahlte Optionsprämien Anschaffungsnebenkosten für das im Zuge der Ausübung der Option erworbene Wirtschaftsgut dar.[74] Nach der Rechtsprechung des BFH sollen Optionsprämien allerdings nicht bei der Gewinnermittlung nach § 8b Abs. 2 KStG zu berücksichtigen sein, da es sich bei Optionen nicht um Anteile handele.[75]

---

69 Vgl. BFH, Urteile vom 1.4.1981 – I R 27/79, BStBl 1981 II S. 660; vom 13.4.1988 – I R 104/86, BStBl 1988 II S. 892.
70 Gl. A. für gewährte Skontoabzüge BFH, Urteil vom 31.7.1970 – IV R 216/67, BStBl 1971 II S. 323.
71 Vgl. BFH, Urteil vom 13.10.1983 – IV R 160/78, BStBl 1984 II S. 101.
72 Vgl. BFH, Urteil vom 13.4.1988 – I R 104/86, BStBl 1988 II S. 892.
73 Vgl. BFH, Urteil vom 31.7.1967 – I 219/63, BStBl 1968 II S. 22.
74 Vgl. FG Baden-Württemberg, Urteil vom 30.6.1993 – 12 K 188/90, rkr., EFG 1994 S. 197. Die Option geht dabei mit ihrem letzten Buchwert in die Anschaffungskosten ein. Vgl. FG Düsseldorf, Urteil vom 29.11.2016 6 K 4005/14 K,F, nrk., Rev. I R 8/18, EFG 2017 S. 369.
75 Vgl. BFH, Urteil vom 6.3.2013 – I R 18/12, BStBl. 2013 II S. 588.

- **Qualitätskontrollkosten:** Dienen die Kontrollen dazu, die vertraglich zugesicherten Eigenschaften des beschafften Wirtschaftsgutes zu überprüfen, ist der Anschaffungsvorgang noch nicht abgeschlossen und hierfür anfallende Aufwendungen zählen zu den Anschaffungskosten der erworbenen Wirtschaftsgüter. Dies setzt allerdings voraus, dass eine Zurechnung zu den erworbenen Wirtschaftsgütern erfolgen kann. Andernfalls handelt es sich um sofort abziehbare Betriebsausgaben.
- **Ratenkauf:** Die Anschaffungskosten eines im Wege des Ratenkaufs erworbenen Wirtschaftsgutes werden durch den Barwert der Ratenzahlungen bestimmt.
- **Reisekosten:** Reisekosten gehören in der Regel zu den nicht aktivierungsfähigen Verwaltungsgemeinkosten.[76]
- **Schulden:** Von dem Verkäufer übernommene Schulden zählen zu den Anschaffungskosten des erworbenen Wirtschaftsgutes.[77]
- **Stundung:** Ist der Kaufpreis längerfristig (mehr als ein Jahr) zinslos gestundet, handelt es sich bei den Anschaffungskosten um den Barwert des Kaufpreises. Dabei ist der Abzinsung ein Zinssatz von 5,5 % zugrunde zu legen entsprechend § 12 Abs. 3 BewG.[78]
- **Transportversicherung:** Aufwendungen für eine Transportversicherung zählen nicht zu den Anschaffungskosten des erworbenen Wirtschaftsgutes.
- **Vermittlungsprovisionen:** Bei der Anschaffung eines Wirtschaftsgutes gezahlte Vermittlungsprovisionen gehören zu den Anschaffungsnebenkosten. Bei nachträglicher Erstattung und Nachlässen vermindern sich die Anschaffungskosten.[79]
- **Vorsteuer:** Soweit nach § 15 UStG ein Vorsteuerabzug möglich ist, gehören abziehbare Vorsteuern gemäß § 9b Abs. 1 EStG nicht zu den Anschaffungskosten.
- **Warenrückvergütungen:** Bei Rückvergütungen handelt es sich nicht um Anschaffungspreisminderungen. Im Fall der Rückvergütung einer Genossenschaft an ihre Mitglieder handelt es sich bei den Rückvergütungen nicht um einen Preisnachlass, sondern um Vergütungen gesellschaftsrechtlicher Natur an die Genossen.[80]

(Einstweilen frei) 4293–4299

3.5 Herstellungskosten bei selbst erstellten Vorräten

3.5.1 Umfang und Ermittlung der Herstellungskosten

3.5.1.1 Gegenstand der Herstellungskosten

Selbst hergestellte Vorräte sind mit den Herstellungskosten zu bewerten (§ 6 Abs. 1 Nr. 2 EStG). Der Begriff der Herstellungskosten wird im EStG in zahlreichen Vorschriften verwendet, aber nicht definiert. Eine Begriffsabgrenzung findet sich lediglich im Handelsrecht (§ 255 Abs. 2 Satz 1 HGB). Danach zählen zu den Herstellungskosten alle

4300

---

[76] Vgl. BFH, Urteile vom 24.2.1972 – IV R 4/68, BStBl 1972 II S. 422; vom 10.3.1981 – VIII R 195/77, BStBl 1981 II S. 470.
[77] Vgl. BFH, Urteil vom 31.5.1972 – I R 49/69, BStBl 1972 II S. 696.
[78] Vgl. BFH, Urteil vom 29.10.1974 – VIII R 131/70, BStBl 1975 II S. 173.
[79] Vgl. BFH, Urteil vom 26.2.2002 – IX R 20/98, BStBl 2002 II S. 796.
[80] Vgl. BFH, Urteil vom 12.4.1984 – IV R 112/81, BStBl 1984 II S. 554.

Aufwendungen, die mit dem Ziel gemacht werden, durch den Verbrauch von Gütern und die Inanspruchnahme von Diensten ein Wirtschaftsgut herzustellen. Dieser handelsrechtliche Herstellungskostenbegriff ist auch der steuerlichen Gewinnermittlung zugrunde zu legen.[81] Dabei bezieht sich der Herstellungsvorgang nicht nur auf einen neugeschaffenen Vermögensgegenstand, sondern umfasst auch dessen Erweiterung und wesentliche Verbesserung.

4301 Neben den Materialkosten, Fertigungskosten und Sonderkosten der Fertigung, die dem Kostenträger direkt zurechenbar sind, umfasst die Herstellungskostenuntergrenze ab dem Veranlagungszeitraum 2010 auf Grund der durch das BilMoG erfolgten Änderungen auch angemessene Teile der Materialgemeinkosten, der Fertigungsgemeinkosten und des Werteverzehrs des Anlagevermögens, soweit dieser durch die Fertigung veranlasst ist. Die handelsrechtliche Herstellungskostenuntergrenze beinhaltet somit:

- Einzelkosten (Materialeinzelkosten, Fertigungseinzelkosten und Sondereinzelkosten der Fertigung),

- Gemeinkosten (Materialgemeinkosten, Fertigungsgemeinkosten und den Wertverzehr des Anlagevermögens, soweit durch die Fertigung veranlasst).

Die handelsrechtliche Herstellungskostenuntergrenze entspricht damit der steuerlichen Untergrenze der Bewertung gemäß R 6.3 EStR.[82]

4302 Zu beachten ist, dass der Gesetzeswortlaut einen Ansatz von Wirtschaftsgütern mit nur einem Teil der Herstellungskosten nicht zulässt. D. h. es steht nicht im Belieben des Steuerpflichtigen, Teile der Herstellungskosten zu aktivieren, von der Aktivierung anderer Teile der zu den notwendigen Herstellungskosten zählenden Bestandteile aber abzusehen.

4303 Nach § 255 Abs. 2 Satz 3 HGB dürfen angemessene Teile der Kosten der allgemeinen Verwaltung sowie angemessene Aufwendungen für soziale Einrichtungen des Betriebs, für freiwillige soziale Leistungen und für die betriebliche Altersversorgung einbezogen werden, soweit diese auf den Zeitraum der Herstellung entfallen. Die Finanzverwaltung geht hingegen davon aus, dass für diese Kostenbestandteile eine Einbeziehungspflicht besteht.[83]

4304 § 255 Abs. 2 HGB fordert im Gegensatz zu § 255 Abs. 1 HGB nicht den Einbezug von Nebenkosten und die Erfassung nachträglich anfallender Kosten. Zu den Herstellungskosten zählen somit nur die durch den Herstellungsvorgang selbst verursachten Aufwendungen.[84] Ausgangspunkt für die Ermittlung der steuerlichen Herstellungskosten bilden somit die Fertigungs-Einzel- und die Gemeinkosten.[85] Bei diesen Kosten ist der unmittelbare Zusammenhang mit dem Herstellungsvorgang gegeben.

---

81 Vgl. BFH, Urteil vom 4.7.1990 – GrS 1/89, BStBl 1990 II S. 830.
82 Vgl. *Schubert/Pastor*, in: Beck'scher Bilanz-Kommentar, § 255 HGB Rz. 357.
83 Vgl. R 6.3 Abs. 3 EStR und BMF, Schreiben vom 12.3.2010 – IV C 6-S 2133/09/10001, 2010/0188935, BStBl 2010 I S. 239, Tz. 8.
84 Vgl. nur BFH, Urteile vom 24.3.1987 – IX R 31/84, BStBl 1987 II S. 695; vom 13.9.1984 – IV R 101/82, BStBl 1985 II S. 49; vom 15.11.1985 – III R 110/80, BStBl 1986 II S. 367.
85 Vgl. *Kleinle/Dreixler*, in: HHR, § 6 EStG Anm. 581.

Der Begriff der Herstellungskosten ist im Sinne von Herstellungsaufwendungen zu verstehen. Kalkulatorische Kosten zählen nicht zu den Herstellungskosten.[86]

3.5.1.2 Ermittlung der Herstellungskosten

In zeitlicher Hinsicht kommt eine Aktivierung nur für solche Aufwendungen in Frage, die während des Zeitraums der Herstellung anfallen. Dieser Zeitraum beginnt, wenn ein unmittelbarer sachlicher Zusammenhang zwischen den anfallenden Aufwendungen und dem hergestellten Objekt besteht. Der Herstellungszeitraum endet, wenn das hergestellte Wirtschaftsgut entsprechend seiner Zweckbestimmung eingesetzt werden kann. Nach diesem Zeitpunkt anfallende Aufwendungen gehen nicht mehr in die Herstellungskosten ein. Dies trifft beispielsweise auf Lager- und Vertriebskosten zu. Hierfür ist ausschlaggebend, dass durch diese Kosten der Wert des Wirtschaftsgutes nicht mehr erhöht wird. Nur in Ausnahmefällen können die durch Lagerung verursachten Kosten noch der Herstellungsphase zugerechnet werden (beispielsweise bei der Gewinnung alkoholischer Getränke durch Vergärung).

Nachträgliche Herstellungskosten setzen die Veränderung eines bereits bestehenden Wirtschaftsguts im Rahmen eines weiteren Herstellungsvorgangs voraus.[87]

Entsprechend der Vorgehensweise im Rahmen der Ermittlung der Anschaffungskosten können die Herstellungskosten fertiger und unfertiger Erzeugnisse sowohl retrograd als auch progressiv ermittelt werden. Die Methodenwahl steht dabei im Ermessen des Steuerpflichtigen.

Konnte am Bilanzstichtag der Herstellungsvorgang eines Wirtschaftsguts noch nicht abgeschlossen werden, gehen in die Ermittlung der Herstellungskosten die bis zum Bilanzstichtag angefallenen Aufwendungen ein.[88]

3.5.2 Zusammensetzung der Herstellungskosten

Die Herstellungskosten von Vorräten setzen sich aus den Materialeinzelkosten, Fertigungseinzelkosten und Sondereinzelkosten der Fertigung sowie den Gemeinkosten (Materialgemeinkosten, Fertigungsgemeinkosten und dem Wertverzehr des Anlagevermögens, soweit durch die Fertigung veranlasst) zusammen.

Dabei ist zu beachten, dass in die Herstellungskosten die tatsächlich angefallenen Ist-Kosten eingehen.[89] D. h. auch überhöhte Kosten, die auf eine nicht rationelle Betriebsorganisation zurückzuführen sind, gehen in die Ermittlung der Herstellungskosten ein.

3.5.2.1 Einzelkosten der Herstellung
3.5.2.1.1 Bestandteile der Einzelkosten

Bei den im Zusammenhang mit der Herstellung von Vorräten anfallenden Einzelkosten handelt es sich um dem Wirtschaftsgut direkt zurechenbare Kosten. Diese Vorausset-

---

86 Vgl. H 6.3 EStH.
87 Vgl. BFH, Urteil vom 17.10.2001 – I R 32/00, BStBl 2002 II S. 349.
88 Vgl. BFH, Urteil vom 7.9.2005 – VIII R 1/03, BStBl 2006 II S. 298.
89 Vgl. BFH, Urteil vom 15.2.1966 – I 103/63, BStBl 1966 III S. 468.

zung erfüllen solche Kosten, deren Maßeinheiten nach Menge und Zeit (Material und Lohn) dem einzelnen Vermögensgegenstand direkt zugerechnet werden können. Dies bedeutet, dass sich die Unmittelbarkeit der Zurechnung auf einen eindeutigen quantitativen Zusammenhang der für die Herstellung der Wirtschaftsgüter eingesetzten Güter, Leistungen und Dienste beziehen muss.

4313   Zu den Materialeinzelkosten zählen vor allem Roh- und Hilfsstoffe sowie selbst erstellte bzw. zugekaufte Fertigteile. Auch von Dritten bezogene Werkleistungen gehen in die Materialeinzelkosten ein. Bewertet wird das eingesetzte Material mit seinen Anschaffungskosten einschließlich der Nebenkosten (Frachten, Zölle) abzüglich Anschaffungskostenminderungen (Rabatte, Skontobeträge). Eine Bewertung des Materialeinsatzes mit den Anschaffungskosten hat zunächst auch dann zu erfolgen, wenn die Preise zum Zeitpunkt des Verbrauchs gefallen sind. Eine korrigierende Bewertung mit dem niedrigeren Marktpreis kann unter der Voraussetzung einer voraussichtlich dauernden Wertminderung nur zum Bilanzstichtag erfolgen (§ 6 Abs. 1 Nr. 2 Satz 2 EStG).

4314   Zu den Einzelkosten der Fertigung zählen vor allem die Fertigungslöhne (Bruttolöhne). In den Bruttolohn einzubeziehen sind Sonderzulagen, Leistungs- und Abschlussprämien, gesetzliche Sozialabgaben sowie Aufwendungen für die Lohnfortzahlung im Krankheitsfall, Mutterschaftsbezüge, Urlaubslohn, Zuschläge für Überstunden und Feiertagsarbeit. Die Aktivierung eines kalkulatorischen Unternehmerlohns ist nicht zulässig.[90] Tätigkeitsvergütungen von Mitunternehmern sind ungeachtet des fehlenden steuerlichen Aufwandscharakters in die Herstellungskosten einzubeziehen.[91]

4315   Zinsen für Fremdkapital können regelmäßig nicht als Herstellungskosten behandelt werden. Dies würde voraussetzen, dass eine eindeutige Zuordnung der Aufwendungen zu dem konkreten Herstellungsvorgang erfolgen kann. Dieser Zusammenhang wird nur bei Zinsen für Fremdkapital vorliegen, das im Zusammenhang mit der Finanzierung einer für die Produktion notwendigen Maschine anfällt.[92]

4316   Eine Aktivierung von Zinsaufwendungen hat zur Folge, dass eine Hinzurechnung nach § 4h EStG[93] bzw. § 8 Nr. 1 GewStG nicht in Betracht kommt. Die spätere erfolgswirksame Minderung des Aktivpostens führt nicht zu Zinsaufwendungen.[94] Durch die Aktivierung verlieren die Aufwendungen ihre Eigenschaft als Zinsaufwendungen.[95] Vor diesem Hintergrund kann eine Aktivierung von Zinsaufwendungen als Gestaltungsansatz in Betracht kommen.

3.5.2.1.2 Sonderkosten der Herstellung

4317   Zu den Einzelkosten der Herstellung zählen auch die Sonderkosten der Fertigung. Hierbei handelt es sich um Aufwendungen, die zwar in einem Veranlassungszusammen-

---

90 Vgl. *Kulosa*, in: Schmidt, EStG, 37. Aufl. 2018, § 6 EStG Rz. 192; BFH, Urteil vom 30.6.1955 – IV 695/54 U, BStBl 1955 III S. 238.
91 Vgl. H 6.4 EStH.
92 Vgl. BFH, Urteil vom 27.12.1989 – V B 138/88, BFH/NV 1990, S. 487.
93 Vgl. hierzu *Hick*, in: HHR, § 4h EStG Anm. 76.
94 So auch BMF, Schreiben vom 4.7.2008 – IV C 7-S 2742-a/07/10001, 2008/0336202, BStBl I 2008 S. 718 Rn. 20.
95 Vgl. BFH, Urteil vom 30.4.2003 – I R 19/02, BStBl II 2004 S. 192.

hang mit dem Herstellungsvorgang stehen, allerdings nicht als Material- bzw. Fertigungskosten eingestuft werden können. Diese Voraussetzungen sind regelmäßig bei Aufwendungen für Sonderbetriebsmittel (beispielsweise Modelle, Sonderwerkzeuge), Lizenzgebühren gegeben.[96]

Einschränkend ist hinsichtlich der Entwicklungskosten das Aktivierungsverbot für selbst erstellte immaterielle Wirtschaftsgüter gemäß § 5 Abs. 2 EStG zu beachten. Die Abgrenzung ist anhand der Nähe der Aufwendungen zur gegenwärtigen Produktion vorzunehmen. Danach kommt eine Aktivierung nur für Aufwendungen in Frage, die im Zusammenhang mit der Weiterentwicklung der gegenwärtigen Produktion stehen. Eine Aktivierung der Aufwendungen für Grundlagenforschung ist danach ausgeschlossen. 4318

(Einstweilen frei) 4319–4329

3.5.2.2 Gemeinkosten des Herstellungsvorgangs
3.5.2.2.1 Fertigungs- und Materialgemeinkosten

Zu den aktivierungspflichtigen Herstellungsaufwendungen zählen auch angemessene Teile der Materialgemeinkosten, Fertigungsgemeinkosten sowie der Wertverzehr des Anlagevermögens (§ 255 HGB und H 6.3 EStR). 4330

Dabei zählen zu den aktivierungspflichtigen Gemeinkosten sowohl echte als auch unechte Gemeinkosten. Unechte (variable) Gemeinkosten sind Kosten, die grundsätzlich Einzelkosten sind, die jedoch unter dem Gesichtspunkt der Verhältnismäßigkeit und Wirtschaftlichkeit der Kostenrechnung nicht zu Einzelkosten werden. Hingegen kann bei den echten Gemeinkosten zwischen beschäftigungsunabhängigen Kosten (echte beschäftigungsunabhängige Gemeinkosten) und solchen Kosten unterschieden werden, die mit der Anzahl der Zwischen- und Endprodukte variabel sind, bei denen aber eine direkte Erfassung unmöglich ist (echte variable Gemeinkosten).[97] 4331

Fertigungs- und Materialgemeinkosten haben mit den Fertigungs- und Materialeinzelkosten gemeinsam, dass es sich um Aufwendungen für Güter, Leistungen und Dienste handelt, die durch den Herstellungsvorgang veranlasst sind. Der Unterschied zu den Einzelkosten besteht darin, dass die Gemeinkosten nicht unmittelbar in das Produkt eingehen, sondern nur über eine Schlüsselung oder Umlage zu den herzustellenden Vermögensgegenständen in Beziehung gebracht werden können. Beispiele für Materialgemeinkosten sind die mit Beschaffung, Transport und Lagerung des Materials in Zusammenhang stehenden Aufwendungen. Die Verrechnung der Materialgemeinkosten erfolgt i. d. R. in der Form, dass auf die Fertigungseinzelkosten ein Gemeinkostenzuschlag erhoben wird. 4332

Bei den Fertigungsgemeinkosten handelt es sich um Kosten der Fertigung, die nicht direkt als Kosten für Material und Fertigungslöhne oder als Sonderkosten verrechnet werden und nicht unter Verwaltungs- oder Vertriebskosten fallen. Dies trifft beispielsweise auf Energiekosten, Betriebs- und Hilfsstoffe, Sachversicherungen für Anlagen der Fertigung, Instandhaltungsaufwendungen zu. Aufwendungen für die Fertigungsverwal- 4333

---

96 Vgl. *Kleinle/Dreixler*, in: HHR, § 6 EStG Anm. 581.
97 Vgl. *Schubertl/Pastor*, in: Beck'scher Bilanz-Kommentar, § 255 HGB Rz. 353.

tung rechnen ebenfalls zu den Fertigungsgemeinkosten. Insoweit sind die Kosten für die Verwaltung der Fertigung von den allgemeinen Verwaltungskosten abzugrenzen.[98]

4334–4335   *(Einstweilen frei)*

3.5.2.2.2 Wertverzehr des Anlagevermögens

4336   Zu den (fixen) Gemeinkosten zählen auch Absetzungen für Abnutzung, die im Zusammenhang mit der Abschreibung für die Produktion genutzter Anlagen anfallen. Zu den Einzelkosten zählt die AfA nur im Fall eines Ein-Produkt-Unternehmens.

4337   Steuerliche Sonderabschreibungen und erhöhte Absetzungen für Abnutzung gehen in die Ermittlung ein.[99] Dies gilt auch für Absetzungen für Abnutzung, die auf die Abschreibung nicht voll ausgelasteter Anlageteile entfallen. Voraussetzung ist, dass für die Schwankungen der Kapazitätsauslastung saisonale Gründe ursächlich sind.[100] Teilwertabschreibungen auf das Anlagevermögen sind bei der Ermittlung der Herstellungskosten nicht zu berücksichtigen.[101]

3.5.2.2.3 Kosten der allgemeinen Verwaltung

4338   Zu den zu aktivierenden Gemeinkosten zählen auch angemessene Teile der Kosten der allgemeinen Verwaltung, angemessene Aufwendungen für soziale Einrichtungen des Betriebs, für freiwillige soziale Leistungen und für die betriebliche Altersversorgung.[102] Dabei setzt ein Einbezug jeweils voraus, dass ein zeitlicher Bezug zu dem Zeitraum der Herstellung besteht.

4339   Zu den Aufwendungen der allgemeinen Verwaltung werden gemäß R 6.3 Abs. 3 Satz 1 EStR u. a. Aufwendungen für die Geschäftsleitung, Einkauf und Wareneingang, Rechnungswesen, Feuerwehr und Werkschutz gerechnet.

4340   Zu den Aufwendungen für soziale Einrichtungen gehören gemäß R 6.3 Abs. 3 Satz 2 EStR Aufwendungen für die Kantine sowie Betriebsausflüge. Als freiwillige soziale Leistungen gelten Aufwendungen für Jubiläumszuwendungen, Weihnachtszuwendungen, Wohnungsbeihilfen und andere freiwillige Beihilfen. Aufwendungen für die betriebliche Altersversorgung umfassen Direktversicherungen, Zuwendungen an Pensionskassen, Pensionsfonds, Unterstützungskassen und Zuweisungen zu den Pensionsrückstellungen.

3.5.2.2.4 Angemessene Teile der Gemeinkosten

4341   Die Aktivierungspflicht erstreckt sich nur auf den angemessenen Teil der Materialgemeinkosten, Fertigungsgemeinkosten und des Wertverzehrs des Anlagevermögens. Dies bedeutet, dass nur die tatsächlich angefallenen Istkosten erfasst werden dürfen.

---

[98] Vgl. hierzu Rz. 4338.
[99] Vgl. *Stobbe/Rade*, in: HHR, § 6 EStG Anm. 241; a. A. *Kulosa*, in: Schmidt, EStG, 37. Aufl. 2018, § 6 EStG Rz. 198.
[100] Vgl. R 6.3 Abs. 7 EStR.
[101] Vgl. R 6.3 Abs. 4 Satz 6 EStR.
[102] Vgl. BMF, Schreiben vom 12.3.2010 – IV C 6-S 2133/09/10001, 2010/0188935, BStBl 2010 I S. 239, Tz. 8. Zur Problematik dieser Verwaltungsregelung s. Rz. 364.

Die Frage nach der Angemessenheit der Gemeinkosten kann sich zudem im Fall der Unterbeschäftigung stellen. In diesen Fällen ist zu prüfen, in welchem Umfang sog. Kosten der Betriebsbereitschaft vorliegen, die als fixe Kosten in die Herstellungskosten eingerechnet werden dürfen.[103]

4342

3.5.2.2.5 ABC der Herstellungskosten bei Vorräten[104]

- **Abfälle**: Die Kosten der Beseitigung von Abfällen, die im Zusammenhang mit dem Herstellungsvorgang anfallen, zählen zu den Fertigungsgemeinkosten. Abfälle, die wieder verwendet werden, sind den Materialkosten oder den Materialgemeinkosten zuzurechnen.

4343

- **Abfüllkosten**: Abfüllkosten für Erzeugnisse, die ohne Abfüllung nicht verkaufsfähig sind, gehören zu den Fertigungsgemeinkosten oder den Sonderkosten der Fertigung.[105]
- **Abschreibungen** (s. unter Rz. 4336).
- **Altersversorgung**: Aufwendungen für die betriebliche Altersversorgung können nach R 6.3 Abs. 3 Satz 4 EStR in die Herstellungskosten eingerechnet werden.
- **Annahme des Fertigungsmaterials**: Die Kosten zählen zu den Kosten der Beschaffung und sind als Gemeinkosten zu berücksichtigen.
- **Arbeitsleistung**: Die eigene Arbeitsleistung des Unternehmers zählt nicht zu den Herstellungskosten.[106]
- **Ausbildung von Arbeitnehmern**: Die Kosten rechnen zu den Kosten der allgemeinen Verwaltung und müssen daher nicht in die Herstellungskosten eingerechnet werden (vgl. R 6.3 Abs. 3 Satz 1 EStR).
- **Beschaffungskosten**: Die Beschaffungskosten für Fertigungsmaterial sind Herstellungskosten. Abzugrenzen sind die Beschaffungskosten von den Kosten, die in den Bereichen Beschaffung und Einkauf insgesamt anfallen und nicht einem einzelnen Wirtschaftsgut zugerechnet werden können.
- **Betriebsleitung**: Diese Kosten gehören zu den Fertigungsgemeinkosten (vgl. R 6.3 Abs. 2 EStR).
- **Betriebsrat**: Aufwendungen für den Betriebsrat rechnen zu den Kosten der allgemeinen Verwaltung (vgl. R 6.3 Abs. 3 Satz 1 EStR).
- **Betriebsstoffe**: Die Kosten für Betriebsstoffe zählen zu den Fertigungsgemeinkosten.
- **Einkauf**: Die Kosten des Einkaufs gehören zu den aktivierungsfähigen Verwaltungskosten, für deren Einbezug ein Wahlrecht besteht (vgl. R 6.3 Abs. 3 Satz 1 EStR).
- **Energie**: Die Kosten für Brennstoffe, Treibstoffe, Dampf, Strom im Herstellungsvorgang gehören – wie Betriebsstoffe – zu den Fertigungsgemeinkosten.

---

103 Vgl. *Kulosa*, in: Schmidt, EStG, 37. Aufl. 2018, § 6 EStG Rz. 196.
104 Vgl. hierzu auch *Schubert/Pastor*, in: Beck'scher Bilanz-Kommentar, § 255 HGB Rn. 400; *Kleinle/Dreixler*, in: HHR, § 6 EStG Anm. 581.
105 Vgl. BFH, Urteil vom 26.2.1975 – I R 72/73, BStBl 1976 II S. 13.
106 Vgl. BFH, Urteil vom 30.6.1955 – IV 695/54, BStBl 1955 III S. 238.

- **Forschungskosten:** Eigene Forschungskosten zählen nicht zu den aktivierungsfähigen Herstellungskosten (§ 255 Abs. 1 Satz 4 HGB).
- **Garantien:** Aufwendungen im Zusammenhang mit Garantieleistungen und den in diesem Zusammenhang gebildeten Rückstellungen gehören nicht zu den Herstellungskosten. So entsteht die Garantieverpflichtung in zeitlicher Hinsicht erst nach Auslieferung der Erzeugnisse. Zudem spiegelt eine Garantierückstellung i. d. R. das Risiko wider, dass bei einzelnen Produkten Garantieleistungen erforderlich werden könnten. Eine Zuordnung zu bestimmten hergestellten Produkten bzw. Produktserien ist häufig nicht möglich.
- **Gewinnbeteiligung von Arbeitnehmern:** Vertraglich zugesagte gewinnabhängige Tantiemen einzelner Arbeitnehmer des Fertigungsbereichs sind Bestandteil des „Rohgewinns" und zählen daher nicht zu den Herstellungskosten. Bei nichtvertraglichen Ergebnisbeteiligungen von Arbeitnehmern des Herstellungsbereichs besteht ein Wahlrecht zur Einbeziehung (vgl. 6.3 Abs. 3 Satz 3 EStR).[107]
- **Hilfsstoffe:** Hilfsstoffe (z. B. Nägel, Schrauben, Innenverpackung) werden unmittelbar im Rahmen der Produktion verbraucht und zählen zu den Fertigungsgemeinkosten.
- **Kraftfahrzeugsteuer:** Die Kraftfahrzeugsteuer für unmittelbar im Fertigungsbereich eingesetzte Fahrzeuge zählt zu den Fertigungsgemeinkosten.
- **Lagerkosten:** Lagerkosten für Roh-, Hilfs- und Betriebsstoffe gehören zu den Materialgemeinkosten. Gehört die Lagerung dagegen zur Herstellung, wie z. B. bei Holz, Milcherzeugnissen, alkoholischen Getränken, handelt es sich um Fertigungsgemeinkosten.[108]
- **Lizenzgebühren:** Lizenzgebühren, die nach der vertraglichen Vereinbarung mit der Lieferung der Erzeugnisse entstehen (Umsatzlizenzen), sind als Vertriebskosten einzustufen. Werden sie hingegen für die Herstellung als solche entrichtet, handelt es sich um Sonderkosten der Fertigung.
- **Lohnkosten:** Fertigungslöhne gehören insoweit zu den Fertigungsgemeinkosten, als sie nicht Fertigungslöhne sind, aber mit der Fertigung im Zusammenhang stehen. Hierbei kann es sich beispielsweise um Lohnaufwendungen für die Lager- und Werkstattverwaltung, Kosten des Lohnbüros für den Fertigungsbereich, Löhne für Arbeitsvorbereitung, Werkstattkonstrukteure, für Werkstoffprüfung und Werkstoffabnahme handeln.
- **Lohnnebenkosten:** Hierzu zählen Überstunden-/Feiertagszuschläge, gesetzliche Sozialabgaben, gesetzliche tarifliche Ausfallzeiten und gesetzliche/tarifliche Sozialaufwendungen. Überstunden-/Feiertagszuschläge und gesetzliche Sozialabgaben (z. B. Arbeitgeberanteile zur Sozialversicherung) sind, soweit sie Fertigungslöhne betreffen, Einzelkosten und somit in die Wertuntergrenze der Herstellungskosten einzubeziehen. Gesetzliche Sozialaufwendungen (z. B. Lohnausgleichszahlungen, Weihnachtsgeld) zählen zu den Gemeinkosten, für die ein Einbeziehungswahlrecht besteht.

---

[107] Zu freiwillig gezahlten Erfolgsprämien vgl. FG Baden Württemberg, Urteil vom 17.12.2007 – 6 K 69/05, rkr., Ubg 2009 S. 875.
[108] Vgl. BFH, Urteil vom 3.3.1978 – III R 30/76, BStBl 1978 II S. 412.

- **Mietaufwendungen:** Mietaufwendungen oder Leasingraten für Anlagen, die der Produktion dienen, sind Herstellungskosten.
- **Provisionen:** Umsatzabhängige oder andere beim Verkauf entstehende Provisionen sind Vertriebskosten. Einkaufsprovisionen sind Anschaffungsnebenkosten.
- **Reisekosten und Auslösungen:** Aufwendungen des in der Produktion und Montage tätigen Personals sind den Fertigungslöhnen bzw. Fertigungsgemeinkosten zuzurechnen.
- **Transportkosten:** Innerbetriebliche Transportkosten für das Fertigungsmaterial sind Fertigungsgemeinkosten. Die Beförderung von Fertigerzeugnissen in Auslieferungslager sind dem Vertriebsbereich zuzuordnen.
- **Unentgeltliche Dienstleistungen:** Unentgeltliche Dienstleistungen, die der Steuerpflichtige im Zusammenhang mit der Herstellung von Wirtschaftsgütern erhält, bewirken nur eine Ersparnis von Aufwendungen und wirken sich nicht auf die Herstellungskosten aus.[109]
- **Vergebliche Aufwendungen:** Vergebliche Aufwendungen sind keine Herstellungskosten. Dies gilt insbesondere für verlorene Vorauszahlungen da nicht die Anzahlung selbst, sondern erst der tatsächliche Verbrauch von Gütern und Dienstleistungen zu Herstellungskosten führt.[110]
- **Verpackungskosten:** Die Kosten der Innenverpackung zählen zu den Fertigungsgemeinkosten. Es handelt sich um die Verpackung solcher Erzeugnisse, die durch die Verpackung erst verkaufsfähig werden. Dies ist häufig bei Lebensmitteln der Fall.[111] Die Außenverpackung (in Kisten, Kartons zum Transport) gehört hingegen zu den Vertriebsgemeinkosten.
- **Versicherungen:** Sachversicherungen können (oft anteilig) den Materialbereich oder den Fertigungsbereich betreffen. Solche Aufwendungen gehören dann entweder zu den Materialgemeinkosten oder den Fertigungsgemeinkosten (vgl. R 6.3 Abs. 3 Satz 4 EStR).
- **Verwaltungskosten:** Kosten der Fertigungsverwaltung zählen zu den Fertigungsgemeinkosten.
- **Vertriebskosten:** Vertriebsgemeinkosten zählen nicht zu den Herstellungskosten. Herstellungskosten sind nur dann gegeben, wenn das Produkt ohne die jeweilige Verpackung nicht verkäuflich ist (dies ist häufig bei Lebensmitteln der Fall, s. auch Verpackungskosten).
- **Zinsloser Kredit:** Ein im Zusammenhang mit der Herstellung eines Wirtschaftsgutes gewährter zinsloser Kredit mindert die Herstellungskosten nicht. So stellt nach der Rechtsprechung die bloße Nutzung eines fremden Wirtschaftsgutes zu betrieblichen Zwecken steuerrechtlich kein einlagefähiges Wirtschaftsgut dar.

(Einstweilen frei) 4344–4349

---

[109] Vgl. BFH, Urteil vom 20.9.1990 – IV R 300/84, BStBl 1991 II S. 82.
[110] Vgl. BFH, Urteil vom 31.3.1992 – IX R 164/87, BStBl 1992 II S. 805.
[111] Vgl. BFH, Urteil vom 26.2.1975 – I R 72/73, BStBl 1976 II S. 13.

3.6 Sonderfälle der Ermittlung der Anschaffungs- und Herstellungskosten

3.6.1 Ausnahmen von dem Gebot der Einzelbewertung

4350 Aufgrund ausdrücklicher gesetzlicher Regelung im Steuer- und Handelsrecht (vgl. § 6 Abs. 1 EStG und §§ 240 Abs. 1, 252 Abs. 1 Nr. 3 HGB) kommt dem Grundsatz der Einzelbewertung stets Vorrang gegenüber Vereinfachungsregelungen zur Bewertung des Vorratsvermögen zu. Aus Vereinfachungs- und Rationalisierungsgründen sind als Ausnahme von dem Gebot der Einzelbewertung im Zusammenhang mit der Bewertung des Vorratsvermögens folgende Verfahren gebräuchlich:[112]

- ► Festbewertung,
- ► Durchschnittsbewertung,
- ► Gruppenbewertung,
- ► Verbrauchsfolgeverfahren.

4351 Eine ausdrückliche Rechtsgrundlage existiert im Steuerrecht nur für das in § 6 Abs. 1 Nr. 2a EStG geregelte Verbrauchsfolgeverfahren (Lifo-Verfahren). Mangels eigenständiger steuerlicher Regelungen gilt das in § 240 Abs. 3 HGB geregelte handelsbilanzielle Wahlrecht für eine Festwertbewertung sowie das in § 240 Abs. 4 HGB geregelte Wahlrecht für eine Durchschnittsbewertung bzw. Gruppenbewertung auch für Steuerpflichtige, die ihren Gewinn gemäß § 5 EStG bzw. § 4 Abs. 1 EStG ermitteln.[113] Dabei erstreckt sich der Anwendungsbereich der Verfahren nicht nur auf die Zugangsbewertung, sondern auch auf die Bewertung zu den nachfolgenden Bilanzstichtagen. Die in § 6 Abs. 2 EStG geregelte Sofortabschreibung bei geringwertigen Wirtschaftsgütern und die Poolabschreibung gem. § 6 Abs. 2a EStG gelten nur für abnutzbare bewegliche Wirtschaftsgüter des Anlagevermögens.

4352 Für im Wege eines Verfahrens der Gruppen- bzw. Verbrauchsfolgebewertung bewertete Wirtschaftsgüter des Vorratsvermögens ist zu beachten, dass eine eigenständige Vermögens- oder Schuldposition für auf diese Weise bewertete Wirtschaftsgüter nicht entsteht. Ihre steuerliche Selbständigkeit verlieren die Wirtschaftsgüter nicht.[114] So werden im Fall der Gruppenbewertung selbständige Wirtschaftsgüter lediglich für Zwecke der Bewertung zusammengefasst.

3.6.2 Festwertbewertung

4353 Die Festwertbewertung gemäß § 240 Abs. 3 HGB i. V. m. § 256 Satz 2 HGB eröffnet das Wahlrecht, zur Vereinfachung der Bewertung des Vorratsvermögens für gruppenweise zusammengefasste Wirtschaftsgüter einen gleichbleibenden Bestand und Wert für mehrere aufeinanderfolgende Bilanzstichtage zu unterstellen. Beim Umlaufvermögen kommt eine Bewertung mit einem Festwert nur für Roh-, Hilfs- und Betriebsstoffe in

---

112 S. hierzu auch *Marx*, Steuer und Studium 2016, S. 350.
113 Vgl. BMF, Schreiben vom 12.3.2010 – IV C 6-S 2133/09/10001, 2010/0188835, BStBl 2010 I S. 239, Tz. 7.
114 Zur Gruppenbewertung vgl. BFH, Urteil vom 13.2.2003 – IV R 72/00, BFH/NV 2003 S. 1155.

Betracht. Eine Bewertung von Waren und fertigen Erzeugnissen mit einem Festwert ist nicht möglich.[115]

Mangels eigenständiger steuerlicher Regelungen sind die handelsbilanziellen Vorgaben für eine Festwertbewertung (§ 240 Abs. 3 HGB) auch für die steuerliche Gewinnermittlung maßgeblich.[116] Danach setzt eine Festwertbewertung kumulativ voraus, dass die betreffenden Vermögensgegenstände regelmäßig ersetzt werden und der Gesamtwert der in eine Festbewertung einbezogenen Wirtschaftsgüter für das Unternehmen von untergeordneter Bedeutung ist. Zudem darf der Bestand der einbezogenen Vermögensgegenstände hinsichtlich Anzahl, dem Wert und der Zusammensetzung nur geringen Veränderungen unterliegen. D. h. der Bestand an Wirtschaftsgütern, der durch Verbrauch, Abnutzung oder Ausscheiden vermindert wird, muss durch entsprechende Zugänge regelmäßig ausgeglichen werden.

4354

Auf Grund dieser Vorgaben ist eine Festwertbewertung nur dann zulässig, wenn die laufenden Zugänge in etwa den Abgängen und Abschreibungen im Fall der Einzelbewertung entsprechen. Auch ist eine Festwertbewertung nur für Wirtschaftsgüter anwendbar, die erfahrungsgemäß nur geringen Preisschwankungen unterliegen. Im Fall starker Wertschwankungen sind die Voraussetzungen einer Festwertbewertung bereits dem Grunde nach nicht gegeben. Fällt eine der drei Voraussetzungen für eine Festwertbewertung weg, muss zum nächsten Bilanzstichtag die Festwertbewertung aufgegeben werden. Die Finanzverwaltung fordert zusätzlich eine Gleichartigkeit der zusammengefassten Wirtschaftsgüter in der Form, dass die zusammengefassten Wirtschaftsgüter in etwa eine gleiche Nutzungsdauer aufweisen müssen.

4355

Eine körperliche Bestandsaufnahme ist (abweichend von § 240 Abs. 2 HGB) in einem Abstand von drei Jahren durchzuführen.[117] Im Fall einer wesentlichen Änderung der Verhältnisse kann sich aber auch zu einem früheren Zeitpunkt die Notwendigkeit einer körperlichen Bestandsaufnahme ergeben. Die Notwendigkeit einer Festwertanpassung ergibt sich regelmäßig dann, wenn der Bestand der mit einem Festwert bewerteten Wirtschaftsgüter in seiner Größe, seinem Wert oder seiner Zusammensetzung nicht nur geringen Veränderungen unterliegt. Übersteigt der aktuell ermittelte Wertansatz den bisher angesetzten Festwert um mehr als 10 %, sind die bislang angesetzten Anschaffungs- und Herstellungskosten entsprechend aufzustocken. Bei einer Veränderung von bis zu 10 % kann eine Anpassung unterbleiben. Sind die aktuellen Anschaffungs- und Herstellungskosten dauerhaft niedriger, kann eine Teilwertabschreibung des Bestands erfolgen.

4356

Das Kriterium der nachrangigen Bedeutung der Festwertgegenstände für das Unternehmen bezieht die Finanzverwaltung auf die Bilanzsumme.[118] Die Finanzverwaltung geht davon aus, dass eine nachrangige Bedeutung der Festwertgegenstände gegeben ist, wenn der Wert zu den fünf vorangegangenen Bilanzstichtagen bezogen auf die Bilanzsumme im Durchschnitt 10 % nicht übersteigt.

4357

---

115 Vgl. *Kulosa*, in: Schmidt, EStG, 37. Aufl. 2018, § 6 EStG Rz. 614.
116 Zu den mit dem Handelsrecht korrespondierenden Voraussetzungen vgl. BFH, Urteil vom 4.6.1992 – IV R 101/90, BStBl 1993 II S. 276.
117 Vgl. *Richter*, in: HHR, § 6 EStG Anm. 136.
118 Vgl. BMF, Schreiben vom 8.3.1993 – VV DEU BMF 1993-03-08 IV B 2-S 2174a-1/93, BStBl 1993 I S. 276.

4358 Für die nach Maßgabe der Festbewertungsmethode bewerteten Wirtschaftsgüter des Umlaufvermögens wird ein bestimmter Bestand konstant mit den Anschaffungs- bzw. Herstellungskosten aktiviert.[119] Verbrauch oder Schwund bleiben während der Festwertbewertung insgesamt unberücksichtigt. Ersatzbeschaffungen werden nicht aktiviert, sondern wirken sich als Betriebsausgabe erfolgswirksam aus. Eine Teilwertabschreibung kann nur nach einer vorherigen körperlichen Bestandsaufnahme erfolgen.

3.6.3 Durchschnittsbewertung

4359 Lassen sich die konkreten Anschaffungs- bzw. Herstellungskosten wegen schwankender Einkaufspreise im Laufe eines Wirtschaftsjahres nicht einwandfrei ermitteln, ist die Ermittlung im Wege einer Schätzung zulässig. Als Schätzverfahren erkennt die Finanzverwaltung, ausgehend von den handelsrechtlichen Grundsätzen des § 240 Abs. 4 HGB, eine Durchschnittsbewertung in Form des gewogenen Mittels der Anschaffungs- und Herstellungskosten der im Laufe eines Wirtschaftsjahres erworbenen und ggf. zu Beginn des Wirtschaftsjahres vorhandenen Wirtschaftsgüter an.[120] Typischer Anwendungsfall sind zu unterschiedlichen Zeitpunkten und mit unterschiedlichen Anschaffungskosten angeschaffte gleichartige Wirtschaftsgüter, die in einem Raum gelagert werden und auf Grund der Gleichartigkeit nicht unterschieden werden können.

4360 Anders als bei einer Festbewertung erfordert eine Durchschnittsbewertung eine körperliche Bestandsaufnahme der zum Bilanzstichtag vorhandenen Wirtschaftsgüter.[121] D. h. eine Durchschnittsbewertung erleichtert nur die Ermittlung der Anschaffungs- und Herstellungskosten, bietet aber keine Vereinfachung hinsichtlich der Ermittlung der am Bilanzstichtag vorhandenen Bestände.[122] In der einfachsten Variante erfolgt die Durchschnittsbewertung unter Ansatz des einfachen gewogenen Durchschnittswerts. In diesem Fall wird der am Bilanzstichtag vorhandene Bestand mit dem gewogenen Mittel aus dem Anfangsbestand und den Zugängen des Geschäftsjahres mit den jeweiligen Einstandspreisen gebildet. Die Bewertungsmethode nach Durchschnittswerten kann durch die Berechnung eines gleitenden gewogenen Durchschnittswerts verfeinert werden. In diesem Fall wird nach jedem Zugang ein neuer Durchschnittswert errechnet.

4361–4369 *(Einstweilen frei)*

3.6.4 Gruppenbewertung

4370 Nach § 240 Abs. 4 HGB i. V. m. § 256 Satz 2 HGB können gleichartige Vermögensgegenstände des Vorratsvermögens jeweils zu einer Gruppe zusammengefasst und mit dem gewogenen Durchschnittswert angesetzt werden.[123] Abgesehen von geleisteten Anzahlungen, kann das gesamte Vorratsvermögen Gegenstand einer Gruppenbewertung bilden. Mangels eines steuerlichen Bewertungsvorbehalts kann eine nach den handels-

---

119 Vgl. *Kulosa*, in: Schmidt, EStG, 37. Aufl. 2018, § 6 EStG Rz. 617.
120 Vgl. R. 6.8 Abs. 3 EStR.
121 Vgl. *Kulosa*, in: Schmidt, EStG, 37. Aufl. 2018, § 6 EStG Rz. 624.
122 Vgl. *Richter*, in: HHR, § 6 EStG Anm. 125.
123 Vgl. *Hoffmann/Lüdenbach*, NWB Kommentar Bilanzierung, 9. Aufl., Herne 2018, § 240 Rz. 34.

rechtlichen Vorgaben erfolgte Gruppenbewertung auch der steuerlichen Gewinnermittlung zugrunde gelegt werden.[124]

Eine Gruppenbewertung liegt nicht bereits dann vor, wenn mehrere einzeln bewertete Wirtschaftsgüter zu einem Bilanzposten aufaddiert werden. Vielmehr setzt eine Gruppenbewertung voraus, dass eine durch Inventur ermittelte gleichartige Anzahl von Wirtschaftsgütern zu einer „Gruppe" zusammengefasst wird, die dann den „neuen" Gegenstand der Bewertung bildet. In der praktischen Anwendung besteht die Schwierigkeit regelmäßig in der Ermittlung gruppenbewertungsfähiger Wirtschaftsgüter. Gleichartige Wirtschaftsgüter liegen nur dann vor, wenn die Wirtschaftsgüter hinsichtlich der wesentlichen Merkmale (Art und Funktion) übereinstimmen und keine wesentlichen Qualitätsunterschiede aufweisen.[125]

3.6.5 Verbrauchsfolgeverfahren

3.6.5.1 Voraussetzungen für die Anwendung des Lifo-Verfahrens

Bilanzierende Steuerpflichtige (§ 5 EStG) können für die Ermittlung der Anschaffungs- und Herstellungskosten von gleichartigen Wirtschaftsgütern des Vorratsvermögens auf das in § 6 Abs. 1 Nr. 2a EStG geregelte Verbrauchsfolgeverfahren zurückgreifen.[126] Die tatbestandlichen Voraussetzungen sind dieselben wie nach § 256 Satz 1 HGB.[127] Steuerlich ist allerdings nur das Lifo-Verfahren zulässig (zu Einzelheiten hat die Finanzverwaltung in dem sog. Lifo-Erlass[128] Stellung genommen).

Für eine vereinfachte Ermittlung der Anschaffungs- und Herstellungskosten wird unterstellt, dass die zuletzt angeschafften und hergestellten Wirtschaftsgüter zuerst verbraucht oder veräußert werden. Das Lifo-Verfahren muss im jeweiligen Einzelfall den handelsrechtlichen GoB entsprechen. Allerdings besteht nach der Aufhebung der umgekehrten Maßgeblichkeit im Rahmen des BilMoG für die Anwendung des Lifo-Verfahrens im Rahmen der steuerlichen Gewinnermittlung nicht mehr die Voraussetzung, dass in der Handelsbilanz entsprechend verfahren wird.

Für die Anwendung der Lifo-Bewertung besteht die Voraussetzung, dass gleiche oder gleichartige Wirtschaftsgüter des Vorratsvermögens zu Bewertungsgruppen zusammengefasst werden können.[129] Für jede dieser Gruppen bleiben die Anschaffungs- oder Herstellungskosten aus den jeweils ältesten Zugängen wirtschaftsjahrübergreifend maßgeblich.

Die Lifo-Methode hat damit eine Durchbrechung des Grundsatzes der Einzelbewertung (§ 252 Abs. 1 Nr. 3 HGB, § 6 Abs. 1 EStG) sowie der periodengerechten Aufwandsabgrenzung aus Gründen der Bewertungsvereinfachung zur Folge.[130]

---

124 Vgl. R. 6.8 Abs. 4 EStR.
125 Vgl. *Richter*, in: HHR, § 6 EStG Anm. 120.
126 Vgl. hierzu umfassend *Hüttemann/Meinert*, IFSt Schrift Nr. 486.
127 Vgl. hierzu *Hoffmann/Lüdenbach*, NWB Kommentar Bilanzierung, 9. Aufl., Herne 2018, § 256 Rz. 39.
128 S. BMF v. 12.5.2015 – VV DEU BMF 2015-05-12 IV C 6-S 2174/07/100001, BStBl 2015 I S. 462.
129 Die Finanzverwaltung sieht in erheblichen Preisunterschieden Anzeichen für Qualitätsunterschiede, die eine Gleichartigkeit ausschließen sollen. Vgl. R. 6.9 Abs. 3 EStR.
130 Die Lifo-Methode stellt insoweit eine Ausprägung des Wesentlichkeitskriteriums im Rahmen der steuerlichen Gewinnermittlung dar. Vgl. hierzu *Marx*, FR 2011 S. 269 sowie *Hüttemann/Meinert*, DB 2013 S. 1865.

4376 Das Wahlrecht zur Lifo-Methode ist deshalb typischerweise auf Sachverhalte zugeschnitten, bei denen entweder die Ermittlung der individuellen Anschaffungs-/Herstellungskosten der Vermögensgegenstände im Einzelfall ausgeschlossen ist (beispielsweise bei chemischen Herstellungsprozessen) oder mit einem unvertretbaren Aufwand verbunden wäre.

4377 Mit der angestrebten Vereinfachung der Bewertung kann ein Zurücktreten der Grundsätze ordnungsmäßiger Buchführung nach der BFH-Rechtsprechung[131] allerdings dann nicht mehr gerechtfertigt werden, wenn Vorratsgegenstände

▶ mit absolut betrachtet hohen Erwerbsaufwendungen infrage stehen,

▶ die Anschaffungskosten ohne weiteres identifiziert werden können und

▶ den einzelnen Vermögensgegenständen angesichts deren individueller Merkmale ohne Schwierigkeiten zugeordnet werden können.

Die genannten Voraussetzungen müssen dabei kumulativ vorliegen. Kernargument des BFH ist dabei das „Erfordernis der GoB-Konformität" des Lifo-Verfahrens. Unter Hinweis auf die genannten Kriterien hat der BFH die Anwendung des Lifo-Verfahrens auf den Fahrzeugbestand eines Kraftfahrzeughändlers ausgeschlossen. Insgesamt handelt es sich bei der Entscheidung aber um einen speziell gelagerten Sachverhalt, der auf andere Konstellationen nicht ohne weiteres übertragbar ist.[132]

4378 Die Finanzverwaltung hat von der Übernahme der eher engen Auslegung des Anwendungsbereichs der Lifo-Methode durch den BFH in den sog. Lifo-Erlass[133] abgesehen. Nach der BFH-Entscheidung vom 20.6.2000[134] ist die Frage diskutiert worden, ob das Lifo-Verfahren auch bei der Bewertung von Warenbeständen zur Anwendung gelangen kann, die unter Einsatz eines elektronischen Warensystems erfasst und verwaltet werden.[135] In dem Lifo-Erlass vertritt die Finanzverwaltung nun das zutreffende Ergebnis, dass der Einsatz eines elektronischen Warenwirtschaftssystems die Anwendung der Lifo-Methode nicht grundsätzlich ausschließt.[136] Einschränkungen bestehen allerdings in folgenden Fällen:

Nicht anwendbar soll die Lifo-Methode nach der Verwaltungsauffassung im Fall von Handelswaren sein, wenn eine Einzelbewertung der Wirtschaftsgüter ohne weiteres möglich wäre. Sind für eine Einzelbewertung hingegen weitere Rechenschritte erforderlich, ist auch bei Einsatz eines elektronischen Warenwirtschaftssystems die Anwendung der Lifo-Methode bei Handelsware zulässig. Zudem ist die Anwendung der Lifo-Methode nach der Verwaltungsauffassung bei verderblicher Ware (Haltbarkeitsdauer beträgt weniger als ein Jahr) ausgeschlossen.

---

131 Vgl. BFH, Urteil vom 20.6.2000 – VIII R 32/98, BStBl 2001 II S. 636.
132 Vgl. *Prinz*, in: Steuerberater-Jahrbuch 2014/2015, Köln 2015, S. 380.
133 Vgl. BMF v. 12.5.2015, BStBl. 2015 I S. 462.
134 VIII R 32/98, BStBl 2001 II S. 636.
135 Vgl. *Hillebrandt*, DB 2011 S. 1999.
136 So im Ergebnis auch *Hennrichs*, Ubg 2011 S. 705; *Prinz*, in: Steuerberater-Jahrbuch 2014/2015, Köln 2015, S. 381.

3.6.5.2 Rechtsfolgen

Die Rechtsfolge des in § 6 Abs. 1 Nr. 2a EStG geregelten Lifo-Verfahrens ist die Unterstellung, dass die zuletzt angeschafften oder hergestellten Wirtschaftsgüter zuerst verbraucht oder veräußert werden. Eine Lifo-Bewertung des Vorratsvermögens hat zur Folge, dass bei steigenden Wiederbeschaffungskosten eine Bewertung mit einem zu niedrigen Wert erfolgt. Denn auf Grund des Lifo-Verfahrens wird unterstellt, dass die zuletzt angeschaffte Ware zuerst in den Verbrauch gelangt, d. h. der vorhandene Bestand wird mit den älteren Einstandspreisen bewertet. Bei erheblich steigenden Wiederbeschaffungskosten werden auf diese Weise stille Reserven in erheblichem Umfang gelegt. 4379

BEISPIEL ▶ Ein Schmuckhersteller hat in seinem Vorratsbestand Altbestände an Feingold zu dem nach dem Lifo-Verfahren ermittelten Durchschnittskurs bilanziert. In 2011 erfolgt der Zukauf von Feingold. Die Höhe der auf Grund des Lifo-Verfahrens gebildeten stillen Reserven ermittelt sich wie folgt: 4380

I. Inventurbestände

		Bestand in kg	Durchschnittspreis (€/kg)	Wert in €
Layer I	1984	230	6.478	1.489.940
Layer II	1985	10	15.930	159.300
Layer III	1989	20	11.960	239.200
		260		1.888.440
Zukauf	2011	40	32.003	1.280.120
II. Lifo Bewertung				
		260	7.263	1.888.440
Zugang	2011	40	32.003	1.280.120
		300		3.168.560
Lifo-Wert				3.168.560
Tages-Kurs	10.6.2011		34.000	10.200.000
Stille Reserven				**7.031.440**

Die Finanzverwaltung akzeptiert hinsichtlich der technischen Umsetzung einer Lifo-Bewertung zwei Berechnungsverfahren. Die Lifo-Bewertung kann sowohl durch permanente Lifo als auch durch Perioden-Lifo erfolgen.[137] 4381

Technisch einfacher in der Umsetzung ist das Verfahren der Perioden-Lifo. Unterjährig erfolgt die Verbrauchsbewertung nach der Durchschnittsmethode oder einem standardisierten Wert. Mehrbestände können mit dem Anfangsbestand zu einem neuen Gesamtbestand zusammengefasst werden oder als besonderer Posten sog. Layer ausgewiesen werden. Erst bei der Bewertung des Bilanzbestandes wird die Verbrauchsfolge unterstellt. Bei unterjährigen Preisschwankungen besteht der Nachteil der Perioden-Lifo darin, dass gegenüber dem Ansatz in der Jahresbilanz unzutreffende Zwischenergebnisse ermittelt werden. Permanentes Lifo setzt eine laufende mengen- und wertmäßige 4382

---

137 Vgl. R. 6.9 Abs. 4 EStR.

Erfassung aller Zu- und Abgänge eines Wirtschaftsjahres voraus. Das Verfahren entspricht auf Grund der Fortschreibung des Bestands der gleitenden Durchschnittsbewertung. Die Bewertung der Abgänge erfolgt mit den für die letzten Zugänge aufgewendeten Anschaffungs- und Herstellungskosten.[138]

3.7 Folgebewertung des Vorratsvermögens

3.7.1 Bestimmung des maßgeblichen Bewertungsmaßstabes und Teilwertvermutungen

4383 Im Rahmen der Folgebewertung ist den ermittelten Anschaffungs- und Herstellungskosten des Vorratsvermögens zum Bilanzstichtag der Teilwert der Wirtschaftsgüter gegenüberzustellen. Im Fall einer voraussichtlich dauernden Wertminderung eröffnet § 6 Abs. 1 Nr. 2 Satz 2 EStG das Wahlrecht, die Anschaffungs- und Herstellungskosten bis zur Höhe des niedrigeren Teilwerts zu vermindern.[139] Auszugehen ist dabei von dem Grundsatz, dass eine Teilwertabschreibung immer nur dann in Betracht kommt, wenn das Wirtschaftsgut selbst in seinem betrieblichen Zusammenhang und in seiner Bedeutung für den Betrieb an Wert verloren hat.

4384 In wirtschaftlicher Hinsicht dient die Teilwertabschreibung bei Wirtschaftsgütern des Vorratsvermögens der Verlustantizipation. Können angeschaffte Waren nach den zum Abschlussstichtag gegebenen Preisverhältnissen nur zu einem die Anschaffungskosten unterschreitenden Erlös veräußert werden, ist bereits zum Bilanzstichtag ein sich zukünftig erst realisierender Verlust entstanden. In systematischer Hinsicht geht eine Teilwertabschreibung auf Wirtschaftsgüter des Vorratsvermögens dem Ansatz einer Verbindlichkeitsrückstellung vor. Vor dem Ausweis einer Verbindlichkeitsrückstellung ist daher zu prüfen, ob eine wirtschaftsgutbezogene Wertminderung des Vorratsvermögens im Rahmen einer Teilwertabschreibung in Betracht kommt.[140] Praktisch kann sich das Konkurrenzverhältnis im Zusammenhang mit der bilanziellen Berücksichtigung von Umweltschutzmaßnahmen stellen. Dem niedrigeren Teilwert eines mit Schadstoffen belasteten Grundstücks steht dann eine ggf. öffentlich-rechtliche oder privatrechtliche Verpflichtung zur Schadensbeseitigung gegenüber.[141]

4385 Im Verhältnis zu § 253 Abs. 4 HGB resultiert aus § 6 Abs. 1 Nr. 2 Satz 2 EStG ein steuerlicher Bewertungsvorbehalt. Denn § 253 Abs. 4 HGB schreibt bei wertgeminderten Wirtschaftsgütern des Umlaufvermögens (losgelöst von der Dauer der Wertminderung) eine Teilwertabschreibung vor. Das bislang bei einer voraussichtlich dauernden Wertminderung ins Leere laufende Wahlrecht erstarkt auf Grund des § 5 Abs. 1 Satz 1 EStG zu einem echten steuerrechtlichen Wahlrecht, das unabhängig von der Handelsbilanz ausgeübt werden kann.[142]

---

138 Zu einem Berechnungsbeispiel vgl. *Hoffmann/Lüdenbach*, NWB Kommentar Bilanzierung, 9. Aufl., Herne 2018, § 256 Rz. 20 ff.
139 Vgl. zu Aspekten der Wahlrechtsausübung *Dietl*, DB 2012 S. 483.
140 Abschließend geklärt ist das Verhältnis zwischen Teilwertabschreibung und Ausweis einer Verbindlichkeitsrückstellung allerdings nicht. S. hierzu *Weber-Grellet*, in: Schmidt, 37. Aufl. 2018, § 5 EStG Rn. 361.
141 Vgl. *Gabert*, in: HHR, § 6 EStG Anm. 414.
142 Gl. A. *Dörfler/Adrian*, Ubg 2009 S. 385; *Herzig/Briesemeister*, Ubg 2009 S. 157.

Während die ermittelten Anschaffungs- und Herstellungskosten die Obergrenze der Bewertung definieren, kommt der Ermittlung des Teilwerts des Vorratsvermögens die Funktion zu, die zum Bilanzstichtag maßgebliche Untergrenze der Bewertung zu bestimmen. Neben der vorrangig anzuwendenden Einzelbewertung (§ 252 Abs. 1 Nr. 3 HGB, § 6 Abs 1 EStG) kann die Wertermittlung bei gleichartigen Waren auch anhand vereinfachter Bewertungsverfahren erfolgen.[143] Bewertungsverfahren sind die Gruppenbewertung (§ 240 Abs. 4 HGB, R 6.8 Abs 4 EStR), Durchschnittsbewertung (§ 240 Abs. 4 HGB; R 6.8 Abs. 3 Satz 3 EStR), Bildung von Festwerten (§ 240 Abs. 3 HGB, 6.8 EStH) sowie die Lifo-Bewertung (§ 6 Abs. 1 Nr. 2a EStG, R 6.9 EStR). 4386

Eine Definition des Teilwerts erfolgt durch § 6 Abs. 1 Nr. 1 Satz 3 EStG. Danach handelt es sich um den Betrag, den ein Erwerber des ganzen Betriebs im Rahmen des Gesamtkaufpreises für das einzelne Wirtschaftsgut ansetzen würde; dabei ist davon auszugehen, dass der Erwerber den Betrieb fortführt.[144] Aus der Definition wird deutlich, dass es sich bei dem Teilwert um einen im Rahmen einer Einzelbewertung gewonnenen Wertansatz handelt, der auf die Ermittlung eines kosten- und preisorientierten Sachwertes abstellt. Der Gesetzgeber hat es allerdings der Rechtsprechung überlassen, die abstrakte Teilwertdefinition zu konkretisieren.[145] 4387

Das Kriterium der Unternehmensfortführung für die Ermittlung des Teilwerts hat auch zur Folge, dass der gedachte Betriebserwerber den Betrieb in der bisherigen Form fortführen muss. D. h. ein Direkthändler kann als Begründung für eine Teilwertabschreibung auf das Warenlager nicht anführen, dass der Hersteller die Waren nur zu einem niedrigeren Rückkaufpreis in Zahlung nimmt.[146] Die Definition des Teilwerts zeichnet sich damit dadurch aus, dass der Teilwert aus einem fiktiven Unternehmenswert abgeleitet wird. 4388

Für die praktische Ermittlung des Teilwerts von Wirtschaftsgütern des Vorratsvermögens hat die Rechtsprechung verschiedene Teilwertvermutungen geprägt, die auf groben Schätzungen basieren. 4389

In systematischer Hinsicht kann eine Teilwertvermutung beim Vorratsvermögen an den Beschaffungspreisen (Wiederbeschaffungs- oder Wiederherstellungskosten) oder den Absatzpreisen ansetzen. 4390

Im Zeitpunkt der Anschaffung von Wirtschaftsgütern des Vorratsvermögens besteht die (widerlegbare) Vermutung, dass der Teilwert den Anschaffungs- und Herstellungskosten entspricht.[147] Dies gilt auch dann, wenn dem Steuerpflichtigen im Zusammenhang mit dem Anschaffungs- und Herstellungsvorgang überhöhte Aufwendungen entstanden sind.[148] Je kürzer der zeitliche Abstand zwischen Anschaffungs- bzw. Herstellungs- 4391

---

143 Vgl. BFH, Urteil vom 24.7.2003 – I B 107/02, BFH/NV 2004 S. 34.
144 Zur historischen Entwicklung der Teilwert-Fiktionen s. *Hiller/Biebinger*, DStZ 2017 S. 442.
145 Vgl. *Moxter*, Bilanzrechtsprechung, 2007, S. 267.
146 Vgl. BFH, Urteil vom 24.2.1994 – IV R 18/92, BStBl 1994 II S. 514.
147 Vgl. BFH, Urteile vom 19.5.1998 – I R 54/97, BStBl 1999 II S. 277; vom 7.11.1990 – I R 116/86, BStBl 1991 II S. 342.
148 Vgl. BFH, Urteil vom 4.3.1998 – X R 151/94, BFH/NV 1998 S. 1086.

zeitpunkt und Bilanzstichtag ist, desto stärker ist die Vermutung einer Übereinstimmung von Teilwert und Anschaffungs-/Herstellungskosten und desto höher sind die an den Nachweis einer Teilwertminderung zu stellenden Anforderungen.

4392 Wesentlich für die Bestimmung der in Frage kommenden Werte ist die Ableitung aus dem Beschaffungs- und/oder Absatzmarkt. Eine Teilwertabschreibung ist dann gerechtfertigt, falls in einem der Marktsegmente der Preis gemindert ist. Hierzu haben sich, bezogen auf das Vorratsvermögen, folgende Grundsätze herausgebildet:[149]

▶ **Fremdbezogene Vorräte (Roh-, Hilfs- und Betriebsstoffe, Waren)**: Zu den späteren Bilanzstichtagen besteht die Vermutung, dass der Teilwert von Roh-, Hilfs- und Betriebsstoffen sowie Waren den Wiederbeschaffungskosten entspricht.[150]

Sind die Wiederbeschaffungskosten nicht gesunken, ist zu vermuten, dass der Teilwert nicht niedriger als die ursprünglichen Anschaffungs- und Herstellungskosten ist. Dieser Vermutung liegt die Vorstellung zugrunde, dass der gedachte Erwerber des Betriebs, der einen funktionsfähigen Betrieb als Einheit übernimmt, als Teil des Gesamtkaufpreises für den Warenbestand denjenigen Betrag ansetzen würde, den er für die Wiederbeschaffung aufwenden müsste.

▶ **Eigene Erzeugnisse:** Der Teilwert von unfertigen und fertigen Erzeugnissen ist aus den Wiederherstellungskosten oder aus den Verkaufswerten (voraussichtliche Verkaufserlöse) abzuleiten. Dabei kann eine Ermittlung des Teilwerts durch eine progressive oder retrograde Ermittlung erfolgen.

4393 Sonderfälle der Teilwertermittlung stellen Überbestände an Roh-, Hilfs- und Betriebsstoffen (Ableitung aus dem Absatzmarkt) und Überbestände an unfertigen und fertigen Erzeugnissen (Ableitung sowohl aus dem Beschaffungs- als auch dem Absatzmarkt) dar.

4394 Die Teilwertvermutungen können durch den Nachweis einer Fehlmaßnahme widerlegt werden.[151] Eine Fehlmaßnahme liegt vor, wenn ein gedachter Erwerber des Betriebs den getätigten Aufwand nicht vergüten würde.[152] Hierfür ist der Nachweis zu führen, dass der wirtschaftliche Nutzen eines Wirtschaftsgutes von Anfang an hinter den aufgewendeten Anschaffungs- und Herstellungskosten zurückbleibt. Dies ist grundsätzlich nur dann der Fall, wenn irrtümlich der wirtschaftliche Nutzen eines angeschafften/hergestellten Wirtschaftsgutes falsch eingeschätzt worden ist. Dies ist bspw. dann der Fall, wenn hergestellten Produkte auf Grund einer Fehlkonstruktion nicht absetzbar sind. Bei sog. Verlustprodukten bzw. im Fall einer unentgeltlichen Abgabe von Produkten wird hingegen ein nicht die Selbstkosten abdeckender Veräußerungserlös bewusst in Kauf genommen.[153]

---

[149] Vgl. hierzu auch *Hoffmann/Lüdenbach*, NWB Kommentar Bilanzierung, 9. Aufl., Herne 2018, § 253 Rz. 224 ff.
[150] Vgl. BFH, Urteil vom 24.7.2003 – I B 107/02, BFH/NV 2004 S. 34; vom 9.11.1994 – I R 68/92, BStBl 1995 II S. 336; FG Saarland, Urteil vom 6.12.2005 – 1 V 282/05, rkr.
[151] Vgl. *Schindler*, in Kirchhof, 18. Aufl., § 6 EStG, Rn. 100.
[152] Vgl. FG Berlin-Brandenburg, Urteil vom 23.2.2010 – 1 K 2104/06 B, rkr., EFG 2010 S. 1122, zu im Umlaufvermögen eines Bauträgers bilanzierten Grundstücken.
[153] Hierzu nachfolgend unter Rz. 4479.

3.7.2 Voraussichtlich dauernde Wertminderung
3.7.2.1 Kriterien einer voraussichtlich dauernden Wertminderung

Für den Ansatz bzw. die Beibehaltung eines niedrigeren Teilwerts zu den auf die Teilwertabschreibung folgenden Bilanzstichtagen besteht gemäß § 6 Abs. 1 Nr. 2 Satz 2 EStG bzw. § 6 Abs. 1 Nr. 1 Satz 4 EStG i. V. m. § 6 Abs. 1 Nr. 2 Satz 3 EStG die Voraussetzung, dass eine voraussichtlich dauernde Wertminderung gegeben ist. In der Praxis ist das Vorliegen einer voraussichtlich dauernden Wertminderung im Hinblick auf die z. T. unklaren Voraussetzungen - häufig streitbehaftet.

Der Gesetzgeber stellt sowohl beim Anlage- als auch beim Umlaufvermögen gleichermaßen auf das Kriterium einer voraussichtlich dauernden Wertminderung ab. Dabei bleibt allerdings unberücksichtigt, dass Wirtschaftsgüter des Vorratsvermögens im Grundsatz nicht dazu bestimmt sind, dem Betrieb auf Dauer zu dienen. Insoweit steht das Kriterium der voraussichtlich dauernden Wertminderung in einem Spannungsverhältnis zum Wesen des Umlaufvermögens.[154]

Der Gesetzgeber hat in § 6 Abs. 1 Nr. 2 Satz 2 EStG nicht definiert, unter welchen Voraussetzungen eine voraussichtlich dauernde Wertminderung des Vorratsvermögens vorliegt. Allerdings ist eine Anlehnung an § 253 Abs. 2 HGB erkennbar. Bezeichnet wird eine Minderung des Teilwerts, die einerseits nicht endgültig sein muss, andererseits aber nicht nur vorübergehend sein darf.

Nach dem Willen des Gesetzgebers muss es sich - in Abgrenzung zur bloßen Wertschwankung - um ein nachhaltiges Absinken unter den maßgeblichen Buchwert handeln.[155] Ausschlaggebend ist, ob nach den zum Zeitpunkt der Bilanzaufstellung maßgeblichen Informationen mit einer Rückkehr zu dem früheren Wertansatz gerechnet werden kann. Dabei wird der Wertaufhellungszeitraum durch die gesetzliche Frist für die Aufstellung des Jahresabschlusses begrenzt.[156] Klar ist, dass ein nur vorübergehendes Absinken des Teilwerts unter den Buchwert des Wirtschaftsguts eine Teilwertabschreibung nicht rechtfertigt. Auch muss der Steuerpflichtige das Fortbestehen der Wertminderung zu jedem Bilanzstichtag nachweisen (Wertaufholungsgebot).

Die für Wirtschaftsgüter des Vorratsvermögens geltenden Verfahren der Gruppenbewertung und die mit diesen Verfahren einhergehenden Schätzungen stehen der Annahme einer voraussichtlich dauernden Wertminderung des Vorratsvermögens nicht entgegen.

Die nach dem Gesetzeswortlaut geforderte voraussichtliche Dauerhaftigkeit der Wertminderung verpflichtet den Rechtsanwender aber in deutlich größerem Umfang als bei der stichtagsbezogenen Feststellung des Teilwerts zur Vornahme von Prognosen und zur Einbeziehung von Erfahrungssätzen aus dem Wirtschafts- und Geschäftsverkehr. Aus Sicht eines sorgfältigen und gewissenhaften Kaufmanns müssen mehr Gründe für als gegen eine Nachhaltigkeit sprechen.

---

154 Vgl. hierzu auch *Gabert*, 2011, S. 81.
155 Vgl. BT-Drucks. 14/443 S. 22.
156 Vgl. BFH, Urteil vom 12.12.2012 – I B 27/12, BFH/NV 2013 S. 545.

4401 Die Rechtsprechung geht davon aus, dass die Auslegung des Begriffs zum einen darauf abzielen muss, den Zuwachs oder den Verlust wirtschaftlicher Leistungsfähigkeit periodengerecht zu erfassen. Zum anderen ist aber auch zu berücksichtigen, dass das Steuerverfahren als Massenverfahren konzipiert ist. Die Beurteilung, ob eine unstreitig eingetretene Minderung des Teilwerts eines Wirtschaftsguts voraussichtlich langfristig andauert, ist daher an Hand einfacher und leicht nachprüfbarer Kriterien zu beurteilen.

4402 Daraus folgt, dass die Beurteilung, ob eine Wertminderung „voraussichtlich dauernd" ist, unter Berücksichtigung der Eigenart des jeweils in Rede stehenden Wirtschaftsguts beurteilt werden muss.

4403 Eine voraussichtlich dauernde Wertminderung liegt nach Auffassung der Finanzverwaltung nur dann vor, wenn der Wert des Wirtschaftsgutes die Bewertungsobergrenze während eines erheblichen Teils der voraussichtlichen Verweildauer im Unternehmen nicht erreichen wird.[157]

4404 Da Wirtschaftsgüter des Vorratsvermögens nicht dazu bestimmt sind, dem Betrieb auf Dauer zu dienen, ist eine Wertminderung voraussichtlich von Dauer, wenn diese bis zum Zeitpunkt der Bilanzaufstellung oder dem voraussichtlichen Verkaufs- oder Verbrauchszeitpunkt anhält.[158] Scheidet das Wirtschaftsgut zwischen Bilanzstichtag und -aufstellung aus, ohne dass eine Werterholung eingetreten ist, steht die Dauerhaftigkeit der Wertminderung fest.

4405 **BEISPIEL** Ein Lebensmittelhersteller nimmt zum 31. 12. eine Teilwertabschreibung auf Waren vor, da die Waren nach dem Bilanzstichtag saisonbedingt voraussichtlich nur noch mit hohen Abschlägen verkauft werden können.

Nach dem Bilanzstichtag (aber vor dem Zeitpunkt der Bilanzaufstellung) ist ein Verkauf der Ware tatsächlich nur mit hohen Abschlägen möglich. Die Voraussetzungen einer voraussichtlich dauernden Wertminderung zum Bilanzstichtag liegen somit vor.

4406–4409 *(Einstweilen frei)*

3.7.2.2 Einfluss von Ereignissen nach dem Bilanzstichtag

4410 Die Finanzverwaltung ist der Auffassung, dass in die Beurteilung, ob eine voraussichtlich dauernde Wertminderung gegeben ist, auch Umstände einzubeziehen sind, die ihre wirtschaftliche Ursache ggf. erst nach dem Bilanzstichtag haben (etwa Devisen- oder Wertpapierkursentwicklungen).[159] Diese Vorgehensweise hat zur Folge, dass wertbeeinflussende Tatsachen Eingang in ein vorangehendes Jahr finden. Das Kriterium einer voraussichtlich dauernden Wertminderung steht insoweit in einem Spannungsverhältnis zum Stichtagsprinzip.

4411 Faktoren, die ihre wirtschaftliche Ursache nicht im abgelaufenen Wirtschaftsjahr haben, sind somit wertbeeinflussende Tatsachen, die im abgelaufenen Wirtschaftsjahr nicht zu berücksichtigen sind. Das Kriterium der „voraussichtlich dauernden Wertminderung" ist infolgedessen unter Heranziehung des Stichtagsprinzips dahingehend auszulegen, dass allein zu prüfen ist, ob bereits im abgelaufenen Wirtschaftsjahr ver-

---

[157] Vgl. BMF, Schreiben vom 2.9.2016 – S 2171-b/09/10002:002, BStBl 2016 I S. 995, Tz. 4.
[158] Vgl. BMF, Schreiben vom 2.9.2016, BStBl. 2016 I S. 995, Tz. 16.
[159] Vgl. BMF, Schreiben vom 2.9.2016, BStBl 2000 I S. 372, Tz. 6 u. 16.

ursachte Umstände voraussichtlich dauernd wertmindernd sind. Wertbeeinflussende Umstände dürfen nicht zurückwirken.

3.7.3 Wirtschaftliche Überlegungen im Zusammenhang mit der Vornahme einer Teilwertabschreibung

In bestimmten Konstellationen kann es sinnvoll sein, auf das Wahlrecht zur Vornahme einer Teilwertabschreibung im Rahmen der steuerlichen Gewinnermittlung zu verzichten.[160]

4412

Dies gilt etwa für den Fall, dass eine Teilwertabschreibung zu steuerlichen Verlusten führt, deren steuerliche Nutzung auf Grund eines schädlichen Beteiligungserwerbs i. S. d. § 8c KStG ausgeschlossen wäre. Auch sind Konstellationen denkbar, in denen eine Teilwertabschreibung das für die Bestimmung des Zinsabzugsvolumens i. S. d. § 4h EStG maßgebliche EBITDA (§ 4h Abs. 1 Satz 1 EStG) mindert. Denn für die Ermittlung des EBITDA ist der maßgebliche Gewinn nicht um Teilwertabschreibungen i. S. d. § 6 Abs. 1 Nr. 2 Satz 2 EStG zu erhöhen.[161]

4413

3.7.4 Nachweis eines niedrigeren Teilwerts

Die von der Rechtsprechung geprägten Teilwertvermutungen sind widerlegbar. Der Steuerpflichtige trägt allerdings die Feststellungslast für die steuermindernden Tatsachen. Daher muss der Steuerpflichtige die tatsächlichen Umstände, die die begehrte Teilwertabschreibung rechtfertigen sollen, so substantiiert vortragen, dass sich die Finanzverwaltung und die Steuergerichte konkrete Vorstellungen über die Wertminderung machen können.[162]

4414

Dies bedeutet, dass der Ansatz eines Wirtschaftsguts mit einem die Anschaffungs- oder Herstellungskosten unterschreitenden Teilwert nicht möglich ist, wenn die behaupteten Tatsachen nicht feststellbar sind.

4415

Für ein Abweichen von einer Teilwertvermutung besteht daher nach der ständigen BFH-Rechtsprechung die Voraussetzung, dass der Steuerpflichtige einen gegenüber der Teilwertvermutung niedrigeren Wert anhand der Umstände des Einzelfalls nachweist.[163] Wichtiges Indiz für einen gegenüber den Anschaffungs- bzw. Herstellungskosten niedrigeren Teilwert des Vorratsvermögens kann beispielsweise eine unerwartete überlange Lagerdauer sein.

4416

Im Grundsatz gilt, dass die Ermittlung des Teilwerts auf einer Schätzung beruht. In diese Schätzung gehen nicht nur Tatsachen ein, die sich aus den objektiven Verhältnissen des Betriebs ergeben, sondern auch aus außerbetrieblichen Verhältnissen (z. B. der allgemeinen wirtschaftlichen Entwicklung, der Marktlage, der besonderen Situation der Branche u. ä.). D. h. es fällt in die Sphäre des Steuerpflichtigen gegenüber der Fi-

4417

---

160 S. hierzu auch *Atilgan*, StuB 2017 S. 456.
161 Vgl. *Hick*, in: HHR, § 4h EStG Anm. 28.
162 S. auch BMF, Schreiben vom 2.9.2016, BStBl 2016 I S. 995, Tz. 3; FG München, Urteil vom 7.12.2010 – 6 K 3192/07, rkr., EFG 2011 S. 697.
163 Vgl. BFH, Urteil vom 24. 2.1994 – IV R 18/92, BStBl 1994 II S. 514.

nanzverwaltung darzulegen, dass bei der Schätzung allgemeine Schätzgrundsätze, Erfahrungssätze und Denkgesetze beachtet wurden.[164]

4418 Diese Schätzung ist auch für die Finanzbehörde maßgebend, solange sie nach den Verhältnissen des Betriebes „vertretbar" ist und nicht offensichtlich unrichtig und willkürlich ist. Umstände, die den Aussagegehalt der vorgelegten Beweise mindern, gehen daher zu Lasten des Steuerpflichtigen.[165]

4419 Wurden hingegen bei der Schätzung des Teilwerts die allgemeinen Erfahrungsgrundsätze für Schätzungen beachtet, obliegt der Finanzverwaltung die Verpflichtung den Nachweis zu führen, dass die Schätzung des Steuerpflichtigen außerhalb einer angemessenen Bandbreite liegt. Die von dem I. Senat des BFH zur verdeckten Gewinnausschüttung entwickelte Bandbreiten-Rechtsprechung ist auf die Schätzung des Teilwerts allerdings nicht übertragbar, da die Ermittlung des Teilwerts nicht auf einem Fremdvergleich aufbaut.[166]

4420 Dies bedeutet, dass es bei einem Streit über die Höhe einer dem Grunde nach anerkannten Teilwertabschreibung zunächst Sache der Finanzbehörde ist, ausreichende Anhaltspunkte für die Annahme darzutun, dass die Schätzung des Steuerpflichtigen aus dem üblichen Rahmen fällt. Bloße Zweifel genügen dazu nicht. Vielmehr müssen evtl. Bedenken auf Tatsachen oder Erfahrungssätzen beruhen, welche die der Teilwertabschreibung zugrunde liegende Schätzung als nicht mehr wahrscheinlich erscheinen lassen. Erst dann muss der Steuerpflichtige – unabhängig von seiner von Anfang an bestehenden Mitwirkungspflicht – darlegen und beweisen, dass seine Schätzung dennoch angemessen ist.

4421 Dabei ist zu beachten, dass den Steuerpflichtigen auch die Feststellungslast hinsichtlich des Fortbestehens der Wertminderung zu den folgenden Bilanzstichtagen trifft (§ 6 Abs. 1 Nr. 1 Satz 4 i. V. m. Nr. 2 Satz 3 EStG). Dies bedeutet, dass der Steuerpflichtige jährlich eine entsprechende Beweisvorsorge treffen muss.

4422–4424 *(Einstweilen frei)*

3.7.5 Einzelheiten zur Ermittlung der Wiederbeschaffungs- und Wiederherstellungskosten

3.7.5.1 Wiederbeschaffungskosten als Wertmaßstab

4425 Bei Roh-, Hilfs- und Betriebsstoffen sowie Waren besteht zu den späteren Bilanzstichtagen die Vermutung, dass der Teilwert den Wiederbeschaffungskosten entspricht. Die Wiederbeschaffungskosten als Wertmaßstab kommen für erworbene Wirtschaftsgüter in Betracht. Sind die Wiederbeschaffungskosten nicht gesunken, ist zu vermuten, dass der Teilwert nicht niedriger als die ursprünglichen Anschaffungskosten ist.[167] Dabei wird bei der Ermittlung der Wiederbeschaffungskosten auf den Betrag abgestellt, der am Bewertungsstichtag für die Beschaffung der Wirtschaftsgüter des Vorratsver-

---

164 Vgl. BMF, Schreiben vom 25.2.2000, BStBl 2000 I S. 372, Tz. 2.
165 Vgl. BFH, Urteil vom 27. 10.1983 – IV R 143/80, BStBl 1984 II S. 35.
166 Vgl. *Kulosa*, in: Schmidt, EStG, 37. Aufl. 2018, § 6 EStG Rz. 280; BFH, Urteil vom 19.8.2009 – III R 79/07, BFH/NV 2010, S. 610.
167 Vgl. BFH, Urteil vom 9.11.1994 – I R 68/92, BStBl 1995 II S. 336.

mögens aufzuwenden wäre. D. h. es wird ein fiktiver Vergleichsmaßstab zu den entstandenen Anschaffungskosten ermittelt. Sind die Wiederbeschaffungskosten am Bilanzstichtag niedriger, kommt in den verminderten Wiederbeschaffungskosten der entgangene Gewinn zum Ausdruck.

Auf Grund der Maßgeblichkeit des Beschaffungsmarktes besteht für die Vornahme einer Teilwertabschreibung auf die niedrigeren Wiederbeschaffungskosten nicht die Voraussetzung, dass auch die zu erwartenden Verkaufspreise zurückgehen. Eine Teilwertabschreibung darf bei niedrigeren Wiederbeschaffungskosten auch dann erfolgen, wenn die Wirtschaftsgüter zu unveränderten oder sogar höheren Verkaufspreisen veräußert werden können.[168]

3.7.5.2 Ermittlung der Wiederbeschaffungskosten

Nicht die scheinbare, sondern nur eine tatsächliche Minderung der Wiederbeschaffungskosten berechtigt zur Vornahme einer Teilwertabschreibung.

Die Feststellung der tatsächlichen Wiederbeschaffungskosten ist einfach, falls zum Bilanzstichtag ein Börsen- bzw. Marktpreis vorhanden ist und die verminderten Wiederbeschaffungskosten ihre Ursache in dem verminderten Preisniveau für diese Waren haben.[169] Insbesondere bei Roh-, Hilfs- und Betriebsstoffen können den Wiederbeschaffungskosten die Börsenpreise oder Marktpreise des Beschaffungsmarkts zum Bilanzstichtag zugrunde gelegt werden. Dabei umfassen die Wiederbeschaffungskosten auch die Wiederbeschaffungsnebenkosten. Hierzu zählen auch angefallene innerbetriebliche Aufwendungen, wie z. B. Transportkosten, Verpackungs- und Abfüllkosten. Minderungen der Anschaffungskosten durch Rabatte, Skonti sind bei der fiktiven Berechnung der Wiederbeschaffungskosten zu kürzen. Eine Minderung der Anschaffungskosten um einen Skontoabzug ist allerdings ausgeschlossen, wenn keine Inanspruchnahme bis zum Zeitpunkt der Bilanzaufstellung erfolgt ist.[170]

Auf Grund der Maßgeblichkeit der Wiederbeschaffungskosten zum Bilanzstichtag gilt das Stichtagsprinzip. Dabei können zur Ausschaltung außergewöhnlicher Umstände Kurskorrekturen des Stichtagskurses in Frage kommen, wenn die Börsen- oder Marktpreise vor oder nach dem Stichtag wesentlich niedriger sind als am Stichtag und voraussichtlich von Dauer sein werden.[171]

Ist zum Bilanzstichtag für die zu bewertenden fremd bezogenen Wirtschaftsgüter ein Börsen- bzw. Marktpreis nicht feststellbar, ist auf die fiktiven Einkaufspreise zum Bilanzstichtag abzustellen.

---

168 Vgl. *Kleinle/Dreixler*, in: HHR, § 6 EStG Anm. 582; BFH, Urteil vom 8.10.1957 – I 86/57 U, BStBl 1957 III S. 442; a. A. *Hoffmann/Lüdenbach*, NWB Kommentar Bilanzierung, 9. Aufl., Herne 2018, § 253 Rz. 231, der davon ausgeht, dass in diesem Fall die Ware verlustfrei bewertet ist und zukünftige Wirtschaftsjahre nicht von einem Verlust freizustellen sind.
169 Zu Einzelheiten der Ermittlung von Börsen- und Marktpreisen vgl. *Kleinle/Dreixler*, in: HHR, § 6 EStG Anm. 582.
170 Vgl. BFH, Urteil vom 27.2.1991 – I R 176/84, BStBl 1991 II S. 456.
171 Vgl. *Kleinle/Dreixler*, in: HHR, § 6 EStG Anm. 582 sowie R 6.8 Abs. 2 Satz 10 EStR.

3.7.5.3 Fiktive Wiederbeschaffungskosten

4431 Für die Bestimmung des Teilwerts nicht gängiger Waren sind deren fiktive Wiederbeschaffungskosten zu ermitteln.[172] Die fiktiven Wiederbeschaffungskosten werden durch Abschläge von den ursprünglichen Anschaffungs- und Herstellungskosten ermittelt.

4432 Bei nicht gängiger Ware handelt es sich um Produkte, deren Verkäuflichkeit beispielsweise auf Grund einer langen Lagerdauer eingeschränkt ist. Allerdings lässt sich allein mit einer langen Lagerdauer und den daraus resultierenden Kosten noch keine Teilwertabschreibung begründen. Eine Teilwertabschreibung setzt weiterhin voraus, dass die lange Lagerdauer auch mit einer schweren Verkäuflichkeit einhergeht.

4433 Die Besonderheit im Rahmen der Ermittlung des Teilwerts besteht dabei darin, dass der gedachte Erwerber des Unternehmens eine Wiederbeschaffung der Ware nicht vornehmen wird. Hinzu kommt, dass für nicht gängige Ware im Allgemeinen keine Wiederbeschaffungspreise ermittelt werden können.

4434 **BEISPIEL** Die zum Verkauf bestimmte Ware ist mit einem Verkaufspreis von 200 € ausgezeichnet. Der Rohgewinnaufschlag beträgt 100 %, die Anschaffungskosten somit 100 €. Der tatsächlich erzielbare Verkaufspreis beläuft sich auf nur noch 150 €.

Die Anschaffungskosten sind von 100 € auf 75 € abzuschreiben, da der gedachte Erwerber bei Anschaffungskosten von 75 € in der Lage wäre den üblichen Gewinnaufschlag in Höhe von 100 % zu erzielen.

3.7.5.4 Wiederherstellungskosten

3.7.5.4.1 Anwendung des Bewertungsverfahrens

4435 Bei selbst hergestellten fertigen und unfertigen Erzeugnissen besteht zu späteren Bilanzstichtagen die Vermutung, dass als Teilwert die fiktiven Wiederherstellungskosten anzusetzen sind. Zu ermitteln ist somit der sog. Reproduktionswert.[173] Soweit Erzeugnisse gleicher Art und Qualität auch kostengünstiger von Dritten bezogen werden können, darf dieser Umstand nicht berücksichtigt werden.

4436 Zu unterscheiden ist für die Ermittlung der Wiederherstellungskosten zwischen unfertigen und fertigen Erzeugnissen.

4437 Bei unfertigen Erzeugnissen umfassen die Wiederherstellungskosten nach der progressiven Methode als fiktive Reproduktionskosten alle „Aufwendungen, die bei dem Unternehmen anfallen würden, um das Erzeugnis in der Fertigungsstufe, in der es sich am Bilanzstichtag befindet, durch dieses Unternehmen zu reproduzieren".[174] D. h. bei der progressiven Ermittlung erfolgt die Ermittlung der Wiederherstellungskosten durch Summierung der bei der Herstellung anfallenden Kosten.[175] Die fiktive Reproduktion wird für den Bilanzstichtag unterstellt. Folge des Stichtagsprinzips ist, dass die Bestandteile der Herstellungskosten nach den Verhältnissen am Bilanzstichtag angesetzt und

---

172 Vgl. *Schubert/Roscher*, in: Beck'scher Bilanz-Kommentar, § 253 Rz. 554.
173 Vgl. *Kulosa*, in: Schmidt, EStG, 37. Aufl. 2018, § 6 EStG Rz. 255.
174 Vgl. BFH, Urteil vom 20.7.1973 – III R 100-101/72, BStBl 1973 II S. 794.
175 Vgl. BFH, Urteil vom 29.4.1970 – III 217/63, BStBl 1970 II S. 614.

bewertet werden. D. h. sowohl nachhaltige Kostensteigerungen als auch nachhaltige Kostenminderungen sind zu berücksichtigen.

Bei fertigen Erzeugnissen kommt hingegen i. d. R. eine retrograde Wertermittlung zur Anwendung. Dabei erfolgt die Ermittlung der Wiederherstellungskosten durch Rückrechnung vom voraussichtlichen Verkaufspreis.[176]

4438

In der Praxis ist die Ermittlung der Wiederherstellungskosten durch die retrograde Methode bei der Bewertung von unfertigen Erzeugnissen mit erheblichen Schwierigkeiten behaftet, da aussagefähige Vergleichspreise regelmäßig fehlen.

4439

Ein Preisrückgang bei verarbeiteten Rohstoffen kann nur dann zu einem niedrigeren Teilwert führen, wenn gleichzeitig auch mit einem Rückgang des Verkaufspreises des Fertigerzeugnisses zu rechnen ist und der Preisrückgang voraussichtlich von Dauer ist.

4440

Für die Prüfung, ob eine voraussichtlich dauernde Wertminderung gegeben ist, sind im Grundsatz die Verhältnisse am Bilanzstichtag maßgeblich. D. h. für Vergleichszwecke ist für die Ermittlung der fiktiven Wiederherstellungskosten auf die am Bilanzstichtag maßgeblichen Wertansätze abzustellen. Der ermittelte Wertansatz kann als Rechtfertigungsgrund für die Vornahme einer Teilwertabschreibung nur dann herangezogen werden, wenn die bei der Ermittlung der Herstellungskosten angesetzten niedrigeren Wertansätze von voraussichtlicher Dauer sind. Für diese Beurteilung sind aller Erkenntnisse bis zum Tag der Bilanzerstellung heranzuziehen.

4441

3.7.5.4.2 Bestandteile der Wiederherstellungskosten

Bei der Ermittlung der Wiederherstellungskosten sind die Vollkosten anzusetzen. Auszugehen ist dabei von den steuerlichen Herstellungskosten. Außerdem sind neben Verwaltungsgemein- und Vertriebskosten auch innerbetriebliche Transportkosten, Verpackungen und sonstige bereits aufgewendete Vertriebskosten den Wiederherstellungskosten zuzurechnen. Fremdkapitalzinsen sind einzubeziehen, sofern diese nach R 6.3 Abs. 5 EStR zu den Herstellungskosten zählen.[177]

4442

Kalkulatorische Kosten (bspw. ein fiktiver Unternehmerlohn) sind nicht einzubeziehen.[178] Ein Gewinnaufschlag ist in die Kalkulation ebenfalls nicht einzubeziehen. Dem Verzicht auf den Einbezug eines Gewinnaufschlages in die Ermittlung des Reproduktionswerts liegt die Überlegung zugrunde, dass ein gedachter Erwerber des Unternehmens nur die Aufwendungen vergüten würde, die dem Unternehmen entstehen, um die fertigen bzw. halbfertigen Waren wiederherzustellen.

4443

3.7.5.4.3 Nachweis niedriger Wiederbeschaffungs- bzw. Wiederherstellungskosten

Für einen Nachweis niedriger Wiederbeschaffungs- und Wiederherstellungskosten ist zu dokumentieren, dass für die Beschaffung bzw. Wiederherstellung des zu bewerten-

4444

---

176 Vgl. BFH, Urteil vom 25.11.2009 – X R 27/05, BFH/NV 2010 S. 1090.
177 Vgl. *Ehmcke*, in: Blümich, 138. Aufl., 2017, § 6 EStG Rz. 648.
178 Vgl. *Kulosa*, in: Schmidt, EStG, 37. Aufl. 2018, § 6 EStG Rz. 255; a. A. *Kleinle/Dreixler*, in: HHR, § 6 EStG Anm. 582.

den Wirtschaftsguts des Vorratsvermögens auf Grund der nach dem Bilanzstichtag bis zur Bilanzaufstellung eingetretenen Verhältnisse, mit geringeren Aufwendungen zu rechnen ist.

4445 Für einen Nachweis niedrigerer Wiederbeschaffungskosten sind nach der Rechtsprechung ausreichende und repräsentative Aufzeichnungen über tatsächliche Preisherabsetzungen der Waren zu führen.[179] Sonderangebote können als Nachweis generell niedrigerer Marktpreise nicht herangezogen werden. Weiterhin muss auch dokumentiert werden, dass die dem Vergleich zugrunde liegenden Wirtschaftsgüter in ihren wesentlichen Eigenschaften mit dem angeschafften Wirtschaftsgut vergleichbar sind.

4446 Entsprechend erfordert der Nachweis niedrigerer Wiederherstellungskosten den Nachweis verminderter Aufwendungen für die Einzelkomponenten des Herstellungsvorgangs.

4447–4449 *(Einstweilen frei)*

3.7.6 Widerlegung der Teilwertvermutung bei zum Absatz bestimmten Wirtschaftsgütern bei vermindertem Veräußerungserlös

3.7.6.1 Einbezug des Absatzmarktes in die Abschätzung des Teilwerts

4450 Der Teilwert von zum Absatz bestimmten Waren und sonstigen Vorräten hängt nicht nur von ihren Wiederbeschaffungskosten, sondern auch von ihrem voraussichtlichen Veräußerungserlös ab.[180] Bei Beständen an Roh-, Hilfs- und Betriebsstoffen kann der Teilwert nicht unter Berücksichtigung der erzielbaren Verkaufserlöse ermittelt werden. Ausschlaggebend ist, dass diese Wirtschaftsgüter nicht zur Veräußerung bestimmt sind.[181]

4451 Nach der Rechtsprechung des BFH kann sich ein im Vergleich zu den Wiederbeschaffungskosten niedrigerer Teilwert ergeben, wenn der voraussichtliche künftige Veräußerungserlös die Selbstkosten und einen im Betrieb üblichen Unternehmergewinn nicht mehr deckt (sog. verlustfreie Bewertung).[182] In diesem Fall ist in Höhe des ungedeckten Betrags eine Teilwertabschreibung von den Anschaffungs- oder Herstellungskosten steuerlich anzuerkennen.[183] Danach eröffnet der gesetzliche Teilwertbegriff die Möglichkeit, bei der Bewertung künftige Aufwendungen vorwegzunehmen.

4452 Dieser Vorgehensweise liegt der Umstand zugrunde, dass bei zum Absatz bestimmten Wirtschaftsgütern des Vorratsvermögens dem am Absatzmarkt erzielbaren Preis für die Abschätzung des Teilwerts besondere Relevanz zukommt. Hierfür ist auch ursächlich, dass in der Praxis der Nachweis eines niedrigeren Teilwerts mittels niedrigerer Wiederbeschaffungs- bzw. Wiederherstellungskosten bei einem stetig steigenden Preisniveau an Bedeutung verliert. Dabei ist auch bei der Abschätzung des Teilwerts unter Berücksichtigung des erzielbaren Veräußerungserlöses zu berücksichtigen, dass der Nachweis

---

179 Vgl. BFH, Urteil vom 27.10.1983 – IV R 143/80, BStBl 1984 II S. 35.
180 Vgl. R 6.8 Abs. 2 Satz 3 EStR.
181 Vgl. BFH, Urteil vom 30.1.1980 – I R 89/79, BStBl 1980 II S. 327.
182 Vgl. BFH, Urteile vom 29.4.1999 – IV R 14/98, BStBl 1999 II S. 681; vom 25.7.2000 – VIII R 35/97, BStBl 2001 II S. 566.
183 Vgl. *Saure*, DStR 2017 S. 408.

einer voraussichtlich dauernden Wertminderung geführt werden muss. D. h. die Minderung des auf dem Absatzmarkt erzielbaren Preises muss bis zum Zeitpunkt der Aufstellung der Bilanz anhalten.

Ein nicht die Selbstkosten sowie einen durchschnittlichen Unternehmergewinn deckender Verkaufserlös kann auf vom Unternehmen beeinflussbare und nicht beeinflussbare Ursachen zurückzuführen sein. Vom Unternehmen nicht beeinflussbare Wertminderungen können auf Lagerschäden sowie Produktmängel zurückgehen. Hingegen wird im Fall der Produktion von Verlustprodukten bzw. im Fall der unentgeltlichen Abgabe von Produkten ein nicht die Selbstkosten sowie einen durchschnittlichen Unternehmergewinn deckendes Entgelt von dem Unternehmen bewusst in Kauf genommen.[184]   4453

(Einstweilen frei)   4454–4455

3.7.6.2 Ermittlungsmethoden eines unzureichenden Verkaufserlöses

Für die Ermittlung des Teilwerts bei unzureichenden Veräußerungserlösen gelangen verschiedene Berechnungsverfahren zur Anwendung. Ausgehend von der Berechnungsrichtung kann die Ermittlung des Teilwerts durch eine progressive oder durch eine retrograde Rechnung erfolgen. Beide Verfahren müssen zu einem Teilwert in gleicher Höhe führen.[185] Die Finanzverwaltung erkennt für die Ermittlung eines unzureichenden Verkaufserlöses mit der Subtraktionsmethode und der sog. Formelmethode zwei Berechnungsverfahren an.[186]   4456

Bei der Subtraktionsmethode wird der voraussichtlich erzielbare Veräußerungserlös um die nach dem Bilanzstichtag noch anfallenden Aufwendungen und den durchschnittlichen Unternehmergewinn vermindert, um den Verkaufswert (= Teilwert) zu ermitteln.[187] Für die Ermittlung der Höhe der Teilwertabschreibung wird dieser Wert dann den bis zum Stichtag bereits angefallenen Herstellungskosten gegenübergestellt. D. h. im Rahmen der Subtraktionsmethode erfolgt eine retrograde Ermittlung des Teilwerts. Diese Methode steht im Einklang mit der Ermittlung der voraussichtlich erzielbaren Veräußerungserlöse durch die BFH-Rechtsprechung.[188]   4457

BEISPIEL   4458

	Retrograde Ermittlung der Teilwertabschreibung	€
1.	Voraussichtlicher Verkaufserlös	1.000
2.	Bis zum Bilanzstichtag angefallene Herstellungskosten	600
3.	Nach dem Bilanzstichtag anfallende Herstellungskosten	300
4.	Durchschnittlicher Gewinnaufschlag	200
	Höhe der Teilwertabschreibung, falls 2.+3.+4. > 1.	100

---

184 Vgl. hierzu nachfolgend unter Rz. 4479.
185 Vgl. *Kleinle/Dreixler*, in: HHR, § 6 EStG Anm. 582.
186 Vgl. R 6.8 Abs. 2 EStR.
187 Vgl. BFH, Urteil vom 24.7.2003 – I B 107/02, BFH/NV 2004 S. 34; R 6.8 Abs. 2 Satz 4 EStR.
188 Vgl. BFH, Urteil vom 27.10.1983 – IV R 143/80, BStBl 1984 II S. 35.

Kapitel II: Umlaufvermögen

	Progressive Ermittlung der Teilwertabschreibung	€
1.	Bis zum Bilanzstichtag angefallene Herstellungskosten	600
2.	Nach dem Bilanzstichtag anfallende Herstellungskosten	300
3.	Durchschnittlicher Gewinnaufschlag	200
4.	Voraussichtlicher Verkaufserlös	1.000
	Höhe der Teilwertabschreibung, falls 1.+2.+3. > 4.	100

4459   Können von dem Unternehmen die nach dem Bilanzstichtag noch anfallenden betrieblichen Aufwendungen dem einzelnen Produkt nicht durch entsprechende Aufzeichnungen zugeordnet werden, lässt die Finanzverwaltung auch eine Ermittlung auf der Grundlage der sog. Formelmethode zu. Dabei wird zur Ermittlung des Teilwerts der erzielbare Kaufpreis in das Verhältnis zu dem durchschnittlichen prozentualen Unternehmergewinn und den prozentual nach dem Bilanzstichtag anfallenden Kosten gesetzt.[189]

3.7.6.3 Komponenten der Verkaufspreismethode
3.7.6.3.1 Ermittlung des Verkaufserlöses

4460   Der voraussichtliche Veräußerungserlös ist aus der Sicht der Verhältnisse des Bilanzstichtags für den Zeitpunkt der voraussichtlichen Veräußerung zu schätzen.[190] Im Hinblick auf die nach § 6 Abs. 1 Nr. 2 EStG nachzuweisende Dauerhaftigkeit der Wertminderung ist zu überprüfen, ob der ermittelte niedrigere Verkaufserlös bis zum Zeitpunkt der Bilanzaufstellung fortbesteht.[191] Folge dieser Ermittlungsmethode ist, dass beispielsweise nach dem Bilanzstichtag umgesetzte Preiserhöhungen in die Ermittlung der maßgeblichen Verkaufserlöse eingehen. Entsprechend sind auch nach dem Bilanzstichtag umgesetzte Preissenkungen zu berücksichtigen.

4461   Zu ermitteln ist ein Brutto-Verkaufserlös. Dies bedeutet, dass nach den Verhältnissen des Bilanzstichtages erwartete Erlösschmälerungen (Rabatte, Skonti, Boni) den voraussichtlich erzielbaren Brutto-Verkaufserlös mindern. Erhöhungen der Verkaufspreise, die am Bilanzstichtag zu erwarten sind, sind bei der Teilwertermittlung zu berücksichtigen. Ebenso sind für Herabsetzungen der Verkaufspreise die Erwartungen am Bilanzstichtag maßgebend. Auf dem Absatzmarkt für ein Produkt bestehende Preisdifferenzierungen sind zu berücksichtigen. Für die praktische Umsetzung müssen ggf. unterschiedliche Gruppen der zu bewertenden Wirtschaftsgüter gebildet werden.

3.7.6.3.2 Höhe der Selbstkosten

4462   Die zur retrograden Bewertung der eigenen Erzeugnisse von den zukünftigen Erlösen zu kürzenden Selbstkosten im steuerrechtlichen Sinn umfassen die bis zum Bewertungsstichtag bereits angefallenen Kosten (Aufwendungen) und die nach dem Bilanzstichtag bis zur Veräußerung noch anfallenden Kosten. D. h. für die Ermittlung der Selbstkosten

---

[189] Zu Einzelheiten vgl. R 6.8 Abs. 2 EStR.
[190] Vgl. BFH, Urteil vom 27.10.1983 – IV R 143/80, BStBl 1984 II S. 35.
[191] Vgl. BMF, Schreiben vom 25.2.2000, BStBl 2000 I S. 372, Tz. 23.

ist darauf abzustellen, welche Aufwendungen für das Wirtschaftsgut bereits angefallen sind, bzw. bis zur Veräußerung noch anfallen.

Zu ermitteln sind die Herstellungskosten gemäß R. 6.3 EStR, dabei ist von der Vollkostenrechnung auszugehen. Der Begriff der Selbstkosten ist dabei im Sinne von Aufwendungen zu verstehen. Eine Berücksichtigung kalkulatorischer Selbstkosten kommt daher nicht in Frage.

4463

Für die Ermittlung der Selbstkosten kommt es nicht darauf an, ob es sich um Anschaffungs- bzw. Herstellungskosten oder um nicht bilanzierbare Kosten handelt. Zu berücksichtigen sind beispielsweise auch nicht zu bilanzierende Vertriebskosten. Auch voraussichtlich noch anfallende Lagerkosten sind bei der Ermittlung des Teilwerts als Element der Selbstkosten zu berücksichtigen.

4464

Für die praktische Umsetzung besteht für die Ermittlung der Selbstkosten die Voraussetzung, dass jedem einzelnen Artikel des Sortiments die durch ihn verursachten Aufwendungen zugeordnet werden können. Die Rechtsprechung will eine hierfür eingesetzte Kostenstellenrechnung nur dann anerkennen, falls diese „differenziert genug" ist, um „jedem einzelnen Artikel des Sortiments die durch ihn verursachten Kosten zuordnen" zu können.[192] Die so ermittelten Aufwendungen sind um einen Aufschlag für den Anteil an den nicht unmittelbar zuzuordnenden Aufwendungen zu erhöhen.[193] D. h. zu ermitteln sind die Selbstkosten auf Vollkostenbasis.[194]

4465

3.7.6.3.3 Deckung eines durchschnittlichen Unternehmergewinns

Sowohl bei der retrograden als auch bei der progressiven Ermittlungsmethode ist ein durchschnittlicher Unternehmergewinn zu berücksichtigen. Dabei ist bei der retrograden Berechnung der voraussichtlich dauerhaft gesunkene Verkaufspreis um einen Gewinnaufschlag zu vermindern. Bei der progressiven Methode ist der Gewinnaufschlag den Selbstkosten hinzuzurechnen.

4466

Bei dem durchschnittlichen Unternehmergewinn handelt es sich um einen kalkulatorischen Kostenbestandteil. Der Höhe nach handelt es sich bei dem Unternehmergewinn um eine Durchschnittsgröße. Denn maßgeblich ist der durchschnittliche Gewinn, der für das zu bewertende Wirtschaftsgut kalkuliert wird. Im Fall der Herstellung unterschiedlicher Warengruppen ist auf den für die jeweilige Warengruppe anzusetzenden Gewinnaufschlag abzustellen.

4467

3.7.6.4 Nachweis niedrigerer erzielbarer Verkaufserlöse

3.7.6.4.1 Dokumentation der maßgeblichen betrieblichen Bestimmungsgrößen

Wird eine Teilwertabschreibung von zum Absatz bestimmten Waren und sonstigen Vorräten mit niedrigeren erzielbaren Verkaufserlösen begründet, müssen die betrieblichen Bestimmungsgrößen der erwarteten niedrigeren Verkaufserlöse dokumentiert

4468

---

192 Vgl. BFH, Urteil vom 29.4.1999 – IV R 14/98, BStBl 1999 II S. 681.
193 Vgl. BFH, Urteil vom 27.10.1983 – IV R 143/80, BStBl 1984 II S. 35.
194 Vgl. BFH, Urteil vom 25.11.2009 – X R 27/05, BFH/NV 2010 S. 1090.

werden. Dabei ist zu beachten, dass nach der Rechtsprechung allein der Nachweis einer langen Lagerdauer nicht ausreicht, um den Ansatz eines niedrigeren Verkaufserlöses zu rechtfertigen.[195] Eine lange Lagerdauer stellt allein kein Indiz für niedrigere erzielbare Verkaufserlöse dar.

4469 Daher ist zu belegen, dass die Schätzung der erzielbaren Verkaufserlöse (und die daraus abgeleiteten Teilwertabschreibungen) eine objektive betriebliche Grundlage haben.[196] Hierzu ist es erforderlich, dass der Kaufmann für die am Bilanzstichtag vorhandenen Waren in ausreichendem und repräsentativem Umfang die im Folgejahr auch tatsächlich erzielten Verkaufserlöse nachweist und den Erlösen sowohl die Selbstkosten zuzüglich durchschnittlicher Unternehmergewinne dieser Waren als auch die im Rahmen der Teilwertschätzung angesetzten voraussichtlichen niedrigeren Verkaufserlöse gegenüberstellt.

4470 In zeitlicher Hinsicht sind die Verhältnisse zum Bilanzstichtag maßgeblich, in die die bis zum Zeitpunkt der Bilanzaufstellung zugehenden werterhellenden Informationen eingehen. Für die Begründung niedrigerer erzielbarer Verkaufserlöse kann auch ein Rückgriff auf Vergangenheitserfahrungen erfolgen. Dies setzt allerdings voraus, dass sich die für die Bewertung maßgeblichen Verhältnisse nicht wesentlich geändert haben. Allein der Hinweis auf die betrieblichen Erfahrungen in der Vergangenheit ist allerdings nicht ausreichend. Die für die Bewertung maßgeblichen Tatsachen sind zu dokumentieren.[197]

3.7.6.4.2 Tatsächliche Preisherabsetzung der Waren

4471 Zu unterscheiden ist zwischen Unternehmen, die die niedrigeren erwarteten Verkaufserlöse durch eine Preisherabsetzung nachvollziehen und Unternehmen, die auf eine Preisherabsetzung verzichten. Dabei ist allerdings zu berücksichtigen, dass nach der Rechtsprechung des BFH der Ansatz eines niedrigeren Teilwerts bei Warenvorräten voraussetzt, dass der niedrigere erzielbare Verkaufspreis durch eine tatsächliche Herabsetzung der Verkaufspreise nachvollzogen wird.[198]

4472 Wird der niedrigere erwartete Preis durch eine Preisherabsetzung nachvollzogen, sind zum Nachweis des niedrigeren erwarteten Verkaufserlöses Preisherabsetzungslisten bzw. geänderte Preisschilder vorzulegen, die die Wertminderungen und dadurch bedingte Erlösausfälle in dem behaupteten Umfang glaubhaft erscheinen lassen.

3.7.6.4.3 Verzicht auf eine Preisherabsetzung der Waren

4473 Wird hingegen auf eine Preisherabsetzung verzichtet, besteht nach der BFH-Rechtsprechung die widerlegbare Vermutung, dass der Steuerpflichtige die ursprünglich festgesetzten Preise für noch erzielbar hält.

4474 Diese Vermutung kann beispielsweise dadurch widerlegt werden, dass wichtige betriebliche Gründe, die nicht mit dem tatsächlichen Wert der Ware zusammenhängen,

---

195 Vgl. BFH, Urteil vom 24.2.1994 – IV R 18/92, BStBl 1994 II S. 514.
196 Vgl. BFH, Urteil vom 5.6.1985 – I R 65/82, BFH/NV 1986 S. 204.
197 Vgl. BFH, Urteil vom 14.7.1983 – IV R 95/81, zitiert nach juris.
198 Vgl. BFH, Urteile vom 24.2.1994 – IV R 18/92, BStBl 1994 II S. 514; vom 6.11.1975 – IV R 205/71, BStBl 1977 II S. 377.

ein Festhalten an den ursprünglichen Preisen gebieten.[199] Dies ist beispielsweise dann der Fall, wenn durch den Verzicht auf eine Preisherabsetzung eine Beeinträchtigung des Ansehens des Unternehmens und der Ware vermieden werden soll. Entsprechendes gilt, falls nach den betrieblichen Gegebenheiten auch ohne bereits erfolgte Preisherabsetzungen wegen einer langen Lagerdauer auf eine geminderte oder gar ganz entfallende Absatzmöglichkeit und dadurch bedingte unzulängliche bzw. ganz entfallende Verkaufserlöse geschlossen werden kann.[200] Auch kann ein Verzicht auf eine Preisherabsetzung in Frage kommen, wenn durch eine Kostenstellenrechnung der Nachweis geführt werden kann, dass der erzielbare Preis die bis zur Veräußerung anfallenden Selbstkosten zuzüglich eines durchschnittlichen Unternehmergewinns nicht deckt.[201]

3.7.7 Sonderfälle der Teilwertermittlung

3.7.7.1 Abgrenzung der Teilwertabschreibung auf schwebende Geschäfte vom Anwendungsbereich der Verlustrückstellung

Teilfertige Bauten sind als „unfertige Erzeugnisse" bzw. „unfertige Leistungen" unter den Vorräten auszuweisen. In diesen Fällen haben die Vertragsparteien einen gegenseitigen auf einen Leistungsaustausch gerichteten Vertrag geschlossen, bei dem sich Leistungsverpflichtung und Gegenleistungsanspruch zum Bilanzstichtag gleichwertig gegenüberstehen.[202]   4475

Teilwertabschreibungen auf Wirtschaftsgüter des Umlaufvermögens sind bei schwebenden Geschäften vom Anwendungsbereich der Verlustrückstellung (§ 249 Abs. 1 HGB) abzugrenzen. Die Rechtsprechung hat sich mit dieser Fragestellung im Zusammenhang mit der Bilanzierung dem Umlaufvermögen zugeordneter verlustträchtiger teilfertiger Bauten befasst.[203] Es handelt sich um Sachverhalte, bei denen am Bilanzstichtag erkennbar ist, dass noch nicht fertiggestellte Bauleistungen nicht kostendeckend durchgeführt werden können. Der Teilwert umfasst dabei die bislang aufgewendeten Selbstkosten (Reproduktionskosten auf Vollkostenbasis) ohne den bislang noch nicht realisierten Gewinn.[204]   4476

Die handelsrechtliche Verpflichtung, bei einem drohenden Verlust aus einem schwebenden Geschäft eine Rückstellung zu bilden (§ 249 Abs. 1 Satz 1 HGB), ist einkommensteuerrechtlich für Wirtschaftsjahre, die nach dem 31.12.1996 enden, durch § 5 Abs. 4a Satz 1 EStG ausgeschlossen worden. Die Rechtsprechung geht davon aus, dass unabhängig davon, ob es sich um ein "unfertiges Erzeugnis" oder um eine "unfertige Leistung" handelt, ein i. S. d. Bilanzrechts zu bewertendes Wirtschaftsgut des Umlaufvermögens vorliegt. D. h. es kann zwischen der Bewertung von Vorräten und der Bilanzierung schwebender Geschäfte unterschieden werden.   4477

---

199 Vgl. BFH, Urteil vom 13.10.1976 – I R 79/74, BStBl 1977 II S. 540.
200 Vgl. BFH, Urteil vom 24.2.1994 – IV R 18/92, BStBl 1994 II S. 514.
201 Vgl. BFH, Urteil vom 29.4.1999 – IV R 14/98, BStBl 1999 II S. 681.
202 Vgl. hierzu auch *Patek*, BFuP 2011 S. 282.
203 Vgl. BFH, Urteil vom 25.11.2009 – X R 27/05, BFH/NV 2010 S. 1090.
204 Vgl. BFH, Urteil vom 15.3.1968 – III R 161/66, BStBl 1968 II S. 578.

4478 Vor diesem Hintergrund geht die Rechtsprechung davon aus, dass auch die im Rahmen eines schwebenden Geschäfts hergestellten teilfertigen Bauten nach den Grundsätzen der sog. retrograden Bewertung auf die gegenüber ihren Herstellungskosten niedrigeren Teilwerte abgeschrieben werden können.[205] Maßgebend für die Höhe der Teilwertabschreibung ist der gesamte aus dem Auftrag drohende Verlust.

3.7.7.2 Besonderheiten bei Verlustprodukten

4479 Besonderheiten gelten für die Ermittlung des Teilwerts sog. Verlustprodukte. Verlustprodukte liegen vor, wenn das Erzeugnis/die Leistung nur unter den Selbstkosten veräußert werden kann, mit dem Verkauf der Verlustprodukte aber wirtschaftliche Vorteile für das Unternehmen als Ganzes erwartet werden. Vor diesem Hintergrund nimmt es das Unternehmen in Kauf, dass der Verkaufspreis die kalkulierten Kosten (Selbstkosten) des Produktes nicht deckt.[206]

4480 Dabei gelten zunächst für die Ermittlung des Teilwerts sog. Verlustprodukte die allgemeinen Grundsätze. D. h. der Teilwert von zum Absatz bestimmten Waren hängt nicht nur von ihren Wiederbeschaffungskosten, sondern auch von ihrem voraussichtlichen Veräußerungserlös ab. Deckt dieser Preis nicht mehr die Selbstkosten der Waren zuzüglich eines durchschnittlichen Unternehmergewinns, so sind die Anschaffungskosten um den Fehlbetrag zu mindern. Bei Waren spricht jedoch nach ständiger Rechtsprechung des BFH eine Vermutung dafür, dass ihr Teilwert im Zeitpunkt der Anschaffung den Anschaffungskosten, später den Wiederbeschaffungskosten, entspricht. Sind die Wiederbeschaffungskosten der Waren nicht gesunken, ist deshalb zu vermuten, dass der Teilwert nicht niedriger als die ursprünglichen Anschaffungskosten ist.

4481 Einem die Selbstkosten nicht deckenden Verkaufspreis können unterschiedliche betriebswirtschaftliche Gründe zugrunde liegen: z. B. Marktanteilserweiterung, Produkteinführung, Sortimentserweiterung, Konkurrenzabwehr, Kapazitätsauslastung, Mischkalkulation, Verkaufsförderung.[207]

4482 Im Fall von sog. Verlustprodukten kann der Steuerpflichtige regelmäßig eine Kalkulation vorlegen, nach der die erzielbaren Erlöse die bis zur Veräußerung anfallenden Selbstkosten zuzüglich eines durchschnittlichen Unternehmergewinns nicht decken. Nach der Rechtsprechung liegen in diesen Fällen die Voraussetzungen einer Teilwertabschreibung allerdings nicht vor, wenn das Unternehmen insgesamt Gewinne erzielt, d. h. die Aufnahme einzelner Verlustprodukte in das Sortiment keine Fehlmaßnahme darstellt.[208] Dabei stellt die Rechtsprechung auch darauf ab, dass auch ein gedachter Erwerber des Betriebes die nicht kostendeckende Kalkulation einzelner Produkte fortführen würde, falls es sich um Artikel handelt, bei denen eine nicht kostendeckende Kalkulation branchenüblich ist. Der gedachte Erwerber hätte keinen Anlass, für die Verlustprodukte einen niedrigeren Betrag als die Anschaffungskosten anzusetzen, weil diese Produkte keinen negativen Erfolgsbeitrag für den Betrieb im Ganzen leisten und

---

[205] Vgl. BFH, Urteil vom 7.9.2005 – VIII R 1/03, BStBl 2006 II S. 298 sowie *Herzig/Teschke*, DB 2006 S. 576; BFH, Urteil vom 25.11.2009 – X R 27/05, BFH/NV 2010 S. 1090.
[206] Vgl. BFH, Urteil vom 25.7.2000 – VIII R 35/97, BStBl 2001 II S. 566.
[207] S. hierzu auch *Schindler*, in: Kirchhof, 18. Aufl., § 6 EStG, Rn. 96.
[208] Vgl. BFH, Urteil vom 29.4.1999 – IV R 14/98, BStBl 1999 II S. 681 mit Anm. *Weber-Grellet*, FR 1999 S. 1064.

er sie sich ebenfalls nur zu den vom Veräußerer aufgewendeten Anschaffungskosten wiederbeschaffen könnte. Die Finanzverwaltung geht ebenfalls davon aus, dass Teilwertabschreibungen in diesem Fall nicht zulässig sind.[209]

Diese Beurteilung steht in einem gewissen Spannungsverhältnis zum Grundsatz der Einzelbewertung und dem Verbot des Ausweises nichtrealisierter Gewinne. Denn aus Sicht des gedachten Erwerbers wird in Höhe des nicht durch die Selbstkosten gedeckten Betrages Aufwand für eine künftige Gewinnaussicht vergütet.[210]

4483

3.7.7.3 Unentgeltliche Abgabe von Produkten

Auch die von vornherein geplante unentgeltliche Abgabe von Wirtschaftsgütern rechtfertigt eine Teilwertabschreibung nicht.[211] Dies ist beispielsweise bei der unentgeltlichen Abgabe von Verkaufsmustern der Fall. Hierfür ist ausschlaggebend, dass der Verzicht auf ein Entgelt nur vor dem Hintergrund anderweitiger für das Unternehmen erwarteter Vorteile in Kauf genommen wird.[212] D. h. selbst Wirtschaftsgüter, die kostenlos abgegeben werden, können einen positiven Teilwert haben. Eine Teilwertabschreibung kommt damit immer nur dann in Betracht, wenn das Wirtschaftsgut selbst in seinem betrieblichen Zusammenhang und in seiner Bedeutung für den Betrieb an Wert verloren hat.

4484

3.7.7.4 Pauschale Teilwertabschreibungen durch Ansatz von Gängigkeitsabschlägen

In einigen Branchen (beispielsweise in der Schmuckindustrie) sind Gängigkeitsabschläge gebräuchlich, durch die die Anschaffungs- und Herstellungskosten um einen pauschalen Abschlag vermindert werden.[213] Grundsätzliche Voraussetzung für die Anwendung eines Gängigkeitsabschlags ist, dass die Ware schwer verkäuflich, also nicht gängig ist.

4485

In der Praxis liegen dem Ansatz von Gängigkeitsabschreibungen vor allem praktische Überlegungen zugrunde. So erfolgt der Ansatz von Gängigkeitsabschreibungen in Fällen, in denen bei einer Vielzahl von Einzelartikeln die Wiederbeschaffungs- bzw. Wiederherstellungskosten mit einem vertretbaren Aufwand nicht ermittelt werden können. Mit diesen Abschlägen werden regelmäßig auch die aus nicht zeitnah zu veräußernden Überbeständen resultierenden Kosten in Form von Risiken technisch-wirtschaftlicher Art (Fehlerhaftigkeit, technische Veralterung der Bestände, Mode- oder Geschmackswandel, Bruch usw.) berücksichtigt.

4486

Bemessungsgrundlage für die Ermittlung der Gängigkeitsabschläge bildet in der Praxis in der Regel die Umschlagshäufigkeit der Bestände. Zu Nachweiszwecken kann daher die Aufteilung des Warenbestandes in Gängigkeitsklassen zweckmäßig sein. Durch den Einsatz von Warenwirtschaftssystemen stehen die für eine Systematisierung erforderli-

4487

---

209 Vgl. BMF, Schreiben vom 2.9.2016, BStBl 2016 I S. 995, Tz. 3.
210 Vgl. u. a. *Christiansen*, StBp 1988 S. 266.
211 Vgl. BFH, Urteil vom 30.1.1980 – I R 89/79, BStBl 1980 II S. 327.
212 Insoweit kann eine Parallele zu dem sog. Apotheker-Fall gezogen werden (vgl. BFH, Urteil vom 23.6.1997 – GrS 2/93, BStBl 1997 II S. 735). Auch hier war die Vermietung unter den eigenen Kosten durch andere Ziele (im Urteilsfall Standortvorteile) veranlasst.
213 Für einen Überblick s. *Müller*, PiR 2017 S. 195.

chen Daten regelmäßig zur Verfügung. Die Finanzverwaltung hat in der Vergangenheit den Ansatz von Gängigkeitsabschlägen u. a. auf den Warenbestand von Apotheken,[214] Musikalienhandel,[215] Sortimentsbuchhandel zugelassen.

4488 Der Ansatz sog. Gängigkeitsabschläge steht allerdings unter dem Vorbehalt, dass zumindest ausschnittsweise für bestimmte Produktgruppen der Nachweis geführt werden kann, dass die lange Lagerdauer tatsächlich mit niedrigeren erzielbaren Veräußerungserlösen korreliert.[216] D. h. Gängigkeitsabschläge kommen bei voraussichtlich dauernder Wertminderung dem Grunde nach zur Berücksichtigung schwerer Verkäuflichkeit und technisch-wirtschaftlicher Risiken in Betracht. Allein die Ermittlung einer langen Lagerdauer rechtfertigt nicht bereits den Ansatz pauschaler Gängigkeitsabschläge.[217] Dies gilt zumindest solange die Waren zu den ursprünglichen Preisen angeboten und auch verkauft werden. Die Finanzverwaltung lässt die Berücksichtigung von pauschalen Abwertungen für Überbestände schwer verkäuflicher Waren daher auch nur in Ausnahmefällen zu.[218]

3.7.7.5 Teilwertermittlung bei nicht unmittelbar zum Absatz bestimmten Produkten
3.7.7.5.1 Ursachen für einen niedrigeren Teilwert

4489 Am Absatzmarkt orientierte Methoden zur Widerlegung der Teilwertvermutungen können nicht bei Wirtschaftsgütern des Vorratsvermögens zur Anwendung gelangen, die nicht zum Absatz, sondern zum Verbrauch im Betrieb bestimmt sind. Angesprochen ist vor allem die Wertermittlung bei Roh-, Hilfs- und Betriebsstoffen.

4490 Bei Betrachtung der Beschaffungsseite kann eine Wertminderung auf ein Absinken der Wiederbeschaffungskosten oder auf ein Absinken der innerbetrieblichen Gewinnungs-, Beschaffungs-, Verarbeitungs- oder Herstellungskosten zurückzuführen sein. Zudem kann eine Wertminderung auch auf Einschränkungen hinsichtlich der Verwendung der Roh-, Hilfs-, Betriebsstoffe zurückzuführen sein. Angesprochen sind beispielsweise Qualitätsminderungen der Wirtschaftsgüter sowie Beschränkungen hinsichtlich der wirtschaftlichen und technischen Verwendbarkeit.[219] Eine lange Lagerdauer der Roh-, Hilfs-, Betriebsstoffe kann ein Indiz für eine mangelnde technische und wirtschaftliche Verwendbarkeit der Wirtschaftsgüter darstellen. Diese Einschränkungen werden auch als mangelnde „Gängigkeit" bezeichnet, die in der Bewertung durch vereinfachte Verfahren mittels Gängigkeitsabschlägen berücksichtigt werden können.

3.7.7.5.2 Ermittlung eines niedrigeren Teilwerts

4491 Die Ermittlung eines niedrigeren Teilwerts ist an dem Grund für die mangelnde Gängigkeit der Roh-, Hilfs-, Betriebsstoffe im Betrieb auszurichten. Dabei ist zu beachten, dass auf Grund der für Roh-, Hilfs-, Betriebsstoffe geltenden Bewertungsvereinfachungen im

---

214 Vgl. *BP-Kartei*, DB 1964 S. 1279.
215 Vgl. OFD Düsseldorf, Vfg. vom 17.3.1964, StEK § 6 Abs. 1 Ziff. 2 EStG Nr. 17.
216 Vgl. BFH, Urteil vom 24.2.1994 – IV R 18/92, BStBl 1994 II S. 514.
217 Vgl. *Görgen*, DStR 2015 S. 2250.
218 Kritisch zum Ansatz von Gängigkeitsabschlägen *Birkhan*, JbFfSt 2007/2008 S. 645.
219 Vgl. *Kleinle/Dreixler*, in: HHR, § 6 EStG Anm. 582.

Rahmen der Inventur keine überhöhten Anforderungen an die Ermittlung des Teilwerts gestellt werden dürfen.

Untergrenze der Bewertung bildet der Schrott- bzw. Materialwert, der im Fall einer Veräußerung an einen fremden Dritten erzielbar wäre. Der Ansatz des Schrott- oder Materialwerts dürfte aber nur dann in Frage kommen, wenn eine weitere betriebliche Verwendung ausgeschlossen werden kann. Kommt hingegen eine weitere betriebliche Verwendung in Frage, behilft sich die Praxis für die Ermittlung niedrigerer Teilwerte in der Regel mit dem Ansatz pauschaler Wertabschläge. Dies setzt allerdings voraus, dass die betrieblichen Gegebenheiten für die Begründetheit der pauschalen Abschläge dargelegt werden können. 4492

(Einstweilen frei) 4493–4499

4. Forderungen und sonstige Wirtschaftsgüter
4.1 Abgrenzung aktivierungspflichtiger Forderungen
4.1.1 Voraussetzungen der Forderungsaktivierung

Die Bilanzposition Forderungen bezeichnet das Recht auf eine Leistung. Ihre rechtliche Grundlage findet eine Forderung somit in einem Schuldverhältnis auf Grund dessen der Inhaber einer Forderung von einem Dritten eine bestimmte Leistung verlangen kann. Ausgehend von der handelsrechtlichen Bilanzierung zählen Forderungen im Grundsatz zum Umlaufvermögen. Dies gilt auch dann, wenn die Forderung über einen längeren Zeitraum nicht beglichen worden ist.[220] Ein Ausweis als Anlagevermögen kommt dann in Frage, wenn es sich um langfristige Ausleihungen handelt. Ausleihungen mit einer festen Laufzeit über vier Jahre dürften i. d. R. zum Anlagevermögen zählen.[221] 4500

Bei nach HGB bilanzierenden Gewerbebetrieben ist für die Aktivierung einer Forderung von den handelsrechtlichen Grundsätzen ordnungsmäßiger Buchführung (§ 5 Abs. 1 Satz 1 EStG) auszugehen. Der Ausweis einer Forderung hängt insoweit eng mit dem Realisationsgrundsatz zusammen. Gemäß § 252 Abs. 1 Nr. 4 HGB sind Gewinne (und damit Forderungen) nur zu berücksichtigen, wenn sie am Abschlussstichtag realisiert sind.[222] Nach dem in dieser Regelung kodifizierten Realisationsprinzip dürfen Vermögensmehrungen nur erfasst werden, wenn sie disponibel sind. In Bezug auf die Aktivierung von Forderungen liegt diese Voraussetzung vor, wenn eine Forderung entweder rechtlich bereits entstanden ist oder die für die Entstehung wesentlichen wirtschaftlichen Ursachen im abgelaufenen Geschäftsjahr gesetzt worden sind und der Kaufmann mit der künftigen rechtlichen Entstehung des Anspruchs fest rechnen kann.[223] Für Honorarforderungen nach der HOI a.F. gilt hinsichtlich des Zeitpunktes der Gewinnrealisierung folgende Besonderheit: [224] Für bis zum 17.8.2009 vertraglich vereinbarte Leis- 4501

---

220 Vgl. *Ehmcke*, in: Blümich, 138. Aufl., 2017, § 6 EStG Rz. 885.
221 Vgl. *Strahl*, in: Korn, § 6 EStG Rz. 322.
222 Vgl. nur BFH, Urteil vom 7.8.2000 – GrS 2/99, BStBl 2000 II S. 631.
223 Vgl. BFH, Urteile vom 8.11.2000 – I R 10/98, BStBl 2001 II S. 349; vom 12.5.1993 – XI R 1/93, BStBl 1993 II S. 786.
224 Zur Rechtsentwicklung s. *Prinz*, in Steuerberater-Jahrbuch 2015/2016, Köln 2016, S. 296 ff.; *Kahle/Eichholz*, in Hachmeister/Kahle/Mock/Schüppen, § 252 HGB Rn. 171.

tungen nach § 8 Abs. 2 HOI a.F. kommt es zu einer Vorverlagerung des Zeitpunktes der Gewinnrealisierung. In Anwendung der Grundsätze der BFH-Entscheidung vom 14.5.2014[225] tritt Gewinnrealisierung bereits dann ein, wenn der Anspruch nach § 8 Abs. 2 HOI a.F. entstanden ist.[226]

4502 Ausgehend von den Vorgaben des Realisationsprinzips sind vertraglich begründete (Kaufpreis-)Forderungen bspw. erst dann zu aktivieren, wenn der Leistungsverpflichtete die von ihm geschuldete Erfüllungshandlung „wirtschaftlich erbracht" hat und die Zahlung auf die Gegenleistung somit hinreichend sicher ist.[227] Dies gilt jedenfalls solange und soweit die Forderung nicht bestritten ist. So kann dem Entstehen einer Forderung entgegenstehen, dass nach dem Bilanzstichtag Mängel geltend gemacht werden.

4503 Wirtschaftlich entstanden ist eine Forderung dann, wenn die für ihre Entstehung wesentlichen wirtschaftlichen Ursachen im abgelaufenen Geschäftsjahr gesetzt wurden und der Kaufmann mit der künftigen zivilrechtlichen Entstehung des Anspruchs fest rechnen kann.[228] Bspw. wird eine Forderung aus dem Verkauf eines Grundstücks mit dem Übergang von Besitz, Gefahr, Nutzen und Lasten realisiert.[229]

4504 Die Aktivierung einer Forderung richtet sich somit in erster Linie nicht nach rechtlichen, sondern nach wirtschaftlichen Gesichtspunkten.[230] Maßgebend ist deshalb nicht, ob eine Forderung oder ein Anspruch fällig oder ein Recht realisierbar ist, sondern ob der Vermögensvorteil wirtschaftlich ausnutzbar ist und einen durchsetzbaren gegenwärtigen Vermögenswert darstellt.

4505 Demgegenüber kommt es für die Gewinnrealisierung nicht darauf an, ob am Bilanzstichtag bereits die Rechnung erteilt worden ist, die geltend gemachten Ansprüche noch abgerechnet werden müssen oder ob der Fälligkeitszeitpunkt erst nach dem Bilanzstichtag liegt.[231]

4506 Diese Grundsätze für die Aktivierung von Forderungen sind in der Praxis in verschiedenen Ausprägungsformen anzutreffen. Die für die Praxis wichtigsten Fallgruppen stellen

▶ teilerfüllte Forderungen,

▶ bestrittene Forderungen

▶ sowie aufschiebend bzw. auflösend bedingte Forderungen dar.

Zudem stellt sich die Frage nach der Forderungsaktivierung bei zeitraumbezogenen Leistungen.

---

225 VIII R 25/11, BStBl. II 2014 S. 968.
226 Zur Billigkeitsregelung s. BMF vom 15.3.2016 – VV DEU BMF 2016-03-15 IV C 6, BStBl 2016 I S. 279.
227 Vgl. BFH, Urteil vom 12.2.1993 – XI R 1/93, BStBl 1993 II S. 786.
228 Vgl. BFH, Urteile vom 26.4.1995 – I R 92/94, BStBl 1995 II S. 594; vom 17.9.1992 – I R 24/92, BFH/NV 1994 S. 578.
229 Vgl. BFH, Urteil vom 8.9.2005 – IV R 40/04, BStBl 2006 II S. 26.
230 Vgl. BFH, Urteil vom 14.6.2006 – VIII R 60/03, BStBl 2006 II S. 650.
231 Vgl. BFH, Urteil vom 3.8.2005 – I R 94/03, BStBl 2006 II S. 20.

4.1.2 Teilerfüllung

Die handelsrechtlichen Grundsätze ordnungsmäßiger Bilanzierung werden von dem Vorsichtsprinzip, dem Realisationsprinzip und dem Imparitätsprinzip beherrscht. Nicht verwirklichte Gewinne dürfen nicht ausgewiesen werden, nicht verwirklichte Verluste müssen ausgewiesen werden. In diesem Rahmen sind auch die Grundsätze über sog. schwebende Geschäfte zu sehen. 4507

Ansprüche und Verbindlichkeiten aus schwebenden Geschäften werden nicht bilanziert, solange und soweit sie einander ausgleichend gegenüberstehen, auch wenn sie am Bilanzstichtag bereits rechtlich entstanden sind. Aktivierungen und Passivierungen unterbleiben, solange das Gleichgewicht solcher Vertragsbeziehungen nicht durch schuldrechtliche Vorleistungen oder Erfüllungsrückstände gestört ist. 4508

Vor diesem Hintergrund ist die Entscheidung, ob ein Vertrag zum Teil erfüllt ist, unter Berücksichtigung der bürgerlich-rechtlichen Vorschriften zu treffen, die für das jeweilige Rechtsgeschäft gelten.[232] Dies ist beispielsweise bei Bauten, deren Erstellung sich über mehrere Jahre hinzieht, der Fall, wenn endgültige Teilabrechnungen getätigt oder abgrenzbare und bereits abgenommene Teilbauten hergestellt worden sind.[233] 4509

4.1.3 Bestrittene Forderungen

Bestrittene Forderungen dürfen erst am Schluss des Wirtschaftsjahres angesetzt werden, in dem der Schuldner den Anspruch anerkannt hat. So fehlt es bei einer bestrittenen Forderung an einem durchsetzbaren gegenwärtigen Vermögenswert. Eine Aktivierung kann erst dann erfolgen, wenn der Anspruch rechtskräftig zuerkannt worden ist oder der Schuldner den Anspruch anerkennt.[234] 4510

4.1.4 Aufschiebend bzw. auflösend bedingte Forderungen

Aufschiebend bedingte Forderungen sind bis zum Eintritt der Bedingung noch nicht realisiert und daher noch nicht zu aktivieren.[235] D. h. es muss Ungewissheit bestehen, dass das den Anspruch begründende Ereignis tatsächlich eintritt. 4511

Anders ist die Situation im Fall einer auflösend bedingten Forderung. In diesem Fall ist die Forderung wirtschaftlich bereits entstanden und damit zu aktivieren. Der Eintritt der auflösenden Bedingung erfolgt erst in einem späteren Wirtschaftsjahr.[236] 4512

4.1.5 Teilrealisation bei Dauerschuldverhältnissen

Schwebenden Geschäften liegen gegenseitige auf einen Leistungsaustausch gerichtete Verträge zugrunde, die von der zur Sach- und Dienstleistung verpflichteten Partei noch nicht voll erfüllt sind.[237] Ein Bilanzansatz entfällt daher. Ein solcher Vertrag verliert 4513

---

232 Vgl. BFH, Urteil vom 8.12.1982 – I R 142/81, BStBl 1983 II S. 369.
233 Vgl. BFH, Urteil vom 5.5.1976 – I R 121/74, BStBl 1976 II S. 541.
234 Dies gilt auch für Steuerforderungen. Vgl. BFH, Urteil vom 15.3.2000 – II R 15/98, BStBl 2000 II S. 588.
235 Vgl. BFH, Urteil vom 26.4.1995 – I R 92/94, BStBl 1995 II S. 594.
236 Vgl. FG Rheinland-Pfalz, Urteil vom 27.4.1994 – 1 K 1918/91, rkr., EFG 1994 S. 738 zu einer auflösend bedingten Kaufpreisforderung.
237 Vgl. BFH, Urteil vom 23.6.1997 – GrS 2/93, BStBl 1997 II S. 735.

seinen Charakter als schwebender Vertrag, wenn der bzw. einer der zur Sach- oder Dienstleistung Verpflichtete alle von ihm geschuldeten Erfüllungshandlungen so vollständig erbracht hat, dass ihm die Forderung auf die Gegenleistung, von den normalen Forderungsrisiken abgesehen, so gut wie sicher ist.[238] D. h. bei Dauerschuldverhältnissen mit längerem Erfüllungszeitraum werden die Teilleistungen pro rata temporis der abgelaufenen Vertragszeit realisiert.[239] Hinsichtlich der offenen Vertragslaufzeit handelt es sich um einen schwebenden Vertrag.[240]

4514–4519 *(Einstweilen frei)*

4.2 Ermittlung der Anschaffungskosten von Forderungen

4.2.1 Forderungen aus Liefer- und Leistungsbeziehungen

4520 Forderungen sind in der Steuerbilanz (§ 6 Abs. 1 Nr. 2 EStG) ebenso wie in der Handelsbilanz (§ 253 Abs. 1 Satz 1 HGB) im Grundsatz mit den Anschaffungskosten zu bewerten.

4521 Anschaffungskosten im engeren Sinne liegen allerdings nur bei derivativem Erwerb einer Forderung von einem Dritten im Wege der Abtretung (Zession) vor.[241] Die Anschaffungskosten entsprechen dann (unabhängig von der Höhe des Nennwerts der Forderung) den vom Steuerpflichtigen getätigten Aufwendungen. In die Ermittlung der Aufwendungen gehen auch angefallene Nebenkosten ein. Dabei ist der Kauf einer Forderung nur dann gegeben, wenn das Risiko der wirtschaftlichen Verwertbarkeit der Forderungen (Bonitätsrisiko) auf den Erwerber übergeht, insoweit also keine Möglichkeit des Regresses besteht.[242] Andernfalls kann eine Darlehensgewährung durch den Käufer der Forderung vorliegen.[243] Die gleichen Grundsätze gelten für den Erwerb durch Wertpapiere verbriefter Forderungen (beispielsweise Inhaberschuldverschreibungen, Scheck- und Wechselforderungen).

4522 Häufiger anzutreffen ist der Fall, dass eine Forderung auf einer Liefer- bzw. Leistungsbeziehung beruht. Bei originär in der Person des Steuerpflichtigen durch Vertrag oder Gesetz entstehenden Geldforderungen bestimmen sich die Anschaffungskosten nach dem Nennwert der Forderung.[244]

4523 Bei einer durch Verkauf eines Wirtschaftsguts begründeten Forderung entspricht der Nennwert der Forderung den Anschaffungskosten. Dies gilt selbst dann, wenn die Forderung durch Ausübung eines Rücktrittsrechts des Käufers wieder beseitigt werden kann.[245] Hinsichtlich des Zeitpunktes der Forderungsrealisierung kommt es auch unter dem Aspekt der Aktivierung wirtschaftlich entstandener Forderungen bei Kaufverträgen

---

238 Vgl. FG München, Bescheid vom 8.4.2011 – 1 K 3669/09, rkr., zitiert nach juris.
239 Vgl. BFH, Urteil vom 20.5.1992 – X R 49/89, BStBl 1992 II S. 904.
240 Vgl. *Kahle/Eichholz*, in Hachmeister/Kahle/Mock/Schüppen, § 252 HGB Rz. 173.
241 Vgl. *Kleinle/Dreixler*, in: HHR, § 6 EStG Anm. 560.
242 Vgl. BFH, Urteil vom 26.8.2010 – I R 17/09, DStR 2010 S. 2455.
243 Vgl. hierzu *Schmid*, DStR 2011 S. 795. Die an den Forderungskäufer geleisteten „Gebühren" stellen Entgelte für Schulden und Diskontbeträge bei der „Veräußerung von anderen Geldforderungen" i. S. d. § 8 Nr. 1 Buchst. a GewStG dar, wenn der Vorfinanzierungsbetrag dem Forderungsverkäufer für mindestens ein Jahr zur Verfügung steht.
244 Vgl. BFH, Urteil vom 30.11.1988 – I R 114/81, BStBl 1990 II S. 117.
245 Vgl. BFH, Urteil vom 25.1.1996 – IV R 114/94, BStBl 1997 II S. 382.

auf den Zeitpunkt des Übergangs der Preisgefahr auf den Käufer an, d. h. auf den Übergang des Risikos des zufälligen Untergangs und der zufälligen Verschlechterung. Ist die Lieferung eine Bringschuld, geht die Preisgefahr mit der Übergabe der verkauften Sache über (§ 446 Abs. 1 BGB). Beim Versendungskauf (Schickschuld) erfolgt der Gefahrenübergang mit der Auslieferung an den Spediteur oder die mit der Beförderung beauftragte Person (§ 447 Abs. 1 BGB). Die Realisierung erfolgt also, obwohl dem Käufer das wirtschaftliche Eigentum (die Verfügungsmacht) noch nicht verschafft wurde.

Forderungen in ausländischer Währung sind in entsprechender Anwendung von § 256a HGB mit dem Devisenkassamittelkurs im Zeitpunkt der Entstehung der Forderung zu bewerten. 4524

Wird der erwartete Zahlungseingang durch ein Devisentermingeschäft kursgesichert (Verkauf per Termin auf den Fälligkeitszeitpunkt), sind die auf Euro lautenden Anschaffungskosten der Forderung durch den Terminkurs fixiert.

Eine Forderung ist auch dann mit dem Nennwert anzusetzen, wenn die Forderung nicht sofort fällig ist. D. h. die Un- bzw. Niedrigverzinslichkeit einer Forderung beeinflusst die Anschaffungskosten einer Forderung nicht.[246] Auswirkungen ergeben sich aus der Un- bzw. Niedrigverzinslichkeit allerdings für die Ermittlung des Teilwerts der Forderung.[247] 4525

4.2.2 Darlehensforderungen

4.2.2.1 Ausweis von Darlehensforderungen mit dem Nennbetrag

Bei aus einer Darlehensvergabe resultierenden Forderungen handelt es sich um nicht gewinnrealisierende Forderungen. Die Anschaffungskosten werden durch die Aufwendungen für die Anschaffung bestimmt. D. h. an die Stelle der Anschaffungskosten tritt der Nennbetrag der Forderung.[248] Tilgungsbeträge sind von dem Nennwert abzusetzen. 4526

Für Darlehensforderungen ergibt sich die Maßgeblichkeit des Nennbetrags aus den anerkannten Grundsätzen der Bilanzierung eines Ausgabe-Disagio. Liegt nämlich der Auszahlungsbetrag unter dem Nennbetrag, so ist die Forderung mit dem Nennbetrag anzusetzen, obgleich Anschaffungskosten im üblichen Sinne im Wesentlichen nur in Höhe des geringeren Auszahlungsbetrages entstanden sind. In Höhe des Unterschiedsbetrages (Disagio, Damnum) muss ein passiver Rechnungsabgrenzungsposten gebildet werden.[249] Der Nennbetrag gilt auch dann als Anschaffungskosten, wenn das Darlehen unverzinslich bzw. niedrig verzinst ist.[250] Denn die Unverzinslichkeit oder niedrige Verzinslichkeit betrifft nicht die (fiktiven) Anschaffungskosten, sondern den Teilwert der Darlehensforderung. 4527

4.2.2.2 Forderung des Entleihers im Rahmen einer Wertpapierleihe

Zivilrechtlich liegt einem Wertpapierleihgeschäft (beispielsweise über börsenfähige Wertpapiere) ein Vertrag über ein Sachdarlehen i. S. d. § 607 BGB zugrunde.[251] Für die 4528

---

246 Vgl. BFH, Urteil vom 23.5.1975 – I R 236/72, BStBl 1975 II S. 875.
247 Hierzu nachfolgend unter Rz. 4555.
248 Vgl. BFH, Urteil vom 23.4.1975 – I R 236/72, BStBl 1975 II S. 875.
249 Vgl. *Kulosa*, in: Schmidt, EStG, 37. Aufl. 2018, § 6 EStG Rz. 140.
250 Vgl. BFH, Urteil vom 30.11.1988 – I R 114/84, BStBl 1990 II S. 117.
251 Zur Funktionsweise s. auch BMF v. 17. 7. 2017 - IV C 1-S 2252/15/10030, BStBl 2017 I S. 986.

Bilanzierung eines Wertpapierleihgeschäfts bestehen keine besonderen Regelungen, so dass die handelsrechtlichen GoB gelten. Zur Anwendung gelangen die für Sachdarlehen geltenden Grundsätze. In steuerlicher Hinsicht zeichnet sich ein Wertpapierleihgeschäft dadurch aus, dass der Darlehensgeber dem Darlehensnehmer im Rahmen des Leihgeschäfts das wirtschaftliche Eigentum an Wertpapieren i. S. d. § 39 Abs. 2 Nr. 1 AO verschafft. Damit tritt der Darlehensnehmer in alle Rechte aus den Wertpapieren ein; er ist auch berechtigt, die Wertpapiere weiterzuverleihen, zu verkaufen oder zu verpfänden; § 8b Abs. 1 u. Abs. 2 KStG kann bei dem Entleiher auf die entliehenen Anteile und daraus resultierenden Einkünfte zur Anwendung kommen.[252] Das wirtschaftliche Eigentum verbleibt hingegen ausnahmsweise bei dem Verleiher, wenn der Entleiher auf Grund der Ausgestaltung des Leihgeschäfts – im Rahmen der vorzunehmenden Gesamtwürdigung – lediglich eine formale Eigentümerposition erlangt.[253] In einem solchen Fall sind die Wertpapiere steuerlich weiterhin dem Darlehnsgeber zuzurechnen.

4529 Der Entleiher ist nach Ablauf der Leihfrist verpflichtet, Wertpapiere gleicher Art, Güte und Menge an den Verleiher zurückzugeben (sog. Gattungsschuld). Die Forderung des Entleihers ist ungeachtet des Übergangs des wirtschaftlichen Eigentums an den Wertpapieren auf den Entleiher mit dem Buchwert der entliehenen Wertpapieren zu bewerten (Sachdarlehensforderung i. S. d. § 607 BGB). D. h. durch das Leihgeschäft erfährt die Zuordnung der verliehenen Wertpapiere zum Umlaufvermögen keine Änderung. Die Tauschgrundsätze finden keine Anwendung, insoweit gibt es für den Verleiher auch keine Anschaffungskosten i. S. d. § 6 Abs. 6 EStG.[254] Eventuell bestehende Haltefristen, beispielsweise nach § 6b Abs. 10 EStG, werden durch das Leihgeschäft nicht unterbrochen.[255]

4530 Stille Reserven oder stille Verluste im Zeitpunkt der Begründung des Wertpapierdarlehens sind insoweit ohne Bedeutung.[256] Die Sachforderung ist am Bilanzstichtag wie die verliehene Wertpapierposition zu bewerten. Bei einer auf Aktien gerichteten Sachdarlehensforderung handelt es sich allerdings nicht um einen Anteil i. S. d. § 8b Abs. 2 KStG.

4531 D. h. soweit die Voraussetzungen für den Ansatz des niedrigen Teilwerts vorliegen, kann auch eine steuerwirksame Teilwertabschreibung des Sachdarlehens erfolgen. Der § 8b Abs. 3 Satz 3 KStG steht einer steuerwirksamen Teilwertabschreibung nicht entgegen. Bei einer Sachdarlehensforderung gegenüber einer Tochtergesellschaft kann allerdings § 8b Abs. 3 Satz 4 KStG einer steuerwirksamen Teilwertabschreibung entgegenstehen.

4532 Als Grund für eine Teilwertabschreibung des Darlehens kommt eine voraussichtlich dauernde Wertminderung der verliehenen Aktien oder eine verminderte Bonität des Entleihers in Betracht.

---

252 In den von § 8b Abs. 10 KStG erfassten Fällen besteht ein Betriebsausgabenabzugsverbot für die Leihgebühr sowie ein Anwendungsausschluss von § 8b Abs. 1 u. Abs. 2 u. Abs. 5 KStG durch den Entleiher.
253 Zu einem solchen Sonderfall s. BFH, Urteil vom 18.8.2015 – I R 88/13, BStBl 2016 II S. 961 und das hierzu ergangene Anwendungsschreiben. S. BMF vom 11.11.2016 - IV C 6-S 2134/10/10003-02, BStBl 2016 I S. 1324.
254 Vgl. LfSt Bayern, Vfg. vom 20.7.2010 – S 2134.1.1-5/2 St32, ESt-Kartei BY § 5 Karte 3.1.
255 Vgl. *Häuselmann/Wiesenbart*, DB 1990 S. 2129.
256 Vgl. *Häuselmann/Wagner*, FR 2003 S. 333; *Haisch*, in: HHR, § 5 EStG Anm. 1554.

Hinsichtlich der Rechtsfolgen einer Wertaufholung ist zu unterscheiden, ob die Wertaufholung den Rückübertragungsanspruch oder die zurück übertragenen Wertpapiere selbst betrifft. Umstritten ist, ob die Teilwertabschreibung des Rückübertragungsanspruchs den zurück übertragenen Wertpapieren anhaftet, sofern die wiedererlangten Wertpapiere erst nach der Rückübertragung auf den Verleiher durch eine Wertaufholung maximal bis zu ihren historischen Anschaffungskosten aufgestockt werden. Ausgehend von dem Wortlaut des § 8b Abs. 2 KStG ist der Zuschreibungsertrag „steuerfrei", wenn im Rahmen der Teilwertabschreibung nicht der „Anteil", sondern die Sachforderung auf den niedrigeren Teilwert abgeschrieben worden ist.[257]

4533

4.2.2.3 Forderungen gegenüber Gesellschaftern

Die gegenüber dem Gesellschafter einer Kapitalgesellschaft bestehende Forderung ist grundsätzlich wie eine gegenüber einem fremden Dritten bestehende Forderung zu bewerten.[258]

4534

Auch ein an einen Gesellschafter gewährtes un- bzw. niedrigverzinstes Darlehen ist wie ein an einen fremden Dritten ausgereichtes Darlehen zu bewerten und mit dem Teilwert in Höhe des Barwerts anzusetzen.[259] In Höhe des den Marktzins unterschreitenden Betrages liegt eine verdeckte Gewinnausschüttung an den Gesellschafter vor.

4535

Zudem kann auch aus der Teilwertabschreibung einer gegenüber einem Gesellschafter bestehenden Forderung eine verdeckte Gewinnausschüttung resultieren, wenn rechtzeitige Maßnahmen zur Sicherung der Werthaltigkeit der Forderung unterblieben sind. So kann nach der Rechtsprechung im Fall einer Darlehensforderung eine verdeckte Gewinnausschüttung daraus resultieren, dass auf die Rückforderung des Darlehensbetrages bei einer sich erkennbar verschlechternden wirtschaftlichen Situation des Gesellschafters verzichtet wurde.[260]

4536

Teilwertabschreibungen auf Darlehen, die eine GmbH einer Schwestergesellschaft gewährt hat, sind entsprechend zu behandeln.[261] Denn die Annahme einer verdeckten Gewinnausschüttung setzt nicht voraus, dass der Gesellschafter aus einer Zuwendung selbst einen unmittelbaren Vorteil gezogen hat. Eine verdeckte Gewinnausschüttung kann vielmehr auch dann gegeben sein, wenn der Vorteil dem Gesellschafter mittelbar in der Weise zugewendet wird, dass eine ihm nahe stehende Person aus der Vermögensverlagerung Nutzen zieht.

4537

Eine Teilwertabschreibung auf eine gegenüber dem Gesellschafter bestehende Forderung kommt allerdings dann nicht in Betracht, wenn bereits im Zeitpunkt der Begründung der Forderung erkennbar ist, dass keine Begleichung erfolgen wird. In diesem Fall liegt bereits im Zeitpunkt der Begründung der Forderung in Höhe des Forderungsbetrags eine verdeckte Gewinnausschüttung an den Gesellschafter vor.[262]

4538

---

257 Vgl. *Häuselmann/Wagner*, FR 2003 S. 332.
258 Vgl. *Kleinle/Dreixler*, in: HHR, § 6 EStG Anm. 562.
259 Vgl. hierzu nachfolgend Rz. 4560 ff.
260 Vgl. BFH, Urteil vom 14.3.1990 – I R 6/89, BStBl 1990 II S. 795.
261 Vgl. BFH, Urteil vom 31.7.1974 – I R 238/72, BStBl 1975 II S. 48.
262 Vgl. *Gosch*, in: Gosch, § 8 KStG Rz. 562.

4539 Im umgekehrten Fall, d. h. einer im Zuge einer Lieferbeziehung begründeten Forderung eines Gesellschafters, stellt sich die Frage einer Teilwertabschreibung der Forderung allerdings nur dann, wenn bspw. durch die Lieferung von Waren auch eine Forderung begründet worden ist. War die Begleichung der Forderung bereits im Zeitpunkt der Lieferung unrealistisch, ist von einer verdeckten Einlage der Waren in das Vermögen der Tochtergesellschaft auszugehen.[263]

4540 Auch Forderungen einer Personengesellschaft gegenüber ihren Gesellschaftern sind nach den allgemeinen Grundsätzen zu bewerten. In Einzelfällen kann sich bei Darlehensgewährungen an die Gesellschafter einer Familien-Personengesellschaft im Fall eines Forderungsausfalls die Frage nach der betrieblichen Veranlassung der Darlehensgewährung stellen, falls eine fremdübliche Absicherung der Darlehensvergabe unterblieben ist.

4.2.2.4 Darlehensforderungen des Gesellschafters an die Gesellschaft

4541 Für die Forderung des Gesellschafters einer Kapitalgesellschaft gegenüber seiner Gesellschaft gilt, dass es sich bei Beteiligung und Forderung um zwei verschiedene Wirtschaftsgüter handelt.[264] D. h. auf Ebene des Gesellschafters ist die Forderung wie eine Forderung gegenüber einem Dritten zu bewerten. Für kapitalersetzende Darlehen gelten nach der Rechtsprechung des BFH allerdings Besonderheiten: Zu erfolgen hat eine Bewertung nach den für die Bewertung von Beteiligungen geltenden Kriterien.[265] Dies bedeutet, dass in die Bewertung auch der Substanzwert und die funktionale Bedeutung der Beteiligung einzubeziehen sind.[266]

4542 Handelt es sich bei dem Gesellschafter um eine Kapitalgesellschaft, ist die aus der Teilwertabschreibung der Forderung resultierende Gewinnminderung bei der Ermittlung des zu versteuernden Einkommens gemäß § 8b Abs. 3 Sätze 4 ff. KStG nicht zu berücksichtigen. Bei Nachweis der Fremdüblichkeit der Darlehensgewährung bleibt die Teilwertabschreibung steuerwirksam.[267] Die Regelung ist dem § 8a Abs. 1 Satz 1 KStG a. F. nachempfunden.[268] Im Kern geht es um die Frage, ob die Kapitalgesellschaft das Darlehen nur von einem Anteilseigner erhalten hätte. D. h. der gegenüber der Finanzverwaltung zu führende Nachweis bezieht sich nicht nur auf die Angemessenheit der Finanzierungsmaßnahme der Höhe nach, sondern auch dem Grunde nach.

4543 Laut der Gesetzesbegründung sollen nicht fremdüblich sein:[269]

▶ unverzinsliche Darlehen,

▶ verzinsliche, aber ohne Sicherheiten gewährte Darlehen und der

▶ Verzicht auf eine Rückforderung des Darlehens in der Krise.

---

263 Zu den weiteren steuerlichen Folgen vgl. *Kusterer*, EStB 2003 S. 233.
264 Vgl. BFH, Urteil vom 14.1.2009 – I R 52/08, BStBl 2009 II S. 674.
265 Vgl. BFH, Urteile vom 18.4.2012 – X R 7/10, BFH/NV 2012 S. 1363; vom 14.10.2009 – X R 45/06, BStBl 2010 II S. 274.
266 Vgl. FG Hamburg, Urteil vom 20.2.2013 – 2 K 89/12, EFG 2013 S. 1071.
267 Zur Führung des Drittvergleichs vgl. u. a. *Kleinert/Podewils*, GmbHR 2009 S. 849.
268 Vgl. *Nöcker*, in: HHR, § 8b KStG Anm. J 07-8.
269 Vgl. BR-Drucks. 544/07, 95.

Bei ohne Sicherheiten gewährten Konzerndarlehen ist allerdings zu beachten, dass die Beteiligung an der Tochtergesellschaft gemäß dem sog. Rückhalt im Konzern eine ausreichende Sicherheit darstellen kann.[270] Nach der BFH-Rechtsprechung lässt sich allein mit dem Fehlen einer Sicherheit kein Risikozuschlag zu dem vereinbarten Zinssatz rechtfertigen.[271] D. h. für die Prüfung der Angemessenheit des vereinbarten Zinssatzes im Rahmen des § 8b Abs. 3 Satz 6 KStG sollte der Rückhalt im Konzern als fremdübliche Sicherheit anzuerkennen sein.[272]

4544

Aus praktischer Sicht ist es erforderlich, dass die Dokumentation für Zwecke des § 8b Abs. 3 Satz 6 KStG bereits im Zeitpunkt der Darlehensgewährung erstellt wird, da die entsprechenden Nachweise im Betriebsprüfungsfall im Nachhinein nur noch schwer erbracht werden können. Die Dokumentation sollte u. a. folgende Bestandteile enthalten:

4545

▶ Vergleichskonditionen einer Geschäftsbank im Zeitpunkt der Darlehensgewährung,

▶ vorhandene Sicherheiten der Tochtergesellschaft,

▶ Bonitäts- und Ratingunterlagen betreffend die Tochtergesellschaft,

▶ ein durch die Tochtergesellschaft nicht ausgeschöpftes Kreditvolumen im Rahmen der Darlehensgewährung durch Geschäftsbanken deutet tendenziell auf drittüblich verbleibende Finanzierungsspielräume hin.

Bei der Einholung von Vergleichskonditionen einer Geschäftsbank ist zu berücksichtigen, dass bei der Ermittlung der Vergleichskonditionen gemäß dem Wortlaut des § 8b Abs. 3 Satz 6 KStG „nur die eigenen Sicherungsmittel der Gesellschaft berücksichtigt werden dürfen (sog. stand-alone-Betrachtung). Diese stand-alone-Betrachtung dürfte häufig ein Scheitern des Drittvergleichs zur Folge haben, da in der Kreditpraxis eine Darlehensvergabe stets auch im Hinblick auf die Sicherheitenlage der Gesellschafter bzw. anderer Gesellschaften im Konzernverbund beurteilt wird.

4546

Mit dem Abs. 2 Satz 2 weist der § 3c EStG eine dem § 8b Abs. 3 Sätze 4 ff. KStG nachgebildete Norm auf. Auf Grund des hierdurch begründeten Teilabzugsverbots wirkt sich, eine Teilwertabschreibung der Darlehensforderung nur i. H. v. 60% steuerwirksam aus.[273]

4547

Darlehensforderungen eines Mitunternehmers gegenüber der Mitunternehmerschaft zählen zum Sonderbetriebsvermögen des Mitunternehmers bei der Mitunternehmerschaft. In der Gesamthandsbilanz der Mitunternehmerschaft ist das Darlehen als steuerliches Eigenkapital einzustufen. Ein Ausweis der Darlehensforderung im Betriebsvermögen des Mitunternehmers kommt nicht in Betracht. Der Grundsatz der korrespondierenden Bilanzierung gilt sowohl für die Darlehens- als auch für die Zinsforderung.[274] Auch wenn feststeht, dass die Forderung wertlos ist, folgt aus der Einstufung

4548

---

270 Vgl. BFH, Urteile vom 29.10.1997 – I R 24/97, BStBl 1998 II S. 573; vom 21.12.1994 – I R 65/94, HFR 1995 S. 445.
271 So auch BMF, Schreiben vom 29.3.2011 – IV B 5-S 1341/09/10004, 2011/0203248, BStBl 2011 I S. 277.
272 Für einen Überblick über den Diskussionsstand s. *Krüger*, DStZ 2017 S. 284.
273 Vgl. *Desens*, in: HHR, § 3c EStG Anm. 67.
274 Vgl. BFH, Urteil vom 9. 12. 2009 - IV B 129/08, BFH/NV 2010 S. 640.

als Eigenkapital, dass eine Wertberichtigung während des Bestehens der Gesellschaft nicht in Betracht kommt. Eine etwaige Wertminderung der Forderung wirkt sich daher erst im Zeitpunkt der Auflösung der Mitunternehmerschaft bzw. bei einem Verkauf des Mitunternehmeranteils gewinnmindernd aus.[275]

4549 (Einstweilen frei)

4.3 Ansatz von Forderungen mit dem niedrigeren Teilwert

4.3.1 Voraussetzungen einer Teilwertabschreibung

4550 Nach § 6 Abs. 1 Nr. 2 Satz 2 EStG kann eine Forderung an Stelle der Anschaffungskosten mit dem niedrigeren Teilwert bewertet werden. In systematischer Hinsicht geht die Teilwertabschreibung einer Forderung dem Ausweis einer Verbindlichkeitsrückstellung vor.[276]

4551 Nach dem Stichtagsprinzip sind für die Beurteilung der Voraussetzungen einer Teilwertabschreibung die Verhältnisse am Bilanzstichtag maßgeblich. Allerdings sind auch Forderungen unter Berücksichtigung wertaufhellender Grundsätze zu bewerten, d. h. bis zum Tag der Bilanzerstellung erlangte Kenntnisse über den Wert der Forderung zum Bilanzstichtag sind zu berücksichtigen. Dabei steht der Teilwertabschreibung einer Forderung nicht entgegen, dass eine teilweise Erfüllung durch den Schuldner nach dem Tag der Bilanzaufstellung erfolgt.[277]

4552 In der Handelsbilanz sind dem Umlaufvermögen zugeordnete Forderungen auf Grund des strengen Niederstwertprinzips bereits bei einer nur vorübergehenden Wertminderung mit einem niedrigeren Wert anzusetzen (§ 253 Abs. 4 HGB). Für die steuerliche Gewinnermittlung wird das Niederstwertprinzip des § 253 Abs. 4 HGB allerdings durch den steuerlichen Bewertungsvorbehalt i. S. d. § 5 Abs. 6 EStG überlagert.

4553 Der Ansatz einer Forderung mit dem niedrigeren Teilwert setzt voraus, dass der Teilwert auf Grund einer voraussichtlich dauernden Wertminderung niedriger ist (§ 6 Abs. 1 Nr. 2 EStG). Die von der Rechtsprechung aufgestellten Teilwertvermutungen gelten auch für die Bewertung von Forderungen. D. h. auch für die Bewertung von Forderungen besteht die Vermutung, dass der Teilwert im Zeitpunkt der Anschaffung den Anschaffungskosten entspricht. Fraglich ist, ob die Rechtsfigur des sog. Rückhalts im Konzern der Teilwertabschreibung einer Forderung entgegensteht. Eine „immerwährende" Besicherung kann aus dem Rückhalt im Konzern nicht abgeleitet werden.[278] Dies ist - wie der BFH in der Entscheidung vom 24.6.2015 zutreffend feststellte - auch dadurch begründet, dass im Fall einer Inanspruchnahme des Rückhalts im Konzern durch die Tochtergesellschaft vorrangig die Darlehensforderungen fremder Dritter bedient werden.[279] Unter diesem Aspekt steht der sog. Konzernrückhalt der Teilwertabschreibung eines von der Muttergesellschaft ausgereichten Darlehens nicht entgegen.

---

275 Vgl. *Kleinle/Dreixler*, in: HHR, § 6 EStG Anm. 562.
276 S. hierzu BFH, Urteil vom 2.12.2015 – I R 83/13, BStBl 2016 II S. 831 zur Berücksichtigung des Ausfallrisikos einer Darlehensforderung im Wege einer Teilwertabschreibung.
277 Vgl. BFH, Urteil vom 20.8.2003 – I R 49/02, BStBl 2003 II S. 941.
278 Vgl. *Gosch*, in: Gosch, § 8 KStG Rn. 688a
279 I R 29/14, BStBl 2016 II S. 258.

Zu beachten ist, dass zwischen dem Ansatz einer Forderung bei dem Gläubiger mit dem niedrigeren Teilwert und dem Ausweis der Darlehensverbindlichkeit bei dem Schuldner keine Korrespondenz besteht. Somit hat der Ansatz der Forderung bei dem Gläubiger mit dem niedrigeren Teilwert keinen Einfluss auf die Bilanzierung der Verbindlichkeit durch den Schuldner. 4554

Für den Ansatz von Forderungen mit dem niedrigeren Teilwert kommen verschiedene wertmindernde Umstände in Betracht. Typische Gründe stellen dar:[280] 4555

▶ Un- bzw. Niedrigverzinslichkeit,
▶ ein in der Person des Schuldners liegendes Ausfallrisiko.

Für die Umstände, die zu einer Teilwertabschreibung berechtigen, trägt der Steuerpflichtige die Feststellungslast. Der Steuerpflichtige muss daher durch die Vorlage entsprechender Unterlagen belegen, dass seine Teilwertschätzung eine objektive betriebliche Grundlage hat.[281] Anhand der vorgelegten Nachweise muss sich das Finanzamt über die Voraussetzungen einer Teilwertabschreibung eine Meinung bilden können.[282] 4556

Letztlich hängt der Umfang der zu erstellenden Dokumentation von dem Umfang der beanspruchten Forderungsabschreibung ab. So wird beispielsweise ein im Rahmen der Gruppenbewertung von Forderungen zur Anwendung gelangender hoher v. H.-Satz eine aufwendigere Dokumentation der betrieblichen Gegebenheiten erfordern als ein niedrigerer Satz. 4557

4.3.2 Aufholung einer Teilwertabschreibung

Nach § 6 Abs. 1 Nr. 2 i. V. m. Abs. 1 Nr. 1 Satz 4 EStG sind vorgenommene Teilwertabschreibungen bei einem späteren Ansteigen des Teilwerts zu den nachfolgenden Bilanzstichtagen im Wege der Wertaufholung rückgängig zu machen. Es dürfen aber höchstens die Anschaffungskosten angesetzt werden. 4558

Erfasst wird zum einen der Fall, dass sich im Nachhinein herausstellt, dass der Grund für eine Teilwertabschreibung der Forderung ganz oder teilweise weggefallen ist. Zum anderen kann eine Wertaufholung aber auch daraus resultieren, dass sich nachträglich herausstellt, dass keine dauerhafte Wertminderung vorliegt. 4559

4.3.3 Teilwertermittlung bei Un- bzw. Niedrigverzinslichkeit einer Forderung
4.3.3.1 Bestimmungsgrößen zur Ermittlung des Barwertes der Forderung

Die Teilwertabschreibung einer unverzinslichen Forderung setzt voraus, dass der Darlehensforderung aufgrund ihrer Unverzinslichkeit voraussichtlich dauerhaft ein niedrigerer Teilwert beizumessen ist. 4560

Grundsätzlich ist der Teilwert einer unverzinslichen oder niedrig verzinslichen Geldforderung zu einem vor ihrer Fälligkeit liegenden Zeitpunkt niedriger als ihr Nennwert, da 4561

---
280 Vgl. *Schampera*, NWB 2017 S. 3942 .
281 Zur Überprüfung des Schuldnerverhaltens anhand einer Datenbankenanalyse vgl. *Schampera*, NWB 2017 S. 3939.
282 Vgl. BMF, Schreiben vom 25.2.2000, BStBl 2000 I S. 372, Tz. 2.

ein gedachter Erwerber für eine solche Forderung weniger bezahlen würde als für eine verzinsliche Forderung.[283] Somit resultiert die Abzinsung aus der Natur einer Geldforderung, die darauf gerichtet ist, durch Zinsen Ertrag zu erwirtschaften.

4562 Der Teilwert unverzinslicher oder niedrig verzinster Forderungen ist deshalb regelmäßig durch Abzinsung der künftigen Rückzahlungsbeträge zu ermitteln.[284] D. h. in wirtschaftlicher Hinsicht entspricht der Teilwert dem Barwert der Forderung. Dies gilt auch für in Raten zu erfüllende Forderungen.[285] Eine Ausnahme von diesem Grundsatz besteht für nicht verkehrsfähige Forderungen.[286]

4563 Zu beachten ist, dass die Teilwertabschreibung einer unverzinslichen Forderung beim Gläubiger nicht bereits damit begründet werden kann, dass nach § 6 Abs. 1 Nr. 3 EStG für den Schuldner ein Abzinsungsgebot für die Darlehensverbindlichkeit besteht und somit die Forderung beim Darlehensschuldner niedriger bewertet wird als die Forderung beim Darlehensgläubiger. Die Rechtsprechung geht davon aus, dass eine Art „umgekehrte Imparität" nicht besteht und somit die auf der zwingenden gesetzlichen Regelung des § 6 Abs. 1 Nr. 3 EStG beruhende Behandlung der Darlehensverbindlichkeit keine Auswirkungen auf die Bewertung der Darlehensforderung haben kann.[287]

4564 Unverzinslich ist eine Forderung nur dann, wenn der Gläubiger vom Schuldner keine Leistung in Geld oder Geldeswert verlangt, die unmittelbar eine Gegenleistung für die Kapitalüberlassung bildet. Die Abzinsung von Forderungen kann auch bei Lieferungen und Leistungen in Betracht kommen, falls der Schuldner vertragswidrig zu spät leistet und Zinsen nicht zu entrichten sind.[288] Auch bei der niedrigen Verzinsung einer Forderung handelt es sich um einen den Teilwert mindernden Umstand. Die Rechtsprechung lässt eine Teilwertabschreibung aber nur dann zu, wenn der Zinssatz ungewöhnlich niedrig ist und es sich um eine langfristige oder unkündbare Forderung handelt.

4565 Die Höhe des Effektivzinssatzes dürfte für Vergleichszwecke ein wichtiges Indiz darstellen, da sich im Effektivzinssatz die Art und Höhe der Sicherheiten wie auch die übrigen Vertragsbedingungen (Nominalzinssatz, Laufzeit und Tilgung) widerspiegeln. Ein ungewöhnlich niedriger Zinssatz dürfte nur dann vorliegen, wenn der vereinbarte Zinssatz einen fremdüblichen Marktzinssatz erheblich unterschreitet.

4566 Erfolgt die Gewährung von Fremdwährungsdarlehen an ausländische Tochtergesellschaften, wird man für die Beurteilung der Angemessenheit der Darlehensgewährung der Höhe nach auch die zur Absicherung gegen Währungsschwankungen anfallenden Aufwendungen im Rahmen von Sicherungsgeschäften berücksichtigen müssen.[289] Die in diesem Zusammenhang anfallenden Aufwendungen sind in die von der Tochterge-

---

283 Vgl. BFH, Urteil vom 24.10.2012 – I R 43/11, BStBl 2013 II S. 162.
284 Vgl. BFH, Urteil vom 24.10.2006 – I R 2/06, BStBl 2007 II S. 469.
285 Vgl. BFH, Urteil vom 13.9.2000 – X R 148/97, BStBl 2001 II S. 641.
286 Für den Fall einer gegenüber einer öffentlich-rechtlichen Sachversicherungseinrichtung bestehenden Entschädigungsforderung vgl. BFH, Urteil vom 4.2.1999 – IV R 57/97, BStBl 1999 II S. 602.
287 Vgl. BFH, Urteil vom 24.10.2012 – I R 43/11, BStBl 2013 II S. 162 sowie *Buciek*, FR 2010 S. 341 f.; hierzu krit. *Bareis*, FR 2013 S. 170; *Hoffmann*, DStR 2013 S. 24; für unverzinsliche Gesellschafterdarlehen vgl. BMF vom 26.5.2005, BStBl 2005 I S. 699.
288 Vgl. BFH, Urteil vom 3.3.1972 – III R 30/71, BStBl 1972 II S. 516.
289 Vgl. BMF, Schreiben vom 23.2.1983, BStBl 1983 I S. 218 Rn. 4.2.2.

sellschaft für das Darlehen zu entrichtenden Zinssätze einzupreisen. So wird man davon ausgehen können, dass auch ein zu Vergleichszwecken eingeholter Bankenzinssatz einer inländischen Geschäftsbank eine kalkulatorische Komponente für die Währungssicherung des in Fremdwährung ausgereichten Darlehens enthalten dürfte.

Die Höhe des Teilwerts einer unverzinslichen bzw. niedrig verzinsten Forderung hängt im Hinblick auf die Maßgeblichkeit des Barwerts des Zahlungsstroms von der Laufzeit bzw. Restlaufzeit der Forderung und der Höhe des bei der Abzinsung berücksichtigten Zinssatzes ab. Eine lange Laufzeit und ein hoher Zinssatz haben einen niedrigen Barwert zur Folge. 4567

In zeitlicher Hinsicht ist hinsichtlich des Kriteriums der Laufzeit bzw. Restlaufzeit der Forderung zu berücksichtigen, dass bei einer Laufzeit von unter einem Jahr eine Abzinsung nicht in Betracht kommt. In diesem Fall liegen die Voraussetzungen einer voraussichtlich dauernden Wertminderung nicht vor. 4568

Der Abzinsung ist im Grundsatz ein Marktzinssatz zugrunde zu legen, da es – anders als bei Verbindlichkeiten – an einer gesetzlichen Festschreibung des Zinssatzes fehlt. Aus Vereinfachungsgründen hält es die Rechtsprechung aber für zulässig, der Abzinsung den in § 12 Abs. 3 BewG genannten Zinssatz in Höhe von 5,5 % zugrunde zu legen.[290] In den Folgejahren sind anteilige Zuschreibungen gemäß § 6 Abs. 1 Nr. 3 Satz 3 EStG vorzunehmen. 4569

Nach § 4h Abs. 3 Satz 4 EStG führt die Auf- und Abzinsung unverzinslicher oder niedrig verzinslicher Kapitalforderungen ebenfalls zu Zinserträgen oder Zinsaufwendungen. Nach der Verwaltungsauffassung sollen allerdings etwaige bilanzielle Erträge aus der erstmaligen Erfassung einer vom Nennwert abweichenden Kapitalforderung mit dem Barwert ausgenommen sein.[291] Folge ist, dass Abzinsungsbeträge und der spätere Aufzinsungsaufwand unterschiedlich behandelt werden.[292] Das FG Münster hat sich dieser Beurteilung in der Entscheidung vom 17.11.2017 im Hinblick auf den Wortlaut des § 4h Abs. 3 Satz 4 EStG, der sämtliche Abzinsungserträge erfasst, nicht angeschlossen.[293] 4570

4.3.3.2 Sonderfälle unverzinslicher Forderungen

Ursprünglich verzinsliche Forderungen, für die der Schuldner auf Grund mangelnder Zahlungsfähigkeit keine Zinsen mehr entrichtet, sind für die Ermittlung des Teilwerts nach den für unverzinsliche Forderungen geltenden Grundsätzen zu bewerten. D. h. für die Beurteilung, ob im Rahmen der Ermittlung des Teilwerts einer Geldforderung eine zur Abzinsung führende Unverzinslichkeit vorliegt, kommt es nicht auf die Höhe der vertraglich bestehenden Forderung, sondern ausschließlich darauf an, ob und in welcher Höhe künftig tatsächlich mit der Zahlung von Zinsen gerechnet werden kann.[294] 4571

Ist mit einem in der Zukunft realisierbaren Zahlungsstrom nicht mehr zu rechnen, können für die Ermittlung des Teilwerts nur die aus der Verwertung der Sicherheiten zu 4572

---

290 Vgl. BFH, Urteil vom 21.10.1980 – VIII R 190/78, BStBl 1981 II S. 160.
291 Vgl. BMF, Schreiben vom 4.7.2008, BStBl 2008 I S. 718 Rn. 27.
292 Vgl. hierzu *Hick*, in: HHR, § 4h EStG Anm. 81.
293 4 K 3523/14 F, nrkr. Rev. BFH IV R 16/17 s. hierzu auch *Hick*, Handelsblatt-Steuerboard vom 12.1.2018.
294 Vgl. BFH, Urteil vom 24.10.2006 – I R 2/06, BStBl 2007 II S. 469.

erwartenden Erlöse berücksichtigt werden. Ist mit der Realisierung von Erlösen aus der Verwertung von Sicherheiten nicht kurzfristig, sondern erst nach geraumer Zeit zu rechnen, ist dieser Umstand durch eine Abzinsung der Erlöse aus der Verwertung der Sicherheiten zu berücksichtigen.

4.3.3.3 Kompensation der Un- bzw. Niedrigverzinslichkeit durch anderweitige Vorteile

4573 Die Voraussetzungen einer Teilwertabschreibung liegen nach der Rechtsprechung nicht vor, wenn die Un- bzw. Niedrigverzinslichkeit durch anderweitige Vorteile kompensiert wird (sog. verdeckte Verzinsung).

4574 Dies soll der Fall sein, wenn an Stelle einer Verzinsung bestimmte bzw. (wenigstens) abgrenzbare Gegenleistungen gewährt werden, die an Stelle von Zinszahlungen als ein Entgelt gewertet werden können.[295] Eine Teilwertabschreibung setzt in diesen Fällen den Nachweis voraus, dass der nominelle Zinsverlust höher ist als der Wert der Gegenleistung. Die Gegenrechnung konkret vereinbarter oder auch nur erwarteter Vorteile steht in einem gewissen Spannungsverhältnis zu dem Grundsatz der Einzelbewertung. Die Rechtsprechung rechtfertigt die Vorgehensweise damit, dass der beabsichtigte unternehmerische Zweck und die Funktion des Wirtschaftsguts im Betriebsorganismus berücksichtigt werden muss.

4575 Die Voraussetzungen einer Teilwertabschreibung sollen in bestimmten Konstellationen aber selbst dann nicht vorliegen, wenn keine konkrete Gegenleistung vereinbart wurde. Typischer Anwendungsfall ist die Gewährung unentgeltlicher Darlehen an Betriebsangehörige.

4576 Unverzinsliche Darlehen des Arbeitgebers an Betriebsangehörige sind selbst dann nicht auf niedrigen Teilwert abzuschreiben, wenn der Darlehensgewährung keine bestimmte Gegenleistung des Arbeitnehmers als Darlehensnehmer gegenübersteht.[296] Die Rechtsprechung geht davon aus, dass es sich bei solchen Darlehen um eine besondere Form betrieblicher Sozialleistungen handelt, deren Wert für das Unternehmen nicht in konkreten Gegenleistungen der Arbeitnehmer liege, sondern in der Erwartung eines durch ein gutes Betriebsklima günstig beeinflussten Betriebsablaufs oder einer verbesserten Arbeitsleistung.[297]

4577 Dieser Beurteilung liegt die Überlegung zugrunde, dass ein gedachter Erwerber des Unternehmens im Rahmen eines Gesamtkaufpreises für aus sozialen Gründen gewährte niedrigverzinsliche oder unverzinsliche Darlehensforderungen an Arbeitnehmer den Nennwert vergüten würde.

4.3.3.4 Kompensation der Un- bzw. Niedrigverzinslichkeit bei Darlehensgewährungen im Konzern

4578 Mit der Entscheidung vom 24.10.2012 hat der BFH zu der Kompensation der Un- bzw. Niedrigverzinslichkeit bei Darlehensgewährungen im Konzern Stellung genommen. Ge-

---

295 Vgl. BFH, Urteil vom 9.7.1981 – IV R 35/78, BStBl 1981 II S. 734.
296 Vgl. BFH, Urteil vom 30.11.1988 – I R 114/84, BStBl 1990 II S. 117; siehe hierzu auch *Hoffmann/Lüdenbach*, NWB Kommentar Bilanzierung, 9. Aufl., Herne 2018, § 255 Rz. 187 b.
297 Vgl. BFH, Urteil vom 30.11.1988 – I R 114/84, BStBl 1990 II S. 117.

genstand der Entscheidung bildeten die Rechtsfolgen einer unverzinslichen Darlehensgewährung einer Muttergesellschaft an ihre 100%ige Tochtergesellschaft mit einer Darlehenslaufzeit von zehn und neun Jahren.[298] Die Muttergesellschaft bilanzierte das an die Tochtergesellschaft ausgereichte Darlehen im Anlagevermögen nicht mit dem Nennwert, sondern setzte die Darlehensforderung unter Berücksichtigung eines Zinssatzes in Höhe von 5,5 % mit dem abgezinsten Nennwert an.

Der BFH hat die Rechtsauffassung der Vorinstanz[299] bestätigt, dass allein die Unverzinslichkeit eines Gesellschafterdarlehens nicht für die Minderung des Teilwerts einer Darlehensforderung herangezogen werden kann. Dabei war für den BFH das Kriterium der „voraussichtlichen Dauer" der Wertminderung entscheidungserheblich. Die Entscheidung ist zwar zu einer im Anlagevermögen bilanzierten Darlehensforderung ergangen, die Urteilsgrundsätze gelangen allerdings für Darlehensforderungen des Umlaufvermögens entsprechend zur Anwendung, da für die Ermittlung des Teilwerts einer Darlehensforderung des Umlaufvermögens ebenfalls § 6 Abs. 1 Nr. 2 Satz 2 EStG einschlägig ist.

4579

Im Grundsatz kommt der BFH zu dem Ergebnis, dass der Teilwert einer unverzinslichen Forderung niedriger ist als ihr Nennwert.[300] Hintergrund ist, dass der gedachte Erwerber des Gesamtunternehmens für die Forderung im Rahmen der Ermittlung des Gesamtkaufpreises nur den abgezinsten Barwert ansetzen würde. Allerdings werden allein durch die Unverzinslichkeit der Forderung nicht die Voraussetzungen der in § 6 Abs. 1 Nr. 1 Satz 2 EStG geforderten voraussichtlich dauernden Wertminderung der Darlehensforderung erfüllt. Hintergrund ist, dass der Gläubiger zum Fälligkeitszeitpunkt der Forderung die Aussicht hat, den Nominalwert der Forderung zu erhalten. Insoweit hat nach der Auffassung des BFH allein die Unverzinslichkeit der Darlehensforderung während der Laufzeit des Darlehens keine voraussichtlich dauernde Wertminderung der Darlehensforderung zur Folge.[301] Dem auf Grund der Unverzinslichkeit der Forderung „dauerhaft" entgangenen Gewinn kommt insoweit für die Ermittlung des Teilwerts während der Laufzeit des Darlehens keine Bedeutung zu.[302] Der BFH überträgt insoweit die bereits in der Entscheidung vom 8.6.2011[303] zur Dauerhaftigkeit einer Wertminderung bei festverzinslichen Wertpapieren getroffenen Überlegungen auf den Fall einer unverzinslichen Darlehensforderung. In der Entscheidung vom 8.6.2011 hatte der BFH ebenfalls die Dauerhaftigkeit der Wertminderung mit der Begründung verneint, dass der Inhaber eines festverzinslichen Wertpapiers – unabhängig vom Kursverlauf – das gesicherte Recht habe, am Ende der Laufzeit des Wertpapiers dessen Nominalwert zu erhalten. Diese Sicherheit sei – unabhängig von marktbedingten Kursveränderungen – zu jedem Bilanzstichtag gegeben.

4580

---

298 I R 43/11, BStBl 2013 II S. 162. Vgl. hierzu auch *Hoffmann*, DStR 2013 S. 24; *Löbe*, NWB 2013 S. 1802; *Mihm*, BB 2013 S. 177; krit. *Bareis*, FR 2013 S. 168.
299 Vgl. FG Münster, Urteil vom 11.4.2011 – 9 K 209/08, EFG 2011 S. 1988.
300 So auch BFH, Urteil vom 24.10.2006 – I R 2/06, BStBl 2007 II S. 469. Wobei es sich im Urteilssachverhalt allerdings um den Sonderfall eines insolventen Schuldners handelte, der auch die Zinsen nicht mehr begleichen konnte.
301 Hierzu krit. mit dem Hinweis, dass der BFH die Grundsätze der periodengerechten Erfolgsermittlung missachtet *Marx*, Ubg 2013 S. 354.
302 Vgl. *Hoffmann*, GmbHR 2013 S. 157.
303 I R 98/10, BStBl 2012 II S. 716.

Die Entscheidung lässt allerdings offen, ob der BFH bei einer längeren Darlehenslaufzeit ebenfalls von einer nicht dauerhaften Wertminderung ausgegangen wäre.

4581 Nach der ab dem Veranlagungszeitraum 2008 geltenden Rechtslage unterliegen im Zusammenhang mit der Ausreichung eines Gesellschafterdarlehens stehende Gewinnminderungen allerdings ohnehin dem Abzugsverbot des § 8b Abs. 3 Satz 4 KStG soweit der Drittvergleich nach Abs. 3 Satz 6-8 der Vorschrift nicht geführt werden kann.[304] Ggf. kommt nach Meinung der Finanzverwaltung eine Anwendung des § 1 AStG in Betracht.

4582–4589 *(Einstweilen frei)*

4.4 Berücksichtigung des Ausfallrisikos bei der Forderungsbewertung

4.4.1 Grundsätze für die Ermittlung des Ausfallrisikos

4590 In die Ermittlung des Teilwerts einer Forderung ist die Bonität des Schuldners einzubeziehen. Der Teilwert einer Forderung kann ihren Nennwert unterschreiten, wenn zweifelhaft ist, ob die Forderung in Höhe des Nennwertes erfüllt werden wird. Dies gilt im Grundsatz auch für Forderungen, die gegenüber verbundenen Unternehmen bestehen.[305] Ist die Forderung mit einem Ausfallrisiko behaftet, kann statt des Nennwerts der niedrigere Teilwert angesetzt werden (§ 6 Abs. 1 Nr. 2 Satz 2 EStG).[306]

4591 Für die Ermittlung des Ausfallrisikos ist entscheidend, ob ein vorsichtig bewertender Kaufmann nach der allgemeinen Lebenserfahrung aus den jeweiligen Umständen des Einzelfalles die Annahme eines teilweisen Forderungsausfalls herleiten muss.[307] Insoweit besteht sowohl hinsichtlich der Abschreibungshöhe als auch hinsichtlich des Abschreibungsgrundes ein weitreichender Beurteilungsspielraum. Bei der Ermittlung der Höhe einer Forderungsabschreibung sind Rückgriffsansprüche bzw. Schadensersatzansprüche zu berücksichtigen, wenn sie dem Aus- bzw. Wegfall einer Forderung zwangsläufig und spiegelbildlich nachfolgen und vollwertig sind.[308]

4592 Die Zahlungsfähigkeit und die Zahlungswilligkeit (Bonität) eines Schuldners sind dabei individuell nach dessen Verhältnissen zu ermitteln. So liegen die Voraussetzungen einer Teilwertabschreibung für Forderungen vor, bei denen der Schuldner bis zum Bilanzstichtag die eidesstattliche Versicherung abgegeben und bis zur Aufstellung der Bilanz auch keine Zahlungen an den Schuldner geleistet hat.[309] Die Verlängerung des Zahlungsziels geht nicht zwangsläufig mit einer Erhöhung des Ausfallrisikos einher.

4593 Bereits in der Vergangenheit eingetretene Ausfälle bilden dabei einen wesentlichen Anhaltspunkt für die Abschätzung des Ausfallrisikos. In jedem Fall kommt dem Ermessen des Steuerpflichtigen besondere Bedeutung zu.[310] Allerdings muss die Schätzung

---

304 Zum Drittvergleich vgl. auch Rz. 4542 ff.
305 Vgl. BFH, Urteil vom 6.11.2003 – IV R 10/01, BStBl 2004 II S. 416.
306 Vgl. BMF, Schreiben vom 2.9.2016, BStBl 2016 I S. 995, Tz. 14 u. 15.
307 Vgl. BFH, Urteil vom 14.10.2009 – X R 45/06, BStBl 2010 II S. 274.
308 Vgl. hierzu BFH, Urteil vom 8.11.2000 – I R 10/98, BStBl 2001 II S. 349 sowie *Apitz*, EStB 2001 S. 174; zur Berücksichtigung von Ausfallgarantien Dritter bei der Bewertung von Kreditforderungen vgl. FG Hessen, Urteil vom 13.9.2011 – 4 K 2577/07, 4 K 3035/07, rkr., EFG 2012 S. 812.
309 Vgl. Schleswig-Holsteinisches Finanzgericht, Urteil vom 9.9.2003 – 5 K 170/00, rkr., zitiert nach juris.
310 Vgl. BFH, Urteil vom 22.10.1991 – VIII R 64/86, BFH/NV 1992 S. 449.

eine objektive Grundlage in den am Bilanzstichtag gegebenen Verhältnissen finden. Dies bedeutet, dass allein mit einer pessimistischen Prognose zur zukünftigen wirtschaftlichen Entwicklung eine Teilwertabschreibung nicht begründet werden kann.

Daneben kann ein niedrigerer Teilwert aus den Kosten im Zusammenhang mit der Beitreibung einer Forderung resultieren. 4594

4.4.2 Besonderheiten bei der Betriebsaufspaltung

Besonderheiten bestehen im Hinblick auf die Bonität des Schuldners im Fall einer Betriebsaufspaltung. 4595

Besitz- und Betriebsunternehmen sind im Grundsatz zwei selbständige Unternehmen, die auch jeweils unabhängig voneinander bilanzieren. Der BFH knüpft für die Beurteilung der Werthaltigkeit des Darlehens allerdings nicht allein an die Bonität des Schuldnerunternehmens an, sondern verlangt eine Gesamtbetrachtung der Ertragsaussichten beider Unternehmen.[311] Eine Forderung des Besitzunternehmens gegen die Betriebsgesellschaft kann danach nur nach denselben Kriterien abgeschrieben werden, die für die Teilwertberichtigung der Beteiligung am Betriebsunternehmen durch das Besitzunternehmen bestehen. Diese Grundsätze gelten auch für eigenkapitalersetzende Darlehen.[312] 4596

Der BFH geht dabei davon aus, dass ein gedachter Erwerber des Besitzunternehmens, zu dessen Betriebsvermögen die Anteile an einer Betriebskapitalgesellschaft sowie ein Darlehen an die Betriebsgesellschaft gehören, den Wert der Darlehensforderung in ähnlicher Weise ermitteln würde wie den Wert der Anteile am Betriebsunternehmen selbst. Beide Werte würden nicht nur durch die Substanz und Ertragsaussichten des Betriebsunternehmens, sondern auch durch die wirtschaftliche Bedeutung des Betriebsunternehmens für die gesamte unternehmerische Betätigung im Rahmen der Doppelkonstruktion von Besitz- und Betriebsunternehmen bestimmt.[313] 4597

Somit ist eine Gesamtbetrachtung der Ertragsaussichten von Besitz- und Betriebsunternehmen für die Beurteilung einer dauernden Wertminderung notwendig.[314] 4598

Für die Praxis hat die Rechtsprechung zur Folge, dass eine Teilwertabschreibung auf Forderungen im Rahmen einer bestehenden Betriebsaufspaltung eine Dokumentation der tatsächlichen Ertragsaussichten beider Gesellschaften voraussetzt. 4599

4.4.3 Auslandsforderungen

Die Risiken der Realisierung können bei Auslandsforderungen höher einzustufen sein als bei Inlandsforderungen. Im Grundsatz können die Risiken in allgemeine und spezielle Länderrisiken eingeteilt werden.[315] So können bei der Bewertung von Auslandsforderungen neben der Bonität des Schuldners zusätzliche Umstände zu berücksichtigen sein, die sich aus einer erschwerten oder geminderten Realisierbarkeit der 4600

---

311 Vgl. BFH, Urteil vom 14.10.2009 – X R 45/06, BStBl 2010 II S. 274; *Wendt*, FR 2010 S. 336.
312 Vgl. BFH, Urteil vom 18.4.2012 – X R 7/10, BStBl 2013 II S. 791.
313 Vgl. BFH, Urteil vom 10.11.2005 – IV R 13/04, BStBl 2006 II S. 618.
314 Vgl. BFH, Urteil vom 14.10.2009 – X R 45/06, BStBl 2010 II S. 274.
315 Vgl. *Kleinle/Dreixler*, in: HHR, § 6 EStG Anm. 561.

Forderung unter den besonderen Bedingungen im Ausland in rechtlicher oder tatsächlicher Hinsicht ergeben (sog. Transferrisiken).[316]

4601　Für beide Risikoarten kommen Einzel- oder Pauschalabwertungen zur Anwendung. Regelmäßig werden Auslandsforderungen für Bewertungszwecke zu Gruppen mit gleichartigen Risiken zusammengefasst.

4602–4604　*(Einstweilen frei)*

4.5 Methoden zur Wertberichtigung von Forderungen

4.5.1 Einzelbewertung

4605　Der Grundsatz der Einzelbewertung verlangt eine Ermittlung der den Forderungen individuell anhaftenden Risiken und ggf. der damit zusammenhängenden zukünftigen Aufwendungen (§ 252 Abs. 1 Nr. 3 HGB i. V. m. § 6 Abs. 1 EStG). Bei der Wertberichtigung von Forderungen ist allerdings neben einer Einzelwertberichtigung auch die Pauschalwertberichtigung von Forderungen gebräuchlich. Der BFH hat wiederholt entschieden, dass der Grundsatz der Einzelbewertung im Zusammenhang mit der Bewertung eines Forderungsbestands nicht ausnahmslos gilt.[317]

4606　Eine Einzelwertberichtigung ist an die Voraussetzung geknüpft, dass aus den am Bilanzstichtag vorliegenden Tatsachen in Bezug auf eine einzelne Forderung eine Konkretisierung des Risikos eines Ausfalls erfolgen kann. D. h. es muss ein über das allgemeine Kreditrisiko hinausgehendes Ausfallrisiko bestehen.[318] Dabei sind zweifelhafte Forderungen mit ihrem wahrscheinlichen Wert anzusetzen, uneinbringliche Forderungen sind abzuschreiben. In der Regel kann das Risiko eines Forderungsausfalls aber nur geschätzt werden. Eine Einzelbewertung liegt dabei auch dann noch vor, wenn Forderungen, die nach Art und Umfang mit etwa gleichen Risiken behaftet sind, jeweils zu Bewertungsgruppen zusammengefasst werden.

4607　Bei der Ermittlung der Höhe einer Wertberichtigung sind zusätzlich zum Ausfallrisiko folgende Kosten zu berücksichtigen: Kosten der Einziehung der Forderungen, d. h. Kosten für Mahnungen, gerichtliche Verfolgung und Zwangsvollstreckung, noch zu erwartende Preisnachlässe, noch mögliche bzw. zu erwartende Skontoabzüge sowie Zinsverluste aufgrund verspäteter Forderungseingänge.

4608　Bei der Bewertung der einzelnen Forderungen sind nicht nur Umstände zu berücksichtigen, die sich aus der Person des Schuldners oder aus der Eigenschaft der Forderung selbst ergeben, sondern alle Umstände, die den Forderungseingang zweifelhaft erscheinen lassen.

4609　Hingegen kann eine Einzelwertberichtigung nicht mit dem allgemeinen Risiko hinsichtlich der zukünftigen konjunkturellen Entwicklung und dem allgemeinen Geschäftsrisiko begründet werden.

316　Vgl. OFD Münster, Vfg. vom 23.1.1991 – S 2174-148-St 11-31 (2), DStR 1991 S. 245.
317　Vgl. BFH, Urteil vom 16.7.1981 – IV R 89/80, BStBl 1981 II S. 766.
318　Vgl. FG München, Urteil vom 26.9.2006 – 13 K 3004/04, rkr., EFG 2007 S. 173.

Eine Wertberichtigung wird nicht grundsätzlich dadurch ausgeschlossen, dass für eine Forderung Sicherheiten bestehen.[319] Allerdings sind in die Schätzung des Ausfallrisikos bestehende und verwertbare Sicherheiten und etwaige Rückgriffsmöglichkeiten einzubeziehen. Auch steht einer Wertberichtigung nicht grundsätzlich entgegen, dass ein Kunde trotz bekannter Zahlungsschwierigkeiten weiter beliefert wird.[320] Der Fortbestand der Geschäftsbeziehung bildet kein Indiz, dass die Forderung in vollem Umfang realisierbar ist.

4610

Für die praktische Umsetzung ist es üblich, den Forderungsbestand aktivisch um den ermittelten Korrekturbetrag zu vermindern.

4611

4.5.2 Gruppenbewertung

4.5.2.1 Kriterien für die Gruppenbewertung

Bei einem größeren Bestand an Forderungen ist eine Einzelbewertung nur ausnahmsweise durchführbar. Es ist daher zulässig, gleichartige Forderungen nicht einzeln, sondern pauschal mit einem bestimmten Prozentsatzes abzuwerten, wenn erfahrungsgemäß ein bestimmter Anteil ausfallen wird.[321] Regelmäßig wird bei der Festlegung der Höhe einer pauschalen Wertberichtigung nach Inlands-, Auslands- sowie Wechselforderungen differenziert.

4612

Im Rahmen einer Gruppenbewertung sollen die gleichen Risiken wie im Rahmen der Einzelbewertung von Forderungen erfasst werden. Der Unterschied besteht allerdings darin, dass die identifizierten Risiken keiner konkreten Forderung zugeordnet werden können. Bei der Ermittlung der Höhe des Prozentsatzes vertritt die Finanzverwaltung die Auffassung, dass Aufwendungen zum Einzug der Forderung (insbesondere Mahn- und Prozesskosten) nicht einzubeziehen sind.[322] Die Finanzverwaltung geht dabei davon aus, dass für diese Kosten im Regelfall ein Erstattungsanspruch gegenüber dem Schuldner besteht. Kann gegenüber der Finanzverwaltung glaubhaft gemacht werden, dass ein entsprechender Erstattungsanspruch gegenüber den Kunden aus betrieblichen Gründen nicht besteht, können die Kosten bei der Ermittlung des Prozentsatzes berücksichtigt werden.

4613

Von einer Gruppenbewertung ausgenommen sind Forderungen, die einzeln wertberichtigt werden. D. h. die Pauschalwertberichtigung ist nur auf den um die Bruttobeträge der einzeln wertberichtigten Forderungen gekürzten Forderungsbestand anzuwenden. Auf diese Weise wird verhindert, dass sich das gleiche Ausfallrisiko sowohl im Rahmen einer Einzelbewertung als auch bei Pauschalbewertung des Forderungsbestandes auswirkt. Ausgenommen von der Gruppenbewertung sind auch Forderungen gegenüber Tochterunternehmen.

4614

Nach Art der durch eine Pauschalwertberichtigung zu erfassenden Risiken ist die Bildung einer Pauschalwertberichtigung nicht von dem Nachweis abhängig, dass der Ein-

4615

---

319 Vgl. BFH, Urteil vom 25.2.1986 – VIII R 180/85, BFH/NV 1985 S. 458.
320 Vgl. BFH, Urteil vom 20.8.2003 – I R 49/02, BStBl 2004 II S. 941; vgl. hierzu auch *Hoffmann*, DStZ 2004 S. 44.
321 Vgl. *Ehmcke*, in: Blümich, 138. Aufl., 2017, § 6 EStG Rz. 922.
322 Vgl. OFD Rheinland, S 2174 – St 141 (01/2008), FR 2009 S. 47.

gang einzelner Forderungen aufgrund bestimmter am Abschlussstichtag vorliegender Tatsachen gefährdet ist.

4616 Dieser Vorgehensweise liegt die Überlegung zugrunde, dass bei einer größeren Anzahl gleichartiger Forderungen Forderungsausfälle regelmäßig mit einer gewissen Wahrscheinlichkeit auch dann anzunehmen sind, wenn keine konkreten betrieblichen Erfahrungen vorliegen (sog. latentes Risiko eines Forderungsausfalls).[323] Dies gilt nur dann nicht, wenn nach den Verhältnissen des Betriebs Grund zu der Annahme besteht, dass entgegen der allgemeinen Lebens- und Wirtschaftserfahrung bei der zum Zwecke der Bewertung zusammengefassten Masse der Forderungen keinerlei Ausfälle eintreten werden. Nach der Rechtsprechung ist dies etwa dann der Fall, wenn die Forderung dinglich gesichert ist und die Werthaltigkeit der Sicherheit außer Zweifel steht.[324]

4.5.2.2 Ermittlung des Prozentsatzes der Forderungsabwertung

4617 Die Höhe der pauschalen Forderungsabwertung ist durch eine Schätzung zu ermitteln. Maßstab für die Ermittlung des Prozentsatzes ist die Vorgehensweise eines ordentlichen und gewissenhaften Geschäftsleiters. Damit ist der Prozentsatz aus einer abgeschätzten Bandbreite zu entnehmen. In der Vergangenheit eingetretene Forderungsausfälle bilden einen Anhaltspunkt, um die zukünftig zu erwartenden Forderungsausfälle zu belegen. Dies gilt allerdings nur dann, soweit sich die Verhältnisse nicht wesentlich geändert haben.[325]

4618 Innerhalb des Schätzungsrahmens ist der Bemessung der Pauschalabwertung die ungünstigste Prognose zugrunde zu legen. Die Höhe der pauschalen Wertberichtigung muss allerdings in Einklang mit den objektiven Gegebenheiten des Unternehmens stehen.

4619 Eine pauschale Forderungsabschreibung unter Ansatz eines geschätzten Prozentsatzes wird durch den nach § 6 Abs. 1 Nr. 2 Satz 2 EStG zu führenden Nachweis einer voraussichtlich dauernden Wertminderung des Forderungsbestandes nicht eingeschränkt.[326] Zwar wird eine Schätzung der voraussichtlich dauernden Wertminderung des Forderungsbestandes stets mit Unsicherheiten behaftet sein. Allerdings ist zu beachten, dass es sich bei einer pauschalen Forderungsabschreibung um nichts anderes als ein Verfahren der Gruppenbewertung handelt, dass mit den Verfahren der Gruppenbewertung im Bereich des Vorratsvermögens vergleichbar ist.

4.6 Sonstige Wirtschaftsgüter

4.6.1 Abgrenzung des Bewertungsgegenstandes

4620 Zu den sonstigen Wirtschaftsgütern des Umlaufvermögens zählen sonstige Forderungen und andere Wirtschaftsgüter, die nicht zum Anlagevermögen oder zu den Vorräten,

---

323 Vgl. BFH, Urteil vom 7.5.1998 – IV R 24/97, BFH/NV 1998 S. 1471.
324 Vgl. BFH, Urteil vom 25.9.1968 – I 52/64, BStBl 1969 II S. 18.
325 Vgl. *Moxter*, Bilanzrechtsprechung 2007, S. 320.
326 Vgl. *Kleinle/Dreixler*, in: HHR, § 6 EStG Anm. 566.

Wertpapieren und flüssigen Mitteln gehören.[327] Hierbei handelt es sich vor allem um folgende Sachverhalte:[328]

- Forderungen aus dem Verkauf von Gegenständen des Anlagevermögens oder des übrigen Umlaufvermögens, die nicht in engem Zusammenhang mit dem Unternehmensgegenstand stehen,
- Gegenstände des Anlagevermögens, die zur Weiterveräußerung vorgesehen sind und nicht gemäß ihrer ursprünglichen Zweckbestimmung genutzt werden,
- Gehalts- und Reisekostenvorschüsse, Personaldarlehen (soweit sie nicht Finanzanlagen sind),
- Ansprüche auf Bonuszahlungen[329] und Ansprüche auf Warenrückvergütung,
- Geschäftsanteile an Genossenschaften,
- Anteile an Joint Ventures und Arbeitsgemeinschaften, wenn deren Gegenstand nicht auf Wiederholungsabsicht angelegt ist und deren voraussichtliche Dauer sich nicht über mehr als zwei Abschlussstichtage erstreckt,
- Ansprüche auf Schadenersatz,[330] die hinreichend konkretisiert oder rechtskräftig festgestellt sind, sowie Rückgriffsansprüche aus Bürgschaften,
- Steuererstattungsansprüche, Ansprüche auf Investitionszulagen und sonstige Zuwendungen der öffentlichen Hand,
- geleistete Zahlungen für erworbene Put- oder Call-Optionen, Prämien für Optionen und ähnliche Rechte, wie z. B. Zinsbegrenzungen (Caps, Floors, Collars),
- Einschüsse (Margins) bei der Durchführung von Börsen-Termingeschäften beispielsweise an der EUREX,
- Rückkaufswerte von Rückdeckungsversicherungen für Pensionsverpflichtungen,
- Zinsansprüche aus Darlehen und Wertpapieren, soweit sie auf die Zeit bis zum Bilanzstichtag entfallen (Stückzinsen), selbst wenn die Fälligkeit ungewiss ist,
- kurzfristige Forderungen an Gesellschafter, geleistete Kautionen,
- Emissionsberechtigungen gemäß Treibhausgas-Emissionshandelsgesetz (TEHG), soweit nicht unter Vorräten ausgewiesen.

4.6.2 Geleistete Anzahlungen

Innerhalb der sonstigen Wirtschaftsgüter sind geleistete Anzahlungen von besonderer Relevanz. Zu den sonstigen Wirtschaftsgütern zählen geleistete Anzahlungen, soweit diese nicht im Anlagevermögen oder bei den Vorräten auszuweisen sind.[331] 4621

Anzahlungen (§ § 266 Abs. 2 B 4 HGB, § 5 Abs. 1 EStG) sind Vorleistungen eines Vertragsteils auf schwebende Geschäfte, bei denen die von dem anderen Vertragsteil zu 4622

---

327 Vgl. *Schubert/Roscher*, in: Beck'scher Bilanz-Kommentar, § 247 HGB Rz. 120.
328 Vgl. *Schubert/Roscher*, in: Beck'scher Bilanz-Kommentar, § 247 HGB Rz. 124.
329 Vgl. BFH, Urteil vom 9.2.1978 – IV R 201/74, BStBl 1978 II S. 370.
330 Vgl. BFH, Urteil vom 26.4.1989 – I R 147/84, BStBl 1991 II S. 213.
331 Vgl. *Schubert/Roscher*, in: Beck'scher Bilanz-Kommentar, § 247 HGB Rz. 70.

erbringende Lieferung und Leistung noch aussteht.[332] Die Aktivierung erfolgt, um das schwebende Geschäft erfolgsneutral zu behandeln.[333]

4623 Bei den unter den sonstigen Wirtschaftsgütern auszuweisenden Anzahlungen handelt es sich insbesondere um Vorleistungen, die zukünftige nicht aktivierbare Gegenleistungen betreffen. Dies ist beispielsweise bei Vorleistungen der Fall, die zukünftige Dienstleistungen betreffen.[334] Von der Aktivierung als Anzahlungen ausgeschlossen sind daher Vorleistungen, für die keine Gegenleistungen zu erwarten sind. Das gilt beispielsweise für Vorleistungen auf Beitragsverpflichtungen, die nicht Bestandteil eines vertraglichen Leistungsaustauschs bilden (beispielsweise Vorauszahlungen auf Entwässerungsbeiträge).[335]

4624 *(Einstweilen frei)*

5. Wertpapiere und Anteile an Kapitalgesellschaften
5.1 Abgrenzung des Bewertungsgegenstandes

4625 Zu unterscheiden ist zwischen Wertpapieren und Anteilen an Kapitalgesellschaften. Bei Wertpapieren handelt es sich um Urkunden, deren Besitz zur Ausübung der in ihnen verbrieften Rechte notwendig ist.[336]

4626 Im Grundsatz kommen für einen Ausweis als Umlaufvermögen alle Wertpapiere in Betracht, die auch Wertpapiere des Anlagevermögens sein können.

4627 Wertpapiere sind Urkunden, deren Inhaberschaft zur Geltendmachung des darin verbrieften (Forderungs-, Mitgliedschafts- oder Sachen-) Rechts notwendig ist. Hierzu zählen zum einen Inhaber- und Orderpapiere, die nur nach sachenrechtlichen Grundsätzen gehandelt werden. Zu den Inhaberpapieren zählen Inhaberschuldverschreibungen, hierbei kann es sich beispielsweise um Staatsanleihen, Obligationen, Rentenpapiere, Pfandbriefe, Kommunalobligationen, Inhaberverpflichtungsscheine, Inhabergrund- und Rentenschuldbriefe, Inhaberanteilsscheine von Kapitalanlagegesellschaften, Zinsscheine sowie Gewinnanteilscheine und Rentenscheine handeln. Zu den Orderpapieren zählen Wechsel, Namensaktien, Namensanteilsscheine von Kapitalanlagegesellschaften.[337] Ferner zählen zu den Wertpapieren sog. Retraktpapiere, bei denen das verbriefte Recht nach zessionsrechtlichen Grundsätzen übertragen wird.

4628 Von dem Begriff Anteile an Kapitalgesellschaften werden insbesondere Aktien, Anteile an einer KGaA sowie GmbH-Anteile erfasst.[338] Ferner werden von dem Begriff Anteile an Erwerbs- und Wirtschaftsgenossenschaften, VVaG und sonstige juristische Personen des privaten Rechts erfasst. Genussscheine, ähnliche Beteiligungen und Anwartschaften auf solche Beteiligungen zählen ebenfalls zu den Anteilen an Kapitalgesellschaften.

---

332 Vgl. BFH, Beschluss vom 6.11.2008 – IV B 126/07, BStBl 2009 II S. 294.
333 Vgl. *Schubert/F. Huber*, in: Beck'scher Bilanz-Kommentar, § 247 HGB Rz. 545.
334 Vgl. BFH, Urteil vom 14.3.1986 – III R 179/82, BStBl 1986 II S. 669.
335 Vgl. hierzu BFH, Urteil vom 4.11.1986 – VIII R 322/83, BStBl 1987 II S. 333.
336 Vgl. *Richter*, in: HHR, § 6 EStG Anm. 600.
337 Vgl. *Ehmcke*, in: Blümich, 138. Aufl., 2017, § 6 EStG Rz. 853.
338 Vgl. *Richter*, in: HHR, § 6 EStG Anm. 601.

Bei den in § 6 Abs. 1 Nr. 2 Satz 1 EStG angesprochenen Beteiligungen handelt es sich um die Zusammenfassung der Anteile eines Steuerpflichtigen an einer Kapitalgesellschaft, die dazu bestimmt sind, dem eigenen Geschäftsbetrieb durch Herstellung einer dauernden Verbindung zu jenem Unternehmen zu dienen. D. h. die Anteile verlieren ihre Eigenständigkeit und gehen in dem Wirtschaftsgut Beteiligung auf.[339]

4629

5.2 Zuordnung des wirtschaftlichen Eigentums

Ein Ausweis von Wertpapieren und Anteilen an Kapitalgesellschaften als Bestandteil des Betriebsvermögens kommt nur für solche Wertpapiere und Anteile an Kapitalgesellschaften in Betracht, die gemäß § 39 Abs. 2 Nr. 1 Satz 1 AO im wirtschaftlichen Eigentum des Betriebsinhabers stehen; dies setzt allerdings voraus, dass einer Aktivierung gem. § 39 Abs. 2 AO nicht die über § 5 Abs. 1 Satz 1 EStG zu beachtenden Grundsätze ordnungsmäßiger Buchführung entgegenstehen.[340]

4630

In der Praxis kann die Zuordnung des wirtschaftlichen Eigentums an Wertpapieren und Anteilen an Kapitalgesellschaften im Einzelfall streitbehaftet sein. Denn im Zusammenhang mit der Zuordnung des wirtschaftlichen Eigentums stellt sich aus steuerlicher Sicht die Frage, in welchem Veranlagungszeitraum der bisherige wirtschaftliche Eigentümer einen Veräußerungsgewinn bzw. Veräußerungsverlust erzielt und der neue wirtschaftliche Eigentümer den Kaufgegenstand mit den Anschaffungskosten auszuweisen hat[341]

4631

Die Rechtsstellung eines wirtschaftlichen Eigentümers (§ 39 Abs. 2 Nr. 1 AO) ist dadurch gekennzeichnet, dass er den zivilrechtlichen Eigentümer im Regelfall für die gewöhnliche Nutzungsdauer von der Einwirkung auf das Wirtschaftsgut wirtschaftlich ausschließen kann. Der Übergang des wirtschaftlichen Eigentums an Anteilen an einer Kapitalgesellschaft setzt nach der BFH-Rechtsprechung[342] voraus, dass der Erwerber

4632

a. auf Grund eines zivilrechtlichen Rechtsgeschäfts bereits eine rechtlich geschützte, auf den Erwerb des Rechts gerichtete Position erworben hat, die ihm gegen seinen Willen nicht mehr entzogen werden kann,

b. die mit den Anteilen verbundenen wesentlichen Gesellschafterrechte übertragen werden und

c. das Risiko einer Wertminderung und die Chance einer Wertsteigerung auf den Erwerber übergegangen sind.

Die Schwierigkeiten einer eindeutigen Zuordnung des wirtschaftlichen Eigentums resultieren in der Praxis häufig daraus, dass es nicht auf die äußere rechtliche Gestaltung, sondern auf die tatsächlichen Verhältnisse, d. h. das wirtschaftlich Gewollte und tat-

4633

---

339 Vgl. BFH, Urteil vom 14. 2.1973 – I R 76/71, BStBl 1973 II S. 397.
340 Vgl. *Brandis*, in Steuerberater-Jahrbuch 2016/2017, Köln 2017, S. 300.
341 Vgl. *Kleinheisterkamp/Schell*, DStR 2010 S. 833.
342 Vgl. grundlegend BFH, Urteile vom 10.3.1988 – IV R 226/85, BStBl 1988 II S. 832 sowie vom 9.10.2008 – IX R 73/06, BStBl 2009 II S. 140. Zum wirtschaftlichen Eigentum an Wertpapieren vgl. BFH, Urteil vom 15.12.1999 – I R 29/97, BStBl 2000 II S. 527.

sächlich auch Bewirkte ankommt.³⁴³ Zudem ist für die Zuordnung des wirtschaftlichen Eigentums auf das Gesamtbild der Verhältnisse abzustellen.³⁴⁴

4634 **BEISPIEL** A verkauft der B-GmbH die Anteile an der C-GmbH. Die Anteile sollen bürgerlich-rechtlich nicht schon mit Abschluss des Übertragungsvertrages, sondern erst zu einem späteren Zeitpunkt übergehen.

Die Anteile an der B-GmbH sind der C-GmbH bereits mit Abschluss des Übertragungsvertrages zuzurechnen, falls die C-GmbH auf Grund des bürgerlich-rechtlichen Rechtsgeschäfts eine bereits rechtlich geschützte, auf den Erwerb des Anteils gerichtete Position erworben hat, die ihr gegen ihren Willen nicht mehr entzogen werden kann, und auch die mit den Anteilen verbundenen wesentlichen Rechte sowie das Risiko einer Wertminderung und die Chance einer Wertsteigerung auf den Erwerber übergegangen sind.³⁴⁵

4635 In Konzernstrukturen ist darauf zu achten, dass der spätere konzerninterne Erwerber nicht bereits vor Abschluss des Kaufvertrages die mit den Anteilen verbundenen Gesellschafterrechte wahrnimmt und beispielsweise bereits das Stimmrecht in eigenem wirtschaftlichen Interesse ausübt. Dabei ist zu beachten, dass es nach der Rechtsprechung ausreicht, wenn der Stimmrechtsinhaber auf Grund einer im Innenverhältnis getroffenen Vereinbarung die Interessen des zukünftigen Erwerbers wahrzunehmen hat.³⁴⁶ Auch stellt sich in der Praxis häufig die Frage, ob die Vereinbarung einer Call- bzw. Put-Option den vorzeitigen Übergang des wirtschaftlichen Eigentums an einem Kapitalgesellschaftsanteil zur Folge haben kann.

4636 Die Vereinbarung einer Call-Option, bei der der Optionsinhaber das Recht auf Übertragung des Optionsgegenstandes erlangt, ist nicht geeignet den Übergang des wirtschaftlichen Eigentums an dem Optionsgegenstand zu bewirken.³⁴⁷ Dies ist dadurch begründet, dass vor Ausübung der Option noch kein Übergang der wirtschaftlichen Risiken der Kapitalgesellschaftsbeteiligung erfolgt ist. Erst mit der tatsächlichen Ausübung der Option gehen die mit der Kapitalgesellschaftsbeteiligung verbundenen Chancen und Risiken auf den Erwerber über. Erwerbsoptionen (Call-Optionen) sind nach der Rechtsprechung (Leasing-Urteile des BFH³⁴⁸) allerdings nur dann geeignet, wirtschaftliches Eigentum des Optionsberechtigten zu begründen, wenn nach dem maßgeblichen Geschehensablauf tatsächlich mit einer Ausübung der Option durch den Optionsberechtigten zu rechnen ist.³⁴⁹ Nach der BFH-Rechtsprechung sind die Leasing Urteile auch auf die Zuordnung des wirtschaftlichen Eigentums einer Kapitalgesellschaftsbeteiligung übertragbar.³⁵⁰ Insoweit müssen zu der Call-Option weitere Umstände hinzutreten, die dem Inhaber der Option – bis zu der Optionsausübung – die wesentlichen Gesellschaftsrechte vermitteln.

---

343 Vgl. BFH, Urteil vom 15.2.2001 – III R 130/95, BFH/NV 2001 S. 1041.
344 Ständige Rechtsprechung vgl. u. a. BFH, Urteil vom 25.5.2011 – IX R 23/10, DStR 2011 S. 1895; vom 22.7.2008 – IX R 74/06, DStR 2008 S. 2168.
345 Vgl. hierzu auch BFH, Urteil vom 10.3.1988 – IV R 226/85, BStBl 1988 II S. 832.
346 Vgl. BFH, Urteil vom 19.12.2007 – VIII R 14/06, BFH/NV 2008 S. 659.
347 Vgl. BFH, Urteil vom 25.8.1993 – XI R 6/93, BStBl 1994 II S. 23.
348 Vgl. BFH, Urteil vom 10.6.1988 – III R 18/85, BFH/NV 1989 S. 348.
349 Vgl. BFH, Urteil vom 4.7.2007 – VIII R 68/05, BStBl 2007 II S. 937.
350 Vgl. BFH, Urteil vom 11. 7. 2006 – VIII R 32/04, BStBl 2007 II S. 296.

Im Fall der Vereinbarung einer Put-Option ist hingegen zu beachten, dass es in diesem Fall für die Zuordnung des wirtschaftlichen Eigentums nicht darauf ankommen kann, ob mit der Ausübung der Put-Option zu rechnen ist. Der Optionsberechtigte erlangt keine rechtlich geschützte Rechtsposition, die ihm gegen seinen Willen auch nicht mehr entzogen werden kann. Es obliegt vielmehr allein dem Optionsgeber, ob von dem Andienungsrecht Gebrauch gemacht wird. Dies gilt selbst dann, wenn die Nichtausübung des Andienungsrechts mit einer Ausgleichszahlung verknüpft sein sollte, durch die der Optionsgeber (wirtschaftlich) zu einer Ausübung des Andienungsrechts „motiviert" werden soll. Dies ist dadurch begründet, dass der Optionsgeber auch in diesem Fall zwischen der Zahlung der Ausgleichszahlung und einer zwischenzeitlich ggf. eintretenden Wertsteigerung der Beteiligung - durch die die Ausgleichszahlung kompensiert wird - abwägen wird. Im Ergebnis ist die Gewährung einer Put-Option nicht geeignet, den (vorzeitigen) Übergang des wirtschaftlichen Eigentums zu bewirken.

4637

5.3 Abgrenzung zu Finanzprodukten

Finanzprodukte wie Optionen, Futures, Forwards, Swaps etc. werden auch als Derivate bezeichnet, weil sich deren Wert von Basiswerten (z. B. Anleihen oder Devisen) und deren Entwicklung ableiten lässt. Sie dienen regelmäßig der Risikoabsicherung (Hedging) und sind als schwebende Geschäfte grundsätzlich nicht zu bilanzieren.

4638

Regelmäßig kommen Finanzprodukte als sog. Sicherungsgeschäft im Rahmen einer Bewertungseinheit i. S. d. § 254 HGB zur Anwendung. Werden handelsrechtlich nach § 254 HGB Bewertungseinheiten gebildet, sind die Ergebnisse gemäß § 5 Abs. 1a Satz 2 EStG für die Steuerbilanz konkret maßgeblich, soweit finanzwirtschaftliche Risiken abgesichert werden.[351] Für die Ermittlung des Kompensationsbereichs der Bewertungseinheit wird dann auch das Ergebnis des an sich schwebenden Sicherungsgeschäfts in die Bewertung einbezogen. Ein negativer Saldo, der daraus resultiert, dass der Verlust aus dem Sicherungsgeschäft den Gewinn des Grundgeschäfts übersteigt, ist durch eine Rückstellung für drohende Verluste aus schwebenden Geschäften zu berücksichtigen.[352] Infolge der Außerkraftsetzung des Passivierungsverbots für Drohverlustrückstellungen (§ 5 Abs. 4a Satz 2 EStG) kann eine in der Handelsbilanz gebildete Drohverlustrückstellung (§ 249 Abs. 1 Satz 1 HGB) auch in der Steuerbilanz Berücksichtigung finden.

4639

5.4 Folgen der Abgrenzung zwischen Anlage- und Umlaufvermögen

Wertpapiere und Anteile an Kapitalgesellschaften können entsprechend ihrer Zweckbestimmung entweder dem Anlage- oder dem Umlaufvermögen zugeordnet werden.[353] Eine Zuordnung zum Umlaufvermögen setzt voraus, dass bereits im Zeitpunkt des Er-

4640

---

[351] Zu Einzelheiten vgl. Teil A Kap. VII, Rz. 1041. Vgl. hierzu auch OFD-Frankfurt, Vfg. vom 22.3.2012 – S 2133 A-30-St 210, ESt-Kartei HE § 5 EStG Fach 2 Karte 10.
[352] Vgl. *Hick*, in: HHR, § 5 Abs. 1a EStG Anm. 1736.
[353] Zur Abgrenzung zwischen Anlage- und Umlaufvermögen s. auch *Richter*, in: HHR, § 6 EStG Anm. 600.

werbs die Absicht einer baldigen Weiterveräußerung besteht. Der Bilanzierung kommt dabei ein wesentliches Indiz zu.[354]

4641 Handelsrechtlich kommt der Abgrenzung zwischen Anlage- und Umlaufvermögen vor dem Hintergrund Bedeutung zu, dass § 253 Abs. 4 HGB für Wirtschaftsgüter des Umlaufvermögens das strenge Niederstwertprinzip festschreibt. Vor dem Hintergrund, dass für steuerliche Zwecke nur eine voraussichtlich dauernde Wertminderung zur Vornahme einer Teilwertabschreibung berechtigt, hat die Abgrenzung zwischen Anlage- und Umlaufvermögen materiell an Bedeutung verloren.

4642 Für steuerliche Zwecke gilt, dass unabhängig von einer Zuordnung der Anteile zum Anlage- oder Umlaufvermögen gemäß § 8b Abs. 3 Satz 3 KStG eine Teilwertabschreibung, die eine Körperschaft auf Anteile an Kapitalgesellschaften vornimmt, körperschaftsteuerlich und gewerbesteuerlich nicht berücksichtigungsfähig ist. Dies gilt auch für Anteile an Organgesellschaften.[355] Bei von Einzelunternehmern und Personengesellschaften gehaltenen Anteilen wirkt sich auf Grund des § 3c Abs. 2 Satz 1 EStG eine Teilwertabschreibung nur in Höhe von 60 % steuerwirksam aus.

4643 Allerdings kann sich bei vor dem 1.1.2017 erworbenen und im Umlaufvermögen ausgewiesenen Anteilen an Kapitalgesellschaften (Aktien und GmbH-Anteilen) die Frage stellen, ob die Absicht besteht, einen Eigenhandelserfolg i. S. d. § 8b Abs. 7 KStG a.F. zu erzielen. So versagt § 8b Abs. 7 Satz 2 KStG a.F. die Anwendung von Abs. 1 bis 6 der Vorschrift für „Finanzunternehmen" (Tatbestandsvoraussetzung I), die Anteile (Aktien, GmbH-Anteile) mit dem Ziel erwerben, einen kurzfristigen Eigenhandelserfolg (Tatbestandsvoraussetzung II) zu erzielen. Beide in der Vorschrift angeführten Tatbestandsvoraussetzungen müssen kumulativ vorliegen. Die Bedeutung der Regelung besteht somit darin, dass die Abzugsbeschränkung i. S. d. § 8b Abs. 3 Satz 3 KStG für mit den Anteilen in Zusammenhang stehende Gewinnminderungen nicht eingreift. Dabei erfasst die Abzugsbeschränkung des § 8b Abs. 3 Satz 3 KStG auch aus einer Teilwertabschreibung resultierende Gewinnminderungen. Für nach dem 1.1.2017 erworbenen Anteile an Kapitalgesellschaften gilt § 8b Abs. 7 KStG i.d.F. des BEPS-UmsG[356] vom 20.12.2016. Der persönliche Anwendungsbereich des § 8b Abs. 7 KStG ist danach auf Kreditinstitute und Finanzdienstleistungsinstitute beschränkt. Hierdurch wird dem eigentlichen Sinn und Zweck der Vorschrift entsprochen.[357] Bei diesen Unternehmen sind die § 8b Abs. 1 – Abs. 6 KStG nicht auf Anteile anzuwenden, die dem Handelsbestand i.S.d. § 340e Abs. 3 HGB zuzuordnen sind. Durch die gesetzliche Neuregelung ist die Ausnahme von der Abzugsbeschränkung des § 8b Abs. 3 KStG somit deutlich eingeschränkt worden.

4644–4547 *(Einstweilen frei)*

---

354 Vgl. FG Hessen, Urteil vom 18.11.1999 – 4 K 6280/97, rkr., EFG 2000 S. 251.
355 Zu den hieraus resultierenden Folgen bei einer Wertaufholung vgl. Rz. 4713 ff.
356 BGBl. I 2016 S. 3000; BStBl. I 2017 S. 5.
357 Vgl. *Watermeyer*, in: HHR, § 8b KStG Anm. J 16-4.

5.5 Anschaffungskosten
5.5.1 Ermittlung der Anschaffungskosten
5.5.1.1 Bestimmung der maßgeblichen Anschaffungskosten

Dem Umlaufvermögen zugeordnete Wertpapiere und Anteile an Kapitalgesellschaften sind im Grundsatz mit den Anschaffungskosten, d. h. regelmäßig mit dem Kaufpreis zu bewerten. Der Ansatz von Herstellungskosten kommt nicht in Betracht. Wurden Anteile an einer GmbH zu verschiedenen Zeiten und zu verschiedenen Preisen erworben, sind die tatsächlich für diesen Anteil aufgewendeten Anschaffungskosten maßgeblich.[358] Die Identifikation der veräußerten Anteile und die diesen Anteilen zuzuordnenden Anschaffungskosten erfolgt durch die Bezugnahme auf die notarielle Urkunde betreffend den Erwerb der Anteile.

4648

Bei Erwerb von Anteilen an einer Kapitalgesellschaft durch einen Tauschvorgang bestimmen sich die Anschaffungskosten der erworbenen Anteile nach dem Wert der hingegebenen Anteile.[359] Beim Erwerb von Anteilen im Rahmen der Gründung der Kapitalgesellschaft gehören zu den Anschaffungskosten die gesellschaftsrechtliche Bar- und Sacheinlage einschließlich der noch nicht erfüllten Einzahlungsverpflichtung.[360]

4649

Im Fall der Einlage von Wertpapieren und Anteilen an Kapitalgesellschaften in ein Betriebsvermögen ist als Anschaffungskosten gemäß § 6 Abs. 1 Nr. 5 EStG der Teilwert anzusetzen.

4650

5.5.1.2 Verfahren zur Bestimmung der Anschaffungskosten

Die Anschaffungskosten von Wertpapieren und Anteilen an Kapitalgesellschaften können in der Handelsbilanz durch Einzelbewertung, Durchschnittsbewertung, Gruppenbewertung und Bewertungsvereinfachungsverfahren ermittelt werden. Für die steuerliche Gewinnermittlung ist nur die Durchschnittsbewertung zulässig. Das in § 6 Abs. 1 Nr. 2a EStG geregelte Lifo-Verfahren ist nur für die Bewertung des Vorratsvermögens zulässig.[361]

4651

Eine Einzelbewertung setzt voraus, dass die Wertpapiere in Eigenverwahrung gehalten werden oder in ein Streifbanddepot gegeben worden sind und der Identitätsnachweis anhand von Wertpapiernummern geführt werden kann. Im Fall der Einzelbewertung werden die Wertpapiere mit den tatsächlichen individuell zugeordneten Anschaffungskosten bilanziert.

4652

Eine Durchschnittsbewertung für die Ermittlung der Anschaffungskosten kommt für die steuerliche Gewinnermittlung nur für Wertpapiere in Betracht, deren Anschaffungskosten individuell nicht feststellbar sind. So ist für in einem Girosammeldepot gehaltene Wertpapiere auf Grund mangelnder Identifizierbarkeit eine Durchschnittsbewertung mit den durchschnittlichen Anschaffungskosten zulässig.

4653

---

358 Vgl. BFH, Urteil vom 10.10.1978 – VIII R 126/75, BStBl 1979 II S. 77.
359 Vgl. BFH, Urteil vom 28.10.2008 – IX R 96/07, BStBl 2009 II S. 45.
360 Vgl. *Ehmcke*, in: Blümich, 138. Aufl., 2017, § 6 EStG Rz. 856.
361 Vgl. *Richter*, in: HHR, § 6 EStG Anm. 610.

5.5.1.3 Anschaffungskosten im Einzelnen

4654   Die Anschaffungskosten setzten sich aus dem Kaufpreis sowie den Anschaffungsnebenkosten zusammen. Der Begriff der Anschaffungskosten i. S. d. § 255 HGB gilt entsprechend.[362] Zu den Anschaffungsnebenkosten zählen Provisionen, Bankspesen, Maklergebühren.[363]

4655   Die Anschaffungskosten von Wertpapieren in Fremdwährung sind nach dem Grundsatz der Einzelbewertung auf Grundlage der im Anschaffungszeitpunkt gültigen Wechselkurse zu ermitteln.

4656   Nachträgliche Anschaffungskosten und Anschaffungskostenminderungen sind auch bei Anteilen an Kapitalgesellschaften möglich. Als Anschaffungspreisminderungen kommen vor allem Übernahmeprovisionen, Bonifikationen und ähnliche Vergütungen in Betracht.[364] Auch kann sich eine nachträgliche Minderung der Anschaffungskosten bei Aktien aus der Veräußerung von Bezugsrechten oder bei der Ausübung von Bezugsrechten ergeben.

5.5.2 Sonderfälle
5.5.2.1 Bilanzierung eigener Anteile

4657   Gemäß § 272 Abs. 1a HGB i. d. F. des BilMoG wird der Erwerb eigener Anteile – entsprechend dem wirtschaftlichen Gehalt des Rückkaufs – nicht als Anschaffungsvorgang, sondern als Auskehrung frei verfügbarer Rücklagen eingestuft. Ausgehend von diesem Grundsatz ist der Nennbetrag der erworbenen Geschäftsanteile in der Vorspalte offen von dem Posten „Gezeichnetes Kapital" als Kapitalrückzahlung abzusetzen und der Unterschiedsbetrag zwischen dem Nennbetrag und den Anschaffungskosten der eigenen Anteile mit den frei verfügbaren Rücklagen zu verrechnen; bilanziell hat der Erwerb eigener Anteile somit eine Bilanzverkürzung zur Folge. Dies gilt unabhängig davon, ob die eigenen Anteile zur Weiterveräußerung oder zur Einziehung erworben wurden. Die veränderte Behandlung eigener Anteile schlägt auf Grund des Maßgeblichkeitsprinzips auch auf die steuerliche Gewinnermittlung durch.[365]

4658   D. h. die für den Erwerb eigener Anteile aufgewendeten Anschaffungskosten wirken sich als laufender Aufwand des Geschäftsjahres aus. Die erworbenen eigenen Anteile werden daher ausgehend von der handelsbilanziellen Beurteilung nicht mehr als aktive Wirtschaftsgüter erfasst.[366]

4659   Bislang mussten Kapitalgesellschaften eigene Anteile auf der Aktivseite mit den Anschaffungskosten unter den Wertpapieren des Umlaufvermögens ausweisen und gleichzeitig eine Rücklage im Eigenkapital bilden (§ 272 Abs. 4 HGB a. F.), es sei denn, die Anteile wurden zur Einziehung erworben. Vor diesem Hintergrund stellte sich vor

---

362   Vgl. BFH, Urteil vom 13.4.2010 – IX R 22/09, BStBl 2010 II S. 790.
363   Vgl. BFH, Urteil vom 15.7.1966 – VI 226/64, BStBl 1966 III S. 643.
364   Vgl. *Schubert/Gadek*, in: Beck'scher Bilanz-Kommentar, § 255 HGB Rz. 301 f.
365   Vgl. *Breuninger/Müller*, GmbHR 2011 S. 13; *Lechner/Haisch*, Ubg 2010 S. 694; *Bruckmeier/Zwirner/Künkele*, DStR 2010 S. 1640; *Mayer*, Ubg 2008 S. 782.
366   Vgl. BMF, Schreiben vom 27.11.2013, BStBl. 2013 I S. 1615, Tz. 9.

der Umsetzung des BilMoG die Frage nach der Bewertung eigener Anteile im Rahmen des bilanziellen Ausweises als Umlaufvermögen.[367]

Der geänderte Ausweis eigener Anteile gemäß § 272 Abs. 1a HGB verdeutlicht, dass dem Erwerb eigener Anteile eine gesellschaftsrechtlich veranlasste Transaktion zugrunde liegt, die den steuerlichen Gewinn nicht tangiert. Erfolgt der Erwerb eigener Anteile zu einem den Nennwert übersteigenden Betrag, liegt in Höhe des den Nennwert übersteigenden Betrages eine Leistung der Gesellschaft an den Gesellschafter vor. Wird der ausschüttbare Gewinn überschritten, erfolgt eine Minderung des steuerlichen Einlagekontos (§ 27 Abs. 1 Satz 3 KStG). Kapitalertragsteuer ist (auch auf den Teil der Leistung, der das steuerliche Einlagekonto übersteigt) nicht einzubehalten, da es sich um einen Veräußerungsvorgang handelt. Entspricht der Kaufpreis der eigenen Anteile hingegen dem Nennwert, wirkt sich dieser Vorgang auf die Höhe des steuerlichen Einlagekontos nicht aus. Ein Erwerb der Anteile zu einem den Nennwert unterschreitenden Betrag ist nach den für eine Kapitalherabsetzung geltenden Grundsätzen abzuwickeln (§ 28 Abs. 2 Satz 1 KStG).[368] 4660

Dies bedeutet, dass auch die Veräußerung eigener Anteile als Kapitalmaßnahme einzustufen ist, die steuerlich nicht zu einem Veräußerungsgewinn bzw. -verlust führt.[369] Allerdings ist auch im Fall des Erwerbs eigener Anteile zu prüfen, ob der Erwerb zu fremdüblichen Bedingungen erfolgt. In Höhe des einen angemessenen Kaufpreis übersteigenden Betrages kann eine nach allgemeinen Grundsätzen abzuwickelnde verdeckte Gewinnausschüttung vorliegen.

Die handelsrechtlich nach BilMoG als Kapitalerhöhung bilanziell abzubildende Wiederveräußerung von eigenen Anteilen wäre danach neutral und dürfte nicht zu einer Anwendung von § 8b Abs. 2 KStG auf Ebene der Gesellschaft führen. Ein sich rechnerisch ergebender Veräußerungsgewinn entfaltet keine steuerliche Ergebnisauswirkung.[370] 4661

BEISPIEL Eine GmbH hat in 2015 10 % eigene Anteile am Nennkapital von 100.000 € für 200.000 € erworben. D. h. das gezeichnete Kapital von 100.000 € wurde um den Betrag der eigenen Anteile vermindert. 4662

Nach dem Erwerb eigener Anteile stellt sich die Bilanz der GmbH ausschnittsweise wie folgt dar:

Aktiva		Passiva	
Bank	0 €	Gezeichnetes Kapital	90.000 €
		Kapitalrücklage	0 €
Sonstige Aktiva	1.090.000 €	Sonstige Passiva	1.000.000 €
Summe Aktiva	**1.090.000 €**	**Summe Passiva**	**1.090.000 €**

---

367 Vgl. hierzu *Richter*, in: HHR, § 6 EStG, Anm. 1110.
368 Vgl. BMF, Schreiben vom 27.11.2013, BStBl. 2013 I S. 1615, Tz. 9.
369 Vgl. BMF, Schreiben vom 27.11.2013, BStBl. 2013 I S. 1615, Tz. 13.
370 Vgl. *Blumenberg/Roßner*, GmbHR 2008 S. 1080; *Bruckmeier/Zwirner/Künkele*, DStR 2010 S. 1642; *Hohage*, DB 2009 S. 1034; *Mayer*, Ubg 2008 S. 782; *Lechner/Haisch*, Ubg 2010 S. 695; *Ditz/Tcherveniachki*, Ubg 2010 S. 877.

Ende 2016 werden die eigenen Anteile für 300.000 € veräußert. Nach der Veräußerung stellt sich die Bilanz der GmbH ausschnittsweise wie folgt dar:

Aktiva		Passiva	
Bank	300.000 €	Gezeichnetes Kapital	100.000 €
		Kapitalrücklage	290.000 €
Sonstige Aktiva	1.090.000 €	Sonstige Passiva	1.000.000 €
Summe Aktiva	**1.390.000 €**	**Summe Passiva**	**1.390.000 €**

4663   Demgegenüber wird allerdings auch die Auffassung vertreten, dass die geänderte Bilanzierung eigener Anteile gemäß § 272 Abs. 1a HGB nicht auf die steuerliche Gewinnermittlung durchschlägt. D. h. es soll sich auch nach neuer Rechtslage bei dem Erwerb eigener Anteile in Höhe des angemessenen Kaufpreises um einen Anschaffungsvorgang handeln, der zum Erwerb des Wirtschaftsgutes eigene Anteile führt.[371] Auf einen durch die Veräußerung der eigenen Anteile realisierten Veräußerungsgewinn soll § 8b Abs. 2 KStG Anwendung finden.

5.5.2.2 Anschaffungskosten im Rahmen eines Wertpapierleihgeschäfts

4664   Für den in der Praxis typischen Fall einer Aktienleihe tritt der Entleiher in die Rechte aus den Aktien (Stimmrecht, Dividendenbezugsrecht, Veräußerungsrecht) ein. Nach Ablauf der Leihfrist ist der Entleiher verpflichtet, Aktien gleicher Art, Güte und Menge an den Verleiher zurückzugeben (sog. Gattungsschuld).[372] Das Steuerrecht schließt sich der zivilrechtlichen Beurteilung an. Nach § 39 Abs. 2 Nr. 1 AO sind die Aktien zivilrechtlich und wirtschaftlich dem Vermögen des Entleihers zuzurechnen. Die Anschaffungskosten der entliehenen Aktien bestimmen sich im Fall einer Aktienleihe nach dem Kurswert der Aktien im Übertragungszeitpunkt. In gleicher Höhe hat der Entleiher die Rückübertragungsverpflichtung als Verbindlichkeit auszuweisen. Bilanzsteuerlich ist für die Bewertung der Verbindlichkeit § 6 Abs. 1 Nr. 3 EStG einschlägig. Es besteht somit ein synallagmatisches Rechtsverhältnis, empfangene und geschuldete Leistung sind ausgeglichen. Der Nominalwert der auszuweisenden Sachdarlehensverbindlichkeit entspricht dabei dem Kurswert der entliehenen Aktien.

4665   **BEISPIEL** Eine AG entleiht Aktien, die im Zeitpunkt des Abschlusses des Leihgeschäfts mit dem aktuellen Kurswert von 100 Mio. € aktiviert werden. In gleicher Höhe wird eine Sachleistungsverpflichtung gegenüber dem Verleiher passiviert. Die ausgeliehenen Aktien werden ohne Ergebnisauswirkung in 2011 zu den Anschaffungskosten von 100 Mio. € veräußert. Zum 31.12.2011 weist die AG die Sachleistungsverpflichtung weiterhin mit den Anschaffungskosten in Höhe von 100 Mio. € aus.

Die Wiedererlangung des wirtschaftlichen Eigentums infolge der Rückübertragung am Ende des Leihgeschäfts stellt für den Verleiher keinen Anschaffungsvorgang und keinen Erwerb im steuerlichen Sinne dar. Die wiedererlangten Aktien sind durch den Verleiher mit den fortgeführten Anschaffungskosten einzubuchen.

---

371 Vgl. *Pung*, in: Dötsch/Jost/Pung/Möhlenbrock, Die Körperschaftsteuer, § 8b KStG, Rz. 129b; so auch *Gosch*, in: Gosch, § 8b KStG Rz. 163a.
372 Zu der Funktionsweise einer Wertpapierleihe vgl. auch Rz. 4528; sowie *Rau*, FR 2017, S. 891.

5.5.2.3 Erwerb von Anteilen an einer Kapitalgesellschaft durch Kapitalmaßnahmen
5.5.2.3.1 Kapitalerhöhung

Bei der Kapitalgesellschaft handelt es sich bei einer Kapitalerhöhung um einen gesellschaftsrechtlichen, d. h. einkommensneutralen Vorgang. Dies gilt sowohl für eine Kapitalerhöhung durch Einlage als auch für die Kapitalerhöhung aus Gesellschaftsmitteln. 4666

Beim Anteilseigner führt die Kapitalerhöhung gegen Einlage (Bar- und Sacheinlage) zu Anschaffungskosten für die neuen Anteile.[373] Die Anschaffungskosten der Altanteile sind um den auf das Bezugsrecht entfallenden Teil zu kürzen.[374] Für die Ermittlung des auf das Bezugsrecht entfallenden Teils der Anschaffungskosten des Altanteils gelangen verschiedene Bewertungsverfahren zur Anwendung. Die h. M. ermittelt den auf das Bezugsrecht entfallenden Anteil an den Anschaffungskosten des Altanteils nach der Gesamtwertmethode.[375] 4667

Werden Anteile an einer Kapitalgesellschaft aufgrund einer Kapitalerhöhung aus Gesellschaftsmitteln, d. h. ohne Zuzahlung ausgegeben, ist zu unterscheiden, ob die Kapitalerhöhung aus Gesellschaftsmitteln die Voraussetzungen des KapErhStG erfüllt: 4668

Erfüllt die Kapitalerhöhung aus Gesellschaftsmitteln die Voraussetzungen des KapErhStG ist § 3 KapErhStG zu beachten. Danach gelten als Anschaffungskosten der vor einer Kapitalerhöhung aus Gesellschaftsmitteln erworbenen Anteilsrechte und der auf sie entfallenden neuen Anteilsrechte nach § 3 KapErhStG die Beträge, die sich für die einzelnen Anteilsrechte ergeben, wenn die Anschaffungskosten der vor der Kapitalerhöhung erworbenen Anteilsrechte auf diese und auf die auf sie entfallenden neuen Anteilsrechte nach dem Verhältnis der Anteile am Nennkapital verteilt werden. D. h. die bisherigen Anschaffungskosten sind auf die alten und neuen Anteile nach dem Verhältnis ihrer Nennbeträge zu verteilen.[376] Die ursprünglichen Anschaffungskosten für die Altanteile gehen folglich anteilig auf die jungen Anteile über. Es handelt sich somit um eine Minderung der Anschaffungskosten für die Altanteile und nicht um eine Teilwertabschreibung. 4669

Bei börsennotierten Anteilen wird der Buchwert des Bezugsrechts rechnerisch mit der Hilfe des sog. Gesamtwertverfahrens ermittelt.[377] 4670

> BEISPIEL ▶ Ein Anteilseigner hatte vor der Kapitalerhöhung aus Gesellschaftsmitteln Aktien im Nennwert von 1.000 €, die er für 2.000 € erworben hatte. Nach einer Kapitalerhöhung 1:1 erhält er weitere Aktien von 1.000 €.
> Gem. § 3 KapErhStG verteilen sich jetzt die Anschaffungskosten von 2.000 € auf die doppelte Anzahl von Aktien.

Erfüllt die Kapitalerhöhung nicht die Voraussetzungen des KapErhStG, stellt Gewährung von Freianteilen durch die Kapitalgesellschaft an ihre Gesellschafter sowohl eine Ausschüttung von Gewinnen als auch die Anschaffung von Freianteilen gegen Zahlung 4671

---
373 Vgl. BFH, Urteil vom 27.4.2000 – I R 59/99, BStBl 2001 II S. 168.
374 Vgl. *Richter*, in: HHR, § 6 EStG Anm. 611.
375 Zu Einzelheiten vgl. *Ehmcke*, in: Blümich, 138. Aufl., 2017, § 6 EStG Rz. 871.
376 Vgl. BFH, Urteil vom 19.12.2000 – IX R 100/97, BStBl 2001 II S. 345.
377 Vgl. hierzu *Strahl*, in: Korn, § 6 EStG Rz. 346.

oder Aufrechnung mit dem Gewinnanspruch dar. Daher umfassen die Anschaffungskosten der Freianteile den Wert des Gewinnanspruchs zzgl. etwaiger Kosten.[378] Bei den alten Anteilen ist dann, entsprechend der Ausgabe neuer Anteile gegen Zuzahlung, eine Minderung des bisherigen Buchwerts vorzunehmen.

5.5.2.3.2 Kapitalherabsetzung

4672 Im Fall einer (effektiven) Kapitalherabsetzung mit Rückzahlung an die Gesellschafter werden dem Anteilseigner ein Teil seiner Aufwendungen erstattet, die handels- und steuerrechtlich ursprünglich als Anschaffungskosten angesetzt worden sind. Wird für die Rückzahlung von Einlagen der Gesellschafter das steuerliche Einlagekonto i. S. d. § 27 Abs. 1 Satz 3 KStG verwendet, ist der Rückzahlungsbetrag (§ 20 Abs. 1 Nr. 1 Satz 3 EStG) mit dem Beteiligungsbuchwert zu verrechnen. Bei über den Beteiligungsbuchwert hinausgehenden Beträgen handelt es sich bei einem körperschaftsteuerpflichtigen Anteilseigner um Gewinne i. S. d. § 8b Abs. 2 KStG.[379] Bei von einer natürlichen Person gehaltenen Beteiligung liegt ein Veräußerungsgewinn i. S. d. § 17 Abs. 4 EStG vor, soweit die Ausschüttung aus dem steuerlichen Einlagekonto die Anschaffungskosten der Anteile übersteigt.

5.6 Bewertung von Wertpapieren und Anteilen an Kapitalgesellschaften mit dem niedrigeren Teilwert

5.6.1 Ansatz mit dem niedrigeren Teilwert

4673 Handelsrechtlich sind dem Umlaufvermögen zugeordnete Wertpapiere und Anteile an Kapitalgesellschaften im Fall einer Wertminderung mit dem niedrigeren beizulegenden Wert anzusetzen (§ 253 Abs. 3 Satz 1 und 2 HGB). Dies gilt unabhängig davon, ob eine voraussichtlich dauernde Wertminderung vorliegt.

4674 Im Fall einer voraussichtlich dauernden Wertminderung eröffnet § 6 Abs. 1 Nr. 2 Satz 2 EStG das Wahlrecht, die Anschaffungs- und Herstellungskosten bis zur Höhe des niedrigeren Teilwerts zu vermindern.[380] Die Neujustierung der materiellen Maßgeblichkeit der Handelsbilanz für die Steuerbilanz führt dazu, dass das Abwertungswahlrecht in der Steuerbilanz autonom und losgelöst von der Handelsbilanz ausgeübt werden kann. Aufgrund des steuerlichen Abwertungswahlrechts kann es daher zu einer nach früherem Recht nicht möglichen (zusätzlichen) Abweichung zwischen Handels- und Steuerbilanz kommen.

4675 Für die Ermittlung des Teilwerts gelten Teilwertvermutungen, die im Einzelfall allerdings widerlegbar sind. D. h. auch bei Wertpapieren und Anteilen an Kapitalgesellschaften besteht die Vermutung, dass der Teilwert im Zeitpunkt der Anschaffung den Anschaffungskosten entspricht.[381] Wurden Anteile bzw. Wertpapiere zu unterschiedlichen Zeitpunkten und Preisen erworben, sind für die Beurteilung einer Teilwert-

---

378 Vgl. BFH, Urteil vom 14.2.2006 – VIII R 49/03, BStBl 2006 II S. 520.
379 Vgl. BMF, Schreiben vom 28.4.2003, BStBl 2003 I S. 292 Rz. 6.
380 Zum Verhältnis zum Handelsrecht vgl. auch Rz. 4385.
381 Zum Teilwert einer Beteiligung vgl. BFH, Urteil vom 7. 11.1990 – I R 116/86, BStBl 1991 II S. 342.

abschreibung die Anteile bzw. Wertpapiere getrennt zu beurteilen, soweit sie identifizierbar sind.[382]

Für die im Zuge einer verdeckten Einlage entstandenen nachträglichen Anschaffungskosten einer Kapitalgesellschaftsbeteiligung gilt diese Vermutung allerdings nicht uneingeschränkt.[383] Zu prüfen ist, ob der Teilwert der Beteiligung mindestens ihren neuen Buchwert erreicht. Dies kann dann nicht der Fall sein, wenn die Vorteilsgewährung in Gestalt der verdeckten Einlage nicht bezweckt, die Rentabilität wieder herzustellen, sondern nachweislich dazu geeignet ist, eine drohende Insolvenz der Kapitalgesellschaft abzuwenden.[384] Insoweit schließt die Aktivierung einer verdeckten Einlage in Form zusätzlicher Anschaffungskosten die gleichzeitige Abschreibung der Beteiligung auf den niedrigeren Teilwert nicht aus.[385] Wurde der Beteiligungsbuchwert in der Vergangenheit auf den niedrigeren Teilwert abgeschrieben, löst die verdeckte Einlage in Sanierungsfällen regelmäßig keine Wertaufholung i. S. d. § 6 Abs. 1 Nr. 2 Satz 2 i. V. m. Satz 3 EStG aus. Dies ist vor dem Hintergrund von Bedeutung, dass unter die Veräußerungsgewinnbefreiung i. S. d. § 8b Abs. 2 KStG auch Gewinne aus Wertaufholungen fallen, mit der Folge, dass 5 % des Gewinns zu den nicht abzugsfähigen Betriebsausgaben gemäß § 8b Abs. 3 KStG zählen.[386]

4676

Für die nachfolgenden Bilanzstichtage besteht die Vermutung, dass der Teilwert den Wiederbeschaffungskosten entspricht. Dabei ist für die Ermittlung des Teilwerts zu unterscheiden, ob eine Börsennotierung erfolgt oder nicht.

4677

5.6.2 Börsennotierte Wertpapiere und Anteile an Kapitalgesellschaften

Für börsennotierte Wertpapiere und Anteile an Kapitalgesellschaften besteht die Vermutung, dass der Teilwert dem Börsenkurs zum Bewertungsstichtag entspricht.[387] Die Wiederbeschaffungskosten zum Bilanzstichtag sind zumindest dann maßgeblich, wenn die Beteiligung zum Verkauf an der Börse bestimmt ist oder wenn der Erwerb einer gleich hohen Beteiligung an der Börse zu den Kurswerten möglich erscheint.

4678

Sind die Wiederbeschaffungskosten gegenüber den Anschaffungskosten einschließlich der Anschaffungsnebenkosten gesunken, kann eine Bewertung mit dem niedrigeren Teilwert erfolgen.[388] Nach der BFH Rechtsprechung muss im Hinblick auf den bilanzrechtlichen Wesentlichkeitsgrundsatz der Differenzbetrag zwischen dem Kurswert zum Bilanzstichtag und dem Kurswert im Erwerbszeitpunkt eine Bagatellgrenze von 5 % übersteigen.[389] Die Finanzverwaltung hat sich dem angeschlossen.[390] Im Fall einer vo-

4679

---

382 Vgl. *Strahl*, in: Korn, § 6 EStG Rz. 344.
383 Vgl. BFH, Urteil vom 9.3.1977 – I R 203/74, BStBl 1977 II S. 515.
384 Vgl. *Neumann*, in: Neumann, VGA und verdeckte Einlagen, Köln 2006, S. 591; *Eckstein*, in: HHR § 6 EStG Anm. 1729.
385 Vgl. BFH, Urteile vom 19.10.2005 – I R 40/04, BFH/NV 2006 S. 822; vom 9.3.1977 – I R 203/74, BStBl 1977 II S. 515; FG Münster, Urteil vom 15.3.2012 – 9 K 2139/07 K, F, rkr.
386 Vgl. BMF, Schreiben vom 28.4.2003 – IV A2 – S 2750a – 7/03, BStBl 2003 I S. 292; s. hierzu nachfolgend auch unter Rz. 4713.
387 Vgl. BFH, Urteil vom 26.9.2007 – I R 58/06, BStBl 2009 II S. 294 zu im Anlagevermögen gehaltenen Aktien.
388 Vgl. BFH, Urteil vom 21.9.2011 – I R 89/10, BStBl II 2014 S. 612 für im Anlagevermögen bilanzierte Aktien.
389 Vgl. BFH, Urteil vom 21.9.2011 - I R 89/10, BStBl II 2014 S. 612.
390 Vgl. BMF, Schreiben vom 2.9.2016, BStBl 2016 I S. 995, Tz. 17.

rausgegangenen Teilwertabschreibung stellt die Finanzverwaltung für die Anwendung der Bagatellgrenze auf den Bilanzansatz zum vorausgegangenen Bilanzstichtag ab.[391] Kursänderungen nach dem Bilanzstichtag haben als wertbeeinflussende (wertbegründende Umstände) auf die Vornahme einer Teilwertabschreibung keinen Einfluss.[392]

Dabei können bei einem Rückgang des Börsenkurses die aktivierten Anschaffungsnebenkosten nicht ohne weiteres in vollem Umfang, sondern nur in demselben Verhältnis gemindert werden, in dem der ursprüngliche Börsenkurs, d. h. die Anschaffungskosten ohne Nebenkosten, zu dem gesunkenen Börsenkurs am Bewertungsstichtag steht.[393]

4680 **BEISPIEL** Bei Anschaffungskosten von 150 € und Anschaffungsnebenkosten von 5 € ergeben sich Anschaffungskosten in Höhe von 155 €. Fallen die Wiederbeschaffungskosten auf 100 €, so beträgt der Teilwert 103 €. Der Kursverlust im Vergleich zum Erwerbszeitpunkt beträgt mehr als 5 %.

4681 In Sonderfällen ist der Börsenkurs für die Ermittlung des Teilwerts allerdings nicht maßgeblich. Angesprochen sind Sachverhalte, in denen erkennbar ist, dass der Börsenkurs den tatsächlichen Anteilswert nicht wiederspiegelt. Dies ist beispielsweise dann der Fall, wenn an der Börse nur im Streubesitz gehaltene Anteile gehandelt werden, die dem Umfang nach der zu bewertenden Beteiligung nicht entsprechen.

4682 Die Wiederbeschaffungskosten richten sich auch dann nicht nach dem Börsenkurs, wenn zu vermuten ist, dass mit der Höhe der zu bewertenden Beteiligung geldwerte Vorteile verbunden sind, die auch ein gedachter Erwerber durch Zahlung eines sog. Paketzuschlages entgelten würde. Eine entsprechende Vermutung ist gerechtfertigt, wenn entweder der Steuerpflichtige selbst für die zu bewertende Beteiligung oder ein anderer Gesellschafter für eine gleich hohe Beteiligung einen Kaufpreis gezahlt hat, der über dem Börsenkurswert lag. In diesem Fall spricht das objektive Marktverhalten dafür, dass die Wiederbeschaffungskosten sich nicht nur nach dem Börsenkurswert richten.[394]

5.6.3 Nicht börsennotierte Wertpapiere und Anteile an Kapitalgesellschaften
5.6.3.1 Grundsätze

4683 Bei nicht börsennotierten Wertpapieren und Anteilen an Kapitalgesellschaften ist der Teilwert im Wege der Schätzung, d. h. auf der Grundlage einer individuellen Wertfindung zu ermitteln. Dabei sind für die Ermittlung des Teilwerts der Substanzwert, der Ertragswert sowie die „besonderen Vorteile" (beispielsweise Synergieeffekte) ausschlaggebend, die sich im konkreten Einzelfall aus der Beteiligung ergeben. Damit sind für die Ermittlung des Teilwerts nicht die Ertragslage und die Ertragsaussichten zu berücksichtigen. Bei Anteilen an Kapitalgesellschaften ist für die Ermittlung des Teilwertes der Geschäftsanteile der Wert des Unternehmens zu ermitteln.[395]

---

391 Vgl. BMF, Schreiben vom 2.9.2016, BStBl 2016 I S. 995, Tz. 17.
392 Vgl. BFH, Urteil vom 21.9.2011- I R 89/10, BStBl 2014 II S. 612 sowie BMF, Schreiben vom 2.9.2016, BStBl 2016 I S. 995, Tz. 20a.
393 Vgl. BFH, Urteil vom 22.3.1972 – I R 199/69, BStBl 1972 II S. 489.
394 Vgl. BFH, Urteil vom 7.11.1990 – I R 116/86, BStBl 1991 II S. 342.
395 Vgl. BFH, Urteil vom 19.8.2009 – III R 79/07, BFH/NV 2010 S. 610; BFH, Urteil vom 9.3.2000 – X B 106/99, BFH/NV 2000 S. 1184.

Bei Auslandsbeteiligungen kann ein niedrigerer Teilwert der Beteiligung aus besonderen Auslandsrisiken (bspw. Einschränkungen des Kapitalverkehrs sowie Beschränkungen der wirtschaftlichen Betätigung) resultieren.

Auswirkungen auf die Ermittlung des Teilwerts haben nur Vorgänge, durch die sich die zukünftige Ertragskraft der Beteiligung oder der Wert des Anteilseigners an der Gesellschaft selbst verändert. So hat eine Rückzahlung von Einlagen der Anteilseigner auf Grund einer Kapitalherabsetzung auf den Teilwert der Beteiligung keinen Einfluss. Allerdings sind die Anschaffungskosten der Beteiligung auf Gesellschafterebene zu vermindern, soweit für die Ausschüttung das steuerliche Einlagekonto i. S. d. § 27 KStG verwendet wird. 4684

Teilwertmindernd kann sich eine Kapitalerhöhung bei der Kapitalgesellschaft unter Ausschluss des Bezugsrechts des Steuerpflichtigen auswirken. So wird durch die Aufnahme neuer Gesellschafter der Wert des Anteils verwässert. 4685

Als Anhaltspunkte für die Ermittlung des Teilwerts können zeitnahe Verkäufe herangezogen werden, wenn bei diesen Verkäufen ein marktgerechter Preis zustande gekommen ist. Andernfalls sind die Wiederbeschaffungskosten anhand des Substanz- und Ertragswertes des durch das Wertpapier bzw. die Anteile verkörperten Vermögens zu schätzen.

Sind die zu bewertenden Wertpapiere und Anteile an Kapitalgesellschaften für den Betrieb entbehrlich, entspricht der Teilwert nicht den Wiederbeschaffungskosten, sondern dem Einzelveräußerungspreis.

Teilwerterhöhend kann sich beispielsweise der Umfang des Wertpapier- oder Anteilsbesitzes auswirken, wenn beispielsweise wegen des Erreichens einer Sperrminorität eine Einflussnahme auf die Geschäftsführung der Gesellschaft möglich wird (sog. Paketzuschlag). 4686

5.6.3.2 Ermittlung des Teilwerts anhand zeitnaher Verkäufe

Für die Praxis ist von Bedeutung, unter welchen Voraussetzungen für die Ableitung des Teilwerts zeitnahe Verkäufe herangezogen werden können. 4687

Bei den für die Ermittlung des Teilwerts heranzuziehenden Verkäufen muss es sich um solche handeln, die im gewöhnlichen Geschäftsverkehr und in zeitlicher Nähe zu den zu bewertenden Anteilen erfolgt sind. Nach § 11 Abs. 2 Satz 2 BewG bestimmt sich der gemeine Wert in erster Linie aus Anteilsverkäufen, die weniger als ein Jahr zurückliegen. D. h. es muss sich um Verkäufe handeln, bei denen der Verkaufspreis durch den widerstreitenden Ausgleich der Interessen von Käufer und Verkäufer ermittelt wurde.[396]

5.6.3.3 Schätzung des Teilwerts unter Berücksichtigung des Vermögens und der Ertragsaussichten

Kann der Teilwert nicht aus zeitnahen Verkäufen abgeleitet werden, können der Abschätzung des Teilwerts Verfahren der Unternehmensbewertung zugrunde gelegt 4688

---

[396] Das sog. „Stuttgarter Verfahren" ist für ertragsteuerliche Zwecke auf Grund des § 11 Abs. 2 BewG nicht mehr anwendbar. Nach der Rechtsprechung des BFH konnte das Verfahren auch für Zwecke der Einkommensteuer herangezogen werden. Vgl. BFH, Urteil vom 5.3.1986 – II R 232/82, BStBl 1986 II S. 591.

werden.³⁹⁷ Für eine Abschätzung des Teilwerts kann eine Wertermittlung auf Basis des IDW-S1 herangezogen werden.³⁹⁸ Zudem kann das für Zwecke der Erbschaft- und Schenkungsteuer geregelte vereinfachte Ertragswertverfahren gemäß § 11 Abs. 2 Satz 2 BewG gewisse Anhaltspunkte für die Höhe des Teilwerts liefern.³⁹⁹ So sind die Verfahren darauf ausgerichtet, den Verkehrswert des Bewertungsgegenstandes abzubilden. In dem BMF-Schreiben vom 22.9.2011 erklärt die Finanzverwaltung das vereinfachte Ertragswertverfahren für ertragsteuerliche Zwecke für entsprechend anwendbar.⁴⁰⁰

4689 Ein auf Basis der Verfahren ermittelter Teilwert kann allerdings dann nicht der Besteuerung zugrunde gelegt werden, wenn das Verfahren zu offensichtlich unzutreffenden Ergebnissen führt.⁴⁰¹ Auch ist die Finanzverwaltung nicht daran gehindert, die Angemessenheit eines nach Maßgabe des IDW-S1 ermittelten Wertansatzes anhand anderer Bewertungsmethoden als Vergleichs- und Verprobungsrechnungen zu überprüfen. Es muss sich allerdings um betriebswirtschaftlich anerkannte Bewertungsverfahren handeln. Die Rechtsprechung hat eine auf dem Ertragswertverfahren basierende Unternehmensbewertung durch die Finanzverwaltung nicht beanstandet.⁴⁰²

4690 Dabei ist zu beachten, dass nach der Rechtsprechung ein gutachtlich festgestellter Unternehmenswert immer dann für Zwecke der Besteuerung beachtlich ist, sofern der Gutachter eine anerkannte Bewertungsmethode verwendet und zudem keine offensichtliche Falschbewertung vorliegt.⁴⁰³ D. h. im Rahmen eines Finanzgerichtsverfahrens beschränkt sich die Aufgabe des Gerichts auf die Überprüfung, ob der gutachterlichen Wertermittlung zutreffende Tatsachen zugrunde gelegt wurden. Eine eigenständige Wertermittlung zählt hingegen nicht zu den Aufgaben des Gerichts.

5.6.4 Sonderfälle der Ermittlung des Teilwerts eines Anteils an einer Kapitalgesellschaft

5.6.4.1 Verschlechterung der wirtschaftlichen Lage der Kapitalgesellschaft

4691 In der Praxis stellt sich insbesondere bei einer Verschlechterung der wirtschaftlichen Lage der Kapitalgesellschaft die Frage, ob die Voraussetzungen für eine Teilwertabschreibung der Beteiligung vorliegen. Dabei ist zu beachten, dass allein der Eintritt einer Verlustsituation für die Vornahme einer Teilwertabschreibung nicht ausreicht. Im Grundsatz setzt eine Teilwertabschreibung voraus, dass entweder die Anschaffung als Fehlmaßnahme anzusehen ist oder die Wiederbeschaffungskosten nach dem Erwerb der Beteiligung gesunken sind, weil sich der innere Wert des Beteiligungsunternehmens vermindert hat.⁴⁰⁴

---

397 Vgl. *Kulosa*, in: Schmidt, EStG, 37. Aufl. 2018, § 6 EStG Rz. 280.
398 Vgl. BFH, Urteil vom 11.5.2005 – VIII B 89/01, BFH/NV 2005 S. 1777.
399 Vgl. hierzu Ländererlasse vom 17.5.2011, BStBl 2011 I S. 606. Zum Verhältnis zum Ertragswertverfahren nach IDW S1 vgl. *Pawelzik*, Ubg 2010 S. 885.
400 IV C 6 – S 2170/10/10001, DStR 2011 S. 1858.
401 Vgl. zum Stuttgarter Verfahren BFH, Urteil vom 16.7.1997 – II B 23/97, BFH/NV 1998 S. 50.
402 Vgl. FG Hessen, Urteil vom 15.5.2001 – 4 V 5281/00, EFG 2001 S. 1163.
403 Vgl. FG Niedersachsen, Urteil vom 11.4.2000 – 6 K 611/93, rkr., DStRE 2001 S. 24.
404 Vgl. BFH, Urteil vom 18.6.2015 – IV R 6/11, BFH/NV 2015 S. 1381 und vom 7.11.1990 – I R 116/86, BStBl 1991 II S. 342.

Soll eine Teilwertabschreibung mit einer Fehlmaßnahme begründet werden, setzt eine Teilwertabschreibung den Nachweis voraus, dass die Anschaffung der Beteiligung von vornherein eine Fehlmaßnahme war.[405] Eine Fehlmaßnahme liegt vor, wenn die wirtschaftlichen Erwartungen des Anteilseigners nicht erfüllt werden und infolgedessen das Geschäftsergebnis negativ beeinflusst wird.[406] Dabei kommt bei einer Beteiligung an einem neu gegründeten Unternehmen eine Teilwertabschreibung wegen Anlaufverlusten regelmäßig nicht in Betracht.[407] Ausschlaggebend ist, dass in der Anlaufphase weniger die gegenwärtigen Verluste als vielmehr die zukünftigen Ertragsaussichten zählen. Im Regelfall kann als Anlaufphase für eine inländische Kapitalgesellschaft ein Zeitraum von drei Jahren angesehen werden.

4692

Andererseits kann eine Teilwertabschreibung dann geboten sein, wenn die Beteiligung auf Grund nachhaltig hoher Verluste eine nachträgliche Wertminderung erfahren hat. Allerdings genügt in einem solchen Fall nicht allein die Feststellung, dass hohe Verluste eingetreten sind. So sind für den Wert einer Beteiligung im Rahmen des Gesamtunternehmens nicht nur die Ertragslage und die Ertragsaussichten, sondern auch der Vermögenswert und die funktionale Bedeutung des Beteiligungs-Unternehmens für die Wertzumessung entscheidend.[408] Folge ist, dass die Voraussetzungen für eine Teilwertabschreibung nur dann vorliegen, wenn zwischen dem Anschaffungszeitpunkt und dem Bilanzstichtag Umstände eingetreten sind, die die Annahme rechtfertigen, dass die Wiederbeschaffungskosten unter den derzeitigen Anschaffungskosten liegen.

4693

Indiz für die Bewertung einer Beteiligung mit dem niedrigeren Teilwert kann auch der Verlust eines großen Teils des Stammkapitals der GmbH sein, wenn ein alsbaldiger Ausgleich dieses Verlustes im normalen Geschäftsbetrieb ausgeschlossen erscheint.

5.6.4.2 Ausschüttungsbedingte Teilwertabschreibung

Gewinnausschüttungen rechtfertigen eine Teilwertabschreibung auf einen GmbH-Anteil grundsätzlich nicht, wenn der „normale Jahresgewinn" ausgeschüttet wird.[409] Etwas anderes kann allerdings gelten, wenn Ausschüttungen über den „normalen Jahresgewinn" hinaus vorgenommen werden. Dies kann beispielsweise dann der Fall sein, wenn Gewinne aus der Veräußerung von Anlagevermögen ausgeschüttet werden. Entsprechendes gilt, wenn Kapitalrücklagen zugunsten des Bilanzgewinns aufgelöst werden und an den Anteilseigner ausgeschüttet werden. D. h. es muss eine Verminderung des inneren Wertes der Beteiligung vorliegen.[410]

4694

5.6.4.3 Besonderheiten bei Organgesellschaften

Auch die Beteiligung an einer Organgesellschaft kann im Grundsatz bei einer voraussichtlich dauernden Wertminderung auf den niedrigeren Teilwert abgeschrieben werden.

4695

---

405 Vgl. BFH, Urteil vom 27.7.1988 – I R 104/84, BStBl 1989 II S. 274.
406 Vgl. BFH, Urteil vom 31.10.1978 – VIII R 124/74, BStBl 1979 II S. 108.
407 Vgl. BFH, Urteil vom 27.7.1988 – I R 104/84, BStBl 1989 II S. 274.
408 Vgl. FG Baden-Württemberg, Urteil vom 4.10.2010 – 10 K 1724/08, rkr., BB 2011 S. 1263.
409 Vgl. BFH, Beschluss vom 22.12.1999 – I B 158/98, BFH/NV 2000 S. 710.
410 Vgl. FG Sachsen-Anhalt, Urteil vom 23.1.2003 – 3 K 145/00, rkr.

4696 Erzielt eine Organgesellschaft Verluste, geht die BFH-Rechtsprechung davon aus, dass die Voraussetzungen einer Teilwertabschreibung nicht vorliegen, da auf Grund der Verlustübernahmeverpflichtung des Organträgers der innere Wert der Beteiligung an der Organgesellschaft erhalten bleibt.[411] Der BFH geht insoweit von einer unwiderlegbaren Teilwertvermutung in Höhe der Anschaffungskosten der Beteiligung an der Organgesellschaft aus.[412] Durch die Versagung der Teilwertabschreibung auf die Beteiligung an der Verlust-Organgesellschaft soll zudem eine doppelte Berücksichtigung der Verluste beim Organträger vermieden werden. Dies wäre der Fall, wenn sich die Verluste sowohl über die organschaftliche Einkommenszurechnung als auch über die Teilwertabschreibung der Beteiligung steuermindernd auswirken würden. Das Argument der Vermeidung einer doppelten Verlustberücksichtigung greift allerdings nur dann durch, wenn sich die Teilwertabschreibung auf Ebene des Organträgers auch tatsächlich steuermindernd auswirkt. Auf Grund des § 8b Abs. 3 Satz 3 KStG (körperschaftsteuerpflichtiger Organträger) bzw. § 3c Abs. 2 EStG (Personengesellschaft als Organträger) mindern Teilwertabschreibungen den steuerlichen Gewinn des Organträgers nicht bzw. im Anwendungsbereich des § 3c Abs. 2 EStG nur in Höhe von 40 %.

4697 Eine Teilwertabschreibung kann allerdings dann in Betracht kommen, wenn sie in keinem Zusammenhang mit bereits berücksichtigten, d. h. im Rahmen des Gewinnabführungsvertrages übernommenen Verlusten durch den Organträger steht. Dies kann dann der Fall sein, wenn in dem vom Organträger für die Organbeteiligung gezahlten Kaufpreis auch ein Firmenwert berücksichtigt ist und dieser durch ständige Verluste der Organgesellschaft gemindert oder ganz zerstört wird. D. h. eine Teilwertabschreibung, die durch andere Gründe als nur die Verlustsituation der Organgesellschaft belegt werden kann, ist steuerlich anzuerkennen. Solche Gründe können z. B. in der Verflüchtigung des Firmenwertes liegen.[413]

4698 Ausgehend von diesen Grundsätzen kann eine Teilwertabschreibung auf die Beteiligung an der Organgesellschaft in Betracht kommen, falls sich die Anschaffung der Beteiligung als Fehlmaßnahme herausstellt. Dies ist beispielsweise dann der Fall, wenn die Beteiligung von vornherein oder später nicht mehr die Bedeutung für das Gesamtunternehmen hat, die ihr im Zeitpunkt des Erwerbs der Beteiligung beigemessen wurde.[414]

4699 Weiterhin kann eine Teilwertabschreibung steuerlich anzuerkennen sein, wenn in dem aktivierten Beteiligungsansatz (Anschaffungskosten) der Gegenwert für stille Reserven der Organgesellschaft enthalten ist, diese stillen Reserven während der Geltungsdauer des Gewinnabführungsvertrages bei der Organgesellschaft realisiert werden und sodann als Gewinn abgeführt werden.

4700 Entsprechendes gilt für die Auflösung vororganschaftlicher offener Reserven (z. B. Gewinnrücklagen) und deren Ausschüttung während des Bestehens der Organschaft. Die

---

411 Vgl. BFH, Urteil vom 12.10.1972 – IV R 37/68, BStBl 1973 II S. 76.
412 Vgl. *Neumann*, in: Gosch, § 14 KStG Rz. 430.
413 Vgl. *Neumann*, in: Gosch, § 14 KStG Rz. 432.
414 Zur Berücksichtigung der funktionalen Bedeutung der Organgesellschaft für den Unternehmensverbund bei der Ermittlung des Teilwerts der Organgesellschaft s. BFH, Urteil vom 18.6.2015 – IV R 6/11, BFH/NV 2015 S. 1381.

sog. abführungsbedingte Teilwertabschreibung steht einer ausschüttungsbedingten Teilwertabschreibung körperschaftsteuerlich gleich und ist damit steuerlich anzuerkennen.[415]

5.6.5 Voraussichtlich dauernde Wertminderung

5.6.5.1 Bedeutung von Kurserholungen bis zum Zeitpunkt der Bilanzaufstellung

Nach § 6 Abs. 1 Nr. 1 Satz 2 i. V. m. Nr. 2 EStG ist eine Teilwertabschreibung auf Wertpapiere und Anteile an Kapitalgesellschaften nur dann zulässig, wenn der Steuerpflichtige den Nachweis führt, dass eine voraussichtlich dauernde Wertminderung vorliegt.[416]   4701

Bei börsennotierten Wertpapieren und Anteilen an Kapitalgesellschaften stellt sich in der Praxis in Bezug auf das Kriterium einer voraussichtlich dauernde Wertminderung - häufig die Frage, wie sich eine bis zum Zeitpunkt der Bilanzaufstellung eingetretene Kurserholung auf das Kriterium der voraussichtlich dauernden Wertminderung auswirkt. Auf Grund der Börsennotierung sind zwischen dem Bilanzstichtag und dem Tag der Bilanzaufstellung eintretende Wertveränderungen ohne weiteres erkennbar. Eine entsprechende Fragestellung stellt sich im Übrigen bei allen marktgängigen Wertpapieren, für die tagesaktuelle Preise verfügbar sind.   4702

Gestützt auf die BFH-Entscheidung vom 21.9.2011[417] vertritt die Finanzverwaltung das Stichtagsprinzip.[418] Dies bedeutet, dass bis zum Zeitpunkt der Aufstellung der Bilanz eintretende Kursveränderungen als (nachlaufende) wertbegründende Ereignisse die Bewertung zum Bilanzstichtag nicht beeinflussen.   4703

> **BEISPIEL** Die Anschaffungskosten von börsennotierten Wertpapieren betragen beispielsweise 100 €. Der Stichtagskurs zum Bilanzstichtag beläuft sich auf 80 €. Zwischen dem Bilanzstichtag und dem Zeitpunkt der Bilanzaufstellungen betragen die Kursschwankungen zwischen 70 und 90 €.
>
> Eine Teilwertabschreibung des Wertpapiers auf 80 € ist zulässig. Die nach dem Bilanzstichtag eintretenden Kursänderungen sind als wertbegründend einzustufen, die die Bewertung zum Bilanzstichtag nicht beeinflussen (der Kursverlust übersteigt zudem auch die Bagatellgrenze von 5% bezogen auf die Notierung im Erwerbszeitpunkt).[419]

4704

Auf nicht börsennotierte Wertpapiere und Anteile an Kapitalgesellschaften ist die zu börsennotierten Wertpapieren ergangene BFH-Rechtsprechung nicht übertragbar.[420] In der Entscheidung vom 8.6.2011 hat der BFH die Frage nach den Auswirkungen einer bis zum Zeitpunkt der Bilanzaufstellung eingetretenen Kursveränderung im Zusammenhang mit einer Teilwertabschreibung festverzinslicher Wertpapiere offengelassen. Dabei war für den BFH ausschlaggebend, dass festverzinsliche Wertpapiere regelmäßig eine Forderung in Höhe des Nominalwerts des Papiers verbriefen. Der Inhaber eines solchen Papiers hat mithin das gesicherte Recht, am Ende der Laufzeit diesen Nominal-   4705

---

415 Vgl. BFH, Urteil vom 13.11.2002 – I R 9/02, BStBl 2003 II S. 489.
416 Vgl. allgemein zum Begriff der voraussichtlich dauernden Wertminderung Rz. 4385.
417 I R 89/10, BStBl 2014 II S. 612.
418 Vgl. BMF, Schreiben vom 2.9.2016, BStBl 2016 I S. 995, Tz. 19.
419 Vgl. BMF, Schreiben vom 2.9.2016, BStBl 2016 I S. 995, Tz. 20a.
420 Vgl. BFH v. 8.2.2012 – IV B 13/11, BFH/NV 2012 S. 963.

wert zu erhalten. Diese Sicherheit hat er an jedem Bilanzstichtag, und zwar unabhängig davon, ob zwischenzeitlich infolge bestimmter Marktgegebenheiten der Kurswert des Papiers unter dessen Nominalwert liegt.

4706 Ein Absinken des Kurswerts unter den Nominalwert erweist sich bei dieser Beurteilung als nur vorübergehend und folglich als nicht dauerhaft.[421] Eine voraussichtlich dauernde Wertminderung setzt voraus, dass ein Liquiditäts- und Bonitätsrisiko in Bezug auf die Rückzahlung des Nominalwerts besteht.[422]

4707–4709 *(Einstweilen frei)*

5.6.5.2 Keine voraussichtlich dauernde Wertminderung von Anteilen an Kapitalgesellschaften im Fall von Anlaufverlusten

4710 Die Wertminderung von Anteilen an Kapitalgesellschaften wird dann als vorübergehend qualifiziert, wenn sie auf Anlaufverlusten beruht oder wenn konkret geplante oder bereits getroffene Maßnahmen erwarten lassen, dass sich die Situation des Beteiligungsunternehmens innerhalb eines wirtschaftlich überschaubaren Zeitraums verbessert. Die Wertminderung ist voraussichtlich nachhaltig, wenn der Steuerpflichtige hiermit aus Sicht des Bilanzstichtages aufgrund objektiver Anzeichen ernsthaft zu rechnen hat.

5.6.6 Wertaufholungsgebot

5.6.6.1 Grundsätze

4711 Nach § 6 Abs. 1 Nr. 2 Satz 3 i. V. m. Abs. 1 Nr. 1 Satz 4 gilt für Wertpapiere und Anteile an Kapitalgesellschaften ein steuerliches Wertaufholungsgebot.

4712 Das Wertaufholungsgebot greift allerdings dann nicht ein, wenn der Nachweis geführt werden kann, dass ein niedrigerer Teilwert im Anschluss an eine Teilwertabschreibung weiterhin besteht. Stellt sich in einem auf eine Teilwertabschreibung folgenden Wirtschaftsjahr heraus, dass die Gründe für die Teilwertabschreibung nicht mehr bestehen, so ist eine Zuschreibung bis zum höheren Teilwert, maximal bis zu den Anschaffungskosten vorzunehmen. Die für die Prüfung der Voraussetzungen einer voraussichtlich dauernden Wertminderung maßgebliche Bagatellgrenze von 5 % gilt nach Auffassung der Finanzverwaltung nicht für eine Wertaufholung. Ist eine Teilwertabschreibung erfolgt, ist eine Zuschreibung zwingend vorzunehmen, falls zu dem nachfolgenden Bilanzstichtag eine Wertaufholung erfolgt ist.[423]

5.6.6.2 Besonderheiten des Wertaufholungsgebotes bei Anteilen an Kapitalgesellschaften

4713 Bei Teilwertabschreibungen auf Anteile an Kapitalgesellschaften besteht die Besonderheit, dass nach § 8b Abs. 3 Satz 3 KStG Gewinnminderungen, die im Zusammenhang mit dem in § 8b Abs. 2 KStG genannten Anteilen an einer Körperschaft oder

---

421 Vgl. BMF, Schreiben vom 2.9.2016, BStBl 2016 I S. 995, Tz. 21.
422 Vgl. BMF, Schreiben vom 2.9.2016, BStBl 2016 I S. 995, Tz. 21.
423 Vgl. BMF, Schreiben vom 2.9.2016, BStBl 2016 I S. 995, Tz. 17.

Personenvereinigung entstehen, bei der Ermittlung des Einkommens nicht zu berücksichtigen sind.

Bei von Einzelunternehmen gehaltenen Anteilen wirkt sich die Teilwertabschreibung in Höhe von 60 % nicht steuermindernd aus (§ 3 c Abs. 2 Satz 1 EStG).

Ergeben sich aus dem Ansatz des in § 6 Abs. 1 Nr. 2 Satz 3 i. V. m. Nr. 1 Satz 4 EStG bezeichneten Werts, also aus sog. Wertaufholungen nach vorangegangenen Teilwertabschreibungen, Gewinne, so bleiben diese nach § 8b Abs. 2 Satz 3 KStG bei der Ermittlung des Einkommens außer Ansatz.   4714

Nach § 8b Abs. 2 Satz 4 KStG gilt dies jedoch nicht, soweit der Anteil in früheren Jahren (vor dem Systemwechsel zum sog. Halbeinkünfteverfahren) steuerwirksam auf den niedrigeren Teilwert abgeschrieben und die Gewinnminderung nicht durch den Ansatz eines höheren Werts ausgeglichen worden ist.   4715

Einzelunternehmen können 40 % der Zuschreibung vom Einkommen abziehen (§ 3 Nr. 40 Satz 1 Buchst. a Satz 1 EStG). Die Zuschreibung ist dagegen, analog der Regelung für Kapitalgesellschaften, voll steuerpflichtig, soweit die frühere Teilwertabschreibung in vollem Umfang zu einer Gewinnminderung geführt hat und soweit diese Gewinnminderung nicht durch eine steuerpflichtige Zuschreibung ausgeglichen wurde (§ 3 Nr. 40 Satz 1 Buchst. a Satz 2 EStG).   4716

Wurden bei Anteilen an Kapitalgesellschaften steuerwirksame (während des Anrechnungsverfahrens) als auch steuerunwirksame Teilwertabschreibungen (unter Geltung des Halbeinkünfteverfahrens) vorgenommen, die bislang nicht durch den Ansatz eines höheren Wertes rückgängig gemacht wurden, ergibt sich ein Reihenfolgeproblem.   4717

Es stellt sich dann die Frage, ob Wertaufholungen bei den steuerwirksam oder bei den nicht steuerwirksam abgeschriebenen Anteilen vorzunehmen sind. Die Finanzverwaltung hat bislang die Verrechnungsreihenfolge des „first-in-first-out" vertreten. Wertaufholungen seien solange steuerpflichtig, bis die steuerwirksam vorgenommenen Teilwertabschreibungen in vollem Umfang ausgeglichen seien.[424] Der BFH hat diese Rechtsfrage in seiner Entscheidung vom 19.8.2009 dahingehend beantwortet, dass Wertaufholungen, die sich nicht auf eine konkret vorangegangene Teilwertabschreibung beziehen, zunächst mit den nicht steuerwirksamen und erst danach mit den steuerwirksamen Teilwertabschreibungen zu verrechnen sind. Im Ergebnis entspricht dieses Vorgehen einer Verrechnungsreihenfolge des „last-in-first-out".[425] Somit bleiben Teilwertaufholungen in Höhe des steuerunwirksamen Wertaufholungsvolumens steuerfrei.   4718

Für diese Vorgehensweise spricht, dass § 8b Abs. 2 Satz 4 KStG die Zielsetzung zugrunde liegt, eine steuerfreie Realisation stiller Reserven auszuschließen, die nach früherer Rechtslage steuerpflichtig gewesen wäre. Dieser Zielsetzung entspricht es, die Verrechnungsreihenfolge an einer Zeitenreihenfolge zu orientieren und dabei die zuletzt eingetretene Wertminderung als zuerst ausgeglichen anzusehen.   4719

---

424 Vgl. u. a. OFD Münster, Vfg. vom 23.2.2005, DB 2005 S. 470; Schwenker/Fischer, FR 2010 S. 649.
425 I R 2/09, BStBl 2010 II S. 760; zustimmend OFD Niedersachsen, Vfg. vom 11.4.2011 – S 2750a-18-St 242, KSt-Kartei ND § 8b KStG Karte 5.

Hinzu kommt, dass nach der gesetzlichen Systematik Erträge aus den Wertaufholungen vorrangig von der Anwendung des Halbeinkünfteverfahrens profitieren und steuerfrei bleiben. § 8b Abs. 2 Satz 4 KStG soll erst dann zur Anwendung gelangen, soweit – nach Grund und Höhe – das (an sich steuerfreie) Wertaufholungsvolumen für den betreffenden „abgeschriebenen" Anteil aufgezehrt ist.

4720 Zu beachten ist, dass die beschriebene Systematik auch im Fall der Veräußerung eines Kapitalgesellschaftsanteils eingreift.

4721 **BEISPIEL** Ein Gesellschafter einer Kapitalgesellschaft hat seine Beteiligung mit Anschaffungskosten von 200.000 € steuerwirksam auf 150.000 € abgeschrieben. Zu einem späteren Zeitpunkt wurde die Beteiligung steuerneutral auf 100.000 € abgeschrieben. Die Beteiligung wurde für 100.000 € veräußert.

Der im Zuge der Veräußerung der Beteiligung realisierte Gewinn ist in erster Linie mit der zuletzt eingetretenen „steuerneutralen" Wertminderung zu verrechnen und auf dieser Basis § 8b Abs. 2 Satz 4 KStG nicht anzuwenden.

6. Kassenbestand, Bundesbankguthaben, Guthaben bei Kreditinstituten und Schecks

4722 In § 266 Abs. 2 HGB werden die sog. flüssigen Mittel (Kassenbestand, Bundesbankguthaben, Guthaben bei Kreditinstituten und Schecks) in einer Bilanzposition zusammengefasst. In der Praxis sind vor allem die Positionen Kassenbestand und Guthaben bei Kreditinstituten von Relevanz.

6.1 Kassenbestand

4723 Zum Kassenbestand am Bilanzstichtag zählt das in den Haupt- und Nebenkassen befindliche Bargeld. Zu dem Kassenbestand rechnen auch Wertmarken in Form von Briefmarken.[426] Die Bewertung hat mit dem Nennwert zu erfolgen.

6.2 Guthaben bei Kreditinstituten

4724 Hierzu zählen sämtliche Guthaben bei inländischen Banken und Sparkassen. Auf Euro lautende Guthaben bei Kreditinstituten sind mit dem Nennwert zu bewerten. Hierzu zählen sowohl täglich fällige Gelder als auch Festgelder. Nicht in Anspruch genommene Kreditlinien sind nicht aktivierungsfähig. Guthaben bei Kreditinstituten, die verbundene Unternehmen sind oder mit denen ein Beteiligungsverhältnis besteht, sind unter den Forderungen auszuweisen.[427]

Der Ansatz eines niedrigen Teilwerts kommt im Fall einer finanziellen Schieflage des Kreditinstituts in Betracht.

---

426 Vgl. *Schubert/Roscher*, in: Beck'scher Bilanz-Kommentar, § 247 HGB Rz. 131.
427 Vgl. *Koss/Lemmen/Niemann/Wohlgemuth*, Jahres- und Konzernabschluss nach Handels- und Steuerrecht, Rz. 853W.

6.3 Schecks

In der Praxis ist die Bedeutung dieser Position i. d. R. gering, da Schecks regelmäßig zum Inkasso weitergegeben werden. Im Einzelnen sind folgende Schecks zu berücksichtigen: Bar-, Verrechnungs-, Inhaber-, Order-, Euro-, Fremdwährungs-, Reiseschecks. Schecks, die von dem Kreditinstitut noch nicht eingelöst wurden, sind als Forderungen auszuweisen, da die dem Scheck zugrunde liegende Forderung noch nicht erloschen ist. 4725

Schecks sind wie Forderungen zu bewerten. D. h. auf Euro lautende Schecks in Form von Bar-, Verrechnungs- und Reiseschecks sind im Grundsatz mit dem Nennbetrag zu bewerten. Andernfalls hat eine Bewertung nach den für Fremdwährungsforderungen geltenden Grundsätzen zu erfolgen.[428] 4726

6.4 Zahlungsmittel in ausländischer Währung

6.4.1 Ermittlung der Anschaffungskosten

Bei der Erstverbuchung sind Zahlungsmittel in ausländischer Währung (Kassenbestand, Bankguthaben sowie Wechsel und Schecks) im Zugangszeitpunkt mit dem Nennwert zu verbuchen. 4727

6.4.2 Bewertung mit dem Teilwert

Zum Bilanzstichtag sind ausländische Zahlungsmittel nach § 256a HGB zum Abschlussstichtag mit dem Devisenkassamittelkurs umzurechnen. Dieser Wertansatz ist auch für die Steuerbilanz maßgeblich. 4728

Liegt der Umrechnungskurs unter dem bei der Erstverbuchung angesetzten Kurs, ist von einer voraussichtlich dauernden Wertminderung gemäß § 6 Abs. 1 Nr. 2 EStG auszugehen, wenn das niedrigere Kursniveau bis zum Zeitpunkt der Bilanzaufstellung beibehalten wird. Liegt der Umrechnungskurs über dem bei der Erstverbuchung angesetzten Kurs, ist der im Zeitpunkt der Erstverbuchung angesetzte Kurs fortzuführen. 4729

(Einstweilen frei) 4730–4929

---

[428] Vgl. hierzu Rz. 4600 ff.

Teil B:
Bilanzierung und Bewertung bei der Gewinnermittlung nach Bilanzposten

Kapitel III:
Aktive Rechnungsabgrenzungsposten

von
WP/StB Professor Dr. Ulrich Prinz, Köln

Kapitel III: Aktive Rechnungsabgrenzungsposten

Inhaltsübersicht	Rz.
1. Steuerbilanzielle Rechtsgrundlagen (§ 5 Abs. 5 EStG)	4930 - 4931
2. Bilanzrechtssystematische Rahmenbedingungen aktiver RAP	4932 - 4969
2.1 Handelsbilanzielle Regelung des § 250 Abs. 1 und 3 HGB	4932 - 4939
2.2 Steuerbilanzielles Ansatzgebot für aktive RAP gem. § 5 Abs. 5 Satz 1 Nr. 1 EStG	4940 - 4959
2.2.1 Tatbestand und Rechtsfolge des aktiven RAP	4940 - 4949
2.2.2 Gegenstand aktiver RAP	4950 - 4951
2.2.3 Zeitmoment aktiver RAP	4952 - 4959
2.3 Steuerbilanzielles Ansatzgebot für Sonderfälle aktiver RAP (§ 5 Abs. 5 Satz 2 Nr. 1 und 2 EStG)	4960 - 4969
3. Steuerbilanzielle Bedeutung aktiver RAP	4970 - 4974
4. Wichtige Anwendungsfälle für aktive RAP (Einzelfall-ABC)	4975 - 5039

AUSGEWÄHLTE LITERATUR

Arbeitskreis „Steuern und Revision" im Bund der Wirtschaftsakademiker (BWA), DStR 1999 S. 2135; *dies.*, Bilanzierung von Kreditbearbeitungsgebühren — Zugleich Anmerkung zum Urteil des BFH vom 22.6.2011, BFH 22.06.2011 Aktenzeichen I R 7/10, DStR 2011 S. 2211; *Balmes/Graessner*, Passive Rechnungsabgrenzung bei der Finanzierung von Autokäufen durch zinsgünstige Darlehen, FR 2011 S. 885; *Beisse*, Wandlungen der Rechnungsabgrenzung, Festschrift Budde, München 1995, S. 67; *Crezelius*, Bestimmte Zeit und passive Rechnungsabgrenzung, DB 1998 S. 633; *Federmann*, Zeitbestimmtheit bei transitorischer Rechnungsabgrenzung in der Handels- und Steuerbilanz, BB 1984 S. 246; *Fuchs*, Die transitorischen Rechnungsabgrenzungsposten, Systematische Grundlagen und historische Entwicklung bis zum Aktiengesetz 1965, Köln 1987; *Hartung*, Rechnungsabgrenzungsposten und richtlinienkonforme Auslegung, Festschrift Moxter, Düsseldorf 1994, S. 213; *Herzig/Joisten*, Bilanzierung von Abschlussgebühren für Darlehensverträge als Rechnungsabgrenzungsposten, DB 2011 S. 1014; *Hoffmann*, Weiter Begriff der Rechnungsabgrenzung, StuB 2013 S. 637; *Küting/Strauß*, Der passive Rechnungsabgrenzungsposten: ein "Schlüsselspieler" in der Fußball-Bundesliga, DB 2010 S. 1189; *Marx/Löffler*, Die „bestimmte Zeit" als Voraussetzung für handels- und steuerrechtliche Rechnungsabgrenzungen, DB 2015 S. 2765; *Meyer-Scharenberg*, Zweifelsfragen bei der Bilanzierung transitorischer Rechnungsabgrenzungsposten, DStR 1991 S. 254; *Priester*, Passive Rechnungsabgrenzung – Kriterien der Ausübungspflicht, DB 2016 1025; *Prinz*, Step-Down-Gelder im Rechtsstreit: Problematische Aktivierung eines RAP, FR 2011 S. 1165; *Rätke*, Aktiver Rechnungsabgrenzungsposten bei verdeckten Subventionen, StuB 2013 S. 806; *Rose*, Die Rechnungsabgrenzungsposten im Lichte der neueren Rechtsprechung des Bundesfinanzhofs, StbJb 1983/84 S. 141; *Strahl*, Aktuelle Entwicklungen im Bilanzsteuerrecht, KÖSDI 2012 S. 17946, 17950; *Schulze-Osterloh*, Der Ausweis von Aufwendungen nach dem Realisations- und dem Imparitätsprinzip, Festschrift Forster, Düsseldorf 1992, S. 653; *Stobbe*, Das Kriterium der „bestimmten Zeit" bei den Rechnungsabgrenzungsposten, FR 1995 S. 399; *Tiedchen*, Rechnungsabgrenzung und „bestimmte Zeit", BB 1997 S. 2471; *dies.*, Posten der aktiven Rechnungsabgrenzung, in HdJ, II/9 2013); *dies.*, Posten der passiven Rechnungsabgrenzung, HdJ, III/11, 2013; *Weber-Grellet*, Rechnungsabgrenzungsposten als Anwendungsfall des Realisationsprinzips, NWB 2017 S. 2984.

1. Steuerbilanzielle Rechtsgrundlagen (§ 5 Abs. 5 EStG)

4930 § 5 Abs. 5 EStG regelt die steuerbilanziellen Rechnungsabgrenzungsposten. Dessen Satz 1 Nr. 1 sieht ein qualifiziertes **steuerbilanzielles Ansatzgebot** zur Bildung eines aktiven RAP vor. Solche Abgrenzungsposten sind in Bezug auf die Aktivseite nur anzusetzen für

„Ausgaben vor dem Abschlussstichtag, soweit sie Aufwand für eine bestimmte Zeit nach diesem Tag darstellen".

Es handelt sich um sogenannte **transitorische Posten**, d. h. um (vorausgeleistete) Zahlungen aus meist gegenseitigen Verträgen, deren Erfolgswirkung (= Aufwandsrealisation) in späteren Perioden nach Maßgabe eines zeitlichen Bestimmtheitserfordernisses auftritt (bspw. Miet- oder Leasingvorauszahlungen).[1] RAP dienen als Ausfluss des Realisationsprinzips (§ 252 Abs. 1 Nr. 4 HGB) der periodengerechten Erfolgsabgrenzung (kodifiziertes dynamisches Bilanzverständnis) und haben keine Wirtschaftsgutqualität. Das steuerbilanzielle Ansatzgebot für passive RAP ist tatbestandssymmetrisch in § 5 Abs. 5 Satz 1 Nr. 2 EStG formuliert. Es besteht ein Saldierungsverbot für aktive und passive RAP (Grundlage: § 5 Abs. 1a Satz 1 EStG). Für Gewinnermittler nach § 5 Abs. 1 EStG gilt das Ansatzgebot für RAP unmittelbar; für Gewinnermittler nach § 4 Abs. 1 EStG gelten die Regelungen als steuerbilanziell allgemein akzeptierte Grundlagen kaufmännischer Rechnungslegung sinngemäß.[2] Eine Verpflichtung zur korrespondierenden Bilanzierung aktiver und passiver RAP bei den Vertragspartnern eines Austauschgeschäfts – bilanzierende Steuerpflichtige vorausgesetzt – besteht nicht; das Imparitätsprinzip steht dem mitunter entgegen. § 5 Abs. 5 Satz 1 Nr. 1 EStG enthält keine ausdrücklichen Regelungen zur Auflösung oder Verteilung des aktiven RAP; insoweit gelten Aufwandsrealisationsgrundsätze. Bei fehlender Tatbestandserfüllung des § 5 Abs. 5 Satz 1 EStG besteht ein Aktivierungsverbot (= laufende Betriebsausgabe).[3]

4931 Eine spezielle ergänzende Ansatzpflicht für zwei Typen **antizipativer RAP** beinhaltet § 5 Abs. 5 Satz 2 EStG. Danach sind als aktive RAP „ferner anzusetzen":

- ▶ bestimmte Zölle und Verbrauchsteuern, soweit sie auf am Abschlussstichtag auszuweisende Wirtschaftsgüter des Vorratsvermögens entfallen (Nr. 1) und

- ▶ Umsatzsteuer auf am Abschlussstichtag auszuweisende Anzahlungen (Nr. 2).

---

1 Zu der Beschränkung steuerlicher RAP auf transitorische Posten vgl. auch R 5.6 Abs. 1 EStR 2012.
2 Vgl. H 5.6 EStR 2012 (Gewinnermittlung nach § 4 Abs. 1 EStG), wo zur Begründung auf § 141 Abs. 1 Satz 2 AO und das BFH, Urteil vom 20.11.1980 – IV R 126/78, BStBl 1981 II S. 398 verwiesen wird. Bereits vor ihrer einkommensteuergesetzlichen Kodifikation wurden RAP als GoB steuerbilanziell berücksichtigt; vgl. dazu BFH, Urteil vom 18.3.2010 – X R 20/09, BFH/NV 2010 S. 1796, 1797 f.; vgl. ergänzend auch BFH, Urteil vom 15.2.2017 – VI R 96/13, BStBl. II 2017 S. 884, Rz. 18.
3 Vgl. *Tiedchen*, in: HHR, § 5 EStG Anm. 2180; *Weber-Grellet*, in: Schmidt, EStG, 37. Aufl. 2018, § 5 Rz. 242; als Überblick auch *Prinz*, in: Festschrift für Georg Crezelius, 2018 S. 351, 366-368.

2. Bilanzrechtssystematische Rahmenbedingungen aktiver RAP

2.1 Handelsbilanzielle Regelung des § 250 Abs. 1 und 3 HGB

§ 250 HGB regelt für sämtliche Kaufleute im Bereich der bilanziellen Ansatzvorschriften die verschiedenen Formen von RAP. Neben Vermögensgegenständen und Schulden sind RAP eine eigene, nachgeordnete Bilanzpostenkategorie (§ § 246 Abs. 1, 247 Abs. 1 HGB), die der perioden- und realisationsgerechten Erfolgsabgrenzung des Kaufmanns dient und – begrenzt auf transitorische Positionen – Ausdruck eines dynamischen Bilanzverständnisses ist. Dadurch soll für einen eng begrenzten Anwendungsbereich eine willkürliche handelsbilanzielle Gewinnbeeinflussung verhindert werden; Gläubigerschutz und Kapitalerhaltung treten insoweit „in den Hintergrund".[4] § 250 Abs. 1 HGB definiert die aktiven RAP weitgehend wortlautidentisch mit § 5 Abs. 5 Satz 1 Nr. 1 EStG. Entsprechendes gilt für die in § 250 Abs. 2 HGB definierten passiven RAP. § 250 Abs. 3 HGB befasst sich mit dem Sonderfall eines aktiven RAP für Unterschiedsbeträge aus der Aufnahme von Verbindlichkeiten (sogenanntes Disagio) und enthält ein Aktivierungswahlrecht; eine steuerbilanzielle Parallelregelung existiert nicht. Die jüngere Rechtsprechung des BFH lässt auf der Aktivseite der Bilanz eine Tendenz zur „Ausweitung der RAP" erkennen.

4932

Darüber hinaus bestand für vor dem 1.1.2010 beginnende Geschäftsjahre ein handelsbilanzielles Wahlrecht für zwei Bereiche antizipativer Rechnungsabgrenzungsposten, nämlich bestimmte **Zölle und Verbrauchsteuern** sowie **Umsatzsteuer auf erhaltene Anzahlungen**. Die Regelung entsprach § 5 Abs. 5 Satz 2 EStG, war allerdings nicht als Aktivierungspflicht, sondern als Wahlrecht ausgestaltet. Beide Sonderregelungen sind durch das BilMoG vom 25.5.2009 handelsbilanziell abgeschafft worden. Der Grund des BilMoG-Gesetzgebers für die Streichung des § 250 Abs. 1 Satz 2 HGB a. F., dessen praktische Bedeutung als eher gering eingestuft wurde, war die angestrebte Gleichwertigkeit des handelsrechtlichen Jahresabschlusses im Verhältnis zu den internationalen Rechnungslegungsstandards. Eine einheitliche Behandlung in Handels- und Steuerbilanz ist daher insoweit nicht mehr möglich (handelsbilanzielles Aktivierungsverbot).[5]

4933

§ 250 HGB basiert auf der 4. EG-Richtlinie vom 25.7.1978, die eine Ansatzpflicht im Hinblick auf sog. transitorische Posten, ein Mitgliedstaatenwahlrecht für sog. antizipative Posten vorsah; letzteres hat der deutsche Gesetzgeber nicht in das HGB eingeführt. Die Ansatzpflicht für transitorische Posten wurde in § 250 Abs. 1 HGB bezogen auf aktive RAP durch das BiRiLiG 1985 umgesetzt. § 250 HGB hat daher im Ausgangspunkt

4934

---

4 Zu den handelsrechtlichen Details vgl. *Prinz*, in: Kölner Kommentar zum Rechnungslegungsrecht, Köln 2011, § 250 HGB Rz. 1; *Richter*, in: Hachmeister/Kahle/Mock/Schüppen, Bilanzrecht, § 250 HGB Rz. 1-6. Ergänzend dazu auch *Moxter*, Bilanzrechtsprechung, 6. Aufl. 2007, S. 72, der aktive RAP als „Vermögensgegenstände besonderer Art" bezeichnet; MüKoBilR/*Hennrichs*, § 250 HGB Rz. 1 ff. (2013); *Tiedchen*, Posten der aktiven Rechnungsabgrenzung, in HdJ, II/9 (August 2013), Rz. 1-143.

5 Vgl. BT-Drucks. 16/10067 vom 30.7.2008, S. 51.

europäische Rechtswurzeln und ist einer richtlinienkonformen Auslegung zugänglich.[6] Das **Gebot europarechtskonformer Auslegung** erstreckt sich nach Meinung des BFH aber nicht auf § 5 Abs. 5 EStG, da es sich insoweit – unabhängig vom Maßgeblichkeitsgrundsatz – um eine rein nationalstaatliche steuerbilanzielle Regelung handelt, die ungeachtet ihrer „europäischen Wurzeln" eine eigenständige Kodifikation im EStG erfahren hat. Der allgemeine Maßgeblichkeitsverweis des § 5 Abs. 1 Satz 1 EStG ist durch ein spezielles steuergesetzliches Aktivierungsgebot insoweit verdrängt worden.[7] Grund der nahezu wortlautidentischen, aber eigenständigen Steuerrechtsregelung für RAP war: Ursprünglich wurden die zeitlichen Abgrenzungsposten im AktG 1965 geregelt. Dabei entstand die Frage, ob diese rechtsformspezifischen Normen auch für Nicht-Aktiengesellschaften gelten. Um insoweit Auslegungsschwierigkeiten im Hinblick auf den Maßgeblichkeitsgrundsatz zu vermeiden, hat der Steuergesetzgeber klarstellend im EStÄndG vom 16.5.1969 eine eigenständige, verpflichtende RAP-Regelung geschaffen.[8]

4935–4939   *(Einstweilen frei)*

2.2 Steuerbilanzielles Ansatzgebot für aktive RAP gem. § 5 Abs. 5 Satz 1 Nr. 1 EStG

2.2.1 Tatbestand und Rechtsfolge des aktiven RAP

4940   Das **Aktivierungsgebot** des § 5 Abs. 5 Satz 1 Nr. 1 EStG dient der abschnittsbezogenen wirtschaftlichen Erfolgszuordnung bei laufenden Betriebsausgaben und hat drei kumulative Voraussetzungen:

- Es muss sich um „Ausgaben vor dem Abschlussstichtag" handeln,
- die (verursachungs- und zeitgerecht) „Aufwand ... nach diesem Tag darstellen",
- wobei das Zeitmoment für die Aufwandsentstehung nach Maßgabe des Vorliegens eines rechtlichen Anspruchs auf Gegenleistung konkretisiert sein muss („für eine bestimmte Zeit"). Das steuerbilanzielle Objektivierungsgebot verlangt dies. Stets kommt es auf den wirtschaftlichen Gehalt der Gegenleistung nach Maßgabe der rechtlichen Verpflichtungsstruktur an.

Aktive und passive RAP sind in § 5 Abs. 5 Satz 1 Nr. 1 und Nr. 2 EStG tatbestandssymmetrisch formuliert. Das Merkmal „für eine bestimmte Zeit" ist allerdings nach einer teilweise in der Literatur vertretenen Rechtsauffassung unter Berücksichtigung des Realisations- und Vorsichtsprinzips imparitätisch auszulegen; dies wird jedoch in der Praxis

---

[6] Vgl. *Prinz*, in: Kölner Kommentar zum Rechnungslegungsrecht, Köln 2011, § 250 HGB Rz. 3. Dabei ergeben sich im Hinblick auf die unterschiedlichen Sprachfassungen von Artikel 18 und 21 der 4. Richtlinie vom 25.7.1978 bezogen auf das Kriterium „bestimmte Zeit" Unklarheiten, vgl. *Beisse*, Festschrift Budde, 1995 S. 81-84; *Hartung*, Festschrift Moxter, 1994 S. 213-225; *Schulze-Osterloh*, Festschrift Forster, 1992 S. 653, 663-665; *Marx/Löffler*, DB 2015 S. 2766. Darüber hinaus wird die Richtlinienkonformität des zwischenzeitlich durch das BilMoG vom 25.5.2009 abgeschafften § 250 Abs. 1 Satz 2 HGB in Teilen der Literatur bezweifelt; vor allem *Hennrichs*, in: Münchener Kommentar zum AktG, Band 5/1 2003, § 250 HGB Rz. 13; aktuell auch MüKoBilR/*Hennrichs*, § 250 HGB Rz. 18 (2013). Siehe ergänzend auch die EU-Rechnungslegungsrichtlinie v. 26.6.2013, wo verschiedentlich auf RAP's Bezug genommen wird (etwa Art. 36 Abs. 1a).

[7] Vgl. dazu Teil A Kap. III Rz. 386 ff.

[8] Zu Details vgl. *Tiedchen*, in: HHR, § 5 EStG Anm. 2151, 2160. Erstmalige Geltung für Wirtschaftsjahre, die nach dem 31.12.1967 enden.

in vielen Fällen eine spiegelbildliche Behandlung nicht ausschließen.[9] Zudem lässt die jüngere Rechtsprechung des BFH eine korrespondierende Interpretation des Zeitraumbezugs bei aktiven und passiven RAP erkennen.[10] Die Aktivierung einer Ausgabenposition, die üblicherweise (aber nicht nur) im Zuge eines gegenseitigen, synallagmatischen Vertragsverhältnisses anfällt, ist stets nach einem strengen objektivierten Maßstab vorzunehmen, da ansonsten ein unter Leistungsfähigkeitsaspekten überhöhter Gewinn besteuert wird. Das Vorsichtprinzip begrenzt insoweit die Ansatzpflicht für aktive RAP. Ein Wirtschaftsgut entsteht durch die Aktivierungsverpflichtung nicht.

Rechtsfolge der Tatbestandserfüllung eines RAP ist die Verpflichtung zu einer periodengerechten Erfolgsabgrenzung für ertragsteuerliche Zwecke (Einkommensteuer, Körperschaftsteuer sowie Gewerbesteuer). Dadurch wird die Zahlungskategorie „Ausgabe" von der Erfolgskategorie „Aufwand" unterschieden. Die betroffene Ausgabenposition wird durch Aktivierung in einen aktiven RAP verursachungsgerecht dem Jahr der wirtschaftlichen Aufwandsentstehung zugeordnet. Dies dient dem Interesse einer periodengerechten Aufwandsabgrenzung nach Maßgabe des Vorsichtsprinzips. § 5 Abs. 5 Satz 1 Nr. 1 EStG enthält allerdings keine konkreten Verteilungsregelungen für die aktiven RAP. Nur laufende Ausgaben (im Sinne einer Vermögensminderung) unterliegen dem Gebot erfolgsorientierter Abgrenzung. Ein Wahlrecht zur Aktivierung eines RAP existiert nicht **(kein RAP-Wahlrecht)**. Allerdings erlaubt die Rechtsprechung in Fällen von geringer Bedeutung den Verzicht auf den Ansatz eines RAP; eine genaue Abgrenzung von Ausgabe und Aufwand ist dann nicht zwingend vorzunehmen. Die Rechtsprechung stützt dies auf den **Grundsatz der Wesentlichkeit,** auf Verhältnismäßigkeits- und Vereinfachungsgesichtspunkte. Dort, wo wegen Geringfügigkeit der zur Abgrenzung anstehenden Beträge eine nennenswerte Erfolgsbeeinflussung nicht erfolgt, kann der Steuerpflichtige auf eine genaue Abgrenzung faktisch verzichten. Dies dürfte gleichermaßen für aktive wie passive RAP gelten. Ein steuergesetzliches Wahlrecht wird dadurch aber nicht begründet. Die Rechtsprechung orientiert sich praxisnah im Sinne einer Nichtbeanstandung an den Kriterien eines geringwertigen Wirtschaftsguts gem. § 6 Abs. 2 EStG, was auch nach Erhöhung der GWG-Grenze von 410 € auf 800 € mit Wirkung ab 1.1.2018 durch das „Gesetz gegen schädliche Steuerpraktiken im Zusammenhang mit Rechteüberlassungen" vom 27.6.2017 weitergelten sollte. Im Ergebnis ist die Rechtsprechung meines Erachtens zutreffend. Der Verzicht auf die Abgrenzung eines aktiven RAP in Fällen von geringer Bedeutung ist letztlich Ausfluss eines auch im Steuerbilanzrecht geltenden Wirtschaftlichkeitsgrundsatzes.[11] Ein Verstoß gegen das Vollständigkeitsgebot ist darin nicht zu sehen.

4941

---

9 Vgl. *Crezelius*, DB 1998 S. 633, *ders.*, in: Kirchhof, EStG, 17. Aufl. 2018, § 5 Rz. 90, *Beisse*, Festschrift Budde, 1995 S. 67, 79; *Weber-Grellet*, in: Schmidt, EStG, 37. Aufl. 2018, § 5 Rz. 250. Anders akzentuiert bei Bearbeitungsentgelten für Darlehnsverhältnisse, BFH, Urteil vom 22.6.2011 – I R 7/10, FR 2011 S. 1004, 1006, mit Anm. *Herzig/Joisten*. S. auch *Tiedchen*, in: HHR, § 5 EStG Anm. 2189; *Marx/Löffler*, DB 2015 S. 2765, 2767.
10 Zu einem obiter dictum vgl. BFH, Urteil vom 22.6.2011 – I R 7/10, BStBl 2011 II S. 872 Rz. 19.
11 Vgl. zu den Details BFH, Urteil vom 18.3.2010 – X R 20/09, BFH/NV 2010 S. 1796-1799. Die materiellen Rechtsausführungen des BFH sind dabei in die Begründung einer Kostenentscheidung „eingekleidet", da die Finanzverwaltung dem Rechtsstreit nach Ergehen eines Gerichtsbescheids und Beantragung einer mündlichen Verhandlung beim BFH abgeholfen hatte. Aus der älteren Judikatur vgl. auch BFH, Urteile vom 16.9.1958 – I 351/56, BStBl 1958 III S. 462, 464; vom 24.1.1961 – I D 1/60 S, BStBl 1961 III S. 185. Zu den Details des Wesentlichkeitsgrundsatzes für die Steuerbilanz instruktiv auch *Wendt*, Festschrift Herzig, München 2010, S. 517; *Marx*, FR 2011 S. 267-272; bezogen auf passive RAP *Priester*, DB 2016 S. 1027.

4942 **Keine RAP-Bewertung:** Wegen ihres Rechtscharakters als bloße Abgrenzungsposition unterliegen RAP abweichend zu „normalen Wirtschaftsgütern" keiner Bewertung; sie werden vielmehr nach Maßgabe einer periodengerechten Ergebnisbemessung gebildet, verteilt und aufgelöst. Grundlage dafür sind: Umfang der erhaltenen oder geleisteten Vorauszahlungen einerseits, Wertverhältnisse der noch ausstehenden Gegenleistung zur Gesamtgegenleistung andererseits. Details dazu hat der BFH beispielsweise für passive RAP im Zusammenhang mit Zinszuschüssen judiziert.[12] Ein aktiver RAP ist mangels Bewertung keiner Teilwertabschreibung zugänglich; § 6 EStG findet keine Anwendung.[13] Allerdings kommt neben einer planmäßiger Auflösung in Sonderfällen eine vorzeitige Aufwandsrealisation (= außerplanmäßige Auflösung) in Betracht. Im Übrigen kann eine verursachungsgerechte Aufwandsverteilung linear, u. U. auch degressiv erfolgen. Entscheidend ist eine objektivierte Nachvollziehbarkeit und Dokumentation der Aufwandsrealisation.

4943 **Subsidiarität des aktiven RAP:** Erfüllen Ausgaben die Kriterien des Wirtschaftsgutbegriffs und gehen sie in die Anschaffungs- oder Herstellungskosten eines Wirtschaftsguts ein, so scheidet eine Behandlung als aktiver RAP aus. Eine steuerbilanzielle Aktivierung als Forderung, geleistete Anzahlung oder anderweitiges Wirtschaftsgut geht dem aktiven RAP stets vor.[14] Besonderheiten gelten für die antizipativen Posten des § 5 Abs. 5 Satz 2 EStG. Der Grundsatz der Subsidiarität eines aktiven RAP lässt sich steuersystematisch aus der fehlenden Wirtschaftsgutqualität und dem Vorsichtsgrundsatz ableiten. Er ergibt sich auch aus dem Wortlaut des § 5 Abs. 5 Satz 1 EStG („sind...nur anzusetzen..."). Der aus einem dynamischen Bilanzverständnis herrührende Periodisierungsgrundsatz erfordert eine leistungsfähigkeitsorientierte Zusatzkorrektur des Gewinns nur bei fehlender Wirtschaftsgutqualität. Diese „Nachrangigkeit" des RAP ist der Bilanz im Rechtssinne geschuldet. Nutzungsrechte, die als eigenständiges Wirtschaftsgut zu aktivieren und abzuschreiben sind, entstehen durch vorgeleistete Aufwendungen im Rahmen eines Dauerschuldverhältnisses nicht (etwa bei Miet- oder Pachtvorauszahlungen).

4944–4949 *(Einstweilen frei)*

2.2.2 Gegenstand aktiver RAP

4950 **Aufwand nach dem Bilanzstichtag folgt Ausgabe:** § 5 Abs. 5 Satz 1 Nr. 1 EStG ist auf so genannte transitorische Posten beschränkt. Dies sind zunächst erfolgsunwirksam zu erfassende „Ausgaben vor dem Abschlussstichtag", die üblicherweise im Rahmen eines schwebenden Geschäfts zu Aufwand in einem abgegrenzten Zeitrahmen nach dem Stichtag werden. Die (finanzwirtschaftliche) Ausgabe geht der verursachungsgerechten Aufwandswirksamkeit des Vorgangs voraus. Dazwischen liegt ein Bilanzstichtag, der aus Gründen periodengerechter Erfolgsabgrenzung (§ 252 Abs. 1 Nr. 5 HGB als GoB) die „Speicherung" der Ausgabe in einem aktiven RAP verlangt. Ansonsten wäre das steuerbilanzielle Ergebnis des Periodenabschnitts (üblicherweise ein Wirtschaftsjahr) zu gering; das

---

[12] Vgl. BFH, Urteil vom 24.6.2009 – VI R 26/06, BStBl 2009 II S. 781. S. ergänzend auch *Moxter*, Bilanzrechtsprechung, 6. Aufl. 2007, S. 80, der auf die BFH-Entscheidung vom 20.11.1969 – IV R 3/69, BStBl 1970 II S. 209 verweist.

[13] Vgl. BFH, Urteile vom 31.5.1967 – I 208/63, BStBl 1967 III S. 607, 608; vom 20.11.1969 – IV R 3/69, BStBl 1970 II S. 209; vom 12.7.1984 – IV R 76/82, BStBl 1984 II S. 713. Zur bewertungsrechtlichen Beurteilung (Einheitsbewertung) s. BFH, Urteil vom 10.7.1970 – III R 112/69, BStBl 1970 II S. 779.

[14] Vgl. *Crezelius*, in: Kirchhof, EStG, 17. Aufl. 2018, § 5 Rz. 87.

Vorsichtsprinzip ist zu beachten. Der wirtschaftliche Grund der Ausgabe (= Aufwandsrealisation) muss deshalb stets nach dem Stichtag liegen; die entsprechende zeitraumbezogene Gegenleistung wird erst anschließend erbracht. Die Ausgabe im alten Wirtschaftsjahr wird üblicherweise an einen Dritten auf vertraglicher Grundlage geleistet. Die Ausgabe kann durch Zahlung, durch Überweisung oder etwa auch durch Verrechnung erfolgt sein. Nach herrschender Meinung kann auch die Begründung einer erfolgsunwirksamen Verbindlichkeit eine Ausgabe darstellen (beispielsweise bei einem Emissionsdisagio für eine Schuldverschreibung). Denn das Gesetz fordert keinen „Geldabfluss" im alten Wirtschaftsjahr, auch wenn dies der besteuerungspraktische Regelfall sein dürfte. Gleiches gilt für ausgabewirksame Forderungsabgänge. Auch geldwerte Sachleistungen kommen nach Meinung des BFH für einen aktiven RAP in Betracht,[15] was meines Erachtens allerdings nicht zwingend ist. Dies führt besteuerungspraktisch zu deutlichen Anwendungserweiterungen bei aktiven RAP. Der Ausgabevorgang selbst kann auch noch am Bilanzstichtag vor Ablauf des alten Wirtschaftsjahres (24 Uhr) erfolgen. Klassische Beispiele für aktive RAP sind vorausbezahlte Mieten, Leasing- und Lizenzgebühren, Versicherungsprämien, Beratungshonorare sowie Zinsen und Steuern. Erfolgen Ausgabe und Gegenleistung in einem Besteuerungsabschnitt, besteht bereits vom Tatbestand des § 5 Abs. 5 Satz 1 Nr. 1 EStG her keine Möglichkeit einer Rechnungsabgrenzung.

Betriebsausgaben mit zeitraumbezogener Gegenleistung: Antizipative RAP sind in § 5 Abs. 5 Satz 1 Nr. 1 EStG nicht angesprochen. Dies sind vom Steuerpflichtigen empfangene Vorleistungen, die gegenüber dem Vertragspartner erst nach dem Bilanzstichtag zahlungswirksam werden (Aufwand jetzt, Ausgabe später). Insoweit liegt gegebenenfalls eine Verbindlichkeit/Rückstellung vor. Nur in den Fällen des § 5 Abs. 5 Satz 2 EStG ist eine Erfassung als aktiver RAP geboten. Auch transitorische Posten im weiteren Sinne sind im Hinblick auf den Grundsatz vorsichtiger Bewertung (§ 252 Abs. 1 Nr. 4 HGB) und Objektivierungsnotwendigkeit nicht als RAP ansatzfähig. Dies wird durch das gesetzliche Erfordernis einer Gegenleistung „für eine bestimmte Zeit" sichergestellt. So kommen etwa Aufwendungen für einen allgemeinen Werbefeldzug nicht für einen RAP in Betracht.[16] Gleiches gilt für Forschungs- und Entwicklungsausgaben, bei denen es an einer zeitraumbezogenen Gegenleistung fehlt. Der Gesetzgeber will damit eine ausufernde Grenzziehung aktiver RAP im Interesse eines ansonsten möglicherweise überhöhten Gewinnausweises vermeiden; andernfalls würden nur schwer fassbare Aktivwerte im aktiven RAP ihren Ausdruck finden.

4951

2.2.3 Zeitmoment aktiver RAP

Die Bildung eines aktiven RAP kommt gem. § 5 Abs. 5 Satz 1 Nr. 1 EStG nur in Betracht, soweit die vor dem Bilanzstichtag geleistete Ausgabe zu Aufwand „für eine bestimmte

4952

---

15 Siehe BFH, Beschluss vom 7.4.2010 – I R 77/08, DStR 2010 S. 1015 mit einer Vorlage an den Großen Senat des BFH zur Anwendung des sog. subjektiven Fehlerbegriffs; inhaltlich bestätigt durch BFH, Urteil vom 15.5.2013 – I R 77/08, BStBl 2013 II S. 730.
16 Bei Vorauszahlungen für eine regelmäßig wiederkehrende Werbemaßnahme (bspw. dem Erscheinen von Anzeigen) oder für die Miete von Werbeflächen für einen bestimmten Zeitraum ist allerdings auch für Werbeaufwendungen ein aktiver RAP anzusetzen. Vorauszahlungen auf erst im nächsten Jahr gelieferte Kataloge sind dagegen Anzahlungen. Vgl. *IDW*, WP-Handbuch, Wirtschaftsprüfung und Rechnungslegung, 15. Aufl. 2017, Teil F Rz. 423; *Heinhold/Coenenberg*, DB 2005 S. 2033-2039.

Zeit" nach diesem Tag führt. Dies kommt in der Rechtsprechung formelhaft wie folgt zum Ausdruck:

„Der aktive RAP setzt grundsätzlich voraus, dass einer Vorleistung des Kaufmanns eine noch nicht erbrachte zeitbezogene Gegenleistung des Vertragspartners gegenübersteht".[17]

Gestützt auf das nach einem Objektivierungsmaßstab zu handhabende Vorsichtsprinzip verlangt die (jedenfalls bislang) herrschende Meinung im Grundsatz eine enge Auslegung dieses dem RAP wesensimmanenten zeitlichen Kriteriums. Die steuerbilanzielle BFH-Rechtsprechung hat sich in einer Reihe von Urteilen um Details der **Konkretisierung des Zeitmoments** bemüht, die wegen der Tatbestandsidentität in § 250 Abs. 1 HGB faktisch meist auch handelsbilanziell gelten.[18] Im Zweifel sollte es bei der Aufwandswirksamkeit des Vorgangs im alten Wirtschaftsjahr bleiben, ohne einen aktiven RAP wegen zeitlicher Unbestimmtheit der Gegenleistung in Anspruch zu nehmen. Üblicherweise erfordert das in § 5 Abs. 5 Satz 1 EStG genannte Zeitmoment: Anfang und Ende des Zeitrahmens der Gegenleistung müssen eindeutig festliegen, kalendermäßig bestimmbar und bestimmt sein.[19] Dies muss allerdings nicht zwingend nur ein Wirtschaftsjahr sein, das Zeitmoment kann auch mehrere Wirtschaftsjahre umfassen. Üblicherweise handelt es sich bei Vorgängen, die einem aktiven RAP zugänglich sind, um zeitraumbezogene Leistungen aufgrund gegenseitiger Verträge (meist Dauerschuldverhältnisse; bilanzrechtliches Synallagma). Eine ausgabewirksame Vorausleistung der einen Seite besteht jedoch nicht nur bei gegenseitigen schuldrechtlichen Verpflichtungen. Sie kann auch ihre Grundlage im öffentlichen Recht haben, wenn eine Partei wirtschaftlich betrachtet eine Vorausleistung ohne gleichwertige Gegenleistung erbringt. Dies ist nach übereinstimmender Meinung in Rechtsprechung und Schrifttum etwa bei vorausgezahlter Kfz-Steuer der Fall.[20] Mitunter verknüpft der BFH allerdings bei sog. Mehrkomponentengeschäften mittels Anwendung einer wirtschaftlichen Betrachtungsweise Erträge aus einer laufenden Nutzung mit der Aufwandsseite eines vorangegangenen Verkaufsakts (so etwa bei Handy-Subventionsverträgen).[21] Der Anwendungsbereich aktiver RAP wird dadurch erkennbar ausgeweitet.

4953 Für die Konkretisierung des Zeitmoments reicht allerdings eine bloße Schätzung des Zeitrahmens nicht aus; dies würde letztlich die Rechtssicherheit zu sehr beeinträchtigen. Auch die Bestimmung der planmäßigen oder betriebsgewöhnlichen Nutzungsdauer eines abnutzbaren Sachanlageguts erfüllt wegen ihres Schätzungscharakters nicht die Kriterien des RAP-Zeitmoments.[22] Schließlich ist auch eine Abgrenzung zur Bilanzposition „geleistete Anzahlung" erforderlich. Dies sind sachabhängige Aufwen-

---

17 Vgl. dazu etwa BFH, Beschluss vom 18.3.2010 – X R 20/09, BFH/NV 2010 S. 1796, 1798; BFH, Urteil vom 19.1.1978 – IV R 153/72, BStBl 1978 II S. 262.
18 Vgl. zur Diskussion um den zeitlichen Aspekt des RAP *Weber-Grellet*, in: Schmidt, EStG, 37. Aufl. 2018, § 5 Rz. 250-258; *Tiedchen*, BB 1997 S. 2471; *Crezelius*, DB 1998 S. 633; *Federmann*, BB 1984 S. 246; *Stobbe*, FR 1995 S. 399; umfassend zu den systematischen Grundlagen und der historischen Entwicklung der RAP auch *Fuchs*, Die transitorischen Rechnungsabgrenzungsposten, Köln 1987.
19 Ähnlich auch H 5.6 EStR 2012 „bestimmte Zeit nach dem Abschlussstichtag".
20 Vgl. BFH, Urteil vom 19.5.2010 – I R 65/09, BStBl 2010 II S. 967.
21 Vgl. BFH, Urteil vom 15.5.2013 – I R 77/08, BStBl 2013 II S. 730. Zu Details s. Rz. 4989.
22 Vgl. für einen passiven RAP (Investitionszuschuss aus öffentlichen Mitteln) BFH, Urteil vom 22.1.1992 – X R 23/89, BStBl 1992 II S. 488. Ergänzend für aktive und passive RAP gleichermaßen H 5.6 EStR („bestimmte Zeit nach dem Abschlussstichtag").

dungen (etwa im Hinblick auf einen abgeschlossenen Werklieferungsvertrag geleistete Raten), ohne dass ein zeitraumbezogenes schwebendes Geschäft besteht. Typische Beispiele für schuldrechtlich oder öffentlich rechtlich begründete aktive RAP aufgrund ihres Zeitmoments sind: vorausgezahlte Erbbauzinsen oder die Zahlung eines Kaufinteressenten für ein mehrjährig bindendes Verkaufsangebot.[23]

(Einstweilen frei) 4954–4959

2.3 Steuerbilanzielles Ansatzgebot für Sonderfälle aktiver RAP (§ 5 Abs. 5 Satz 2 Nr. 1 und 2 EStG)

Ein ergänzendes RAP-Aktivierungsgebot für zwei Sonderfälle (Zölle und Verbrauchsteuern, Umsatzsteuer auf Anzahlungen), die als (ältere) Beispiele rechtsprechungsbrechender Gesetzgebung verstanden werden müssen, enthält § 5 Abs. 5 Satz 2 EStG. Denn die BFH-Rechtsprechung hatte für beide Fallbereiche einen Aufwendungsabzug wegen ihres Vertriebskostencharakters zugelassen. Der Steuergesetzgeber wollte stattdessen zur Vermeidung von Steuerausfällen deren Erfolgsneutralität sicherstellen.[24] Das früher parallel bestehende handelsbilanzielle Aktivierungswahlrecht wurde durch das BilMoG vom 25.5.2009 abgeschafft. § 5 Abs. 5 Satz 2 EStG betrifft in beiden Fallgruppen antizipative Posten, die weder forderungsähnliche oder immaterielle Wirtschaftsgüter darstellen noch die allgemeinen Kriterien eines (transitorischen) RAP gem. § 5 Abs. 5 Satz 1 EStG erfüllen. Deshalb handelt es sich um ein Aktivierungsgebot besonderer Art.[25] 4960

Zum einen sieht § 5 Abs. 5 Satz 2 Nr. 1 EStG eine Aktivierungspflicht für als Aufwand berücksichtigte **Zölle und Verbrauchsteuern** vor, sobald sie auf am Abschlussstichtag auszuweisende Wirtschaftsgüter des Vorratsvermögens entfallen. Betroffen sind beispielsweise Bier- und Mineralölsteuer, die auf stichtagsbezogene Warenbestände entfallen und ihrer Natur nach erfolgsmindernd zu berücksichtigen sind. Ein gesonderter Ausweis als aktiver RAP erfolgt deshalb nicht bei Einbeziehung von Zöllen und Verbrauchsteuern in die Anschaffungs- oder Herstellungskosten des Vorratsvermögens. Nur wenn das Merkmal der Aufwandsberücksichtigung erfüllt ist, greift § 5 Abs. 5 Satz 2 Nr. 1 EStG ein. Dadurch soll sichergestellt werden, dass steuerbilanzieller Aufwand erst in dem Wirtschaftsjahr entsteht, in welchem das Produkt veräußert wird und deshalb eine zeitkongruente Ertragsrealisation erfolgt.[26] Insoweit kommt in der Regelung eine Art „matching principle" zum Ausdruck, das aus internationalen Rechnungslegungsstandards bekannt ist. 4961

Eine weitere besondere Aktivierungspflicht als RAP sieht § 5 Abs. 5 Satz 2 Nr. 2 EStG für als Aufwand berücksichtigte Umsatzsteuer auf am Abschlussstichtag auszuweisende **Anzahlungen** vor. Die frühere BFH-Rechtsprechung hatte insoweit ein Aktivierungsver- 4962

---

23 Vgl. BFH, Urteile vom 19.10.1993 – VIII R 87/91, BStBl 1994 II S. 109; vom 26.3.1991 – IV B 132/90, BFH/NV 1991 S. 736; vom 4.6.1991 – X R 136/87, BStBl 1992 II S. 70.
24 Zu Details vgl. *Tiedchen*, in: HHR, § 5 EStG, Anm. 2280-2323. Aus der Rechtsprechung vgl. BFH, Urteil vom 26.2.1975 – I R 72/73, BStBl 1976 II S. 13: Biersteuer-Urteil; BFH, Urteil vom 26.6.1976 – VIII R 145/78, BStBl 1979 II S. 625: USt-Anzahlungen. Wegen Einzelfragen zur Behandlung der Umsatzsteuer im handelsrechtlichen Jahresabschluss s. IDW RH HFA 1.017 (Stand: 10.6.2011).
25 Vgl. ergänzend auch *Wirtz*, DStR 1986 S. 749; *Erle*, BB 1988 S. 1082.
26 Vgl. dazu auch *Tiedchen*, in: HHR, § 5 EStG, Anm. 2292; *Weber-Grellet*, in: Schmidt, EStG, 37. Aufl. 2018, Rz. 259; *Crezelius*, in: Kirchhof, EStG, 17. Aufl. 2018, § 5 Rz. 86.

bot festgelegt, welches durch die steuergesetzliche Sonderregelung „verdrängt" wird.[27] Betroffen sind nur Umsatzsteuerbeträge auf Anzahlungen beim Anzahlungsempfänger. Die Erfolgsneutralität der Umsatzsteuer soll auch bei einem Bruttoausweis der Anzahlungen sichergestellt werden. Soweit nach der Nettomethode gebucht wird, kommt ein Sonderposten für Umsatzsteuer auf Anzahlungen nicht in Betracht. Der Anzahlende selbst ist von § 5 Abs. 5 Satz 2 Nr. 2 EStG nicht betroffen.

4963–4969   (Einstweilen frei)

3. Steuerbilanzielle Bedeutung aktiver RAP

4970   RAP haben seit jeher das besondere Interesse steuerbetriebswirtschaftlicher und steuerjuristischer Betrachtung gefunden. Dies gilt für aktive und passive RAP gleichermaßen. Sie sind primär **Ausfluss eines dynamischen Bilanzzwecks**, der auf eine periodengerechte Gewinnermittlung bei gleichzeitiger Beachtung von Vorsichts- und Realisationsgrundsätzen abzielt.[28] Aus bilanztheoretischer Sicht stoßen betriebswirtschaftliche Überlegungen zur Ermittlung eines periodengerechten Gewinns auf die kodifizierten Grundlagen des Steuerbilanzrechts. Aber auch aus dem Blickwinkel der Besteuerungspraxis sind RAP wichtig. Während der Steuerpflichtige üblicherweise aktive RAP zu vermeiden trachtet (gewinnerhöhende Wirkung), verfolgt die Finanzverwaltung die umgekehrte Zielrichtung. Aktive RAP sind ein Sammelbecken unterschiedlicher Geschäftsvorfälle; vor allem bei Finanzierungsfragen – etwa Abschlussgebühren für Darlehensverträge, dem Disagio bei der Darlehensauszahlung – treten sie gehäuft auf.[29] RAP können im Einzelfall eine erhebliche Größenordnung aufweisen. Die jüngere Rechtsprechung des BFH lässt eine deutliche Ausweitung aktiver RAP erkennen (etwa Vermögensminderung statt Ausgabe, wirtschaftliche Subventionierung durch Erträge).

4971–4974   (Einstweilen frei)

4. Wichtige Anwendungsfälle für aktive RAP (Einzelfall-ABC)

4975   **Ausbeuteverträge:** Bei vertraglicher Vorausleistung eines Ausbeuteentgelts durch ein Abbauunternehmen an den Grundstückseigentümer ist laut BFH vom 25.10.1994 zu unterscheiden:[30] Vorausleistungen auf Bodenschätze, mit deren Abbau vor dem Bilanzstichtag noch nicht begonnen wurde (sogenannter Vorratszeitraum), sind als geleistete Anzahlungen zu behandeln; Anschaffungskosten eines immateriellen Wirtschaftsguts „Nutzungsrechte" sind darin nicht zu sehen. Für Vorausleistungen auf bereits begonnene Abbauarbeiten ist ein aktiver RAP zu bilden. Die Zeitbestimmtheit ergibt sich aus

---

[27] Vgl. BFH, Urteil vom 26.6.1979 – VIII R 145/78, BStBl 1979 II S. 625. S. aktuell für handelsbilanzielle Zwecke nach BilMoG vom 25.5.2009, IDW RH HFA 1.017.
[28] *Weber-Grellet*, in: Schmidt, EStG, 37. Aufl. 2018, § 5 Rz. 241 bezeichnet die transitorischen RAP anschaulich als „Stornoposten zur perioden- und realisationsgerechten Gewinnermittlung".
[29] Vgl. *Herzig/Joisten*, DB 2011 S. 1014. Aus der aktuellen Rechtsprechung vgl. BFH, Urteile vom 22.6.2011 – I R 7/10, BStBl 2011 II S. 870 und vom 27.7.2011 – I R 77/10, DB 2011 S. 2410. Zur Einordnung der aktuellen Rechtsprechung Arbeitskreis „Steuern und Revision" im Bund der Wirtschaftsakademiker (BWA) e. V., DStR 2011 S. 2211; *Strahl*, KÖSDI 2012 S. 17950 f.
[30] BFH, Urteil vom 25.10.1994 – VIII R 65/91, BStBl 1995 II S. 312; zur Diskussion vgl. *Moxter*, Bilanzrechtsprechung, 6. Aufl. 2007, S. 79 f.; *Tiedchen*, in: HHR, § 5 EStG Anm. 2190; *Gschwendtner*, DStZ 1995 S. 417; *Stobbe*, FR 1995 S. 399.

der jeweils zum Jahresende genau feststellbaren Abbaumenge. Dass sich Vorratszeitraum und Abbaudauer nicht exakt nach dem Kalender vorherbestimmen lassen, ist dagegen nach Meinung des BFH unerheblich. Die aufwandsverursachende Auflösung des aktiven RAP richtet sich nach Maßgabe der jährlichen Fördermenge.

Bankgebühren/Bearbeitungsentgelte: Nach der älteren BFH-Rechtsprechung sind Verwaltungsgebühren, die ein Darlehensnehmer im Zusammenhang mit der Aufnahme eines Bankdarlehens an das Kreditinstitut zu entrichten hat, auf die Laufzeit des Darlehens aktiv abzugrenzen. Gleichermaßen sollen Bearbeitungsgebühren, die ein Schuldner an ein Bankinstitut für die Übernahme einer Bürgschaft zu zahlen hat, auf die Zeit, für die sich das Bankinstitut vertraglich verbürgt, aktiv abgegrenzt werden. In beiden Sachverhalten sind die Kriterien zeitbezogener Gegenleistung erfüllt. Es ist ein aktiver RAP zu bilden und entsprechend dem wirtschaftlichen Gehalt der Gegenleistung zu verteilen.[31] Gleiches gilt für Diskontspesen und -zinsen bei hingegebenem Wechsel, soweit die Laufzeit des Wechsels über den Bilanzstichtag hinaus reicht; die ausgabewirksamen Beträge sind zeitanteilig aktiv abzugrenzen.[32] Der BFH hat seine Rechtsprechung nun allerdings im Urteil vom 22.6.2011[33] für ein vom Darlehensnehmer zu zahlendes, nicht laufzeitabhängiges „Bearbeitungsentgelt" in einer nicht ganz einfach verständlichen, sehr differenzierten Weise fortentwickelt. Der I. Senat grenzt sich ausdrücklich vom BFH-Urteil vom 19.1.1978 ab und unterscheidet zwei Konstellationen, was auf Gestaltungspotenzial der Rechtsprechung hindeutet. Darüber hinaus spricht sich der BFH für eine spiegelbildliche Behandlung aktiver und passiver RAP bei Darlehensverhältnissen aus (m. E. problematisch). Zum einen soll ein aktiver RAP nicht gebildet werden, wenn der Darlehensgeber das Entgelt im Fall vorzeitiger Vertragsbeendigung behalten darf, also keine anteilige Rückerstattung des Bearbeitungsentgelts an den Darlehensnehmer erfolgt. Es fehlt dann an einer zeitraumbezogenen Gegenleistung; das Bearbeitungsentgelt stellt eine sofort abziehbare Betriebsausgabe dar. Zum anderen soll aber trotz fehlender Rückzahlungsverpflichtung und nur aus wichtigem Grund während der vereinbarten Zeit kündbarem Darlehensvertrag ein aktiver RAP zu bilden sein, wenn diese „außerordentliche Kündigung" in den Augen der Vertragspartner nicht ernsthaft in Betracht kommt, also nur eine theoretische Option ist. Das Bearbeitungsentgelt hat dann nach Meinung des BFH Vorleistungscharakter und ist aktiv abzugrenzen. Wegen der Unschärfen in dem vom Finanzgericht festgestellten Tatbestand, nimmt der BFH in seinem Urteil vom 22.6.2011 eine Zurückverweisung des Rechtsstreits an das Finanzgericht zur anderweitigen Verhandlung der Entscheidung vor. Nach Meinung des BFH in seinem Urteil vom 14.11.2012[34] gelten diese Grundsätze zur Bildung/Vermeidung eines aktiven RAP für Entgelte im Zusammenhang mit der Begründung einer typisch stillen Beteiligung (etwa Bearbeitungsgebühren, Risiko- und Garantieprämien) entsprechend. Grund dafür ist: Die

4976

---

31 Vgl. BFH, Urteil vom 19.1.1978 – IV R 153/72, BStBl 1978 II S. 262.
32 BFH, Urteil vom 31.7.1967 – I 234/64, BStBl 1968 II S. 2.
33 BFH, Urteil vom 22.6.2011 – I R 7/10, BStBl 2011 II S. 870 in Aufhebung von FG Köln, Urteil vom 12.11.2009 – 13 K 3803/06, DStRE 2010 S. 915. Erläuternd dazu *Herzig/Joisten*, FR 2011 S. 1007; *Horst*, NWB 44/2011 S. 3688; *Bolik*, BB 2011 S. 2353; *Apitz*, StBW 2011 S. 811 f.; *Günkel*, RdF 2011 S. 432; *Hageböke*, Ubg 2012 S. 34; *Born*, NWB 2012 S. 802. Speziell zu sog. Close-Out-Zahlungen bei vorzeitiger Aufhebung von Zinsswaps *Helios*, DB 2012 S. 2890-2898.
34 BFH, Urteil vom 14.11.2012 – I R 19/12, BFH/NV 2013, 1989. Vgl. dazu *jh*, StuB 2013 S. 587; *Helios*, BB 2013 S. 1906.

typisch stille Beteiligung wird in der Bilanz des Stillen als Kapitalforderung, beim Geschäftsherrn als Fremdkapital behandelt; insoweit besteht eine ertragsteuerliche Gleichwertigkeit zu Darlehensverhältnissen. M. E. ist die Rechtsprechung wegen ihrer Differenzierungsnotwendigkeiten nicht unproblematisch; sie ist von einem stark dynamischen Bilanzverständnis geprägt und könnte gegen das Vorsichtsprinzip verstoßen. Zu den sog. Step-down-Geldern besteht eine parallele Rechtsprechung.[35]

4977 **Disagio** bei Emission einer Schuldverschreibung oder Darlehensaufnahme (Damnum): § 250 Abs. 3 HGB sieht für den Sonderfall eines Unterschiedsbetrags aus der Aufnahme von Verbindlichkeiten ein Wahlrecht für einen aktiven RAP vor (Erfüllungsbetrag der Verbindlichkeit übersteigt den vereinnahmten Ausgabebetrag). Eine steuerbilanzielle Parallelregelung existiert nicht. Der BFH hat in seinem Urteil vom 29.11.2006[36] entschieden, dass für ein bei der Ausgabe einer verbrieften festverzinslichen Schuldverschreibung mit bestimmter Laufzeit vereinbartes Disagio in der Steuerbilanz ein aktiver RAP gebildet werden muss. Grund dafür ist: Das Disagio ist nach herrschender Meinung (einschließlich der Rechtsprechung des BGH) ein Mittel zur Feineinstellung des Zinses, das im Ermessen der Vertragspartner steht (Zusatzvergütung für Kapitalüberlassung neben laufendem Zins). Üblicherweise ist das Disagio dabei laufzeitabhängig und steht regelmäßig im umgekehrten Verhältnis zum vereinbarten Nominalzins. Entsprechend ist der aktive RAP verursachungsgerecht über die Laufzeit der Schuldverschreibung zu verteilen (linear, gegebenenfalls auch degressiv nach der Zinsstaffelmethode). Bei vorzeitiger Darlehensrückzahlung anlässlich einer Betriebsaufgabe erfolgt eine außerplanmäßige Auflösung zu Lasten des laufenden Gewinns, nicht des Aufgabegewinns.[37] Im Übrigen ist das Emissionsdisagio nach Meinung des I. Senats mit einem Auszahlungsdisagio bei einem „normalen Darlehen" vergleichbar. Schließlich lässt der BFH bei seiner Entscheidung ausdrücklich offen, ob die Aktivierungspflicht aus § 5 Abs. 5 Satz 1 Nr. 1 EStG als abschließender Regelung resultiert oder ob sich vielmehr aus dem handelsrechtlichen Aktivierungswahlrecht des § 250 Abs. 3 HGB nach dem Beschluss des Großen Senats des BFH vom 3.2.1969[38] eine GoB-gestützte steuerbilanzielle Aktivierungspflicht herleiten lässt. Meines Erachtens sprechen die besseren Argumente für den abschließenden Regelungscharakter des § 5 Abs. 5 Satz 1 Nr. 1 EStG, da die entsprechenden Tatbestandsvoraussetzungen bei einem Disagio erfüllt sind. Der Wahlrechtsbeschluss des Großen Senats aus 1969 tritt dahinter zurück.[39] Schließlich ist für einmalige Emissionskosten mangels zeitabhängiger Gegenleistung kein aktiver RAP zu bilden.

4978 **Entschädigungszahlungen:** Laut BFH-Urteil vom 4.6.1991[40] sind Entschädigungszahlungen, die ein Kaufinteressent für die mehrjährige Bindung des Grundstückseigentümers an ein notariell beurkundetes Angebot zum Abschluss eines Grundstückskaufvertrages zahlt, als Betriebsausgaben zu behandeln und periodengerecht über einen aktiven RAP zu verteilen.

---

35 Siehe dazu Rz. 4995.
36 BFH, Urteil vom 29.11.2006 – I R 46/05, BStBl 2009 II S. 955; s. auch H 5.6 EStR 2012 (Finanzierungskosten).
37 Vgl. BFH, Urteil vom 12.7.1984 – IV R 76/82, BStBl 1984 II S. 713.
38 BFH, Beschluss vom 3.2.1969 – GrS 2/68, BStBl 1969 II S. 291.
39 Zur Diskussion vgl. *Crezelius*, in: Kirchhof, EStG, 17. Aufl. 2018, § 5 Rz. 91; *Hahne*, DB 2003 S. 1397; *Kupsch*, WPg 1980 S. 379; *Bachem*, BB 1991 S. 1671.
40 BFH, Urteil vom 4.6.1991 – X R 136/87, BStBl 1992 II S. 70.

Erbbaurecht, Erschließungsbeiträge: Für im Voraus durch einen bilanzierenden Erbbauberechtigten geleistete Erbbauzinsen ist nach herrschender Meinung ein aktiver RAP zu bilden, da es sich um eine Vorauszahlung für eine zeitraumbezogene Gegenleistung im Rahmen eines Dauerschuldverhältnisses handelt. Üblicherweise erfolgt eine lineare Verteilung des aktiven RAP auf die Dauer des Erbbaurechts. Entsprechendes gilt auf der Passivseite für im Voraus erhaltene Erbbauzinsen eines bilanzierenden Erbbauverpflichteten.[41] Übernimmt der Erbbauberechtigte neben dem Erbbauzins Erschließungsbeiträge, so sind diese als zusätzliches Entgelt sowohl für Erstbeiträge als auch für Ergänzungsbeiträge, die für die Ersetzung oder Modernisierung bereits vorhandener Erschließungsanlagen gezahlt werden, als aktive RAP zu behandeln. Auch insoweit liegen Vorauszahlungen im Rahmen eines zeitraumbezogenen Leistungsaustauschverhältnisses vor. Nur für den Teil der Erschließungsbeiträge, der mehrere Jahre nach Verbesserung der Erschließungsanlagen für bereits abgelaufene Zeiträume gezahlt wird, ist ein direkter Betriebsausgabenabzug wegen Begleichung eines Erfüllungsrückstands geboten. Dieser Aufwand war bereits in der Vergangenheit entstanden und ist daher keinem aktiven RAP zugänglich. Eine Aktivierung als Anschaffungskosten für ein Erbbaurecht kommt nur für einmalige Aufwendungen in Betracht (beispielsweise Grunderwerbsteuer, Maklerprovisionen, Notar- und Gerichtsgebühren); Nutzungsentgelte im Rahmen eines Leistungsaustauschverhältnisses fallen nicht darunter.

4979

Gebäude auf fremdem Grund und Boden: Für die vom Steuerpflichtigen getragenen Herstellungskosten für fremde Gebäude, kommt nach der neueren BFH-Rechtsprechung keine aktive Rechnungsabgrenzung in Betracht. Die höchstrichterliche Rechtsprechung hat insoweit vielmehr eine Reihe von „Rechtssprüngen" durchgemacht. Aktuell behandelt sie derartige Aufwendungen – bei Fehlen besonderer vertraglicher Vereinbarungen – beim Unternehmer-Ehegatten als aktivierungspflichtig in einen speziellen „Aufwendungsverteilungsposten" (kein Wirtschaftsgut, kein Stille-Reserven-Potential), der nach den normalen Abschreibungsregelungen ergebniswirksam verteilt wird (keine § 6b-Rücklage zulässig).[42] Es handelt sich um einen „bilanzrechtlichen Kunstgriff", um das objektive Nettoprinzip wirtschaftlich sachgerecht zur Anwendung zu bringen. § 5 Abs. 5 Nr. 1 EStG wird nicht als Rechtsgrundlage herangezogen, auch wenn das Konstrukt des Aufwandsverteilungspostens einem aktiven RAP ähnelt. Die Subsidiarität aktiver RAP wird daraus ersichtlich.

4980

(Einstweilen frei) 4981–4984

Kfz-Steueraufwand: Die Periodenabgrenzung von durch den Steuerpflichtigen vorverausgabter Kfz-Steuer über einen aktiven RAP ist ein „Klassiker" in der Besteuerungspraxis. Entsprechend hat der BFH in seinem Urteil vom 19.5.2010 entschieden: Für in einem Wirtschaftsjahr gezahlte Kfz-Steuer ist ein RAP zu aktivieren, soweit die Steuer auf

4985

---

41 Vgl. dazu BFH, Urteile vom 20.11.1980 – IV R 126/78, BStBl 1981 II S. 398; vom 26.3.1991 – IV B 132/90, BFH/NV 1991 S. 736: keine degressive Auflösung; vom 19.10.1993 – I R 87/91, BStBl 1994 II S. 109.

42 Vgl. BFH, Urteil vom 9.3.2016 – X R 46/14, BStBl. II 2016 S. 976; bestätigt durch BMF vom 16.12.2016 – IV C 6-S 2134/15/10009; 2016/0531091, BStBl. I 2016 S. 1431. Zur Einordnung vgl. *Weber-Grellet*, BB 2016 S. 2220: „Bilanzsteuerrechtliches Trauerspiel"; *Horst*, DB 2017 S. 1349; *Kanzler*, FR 2016 S. 907 f.; *Levedag*, GmbHR 2016 S. 659 sowie GmbHR 2017 S. 108; *G. Kraft/C. Kraft*, NWB 2016 S. 2031; *Prinz*, in: Festschrift für Georg Crezelius, 2018 S. 351, 362-364. Zur Behandlung in der E-Bilanz Taxonomie vgl. BMF vom 16.5.2017, BStBl. I 2017 S. 776.

die voraussichtliche Zulassungszeit des Fahrzeugs im nachfolgenden Wirtschaftsjahr entfällt.[43] Der Sachverhalt des abzugrenzenden Kfz-Steueraufwands ist ein Beispiel dafür, dass nicht nur synallagmatische schuldrechtliche Leistungen betroffen sind. Ein RAP ist vielmehr auch dann zu bilden, wenn mit der Vorleistung ein Verhalten erwartet wird, das wirtschaftlich als Gegenleistung für die Vorleistung aufgefasst werden kann. Eine solche Abgrenzungsnotwendigkeit besteht auch für auf die voraussichtliche Zulassungszeit von Fahrzeugen vorausgezahlte Kfz-Steuerbeträge. Dies entspricht üblichen kaufmännischen Gepflogenheiten seit langer Zeit. Auch vorausgezahlte Prämien auf Haftpflichtversicherungen sind aktiv abzugrenzen.[44]

4986 **Leasingraten:** Vom Leasingnehmer (kein wirtschaftliches Eigentum, § 39 Abs. 2 Nr. 1 AO) im Immobilienleasing geleistete degressive Leasingraten sind nach Meinung von Rechtsprechung und Finanzverwaltung aktiv abzugrenzen und in jährlich gleichbleibenden Beträge (linear) auf die Grundmietzeit zu verteilen (gleichwertige Leistungen des Leasinggebers).[45] Dies ist wegen Abweichungen von den zivilrechtlichen Vereinbarungen meines Erachtens problematisch. Werden dagegen beim Leasing beweglicher Wirtschaftsgüter des Anlagevermögens (sogenanntes Mobilienleasing) degressive Raten vereinbart und vom Steuerpflichtigen geleistet, ist kein aktiver RAP zu bilden. Den schuldrechtlichen Vereinbarungen ist in diesem Fall nach herrschender Meinung zu folgen.[46] Schließlich sind laufzeitabhängig geleistete Leasingsonderzahlungen stets aktiv abzugrenzen und über die Grundmietzeit üblicherweise linear aufzulösen. Kein aktiver RAP kommt dagegen für laufzeitunabhängige Sonderzahlungen in Betracht; es fehlt insofern an einer zeitraumbezogenen zukünftigen Gegenleistung.

4987 **Lizenzgebühren**, die für eine bestimmte Zeit vorausgeleistet werden, sind beim Lizenznehmer aktiv abzugrenzen und anschließend entsprechend den vertraglichen Lizenzvereinbarungen verursachungsentsprechend zu verteilen.[47] Entsprechendes dürfte im Regelfall auch für Einmalzahlungen gelten, die aufgrund eines zeitlich befristeten Lizenzvertrages geleistet werden. Die Aktivierung eines „angeschafften Lizenzrechts" dürfte nur ausnahmsweise in Betracht kommen.[48]

4988 **Maklerprovisionen**, die erfolgsbezogen im Zusammenhang mit dem Abschluss eines Mietvertrags oder anderweitigen Kontraktes von einem Steuerpflichtigen gezahlt werden, sind nicht aktiv abzugrenzen. Es fehlt insoweit an einer zeitbezogenen Gegenleistung. Auch liegen keine Anschaffungsnebenkosten für ein Wirtschaftsgut „Nutzungsrecht" vor.[49]

4989 **Mobilfunkdienstleistungen:** Überlässt ein Telekommunikationsunternehmen seinen Kunden verbilligt Mobilfunktelefone so liegt nach Auffassung der Finanzverwaltung bei Ver-

---

[43] BFH, Urteil vom 19.5.2010 – I R 65/09, BStBl 2010 II S. 967 in Aufhebung des vorinstanzlichen Entscheidung des Thüringer FG, Urteil vom 25.2.2009, EFG 2009 S. 1738. Dazu auch *Buciek*, FR 2010 S. 1042; *Tiedchen*, FR 2010 S. 160; *Hoffmann*, StuB 2010 S. 81.
[44] Vgl. BFH, Urteil vom 10.7.1970 – III R 112/69, BStBl 1970 II S. 779.
[45] BFH, Urteil vom 12.8.1982 – IV R 184/79, BStBl 1982 II S. 696; BMF, Schreiben vom 10.10.1983, BStBl 1983 I S. 431. Kritisch dazu *Tiedchen*, in: HHR, EStG, § 5 Abs. Anm. 2191.
[46] Vgl. BFH, Urteil vom 28.2.2001 – I R 51/00 BStBl 2001 II S. 645.
[47] Vgl. BFH, Urteil vom 11.10.1983 – VIII R 61/81, BStBl 1984 II S. 267.
[48] Zur Diskussion siehe *Tiedchen*, in: HHR, § 5 EStG Anm. 2163.
[49] Vgl. BFH, Urteil vom 19.6.1997 – IV R 16/95, BStBl 1997 II S. 808. Vgl. auch H 5.6 EStR 2012 (Maklerprovision).

lust der Verfügungsmacht über den hingegebenen Gegenstand der Abfluss eines Sachwerts vor, der in Höhe der eingetretenen Vermögensminderung aktiv abzugrenzen ist. Eine Aufwandswirksamkeit erfolgt erst dann, wenn dem Telekommunikationsunternehmen die im Zusammenhang mit dem übertragenen Mobilfunktelefon erzielten Gebühren zufließen.[50] Entsprechendes gilt für die Gewährung anderweitiger einmaliger Vergünstigungen durch das Telekommunikationsunternehmen. Der BFH hat diese Sichtweise der FinVerw durch sein Handy-Subventionsurteil vom 15.5.2013 bestätigt.[51] Zuvor musste der Große Senat[52] des BFH im Beschluss vom 31.1.2013 die „Hürden" des subjektiven Fehlerbegriffs für Rechtsfragen beiseite räumen. Der I. Senat des BFH spricht sich in seinem Judikat – wie schon im Vorlagebeschluss vom 7.4.2010[53] vorgezeichnet – für die Bildung eines aktiven RAP für die mit der Abgabe des Mobiltelefons unter Einstandspreis verbundene Vermögensminderung aus. Nach dem Verständnis des BFH „subventioniert" der mehrjährige Mobilfunk-Dienstleistungs-Vertrag (MFD) in Gestalt eines „verdeckten Zuschusses" den verbilligten Verkauf der Mobiltelefone. Folge daraus ist die Verteilung der im RAP „gespeicherten" Subvention auf die Laufzeit des MFD. *Weber-Grellet* spricht insoweit von einer „noch vertretbaren Vertragsauslegung", die er im Ergebnis begrüßt.[54] M. E. verbleiben Rechtszweifel an dem Judikat. Auch wenn man den Gedanken der Sachleistung unter Einstandspreis als Ausgabe vor dem „Abschlussstichtag" entgegen dem üblichen Wortlautverständnis eines Liquiditätsabflusses folgt, erscheint der vom BFH unter Rz. 9 herangezogene Gedanke eines „verdeckten Zuschusses" wenig überzeugend. Üblicherweise werden nur durch Dritte gewährte Zuschüsse bilanziell abgegrenzt. Im Handy-Subventionsfall dagegen liegt allenfalls eine „Quersubvention" beim gleichen Rechtsträger vor. Im Übrigen verknüpft der BFH in einer Art wirtschaftlicher Betrachtung Erträge aus dem MFD-Vertrag mit der Aufwandsseite des vorangehenden Verkaufsakts. Der BFH hält es in diesem Zusammenhang auch für unerheblich, falls der Kunde bei einer vorzeitigen Beendigung des MFD-Vertrags die gewährte Subvention zeitanteilig zurückerstatten muss. Letztlich könnte dies m. E. einen Verstoß gegen das Realisationsprinzip darstellen. Die Handelsbilanzpraxis lehnt dagegen die Bildung eines aktiven RAP ebenso wie die Aktivierung eines immateriellen Vermögensgegenstands ab; stattdessen kommt – abhängig vom Einzelfall – eine aufschiebend bedingte Forderung (bei so gut wie sicherem Bedingungseintritt) in Betracht. Zur Ausstrahlung des BFH-Judikats vom 15.5.2013 auf die Erwerbsbilanzierung mittels eines passiven RAP s. Rz. 6423.

Öffentlich-Private-Partnerschaften (ÖPP): Im sogenannten A-Modell für Verkehrsprojekte (Bau und Unterhaltung öffentlicher Straßen) werden verschiedene Vertragspflichten zwischen Privatunternehmen (meist einem Baukonzern) als Konzessionsnehmer und dem Bund als Konzessionsgeber begründet. Der Bund bleibt Eigentümer des betroffenen Autobahnstreckenabschnitts und ist alleinberechtigt zur Erhebung von Maut- 4990

---

50 Vgl. BMF, Schreiben vom 20.6.2005 – IV B 2 S 2134 – 17/05, BStBl 2005 I S. 801.
51 BFH, Urteil vom 15.5.2013 – I R 77/08, BStBl 2013 II S. 730. Kritisch dazu vgl. *Schulze-Osterloh*, BB 2013 S. 2099; *Hoffmann*, DStR 2013 S. 1776 und StuB 2013 S. 637; *Weber-Grellet*, FR 2013 S. 853; *Rätke*, StuB 2013 S. 806; MüKoBilR-*Hennrichs*, § 250 HGB, Rn 7 (2013).
52 BFH, Beschluss vom 31.1.2013 – GrS 1/10, BStBl 2013 II S. 317. Dazu auch *Prinz*, WPg 2013 S. 650.
53 Vgl. BFH, Urteil vom 7.4.2010 – I R 77/08, BStBl 2010 II S. 739.
54 *Weber-Grellet*, FR 2013 S. 854; kritisch zur Vorhersehbarkeit der Rechtsprechung dagegen *Rätke*, StuB 2013 S. 808. Zur handelsbilanziellen Beurteilung vgl. *Oser/Bellert/König*, IRZ 2017 S. 49 mit Hinweis auf die 240. Sitzung des HFA beim IDW im Juni 2015.

gebühren. Die Finanzverwaltung hat in einem Schreiben vom 4.10.2005[55] Grundsätze zur bilanzsteuerrechtlichen Behandlung derartiger Infrastrukturprojekte veröffentlicht. Im internationalen Sprachgebrauch ist von Public Private Partnership (PPP) die Rede. Die durch den Konzessionsnehmer zu tragenden Ausbaukosten des Autobahnstreckenabschnitts sind um eine etwaige Anschubfinanzierung des Konzessionsgebers zu reduzieren und nach Fertigstellung und Abnahme des Bauwerks in einen aktiven RAP einzustellen und bis zum Ende des Konzessionszeitraums in gleichmäßigen Raten aufzulösen. Inhaltlich wird der aktive RAP als „Hilfskonstruktion" zur verursachungsgerechten Aufwandsverteilung genutzt; die Bauleistungen werden in das Eigentum des Bundes geleistet, ein dem Konzessionsnehmer zuzurechnendes Wirtschaftsgut dürfte dadurch nicht entstehen. Im Einzelfall sollte m. E. auch eine außerplanmäßige Auflösung des aktiven RAP in Betracht kommen, falls aufwandsverursachende Sondereinflüsse auftreten. Im Übrigen wird nach Meinung der Finanzverwaltung durch die vertragliche Gestaltung des A-Modells ein Dauerschuldverhältnis mit unterschiedlichen zeitraumbezogenen Leistungen begründet. Soweit Vorleistungen eines Vertragspartners erbracht worden sind, sind sie über Rechnungsabgrenzungsposten oder Anzahlungen zu berücksichtigen. Die konkrete Bilanzpostenzuordnung lässt die Finanzverwaltung insoweit offen; bei noch zu erbringender zeitraumbezogener Gegenleistung dürfte im Regelfall ein RAP zu bilden sein. Entsprechendes dürfte auch für andere Infrastrukturmaßnahmen bei ÖPP gelten.

4991 **Pachtvorauszahlungen**, die neben dem laufenden Pachtzins durch einen Bilanzierenden geleistet werden, sind in einen aktiven RAP einzustellen und entsprechend der Laufzeit der Nutzungsüberlassung aufzulösen. Anschaffungskosten für den Erwerb eines abnutzbaren Wirtschaftsguts „Nutzungsrecht" liegen nicht vor.[56]

4992–4994 *(Einstweilen frei)*

4995 **Step-Down-Gelder:** Nimmt ein Steuerpflichtiger ein mehrjähriges Darlehen mit jährlich fallenden Zinsen auf (Step-Down-Gelder), so spricht sich der BFH in seinem Urteil vom 27.7.2011 für eine differenzierte Behandlung der im Zeitablauf sinkenden Zinsaufwendungen zu Beginn der Vertragslaufzeit unter Verwendung eines aktiven RAP aus und hebt das FG Baden-Württemberg-Judikat vom 21.12.2009, das sich gegen die Bildung eines aktiven RAP ausgesprochen hatte, auf.[57] Deckungsgleich zur Rechtsprechung bei von einem Darlehensnehmer zu zahlenden Bearbeitungsentgelt unterscheidet der I. Senat des BFH hinsichtlich der „Zeitraumbezogenheit von Zinszahlungspflichten" zwei Konstellationen. Sofern der Darlehensnehmer im Fall einer vorzeitigen Vertragsbeendigung die bereits gezahlten Zinsen nicht anteilig zurückverlangen kann, fehlt es an einer zeitraumbezogenen Gegenleistung. Ein aktiver RAP kommt zunächst nicht in

---

[55] BMF, Schreiben vom 4.10.2005 – IV B 2 – S 2134a 37/05, BStBl 2005 I S. 916; kritisch dazu *Hoffmann/Lüdenbach*, NWB Kommentar Bilanzierung, 9. Aufl. 2018, § 250 Rz. 18-26. Siehe auch H 5.6 EStR (ÖPP). Zur Übertragbarkeit dieser Grundsätze auf andere ÖPP-Projekte s. BMF, Schreiben vom 27.5.2013 – IV C 6 – S 2134a/07/10002, BStBl 2013 I S. 722.
[56] Vgl. BFH, Urteil vom 11.10.1983 – VIII R 61/81, BStBl 1984 II S. 267, 269.
[57] BFH, Urteil vom 27.7.2011 – I R 77/10, BStBl 2012 II S. 284. Dadurch wird aufgehoben FG Baden-Württemberg, Urteil vom 21.12.2009 – 6 K 1918/07, DStRE 2011 S. 221. Vgl. auch *Hahne*, BB 2011 S. 2995; *Gosch*, BFH/PR 1/2012 S. 7; *Strahl*, KÖSDI 2012 S. 17950; *Prinz*, FR 2011 S. 1165. Zur aktuellen Bestätigung s. auch BFH, Urteil vom 25.5.2016 – I R 17/15, BStBl. II 2016 S. 930 Rz. 24.

Betracht. Umgekehrt formuliert: Besteht also im Fall vorzeitiger Vertragsbeendigung ein Anspruch auf anteilige Rückgewähr der „überhöhten" Zinsen, ist ein aktiver RAP zu bilden. Aber selbst bei fehlendem Erstattungsanspruch ist eine Aufwandsabgrenzung nach Meinung des BFH erforderlich, wenn das Darlehensverhältnis nur aus wichtigem Grund gekündigt werden kann und wenn konkrete Anhaltspunkte dafür fehlen, dass die Vertragsparteien der Möglichkeit einer vorzeitigen Beendigung des Vertragsverhältnisses durch eine solche Kündigung eine nur theoretische Bedeutung beigemessen haben. Nach Meinung des BFH kommt in diesem Zusammenhang der Möglichkeit einer einvernehmlichen Vertragsaufhebung oder Vertragsänderung keine Bedeutung zu. Offen lässt die Rechtsprechung die Konstellation, dass die Step-down-Zinsen ein Absinken des allgemeinen Marktzinssatzes für die Kapitalüberlassung während der Darlehenslaufzeit widerspiegeln sollen. M. E. wäre in einem solchen Fall ein aktiver RAP nicht zulässig; allerdings wird man dies dokumentieren müssen. Eine solche wirtschaftliche Ausgangssituation lag aber nach Meinung des I. Senats im Urteil vom 27.7.2011 nicht vor. Vielmehr sollte die Aufnahme der Step-down-Gelder die Auswirkungen des sog. Zuwachssparens der Kunden bei der betroffenen Bank ausgleichen. M. E. ist das BFH-Urteil unter Vorsichtsgesichtspunkten nicht unproblematisch; im Zweifel sollte die Aufwandsabbildung der Zinsen der rechtlichen Leistungsverpflichtung folgen. Es besteht eine parallele Rechtsprechung zur Behandlung sog. Step up-Darlehen (Darlehensverbindlichkeit mit im Zeitablauf steigenden Zinssätzen bei fixer Vertragslaufzeit); insoweit kann die Passivierung einer Zinsverpflichtung wegen eines wirtschaftlichen Erfüllungsrückstands geboten sein (als Verbindlichkeit oder Rückstellung, ggf. mit Abzinsungspflicht).[58]

Umsatzsteuer auf (erhaltene Anzahlungen): s. § 5 Abs. 5 Satz 2 Nr. 2 EStG; zu Details s. Rz. 4962. 4996

Urlaubsgeld, das bei einem abweichenden Wirtschaftsjahr vom Arbeitgeber vor dem Bilanzstichtag für das gesamte Urlaubsjahr gezahlt wird, ist dann anteilig aktiv abzugrenzen, wenn es vom Arbeitnehmer bei vorzeitigem Ausscheiden zurück zu zahlen ist. Insoweit handelt es sich um eine Vorausleistung des Arbeitgebers im Rahmen eines schwebenden Arbeitsverhältnisses, die erst mit Erbringen der Gegenleistung durch den Arbeitnehmer aufwandswirksam wird. Ist eine Rückforderung dagegen ausgeschlossen, so stellt die Zahlung des Urlaubsgelds keine (teilweise) Vorleistung des Arbeitgebers dar; ein aktiver RAP kommt nicht in Betracht. Entscheidend für die bilanzsteuerliche Behandlung ist deshalb die Vereinbarung der Vertragspartner.[59] 4997

Vermarktungskostenzuschuss: Verpflichtet sich ein Medienfonds wegen der Überlassung der Vermarktungsrechte an einem hergestellten Film gegenüber einem Lizenznehmer zur Leistung eines Vermarktungskostenzuschusses, der mit erhöhten Lizenzgebühren einhergeht, so muss für diesen Zuschuss nach Meinung des FG München im Urteil v. 23.5.2012[60] ein aktiver RAP gebildet werden, der über die Laufzeit des Lizenzvertrags 4998

---

58 Vgl. BFH, Urteil vom 25.5.2016 – I R 17/15, BStBl. II 2016 S. 930. Erläuternd dazu *Weber-Grellet*, FR 2016 S. 1109; *Prinz*, WPg 2017 S. 1316, 1323: Beispiel für Anwendung einer „wirtschaftlichen Betrachtung" durch den BFH; *Kolbe*, StuB 2017 S. 12; *Dörfler*, WPg 2017 S. 595; *Bolik/Max*, StuB 2017 S. 299.
59 Vgl. BFH, Urteil vom 6.4.1993 – VIII R 86/91, BStBl 1993 II S. 709.
60 FG München im Urteil vom 23.5.2012 – 1 K 3735/09, EFG 2012 S. 1906.

linear aufzulösen ist. Der BFH folgt dieser Beurteilung in seiner Revisionsentscheidung vom 21.5.2015 allerdings nicht und nimmt wegen der Besonderheiten des Sachverhalts eine „wirtschaftliche Umdeutung" in ein „partiarisches Darlehen" vor, das sukzessive vom Lizenznehmer getilgt wird.[61] Die Aktivierung des „verlorenen Zuschusses" als Darlehensforderung ist gegenüber einem aktiven RAP vorgreiflich.

4999 **Wechseldiskontgeschäfte**, die typischerweise durch Banken abgewickelt werden, sind hinsichtlich des Diskonts, der auf die Zeit zwischen Erwerb des Wechsels und Bilanzstichtag rechnerisch anfällt, keiner aktiven Rechnungsabgrenzung zugänglich.[62]

5000 **Zölle und Verbrauchsteuern**: s. § 5 Abs. 5 Satz 2 Nr. 1 EStG; zu Details s. Rz. 4961.

5001–5039 *(Einstweilen frei)*

---

61 Vgl. BFH, Urteil vom 21.5.2015 – IV R 25/12, BStBl. II 2015 S. 772. Kritisch zu der BFH-Entscheidung vgl. *Prinz*, StbJb. 2015/2016 S. 295, 309–313.
62 BFH, Urteil vom 26.4.1995 – I R 92/94, BStBl 1995 II S. 594.

Teil B:
Bilanzierung und Bewertung bei der Gewinnermittlung nach Bilanzposten

Kapitel IV:
Eigenkapital

von
StB Dr. Janine v. Wolfersdorff, Berlin

Inhaltsübersicht

	Rz.
1. Begriff und Bedeutung des Eigenkapitals	5040 - 5069
1.1 Handelsrecht	5040 - 5058
1.2 Steuerrecht	5059 - 5069
2. Rechtsformbesonderheiten	5070 - 5079
2.1 Personengesellschaften	5070 - 5071
2.2 Kapitalgesellschaften	5072 - 5079
3. Bilanzausweis und besondere Erscheinungsformen	5080 - 5130
3.1 Handelsrecht	5080 - 5099
3.1.1 Einzelunternehmen	5080
3.1.2 Personengesellschaften	5081 - 5086
3.1.3 Kapitalgesellschaften	5087 - 5099
3.2 Steuerrecht	5100 - 5130
3.2.1 Überblick	5100 - 5101
3.2.2 Kapitalgesellschaften	5102 - 5109
3.2.3 Personengesellschaften	5110 - 5130
4. Mezzaninekapital	5131 - 5249
4.1 Definition und Überblick	5131 - 5136
4.2 Nachrang- und Gesellschafterdarlehen	5137 - 5154
4.2.1 Handelsrecht	5137 - 5144
4.2.2 Steuerrecht	5145 - 5154
4.3 Typisch und atypisch stille Gesellschaft	5155 - 5173
4.3.1 Handelsrecht	5155 - 5164
4.3.2 Steuerrecht	5165 - 5173
4.4 Genussrechtskapital	5174 - 5204
4.4.1 Handelsrecht	5174 - 5188
4.4.2 Steuerrecht	5189 - 5204
4.5 Optionsanleihen und Wandelanleihen	5205 - 5249
4.5.1 Handelsrecht	5205 - 5212
4.5.2 Steuerrecht	5213 - 5249

AUSGEWÄHLTE LITERATUR

Anzinger, Bilanzierung und Betriebsausgabenabzug bei Genussrechten und stillen Beteiligungen, Rdf 2018, 64 ff.; *Breuninger/Prinz*, Ausgewählte Bilanz- und Steuerrechtsfragen von Mezzaninefinanzierungen, DStR 2006 S. 1345; *Breuninger/Ernst*, Dept-Mezzanine-Swap und die Unmaßgeblichkeit der Maßgeblichkeit, GmbHR 2012 S. 494; *Hoffmann*, Der Debt-Mezzanine-Swap, StuB 11/2012 S. 417; IDW RS HFA 7, Stellungnahme zur Rechnungslegung: Handelsrechtliche Rechnungslegung bei Personenhandelsgesellschaften; IDW HFA 1/1994 zur Behandlung von Genussrechten im Jahresabschluss von Kapitalgesellschaften; *Hennrichs*, Blick ins Bilanz(steuer)recht, NZG 2016 S. 1255; *Karsten Schmidt*, in Münchener Kommentar zum HGB, 3. Aufl. 2012, § 230 HGB; *Knorr*, in Kessler, Unternehmensfinanzierung Mittelstand, 2015, § 3 Bilanzielle Ausgangslage auf Einzelabschluss- und Konzernebene; *Kropff*, in Münchener Kommentar zum Bilanzrecht, 2013, § 272 HGB; *Lanfermann/Röhricht*: § 268 Abs. 8 HGB als neue Generalnorm für außerbilanzielle Ausschüttungssperren, DStR 2009 S. 1216; *Pöschke*, Bilanzrechtliche Kriterien für die Abgrenzung von Eigen- und Fremdkapital Corporate Finance Law 2011, S. 195; *Priester*, in Münchener Kommentar zum HGB, 4. Auflage 2016, § 120 HGB; *Prinz*, Eigenkapitalvernichtende Konsequenzen freiwilliger IAS/IFRS Bilanzierung bei deutschen Personengesellschaften, FR 2006 S. 506; *Prinz*, in Kessler/Kröner/Köhler, Konzernsteuerrecht, 2. Auflage 2008, § 10 Finanzströme E. Ausschüttungspolitik im Konzern; *Prinz*, in Prinz/Hoffmann, Beck'sches Handbuch der Personengesellschaften, 4. Aufl. 2014, § 7 Finanzierung von Personengesellschaften; *Prinz/Keller*, Praxisfragen der Fortführung von Ergänzungsbilanzen, DB 2017 S. 1607; *Schön*, Eigenkapital und Fremdkapital, 2013; *Röhrig/Doege*, Das Kapital der Personengesellschaften im Handels- und Ertragsteuerrecht - Begriff, Bedeutung, Gestaltungen DStR 2006 S. 489; *Winkeljohann/Schellhorn*, in Beck'scher Bilanz-Kommentar, 11. Auflage 2018; § 264 HGB; *Zwirner/Heyd/Zieglmaier*, Sonderfragen zum Eigenkapital in der Handels- und Steuerbilanz, StuB 7/2018, Beilage 1/2018 S. 1.

1. Begriff und Bedeutung des Eigenkapitals

1.1 Handelsrecht

5040 **Überblick – formelles und materielles Eigenkapital**: Eigenkapital setzt sich zusammen aus dem extern seitens der Gesellschafter des Unternehmens zur Verfügung gestellten sowie dem intern aus einbehaltenen Gewinnen gebildeten Kapital. In einem engeren, formellen Sinne unterscheidet man hinsichtlich des aus externen Quellen stammenden Eigenkapitals zwischen formellem und materiellem Eigenkapital. Unter formellem Eigenkapital versteht man zivilrechtlich das Kapital verbandsinternen Ursprungs. Dem Inhaber vermittelt es eine gebundene, geschützte Rechtsposition als Mitglied. Eigenkapital wird hier über das formale Kriterium des Ursprungs und – aus Gesellschafterperspektive – des mitgliedschaftlichen Verpflichtungsgrunds abgegrenzt. Dem Gesellschafter wird durch eine solche Beteiligung stets auch eine Vermögensposition eingeräumt, die als Haftkapital aufseiten der Gesellschaft dem Risiko der Verlustverrechnung und Haftung unterliegt, dem Gesellschafter allerdings auch eine Beteiligung an stillen Reserven und Geschäftswert sichert.[1] Darüber hinaus können auch solche Finanzmittel handelsrechtlich zum Eigenkapital zählen, die dem Inhaber zwar keine Mitgliedschaft vermitteln und schuldrechtlicher Natur sind, nach ihrem materiellen Gehalt jedoch typische Eigenkapitalcharakteristika wie Haftungs- und Verlustverrechnungspotenzial und eine Beteiligung an den stillen Reserven/dem Geschäftswert aufweisen.

Die handelsrechtliche Abgrenzung von Eigenkapital aufseiten der Gesellschaft ist aus Beteiligungsperspektive der Gesellschafter von besonderem Interesse, da hieran – rechtsformabhängig – Stimm-, Kontroll-, Informations- sowie Vermögensrechte, Fragen der Haftung und der Gewinnverteilung anknüpfen.

5041 **Handelsrechtlicher Eigenkapitalbegriff**: Nach § 247 HGB sind in der Handelsbilanz das Anlage- und das Umlaufvermögen, das Eigenkapital, die Schulden sowie die Rechnungsabgrenzungsposten gesondert auszuweisen und hinreichend aufzugliedern. Allerdings definiert das Handelsrecht das Eigenkapital nicht. Eigenkapital wird auch nicht wie andere Bilanzposten bewertet.

---

1 Vgl. *Ekkenga*, in: Münchener Kommentar GmbHG, 2. Aufl. 2015, § 30 Kapitalerhaltung, Rz. 51; *Beuchert/Redeker*, in: Schön, Eigenkapital und Fremdkapital, 2013, § 6 Eigen-und Fremdkapital im Steuer- und Gesellschaftsrecht Deutschlands, S. 289, 292 f.

So bestimmt § 246 HGB, dass der Jahresabschluss sämtliche Vermögensgegenstände, Schulden, Rechnungsabgrenzungsposten sowie Aufwendungen und Erträge zu enthalten hat. Die Bewertungsvorschriften der §§ 252 ff. HGB beziehen sich auf Vermögensgegenstände und Schulden, nicht jedoch auf Eigenkapital. Grund hierfür ist, dass Eigenkapital primär als Saldo- bzw. Residualgröße aus den bilanziellen Aktiva und Passiva – außer den Eigenkapitalposten – verstanden wird.

Nach §§ 264 Abs. 2 Satz 1, 264a Abs. 1 HGB hat der Jahresabschluss einer Kapitalgesellschaft und einer haftungsbeschränkten Personengesellschaft unter Beachtung der Grundsätze ordnungsmäßiger Buchführung ein den tatsächlichen Verhältnissen entsprechendes Bild der Vermögens-, Finanz- und Ertragslage der Gesellschaft zu vermitteln („true and fair view"[2]). Mit der „Vermögenslage" ist das „Netto-Vermögen", also das Eigenkapital als Saldo zwischen Vermögensgegenständen, Schulden und Rechnungsabgrenzungsposten gemeint. Die richtige Ermittlung des Nettovermögens bzw. Eigenkapitals hängt auch von der richtigen Bilanzierung und Bewertung dieser Bilanzgrößen ab.

5042

Man unterscheidet verschiedene Arten von Eigenkapital. Nach der Herkunft ist zwischen Finanzmittel aus einer externen oder internen Quelle zu differenzieren. Zur externen Finanzierung gehören die von den Gesellschaftern „von außen" zur Verfügung gestellten Eigenmittel, zur internen Finanzierung erwirtschaftete Gewinne, die reinvestiert werden und in der Bilanz etwa als Gewinnrücklagen in Erscheinung treten können (§ 266 Abs. 3 A III HGB). Auch Jahresüberschuss bzw. Jahresfehlbetrag sind Bestandteil des Eigenkapitals und insbesondere hier zeigt sich der Eigenkapitalcharakter einer residualen Wertgröße. Konkretisierungen zum Eigenkapitalbegriff für Kapitalgesellschaften enthält § 272 HGB.

5043

Begrifflich sind Eigenkapitalbestandteile „eigene Finanzmittel". Hierfür ist die Perspektive der bilanzierenden Gesellschaft einzunehmen, auch wenn das Eigenkapital letztlich mittelbar den Gesellschaftern des Unternehmens zuzuordnen ist und diese auch mehr oder weniger direkten Zugriff auf einzelne Eigenkapitalbestandteile haben können. Handelsrechtlich haben die Gesellschafter eines Unternehmens (Aktionäre, Kommanditisten etc.) kein Eigenkapital und auch keinen Kapitalanteil, sondern eine Beteiligung. Wird bei Personengesellschaften vom „Kapitalanteil" gesprochen, ist hiermit die Beteiligung des Gesellschafters gemeint.[3]

5044

Ob und inwieweit die Gesellschafter Zugriffsmöglichkeiten auf das Eigenkapital haben, ist von der Rechtsform, dem Gesellschaftsvertrag und der Gesellschafterstellung im Unternehmen abhängig. Einen besonderen Kapitalerhaltungsschutz statuiert das Gesellschaftsrecht für haftungsbeschränkte Kapitalgesellschaften. Der begrenzten Haftung der Gesellschafter steht ein nur begrenzter Zugriff auf die Eigenkapitalien der Gesellschaft gegenüber. Rechtsformspezifisch sind entsprechend unterschiedliche Eigenkapitalkategorien zu unterscheiden, für deren Ausweis und Ansatz von Eigenkapital entsprechend unterschiedliche Regeln gelten (vgl. Rz. 5080 ff.).

---

2 Zur Relativierung der Bedeutung des true and fair view Grundsatzes im Handels-und Steuerrecht vgl. allerdings EuGH, Urteil vom 15.6.2017 – C-444/16, C-445/16, DStR 2017 S. 1669 mit Anmerkung *Hennrichs/Poeschke*; BFH, Beschluss vom 7.8.2000 - GrS 2–99, BStBl. II 2000 S. 632 (keine phasengleiche Aktivierung von Dividendenforderungen) und dazu *Hoffmann*, DStR 2000 S. 1809.
3 Vgl. *Hoffmann*, in Prinz/Hoffmann, Beck'sches Handbuch der Personengesellschaften,4. Aufl. 2014, § 5 Handelsrechtliche Rechnungslegung, Rz. 271.

5045 **Abgrenzung Eigenkapital/Fremdkapital:** Fremdkapital stellt neben Eigenkapital – und Mischformen hieraus (vgl. hierzu Rz. 5131 ff.) – eine weitere externe Finanzierungsform für ein Unternehmen dar. Fremdkapital bzw. „Schulden" werden im HGB allerdings ebenso wie das Eigenkapital gesetzlich nicht definiert. Die Abgrenzung zwischen Eigen- und Fremdkapital fällt nicht immer eindeutig aus. Bei der handelsbilanziellen Abbildung externer Eigenmittel stehen insofern insbesondere Abgrenzungsfragen zu Fremdkapital im Vordergrund. Sowohl bei Eigen- als auch bei Fremdfinanzierung kann

1. eine langfristige Kapitalüberlassung vorliegen,
2. die Kapitalüberlassung auf schuldrechtlicher Basis erfolgen,
3. die Kapitalüberlassung dem Investor Kontroll- oder Einflussrechte vermitteln und
4. der Investor bereits Gesellschafter („Mitglied") des Unternehmens sein.

Für intern gebildetes Eigenkapital hat zuletzt das Bilanzrechtsmodernisierungsgesetz („BilMoG") vom 25.5.2009[4] zu einer schärferen Abgrenzung zwischen Eigen- und Fremdkapital geführt. Zuvor konnten handelsrechtlich in weitem Umfang erfolgswirksam Aufwandsrückstellungen passiviert werden, die allerdings bei wirtschaftlicher Betrachtungsweise (Eigenkapital-) Rücklagen darstellten, keine Schulden. Da insoweit die Abgrenzung zwischen Gewinnrücklagen bzw. Eigenkapital und Schulden verschwamm, wurde die weitreichende Möglichkeit zur Bildung rücklagengleicher Aufwandsrückstellungen durch das BilMoG zur Stärkung des Informationsgehalts des handelsrechtlichen Jahresabschlusses abgeschafft.

5046 Für die Abgrenzung von Finanzmitteln aus externen Quellen als Eigen- oder Fremdkapital stützt sich die Praxis nach wie vor auf die IDW-Verlautbarung HFA 1/1994 zur „Behandlung von Genussrechten im Jahresabschluss von Kapitalgesellschaften". Voraussetzung für die Qualifikation als bilanzielles Eigenkapital ist eine ausreichende Haftungsqualität des überlassenen Kapitals aus Gläubigerschutzperspektive. Danach ist eine schuldrechtlich begründete Kapitalüberlassung nur dann als bilanzielles Eigenkapital auszuweisen, wenn folgende Kriterien kumulativ erfüllt werden:

▶ Nachrangigkeit im Insolvenz- oder Liquidationsfall,

▶ Erfolgsabhängigkeit der Vergütung sowie Teilnahme am Verlust bis zur vollen Höhe,

▶ Längerfristigkeit der Kapitalüberlassung.

Die Kriterien der Nachrangigkeit des Rückzahlungsanspruchs, der Erfolgsabhängigkeit der Vergütung und der Verlustbeteiligung zielen inhaltlich auf das Haft- und Verlustverrechnungspotenzial des Kapitals ab und stellen die „Kernkriterien" der Eigenkapitalabgrenzung dar.[5]

5047 Strittig ist in der Praxis insbesondere das Kriterium der Längerfristigkeit der Kapitalüberlassung. HFA 1/1994 selbst definiert keine zeitliche Grenze für eine „längerfristige"

---

[4] BGBl. I 2009 S. 1102.

[5] Zu einer Diskussion der IDW-Kriterien im Überblick *Rohatschek/Schiemer*, in: Schragl/Stefaner, Handbuch Genussrechte, Auswirkung von Genussrechten auf die Bilanzierung, 2013, S. 147 ff.

Kapitalüberlassung. In der Literatur ist eine zeitliche Mindestüberlassung strittig, vertreten wird eine Zeitspanne von 5 bis 25 Jahren.[6] Eigenkapital steht unter Beachtung der gesellschafts- und handelsrechtlichen Kapitalerhaltungsregelungen generell nicht unter der Kautel einer quantitativen Mindestüberlassungsdauer und selbst eine sehr langfristige Überlassung von Fremdkapital macht dieses noch nicht zu Eigenkapital. Finanztitel mit ordentlichen Laufzeiten unter fünf Jahren für schuldrechtliche Finanztitel werden in der Praxis typischerweise allerdings nicht als Eigenkapital anerkannt.[7] Argumentiert wird, dass die Adressaten des Jahresabschlusses mit dem bilanziellen Ausweis von Eigenkapital jedenfalls die Vorstellung einer längerfristigen Kapitalüberlassung sowie die Erwartung verbinden, dass das bilanzielle Eigenkapital seine Haftungsfunktion auch über den Jahresabschlussstichtag hinaus erfüllt.[8]

Eigenkapital erfüllt insoweit typischerweise eine besondere, vergleichsweise nachhaltige Finanzierungsfunktion unter Minimierung von Finanzierungsrisiken. Hinter dem Kriterium der „Längerfristigkeit der Kapitalüberlassung" verbirgt sich in einer Gesamtschau ebenfalls das Kriterium einer nachhaltigen – im Sinne von gläubigerschützenden – Finanzierung.[9]

Ergänzend zu HFA 1/1994 kann in der in der handelsrechtlichen Rechnungslegung zur Abgrenzung von Eigenkapital bei Personenhandelsgesellschaften die IDW-Stellungnahme IDW RS HFA 7 herangezogen werden. Eigenkapital ist bei Personenhandelsgesellschaften demnach nur dann gegeben, wenn die Finanzmittel als Verlustdeckungspotenzial zur Verfügung stehen. Dies erfordert, dass

5048

▶ künftige Verluste mit diesen Mitteln bis zur vollen Höhe – auch mit Wirkung gegenüber den Gesellschaftsgläubigern – zu verrechnen sind und dass

▶ im Fall der Insolvenz der Gesellschaft eine Insolvenzforderung nicht geltend gemacht werden kann oder bei einer Liquidation der Gesellschaft Ansprüche erst nach Befriedigung aller Gesellschaftsgläubiger mit dem sonstigen Eigenkapital auszugleichen sind.

Für die Qualifikation als Eigenkapital der Personenhandelsgesellschaft soll das Kriterium der „Dauerhaftigkeit der Mittelüberlassung" ausdrücklich keine Rolle spielen, da Entnahmen zulasten des Eigenkapitals – so IDW RS HFA 7 – jederzeit von den Gesellschaftern beschlossen werden können. Nach dem handelsrechtlichen Regelstatut gilt dies jedenfalls für persönlich haftende Gesellschafter einer Personengesellschaft, also Komplementäre einer KG oder Gesellschafter einer OHG (§§ 122, 161 Abs. 2, 169 HGB). Unter Einwilligung der anderen Gesellschafter dürfen diese jederzeit ihren Kapitalanteil vermindern. Die persönliche Haftung des Gesellschafters ist dann allerdings als „verlängerter Arm" der langfristigen Unternehmensfinanzierung zu sehen. Insoweit spielt das

---

6 Vgl. hierzu *Wengel*, DStR 2001 S. 1316, m.w.N.; *Emmerich/Naumann*, WPg 1994 S. 683; *Küting/Dürr*, DStR 2005 S. 938 ff.

7 Vgl. *Böhlmann/Engels*, in: Schragl/Stefaner, Handbuch Genussrechte, 2013, Genussrechte in Deutschland, S. 401 ff.

8 Vgl. *Emmerich/Naumann*, WPg 1994 S. 683.

9 Vgl. auch *Küting/Kessler* , in: Küting/Pfitzer/Weber, HdRE, § 272 HGB Rz. 191 ff., 195 und *Wengel*, DStR 2001 S. 1316. Kritisch im Hinblick auf eine Abgrenzung zur Haftungsfunktion *Heymann*, in: Beck'sches Handbuch der Rechnungslegung, 53. EL Juni 2017, B 231 Eigenkapital, Rz. 2.

Kriterium der Langfristigkeit der Kapitalüberlassung zumindest mittelbar und bezogen auf die Haftungsfunktion des Eigenkapitals eine Rolle, auch hinsichtlich des Eigenkapitals von Personengesellschaften.

5049 Im Ergebnis sind die handelsrechtlichen Rechnungslegungszwecke des Gläubigerschutzes und Kapitalerhalts die wesentlichen handelsbilanziellen Kriterien zur Abgrenzung des Eigenkapitals.[10]

Für die Einordnung eines Finanzinstruments als Eigen- oder Fremdkapital ist nach HFA 1/1994 außerdem eine wirtschaftliche Betrachtungsweise anzuwenden. Das gilt insgesamt für Abgrenzungsfragen des Eigen- oder Fremdkapitals; formell gezeichnetes Eigenkapital, das strengen Kapitalaufbringungs- und Kapitalerhaltungsregelungen unterliegt, wird typischerweise allerdings vor allem durch seine gesellschafts- und handelsrechtliche Funktion geprägt sein.[11]

5050 **Besonderheit der Darstellung der Vermögens-, Finanz- und Ertragslage bei Eigenkapital**: Die handelsbilanzielle Einstufung eines Finanzinstruments als Eigenkapital bedeutet nicht, dass die laufenden Finanzierungskosten stets auch als erfolgsneutrale Gewinnverwendung abgebildet werden. Nach IDW HFA 1/1994 wird hierfür vielmehr danach unterschieden, ob die Finanzmittel gesellschaftsrechtlich oder schuldrechtlich überlassen wurden.[12] Die Vermögens-, Finanz und Ertragslage, die in der Generalnorm des § 264 Abs. 2 Satz 1 HGB („true and fair view") adressiert wird, ist im Eigenkapital aus handelsrechtlicher Sicht insoweit differenziert zu betrachten; Kapital, welches das Vermögen einer Gesellschaft als Eigenkapital handelsbilanziell erhöht, kann dennoch zu einer Verschlechterung der Ertragslage hinsichtlich der laufenden Finanzierung und Ausschüttungen führen.

5051 **Vergleich mit dem Eigenkapitalbegriff der IFRS:** Dass die Rechnungslegungszwecke gerade das bilanzielle Eigenkapital als zentralen Residualposten prägen, zeigt auch ein Vergleich mit der Eigenkapitalbilanzierung nach internationalen Rechnungslegungsstandards. Anders als im deutschen HGB definieren die IFRS das Eigenkapital. Ein Finanzinstrument stellt Eigenkapital dar, wenn es lediglich einen Residualanspruch am Unternehmensvermögen nach Abzug aller Schulden vermittelt und das Unternehmen nicht unter potentiell ungünstigen Bedingungen Rückzahlungsverpflichtungen unterliegt (IAS 32).

Ein bedeutsamer Unterschied zum deutschen Handelsrecht besteht darin, dass die Möglichkeit zur Rückforderung des Kapitals bzw. Kündigung durch den Gesellschafter einer Klassifizierung als Eigenkapital nach den Grundvorstellungen der IFRS entgegen steht („puttable instruments"). Nach IAS 32.11 (rev. 2008) wird hierzu allerdings eine

---

[10] Vgl. entsprechend - zum österreichischen Handelsrecht auch *Eberhartinger/Knesl*, Hybride Finanzierung aus Sicht des Emittenten im UGB-Jahresabschluss, Hybridfinanzierung in Bilanz-und Steuerrecht, Wiener Bilanzrechtstage 2017 S. 31, 33.

[11] Vgl. auch *Heymann*, in Beck'sches Handbuch der Rechnungslegung, 53. EL Juni 2017, B 231 Eigenkapital, Rz. 2.

[12] Da Genussrechtskapital auf einem schuldrechtlichen Vertrag beruht, wird folglich auch die laufende Vergütung für die Kapitalüberlassung als Aufwand der Gesellschaft abgebildet und nicht als Gewinnverwendung. Dies soll auch gelten, wenn die Genussrechtsbedingungen eine Ausschüttung "aus dem Bilanzgewinn" vorsehen.

Ausnahme für solche kündbaren Kapitalanteile gemacht, die sich gleichzeitig durch Letztrangigkeit bei Liquidation, Gleichheit der finanziellen Ausstattung und Erfolgsabhängigkeit auszeichnen. Damit nahm das IASB allerdings weniger eine grundsätzliche Korrektur des Eigenkapitalbegriffs nach IFRS selbst vor, sondern kam vielmehr einem praktischen Bedürfnis für die deutschen Personenhandelsgesellschaften entgegen,[13] die ohnehin zumeist nicht kapitalmarktrelevant sind.[14]

Auch der Eigenkapitalbegriff der IFRS wird im Ergebnis maßgebend von den Rechnungslegungszwecken geprägt. IFRS-Abschlüsse sollen den Adressaten insbesondere entscheidungsnützliche Informationen („decision usefulness") vermitteln (IAS 1.9); einen speziellen Gläubigerschutz und vorsichtige Ausschüttungsbemessung verfolgen die IFRS dagegen nicht. Die Informationen in einem IFRS-Abschluss sollen den Adressaten helfen, die künftigen Cashflows des Unternehmens sowie Zeitpunkt und Sicherheit des Entstehens von Zahlungsmitteln und Zahlungsmitteläquivalenten vorauszusagen.[15] Genau das spiegelt sich auch in der bilanziellen Abgrenzung von Eigenkapital als eine Kapitalresidualgröße wieder, die im Kern nicht unter potentiell ungünstigen Bedingungen Rückzahlungsverpflichtungen unterliegt.

Auf den Eigenkapitalbegriff der IFRS rekurriert mittelbar auch die steuerliche Zinsschranke,[16] die als typisierende Missbrauchsnorm gegen eine überhöhte Fremdfinanzierung im Konzern wirken soll. Die Zinsabzugsbeschränkung des § 4h Abs. 1 Satz 1 EStG ist für einen konzernzugehörigen Betrieb u. a. dann nicht anzuwenden, wenn dessen Eigenkapitalquote am Schluss des vorangegangenen Abschlussstichtages gleich hoch oder höher ist als die des Konzerns (Eigenkapital-Vergleich bzw. -Escape). Die für den EK-Vergleich maßgeblichen Abschlüsse sind insbesondere nach den IFRS zu erstellen (§ 4h Abs. 2 Satz 8 EStG). Mit dem Nachweis einer konzernüblichen Eigenkapitalquote soll der typisierende Missbrauchsverdacht der Zinsschranke entkräftet werden können. Für den Eigenkapitalvergleich greifen somit die dem deutschen Steuerrecht ansonsten fremden Wertungen der IFRS durch.

Eigenkapital bei ausländischen Rechtsformen: Auch international wird für die externe Unternehmensfinanzierung grundlegend zwischen Eigenkapital und Fremdkapital unterschieden. Gemeinsamer Nenner ist regelmäßig die Abgrenzung zwischen formellem Eigenkapital, welches gesellschaftsrechtlich begründet wird und Fremdkapital, dem ein schuldrechtlicher Vertrag zugrunde liegt. Die Nachrangigkeit von Eigenkapital im Insolvenzfall ist international ebenfalls zentral. Das im deutschen Handelsrecht diskutierte – eher schwache – Kriterium einer Längerfristigkeit der Kapitalüberlassung stellt in einigen Ländern kein typisches Eigenkapitalcharakteristikum mehr dar, befristete und kündbare Eigenkapitalpositionen stehen einem „ewigem Fremdkapital" mit dauerhaftem Ausschluss der Rückforderungsrechte der Gläubiger gegenüber.[17]

---

13 Vgl. hierzu nur *Prinz*, FR 2006 S. 506.
14 Vgl. *Heymann*, in Beck'sches Handbuch der Rechnungslegung, 53. EL Juni 2017, B 231 Eigenkapital, Rz. 44.
15 Vgl. *Wawrzinek/Lübbig*, IFRS-Handbuch, 5. Aufl. 2016, § 2. Ansatz, Bewertung und Ausweis sowie zugrunde liegende Prinzipien der IFRS, Rz. 20 ff und 38 ff.
16 Zur Frage der Verfassungsmäßigkeit der deutschen Zinsschranke vgl. das beim BVerfG anhängige Verfahren BVerfG - 2 BvL 1/16 nach Vorlagebeschluss des BFH vom 14.10.2015 - I R 20/15, BStBl. II 2017 S. 1240.
17 Vgl. hierzu *Schön*, in: Schön, Eigenkapital und Fremdkapital, 2013, § 1 Eigenkapital und Fremdkapital - eine steuerpolitische Analyse, S. 1 ff.

5053 **Betriebswirtschaftliche Funktion von Eigenkapital:** Eigenkapital minimiert typischerweise Finanzierungsrisiken und steht als nachhaltige Finanzierungsquelle zur Verfügung. Nach dem betriebswirtschaftlichen Prinzip der Fristenkongruenz soll langfristiges Vermögen (Anlagevermögen) im Unternehmen zur Minimierung von Finanzierungsrisiken möglichst durch langfristiges Kapital – regelmäßig Eigenkapital – und kurzfristiges Vermögen (Umlaufvermögen) durch kurzfristiges Kapital – typischerweise Fremdkapital – finanziert werden („goldene Bilanzregel"). Eigenkapitalfinanzierung und eigenkapitalähnliche Finanzierungsformen (vgl. unter Rz. 5131 ff.) spielen daher auch für das Rating eines Unternehmens – etwa durch eine Bank vor Kreditvergabe an das Unternehmen – eine bedeutende Rolle.[18] Für Management und Gesellschafter stellt Eigenkapital betriebswirtschaftlich außerdem eine Steuerungsgröße dar, an der Rendite gemessen wird. Bei Finanzinstituten knüpfen aufsichtsrechtliche Anforderungen an das Eigenkapital.

5054–5058 *(Einstweilen frei)*

1.2 Steuerrecht

5059 **Überblick:** Eigenkapital wird für die „Steuerbilanz" – ebenso wenig wie für die Handelsbilanz – gesetzlich definiert.

Nach § 4 Abs. 1 Satz 1 EStG ist Gewinn „der Unterschiedsbetrag zwischen dem Betriebsvermögen am Schluss des Wirtschaftsjahres und dem Betriebsvermögen am Schluss des vorangegangenen Wirtschaftsjahres, vermehrt um den Wert der Entnahmen und vermindert um den Wert der Einlagen"; für Ansatz und Bewertung des „Betriebsvermögens" von Gewerbetreibenden gilt im Kern das Maßgeblichkeitsprinzip, § 5 Abs. 1 Satz 1 EStG (vgl. dazu ausführlich Rz. 331 ff.). "Betriebsvermögen" im Sinne der §§ 4 Abs. 1 und 5 Abs. 1 EStG ist das steuerbilanzielle Nettobetriebsvermögen und damit das *Eigenkapital* des Betriebs.[19] Bei der steuerlichen Gewinnermittlung nach § 4 Abs. 1 Satz 1 EStG wird das Eigenkapital zweier Stichtage miteinander verglichen. Die steuerbilanzielle Eigenkapitalveränderung zwischen zwei Stichtagen prägt die erste Stufe der Gewinnermittlung (vgl. dazu Rz. 141 ff.).

5060 Das steuerbilanzielle Eigenkapital umfasst neben dem Gewinn/Verlust auch solche Bestandteile, die als Saldo gesellschaftsrechtlich veranlasster Zu- und Abgänge für die Ermittlung des ertragsteuerlichen Gewinns des Betriebs auf zweiter Gewinnermittlungsstufe gekürzt werden. Das steuerbilanzielle Eigenkapital besteht damit aus betrieblich und auch gesellschaftsrechtlich veranlassten Anteilen. In der E-Bilanz umfasst die Taxonomie des Eigenkapitals verschiedene Rechtsformen und Finanzierungssachverhalte (zur E-Bilanz vgl. Rz. 1260 ff.).[20]

5061 **Eigenkapital und Maßgeblichkeitsprinzip:** Die handelsrechtlichen GoB gelten nach herrschender Meinung für Ansatz und Bewertung sämtlicher Bilanzposten der Aktiv- und Passivseite (vgl. Rz. 334). Das gilt allerdings gerade nicht pauschal für das steuerbilanzielle Eigenkapital als einem „saldierten Posten":[21] Ebenso wie in der Handelsbilanz

---

18 Vgl. *Prinz*, FR 2006 S. 506.
19 Vgl. BFH, Beschluss vom 7.8.2000 - GrS 2–99, BStBl. II 2000 S. 632.
20 Vgl. hierzu auch *Ley*, DStR 2013 S. 271.
21 Vgl. auch *Crezelius*, NZI 2012 S. 606.

kann auch das Eigenkapital der Steuerbilanz als Residualgröße zwischen den bilanziellen Aktiva und den sonstigen Passiva verstanden werden. Da für diese Bilanzposten im Grundsatz das Maßgeblichkeitsprinzip gilt, wirkt sich dieses insoweit zumindest mittelbar auch auf das aus interner Finanzierung gebildete steuerbilanzielle Eigenkapital aus (zur Unterscheidung zwischen externen und internen Eigenkapitalbestandteilen vgl. oben Rz. 5040). Aufgrund der zahlreichen Durchbrechungen des Maßgeblichkeitsprinzips (vgl. Rz. 348) kann es allerdings gerade keine Maßgeblichkeit hinsichtlich des steuerbilanziellen Gewinns – der Bestandteil des Eigenkapitals ist – selbst geben.

Soweit die handelsrechtlichen GoB greifen, müssen sie für Zwecke der Steuerbilanz außerdem „im Lichte steuerlicher Leistungsfähigkeitsüberlegungen" herangezogen werden; die ertragsteuerliche Teleologie ist für die steuerrechtliche Normanwendung auslegungsprägend (vgl. Rz. 335). Selbst soweit man eine Maßgeblichkeit handelsrechtlicher GoB hinsichtlich der Abgrenzung steuerbilanziellen Eigenkapitals annehmen kann, folgt daraus nicht zwingend eine Übereinstimmung zwischen handels- und steuerbilanziellen Ausweis im Einzelfall.

Für Einlagen und Entnahmen – jeweils durch das Gesellschaftsverhältnis veranlasste Bewegungsgrößen des Eigenkapitals[22] als spezielle, steuerliche Größen – gilt nach dem Steuer- und Bewertungsvorbehalt des § 5 Abs. 6 HGB ausdrücklich nicht das Maßgeblichkeitsprinzip. Ob und ggf. in welcher Höhe Einlagen oder Entnahmen vorliegen, grenzt die steuerliche Leistungsfähigkeit des Betriebs von externen Mittelzuführungen und Mittelabführungen ab und wird insbesondere durch das steuerlich zentrale Veranlassungsprinzip[23] geprägt. Die Behandlung der Mittelzuführung im handelsrechtlichen Jahresabschluss der Gesellschaft ist hier nicht maßgeblich. Steuerlich kann daher eine Einlage vorliegen, auch wenn die objektiven Tatbestandsvoraussetzungen des § 272 Abs. 2 HGB nicht erfüllt sind.[24] 5062

Welche Vermögenswerte im Wege einer Einlage in das Gesellschaftsvermögen übertragen werden können, wird durch § 4 Abs. 1 Satz 8 EStG geregelt und ihr Anlass folgt stets gesellschaftsrechtlichen Motiven. Allerdings wird dadurch noch nicht die steuerbilanzielle Abgrenzung zwischen Eigenkapital und Fremdkapital im Einzelfall geregelt.[25]

Die gesellschafts- und schuldrechtliche Ausgestaltung und Einordnung eines Finanzinstruments ist regelmäßig Ausgangspunkt bei Abgrenzungsfragen des steuerbilanziellen Eigenkapitals,[26] da hierdurch die auch steuerlich maßgebenden Verwaltungs- und Vermögenspositionen eines Finanztitels festgelegt werden.[27] Allerdings folgt daraus 5063

---

22 Vgl. hierzu auch § 6 Abs. 6 Satz 2 EStG: Bei verdeckter Einlage in eine Kapitalgesellschaft erhöhen sich die Anschaffungskosten der Beteiligung an der Kapitalgesellschaft um den Teilwert des eingelegten Wirtschaftsguts.
23 Grundlegend *Prinz*, StuW 1996 S. 267.
24 BFH, Urteil vom 11.11.2014 – I R 53/13, BFH/NV 2015 S. 686, mit zahlreichen weiteren Nachweisen.
25 Vgl. BFH, Urteile vom 5.2.1992 - I R 127/90, BStBl. II 1992 S. 532 und vom 20.8.2008 - I R 19/07, BStBl. II 2011 S. 60.
26 Zu weitgehend *Fischer/Lohbeck*, IStR 2012 S. 678: „handelsrechtliche Qualifikation als Eigen- oder Fremdkapital (determiniert) auch die steuerbilanzielle Behandlung."
27 Vgl. *Schön*, in: Schön, Eigenkapital und Fremdkapital, 2013, § 1 Eigenkapital und Fremdkapital - eine steuerpolitische Analyse, S. 1 ff.

noch nicht eine zwingende Übereinstimmung der bilanziellen Abbildung in Handels- und Steuerbilanz und eine Geltung des Maßgeblichkeitsgrundsatzes im Eigenkapital.

Insbesondere hinsichtlich des formellen Eigenkapitals (vgl. oben Rz. 5040) prägt die zivilrechtliche Abgrenzung sowohl die handels- als auch steuerbilanzielle Einordnung.[28] Für die Abgrenzung des materiellen Eigenkapitals (Rz. 5040) gilt dies schon nicht mehr. Hier spielen das Verlusttragungs- und das Haftungspotenzial für die handelsbilanzielle Eigenkapitalqualifikation eine besondere Rolle, während steuerlich je nach Einzelfall andere Wertungen vorzunehmen sind. Dabei ist etwa auch § 5 Abs. 2a EStG mit einem Passivierungsaufschub für gewinnabhängig zu bedienende Verpflichtungen zu berücksichtigen. Für Genussrechte hat der Gesetzgeber in § 8 Abs. 3 Satz 2 KStG eine steuerlich eigene Grenzziehung zwischen beteiligungsähnlichen und fremdkapitalähnlichen Genussrechten normiert (dazu näher Rz. 5103, 5150, 5190 ff.). Gerade bei Personengesellschaften folgt das Steuerrecht schließlich ganz eigenen anderen Wertungen (vgl. Rz. 5110). Insoweit besteht hinsichtlich des steuerbilanziellen Eigenkapitals keine pauschale Maßgeblichkeit der handelsrechtlichen Wertungen.

5064 **Steuerbilanzielle Behandlung von Eigenkapitalersatz:** Die steuerliche Abgrenzung zwischen Eigen- und Fremdkapital bei Krisen-Gesellschafterdarlehen nach altem GmbH-Recht vor MoMiG[29] hing nach der BFH-Rechtsprechung davon ab, ob entsprechend dem Maßgeblichkeitsgrundsatz (noch) eine Verbindlichkeit zu passivieren war. Hintergrund war allerdings, dass die Beurteilung eines Gesellschafterdarlehens als eigenkapitalersetzend nach dem damaligem GmbH-Recht weder zu einer Umwandlung des Darlehens in haftendes Eigenkapital führte noch dessen interne Gleichstellung mit Eigenkapital bedeutete. Die Rechtsfolge beschränkte sich vielmehr darauf, die Geltendmachung der Verbindlichkeit in der Krise auszuschließen, die Ansprüche des Gesellschafters gegen die Gesellschaft wurden im Verhältnis zu den Ansprüchen anderer Gläubiger zurückgestuft. Für das Innenrecht einer GmbH blieb das eigenkapitalersetzende Darlehen jedoch Fremdkapital.[30]

Die Rechtsprechung zum alten Eigenkapitalersatzrecht und zur Abgrenzung von Eigen- und Fremdkapital ließ und lässt sich aufgrund der zivilrechtlichen Besonderheiten der Sachverhalte zum Eigenkapitalersatzrecht, insbesondere der eindeutigen zivilrechtlichen Fremdkapitalzuordnung unter Beibehaltung einer wirtschaftlichen Last für gegenwärtiges Betriebsvermögen, allerdings nicht auf andere Sachverhalte – mit der Aussage einer pauschalen Geltung des Maßgeblichkeitsgrundsatzes im Eigenkapital – übertragen.

Nach der GmbH-Reform von 2008 führt der Ausfall eines Krisen-Darlehens aus Gesellschafter-Perspektive nach neuer Rechtsprechung auch nicht (mehr) stets zu nachträglichen Anschaffungskosten der Beteiligung nach § 17 EStG.[31] Mit Aufhebung des Eigenkapitalersatzrechts durch das MoMiG[32] ist die gesetzliche Grundlage für die bisherige

---

28 Vgl. zu einem grenzüberschreitenden Fall auch BFH, Urteil vom 30.5.1990 – I R 97/88, BStBl. II 1990 S. 875.
29 Gesetz vom 23.10.2008, BGBl 2008 I S. 2026.
30 Vgl. BFH, Urteile vom 5.2.1992 - I R 127/90, BStBl. II 1992, S. 532 und vom 10.11.2005 -IV R 13/04, BStBl. II 2006, S. 618, 621 f.
31 Vgl. BFH, Urteil vom 11.7.2017 – IX R 36/15, BFH/NV 2017, S. 1501; dagegen noch BMF, Schreiben vom 21.10.2010, BStBl. I S. 832.
32 Gesetz vom 23.10.2008, BGBl 2008 I S. 2026, in Kraft getreten zum 1.11.2008.

BFH-Rechtsprechung zur Berücksichtigung von Aufwendungen des Gesellschafters aus eigenkapitalersetzenden Finanzierungshilfen als nachträgliche Anschaffungskosten im Rahmen des § 17 EStG entfallen. Nur wenn eine vom Gesellschafter gewährte Fremdkapitalhilfe *im Einzelfall* der Zuführung einer *Einlage* in das Gesellschaftsvermögen wirtschaftlich vergleichbar ist, kann dem Darlehen auch bilanzsteuerrechtlich die Funktion von zusätzlichem Eigenkapital zukommen.[33][34]

Grundsatz der Finanzierungsfreiheit: Hinsichtlich der Rechtsfolgen einer Abgrenzung steuerbilanziellen Eigenkapitals ist zu differenzieren. Steuerlich wird dem Betrieb im Ausgangspunkt Finanzierungsfreiheit zugestanden. Ob eine betriebliche Finanzierung über Eigen- oder Fremdkapital erfolgt, ist daher grundsätzlich auch steuerlich nachzuvollziehen.[35] Rechtsfolge einer Einordnung externer Finanzmittel als steuerbilanzielles Eigenkapital ist aus Perspektive des Betriebs insbesondere, dass die Zuführung dieser Finanzmittel als gesellschaftsrechtlich veranlasste Vermögensmehrungen den steuerlichen betrieblich veranlassten Gewinn nicht mehren und laufende Finanzierungskosten nicht abzugsfähig sind (§§ 4 Abs. 1 Satz 1 und 6 Abs. 1 Nr. 5 EStG; § 8 Abs. 3 Satz 2 KStG, vgl. hierzu auch Rz. 5190 ff.).

5065

Allerdings werden hinsichtlich der aufwandswirksamen Rechtsfolgen einer Abgrenzung als Fremdkapital gesetzliche Korrekturen vorgenommen. Beispielsweise ist beim Zinsabzug im Konzern die Zinsschranke zu beachten (§ 4h EStG, § 8a KStG), im Rahmen deren Anwendung auch der Eigenkapitalbegriff aus der *handelsrechtlichen* Rechnungslegung eine Rolle spielen kann. Nach § 3c Abs. 2 Satz 2 ff. EStG und § 8b Abs. 3 Satz 4 ff. KStG können bei qualifizierten Gesellschafter-Darlehen ggf. keine aufwandswirksamen Wertminderungen vorgenommen werden.

Das steuerbilanzielle Eigenkapital ist auch im Rahmen der Verlustverrechnung von Körperschaften nach Umstrukturierung oder Anteilseignerwechsel – und hier: bei der Stille-Reserven-Klausel des § 8c Abs. 1 Satz 6 ff. KStG – relevant.

(Einstweilen frei) 5066–5069

2. Rechtsformbesonderheiten

2.1 Personengesellschaften

Begriff des „Kapitalanteils": Nach § 120 HGB wird der einem Gesellschafter zuzurechnende Gewinn dessen „Kapitalanteil" zugeschrieben. Das HGB definiert den Begriff des

5070

---

33 Vgl. BFH, Urteil vom 11.7.2017 – IX R 36/15, BFH/NV 2017 S. 1501.
34 Zu beachten ist in dem Zusammenhang noch ein beim BFH anhängiges Revisionsverfahren (IX R 29/16) zu der Frage, ob und unter welchen Voraussetzungen und ggf. in welchem Umfang Aufwendungen des Gesellschafters aus einer zugunsten der Gesellschaft geleisteten Finanzierungshilfe auch nach Inkrafttreten des MoMiG als nachträgliche Anschaffungskosten im Rahmen der Ermittlung eines Auflösungsverlusts nach § 17 EStG zu berücksichtigen sind. Die Problematik ist auch Gegenstand weiterer Revisionsverfahren: Az.: IX R 5/15, IX R 6/15, IX R 7/15, IX R 51/15. Vgl. hierzu auch Landesamt für Steuern Niedersachsen S 2244 – 118 – St 244, DStR 2017 S. 2390.
35 BFH, Urteil vom 5.2.1992 – I R 127/90, BStBl. II 1992, S. 532; BMF, Schreiben vom 16.9.1992, BStBl. 1992 II S. 653; *Prinz*, in: Prinz/Hoffmann, Beck'sches Handbuch der Personengesellschaften, 4. Aufl. 2014, § 7 Finanzierung von Personengesellschaften, Rz. 21 ff.; *ders.*, Bedeutung der Finanzierungsfreiheit im Steuerrecht, in Kessler/Förster/Watrin, Unternehmensbesteuerung, Festschrift für Norbert Herzig, 2010, S. 147.

Kapitalanteils indes nicht. Er stellt als jeweiliger Eigenkapitalanteil eines Gesellschafters eine „Bilanzziffer" dar,

„die den Wert der jeweiligen wirtschaftlichen Beteiligung des Gesellschafters am Gesellschaftsvermögen zum Ausdruck bringen soll, und die deshalb den Maßstab bildet, wenn der Wert dieser Beteiligung rechtlich von Bedeutung wird".[36]

Der (Eigen-)Kapitalanteil spiegelt mithin verhältnismäßige Beteiligung des einzelnen Gesellschafters am Wert des Gesellschaftsvermögens wieder. Dieser ist handelsrechtlich insbesondere für das Vermögensverhältnis der Gesellschafter untereinander und hinsichtlich von Stimmrechten relevant. Er ist bei Personenhandelsgesellschaften nicht zwingend Voraussetzung für die Mitgliedschaft.[37]

5071 **Kein Mindesthaftkapital:** Bei Personengesellschaften schreibt das Handelsrecht kein Mindesthaftkapital vor. Entnahmen zulasten des Eigenkapitals können nach dem handelsrechtlichen Regelstatut jederzeit – im Rahmen von §§ 122, 161 Abs. 2, 169 Abs. 1 HGB – von den persönlich haftenden Gesellschaftern beschlossen werden. Das gilt allerdings nicht für die Kommanditisten einer KG, bei denen die Haftung auf die eingetragene Haftsumme begrenzt ist, die nicht zwingend mit der gesellschaftsvertraglich festgelegten Pflichteinlage übereinstimmen muss (§ 161 Abs. 1 HGB).

2.2 Kapitalgesellschaften

5072 **Mindesthaftkapital:** Bei Kapitalgesellschaften haben die Gesellschafter als Äquivalent zur beschränkten Haftung ein Mindesthaftkapital aufzubringen.

Für die GmbH ist ein „Mindest-Stammkapital" in Höhe von 25.000 € vorgeschrieben (§ 5 Abs. 1 GmbHG); die Anmeldung der Gesellschaft ins Handelsregister darf erst erfolgen, wenn auf jeden Geschäftsanteil ein Viertel des Nennbetrags eingezahlt ist. Insgesamt muss auf das Stammkapital mindestens so viel eingezahlt sein, dass der Gesamtbetrag der eingezahlten Geldeinlagen zuzüglich des Gesamtnennbetrags der Geschäftsanteile, für die Sacheinlagen zu leisten sind, die Hälfte des Mindeststammkapitals gemäß § 5 Abs. 1 GmbHG, also 12.500 €, erreicht („hälftige Einzahlung des Stammkapitals"). Für die haftungsbeschränkte Unternehmergesellschaft nach § 5a GmbHG, die als „kleine GmbH" mit einem Mindeststammkapital unter 25.000 € gegründet wird, gilt dies allerdings nicht, hier sind die Einlagen – theoretisch ab 1 € – voll einzuzahlen.

Für die AG ist ein „Mindest-Grundkapital" von 50.000 € aufzubringen (§ 7 AktG). § 9 Abs. 1 AktG verbietet die Ausgabe von Nennbetragsaktien für einen Betrag unter dem Nennbetrag und von Stückaktien für einen geringeren Betrag als den anteiligen Betrag am Grundkapital (Verbot der Unterpariemission). Für die Bereitstellung des Grundkapitals und für spätere Kapitalerhöhungen bei der KGaA gelten ebenfalls die Vorschriften des Aktienrechts (§ 278 Abs. 3 AktG). Vermögenseinlagen der persönlich haftenden Gesellschafter, die nicht auf das Grundkapital geleistet werden, gehören ebenfalls zum Eigenkapital der KGaA. Sie werden nach Höhe und Art in der Satzung festgelegt (§ 281 Abs. 2 AktG).

---

36 *Priester*, in: Münchener Kommentar zum HGB, 4. Aufl. 2016, § 120 HGB, Rz. 84, m.w.N.
37 Vgl. *Priester*, in: Münchener Kommentar zum HGB, 4. Aufl. 2016, § 120 HGB, Rz. 84-86.

Für die SE beträgt das gezeichnete Mindestkapital mindestens 120.000 € (Art. 4 Abs. 2 SE-VO); außerdem wird für das Kapital der SE, dessen Erhaltung und dessen Änderungen sowie die Aktien, die Schuldverschreibungen und sonstige vergleichbare Wertpapiere der SE auf das nationale Aktienrecht verwiesen (Art. 5 SE-VO).

Kapitalerhaltung: Das Gesellschaftsvermögen ist gegen Entnahmen der Gesellschafter durch Kapitalerhaltungsregeln geschützt. Bei der GmbH ist dies insbesondere § 30 Abs. 1 GmbHG. Danach wird zwischen verschiedenen Eigenkapitalpositionen unterschieden: Nur das Nettovermögen der Gesellschaft in Höhe der Stammkapitalziffer ist der Entnahme durch die Gesellschafter dem Werte nach entzogen;[38] darüber hinaus dürfen die anderen Eigenkapitalpositionen – das können Kapital- oder Gewinnrücklagen nach Verlustberücksichtigung und vorbehaltlich gesetzlicher (etwa § 33 Abs. 2 GmbHG) oder gesellschaftsvertraglicher Beschränkungen sein – für Auskehrungen zur Verfügung stehen. Unter Beachtung der gesetzlichen Kapitalaufbringungs- und -Kapitalerhaltungsregelungen kann eine Umstrukturierung innerhalb des Eigenkapitals durch eine Kapitalherabsetzung, die das Stammkapital mindert und frei verfügbare Rücklagen erhöht, daher die Flexibilität der Gesellschafter im Hinblick auf Mittelrückführungen erhöhen.

5073

Für Aktiengesellschaften regelt § 57 AktG, dass den Aktionären Einlagen nicht zurückgewährt werden dürfen. Für die Einlagen dürfen den Anteilseignern auch keine Zinsen zugesagt oder ausgezahlt werden und vor Auflösung der Gesellschaft haben diese höchstens Anspruch auf den Bilanzgewinn. § 58 AktG regelt die Verwendung des Jahresüberschusses durch interne Bildung von Gewinnrücklagen. § 150 enthält für Aktiengesellschaften Bestimmungen zur verpflichtenden Bildung einer gesetzlichen Rücklage neben der Kapitalrücklage. Für beide Rücklagen gelten strenge Verwendungsrestriktionen; elementar ist ihre Funktion zum Verlustdeckungspotenzial. Für Gesellschaften mit beschränkter Haftung gelten die Kapitalerhaltungsregeln der §§ 30 ff. GmbH. Das zur Erhaltung des Stammkapitals erforderliche Vermögen der Gesellschaft darf demnach an die Gesellschafter grundsätzlich nicht ausgezahlt werden.

Behandlung eigener Anteile: Der Erwerb eigener Anteile führt im wirtschaftlichen Ergebnis zu einer Reduktion des Eigenkapitals. Bei Aktiengesellschaften erhöht sich anteilig der auf die übrigen Aktien entfallenden Dividendenbetrag („Return on Investment") und der „Cash Flow pro Aktie", weil gem. § 71b AktG auf eigene Aktien keine Dividenden entfallen. Gleiches gilt für die GmbH: Die Mitgliedschaftsrechte für die eigenen Anteile der GmbH ruhen. Bei der Entscheidung über die Gewinnfeststellung und -verwendung hat die Gesellschaft deswegen kein Stimmrecht und kann auszuschüttende Gewinne nicht beziehen.[39]. Mit dem Erwerb eigener Anteile ist daher typischerweise ein beachtlicher „Shareholder Value-Effekt" verbunden.[40] Außerdem kann auch auf diesem Wege überschüssige Liquidität an Gesellschafter ausgekehrt werden. Der Erwerb eigener Anteile kann zudem einer Abwehr feindlicher Übernahmeangebote oder Bedienung von Stock-Options-Programmen dienen.[41]

5074

---

38 Eine Auskehrung ist nach MoMiG (vgl. Rz. 5064) nur möglich, wenn die Beträge durch vollwertige Gegenleistungs- oder Rückgewähransprüche gegenüber dem Gesellschafter gedeckt sind, § 30 Abs. 1 Satz 2 GmbHG.
39 Vgl. BGH, Urteil vom 30.01.1995 - II ZR 45/94, DB 1995 S. 619.
40 Vgl. *Oechsler*, in: Münchener Kommentar zum Aktiengesetz, 4. Aufl. 2016, § 71 AktG, Rz. 5 ff.
41 *Gosch*, Körperschaftsteuergesetz, 3. Aufl. 2015, § 8 KStG, Rz. 575 ff.

Die Methode des Rückerwerbs eigener Aktien richtet sich nach den von der Unternehmensleitung verfolgten Zielen. Möglich ist ein anonymer Erwerb über die Börse, ein Erwerb durch öffentliche Aktienrückkaufangebote, die Ausgabe von Verkaufsoptionen oder auch die Aushandlung eines individuellen Kaufvertrags mit einem einzelnen größeren Aktionär.[42]

Für Aktiengesellschaften, KGaA und SE regelt § 71 AktG im Einzelnen Zulässigkeit und Voraussetzungen für den Erwerb eigener Anteile. Der Erwerb eigener Aktien ist entweder auf Grund gesetzlicher Ermächtigung (Nr. 1–6) oder auf Grund eines Ermächtigungsbeschlusses der Hauptversammlung möglich (Nr. 8). § 71 Abs. 1 Nr. 8 AktG bestimmt, dass eigene Anteile aufgrund einer höchstens fünf Jahre geltenden Ermächtigung der Hauptversammlung, die den niedrigsten und höchsten Gegenwert sowie den Anteil am Grundkapital – höchstens 10 % – festlegt, erworben werden dürfen. Eine GmbH kann gem. § 33 Abs. 2 GmbHG eigene Anteile erwerben, wenn die Einlagen vollständig geleistet sind und der Erwerb aus Vermögen bestritten werden kann, das über das Stammkapital hinausgeht. Sowohl nach AktG als auch nach GmbHG ist der Erwerb eigener Anteile i. d. R nur zulässig, wenn die Gesellschaft bei Erwerb in Höhe der Anschaffungskosten eine Rücklage bilden könnte, ohne das Grundkapital oder eine nach Gesetz oder Satzung/Gesellschaftsvertrag zu bildende Rücklage zu mindern, die nicht besonders gegen Ausschüttung geschützt ist (§§ 71 Abs. 2 AktG und 33 Abs. 2 GmbHG).

5075–5079 *(Einstweilen frei)*

3. Bilanzausweis und besondere Erscheinungsformen
3.1 Handelsrecht
3.1.1 Einzelunternehmen

5080 Nach § 247 Abs. 1 HGB sind in der Bilanz das Anlage- und das Umlaufvermögen, das Eigenkapital, die Schulden sowie die Rechnungsabgrenzungsposten gesondert auszuweisen und hinreichend aufzugliedern.

Zur Bilanzierung des Eigenkapitals bei Einzelkaufleuten – die typischerweise auch nicht in den Anwendungsbereich des § 1 Abs. 1 PublG fallen – normiert das HGB keine besonderen Regelungen. Auch bei diesen Gesellschaften ist das Eigenkapital allerdings gesondert vom Fremdkapital auszuweisen. In der Regel wird es in einer Position als Kapital ausgewiesen.[43] Weder ist hier eine Untergliederung erforderlich, noch eine – mögliche – Darstellung der Entwicklung des Eigenkapitals:

Eigenkapital zu Beginn des Wirtschaftsjahres

– Entnahmen des Wirtschaftsjahres

+ Einlagen des Wirtschaftsjahres

+/– Jahresergebnis

= Eigenkapital zum Schluss des Wirtschaftsjahres.[44]

---

42 Vgl. ebenda, Rz. 13.
43 Vgl. *Ley*, DStR 2013 S. 271.
44 Vgl. *Schmidt/K. Hoffmann*, in Beck'scher Bilanz-Kommentar, 11. Aufl. 2018, § 266 HGB, Rz. 155.

Ist das Unternehmen wirtschaftlich „gesund", ist das Eigenkapital als Saldogröße zwischen Vermögensgegenständen, Schulden und Rechnungsabgrenzungsposten positiv; es befindet sich dann an erster Stelle auf der Passivseite der Handelsbilanz § 266 3 A HGB). Bei Überschuldung eines Unternehmens ist das Eigenkapital negativ und befindet sich dann – unter allen sonstigen Bilanzposten – als "Nicht durch Eigenkapital gedeckter Fehlbetrag" auf der Aktivseite der Handelsbilanz (§ 268 Abs. 3 HGB).

3.1.2 Personengesellschaften
3.1.2.1 Überblick

Finanzmittel, die die Gesellschafter einer Personenhandelsgesellschaft zur Verfügung gestellt haben, stellen nur dann Eigenkapital dar, wenn die bereitgestellten Mittel als Verlustdeckungspotenzial zur Verfügung stehen. Dies ist dann der Fall, wenn

▶ künftige Verluste mit diesen Mitteln bis zur vollen Höhe – auch mit Wirkung gegenüber den Gesellschaftsgläubigern – zu verrechnen sind und wenn

▶ im Fall der Insolvenz der Gesellschaft eine Insolvenzforderung nicht geltend gemacht werden kann oder wenn bei einer Liquidation der Gesellschaft Ansprüche erst nach Befriedigung aller Gesellschaftsgläubiger mit dem sonstigen Eigenkapital auszugleichen sind.

Keine notwendige Voraussetzung für die Qualifikation als Eigenkapital der Personenhandelsgesellschaft ist das Kriterium der „Dauerhaftigkeit der Mittelüberlassung", da Entnahmen zulasten des Eigenkapitals jederzeit von den Gesellschaftern beschlossen werden können (vgl. hierzu oben Rz. 5048).[45]

3.1.2.2 Aufgliederung des Eigenkapitals: Kapitalkonten der Gesellschafter

Für nicht unter § 264a HGB fallende Personengesellschaften und Einzelkaufleute normiert das Handelsrecht keine detaillierten Vorgaben für den Ausweis in der Handelsbilanz. Das Eigenkapital ist allerdings zumindest „gesondert auszuweisen und hinreichend aufzugliedern" (§ 247 Abs. 1 HGB).

Das gesamte Kapital einer Personenhandelsgesellschaft wird gesellschafterbezogen nach Kapitalkonten aufgegliedert. Regelmäßig wird hier gesellschaftsvertraglich das Führen eines festen und eines oder mehrerer variabler Kapitalkonten festgelegt, deren jeweilige Qualifikation als *Eigen- oder Fremdkapital* im Einzelfall zu beurteilen ist. In der Praxis wird regelmäßig mit wenigstens drei Konten gearbeitet:[46]

I. Auf dem Kapitalkonto I wird das jeweilige Festkapital gebucht, das bei der Verteilung von Gewinnen oder Verlusten, für eine etwaige Entnahmeregelung und für den Auseinandersetzungsanspruch relevant ist.

II. Das Kapitalkonto II enthält variable Eigenkapitalbestandteile, ohne dass hierdurch Gesellschafterrechte vermittelt würden. Gebucht werden hier insbesondere Ein-

---

45 Vgl. IDW RS HFA 7, Stellungnahme zur Rechnungslegung: Handelsrechtliche Rechnungslegung bei Personenhandelsgesellschaften, Rz. 13.
46 Vgl. *Priester*, in: Münchner Kommentar zum HGB, § 120 HGB Rz. 106.

lagen, Verluste und nicht entnommene Gewinne. Für Kommanditisten ist zu beachten, dass die gesellschaftsvertraglich vereinbarte Zuordnung ihrer Gewinnanteile zu einem (Eigen-) Kapitalkonto II ihre Haftung für Verbindlichkeiten der Gesellschaft erweitern würde.[47]

III. Werden Kapitalkonten I und II durch Privatkonten (auch: „Gesellschafter-Darlehenskonto" oder „Gesellschafter-Verrechnungskonto") ergänzt, spricht man von einem Dreikontensystem. Auf Privatkonten werden entnahmefähige Gewinnanteile, sonstige Einlagen und Entnahmen verbucht. Guthaben und Schulden werden hier typischerweise verzinst.

IV. In einem Vierkontensystem werden ergänzend Verlustvortragskonten eingerichtet, die Verlustanteile eines Gesellschafters aufnehmen. Auf dem Kapitalkonto II werden dann nur noch die nicht entnahmefähigen Gewinnanteile erfasst.

V. Daneben ist insbesondere die Einrichtung gesamthänderisch gebundener Rücklagenkonten möglich, die nicht entnahmefähig sind.

5083 **Abgrenzung zwischen Eigen- oder Fremdkapital:** Ist gesellschaftsvertraglich das Führen solcher besonderen Kapitalkonten vereinbart, muss danach unterschieden werden, ob es sich handelsbilanziell um Eigen- oder Fremdkapital handelt. Die Bezeichnung der Konten, zeitliche Entnahmebeschränkungen oder eine Verzinslichkeit sind hierfür nicht entscheidend. Es kommt im Regelfall vielmehr v. a. auf die Haftqualität und Verlustbeteiligung an (vgl. Rz. 5046 ff.). Können Verluste gegen die jeweiligen Kapitalkontenbestände verrechnet werden, liegt Haft- und Eigenkapital vor. Festkapitalkonten („Kapitalkonto I") sowie verlusttragende Rücklagekonten sind daher handelsbilanziell als Eigenkapital auszuweisen, andere Konten – insbesondere Privatkonten – sind dagegen regelmäßig handelsbilanzielles Fremdkapital.[48] Verbindlichkeiten gegenüber Gesellschaftern aus schuldrechtlichen Leistungsbeziehungen werden ebenfalls als Fremdkapital bilanziert.

5084 **Besondere Ausweisfragen**: Die Kapitalanteile der Gesellschafter einer OHG/GbR können in der Bilanz zu einem Posten zusammengefasst werden, positive und negative Kapitalanteile also saldiert werden.[49] Bei Kommanditgesellschaften sind die Kapitalanteile der persönlich haftenden Gesellschafter und der Kommanditisten jeweils getrennt auszuweisen, innerhalb der jeweiligen Gruppe können sie aber saldiert werden. Rücklagen sind als Teil des Eigenkapitals gesondert auszuweisen. Das kann in einer Summe und ohne Angabe der Kapitalkontenbeträge der einzelnen Gesellschafter geschehen.[50]

3.1.2.3 Besonderheiten haftungsbeschränkter Personenhandelsgesellschaften

5085 **Eigenkapitalausweis:** Personengesellschaften, bei denen nicht wenigstens eine natürliche Person unmittelbar oder mittelbar über eine andere Personengesellschaft als persönlich haftender Gesellschafter beteiligt ist, müssen nach § 264a HGB die handelsrechtlichen Pflichten zur Erstellung (§§ 264 ff.), Prüfung (§§ 316 ff.) und Offenlegung

---

47 § 169 Abs. 1 Satz 2 HGB; vgl. hierzu auch *Röhrig/Doege*, DStR 2006 S. 489.
48 Vgl. *Priester*, in: Münchner Kommentar zum HGB, § 120 HGB Rz. 29.
49 Vgl. *Priester*, in: Münchner Kommentar zum HGB, § 120 HGB Rz. 28.
50 Vgl. IDW ERS HFA 7 n. F., Rz. 42 ff.

(§§ 325 ff.) der Jahresabschlüsse der Kapitalgesellschaften anwenden. Typischer Anwendungsfall ist die GmbH & Co KG. Mit diesem Regelungsverweis will das Gesetz einen Ausgleich für die Haftungsbeschränkung schaffen. Für den handelsbilanziellen Ausweis des Eigenkapitals sind nach § 264c Abs. 2 HGB aufgrund der Rechtsformspezifika Abweichungen zu § 266 Abs. 3 A. HGB vorgesehen. Als Eigenkapital auszuweisen sind demnach

I. Kapitalanteile

II. Rücklagen

III. Gewinnvortrag/Verlustvortrag

IV. Jahresüberschuss/Jahresfehlbetrag.

Anstelle des Postens "Gezeichnetes Kapital" sind die Kapitalanteile der persönlich haftenden Gesellschafter auszuweisen; sie dürfen auch zusammengefasst ausgewiesen werden. § 264c Abs. 1 HGB regelt außerdem den Ausweis von Forderungen und Verbindlichkeiten zwischen Personengesellschaft und Gesellschaftern. Diese sind in der Regel als solche auszuweisen oder im Anhang anzugeben.

Besonderheiten der Einheits-GmbH & Co KG: Nach § 272 Abs. 4 HGB ist im Eigenkapital für Anteile an einem herrschenden oder mit Mehrheit beteiligten Unternehmen eine Rücklage zu bilden. Nach § 264c Abs. 4 HGB ist dies mit der Maßgabe anzuwenden, dass für diese Anteile in Höhe des aktivierten Betrags nach dem Posten „Eigenkapital" ein Sonderposten unter der Bezeichnung „Ausgleichsposten für aktivierte eigene Anteile" zu bilden ist. 5086

Typischer Anwendungsfall ist die GmbH & Co KG, bei der die KG die Anteile an der Komplementärgesellschaft („Einheitsgesellschaft") hält. Die Anteile an einer Komplementärgesellschaft, die von der KG gehalten werden, werden auf der Aktivseite der Bilanz unter den Finanzanlagen als Anteile an verbundenen Unternehmen (§ 266 Abs. 2 A.III.1.) oder als Beteiligungen (§ 266 Abs. 2 A.III.3.) ausgewiesen.

Damit kein unzutreffender Eigenkapitalausweis durch „Doppelzählung von Haftkapital" entsteht, wenn die Komplementärgesellschaft etwa ihre von der GmbH & Co KG aufgebrachte – bei dieser als Anteile an der Komplementärgesellschaft aktivierte – Kapitalausstattung ihrerseits wieder als Einlage in die GmbH & Co KG verwendet, schreibt das Gesetz die Bildung eines passivischen Ausgleichspostens vor. Dieser soll zu Lasten der Kapitalanteile der Komplementärin gebildet werden.[51]

3.1.3 Kapitalgesellschaften

3.1.3.1 Überblick

Informationen zu Höhe, Herkunft und Haftqualität des Eigenkapitals: Die Trennung zwischen einer haftungsbeschränkten Kapitalgesellschaft als juristische Person und ihren Gesellschaftern ist ein Grundprinzip des Gesellschaftsrechts.[52] Hieraus entsteht 5087

---

51 Vgl. *Naumann*, in: IDW, WP Handbuch, 15. Aufl. 2017, Kapitel F, Rz. 1462 f.; *Graf/Bisle*, in: Münchener Kommentar zum Bilanzrecht, 1. Aufl. 2013, § 264c HGB, Rz. 54.

52 Vgl. *Erdmann*, in: Holzborn/v. Vietinghoff, Haftung und Insolvenz im GmbH-Recht, 1. Aufl. 2013, Rz. 399.

nicht zuletzt aus Gründen des Gläubigerschutzes ein Informationsbedarf zu *Höhe, Herkunft und Haftqualität des Eigenkapitals*, den §§ 266, 272 HGB für Kapitalgesellschaften regeln. Nach § 266 Abs. 3 A. HGB wird der Passivseite der Handelsbilanz als erste „Postengruppe" das Eigenkapital ausgewiesen. Es gliedert sich der Reihenfolge nach in extern zugeführtes und schließlich intern gebildetes Eigenkapital. Durch den Eigenkapitalausweis erkennt der Bilanzleser insoweit, in welchem Umfang die Gesellschaft ihr Eigenkapital intern aus eigens erwirtschafteten Gewinnen bilden konnte. In der Reihenfolge der Eigenkapitalposten spiegelt sich außerdem ein jeweils unterschiedlicher Grad der Kapitalbindung, beginnend mit dem am strengsten zugunsten der Gläubiger gegen eine Ausschüttung gesperrten „Gezeichneten Kapital".[53] Insoweit kommt dem Eigenkapitalausweis nach §§ 266, 272 HGB auch materielle Bedeutung für die Kapitalbindung bzw. Kapitalschutz zu.

I. Gezeichnetes Kapital

II. Kapitalrücklage

III. Gewinnrücklagen mit ihren vier Unterarten (gesetzliche Rücklage; Rücklage für Anteile an einem herrschenden oder mehrheitlich beteiligten Unternehmen; satzungsmäßige Rücklagen, andere Gewinnrücklagen)

IV. Gewinnvortrag/Verlustvortrag und

V. Jahresüberschuss/Jahresfehlbetrag.

§ 272 HGB konkretisiert die Gliederungsstruktur des § 266 Abs. 3 A. HGB für das Eigenkapital und regelt die Voraussetzungen sowie Gestaltung des Eigenkapitalausweises im Einzelnen – mit Ausnahme der intern gebildeten und ergebnisabhängigen Eigenkapitalposten „Gewinnvortrag/Verlustvortrag" und „Jahresüberschuss/Jahresfehlbetrag".[54] § 272 HGB ist von allen Kapitalgesellschaften anzuwenden, also insbesondere von AG, SE, GmbH und UG [haftungsbeschränkt] und KGaA und spiegelt hier entsprechend die rechtsformspezifischen Besonderheiten des Eigenkapitals wieder.[55]

5088 **Eigenkapitalausweis und Ergebnisverwendung:** Wird die Bilanz unter Berücksichtigung der teilweisen Verwendung des Jahresergebnisses aufgestellt, so tritt an die Stelle des Postens „Jahresüberschuss/Jahresfehlbetrag" und „Gewinnvortrag/Verlustvortrag" gemäß § 268 Abs. 1 Satz 2 HGB der Posten „Bilanzgewinn/Bilanzverlust". Ein vorhandener Gewinn- oder Verlustvortrag ist in den Posten „Bilanzgewinn/Bilanzverlust" einzubeziehen und in der Bilanz oder im Anhang gesondert anzugeben. Ist das Eigenkapital durch Verluste aufgebraucht und ergibt sich ein Überschuss der Passivposten über die Aktivposten, so ist dieser Betrag gem. § 268 Abs. 3 HGB am Schluss der Bilanz auf der Aktivseite gesondert unter der Bezeichnung „Nicht durch Eigenkapital gedeckter Fehl-

---

53 Vgl. *Kropff*, in Münchener Kommentar zum Bilanzrecht, 1. Aufl. 2013, § 272 HGB, Rn. 6.
54 Die Gliederungsvorgaben des § 272 HGB für das Eigenkapital von Kapitalgesellschaften sind nicht abschließend; nach § 265 Abs. 5 Satz 2 HGB ist ggf. ein neuer Posten hinzufügen und in das Gliederungsschema einzupassen.
55 Die Norm ist daher auch nicht auf haftungsbeschränkte Personengesellschaften im Sinne von § 264a HGB anzuwenden; den Eigenkapitalausweis dieser Gesellschaften regelt vielmehr § 264c Abs. 2 HGB (vgl. Rz. 5085).

betrag" auszuweisen. Detaillierte Regelungen zu den einzelnen, o. g. Bestandteilen des Eigenkapitals enthält § 272 HGB.

Eigenkapitalspiegel: Durch das BilMoG wurde für kapitalmarktorientierte Kapitalgesellschaften, die nicht zur Aufstellung eines Konzernabschlusses verpflichtet sind, die verpflichtende Aufstellung eines Eigenkapitalspiegels normiert, § 264 Abs. 1 Satz 2 HGB. Der Eigenkapitalspiegel gibt einen Überblick über den Anfangs- und Endbestand der einzelnen Eigenkapitalposten sowie über die Veränderungen dieser Posten während des Geschäftsjahres. 5089

Rechtsformspezifika: Rechtsformspezifisch ist für den Ausweis der Kapitalanteile der persönlich haftenden Gesellschafter einer KGaA § 286 Abs. 2 AktG zu beachten; § 42 Abs. 2 GmbHG regelt außerdem den handelsbilanziellen Ausweis eines gesellschaftsvertraglich vereinbarten *Nachschusskapitals*. Von den Gesellschaftern eingeforderte Nachschüsse sind demnach in der Bilanz unter den Forderungen mit der Bezeichnung „Eingeforderte Nachschüsse" gesondert auszuweisen und unter der Kapitalrücklage korrespondierend hierzu gesondert auszuweisen. Zu beachten sind auch §§ 264 a–264 c mit Sondervorschriften zum Kapitalausweis für die Kapitalgesellschaft & Co KG (näher Rz. 5085).[56] 5090

3.1.1.2 Gezeichnetes Kapital

Das „Gezeichnete Kapital" wurde nach § 272 Abs. 1 Satz 1 HGB a. F. definiert als dasjenige Kapital, auf das die Haftung der Gesellschafter für die Verbindlichkeiten der Kapitalgesellschaft gegenüber den Gläubigern beschränkt ist. Durch die „Aktienrechtsnovelle 2016"[57] wurde diese – falsche – Definition gelöscht. Den Gesellschaftsgläubigern gegenüber haftet für Verbindlichkeiten der Gesellschaft unmittelbar das Gesellschaftsvermögen selbst und nicht der Gesellschafter.[58] 5091

§ 272 Abs. 1 HGB definiert nun nicht mehr das gezeichnete Kapital. Gemeint ist das in der Satzung bzw. im Gesellschaftsvertrag festgelegte Mindesthaftkapital, also das Grundkapital bei AG/KGaA und das Stammkapital der GmbH. Gezeichnetes Kapital ist mit dem Nennbetrag anzusetzen. Die nicht eingeforderten ausstehenden Einlagen auf das gezeichnete Kapital sind von dem Posten „Gezeichnetes Kapital" offen abzusetzen; der verbleibende Betrag ist als Posten „Eingefordertes Kapital" in der Hauptspalte der Passivseite auszuweisen; der eingeforderte, aber noch nicht eingezahlte Betrag ist unter den Forderungen gesondert auszuweisen und entsprechend zu bezeichnen (§ 272 Abs. 1 HGB).

3.1.1.3 Kapital- und Gewinnrücklagen

Die **Kapitalrücklage** umfasst in erster Linie Beträge, die von außen zugeführt werden und die nicht aus dem erwirtschafteten Ergebnis gebildet werden,[59] außerdem Kapitalanteile nach Herabsetzung des gezeichneten Kapitals (§§ 229 ff., 237 Abs. 5 AktG; 58a, 5092

---

56 Vgl. *Kropff*, in: Münchener Kommentar zum Bilanzrecht, 1. Aufl. 2013, § 272 HGB, Rz. 5 ff.
57 Vgl. Gesetz vom 22.12.2015, BGBl. I 2015 S. 2565.
58 Vgl. §§ 1 Abs. 1 Satz 2 AktG und 13 Abs. 2 GmbHG.
59 Vgl. *Förschle/Hoffmann*, in: Beck'scher Bilanzkommentar, § 272 HGB Rz. 160.

58c GmbHG) und in Zusammenhang mit Erwerb oder Veräußerung eigener Anteile (Abs. 1a Satz 2, Abs. 1b Satz 3). Nach § 272 Abs. 2 HGB sind als Kapitalrücklage auszuweisen

1. der Betrag, der bei der Ausgabe von Anteilen einschließlich von Bezugsanteilen über den Nennbetrag oder, falls ein Nennbetrag nicht vorhanden ist, über den rechnerischen Wert hinaus erzielt wird; dieses Aufgeld aus der Ausgabe von Anteilen umfasst bei der AG/KGaA vereinbarte Agio-Beträge aus der Ausgabe von Aktien. Bei der GmbH handelt es sich dementsprechend um ein Agio aus der Übernahme von Stammeinlagen.
2. Der Betrag, der bei der Ausgabe von Schuldverschreibungen für Wandlungsrechte und Optionsrechte zum Erwerb von Anteilen erzielt wird. Dies ist die Differenz zwischen dem Ausgabebetrag der Schuldverschreibung mit Wandlungs-/Optionsrecht und dem ggf. geschätzten Ausgabebetrag/Marktpreis der gleichen Schuldverschreibung ohne Wandlungs-/Optionsrecht.[60]
3. Der Betrag von Zuzahlungen, die Gesellschafter gegen Gewährung eines Vorzugs für ihre Anteile leisten;
4. der Betrag von anderen Zuzahlungen, die Gesellschafter in das Eigenkapital leisten. Dabei handelt es sich um freiwillige Leistungen, die Gesellschafter ohne Gewährung von Vorzügen seitens der Gesellschaft erbringen. Auch für diese „sonstigen Kapitalrücklagen" wird gefordert, dass sie von einem *Gesellschafter* geleistet werden, also bereits eine Beteiligung am gezeichneten Kapital bestehen muss. Zuzahlungen der Inhaber von Genussrechten können daher nicht unter § 272 Abs. 2 Nr. 4 HGB ausgewiesen werden, auch wenn diese Rechte Eigenkapitalcharakter haben (vgl. auch Rz. 5161).

5093 **Gewinnrücklagen**: Anders als Kapitalrücklagen werden Gewinnrücklagen intern aus dem Jahresüberschuss gebildet („Selbst-/Innenfinanzierung"). Die Gewinnrücklagen umfassen

- ▶ die gesetzliche Rücklage von AG und KGaA (§ 150 Abs. 1 AktG),
- ▶ die satzungsmäßigen Rücklagen, die gemäß Gesellschaftsvertrag bzw. Satzung zwingend zu bilden sind, sowie
- ▶ die Wertaufholungsrücklage (nach §§ 58 Abs. 2a AktG, 29 Abs. 4 GmbHG dürfen Kapitalgesellschaften den Eigenkapitalanteil von Wertaufholungen in den Posten „andere Gewinnrücklagen" einstellen),
- ▶ die Rücklage für Anteile an einem herrschenden oder mit Mehrheit beteiligten Unternehmen (vgl. Rz. 5086),
- ▶ sonstige, freie Gewinnrücklagen.

5094 **Kapital- und Gewinnrücklagen bei handelsrechtlicher Ausschüttungssperre**: Im Interesse der Kapitalerhaltung des Unternehmens im Verhältnis zu den Gesellschaftern kommt dem handelsrechtlichen Jahresabschluss – dies gilt auch nach Inkrafttreten des BilMoG – eine vorsichtige Ausschüttungsbemessungsfunktion zu. Die Gewinne,

---

[60] Vgl. ebenda, Rz. 180.

die den Gesellschaftern einer Kapitalgesellschaft zur Verfügung stehen können, werden durch die handelsrechtlichen Grundsätze ordnungsmäßiger Buchführung im Interesse der Kapitalerhaltung und des Gläubigerschutzes definiert und begrenzt. § 268 Abs. 8 HGB regelt Ausschüttungssperren bei Aktivierung selbst erstellter immaterieller Wirtschaftsgüter des Anlagevermögens, bei aktiven latenten Steuern und Netto-CTA-Vermögen. Eine besondere Ausschüttungssperre gilt außerdem für den Unterschiedsbetrag aus der Neubewertung von Pensionsverpflichtungen in der Handelsbilanz mit dem durchschnittlichen Marktzinssatz der vergangenen zehn – statt wie bisher: sieben – Geschäftsjahre (§ 253 Abs. 2 Satz 1 HGB n. F.). Gewinne dürfen nur ausgeschüttet werden, wenn die nach der Ausschüttung verbleibenden frei verfügbaren Rücklagen zuzüglich eines Gewinnvortrags und abzüglich eines Verlustvortrags mindestens diesem Unterschiedsbetrag entsprechen (§ 253 Abs. 6 HGB).[61]

Für Anwendung der kapitalschützenden handelsrechtlichen Ausschüttungssperren der §§ 268 Abs. 8, 253 Abs. 6 HGB wird der Begriff der „frei verfügbaren Rücklagen" verwendet. Die nach der Ausschüttung verbleibenden *frei verfügbaren Rücklagen* zuzüglich eines Gewinnvortrags und abzüglich eines Verlustvortrags müssen – vereinfacht – mindestens den ausschüttungsgesperrten Beträgen entsprechen. Welche Kapitalrücklagen in dem Sinne frei verfügbar sind, ist *rechtsformspezifisch* unter Beachtung gesellschaftsrechtlicher Vorschriften zu bestimmen:[62]

Bei AG, KGaA und SE ist die Rücklagenverwendung in § 150 AktG geregelt. § 150 AktG wirkt kapitalerhaltend und gläubigerschützend und bezieht sich dabei auf die Kapitalrücklagen § 272 Abs. 2 Nr. 1-3 HGB. Aktiengesellschaften steht damit nur diejenige Kapitalrücklage zur freien Verfügung, deren Beträge von sonstigen Zuzahlungen der Gesellschafter zugeführt werden, also § 272 Abs. 2 *Nr. 4* HGB. Die anderen in den Kapitalrücklagen ausgewiesenen Beträge sind verwendungsbeschränkt und damit nicht „deckungsfähig" im Sinne der Ausschüttungssperren. Die Verwendungsmöglichkeiten der Kapitalrücklage werden bei einer GmbH – außerhalb einer Kapitalherabsetzung und abgesehen von Nachschusskapital – hingegen nicht beschränkt. Freie Rücklagen sind demnach nicht nur die Kapitalrücklagen nach § 272 Abs. 2 Nr. 4 HGB.[63]

Zu den deckungsfähigen Gewinnrücklagen können die „satzungsmäßigen Rücklagen" zählen, soweit sie nach der Satzung bzw. dem Gesellschaftsvertrag frei für eine Ausschüttung zur Verfügung stehen sowie die „anderen Gewinnrücklagen".[64]

3.1.1.4 Eigene Anteile

Erwerb und Veräußerung eigener Anteile als Kapitalmaßnahme: Bis zum Bilanzrechtsmodernisierungsgesetz (BilMoG[65]) konnten eigene Anteile in der Handels- und Steuerbilanz erwerbszweckbezogen wie andere Vermögensgegenstände bzw. Wirtschaftsgüter

5095

---

61 Diese Ausschüttungssperre soll nach Auffassung des BMF bei ertragsteuerlicher Organschaft nicht auch zu einer Abführungssperre führen, vgl. BMF, Schreiben vom 23.12.2016, BStBl. I 2017 S. 41.
62 Vgl. *Lanfermann/Röhricht*, DStR 2009 S. 1216.
63 Vgl. OLG München, NJOZ 2007 S. 332 (337 ff.); *Poeschke*, NZG 2017 S. 1408; *Lanfermann/Röhricht*, DStR 2009 S. 1216.
64 Vgl. *Lanfermann/Röhricht*, DStR 2009 S. 1216.
65 BilMoG vom 25.5.2009, BGBl. I 2009 S. 1102.

zu Anschaffungskosten aktiviert werden. Entsprechend war passivisch eine Rücklage für eigene Anteile zu bilden, die sich nach dem jeweils aktivierten Betrag und folglich auch nach einem entsprechend wertgeminderten Wert der Anteile richtete, sie „atmete". *Nach BilMoG* wird der Erwerb und die Veräußerung eigener Anteile dem wirtschaftlichen Gehalt entsprechend als Kapitalverminderung bzw. -erhöhung abgebildet: § 272 Abs. 1a HGB sieht – unabhängig vom jeweiligen Erwerbszweck – vor, dass beim Erwerb eigener Anteile der Nennbetrag oder der rechnerische Wert von erworbenen eigenen Anteilen in der Vorspalte offen von dem Posten „Gezeichnetes Kapital" abzusetzen ist. Der Unterschiedsbetrag zwischen dem Nennbetrag bzw. dem rechnerischen Wert und den Anschaffungskosten der eigenen Anteile ist mit den frei verfügbaren Rücklagen zu verrechnen. Aufwendungen, die Anschaffungsnebenkosten sind, sind Aufwand des Geschäftsjahrs. Werden die eigenen Anteile wieder veräußert, regelt § 272 Abs. 1b HGB umgekehrt, dass die Absetzung vom "Gezeichneten Kapitals" wieder rückgängig gemacht wird, die Differenz zwischen Nennbetrag und Anschaffungskosten den frei verfügbaren Rücklagen gutgeschrieben wird und die mit dem Verkauf verbundenen Kosten ebenso wie im Fall des Erwerbs als Aufwand des Geschäftsjahrs zu erfassen sind.

5096 **Kapitalschutz:** Handelsrechtlich wird diskutiert, ob durch die Neuregelung des BilMoG im Vergleich zum alten Recht – beim Bruttoausweis des Erwerbs eigener Anteile wurde eine Rücklage für eigene Anteile gebildet – ein schwächerer Kapitalschutz entsteht.[66] Zwar ist für den Erwerbszeitpunkt gesellschaftsrechtlich durch die fiktive Rücklagenunterlegung/-bildung sichergestellt, dass die Gesellschaft den Erwerb nur aus freien, ausschüttungsfähigen Mitteln erbringt. Durch Verrechnung des Nennbetrags bzw. rechnerischen Werts der eigenen Anteile mit dem „Gezeichneten Kapital" sinkt bei AG, SE und KGaA[67] jedoch auch die hierdurch bewirkte Kapitalbindung. Beim Unterpari-Erwerb eigener Anteile führt die Regelung *nach BilMoG* durch „Verrechnung" des negativen Unterschiedsbetrags mit den frei verfügbaren Rücklagen dabei gleichzeitig zu einer Erhöhung dieser Rücklagen.

Gesellschaftsrechtlich wird – um den Kapitalschutz durch Erwerb eigener Anteile nicht effektiv zu vermindern, daher z. T. eine weitergehende Ausschüttungssperre angenommen.[68] Die freien Rücklagen sollen demnach nicht nur in Höhe des Unterschiedsbetrags nach § 272 Abs. 1a Satz 2 HGB, sondern ähnlich wie nach der alten Rechtslage in Höhe der gesamten Anschaffungskosten einschließlich des Nennbetrags/rechnerischen Werts einer Ausschüttungsbegrenzung unterliegen.[69]

---

66 Vgl. *Reiner*, in: Münchener Kommentar zum HGB, 3. Aufl. 2013, § 272 HGB, Rz. 30 ff.; *Kropff*, ZIP 2009 S. 1137; *Winkeljohann/K. Hoffmann*, in: Beck'scher Bilanz-Kommentar, 11. Aufl. 2018, § 272 HGB, Rz. 134 ff.

67 Bei der GmbH und UG (haftungsbegrenzt) regelt § 30 GmbHG, dass an die Gesellschafter nur Auszahlungen erfolgen dürfen soweit bilanziell noch Vermögen in Höhe des Stammkapitals in der Gesellschaft verbleibt. Auch wenn bei Erwerb eigener Anteile Beträge offen vom gezeichneten Kapital abgesetzt wurden, bezieht sich § 30 GmbHG nicht nur auf den geminderten Betrag (das „ausgegebene Kapital"), sondern weiterhin auf das volle gezeichnete Stammkapital. Vgl. *Winkeljohann/K. Hoffmann*, in: Beck'scher Bilanz-Kommentar, 11. Aufl. 2018, § 272 HGB, Rz. 136.

68 Vgl. *Reiner*, in Münchener Kommentar zum HGB, 3. Aufl. 2013, § 272 HGB, Rz. 30 ff.

69 Vgl. *Reiner*, in Münchener Kommentar zum HGB, 3. Aufl. 2013, § 272 HGB, Rz. 30 ff. und zum Unterpariwerb *Kropff*, ZIP 2009 S. 1137. Für die GmbH und UG (haftungsbeschränkt) wird handelsrechtlich empfohlen, die eingetretene Sperrung von Rücklagen durch die Bildung einer „Rücklage wegen eigener Anteile" in Höhe des offen vom gezeichneten Kapital abgesetzten Betrags ersichtlich zu machen. Eine gesetzliche Verpflichtung hierzu besteht allerdings nicht.

3.1.1.5 Ausstehende Einlagen

Ausstehende Einlagen begründen zwar einen Anspruch der Gesellschaft auf Leistung der restlichen Einlage, sie sind aber auch Korrekturposten zu dem auf der Passivseite ausgewiesenen Gezeichneten Kapital, das der Gesellschaft aufgrund der ausstehenden Einlagen tatsächlich noch nicht zugegangen ist.[70] Vor dem Bilanzrechtsmodernisierungsgesetz (BilMoG)[71] galt ein Ausweiswahlrecht, die ausstehenden Einlagen im Wege eines Brutto- oder Nettoausweises in der Handelsbilanz zu zeigen. Beim Bruttoausweis durften die ausstehenden Einlagen als Vermögenswert behandelt und aktiviert werden.

5097

Durch das BilMoG wurde nunmehr der Nettoausweis verbindlich vorgeschrieben.[72] Nach § 272 Abs. 1 Satz 2 HGB sind die *nicht eingeforderten ausstehenden Einlagen* auf das gezeichnete Kapital von dem Posten „Gezeichnetes Kapital" offen abzusetzen; der verbleibende Betrag ist als Posten „Eingefordertes Kapital" in der Hauptspalte der Passivseite auszuweisen. Nur der *eingeforderte, aber noch nicht eingezahlte* Betrag ist unter den Forderungen gesondert auszuweisen und entsprechend zu bezeichnen.

(Einstweilen frei) 5098–5099

3.2 Steuerrecht

3.2.1 Überblick

Für die Steuerbilanz gibt das Gesetz keine allgemeinen Regelungen für die Abgrenzung zwischen Eigen- und Fremdkapital vor (zu Genussrechtskapital vgl. jedoch Rz. 5190 ff.). *Ausgangspunkt* der steuerbilanziellen Einordnung wird hier regelmäßig die handels- und gesellschaftsrechtliche Ausgestaltung und Einordnung des jeweiligen Finanzinstruments sein. Davon abzugrenzen ist allerdings das Maßgeblichkeitsprinzip des § 5 Abs. 1 EStG, das gerade *nicht* pauschal für die Abgrenzung der steuerbilanziellen Eigenkapitalien gilt (vgl. oben Rz. 5059 ff.).

5100

(Einstweilen frei) 5101

3.2.2 Kapitalgesellschaften

3.2.2.1 Einlagekonto und Einlagenrückgewähr

Kapitalgesellschaften müssen – außerbilanziell – ein besonderes „steuerliches Einlagekonto" führen, § 27 Abs. 1 Satz 1 KStG. Hintergrund der Regelung ist, dass die Rückgewähr von Einlagen bei den Gesellschaftern grundsätzlich nicht zu Einkünften aus Kapitalvermögen führt (vgl. § 20 Abs. 1 Nr. 1 Satz 3 EStG). Zur Abgrenzung von Gewinnausschüttungen und einer solchen Einlagenrückgewähr schreibt § 27 KStG daher die Führung eines steuerlichen Einlagekontos vor.

5102

Da das steuerliche Einlagekonto ein steuerliches Konto außerhalb der handelsrechtlichen Buchführung und somit kein Konto im buchhalterischen Sinn ist, ist im Hinblick auf die Qualifizierung von Einlagen allein maßgeblich, ob steuerrechtlich eine Einlage

---

70 Vgl. *Kropff*, in: Münchener Kommentar zum Bilanzrecht, 1. Aufl. 2013, § 272 HGB, Rz. 32 ff.
71 Vgl. BilMoG vom 25.5.2009, BGBl. I 2009 S. 1102.
72 Vgl. *Kropf*, in: Münchener Kommentar zum Bilanzrecht,1. Aufl. 2013, HGB § 272 Eigenkapital, Rz. 4.

vorliegt. Auf die handelsrechtliche Einordnung kommt es nicht an. So sind etwa auch verdeckte Einlagen und Zuschüsse zu erfassen, die handelsrechtlich als Ertrag gelten. Das steuerliche Einlagekonto muss entsprechend auch nicht mit der handelsrechtlichen Kapitalrücklage nach § 272 Abs. 2 HGB übereinstimmen,[73] es wird hiervon vielmehr regelmäßig abweichen.[74] In der Praxis muss bei einem handelsbilanziellen Zufluss zur Kapitalrücklage daher stets geprüft werden, ob damit auch ein Zufluss zu dem für steuerliche Zwecke maßgeblichen Einlagekonto gegeben ist. Handelsrechtlich kann bspw. auch bei Einräumung einer Forderung gegen einen Gesellschafter nach § 272 Abs. 2 Nr. 4 HGB ein Zugang zur Kapitalrücklage erfolgen, während ein Zugang zum steuerlichen Einlagekonto den tatsächlichen Zufluss der Mittel voraussetzt.[75]

Eine Einlagenrückgewähr können auch *EU-Kapitalgesellschaften* erbringen, wenn sie Leistungen im Sinne des § 20 Abs. 1 Nr. 1 oder 9 des Einkommensteuergesetzes gewähren (§ 27 Abs. 8 KStG). Die Einlagenrückgewähr ist hier in entsprechender Anwendung der Einlagenrückgewähr nationaler Kapitalgesellschaften und nur auf Antrag für den jeweiligen Veranlagungszeitraum zu ermitteln. Formal werden der Anerkennung einer Einlagenrückgewähr in der Praxis damit hohe Hürden aufgebaut.[76] Eine Einlagenrückgewähr ist allerdings – so klarstellend der BFH[77] entgegen der Verwaltungsauffassung[78] – entsprechend einer rechtsvergleichenden Qualifizierung auch *aus Drittstaaten* möglich. Das kann *ohne* formelles Verfahren zur Feststellung des Einlagekontos wie in § 27 Abs. 1 und Abs. 8 KStG erfolgen. Eine Rückzahlung von nicht in das Nennkapital geleisteten Einlagen kann hier gemäß BFH dann vorliegen, wenn die Leistungen der Kapitalgesellschaft im Wirtschaftsjahr das Nennkapital und den im Vorjahr festgestellten ausschüttbaren Gewinn übersteigen. Eine Einlagenrückgewähr kann sich auch aus der nach ausländischem Recht aufgestellten Bilanz der ausschüttenden Gesellschaft ergeben.[79]

3.2.2.2 Genussrechtskapital

5103 § 8 Abs. 2 Satz 2 KStG regelt, dass auch Ausschüttungen jeder Art auf Genussrechte, mit denen das Recht auf Beteiligung am Gewinn und am Liquidationserlös einer Kapitalgesellschaft verbunden ist, das Einkommen nicht mindern (vgl. hierzu auch die Rz. 5150 und 5190 ff.). Derzeit ist nicht abschließend geklärt, ob diese Regelung für Genussrechtskapital bei Kapitalgesellschaften die Eignung zu einer *steuerbilanziellen Umqualifizierung von Fremd- in Eigenkapital* hat.[80]

---

73 Vgl. FG Berlin-Brandenburg, Urteil vom 9.3.2017 – 10 K 10319/15 –, juris; FG Rheinland-Pfalz, Urteil vom 18.7.2007 – 1 K 1338/12, EFG 2014 S. 2081.
74 Vgl. *Bauschatz*, in: Gosch, Körperschaftsteuergesetz, 3. Aufl. 2015, § 27 KStG, Rz. 25, 36.
75 Vgl. FG Berlin-Brandenburg, Urteil vom 9.3.2017 – 10 K 10319/15 –, juris; Bauschatz, in Gosch, Körperschaftsteuergesetz, 3. Aufl. 2015, § 27 KStG, Rz. 35.
76 Vgl. *Mayer-Theobald/Süß*, DStR 2017 S. 137.
77 Vgl. BFH, Urteile vom 13.7.2016 – VIII R 47/13, BFH/NV 2016, S. 1831 und vom 13.7.2016 – VIII R 73/13, BFH/NV 2016 S. 1827.
78 Vgl. den bundesweit abgestimmten Erlass des FinMin NRW vom 6. Oktober 2011, StEK EStG § 20 Nr. 389.
79 Vgl. BFH, Urteil vom 13.7.2016 – VIII R 73/13, BFH/NV 2016 S. 1827.
80 *Große*, DStR 2010 S. 1397.

Dagegen wird angeführt, dass § 8 Abs. 3 Satz 2 KStG nicht die richtige Grundlage für eine steuerbilanzielle Qualifikation und Anpassung sei.[81] Argumentiert wird hier u. a. mit der BFH-Rechtsprechung zu verdeckten Gewinnausschüttungen, die auch nicht zu einer Umqualifikation der jeweiligen zivilrechtlichen Verbindlichkeiten führen, sondern nur außerbilanziell – auf zweiter Gewinnermittlungsebene nach Bilanzierung – korrigiert werden.[82] Folge der außerbilanziellen Korrektur verdeckter Gewinnausschüttungen ist u. a., dass die laufenden Finanzierungskosten trotz des steuerbilanziell anerkannten Fremdkapitals steuerlich letztlich nicht abzugsfähig sind.

Allerdings sind diese Sachverhalte nicht vergleichbar mit der Erstbilanzierung bzw. Abgrenzung und Qualifikation eines Finanzinstruments als Eigen- und Fremdkapital. § 8 Abs. 3 Satz 2 KStG bringt vielmehr gerade zum Ausdruck, dass Genussrechte, mit denen das Recht auf Beteiligung am Gewinn und am Liquidationserlös der Kapitalgesellschaft verbunden ist, steuerlich als beteiligungsähnlich zu qualifizieren. Damit werden insgesamt erkennbar andere Kriterien zugrunde gelegt als in der Handelsbilanz (vgl. hierzu Rz. 5061 ff.). Das spricht dafür, dass § 8 Abs. 3 Satz 2 KStG insgesamt aus steuerlicher Sicht eine „Grenzziehung" zwischen beteiligungsähnlichen und fremdkapitalähnlichen Genussrechten zieht, die auch steuerbilanziell nachzuvollziehen ist.[83]

3.2.2.3 Eigene Anteile

Maßgeblichkeitsprinzip: Nach Neuregelung der bilanziellen Behandlung des Erwerbs und der Veräußerung eigener Anteile durch das BilMoG[84] äußerte sich das BMF mit Schreiben vom 27.11.2013[85] zur steuerlichen Behandlung des Erwerbs eigener Anteile an Kapitalgesellschaften nach BilMoG. Zwischen *Abbildung auf Gesellschaftsebene* (hier: Maßgeblichkeitsprinzip) und *steuerlicher Behandlung beim Gesellschafter* wird demnach unterschieden. Aus Sicht des Anteilseigners soll bei Rückerwerb eigener Anteile durch die Gesellschaft ein *Veräußerungsgeschäft* und keine Kapitalmaßnahme angenommen werden. Als Veräußerungsgeschäft soll dieses nach allgemeinen Grundsätzen besteuert werden – auch dann, wenn die Anteile gegen Entschädigungszahlung direkt eingezogen werden.[86]

5104

Für die Perspektive der erwerbenden Gesellschaft folgt das BMF hingegen der wirtschaftlichen Betrachtungsweise des Handelsrechts, auch wenn steuerlich eine Regelung, die entsprechend dem Handelsrecht eine Abbildung des Eigenanteilserwerbs saldiert als Kapitalherabsetzung einfordern würde, fehlt.[87] Zwischen Ebene der Gesellschaft und derjenigen des Gesellschafters erfolgt damit keine korrespondierende Besteuerung.[88] Erwerb und Wiederveräußerung eigener Anteile sollen auf Gesellschafts-

---

81 Vgl. OFD Rheinland Kurzinformation vom 14.12.2011, DStR 2012 S. 189; OFD Nordrhein-Westfalen, Verfügung vom 12.5.2016, DStR 2016 S. 1816; vgl. aus der Literatur: *Fischer/Lohbeck*, IStR 2012 678; *Hoffmann*, StuB 2012 S. 418.
82 Vgl. OFD Rheinland Kurzinformation vom 14.12.2011, DStR 2012 S. 189 und *Große*, DStR 2010 S. 1397.
83 Vgl. auch *Hennrichs*, NZG 2016 S. 1255.
84 Vgl. BilMoG vom 25.5.2009, BGBl. I 2009, S. 1102.
85 Vgl. BMF, Schreiben vom 27.11.2013, DStR 2013 S. 2700.
86 Vgl. ebenda, Rz. 11, 16, 20.
87 Kritisch *Gosch*, in: Gosch, KStG, 3. Aufl. 2015, § 8b KStG, Rz. 163a.
88 Zu einer Diskussion im Überblick vgl. *Mayer/Wagner*, DStR 2014 S. 571.

ebene als Kapitalmaßnahmen nur im Eigenkapital abgebildet werden und insoweit das Maßgeblichkeitsprinzip nicht durchbrochen werden. Entsprechend bildet auch die Wiederveräußerung der eigenen Anteile kein Veräußerungsgeschäft ab, sondern eine – erfolgsneutrale – Kapitalerhöhung.

Einlagekonto: In Höhe des Nennbetrags der eigenen Anteile soll § 28 Abs. 2 KStG entsprechend angewendet werden, da wirtschaftlich eine Herabsetzung des Nennkapitals abgebildet wird; ein Sonderausweis ist nicht zu mindern.[89] Der über das Nennkapital hinausgehende Betrag beim Überpari-Erwerb stellt eine Leistung an die Anteilseigner dar, die zu einer Minderung des steuerlichen Einlagekontos führt soweit sie den ausschüttbaren Gewinn übersteigt. Bei Unterpari-Erwerb ergeben sich keine Auswirkungen beim steuerlichen Einlagekonto. In Höhe der Differenz geht das BMF von einer Kapitalherabsetzung ohne Auszahlung an den Gesellschafter aus. Soweit das steuerliche Einlagekonto nicht gemindert wird, ist schließlich auch keine Kapitalertragsteuer einzubehalten. Bei Weiterveräußerung wird dies umgekehrt: Ein Überpari-Betrag erhöht den Bestand des steuerlichen Einlagekontos, und bei (angemessener) Unterpari-Veräußerung wird der Differenzbetrag als Kapitalerhöhung aus Gesellschaftsmitteln behandelt.

5105 **Besonderheiten bei Organschaft**: Mit Blick auf die Tatbestandsvoraussetzung der Abführung des vollen Gewinns bei der ertragsteuerlichen Organschaft (§ 14 Abs. 1 Satz 1 KStG) ist Vorsicht hinsichtlich der handelsrechtlichen Kapitalschutzregelungen bei Erwerb eigener Anteile durch eine Organgesellschaft geboten. Reichen etwa die frei verfügbaren Rücklagen (Rz. 5094) für die Abdeckung des Überpari-Kaufpreises der eigenen Anteile nicht aus, vermindert der übersteigende Betrag den Betrag der ansonsten möglichen Gewinnabführung.[90]

5106–5109 *(Einstweilen frei)*

3.2.3 Personengesellschaften
3.2.3.1 Besonderheiten infolge des steuerlichen Transparenzprinzips
3.2.3.1.1 Eigenkapital der steuerlichen Gesamtbilanz

5110 Personengesellschaften werden nach dem „Transparenzprinzip" besteuert. Gewinne der Personengesellschaft werden auf der Ebene der Gesellschaft zwar einheitlich ermittelt, dann jedoch jedem Gesellschafter für Zwecke der Einkommensbesteuerung gesondert zugerechnet. Das Handelsrecht trennt dagegen – anders wäre ein Gläubigerschutz schwer möglich – die Ebenen der Gesellschaft und des Gesellschafters. Gerade der Ausweis von Eigenkapital bei Personengesellschaften unterscheidet sich daher in Handels- und Steuerbilanz.

Das steuerbilanzielle Eigenkapital der Personengesellschaften setzt sich aus *gesellschafterbezogenen Kapitalanteilen* zusammen. Für den einzelnen Gesellschafter besteht der Kapitalanteil typischerweise aus drei – nach gleichen bilanzsteuerrechtlichen Grundsätzen zu ermittelnden – Bestandteilen:

---

89 BMF, Schreiben vom 27.11.2013, BStBl. I 2013 1615 Rz. 9–12.
90 Vgl. auch *Winkeljohann/K. Hoffmann*, in: Beck'scher Bilanz-Kommentar, 11. Aufl. 2018, § 272 HGB, Rz. 133.

1. dem Kapitalkonto in der Gesamthands-/Hauptbilanz der Gesellschaft,
2. dem Kapitalkonto in einer für den Gesellschafter geführten Sonderbilanz, in denen aufgrund des Transparenzprinzips Wirtschaftsgüter bilanziert werden, die zum Sonderbetriebsvermögen des Gesellschafters gehören und
3. dem Kapitalkonto in einer für den Gesellschafter geführten Ergänzungsbilanz, die – ebenfalls dem Transparenzprinzip Rechnung tragend – den Mehr- oder Minderwert der Beteiligung eines Gesellschafters an der Gesellschaft wiedergeben.[91]
4. Entsprechend ergibt die Summe aus dem anteiligen Ergebnis der steuerlichen Gesamthandsbilanz, dem Ergebnis der Ergänzungsbilanz sowie der Sonderbilanz eines Gesellschafters den steuerlichen Gewinn des Mitunternehmers für das jeweilige Geschäftsjahr.[92] Man spricht von einer additiven Gewinnermittlung.

3.2.3.1.2 Eigenkapital der Ergänzungsbilanzen

Der entgeltliche Erwerb eines Mitunternehmeranteils an einer Personengesellschaft wird einkommensteuerrechtlich nicht als Erwerb des *Gesellschaftsanteils* als Wirtschaftsgut, sondern als Anschaffung von Anteilen an den einzelnen zum Gesellschaftsvermögen gehörenden Wirtschaftsgütern gewertet.[93] Beim Erwerb eines Gesellschaftsanteils gegen Zahlung eines Entgelts, das den Betrag des übergehenden Kapitalkontos übersteigt, wird vermutet, dass das Entgelt auf stille Reserven in Wirtschaftsgütern des Gesellschaftsvermögens entfällt. Soweit danach das über das übergehende Kapitalkonto hinaus geleistete Entgelt auf zum Gesellschaftsvermögen gehörende Wirtschaftsgüter entfällt, entstehen dem Erwerber des Gesellschaftsanteils *Anschaffungskosten* für die betreffenden Güter, die über die in der Gesellschaftsbilanz ausgewiesenen und anteilig auf die Gesellschafter entfallenden Anschaffungs- und Herstellungskosten der Gesellschaft hinausgehen.[94] Diese sind in einer von der Gesellschaft aufzustellenden Ergänzungsbilanz für den Anteilserwerber auszuweisen. Die Gesamthandsbilanz bleibt hiervon allerdings weiterhin unberührt.

5111

Die Ergänzungsbilanzen der einzelnen Gesellschafter[95] bilden damit – entsprechend dem steuerlichen Transparenzprinzip sowie dem Anschaffungskostenprinzip – positive oder negative *Korrekturen* zu den Wertansätzen der steuerlichen Gesamthandsbilanz der Personengesellschaft ab. Der gesamte Buchwert eines zum Gesamthandsvermögen gehörenden Wirtschaftsguts setzt sich daher *gesellschafterbezogen* aus dem Wert der Gesamthandsbilanz und der jeweiligen Ergänzungsbilanz zusammen.[96] Hierin liegt ein wesentlicher Unterschied zu Sonderbilanzen, die immer eigenständige Wirtschaftsgüter eines Gesellschafters abbilden.[97] Für „mittelbar" über Anteilserwerb miterworbene, auf Gesellschaftsebene selbst erstelle immaterielle Wirtschaftsgüter des Anlagevermögens

---

91 Vgl. *Hoffmann*, in: Prinz/Hoffmann, Beck'sches Handbuch der Personengesellschaften, 4. Aufl. 2014, § 5 Handelsrechtliche Rechnungslegung, Rz. 65-69.
92 Vgl. BFH, Beschluss vom 10.11.1980, BStBl. II 1981, S. 164; BMF, Schreiben vom 3.12.1993, BStBl. I 1994, S. 282; *Düll*, in: Reichert, GmbH & Co. KG, 7. Aufl. 2015, Rz. 1 ff.
93 Ständige Rechtsprechung des BFH, vgl. BFH, Urteil vom 20.11.2014 – IV R 1/11, BStBl. II 2017 S. 34 m.w.N. und BFH, Beschluss vom 25.2.1991 – GrS 7/89, BStBl. II 1991 S. 691.
94 Vgl. BFH, Urteil vom 20.11.2014 – IV R 1/11, BStBl. II 2017 S. 34 m.w.N.
95 Vgl. hierzu *Kahle*, FR 2013 S. 873.
96 BFH, Urteil vom 30.3.1993 – VIII R 63/91, BStBl. II 1993 S. 706.
97 Vgl. hierzu *Prinz/Keller*, DB 2017 S. 1607.

besteht die Besonderheit, dass sie nach § 5 Abs. 2 EStG in der positiven Ergänzungsbilanz zu aktivieren sind, mangels Erwerbs auf Gesellschaftsebene allerdings weiterhin ein Aktivierungsverbot besteht.[98]

Ergänzungsbilanzen werden – neben dem Erwerb eines Mitunternehmeranteils – regelmäßig in folgenden Fällen aufgestellt:

- Einbringung eines Betriebs, Teilbetriebs oder Mitunternehmeranteils in eine Personengesellschaft nach § 24 UmwStG: Werden im Gesamthandsvermögen die gemeinen Werte angesetzt, soll aber von der Möglichkeit der Buchwertfortführung Gebrauch gemacht werden, wird eine *negative Ergänzungsbilanz* erforderlich, sodass die Summe aus den in der Gesamthandsbilanz angesetzten gemeinen Werten und den in der negativen Ergänzungsbilanz ausgewiesenen Korrekturbeträgen dem fortgeführten Buchwert entspricht.

- Übertragung eines einzelnen Wirtschaftsguts zwischen der Personengesellschaft und ihren Gesellschaftern nach den Vorschriften des § 6 Abs. 5 Satz 3 bis 5 EStG: Eine interpersonelle Verschiebung stiller Reserven kann durch die Bildung einer Ergänzungsbilanz vermieden werden.

- Bei Inanspruchnahme personenbezogener steuerlicher Vergünstigungen wie § 6b EStG.[99]

5112 **Für die Fortführung der ergänzungsbilanziellen Korrekturposten** gilt: Ihre Auflösung dient bei negativer Ergänzungsbilanz dazu, ein für den betreffenden Gesellschafter zu hohes Abschreibungspotential, das sich aus den – gemessen an den tatsächlichen Anschaffungskosten des Gesellschafters zu hohen – Buchwerten in der Gesellschaftsbilanz ergibt, zu neutralisieren. Bei positiven Korrekturposten soll es darum gehen, den von einem Gesellschafter gegenüber dem Kapitalkonto aufgewendeten Mehrbetrag in derjenigen Höhe auszuweisen, in dem er zum jeweiligen Bilanzstichtag noch in dessen Vermögen vorhanden ist.[100]

Hier betonte der BFH zuletzt auch den Gedanken der „Gleichstellungsthese", der zufolge die Besteuerung des Mitunternehmers einem Einzelunternehmer „so weit wie möglich" anzugleichen ist.[101] Bei abnutzbaren Wirtschaftsgütern der Gesamthand soll die AfA daher ergänzungsbilanziell auf die *im Zeitpunkt des Anteilserwerbs geltende* Restnutzungsdauer vorgenommen werden, die länger oder kürzer als die rechnerische Restnutzungsdauer sein kann, die für die Gesellschaftsbilanz gilt. Dem Gesellschafter sollen nach Anteilserwerb außerdem die gleichen Abschreibungswahlrechte zustehen, die ein Einzelunternehmer in Anspruch nehmen könnte, wenn er ein Wirtschaftsgut im Zeitpunkt des Anteilserwerbs angeschafft hätte.[102]

---

98 Vgl. auch *Prinz/Keller*, DB 2017 S. 1607.
99 Vgl. auch *Kahle*, FR 2013 S. 873; IDW Arbeitshilfe „Anteilsübertragung bei und Umstrukturierung von Personenunternehmen" Fachnachrichten – IDW 9/2013 Rz. 15-17; *Prinz*, StuB 2013 S. 465.
100 Vgl. BFH, Urteil vom 20.11.2014 – IV R 1/11, BStBl. II 2017 S. 34.
101 Vgl. BFH, Urteil vom 20.11.2014 – IV R 1/11, BStBl. II 2017 S. 34, – einordnend und kritisch dazu *Prinz/Keller*, DB 2017 S. 1607.
102 Vgl. BFH, Urteil vom 20.11.2014 – IV R 1/11, BStBl. II 2017 S. 34.

Das Ergänzungsbilanzkapital eines Gesellschafters bezieht sich insoweit stets auf abstrakt bilanzierungsfähige Wirtschaftsgüter der Gesamthand, entkoppelt sich partiell trotz dieses Bezugs jedoch gesellschafterbezogen bei der Fortführung und Auflösung hiervon.[103] In der Praxis sind Folgewirkungen für das Kapitalkonto nach § 15a EStG und die Verlustnutzung zu beachten (vgl. nachfolgend Rz. 5113).

3.2.3.1.3 Eigenkapital der Gesamthands- und Ergänzungsbilanz: Kapitalkonto nach § 15a EStG

Negatives Kapitalkonto nach § 15a EStG: Nach § 15a EStG darf nach dem der einem Kommanditisten zuzurechnende Anteil am Verlust der Kommanditgesellschaft weder mit anderen Einkünften aus Gewerbebetrieb noch mit Einkünften aus anderen Einkunftsarten ausgeglichen werden, soweit „ein negatives Kapitalkonto" des Kommanditisten entsteht oder sich erhöht; er darf insoweit auch nicht nach § 10d abgezogen werden (§ 15a Abs. 1 Satz 1 EStG). Das Kapitalkonto nach § 15a EStG bestimmt mithin – soweit keine höhere Außenhaftung besteht (§ 15a Abs. 1 Sätze 2 und 3 EStG) – die Grenzen der Verlustzurechnung an einen Kommanditisten.

5113

Der Verlustausgleich eines Kommanditisten soll durch § 15a EStG seinem Haftungsumfang – bzw. der „steuerlichen Verlusttragung" aus der Gesamthand im Sinne einer Eigenkapitaldeckung[104] – angeglichen werden. Hintergrund ist, dass der Kommanditist handelsrechtlich an einer Minderung des Gesellschaftsvermögens nach Aufzehrung seines positiven Kapitalanteils nicht beteiligt ist, andererseits aber auch an einer Mehrung des Gesellschaftsvermögens nicht teilnimmt, solange sein Kapitalkonto nicht wieder mit (Gesamthands-) Gewinnanteilen aufgefüllt werden konnte. Das negative Kapitalkonto legt handelsrechtlich im Verhältnis der Gesellschafter also fest, in welchem Umfang ein Gesellschafter künftig von der Beteiligung an einer Vermögensmehrung ausgeschlossen ist.

§ 15a EStG verdeutlicht, dass der Begriff des steuerlichen (Eigen-)Kapitalkontos unter steuerlichen Wertungen und normspezifisch auszulegen ist:

1. Das Kapital aus Sonderbilanzen zählt nicht zum Kapitalkonto des § 15a EStG, da dieses Kapital nicht den finanziellen Einsatz des Gesellschafters zum Erwerb des Anteils an der Gesamthand abbildet.[105]

2. Für die Abgrenzung zwischen Kapital- und Darlehenskonto (Eigen- vs. Fremdkapital) *auf Gesamthandsebene* im Rahmen von § 15a EStG ist entscheidend, ob das Konto *durch seine Teilhabe an Verlusten der Gesellschaft einer gesamthänderischen Bindung* unterliegt. Das Maßgeblichkeitsprinzip soll hier ausdrücklich nicht gelten.[106]

Für Abgrenzungsfragen ist im Einzelfall weder die Bezeichnung des „Kapitalkontos" noch dessen handelsbilanzielle Behandlung entscheidend. Das von einem Kommanditisten der KG gewährte „Darlehen" kann dessen Kapitalkonto i. S. d. § 15a Abs. 1 Satz 1

---

103 Zu einer Diskussion im Einzelnen *Prinz/Keller*, DB 2017 S. 1607.
104 Vgl. BFH, Urteil vom 20.11.2014 – IV R 47/11, BStBl. II 2015 S. 532.
105 Vgl. BFH, Urteile vom 15.5.2008 - IV R 46/05, BStBl. II 2008 S. 812 und vom 28.3.2000 - VIII R 28/98, BStBl. II 2000 S. 347; EStR 15a Abs. 2; EStH 15a Stichwort „Kapitalkonto" m. w. N. und *Röhrig/Doege*, DStR 2006 S. 489.
106 Vgl. BFH, Urteil vom 7.4.2005, IV R 24/03, BStBl. II 2005 S. 598; vgl. auch *Röhrig/Doege*, DStR 2006 S. 489.

EStG vielmehr auch dann erhöhen, „wenn es den vertraglichen Bestimmungen zufolge während des Bestehens der Gesellschaft vom Kommanditisten nicht gekündigt werden kann und wenn das Guthaben im Falle seines Ausscheidens oder der Liquidation mit einem eventuell bestehenden negativen Kapitalkonto verrechnet wird...". Inhaltlich geht es um Sachverhalte eines „Finanzplandarlehens" (Rz. 5139), deren gesellschaftsrechtliche Regelung und steuerliche Behandlung nach wohl h. M. außerhalb von Krisensituationen der Gesellschaft – hier war vor MoMiG das alte Eigenkapitalersatzrecht anzuwenden – sich auch durch MoMiG nicht geändert hat.[107] Die entsprechende Zurechnung zur Haftungsmasse im gesellschaftsrechtlichen Sinne begründet allerdings nicht automatisch auch eine Zurechnung des Finanzplandarlehens zum steuerlichen Kapitalkonto des § 15 a EStG; eine solche ist vielmehr anhand der vertraglichen Gestaltung des betreffenden Darlehens im Einzelfall unter steuerlichen Wertungen vorzunehmen.[108]

3.2.3.1.4 Eigenkapital der Sonderbilanzen - funktionales Eigenkapital der Gesamtbilanz

5114   **Überblick**: Wirtschaftsgüter, die im Eigentum eines Mitunternehmers stehen, sind Sonderbetriebsvermögen, wenn sie dazu geeignet oder bestimmt sind, dem Betrieb der Personengesellschaft zu dienen („Sonderbetriebsvermögen I") oder zumindest der Beteiligung des Gesellschafters an der Personengesellschaft förderlich sind („Sonderbetriebsvermögen II"). Beide Komponenten sind bei der Ermittlung des steuerlichen Gewinns (bzw. des Eigenkapitals) des Mitunternehmers über den Gewinnanteil aus dem Gesamthandsvermögen hinaus zu berücksichtigen. Man unterscheidet aktives und passives Sonderbetriebsvermögen. In der Handelsbilanz der Personengesellschaft sind entsprechende Vermögensgegenstände und Schulden allerdings nicht zu bilanzieren, da handelsrechtlich keine transparente, gesellschafterbezogene Gewinnermittlung erfolgt.

Verbindlichkeiten des Gesellschafters gegenüber Dritten sind notwendiges passives Sonderbetriebsvermögen, wenn sie unmittelbar durch den Betrieb der Personengesellschaft und die Beteiligung an einer Personengesellschaft veranlasst sind.[109] Dies ist insbesondere der Fall, wenn sie in unmittelbarem wirtschaftlichem Zusammenhang mit aktiven Wirtschaftsgütern des notwendigen Sonderbetriebsvermögens I oder II oder gewillkürten Sonderbetriebsvermögens stehen oder aus anderen Gründen wirtschaftlich mit dem Betrieb der Personengesellschaft zusammenhängen.[110] Schulden können nicht gewillkürt werden. Insgesamt werden in Sonderbilanzen für den einzelnen Mitunternehmer erfasst:

1. aktive und passive Wirtschaftsgüter des Sonderbetriebsvermögens einschließlich gesellschafterbezogener § 6b EStG-Rücklagen,[111]

---

107 Vgl. etwa *Karsten Schmidt*, GmbHR 2009, S. 1009; *Wacker*, in: Schmidt, EStG, 37. Aufl. 2018, Rz. 91; *Pentz*, in Rowedder/Schmidt-Leithoff, GmbH-Gesetz, § 30 GmbHG, 6. Aufl. 2017, Rz. 92 ff.
108 Vgl. BFH, Urteil vom 7.4.2005, IV R 24/03, BStBl 2005 II S. 598; *Knorr*, in: Kessler, Unternehmensfinanzierung Mittelstand, 1. Aufl. 2015, § 7 Rz. 24.
109 *Wacker*, in: Schmidt, EStG, 37. Aufl. 2018, § 15 EStG, Rz. 521.
110 BFH, Urteile vom 28.1.1993 – IV R 131/91, BStBl. 1993 II S. 509 und vom 18.12.2001 – VIII R 27/00, BStBl 2002 II S. 733.
111 Vgl. hierzu *Bolk*, DStR 2017 S. 976; *ders.*, DStR 2015 S. 1355.

2. Sondervergütungen i. S. v. § 15 Abs. 1 Nr. 2 2. Halbsatz EStG, die der Gesellschafter von der Gesellschaft für seine Tätigkeit im Dienst der Gesellschaft oder für die Hingabe von Darlehen oder für die Überlassung von Wirtschaftsgütern bezogen hat,
3. sonstige Sonderbetriebseinnahmen und Sonderbetriebsausgaben,
4. Gewinne/Verluste aus einem Anteilsverkauf.[112]

Abgrenzung zwischen Eigenkapital und Fremdkapital: Bei Personengesellschaften sind infolge des Transparenzprinzips zwei Ebenen zu unterscheiden:

1. Eigen- und Fremdkapital auf Gesamthandsebene

Zur Abgrenzung wird die Finanzbeziehung zunächst zivilrechtlich gewürdigt – was allerdings nicht mit einer Anwendung des Maßgeblichkeitsgrundsatzes für Abgrenzungsfragen gleichzusetzen ist (vgl. oben Rz. 5063). Die Bezeichnung des Kapitalkontos ist als solche nicht ausschlaggebend. Werden auch Verluste auf dem separat geführten Gesellschafterkonto verrechnet, spricht dies grundsätzlich für die Annahme eines im Gesellschaftsvermögen gesamthänderisch gebundenen Guthabens. So besteht der Kapitalanteil eines Gesellschafters nach § 120 Abs. 2 HGB begrifflich aus der ursprünglichen Einlage und den späteren Gewinnen, vermindert um Verluste sowie Entnahmen. Auch bei Einschränkung der Verlustverrechnung kann ggf. von Eigenkapital in der Gesamthandsbilanz auszugehen sein.[113]

2. Funktionales Eigenkapital der Gesamtbilanz nach korrespondierender Bilanzierung

Auch wenn auf Gesellschaftsebene Fremdkapital vorliegt, kann hier laut *Gesamtbilanz* funktional von Eigenkapital auszugehen sein. Hier liegt neben den additiven Kapitalkonten eines Gesellschafters die „eigentliche Besonderheit" des steuerbilanziellen Eigenkapitals von Personengesellschaften. Aufgrund des steuerlich geltenden Transparenzprinzips werden wirtschaftliche Beziehungen zwischen Gesellschafter und Gesellschaft in der Gesamthandsbilanz der Gesellschaft und in den jeweiligen Sonderbilanzen der Gesellschafter mit gleichen Werten angesetzt; das entspricht dem Grundsatz „korrespondierender Bilanzierung". Gesetzlich ist der Grundsatz korrespondierender Bilanzierung zwar nicht explizit geregelt; er wird in seinem Kern aber zurückgeführt auf den mit § 15 Abs. 1 Satz 1 Nr. 2 2. Halbsatz EStG verfolgten Zweck, den Gewinn eines Mitunternehmers unabhängig davon zu besteuern, ob seine Leistungen durch Vorabgewinn oder besondere Sondervergütung abgegolten werden, und eine weitgehende Gleichstellung des Mitunternehmers mit einem Einzelunternehmer zu erreichen.[114] Aufwendungen der Gesellschaft aus wirtschaftlichen Verpflichtungen gegenüber dem Gesellschafter werden entsprechend durch Aktivierung korrespondierender Ansprüche in der Sonderbilanz des Gesellschafters unabhängig davon neutralisiert, ob die einzelnen Vergütungsteile dem Mitunternehmer bereits zufließen oder bilanzrechtlich zu erfassen sind.[115] Insoweit wird Eigenkapital angenommen, nicht Fremdkapital:

---

112 Vgl. *Zwirner/Tippelhofer*, in Beck'sches Steuerberater-Handbuch 2017/2018, 16. Aufl. 2017, Rz. 116a.
113 Vgl. OFD Frankfurt/M. vom 29.11.2017 - S 2241a A - 005 - St 213.
114 Vgl. BFH, Urteile vom 21.12.2017, IV R 44/14, BFH/NV 2018 S. 407 und vom 28.3.2000 – VIII R 13/99, BStBl 2000 II S. 612, DStR 2000 S. 1301 mit zahlreichen Nachweisen. Zur weiteren Einordnung *Prinz*, FR 2018 S. 493-498.
115 Vgl. BFH, Urteil vom 21.12.2017, IV R 44/14, BFH/NV 2018 S. 407.

5116 **Gesellschafterdarlehen:** Typisches Beispiel sind Ansprüche eines Gesellschafters aus einer gegenüber der Gesellschaft bestehenden Darlehensforderung. Formal gehören diese zwar nicht zu dem in der Gesellschaftsbilanz (Gesamthandsbilanz) auszuweisenden Eigenkapital. In korrespondierender Höhe zählen sie allerdings zum Sonderbetriebsvermögen des Gesellschafters, das in der aus Gesellschaftsbilanz und Sonderbilanzen zu bildenden Gesamtbilanz der Mitunternehmerschaft als sog. „funktionales Eigenkapital" behandelt wird.[116] Auch wenn die Forderung wertlos ist, weil sie von der Gesellschaft nicht beglichen werden kann, folgt aus der Behandlung als funktionales Eigenkapital, dass eine Teilwertabschreibung während des Bestehens der Gesellschaft nicht in Betracht kommt.[117] Dieser Verlust im Sonderbetriebsvermögen wird – ebenso wie der Verlust der Einlage in das Gesellschaftsvermögen – grundsätzlich erst im Zeitpunkt der Beendigung der Mitunternehmerstellung, also beim Ausscheiden des Gesellschafters oder bei Beendigung der Gesellschaft realisiert.[118]

5117 Der Grundsatz der transparenten Besteuerung wirkt sich auch im Rahmen des eingeschränkten Schuldzinsenabzugs aus, denn die Schuldzinsenhinzurechnung nach § 4 Abs. 4a EStG ist im Ausgangspunkt zwar betriebsbezogen, wird bei Mitunternehmerschaften allerdings auch gesellschafterbezogen bestimmt.[119]

§ 4 Abs. 4a EStG regelt für betrieblich veranlasste Schuldzinsen, dass Einlagen und Gewinne in einem Betrieb ohne Steuernachteil entnommen werden können und privatentnahmebedingte Zinsen erst bei einer Überentnahme – das ist der Betrag, um den die Entnahmen die Summe des Gewinns und der Einlagen des Wirtschaftsjahres übersteigen – vom Abzug ausgeschlossen sind.[120] Die nicht abziehbaren Schuldzinsen werden dabei typisiert mit 6 % der Überentnahme des Wirtschaftsjahres angesetzt.[121]

Bei Personengesellschaften sind Zinsen aus Sonderbetriebsschulden ebenfalls in die Anwendung des § 4 Abs. 4a EStG einzubeziehen; beim Überentnahmebegriff sind auch die Kapitalveränderungen im Ergänzungs- und Sonderbereich einzubeziehen. Die einer Personengesellschaft entstandenen *Schuldzinsen für ein Darlehen des Gesellschafters* sind im Rahmen der Hinzurechnung gem. § 4 Abs. 4a EStG außerdem nicht zu berücksichtigen, soweit sie als Sondervergütung behandelt worden sind. Insoweit liegt aus Perspektive der Gesamtbilanz gerade kein Fremd-, sondern Eigenkapital vor und damit auch nicht Zinsaufwand, sondern Sondervergütung

5118 **Gesellschafter-Pensionszusagen:** Ein weiteres Beispiel zur korrespondierenden Bilanzierung mit der Folge einer Qualifizierung von Fremdkapital in funktionales Eigenkapital in

---

116 Vgl. BFH, Urteil vom 5.6.2003 – IV R 36/02, BStBl 2003 II S. 871, unter III.2.
117 Vgl. BFH, Urteil vom 16.3.2017 – IV R 1/15, BStBl 2017 II S. 943.
118 Vgl. BFH, Urteil vom 5.6.2003 – IV R 36/02, BStBl 2003 II S. 871.
119 Vgl. BFH, Urteil vom 12.2.2014 – IV R 22/10, BStBl. II 2014 S. 621; vgl. auch näher *Prinz*, in Prinz/Hoffmann, Beck'sches Handbuch der Personengesellschaften, 4. Aufl. 2014, Rz. 36 ff. III. Steuerliche Begrenzungen der Finanzierungsfreiheit von Personengesellschaften.
120 Der sich dabei ergebende Betrag, höchstens jedoch der um 2.050 € („Sockelbetrag") verminderte Betrag der im Wirtschaftsjahr angefallenen Schuldzinsen, ist dem Gewinn hinzuzurechnen. Der Abzug von Schuldzinsen für Darlehen zur Finanzierung von Anschaffungs- oder Herstellungskosten von Wirtschaftsgütern des Anlagevermögens bleibt unberührt, § 4 Abs. 4a Satz 4 f. EStG.
121 Konkret: 6 % der Überentnahme des Wirtschaftsjahres zzgl. der Überentnahmen vorangegangener Wirtschaftsjahre und abzgl. der Beträge, um die in den vorangegangenen Wirtschaftsjahren der Gewinn und die Einlagen die Entnahmen überstiegen haben.

der Gesamtbilanz der Gesellschaft sind Pensionszusagen der Personengesellschaft gegenüber dem Gesellschafter. Betragsgleich zu der Pensionsrückstellung auf Gesellschaftsebene ist hier ein Anspruch auf die zukünftigen Sondervergütungen in Gestalt eines Aktivpostens in der Sonderbilanz des jeweiligen Gesellschafters zu erfassen.[122] Auch insoweit liegt entsprechend der Gesamtbilanz funktional Eigenkapital vor.

Grenzen korrespondierender Bilanzierung: Der Grundsatz der korrespondierenden Bilanzierung ist dabei ebenso streng gesellschafterbezogen anzuwenden wie die Bildung von Ergänzungskapital. Bei Veräußerung eines Gesellschaftsanteils wird daher zwar der Eigenkapitalanteil des Altgesellschafters an den Neugesellschafter übertragen. Funktionales Eigenkapital aus einem Gesellschafterdarlehen kann allerdings auch bei gleichzeitiger Abtretung eines Gesellschafterdarlehens nicht auf den Neugesellschafter übertragen werden. Vielmehr muss dieser eine „eigene" Sonderbilanz erstellen, in der die der Gesellschaft (weiterhin) zur Verfügung gestellte Darlehensforderung mit seinen eigenen Anschaffungskosten bilanziert. Liegen diese unter dem Nominalwert der Darlehensforderung, ist der Bilanzansatz in der Sonderbilanz auf die niedrigeren Anschaffungskosten begrenzt. Davon ausgehend gelten dann (wieder) die Grundsätze der korrespondierenden Bilanzierung.[123]

5119

(Einstweilen frei) 5120–5122

3.2.3.2 Ertragsteuerliche Relevanz handelsrechtlicher Kapitalkontenverbuchung

Bildung und Entwicklung der verschiedenen Kapitalkonten der Mitunternehmer erlangen besondere Bedeutung bei Veräußerungen sowie Einbringungs- und Übertragungsvorgängen in das Betriebsvermögen einer Personengesellschaft sowie bei der Verlustverrechnung (§ 15a EStG, vgl. Rz. 5113). Welches Kapitalkonto im Einzelnen angesprochen wird, – Kapitalkonto I für die Gewährung von Gesellschaftsrechten, Kapitalkonto II für Einlagen und Entnahmen usw. – kann steuerlich weitreichende Folgen haben.

5123

Insbesondere bei Einbringungs- und Übertragungsvorgängen in das Betriebsvermögen einer Personengesellschaft[124] spielt die Abgrenzung des jeweils angesprochenen (Eigen-)Kapitalkontos ertragsteuerlich eine erhebliche Rolle. So ist für Übertragungsvorgänge, die nach § 6 Abs. 5 Nr. 1 EStG unentgeltlich oder gegen Gewährung oder Minderung von Gesellschaftsrechten erfolgen, der Buchwert anzusetzen. Unentgeltliche Einlagen aus der Privatsphäre erfolgen zum Teilwert unter Beachtung der Wertobergrenzen (§ 6 Abs. 1 Nr. 5 EStG). Unentgeltlichkeit kann insbesondere bei Gegenbuchung auf einer gesamthänderisch gebundenen Rücklage vorliegen.

5124

Nach der BFH-Rechtsprechung erfolgen Übertragungsvorgänge außerdem nur dann unter Gewährung von Gesellschaftsrechten (§ 6 Abs. 5 Satz 3), wenn ein Kapitalkonto angesprochen wird, nach dem sich die maßgebenden Gesellschaftsrechte, insbesondere das Gewinnbezugsrecht, richten. Das ist regelmäßig der sog. Kapitalanteil, der auf dem

---

122 Vgl. auch BMF, Schreiben vom 29.1.2008, BStBl 2008 I S. 317 mit Übergangsregelungen zu Altfällen Zu einem Überblick zur korrespondierenden Bilanzierung vgl. auch *Herbst/Stegemann*, DStR 2017 S. 2081.
123 Vgl. BFH vom 16.3.2017 – IV R 1/15, BStBl 2017 II S. 943.
124 §§ 4 Abs. 1 Satz 5 und § 6 Abs. 1 Nr. 5 EStG; § 6 Abs. 5 Satz 3 EStG. Vgl. hierzu und weiteren Übertragungsvorgängen ausführlich *Röhrig/Doege*, DStR 2006 S. 489.

Kapitalkonto I ausgewiesen wird (Rz. 5083). Strittig ist, ob in vollem Umfang eine Übertragung gegen Gewährung von Gesellschaftsrechten vorliegt, wenn der Wert des eingebrachten WG allerdings nicht nur dem Kapitalkonto I, sondern teilweise auch einem anderen variablen Kapitalunterkonto – Kapitalkonto II – gutgeschrieben oder in eine gesamthänderisch gebundene Rücklage eingestellt wird.[125] Die ausschließliche Buchung auf dem Kapitalkonto II wird steuerlich jedenfalls als unentgeltlicher Vorgang und Einlage behandelt.[126] Die Verbuchung über ein Darlehenskonto des Gesellschafters ist dagegen stets als Veräußerung und Anschaffungsvorgang zu behandeln.[127]

5125–5130 *(Einstweilen frei)*

4. Mezzaninekapital

4.1 Definition und Überblick

5131 **Charakteristika und wirtschaftliche Bedeutung:** Mezzaninekapital[128] zeichnet sich durch typische Charakteristika sowohl von Eigen- als auch Fremdkapital aus. Begrifflich spricht man auch von Hybridkapital. Aufgrund ihrer Vielseitigkeit sind mezzanine Finanzierungsformen attraktiv für verschiedenste Unternehmenstypen sowie Finanzierungsanlässe und -situationen. Bei Personengesellschaften werden typischerweise mezzanine Finanzierungen in Form stiller Beteiligungen oder Nachrangdarlehen eingesetzt, die einen eigenkapitalähnlichen Risikogehalt aufweisen und meist am Ende der Laufzeit anfallende erfolgsabhängige Komponenten beinhalten. Die mezzaninen Finanzierungsformen des Genussscheinkapitals oder der Wandel-/Optionsanleihen werden vorwiegend bei Kapitalgesellschaften eingesetzt.[129]

Mezzaninekapital wird eingesetzt als Wachstumskapital für Start-ups, als Sanierungskapital in der Unternehmenskrise, als Eigenmittel für ein Finanzinstitut im Hinblick auf aufsichtsrechtliche Anforderungen der Eigenmittelunterunterlegung – und insgesamt als hochflexible, „maßgeschneiderte Finanzierungsform".[130] Risikoadjustierte Kreditzinsen und eine restriktive Kreditvergabepraxis der Banken infolge der verstärkten Bankenregulierung[131] haben trotz der gegenwärtigen „Niedrigzinsphase" zu einer Stärkung der Eigenkapitalquoten im deutschen Mittelstand – und einer Suche nach Alternativen zum klassischen Bankkredit geführt.[132] Spätestens seit Basel II[133] gelten mez-

---

125 Zuletzt offen gelassen in BFH, Urteil vom 29.7.2015 - IV R 15/14, BStBl 2016 II S. 593.
126 Vgl. BFH, Urteile vom 29.7.2015 - IV R 15/14, BStBl. 2016 II S. 593 und vom 4.2.2016 - IV R 46/12, BStBl. II S. 607; BMF vom 26.7.2016, BStBl. I 2016 S. 684.
127 Vgl. hierzu BMF, Schreiben vom 11.7.2011, BStBl. I 2011 S. 713; BFH, Urteil vom 16.10.2008 - IV R 98/06, BStBl 2009 II S. 272; BFH, Urteil vom 26.6.2007 - IV R 29/06, BStBl 2008 II S. 103.
128 Aus dem Italienischen für „Zwischenetage".
129 Vgl. *Prinz*, in: Prinz/Hoffmann, Beck'sches Handbuch der Personengesellschaften, 4. Aufl. 2014, § 7 Finanzierung von Personengesellschaften, Rz. 56.
130 Vgl. *Breuninger/Prinz*, DStR 2006, S. 1345; *Eberhartinger/Knesl*, Hybride Finanzierung aus Sicht des Emittenten im UGB-Jahresabschluss, in Hybridfinanzierung in Bilanz-und Steuerrecht, Wiener Bilanzrechtstage 2017, S. 31.
131 Vgl. EU-CRD IV - Capital Requirements Directive, EU-Verordnung (EU) Nr. 575/2013 vom 26.6.2013 sowie das Basel-Rahmenwerk (Basel II und III).
132 Vgl. *Pinkwart*, Corporate Finance 2017 S. 325.
133 Anzuwenden seit dem 1.1.2007 aufgrund der EU-Richtlinien 2006/48/EG und 2006/49/EG in den Mitgliedstaaten der Europäischen Union für alle Kreditinstitute und Finanzdienstleistungsinstitute.

zanine Finanzierungsformen daher auch als attraktives Finanzierungsinstrument im deutschen Mittelstand.

Die Investoren tragen bei Mezzaninekapital typischerweise ein höheres Risiko als bei Fremdfinanzierung, wenn sie in der Insolvenz nachrangig nach den Gläubigern befriedet werden; ihnen werden aber auch nicht die gleichen Mitspracherechte eingeräumt, die mit einer klassischen Eigenkapitalbeteiligung verbunden wären. Auch deswegen werden sie gerne als alternative Finanzierungsform für mittelständische Betriebe in den Blick genommen.[134] Mit Mezzaninekapital können außerdem das Unternehmens-Rating sowie Finanzierungsrisiken und -kosten nach Steuern minimiert werden.[135] Ziel ist typischerweise der Ausweis als handelsbilanzielles Eigenkapital bei gleichzeitiger Sicherung der steuerlichen Abziehbarkeit der laufenden Finanzierungskosten als Betriebsausgaben.

Im Krisen- und Sanierungsfall erlangt der Einsatz von Mezzaninekapital eine besondere Bedeutung und wird typischerweise eingesetzt, um das Entstehen eines „Sanierungsgewinns" aus dem Erlass von Verbindlichkeiten zu verhindern. Bei einem „Debt-Mezzanine-Swap" wird eine Verbindlichkeit in Mezzaninekapital umgewandelt.

Finanzierungskosten von Mezzaninekapital sind je nach Strukturierung regelmäßig   5132

- eine laufende Vergütung bzw. -verzinsung,
- eine auflaufende, endfällige Verzinsung, die niedrigere Liquiditätsabflüsse zum Laufzeitbeginn zu bewirkt,
- eine „Kicker" am Laufzeitende zur Abgeltung unternehmerischer Risikotragung („Equity-Kicker"), bspw. als Optionsrecht auf Gesellschaftsanteile an dem finanzierten Unternehmen.[136]

Beteiligungsähnliches und fremdkapitalähnliches Mezzaninekapital: Je nach Ausgestaltung von Eigenkapital- und Fremdkapitalcharakteristika unterscheidet man zwischen „equity mezzanine" bzw. beteiligungsähnlichem Mezzaninekapital – das sind typischerweise Vorzugsaktien, Options- und Wandelanleihen sowie atypische stille Gesellschaften – und „debt mezzanine" bzw. fremdkapitalähnlichem Mezzaninekapital – regelmäßig Genussrechte, typische stille Beteiligungen, partiarische Darlehen und Nachrangdarlehen.[137] Die Abgrenzung zwischen Eigenkapital und Fremdkapital kann in Handels- und Steuerbilanz jeweils unterschiedlich ausfallen, und zwischen Bilanzausweis und Gewinnauswirkung muss kein Gleichklang bestehen (vgl. insbesondere Rz. 5179 f. zur Bilanzierung bei Genussrechten). Daher können diese Begrifflichkeiten   5133

---

134 Vgl. hierzu *Mayer-Fiedrich/Müller*, BB 2013 S. 171 mit Überlegungen auch zur Anschlussfinanzierung bei auslaufenden Mezzanine-programmen mittelständischer Unternehmen.
135 Im Rahmen des „Eigenkapitalescapes" der Zinsschranke nach § 4h EStG ist eine Kürzung des stimmrechtsberechtigten Kapitals zu beachten (§ 4h Abs. 2 Buchst. c Satz 5 EStG).
136 *Breuninger/Prinz*, Ausgewählte Bilanz- und Steuerrechtsfragen von Mezzaninefinanzierungen, DStR 2006 S. 1345.
137 B 231 Eigenkapital, Heymann, Beck'sches Handbuch der Rechnungslegung, 53. EL Juni 2017, Rz. 4; *Küting/Erdmann/Dürr*, DB 2008 S. 941 ff.

beteiligungsähnlichen und fremdkapitalähnlichen Mezzaninekapitals missverständlich sein.

5134 **Handels- und steuerbilanzielle Abgrenzungsfragen:** Bei Abgrenzungsfragen zwischen Eigen- und Fremdkapital bei Mezzaninekapital[138] spielt für den Ausweis in der Handelsbilanz den handelsrechtlichen Rechnungslegungszwecken entsprechend insbesondere die Eignung zur Verlusttragung und Haftung eine bedeutende Rolle. Hinsichtlich der *handelsbilanziellen Gewinnauswirkung* ist allerdings vor allem die Rechtsgrundlage des Finanzierungsinstruments – schuldrechtlicher oder gesellschaftsrechtlicher Natur – entscheidend (vgl. oben Rz. 5050). Für Abgrenzungsfragen des steuerbilanziellen Eigenkapitals gilt *nicht pauschal* das Maßgeblichkeitsprinzip (vgl. oben Rz. 5061 ff.).

5135–5136 *(Einstweilen frei)*

4.2 Nachrang- und Gesellschafterdarlehen

4.2.1 Handelsrecht

5137 **Grundsatz:** Gesellschafterdarlehen sind handelsrechtlich als Fremdkapital zu passivieren. Das gilt auch dann, wenn ein fremder Dritter der Gesellschaft in der Krise kein Fremdkapital zur Verfügung gestellt hätte.

5138 **Insolvenzrechtliche Regelung bei GmbH-Gesellschafterdarlehen und bilanzielle Folgen:** Mit der GmbH-Reform aus 2008, dem sog. „MoMiG"[139] hat der Gesetzgeber die bislang durch BGH-Rechtsprechung[140] gestützte Differenzierung zwischen eigenkapitalersetzenden und normalen Gesellschafterdarlehen aufgegeben.[141] Weiterhin hat er die Regelung zu (eigenkapitalersetzenden) Gesellschafterdarlehen in der Krise rechtsformneutral in §§ 39, 135 InsO neu geregelt; der bisherige Terminus des „eigenkapitalersetzenden Darlehens" existiert damit praktisch nicht mehr im Gesellschaftsrecht.[142]

Nach § 30 Abs. 1 Satz 1 GmbHG darf das zur Erhaltung des Stammkapitals erforderliche Vermögen der Gesellschaft an die Gesellschafter nicht ausgezahlt werden (ansonsten spricht man von einer „Unterbilanz"). Das gilt allerdings nicht bei Leistungen, die durch einen vollwertigen Gegenleistungs- oder Rückgewähranspruch gegen den Gesellschafter gedeckt sind (=bilanziell/wertmäßige, nicht gegenständliche Stammkapitalerhaltung). Auch für die Rückgewähr eines Gesellschafterdarlehens und Leistungen auf Forderungen aus Rechtshandlungen, die einem Gesellschafterdarlehen wirtschaftlich entsprechen, gilt eine Ausnahme vom Auszahlungsverbot.

In Konsequenz dieser Änderung wird durch eine Verschärfung des § 135 Abs. 1 Nr. 2 InsO allerdings die Rückgewähr jedes – nicht nur eines „kapitalersetzenden" – Gesell-

---

138 Vgl. hierzu *Breuninger/Prinz*, DStR 2006 S. 1345; *Golland/Gehlhaar/Grossmann/Eickhoff-Kley/Jänisch*, BB-spezial 4/2005 S. 1 (S. 2 f.).
139 Gesetz vom 23.10.2008, BGBl 2008 I S. 2026, in Kraft getreten zum 1.11.2008.
140 BGH, Urteil vom 19.12.1994 – II ZR 10/94, NJW 1995 S. 658; vom 14.12.1992 – II ZR 298/81, NJW 1993 S. 392.
141 Vgl. § 30 Abs. 1 Satz 3 GmbHG und § 57 Abs. 1 Satz 4 AktG.
142 Vgl. *Müller*, in: Beck'sches Handbuch der AG, 2. Aufl., München 2009, § 8 Kapitalerhaltung und Gesellschafterfremdfinanzierung, Rz. 120.

schafterdarlehens durch die Gesellschaft binnen eines Jahres vor Antragstellung *von der Insolvenzanfechtung* erfasst, ohne dass das bisherige Erfordernis einer „Gesellschaftskrise" hinzutreten muss.[143] Forderungen aus Gesellschafterdarlehen und Rechtshandlungen, die solchen Darlehen wirtschaftlich entsprechen, sind in der Insolvenz außerdem nachrangig (§ 39 Abs. 1 Nr. 5 InsO). Ausgenommen von der nachrangigen Berücksichtigung sind nur das Sanierungsprivileg und das Kleinbeteiligungsprivileg i. S. d. § 39 Abs. 4 und 5 InsO.[144] Der persönliche Anwendungsbereich erstreckt sich dabei *auch auf GmbH & Co KGs*, da diese keine natürliche Person als persönlich haftenden Gesellschafter haben, § 39 Abs. 4 Satz 1 InsO.[145] § 39 Abs. 2 InsO regelt außerdem die Voraussetzungen für einen darüber hinaus "qualifizierten", vertraglich vereinbarten Rangrücktritt *hinter allen anderen Gläubigern*, der für die Nichtberücksichtigung einer Gesellschafterforderung *im insolvenzrechtlichen Überschuldungsstatus*[146] erforderlich ist, § 19 Abs. 2 InsO.[147]

Auch mit einem Rangrücktritt versehene Verbindlichkeiten bleiben allerdings außerhalb des insolvenzrechtlichen Überschuldungsstatus Verbindlichkeiten, sie „mutieren" handelsbilanziell allein durch den Nachrang nicht zu Eigenkapital. Dies gilt unabhängig von der vertraglichen Ausgestaltung und vom Zeitpunkt der Hingabe des Darlehens.

Krisenunabhängiger Finanzplankredit und gesplittete Einlagen: Von der Abschaffung des Kapitalersatzrechts durch das MoMiG bleibt das Recht der *Finanzplanfinanzierung* unberührt, da die gesellschaftsrechtliche Abgrenzung ohnehin nicht im Eigenkapitalersatzrecht wurzelte – allein in der Krise der Gesellschaft war zusätzlich das alte Eigenkapitalersatzrecht anwendbar. Finanzplankredite – in verschiedener vertraglicher Ausgestaltung möglich – stellen formal Fremdkapital, materiell jedoch Eigenkapital dar. Gesellschafter stellen hier aufgrund einer gesonderten Vereinbarung der Gesellschaft Leistungen zur Verfügung, auf die die Gesellschaft ihrer Finanzplanung nach angewiesen ist, weil ihre Finanzierung auf einer Kombination von Eigen- und Fremdfinanzierung durch ihre Gesellschafter beruht. Wissen die Gesellschafter etwa bei Gründung einer Gesellschaft, dass die Einlagen zur Deckung des notwendigen Betriebskapitals nicht ausreichen und verpflichten sich deshalb, der Gesellschaft Darlehen in bestimmter Höhe zu gewähren, liegt eine Finanzplanfinanzierung vor. Neben Darlehen im Rechtssinne können auch sonstige Leistungen der Gesellschafter wie Sicherheiten, Nutzungsüberlassungen, stille Beteiligungen etc. zum Gegenstand einer Finanzplanfinanzierung werden. Die Dauerhaftigkeit des Kredits ist aus gesellschaftsrechtlicher Sicht zur Abgrenzung nicht entscheidend.[148] Rechtsfolge einer Einordnung als Finanzplandarlehen ist ein Einbezug in die Haftungsmasse der Gesellschaft; das Finanzplandarlehen ist also

5139

---

143 Vgl. auch BGH vom 21.2.2013 - IX ZR 32/12, BGHZ 196 S. 220.
144 Vgl. *Hopt*, in: Baumbach/Hopt, § 172 HGB Rz. 1; *Ellrott/Krämer*, in: Beck'scher Bilanzkommentar, 9. Aufl., München 2014, § 266 Rz. 193.
145 Vgl. BGH, Urteil vom 21.2.2013 - IX ZR 32/12, BGHZ 196 S. 220.
146 Der Überschuldungsstatus dient als Sonderbilanz der Ermittlung einer etwaigen insolvenzrechtlichen Überschuldung. Vgl. *Thonfeld*: Der „instabile Überschuldungsbegriff" des Finanzmarktstabilisierungsgesetzes, NZI 2009 S. 15.
147 Vgl. hierzu auch *Thonfeld*, NZI 2009 S. 15.
148 Vgl. -m.w.N. - *Pentz*, in Rowedder/Schmidt-Leithoff, GmbH-Gesetz, § 30 GmbHG, 6. Aufl. 2017, Rz. 92 ff.

wie eine haftende Einlageverpflichtung zu behandeln. Insoweit erfolgt eine besondere, schuldrechtlich bedingte Gleichstellung mit Eigenkapital.[149]

Dem Institut des Finanzplandarlehens liegt die Rechtsprechung zu sog. „gesplitteten Einlagen" zugrunde, die zur Publikums-KG entwickelt und dann für GmbH & Co. KGs und GmbHs übernommen wurde. Gesplittete Einlagen sind Gesellschafterdarlehen, die aufgrund eines Versprechens in der Satzung oder in schuldrechtlicher Nebenabrede neben der Einlage gewährt werden.[150] Erbringt ein Kommanditist eine „gesplitteten Einlage", die teils als Kommanditeinlage, teils als Darlehen oder stille Einlage aufgebracht wird, wird gesellschaftsrechtlich auch der Darlehensanteil als haftungsbefreiende Kommanditeinlage anerkannt. Entscheidend hierfür ist allerdings nicht die formale Verknüpfung mit der Einlageleistung, sondern der materielle Kern. Inhaltlich liegen jeweils Kommanditeinlagen – materielles Eigenkapital – unterschiedlicher Qualität vor.[151]

Die – nicht trennscharfe – gesellschaftsrechtliche Abgrenzung von Sachverhalten, die als Finanzpandarlehen und materielles Eigenkapital qualifizieren, ist allerdings nicht identisch mit der steuerbilanziellen Abgrenzung.[152]

5140 **Neue zivilrechtliche Rechtsprechung zum qualifizierten Nachrang:** Zu beachten ist eine Entscheidung des BGH aus dem Jahr 2015 zum vertraglich vereinbarten qualifizierten Rangrücktritt gem. § 19 Abs. 2 InsO (vgl. auch oben Rz. 5139). Der BGH entschied hierzu, dass es sich bei einem solchen qualifizierten Rangrücktritt *nicht um eine Stundung*, sondern um einen *Schuldänderungsvertrag* handelt, nach dem das Schuldnerunternehmen bis zur Überwindung der Krise ein Zahlungsverbot auf die Schuld besteht.[153] Das soll als Grundlage dafür sein, Gesellschafterdarlehen im insolvenzrechtlichen Überschuldungsstatus nicht zu passivieren (§ 19 Abs. 2 InsO). Auch das BGH-Urteil soll nach Auffassung des HFA des IDW indes nichts daran ändern, dass die Verpflichtung des Schuldners gemäß dem handelsrechtlichen Vorsichtsprinzip auch weiterhin in der *Handelsbilanz* zu passivieren ist.[154]

5141 **Schulderlass als handelsbilanzieller Ertrag oder Kapitalmaßnahme:** Der Wegfall einer Verbindlichkeit durch Erlass führt handelsbilanziell zu einer Ausbuchung der Verbindlichkeit. Werden Schulden durch einen Gesellschafter unter Rücksicht auf das Gesellschaftsverhältnis erlassen, besteht handelsrechtlich – je nach Zweckbestimmung – allerdings ein Wahlrecht, den Schulderlass erfolgsneutral über die Kapitalrücklage gem. § 272 Abs. 2 Nr. 4 HGB oder erfolgswirksam („Ertragszuschuss") abzubilden. Nach h. M. kann eine Zuführung zur Kapitalrücklage gem. § 272 Abs. 2 Nr. 4 HGB in Höhe des gesamten Buchwerts der erlassenen Forderung erfolgen, nicht nur in Höhe ihres tat-

---

149 Vgl. *Karsten Schmidt*, in Münchener Kommentar zum HGB, 3. Aufl. 2012, § 230 HGB, Rz. 172.
150 Vgl. *Pentz*, in Rowedder/Schmidt-Leithoff, GmbH-Gesetz, § 30 GmbHG, 6. Aufl. 2017, Rz. 102.
151 Vgl. *Karsten Schmidt*, in Münchener Kommentar zum HGB, 3. Aufl. 2012, § 172 HGB, Rz. 49.
152 Vgl. BFH, Urteil vom 7.4.2005 - IV R 24/03, BStBl 2005 II S. 598.
153 Vgl. BGH, Urteil vom 5.3.2015 – IX ZR 133/14, DStR 2015 S. 767 und hierzu *Oser*, DStR 2017 S. 1889.
154 Vgl. HFA, IDW-FN 2005, 552. Da der Schulderfüllungsanspruch unter der aufschiebenden Bedingung der Erwirtschaftung eines Jahresüberschusses/Bilanzgewinns oder des Vorhandenseins künftigen sonstigen „freien Vermögens" steht, wird in der Literatur allerdings auch eine Auflösung der Verbindlichkeiten in der Handelsbilanz thematisiert. Vgl. *W. Müller*, BB 2016 S. 491 und *Oser*, DStR 2017 S. 1889.

sächlichen – ggf. niedrigeren – Werts. Begründet wird dies damit ist, dass hinsichtlich der Kapitalrücklage nach § 272 Abs. 2 Nr. 4 HGB ohnehin kein besonderer Kapitalerhaltungs- und Ausschüttungsschutz greife.[155]

Spezielle Informationspflichten bei Gesellschafterdarlehen mit Rangrücktritt: (Gesellschafter-)Darlehen i. S. d. § 39 Abs. 1 Nr. 5 InsO sollen im Jahresabschluss – durch einen „Davon-Vermerk" oder auch im Anhang – speziell gekennzeichnet werden.[156] Bei einer GmbH sind Verbindlichkeiten gegenüber einem Gesellschafter nach § 42 Abs. 3 GmbHG gesondert auszuweisen oder im Anhang anzugeben. 5142

(Einstweilen frei) 5143–5144

4.2.2 Steuerrecht

Finanzierungsfreiheit im Ausgangspunkt: Steuerrechtlich wird dem Betrieb im Ausgangspunkt[157] Finanzierungsfreiheit zugebilligt, die Entscheidung zu einer Finanzierung durch Eigen- oder Fremdkapital wird also grundsätzlich – mit den entsprechenden steuerlichen Rechtsfolgen – nachvollzogen.[158] 5145

Auch ein *Gesellschafterdarlehen* ist daher in der Steuerbilanz grundsätzlich als Fremdkapital zu passivieren. Das galt auch für "Krisendarlehen" nach altem GmbH-Recht vor Inkrafttreten des MoMiG.[159]

Gesellschafterperspektive: Keine nachträglichen Anschaffungskosten nach § 17 EStG: Aus Beteiligungs-Perspektive führt der Ausfall eines „krisenbedingten", „krisenbestimmten" oder „in der Krise stehen gelassenen" Darlehens *nach MoMiG* nicht (mehr) zu nachträglichen Anschaffungskosten der Beteiligung nach § 17 EStG. Nur wenn eine vom Gesellschafter gewährte Fremdkapitalhilfe im Einzelfall der Zuführung einer *Einlage* in das Gesellschaftsvermögen wirtschaftlich vergleichbar ist, kann dem Darlehen auch bilanzsteuerrechtlich die Funktion von zusätzlichem Eigenkapital zukommen. Der BFH nimmt dies etwa dann an, wenn die Rückzahlung des Gesellschafterdarlehens im Wesentlichen denselben Voraussetzungen unterliegt wie die Rückzahlung von Eigenkapital. Das kann bspw. für Gesellschafterdarlehen mit spezifiziertem Rangrücktritt[160] i. S. d. § 5 Abs. 2a EStG gelten (vgl. hierzu auch Rz. 5149).[161] 5146

Einlage nach Forderungsverzicht: Ein Forderungsverzicht des Gesellschafters – typischerweise in einer Krisensituation der Gesellschaft – führt in Höhe des werthaltigen Teils der Forderung zu einer verdeckte Einlage.[162] Die Einlage ist mit dem Teilwert der 5147

---

155 Vgl. *Pöschke*, NZG 2017 S. 1408, m.w.N.; *Baldamus*, DStR 2003 S. 852.
156 Vgl. *Schubert*, in Beck'scher Bilanzkommentar, 11. Aufl. 2018, § 266 HGB, Rz. 255.
157 In der Rechtsfolge wird dieser Grundsatz stellenweise durchbrochen (Rz. 5065).
158 BFH, Urteil vom 5.2.1992 – I R 127/90, BStBl 1992 II S. 532; BMF, Schreiben vom 16.9.1992, BStBl. 1992 II S. 653; *Prinz*, in: Prinz/Hoffmann, Beck'sches Handbuch der Personengesellschaften, 4. Aufl. 2014, § 7 Finanzierung von Personengesellschaften, RZ. 21 ff.
159 Vgl. BFH, Urteile vom 5.2.1992 - I R 127/90, BStBl 1992 II S. 532 und I R 79/89, BFH/NV 1992 S. 629.
160 Zum Begriff BFH, Urteil vom 15.4.2015 – I R 44/14, BStBl 2015 II S. 769.
161 Vgl. BFH, Urteil vom 11.7.2017 – IX R 36/15, BFH/NV 2017 S. 1501, Landesamt für Steuern Niedersachsen S 2244 – 118 – St 244, DStR 2017 S. 2390.
162 Vgl. BMF, Schreiben vom 2.12.2003 – IV A 2 – S 2743 – 5/03, BStBl 2003 I S. 648 unter Hinweis auf BFH, Urteil vom 9.6.1997 – GrS 1/94, BStBl 1998 II S. 307.

Forderung zu bewerten.[163] Soweit die erlassene Forderung zu diesem Zeitpunkt nicht mehr werthaltig ist, bleibt es bei dem durch den Wegfall der Verbindlichkeit ausgelösten (Sanierungs-)Ertrag, der mit ggf. bestehenden Verlustabzügen im Rahmen der Mindestbesteuerungsgrundsätze zu verrechnen ist.

5148 Vor allem in Sanierungsfällen gehen Gesellschafter oftmals anstatt eines einfachen Forderungsverzichts auch einen Forderungsverzicht mit Besserungsschein ein. Zivilrechtlich kann ein Besserungsschein unter aufschiebender Bedingung (§ 158 Abs. 1 BGB) oder unter auflösender Bedingung (§ 151 Abs. 2 BGB) stehen; beides führt rückwirkend zum Wiederaufleben der ursprünglichen Verbindlichkeit bei Eintritt des Besserungsfalls.[164] Wie bei dem einfachen Forderungsverzicht führt auch hier der Verzicht zunächst zu einer verdeckten Einlage in Höhe des werthaltigen Teils. Tritt der Besserungsfall ein, darf ein entsprechender Aufwand durch Wiederaufleben der Verbindlichkeit das Einkommen der Gesellschaft nicht mindern.[165] In Höhe des bei ursprünglichem Forderungsverzicht entstehenden Ertrags aus dem nicht werthaltigen Teil der Forderung ist im Besserungsfall ein steuerlich abzugsfähiger Aufwand zu berücksichtigen.[166]

5149 **Wegfallgewinn und Einlage nach spezifiziertem Rangrücktritt:** § 5 Abs. 2a EStG bestimmt, dass für Verpflichtungen, die nur zu erfüllen sind soweit künftig Einnahmen oder Gewinne anfallen, Schulden erst zu passivieren sind, wenn die Einnahmen oder Gewinne angefallen sind („Passivierungsaufschub"). Ein *„spezifizierter* Rangrücktritt", dem die Vereinbarung zugrunde liegt, dass die Verbindlichkeit *nur* aus künftigen Gewinnen und/oder einem eventuellen Liquidationsüberschuss zu bedienen ist, führt daher zur Auflösung einer steuerbilanziellen Verbindlichkeit.[167] Dagegen ist nach gefestigter BFH-Rechtsprechung eine Verbindlichkeit mit Rangrücktritt dann in der Steuerbilanz zu passivieren, wenn eine Erfüllung der Verbindlichkeit auch aus dem „sonstigen freien Vermögen" der Gesellschaft verlangt werden kann. Ausreichend hierfür soll sein, dass eine Erfüllung aus dem sonstigen freien Vermögen nicht ausdrücklich ausgeschlossen wird.[168]

Da steuerliche Einlagen nicht nur durch eine Aktivenmehrung, sondern auch durch Wegfall oder Verminderung von Passivposten erfolgen können, kann nach Auflösung einer subordinierten Verbindlichkeit aus Gesellschafterdarlehen gem. § 5 Abs. 2a EStG ein „Wegfallgewinn" durch den Ansatz einer Einlage in Höhe des werthaltigen Teils der betroffenen Forderungen neutralisiert werden.[169]

5150 **Strategien zur Vermeidung eines Sanierungsgewinns:** Angesichts der steuerlichen Auswirkungen eines Forderungsverzichts - die Mindestbesteuerung des § 10d Abs. 1 EStG

---

163 *Rengers,* in: Blümich, § 8 KStG Rz. 181.
164 BFH, Urteil vom 29.1.2003 – I R 50/02, BFH/NV 2003 S. 1267; *Roser,* in: Gosch, 2. Aufl., München 2009, § 8 KStG Rz. 131.
165 Vgl. BFH, Urteil vom 30.5.1990, BStBl. 1991 II S. 588 und BMF, Schreiben vom 2.12.2003, BStBl. 2003 I S. 648 Rz. 2.a.
166 Vgl. *Frotscher,* in: Frotscher/Maas, § 8 KStG Rz. 101d.
167 BFH, Urteil vom 30.11.2011 – I R 100/10, BStBl 2012 II S. 332.
168 Vgl. BFH, Urteile vom 10.8.2016 – I R 25/15, BStBl 2017 II S. 670 und vom 15.4.2015 – I R 44/14, BStBl. II 2015 S. 769; BFH, Urteile vom 30.11.2011 – I R 100/10, BStBl 2012 II S. 332 und vom 10.11.2005 - IV R 13/04, BStBl 2006 II S. 618.
169 Vgl. BFH, Urteil vom 15.4.2015 – I R 44/14, BStBl 2015 II S. 769.

kann sich hier auch im Verlustfall negativ auswirken – ist es bei mangelnder Werthaltigkeit eines Gesellschafterdarlehens im Interesse des darlehensgebenden Gesellschafters, die Werthaltigkeit einer Forderung wiederherzustellen. Hierzu werden in der Literatur verschiedene Gestaltungen erwogen, wie etwa Bareinlagen zum Nennwert zur Erfüllung der Forderung des Gesellschafters oder Sicherungsmaßnahmen in Form von Bürgschaften durch eine Bank, sog. harte Patronatserklärungen des Gesellschafters zugunsten der Gesellschaft oder Verlustübernahmeverpflichtungen des Gesellschafters.[170]

Anstelle eines Forderungsverzichts kann auch ein „Debt-Mezzanine-Swap" vereinbart werden, der handelsbilanziell einen Eigenkapitalausweis ermöglicht, steuerbilanziell jedoch die Qualifikation als „Fremdkapital" aufrecht erhält und damit auch die Frage einer steuerlichen Einlage in Höhe des nur werthaltigen Teils vermeidet. In der Praxis ist dies allerdings streitig, die Finanzverwaltung[171] geht hier nämlich von einer Maßgeblichkeit der Handelsbilanz für die Steuerbilanz aus (vgl. hierzu Rz. 5190 ff.)

Sonderfall regresslose Schuldübernahme: Nach einem BFH-Beschluss soll die gesellschaftsrechtlich veranlasste Schuldübernahme eines Gesellschafters durch interne Vereinbarung und *ohne Gläubiger-Mitwirkung* im Übrigen zu einer verdeckten Einlage in Höhe des Nennwerts des Freistellungsanspruchs führen, den die Kapitalgesellschaft hier aktiviert („regresslose Schuldübernahme").[172] Die Verbindlichkeit soll so von der Gesellschaft letztlich gewinnneutral ausgebucht und mit dem zu aktivierenden Freistellungsanspruch gegen den Gesellschafter infolge der Schuldübernahme aufgerechnet werden. Entsteht hingegen ein Regressanspruch und verzichtet der Gesellschafter anschließend hierauf, entsteht nur in Höhe des zum Zeitpunkt der Schuldübernahme werthaltigen Freistellungsanspruchs des Bürgen eine verdeckte Einlage; der nicht werthaltige Teil führt zu steuerpflichtigem Ertrag nach den Grundsätzen des Forderungsverzichts.[173]   5151

(Einstweilen frei)   5152–5154

4.3 Typisch und atypisch stille Gesellschaft

4.3.1 Handelsrecht

Stille Gesellschaft als Schuldverhältnis, aber Gesellschaft im Rechtssinne: Es gibt nicht „die eine" – typisch oder atypisch – stille Gesellschaft. Das HGB enthält keine Definition der stillen Gesellschaft. Die §§ 230–236 beschreiben nur bestimmte, teils typische, teils vom Gesetzgeber für besonders bedeutsam erachtete Merkmale und Rechtsfolgen, aus   5155

---

170 *Roser*, in: Gosch, 2. Aufl., München 2009, § 8 KStG Rz. 121; *Haug/Huber*, in: Mössner/Seeger, KStG, 1. Aufl., Herne 2013, § 8 KStG Rz. 2355 f.; *Rengers*, in: Blümich, § 8 KStG Rz. 181; *Hoffmann*, DB 1998 S. 1983; *Hoffmann*, StB 2002 S. 215; *Hierstetter*, DStR 2010 S. 882.
171 Vgl. OFD NRW, Verfügung betr. körperschaftsteuerliche Behandlung von Genussrechten (§ 8 KStG) vom 12.5.2016, DStR 2016 S. 1816.
172 BFH, Urteil vom 20.12.2001 – I B 74/01, BFH/NV 2002 S. 678.
173 BFH, Urteil vom 21.5.2005 – X R 36/02, BStBl. II 2005, S. 707. Kritisch zu dieser Unterscheidung *Krumm*, in Blümich, 139. Aufl. 2018, § 5 EStG, Rz. 1124.

denen die Tatbestandsvoraussetzungen stiller Gesellschaften erschlossen werden können.[174]

Gemäß § 230 HGB ist ein stiller Gesellschafter derjenige, der sich mit einer Vermögenseinlage an einem Handelsgewerbe, das ein anderer betreibt, beteiligt. Inhaber des Handelsgewerbes i. S. d. HGB kann ein Einzelkaufmann, eine Personengesellschaft oder eine Kapitalgesellschaft sein.

5156 **Wirtschaftliche Bedeutung:** Aufgrund ihrer Flexibilität und Variabilität werden stille Gesellschaften in der Praxis zur maßgeschneiderten Finanzierung unter gleichzeitiger steuerlicher Optimierung eingesetzt. Nicht ungewöhnlich ist auch die Umwandlung von Anteilen ausscheidender Gesellschafter in stille Einlagen als „liquiditätsschonende", stehenbleibende Abfindungsforderung. Um im Fall des Geschäftsbeginns vor Handelsregistereintragung der dann geltenden unbeschränkten Kommanditistenhaftung auszuweichen (§ 176 HGB), kann zunächst eine (atypische) stille Beteiligung mit der Maßgabe vereinbart werden, dass sie später – typischerweise im Zeitpunkt der Handelsregistereintragung – in eine Kommanditbeteiligung umgewandelt wird. Die stille Gesellschaft kommt auch im Rahmen „gesplitteten Einlage" vor; teils liegt dann eine Beteiligung als Kommanditist, teils als stiller Gesellschafter vor. Materiell liegt zu beiden Teilen Eigenkapital vor (vgl. Rz. 5139).[175]

Besondere Attraktivität kann die stille Gesellschaft durch Bezug nur auf einen Unternehmensteil gewinnen. Der Stille kann so bspw. am Gewinn einer Niederlassung, eines Geschäfts, einer Inlands- oder Auslandsabteilung beteiligt werden. Durch stille Beteiligungen lassen sich deshalb *Tracking-Stock-Funktionen* erfüllen, also Beteiligungen an Sparten oder Betriebsstätten.[176]

5157 **Formen und Umfang der stillen Gesellschaft:** Stille Gesellschaften sind in zwei- oder auch mehrgliedriger Form möglich. Zu unterscheiden ist zwischen Einlageverhältnis und Gesellschaftsverhältnis. Das stille Einlageverhältnis ist stets zweigliedrig und besteht aus dem Stillen und dem Geschäftsinhaber. Das Gesellschaftsverhältnis kann allerdings – hier besteht Vertragsfreiheit – auch mehrgliedrig sein. Beteiligen sich mehrere stille Gesellschafter an demselben Unternehmen, können (1) mehrere stille Gesellschaftsverhältnisse mit jedem einzelnen Anleger begründet werden, (2) ein einheitliches mehrgliedriges stilles Gesellschaftsverhältnis mit allen Anlegern vereinbart werden oder (3) eine zweigliedrige stille Gesellschaft zwischen Geschäftsinhaber und einer unter den Anlegern gebildeten GbR gebildet werden. Auch die stille Gesellschaft als Publikumsgesellschaft ist eine Variante der mehrgliedrigen stillen Gesellschaft.[177] Das gesetzliche Leitbild der stillen Gesellschaft geht allerdings von einer zweigliedrigen Struktur aus, sodass die mehrgliedrige stille Gesellschaft handelsrechtlich als „atypische stille Gesellschaft" klassifiziert wird (vgl. Rz. 5160).

5158 **Stille Gesellschaft als Inngesellschaft:** Als sog. Innengesellschaft besitzt die stille Gesellschaft zwar kein gemeinsames Gesellschaftsvermögen, mit ihr wird aber ein vertraglich

---

174 Vgl. *Karsten Schmidt*, in Münchener Kommentar zum HGB, 3. Aufl. 2012, § 230 HGB, Rz. 1.
175 Vgl. ebenda, Rz. 71.
176 Vgl. ebenda, Rz. 39
177 Vgl. ebenda, Rz. 83.

vereinbarter gemeinsamer Zweck verfolgt. Die Geschäfte werden im Innenverhältnis auf gemeinsame Rechnung getätigt, im Außenverhältnis jedoch werden diese im Namen des Inhabers des Handelsgewerbes geführt. Nach § 231 HGB muss eine direkte Gewinnbeteiligung vereinbart sein; eine bloße Festverzinsung wie bei einem Darlehen stellt keine ausreichende, direkte Beteiligung am Unternehmenserfolg dar.[178]

Mangels Rechtsfähigkeit kann eine stille Gesellschaft nicht Trägerin eines Handelsunternehmens sein, sie stellt als Innengesellschaft auch keine „Handelsgesellschaft" dar. Der stille Gesellschafter haftet nicht nach außen, da aus den „im Betriebe geschlossenen Geschäften" allein der Inhaber des Handelsgewerbes berechtigt bzw. verpflichtet ist. Nur ausnahmsweise kann eine persönliche Haftung des stillen Gesellschafters gegeben sein, wenn er nach außen als Geschäftsinhaber oder persönlich haftender Gesellschafter auftritt und somit einen Rechtsscheintatbestand setzt.[179]

Allerdings werden dem stillen Gesellschafter über § 233 HGB zum Ausgleich fehlender Geschäftsführungs- und Vertretungsbefugnis Kontrollrechte zugeteilt, die auch nicht ausgeschlossen werden können. Bei Auflösung der stillen Gesellschaft (§ 234 HGB) muss sich der Inhaber des Handelsgeschäfts mit dem stillen Gesellschafter auseinandersetzen und dessen Guthaben in Geld berichtigen (§ 235 Abs. 1 HGB).[180]

Begründung und Beteiligung der stillen Gesellschaft: Die stille Gesellschaft gründet auf einem schuldrechtlichen Vertrag zwischen dem Inhaber des Handelsgeschäfts und dem stillen Gesellschafter. Sofern der stille Gesellschafter kein Grundstück in die Gesellschaft einlegt, ist der Abschluss des Vertrags überdies formfrei.[181] Hinsichtlich der handelsrechtlich erforderlichen Einlage ist zwar strittig, ob der „Transfer" eines bloßen Vermögensvorteils wie etwa durch Überlassung von Know-how als geleistete Einlage gelten kann.[182] Allerdings ist eine Einlage*leistung* handelsrechtlich ohnehin nicht zwingend; es muss stets nur eine *buchungsfähige Einlage* vereinbart werden.[183]

5159

Unterscheidung zwischen typischer und atypischer stiller Gesellschaft: Ist der Stille ohne Beteiligung an der Geschäftsführung und ohne persönliches Haftungsrisiko gegen Hingabe einer Einlage am Erfolg des Unternehmens eines anderen beteiligt, spricht man von einer – bezogen auf §§ 230 ff. HGB – typischen stillen Gesellschaft. Gemeint ist damit eine gesetzestypische stille Gesellschaft – nicht eine in der Realität typischerweise vorkommende stille Gesellschaft.[184]

5160

In der Praxis existieren – der Vertragsfreiheit entsprechend – stille Gesellschaften in vielfältigen Varianten.[185] Die Stellung des stillen Gesellschafters kann bspw. durch Einräumung von Geschäftsführungsbefugnissen und Vertretungsrechten, Beteiligung am

---

178 Vgl. *Worgulla*, NWB 2010 S. 3182.
179 BAG, Urteil vom 16.3.1955 – 2 AZR 28/54, NJW 1955 S. 1168.
180 *Knorr/Seidler*, in: Haufe, HGB Bilanz Kommentar, 4. Aufl., Freiburg 2013, § 272 HGB Rz. 225.
181 § 293 Abs. 3 AktG (AG / KGaA); § 313 BGB.
182 Vgl. *Wedemann*, in Oetker, Handelsgesetzbuch, 5. Aufl. 2017, § 230 HGB, Rz. 29 ff.
183 Vgl. *Karsten Schmidt*, in Münchener Kommentar zum HGB, 3. Aufl. 2012, § 230 HGB, Rz. 37.
184 Vgl. *Bezzenberger/Keul*, in: Münchener Handbuch des Gesellschaftsrechts, Band 2, 2. Aufl. 2004, § 73 Rz. 28; *Karsten Schmidt*, in Münchener Kommentar zum HGB, 3. Aufl. 2012, § 230 HGB, Rz. 70.
185 Bei Vertragsausgestaltung sind alle Bestimmungen über die stille Gesellschaft mit Ausnahme von §§ 231 Abs. 2 2. Halbsatz, 233 Abs. 3, 234 Abs. 1 Satz 2, 236 Abs. 2 HGB dispositiv.

Liquidationserlös oder durch Mitwirkungsregularien betreffend die Geschäftsführung, aufgewertet werden.[186] Werden im Gesellschaftsvertrag abweichend vom handelsrechtlichen Regelstatut *wesentlich umfangreichere* Befugnisse und Pflichten vereinbart, spricht man von einer atypisch stillen Gesellschaft.[187] Das gilt v. a. mit Blick auf die (mit)unternehmerischen Rechte und die Vermögensbeteiligung des Stillen, denn durch diese beiden Kriterien wird das gesetzliche Leitbild eines fehlenden Gesamthandsvermögens und fehlender Geschäftsführungsbefugnisse atypisch einer virtuellen KG angenähert. Eine Variante der atypisch stillen Gesellschaft ist die „Innen-KG" oder „virtuelle KG", bei der dem Stillen vertraglich im Innenverhältnis eine Kommanditisten-gleiche Stellung eingeräumt wird.[188]

Auch eine mehrgliedrige stille Gesellschaft wird handelsrechtlich als atypisch klassifiziert (vgl. bereits oben Rz. 5157). Sie wird regelmäßig durch Abschluss eines einheitlichen Gesellschaftsvertrags zwischen dem Geschäftsinhaber und mehreren stillen Gesellschaftern begründet. Entsprechend dem erweiterten Gesellschafterbestand muss der Gesellschaftsvertrag dann auch organisationsrechtliche Vorschriften enthalten, die etwa die Meinungsbildung innerhalb des Verbands der stillen Gesellschafter sowie Eintritt und Ausscheiden von stillen Gesellschaftern regeln.[189]

Historisch leitet sich die Unterscheidung zwischen typischer und atypischer stiller Gesellschaft vor allem aus ihrer verschiedenen steuerlichen Behandlung ab (Rz. 5165 ff.). Der handelsrechtliche Begriff der atypisch stillen Gesellschaft muss dem steuerlichen allerdings nicht entsprechen, da beide insbesondere *rechtsfolgenbestimmt* abgegrenzt werden, also im Hinblick auf die Rechtfertigung einer vom gesetzlichen Leitbild der §§ 230 ff. HGB abweichenden Rechtsanwendung. Steuerlich wird dagegen mit Blick auf hinreichende Merkmale einer Mitunternehmerschaft abgegrenzt. Der Begriff der atypisch stillen Gesellschaft im Handelsrecht muss daher nicht mit demjenigen im Ertragsteuerrecht übereinstimmen.[190]

5161 **Bilanzierung und Ausweis im Jahresabschluss:**

Es gibt keinen handelsrechtlichen Jahresabschluss der stillen Gesellschaft.[191] Sie kann weder Vermögen bilanzieren noch eine Gewinn- und Verlustrechnung aufstellen. Grund hierfür ist, dass die stille Gesellschaft als Innengesellschaft selbst keine Geschäftstätigkeit ausüben und daraus Aufwendungen und Erträge haben kann. Außenwirkung erhält sie stets nur mittelbar und abgeleitet über die Tätigkeit des Geschäftsinhabers; die stille Gesellschaft kann daher selbst kein eigenes Vermögen haben und keine Verbindlichkeiten eingehen.

Die Gewinnermittlung der stillen Gesellschaft wird entsprechend auf Grundlage des Jahresabschlusses des Geschäftsinhabers vorgenommen. Die Berechnung von Gewinn und Verlust der stillen Gesellschaft (§ 232 HGB) stellt dazu nur eine Nebenrechnung für

---

186 *Stühlfelner*, in: HK-HGB, 7. Aufl., Heidelberg 2007, § 230 HGB Rz. 7.
187 *Roth*, in: Baumbach/Hopt, 37. Aufl. 2016, § 230 HGB Rz. 3.
188 Vgl. *Karsten Schmidt*, in Münchener Kommentar zum HGB, 3. Aufl. 2012, § 230 HGB, Rz. 76, 81.
189 Vgl. *Keul*, in Münchener Handbuch des Gesellschaftsrechts Bd. 2, 4. Aufl. 2014, § 73, Rz. 40 ff.
190 *Bezzenberger/Keul* in: Münchener Handbuch des Gesellschaftsrechts, Band 2, 2. Aufl. 2004, Rz. 30-31.
191 Vgl. hierzu und im Folgenden *Polzer*, in: Münchener Handbuch des Gesellschaftsrechts, Band 2, 2. Aufl. 2004, § 84, Rz. 1 f.

die Berechnung des Gewinnanteils des stillen Gesellschafters oder – sofern im Rahmen handelsrechtlicher GoB besondere Ansatz- und Bewertungsregeln vereinbart wurden – eine zweite Bilanz des Geschäftsinhabers für Binnenzwecke der stillen Gesellschaft dar. Die gilt – aufgrund der Ausgestaltung Innengesellschaft – auch für atypische Gesellschaftsformen.

Auch die Einlage des Stillen wird aktivisch Bestandteil des Vermögens des Geschäftsinhabers (§ 230 Abs. 1 HGB), der hierdurch nur im Innenverhältnis verpflichtet wird. Hinsichtlich der Passivierung ist zu unterscheiden (zur Abgrenzung vgl. Rz. 5162): Stellt die stille Beteiligung Eigenkapital dar, ist ein Sonderposten „Stille Vermögenseinlage" nach dem Gezeichneten Kapital auszuweisen.[192] Handelt es sich bei dem stillen Gesellschafter um den Gesellschafter einer Kapitalgesellschaft, erfolgt der Ausweis der geleisteten Einlage in der Kapitalrücklage nach § 272 Abs. 2 Nr. 4 HGB.[193]

Bei Qualifikation als Fremdkapital ist ein gesonderter Posten unter "C.8. Sonstige Verbindlichkeiten" zweckmäßig (§ 265 Abs. 5 Satz 2 HGB). Andernfalls erfolgt ein Ausweis unter den Posten „C.6." oder „C.7." – mit weiterer Untergliederung oder Davon-Vermerk –, wenn der stille Gesellschafter Aktionär oder Gesellschafter mit bestehender Verbundbeziehung oder Beteiligungsverhältnis ist.[194]

Eigen- oder Fremdkapital: Die gesetzestypische stille Einlage stellt handelsbilanziell Fremdkapital dar. Der stille Gesellschafter kann hier gemäß § 236 Abs. 1 HGB im Insolvenzfall eine Forderung als Insolvenzgläubiger geltend machen, soweit die Vermögenseinlage den Betrag des auf ihn fallenden Anteils am Verlust übersteigt. 5162

Voraussetzung zur Qualifikation der stillen Einlage als Eigenkapital ist – vgl. insoweit die allgemeinen handelsrechtlichen Abgrenzungsmerkmale materiellen Eigenkapitals (Rz. 5046) – vor allem, dass Verluste der Gesellschaft vorrangig mit der Vermögenseinlage des stillen Gesellschafters verrechnet werden und der Stille in der Insolvenz nachrangig befriedet wird.[195] Es kommt auf den Einzelfall an: Die Einlageleistung muss im Einzelfall der Einbringung materiellen Eigenkapitals weitgehend angenähert sein. Die Zurechenbarkeit einer konkreten Form der stillen Beteiligung zum Eigenkapital kann im Einzelfall daher ggf. strittig sein.[196] Nicht jede handelsrechtlich atypische stille Gesellschaft vermag hier bilanziell als Eigenkapital zu qualifizieren. Vor allem besondere Formen der atypisch stillen Gesellschaft wie die „Innen-KG" (Rz. 5160), die „GmbH & Still", die im Innenverhältnis eine virtuelle GmbH & Co. KG abbildet sowie die gesplittete Einlage eines Kommanditisten (Rz. 5139) werden dafür in Frage kommen.

(Einstweilen frei) 5163–5164

4.3.2 Steuerrecht

Überblick und Abgrenzung zum Handelsrecht: Typische und atypische stille Gesellschaft werden ertragsteuerlich unterschiedlich behandelt. Die typische stille Gesell- 5165

---

[192] *ADS*, 6. Aufl., § 266 HGB Rz. 189.
[193] *Schubert*, in: Beck'scher Bilanzkommentar, 9. Aufl., München 2014, § 247 HGB Rz. 234.
[194] *Knorr/Seidler*, in: Haufe, HGB Bilanz Kommentar, 4. Aufl., Freiburg 2013, § 272 HGB Rz. 229.
[195] *Knorr/Seidler*, in: Haufe HGB Bilanz Kommentar, 4. Aufl., Freiburg 2013, § 272 HGB Rz. 226.
[196] Vgl. *Polzer*, in: Münchener Handbuch des Gesellschaftsrechts, Band 2, 2. Aufl. 2004, § 84 Rz. 7 ff.

schaft wird wie ein Darlehensverhältnis, die atypische stille Gesellschaft dagegen transparent als Mitunternehmerschaft besteuert (zum Transparenzprinzip vgl. 5110). Die Abgrenzung zwischen beiden Begriffstypen der stillen Gesellschaft folgt speziell steuerlichen Wertungen und nicht dem Handelsrecht. Die handelsrechtlich als atypisch qualifizierte stille Gesellschaft ist daher nicht automatisch eine atypisch stille Gesellschaft auch im Sinne des Einkommensteuerrechts (vgl. auch oben Rz. 5160),[197] und die passivische Einordnung der Einlage des Stillen als Fremdkapital oder Eigenkapital kann zwischen Handelsrecht und Steuerrecht abweichen (vgl. oben Rz. 5162).

5166 **Voraussetzungen einer Mitunternehmerschaft** aus atypischer stiller Beteiligung sind aus deutscher Perspektive sowohl die Übernahme von Mitunternehmerrisiko als auch von Mitunternehmerinitiative. Beide Merkmale können im Einzelfall jeweils mehr oder weniger stark ausgeprägt sein. Sind beide schwach ausgeprägt, kann eine Mitunternehmerschaft verneint werden. Nach ständiger Rechtsprechung kann ein geringeres Initiativrecht allerdings durch ein besonders stark ausgeprägtes Mitunternehmerrisiko ausgeglichen werden und umgekehrt.

Mitunternehmerinitiative erfolgt durch Teilhabe an unternehmerischen Entscheidungen in dem Umfang der Stimm-, Kontroll- und Widerspruchsrechte eines Kommanditisten nach den Regelungen des HGB oder der gesellschaftsrechtlichen Kontrollrechte nach § 716 Abs. 1 BGB. Eine (Mit-)Geschäftsführung vermittelt ausgeprägte Mitunternehmerinitiative, ist allerdings nicht zwingend erforderlich. Ist das Merkmal der Mitunternehmerinitiative nicht stark ausgeprägt, kommt allerdings der vermögensrechtlichen Stellung („Mitunternehmerrisiko") besondere Bedeutung zu.

Der BFH entschied hinsichtlich des Mitunternehmerrisikos, dass der Gesellschafter demnach zugunsten der Gesellschaft *sein eigenes Vermögen belasten muss* und dies etwa in Gestalt einer Haftung gegenüber Gläubigern der Gesellschaft oder durch Erbringung eines sein Vermögen belastenden Gesellschafterbeitrags erfolgen kann. Ein solcher Beitrag kann in der Übernahme einer Bar- oder Sacheinlage oder auch in der unentgeltlichen Überlassung von Anlagevermögen zur Nutzung („Nutzungseinlage") bestehen. Ausgeprägtes Mitunternehmerrisiko eines stillen Gesellschafters wird dadurch gekennzeichnet, dass das Unternehmen des Geschäftsinhabers im Innenverhältnis auf gemeinsame Rechnung und Gefahr des Geschäftsinhabers sowie des stillen Gesellschafters geführt wird. Der Stille muss daher nicht nur am laufenden Unternehmenserfolg beteiligt sein; er muss bei Beendigung des Gesellschaftsverhältnisses entsprechend seinem Gewinnanteil grundsätzlich auch Anspruch auf den Zuwachs der stillen Reserven des Betriebsvermögens einschließlich des Zuwachses am Firmenwert haben.[198]

Bleibt das Mitunternehmerrisiko des stillen Gesellschafters – etwa mangels einer Beteiligung am Firmenwert und den stillen Reserven – hingegen hinter der Rechtsstellung zurück, die das HGB auch einem Kommanditisten zuweist, kann nur dann sicher von einem atypischen stillen Gesellschaftsverhältnis ausgegangen werden, wenn – ausglei-

---

197 Vgl. hierzu auch *Neu*, in: Prinz/Hoffmann, Beck'sches Handbuch der Personengesellschaften, 4. Aufl. 2014, § 14 Stille Gesellschaft.
198 Vgl. BFH, Urteil vom 13.7.2017 – IV R 41/14, BStBl 2017 II S. 1133.

chend hierzu – das Merkmal der Mitunternehmerinitiative besonders stark ausgeprägt ist.[199]

Abgrenzung Eigenkapital versus Fremdkapital: Die Einlage des atypischen stillen Gesellschafters, der zugleich steuerlich als Mitunternehmer anzusehen ist, qualifiziert steuerlich stets als Eigenkapital. Auch hierin liegt ein Unterschied zum Handelsrecht, denn hier führt nicht jedoch atypische stille Gesellschaft auch zu einer bilanziellen Eigenkapitaleinlage des Stillen.

5167

Da typische stille Gesellschaften – entsprechend der steuerlichen Abgrenzung – dagegen kein Eigenkapital des Stillen abbilden können, ist dessen Einlage in das Vermögen des Geschäftsinhabers von diesem als Fremdkapital zu passivieren. Die Zahlungen der Gewinnanteile an den typisch stillen Gesellschafter stellen bei der Gesellschaft abziehbare Betriebsausgaben i. S. d. § 4 Abs. 4 EStG dar. Eine Begrenzung der Abziehbarkeit findet sich jedoch in der Zinsschranke nach § 4h EStG bzw. § 8a KStG, da an den Stillen gezahlte Gewinnanteile als Zinsaufwendungen in Form von Vergütung für Fremdkapital zu qualifizieren sind.[200]

(Einstweilen frei) 5168–5173

4.4 Genussrechtskapital

4.4.1 Handelsrecht

Begriff, Merkmale und Ausgestaltung: Genussrechtskapital ist gesetzlich nicht definiert. Genussrechte sind Gläubigerrechte schuldrechtlicher Art und entstehen durch Vertrag zwischen dem Emittenten und dem (ersten) Genussrechtsinhaber.[201] Das Aktienrecht regelt Einzelfragen in § 221 Abs. 3 und 4 AktG und § 160 Abs. 1 Nr. 6 AktG. Die Ausgabe von Genussrechten findet nicht nur bei AGs, KGaAs und SEs Anwendung. Genussrechte können insbesondere auch von GmbH, KG oder öffentlich-rechtlichen Personen wie etwa Sparkassen ausgegeben werden.[202]

5174

Genussrechte gewähren typische Vermögensrechte eines Aktionärs, *jedoch keine Mitgliedschaftsrechte* (Verwaltungsrechte), insbesondere keine Stimmrechte.[203] Sie vermitteln regelmäßig das Recht an der Beteiligung am Reingewinn und/oder am Liquidationserlös (vgl. zur steuerlichen Seite allerdings Rz. 5189), können Gegenleistung für die Überlassung von Kapital oder für besondere Dienste (z. B. Erfindungen) sein.[204] Genussrechte werden auch als Instrument der Mitarbeiterbeteiligung eingesetzt.[205]

5175

Genussrechte können, sie müssen aber nicht in Genussscheinen verbrieft werden. Das Genussrecht kann dabei als Inhaber-, Order- oder Rektapapier ausgestaltet sein – oder

5176

---

199 Vgl. ebenda.
200 *Johannemann,* in: Lüdicke/Sistermann, Unternehmenssteuerrecht, 1. Aufl., München 2008, § 10 „Hybride Finanzierungsformen" Rz. 9.
201 BGH, Urteil vom 5.10.1992 – II ZR 172/91, BGHZ 119, S. 305.
202 Vgl. *Schubert,* in: Beck'scher Bilanz-Kommentar, 11. Aufl. 2018, § 247 HGB, Rz. 227.
203 BGH, Urteil vom 5.10.1992 – II ZR 172/91, BGHZ 119 S. 305.
204 Vgl. *Lutter,* in: FS Döllerer, S. 384.
205 Vgl. *Hüffer,* in: Hüffer, 10. Aufl., München 2012, § 221 AktG Rz. 22.

auch nur als bloße Beweisurkunde.[206] Die Vergütung ist regelmäßig ergebnisabhängig, es kann aber ganz oder zum Teil eine feste Verzinsung vereinbart sein.[207]

5177 Die Ausgestaltung der Genussrechtsbedingungen erfolgt zumeist einseitig durch den Emittenten. Neben Laufzeit, Kündigung, wertpapierrechtlicher Gestaltung und Auskunftsrecht des Genussrechtsinhabers sind die Gewinn- und Verlustbeteiligung, die Rückzahlungsmodalitäten, eine Vereinbarung zur Nachzahlungspflicht, die Berechtigung der AG/Gesellschaft zur Herabsetzung des Genusskapitals im Fall der Herabsetzung des Grundkapitals sowie Rechte in der Liquidation (insbesondere ein nachrangiger Abfindungsanspruch mit Hinblick auf § 8 Abs. 3 Satz 2 KStG) regelungsbedürftig.[208]

5178 **Passivierung des Genussrechtskapitals:** Die handelsrechtliche Abgrenzung als Eigen- oder Fremdkapital wird entsprechend der Stellungnahme HFA 1/1994 vorgenommen (vgl. hierzu auch oben Rz. 5046).[209] Sind nachfolgende Kriterien kumulativ erfüllt, erfolgt ein Ausweis als Eigenkapital:

1. *Nachrangigkeit des Rückzahlungsanspruchs im Insolvenz- oder Liquidationsfall*: Abgestellt wird hier auf das Haftungspotenzial; das Genussrechtskapital darf im Insolvenzfall erst nach Befriedigung aller anderen Gläubiger an den Genusskapitalgeber zurückgezahlt werden.

2. *Erfolgsabhängigkeit der Vergütung*: Die Vergütung des Genussrechts darf nicht zu Lasten der zwecks Kapitalerhalts handels- und gesellschaftsrechtlich besonders geschützten Eigenkapitalbestandteile (vgl. Rz. 5094) erfolgen. Erfolgsabhängige Vergütungszusagen müssen unter dem Vorbehalt ausreichenden Gewinns bzw. freier Eigenkapitalbestandteile stehen.

3. *Teilnahme am Verlust bis zur vollen Höhe*: Eine Beschränkung der Verlustzurechnung ist für einen Eigenkapitalausweis unschädlich, wenn das Genussrechtskapital zumindest *vor* den besonders geschützten Eigenkapitalteilen zur Verrechnung mit Verlusten herangezogen werden kann (Kapitalerhaltungsgrundsätze).

4. *Längerfristige Überlassung des Genussrechtskapitals*: Die Rückzahlung in diesem Zeitraum muss sowohl für den Genussrechtsemittenten als auch für den Genussrechtsinhaber ausgeschlossen sein. Ein allgemeingültiger Mindestzeitraum kann hier allerdings nicht festgelegt werden und ist einzelfallabhängig zu beurteilen (vgl. dazu oben Rz. 5047).

Liegt die Gegenleistung für die Gewährung von Genussrechtkapital nicht in der Zahlung eines Geldbetrags, sondern in einer Nutzungsüberlassung oder dient als Vergütung für leitende Mitarbeiter, wird eine Passivierung des Genussrechts in der Handelsbilanz verneint.[210]

---

[206] Vgl. *Hüffer*, in: Hüffer, 10. Aufl., München 2012, § 221 AktG Rz. 28.
[207] Vgl. *Schubert*, in: Beck'scher Bilanzkommentar, 9. Aufl., München 2014, § 247 HGB Rz. 227 f.; ADS, 6. Aufl., § 264 HGB Rz. 87 m.w.N.
[208] Vgl. *Hüffer*, in: Hüffer, 10. Aufl., München 2012, § 221 AktG Rz. 29; Genussscheinbedingungen s. ausführlicher: *Frantzen*, in: Frantzen, Genussscheine, 1993, S. 295 ff.
[209] Vgl. HFA 1/1994, WPg 1994 S. 419 ff.; *Emmerich/Naumann*, WPg 1994 S. 677.
[210] *Frotscher*, in: Frotscher/Maas, § 8 KStG Rz. 123a.

Ausweis in der Handelsbilanz: Bei handelsrechtlicher Qualifizierung als Eigenkapital ist in der Handelsbilanz nach § 265 Abs. 5 Satz 2 HGB im Eigenkapital ein gesonderter Posten „Genussrechtskapital" zu bilden. Der Ausweis erfolgt entweder nach dem Posten „gezeichnetes Kapital", § 266 Abs. 3 A.I. HGB, nach den „Gewinnrücklagen", § 266 Abs. 3 A.III. oder als letzte Position im Eigenkapital. Ebenso ist ein eventuell erhaltenes Agio im Eigenkapital auszuweisen. Mangels Vorliegen der Voraussetzungen einer Kapitalrücklage i. S. d. § 272 Abs. 2 Nr. 1, Nr. 3 oder Nr. 4 HGB ist dieses Agio vorzugsweise im Posten „Genussrechtskapital" unter Verwendung eines „davon"-Vermerks einzustellen.[211]

5179

Ist das Genussrecht handelsrechtlich als Fremdkapital zu qualifizieren, ist es nach § 265 Abs. 5 Satz 2 HGB unter den Verbindlichkeiten in einem gesonderten Posten „Genussrechtskapital" auszuweisen. Alternativ lässt der IDW einen Ausweis unter dem Posten „Anleihen" mit weiterer Untergliederung oder „davon"-Vermerk zu.[212] Weicht die Position des Genussrechtsinhabers nur unwesentlich von den Anforderungen an den Eigenkapitalausweis ab, kann in Einzelfällen ein Ausweis zwischen Eigenkapital und Fremdkapital/Sonderposten mit Rücklagenanteil erfolgen.[213]

Genussrechtskapital in der GuV: Unabhängig von der Qualifizierung des Genussrechtskapitals als Eigen- oder Fremdkapital mindert eine Ausschüttung auf Genussrechte den Jahresüberschuss im Jahr der Gewinnerzielung. Ein Ausweis als „Vergütung für Genussrechtskapital" ist vorzunehmen.

5180

Ist für Verlustjahre eine Verlustbeteiligung vereinbart, ist das als Eigenkapital qualifizierte Genussrechtskapital bei Verlusteintritt zu mindern. Die Verlustbeteiligung erfolgt ergebnisneutral und ist in der GuV nach dem Jahresüberschuss auszuweisen. Analog dazu führt die Wiederaufstockung in Gewinnjahren – soweit vereinbart – zu einer ergebnisneutralen Zuführung in das Genussrechtskapital mit entsprechendem Ausweis in der GuV nach dem Jahresüberschuss.[214] Eine vereinbarte Verlustbeteiligung bei Fremdkapital-Qualifizierung des Genusskapitals ist erfolgswirksam als Ertrag zu vereinnahmen; eine Wiederauffüllung mindert dementsprechend das Jahresergebnis.[215]

(Einstweilen frei) 5181–5188

4.4.2 Steuerrecht

4.4.2.1 Wirtschaftliche und steuerliche Bedeutung

Genussrechtskapital wird in der Gestaltungspraxis zur Verbesserung der handelsrechtlichen Eigenkapitalquote und einer Abwendung bilanzieller Überschuldung – als „Debt-Mezzanine-Swap" – eingesetzt. Das Finanzinstrument wird so strukturiert, dass es allein steuerlich als Fremdkapital klassifiziert wird. Optimalerweise erfolgt beim Debt-

5189

---

211 *IDW*, HFA 1/1994, Tz. 2.1.4.2.2; *ADS*, 6. Aufl., § 266 HGB Rz. 197.
212 *IDW*, HFA 1/1994, Tz. 2.1.3; *Schubert*, in: Beck'scher Bilanzkommentar, 11. Aufl. 2018, § 266 HGB Rz. 216.
213 *Stein*, in: HHR, § 8 KStG Rz. 173.
214 *IDW*, HFA 1/1994, Tz. 2.2.2b.
215 *IDW*, HFA 1/1994, Tz. 2.2.2b; *Schubert*, in: Beck'scher Bilanzkommentar, 11. Aufl. 2018, § 247 HGB Rz. 220.

Mezzanine-Swap ertragsteuerlich nur ein erfolgsneutraler Passivtausch; es entsteht kein Sanierungsgewinn.[216] Diese Gestaltung basiert im Kern darauf, dass das Maßgeblichkeitsprinzip hinsichtlich des handelsbilanziellen Eigenkapitalausweises von Genussrechtskapital für dessen steuerbilanzielle Behandlung nicht gilt. Der insoweit h. M. in der Literatur steht allerdings eine bundesweit abgestimmte Verfügung der OFD NRW gegenüber (vgl. hierzu auch oben Rz. 5103 und 5150).[217] Die Finanzverwaltung erkennt unter Hinweis auf das Maßgeblichkeitsprinzip auch einen Betriebsausgabenabzug nur dann an, wenn das Genussrechtskapital sowohl in der Handels- als auch Steuerbilanz als Fremdkapital qualifiziert wird und kumulativ keine Gewinnbeteiligung und keine Beteiligung am Liquidationserlös vereinbart wird.[218] In der Praxis führt dies zu einer Einschränkung des Einsatzes von Genussrechten.

4.4.2.2 Abgrenzung zwischen Eigenkapital und Fremdkapital

5190 **§ 8 Abs. 3 Satz 2 KStG und das Maßgeblichkeitsprinzip:** Bei der Streitfrage nach einer Geltung des Maßgeblichkeitsprinzips für Genussrechtskapital spielt § 8 Abs. 3 Satz 2 KStG eine besondere Rolle. Für Kapitalgesellschaften regelt die Norm, dass Ausschüttungen jeder Art auf Genussrechte, mit denen das Recht auf *Beteiligung am Gewinn und am Liquidationserlös* einer Kapitalgesellschaft verbunden ist, das Einkommen des Emittenten nicht mindern dürfen. Die Regelung geht auf den vom RFH[219] entwickelten und vom BFH[220] fortgeführten wirtschaftlichen Belastungsvergleich zurück, wonach beteiligungsähnliche Eigenkapital-Genussrechte dann vorliegen, wenn durch ihre Ausgabe die Steuerkraft der Gesellschaft nicht stärker beeinflusst wird als durch die Ausgabe neuer gesellschaftsrechtlicher Beteiligungen.

5191 Durch § 8 Abs. 3 Satz 2 KStG wird offenkundig eine Abgrenzung zwischen eigenkapital- und fremdkapitalähnlichem Genussrechtskapital vorgenommen.[221] Die h. M. legte § 8 Abs. 3 Satz 2 KStG daher entsprechend so aus, dass Ausschüttungen auf Genussrechte, die den beiden kumulativen „Eigenkapitalcharakteristika" – Beteiligung am Gewinn und am Liquidationserlös – nicht entsprechen, steuerlich abzugsfähig sind.

5192 **Tatbestandsvoraussetzungen von § 8 Abs. 3 Satz 2 KStG:** Eine Gewinnbeteiligung im Sinne von § 8 Abs. 3 Satz 2 KStG setzt eine erfolgsabhängige Vergütung für die Überlassung des Genussrechtskapitals voraus. Es kann sich um jede Art der Teilnahme am wirtschaftlichen Erfolg des Unternehmens handeln; die Vergütung muss sich lediglich an einer am Ergebnis der Kapitalgesellschaft bezogenen Bemessungsgrundlage orientieren.[222] Unmittelbare Bezugsbasis für die Gewinnbeteiligung kann etwa der handels-

---

216 Bei Kapitalerhöhung gegen Sacheinlage der Forderung des bisherigen Gläubigers erlöschen die eingebrachten Forderungen durch Konfusion. Soweit der Nominalwert der Verbindlichkeiten den Teilwert der eingelegten Forderungen übersteigt, entsteht ein Sanierungsgewinn. Vgl. *Herzig/Liekenbrock*, Ubg. 2011 S. 313, 322.
217 Vgl. OFD NRW, Verfügung betr. körperschaftsteuerliche Behandlung von Genussrechten (§ 8 KStG) vom 12.5.2016, DStR 2016 S. 1816, zuvor bereits OFD Rheinland vom 14.12.2011, DStR 2012 S. 189.
218 Vgl. auch *Zwirner/Heyd/Zieglmaier*, Sonderfragen zum Eigenkapital in der Handels- und Steuerbilanz, StuB Nr. 7 vom 13.4.2018, Beilage 1/2018 S. 1 ff.
219 RFH, Urteil vom 17.4.1934 – I A 316/32, RStBl. 1934 S. 773, 776.
220 BFH, Urteil vom 28.6.1960 – I 85/60, HFR 1961 S. 13.
221 Vgl. auch *Rengers*, in: Blümich, § 8 EStG, Rz. 215.
222 *Kratzsch*, BB 2005 S. 2603.

rechtliche Jahresüberschuss, der ausschüttungsfähige Gewinn, der Bilanzgewinn, die Dividende oder auch das steuerliche Ergebnis sein; eine umsatzabhängige Vergütung scheidet jedoch aus. Weiterhin können aus dem Jahresabschluss abgeleitete Größen auch mittelbar zu einer Gewinnbeteiligung führen, indem das Erreichen einer hinreichenden Höhe an dieser Bezugsgröße Voraussetzung für die Auszahlung einer – ggf. sogar fixen – Vergütung für die Genusskapitalüberlassung ist.[223] Wurde eine Mindestverzinsung vereinbart, ist von einer Beteiligung am Gewinn auszugehen, wenn die Mindestverzinsung unter der zu erwartenden Genussrechtsvergütung liegt und die Erfolgsabhängigkeit der Vergütung im Vordergrund steht. Weiterhin ist nur eine einheitliche Betrachtung von Mindestverzinsung und erfolgsabhängiger Vergütung sinngemäß. Letzten Endes ist entscheidend, ob das Wesen der Vergütung eher einem Gesellschafterrecht i. S. d. § 8 Abs. 3 Satz 2 2. Halbsatz KStG entspricht oder in Anlehnung an einer marktüblichen Verzinsung ausgestaltet ist.[224]

Zweites *Eigenkapitalcharakteristikum* neben der Gewinnbeteiligung ist nach § 8 Abs. 3 Satz 2 KStG eine Beteiligung am Liquidationserlös. Hierunter wird das Abwicklungsendvermögen i. S. d. § 11 KStG verstanden.[225] Eine Beteiligung am Liquidationserlös erfordert zumindest eine teilweise Beteiligung an den stillen Reserven. Nach – abzulehnender[226] – Ansicht der Finanzverwaltung soll eine Beteiligung am Liquidationserlös bereits dann vorliegen, wenn eine Rückzahlung vor Liquidation des Unternehmens nicht verlangt werden kann oder der Anspruch auf Rückzahlung des Genussrechtskapitals wirtschaftlich ohne Bedeutung ist. Letzteres nimmt Finanzverwaltung an, wenn die Laufzeit des Genussrechts mehr als 30 Jahren beträgt.[227] Offensichtlich geht die Finanzverwaltung davon aus, dass es innerhalb einer solch langen Laufzeit ohnehin zu einer Liquidation kommt, an deren Erlös der Genussrechtsinhaber automatisch beteiligt wird.[228]

5193

Eine Vereinbarung, wonach das Genussrechtskapital mit Nachrangvereinbarung zum Nennbetrag rückgezahlt wird, erfüllt jedenfalls nicht das Kriterium der Beteiligung am Liquidationserlös.[229]

Vergleich mit handelsrechtlicher Regelung: Für die *handelsbilanzielle* Abgrenzung zwischen Eigen- oder Fremdkapital sind die beiden kumulativen Voraussetzungen „Beteiligung am Gewinn und am Liquidationserlös" des § 8 Abs.3 S. 2 KStG nicht entscheidend (vgl. entsprechend oben Rz. 5046). Wird das Genussrecht daher bspw. so strukturiert, dass es an Verlusten, nicht aber am Liquidationserlös beteiligt wird, kann das Finanzinstrument handelsbilanziell als Eigenkapital ausgewiesen werden und fällt dennoch nicht unter § 8 Abs. 3 Satz 2 KStG, sodass die Ausschüttungen steuerlich weiterhin als Betriebsausgaben abzugsfähig wären.[230]

5194

---

223 *Stein*, in: HHR, § 8 KStG Rz. 184; *Kohlhepp*, in: Schnitger/Fehrenbacher, § 8 KStG Rz. 580.
224 *Stein*, in: HHR, § 8 KStG Rz. 184; *Kohlhepp*, in: Schnitger/Fehrenbacher, § 8 KStG Rz. 585.
225 *Kohlhepp*, in: Schnitger/Fehrenbacher, § 8 KStG Rz. 588.
226 Vgl. auch BFH, Urteil vom 19.1.1994 - I R 67/92, BStBl 1996 II S. 77; FG Baden-Württemberg, Urteil vom 22.5.2017 - 10 K 1859/15, EFG 2007 S. 1433 Rev. I R 44/17.
227 BMF, Schreiben vom 8.12.1986 – IV B 7-S 2742-26/86, BB 1987 S. 667.
228 *Dötsch*, in: Dötsch/Pung/Möhlenbrock, § 8 KStG Rz. 115; *Frotscher*, in: Frotscher/Maas, § 8 KStG Rz. 125.
229 BFH, Urteil vom 14.6.2005 – VIII R 73/3, BStBl 2005 II S. 861.
230 Vgl. *Hennrichs*, NZG 2016 S. 1255 mit zahlreichen weiteren Nachweisen.

Kapitel IV: Eigenkapital

5195 **Verwaltungsauffassung:** Die bundeseinheitlich abgestimmte Verfügung der OFD NRW vom 12.5.2016[231] steht einem Betriebsausgabenabzug bei handelsbilanziellen Eigenkapitalausweis verwaltungsseitig allerdings entgegen. Genussrechtskapital, das nach den Grundsätzen von IDW HFA 1/1994 „schon in der Handelsbilanz [...] keine Verbindlichkeit darstellt", soll demnach auch „steuerliches Eigenkapital" sein. Insoweit soll also ausdrücklich der Grundsatz der Maßgeblichkeit der handelsrechtlichen GoB für die steuerliche Gewinnermittlung gelten. Ausschüttungen auf Genussrechte, die als Eigenkapital in der Handelsbilanz ausgewiesen werden, dürften demnach als Einkommensverwendung nie zu einem steuerlichen Betriebsausgabenabzug führen. Nach dieser Ansicht regelt § 8 Abs. 3 Satz 2 KStG entgegen bisherigem Verständnis auf zweiter Gewinnermittlungsstufe nur eine weitergehende Nichtabzugsfähigkeit für Ausschüttungen auf Genussrechte, die in der Handelsbilanz als Fremdkapital behandelt werden, mit denen aber dennoch das Recht auf Beteiligung am Gewinn und am Liquidationserlös der Gesellschaft verbunden ist (vgl. hierzu auch oben Rz. 5192).[232]

5196 **Einordnung und Stellungnahme:** Die Ansicht der Finanzverwaltung zu einer Maßgeblichkeit des handelsbilanziellen Ausweises von Genussrechten überzeugt in mehrfacher Hinsicht nicht. So stellte der BFH bereits fest: Rechtssystematischer Ausgangspunkt für die gesetzliche Regelung in § 8 Abs. 3 Satz 2 KStG ist gerade, dass Genussrechte dem Genussrechtsinhaber im Falle der Erwirtschaftung eines Gewinns *schuldrechtliche Ansprüche* gewähren. Dem entspricht die schuldrechtliche Verpflichtung des Genussrechtsverpflichteten, die nach den Grundsätzen ordnungsgemäßer Buchführung nach § 8 Abs. 1 KStG i. V. m. § 5 Abs. 1 EStG zu einer Gewinnminderung führt. Die daraus resultierende Einkommensminderung schränkt § 8 Abs. 3 Satz 2 2. Alt. KStG nur für den Fall der Beteiligung am Gewinn und Liquidationserlös ein."[233]

Hinsichtlich einer Geltung des Maßgeblichkeitsprinzips für Genussrechtskapital – wie sie von der Finanzverwaltung vertreten wird – ist zu beachten, dass Ausschüttungen auf Genussrechte, die im Eigenkapital ausgewiesen werden, handelsrechtlich *aufwandswirksam* sind, und sog. Ausweis-GoB steuerbilanziell ohnehin nur in Sonderfällen maßgeblich sind (vgl. Rz. 334).[234] Der BFH bejaht dies für diejenigen Vorschriften über die Gliederung der Handelsbilanz, denen materielle Bedeutung zukommt.[235] Damit ergibt sich offenkundig ein Konflikt, sofern man bei Genussrechtskapital eine Maßgeblichkeit handelsrechtlicher GoB annimmt. Denn handelsrechtlich hat der Eigenkapitalausweis bei schuldrechtlich vereinbarten Finanzinstrumenten wie Genussrechtskapital gerade keine materielle Bedeutung. Auch der BFH geht offenkundig von einer Maßgeblichkeit der materiellen Erfolgswirkung und nicht des formalen Bilanzausweises in der Handelsbilanz aus.[236]

---

231 Vgl. OFD NRW, Verfügung betr. körperschaftsteuerliche Behandlung von Genussrechten (§ 8 KStG) vom 12.5.2016, DStR 2016 S. 1816.
232 Vgl. hierzu auch den Tagungsbericht „Genussrechte im Steuerrecht", BB Berater Magazin Dezember 2017, S. 6.
233 BFH, Urteil vom 19.1.1994 - I R 67/92, BStBl 1996 II S. 77.
234 Vgl. hierzu auch *Hennrichs*, NZG 2016 S. 1255; Anzinger, Rdf 2018, 64 ff.
235 Vgl. BFH, Urteil vom 11.11.2014 – I R 53/13, BFH/NV 2015, S. 686.
236 BFH, Urteil vom 19.1.1994 - I R 67/92, BStBl 1996 II S. 77.

Im Ergebnis ist der Sicht der Finanzverwaltung[237] entgegenzuhalten: Weder passen die Kriterien für den handelsbilanziellen Eigenkapital-Ausweis von Genussrechten materiell sinnbildend zu den beiden eigenständigen Eigenkapital-Kriterien des § 8 Abs. 3 Satz 2 KStG noch kann eine Maßgeblichkeit des formalen handelsbilanziellen Ausweises von Genussrechtskapital, dem materiell keine Erfolgswirkung beizumessen ist, überzeugen.

Zwar regelt § 8 Abs. 3 Satz 2 KStG eine Korrektur der Aufwandswirksamkeit von schuldrechtlichen Genussrechten auf zweiter Stufe der Gewinnermittlung. Die Gesetzes- und Rechtssprechungshistorie[238] zeigt allerdings, dass – ausgehend von einer Aufwandswirksamkeit des schuldrechtlichen Genussrechts wie im Handelsrecht – steuerlich mit § 8 Abs. 3 Satz 2 KStG eine eigenständige Abgrenzung von Eigenkapital-Genussrechten getroffen werden sollte. Dem entspricht aus Beteiligungsperspektive im Übrigen § 20 Abs. 1 Nr. 1 EStG, der Ausschüttungen auf Genussrechte, mit denen das Recht am Gewinn und am Liquidationserlös einer Kapitalgesellschaft verbunden ist, zu den Beteiligungserträgen rechnet; Zinserträge aus sonstigen Fremdkapital-Genussrechten fallen unter § 20 Abs. 1 Nr. 7 EStG.[239]

Auch das IDW hat entsprechend mit Schreiben vom 15.2.2017 an das BMF klargestellt, dass mit IDW HFA 1/1994 ausdrücklich keine allgemeine, auch steuerbilanzielle geltende Eigenkapitalabgrenzung vorgenommen wird. Soweit man dennoch für Genussrechtskapital eine Geltung des Maßgeblichkeitsgrundsatzes und hinsichtlich des IDW HFA 1/1994 „GoB" annehme,[240] würde dies – so richtigerweise auch das IDW – hinsichtlich der Erfolgswirksamkeit der Genussrechtsvergütungen gelten, nicht hinsichtlich des Eigenkapitalausweises. 5197

Besonderheiten bei Mitunternehmerschaft: Gibt eine Mitunternehmerschaft Genussrechtskapital aus, begründet dies regelmäßig noch keine Mitunternehmerstellung des Genussrechtsinhabers; hier kann es – auch bei Beteiligung an Gewinn und Liquidationserlös – insbesondere an der erforderlichen Mitunternehmerinitiative mangeln.[241] 5198

Wird innerhalb einer bereits bestehenden Mitunternehmerschaft dem Mitunternehmer ein Genussrecht eingeräumt, handelt es sich bei den Genussrechtsvergütungen um Gewinnanteile i. S. d. § 15 Abs. 1 Nr. 2 2. Halbsatz EStG; eine Abzugsfähigkeit als Betriebsausgabe ist dann nicht mehr gegeben.[242]

(Einstweilen frei) 5199–5204

---

237 Vgl. OFD NRW, Verfügung betr. körperschaftsteuerliche Behandlung von Genussrechten (§ 8 KStG) vom 12.5.2016, DStR 2016 S. 1816.
238 Vgl. RFH, Urteil vom 17.4.1934 - I-A-316/32, RStBl. 1934, S. 773; BFH, Urteil vom 28.6.1960 - I 85/60, HFR 1961 S. 13; BFH, Urteil vom 19.1.1994 -I R 67/92, BStBl 1996 II S. 77; BFH, Urteil vom 14.6.2005 - VIII R 73/03, BStBl. II 2005 S. 861; vgl. im Überblick hierzu *Imhof*, StB 2018, S. 14.
239 Vgl. hierzu FG Baden-Württemberg, Urteil vom 22.5.2017 - 10 K 1859/15, EFG 2017 S. 1433 Rev. I R 44/17.
240 Kritisch *Hennrichs/Schlotter*, DB 2016 S. 2072; ergänzend auch *Prinz*, in: Festschrift für Georg Crezelius, 2018 S. 351, 360-362.
241 BMF, Schreiben vom 8.12.1986 – IV B 7-S 2742-26/86, BB 1987 S. 667; *Dötsch*, in: Dötsch/Pung/Möhlenbrock, § 8 KStG Rz. 121.
242 *Dötsch*, in: Dötsch/Pung/Möhlenbrock, § 8 KStG Rz. 119.

4.5 Optionsanleihen und Wandelanleihen

4.5.1 Handelsrecht

5205 **Begriff und Ausgestaltungen:** § 221 Abs. 1 Satz 1 AktG enthält eine Legaldefinition des Begriffs der Wandelschuldverschreibungen. Es handelt sich um „Schuldverschreibungen, bei denen bei denen den Gläubigern oder der Gesellschaft ein Umtausch- oder Bezugsrecht auf Aktien eingeräumt wird". Erst durch die Aktienrechtsnovelle 2016 – in Kraft getreten am 31.12.2015 – wurde dabei die Emission von Schuldverschreibungen, bei denen auch *der emittierenden Gesellschaft* ein Umtausch- oder Bezugsrecht auf Gesellschaftsanteile eingeräumt wird, ermöglicht. Es geht dabei um sog. umgekehrte Wandelanleihen („Reverse Convertibles"); die Gesellschaft kann hier als Emittent strategisch einen möglichen Debt-to-Equity-Swaps vorbereiten.

5206 Man unterscheidet inhaltlich zwischen

- **Wandelanleihen:** Dem Inhaber der Schuldverschreibungen oder dem Emittenten wird hier das Recht eingeräumt, den Gläubigeranspruch auf Rückzahlung des Nennbetrags gegen eine bestimmte Anzahl von Aktien umzutauschen; mit Umtausch geht das Gläubigerrecht unter; an seine Stelle tritt das Mitgliedschaftsrecht;

- **Optionsanleihen** (auch als „unechte Wandelschuldverschreibungen" bezeichnet): Im Unterschied zur Wandelanleihe mangelt es bei einer Optionsanleihe an einem Alternativverhältnis von Rechten aus der Schuldverschreibung und dem Wandelungsrecht.[243] Neben der Schuldverschreibung, die dem Gläubiger das Recht auf Rückzahlung des Nennbetrags verbrieft, erhält der Inhaber gesonderte Optionsscheine, die das Recht einräumen, innerhalb einer bestimmten Frist Aktien zu einem festgelegten Bezugskurs (Optionspreis) zu beziehen. Das Schuldverhältnis bleibt daher auch nach der Optionsrechtsausübung bestehen, zusätzlich wird ein Gesellschaftsverhältnis begründet.[244]

5207 **Ausweis im Jahresabschluss:** In der Handelsbilanz ist der Erfüllungsbetrag der Wandel- oder Optionsanleihe unter dem Posten § 266 Abs. 3 C.1. HGB als Fremdkapital auszuweisen; Erfüllungsbetrag ist der Betrag, den der Schuldner bei Fälligkeit an den Gläubiger zu zahlen hat.[245] Ein Eigenkapitalausweis ist nach HGB ausgeschlossen.

Nur das bei Ausgabe der Anleihe über den Rückzahlungsbetrag hinausgehende Aufgeld für das dem Zeichner gewährte Bezugsrecht ist gem. § 282 Abs. 2 Nr. 2 HGB in die Kapitalrücklage einzustellen.[246] Unter das bei Kapitalgesellschaften auszuweisende Eigenkapital fallen gemäß § 266 Abs. 3 A.II. HGB auch Kapitalrücklagen. Diese umfassen nach § 272 Abs. 2 Nr. 2 HGB u. a. den - vorliegend streitigen - Betrag, der durch die Gesellschaft bei der Ausgabe von Schuldverschreibungen für Optionsrechte zum Erwerb von Anteilen erzielt wird.

---

243 Vgl. *Hermanns*, in: Henssler/Strohn, Gesellschaftsrecht, 3. Aufl. 2016, § 221 AktG, Rz. 6.
244 *ADS*, 6. Aufl., § 272 HGB Rz. 108; *Knorr/Seidler*, in: Haufe, HGB Bilanz Kommentar, 4. Aufl., Freiburg 2013, § 272 HGB Rz. 119.
245 *Knorr/Seidler*, in: Haufe, HGB Bilanz Kommentar, 4. Aufl., Freiburg 2013, § 272 HGB Rz. 123 ff.
246 *ADS*, 6. Aufl., § 272 HGB Rz. 111.

Ein solches Aufgeld verliert auch bei späterer Nichtausübung der Option seine Zugehörigkeit zur Kapitalrücklage nicht. Die Gewinn- und Verlustrechnung wird durch die Vereinnahmung des Aufgeldes somit zu keinem Zeitpunkt berührt.[247]

(Einstweilen frei) 5208–5212

4.5.2 Steuerrecht

Überblick: Nach dem Maßgeblichkeitsprinzip wird die ausgegebene Anleihe zunächst als Verbindlichkeit und nicht als Eigenkapital passiviert. § 8c KStG greift insoweit zunächst nicht ein, da noch keine Aktionärsstellung und auch keine Mitspracherechte eingeräumt werden.[248] 5213

(Einstweilen frei) 5214–5216

Mit Urteilen vom 30.11.2005[249] hat der BFH entschieden, dass bei der Ausgabe von Optionsanleihen vereinnahmte Aufgelder nicht nur nach § 272 Abs. 2 Nr. 2 HGB als Kapitalrücklagen auszuweisen sind, sondern auch steuerrechtlich als Einlage anzusetzen sind. Unter den erzielten Betrag i. S. von § 272 Abs. 2 Nr. 2 HGB fielen alle Entgelte im Zusammenhang mit der Begebung von Wandlungs- und Optionsrechten – damit nicht nur offene, sondern auch verdeckte Aufgelder in Form einer unter dem Kapitalmarktzins liegenden Verzinsung. 5217

Von diesen Grundsätzen geht der BFH sowohl bei Options- als auch Wandelanleihen aus. Kann das Umtauschrecht auf Aktienbezug während der Laufzeit der Wandelschuldverschreibung ausgeübt werden, ist für die Ermittlung des nach § 272 Abs. 2 Nr. 2 HGB in die Kapitalrücklage einzustellenden Vorteils einer nicht marktüblichen Anleiheverzinsung („verdecktes Aufgeld") auf den Zeitpunkt abzustellen, zu dem das Optionsrecht erstmals ausgeübt werden kann ("frühestmöglicher Zeitpunkt"). Das hat zur Folge, dass bei Einräumung eines jederzeitigen Wandlungsrechts („American Call") eine handelsbilanzielle Dotierung als Rücklage nicht in Betracht kommt. Diese handelsrechtliche Begrenzung der Eigenkapitalqualifikation soll gem. BFH gleichermaßen für den steuerrechtlichen Einlagenausweis gelten.[250]

In der Praxis werden Genussrechte des Öfteren mit Wandlungs- oder Obligationsrechten ausgestattet. Fraglich ist aus steuerlicher Sicht, ob diese zusätzlichen Rechte auf Erwerb der Gesellschafterstellung bereits vor ihrer Ausübung zu Genussrechten i. S. d. § 8 Abs. 3 Satz 2 2. Halbsatz KStG führen. Die Finanzverwaltung sieht in diesem Fall das Kriterium der Beteiligung am Liquidationserlös bereits vor Ausübung des Rechts als erfüllt an, wenn ein wirtschaftlicher Zwang zum Erwerb der Gesellschaftsrechte besteht, d. h., wenn aus wirtschaftlicher Sicht die Ausübung in allen denkbaren Fällen zwingend ist, weil kein vernünftiger Gesellschafter darauf verzichten würde.[251] 5218

(Einstweilen frei) 5219–5249

---

247 Zum Handelsrecht insoweit BFH, Urteil vom 30.11.2005 - I R 3/04, BStBl 2008 II S. 809.
248 Vgl. *Roser*, in: Gosch, 3. Aufl. 2015, § 8c KStG Rz. 56.
249 I R 3/04, BStBl. II 2008 S. 809 und I R 26/04, BFH/NV 2006 S. 616.
250 Vgl. BFH, Urteil vom 11.11.2014 -I R 53/13„ BFH/NV 2015, S. 686.
251 Zweifelhaft; vgl. BMF, Schreiben vom 8.12.1986 – IV B 7-S 2742-26/86; *Stein*, in: HHR, § 8 KStG Rz. 187.

Teil B:
Bilanzierung und Bewertung bei der Gewinnermittlung nach Bilanzposten

Kapitel V:
Steuerliche Rücklagen: §§ 6b/6c EStG / Rücklage für Ersatzbeschaffung

von
RA/StB Jürgen Sievert, Köln
RA/StB Nicole Kamradt, Essen

Kapitel V: Steuerliche Rücklagen: §§ 6b/6c EStG / Rücklage für Ersatzbeschaffung

Inhaltsübersicht	Rz.
1. Einleitung	5250 - 5259
2. Handelsrechtliche Grundlagen	5260 - 5269
2.1 HGB in der Fassung *vor* BilMoG	5260 - 5261
2.1.1 Darstellung der umgekehrten Maßgeblichkeit (im Bereich der früheren Sonderposten)	5260
2.1.2 Funktionsweise der Bildung von Sonderposten	5261
2.2 HGB in der Fassung des BilMoG	5262 - 5269
2.2.1 Änderung durch das BilMoG	5262
2.2.2 Übergangsregelung	5263 - 5269
3. Einzelheiten zu den steuerlichen Regelungen	5270 - 5519
3.1 Gesetzgeberisches Ziel bei Einführung der steuerlichen Rücklagen	5270 - 5274
3.2 Reinvestitionsrücklage gemäß § 6b EStG (zum Charakter der Rücklage s. auch unter Rz. 361)	5275 - 5484
3.2.1 Überblick über den Regelungsinhalt	5275 - 5289
3.2.2 Persönlicher Anwendungsbereich	5290 - 5299
3.2.3 Sachlicher Anwendungsbereich	5300 - 5484
3.2.3.1 Begünstigte Wirtschaftsgüter	5300 - 5330
3.2.3.2 Veräußerung	5331 - 5339
3.2.3.3 Anschaffung/Herstellung	5340 - 5349
3.2.3.4 Höhe des Veräußerungsgewinns	5350 - 5359
3.2.3.5 Übertragungsverbot	5360 - 5389
3.2.3.6 Bildung des Sonderpostens	5390 - 5444
3.2.3.7 Rechtsfolgen bei unterbliebener Reinvestition	5445 - 5459
3.2.3.8 Sonderfall: Veräußerung von Anteilen an Kapitalgesellschaften	5460 - 5465
3.2.3.9 Stundung bei Reinvestitionen in EU/EWR–Betriebsvermögen (§ 6b Abs. 2a EStG, zur EU-Betriebsstätte s. Rz. 2762)	5466 - 5469
3.2.3.10 Verhältnis zu anderen Vorschriften	5470 - 5474
3.2.3.11 Gestaltungsmöglichkeiten: Übertragung zwischen Schwesterpersonengesellschaften	5475 - 5484
3.3 Rücklagen für Ersatzbeschaffungen R 6.6 EStR	5485 - 5519

AUSGEWÄHLTE LITERATUR

Adrian, Zweifelsfragen im Zusammenhang mit § 6b Abs. 2a EStG, StuB 2018 S. 298; *Förster*, Die Neuregelung des § 6b Abs. 2a EStG für Reinvestitionen im EU/EWR-Ausland, Wpg 2015 S. 1319; *Geserich*, Übertragung einer 6b-Rücklage auf eine EU-Betriebsstätte, NWB 2017 S. 2901; *Herold*, Das „§ 6b-Modell" bei der Übertragung zwischen Schwesterpersonengesellschaften nutzen, GStB 2017 S. 213, *Herrler*, Die Frist nach § 6b EStG bei Reinvestition in Gebäude, StuB 2017 S. 501; *Hoffmann*, Anmerkung zum Urteil des BFH vom 13.10.2010, – I R 79/09: Zu dem Verbot von Rücklagen beim Squeeze-out, GmbHR 2011 S. 262; *Kanzler*, Die Rücklage für Ersatzbeschaffung und der Ruf nach dem Gesetzgeber, FR 2011 S. 479; *Kanzler*, Umsetzung der EuGH-Entscheidung zum Inlandsbezug des § 6b EStG durch das StÄndG 2015, NWB 2015 S. 3814; *Kanzler*, § 6b EStG – weitere Inlandsklausel auf dem Prüfstand, NWB 2017 S. 1533; *Kanzler*, Zur Übertragung des

Gewinns aus der Veräußerung eines GmbH-Anteils im Gesamthandsvermögen zwischen Schwesternpersonengesellschaften, NWB 2018 S. 534; *Kanzler*, Gewinnübertragung nach § 6b EStG: Veräußerung an Schwesterpersonengesellschaft, Ubg 2018 S. 240; *Kanzler*, Zur Übertragung des Gewinns aus der Veräußerung eines GmbH-Anteils im Gesamthandsvermögen zwischen Schwesterpersonengesellschaften – Wertaufholungsgewinne sind keine begünstigten Veräußerungsgewinne, FR 2018 S. 370; *Kanzler*, Stundungsregelung des § 6b Abs. 2a EStG bei Reinvestitionen in einem anderen EU- oder EWR-Mitgliedstaat – Gelöste und ungelöste Zweifelsfragen durch BMF-Schreiben vom 7.3.2018, NWB 2018 S. 1668; *Kanzler* in Kanzler/Kraft/Bäuml/Marx/Hechtner (Hrsg.): EStG Kommentar, 3. Aufl. 2018, § 6b EStG; *Prinz*, StBJb 2015/ 2016 S. 302 ff.; *Kleinmanns*, Anmerkung zum Urteil des FG Münster vom 23.6.2016, BB 2016 S. 2162; *Räthke/Ritter*, Anwendbarkeit des § 6b EStG bei einer GmbH & atypisch still, NWB 2015 S. 3014; *Prinz*, Aktuelle Fälle des Bilanzsteuerrechts, StBJb 2015/2016 S. 302; *Schmudlach*, Übertragungsmöglichkeiten einer Rücklage nach § 6b EStG bei mehrstöckigen Personengesellschaften, StuB 2016 S. 132; *Watrin/Riegler*, Keine Rücklage für Ersatzbeschaffung im Fall einer gesellschaftsvertraglich bedingten Veräußerung.

1. Einleitung

5250 Mit den steuerlichen Rücklagen – einkommensteuerrechtlich durch besondere Normen zugelassen – gestattet der Gesetzgeber für bestimmte Fallgestaltungen eine zeitlich befristete Steuerstundung auf realisierte stille Reserven. Die Finanzverwaltung erweitert die Steuerstundungsmöglichkeit für Sonderfälle aus Billigkeitsgründen (zur Strategie s. Rz. 2894).

Folgende Rücklagen oder Reinvestitionsrücklagen können derzeit insbesondere gebildet werden:

- ▶ § 6b, 6c EStG Gewinne aus der Veräußerung bestimmter Anlagegüter;
- ▶ § 7g EStG (n. F.) Investitionsabzugsbeträge;
- ▶ Richtlinie 6.5 EStR Rücklage für im Voraus gewährte Zuschüsse zur Anschaffung oder Herstellung von Anlagegütern;
- ▶ Richtlinie 6.6 EStR Rücklage für Ersatzbeschaffung;
- ▶ Richtlinie 6.11 EStR Kompensationsrücklage;
- ▶ § 6 Abs. 1 UmwStG, § 12 Abs. 4 UmwStG Konfusionsgewinnrücklage;
- ▶ Rücklage nach § 3 Abs. 1 Forstschädenausgleichsgesetz (s. dazu unter Rz. 2495 ff.);
- ▶ Rücklage nach §§ 3, 4 des Gesetzes über steuerliche Maßnahmen bei der Stilllegung von Steinkohlebergwerken vom 11.4.1967;
- ▶ Rücklagen nach § 52 Abs. 16 EStG.

5251 *(Einstweilen frei)*

5252 Auslaufende und ausgelaufene Regelungen:

- ▶ § 7g EStG (a. F.) Ansparrücklage;
- ▶ § 52 Abs. 16 Satz 3 Wertaufholungsrücklage;
- ▶ § 74 EStDV Preissteigerungsrücklage;

- § 52 Abs. 8 Satz 3 EStG Rücklagen wegen Umstellung der Rechnungszinsen für Pensionsrückstellungen;
- § 1 AIG Überführung bestimmter Wirtschaftsgüter in Gesellschaften, Betriebe und Betriebsstätten im Ausland;
- § 3 AIG Verlust ausländischer Tochtergesellschaften;
- § 6d EStG Erwerb von Betrieben, deren Fortbestand gefährdet ist (Insolvenzrücklage);
- § 3 Zonenrandförderungsgesetz;
- § 6 Abs. 1 Fördergebietsgesetz;
- §§ 1, 2 DDR Investitionsgesetz;
- § 3 Abs. 2 DDR Steueränderungsgesetz (Akkumulationsrücklage).

In allen Fällen werden zunächst bestimmte Gewinnanteile der Ertragsbesteuerung entzogen, wobei die Ertragsteuerlast nicht endgültig aufgehoben, sondern nur für eine gewisse Zeit hinausgeschoben wird. Es tritt somit ein Steuerstundungseffekt ein. Dies ist sowohl bei Rücklagen, die nach Ablauf einer bestimmten Zeit wieder aufgelöst werden müssen, als auch bei solchen Rücklagen der Fall, die zunächst der Übertragung von stillen Reserven auf andere Vermögensgegenstände dienen. Aus betriebswirtschaftlicher und bilanzanalytischer Sicht entsteht dadurch ein „Mix aus Eigen- und Fremdkapital".

(Einstweilen frei)

2. Handelsrechtliche Grundlagen

2.1 HGB in der Fassung *vor* BilMoG

2.1.1 Darstellung der umgekehrten Maßgeblichkeit (im Bereich der früheren Sonderposten)

Das Steuerrecht räumt in Sonderfällen als Instrument zur Gewährung steuerrechtlicher Vergünstigungen ein Wahlrecht zur gewinnmindernden Bildung von Rücklagen ein. Regelmäßig verbunden ist dies mit einer Bestimmung, wonach sich bei späterer Auflösung der Rücklage der steuerrechtliche Gewinn erhöht.

§ 5 Abs. 1 Satz 2 EStG a. F. setzte für die steuerrechtlich wirksame Ausübung eines solchen steuerlichen Wahlrechts die übereinstimmende Handhabung in der Handelsbilanz voraus. Hintergrund dieser Regelung war die Überlegung, dass steuerlich vorerst neutralisierte Ergebnisse nicht zu einem handelsrechtlichen Ausschüttungspotenzial führen sollten. Um auf handelsrechtlicher Seite diesem steuerlichen Erfordernis (sog. umgekehrte Maßgeblichkeit) zu genügen, gestattete § 247 Abs. 3 HGB a. F. die Bildung solcher Passivposten auch in der Handelsbilanz. Zur Abgrenzung von echten Rücklagen war der gesetzliche Ausweis als so genannte Sonderposten mit Rücklageanteil vorgesehen.

2.1.2 Funktionsweise der Bildung von Sonderposten

Der in den Sonderposten mit Rücklageanteil eingestellte Betrag wird zunächst nicht besteuert. Die Bildung des Sonderpostens mit Rücklageanteil erfolgt über den Posten „sonstige betriebliche Aufwendungen", die Auflösung über den Posten „sonstige betriebliche Erträge". Die Aufwände und Erträge aus der Bildung bzw. Auflösung des Sonderpostens mit Rücklageanteil, sind hinsichtlich ihres Betrags und ihrer Art zu erläutern. Dabei entsprach der handelsrechtliche Sonderposten mit Rücklageanteil betragsmäßig der steuerrechtlichen Rücklage, weil der Ansatz nach § 247 Abs. 3 Satz 1 HGB a. F. nicht nur dem Grunde, sondern auch der Höhe nach auf den steuerrechtlich zulässigen Wertansatz begrenzt war. Die vorzeitige Auflösung des Sonderpostens mit Rücklageanteil in der Handelsbilanz war möglich, aber mit der Folge verbunden, dass diese Auflösung auch bei der steuerrechtlichen Gewinnermittlung zu berücksichtigen war. Ferner war die Auflösung der Rücklagen durch die direkte Übertragung auf ein Wirtschaftsgut ohne Berührung der Gewinn- und Verlustrechnung aus Gründen der Klarheit und des Saldierungsverbots nicht zulässig, vielmehr wurde die Rücklage gewinnerhöhend aufgelöst und in Höhe der Rücklage war eine steuerrechtliche Mehrabschreibung i. S. d. § 254 HGB a. F. vorzunehmen.

2.2 HGB in der Fassung des BilMoG

2.2.1 Änderung durch das BilMoG

5262 Durch das Bilanzrechtsmodernisierungsgesetz wurde die Abschaffung der so genannten umgekehrten Maßgeblichkeit und damit auch die Anerkennung der Sonderposten mit Rücklageanteil vorgeschrieben. Wesentlicher Hintergrund dieser gesetzlichen Änderung war unter anderem die Unvergleichbarkeit der deutschen HGB-Bilanz mit ausländischen Rechnungslegungswerken insbesondere aufgrund der erheblichen Bewertungsunterschiede, wobei hier die durch § 6b EStG ausgelösten Abweichungen den größten Anteil ausmachen. Art. 66 Abs. 5 Satz 1 EGHGB schreibt vor, dass § 247 Abs. 3 HGB a. F. letztmals für vor dem 1.1.2010 beginnende Geschäftsjahr anzuwenden ist, das heißt bei Geschäftsjahr gleich Kalenderjahr letztmalig im Jahresabschluss zum 31.12.2009.

2.2.2 Übergangsregelung

5263 Der Gesetzgeber räumt ein Wahlrecht ein. Die Sonderposten mit Rücklageanteil, die vor dem Inkrafttreten des BilMoG gebildet wurden, dürfen fortgeführt werden. Alternativ ist die ergebnisneutrale Einstellung unmittelbar in die Gewinnrücklagen vorgesehen. Nach der ausdrücklichen, gesetzlichen Regelung gemäß § 67 Abs. 3 EGHGB konnte dieses Wahlrecht jedoch nur einmal und zwar im Jahresabschluss für nach dem 31.12.2009 begonnene Geschäftsjahre ausgeübt werden. Ferner hatte die Ausübung des Wahlrechts im Interesse der Klarheit des Jahresabschlusses auch einheitlich zu erfolgen. Das heißt der gesamte Bilanzposten wurde entweder einheitlich beibehalten oder erfolgsneutral in die Gewinnrücklagen umgegliedert, wobei die eventuell unterschiedlichen Rechtsgrundlagen für seine Bildung insoweit außer Betracht blieben.

5264 Soweit die Sonderposten mit Rücklageanteil beibehalten wurden und in der Folgezeit auf nicht abschreibbare Vermögensgegenständen entfallen, werden diese Sonderposten mit Rücklageanteil auf unabsehbare Zeit in der Handelsbilanz bleiben. Selbst bei den steuerlichen Rücklagen, die planmäßig aufgelöst werden (Übertragung auf abschreibbare Wirtschaftsgüter) wird die Auflösung einen langen Zeitraum in Anspruch nehmen, da gemäß den steuerlichen Regeln zumeist auf langlebige Vermögensgegenstände übertragen wurde.

(Einstweilen frei) 5265–5269

3. Einzelheiten zu den steuerlichen Regelungen
3.1 Gesetzgeberisches Ziel bei Einführung der steuerlichen Rücklagen

Auch wenn im Einzelfall der Einführung der verschiedenen steuerlich zulässigen Rücklagen unterschiedliche Detailmotive zugrunde liegen, ist das verbindende Element darin zu sehen, dass die mit einer Anordnung, einem Ereignis oder einer Handlungsweise eintretende Aufdeckung stiller Reserven und die damit einhergehende „Normalversteuerung" der aufgedeckten stillen Reserven als sachlich unbillig angesehen wird. Ein weiteres verbindendes Element liegt darin, dass diese steuerrechtlichen Vorschriften – wenn auch unterschiedliche – Voraussetzungen für die Bildung bzw. Auflösung der Rücklagen treffen. In jedem Fall werden zunächst bestehende steuerliche Gewinnanteile der Ertragsbesteuerung entzogen. Dabei wird aber die Ertragsbesteuerung nicht endgültig aufgehoben, sondern nur für eine gewisse Zeit hinausgeschoben (steuerlicher Stundungseffekt). Dies gilt sowohl für die Rücklagen, die nach Ablauf einer bestimmten Zeit wieder aufgelöst werden müssen, als auch für solche Rücklagen, die zunächst der Übertragung von stillen Reserven dienen. Im letzteren Fall wird die stille Reserve auf Wirtschaftsgüter übertragen, mit der Folge, dass bei abschreibbaren Wirtschaftsgütern das Abschreibungspotential auf Dauer gemindert wird bzw. bei nicht abschreibbaren Wirtschaftsgütern im Falle einer Veräußerung ein niedrigerer Buchwert angesetzt werden wird. 5270

(Einstweilen frei) 5271–5274

3.2 Reinvestitionsrücklage gemäß § 6b EStG (zum Charakter der Rücklage s. auch unter Rz. 361)
3.2.1 Überblick über den Regelungsinhalt

§§ 6b, 6c EStG lassen die Übertragung aufgedeckter stiller Reserven bei bestimmten Wirtschaftsgütern auf Anschaffungs- bzw. Herstellungskosten anderer, allerdings auch nur bestimmter Anlagegüter zu. Das Ziel des Gesetzgebers liegt darin, ökonomisch sinnvolle Anpassungen zu erleichtern und eine Substanzbesteuerung von langfristig gebundenen stillen Reserven im Anlagevermögen zu vermeiden.[1] Dieses hat der Gesetzgeber typisierend in der Art und Weise geregelt, dass die Übertragung für die Wirtschaftsgüter zugelassen wird, bei denen aufgrund ihrer langen Nutzungsdauer typischerweise erhebliche stille Reserven angesammelt werden. Im Falle ihrer Veräußerung würden dann diese Reserven in voller Höhe einer Ertragsbesteuerung unterworfen und damit die frei gewordenen Mittel nicht in vollem Umfang für die Anschaffung von Ersatzwirtschaftsgütern, die aber betriebswirtschaftlich notwendig sind, aufgewandt werden können. Methodisch wird diese Technik der Neutralisation bzw. der Übertragung von stillen Reserven so umgesetzt, dass entweder im Wirtschaftsjahr der Veräußerung die auf- 5275

---

[1] *Loschelder* in Schmidt, EStG, 37. Aufl. 2018, § 6b Rz. 1.

gedeckten stillen Reserven von den Anschaffungs- oder Herstellungskosten anderer Wirtschaftsgüter – die im Wirtschaftsjahr der Veräußerung oder **im vorangegangenen Wirtschaftsjahr** angeschafft oder hergestellt wurden – abgezogen (abgeschrieben) werden. Oder es wird mangels geeigneten Übertragungsobjektes ergebnisneutral eine Rücklage gebildet, die dann in den nächsten vier bis sechs Jahren – in besonderen Fällen sogar länger – auf die Anschaffungs- oder Herstellungskosten anderer und zwar nur bestimmter Wirtschaftsgüter übertragen werden kann.

Im Ergebnis haben §§ 6b, 6c EStG zur Folge, dass dem Veräußernden erlaubt wird, das veräußerte Wirtschaftsgut und das neue – reinvestierte – Wirtschaftsgut auszutauschen und zwar unter Wahrung des Buchwertes und damit unter Verstoß gegen das Realisationsprinzip.[2] Bei den Vorschriften handelt es sich um personenbezogene Vergünstigungen. Veräußerer und reinvestierender Steuerpflichtiger müssen identisch sein (Ausnahme: unentgeltlicher Übergang; Beispiel: Gesamtrechtsnachfolge bei Schenkungen und Erbfall).

5276   Im Detail muss für die Eröffnung des Anwendungsbereiches der Vorschriften entweder eine Gewinnermittlung nach § 4 Abs. 1 oder nach § 5 EStG vorgenommen werden (so § 6b EStG) bzw. in den Fällen des § 6c EStG eine Gewinnermittlung nach § 4 Abs. 3 EStG bzw. im Falle der Land- und Forstwirtschaft nach Durchschnittssätzen erfolgen.

Sowohl das veräußerte als auch das angeschaffte Wirtschaftsgut müssen zu einem inländischen Betriebsvermögen[3] und zwar zum Anlagevermögen gehören, wobei eine gewisse Vorbesitzzeit beim veräußerten Anlagevermögen erfüllt sein muss.

§ 6b Abs. 4 Satz 2 EStG untersagt dem Unternehmer die Übertragung stiller Reserven aus der Veräußerung von Wirtschaftsgütern des Betriebsvermögens auf Wirtschaftsgüter, die zum Betriebsvermögen nicht gewerblicher Betriebe gehören. Der BFH hat aber entschieden, dass nicht der Gewerbesteuer unterliegende Gewinne aus der Veräußerung oder Aufgabe eines Gewerbebetriebs gem. § 6b EStG auf Wirtschaftsgüter eines L+F Betriebs übertragen werden können, soweit sie auf nach § 6b Abs. 1 Satz 1 EStG begünstigte Wirtschaftsgüter entfallen.[4]

5277   Zumindest im Zeitpunkt der Reinvestition muss das angeschaffte/hergestellte Wirtschaftsgut dem Anlagevermögen zugeordnet werden und dieses Wirtschaftsgut auch definitionsgemäß auf Dauer dem Unternehmen zu dienen angelegt sein. Damit sind spätere Entnahmen oder Umwidmungen nicht grundsätzlich schädlich, soweit jedoch der Zeitraum zwischen Anschaffung/Herstellung und Umwidmung/Veräußerung oder Entnahme relativ kurz ist, dürfe unter Umständen der Nachweis gegenüber der Finanzverwaltung, dass das Wirtschaftsgut am Anfang zum Anlagevermögen zählte, nur schwer zu führen sein.

5278   Die Übertragung der stillen Reserven bzw. die Bildung der Rücklagenzuführung muss in der Buchhaltung verfolgbar sein. Begünstigt werden nur die Fälle der Veräußerung eines Wirtschaftsguts bzw. der Anschaffung/Herstellung, wobei es sich jeweils um In-

---

2 *Heger* in Kirchhof/Söhn/Mellinghoff, EStG, § 6b A 32.
3 Die EU-Kommission hat Deutschland am 29.9.2011 aufgefordert, die (steuerfreie) Übertragung stiller Reserven nach § 6b EStG auch für grenzüberschreitende Transaktionen zu ermöglichen. Die EU-Kommission sieht im Inlandsbezug eine Diskriminierung. Die EU-Kommission hat zwischenzeitlich beschlossen, Klage vor dem EuGH zu erheben.
4 BFH, Urteil vom 30.8.2012 – IV R 28/09, FR 2013 S. 226 m. Anm. *Wendt* und *Kanzler*.

landsfälle handeln muss. Diese EU-widrige Beschränkung für die Anschaffung bzw. Herstellung ist durch die Schaffung eines Wahlrechts zur Stundung gem. § 6b Abs. 2a EStG abgeholfen worden. Mit der Übertragung der stillen Reserven auf das angeschaffte/hergestellte Wirtschaftsgut wird die Bemessungsgrundlage für die Abschreibung gemindert bzw. eine Sonderabschreibung auf das Wirtschaftsgut vorgenommen. Soweit es innerhalb des gesetzlich vorgesehenen Zeitraums für die Reinvestition nicht zu einer solchen kommt, wird – verschuldensunabhängig – für die Zeitdauer des Bestehens der Rücklage ein Gewinnzuschlag in Höhe von 6 % p. a. gesetzlich festgelegt.

Steuersystematisch handelt es sich bei § 6b EStG um ein Bewertungswahlrecht, welches zu einer Abweichung von den allgemeinen Gewinnermittlungsvorschriften der §§ 4 ff. EStG führt. Es liegt eine Durchbrechung des Grundsatzes der Versteuerung realisierter Gewinne vor. Der Gesetzgeber korrigiert hier unter dem Gesichtspunkt, dass die Anwendung der allgemeinen Grundsätze im Einzelfall zu einer übermäßigen Besteuerung führen könnte und unterstellt hiermit, dass im Fall der Besteuerung eines Veräußerungsgewinns Neuinvestitionen in Wirtschaftsgüter des Anlagevermögens – und zwar solche mit einer Langlebigkeit – eventuell nicht gewährleistet sind.[5]

5279

Die Anwendung dieses steuerlichen Wahlrechtes wird nun völlig losgelöst vom Handelsrecht und der dort anzuwendenden Bilanzierung vorgenommen werden, da mit der Abschaffung der sogenannten umgekehrten Maßgeblichkeit für Wirtschaftsjahre, die nach dem 31.12.2009 beginnen, das Wahlrecht allein in der Steuerbilanz auszuüben ist. Wichtig ist insoweit, dass das Wahlrecht nur wirksam ausgeübt werden kann, wenn die in § 5 Abs. 1 Satz 2 EStG genannten Dokumentationspflichten vollständig erfüllt werden. Danach muss für die Wirtschaftsgüter, deren Buchwert nach der Übertragung stiller Reserven vom Handelsrecht abweicht, die Aufnahme in ein besonders zu führendes Verzeichnis erfolgen. In diesen Verzeichnissen sind Unterlagen/Informationen über den Tag der Anschaffung und der Herstellung, die Anschaffungs- oder Herstellungskosten, die Vorschrift des ausgeübten Wahlrechts und die vorgenommene Abschreibung nachzuweisen.

5280

Die Frage der Vorteilhaftigkeit der Bildung der Rücklage nach § 6b EStG muss im Einzelfall angesichts des sich im Moment der Übertragung stiller Reserven ergebenden Steuervorteils und eines möglichen Gewinnzuschlages nach § 6b Abs. 7 EStG bei Nichtübertragung der Rücklage mangels Reinvestitionsabsicht oder Reinvestitionsmöglichkeit abgewogen werden. Dem Zinsvorteil aus der späteren Besteuerung muss also der zwingende Gewinnzuschlag § 6b Abs. 7 EStG gegenüber gestellt werden. Insbesondere bei unsicherer Reinvestitionsabsicht sind hier im Einzelfall die Folgen angesichts der jeweiligen persönlichen steuerlichen Verhältnisse abzuschätzen.[6] Insbesondere in einer Verlustperiode – oder auch in Fällen des Anteilseignerwechsels (§ 8c KStG, § 8d KStG) – kann es sinnvoll sein, die Vergünstigung nach § 6b EStG nicht in Anspruch zu nehmen, um Verlustverrechnungsbeschränkungen zu entgehen (zur Steuerbilanzpolitik s. auch Rz. 2759 f.).

5281

(Einstweilen frei)

5282–5289

---

5 Siehe *Heger* in Kirchhof/Söhn/Mellinghoff, EStG, A 43.
6 Vertiefend siehe *Heger* in Kirchhof/Söhn/Mellinghoff, EStG, A 112 f.

3.2.2 Persönlicher Anwendungsbereich

5290 Die Vorschrift kommt zur Anwendung für natürliche Personen, die im Inland unbeschränkt oder beschränkt steuerpflichtig sind und ihren Gewinn nach § 4 Abs. 1 oder 5 EStG ermitteln. Für die Gewinnermittlung nach § 4 Abs. 3 oder Durchschnittssteuersätzen siehe Rz. 5470.

Für juristische Personen kommt § 6b EStG über den Verweis in § 8 Abs. 1 KStG zur Anwendung.

5291 Für Veräußerungen nach dem 31.12.2001 gilt für Personengesellschaften die so genannte gesellschafterbezogene Betrachtungsweise.[7] Danach wird § 6b EStG nicht von der Personengesellschaft als solcher, sondern von den an ihr beteiligten Mitunternehmern, denen ein Veräußerungsgewinn auch einkommensteuerrechtlich zuzurechnen ist, unter den tatbestandlichen Voraussetzungen der Norm in Anspruch genommen. Diese gesellschafterbezogene Sichtweise hat zur Folge, dass die Voraussetzungen des § 6b EStG für jeden einzelnen Gesellschafter gesondert zu prüfen sind. Diese Verfahrensweise bei Personengesellschaften steht im Spannungsverhältnis zum Grundsatz der Personenidentität, wonach der durch § 6b EStG begünstigte Steuerpflichtige mit der Person identisch sein muss, die bestimmte Wirtschaftsgüter veräußert und dabei einen Gewinn realisiert und diese realisierten Gewinne auf ein Ersatzwirtschaftsgut übertragen will. Die Einschränkung bei Mitunternehmern durch Rechtsprechung und Praxis ist jedoch mit Sinn und Zweck des § 6b EStG vereinbar, da sie die einkommensteuerrechtliche Behandlung widerspiegelt. Steuerpflichtiger i. S. v. § 6b EStG kann nur der einzelne Gesellschafter sein, da nur er einkommen- oder körperschaftsteuerpflichtig ist und damit auch die im Gesamthandsvermögen der Personengesellschaft erzielten Veräußerungsgewinne nach § 15 Abs. 1 Satz 1 Nr. 2 EStG zu versteuern hat.[8] Vorübergehend galt für die Veranlagungszeiträume 1999 bis 2001 der Grundsatz der gesellschaftsbezogenen Betrachtungsweise, wonach die Personengesellschaft selbst als Begünstigter nach § 6b EStG angesehen werden musste.[9] Seit dem Veranlagungszeitraum 2002 ist das Gesetz zur gesellschafterbezogenen Betrachtungsweise zurückgekehrt.

5292 Die sich aus dieser gesellschafterbezogenen Betrachtungsweise ergebenden Übertragungsmöglichkeiten aufgedeckter stiller Reserven im Falle von Mitunternehmern[10] sind unter Rz. 5394 dargestellt.

5293–5294 *(Einstweilen frei)*

5295 ▶ **Reinvestition in einen 6b/6c-Fonds:** 6b-/6c-Fonds sind Kapitalanlageprodukte in Form von geschlossenen Fonds, die grundsätzlich §§ 6b, 6c EStG (im Folgenden 6b-Fonds) fähig sind. Bei solchen 6b-Fonds handelt es sich dem Grunde nach um geschlossene Immobilienfonds, die allerdings gewerblich ausgestaltet sind. Diese Ausgestaltung als im Regelfall gewerblich geprägte Personengesellschaften führt dazu, dass sie für den Anleger gewerbliche Einkünfte vermitteln. Gemäß des Transparenz-

---

[7] Für Übertragungen in der Zeit vom 1.1.1999-31.12.2001 siehe *Loschelder* in Schmidt, EStG, 37. Aufl. 2018, Rz. 4.
[8] Siehe vertiefend hierzu *Marchal* in HHR, § 6b EStG Anm. 27.
[9] Für Übertragungen in der Zeit vom 1.1.1999-31.12.2001 siehe *Loschelder* in Schmidt, EStG, 37. Aufl. 2018, Rz. 4.
[10] Vgl. R 6b.2. Abs. 6, 7, 8 EStR.

prinzips werden Investitionen und die Übertragung von Veräußerungsgewinnen auf 6b-Fonds als direkte Reinvestition in übertragungsfähige Wirtschaftsgüter gemäß § 6b EStG behandelt (steuerliches Vehikel für Reinvestitionen). Soweit also im eigenen betrieblichen Bereich keine Reinvestitionsmöglichkeit für entstandene Veräußerungsgewinne aus begünstigten Wirtschaftsgütern besteht, schaffen diese Fonds eine Möglichkeit der direkten Reinvestition auf begünstigte Wirtschaftsgüter.[11]

Die vom Bundesrat in 2010 vorgeschlagenen Änderungen des § 6b Abs. 4 EStG zum Ausschluss so genannter 6b-Fonds[12] sind nicht Gesetz geworden. Es ist nicht auszuschließen, dass die Finanzverwaltung gleichwohl solche Konzeptionen im Einzelfall aufgreifen wird.

(Einstweilen frei) 5296–5299

3.2.3 Sachlicher Anwendungsbereich
3.2.3.1 Begünstigte Wirtschaftsgüter

Aus der folgenden Aufstellung kann entnommen werden, auf welche Wirtschaftsgüter und in welchem Umfang, der bei der Veräußerung bestimmter Wirtschaftsgüter entstandene Gewinn übertragen werden kann (Reinvestitionsobjekte). 5300

ABB 1: Möglichkeiten der Übertragung						
Übertragung	Grund und Boden	Aufwuchs auf Grund und Boden	Gebäude	Abnutzbare bewegliche Wirtschaftsgüter	Anteile an Kapitalgesellschaften	Binnenschiffe
von/auf	%	%	%	%	%	%
Grund und Boden	100	100	100	--	--	--
Aufwuchs auf Grund und Boden	--	100	100	--	--	--
Gebäude	--	--	100	--	--	--
Anteile an Kapitalgesellschaften	--	--	60	60	100	--
Binnenschiffe	--	--	--	--	--	100

Grund und Boden: Der Begriff Grund und Boden ist enger als der Begriff des Grundstücks in zivilrechtlichem Sinne. Er umfasst grundsätzlich nur den nackten Grund und Boden (zu unbeweglichen Wirtschaftsgütern s. auch Rz. 571).[13] 5301

Jede nach Lage und Größe genau abgegrenzte Teilfläche eines Flurstücks kann ein eigenständiges, als Grund und Boden zu beurteilendes Wirtschaftsgut sein.[14]

---

11 Zur Wirkungsweise *Götzenberger*, BB 2010 S. 806 ff.
12 Vgl. *IDW*, UBG 2010 S. 732.
13 Siehe H 6b.1 EStR.
14 FG Bremen, Urteil v. 20.8.1982 – I 165/80 K, EFG 1983 S. 224.

Zum Grund und Boden zählen noch nicht in den Verkehr gebrachte (= bloße Entdeckung ohne weitere Maßnahmen) Bodenschätze.[15]

Nach Auffassung des BFH zählen auch so genannte Auffüllrechte zum Grund und Boden.[16]

5302 **ABC Grund und Boden**

Zum Grund und Boden zählen *nicht*:[17]

- Gebäude, diese sind einkommensteuerrechtlich getrennt zu behandeln;
- Bodenschätze, soweit sie als Wirtschaftsgut bereits entstanden sind, stellen sie ein selbständiges Wirtschaftsgut dar;
- bereits entdeckte Bodenschätze, wenn mit der Aufschließung begonnen ist oder mit einer baldigen Aufschließung zu rechnen ist;[18]
- Eigenjagdrecht;
    - selbständiges, materielles Wirtschaftsgut,[19]
- grundstücksgleiche Rechte, ob schuldrechtlicher oder dinglicher Natur (Nutzungsrechte);
    - Erbbaurecht,[20]
    - Nießbrauch,
    - Mineralgewinnungsrecht,
    - Pachtrecht,
    - Thermalwasserbezugsrecht,[21]
    - Wasserbezugsrecht,
- Be- und Entwässerungsanlagen;
- Aufwuchs (dazu siehe unten);
- Hofbefestigung, Zufahrten und Wirtschaftswege;
- Landwirtschaftliche Lieferrechte; sie sind selbständige immaterielle Wirtschaftsgüter;
    - Milchanlieferungsrecht,[22]
    - Zuckerrübenlieferrecht.[23]

---

15 BFH, Urteil v. 24.1.2008 – IV R 45/05, BStBl 2009 II S. 449.
16 BFH, Urteil v. 20.3.2003 – IV R 27/01, BStBl 2003 II S. 875; a. A. FG Schleswig-Holstein, Urteil vom 28.3.2001, EFG 2001 S. 810; siehe H 6b. 1 EStR.
17 Vgl. auch H 6b.1 EStR.
18 BFH, Urteil v. 20.3.2003 – IV R 27/01, BStBl 2003 II S. 878.
19 BMF, Schreiben v. 23.6.1999, BStBl 1999 I S. 593.
20 § 11 ErbbauRG.
21 BFH, Urteil v. 24.8.1989 – IV R 38/88, BStBl 1989 II S. 1010.
22 BFH, Urteil v. 5.3.1998 – IV R 23/96, BStBl 2003 II S. 56.
23 BFH, Urteil v. 24.6.1999 – IV R 33/98, BStBl 2003 II S. 58.

Die Möglichkeit zur Errichtung eines Windparks stellt lediglich einen wertbildenden Faktor des Grund und Bodens und kein selbstständiges immaterielles Wirtschaftsgut „Nutzungsgut" dar (zu Windkraftanlagen s. Rz. 546).[24]

5303

(Einstweilen frei)

5304

Aufwuchs auf Grund und Boden: Aufwuchs auf Grund und Boden sind lebende Pflanzen, die auf dem Grund und Boden gewachsen und auch darin noch verwurzelt, also nicht abgeerntet sind.[25]

5305

Der Aufwuchs muss mit dem dazugehörigen Grund und Boden veräußert werden, daher kann auch ein Wald nicht isoliert als Holz auf dem Stamm steuerbegünstigt veräußert werden.

Dabei ist keine Veräußerung des Grund und Bodens bzw. des Aufwuchses an denselben Erwerber notwendig, sofern beide Veräußerungsakte in eindeutiger Weise auf einem einheitlichen Veräußerungsbeschluss beruhen und im engen sachlichen und zeitlichen Zusammenhang durchgeführt werden.[26]

ABC Aufwuchs (s. dazu auch unter Rz. 2480 ff.)[27]

5306

- ▶ Wald, Bäume;
- ▶ stehendes Holz (s. dazu auch unter Rz. 2489 ff.);
- ▶ Obstbaumanlagen;
- ▶ Korbweidenkultur;
- ▶ Rebanlagen;
- ▶ Spargelanlagen;
- ▶ Feldinventar;
- ▶ Baumschulanlagen
  - mangels Zugehörigkeit zum Anlagevermögen dürften diese aber regelmäßig ausscheiden.

(Einstweilen frei)

5307–5309

Gebäude: Gebäude ist ein Bauwerk, dass Menschen oder Sachen durch räumliche Umschließung Schutz gegen äußere Witterungseinflüsse gewährt, den Aufenthalt von Menschen gestattet, fest mit dem Grund und Boden verbunden, von einiger Beständigkeit und ausreichend standfest ist.[28]

5310

Gemäß § 6b Abs. 1 Satz 2 EStG steht der Anschaffung oder Herstellung von Gebäuden, die Erweiterung, der Ausbau oder der Umbau gleich, wobei der Abzug des Veräußerungsgewinns in diesem Fall ausdrücklich nur von dem Aufwand für die Erweiterung, den Ausbau oder den Umbau des Gebäudes zulässig ist.

---

24 BFH, Urteil v. 10.3.2016 – IV R 41/13, BStBl 2016 II S. 984; abweichend zur Vorinstanz; FG Niedersachsen, Urteil v. 30.10.2013 – 1 K 487/12, EFG 2014 S. 126.
25 Siehe H 6b.1 EStR.
26 Vgl. BFH, Urteil vom 7.5.1987 – IV R 150/84, BStBl 1987 II S. 670, Abstand lediglich 1 Tag.
27 Siehe H 6b.1 EStR.
28 BFH, Urteil v. 21.1.1998 – IV R 116/86, BStBl 1988 II S. 628.

5311–5314 (Einstweilen frei)

5315 **ABC Gebäude**

▶ Container, soweit er seiner individuellen Zweckbestimmung nach für eine dauerhafte Nutzung aufgestellt ist;[29]

▶ Bürocontainer, der auf festen Fundamenten ruht;[30]

▶ Gebäude auf fremdem Grund und Boden, soweit der Steuerpflichtige wirtschaftlicher Eigentümer ist;[31]

▶ Tiefgarage, Gärkeller;

5316 ▶ Gebäude, die aufgrund eines Erbbaurechts errichtet wurden;

– Wohnungseigentum, sofern es zum Anlagevermögen zählt;

– Selbständige Gebäudeteile,

(Diese liegen dann zum einen vor, wenn ein Gebäude teils eigenbetrieblich, teils fremdbetrieblich, teils zu eigenen, teils zu fremden Wohnzwecken genutzt wird. Jeder Teil stellt ein selbständiges Wirtschaftsgut und einen Gebäudeteil dar.[32]

Selbständige Gebäudeteile sind zum anderen dann gegeben, wenn sie in keinem einheitlichen Nutzungs- und Funktionszusammenhang mit dem Gebäude stehen.)

– Ladeneinbauten,

– Schaufensteranlagen,

– Gaststätteneinrichtungen,

– Schalterhallen (Bsp.: Kreditinstitute),

– sowie ähnliche Einbauten (Trennwände, Fassaden, Passagen).

In diesen Fällen handelt es sich um selbständige, in der Regel unbewegliche Wirtschaftsgüter.[33]

Sie sind allerdings abzugrenzen, zum einen von den Gebäudeteilen, die der eigentlichen Nutzung des Gebäudes dienen und für das Gebäude statisch oder aus Gründen der Nutzung bedeutsam sind (siehe unten) bzw. zum anderen von den Betriebsvorrichtungen.

5317 ▶ Unselbständige Gebäudeteile sind keine eigenständigen Wirtschaftsgüter, sondern rechnen zum Gebäude.

Unselbständigkeit liegt vor, wenn der Gebäudeteil der eigentlichen Nutzung des Gebäudes dient:

---

29 BFH, Urteil v. 23.9.1988 – III R 67/85, BStBl 1989 II S. 113.
30 BFH, Urteil v. 25.4.1996 – III R 47/93, BStBl 1996 II S. 613.
31 BFH, Urteil v. 10.4.1997 – IV R 12/96, BStBl 1997 II S. 718.
32 BFH, Urteil v. 29.9.1994 – III R 80/92, BStBl 1995 II S. 72.
33 BFH, Urteil v. 15.5.1968 – VI R 209, 67, BStBl 1968 II S. 581.

- Fahrstuhl-, Heizungs-, Belüftungs- und Entlüftungsanlagen,[34]
- Lufterhitzer,
- Schwimmbecken, Bäder, Duschen im Hotel,[35]
- Rolltreppen im Kaufhaus.[36]

Unselbständigkeit liegt auch vor bei getrennt errichteten Baulichkeiten, die aber in einem sogenannten Nutzungs- und Funktionszusammenhang mit dem Gebäude stehen und das Gebäude ohne die Baulichkeit als unvollständig angesehen werden würde:

- Umzäunung,
- Garagen bei Wohngebäuden.

▶ Betriebsvorrichtungen gelten auch einkommensteuerlich als selbständige **bewegliche** Wirtschaftsgüter, da sie in keinem einheitlichen Nutzungs- und Funktionszusammenhang mit dem Gebäude stehen. Als Betriebsvorrichtungen einzuordnen sind Maschinen und sonstige Vorrichtungen aller Art, die zu einer Betriebsanlage gehören. Es handelt sich um Gegenstände, durch die das Gewerbe unmittelbar betrieben wird.[37] Als Betriebsvorrichtung gelten nach der Rechtsprechung des BFH diese Wirtschaftsgüter aber nur, wenn sie in einer so engen Beziehung zum Gewerbe stehen, dass sie für den Grundeigentümer mit Einstellung des konkreten Betriebes wertlos werden.[38]

5318

▶ Scheinbestandteile:

5319

- Sachen, die nur zu einem vorübergehenden Zweck mit dem Grund und Boden verbunden oder in ein Gebäude eingefügt werden,[39] bleiben bewegliche Sachen.[40]
- Bei Scheinbestandteilen handelt es sich um nicht begünstigte, bewegliche Wirtschaftsgüter.

▶ Mieter- und Pächtereinbauten:

5320

- Hier kann es sich um Scheinbestandteile, selbständige Gebäudeteile oder Betriebsvorrichtungen handeln. Entscheidend ist jeweils die Zweckbestimmung und die Frage des wirtschaftlichen Eigentums.
- Falls ein vom Mieter/Pächter errichtetes Gebäude wesentlicher Bestandteil des Grundstücks geworden ist und der Grundstückseigentümer das Eigentum erlangt hat, ist § 6b EStG insoweit anwendbar, als der Mieter/Verpächter einen Entschädigungsanspruch gegenüber dem Eigentümer hat (= wirtschaftliches Eigen-

---

34 BFH, Urteil v. 5.9.2002 – III R 8/99, BStBl 2002 II S. 877.
35 BFH, Urteil v. 11.12.1991 – II R 14/89, BStBl 1992 II S. 278.
36 BFH, Urteil v. 12.1.1983 – I R 70/79, BStBl 1983 II S. 223.
37 BFH, Urteil v. 11.12.1991 – II R 14/89, BStBl 1992 II S. 278.
38 BFH, Urteil v. 10.11.1990 – II R 171/87, BStBl 1991 II S. 59; wegen der Abgrenzung im Einzelnen: siehe gleichlautenden Erlass der Finanzbehörden der Länder betreffend die Abgrenzung des Grundvermögens vor der Betriebsvorrichtung v. 31.3.1992, BStBl 1992 I S. 342.
39 Siehe § 95 BGB.
40 Siehe zur Definition des vorübergehenden Zwecks BFH, Urteil vom 4.12.1970 – VI R 157/68, BStBl 1971 II S. 165.

tum).⁴¹ Insoweit kann ein begünstigter Veräußerungsgewinn nach § 6b EStG angekommen werden. Gleiches gilt, wenn die Einbauten als selbständige Gebäudeteile gelten (Bsp.: Ladeneinbauten/ Schaufensteranlagen).

5321–5324   *(Einstweilen frei)*

5325   **Binnenschiffe:** Binnenschiffe sind nach der Legaldefinition in § 3 Abs. 3 SchiffRegO zur Schifffahrt auf Flüssen und sonstigen Binnengewässern bestimmte Schiffe.

Dies können nicht nur Güter- und Personenschiffe, sondern Schiffe aller Art sein.⁴²

Eine Eintragung ins Binnenschifffahrtsregister ist nicht notwendig.⁴³

Anteile an **Kapitalgesellschaften** siehe Rz. 5460-5465.

5326–5330   *(Einstweilen frei)*

3.2.3.2 Veräußerung

5331   Gemäß § 6b Abs. 1 Satz 1 EStG muss eine Veräußerung vorliegen. Bei einer Veräußerung handelt es sich um die Übertragung des zivilrechtlichen, zumindest des wirtschaftlichen Eigentums an einem begünstigten Wirtschaftsgut (Rechtsträgerwechsel) gegen Entgelt (Gegenleistung)⁴⁴. Die Übertragung liegt regelmäßig vor bei Übergang von Besitz, Gefahr, Nutzung und Lasten⁴⁵. Dies ist auch der maßgebliche Zeitpunkt der Veräußerung. Hierbei ist es irrelevant, ob die Veräußerung freiwillig oder unter wirtschaftlichem Zwang stattfindet.⁴⁶ Schließlich muss auch ein Veräußerungsgewinn realisiert werden, der dann übertragen werden kann.

5332   **ABC der Veräußerung**

▶ Kaufvertrag;
   – Es handelt sich um einen Veräußerungsvorgang.

▶ Tausch⁴⁷, soweit das hingegebene und das eingetauschte Wirtschaftsgut Betriebsvermögen sind;⁴⁸

5333   ▶ Einbringung von Einzelwirtschaftsgütern in Personengesellschaften;
   – Gemäß § 6 Abs. 5 Satz 3 EStG hat die (offene oder verdeckte) Einbringung (gegen Gesellschaftsrechte oder unentgeltlich) in Personengesellschaften zwingend zu Buchwerten zu erfolgen, es mangelt an dem Veräußerungsgewinn. Soweit jedoch die Ausnahmefälle des § 6 Abs. 5 Satz 4 ff. EStG (Verletzung einer Sperrfrist, Beteiligung von Körperschaften) greifen, kommt es zu einer Gewinnrealisierung und § 6b ist anzuwenden.⁴⁹

---

41 Siehe BFH, Urteil v. 14.5.2002 – VIII R 30/98, BStBl 2002 II S. 74.
42 Vgl. BMF, Schreiben v. 16.9.1992, BStBl 1992 I S. 570.
43 Vgl. *Schlenker* in Blümich, EStG, § 6b Rz. 98.
44 Siehe H 6b.1 EStR.
45 Siehe H 6b.1 EStR.
46 Siehe H 6b.1 EStR.
47 BFH, Urteil v. 13.7.1971 – VIII 15/65, BStBl 1971 II S. 731; H 6b. 1 EStR.
48 BFH, Urteil v. 29.6.1995 – VIII R 2/94, BStBl 1996 II S. 60; H 6b. 1 EStR.
49 R 6b.1 Abs. 1 Satz 5 EStR.

- Die Einbringung gegen Übernahme einer Verbindlichkeit stellt eine Gegenleistung und damit eine Veräußerung dar. Gleiches gilt für die nicht von § 6 Abs. 5 Satz 3 EStG erfassten Fälle.[50]

▶ Einlage von Einzelwirtschaftsgütern in eine Kapitalgesellschaft;

- Die verdeckte Einlage stellt keine Veräußerung im Sinne des § 6b EStG dar, es fehlt an einer Gegenleistung.[51]

Die Fiktion des § 17 Abs. 1 Satz 2 EStG wird für § 6b EStG nicht übernommen.

- Die Einlage einzelner Wirtschaftsgüter aus dem Betriebsvermögen in eine Kapitalgesellschaft gegen Gewährung von Gesellschaftsrechten ist eine Veräußerung.
- Die Einlage aus dem Privatvermögen stellt hingegen eine nicht gem. § 6b EStG begünstigte Entnahme dar.

▶ Einbringung von Beteiligungen an Betrieben und Teilbetrieben gegen Gesellschaftsrechte in Personen- oder Kapitalgesellschaft;

- Eine Veräußerung liegt hier nur insoweit vor, als die eingebrachten Wirtschaftsgüter mit dem Zwischen- oder dem Teilwert angesetzt werden.

▶ Betriebsaufgabe;

- Sie stellt keine Veräußerung i. S. d. § 6b EStG dar.[52]

▶ Erbfall;

▶ Erbauseinandersetzung unter Mitunternehmern;

- Hier kann je nach Konstellation eine nach § 6b EStG begünstigte Übertragung vorliegen.[53]

▶ vorweggenommene Erbfolge;

- Auch hier kann je nach Fallgestaltung eine nach § 6b EStG begünstigte Übertragung vorliegen.[54]

▶ Schenkung;

- Stellt keine Veräußerung dar, auch nicht bei Auflagen.
- Bei **gemischten Schenkungen** findet grundsätzlich eine Aufteilung statt (teils Entnahmen, teils Veräußerungen); es sei denn es handelt sich um Betriebe/Teilbetriebe oder Mitunternehmeranteile, hier liegt eine Veräußerung in vollem Umfang vor, soweit das Entgelt die Summe der Buchwerte der übernommenen aktiven und passiven Wirtschaftsgüter übersteigt (Einheitstheorie bei Sachgesamtheiten).[55]

---

50 So die Finanzverwaltung bei Übertragung zwischen Schwesterpersonengesellschaften, BMF, Schreiben v. 29.10.2010, BStBl 2010 I S. 1206.
51 *Heger* in Kirchhof/Söhn/Mellinghoff, EStG, B 179 m. w. N.
52 BFH, Urteil v. 16.7.1980 – IV R 136/77, BStBl 1981 II S. 84.
53 Siehe im Einzelnen *Heger* in Kirchhof/Söhn/Mellinghoff, EStG, B 153 ff.
54 Siehe im Einzelnen *Heger* in Kirchhof/Söhn/Mellinghoff, EStG, B 159 ff.
55 BFH, Urteil v. 7.11.2000 – VIII R 27/ 98, BFH/NV 2001 S. 262.

- ▶ Zwangsversteigerung;
  - Stellt eine Veräußerung dar.
- ▶ Entnahmen;
  - Entnahmen stellen keinen begünstigten Vorgang dar, weil dem Betrieb die aufgedeckten stillen Reserven entzogen werden.[56]
- ▶ Betriebsveräußerung;
  - Ist eine Veräußerung i. S. d. § 6b EStG soweit der Gewinn auf nach § 6b EStG begünstigte Wirtschaftsgüter entfällt.
- ▶ Umlegungs- und Flurbereinigungsverfahren;
  - Wegen des Surrogationsgedankens grundsätzlich auch keine Veräußerung (es sei denn Geldabfindung).[57]
- ▶ Übertragung existenzsichernder Einheiten gegen Versorgungsleistungen im Wege der vorweggenommenen Erbfolge (§ 6 Abs. 3 EStG) stellen keine Veräußerung dar;
- ▶ Verdeckte Gewinnausschüttungen stellen keine Veräußerung dar, da ihnen in Höhe der verdeckten Gewinnausschüttung kein Leistungsaustausch zugrunde liegt;[58]
- ▶ Realteilung;
  - Die Realteilung stellt grundsätzlich eine Betriebsaufgabe dar, so dass i. S. d. § 6b EStG keine Veräußerung oder ein Anschaffungsgeschäft vorliegt.[59] Eine Ausnahme ist gegeben, wenn ein Spitzenausgleich in Geld zu zahlen ist.[60]
  - Bei einer Sachwertabfindung erzielt der ausscheidende Gesellschafter, soweit der Gegenstand der Abfindung ins Privatvermögen übernommen wird, einen Veräußerungsgewinn i. S. v. § 6b EStG.[61]

  Der fortführende Gesellschafter erzielt in Höhe seines Anteils an den stillen Reserven des Abfindungsgutes einen laufenden Gewinn, der grundsätzlich 6b-fähig ist.
  - Bei Ausscheiden gegen Barabfindung liegt nur beim ausscheidenden Gesellschafter ein Veräußerungsgewinn vor, der grundsätzlich 6b-fähig ist.

  Bei den fortführenden Gesellschaftern entstehen in Höhe des Veräußerungsgewinns Anschaffungskosten, die gemäß § 6b EStG auf die – begünstigten – anteilig erworbenen Wirtschaftsgüter übertragen werden können.
  - Sachabfindung in ein Betriebsvermögen

  Führt nach § 6 Abs. 5 Satz 3 Nr. 1 und 2 grundsätzlich zu keiner Gewinnrealisierung. Eine Veräußerung kann nur angenommen werden, wenn nach § 6 Abs. 5 Satz 4 ff. EStG ausnahmsweise eine Gewinnrealisierung eintritt.

---

[56] BFH, Urteil v. 6.12.1972 – I R 182/70, BStBl 1973 II S. 291; siehe auch H 6b.1 EStR.
[57] BFH, Urteil v. 13.3.1986 – IV R 1/84, BStBl 1986 II S. 711; siehe H 6b.1 EStR.
[58] *Heger* in Kirchhof/Söhn/Mellinghoff, EStG, B 177; a. A. *Strahl* in Korn, EStG, § 6b Rn. 14.
[59] BFH, Urteil v. 11.12.2001 – VIII R 58/98, BStBl 2002 II S. 420.
[60] BFH, Urteil v. 5.7.1990 – GrS 2/89, BStBl 1990 II S. 837; bei Übernahme von Schulden siehe *Heger* in Kirchhof/Söhn/Mellinghoff, EStG, B 131 mit weiteren Differenzierungen.
[61] BFH, Urteil v. 5.7.1990 – GrS 2/89, BStBl 1990 II S. 837.

- ▶ Veräußerung zwischen Gesellschaft und Gesellschaftern;
  - Behandlung insgesamt wie ein Fremdgeschäft, wenn der Vorgang wie unter fremden Dritten abgewickelt wird.[62]
  - Veräußerung zwischen Gesellschaftern (Sonderbetriebsvermögen) wird ebenfalls als eine normale Veräußerung angesehen.
- ▶ Einbringungsgewinn I;
  - Der Einbringungsgewinn I gem. § 22 Abs. 1 Satz 3 UmwStG fällt an, wenn nach einer Einbringung gem. § 20 UmwStG oder § 21 UmwStG der Einbringende die erhaltenen Anteile innerhalb der siebenjährigen Sperrfrist veräußert, d. h. es kommt rückwirkend zu einer Besteuerung des Einbringungsgewinns I. Zwar ist hier die Anwendbarkeit der §§ 16 Abs. 4 und 34 EStG ausdrücklich ausgeschlossen (§ 22 Abs. 1 Satz 1 Halbsatz 2 UmwStG), nicht aber die des § 6b EStG. Daraus kann der Schluss gezogen werden, dass auf den gem. § 22 Abs. 1 Satz 3 UmwStG ermittelten Einbringungsgewinn I (Besonderheit der Siebtelregelung) § 6b EStG grundsätzlich Anwendung findet, soweit er auf i. S. der Vorschrift begünstigte Wirtschaftsgüter entfällt und die übrigen Voraussetzungen erfüllt sind.[63]
- ▶ Zerstörung;
  - Stellt keine Veräußerung dar.
- ▶ Betriebsaufgabe mit Überführung ins Privatvermögen;
  - Stellt keine Veräußerung dar.
- ▶ Ausscheiden aufgrund höherer Gewalt;
  - Stellt keine Veräußerung dar (statt dessen R 6.6 S. 3.3 EStR).
- ▶ Behördliche Enteignung;
  - Stellt keine Veräußerung dar.

(Einstweilen frei)

3.2.3.3 Anschaffung/Herstellung

Gemäß § 6b Abs. 1 Satz 2 EStG ist nur die entgeltliche Anschaffung oder Herstellung eines begünstigten Wirtschaftsgutes begünstigt.

Eine **Anschaffung** liegt vor, wenn das rechtliche oder wirtschaftliche Eigentum (Verfügungsmacht) an einem existierenden – neuen oder gebrauchten – Wirtschaftsgut auf den Erwerber übergeht (zu den Anschaffungskosten s. Rz. 823 ff.; zum Umfang der Anschaffungskosten Rz. 835 ff.; zu den Anschaffungsnebenkosten s. Rz. 844 ff.).

Die **Herstellung** ist die Schaffung eines noch nicht vorhandenen Wirtschaftsguts und ist i. S. der Norm vollendet, wenn das Wirtschaftsgut einen Zustand erreicht hat, der die

---

62 Siehe H 6b.1 EStR.
63 Siehe *Orth*, DStR 2011 S. 1541 ff.; a. A. BMF, Schreiben vom 11.11.2011, BStBl 2011 I S. 1314, Rz. 22.07.

bestimmungsgemäße Nutzung erlaubt (zu den Herstellungskosten s. Rz. 866 ff.; zum Umfang der Herstellungskosten s. Rz. 876 ff.).[64]

5343 **ABC der Anschaffung**

▶ Einlage;

– Die bloße verdeckte Einlage ist keine Anschaffung.[65]

– Einlage eines Wirtschaftsgutes des Privatvermögens in das Betriebsvermögen ist eine Anschaffung, wenn im Gegenzug Gesellschaftsrechte gewährt werden.[66]

– Einlage eines Wirtschaftsgutes aus dem Betriebsvermögen des Gesellschafters in das Gesamthandsvermögen der Personengesellschaft gegen Gewährung von Gesellschaftsrechten oder unentgeltlich, erfolgt zwingend gem. § 6b Abs. 5 Satz 3 EStG zum Buchwert.

– Einlage eines Wirtschaftsgutes in eine Kapitalgesellschaft gegen Gewährung von Gesellschaftsrechten ist ein tauschähnlicher Vorgang[67] und damit eine Anschaffung aus Sicht der Gesellschafter.

▶ Umwidmung;

– Umwidmung eines Wirtschaftsgutes des Umlaufvermögens in das Anlagevermögen ist keine Anschaffung.

5344 ▶ Vorgänge im Zusammenhang mit einer Mitunternehmerschaft;

– Vergleiche bei ABC der Veräußerung.

5345 ▶ Nachträgliche Anschaffungs- oder Herstellungskosten auf ein begünstigtes Wirtschaftsgut.

– Falls der begünstigte Veräußerungsgewinn noch nicht übertragen ist, sondern zum Teil noch in eine Rücklage eingestellt wurde, können diese Kosten (**nur**) mit dieser verbleibenden Rücklage aus diesem Zeitraum verrechnet werden.

5346–5349 *(Einstweilen frei)*

3.2.3.4 Höhe des Veräußerungsgewinns

5350 Begünstigt ist nach § 6b Abs. 2 EStG der Veräußerungsgewinn. Die Definition entspricht § 16 Abs. 2 EStG. Es ist der Betrag, um den der Veräußerungspreis nach Abzug der Veräußerungskosten den Buchwert übersteigt, mit dem das veräußerte Wirtschaftsgut im Zeitpunkt der Veräußerung anzusetzen gewesen wäre. Der Buchwert **im Zeitpunkt der Veräußerung** wird also nach Abzug von Abschreibung, Sonderabschreibung und erhöhten Absetzungen und nach Vornahme von Wertaufholungen bei Wertsteigerungen bzw. Wegfall der Voraussetzungen einer Absetzung für außergewöhnliche Abnutzung vom letzten Bilanzstichtag bis zum Veräußerungszeitpunkt konkret festgestellt.[68]

---

64 BFH, Urteil v. 14.11.1990 – X R 85/87, BStBl 1991 II S. 222.
65 BFH, Urteil v. 19.10.1998 – VIII R 69/ 98, BStBl 2000 II S. 230; H 6b.2 EStR.
66 BFH, Urteil v. 19.10.1998 – VIII R 69/ 98, BStBl 2000 II S. 230.
67 BFH, Urteil v. 24.4.2007 – I R 35/05, BStBl 2008 II S. 253.
68 R 6b.1 Abs. 2 EStR.

Dabei zählen zum Veräußerungspreis alle vermögenswerten Vorteile, die als Gegenleistung zwischen den Parteien vereinbart werden.

5351

Die Gegenleistung kann daher insbesondere auch die Übernahme von Verbindlichkeiten darstellen. Dies jedoch nur, soweit es sich um die Veräußerung eines Einzelwirtschaftsgutes handelt, da andernfalls bei der Veräußerung von Sachgesamtheiten (Betriebe, Teilbetriebe und Mitunternehmeranteile) eine saldierte Betrachtungsweise der übernommenen Aktiva und Passiva zugrunde gelegt wird (Einheitstheorie).

Soweit es sich um einen Gesamtkaufpreis für mehrere Wirtschaftsgüter handelt, ist für den Fall, dass nicht sämtliche Wirtschaftsgüter begünstigt sind, eine Aufteilung des Kaufpreises vorzunehmen, wobei im Regelfall – wenn keine detaillierte Einzelbewertung vorliegt – das Verhältnis der Teilwerte der Wirtschaftsgüter untereinander maßgebend sein sollte. Begünstigt ist weiterhin der Veräußerungsgewinn nur, soweit er auf die Übertragung des wirtschaftlichen Eigentums entfällt, nicht beispielsweise Vergütungen für anderweitige Vorteile, wie beispielsweise die Gewährung einer Vertragsstrafe, Verzugszinsen, Verzinsung des Kaufpreises oder Schadensersatzleistungen.

5352

Die Einräumung eines Nutzungsrechts für die Übertragenden im Falle eines Grundstücksübergangs mindert, genau wie der Vorbehaltsnießbrauch, nur den Wert des übertragenen Vermögens und stellt damit keine Gegenleistung dar.

5353

Gewinne, die anlässlich einer Übertragung von Wirtschaftsgütern zum Ausgleich anderweitiger Nachteile entstehen (beispielsweise dem Ausgleich der Minderung des Geschäftswerts eines Betriebes aufgrund der Übertragung eines Einzelwirtschaftsgutes), gehören ebenfalls nicht zu dem begünstigten Veräußerungsgewinn.[69]

5354

Wie der Begriff des Veräußerungsgewinns, so deckt sich auch der Begriff der Veräußerungskosten mit dem in § 16 Abs. 2 EStG. Voraussetzung für die Annahme von Veräußerungskosten ist mithin der unmittelbare sachliche Zusammenhang mit dem Veräußerungsgeschäft.[70]

5355

ABC der Veräußerungskosten

Abzugsfähige Kosten sind:

▶ Kosten für die Vorbereitung der Veräußerung;
  – Reisekosten,
  – Inseratskosten,
  – Aufwendungen für Gutachten und Beratungen,

▶ Notariatskosten;

▶ Maklerprovision;

▶ Grundbuchgebühren;

▶ Steuern die durch den Veräußerungsvorgang selbst entstehen;

---

69 BFH, Urteil v. 11.7.1973 – I R 140/71, BStBl 1973 II S. 840.
70 Weiterer Begriff bei *Loschelder* in Schmidt, EStG, 37. Aufl. 2018, Rz. 52.

- Umsatzsteuer,
- Grundsteuer,
- *nicht* Gewerbesteuer,[71]

▶ Prozesskosten,

▶ Vorfälligkeitsentschädigung,[72]

▶ Abfindung von Pensionsansprüchen.[73]

Nicht zu den Veräußerungskosten zählen:

▶ Aufwendungen im Vorfeld der Veräußerung, um die Veräußerung zu ermöglichen bzw. den Kaufpreis zu erzielen (Bsp. Reparaturen);

▶ Abbruchkosten eines aufstehenden Gebäudes; sie stellen sofort abziehbaren Aufwand dar;[74]

▶ restlicher Buchwert des abgebrochenen Gebäudes;

▶ Rückstellungen für Freiheit von Altlasten;[75]

5356 ▶ Nachträgliche Änderungen des Veräußerungspreises:

– Im Regelfall gilt der Grundsatz, dass bei laufend veranlagten Steuern, der Eintritt neuer Ereignisse und die damit erforderlichen steuerlichen Anpassungen nicht rückwirkend vorgenommen werden, sondern Änderungen in dem Besteuerungszeitraum vorzunehmen sind, in dem sich der maßgebende Sachverhalt ändert. Abweichend hiervon geht der BFH bei nachträglichen Änderungen des Kaufpreises eines Wirtschaftsgutes, für das eine 6b-Rücklage gebildet wurde, von einem rückwirkenden Ereignis aus.[76] Damit wird jede nachträgliche Minderung oder Erhöhung des Kaufpreises oder der Veräußerungskosten als ein rückwirkendes Ereignis angesehen, welches somit im Jahr der Bildung der 6b-Rücklage berücksichtigt werden muss.

– Bei einer Erhöhung des Veräußerungsgewinns hat der Steuerpflichtige die Wahl, ob er die Übertragung anpasst oder bestehen lässt. Falls eine Erhöhung bereits in dem Jahr der Veräußerung angestrebt ist, erfolgt die Übertragung im Wege der Bilanzberichtigung, bei späteren Jahren handelt es sich dann um ein rückwirkendes Ereignis.

– Soweit der Gewinn sich jedoch aufgrund des Eintritts einer aufschiebenden Bedingung erhöht, handelt es sich nicht um ein rückwirkendes Ereignis.

5357 ▶ Ein Forderungsausfall, soweit er bereits im Veräußerungsjahr selbst erfolgt, bzw. bereits feststeht, führt unmittelbar dazu, dass bereits kein übertragungsfähiger Veräußerungsgewinn vorliegt, wirkt sich mithin sofort in voller Höhe auf den Veräußerungsgewinn aus.

---

71 BFH, Urteil v. 27.10.1977 – II R 60/74, BStBl 1978 II S. 100.
72 BFH, Urteil v. 25.1.2000 – VIII R 55/97, BStBl 2000 II S. 458.
73 BFH, Urteil v. 20.1.2005 – IV R 22/03, BStBl 2005 II S. 559.
74 H 6b.1 EStR.
75 FG Nürnberg, Urteil v. 9.11.1999 – I 186/97, EFG 2000 S. 209.
76 BFH, Urteil v. 13.9.2000 – X R 148/97, BStBl 2001 II S. 641; vgl. H 6b. 2 EStR.

▶ Soweit der Veräußerer eventuell im Zusammenhang mit dem Veräußerungsobjekt eine Minderung des Veräußerungserlöses fürchten muss und dies beispielsweise durch Bildung einer Rückstellung berücksichtigt, hat dies keine Auswirkungen auf den nach § 6b EStG begünstigten Veräußerungsgewinn, weil sich die Bildung nur auf den laufenden Gewinn bezieht.[77] 5358

(Einstweilen frei) 5359

3.2.3.5 Übertragungsverbot 5360
3.2.3.5.1 Bestandteil des Anlagevermögens 5361

Gemäß § 6b Abs. 4 Nr. 2 EStG müssen die veräußerten Wirtschaftsgüter für eine Dauer von mindestens 6 Jahren ununterbrochen Bestandteil des Anlagevermögens einer inländischen Betriebsstätte gewesen sein. Wirtschaftsgüter rechnen dann zum Anlagevermögen, wenn sie am Abschlussstichtag dazu bestimmt sind, dem Geschäftsbetrieb des Unternehmens dauernd zu dienen (§ 247 Abs. 2 HGB). Diese 6-Jahresfrist muss ununterbrochen bestanden haben.

Eine Ausnahme für die Vorbesitzfrist ergibt sich aus § 6b Abs. 8 EStG, wonach sich in den Fällen der städtebaulichen Sanierungs- und Entwicklungsmaßnahme die Vorbesitzfrist auf zwei Jahre verkürzt.

Wichtig ist, dass die Wirtschaftsgüter auch zum Veräußerungszeitpunkt immer noch Bestandteil des Anlagevermögens sind. 5362

Kritisch ist insoweit ein möglicher Übergang ins Umlaufvermögen. Hierbei ist anerkannt, dass die bloße Veräußerungsabsicht noch nicht dazu führt, dass eine Umgliederung in das Umlaufvermögen vorgenommen wird.[78] Entscheidend ist allein, ob sich die Zweckbestimmung des Wirtschaftsgutes ändert. Dies ist beispielsweise nicht der Fall, soweit bei einem zum Anlagevermögen gehörenden Grundstück eine Aufteilung in Eigentumswohnungen vorgeführt wird oder eine Parzellierung von Grundstücken erfolgt.[79] 5363

Soweit der Steuerpflichtige jedoch aktiv an der Aufbereitung zum Bauland mitarbeitet oder darauf Einfluss nimmt, ändert sich auch bei unveränderter Nutzung die Einschätzung des Wirtschaftsgutes und es wird als Umlaufvermögen angesehen.[80] Schädlich ist im Ergebnis die Entfaltung einer aktiven auf den Verkauf gerichteten Tätigkeit. Dies kann auch in der Übernahme von Kosten liegen bzw. der Übernahme der Kosten für den Bebauungsplan, von Erschließungskosten, das Schalten von Verkaufsanzeigen. 5364

Es sollte in jedem Fall darauf geachtet werden, dass bis zum Veräußerungszeitpunkt die betriebliche Verwendung nachgewiesen werden kann und schädliche Maßnahmen evtl. vom potentiellen Erwerber vorgenommen werden. 5365

(Einstweilen frei) 5366–5369

---

[77] Strahl, FR 2000 S. 803.
[78] BFH, Urteil v. 8.11.2007 – IV R 35/06, BStBl 2008 II S. 359.
[79] BFH, Urteil v. 8.11.2007 – IV R 35/06, BStBl 2008 II S. 359.
[80] BFH, Urteil v. 25.10.2001 – IV R 47 – 48/00, BStBl 2002 II S. 289.

3.2.3.5.2 Zugehörigkeit zu einer inländischen Betriebsstätte

5370 Die Übertragung setzt voraus, dass sowohl die veräußerten als auch die angeschafften oder hergestellten Ersatzwirtschaftsgüter zum Anlagevermögen einer inländischen Betriebsstätte gehören (§ 6b Abs. 4 Nr. 2 bzw. Nr. 3 EStG).

Für den Begriff der inländischen Betriebsstätte kann auf die Begriffsbestimmung in § 12 AO verwiesen werden, wonach unter Betriebsstätte jede feste Geschäftseinrichtung oder Anlage zu verstehen ist, die der Tätigkeit des Unternehmens dient. Für die Frage, ob insoweit ein Wirtschaftsgut zu einer Betriebsstätte zugehörig ist, ist auf eine wirtschaftlich funktionale Betrachtungsweise abzustellen. Maßgebend ist danach die wirtschaftliche Zugehörigkeit, nicht der Ort an dem sich das Wirtschaftsgut befindet.

5371 § 6b Abs. 4 Nr. 2 EStG stellt zwingend darauf ab, dass das veräußerte Wirtschaftsgut zu einer inländischen Betriebsstätte gehört. Soweit es zu einer ausländischen Betriebsstätte gehört, kommt die Anwendung der Bildung einer Rücklage auch dann nicht in Betracht, wenn der Gewinn aus der Veräußerung des Wirtschaftsgutes im Inland steuerpflichtig ist.[81]

5372 Die Beschränkung auf das Inland ist vielfältiger Kritik ausgesetzt gewesen.[82] Eine unionsrechtskonforme Auslegung dahingehend, dass zum Anlagevermögen einer Betriebsstätte auch das Anlagevermögen einer Betriebsstätte im Unionsgebiet zählen soll,[83] hat der BFH ausdrücklich verworfen.[84]

Nachdem der EuGH entschieden hatte, dass § 6 b Abs. 4 Satz 1 Nr. 3 EStG gegen die Niederlassungsfreiheit verstoße[85], hat der Gesetzgeber daraufhin § 6b Abs. 2a EStG geschaffen, der ein Stundungsmodell eingeführt hat (s. dazu im Einzelnen unter Rz. 5466 ff.).

5373–5374 *(Einstweilen frei)*

3.2.3.5.3 Vorbehaltensfrist

5375 Für die Berechnung der 6-jährigen Vorbesitzzeit ist auf den Zeitpunkt der Anschaffung bzw. Herstellung des Wirtschaftsgutes und den Beginn seiner betrieblichen Nutzung abzustellen, wobei es auf den tatsächlichen Erwerbszeitpunkt ankommt (Übergang des wirtschaftlichen Eigentums).

5376 **ABC der Vorbehaltensfrist**

Anrechnungen von Vorbesitzzeiten kommen in folgenden Konstellationen in Betracht, wobei je nach Rechtsgrundlage unterschieden werden muss:

---

[81] Zur Frage der Europarechtswidrigkeit der Vorschrift *Loschelder* in Schmidt, EStG, 37. Aufl. 2018, Rz. 69 i. V. m. Rz. 6.
[82] Loschelder, in Schmidt, EStG 37. Aufl. 2018, Rz. 6 m. w. N.
[83] So jeweils FG Niedersachsen, Urteil v. 1.12.2011 – 6 K 435/09, EFG 2012 S. 1031 bzw. FG München, Urteil v. 2.7.2014 – 5 K 1206/14, EFG 2014 S. 1775.
[84] BFH, Urteil v. 22.6.2017 – VI R 84/14, BFHNV/2017 S. 1377.
[85] EuGH, Urteil v. 16.4.2015 – C 591/13, DB 2015 S. 1328.
[86] R 6b.3 Abs. 5 EStR.

- der unentgeltliche Betriebsübergang gemäß § 6 Abs. 3 EStG führt zur Berücksichtigung der Vorbesitzzeit des übertragenden Rechtsträgers;[86]
- die Übertragung von Einzelwirtschaftsgütern gemäß § 6 Abs. 5 EStG zum Buchwert, das heißt die unentgeltliche Übertragung führt zur Anrechnung der Vorbesitzzeit;
- in Fällen der Ersatzbeschaffung nach R 6.6 EStR 2008 erfolgt die Anrechnung der Vorbesitzzeit des ersetzten Wirtschaftsguts;[87]
- bei Realteilung, vorweggenommener Erbfolge und Erbauseinandersetzung wird die Vorbesitzzeit dann angerechnet, soweit die Vorgänge *unentgeltlich* erfolgen;[88]
- bei Verschmelzungen/Abspaltungen/Aufspaltungen/Vermögensübertragungen erfolgt in jedem Fall eine Anrechnung der Vorbesitzzeit (vgl. §§ 4 Abs. 2 Satz 3, 12 Abs. 3 2. Halbsatz, 15 Abs. 1 Satz 1, 16 Satz 1 UmwStG);
- bei Einbringung von Betrieben oder Teilbetrieben in eine Kapitalgesellschaft gemäß § 20 UmwStG/ Personengesellschaft gem. § 24 UmwStG unter dem gemeinen Wert kommt eine Anrechnung der Vorbesitzzeit ebenfalls in Betracht.

(Einstweilen frei) 5377–5379

Nachträgliche Herstellungskosten: 5380

- Falls bei einem Wirtschaftsgut im laufenden Betrieb (erhebliche) nachträgliche Herstellungskosten anfallen, handelt es sich um keine Unterbrechung der Vorbesitzzeit, da auch durch die Aufwendung nachträglicher Herstellungskosten keine Änderung der Identität des Wirtschaftsgutes erfolgt.[89]
- Anders ist der Fall der Generalüberholung zu bewerten bei dem ein Wirtschaftsgut so umfassend instand gesetzt wird, dass wirtschaftlich betrachtet ein neues Wirtschaftsgut entsteht und daher eine neue Frist in Gang gesetzt wird.
- Herstellung unter Verwendung von gebrauchten Wirtschaftsgütern. 5381
  - Das „neue" Wirtschaftsgut muss dann seit Fertigstellung mindestens 6 Jahre zum Betriebsvermögen gehört haben.[90]
- Im Rahmen von Umlegungsverfahren erlangte Grundstücke sind rechtlich und wirtschaftlich identisch mit den hingegebenen Grundstücken (= Fortsetzung der Besitzzeit). 5382
- Bei einer Kapitalerhöhung aus Gesellschaftsmitteln liegt hinsichtlich der neuen Anteile eine wirtschaftliche Identität vor.[91]
- Betriebsaufspaltung 5383
  - Im Falle der Betriebsaufspaltung wird aufgrund der Selbständigkeit von Besitz- und Betriebsgesellschaft bei Übertragungen zwischen den Gesellschaften eine neue Besitzfrist in Gang gesetzt.

---

87 R 6b.3 Abs. 4 EStR.
88 H 6b.3 EStR.
89 Siehe R 6b.3 Abs. 3 EStR.
90 R 6b.3 Abs. 2 EStR.
91 Vgl. R 6b.3 Abs. 6 EStR.

5384 ▶ Organschaft

– Aufgrund der Selbständigkeit von Organträger und Organgesellschaft löst die Übertragung von Wirtschaftsgütern zwischen diesen Unternehmen eine neue Besitzfrist aus.

5385 ▶ Personengesellschaft

– Aufgrund der gesellschafterbezogenen Betrachtungsweise des Gesetzes, ist bei der Vorbesitzzeit des Wirtschaftsgutes zwingend auf jeden einzelnen Mitunternehmer abzustellen. Änderungen im personellen Bestand der Personengesellschaft im Rahmen der Vorbesitzfrist haben mithin Einfluss und führen dazu, dass für jeden Gesellschafter individuell ermittelt werden muss, ob die Vorbesitzzeit von *ihm* erfüllt wird und insoweit für ihn eine Rücklage in Betracht kommt.

– Hierbei ist auch zu beachten, dass jeder Erwerb eines Mitunternehmeranteils für den Betroffenen eine neue Frist in Gang setzt. Dies bedeutet, dass auch bei einem („alten") Mitunternehmer bei Hinzuerwerb eines weiteren Mitunternehmeranteils, eine Rücklage im Falle von Veräußerungen nur gebildet werden kann, soweit der Veräußerungsgewinn auf einen Mitunternehmeranteil entfällt, der schon länger als 6 Jahre vom betreffenden Mitunternehmer gehalten wird.[92]

– Die sechsjährige Zugehörigkeit gilt als nicht erfüllt, wenn das aus dem Gesamthandsvermögen in das Gesamthandsvermögen einer personenidentischen und beteiligungsidentischen Personengesellschaft übertragene Grundstück vier Jahre zuvor entgeltlich aus dem Sonderbetriebsvermögen eines Gesellschafters in das Gesamthandsvermögen übertragen worden ist; eine Besitzzeitanrechnung käme nur in Betracht, wenn die Übertragung unentgeltlich erfolgt wäre.[93]

▶ Mehrstöckige Personengesellschaften

– Gemäß § 15 Abs. 1 Nr. 2 Satz 2 EStG sind auch mittelbar über eine Personengesellschaft beteiligte Gesellschafter als Mitunternehmer anzusehen. Dies hat zur Folge, dass bei jedem Gesellschafterwechsel der Obergesellschaft die 6-Jahresfrist erneut zu laufen beginnt, soweit die Wirtschaftsgüter der Untergesellschaft diesem Gesellschafter (vermittelt über die Obergesellschaft) zuzurechnen sind.

5386–5389 *(Einstweilen frei)*

3.2.3.6 Bildung des Sonderpostens
3.2.3.6.1 Wahlrecht

5390 Nach der Verabschiedung des BilMoG wird das Wahlrecht für die Bildung des Sonderpostens allein und ausschließlich in der **Steuerbilanz** und zwar des Veräußerungsjahres ausgeübt.[94] Dabei kann der Steuerpflichtige sein Wahlrecht nur einheitlich für Einkommen-, Körperschaft- und Gewerbesteuer ausüben. Die Ausübung findet bei Bilanzauf-

---

[92] BFH, Urteil v. 10.7.1980 – IV R 12/80, BStBl 1981 II S. 84.
[93] FG Baden-Württemberg, Urteil v. 21.8.2013 – 4 K 1882/08 EFG 2014, S. 332; BFH, Urteil v. 4.9.2014 – IV R 44/13, BFH/NV 2015 S. 209 aus anderen Gründen aufgehoben.
[94] Vgl. H 6b.2 EStR.

stellung statt. Die Ausübung dieses Wahlrechtes ist zwingend in der Steuer- bzw. Sonderbilanz des veräußernden Betriebs vorzunehmen. In diesem Betrieb ist der Veräußerungsgewinn angefallen, der durch die Bildung der Rücklage neutralisiert werden soll.[95] Die Abbildung allein bei dem Rechtsträger, auf den die stillen Reserven übertragen worden sind, ist nicht ausreichend. Soweit ein Steuerpflichtiger sein Wahlrecht später anderweitig ausüben wird, liegt hierin eine Bilanzänderung, die nach Einreichung der Bilanz beim Finanzamt nur noch unter den Voraussetzungen des § 4 Abs. 2 Satz 2 EStG korrigiert werden kann.[96] Da die bisherige Beschränkung auf Inlandsfälle in § 6b Abs. 4 Satz 1 Nr. 3 EStG EU/EWR rechtswidrig war[97], hat der Gesetzgeber zur Abhilfe ein Wahlrecht in § 6b Abs. 2a EStG geschaffen, welches eine Verteilung der anfallenden Steuer auf fünf Jahre ermöglicht (s. im Detail Rz. 5466).

3.2.3.6.2 Reinvestitionsabsicht

Die Bildung einer Rücklage nach § 6b Abs. 3 EStG hängt nicht von einer Reinvestitionsabsicht ab. Es ist auch nicht erforderlich, dass ein aktiv bewirtschafteter Betrieb vorliegt, mit der Folge, dass die Bildung einer Rücklage auch zur Neutralisierung des Gewinns aus einer Betriebsveräußerung oder aus der Realteilung im Rahmen einer Betriebsaufgabe zulässig ist. Grenze für die Bildung einer Rücklage ist jedoch, dass objektiv eine Reinvestition möglich sein muss.[98]

5391

3.2.3.6.3 Ausweis in der Bilanz

Der Abzug der Rücklage nach § 6b Abs. 1 EStG und die Bildung und die Auflösung der Rücklage müssen in der Buchführung nachverfolgt werden können (§ 6 Abs. 4 Nr. 5 EStG). Diese Nachverfolgung in der Buchführung setzt voraus, dass die in § 5 Abs. 1 Satz 2 n. F. EStG genannten Dokumentationspflichten erfüllt werden. Dafür ist erforderlich, dass die Wirtschaftsgüter, die nicht mit dem handelsrechtlich maßgeblichen Wert in der steuerlichen Ermittlung ausgewiesen werden, in besondere, laufend zu führende Verzeichnisse aufgenommen werden. In den Verzeichnissen sind der Tag der Anschaffung oder Herstellung, die Anschaffungs- oder Herstellungskosten, die Vorschrift des ausgeübten Wahlrechts und die vorgenommenen Abschreibungen nachzuweisen. Weiterhin ist Voraussetzung, dass eine Bilanz erstellt wird. In der Buchführung müssen weiterhin der Buchwert des veräußerten Wirtschaftsguts, der Veräußerungspreis, die Veräußerungskosten sowie die Anschaffungs- oder Herstellungskosten des Reinvestitionsguts erkennbar sein. Zudem muss aus der Buchführung die Höhe des übertragenen Veräußerungsgewinns entnommen werden können (zu den Verzeichnissen s. Rz. 2791 f.).

5392

3.2.3.6.4 Einzelheiten des Ausweises

Beim Ausweis des Sonderpostens und der Technik der Übertragung ist zu berücksichtigen, dass der Sinn der Begünstigung des § 6b EStG darin besteht, dass stille Reserven, die durch die Veräußerung bestimmter Wirtschaftsgüter aufgedeckt worden sind, auf

5393

---

95 BFH, Urteil v. 19.12.2012 – IV R 41/09, BStBl 2013 II S. 313.
96 Siehe R 6b.2 Abs. 2 EStR.
97 EuGH 591/13, DStR 2015 S. 870.
98 H 6b.2 EStR.

die Buchwerte anderer Wirtschaftsgüter übertragen werden dürfen. Dies wird im Regelfall dadurch vorgenommen werden, dass die Anschaffungskosten der angeschafften oder hergestellten Wirtschaftsgüter um einen Betrag bis zu Höhe von 100 % des Veräußerungsgewinns gekürzt werden, der sich bei der Veräußerung ergeben hat (zum Thema latente Steuern s. Rz. 2537).

5394 **Flexible Übertragungsmöglichkeiten bei Mitunternehmeranteilen:** Aufgrund der gesellschafterbezogenen Betrachtungsweise des § 6b EStG ist bei Mitunternehmerschaften das Wahlrecht zur Bildung der Rücklage nur vom einzelnen Mitunternehmer persönlich auszuüben. Eine einheitliche Ausübung des Wahlrechts ist auch bei § 6b EStG grundsätzlich nicht geboten. Ist ein Veräußerungsgewinn einheitlich für die Mitunternehmerschaft in ihrer Bilanz durch Bildung einer Rücklage neutralisiert worden, so können die Mitunternehmer gleichwohl später von ihrem Wahlrecht (Auflösung oder Übertragung) unter Verwendung von Ergänzungsbilanzen unterschiedlich Gebrauch machen. Im Falle der Übertragung stiller Reserven eines Wirtschaftsgutes im Gesamthandsvermögen der Personengesellschaft auf ein Wirtschaftsgut im Gesamthandsvermögen derselben Gesellschaft ist die Abbildung in der Handelsbilanz nicht mehr möglich, da die korrespondierende Bilanzierung mit der Handelsbilanz aufgrund der Neuregelung des § 5 Abs. 1 Satz 2 EStG weggefallen ist. Es bleibt vielmehr dabei, dass jeder Mitunternehmer berechtigt ist, sich für die Anwendung des § 6b EStG zu entscheiden, d. h. zu bestimmen, ob übertragene stille Reserven in einer Ergänzungsbilanz für ihn anteilig zu neutralisieren sind.[99]

Folgende Übertragungsmöglichkeiten ergeben sich danach bei Mitunternehmerschaften:

ABB. 2: Übertragungsmöglichkeit 1

---

[99] Vgl. wegen der Technik *Zimmermann* u. a., Die Personengesellschaft im Steuerrecht, B 257 ff, *Loschelder* in Schmidt, EStG, 37. Aufl. 2018, § 6b Rz. 45.

3. Einzelheiten zu den steuerlichen Regelungen

BEISPIEL Grundfall: 5395

A veräußert in 2011 ein zu seinem Einzelunternehmen gehörendes Grundstück und erzielt daraus einen Veräußerungsgewinn von 1 Mio. €. Innerhalb der Reinvestitionsfrist erwirbt 1. Variante A selbst, 2. Variante B die Mitunternehmerschaft 1 oder 3. Variante C die Mitunternehmerschaft 2 ein Grundstück mit Anschaffungskosten von jeweils 4 Mio. €. Die Beteiligung des A an den Mitunternehmerschaften sind den Abbildungen unter Rz. 5394 zu entnehmen.

1. Variante: 5396

A kann den Veräußerungsgewinn in voller Höhe von den Anschaffungskosten der begünstigten Reinvestition im Rahmen seines Einzelunternehmens oder Sonderbetriebsvermögens abziehen.

2. Variante: 5397

Das Reinvestitionsgut der Mitunternehmerschaft 1 ist A zu 50 %, das heißt mit anteiligen Anschaffungskosten von 2 Mio. € zuzurechnen. Er kann deswegen den von ihm erzielten Veräußerungsgewinn voll umfassend auf die Reinvestition der KG übertragen. Im ersten Schritt wird der bisherige Veräußerungsgewinn auf Ebene des Einzelunternehmens neutralisiert (erfolgsneutrale Hinzurechnung des Gewinns beim Kapitalkonto der für den veräußernden Betrieb aufzustellenden Bilanz, R 6b, 2 Satz 8 EStR). Dann wird für A eine negative Ergänzungsbilanz bei der Mitunternehmerschaft 1 aufgestellt, die einen Minderwert in Höhe 1 Mio. € ausweist. In der Gesamthandsbilanz bleibt das Grundstück mit seinen Anschaffungskosten von 4 Mio. €, während A eine negative Ergänzungsbilanz mit 1 Mio. € fortführt.

5398 **3. Variante:**

Erfolgt die Reinvestition durch die Mitunternehmerschaft 2, an der A zu 20 % als Kommanditist beteiligt ist, wird ihm die Übertragung in Höhe von 800.000 € ermöglicht, da er nur in dieser Höhe an den anteiligen Anschaffungskosten beteiligt ist. Die Technik der Zuordnung erfolgt wie in der 2. Variante über eine negative Ergänzungsbilanz.

5399 Diese Vorgehensweise bei Veräußerung im Einzelunternehmen kann genauso angewandt werden auf eine Veräußerung des A im Sonderbetriebsvermögen.

5400 **Abwandlung 1:**

In der Abwandlung des Grundfalls wird unterstellt, dass nicht A, sondern die Mitunternehmerschaft 1 ein zu ihrem Gesamthandsvermögen gehörendes Grundstück veräußert und dabei ebenfalls einen Veräußerungsgewinn von 1 Mio. € erzielt.

5401 Soweit A die Reinvestition in seinem Einzelunternehmen oder seinem Sonderbetriebsvermögen vornehmen will, muss berücksichtigt werden, dass der Veräußerungsgewinn von 1 Mio. € zu 50 % – gleich 500.000 € – auf ihn entfällt.

Damit wird in einem ersten Schritt wiederum der vorige zugerechnete Ertrag aus der Veräußerung von 500.000 € dadurch neutralisiert, dass erfolgsneutral das Kapitalkonto erhöht wird. In seinem Einzelbetrieb erfolgt dann die Übertragung des Veräußerungsgewinns gegen die Position Grund und Boden (Buchung Kapitalkonto an Grund und Boden).

5402 Soweit die Mitunternehmerschaft 2 die Reinvestition von 4 Mio. € vornehmen würde, könnte A den auf ihn entfallenden Veräußerungsgewinn bei der Mitunternehmerschaft 1 in Höhe von 500.000 € von den anteiligen Herstellungskosten des A bei der Mitunternehmerschaft 2 800.000 € in voller Höhe abziehen. Auch hier würde in einem ersten Schritt bei der Mitunternehmerschaft 1 das Kapitalkonto des A um 500.000 € erhöht werden, während im zweiten Schritt bei der Mitunternehmerschaft 2 für A eine negative Ergänzungsbilanz aufgestellt würde, in der ein Minderwert von 500.000 € ausgewiesen würde.

5403–5409 *(Einstweilen frei)*

5410 Sonderfragen bei einer Kapitalgesellschaft als Mitunternehmer: Diese Ausführungen gelten auch für den Fall, dass der Übertragende Gesellschafter eine Kapitalgesellschaft ist. Allerdings hat die Finanzverwaltung für Fälle vor dem Inkrafttreten des BilMoG für Kapitalgesellschaften abweichend von der früheren Handhabung eine Sonderregelung schaffen wollen.[100] Diese Regelung wäre nach der Übergangsregelung im BMF-Schreiben für die ab 1.4.2008 aufgestellten Bilanzen maßgeblich. Dieses BMF-Schreiben bleibt also auch für Altfälle – ab dem 1.4.2008 bis zum Inkrafttreten des BilMoG – wirksam und kann deshalb für laufende Betriebsprüfungen noch relevant sein.

Dazu folgender Fall:

5411 A GmbH hat im Wirtschaftsjahr 2008 aufgrund der Veräußerung von Grundvermögen eine Rücklage nach § 6b EStG in Höhe von 400 T€ gebildet. A GmbH ist an der AG

---

100 BMF, Schreiben vom 29.2.2008, BStBl 2008 S. 495.

GmbH & Co. KG als Kommanditistin mit 75 % beteiligt. Die AB GmbH & Co. KG erwirbt im Wirtschaftsjahr 2009 ein Grundstück dessen Anschaffungskosten 1.000 T€ beträgt.

Wie erfolgt die Übertragung?

Bisherige Handhabung *vor* dem BMF-Schreiben:

AB GmbH & Co. KG

Grundstück	1.000	Kapital A	750
		Kapital B **unverändert**	250

Der Vorgang hat keine Auswirkung in der Handelsbilanz der Personengesellschaft.

**Ergänzungsbilanz
A-GmbH**

Minderkapital	400	Grundstück	400

Diese Lösung entspricht auch der ständigen BFH-Rechtsprechung.

Nach dem BMF-Schreiben vom 29.2.2008 wäre hingegen die Lösung wie folgt:

AB GmbH & Co. KG

		Korrektur	
Grundstück	600	Kapital A./. **400**	350
		Kapital B **unverändert**	250

Die Übertragung ist zudem beschränkt auf die Höhe des Kapitalkontos des begünstigten Gesellschafters und führt erkennbar zu Verwerfungen in der Gesamthandsbilanz.

Zwischenzeitlich wurde in der Literatur folgende Variante zum Vorschlag der Finanzverwaltung diskutiert:[101]

Alternative

Grundstück	600	Kapital A	450 (+100)
		Kapital B	150 (-100)

**Ergänzungsbilanz
A-GmbH**

Minderkapital	100	Grundstück	100

---

101 NWB Fach 7, S. 2227.

Ergänzungsbilanz
Gesellschafter B

Grundstück	100	Mehrkapital	100

Diese Lösungsweise ist damit begründet worden, dass damit ein Übergang stiller Reserven verhindert und die Umsetzung der umgekehrten Maßgeblichkeit erreicht werden könne.

5413 Diese Lösung (Rz. 5412) hat seit dem Inkrafttreten des BilMoG auf jeden Fall keine Berechtigung mehr. Sie ist aber auch schon für den Zeitraum davor nicht vertretbar. Zum einen verletzt sie einen Grundsatz der gesellschafterbezogenen Sicht und führt zu Verwerfungen in den Kapitalkonten der Handelsbilanz. Zum anderen verstößt diese Sicht gegen die ständige BFH-Rechtsprechung, wonach die Ausübung des Wahlrechts des § 6b EStG nicht in der Steuerbilanz, sondern in der Ergänzungsbilanz des Gesellschafters erfolgt.[102] Auch die Praxisfragen, welches Kapitalkonto angesprochen werden sollte und wie in Zukunft die Zuschreibung der geringeren AfA auf die Mitunternehmer erfolgen sollte, bleiben bei dieser Sichtweise unberücksichtigt und ungelöst.[103]

5414 Die Grundsätze bei unmittelbarer Beteiligung an einer Personengesellschaft sollten auch im Falle von doppel- und mehrstöckigen Mitunternehmerschaften gelten, da man die Gleichstellung eines nur mittelbar beteiligten Gesellschafters in einer Personengesellschaft aus § 15 Abs. 1 Satz 1 Nr. 2 Satz 2 EStG ableiten kann.[104]

5415 Bei einer atypisch stillen Gesellschaft entspricht das Betriebsvermögen des Inhabers des Handelsgeschäfts dem Gesellschaftsvermögen einer Personengesellschaft mit Gesamthandsvermögen. Aus der steuerlichen Gleichbehandlung des Geschäftsvermögens des Inhabers mit einem Gesamthandsvermögen folgt, dass daher auch der stille Gesellschafter am Vermögen beteiligt ist und ihm eine Veräußerung i. S. des § 6b EStG zugerechnet werden kann.[105]

5416 *(Einstweilen frei)*

5417 Im Falle der Übertragung stiller Reserven eines Wirtschaftsguts im Gesamthandsvermögen der Personengesellschaft auf ein Wirtschaftsgut im Gesamthandsvermögen der Personengesellschaft ist streitig, ob die Mitunternehmer das Wahlrecht einheitlich ausüben müssen. Mit Aufhebung des § 5 Abs. 1 Satz 2 a. F. durch das BilMoG wird dies z. T. nicht mehr als notwendig angesehen.[106]

5418–5419 *(Einstweilen frei)*

---

102 BFH, Urteil v. 25.4.1985 – IV R 83/83, BStBl 1986 II S. 350.
103 Siehe auch *Freikamp*, DB 2008 S. 781.
104 Ausführlich *Kortendick*, UBG 2013 S. 425 ff.
105 Ausführlich *Lipp*, NWB 2014 S. 1725.
106 S. zum Streitstand Marchal in HHR, EStG, § 6b, Anm. 50 (m. w. N.).

3.2.3.6.5 Zeitpunkt des Ausweises

Die Rücklagenbildung erfolgt für das Wirtschaftsjahr der Veräußerung.[107] Die Frage der Bildung einer Rücklage kann vom Steuerpflichtigen bis zum Zeitpunkt der Einreichung beliebig geändert werden. Nach der Einreichung der Bilanz kann eine Korrektur nur noch im Rahmen des § 4 Abs. 2 Satz 2 EStG erfolgen. Eine Bilanzänderung i. S. d. § 4 Abs. 2 Satz 2 EStG liegt hingegen grundsätzlich nicht vor, wenn die Wahlrechtsausübung, das heißt die Entstehung eines Veräußerungsgewinns, erst nach Einreichung der Bilanz, etwa aufgrund einer Betriebsprüfung, möglich wird. Hier handelt es sich vielmehr um die erstmalige Ausübung. Soweit sich die Möglichkeit erst aus einem Klageverfahren ergibt, muss das Wahlrecht im Rahmen eines Hilfsantrages oder spätestens bis zum Ablauf der Rechtsmittelfrist ausgeübt werden.

5420

(Einstweilen frei)

5421–5424

3.2.3.6.6 Frist zur Übertragung

Gemäß § 6b Abs. 3 Satz 2 EStG ist die Übertragung der Rücklage nach ihrer Bildung innerhalb der folgenden vier Wirtschaftsjahre auf angeschaffte oder hergestellte Wirtschaftsgüter vorzunehmen. Die Reinvestitionsfristen geben den zeitlichen Rahmen vor, innerhalb dessen die begünstigte Reinvestition vorgenommen werden muss. Abgestellt wird auf Wirtschaftsjahre und nicht auf Kalenderjahre, so dass insoweit auch Rumpfwirtschaftsjahre mitgezählt werden, die somit zu einer Verkürzung des zur Verfügung stehenden Zeitraums führen.

5425

Das FG Münster[108] hat entschieden, dass eine Rücklage nach §§ 6b, 6c EStG bereits in dem Jahr **vor** der Reinvestition in einen anderen Betrieb des Steuerpflichtigen in der Steuerbilanz des anderen Betriebs passiviert werden kann.

Bislang ist das Bilanzierungswahlrecht für die Bildung und Auflösung einer § 6b-Rücklage immer durch den entsprechenden Bilanzansatz im **veräußernden** Betrieb auszuüben, auch wenn die Rücklage auf Wirtschaftsgütern eines anderen Betriebs des Steuerpflichtigen übertragen werden soll.[109]

Da es sich bei § 6b EStG um eine gesetzliche Ausnahmevorschrift handelt, ist die Frist zur Übertragung bzw. Auflösung der Rücklage zwingend, das heißt eine verwaltungsseitige Verlängerung kommt nicht in Betracht.

5426

Die Frist von vier Jahren verlängert sich bei neu hergestellten Gebäuden gemäß § 6b Abs. 3 Satz 2 EStG auf **sechs Jahre,** wenn mit ihrer Herstellung vor dem Schluss des vierten auf die Bildung der Rücklage folgenden Wirtschaftsjahres begonnen worden ist. Insoweit muss es sich zwingend um die Herstellung eines neuen Gebäudes handeln, nicht ausreichend sind Erweiterung, Ausbau und Umbau.

5427

---

107 R 6b.2 Abs. 1 EStR.
108 FG Münster, Urteil v: 13.5.2016 – 7 K 716 / 13 E, EFG 2016, 1164 (Rev. anh. BFH VI R50/16); kritisch dazu *Bolk*, DStR 2017 S. 976.
109 BFH, Urteil v. 19.12.2017 – IV R 41/09, BStBl 2013 II S. 313; s. auch *Loschelder* in Schmidt, EStG, 37. Aufl. 2018, § 6b Rz. 61.

Spätestens nach 6 Jahren muss dann ein geeignetes Wirtschaftsgut hergestellt sein, d. h. der Herstellungszeitpunkt, die bestimmungsgemäße Nutzungsmöglichkeit muss zwingend vor diesem Datum liegen. Das Gesetz lässt keinen Spielraum für Billigkeitsmaßnahmen. Entscheidender Zeitpunkt i. S. v. § 6b EStG ist der entgeltliche Erwerb des wirtschaftlichen Eigentums an einem bereits bestehenden Wirtschaftsgut. Für die Anschaffung kommt es hierbei auf den Zeitpunkt der Übertragung des wirtschaftlichen Eigentums an. Im Falle der Herstellung, ist die Abnahme gemäß § 640 BGB maßgeblich. Insoweit können die Parteien mit übereinstimmender Erklärung eine Anerkennung des hergestellten Gebäudes als in der Hauptsache vertragsgemäße Leistung bewirken.

5428 Abweichend von diesen Regelungen verlängert sich bei Wirtschaftsgütern zum Zwecke der Vorbereitung oder Durchführung von städtebaulichen Sanierungs- und Entwicklungsmaßnahmen die Frist von vier auf sieben Jahre bzw. im Falle von Gebäuden auf neun Jahre (§ 6b Abs. 8 Satz 1 Nr. 1 EStG).

5429 § 6b EStG verlangt ausdrücklich nicht die Beendigung der Herstellung innerhalb dieser 4-Jahresfrist, sondern lässt den Beginn ausreichen. Erforderlich ist nach der Rechtsprechung des BFH nur, dass der Steuerpflichtige die Herstellung des Gebäudes tatsächlich in Gang gesetzt hat, sonst greift die Verlängerung auf 6 Jahre nicht.

Der BFH[110] betont, dass Planung und Errichtung des Gebäudes einen einheitlichen Vorgang bilden, wobei die Herstellung nicht erst mit dem Beginn der eigentlichen Bauarbeiten beginnt. Die Planungen müssen sich aber auf ein konkretes Objekt beziehen, d. h. auch der Standort muss endgültig festgelegt sein.

5430 Hierfür reichen im Regelfall aus:

▶ Aushebung der Baugrube,
▶ Gebäudeabbruch eines noch aufstehenden Altgebäudes,[111]
▶ Einreichung des Bauantrages,[112]
▶ Einrichtung der Baustelle,
▶ Erteilung eines Bauauftrages an einen Bauunternehmer,
▶ Beginn von Abgrabungen,
▶ Einbringung von Baustoffen in nennenswertem Umfang,
▶ Erwerb eines bebauten Grundstücks in Abbruchabsicht.

5431 Nicht ausreichend wären hingegen unkonkrete Vorbereitungshandlungen, insoweit ist als Minimum ein konkreter -abgeschlossener- Planungsauftrag an einen Architekten vor Ablauf der 4-Jahresfrist seit Bildung der Rücklage anzusehen.

Nach der Rechtsprechung des BFH kann die Stellung eines Bauantrages aber nur dann als Beginn der Herstellung i. S. d. § 6b Abs. 3 Satz 3 EStG angesehen werden, wenn er sich auf das später tatsächlich errichtete Gebäude bezieht und dieses hinreichend konkretisiert. Soweit sich daher die in einem Bauantrag bzw. einer Bauvoranfrage konkreti-

---

110 BFH, Urteil v. 15.10.1981 – IV R 85 / 81, BStBl 1982 II S. 63.
111 BFH, Urteil v. 16.2.1978 – GrS 1/77, BStBl 1978 II S. 620; H 6b.2 EStR.
112 BFH, Urteil v. 15.12.1982 – VIII R 53/81, BStBl 1983 II S. 303; H 6b.2 EStR.

sierten und auf ein bestimmtes Grundstück bezogenen Planungsarbeiten durch die Ablehnung des entsprechenden Antrags verbraucht haben, so können sie regelmäßig auch dann nicht zur Annahme des Beginns der Herstellung eines an einem anderen Standort errichteten Gebäudes führen, wenn die ursprüngliche Planung, soweit sie sich auf den Baukörper erstreckt, vollständig oder weitgehend übernommen wird.[113]

Das FG München[114] erachtet zwar grundsätzlich auch Planungsarbeiten als ausreichend, fordert aber gleichzeitig einen „wenigstens im wesentlichen" fertigen Plan zum maßgeblichen Stichtag, damit eine hinreichende Konkretisierung des Gebäudes gegeben ist. 5432

Insoweit führt die – restriktive - Entscheidung faktisch zur Einführung eines fertigen Bauplans als Tatbestandsmerkmal.[115]

Hervorzuheben ist, dass die Planung und die Errichtung des Gebäudes einen einheitlichen Vorgang bilden und insoweit auch eine Identität zwischen der vorgenommenen Planung und der entsprechenden Umsetzung vorliegen muss. Danach würden erhebliche Abweichungen (ähnlich wie bei der Rechtsprechung zu den Investitionszulagen) diese Identität beeinträchtigen.[116] 5433

Soweit das Gesamtgebäude nicht innerhalb der gesetzlich festgelegten Frist komplett fertiggestellt würde, ließe sich auch daran denken, dass eine Anschaffung von teilfertigen Gebäudeteilen erfolgen kann (Gebäude im Bau). Dies würde jedoch voraussetzen, dass für das teilfertige Gebäude tatsächlich schon eine eigenständige Nutzungsmöglichkeit besteht und der Erwerbende insoweit schon als wirtschaftlicher Eigentümer dieses eigenständigen Teils angesehen werden könnte.[117] 5434

Fraglich ist, ob § 6b EStG Gestaltungen in Bezug auf die Fristwahrung zugänglich ist. 5435

Der Wortlaut des § 6b EStG spricht davon, dass sich die Frist für die Übertragung auf neu hergestellte Gebäude auf sechs Jahre verlängert, wenn mit der Herstellung, das heißt mit der Herstellung dieses Gebäudes, vor Ablauf der 4-Jahresfrist begonnen worden ist.

Danach könnte es auch möglich sein, dass ein Dritter innerhalb der 4-Jahresfrist mit der Herstellung begonnen hat und der Steuerpflichtige das Gebäude innerhalb der 6-Jahresfrist erwirbt.

Fraglich ist, ob damit noch eine Herstellung i. S. d. § 6b EStG vorliegt, obwohl der Steuerpflichtige nicht selbst die Herstellung in Gang gesetzt hat oder es sich vielmehr um eine nicht begünstigte Anschaffung i. S. d. § 6b EStG handelt.

Nach Auffassung des BFH kann aus dem Wortlaut der Vorschrift nicht geschlossen werden, dass die Neuherstellung des Gebäudes durch einen Dritten genüge.[118] Dies folge aus dem § 6b Abs. 3 Satz 5 EStG, wonach eine nach vier Jahren noch vorhandene 5436

---

113 BFH, Urteil vom 14.3.2012 – IV R 6/09, BFH/NV 2012 S. 1122.
114 FG München, Urteil v. 14.2.2017 – 6 K 2143/16, EFG 2017, S. 643 (Rev. anh., BFH X R 7/17).
115 Kritisch dazu *Herrler*, StuB 2017 S. 501.
116 BFH, Urteil v. 29.11.1983 – VIII R 96/81, BStBl 1984 II S. 303.
117 *Klein*, FR 2011 S. 506 ff.
118 BFH, Beschluss v. 19.11.2015 – IV B 103/14, BFH/NV 2011 S. 198; so schon Vorinstanz FG München, Urteil v. 26.11.2014 – 9 K 2594/13, EFG 2015 S. 461, zum Streitstand s. auch *Lohschelder* in Schmidt, EStG, 37. Aufl. 2018, § 6b, Rz. 60.

Rücklage aufzulösen ist, soweit nicht ein Abzug von den Herstellungskosten von Gebäuden in Betracht kommt, mit deren Herstellung bis zu diesem Zeitpunkt begonnen worden ist. Einen Abzug von den Herstellungskosten von Gebäuden könne der Steuerpflichtige aber nur vornehmen, wenn er diese Kosten als Hersteller getragen hat und nicht, wenn er ein von einem Dritten herzustellendes Gebäude anschafft.

5437–5444 *(Einstweilen frei)*

3.2.3.7 Rechtsfolgen bei unterbliebener Reinvestition

3.2.3.7.1 Auflösung der Rücklage[119]

5445 Grundsätzlich muss der Steuerpflichtige bei Durchführung der begünstigten Reinvestition, die Rücklage gemäß § 6b Abs. 3 Satz 4 EStG auflösen. Die Technik der Buchung ist entweder in Form der Nettobuchung (Rücklage an Wirtschaftsgut) oder der Bruttobuchung (a) AfA an Wirtschaftsgut und b) Rücklage an betrieblicher Ertrag) zulässig.

5446 Der Steuerpflichtige kann die Rücklage aber auch ohne Reinvestition unterjährig jederzeit ganz oder teilweise auflösen, soweit er seine Reinvestitionsabsicht aufgibt.

5447 Mit Ablauf der Reinvestitionsfrist ist die Rücklage in voller Höhe gewinnerhöhend aufzulösen. Die Auflösung der Rücklage ist weiterhin dann erforderlich, soweit eine objektive Übertragung der Rücklage nicht mehr möglich ist bzw. die Rücklage objektiv die Herstellungskosten des neuen Wirtschaftsgutes übersteigt.[120] Durch die Auflösung der § 6b-Rücklage erhöht sich der Gewinn des Wirtschafsjahres, in dem sie aufgelöst wird.[121] Es wird also nicht der Gewinn des Jahres berichtigt, in dem die Rücklage gebildet worden ist.

5448 Bei der Veräußerung oder Aufgabe eines Betriebes ist eine § 6b-Rücklage grundsätzlich aufzulösen.

Der Steuerpflichtige kann sie aber noch für die Zeit weiterführen, für die sie ohne Betriebsveräußerung oder Betriebsaufgabe zulässig gewesen wäre.[122] Nach dem **Ausscheiden aus einer Mitunternehmerschaft** ist die § 6b-Rücklage bis zu einer möglichen Übertragung der stillen Reserven durch Abzug von begünstigten Reinvestitionskosten im Rahmen der Gewinnermittlung der Personengesellschaft fortzuführen.[123]

5449 *(Einstweilen frei)*

3.2.3.7.2 Gewinnzuschlag

5450 Zur Verhinderung von missbräuchlichen Mitnahmeeffekten bei der Bildung der Rücklage, ist in § 6b Abs. 7 EStG festgelegt, dass bei (freiwilliger oder zwangsläufiger) Auflösung der Rücklage eine gewinnerhöhende Verzinsung vorzunehmen ist. Soweit die Rücklage also nicht auf ein Investitionsgut übertragen werden kann, ist ein Gewinn-

---

119 Vgl. R 6b.2 Abs. 4 EStR.
120 Vgl. H 6b.2 EStR; s. dazu ausführlich Verfügung der OFD Frankfurt/M. v. 11.4.2013 - S 2139A-24-St210, DB 2013 S. 1330 f.
121 BFH, Urteil v. 10.3.2016 – IV R 41/13, BStBl 2016 II S. 984.
122 Vgl. R 6b 2 Abs. 10 EStR.
123 So auch *Bolk*, DStR 2015 S. 1355; jedoch a. A. Fin-Min. Schleswig-Holstein, Erlass v. 2.9.2014 - VI 306-5-2139-134, DStR 2014 S. 2180: auf Ebene des veräußernden Gesellschafters durch Abgabe entsprechender Bilanzen im Rahmen seiner Einkommensteuererklärung auszuüben.

zuschlag vorzunehmen, auch wenn nicht in voller Höhe auf begünstigte Reinvestitionsobjekte übertragen wird. Der Gewinnzuschlag für aufgelöste Rücklagen beträgt 6 % der Rücklage für jedes volle Wirtschaftsjahr in dem sie bestanden hat. Als volles Wirtschaftsjahr gilt auch das Jahr der Auflösung der Rücklage, nicht jedoch das Wirtschaftsjahr in dem die Veräußerung erfolgte und die Rücklage erstmals gebildet wurde (zur Verzinsung s. Rz. 2825).[124]

Rumpfwirtschaftsjahre sind volle Wirtschaftsjahre i. S. d. § 6b Abs. 7 EStG. In der Literatur wird hier zum Teil vertreten, dass bei ihnen die Verzinsung nur in Höhe von 0,5 % je vollen Monat vorzunehmen ist.[125] Die Auslegung findet jedoch im Wortlaut keine Unterstützung und wird von der Rechtsprechung nicht geteilt.[126]

5451

(Einstweilen frei)

5452–5459

3.2.3.8 Sonderfall: Veräußerung von Anteilen an Kapitalgesellschaften

§ 6b Abs. 10 EStG sieht für Steuerpflichtige, die keine Körperschaften, Personenvereinigungen oder Vermögensmassen i. S. d. § 1 Abs. 1 KStG sind, eine Erweiterung dergestalt vor, dass der Gewinn aus der Veräußerung von Beteiligungen an Kapitalgesellschaften bis zur Höhe von 500.000 € von den Anschaffungskosten im Wirtschaftsjahr (nicht im vorangegangenen Jahr; vgl. Rz. 5275) neu angeschaffter Beteiligungen an Kapitalgesellschaften, abnutzbarer beweglicher Wirtschaftsgüter oder neu angeschaffter Gebäude abgezogen werden kann.[127]

5460

Von der Begünstigung des § 6b Abs. 10 EStG sind Körperschaften, Personenvereinigungen oder Vermögensmassen i. S. d. § 1 Abs. 1 KStG ausgenommen. Dies beruht darauf, dass bei diesen die Veräußerung von Anteilen an Kapitalgesellschaften bereits nach § 8b Abs. 2 KStG im Ergebnis zu 95 % steuerfrei gestellt ist. Die Veräußerung von einbringungsgeborenen Anteilen i. S. d. § 21 UmwStG ist nur dann nach § 6b Abs. 10 Satz 11 EStG begünstigt, wenn die Voraussetzungen des § 3 Nr. 40 Satz 4 EStG erfüllt sind. Damit ist erforderlich, dass die Veräußerung der Anteile später als sieben Jahre nach dem Zeitpunkt der Einbringung i. S. d. § 20 Abs. 1 Satz 1 oder § 23 Abs. 1-3 UmwStG die zum Erwerb der einbringungsgeborenen Anteile geführt hat, stattfindet oder die einbringungsgeborenen Anteile aufgrund eines Einbringungsvorgangs nach § 20 Abs. 1 Satz 2 oder § 23 Abs. 4 UmwStG erworben worden sind, außer die eingebrachten Anteile gehen unmittelbar oder mittelbar auf eine Einbringung nach § 20 Abs. 1 Satz 1 oder § 23 Abs. 1-3 UmwStG zurück.

5461

Für die Berechnung des Höchstbetrages nach § 6b Abs. 10 Satz 1 EStG ist der einzelne Mitunternehmer als Steuerpflichtiger anzusehen, mit der Folge, dass der Höchstbetrag von 500.000 € für jeden Mitunternehmer zur Anwendung kommt (Vervielfältigung des Betrages).[128]

---

124 Vgl. R 6b.2 Abs. 5 EStR.
125 *Loschelder in* Schmidt, EStG, 37. Aufl. 2018, § 6b Rz. 88.
126 FG Münster, Urteil v. 17.11.2000 – 2 K 7511/97, EFG 2001 S. 350 rkr.; FG Niedersachsen, Urteil v. 24.5.2006 – 2K 14/05, EFG 2006 S. 1732.
127 R 6b.2 Abs. 13 EStR.
128 R 6b.2 Abs. 12 EStR.

5462 Die Schaffung einer Reinvestitionsrücklage für Personengesellschaften (sofern an ihnen keine Körperschaften, Personenvereinigungen und Vermögensmassen beteiligt sind) ist als Ausgleich für die Steuerfreiheit der Gewinne aus der Veräußerung von Anteilen an Kapitalgesellschaften durch Kapitalgesellschaften § 8b Abs. 2 KStG gedacht. Es handelt sich hiermit um eine mittelstandsfreundliche Komponente des Gesetzes.[129]

5463 Im Unterschied zu den sonstigen Regelungen des § 6b EStG ist der Kreis der begünstigten Reinvestitionsgüter anders festgelegt. Bei der Veräußerung von Anteilen an einer Kapitalgesellschaft ist er bestimmt mit Gebäuden, abnutzbaren beweglichen Wirtschaftsgütern sowie Anteilen an Kapitalgesellschaften. Der Abzug des Veräußerungsgewinns von den Anschaffungskosten für Grundstücke, Ausbau oder Erweiterung von Gebäuden oder Aufwuchs auf Grund und Boden ist hingegen nach § 6b Abs. 10 EStG nicht möglich.

5464 Reinvestiert der Steuerpflichtige in angeschaffte/hergestellte Gebäude oder abnutzbare bewegliche Wirtschaftsgüter, kann er nur den steuerpflichtigen Gewinn übertragen. Der gemäß § 3 Nr. 40 Satz 1 i. V. m. § 3c Abs. 2 EStG steuerbefreite Teil des Gewinns bleibt unberücksichtigt, d. h. es können maximal 300.000 € (= 60 % von 500.000 €) übertragen werden.

5465 Bei einer Reinvestition in Kapitalgesellschaftsanteile gehört hingegen auch der steuerfreie Teil zu dem von den Anschaffungskosten abziehbaren Veräußerungsgewinn, d. h. die stillen Reserven werden in voller Höhe übertragen (einschließlich des nach dem Teileinkünfteverfahren steuerfreien Teils). Das Teileinkünfteverfahren greift erst im Falle einer späteren Veräußerung der neuen Anteile. Zur Konstellation der Veräußerung von Kapitalgesellschaftsanteilen zwischen Schwesterpersonengesellschaften s. auch Rz. 5480.

Aufgrund des Charakters des § 6b EStG als Ausnahmevorschrift ist in diesem Fall eine erweiternde Auslegung nicht möglich.

3.2.3.9 Stundung bei Reinvestitionen in EU/EWR–Betriebsvermögen (§ 6b Abs. 2a EStG, zur EU-Betriebsstätte s. Rz. 2762)

5466 Nach § 6b Abs. 2a Satz 1 EStG kann die festgesetzte Steuer, die auf einen Gewinn i. S. d. § 6b Abs. 2 EStG entfällt auf Antrag des Steuerpflichtigen in fünf gleiche Jahresraten entrichtet werden. Voraussetzung ist, dass im Jahr der Veräußerung eines nach § 6b Abs. 1 Satz 1 EStG begünstigten Wirtschaftsgutes oder in den folgenden vier Jahren ein in § 6b Abs. 1 Satz 2 EStG bezeichnetes Wirtschaftsgut angeschafft oder hergestellt wird, das einem Betriebsvermögen des Steuerpflichtigen in einem anderem Mitgliedstaat der EU oder des EWR zuzuordnen ist. § 36 Abs. 5 Sätze 2 bis 5 EStG sind sinngemäß anzuwenden.[130]

Die Neuregelung übernimmt damit die Systematik des § 36 Abs. 5 EStG. Nach § 6b Abs. 2a Satz 2 EStG kann allerdings der Stundungsantrag nur „im Wirtschaftsjahr" der Veräußerung der in § 6b Abs. 1 Satz 1 EStG bezeichneten Wirtschaftsgüter gestellt

---

[129] Wegen der Bildung und Auflösung der Rücklage siehe Beispiele bei *Hoffmann* in Littmann/Bitz/Pütz, EStG Kommentar, § 6b Anm. 163 ff.
[130] Zur Neuregelung und Anwendungsfragen hat das BMF mit Schreiben v. 7.3.2018 – IV C 6 - S 2139/17/10001 :001 Stellung bezogen.

werden. Eine Ausnahme besteht bei rückwirkender Anwendung im Rahmen des § 52 Abs. 14 Satz 1 EStG, sonst liefe die Vorschrift bei rückwirkender Anwendung ins Leere. Auf eine Reinvestitionsabsicht des Steuerpflichtigen stellt § 6b Abs. 2a EStG nicht ab, es genügt, wenn eine spätere Reinvestition in das Betriebsvermögen einer EU/EWR Betriebsstätte objektiv möglich ist.

Kommt es innerhalb der vorgesehenen Frist nicht zu einer Reinvestition, fällt kein Gewinnzuschlag an, da § 6b Abs. 7 EStG nicht auf § 6b Abs. 2a EStG verweist und § 36 Abs. 5 Satz 3 EStG die Stundung ausdrücklich und ohne Einschränkung zinslos stellt.

Nach Auffassung des BFH ist es unionsrechtlich weder zu beanstanden, dass § 6b Abs. 2a EStG die auf den Veräußerungsgewinn entfallende Steuer nur stundet, noch bestehen gegen den Stundungszeitraum von fünf Jahren Bedenken.[131]

Es sei nach dem EuGH verhältnismäßig, wenn ein Mitgliedstaat in Fällen der Entstrickung die Steuer auf die in seinem Hoheitsgebiet zu stundenden noch nicht realisierten stillen Reserven festsetzt. Lediglich die sofortige Erhebung sei unverhältnismäßig. Auch der Stundungszeitraum von fünf Jahren sei nicht zu beanstanden. Ferner betont der BFH, dass der EuGH die sofortige Steuerfestsetzung ungeachtet der Art des Wirtschaftsgutes, in dem sich die stillen Reserven angesammelt haben, im Grundsatz zur Wahrung der Aufteilung der Besteuerungsbefugnis zwischen den Mitgliedstaaten für gerechtfertigt hält. Auch die Regelung für die Altfälle hat der BFH nicht beanstandet.

Ansonsten sind die in der Literatur geäußerten Zweifelsfragen zur Neuregelung des § 6b Abs. 2a EStG offen geblieben, wobei es insbesondere um Fragen der Anwendung des § 6b Abs. 2a EStG auf die Gewerbesteuer, in Verlustfällen sowie um die Nichtanwendung der Regelung auf Wirtschaftsgüter i. S. v. § 6b Abs. 10 EStG (Anteile an Kapitalgesellschaften) geht.[132]

Das BMF, Schreiben v. 7.3.2018[133] knüpft an die o. g. BFH-Entscheidungen an und widmet sich einigen Zweifelsfragen im Zusammenhang mit § 6 Abs. 2a EStG.[134]

Für die Stellung des erforderlichen Antrags wird dabei zugunsten des Steuerpflichtigen eine weite Auslegung für die Frage, bis zu welchem Zeitpunkt der Antrag gestellt werden kann, vorgenommen. Danach soll ein Antrag in allen Fällen berücksichtigt werden, in denen die materielle Bestandskraft des betroffenen Steuerbescheides noch nicht eingetreten ist. Das Schreiben enthält darüber hinaus weitere Hinweise zur Antragstellung.[135]

Nach dem BMF greift § 6b Abs. 2a EStG grundsätzlich nicht ein, soweit der Gewinn i. S. d. § 6b Abs. 2 EStG nach § 6b Abs. 1 EStG übertragen oder in eine Rücklage nach § 6b Abs. 3 EStG eingestellt wurde und dieser Bilanzansatz auch nicht nach § 4 Abs. 2 Satz 2 EStG (Bilanzänderung) geändert wurde, d. h. der Steuerpflichtige muss sich zwischen dem bisherigen System des § 6b EStG und der Stundung nach § 6 Abs. 2a EStG entscheiden.

---

131 BFH, Urteil v. 22.6.2017 – IV 84/14, BFH/NV 2017 S. 1377.
132 Vgl. *Loschelder*, DStR 2016 S. 9; s. *Adrian*, StuB 2017 S. 739; BMF, Schreiben v. 7.3.2018 - IV C 6 - S 2139/17/10001 :001 (BStBl 2018 I S. 309) enthält die differenzierte Aussage gem. BFH bestünden keine Bedenken gegen § 6b Abs. 2a EStG.
133 BMF, Schreiben v. 7.3.2018 - IV C 6 - S 2139/17/10001 :001 (BStBl 2018 I S. 309).
134 S. dazu *Adrian*, StuB 2018 S. 298; *Kanzler*, NWB 2018 S. 1668.
135 Im Einzelnen *Adrian*, StuB 2018 S. 298; *Kanzler*, NWB 2018 S. 1668.

Allerdings gewährt das BMF gem. der obigen Entscheidung des BFH eine Ausnahme von diesem Grundsatz in definierten Altfällen,[136] wonach dann auch für den Auflösungsgewinn einer nach § 6b Abs. 3 EStG gebildeten Rücklage auf Antrag des Steuerpflichtigen die Steuer auf fünf gleiche Jahresraten nach § 6b Abs. 2a EStG verteilt werden kann.

Es wird keine Reinvestitionsabsicht nach § 6b Abs. 2a EStG gefordert, vielmehr reicht nach dem BMF-Schreiben[137] die objektive Möglichkeit künftiger grenzüberschreitender Aktivitäten aus.

Die EU-Kommission hat nun ein weiteres Vortragsverletzungsverfahren wegen des Erfordernisses der Mindestzugehörigkeit zu einer inländischen Betriebsstätte in § 6b Abs. 4 Satz 1 Nr. 2 EStG eingeleitet.[138]

5468–5469 (Einstweilen frei)

3.2.3.10 Verhältnis zu anderen Vorschriften

5470 ▶ § 6c EStG

§ 6c EStG wurde aus Gründen der Gleichmäßigkeit der Besteuerung eingefügt und ermöglicht es Steuerpflichtigen, die Einkünfte aus

- ▶ Land- und Forstwirtschaft,
- ▶ Gewerbebetrieb,
- ▶ selbständigen Einkünften

haben und die ihren Gewinn nach § 4 Abs. 3 bzw. 13a EStG ermitteln, gleichwohl im Ergebnis eine Begünstigung ähnlich wie § 6b EStG in Anwendung zu bringen.[139] § 6c EStG nimmt keine Erweiterung des sachlichen Anwendungsbereichs des § 6b EStG vor, vielmehr wird über eine beschränkte Rechtsgrundverweisung auf § 6b EStG (mit Ausnahme des § 6b Abs. 4 Nr. 1 EStG) der Gleichlauf der Regelung festgelegt. Über die gesetzliche Regelung des § 6c Abs. 1 Satz 2 EStG werden die Bestimmungen über die Bildung einer Rücklage in § 6b Abs. 3 EStG so modifiziert, so dass stille Reserven über die gesetzliche Fiktion von Betriebsausgaben und Betriebseinnahmen auch ohne Bildung einer Rücklage in späteren Jahren übertragen werden können. In § 6c Abs. 2 EStG werden die Dokumentationspflichten festgelegt.

5471 ▶ Verhältnis zu § 34 EStG

Soweit ein Betrieb, Teilbetrieb oder ein Mitunternehmer anteilig vom Steuerpflichtigen veräußert wird, kann er entweder die Begünstigung nach § 34 EStG oder die nach § 6b EStG in Anspruch nehmen. Eine parallele Anwendung der Vorschriften wird durch die Regelung des § 34 Abs. 1 Satz 4 EStG ausgeschlossen. Die Bildung einer Rücklage für Gewinne aus der Veräußerung einer Kapitalgesellschaftsbeteiligung nach § 6b Abs. 10

---

[136] BMF, Schreiben v. 7.3.2018 - IV C 6 - S 2139/17/10001 :001, Rz. 7 (BStBl 2018 I S. 309).
[137] BMF, Schreiben v. 7.3.2018 - IV C 6 - S 2139/17/10001 :001, Rz. 10 (BStBl 2018 I S. 309).
[138] S. im Einzelnen: *Kanzler*, NWB 2017 S. 1533.
[139] Bei Wechseln der Gewinnermittlungsart siehe R 6b.2 Abs. 11 EStR.

EStG ist für die Anwendung der Steuerermäßigung des § 34 EStG auf den verbleibenden Teil des Veräußerungsgewinns unschädlich.[140]

Rücklagen nach § 6b EStG, die anlässlich einer Betriebsaufgabe oder einer Betriebsveräußerung aufgelöst werden, rechnen zum begünstigten Veräußerungsgewinn. Die Fortführung der Rücklage ist noch für die Zeit zulässig, für die sie ohne die Veräußerung des Betriebs zulässig gewesen wäre, auch wenn der Steuerpflichtige zum Zeitpunkt der Betriebsveräußerung oder auch später keine Reinvestitionsabsicht hat. Werden Rücklagen, die nicht anlässlich einer Betriebsveräußerung gebildet worden sind, vom Steuerpflichtigen fortgesetzt, kann für den Veräußerungsgewinn der Freibetrag nach § 16 Abs. 4 EStG nur dann gewährt werden, wenn die Rücklagen keine stillen Reserven enthalten, die bei der Veräußerung einer wesentlichen Grundlage des Betriebs aufgedeckt worden sind. Eine einmal nach § 6b EStG gebildete Rücklage, die aber später mangels Investition aufgelöst wird, rechnet ebenfalls nicht zum begünstigten Aufgabe- oder Veräußerungsgewinn.[141]

5472

Verhältnis zur Rücklage für Ersatzbeschaffung (6.6 EStR) (s. u. 3.3).

5473

Zwischen der Bildung einer Rücklage für Ersatzbeschaffung und § 6b EStG kann der Steuerpflichtige wählen, ohne sich bei der Bildung der Rücklage auf eine der beiden Möglichkeiten festlegen zu müssen.[142]

(Einstweilen frei)

5474

3.2.3.11 Gestaltungsmöglichkeiten: Übertragung zwischen Schwesterpersonengesellschaften

Soll ein einzelnes nach § 6b EStG begünstigtes Wirtschaftsgut (insbesondere also ein Grundstück oder Gebäude) ertragsteuerneutral zwischen Mitunternehmer und Mitunternehmerschaft oder zwischen verschiedenen Mitunternehmerschaften übertragen werden, an denen der Steuerpflichtige beteiligt ist, stellt sich die Frage auf welchem Wege sich dieses Ergebnis optimal erreichen lässt.

5475

Im Gesetz ist die unmittelbare Übertragung zwischen Schwesterpersonengesellschaften nicht angesprochen. Insoweit ist zwischen dem I.[143] und dem IV. Senat[144] ein Streit über die Frage der analogen Anwendung des § 6 Abs. 5 EStG auf die Übertragung von Wirtschaftsgütern zwischen Schwesterpersonengesellschaften entstanden. Im Kern des Streites geht es hier um die Selbständigkeit von Personengesellschaft bzw. Gesellschafter. Die Personengesellschaft ist Steuerrechtssubjekt bei Qualifikation und Ermittlung der Einkünfte, während Subjekt der Einkünfteerzielung der Gesellschafter ist. Ihm werden die anteilig erzielten Einkünfte sowie die Anteile an den stillen Reserven der Wirt-

5476

---

140 FG Münster, Urteil v. 23.9.2015 – 10 K 4079 / 14F, EFG 2016 S. 20.
141 Vgl. insgesamt R 6b.2 Abs. 10 EStR.
142 *Jachmann-Michel* in Kirchhof, EStG, 16. Aufl., 6b, Rz. 2a m. w. N.: *Marchal* in HHR, § 6b EStG Anm. 15 „Wahlrecht" auch zu weiteren Anforderungen.
143 BFH, Urteil v. 25.11.2009 – I R 72/08, DStR 2010 S. 269; der I. Senat (Beschluss vom 10.4.2013 – I R 80/12) hat dem BVerfG die Frage vorgelegt, ob § 6 Abs. 5 Satz 3 EStG gegen den allgemeinen Gleichberechtigungsgrundsatz verstößt, weil hiernach eine Übertragung von Wirtschaftsgütern zwischen beteiligungsidentischen Personengesellschaften nicht zum Buchwert möglich ist.
144 BFH, Urteil v. 15.4.2010 – IV B 105/09, DStR 2010 S. 1070.

schaftsgüter des Gesamthandsvermögens gemäß dem Transparenzprinzip zugerechnet. Soweit dieses Transparenzprinzip jedoch dazu führt, dass trotz Zuordnung der stillen Reserven zum selben Steuersubjekt durch eine Übertragung oder Beziehung ausgelöste werden sollte, wäre der unmittelbare Weg zwischen zwei Gesellschaften verschlossen.[145] Insoweit stellt sich die Frage nach alternativen Gestaltungen.

Dazu folgender Fall:

ABB. 5: Übertragung zwischen Schwesterpersonengesellschaften

Ausgangslage

Ziel

- Verlagerung des Grundstücks auf die oHG 2

5477 Grundsätzliche wäre es möglich das Grundstück in mehreren Schritten aus dem Gesamthandsvermögen der OHG 1 in das Sonderbetriebsvermögens des A bei der OHG 1 zum Buchwert und danach das Grundstück aus dem Sonderbetriebsvermögen von A bei der OHG 1 in das Gesamthandsvermögen der OHG 2 zu übertragen. Wichtig wäre bei einem solchen Vorgehen, die jeweilige Unterbrechung der Funktionszusammenhänge, d. h. der jeweiligen Nutzungssachverhalte, die OHG 1 darf nicht weiter nutzen.

5478 Fraglich ist jedoch, ob nicht die sogenannte Gesamtplanrechtsprechung des BFH[146] Anwendung finden würde, d. h. von der Finanzverwaltung das Vorgehen als ein abgestimmtes Vorgehen einheitlich beurteilt würde.

5479 Zudem stößt ein Vorgehen nach § 6 Abs. 5 EStG an seine Grenzen, soweit die Übernahme von Verbindlichkeiten geplant ist, weil ein teilentgeltlicher Vorgang nach den Grundsätzen der sogenannten Trennungstheorie auch vorliegt, wenn gemeinsam mit dem Wirtschaftsgut Verbindlichkeiten übernommen werden, auch soweit die Verbindlichkeiten den Buchwert des Wirtschaftsgutes unterschreiten. Die Trennungstheorie ist indes durch den IV. Senat des BFH modifiziert worden. Danach führt die teilentgeltliche Übertragung eines Wirtschaftsguts des Sonderbetriebsvermögens in das Gesamthandsvermögen der Personengesellschaft nicht zur Realisierung eines Gewinns, soweit das

---

145 So die Sichtweise der Finanzverwaltung in Anschluss an den I. Senat: BMF, Schreiben v. 29.10.2010, BStBl 2010 I S. 1206 (mit AdV-Gewährung in streitigen Fällen).
146 Siehe hierzu BFH, Urteile v. 6.9.2000 – IV B 18/99, BStBl 2001 II S. 229; vom 25.2.2010 – IV R 49/08, BStBl 2010 II S. 726.

Entgelt den Buchwert nicht übersteigt.[147] Die Finanzverwaltung akzeptiert diese Sichtweise nicht. Der X. Senat hat mit Beschluss vom 27.10.2015[148] dem Großen Senat die Rechtsfrage der Ermittlung eines Veräußerungsgewinns bei teilentgeltlichen Übertragungen (Trennungstheorie), zur Entscheidung vorgelegt.[149]

Hier ist nun zu berücksichtigen, dass die Veräußerung von Wirtschaftsgütern zwischen personenidentischen Personengesellschaften demgegenüber den Veräußerungstatbestand des § 6b EStG erfüllt. In dem oben genannten Beispiel wäre es nun möglich, dass Grundstück zum Verkehrswert von der OHG 1 auf die OHG 2 zu übertragen und den Veräußerungsgewinn gemäß § 6b EStG zu neutralisieren bzw. übertragen. Bei Veräußerung eines begünstigten Wirtschaftsgutes durch die Mitunternehmerschaft kann der Gewinn von den Mitunternehmern anteilig auf Reinvestitionen im Gesamthandsvermögen einer anderen Mitunternehmerschaft übertragen werden (gesellschafterbezogene Betrachtungsweise). Der Gewinn aus der Veräußerung der OHG 1 wird somit übertragen auf die Reinvestition der OHG 2 (auf das erworbene Grundstück). Wichtig sind hier insoweit die allgemeinen Voraussetzungen, d. h. die personenbezogene Vorbesitzzeit und die Qualifikation des Wirtschaftsgutes. Diese Gestaltung ist durch die Finanzverwaltung anerkannt.[150]

5480

Zur Übertragung stiller Reserven nach § 6b EStG, die bei der Veräußerung einer Kapitalgesellschaftsbeteiligung an eine Schwesterpersonengesellschaft realisiert werden, hat der BFH nun eine Entscheidung gefällt.[151]

5481

Danach kann wegen der gesellschafterbezogenen Ausrichtung des § 6b EStG ein Mitunternehmer nach Maßgabe seiner Beteiligungsquoten an der betroffenen Mitunternehmerschaft stille Reserven, die bei der veräußernden Mitunternehmerschaft aufgedeckt worden sind, auf begünstigte Investitionen der Schwester-Mitunternehmerschaft übertragen. Dabei können die nämlichen veräußerten Wirtschaftsgüter einerseits begünstigte Veräußerungsobjekte bei der einen Gesellschaft und andererseits begünstigte Reinvestitionsaufwendungen bei der anderen Gesellschaft sein. Der BFH stellt dabei klar, dass bei der Anwendung von § 6b EStG zwischen dem tatsächlichen und einem fiktiven Veräußerungsgewinn zu unterscheiden ist, weil auf den Veräußerungszeitpunkt für Zwecke der Ermittlung des nach § 6b EStG begünstigten Veräußerungsgewinn u. U. ein fiktiver Buchwert unter vollständiger Anwendung der Bewertungsvorschriften des § 6b EStG zu ermitteln ist. Im Streitfall des BFH war es früher zu einer Teilwertabschreibung auf die Anteile gekommen, so dass nun im Zeitpunkt der fiktiven Bewertung für Zwecke des § 6b der Buchwert erhöht werden muss, soweit sich die Werterhöhung aus dem festgelegten Kaufpreis für das veräußerte Wirtschaftsgut ablesen lässt. Soweit also ein Veräußerungsgewinn entsteht, führt dies zwangsläufig zur fiktiven Wertaufholung, womit sich wiederum automatisch der Veräußerungsgewinn i. S. d. § 6b EStG verringert und damit auch das zu übertragende Volumen.[152]

---

147 BFH, Urteil v. 19.9.2012 – IV R 11/12, DStR 2012 S. 2051.
148 BFH, Beschluss v. 27.10.2015 – XR 28/12, BStBl 2016 II S. 81.
149 BFH Großer Senat – 1/16.
150 OFD Koblenz, Verfügung v. 23.12.2003 – S 2139, DStR 2004 S. 314, R 6b.2 Abs. 7 EStR.
151 BFH, Urteil v. 9.11.2017 – IV R 19/14, DStR 2018 S. 292.
152 Zum Ganzen s. *Kanzler*, NWB 2018 S. 534.

5482 **BEISPIEL**

ABB. 6: Übertragung zwischen Schwesterpersonengesellschaften 2

Fall: Überlassung Grundstück SBV
Buchwert 100.000
Verkehrswert 1,0 Mio.
Verb. 400.000

Ziel: Übertragung ins GHV d. GmbH & Co. KG II

Lösung: Trennungstheorie: Übernahme der Verbindlichkeiten = Entgelt
→ Veräußerungsgewinn 400.000 ./. 40.000
(40 % von 100.000) = 360.000

Neutralisierung: Übertragung stiller Reserven auf die GmbH & Co. KG II

- Erhöhung Sonderkapital des A bei KG I steuerneutral um 300.000 (Gewinn von 60.000 wird außerbilanziell hinzuger.)
- KG II-Übernahme der Verbindlichkeiten = Anschaffungskosten von 400.000
  - in Höhe der unentgeltl. Quote (60 %) Fortführung BW = 60.000
- auf die Anschaffungskosten werden die aufgedeckten stillen Reserven von 360.000 übertragen (Kapitalkonto A an Grundstück)
  → BW 100.000

5483–5484 *(Einstweilen frei)*

3.3 Rücklagen für Ersatzbeschaffungen R 6.6 EStR

5485 In Durchbrechung des Grundsatzes, dass im Falle des Ausscheidens eines Wirtschaftsgutes aus dem Betriebsvermögen, der den Buchwert übersteigende Wert des Wirtschaftsgutes zu versteuern ist, erlauben Rechtsprechung und Finanzverwaltung mit dem gewohnheitsrechtlich verfestigten Institut „Übertragung stiller Reserven bei Ersatzbeschaffung" eine Ausnahme. Dies geschieht zur Vermeidung von Härten, wenn das Wirtschaftsgut in Folge höherer Gewalt oder in Folge oder zur Vermeidung eines behördlichen Eingriffs gegen Entschädigung aus dem Betriebsvermögen ausscheidet und alsbald ein „ersetzendes" Wirtschaftsgut angeschafft oder hergestellt wird. Diese Spruch- und Verwaltungspraxis beruht auf dem aus Billigkeitserwägungen entwickeltem Grundgedanken, dass die für die ausgeschiedenen Wirtschaftsgüter erlangten Beträge einer Ersatzbeschaffung zur Verfügung stehen sollen, was nicht möglich wäre, wenn sie zum Teil „weggesteuert" würden.[153]

Genau wie bei § 6b EStG ist der bisherige Hinweis auf die entsprechende Verfahrensweise in der Handelsbilanz durch das BilMoG entfallen, das heißt, das Wahlrecht kann in der Steuerbilanz gänzlich unabhängig ausgeübt werden.

---

[153] BFH, Urteil v. 14.10.1999 – IV R 15/99, BStBl 2001 II S. 130.

Der Unternehmer hat ein Wahlrecht, das heißt, er darf die stillen Reserven auf die Anschaffungs- oder Herstellungskosten eines Ersatzwirtschaftsgutes übertragen, damit die Entschädigung ungeschmälert für die Ersatzbeschaffung zur Verfügung steht. Man kann aber auch die stillen Reserven im Zeitpunkt des Ausscheidens sofort versteuern. Soweit die Anschaffungs- und Herstellungskosten des Ersatzwirtschaftsgutes geringer als die erhaltene Entschädigung ausfallen, dürfen die stillen Reserven nur anteilig übertragen werden.[154] Erfolgt die Ersatzbeschaffung nicht bereits im Jahr des Ausscheidens, kann im Jahr des Ausscheidens die buchmäßige Übertragung der stillen Rücklagen zwar nicht erfolgen, jedoch kann in diesem Fall ähnlich wie bei § 6b EStG in Höhe der aufgedeckten stillen Reserven in der Steuerbilanz eine steuerfreie Rücklage gebildet werden, wenn am Bilanzstichtag eine Ersatzbeschaffung ernstlich geplant und zu erwarten ist. Diese Rücklage für Ersatzbeschaffung war gem. EStR a. F. gewinnerhöhend aufzulösen, soweit nicht bis zum Schluss des ersten auf die Bildung der Rücklage folgenden Wirtschaftsjahres ein Ersatzwirtschaftsgut angeschafft, hergestellt oder noch bestellt wird. Der BFH hat entschieden,[155] dass die Reinvestitionsfrist in den Fällen der Bildung einer Rücklage für Ersatzbeschaffung in Anlehnung an die gesetzliche Regelung in § 6b Abs. 4 Satz 2 und 3 EStG ohne Verlängerungsmöglichkeit auf vier bzw. sechs Jahre bei der beabsichtigten Herstellung eines neuen funktionsgleichen Gebäudes beträgt.

5486

Die Finanzverwaltung hat sich dieser Rechtsprechung für in § 6b EStG genannte Wirtschaftsgüter angeschlossen. Ansonsten hält sie an den alten, kürzeren Fristen fest.

Im Falle der Aufdeckung von stillen Reserven, die aufgrund des Ausscheidens oder eines Grundstücks oder Gebäudes gebildet wurden, verlängert sich die Frist um zwei Jahre.

5487

Die Finanzverwaltung kann – anders als bei § 6b EStG – sogar eine längere Frist zulassen, wenn der Unternehmer glaubhaft macht, dass die Ersatzbeschaffung noch ernstlich geplant und zu erwarten ist, aber aus besonderen Gründen noch nicht durchgeführt werden konnte. Es liegt jedoch nicht allein in der Bestimmung des Steuerpflichtigen, wann er die Ersatzbeschaffung tatsächlich durchführt und von welchen äußeren Umständen er dies abhängig macht.

5488

Aufgrund des steuerlichen Begünstigungscharakters ist ein objektiver Maßstab auf die Frage der ausdrücklichen Ersatzbeschaffungsabsicht anzuwenden. Fehlt es an Indizien für die ernsthafte Planung einer Ersatzbeschaffung, kann dies ein Indiz für die Aufgabe der Planung der Ersatzbeschaffung sein.[156] Der BFH hat entschieden, dass das Fortbestehen der bei Bildung der Rücklage nachgewiesenen Investitionsabsicht widerleglich vermutet wird.[157] Die Rücklage ist im Zeitpunkt der festgestellten vorzeitigen Aufgabe der Absicht aufzulösen.

5489

Voraussetzung für die Bildung der Rücklage gemäß R 6.6 EStR ist zum einen das Vorliegen eines Ereignisses von höherer Gewalt.

5490

---

154 Rechenbeispiel in EStH 6.6. III „Mehrentschädigung".
155 BFH, Urteil v. 12.1.2012 – IV R 4/09, BFH/NV 2012 S. 1035.
156 FG Niedersachsen, Urteil v. 16.12.2008 – 15 K 40/07, DStRE 2009 S. 1419.
157 BFH, Urteil v. 12.1.2012 – IV R 4/09, BFH/NV 2012 S. 1035.

5491 Höhere Gewalt liegt bei folgenden Ereignissen vor:

- ▶ Elementarereignisse;
  - – Brand, Sturm, Überschwemmung oder andere Naturkatastrophen,
- ▶ andere unabwendbare Ereignisse;
  - – Diebstahl, Unterschlagung, Raub, unverschuldeter Unfall, Abriss eines Gebäudes wegen erheblicher auftretender Baumängel kurz nach der Fertigstellung.

5492 Keine höhere Gewalt hingegen liegt vor, wenn ein Wirtschaftsgut wegen eines Material- oder Konstruktionsfehlers oder eines Bedienungsfehlers aus dem Betriebsvermögen ausscheidet und der Unternehmer eine Entschädigung von einer Versicherung erhält.

5493 Die Rechtsprechung hat in einem neueren Urteil entschieden, dass die Fälle des so genannten Squeeze-out keine höhere Gewalt darstellen.[158] In diesem Urteil hat der BFH die Kerngedanken der gewohnheitsrechtlichen Regeln festgehalten und dabei herausgearbeitet, dass eine erweiternde Auslegung des bisherigen Verständnisses nur in den Fällen infrage kommen kann, wenn es um die Wiederbeschaffung eines Wirtschaftsgutes geht, das für die Fortführung relevant ist und damit typischerweise zum notwendigen Betriebsvermögen zählt. Aktien sieht er hingegen lediglich als der allgemeinen Verstärkung des Stammkapitals dienend an.

5494 *(Einstweilen frei)*

5495 Zweite Voraussetzung ist das Vorliegen eines behördlichen Eingriffs. Ein behördlicher Eingriff liegt vor, wenn der Steuerpflichtige kraft öffentlichen Zwangs gehalten ist, seine Entschließungsfreiheit aufzugeben.[159] Die behördliche Maßnahme muss dabei unmittelbar auf das aus dem Betrieb ausscheidende Wirtschaftsgut einwirken.[160]

Ein behördlicher Eingriff liegt in folgenden Fällen vor:

- ▶ Enteignung,
- ▶ Inanspruchnahme für Verteidigungszwecke,
- ▶ behördliche Bauverbote,
- ▶ behördlich angeordnete Betriebsunterbrechung.

Kein behördlicher Eingriff liegt vor:

- ▶ Kündigung eines Mietvertrages durch eine Behörde,
- ▶ Geltendmachung eines vereinbarten Wiederkaufsrecht durch eine Behörde,
- ▶ Aufstellung eines Bebauungsplans, der die bisherige Nutzung des Grundstücks wegen Bestandsschutz unberührt lässt,
- ▶ Veräußerung in Folge einer wirtschaftlichen Zwangslage oder einer privatrechtlich bedingten Zwangslage,

---

158 BFH, Urteil v. 13.10.2010 – I R 79/09, BFH/NV 2011 S. 521. Bestätigung durch BFH, Urteil v. 12.3.2014 – I R 87/12, BStBl 2014 II S. 859.
159 BFH, Urteil v. 14.11.1990 – X R 85/87, BStBl 1991 II S. 223.
160 BFH, Urteil v. 6.5.1971 – IV R 59/69, BStBl 1971 II S. 664.

- Tausch von Grundstücken und/oder Veräußerung eines Grundstücks und Erwerb des Ersatzgrundstücks, wenn lediglich ein gewisses öffentliches Interesse an den Maßnahmen bestand,
- Nur mittelbar wirkende Vertragsverletzungsverfahren der EU-Kommission.

Als Entschädigung, die auch höher als der Teilwert des ausgeschiedenen Wirtschaftsguts sein kann, kommen in Betracht der Schadensersatz und der Veräußerungspreis.

Abzugrenzen ist hingegen die Zahlung für Schäden, die die Folge des Ausscheidens aus dem Betriebsvermögen darstellen. Nach ständiger Rechtsprechung des BFH liegt eine Rücklage für Ersatzbeschaffung nur vor, soweit sie für das aus dem Betriebsvermögen ausgeschiedene Wirtschaftsgut als solches und nicht für Schäden gezahlt worden ist, die die Folge des Ausscheidens aus dem Betriebsvermögen sind.[161] Es handelt sich dabei zum Beispiel um

- Aufräumkosten,
- entgehender Gewinn,
- Entschädigung für künftige Nachteile beim Wiederaufbau,
- Ertragswertentschädigung für die Beeinträchtigung des verbleibenden Betriebes, (Erschwernisse der künftigen Betriebsführung),
- Ausscheidungs- und Erwerbsverlustentschädigung.[162]

Solche Ersatzleistungen sind stets als sofort zu versteuernde Betriebseinnahmen zu behandeln. Dies gilt auch für Zinsen auf die Entschädigung.[163]

Der Buchwert ist, genau wie § 6b EStG, auf den Zeitpunkt des Ausscheidens zu ermitteln, wenn für diesen Zeitpunkt eine Bilanz aufzustellen wäre.

Das erworbene oder hergestellte Wirtschaftsgut muss wirtschaftlich dieselbe oder eine entsprechende Aufgabe erfüllen, wie das ausgeschiedene Wirtschaftsgut. Voraussetzung ist daher nicht nur ein der Art nach funktionsgleiches Wirtschaftsgut, es muss auch funktionsgleich genutzt werden. Dies ist grundsätzlich nur der Fall, wenn das neue Wirtschaftsgut in demselben Betrieb hergestellt oder angeschafft wird, dem das entzogene Wirtschaftsgut diente.[164]

Hiervon kann nur dann eine Ausnahme gemacht werden, wenn die Zwangslage durch Enteignung und höhere Gewalt zugleich den Fortbestand des bisherigen Betriebs gefährdet oder beeinträchtigt hat.

Die Einlage eines bereits im Privatvermögen des Steuerpflichtigen vorhandenen Wirtschaftsgutes in das Betriebsvermögen stellt keine Ersatzbeschaffung dar.[165]

---

161 BFH, Urteil v. 29.4.1982 – IV R 10/79, BStBl 1982 II S. 568.
162 FG Sachsen-Anhalt, Urteil v. 2.10.2014, 5 K 1131/09, EFG 2015 S. 197 sowie 5 K 1727/10, EFG 2015 S. 193.
163 Zu Ausnahme n. BFH, Urteil v. 29.4.1982, a. a. O.; BFH, Urteil v. 11.7.1973 – IV R 140/71, BStBl 1973 II S. 840.
164 Instruktiv für den Tausch von Anteilen: FG Münster, Urteil v. 23.6.2016 – 2 K 3762/12-GF, DStZ 2016 S. 632 rkr.
165 BFH, Urteil v. 11.12.1984 – IX R 27/82, BStBl. II 1985, S. 250.

5502 Die Grundsätze der Rücklage für Ersatzbeschaffungen finden entsprechend Anwendung auf die Situation, dass der Unternehmer für ein Wirtschaftsgut, das in Folge höherer Gewalt oder eines behördlichen Eingriffs beschädigt wurde, eine Entschädigung erhält und die Reparatur nicht bereits im Wirtschaftsjahr der Beschädigung durchgeführt werden kann. Für die Auflösung gelten die oben gemachten Ausführungen entsprechend.

5503 Die Grundsätze der Rücklage für Ersatzbeschaffungen finden ähnlich wie bei § 6c EStG auch bei der Gewinnermittlung nach § 4 Abs. 3 EStG Anwendung.

5504–5519 *(Einstweilen frei)*

Teil B:
Bilanzierung und Bewertung bei der Gewinnermittlung nach Bilanzposten

Kapitel VI:
Rückstellungen

von
WP/StB Dirk Bongaerts, Düsseldorf
StB Dr. Stefan Zimmermann, Düsseldorf

Kapitel VI: Rückstellungen

Inhaltsübersicht

	Rz.
1. Rückstellungen	5520 - 5665
1.1 Grundlagen	5520 - 5539
1.1.1 Begriff	5523 - 5528
1.1.2 Rechtsgrundlagen und Maßgeblichkeitsgrundsatz	5529 - 5534
1.1.3 Einzelfragen zur Bildung und Auflösung von Rückstellungen	5535 - 5539
1.2 Bilanzierung	5540 - 5629
1.2.1 Grundsatz der Bilanzierungspflicht	5541
1.2.2 Bilanzierungsvoraussetzungen	5542 - 5581
1.2.3 Bilanzierungsverbote	5582 - 5607
1.2.4 Drohverlustrückstellungen	5608 - 5624
1.2.5 Sonderregelungen für entgeltliche Schuldübertragungen (§§ 4f, 5 Abs. 7 EStG)	5625 - 5629
1.3 Bewertung	5630 - 5664
1.3.1 Bewertungsgrundsätze	5630 - 5635
1.3.2 Einschränkung der Maßgeblichkeit durch § 6 Abs. 1 Nr. 3a EStG	5636 - 5664
1.4 ABC der sonstigen Rückstellungen – Ansatz und Bewertung	5665
2. Pensionsrückstellungen	5666 - 5785
2.1 Grundlagen	5667 - 5673
2.1.1 Begriffe	5667 - 5669
2.1.2 Rechtsgrundlagen und Maßgeblichkeit	5670 - 5673
2.2 Bilanzierung	5674 - 5720
2.2.1 Grundsatz der Bilanzierungspflicht	5674 - 5679
2.2.2 Bilanzierungsvoraussetzungen	5680 - 5704
2.2.3 Bilanzierungsverbote	5705 - 5720
2.3 Bewertung	5721 - 5777
2.3.1 Grundlagen und Zweck der steuerlichen Bewertungsregelung	5721 - 5722
2.3.2 Versicherungsmathematische Bewertung	5723 - 5735
2.3.3 Bewertung vor Beendigung des Dienstverhältnisses	5736 - 5756
2.3.4 Bewertung nach Beendigung des Dienstverhältnisses	5757 - 5761
2.3.5 Zuführungen zur Pensionsrückstellung	5762 - 5771
2.3.6 Auflösung der Pensionsrückstellung	5772 - 5775
2.3.7 Inventur der Pensionsverpflichtungen	5776 - 5777
2.4 Einzelfragen	5778 - 5785
2.4.1 Pensionsrückstellungen und Umwandlungen	5778 - 5780
2.4.2 Weitere Einzelfragen	5781 - 5785
3. Steuerrückstellungen	5786 - 6159
3.1 Bilanzierung von Steuerschulden	5786 - 5789
3.2 Gewerbesteuerrückstellung	5790 - 5792
3.3 Körperschaftsteuerrückstellung	5793 - 5795
3.4 Rückstellung für sonstige Steuern	5796 - 5797

3.5 Betriebsprüfung	5798 - 5801
3.6 Organschaft	5802 - 6159

AUSGEWÄHLTE LITERATUR

Christiansen, Zur Passivierung von Verbindlichkeiten: Dem Grunde nach bestehende Verbindlichkeiten – (Nicht-)Anwendung des BFH-Urteils I R 45/97, DStR 2007 S. 127; *Christiansen*, Zur Passivierung von Verbindlichkeiten: Begriff und Abgrenzung sog. Obliegenheiten im BFH-Urteil I R 6/96, DStR 2007 S. 407; *Christiansen*, Allgemeines und Spezifisches zur Bilanzierung von Verbindlichkeiten – Anmerkung zum BFH-Urteil vom 6.2.2013, BFH, Az. I R 8/12, DStR 2013 S. 1347; *Christiansen*, „Enfin" – erklärter Gleichklang bei der Passivierung ungewisser Verbindlichkeiten – Zum BFH-Urteil vom 17.10.2013, BFH, Az. IV R 7/11, DStR 2014 S. 279; *Engel-Ciric/Moxter*, Das umstrittene Rückstellungskriterium der wirtschaftlichen Verursachung in der jüngeren Rechtsprechung, BB 2012 S. 1143; *Förster*, Steuerliche Folgen der Übertragung von Pensionszusagen, DStR 2006 S. 2149; *Förster/Heger*, Altersteilzeit und betriebliche Altersversorgung, DB 1998 S. 141; *Fuhrmann*, Rechtsprechungsbrechende Gesetzgebung zur steuerrechtlichen Behandlung von Verpflichtungsübernahmen durch das AIFM-StAnpG, DB 2014 S. 9; *Groh*, Steuerentlastungsgesetz 1999/2000/2002: Imparitätsprinzip und Teilwertabschreibung, DB 1999 S. 978; *Groh*, Fragen zum Abzinsungsgebot, DB 2007 S. 2275; *Günkel*, Übergang von steuerlich beschränkt passivierungsfähigen Verpflichtungen beim Unternehmenskauf, BB 2013 S. 1001; *Günkel*, Rechtsprechungsmodifizierung bei der Wahrscheinlichkeit der Verbindlichkeit als Voraussetzung für die Rückstellungsbildung, BB 2015 S. 2091; *Günkel/Fenzl*, Ausgewählte Fragen zum Steuerentlastungsgesetz: Bilanzierung und Verlustverrechnung, DStR 1999 S. 649; *Günkel/Hörger/Thömmes*, Ausgewählte Gestaltungsüberlegungen zum Jahreswechsel, DStR 1999 S. 1873; *Heger*, Steuerliche Bewertung von Pensionsverpflichtungen, DStR 2008 S. 585; *Hennrichs*, Rückstellungen in der Steuerbilanz, StbJb 2015/2016 S. 255; *Herzig*, Rückstellung für Altlastensanierung – Konkretisierungserfordernis – Unterschiedliche Anforderungen bei vertraglichen und bei einseitigen (insbesondere öffentlich-rechtlich begründeten) Verpflichtungen – Zulässigkeit einer Teilwertabschreibung, DB 1994 S. 18; *Herzig/Briesemeister*, Steuerliche Problembereiche des BilMoG-RegE, Ubg 2009 S. 157; *Herzig/Briesemeister*, Steuerliche Konsequenzen der Bilanzrechtsmodernisierung für Ansatz und Bewertung, DB 2009 S. 976; *Herzig/Hötzel*, Rückstellung wegen Produkthaftung, BB 1991 S. 99; *Heubeck*, Anmerkungen zum (richtigen) Ansatz der Sterblichkeit der Bewertung von Pensionsverpflichtungen, WPg 2008 S. 633; *Hommel/Ummenhofer*, Rückstellungen nach dem Realisationsprinzip – eine Analyse der jüngeren BFH-Rechtsprechung, BB 2017, S. 2219; *Hruby*, Ansatz von Rückstellungen für Mehrerlösabschöpfung in der Handels- und in der Steuerbilanz, DStR 2010 S. 127; *Kahle*, Ausgewählte Fragen der Bilanzierung von Rückstellungen für ungewisse Verbindlichkeiten, DStZ 2017, S. 904; *Kolbe*, Die wirtschaftliche Verursachung einer ungewissen Verbindlichkeit in der Vergangenheit – Anmerkungen zum BFH-Urteil vom 9.11.2016 – I R 43/15, StuB 2017 S. 375; *Küting/Kessler*, Grundsätze ordnungswidriger Verlustrückstellungsbildung – exemplifiziert an den Ausbildungskostenurteilen des BFH vom 25.1.1984 und vom 3.2.1993, DStR 1993 S. 1045; *Küting/Kessler*, Zur geplanten Reform des bilanzsteuerlichen Rückstellungsrechts nach dem Entwurf eines Steuerentlastungsgesetzes 1999–2000–2002, DStR 1998 S. 1937; *Ley*, Die steuerliche Behandlung der entgeltlichen Übertragung einer handels-, aber nicht steuerbilanziell passivierten Verpflichtung – Zugleich Auseinandersetzung mit dem Urteil des FG Baden-Württemberg vom 2.6.2005, DStR 2007 S. 589; *Lüdenbach*, Pensionsrückstellung bei einer GmbH & Co. KG, StuB 2011 S. 145; *Marx*, Maßgeblichkeit des Handelsbilanzansatzes für Rückstellungen in der Steuerbilanz? - Zugleich Anmerkungen zum Urteil des FG Rheinland-Pfalz vom 7.12.2016 - 1 K 1912/14, StuB 2017 S. 449; *Moxter*, Zur Abgrenzung von Verbindlichkeitsrückstellungen und (künftig grundsätzlich unzulässigen) Verlustrückstellungen, DB 1997 S. 1477; *Niemann*, Zur steuerrechtlichen Anerkennung von Rückstellungen für Dienstjubiläen, Institut „Finanzen und Steuern" e. V. (Hrsg.), IFST-Schrift 442, Berlin 2007; *Planert*, Bilanzierung von Pensionsverpflichtungen – Kritische Analyse von HGB, US-GAAP und IAS/IFRS, Wiesbaden 2006; *Prinz*, Passivierung von Rückkaufverpflichtungen beim Kfz-Händler, StuB 2011 S. 262; *Prinz*, Rückstellungen in der Steuerbilanz: Ein Gebot sachgerechter Leistungsfähigkeitsbesteuerung, DB 2011

S. 492; *Prinz*, „Steuerfallen" bei Rückstellungen für Pensionszusagenänderung an beherrschenden Gesellschafter-Geschäftsführer – Neuer BFH-Beschluss vom 13.6.2006, WPg 2006 S. 1409; *Prinz*, Akzentverschiebung bei umweltbezogenen Anpassungsrückstellungen in der BFH-Rechtsprechung, DB 2013 S. 1815; *Prinz*, Grundsatzurteil zu öffentlich-rechtlichen Anpassungsrückstellungen – BFH-Urteil vom 17.10.2013 zu Rückstellungen für die technische Aufrüstung von Luftfahrzeugen, DB 2014 S. 80; *Prinz*, Rückstellungen: aktuelles Praxis-Knowhow, WPg 2017 S. 1317; *Prinz/Adrian*, Angeschaffte Rückstellungen in der Steuerbilanz, StuB 2011 S. 171; *Prinz/Hörhammer*, Schuldübernahme, Schuldfreistellung und Schuldbeitritt im Steuerbilanzrecht, StbJb 2012/2013 S. 307; *Rödder/Simon*, Folgen der Änderung der gewerbesteuerlichen Organschaftsvoraussetzungen für die steuerliche Beurteilung von Steuerumlagen im Konzern, DB 2002 S. 497; *Schothöfer/Killat*, Plädoyer für eine zeitgemäße steuerrechtliche Behandlung der Pensionszusage, DB 2011 S. 896; *Schön*, Der Bundesfinanzhof und die Rückstellungen, BB 1994, Beilage 9; *Weber-Grellet*, Der Apotheker-Fall – Anmerkungen und Konsequenzen zum Beschluss des Großen Senats vom 23.6.1997, GrS 2/931, DB 1997 S. 2233; *Wellisch/Schwinger/Mühlberger*, Rückstellungen für wertpapiergebundene Pensionszusagen nach § 6a EStG, DB 2003 S. 629.

1. Rückstellungen

1.1 Grundlagen

Die in der Steuerbilanz zu bildenden Rückstellungen haben ihre Grundlage im Handelsrecht. Die handelsrechtlich zu bildenden Rückstellungen sind aufgrund des **Maßgeblichkeitsgrundsatzes** in § 5 Abs. 1 Satz 1 EStG grundsätzlich in die Steuerbilanz zu übernehmen (vgl. zum Maßgeblichkeitsgrundsatz Rz. 5532 ff. sowie Rz. 331-389). Das Steuerrecht enthält keine eigenständige Regelung zur Bildung von Rückstellungen, sondern knüpft über den Maßgeblichkeitsgrundsatz an das Handelsrecht an. Dies hat der BFH in ständiger Rechtsprechung bestätigt.[1] Darin verweist der BFH auf die in § 249 Abs. 1 Satz 1 HGB (früher in § 152 Abs. 7 AktG 1965) enthaltene Bilanzierungspflicht für Rückstellungen, die zu den Grundsätzen ordnungsmäßiger Buchführung gehört und deswegen über § 5 Abs. 1 Satz 1 EStG auch für die Steuerbilanz gilt. Rückstellungen gehören zu den besonders praxisrelevanten Posten auf der Passivseite der Bilanz mit erheblichem steuerlichen Gestaltungspotenzial.

5520

Allerdings enthält das Steuerrecht sehr detaillierte Regelungen, die die Übernahme der in der Handelsbilanz zu bildenden Rückstellungen für Zwecke der Steuerbilanz einschränken, und zwar sowohl hinsichtlich des Ansatzes dem Grunde nach als auch hinsichtlich der Bewertung. Dem Grunde nach lässt das Steuerrecht Rückstellungen nicht oder nur eingeschränkt zu bei bedingten Verpflichtungen, die aus künftigen Einnahmen oder Gewinnen zu zahlen sind (§ 5 Abs. 2a EStG), bei Rückstellungen wegen Patentverletzung oder anderer Rechtsverletzungen von Schutzrechten für immaterielle Wirtschaftsgüter (§ 5 Abs. 3 EStG), bei Rückstellungen für Jubiläumszuwendungen (§ 5 Abs. 4 EStG) sowie bei Drohverlustrückstellungen (§ 5 Abs. 4a EStG) und bei Aufwendungen, die in Anschaffungs- oder Herstellungskosten von Wirtschaftsgütern münden (§ 5 Abs. 4b EStG). Auch bei Pensionsrückstellungen enthält § 6a EStG für den Ansatz dem Grunde nach über das Handelsrecht hinausgehende Anforderungen. Für die Bewertung von Rückstellungen ent-

5521

---

1 Vgl. z. B. BFH, Urteile vom 19.10.1993 – VIII R 14/92, BStBl 1993 II S. 891; vom 18.1.1995 – I R 44/94, BStBl 1995 II S. 742; vom 28.7.1997 VIII R 59/95, BFH/NV 1998 S. 22; vom 13.5.1991 – VIII R 58/96 BFH/NV 1999 S. 27; vom 25.3.2004 – IV R 35/02, BStBl 2006 II S. 644; vom 27.1.2010 – I R 103/08, BStBl 2010 II S. 614.

hält § 6 Abs. 1 Nr. 3a EStG Regelungen für die Steuerbilanz, die den handelsrechtlichen Grundsätzen ordnungsmäßiger Buchführung gemäß § 5 Abs. 6 EStG vorgehen.

5522 Auf die Regelungen des Steuerrechts zur Einschränkung der handelsrechtlich zu bildenden Rückstellungen wird nachfolgend im Einzelnen eingegangen. Ausgangspunkt und Grundlage der Rückstellungsbildung ist jedoch das **Handelsrecht** in Gestalt von § 249 HGB als maßgeblicher Rechtsquelle und die GoB im Sinne von § 5 Abs. 1 Satz 1 EStG.

1.1.1 Begriff

5523 Der Begriff der Rückstellungen ist nicht gesetzlich definiert, weder im Handelsrecht noch im Steuerrecht. § 249 HGB regelt zwar, welche Rückstellungen in der Handelsbilanz zu bilden sind, definiert den Begriff aber nicht unmittelbar.

5524 Versucht man eine allgemeine Definition, so handelt es sich bei Rückstellungen im weitesten Sinne um Betriebsvermögensminderungen, die zum Bilanzstichtag für das bilanzierende Unternehmen eine (wirtschaftliche) Belastung darstellen, aber (noch) keine Verbindlichkeiten sind.[2] Die Definition des Dudens für den Begriff der Rückstellung als Passivposten in der Bilanz zur Berücksichtigung ungewisser Verbindlichkeiten ist indes zu eng, da sie nur eine Erscheinungsform von Rückstellungen erfasst.

5525 Die zu Rückstellungen führenden Belastungen im Sinne von Betriebsvermögensminderungen sind vorhersehbar und müssen zur Beachtung des **Vorsichts-[3] und Vollständigkeitsgebotes** (§ 252 Abs. 1 Nr. 4 HGB, § 246 Abs. 1 HGB) im handelsrechtlichen Jahresabschluss berücksichtigt werden. **Rückstellungen** gehören zu den „**Schulden**" des Kaufmanns im Sinne der §§ 242 Abs. 1, 246 Abs. 1 HGB.

5526 Im Unterschied zu den Verbindlichkeiten sind die als Rückstellungen ausgewiesenen Schulden ungewiss.[4] Die Ungewissheit kann sich sowohl auf das Bestehen dem Grunde nach als auch auf die Höhe beziehen.

5527 Die Aufgabe der Rückstellungen, vorhersehbare Betriebsvermögensminderungen zu berücksichtigen, kann danach unterschiedlich verstanden werden, welcher Bilanztheorie man den Vorzug gibt. Im Sinne der **statischen Bilanzauffassung** besteht die Aufgabe der Rückstellungen darin, die vollständige Erfassung der Schulden sicherzustellen, auch wenn diese (noch) ungewiss sind. Unter Geltung der **dynamischen Bilanzauffassung** dienen Rückstellungen der vollständigen Erfassung von Aufwendungen, die bis zum Abschlussstichtag entstanden oder wirtschaftlich verursacht sind und somit – unabhängig vom Vorliegen von Schulden – der periodengerechten Gewinnermittlung dienen.[5]

5528 § 249 HGB stellt einen Kompromiss zwischen den beiden Bilanztheorien dar.[6] Die Vorschrift verlangt für die Rückstellungsbildung regelmäßig das **Vorliegen einer Schuld,** lässt aber auch das **voraussichtliche Entstehen einer Schuld,** die vor dem Stichtag wirt-

---

[2] Ähnlich *Herzig/Köster*, in: Handbuch des Jahresabschlusses, Abt. III/5 Tz. 5 und *Krumm*, in: Blümich, EStG KStG GewStG, § 5 Rz. 785 sowie *Baetge/Kirsch/Thiele*, Bilanzen, 14. Aufl., Düsseldorf 2017, S. 417.
[3] Das Vorsichtsprinzip wird vom BFH im Urteil vom 5.5.2011 – IV R 32/07, BFH/NV 2011 S. 1585 ausdrücklich als Grund für die Bildung von Rückstellungen herangezogen.
[4] Vgl. *Hoffmann/Lüdenbach*, NWB Kommentar Bilanzierung, 9. Aufl., Herne 2018, § 249 Rz. 2, 3.
[5] Vgl. *Altenburger*, in: Kölner Kommentar zum Rechnungslegungsrecht, Köln 2011, § 249 Rz. 12 ff.
[6] Der BFH, Urteil vom 27.6.2001 – I R 45/97, BStBl 2003 II S. 121 spricht von der „Bilanz im Rechtssinne".

schaftlich verursacht ist oder wirtschaftlich verursachte bloße Aufwandsrückstellungen ohne das Vorliegen einer Schuld gegenüber einem Dritten für bestimmte Sachverhalte zu (§ 249 Abs. 1 Satz 2 Nr. 1 HGB).

1.1.2 Rechtsgrundlagen und Maßgeblichkeitsgrundsatz

Das Gesetz gebietet in § 249 HGB den Ansatz von drei Arten zulässiger Rückstellungen, nämlich **Rückstellungen für ungewisse Verbindlichkeiten, Rückstellungen für drohende Verluste aus schwebenden Geschäften** sowie bestimmten **Aufwandsrückstellungen.** Dabei stellen die Rückstellungen für ungewisse Verbindlichkeiten im Sinne von § 249 Abs. 1 Satz 1 HGB den wichtigsten Fall dar. Der vom Gesetz in § 249 Abs. 1 Satz 2 Nr. 2 HGB ausdrücklich erwähnte Fall der sogenannten **Kulanzrückstellungen,** d. h. Rückstellungen für Gewährleistungen, die ohne rechtliche Verpflichtung erbracht werden, stellt einen Unterfall der Rückstellung für ungewisse Verbindlichkeiten und keine eigene Rückstellungskategorie dar. Die Kulanzrückstellungen sind Ausfluss des allgemeinen Grundsatzes, dass ungewisse Verbindlichkeiten nicht nur durch rechtliche Verpflichtungen verursacht sein können, sondern auch durch **faktische Verpflichtungen,** denen sich der Kaufmann nicht entziehen kann.[7]

5529

Sowohl bei den Rückstellungen für ungewisse Verbindlichkeiten als auch bei den Drohverlustrückstellungen handelt es sich um sogenannte **Außenverpflichtungen,** die durch den Anspruch Dritter an den Kaufmann gekennzeichnet sind. Dem gegenüber stellen die in § 249 Abs. 1 Satz 2 Nr. 1 HGB zugelassenen Aufwandsrückstellungen für unterlassene Instandhaltung oder für Abraumbeseitigung, die im folgenden Geschäftsjahr innerhalb von drei Monaten bzw. im Laufe des folgenden Geschäftsjahres nachgeholt werden, so genannte **Innenverpflichtungen** dar, da sie nicht durch einen Anspruch Dritter, sondern nur durch eine Selbstverpflichtung des Kaufmanns begründet sind.[8]

5530

Für andere vorhersehbare Betriebsvermögensminderungen als diejenigen, die in § 249 HGB genannt sind, können Rückstellungen nicht gebildet werden, selbst wenn es sich um Aufwendungen handelt, deren Ursache im abgelaufenen Wirtschaftsjahr liegt.

5531

Da nach dem Maßgeblichkeitsgrundsatz des § 5 Abs. 1 Satz 1 EStG das Betriebsvermögen anzusetzen ist, das sich unter Beachtung der handelsrechtlichen Grundsätze ordnungsmäßiger Buchführung ergibt, sind grundsätzlich alle Rückstellungen der Handelsbilanz in die Steuerbilanz zu übernehmen, soweit dem nicht zwingende steuerliche Regelungen bezüglich Ansatz oder Bewertung entgegenstehen. Weil nach § 249 HGB in der Fassung des BilMoG keine Rückstellungswahlrechte mehr bestehen, wie die früher zulässige Aufwandsrückstellung für unterlassene Instandhaltung, die nach Ablauf der ersten drei Monate im Laufe des folgenden Wirtschaftsjahres nachgeholt wird, läuft mittlerweile im Bereich der Rückstellungen der vom BFH entwickelte Grundsatz ins Leere, wonach ein **handelsrechtliches Passivierungswahlrecht** ein **steuerliches Passivierungsverbot** nach sich zieht.[9] Die Einschränkungen hinsichtlich der Rückstellungs-

5532

---

[7] Vgl. BGH, Urteil vom 28.1.1991 – II ZR 20/90, NJW 1991 S. 1890.
[8] Vgl. Baetge/Kirsch/Thiele, Bilanzen, 14. Aufl., Düsseldorf 2017, S. 421.
[9] Vgl. BFH, Beschluss vom 3.2.1969 – GrS 2/68, BStBl 1969 S. 291; vgl. auch BFH, Urteile vom 12.12.1991 – IV R 28/91, BStBl 1992 II S. 600 und vom 8.11.2000 – IR 6/96, BStBl 2001 II S. 570.

bildung in der Steuerbilanz ergeben sich daher nur noch aus den expliziten Regelungen zu Ansatz und Bewertung von Rückstellungen in den §§ 5, 6 EStG sowie in § 6a EStG (vgl. dazu Kapitel 1.2.3, 1.3.2 und 2.2.3, Rz. 5582 ff., Rz. 5636 ff. und Rz. 5705 ff.). Die wichtigste Einschränkung für die Rückstellungsbildung in der Steuerbilanz stellt das **Verbot der Drohverlustrückstellung** nach § 5 Abs. 4a EStG dar, welches mit Wirkung ab 1997 durch das Gesetz zur Fortsetzung der Unternehmenssteuerreform eingeführt wurde.[10]

5533   Bei den Rückstellungen für ungewisse Verbindlichkeiten sieht § 5 EStG ebenfalls Einschränkungen vor. Rückstellungen für Zuwendungen anlässlich von **Dienstjubiläen von Arbeitnehmern** sowie Ansprüchen aus der **Verletzung von Patenten,** Urheberrechten und ähnlichen Rechten sind nur eingeschränkt ansetzbar (§ 5 Abs. 3, 4 EStG). Bedingte Verbindlichkeiten, die gewinn- oder einnahmenabhängig sind, können erst angesetzt werden, wenn die Bedingung eingetreten ist (§ 5 Abs. 2a EStG). Und schließlich schreibt § 5 Abs. 4b EStG vor, dass solche Aufwendungen nicht rückstellungsfähig sind, die in künftigen Wirtschaftsjahren als Anschaffungs- oder Herstellungskosten eines Wirtschaftsgutes zu aktivieren sind, mit einer Sonderregelung für die Wiederaufarbeitung von Kernbrennstoffen. Diese Regelung hat allerdings für ihren allgemeinen Teil nur klarstellende Bedeutung, da damit keine vorwegzunehmende Betriebsvermögensminderung verbunden ist und die Aufwendungen deshalb auch handelsrechtlich nicht rückstellungsfähig sind.[11] Auf die Ansatzverbote wird unter Kapitel 1.2.3 noch näher eingegangen. Für die Bewertung nach Handelsrecht gebildeter Rückstellungen ergeben sich eigenständige Regelungen aus § 6 Abs. 1 Nr. 3a EStG und für **Pensionsrückstellungen** aus § 6a EStG (vgl. dazu Kapitel 1.3.2 und 2.3).

5534   Soweit diese Sonderregelungen nicht greifen, ist über den Grundsatz der Maßgeblichkeit, auf das Handelsrecht zurückzugreifen. Die Rechtsprechung des BFH zu Rückstellungen legt daher in erster Linie Handelsrecht aus.

1.1.3 Einzelfragen zur Bildung und Auflösung von Rückstellungen

5535   **Zeitpunkt der Bildung:** Rückstellungen sind zu bilanzieren, wenn die – in den folgenden Kapiteln ausführlich erläuterten – Tatbestandsvoraussetzungen (vgl. Rz. 5542 ff.) erstmals im Wesentlichen erfüllt und dem Bilanzierenden bekannt sind. Wertaufhellende Tatsachen sind hierbei zu berücksichtigen.[12]

5536   **Nachholung unterlassener Rückstellungen:** Rückstellungen, die in einem früheren Wirtschaftsjahr zu passivieren gewesen wären, deren Bildung aber nicht erfolgt ist, sind unter Berücksichtigung des Kenntnisstandes zum damaligen Aufstellungszeitpunkt in der Bilanz für das erste Wirtschaftsjahr, für das die Veranlagung noch geändert werden kann, nachzuholen. Etwas anderes soll gelten, wenn die Nachholung dem Grundsatz von Treu und Glauben widerspricht, weil z. B. die Rückstellungsbildung bewusst zum

---

10 Vom 29.10.1997, BGBl 1997 I S. 259.
11 Vgl. BFH, Urteile vom 30.1.1990 – VIII R 183/85, BFH/NV 1990 S. 504, vom 19.8.1999 – XI R 8/96, BStBl 1999 II S. 99 und vom 27.6.2001 – I R 45/97, BStBl 2003 II S. 121; siehe auch *Günkel/Fenzl*, DStR 1999 S. 649 sowie *Krumm*, in: Blümich, EStG KStG GewStG, § 5 Rz. 887.
12 Vgl. BFH, Urteil vom 30.1.2002 – I R 68/00, BStBl 2002 II S. 1139.

Zweck der steuerlichen Manipulation nicht vorgenommen wurde.[13] Eine Besonderheit gilt für Pensionsrückstellungen aufgrund des in § 6a Abs. 4 EStG vorgeschriebenen Nachholverbotes (vgl. Rz. 5769 ff.).

Für die Fälle, in denen die Finanzverwaltung in der Vergangenheit eine Rückstellungsbilanzierung nicht akzeptiert hat, der Steuerpflichtige entsprechend dieser Verwaltungsauffassung bilanziert hat und sich die Verwaltungsauffassung später aufgrund einer erstmaligen BFH-Rechtsprechung zu diesem Sachverhalt ändert, konnte früher die entsprechende Rückstellung bedingt durch die „subjektive" Richtigkeit der Bilanzierung in der Vergangenheit frühestens mit dem Datum der BFH-Entscheidung und musste spätestens zum Bilanzstichtag nach Veröffentlichung des Urteils im BStBl. passiviert werden.[14]

5537

Diesem „subjektiven Fehlerbegriff" hat der Große Senat des BFH in seiner Entscheidung vom 31.1.2013[15] eine Absage erteilt. Maßgebend ist vielmehr alleine die objektiv richtige Rechtslage. Die Verfügung der OFD Düsseldorf dürfte damit überholt sein.

Damit hat u. E. nunmehr eine **„rückwirkende"** Berücksichtigung einer erstmaligen Rechtsprechung oder einer Rechtsprechungsänderung auch in diesen Fällen in der Bilanz für das erste Wirtschaftsjahr zu erfolgen, für das die Veranlagung noch geändert werden kann. Gleiches gilt für den Fall, in dem der Steuerpflichtige entsprechend der damals maßgebenden höchstrichterlichen Rechtsprechung bilanziert hat.[16]

Auflösung von Rückstellungen: Rückstellungen sind sowohl dem Grunde als auch der Höhe nach aufzulösen, wenn der Grund für ihre Bildung entfallen ist, sich mithin der zugrunde liegende Sachverhalt geändert hat oder dieser aufgrund neuer Erkenntnisse anders zu würdigen ist. Gleiches gilt, wenn aufgrund einer geänderten Rechtsprechung die Bilanzierung der bisher angesetzten Rückstellung nicht mehr zulässig ist.[17]

5538

Für **gerichtlich geltend gemachte Ansprüche** hat der BFH präzisiert, wann die für die Rückstellungsbildung notwendige Wahrscheinlichkeit der Inanspruchnahme nicht mehr besteht und die Rückstellung daher aufzulösen ist. Hiernach darf die Rückstellungsauflösung erst dann erfolgen, wenn der Anspruch rechtskräftig abgewiesen worden ist. Solange dem Prozessgegner noch Rechtsmittel verbleiben, kann demnach die Rückstellung nicht aufgelöst werden, es sei denn die Rechtsmittel sind ausnahmsweise nach den am Bilanzstichtag vorliegenden objektiven Erkenntnismöglichkeiten als offensichtlich erfolglos einzuschätzen, was in der Praxis wohl nur sehr schwierig mit einer für eine Rückstellungsauflösung ausreichenden Sicherheit beurteilt werden kann.

> **BEISPIEL** Ein Kunde macht einen Schadensersatzanspruch gerichtlich geltend, verliert aber den Prozess am 15.12.01 in der ersten Instanz. Am 6.1.02 verzichtet er auf die Einlegung von Rechtsmitteln.

---

13 Vgl. BFH, Urteil vom 26.1.1978 – IV R 62/77, BStBl 1978 II S. 301; *Weber-Grellet*, in: Schmidt, EStG, 37. Aufl. 2018, § 5 Tz. 422.
14 Vgl. *Günkel*, in: StbJb 2009/2010, Köln 2010, S. 337 ff.; OFD Düsseldorf, Vfg. vom 10.5.2005 – S 2141 A-St 11, DB 2005 S. 1083.
15 BFH, Beschluss vom 31.1.2013 – GrS 1/10, BB 2013 S. 100; vgl. hierzu auch ausführlich Rz. 1136 ff.
16 Vgl. *Schulze-Osterloh*, BB 2013 S. 1132.
17 Vgl. *Lambrecht*, in: Kirchhof/Söhn/Mellinghoff, EStG Kommentar, § 5 Tz. D 211.

Die Rückstellung ist erst in Wirtschaftsjahr 02 aufzulösen, da am 31.12.01 noch eine Inanspruchnahme drohte und der Rechtsmittelverzicht erst wertbegründend in Wirtschaftsjahr 02 erfolgt ist.[18]

5539 Die Rückstellungsauflösung erfolgt grundsätzlich erfolgswirksam. Eine Ausnahme hiervon besteht, wenn der Wegfall der Gründe für die Rückstellung auf einem Einlagevorgang i. S. d. § 4 Abs. 1 Satz 5 EStG beruht.[19] In diesem Fall ist die Rückstellung erfolgsneutral in das Eigenkapital umzubuchen.

1.2 Bilanzierung

5540 Die konkrete Bilanzierung der Rückstellungen in der Steuerbilanz richtet sich nach § 249 HGB, da das Steuerrecht keine eigenständige Ansatzvorschrift für Rückstellungen, sondern nur Einschränkungen enthält.[20] Deshalb muss bei der Bilanzierung von Rückstellungen in der Steuerbilanz geprüft werden, ob die Voraussetzungen des § 249 HGB erfüllt sind.

1.2.1 Grundsatz der Bilanzierungspflicht

5541 Der Ansatz von Rückstellungen ist nach den Änderungen des § 249 HGB durch das BilMoG durchgängig als **Bilanzierungspflicht** ausgestaltet („Rückstellungen sind... zu bilden"). Dies ist folgerichtig, da der Ansatz von Rückstellungen **Ausfluss des Vorsichts- und Vollständigkeitsgebotes** ist, welche als tragende Bilanzierungsgrundsätze nicht disponibel sind. Die Bilanzierungspflicht gilt daher auch über den Grundsatz der Maßgeblichkeit für die Steuerbilanz. Dabei ist allerdings umstritten, ob für Pensionsrückstellungen der § 6a EStG ein eigenes steuerliches Ansatzwahlrecht einräumt („... darf eine Rückstellung (Pensionsrückstellung) nur gebildet werden...").[21] Jedenfalls wurde im Bereich der Gewinnermittlung nach § 4 Abs. 1 EStG die Auffassung vertreten, dass § 6a EStG dem Steuerpflichtigen ein Bilanzierungswahlrecht eröffnet.[22] Durch den steuerlichen Wahlrechtsvorbehalt in § 5 Abs. 1 Satz 1 2. Halbsatz EStG könnte dies nunmehr in allen Fällen gelten (vgl. hierzu Rz. 5678).

1.2.2 Bilanzierungsvoraussetzungen

1.2.2.1 Einführung

5542 Die Bilanzierungsvoraussetzungen für Rückstellungen lassen sich nur hinsichtlich der so genannten Aufwandsrückstellungen nach § 249 Abs. 1 Satz 2 Nr. 1 HGB unmittelbar

---

18 Vgl. BFH, Urteil vom 30.1.2002 – I R 68/00, BStBl 2002 II S. 1139. Vgl. auch BFH, Urteil vom 16.12.2014 – VIII R 45/12, BStBl 2015 II S. 759, nachdem bei Passivprozessen unabhängig von den Erfolgsaussichten eine Rückstellung zu bilden ist, es sei denn, die Klage ist offensichtlich willkürlich sehr erkennbar nur zum Schein erhoben worden.
19 Vgl. BFH, Urteil vom 12.4.1989 – I R 41/85, BStBl 1989 II S. 612 zum schenkweisen Erlass einer Pachterneuerungsverpflichtung, für die zutreffend eine Rückstellung gebildet worden war.
20 Vgl. *Hoffmann/Lüdenbach*, NWB Kommentar Bilanzierung, 9. Aufl., Herne 2018, § 249 Rz. 6.
21 Vgl. ablehnend BMF, Schreiben vom 12.3.2010 – IV C6 – S 2133/09/10001, BStBl 2010 I S. 239 Tz. 9, bejahend z. B. *Herzig/Briesemeister*, DB 2009 S. 976 f., und *Günkel*, in: Kessler/Förster/Watrin (Hrsg.), Unternehmensbesteuerung, Festschrift für Norbert Herzig, München 2010 S. 509 ff.
22 Vgl. so früher in der Kommentierung vor BilMoG *Weber-Grellet*, in: Schmidt, EStG, 37. Aufl. 2018, § 6a Rz. 2 („... nur bei Gewinnermittlung nach § 4 Abs. 1 besteht ein echtes Wahlrecht").

und abschließend dem Gesetz entnehmen (Rückstellung für unterlassene Instandhaltung und Abraumbeseitigung).

Während die Fälle der **Rückstellungen für ungewisse Verbindlichkeiten** und drohende Verluste aus schwebenden Geschäften sowie die Kulanzrückstellungen als Unterfall der Rückstellung für ungewisse Verbindlichkeiten eine Verpflichtung gegenüber einem Dritten im Sinne einer **Außenverpflichtung** verlangen, handelt es sich bei den genannten **Aufwandsrückstellungen** um **Innenverpflichtungen** des Unternehmens „gegenüber sich selbst" aufgrund betrieblicher Erfordernisse.[23] Der Tatbestand der Aufwandsrückstellungen meint daher nur solche Aufwendungen, bei denen nicht eine Verpflichtung gegenüber einem Dritten besteht. Eine solche Außenverpflichtung ist z. B. bei der Instandhaltungsverpflichtung für den Vermieter aufgrund des Mietvertrages gegenüber dem Mieter gegeben, da insoweit dann bereits eine ungewisse Verbindlichkeit vorliegt.[24] Eine ungewisse Verbindlichkeit und keine Aufwandsrückstellung liegt auch im Fall einer **Abraumbeseitigung** vor, die auf einer **öffentlich-rechtlichen Verpflichtung** beruht.[25]

5543

Die Zulassung von **Aufwandsrückstellungen** dient im Sinne der **dynamischen Bilanzauffassung** der periodengerechten Gewinnabgrenzung. Voraussetzung für die Bildung der Aufwandsrückstellung ist nach dem Wortlaut des Gesetzes, dass eine – an sich notwendige – Instandhaltungsmaßnahme im Geschäftsjahr – nicht etwa in Vorjahren – unterlassen wird und diese Instandhaltung in den ersten drei Monaten des folgenden Geschäftsjahres nachgeholt wird. Die **Nachholung der Instandhaltungsmaßnahme** kann durch das Unternehmen selbst oder durch beauftragte Dritte erfolgen. Ob die Nachholung in den ersten drei Monaten erfolgt, ist eine Tatfrage. Sie wird in der Regel bis zur Aufstellung des Jahresabschlusses zu beurteilen sein, da § 264 Abs. 1 HGB dafür als kürzesten Zeitraum im Falle der großen Kapitalgesellschaft ebenfalls drei Monate einräumt. Falls die Maßnahme zu einem früheren Bilanzaufstellungszeitpunkt noch nicht abgeschlossen ist, ist aus Sicht des Aufstellungszeitpunktes zu beurteilen, ob die Instandhaltungsmaßnahme voraussichtlich noch durchzuführen ist und voraussichtlich durchgeführt wird. Es muss sich um Instandhaltungsaufwendungen im Sinne von Erhaltungsaufwand in Abgrenzung zum Herstellungsaufwand handeln. Die unterlassene Instandhaltung umfasst nur unbedingt notwendige Instandhaltungsmaßnahmen, die eine Beeinträchtigung der Nutzung eines Wirtschaftsguts vermeiden oder beseitigen und nicht bloße Schönheitsreparaturen.[26]

5544

Bei der **Abraumbeseitigung** muss innerhalb eines Jahres nach Abschluss des Geschäftsjahres eine Nachholung erfolgen. Auch hier ist eine Beurteilung aus der Sicht des Aufstellungszeitpunktes erforderlich. Anhaltspunkte für die Beseitigungsabsicht können sich beispielsweise durch eine entsprechende Beauftragung Dritter ergeben.

5545

Während die Bilanzierungsvoraussetzungen für Aufwandsrückstellungen im HGB abschließend geregelt sind, ist dies bei den Rückstellungen für ungewisse Verbindlich-

5546

---

[23] Vgl. *Baetge/Kirsch/Thiele*, Bilanzen, 14. Aufl., Düsseldorf 2017, S. 417; *Tiedchen*, in: HHR, EStG/KStG, § 5 EStG Anm. 720.
[24] Vgl. *Schubert*, in: Beck'scher Bilanz-Kommentar, 11. Aufl., München 2018, § 249 Rz. 101.
[25] Vgl. R 5.7 Abs. 11 Satz 4 EStR.
[26] Vgl. die Beispiele bei *Hoffmann/Lüdenbach*, NWB Kommentar Bilanzierung, 9. Aufl., Herne 2018, § 249 Rz. 212.

keiten und bei den Drohverlustrückstellungen nicht der Fall. Die für deren Bildung notwendigen Voraussetzungen haben sich im Wege der Auslegung durch die Bilanzierungspraxis, die Rechtsprechung und das Fachschrifttum über Jahrzehnte entwickelt, sind aber in Teilbereichen erstaunlicherweise immer noch umstritten.[27] Da für die Rückstellungen für Drohverluste ein steuerliches Ansatzverbot nach § 5 Abs. 4a EStG besteht (vgl. ausführlich unter Kapitel 1.2.4, Rz. 5608 ff.), gilt es für Zwecke der Steuerbilanz vor allem die Bilanzierungsvoraussetzungen für ungewisse Verbindlichkeiten herauszuarbeiten und diese gegenüber den Drohverlustrückstellungen abzugrenzen.

5547 Eine Rückstellung für **ungewisse Verbindlichkeiten** setzt voraus,[28] dass

a. eine **Außenverpflichtung** gegenüber einem **Dritten** besteht oder entsteht, die eine wirtschaftliche Last im Sinne einer Betriebsvermögensminderung darstellt. Die Außenverpflichtung muss **konkretisiert** sein und der „Dritte" kann auch das öffentliche Gemeinwesen (Staat, Land, Kommune oder eine der dortigen Behörden) sein;

b. diese Verpflichtung dem Grunde oder der Höhe nach **ungewiss** ist,

c. der Kaufmann aus dieser Verpflichtung **wahrscheinlich** in Anspruch genommen wird (zweistufiger Wahrscheinlichkeitstest; siehe Rz. 5558, 5567),

d. der mit der Verpflichtung im Zusammenhang stehende Aufwand jedenfalls dann zum Bilanzstichtag **wirtschaftlich verursacht** ist, wenn die Verbindlichkeit noch nicht rechtlich entstanden ist; zum Verhältnis zwischen wirtschaftlicher Verursachung und rechtlicher Entstehung vgl. unter Kapitel 1.2.2.4 wirtschaftliche Verursachung Rz. 5559 ff.

5548 Es ist streitig, ob neben den vorstehend genannten Voraussetzungen als elementare Merkmale einer Rückstellung auch die Wesentlichkeit der Belastung[29] erforderlich ist und die Einschränkung gilt, dass der Kaufmann kein **eigenbetriebliches Interesse** mit den Aufwendungen verbindet.[30]

5549 Die **Wesentlichkeit** ist u. E. entgegen der Auffassung des BFH[31] kein notwendiges Merkmal für die Rückstellungsbildung (vgl. auch Rz. 5606). § 246 Abs. 1 HGB in der Fassung des BilMoG betont ausdrücklich das Vollständigkeitsgebot, wonach sämtliche Schulden anzusetzen sind, egal, ob wesentlich oder unwesentlich.[32] Die „Wesentlichkeit" kann allenfalls dann eine Rolle spielen, wenn es um die Frage geht, ob ein Jahresabschluss fehlerhaft ist oder nicht, weil bestimmte Rückstellungen nicht gebildet wurden und diese eine bestimmte (relative) Größenordnung nicht überschreiten.[33] Daraus kann aber nicht der Umkehrschluss gezogen werden, dass „unwesentliche" Rückstellungs-

---

27 Siehe dazu auch jüngst *Prinz*, DB 2011 S. 492, 495.
28 Vgl. die Zusammenstellung bei *Krumm*, in: Blümich, EStG KStG GewStG, § 5 Rz. 791, sowie *Hoffmann/Lüdenbach*, NWB Kommentar Bilanzierung, 9. Aufl., Herne 2018, § 249 Rz. 8; siehe auch R 5. 7 Abs. 2 EStR.
29 So R 5.7 Abs. 3 EStR.
30 Vgl. BFH, Urteil vom 8.11.2000 – I R 6/96, BStBl 2001 II S. 570.
31 Vgl. BFH, Urteil vom 8.1.1995 – IR 44/94, BStBl 1995 II S. 742; siehe auch *Tiedchen* in: HHR, EStG/KStG, § 5 EStG Anm. 690.
32 Vgl. zutreffend *Schubert*, in: Beck'scher Bilanz-Kommentar, 11. Aufl., München 2018, § 249 Rz. 18.
33 Siehe *Winkeljohann/Schellhorn*, in: Beck'scher Bilanz-Kommentar, 11. Aufl., München 2018, § 264 Rz. 57.

positionen weggelassen werden sollten. Der BFH hat dies in neueren Entscheidungen im Sinne der hier vertretenen Auffassung klargestellt.[34]

Ebenso wenig ist zu erkennen, warum das Vorliegen eines eigenbetrieblichen Interesses, welches neben die (Außen-)Verpflichtung tritt, die Rückstellungsbildung hindern soll. Der BFH hatte dieses Merkmal in Fällen der öffentlich-rechtlich vorgeschriebenen Beseitigung von Abraum oder Sondermüll entwickelt.[35] Da eine Entfernung vom Betriebsgelände auch im eigenen Interesse des Unternehmens liege, handele es sich in erster Linie um eine Aufwandsrückstellung, die nicht gebildet werden dürfe. Die dazu tretende Außenverpflichtung wurde vom BFH anscheinend als nachrangiger Rückstellungsgrund angesehen. Die diesbezügliche BFH-Rechtsprechung wird inzwischen aber als überholt angesehen.[36] In einer neueren Entscheidung hat der BFH indes die Frage nach dem eigenbetrieblichen Interesse wieder gestellt, im entschiedenen Fall aber ein Überwiegen der öffentlich-rechtlichen Verpflichtung bejaht.[37] Es ist aber nicht verständlich, warum Aufwand, der auf einer Außenverpflichtung beruht, wegen einer gleichgerichteten Interessenslage des Unternehmens nicht abzugsfähig sein soll. Eine Aufwandsrückstellung liegt jedenfalls nicht vor, denn diese zeichnet sich gerade dadurch aus, dass keine Außenverpflichtung vorliegt. Jedes Unternehmen wird auch ein Eigeninteresse beispielsweise an der Entsorgung von Müll haben, aber die Verpflichtung zur Entsorgung und das „wie" der Entsorgung werden durch eine öffentlich-rechtliche Verpflichtung vorgegeben. 5550

Die Pflicht zur Bildung einer Rückstellung hängt deshalb ausschließlich von den unter a) bis d) in Rz. 5547 genannten Voraussetzungen ab, die nachfolgend im Einzelnen zu untersuchen sind. 5551

1.2.2.2 Bestehen oder künftiges Entstehen einer Verbindlichkeit

Die Bildung einer Rückstellung für ungewisse Verbindlichkeiten setzt das Bestehen einer **Außenverpflichtung** gegenüber einem Dritten voraus. Eine dritte Person muss demnach gegenüber dem Unternehmen einen Anspruch auf eine Geld- oder Sachleistung haben. Sie muss also von dem Unternehmen ein Tun oder Unterlassen verlangen können.[38] 5552

Die Ansprüche des Dritten können sich aufgrund von **zivilrechtlichen oder öffentlich-rechtlichen Grundlagen** ergeben. Zivilrechtliche Ansprüche sind beispielsweise solche aus vertraglichen Vereinbarungen, aber auch solche aus (zivil-)gesetzlichen Regelungen wie z. B. Ansprüche auf Schadensersatz, Wandlung oder Minderung oder auch Verzugszinsen.

---

34 Vgl. BFH, Urteil vom 19.7.2011 – X R 26/10, DStR 2011 S. 1990; BFH, Urteil vom 6.6.2012 – I R 99/10, DStR 2012 S. 1790; siehe auch *Wendt*, in: Kessler/Förster/Watrin (Hrsg.), Unternehmensbesteuerung, Festschrift für Norbert Herzig, München 2010, S. 517 ff.
35 BFH, Urteil vom 8.11.2000 – I R 6/96, BStBl 2001 II S. 570.
36 Vgl. *Krumm*, in: Blümich, EStG KStG GewStG, § 5 Rz. 792b unter Hinweis auf *Heger*, in: StbJb 2005/06, Köln 2006, S. 233/239 und BFH, Urteile vom 19.11.2003 – IR 77/01, BStBl 2010 II S. 482 sowie vom 19.8.2002 – VIII R 30/01, BStBl 2003 II S. 131; siehe auch *Günkel*, in: StbJb 2004/05, Köln 2005, S. 295/309/310 unter Hinweis auf BFH, Urteil vom 25.3.2004 – IV R 35/02, BStBl 2006 II S. 644; s. auch *Christiansen*, DStR 2007 S. 407.
37 BFH, Urteil vom 17.10.2013 – IV R 7/11, DStR 2013 S. 2745.
38 Siehe *Krumm*, in: Blümich, EStG KStG GewStG, § 5 Rz. 792; *Hoffmann/Lüdenbach*, NWB Kommentar Bilanzierung, 9. Aufl., Herne 2018, § 249 Rz. 10 ff.

5553 **Öffentlich-rechtliche Verpflichtungen** bestehen gegenüber dem Gemeinwesen, insbesondere dem Staat. Dazu zählt z. B. die Verpflichtung zur Steuerzahlung aufgrund von Steuergesetzen. Besondere Bedeutung haben die öffentlich-rechtlichen Verpflichtungen im Bereich des Umweltschutzes. Bei den öffentlich-rechtlichen Verpflichtungen kann es sich nicht nur um Geld- oder Sachleistungen handeln, sondern auch um sonstige Verpflichtungen, die zu Aufwand für das Unternehmen führen, wie beispielsweise die Verpflichtung zur Abgabe von Steuererklärungen für das abgelaufene Wirtschaftsjahr, die Verpflichtung zur Mitwirkung in Betriebsprüfungen oder eingeleiteten Verfahren sowie die Verpflichtung zur Aufbewahrung von steuerlich relevanten Geschäftsunterlagen.[39]

5554 Für die Annahme einer Außenverpflichtung ist es nicht notwendig, dass das Unternehmen weiß, wer der Anspruchsberechtigte ist. Die **Identität des Gläubigers** muss nicht unbedingt bekannt sein.[40] Dies wird z. B. häufig bei Gewährleistungsansprüchen im Rahmen einer „Werksgarantie" oder bei der Produzentenhaftung der Fall sein, wenn die Produkte massenhaft in den Verkehr gebracht werden und der einzelne Endkunde dem Werk nicht bekannt ist.[41] Es ist noch nicht einmal notwendig, dass feststeht, wer der Anspruchsberechtigte sein wird, was ebenfalls im Fall der „Werksgarantie" oder der Produzentenhaftung gegeben sein kann, weil das fehlerbehaftete Produkt, z. B. ein Kraftfahrzeug, den Eigentümer wechseln kann.

Auch der BFH hat in dem Umstand, dass der Anspruchsberechtigte noch nicht feststeht, keinen Hinderungsgrund für eine Rückstellungsbildung gesehen.[42] Im entschiedenen Fall mussten nach dem Kommunalabgabegesetz in der Vergangenheit erhaltene Kostenüberdeckungen durch Abwassergebühren künftig über entsprechende geringere Gebühren zurückgeführt werden, wobei ausgeschiedene Altkunden nicht, aber Neukunden und Bestandskunden in den Genuss der ermäßigten Gebühren kamen. Da es aber unter Beachtung des Grundsatzes der Unternehmensfortführung (§ 252 Abs. 1 Nr. 2 HGB) auf jeden Fall Dritte geben wird, die künftig eine Minderung der Gebühren beanspruchen konnten, liegt eine Außenverpflichtung vor.[43]

5555 Eine **Fälligkeit** des Anspruches am Stichtag ist ebenso wenig erforderlich wie die bereits bestehende Einklagbarkeit. Allerdings ist bei einseitigen Verpflichtungen in der Regel unter dem Gesichtspunkt der Wahrscheinlichkeit der Inanspruchnahme (vgl. Kapitel 1.2.2.4, Rz. 5572 ff.) eine Kenntnis des Dritten erforderlich.

5556 Neben rechtlich begründeten Verpflichtungen, die der Gläubiger aufgrund eines Rechtsanspruches wahrscheinlich geltend machen kann, reichen auch **faktische Verpflichtungen** zur Bildung einer Rückstellung für gewisse Verbindlichkeiten aus. Klassi-

---

[39] Vgl. BFH, Urteil vom 19.8.2002 – VIII R 30/01, BStBl 2003 II S. 131; BFH, Urteil vom 6.6.2012 – I R 99/10, DStR 2012 S. 1790; OFD Nordrhein-Westfalen, Vfg. vom 26.2.2015 – S 2145 – 2015/0003 – St 142 betreffend Aufwendungen infolge der Mitwirkungspflicht in EU-Kartellrechtsverfahren, StuB 2015 S. 232; siehe Rz. 5656 „Betriebsprüfung".
[40] Vgl. *Krumm*, in: Blümich, EStG KStG GewStG, § 5 Rz. 792 unter Berufung auf BFH, Urteil vom 12.12.1990 – I R 153/86, BStBl 1991 II S. 479.
[41] Vgl. *Tiedchen*, in: HHR, EStG/KStG, § 5 EStG Anm. 686.
[42] Vgl. BFH, Urteil vom 6.2.2013 – I R 62/11, BFH/NV 2013 S. 1155 entgegen Sächsisches FG, Urteil vom 10.8.2011 – 1K 1487/07, EFG 2012 S. 820.
[43] Vgl. auch *Hruby*, DStR 2010 S. 128.

scher Beispielsfall sind die in § 249 Abs. 1 Satz 2 Nr. 2 HGB angesprochenen **Rückstellungen für Kulanzleistungen,** auf die gerade kein Rechtsanspruch besteht, die aber mit Rücksicht auf die Kundenbeziehung und die Kundenzufriedenheit vom Unternehmen üblicherweise erbracht werden. Die Kulanzrückstellungen stehen aber nur beispielhaft dafür, dass ein faktischer Leistungszwang als Verpflichtungsgrund für die Bildung einer Rückstellung für ungewisse Verbindlichkeiten ausreicht.[44] Eine faktische Verpflichtung oder ein faktischer Leistungszwang ist gegeben, wenn sich der Kaufmann, obwohl er rechtlich dazu nicht verpflichtet ist, aus sittlichen, tatsächlichen oder wirtschaftlichen Gründen der Verpflichtung nicht entziehen kann. Das Interesse an der Kundenbeziehung oder auch die Vermeidung einer negativen Öffentlichkeitswirkung vermögen eine solche faktische Verpflichtung zu begründen.[45] So kann beispielsweise schon die Erklärung in der Öffentlichkeit, durch die eine bestimmte Erwartungshaltung hinsichtlich des Verhaltens des Unternehmens geweckt wird, ausreichen, gerade auch auf dem Gebiet des Umweltschutzes.[46] Dies gilt auch dann, wenn die öffentliche Erklärung durch einen Zentralverband, dem das Unternehmen angehört, erfolgt. Ob im Einzelfall eine faktische Verpflichtung vorliegt, muss anhand objektiver Umstände aus der Sicht eines ordentlichen Kaufmanns beurteilt werden.[47] Wenn dies durch den Steuerpflichtigen nachweisbar ist, sind faktische Verpflichtungen auch steuerlich abziehbar.

Voraussetzung für die Bildung der Rückstellung für ungewisse Verbindlichkeiten ist, dass die Verpflichtung zu einem Aufwand oder einer Ertragsminderung auf Unternehmensseite führt und die Verpflichtung nicht mit den Anschaffungs- oder Herstellungskosten eines Wirtschaftsgutes im Zusammenhang steht und zur Aktivierung führt. Dies galt schon vor Einführung von § 5 Abs. 4b EStG (vgl. Rz. 5596 ff.), da auch das Handelsrecht nur eine Aufwandsantizipation beabsichtigt.[48] Umstritten ist die Frage, ob **Rückstellungen** auch für solche Aufwendungen gebildet werden können, für die ein **steuerliches Abzugsverbot** besteht (siehe Rz. 5605). Dazu wird die Ansicht vertreten, dass die Bildung einer Rückstellung für nicht abzugsfähige Aufwendungen in der Steuerbilanz nicht zulässig ist.[49] Dies erscheint fragwürdig. § 249 HGB unterscheidet nicht danach, ob steuerlich abzugsfähige Betriebsausgaben vorliegen oder nicht. Grundsätzlich sind aber alle nach § 249 HGB gebildeten Rückstellungen in die Steuerbilanz zu übernehmen. Es dürfte auch nicht wirklich streitig sein, dass z. B. eine Rückstellung für Körperschaftsteuer auch in der Steuerbilanz zu bilden ist (vgl. auch Rz. 5787). Steuerlich nicht abzugsfähige Aufwendungen sind außerhalb der Bilanz auf der **zweiten Stufe der Gewinnermittlung** dem Steuerbilanzgewinn hinzuzurechnen, gleichgültig, ob die Aufwandsbuchungen gegen Verbindlichkeiten, Rückstellungen oder das Bankkonto erfol-

5557

---

44 Vgl. BGH, Urteil vom 28.1.1991 – II ZR 20/90, NJW 1991 S. 1890.
45 Vgl. *Altenburger,* in: Kölner Kommentar zum Rechnungslegungsrecht, Köln 2011, § 249 Rz. 14.
46 Vgl. *Hoffman/Lüdenbach,* NWB Kommentar Bilanzierung, 9. Aufl., Herne 2018, § 249 Rz. 17; siehe auch BFH, Beschluss vom 15.3.1999 – IB 95/98, BFH/NV 1999 S. 12005 und BFH, Urteil vom 10.1.2007 – IR 53/05, BFH/NV 2004 S. 1102.
47 Vgl. BFH, Urteile vom 16.2.1996 – I R 73/95, BB 1996 S. 1325; vom 27.11.2001 – VIII R 36/00, BStBl 2001 II S. 731.
48 Vgl. BFH, Urteil vom 19.8.1998 – XI R 8/96, BStBl 1999 II S. 18.
49 So z. B. *Crezelius,* in: Kirchhof, EStG, 17. Aufl., Köln 2018, § 5 Rz. 115.

gen. Zunächst handelt es sich um eine Betriebsvermögensminderung, die außerhalb der Bilanz wieder zugerechnet werden muss.[50]

1.2.2.3 Ungewissheit dem Grunde oder der Höhe nach

5558 Damit die Verbindlichkeit eine „Ungewisse" im Sinne einer Rückstellung ist, muss sie entweder zum Stichtag bereits rechtlich oder faktisch entstanden, der Höhe nach aber ungewiss sein, oder aber die rechtliche Entstehung der Verpflichtung selbst muss ungewiss sein, beispielsweise weil eine strittige Rechtslage gegeben ist und über das Bestehen oder Nichtbestehen ein Rechtsstreit anhängig ist. Die Wahrscheinlichkeit des Bestehens der Verbindlichkeit muss anhand der rechtlichen Voraussetzungen der Anspruchsgrundlage auf Basis der objektiven Umstände beurteilt werden.[51] Allerdings muss trotz der Ungewissheit zusätzlich die **Inanspruchnahme** aus der Verpflichtung **wahrscheinlich** sein (zweistufiger Wahrscheinlichkeitstest, vgl. dazu Kapitel 1.2.2.5 Wahrscheinlichkeit der Inanspruchnahme, Rz. 5567 ff.). Bei der Bildung einer Rückstellung in Zusammenhang mit Passivprozessen fordert der BFH eine analytische Auseinandersetzung sowohl mit der „Wahrscheinlichkeit des Bestehens der Verbindlichkeit" als auch mit der „Wahrscheinlichkeit der Inanspruchnahme", da eine Bewertung der inhärenten Risiken beider Kriterien unterschiedlich hoch ausfallen könne.[52] Selbst bei objektiv rechtlich entstandenen Verpflichtungen ist eine Rückstellungsbildung nicht möglich, wenn der Kaufmann alles tut, damit seine Verpflichtung nicht erkannt wird und er nicht in Anspruch genommen werden kann. Dies ist insbesondere bei vorsätzlichen Vergehen der Fall, bei der der Kaufmann die Entdeckung zu vermeiden sucht. Eine Rückstellung für hinterzogene Steuern kann daher erst gebildet werden, wenn die Tat aufgedeckt ist (vgl. auch Rz. 5798).[53] Das Gleiche gilt für eine deliktische Haftung aufgrund unerlaubter Handlung, solange die Tat entsprechend der Intention des Täters unentdeckt bleibt.[54]

1.2.2.4 Wirtschaftliche Verursachung

5559 Im Katalog der Voraussetzungen für die Bildung einer Rückstellung für ungewisse Verbindlichkeiten wird in der Rechtsprechung des BFH immer wieder das Merkmal der **wirtschaftlichen Verursachung** des mit der Rückstellung zusammenhängenden Aufwandes vor dem Bilanzstichtag genannt. Was unter der „wirtschaftlichen Verursachung" einer Verpflichtung genau zu verstehen ist und in welchen Fällen es auf dieses Merkmal ankommt, wird von den BFH Senaten unterschiedlich gesehen.

---

50 In diesem Sinne *Krumm*, in: Blümich, EStG KStG GewStG, § 5 Rz. 745; *Tiedchen*, in: HHR, EStG/KStG, § 5 EStG Anm. 690 m. w. N.
51 Vgl. BFH, Urteil vom 14.12.2014 – VIII R 45/12, BStBl 2015 II S. 759 demnach im Rahmen von Passivprozessen ein qualifiziertes (unabhängiges) Rechtsgutachten das Bestehen einer Verpflichtung im Sinne eines Unterliegens im Prozess als nicht überwiegend wahrscheinlich erscheinen lassen kann; dazu kritisch: *Weber-Grellet*, BB 2016, S. 43.; *Günkel*, BB 2015 S. 2091, der in solchen Fällen die Möglichkeit eines außergerichtlichen Vergleichs in die Wahrscheinlichkeitsüberlegungen einbeziehen will.
52 Vgl. BFH, Urteil vom 16.12.2014 – VIII R 45/12, BStBl 2015 II S. 759.
53 Vgl. BFH, Urteile vom 16.2.1996 – I R 73/95, BStBl 1996 II S. 592; vom 27.11.2001 – VIII R 36/00, BStBl 2001 II S. 731; a. A. FG Nürnberg, Urteil vom 16.6.2010 – 5K 687/2009, DStRE 2011 S. 857.
54 Vgl. BFH, Urteil vom 3.7.1991 – X R 163-164/87, BStBl 1991 II S. 804.

Der Begriff der wirtschaftlichen Verursachung ist schillernd und auslegungsfähig.[55] Teilweise wird unter diesem Begriff in der BFH-Rechtsprechung verstanden, dass das den Aufwand auslösende Ereignis vor dem Bilanzstichtag liegt oder eine Maßnahme vor dem Bilanzstichtag stattfindet, die zur Entstehung des Aufwandes führt. Die ungewisse Verbindlichkeit muss danach so eng mit dem betrieblichen Geschehen des abgelaufenen Wirtschaftsjahres verknüpft sein, dass es gerechtfertigt erscheint, sie wirtschaftlich als eine am Bilanzstichtag bestehende Verbindlichkeit anzusehen.[56] Die wirtschaftliche Verursachung wird damit im Sinne einer wirtschaftlichen Entstehung an die Stelle der (noch) nicht eingetretenen rechtlichen Entstehung gesetzt.[57] Die wirtschaftliche Verursachung setzt nach diesem Verständnis voraus, dass der Tatbestand, an den das Gesetz die Leistungsverpflichtung knüpft, zum Bilanzstichtag im Wesentlichen bereits verwirklicht ist.[58] Der BFH hat dies beispielsweise bei Abschlussgebühren für Bausparverträge bejaht, obwohl eine Verpflichtung zur Rückzahlung zum Bilanzstichtag rechtlich noch gar nicht entstanden war, sondern von der Ausübung eines Wahlrechtes des Kunden abhing.[59] Er hat dies auch bejaht für die nach § 257 HGB und § 147 AO bestehende Verpflichtung zur Aufbewahrung der Geschäftsunterlagen über sechs bzw. zehn Jahre.[60] Dabei hat er offen gelassen, ob die Verpflichtung rechtlich erst mit Ablauf des Wirtschaftsjahres entsteht, in der die Geschäftsunterlagen entstanden sind. Wirtschaftlich sei aber der **wesentliche Tatbestand**, an den das Gesetz die Pflicht zur Aufbewahrung von Geschäftsunterlagen knüpft, die Entstehung dieser Unterlagen. Nach diesem Verständnis tritt die wirtschaftliche Verursachung an die Stelle der rechtlichen Entstehung, wenn diese zum Bilanzstichtag noch nicht vorliegt. Folgt man dieser Auslegung der wirtschaftlichen Verursachung wird auch verständlich, dass eine Sozialplanrückstellung oder Restrukturierungsrückstellung zum Abschlussstichtag bereits gebildet werden kann, sofern der Entschluss der Restrukturierung z. B. durch eine entsprechende Unterrichtung des Betriebsrates nachgewiesen werden kann,[61] obwohl die Verpflichtung rechtlich erst nach dem Stichtag entsteht und auch wirtschaftlich mit zukünftigen Erträgen bzw. geringeren laufenden Aufwendungen im Zusammenhang steht. In diesem Sinne verstanden, hat das Merkmal der wirtschaftlichen Verursachung nur die Funktion, die rechtliche Entstehung vor oder am Bilanzstichtag als Voraussetzung für die Rückstellungsbildung zu ersetzen. Deshalb spricht der BFH in den zitierten Entscheidungen teilweise auch von **„wirtschaftlicher Entstehung"**.

5560

In anderen Entscheidungen des BFH heißt es zur **wirtschaftlichen Verursachung** hingegen, dass nicht nur **an Vergangenes angeknüpft,** sondern auch **Vergangenes abgegolten** werden muss.[62] So verstanden steht bei der wirtschaftlichen Verursachung die

5561

---

55 Zur Kritik vgl. *Hoffmann/Lüdenbach*, NWB Kommentar Bilanzierung, 9. Aufl., Herne 2018, § 249 Rz. 23 ff.; siehe auch *Krumm*, in: Blümich, EStG KStG GewStG, § 5 Rz. 800.
56 So. z. B. BFH, Urteil vom 1.8.1984 – I R 88/80, BStBl 1985 II S. 44.
57 Vgl. BFH, Urteil vom 19.8.2002 – VIII R 30/01, BStBl 2003 II S. 131.
58 So z. B. BFH, Urteile vom 25.8.1989 – III 295/87, BStBl 1989 II S. 893; vom 19.8.2002 – VIII R 30/01, BStBl 2003 II S. 131.
59 Vgl. BFH, Urteil vom 12.12.1990 – IR 18/89, BStBl 1991 II S. 485.
60 Vgl. zur Bewertung BFH, Urteil vom 18.1.2011 – X R 14/09, BStBl 2011 II S. 496 und Rz. 5656 „Aufbewahrung von Geschäftsunterlagen".
61 Vgl. R 5.7 Abs. 9 EStR; siehe auch *Schulz*, in: HHR, EStG/KStG, § 5 EStG Anm. 925.
62 Vgl. z. B. BFH, Urteile vom 19.5.1987 – VIII R 327/83, BStBl 1987 II S. 848; vom 25.8.1989 – III R 95/87, BStBl 1989 II S. 892; BGH, Urteil vom 28.1.1991 – II Z R 20/90, NJW 1991 S. 1890; siehe auch R 5.7 Abs. 5 Satz 3 EStR.

periodengerechte Gewinnermittlung im Vordergrund, was aus dem **Realisationsprinzip** des § 252 Abs. 1 Nr. 4 letzter Halbsatz und Nr. 5 HGB und der sogenannten dynamischen Bilanzauffassung mit dem Hauptzweck der periodengerechten Gewinnermittlung abgeleitet wird.[63] Nach dieser Auslegung können nur für solche Aufwendungen Rückstellungen gebildet werden, die bereits realisierte Erträge alimentieren. Die Rückstellung dient dann nicht dem vollständigen Ausweis sämtlicher Schulden – auch der „ungewissen" – sondern der periodengerechten Gewinnermittlung im Sinne der Zuordnung von Aufwendungen zu (realisierten) Erträgen. Nach diesem Verständnis dürfte dann eine Sozialplanrückstellung eigentlich nicht gebildet werden, da die Restrukturierung nicht mit bereits realisierten Erträgen zusammenhängt, sondern zukünftige Erträge von laufenden Lohn- und Gehaltsaufwendungen entlasten soll.

5562 Eng verknüpft mit dieser unterschiedlichen Auslegung des Begriffes der wirtschaftlichen Verursachung ist die Frage nach der Bedeutung dieses Merkmals, wenn die rechtliche Verpflichtung, die der Rückstellung zugrunde liegt, zum Bilanzstichtag bereits gegeben ist. Hier kommen der I. Senat des BFH einerseits und der VIII. und XI. Senat des BFH andererseits zu unterschiedlichen Ergebnissen. Während der I. Senat die Auffassung vertritt, dass das Erfordernis der wirtschaftlichen Verursachung nur für solche Verbindlichkeiten gilt, die nicht nur der Höhe, sondern zum Bilanzstichtag auch dem Grunde nach ungewiss sind, wollen andere Senate des BFH das Merkmal in jedem Fall erfüllt sehen.[64] Auch die Finanzverwaltung fordert stets neben der rechtlichen Entstehung die wirtschaftliche Verursachung.[65] Der I. Senat hat seine Auffassung, dass eine **rechtlich entstandene Verpflichtung** stets zur Bildung einer Rückstellung führt, in dem grundlegenden Urteil vom 27.6.2001 ausführlich begründet.[66] Die Finanzverwaltung hat dieses Urteil mit einem Nichtanwendungserlass belegt,[67] obwohl frühere und spätere Urteile des I. Senats und anderer Senate derselben Auffassung gefolgt sind und man von einer ständigen Rechtsprechung sprechen kann.[68] In allen zitierten Entscheidungen hat der BFH zwischen rechtlicher Entstehung und wirtschaftlicher Verursachung unterschieden und die Voraussetzung der wirtschaftlichen Verursachung nur in den Fällen untersucht, in denen er die **rechtliche Entstehung** der Verbindlichkeit zum Bilanzstichtag verneint hat oder nicht eindeutig bejahen konnte. Der I. Senat hat seine Sichtweise in neueren Entscheidungen noch einmal bekräftigt.[69] Er begründet seine Auffassung aus den Geboten des zutreffenden Vermögensausweises und der **Vollstän-**

---

63 Vgl. *Herzig*, in: FS L. Schmidt, München 1993, S. 2009; *Weber-Grellet*, in: Schmidt, EStG, 37. Aufl. 2018, § 5 Rz. 381, 383.
64 Zum Streitstand vgl. *Günkel*, in: bStbJb 2008/09, Köln 2009, S. 268 ff. und *Prinz*, DB 2011 S. 492, 495; *Koths*, DB 2001 S. 184; siehe auch BFH, Urteil vom 27.6.2001 – I R 45/97, BStBl 2003 II S. 21, sowie andererseits BFH, Urteil vom 13.12.2007 – IV R 85/05, DB 2008 S. 1013; zum Gleichklang rechtlicher und wirtschaftlicher Verursachung auch BFH, Urteil vom 8.9.2011 – IV R 5/09, DStR 2011 S. 2186 mit Anm. *M. Prinz*, FR 2012 S. 136.
65 Vgl. R 5.7 Abs. 2 EStR.
66 Vgl. BFH, Urteil vom 27.6.2001 – I R 45/97, BStBl 2003 II S. 21.
67 Vgl. BMF, Schreiben vom 21.1.2003 – IV R 6 – S 2137 – 2/03, BStBl 2003 I S. 125.
68 Vgl. BFH, Urteile vom 19.5.1987 – VIII R 327/83, BStBl 1987 S. 848; vom 12.12.1990 – I R 18/89, BStBl 1991 II S. 485; vom 12.12.1991 – IV R 28/9, BStBl 1992 II S. 600; vom 25.3.1992 – I R 69/91, BB 1992 S. 1964; vom 25.3.2004 – IV R 35/02, BStBl 2006 II S. 644; vom 7.2.2006 – IV R 33/05, BStBl 2006 II S. 517; vom 20.8.2008 – I R 19/07, DStR 2008 S. 2058, vgl. auch *Christiansen*, DStR 2007 S. 127 ff.
69 Vgl. BFH, Urteil vom 27.1.2010 – I R 103/08, BStBl 2010 II S. 614; vom 6.2.2013 – I R 8/12, FR 2013 S. 799 mit Anm. *M. Prinz*; vom 6.2.2013 – I R 62/11, BFH/NV 2013 S. 1155.

digkeit des Jahresabschlusses (§ 242 Abs. 1 in Verbindung mit § 246 Abs. 1 HGB). Rechtlich bereits entstandene, aber der Höhe nach ungewisse Verbindlichkeiten, müssten aufgrund des Vollständigkeitsgebotes immer passiviert werden. U. E. wird diese Sichtweise des BFH noch durch die durch das BilMoG erfolgte Änderung des Wortlautes von § 246 Abs. 1 Satz 3 HGB bestärkt, wonach die Schulden in der Bilanz des Schuldners auszuweisen sind.[70] Nach Auffassung des I. Senats verstößt eine unterbliebene Passivierung rechtlich bereits bestehender Verbindlichkeiten mit dem Hinweis auf die funktionale Verknüpfung der Aufwendung mit der zukünftigen betrieblichen Tätigkeit sowohl bei der Bewertung als auch bei der Bilanzierung dem Grunde nach gegen das **Unternehmensfortführungsprinzip,** dem sogenannten going-concern-Prinzip in § 252 Abs. 1 Nr. 2 HGB. Das **Realisationsprinzip** in § 252 Abs. 1 Nr. 4 HGB kann danach nicht sinngemäß auf die Passivierung von Rückstellungen angewendet werden, weil es dem Vorsichtsprinzip untergeordnet und nur auf die Nichterfassung nicht realisierter Erträge gerichtet und begrenzt ist.

Dieser Sichtweise des I. Senats und anderer BFH-Senate stehen im Ergebnis Urteile des XI. Senates, vereinzelt auch des VIII. Senates entgegen, wobei die Begründungen in den Urteilen des VIII. Senats nicht eindeutig erkennen lassen, ob er sich insoweit tatsächlich von der Auffassung des I. Senats abgrenzen wollte.[71] Eindeutiger ist dies beim XI. Senat. Der IV. Senat hatte die Frage ausdrücklich offen gelassen.[72] Auch in seinem Urteil vom 8.9.2011[73] zur Rückstellung von Kosten für die (künftige) Zulassung eines Pflanzenschutzmittels wurde die Frage keiner Entscheidung zugeführt, da die Verpflichtung als nicht nur rechtlich entstanden, sondern auch wirtschaftlich verursacht angesehen wurde. In der Praxis dürften die Fälle, in denen eine Verpflichtung rechtlich entstanden ist, bevor sie wirtschaftlich verursacht worden ist, verhältnismäßig selten anzutreffen sein. Sie kommen wohl in erster Linie bei den sogenannten Anpassungsverpflichtungen von technischen Anlagen an neue Bestimmungen zum Tragen. U. E. sind rechtlich entstandene, der Höhe nach ungewisse Verbindlichkeiten stets als Rückstellung anzusetzen, um dem vollständigen Schuldenausweis in der Bilanz (§ 246 Abs. 1 Satz 1 HGB) Rechnung zu tragen. Nur wenn die Verbindlichkeit am Bilanzstichtag dem Grunde nach noch nicht entstanden ist, kommt es auf die wirtschaftliche Verursachung vor dem Bilanzstichtag an.[74] Fallen rechtliche Entstehung und wirtschaftliche Verursachung auseinander, kommt es auf den jeweils früheren Zeitpunkt an.[75] Das HGB folgt nicht der dynamischen Bilanzauffassung, dass es wirtschaftlich auf eine zutreffende periodengerechte Gewinnermittlung ankommt, sondern erwartet einen möglichst vollständigen Schuldenausweis im Interesse des **Gläubigerschutzes.**[76] Auf das Merkmal der wirtschaftli-

5563

---

70 So *Schubert*, in: Beck'scher Bilanz-Kommentar, 11. Aufl., München 2018, § 249 Rz. 34.
71 Vgl. BFH, Urteile vom 19.10.1993 – VIII R 14/92, BStBl 1993 II S. 891; vom 19.8.1998 – XI 28/96, BStBl 1999 II S. 18; vom 25.4.2006 – VIII R 40/04, BStBl 2006 II S. 749; vom 19.10.2005 – XI R 64/04, BStBl 2006 II S. 371.
72 Vgl. BFH, Urteil vom 13.12.2007 – IV R 85/05, BStBl 2008 II S. 516.
73 BFH, Urteil vom 8.9.2011 – IV R 5/09, DB 2011 S. 2577.
74 So auch *Krumm*, in: Blümich, EStG KStG GewStG, § 5 Rz. 799 b; *Tiedchen*, in: HHR, EStG/KStG, § 5 EStG Anm. 700; *Crezelius*, in: Kirchhof, EStG, 17. Aufl., Köln 2018, § 5 Rz 124; a. A. *Weber-Grellet*, in: Schmidt, EStG, 37. Aufl. 2018, § 5 Rz. 381 ff.
75 Vgl. BFH, Urteile vom 23.9.1969 – I R 22/66, BStBl 1970 II S. 104 sowie vom 27.6.2001 – I 45/97, BStBl 2003 II S. 121.
76 Vgl. *Altenburger*, in: Kölner Kommentar zum Rechnungslegungsrecht, Köln 2011, § 249 Rz. 64 f.

chen Verursachung kommt es daher in erster Linie in solchen Fällen an, in denen die rechtliche Verpflichtung noch nicht entstanden ist.

5564 Das Verhältnis der Voraussetzungen der rechtlichen Entstehung und der wirtschaftlichen Verursachung für die Rückstellungsbildung kann nach einer „Divergenzbereinigung"[77] des IV. Senats des BFH[78] als weitgehend geklärt angesehen werden. Der IV. Senat geht im Ergebnis im Einklang mit dem I. Senat des BFH nunmehr davon aus, dass rechtlich entstandene Verpflichtungen stets als Rückstellung zu bilanzieren sind. Es bedarf bei rechtlich entstandenen Verbindlichkeiten dann keiner (zusätzlichen) Prüfung der wirtschaftlichen Verursachung mehr, weil spätestens im Zeitpunkt der rechtlichen Entstehung der (Anpassungs-)Verpflichtung auch deren wirtschaftliche Verursachung gegeben ist. Der entschiedene Fall betraf die technische Aufrüstung von Flugzeugen, für die die Frist genau am Bilanzstichtag abgelaufen war. Diese Anpassungsverpflichtung ist nach Auffassung des BFH nicht mehr nur auf die künftige Nutzbarkeit des Wirtschaftsgutes gerichtet, sondern dient mit dem rechtlichen Entstehen der Nutzbarkeit des Wirtschaftsgutes im laufenden Betrieb. Anders verhält es sich hingegen mit den Anpassungsverpflichtungen, für die die Frist am oder vor dem Bilanzstichtag noch nicht abgelaufen ist.

5565 Folgt man der hier vertretenen Auffassung, die der Auffassung des BFH und wohl der überwiegenden Auffassung im Schrifttum entspricht, dass rechtlich entstandene (der Höhe nach) ungewisse Verbindlichkeiten unabhängig von der wirtschaftlichen Verursachung anzusetzen sind, erscheint die Bildung von Ansammlungsrückstellungen z. B. für die Stilllegung von Kernkraftwerken,[79] aber auch für den Abbruch von Windkraftanlagen,[80] oder Rückbauverpflichtungen problematisch,[81] welche auch vor Einführung von § 6 Abs. 3a Buchst. d EStG gängiger Bilanzierungspraxis entsprach.[82] Die Begründung für diese nicht in voller Höhe der rechtlich entstandenen Verpflichtung erfolgende Bewertung wird man nur in der **nach vernünftiger kaufmännischer Beurteilung** vorzunehmenden Einschätzung der am Bilanzstichtag bestehenden wirtschaftlichen Last finden können.[83] Ganz überzeugend ist dies jedoch nicht.[84]

5566 In der Rechtsprechung des BFH war die Feststellung des Zeitpunktes der rechtlichen Entstehung und die Auslegung des Merkmals der wirtschaftlichen Verursachung kasuistisch und kaum vorhersehbar.[85] So wurde zunächst bei der rechtlichen Entstehung beispielsweise eine solche bei der Anpassungsverpflichtung einer Spänetrocknungsanlage nach der TA-Luft bejaht, obwohl dem Unternehmen am Bilanzstichtag noch eine Frist

---

77 So sinngemäß *Hoffmann*, DStR 2013 S. 275.
78 BFH, Urteil vom 17.10.2013 – IV R 7/11, DStR 2013 S. 2745 m. Anm. *Wit* und *Hoffmann*; vgl. dazu auch *U. Prinz*, DB 2014 S. 80 ff. sowie *Christiansen*, DStR 2014 S. 279 ff.
79 Zweifelnd daran schon *Günkel*, in: StbJb 1990/91, Köln 1991, S. 97, 120.
80 Vgl. FG Rheinland-Pfalz, Urteil vom 13.1.2005 – 6 K 1075/01, DStRE 2005 S. 369.
81 Vgl. *Altenburger*, in: Kölner Kommentar zum Rechnungslegungsrecht, Köln 2011, § 249 Rz. 68; *Hoffmann/Lüdenbach*, NWB Kommentar Bilanzierung, 9. Aufl., Herne 2018, § 249 Rz. 29, 67; *Crezelius*, in: Kirchhof, EStG, 17. Aufl., Köln 2018, § 5 Rz. 124.
82 Vgl. *Kulosa*, in: Schmidt, EStG, 37. Aufl. 2018, § 6 Rz. 477.
83 So *Crezelius*, in: Kirchhof, EStG, 17. Aufl., Köln 2018, § 5 Rz. 124; *Hoffmann/Lüdenbach*, NWB Kommentar Bilanzierung, 9. Aufl., Herne 2018, § 249 Rz. 67 f.
84 Vgl. *Altenburger*, in: Kölner Kommentar zum Rechnungslegungsrecht, Köln 2011, § 249 EStG Rz. 69.
85 Vgl. auch *Hoffmann/Lüdenbach*, NWB Kommentar Bilanzierung, 9. Aufl., Herne 2018, § 249 Rz. 39.

von zwei Jahren seitens der Behörde eingeräumt war.[86] Andererseits wurde die rechtliche Entstehung für den Einbau eines Gasrückführungssystems bei einer Tankstelle verneint, weil das Gesetz dazu noch eine Übergangsfrist von zwei Jahren vorsah.[87] Der Unterschied war schwer fassbar.[88] Inzwischen hat der I. Senat des BFH in einem zweiten Urteil zur TA-Luft[89] seine Auffassung korrigiert und hat sich dem „Tankstellen-Urteil des IV. Senats angenähert. Muss die Anpassung aufgrund einer Übergangsfrist zum Stichtag noch nicht vorgenommen werden, ist die Verpflichtung weder rechtlich entstanden noch wirtschaftlich verursacht.[90]

Bei der wirtschaftlichen Verursachung wurde die Verpflichtung zur Nachbetreuung verkaufter Hörgeräte einmal bejaht[91] und einmal verneint.[92] Dabei wurde als wirtschaftliche Verursachung in der erstgenannten Entscheidung der Verkauf des Hörgerätes als Erfüllung des Tatbestandes angesehen, an den der Vertrag die Leistungspflicht knüpfte, bei der zweiten Entscheidung wurde der Tatbestand erst in der durch Gebrauch des Hörgerätes entstehenden Reparaturnotwendigkeit gesehen.

Während bei einer Rekultivierungspflicht die anteilige Ansammlung durch den erfolgten Abbau als wirtschaftlich vor dem Stichtag verursacht anzusehen ist,[93] gilt dies nicht bei der Überholung eines Luftfahrtgerätes (Hubschrauber) nach einer gewissen Zahl von Flugstunden, selbst wenn diese am Bilanzstichtag zum großen Teil bereits angefallen sind.[94] Genau so ist eine am Stichtag noch nicht entstandene Verpflichtung zur Umrüstung von Flugzeugen noch nicht wirtschaftlich verursacht.[95] Bis zum Erreichen der zulässigen Betriebszeiten werden die relevanten Vorschriften erfüllt, erst danach erfordert eine Fortsetzung des Luftfahrtbetriebs die Durchführung der notwendigen Wartungsmaßnahmen; insofern schafft die bisherige Nutzung den Anlass, nicht aber die Ursache für die technische Überprüfung.[96]

1.2.2.5 Wahrscheinlichkeit der Inanspruchnahme

Eine Rückstellung für ungewisse Verbindlichkeiten kann nur gebildet werden, wenn die Inanspruchnahme aus der bestehenden Verpflichtung, die rechtlich oder wirtschaftlich

5567

---

86 Vgl. BFH, Urteil vom 27.6.2001 – I R 45/97, BStBl 2003 II S. 121.
87 Vgl. BFH, Urteil vom 13.12.2007 – IV R 85/05, DB 2008 S. 1013.
88 Vgl. *Günkel*, in: StbJb 2008/09, Köln 2009, S. 263, 268 ff.
89 BFH, Urteil vom 6.2.2013 – I R 8/12, FR 2013 S. 799 m. Anm. *Prinz*.
90 Vgl. auch *Christiansen*, DStR 2013 S. 1347.
91 Vgl. BFH, Urteil vom 5.6.2002 – I R 96/00, BFH/NV 2002 S. 1638.
92 Vgl. z. B. BFH, Urteile vom 1.8.1984 – I R 88/80, BStBl 1985 II S. 44; vom 19.10.1993 – VIII R 14/92, BStBl 1993 II S. 891; vom 19.10.2005 – XI R 64/04, BStBl 2006 II S. 371; vgl. dazu *Schubert*, in: Beck'scher Bilanz-Kommentar, 10. Aufl., München 2016, § 249 Rz. 42 ff.
93 Vgl. BFH, Urteil vom 19.5.1983 – IV R 2005/79, BStBl 1983 II S. 670.
94 Vgl. BFH, Urteil vom 19.5.1987 – VIII R 327/83, BStBl 1987 II S. 848.
95 BFH, Urteil vom 17.10.2013 – IV R 7/11, DStR 2013 S. 2745.
96 Vgl. BFH, Urteil vom 9.11.2016 – I R 43/15, BStBl 2017 II S. 379, im entschiedenen Fall lehnt der I. Senat zwar den Ansatz einer Rückstellung für eine öffentlich-rechtliche Wartungsverpflichtung mangels wirtschaftlicher Verursachung in der Vergangenheit ab, bejaht im Ergebnis aber dennoch den Ansatz einer Rückstellung basierend auf der zwischen Leasinggesellschaft und Halter der Luftfahrtgeräte geschlossenen, die öffentlich-rechtlichen Vorschriften überlagernde Wartungsvereinbarung, denn diese sah für geleistete Zahlungen in eine Wartungsrücklage keinen Anspruch auf Rückerstattung vor, falls der Leasingvertrag gekündigt oder der Betrieb eingestellt wird; vgl. hierzu auch: *Prinz*, WPg 2017 S. 1316; *Kolbe*, StuB 2017 S. 375.

entstanden sein kann, wahrscheinlich ist. Dies entspricht ständiger Rechtsprechung und herrschender Meinung. Das Merkmal der **Wahrscheinlichkeit der Inanspruchnahme** darf nicht dahingehend missverstanden werden, dass es mit dem Grad der „Ungewissheit" zu tun hat, ob die Verpflichtung entstanden ist oder entstehen wird. Diese Frage ist (vorgelagert) nur anhand der rechtlichen Kriterien zu prüfen, die die Anspruchsgrundlage für die Verpflichtung darstellen. Auch hier kann sich ergeben, dass schon die Anspruchsgrundlage nicht nur ungewiss, sondern unwahrscheinlich ist. Dies hat aber nichts mit dem von der Rechtsprechung entwickelten Merkmal der Wahrscheinlichkeit der Inanspruchnahme zu tun. Danach ist auch bei einer rechtlich bestehenden oder wahrscheinlich entstehenden Verpflichtung sozusagen auf einer zweiten Ebene noch zu prüfen, ob der Schuldner ernsthaft damit rechnen muss, dass der Gläubiger seinen Anspruch geltend machen wird (zweistufiger Wahrscheinlichkeitstest, siehe Rz. 5558); nur dann handelt es sich bei ihm um eine **wirtschaftliche Last**. Die Wahrscheinlichkeit der Inanspruchnahme ist somit auch dann Voraussetzung für die Bildung der Rückstellung, wenn die ungewisse Verbindlichkeit dem Grunde nach besteht.[97]

5568 Nach Auffassung des BFH ist von einer **Wahrscheinlichkeit der Inanspruchnahme** auszugehen, wenn nach den am Bilanzstichtag objektiv gegebenen und bis zur Aufstellung der Bilanz subjektiv erkennbaren Verhältnissen mehr Gründe dafür als dagegen sprechen, dass der Gläubiger seinen Anspruch gegen das Unternehmen geltend machen wird.[98] Diese „51 %-Rechtsprechung" des BFH ist auf Kritik gestoßen.[99] Diese Kritik ist berechtigt, da der BFH bei dieser Ermessensfrage eine Scheingenauigkeit der Abwägung der Gründe dafür und dagegen unterstellt, die in der Praxis nur selten anzutreffen sein wird. Darüber hinaus erscheint es in der Tat nicht einleuchtend, eine Rückstellung schon dann nicht zu bilden, wenn für die Inanspruchnahme durch den Gläubiger genauso viele Gründe wie dagegen sprechen. Dies lässt sich schwerlich mit dem Vorsichtsprinzip vereinbaren. Es sollte deshalb eher der Grundsatz gelten, dass gewichtige Gründe für die Wahrscheinlichkeit der Inanspruchnahme durch den Gläubiger sprechen müssen.[100]

5569 Auch wenn nur wenig mehr gewichtige Gründe dafür als gegen die Wahrscheinlichkeit der Inanspruchnahme sprechen, ist natürlich die Rückstellung in voller Höhe zu bilden, und nicht nur in Höhe der angenommenen Wahrscheinlichkeit. Es gilt das „alles oder nichts Prinzip". Wahrscheinlichkeitsüberlegungen hinsichtlich der Ungewissheit des Entstehens des Rechtsanspruches, z. B. die Erfolgsaussichten einer gegen den Bilanzierenden gerichteten Klage, haben keinen Einfluss auf die Rückstellungsbildung.

5570 Da die vom BFH aufgestellte „51 %-Regel" für die Praxis wenig hilfreich ist, sind die von der Rechtsprechung aufgestellten Vermutungen, bei denen von der Wahrscheinlichkeit der Inanspruchnahme auszugehen ist, bedeutsam. Dabei wird in der Rechtsprechung nach der rechtlichen Anspruchsgrundlage für die bilanziell abzubildende Verpflichtung unterschieden.

---

97 Vgl. *Tiedchen*, in: HHR, EStG/KStG, § 5 EStG Anm. 694.
98 Vgl. BFH, Urteil vom 19.10.2005 – XI R 64/04, BStBl 2006 II S. 371; siehe auch R 5. 7 Abs. 6 EStR.
99 Vgl. *Tiedchen*, in: HHR, EStG/KStG, § 5 EStG Anm. 694 m. w. N.
100 Vgl. *Herzig/Hötzel*, DB 1991 S. 99; *Fatouros*, DB 2005 S. 117.

Bei Ansprüchen aus **vertraglichen (zweiseitigen) Vereinbarungen** ist als Vermutung davon auszugehen, dass der Vertragspartner seine Rechte auch geltend machen wird.[101] Nähere Erwägungen zu der Wahrscheinlichkeit im konkreten Einzelfall brauchen daher vom Bilanzierenden in diesen Fällen nicht angestellt zu werden. 5571

Eine andere Vermutung stellt der BFH bei **nicht vertraglichen (einseitigen) Verpflichtungen** auf. Dies gilt beispielsweise bei gesetzlichen oder vertraglichen Schadensersatzansprüchen. In diesen Fällen geht der BFH im Sinne einer Vermutung davon aus, dass eine Wahrscheinlichkeit der Inanspruchnahme nur gegeben ist, wenn der Begünstigte den Tatbestand, der den Anspruch ausgelöst hat, oder den **Anspruch** selbst kennt oder diese **Kenntnis** am Bilanzstichtag jedenfalls unmittelbar bevorsteht.[102] Dies gilt sowohl bei öffentlich-rechtlichen als auch bei privatrechtlichen Schadensersatzansprüchen. Danach gehört die Verpflichtung zur Leistung von Schadensersatz zur Kategorie der so genannten einseitigen Verbindlichkeiten, die nicht ohne Weiteres den zweiseitigen vertraglichen Verbindlichkeiten gleichstehen. Nach der BFH-Rechtsprechung sind einseitige Verbindlichkeiten mit den vertraglichen Verpflichtungen erst vergleichbar, wenn der Gläubiger die sich aus ihnen ergebende (mögliche) Berechtigung kennt. Unter Berücksichtigung des Vorsichtsprinzips lässt der BFH eine Rückstellungsbildung auch dann noch zu, wenn die unmittelbar bevorstehende Kenntnisnahme nachgewiesen werden kann, da auch in diesem Falle die Rückstellung noch hinreichend objektivierbar ist. Bei im Klagewege bereits geltend gemachten Ansprüchen (Passivprozesse) ist stets die Bildung einer Rückstellung unabhängig von den Erfolgschancen der Klage geboten.[103] 5572

Eine Ausnahme von der Vermutung, dass einseitige (Schadensersatz-)ansprüche die Kenntnis des Gläubigers voraussetzen, gilt allerdings für die Bildung einer **Rückstellung wegen Patentverletzung**.[104] Hier wiederum geht der BFH davon aus, dass es nicht erforderlich ist, dass der geschädigte Patentinhaber schon Ansprüche geltend gemacht hat oder zumindest seine Kenntnis von der Patentverletzung nachgewiesen werden kann. Vielmehr soll hier die Vermutung gelten, dass im Allgemeinen unter Kaufleuten davon ausgegangen werden kann, dass die Geltendmachung des Anspruchs durch den Gläubiger auch wahrscheinlich ist. Es sei davon auszugehen, dass Patentrechtsverletzungen in Folge der ständigen Überwachung des Marktes dem Patentinhaber in der Regel auch bekannt werden (vgl. Rz. 5588). 5573

Im Bereich der **öffentlich-rechtlichen Verpflichtungen** wird ebenfalls die **Kenntnis der zuständigen Behörde** für die Annahme der Wahrscheinlichkeit der Inanspruchnahme verlangt (vgl. dazu Rz. 5578 f.).[105] 5574

An der Wahrscheinlichkeit der Inanspruchnahme dürfte auch die Rückstellung für hinterzogene Steuern scheitern. Diese sind zwar rechtlich entstanden, solange aber die 5575

---

101 Vgl. BFH, Urteile vom 17.11.1987 – VIII R 348/82, BStBl 1988 II S. 430; vom 22.11.1988 – VIII R 62/85, BStBl 1989 II S. 359; vom 28.3.2000 – VIII R 13/99, BStBl 2000 II S. 612.
102 Vgl. BFH, Urteile vom 19.10.1993 – VIII R 14/92, BStBl 1993 S. 891; vom 25.4.2006 – VIII R 40/04, BStBl 2006 II S. 749.
103 Vgl. BFH, Urteil vom 30.1.2002 – I R 68/00, BStBl 2002 II S. 688; Urteil vom 27.11.1997 – IV R 95/96, BStBl 1998 II S. 375; FG Schleswig-Holstein, Urteil vom 25.9.2012 – 3 K 77/11, EFG 2013 S. 11.
104 Vgl. BFH, Urteil vom 9.2.2006 – IV R 33/05, BStBl 2006 II S. 517.
105 Vgl. z. B. BFH, Urteil vom 19.8.1998 – XI R 8/96, BStBl 1999 II S. 18.

Behörde die Tat nicht entdeckt hat, ist die Inanspruchnahme des Steuerpflichtigen nicht wahrscheinlich.[106] Es erscheint logisch, dass der Steuerhinterzieher zum Bilanzstichtag nicht von einer Wahrscheinlichkeit der Inanspruchnahme ausgeht, da er sonst die Tat gar nicht begehen würde.

1.2.2.6 Zusätzliche Voraussetzungen bei öffentlich-rechtlichen Verpflichtungen

5576 Auch für öffentlich-rechtliche Verpflichtungen gegenüber dem staatlichen Gemeinwesen können Rückstellungen für ungewisse Verbindlichkeiten gebildet werden. Klassische Beispiele für solche öffentlich-rechtliche Verpflichtungen, die mit Rückstellungen für ungewisse Verbindlichkeiten bilanziell abgebildet werden, sind die Verpflichtungen zur Zahlung von Steuern und Abgaben, aber auch die für die Aufbewahrung von Geschäftsunterlagen nach § 147 AO.[107]

5577 Ausgehend von öffentlich-rechtlichen Verpflichtungen zur Durchführung von Umweltschutzmaßnahmen hat allerdings die Rechtsprechung für die Rückstellungsbildung besondere Voraussetzungen entwickelt, die mit dem Begriff der **Konkretisierung der öffentlich-rechtlichen Verpflichtung** beschrieben werden können. Dabei bedeutet Konkretisierung der öffentlich-rechtlichen Verpflichtung, dass die maßgebende Vorschrift, auf der die Verpflichtung beruht, ein **inhaltlich genau bestimmtes Handeln** innerhalb eines bestimmten Zeitraums vorschreibt. Außerdem müssen an die **Nichterfüllung** der Verpflichtung **Sanktionen** geknüpft sein, also Strafen oder z. B. Verfügungen zur Einstellung des Gewerbebetriebs.[108] Die Verpflichtung kann unmittelbar auf **Gesetz** beruhen oder sich auf der Grundlage eines **gesetzeskonkretisierenden Rechtsaktes (Verwaltungsakt,** Verfügung oder verwaltungsrechtliche Vereinbarung) ergeben.[109] Außerdem muss der Erfüllungszeitpunkt der Verpflichtung eine gewisse zeitliche Nähe zum Bilanzstichtag aufweisen.[110]

5578 Falls sich Art und Umfang der öffentlich-rechtlichen Verpflichtung nicht unmittelbar aus dem Gesetz ergeben – wie das z. B. typischerweise bei den Steuergesetzen der Fall ist – so wird ein vollziehbarer Verwaltungsakt einer Behörde vorausgesetzt.[111] Allerdings hat der BFH in jüngeren Entscheidungen auch die bloße Kenntnis oder die unmittelbar bevorstehende **Kenntnis der Behörde** genügen lassen, um eine baldige Hand-

---

106 Vgl. BFH, Urteile vom 16.2.1996 – I R 73/95, BStBl 1996 II S. 592; vom 27.11.2001 – VIII R 36/00, BStBl 2001 II S. 731; a. A. FG Nürnberg, Urteil vom 16.6.2010 – 5K687/2009, DStRE 2011 S. 857.
107 Vgl. BFH, Urteil vom 19.8.2002 – VIII R 30/01, BStBl 2003 I S. 131.
108 Vgl. BFH, Urteile vom 20.3.1980 – IV R 89/79, BStBl 1980 II S. 297; vom 12.12.1991 – IV R 28/91, BStBl 1992 II S. 600; vom 25.3.1992 – I R 69/91, BStBl 1992 II S. 1010; vom 8.11.2000 – I R 6/96, BStBl 2001 II S. 570; vom 19.8.2002 – VIII R 30/01, BStBl 2003 II S. 131; vom 19.11.2003 – I R 77/01, BStBl 2010 II S. 482; vom 25.3.2004 – IV R 35/02, BStBl 2008 II S. 644; vom 21.9.2005 – X R 29/03, BStBl 2006 II S. 647.
109 Vgl. BFH, Urteil vom 5.11.2014 – VIII R 13/12, BStBl 2015 II S. 523 für sozialversicherungsrechtliche Ansprüche einer Krankenkasse auf Rückerstattung von Arzt-Honoraren im Fall der Überschreitung des festgelegten Richtgrößenvolumens um mehr als 25 % als Anscheinsbeweis für die Unwirtschaftlichkeit der Verordnungsweise eines Arztes und fehlender Rechtfertigungsgründe; ferner BFH, Urteil vom 25.1.2017 – I R 70/15, BStBl 2017 II S. 780 betreffend Entsorgungspflichten eines Herstellers nach dem Elektro- und Elektronikgerätegesetz und für eine Rückstellungsbildung erforderlich Vorliegens einer behördlichen Abholanordnung (siehe auch Rz. 5665 „Elektro- und Elektronikgeräte, Rücknahmeverpflichtung").
110 BFH, Urteil vom 20.3.1980 – IV R 89/79, BStBl 1980 II S. 297; vgl. auch *Christiansen*, DStR 2013 S. 1347.
111 So R 5.7 Abs. 4 EStR.

lungspflicht des Unternehmens zu einer **Umweltschutzmaßnahme** anzunehmen.[112] Der BFH begründet dies damit, dass die Behörden gerade bei Umweltschutzmaßnahmen im Rahmen des allgemeinen Polizei- und Ordnungsrechtes verpflichtet sind, dem Unternehmen Handlungen aufzuerlegen. Aus dem Fehlen einer solchen Verfügung am Bilanzstichtag könne daher nicht geschlossen werden, dass die öffentlich-rechtliche Verpflichtung noch nicht konkretisiert sei. Die Finanzverwaltung geht demgegenüber allerdings nach wie vor von der Notwendigkeit des Vorliegens eines vollziehbaren Verwaltungsaktes aus.[113]

Aus dieser mittlerweile aufgelockerten Rechtsprechung des BFH wird deutlich, dass es bei der geforderten Konkretisierung der öffentlich-rechtlichen Verpflichtung nicht um zusätzliche besondere Voraussetzungen für die Rückstellungsbildung geht, sondern um Indizien für die Wahrscheinlichkeit der Inanspruchnahme, die eine generelle Voraussetzung für die Rückstellungsbildung ist.[114] So verstanden handelt es sich dann nicht mehr um ein **Sonderrecht für öffentlich-rechtliche Verpflichtungen,** insbesondere im Bereich der Umweltschutzmaßnahmen, sondern um die Feststellung der Wahrscheinlichkeit der Inanspruchnahme (s. vorstehend Kapitel 1.2.2.3, Rz. 5567 ff.).[115] In diesem Sinne hat auch der BFH[116] entschieden, dass bei Großbetrieben im Sinne der BpO auch ohne Vorliegen einer Prüfungsanordnung eine Rückstellung für die Kosten der zukünftigen Betriebsprüfung gebildet werden muss, da die Wahrscheinlichkeit einer lückenlosen Anschlussbetriebsprüfung hoch ist. Einer zusätzlichen Konkretisierung durch die Prüfungsanordnung bedarf es nicht. Allerdings führt auch die so verstandene Konkretisierung bei einem Nebeneinander privatvertraglicher Verpflichtungen und öffentlich-rechtlicher Verpflichtungen nicht immer zu logischen Ergebnissen, wenn z. B. ein kontaminiertes Grundstück veräußert wird und die Vertragsparteien in einer Klausel die Beseitigungspflicht und die Kostentragung im Hinblick auf im Boden vermutete Altlasten regeln.[117]

5579

Die erforderliche Konkretisierung ist teilweise schon im Gesetz geregelt, bei eher allgemeinen Verhaltenspflichten wird aber die Kenntnis der Behörde vorausgesetzt. Dabei geht die Rechtsprechung mittlerweile bei Abfallentsorgungsverpflichtungen für das Recyceln von Bauschutt davon aus, dass allein die Tatsache der behördlichen Überwachung des Unternehmens für die Konkretisierung im Sinne der Wahrscheinlichkeit der Inanspruchnahme ausreicht.[118] Deshalb wird man die Notwendigkeit des Handelns innerhalb einer bestimmten Zeit nach der neueren Rechtsprechung nicht mehr als erforderlich ansehen müssen. Ihr kommt allenfalls noch eine Indizwirkung zu.[119]

5580

---

112 Vgl. BFH, Urteile vom 19.11.2003 – I R 77/01, BStBl 2010 II S. 482; vom 21.9.2005 – X R 29/03, BStBl 2006 II S. 647.
113 Vgl. BMF, Schreiben vom 11.5.2010 – IV C 6 – S2137/07/10004, BStBl 2010 II S. 495.
114 So *Schön*, BB 1994, Beilage 9, S. 8; *Herzig*, DB 1994 S. 18; *Crezelius*, in: Kirchhof, EStG, 16. Aufl., Köln 2017, § 5 Rz. 117; *Herzig/Köster*, in: Handbuch des Jahresabschlusses, Abt. III/5 Tz. 114.
115 Vgl. *Heger*, in: StbJb 2005/06, Köln 2006, S. 231, 244; *Weber-Grellet*, in: Schmidt, EStG, 37. Aufl. 2018, § 5 Rz. 365; *Krumm*, in: Blümich, EStG KStG GewStG, § 5 Rz. 793e; *Tiedchen*, in: HHR, EStG/KStG, § 5 EStG Anm. 695; *Prinz*, DB 2011 S. 492, 496.
116 Urteil vom 6.6.2012 – I R 99/10, DStR 2012 S. 1790.
117 Vgl. *Günkel*, in: StbJb 2007/08, Köln 2008, S. 223, 241 ff.; vgl. auch BFH, Urteil vom 19.11.2003 – I R 77/01, BStBl 2010 II S. 482.
118 Vgl. BFH, Urteile vom 25.3.2004 – IV R 35/02, BStBl 2006 II S. 644; vom 21.9.2005 – X R 29/03, BStBl 2006 II S. 647.
119 So BFH, Urteil vom 21.9.2005 – X R 29/03, BStBl 2006 II S. 647.

5581 Bei der Bodenkontamination von Grundstücken ist fraglich, ob eine Teilwertabschreibung auf den Grund und Boden auch ohne die Erfüllung der Voraussetzungen für die Rückstellungsbildung möglich ist, und in welchem Verhältnis **Teilwertabschreibung** einerseits und die **Rückstellung für die Altlastensanierung** andererseits stehen. Nach der Rechtsprechung des BFH ist die Teilwertabschreibung auf ein kontaminiertes Grundstück auch dann möglich, wenn die Voraussetzungen für die Bildung einer Sanierungsrückstellung noch nicht gegeben sind, z. B. weil die zuständige Behörde noch keine Kenntnis davon hat.[120] Die Rechtsprechung lässt auch ein **Nebeneinander von Teilwertabschreibung und Rückstellungsbildung** zu.[121] Danach braucht die zu bildende Rückstellung für Sanierungsmaßnahmen nicht um den Betrag einer bereits vorgenommenen Teilwertabschreibung auf das Grundstück wegen eben dieser Kontamination gemindert zu werden. Zu berücksichtigen ist allerdings, dass diese Rechtsprechung des BFH auf einer Rechtslage beruhte, bevor § 6 Abs. 1 Nr. 2 Satz 2 EStG das Vorliegen einer dauerhaften Wertminderung für die Teilwertabschreibung voraussetzte und § 6 Abs. 1 Nr. 2 Satz 3 in Verbindung mit § 6 Abs. 1 Nr. 1 Satz 4 EStG ein strenges **Wertaufholungsgebot** vorsah. Darauf weist der BFH in seiner Entscheidung ausdrücklich hin. Es ist der Finanzverwaltung daher darin zuzustimmen, dass eine Wertminderung des Grund und Bodens dann eigentlich nicht mehr vorliegen kann, wenn durch die Bildung einer Rückstellung für Beseitigung der Kontamination das Vorliegen der Verpflichtung und der Absicht zur Sanierung des Grund und Bodens begründet wird.[122] Die noch vorhandene Wertminderung des Grund und Bodens durch die Verunreinigung dürfte dann nicht mehr dauerhaft sein.

1.2.3 Bilanzierungsverbote

5582 Entsprechend dem Maßgeblichkeitsgrundsatz des § 5 Abs. 1 Satz 1 EStG sind grundsätzlich alle Rückstellungen zu passivieren, die auch nach den handelsrechtlichen GoB anzusetzen sind (vgl. Rz. 5532 ff.). Durch den BFH wurde der Maßgeblichkeitsgrundsatz hinsichtlich der Passivseite der Bilanz dahin gehend eingeschränkt, dass eine Passivierung in der Steuerbilanz nur erfolgen kann, sofern handelsrechtlich kein Passivierungswahlrecht besteht.[123] Mit Einführung des BilMoG sind die im Bereich der sonstigen Rückstellungen bestehenden handelsrechtlichen Passivierungswahlrechte[124] vollständig abgeschafft worden, so dass die vorgenannte Einschränkung hier (nahezu) keine Relevanz mehr entfaltet.

Der Steuergesetzgeber hat daneben die Maßgeblichkeit durch umfangreiche Bilanzierungsverbote im Bereich des Rückstellungsrechts (§§ 5 Abs. 2a bis 4b EStG) in weiten Bereichen außer Kraft gesetzt.

---

120 Vgl. BFH, Urteile vom 19.10.1993 – VIII R, BStBl 1993 II S. 891; vom 19.11.2008 – I R 77/01, BStBl 2010 II S. 482.
121 Vgl. BFH, Urteil vom 19.11.2003 – I R 77/01, BStBl 2010 II S. 482.
122 Vgl. BMF, Schreiben vom 11.5.2010 – IV C 6 – S2137/07/10004, BStBl 2010 I S. 495; vgl. auch *Krumm*, in: Blümich, EStG KStG GewStG, § 5 Rz. 821.
123 Vgl. BFH, Beschluss vom 3.2.1969 – GrS 2/68, BStBl 1969 II S. 291.
124 Z. B. nach § 249 Abs. 1 Satz 3 HGB a. F. für unterlassene Instandhaltungsaufwendungen, die im Zeitraum zwischen drei und zwölf Monaten nach Ende des Geschäftsjahres nachgeholt werden.

1.2.3.1 Verpflichtungen, die nur zu erfüllen sind, soweit künftig Einnahmen oder Gewinne anfallen (§ 5 Abs. 2a EStG)[125]

Die Regelung, welche gleichermaßen Rückstellungen und Verbindlichkeiten (vgl. Rz. 6177 ff.) betrifft, wurde durch das StBereinG 1999 vom 22.12.1999[126] in das EStG aufgrund einer Rechtsprechungsentwicklung eingefügt, die im Widerspruch zur Auffassung der Finanzverwaltung stand.[127] Der BFH hatte in seiner Rechtsprechung zwar weiterhin den allgemeinen Bilanzierungsgrundsatz bestätigt, dass Schulden, die nur aus zukünftigen Gewinnen zurückzuzahlen sind, nicht passiviert werden dürfen. Für Darlehen oder erhaltene Zuschüsse, die nur bedingt, bei Eintritt bestimmter Erfolge zurückgezahlt werden müssen, sei jedoch eine Rückstellung für ungewisse Verbindlichkeiten in Höhe der wahrscheinlichen Rückzahlungsverpflichtung zu bilden.[128] Die Finanzverwaltung vertrat bis dahin die Auffassung, dass bei bedingt rückzahlbaren Vermögenszuwendungen, die erhaltenen Mittel sofort ertragswirksam vereinnahmt werden müssen und eine (teilweise) Kompensation durch eine aufwandswirksame Rückstellungsbildung nicht möglich sei. Die bedingten Rückzahlungsverpflichtungen sollen vielmehr erst zum Zeitpunkt des Bedingungseintritts aufwandswirksam berücksichtigt werden können.[129]

5583

Da trotz der folgenden Nichtanwendungserlasse der Finanzverwaltung[130] der BFH an seiner Rechtsprechung festhielt, wurde die Regelung des § 5 Abs. 2a EStG eingefügt. Diese Vorschrift bewirkt nun für Verpflichtungen, die **nur** aus künftigen Einnahmen oder Gewinnen zu erfüllen sind, unabhängig davon, ob sie z. B. aus den vorgenannten bedingten Vermögenszuwendungen entstanden sind, unter Verstoß gegen das Realisations- und Imparitätsprinzip mangels kompensatorischer Rückstellungsbildung die sofortige vollständige ertragswirksame Erfassung der erhaltenen Zahlung. Voraussetzung für die Anwendung des Passivierungsverbots ist also, dass die Verpflichtung sich auf das **künftige Vermögen** des Bilanzierenden bezieht. Sofern jedoch das gegenwärtige, am Bilanzstichtag vorhandene Vermögen belastet ist, ist eine Rückstellung zu bilden, wobei es für die Rückstellungsbildung keinen Unterschied macht, ob die spätere Erfüllung der Verpflichtung zu einer Erhöhung des Aufwands oder einer Verminderung der Einnahmen führt. Der BFH[131] legt § 5 Abs. 2a EStG teleologisch reduziert dahin gehend aus, dass eine Anwendung nicht erfolgt, wenn die Belastung mit an Sicherheit grenzender Wahrscheinlichkeit eintreten wird und damit das Vermögen des Schuldners am Stichtag belastet ist. Sofern die erhaltenen Zuwendungen aufgrund bestehender Zeitbestimmtheit als Rechnungsabgrenzungsposten zu passivieren sind, ist § 5 Abs. 2a EStG

5584

---

125 Siehe hierzu ausführlich auch Rz. 6177 ff.
126 BGBl 1999 I S. 2601; BStBl 2000 I S. 13.
127 Vgl. BT-Drucks. 14/20070 S. 17 f.
128 Vgl. z. B. BFH, Urteil vom 20.9.1995 – X R 225/93, BStBl 1996 II S. 320 für Filmförderdarlehen, die nur aus künftigen Verwertungserlösen zu tilgen sind; BFH, Urteil vom 3.7.1997 – IV R 49/96, BStBl 1998 II S. 244 für erhaltene Druckbeihilfen, die bei Erreichen bestimmter Absatzzahlen zurückzugewähren sind.
129 Vgl. z. B. BMF, Schreiben vom 8.5.1978 – IV B 2 – S 2241 – 97/78, BStBl 1978 I S. 2003.
130 Vgl. z. B. BMF, Schreiben vom 28.4.1997 – IV B 2 – S 2137 – 38/97, BStBl 1997 I S. 398.
131 Vgl. BFH, Urteil vom 6.2.2013 – I R 62/11, BStBl 2013 II S. 954 zur Rückstellungspflicht für Kostenüberdeckungen eines kommunalen Zweckverbandes, die durch entsprechende Preiskalkulationen in den Folgeperioden zurückgegeben werden müssen.

nicht einschlägig, da die Regelung nur auf Verbindlichkeiten oder Rückstellungen anzuwenden ist.[132]

5585 **BEISPIELE** Druckbeihilfen:

Ein Autor gewährt einem Verlag eine Druckbeihilfe als unverzinsliches „Darlehen", das erst bei Erreichen des vereinbarten Mindestabsatzes in Höhe eines bestimmten Betrages je verkauftem Exemplar zurückzuzahlen ist. Keine Rückstellungsbildung für die erhaltene Druckbeihilfe in Höhe der voraussichtlichen Tilgung aufgrund § 5 Abs. 2a EStG. Eine Passivierungspflicht entsteht erst mit Erreichen der Mindestabsatzzahl in Höhe der bereits verkauften Exemplare.

Rangrücktritt:

Nach Auffassung des BFH und der Finanzverwaltung ist bei einem mit einer einfachen Rangrücktrittsvereinbarung versehenen Darlehen die Passivierung einer Verbindlichkeit oder Rückstellung nicht möglich, sofern in der Vereinbarung die Möglichkeit der Tilgung auch aus sonstigem freien Vermögen nicht vorgesehen ist.[133]

Werkzeugkostenzuschuss:

Ein Automobilzulieferunternehmen erhält von seinem Kunden, einem Automobilhersteller (OEM), einen Zuschuss zu den Anschaffungs-/Herstellungskosten des Werkzeugs, mit welchem die gewünschten Teile für den Kunden produziert werden, und verpflichtet sich dafür zur Lieferung der Teile in den nächsten sechs Jahren. Aufgrund der vorliegenden Bestimmtheit der zeitbezogenen Gegenleistungsverpflichtung des Automobilzulieferunternehmens, ist der erhaltene Zuschuss als Rechnungsabgrenzungsposten zu passivieren und über die vereinbarte Vertragslaufzeit von sechs Jahren aufzulösen.[134]

Rückstellungen für rückzuvergütende Kostenüberdeckungen:

Ein kommunaler Zweckverband für die Wasserversorgung und Abwasserbeseitigung in den angeschlossenen Gemeinden hat die zu erhebenden Gebühren nach dem anwendbaren Landesrecht kostendeckend zu kalkulieren. Durch ungeplante Einsparungen kam es jedoch zu den Kostenüberdeckungen, die über eine Berücksichtigung in der Preiskalkulation der folgenden Kalkulationsperiode an die Leistungsempfänger zurückgewährt werden müssen, wobei diese regelmäßig nicht identisch mit denjenigen sind, welche in der Vergangenheit die „überhöhten" Gebühren gezahlt haben. Durch die Verpflichtung zur Rückgabe der Kostenüberdeckungen im Rahmen der zukünftigen Preiskalkulation ist das am Bilanzstichtag vorhandene Vermögen belastet und somit eine Rückstellung zu bilden, da der Zweckverband seinen Betrieb mit an Sicherheit grenzender Wahrscheinlichkeit für die Dauer der Ausgleichsperiode aufrechterhalten wird. Eine Anwendung von § 5 Abs. 2a EStG scheidet aus, da sich die Verpflichtung zur Rückerstattung nicht nur auf das künftige Vermögen des Zweckverbandes bezieht.[135]

---

132 Vgl. *Anzinger*, in: HHR, EStG/KStG, § 5 EStG Anm. 1918; *Hoffmann/Nacke*, in: Littmann/Bitz/Pust (Hrsg.), Das Einkommensteuerrecht, §§ 4, 5 Tz. 917d.

133 Vgl. in nunmehr wohl ständiger Rechtsprechung: BFH, Urteil vom 30.11.2011 – I R 100/10, BStBl 2012 II S. 332; BFH, Urteil vom 15.4.2015 - I R 44/14, BStBl 2015 II S. 769; BFH, Urteil vom 10.8.2016 - I R 25/15, BStBl 2017 S. 670; BMF, Schreiben vom 8.9.2006 – IV B 2 – S 2133 – 10/06, BStBl 2006 I S. 497 Tz. 6. Im Rahmen der Gestaltung sollte daher auf eine entsprechende Formulierung des Rangrücktritts geachtet werden.

134 Vgl. IDW HFA 2/1996 i. d. F. 2013, Kap. 2.1.1.1, WPg 2013 S. 394; BFH, Urteil vom 29.11.2000 - I R 87/99, BStBl 2002 II S. 655, der für den entschiedenen Sachverhalt mangels Zeitraumbezug die Bildung einer über die Nutzungsdauer des Werkzeugs gleichmäßig aufzulösenden Verbindlichkeitsrückstellung vorsieht. Zu beachten ist, dass für eine in der Praxis häufig anzutreffende Fallkonstellation, bei der u. a. der Auftraggeber das zivilrechtliche Eigentum unter Vereinbarung eines Besitzkonstituts erworben hat, der BFH in der Ergebnis kommt, dass aufgrund der Zuordnung des wirtschaftlichen Eigentums an dem Werkzeug zum Zuschussgeber der Zuschuss vollständig mit Eigentumsübergang des Werkzeugs zu realisieren ist, vgl. BFH, Urteil vom 28.5.2015 - IV R 3/13, BFH/NV 2015 S. 1577. Für die steuerbilanzielle Abbildung ist somit entscheidend, wer wirtschaftlicher Eigentümer des Werkzeugs ist; vgl. auch *Weber-Grellet*, BB 2016, S. 44; *Prinz*, WPg 2016, S. 962.

135 Vgl. BFH, Urteil vom 6.2.2013 – I R 62/11, BStBl 2013 II S. 954; *Hruby*, DStR 2010 S. 127; *Hageböke*, DB 2011 S. 1480; *Welter/Ballwieser*, DStR 2013 S. 1492.

1.2.3.2 Rückstellungen wegen Verletzung fremder Patent-, Urheber- oder ähnlicher Schutzrechte (§ 5 Abs. 3 EStG)

Die Regelung wurde 1983 als Reaktion des Gesetzgebers auf eine ihm insbesondere hinsichtlich der zeitlichen Begrenzung der Rückstellungsbilanzierung zu weitgehende BFH-Rechtsprechung[136] in das EStG eingefügt.

5586

Die Rückstellungsbildung wegen der Verletzung fremder Schutzrechte ist seit dem nur möglich, wenn neben der Erfüllung der allgemeinen **Voraussetzungen** für die Rückstellungsbildung

- der Rechtsinhaber Ansprüche geltend macht (§ 5 Abs. 3 Satz 1 Nr. 1 EStG) oder
- der Steuerpflichtige ernsthaft mit einer Inanspruchnahme rechnen muss (§ 5 Abs. 3 Satz 1 Nr. 2 EStG).

Bei der zweiten Alternative ist die Rückstellung jedoch spätestens im dritten Wirtschaftsjahr nach ihrer erstmaligen Bildung **aufzulösen,** sofern bis zur Aufstellung der Bilanz für dieses Wirtschaftsjahr keine Inanspruchnahme erfolgt ist. Somit besteht ab diesem Zeitpunkt in Durchbrechung des Maßgeblichkeitsgrundsatzes de-facto ein Bilanzierungsverbot, wenn der Rechtsinhaber keine Ansprüche geltend gemacht hat.

Die Geltendmachung von Ansprüchen i. S. v. § 5 Abs. 3 Satz 1 Nr. 1 EStG erfordert keine Klageerhebung. Es ist ausreichend, wenn der Rechtsinhaber (schriftlich oder mündlich) zumindest die Unterlassung der Rechtsverletzung fordert.[137] Sofern Ansprüche geltend gemacht werden, kann daraus jedoch nicht ohne weiteres gefolgert werden, dass die für die Rückstellungsbildung erforderliche wahrscheinliche Schutzrechtsverletzung auch vorliegt. Diese dürfte in der Praxis – spätestens bei Anspruchsanmeldung durch den Rechtsinhaber – regelmäßig durch Sachverständige, wie z. B. der eigenen Patentabteilung oder Patentanwälte, gewürdigt werden.[138]

5587

Die alternative Tatbestandsvoraussetzung in Nr. 2 der Regelung entspricht der allgemeinen Bilanzierungsvoraussetzung für Rückstellungen „Wahrscheinlichkeit der Inanspruchnahme" (vgl. Rz. 5567 ff.) und hat somit lediglich deklaratorischen Charakter. Sie ist zumindest bei Patentrechtsverletzungen regelmäßig erfüllt, da der Steuerpflichtige davon ausgehen kann, dass der Rechtsinhaber den Markt regelmäßig überwacht, eine Verletzung seiner Schutzrechte somit erkennen und auch dagegen tätig werden wird. Die Kenntnis des Rechtsinhabers von der Rechtsverletzung ist daher grundsätzlich nicht Voraussetzung für die Rückstellungsbildung.[139] Sollte der Rechtsinhaber trotz Kenntnis der Rechtsverletzung keine Ansprüche geltend machen, kann hierin u. E. kein konkludenter Verzicht gesehen werden, da es für den Berechtigten aufgrund der gesetzlichen Entschädigungsregelungen durchaus vorteilhaft sein kann, seine Ansprüche möglichst spät geltend zu machen (vgl. auch Rz. 5573).

5588

---

136 Vgl. BFH, Urteil vom 11.11.1981 – I R 157/79, BStBl 1982 II S. 748.
137 Vgl. *Weber-Grellet*, in: Schmidt, EStG, 37. Aufl. 2018, § 5 Tz. 394.
138 Vgl. auch *Anzinger*, in: HHR, EStG/KStG, § 5 EStG Anm. 1975.
139 Vgl. BFH, Urteil vom 9.2.2006 – IV R 33/05, BStBl II 2006 S. 517. Es stellt sich auch die Frage, wie der Steuerpflichtige die subjektive Kenntnis des Rechteinhabers nachweisen sollte.

Nur in Ausnahmefällen, wie z. B. Verzicht der Geltendmachung durch den Rechtsinhaber aufgrund finanzieller Abhängigkeit vom Rechtsverletzer oder sonst guter Geschäftsbeziehungen, dürfte die Bildung einer Rückstellung mangels Wahrscheinlichkeit der Inanspruchnahme nicht möglich sein.[140]

5589 Die Dreijahresfrist, an deren Ende die Rückstellung aufzulösen ist, sofern bis zur Aufstellung der Bilanz für dieses Wirtschaftsjahr keine Geltendmachung erfolgt ist, beginnt mit dem Wirtschaftsjahr, in dem der Steuerpflichtige aufgrund der Wahrscheinlichkeit der Inanspruchnahme erstmals eine Rückstellung bilden müsste. Wird ein Schutzrecht in mehreren Wirtschaftsjahren verletzt, erfolgt die Ermittlung des Auflösungszeitpunkts der Rückstellung gleichwohl ausgehend vom Jahr der erstmaligen Verletzung dieses Rechts.[141]

> **BEISPIEL** Ein Schutzrecht wird im Wirtschaftsjahr 01 und im Wirtschaftsjahr 03 verletzt. Im Wirtschaftsjahr 07 macht der Rechteinhaber seine Ansprüche geltend. Die Rückstellung ist erstmals zum 31.12.01 zu bilden. Zum 31.12.03 sind die aus der Verletzung in diesem Wirtschaftsjahr resultierenden Zuführungsbeträge zu berücksichtigen. Die Rückstellung ist insgesamt zum 31.12.04 aufzulösen.[142] Zum 31.12.07 ist erneut eine Rückstellung zu bilden.

Zur Rückstellungsbewertung vgl. Rz. 5665 „Patent-, Urheber-, Schutzrechtsverletzung".

1.2.3.3 Rückstellungen für Zuwendungen anlässlich eines Dienstjubiläums (§ 5 Abs. 4 EStG)

5590 Die Beschränkung der Rückstellung für Jubiläumszuwendungen wurde im Rahmen des Steuerreformgesetzes 1990 zur Vermeidung erheblicher Steuerausfälle als Reaktion auf die geänderte Rechtsprechung des BFH[143] eingefügt, nach der für Jubiläumszusagen nach allgemeinen Regeln Rückstellungen für ungewisse Verbindlichkeiten für Erfüllungsrückstand aus bereits erbrachten Arbeitsleistungen zu bilden sind.[144] Für die Wirtschaftsjahre 1988 bis 1992 bestand nach der gemäß der Entscheidung des Bundesverfassungsgerichts vom 12.5.2009 verfassungskonformen Vorschrift des § 52 Abs. 6 EStG i. d. F. des Steuerreformgesetzes ein Passivierungsverbot für Jubiläumsrückstellungen verbunden mit der Regelung, dass bestehende Rückstellungen in den Wirtschaftsjahren 1989 bis 1991 zu mindestens einem Drittel gewinnerhöhend aufzulösen waren.[145]

5591 Rückstellungen für nach dem 31. 12. 1992 endende Wirtschaftsjahre dürfen unter Durchbrechung des Maßgeblichkeitsgrundsatzes nur dann gebildet werden, wenn alle folgenden **Voraussetzungen** erfüllt sind:

---

140 Vgl. BFH, Urteil vom 9.2.2006 – IV R 33/05, BStBl II 2006 S. 517.
141 So wohl auch BFH, Urteil vom 9.2.2006 – IV R 33/05, BStBl II 2006 S. 517.
142 A. A. z. B. *Schubert*, in: Beck'scher Bilanz-Kommentar, 11. Aufl., München 2018, § 249 Tz. 100 „Patentverletzung, Urheberrechtsverletzung, Verletzung sonstiger Schutzrechte" m. w. N., nach denen die im Wirtschaftsjahr 03 zugeführten Beträge erst zum 31.12.06 aufzulösen sind.
143 So wohl zutreffend der Gesetzgeber, vgl. z. B. BT-Drucks. 11/2157, S. 140.
144 Vgl. BFH, Urteil vom 5.2.1987 – IV R 81/84, BStBl 1987 II S. 845.
145 Das Bundesverfassungsgericht hat in seiner Entscheidung vom 12.5.2009 die übergangsweise geltende Rechtslage, die ein Verbot von „Neurückstellungen" bzw. für die Zuführung zu „Altrückstellungen" sowie ein Auflösungsgebot für „Altrückstellungen" vorsah, für mit dem Grundgesetz vereinbar gehalten; vgl. BVerfG, Beschluss vom 12.5.2009 – 2 BvL 1/00, BB 2009 S. 1408; kritisch hierzu z. B. *Hey*, DStR 2009 S. 2561.

- Das Dienstverhältnis muss mindestens zehn Jahre bestanden haben.
- Das Jubiläum muss ein Dienstverhältnis von mindestens 15 Jahren voraussetzen.
- Die Zusage muss schriftlich erteilt worden sein.

In allen anderen Fällen besteht ein Bilanzierungsverbot. Daneben dürfen im Rahmen der Rückstellungsbildung lediglich Anwartschaftserdienungszeiträume ab dem 1.1.1993 berücksichtigt werden.

§ 5 Abs. 4 EStG ist nur anwendbar auf Geld- oder Sachzuwendungen, welche der Begünstigte aus einem Dienstvertrag i. S. d. § 611 BGB (i. d. R. Arbeitnehmer, aber auch z. B. selbständiger Handelsvertreter, mit dem ein (Dauer-)Dienstvertrag besteht[146]) aufgrund einer bestimmten Beschäftigungsdauer erhält, die nicht unbedingt eine „runde" Zahl sein muss.[147] Für Zuwendungen z. B. aus Anlass eines Geschäfts- oder Firmenjubiläums des Unternehmens selbst sind Rückstellungen nach allgemeinen Grundsätzen zu bilden, auch wenn bei der Bemessung der Zuwendung die Dauer der Betriebszugehörigkeit berücksichtigt wird.[148]

5592

Die schriftliche Erteilung der Zusage kann individualvertraglich oder kollektiv mittels Betriebsvereinbarung oder Tarifvertrag erfolgen. Es ist unschädlich, wenn die Zusage widerruflich oder unter Vorbehalt erteilt wird, sofern sich z. B. aus der bisherigen betrieblichen Übung die für die Rückstellungsbildung notwendige Wahrscheinlichkeit der Inanspruchnahme ergibt.[149] Dagegen sind z. B. mündliche rechtsverbindliche Zusagen nicht ausreichend, da die Schriftform materiell-rechtliche Voraussetzung der Regelung des § 5 Abs. 4 EStG ist.[150]

5593

Durch die Zehn-Jahresfrist, die auch mit Unterbrechungen erreicht werden kann,[151] soll pauschal die Fluktuation berücksichtigt werden. Bei der Bewertung der Rückstellung ist daher kein Fluktuationsabschlag anzusetzen.[152] Mit Erreichen der vorgenannten Frist und Erfüllung der weiteren Voraussetzungen für die Rückstellungsbildung ist für den Berechtigten eine Rückstellung zu passivieren, die den kompletten Erdienungszeitraum seit Dienstbeginn mit Ausnahme der Zeiträume vor dem 1.1.1993 umfasst. Unbeachtlich ist, ob die Zusage bereits mit Dienstbeginn oder erst später erteilt worden ist.[153]

5594

Zur Rückstellungsbewertung vgl. Rz. 5665 „Dienstjubiläum".

---

146 Vgl. *Krumm*, in: Blümich, EStG KStG GewStG, § 5 Rz. 843.
147 So noch BMF, Schreiben vom 29.10.1993 – IV B 2-S 2175-47/93, BStBl 1993 I S. 898, das eine durch fünf teilbare Zahl verlangte.
148 Vgl. BFH, Urteil vom 29.11.2000 – I R 31/00, BStBl 2004 II S. 41.
149 Vgl. BFH, Urteil vom 18.1.2007 – IV R 42/04, BStBl 2008 II S. 956.
150 Vgl. *Bugge*, in: Kirchhof/Söhn/Mellinghoff, EStG Kommentar, § 5 Tz. E 45.
151 Vgl. *Anzinger*, in: HHR, EStG/KStG, § 5 EStG Anm. 2025; a. A. *Krumm*, in: Blümich, EStG KStG GewStG, § 5 Rz. 843.
152 Vgl. BMF, Schreiben vom 8.12.2008 – IV C 6 – S 2137/07/10002, BStBl 2008 I S. 1013 Tz. 7.
153 Vgl. z. B. *Anzinger*, in: HHR, EStG/KStG, § 5 EStG Anm. 2021.

1.2.3.4 Rückstellungen für drohende Verluste aus schwebenden Geschäften (§ 5 Abs. 4a EStG)

5595 Nach § 249 Abs. 1 Satz 1 2. Alternative HGB sind auch für drohende Verluste aus schwebenden Geschäften Rückstellungen zu bilden. Seit dem Veranlagungszeitraum 1997 enthält allerdings § 5 Abs. 4a EStG einen steuerlichen Ansatzvorbehalt, der das Maßgeblichkeitsprinzip für diese Rückstellungsart durchbricht. Damit werden das Vorsichtsprinzip und das Imparitätsprinzip als tragende Grundsätze des deutschen Bilanzrechtes hier außer Kraft gesetzt. Unabhängig von der Fragwürdigkeit dieser Regelung, die gegen das Nettoprinzip und damit gegen das Prinzip der Besteuerung nach der Leistungsfähigkeit verstößt und deren verfassungsrechtliche Bedenklichkeit nicht abschließend geprüft ist, muss man zur Kenntnis nehmen, dass die Regelung „im Gesetz steht und gesetztes Recht ist".[154] Das Rückstellungsverbot gilt nach § 5 Abs. 4a Satz 2 EStG nicht, wenn die Abbildung so genannter Bewertungseinheiten in Handels- und Steuerbilanz (§ 5 Abs. 1a Satz 2 EStG), zu einem Überhang auf der Passivseite und damit zu einem Drohverlust führt. Zu den Einzelheiten s. Rz. 5608 ff.

1.2.3.5 Rückstellungen für künftige Anschaffungs- oder Herstellungskosten (§ 5 Abs. 4b Satz 1 EStG)

5596 Die 1999 durch das StEntlG 1999/2000/2002 eingeführte Vorschrift hat nach wohl einhelliger Ansicht **lediglich klarstellenden** Charakter, da auch schon nach bisheriger BFH-Rechtsprechung entsprechend der herrschenden handelsrechtlichen Vorgehensweise keine Rückstellungen für Aufwendungen gebildet werden konnten, die zum Zeitpunkt ihres Anfalls als Anschaffungs-/Herstellungskosten für ein Wirtschaftsgut zu aktivieren sind, da es sich lediglich um eine erfolgsneutrale Vermögensumschichtung handelt (vgl. Rz. 5557).[155]

5597 Ein Vorziehen der sonst erst durch die AfA ratierlich entstehenden Aufwendungen über eine Rückstellungsbildung wurde in der Vergangenheit unter teleologischer Reduktion des Wortlauts lediglich bei Ausgaben für von Anfang an „wertlose" Wirtschaftsgüter als zulässig angesehen, die keinen zukünftigen Nutzen alimentieren, deren Verursachung mithin ausschließlich in der Vergangenheit liegt.[156] Dieser Auffassung hat der BFH nun eine eindeutige Absage erteilt und klargestellt, dass aufgrund der Eindeutigkeit des Wortlauts, der sämtliche aktivierungspflichtigen Aufwendungen umfasst, eine teleologische Reduktion nicht möglich ist.[157] Auch für den Fall, dass auf die Wirtschaftsgüter direkt nach ihrem Zugang eine Teilwertabschreibung vorzunehmen wäre,[158] kann keine Rückstellung passiviert werden.[159] Eine Rückstellungsbildung erscheint in Bezug auf

---

[154] Vgl. *Gosch*, BFH/PR 2010 S. 237.
[155] Vgl. BFH, Urteil vom 19.8.1998 – XI R 8/96, BStBl 1999 II S. 18 m. w. N.
[156] Vgl. zur in der Vergangenheit wohl h. M. *Günkel/Fenzl*, DStR 1999 S. 650; *Weber-Grellet*, in: Schmidt, EStG, 37. Aufl. 2018, § 5 Tz. 369; *Krumm*, in: Blümich, EStG KStG GewStG, § 5 Rz. 890 m. w. N.; *Prinz*, DB 2011 S. 494: teleologische Reduzierung auch bei fehlender mehrperiodiger Nutzungsmöglichkeit; a. A. u. a. *Tiedchen*, in: HHR, EStG/KStG, § 5 EStG Anm. 2107, S. 2112.
[157] Vgl. BFH, Urteil vom 8.11.2016 – I R 35/15, BStBl 2017 II S. 768; gl. A. u. a. *Hennrichs*, NZG 2017 S. 619; vertretbar nach *Schulze-Osterloh*, BB 2017 S. 1137; kritisch hierzu u. a. *Hommel/Ummenhofer*, BB 2017 S. 2221.
[158] Handelsbilanziell wäre zumindest bei einem schwebenden Beschaffungsgeschäft in diesem Fall eine Drohverlustrückstellung zu bilden, vgl. IDW RS HFA 4, Rz. 30.
[159] Vgl. BFH, Urteil vom 8.11.2016 – I R 35/15, BStBl II 2017 S. 768, Rz. 24; *Tiedchen*, in: HHR, EStG/KStG, § 5 EStG Anm. 2107, S. 2112.

zukünftige Anschaffungs- oder Herstellungskosten demnach nur noch möglich, sofern steuerlich ein Aktivierungsverbot besteht, wie es z. B. § 5 Abs. 2 EStG für selbst erstellte immaterielle Wirtschaftsgüter des Anlagevermögens vorsieht.[160]

Das Rückstellungsverbot betrifft jedoch nicht Rückstellungen für ausstehende Rechnungen über bereits erfolgte aktivierungspflichtige Lieferungen oder Leistungen, die in der Praxis z. B. bei bezogenen Bauleistungen zum Zeitpunkt der Bilanzaufstellung regelmäßig noch nicht vollständig vorliegen.[161] In diesen Fällen handelt es sich allerdings auch nicht um künftige, sondern bis zum Bilanzstichtag bereits entstandene Anschaffungs- oder Herstellungskosten.[162] § 5 Abs. 4b Satz 1 EStG ist ebenfalls nicht anwendbar, wenn es sich um Aufwendungen handelt, die zu künftigen Anschaffungs- oder Herstellungskosten für Wirtschaftsgüter werden, die einem Dritten zuzurechnen sind.[163]

1.2.3.6 Rückstellungen für die Verpflichtung zur schadlosen Verwertung radioaktiver Reststoffe sowie ausgebauter oder abgebauter radioaktiver Anlagenteile (§ 5 Abs. 4b Satz 2 EStG)

Nach § 5 Abs. 4b Satz 2 EStG dürfen Rückstellungen für die nach § 9a AtomG bestehende Verpflichtung zur schadlosen Verwertung radioaktiver Reststoffe sowie ausgebauter oder abgebauter radioaktiver Anlagenteile nicht gebildet werden, soweit Aufwendungen im Zusammenhang mit der Bearbeitung oder Verarbeitung von Kernbrennstoffen stehen, die aus der Aufarbeitung bestrahlter Kernbrennstoffe stammen und keine radioaktiven Abfälle darstellen. Durch die Neufassung von § 9a Abs. 1 AtomG ist die schadlose Verwertung für nach dem 1.7.2005 an eine Wiederaufbereitungsanlage gelieferte Kernbrennstoffe nicht mehr zulässig.[164]

Sofern es sich um als Anschaffungs- oder Herstellungskosten zu aktivierende Aufwendungen handelt, ergibt sich das Bilanzierungsverbot bereits aus der allgemeinen Regelung in Satz 1 der Vorschrift. Durch Satz 2 der Vorschrift wird mit dem Passivierungsverbot für nicht aktivierungspflichtige Aufwendungen hingegen eine Sonderregelung für Unternehmen mit einer bestimmten Geschäftstätigkeit geschaffen.[165] Eine wie nach § 5 Abs. 4b Satz 1 EStG erforderliche Differenzierung zwischen aktivierungspflichtigen und nicht aktivierungspflichtigen Aufwendungen zur Feststellung, ob ein Rückstellungsverbot besteht, ist somit nicht erforderlich.[166]

Das Passivierungsverbot betrifft hauptsächlich die sog. MOX-Brennelemente, die in einem kombinierten Entsorgungs- und Herstellungsvorgang zur erneuten Nutzung wie-

---

160 Vgl. BFH, Urteil vom 8.9.2011 – IV R 5/09, BStBl 2012 II S. 122; *Prinz*, WPg 2017 S. 1321.
161 Vgl. auch - die inzwischen nicht mehr anwendbare Vfg. - OFD München, Vfg. vom 19.7.2000 – S 2000 – 42 St 41/42.
162 Durch die Einfügung des Bezugs der Anschaffungs-/Herstellungskosten auf künftige Wirtschaftsjahre erfolgte insoweit eine Klarstellung der Regelung durch das StÄndG 2001 v. 20.12.2001 (BStBl 2002 I S. 4); vgl. BT-Drucks 14/7341 S. 10.
163 Vgl. *Günkel/Hörger/Thömmes*, DStR 1999 S. 1875.; *Krumm*, in: Blümich, EStG KStG GewStG, § 5 Rz. 890 mit Hinweis auf die Drittaufwandsproblematik.
164 Vgl. *Steindorf/Häberle*, in: Erbs/Kohlhaas, Strafrechtliche Nebengesetze, § 9a Tz. 3.
165 Vgl. *Lambrecht*, in: Kirchhof/Söhn/Mellinghoff, EStG Kommentar, § 5 Tz. Eb 4.
166 Nach der Gesetzesbegründung sollten dadurch Abgrenzungsschwierigkeiten vermieden werden, ob und in welchem Umfang die Aufwendungen im Rahmen der schadlosen Verwertung der radioaktiven Reststoffe Anschaffungs- oder Herstellungsvorgänge betreffen; vgl. BT-Drucks 14/23 S. 170.

deraufbereitet werden. Die Herstellungskosten für die mittels Aufbereitung hergestellten Elemente liegen jedoch über den Marktpreisen für ein neues Element, so dass die Entsorgungsverpflichtung der Brennelemente zu einem Verpflichtungsüberhang in Höhe der Differenz zwischen den entstehenden Wiederaufbereitungskosten und dem Marktpreis führt, für den handelsrechtlich und – bis zur Einführung von § 5 Abs. 4b EStG – auch steuerrechtlich eine Rückstellung zu bilden war.[167]

5602 Nicht betroffen von dem Rückstellungsverbot sind Aufwendungen, die vor der Wiederaufbereitung anfallen und Aufwendungen für die Verwertung radioaktiver Abfälle.[168]

5603–5604 *(Einstweilen frei)*

1.2.3.7 Weitere Bilanzierungsverbote

5605 **Nicht abzugsfähige Betriebsausgaben:** Für Aufwendungen, für die steuerlich ein Abzugsverbot besteht (z. B. für Geldbußen, Ordnungs- und Verwarnungsgelder nach § 4 Abs. 5 Satz 1 Nr. 8 EStG) soll die Bildung einer Rückstellung unzulässig sein.[169] U. E. ist auch in diesen Fällen eine Rückstellung zu passivieren, da dem Gesetz kein explizites Passivierungsverbot zu entnehmen ist, wie es z. B. § 5 Abs. 4a EStG für Drohverluste vorsieht. Allerdings müssen die gebildeten Rückstellungen dem Gewinn außerbilanziell wieder hinzugerechnet werden (siehe Rz. 5557).[170]

5606 **Unwesentliche Rückstellungen:** Nach dem Grundsatz der Wesentlichkeit sollen für unwesentliche ungewisse Verpflichtungen keine Rückstellungen gebildet werden dürfen, da insoweit ein handelsrechtliches Passivierungswahlrecht besteht, das steuerlich zu einem Passivierungsverbot führt.[171] Gemäß dieser Begründung des BFH wäre die Unterlassung der Bilanzierung von Sachverhalten untergeordneter Bedeutung aufgrund des Grundsatzes der Wesentlichkeit[172] aber einseitig auf die Passivseite der Bilanz begrenzt, da ein korrespondierendes handelsrechtliches Aktivierungswahlrecht, das dann wohl analog für unwesentliche Geschäftsvorfälle bestehen müsste, entsprechend der ständigen BFH-Rechtsprechung steuerlich eine Aktivierung bedingen würde. Dieses ist u. E. bedenklich, weswegen im Ergebnis, auch zur Vermeidung von Rechtsunsicherheiten hinsichtlich der Frage, ab welcher Größenordnung Sachverhalte unwesentlich sind, der anderen Auffassung zuzustimmen ist, nach der auch unwesentliche Rückstellungen zu passivieren sind (vgl. dazu auch Rz. 5549).[173]

5607 **Rückstellungsverbot nach § 249 Abs. 2 Satz 1 HGB:** Die Regelung, nach der für andere Zwecke[174] als für ungewisse Verbindlichkeiten, Drohverluste aus schwebenden Ge-

---

167 Vgl. *Küting/Kessler*, DStR 1998 S. 1942; *Günkel/Fenzl*, DStR 1999 S. 650.
168 Vgl. *Lambrecht*, in: Kirchhof/Söhn/Mellinghoff, EStG Kommentar, § 5 Tz. Eb 28.
169 Vgl. BFH, Urteil vom 15.3.2000 – VIII R 34/96, DStRE 2001 S. 169. Wohl h. M. nach *Tiedchen*, in: HHR, EStG/KStG, § 5 EStG Anm. 690 m. w. N.
170 Vgl. auch *Krumm*, in: Blümich, EStG KStG GewStG, § 5 Rz. 745.
171 Vgl. BFH, Urteil vom 18.1.1995 – I R 44/94, BStBl 1995 II S. 742 m. w. N.; BMF, Schreiben vom 28.11.2006 – IV B 2 – S 2137 – 73/06, BStBl 2006 I S. 765 aufgehoben durch BMF-Schreiben vom 20.11.2012 – IV C 6 – S 2137/09/10002, DStR 2012 S. 2439.
172 So auch *Herzig/Köster*, in: Handbuch des Jahresabschlusses, Abt. III/5 Tz. 89.
173 Vgl. *Schubert*, in: Beck'scher Bilanz-Kommentar, 10. Aufl., München 2016, § 249 Tz. 18. So nun im Ergebnis auch der BFH in seinem Urteil vom 19.7.2011 – X R 26/10, DStR 2012 S. 1990 Tz. 30 ff.
174 Z. B. für das allgemeine Unternehmensrisiko.

schäften und innerhalb von drei bzw. zwölf Monaten nach Ende des Geschäftsjahres nachgeholten unterlassenen Instandhaltungsaufwendungen bzw. Abraumbeseitigungen keine Rückstellungen gebildet werden dürfen, dient lediglich der Klarstellung und begründet kein (weiteres) Bilanzierungsverbot.

1.2.4 Drohverlustrückstellungen

Schwebende Geschäfte werden grundsätzlich nicht bilanziert. Unter schwebenden Geschäften versteht man einen vereinbarten Leistungsaustausch, bei dem sich Leistung und Gegenleistung gegenüberstehen und bei denen beide Parteien die Leistungen jeweils noch nicht erbracht haben. Das Verbot der Bilanzierung schwebender Geschäfte ist Ausfluss des Realisationsprinzips. Schwebende Geschäfte haben die Vermutung der Ausgeglichenheit für sich.[175] Etwas anderes gilt, wenn eine Seite ganz oder teilweise erfüllt hat. In diesem Fall liegt kein schwebendes Geschäft, sondern ein so genannter **Erfüllungsrückstand** vor.

5608

Das Bilanzierungsverbot für schwebende Geschäfte wird nach § 249 Abs. 1 Satz 2 2. Alternative HGB aufgehoben, wenn aus dem **schwebenden Geschäft** ein **Verlust** droht. Dies entspringt dem **Vorsichtsprinzip**. Ein klassischer Fall eines Drohverlustes ist bei einem Werkvertrag gegeben, bei dem sich im Verlauf der Durchführung herausstellt, dass die anfallenden Kosten durch den vereinbarten Preis nicht gedeckt werden. Aber auch bei Dauerschuldverhältnissen wie Mietverträgen sind zu antizipierende Verluste denkbar, etwa wenn die Räumlichkeiten gar nicht mehr genutzt werden können. Es ist unklar, ob es sich bei den Rückstellungen für drohende Verluste aus schwebenden Geschäften um einen Unterfall der Rückstellungen für ungewisse Verbindlichkeiten handelt. In bestimmten Konstellationen kann auch eher eine vorweggenommene Teilwertabschreibung vorliegen.[176]

5609

Seit 1997 gilt für die Steuerbilanz unter Durchbrechung des Maßgeblichkeitsgrundsatzes das Ansatzverbot nach § 5 Abs. 4a EStG.

5610

1.2.4.1 Würdigung des Bilanzierungsverbots

Die Einfügung von § 5 Abs. 4a EStG und das damit verbundene Verbot der steuerlichen Berücksichtigung der Drohverlustrückstellung ist von Anfang an zu Recht kritisiert worden.[177] Die Kritik ist insofern berechtigt, als es sich um eine **unsystematische Durchbrechung des Vorsichts- und Imparitätsprinzips** handelt, für das es keine andere Begründung als die „steuerliche Kassenlage" gibt. Der einzige Zweck besteht in der Erhöhung des Steueraufkommens im Zuge einer so genannten Gegenfinanzierung einer Steuerreform. Dabei wird ein **Verstoß** gegen das **Nettoprinzip** und damit das **Prinzip der Besteuerung nach der Leistungsfähigkeit** in Kauf genommen. Dem steht nicht entgegen, dass der Verlust bei späterem Eintritt grundsätzlich abzugsfähig ist. Die zutreffende Periodengewinnermittlung ist unter dem Gesichtspunkt der Besteuerung nach

5611

---

175 Vgl. *Schubert*, in: Beck'scher Bilanz-Kommentar, 10. Aufl., München 2016, § 249 Rz. 57.
176 Vgl. BFH, Urteil vom 25.2.1986 – VIII R 377/83, BStBl 1986 II S. 465.
177 Vgl. *Moxter*, DB 1997 S. 1477; *Groh*, DB 1999 S. 978, 980; *Hennrichs*, DStJG 24 (2001) S. 321; *Kessler*, StuB 2000 S. 1091; *Prinz*, DB 2011 S. 492 ff.; a. A. *Weber-Grellet*, DB 1997 S. 2233, 2235; *Siegel*, StuB 1999 S. 195, 197.

der Leistungsfähigkeit von hoher Bedeutung, weil ein periodenübergreifender Ausgleich von Gewinnen und Verlusten in Anbetracht des eingeschränkten Verlustrücktrages und Verlustvortrages (Mindestbesteuerung, § 8c KStG) von Bedeutung ist. Eine Zuordnung des Verlustes zu einer „falschen" Periode kann zu einem „Verlust des Verlustes" führen.

5612 **Verfassungsrechtlich** ist bisher nicht entschieden, ob § 5 Abs. 4a EStG unbedenklich ist.[178] Allerdings erscheint nach dem Urteil des Bundesverfassungsgerichtes zur Nichtabzugsfähigkeit von Jubiläumsrückstellungen[179] zweifelhaft, ob § 5 Abs. 4a EStG unter verfassungsrechtlichen Aspekten mit Aussicht auf Erfolg angegriffen werden kann, da diese Entscheidung dem Gesetzgeber einen großen Spielraum bei der Ausgestaltung des Nettoprinzips eingeräumt hat.

1.2.4.2 Abgrenzung zur Verbindlichkeitsrückstellung

5613 Wegen des steuerlichen Abzugsverbotes für Drohverlustrückstellungen ist im Einzelfall zu untersuchen, ob eine Rückstellung für ungewisse Verbindlichkeiten oder eine Drohverlustrückstellung vorliegt. Da es in der Vergangenheit vor Geltung des steuerlichen Abzugsverbotes auf diese Unterscheidung nicht ankam, hat selbst die BFH-Rechtsprechung früher die Unterscheidung nicht genau vorgenommen und manche vermeintliche Drohverlustrückstellung erwies sich als Rückstellung für ungewisse Verbindlichkeiten, nur weil sie mit einem schwebenden Geschäft irgendwie im Zusammenhang stand.[180]

5614 Als allgemeines Abgrenzungskriterium zwischen der Rückstellung für ungewisse Verbindlichkeiten und der Drohverlustrückstellung kann der **Vergangenheitsbezug** für Rückstellungen für ungewisse Verbindlichkeiten der rein zukunftsbezogenen Drohverlustrückstellung gegenüber gestellt werden. Rückstellungen für ungewisse Verbindlichkeiten sind durch die rechtliche Entstehung oder die wirtschaftliche Verursachung in der Vergangenheit bereits realisiert, während Drohverluste in der Zukunft anfallen und am Bilanzstichtag noch nicht realisiert sind.[181]

5615 Besonders deutlich wird diese Unterscheidung bei **Erfüllungsrückständen** im Rahmen von schwebenden Dauerschuldverhältnissen. Bei Erfüllungsrückständen hat die eine Seite des schwebenden Vertragsverhältnisses bereits in der Vergangenheit geleistet und der andere Vertragspartner ist mit seiner Leistung deshalb im Rückstand. Typische Fälle sind die hier aus Arbeitsverhältnissen resultierenden Rückstellungen. Zwar handelt es sich auch bei einem Arbeitsverhältnis um einen schwebenden Vertrag, der die Vermutung der Ausgeglichenheit in sich trägt, jedoch können Vorleistungen des Arbeitnehmers zu einem Erfüllungsrückstand des Arbeitgebers führen. Dies ist z. B. beim Anspruch auf Weihnachtsgeld im Falle eines abweichenden Wirtschaftsjahres der Fall[182] oder bei zum Bilanzstichtag nicht in Anspruch genommenen Urlaubs.[183] In beiden Fäl-

---

178 Vgl. BFH, Beschluss vom 11.4.2003 – IV B 176/02, BFH/NV 2003 S. 919; siehe auch *Prinz*, DB 2011 S. 492, 494.
179 Vfg. vom 12.5.2009 – 2 BvL 1/00, DB 2009 S. 1326.
180 So ausdrücklich BFH, Urteil vom 17.11.2010 – I R 83/09, DStR 2011 S. 353.
181 Vgl. *Krumm*, in: Blümich, EStG KStG GewStG, § 5 Rz. 855.
182 Vgl. BFH, Urteil vom 26.6.1980 – IV R 35/74, BStBl 1980 II S. 506.
183 Vgl. BFH, Beschluss vom 29.1.2008 – I B 100/07, BFH/NV 2008 S. 943.

len hat nach der insoweit zutreffenden Rechtsprechung der Arbeitnehmer durch seine erbrachte Arbeitsleistung (anteilig) bereits vorgeleistet und der Arbeitgeber hat wegen des Erfüllungsrückstandes eine Rückstellung für ungewisse Verbindlichkeiten zu bilden. Weitere Fälle von **Erfüllungsrückstand** sind bei allen Arten von erhaltenen **Optionsprämien** oder Versicherungsprämien zu verzeichnen, bei denen über einen gewissen Zeitraum oder zu einem in der Zukunft liegenden Zeitpunkt von der anderen Partei Leistungen abgerufen werden können. Der Ertrag ist durch den Erhalt der Prämie bereits realisiert, der Aufwand wirtschaftlich verursacht und damit in eine Rückstellung für ungewisse Verbindlichkeiten bilanziell abzubilden. Zu weiteren Einzelfällen vergleiche unter Kapitel 1.2.4.5.

Wird das schwebende Geschäft durch einen Veräußerungsvorgang realisiert, besteht ebenfalls kein Grund mehr zu einem Abzugsverbot.[184] Allerdings greift dann § 4f EStG ein (vgl. dazu Rz. 5604a). 5616

1.2.4.3 Verhältnis zur Teilwertabschreibung

Insbesondere bei langfristiger Auftragsfertigung kann sich ein **Konkurrenzverhältnis** zwischen einer **Teilwertabschreibung** auf das Aktivum unfertiger Erzeugnisse und der Bildung einer **Drohverlustrückstellung** ergeben. Der angearbeitete Auftrag ist einerseits zum Bilanzstichtag mit den bis dahin angefallenen Kosten zu aktivieren. Andererseits ist es möglich, dass sich am Bilanzstichtag abzeichnet, dass sich aus dem Auftragsverhältnis insgesamt ein Verlust ergibt, weil der vereinbarte Preis die voraussichtlichen Kosten übersteigt. 5617

Der BFH hat dieses Konkurrenzverhältnis zwischen Abwertung auf der Aktivseite im Sinne einer Teilwertabschreibung auf die unfertigen Erzeugnisse und der Bildung einer Drohverlustrückstellung eindeutig durch einen **Vorrang der Teilwertabschreibung** gelöst.[185] Der ganze drohende Verlust kann demnach bis zur vollständigen Abschreibung der mit Kosten aktivierten halbfertigen Erzeugnisse berücksichtigt werden. Nur wenn der gebildete Aktivposten in seiner Höhe nicht ausreicht, den „Drohverlust" durch eine Teilwertabschreibung darzustellen, bildet der überhängende Betrag eine Drohverlustrückstellung, die nicht abzugsfähig ist. 5618

1.2.4.4 Bewertungseinheiten

In § 5 Abs. 4a Satz 2 EStG wird eine Rückausnahme von dem steuerlichen Abzugsverbot für Drohverlustrückstellungen geregelt. Diese Regelung geht zurück auf § 5 Abs. 1a EStG, der eine **konkrete Maßgeblichkeit** der in der Handelsbilanz gebildeten Bewertungseinheiten für die Steuerbilanz vorschreibt. Die **Bewertungseinheiten** in der Handelsbilanz sind in die Steuerbilanz zu übernehmen. Seit dem BilMoG findet sich hierzu in § 254 HGB eine ausdrückliche gesetzliche Regelung. Danach können Vermögensgegenstände, Schulden, schwebende Geschäfte oder mit hoher Wahrscheinlichkeit er- 5619

---

184 Vgl. BFH, Urteil vom 17.10.2007 – I R 61/06, BStBl 2008 II S. 555.
185 Vgl. BFH, Urteil vom 7.9.2005 – VIII R 1/03, BStBl 2006 II S. 298; vgl. dazu *Günkel*, in: StbJb 2006/07, Köln 2007, S. 235, 244 ff.

wartete Transaktionen zum Ausgleich gegenläufiger Wertänderungen oder Zahlungsströme aus dem Eintritt vergleichbarer Risiken mit Finanzinstrumenten unter bestimmten Voraussetzungen zusammengefasst werden. Wenn die Bewertungseinheit nicht zu einem vollständigen Ausgleich bestehender Risiken führt, verbleibt ein Verpflichtungsüberhang der in der Handelsbilanz üblicherweise als Drohverlustrückstellung ausgewiesen wird.[186] Eine solche Drohverlustrückstellung kann ausnahmsweise in die Steuerbilanz übernommen werden.[187]

1.2.4.5 Einzelfälle

5620 In einer Reihe von Entscheidungen musste der BFH mittlerweile eine Abgrenzung zwischen einer Rückstellung für ungewisse Verbindlichkeiten oder einer Drohverlustrückstellung vornehmen.

5621 **Optionsgeschäfte** sind grundsätzlich schwebende Geschäfte. Allerdings sind sie dadurch gekennzeichnet, dass der Optionsverpflichtete (Stillhalter) bei Abschluss des Optionsgeschäftes eine Optionsprämie erhält, die auch nicht rückzahlbar ist. Nach Auffassung des BFH ist für die Option auf Seiten des Stillhaltens eine Rückstellung in Höhe der vereinnahmten Prämie zu bilden, weil der Berechtigte seine Leistung schon erbracht hat, während der Stillhalter seine Leistung noch schuldet. Insoweit liegt eine Rückstellung für ungewisse Verbindlichkeiten vor. Dies hat der BFH für ein Wertpapieroptionsgeschäft[188] entschieden. Falls allerdings aus dem Optionsgeschäft ein Risiko deswegen droht, weil der vereinbarte Optionspreis zum Bilanzstichtag unter dem Marktpreis liegt und der Stillhalter zum Marktpreis liefern muss, so handelt es sich bei diesem sich abzeichnenden Verlust um einen drohenden Verlust aus einem schwebenden Geschäft, der steuerlich nicht berücksichtigt werden kann.

5622 Die vom BFH getroffene Entscheidung zum Wertpapieroptionsgeschäft gilt auch bei **Rückkaufverpflichtungen** in der Kfz-Branche. Verkauft ein Hersteller oder ein Händler Fahrzeuge an eine Autovermietung oder Leasinggesellschaft und wird der Rückkauf zu einem späteren Zeitpunkt zu einem festgelegten Preis vereinbart, so ist ein Teil des gezahlten Kaufpreises beim Verkauf an den Autovermieter oder die Leasinggesellschaft als Optionsprämie anzusehen, für die eine Rückstellung für ungewisse Verbindlichkeiten gebildet werden muss.[189] Die Finanzverwaltung war in diesen Fällen früher von einer Drohverlustrückstellung ausgegangen.[190]

5623 Bei **Arbeitsverhältnissen,** den „klassischen" schwebenden Vertragsverhältnissen, kann sich im Einzelfall die Notwendigkeit einer Rückstellung ergeben. Dies wird regelmäßig auf einen **Erfüllungsrückstand** des Arbeitgebers zurückzuführen sein, so z. B. beim

---

186 Vgl. *Barckow*, in: StbJb 2006/07, Köln 2007, S. 217, 219; *Herzig/Briesemeister*, Ubg 2009 S. 157; *Günkel*, in: StbJb 2006/07, Köln 2007, S. 240.
187 Vgl. *Günkel*, RdF 2011 S. 59, 64; *Helios/Meinert*, Ubg 2011 S. 592; siehe auch BMF, Schreiben vom 25.8.2010 – IV C6 – S2133/07/10001, DB 2010 S. 2024.
188 Vgl. BFH, Urteil vom 18.12.2002 – I R 17/02, BStBl 2004 II S. 126.
189 Vgl. BFH, Urteile vom 11.10.2007 – IV R 52/04, BStBl 2009 II S. 705; vom 17.11.2010 – I R 83/09, BFH/NV 2011 S. 678; siehe auch *Prinz*, StuB 2011 S. 262.
190 Vgl. BMF, Schreiben vom 12.8.2009 – IV C 6 – S 2137/09/10003, BStBl 2009 I S. 890; siehe aber BMF, Schreiben vom 12.10.2011.

Weihnachtsgeld,[191] bei der Rückstellung für **nicht genommenen Urlaub**,[192] aber auch bei **Rückstellungen für Altersteilzeitmodelle**,[193] bei denen der Arbeitnehmer nach dem sog. Blockmodell seine Arbeitsleistung im Vorhinein erbringt.

Das Abzugsverbot für Drohverlustrückstellungen gilt auch dann nicht mehr, wenn der drohende Verlust durch einen Verkauf realisiert wird (vgl. hierzu auch Rz. 5603 ff.). Durch § 4f und § 5 Abs. 7 EStG i. d. F. des AIFM-StAnpG wird aber ab 2013 sowohl auf Veräußerer- als auch Erwerberseite das Abzugsverbot grundsätzlich auch nach einem Unternehmensverkauf festgeschrieben (siehe Rz. 5604a und b). 5624

1.2.5 Sonderregelungen für entgeltliche Schuldübertragungen (§§ 4f, 5 Abs. 7 EStG)

Die Bilanzierung von im Rahmen eines Unternehmenskaufs durch den Erwerber übernommenen steuerlich nicht abzugsfähigen Schulden (Rückstellungen) ist gesetzlich durch die §§ 4f, 5 Abs. 7 EStG i. d. F. des AIFM-StAmpG[194] geregelt worden. Die Regelung gilt nach § 52 Abs. 14a Satz 1 bzw. § 52 Abs. 12c EStG erstmals für Wirtschaftsjahre, die nach dem 28.11.2013 enden.[195] Hintergrund der gesetzlichen Regelung war die zur alten Rechtslage ergangene verfestigte Rechtsprechung des BFH,[196] wonach die gesetzlichen Passivierungsverbote auf der Seite des Erwerbers nicht greifen und vom Grundsatz der Neutralität des Anschaffungsvorgangs verdrängt werden.[197] 5625

> **BEISPIEL** A verkauft im Rahmen eines Asset Deals sämtliche positiven und negativen Wirtschaftsgüter an B zu einem Kaufpreis von 900 T€. Daneben übernimmt B im Wege der Schuldfreistellung auch die Verpflichtung aus einem Mietvertrag, aus dem kein wirtschaftlicher Nutzen mehr erzielt werden kann. A hatte daher in seiner Handelsbilanz bereits eine Drohverlustrückstellung in Höhe von 100 T€ gebildet. Die Belastung aus dem übernommenen Mietvertrag wurde bei der Kaufpreisfindung in Höhe des handelsrechtlichen Buchwerts berücksichtigt. 5626

Nach der Rechtsprechung des BFH war die übernommene Schuld aus dem Mietvertrag Teil des entrichteten Kaufpreises[198] und im Anschaffungszeitpunkt aufgrund des Grundsatzes der Erfolgsneutralität eines Anschaffungsvorgangs waren die übernommenen Wirtschaftsgüter daher mit 1.000 T€ sowie eine Rückstellung für den übernommenen Mietvertrag von 100 T€ anzusetzen. Dies gilt sowohl zum Übernahmezeitpunkt als auch am folgenden Bilanzstichtag.

Der BFH kam bei der Beurteilung des Sachverhalts in seinem Urteil vom 16.12.2009 zu dem zutreffenden Ergebnis, dass aus Sicht des Erwerbers kein schwebendes Geschäft

---

[191] Vgl. BFH, Urteil vom 26.6.1980 – IV R 35/74, BStBl 1980 II S. 506.
[192] Vgl. BFH, Beschluss vom 29.1.2008 – I B 100/07, BFH/NV 2008, S. 943.
[193] Vgl. BFH, Urteil vom 30.11.2005 – I R 110/04, BStBl 2007 II S. 251.
[194] BGBl 2013 I S. 4318/4331 f.
[195] Zu Einzelfragen der gesetzlichen Neuregelung vgl. *Förster/Staaden*, Ubg 2014 S. 1 ff.; *Riedel*, FR 2014 S. 6 ff.; *Benz/Placke*, DStR 2013 S. 2653 ff.; *Fuhrmann*, DB 2014 S. 9 ff.
[196] BFH, Urteil vom 17.10.2007 – I R 61/06, BStBl 2008 II S. 555; Urteil vom 16.12.2009 – I R 102/08, BStBl 2011 II S. 566; Urteil vom 14.12.2011 – I R 72/10, BFH/NV 2012 S. 635; Urteil vom 26.4.2012 – IV R 43/09, BFH/NV 2012 S. 1248; Urteil vom 12.12.2012 – I R 69/11, BB 2013 S. 943; Urteil vom 12.12.2012 – I R 28/11, BFH/NV 2013 S. 884.
[197] Zur BFH-Rechtsprechung siehe auch *Günkel*, BB 2013 S. 1001.
[198] Vgl. BFH, Urteil vom 17.10.2007 – I R 61/06, BStBl 2008 II S. 555.

vorliegt, denn die Verpflichtung des Erwerbers bestand darin, den Veräußerer von seiner Verpflichtung aus dem Mietvertrag freizustellen, was durch den Erwerbsvorgang erfolgt ist. Da die Freistellungsverpflichtung regelmäßig zumindest hinsichtlich der tatsächlich eintretenden Höhe ungewiss ist, ist für sie eine Rückstellung für ungewisse Verbindlichkeiten zu passivieren. Die Rückstellung ist somit nicht aufgrund des Bilanzierungsverbots des § 5 Abs. 4a Satz 1 EStG aufzulösen, da eben keine Drohverlustrückstellung vorliegt.[199] Die Finanzverwaltung hatte sich hinsichtlich der Freistellungsalternative der Auffassung des BFH angeschlossen.[200]

5627 Die Anwendung der vorgenannten Grundsätze auf den Fall der befreienden Schuldübernahme war streitig, da auch aus Sicht des Erwerbers, der in den Vertrag eingetreten ist, ein schwebendes Geschäft besteht, das grundsätzlich unter die Restriktion des § 5 Abs. 4a EStG fällt.

Nach Ansicht des BFH schließt der Grundsatz der Erfolgsneutralität des Anschaffungsvorgangs auch die Bilanzierung an dem folgenden Bilanzstichtag mit ein. Die steuerlichen Passivierungsverbote sind daher im Wege der teleologischen Reduktion nicht auf übernommene Schulden unabhängig von der rechtlichen Ausgestaltung der Übertragung der Verpflichtung anwendbar, da es sonst zu einer Besteuerung eines Scheingewinns in der Form eines Anschaffungsgewinns kommen würde.[201]

Die im BFH-Urteil vom 16.12.2009 aufgestellten Grundsätze wurden allgemeingültig und auf die Anwendung aller steuerlichen Bilanzierungsverbote und Bewertungsvorbehalte (§ 5 Abs. 2a bis 4b, § 6 Abs. 1 Nr. 3, 3a und § 6a EStG) in Bezug auf übernommene Verpflichtungen übertragbar, unabhängig von der Art der Übertragung[202] und der Art der rechtlichen Verpflichtung des die Schuld Übernehmenden.[203] Beim Veräußerer hatte die Rechtsprechung des BFH zur Folge, das bisher nicht oder nur zu einem geringeren Wert bilanzierte Verpflichtungen und die damit vorhandenen stillen Lasten realisiert und abzugsfähig wurden.

5628 Aufgrund der vorstehend beschriebenen Rechtsprechung sah sich der Gesetzgeber im AIFM-StAnpG veranlasst, diese in haushaltsverträglicher Weise umzusetzen und Steuerausfallrisiken sowie -gestaltungen vorzubeugen.[204] Durch die Einführung von § 4f EStG wird auf Seiten des Veräußerers der Aufwand aus der Realisierung der stillen Lasten nicht sofort zum Abzug zugelassen, sondern auf einen Zeitraum von insgesamt 15 Jahren verteilt; die Aufwandsverteilung erfolgt dabei mittels außerbilanzieller Korrekturen unter Verwendung eines Merkpostens.[205] Ausnahmen von dieser Verteilung gelten für die Veräußerung oder Aufgabe eines ganzen Betriebes oder eines ganzen Mitunterneh-

---

199 Vgl. BFH, Urteil vom 16.12.2009 – I R 102/08, BStBl 2011 II S. 566; *Günkel*, in: StbJb 2009/2010, Köln 2010, S. 352 f. m. w. N.
200 Vgl. BMF, Schreiben vom 24.6.2011 – IV C 6 – S 2137/0-03, BB 2011 S. 1714.
201 BFH, Urteil vom 14.12.2011 – I R 72/10, BFH/NV 2012 S. 635.
202 Z. B. Übertragung im Rahmen eines Betriebsübergangs nach § 613a BGB, Schuldbeitritt, Schuldübernahme, interne Schuldfreistellung, oder Übertragung nach § 123 UmwG.
203 Vgl. zusammenfassend *Günkel*, BB 2013 S. 1001 ff.
204 BT-Drucks. 18/68 (neu) S. 73.
205 Vgl. BMF, Schreiben vom 30.11.2017 – IV C 6 – S 2133/14/10001, BStBl 2017 I S. 1619, Rz. 16; *Dommermuth*, in: Kanzler/Kraft/Bäuml, EStG, 3. Aufl. 2018, § 4f EStG Rz. 28, m. w. N.

meranteils, weil in diesen Fällen das vom Gesetzgeber befürchtete Gestaltungspotenzial nicht gegeben ist.[206] und eine Nachverfolgung der Verteilung bei einem dann möglicherweise nicht mehr bilanzierungspflichtigen Steuerpflichtigen schwierig wäre. Eine weitere Ausnahme gilt, wenn Arbeitnehmer unter Mitnahme ihrer erworbenen Pensionsansprüche zu einem neuen Arbeitgeber wechseln. Die Ausnahmevorschrift beschränkt sich dabei nicht nur auf die Übertragung von Pensionsansprüchen, sondern erfasst auch andere arbeitnehmerbezogene Verpflichtungen (z. B. aus Jubiläumszusagen, Altersteilzeitvereinbarungen). Die Ausnahmevorschrift soll nach Auffassung der Finanzverwaltung jedoch dann nicht zur Anwendung gelangen, wenn die Verpflichtungen im Rahmen eines Betriebsübergangs nach § 613a BGB übertragen werden, da der neue Betriebsinhaber in die Rechte und Pflichten aus den bestehenden Arbeitsverhältnissen eintrete und es deshalb an einem Unternehmenswechsel fehle.[207] Der Begründung des BMF folgend wären – entgegen der gesetzlichen Anordnung – auch Aufwendungen in Zusammenhang mit der Veräußerung des ganzen Betriebs, bei denen Arbeitnehmer nebst Pensionsansprüchen übergehen, (doch) einer linearen Verteilung zu unterwerfen. Nach unserem Verständnis lässt sich eine derartige Fallunterscheidung und Rückausnahme nicht aus dem Gesetzeswortlaut ableiten.[208] Da § 4f EStG erst für Wirtschaftsjahre, die nach dem 28.11.2013 enden, anwendbar ist, bleibt es auf Seiten des Veräußerers für vorher vorgenommene Transaktionen bei der Realisierung der stillen Lasten.

Für die Seite des Erwerbers bestimmt § 5 Abs. 7 EStG i. d. F. des AIFM-StAnpG, dass zwar im Zeitpunkt des Anschaffungsvorgangs beim Unternehmerwerb entsprechend der BFH-Rechtsprechung der Grundsatz der Erfolgsneutralität gilt, die nicht oder nur beschränkt zulässigen Rückstellungen in voller Höhe anzusetzen sind und die Höhe der Anschaffungskosten für die Aktiva als Kaufpreis determinieren, zum nächsten „regulären" Bilanzstichtag die Passivierungsverbote oder -einschränkungen aber wieder eingreifen. Damit schreibt der Gesetzgeber die frühere Auffassung der Finanzverwaltung fest.[209] Dies führt in Höhe des Auflösungsbetrages zu einem Erwerbsfolgegewinn. Dieser Erwerbsgewinn darf aber gemäß § 5 Abs. 7 Satz 5, 6 EStG durch die Bildung einer steuerfreien Rücklage auf bis zu 15 Jahre verteilt werden, es sei denn, die Verpflichtung erlischt früher und wird realisiert. Die Vorschrift ist auch erstmalig für Wirtschaftsjahre anzuwenden, die nach dem 28.11.2013 enden, betrifft aber auch alte Transaktionen aus davor liegenden Jahren, soweit die Rückstellungen 2013 noch passiviert sind. Beruht die Übernahme der Verpflichtung auf einer vor dem 14.12.2011 vereinbarten Transaktionen, kann die Verteilung des Auflösungsgewinns sogar gemäß § 52 Abs. 14a Satz 3 EStG auf 20 Jahre gestreckt werden.

5629

---

206 Vgl. Förster/Staaden, Ubg 2014 S. 1, 7 sowie Benz/Placke, DStR 2013 S. 2656; vgl. auch Rz. 400, Fn. 84.
207 Vgl. BMF, Schreiben vom 30.11.2017 – IV C 6 – S 2133/14/10001, BStBl 2017 I S. 1619, Rz. 27 und 29; zustimmend: Schumann, EStB 2018 S. 68; aA Prinz/Otto, GmbHR 2018 S. 497 502 f.
208 Ebenfalls kritisch zur Auffassung und Begründung der Finanzverwaltung, vgl. Geberth/Höhn in: GmbHR 2018 R9-R10; Dommermuth, in: Kanzler/Kraft/Bäuml, EStG, 3. Aufl. 2018, § 4f EStG Rz. 38; Adrian/Fey, StuB 2018 S. 91.
209 BMF, Schreiben vom 24.6.2011 – IV C 6 – S 2137/0 – 03, BStBl 2011 I S. 627.

1.3 Bewertung
1.3.1 Bewertungsgrundsätze
1.3.1.1 Rechtsgrundlagen und Maßgeblichkeit

5630 Nach dem Maßgeblichkeitsgrundsatz sind für die steuerliche Bewertung die handelsrechtlichen GoB zu beachten, sofern das Steuerrecht keine abweichenden Bewertungsregelungen enthält (§ 5 Abs. 6 EStG). Gemäß der durch das BilMoG neugefassten handelsrechtlichen Vorschrift des § 253 Abs. 1 Satz 2 HGB sind Rückstellungen in Höhe des nach vernünftiger kaufmännischer Beurteilung notwendigen Erfüllungsbetrages anzusetzen, was insbesondere auch die Berücksichtigung künftiger Preis- und Kostensteigerungen bedingt. Dieser Grundsatz wird ergänzt durch die Neuregelung des § 253 Abs. 2 HGB, nach der Rückstellungen mit einer Laufzeit von mehr als zwölf Monaten grundsätzlich mit dem durchschnittlichen Marktzinssatz der vergangenen sieben Jahre, der ihrer Restlaufzeit entspricht, abzuzinsen sind. Sofern es sich um Altersversorgungsverpflichtungen handelt, ist ein Zeitraum von zehn statt sieben Jahre zugrunde zu legen.[210]

Die steuerliche Bewertung von Rückstellungen wurde erstmals explizit durch den im Rahmen des Steuerentlastungsgesetzes 1999/2000/2002 neu eingefügten § 6 Abs. 1 Nr. 3a EStG geregelt. Hierdurch wird im Bereich der Rückstellungsbewertung der umfassende Bewertungsvorbehalt des § 5 Abs. 6 EStG ausgefüllt. Aus der Formulierung der Norm („höchstens insbesondere") ergibt sich aber, dass die in § 6 Abs. 1 Nr. 3a Buchst. a bis f EStG aufgeführten Bewertungsgrundsätze nicht abschließend sind und bei Regelungslücken auf die allgemeinen Bewertungsregelungen bzw. die handelsrechtlichen GoB zurückzugreifen ist (siehe zur jüngsten Diskussion hierzu aber insbesondere auch Rz. 5632).[211]

Nach bisheriger ständiger Rechtsprechung des BFH wurden für die Bewertung von Verbindlichkeitsrückstellungen wegen des Fehlens einer expliziten steuerlichen Bewertungsvorschrift die allgemeinen Bewertungsgrundsätze für Verbindlichkeiten zugrunde gelegt. Danach sind Rückstellungen sinngemäß mit den Anschaffungskosten bzw. dem höheren Teilwert zu bewerten.[212] Ein Verweis auf die Bewertungsvorschrift des § 6 Abs. 1 Nr. 2 EStG (Bewertung zu Anschaffungs-/Herstellungskosten oder zum Teilwert), die nach § 6 Abs. 1 Nr. 3 Satz 1 EStG auf Verbindlichkeiten sinngemäß anzuwenden ist, ist in § 6 Abs. 1 Nr. 3a EStG nicht vorhanden. Da der Bewertungsmaßstab für Rückstellungen in § 6 Abs. 1 Nr. 3a EStG nicht geregelt ist, ist u. E. gemäß dem Maßgeblichkeitsgrundsatz auf die handelsrechtlichen GoB zurückzugreifen, das Maßgeblichkeitsprinzip wird durch den Bewertungsvorbehalt des § 6 Abs. 1 Nr. 3a EStG für die Rückstellungsbewertung somit nicht beseitigt, sondern nur eingeschränkt.

---

[210] Die Sonderregelung betreffend Rückstellungen für Altersversorgungsverpflichtungen wurde durch das Gesetz zur Umsetzung der Wohnimmobilienkreditrichtlinie und zur Änderung handelsrechtlicher Vorschriften vom 11.3.2016 (BGBl. I S. 396) eingeführt. Sie ist nach Art. 75 Abs. 6 EGHGB auf Jahresabschlüsse für Geschäftsjahre anzuwenden, die nach dem 31.12.2015 enden.
[211] Vgl. *Günkel/Fenzl*, DStR 1999 S. 653; *Prinz*, DB 2012 S. 9.
[212] Vgl. z. B. BFH, Urteil vom 12.12.1990 – I R 18/89, BStBl 1991 II S. 485.

Danach ist der **Erfüllungsbetrag** des § 253 Abs. 1 Satz 2 HGB Bewertungsmaßstab bzw. Ausgangsgröße für die Bewertung von Rückstellungen in der Steuerbilanz.[213] Daneben sind jedoch die steuerlichen Bewertungsgrundsätze des § 6 Abs. 1 Nr. 3a EStG zu beachten, so dass sich insbesondere durch das steuerliche Verbot der Berücksichtigung von Preis- und Kostensteigerungen und der Anwendung eines festen Abzinsungssatzes von 5,5 % sowie eines häufig abweichenden Abzinsungszeitraums (vgl. Rz. 5632) Bewertungsunterschiede zur Handelsbilanz ergeben.

In der Literatur wird in Anlehnung an die Rechtsprechung des BFH zur Rechtslage vor Einführung des § 6 Abs. 1 Nr. 3a EStG[214] häufig die Auffassung vertreten, dass für die Bewertung von Rückstellungen ergänzend zu Nr. 3a zuerst die steuerlichen Bewertungsgrundsätze für Verbindlichkeiten (§ 6 Abs. 1 Nr. 3 EStG) heranzuziehen sind, also die Bewertung ausgehend von den Anschaffungskosten oder dem höheren Teilwert zu erfolgen hat und erst anschließend die handelsrechtlichen GoB auf Basis des Maßgeblichkeitsprinzips Anwendung finden.[215] Im Ergebnis und in der Praxis dürfte sich hieraus allerdings kein Unterschied ergeben, da der BFH auch bisher schon zur Bestimmung der Anschaffungskosten oder des Teilwerts für Rückstellungen auf die handelsrechtlichen GoB und den Erfüllungsbetrag zurückgegriffen hat.[216]

5631

Neuerdings vertritt die Finanzverwaltung unter Bezugnahme auf die Gesetzesformulierung „höchstens" im Einleitungssatz des § 6 Abs. 1 Nr. 3a EStG (vgl. Rz. 5630) und die Gesetzesbegründung hierzu (BT-Drucks. 14/443 S. 23) die Auffassung, dass der Wertansatz der Rückstellung in der Handelsbilanz für die Bewertung der Rückstellung in der Steuerbilanz auch dann maßgeblich ist, wenn der Handelsbilanzwert niedriger als der sich (eigentlich) nach § 6 Abs. 1 Nr. 3a EStG ergebende Wert ist.[217] M. a. W., der Handelsbilanzwert ist Obergrenze für den Wertansatz der sonstigen Rückstellungen in der Steuerbilanz. Demnach ist laut der jüngst durch das FG Rheinland-Pfalz bestätigten Auffassung der Finanzverwaltung[218] bei der Ermittlung des Wertansatzes in einer Art „Zwei-Stufen-Theorie"[219] vorzugehen: Auf der ersten Stufe ist der Rückstellungswert nach den speziellen Regelungen des EStG zu ermitteln. Dieser ist auf der zweiten Stufe mit dem Wertansatz laut Handelsbilanz zu vergleichen. Der niedrigere der beiden Werte ist in der Steuerbilanz anzusetzen. Für die Bewertung der Pensionsrückstellungen, für die das Gesetz im Einleitungssatz des § 6a Abs. 3 EStG ebenfalls die Formulierung „höchstens" enthält soll dieses allerdings nicht gelten.[220]

5632

---

213 So nun auch der BFH in seinem Urteil vom 11.10.2012 – I R 66/11, BStBl 2013 II S. 676; vgl. auch Regierungsbegründung zum BilMoG, BR-Drucks 344/08, S. 113; so auch Schubert, in: Beck'scher Bilanz-Kommentar, 10. Aufl., München 2016, § 253 Tz. 152; so auch schon vor Einführung des § 6 Abs. 1 Nr. 3a EStG Herzig/Köster, in: Handbuch des Jahresabschlusses, Abt. III/5 Tz. 150.
214 Vgl. z. B. BFH, Urteil vom 15.7.1998 – I R 24/96, BStBl 1998 II S. 728 m. w. N.
215 Vgl. z. B. Kiesel, in: HHR, EStG/KStG, § 6 EStG Anm. 720; Ehmcke, in: Blümich, EStG KStG GewStG, § 6 Rz. 976.
216 Vgl. BFH, Urteile vom 15.7.1998 – I R 24/96, BStBl 1998 II S. 728; vom 12.12.1990 – I R 18/89, BStBl 1991 II S. 485.
217 Vgl. OFD Rheinland, Vfg. vom 13.7.2012 – S 2133 – 2011/0003 – St 141, DB 2012 S. 1779; R 6.11 Abs. 3 Satz 1 EStR; Hörhammer/Rosenbaum, StuB 2013 S. 252 f.
218 Vgl. mit umfangreicher Begründung FG Rheinland-Pfalz, Urteil vom 7.12.2016 – 1 K 1912/14 – Rev. eingelegt (Az. des BFH: XI R 46/17), EFG 2017 S. 693; vgl. zur Würdigung des Urteils Marx, StuB 2017 S. 449; Kahle, DStZ 2017 S. 910; Prinz, WPg 2017 S. 1322.
219 Hennrichs, NZG 2017 S. 620.
220 Vgl. R 6.11 Abs. 3 Satz 1 EStR; siehe auch Rz. 351.

Bedeutung hat die neue Auffassung der Finanzverwaltung in der Praxis insbesondere für Sachleistungsverpflichtungen, die über einen längeren Zeitraum zu erbringen sind. Bei diesen ist insbesondere aufgrund des unterschiedlichen Abzinsungszeitraums[221] der Wert nach § 6 Abs. 1 Nr. 3a Buchst. e EStG häufig wesentlich höher als der sich nach § 253 Abs. 2 Satz 1 HGB ergebende Wertansatz.

Zur Abmilderung des steuerlichen Effekts aus der in diesen Fällen nach Auffassung der Finanzverwaltung notwendigen Rückstellungsauflösung kann für Rückstellungen, die bereits in dem vor dem 1.10.2010 endenden Wirtschaftsjahr passiviert wurden, eine gewinnmindernde Rücklage i. H. v. 14/15 des Auflösungsbetrages gebildet werden, welche in den folgenden 14 Wirtschaftsjahren jeweils i. H. v. mindestens 1/15 aufzulösen ist. Sofern die Rückstellung vorher aufgelöst wird oder der Verpflichtungsumfang sich verringern sollte, ist die Rücklage entsprechend zu reduzieren.[222]

Diese Verwaltungsauffassung in Form eines „fiskalischen Meistbegünstigungsprinzip"[223] den sich (bei isolierter Betrachtung) aus den Regelungen § 253 Abs. 1 Satz 2, Abs. 2 HGB und § 6 Abs. 1 Nr. 3a EStG ergebenden jeweils niedrigeren Rückstellungswert in der Steuerbilanz anzusetzen,[224] die ggf. zu dem allerdings zur Rechtslage vor Einführung des BilMoG ergangenen Urteil des BFH vom 11.10.2012[225] gestützt werden könnte, hat im Schrifttum erhebliche Kritik erfahren.[226] U. E. ist auch für die Bewertung der sonstigen Rückstellungen, die von der Finanzverwaltung zur Bewertung der Pensionsrückstellungen vertretene Auffassung zutreffend, nach welcher der handelsrechtliche Wertansatz aufgrund eines bestehenden steuerlichen Bewertungsvorbehalts[227] keine Bewertungsobergrenze für die Steuerbilanz bildet.[228] Aus der Formulierung im Einleitungssatz des § 6 Abs. 1 Nr. 3a EStG („höchstens insbesondere") ergibt sich, dass auch in dieser Regelung ein steuerlicher Bewertungsvorbehalt zu sehen ist (vgl. Rz. 5630). Für die gleichlautende Formulierung im Einleitungssatz des § 6a Abs. 3 EStG sieht die Finanzverwaltung das offenbar genauso, so dass die Verwaltungsauffassung jedenfalls nicht in sich stimmig ist.[229] Aufgrund des vorliegenden Bewertungsvorbehalts und des Vorliegens einer eigenständigen steuerrechtlichen Norm für die Abzinsung von Rückstellungen (§ 6 Abs. 1 Nr. 3a Buchst. e EStG), besteht für die Anwendung der handelsrechtlichen Abzinsungsregelung somit kein Raum.

---

221 Handelsbilanziell hat die Abzinsung über den gesamten Zeitraum der Restlaufzeit bis zum (Abschluss der) Erfüllung zu erfolgen (vgl. IDW RS HFA 34 Tz. 36 ff., FN-IDW 2013 S. 53 ff.), wogegen in der Steuerbilanz die Abzinsung nur bis zu dem Zeitpunkt erfolgt, zu dem mit der Erfüllung begonnen wurde (vgl. Rz. 5661).
222 Vgl. R 6.11 Abs. 3 Satz 2 f. EStR.
223 *Prinz*, DB 2012 Heft 34 S. 9.
224 So auch FG Rheinland-Pfalz, Urteil vom 7.12.2016 – 1 K 1912/14, EFG 2017 S. 693 – Rev. eingelegt (Az. des BFH: XI R 46/17).
225 Vgl. BFH vom 11.10.2012 – I R 66/11, BStBl 2013 II S. 676 Tz. 14. Der BFH wird sich hiermit aufgrund des die Verwaltungsauffassung bestätigenden Urteils des FG Rheinland-Pfalz demnächst auseinandersetzen dürfen, vgl. FG Rheinland-Pfalz, Urteil vom 7.12.2016 – 1 K 1912/14 – Rev. eingelegt (Az. des BFH: XI R 46/17), EFG 2017 S. 693.
226 Vgl. z. B. *Prinz*, DB 2012 Heft 34 S. 9; *M. Prinz*, DB 2012 Heft 35 S. 1; *Buchholz*, Ubg 2012 S. 777.; *Zwirner/Endert/Sepetanz*, DStR 2012 S. 2094; *Briesemeister/Joisten/Vossel*, FR 2013 S. 164; *Marx*, StuB 2017 S. 449 ff.; *Prinz*, WPg 2017 S. 1322; *Kahle*, DStZ 2017 S. 910; a. A. die Autoren aus dem Kreis der Finanzverwaltung *Meurer*, BB 2012 S. 2807; *Hörhammer/Rosenbaum*, StuB 2013 S. 252 f.
227 In diesem Fall § 6a Abs. 3, 4 EStG.
228 Vgl. BMF, Schreiben vom 12.3.2010 – IV C 6 – S 2133/09/10001, BStBl 2010 I S. 239 Tz. 10.
229 Vgl. *M. Prinz*, DB 2012 Heft 35 S. 1.

Sofern man aus dem Wortlaut „höchstens" tatsächlich eine Begrenzung des steuerbilanziellen Rückstellungsansatzes durch den Handelsbilanzwert folgern sollte, ist zu beachten, dass die Einführung des BilMoG „steuerneutral" erfolgen sollte. So wurde z. B. zur Vermeidung der Berücksichtigung künftiger Preis- und Kostensteigerungen bei der Rückstellungsbewertung § 6 Abs. 1 Nr. 3a Buchst. f EStG eingeführt (vgl. Rz. 5664). Bei Vertretung dieses Verständnisses der Formulierung „höchstens" sollte u. E. eine teleologische, am Gesetzeszweck des BilMoG orientierte Auslegung[230] der Regelung ebenfalls zu dem Ergebnis führen, dass für die Bewertung der sonstigen Rückstellungen ein steuerlicher Bewertungsvorbehalt besteht.[231]

1.3.1.2 Erfüllungsbetrag

Unter dem durch das BilMoG eingeführten Begriff des nach vernünftiger kaufmännischer Beurteilung notwendigen Erfüllungsbetrages ist der zur Begleichung der ungewissen Verbindlichkeit voraussichtlich aufzuwendende (Geld-)betrag zu verstehen. Dieser entspricht bei **Geldleistungsverpflichtungen** dem voraussichtlichen Rückzahlungsbetrag und bei **Sachleistungsverpflichtungen** den voraussichtlich zu leistenden Aufwendungen. Der Begriff Erfüllungsbetrag impliziert, dass die Wertverhältnisse im Erfüllungszeitpunkt zugrunde zu legen sind, also zukünftige Preis- und Kostensteigerungen unter Einschränkung des Stichtagsprinzips bei der Ermittlung dieses Betrages zu berücksichtigen sind. 5633

Nach der steuerlichen Rechtsprechung waren wie oben gezeigt (vgl. Rz. 5631) auch schon bisher Rückstellungen mit dem Erfüllungsbetrag zu bewerten. Zukünftige Preis- und Kostensteigerungen durften allerdings unter Rückgriff auf das Stichtagsprinzip bei der Bewertung nicht berücksichtigt werden. Da die Einführung des BilMoG „steuerneutral" erfolgen sollte, hat der Gesetzgeber durch die Festschreibung des Stichtagsprinzips in § 6 Abs. 1 Nr. 3a Buchst. f EStG (siehe Rz. 5664) klargestellt, dass sich für die steuerliche Rückstellungsbewertung durch das BilMoG keine Auswirkungen ergeben.[232]

Der Erfüllungsbetrag ist an jedem Bilanzstichtag neu zu bestimmen und unabhängig davon anzusetzen, ob der vorherige Wertansatz über- oder unterschritten wird. Da der Erfüllungsbetrag zumindest bei der Höhe nach ungewissen Verbindlichkeiten unbekannt ist, ist er regelmäßig zu **schätzen**. Als Schätzmaßstab ist die vernünftige kaufmännische Beurteilung zugrunde zu legen. Hiernach muss die Ermittlung des Wertansatzes in sich schlüssig, sachgerecht sowie für einen sachverständigen Dritten nachvollziehbar sein und der Wertansatz muss innerhalb einer Bandbreite möglicher Werte liegen, welche auf Basis aller zum Zeitpunkt der Bilanzaufstellung über die tatsächlichen Verhältnisse am Bilanzstichtag vorhandenen Informationen, also unter Berücksichtigung wertaufhellender Ereignisse (siehe Rz. 170), zu bestimmen ist. Die Bandbreite der möglichen Werte darf dabei weder besonders pessimistisch noch besonders optimistisch abgegrenzt werden.[233] Von den auf diese Weise ermittelten mög- 5634

---

230 Vgl. zur Auslegung ausführlich *Briesemeister/Joisten/Vossel*, FR 2013 S. 165 ff.
231 Vgl. *Günkel*, in: StbJb 2012/2013, Köln 2013; a. A. *Meurer*, BB 2012 S. 2808.
232 Vgl. auch Regierungsbegründung zum BilMoG, BR-Drucks. 344/08 S. 112 f.
233 Vgl. *Herzig/Köster*, in: Handbuch des Jahresabschlusses, Abt. III/5 Tz. 154 ff.; IDW RS HFA 34 Tz. 16, FN-IDW 2013 S. 53 ff.

lichen Werten ist nach dem Vorsichtsprinzip des § 252 Abs. 1 Nr. 4 HGB nicht der höchste Wert, sondern der Wertansatz mit der höchsten Eintrittswahrscheinlichkeit zu wählen.[234] Sofern diesem Kriterium mehrere Werte entsprechen, ist hiervon der höchste Betrag zu wählen. Bei Wahrscheinlichkeitsverteilungen mit geringen Unterschieden zwischen den Eintrittswahrscheinlichkeiten kann der wahrscheinlichste Betrag aufgrund des Vorsichtsprinzips nur dann gewählt werden, wenn dessen Eintrittswahrscheinlichkeit wesentlich höher ist, als die Wahrscheinlichkeit höherer Wertansätze. Ist dieses nicht der Fall, ist aufgrund des Vorsichtsprinzips der höhere Betrag anzusetzen.[235]

5635 Es ist immer der volle voraussichtliche Erfüllungsbetrag anzusetzen. Ein Ansatz des Erfüllungsbetrags unter Berücksichtigung der Wahrscheinlichkeit der Inanspruchnahme aus der zugrunde liegenden Verpflichtung ist nicht zulässig, da es an einer entsprechenden gesetzlichen Grundlage fehlt (vgl. Rz. 5569).[236]

> **BEISPIEL** Für eine Verpflichtung besteht eine (für die Bilanzierung ausreichende) 60 %ige Wahrscheinlichkeit der Inanspruchnahme (Erfüllung der sog. 51 %-Regel; vgl. Rz. 5570). Alle anderen Voraussetzungen zur Rückstellungsbildung sind auch erfüllt. Es werden die folgenden notwendigen Inanspruchnahmen nach vernünftiger kaufmännischer Beurteilung geschätzt:
>
> | Aufwand | 2.000 € | 4.000 € | 6.000 € | 8.000 € | 9.000 € | 10.000 € |
> |---|---|---|---|---|---|---|
> | Wahrscheinlichkeit | 5 % | 10 % | 40 % | 35 % | 5 % | 5 % |
>
> Ein voraussichtlicher Aufwand von 6.000 € hat zwar die höchste Wahrscheinlichkeit, jedoch ist die Wahrscheinlichkeit mit 40 % nicht wesentlich größer, als die Eintrittswahrscheinlichkeit des Ereignisses von 8.000 €. Es ist daher der Wertansatz von 8.000 € zu wählen. Eine Bewertung unter Berücksichtigung der Wahrscheinlichkeit der Inanspruchnahme, die zu einem Wert von 4.800 € (8.000 € × 60 %) führen würde, ist unzulässig.

Davon abzugrenzen ist die Bewertung sog. **Pauschalrückstellungen.** Hier ist eine Vielzahl gleichartiger Geschäfte zu beurteilen, bei denen nach vernünftiger kaufmännischer Beurteilung nicht aus jedem Geschäft mit einer Inanspruchnahme zu rechnen ist (z. B. Gewährleistungsverpflichtungen). Hierbei ist die Wahrscheinlichkeit der Inanspruchnahme bei der Bewertung zu berücksichtigen (vgl. Rz. 5636 ff.).

1.3.2 Einschränkung der Maßgeblichkeit durch § 6 Abs. 1 Nr. 3a EStG

1.3.2.1 Einzel- versus Pauschalbewertung (§ 6 Abs. 1 Nr. 3a Buchst. a EStG)

5636 Nach § 6 Abs. 1 Nr. 3a Buchst. a EStG sind bei der Bewertung von Rückstellungen für gleichartige Verpflichtungen die Erfahrungen aus der Vergangenheit hinsichtlich der tatsächlich erfolgten Inanspruchnahme zu berücksichtigen.[237] Die Rückstellung darf nur in der Höhe gebildet werden, in der eine Inanspruchnahme unter Rückgriff auf Erfahrungen in der Vergangenheit aus der Abwicklung solcher Verpflichtungen wahrscheinlich ist.

---

234 Vgl. BFH, Urteil vom 19.2.1975 – I R 28/73, BStBl 1975 II S. 480.
235 Vgl. *Schubert*, in: Beck'scher Bilanz-Kommentar, 11. Aufl., München 2018, § 253 Tz. 155.
236 Vgl. *Herzig/Köster*, in: Handbuch des Jahresabschlusses, Abt. III/5 Tz. 161.
237 Vgl. auch Regierungsbegründung zum BilMoG, BR-Drucks. 344/08 S. 112 f.

Die Regelung hat lediglich klarstellenden Charakter und entspricht der bisherigen Rechtsprechung zu den sog. **Pauschalrückstellungen,** wie z. B. Gewährleistungs- und Garantierückstellungen[238], Bürgschaftsverpflichtungen, Wechselobligo oder Abschlussgebühren, durch die die Schätzung des Erfüllungsbetrages objektiviert und der Ermessensspielraum begrenzt wird. Gemäß § 20 Abs. 2 KStG sind die Vergangenheitserfahrungen auch bei den Schadensrückstellungen von Versicherungsunternehmen zu berücksichtigen.[239]

5637

In den von der Regelung betroffen Anwendungsfällen wird der **Einzelbewertungsgrundsatz,** der die einzelne Erfassung und Bewertung des jeweiligen Rückstellungssachverhalts bedingt, durch die – auch handelsrechtlich zulässige[240] – Pauschalbewertung **durchbrochen.** Dieses ist sachgerecht, da man bei den relevanten Sachverhalten, wie z. B. Produktgarantien, i. d. R. auch nur durch die basierend auf Erfahrungen der Vergangenheit nach dem Gesetz der großen Zahl unter Anwendung mathematischer oder statistischer Verfahren vorgenommene Pauschalbewertung zu einer sinnvollen und objektivierbaren Schätzung des Erfüllungsbetrages gelangt.[241] Die Notwendigkeit (ausreichender) Vergangenheitserfahrungen bedeutet aber, dass für Verpflichtungen, die nur selten oder vereinzelt auftreten, eine Pauschalbewertung ausscheidet.[242]

5638

Die Ermittlung der **Erfahrungswerte** erfolgt in erster Linie auf Basis der betriebsindividuellen Verhältnisse aber auch unter Berücksichtigung von Branchenerfahrungen.[243] Die schlichte Übernahme eines pauschalen Branchengewährleistungssatzes bezogen auf den Umsatz ohne Berücksichtigung der individuellen Verhältnisse dürfte unzulässig sein.[244] Der Rückgriff auf Branchenwerte ist insbesondere dann erforderlich, wenn noch keine ausreichenden betriebsindividuellen Erfahrungswerte vorliegen (z. B. bei Neugründung, Ausweitung des Geschäfts auf Produkte anderer Branchen). Die der Bewertung zugrunde gelegten Erfahrungswerte sollten zur Nachweisführung gegenüber der Finanzverwaltung dokumentiert werden (z. B. im Falle von Gewährleistungsrückstellungen durch Aufzeichnung der Mängelanzeigen, Dokumentation der durch die Mangelbehebung angefallenen Kosten etc.).[245]

5639

Zu beachten ist, dass die ermittelten Erfahrungswerte lediglich die Grundlage für die Rückstellungsbewertung bilden. Daher ist immer die Prognosefähigkeit der vorliegen-

5640

---

238 Vgl. BFH, Urteil vom 30.6.1983 – IV R 41/81, BStBl 1984 II S. 263.
239 Die Begrenzung dieser Rückstellungen (siehe hierzu auch BMF, Schreiben vom 8.9.2006 – IV C 6 – S 2775 – 9/00, BStBl 2000 I S. 487 mit Berechnungsbeispiel) war die eigentliche Zielrichtung der Neuregelung, da nach § 341g Abs. 1 Satz 2 HGB, der sich über das Maßgeblichkeitsprinzip auch auf die Steuerbilanz auswirkte, bei der Bewertung die gesamten Schadensregulierungsaufwendungen zu berücksichtigen sind, was in der Praxis zu einer höheren Rückstellungsbildung führte; vgl. *Günkel/Fenzl*, DStR 1999 S. 654.
240 Vgl. EuGH, Urteil vom 19.9.1999 – Rs. C-275/97, FR 1999 S. 1184.
241 Vgl. BFH, Urteil vom 12.12.1990 – I R 18/89, BStBl 1991 II S. 485.
242 So z. B. der BFH zu Schadensersatzverpflichtungen, vgl. BFH, Urteil vom 30.6.1983 – IV R 41/81, BStBl 1984 II S. 263.
243 Vgl. BFH, Urteil vom 30.6.1983 – IV R 41/81, BStBl 1984 II S. 263.
244 Vgl. BMF, Schreiben vom 20.8.2003 – IV A 6 – S 2175 – 2/03, DB 2003 S. 2188 zur Gewährleistungsrückstellung in der Bauwirtschaft.
245 Vgl. auch BFH, Urteil vom 19.7.2011 – X R 26/10, DStR 2011 S. 1990 Tz. 47 ff. und BMF, Schreiben vom 20.11.2012 – IV C 6 – S 2137/09/10002, DStR 2012 S. 2439 zu den umfassenden Dokumentationserfordernissen als Voraussetzung für die Bildung von Rückstellungen wegen Erfüllungsrückstand für die Verpflichtung zur Nachbetreuung von Versicherungsverträgen.

den Daten zu würdigen. Sofern sich die tatsächlichen Verhältnisse geändert haben sollten (z. B. längere gesetzliche Gewährleistungsfristen, neu eingesetzte Materialien in der Fertigung, mit denen noch keine Erfahrungen gesammelt werden konnten), ist dieses bei der Verwendung der Erfahrungswerte zu berücksichtigen.

Zu einem Beispiel zur Pauschalbewertung vgl. auch Rz. 5665 „Gewährleistung/Garantie".

1.3.2.2 Bewertung von Sachleistungsverpflichtungen (§ 6 Abs. 1 Nr. 3a Buchst. b EStG)

5641 Durch die Regelung wird der Erfüllungsbetrag als der zur Begleichung der ungewissen Verbindlichkeit voraussichtlich aufzuwendende (Geld-)betrag für Sachleistungsverpflichtungen dahin gehend konkretisiert, dass diese mit den Einzelkosten und den angemessenen Teilen der notwendigen Gemeinkosten zu bewerten sind.

5642 Unter Sachleistungsverpflichtungen versteht man Verpflichtungen, die nicht ausschließlich in Geld, sondern durch die Erbringung einer Lieferung oder Leistung erfüllt werden.

BEISPIELE Gewährleistungsfälle, Jahresabschlusserstellung, Aufbewahrungs-, Abrechnungs-, Rekultivierungs-, Rückbau-, Entsorgungs- oder Sanierungsverpflichtungen.[246]

5643 Hinsichtlich des Umfangs der einzubeziehenden Kosten ist fraglich, was unter **„angemessenen"** Teilen der **„notwendigen" Gemeinkosten** zu verstehen ist. Zur Auslegung wurde in der Vergangenheit regelmäßig auf den Herstellungskostenbegriff zurückgegriffen, da § 255 Abs. 2 Satz 3 HGB a. F. eine vergleichbare Formulierung enthält. Die Notwendigkeit war nach § 253 Abs. 2 Satz 3 HGB a. F. Voraussetzung für die Aktivierung von Material- und Fertigungsgemeinkosten. Notwendig sollen Gemeinkosten sein, wenn sie entsprechend ihrer Art nach notwendigerweise zum Fertigungsprozess gerechnet werden müssen, mithin durch ihn notwendigerweise veranlasst sind. Durch die Forderung der „Angemessenheit" soll die Berücksichtigung von außerordentlichen, neutralen und unangemessen hohen Kosten (insbesondere sog. Leerkosten bei ungenügender Kapazitätsauslastung) verhindert werden.[247] Zu beachten ist, dass in § 255 Abs. 2 Satz 3 HGB i. d. F. des BilMoG die Notwendigkeit nicht mehr als Voraussetzung für die Aktivierung von Material- und Fertigungsgemeinkosten genannt wird. U. E. dürfte dieses keine Auswirkung auf die Bestimmung der Herstellungskosten haben, da nach h. M. auch bisher schon die „Notwendigkeit" nur als eine Umschreibung des Angemessenheitsprinzips verstanden wurde.[248] Im Ergebnis wurden daher nach der bisher h. M. die steuerlich aktivierungspflichtigen Herstellungskosten (Materialeinzel-/-gemeinkosten, Fertigungseinzel-/-gemeinkosten, Wertverzehr des Anlagevermögens) der zu erbringenden Sachleistung zugrunde gelegt.[249] Die Einbeziehung von angemessenen

---

[246] Vgl. *Kulosa*, in: Schmidt, EStG, 37. Aufl. 2018, § 6 Tz. 475.
[247] Vgl. *Günkel/Fenzl*, DStR 1999 S. 654.
[248] Vgl. auch *Schubert/Hutzler*, in: Beck'scher Bilanzkommentar, 11. Aufl., München 2018, § 255 Tz. 438.
[249] Vgl. *Werndl*, in: Kirchhof/Söhn/Mellinghoff, EStG Kommentar, § 6 Tz. Da 20; für einen Einzelfall, nämlich der Verpflichtung zur Jahresabschlusserstellung und Erstellung der Betriebssteuererklärungen, hat der BFH allerdings die Einbeziehung der Gemeinkosten abgelehnt, vgl. BFH, Urteil vom 24.11.1983 – IV R 22/81, BStBl 1984 II S. 301, was nach der jüngsten Entscheidung des BFH zur Bewertung von Sachleistungsverpflichtungen überholt ist; vgl. BFH, Urteil vom 11.10.2012 – I R 66/11, BStBl 2013 II S. 676 Tz. 21.

Teilen der Verwaltungskosten wurde bisher eher abgelehnt.[250] Dieser korrespondierenden Betrachtung bei der Bewertung der Rückstellung für Sachleistungsverpflichtungen hat der BFH mit Urteil vom 11.10.2012 nunmehr eine Absage erteilt.[251] Danach sind vielmehr wie der Handelsbilanz[252] die **Vollkosten** im Sinne aller für die Erfüllung der Verpflichtung aufzuwendenden Kosten (Erfüllungsbetrag) anzusetzen.[253] Diese Vollkosten müssen notwendig und angemessen in dem Sinne sein, dass die Gemeinkosten willkürfrei und basierend auf vernünftigen kaufmännischen Grundlagen zugerechnet werden. Demnach dürften u. E. kalkulatorische Kosten und Leerkosten unverändert nicht einzubeziehen sein.

Aufgrund des Vollkostenansatzes sind neben den Einzelkosten sowohl die variablen als auch die fixen Gemeinkosten ohne Begrenzung auf die steuerlich aktivierungspflichtigen Herstellungskosten anzusetzen, womit grundsätzlich auch allgemeine Verwaltungskosten, Sozialkosten und Zinsen für Fremdkapital bei der Bewertung der Rückstellung zu berücksichtigen sind. Für die Einbeziehung der Finanzierungskosten in die Vollkosten ist es nicht erforderlich, dass die für die Erbringung der Sachleistungsverpflichtung benötigten Wirtschaftsgüter unmittelbar einzeln fremdfinanziert worden sind, sondern es ist bei einer sog. Poolfinanzierung[254] vielmehr ausreichend, wenn die Zinsen sich durch Kostenallokation verursachungsgerecht den Wirtschaftsgütern zuordnen lassen. Falls die Finanzierung der Wirtschaftsgüter allerdings durch unmittelbar zuordenbare (Einzel-)Darlehen erfolgt ist, scheidet eine Schlüsselung der gesamten Finanzierungskosten aus und es sind nur die Zinsen des betreffenden Darlehens als Einzelkosten in die Rückstellungsbewertung einzubeziehen.[255]

Die berücksichtigungsfähigen Kosten sind nach § 6 Abs. 1 Nr. 3a Buchst. f EStG auf der Basis der Preisverhältnisse des Bilanzstichtags anzusetzen.

1.3.2.3 Berücksichtigung künftiger Vorteile (§ 6 Abs. 1 Nr. 3a Buchst. c EStG)

Nach § 6 Abs. 1 Nr. 3a Buchst. c EStG sind künftige Vorteile, welche mit der Erfüllung der Verpflichtung voraussichtlich verbunden sein werden, soweit sie nicht als Forderung zu aktivieren sind, bei ihrer Bewertung wertmindernd zu berücksichtigen, m. a. W. der Aufwand aus der Verpflichtung und der Ertrag aus dem künftigen Vorteil sind als Bewertungseinheit im Rahmen der Rückstellungsbewertung miteinander zu saldieren. Hiermit wollte der Gesetzgeber eine realitätsnähere Bewertung der Rückstellungen sicherstellen.

5644

Diese Regelung überträgt die Grundsätze des – allerdings zu Drohverlustrückstellungen ergangenen – sog. Apothekerurteils des Großen Senats[256] auf alle sonstigen Rückstel-

---

250 Vgl. *Kiesel*, in: HHR (Hrsg.), EStG Kommentar, § 6 EStG Anm. 738.
251 Vgl. BFH, Urteil vom 11.10.2012 – I R 66/11, BStBl 2013 II S. 676.
252 Vgl. IDW RS HFA 34 Tz. 21, FN-IDW 2013 S. 53 ff.
253 Vgl. *Ehmcke*, in: Blümich, EStG KStG GewStG, § 6 Rz. 977a; *Kulosa*, in: Schmidt, EStG, 37. Aufl. 2018, § 6 Tz. 475, die zwar a. A. als der BFH sind, dies aber für die Praxis als nicht bedeutsam ansehen, da die Finanzverwaltung den Vollkostenansatz akzeptiert hat; a. A. wohl *Kiesel*, in: HHR (Hrsg.), EStG Kommentar, § 6 EStG Anm. 738.
254 Hierbei werden alle Aufwendungen eines Betriebes aus einem „Pool" finanziert, der aus sämtlichen liquiden Finanzmitteln (Eigen- und Fremdmittel) des Betriebes gebildet worden ist.
255 Vgl. BFH, Urteil vom 11.10.2012 – I R 66/11, BStBl 2013 II S. 676.
256 Vgl. BFH, Urteil vom 23.6.1997 – GrS 2/93, BStBl 1997 II S. 735.

lungen. Nach dieser Entscheidung sind entsprechend der wirtschaftlichen Betrachtungsweise im Steuerrecht im Rahmen der Rückstellungsbewertung nicht nur die Aufwendungen aus den negativen Aspekten des zugrundeliegenden Sachverhalts, sondern auch die Erträge aller mit ihm verbundenen greifbaren wirtschaftlichen Vorteile, unabhängig davon, ob diese zu einem aktivierungsfähigen Wirtschaftsgut führen, im Rahmen der Rückstellungsbewertung zu berücksichtigen.[257] Ein Verstoß gegen das Saldierungsverbot ist darin nicht zu sehen.

5645 Hinsichtlich der Auslegung der gesetzlichen Regelung ist der Teil der Vorschrift, dass eine Gegenrechnung ausscheidet, soweit eine aktivierungspflichtige Forderung besteht, wohl selbstverständlich, da es sonst zu einer Doppelerfassung des Vorteils kommen würde. Fraglich ist die Reichweite der Begriffe **„voraussichtliche künftige Vorteile"**. Einig ist man sich zum einen, dass die bloße Möglichkeit des Eintritts künftiger Vorteile nicht ausreichend ist,[258] und zum anderen, dass der Vorteil in jedem Fall dann zu berücksichtigen ist, wenn er bereits kontrahiert ist, wie z. B. bei den sog. Kippgebühren aus der Entsorgung von Bauaushub/-schutt, die bei der Bewertung einer Rückstellung für Rekultivierungsverpflichtungen zu berücksichtigen sind, wenn am Bilanzstichtag bereits Verträge mit den Kippberechtigten geschlossen worden sind.[259]

Aufgrund der Verwendung des Begriffs „voraussichtlich" durch den Gesetzgeber ist u. E. die rechtliche Verbindlichkeit des Vorteils z. B. in der Form am Bilanzstichtag bereits vorliegender Verträge nicht erforderlich. Allerdings muss die mögliche Realisierung des Vorteils z. B. aufgrund von Erfahrungswerten hinreichend wahrscheinlich sein. Nach inzwischen höchstrichterlich bestätigter Auffassung der Finanzverwaltung soll – entsprechend der Voraussetzungen für die Bilanzierung dem Grunde nach – unter Anwendung der bekannten Regel der 51 %igen Wahrscheinlichkeit eine Berücksichtigung des Vorteils dann zwingend sein, wenn mehr Gründe für als gegen den Eintritt dieses Vorteils sprechen.[260] Sofern sich hieraus für bis zum Jahr 2005 gebildete Rückstellungen eine Erhöhung ergab, war die Inanspruchnahme einer Übergangsregelung möglich, durch die der Effekt aus der Rückstellungerhöhung mittels Bildung einer Rücklage und deren anschließender Auflösung über zehn Jahre abgemildert werden konnte.[261]

---

[257] Vgl. *Günkel/Fenzl*, DStR 1999 S. 655.
[258] Vgl. R 6.11 Abs. 1 Satz 2 EStR.
[259] Vgl. z. B. *Werndl*, in: Kirchhof/Söhn/Mellinghoff, EStG Kommentar, § 6 Tz. Da 24; *Hoffmann*, in: Littmann/Bitz/Pust (Hrsg.), Das Einkommensteuerrecht, § 6 Tz. 667, die eine Berücksichtigung der Vorteile wohl nur bei auf vertraglicher bzw. zivilrechtlicher Grundlage feststehenden zukünftigen Ansprüchen für zulässig halten. Für die handelsrechtliche Bilanzierung wird verlangt, dass der Vorteil aus demselben Sacherhalt resultiert und sein Entstehen nahezu sicher erscheint, vgl. IDW RS HFA 4, Rz. 19 für Drohverlustrückstellungen und IDW RS HFA 34, Rz. 31 für Rückstellungen für ungewisse Verbindlichkeiten. Danach dürfen z. B. erwartete Kippgebühren den Wertansatz einer Rückstellung für die Verpflichtung zur Rekultivierung der Kiesgrube nicht reduzieren.
[260] Vgl. BFH, Beschluss vom 21.8.2013 - I B 60/12, BFH/NV 2014 S. 28, unter II.1.b; BFH, Urteil vom 31.5.2017 - X R 29/15, BFH/NV 2017 S. 1597, Rz. 26 f.; R 6.11 Abs. 1 S. 1 EStR; OFD Karlsruhe, Verfügung vom 14.3.2006 – S 2175 A – St 116; *Kiesel*, in: HHR, EStG/KStG, § 6 EStG Anm. 747, mit dem zutreffenden Hinweis, dass bei Massensachverhalten für das einzelne Rechtsgeschäft auch eine wesentlich geringere Wahrscheinlichkeit ausreichend ist und der Vorteil - analog der Regelungen zur Pauschalbewertung von Rückstellungen (siehe Rz. 5638 und Beispiel in Rz. 5645) (Anm. d. Verf.) – anhand von statistischen Modellen zu ermitteln ist.
[261] Vgl. R 6.11 Abs. 1 Satz 3 bis 5 EStR.

Hinsichtlich der Frage, welche Vorteile mit der Verpflichtungserfüllung verbunden und somit im Rahmen der Bewertung zu berücksichtigen sind, wird ein sachlicher Zusammenhang zwischen Pflichterfüllung und künftigem Vorteil verlangt. Ein unmittelbarer Zusammenhang derart gestaltet, dass der Vorteil der Verpflichtung teilweise spiegelbildlich entspricht und zwangsläufige Folge der Pflichterfüllung ist, wie er vor Einführung der Regelung des § 6 Abs. 1 Nr. 3a EStG entsprechend den handelsrechtlichen Grundsätzen von der Rechtsprechung verlangt wurde, kann aufgrund der neu eingeführten Gesetzesnorm nicht mehr erforderlich sein.[262] In der Gesetzesbegründung wird eine Beziehung zwischen Vorteil und Verpflichtung in der Form gefordert, dass ein gedachter Erwerber des Betriebs diesen Vorteil bei der Bewertung der Verpflichtung berücksichtigen würde.[263] Fraglich ist allerdings, wie konkret dieser sachliche Zusammenhang sein muss. Diskutiert wurde dieses in der jüngeren Vergangenheit am Beispiel der Restrukturierungsrückstellungen. Zweck der Restrukturierung ist i. d. R., betriebswirtschaftliche Vorteile, wie z. B. Kostenreduzierungen, Effizienzsteigerungen etc., zu generieren, welche die Kosten der Restrukturierung übersteigen. Sofern bei der Bewertung von Restrukturierungsrückstellungen die gesamten wahrscheinlich anfallenden betriebswirtschaftlichen Vorteile einzubeziehen wären, würden diese Rückstellungen demnach regelmäßig mit Null zu bewerten sein. U. E. ist dieses de-facto zu einem Rückstellungsverbot für Restrukturierungsrückstellungen führende Verständnis zu weitgehend. Die Vorteile müssen in strengem sachlichen Zusammenhang zur Verpflichtung i. d. R. in Form von sich hieraus ergebenden Geschäftschancen stehen. Betriebswirtschaftliche Vorteile in Form von Kosteneinsparungen oder Erlössteigerungen aufgrund ergriffener Strukturmaßnahmen fallen nicht hierunter, mit der Folge, dass Restrukturierungsrückstellungen regelmäßig ohne Berücksichtigung von Vorteilen zu bewerten sein dürften.[264]

5646

BEISPIEL Nach dem AltfahrzeugG ist Hersteller H seit dem 1.7.2002 dazu verpflichtet, seine Altfahrzeuge unentgeltlich zurückzunehmen und zu entsorgen. Für diese Verpflichtung ist nach den allgemeinen Kriterien eine Rückstellung zu bilden. Im abgelaufenen Wirtschafsjahr wurden 100.000 Fahrzeuge in Verkehr gebracht. Aufgrund von Erfahrungen aus der Vergangenheit ist mit einer Rücknahmequote von 20 % zu rechnen. Die Entsorgungskosten (Einzel- und anzusetzende Gemeinkosten) betragen 100 € je Fahrzeug. Regelmäßig können Teile der Altfahrzeuge aufgrund des hierfür bestehenden Marktes verwertet werden (z. B. als Ersatzteile, Verwertung von Metallen), so dass je Fahrzeug Erlöse von 60 € erzielt werden. Der Eintritt dieses sachlich mit der Rücknahmeverpflichtung verbundenen Vorteils ist aufgrund der vorliegenden Erfahrungswerte hinreichend wahrscheinlich und daher rückstellungsmindernd bei der Bewertung zu berücksichtigen. Es ergibt sich somit eine voraussichtliche Belastung aus dem Verkauf der Fahrzeuge von 800.000 € (= 100.000 × 20 % × (100 € - 60 €). Dieser Betrag ist nach § 6 Abs. 1 Nr. 3a Buchst. e EStG abzuzinsen.

5647

WEITERE ANWENDUNGSFÄLLE:

▶ Berücksichtigung von Rückgriffsforderungen gegen Versicherungsunternehmen, Subunternehmer, Zulieferer

▶ Urlaubsrückstellung: Berücksichtigung eines Anspruchs gegen die Urlaubskasse

---

262 Vgl. BFH, Urteil vom 17.10.2013 – IV R 7/11, DStR 2013 S. 2745.
263 Vgl. BT-Drucks. 14/23 S. 172.
264 So auch *Prinz/Keller*, DB 2015 S. 2224; *Oser*, StuB 2016 S. 12; *Autenrieth*, DStR 2015 S. 1937; a. A. *Ziegler/Renner*, DStR 2015 S. 1264.

▶ Rückstellung für abgegebene Bürgschaften: Berücksichtigung des werthaltigen Teils einer im Falle der Inanspruchnahme des Bürgen auf ihn übergehenden Forderung (vgl. Rz. 5665 „Bürgschaft")

▶ Altersteilzeitrückstellung: Berücksichtigung des Erstattungsanspruchs für die Wiederbesetzung der Stelle spätestens mit Abschluss eines Arbeitsvertrages mit einem neuen Arbeitnehmer i. S. v. § 3 Abs. 1 Satz 1 Nr. 2 AltTZG (vgl. Rz. 5665 „Altersteilzeit").[265]

1.3.2.4 Ansammlungsrückstellungen (§ 6 Abs. 1 Nr. 3a Buchst. d EStG)

5648 Nach § 6 Abs. 1 Nr. 3a Buchst. d EStG sind Rückstellungen für Verpflichtungen, für deren Entstehen im wirtschaftlichen Sinne der laufende Betrieb ursächlich ist, zeitanteilig in gleichen Raten anzusammeln (sog. **echte Ansammlungsrückstellungen**).[266] Davon betroffen sind Sachverhalte, mit denen erst in Zukunft Erträge realisiert werden, aus denen aber eine Verpflichtung resultiert (in praxi insbesondere Entsorgungs-, Pachterneuerung- oder Abbruchverpflichtung), die mit Verwirklichung des Sachverhalts schon rechtlich entstanden ist.

5649 Die ratierliche Ansammlung der Rückstellung trotz bereits bestehender rechtlicher Verpflichtung erscheint sachgerecht, da z. B. die Aufwendungen aus einer Abbruchverpflichtung für ein Betriebsgebäude durch die zukünftigen Erlöse, die aus der Gebäudenutzung, also dem laufenden Betrieb erzielt werden, wirtschaftlich verursacht werden und daher durch die ratierliche Ansammlung der Rückstellung die Aufwendungen den entsprechenden Erträgen zugeordnet werden.[267]

Nach dem Realisationsprinzip wäre zwar eigentlich eine proportionale Verteilung[268] der Aufwendungen entsprechend der im wirtschaftlichen Sinne ursächlichen Erlöse angezeigt, aus Objektivierungsgründen hat der Gesetzgeber jedoch (sinnvollerweise) eine zeitanteilige Ansammlung vorgesehen.

> **BEISPIEL ▶** Herstellung eines Betriebsgebäudes am 1.1.01 auf einem gepachteten Grundstück, das nach 50 Jahren wieder abgerissen werden muss. Die Abbruchkosten betragen am 31.12.01 100.000 € und am 31.12.02 103.000 € auf Basis des jeweiligen Preisniveaus am Bilanzstichtag.
>
> Die Aufwendungen aus der Abbruchverpflichtung sind durch die zukünftigen Erlöse, die aus dem laufenden Betrieb erzielt werden, wirtschaftlich verursacht und daher über den Zeitraum der Gebäudenutzung (50 Jahre) in gleichen Raten anzusammeln.
>
> Zum 31.12.01 beträgt die Rückstellung (ohne Berücksichtigung der Abzinsung) somit 2.000 € (100.000 € × 1/50), zum 31.12.02 lautet der Wertansatz 4.120 € (103.000 € × 2/50). Der Aufwand aus der Zuführung zur Rückstellung beträgt somit im Wirtschaftsjahr 02 2.120 €.[269]

5650 Fraglich war in der Vergangenheit, wie eine Verlängerung des Ansammlungszeitraums, z. B. aufgrund der Verlängerung eines der Verpflichtung zugrundeliegenden Mietvertrages mit Abbruchverpflichtung, bilanziell abzubilden ist. Handelsrechtlich standen hier früher zwei Alternativen zur Verfügung. Entweder konnte der Rückstellungsbetrag zum

---

265 Vgl. BMF, Schreiben vom 28.3.2007 – IV B 2 – S 2175/07/0002, BStBl 2007 I S. 297.
266 Vgl. BFH, Urteil vom 5.5.2011 – IV R 32/07, BStBl II 2012 S. 98.
267 So auch schon die frühere Rechtsprechung zu Abbruchverpflichtungen, vgl. BFH, Urteil vom 19.2.1975 – I R 28/73, BStBl 1975 II S. 480.
268 In der Literatur wird daher teilweise auch die Bezeichnung „Verteilungsrückstellung" verwendet, vgl. z. B. Küting/Kessler, DStR 1998 S. 1941; IDW RS HFA 34, Tz. 18, FN-IDW 2013 S. 53 ff.
269 Siehe auch R 6.11 Abs. 2 EStR.

Zeitpunkt der Verlängerung des Ansammlungszeitraums anteilig aufgelöst werden oder der Wertansatz der Rückstellung wurde beibehalten und der noch nicht angesammelte Erfüllungsbetrag über den – nun verlängerten – verbleibenden Ansammlungszeitraum ratierlich zugeführt.[270] In seinem Urteil vom 2.7.2014 hat der BFH unter Bezugnahme auf das Stichtagsprinzip nunmehr entschieden, dass für die Steuerbilanz nur die erste der vorgenannten Varianten zulässig, mithin die Rückstellung anteilig aufzulösen ist.[271] Das IDW hat sich inzwischen der Auffassung des BFH angeschlossen, so dass handels- und steuerrechtliche Bilanzierung hinsichtlich dieser Thematik wieder gleichlaufend sind.[272]

Nicht von der Regelung des § 6 Abs. 1 Nr. 3a Buchst. d EStG erfasst werden Rückstellungen, bei denen der Rückstellungsbetrag tatsächlich und nicht nur wirtschaftlich in jedem Jahr zunimmt (sog. **unechte Ansammlungsrückstellungen**).[273] Diese werden zwar häufig auch als Ansammlungsrückstellungen bezeichnet,[274] da diese Verpflichtungen aber zum jeweiligen Bilanzstichtag wirtschaftlich verursacht sind, ist für diese Verpflichtung die Rückstellung nach den allgemeinen Grundsätzen entsprechend dem am Bilanzstichtag bestehenden Verpflichtungsumfang zu bewerten.[275]

5651

> **BEISPIEL** Ein Grundstück, auf dem über einen Zeitraum von 30 Jahren Kies abgebaut wird, muss am Nutzungsende rekultiviert werden. Die Rückstellung für die Rekultivierungsverpflichtung ist zum jeweiligen Bilanzstichtag durch die aus dem Kiesabbau erzielten Erlöse wirtschaftlich verursacht und entsprechend dem bis dahin erfolgten Abbau zu bewerten.

1.3.2.5 Besonderheiten der Ansammlungsrückstellungen bei gesetzlichen Rücknahmeverpflichtungen und der Stilllegung von Kernkraftwerken

1.3.2.5.1 Gesetzliche Rücknahmeverpflichtungen (§ 6 Abs. 1 Nr. 3a Buchst. d Satz 2 EStG)

Die Regelung wurde durch das AltfahrzeugG vom 21.6.2002[276] eingefügt. Dieses sah u. a. ab dem 1.1.2007 für Hersteller und gewerbliche Importeure eine Rücknahme- und Verwertungsverpflichtung auch für Fahrzeuge vor, die vor dem 1.7.2002 in Verkehr gebracht worden sind (sog. **Alt-Altfahrzeuge**). Da die Rücknahmeverpflichtung mit Inverkehrbringung rechtlich sowie wirtschaftlich verursacht ist (Bezug zu in der Vergangenheit erzielten Umsätzen) und sich die Inverkehrbringer dieser Verpflichtung z. B. durch Aufgabe der werbenden Tätigkeit auch nicht mehr entziehen konnten, wären zum 31.12.2002 für die gesamten sog. Alt-Altfahrzeuge per Einmalzuführung Rückstellungen für die neu eingeführte Rücknahmeverpflichtung zu bilden gewesen.

5652

---

270 Vgl. IDW RS HFA 34 a. F., Tz. 20, FN-IDW 2013 S. 53 ff.
271 Vgl. BFH, Urteil vom 2.7.2014 - I R 46/12, BStBl 2014 S. 979. Zu dieser Fragestellung ist beim IV. Senat noch eine Revision unter Az. IV R 37/12 anhängig. Kritisch zu der Entscheidung des BFH u. a. Thouet, DStR 2014 S. 2550.
272 Vgl. IDW RS HFA 34, Tz. 20, FN-IDW 2013 S. 380; *Prinz*, WPg 2015 S. 1225; *Oser*, StuB 2016 S. 4.
273 Vgl. BFH, Urteil vom 5.5.2011 – IV R 32/07, BStBl II 2012 S. 98, der diese Rückstellungen als unechte Ansammlungsrückstellungen bezeichnet im Gegensatz zu den unter diese Vorschrift fallenden echten Ansammlungsrückstellungen; *Günkel/Fenzl*, DStR 1999 S. 655.
274 Vgl. z. B. *Hoffmann*, in: Littmann/Bitz/Pust (Hrsg.), Das Einkommensteuerrecht, § 6 Tz. 669.
275 Vgl. *Günkel/Fenzl*, DStR 1999 S. 655.
276 BGBl. 2002 I S. 2199.

Wohl um die Belastung der öffentlichen Haushalte aus solchen Einmaleffekten abzufedern, sieht die Vorschrift vor, dass Rückstellungen für gesetzliche Rücknahme- und Verwertungsverpflichtungen von Erzeugnissen,[277] die vor dem Inkrafttreten dieser Verpflichtung in Verkehr gebracht worden sind (sog. **Alt-Alterzeugnisse**), zeitanteilig in gleichen Raten bis zum Zeitpunkt der voraussichtlichen Rücknahme anzusammeln sind. Im Gegenzug verzichtet der Gesetzgeber allerdings auf eine Abzinsung dieser Rückstellungen (§ 6 Abs. 1 Nr. 3a Buchst. d Satz 2 2. Halbsatz EStG).

5653 In Bezug auf den **Ansammlungszeitraum** ist fraglich, ob dieser bereits mit Inverkehrbringung der Alt-Alterzeugnisse[278] oder erst mit Inkrafttreten der gesetzlichen Rücknahmeverpflichtung beginnt. Da im Gegensatz zur Rückstellung für die Stilllegung von Kernkraftwerken[279] für die sog. Alt-Alterzeugnisse hierzu keine explizite Regelung getroffen worden ist, ist u. E. die Auffassung vorzuziehen, nach solcher – auch aus Vereinfachungsgründen – der Ansammlungszeitraum mit der erstmaligen gesetzlichen Verpflichtung beginnt.[280]

5654 § 6 Abs. 1 Nr. 3a Buchst. d Satz 2 EStG ist nicht anzuwenden, wenn eine Rücknahmeverpflichtung schon vor Inkrafttreten der gesetzlichen Verpflichtung durch privatrechtliche oder faktische Verpflichtung z. B. in Form einer Selbstverpflichtungserklärung eines Branchenverbands für die Verbandsmitglieder bestanden hat. Eine erst noch in innerstaatliches Recht umzusetzende EU-Richtlinie ist für das Vorliegen einer faktischen Verpflichtung mangels hinreichender Konkretisierung nicht ausreichend.[281]

1.3.2.5.2 Verpflichtung zur Stilllegung von Kernkraftwerken (§ 6 Abs. 1 Nr. 3a Buchst. d Satz 3 EStG)

5655 Die zu Ansammlungsrückstellungen dargestellten Grundsätze (vgl. Rz. 5648 ff.) gelten auch für die im Rahmen der Stilllegung von Kernkraftwerken bestehenden Verpflichtungen (insbesondere Abriss- und Entsorgungsverpflichtungen). Der Ansammlungszeitraum beginnt mit der erstmaligen Nutzung und endet in dem Zeitpunkt, in dem mit der Stilllegung begonnen werden muss. Bei noch nicht feststehendem Stilllegungszeitpunkt beträgt der Ansammlungszeitraum 25 Jahre.[282]

5656 Eine Verkürzung der ursprünglich geplanten Nutzungsdauer (z. B. frühere Stilllegung durch gesetzliche Regelung) ist durch eine außerplanmäßige Zuführung zur Rückstellung zu berücksichtigen. Sofern bei unbekanntem Nutzungsende ein Ansammlungszeitraum von 25 Jahren zugrunde gelegt worden ist, aber die tatsächliche bisherige Nutzungszeit am Bilanzstichtag diesen Zeitraum übersteigt, erfolgt weder eine teilweise Auflösung der Rückstellung noch eine Korrektur der bisher vorgenommenen Verteilung

---

[277] Gesetzliche Rücknahme- und Verwertungsverpflichtungen bestehen z. B. auch für Batterien sowie Elektro- und Elektronikgeräte (vgl. Rz. 5656 „Elektro- und Elektronikgeräte, Rücknahmeverpflichtung").
[278] So *Korn/Strahl*, in: Korn/Carlé/Stahl/Strahl, Einkommensteuergesetz Kommentar, § 6 Tz. 385.5.
[279] Nach § 6 Abs. 1 Nr. 3a Buchst. d Satz 3 EStG beginnt hier der Ansammlungszeitraum mit der erstmaligen Nutzung.
[280] So auch *Kiesel*, in: HHR, EStG/KStG, § 6 EStG Anm. 758.
[281] Vgl. BFH, Urteil vom 10.1.2007 – I R 53/05, BB 2007 S. 1432; *Ehmcke*, in: Blümich, EStG KStG GewStG, § 6 Rz. 978a.
[282] Im Atomgesetz sind die Stilllegungszeitpunkte nunmehr geregelt. Die drei jüngsten Reaktoren werden spätestens im Jahr 2022, die anderen spätestens 2019 und 2021 abgeschaltet.

des Rückstellungsbetrages. Die Abzinsung der Rückstellung, die nach § 6 Abs. 1 Nr. 3a Buchst. e Satz 3 EStG ausgehend vom feststehenden Stilllegungszeitpunkt bzw. vom Ende des 25-Jahres-Zeitraums vorzunehmen ist, hat dann auf Basis des voraussichtlichen Stilllegungszeitpunktes zu erfolgen.[283]

1.3.2.6 Abzinsung (§ 6 Abs. 1 Nr. 3a Buchst. e EStG)

Bis zur Einführung des Abzinsungsgebots durch das StEntlG 1999/2000/2002 waren Rückstellungen aufgrund der über das Maßgeblichkeitsprinzip auf die Steuerbilanz durchschlagenden Regelung des § 253 Abs. 1 Satz 2 HGB nur abzuzinsen, soweit die zugrundeliegende Verbindlichkeit einen Zinsanteil enthielt. Dafür war ein objektiv gewolltes Kreditgeschäft der beteiligten Parteien erforderlich, was bei ungewissen Verbindlichkeiten regelmäßig nicht gegeben war. Entsprechend lehnte der BFH die Abzinsung von Sachleistungsverpflichtungen ab.[284] Dagegen hat der BFH bei langfristigen Geldleistungsverpflichtungen (z. B. Jubiläumsverpflichtungen) regelmäßig ein die Abzinsung rechtfertigendes verdecktes Kreditgeschäft angenommen, was in der Literatur kritisiert wurde.[285]

5657

Nach § 6 Abs. 1 Nr. 3a Buchst. e EStG sind Rückstellungen für Verpflichtungen wie Verbindlichkeiten nun grundsätzlich mit einem Zinssatz von 5,5 % abzuzinsen.[286] Die Abzinsungspflicht besteht nach dem ausdrücklichen Wortlaut des § 6 Abs. 1 Nr. 3a Buchst. e Satz 2 EStG sowohl für Geld- als auch Sachleistungsverpflichtungen. Nach § 6 Abs. 1 Nr. 3a Buchst. e Satz 1 2. Halbsatz EStG gelten auch für Rückstellungen die in § 6 Abs. 1 Nr. 3 Satz 2 EStG für Verbindlichkeiten festgelegten Ausnahmen von der Abzinsungspflicht. Somit sind Rückstellungen für verzinsliche sowie für Verpflichtungen mit einer Restlaufzeit von weniger als 12 Monaten und auf einer Anzahlung oder Vorausleistung beruhende Rückstellungen von der Abzinsung ausgenommen.

Das Abzinsungsgebot wird damit begründet, dass eine erst in Zukunft zu erfüllende Schuld weniger belastet als eine sofort zu begleichende Verpflichtung. Einer dann allerdings sachgerechten Berücksichtigung von künftigen Preis- und Kostensteigerungen im Sinne einer Bewertung der Rückstellung entsprechend der tatsächlichen Leistungsfähigkeit, wie sie das Handelsrecht seit dem BilMoG vorsieht und wie es in der Literatur häufig gefordert wurde,[287] hat der Gesetzgeber durch die Einführung des § 6 Abs. 1 Nr. 3a Buchst. f EStG im Rahmen des BilMoG wohl endgültig eine Absage erteilt.[288]

5658

Das durch das BilMoG eingeführte handelsrechtliche Abzinsungsgebot des § 253 Abs. 2 HGB ist aufgrund des steuerlichen Bewertungsvorbehalts in den durch § 6 Abs. 1 Nr. 3a Buchst. e EStG geregelten Sachverhalten für die Steuerbilanz unbeachtlich.

---

283 Vgl. *Werndl*, in: Kirchhof/Söhn/Mellinghoff, EStG Kommentar, § 6 Tz. Da 35.
284 Vgl. z. B. BFH, Urteil vom 19.2.1975 – I R 28/73, BStBl 1975 II S. 480.
285 Vgl. z. B. *Schubert*, in: Beck'scher Bilanz-Kommentar, 11. Aufl., München 2018, § 253 Tz. 161.
286 Die Regelung ist nach dem BFH verfassungskonform, vgl. BFH, Urteil vom 5.5.2011 - IV R 32/07, BStBl II 2012 S. 98. Zur Diskussion hinsichtlich der Verfassungsmäßigkeit der steuerlich verwendeten Zinssätze vor dem Hintergrund des aktuellen Niedrigzinsumfeldes siehe Rz. 5735.
287 Vgl. z. B. *Günkel/Fenzl*, DStR 1999 S. 655.
288 Vgl. auch BFH, Urteil vom 5.5.2011 – IV R 32/07, BStBl II 2012 S. 98 Tz. 26, 32.

Hinsichtlich der grundsätzlichen Ausführungen zur Abzinsung und deren Technik wird wegen der gleichlautenden Regelung auf die Rz. 6191 ff. zur Abzinsung von Verbindlichkeiten verwiesen und an dieser Stelle nur auf die Besonderheiten der Abzinsung von Rückstellungen eingegangen.

5659 **Restlaufzeit/Abzinsungszeitraum:** Aufgrund der ungewissen Verbindlichkeiten innewohnenden Unsicherheit ist der Erfüllungszeitpunkt regelmäßig unbekannt und die Restlaufzeit daher unter Berücksichtigung der Umstände des jeweiligen Einzelfalls zu schätzen.

5660 **Abzinsungszeitraum – Geldleistungsverpflichtungen:** Sofern Geldleistungsverpflichtungen in Raten zu begleichen sind, ist die Restlaufzeit für jede Rate einzeln zu ermitteln bzw. zu schätzen.[289]

5661 **Abzinsungszeitraum – Sachleistungsverpflichtungen:** Nach § 6 Abs. 1 Nr. 3a Buchst. e Satz 2 EStG sind Rückstellungen für Sachleistungsverpflichtungen ausgehend vom voraussichtlichen Erfüllungszeitpunkt bzw. Beginn des Erfüllungszeitraums abzuzinsen, womit insbesondere für Verpflichtungen, die über einen längeren Zeitraum zu erbringen sind (z. B. Rekultivierungsverpflichtung, Rückbauverpflichtung, Beseitigung von Altlasten, Baugewährleistung etc.), anders als für handelsbilanzielle Zwecke,[290] eine Schätzung des Endes des Erfüllungszeitraums entbehrlich ist und ggf. bei kurzfristigem Beginn der Erfüllung eine Abzinsung unterbleibt, wie z. B. bei der Rückstellung für Aufbewahrungsverpflichtungen (vgl. Rz. 5665 „Aufbewahrung von Geschäftsunterlagen"). Für eine in Teilleistungen zu erbringende Verpflichtung, die als einheitliche Verpflichtung anzusehen ist, ist der Beginn der ersten Teilleistung maßgebend.[291]

Bei umfangreichen Sachleistungsverpflichtungen, die unterschiedliche (Teil-) Leistungen umfassen, stellt sich aufgrund des Einzelbewertungsgrundsatzes des § 252 Abs. 1 Nr. 3 HGB die grundsätzliche Frage, ob Teilleistungen einer einheitlichen Gesamtverpflichtung oder hier diverse selbständige Einzelverpflichtungen vorliegen.[292] Relevanz für die Abzinsung entfaltet dieses insbesondere, wenn bei den verschiedenen etwaig bestehenden Einzelverpflichtungen der Erfüllungszeitpunkt bzw. Beginn des Erfüllungszeitraums divergiert. Streitig ist dieses derzeit insbesondere hinsichtlich der Verpflichtungen zur Stilllegung, Rekultivierung und Nachsorge im Zusammenhang mit dem Betrieb einer Deponie. Während die Finanzverwaltung in ihrem „Deponieerlass" selbständige Verpflichtungen für die sog. Stilllegungs- und Nachsorgephase mit unterschiedlichen Abzinsungszeiträumen unterscheidet[293], geht das FG Münster in seinem Urteil vom 25.2.2015 von einer einheitlichen Gesamtverpflichtung aus.[294] Das inzwischen ergangene Revisionsurteil des BFH teilt zwar die in der Literatur geäußerten Bedenken hinsichtlich einer „Atomisierung" der Verpflichtungen[295], hat sich zu diesem Urteilsaspekt aber nicht abschließend geäußert und zwecks Klärung auf Basis

---

[289] Vgl. BMF, Schreiben vom 28.5.2005 – IV B 2 – S- 2175 – 7/05, BStBl 2005 I S. 699 Tz. 25.
[290] Vgl. IDW RS HFA 34 Tz. 39, FN-IDW 2013 S. 53 ff.
[291] Vgl. BMF, Schreiben vom 28.5.2005 – IV B 2 – S 2175 – 7/05, BStBl 2005 I S. 699 Tz. 26.
[292] Vgl. *Prinz*, WPg 2015 S. 1227, der in diesem Zusammenhang von „Verpflichtungsbündeln" spricht.
[293] Vgl. BMF, Schreiben vom 25.7.2005 -IV B 2 - S 2137 - 35/05, BStBl 2005 I S. 826, sog. "Deponieerlass".
[294] Vgl. FG Münster, Urteil vom 25.2.2015 - 9 K 147/11 K,G,F, EFG 2015 S. 1283.
[295] Vgl. z. B. *Behrens/Renner*, BB 2015, S. 2412.

der noch festzustellenden Rechtsgrundlagen für die jeweiligen Nachsorgeverpflichtungen an das FG zurückverwiesen.[296]

Zum Abzinsungszeitraum für „bergrechtliche" Verpflichtungen hat das BMF in seinem Schreiben vom 9.12.1999[297] ausführlich Stellung genommen. Hinsichtlich des für Kernkraftwerke relevanten Abzinsungszeitraums vgl. Rz. 5655 f.

> **BEISPIEL** zur Abzinsung von Ansammlungsrückstellungen (Fortsetzung von Rz. 5649):
> Herstellung eines Betriebsgebäudes am 1.1.01 auf einem gepachteten Grundstück, das nach 50 Jahren wieder abgerissen werden muss. Die Abbruchkosten betragen am 31.12.01 100.000 € und am 31.12.02 103.000 € auf Basis des jeweiligen Preisniveaus am Bilanzstichtag.
>
> Die Aufwendungen aus der Abbruchverpflichtung sind durch die zukünftigen Erlöse, die aus dem laufenden Betrieb erzielt werden, wirtschaftlich verursacht und daher über den Zeitraum der Gebäudenutzung (50 Jahre) in gleichen Raten anzusammeln.
>
> Zum 31.12.01 beträgt die Rückstellung somit 146 € (100.000 € × 1/50 × 0,073 (Restlaufzeit 49 Jahre)), zum 31.12.02 lautet der Wertansatz 308 € (103.000 € × 2/50 × 0,077 (Restlaufzeit 48 Jahre)). Der Aufwand aus der Zuführung zur Rückstellung beträgt somit im Wirtschaftsjahr 02 162 €.[298]

Ausnahmen von der Abzinsung: Rückstellungen für gesetzliche Rücknahme- und Verwertungsverpflichtung von Erzeugnissen, die vor dem Inkrafttreten dieser Verpflichtung in Verkehr gebracht worden sind, unterliegen nach § 6 Abs. 1 Nr. 3a Buchst. d Satz 2 2. Halbsatz EStG nicht dem Abzinsungsgebot (vgl. Rz. 5652).

5662

Nach Auffassung der Finanzverwaltung kann bei Pauschalrückstellungen, z. B. für Garantie- oder Gewährleistungsverpflichtungen, aus Vereinfachungsgründen unabhängig von der Restlaufzeit auf eine Abzinsung verzichtet werden.[299]

Sofern die zugrundeliegende Verpflichtung eine ausdrückliche oder konkludente Zinsabsprache bzw. eine verdeckte Verzinslichkeit enthält, ist eine Abzinsung ausgeschlossen (z. B. Rückstellung für Patentverletzung, da in der Schadenersatzklage regelmäßig auch Zinsansprüche geltend gemacht werden, die im Erfüllungsbetrag in Höhe der bis zum Bilanzstichtag verursachten Zinsen zu berücksichtigen sind). Diese Regelung erscheint auf den ersten Blick konträr zu der früheren BFH-Rechtsprechung (vgl. Rz. 5657) und unverständlich, da sie mangels Abzinsung zu höheren Bilanzansätzen für verzinsliche im Vergleich zu unverzinslichen Verpflichtungen führen könnte. Es bedeutet aber nicht, dass verzinsliche Verpflichtungen nicht abzuzinsen sind, sondern beschränkt lediglich den Anwendungsbereich des § 6 Abs. 1 Nr. 3a Buchst. e Satz 2 EStG auf unverzinsliche Verpflichtungen. Rückstellungen für verzinsliche ungewisse Verpflichtungen sind u. E. nunmehr aufgrund des Maßgeblichkeitsprinzips nach § 253 Abs. 2 Satz 1 HGB unter Verwendung des nach § 253 Abs. 2 HGB ermittelten Marktzinssatzes abzuzinsen.[300]

---

[296] Vgl. BFH, Urteil vom 8.11.2016 - I R 35/15, BStBl II 2017 S. 768.
[297] Siehe BMF, Schreiben vom 9.12.1999 – IV C 2 – S 2175 – 30/99, BStBl 1999 I S. 1127.
[298] Beachtlich ist die gravierende Auswirkung der Abzinsung.
[299] Vgl. BMF, Schreiben vom 28.5.2005 – IV B 2 – S- 2175 – 7/05, BStBl 2005 I S. 699 Tz. 27.
[300] So im Ergebnis auch *Groh*, DB 2007 S. 2277 auf Basis der früheren BFH-Rechtsprechung, der sich (vor Einführung des BilMoG) für die Verwendung des Marktzinses ausspricht; *Werndl*, in: Kirchhof/Söhn/Mellinghoff, EStG Kommentar, § 6 Tz. Da 43, der den vereinbarten Zins bzw. mindestens den gesetzlichen Zins von 5,5 % zugrunde legen möchte. So wohl auch das BMF zu Jubiläumsverpflichtungen, vgl. BMF, Schreiben vom 8.12.2008 – IV C 6 – S 2137/07/10002, BStBl 2008 I S. 1013 Tz. 9.

5663 **Anwendungsfälle:** In der Praxis ist das Abzinsungsgebot insbesondere für die folgenden Verpflichtungen relevant, da diese regelmäßig erst nach einem längeren Zeitraum zu erfüllen sind:

Rekultivierung, bergrechtliche Verpflichtungen, Stilllegung von Kernkraftwerken, Beseitigung von Altlasten, Pachterneuerung, Abbruch-/Entfernungsverpflichtung, Schadenrückstellungen von Versicherungsunternehmen[301], Rücknahmeverpflichtungen (z. B. für Altfahrzeuge, Elektrogeräte), Schadenersatzverpflichtungen, Einzelgewährleistungs-/garantiefälle, Altersteilzeit.

1.3.2.7 Künftige Preis- und Kostensteigerungen (§ 6 Abs. 1 Nr. 3a Buchst. f EStG)

5664 Die Vorschrift des § 6 Abs. 1 Nr. 3a Buchst. f EStG wurde durch das BilMoG mit Wirkung vom 1.1.2009 eingefügt. Sie ist zur Wahrung der „Steuerneutralität" des BilMoG erforderlich gewesen, da handelsrechtlich Rückstellungen nach § 253 Abs. 1 Satz 2 HGB i. d. F. des BilMoG zum Erfüllungsbetrag, also unter Berücksichtigung künftiger Preis- und Kostensteigerungen zu bewerten sind, und diese Regelung ohne entsprechende steuerliche Vorschrift durch das Maßgeblichkeitsprinzip auch in der Steuerbilanz zu beachten gewesen wäre.

Somit sind Rückstellungen entsprechend der bisherigen Rechtsprechung auch nach Einführung des steuerlichen Abzinsungsgebots weiterhin nach den Wertverhältnissen am Bilanzstichtag zu bewerten.[302]

1.4 ABC der sonstigen Rückstellungen – Ansatz und Bewertung

5665 **Abbruchverpflichtung:** Für die vertragliche Verpflichtung zum Abbruch bzw. zur Entfernung von Gebäuden bzw. Anlagen (z. B. bei Gebäuden auf fremden Grund und Boden aufgrund eines Mietvertrages) ist eine Rückstellung für ungewisse Verbindlichkeiten zu bilden, unabhängig davon, ob der Zeitpunkt des Abbruchs oder der Entfernung bereits feststeht.[303] Gleiches gilt grundsätzlich auch für öffentlich-rechtliche Verpflichtungen, wobei jedoch hinsichtlich der Wahrscheinlichkeit der Inanspruchnahme eine weitergehende Konkretisierung gefordert wird (vgl. Rz. 5576 ff.).[304] Die Rückstellung ist ratierlich anzusammeln und abzuzinsen (§ 6 Abs. 1 Nr. 3a Buchst. d Satz 1, e EStG) (siehe Rz. 5648 ff.).

Abfallbeseitigung vgl. „Umweltschutz"

Abfindung: Für voraussichtliche zukünftige Abfindungen an langjährige Mitarbeiter kann mangels Erfüllungsrückstand keine Rückstellung gebildet werden. Eine Passivierung der Verpflichtung als sonstige Verbindlichkeit bzw. als Rückstellung, sofern Ungewissheit hinsichtlich der Verpflichtungshöhe besteht, ist für den Fall, dass keine

---

301 Vgl. BMF, Schreiben vom 16.8.2000 – IV C 2 – S 2175 – 14/00, BStBl 2000 I S. 1218.
302 Vgl. BFH, Urteil vom 5.5.2011 – IV R 32/07, BStBl II 2012 S. 98, Tz. 24 f. Zur Kritik siehe *Herzig/Briesemeister*, DB 2009 S. 979 m. w. N. und Rz. 5633.
303 Vgl. BFH, Urteil vom 28.3.2000 – VIII R 13/99, BStBl 2000 II S. 612; OFD Hannover, Vfg. vom 14.12.2009 – S 2137 – 84 – StO 221/StO 222.
304 Vgl. BFH, Urteil vom 12.12.1991 – IV R 28/91, BStBl 1986 II S. 788.

Kündigung des Arbeitsverhältnisses erfolgt, erst mit Abschluss einer Abfindungsvereinbarung möglich.[305]

Abraumbeseitigung: Für unterlassene Aufwendungen für Abraumbeseitigung, die im folgenden Wirtschaftsjahr nachgeholt werden, besteht nach § 249 Abs. 1 Satz 2 Nr. 1 HGB in der Handelsbilanz Passivierungspflicht, wodurch nach dem Maßgeblichkeitsprinzip diese Aufwandsrückstellung auch in der Steuerbilanz anzusetzen ist. Für Abraumbeseitigungen, die sich aus rechtlichen Verpflichtungen ergeben, ist nach allgemeinen Grundsätzen eine Verbindlichkeitsrückstellung zu bilden.

Abrechnungsverpflichtung: Für Abrechnungsverpflichtungen, die sich als Nebenleistung aus einem zugrunde liegenden Vertrag ergeben (z. B. die Abrechnungsverpflichtung nach § 14 VOB/B bei Bauleistungen), ist eine Rückstellung zu bilden, sofern am Bilanzstichtag die Hauptleistung erbracht ist.[306] Gleiches gilt für die Abrechnungsverpflichtung z. B. von Versorgungsunternehmen für das abgelaufene Jahr, wenn die Bedeutung der Abrechnungsverpflichtung für das verpflichtete Unternehmen nicht unwesentlich ist (vgl. Rz. 5606 zur Kritik an der Wesentlichkeit als Rückstellungsvoraussetzung).[307]

Aktienoptionsprogramm vgl. „Stock Options"

Altfahrzeuge vgl. Rz. 5645, 5652

Altlasten vgl. „Umweltschutz"

Altersteilzeit: Gemäß §§ 1, 2, 4 Altersteilzeitgesetz[308] (AltTZG) soll durch Altersteilzeitarbeit älteren Arbeitnehmern ab dem 55. Lebensjahr ein gleitender Übergang von längstens sechs Jahren vom Erwerbsleben in die Altersrente ermöglicht werden.

Hierfür stehen zwei verschiedene Altersteilzeitmodelle zur Verfügung: Beim ersten Modell, das in der Praxis nur selten angewandt wird, wird die Arbeitszeit gleichmäßig über den Altersteilzeitzeitraum reduziert. Das zweite Modell (sog. **Blockmodell**) sieht vor, dass der Arbeitnehmer in der ersten Hälfte des Altersteilzeitzeitraums in vollem Umfang weiter arbeitet (Beschäftigungsphase) und anschließend vollständig von der Arbeit freigestellt wird (Freistellungsphase). Die Vergütung während der Altersteilzeit besteht aus dem hälftigen Arbeitslohn, einer Aufstockung in Höhe von mindestens 20 % des Vollzeitlohns und zusätzlichen Rentenversicherungsbeiträgen. Dem Arbeitgeber werden die Aufstockungsbeträge erstattet, wenn er einen arbeitslosen Arbeitnehmer einstellt oder einen Auszubildenden im Anschluss an die Ausbildung in ein Beschäftigungsverhältnis übernimmt.

Die grundsätzliche Ausgestaltung der Altersteilzeit einer Branche oder eines Betriebs wird häufig mittels Tarifverträgen oder Betriebsvereinbarungen geregelt. Diese sehen i. d. R. vor, dass die Altersteilzeit nur von einer bestimmten Anzahl von möglichen Anspruchsberechtigten in Anspruch genommen werden kann (Überforderungsschutz).

---

305 Vgl. BFH, Beschluss vom 9.5.1995 – IV B 97/95, BFH/NV 1995 S. 970; Hessisches FG, Urteil vom 9.12.2004 – 4 K 3327/03, EFG 2005 S. 938.
306 Vgl. BFH, Urteil vom 25.2.1986 – VIII R 134/80, BStBl 2000 II S. 612.
307 Vgl. BFH, Urteil vom 18.1.1995 – I R 44/94, BStBl 1995 II S. 742.
308 Altersteilzeitgesetz vom 23.7.1996, BGBl 1996 I S. 1078, zuletzt geändert durch Art. 151 des Gesetzes zum Abbau verzichtbarer Anordnungen der Schriftform im Verwaltungsrecht des Bundes vom 29.3.2017, BGBl 2017 I S. 626.

Die bilanzielle Behandlung von Altersteilzeitverhältnissen war stark umstritten. Lediglich hinsichtlich der Bildung einer gleichmäßig über die Beschäftigungsphase anzusammelnden Verbindlichkeitsrückstellung für den im Rahmen des Blockmodells entstehenden Erfüllungsrückstand aufgrund der Vorleistung des Arbeitnehmers durch volle Arbeitsleistung bei hälftiger Lohnzahlung bestand Einigkeit.[309] Der BFH hat in seinem Urteil vom 30.11.2005 eine zwischen den verschiedenen Bilanzierungsauffassungen vermittelnde Lösung gefunden.[310] Danach sind auch die **Aufstockungsbeträge** in die während der Beschäftigungsphase aufgrund des entstandenen Erfüllungsrückstands ratierlich anzusammelnde Verbindlichkeitsrückstellung einzubeziehen, weil auch diese Ansprüche des Arbeitnehmers untrennbar mit seiner Arbeitsleistung verknüpft sind.[311], [312] Nach Auffassung des IDW, der steuerlich nicht gefolgt wird, sind auch Arbeitnehmer, die aufgrund eines Tarifvertrags oder einer Betriebsvereinbarung die unentziehbare Möglichkeit zur Inanspruchnahme von Altersteilzeit haben, entsprechend der voraussichtlichen Wahrscheinlichkeit des Eintritts in die Altersteilzeit in die Rückstellungsbildung einzubeziehen.[313] Der durch die Wiederbesetzung des Arbeitsplatzes entstehende Erstattungsanspruch ist u. E. entgegen der Auffassung der Finanzverwaltung mangels hinreichender Konkretisierung nicht nach § 6 Abs. 1 Nr. 3a Buchst. c EStG gegenzurechnen.[314] Bemessungsgrundlage für die Bewertung der Rückstellung ist die gesamte in der Freistellungsphase zu gewährende Vergütung zuzüglich der zu erbringenden Aufstockungsbeträge und sonstigen Nebenleistungen, wie beispielsweise Urlaubsgeld, Weihnachtsgeld und Arbeitgeberanteile zur gesetzlichen Sozialversicherung. Die Rückstellung ist grundsätzlich nach § 6 Abs. 1 Nr. 3a Buchst. e EStG abzuzinsen und nach versicherungsmathematischen Grundsätzen zu bewerten, wobei der BFH im Urteilsfall auch eine Berücksichtigung der biometrischen Faktoren durch einen pauschalen Abschlag von 2 % zugelassen hat.[315] Die Finanzverwaltung lässt auch ein Pauschalverfahren zur Berücksichtigung der Abzinsung und der biometrischen Faktoren zu. Die Rückstellung ist während der Freistellungsphase des Arbeitnehmers zu verbrauchen (aufzulösen).

---

309 Vgl. das überholte BMF, Schreiben vom 11.11.1999 – IV C 2 – S 2176 – 102/99, BStBl 1999 I S. 959; IDW RS HFA 3, FN-IDW 2013 S. 309 ff.
310 Vgl. BFH, Urteil vom 30.11.2005 – I R 110/04, BStBl 2007 II S. 251; vgl. auch die Übersicht zu den verschiedenen Bilanzierungsauffassungen weiter unten. Für den sog. Nachteilsausgleich, welcher ATZ-Mitarbeitern aufgrund durch den vorzeitigen Rentenbeginn zu erwartenden Rentenkürzungen gewährt wird, dürfen Arbeitgeber keine Rückstellungen bilden (BFH, Urteil vom 27.9.2017 - I R 53/15, BFHE 260, 45.
311 Gl. A. BMF, Schreiben vom 11.3.2008 – IV B 2 – S 2175/07/0002, BStBl 2008 I S. 496 in Abweichung zur früheren Auffassung der Finanzverwaltung.
312 Die in 2013 aufgrund der Änderung des IAS 19 erfolgte Überarbeitung des IDW RS HFA 3 hat eine Annäherung an die BFH-Rechtsprechung ergeben, indem neuerdings nach der Art der Altersteilzeitvereinbarung differenziert wird (IDW RS HFA 3 Tz. 7, 19, 21 ff.); Bei Vereinbarungen mit **Abfindungscharakter** sind die zu leistenden Aufstockungsbeträge vollständig in Höhe ihres versicherungsmathematisch ermittelten Barwerts mit Abschluss des Altersteilzeitvertrages als Rückstellungen zu passivieren, wogegen bei Vereinbarungen mit **Entlohnungscharakter** die Rückstellung für die Aufstockungsbeträge über den Zeitraum anzusammeln sind, in dem die Entlohnung nach den getroffenen Vereinbarungen erdient wird (i. d. R. Zeitraum zwischen Abschluss ATZ-Vereinbarung und Ende der Beschäftigungsphase).
313 Vgl. IDW RS HFA 3 Tz. 14 f.
314 Vgl. *Günkel*, in: StbJb 2007/2008, Köln 2008, S. 233 m. w. N.
315 Vgl. BFH, Urteil vom 30.11.2005 – I R 110/04, BStBl 2007 II S. 251.

ABB. 1: Bilanzierung von Altersteilzeitverhältnissen nach Auffassung des BFH, der Finanzverwaltung und des IDW				
		IDW	Finanzverwaltung	BFH
Lohnzahlungen	Bilanzierungszeitpunkt	während der Beschäftigungsphase	während der Beschäftigungsphase	während der Beschäftigungsphase
	Einbeziehung von Anwartschaften auf den Abschluss eines Altersteilzeitvertrages	Ja	Nein	Nein
	Ansatz der Höhe nach	Betrag des noch nicht entlohnten Anteils der Arbeitsleistung (ratierlich)	Gesamte Vergütung der Freistellungsphase (ratierliche Erfassung von Lohn- und Aufstockungszahlungen)	Gesamte Vergütung der Freistellungsphase (ratierliche Erfassung von Lohn- und Aufstockungszahlungen)
	Abzinsung	Ja	grundsätzlich ja	Im Urteilsfall (vor Geltung des § 6 Abs. 1 Nr. 3a Buchst. e EStG): Nein Bei Geltung des § 6 Abs. 1 Nr. 3a Buchst. e EStG: Wohl ja
	Rückstellungsminderung durch Erstattungsleistungen	Nein	Ja	Nein
Aufstockungszahlungen	Bilanzierungszeitpunkt	abhängig von Art der ATZ-Vereinbarung (siehe Fn. 252)	Während der Beschäftigungsphase	Während der Beschäftigungsphase
	Einbeziehung von Anwartschaften auf den Abschluss eines Altersteilzeitvertrages	Ja	Nein	Nein
	Ansatz der Höhe nach	Vollständig	s. Behandlung bei Lohnzahlungen	s. Behandlung bei Lohnzahlungen
	Abzinsung	Ja	Ja	s. Behandlung bei Lohnzahlungen
	Rückstellungsminderung durch Erstattungsleistungen	Nein	Ja	Nein

Anpassungsverpflichtung vgl. „Umweltschutz"

Arbeitslosengeld: Die Entlassung eines älteren Arbeitnehmers, der anschließend Arbeitslosengeld bezieht, konnte bis zur Aufhebung der Norm zu Erstattungsverpflichtungen nach § 147a SGB III[316] (früher: § 128 Arbeitsförderungsgesetz) gegenüber der Bundesagentur für Arbeit führen, für die eine Rückstellung zu bilden ist, welche aufgrund der Laufzeit der Verpflichtung (längstens 32 Monate) nach § 6 Abs. 1 Nr. 3a Buchst. 3 EStG abzuzinsen sein kann.[317]

Aufbewahrung von Geschäftsunterlagen: Gemäß § 257 HGB und § 147 AO sind Geschäftsunterlagen sechs bzw. zehn Jahre aufzubewahren. Die Aufbewahrungsfrist beginnt nach § 257 Abs. 4 HGB bzw. § 147 Abs. 4 AO mit dem Schluss des Kalenderjahrs, in dem die letzte Eintragung in das (Handels-)buch vorgenommen, das Inventar aufgestellt, die Eröffnungsbilanz oder der Jahresabschluss festgestellt, der Handelsbrief empfangen oder abgesandt worden oder der Buchungsbeleg entstanden ist. Für den aus dieser sanktionsbewehrten,[318] öffentlich-rechtlichen Verpflichtung entstehenden zukünftigen Aufwand ist eine Rückstellung für ungewisse Verbindlichkeiten zu bilden. Die Aufbewahrungsverpflichtung ist wirtschaftlich verursacht mit Entstehung der Unterlagen.[319]

Die Bewertung hat gemäß § 6 Abs. 1 Nr. 3a Buchst. b EStG in Höhe der Einzelkosten zuzüglich angemessener Teile der notwendigen Gemeinkosten zu erfolgen (insbesondere einmaliger Aufwand für die Einlagerung der am Bilanzstichtag noch nicht archivierten Unterlagen für das abgelaufene Wirtschaftsjahr (u. a. auch für die Digitalisierung der Unterlagen und die Datensicherung), Raumkosten (anteilige Miete bzw. Gebäude-AfA, Grundsteuer, Gebäudeversicherung, Instandhaltung, Heizung, Strom), Aufwand für Einrichtungsgegenstände (AfA für Regale, Schränke), Finanzierungskosten[320] ggf. Aufwand für speziell für die Archivierung benötigte IT-Infrastruktur (AfA für Hard- und Software), anteilige Personalkosten (z. B. für Hausmeister, Reinigung, IT-Mitarbeiter).

Die Aufwendungen können gesondert für die Unterlagen eines aufzubewahrenden Jahrgangs ermittelt werden, und zwar als Produkt aus den jährlichen Aufwendungen für den jeweiligen Jahrgang mit der Anzahl der Jahre bis zum Ende der Aufbewahrungsfrist. Daneben ist es auch zulässig, die Rückstellung durch Multiplikation der jährlich für die Aufbewahrung anfallenden Aufwendungen mit der durchschnittlichen Restaufbewahrungsdauer zu ermitteln. Bei dieser in der Praxis häufig verwendeten Methode kann aus Vereinfachungsgründen die Berücksichtigung der unterschiedlichen Aufbewahrungszeiträume (sechs bzw. zehn Jahre) unterbleiben und der Faktor 5,5 zu-

---

316 Die Regelung des § 147a SGB III wurde durch das Gesetz zur Verbesserung der Eingliederungschancen am Arbeitsmarkt vom 20.12.2011, BGBl 2011 I S. 2854 mit Wirkung zum 1.4.2012 aufgehoben.
317 Vgl. BMF, Schreiben vom 10.12.1991 – IV B 2 – S 2137 – 66/91, BB 1992 S. 32 zur Vorgängerregelung des § 128 Arbeitsförderungsgesetz.
318 Zu beachten ist, dass Rückstellungen auch für die sanktionsbewehrte Aufbewahrung anderer als der kaufmännischen Geschäftsunterlagen zu bilden sind (insbesondere aufgrund branchenbezogener Vorschriften, wie z. B. für Ärzte, Krankenhäuser aufgrund der Röntgenverordnung). Vgl. *Baumann*, StBp 2015 S. 113 hinsichtlich der Archivierung von Patientenakten.
319 Vgl. BFH, Urteil vom 19.8.2002 – VIII R 30/01, BStBl 2003 II S. 131.
320 Vgl. BFH, Urteil vom 11.10.2012 – I R 66/11, BStBl 2013 II S. 676.

grunde gelegt werden (arithmetisches Mittel aus den Jahren eins bis zehn). Die nur einmalig anfallenden Aufwendungen (z. B. Digitalisierung) sowie die nicht zwischen den einzelnen Archivierungsjahrgängen teilbaren Aufwendungen (z. B. AfA für spezielle Archivierungssoftware) sind nicht in die vorgenannte Multiplikation einzubeziehen, sondern zusätzlich zu berücksichtigen. Die Rückstellung ist als Sachleistungsverpflichtung zwar grundsätzlich gemäß § 6 Abs. 1 Nr. 3a Buchst. e EStG bis zum Erfüllungszeitpunkt abzuzinsen. Da die Aufbewahrungspflicht sofort mit Entstehung der Unterlagen beginnt, ergibt sich jedoch kein berücksichtigungsfähiger Abzinsungszeitraum, so dass im Ergebnis eine Abzinsung unterbleibt.[321]

Ausbildungskosten: Die bilanziellen Auswirkungen von künftig erwarteten Ausbildungskosten wurden vor Einfügung des steuerlichen Bilanzierungsverbots für drohende Verluste aus schwebenden Geschäften eingehend diskutiert. Der Ansatz von (steuerlich zulässigen) Verbindlichkeitsrückstellungen kommt für diesen Sachverhalt nicht in Frage. Für künftige zu erwartende Ausbildungskosten, die durch ein Ausbildungsverhältnis bedingt sind, hat der BFH die Bildung einer Drohverlustrückstellung aufgrund der Ausgeglichenheitsvermutung hinsichtlich der beiderseitigen Ansprüche und Verpflichtungen aus dem schwebenden Vertragsverhältnis abgelehnt.[322] Gleiches soll selbst bei „Überbeständen" an Ausbildungsverhältnissen gelten, also in Fällen, in denen das ausbildende Unternehmen aus sozialen, arbeitsmarkt- oder wirtschaftspolitischen Gründen mehr Berufsausbildungsverträge abgeschlossen hat, als es zur Sicherung eines ausreichenden Bestands an ausgebildeten Fachkräften voraussichtlich benötigen wird.[323]

Betriebsprüfung: Aufwendungen, die durch die umfangreichen Mitwirkungs- und Erläuterungspflichten gemäß § 200 AO im Rahmen einer künftigen Betriebsprüfung entstehen, können als Rückstellung aufgrund einer öffentlich-rechtlichen Verpflichtung erst mit hinreichender Konkretisierung gebildet werden. Die hinreichende Konkretisierung ist unstreitig mit Zugang der Prüfungsanordnung gegeben, da die Mitwirkungspflicht dann rechtlich entsteht.[324] Bei Großbetrieben[325] i. S. d. BpO ist für die am Bilanzstichtag jeweils abgelaufenen Prüfungsjahre grundsätzlich eine Rückstellung auch ohne Prüfungsanordnung zu bilden, da die in § 4 Abs. 2 BpO vorgesehene sog. Anschlussprüfung in der Praxis mit ausreichend hoher Wahrscheinlichkeit[326] zu einer lückenlosen Prüfung

---

321 Vgl. BFH, Urteil vom 18.1.2011 – X R 14/09, BB 2011 S. 1007; OFD Magdeburg, Vfg. vom 21.9.2006 – S 2137 – 41 - St 211, DB 2006 S. 2491 und OFD Niedersachsen, Vfg. vom 5.10.2015 - S 2137 – 106 – St 221/St 222, DB 2015 S. 2726 mit Berechnungsbeispielen.
322 Vgl. BFH, Urteil vom 25.1.1984 – I R 7/80, BStBl 1984 II S. 344.
323 Vgl. BFH, Urteil vom 3.2.1993 – I R 37/91, BStBl 1993 II S. 441; a. A. *Küting/Kessler*, DStR 1993 S. 1045; *Schubert*, in: Beck'scher Bilanz-Kommentar, 10. Aufl., München 2016, § 249 Tz. 100 „Ausbildungskosten" m. w. N.
324 Vgl. H 5.7 (4) EStH unter Bezug auf BFH, Urteil vom 24.8.1972 – VIII R 21/69, BStBl 1973 II S. 55. Das zitierte Urteil betrifft noch nicht konkretisierte (zusätzliche) Buchführungsarbeiten, die erst durch die Betriebsprüfung veranlasst worden sind und ist u. E. daher nicht auf die sich aus den Mitwirkungspflichten ergebenden Verwaltungskosten anwendbar.
325 Neben den Großbetrieben dürften die Ausführungen auch für die anderen in § 4 Abs. 2 BpO aufgeführten Sachverhalte (Konzernunternehmen i. S. d. §§ 13, 18 BpO, eng miteinander verbundene Unternehmen gemäß § 18 BpO, international verbundene Unternehmen i. S. d. § 19 BpO) einschlägig sein, vgl. auch *Grützner*, StuB 2012 S. 834.
326 Nach den Monatsberichten des BMF betrug die Wahrscheinlichkeit bei Großbetrieben in den Jahren 2007 bis 2009 rund 80 % und in den Jahren 2010 bis 2012 über 70 %; vgl. z. B. Monatsbericht des BMF, September 2013, Tab. 5, die für das Jahr 2012 eine Wahrscheinlichkeit von 72 % aufweist.

der Veranlagungszeiträume führt, so dass ein Großbetrieb ernsthaft mit den sich aus einer Betriebsprüfung ergebenden Mitwirkungspflichten rechnen muss.[327] Zu Mehrsteuern aufgrund einer Betriebsprüfung vgl. Rz. 5799. Die Bewertung erfolgt gemäß § 6 Abs. 1 Nr. 3a Buchst. b EStG in Höhe der Einzelkosten zuzüglich angemessener Teile der notwendigen Gemeinkosten. Hierbei sind die Kosten für die gemäß § 200 Abs. 2 AO zur Verfügung zu stellenden Räumlichkeiten und Hilfsmittel sowie insbesondere die regelmäßig bedeutsameren Personalkosten bzw. Kosten von externen Beratern (insbesondere Wirtschaftsprüfer, Steuerberater), die für die Erbringung der Auskunftspflichten anfallen, anzusetzen. Nicht einbezogen werden dürfen sog. **Abwehrkosten** aufgrund von Betriebsprüfungsfeststellungen (z. B. für Einsprüche, Klageverfahren). Die Schätzung der Kosten sowie der erwartete Beginn der Betriebsprüfung, bis zu dem die Rückstellung gemäß § 6 Abs. 1 Nr. 3a Buchst. e EStG abzuzinsen ist, kann auf Basis der Erfahrungen in der Vergangenheit erfolgen.[328]

Buchführung vgl. „Jahresabschluss"

Bürgschaft: Für Verpflichtungen aus Bürgschaften oder ähnlichen Haftungsverhältnissen ist erst bei drohender Inanspruchnahme aus diesen Rechtsverhältnissen eine Verbindlichkeitsrückstellung zu passivieren.[329] Sofern eine größere Anzahl von Bürgschaftsverpflichtungen besteht, kann entsprechend der von der Rechtsprechung für Garantierückstellungen entwickelten Grundsätze unabhängig davon, ob einzelne Risiken erkennbar sind, auch eine Pauschalrückstellung gebildet werden, wenn objektiv die Gefahr einer Inanspruchnahme aus dem Gesamtbestand der Bürgschaften besteht.[330] Bei der Bewertung sind etwaige Einwendungsmöglichkeiten seitens des Bürgen, Sicherheiten des Hauptschuldners oder Mitbürgen zu berücksichtigen.[331] Daneben sind Rückgriffsforderungen gegen den Hauptschuldner oder Sicherheiten des Hauptschuldners nach den Grundsätzen des § 6 Abs. 1 Nr. 3a Buchst. c EStG bei der Bewertung in Höhe ihres werthaltigen Teils rückstellungsmindernd zu berücksichtigen, soweit deren Realisierung wahrscheinlich ist.[332] Bei tatsächlichem Eintritt des Bürgschaftsfalls ist die Rückgriffsforderung gegen den Hauptschuldner zu aktivieren und regelmäßig mangels Werthaltigkeit auf den niedrigeren Teilwert abzuschreiben. Eine zusätzliche Berücksichtigung im Rahmen der Rückstellungsbewertung scheidet dann aus. Sofern die Höhe der Inanspruchnahme aus der Bürgschaft feststeht, ist die Bürgschaftsverpflichtung als sonstige Verbindlichkeit auszuweisen.

Dienstjubiläum: Zur Bilanzierung dem Grunde nach vgl. Rz. 5590 ff. Die Bewertung der Rückstellung erfolgt nach den allgemeinen Regeln. Somit sind bei entgeltabhängigen Zusagen oder Sachzuwendungen die Preisverhältnisse des Bilanzstichtages zugrunde

---

327 Vgl. BFH, Urteil vom 6.6.2012 – I R 99/10, BStBl 2013 II S. 196; so bereits die Vorinstanz FG Baden-Württemberg, Urteil vom 14.10.2010 – 3 K 2555/09, EFG 2011 S. 339; *Kleine/Werner*, DStR 2006 S. 1957; *Weber-Grellet*, in: Schmidt, EStG-Kommentar, 37. Aufl. 2018, § 5 Tz. 550 „Betriebsprüfung".
328 Vgl. *Starke/Spies*, GmbHR 2005 S. 1044; BFH, Urteil vom 27.1.2010 – I R 35/09, BStBl 2010 II S. 478; *Eckert*, DB 2012 S. 2192; BMF, Schreiben vom 7.3.2013 – IV C 6 – S 2137/12/10001, BStBl 2013 I S. 274.
329 Vgl. BFH, Urteil vom 15.10.1998 – IV R 8/98, BStBl 1999 II S. 333; BFH, Beschluss vom 12.6.2013 – X B 191/12, BFH/NV 2013 S. 1622.
330 Vgl. FG Köln, Urteil vom 16.12.1986 – 5 K 352/83, BB 1986 S. 306.
331 Vgl. *Schubert*, in: Beck'scher Bilanz-Kommentar, 11. Aufl., München 2018, § 249 Tz. 100 „Bürgschaft".
332 Vgl. OFD München, Vfg. vom 12.4.2002 – S 2137 – 49 St 41/42, BB 2002 S. 1364.

zu legen, die vom Arbeitgeber zu leistenden Sozialversicherungsbeiträge und bei „Netto-Jubiläumszuwendungen" die vom Arbeitgeber zu tragende Lohnsteuer zu berücksichtigen. Der die Wahrscheinlichkeit der Inanspruchnahme abbildende Fluktuationsabschlag muss nur das vorzeitige Ausscheiden aufgrund von Tod oder Invalidität abdecken, da das vorzeitige Ausscheiden durch Kündigung bereits durch die Voraussetzung einer zehnjährigen Mindestdienstzeit pauschal berücksichtigt ist (vgl. Rz. 5594). Daneben ist zu beachten, dass nach § 5 Abs. 4 EStG bei den zu bewertenden Erfüllungsrückständen nur Zeiträume nach dem 31.12.1992 einbezogen werden dürfen. Die Rückstellung ist grundsätzlich ratierlich anzusammeln. Mit Erreichen der Mindest-Dienstverhältnisdauer von zehn Jahren ist jedoch der komplette Erfüllungsrückstand für den Erdienungszeitraum der Anwartschaft seit Dienstbeginn mit Ausnahme der Zeiträume vor dem 1.1.1993 der Rückstellung zuzuführen.[333] Als Bewertungsmethoden können sowohl das Teilwertverfahren nach den anerkannten Regeln der Versicherungsmathematik als auch das sog. Pauschalwertverfahren gewählt werden, das auf Basis einer von der Finanzverwaltung zur Verfügung gestellten Tabelle erfolgt, welche die Fluktuation durch Tod oder Invalidität und die Abzinsung berücksichtigt. Die Bewertungsmethode kann nur einheitlich für alle Zusagen angewandt werden und bindet den Steuerpflichtigen fünf Jahre.[334]

Druckbeihilfe siehe Rz. 5585.

Elektro- und Elektronikgeräte, Rücknahmeverpflichtung: Nach dem Gesetz über das Inverkehrbringen, die Rücknahme und die umweltverträgliche Entsorgung von Elektro- und Elektronikgeräten (Elektro- und Elektronikgerätegesetz – ElektroG)[335] sind die Rücknahme-/Entsorgungsverpflichtungen für Elektro- und Elektronikgeräte abhängig vom Zeitpunkt des Inverkehrbringens (sog. **Alt-Altgerät**, wenn vor dem 13.8.2005 in Verkehr gebracht, sog. **Neu-Altgerät**, wenn danach in Verkehr gebracht) und von den Nutzern der Geräte (private Haushalte, gewerbliche Nutzer).

▶ Fallgruppen:[336]

	Gerätenutzer	Rücknahme-/Entsorgungsverpflichtung
1	Alt-Altgeräte an private Haushalte (B2C)	Hersteller nach Maßgabe ihres Marktanteils zum Rücknahmezeitpunkt
2	Neu-Altgeräte an private Haushalte (B2C)	Hersteller, jedoch Methodenwahlrecht
3	Alt-Altgeräte an gewerbliche Nutzer (B2B)	Regelfall: Nutzer
4	Neu-Altgeräte an gewerbliche Nutzer (B2B)	Regelfall: Hersteller

---

333 Vgl. z. B. *Anzinger*, in: HHR, EStG/KStG, § 5 EStG Anm. 2031.
334 Vgl. BMF, Schreiben vom 8.12.2008 – IV C 6 – S 2137/07/10002, BStBl 2008 I S. 1013 Tz. 6 ff.; OFD Niedersachsen, Vfg. vom 6.2.2017 - S 2137 - 48 - St 221/St 222 unter Bezugnahme auf vorgenanntes BMF-Schreiben.
335 Seit Neuordnung des Gesetzes vom 20.10.2015 (BGBl. 2015 I S. 1739) besteht nach § 17 ElektroG auch für Händler ab einer Verkaufsfläche für Elektrogeräte von mindestens 400 qm eine Rücknahmepflicht, die in Abhängigkeit von der Abmessung (kleiner gleich/größer 25 cm) des Geräts zwei verschiedene Varianten der Rücknahmepflicht vorsieht. Eine Rückstellungsbildung soll mangels unentziehbarer Vermögensbelastung bzw. wirtschaftlicher Verursachung nicht möglich sein, vgl. *Oser/Philippsen/Wirtz*, StuB 2017 S. 569.
336 In Anlehnung an *Hoffmann/Lüdenbach*, NWB Kommentar Bilanzierung, 9. Aufl., Herne 2018, § 249 Rz. 71.

Zu 1: Alt-Altgeräte an private Haushalte (B2C)

Die Gerätehersteller sind zwar grundsätzlich zur Rücknahme verpflichtet, anders als bei Altfahrzeugen knüpft die sanktionsbewehrte (§ 23 ElektroG) öffentlich-rechtliche Verpflichtung aber nicht an die Inverkehrbringung dieser Geräte in der Vergangenheit an. Vielmehr betrifft die Verpflichtung nur Hersteller, die im Jahr der Rücknahme noch Neugeräte in Verkehr bringen. Somit ist die wirtschaftliche Verursachung der Verpflichtung in dem künftigen Verhalten und nicht in der Vergangenheit begründet, da es vollkommen unbeachtlich ist, ob die Alt-Altgeräte von den zur Rücknahme verpflichteten Herstellern in Verkehr gebracht worden sind. Eine Rückstellungsbildung scheidet daher aus.[337]

Zu 2: Neu-Altgeräte an private Haushalte (B2C)

Der Hersteller hat die Möglichkeit, die Rücknahmeverpflichtung auf Basis des unter 1. beschriebenen Verfahrens, also abhängig von seinem aktuellen Marktanteil (sog. **Umlagefinanzierung**), oder auf Basis seines Anteils an den zurückgenommenen Neu-Altgeräten (sog. **Vorwärtsfinanzierung**) zu ermitteln.

Während für die zweite Alternative hinsichtlich der Pflicht zur Rückstellungsbildung wohl Einigkeit besteht, wird die Bilanzierung der ersten Alternative kontrovers diskutiert. Teilweise wird analog zu den an private Haushalte vertriebenen Alt-Altgeräten aufgrund der Ermittlung der Rücknahmepflicht anhand des aktuellen Marktanteils ein Vergangenheitsbezug der Verpflichtung verneint und die Rückstellungsbildung abgelehnt.[338]

U. E. kann es für die Beurteilung der Frage der Rückstellungsbildung keinen Unterschied machen, für welches Verfahren sich der Hersteller entscheidet, da im Gegensatz zu den Alt-Altgeräten bei den Neu-Altgeräten die Rücknahmeverpflichtung vergleichbar mit derjenigen bei Altfahrzeugen an die Inverkehrbringung anknüpft und somit durch diese wirtschaftlich verursacht wird. Auch das Argument, dass der Hersteller sich durch Einstellung seiner Tätigkeit der Rücknahmepflicht entziehen kann,[339] überzeugt u. E. nicht, da der Gesetzgeber durch § 6 Abs. 3 ElektroG (Beibringung einer Garantie zur Finanzierung der Rücknahme und Entsorgung) sichergestellt hat, dass der Hersteller sich der Inanspruchnahme wirtschaftlich letztlich eben nicht entziehen kann. Für die Rücknahmepflicht von Neu-Altgeräten von privaten Haushalten ist daher u. E. eine Rückstellung zu bilanzieren.[340]

Nach dem BFH-Urteil vom 25.1.2017 ist die Verpflichtung durch das ElektroG alleine für den Ansatz einer Rückstellung nicht hinreichend konkretisiert, hierzu bedarf es vielmehr den Erlass einer behördlichen Abholanordnung (zu den besonderen Voraussetzungen zur Rückstellungsbildung bei öffentlich-rechtlichen Verpflichtungen siehe Rz. 5576).[341]

---

337 Vgl. *Oser/Roß*, WPg 2005 S. 107; nun auch bestätigt durch BFH, Urteil vom 25.1.2017 - I R 70/15, BStBl II 2017 S. 780.
338 Vgl. *Krink*, DB 2005 S. 1896; *Hoffmann/Lüdenbach*, NWB Kommentar Bilanzierung, 9. Aufl., Herne 2018, § 249 Rz. 73.
339 Vgl. *Hoffmann/Lüdenbach*, NWB Kommentar Bilanzierung, 9. Aufl., Herne 2018, § 249 Rz. 72 f.
340 Gl. A. *Oser/Roß*, WPg 2005 S. 1074.
341 Vgl. BFH, Urteil vom 25.1.2017 - I R 70/15, BStBl II 2017 S. 780; kritisch hierzu *Oser/Philippsen/Wirtz*, StuB 2017 S. 569.

Zu 3: Alt-Altgeräte an gewerbliche Nutzer (B2B)

Mangels Entsorgungsverpflichtung hat der Hersteller keine Rückstellung zu passivieren, es sei denn die Verpflichtung ist nach § 10 Abs. 2 Satz 3 ElektroG durch Vereinbarung zwischen Nutzer und Hersteller auf den Hersteller übertragen worden.

Zu 4: Neu-Altgeräte an gewerbliche Nutzer (B2B)

Mit Inverkehrbringung der Neu-Altgeräte entsteht die Rücknahmeverpflichtung. Zur Konkretisierungsanforderung des BFH für die Rückstellungsbildung siehe unter Fallgruppe 3. Allerdings besteht auch hier die Möglichkeit der Übertragung der Entsorgungsverpflichtung nach § 10 Abs. 2 Satz 3 ElektroG.

Emissionsberechtigung, „CO2-Zertifikate": Nach dem Gesetz über den Handel mit Berechtigungen zur Emission von Treibhausgasen (Treibhausgas-Emissionshandelsgesetz – TEHG)[342] müssen Betreiber der durch das Gesetz geregelten Anlagen für deren Emissionen Berechtigungen (CO_2-Zertifikate) nachweisen. Diese Zertifikate werden in einer gewissen Höhe zugeteilt (Erfassung auf einem Konto im **Emissionshandelsregister**) und sind handelbar. Nach Ablauf eines Emissionszeitraums (Kalenderjahr) müssen die Zertifikate für die erfolgten CO_2-Emissionen abgegeben werden. Reichen die ausgegebenen Emissionsberechtigungen nicht aus, müssen fehlende Berechtigungen zugekauft werden. Die sanktionsbewehrte Verpflichtung zur Abgabe der Emissionsberechtigungen ist zum Bilanzstichtag wirtschaftlich verursacht, weil sie an die bereits erfolgten Emissionen anknüpft und diese abgilt. Soweit am Bilanzstichtag auf dem Konto im Emissionshandelsregister im Vergleich zur Erfüllung der Abgabeverpflichtung für die tatsächlichen Emissionen zu wenig Zertifikate vorhanden sind, ist daher eine Rückstellung für ungewisse Verbindlichkeiten zu bilden. § 5 Abs. 4b EStG kommt nicht zur Anwendung. Die Rückstellungsbewertung erfolgt nach § 6 Abs. 1 Nr. 3a Buchst. b EStG mit den Einzelkosten (= Wert von Emissionsberechtigungen am Bilanzstichtag) und den notwendigen Gemeinkosten unbeachtlich davon, dass die Abgabeverpflichtung auch durch zukünftig unentgeltlich zugeteilte Zertifikate der Folgejahre erfüllt werden kann.[343]

Entfernungsverpflichtung vgl. „Abbruchverpflichtung"

Gewährleistung/Garantie: Unter dem Begriff der Garantieleistung werden sowohl vertragliche oder gesetzliche Gewährleistungs- oder Garantieleistungen als auch Kulanzleistungen, also faktische Verpflichtungen denen sich der Bilanzierende aus sittlichen, moralischen oder ähnlichen Gründen nicht entziehen kann, zusammengefasst. Zu den Garantieleistungen gehören dabei insbesondere der Umtausch, die Nachbesserung und die Rücknahme des Liefergegenstandes sowie die Gewährung eines Preisnachlasses oder einer Gutschrift bzw. die Verpflichtung zum Schadensersatz.[344]

Für die Verpflichtung zur Erbringung von Garantieleistungen ist nach ständiger Rechtsprechung eine Verbindlichkeitsrückstellung zu bilden, sofern und soweit die Inanspruchnahme des Steuerpflichtigen wahrscheinlich ist. Danach sind bis zum Bilanz-

---

[342] BGBl 2011 I S. 1475.
[343] Vgl. BMF, Schreiben vom 6.12.2005 – IV B 2 – S 2134 a – 42/05, BStBl 2005 I S. 1047 mit Berechnungsbeispielen.
[344] Vgl. Tiedchen, in: HHR, EStG/KStG, § 5 EStG Anm. 704 „Garantieleistungen".

stichtag bzw. bis zur Bilanzaufstellung gerügte Mängel zu beachten. Noch nicht gerügte Mängel sind auf Basis der Erfahrungen aus der Vergangenheit zu berücksichtigen, es sei denn, dass sich die Wahrscheinlichkeit der Inanspruchnahme auch ohne Erfahrungswerte aus der Vergangenheit aus den jeweiligen Umständen des Einzelfalls ergibt.[345]

Die Bewertung der zu passivierenden Garantierückstellungen kann einzeln, pauschal oder gemischt erfolgen, wobei in der Praxis regelmäßig das **gemischte Verfahren** Anwendung findet, d. h. neben den **Einzelrückstellungen** für bis zum Tag der Bilanzaufstellung bekannt gewordene Garantiefälle werden **Pauschalrückstellungen** für die drohende Inanspruchnahme aus den noch nicht gerügten Mängeln gebildet.[346] Die Bewertung hat gemäß § 6 Abs. 1 Nr. 3a Buchst. b EStG in Höhe der Einzelkosten zuzüglich angemessener Teile der notwendigen Gemeinkosten zu erfolgen. Die Höhe der Pauschalrückstellung wird in der Praxis regelmäßig durch Anwendung eines bestimmten Prozentsatzes nach betriebsindividuellen Erfahrungswerten auf die Umsatzerlöse geschätzt, aus denen noch Gewährleistungsrisiken resultieren können.[347] Um Doppelerfassungen zu vermeiden, sind die Umsätze, für die bereits Einzelrückstellungen gebildet worden sind, vor Anwendung des Prozentsatzes zu kürzen.[348] Bei der Bewertung der Rückstellung sind **Rückgriffsansprüche** z. B. gegen Vorlieferanten nach den Grundsätzen des § 6 Abs. 1 Nr. 3a Buchst. c EStG rückstellungsmindernd zu berücksichtigen.[349] Garantierückstellungen sind grundsätzlich nach § 6 Abs. 1 Nr. 3a Buchst. e EStG abzuzinsen, wobei nach Auffassung der Finanzverwaltung bei Pauschalrückstellungen wegen der Problematik der Laufzeitbestimmung aufgrund des fehlenden Bezugs zu einzelnen Garantieverpflichtungen aus Vereinfachungsgründen auf eine Abzinsung verzichtet werden kann.[350]

> **BEISPIEL** Etwaige Gewährleistungsansprüche aus den Verkäufen eines Handelsunternehmens verjähren gem. § 438 Abs. 1 Nr. 3 BGB nach 2 Jahren. Aus dem Verkauf der in Vorjahren abgesetzten Geräte ist bekannt, dass während der Gewährleistungsfrist Gewährleistungsaufwendungen in Höhe von durchschnittlich 1 % vom Nettoumsatz entstehen. Für die in 2010 abgesetzten Produkte sind bisher Gewährleistungen in Höhe von 500.000 € geleistet worden. Für die in 2011 verkauften Produkte sind bisher keine Gewährleistungsansprüche zu verzeichnen.

Jahr	Nettoumsatz	Erwartete Gewährleistungsaufwendungen	Bereits angefallene Gewährleistungsaufwendungen	Differenz (drohende Inanspruchnahme)
2009	90 Mio. €	–	0,9 Mio. €	–
2010	100 Mio. €	1 Mio. €	0,5 Mio. €	0,5 Mio. €
2011	110 Mio. €	1,1 Mio. €	–	1,1 Mio. €
				1,6 Mio. €

---

345 Vgl. BFH, Urteil vom 28.3.2000 – VIII R 77/96, BStBl 2002 II S. 227.
346 Vgl. BFH, Urteil vom 17.2.1993 – X R 60/89, BStBl 1993 II S. 437.
347 Früher wurden von der Finanzverwaltung im Rahmen einer Betriebsprüfung Prozentsätze bis 0,5 % auf die garantiebehafteten Umsätze im Falle von branchenüblichen Garantierückstellungen nicht beanstandet. Diese interne Verwaltungsregelung ist inzwischen aufgehoben worden; vgl. *Seidel*, StBp 2009 S. 285.
348 Vgl. BFH, Urteil vom 7.10.1982 – IV R 39/80, BStBl 1983 II S. 104.
349 So schon BFH, Urteil vom 17.2.1993 – X R 60/89, BStBl 1993 II S. 437 zur Rechtslage vor Einführung von § 6 Abs. 1 Nr. 3a Buchst. c EStG.
350 Vgl. BMF, Schreiben vom 28.5.2005 – IV B 2 – S- 2175 – 7/05, BStBl 2005 I S. 699 Tz. 27.

Zum 31.12.2011 sind für die Rückstellungsermittlung nur noch die Umsatzerlöse der Jahre 2010 und 2011 relevant, da für die Umsätze früherer Zeiträume die Gewährleistungsfrist abgelaufen ist. Es ist eine Rückstellung für Gewährleistungen in Höhe von 1,6 Mio. € zu passivieren. Auf eine Abzinsung kann nach Auffassung der Finanzverwaltung verzichtet werden.

Gleitzeitguthaben: Für Gleitzeitguthaben eines Arbeitnehmers ist nach den für rückständige Urlaubsverpflichtungen geltenden Grundsätzen eine Rückstellung zu bilden (vgl. „Urlaubsrückstand").

Gratifikationen: Sofern durch vertragliche Vereinbarung oder aufgrund jahrelanger betrieblicher Übung ohne Vorbehaltsklausel Ansprüche von Arbeitnehmern auf Gratifikationen, Tantiemen, Boni u. Ä. bestehen, welche die Arbeitsleistung der Vergangenheit abgelten sollen, sind hierfür unstreitig Verbindlichkeitsrückstellungen zu bilanzieren.[351] Das gilt auch dann, wenn die Gratifikation nur unter der Voraussetzung der weiteren Betriebszugehörigkeit gewährt wird, sofern die Vergütung nach Merkmalen der Vergangenheit (z. B. Arbeitsleistung, Dauer der Betriebszugehörigkeit) bemessen wird. Dem ist allerdings im Rahmen der Bewertung durch Berücksichtigung eines Fluktuationsabschlags Rechnung zu tragen.[352] Die Rückstellung ist in diesen Fällen nach § 6 Abs. 1 Nr. 3a Buchst. e EStG abzuzinsen. Für Zusagen, die eine Zahlung der Gratifikation erst nach langer Zeit und in Abhängigkeit von der künftigen Ertrags- und Liquiditätslage vorsehen, kann wegen fehlender wirtschaftlicher Verursachung in der Vergangenheit aufgrund der Anknüpfung an die zukünftige Ertragslage des Unternehmens keine Rückstellung bilanziert werden.[353]

Grundsätze zum Datenzugriff (GoBD[354] (früher: GDPdU)): Rückstellungen für die Aufwendungen zur Anpassung eines betrieblichen EDV-Systems an die GoBD sind nach den für die Rückstellung für die Aufbewahrung von Geschäftsunterlagen entwickelten Grundsätzen zu passivieren, da sie lediglich die Aufbewahrungs- bzw. Mitwirkungspflichten hinsichtlich elektronischer Dokumente konkretisieren (vgl. Rz. 5665 „Aufbewahrung von Geschäftsunterlagen").[355] Sofern die erforderlichen Anpassungsmaßnahmen als Anschaffungs-/Herstellungskosten zu aktivieren sind, sind die betreffenden Aufwendungen gemäß § 5 Abs. 4b Satz 1 EStG nicht in die Rückstellung einzubeziehen.[356]

Handelsvertreter: Für künftige Ausgleichsansprüche von Handelsvertretern nach § 89b HGB im Falle der Beendigung des Vertragsverhältnisses sind keine Verbindlichkeitsrückstellungen zu bilden, da die Ausgleichsverpflichtung nach der gesetzlichen Regelung u. a. daran geknüpft ist, das das Unternehmen nach Vertragsbeendigung aus den Geschäftsverbindungen des Handelsvertreters mit hoher Wahrscheinlichkeit erhebliche Vorteile hat, wodurch die Verpflichtung nicht in der Vergangenheit wirt-

---

351 Vgl. z. B. *Hoffmann/Lüdenbach*, NWB Kommentar Bilanzierung, 9. Aufl., Herne 2018, § 249 Rz. 103.
352 Vgl. BFH, Urteil vom 7.7.1983 – IV R 47/80, BStBl 1983 II S. 753.
353 Vgl. BFH, Urteil vom 18.6.1980 – I R 72/76, BStBl 1980 II S. 741.
354 BMF, Schreiben vom 14.11.2014 – IV A 4 – S 0316/13/10003, BStBl 2014 I S. 1450.
355 Nach Auffassung der Finanzverwaltung darf eine Rückstellung erstmals in dem Wirtschaftsjahr gebildet werden, das nach dem 24.12.2008 endet, da erst mit Wirkung vom 25.12.2008 mit der Regelung des durch das Jahressteuergesetz 2009 eingefügten § 146 Abs. 2b AO eine die Verpflichtung zur Einräumung des Datenzugriffs sanktionierende Vorschrift besteht; vgl. OFD Münster, Kurzinformation vom 15.4.2010 Nr. 6/2010, DStR 2010 S. 1785; BMF, Schreiben vom 11.3.2010 – IV C 6 – S 2137/0.
356 Vgl. *Schumann*, EStB 2011 S. 226.

schaftlich verursacht ist. Sie ist am Bilanzstichtag auch noch nicht rechtlich entstanden, wenn keine Kündigung vorliegt. Eine Rückstellungsbildung ist erst im Zeitpunkt der **Vertragsbeendigung** möglich.[357] Sofern in Ausnahmefällen dem Handelsvertreter nach Vertragsbeendigung unabhängig von zukünftigen Vorteilen des Geschäftsherrn eine Fortzahlung der Provisionen gewährt wird, durch die nicht die Einhaltung eines nachvertraglichen Wettbewerbsverbots abgegolten werden soll, ist für die Verpflichtung gegenüber dem Handelsvertreter eine Rückstellung für ungewisse Verbindlichkeiten zu bilden.[358]

Hauptversammlung: Eine Verbindlichkeitsrückstellung für die erwarteten Aufwendungen resultierend aus der Durchführung der Hauptversammlung darf wegen der überwiegend fehlenden wirtschaftlichen Verursachung im abgelaufenen Wirtschaftsjahr nicht gebildet werden.[359]

Jahresabschluss: Es besteht eine öffentlich-rechtliche Verpflichtung zur Jahresabschlusserstellung, für die zugrunde liegende Buchführung, für die Erstellung der Betriebssteuererklärungen sowie für bestimmte Steuerpflichtige auch zur Prüfung und Veröffentlichung des Jahresabschlusses. Die Jahresabschlussprüfung kann auch privatrechtlich (z. B. durch Satzung, Gesellschaftsvertrag, Vereinbarung mit Gläubigern) vereinbart sein. Daneben kann sie auf freiwilliger Basis erfolgen.

▶ Aufwendungen für Jahresabschluss-/Lageberichtserstellung, Buchführung:

Es ist eine Rückstellung für ungewisse Verbindlichkeiten zu bilden, da die öffentlich-rechtliche Verpflichtung zur Aufstellung des Jahresabschlusses und ggf. des Lageberichts sowie zur Verbuchung der laufenden Geschäftsvorfälle des betreffenden Wirtschaftsjahres durch den Betrieb des Unternehmens im abgelaufenen Wirtschaftsjahr wirtschaftlich verursacht und auch sanktionsbewehrt (u. a. § 283b StGB) ist.[360]

▶ Aufwendungen für Jahresabschlussprüfung:

Gesetzliche Verpflichtung (z. B. nach § 316 HGB):

Es ist entsprechend der Begründung zur Jahresabschlusserstellung eine Verbindlichkeitsrückstellung zu bilden.[361] Eine Sanktionierung besteht z. B. für Kapitalgesellschaften durch die Nichtigkeit ungeprüfter Jahresabschlüsse gemäß § 256 Abs. 1 Nr. 2 AktG.[362]

Privatrechtliche Verpflichtung (z. B. nach Satzung):

Nach Auffassung der Finanzverwaltung ist in diesem Fall eine Rückstellungsbildung mangels Außenverpflichtung (bei Satzungsregelung) oder wirtschaftlicher Verursa-

---

[357] Vgl. BFH, Urteil vom 20.1.1983 – IV R 168/81, BStBl 1983 II S. 375. Kritisch hierzu u. a. *Krumm*, in: Blümich, EStG KStG GewStG, § 5 Rz. 1000, da der Ausgleichsanspruch Vorteile abgelten soll, die aus der Leistung des Handelsvertreters in der Vergangenheit resultieren.

[358] Vgl. BFH, Urteil vom 24.1.2001 – I R 39/00, BStBl 2005 II S. 465.

[359] Vgl. BFH, Urteil vom 24.1.2001 – I R 39/00, BStBl 2005 II S. 465.

[360] Vgl. BFH, Urteile vom 20.3.1980 – IV R 89/79, BStBl 1980 II S. 297 für Jahresabschluss; vom 23.7.1980 – I R 28/77, BStBl 1980 II S. 62 für Lagebericht; vom 25.3.1992 – I R 69/91, BStBl 1992 II S. 1010 für Buchführung.

[361] Vgl. BFH, Urteil vom 23.7.1980 – I R 28/77, BStBl 1980 II S. 62.

[362] Vgl. *Tiedchen*, in: HHR, EStG/KStG, § 5 EStG Anm. 704 „Jahresabschluss, Buchführung".

chung (bei vertraglicher Vereinbarung) nicht zulässig.[363] Der BFH hat inzwischen für den Fall einer sich aus dem Gesellschaftsvertrag ergebenden Prüfungspflicht aufgrund der nach seiner Auffassung nicht gegebenen Außenverpflichtung die Auffassung der Finanzverwaltung bestätigt.[364] Die bisher wohl h. M. ist hier von einer Passivierungspflicht ausgegangen, da auch in diesen Fällen eine Verpflichtung gegenüber Dritten (Gesellschafter) besteht. Schließlich können die Gesellschafter ihren Anspruch z. B. auch auf dem Klageweg geltend machen, weshalb sich hinsichtlich der Rückstellungsbildung kein Unterschied zu einer gesetzlichen Prüfungspflicht ergeben sollte.[365] Es bleibt abzuwarten, wie sich der BFH bei Abschlussprüfungen aufgrund anderer vertraglicher Verpflichtungen positioniert, wie sie z. B. häufig in Kreditverträgen für das kreditnehmende Unternehmen zu finden sind. U. E. sollte in diesen Fällen aufgrund der vorliegenden Außenverpflichtung weiterhin der Ansatz einer Rückstellung erforderlich sein.[366]

Freiwillige Prüfung:

Wegen fehlender Außenverpflichtung ist die Bildung einer Rückstellung nicht zulässig.

▶ Offenlegung des Jahresabschlusses:

Die Rückstellungsbildung ist erforderlich, da eine sanktionsbewehrte (§ 334 Abs. 1 Nr. 5 HGB) öffentlich-rechtliche Verpflichtung (§§ 325 ff. HGB) besteht, die entsprechend der Verpflichtung zur Aufstellung des Jahresabschlusses im abgelaufenen Wirtschaftsjahr wirtschaftlich verursacht ist.[367]

▶ Betriebssteuererklärungen:

Auch hier besteht eine sanktionsbewehrte, öffentlich-rechtliche Verpflichtung, welche die Bildung einer Rückstellung für die durch die Erstellung der Betriebssteuererklärungen für das abgelaufene Wirtschaftsjahr verursachten Aufwendungen bedingt. Entgegen der Auffassung des BFH umfasst u. E. die Rückstellung auch die Kosten für die Erklärung zur einheitlichen und gesonderten Gewinnfeststellung bei Personengesellschaften, die nicht als Betriebsausgabe abziehbar sind.[368] Die Nichtabziehbarkeit ist außerhalb der Steuerbilanz durch Hinzurechnung zum Gewinn zu berücksichtigen.

Die Bewertung der vorgenannten Rückstellungen erfolgt nach § 6 Abs. 1 Nr. 3a Buchst. b EStG zu den Einzelkosten und angemessenen Teilen der Gemeinkosten. Eine Begrenzung der Rückstellung auf Einzelkosten oder auf den Betrag, der für die Leistung an

---

363 Vgl. BMF, Schreiben vom 16.1.1981 – IV B 2 – S 2137 – 39/80, DB 1981 S. 398; vom 19.11.1982 – IV B 2 – S 2137 – 44/82, DB 1982 S. 2490;.
364 Vgl. BFH, Urteil vom 5.6.2014 - I R 26/11, BStBl 2014 II S. 886; kritisch hierzu *Prinz*, DB 2014 S. 2188; *Hennrichs*, StuW 2015 S. 65; *Oser*, StuB 2015 S. 6.io
365 Vgl. *Herzig/Köster*, in: Handbuch des Jahresabschlusses, Abt. III/5 Tz. 422; IDW RH HFA 1.009, Tz. 1, 6, FN-IDW 2010 S. 854 ff. Das Niedersächsisches FG hatte als Vorinstanz zur vorgenannten BFH-Entscheidung vom 5.6.2014 in seinem Urteil vom 26.5.2011 (14 K 229/09, BB 2011 S. 2415), die wirtschaftliche Verursachung für den Fall der sich aus dem Gesellschaftsvertrag ergebenden Prüfungspflicht abgelehnt. Der BFH musste hierüber nicht entscheiden, da er schon aufgrund fehlender Außenverpflichtung die Rückstellungsbildung versagte.
366 Vgl. auch *Prinz*, DB 2014 S. 2190; *Hennrichs*, StuW 2015 S. 65; *Oser*, StuB 2015 S. 7.
367 Vgl. BFH, Urteil vom 23.7.1980 – I R 28/77, BStBl 1980 II S. 62.
368 Vgl. BFH, Urteil vom 24.11.1983 – IV R 22/81, BStBl 1984 II S. 301.

fremde Dritte zu entrichten wäre, wie sie der BFH noch zur früheren Rechtslage für die internen Kosten der Jahresabschluss- oder Steuererklärungserstellung entschieden hat,[369] ist u. E. danach nicht mehr begründet.[370]

Jubiläum vgl. „Dienstjubiläum"

Latente Steuern vgl. Rz. 2510 ff.

Lohnfortzahlung im Krankheitsfall: Es sind keine Rückstellungen für künftige Lohnfortzahlungen im Krankheitsfall aufgrund eines Erfüllungsrückstands zum Bilanzstichtag zu bilden, da der Arbeitnehmer nicht vor dem Bilanzstichtag für künftige Gehaltsfortzahlungen im Krankheitsfall vorgeleistet hat. Der Anspruch resultiert vielmehr aus gesetzlichen Bestimmungen oder arbeitsvertraglichen Vereinbarungen und ist von Vorleistungen des Mitarbeiters unabhängig.[371]

Mietgarantie: Im Rahmen von Grundstücksveräußerungen werden Investoren durch den Veräußerer häufig Mietgarantien gewährt. Sofern die zugesicherten Mieten am Markt voraussichtlich nicht realisiert werden können und die Inanspruchnahme aus der Zusicherung aufgrund der Mietpreise am Bilanzstichtag wahrscheinlich ist, ist für die Unterdeckung aus der Mietgarantie eine Rückstellung für ungewisse Verbindlichkeiten anzusetzen, da die Aufwendungen aus der Mietgarantie durch die Grundstücksveräußerung wirtschaftlich verursacht sind.[372] Eine Qualifikation als Drohverlustrückstellung dürfte in diesem Zusammenhang nicht in Betracht kommen, da hierfür ein schwebendes Geschäft vorliegen müsste.[373] Schwebende Geschäfte sind gegenseitige auf Leistungsaustausch gerichtete Verträge, die noch nicht voll erfüllt sind.[374] Ein Garantievertrag ist jedoch ein einseitiges Leistungsversprechen gegenüber dem Begünstigten und eben kein gegenseitiger Vertrag. Auch ähnelt die Abgabe einer Mietgarantie einem Versicherungsvertrag, weswegen die hierzu entwickelten Grundsätze analog anzuwenden sein dürften. Durch die Abgabe des Versicherungsversprechens, für Schadensfälle aufzukommen, und die Entrichtung der Versicherungsprämie ist dieser Vertrag von beiden Seiten erfüllt. Für die Verpflichtung, Schadensfälle zu regulieren, ist nach allgemeinen Kriterien eine Rückstellung für ungewisse Verbindlichkeiten zu bilanzieren.[375]

Nachbetreuungsleistungen: Für Nachbetreuungsleistungen im Zusammenhang mit dem Abschluss eines Kaufvertrages, wie sie z. B. von Hörgeräteakustikern und Optikern zugesagt werden, sind Rückstellungen für ungewisse Verbindlichkeiten zu passivieren.[376]

---

[369] So nun auch BFH, Urteil vom 11.10.2012 – I R 66/11, BStBl 2013 II S. 676 Tz. 21, gl. A. *Weber-Grellet*, in: Schmidt, EStG, 37. Aufl. 2018, § 5 Tz. 550 „Jahresabschluss".
[370] Vgl. BFH, Urteil vom 24.11.1983 – IV R 22/81, BStBl 1984 II S. 301.
[371] Vgl. BFH, Urteile vom 27.6.2001 – I R 11/00, BStBl 2001 II S. 758; vom 7.6.1988 – VIII R 296/82, BStBl 1988 II S. 886.
[372] Vgl. *Hofer*, DB 2003 S. 1072 f.
[373] So auch *Weber-Grellet*, in: Schmidt, EStG, 37. Aufl. 2018, § 5 Tz. 550 „Mietpreiszusicherung".
[374] Vgl. BFH, Urteil vom 23.6.1997 – GrS 2/93, BStBl 1997 II S. 735.
[375] Vgl. *Günkel*, in: StbJb 2004/2005, Köln 2005, S. 321.
[376] Vgl. BFH, Urteil vom 5.6.2002 – I R 96/00, BStBl 2005 II S. 736; BMF, Schreiben vom 12.10.2005 – IV B 2 – S 2137 – 38/05, BStBl 2005 I S. 953; vgl. auch BFH, Urteil vom 19. 7. 2011 – X R 26/10, DStR 2011 S. 1990 und BFH, Urteil vom 12.12.2013 - X R 25/11, BStBl 2014 II S. 517 für die Verpflichtung zur Nachbetreuung von Versicherungsverträgen.

Nachbetreuungsleistungen stellen künftige Dienstleistungen dar, wie bspw. jederzeitige Hilfestellung für den Gebrauch des Gerätes sowie Anpassungen, Nachbesserungen und turnusmäßige Überprüfungen, die unabhängig von unsachgemäßer Behandlung und Verschulden der Abnehmer zu erbringen sind. Derartige Verpflichtungen zu Nachbetreuungsleistungen sind mit dem Kaufpreis abgegolten und somit auf die im Zusammenhang mit der Veräußerung eingegangene Verpflichtung zur kostenfreien Nachbetreuung zurückzuführen. Daher ist die wirtschaftliche Verursachung dieser Verpflichtung nicht erst mit der Erforderlichkeit der jeweiligen Nachbesserungsleistung entstanden, sondern bereits mit Abschluss des Kaufvertrages.[377] Gleiches gilt für die sich aus anderen Verträgen ergebende Verpflichtung zur Nachbetreuung, wie z. B. die Verpflichtung zur Nachbetreuung von Versicherungsverträgen.[378] Die Rückstellung ist nach § 6 Abs. 1 Nr. 3a Buchst. e Satz 2 EStG vom geschätzten Zeitpunkt der erstmaligen Betreuungsmaßnahme abzuzinsen.[379]

Patent-, Urheber-, Schutzrechtsverletzung: Zur Bilanzierung dem Grunde nach vgl. Rz. 5586 ff. Die Bewertung bemisst sich nach den möglichen Schadensersatzansprüchen des Rechtsinhabers, der seinen Schaden auf drei verschiedene Arten berechnen kann: Ersatz des ihm unmittelbaren entstandenen Schadens einschließlich Gewinn, angemessene Lizenz anstelle des entgangenen Gewinns oder erwirtschafteter Gewinn des Rechtsverletzers anstelle des entgangenen Gewinns.[380] In der Praxis hat sich die Schätzung der Rückstellung in Höhe einer angemessenen Lizenz auf die erzielten Umsatzerlöse durchgesetzt.[381]

Pensionssicherungsverein: Für künftige Beiträge an den Pensionssicherungsverein kann mangels wirtschaftlicher Verursachung in der Vergangenheit keine Rückstellung bilanziert werden. Die Bildung einer Rückstellung ist nur für zum Bilanzstichtag ausstehende Beitragsverpflichtungen für zurückliegende Zeiträume möglich.[382]

Vor der Umstellung des Finanzierungsverfahrens des Pensionssicherungsvereins durch das Gesetz über die betriebliche Altersversorgung vom 12.12.2006 vom Umlage- auf das Kapitaldeckungsverfahren war die Bilanzierung der künftigen Beiträge aufgrund der mittels des Umlageverfahrens nicht gedeckten unverfallbaren Anwartschaften äußerst umstritten.[383] Durch die Umstellung der Finanzierung war von den Unternehmen zur Erreichung der vollen Kapitaldeckung ein einmaliger Sonderbeitrag zu erheben, der ab 31.3.2007 in 15 gleichen Jahresraten zu tilgen und als Verbindlichkeit nach allgemeinen Grundsätzen unter Berücksichtigung der Abzinsung zu passivieren ist, sofern nicht von

---

377 Vgl. *Günkel*, in: StbJb 2005/2006, Köln 2006, S. 265 ff.
378 Vgl. BFH, Urteil vom 19.7.2011 – X R 26/10, DStR 2011 S. 1990; BMF, Schreiben vom 20.11.2012 – IV C 6 – 2127/09/10002, DStR 2012 S. 2439; BFH, Urteil vom 12.12.2013 - X R 25/11, BStBl 2014 II S. 517; BFH, Urteil vom 9.6.2015 - X R 27/13, BFH/NV 2015 S. 1676.
379 Vgl. BFH, Urteil vom 12.12.2013 - X R 25/11, BStBl 2014 II S. 517; BFH, Urteil vom 13.7.2017 - IV R 34/14, BFH/NV 2017 S. 1426.
380 Vgl. *Rogge/Grabinski*, in: Benkard, Patentgesetz Gebrauchsmustergesetz, 10. Aufl., München 2006, § 139 Tz. 61.
381 Vgl. auch *van Veenroy*, StuW 1991 S. 32.
382 Vgl. BFH, Urteile vom 13.11.1991 – I R 102/88, BStBl 1991 II S. 336; vom 6.12.1995 – I R 14/95, BStBl 1996 II S. 406.
383 Vgl. *Pfitzer/Schaum/Oser*, BB 1996 S. 1373 m. w. N.

der sofortigen Ablösungsmöglichkeit der diskontierten Verbindlichkeit Gebrauch gemacht worden ist.[384]

Rangrücktritt siehe Rz. 5585.

Registrierungskosten: Für Kosten der (Nach-) Analyse und Registrierung insbesondere im Zusammenhang mit zulassungsfreien Arzneimitteln darf keine Rückstellung gebildet werden, da die zur Erfüllung der Verpflichtung notwendigen Aufwendungen nach Auffassung des BFH zukünftigen Erträgen zuzuordnen sind. Somit ist das Kriterium der wirtschaftlichen Verursachung nicht gegeben.[385]

Rekultivierungsverpflichtung vgl. „Umweltschutz"

Restrukturierung, Sanierung[386]: Der Begriff Restrukturierung bzw. Sanierung zielt auf verschiedene Maßnahmen ab, wie beispielsweise Einschränkung bzw. Beendigung von Geschäftstätigkeiten, mit dem Ziel die Leistungsfähigkeit eines Unternehmens nachhaltig zu stärken. Dabei können verschiedene Außenverpflichtungen entstehen. Hierzu gehören insbesondere Verpflichtungen im Zusammenhang mit dem Abbruch bzw. der Entsorgung von Anlagen (vgl. „Abbruchverpflichtung"), Abfindungsverpflichtungen (vgl. „Abfindung") und Sozialplanverpflichtungen (vgl. „Sozialplan").[387]

Rückvergütung Kostenüberdeckung siehe Rz. 5585.

Sozialplan[388]: Im Rahmen von betrieblichen Umstrukturierungen i. S. v. § 111 Satz 1 BetrVerfG werden wirtschaftliche Nachteile seitens der betroffenen Belegschaft durch entsprechende Maßnahmen, die in einem Sozialplan i. S. v. des § 112 BetrVerfG geregelt sind, ausgeglichen bzw. gemildert. Für die künftige Leistungsverpflichtung aufgrund des Sozialplans ist nach den allgemeinen Voraussetzungen eine Verbindlichkeitsrückstellung (sog. **Restrukturierungsrückstellung**) spätestens ab dem Zeitpunkt zu bilden, in dem der Betriebsrat über die geplanten Betriebsänderungen gem. § 111 Satz 1 BetrVerfG unterrichtet worden ist. Wird der Betriebsrat erst nach dem Bilanzstichtag aber vor Bilanzaufstellung bzw. Bilanzfeststellung unterrichtet, ist die Bildung einer Verbindlichkeitsrückstellung zum Bilanzstichtag ebenfalls zulässig, sofern die Betriebsänderung schon vor dem Bilanzstichtag beschlossen wurde bzw. eine wirtschaftliche Notwendigkeit bestand, eine zur Aufstellung eines Sozialplans verpflichtende Maßnahme durchzuführen.[389] Die bloße Wahrscheinlichkeit eines künftigen Sozialplans ist für die Rückstellungsbildung jedoch keinesfalls ausreichend.[390]

Uneinigkeit besteht in der Literatur hinsichtlich der von der Finanzverwaltung als Bilanzierungsvoraussetzung verlangten **Unterrichtung des Betriebsrates**[391], wobei die Dis-

---

384 Vgl. *Höfer*, DStR 2006 S. 2227 ff.; *Hoffmann/Lüdenbach*, NWB Kommentar Bilanzierung, 9. Aufl., Herne 2018, § 249 Rz. 109.
385 Vgl. BFH, Urteil vom 25.8.1989 – III R 95/87, BStBl 1989 II S. 893.
386 Siehe auch Rz. 5639a.
387 Vgl. *Tiedchen*, in: HHR, EStG/KStG, § 5 EStG Anm. 704 „Restrukturierungsverpflichtung".
388 Siehe auch Rz. 5639a.
389 Vgl. BMF, Schreiben vom 2.5.1977 – IV B 2 – S 2137 – 13/77, BStBl 1977 I S. 280; *Herzig/Köster*, in: Handbuch des Jahresabschlusses, Abt. III/5 Tz. 446.
390 Vgl. *Weber-Grellet*, in: Schmidt, EStG, 37. Aufl. 2018, § 5 Tz. 550 „Sozialplan"; *Krumm*, in: Blümich, EStG KStG GewStG, § 5 Rz. 980.
391 Vgl. R 5.7 Abs. 9 Satz 1, 2 EStR.

kussion jedoch i. d. R. von eher theoretischer Natur sein dürfte, da in der Praxis im Falle eines Geschäftsleitungsbeschlusses zur Aufstellung eines Sozialplans, die Unterrichtung des Betriebsrates aufgrund der Bestimmung des § 111 BetrVerfG kurzfristig und regelmäßig vor Bilanzfeststellung erfolgt sein dürfte. Rechtlich entsteht die Verpflichtung erst mit Abschluss des Sozialplans. Eine Rückstellung kann somit nur gebildet werden, wenn eine faktische Verpflichtung besteht oder die Verpflichtung vor dem Bilanzstichtag wirtschaftlich verursacht ist. Dies ist gegeben, wenn die wirtschaftliche Notwendigkeit zur Restrukturierung besteht, d. h. spätestens mit Beschluss der Geschäftsleitung zur Aufstellung eines Sozialplans. Die zwangsläufig später stattfindende Unterrichtung des Betriebsrats ist nur ein Nachweis dafür, dass ein entsprechender Beschluss gefasst worden ist.[392]

Bei der Bewertung der Sozialplanrückstellung sind grundsätzlich alle aufgrund des Sozialplans voraussichtlich zu erbringenden zusätzlichen und vorzeitigen Leistungen zu berücksichtigen. Die Regelung des § 6 Abs. 1 Nr. 3a Buchst. e EStG zur Abzinsung ist zu beachten.[393]

Sozialversicherungsabgaben: Am Bilanzstichtag noch nicht abgeführte Sozialversicherungsabgaben sind dem Grunde und der Höhe nach gewiss und somit als sonstige Verbindlichkeit zu passivieren. Dieses soll nach Auffassung des BFH auch grundsätzlich für hinterzogene Sozialversicherungsabgaben gelten, da der Steuerpflichtige nicht davon ausgehen kann, dass die Sozialversicherungsverbindlichkeiten nicht mit an Sicherheit grenzender Wahrscheinlichkeit endgültig nicht beglichen werden müssen.[394]

Steuererklärung vgl. „Jahresabschluss"

Stock Options: Rechte zum Bezug von Aktien (Stock Options) stellen gerade bei Führungskräften ein häufig verwendetes Vergütungsmodell dar.[395] Dabei wird den Mitarbeitern im Rahmen eines Aktienoptionsprogrammes eine zusätzliche Vergütung für ihre gesteigerte Arbeitsleistung in Abhängigkeit von der Erfüllung bestimmter Ausübungsbedingungen zugesagt. Bei börsennotierten Unternehmen wird beispielsweise häufig als Maßstab die Erreichung eines bestimmten Börsenkurses zu einem festgelegten Zeitpunkt während des Ausübungszeitraums der Optionen verwendet. Sofern die Optionen im Ausübungszeitraum nicht ausgeübt werden oder der Begünstigte aus dem Unternehmen ausscheidet, verfallen die Optionen regelmäßig.[396]

Die Aktienprogramme sind in der Praxis als reale Optionen, virtuelle Optionen (sog. Stock Appreciation Rights) oder Mischform ausgestaltet. Bei **realen Optionen** werden

---

[392] Vgl. *Günkel*, in: StbJb 2004/2005, Köln 2005, S. 296 f.; *Schulz*, in: HHR, EStG/KStG, § 5 Anm. 925 „Sozialplan"; *M. Prinz*, DB 2007 S. 354; a. A. *Schubert*, in: Beck'scher Bilanz-Kommentar, 10. Aufl., München 2016, § 249 Tz. 100 „Sozialplan"; *Krumm*, in: Blümich, EStG KStG GewStG, § 5 Rz. 980.

[393] Vgl. ausführlich zur Bewertung der Sozialplanrückstellung: *Günkel*, in: StbJb 2004/2005, Köln 2005, S. 298 f.; vgl. auch *Bolik/Schuhmann*, StuB 2016 S. 679.

[394] Vgl. BFH, Urteil vom 16.2.1996 – I R 73/95, BStBl 1996 II S. 592; *Weber-Grellet*, in: Schmidt, EStG, 37. Aufl. 2018, § 5 Tz. 550 „Soziallasten"; wohl zutreffend a. A., da die Wahrscheinlichkeit der Inanspruchnahme im Hinterziehungsfall u. E. nicht ohne Weiteres unterstellt werden kann; so auch,noch die Vorinstanz FG Düsseldorf, Urteil vom 18.4.1995 – 6 K 4068/92, EFG 1995 S. 962, vgl. auch Rz. 3574 und die hiervon abweichende Rechtsprechung des BFH zu hinterzogenen Steuern (siehe Rz. 5789).

[395] Vgl. *Herzig/Lochmann*, WPg 2002 S. 325.

[396] Vgl. *Günkel*, in: StbJb 2005/2006, Köln 2006, S. 257.

die Ansprüche des Begünstigten entweder durch die Gewährung von Bezugsrechten für junge Aktien (bedingte Kapitalerhöhung) oder die Lieferung von durch das verpflichtete Unternehmen zurückgekauften Aktien bedient. Im Rahmen der **virtuellen Option** erhält der Begünstigte im Ausübungsfall i. d. R. einen Geldbetrag in Höhe der Differenz zwischen dem aktuellen Börsenkurs und dem vereinbarten Ausübungspreis. In der Ausgestaltung als **Mischform** kann das belastete Unternehmen seine Verpflichtung entweder in Anteilen oder in bar erfüllen.[397]

Mit dem Aktienoptionsprogramm geht das Unternehmen regelmäßig unter der Bedingung, dass zu einem bestimmten Zeitpunkt bestimmte Voraussetzungen erfüllt sind, eine rechtlich bindende Verpflichtung zur Gewährung einer Leistung als Entgelt für bereits erbrachte Arbeitsleistungen gegenüber den begünstigten Mitarbeitern ein. Diese Verpflichtung hat dabei den Charakter einer aufschiebend bedingten Verpflichtung, entsteht rechtlich also erst zum Zeitpunkt der Erfüllung der vereinbarten Bedingungen.[398]

Für den Fall der realen Option mit Erfüllung aus einer bedingten Kapitalerhöhung hat der BFH die Bildung einer Rückstellung verneint, da die Ausübung der Option nur zu einer Verwässerung des Werts der vorhandenen Aktien, mithin zu einem Vermögensverlust der Altaktionäre führt und keine gegenwärtige wirtschaftliche Belastung des verpflichteten Unternehmens vorliegt.[399] Sofern das Optionsprogramm neben dem bedingten Kapital alternativ die Bedienung mittels Barausgleich vorsieht (Mischform), ist demnach die Bildung einer Verbindlichkeitsrückstellung nur möglich, wenn die Erfüllung durch Barausgleich überwiegend wahrscheinlich ist.[400] Die Variante der realen Option, bei der die Verpflichtung mittels Aktien aus einem Rückkauf bedient wird, ist bisher nicht höchstrichterlich entschieden. Zum einen wird aufgrund der durch das BilMoG in § 272 Abs. 1a, 1b HGB vorgesehenen Bilanzierung des Erwerbs eigener Anteile als Minderung des Eigenkapitals die gleiche Behandlung wie bei einer Bedienung aus bedingtem Kapital gefolgert, zum anderen wird aufgrund der Weitergabe der erworbenen Aktien an die Arbeitnehmer zu einem im Vergleich zu den Anschaffungskosten niedrigeren Kurs die Rückstellungsbildung gefordert.[401]

Hinsichtlich der virtuellen Option besteht – zumindest für ein unbedingtes Aktienoptionsprogramm – Einigkeit, dass für diese Verpflichtung, aufgrund der wirtschaftlichen Verursachung durch erbrachte Arbeitsleistung mit Beginn des im Aktienoptionsprogramms geregelten Erdienungszeitraums dem Grunde nach eine Rückstellung für ungewisse Verbindlichkeiten zu bilden ist, sofern der Aktienkurs den Ausübungspreis übersteigt, da dann die Inanspruchnahme durch den Begünstigten wahrscheinlich ist. Sofern allerdings das Programm Ausübungsbedingungen mit Zukunftsbezug enthält, in Form kumulativ zu erfüllender Bedingungen, dergestalt dass das Unternehmen inner-

---

[397] Vgl. *Hoffmann/Lüdenbach*, NWB Kommentar Bilanzierung, 9. Aufl., Herne 2018, § 249 Rz. 94.
[398] Vgl. *Kropp*, DStR 2002 S. 1921 f.
[399] Vgl. BFH, Urteil vom 25.8.2010 - I R 103/09, BStBl 2011 II S. 215.
[400] Vgl. FG Münster, Urteil vom 1.10.2014 - 9 K 4169/10 K,F, EFG 2015 S. 933; der BFH musste in seinem Revisionsurteil vom 15.3.2017 (I R 11/15, BStBl 2017 II S. 1043) diesen Aspekt nicht erörtern.
[401] Gegen den Ansatz einer Rückstellung z. B. FG Münster, Urteil vom 1.10.2014 - 9 K 4169/10 K,F, EFG 2015 S. 933; *Krumm*, in: Blümich, EStG KStG GewStG, § 5 Rz. 920 „Aktienoptionspläne". Die Rückstellungsbildung bejahend z. B. *Oser*, StuB 2016 S. 2.

halb einer bestimmten Frist veräußert („Exit-Ereignis") und zum Zeitpunkt des vorgenannten Ereignisses ein festgelegter Aktienkurs mindestens erreicht wird, verneint der BFH die Möglichkeit der Rückstellungsbildung; seiner Auffassung nach mangelt es an einer rechtlichen Entstehung und wirtschaftlichen Verursachung.[402]

Die Bewertung der Rückstellung erfolgt zum jeweiligen Erfüllungsbetrag, der dem sog. **inneren Wert** der Option, also der positiven Differenz zwischen Aktienkurs und Ausübungspreis zum Bilanzstichtag entspricht. Die Rückstellung wird dabei entsprechend der wirtschaftlichen Verursachung ratierlich angesammelt. Bei der Bewertung sind ein Fluktuationsabschlag und die Abzinsung ausgehend vom Ausübungszeitpunkt bzw. im Falle eines Ausübungszeitraums auf Basis der mittleren Fälligkeit zu berücksichtigen.[403]

> **BEISPIEL**[404] Am 1.1.2010 erhalten 10 Mitarbeiter im Rahmen eines Aktienoptionsprogrammes das Recht zum Bezug von 100 Aktien zum 31.12.2012 zu einem Kurs von jeweils 150 €. Das Aktienoptionsprogramm gilt dabei nur solange die Mitarbeiter weiter im Unternehmen beschäftigt sind. Das Unternehmen zahlt bei Ausübung des Rechts die Differenz zwischen aktuellem Kurswert und dem Ausübungspreis von 100 €.
>
> Der Kurs der Aktie entwickelt sich wie folgt:
>
> 31.12.2010: 160 €
>
> 31.12.2011: 190 €
>
> 31.12.2012: 170 €
>
> Folgende Rückstellungs- und Aufwandsbeträge sind zu erfassen:
>
> | Jahr | Kurs | Innerer Wert | Zahl der Optionen | Gesamt-wert | Zeitanteil | Rückstellung | Aufwand |
> | --- | --- | --- | --- | --- | --- | --- | --- |
> | 31.12.2010 | 160 € | 60 € | 1.000 | 60.000 € | 1/3 | 20.000 € | 20.000 € |
> | 31.12.2011 | 190 € | 90 € | 1.000 | 90.000 € | 2/3 | 60.000 € | 40.000 € |
> | 31.12.2012 | 170 € | 70 € | 1.000 | 70.000 € | 3/3 | 70.000 € | 10.000 € |

Umweltschutz: Für Verpflichtungen im Zusammenhang mit Umweltschutz, die sowohl privat- als auch öffentlich-rechtlich begründet sein können, müssen grundsätzlich Verbindlichkeitsrückstellungen gebildet werden, sofern alle Passivierungskriterien vorliegen. Sofern die Verbindlichkeit rechtlich noch nicht entstanden ist (vgl. Rz. 5565), ist der Ausweis einer Rückstellung nur dann möglich, wenn zum einen die Maßnahmen in der Vergangenheit wirtschaftlich verursacht sind und die Verpflichtung am Bilanzstichtag hinreichend konkretisiert ist. Dies ist in der Regel dann der Fall, wenn von dem Unternehmen durch Verwaltungsakte, Gesetze oder Verwaltungsvorschriften ein bestimmtes, auf Sanktionen auferlegtes Handeln innerhalb eines bestimmten Zeitraumes gefordert wird (vgl. Rz. 5576 ff. zu den Rückstellungsvoraussetzungen bei öffentlich-rechtlichen Verpflichtungen).

---

402 Vgl. BFH, Urteil vom 15.3.2017 - I R 11/15, BStBl 2017 II S. 1043, wobei der Senat klarstellt, dass jede der beiden kumulativ zu erfüllenden Bedingungen für sich alleine den notwendigen Vergangenheitsbezug ausschließt und die Wahrscheinlichkeit des Eintritts dieser Bedingungen daher unbeachtlich ist; *Prinz*, WPg 2017 S. 1318.
403 Vgl. *Günkel*, in: StbJb 2005/2006, Köln 2006, S. 261.
404 In Anlehnung an *Hoffmann/Lüdenbach*, NWB Kommentar Bilanzierung, 9. Aufl., Herne 2018, § 249 Rz. 114.

Umweltschutzverpflichtungen lassen sich insbesondere unterteilen in Verpflichtungen zur Rekultivierung, zur Abfallbeseitigung, zur Altlastensanierung und Anpassungsverpflichtungen.[405]

▶ Verpflichtung zur Rekultivierung:

Hierbei handelt es sich in der Regel um eine gesetzliche oder vertragliche Verpflichtung zur Auffüllung, Wiederaufforstung oder Rekultivierung des vom Steuerpflichtigen genutzten eigenen oder fremden Grund und Bodens im Anschluss an dessen Nutzung (z. B. Abbau von Rohstoffen in Kiesgrube, Betreiben einer Mülldeponie), für die eine Rückstellung für ungewisse Verbindlichkeiten zu bilden ist. Die Rückstellung ist dabei mit dem Betrag anzusetzen, den der Steuerpflichtige nach den Verhältnissen am Bilanzstichtag aufwenden müsste, um den bis zum Bilanzstichtag ausgebeuteten Teil des Geländes zu rekultivieren (Erfüllungsbetrag). Sie ist daher ratierlich entsprechend des im jeweiligen Wirtschaftsjahr erfolgten Abbaus zu erhöhen zuzüglich des Betrages, der erforderlich ist, um die bereits in Vorjahren angesammelten Beträge an das Preisniveau zum Bilanzstichtag anzupassen.[406] Zu erwartende Kippgebühren sind nach § 6 Abs. 1 Nr. 3a Buchst. c EStG bei der Bewertung spätestens mit Vertragsabschluss zu berücksichtigen (vgl. ausführlich Rz. 5644 f. zur Berücksichtigung künftiger Vorteile bei der Rückstellungsbewertung). Die Rückstellung ist abzuzinsen (vgl. Rz. 5661 zum Abzinsungszeitraum).[407]

▶ Verpflichtung zur Abfallbeseitigung:

Für die Verpflichtung zur Abfallbeseitigung aufgrund öffentlich-rechtlicher Vorschriften (z. B. Kreislaufwirtschafts – und Abfallgesetz) ist u. E. aufgrund der wirtschaftlichen Verursachung in der Vergangenheit bei hinreichender Konkretisierung eine Verbindlichkeitsrückstellung anzusetzen. Für die Entsorgung fremden Abfalls hat der BFH die Rückstellungsbildung bejaht.[408] Betreffend die Verpflichtung zur Entsorgung eigenen Abfalls aufgrund der Vorschriften des Abfallgesetzes vertritt er allerdings die Auffassung, dass die Bildung einer Rückstellung aufgrund nicht hinreichender Konkretisierung und eines die öffentlich-rechtliche Verpflichtung überlagernden Eigeninteresses nicht möglich ist.[409]

▶ Verpflichtung zur Altlastensanierung:

Unter Altlasten versteht man insbesondere die Verunreinigung bzw. die Kontamination von Grundstücken und/oder des Grundwassers. Die Verpflichtung zur Altlastsanierung ergibt sich in der Regel aus Pachtverträgen, dem Zivilrecht aber auch aus dem öffentlichen Recht (z. B. Bundes-Bodenschutzgesetz (BBodSchG)).[410] Die wirtschaftliche Verursachung in der Vergangenheit dürfte bei Altlasten regelmäßig gegeben sein. Die

---

405 Vgl. *Herzig/Köster*, in: Handbuch des Jahresabschlusses, Abt. III/5 Tz. 452.
406 Vgl. BFH, Urteil vom 19.2.1975 – I R 28/73, BStBl 1975 II S. 480; R 6.11 Abs. 2 Satz 3-6 EStR.
407 Vgl. BMF, Schreiben vom 25.7.2005 – IV B 2 – S 2137 – 35/05, BStBl 2005 I S. 826.
408 Vgl. BFH, Urteil vom 25.3.2004 – IV R 35/02, BStBl 2006 II S. 644.
409 Vgl. BFH, Urteil vom 8.11.2001 – I R 6/96, BStBl 2001 II S. 570; zu recht ablehnend hierzu *Schubert*, in: Beck'scher Bilanz-Kommentar, 11. Aufl., München 2018, § 249 Tz. 100 „Entsorgung"; *Tiedchen*, in: HHR, EStG/KStG, § 5 EStG Anm. 704 „Abfallentsorgung".
410 Vgl. *Herzig/Köster*, in: Handbuch des Jahresabschlusses, Abt. III/5 Tz. 390.

Wahrscheinlichkeit der Inanspruchnahme ist bei privatrechtlichen Verpflichtungen spätestens mit Geltendmachung der Ansprüche des Geschädigten gegeben. Hinsichtlich der Konkretisierungserfordernisse für öffentlich-rechtliche Verpflichtungen vgl. Rz. 5576 ff. Die Finanzverwaltung verlangt für die Rückstellungsbildung – u. E. zu weitgehend – den Erlass eines vollziehbaren Verwaltungsaktes, der die Altlastenbeseitigung in einem bestimmbaren Zeitraum vorschreibt.[411] Die Bewertung hat grundsätzlich zum Erfüllungsbetrag zu erfolgen, wobei Sanierungsaufwendungen, die zu nachträglichen Herstellungskosten des belasteten Wirtschaftsguts führen, nicht in die Bewertung der Rückstellung einbezogen werden dürfen.

Beim Vorhandensein von Altlasten ist unabhängig von der Rückstellungsbildung das Erfordernis einer **Teilwertabschreibung** zu prüfen.[412] Nach Auffassung der Finanzverwaltung ist eine Teilwertabschreibung oder Beibehaltung des altlastenbedingt niedrigeren Teilwerts im Falle der Rückstellungsbildung jedoch nur zulässig, wenn trotz der Sanierung das belastete Wirtschaftsgut weiterhin dauerhaft wertgemindert ist.[413]

▶ Anpassungsverpflichtungen:

Der Betreiber einer Anlage kann durch Gesetz (z. B. TA Luft) oder behördliche Anordnung dazu verpflichtet sein, eine Anpassung seiner Anlage zum Schutz vor schädlichen Auswirkungen auf die Umwelt (z. B. durch Lärm, Luftverunreinigung) vorzunehmen. Für die vorzunehmenden Maßnahmen ist sofern die rechtliche Verpflichtung zur Anlagenanpassung am Bilanzstichtag bereits besteht,[414] unabhängig von der wirtschaftlichen Verursachung in der Vergangenheit eine Verbindlichkeitsrückstellung zu bilden, sofern die Anpassungsaufwendungen nicht als Herstellungskosten zu aktivieren sind. Dies ist u. a. dann der Fall, wenn die getätigten Aufwendungen zu einer wesentlichen Verbesserung der Anlage führen. Eine wesentliche Verbesserung liegt aber nicht bereits durch die aufgrund der Anpassungsmaßnahmen erreichte Reduktion der Emissionswerte vor.[415]

Urlaubsrückstand: Rückständige Urlaubsverpflichtungen sind seitens des Arbeitgebers als **Erfüllungsrückstand** zurückzustellen, da aufgrund der Vorleistung des Arbeitnehmers den Verpflichtungen keine Arbeitsleistung mehr gegenübersteht. Die Rückstellung bemisst sich nach Maßgabe des Urlaubsentgelts, also dem Betrag, den der Arbeitgeber hätte leisten müssen, wenn er die Verpflichtung bereits am Bilanzstichtag erfüllt hätte. Hierzu zählen insbesondere das Bruttoarbeitsentgelt, die Arbeitgeberanteile zur Sozialversicherung, das Urlaubsgeld sowie weitere lohnabhängige Nebenkosten, wie beispielsweise die Beiträge an die Berufsgenossenschaft.[416] Ausgenommen sind nach § 6 Abs. 1 Nr. 3a Buchst. f EStG Änderungen des Entgelts, die erst im Folgejahr wirksam werden.[417] Bei

---

411 Vgl. BMF, Schreiben vom 11.5.2010 – IV C 6 – S 2137/07/10004, BStBl 2010 I S. 495.
412 Vgl. BFH, Urteil vom 19.11.2003 – I R 77/01, BStBl 2010 II S. 482.
413 Vgl. BMF, Schreiben vom 11.5.2010 – IV C 6 – S 2137/07/10004, BStBl 2010 I S. 495.
414 Vgl. BFH, Urteil vom 6.2.2013 – I R 8/12, BStBl 2013 II S. 686, der vor Ablauf einer gesetzlichen/behördlichen Übergangsfrist zur Anlagenanpassung die rechtliche Entstehung nun allerdings verneint, *Prinz*, DB 2013 S. 1815; so auch BFH, Urteil vom 17.10.2013 – IV R 7/11, DStR 2013 S. 2745, *Prinz*, DB 2014 S. 80.
415 Vgl. BFH, Urteil vom 27.6.2001 – I R 45/97, BStBl 2003 II S. 121.
416 Vgl. BFH, Urteile vom 6.12.1995 – I R 14/95, BStBl 1996 II S. 406; vom 10.3.1993 – I R 70/91, BStBl 1993 II S. 446; vom 8.7.1992 – XI R 50/89, BStBl 1992 II S. 910.
417 So z. B. auch schon vor Einfügung des § 6 Abs. 1 Nr. 3a Buchst. f EStG durch das BilMoG: BFH, Urteil vom 8.2.1989 – II R 42/86, BStBl 1989 II S. 316.

vom Kalenderjahr abweichendem Geschäftsjahr, sind nur die offenen Urlaubstage zu berücksichtigen, die auf den Teil des Urlaubsjahres vor dem Bilanzstichtag entfallen.[418]

In der Praxis wird die Urlaubsrückstellung i. d. R. auf Basis einer Durchschnittsbetrachtung ermittelt, indem das maßgebliche Jahresentgelt durch die Anzahl der regelmäßigen Arbeitstage dividiert und anschließend mit der Zahl der ausstehenden Urlaubstage multipliziert wird. Die Ermittlung der steuerbilanziellen Urlaubsrückstellung weicht aufgrund der vorgenannten BFH-Rechtsprechung von der handelsrechtlichen Vorgehensweise ab.

BEISPIEL[419]

	Steuerbilanz		Handelsbilanz	
Gesamtanzahl Tag		365		365
abzgl. arbeitsfreie Tage	./.	115	./.	115
Urlaubs-, Krankheitstage			./.	30
sonst. Ausfalltage			./.	10
anzusetzende Tage		250		210
Kostenbestandteile zur Bemessung des Urlaubsentgelts (in €)				
Jährliches Bruttogehalt		40.000		40.000
Tarifliches Weihnachtsgeld		–		1.500
Urlaubsgeld		500		500
Zuführung Pensionsrückstellung		–		200
Arbeitgeberanteil zur Sozialversicherung (10 % vom jährlichen Bruttogehalt)		4.000		4.000
Jährlicher Berufsgenossenschaftsbeitrag		500		500
Feststehende bzw. erwartete Gehaltssteigerung		–		2.000
Kostenbasis	∑	45.000	∑	48.700
Kosten pro Tag (Kostenbasis/anzusetzende Tage)		180		232
Rückstellungsansatz für 5 Tage Resturlaub (5 × Kosten pro Tag)		900		1.160

Verlustübernahmeverpflichtung bei Ergebnisabführungsverträgen: Für zukünftige Verpflichtungen zur Verlustübernahme, die bis zum Zeitpunkt der frühestens möglichen Kündigung des Ergebnisabführungsvertrages „drohen", darf keine Rückstellung für ungewisse Verbindlichkeiten gebildet werden.[420]

---

418 Vgl. BFH, Urteil vom 26.6.1980 – IV R 35/74, BStBl 1980 II S. 506.
419 In Anlehnung an *Hoffmann*, in: Littmann/Bitz/Pust (Hrsg.), Das Einkommensteuerrecht, § 6 Tz. 674d.
420 Vgl. BFH, Urteil vom 26.1.1977 – I R 101/75, BStBl 1977 II S. 441.

Weihnachtsgratifikation: Weihnachtsgeld (Weihnachtsgratifikation) ist grundsätzlich als zusätzliches Entgelt für die Jahresarbeitsleistung des Arbeitnehmers anzusehen. Am Bilanzstichtag noch nicht gezahlte Weihnachtsgratifikationen sind daher als sonstige Verbindlichkeit zu passivieren, da in diesem Fall hinsichtlich der Bilanzierung dem Grunde und der Höhe nach Gewissheit bestehen dürfte. Bei vom Kalenderjahr **abweichendem Wirtschaftsjahr** ist als Erfüllungsrückstand der Betrag zurückzustellen, der bei zeitproportionaler Aufteilung des Weihnachtsgeldes auf die Zeit vor dem Bilanzstichtag entfällt.[421]

Werkzeugkostenzuschuss siehe Rz. 5585.

2. Pensionsrückstellungen

Pensionsrückstellungen stellen bei zahlreichen Unternehmen eine gewichtige Passivposition dar.[422] Dies zeigt auch in steuerlicher Hinsicht die hohe Bedeutung dieser Thematik, wobei in jüngerer Vergangenheit insbesondere die Änderungen durch das BilMoG und daraus folgende mögliche steuerliche Auswirkungen Gegenstand der Diskussion sind. Neben der handelsrechtlichen grundsätzlichen Pflicht zur Bildung von Pensionsrückstellungen und dem Grundsatz der Maßgeblichkeit entfaltet für steuerliche Zwecke auch die Regelung des § 6a EStG zentrale Relevanz.

5666

2.1 Grundlagen

2.1.1 Begriffe

2.1.1.1 Rückstellung für Pensionsverpflichtungen

Hinsichtlich der Anwendbarkeit des § 6a EStG ist eine **Abgrenzung von Pensionsverpflichtungen und ähnlichen Verpflichtungen** erforderlich. Der Begriff der Pensionsverpflichtung ist gesetzlich nicht definiert und wird nach dem allgemeinen Sprachgebrauch auch unter Bezugnahme auf das Arbeitsrecht dergestalt konkretisiert, dass Zusagen aus betrieblichen Mitteln bezüglich einer Pension an einen Arbeitnehmer oder dessen Hinterbliebene für Alter, Tod oder Invalidität einbezogen werden.[423] Pensionsverpflichtungen sind somit aufschiebend bedingt, da sie von zukünftigen Ereignissen wie etwa einer Erwerbsunfähigkeit oder dem Erreichen des Rentenalters abhängen. Der Begriff der Pensionsverpflichtungen wird hierbei weit abgegrenzt. Zwar sind häufig lebenslängliche Renten Gegenstand einer Pensionszusage, jedoch können diese auch aus einmaligen Kapitalleistungen, Zeitrenten und temporären Zeitrenten mit steuerli-

5667

---

421 Vgl. BFH, Urteil vom 26.6.1980 – IV R 35/74, BStBl 1980 II S. 506.
422 Vgl. im Hinblick auf die hohe Relevanz von Pensionsrückstellungen insbesondere bei Unternehmenstransaktionen *Leckschas*, DB 2011 S. 1176 ff.; hinsichtlich einer empirischen Analyse *Dobler/Skopp*, WPg 2010 S. 855.
423 Vgl. BT-Drucks. vom 26.11.1973 – 7/1281, S. 38; vgl. *Arteaga/Veit*, in: Korn (Hrsg.), Einkommensteuergesetz, Bonn 2017, § 6a EStG Rn. 8; vgl. für ähnliche Konkretisierungen *Gosch*, in: Kirchhof (Hrsg.), EStG, § 6a Rz. 1, 17. Aufl., Köln 2018, S. 501; BFH, Urteile vom 29.11.1972 – I R 2007/67, BStBl 1973 II S. 213; vom 8. 2. 1973 – IV R 40/71, BStBl 1973 II S. 359.

cher Wirkung bestehen;[424] allerdings können nach Auffassung des BMF Nur-Pensionszusagen eine Pensionsrückstellung nach § 6a EStG grundsätzlich nicht begründen.[425]

2.1.1.2 Rückstellung für ähnliche Verpflichtungen

5668 Für pensionsähnliche Verpflichtungen besteht handelsrechtlich grundsätzlich ein Wahlrecht (Art. 28 Abs. 1 Satz 2 EGHGB).[426] In steuerlicher Hinsicht können Verpflichtungen, welche die Voraussetzungen des § 6a EStG nicht erfüllen, nicht als Pensionsrückstellungen passiviert werden. Dies ist beispielweise bei Arbeitszeitkontenmodellen der Fall, bei denen der Arbeitnehmer geleistete Mehrarbeit auf einem Zeitkonto ansparen und später gegen Freizeit eintauschen kann. § 6a EStG ist in diesem Fall nicht anwendbar, weil lediglich eine zeitlich vorgeschobene Lohnzahlung vorliegt und keine betriebliche Altersversorgung besteht. Diesbezüglich ist stattdessen insbesondere die Bildung einer Rückstellung wegen Erfüllungsrückstandes zu prüfen (vgl. z. B. Rz. 5665 „Altersteilzeit").[427] Auch im Fall der Zusage von Jubiläumsgeldern liegt keine Pensionsverpflichtung i. S. v. § 6a EStG vor, da diese nicht auf Grundlage biometrischer Ereignisse erfolgt. Zudem bedarf es der Erwähnung, dass die Vorschriften der §§ 4b bis 4e EStG für übrige Altersversorgungsmöglichkeiten – und somit unabhängig von § 6a EStG – Anwendung finden.[428]

2.1.1.3 Unmittelbare und mittelbare betriebliche Altersversorgung

5669 Hinsichtlich der steuerlichen Rechtsfolgen ist von Bedeutung, ob eine unmittelbare oder eine mittelbare betriebliche Altersversorgung vorliegt. Bei einer **unmittelbaren** Altersversorgung ist das zusagende Unternehmen Versorgungsträger; daher wird die unmittelbare Pensionszusage auch als Direktzusage bezeichnet.[429] Demgegenüber wird bei **mittelbaren** Zusagen ein externer Träger der Altersversorgung eingeschaltet. In diesem Fall scheidet eine steuerliche Rückstellungsbildung grundsätzlich aus, auch wenn die Pensionszusage über eine unterdotierte Unterstützungskasse durchgeführt wird und somit eine Einstandspflicht des Arbeitgebers besteht.[430] Eine unmittelbare Pensionsverpflichtung liegt jedoch vor, wenn der Arbeitgeber sich gegenüber dem Arbeitnehmer zu Pensionsleistungen verpflichtet hat, sich aber vorbehält, diese Verpflichtung im Versorgungsfall auf eine Unterstützungskasse zu übertragen. Auch wenn sich der Arbeitgeber für die Auszahlung und Verwaltung der unmittelbar zugesagten Versorgungsleistungen eines externen Versorgungsträgers bedient, besteht eine unmittelbare Verpflichtung, da der Versorgungsträger in diesem Fall lediglich der Abwicklung dient.[431]

---

424 Vgl. für den Fall von einer Tantieme, die in Raten ausgezahlt wird BFH, Urteil vom 29.11.1972 – I R 2007/67, BStBl 1973 II S. 213.
425 H 6a. (1) EStR 2012.
426 Vgl. IDW RS HFA 30, WPg 2011, Supplement 3/2011, S. 44, Rz. 9.
427 Vgl. zur steuerlichen Behandlung von Arbeitszeitkontenmodellen Ziegenhagen/Schmidt, DB 2006 S. 181 ff.; BMF, Schreiben vom 11.11.1999 – IV C 2 – S 2176 – 102/99, BStBl 1999 I S. 959.
428 Vgl. Dommermuth, in: HHR, EStG/KStG, § 6a EStG, Anm. 5.
429 Vgl. Arteaga/Veit, in: Korn (Hrsg.), Einkommensteuergesetz, Bonn 2017, § 6a EStG Rn. 9.
430 Vgl. Arteaga/Veit, in: Korn (Hrsg.), Einkommensteuergesetz, Bonn 2017, § 6a EStG Rn. 13 m. w. N.
431 Vgl. BFH, Urteil vom 19.8.1998 – I R 92/95, BStBl 1999 II S. 387.

2.1.2 Rechtsgrundlagen und Maßgeblichkeit

Handelsrechtlich besteht für Neu-Pensionszusagen (vgl. Rz. 5676) ein Passivierungsgebot als Rückstellung für ungewisse Verbindlichkeiten (§ 249 Abs. 1 HGB); eine Ungewissheit ergibt sich insbesondere hinsichtlich eines möglichen Wegfalls bei vorzeitigem Ausscheiden aus dem Unternehmen oder auch aufgrund der ungewissen Lebenserwartung.[432]

5670

Nach dem Grundsatz der Maßgeblichkeit des § 5 Abs. 1 Satz 1 EStG wird für steuerliche Zwecke auf die handelsrechtlichen Grundsätze ordnungsmäßiger Buchführung Bezug genommen.[433] Für den hier vorliegenden Fall einer handelsrechtlichen Bilanzierungspflicht bei Neuzusagen, führt der Maßgeblichkeitsgrundsatz somit dazu, dass auch steuerlich die Vorschrift des § 249 Abs. 1 HGB zu beachten ist, was somit zu einem steuerlichen Passivierungsgebot führen würde, wenn nicht eine steuerliche Vorschrift eine Durchbrechung des Maßgeblichkeitsgrundsatzes verlangt.

5671

Eine solche steuerliche Spezialvorschrift für die Bildung von Pensionsrückstellungen stellt § 6a EStG dar. Während die handelsrechtlichen Voraussetzungen eher allgemein formuliert sind, enthält die Regelung des § 6a EStG detaillierte Voraussetzungen und Bewertungsregelungen für Pensionsrückstellungen in der Steuerbilanz. Die zusätzlichen Voraussetzungen dem Grunde und der Höhe nach gehen somit als Sondervorschrift den allgemeinen Ansatz- und Bewertungsvorschriften vor, wobei die allgemeinen Rückstellungsvoraussetzungen auch vorliegen müssen.[434]

5672

§ 6a Abs. 1 EStG enthält die Voraussetzungen für die Bildung von Pensionsrückstellungen, während in Abs. 2 der erstmalige Zeitpunkt der Rückstellungsbildung konkretisiert wird. Abs. 3 hat die Bewertung der Pensionsrückstellung zum Inhalt und in Abs. 4 wird die Höhe der jährlichen Zuführungen beschränkt. Darauf aufbauend befasst sich Abs. 5 mit dem Fall, dass zum Berechtigten kein Dienstverhältnis besteht.

5673

2.2 Bilanzierung

2.2.1 Grundsatz der Bilanzierungspflicht

Nach dem Grundsatz der Einzelbewertung des § 252 Abs. 1 Nr. 3 HGB stellt jede Pensionsverpflichtung ein (negatives) Einzel-Wirtschaftsgut dar,[435] wobei in der Bilanz die Summe aller Pensionsverpflichtungen ausgewiesen wird.[436]

5674

Hinsichtlich der handels- und steuerrechtlichen Würdigung ist zwischen Alt- und Neuzusagen zu differenzieren. Bei **Altzusagen** handelt es sich um Pensionszusagen, die vor dem 1.1.1987 erteilt wurden. Handelsrechtlich besteht bei Altzusagen ein Passivierungswahlrecht (Art. 28 Abs. 1 Satz 1 EGHGB).[437] Dieses Passivierungswahlrecht findet

5675

---

[432] Vgl. *Schubert*, in: Beck'scher Bilanz-Kommentar, 11. Aufl., München 2018, § 249 Rn. 7, 151.
[433] Vgl. *Prinz*, in: Hey (Hrsg.), Einkünfteermittlung, DStJG Band 34, Köln 2011, S. 149.
[434] Vgl. *Weber-Grellet*, in: Schmidt, EStG, 37. Aufl. 2018, § 6a EStG Rn. 1; vgl. für eine Anwendung des § 6a EStG sowohl dem Grunde als auch der Höhe nach BFH, Urteil vom 5.4.2006 – I R 46/04, BStBl 2006 II S. 688.
[435] Vgl. BFH, Urteil vom 3.2.1993 – I B 50/92, BFH/NV 1993 S. 541.
[436] Vgl. *Gosch*, in: Kirchhof (Hrsg.), EStG, § 6a Rz. 1, 17. Aufl., Köln 2018.
[437] Vgl. R 6a. Abs. 1 Satz 3 EStR.

auch für spätere Erhöhungen der Altzusage nach dem 31.12.1986 Anwendung; jedoch müssen Fehlbeträge wegen unterlassender oder nicht ausreichender Passivierung gemäß Art. 28 Abs. 2 EGHGB im Anhang angegeben werden.

5676 Bei **Neuzusagen** – d. h. bei Pensionszusagen, die nach dem 31.12.1986 erteilt wurden – besteht gem. § 249 Abs. 1 Satz 1 HGB eine Passivierungspflicht als ungewisse Verbindlichkeit in der Handelsbilanz unabhängig davon, ob sie bereits unverfallbar sind.

5677 Hinsichtlich einer Ansatzpflicht bzw. eines Ansatzwahlrechtes kommt es bei der handelsrechtlichen Würdigung von Alt- und Neuzusagen durch das BilMoG grundsätzlich nicht zu Änderungen.[438]

5678 Im Rahmen der Beseitigung der umgekehrten Maßgeblichkeit und Ergänzung des § 5 Abs. 1 Satz 1 EStG durch einen zweiten Halbsatz, der nach seinem Wortlaut eine sehr weitgehende eigenständige Ausübung von steuerlichen Wahlrechten zulässt, durch das BilMoG wurden deren steuerliche Auswirkungen diskutiert. In diesem Zusammenhang war insbesondere Gegenstand der Diskussion, ob in steuerlicher Hinsicht für den Bereich der Gewinnermittlung nach § 5 Abs. 1 EStG nun ein **Wahlrecht** für die Bildung einer Pensionsrückstellung besteht. Zwar deutet die Verwendung des Wortes „darf" in § 6a Abs. 1 EStG auf ein Wahlrecht hin, jedoch wird in Teilen der Literatur aus dem Begriff „darf [...] nur" geschlossen, dass grundsätzlich eine Ansatzpflicht besteht, die im Rahmen des § 6a EStG lediglich eingeschränkt wird.[439] Demnach ist nach Auffassung der Finanzverwaltung die Pflicht zur Bildung von Pensionsrückstellungen gemäß § 249 HGB auch für die steuerliche Gewinnermittlung maßgeblich, wobei durch die Regelung im Rahmen des § 6a EStG für steuerliche Zwecke eine Einschränkung hinsichtlich Ansatz und Bewertung erfolgt.[440] Somit kann der steuerliche Ansatz der Höhe nach von dem Ansatz in der Handelsbilanz abweichen, wobei die frühere Auffassung, dass der handelsrechtliche Ansatz die Bewertungsobergrenze darstellt (R 6a Abs. 20 Satz 2 bis 4 EStR 2008), nicht mehr angewandt wird.[441] Rechtssicher ist der fehlende Wahlrechtscharakter des § 6a EStG aber nicht.

5679 Aus dem handelsrechtlichen Passivierungswahlrecht für Altzusagen müsste grundsätzlich zwar ein steuerliches Passivierungsverbot folgen.[442] Aufgrund der vorrangigen Bedeutung des § 6a EStG besteht jedoch auch für die Steuerbilanz weiterhin ein Passivierungswahlrecht.[443]

---

[438] Vgl. *Gosch*, in: Kirchhof (Hrsg.), EStG, § 6a Rz. 2, 17. Aufl., Köln 2018, S. 501; vgl. auch *Höfer*, in: Küting/Pfitzer/Weber (Hrsg.), Handbuch der Rechnungslegung, Bonn 2015, § 249 HGB Rn. 642.

[439] Vgl. hinsichtlich dieser Diskussion *Günkel*, in: Deloitte & Touche GmbH (Hrsg.), Die Bilanzrechtsreform 2010/11, 4. Aufl., Bonn 2010, Rz. 246; *Günkel*, in: Kessler/Förster/Watrin (Hrsg.), Unternehmensbesteuerung, Festschrift für Norbert Herzig, München 2010, S. 509 ff.; *Herzig/Briesemeister*, DB 2009 S. 976 f.; *Grottel/Rhiel*, in: Beck'scher Bilanz-Kommentar, 11. Aufl., München 2018, § 249 Rn. 161; *Arteaga/Veit*, in: Korn (Hrsg.), Einkommensteuergesetz, Bonn 2017, § 6a EStG Rn. 5; *H.-J. Heger*, in: Blümich (Hrsg.), EStG KStG GewStG, § 6a Rz. 238.

[440] R 6a. Abs. 1 EStR.

[441] Vgl. BMF, Schreiben vom 12.3.2010 – IV C 6 – S 2133 09/10001, BStBl 2010 I S. 239 Rn. 9; *Höfer*, DB 2011 S. 140 ff.; R 6.11 Abs. 3 Satz 1 EStR.

[442] Vgl. BFH, Beschluss vom 3.2.1969 – GrS 2/68, BStBl 1969 II S. 291.

[443] Vgl. BMF, Schreiben vom 12.3.2010 – IV C 6 – S 2133 09/10001, BStBl 2010 I S. 239 Rn. 11.

2.2.2 Bilanzierungsvoraussetzungen

Mit der Regelung des § 6a EStG, nach welchem Pensionsrückstellungen nur unter den dort dargelegten Voraussetzungen gebildet werden dürfen, wird die Zielsetzung verfolgt, dass lediglich rechtlich verfestigte und zudem nachweisbare Verpflichtungen für eine Rückstellungsbildung zugelassen werden.[444]

Gemäß § 6a Abs. 1 EStG ist erforderlich, dass seitens des Pensionsberechtigten ein Rechtsanspruch auf die Pensionsleistungen besteht (Nr. 1), dass die Pensionszusage nicht von künftigen gewinnabhängigen Bezügen abhängig ist sowie kein Vorbehalt (Ausnahme billiges Ermessen) vorliegt (Nr. 2) und die Pensionszusage schriftlich erteilt wurde und entsprechende eindeutige Angaben enthält (Nr. 3).

Die Voraussetzungen für die Bildung von Pensionsrückstellungen (inklusive der Schriftlichkeitsanforderung) müssen zu dem jeweiligen Bilanzstichtag erfüllt sein, da für die Rückstellungsbildung die Verhältnisse am Bilanzstichtag maßgebend sind.[445] Sind die Voraussetzungen am Bilanzstichtag nicht erfüllt, kann somit eine Pensionsrückstellung erst für folgende Bilanzstichtage gebildet werden. Ein Verstoß gegen das Nachholverbot (§ 6a Abs. 4 Satz 1 EStG) liegt hierbei nicht vor, da die Voraussetzungen für eine Rückstellungsbildung zu diesem folgenden Bilanzstichtag erstmals erfüllt sind.[446]

Voraussetzung für einen Ansatz von Pensionsrückstellungen ist grundsätzlich der Betriebsvermögensvergleich nach § 4 Abs. 1 bzw. § 5 EStG, so dass für den Fall einer Einnahmenüberschussrechnung ein Ansatz der Pensionsrückstellung verneint wird, da eine Pensionsrückstellung einen Bilanzposten darstellt.[447]

2.2.2.1 Unmittelbare Pensionszusage

Finanzverwaltung und Rechtsprechung stellen klar, dass § 6a EStG lediglich unmittelbare Pensionszusagen erfasst,[448] bei denen sich der Arbeitgeber bzw. der Pensionsverpflichtete verpflichtet, die Leistungen selbst an den Berechtigten zu erbringen (vgl. Rz. 5669).[449] Hintergrund dieser Anforderung ist, dass eine Pensionsrückstellung nur dann zugelassen werden soll, wenn diesbezüglich eine wahrscheinliche unmittelbare Belastung besteht.[450]

Im Gegensatz hierzu wäre eine mittelbare Pensionszusage denkbar, bei dem ein selbständiger Versorgungsträger zwischengeschaltet wird, wie z. B. ein Pensionsfonds. In diesem Fall wäre auch aus steuersystematischer Sicht die Bildung einer Rückstellung

---

444 Vgl. *Gosch*, in: Kirchhof (Hrsg.), EStG, 17. Aufl., Köln 2018, § 6a Rz. 1.
445 Vgl. R 6a. Abs. 17 Satz 1 EStR; R 6a. Abs. 7 Satz 3 EStR.
446 Vgl. *Höfer*, in: Littmann/Bitz/Pust (Hrsg.), Das Einkommensteuerrecht, § 6a Tz. 68.
447 *Gosch*, in: Kirchhof (Hrsg.), EStG, 17. Aufl., Köln 2018, § 6a Rz. 3 verneint die Bildung von Pensionsrückstellungen bei einer Einnahmenüberschussrechnung; s. auch *Arteaga/Veit*, in: Korn (Hrsg.), Einkommensteuergesetz, Bonn 2017, § 6a EStG Rn. 20; vgl. demgegenüber *Dommermuth*, in: HHR, EStG/KStG, § 6a EStG Anm. 22, der insbesondere aufgrund des Gebotes der Gleichbehandlung Pensionsrückstellungen auch bei der Einnahmenüberschussrechnung zulassen will.
448 Vgl. R 6a. Abs. 1 Satz 1 und 5 EStR; BFH, Urteile vom 16.12.1992 – I R 105/91, BStBl 1993 II S. 792; vom 17.5.1995 – I R 16/94, BStBl 1996 II S. 420.
449 Vgl. *Engbrocks/Urbitsch*, DB 1992 S. 2455.
450 Vgl. zu diesbezüglichen Einschränkungen *Dommermuth*, in: HHR, EStG/KStG, § 6a EStG Anm. 14.

nicht sachgerecht, da seitens des Arbeitgebers keine Verpflichtung hinsichtlich einer späteren Versorgung besteht.[451] Bei mittelbaren Pensionsverpflichtungen und anderen Vorsorgemöglichkeiten wie beispielsweise Beihilfen bei Krankheit oder auch Überbrückungsgelder oder Verdienstversicherungen ist § 6a EStG nicht einschlägig. Hierbei ist zu prüfen, ob Rückstellungen zwar nicht nach § 6a EStG, aber nach allgemeinen Grundsätzen zu bilden sind.[452]

5686 Hinsichtlich der Abgrenzung von unmittelbarer und mittelbarer Pensionszusage sind die konkreten Bedingungen des Einzelfalls zu prüfen. So kann bei einer **Erfüllungsübernahme** durch Dritte dennoch eine unmittelbare Pensionszusage vorliegen, wenn die Pensionsverpflichtung gegenüber einem Arbeitnehmer zwar von einem Dritten übernommen wird und somit der Dritte die Pensionszahlungen an den Pensionsberechtigten leistet, aber das primär verpflichtete Unternehmen von seiner Schuld nicht befreit und somit weiterhin Schuldner ist. In diesem Fall wird weiterhin eine Pensionsrückstellung und zudem eine Forderung gegen den Dritten, welcher die Erfüllung übernommen hat, ausgewiesen.[453]

5687 Die Pensionsrückstellung darf der Höhe nach nur für den tatsächlichen Verpflichtungsumfang gebildet werden. Erfolgt somit eine Anrechnung anderer Bezüge, kann insoweit keine Pensionsrückstellung gebildet werden.

5688 Für den Fall, dass der Arbeitgeber dazu berechtigt ist, die Pensionsverpflichtung bei Eintritt des Versorgungsfalls auf eine **Unterstützungskasse** zu übertragen, ist dies nicht schädlich für die Bildung einer Pensionsrückstellung.[454]

5689 Auch der Abschluss einer **Rückdeckungsversicherung** ist unschädlich für die Bildung einer Pensionsrückstellung.[455] In der Handelsbilanz besteht gemäß § 246 Abs. 2 Satz 2 HGB ein Saldierungsgebot, welches jedoch im Steuerrecht keine Anwendung findet (§ 5 Abs. 1a Satz 1 EStG). Rückdeckungsversicherungsleistungen und Pensionsverpflichtungen sind somit unabhängig voneinander zu bilanzierende Wirtschaftsgüter, die nicht saldiert werden.[456] Dies kann zu Wertunterschieden führen, da der Rückdeckungsanspruch unabhängig von den Bewertungsmaßstäben des § 6a EStG anzusetzen ist. Aus dieser „asymmetrischen" Bilanzierung können sich für das Unternehmen rechnerisch „Aktivierungsüberhänge" im Sinne einer Betriebsvermögensmehrung ergeben, obwohl die Rückdeckungsversicherung genau die vom Arbeitgeber versprochene Pensionsleistung abdeckt.

---

451 Zwar kann eine subsidiäre Einstandspflicht des Arbeitgebers bei mittelbaren Pensionszusagen bestehen; dies führt jedoch nicht dazu, dass für steuerliche Zwecke eine Rückstellung gebildet werden darf, vgl. BFH, Urteil vom 5.4.2006 – I R 46/04, BStBl 2006 II S. 688.
452 Vgl. beispielsweise *Gosch*, in: Kirchhof (Hrsg.), EStG, 17. Aufl., Köln 2018, § 6a Rz. 2.
453 Vgl. *Dommermuth*, in: HHR, EStG/KStG, § 6a EStG Anm. 14; BMF, Schreiben vom 16.12.2005 – IV B 2 – S 2176 103/05, BStBl 2005 I S. 1052 Rn. 2.
454 Vgl. BFH, Urteil vom 19.8.1998 – I R 92/95, BStBl 1999 II S. 387.
455 Vgl. *Rhiel/Hirsch/Veit*, StuB 2007 S. 333, 335.
456 Vgl. BFH, Urteile vom 9.8.2006 – I R 11/06, BStBl 2006 II S. 762; vom 25.2.2004 – I R 54/02, BStBl 2004 II S. 654; H 6a Abs. 23 „Getrennte Bilanzierung" EStH; vom 10.6.2009 – I R 67/08, BStBl 2010 II S. 32.

2.2.2.2 Rechtsanspruch auf einmalige oder laufende Pensionsleistungen (§ 6a Abs. 1 Nr. 1 EStG)

Gemäß § 6a Abs. 1 Nr. 1 EStG ist die Bildung einer Pensionsrückstellung nur zulässig, wenn der Pensionsberechtigte einen Rechtsanspruch auf einmalige oder laufende Pensionsleistungen hat; somit ist auch der Höhe nach eine Pensionsrückstellung nur möglich, soweit ein Rechtsanspruch besteht. Dieser ist hinsichtlich der jeweiligen Voraussetzungen aufschiebend bedingt.[457]

5690

Der Begriff des Rechtsanspruchs ergibt sich hierbei aus § 194 Abs. 1 BGB und ist dadurch gekennzeichnet, dass dieser mittels Klage und Zwangsvollstreckung geltend gemacht werden kann. Beurteilungsmaßstab sind hierbei insbesondere arbeitsrechtliche Kriterien,[458] so dass für die Rechtsverbindlichkeit hinsichtlich der Pension oder der Anwartschaft eine erstmalige, zu einem Rechtsanspruch führende arbeitsrechtliche Verpflichtungserklärung maßgebend ist. Diese kann beispielsweise im Rahmen eines Einzelvertrags, einer Gesamtzusage, einer Betriebsvereinbarung oder auch eines Tarifvertrags erfolgen. Im Fall eines Einzelvertrags ist eine besondere Verpflichtungserklärung gegenüber dem einzelnen Berechtigten erforderlich.[459] Für den Fall, dass der Dienstvertrag eine Regelung beinhaltet, wonach der Arbeitnehmer nach einer festen Zeitspanne eine Pensionszusage erhalten soll, führt das Abstellen auf arbeitsrechtliche Aspekte grundsätzlich dazu, dass hierdurch bereits eine Versorgungszusage begründet werden kann.[460] Für den Fall, dass eine Rechtsverbindlichkeit ausdrücklich ausgeschlossen wird, kann zwar arbeitsrechtlich ein Anspruch des Berechtigten entstehen; steuerlich soll jedoch die Bildung der Pensionsrückstellung nach Auffassung des BFH ausgeschlossen sein.[461]

5691

Es ist nicht von Bedeutung, ob die Bemessungsgrundlage der Pension von Größen abhängt, auf die ein Rechtsanspruch nicht besteht. Dies kann beispielsweise der Fall sein, wenn sich die Pensionsleistung nach dem pensionsfähigen Gehalt ermittelt, welches auch freiwillige Leistungen des Arbeitgebers beinhaltet.[462]

5692

Pensionsberechtigte sind im Regelfall Arbeitnehmer, da im Rahmen des § 6a EStG grundsätzlich auf ein bestehendes Dienstverhältnis abgestellt wird (z. B. Abs. 4 Satz 5). Auch Angehörige des Arbeitgebers (z. B. Arbeitnehmer-Ehegatte) können Pensionsberechtigte sein. Diesbezüglich wird insbesondere auf den Personenkreis gem. § 15 AO Bezug genommen,[463] wobei die seitens der Finanzverwaltung vorgenommene enge Abgrenzung des Personenkreises im Schrifttum kritisiert wird.[464] Nach § 6a Abs. 5 EStG

5693

---

457 Vgl. *Gosch*, in: Kirchhof (Hrsg.), EStG, 17. Aufl., Köln 2018, § 6a Rz. 7.
458 Vgl. R 6a. Abs. 2 Satz 3 EStR; *Arteaga/Veit*, in: Korn (Hrsg.), Einkommensteuergesetz, Bonn 2017, § 6a EStG Rn. 6.
459 Vgl. R 6a. Abs. 2 Satz 1-4 EStR.
460 Vgl. BAG, Urteil vom 24.4.2004 – 3 AZR 5/03, DB 2004 S. 1158 f.; es bedarf diesbezüglich einer Prüfung der weiteren Voraussetzungen für eine Pensionszusage, beispielsweise hinsichtlich der Anforderung der Eindeutigkeit.
461 Vgl. BFH, Urteil vom 18.5.1984 – III R 38/79, BStBl 1984 II S. 741.
462 Vgl. *Dommermuth*, in: HHR, EStG/KStG, § 6a EStG Anm. 28.
463 Vgl. H 6a. Abs. (9) Satz 3 EStH; BMF, Schreiben vom 17.11.2004 – IV C 4 – S 2222 177/04, BStBl 2004 I S. 1065 Rn. 157.
464 Vgl. *Dommermuth*, in: HHR, EStG/KStG, § 6a EStG Anm. 27.

kann auch ein „anderes Rechtsverhältnis" vorliegen, welches jedoch über die Pensionszusage hinaus bestehen muss und beispielsweise ein Dienst-, Werk-, Kauf- oder ein Mietvertrag sein kann.[465]

2.2.2.3 Keine Gewinnabhängigkeit und unzulässigen Widerrufsvorbehalte (§ 6a Abs. 1 Nr. 2 EStG)

5694 Nachdem der BFH die Auffassung vertrat, dass die Voraussetzungen des § 6a EStG a. F. auch dann erfüllt sind, wenn die Bezüge von der zukünftigen Entwicklung des Unternehmens abhängen,[466] hat der Gesetzgeber in § 6a Abs. 1 Nr. 2 EStG die Voraussetzung normiert, dass die Pensionsleistungen nicht von künftigen Gewinnen abhängen dürfen. Dies wird auch damit begründet, dass eine Schwankung von Pensionsrückstellungen der Höhe nach vermieden werden soll.[467] Der BFH[468] versteht die Gesetzesformulierung so, dass nicht nur künftige gewinnabhängige Bezüge nach dem Bilanzstichtag nicht in die Pensionsrückstellung einbezogen werden können, sondern auch solche, die zwar vor dem Bilanzstichtag, aber nach der erteilten Zusage entstanden sind. Das BMF[469] lässt aber in diesen Fällen jeweils eine Ergänzung der Zusage zu.

5695 Vorbehalte, durch welche der Arbeitgeber die Pensionszusage an veränderte Rahmenbedingungen anpassen kann, können aus steuerlicher Sicht zu einer Versagung der Bildung einer Pensionsrückstellung führen. Es ist hierbei zu unterscheiden zwischen einem steuerschädlichen Vorbehalt, der zu bejahen ist, wenn der Arbeitgeber nach freiem Ermessen Pensionsleistungen kürzen kann, und steuerunschädlichen Vorbehalten, die voraussetzen, dass ein Widerruf lediglich nach billigem Ermessen möglich ist.

5696 So führt gemäß § 6a Abs. 1 Nr. 2 2. Halbsatz 1. Alternative EStG ein **Widerrufsvorbehalt**, der nach **freiem Ermessen** möglich ist, zu einem Versagen der Pensionsrückstellung. Ein freies Ermessen liegt vor, wenn der Arbeitgeber nach seinen eigenen Interessen ohne Berücksichtigung der Interessen des Pensionsberechtigten die Pensionszusage widerrufen kann.[470] Die Finanzverwaltung sieht ein derartiges freies Belieben insbesondere bei Formulierungen wie „freiwillig und ohne Rechtsanspruch", „jederzeitiger Widerruf vorbehalten", „ein Rechtsanspruch besteht nicht" oder „die Leistungen sind unverbindlich" als gegeben an.[471]

5697 Wenn jedoch die Pensionszusage einen Widerruf der Pensionszusage bei geänderten Verhältnissen nur nach **billigem Ermessen** zulässt, so dass es einer Abwägung der Interessen von Pensionsberechtigtem und dem Unternehmen bedarf, besteht grundsätzlich ein unschädlicher Vorbehalt. Dies kann insbesondere der Fall sein, wenn Pensionszusagen nur widerrufen oder eingeschränkt werden können, falls eine Verschlechterung der wirtschaftlichen Lage vorliegt, die Treuepflicht des Arbeitnehmers verletzt wird oder

---

465 Vgl. *Gosch*, in: Kirchhof (Hrsg.), EStG, 17. Aufl., Köln 2018, § 6a Rz. 3.
466 Vgl. BFH, Urteil vom 9.11.1995 – IV R 2/93, BStBl 1996 II S. 589.
467 Vgl. *Höfer*, DB 2010 S. 925 f.; *May/Jura*, DStR 2010 S. 1509 ff.
468 Beschluss vom 3.3.2010 – I R 31/09, BStBl 2013 II S. 781.
469 BMF vom 18.10.2013 – IV C 6 – S 2176/12/10001, BStBl 2013 I S. 1268.
470 Vgl. R 6a. Abs. 3 Satz 1 EStR; BAG, Urteil vom 14.12.1956 – I AZR 531/55, BStBl 1959 I S. 258 f.
471 Vgl. R 6a. Abs. 3 Satz 2 EStR unter Bezugnahme auf BAG, Urteil vom 14.12.1956 – I AZR 531/55, BB 1957 S. 259.

wesentliche Änderungen der Sozialversicherungsverhältnisse hinsichtlich der steuerlichen Würdigung von Pensionszusagen vorliegen.[472]

Für den Fall, dass der Versorgungsfall bereits eingetreten ist oder kurz bevor steht, ist nach der Rechtsprechung des BAG ein Widerruf nicht mehr nach freiem Belieben, sondern nur nach billigem Ermessen möglich.[473] Hieraus folgt für steuerliche Zwecke, dass in diesem Fall bei einer Widerrufsmöglichkeit nach freiem Belieben bei Eintritt in den Ruhestand eine Rückstellungsbildung entsprechend in Betracht kommt.[474]

Für den Fall eines **Vorbehaltes,** dass der Pensionsanspruch bei Veräußerung oder eines Unternehmerwechsels aus anderen Gründen erlischt, führt dieser zu einer steuerlichen Schädlichkeit. Auch für den Fall, dass ein Vorbehalt dahin gehend besteht, dass die Haftung aus einer Pensionszusage auf das Betriebsvermögen beschränkt ist, ist dies schädlich, es sei denn, dass eine gesetzliche Haftungsbeschränkung für alle Verpflichtungen gleichermaßen gilt, wie z. B. bei Kapitalgesellschaften.[475] Nicht schädlich ist hingegen die Möglichkeit, dass die Arbeitgeber eine Übertragung auf eine Unterstützungskasse vornehmen kann.[476]

2.2.2.4 Schriftform und eindeutige Angaben zu Art, Form, Voraussetzungen und Höhe der künftigen Leistungen (§ 6a Abs. 1 Nr. 3 EStG)

Gemäß § 6a Abs. 1 Nr. 3 EStG ist die schriftliche Erteilung einer Pensionszusage für die Bildung einer Pensionsrückstellung erforderlich. Eine Pensionsrückstellung kann demnach nur insoweit gebildet werden, als dass das Schriftlichkeitsgebot dem Grunde und der Höhe nach erfüllt ist.[477] Dies soll der Rechtssicherheit dienen[478] und auch die Nachweisführung gegenüber den Finanzbehörden ermöglichen. Das Schriftlichkeitsgebot betrifft nicht nur die ursprüngliche Zusage, sondern ist auch bei späteren Änderungen zu beachten.[479]

Die Finanzverwaltung konkretisiert das Schriftformgebot dergestalt, dass jede schriftliche Festlegung in Betracht kommt, aus der sich der Pensionsanspruch nach Art und Höhe ergibt. Dies kann beispielsweise durch Einzelvertrag, Gesamtzusage (Pensionsordnung), Betriebsvereinbarung, Tarifvertrag oder Gerichtsurteil erfolgen. Im Fall einer Gesamtzusage muss der Nachweis einer schriftlichen Bekanntmachung, z. B. durch Protokoll über den Aushang im Betrieb erfolgen.[480] Gem. R 6a Abs. 2 Satz 2 EStR ist bei einer Einzelzusage eine Verpflichtungserklärung gegenüber dem einzelnen Pensionsberechtigten erforderlich. Ein Zahlungsbeleg reicht nach Auffassung der Finanzverwaltung nicht aus.[481]

---

472 Vgl. auch hinsichtlich Formulierungsvorschlägen R 6a. Abs. 4 Satz 3 EStR.
473 Vgl. R 6a. Abs. 3 Satz 5 EStR; BAG, Urteil vom 14.12.1956 – I AZR 531/55, BStBl 1959 I S. 258 f.; *Lührmann*, StuB 1999 S. 319.
474 Vgl. R 6a. Abs. 3 Satz 6 EStR.
475 Vgl. R 6a. Abs. 6 Satz 1 und 2 EStR.
476 Vgl. BFH, Urteil vom 19.8.1998 – I R 92/95, BStBl 1999 II S. 387; *Fuchs*, StuB 1999 S. 41.
477 Vgl. R 6a. Abs. 7 Satz 5 EStR; *Gosch*, StBp 2004 S. 83; für den Fall der Übernahme einer Pensionszusage bei Unternehmenswechsel des Geschäftsführers *Neu*, EFG 2007 S. 1426.
478 Vgl. BT-Drucks. 7/1281 S. 38.
479 Vgl. R 6a. Abs. Urteile vom 12.10.2010 – I R 17/10, BFH/NV 2011 S. 452; vom 31.5.2017 – I R 91/15, BFH/NV 2018 S. 16; vgl. auch Rz. 5743, Fn. 538.
480 Vgl. R 6a. Abs. 7 Satz 2 EStR.
481 Vgl. R 6a. Abs. 7 Satz 6 EStR.

Das Kriterium der Schriftlichkeit ist nach der Rechtsprechung des BFH erfüllt, wenn der Verpflichtete eine entsprechende schriftliche Erklärung abgibt und der Berechtigte nach den Regeln des Zivilrechts diese annimmt, z. B. durch mündliche Erklärung.[482]

5701 Für den Fall einer Pensionszusage, die auf **betrieblicher Übung** beruht, ist nach Verwaltungsauffassung mangels Schriftform keine Pensionsrückstellung möglich,[483] selbst dann wenn in arbeitsrechtlicher Hinsicht (gemäß § 1b Abs. 1 Satz 4 BetrAVG) eine unverfallbare Anwartschaft besteht; eine Ausnahme soll dann vorliegen, wenn dem Arbeitnehmer beim Ausscheiden eine schriftliche Auskunft nach § 4a BetrAVG erteilt wurde.[484]

5702 Nach dem Gesetzeswortlaut sind **eindeutige Angaben** zu Art, Form, Voraussetzungen und Höhe der in Aussicht gestellten künftigen Leistungen erforderlich.[485] Die Angaben müssen somit klar – können jedoch nach Auffassung des BFH auch auslegungsbedürftig – sein, nicht jedoch mehrdeutig.[486] Erforderlich sind auch konkrete Angaben zur Bemessungsgrundlage der zu erbringenden Versorgung und der Zusammensetzung, was insbesondere bei variablen Gehaltsbestandteilen relevant ist.[487] Dies beinhaltet nach Verwaltungsauffassung auch den Zusagezeitpunkt.[488]

5703 Für den Fall, dass es für eine eindeutige Ermittlung der in Aussicht gestellten Leistungen erforderlich ist, muss die versicherungsmathematische Ermittlung, beispielsweise hinsichtlich des anzuwendenden Rechnungszinsfußes oder der anzuwendenden biometrischen Ausscheidewahrscheinlichkeiten, schriftlich festgelegt werden;[489] wenn diese Angaben nicht vorliegen, kann eine Pensionsrückstellung in der Steuerbilanz nicht gebildet werden.[490]

5704 Zu beachten ist, dass auch das Schriftformgebot am Bilanzstichtag erfüllt sein muss.[491] Ist die Schriftformanforderung am vorhergehenden Bilanzstichtag nicht gegeben, so dass demzufolge keine Pensionsrückstellung gebildet werden konnte und wird diese Anforderung bis zum nächsten Bilanzstichtag erfüllt, so kann bei Vorliegen der weiteren Voraussetzungen zu diesem späteren Bilanzstichtag die Rückstellung in vollem Umfang nach § 6a EStG gebildet werden.[492]

2.2.3 Bilanzierungsverbote

2.2.3.1 Zeitpunkt der erstmaligen Bildung einer Pensionsrückstellung

5705 § 6a Abs. 2 EStG bestimmt die Möglichkeit der erstmaligen Bildung der Pensionsrückstellung, so dass für eine Rückstellungsbildung sowohl die Voraussetzungen des Abs. 1

---

[482] Vgl. BFH, Urteil vom 27.4.2005 – I R 75/04, BStBl 2005 II S. 702; *Hoffmann*, GmbHR 2005 S. 1314.
[483] Vgl. BFH, Urteil vom 20.4.1988 – I R 129/84, BFH/NV 1988 S. 807.
[484] Vgl. R 6a. Abs. 7 Satz 4 EStR.
[485] Vgl. ausführlicher *Dommermuth*, in: HHR, EStG/KStG, § 6a EStG Anm. 35.
[486] Vgl. BFH, Urteile vom 24.3.1999 – I R 20/98, BStBl 2001 II S. 612; vom 24.3.1999 – I S 8/98, BFH/NV 1999 S. 1643-1645.
[487] Vgl. *Gosch*, in: Kirchhof (Hrsg.), EStG, 17. Aufl., Köln 2018, § 6a Rz. 10.
[488] Vgl. H 6a. Abs. 7 „Schriftformerfordernis" EStH.
[489] Vgl. H 6a. Abs. 7 „Schriftformerfordernis" EStH.
[490] Vgl. BMF, Schreiben vom 4.7.2001 – IV A 6 – S 2176 27/01, BStBl 2001 I S. 594 f.
[491] Vgl. FG Köln, Urteil vom 11.4.2000 – 13 K 4287/99, EFG 2000 S. 1035-1038.
[492] Vgl. *Weber-Grellet*, in: Schmidt, EStG, 37. Aufl. 2018, § 6a EStG Rn. 15.

als auch des Abs. 2 vorliegen müssen. Eine Rückstellungsbildung vor dem in Abs. 2 dargelegten Zeitpunkt darf somit nicht erfolgen. Auch wenn der Wortlaut des § 6a Abs. 2 EStG („eine Pensionsrückstellung darf") auf ein Wahlrecht hindeutet, bleibt festzuhalten, dass für den Fall, dass nach Abs. 1 eine Pflicht für die Bildung einer Pensionsrückstellung besteht (Neuzusage bei Maßgeblichkeit der Handelsbilanz für die Steuerbilanz), hieraus nicht im Rahmen des Abs. 2 ein Wahlrecht werden kann.[493]

Gem. § 6a Abs. 2 Satz 1 EStG wird differenziert zwischen dem Fall der Bildung einer Pensionsrückstellung vor (Nr. 1) und nach Eintritt des Versorgungsfalls (Nr. 2). Ist der Versorgungsfall noch nicht eingetreten, so kann die Pensionsrückstellung erstmals gebildet werden für das Wirtschaftsjahr, bis zu dessen Mitte der Pensionsberechtigte das 23. Lebensjahr (gilt für Zusagen ab dem 1.1.2018; für Zusagen bis zum 31.12.2017: das 27. Lebensjahr) vollendet hat (siehe Rz. 5742); dies soll dazu beitragen, dass die Fluktuation bis zu diesem Alter außer Acht gelassen wird.[494] Unabhängig vom Kriterium des Mindestalters kann eine Pensionsrückstellung für das Wirtschaftsjahr gebildet werden, in dessen Verlauf die Pensionsanwartschaft gemäß den Vorschriften des Betriebsrentengesetzes unverfallbar wird.[495] Auch bereits vor Erreichen des Mindestalters kann eine Pensionsrückstellung gebildet werden, wenn der Versorgungsfall bereits eingetreten ist (§ 6a Abs. 2 Nr. 2, Abs. 4 Satz 4 EStG). 5706

2.2.3.2 Nachholverbot

Gem. § 6a Abs. 4 Satz 1 EStG begrenzt das sog. Nachholverbot die Zuführung zur Pensionsrückstellung. Dadurch, dass somit eine unterlassene Rückstellungszuführung grundsätzlich nicht nachgeholt werden kann,[496] soll einer willkürlichen Gewinnverschiebung entgegen gewirkt werden.[497] Dies bedeutet somit, dass das Nachholverbot dem formellen Bilanzzusammenhang vorgeht, nach welchem grundsätzlich ein erfolgswirksamer Fehler in einem nicht mehr änderbaren Veranlagungszeitraum in dem ersten „noch offenen" Veranlagungszeitraum erfolgswirksam korrigiert wird.[498] 5707

Gem. § 6a Abs. 4 Satz 1 EStG darf die Pensionsrückstellung in einem Wirtschaftsjahr höchstens um den Unterschied zwischen dem Teilwert der Pensionsverpflichtung am Schluss des Wirtschaftsjahres und am Schluss des vorangegangenen Wirtschaftsjahres erhöht werden. Dies bedeutet somit, dass eine Rückstellungszuführung in Höhe der Differenz der Teilwerte zu beiden Bilanzstichtagen erfolgen kann, so dass unerheblich ist, mit welchem Wert die Pensionsrückstellung im Vorjahr tatsächlich bilanziert war. 5708

Das Nachholverbot findet keine Anwendung, wenn zum Schluss des vorangegangenen Wirtschaftsjahres eine Pensionsverpflichtung vorlag, für die jedoch keine Pensionsrückstellung gebildet werden durfte. Dies gilt entsprechend auch für den Fall, dass zwar in der Vorbilanz eine Pensionsrückstellung gebildet werden durfte, diese aber nur einen 5709

---

493 Vgl. *Dommermuth*, in: HHR, EStG/KStG, § 6a EStG Anm. 50.
494 Vgl. BT-Drucks. 7/1281, S. 38; BT-Drs. 16/6539 S. 9.
495 Vgl. für eine diesbezügliche Konkretisierung des Kriteriums der Unverfallbarkeit *Weber-Grellet*, in: Schmidt, EStG, 37. Aufl. 2018, § 6a EStG Rn. 44.
496 Vgl. *Arteaga/Veit*, in: Korn (Hrsg.), Einkommensteuergesetz, Bonn 2017, § 6a EStG Rn. 113.
497 Vgl. BFH, Urteil vom 9.11.1995 – IV R 2/93, BStBl 1996 II S. 589.
498 Vgl. BFH, Urteil vom 13.2.2008 – I R 44/07, BStBl 2008 II S. 673.

Teil der bestehenden Verpflichtung abdecken durfte.[499] Somit kann in dem Erstjahr, in dem die Voraussetzungen für eine Pensionsrückstellung erfüllt sind, eine Zuführung in Höhe des Teilwertes erfolgen (§ 6a Abs. 4 Satz 3 EStG).[500]

5710 Die aufgrund des Nachholverbotes nicht passivierten Beträge dürfen erst bei Beendigung des Dienstverhältnisses, wenn die Pensionsanwartschaft aufrechterhalten wird, oder bei Eintritt des Versorgungsfalls passiviert werden.[501]

5711 Auch wenn das Nachholverbot insbesondere dem Zweck dient, willkürliche Verschiebungen von Gewinnen zu vermeiden, findet dies auch Anwendung, wenn ein Rechtsirrtum vorliegt und versehentlich keine oder eine zu geringe Pensionsrückstellung gebildet wurde.[502]

5712 Das Nachholverbot greift nur, wenn die zugrunde liegende Pensionszusage unverändert bleibt. Wird diese während der Anwartschaftszeit nachträglich erhöht, so kann die entsprechende Teilwertänderung in voller Höhe angesetzt werden, da hierbei die Aufstockung als eine neue Pensionsverpflichtung angesehen wird.[503] Ausnahmen vom Nachholverbot bestehen auch, wenn die zu geringe Rückstellungsbildung durch staatliche Stellen bedingt ist,[504] z. B. wenn die Rechtsprechung zunächst die Rückstellungsbildung nicht für zulässig erachtet hat und ihre Auffassung später ändert. Dies hat zur Folge, dass die Rückstellung spätestens in dem Jahr, in dem die Rechtsprechung aufgegeben wird, in vollem Umfang nachgeholt werden kann.[505]

5713 Für den Fall, dass der Unterschiedsbetrag auf der erstmaligen Anwendung neuer oder geänderter biometrischer Rechnungsgrundlagen beruht, muss dieser Unterschiedsbetrag auf mindestens drei Wirtschaftsjahre verteilt der Pensionsrückstellung zugeführt werden,[506] wobei diese Verteilung nicht als Wahlrecht ausgestaltet ist und die Verteilung der Zuführung gleichmäßig auf den entsprechenden Zeitraum erfolgen muss (vgl. Rz. 5767).[507]

5714 Der Begriff der neuen Rechnungsgrundlagen wird dergestalt konkretisiert, dass diese eine Neuentwicklung unter Beachtung der anerkannten Regeln der Versicherungsmathematik darstellen, die erstmals zu Anwendung kommt. Diese Verteilungspflicht bei Modifikation biometrischer Rechnungsgrundlagen findet vor dem Hintergrund des Einzelbewertungsprinzips für jede einzelne Pensionsverpflichtung Anwendung. Der Ver-

---

[499] Vgl. H 6a. Abs. (20) EStH; BFH, Urteil vom 8.10.2008 – I R 3/06, BStBl 2010 II S. 186.
[500] Vgl. *Arteaga/Veit*, in: Korn (Hrsg.), Einkommensteuergesetz, Bonn 2017, § 6a EStG Rz. 115.
[501] Vgl. R 6a. Abs. 20 EStR 2008.
[502] Vgl. BMF, Schreiben vom 11.12.2003 – IV A 6 – S 2176 70/03, BStBl 2003 I S. 746; BFH, Urteile vom 7.4.1994 – IV R 56/92, BStBl 1994 II S. 740; vom 13.2.2008 – I R 44/07, BStBl 2008 II S. 673; vom 14.1.2009 – I R 5/08, BStBl 2009 II S. 457; vgl. auch *Büchele*, DB 1999 S. 67 ff.
[503] Vgl. *Dommermuth*, in: HHR, EStG/KStG, § 6a EStG Anm. 151; BFH, Urteil vom 13.6.2006 – I R 58/05, BStBl 2006 II S. 928.
[504] Vgl. BFH, Urteile vom 14.1.2009 – I R 5/08, BStBl 2009 II S. 457; vom 9.11.1995 – IV R 2/93, BStBl 1996 II S. 589; *Buciek*, FR 2009 S. 907.
[505] Vgl. H 6a. Abs. (20) „Nachholverbot" EStH; BFH, Urteil vom 7.4.1994 – IV R 56/92, BStBl 1994 II S. 740.
[506] Vgl. hinsichtlich einer Aufteilung auf die entsprechenden Jahre BMF, Schreiben vom 16.12.2005 – IV B 2 – S 2176 106/05, BStBl 2005 I S. 1054 Rz. 10.
[507] Vgl. *H.-J. Heger*, in: Blümich (Hrsg.), EStG KStG GewStG, § 6a Rz. 426.

teilungszeitraum kann somit unterschiedlich gewählt werden, wobei dieser jeweils mindestens drei Jahre betragen muss.[508]

Eine weitere Verteilung der Rückstellungszuführung sieht § 6a Abs. 4 Satz 3-5 EStG bei erstmaliger Bildung der Pensionsrückstellung vor. Hierbei kann die Rückstellungsbildung entsprechend bis zur Höhe des Teilwertes der Pensionsverpflichtung am Schluss des Wirtschaftsjahres erfolgen oder aber im Rahmen eines Wahlrechtes auf das Erstjahr, in dem die Voraussetzungen für eine Rückstellungsbildung erfüllt sind, und die beiden folgenden Wirtschaftsjahre gleichmäßig verteilt werden. Der Unterschied zu einer Zuführung auf Grundlage eines Wechsels auf andere biometrische Grundlagen besteht darin, dass im Rahmen der Sätze 3 ff. ein Wahlrecht vorliegt und dass der Verteilungszeitraum nicht länger als drei Jahre beträgt (vgl. Rz. 5768).

5715

> **BEISPIEL** BFH, Urteil vom 13.2.2008 – I R 44/07[509]
>
> Eine GmbH bildete für eine Pensionszusage an ihre drei Gesellschafter-Geschäftsführer keine Pensionsrückstellungen, da sie und zudem auch die Finanzverwaltung im Rahmen der Betriebsprüfung davon ausgingen, dass eine Nichtpassivierung zutreffend sei. Die Bescheide der entsprechenden Veranlagungszeiträume wurden bestandskräftig und können nicht mehr geändert werden.
>
> Der BFH hat in diesem Fall eine Durchbrechung des Nachholverbots verneint. Auch ein Verstoß gegen Treu und Glauben liege nicht vor. Insbesondere verneint der BFH auch die Anwendung des formellen Bilanzzusammenhangs, da dessen Anwendung durch das Nachholverbot als lex specialis verdrängt wird. Somit ist die Rückstellung im ersten noch nicht festsetzungsverjährten Veranlagungszeitraum einzubuchen.

5716

2.2.3.3 Weitere Bilanzierungsverbote

Für Verpflichtungen, die nicht die Voraussetzungen des § 6a EStG erfüllen, kann für steuerliche Zwecke keine Pensionsrückstellung gebildet werden. Es bedarf somit der Prüfung, ob eine andere Rückstellungsart in Frage kommen kann. Bei Personengesellschaften ist bei Pensionszusagen zugunsten von Mitunternehmern eine korrespondierende Aktivierung in deren Sonderbilanz vorzunehmen, wodurch sich die Pensionsrückstellung letztlich steuerlich nicht auswirkt (vgl. auch Rz. 5783, 1459).

5717

Sonstigen Verpflichtungen, die zwar eine Ähnlichkeit zu Pensionsverpflichtungen aufweisen, jedoch nicht den Kriterien einer betrieblichen Altersversorgung entsprechen oder lediglich Folgekosten sind, räumt Art. 28 Abs. 1 Satz 2 EGHGB in der Handelsbilanz ein Passivierungswahlrecht ein. Nach allgemeinen Grundsätzen folgt hieraus in der Steuerbilanz ein Ansatzverbot.[510]

5718

Bei Arbeitszeitkontenmodellen, bei denen der Arbeitnehmer geleistete Mehrarbeit auf einem Zeitkonto ansparen und später gegen Freizeit eintauschen kann, kommt in der Handelsbilanz eine Rückstellung für ungewisse Verbindlichkeiten gemäß § 249 Abs. 1 Satz 1 HGB in Betracht, wobei diese grundsätzlich bereits mit Abschluss der Vereinbarung über

5719

---

508 Vgl. Dommermuth, in: HHR, EStG/KStG, § 6a EStG Anm. 154.
509 Vgl. für diesen Fall Günkel, in: StbJb 2004/2005, Köln 2005, S. 305; BFH, Urteil vom 13.2.2008 – I R 44/07, BStBl 2008 II S. 67; vgl. auch Hoffmann, GmbHR 2008 S. 776-778; Wischmann, GmbH-StB 2008 S. 227; Lieb, BB 2008 S. 1390.
510 Vgl. Dommermuth, in: HHR, EStG/KStG, § 6a EStG Anm. 11.

die Altersteilzeit in voller Höhe gebildet wird.[511] In steuerlicher Hinsicht wird die Bildung einer Pensionsrückstellung nach § 6a EStG verneint, weil lediglich eine zeitlich verlagerte Lohnzahlung vorliegt und keine betriebliche Altersversorgung besteht. Hierbei ist stattdessen insbesondere die Bildung einer Rückstellung wegen Erfüllungsrückstandes zu prüfen.

5720 *(Einstweilen frei)*

2.3 Bewertung

2.3.1 Grundlagen und Zweck der steuerlichen Bewertungsregelung

5721 Die steuerliche Bewertung der Pensionsrückstellung wird durch § 6a EStG abschließend und sehr detailliert geregelt.[512] § 6a EStG enthält nur Regelungen für die Bewertung von unmittelbaren Pensionszusagen, nicht hingegen für die übrigen Formen der betrieblichen Altersversorgung. Durch Abs. 3 der Vorschrift wird die Höhe der Pensionsrückstellung ausgehend vom Barwert der künftigen Pensionsleistungen unter Verwendung eines Zinssatzes von 6 % begrenzt, wobei zwischen den Fällen vor Beendigung des Dienstverhältnisses (Pensionsverpflichtungen gegenüber aktiven Anwärtern) und nach Beendigung des Dienstverhältnisses der Pensionsberechtigten (Pensionsbezieher bzw. ausgeschiedenen Berechtigte mit unverfallbarer Anwartschaft) differenziert wird, da für die Bewertung entscheidend ist, welcher Fallgruppe der jeweilige Berechtigte angehört. Gemäß dem Maßgeblichkeitsprinzip ist aufgrund des Einzelbewertungsgrundsatzes (§ 252 Abs. 1 Nr. 3 HGB) jede Pensionsverpflichtung als einzelnes Wirtschaftsgut einzeln zu bewerten. § 6a Abs. 4 EStG begrenzt insbesondere die jährlichen Zuführungsbeträge, enthält ein sog. Nachholverbot für in Vorjahren nicht bis zur Höchstgrenze erfolgte Zuführungen und sieht bei Anwendung neuer, geänderter oder anderer biometrischer Rechnungsgrundlagen eine Verteilung des daraus resultierenden Erhöhungsbetrages über mindestens drei Wirtschaftsjahre vor.

5722 Die umfassenden Regelungen tragen der Bedeutung der Pensionsrückstellung beim Bestehen von Pensionsverpflichtungen als regelmäßig größter Rückstellung in der Steuerbilanz Rechnung und sollen durch die Vorgabe einer bestimmten Methode die sachgerechte Bewertung der bis zum jeweiligen Bilanzstichtag erdienten Altersversorgungsansprüche gewährleisten und somit den Versorgungsaufwand periodengerecht verteilen sowie eine gleichmäßige Besteuerung der Steuerpflichtigen sicherstellen.[513]

2.3.2 Versicherungsmathematische Bewertung

5723 Bei der Bewertung der Pensionsrückstellung sind nach § 6a Abs. 3 Satz 3 EStG die anerkannten Regeln der Versicherungsmathematik zu beachten und anzuwenden. In der Praxis erfolgt die Bewertung aufgrund der Komplexität der versicherungsmathematischen Berechnung regelmäßig von Sachverständigen im Rahmen eines Gutachtens.[514]

---

511 Vgl. *Günkel*, in: Drüen (Hrsg.), JbFSt 2008/09, Herne 2010, S. 759; *Förster/Heger*, DB 1998 S. 142.
512 Vgl. z. B. *Heger*, DStR 2008 S. 589.
513 Vgl. BT-Drucks. 7/1281 S. 37 ff.
514 Aufgrund der Neuregelung der handelsrechtlichen Bewertung der Pensionsrückstellung durch das BilMoG weichen die handels- und steuerrechtliche Rückstellungsbewertung regelmäßig voneinander ab, so dass in der Praxis i. d. R. (mindestens) zwei Gutachten angefertigt werden.

Eine gesetzliche Verpflichtung hierzu besteht jedoch nicht, so dass der Steuerpflichtige die Bewertung auch anhand eigener Berechnungen vornehmen kann.[515]

2.3.2.1 Versicherungsmathematische Grundbegriffe

Bei der versicherungsmathematischen Berechnung der Pensionsrückstellung sind insbesondere die folgenden Grundbegriffe relevant:

Barwert: Der Barwert einer Verpflichtung ist der Betrag, der zum Bewertungszeitpunkt unter Berücksichtigung des Zinseffekts zur Erfüllung der Verpflichtung aufzubringen ist.

Der Barwert einer **laufenden Rente** ergibt sich aus der Abzinsung der einzelnen zukünftig zu leistenden Pensionszahlungen jeweils unter Berücksichtigung der Wahrscheinlichkeit, dass der Pensionsempfänger die jeweilige Rente auch erlebt.

Der Barwert einer **Pensionsanwartschaft** ergibt sich aus dem Barwert der laufenden Rente zum Zeitpunkt des Rentenbeginns, der wiederum auf den Bewertungsstichtag unter Berücksichtigung der Erlebenswahrscheinlichkeit abzuzinsen ist. Zum Zeitpunkt des Rentenbeginns entspricht der Anwartschaftsbarwert somit dem Barwert der laufenden Rente. Versicherungstechnisch wird der Anwartschaftsbarwert auch als Einmalprämie bezeichnet, da durch die Leistung dieser Einmalprämie die zukünftigen Pensionsleistungen vollständig finanziert wären. Die Einmalprämie ist eine Nettoprämie, weil sie nicht die bei Versicherungen übliche Einrechnung von Abschluss-, Verwaltungskosten etc. enthält.[516]

Jahresprämie: Regelmäßig erwirbt der Pensionsberechtigte die Pension nicht vollständig im Zeitpunkt der Pensionszusage, sondern muss sich diese über seine restliche Arbeitszeit erdienen. Versteht man die Pensionsverpflichtung als Versicherungsvertrag, den der Berechtigte durch Erbringung seiner Arbeitsleistung finanzieren muss, so erfolgt die Finanzierung der Verpflichtung nicht mittels Einmalprämie, sondern durch über den Erdienungszeitraum zu verteilende gleich hohe Jahresbeträge. Versicherungstechnisch handelt es sich um die Nettojahresprämien einer äquivalenten Lebensversicherung.

Teilwert: Der Teilwert zum Bewertungsstichtag ergibt sich aus der Differenz zwischen dem Barwert der Pensionsanwartschaft abzüglich des Barwerts der noch zu erdienenden Jahresprämien. Daher entspricht der Teilwert für eine bei Dienstbeginn zugesagte Pension Null (Barwert der Pensionsanwartschaft und Barwert der Jahresprämien entsprechen sich). Anschließend baut sich der Teilwert vereinfachend dargestellt ohne Berücksichtigung der Auswirkungen der biometrischen Wahrscheinlichkeiten jährlich progressiv in Höhe der Jahresprämie zuzüglich des Zinses auf die Jahresprämie und den Teilwert des Vorjahres auf bis er zum Rentenbeginn dem Barwert der laufenden Rente entspricht.[517]

---

515 Vgl. z. B. *Dommermuth*, in: HHR, EStG/KStG, § 6a EStG Anm. 6.
516 Vgl. *Ahrend/Förster/Rößler*, Steuerrecht der betrieblichen Altersversorgung, 2. Teil Tz. 551.
517 Vgl. z. B. auch *Heger/Weppler*, in: Handbuch des Jahresabschlusses, Abt. III/7 Tz. 146.

Der Zusammenhang lässt sich mit folgender Abbildung illustrieren:

ABB. 2: Teilwert

Quelle: Dr. Dr. Heissmann GmbH

5727 **Biometrische Wahrscheinlichkeiten:** Für die Berechnung von Pensionsrückstellungen sind insbesondere biometrische Wahrscheinlichkeiten für die Sterblichkeit, Invalidität und im Falle von Hinterbliebenenrenten auch Wahrscheinlichkeiten für das Verheiratetsein und die Altersdifferenz der Ehegatten relevant. Bei den Wahrscheinlichkeiten wird regelmäßig nach den Geschlechtern unterschieden. Die biometrischen Daten müssen in empirischen Untersuchungen mit großen Datenmengen über lange Beobachtungszeiträume ermittelt werden, damit sie für die Prognose der zukünftigen Entwicklung geeignet sind. Für die biometrischen Wahrscheinlichkeiten gibt es allgemein gebräuchliche Tabellen, die auf großen allgemeingültigen Daten aller Erwerbstätigen in Deutschland basieren. Diese Tabellen müssen in gewissen Zeitabständen aktualisiert werden, da sich die Wahrscheinlichkeiten z. B. aufgrund gestiegener Lebenserwartung verändern. Für die Bewertung von Pensionsrückstellungen sind in der Praxis insbesondere die in 2005 veröffentlichten „Richttafeln 2005 G" von Prof. Dr. Klaus Heubeck relevant, da sie von der Finanzverwaltung als Rechnungsgrundlage für die versicherungsmathematische Bewertung anerkannt werden.[518] Bei den „Richttafeln 2005 G" handelt es sich um sog. „Generationentafeln", die anders als die vorhergehenden Richttafeln 1998 (sog. „Periodentafel") die Abhängigkeit der Lebenserwartung vom Geburtsjahr berücksichtigen, d. h. in der Tabelle ist eingearbeitet, dass ein heute 40-jähriger mit Erreichen des 67. Lebensjahres eine höhere Lebenserwartung als der heute 67-jährige hat.[519]

---

[518] Vgl. BMF, Schreiben vom 16.12.2005 – IV B 2 – S 2176 – 106/05, BStBl 2005 I S. 1054. Erstmalige Anwendung für Wirtschaftsjahre, die nach dem 6.6.2005 enden. Die Richttafeln 1998 können letztmals für Wirtschaftsjahre angewendet werden, die vor dem 30.6.2006 enden.
[519] Vgl. *Höfer/Veit/Verhuven*, Betriebsrentenrecht (BetrAVG) Kommentar, Bd. II Kap. 2 Tz. 537.

2.3.2.2 Versicherungsmathematische Methode

Die zukünftige Belastung aus einer Pensionszusage ist regelmäßig ungewiss, da die Höhe der in Zukunft zu leistenden Pensionszahlungen insbesondere von der Lebensdauer des Pensionsberechtigten und somit von einer unbekannten biologischen Größe abhängt. Die Höhe der Pensionsrückstellung muss daher für Bilanzierungszwecke geschätzt werden. Hierfür schreibt § 6a Abs. 3 Satz 3 EStG die Verwendung der versicherungsmathematischen Methode vor.

5728

Die Versicherungsmathematik dient grundsätzlich dazu, die aus einem Versicherungsvertrag zu deckenden Risiken als Grundlage für die Kalkulation der hierfür zu entrichtenden Prämien zu ermitteln. Sie kann damit auch für die Ermittlung des aus einer Pensionszusage resultierenden Deckungsrisikos verwendet werden. Die Versicherungsmathematik verwendet als Rechnungsgrundlagen zusätzlich zur Finanzmathematik, welche nur den Zinseffekt einkalkuliert, im Falle der Ermittlung des Deckungsrisikos aus Versorgungsverpflichtungen insbesondere biometrische Wahrscheinlichkeiten für die Sterblichkeit, Invalidität und im Falle von Witwenrenten auch Wahrscheinlichkeiten für das Verheiratetsein und die Altersdifferenz der Ehegatten. Aufgrund des Gesetzes der großen Zahl werden durch die verwendeten Wahrscheinlichkeiten die tatsächlichen betrieblichen Gegebenheiten umso besser abgebildet, je größer die Anzahl der Pensionsberechtigten ist.[520]

5729

Die versicherungsmathematische Berechnungsmethode ermöglicht durch den Einsatz biometrischer Wahrscheinlichkeiten eine objektive Berücksichtigung der biologischen Unsicherheiten und stellt somit auch eine objektive, also willkürfreie Bewertung der Pensionsverpflichtung sicher.[521]

§ 6a Abs. 3 Satz 3 EStG regelt nicht, welche **biometrischen Rechnungsgrundlagen** verwendet werden dürfen, es wird lediglich verlangt, dass sie den anerkannten Regeln der Versicherungsmathematik entsprechen. Grundsätzlich ist daher auch die Verwendung von betriebsindividuellen Daten möglich.[522] Da hierfür jedoch eine ausreichend große Zahl von Pensionsberechtigten erforderlich ist sowie die Ermittlung sehr aufwendig ist und entsprechend hohe Kosten verursacht, wird in der Praxis regelmäßig auf allgemein gebräuchliche Tabellen zurückgegriffen, von denen am häufigsten die von der Finanzverwaltung anerkannten Richttafeln von *Prof. Dr. Klaus Heubeck* verwendet werden (vgl. Rz. 5727). In begründbaren Fällen (z. B. schwerkranker Pensionsberechtigter) dürfte bei entsprechendem Nachweis eine Abweichung von den Richttafeln zulässig sein.[523]

5730

Durch die Vorgabe der anerkannten Regeln der Versicherungsmathematik wird der Einsatz von **Näherungsverfahren** zur Begrenzung des Rechenaufwands nicht ausgeschlossen, sofern die Verfahren mathematisch-statistisch begründet sind und nur zu geringen Abweichungen von der genauen Berechnung führen.[524] Aufgrund des heutigen Stands

5731

---

520 Vgl. *Höfer/Veit/Verhuven*, Betriebsrentenrecht (BetrAVG) Kommentar, Bd. II Kap. 2 Tz. 514 ff.
521 Vgl. *Höfer/Veit/Verhuven*, Betriebsrentenrecht (BetrAVG) Kommentar, Bd. II Kap. 2 Tz. 514.
522 Zu den Grundsätzen, denen betriebsindividuelle biometrische Rechnungsgrundlagen genügen müssen vgl. BMF, Schreiben vom 9.12.2011 – IV C 6 – S 2176/07/10004:001, BStBl 2011 I S. 1247; kritisch hierzu *Schwinger/Stöckler*, DStR 2013 S. 2309 f.
523 Vgl. *Höfer*, in: Littmann/Bitz/Pust (Hrsg.), Das Einkommensteuerrecht, § 6a Tz. 207 f.
524 Vgl. *Höfer*, in: Littmann/Bitz/Pust (Hrsg.), Das Einkommensteuerrecht, § 6a Tz. 213.

der IT-Lösungen zur Berechnung von Pensionsrückstellung hat die Bedeutung der Näherungsverfahren stark abgenommen. Im Wesentlichen relevant sind noch die Näherungsverfahren für die Anrechnung von Sozialversicherungsrenten vor Eintritt des Versorgungsfalls[525], bei Invaliditätsleistungen und die kollektive Methode zur Berechnung von Anwartschaften auf Hinterbliebenenleistungen, bei welcher statt den tatsächlichen Familienständen und Altersunterschieden der Ehegatten typische Verheiratungswahrscheinlichkeiten und Ehegattenaltersunterschiede zugrunde gelegt werden.[526]

2.3.2.3 Teilwertverfahren

5732 Der Gesetzgeber sieht für die steuerliche Bewertung von Pensionsrückstellungen den Teilwert vor. Er greift dabei allerdings nicht auf den allgemeinen Teilwertbegriff des § 6 Abs. 1 Nr. 1 Satz 3 EStG zurück, sondern definiert in § 6a Abs. 3 Satz 2 EStG einen speziellen Teilwert für Pensionsverpflichtungen (vgl. Rz. 5736 ff.). Nach § 6a Abs. 3 Satz 1 EStG darf eine Pensionsrückstellung höchstens mit dem Teilwert angesetzt werden. Die Definition des Teilwerts als Bewertungsobergrenze lässt grundsätzlich auch eine niedrigere Bewertung der Pensionsrückstellung zu, die allerdings aufgrund des sog. **Nachholverbots** (vgl. Rz. 5769 ff.) dazu führen würde, dass die Differenz zwischen Teilwert und niedrigerem angesetzten Betrag im jeweiligen Wirtschaftsjahr erst wieder mit Rentenbeginn berücksichtigt werden kann. In der Praxis sollte daher zu Vermeidung einer dauerhaften Unterbewertung der Pensionsrückstellung in jedem Wirtschaftsjahr der Teilwert angesetzt werden.

5733 Basierend auf dem arbeitsrechtlichen Grundgedanken, dass sich der Pensionsberechtigte die Pensionszahlungen durch seine Betriebstreue während der Dienstzeit erdient, soll durch das Teilwertverfahren der Versorgungsaufwand (ohne Berücksichtigung von Zinseffekten) grundsätzlich beginnend ab dem Diensteintritt gleichmäßig über die Dienstzeit des Pensionsberechtigten verteilt werden. Dem Teilwertverfahren liegt dabei der Gedanke eines **fiktiven Lebensversicherungsvertrages** i. d. R. in Form einer Rentenversicherung zugrunde, der durch gleichbleibende Prämien finanziert wird. Die Pensionsrückstellung entspricht dann dem **Deckungskapital** des gedanklichen Versicherungsvertrages.[527] Sofern die Pensionszusage erst nach Beginn des Diensteintritts erteilt wird, was in der Praxis regelmäßig der Fall ist, resultiert aus der Verteilung mit Beginn des Diensteintritts ein Einmalaufwand im Jahr der Zusage, der umso höher ist, desto später die Zusage erfolgt. Die Teilwertentwicklung soll mit der folgenden Abbildung verdeutlicht werden, wobei die unterbrochene Linie die Gleichverteilung seit Dienstbeginn und die durchgezogene Linie die Teilwertentwicklung darstellt.

---

525 Vgl. BMF, Schreiben vom 16.12.2005 – IV B 2-S 2176-105/05, BStBl 2005 I S. 1056; vom 15.3.2007 – IV B 2 – S 2176/07/0003, BStBl 2007 I S. 290; vom 5.5.2008 – IV B 2-S 2176/07/0003, BStBl 2008 I S. 570.
526 Vgl. *Dommermuth*, in: HHR, EStG/KStG, § 6a EStG Anm. 121 m. w. N.
527 Vgl. *Dommermuth*, in: HHR, EStG/KStG, § 6a EStG Anm. 100.

ABB. 3: Teilwertentwicklung[528]

Bei der Bewertung zum Teilwert ist zwischen den Zeiträumen vor und nach Beendigung der Dienstverhältnisse der Pensionsberechtigten zu differenzieren, da der Arbeitnehmer nach der Beendigung seiner Tätigkeit keine weiteren Ansprüche mehr erdienen kann. Der Teilwert muss daher nach der Beendigung des Dienstverhältnisses dem Barwert der bis zur Beendigung des Dienstverhältnisses erdienten Pensionsanwartschaft entsprechen (vgl. Rz. 5725 zum Pensionsanwartschaftsbarwert).

5734

2.3.2.4 Rechnungszinsfuß

Die Höhe des Zinsfußes hat gravierende Auswirkung auf die Bewertung der Pensionsrückstellung und wirkt sich umso stärker aus je jünger der Pensionsberechtigte ist. Die Rückstellung ist umso höher je kleiner der verwendete Zinsfuß ist und umgekehrt.

5735

Der Rechnungszinsfuß ist aus Gründen der Gleichmäßigkeit der Besteuerung gesetzlich geregelt und beträgt seit seiner letzten Erhöhung im Jahre 1981 um 0,5 Prozentpunkte 6 % p. a. (§ 6a Abs. 3 Satz 3 EStG). Der Zins ist für alle Wirtschaftsjahre anzuwenden, die nach dem 31.12.1981 enden und hat in der Vergangenheit einer verfassungsrechtlichen Überprüfung standgehalten.[529] In der derzeitigen strukturellen Niedrigzinsphase und auch unter Berücksichtigung der marktnäheren handelsrechtlichen Bewertung der Pensionsrückstellungen werden die steuerliche Bewertung der Pensionsrückstellungen heftig kritisiert und Zweifel an der Verfassungsmäßigkeit des Rechnungszinsfußes geäußert.[530] Jüngst hat das FG Köln mit Vorlagebeschluss vom 12.10.2017 dem Bundesverfassungsgericht (Az. des BVerfG: 2 BvL 22/17) die Frage zur Prüfung vorgelegt, ob bei der Ermittlung der Pensionsrückstellung die Verwendung eines Rechnungszinsfußes von 6 % p. a. im Streitjahr 2015 mit Art. 3 Abs. 1 GG, nach dem die Besteuerung an der wirtschaftlichen Leistungsfähigkeit auszurichten ist, vereinbar ist. Nach Auffassung des Gerichts hat sich der verwendete typisierte Zinsfuß angesichts des strukturellen Niedrigzinsumfelds so weit von der Realität entfernt, dass er hätte reduziert werden müssen. Die fehlende Anpassung sei willkürlich und führe daher zur Verfassungswidrigkeit.[531]

---

528 Entnommen aus *Dommermuth*, in: HHR, EStG/KStG, § 6a EStG Anm. 100.
529 Vgl. BVerfG, Urteil vom 28.11.1984 – 1 BvR 1157/82, BStBl 1985 II S. 181.
530 Vgl. *Hey/Steffen*, ifst-Schrift 511 (2016), Steuergesetzliche Zinstypisierung und Niedrigzinsumfeld – insbesondere zur Gleichheitssatzwidrigkeit der Abzinsung von Pensionsrückstellungen gemäß § 6a Abs. 3 Satz 3 EStG; *Hey*, FR 2016 S. 485; *Prinz/ Keller*, Ubg 2016 S. 309.
531 Vgl. FG Köln, Urteil vom 12.10.2017 - 10 K 977/17, EFG 2018 S. 287; siehe hierzu auch *Geberth/Sedemund*. DStR 2018 S. 217; *Bleifeld*, DStRK 2018 S. 29.

2.3.3 Bewertung vor Beendigung des Dienstverhältnisses
2.3.3.1 Grundlagen

5736 Als Teilwert vor Beendigung des Dienstverhältnisses gilt nach § 6a Abs. 3 Satz 2 Nr. 1 EStG der Barwert der künftigen Pensionsleistungen am Schluss des Wirtschaftsjahres (Barwert der Pensionsanwartschaft; vgl. Rz. 5724) abzüglich des sich auf denselben Zeitpunkt ergebenden Barwerts betragsmäßig gleichbleibender Jahresbeträge (Barwert der noch zu erdienenden Jahresprämien bzw. Prämienbarwert; vgl. Rz. 5725 f.).

Durch diese Regelung wird der der Bewertung einer Pensionsrückstellung zugrunde liegende Gedanke des fiktiven Lebensversicherungsvertrages mit fiktivem Deckungskapital abgebildet, den der Pensionsberechtigte durch Erbringung seiner Arbeitsleistung gleichmäßig finanziert. Zum jeweiligen Schluss eines Wirtschaftsjahres vor Beendigung seines Dienstverhältnisses hat sich der Pensionsberechtigte noch nicht die volle Pensionsleistung erdient. Hierfür sind noch jährlich gleich hohe fiktive Jahresprämien durch die zukünftige Tätigkeit zu erbringen. Daher ist zur Ermittlung des Teilwerts der Pensionsrückstellung vom Barwert der zukünftigen Pensionsleistungen (Barwert der Pensionsanwartschaft) der Barwert der noch zu erdienenden Jahresprämien abzuziehen.

5737 Die Höhe der Jahresprämie ist davon abhängig, über welchen Zeitraum der Aufwand zum Aufbau der Pensionsrückstellung rechnerisch verteilt werden soll. Nach § 6a Abs. 3 Satz 2 Nr. 1 S. 2, 6 EStG beginnt die rechnerische Verteilung des Aufwands unabhängig vom Zeitpunkt der Erteilung der Zusage grundsätzlich mit dem Beginn des Wirtschaftsjahres, in dem das Dienstverhältnis begonnen wird, frühestens jedoch ab einem Mindestalter des Pensionsberechtigten von 23[532] (vgl. Rz. 5742 und 5739 ff.) und endet nach § 6a Abs. 3 Satz 2 Nr. 1 S. 3 EStG mit dem in der Pensionszusage geregelten Zeitpunkt des Eintritts des Versorgungsfalls (vgl. Rz. 5743).[533] Das Datum der Erteilung der Pensionszusage bestimmt unter Berücksichtigung des vorgenannten gesetzlichen Mindestalters für die erstmalige Rückstellungsbildung (§ 6a Abs. 2 Nr. 1 EStG, vgl. Rz. 5697) allerdings den Zeitpunkt, wann eine Pensionsrückstellung frühestens bilanziert werden darf.

5738 Die Jahresprämie ist so zu berechnen, dass zu Beginn des vorgenannten Verteilungszeitraums der Barwert der zu erdienenden Jahresprämien dem Barwert der Pensionsanwartschaft entspricht und somit der Teilwert als Differenz dieser beiden Größen zu diesem Zeitpunkt gleich Null ist. Sofern die Pensionszusage erst nach Diensteintritt erteilt wird, resultiert daraus eine relativ hohe Einmalzuführung zur Pensionsrückstellung, die den gesamten rechnerischen Versorgungsaufwand für die seit Dienstantritt vergangene Dienstzeit (sog. **past service**) enthält (vgl. auch Rz. 5706 zur Verteilungsmöglichkeit von hohen Einmalzuführungen). Zu einer Einmalzuführung kommt es ebenfalls bei Erhöhungen der Pensionszusage, da sich hierdurch die über den (unveränderten) Verteilungszeitraum gleichbleibende Jahresprämie erhöht und die Pensionsrückstellung durch die Erhöhung der bereits erdienten Jahresprämien entsprechend

---

[532] Durch das Gesetz zur Umsetzung der EU-Mobilitäts-Richtlinie vom 21.12.2015 (BGBl 2015 I S. 2553) wurde für nach dem 31.12.2017 erteilte Pensionszusagen das Mindestalter auf 23 Jahre gesenkt. Das Mindestalter von 27 Jahre gilt für in den Jahren 2009 bis 2017 gegebene Zusagen. Zu den vorgesehenen Mindestaltern für vor 2009 erteilte Zusagen siehe Rz. 5742.

[533] Vgl. BFH, Urteil vom 25.5.1988 – I R 10/84, BStBl 1988 II S. 720.

aufzustocken ist. Sofern die Pensionszusage z. B. gehaltsabhängig ausgestaltet ist, führt jede Gehaltsanpassung zu entsprechenden Einmalzuführungen.[534]

2.3.3.2 Beginn des Verteilungszeitraums

Der Beginn des Dienstverhältnisses determiniert den rechnerischen Beginn des Verteilungszeitraums für den aus der Bildung der Pensionsrückstellung resultierenden Versorgungsaufwand. Als Beginn des Dienstverhältnisses gilt grundsätzlich der tatsächliche Dienstantritt.[535]

5739

Sofern aufgrund gesetzlicher Bestimmungen Zeiten außerhalb des Dienstverhältnisses als Zeiten der Betriebszugehörigkeit gelten (z. B. nach § 8 Abs. 3 Soldatenversorgungsgesetz, § 6 Abs. 2 Arbeitsplatzschutzgesetz, § 10 Mutterschutzgesetz[536]), sind diese als sog. **Vordienstzeiten** zu berücksichtigen, welche den Zeitpunkt des Beginns des Dienstverhältnisses entsprechend vorverlagern.[537] Die vertragliche Anerkennung von Vordienstzeiten durch Vereinbarung zwischen Arbeitgeber und Arbeitnehmer führt nur im Ausnahmefall der Unterbrechung des Arbeitsverhältnisses zu einem früheren Beginn des Verteilungszeitraums, wenn daneben der Arbeitnehmer in der Vordienstzeit noch keine unverfallbare Anwartschaft erworben hat und die Anrechnung der Vordienstzeit auf die Unverfallbarkeitsfrist vereinbart wird.[538]

5740

Auf den Wertansatz der Pensionsrückstellung wirkt sich die Vorverlegung des Beginns des Dienstverhältnisses erhöhend aus, da durch die Verlängerung des Verteilungszeitraums die Jahresprämie reduziert wird, wodurch sich der Teilwert als Differenz aus Anwartschaftsbarwert und Prämienbarwert erhöht.

Sofern die Pensionsverpflichtung aufgrund gesetzlicher Regelungen auf einen neuen Arbeitgeber übergeht (z. B. Betriebsübergang gemäß § 613a BGB, UmwG), bleibt der bisherige Beginn des Dienstverhältnisses beim alten Arbeitgeber maßgebend.[539] Da der neue Arbeitgeber in die Rechtsstellung des alten Arbeitgebers eintritt, gilt dieses auch für nach dem Übergang des Arbeitsverhältnisses erteilte Pensionszusagen.[540]

5741

Unbeachtlich der Berücksichtigung von Vordienstzeiten kann der Verteilungszeitraum nach § 6a Abs. 3 Satz 2 Nr. 1 S. 6 EStG frühestens mit dem Wirtschaftsjahr beginnen, bis zu dessen Mitte der Pensionsberechtigte das in § 6a Abs. 2 Nr. 1 EStG vorgesehene Lebensjahr vollendet hat (versicherungstechnisches Alter von 23 Jahren für nach dem 31.12.2017 und vor dem 1.1.2018 erteilte Zusagen). Für Zusagen, die zwischen dem 1.1.2009 und 31.12.2017 erteilt wurden, ist ein versicherungstechnisches Alter von 27 Jahren, für zwischen dem 1.1.2001 und 31.12.2008 erteilte Zusagen ein versicherungstechnisches Alter von 28 Jahren und für vor dem 1.1.2001 erfolgte Zusagen ein

5742

---

534 Vgl. *H.-J. Heger*, in: Blümich, EStG KStG GewStG, § 6a Rz. 348 f.
535 Vgl. BFH, Urteil vom 25.5.1988 – I R 10/84, BStBl 1988 II S. 720.
536 In der bis zum 31.12.2017 geltenden Fassung.
537 Vgl. R 6a. Abs. 10 Satz 1 EStR.
538 Vgl. BFH, Urteil vom 17.5.2000 – I R 25/98, GmbHR 2001 S. 42; *Dommermuth*, in: HHR, EStG/KStG, § 6a EStG Anm. 108.
539 Vgl. BFH, Urteil vom 10.8.1994 – I R 47/93, BStBl 1995 II S. 250.
540 Vgl. *Höfer/Veit/Verhuven*, Betriebsrentenrecht (BetrAVG) Kommentar, Bd. II Kap. 2 Tz. 266.

versicherungstechnisches Alter von 30 Jahren zu berücksichtigen.[541] Die Anknüpfung an die Mitte eines Wirtschaftsjahres im Rahmen der Altersbestimmung erfolgt in Übereinstimmung mit der versicherungsmathematischen Altersermittlung[542], um somit insbesondere die Verwendung von versicherungsmathematischen Richttafeln zu ermöglichen und die versicherungsmathematische Berechnung der Rückstellung zu erleichtern.[543]

2.3.3.3 Ende des Verteilungszeitraums

5743 Das Ende des Gleichverteilungszeitraums für die Rückstellungsbildung, welcher der Berechnung der Jahresprämien zugrunde zu legen ist, wird durch § 6a Abs. 3 Satz 2 Nr. 1 Satz 3 EStG als der in der Pensionszusage vorgesehene Zeitpunkt für den Eintritt des Versorgungsfalls, also grundsätzlich das vertraglich vereinbarte Pensionsalter, determiniert.[544] Da bei der Kalkulation der Jahresprämien immer volle Versicherungsjahre berücksichtigt werden sollen, ist für die Berechnung der Bilanzstichtag zu verwenden, welcher sich am nächsten beim vereinbarten Pensionszeitpunkt befindet.[545]

Sofern – wie häufig in der Praxis – auf die Regelaltersgrenze der gesetzlichen Rentenversicherung verwiesen wird, ergibt sich ein jeweils gerundetes Pensionsalter für Geburtsjahrgänge bis 1952 von 65 Jahren, für Jahrgänge von 1953 bis 1961 von 66 Jahren und für die übrigen Jahrgänge von 67 Jahren. Auch ein vertragliches Pensionsalter, das unter den vorgenannten Grenzen liegt, ist steuerlich grundsätzlich anzuerkennen, wobei jedoch fraglich ist, ob ein Pensionsalter anerkannt werden kann, das unter dem Alter liegt, in dem frühestens die gesetzliche Altersrente bezogen werden kann.[546]

5744 Aufgrund der flexiblen Altersgrenzen in der gesetzlichen Rentenversicherung gestattet die Finanzverwaltung neben der Verwendung des vertraglichen Pensionsalters auch die Verwendung eines höheren (erstes Wahlrecht) bzw. niedrigeren (zweites Wahlrecht) Pensionsalters. Das **Wahlrecht** kann nach dem Grundsatz der Einzelbewertung für jeden Pensionsberechtigten einzeln ausgeübt werden.[547]

---

541 § 6a Abs. 2 Nr. 1 EStG.
542 Die Versicherungsmathematik ordnet allen Personen das gleiche Alter zu, die in der Zeit vom 1.7. eines Jahres bis zum 30.6. des folgenden Jahres das gleiche Lebensjahr vollendet haben.
543 Vgl. *Ahrend/Förster/Rößler*, Steuerrecht der betrieblichen Altersversorgung, 2. Teil Tz. 458.
544 Vgl. R 6a. Abs. 11 Satz 1 EStR; zur Auslegung, dass bei einer vor dem RV-Altersgrenzenanpassungsgesetz entstandenen Versorgungsordnung, die für den Eintritt des Versorgungsfalls auf die Vollendung des 65. Lebensjahr abstellt, hierunter auf die Regelaltersgrenze der gesetzlichen Rentenversicherung Bezug genommen wird (dynamischer Verweis) siehe BAG, Urteil vom 15.5.2012 – 3 AZR 11/10, BB 2012 S. 2630. Nach Auffassung der Finanzverwaltung ist für Fälle, in denen aufgrund der vorgenannten BAG-Entscheidung das bislang schriftlich vereinbarte Pensionsalter geändert werden soll, die Änderung der Pensionszusage schriftlich zu dokumentieren (Schriftformerfordernis (siehe Rz. 5699)). Hierfür sind Übergangsfristen bis zum Ende des Wirtschaftsjahres vorgesehen, das nach dem 9.12.2016 beginnt. Bei Nichterfüllen des Schriftformerfordernisses sind nach Auffassung der Finanzverwaltung für den beschriebenen Anwendungsfall die betroffenen Pensionsrückstellungen gewinnerhöhend aufzulösen, vgl. BMF, Schreiben vom 9.12.2016 - IV C 6 - S 2176/07/10004:003, BStBl 2016 I S. 1427. Kritsch zum Entwurf des vorgenannten BMF-Schreibens, *Mayer/Dietrich*, DStR 2015 S. 136.
545 Vgl. *Höfer*, in: Littmann/Bitz/Pust (Hrsg.), Das Einkommensteuerrecht, § 6a Tz. 150.
546 Vgl. *Höfer/Veit/Verhuven*, Betriebsrentenrecht (BetrAVG) Kommentar, Bd. II Kap. 2 Tz. 314. Die frühestmögliche Altersgrenze ist durch das RV-Altersgrenzenanpassungsgesetz v. 20.4.2007 (BGBl 2007 I S. 554) sukzessive auf das 63. Lebensjahr angehoben worden.
547 Vgl. R 6a. Abs. 11 Satz 2 EStR.

Ein höheres als das vertraglich vereinbarte Pensionsalter kann verwendet werden, wenn der Arbeitnehmer voraussichtlich bis zu diesem Alter tätig bleiben wird (erstes Wahlrecht). Das **Wahlrecht** ist im Jahr der erstmaligen Rückstellungsbildung durch entsprechende Bilanzierung auszuüben und wirkt sich auch auf später zugesagte Pensionserhöhungen aus.[548] Die Verlängerung des Verteilungszeitraums hat bei unveränderter Pensionsleistung einen rückstellungsmindernden Effekt. Sofern die längere Beschäftigungsdauer des Arbeitnehmers zu einer Erhöhung der Pensionsleistung führt, kann der Effekt aus der Erhöhung der Pensionsleistung die rückstellungsmindernde Wirkung des längeren Verteilungszeitraums allerdings auch überkompensieren.

5745

Da nach § 6 BetrAVG Arbeitnehmer die Zahlung ihrer Betriebsrente verlangen können, sobald sie eine vorgezogene Rente aus der gesetzlichen Rentenversicherung beziehen, kann nach dem zweiten Wahlrecht der frühestmögliche Zeitpunkt der vorzeitigen gesetzlichen Altersrente angesetzt werden, sofern in der Pensionszusage die Höhe der Pensionsleistungen für diesen Fall der vorzeitigen Pensionsleistung festgelegt worden ist. Eine Überprüfung der sozialversicherungsrechtlichen Voraussetzungen für die vorzeitige Altersrente ist nicht erforderlich. Das Wahlrecht ist ebenfalls bei erstmaliger Rückstellungsbildung bzw. für den Fall, dass die Höhe der vorzeitigen Pensionsleistung nicht geregelt war, im Jahr der erstmaligen Regelung dieses Sachverhalts auszuüben.[549] Die Ausübung des Wahlrechts bindet den Steuerpflichtigen, d. h. spätere Änderungen des frühestmöglichen Rentenalters sind bei der weiteren Teilwertberechnung zu berücksichtigen.[550] Die Auswirkung der Wahlrechtsausübung auf den Wertansatz der Rückstellung kann nicht allgemein vorausgesagt werden, da einerseits zwar die Verkürzung des Verteilungszeitraums zu einer Rückstellungserhöhung führt, anderseits der frühere Pensionsbezug regelmäßig die Pensionsleistung und somit die Rückstellung verringert.

5746

2.3.3.4 Besonderheiten bei arbeitnehmerfinanzierten Pensionszusagen

Für Pensionsverpflichtungen, die auf vom Arbeitnehmer mittels nach dem 31.12.2000 vereinbarten **Entgeltumwandlungen** im Sinne von § 1 Abs. 2 BetrAVG finanzierten Pensionszusagen beruhen, gilt nach § 6a Abs. 3 Satz 2 Nr. 1 2. Halbsatz EStG mindestens der Barwert der nach den Vorschriften des BetrAVG unverfallbaren Pensionsleistungen zum Bilanzstichtag als Teilwert.

5747

Da die Ansprüche aus nach dem 31.12.2000 erfolgten Entgeltumwandlungen nach §§ 1b Abs. 5 Satz 1, 2 Abs. 5a, 30f Abs. 1 Satz 2, 30g BetrAVG sofort unverfallbar werden,[551] ist für diese Ansprüche kein Mindestalter für die Bildung der Pensionsrückstellung zu berücksichtigen (vgl. Rz. 5742). Daraus folgt, dass die arbeitnehmerfinanzierte

---

548 Vgl. R 6a. Abs. 11 Satz 2, 7, 10 EStR. Kritisch hierzu *Höfer*, in: Littmann/Bitz/Pust (Hrsg.), Das Einkommensteuerrecht, § 6a Tz. 153, da eine Beurteilung des voraussichtlichen Pensionsalters zu diesem frühen Zeitpunkt schwierig sein dürfte.
549 Vgl. R 6a. Abs. 11 Satz 3-5, 8 EStR.
550 Vgl. BMF, Schreiben vom 5.5.2008 – IV B 2-S 2176/07/0009, BStBl 2008 I S. 569, nach dem die Änderungen durch das RV-Altersgrenzenanpassungsgesetz frühestens in der Bilanz für das nach dem 30.4.2007 endende Wirtschaftsjahr und spätestens in der Bilanz für das erste nach dem 30.12.2008 endende Wirtschaftsjahr einheitlich für alle Pensionsverpflichtungen zu berücksichtigen waren.
551 Vgl. *Höfer*, in: Littmann/Bitz/Pust (Hrsg.), Das Einkommensteuerrecht, § 6a Tz. 168.

Pensionsverpflichtung vor Erreichen des Mindestalters nach § 6a Abs. 2 Nr. 1 EStG (siehe Rz. 5742) die Pensionsrückstellung stets mit dem Barwert der unverfallbaren Pensionsleistung zu bewerten ist. Mit Erreichen des Mindestalters ist der Barwert der unverfallbaren Pensionsleistung mit dem nach den allgemeinen Grundsätzen berechneten Teilwert zu vergleichen (Alternativrechnung) und der höhere der beiden Werte anzusetzen. Welcher der beiden Werte höher ist, ist abhängig vom Zeitraum zwischen Diensteintritt und Zusageerteilung sowie der Häufigkeit der Entgeltumwandlungen während der Beschäftigungsdauer. Je früher die Zusage erteilt worden ist und je weniger Entgeltumwandlungen erfolgen, desto eher wird der Barwert der unverfallbaren Pensionsleistung den „klassischen" Teilwert übersteigen.[552]

2.3.3.5 Stichtagsprinzip

5748 Für die Bewertung der Pensionsrückstellung sind nach § 6a Abs. 3 Satz 2 Nr. 1 Satz 2 EStG die Verhältnisse am Bilanzstichtag maßgebend (Stichtagsprinzip). Wesentliche Bewertungsparameter sind die künftigen Pensionsleistungen, deren Ermittlung durch die Regelung des § 6a Abs. 3 Satz 2 Nr. 1 Satz 4 EStG näher konkretisiert wird. Danach sind hinsichtlich des Zeitpunkts ihrer Wirksamkeit bzw. ihres Umfangs ungewisse zukünftige Veränderungen der Pensionsleistungen erst im Zeitpunkt ihres Eintritts im Rahmen der Bewertung zu berücksichtigen. Im Umkehrschluss sind gewisse zukünftige Veränderungen der Pensionsleistungen, wie z. B. vereinbarte prozentuale oder absolute Erhöhungen der Pensionen ab Beginn der Pensionszahlungen[553] oder der Rentenanwartschaft[554], in die Teilwertermittlung einzubeziehen. Gemäß § 6a Abs. 3 Satz 2 Nr. 2 2. Halbsatz EStG gilt dieses auch für die Bewertung der Pensionsrückstellung nach Eintritt des Versorgungsfalls.[555]

5749 Ungewisse Veränderungen resultieren regelmäßig aus Vereinbarungen in der Pensionszusage, welche die künftigen Pensionsleistungen in Abhängigkeit von bestimmten Bezugsgrößen regeln, wie z. B. Gehalt, Entwicklung des Preisindex für Lebenshaltungskosten oder sozialversicherungsrechtliche Bezugsgrößen z. B. durch Anrechnung der gesetzlichen Rente auf die Pension. Veränderungen dieser Bezugsgrößen dürfen nur dann im Rahmen der Teilwertermittlung berücksichtigt werden, wenn sie am Bilanzstichtag eingetreten sind.

So sind z. B. die ab 1.1. des Folgejahres anzuwendenden sozialversicherungsrechtlichen Beitragsbemessungsgrenzen i. d. R. bereits im Rahmen der Bewertung am Bilanzstichtag des laufenden Jahres zu verwenden, da sie zum Zeitpunkt ihrer Verkündung im Bundesgesetzblatt feststehen, die regelmäßig vor Ende des laufenden Jahres erfolgt.[556] Bei gehaltsabhängigen Pensionszusagen dürfen Gehaltserhöhungen erst dann am Bilanzstichtag berücksichtigt werden, wenn die Gehaltserhöhung zuvor rechtsverbindlich vereinbart worden ist. Eine Berücksichtigung allgemeiner Gehaltstrends, voraussichtlicher Karriereentwicklungen oder erwarteter tariflicher Gehaltserhöhungen scheidet

---

552 Vgl. *Dommermuth*, in: HHR, EStG/KStG, § 6a EStG Anm. 103 mit Berechnungsbeispiel.
553 Vgl. BFH, Urteil vom 17.5.1995 – I R 105/94, BStBl 1996 II S. 423.
554 Vgl. BFH, Urteil vom 25.10.1995 – I R 34/94, BStBl 1996 II S. 403.
555 Vgl. *Höfer/Veit/Verhuven*, Betriebsrentenrecht (BetrAVG) Kommentar, Bd. II Kap. 2 Tz. 371.
556 Vgl. R 6a. Abs. 17 S. 4 f. EStR.

daher aus. Das bedeutet aber auch, dass bis zum Bilanzstichtag vereinbarte zukünftige, erst nach dem Bilanzstichtag in Kraft tretende Gehaltserhöhungen Eingang in die Bewertung am Bilanzstichtag finden.

> **BEISPIEL** In der Pensionszusage ist eine Pension in Höhe von 20 % des letzten Gehalts vor Eintritt des Versorgungsfalls geregelt. Das aktuelle Gehalt beträgt derzeit 5.000 € und soll sich gemäß der im Jahr 01 getroffenen Vereinbarung am 1.1.02 auf 5.200 € und am 1.1.03 auf 5.500 € erhöhen.
>
> Die Pensionsrückstellung ist am 31.12.01 auf Basis einer künftigen Pension von 1.100 € (= 20 % v. 5.500 €) zu bewerten.[557]

Künftige Anpassungen der laufenden Pensionsleistungen, deren Notwendigkeit der Arbeitgeber nach § 16 BetrAVG aufgrund der Preis- oder Lohnentwicklung alle drei Jahre zu überprüfen hat, sind auch erst im Zeitpunkt ihres Feststehens zu berücksichtigen, da die Höhe der Anpassung an den Bilanzstichtagen vor der Überprüfung noch unbekannt ist. Es darf auch keine auf Basis von Erfahrungswerten aus der Vergangenheit ermittelte Mindestanpassung zugrunde gelegt werden.[558]

5750

Bei Pensionszusagen, die alternativ eine garantierte Mindestleistung bzw. eine höhere Pensionsleistung in Höhe des im Zeitpunkt des Versorgungsfalls bestehenden Zeitwerts von Wertpapieren vorsehen (sog. **wertpapiergebundene Versorgungszusage**) ist nach Auffassung der Finanzverwaltung wegen der Ungewissheit des zukünftigen Zeitwerts nur die Mindestleistung im Rahmen der Rückstellungsbewertung anzusetzen.[559]

5751

Das nach dem Stichtagsprinzip bestehende Verbot der Berücksichtigung von **Gehaltstrends** bei gehaltsabhängigen Pensionszusagen (vgl. Rz. 5749) könnte dadurch umgangen werden, dass schon in der Zusage eine so hohe Festbetragspension vereinbart wird, deren Betrag der eigentlich angedachten gehaltsabhängigen Pensionszusage unter Berücksichtigung der voraussichtlichen Gehaltsentwicklung im Zeitpunkt des Versorgungsfalls entspricht.[560] Im Ergebnis würden hierdurch die ungewissen zukünftigen Gehaltssteigerungen bereits zu Beginn der Rückstellungsbildung mit der Konsequenz entsprechend hoher Wertansätze für die Rückstellung berücksichtigt werden können. Der BFH hat dieser Gestaltung eine Absage erteilt und lässt nur Festbetragszusagen zu, die einschließlich der gesetzlichen Rente in einem angemessenen Verhältnis zu den letzten Aktivbezügen stehen. Die Grenze hierfür sieht er bei einer Relation von 75 % zum aktuellen Gehalt.[561] Alternativ kann die **Überversorgung** anhand der laufenden Aufwendungen für die Altersversorgung (Arbeitgeber- und Arbeitnehmeranteil zur gesetzlichen Rentenversicherung, sonstige Altersversorgungsleistungen des Arbeitgebers und Zuführungen zur Pensionsrückstellung) geprüft werden, die 30 % des steuerpflichtigen Arbeitslohns nicht übersteigen dürfen.[562]

5752

---

557 Vgl. H 6a. Abs. 17 (Mehrjährige Gehaltssteigerung) EStH.
558 Vgl. *H.-J. Heger*, in: Blümich, EStG KStG GewStG, § 6a Rz. 361 f.
559 Vgl. BMF, Schreiben vom 17.12.2002 – IV A 6 – S 2176 – 47/02, BStBl 2002 I S. 1397; a. A. *Wellisch/Schwinger/Mühlberger*, DB 2003 S. 629 f., nach denen der Zeitwert zum jeweiligen Bilanzstichtag zu berücksichtigen ist, sofern er die garantierte Mindestleistung übersteigt.
560 Vgl. *Höfer*, in: Littmann/Bitz/Pust (Hrsg.), Das Einkommensteuerrecht, § 6a Tz. 176.
561 Vgl. BFH, Urteil vom 17.5.1995 – I R 16/94, BStBl 1996 II S. 420; BFH, Urteil vom 27.3.2012 – I R 56/11, BStBl 2012 II S. 665, die ständige Rechtsprechung bestätigend; vgl. auch *Adrian*, StuB 2012 S. 538.
562 Vgl. BFH, Urteil vom 31.3.2004 – I R 70/03, BStBl 2004 II S. 937.

Zu beachten ist, dass auch überdurchschnittlich hohe Pensionszusagen steuerlich grundsätzlich anzuerkennen sind, sofern sie von vornherein beabsichtigt sind. Bei Überschreiten der vorgenannten Grenzen wird jedoch widerlegbar vermutet, dass künftige Einkommenstrends vorweggenommen werden sollen und somit ein Verstoß gegen das Stichtagsprinzip vorliegt. Arbeitnehmerfinanzierte Pensionszusagen unterliegen nicht der Überversorgungsprüfung, da bei ihnen regelmäßig keine Gehaltstrends vorweggenommen werden sollen.[563]

2.3.3.6 Übernahme von Pensionsverpflichtungen

5753 Bei einem Arbeitgeberwechsel eines pensionsberechtigten Arbeitnehmers kann die Pensionsverpflichtung von dem neuen Arbeitgeber nach den Regelungen des § 4 BetrAVG übernommen werden, mit dessen Neufassung durch das AlterseinkünfteG die Übertragbarkeit von Pensionsansprüchen im Falle des Arbeitgeberwechsels verbessert werden sollte.[564] Die Übertragung kann mit oder ohne Gegenleistung durch den alten Arbeitgeber erfolgen.

5754 Für den zumindest außerhalb von verbundenen Unternehmen eher seltenen Fall, dass keine Gegenleistung erfolgt, behandelt die Finanzverwaltung die Übernahme der Pensionsverpflichtung entsprechend der vertraglichen Übernahme von Vordienstzeiten (vgl. Rz. 5740 ff.) wie eine Neuzusage mit der Konsequenz, dass eine Übernahme der Pensionsrückstellung nicht möglich ist und mit der Bildung der Pensionsrückstellung im Übernahmejahr neu begonnen werden muss.[565]

5755 Sofern eine Gegenleistung vereinbart wird, ist der Wert der übertragenen Wirtschaftsgüter bei der Bewertung der Rückstellung wie folgt zu berücksichtigen. Soweit die übernommene Pensionsverpflichtung durch die übertragenen Vermögenswerte gedeckt ist, ist sie (maximal) mit dem Anwartschaftsbarwert anzusetzen. Bei nicht vollständiger Deckung der übernommenen Verpflichtung ist der nicht gedeckte Teil der Pensionsverpflichtung wie eine Neuzusage im Übernahmezeitpunkt, also zum Zeitpunkt des Dienstbeginns beim neuen Arbeitgeber, zu behandeln. Das bedeutet, dass für den Idealfall der wertgleichen Übertragung von Pensionsverpflichtungen der neue Arbeitgeber die Pensionsrückstellung so fortführen kann, wie sie der alte Arbeitgeber begonnen hat. Jegliche Leistungserhöhungen werden allerdings wie eine Neuzusage im Übernahmezeitpunkt behandelt.[566]

5756 Hinsichtlich der Bewertung von Pensionsrückstellungen, die im Rahmen eines entgeltlichen Betriebsübergangs oder Umwandlungsvorgangs übertragen werden vgl. Rz. 5778 ff.

2.3.4 Bewertung nach Beendigung des Dienstverhältnisses

5757 Nach Beendigung des Dienstverhältnisses gilt gemäß § 6a Abs. 3 Satz 2 Nr. 2 EStG als Teilwert der Pensionsrückstellung der Barwert der künftigen Pensionsleistungen. Ein

---

563 Vgl. BMF, Schreiben vom 3.11.2004 – IV B 2-S 2176-13/04, BStBl 2004 I S. 1045; *Höfer*, in: Littmann/Bitz/Pust (Hrsg.), Das Einkommensteuerrecht, § 6a Tz. 177; *Dommermuth*, in: HHR, EStG/KStG, § 6a EStG Anm. 115 mit kritischer Stellungnahme zur 75 %-Grenze.
564 Vgl. *Dommermuth*, in: HHR, EStG/KStG, § 6a EStG Anm. 109.
565 Vgl. *Ahrend/Förster/Rößler*, Steuerrecht der betrieblichen Altersversorgung, 2. Teil Tz. 751; zu Recht kritisch hierzu *Dommermuth*, in: HHR, EStG/KStG, § 6a EStG Anm. 109.
566 Vgl. R 6a. Abs. 13 EStR; *H.-J. Heger*, in: Blümich, EStG KStG GewStG, § 6a Rz. 478.

Abzug des Prämienbarwerts vom Barwert der künftigen Pensionsleistungen hat nicht mehr zu erfolgen, da der Pensionsberechtigte sich die ihm bei Beendigung des Dienstverhältnisses zustehenden Ansprüche (bei unverfallbarer Anwartschaft oder im Versorgungsfall) bereits in voller Höhe erdient hat.[567] Auch bei der Barwertbewertung ist nach § 6a Abs. 3 Satz 2 Nr. 2 2. Halbsatz EStG das Stichtagsprinzip (§ 6a Abs. 3 Satz 2 Nr. 1 S. 4 EStG) zu beachten, d. h. ungewisse Leistungsveränderungen sind erst im Zeitpunkt ihres Eintritts zu berücksichtigen (vgl. Rz. 5748 ff.).

Der Barwert der künftigen Pensionsleistungen für eine aufrechterhaltene Anwartschaft im Zeitpunkt des Ausscheidens entspricht nicht dem Barwert der künftigen Pensionsleistungen im Zeitpunkt des Eintritts des Versorgungsfalls. Der Anwartschaftsbarwert ergibt sich vielmehr erst durch Abzinsung des letztgenannten Barwerts auf den Bilanzstichtag unter Berücksichtigung der biometrischen Einflussfaktoren (vgl. Rz. 5724). Der Barwert der künftigen Pensionsleistung hat wie auch der „klassische" Teilwert den Anwartschaftsbarwert der Hinterbliebenenversorgung zu berücksichtigen, sofern diese wie üblicherweise vereinbart ist, da die künftigen Pensionsleistungen auch etwaige Witwen- oder Waisenrenten umfassen.

Bei Eintritt des Versorgungsfalls ist der Barwert der künftigen Pensionsleistungen nach § 6a Abs. 2 Nr. 2 EStG auch vor Erreichen des für Pensionsanwartschaften geltenden Mindestalters von derzeit 23 Jahren (siehe Rz. 5742) zu bilanzieren. 5758

Das **Nachholverbot** ist nach § 6a Abs. 4 Satz 5 EStG im Jahr der Beendigung des Dienstverhältnisses unbeachtlich, d. h. sofern in Vorjahren unterlassene Rückstellungsbeträge aufgrund des Nachholverbots nicht bilanziert werden durften, können die Fehlbeträge bis zur Höhe des Barwerts der künftigen Pensionsleistungen im Jahr der Beendigung des Dienstverhältnisses durch Ausscheiden oder Eintritt des Versorgungsfalls nachgeholt werden. In den folgenden Wirtschaftsjahren ist das Nachholverbot jedoch wieder zu beachten, wobei im Falle des Ausscheidens mit unverfallbarer Anwartschaft etwaige Unterdeckungen erneut im Jahr des Eintritts des Versorgungsfalls nachgeholt werden können.[568] 5759

Besonderheiten ergeben sich, wenn der Arbeitnehmer über das in der Pensionszusage vereinbarte Alter hinaus tätig bleibt und der Pensionsanspruch wegen des fortgesetzten Gehaltsbezugs ruht (sog. **technischer Rentner**). Falls der Teilwert für die Pensionsrückstellung des technischen Rentners in der Vergangenheit auf Basis des vertraglichen Pensionsalters ermittelt worden ist, entspricht der Teilwert im Jahr des Erreichens des Pensionsalters dem Barwert der künftigen Leistungen. Weitere Zuführungen sind dann nur noch bei Leistungserhöhungen möglich. Im Ergebnis führt dieses aufgrund des im Zeitablauf durch die Verringerung der Lebenserwartung abnehmenden Barwerts in Folgejahren zur (Teil-)Auflösung der Rückstellung für technische Rentner mit unveränderter Leistungshöhe.[569] Sofern bei der Teilwertermittlung von vornherein ein höheres Pensionsalter (erstes Wahlrecht für die Bestimmung des Ende des Verteilungszeit- 5760

---

567 Vgl. *Höfer*, in: Littmann/Bitz/Pust (Hrsg.), Das Einkommensteuerrecht, § 6a Tz. 188.
568 Vgl. *Ahrend/Förster/Rößler*, Steuerrecht der betrieblichen Altersversorgung, 2. Teil Tz. 885, 894.
569 Vgl. auch R 6a. Abs. 22 Satz 2 EStR; *Dommermuth*, in: HHR, EStG/KStG, § 6a EStG Anm. 120.

raums; vgl. Rz. 5745) angesetzt worden ist, hat die Bewertung so lange zum „klassischen" Teilwert zu erfolgen, bis das höhere rechnungsmäßige Pensionsalter erreicht ist. Pensionsrückstellungen für technische Rentner unterliegen auch dem Nachholverbot, da bei ihnen noch nicht der Versorgungsfall eingetreten ist.[570]

5761   Da die Datenbeschaffung bei mit unverfallbarer Anwartschaft ausgeschiedenen Mitarbeitern i. d. R. schwierig ist, erlaubt die Finanzverwaltung die Beibehaltung der Pensionsrückstellung auf Basis des beim Steuerpflichtigen vorhandenen Informationsstandes. Die Frage der tatsächlichen Inanspruchnahme ist, sofern der Steuerpflichtige nicht schon vorher hierzu Informationen erhalten hat, erst nach Erreichen des Pensionsalters zu überprüfen.[571]

2.3.5 Zuführungen zur Pensionsrückstellung
2.3.5.1 Laufende Zuführungen

5762   Die laufenden Zuführungen zur Pensionsrückstellung werden durch § 6a Abs. 4 Satz 1 EStG in Form einer **Höchstgrenze** geregelt. Danach darf der Pensionsrückstellung im jeweiligen Wirtschaftsjahr höchstens die Differenz zwischen dem Teilwert der Pensionsverpflichtung am Ende des Wirtschaftsjahres und dem Teilwert zum vorherigen Bilanzstichtag zugeführt werden. Es wird also zur Ermittlung des maximalen Zuführungsbetrages unabhängig von der tatsächlich erfolgten Rückstellungsbewertung auf die jeweiligen Sollwerte an den beiden aufeinander folgenden Bilanzstichtagen abgestellt. Daraus folgt, dass in dem Fall, in dem die Rückstellung im Vorjahr aufgrund der Ausgestaltung des Teilwerts als Bewertungsobergrenze nicht zum Teilwert angesetzt worden ist, der im Vorjahr nicht bilanzierte Betrag der Rückstellung nicht mehr im aktuellen Jahr zugeführt werden kann (sog. Nachholverbot; vgl. Rz. 5769 ff.). Nach dem Grundsatz der Einzelbewertung ist hierbei jeweils auf die einzelne Rückstellung für den jeweiligen Pensionsberechtigten abzustellen.

> **BEISPIEL** Der Teilwert einer Rückstellung beträgt am 31.12.00 100.000 € und am 31.12.01 120.000 €. Bilanziert wurde am 31.12.00 ein Betrag von 90.000 €.
>
> Die Zuführungsobergrenze beträgt in 01 20.000 € (= 120.000 € - 100.000 €). Am 31.12.01 können daher maximal 110.000 € passiviert werden.

5763   Bei erstmaliger Rückstellungsbildung ist kein Teilwert zum Schluss des Vorjahres als Vergleichswert für die Differenzbildung vorhanden. Nach § 6a Abs. 4 Satz 3 EStG kann daher der volle Teilwert zum Bilanzstichtag der Pensionsrückstellung zugeführt werden (vgl. Rz. 5768 zu der Möglichkeit der Verteilung auf mehrere Wirtschaftsjahre).

5764   Die vorgenannten Grundsätze gelten auch für Rumpfwirtschaftsjahre. Die früher von der Finanzverwaltung für diesen Fall nur als zulässig erachteten anteiligen Zuführungsverfahren brauchen nicht mehr angewandt zu werden.[572]

5765   Durch die Aufhebung der formellen Maßgeblichkeit durch das BilMoG besteht für Wirtschaftsjahre, die nach dem 31.12.2008 enden, keine zusätzliche Begrenzung des Zufüh-

---
570 Vgl. *Höfer*, in: Littmann/Bitz/Pust (Hrsg.), Das Einkommensteuerrecht, § 6a Tz. 192; *Ahrend/Förster/Rößler*, Steuerrecht der betrieblichen Altersversorgung, 2. Teil Tz. 887.
571 Vgl. R 6a. Abs. 19 EStR.
572 Vgl. *H.-J. Heger*, in: Blümich, EStG KStG GewStG, § 6a Rz. 423.

rungshöchstbetrages mehr durch den handelsrechtlichen Wertansatz der Pensionsrückstellung.[573]

2.3.5.2 Verteilung von Einmalzuführungen auf mehrere Wirtschaftsjahre

Bei der Bewertung von Pensionsrückstellungen kann es bedingt durch die Ausgestaltung des Teilwertverfahrens z. B. durch die Verwendung anderer biometrischer Rechnungsgrundlagen, die Anpassung der Leistungszusage oder das vorzeitige Eintreten des Versorgungsfalls zu hohen einmaligen Zuführungsbeträgen kommen, für die der Gesetzgeber verpflichtend oder wahlweise eine Verteilung auf mehrere Wirtschaftsjahre vorsieht bzw. ermöglicht.

Verteilungspflicht bei anderen biometrischen Rechnungsgrundlagen: § 6a Abs. 4 Satz 2 EStG sieht für den Fall der Anwendung neuer, geänderter oder anderer biometrischer Rechnungsgrundlagen vor, dass der sich daraus für den einzelnen Pensionsberechtigten (Einzelbewertungsgrundsatz) ergebende positive oder negative Unterschiedsbetrag auf mindestens drei Wirtschaftsjahre verteilt wird. Der Unterschiedsbetrag ist auf die Weise zu ermitteln, in dem die Pensionsrückstellung am Bilanzstichtag der erstmaligen Anwendung der neuen Rechnungsgrundlagen sowohl auf Basis der bisherigen als auch auf Basis der neuen Rechnungsgrundlagen ermittelt wird. Die Differenz zwischen den beiden Werten ergibt den linear zu verteilenden Unterschiedsbetrag.[574]

Verteilungswahlrechte: Verteilungswahlrechte bestehen nur im Fall der erstmaligen Rückstellungsbildung (§ 6a Abs. 4 Satz 3 EStG), bei Erhöhungen des Barwerts der künftigen Pensionsleistungen um mehr als 25 % (§ 6a Abs. 4 Satz 4 EStG) oder im Jahr des Ausscheidens eines Pensionsberechtigten mit aufrechterhaltener Anwartschaft bzw. bei Eintritt des Versorgungsfalls. Der Gesetzgeber wollte durch die Verteilung eines hohen Einmalaufwandes auf mehrere Jahre, was auch in der Handelsbilanz für zulässig erachtet wurde, verhindern, dass Pensionszusagen nicht erteilt bzw. nicht erhöht werden, wenn die hieraus resultierende Einmalbelastung handelsrechtlich nicht „verkraftet" werden kann.[575]

Die Verteilung ist nur im Fall von Teilwerterhöhungen möglich und hat gleichmäßig über einen Zeitraum von genau drei Jahren zu erfolgen. Sofern das Verteilungswahlrecht in Anspruch genommen wird, ist darauf zu achten, dass die Verteilung genau über den alleine zulässigen Zeitraum von drei Jahren erfolgt, da sonst das Nachholverbot greift.

BEISPIEL[576] Der Teilwert beträgt zum 31.12.00 50.000 €. Insbesondere durch eine Erhöhung der künftigen Pensionsleistung, deren Barwert dadurch um mehr als 25 % angestiegen ist, ergibt sich zum 31.12.01 ein Teilwert von 110.000 € und somit ein Unterschiedsbetrag von 60.000 €. Eine Aufspaltung des Unterschiedsbetrags in laufende (insbesondere aus der normalen Aufzin-

---

573 Vgl. BMF, Schreiben vom 12.3.2010 – IV C 6 – S 2133/09/10001, BStBl 2010 I S. 239 Tz. 10, nach dem die entsprechenden Regelungen der R 6a. Abs. 20 Satz 2-4 EStR 2008 zur Rechtslage vor BilMoG nicht mehr anzuwenden sind.
574 Vgl. z. B. BMF, Schreiben vom 16.12.2005 – IV B 2 – S 2176 – 106/05, BStBl 2005 I S. 1054 für den Übergang auf die „Richttafeln 2005 G".
575 Vgl. BT-Drucks. 7/1281; *Dommermuth*, in: HHR, EStG/KStG, § 6a EStG Anm. 155; *H.-J. Heger*, in: Blümich, EStG KStG GewStG, § 6a Rz. 429.
576 Vgl. *Dommermuth*, in: HHR, EStG/KStG, § 6a EStG Anm. 155.

sung resultierende Zuführung) und einmalige Zuführung ist nicht erforderlich.[577] Bei Inanspruchnahme des Wahlrechts ist die Pensionsverpflichtung am 31.12.01 mit 70.000 € zu bewerten. Sofern ein Wertansatz von z. B. 80.000 € gewählt wird, weil eine Verteilung über zwei Jahre erfolgen sollte, ist nicht das Verteilungswahlrecht des § 6a Abs. 4 Satz 4 EStG, sondern das allgemeine Wahlrecht, die Pensionsrückstellung höchstens mit dem Teilwert zu bewerten, ausgeübt worden. Damit unterliegt der in 01 nicht bis zum Teilwert zugeführte Betrag von 30.000 € dem Nachholverbot.

2.3.5.3 Nachholverbot

5769   Sofern der Zuführungshöchstbetrag zur Pensionsrückstellung in einem Wirtschaftsjahr nicht voll ausgeschöpft wird, kann die unterlassene Zuführung (Fehlbetrag) nicht in Folgejahren nachgeholt werden, da § 6a Abs. 4 Satz 1 EStG den Zuführungsbetrag auf die Differenz zwischen den Teilwerten am Ende des Wirtschaftsjahres und des vorangegangenen Wirtschaftsjahres begrenzt (vgl. Rz. 5762). Dieses sog. Nachholverbot, das in erster Linie mit der Verhinderung von Gewinnmanipulationen begründet wird, die durch eine gewillkürte Rückstellungsbildung erreicht werden können,[578] hat in der Praxis große Bedeutung, da es von Rechtsprechung und Finanzverwaltung restriktiv ausgelegt wird und die entstandenen Fehlbeträge grundsätzlich erst bei Eintritt des Versorgungsfalls oder mit Ausscheiden des Pensionsberechtigten mit aufrechterhaltener Anwartschaft nachgeholt werden können (§ 6a Abs. 4 Satz 5 EStG).

5770   Nach der eng am Wortlaut orientierten, grundsätzlich keine Ausnahme zulassenden BFH-Rechtsprechung gilt das Nachholverbot auch, wenn der Fehlbetrag auf Rechtsunkenntnis, einem Versehen oder Rechtsirrtum[579] oder Berechnungsfehler[580] beruht oder die Pensionsrückstellung durch die Anwendung einer zulässigen Bewertungsmethode niedriger als möglich bewertet worden ist. Hierfür ist es nicht erforderlich, dass der Steuerpflichtige den Teilwert willkürlich zwecks Gewinnverschiebung unterschritten hat.[581] Das Nachholverbot geht als lex specialis dem Grundsatz des **formellen Bilanzenzusammenhangs** vor.[582]

In dem Fall, dass die Bilanzierung einer Pensionsrückstellung aufgrund einer entgegenstehenden höchstrichterlichen Rechtsprechung nicht erfolgt, kann die Bildung der Rückstellung spätestens im Jahr der Rechtsprechungsänderung nachgeholt werden.[583] Sofern eine Rückstellungsbildung auf Veranlassung der Finanzverwaltung (teilweise) unterblieben ist (z. B. aufgrund einer Feststellung in einer vorherigen Betriebsprüfung) und der Steuerpflichtige später abweichend von den Vorgaben der Finanzverwaltung den zutreffenden höheren Wertansatz bilanziert, greift das Nachholverbot ebenfalls nicht.[584] Weitere, eher „technisch" bedingte Ausnahmen vom Nachholungsverbot be-

---

577 Vgl. *H.-J. Heger,* in: Blümich, EStG KStG GewStG, § 6a Rz. 427.
578 Vgl. BT-Drucks. 7/1281 S. 40; *Heger,* DStR 2008 S. 588.
579 Vgl. BFH, Urteil vom 13.2.2008 – I R 44/07, BStBl 2008 II S. 673.
580 Vgl. BFH, Urteil vom 14.1.2009 – I R 5/08, BStBl 2009 II S. 457.
581 Vgl. BFH, Urteil vom 10.7.2002 – I R 88/01, BStBl 2003 II S. 936; kritisch hierzu aufgrund des gesetzgeberischen Willens, die bewusste Unterlassung von Zuführungen zu verhindern: *Höfer,* in: Littmann/Bitz/Pust (Hrsg.), Das Einkommensteuerrecht, § 6a Tz. 256 m. w. N.
582 Vgl. BFH, Urteil vom 13.2.2008 – I R 44/07, BStBl 2008 II S. 673.
583 Vgl. BFH, Urteil vom 7.4.1994 – IV R 56/92, BStBl 1994 II S. 740.
584 Vgl. BFH, Urteil vom 9.11.1995 – IV R 2/93, BStBl 1996 II S. 589.

stehen im Fall der Verteilung von Einmalzuführungen auf mehrere Wirtschaftsjahre (vgl. Rz. 5766 ff.) oder der Inanspruchnahme von Erleichterungen im Rahmen der vorverlegten Inventur der Pensionsverpflichtungen (vgl. Rz. 5777).

Das Nachholverbot bezieht sich gemäß dem Einzelbewertungsgrundsatz auf die einzelne Pensionsrückstellung. Da in der Praxis die Zuführung zur Pensionsrückstellung regelmäßig in einem Gesamtbetrag gebucht wird, muss der Fehlbetrag den einzelnen Pensionsverpflichtungen zugeordnet werden. In der Fehlbetragszuordnung, die spätestens in den internen Bewertungsunterlagen bzw. dem Pensionsgutachten für den folgenden Bilanzstichtag vorzunehmen ist, ist der Steuerpflichtige grundsätzlich frei. Hierbei dürfen jedoch keine notwendigen Auflösungen unterlassen werden und keine unzulässigen Rückstellungsauflösungen zum Zwecke der maximalen Zuführung bei anderen Pensionsverpflichtungen unterbleiben.[585] Um eine schnelle Nachholung unterlassener Zuführungen sicherzustellen, empfiehlt sich i. d. R. eine Zuordnung auf im Folgejahr ausgeschiedene Pensionsberechtigte mit aufrechterhaltener Anwartschaft oder auf Pensionsberechtigte, bei denen im Folgejahr oder in Kürze altersbedingt der Versorgungsfall eintritt, da im Jahr des Ausscheidens oder des Eintritts des Versorgungsfalls die Fehlbeträge vollständig nachgeholt werden können. 5771

2.3.6 Auflösung der Pensionsrückstellung

Die Auflösung der Rückstellung ist im Gesetz nicht explizit geregelt. Sie ergibt sich aber in Form eines Auflösungsgebots aus der Bestimmung des § 6a Abs. 3 Satz 1 EStG, nach der die Pensionsrückstellung höchstens zum Teilwert angesetzt werden darf.[586] Danach ist eine Pensionsrückstellung nur dann anteilig bzw. vollständig aufzulösen, wenn sich die ihr zugrunde liegende Verpflichtung vermindert (z. B. nach Eintritt des Versorgungsfalls, Leistungsminderung[587]) bzw. wegfällt (z. B. durch Tod eines Pensionsberechtigten ohne zu versorgender Hinterbliebener, durch Ausscheiden eines Pensionsberechtigten ohne aufrechterhaltene Anwartschaft oder durch Verzicht).[588] Eine wahlweise Auflösung der Rückstellung, ohne dass sich der Teilwert gegenüber dem Bilanzstichtag des Vorjahres durch Verminderung oder Wegfall der Pensionsverpflichtung gemindert hat, ist unzulässig.[589] 5772

Versicherungsmathematische Auflösung: Bei der Berechnung des Teilwerts sind nach § 6a Abs. 3 Satz 3 EStG die anerkannten Regeln der Versicherungsmathematik anzuwenden. Als Teilwert gilt im Versorgungsfall der Barwert der künftigen Pensionsleistungen. Da der Teilwert die Auflösungsbeträge determiniert, ist nur noch die versicherungsmathematische Auflösung der Rückstellung zulässig. Die sog. **buchhalterische Auflösungsmethode** ist nicht mehr anwendbar.[590] 5773

---

585 Vgl. Höfer/Veit/Verhuven, Betriebsrentenrecht (BetrAVG) Kommentar, Bd. II Kap. 2 Tz. 591 f.
586 Vgl. Ahrend/Förster/Rößler, Steuerrecht der betrieblichen Altersversorgung, 2. Teil Tz. 946.
587 Zu den Auswirkungen eines Verzichts eines Gesellschafter-Geschäftsführers einer Kapitalgesellschaft auf bereits erdiente bzw. künftig noch zu erdienende Pensionsanwartschaften (sog. Future Service) siehe BMF, Schreiben vom 14.8.2012 – IV C 2 – S 2743/10/10001:001, BStBl 2012 I S. 874; Bandl, StuB 2012 S. 783.
588 Vgl. H.-J. Heger, in: Blümich, EStG KStG GewStG, § 6a Rz. 465.
589 Vgl. Höfer, in: Littmann/Bitz/Pust (Hrsg.), Das Einkommensteuerrecht, § 6a Tz. 233 f.
590 Vgl. BFH, Urteil vom 30.3.1999 – VIII R 8/97, DStRE 1999 S. 899.

Bei der buchhalterischen Auflösung der Pensionsrückstellung werden im Versorgungsfall die Pensionszahlungen von der Pensionsrückstellung bis zu deren vollständigen Verbrauch abgesetzt. Die Methode ist daher bis zum vollständigen Rückstellungsverbrauch erfolgsneutral und wirkt sich erst danach in Höhe der Pensionszahlungen gewinn- und steuermindernd aus.

Im Rahmen der versicherungsmathematischen Auflösung werden die gewinnerhöhende Verringerung des Barwerts der künftigen Pensionsleistungen und die gewinnmindernden Pensionszahlungen ergebniswirksam erfasst. Da die Pensionszahlungen die Barwertminderungen regelmäßig übersteigen führt die versicherungsmathematische Methode von Anfang an im Saldo zu einer steuerwirksamen Gewinnminderung.

5774 **Fehlbeträge:** Sofern eine Pensionsrückstellung im Versorgungsfall z. B. aufgrund des Nachholverbots eine Unterdeckung (Fehlbetrag) aufweist, kann sie erst aufgelöst werden, wenn der Barwert zum Bilanzstichtag unter dem bilanzierten Wert liegt, da der Barwert der künftigen Pensionsleistungen die Wertuntergrenze bildet.[591]

5775 **Technische Rentner:** Falls der Pensionsberechtigte nach dem vertraglich vorgesehenen Eintritt des Versorgungsfalls noch weiter entgeltlich tätig ist, ist die Rückstellung ab dem Zeitpunkt aufzulösen, der bei der Bildung der Rückstellung als voraussichtliches Tätigkeitsende der Teilwertberechnung zugrunde gelegt worden ist (vgl. Rz. 5743 ff.).[592]

2.3.7 Inventur der Pensionsverpflichtungen

5776 Die zum jeweiligen Bilanzstichtag bestehenden Pensionsverpflichtungen sind dem Grunde und der Höhe nach im Rahmen einer körperlichen Bestandsaufnahme zu ermitteln. Die Bestandsaufnahme kann auch in einem Zeitraum von drei Monaten vor bis zwei Monate nach Bilanzstichtag erfolgen (vor- oder nachverlegte Inventur nach § 241 Abs. 3 HGB). In der Praxis ist die **vorverlegte Inventur** von großer Bedeutung, da dem Pensionsgutachter oder den intern für die Bewertung verantwortlichen Mitarbeitern die für die Bewertung der Pensionsrückstellung erforderlichen Daten regelmäßig frühzeitig vor dem Bilanzstichtag zur Verfügung gestellt werden müssen, damit der Wertansatz rechtzeitig zur Bilanzaufstellung vorliegt.

5777 Bei Anwendung der vor- oder nachverlegten Inventur ist nach § 241 Abs. 3 Nr. 2 HGB eine Fortschreibung bzw. Rückrechnung auf den Bilanzstichtag erforderlich, um zu gewährleisten, dass die Pensionsrückstellungen nach den am Bilanzstichtag bestehenden Verhältnissen bewertet werden. Die Finanzverwaltung lässt für Veränderungen zwischen Inventur- und Bilanzstichtag mit Ausnahme der Pensionsverpflichtungen gegenüber Vorstandsmitgliedern und Geschäftsführern von Kapitalgesellschaften gewisse Erleichterungen zu, sofern mehr als 20 Pensionsberechtigte vorhanden sind.[593] Änderungen der Pensionsverpflichtungen aufgrund biologischer Ursachen (z. B. Tod, Invalidität), durch normale Fluktuation oder durch Einstufungen einzelner Pensionsberechtigter in eine andere Gehalts-/Pensionsgruppe brauchen erst am nächsten Bilanzstichtag berücksichtigt zu werden. Das Nachholverbot für unterlassene Rückstellungsbildung ist insoweit unbe-

---

591 Vgl. R 6a. Abs. 22 Satz 3 EStR.
592 Vgl. R 6a. Abs. 22 Satz 2 EStR.
593 Vgl. R 6a. Abs. 18 Satz 3 Nr. 5 EStR.

achtlich. Außerordentliche Veränderungen, wie z. B. durch Massenentlassungen oder bedeutende Erweiterungen des Kreises der Pensionsberechtigten sind allerdings zu berücksichtigen. Gleiches gilt für allgemeine Leistungsänderungen für eine Gruppe von Pensionsberechtigten (z. B. Gehaltserhöhungen aufgrund eines abgeschlossenen Tarifvertrages bei gehaltsabhängigen Zusagen), die zumindest näherungsweise zu erfassen sind.[594]

2.4 Einzelfragen

2.4.1 Pensionsrückstellungen und Umwandlungen

Bei Umwandlungssachverhalten ist relevant, ob bestehende Pensionsrückstellungen weiterhin gebildet werden können und ob zukünftig eine steuerwirksame Zuführung möglich ist. 5778

Bei Umwandlung einer Kapital- in eine Personengesellschaft kommt es grundsätzlich nicht zu einer steuererhöhenden Auflösung der für die Tätigkeit des Gesellschafter-Geschäftsführers zutreffend gebildeten Pensionsrückstellung.[595] Zukünftige Zuführungen zur Pensionsrückstellung zugunsten des Mitunternehmers dürfen jedoch den Gewinn der Personengesellschaft nicht mindern und sind als Aktivposten in der Sonderbilanz des entsprechenden Gesellschafters zu berücksichtigen.[596] 5779

Bei Umwandlung einer Kapitalgesellschaft in ein Einzelunternehmen kommt es auf Ebene des Einzelunternehmers zu einer Vereinigung von Verbindlichkeit und Forderung, so dass die Pensionsrückstellung aufzulösen ist.[597] Der Auflösungsgewinn kann gemäß § 6 Abs. 1 UmwStG mittels steuerfreier Rücklage auf die folgenden drei Wirtschaftsjahre linear verteilt werden. 5780

2.4.2 Weitere Einzelfragen

Grundsätzliche Voraussetzung für die Bildung einer Pensionsrückstellung ist deren betriebliche Veranlassung. Dies ist besonders relevant bei Pensionszusagen an **nahestehende Personen**; hierbei sind für deren steuerliche Anerkennung – wie auch bei anderen Angehörigenverträgen – vor dem Hintergrund eines möglicherweise fehlenden Interessengegensatzes besondere Anforderungen zu erfüllen. Erforderlich ist für die Bildung von Pensionsrückstellungen insbesondere, dass eine ernstlich gewollte, klar und eindeutig vereinbarte Verpflichtung vorliegt, die Zusage dem Grunde und der Höhe nach angemessen ist und der Pensionsverpflichtete auch tatsächlich mit der Inan- 5781

---

594 Vgl. R 6a. Abs. 18 Satz 3 EStR; *Höfer/Veit/Verhuven*, Betriebsrentenrecht (BetrAVG) Kommentar, Bd. II Kap. 2 Tz. 464 ff.
595 Vgl. BFH, Urteil vom 22.6.1977 – I R 8/75, BStBl 1977 II S. 798; BMF, Schreiben vom 11.11.2011 – IV C 2 – S 1978 – b/08/10001, BStBl 2011 I S. 1314 Tz. 6.04.
596 Vgl. BayLAfSt, Vfg. vom 23.10.2009 – S 1978; BFH, Urteil vom 2.12.1997 – VIII R 15/96, BStBl 2008 II S. 174; für die Herausarbeitung, dass sich die Aktivierung des Pensionsanspruchs lediglich auf die Zuführungen nach der Umwandlung und nicht auf den während der „GmbH-Zeit" erdienten Pensionsanspruch bezieht *Sodenkamp*, NWB 2009 S. 3370; siehe auch BMF vom 11.11.2011 – IV C 2 S 1978 – b/08/10001, BStBl 2011 I S. 1314 Tz. 6.06.
597 Vgl. BMF, Schreiben vom 11.11.2011 – IV C 2 – S 1978 – b/08/10001, BStBl 2011 I S. 1314 Tz. 6.07.

spruchnahme aus der gegebenen Pensionszusage rechnen muss.[598] Durch die Eigenart der Pensionsrückstellung ist das Kriterium der Ernsthaftigkeit anhand eines tatsächlichen Vollzugs der vertraglichen Regelung vor Eintritt des Leistungsfalls nicht möglich, so dass es diesbezüglich einer anderen Herangehensweise bedarf.[599] Der Nachweis einer Ernsthaftigkeit könnte beispielsweise durch den Abschluss einer Rückdeckungsversicherung[600] oder durch Ansparen[601] erfolgen.

5782 Die Berücksichtigung von Pensionszusagen an **Gesellschafter-Geschäftsführer** von **Kapitalgesellschaften** erfolgt grundsätzlich nach dem Trennungsprinzip, wonach die Kapitalgesellschaft und der Gesellschafter jeweils voneinander getrennte Steuersubjekte sind, unter den Voraussetzungen des § 6a EStG. Auch in diesem Falle ist ein Arbeitnehmerverhältnis erforderlich, was bei einem Gesellschafter-Geschäftsführer zu bejahen ist. Liegt kein Dienstverhältnis und auch kein „anderes Rechtsverhältnis" i. S. d. § 6a Abs. 5 EStG vor, ist keine Pensionsrückstellung möglich. Das Kriterium der betrieblichen Veranlassung findet in diesem Fall grundsätzlich für die bilanzielle Bildung der Pensionsrückstellung keine Anwendung. In einem zweiten Schritt ist eine außerbilanzielle Korrektur als verdeckte Gewinnausschüttung und in diesem Zusammenhang das Nichtvorliegen einer betrieblichen Veranlassung zu prüfen.[602] Für den Fall einer beherrschenden Stellung finden erhöhte Anforderungen Anwendung.[603]

5783 Bei **Mitunternehmerschaften** erfolgt nach der Rechtsprechung des BFH bei Pensionszusagen an die Mitunternehmer die Bildung von Pensionsrückstellungen in der Gesamthandsbilanz und eine korrespondierende Aktivierung auf Ebene der Sonderbilanz des begünstigten Gesellschafters.[604] Somit werden Zuführungen zur Pensionsrückstellung zwar auf Ebene der Gesamthand als Aufwand erfasst, stellen jedoch beim Mitunternehmer Ertrag dar.[605] Im Ergebnis entfalten somit Pensionszusagen an Mitunternehmer bezogen auf eine Betrachtung von Gesamthandsbilanz und Sonderbilanzen keine steuerliche Wirksamkeit, so dass die Mitunternehmer im Ergebnis gegenüber einem Einzelunternehmer keine Vorteile haben. Allerdings ergibt sich für die Mitgesellschafter infolge der Rückstellungsbildung in der Gesamthandsbilanz auch steuerlich eine Gewinnminderung (vgl. auch Rz. 1459). Nach Eintritt des Versorgungsfalls führen die laufenden Pensionen beim (ausgeschiedenen) Mitunternehmer zu laufenden (nachträgli-

---

598 Vgl. auch hinsichtlich der Anwendung des Fremdvergleichs bei Angehörigenverträgen Teschke, Konzeption einer Besteuerung des laufenden Ertrags von Netzwerken Nahestehender, Diss. rer. pol, Wiesbaden 2009, S. 67 ff.; BMF, Schreiben vom 4.9.1984 – IV B 1 – S 2176 85/84, BStBl 1984 I S. 495; vom 9.1.1986 – IV B 1 – S 2176 2/86, BStBl 1986 I S. 7; BFH, Urteil vom 14.7.1989 – III R 97/86, BStBl 1989 II S. 969.
599 Vgl. *Arteaga/Veit*, in: Korn (Hrsg.), Einkommensteuergesetz, Bonn 2017, § 6a EStG Rz. 4.
600 Vgl. BFH, Urteil vom 15.7.1976 – I R 124/73, BStBl 1977 II S. 112-115.
601 Vgl. BFH, Urteil vom 20.3.1980 – IV R 53/77, BStBl 1980 II S. 450-453 für den Fall des Ansparens eines Wertpapierdepots.
602 Vgl. *Bareis*, in: Baumhoff u. a. (Hrsg.), Festschrift für Prof. Dr. Norbert Krawitz, Besteuerung, Rechnungslegung und Prüfung der Unternehmen, Wiesbaden 2010, S. 3 ff.
603 Vgl. *Prinz*, WPg 2006 S. 1411; *Schothöfer/Killat*, DB 2011 S. 896 ff.; *Finsterwalder*, DB 2005 S. 1189 ff.; *Otto*, DStR 2011 S. 106 ff.
604 Vgl. BFH, Urteil vom 2.12.1997 – VIII R 15/96, BStBl 2008 II S. 174; *Fuhrmann/Demuth*, WPg 2007 S. 7 ff.; hinsichtlich einer Aktivierung ausschließlich in der Sonderbilanz des begünstigten Gesellschafters BFH, Urteile vom 14.2.2006 – VIII R 40/03, BStBl 2008 II S. 182; vom 30.3.2006 – IV R 25/04, BStBl 2008 II S. 171.
605 Vgl. BFH, Urteil vom 14.2.2006 – VIII R 40/03, BStBl 2008 II S. 182; BMF, Schreiben vom 29.1.2008 – IV B 2 – S 2176 – 07/0001, BStBl 2008 I S. 317.

chen) Einkünften in Höhe der Differenz zwischen Pensionszahlung und der korrespondierend zur Auflösung der Pensionsrückstellung eintretenden Verringerung des in der Sonderbilanz fortzuentwickelnden Aktivpostens; eine zunächst erfolgsneutrale Verrechnung der Pensionszahlung mit dem Aktivposten in der Sonderbilanz und erst spätere nachgelagerte Besteuerung der den Aktivposten übersteigenden zufließenden Pensionen kommt indessen nicht in Betracht.[606]

Gehen Pensionsverpflichtungen im Rahmen eines Unternehmenskaufes oder einer Abspaltung unter Gewinnrealisierung auf einen Erwerber über, so waren nach Ansicht des BFH[607] beim Erwerber die Pensionsverpflichtungen nicht nach § 6a EStG, sondern nach dem „wahren" Wert zu bemessen, den die Parteien bei der Kaufpreisbemessung zugrunde gelegt hatten. Diese Auffassung des BFH führte beim Erwerber zu entsprechend höheren Anschaffungskosten für die übernommenen Aktiva, während der Übertragende einen entsprechenden Aufwand realisierte. 5784

Durch § 4f und § 5 Abs. 7 EStG i. d. F. des AIFM-StAnpG wird der Erwerber zu einer Bewertung nach § 6a EStG gezwungen und der Veräußerer kann den realisierten Aufwand grundsätzlich nur über einen Zeitraum von 15 Jahren geltend machen (zu den Einzelheiten vgl. Rz. 5604a und b). Hinsichtlich der Bewertung der übernommenen Pensionsverpflichtungen ist der Erwerber jedoch nicht an die Ausübung bestehender Wahlrechte (z. B. abweichendes Pensionsalter gemäß R 6a. Abs. 11 EStR, Wahl der biometrischen Rechnungsgrundlagen) gebunden. Ebenso soll das sog. Nachholverbot (§ 6a Abs. 4 EStG) in der ersten der Übernahme folgenden Schlussbilanz für in der Zeit vor der Übertragung entstandene, nicht passivierte Beträge nicht zur Anwendung kommen.[608] 5785

3. Steuerrückstellungen

3.1 Bilanzierung von Steuerschulden

Die Bilanzierung von Steuerschulden als Steuerrückstellungen kommt grundsätzlich nur für betriebliche, vom Unternehmen geschuldete Steuern und Nebenleistungen in Betracht, die bis zum jeweiligen Bilanzstichtag wirtschaftlich entstanden sind und die hinsichtlich dem Grunde oder der Höhe nach ungewiss sind.[609] Daneben können nach verschiedenen Literaturauffassungen auch Steuern, die das Unternehmen als Haftungsschuldner zu entrichten hat (z. B. Lohnsteuer), sowohl unter den Steuerrückstellungen[610] als auch unter den sonstigen Rückstellungen ausgewiesen werden.[611] U. E. ist der Ausweis unter den sonstigen Rückstellungen vorzuziehen. Vom Unternehmen geschuldete steuerliche Nebenleistungen i. S. v. § 3 Abs. 4 AO (z. B. Zinsen, Verspätungs-/ 5786

---

606 Vgl. BFH, Urteil vom 6.3.2014 – IV R 14/11, BStBl 2014 II S. 624; *Bolik*, NWB 2014 S. 2224; *Kanzler*, FR 2014 S. 936.
607 Siehe Urteil vom 12.12.2012 – I R 28/11, BFH/NV 2013 S. 884; Urteil vom 12.12.2012 – I R 69/11, BB 2013 S. 943.
608 Vgl. BMF, Schreiben vom 30.11.2017 – IV C 6 – S- 2133/14/10001, BStBl 2017 I S. 1619, Rz. 10, 26.
609 Vgl. BFH, Urteil vom 3.12.1969 – I R 107/69, BStBl 1970 II S. 229.
610 Vgl. z. B. *Schubert/Waubke*, in: Beck'scher Bilanz-Kommentar, 11. Aufl., München 2018, § 266 Rz. 201, da diese nach § 37 Abs. 1 AO zum Steuerschuldverhältnis zu rechnen sind.
611 Vgl. *Hoffmann/Lüdenbach*, NWB Kommentar Bilanzierung, 9. Aufl., Herne 2018, § 266 Rz. 83.

Säumniszuschläge, Zwangsgelder) sind u. E. unter den sonstigen Rückstellungen auszuweisen, sollen aber wegen ihrer inhaltlichen Nähe zu den zugrunde liegenden Steuerschulden ebenfalls in diesem Kapitel behandelt werden. Für Zinsen auf wahrscheinliche Steuernachzahlungen wird auch der Ausweis unter den Steuerrückstellungen gefordert.[612]

Zu beachten ist, dass Personengesellschaften hinsichtlich der Ertragsteuern nur Steuerschuldner der Gewerbesteuer sind und daher die von den Gesellschaftern auf ihre steuerlichen Gewinne geschuldete Einkommen- bzw. Körperschaftsteuer nicht bilanzieren dürfen.[613]

5787 Steuerschulden sind zu bilanzieren, wenn sie nach den steuerrechtlichen Vorschriften bis zum Ende des Wirtschaftsjahres wirtschaftlich oder rechtlich entstanden sind und zwar unabhängig davon, ob eine betriebliche Steuer als Betriebsausgabe abzugsfähig ist (z. B. ist nach § 4 Abs. 5b EStG ab Veranlagungszeitraum 2008 die Gewerbesteuer keine Betriebsausgabe mehr; für die Körperschaftsteuer ergibt sich dieses aus § 10 Nr. 2 KStG). Der Rückstellungsaufwand für nichtabziehbare Steuern ist dann außerbilanziell wieder hinzuzurechnen (vgl. auch Rz. 5557).[614]

Bei Aussetzung der Vollziehung sind neben der zugrunde liegenden Steuerschuld auch die bis zum Bilanzstichtag aufgelaufenen Zinsen zurückzustellen. Dies gilt u. E auch, sofern diese nicht als Betriebsausgabe abziehbar sind. Sie sind dann außerbilanziell hinzuzurechnen.[615]

5788 Die Steuerschulden sind so lange als Steuerrückstellung auszuweisen, bis sie aufgrund erfolgter Veranlagung auch hinsichtlich der Höhe gewiss sind. Danach sind sie als gewisse Schulden unter den sonstigen Verbindlichkeiten auszuweisen.[616] Da Steueranmeldungen nach § 168 AO mit einer Steuerfestsetzung unter dem Vorbehalt der Nachprüfung gleichgesetzt werden, ist die Umsatzsteuer regelmäßig unter den sonstigen Verbindlichkeiten auszuweisen.[617]

5789 Hinsichtlich des **Wertansatzes** der grundsätzlich nach den allgemeinen, für sonstige Rückstellungen geltenden Regelungen (siehe Rz. 5630 ff.) zu bewertenden Steuerrück-

---

612 Vgl. IDW RS HFA 34 Tz. 34, FN-IDW 2013 S. 53 ff., wonach Zinsen bei wirtschaftlicher Betrachtung als Preissteigerungen anzusehen sind und somit in den Erfüllungsbetrag der Steuerrückstellung einzubeziehen sind. Konsequenterweise müsste dann in der Gewinn- und Verlustrechnung wohl ein Ausweis unter den Steuern vom Einkommen und vom Ertrag erfolgen. Zur Kritik an der Auffassung des IDW siehe Herzig/Liekenbrock, DB 2013 S. 410. Nach Lewe/Peun, DStR 2017 S. 1186 Ausweis unter den sonstigen Rückstellungen vertretbar.
613 Die Regelung des § 264c Abs. 3 Satz 2 HGB, nach der bei einer KapCo-Personengesellschaft der Steueraufwand der Gesellschafter vom Jahresergebnis der Personengesellschaft offen abgesetzt oder hinzugerechnet werden kann, ist eine reine Ausweisvorschrift. Sie soll lediglich die Möglichkeit schaffen, den Jahresüberschuss der Personengesellschaft mit dem einer Kapitalgesellschaft, welche neben der Gewerbesteuer auch die Körperschaftsteuer zu verbuchen hat, hinsichtlich der Steuerbelastung vergleichbar zu machen. Sie führt nicht zu einer Bilanzierung der von den Gesellschaftern auf ihre steuerlichen Gewinne geschuldete Einkommen- bzw. Körperschaftsteuer in der Bilanz der Personengesellschaft.
614 Vgl. BFH, Beschluss vom 16.12.2009 – I R 43/08, BFH/NV 2010 S. 552; OFD Rheinland, Vfg. vom 5.5.2009 – S 2137 – 2009/0006 – St 141II, DB 2009 S. 1046; BFH, Beschluss vom 17.7.2012 – I B 56, 57/12, BFH/NV 2012 S. 1955.
615 Vgl. BFH, Urteil vom 8.11.2000 – I R 10/98, BStBl 2001 II S. 349, der aber bei nichtabziehbaren Zinsen wohl die Rückstellungsbildung verneint.
616 Vgl. BFH, Beschluss vom 16.12.2009 – I R 43/08, BFH/NV 2010 S. 552.
617 Vgl. Schubert/Waubke, in: Beck'scher Bilanz-Kommentar, 11. Aufl., München 2018, § 266 Tz. 201.

stellungen ist zu beachten, dass Steuerschulden, die nach § 233 AO verzinst werden, nicht nach § 6 Abs. 1 Nr. 3a Buchst. e Satz 1 EStG abgezinst werden müssen, da sie zeitweise, d. h. nach Ablauf der Karenzzeit von 15 Monaten, verzinslich sind. Dies gilt nach Auffassung der Finanzverwaltung aus Vereinfachungsgründen auch dann, wenn Zinsen z. B. aufgrund einer Steuerfestsetzung vor Beginn des Zinslaufs nach § 233 Abs. 2 AO möglicherweise nicht festgesetzt werden.[618]

3.2 Gewerbesteuerrückstellung

Eine Gewerbesteuerrückstellung ist zu bilden, wenn die geleisteten Vorauszahlungen niedriger als die voraussichtlich festzusetzende Gewerbesteuer sind. Bei der Berechnung der Gewerbesteuer ist zu beachten, dass die Gewebesteuer und die auf sie entfallenden Nebenleistungen für Erhebungszeiträume, die nach dem 31.12.2007 enden,[619] nach § 4 Abs. 5b EStG keine Betriebsausgabe mehr sind und sie daher im Gegensatz zu der vorherigen Rechtslage weder ihre eigene noch die Bemessungsgrundlage für die Körperschaftsteuer mindern. Gleichwohl kann aufgrund des Maßgeblichkeitsprinzips unverändert eine Gewerbesteuerrückstellung in der Steuerbilanz gebildet werden, die dann außerbilanziell wieder zuzurechnen ist.[620]

5790

Die Gewerbesteuer wird nach § 7 GewStG ausgehend vom nach den Vorschriften des EStG oder KStG ermittelten Gewinns aus Gewerbebetrieb ermittelt, zuzüglich der Hinzurechnungen nach § 8 GewStG und abzüglich der Kürzungen nach § 9 GewStG. Bei Personengesellschaften beinhaltet der Gewinn aus Gewerbebetrieb auch die Ergebnisse aus etwaigen Sonder- und Ergänzungsbilanzen der Gesellschafter (vgl. Rz. 1342). Der so ermittelte Gewerbeertrag ist um einen etwaig vorhandenen gewerbesteuerlichen Verlustvortrag unter Beachtung der Mindestbesteuerung nach § 10a GewStG zu kürzen. Danach darf der Gewerbeertrag bis zu einem Betrag von 1 Mio. € in voller Höhe durch Verlustvorträge gekürzt werden. Sofern danach noch ein Gewerbeertrag verbleibt, dürfen die noch vorhandenen Verlustvorträge nur noch in Höhe von 60 % von dem verbleibenden Gewerbeertrag abgezogen werden. Der verbleibende Gewerbeertrag ist nach § 11 Abs. 1 GewStG auf volle 100 € abzurunden sowie um etwaige Freibeträge (natürliche Personen und Personengesellschaften: 24.500 €) zu kürzen. Durch Multiplikation mit der Steuermesszahl für den Gewerbeertrag von 3,5 % (§ 11 Abs. 2 GewStG) ergibt sich der Steuermessbetrag, auf den zur Ermittlung der Gewerbesteuer der jeweilige Hebesatz der hebeberechtigten Gemeinde anzuwenden ist. Sofern der Steuermessbetrag auf mehrere hebeberechtigte Gemeinden zu zerlegen ist, ist bei der Gewerbesteuerberechnung i. d. R. ein mit den Arbeitslöhnen der Betriebsstätten gewichteter durchschnittlicher Hebesatz zu verwenden.

5791

---

618 Vgl. BMF, Schreiben vom 28.5.2005 – IV B 2 – S- 2175 – 7/05, BStBl 2005 I S. 699, Rz. 33; siehe zur Bewertung auch ausführlich *Herzig/Liekenbrock*, DB 2013 S. 409.
619 § 52 Abs. 12 Satz 7 EStG a. F.
620 Vgl. OFD Rheinland, Vfg. vom 5.5.2009 – S 2137 – 2009/0006 – St 141II, DB 2009 S. 1046.

ABB. 4:	Berechnungsschema Gewerbesteuer (vereinfacht)	
	Gewinn aus Gewerbebetrieb (§ 7 GewStG)	
+	Hinzurechnungen (§ 8 GewStG):	
	§ 8 Nr. 1 GewStG	
		Entgelte für Schulden (§ 8 Nr. 1 Buchst. a GewStG)
	+	Renten u. dauernden Lasten (§ 8 Nr. 1 Buchst. b GewStG)
	+	Gewinnanteile stiller Gesellschafter (§ 8 Nr. 1 Buchst. c GewStG)
	+	$^1/_5$ der Miet- und Pachtzinsen für bewegliche Wirtschaftsgüter (§ 8 Nr. 1 Buchst. d GewStG)
	+	$^1/_2$ der Miet- und Pachtzinsen für unbewegliche Wirtschaftsgüter (§ 8 Nr. 1 Buchst. e GewStG)
	+	$^1/_4$ der Aufwendungen für befristete Rechteüberlassung (§ 8 Nr. 1 Buchst. f GewStG)
=	Summe vor Freibetrag	
./.	Freibetrag i. H. v. 100.000 €	
=	Summe nach Freibetrag	
	davon sind $^1/_4$ hinzuzurechnen	
	Gewinnanteile an einer KGaA (§ 8 Nr. 4 GewStG)	
	Streubesitzdividenden bei einer Beteiligungsquote < 15 % (§ 8 Nr. 5 GewStG)	
	Anteile an Verlusten von Personengesellschaften (§ 8 Nr. 8 GewStG)	
	Spenden nach § 9 Abs. 1 Nr. 2 KStG (§ 8 Nr. 9 GewStG)	
	Ausschüttungsbedingte Gewinnminderungen (§ 8 Nr. 10 Buchst. a GewStG)	
	Spenden nach § 9 Abs. 1 Nr. 2 KStG (§ 8 Nr. 9 GewStG)	
	Nach § 34c EStG abgezogene ausländische Steuern (§ 8 Nr. 12 GewStG)	
./.	Kürzungen (§ 9 GewStG)	
	Grundbesitz i. H. v. 1,2 % des Einheitswerts von Betriebsgrundstücken (§ 9 Nr. 1 Satz 1 GewStG) bzw. erweitert für Grundbesitzgesellschaften	
	Anteile an Gewinnen von Personengesellschaften (§ 9 Nr. 2 GewStG)	
	Erträge aus inländischen Kapitalgesellschaften bei Beteiligungsquote von mindestens 15 % (§ 9 Nr. 2a GewStG)	
	nach § 8 Nr. 4 GewStG hinzugerechnete Gewinnanteile an einer KGaA (§ 9 Nr. 2b GewStG)	
	Gewinne aus ausländischen Betriebsstätten (§ 9 Nr. 3 GewStG)	
	Zuwendung zur Förderung steuerbegünstigter Zwecke (§ 9 Nr. 5 GewStG)	
	Gewinne aus ausländischen Kapitalgesellschaften bei Beteiligungsquote von mindestens 15 % (§ 9 Nr. 7 GewStG)	

	Gewinne aus Beteiligungen aus Auslandsgesellschaften bei Bestehen eines DBA (§ 9 Nr. 8 GewStG)
=	maßgebender Gewerbeertrag (§ 10 GewStG)
./.	Gewerbeverlust (§ 10a GewStG)
=	**Gewerbeertrag** (Abrundung auf volle 100 € (§ 11 Abs. 1 Satz 3 GewStG))
./.	ggf. Freibetrag für natürliche Personen, Personengesellschaften und andere Gesellschaften (§ 11 Abs. 1 GewStG)
=	verbleibender Gewerbeertrag
x	Gewerbesteuermesszahl von 3,5 % (§ 11 Abs. 2 GewStG)
=	Steuermessbetrag
x	Hebesatz der Gemeinde(n) (mindestens 200 %) (§ 16 GewStG)
=	**Gewerbesteuer**
./.	Vorauszahlungen
=	**Gewerbesteuerrückstellung**

Nach Einführung des Betriebsausgabenabzugsverbots des § 4 Abs. 5b EStG ist die Anwendung der sog. 5/6-Methode seit dem Veranlagungszeitraum 2008 nicht mehr zulässig. Bei dieser Berechnungsmethode, auf deren Anwendung der Steuerpflichtige einen Rechtsanspruch hatte,[621] konnte die frühere Abzugsfähigkeit der Gewerbesteuer von ihrer eigenen Bemessungsgrundlage dadurch berücksichtigt werden, dass die Gewerbesteuer in Höhe von 5/6 des Betrages angesetzt wurde, der sich ohne die Berücksichtigung der Gewerbesteuer als Betriebsausgabe ergab.[622]

Die Gewerbesteuer entsteht nach § 18 GewStG mit Ablauf des Erhebungszeitraums, der nach § 14 GewStG grundsätzlich das Kalenderjahr ist. Die Rückstellung ist in dem Wirtschaftsjahr zu passivieren, zu dem sie wirtschaftlich gehört, d. h. bei kalenderjahrgleichem Wirtschaftsjahr für das jeweilige abgelaufene Wirtschaftsjahr. Bei abweichendem Wirtschaftsjahr gilt der Gewerbeertrag nach § 10 Abs. 2 GewStG als in dem Erhebungszeitraum bezogen, in dem das Wirtschaftsjahr endet. Die Gewerbesteuerrückstellung ist demnach auch in diesem Fall auf Basis des Gewerbeertrags des abgelaufenen Wirtschaftsjahres zu berechnen.[623]

5792

3.3 Körperschaftsteuerrückstellung

Sofern die geleisteten Vorauszahlungen niedriger als die voraussichtliche Körperschaftsteuer für den Veranlagungszeitraum sind, ist am Bilanzstichtag ungeachtet der Nichtabziehbarkeit als Betriebsausgabe nach § 10 Nr. 2 KStG aufgrund des Maßgeblichkeitsprinzips eine Körperschaftsteuerrückstellung zu passivieren. Der Körperschaftsteueraufwand ist außerbilanziell wieder hinzuzurechnen.

5793

---

621 Vgl. BFH, Urteil vom 23.4.1991 – VIII R 61/87, BStBl 1991 II S. 752.
622 Vgl. R 4.9 Abs. 2 EStR 2005.
623 Vgl. *Schmidt/Peun*, in: Beck'scher Bilanz-Kommentar, 11. Aufl., München 2018, § 275 Tz. 240.

5794 Die Berechnung der Körperschaftsteuer erfolgt nach § 7 KStG ausgehend vom zu versteuernden Einkommen unter Berücksichtigung von Verlustrück- bzw. -vorträgen (§ 10d EStG) unter Verwendung eines Steuersatzes von 15 % (§ 23 KStG). Die Berechnung der Körperschaftsteuer erfolgt durch die Abschaffung des früheren körperschaftsteuerlichen Anrechnungsverfahrens grundsätzlich unabhängig von der Gewinnverwendung. Auf die Körperschaftsteuer wird ein Solidaritätszuschlag von 5,5 % erhoben (§ 4 SolZG). Der Verlustrücktrag kann wahlweise erfolgen und ist auf einen Betrag von 1.000.000 € begrenzt.[624] Beim Verlustvortrag sind die Regelungen zur Mindestbesteuerung zu beachten (vgl. Rz. 5791).[625]

ABB. 5:	Berechnungsschema Körperschaftsteuer (vereinfacht)
	Steuerbilanzgewinn bzw. -verlust
+	Verdeckte Gewinnausschüttungen (§ 8 Abs. 3 Satz 2 KStG)
+	Nichtabziehbare Betriebsausgaben (§ 4 Abs. 5 EStG, § 10 KStG)
./.	Verdeckte Einlagen (§ 8 Abs. 3 Satz 3 KStG)
./.	Andere steuerfreie Vermögensmehrungen (z. B. Investitionszulagen)
./.	Abziehbare Spenden (§ 9 Abs. 1 Nr. 2 KStG)
+/-	Kürzungen/Hinzurechnungen nach § 8b KStG und § 3c EStG
+/-	Korrekturen und Einkommenszurechnungen bei Organschaft (§§ 14, 17 KStG)
=	Gesamtbetrag der Einkünfte
./.	Verlustabzug (§ 10d EStG)
=	Zu versteuerndes Einkommen
x	Steuersatz von 15 % (§ 23 KStG)
=	**Körperschaftsteuer**

5795 Nach dem SEStEG[626] wurde das aus dem alten körperschaftsteuerlichen Anrechnungsverfahren stammende Körperschaftsteuerguthaben zum 31.12.2006 letztmals festgestellt (§ 37 Abs. 4 KStG) und wird ab 30.9.2008 bis 2017 in zehn gleichen Jahresraten erstattet. Da der am 31.12.2006 entstandene Anspruch unverzinslich ist, wird er bilanziell zum Barwert angesetzt.[627] Die jährlichen Aufzinsungsbeträge gehören nach § 37 Abs. 7 KStG nicht zu den steuerlichen Einkünften und sind daher außerbilanziell wieder zu korrigieren. Eine Verrechnung des SEStEG-Körperschaftsguthabens mit der Körperschaftsteuerrückstellung dürfte mangels Aufrechenbarkeit regelmäßig ausscheiden.

Korrespondierend zum Körperschaftsguthaben wurde auch das ehemalige EK02 zum 31.12.2006 für fast alle Unternehmen letztmalig ermittelt und festgestellt (§ 38 Abs. 4

---

[624] Der Betrag von 1.000.000 € (vorher: 511.500 €) ist erstmals im Veranlagungszeitraum 2013 zu berücksichtigen (§ 52 Abs. 25 Satz 7 EStG a. F.).
[625] R 7.1 Abs. 1 KStR enthält ein Ermittlungsschema für das zu versteuernde Einkommen.
[626] Gesetz über steuerliche Begleitmaßnahmen zur Einführung der Europäischen Gesellschaft und zur Änderung weiterer steuerrechtlicher Vorschriften (SEStEG) vom 7.12.2006, BGBl 2006 I S. 2782.
[627] Vgl. HFA, FN-IDW 2007 S. 107.

KStG).[628] Die darauf entfallende Körperschaftsteuerbelastung von 3/100 des EK02 (§ 38 Abs. 5 KStG) ist ebenfalls im Zeitraum 2008 bis 2017 in zehn gleichen Jahresraten zu begleichen, sofern sie nicht vorzeitig unter Berücksichtigung einer Abzinsung von 5,5 % entrichtet wird. In der Steuerbilanz ist der am 1.1.2007 entstehende und daher bei kalenderjahrgleichen Wirtschaftsjahr erstmals am 31.12.2007 zu bilanzierende Körperschaftsteuererhöhungsbetrag bis zu seiner endgültigen Begleichung unter Berücksichtigung der Abzinsung von 5,5 % nach § 6 Abs. 1 Nr. 3 EStG zu passivieren. Aufgrund der Gewissheit der Schuld erfolgt der Ausweis nicht als Körperschaftsteuerrückstellung, sondern unter den sonstigen Verbindlichkeiten. Der Aufwand aus der erstmaligen Einbuchung des Körperschaftsteuererhöhungsbetrags war außerbilanziell zu korrigieren. Ob der in Folgejahren entstehende Aufwand aus der Aufzinsung der Verbindlichkeit ebenfalls außerbilanziell zu korrigieren ist, ist streitig.[629]

3.4 Rückstellung für sonstige Steuern

Rückstellungen für sonstige Steuern sind in der Praxis eher selten anzutreffen, da die sonstigen Steuern regelmäßig dem Grunde und der Höhe nach gewiss sind, und daher Schulden aus sonstigen Steuern i. d. R. unter den sonstigen Verbindlichkeiten auszuweisen sind.   5796

Eine gesonderte Erfassung der sonstigen Steuern ist in der Praxis erforderlich, da diese in der handelsrechtlichen Gewinn- und Verlustverrechnung als eigenständiger Posten auszuweisen sind.

Zu den sonstigen Steuern gehören:

▶ Verkehr- und Besitzsteuern (z. B. Umsatzsteuer, Grunderwerbsteuer, Kfz-Steuer, Grundsteuer, Zölle, Versicherungssteuer, Feuerschutzsteuer, Rennwett- und Lotteriesteuer, Spielbankabgabe);

▶ Verbrauchsteuern (z. B. Stromsteuer, Energiesteuer, Kernbrennstoffsteuer, Mineralölsteuer, Tabaksteuer, Kaffeesteuer, Biersteuer, Branntweinsteuer, Schaumweinsteuer, Alkopopsteuer).

Schulden aus steuerlichen Nebenleistungen, wie z. B. Nachzahlungszinsen, Verspätungs- und Säumniszuschläge, aus Steuerstrafen, aus Zwangs- und Bußgeldern oder aus Abgaben anderer Art, wie z. B. Grundstücksabgaben, sind u. E. nicht hier, sondern unter den sonstigen Rückstellungen oder sonstigen Verbindlichkeiten auszuweisen.[630] Für Zinsen auf wahrscheinliche Steuernachzahlungen wird auch der Ausweis unter den Steuerrückstellungen gefordert.[631]   5797

---

628 Ausnahmen bestehen insbesondere für ehemalige gemeinnützige Wohnungsunternehmen und steuerbefreite Körperschaften, die auf Antrag das bisherige Verfahren der ausschüttungsbedingten Körperschaftsteuererhöhung fortführen können (§ 34 Abs. 14 KStG).

629 Vgl. *Werning*, in: Blümich, EStG KStG GewStG, § 38 Rz. 44 m. w. N.

630 Vgl. *Schmidt/Peun*, in: Beck'scher Bilanz-Kommentar, 11. Aufl., München 2018, § 275 Tz. 235; BFH, Beschluss vom 24.8.2011 – I B 1/11, BFH/NV 2011 S. 2044.

631 Vgl. IDW RS HFA 34 Tz. 34, FN-IDW 2013 S. 53 ff., wonach Zinsen bei wirtschaftlicher Betrachtung als Preissteigerungen anzusehen und somit in den Erfüllungsbetrag der Steuerrückstellung einzubeziehen sind. Zur Kritik an der Auffassung des IDW siehe *Herzig/Liekenbrock*, DB 2013 S. 410. Nach *Lewe/Peun*, DStR 2017 S. 1186 Ausweis unter den sonstigen Rückstellungen vertretbar.

3.5 Betriebsprüfung

5798 Aufgrund von Betriebsprüfungen kommt es nach allgemeiner Erfahrung häufig zu Steuernachforderungen. Dieses sog. **Betriebsprüfungsrisiko** rechtfertigt jedoch mangels hinreichender Wahrscheinlichkeit der Inanspruchnahme nicht die Bildung einer Steuerrückstellung.[632] Das soll selbst in den Fällen gelten, in denen dem Steuerpflichtigen bekannt ist, dass er den Tatbestand einer Steuerhinterziehung erfüllt hat. Die ausreichende Wahrscheinlichkeit ist entsprechend der Voraussetzungen der Rückstellungsbildung für öffentlich-rechtliche Verpflichtungen nach jüngst wieder bestätigter Auffassung des BFH[633] erst dann gegeben, wenn im Rahmen einer Steuerfahndungs- oder allgemeinen Betriebsprüfung ein konkreter Sachverhalt beanstandet wird oder hinsichtlich des betroffenen Sachverhalts mit „aufdeckungsorientierten Maßnahmen" begonnen worden ist (vgl. auch Rz. 5558).[634]

5799 Hinsichtlich des Zeitpunkts, wann „übliche" **Mehrsteuern** infolge einer Betriebsprüfung zu passivieren sind, ist die Rechtsprechung derzeit uneinheitlich.[635] Es wird derzeit sowohl – wie es in der Praxis wohl üblich ist – die Passivierung im Jahr der Steuerentstehung[636] als auch – analog zu den hinterzogenen Mehrsteuern – die Bilanzierung erst im Jahr der Kenntnis der Mehrsteuern durch den Steuerpflichtigen[637] vertreten.

5800 Sofern für bestimmte Sachverhalte, die noch nicht durch die Steuergerichte entschieden worden sind, bisher aufgrund einer nicht hinreichenden Wahrscheinlichkeit der Inanspruchnahme keine Rückstellung gebildet worden ist, nunmehr aber ein den Steuerpflichtigen belastendes Urteil ergeht, ist diesem durch die Bildung einer Rückstellung Rechnung zu tragen. Hierzu ist es nicht erforderlich, dass der Sachverhalt durch die Finanzverwaltung im Veranlagungsverfahren oder einer laufenden Betriebsprüfung bereits aufgegriffen worden ist.[638] Sofern bereits ein steuerlicher Rechtsstreit anhängig ist, ist ebenfalls eine Rückstellung zu bilanzieren, da der Ausgang des Rechtsstreits regelmäßig unsicher ist (vgl. auch Rz. 5538).[639] Die aus den zurückgestellten wahrschein-

---

632 Vgl. BFH, Urteil vom 13.1.1966 – IV 51/62, BStBl 1966 III S. 189.

633 Vgl. BFH, Urteil vom 22.8.2012 – X R 23/10, BStBl 2013 II S. 76; die Vorinstanz hatte eine unterschiedliche Behandlung von bisher hinterzogenen Mehrsteuern gegenüber üblichen Mehrsteuern im Rahmen von Betriebsprüfungen (vgl. hierzu Rz. 5799), die im Jahr der Gewinnerhöhung als Rückstellung zu berücksichtigen sind, für nicht gerechtfertigt gehalten, vgl. FG Nürnberg, Urteil vom 16.6.2010 – 5 K 687/2009, EFG 2010 S. 1987.

634 Vgl. BFH, Urteil vom 27.11.2001 – VIII R 36/00, BStBl 2002 II S. 731; BFH, Beschluss vom 22.8.2012 – X B 155/11, BFH/NV 2012 S. 2015.

635 Vgl. auch FG München, Urteil vom 19.9.2016 - 7 K 621/16, rkr., EFG 2016 S. 1984, Tz. 44 m. w. N.

636 Vgl. BFH, Urteil vom 15.3.2012 – I R 96/07, DStR 2012 S. 1495 Rz. 15 ff., in diesem Fall soll die die Wahrscheinlichkeit der Inanspruchnahme gegeben sein, da einem ordentlichen Kaufmann die Rechtsfolge eines doppelten Umsatzsteuerausweises bekannt ist und er demzufolge mit der daraus resultierenden Mehrsteuer rechnen musste; H 4.9 EStH 2014; FinMin Schleswig-Holstein, Erlass vom 6.3.2013 – VI 304 – S 2141-007, DB 2013 S. 731; *Eckert*, DB 2012 S. 2904 f.

637 Vgl. BFH, Beschluss vom 16.12.2009 – I R 43/08, BFH/NV 2010 S. 552 Rz. 19, welcher die Wahrscheinlichkeit der Inanspruchnahme offensichtlich erst im Zeitpunkt der Kenntnis des Steuerpflichtigen von der Feststellung der Betriebsprüfung als ausreichend gegeben ansieht; FG Düsseldorf, Urteil vom 29.8.2013 - 13 K 4451/11 E,G, rkr., EFG 2014 S. 253, das eine unterschiedliche Behandlung von Mehrsteuern aufgrund einer Betriebsprüfung und von hinterzogenen Mehrsteuern grundsätzlich nicht für gerechtfertigt hält.

638 Vgl. auch BFH, Urteil vom 31.8.2011 – X R 19/10, BStBl 2012 II S. 190 zum Zeitpunkt der Aktivierung von Steuerforderungen.

639 Vgl. BFH, Urteil vom 8.11.2000 – I R 10/98, BStBl 2001 II S. 349.

lichen Steuernachforderungen nach § 233a AO resultierenden Zinsen sind entsprechend der Behandlung von Aussetzungszinsen sowie von Zinsen auf die üblichen Mehrsteuern aufgrund von Betriebsprüfungen u. E. ebenfalls zurückzustellen. Zum Ausweis der zurückgestellten Zinsen siehe Rz. 5786.

Zur Rückstellung für die sich im Rahmen einer Betriebsprüfung ergebenden umfangreichen Mitwirkungs- und Erläuterungspflichten vgl. Rz. 5665 „Betriebsprüfung". 5801

3.6 Organschaft

Im Falle einer körperschaft-, gewerbe- oder umsatzsteuerlichen Organschaft ist der Organträger Steuerschuldner und hat demzufolge die Steuerschulden zu bilanzieren. Voraussetzung für die körperschaft- und gewerbesteuerliche Organschaft ist die finanzielle Eingliederung der Organgesellschaft aufgrund der Stimmrechtsmehrheit des Organträgers sowie der Abschluss eines Ergebnisabführungsvertrages. Die umsatzsteuerliche Organschaft, die keinen Gewinnabführungsvertrag bedingt, erfordert neben der finanziellen, die wirtschaftliche und organisatorische Eingliederung der Organgesellschaft. 5802

Im Falle einer umsatzsteuerlichen Organschaft belastet bzw. vergütet der Organträger der Organgesellschaft regelmäßig die Umsatzsteuerzahllast bzw. einen Vorsteuerüberhang. Diese sind unter den Verbindlichkeiten gegenüber verbundenen Unternehmen bzw. Forderungen gegen verbundene Unternehmen auszuweisen. 5803

Bei der ertragsteuerlichen Organschaft werden die Ergebnisse der Organgesellschaft (Einkommen bzw. Gewerbeertrag) im Rahmen der Ermittlung des zu versteuernden Einkommens bzw. des Steuermessbetrags dem Organträger zugerechnet und gehen somit in die Ermittlung der Steuerrückstellung des Organträgers ein. Die Organgesellschaft hat lediglich im Fall von Ausgleichszahlungen an außenstehende Gesellschafter, die aufgrund der Minderheitenschutzregelung des § 304 Abs. 1 AktG im Gewinnabführungsvertrag vereinbart worden sind, ihr Einkommen nach § 16 KStG in Höhe von 20/17 der Ausgleichszahlungen zu versteuern.

Daneben kann sich eine Rückstellungsbildung nach allgemeinen Grundsätzen ggf. durch die Haftungsregelung des § 73 AO ergeben, nach der die Organgesellschaft für die auf sie entfallenden Steuern haftet.[640] Diese ist u. E. allerdings unter den sonstigen Rückstellungen auszuweisen.

In der Praxis werden die auf die Organgesellschaft entfallenden Steuern häufig vom Organträger an die Organgesellschaft mittels Steuerumlagevertrag zwecks Erreichung eines wirtschaftlich zutreffenden Ergebnisausweises weiterbelastet. Ertragsteuerliche Wirkungen haben derartige Steuerumlageverträge wegen der durch das Organschaftsverhältnis vorzunehmenden Zurechnung des Organgesellschaftsergebnisses an den Organträger nicht.[641] Die Umlageverträge sind hinsichtlich der Ermittlung der an die Organgesellschaft zu belastenden Steuerumlagen oft so ausgestaltet, dass die Steuerumlage zum 5804

---

640 Vgl. FG Münster, Urteil vom 4.8.2016 – 9 K 3999/13 K,G, EFG 2017 S. 149 – Rev. eingelegt (Az. des BFH: I R 78/16).
641 Vgl. *Rödder/Simon*, DB 2002 S. 497.

Zeitpunkt der Bilanzaufstellung der Höhe nach noch ungewiss ist. U. E. hat daher ein Ausweis der voraussichtlichen Belastung, soweit diese nicht durch etwaige Vorauszahlungen gedeckt ist, unter den sonstigen Rückstellungen zu erfolgen. Ein Ausweis unter den Steuerrückstellungen scheidet aus, da die Organgesellschaft nicht Steuerschuldner ist. Eine Minderung der Steuerrückstellung des Organträgers in Höhe der Weiterbelastung ist u. E. ebenfalls unzulässig.

In der Gewinn- und Verlustrechnung wird für die Steuerumlagen bei der Organgesellschaft ein Ausweis unter den Steuern vom Einkommen und vom Ertrag (ggf. mit davon-Ausweis) oder im Posten „aufgrund von Gewinnabführungsverträgen abgeführte Gewinne" bzw. im Verlustfall „Erträge aus Verlustübernahme" (ggf. mit davon-Ausweis) für zulässig gehalten. Beim Organträger ist die in der Praxis häufig anzutreffende Kürzung des Steueraufwands durch offene Absetzung der Erträge aus der Steuerumlage unzulässig. Die Steuerumlage ist wirtschaftlich betrachtet eine Vorweg-Gewinnabführung und daher entweder als gesonderter Posten „Erträge aus von an Organgesellschaften belasteten Steuerumlagen" oder gesondert unter dem Posten „Erträge aufgrund von Gewinnabführungsverträgen" auszuweisen.[642]

5805–6159   *(Einstweilen frei)*

---

642 Vgl. *Schmidt/Peun*, in: Beck'scher Bilanz-Kommentar, 11. Aufl., München 2018, § 275 Tz. 257 ff.

Teil B:
Bilanzierung und Bewertung bei der Gewinnermittlung nach Bilanzposten

Kapitel VII:
Verbindlichkeiten

von
RA/StB Jürgen Sievert, Köln
RA/StB Nicole Kamradt, Essen

Inhaltsübersicht   Rz.

1. Grundlagen   6160 - 6167
    1.1 Definition der Verbindlichkeiten   6161
    1.2 Verhältnis Handels- zur Steuerbilanz   6162
    1.3 Steuerliche Regelungen   6163
    1.4 Abgrenzung zu Eigenkapital, Rückstellungen und passiven Rechnungsabgrenzungsposten   6164 - 6167
2. Ansatz dem Grunde nach   6168 - 6183
    2.1 Passivierungsgebot   6168
    2.2 Passivierungsverbot   6169
    2.3 Zeitpunkt der Bilanzierung – Auflösung der Verbindlichkeiten   6170
    2.4 Sonderfälle   6171 - 6175
    2.5 Verbindlichkeiten als Betriebsvermögen   6176
    2.6 Tilgung aus künftigen Einnahmen/Gewinnen gem. § 5 Abs. 2a EStG   6177 - 6183
        2.6.1 Historie der Regelung   6177
        2.6.2 Voraussetzungen   6178 - 6179
        2.6.3 Rechtsfolgen   6180
        2.6.4 Sonderfälle   6181 - 6183
3. Bewertung   6184 - 6199
    3.1 Grundsatz Erfüllungsbetrag   6185 - 6190
        3.1.1 Begriff der Anschaffungskosten   6186
        3.1.2 Höherer Teilwert   6187 - 6189
        3.1.3 Niedrigerer Teilwert   6190
    3.2 Abzinsung § 6 Abs. 1 Nr. 3 Satz 1 EStG   6191 - 6197
        3.2.1 Historie   6192
        3.2.2 Verfassungsmäßigkeit der Regelung   6193
        3.2.3 Verhältnis zur Handelsbilanz   6194
        3.2.4 Abzinsungstechnik   6195
        3.2.5 Ausnahmen vom Abzinsungsgebot   6196
        3.2.6 Exkurs: Behandlung des Aufzinsungsaufwandes nach anderen Vorschriften   6197
    3.3 Verbindlichkeiten aus Anzahlungen und Vorausleistungen § 6 Abs. 1 Nr. 3 Satz 2 EStG   6198
    3.4 Anschaffungsverbindlichkeiten   6199
4. ABC der Verbindlichkeiten   6200 - 6379

1. Grundlagen

Insgesamt finden sich sowohl im Handelsgesetzbuch als auch in den steuerlichen Vorschriften nur wenige Regelungen zu Verbindlichkeiten. Konkretisierung über den Inhalt und die Reichweite des Begriffs der Verbindlichkeit enthalten weder die handels- noch

6160

die steuerrechtlichen Vorschriften. Jedenfalls stellen Verbindlichkeiten, die für eine rechtlich begründete oder faktische Belastung des Steuerpflichtigen stehen, steuerlich ein negatives Wirtschaftsgut dar.

Zur Negativabgrenzung von Verbindlichkeiten kann insbesondere auf die Bilanzpositionen Eigenkapital (s. Rz. 5040 ff.) und Rückstellungen (s. Rz. 5520 ff.) als ein hilfreiches Instrument zur Begriffsbestimmung zurückgegriffen werden. Rückstellungen und Verbindlichkeiten unterscheiden sich insbesondere dadurch, dass dem Grunde und der Höhe nach sichere Verpflichtungen als Verbindlichkeiten qualifiziert werden. Rückstellungen liegen dagegen vor, wenn der Verpflichtungsgrund und/oder die Höhe der Verpflichtung noch nicht abschließend feststehen.

Hinsichtlich der Bewertung von Verbindlichkeiten schreibt das Handelsgesetz den Grundsatz der Einzelbewertung fest (§ 252 Abs. 1 Nr. 3 HGB). Das Einkommensteuergesetz enthält darüber hinaus für die Bewertung von Verbindlichkeiten in § 6 Abs. 1 Nr. 3 EStG eine Abzinsungsregelung und mit dem Verweis auf § 6 Abs. 1 Nr. 2 EStG ein Wahlrecht zum Ansatz des Teilwertes bei einer voraussichtlich dauernden Werterhöhung.

Bei der Passivierung von Verbindlichkeiten ist zwischen der Passivierung dem Grunde nach und der Höhe nach insbesondere im Hinblick auf die Abgrenzung zur Rückstellung zu unterscheiden. Die Passivierung kann erfolgswirksam vorgenommen werden, wenn beispielsweise Verpflichtungen im Bereich des Personals abgebildet werden. Eine erfolgsneutrale Einbuchung der Verbindlichkeit wird dagegen vorgenommen, wenn gegen ein Bestandskonto, beispielsweise bei der Gewährung eines Darlehens, gebucht wird.

1.1 Definition der Verbindlichkeiten

6161 Weder im HGB noch in den steuerlichen Regelwerken findet sich eine Definition der Verbindlichkeiten. Nach allgemeiner Auffassung ist eine Verbindlichkeit eine dem Grunde und der Höhe nach feststehende Verpflichtung zu einer Leistung gegenüber einem Dritten, die für den Steuerpflichtigen eine Belastung darstellt.[1] Die Verbindlichkeit kann durch eine privatrechtliche Vereinbarung veranlasst sein oder durch eine öffentlich-rechtliche Verpflichtung begründet werden. Als Verbindlichkeiten werden aber auch die rechtlich nicht existenten Verpflichtungen ausgewiesen, denen sich der Kaufmann faktisch nicht entziehen kann (beispielsweise Kulanzvereinbarungen). Der Ausweis der Verbindlichkeit in der Bilanz ist nur zulässig, wenn die Verbindlichkeit betrieblich veranlasst ist.

1.2 Verhältnis Handels- zur Steuerbilanz

6162 Im Handelsgesetzbuch wird der Begriff der Verbindlichkeiten ausdrücklich insbesondere im Zusammenhang mit der Gliederung der Bilanz verwendet (§ 266 HGB). An anderer

---

[1] BFH, Urteile vom 18.12.2002 - I R 17/02, BStBl II 2004 S. 126 und vom 11.10.2007 - IV R 52/04, BStBl 2009 II S. 705.

Stelle wird der Terminus „Schulden" als Oberbegriff für Verbindlichkeiten und Rückstellungen verwendet. So sind nach § 246 Abs. 1 „Schulden" in der Bilanz des Schuldners auszuweisen und nach § 247 Abs. 1 HGB von Rückstellungen, Eigenkapital und Sonderposten abzugrenzen und hinreichend aufzugliedern. Nach § 246 Abs. 1 Satz 1 HGB besteht für eine am Bilanzstichtag rechtlich entstandene Verbindlichkeit eine Passivierungspflicht. Der auch auf die Verbindlichkeiten anzuwendende Maßgeblichkeitsgrundsatz des § 5 Abs. 1 Satz 1 EStG führt dazu, dass die in der Handelsbilanz ausgewiesenen Verbindlichkeiten auch in der Steuerbilanz abzubilden sind, sofern keine abweichenden steuerlichen Regelungen bestehen. Die Maßgeblichkeit ist für den Ansatz der Verbindlichkeiten dem Grunde nach auch nicht durch das BilMoG eingeschränkt worden, da im Zusammenhang mit dem Ansatz von Verbindlichkeiten keine Wahlrechte bestehen (§ 5 Abs. 1 Satz 2 EStG). Vom Handelsrecht abweichende steuerliche Regelungen bestehen insbesondere hinsichtlich der Bewertung der Verbindlichkeiten, die ausschließlich in der Steuerbilanz nach § 6 Abs. 1 Nr. 3 EStG abzuzinsen sind. Handelsrechtlich ist dagegen eine Abzinsung nur für Rückstellungen und nicht für Verbindlichkeiten zwingend vorgesehen (§ 246 Abs. 2 HGB). Eine weitere steuerliche Sonderregelung wurde mit § 5 Abs. 2a EStG geschaffen, die einen Ausweis von Verbindlichkeiten (und Rückstellungen) ausschließt, wenn die Rückführung der Verbindlichkeit aus künftigen Einnahmen oder Gewinnen erfolgt.

1.3 Steuerliche Regelungen

Ausdrückliche Regelungen zu Verbindlichkeiten finden sich insbesondere in § 6 Abs. 1 Nr. 3 EStG und in § 5 Abs. 2a EStG. Mittelbar wird die Verbindlichkeit in weiteren Regelungen aufgegriffen, die die Behandlung von Zinsen für steuerliche Zwecke zum Gegenstand haben (beispielsweise § 4h EStG, § 8a KStG, § 4 Abs. 4a EStG und § 8 Nr. 1 lit. a GewStG). Eine umfassende Definition des Begriffes der Verbindlichkeiten ist auch diesen Regelungen nicht zu entnehmen.

6163

1.4 Abgrenzung zu Eigenkapital, Rückstellungen und passiven Rechnungsabgrenzungsposten

Systematisch steht die Verbindlichkeit zwischen dem Eigenkapital und der Rückstellung (s. Rz. 5523 ff.) und ist darüber hinaus auch von dem passiven Rechnungsabgrenzungsposten (s. Rz. 6380 ff.) zu unterscheiden.

6164

Die Abgrenzung zum **Eigenkapital** ergibt sich zum einen daraus, dass das Eigenkapital eine Saldogröße ist und sich nicht wie die Verbindlichkeit aus einem Rechtsverhältnis ergibt. Darüber hinaus dient die Verbindlichkeit der Risikovorsorge aufgrund eines konkreten Ereignisses, während das Eigenkapital die vom Gesellschafter zur Verfügung gestellte Grundausstattung einer Gesellschaft bildet, die der Gesellschaft insbesondere für bisher nicht spezifizierte Risiken zur Verfügung steht.

Ausgehend von der Handelsbilanz gilt, dass unter dem Obergriff der Schulden Verbindlichkeiten und **Rückstellungen** zusammengefasst werden. Charakteristisch sowohl für Verbindlichkeiten als auch für Rückstellungen ist, dass sie gebildet werden, wenn (1) ein Leistungszwang gegenüber einem Dritten besteht, (2) aus diesem Leistungszwang eine wirtschaftliche Belastung hervorgeht und (3) der Dritte voraussichtlich die Leistung ein-

6165

fordern wird.[2] In beiden Fällen hat der Bilanzierende also nur dann einen entsprechenden Ausweis vorzunehmen, wenn objektiv Umstände gegeben sind, die eine Verpflichtung begründen und diese Umstände subjektiv für den Bilanzierenden erkennbar sind.

Die unter (3) angesprochene **Wahrscheinlichkeit** des Bestehens oder Entstehens der Verpflichtung wird anhand der sogenannten „51 %-Klausel" ermittelt.[3] Es müssen also mehr Gründe für als gegen das Bestehen der Verpflichtung sprechen, wobei es sich letztlich um eine steuerrechtliche Wertungsfrage handelt. Desgleichen gilt für die künftige Inanspruchnahme aus der Verbindlichkeit bzw. der Rückstellung. Wenn zum Bilanzstichtag erkennbar ist, dass eine Inanspruchnahme unterbleiben wird, ist die Bildung einer Verbindlichkeit bzw. Rückstellung nicht geboten.

Rückstellungen und Verbindlichkeiten unterscheiden sich hinsichtlich des Grades der Gewissheit über die Inanspruchnahme oder die Höhe der Verpflichtung. Bei der Verbindlichkeit stehen sowohl der Verpflichtungsgrund als auch die Höhe der Verpflichtung fest. Besteht keine ausreichende Gewissheit hinsichtlich des Grundes oder der Höhe oder hinsichtlich beider Merkmale, führt die Notwendigkeit der bilanziellen Abbildung der bestehenden Verpflichtung zur Bildung einer Rückstellung. Unbeachtlich für die Abgrenzung von Rückstellungen und Verbindlichkeiten ist die Fälligkeit der Verpflichtung. Sobald die Verpflichtung dem Grunde und der Höhe nach bekannt ist, ist eine Verbindlichkeit auszuweisen, auch wenn die Fälligkeit noch nicht eingetreten ist. Die mangelnde Fälligkeit wird dann in der Steuerbilanz über die Bewertung der Verbindlichkeit und eine ggf. vorzunehmende Abzinsung berücksichtigt.

6166 Handelsrechtlich werden Rückstellungen für ungewisse Verbindlichkeiten, drohende Verluste aus schwebenden Geschäften und – in den engen Grenzen des § 249 HGB auch – für künftige Aufwendungen gebildet. **Verbindlichkeitsrückstellungen** bilden den bereits realisierten Aufwand ab, der sich aus einer dem Grunde oder der Höhe nach ungewissen Verpflichtung gegenüber einem Dritten ergibt. Verbindlichkeiten und Rückstellungen unterscheiden sich in zwei Punkten: Zum einen sind keine Rückstellungen zu bilden, wenn die Verpflichtung aus der Anschaffung eines Wirtschaftsgutes resultiert. Auch wenn die Höhe der Verpflichtung noch ungewiss ist, hat in diesem Fall die Verbindlichkeit Vorrang vor der Rückstellung. Die Höhe der Verbindlichkeit ist dann zu schätzen. **Rückstellungen für drohende Verluste** aus schwebenden Geschäften werden handelsrechtlich gebildet (und sind steuerlich gem. § 5 Abs. 4a EStG in der Steuerbilanz nicht auszuweisen), wenn aus schwebenden Geschäften künftig Aufwandsüberschüsse entstehen (Folge des Imparitätsprinzips). Verbindlichkeiten, die erfolgswirksam über die GuV gebucht werden, können trotz dieser negativen Prognose nicht gebildet werden, solange sich im Rahmen des schwebenden Geschäfts Leistung und Gegenleistung ausgewogen gegenüberstehen.

6167 Während mit Verbindlichkeiten eine periodengerechte Aufwandsabgrenzung erfolgt, werden **passive Rechnungsabgrenzungsposten** (s. Rz. 6380 ff.; § 5 Abs. 5 Satz 1 Nr. 2 EStG) für eine verursachungsgerechte Ertragsabgrenzung gebildet. Voraussetzung für

---

2 *Schubert*: in Beck´scher Bilanzkommentar, 11. Aufl. 2018, § 249 HGB Rz. 1; Hoffmann/Lüdenbach, NWB Kommentar Bilanzierung, 9. Aufl. 2018, § 249 Rz. 8.
3 BFH, Urteil vom 30.11.2005 - I R 110/04, BStBl 2007 II S. 251.

die Bildung eines passiven Rechnungsabgrenzungsposten ist, dass Einnahmen vor dem Bilanzstichtag entstanden sind, die Ertrag für eine bestimmte Zeit nach dem Bilanzstichtag darstellten. Genauso wie bei der Verbindlichkeit sind der Grund, die Höhe und die zeitliche Zuordnung der Zahlung bekannt. Passive Rechnungsabgrenzungsposten werden typischerweise bei Dauerschuldverhältnissen gebildet, bei denen Leistung und Gegenleistung in unterschiedlichen Perioden erbracht werden. Wird das Entgelt bereits gezahlt und ist die Gegenleistung (beispielsweise eine Dienstleistung oder Überlassung eines Wirtschaftsgutes) noch nicht erbracht, werden die erhaltenen Einnahmen über einen passiven Rechnungsabgrenzungsposten neutralisiert. Auch öffentliche Ertragszuschüsse sind über einen passiven Rechnungsabgrenzungsposten verursachungsgerecht zu verteilen. Die Bildung einer Verbindlichkeit wird erst erforderlich, wenn die Zuschüsse wegen fehlerhafter Verwendung und unterbliebener Erfüllung der der Zuschussgewährung zugrundeliegenden Bedingungen zurückgefordert werden.

2. Ansatz dem Grunde nach

2.1 Passivierungsgebot

Für Verbindlichkeiten besteht unter folgenden Voraussetzungen ein Passivierungsgebot:[4]

6168

- ▶ Die Verbindlichkeit muss dem Grunde nach und der Höhe nach gewiss und quantifizierbar sein.[5] Der Steuerpflichtige muss also abschließend beurteilen können, in welchem Umfang und auf welchem Rechtsgrund eine Verpflichtung gegen ihn entstanden ist. Hängt das Entstehen der Verpflichtung von einer Handlung eines Dritten ab oder kann der Steuerpflichtige nur aufgrund einer statistischen Eintrittswahrscheinlichkeit über die Entstehung der Verbindlichkeit urteilen, liegt eine Verbindlichkeit nicht vor.[6] Sofern die Verbindlichkeit erfolgswirksam eingebucht wird, trägt der Steuerpflichtige nach den allgemeinen Grundsätzen die Beweislast für das Entstehen und den Fortbestand der Verbindlichkeit, da es sich um einen steuermindernden Vorgang handelt.[7]

- ▶ Darüber hinaus muss die Verbindlichkeit betrieblich veranlasst sein. Seit der grundlegenden Entscheidung des BFH zu der Behandlung von Kontokorrentverbindlichkeiten ist herrschende Auffassung, dass die betriebliche Veranlassung anhand des tatsächlichen Verwendungszweckes des Darlehens/der Verbindlichkeit festzustellen ist.[8] Der Ansatz der Verbindlichkeit ist aber in Analogie zur Rechtsprechung zum Ansatz von Rückstellungen dann ausgeschlossen, wenn der Betriebsausgabenabzug nach § 4 Abs. 5 EStG versagt wird.[9]

---

[4] BFH, Urteil vom 12.12.1990 - I R 153/86, BStBl 1991 II S. 479.
[5] BFH, Urteil vom 20.1.1993 - I R 115/91, BStBl 1993 II S. 373; BFH, Urteil vom 17.12.1998 - IV R 21/97, BStBl 2000 II S. 116.
[6] BFH, Urteil vom 20.1.1993 - I R 115/91, BStBl 1993 II S. 373.
[7] BFH, Urteil vom 24.6.1976 - IV R 101/75, BStBl 1976 II S. 562.
[8] BFH, Beschluss vom 4.7.1990 - GrS 2 3/88 - GrS 2/88, BStBl 1990 II S. 817.
[9] *Weber-Grellet*, in: Schmidt, EStG, 37. Aufl. 2018, § 5 Rz. 311; BFH, Urteil vom 22.11.1988 - VIII R 62/85, BStBl 1989 II S. 359 zu Rückstellungen; BFH, Urteil vom 9.6.1999 - I R 64/97, BStBl 1999 II S. 656 zu Rückstellungen.

▶ Als weiteres Kriterium für das Vorliegen einer Verbindlichkeit wird teilweise die **wirtschaftliche Verursachung** angeführt, die bis zum Bilanzstichtag eingetreten sein soll.[10] Diese Anforderung lässt sich weder aus dem Gesetzeswortlaut noch aus den GoB entnehmen. Der Bundesfinanzhof erwähnt dieses Kriterium zwar,[11] versteht es aber nur in dem Sinne, dass die spätere Erfüllung der geschuldeten Leistung zu einem Aufwand führt. Sollte es lediglich um eine künftige Belastung handeln, die aber nicht zu einem Aufwand führt, ist eine Passivierung grundsätzlich nicht geboten. Gegen dieses Merkmal spricht insbesondere das Vorsichtsprinzip, also die Berücksichtigung aller vorhersehbarer Risiken. Ob sich diese Risiken später realisieren, ist für die Bilanzierungsnotwendigkeit unbeachtlich.

2.2 Passivierungsverbot

6169 Eine Passivierung von Verbindlichkeiten ist unzulässig, wenn es sich um schwebende Geschäfte handelt, bei denen Leistung und Gegenleistung ausgeglichen sind.[12] Besteht auf einer Vertragsseite ein Erfüllungsrückstand ist eine Rückstellung auszuweisen. Ausgeschlossen ist eine Passivierung in den Fällen, in denen mit an Sicherheit grenzender Wahrscheinlichkeit eine Belastung in der Zukunft nicht eintritt.[13] Hier fehlt es an der oben dargestellten und auch vom Bundesfinanzhof geforderten wirtschaftlichen Belastung aus dem zugrundeliegenden Rechtsverhältnis. Beispielhaft kann das Recht des Bilanzierenden genannt werden, die Einrede der Verjährung zu erheben.[14] Hat sich der Steuerpflichtige auf die Einrede berufen oder wird er sich voraussichtlich sein Einrederecht nutzen, ist die Verbindlichkeit nicht zu passivieren. Erhebt der Steuerpflichtige die Einrede (voraussichtlich) nicht, weil beispielsweise andernfalls Geschäftsbeziehungen beschädigt werden würden, ist die Verbindlichkeit weiterhin auszuweisen.[15] Eine Rückstellung ist zu bilden, wenn rechtliche Zweifel an dem Vorliegen der Voraussetzungen für eine Einrede bestehen, weil in diesem Fall eine ungewisse Verbindlichkeit vorliegt. Eine Bilanzierung kann denklogisch dann nicht verlangt werden, wenn der Steuerpflichtige von dem Entstehen und Bestehen der rechtlichen Verpflichtung keine Kenntnis hat.[16] Eine Bilanzierung der Verbindlichkeit erfolgt in diesen Fällen erst, wenn der Unternehmer den zugrundeliegenden Sachverhalt erkannt hat. Infolgedessen kann die Verbindlichkeit für steuerliche Zwecke auch nicht – ggf. abweichend von der Handelsbilanz – in dem Jahr der rechtlichen Entstehung ausgewiesen werden.

---

10 So *Weber-Grellet*, in: Schmidt, EStG, 37. Aufl. 2018, § 5 Rz. 311; Niedersächsischen FG, Urteil vom 18.12.2008 - 10 K 120/04, DStRE 2009 S. 972; *Crezelius* in: Kirchof, EStG, 17. Aufl. 2018, § 5 Rz. 109; ablehnend: *Tiedchen*, in: Herrmann/Heuer/Raupach, EStG/KStG, § 5 EStG Rz. 481; *Christiansen*, DStR 2009 S. 2213.

11 BFH, Urteil vom 17.12.1998 - IV R 21/97, BStBl 2000 II S. 116; BFH, Urteil vom 4.2.1999 - IV R 54/97, BStBl 2000 II S. 139.

12 BFH, Urteil vom 17.12.1990 - VIII R 85/95, BStBl 1998 II S. 505; BFH, Urteil vom 28.7.2004 - XI R 63/03, BStBl 2006 II S. 866; R 5.7 Abs. 7 EStR.

13 BFH, Urteil vom 22.11.1988 - VIII R 62/85, BStBl 1989 II S. 359; BFH, Urteil vom 16.2.1996 - I R 73/95, BStBl II 1996 S. 592; BFH, Urteil vom 27.3.1996 - I R 3/95, BStBl 1996 II S. 470.

14 BFH, Urteil vom 9.2.1993 - VIII R 21/92, BStBl 1993 II S. 543 - das Gericht hat in diesem Fall ausdrücklich offen gelassen, ob die Verbindlichkeit weiterhin ausgewiesen werden muss, wenn mit einer Erfüllung der Verbindlichkeit zu rechnen ist, da dieser Punkt nicht entscheidungserheblich gewesen ist.

15 So auch *Krumm* in: Blümich, EStG/KStG/GewStG, § 5 EStG Rz. 759a.

16 BFH, Urteil vom 3.7.1991 - X R 163-164/87, BStBl 1991 II S. 802; *Weber-Grellet*, in: Schmidt, EStG, 37. Aufl. 2018, § 5 Rz. 312; ablehnend *Tiedchen*, in: Herrmann/Heuer/Raupach, EStG/KStG, § 5 EStG Rz. 482.

2.3 Zeitpunkt der Bilanzierung – Auflösung der Verbindlichkeiten

Verbindlichkeiten sind zu bilanzieren, sobald die Verbindlichkeit rechtlich entstanden ist (und der Steuerpflichtige den Rechtsgrund kennt). Die Ausbuchung der Verbindlichkeiten hat zu erfolgen, sobald sie erloschen sind. Wesentliche Erlöschensgründe sind die Erfüllung (§ 362 BGB), die Aufrechnung (§ 387 – 399 BGB, bei Kontokorrentverhältnissen § 355 HGB), die Novation, der Erlass (§ 397 BGB) und die befreiende Schuldübernahme (§§ 414 ff. BGB).

6170

2.4 Sonderfälle

- **Fälligkeit der Verbindlichkeit**: Die Bilanzierung der Verbindlichkeit kann nicht deshalb unterbleiben, weil die Forderung noch nicht fällig ist.[17] Eine andere Behandlung ist mit dem Vorsichtsprinzip nicht vereinbar.

6171

- **Rechtsmängel**: Insbesondere der Streit über die Entstehung oder den Fortbestand einer Verbindlichkeit steht einer Passivierung der Verbindlichkeit entgegen, wenn die Mängel eindeutig sind. Allerdings sind die Verpflichtungen dann ggf. wegen der Unsicherheit dem Grunde nach als Rückstellungen auszuweisen.

6172

- **Anfechtungsrecht**: Ein bestehendes Anfechtungsrecht zwingt solange zum Ausweis der Verbindlichkeit, bis die Anfechtung wirksam erklärt worden ist.

- **Aufschiebend bedingte Verbindlichkeiten**: Bei diesen Verbindlichkeiten hängt die Entstehung der Verpflichtung von einem künftigen ungewissen Ereignis ab. Infolgedessen dürfen diese Verbindlichkeiten erst mit Eintritt der Bedingung ausgewiesen werden.[18] Typische Konstellationen sind Verpflichtungen aus Bürgschaften oder Rückzahlungsverpflichtungen aus Zuschüssen. Die Verbindlichkeit kann auch ohne Eintritt der Bedingung ausgewiesen werden, wenn am Bilanzstichtag der Eintritt der Bedingung feststeht.[19] Ist am Bilanzstichtag der Eintritt der Bedingung aber nur ausreichend wahrscheinlich und ist die Verpflichtung bis zum Bilanzstichtag wirtschaftlich verursacht, kann eine Rückstellung gebildet werden.[20]

6173

- **Auflösend bedingte Verbindlichkeiten**: Auflösend bedingte Verbindlichkeit sind zivilrechtlich bereits entstanden, gehen aber bei künftigem Eintritt der Bedingung unter (§ 158 Abs. 2 BGB). Ist der Eintritt der Bedingung am Bilanzstichtag erfolgt oder erscheint er als sicher, ist die Verbindlichkeit nicht mehr auszuweisen.[21] Auch hier gilt, dass ein lediglich wahrscheinlicher Bedingungseintritt zum Ausweis einer Rückstellung führt.[22] Eine Rückzahlungsverbindlichkeit ist nach ständiger Rechtsprechung auch in den Fällen nicht auszuweisen, in denen der Gläubiger den Eintritt

6174

---

17 BFH, Urteil vom 3.12.1991 - VIII R 88/87, BStBl 1993 II S. 89; BFH, Urteil vom 5.6.2002 - I R 96/00, BStBl 2005 II S. 736.
18 BFH, Urteil vom17.12.1998 - IV 21/97, BStBl 2000 II S. 116.
19 BFH, Urteil vom 29.11.2000 - I R 31/00, BStBl 2004 II S. 41.
20 BFH, Urteil vom 25.1.1996 - IV R 114/94, BStBl 1997 II S. 382; BFH, Urteil vom 24.1.2001 - I R 39/00, BStBl 2005 II S. 465.
21 *Weber-Grellet*, in: Schmidt, EStG, 37. Aufl. 2018, § 5 Rz. 314; *Crezelius* in Kirchof, EStG, 17. Aufl. 2018, § 5 Rz. 110.
22 *Krumm* in: Blümich, EStG/KStG/GewStG, § 5 EStG Rz. 761; ablehnend *Tiedchen*, in: Herrmann/Heuer/Raupach, EStG/KStG, § 5 EStG Rz. 485.

der Bedingung nicht alleine herbeiführen kann, sondern die Handlungen Dritter für den Bedingungseintritt erforderlich sind.[23] Diese Konstellationen sind wirtschaftlich identisch mit denen der aufschiebend bedingten Verbindlichkeiten. In beiden Fällen besteht ein Schwebezustand, der den Ausweis einer gewissen Verbindlichkeit nicht rechtfertigt. Bezogen auf die Rückzahlungsverpflichtung kann es daher dahinstehen, ob es sich um eine bedingte Verpflichtung oder um einen bedingten Erlass der Zahlungsverpflichtung handelt. Sofern die Voraussetzungen vorliegen, ist aber eine Rückstellung für ungewisse Verbindlichkeiten auszuweisen.

6175 ▶ **Zahlungsfähigkeit/-willigkeit des Schuldners:** Auch dieser Punkt ist für den Ausweis einer Verbindlichkeit unbeachtlich, da insoweit nur auf das objektive Vorliegen der die Verbindlichkeit begründenden Umstände abzustellen ist.[24] Das gilt auch für eigenkapitalersetzende Darlehen. Die ggf. bereits bei Darlehensgewährung fehlende wirtschaftliche Fähigkeit des Schuldners eine abredegemäße Rückführung des Darlehens vorzunehmen, steht dem Ausweis der Verbindlichkeit nicht entgegen.

2.5 Verbindlichkeiten als Betriebsvermögen

6176 Schließlich können Verbindlichkeiten nur dann in der Steuerbilanz ausgewiesen werden, wenn sie objektiv mit dem Betrieb zusammenhängen und subjektiv dem Betrieb zu dienen bestimmt sind.[25] Bei Einzelunternehmen und bei Mitunternehmerschaften ist sicherzustellen, dass ein wirtschaftlicher Zusammenhang zwischen der Verbindlichkeit und dem Betrieb besteht und die Verbindlichkeit nicht oder nur in unbedeutendem Maße auf private, der Lebensführung des Steuerpflichtigen zuzurechnende Umstände beruht. Anders als auf der Aktivseite kann der Steuerpflichtige nicht kraft eigener Willensentscheidung eine Verbindlichkeit zum Betriebsvermögen willküren. Mittelbar kann aber eine Verbindlichkeit durch eine Willensentscheidung des Steuerpflichtigen zum Betriebsvermögen werden: Finanziert der Steuerpflichtige ein Wirtschaftsgut, das zum gewillkürten Betriebsvermögen zählt, wird diese Verbindlichkeit zur Betriebsschuld. Nach Ansicht des Bundesfinanzhofes folgt in dieser Konstellation die Verbindlichkeit dem Zurechnungszusammenhang mit dem Wirtschaftsgut und eine Willensentscheidung des Steuerpflichtigen soll in Hinblick auf die Verbindlichkeit nicht gegeben sein.[26] Auf dieser dogmatischen Basis ergibt sich im Weiteren, dass die Verbindlichkeit immer das Schicksal des finanzierten Wirtschaftsgutes (also der angeschafften Beteiligung, Maschine o. ä.) teilt: Wird das Wirtschaftsgut aus dem Betriebsvermögen in das Privatvermögen übertragen, folgt auch die Verbindlichkeit. Erfolgt der Statuswechsel des Wirtschaftsgutes in die andere Richtung, wird also das Wirtschaftsgut vom Privatvermögen in das Betriebsvermögen überführt, folgt auch in diesem Fall die Verbindlichkeit nach.[27] Hinsichtlich des übertragenen Wirtschaftsgutes ist in dieser Konstellation zu überlegen, ob eine Übertragung zu Buchwerten nach § 6 Abs. 1 Nr. 5 EStG möglich ist

---

23 BFH, Urteil v. 4.2.1999 - IV R 54/97, BStBl 2000 II S. 139; *Tiedchen*, in: Herrmann/Heuer/Raupach, EStG/KStG, § 5 EStG Rz. 485.
24 BFH, Urteil vom 9.2.1993 - VIII R 29/91, BStBl 1993 II S. 747; BFH, Urteil vom 6.11.2007 - I B 50/07, BFH/NV 2008 S. 616; *Weber-Grellet*, in: Schmidt, EStG, 37. Aufl. 2018, § 5 Rz. 311.
25 BFH, Urteil vom 4.7.1990 - GrS 2-3/88, BStBl 1990 II S. 817.
26 BFH, Urteil vom 4.7.1990 - GrS 2-3/88, BStBl 1990 II S. 817.
27 BFH, Urteil vom 4.7.1990 - GrS 2-3/88, BStBl 1990 II S. 817.

oder wegen des Zurechnungszusammenhanges mit der Verbindlichkeit ein (teil-) entgeltlicher Vorgang vorliegt, der zur (ggf. anteiligen) Aufdeckung stiller Reserven führt. Vergleichbare Fragestellungen können auch im Anwendungsbereich des § 6 Abs. 5 Satz 3 EStG auftreten, der einen Zwang zur Buchwertführung bei Übertragung von Wirtschaftsgütern zwischen Betriebsvermögen nur bei unentgeltlicher Übertragung oder bei Gewährung von Gesellschaftsrechten vorsieht. Werden also Wirtschaftsgüter von einem Betriebsvermögen in ein anderes Betriebsvermögen übertragen, folgt ggf. die mit dem Wirtschaftsgut im Zusammenhang stehende Verbindlichkeit nach und infolgedessen liegt keine unentgeltliche Übertragung i. S. d. § 6 Abs. 5 Satz 3 EStG vor.

Ferner führt dieser Ansatz dazu, dass Verbindlichkeiten in Abhängigkeit zur Verwendung der Mittel auch nur teilweise dem Betriebsvermögen zugerechnet werden. Werden also die Fremdmittel auch für private Zwecke eingesetzt, ist insoweit die Verbindlichkeit nicht als Betriebsschuld auszuweisen. Die zivilrechtlichen Vereinbarungen – also auch der Umstand, dass die Gesellschaft Vertragspartnerin des Darlehensgebers geworden ist – sind insoweit unbeachtlich.[28]

2.6 Tilgung aus künftigen Einnahmen/Gewinnen gem. § 5 Abs. 2a EStG

2.6.1 Historie der Regelung

Für erfolgsabhängige Verpflichtungen dürfen Verbindlichkeiten oder Rückstellungen erst gebildet werden, wenn die Einnahmen oder Gewinne angefallen sind (§ 5 Abs. 2a EStG).[29] Nach allgemeinen Verständnis sieht die Regelung des § 5 Abs. 2a EStG einen „Passivierungsaufschub" vor. Solange die Einnahmen oder Gewinne nicht entstanden sind, besteht ein Passivierungsverbot. Diese Regelung wurde mit dem Steuerbereinigungsgesetz 1999[30] eingeführt und gilt für Wirtschaftsjahre, die nach dem 31.12.1998 beginnen (§ 52 Abs. 12a EStG in der Fassung des Steuerbereinigungsgesetzes 1999). Zu diesem Zeitpunkt bestehende Verbindlichkeiten, die unter die Regelung des § 5 Abs. 2a EStG fallen, sind in dem ersten nach dem 31.12.1998 beginnenden Wirtschaftsjahr gewinnerhöhend aufzulösen.

6177

Auslöser für die Einführung der Regelung waren Steuergestaltungen und die ständige Rechtsprechung des Bundesfinanzhofes. Mit der Stundung von Verpflichtungen im Zusammenhang mit der Herstellung von Wirtschaftsgütern oder aus Leistungsbeziehungen bis zur Erzielung von Erlösen (oder bis zum Eintritt anderer Ereignisse) konnten zeitlich begrenzt Verluste zugewiesen werde. Der Bundesfinanzhof hat sich bei der Überprüfung der Gestaltungen aber nicht mit der Frage eines möglichen Gestaltungsmissbrauches beschäftigt, sondern die bilanzrechtlichen Grundlagen geprüft. Nach Auffassung des Gerichts sind Verbindlichkeiten nicht zu passivieren, wenn sie ausschließlich aus zukünftigen Gewinnen getilgt werden, weil es in diesen Fällen zum Bilanzstichtag an einer wirtschaftlichen Belastung des Steuerpflichtigen fehlt.[31] Insoweit hätte es einer gesetzlichen

---

28 BFH, Urteil vom 4.7.1990 - GrS 2-3/88, BStBl 1990 II S. 817.
29 Vgl. *Bisle/Dönmez*, in: Kanzler/Kraft/Bäuml, EStG Kommentar, 3. Aufl. 2018, § 5 Rz. 221.
30 Steuerbereinigungsgesetz vom 22.12.1999, BGBl 1999 I S. 2601.
31 BFH, Beschluss des Großen Senats vom 10.11.1980 - GrS 1/79, BStBl 1981 II S. 164; BFH, Urteil vom 14.6.1994 - VIII 37/93, BStBl 1995 II S. 246; BFH, Urteil vom 14.5.2002 - VIII R 8/01, BStBl 2002 II S. 532; BFH, Urteil vom 16.5.2007 - I R 36/06, BFH/NV 2007 S. 2252.

Regelung nicht bedurft, weil ein Rückgriff auf die allgemeinen Grundsätze zur Passivierung von Verbindlichkeiten ausreichend gewesen wäre. Die gesetzliche Regelung richtet sich aber gegen eine zweite Fallgruppe: Nach Auffassung des BFH sind Verbindlichkeiten (und auch Rückstellungen) zu passivieren, wenn die Tilgungsverpflichtung nicht (nur) an die Erzielung eines Gewinns, sondern (auch) an andere Faktoren – beispielsweise an die Erzielung von Erlösen – geknüpft wird.[32] Nachdem die Finanzverwaltung wiederholt mit Nichtanwendungserlassen auf diese Rechtsprechung reagiert hat, wurde schließlich die gesetzliche Regelung eingeführt.

2.6.2 Voraussetzungen

6178 Im ersten Schritt muss die Erfüllung der Verbindlichkeit durch die Entstehung der Gewinne oder Einnahme veranlasst sein. Ist die Entstehung der Verbindlichkeit oder die Verpflichtung zur Rückzahlung eines Betrages dagegen um den Eintritt anderer Ereignisse bedingt, liegt insoweit kein Anwendungsfall des § 5 Abs. 2a EStG vor. Nach Auffassung des FG Münster ist der Anwendungsbereich bereits eröffnet, wenn eine Verpflichtung vorliegt, „die nur zu erfüllen ist, soweit künftig Einnahmen oder Gewinne anfallen".[33] Der Entscheidung lag eine Vergütungsvereinbarung im Rahmen einer Beratung zugrunde, nach der ein Erfolgshonorar bei Erreichen bestimmter Umsatzziele von dem Auftraggeber gezahlt werden sollte. Der Anwendungsbereich des § 5 Abs. 2a EStG wird mit dieser Auslegung überdehnt, da die Regelung nur auf die Fälle anzuwenden ist, in denen die Verbindlichkeit bereits entstanden ist, aber besondere Tilgungsvereinbarungen getroffen wurden, die eine wirtschaftliche Belastung des Steuerpflichtigen zunächst ausschließen. Der zugrunde liegende Sachverhalt der gerichtlichen Entscheidung spielte sich auf der Vorstufe der Entstehung der Verbindlichkeit ab und fällt daher nicht unter den Anwendungsbereich.

Der Regelungsbereich beschränkt sich auf die Fälle, in denen die Erfüllung einer Verbindlichkeit aufschiebend bedingt um den künftigen Zufluss von Einnahmen oder Gewinnen ist. Die Regelung greift aber nicht ein, wenn die Verbindlichkeit nicht nur aus künftigen Einnahmen und Gewinnen sondern auch aus dem Liquidationserlös erfüllt werden kann.[34] Nach Auffassung der Gerichte unterliegen nur solche Verbindlichkeiten dem Passivierungsaufschub, die ausschließlich aus künftigen Einnahmen und Gewinnen zu erfüllen sind. Treten neben diese Kriterien weitere Erfüllungsmöglichkeiten, greift die Regelung des § 5 Abs. 2a EStG nicht mehr ein.[35]

6179 Das Tatbestandsmerkmal „soweit Gewinne und Einnahmen" anfallen, ist im Falle der **schrittweisen Vereinnahmung** von Einnahmen oder Gewinnen dahingehend zu verste-

---

32 BFH, Urteil vom 20.9.1995 - X R 225/93, BFHE 178 S. 434; siehe zu dieser Entscheidung BMF, Schreiben vom 28.4.1997 - IV B 2 - S-2137 - 38/97, BStBl 1997 I S. 398 (zwischenzeitlich aufgehoben); sowie zahlreiche Entscheidungen zu Rückstellungen: siehe Übersicht bei *Richter*: in Herrmann/Heuer/Raupach, EStG KStG, § 5 EStG Rz. 1762.

33 FG Münster, Urteil vom 17. 8.2010 (rkr.) - 1 K 3969/07 F, EFG 2011 S. 468.

34 BFH, Urteil vom 20.10.2004 - I R 11/03, BStBl 2005 II S. 581; BFH, Urteil vom 16.5.2005 - I R 3606, BFH/NV 2007 S. 2252; BFH, Urteil vom 30.11.2011 - I R 100/10, BStBl 2012 II S. 490; BHF, Urteil vom 15.4.2015 - I R 44/14, BStBl 2015 II S. 769; BFH, Urteil vom 10.8.2016 - I R 25/15, BFH/NV 2017 S. 779.

35 Siehe nachfolgend zum Rangrücktritt mit Besserungsabrede.

hen, dass die Verbindlichkeit auch nur anteilig und nicht vollumfänglich entsteht.[36] Würde man einen vollständigen Ausweis der Verbindlichkeit bereits bei teilweiser Vereinnahmung von Gewinnen oder Einnahmen zulassen, würde eine Verbindlichkeit ausgewiesen werden, die dann – entgegen dem Ziel der Regelung – anteilig von künftigen Einnahmen und Gewinnen abhängig ist.

2.6.3 Rechtsfolgen

Die Regelung sieht einen Passivierungsaufschub für die oben dargestellten Verbindlichkeiten vor. Infolgedessen kann einerseits eine ergebniswirksame Passivierung einer Verbindlichkeit solange nicht erfolgen, bis die Gewinne oder Einnahmen entstanden sind. Andererseits sind aber beispielsweise Zuwendungen, deren Rückzahlung von künftigen Einnahmen oder Gewinnen abhängt, ergebniswirksam zu vereinnahmen und damit der Besteuerung zu unterwerfen. Die Verpflichtung zur Rückzahlung ist erstmalig in dem Wirtschaftsjahr ergebniswirksam auszuweisen, in dem die Gewinne oder die Einnahmen entstanden sind. Sofern im Zusammenhang mit der Anschaffung eines Wirtschaftsgutes eine gewinn-/einnahmeabhängige Kaufpreisverbindlichkeit vereinbart wird, ist der Anschaffungsvorgang zunächst neutral gegen das Kapital der Gesellschaft zu buchen. Eine ergebniswirksame ratierliche Abschreibung des Wirtschaftsgutes wird erst möglich sein, wenn die Voraussetzungen für die steuerliche Passivierung der Verbindlichkeit gegeben sind.

6180

Darüber hinaus führt die Regelung des § 5 Abs. 2a EStG zu einer weiteren **Abweichung zwischen Handels- und Steuerbilanz**, wenn in der Handelsbilanz, gestützt auf die oben dargestellte Rechtsprechung des Bundesfinanzhofes, die aus künftigen Gewinnen oder Einnahmen zu tilgenden Verbindlichkeiten auszuweisen sind. Die sich hieraus zunächst ergebende Steuerbelastung wird zumindest hinsichtlich des handelsrechtlichen Ergebnisses durch die Bildung aktiv latenter Steuern ausgeglichen.

2.6.4 Sonderfälle

Gerät eine Gesellschaft in eine wirtschaftliche Krise, modifizieren die Gläubiger (insbesondere wenn es sich hierbei um die Gesellschafter handelt) häufig die Rückzahlungsbedingungen und knüpfen die Rückzahlung an die Verbesserung der wirtschaftlichen Verhältnisse der Gesellschaft. Hieraus ergeben sich folgende Besonderheiten im Rahmen § 5 Abs. 2a EStG.

6181

Eigenkapitalersetzende Darlehen: Das zeitweilige Passivierungsverbot des § 5 Abs. 2a EStG greift bei eigenkapitalersetzenden Darlehen nicht ein. Gewährt ein Gesellschafter der Gesellschaft in einer wirtschaftlichen Krise ein Darlehen und hätte zu diesem Zeitpunkt ein ordentlicher Kaufmann Eigenkapital zugeführt, kann der Gläubiger im Falle der Insolvenz der Gesellschaft nur noch eine nachrangige Erfüllung fordern. Der Aus-

---

36 *Richter*: in Herrmann/Heuer/Raupach, EStG KStG, § 5 EStG Rz. 1775; *Bisle/Dönmez*, in: Kanzler/Kraft/Bäuml, EStG Kommentar, 3. Aufl. 2018, § 5 Rz. 224; für eine vollständigen Ausweis der Verbindlichkeit auch bei erst teilweiser Vereinnahmung von Gewinnen und Einnahmen *Strahl*: in Korn, Einkommensteuergesetz, § 5 Rz. 548.

weis als Verbindlichkeit in der Handelsbilanz wurde in der Vergangenheit von der Qualifikation als eigenkapitalersetzendes Darlehen nicht berührt.[37] Die Grundsätze zu den eigenkapitalersetzenden Darlehen haben sich mit der Einführung des MoMiG überholt. Die neuen gesetzlichen Regelungen lösen insbesondere das Richterrecht zur Behandlung dieser Verbindlichkeiten im Insolvenzfall ab. Mit den neuen Regelungen werden diese Verbindlichkeiten im Insolvenzfall nachrangig behandelt. Ein Zusammenhang der insbesondere für insolvenzrechtliche Zwecke vorgenommenen Qualifikation einer Verbindlichkeit als eigenkapitalersetzend mit den Anforderungen des § 5 Abs. 2a EStG besteht nicht, da die Erfüllung der eigenkapitalersetzenden Verbindlichkeit nicht nur von der Entstehung künftiger Einnahmen und Gewinne abhängt.

6182 **Forderungsverzicht:** Der isolierte Forderungsverzicht führt nicht zu einer Anwendung des § 5 Abs. 2a EStG, weil die Forderung durch den Erlass (§ 397 BGB) zivilrechtlich erlischt und eine Rückzahlungsverpflichtung aus dieser Verbindlichkeit nicht mehr besteht. Wird der Forderungsverzicht mit einem Besserungsschein – also Erlass der Forderung und die Verpflichtung, bei wirtschaftlicher Erholung der Gesellschaft die Verbindlichkeit (anteilig) zu erfüllen – verbunden, greifen auch in diesem Fall die Regeln über den Passivierungsaufschub nicht ein. Die Verbindlichkeit geht mit dem Erlass unter[38] und wird ausgebucht. Ob die Verbindlichkeit für steuerliche Zwecke erfolgswirksam ausgebucht wird, richtet sich nach ihrer Werthaltigkeit. Fehlt es an der Werthaltigkeit, entsteht ein Ertrag infolge der Ausbuchung. Ob dieser Ertrag dann auch zu einer zusätzlichen Steuerbelastung führt, hängt u. a. davon ab, ob der Steuerpflichtige über Verlustvorträge (und damit in der Regel durch die Mindestbesteuerung zumindest eine partielle Steuerbelastung entsteht) verfügt oder ggf. eine Sanierungsregelung eingreift und damit eine zusätzliche Steuerbelastung vermieden werden kann. Werthaltige Verbindlichkeiten sind grundsätzlich steuerneutral auszubuchen. Mit der Einführung des materiellen Korrespondenzprinzips ist jedoch eine steuerneutrale Ausbuchung bei Kapitalgesellschaften nur noch möglich, wenn der Gläubiger seinerseits für steuerliche Zwecke die Ausbuchung der Forderung neutral behandelt, also keine abzugsfähigen Betriebsausgaben geltend macht (§ 8 Abs. 3 Satz 4 KStG). Diese Regelung erfasst insbesondere grenzüberschreitende Fälle. Mit Eintritt des Besserungsfalles entsteht eine neue Verbindlichkeit. Für die Regelung des § 5 Abs. 2a ist also bei Forderungsverzichten kein Raum.

6183 **Rangrücktritt mit Besserungsabrede:** Ein weiteres Mittel, die Überschuldung einer Gesellschaft zu beseitigen, ist der Rangrücktritt. Im Rahmen eines (einfachen) Rangrücktritts spricht der Gläubiger keinen Erlass aus, sondern gewährt den anderen Gläubigern ein vorrangiges Recht auf Erfüllung ihrer Forderungen. Bisher war auch nach Auffassung der Finanzverwaltung bei einem Rangrücktritt die Verbindlichkeit grundsätzlich zu passivieren.[39] Nach den Urteilen des Bundesgerichtshofes vom 5.3.2015[40] und dem

---

37 BFH, Urteil vom 5.2.1992 – I R 127/90, BStBl 1992 II S. 532; siehe im Einzelnen auch im ABC der Verbindlichkeiten.
38 BFH, Urteil vom 29.1.2003 - I R 50/02, BStBl 2003 II S. 768; BMF, Schreiben vom 2.12.2003 - IV A 2 - S-2743 - 5/03, BStBl 2003 I S. 648.
39 BMF, Schreiben vom 8.9.2006 - IV B 2 S-2133 10/06, BStBl 2006 I S. 497.
40 BGH, Urteil vom 5.3.2015 - IX ZE 133/14, BGHZ 204 S. 231; vgl. *Wolf*, StuB 2017 S. 333.

Urteil des Bundesfinanzhofes vom 10.8.2016[41] wird in der Literatur[42] diskutiert, ob die Verbindlichkeit in der Handelsbilanz – und wegen der Maßgeblichkeit damit auch in der Steuerbilanz – weiterhin zu bilanzieren ist. Anlass für die Diskussion ist die Auffassung des Bundesgerichtshofes, dass der Rangrücktritt zu einer Durchsetzungssperre führt. Nach h. M. bleibt die Passivierungspflicht in der Handelsbilanz bestehen.[43] Auch die Finanzverwaltung geht wohl weiterhin von einer Passivierungsverpflichtung aus, sofern die Anforderungen des Bundesgerichtshofes an den Rangrücktritt erfüllt werden.[44]

In den vergangenen Jahren ist die Frage, wie der Passivierungsaufschub des § 5 Abs. 2a EStG insbesondere beim einfachen Rangrücktritt vermieden werden kann, in der Rechtsprechung und in der Literatur[45] umfassend diskutiert worden. Geht man in der Gestaltung zunächst von den Grundsätzen aus, die das Bundesfinanzministerium im Schreiben vom 8.9.2006 aufgestellt hat, ergeben sich folgende Vorgehensweisen: Wird der **einfache Rangrücktritt** mit einer **Besserungsabrede** verknüpft, soll nach Auffassung der Finanzverwaltung eine erfolgswirksame Ausbuchung der Verbindlichkeit erfolgen, wenn die Besserungsabrede auf die Erfüllung der Verbindlichkeiten nur aus künftigen Gewinnen oder aus einem Liquidationsüberschuss gerichtet ist.[46] Eine Passivierung ist aber möglich, wenn die Tilgung auch aus sonstigem freien Vermögen erfolgen kann. Bei einem **qualifizierten Rangrücktritt** erklärt der Gläubiger, dass er so behandelt werden soll, als handele es sich bei seiner Forderung um statutarisches Kapital. Seine Forderung wird also erst nach Erfüllung aller anderen Forderungen und gleichzeitig mit der Rückzahlung der Einlagen befriedigt.[47] Der Bundesfinanzhof hat wiederholt entschieden, dass jedenfalls eine Bezugnahme im Rangrücktritt auf den künftigen Jahresüberschuss oder einen künftigen Bilanzgewinn (jeweils verbunden mit einer Bezugnahme auf den Liquidationsüberschuss) das Passivierungsverbot auslöst, weil es insbesondere an einer wirtschaftlichen Belastung des Steuerpflichtigen aus der Verbindlichkeit fehlt.[48] Darüber hinaus führt der Bundesfinanzhof in den beiden jüngeren Urteilen aus, dass der Gewinn aus der Ausbuchung der Verbindlichkeit nach den allgemeinen Grundsätzen zur Einlage einer Forderung des Gesellschafters zu behandeln sei:[49] Soweit also die Forderung werthaltig ist, liegt eine verdeckte Einlage vor und somit ist der Ertrag aus der Ausbuchung der Verbindlichkeit zu neutralisieren.

---

41 BFH, Urteil vom 10.8.2016 - I R 25/15, BStBl 2017 II S. 670.
42 Vgl. *Oser*, DStR 2017 S. 1889; *Briese*, DStR 2017 S. 2832; *Zwirner/Heyd/Zieglmaier*, StuB Beilage zu Heft 7/2018 S. 17.
43 Vgl. HFA des IDW, IDW Life 11/2016 S. 1000; *Schubert*: in Beck'scher Bilanzkommentar, 11. Aufl. 2018, § 247 HGB Rz. 232; kritisch hierzu etwa *W. Müller*, BB 2016 S. 491; *Hoffmann/Lüdenbach*, NWB Kommentar Bilanzierung, 9. Aufl. 2018, § 246 Rz. 90; *Hoffmann*, StuB 2016 S. 405.
44 OFD Frankfurt, Verfügung vom 7.9.2017 - S 2743 A-12-St 525, DStR 2018 S. 79.
45 Siehe nur *Wacker*, DB 2017 S. 26; *Rätke*, StuB 2015 S. 771.
46 BMF, Schreiben vom 8.9.2006 - IV B 2 S-2133 10/06, BStBl 2006 I S. 497.
47 Siehe zur Definition BMF, Schreiben vom 8.9.2006 - IV B 2 S-2133 10/06, BStBl 2006 I S. 497.
48 BFH, Urteil vom 30.11.2011 - I R 100/10, BStBl II 2012 S. 490; BFH, Urteil vom 15.4.2015 - I R 44/14, BStBl 2015 II S. 769; BFH, Urteil vom 10.8.2016 - I R 25/15.
49 BHF, Urteil vom 15.4.2015 - I R 44/14, BStBl 2015 II S. 769; BFH, Urteil vom 10.8.2016 - I R 25/15.

3. Bewertung

6184 Der Ansatz einer Verbindlichkeit dem Grunde nach richtet sich nach §§ 4 und 5 EStG, die Höhe der auszuweisenden Verbindlichkeit ist in § 6 Abs. 1 Nr. 3 EStG geregelt. Ausgangspunkt für die Bewertung von Verbindlichkeiten ist der handelsrechtliche Ansatz mit dem Erfüllungsbetrag (§ 253 Abs. 1 S. 2 HGB). Abweichend sieht das Steuerrecht vor, dass die Verbindlichkeit unter sinngemäßer Anwendung des § 6 Abs. 1 Nr. 2 EStG anzusetzen und i. d. R. abzuzinsen ist. Die Regelung des § 6 Abs. 1 Nr. 3 EStG ist die bewertungsrechtliche Generalnorm, die hinter speziellere Regelungen zurücktritt. Darüber hinaus sind die GoB bei der Anwendung der Regelung zu berücksichtigen. Die Bewertung der Verbindlichkeit steht nicht in einem Zusammenhang mit der Bewertung der korrespondierenden Forderung beim Gläubiger. Handelt es sich um Kaufpreisverbindlichkeiten, richtet sich die Bewertung der Verbindlichkeit auch nicht nach der Bewertung des angeschafften Wirtschaftsgutes, insbesondere führen eventuelle Wertminderungen des Kaufgegenstandes nicht zu einer Minderung der Kaufpreisverbindlichkeit.

3.1 Grundsatz Erfüllungsbetrag

6185 Für die Bewertung von Verbindlichkeiten ist nach dem Verweis in § 6 Abs. 1 Nr. 3 EStG auf die sinngemäße Anwendung des § 6 Abs. 1 Nr. 2 EStG auf die Anschaffungs- und Herstellungskosten bzw. auf einen ggf. höheren Teilwert abzustellen. Allerdings wird die sinngemäße Anwendung der Regelung für die Bewertung des Aktivvermögens auf das Passivvermögen durch die gegenläufigen Richtungen des Realisationsprinzips auf der Aktivseite und des Imparitätsprinzips auf der Passivseite begrenzt.

3.1.1 Begriff der Anschaffungskosten

6186 Durch die verunglückte Verweistechnik in § 6 Abs. 1 Nr. 3 EStG ist auf den Begriff der Anschaffungskosten für die Ermittlung des Wertes der Verbindlichkeit zurückzugreifen. Da sich der Anschaffungskostenbegriff auf Verbindlichkeiten nicht übertragen lässt, wird mangels anderweitiger steuerrechtlicher Regelungen insoweit zur Wertermittlung auf die handelsrechtlichen GoB zurückgegriffen.[50] Maßgeblich ist der Erfüllungsbetrag. Für auf einen Geldbetrag lautende Verbindlichkeiten ist der Nennbetrag der Verbindlichkeit maßgeblich. Bei Sach- und Dienstleistungsverbindlichkeiten ist der Geldwert der Aufwendungen oder Arbeitsleistungen anzusetzen, die der Steuerpflichtige voraussichtlich für die Erfüllung der Verbindlichkeit erbringen muss. Nach der Einführung des § 6 Abs. 1 Nr. 3a lit. b) EStG mit dem Steuerentlastungsgesetz 1999/2000/2002 gilt wohl auch für Verbindlichkeiten, dass nicht die Vollkosten sondern die Einzelkosten und Teile der Gemeinkosten bei der Ermittlung der Höhe der Verbindlichkeit zugrunde zu legen sind.[51] Sofern die Höhe der Aufwendungen am Bilanzstichtag noch nicht abschließend

---

50 *Kiesel* in: Herrmann/Heuer/Raupach, EStG KStG, § 5 EStG Rz. 1762.
51 *Werndl*: in Kirchhof/Söhn/Mellinghoff, Einkommensteuergesetz Kommentar, § 5 Anm. D 38; *Kiesel*: in Herrmann/Heuer/Raupach, EStG KStG, § 6 EStG Rz. 1131; für Vollkosten *Ehmcke*: in Blümich EStG/KStG/GewStG, § 6 EStG Rz. 943.

feststeht, ist der Betrag zu schätzen und wegen der ungewissen Höhe der Verpflichtung eine Rückstellung zu bilden.

3.1.2 Höherer Teilwert

Aufgrund des Verweises in § 6 Abs. 1 Nr. 3 EStG auf § 6 Abs. 1 Nr. 2 EStG besteht ein Wahlrecht zum Ansatz des höheren Teilwertes. Der höhere Teilwert wird nur in der Steuerbilanz angesetzt, da in der Handelsbilanz gemäß § 253 Abs. 1 S. 2 HGB nur der Erfüllungsbetrag angesetzt werden kann und mit dem BilMoG die umgekehrte Maßgeblichkeit aufgehoben worden ist. Die Wahlrechtsausübung zugunsten des höheren Teilwertes löst die Verpflichtung des Steuerpflichtigen aus, die Verbindlichkeiten in ein gesondertes Verzeichnis i. S. d. § 5 Abs. 1 Satz 2 EStG aufzunehmen.

6187

Die sinngemäße Anwendung des § 6 Abs. 1 Nr. 2 EStG von Verbindlichkeiten führt zu folgender Vorgehensweise bei der Bewertung: Gilt bei der Bewertung auf der Aktivseite das Niederstwertprinzip, führt die entsprechende Anwendung spiegelbildlich bei der Bewertung von Verbindlichkeiten zur Geltung des Höchstwertprinzips. Danach kann also eine Verbindlichkeit mit dem dauerhaft höheren Wert angesetzt werden. Der Ansatz eines Zwischenwertes ist unzulässig. Teilwert wird definiert als der Betrag, mit dem ein Erwerber des Betriebes im Rahmen des Gesamtkaufpreises die Verbindlichkeit berücksichtigen würde. Anzusetzen ist der Barwert der Verbindlichkeit, da der Erwerber wahlweise den Kaufpreis sofort zahlen oder die Verbindlichkeit gegen die Kaufpreisverbindlichkeit verrechnen und den Zinsvorteil der späteren Zahlung der übernommenen Verbindlichkeit nutzen kann.[52]

Die sinngemäße Anwendung des § 6 Abs. 1 Nr. 2 EStG führt auch dazu, dass der Steuerpflichtige die Dauerhaftigkeit der Werterhöhung nachweisen muss. Andernfalls greift das Wertaufholungsgebot und die Verbindlichkeit ist wieder mit den niedrigeren „Anschaffungskosten" anzusetzen. Für die vor Einführung dieser Regelung bereits begründeten Verbindlichkeiten kann in den Fällen der Wertaufholung eine gewinnneutrale Rücklage gebildet werden, die über zehn Jahre aufzulösen ist (§ 52 Abs. 16 Satz 11 EStG i. d. F. des Steuerentlastungsgesetzes 1999/2000/2002).[53]

Hinsichtlich der Dauerhaftigkeit des höheren Teilwertes sind nach Auffassung des Bundesfinanzhofes nicht die für die nicht abnutzbaren Wirtschaftsgüter des Anlagevermögens entwickelten Grundsätze – jedenfalls bei **langfristigen** Fremdwährungsverbindlichkeiten - anzuwenden.[54] Vielmehr seien die für die abnutzbaren Wirtschaftsgüter entwickelten Vorgehensweisen auf die Bewertung von Verbindlichkeiten zu übertragen. Die abnutzbaren Wirtschaftsgüter des Anlagevermögens und Verbindlichkeiten ähneln sich nach Auffassung des Gerichts in der Regel in der begrenzten Nutzungsmöglichkeit bzw. Laufzeit. Dieser zeitlich begrenzte Rahmen sei bei der Beurteilung der Dauerhaftigkeit der Werterhöhung zugrunde zu legen. Danach sei mindestens für die Hälfte der Laufzeit der Verbindlichkeit die Dauerhaftigkeit der Werterhöhung nachzuweisen. Diese Argu-

6188

---

52 *Werndl:* in Kirchhof/Söhn/Mellinghoff, Einkommensteuergesetz Kommentar, § 5 Anm. D 65.
53 BFH, Urteil vom 23.4.2009 - IV R 62/06, BStBl 2009 II S. 778; zu Zweifelsfragen im Zusammenhang mit der Übergangsregelung siehe *Kiesel/Görner:* in Herrmann/Heuer/Raupach, EStG KStG, § 5 EStG Rz. 1150.
54 BFH, Urteil vom 23.4.2009 - IV R 62/06, BStBl 2009 II S. 778; *Prinz,* StuB 2009 S. 565.

mentation überzeugt nicht, weil § 6 Abs. 1 Nr. 3 EStG auf § 6 Abs. 1 Nr. 2 EStG und damit auf die nicht abnutzbaren Wirtschaftsgüter des Anlagevermögens verweist. Der Gesetzgeber hat also eher eine Vergleichbarkeit der Verbindlichkeit mit dieser Gruppe von Wirtschaftsgütern als mit den abnutzbaren Wirtschaftsgütern des Anlagevermögens gesehen. Auch dürften Wechselkursschwankungen und Änderungen im Zinsniveau kaum prognostizierbar sein und zwingen dann bei fehlerhafter Prognose zu nachträglichen Anpassungen.[55] Allerdings folgt die Finanzverwaltung bei der Bewertung von Fremdwährungsverbindlichkeiten der Idee des Bundesfinanzhofes und lässt bei Verbindlichkeiten mit einer Restlaufzeit von mindestens zehn Jahren eine Berücksichtigung von Kursschwankungen nicht zu.[56] Eindeutiger sind die Verhältnisse bei **kurzfristigen** Verbindlichkeiten, weil hier auch nach Auffassung der Finanzverwaltung die Verhältnisse im Rahmen der Bilanzierung die Verhältnisse im Zeitpunkt der Aufstellung und damit bis zu diesem Zeitpunkt entstehende Werterhöhungen zugrunde zu legen sind.[57]

6189 Ein höherer Teilwert einer Verbindlichkeit kann sich zum Beispiel wegen der Vereinbarung einer **Wertsicherungsklausel** ergeben.[58] Wertsicherungsklauseln sind schuldrechtliche Vereinbarungen, die den Wert der Verbindlichkeit erhalten sollen. Sobald also der Wertsicherungsfall eingetreten ist, ist die Verbindlichkeit aufwandswirksam zu erhöhen. Die Anschaffungskosten der auf diesem Weg finanzierten Wirtschaftsgüter verändern sich durch die Erhöhung der Verbindlichkeit aber nicht. Ein höherer Teilwert ist auch dann anzusetzen, wenn eine **hochverzinsliche Verbindlichkeit** vorliegt und das Zinsniveau nachhaltig sinkt.[59] Gegen den Ausweis einer Drohverlustrückstellung in diesen Fällen spricht, dass die wertbildenden Faktoren der Verbindlichkeit zugeordnet werden können und damit kein Bedarf für die Bildung einer Rückstellung besteht. Als weiteres Argument wird der gedachte Erwerber angeführt, der ggf. den Kredit ablösen und zu günstigeren Konditionen fortführen kann.[60] Hier bleibt aber offen, wie die sich voraussichtlich bei vorzeitiger Auflösung des Kredites ergebenden Aufwendungen zu berücksichtigen sind.

Das steuerliche Wahlrecht zum Ansatz eines dauerhaft höheren Teilwertes kann insbesondere in den Veranlagungszeiträumen genutzt werden, in denen hohe zu versteuernde Erträge entstehen. In der Wahl des Zeitpunktes der Ausübung des Wahlrechtes ist der Steuerpflichtige frei. Der Grundsatz der Einzelbewertung von Verbindlichkeiten führt im Weiteren dazu, dass jede Verbindlichkeit individuell bewertet und damit der Umfang des aus dem Ansatz des höheren Teilwertes entstehenden Aufwandes genau gesteuert werden kann. Allerdings schränkt die Finanzverwaltung die Anerkennung dieser Vorgehensweise dann ein, wenn der Steuerpflichtige in dem Wirtschaftsjahr, das auf den erstmaligen Teilwertansatz folgt, auf den Nachweis der Dauerhaftigkeit der Wertminderung verzichtet.[61]

---

55 *Hahne*, DStR 2009 S. 1573.
56 BMF, Schreiben vom 2.9.2016 - IV C 6 - S 2171b/09/10002, BStBl 2016 I S. 995, Rz. 32; vgl. ausführlich *Bäuml*, StuB 2016 S. 763 ff.
57 BMF, Schreiben vom 2.9.2016 - IV C 6 - S 2171b/09/10002, BStBl 2016 I S. 995 Rz. 36.
58 *Ehmcke*: in Blümich EStG/KStG/GewStG, § 6 EStG Rz. 973.
59 *Schindler*: in Kirchhof, EStG, 17. Aufl. 2018, § 6 Rz. 148; *Werndl*: in Kirchhof/Söhn/Mellinghoff, Einkommensteuergesetz Kommentar, § 5 Anm. D 38; *Korn/Strahl*: in Korn Einkommensteuergesetz, § 6 EStG Rz. 374.
60 *Ehmcke*: in Blümich EStG/KStG/GewStG, § 6 EStG Rz. 959.
61 BMF, Schreiben vom 12.3.2010 - IV C 6 S-2133/09/10001, BStBl 2010 I S. 239 Rz. 15.

3.1.3 Niedrigerer Teilwert

Auf der anderen Seite kann ein niedriger Teilwert nicht angesetzt werden, weil die „Anschaffungskosten" die Wertuntergrenze für die Verbindlichkeit bilden. Der Ausweis eines niedrigeren Teilwertes würde zum unzulässigen Ausweis eines nicht realisierten Gewinns führen. Das gilt auch in den Fällen, in denen der Schuldner nicht in der Lage sein wird, die Verbindlichkeit zu erfüllen. Ausnahmsweise kann ein niedriger Teilwert angesetzt werden, wenn der Schuldner die Verbindlichkeit mit an Sicherheit grenzender Wahrscheinlichkeit nicht mehr erfüllen muss.[62] Der Erlass der Forderung führt auch zum Ansatz des niedrigeren Teilwerts oder zur Ausbuchung der Verbindlichkeit. Die Verhandlungen über den Erlass genügen nicht für den Ansatz eines niedrigeren Teilwertes, weil den Verhandlungen als rechtsgestaltender Maßnahme kein wertaufhellender Charakter zukommt.[63]

6190

3.2 Abzinsung § 6 Abs. 1 Nr. 3 Satz 1 EStG

Die Verbindlichkeiten sind für steuerliche Zwecke abweichend von den handelsrechtlichen Regelungen abzuzinsen. Ausnahmen sieht das Gesetz bei Verbindlichkeiten vor, deren Laufzeit am Bilanzstichtag weniger als zwölf Monate beträgt, die einen Zinsteil enthalten oder auf einer Anzahlung oder Vorauszahlung beruhen. Die Abzinsung erfolgt mit dem gesetzlich normierten Zinssatz von 5,5 %.

6191

3.2.1 Historie

Das Abzinsungsgebot wurde mit dem Steuerentlastungsgesetz 1999/2000/2002 eingeführt und gilt erstmalig für Wirtschaftsjahre, die nach dem 31.12.1998 beginnen (§ 52 Abs. 16 Satz 2 EStG i. d. F. des Steuerentlastungsgesetz 1999/2000/2002). Damit werden also auch Verbindlichkeiten erfasst, die vor dem 1.1.1999 entstanden sind. Um die Auswirkungen der Abzinsung abzumildern, wurde eine Übergangsregelung geschaffen, mit der dem Steuerpflichtigen ein Wahlrecht zur Bildung einer gewinnneutralen Rücklage eingeräumt wurde, die über zehn Jahre aufzulösen ist (§ 52 Abs. 16 Satz 11 EStG in der Fassung des Steuerentlastungsgesetz 1999/2000/2002).

6192

3.2.2 Verfassungsmäßigkeit der Regelung

Die Verfassungsmäßigkeit der Abzinsung ist für die Parallelregelung des § 6 Abs. 1 Nr. 3a EStG – also für die Bewertung von Rückstellungen vom Bundesfinanzhof bejaht worden.[64] Die typisierende Vorstellung des Gesetzgebers, dass der Steuerpflichtige durch eine erst in der Zukunft zu erfüllende Verbindlichkeit weniger belastet sei, als bei einer sofort zu erfüllenden Verbindlichkeit, wird von dem Gericht nicht beanstandet. In der Entscheidung hat sich das Gericht aber nicht mit der Verfassungsmäßigkeit der Festschreibung des Zinssatzes auf 5,5 % auseinandergesetzt. In der Vorinstanz hat das Nie-

6193

---

[62] BFH, Urteil vom 22.11.1988 - VIII R 62/85, BStBl 1989 II S. 359; BFH, Urteil vom 27.3.1996 - I R 3/95, BStBl 1996 II S. 470.

[63] BFH, Urteil vom 17.11.1987 - VIII R 348/82, BStBl 1988 II S. 430; siehe aber zu dem sehr weiten Verständnis von wertaufhellenden Tatsachen FG Münster, Urteil vom 17.8.2010 (rkr.) - 1 K 3969/07 F, EFG 2011 S. 468.

[64] BFH, Urteil vom 5.5.2011 - IV-R-32/07, BFH/NV 2011 S. 1585.

dersächsische Finanzgericht ausgeführt, dass auch der Zinssatz, der auch im Bewertungsrecht angewendet wird, eine zulässige Typisierung des Gesetzgebers darstellt, die der Vereinfachung der Besteuerung dient. Ferner wird dem Steuerpflichtigen eine aufwendige individuelle Ermittlung erspart und erhebliche Abweichungen zum aktuellen Zinsniveau können im Wege eines von der Finanzverwaltung auszusprechenden Erlasses ausgeglichen werden.[65] Insbesondere in der aktuellen Niedrigzinsphase vermag diese Argumentation nicht zu überzeugen. Vielmehr führt die Regelung mit dem starren Zinssatz dazu, dass nicht erzielte und nicht erzielbare Gewinne gezeigt werden und damit das Realisationsprinzip verletzt und das Prinzip der Besteuerung nach der Leistungsfähigkeit nicht beachtet wird.

Verfassungsrechtliche Bedenken bestehen nach Auffassung des Bundesfinanzhofes auch nicht unter dem Gesichtspunkt der echten Rückwirkung, weil hier eine zulässige tatbestandliche Rückanknüpfung an bereits verwirklichte Sachverhalte stattgefunden hat.[66]

3.2.3 Verhältnis zur Handelsbilanz

6194 Das Handelsrecht sieht nur für Rückstellungen nicht aber für Verbindlichkeiten ein Abzinsungsgebot vor (§ 253 Abs. 3 HGB). Auch aus den GoB lässt sich eine handelsrechtliche Verpflichtung zur Abzinsung nicht ableiten.

3.2.4 Abzinsungstechnik

6195 Ausschließlich in der Steuerbilanz (oder der Überleitungsrechnung nach § 60 Abs. 2 EStDV) wird eine abgezinste Verbindlichkeit abgebildet. Die Abzinsung wird erfolgswirksam im Jahr der erstmaligen Bilanzierung der Verbindlichkeit vorgenommen. In den folgenden Jahren wird dann die Verbindlichkeit infolge der Verkürzung der Laufzeit aufgezinst und es entsteht – ein zinsähnlicher – Aufwand. Die Abzinsung erfolgt taggenau auf die Laufzeit der Verbindlichkeit. Das Bundesfinanzministerium hat dem einschlägigen Schreiben zur Abzinsung von Verbindlichkeiten und Rückstellungen Erleichterungsregeln zur Berechnung von Jahren (entspricht 360 Tagen) und Monaten (entspricht 30 Tagen) aufgenommen.[67] Bei **Fälligkeitsdarlehen** ist die Abzinsung auf den vereinbarten Rückzahlungsstichtag vorzunehmen. Ist der Rückzahlungsstichtag nicht bekannt, ist er unter Berücksichtigung der Regelung des § 13 Abs. 2 BewG zu schätzen, sofern keine anderen Anhaltspunkte für Laufzeit gegeben sind und die Laufzeit nicht vom Leben einer Person abhängt.[68] Die Laufzeit eines Tilgungsdarlehen endet mit der Fälligkeit der letzten Rate.

Die Abzinsung kann auch nach dem in den §§ 12 – 14 BewG vorgesehenen vereinfachten Verfahren erfolgen.[69] In diesem Fall sind die von der Finanzverwaltung in der Anlage zum Schreiben vom 26.5.2005 vorgesehenen Vervielfältiger anzuwenden. Der Steu-

---

[65] Niedersächsisches FG, Urteil vom 18.4.2007 - 3 K 11463/05 (rkr.), BB 2007 S. 1550.
[66] So der BFH zu der vergleichbaren Regelung des § 6 Abs. 1 Nr. 3a EStG im, Urteil vom 5.5.2011 - IV-R-32/07, BFH/NV 2011 S. 1585.
[67] BMF, Schreiben vom 26.5.2005 - IV B 2 S-2175 7/05; BStBl 2005 I S. 699 Rz. 3.
[68] BMF, Schreiben vom 26.5.2005 - IV B 2 S-2175 7/05; BStBl 2005 I S. 699 Rz. 7.
[69] BMF, Schreiben vom 26.5.2005 - IV B 2 S-2175 7/05; BStBl 2005 I S. 699 Rz. 8 und 10.

erpflichtige kann dieses Wahlrecht nur zugunsten sämtlicher Verbindlichkeiten und Rückstellungen und damit auch für alle folgenden Bilanzstichtage anwenden.[70]

3.2.5 Ausnahmen vom Abzinsungsgebot

Das gesetzlich vorgesehene Regel-Ausnahme-Verhältnis statuiert die Abzinsung als den Normalfall und stellt den Ansatz der Verbindlichkeit mit dem Erfüllungsbetrag als die Ausnahme dar. Infolgedessen trägt der Steuerpflichtige die Nachweispflicht, dass die Abzinsung unterbleiben kann.[71] Eine Abzinsung ist nicht erforderlich, wenn die Restlaufzeit am Bilanzstichtag geringer als zwölf Monate ist, die Verbindlichkeit verzinslich ist oder die Verbindlichkeit auf einer Anzahlung oder Vorausleistung beruht (§ 6 Abs. 1 Nr. 3 S. 2 EStG).

6196

▶ Die Verzinslichkeit einer Verbindlichkeit liegt nicht nur dann vor, wenn der Zins in Geld zu entrichten ist. Ausreichend ist jede Form von Gegenleistung für die Kapitalüberlassung. Beispielsweise kann die im Gegenzug für die Überlassung von Kapital vorgenommene Überlassung eines anderen Wirtschaftsgutes als Verzinsung angesehen werden. Wirtschaftliche Vorteile in jeder Form können als Zinsen qualifiziert werden und stehen damit einer Verpflichtung zur Abzinsung der Verbindlichkeit entgegen.

▶ Nach einem jüngeren Aussetzungsbeschluss des BFH unterbleibt eine Abzinsung eines Gesellschafterdarlehens auch dann, wenn zwar eine Verzinslichkeit vereinbart worden ist, die Zinsen aber tatsächlich nicht gezahlt worden sind und der Gesellschafter/Gläubiger einen Rangrücktritt zugunsten der anderen Gläubiger der Gesellschaft erklärt hat.[72] In diesem Punkt bleibt der Ausgang des weiteren Verfahrens abzuwarten.

▶ Für die Qualifikation als kurzfristiges Darlehen ist auf die Verhältnisse am Bilanzstichtag abzustellen. Darlehen, deren Laufzeit aufgrund der vertraglichen Vereinbarung unbestimmt sind, sind nach Auffassung der Finanzverwaltung hinsichtlich ihrer Laufzeit zu schätzen. Aus dem Umstand, dass die gesetzlich vorgesehene dreimonatige Kündigungsfrist nach § 488 Abs. 3 BGB nicht ausgeschlossen wurde, kann nicht gefolgert, werden, dass die Laufzeit geringer als zwölf Monate ist.[73] Kurzfristige Darlehen liegen aber nach Auffassung des FG Köln vor, wenn die Darlehen mit einer Laufzeit von weniger als zwölf Monaten gewährt und anschließend die Laufzeit um diese Periode verlängert wird (sogenannte Kettenverträge).[74] Zu dieser Gestaltungsmöglichkeit hat sich die Finanzverwaltung bisher nicht geäußert.

▶ Bei verzinslichen Verbindlichkeiten entfällt die Notwendigkeit der Verzinsung, weil die vom Gesetzgeber vorgesehene Belastungswirkung durch die Verzinsung bereits gegeben ist. Die Anforderungen an die Verzinslichkeit sind gering: Ausreichend ist

---

70 BMF, Schreiben vom 26.5.2005 - IV B 2 S-2175 7/05; BStBl 2005 I S. 699 Rz. 2.
71 BMF, Schreiben vom 26.5.2005 - IV B 2 S-2175 7/05; BStBl 2005 I S. 699 Rz. 11.
72 BFH, Beschluss vom 29.6.2009 - I B 57/09, BFH/NV 2009 S. 1804; Ortmann-Babel, BB 2009 S. 2084.
73 BMF, Schreiben vom 26.5.2005 - IV B 2 S-2175 7/05; BStBl 2005 I S. 699 Rz. 6.
74 FG Köln, Urteil vom 12.2.2009 - 13 K 1570/06, EFG 2009 S. 969 (rkr.); FG Köln, Urteil vom 12.2.2009 - 13 K 1572/06, EFG 2009 S. 973 (rkr.).

jeder Zinssatz, der geringfügig größer als 0 % ist.[75] Besonderheiten können sich bei Darlehen ergeben, die eine Kapitalgesellschaft ihrer Tochterkapitalgesellschaft gewährt hat. Kann durch niedrige Verzinsung – wie dargestellt – auf der Ebene der Gesellschaft ein Ertrag aus der Abzinsung vermieden werden, stellt sich beim Gesellschafter die Frage der Notwendigkeit der Abzinsung der Forderung. Eine Abzinsung wird nicht nur bei unverzinslichen, sondern auch bei ungewöhnlich niedrig verzinsten Forderungen geboten sein.[76] Die Abzinsung erfolgt dann in der Regel mit einem Zinssatz in Höhe von 5,5 % in Anlehnung an die Regelung des § 12 Abs. 3 BewG. Der Aufwand aus der Abzinsung ist aber beim Gesellschafter nicht mehr abzugsfähig (§ 8b Abs. 3 Satz 4 KStG – sofern eine Mindestbeteiligung von 25 % erreicht wird oder die Darlehensgewährung durch eine nahestehende Peron i. S. d. § 1 Abs. 2 AStG erfolgt). Infolgedessen führen die Unverzinslichkeit und die niedrige Verzinsung beim Darlehensgeber gerade nicht zu einem kompensierenden Aufwand, sondern löst in der Gesamtbetrachtung von Gesellschaft und Gesellschafter (in Unternehmensgruppen nicht ungewöhnlich) eine zusätzliche steuerliche Belastung aus.

▶ Die Pflicht zur Zahlung von Zinsen muss nicht mit der Laufzeit des Darlehens übereinstimmen. Wird nur eine kurzzeitige Verzinsung vereinbart, entfällt die Verpflichtung zur Abzinsung, es sei denn bei wirtschaftlicher Betrachtungsweise ist eine Verzinslichkeit nicht erkennbar.[77] Dies gilt nur, wenn diese Vereinbarung bei Vertragsschluss getroffen worden ist. Werden unverzinsliche Verbindlichkeiten nach Vertragsschluss verzinslich gestellt, gilt bis zur Vertragsänderung die Verbindlichkeit als unverzinslich mit den genannten Rechtsfolgen.

▶ Ausführlich hat sich die Finanzverwaltung auch zur bedingten Verzinslichkeit von Verbindlichkeiten geäußert: Bis zum Eintritt der Bedingung ist die Verbindlichkeit entsprechend der Vereinbarung als verzinslich oder unverzinslich zu behandeln und ggf. abzuzinsen. Ändert sich der Status der Verbindlichkeit infolge des Eintritts der Bedingung, ist die Änderung hin zur Verzinslichkeit oder zur Unverzinslichkeit ab dem Bilanzstichtag, der auf den Bedingungseintritt folgt, zu berücksichtigen.[78] Der Eintritt der Bedingung stellt kein rückwirkendes Ereignis dar, die Bewertung der Verbindlichkeit in den vorangegangenen Wirtschaftsjahren ist also nicht zu ändern.

▶ Eine Abzinsung unterbleibt bei der unverzinslichen Darlehensgewährung eines Gesellschafters an eine Personengesellschaft. Die Darlehensforderung ist als Sonderbetriebsvermögen des Gesellschafters bei der Personengesellschaft auszuweisen und wird daher wie Eigenkapital behandelt.[79]

---

[75] BMF, Schreiben vom 26.5.2005 - IV B 2 S-2175 7/05; BStBl 2005 I S. 699 Rz. 13.
[76] BFH, Urteil vom 24.1.1990 - I R 157/85, 145/86, BStBl I 1990 S. 639.
[77] BMF, Schreiben vom 26.5.2005 - IV B 2 S-2175 7/05; BStBl 2005 I S. 699 Rz. 17.
[78] BMF, Schreiben vom 26.5.2005 - IV B 2 S-2175 7/05; BStBl 2005 I S. 699 Rz. 18 und 19.
[79] BFH, Urteil vom 24.1.2008 - IV R 66/05, BFH/NV 2008 S. 1301; *Wacker* in: Schmidt, EStG, 37. Aufl. 2018, § 6 Rz. 456; *Groh*, DB 2007 S. 2275; unklar BMF, Schreiben vom 26.5.2005 - IV B 2 S-2175 7/05, BStBl 2005 I S. 699 Rz. 23 unter Bezugnahme auf BFH, Urteil vom 12.12.1996 - IV R 77/93, BStBl 1998 II S. 180, in dem das Gericht der oben beschriebenen Qualifikation als Eigenkapital zustimmt.

3.2.6 Exkurs: Behandlung des Aufzinsungsaufwandes nach anderen Vorschriften

Die Regelung des § 6 Abs. 1 Nr. 3 EStG betrifft nur die Bewertung der Verbindlichkeit, enthält aber keine Aussage zur Behandlung des Ertrages aus der Abzinsung bzw. des Aufwandes aus der Aufzinsung. Diese Aufwendungen oder Erträge sind nur dann abzugsfähig bzw. nicht gewinnerhöhend zu berücksichtigen, wenn dies gesondert geregelt ist. Insbesondere § 4h Abs. 3 Satz 4 EStG regelt, dass der Ertrag und der Aufwand aus der Auf- und Abzinsung von Forderungen und Verbindlichkeiten als Zinsaufwand bzw. – ertrag im Sinne der Zinsschranke zu qualifizieren sei. Interessanterweise geht die Finanzverwaltung aber davon aus, dass nur der Aufwand aus der Aufzinsung als Zinsaufwand im Sinne der Zinsschrankenregelung der §§ 4h EStG, 8a KStG zu behandeln ist. Der Ertrag aus der erstmaligen Abzinsung soll aber nicht korrespondierend als Zinsertrag im Sinne der genannten Regelung zu behandeln sein, so dass dieses Verständnis zu einer einseitigen Belastung führt.[80] Diese teleologische Reduktion des Wortlautes des § 4h Abs. 3 Satz 4 EStG begründet die Finanzverwaltung damit, dass von der Regelung nur die Zinsaufwendungen erfasst werden sollen, die bei wirtschaftlicher Betrachtungsweise als Gegenleistung für die Kapitalüberlassung eingeordnet werden können. Für die erstmalige Abzinsung einer Verbindlichkeit soll diese Anforderung aber gerade nicht zutreffen. Anderer Auffassung ist hingegen das FG Münster.[81]

6197

Anders verhält sich im Rahmen der Hinzurechnung von Entgelten für Schulden gem. § 8 Nr. 1 lit. a) GewStG. Der Aufwand aus der Aufzinsung von Verbindlichkeiten gem. § 6 Abs. 1 Nr. 3 i. V. m. Nr. 2 EStG fällt nicht in den Anwendungsbereich der Regelung, weil es sich nicht um ein Entgelt für Schulden im Sinne der genannten Vorschrift handelt.[82]

3.3 Verbindlichkeiten aus Anzahlungen und Vorausleistungen § 6 Abs. 1 Nr. 3 Satz 2 EStG

Nach § 266 Abs. 3 HGB handelt es sich um Vorleistungen auf eine von einem anderen Vertragsteil zu erbringende Lieferung oder Leistung. Beispielhaft sei die Zahlung des Kaufpreises durch den Käufer vor Übergang der Gefahr und damit vor Gewinnrealisation genannt. Der erhaltene Anzahlungsbetrag wird als Verbindlichkeit ausgewiesen und das schwebende Geschäft besteht neben dem durch die Anzahlung begründeten Rückforderungsverhältnis fort, ohne dass ein Ausweis in der Bilanz erfolgt. Die in der Anzahlung enthaltene Umsatzsteuer wird in der Handelsbilanz der Verbindlichkeit zugeordnet. Steuerlich wird die Umsatzsteuer zwar als Aufwand behandelt, der aber durch die Bildung eines ARAP wiederum neutralisiert wird (§ 5 Abs. 5 Satz 2 Nr. 2 EStG). Handelsrecht und Steuerrecht stimmen in diesen Fällen auch hinsichtlich der Abzinsung der Verbindlichkeiten aus Anzahlungen überein: Bei Verbindlichkeiten aus Anzahlungen und Vorausleistungen greift das oben beschriebene Abzinsungsgebot nicht ein. Hintergrund für diese Ausnahmeregelung ist, dass infolge der Anzahlung oder Vorausleistung zu aktivierende Wirtschaftsgut zu Anschaffungskosten anzusetzen ist und die

6198

---

80 BMF, Schreiben vom 4.7.2008 - IV C 7 - S 2742a/07/10001, BStBl 2008 I S. 718 Rz. 27.
81 FG Münster vom 17.11.2017 - 4 K 3523/14 F, FR 2018 S. 137 m. Anm. *Ludwig*, FR 2018 S. 139; Revision ist beim BFH unter dem Aktenzeichen IV R 16/17 anhängig.
82 Gleichlautende Erlasse der obersten Finanzbehörden der Länder, Schreiben vom 4.7.2008 - BStBl 2008 I S. 730 Rz. 12.

Abzinsung der korrespondierenden Verbindlichkeit zum Ausweis eines nicht realisierten Gewinns führen würde.

3.4 Anschaffungsverbindlichkeiten

6199 Anschaffungsverbindlichkeiten sind dem Käufer gestundete Kaufpreisverbindlichkeiten. Erfolgt die Stundung unverzinslich und länger als zwölf Monate, ist die Verbindlichkeit grundsätzlich abzuzinsen und es wird ein Ertrag realisiert. Eine korrespondierende Minderung der Anschaffungskosten für das Wirtschaftsgut auf der Aktivseite erfolgt wegen des Grundsatzes der Einzelbewertung und des Saldierungsverbotes nicht. Rechnerisch gleicht sich der Abzinsungsgewinn durch die nachfolgende Aufzinsung der Verbindlichkeit wieder aus. Wirtschaftlich können in Abhängigkeit zur Ergebnisentwicklung der Gesellschaft durch die zeitliche Streckung der Aufzinsung und bei Änderungen der Steuersätze zusätzliche Belastungen und Liquiditätsabflüsse entstehen. In der Regel ist aber davon auszugehen, dass zwei Geschäfte vorliegen: das Kaufgeschäft und ein Kreditgeschäft. Die Anschaffungskosten und die Verbindlichkeit sind dann um den Zinsanteil zu mindern. Eine Abzinsung der gestundeten Kaufpreisverbindlichkeit erfolgt in diesen Fällen nicht, die verdeckten Zinsen werden dann mit der Erfüllung der Verbindlichkeit in voller Höhe zu Aufwand.

4. ABC der Verbindlichkeiten

6200 **Damnum/Disagio:** Wird von dem Darlehensgeber ein Damnum/Disagio einbehalten, ist der Auszahlungsbetrag niedriger als der Nennwert der Verbindlichkeit. Diese Differenz kann in der Handelsbilanz durch die Bildung eines ARAP ausgeglichen oder als Betriebsausgabe behandelt werden (§ 250 Abs. 2 HGB). In der Steuerbilanz ist der ARAP zwingend auszuweisen und über die Laufzeit des Darlehens gleichmäßig aufzulösen.[83] Ist der Zinsfestschreibungszeitraum kürzer als die Laufzeit des Darlehens, ist dieser maßgeblich für die Auflösung des ARAP.[84] Bei Tilgungsdarlehen kann der Steuerpflichtige wahlweise den ARAP gleichmäßig auflösen oder nach der Zinsstaffelmethode vorgehen.[85] Bei vorzeitiger Rückzahlung des Darlehens ist der ARAP außerplanmäßig abzuschreiben.

6201 **Dingliche Lasten:** Bei Erwerb eines Wirtschaftsgutes bestellt oder übernimmt der Erwerber dingliche Lasten in Form von Grunddienstbarkeiten, Nießbrauch, beschränkt persönliche Dienstbarkeiten, Vorkaufsrechte, Dauernutzungsrechte usw. Dingliche Lasten haben nicht die Qualität von Wirtschaftsgütern und sind infolgedessen nicht zu bilanzieren (denkbar wäre auch, dass stille Lasten als schwebende Geschäfte einzuordnen und deshalb nicht in der Bilanz auszuweisen sind). Kommt den dinglichen Lasten eine Sicherungsfunktion zu (beispielsweise bei Pfandrechten, Grundschulden, Hypotheken), hat der Steuerpflichtige bereits eine Verbindlichkeit (oder zumindest eine Rückstellung) ausgewiesen, die durch das Sicherungsrecht nur verstärkt wird, ohne dass eine weitere bilanzierungspflichtige Verbindlichkeit entsteht. Greift die Sicherungsfunktion zugunsten eines Dritten, kann eine Verbindlichkeit oder Rückstellung zu bilden

---

83 H 6.10 EStR – Damnum.
84 H 6.10 EStR – Zinsfestschreibung.
85 BFH, Urteil vom 19.1.1978 - IV R 153/72, BStBl 1978 II S. 262.

sein, wenn die dingliche Last einer Geldschuld entspricht. Stellt das dingliche Recht nur eine Belastung des erworbenen Wirtschaftsgutes dar (beispielsweise bei Dauernutzungsrechten), kann sich hieraus eine Erhöhung (wenn es bei Erwerb zugunsten des Verkäufers bestellt wird) oder Minderung (wenn ein mit einem dinglichen Recht belastetes Wirtschaftsgut erworben wird) der Anschaffungskosten des Wirtschaftsgutes ergeben, die Passivseite der Bilanz wird durch diesen Vorgang aber nicht berührt.

Eigenkapitalersetzende Darlehen: Darlehen mit eigenkapitalersetzendem Charakter werden in der Handelsbilanz und ihr folgend auch in der Steuerbilanz als Fremdkapital behandelt. Diese Behandlung ändert sich auch nicht durch die mit dem MoMiG kodifizierte Nachrangigkeit der Forderung im Insolvenzfall.[86]

6202

Erfüllungsrückstand: Ein Erfüllungsrückstand[87] tritt ein, wenn der Schuldner im Rahmen eines schwebenden Geschäftes seinen Teil der Leistung bisher nicht erbracht hat.[88] Der Vertragspartner ist also am Bilanzstichtag hinter seiner vertraglich vereinbarten Leistungspflicht zurückgeblieben.[89] Der Schuldner gerät jedenfalls dann in einen Erfüllungsrückstand, wenn die Verbindlichkeit bis zum Bilanzstichtag fällig geworden ist.[90] Mittlerweile stellt insbesondere der Bundesfinanzhof auf eine wirtschaftliche Betrachtungsweise ab und lässt einen Erfüllungsrückstand bereits dann eintreten, wenn die andere Vertragspartei unabhängig von der Fälligkeit ihrer Verpflichtung bereits geleistet hat und damit ein Verpflichtungsüberhang des anderen Vertragspartners herbeiführt.[91] Der Erfüllungsrückstand stellt kein selbständig zu bilanzierendes Wirtschaftsgut/Verbindlichkeit dar, sondern beschreibt den Sachverhalt, in dem die Leistungspflicht realisiert worden ist, die Erfüllung der Leistungspflicht aber noch nicht erfolgt ist. Abzugrenzen ist der Erfüllungsrückstand vom schwebenden Geschäft, bei dem Leistung und Gegenleistung ausgewogen sind und der Ausweis von (ungewissen) Verbindlichkeiten ausgeschlossen ist. In der Bilanz zu berücksichtigen sind aber Verpflichtungsüberschüsse, die zu drohenden Verlusten führen (kein Ausweis in der Steuerbilanz gem. § 5 Abs. 4a EStG) und Verpflichtungen aus Erfüllungsrückständen. Da der Schwebezustand mit Eintritt in den Erfüllungsrückstand beendet ist und das Gleichgewicht von Leistung und Gegenleistung gestört ist, ist für die noch zu erbringende Leistung eine Rückstellung oder bei hinreichender Konkretisierung eine Verbindlichkeit zu bilden. Voraussetzung für den Ausweis einer Verbindlichkeit aufgrund eines Erfüllungsrückstandes ist, *„dass die rückständige Gegenleistung der erbrachten Vorleistung synallagmatisch zweckgerichtet und bei zeitbezogenen Leistungen auch zeitlich zuordenbar ist".*[92]

6203

Fälligkeits- und Tilgungsdarlehen: Fälligkeits- und Tilgungsdarlehen unterscheiden sich dahingehend, dass beim erstgenannten Typ der geschuldete Betrag vollständig in einer

6204

---

86 *Weber-Grellet* in: Schmidt, EStG, 37. Aufl. 2018, § 5 Rz. 550.
87 Zum Begriff des Erfüllungsrückstandes siehe das instruktive Urteil des BFH vom 5.4.2006 - I R 43/05, BStBl 2006 II S. 593.
88 R 5.7 Abs. 8 EStR.
89 BFH, Urteil vom 5.4.2006 - I R 43/05, BStBl 2006 II S. 593.
90 BFH, Urteil vom 8.10.1987 - IV R 18/86, BStBl 1988 II S. 57.
91 BFH, Urteil vom 28.7.2004 - XI R 63/03, BStBl 2006 II S. 866 (aber Finanzverwaltung hat am 28.11.2006 mit einem Nichtanwendungserlass reagiert); BFH, Urteil vom 9.12.2009 - X R 41/07, BFH/NV 2010 S. 860.
92 BFH, Urteil vom 5.4.2006 - I R 43/05, BStBl 2006 II S. 593; ablehnend hinsichtlich dieser zusätzlichen Voraussetzungen *Weber-Grellet* in: Schmidt, EStG, 37. Aufl. 2018, § 5 Rz. 317.

Summe zu begleichen und bei Tilgungsdarlehen in Raten zu zahlen ist. Dementsprechend orientiert sich die Bewertung des Fälligkeitsdarlehens an der Laufzeit (vertraglich vereinbart oder geschätzt) und beim Tilgungsdarlehen ist auf die Restlaufzeit am Bilanzstichtag abzustellen.

6205 **Fremdwährungsverbindlichkeiten:** Schulden in ausländischer Währung (auch Valutaverbindlichkeiten) sind in der Handelsbilanz in Euro auszuweisen (§ 244 HGB) und zum Bilanzstichtag mit dem Devisenkassamittelkurs (arithmetischer Mittelwert aus Brief- und Geldkurs) zu bewerten (§ 256a Satz 1 HGB). Die Regelung umfasst nicht nur die Zugangsbewertung sondern auch die folgenden Bilanzstichtage. Steigen also die Devisenkurse zu den folgenden Bilanzstichtagen, ist die Verbindlichkeit entsprechend höher zu bewerten (Imparitätsprinzip und strenges Höchstwertprinzip). Sinken die Kurse, ist ein Ansatz mit einem Wert unterhalb des Zugangswertes ausgeschlossen, es sei denn, es handelt sich um Verbindlichkeiten, deren Laufzeiten bis zu einem Jahr reichen. In diesen Fällen sind die Währungskursschwankungen auch handelsrechtlich zu berücksichtigen (§ 256a Satz 2 HGB).

Steuerlich gilt das Anschaffungskostenprinzip, d. h. die Verbindlichkeit ist grundsätzlich an allen Bilanzstichtagen, die auf den Entstehungszeitpunkt folgen, mit dem Wert im Zeitpunkt der Entstehung anzusetzen. Sinkende Kurse sind also nicht zu berücksichtigen. Ein Währungsgewinn kann erst ausgewiesen werden, wenn die Realisation durch die Zahlung eintritt. Eine Erhöhung der Verbindlichkeit aufgrund steigernder Währungskurse ist grundsätzlich möglich, wenn diese voraussichtlich dauernd ist (Wahlrecht des Steuerpflichtigen). Hierfür trägt der Steuerpflichtige die Beweislast.[93] Aus Sicht eines sorgfältigen und gewissenhaften Kaufmanns müssen mehr Gründe für eine nachhaltige Kurserhöhung sprechen als dagegen.[94] Die Finanzverwaltung verlangt vom Steuerpflichtigen die Darstellung objektiver Anzeichen, aufgrund derer er mit einer voraussichtlich dauernden Kurserhöhung rechnen muss.[95] Allerdings sollen die üblichen Devisenkursschwankungen nicht zu einem Ansatz des höheren Teilwertes der Verbindlichkeit berechtigen.[96] Bei Fremdwährungsverbindlichkeiten, die eine Restlaufzeit von jedenfalls zehn Jahren haben, begründet ein Kursanstieg der Fremdwährung grundsätzlich keine voraussichtlich dauernde Teilwerterhöhung; die Währungsschwankungen werden i. d. R. ausgeglichen.[97] Offen bleibt, wie der Steuerpflichtige die geforderten Nachweise vor dem Hintergrund der Komplexität von Währungskursschwankungen erbringen soll.

Bei der Bewertung von Fremdwährungsverbindlichkeiten wird insbesondere zwischen Verbindlichkeiten unterschieden, die entweder das Betriebskapital auf Dauer verstärken oder dem laufenden Geschäftsverkehr zuzuordnen sind. Die Laufzeit des Darlehens hat wesentlichen Einfluss auf die Nachweisbarkeit der voraussichtlich dauernden Werterhöhung.

---

93 FG Rheinland-Pfalz, Urteil vom 12.12.2005 - 5 K 1460/03, EFG 2006 S. 298.
94 BMF, Schreiben vom 2.9.2016 – IV C 6 – S 2171b / 09/ 10002, BStBl 2016 I S. 995 Rz. 32; *Bäuml*, StuB 2016 S. 763.
95 BMF, Schreiben vom 02.09.2016 – IV C 6 – S 2171b / 09/ 10002, BStBl 2016 I S. 995 Rz. 32.
96 BMF, Schreiben vom 2.9.2016 – IV C 6 – S 2171b / 09/ 10002, BStBl 2016 I S. 995 Rz. 32.
97 BMF, Schreiben vom 2.9.2016 – IV C 6 – S 2171b / 09/ 10002, BStBl 2016 I S. 995 Rz. 32.

Zum laufenden Geschäftsverkehr zählen die Verbindlichkeiten, die mit laufenden Geschäftsvorfällen zusammenhängen, diese Verbindung bis zur Tilgung bestehen bleibt, die Verbindlichkeit innerhalb einer geschäftsüblichen Frist getilgt wird und die Verbindlichkeit nicht für die Anschaffung oder Herstellung von Wirtschaftsgütern des Anlagevermögens begründet worden ist.[98] Erfüllen Verbindlichkeiten diese Anforderungen können Wechselkurserhöhungen für die Bewertung der Verbindlichkeit herangezogen werden, wenn die Erhöhung bis zu einem nach dem Bilanzstichtag liegenden Tilgungsdatum oder bis zur Aufstellung der Handelsbilanz anhält.[99] Die Finanzverwaltung schränkt diese vereinfachende Vorgehensweise aber dahingehend ein, dass sonstige Geschehnisse am Devisenmarkt, die zu einer abweichenden Bewertung führen können, in die Bewertung der Verbindlichkeit einfließen müssen. Sind diese Voraussetzungen gegeben, kann das Wahlrecht zum Ansatz mit dem Teilwert unabhängig von der handelsrechtlichen Bewertung vorgenommen werden, da der Grundsatz der umgekehrten Maßgeblichkeit seit Einführung des BilMoG aufgehoben worden ist.[100] Dagegen sind die Verbindlichkeiten, die das Betriebskapital auf Dauer stärken sollen, einer Bewertung zum Teilwert nicht zugänglich. Der BFH hat entschieden, dass bei einer Laufzeit von zehn Jahren nicht davon auszugehen sei, dass eine Werterhöhung voraussichtlich dauernd sei, weil sich die Kursschwankungen über diesen Zeitraum ausgleichen.[101] Abweichendes soll nach Auffassung des Bundesfinanzhofes aber gelten, wenn die Erhöhung des Währungskurses auf eine fundamentale Veränderung der wirtschaftlichen oder finanzpolitischen Rahmenbedingungen zurückzuführen ist. Hat das FG Schleswig-Holstein in seinem Urteil vom 9.3.2016[102] über die Aufwertung einer Verbindlichkeit in schweizerischen Franken eine fundamentale Veränderung der Daten auch nach der Festlegung des Devisenkurses durch die Schweizerische Nationalbank im September 2011 abgelehnt, teilt das FG Baden-Württemberg[103] diese Auffassung in seinem Urteil vom 11.7.2017 nicht und bejaht eine Teilwertzuschreibung.

Kenntnis des Gläubigers: Sind **Schadensersatzansprüche** gegen den Steuerpflichtigen entstanden, ist eine Verbindlichkeit nach herrschender Meinung nur zu bilanzieren, wenn der Gläubiger die den Anspruch begründenden Umstände kennt.[104] Dem ist nicht zuzustimmen, da die Bilanzierungspflicht nicht von der Kenntnis eines Dritten abhängen kann, sondern sich aus dem Vorliegen einer rechtlichen Verpflichtung ergibt. Anderes gilt nur, wenn eine wirtschaftliche Belastung nicht entstehen kann, weil der zum Schadensersatz verpflichtende Umstand mit an Sicherheit grenzender Wahrscheinlichkeit nicht aufgedeckt wird.[105] Entsprechendes gilt für **vertragliche Verpflichtungen,** die auch unabhängig von der Kenntnis des Gläubigers unter Berücksichtigung des Impari-

6206

---

98 BMF, Schreiben vom 2.9.2016 – IV C 6 – S 2171b / 09/ 10002, BStBl 2016 I S. 995 Rz. 35.
99 BMF, Schreiben vom 2.9.2016 – IV C 6 – S 2171b / 09/ 10002, BStBl 2016 I S. 995 Rz. 35.
100 BMF, Schreiben vom 12.3.2010 - IV C 6 S-2133/09/10001, BStBl 2010 I S. 239 Rz. 15.
101 BFH, Urteil vom 23.4.2009 - IV R 62/06, BStBl 2009 II S. 778; so auch FG Schleswig-Holstein, Urteil vom 9.3.2016 - 2 K 84/15, DStRE 2016 S. 1410.
102 FG Schleswig-Holstein, Urteil vom 9.3.2016 - 2 K 84/15, DStRE 2016 S. 1410.
103 FG Baden-Württemberg, Urteil vom 11.7.2017 - 5 K 1091/15 (rkr.).
104 BFH, Urteil vom 30.6.1983 - VI 41/81, BStBl 1984 II S. 263; BFH, Urteil vom 3.7.1991 - X R 163-164/87, BStBl 1991 II S. 802.
105 *Tiedchen* in: Herrmann/Heuer/Raupach, EStG/KStG, § 5 EStG Rz. 482; *Crezelius* in: Kirchof, EStG, 17. Aufl. 2018, § 5 Rz. 108.

tätsprinzips auszuweisen sind. Auch in diesem Fall ist eine Passivierung ausgeschlossen, wenn mit hoher Wahrscheinlichkeit eine Inanspruchnahme durch den Gläubiger unterbleiben wird.

6207 **Mezzanine Finanzierungen:** Mezzanine Finanzierungen (auch hybride Finanzierungen genannt) enthalten Bestandteile der Eigenkapital- und der Fremdkapitalfinanzierung. Ziel des Einsatzes dieser Finanzierungsformen ist, für handelsrechtliche Zwecke insbesondere im Zusammenhang mit Ratings einen Eigenkapitalausweis ohne Eingriff in die Gesellschafterstruktur herzustellen und für steuerliche Zwecke die Finanzierungskosten abzugsfähig zu gestalten und auf Ebene des Gläubigers eine steuerfreie Vereinnahmung von Eigenkapitalvergütungen zu erreichen. Elemente der Eigenkapitalfinanzierung sind häufig die Nachrangigkeit gegenüber anderen Gläubigern und die Gewinn- und Verlustbeteiligung. Als Elemente der Fremdfinanzierung werden häufig eine befristete Laufzeit, ein Anspruch auf Rückzahlung und eine erfolgsunabhängige Zinszahlung eingesetzt. Die Vergütungsstruktur enthält in der Regel eine laufende Vergütung, eine endfällige Verzinsung und ein Recht, Geschäftsanteile zu einem vorab festgelegten Preis zu erwerben. Zivilrechtlich werden schuldrechtliche Vereinbarungen getroffen und keine eigentümertypischen Mitgliedschaftsrechte eingeräumt. Mezzanine Finanzierungen treten häufig in der Form von stillen Beteiligungen, partiarischen Nachrangdarlehen, Wandel-/Optionsanleihen oder als Genusskapital und in zahlreichen Abwandlungen dieser Instrumente auf.

Die handelsrechtlichen und steuerlichen Besonderheiten seien exemplarisch am Genussrechtskapital dargestellt: Für Genussrechte besteht keine gesetzliche Definition, sie ähneln Inhaberschuldverschreibungen.[106] Darunter fallen Vereinbarungen, nach denen ein Anspruch auf eine Beteiligung am Gewinn oder Liquidationserlös besteht, ohne dass eine Gesellschafterstellung begründet wird. Handelsrechtlich kommt dem Genussrecht Eigenkapitalcharakter zu, wenn kumulativ eine Nachrangigkeit des Genussrechtskapitals, eine erfolgsabhängige Vergütung, eine Verlustbeteiligung bis zur vollen Höhe und eine langfristige Kapitalüberlassung vereinbart worden sind.[107] Für die Behandlung in der Steuerbilanz sind keine abweichenden gesetzlichen Regelungen geschaffen worden. In § 8 Abs. 3 Satz 2 KStG wird im Zusammenhang mit der verdeckten Gewinnausschüttung geregelt, dass das steuerliche Einkommen durch Ausschüttungen auf Genussrechte nicht gemindert wird, wenn das Genussrecht einen Anspruch auf den Gewinn und den Liquidationserlös umfasst. Hieraus ergibt sich jedoch nur eine außerbilanzielle Einkommenskorrektur, die sich nicht auf die Steuerbilanz auswirkt.

6208 **Nebenkosten:** Entstehen bei der Begründung einer Verbindlichkeit Nebenkosten, beispielsweise Bearbeitungskosten, Damnum, Agio, Steuern u. a., erhöht sich der Nennwert der Verbindlichkeit hierdurch nicht. Ggf. ist für diese Aufwendungen ein Rechnungsabgrenzungsposten zu bilden (siehe oben Damnum).

6209 **Rentenverbindlichkeiten:** Unter Leibrenten versteht man wiederkehrende Zahlungen eines festen Betrages, die bis zum Eintritt eines bestimmten Ereignisses – beispiels-

---

[106] Vgl. etwa *Zwirner/Heyd/Zieglmaier*, StuB Beilage zu Heft 7/2018 S. 12.
[107] Stellungnahme des HFA des IDW 1/1994 Abschnitt 2.2.1.a; *Schmidt/Peun*: in Beck´scher Bilanzkommentar, 11. Aufl. 2018, § 275 Rz. 205.

weise der Tod des Berechtigten – zu leisten sind. Die Verpflichtung zur Zahlung einer Leibrente hat wegen der unbekannten Laufzeit keinen Nennwert. Daher ist sowohl handels- als auch steuerbilanziell der Barwert anzusetzen.[108] Die Ermittlung des Barwertes erfolgt anhand von versicherungsmathematischen Grundsätzen. Der zugrunde zu legende Zinssatz beläuft sich – für Wirtschaftsjahre, die nach dem 31.12.1998 enden – in Anlehnung an §§ 13 ff. BewG auf 5,5 %. In der Handelsbilanz ist nach Einführung des BilMoG ab dem Jahr 2010 der durchschnittliche Marktzins der vorangegangenen sieben Jahre anzusetzen (§ 253 Abs. 2 HGB).

Sachwertschulden: Sachwertdarlehen treten beispielsweise im Zusammenhang mit Betriebsverpachtungen[109] oder Wertpapierleihen[110] auf. In der Regel wird der Entleiher zumindest wirtschaftlicher Eigentümer der Wirtschaftsgüter und ist zur Rückgabe von Wirtschaftsgütern der gleichen Art und Güte und Menge, aber nicht zwingend der überlassenen Wirtschaftsgüter verpflichtet. Am ersten Bilanzstichtag nach der Begründung des Sachwertdarlehens sind die Wirtschaftsgüter mit dem Teilwert auszuweisen und in der identischen Höhe ist eine Rückgabeverpflichtung zu bilanzieren. In den folgenden Jahren kann die Rückgabeverpflichtung nur dann an gestiegene Wiederbeschaffungskosten angepasst werden, wenn diese voraussichtlich dauernd i. S. d. § 6 Abs. 1 Nr. 3 i. V. m. Nr. 2 EStG sind. Sollten die Anschaffungskosten für die zurück zugewährenden Wirtschaftsgüter am den folgenden Bilanzstichtagen gegenüber dem erstmaligen Ausweis sinken, können die hieraus entstehenden Gewinne erst bei Rückgabe realisiert werden. Bis zur Rückgabe gilt, dass die Verbindlichkeit aus der Rückgabeverpflichtung mit dem ursprünglichen Wert anzusetzen ist.

6210

Umwandlung von Drohverlustrückstellungen in Verbindlichkeiten: Verpflichtet sich im Rahmen eines asset deals der Erwerber den Verkäufer im Innenverhältnis von Verpflichtungen aus bestehenden Rechtsverhältnissen frei zu halten **(Schuldbeitritt, Erfüllungsübernahme)** und tritt der Erwerber nicht mit befreiende Wirkung in das Schuldverhältnis ein, entsteht beim Erwerber eine Verbindlichkeit in Höhe der künftig zu leistenden Zahlungen. Diesem Ergebnis steht auch nicht entgegen, dass der Verkäufer für die Verpflichtungen aus dem Rechtsverhältnis keine Verbindlichkeit sondern eine Drohverlustrückstellung ausgewiesen hat. Beim Veräußerer entsteht durch Hebung stiller Lasten steuerlich relevanter Aufwand. Der Erwerber hat seinerseits keine Drohverlustrückstellung, sondern eine Verbindlichkeit zu bilden, da ansonsten der Grundsatz der Erfolgsneutralität des Anschaffungsvorganges verletzt werden würde.[111] Die Übernahme der künftigen Verpflichtungen wird als Bestandteil des Kaufpreises behandelt und soll daher auf die Anschaffungskosten der assets aktiviert werden.[112] Nachdem die Finanzverwaltung diese Bewertung aber nicht anerkennen wollte, hat der Steuergesetzgeber mit

6211

---

108 Für die Handelsbilanz: § 253 Abs. 2 Satz 3 HGB; für die Steuerbilanz u. a.: BFH, Urteil vom 30.7.2003 - X R 12/01, BStBl 2004 II S. 211.
109 Zur Nutzungsüberlassung von Betrieben mit Substanzerhaltungspflichten des Pächters (sog. Eiserne Verpachtung) siehe BMF, Schreiben vom 21.2.2002 - IV A 6 - S 2132 - 4/02, BStBl 2002 I S. 262.
110 Siehe unten Stichwort „Wertpapierleihe".
111 BFH, Urteil vom 16.12.2009 - I R 102/08, BStBl 2011 II S. 566; BMF, Schreiben vom 24.6.2011 - IV C 6 - S-2137/0-03, BStBl 2011 I S. 627.
112 BMF, Schreiben vom 24.6.2011 - IV C 6 - S-2137 / 0-03, BStBl 2011 I S. 627.

§§ 4f, 5 Abs. 7 EStG entsprechende gesetzliche Regelungen im AIFM-StAnpG vom 18.12.2013 entgegen der BFH-Rechtsprechung eingeführt.[113] Beim Veräußerer ist eine außerbilanzielle Aufwandsverteilung der realisierten stillen Lasten über 15 Jahre vorgesehen (§ 4f EStG). Beim Erwerber schreibt § 5 Abs. 7 EStG den Ansatz der übernommenen Verpflichtung zum ersten auf den Erwerbsstichtag folgenden Bilanzstichtag mit dem Wert vor, den der Übertragende in seiner Steuerbilanz ausgewiesen hatte. Die daraus ggf. resultierende Gewinnerhöhung kann über 15 Jahre verteilt werden (§ 5 Abs. 7 Satz 5 EStG). Zu diesen Regelungen hat die Finanzverwaltung im Schreiben vom 30.11.2017 Stellung genommen.[114]

6212 **Waren- und Lieferverbindlichkeiten:** Die aus dem Bezug von Waren oder Dienstleistungen resultierenden Verbindlichkeiten werden häufig gestundet oder sehen Zahlungserleichterungen wie Ratenzahlungen vor. Für steuerliche Zwecke liegen daher ein Kauf- und ein Darlehensgeschäft vor. Erfolgt die Darlehensgewährung erkennbar unverzinslich, ist bei kurzfristigen Verbindlichkeiten eine Abzinsung vorzunehmen und werden die Anschaffungskosten für die Ware nicht berührt. Daneben gewährt insbesondere der Lieferant von Waren häufig **Skonto**. Diese Preisminderung ist nach Auffassung des BFH nicht als Zinsanteil sondern als Preisnachlass zu behandeln.[115] Dieser Preisnachlass wird aber erst in der Bilanz und GuV ausweisen, wenn die Zahlung erfolgt. Dem Charakter als Kaufpreisminderung entsprechend werden zu diesem Zeitpunkt sowohl die Verbindlichkeit als auch die Anschaffungskosten für die Ware gemindert.

6213 **Wertpapierleihe:** Bei einer Wertpapierleihe überlässt der Eigentümer von Aktien oder anderen Wertpapieren diese einem Entleiher für eine bestimmte Zeit zur Nutzung. Der Entleiher wird – je nach Ausgestaltung der Vereinbarungen – in der Regel wirtschaftlicher Eigentümer und verpflichtet sich zur Rückgabe von Wertpapieren der gleichen Art und Güte aber nicht zwingend der entliehenen Wertpapiere und zur Zahlung einer Gebühr. Juristisch betrachtet handelt es sich also nicht um ein Leihgeschäft, sondern um ein Sachwertdarlehen. Der Entleiher bucht dementsprechend auf der Aktivseite die übernommenen Wertpapiere und auf der Passivseite eine Rückgabeverpflichtung ein, die Gewinn- und Verlustrechnung wird durch diesen Vorgang nicht berührt. Die Bewertung der Rückgabeverpflichtung stimmen in der Handels- und in der Steuerbilanz nicht überein: Handelsrechtlich ist die Rückgabeverpflichtung in Höhe der Wiederbeschaffungskosten für die Wertpapiere auszuweisen. Steuerlich können gestiegene Wiederbeschaffungskosten infolge von Kursänderungen nur dann gem. § 6 Abs. 1 Nr. 3 EStG berücksichtigt werden, wenn sie voraussichtlich dauern i. S. d. § 6 Abs. 1 Nr. 2 EStG sind. Vgl. des Weiteren die Sonderregelungen des § 8b Abs. 10 KStG.

6214–6379 *(Einstweilen frei)*

---

[113] Vgl. etwa *Adrian/Fey*, StuB 2018 S. 85; *Prinz/Otto*, GmbHR 2018 S. 497; *Kahle/Braun*, FR 2018 S. 197.
[114] BMF, Schreiben vom 30.11.2017 - IV C 6 - S-2133 /14/100001, BStBl 2017 I S. 619; vgl. ausführlich dazu *Adrian/Fey*, StuB 2018 S. 65, *Bolik/Selig-Kraft*, NWB 2018 S. 851.
[115] BFH, Urteil vom 3.12.1970 - IV R 216/67, BStBl 1971 I S. 323.

Teil B:
Bilanzierung und Bewertung bei der Gewinnermittlung nach Bilanzposten

Kapitel VIII:
Passive Rechnungsabgrenzungsposten

von
WP/StB Professor Dr. Ulrich Prinz, Köln

Inhaltsübersicht	Rz.
1. Steuerbilanzielle Rechtsgrundlagen (§ 5 Abs. 5 EStG)	6380 - 6384
2. Bilanzrechtssystematische Rahmenbedingungen passiver RAP	6385 - 6404
2.1 Handelsbilanzielle Regelung des § 250 Abs. 2 HGB	6385 - 6389
2.2 Steuerbilanzielles Ansatzgebot für passive RAP gem. § 5 Abs. 5 Satz 1 Nr. 2 EStG	6390 - 6404
2.2.1 Tatbestand und Rechtsfolge des passiven RAP	6390 - 6399
2.2.2 Zeitmoment passiver RAP	6400 - 6404
3. Steuerbilanzielle Bedeutung passiver RAP	6405 - 6409
4. Wichtige Anwendungsfälle für passive RAP (Einzelfall-ABC)	6410 - 6499

AUSGEWÄHLTE LITERATUR

Zu Nachweisen s. Teil B Kapitel III „Aktive Rechnungsabgrenzungsposten".

1. Steuerbilanzielle Rechtsgrundlagen (§ 5 Abs. 5 EStG)

§ 5 Abs. 5 Satz 1 Nr. 2 EStG sieht ein qualifiziertes **steuerbilanzielles Ansatzgebot** zur Bildung eines passiven RAP vor. Diese Abgrenzungsposten „sind" auf der Passivseite „nur anzusetzen" für 6380

„*Einnahmen vor dem Abschlussstichtag, soweit sie Ertrag für eine bestimmte Zeit nach diesem Tag darstellen.*"

Es handelt sich um so genannte **transitorische Posten**, bei denen die (meist liquiditätswirksame) Einnahme als Vermögenszugang der verursachungsgerechten späteren Ertragserzielung nach Maßgabe eines zeitlichen Bestimmtheitserfordernisses vorangeht. Die zu Erträgen führende zukünftige eigene Leistungserbringung des Steuerpflichtigen steht noch offen. Erst mit Erfüllung der Gegenleistung (= eigene Leistung) sind die Erträge realisiert (= „verdient"). Für antizipative Posten dagegen kommt ein passiver RAP nicht in Betracht; gegebenenfalls liegen Forderungen oder Verbindlichkeiten vor. Mit § 250 Abs. 2 HGB gilt eine deckungsgleiche handelsrechtliche Regelung. Ähnlich den aktiven RAP, die tatbestandssymmetrisch formuliert sind und im Aufwandsabgrenzungsinteresse stehen, dienen passive RAP der periodengerechten, realisationsentsprechenden Ertragsabgrenzung im Sinne eines kodifizierten dynamischen Bilanzverständnisses.

Passive RAP haben **keine Wirtschaftsgutqualität**. Sie sind ein bilanziell gebotener Periodenabgrenzungsposten als Folge von Realisationsgrundsätzen, der eine willkürliche Gewinnbeeinflussung nach Maßgabe bloßer Zahlungsvorgänge vermeiden soll. Passive RAP sind für Gewinnermittler nach § 5 Abs. 1 EStG sowie § 4 Abs. 1 EStG gleichermaßen zu bilden; für letztere wird dies über die allgemeinen handelsrechtlichen GoB begründet. Es besteht ein Saldierungsverbot für aktive und passive RAP. Ein Grundsatz korrespondierender Erfassung aktiver und passiver RAP bei beiden Vertragspartnern eines Austauschgeschäfts besteht nicht; mitunter verlangt das Imparitätsprinzip eine unterschiedliche Behandlung auf Aktiv- und Passivseite (Sofortaufwand, keine Aktivierung; zeitlich gestreckte Ertragsrealisation). In der Praxis wird allerdings in vielen Fällen eine 6381 spiegelbildliche Behandlung aktiver und passiver RAP zu beobachten sein. Die jüngere Rechtsprechung des BFH stützt die Tendenz zur symmetrischen Behandlung aktiver und passiver RAP.[1] Ein steuerrechtliches Korrespondenzprinzip gibt es aber dessen ungeachtet nicht. § 5 Abs. 5 Satz 1 Nr. 2 EStG spricht nur die Bildung eines passiven RAP an. Ausdrückliche gesetzliche Folgeregelungen zur Auflösung fehlen; es greift das Gebot periodengerechter Ertragsrealisation. Bei fehlender Tatbestandserfüllung gilt ein Passivierungsverbot. Unter Wesentlichkeitsgesichtspunkten kann im Einzelfall auf die Bildung eines passiven RAP trotz Tatbestandserfüllung verzichtet werden. Der Bildung und Auflösung eines passiven RAP liegt stets eine rechtliche, keine betriebswirtschaftlich-dynamische Betrachtungsweise zu Grunde. Dies resultiert vor allem aus Objektivierungsnotwendigkeiten und dem Gebot, nur realisierte Erträge zu besteuern.[2]

6382–6384   *(Einstweilen frei)*

2. Bilanzrechtssystematische Rahmenbedingungen passiver RAP

2.1 Handelsbilanzielle Regelung des § 250 Abs. 2 HGB

6385   § 250 Abs. 2 HGB enthält ein Passivierungsgebot für „Einnahmen vor dem Abschlussstichtag, die Ertrag für eine bestimmte Zeit nach diesem Tag darstellen". Die Regelung gilt nach ihrer gesetzessystematischen Stellung für sämtliche Kaufleute, schafft eine den Schulden nachgeordnete eigene Bilanzpostenkategorie und dient der perioden- und realisationsgerechten Erfolgsabgrenzung des Kaufmanns. Es besteht Tatbestandsparallelität zu den aktiven RAP gem. § 250 Abs. 1 HGB, wobei die bilanzrechtlichen Grundprinzipien m. E. eine imparitätische Auslegung des Zeitmoments beim passiven RAP erfordern (streitig). Stets geht die finanzwirtschaftliche Einnahme der erfolgserhöhenden Ertragswirksamkeit des Vorgangs entsprechend der zu erbringenden Gegenleistung voraus, wobei ein Bilanzstichtag dazwischen liegen muss. „Soweit" die üblicherweise zahlungswirksame Einnahme erst nach dem Stichtag wegen der zeitraumbezogenen Gegenleistung Ertragswirksamkeit entfaltet, besteht Passivierungspflicht; einzelfallbezogene Ausnahmen dazu können unter Vereinfachungsgesichtspunkten bestehen.[3] Durch das BilMoG vom 25.5.2009 haben sich für passive RAP keine handelsbilanziellen Veränderungen ergeben.

6386   Der handelsbilanzielle passive RAP hat europarechtliche Grundlagen. In der 4. EG-Richtlinie vom 25.7.1978 ist eine Ansatzpflicht für transitorische Posten vorgesehen, die durch das BiRiLiG 1985 in das HGB transformiert wurde. Aktive und passive RAP haben damit identische europäische Rechtswurzeln. Dessen ungeachtet stellt § 5 Abs. 5 Satz 1 Nr. 2 EStG eine rein nationalstaatliche steuerbilanzielle Regelung dar. Der BFH geht deshalb davon aus, dass auch in Zweifelsfällen keine Vorlagepflicht an den EuGH besteht.[4]

---

[1] Vgl. BFH, Urteil vom 22.6.2011 – I R 7/10, BStBl 2011 II S. 870.
[2] So etwa ausdrücklich BFH, Urteil vom 26.4.1995 – I R 92/94, BStBl 1995 II S. 594, 598; BFH, Urteil vom 15.2.2017 – VI R 96/13, BStBl. II 2017 S. 885 Rz. 18.
[3] Vgl. Teil B Kap. III Rz. 4941.
[4] Vgl. dazu Teil A Kap. III, Gliederungspunkt 1.5.; s. auch BFH, Urteil vom 9.12.1993 – IV R 130/91, BStBl 1995 II S. 202, 204. Zur klarstellenden Schaffung des § 5 Abs. 5 EStG durch den Steuergesetzgeber in EStÄndG vom 16.5.1969 s. *Tiedchen*, in: HHR, § 5 EStG Anm. 2151, 2160.

(Einstweilen frei) 6387–6389

2.2 Steuerbilanzielles Ansatzgebot für passive RAP gem. § 5 Abs. 5 Satz 1 Nr. 2 EStG

2.2.1 Tatbestand und Rechtsfolge des passiven RAP

Das Passivierungsgebot des § 5 Abs. 5 Satz 1 Nr. 2 EStG dient der abschnittsbezogenen wirtschaftlichen Erfolgszuordnung bei laufenden Betriebseinnahmen. Unabhängig von einer Entgeltvereinnahmung darf erst mit Ertragsrealisation eine leistungsfähigkeitsbezogene Besteuerung erfolgen. Diese Gesetzesteleologie wird vom IV. Senat des BFH wie folgt beschrieben:[5]

6390

„Der Sinn dieser Vorschrift liegt darin, Einnahmen dem Jahr zuzuordnen, zu dem sie wirtschaftlich gehören. Die Ertragswirkung der Einnahmen soll in die Periode verlagert werden, in der die korrespondierenden Aufwendungen anfallen."

Das Gebot perioden- und realisationsgerechter Gewinnermittlung verlangt die Passivierung eines RAP trotz fehlender (negativer) Wirtschaftsgutqualität. Gesetzestechnisch erfordert ein passiver RAP drei **kumulative Tatbestandsvoraussetzungen**:

6391

- Es muss sich um „Einnahmen vor dem Abschlussstichtag" handeln, etwa durch den Eingang einer Zahlung oder Überweisung, durch Verrechnung, erfolgsunwirksame Forderungsentstehung, gegebenenfalls auch einen Verbindlichkeitsabgang. Auch ein „sachwerter Vermögenszugang" kann Einnahmequalität haben.

- Diese Einnahme muss unter wirtschaftlichen Verursachungsgesichtspunkten Ertrag nach dem Stichtag darstellen (Periodisierungsgebot). Die dem Vermögenszugang gegenüberstehende Leistungsverpflichtung muss durch den Steuerpflichtigen erst noch erbracht werden, um eine Ertragsrealisation zu bewirken. Für den Steuerpflichtigen muss noch eine künftige Handlungs-/Unterlassungspflicht nach dem Bilanzstichtag bestehen.

- Die Einnahme muss „für eine bestimmte Zeit" im Sinne einer zeitraumbezogenen konkret fixierbaren Gegenleistung erbracht werden. Es muss demzufolge eine zeitraumbezogene Gegenleistungsverpflichtung bestehen, die auf einer schuldrechtlichen Vertragsbeziehung basiert oder ihre Grundlage im öffentlichen Recht hat. Für bereits erbrachte Leistungen kann kein passiver RAP gebildet werden. Im Zweifelsfall ist die vom Steuerpflichtigen erhaltene Einnahme unter Realisationsgesichtspunkten in einen passiven RAP einzustellen; es ist also auf eine ertragserhöhende Erfassung im Bezugsjahr zu verzichten. An diesem Tatbestandselement zeigt sich das imparitätische Verständnis des Zeitmoments trotz Tatbestandsparallelität von § 5 Abs. 5 Satz 1 Nr. 1 und 2 EStG.[6] Das Kriterium der zeitlichen Bestimmtheit der Gegenleistungsverpflich-

---

[5] BFH, Urteil vom 24.6.2009 – IV R 26/06, BStBl 2009 II S. 781; bestätigt etwa durch BFH, Urteil vom 15.2.2017 – VI R 96/13, BStBl. II 2017 S. 884 Rz. 18.

[6] Vgl. *Beisse*, Festschrift Budde, 1995, S. 77 f. unter Bezugnahme auf den Gesichtspunkt der „Relativität der Rechtsbegriffe". Die h. M. im Schrifttum folgt dem; vgl. etwa *Crezelius*, in: Kirchhof, EStG, 17. Aufl. 2018, § 5 Rz. 92, 93; *Weber-Grellet*, in: Schmidt, EStG, 37. Aufl. 2018, § 5 Rz. 250. Anders akzentuiert allerdings bei Darlehensverhältnissen, vgl. BFH, Urteil vom 22.6.2011 – I R 7/10, BStBl 2011 II S. 870: spiegelbildliche Behandlung aktiver und passiver RAP; glA *Marx/Löffler*, BB 2015 S. 2767.

tung wurde durch die Rechtsprechung tendenziell abgeschwächt. Auch die Einräumung immerwährender Duldungs- und Unterlassungspflichten erfüllt nach Meinung der Rechtsprechung das zeitliche Bestimmtheitskriterium.[7] Ist ein passiver RAP im sachlichen Zusammenhang mit einer Betriebsaufgabe/Betriebsveräußerung aufzulösen, kann er Gegenstand tarifermäßigter außerordentlicher Einkünfte sein.[8] Ob der BFH dies bestätigt, bleibt abzuwarten; Folge wäre eine Bildung des passiven RAP zu Lasten des laufenden Gewinns mit präferiert besteuerter Auflösung.

6392 Damit sind – parallel zu den aktiven RAP und in Übereinstimmung mit dem Handelsrecht – nur **transitorische Posten** im engeren Sinne, nicht aber antizipative Posten einer passiven Rechnungsabgrenzung zugänglich. Von einer Passivierungspflicht kann nach der BFH-Rechtsprechung unter Vereinfachungsgesichtspunkten nur in Fällen (absolut oder relativ) geringfügiger Beträge Abstand genommen werden.[9] Ein Passivierungswahlrecht ist daraus nicht ableitbar. Die Rechtsfolge der Tatbestandserfüllung eines passiven RAP ist die Verpflichtung zu einer periodengerechten Ertragsabgrenzung für ertragsteuerliche Zwecke. Der im Vereinnahmungsjahr gebildete passive RAP ist deshalb realisationsgerecht (ohne Liquiditätszugang) in einem oder mehreren Folgeabschnitten aufzulösen. Die zu erbringende Gegenleistung bestimmt den Auflösungsmodus. Es sind lineare, degressive und progressive Auflösungen denkbar; im Einzelfall kommt auch eine „Sonderauflösung" in Betracht. Eine Bewertung des passiven RAP erfolgt nicht. § 6 EStG findet unter Einschluss des dort zu findenden Abzinsungsgebots für passive RAP keine Anwendung.

6393 Die höchstrichterliche Rechtsprechung des BFH hat für steuerbilanzielle Zwecke die passiven RAP gem. § 5 Abs. 5 Satz 1 Nr. 2 EStG – tatbestandsidentisch zu § 250 Abs. 2 HGB – in einer **ausführlichen Fallkasuistik** näher konkretisiert.[10] Typische passive RAP sind danach: im alten Jahr vereinnahmte Miet- oder Leasinggebühren, für die die Mietsache oder der Leasinggegenstand erst im neuen Besteuerungsabschnitt zur Verfügung gestellt wird; erhaltene Zinsen für einen Kredit des nächsten Besteuerungsabschnitts; Kreditgebühren bei Teilzahlungskrediten, wobei dieser passive RAP nach der Zinsstaffel (kapitalanteilig) aufzulösen ist.[11] Auch für empfangene öffentlich-rechtliche Subventionsleistungen kommt ein passiver RAP in Betracht, sofern das vom Subventionsempfänger erwartete Verhalten wirtschaftlich als Gegenleistung für die Subvention verstanden werden kann.

6394 **Subsidiarität des passiven RAP:** Ein passiver RAP begründet kein (negatives) Wirtschaftsgut in Gestalt einer Verbindlichkeit/Rückstellung, sondern ist dem handels- und steuerbilanziellen Grundsatz periodengerechter Erfolgszuordnung geschuldet. Unter steuersystematischen Gesichtspunkten kommt ein passiver RAP daher nur subsidiär bei Erfüllung der Ertragsrealisationskriterien zur Anwendung. Stets wird eine zeitraum-

---

7 BFH, Urteil vom 15.2.2017 – II R 96/13, BStBl. II 2017 S. 884 Rz. 37.
8 S. zutreffend FG Niedersachsen, Urteil vom 14.6.2016 – 13 K 33/15, EFG 2016 S. 1955 mit Anm. *Kreft*, DB 2016 S. 2692; *Tiedchen*, EFG 2016 S. 1956 f. Es ist ein Revisionsverfahren beim BFH unter IV R 33/16 anhängig.
9 Zu Details vgl. Teil B Kap. III Rz. 4941.
10 Zu einer Übersicht vgl. *Weber-Grellet,* in: Schmidt, EStG, 37. Aufl. 2018, § 5 Rz. 257, 258.
11 Vgl. BFH, Urteil vom 21.5.1967 – I 208/63, BStBl 1967 III S. 607.

bezogene Gegenleistung für einen vorempfangenen Vermögenszugang verlangt, wobei es auf deren wirtschaftlichen Gehalt ankommt. Bei einer einmaligen Leistung dagegen (etwa einer Lieferung) ist die vom Steuerpflichtigen bezogene Einnahme direkt als Ertrag zu vereinnahmen oder als „erhaltene Anzahlung" auf ein künftig zu erbringendes Entgelt zu passivieren.[12] Insoweit ist die Zielrichtung von passiver Rechnungsabgrenzung und erhaltener Anzahlung nach ständiger Rechtsprechung vergleichbar.[13] Allerdings ist die „erhaltene Anzahlung" bei Nichterfüllung der Leistungsverpflichtung regelmäßig zurück zugewähren. Wird ein Verwertungsrecht gegen ein Einzelentgelt veräußert, erfolgt eine vollumfängliche Ertragsrealisation, die unabhängig von der Auszahlung späterer Verwertungseinnahmen ist.[14]

(Einstweilen frei) 6395–6399

2.2.2 Zeitmoment passiver RAP

Wegen des vorsichtsgeprägten Realisationsprinzips, das auch für steuerbilanzielle Zwecke gilt, verlangt die herrschende Meinung im Hinblick auf das objektivierungsnotwendige zeitliche Bestimmtheitserfordernis für einen passiven RAP, dass „die noch ausstehende Gegenleistung zeitbezogen oder periodisch aufteilbar" sein muss; vorausgesetzt wird eine „zumindest qualitativ gleichbleibende Dauerverpflichtung".[15] Angestrebt wird eine periodengerechte Gewinnabgrenzung. Das einem RAP wesensimmanente Zeitmoment wird für Passivierungszwecke weniger streng als auf der Aktivseite ausgelegt. Eine unter Leistungsfähigkeitsaspekten überhöhte Ertragsvereinnahmung soll systemsprechend vermieden werden. Die Gesetzesteleologie (= Verhinderung willkürlicher Gewinnbeeinflussung) ist allerdings für aktive und passive RAP identisch. 6400

Die im Rahmen des Austauschverhältnisses noch zu erbringende Gegenleistung muss keineswegs zwingend stets in dem auf das Einnahmejahr folgenden neuen Wirtschaftsjahr erfolgen, sondern der Vorgang kann durchaus langfristig – allerdings zeitlich, rechnerisch begrenzbar – angelegt sein. Auch eine zeitlich nicht begrenzte Dauerleistung ist lt. Rechtsprechung zeitlich bestimmt und deshalb einem passiven RAP zugänglich. So ist etwa die Übernahme einer Unterlassungslast gegen ein einmaliges Entgelt (Entschädigungszahlung) einem passiven RAP zuzuführen, wenn sich ein Mindestzeitraum rechnerisch bestimmen lässt („Lehre vom Mindestzeitraum"). Dabei muss auf die Parteienvereinbarung in Hinblick auf die Duldung der Unterlassungsleistung abgestellt werden.[16] Bei einem kapitalisiert ausgezahlten öffentlich-rechtlichen Zinszuschuss für die Aufnahme eines langjährigen Kapitalmarktdarlehens ist ebenfalls eine passive Rechnungsabgrenzung vorzunehmen, die ratierlich über die gesamte Darlehenslaufzeit und dabei abhängig von der Ausgestaltung des Darlehensvertrages linear oder degressiv aufzulösen ist. Dies folgt dem Grundgedanken, die Ertragswirksamkeit einer Einnahme 6401

---

[12] So zutreffend *Weber-Grellet*, in: Schmidt, EStG, 37. Aufl. 2018, § 5 Rz. 249.
[13] Siehe etwa BFH, Urteil vom 23.2.2005 – I R 9/04, BStBl 2005 II S. 481 f.; vgl. zu Optionsprämien auch BFH, Urteil vom 18.12.2002 – I R 17/02, BStBl 2004 II S. 126, 128.
[14] So BFH, Beschluss vom 27.5.2015 – X R 72/14, BFH/NV 2015 S. 1252.
[15] So BFH, Urteil vom 24.6.2009 – IV R 26/06, BStBl 2009 II S. 781 f.
[16] Vgl. BFH, Urteile vom 17.7.1980 – IV R 10/76, BStBl 1981 II S. 669; vom 9.12.1993 – IV R 130/91, BStBl 1995 II S. 202; ergänzend BFH, Urteil vom 15.2.2017 – VI R 96/13, BStBl. II 2017 S. 884.

nach Realisationsgrundsätzen in die Periode zu verlagern, in der die korrespondierenden Aufwendungen anfallen.[17] Insoweit ähnelt der Auflösungsmodus beim passiven RAP dem in der internationalen Rechnungslegung gebräuchlichen „matching principle". Weiterhin ist die Bildung eines passiven RAP denkbar bei der Ausgabe von Dienstleistungsrabattgutscheinen, die über eine bestimmte Zeitperiode von einem Kunden eingelöst werden können.[18] Der Verkäufer eines Optionsscheins bei Optionsgeschäften darf dagegen keinen passiven RAP in Höhe der Optionsprämie bilden, sondern muss eine Stillhalterverbindlichkeit ausweisen, die erst bei Ausübung oder Verfall der Option auszubuchen ist. Es wird auf Verlangen des Optionsberechtigten ein einmaliger Erfolg durch den Stillhalter geschuldet; an einer zeitbezogenen Gegenleistung fehlt es. Entsprechendes dürfte bei vereinnahmten Entgelten aufgrund des Abschlusses eines Aktienswaps gelten. Schließlich ist der bei einem Elektrizitätsversorgungsunternehmen eingehende Baukostenzuschuss passiv auf die Bindungszeit abzugrenzen.[19] Kein passiver RAP kann dagegen gebildet werden für die beim Abschluss eines Bausparvertrags erhaltene Abschlussgebühr oder bei Entgelten für Wechseldiskontgeschäfte einer Bank; insoweit fehlt es stets an einer zeitlich bestimmbaren Gegenleistung.[20]

6402–6404 *(Einstweilen frei)*

3. Steuerbilanzielle Bedeutung passiver RAP

6405 Passive und aktive RAP sind gleichermaßen kodifizierter Ausdruck eines dynamischen Bilanzverständnisses und haben stets besonderes Interesse in steuerbetriebswirtschaftlicher und steuerjuristischer Betrachtung gefunden.[21] Schließlich sind vor allem passive RAP aus dem Blickwinkel der Besteuerungspraxis wichtig, auch wenn dies nicht direkt aus breit angelegten empirischen Handelsbilanzanalysen erkennbar wird.[22] Dessen ungeachtet sind passive RAP ein Sammelbecken unterschiedlicher Geschäftsvorfälle mit teils erheblicher steuerökonomischer Bedeutung im Einzelfall. Sie tauchen mitunter branchenspezifisch gehäuft auf. Dies ist etwa bei den signing fees für „Schlüsselspieler" in der Fußballbundesliga der Fall, die als Vorauszahlungen für Rechtevermarktungsagenturen zu verstehen sind.[23] Unabhängig von einer Branchenrelevanz treten Rechtsfragen passiver RAP gehäuft auch im Zusammenhang mit Gebühren für Darlehensverträge[24] und zeitraumbezogenen öffentlich-rechtlichen Subventionsleistungen auf.

6406–6409 *(Einstweilen frei)*

---

17 Vgl. BFH, Urteil vom 24.6.2009 – IV R 26/06, BStBl 2009 II S. 781 f.
18 Vgl. *Krüger*, DStR 2011 S. 1095, 1097 f.
19 Vgl. BFH, Urteil vom 23.2.1977 – I R 104/75, BStBl 1977 II S. 392. Allerdings erfolgt eine abweichende Beurteilung durch BMF, Schreiben vom 27.5.2003, BStBl 2003 I S. 361.
20 Vgl. BFH, Urteile vom 11.2.1998 – I R 23/96, BStBl 1998 II S. 381; vom 26.4.1995 – I R 92/94, BStBl 1995 II S. 594.
21 Vgl. Teil B Kap. III, Rz. 4970.
22 *Küting/Strauß*, DB 2010 S. 1189, weisen darauf hin, dass passive RAP quantitativ gesehen durchschnittlich weniger als 1 % der Bilanzsumme eines Unternehmens betragen.
23 Zu Details *Küting/Strauß*, DB 2010 S. 1189.
24 Zu Details vgl. *Herzig/Joisten*, DB 2011 S. 1014.

4. Wichtige Anwendungsfälle für passive RAP (Einzelfall-ABC)

Ausbietungsgarantie: Erhaltene Vergütungen, die ein Garantiegeber beispielsweise im Rahmen eines Immobilienanlagemodells für die Übernahme einer Ausbietungsgarantie (= zeitlich befristete Haftung gegenüber Gläubigerbank im Falle einer Zwangsversteigerung) erhält, sind passiv auf die Laufzeit der Haftung abzugrenzen. Eine Auflösung des passiven RAP erfolgt entsprechend den betroffenen Garantiezeiträumen.[25] Entsprechendes gilt auch für Vergütungen anderweitiger zeitraumbezogener Garantieversprechen.

6410

Ausbildungsplatzzuschuss: Erhält ein bilanzierender Gewerbetreibender einen öffentlichen Zuschuss zur zeitlich befristeten Besetzung eines Ausbildungsplatzes, ist als Kompensation für den vereinnahmten Vermögenszugang ein passiver RAP zu bilden.[26] Im Streitfall war der einmalige öffentliche Zuschuss für die Besetzung eines Ausbildungsplatzes an die Verpflichtung gekoppelt, diesen Platz für mindestens zwei aufeinanderfolgende Ausbildungsverhältnisse zu besetzen. Das Unternehmen als Subventionsempfänger erhielt damit eine Vorleistung, der eine von ihm bisher noch nicht erbrachte Gegenleistung gegenüberstand, für die ein passiver RAP gebildet werden musste. Dem Bestimmtheitserfordernis war damit nach Meinung des BFH in ausreichender Form genüge getan, eine sofortige Ertragsrealisation hätte zu einer überhöhten Gewinnbesteuerung geführt.

6411

Abschlussgebühren für Bausparverträge sind Entgelte für den jeweiligen Vertragsabschluss. Die durch die Bausparkasse vereinnahmte Abschlussgebühr ist demzufolge mit dem Vertragsabschluss „verdient" und als Betriebseinnahme zu erfassen, jedenfalls soweit keine erfahrungsgestützte Rückzahlungspflicht wegen Verzicht auf ein Bauspardarlehen besteht (Rückstellung).[27] Eine steuerbilanzielle Abgrenzung als passiver RAP kommt mangels zeitraumbezogener Gegenleistung nicht in Betracht. Die kalkulatorische Ermittlung der Abschlussgebühr nach Maßgabe der Gesamtlaufzeit des jeweiligen Bausparvertrages spielt für die steuerbilanzielle Einordnung keine Rolle. Entsprechendes gilt für die in Form einer „Einlage" erhobene Abschlussgebühr, die ebenfalls mit Zugang als Betriebseinnahme zu erfassen ist. Die ständige Rechtsprechung des BFH ist in der Literatur stets auf Kritik gestoßen, da Abschlussgebühren – jedenfalls aus betriebswirtschaftlicher Sicht – ein „Eintrittsgeld" in das Leistungsbündel eines Bausparvertrags darstellen und bei der Bausparkasse zeitraumbezogen eine Reihe von Gegenleistungsverpflichtungen nach sich ziehen. Ist die bei Abschluss eines Bausparvertrags empfangene Abschlussgebühr bei Darlehensverzicht an den Bausparer zurückzuzahlen, so muss bei der Bausparkasse eine Rückstellung wegen ungewisser Verbindlichkeiten gebildet werden. Bei der Bewertung sind die statistischen Daten für tatsächliche Rückzahlungen in der Vergangenheit zu berücksichtigen.[28]

6412

---

25 So BFH, Urteil vom 23.3.1995 – IV R 66/94, BStBl 1995 II S. 772; s. ergänzend auch *Tiedchen*, in: HHR, § 5 EStG Anm. 2330, Garantiegeschäft. Vgl. weiterhin H 5.6 EStR 2012: Garantiegebühr.
26 Vgl. BFH, Urteil vom 5.4.1984 – IV R 96/82, BStBl 1984 II S. 552-554.
27 Vgl. BFH, Urteile vom 11.2.1998 – I R 23/96, BStBl 1998 II S. 381; vom 12.12.1990 – I R 18/89, BStBl 1991 II S. 485.
28 Vgl. BFH, Urteil vom 12.12.1990 – I R 18/89, BStBl 1991 II S. 485.

6413   **Baukostenzuschüsse**, die ein Gasversorgungsunternehmen von seinen Abnehmern anlässlich der Einrichtung von Gasanschlüssen erhält, sind nach älterer BFH-Rechtsprechung zu passivieren und auf den Zeitraum der Verpflichtung zur Gegenleistung (Gewährleistung der Betriebssicherheit, Instandhaltungen und kostenlose Erneuerungen) zu verteilen. Der BFH lässt dabei in seinem Urteil vom 23.2.1977 offen, ob die Passivierung als Rückstellung oder Rechnungsabgrenzungsposten erfolgt.[29] Abweichend dazu hat die Finanzverwaltung im BMF-Schreiben vom 27.5.2003 für die ertragsteuerliche Behandlung nicht rückzahlbarer Baukostenzuschüsse bei Energieversorgungsunternehmen ein Wahlrecht gewährt, bei gleichzeitiger Einräumung einer Übergangsfrist: Behandlung der empfangenen Zuschüsse als Betriebseinnahme oder erfolgsneutrale Kürzung von den Anschaffungs- oder Herstellungskosten für die Versorgungsanschlüsse.[30]

6414   **Dauerleistungsentgelt:** Im BFH-Urteil vom 9.12.1993 wurde für den Erhalt eines zeitlich nicht begrenzten Dauerleistungsentgelts die Bildung eines passiven RAP verlangt, falls sich rechnerisch ein Mindestzeitraum für die Dauerleistung bestimmen lässt.[31] Die Rechtsprechung bezieht sich dabei auf die Wahrung des Realisationsprinzips. Im Streitfall hatte ein buchführender Landwirt einem Elektrizitätsversorgungsunternehmen (EVU) unter Einräumung einer beschränkt persönlichen Dienstbarkeit die Befugnis eingeräumt, sein Grundstück zum Zwecke des Baus, des Betriebs und der Unterhaltung elektrischer Leitungen zu nutzen und sich damit gleichzeitig verpflichtet, diese Nutzungen zu dulden. Dafür wurde seitens des EVU ein einmaliges Entschädigungsentgelt gezahlt. Wegen der zeitraumbezogenen Verpflichtung des buchführenden Landwirts zur Duldung der Fremdnutzung musste ein passiver RAP gebildet werden mit anschließender Verteilung über eine Periode von 25 Jahren als rechnerisch ermittelbarem Mindestzeitraum. Der BFH arbeitet in seinem Judikat heraus, dass weder ein einmaliges Entschädigungsentgelt vorliegt, noch eine als Rückstellung auszuweisende Sachleistungsverpflichtung. Der passive RAP muss dabei Objektivierungsüberlegungen genügen und soll eine willkürliche Beeinflussung des Gewinns verhindern. Die Finanzverwaltung hat mit Schreiben vom 15.3.1995 die Anwendung der BFH-Entscheidung in allen noch offenen Fällen akzeptiert.[32] Insgesamt kann man das Urteil als recht großzügig einstufen. Auch für die Übernahme einer mit erhöhtem betrieblichen Aufwand verbundenen dauernden Unterlassungslast hat der IV. Senat des BFH einen passiven RAP zugelassen.[33] Entsprechendes gilt bei entgeltlicher Einräumung einer zeitlich unbefristeten Grunddienstbarkeit.[34] Aktuell hat der BFH im Urteil vom 15.2.2017 einen passiven RAP auch für erhaltene Entgelte eines buchführenden Landwirts im Zusammenhang mit einer „immerwährenden Duldungs- und Unterlassungspflicht" bestätigt.[35] Der VI. Senat des BFH stützt diese Beurteilung auf das Gebot zur Wahrung des Realisationsprinzips

---

29 BFH, Urteil vom 23.2.1977 – I R 104/75, BStBl 1977 II S. 392.
30 BMF, Schreiben vom 27.5.2003 – IV S 6 – S 2137 – 25/03, BStBl 2003 I S. 361.
31 BFH, Urteil vom 9.12.1993 – VI R 130/91, BStBl 1995 II S. 202.
32 Vgl. BMF, Schreiben vom 15.3.1995 – VI B 2 S 2133 – 5/95, BStBl 1995 I S. 183. Wobei allerdings zeitlich nicht befristete Dauerleistungen auf der Aktiv- und der Passivseite identisch behandelt werden sollen. Im Übrigen hat die Finanzverwaltung eine Übergangsregelung vorgesehen.
33 BFH, Urteil vom 17.7.1980 – VI R 10/ 76, BStBl 1981 II S. 669.
34 BFH, Urteil vom 9.8.1989 – X R 20/86, BStBl 1990 II S. 128.
35 Vgl. BFH, Urteil vom 15.2.2017 – VI R 96/13, BStBl. II 2017 S. 884. Zu Urteilsanmerkungen vgl. *Heyd*, BB 2017 S. 1842; *Weber-Grellet*, NWB 2017 S. 1010 und FR 2017 S. 1010-1012; *Lüdenbach*, StuB 2017 S. 752.

und nimmt eine erfolgserhöhende Verteilung des Einzelentgeltes auf 25 Jahre linear entsprechend der Ermittlung des Kapitalwerts einer Jahresvergütung auf unbegrenzte Zeit vor. Im Streitfall wurde der passive RAP vom Steuerpflichtigen selbst erst im Wege der Bilanzberichtigung im finanzgerichtlichen Verfahren geltend gemacht. Der BFH akzeptiert dies wegen Passivierungspflicht und ansonsten fehlerhaften Bilanzansatzes. Unter Gestaltungsaspekten können sich in einem solchen Fall Vertragsklauseln zur Laufzeitbestimmung empfehlen.

Erbbauverpflichteter: Von einem Grundstückseigentümer im Voraus vereinnahmte Erbbauzinsen sind über einen passiven RAP abzugrenzen und entsprechend der Laufzeit des Erbbaurechtsvertrages – üblicherweise linear – gewinnerhöhend aufzulösen. Übernimmt ein Erbbauberechtigter Erschließungskosten, so liegt darin ein zusätzliches Entgelt für die Nutzung des Grundstücks, dass beim Erbbauverpflichteten mittels eines passiven RAP über die Dauer des Erbbaurechts zu verteilen ist. Es handelt sich um einen im Voraus erhaltenen „geldwerten Vorteil", der erst nach Erbringung der eigenen Leistung (im Rahmen der Nutzungsüberlassung des Grundstücks im Erbbaurecht) als Ertrag ausgewiesen werden darf. Dem vorauserhaltenen Vermögenszugang beim Erbbauverpflichteten steht deshalb zeitraumbezogen eine Leistungspflicht gegenüber; erst durch die Leistungserbringung erfolgt die Gewinnrealisation. Im Übrigen sind die vom Erbbauberechtigten zur erstmaligen Erschließung des mit einem Erbbaurecht belasteten Grundstücks aufgewendeten Beiträge beim bilanzierenden Grundstückseigentümer als Vermögenszugang beim Grund und Boden zu aktivieren. Die Rechtsprechung ist zutreffend.[36]

6415

Ertragszuschüsse: Sofern eine zeitraumbezogene Gegenleistung auf Grundlage schuldrechtlicher Verträge oder öffentlichen Rechts vom Zuschussempfänger zu erbringen ist, muss eine passive Rechnungsabgrenzung vorgenommen werden.[37]

6416

(Einstweilen frei)

6417–6419

Forderungsforfaitierung aus Leasingverträgen: Bei der Forfaitierung noch nicht fälliger Leasingraten (= Kaufvertrag mit Übergang des Bonitätsrisikos auf den Forderungserwerber, echte Forfaitierung) hat der Leasinggeber den erzielten Forfaitierungserlös nach übereinstimmender Meinung von Rechtsprechung und Finanzverwaltung in einen passiven RAP einzustellen. Grundlage der Passivierung ist also der erzielte Kaufpreis, nicht der Nominalwert der Nutzungsüberlassungsverpflichtung. Entsprechend dem Realisationsprinzip ist der passive RAP dann linear aufzulösen, wenn der Leasinggeber zu gleichbleibenden Leistungen gegenüber dem Leasingnehmer verpflichtet bleibt. Der BFH betont dabei, dass die Gleichmäßigkeit der Leasingrate grundsätzlich Ausdruck einer linear verteilten, gleichmäßigen Leistungsverpflichtung ist.[38] Insoweit erteilt der BFH degres-

6420

---

36 Vgl. BFH, Urteil vom 20.11.1980 – VI R 126/78, BStBl 1981 II S. 398; BFH, Beschluss vom 26.3.1991 – IV B 132/90, BFH/NV 1991 S. 736: lineare, allenfalls progressive Auflösung; keine degressive Auflösung; BFH, Urteil vom 4.9.1997 – IV R 40/96, BFH/NV 1998 S. 569; BFH, Urteil vom 8.12.1988 – IV R 33/87, BStBl 1989 II S. 407. Zur Behandlung beim Erbbauberechtigter s. Teil B Kap. III, Rz. 4979.
37 Zu Details vgl. BFH, Urteil vom 5.4.1984 – IV R 96/82 BStBl 1984 II S. 552 sowie BMF, Schreiben vom 2.9.1985, BStBl 1985 I S. 568. Zustimmen H 5.6 EStR (Ertragszuschüsse).
38 Vgl. BFH, Urteil vom 24.7.1996 – I R 94/95, BStBl 1997 II S. 122; BMF, Schreiben vom 9.1.1996, BStBl 1996 I S. 9, Abschnitt III 2a.

siven oder progressiven Auflösungsmethoden eine Absage. Bei der so genannten Restwertforfaitierung aus Teilamortisationsleasingverträgen ist die Zahlung des Dritten dagegen steuerlich als ein Darlehen an den Leasinggeber zu beurteilen. In diesem Fall sind die Forfaitierungserlöse von ihm nicht als Erträge aus zukünftigen Perioden passiv abzugrenzen, sondern als Verbindlichkeit auszuweisen und bis zum Ablauf der Grundmietzeit ratierlich aufzuzinsen.[39] Die anderslautende Behandlung im BMF-Schreiben vom 9.1.1996 ist von der Finanzverwaltung inhaltlich wohl aufgegeben worden.[40] Sofern der Forderungsverkauf allerdings als „unechte Forfaitierung" ausgestaltet ist und damit das Bonitätsrisiko beim Forderungsverkäufer bleibt, ist der Vorgang nicht als Kauf, sondern als Darlehensverhältnis zu qualifizieren. Dabei kommt es auf den wirtschaftlichen Gehalt des Forfaitierungsgeschäfts an, nicht auf dessen Bezeichnung.[41]

6421 **Franchise-Vertragsgebühren** sind beim Franchisegeber in der Regel als vorausgezahltes Entgelt für eine zeitbezogene Gegenleistung passiv abzugrenzen und auf die Mindestlaufzeit des Franchisevertrags erfolgserhöhend zu verteilen. Ggf. kommt eine umsatzabhängige Auflösung in Betracht.[42]

6422 **Investitionszuschuss:** Nach Verwaltungsmeinung besteht ein Wahlrecht[43] dahin gehend, dass die aus öffentlichen Mitteln gewährten Investitionszuschüsse entweder zu einer Minderung der Anschaffungs- oder Herstellungskosten des geförderten Wirtschaftsguts (üblicherweise im Jahr des Bewilligungsbescheids) führen, oder als sofort zu versteuernde Betriebseinnahme zu erfassen sind. An dem für einen passiven RAP erforderlichen Zeitraumbezug fehlt es dem Investitionszuschuss. Ein öffentlicher Zuschuss für das zweckgebundene Leasen eines Wirtschaftsguts ist kein Investitionszuschuss und berechtigt zur Bildung/Verteilung eines passiven RAP entsprechend den Konditionen der Zuwendungsbescheide.[44]

6423 **Mobilfunkdienstleistungen:** Erhält ein bilanzierender Gewinnermittler verbilligt ein Mobilfunktelefon, ist der bezogene geldwerte Vorteil in einen passiven RAP mit Erlangung der Verfügungsmacht einzustellen und entsprechend der Telefonnutzung gewinnerhöhend aufzulösen. Bemessungsgrundlage der AfA für das Mobiltelefon ist der gemeine Wert, also der Barpreis zuzüglich des Sachwerts der erhaltenen Vergünstigung. Handelt es sich dabei allerdings um ein geringwertiges Wirtschaftsgut (§ 6 Abs. 2 EStG), wird der Verzicht auf die Bildung eines passiven RAP seitens der Finanzverwaltung nicht beanstandet. Diese Sichtweise der FinVerw dürfte durch das BFH-Urteil v. 15.5.2013[45] zur Notwendigkeit eines aktiven RAP bei Handy-Subventionen aufgrund einer spiegelbildlichen Wirkungsweise bestätigt worden sein.

---

39 So BFH, Urteil vom 8.11.2000 – I R 37/99, BStBl 2001 II S. 722.
40 Vgl. H 5.6 EStR: Forfaitierung von Forderung aus Leasingverträgen.
41 Vgl. BMF, Schreiben vom 9.1.1996 – IV B II – S 2170 – 135/95, BStBl 1996 I S. 9, Abschnitt III 1.
42 Vgl. *Tiedchen*, in: HHR, § 5 EStG Anm. 2219.
43 So R 6.5 EStR 2012. Während vor allem der I. Senat das verwaltungsseitige Wahlrecht stützt, spricht sich der IV. Senat des BFH grundsätzlich für eine Minderung der AK/HK des betroffenen Wirtschaftsguts aus. Vgl. dazu auch BFH, Urteile vom 22.1.1992 – X R 23/89, BStBl 1992 II S. 488; vom 29.11.2007 – IV R 81/05, BStBl 2008 II S. 561.
44 So FG Münster, Urteil vom 15.12.2015 – 10 K 516/14 K, G, EFG 2016 S. 462 mit Anm. *Stalbold*.
45 BFH, Urteil vom 15.5.2013 – I R 77/08, BStBl 2013 II S. 730. Zu den Rechtsfolgen für passive RAP ausdrücklich *Rätke*, StuB 2013, S. 808. Zu weiteren Details s. Rz. 4989.

Öffentlich-rechtliche Subventionsleistung: Bei einer subventionsbezogenen Gegenleistungsverpflichtung sind öffentlich-rechtliche Ertrags- oder Aufwendungszuschüsse, die zu einem vorauserhaltenen Vermögenszugang führen, über einen passiven RAP abzugrenzen und entsprechend der noch zu erbringenden Gegenleistung ertragserhöhend aufzulösen. Dies gilt etwa für erhaltene Ausbildungsplatzzuschüsse (siehe oben) oder öffentlich-rechtliche Zinszuschüsse. Allerdings stehen nicht allen öffentlichen Fördermitteln Gegenleistungsverpflichtungen durch den Steuerpflichtigen gegenüber. Dies gilt etwa für öffentliche Fördermittel im Sinne von § 10 des Gesetzes zur wirtschaftlichen Sicherung der Krankenhäuser und zur Regelung der Krankenhauspflege (KHG) vom 29.6.1972. In ihrer Gewährung liegt keine Gegenleistung für die Behandlung von Patienten zu bestimmten Pflegesätzen. Derartige Investitionszuschüsse können grundsätzlich nur über eine Minderung der Anschaffungs- und Herstellungskosten berücksichtigt werden. Bei öffentlich-rechtlichen Subventionsleistungen ist deshalb stets zu analysieren, ob nach Maßgabe des Zuwendungsbescheids eine zeitbezogene Gegenleistungsverpflichtung besteht. Nur dann kommt ein passiver RAP in Betracht. 6424

(Einstweilen frei) 6425–6429

Reinvestitionsrücklage nach § 6b EStG: Der im Zusammenhang mit der Veräußerung eines Wirtschaftsguts entstehende Auflösungsertrag eines passiven RAP kann nicht in eine § 6b-Rücklage eingestellt werden. Der Auflösungsertrag ist kein Bestandteil des wirtschaftsgutbezogenen Veräußerungsgewinns, sondern erfolgt nur aus Anlass der Veräußerung. Dies hat das FG Hamburg zutreffend in einem Urteil vom 4.4.2011 für in einen passiven Ausgleichsposten eingestellte Ausgleichszahlungen entschieden, die im Zusammenhang mit einer Grundstücksveräußerung erfolgserhöhend aufzulösen waren.[46] 6430

Signing Fees für „Schlüsselspieler" in der Fußballbundesliga werden beim Empfänger (= Fußballclub) handelsbilanziell üblicherweise als passive RAP ausgewiesen. Es handelt sich im Wesentlichen um Vorauszahlungen für (zumindest teilweise) zukünftig noch zu erbringende Leistungen der Fußballbundesligavereine. Die steuerbilanzielle Handhabung sollte deckungsgleich sein.[47] 6431

Unterlassungslast: s. Dauerleistungsentgelt.

Stillhaltervergütung: Bei Optionsgeschäften hat der bilanzierende Verkäufer eines Optionsscheins in Höhe des für die Stillhalterverpflichtung vereinbarten Preises eine Verbindlichkeit auszuweisen, die erst bei Ausübung oder Verfall der Option auszubuchen ist. Ein passiver RAP kommt dagegen nicht in Betracht. Die Stillhalterverpflichtung ist weder zeitlich noch periodisch aufteilbar. Vielmehr schuldet der Stillhalter auf Verlangen des Optionsberechtigten einen einmaligen bestimmten Erfolg. An einer zeitraumbezogenen Gegenleistung fehlt es daher.[48] 6432

---

46 FG Hamburg, Urteil vom 4.4.2011 – 2 K 91/10, BB 2011 S. 1838; die Revision beim BFH unter dem Aktenzeichen IV R 17/11 wurde zurückgewiesen. Dazu auch *Kleinmanns*, BB 2011, S. 1841.
47 Zu einer empirischen Analyse mit „handelsbilanziellen Verbesserungsvorschlägen" im Hinblick auf die Vermögens- und Schuldenlage s. *Küting/Strauß*, DB 2010 S. 1189-1197. Zur aktiven Abgrenzung von Signing Fees vgl. auch *Lüdenbach*, StuB 2011 S. 716.
48 Vgl. BFH, Urteil vom 18.12.2002 – I R 17/02, BStBl 2004 II S. 126.

Veräußerungsentgelte, die ein bilanzierender Kunst- und Antiquitätenhändler für die Beteiligung eines Dritten an mehrjährigen Verwertungsrechten erhält, berechtigen nicht zur Bildung und Verteilung eines passiven RAP.[49] In einem solchen Sachverhalt fehlt es an einer zeitraumbezogenen Gegenleistung, da – ungeachtet späterer weiterzureichenden Verwertungseinnahmen – zivilrechtlich ein Kaufvertrag über ein immaterielles Wirtschaftsgut abgeschlossen wurde. Es liegt deshalb beim betroffenen Kunst- und Antiquitätenhändler ein einmaliger realisierter Umsatzakt vor; der Steuerpflichtige hat die von ihm zu erbringende Leistung vor dem Bilanzstichtag mit Entgelterhalt vollständig erbracht.

6433 **Vorfälligkeitsentschädigungen,** die ein Kreditgeber für seine Bereitschaft zu einer für ihn nachteiligen Änderung der Vertragskonditionen vom Kreditnehmer vereinnahmt hat, sind nach dem BFH-Urteil vom 7.3.2007[50] nicht passiv abzugrenzen. Die Bank erhält die Entschädigungszahlung nicht für eine noch zu erbringende Gegenleistung, sondern für eine einmalige, vor dem jeweiligen Stichtag durch Aufhebungsvertrag (Verzicht) bereits vollzogene Leistung. Der Grundsatz periodengerechter Ergebnisermittlung verlangt daher eine einnahmegleiche Realisation, für eine zeitbezogene Ergebnisverteilung ist kein Raum. Darüber hinaus ist ebenfalls kein passiver RAP zu bilden bei empfangenen Entschädigungen anlässlich der Aufhebung von Hausverwalterverträgen[51] oder bei Ertragswertentschädigungen[52] für die einvernehmliche Einschränkung von Betrieben.

Werkzeugkostenzuschüsse, die bspw. von einem Automobilhersteller an ein Zulieferunternehmen geleistet werden, stellen laufende Erträge dar und können nach Meinung des BFH nicht über einen passiven RAP eingestellt werden.[53] Voraussetzung: wirtschaftliches Eigentum an den Werkzeugen beim Hersteller. Die Zuschüsse werden nicht für künftige Lieferungen gezahlt, sondern sind Entgelt für die Herstellung und Übereignung der Werkzeuge. Allerdings kommt es auf die im Einzelfall getroffenen Vereinbarungen zwischen Zulieferer/Auftraggeber an.

6434 **Zinszuschuss:** Für die Gewährung eines abgezinsten öffentlich-rechtlichen Zinszuschusses (Aufwandszuschuss) im Zusammenhang mit der Aufnahme eines langjährigen Kapitalmarktdarlehens, ist bei einem bilanzierenden Steuerpflichtigen ein passiver RAP zu bilden. Es handelt sich um den Empfang einer zeitraumbezogenen Subvention, da vom Subventionsempfänger ein bestimmtes wirtschaftliches Verhalten als Gegenleistung für die Subvention erwartet wird. Für das Vorliegen einer solchen wirtschaftlichen und zeitraumbezogenen „Gegenleistung" sind die Bestimmungen des Zuwendungsbescheids maßgebend. Dass dabei die Gegenleistung gegenüber einem Dritten und nicht gegenüber dem Zuwendenden erfolgt, ist nach Meinung des BFH[54] unerheblich. Wegen dieser zeitraumbezogenen Gegenleistungsverpflichtung ist der passive RAP pe-

---

49 Vgl. BFH, Beschluss vom 27.5.2015 – X B 72/14.
50 BFH, Urteil vom 7. 3. 2007 – I R 18/06, DStR 2007 S. 1519.
51 So BFH, Urteil vom 23.2.2005 – I R 9/04, BStBl 2005 II S. 481.
52 So BFH, Urteil vom 11.7.1973 – I R 140/71, BStBl 1973 II S. 840.
53 Vgl. BFH, Urteil vom 28.5.2015 – IV R 3/13, BFH/NV 2015 S. 1577. Zur Einordnung vgl. *Prinz*, StbJb. 2016/ 2017 S. 360 f.; *Welter*, DB 2017 S. 2118-2122.
54 BFH, Urteil vom 24.6.2009 – IV R 26/06, BStBl 2009 II S. 781. Zu Erläuterungen siehe *Kolbe*, StuB 2009 S. 731. Entsprechendes gilt bei der Finanzierung von Autokäufen durch zinsgünstige Darlehn in der Automobilbranche, s. *Balmes/Graessner*, FR 2011 S. 885.

riodengerecht ratierlich über die gesamte Darlehenslaufzeit aufzulösen, wobei dies je nach Ausgestaltung des Darlehensvertrags linear oder degressiv (nach der Zinsstaffelmethode) erfolgen kann. Der IV. Senat des BFH orientiert sich bei der ertragswirksamen Auflösung der passiven RAP an dem handelsrechtlichen Aktivierungswahlrecht des § 250 Abs. 3 HGB für ein Emissions- oder Auszahlungsdisagio. Sofern eine vorzeitige Sondertilgung des Darlehens erfolgt, ist der abgrenzungsbezogene Passivposten im Verhältnis der Sondertilgung zu dem Gesamtdarlehensbetrag aufzulösen. Meines Erachtens entspricht das Judikat Realisationsgrundsätzen und ist zutreffend. Bei Erhalt eines Investitionszuschusses ist mangels zeitraumbezogener Gegenleistung kein passiver RAP zu bilden.

(Einstweilen frei) 6435–6499

STICHWORTVERZEICHNIS

Die Ziffern verweisen auf die Randnummern.

A

Abschreibungen
– Absetzungen
  – für Abnutzung   1383, 1386, 1427 ff., 1528
  – nach Aufstockung   1939,
  – erhöhte Absetzung   1388, 1431, 2759, 2894, 3563 ff.
  – für außergewöhnliche technische oder wirtschaftliche Abnutzung   2759, 2761
– Bemessungsgrundlage   3535 ff.
– für außergewöhnliche, technische oder wirtschaftliche Abnutzung (AfaA)   3560 ff.
– Gebäude   3540 ff.
– Methoden   3528 ff.
– Mindest-AfA   3565
– Nachholung   3539
– nachträgliche Anschaffungs- oder Herstellungskosten   3538
– Nutzungsdauer   2810, 3544
– planmäßige Abschreibungen   2776 f., 2805, 2894, 3525 ff.
– Sonderabschreibungen   2759, 2894, 3566 ff.
– Teilwertabschreibungen   2759, 2761, 2805, 2814, 2895
– Wechsel   3533
Abspaltung   1827, 1872
Abstockung   1888
– negativer Kaufpreis bei Asset Deal   2220, 2225
– negativer Kaufpreis bei Share Deal   2227, 2229
Abwicklung   2278 ff.
Abzinsung von Verbindlichkeiten   6191 ff.
additive Gewinnermittlung   1342, 1459
Aktien
– Bewertung   2633
– Aktienanleihen   1092, 3701 ff.
aktive Rechnungsabgrenzungsposten   4930
– antizipative Posten   4931, 4951
– Bedeutung   4970

– Bewertung   4942
– dynamisches Bilanzverständnis   4932
– Europarechtsgrundlagen   4934
– Gegenstand   4950 f.
– Grundsatz der Subsidiarität   4943
– Grundsatz der Wesentlichkeit   4941
– handelsbilanzielle Regelung   4932 ff.
– kein RAP-Wahlrecht   4941
– Rechtsfolge   4940
– Saldierungsverbot   4930, 6381
– Sonderfälle   4960 f.
– Subsidiarität   4943
– Tatbestand   4940
– transitorische Posten   4930, 4932, 4950
– Wesentlichkeitsgrundsatz   4941, 4975
– wichtige Anwendungsfälle   4975
– Zeitmoment   4952 f.
alternative Investmentfonds   3638 ff.
Änderungen durch BilMoG   5262
Anfangsbilanz   2382
Anlagen im Bau   3484
Anlagenspiegel
– E-Bilanz   1288, 1298
Anlagevermögen
– Abgrenzung zum Umlaufvermögen   562 ff.
– Bedeutung und Begriff   556 ff.
– Teilwert   2631
Anleihen   1059, 3651 ff., 3665
Anrechnung   2870
Anrechnungsmethode   2939, 3027
Anrechnungsüberhang   3035
Ansatz
– Beschränkung   2593 ff.
– Verbot   2593 ff.
– Vorbehalt   2593 ff.
Ansatzwahlrecht   1383, 1427, 1454
– handelsrechtlich   1857, 1862
– steuerrechtlich   1871

Anschaffung 5343

Anschaffungskosten 823 ff., 2931, 3008 f., 3012, 4252

– Anschaffungskostenprinzip 819, 991, 998, 1009, 1011

– Anschaffungsnebenkosten 829, 844 ff., 1826, 4258

– Anschaffungspreis 835, 837, 852 f., 858 ff.

Anschaffungsverbindlichkeiten 6197

– Anschaffungspreisminderungen 858 ff.

– Anschaffungsvorgang 1850 f., 1857 f.

– Anschaffungszeitpunkt 831, 851, 853

– Eigenkapitalzinsen 840

– Fremdkapitalzinsen 840

– Gebäudeabbruch 841 f.

– nachträgliche Anschaffungskosten 841, 851 ff.

– unechte Gemeinkosten 847

Anschaffungsvorgang 5343

Anteile an Investmentvermögen 2633, 3638 ff.

Anteile an Kapitalgesellschaften 1481 ff., 1527, 3621 ff.

– Teilwert 2869

– Verkauf 2872

– wirtschaftliches Eigentum 661

Anteile an Personengesellschaften 3628 ff.

Anteile an verbundene Unternehmen 1022, 3608 f.

Anteile, eigene

– handelsrechtlicher Ausweis 5095 f.

– Maßgeblichkeitsprinzip 5104

– steuerliches Einlagekonto 5104

– Wirkung und gesellschaftliche Grundlagen 5074 f.

Anteilstausch 1877, 1892 ff., 2967

Antizipative Sicherungsgeschäfte 1042

Antrag 2994, 3022

Anwachsung 2001 ff.

– einfache 2002

– erweiterte 2010

– handelsrechtliche Rückbeziehung 2013

– steuerliche Rückbeziehung 2012

– Transparenzprinzip 2009

Anwendungsvorrang europäischen Rechts 386

Anzahlungen 2376, 3481 ff.

– kein Wirtschaftsgut 549

Asset Deal 1821 ff., 1416, 2220 ff.

– ABC ausgewählte Einzelfragen 1826

– Anschaffungskostenminderung 1831

– Anschaffungspreisminderungen 1827

– Anteil an einer Personengesellschaft 836

– aufschiebend bedingte Verbindlichkeit 1831

– Bewertungsvorbehalt 1832

– Carve-Out-Transaktion 1829

– Due-Diligence-Kosten 1826

– firmenwertähnliche Wirtschaftsgüter 1834

– Geschäfts- oder Firmenwert 1825

– immaterielle Wirtschaftsgüter 1833

– Kaufpreisaufteilung 1823

– modifizierte Stufentheorie 1825

– nachträgliche Anschaffungskosten 1826

– negativer Kaufpreis 1830, 2216 f., 2221

– Passivierungsverbot 1832

– sofortabzugsfähige Betriebsausgabe 1828

– sonstige Verpflichtungen 1832

– Stufentheorie 1825

ATAD-Richtlinie I 3016

atypisch stille Gesellschaft 1045, 1463, 1539, 3698 ff., 5415

Aufgabegewinn 3022

Aufspaltung 1847, 1891

Aufstockung

– negativer Kaufpreis bei Asset Deal 2221 ff.

Auftragsbestand 3326

Aufwandsverteilungsposten 2586

Aufwuchs 5306

– Gebäude 5318

– Grund und Boden 5302

– Investitionszuschüsse 5509

– private Zuschüsse 5511

– Veräußerung 5332

– Veräußerungskosten 5355

– Vorbehaltensfrist 5377

Aufzeichnungspflichten 2466 ff., 2943, 3018

– Aufzeichnungserleichterungen für buchführende Landwirte 2466 ff.

Aufzeichnungsverpflichtungen 2740, 2790 ff.

Ausbringung 1567

Ausfallrisiko 4590

ausgeschüttete Erträge 1056

Ausgleichsposten 1422 f., 1624, 1660, 1690, 1967 ff., 2759, 2893, 2993 ff., 3001 ff., 3007, 3008 ff., 3018
- aktiv 1056 f., 1635, 1690, 1692, 1694 ff., 1707, 1828
- Auflösung 1694
- Bildung 1694
- Fortentwicklung 1694
- Organgesellschaft 1655
- passiv 1690, 1692, 1694 ff., 1696, 1707,
  - negativer Kaufpreis bei Asset Deal 2221 ff.
  - negativer Kaufpreis bei Share Deal 2228 ff.
- Rechtsentwicklung 1700 f.
- Rechtsnatur 1705 ff.
- veräußerungsgleiche Ausgleichspostenauflösungen 1716
- Zukunft steuerlicher Ausgleichszahlungen 1611, 1624, 1655 ff., 1725
Ausgliederung 1847
ausländische Betriebsstätte 1970
ausländische Kapitalgesellschaft 2931, 3003
ausländische Personengesellschaft 2965, 2996, 3003
ausländisches Vermögen 1970
Auslandsforderungen 4600
Ausleihungen an Unternehmen mit Beteiligungsverhältnis 1025
Ausleihungen an verbundenen Unternehmen 1023
Ausleihungen 1059, 3611
Ausscheiden Mitunternehmer
- gegen Sachwertabfindung 1997
Ausscheiden von Wirtschaftsgütern 3003
Ausschluss des Besteuerungsrechts 2963, 2966 f., 2984 ff., 2988, 3004, 3021
ausschüttungsbedingte Teilwertabschreibung 4694
Ausschüttungsbemessungsfunktion 3046 f.
Ausschüttungsgleiche Erträge 1057, 3644 f., 3654 ff.
Ausschüttungssperre 972, 1013, 2568, 3046
- eigene Anteile 5096
- Handelsrecht 5094, 5096
Ausschüttungsverbindlichkeiten 1972
Außenanlagen 3409, 3445 ff.
außerorganschaftliche Mehr- und Minderabführung s. *Mehr- und Minderabführung, außerorganschaftlich*
ausstehende Einlagen 1972, 5076

B

Bank- und Industrieobligationen 1059
Barrealisation 3092
Bau- und Montagebetriebsstätte 2952
Bauten auf fremden Grundstücken 2586, 3448 ff.
Befreiung Buchführungspflicht
- Anwendungsbereich 13
- Neugründung 17
- Rechtsfolgen 15
- Schwellenwerte 14
- Übergang von Befreiung zur Buchführungspflicht 19 ff.
- Übergang von Buchführungspflicht zur Befreiung 18
- Umwandlung 18
Begründung des Besteuerungsrechts 2973, 3025 f.
beizulegender Zeitwert 817 f., 955 ff.
- Anwendungsbereich 955, 963 ff.
- Begriff 956 ff.
- Ermittlung 976 ff.
Bemessungsgrundlageneffekt 2764, 2824 ff.
beschränkte Steuerpflicht 2958
Beschränkung des Besteuerungsrechts 2963, 2966 f., 2984, 2986, 2988, 3021
Besicherung 2214 ff.
Besitzpersonengesellschaft 1486 f.
Besitzzeiten 1935
besonderes Verzeichnis 5280
Bestandsvergleich 2360
Beteiligungen 1024, 3606 f.
Beteiligungspolitik 3058
Beteiligungsquote 1356, 1575 f.
Betrieb 1344, 1353, 1470, 1472, 1531 ff., 1554, 1565 f.
betriebliche Nutzung 1357, 1476, 1479
Betriebsaufgabe 3019 ff., 5335
Betriebsaufspaltung 1486, 1539, 4595
Betriebsausgaben
- nicht abziehbare 2867

Betriebsausstattung 3463

Betriebsbegriff
− Bedeutung 158, 481, 586, 606
− gewinnermittlungsbezogener Betriebsbegriff 159

Betriebsprüfung 196, 1965, 2888

Betriebsstätte 2931, 2939 ff., 2949 ff., 2973 ff., 2963 f., 2978 ff., 2984 f., 2988 ff., 2993 f., 2996 f., 3004, 3016, 3026 f., 3034 f., 5370, 5466 ff.
− Betriebsstätten-Buchführung 2941, 2949
− E-Bilanz 1267, 1314
− AOA 2949
− Erfolgsabgrenzung 2947 ff.
− Hilfs- und Nebenrechnung 2951 ff

Betriebsverlegung 3022

Betriebsvermögen 1356 ff., 1466 f., 1532, 1534, 1547, 1550 f., 1587
− Abgrenzung zum Privatvermögen 480 ff., 494
− Begründung von Betriebsvermögen 484 ff.
− Dreiteilung 494 ff.
− gewillkürtes Betriebsvermögen 496 ff., 516 ff., 597, 1360, 1496, 2699, 2759, 2764, 2825, 2892
− Merkmal des Bestandsvergleichs 142
− notwendiges Betriebsvermögen 496, 499 ff., 597, 1358 ff., 1473
− Rechtsfolgen der Zugehörigkeit 489
− Restbetriebsvermögen 482
− Zurechnung bei Ehegatten 487
− Zurechnung der Wirtschaftsgüter 485 ff.

Betriebsvermögensvergleich 2656 f., 2664 ff., 2705, 2940
− Anwendungsbereich 128 ff.
− Auslandsbeziehungen 132 ff.
− Bedeutung 128
− Buchführung 158 ff.
− Grundsätze ordnungsmäßiger Buchführung 128
− Hinzurechnungsbesteuerung 134
− Unterschiede zwischen § 4 Abs. 1 und 5 EStG 129

Betriebsverpachtung
− eiserne Verpachtung 2501 ff.
− land- und forstwirtschaftliche Bilanzierung 2498 ff.

Betriebsvorrichtungen 3434, 3458 ff.
− Aufzug 3461
− Bedienvorrichtungen 3461
− Definition 3458 ff.
− Förderband 3461

− Rücklagen 5318

Betriebszweck 2950

Bewertung
− Holz in der Forstwirtschaft 2493 ff.
− land- und forstwirtschaftliche Vorräte 2477
− Pflanzen und Kulturen 2480 ff.
− Vieh 2485 ff.

Bewertung bei Rückstellungen 5721 ff.
− Abzinsung 5657 ff.
− Ansammlungsrückstellung 5648 ff.
− Einzelbewertung 5638
− Erfahrungswerte 5639 f.
− Erfüllungsbetrag 5633 ff.
− Ermessensspielraum 5637
− Geldleistungsverpflichtung 5657, 5660
− Gemeinkosten 5641 ff.
− Herstellungskosten 5643
− künftige Vorteile 5644 f.
− Pauschalbewertung 5636 ff.
− Preis- und Kostensteigerungen 5664
− Sachleistungsverpflichtungen 5641 ff., 5657, 5661
− Wahrscheinlichkeitsverteilung 5634 f.

Bewertungseinheiten 410 f., 818, 1020 ff., 2594 ff.
− Auflösung 1085
− Begriff 1020
− Bildung 1025 ff.
− Einfluss der IFRS 3048
− Verlängerung 1081

Bewertungsstichtag 898, 913, 937

Bewertungsvereinfachung 2809

Bewertungsvorbehalt 2619, 3043

Bewertungswahlrecht 1383, 1427, 1454
− Ausübung 1918 ff.

Bilanz im Rechtssinne 333

Bilanzänderung 1170
− E-Bilanz 1264
− Durchführung 1196 ff.
− Umfang 1190 f.
− Zusammenhang mit Bilanzberichtigung 1179 ff.

Bilanzberichtigung 1130 ff., 1965, 2690 ff.
− Durchführung 1150 ff.
− E-Bilanz 1150, 1264
− erfolgsneutrale 1162

– erfolgswirksame 1161
Bilanzbündeltheorie 1041, 3631
Bilanzenzusammenhang 1112 ff., 2689, 2691
– formeller 1113 f., 1146
– materieller 1113
– Treu und Glauben 1115
Bilanzidentität 1110 f.
Bilanzierung
– Betriebsverpachtung 2498 ff.
– Forstwirtschaft 2488 ff.
Bilanzierungs- und Bewertungsvorbehalte 350 ff.
Bilanzierungseinheiten 1028
Bilanzierungshilfe 2998
– kein Wirtschaftsgut 550
Bilanzierungskonkurrenz 1531 ff.
Bilanzierungszeitraum 170, 172
Bilanzkorrekturen
– handelsbilanzielle 1124 ff.
– steuerliche 1118 ff.
Bilanzpolitik 3056
Bilanzstichtag
– Gewerbebetrieb 170 ff.
– Handelsrecht 171
– Land- und Forstwirtschaft 2450 f.
Bilanztheorien 124 f., 2673
– dynamische Auffassung 124
– statische Auffassung 124
Bildung des Sonderpostens 5390
– Auflösung des Sonderpostens 5445
– Ausweis Sonderposten 5392
– Beginn der Herstellung 5429
– Frist zur Übertragung 5425
– Fristverlängerung 5427
– Fristwahrung bei Herstellung 5435
– Gewinnzuschlag 5450
– Reinvestitionsabsicht 5391
– Rumpfwirtschaftsjahre 5451
– Zeitpunkt des Ausweises 5420
BilMoG 332, 336, 3062, 3063
BilRUG 3061
Bitcoin 566, 583
Bodenschatz
– Einlage 624
– Privatvermögen 486

– Rücklage 5300 ff.
– unbewegliches Wirtschaftsgut 571
Bonds with Warrants 1081
Bonus 860
Brennrechte in der Landwirtschaft 2473
Briefkurs 999, 1002
Bruchteilsgemeinschaft 1356, 1474
Bruttomethode 2597
Buchführung 2940 ff.
– freiwillige 3 ff., 55 ff.
– Verlagerung Ausland 79 ff.
– verpflichtende 3 ff., 31 ff.
– Grundlage des Betriebsvermögensvergleichs 160 ff.
– ordnungsmäßige 162 f.
Buchführungspflicht 1 ff., 1351 f., 2361
– Abweichungen Handels-/Steuerrecht 46 ff., 50 ff.
– ausländische Betriebsstätte 4
– Auslandsbezug 4, 32, 36 f.
– Befreiung 13 ff.
– Beginn/Ende 29 f., 33, 44 f.
– Betriebsbezogenheit 41
– Betriebsstätte 4
– Buchführungssystem 43
– derivative 31 ff., 1351
– E-Bilanz 1291
– freiwillige (Handelsrecht) 3 ff.
– Kaufmannseigenschaft 3, 29 f.
– Neugründung 17
– originäre steuerrechtliche Buchführungspflicht 34 ff., 1352
– Schwellenwerte 14, 38 ff.
– Sonderbetriebsvermögen 3, 42
– Umwandlung 18
– Verhältnis zu Einkunfts-/Gewinnermittlungsart 61
– Verzeichnispflichten 55, 62
– Voraussetzungen 38
– Zweigniederlassung 4
Buchwert/e 815, 839, 917, 1346, 1398, 1417, 1421 f., 1432, 1436, 1534, 1547, 1550, 1554, 1568, 1589, 2371
Buchwertabspaltung bei Lieferrechten 2475
Buchwertansatz 2965 ff.
– handelsrechtlich 1859

– steuerrechtlich   1874, 1910
Buchwertantrag   1918 f.
Buchwertfortführung   838, 1547, 1550, 1565
Bürgschaft   2200 ff.

C

Cap   1071
CCCTB (GKKB)   347, 422, 3066, 3076 f., 3079, 3102
Collar   1071
Convertible Bonds   1086

D

Darlehen   1357, 1364, 1460, 1479, 1506, 1515, 1520 f., 1528, 1583, 3665 ff., 3701 f.
Darlehensforderungen   4526
dauernde Wertminderung   3617 f., 3624 ff., 3646 f.
Dauerschuldverhältnis   152, 3182
DBA
– Gewinnermittlung   135
DCF-Verfahren   983
Debt Equity Swap   2185 ff.
Debt Mezzanine Swap   2191
Deckungsvermögen   818
Deklarationskosten   3073
Derivate (Termingeschäfte)   3673 ff.
Devisenkassamittelkurs   819, 991 f., 1003, 1009 ff.
Diensterfindungen   3166
direkte Methode   136, 2941, 2947
Direktgeschäft   2931
Direktinvestition   2931
Dokumentationserfordernisse   370 f.
Domizilstaat   2931
Doppelbesteuerung   3012, 3032
doppelstöckige Personengesellschaft   1581 ff.
Double-Dip-Modell   1529
Down-Stream-Merger   1957 ff.
– Anteile an der Übernehmerin   1961
– eigene Anteile   1960
Drohverlustrückstellungen   1920, 1047, 1059, 1072 ff., 1323, 1694 f., 1733, 1832, 1914, 2165, 2522, 2597 f., 2612, 3092, 3101, 3682 f., 5608 ff., 6211

Durchbuchungsmethode   1037
Durchschnittsbewertung   4359

E

E-Bilanz   2626, 3067, 3102
– Ableitbarkeitsgrundsatz   1306
– Anlagenspiegel   1288, 1298
– Anwendungsbereich, persönlicher   1265 ff., 1288
– Anwendungsbereich, sachlicher   1275 ff., 1288
– Anwendungsbereich, zeitlicher   1281 ff., 1288
– atypisch stille Beteiligung   1266, 1289
– Authentifizierung   1329
– Befreiung   1269
– Betriebsstätten   1267, 1314
– Bilanzberichtigung durch E-Bilanz   1151
– Ergänzungsbilanz   1286
– Erleichterungen   1269
– Härtefälle   1270 ff.
– Kapitalkontenentwicklung   1287, 1298
– Konsequenzen unterlassener/fehlerhafter Übermittlung   1331
– Kontenmapping   1307 ff.
– Mindestumfang   1260, 1303 ff.
– Nichtbeanstandungs-/Übergangsregeln   1282 ff.
– NIL-Werte   1306
– Rechtsgrundlagen   1263
– Risikomanagementsystem   1334
– Rückübermittlung   1336
– Sonderbilanz   1286
– steuerbegünstigte Körperschaften   1265, 1283
– Tax Compliance Management System   1337
– Taxonomie   1294 ff.
– Übermittlungsalternativen   1290
– Übermittlungsformat   1328
– Übermittlungsfrist   1330
– zeitlicher Anwendungsbereich   1281 ff.
– Ziele   1260
echte Pensionsgeschäfte   1100
E-Government   1260
Ehegattengrundstück   488
eigene Anteile   1960, 4657
Eigenjagdrechte in der Landwirtschaft   2473

Eigenkapital 1372, 1461
- Abgrenzung zu Fremdkapital, Handelsrecht 5045 ff., 5083
- ausländische Kapitalgesellschaften, Steuerrecht 5102
- ausländische Rechtsformen, Handelsrecht 5051
- betriebswirtschaftliche Funktion 5053
- Einzelunternehmen 5080
- Finanzierungsfreiheit, Steuerrecht 5065 f., 5145
- Handelsrecht/-bilanz 5040 ff., 5080 ff.
- IFRS 5081
- Kapitalgesellschaften 5072 ff.; 5087 ff., 5102 ff.
- Maßgeblichkeitsprinzip 5061 ff., 5100, 5190 ff., 5104
- Personengesellschaften 5070 f., 5081 ff., 5110 ff.
- Steuerrecht/-bilanz 5059 ff., 5100 ff.
eigenkapitalersetzende Darlehen 2700, 6181
Eigenkapitalquote 1372, 3054, 3056 ff.
Eigenkapitaltitel 3601, 3620 ff.
Eigenkapitalzinsen 840
Eigentumsvorbehalt
- wirtschaftliches Eigentum 770 f.
Einbringung 1372, 1409, 1566, 2370, 2404, 2967
- Einbringungsgewinn I 1897 f., 1900, 5338
- Einbringungsgewinn II 1897, 1880
- in KapGes 1892 ff.
- in PersGes 1901 f.
- Rücklage 5333 f.
Einfrierungsmethode 1037, 2598
Einheitlichkeitsgrundsatz
- bei gemischt genutzten Wirtschaftsgütern 529 ff.
Einheitsbilanz 2510, 3062
Einheits-GmbH & Co. KG 5086
Einheitstheorie 1041, 1383, 3631
Einlage 580 ff., 839, 1372, 1378 f., 1478, 1515, 1521, 1547, 3025 ff., 3032
- ausstehende Einlage 5091, 5097
- Begriff 580 ff., 620 ff.
- Bewertung 630, 813
- Bodenschatz 624
- Gegenstand der Einlage 583 f.
- gesplittete Einlage 5139
- Nutzungseinlage 3028
- Rechtsfolgen 629 ff.
- Rücklage 5334, 5343
- verdeckte Einlage 5147 ff.
- Zeitpunkt der Einlage 587 ff.
Einlagefiktion
- durch Verstrickung 628, 631
Einlagetatbestand 627 ff.
Einnahmenüberschussrechnung 121, 2665 f., 2674, 3018
- GKB-RLE 140
- Hinzurechnungsbesteuerung 134
- Reformmodell 140
Einzelabschluss 2930
- Einzelbewertungsgrundsatz 402
Einzelkosten 4312
Einzelrechtsnachfolge 1843, 1851, 1875
Einzelveräußerungspreis 903 f., 913, 920, 935
- Einzelwirtschaftsgüter
- Tausch 1989 f.
- Übertragung 1988 ff.
- verdeckte Einlage 1989, 1992
- verdeckte Entnahme 1993
entgeltlicher Erwerb 3159 ff.
- Abfindung 3165
- Abgrenzungen 3167 f., 3178 f.
- Gegenleistung 3160
- Liquidation 3174
- Tausch 1989
- Übertragung 1988 ff.
- verdeckte Einlage 1689, 1992
- verdeckte Entnahme 1993
- Umwandlungen 3176
- Vereinbarung 3161
- wiederkehrende Leistung 3160
- Zuschuss 3164
Entnahme 580 ff., 593 ff., 1353, 1372, 1378 f., 1515, 1546 ff., 1583, 2973, 2975, 2984, 2993, 3007, 3013, 3016, 3020, 5336
- Begriff 580 ff., 594 ff.
- Gegenstand der Entnahme 583 ff.
- Nutzungs- und Leistungsentnahme 595
- Rechtsfolgen 612
- von Sonderbetriebsvermögen 1546 ff.
- Zeitpunkt der Entnahme 587 ff.
- zum Buchwert 615
- zum gemeinen Wert 615

Entnahmebegriff
- finaler 607
Entnahmefiktion
- durch Entstrickung 600 ff.
Entnahmehandlung 597 ff.
Entnahmetatbestand 597 ff.
Entnahmewille 598
Entscheidungsneutralität 3066
Entstrickung 2932, 2954, 2963 ff., 2973 ff., 2984, 2988 ff., 2995, 3001, 3011, 3021, 3027
- gewerbesteuerliche 2984
- objektbezogene 2964
- subjektbezogene 2964
- umwandlungssteuerrechtliche 2966 f.
- von betriebl. (Teil-)Einheiten 2963
Entstrickungsentnahme 815
Entstrickungstatbestand 600 ff.
Entwicklungen 3168
Erbbaurecht 3415 f.
Erbengemeinschaft 1360
Erbschaft- und Schenkungsteuer 2825, 2875
Erfindungen 3166
Erfolgsabgrenzung 2939, 2949 f.
Erfolgsneutralität 811, 866
Erfüllungsrückstand 6201
Erfüllungsübernahme 2199, 2235
Ergänzungsbilanz 1340, 1342, 1344, 1351, 1384 ff., 1396 ff., 1409 ff., 1416 ff., 1427 ff., 1567, 1572, 1577, 1588 f., 1902
- bei Einbringungen in Personengesellschaften 1902
- Bruttomethode 1902
- Eigenkapital 5111 ff.
- negative Ergänzungsbilanz 1400 f., 1421 f., 1427, 1435 f., 1566
- Nettomethode 1902
- positive Ergänzungsbilanz 1385, 1400 f., 1418, 1428, 1435 f.
Erhaltungsaufwand 871, 2805, 2808, 2894, 3510 f.
Erleichterungen
- größenabhängige 2564
Ermessensspielraum 2720, 2722, 2759, 2764, 2805, 3056 f.
Eröffnungsbilanz 2364
Ersatztatbestände 1897

Ersatzteile 3457
Erstarkung des Besteuerungsrechts 3027
Ertragswertverfahren 944, 948, 983
Erweiterung 853, 867, 869, 871
Erwerb 1361 f., 1409, 1416 ff., 1433, 1588
Erwerber 1417 f., 1423, 1427, 1433 f., 1436, 1589
Escape-Klausel 3053 ff.
EuGH-Urteile
- 6b Rücklage 5372
- A Oy 2995
- BIAO 3039, 3041, 3050
- Centros 2411
- DE+ES Bauunternehmung GmbH 3049, 5638
- DMC 3016
- GIMLE 3044
- Hughes de Lasteryrie du Saillant 3016
- Inspire Art 2411
- Immo Chiaradia 5042
- Kommission/Bundesrepublik Deutschland (C 591/13) 3045, 5466 f.
- Kommission/Frankreich (C-334/02) 2989
- Kommission/Niederlande (C-301/11) 3016
- Kommission/Portugal (C-38/10) 3016
- Kommission/Spanien (C-64/11) 3016
- Lab Tec 603
- Larentia + Minerva 1613
- N 3016
- National Grid Indus 3016
- Tomberger 3039
- Überseering 2411
- Verder LabTec 603, 3016
Europäischer Gerichtshof 361, 387, 2933, 3038
Exchangeable Bonds 1041

F

Factoring
- Abgrenzung 754
- echtes Factoring 755
- unechtes Factoring 756 ff.
Fair Value-Bewertung 925, 3074, 3078
Fehlerbegriff 2690 ff.
- Berichtigungspflicht/Wahlrecht 1140
- Großer Senat 1135 ff., 2590, 3065

– handelsbilanzieller Fehlerbegriff 1125 ff., 1144
– im Organschaftsrecht 1143
– kaufmännische Beurteilungsspielräume 1142
– objektiver und subjektiver Fehlerbegriff 1133 ff., 2590, 2690 ff., 3065
– sachverhaltsbezogener Fehlerbegriff 1141
Fehlmaßnahme 4692
Feststellungsprinzip 1342, 1519
Festverzinsliche Wertpapiere 2635, 3647, 3654, 3668
Festwertbewertung 4353
Fiktionen 896, 901
fiktive Einlage 3025
finale Betriebsaufgabetheorie 3019 ff.
finale Entnahmetheorie 2973, 2975, 2985 f., 2989, 2991, 3019 f.
Finanzanlagen 1020, 3600 ff.
Finanzanlagen mit Mitgliedschaftscharakter 1035
Finanzbericht
– digital (DiFin) 1262
Finanzierungsfunktion 2952 f.
Finanzinstrumente 817 f., 955, 963, 972, 1011
– derivativ 1066
Finanzprodukte 4638
– finanzwirtschaftliche Risiken 1053
Firmenwert 1976 f., 2157
Fischereirechte in der Landwirtschaft 2473
Flexibilität 2884 f.
Floor 1071
Folgebewertung 811, 1031
Forderungen des Bankbuches 1061
Forderungen 4500
Forderungsabwertung 4617
Forderungsverzicht 1460, 1975 f., 2178 ff., 6182
– konkludent 2322
– mit Besserungsabrede 2179, 2184
– Sonderbetriebsvermögen 2183
Forfaitierung
– wirtschaftliches Eigentum 754
Formwechsel 1955 ff.
– kreuzender 1955
Forward 1073
Freiberuflerpersonengesellschaft 1402

Freistellungsmethode 2939, 2973 ff., 2985, 3019, 3026
Fremdkapitaltitel 3602, 3664, 3602 ff.
Fremdkapitalzinsen 840, 881, 889, 2807, 2866
Fremdvergleichsgrundsatz 2948, 2949, 2974, 2979
Fremdwährungsgewinn 1016
Fremdwährungsumrechnung 2944
Fremdwährungsverbindlichkeiten 2636, 6203
Functionally Separate Entity Approach 2948
funktionale Betrachtungsweise 2950
Funktionsweise der Rücklagen 5261
Future 1073

G

Gängigkeitsabschläge 4485
Garantiedividenden 1624
GAV-Durchführungsfiktion 1632
GbR 1356, 1359
Gebäude 841 f., 1362 f., 1386, 1517
– Abbruchkosten 841, 3501
– Abschreibung für außergewöhnliche technische oder wirtschaftliche Abnutzung (AfaA) 3562
– Abschreibung 841, 3540 ff.
– Anlagevermögen 3404
– Anschaffungskosten 841, 3502 ff.
– Ausweis 3573
– Baukostenzuschuss 3501
– Bauplanungskosten 3501
– Bauzeitversicherung 3501
– Begriff 3417 ff.
– beschränkt Steuerpflichtige 3518 ff.
– Betriebsvermögen 3428
– Container 3424
– Erweiterung 3507 f.
– Gebäudeteile 3427 ff.
– Grunderwerbsteuer 3501
– Hausanschlusskosten 3501
– Heizungsanlage 3501
– Herstellungskosten 2806 ff., 3506 ff.
– Ladeneinbauten 3437
– Mietereinbauten 3438 ff.
– Rücklage 5310 ff.

- Scheinbestandteile 3436
- selbständige Gebäudeteile 3433 ff.
- Stellplätze 3501
- Teilwertabschreibung 3554
- unselbständige Gebäudeteile 3430 ff.
- Verbesserung 3509
- Wertaufholung 3557
- Wertminderung 3555
- wirtschaftliches Eigentum 661
- Zwangsversteigerung 3501

Gebäudeteil 1363

Gebot der Erfolgsneutralität von Anschaffungsvorgängen 400

Geldkurs 999 ff.

geleistete Anzahlungen 4238, 4621

gemeiner Wert 923 ff., 1590, 1873, 1911 ff., 2984, 2994, 3012 f., 3016, 3032 ff.
- Abgrenzung gegenüber dem Teilwert 929 ff.
- Definition 923 ff.
- Ermittlung 935 ff.
- Ertragswertverfahren 948
- Sachwertmethode 950
- Vergleichswertmethode 946

Gemeinkosten 828, 4330

Gemeinsame Körperschaftsteuer-Bemessungsgrundlage (GKB-RLE) 140, 347, 540

Genussrechte (Genussscheine) 1074, 3690 ff.

Genussrechtskapital
- Handelsrecht/-bilanz 5174 ff.
- Steuerrecht/-bilanz 5189 ff.

geringwertige Wirtschaftsgüter (§ 6 Abs. 2 EStG) 336
- Ausweis 3573
- in der Ergänzungsbilanz 1433 f.
- Sammelposten 3470 ff.
- selbständige Nutzung 3466
- Software 3467
- Verzeichnispflicht 3468 f.

Gesamtbewertung 3066

Gesamtgewinn 1340, 1342, 1519, 1583, 1586, 1588

Gesamtgewinngleichheit 122, 2377 ff., 2396

Gesamthandsbilanz 1340, 1351, 1384, 1386, 1396, 1398, 1400 f., 1418, 1459 f.

Gesamthandsvermögen 1344, 1346, 1356 ff., 1363, 1365, 1372, 1376, 1384, 1386, 1397, 1400, 1416, 1435, 1451, 1465, 1470, 1538, 1565 f., 1576 f., 1589

Gesamtkaufpreis 1418, 1461

Gesamtrechtsnachfolge 1844 ff.

Geschäfts- oder Firmenwert 1418, 1976, 2759, 2763, 2893, 2952, 3019, 3057
- Abgrenzungen 3322 ff.
- Abschreibung 2777
- AfA 3335
- atypisch stille Gesellschaft 3317
- Auftragsbestand 3326
- Ausgleichsposten 3342
- Bestandteile 3304
- Betriebsaufspaltung 3305
- Definition 3300 ff.
- derivativer Geschäfts- oder Firmenwert 3312
- Einbringungen 3315, 3321
- Einheitstheorie 2763
- entgeltlicher Erwerb 3312 ff.
- Ermittlung 3318 ff.
- firmenwertähnliche Wirtschaftsgüter 3323, 3328
- lästiger Gesellschafter 3317
- negativer Geschäfts- oder Firmenwert 3340 ff.
- Nutzungsdauer 3336
- originärer Geschäfts- oder Firmenwert 3313
- personenbezogener Betrieb 3303
- Residualgröße 3318
- Stilllegung 3330
- Stufentheorie 3320, 3332
- Teilbetrieb 3305
- Teilwertabschreibung 3334, 3337 ff.
- Trennungstheorie 2763
- Umwandlungen 3315, 3321
- Unternehmensfortführung 3330
- verdeckte Einlage 3316
- Wirtschaftsgut 3308 ff.
- Zerschlagung 3330
- Zuschreibung 2763

Geschäftsausstattung 3463

Geschäftsleitungbetriebsstätte 2953

Geschäftswert 1977

geschlossene Immobilienfonds 5295

gesellschafterbezogene Betrachtungsweise 5291

Gesellschafterdarlehen 1344, 2167 ff.
- Anschaffungskosten, nachträgliche, Steuerrecht 5146
- Einlagen, gesplittete, Handelsrecht 5139
- Finanzplankredit, Handelsrecht 5139
- Forderungsverzicht, verdeckte Einlage 5147 f.
- Handelsrecht/-bilanz 5137 ff.
- Kapitalschutz, Handelsrecht 5138
- Sanierungsgewinn, Vermeidungsstrategien 5150
- Steuerrecht/-bilanz 5145 ff.
- Teilwertabschreibung 2173
- unverzinsliches Darlehen 2171 f.
Gesellschafterdarlehenskonten 1372
Gesellschafter-Pensionszusagen
- korrespondierende Bilanzierung 5118
Gesellschafterwechsel 1386, 1388
Gesetzlicher Wahlrechtsvorbehalt 360
Gestaltungsmissbrauch bei Bilanzierungsfragen (§ 42 AO) 375
Gewerbesteuer 1342, 1534
Gewinn 2671 ff.
Gewinnabführungsvertrag (GAV)
- Mehrmütterorganschaft 1611
- Durchführung 1663
Gewinnbegriff 120 ff.
- Betriebsvermögen 142
- Tatbestandsmerkmale 141 ff.
- Wirtschaftsjahr 143
Gewinnermittlung 1340 ff., 1396 f., 1402, 2656 ff. 2931 f., 2942, 2950, 2954, 2973, 3040 f., 3049, 3053
- additive Gewinnermittlung 1342, 1459
- Betriebsstättengewinnermittlung 136, 2954
- DBA 135
- direkte Methode 136
- erste Stufe 1340, 1343, 1351 ff., 1459
- Inlandseinkünfte beschränkt Steuerpflichtiger 136
- Leistungsfähigkeit 144 ff., 2586
- OECD-Musterabkommen 135
- Reformvorschläge 140
- zweite Stufe 164 f., 1340 f., 1451 ff.
Gewinnermittlungsarten
- Betriebsvermögensvergleich als Grundform 122

- land- und forstwirtschaftliche Gewinnermittlungsarten 2460 ff.
- Pluralismus 121
- Wechsel 121, 2361
Gewinnermittlungsmethode 1454
Gewinnermittlungswahlrecht 2361
Gewinnermittlungszeitraum 170 ff., 2450 ff.
Gewinnnachverlagerung 2820, 2835, 2862, 2883
Gewinnnivellierung 2820, 2841 ff., 2883
Gewinnrealisation
- Mietkauf 682
- Pensionsgeschäfte 730 f.
- Rückerwerbsoption 740
- Sale and buy back-Geschäfte 703 ff.
- Sale and lease back-Geschäfte 699
- Treuhandverhältnisse 747
- Wertpapierdarlehen 709
- wirtschaftlicher Eigentumsübergang 666 ff.
Gewinnrealisierungsgrundsätze 144 ff.
Gewinnschätzung 123
Gewinnverwendung 2726
Gewinnvorabmodell 2369
Gewinnvorverlagerung 2820, 2862 ff., 2883
GKKB 347 f., 422, 3076
s. a. *gemeinsame Körperschaftsteuer-Bemessungsgrundlage (GKB-RLE)*
Gleichheitsgrundsatz 2671 ff., 2687, 2705
Gleichmäßigkeit der Besteuerung 3071 f., 3076, 3079
GmbH & Co. KG 1482 ff., 1584
GmbH 1482 ff.
GoB (Grundsätze ordnungsmäßiger Buchführung) 128, 2680 ff., 3046 ff., 3061, 3066, 3070, 3072, 3074, 3100
- formelle/materielle 395
- handelsrechtliche 334 ff., 390 ff.
- Informations-/Gewinnanspruchs-GoB 395
- kodifizierte/nicht kodifizierte 400 ff.
GoBD 2589
Going Concern 2155 ff.
- bei Liquidation 2283
- in der Insolvenz 2317
Grenzsteuersatz 2843

Grund und Boden
- fremder 2586
- Teilwert 2632

Grundfreiheiten 3045

Grundgeschäfte 1031

Grundsatz der Versteuerung realisierter Gewinne 5279

Grundsatz des „substance over form" 400

Grundsatz nomineller Kapitalerhaltung 404

Grundsteuer 837

Grundstück 1362 f., 1480, 1511, 1517
- Ausweis 3573
- Betriebsvermögen 3410
- Bodenschatz 3413
- Erdarbeiten 3501
- gemischt genutzt 3405
- Kinderspielplatz 3447
- unbebaut 3406 ff.
- wirtschaftliches Eigentum 661

grundstücksgleiche Rechte 3414 ff., 3141

Gründungsphase 2377

Gruppenbesteuerung 1614

Gruppenbesteuerungssystem 1610

Gruppenbewertung 4370, 4612

H

Handelsbestand bei Banken 1074

Handelsbestand von Kreditinstituten 1033

handelsrechtliche GoB 335, 383, 390
- deduktive Methode 393
- formell 396
- Gewinnanspruchs-GoB 396
- GoB als Rechtsnormen 391
- Herleitung von GoB 393
- hermeneutisch-teleologisch 393
- induktiv 393
- Informations-GoB 396
- kodifizierte handelsrechtliche GoB 400
- materielle GoB 396
- nicht kodifizierte handelsrechtliche GoB 400
- Relativität der GoB 392
- Systematik handelsrechtlicher GoB 395

Herstellungsaufwand 2641 f., 2805, 2894, 2886, 2891, 4300

Herstellungskosten 866 ff., 2805 ff., 3063 f.
- anschaffungsnahe 872, 2637 ff., 3512 ff.
- Begriff 866 ff.
- Fremdkapitalzinsen 885, 3063
- Herstellung im engeren Sinne 868
- Kosten der allgemeinen Verwaltung 883 f., 3063
- Sozialkosten 883 f.
- Umfang 876 ff., 3063

Herstellungskostenuntergrenze
- Herstellungskostenwahlrecht 364

Hilfs- und Nebenrechnung 2951 ff.

Hinzurechnungsbesteuerung 134, 2931

Höchstwertprinzip 1009 f.

Holdingfunktion 2952 f.

Hybridanleihen 1079, 3703 f.

hybride Finanzierungstitel 3687 ff.

hybride strukturierte Finanzanlagen 1069

I

IFRS 2933, 3042, 3046 ff., 3053, 3057, 3074, 3077 f., 3102
- Bedeutung Steuerbilanz 383, 391

immaterielle Wirtschaftsgüter 2952 f., 2974, 2990, 2993, 3057, 3092
- Anschaffungskosten 3216 f.
- Anzahlungen 3213 f.
- außerplanmäßige Abschreibungen 3232 f.
- Ausweis 3236 ff.
- Begriff 3140 f.
- Bodenschatz 3149
- degressive AfA 3225
- Domain 3198
- Einlage 3156, 3169
- Emissionsrechte 3193
- entgeltlicher Erwerb 3152 ff.
- Konzessionen 3188 ff.
- leistungsabhängige AfA 3225
- lineare AfA 3226 ff.
- Schutzrechte 3194 ff.
- selbstgeschaffene immaterielle Wirtschaftsgüter 1983
- Spielererlaubnis 3192

– Umlaufvermögen 3155
– unfertige immaterielle Wirtschaftsgüter 3157
– verdeckte Einlage 3171
– verdeckte Gewinnausschüttung 3172
– Verstrickung 3170
– Wertaufholung 3233
– wirtschaftliches Eigentum 3186
Imparitätsprinzip 819, 991, 1009 ff., 1014, 1460, 3046, 3072, 3078 f., 3092, 3100
– in der Sonderbilanz 1460
Inbetriebnahme 829
Informationsfunktion 2724, 3046 f.
Inhaberschuldverschreibung 1059
Insolvenz 2307 ff.
– Besteuerung in der Insolvenz 2318 ff.
– Betriebsaufspaltung und Insolvenz 2324
– Insolvenzplanverfahren 2308 ff.
– Rechnungslegungsvorschriften 2312 ff.
– Regelinsolvenz 2308
Instandhaltungs- und Modernisierungsaufwand 2637 ff.
Inventurvereinfachung 2809
Investitionsabzugsbetrag 2398, 2759 f., 2794, 2895
– in der Sonderbilanz 1457
Investitionsgesellschaften 3648 f.
Investitionszulage 1457, 2864 f.
Investitionszuschuss 2776, 2779, 2894
Investmentaktiengesellschaft 1053
Investmentanteile 1053
Investmentfonds 1053, 3641 ff.
Investmentvermögen 1053

J

Joint Venture 1052

K

Kapitalanlagegesellschaft 1053
Kapitalerhaltung/-schutz
– Ausschüttungssperre 5094, 5096
– eigene Anteile 5095, 5104
– Grundlagen bei Kapitalgesellschaften 5072 f.
– Nachrang- und Gesellschafterdarlehen 5137

Kapitalerhöhung 4666, 5072
Kapitalforderung 1059, 3665 ff.
Kapitalgesellschaften 1036
– Ausschüttungssperre 5094, 5096
– Bilanzausweis des Eigenkapitals 5080 ff.
– eigene Anteile 5074 ff.
– eigene Anteile, Handelsrecht 5095 f.
– Eigenkapitalspiegel 5089
– Einlagekonto, Steuerrecht 5102
– Gewinnrücklagen 5092
– Kapitalerhaltung/-schutz 4075 f.
– Kapitalrücklagen 5092
– Organschaft, volle Gewinnabführung 5105
– Rechtsformbesonderheiten des Eigenkapitals 5070 ff.
Kapitalherabsetzung 4672
Kapital-Investitionsgesellschaften 3648 f.
Kapitalkontenanpassung
– bei Einbringungen in Personengesellschaften 1902
– bei Realteilung 2000
Kapitalkontenentwicklung
– E-Bilanz 1287, 1298
Kapitalkonto 1346, 1371, 1396, 1398, 1417 f., 1421, 1560 ff., 1589
– handelsbilanzieller Ausweis 5084
– Kapitalkontenstrukturen, Personengesellschaften 5082 ff.
– steuerliches Eigenkapitalkonto, § 15a EStG 5113
– Verbuchung, ertragsteuerliche Relevanz 5123 f.
kapitalmarktorientiertes Unternehmen 2930, 3050, 3053
Kaufmannseigenschaft 3, 29 f., 1352
KG 1351, 1356, 1358, 1360, 1482 ff., 1509, 1581
Kleingewerbetreibende 3, 5, 29, 35
Kommanditist 1482, 1484, 1518
Kommissionsgeschäfte
– Einkaufskommission 745
– Verkaufskommission 743
– verkaufskommissionsähnliche Geschäfte 744
Komplementär-GmbH 1482 f., 1486, 1528, 1584
Konfusion 1974, 1980, 1982, 1985
Kontrollkosten 3073
Konzernabschluss 2930
Konzern-Klausel 3053, 3055, 3058

Konzernsteuerquote 2876

Konzessionen 3188 ff.

– Personalkonzessionen 3189

– Sachkonzessionen 3189

Körperschaftsteuerguthaben 1977

Korrektivwertmethode 1425

Korrekturmaßstab 814

Korrekturpostenmethode 2974

korrespondierende Bilanzierung 1342, 1459 ff., 1512 f.

Kostenrechnung 2886

Krypto-Währung 566, 583

L

Land- und Forstwirte

– Anbauverzeichnis 2469

– Anlagevermögen, Umlaufvermögen 2470 ff.

– Aufzeichnungspflichten und -erleichterungen 2466

– Baumbestände, Holz 2489 ff.

– Betriebsvermögen 2470 ff.

– Bewertung von Pflanzen und Kulturen 2480 ff.

– Bilanzierung 2450 ff., 2460 ff., 2488 ff.

– Bilanzstichtag, Gewinnermittlungszeitraum 2450 ff.

– Brennrechte 2473

– Eigenjagd- oder Fischereirechte 2473

– forstwirtschaftliche Bilanzierung 2488 ff.

– Viehbewertung 2488 ff.

– Vorratsbewertung 2477

– Wasserbezugsrechte 2473

– Wiederbepflanzungsrechte im Weinbau 2473

– zeitliche Gewinnzurechnung 2455 ff.

lästiger Gesellschafter 1418

latente Steuern 1626, 1864, 1866 ff., 2510, 2740, 2793 f., 3057, 3064

– Abzinsungsverbot 2540

– Aktivierungswahlrecht 2526

– Anhangangaben 2556

– Auflösung 2538

– Ausweis 2551

– Bewertung 2539

– Bilanzansatz 2523

– bilanzorientiertes Konzept 2522

– erfolgsneutrale Differenzen 2518, 2532

– Gesamtdifferenzenbetrachtung 2523

– größenabhängige Erleichterungen 2564

– GuV-orientiertes Konzept 2518

– Inside Basis Differences 2572

– Passivierungspflicht 2524

– permanente Differenzen 2515

– Personenhandelsgesellschaften 2576

– quasi-permanente Differenzen 2514

– Saldierungswahlrecht 2552

– Steuersatz 2542

– Teilaktivierung 2528

– temporäre Differenzen 2519

– Temporary-Konzept 2519

– Timing-Konzept 2518

– umgekehrte Maßgeblichkeit 2510

– Ursachen 2537

– Verlustvorträge 2533, 2547

– zeitlich begrenzte Differenzen 2512

– Zinsvorträge 2533, 2547

laufender Gewinn 2399, 2401

Leasing

– Abgrenzung 684 f.

– Andienungsrecht 692, 694

– Finanzierungs-Leasing 685

– Kaufoption 690

– Mietverlängerungsoption 691

– Operate-Leasing 685

– Sale and lease back 699

– Spezialleasing 697

– Teilamortisation 693 ff.

– Vollamortisation 687 ff.

Leistungsentnahme 595, 616

Leistungsfähigkeit

– finanzielle 2671 ff.

– Gewinnermittlung 144 ff.

Lifo-Methode 2643 ff.

Liquidation 2278 ff.

– Abwicklungs-Anfangsvermögen 2298 f.

– Abwicklungs-Endvermögen 2295 f.

– Abwicklungsgewinn 2294, 2297

– Beginn Besteuerungszeitraum 2290

– Besteuerungszeitraum 2291 f.

– Ende Besteuerungszeitraum 2292

– Liquidationsbesteuerung 2294 ff.

- Liquidationseröffnungsbilanz 2280 ff., 2288
- Liquidations-Folgeabschluss 2281
- Liquidationsschlussbilanz 2280, 2286 f.
- Rechnungslegung, handelsrechtlich 2279 f.
- Rechnungslegung, steuerrechtlich 2290 ff.
- Rumpfwirtschaftsjahr 2290
- stille Liquidation 2301

Lizenzen 3205 ff
- alleinige Lizenz 3210
- ausschließliche Lizenz 3210
- Entwicklungslizenz 3209
- Gebietslizenz 3211
- Gebrauchslizenz 3209
- Herstellungslizenz 3208
- Vertriebslizenz 3208

Lizenzgeberfunktion 2952 f.

LLP 133, 2411

M

Macro-Hedge 1023, 2597

Marktpreis 920, 956, 977, 979, 980 f., 984

Maschinen 3456

Maßgeblichkeit 420, 1014, 1358, 1361, 1399, 1454, 1519, 1536, 1866, 1944, 2586, 2714, 2741 ff., 2758, 3040 f., 3049, 3061, 3066, 3100 ff.
- Durchbrechungen 375, 2746, 3062
- Einschränkung 2744, 2746
- europarechtliche Einflüsse 3040 ff.
- faktische Maßgeblichkeit 338
- formelle Maßgeblichkeit 338, 883, 2740, 3061, 3064
- Geschichte des Maßgeblichkeitsprinzips 348
- Grenzen der Maßgeblichkeit 350, 375
- IAS-Maßgeblickeit für Besteuerungszwecke 421
- IFRS-Maßgeblichkeit 421, 3074
- keine Maßgeblichkeit im Umwandlungssteuerrecht 415
- Eigenkapital 5061 ff., 5100, 5104, 5190 ff.
- materielle Maßgeblichkeit 331, 338, 2740, 2742, 2776, 3061
- phasenverschobene Maßgeblichkeit 338
- Rechtsentwicklung 345 ff.
- Sonderausprägungen der Maßgeblichkeit 347
- stille Teilhaber-These 345
- Subsidiarität der Maßgeblichkeit 351
- umgekehrte Maßgeblichkeit 332, 338, 2586 ff.
- unionsrechtliche Einflussnahme 386
- verfassungsrechtliche Bedeutung 3066
- Wirkungen des Maßgeblichkeitlichkeitsgrundsatzes 380

Mehr- und Minderabführungen 1730, 1740
- außerorganschaftlich 1616, 1730, 1745
- innerorganschaftlich 1690 ff., 1692
- nachorganschaftlich 1616, 1730, 1740 ff
- Ursache 1694
- vororganschaftlich 1616, 1693, 1730 ff.

Mehrfunktionalität des Einzelabschlusses 346

mehrheitsvermittelnde Beteiligung 1878

Mehrkomponentengeschäft 4233

Mehrkontenmodell 1365

Methodenwechsel 3029

mezzanine Finanzierung 6207

Mezzaninekapital 5131 ff.
- Abgrenzungsfragen 5134
- Definition 5131
- Genussrechtskapital 5174 ff.
- Nachrang- und Gesellschafterdarlehen 5137 ff.
- stille Gesellschaft 5155 ff.

Micro-Hedging 1022

Mietkauf
- Abgrenzung 680
- echter 681
- unechter 682
- wirtschaftliches Eigentum 680 ff.

Milchlieferrechte 2474

Minderheitsgesellschafter 1611

Mindestbesteuerung 3101

Mitternachtsregelung 1611

Mitunternehmer 1340 ff., 1352, 1358, 1363, 1384 ff., 1396, 1398, 1401, 1409, 1435, 1452, 1454 f., 1461, 1466 ff., 1472 ff., 1481 ff., 1496 ff., 1506 ff., 1519, 1526 ff., 1531 ff., 1546 f., 1554, 1565 f., 1568, 1581 f., 1586, 1588, 1590, 5394

Mitunternehmeranteil 1409, 1416 ff., 3631 ff.

Mitunternehmerinitiative 1581

Mitunternehmerrisiko 1581

Mitunternehmerschaft 1041, 3631 ff.

Mitwirkungspflicht 2943, 3007
modernes Gruppenbesteuerungskonzept 1614

N

Nachrang- und Gesellschafterdarlehen 5137 ff.
– Handelsrecht/-bilanz 5137 ff.
– Kapitalschutz 5138
– Steuerrecht/-bilanz 5145 ff.
nachträgliche Anschaffungs-/Herstellungskosten 841, 5345
– Vorbehaltefrist 5380
Namensschuldverschreibung 1059
Nebenkosten 4258
negativer Kaufpreis 1421, 2218 f., 2234
Niederlassungsfreiheit 2990, 3016, 3045
Niederstwertprinzip 129, 401, 918, 3078
Nießbrauch
– Vorbehaltsnießbrauch 772
– wirtschaftliches Eigentum 773
– Zuwendungsnießbrauch 772
Nominalwertgrundsatz 403
Nominalwertprinzip 403 f., 1422
Null-Coupon-Anleihen 1062
– Zerobonds 3669 f.
Nutzungs- und Funktionszusammenhang 486, 546
Nutzungseinlage
– Begriff 623
– Bewertung 632
Nutzungsentnahme 595, 616
Nutzungsrecht 3158, 3181
– Bewertung 632
– dingliches 3197
– obligatorisches 3197

O

Obergesellschaft 1581 ff.
Objektivierung
– Objektivierungsgrad 3072
– Objektivierungsprinzip 3046
OECD BEPS-Aktionspunkt 166
OECD-Betriebsstättenbericht 2979

Offenlegung
– Einheitstaxonomie 1261
öffentlich private Partnerschaft 2617
öffentliche Pfandbriefe 1059
OHG 1351, 1360, 1369, 1581
ökonomischer Gewinn 3069
Optionen 1067
– Call-Option, Put-Option 3674, 3660 ff., 4636 ff.
Options-/Wandelanleihen 5205 ff.
Handelsrecht/-bilanz 5205 ff.
Steuerrecht/-bilanz 5213 ff.
Optionsanleihen 1081, 3712 ff.
Optionsgeschäfte
– Andienungsrecht 692
– Doppeloption 678, 741
– Kaufoption 673 ff.
– Leasing 689 ff.
– Rückerwerbsoption 740 f.
– Verkaufsoption 673 ff.
– wirtschaftliches Eigentum 673 ff.
Organgesellschaft (OG) 1610, 4695
– Abführungssperre 1639
– Ausgleichszahlungen 1655
– Ausschüttungssperre 1639
– freiwillige Rücklagenbildung 1637
– gesetzliche Rücklagenbildung 1638
– Gewinn- und Einkommensermittlung 1630 ff.
– Rücklagenbildung 1625, 1635
– Rücklagenverwendung 1635
– Teilwertabschreibung auf Anteile 1680
Organschaften 2570
– Bilanzrecht der Organschaft 1610, 1616
– eigenständige Bilanzierungs- und Steuersubjekte 1615
– Einkommensermittlung 1620
– Einkommenszurechnung 1620
– Einmalbelastung im Organkreis 1615
– Erfordernis eines Gewinnabführungsvertrages 1620 f.
– ertragsteuerliche Organschaft 1610
– Gewinn- und Einkommensermittlung beim Organträger 1660
– Gewinnabführung in der GuV 1622
– Gewinnermittlung 1620

- grunderwerbsteuerliche Organschaft 1613
- Mehrmütterorganschaft 1611
- mehrstufige Organschaftsketten 1615
- Organschaftskette 1615, 1650, 1717
- Rechtsfolge 1612
- Tatbestand 1610
- umsatzsteuerliche Organschaft 1630
- Verlustübernahme in der GuV 1622
- verunglückte Organschaft 1614, 1655

Organträger (OT)
- Auslandsbezug 1670
- Besonderheiten bei einer Personengesellschaft 1675
- finanzielle Eingliederung 1610
- Gewinn- und Einkommenszurechnung 1660 ff.
- Kapitalgesellschaft 1670
- Personengesellschaft 1675, 1718

P

partiarische Darlehen 3701 f.
passive Einkünfte 2931
passive Rechnungsabgrenzungsposten
- antizipative Posten 6380
- Bedeutung 6405
- Europarechtsgrundlagen 6386
- handelsbilanzielle Regelung 6385
- Rechtsfolge 6390
- Saldierungsverbot 4930, 6381
- Subsidiarität 6394
- Tatbestand 6390
- transitorische Posten 6380, 6386, 6392
- wichtige Anwendungsfälle 6410 ff.
- Zeitmoment 2465, 6400
Passivierungsverbot 1914, 1978
Patronatserklärung 2204 ff.
Pensionsgeschäfte 1098
- Abgrenzung 715
- Anwendungsbereich § 340b HGB 718 ff.
- bilanzielle Wirtschaftsgut-Verdopplung 716
- echte Pensionsgeschäfte 724 f.
- Gewinnrealisation 730 f.
- unechte Pensionsgeschäfte 727 ff.
- Zurechnungsproblematik 716

Pensionsrückstellungen 1913, 2759, 2762, 2765, 2805, 2812, 2895
- Abgrenzung zu ähnlichen Verpflichtungen 5658
- Altzusage 2812, 5666, 5670
- Anwartschaftsbarwert 5724
- Auflösung 5772 ff.
- Barwert 5721, 5724
- Begriff 5667
- bei Umwandlung von KapGes auf PersGes 1981
- Bewertung 1980 ff., 2651 f.
- biometrische Rechnungsgrundlage 5767
- biometrische Wahrscheinlichkeit 5727
- Fehlbeträge 5774
- Gewinnabhängigkeit 5694
- Inventur 5776 f.
- Jahresprämie 5725
- Konfusion 1980
- mittelbare Pensionszusage 5660, 5676
- Mitunternehmer 5783
- Nachholverbot 5707 ff.
- nahestehende Person 5781
- Näherungsverfahren 5674
- Passivierungspflicht 5674
- Rechtsanspruch 5690
- Rückdeckungsversicherung 5689
- Rumpfwirtschaftsjahr 5764
- Schriftform 5699
- Stichtagsprinzip 5748 ff.
- technische Rentner 5775
- Teilwert 5726
- Teilwertverfahren 5732 ff.
- Übernahme von Pensionsverpflichtungen 2623, 5753
- Überversorgung 57523
- Umwandlungen 5778
- versicherungsmathematische Auflösung 5773
- Verteilungspflicht 5767
- Verteilungswahlrechte 5768
- Voraussetzungen 5680
- Vordienstzeit 5740
- Widerrufsvorbehalt 5694
- Zeitpunkt 5705
- Zinsfuß 5735
- Zuführung zur Pensionsrückstellung 5762 ff.
Pensionsverpflichtungen 837, 2236, 2245

VERZEICHNIS — Stichwörter

Pensionszusage 1376, 1455, 1518 f.
Percentage of Completion-Methode 3074, 3078
– gesellschafteridentisch 1538
– gewerblich geprägte 1539
– gewerbliche 1345 f.
– Personengesellschaft 1039, 1340, 1345 ff., 1351, 1353, 1357, 1360 ff., 1371 ff., 1376 ff., 1383 ff., 1396 ff., 1416 ff., 1452 ff., 1466 ff., 1472 ff., 1481 ff., 1496 ff., 1506 ff., 1531 ff., 1555, 1564
Periodisierungsprinzip 145
Personengesellschaften
– Eigenkapital-Rechtsformbesonderheiten 5070 ff.
– Ergänzungsbilanzen, Eigenkapital 5111 f.
– funktionales Eigenkapital 5114 ff.
– Gesamtbilanz, steuerliche 5110
– Haftungsbeschränkung, Eigenkapital der Handelsbilanz 5085 f.
– korrespondierende Bilanzierung 5115 ff.
– steuerliches Eigenkapitalkonto, § 15a EStG 5113
Personen-Investitionsgesellschaften 3648 f.
Pluralismus der Gewinnermittlungsarten 121 f.
Poolabschreibungen für Sammelposten (§ 6 Abs. 2a EStG) 336, 1434, 3078
Portfolio-Hedging 1024, 2597
Praxiswert 2407, 2409, 3306 f.
Preference Shares 3622
Privatvermögen 1360, 1466, 1531, 1590
– Abgrenzung zum Betriebsvermögen 494 ff.
– notwendiges Privatvermögen 508 ff., 1361 ff.
Progressionsvorbehalt 2939
progressive Methode 4274

Q

Qualifikationsnorm 1532, 1535
Quellenstaat 2939
Quellentheorie 120

R

Rabatte 861
Rangrücktritt 2174 ff., 2602
s. a. *Nachrang- und Gesellschafterdarlehen*
– spezifizierter Passivierungsaufschub 5149

Realisationsprinzip 145 ff., 401, 811, 851, 960 ff., 998, 1000, 1009, 1421 f., 1459, 3046, 3092
s. *Gewinnrealisation*
– Ausweis-GoB 333
– bei Dauerschuldverhältnissen 152
– Kaufverträge 148 f.
– Lieferungen 147
– Sanierungsgewinn 154
– schwebende Geschäfte 151
– Tausch 153
– Veräußerungen 146
– Werklieferungsverträge 150
– wirtschaftliches Eigentum 666 f.
Realteilung 1997 ff., 2373
– Aufspaltung 1999
– echte 1997
– Kapitalkontenanpassungsmethode 2000
– latente Steuerlast 2000
– Sachwertabfindung Einzelwirtschaftsgüter 1997
– unechte 1997
Rechnungsabgrenzungsposten (RAP) 2615 ff.
– aktiver 548, 4930
– antizipativer RAP 4391
– Auflösung 4930
– passiver 1383
– Saldierungsverbot für aktive und passive RAP 4930
– transitorische Posten 4930
– Verteilung des aktiven RAP 4930
Rechnungslegungsrecht 337
Rechtsfähigkeit 1376, 1383
Rechtsnachfolge 1862, 1879, 1925 ff.
Rechtstypenvergleich 1036, 3621, 3628
Regelgewinnermittlungsart 2360
Reinvestitionsobjekte 5300
Reinvermögenszugangstheorie 120
Reinvestitionsrücklage gem. § 6b EStG
– 6b-Fonds 5295
– Anlagevermögen 5361
– Anschaffung 5341, 5435 f.
– Anwendungsbereich Gewinnermittlung 5276
– atypisch stille Gesellschaft 5415
– Auflösung Sonderposten 5445
– Auflösungsgewinn 5447
– Aufwuchs auf Grund und Boden 5305

- Ausgleich anderweitiger Nachteile 5354
- Ausland 5466 ff.
- Ausscheiden aufgrund höherer Gewalt 5338
- Ausscheiden aus Mitunternehmerschaft 5448
- Ausweis in der Bilanz 5392
- Bauplan/Bauantrag 5431 f.
- begünstigte Wirtschaftsgüter/ Übersicht 5300
- besonderes Verzeichnis 5280
- Betriebsaufgabe 5335, 5338
- Betriebsaufspaltung 5383
- Betriebsstätte Ausland 5466 ff.
- Betriebsstätte 5370
- Betriebsveräußerung 5336
- Betriebsvorrichtungen 5318
- Bildung des Sonderpostens 5390
- Binnenschiffe 5325
- Bodenschätze 5301 f.
- Bürocontainer 5315
- Container 5315
- Dokumentation 5280
- drohende Minderung/Buchwert 5350
- Einbauten 5316
- Einbringung von Beteiligungen in Betrieben/Teilbetrieben 5335
- Einbringung von Einzelwirtschaftsgütern 5333
- Einbringungsgewinn I 5338
- einheitliche Ausübung des Wahlrechts bei Personengesellschaften 5417
- Einlage (als Anschaffung) 5343
- Einlage von Einzelwirtschaftsgütern in eine Kapitalgesellschaft 5334
- Einräumung eines Nutzungsrechts 5353
- Enteignung 5338
- Entnahmen 5336
- Erbauseinandersetzung 5335
- Erbfall 5335
- EU/EWR Betriebsstätte 5466 f.
- Forderungsausfall 5357
- Frist zur Übertragung in einen anderen Betrieb 5415
- Fristwahrungsmaßnahmen 5435
- Gaststätteneinrichtungen 5316
- Gebäude 5310
- Gebäude auf fremdem Grund und Boden 5315
- gebrauchte Wirtschaftsgüter 5381
- Gegenleistung 5351
- gemischte Schenkung 5336
- Gesamtkaufpreis 5352
- gesellschafterbezogene Betrachtungsweise 5291
- Gewerbesteuerpflicht 5276
- Gewinnzuschlag 5450
- Grund und Boden 5301
- Grundprinzip 5275
- Herstellung 5342
- Herstellungsbeginn 5430
- Kapitalerhöhung aus Gesellschaftsmitteln 5382
- Kapitalgesellschaft als Mitunternehmer 5410
- Kaufvertrag 5332
- konkretes Objekt 5431
- Ladeneinbauten 5316
- mehrstöckige Personengesellschaft 5385
- Mieter- und Pächtereinbauten 5320
- nachträgliche Anschaffungs-/Herstellungskosten 5345, 5380
- nachträgliche Veränderungen des Veräußerungspreises 5356
- Organschaft 5384
- Personengesellschaft 5385
- persönlicher Anwendungsbereich 5290
- Realteilung 5337
- Reinvestitionsabsicht 5391
- Reinvestitionsobjekte 5300
- Rücklagen für Ersatzbeschaffung 5479
- Rückstellung 5358
- Sachwertabfindung 5337
- Schalterhallen 5316
- Schaufensteranlagen 5316
- Scheinbestandteile 5319
- Schenkung 5336
- selbständige Gebäudeteile 5316
- Stundung 5466
- Systematik 5279
- Tausch 5332
- teilfertige Gebäude 5441
- Übertragung existenzsichernder Einheiten 5336
- Übertragung zwischen Schwesterpersonengesellschaften 5475
- Übertragungsmöglichkeiten bei Mitunternehmeranteilen 5394
- Umgliederung ins Umlaufvermögen 5363
- Umlegungs- und Flurbereinigungsverfahren 5336
- Umwidmung 5343

- Umzäunung 5317
- unselbständige Gebäudeteile 5317
- unterbliebene Reinvestition 5445
- Veräußerung zwischen Gesellschaft und Gesellschaftern/Gesellschaften 5338
- Veräußerung 5331
- Veräußerung von Anteilen an Kapitalgesellschaften 5460
- Veräußerungsgewinn 5350
- Veräußerungskosten 5355
- Veräußerungspreis 5351
- Veräußerungsverlust 5358
- verdeckte Einlage 5343
- verdeckte Gewinnausschüttung 5336
- Verfolgung in der Buchhaltung 5278
- Verhältnis zu § 6c EStG 5470
- Verhältnis zu § 34 EStG 5471
- Vorbehaltensfrist 5375
- Vorbesitzfrist 5361
- Vorteilhaftigkeit 5281
- vorweggenommene Erbfolge 5335
- Windpark 5303
- Zerstörung 5338
- Zugehörigkeit zu einer inländischen Betriebsstätte 5370
- Zwangsversteigerung 5336

Repo-Geschäfte
- wirtschaftliches Eigentum 733 f.

Reserveteile 3457
Restbetriebsvermögen 482
Restnutzungsdauer 3001, 3010
Restrukturierungsrückstellungen 2164
retrograde Methode 2630, 4274
Reverse Convertibles 1092
Reversibilität 2884
Rückabwicklung Kaufvertrag 149
Rückbeziehung 1855, 1879, 1939 ff.
Rückführung von Wirtschaftsgütern 3008 ff., 3034
Rücklage für Übernahmefolgegewinn 1982
Rücklage nach § 6b EStG 1385
Rücklage
- § 3 ForstSchAusglG 2495 f.
- Arten 5250
- steuerfrei 1984

Rücklagen für Ersatzbeschaffungen 5485
- Absicht der Ersatzbeschaffung 5486
- behördlicher Eingriff 5495
- Buchwert 5498
- Einlage 5501
- Entschädigung 5486, 5496
- Ersatzleistungen 5497
- Funktionsgleichheit 5499
- höhere Gewalt 5490
- Squeeze Out 5493

Rückstellungen 2065 ff. 2701 ff., 2759, 2762, 2765, 2805, 5520 ff.
- 51 %-Regel 2608, 5568 ff.
- Abbruch-/Entfernungsverpflichtung 5665
- ABC der Rückstellungen 5665
- Abfindung 5665
- Abgrenzung Drohverlust- und Verbindlichkeitsrückstellung 5613 ff.
- Abraumbeseitigung 5545, 5665
- Altersteilzeit 5665
- Altfahrzeuge 5652
- Ansatz 2605 ff. 2811, 2895, 5540 ff.
- Apothekerurteil 5644
- Arbeitsverhältnisse 5740
- Arten von Rückstellungen 5529 f.
- Auflösung 5538
- Aufwandsrückstellung 5529 f., 5542 ff., 5550
- Begriff 5523
- Bewertung 2647 ff., 2813, 2891, 2895, 5630 ff.
- Bewertungseinheiten 5619
- Bilanzierungsverbot 5582 ff., 5605 ff.
- Deckelung 3063
- Dienstjubiläum 2703 f., 5590 ff.
- drohende Verluste 2702
- Drohverlustrückstellung 2165, 2234, 2612, 3078, 5608 ff.
- Erfüllungsrückstand 5608, 5615, 5623
- faktische Verpflichtung 5556, 5654
- für Entsorgung radioaktiver Reststoffe oder Anlageteile 2614
- für künftige Anschaffungs- oder Herstellungskosten 2613, 5596
- für Patent-, Urheber oder ähnliche Schutzrechte 2610
- Geldleistungsverpflichtung 5633, 5657, 5660
- Gewährleistung 5665

Stichwörter VERZEICHNIS

- Innenverpflichtung 2606
- Instandhaltungsrückstellung 5544, 5607
- Kulanzleistung 5529, 5556
- Maßgeblichkeitsprinzip 5529, 5630, 5670
- Nachholung 5536 f.
- öffentlich-rechtliche Verpflichtung 2606, 5576 ff.
- Pachterneuerung 5648
- Realisationsprinzip 5561 f.
- rechtliche Entstehung 5552 ff.
- Rekultivierung 5665
- Restrukturierungsrückstellung 2162 ff., 5665
- Rücknahmeverpflichtung 5652 ff.
- Sachleistungsverpflichtungen 5327, 5641 ff., 5657, 5661
- Schadensersatz 5538, 5571 f.
- Sozialplan 5665
- Stilllegung Kernkraftwerk 5655 ff.
- Stock Options 5665
- Teilwertabschreibung 5617 ff.
- Umweltschutz 5665
- ungewisse Verbindlichkeiten 2701
- Unternehmenskauf 5603 ff.
- Urlaubsrückstand 5665
- Verlustübernahme aus Ergebnisabführungsverträgen 5665
- Wahrscheinlichkeit der Inanspruchnahme 5567 ff.
- Wahrscheinlichkeitsbegriff 2608
- Weihnachtsgratifikationen 5665
- Wesentlichkeit 5548 ff., 5606
- wirtschaftliche Verursachung 2607, 5559 ff.
- Zeitpunkt der Bildung 5535
- Rückwärtsberichtigung
- Handelsbilanz 1127
- Steuerbilanz 1145 ff., 1154 ff.
- Rückwirkungszeitraum, steuerlich 1948 ff.
Rumpfwirtschaftsjahr 173, 3001

S

Sachdarlehen 706 f.
Sacheinlage 1030, 1851, 3615 f.
Sachentnahme 594
Sachgesamtheit 3025
Sachverhaltsgestaltungen 2720, 2723

Sachwertforderung 1030, 1096
Sachwertmethode 944, 950
Sachwertschulden 6210
Saldierungsverbot 402
Sale and buy back 699
Sale and buy back-Geschäfte 699
- Abgrenzung 701
- Andienungsrechte 692
- Pensionsgeschäfte 715 ff.
- Repo-Geschäfte 733 f.
- Rückerwerbsoption 740 ff.
- Systematisierung 704
- Wertpapierdarlehen 706 ff.
- wirtschaftliches Eigentum 699, 703 ff.
Sale and lease back 699
Sammelposten 1434
Sanierungserlass 2211
Sanierungsgewinn 154, 2189, 2209 ff.
Sanierungssteuerrecht 1610
Schlussbilanz 1853
Schönheitsreparatur 2637 ff.
Schuldbeitritt 2619 ff.
Schuldenerlass 2209 f.
schuldrechtliche Verpflichtungen, Erwerb 2235 ff.
Schuldübernahme 2196 ff., 2202, 2237 ff., 2619 ff., 5625 ff.
- unter Verzicht auf Regressforderung 2197
schwebende Geschäfte 151, 403, 3158
Schwesterpersonengesellschaft 1531, 1538 ff., 1551, 1587
Selbständigkeitsfiktion 2949, 2979 f.
Share Deal 1835 f.
- Anteil an einer Personengesellschaft 1836
- negativer Kaufpreis 1835, 2216 f., 2227 f.
Sicherungsabtretung
- wirtschaftliches Eigentum 770 f.
Sicherungsgeschäfte 1032
Sicherungsübereignung
- wirtschaftliches Eigentum 770 f.
Sitzverlegung 2964, 2996
Skonti 862
Sofortabschreibung 836, 1433

Software 3199 ff.
- ERP-Software 3203
- Individualsoftware 3202
- Standardsoftware 3201
- Systemsoftware 3199
- Trivialprogramm 3201
- Updates 3204

Sollversteuerung 2414

Sonderabschreibung 1384, 1388, 1431, 1458

Sonderbetriebsausgaben 1341, 1344, 1419, 1453, 1528 ff., 1533, 1537, 1588

Sonderbetriebseinnahmen 1341, 1453, 1506, 1526 f., 1533, 1537, 1588

Sonderbetriebsvermögen 1341 ff., 1384, 1451, 1466 ff., 2996

Sonderbilanzen 1341 f., 1384, 1396, 1451 ff., 1477 f., 1498, 1519, 1583
- E-Bilanz 1286
- Eigenkapital 5114 ff.
- Schuldzinsenabzug 5117

Sonder-GuV 1453, 1459

Sonderposten mit Rücklagenanteil 5260 ff.

Sonderrechtsnachfolge 1844

Sondervergütungen 1459, 1506 ff., 1526 ff., 1538, 1584, 1586 ff., 1952

Sondervermögen 1053

sonstige Anleihen 1027

sonstige Gegenleistung 1878, 1895

sonstige Wirtschaftsgüter 4620

Sozialplan 2161 ff.

Spaltung 1847

Sperrfrist 1571

Sperrminorität 1482

Spezial-Investmentfonds 3650 ff.

Spezialmaßgeblichkeit 1051

Spiegelbildmethode 3633

Stammhaus 2950 ff., 2974, 2985, 2989, 3001 f., 3009, 3026, 3034

Stetigkeitsgebot 2531, 2889, 3056

Steuerbarwertminimierung 2841, 2850

Steuerbilanz 1340 ff., 1384, 1399, 1513, 1586, 2653 ff.
- Definition 57, 63 f.
- derivative Steuerbilanz 1351
- eigenständige Steuerbilanz 140
- Erfordernis 62 ff., 69 ff.
- Gewinnermittlung 2618 ff.
- Gewinnermittlungsgrundlage 56, 63
- Gliederung 58 ff., 65 ff.
- Taxonomie 68

Steuerbilanzen anlässlich der Umwandlung 1903 ff.

Steuerbilanzgewinn 1353, 1377, 1512, 1586, 1588 f.

steuerbilanzielle Ausgleichsposten 1615

Steuerbilanzpolitik 367

Steuerbilanzpolitik Einsatz 2833 ff.
- Instrumente 2720, 2740, 2805
- Strategien 2820 ff.
- Wirkung 2790 ff., 2821 ff.

Steuerbilanzrecht, eigenständiges 3066, 3067, 3077

Steuerliche Rechtsnachfolge
s. *Rechtsnachfolge*

Steuern, latente
s. *Latente Steuern*

Steuerrückstellungen
- Gewerbesteuer 5790
- Körperschaftsteuer 5793
- Mehrsteuern 5798 f.
- Organschaft 5802
- Passivierung 5786

Steuersatzeffekt 2726, 2820, 2827, 2841 ff.

Stichtagsprinzip 403

stille Beteiligungen
- E-Bilanz 1266, 1289
- Handelsrecht/-bilanz 5155 ff.
- Steuerrecht/-bilanz 5103, 5165 ff.
- stille Gesellschaft 1045, 1985, 3697 ff.

stille Lasten 1420, 1422, 1456

stille Reserven 815, 2963, 2973, 2975, 2978, 2984 ff., 2989, 3001, 3005, 3010, 3019, 3025, 3034

Stripped Bonds 1063

Stufentheorie 1418 f., 1917

Stundung 3001, 5466 f.

Subjektsteuerprinzip 1397, 1567

Subsidiaritätsthese 1532, 1538

Substanzerhaltungsanspruch
– eiserne Verpachtung   2503 f.
Subtraktionsmethode   4456
Swaps   1072, 3684 ff.

T

Tarifliche Steuersätze   3070
Tatsachen
– wertaufhellende   2688
– wertbeeinflussende   2688
Tausch   153, 816, 838, 1871, 1890, 5332
tauschähnlicher Vorgang   1559
Tax Accounting   3067
Tax Compliance Management System
– E-Bilanz   1337
Taxonomie (§ 5b EStG)   3067
– Anpassungsrhythmus   1319
– Arten   1294
– Auffangpositionen   1313 ff.
– Berichtsbestandteil   1296 ff.
– Bestandteile   1296 ff.
– Branchentaxonomien   1294
– digitale Offenlegung   1261
– Einheitstaxonomie   1261
– Ergänzungstaxonomien   1294
– Feldattribute   1306 ff.
– Micro-BilG   1294
– Mindestumfang   1303 ff.
– Mussfelder   1303
– rechnerisch notwendige Positionen   1315
– Regelungskompetenz   1293, 1303
– Spezialtaxonomien   1294
– Summenmussfelder   1315
– unzulässige Positionen   1317
– Versionen   1319 ff.
technische Anlagen   3455
Teilerfüllung   4507
teilfertige Bauten   4475
Teilschlussbilanz   1853
Teilwert   895 ff., 928 ff., 1418, 1566, 1571 ff., 2814, 3016, 3033
– Anteile an Kapitalgesellschaft   2869

– Abgrenzung gegenüber dem gemeinen Wert   929 ff.
– Begriff   895 ff.
– Ermittlung   901 ff.
– Schätzung   901 ff.
– Teilwertvermutungen   911 ff., 4383
Teilwertabschreibungen   363, 812, 917 f., 1346, 1383, 1432, 2629 ff., 2931, 3033, 3072, 3092, 3618, 3626 f., 3634, 3646 f.
– auf börsennotierte Anteile   917
– auf festverzinsliche Wertpapiere   917
– auf Gesellschafterdarlehen   2172 f.
– auf nicht abnutzbares Anlagevermögen   917
– auf OG-Anteile   1680 f.
– in Unternehmenskrise   918, 2156 ff.
– Steuerbilanzpolitik   918, 2720 ff.
– steuerliches Wahlrecht   363, 918
– voraussichtlich dauernde Wertminderung   917
Teilwertzuschreibungen   2759, 2761, 2814
Terminverkäufe (Futures, Forwards)   3681 ff.
Terminverkäufe   1073
Thesaurierung   2726
Thesaurierungsbegünstigung   2726, 2874
Total Return Swap   751
Totalgewinn   2674
Totalgewinnidentität   123
Transparenzoption   3658
Transparenzprinzip   3632, 3635, 3643
Treuhandmodell   2014 ff.
Treuhandverhältnisse   1049
– Abgrenzung   746
– doppelseitige   749
– Ermächtigungstreuhand   748
– Sicherungstreuhand   749
– Total Return Swap   751
– treuhandähnliche Verhältnisse   751 f.
– Verwaltungstreuhand   749
– Vollrechtstreuhand   747
– wirtschaftliches Eigentum   747 ff.
typisch stille Beteiligungen   3698 ff.
typisch stille Gesellschaft   1045

U

Überführung von Wirtschaftsgütern 2964 f., 2973, 2978, 2984 ff., 2989, 2994, 2996 f., 3001, 3003, 3009 f., 3020, 3034

Übergangsbilanz 2369, 2378
– Forderungen 2392
– Gewinnkorrekturen 2380
– Rückstellungen 2393
– Wirtschaftsgüter 2385 ff.

Übergangsregelung Sonderposten mit Rücklagenanteil 5263 f.

Überleitungsrechnung 2371

Übernahmebilanz 1854

Übersicht über Rücklagen 5250

Übertragung von Wirtschaftsgütern 1372, 1409, 1550 ff., 1559 ff., 1571 ff.

Übertragungsbilanz 1853

Übertragungsmöglichkeiten bei Mitunternehmeranteilen 5394
– Grundfall zur Mitunternehmerschaft 5395
– Kapitalgesellschaft als Mitunternehmer 5410
– Schaubilder 5394

Übertragungsstichtag
– handelsrechtlicher 1855
– steuerrechtlicher 1940

umgekehrte Maßgeblichkeit 5260

Umgliederung ins Umlaufvermögen 5363
– schädliche Handlungen für Umgliederung ins Umlaufvermögen 5364

Umlageverträge 1626
– Umlaufvermögen
– Abgrenzung zum Anlagevermögen 532 ff.
– Begriff 561

Umlegungs- und Flurbereinigungsverfahren 5336
– Vorbesitzzeit 5382

Umtauschanleihen 1089, 3709 ff.

Umwandlung 2368
– KapGes auf KapGes 1887 ff.
– KapGes auf PersGes 1880 ff.

Umwandlungskosten 1986

Umwandlungsmöglichkeiten 1849

Umwandlungsvorgänge 1876 f.

Umwidmung 4246

UmwStG
– Anwendungsvoraussetzungen 1878
– Prinzipien 1879

Un- bzw. Niedrigverzinslichkeit 4560

unechte Pensionsgeschäfte 1100

unentgeltliche Übertragungsvorgänge 1825 ff.
– Anschaffungsnebenkosten 1839
– Buchwertfortführung 1838
– Teilentgelt 1839
– Übernahme Verbindlichkeiten 1839

unentgeltliche Übertragungsvorgänge 1825 ff.

unentgeltlicher Erwerb 839, 844

Unterbeteiligung 1048

Untergesellschaft 1581 ff.

Unternehmenskauf 1820 ff.
– Asset Deal 1820, 1821 ff.
– Rechtskauf 1820
– Sachkauf 1820
– Share Deal 1820, 1835 ff.

Unternehmenskrise 2150 ff.

US-GAAP 3054

V

Veräußerung von Anteilen an Kapitalgesellschaften 5460

Veräußerungsgewinn 2368, 2759, 2894

Veräußerungskosten 5355

Veräußerungsvorgang 1850
– Rücklagen 5331 ff.

Verbesserung 853, 867, 870 f.

Verbindlichkeiten
– Abzinsung 6191 ff.
– Bedingungen 6174 f.
– Betriebsvermögen 6176
– Bewertung 2636, 6184 ff.
– Definition 6161 ff.
– eigenkapitalersetzende Darlehen 6181
– Forderungsverzicht 6182
– Passivierungsgebot 6168 f.
– Umwandlung von Drohverlustrückstellungen 6211

Verbrauchsfolgeverfahren 2776 f., 2805, 2891, 4372

Verbundeffekte 931
vereinfachte Vermögensrechnung 3091 ff.
Verfahrensdokumentation 2589
Vergleichsverfahren 982
Vergleichswertmethode 944, 946
Vergütungen an Anteilseigner 1987
Verhältnis § 6b zu anderen Vorschriften
– § 6c EStG 5470
– § 34 EStG 5471
Verkaufspreismethode 4460
Verkehrswert 897, 935 f.
Verlagerung Buchführung ins Ausland
– Möglichkeiten 79
– Rückverlagerung 81
– Voraussetzungen 80
Verlagerung elektronischer Buchführung ins Ausland
– Möglichkeiten 67
– Rückverlagerung 69
– Voraussetzungen 68
Verlustabzug
– nachorganschaftlich 1650
– vororganschaftlich 1650, 1661
verlustfreie Bewertung 1061
Verlustprodukte 4479
Verlustrücktrag 3092
Verlustübernahme 2192 ff.
Verlustverrechnung 2864, 2872 ff.
Verlustvorträge 1909, 3057, 3092
Vermögensübertragung 1848
Vermögensumschichtung 811, 866
vermögensverwaltende Personengesellschaft 2019 ff.
– Bruchteilsbetrachtung 2021, 2024, 3635
– Schwesterpersonengesellschaft 1541
– Zebragesellschaft 1347
Verpachtung
– eiserne 2501 ff.
Verpflichtungsübertragung 2620 ff., 2623 ff.
– landwirtschaftlicher Betrieb 2498 ff.
Verschmelzung 1846, 2966
Verstrickung 2932, 3025 ff., 3032 ff.
Vertreterrecht 3327

Verzeichnis/Aufzeichnungspflichten Steuerrecht 55
vGA (verdeckte Gewinnausschüttung) 5336
Viehbewertung 2485 f.
Vollkosten 883 f.
Vollständigkeitsgebot 402
Vollständigkeitsprinzip 402, 2941
Vorabgewinn 1377, 1459, 1507
voraussichtlich dauernde Wertminderung 2761, 4395
Vorbehaltensfrist 5375
– Betriebsaufspaltung 5383
– Herstellung unter Verwendung von gebrauchten Wirtschaftsgütern 5381
– nachträgliche Herstellungskosten 5380
– Organschaft 5384
– Personengesellschaft 5385
– Umlegungsverfahren 5382
vororganschaftliche Verlustabzüge
– mehrstufige Organschaftsketten 1650
Vorsichtsprinzip 401, 2529, 3046, 3049
– Vorsichts- und Realisationsprinzip 400
Vorsteuer 836

W

Wahlrechte 2362, 2720 f.
– Ansatzwahlrechte 2720 f., 2759, 2805
– Ausweiswahlrechte 2720, 2724
– Bewertungswahlrechte 2720 f., 2759, 2776, 2805
– in der Sonderbilanz 1456
– steuerliche Wahlrechte 883, 2743 f., 2758 ff., 3061, 3063, 3064
– Vereinfachungswahlrecht 2805
– Verteilungswahlrechte 2759, 2762, 2895
– zeitliche Wahlrechte 2720, 2725
Wahlrechtsausübung 3056 f., 3061
Wahlrechtsvorbehalt 332, 360 ff., 3061, 3064
– formelle Maßgeblichkeit 332
– Umkehrmaßgeblichkeit 332
Währungsumrechnung 819, 837, 989 ff.
Wandel-/Optionsanleihen
– Handelsrecht/-bilanz 5205 ff.
– Steuerrecht/-bilanz 5213 ff.
Wandelanleihen 1086, 3705 ff.

Warenbestände 2405
Wasserbezugsrechte in der Landwirtschaft 2473
Wechsel der Gewinnermittlungsart 121, 2361
Wegzug 2964, 2996, 3005
Weltbuchführung 2941
Welteinkommensprinzip 2931
Werklieferungsvertrag, Gewinnrealisierung 150
Wertaufhellung 170 f.
Wertaufholungsgebot 4711
Wertberichtigung 4605
Werthaltigkeitsgarantie 2204, 2207 f.
Wertminderung 812, 917 f., 964, 1014, 3065
Wertobergrenze 876, 881, 905 f., 968
Wertpapierdarlehen 1095
– Gewinnrealisation 709
– wirtschaftliches Eigentum 706 ff.
Wertpapiere des Anlagevermögens 1026, 3610
Wertpapiere 4325
– Teilwert 2629
Wertpapierleihe 4528, 4664, 6213
Wertpapierpensionsgeschäfte 1098
Wertuntergrenze 881, 882
Wertverknüpfung 1863, 1922
wesentliche Betriebsgrundlage 3020
Wesentlichkeitsgrundsatz 406
Wiederbepflanzungsrechte im Weinbau 2473
Wiederbeschaffungskosten 905 f., 913 f., 920, 4425
Wiederherstellungskosten 4435
Wiederkehrschuldverhältnis, Gewinnrealisierung 152
Wille der Geschäftsleitung 2954
Windkraftanlage als Wirtschaftsgut 546
Winzer
– Kellerbuch 2469
– Wiederbepflanzungsrechte 2473
wirtschaftliche Zugehörigkeit 2950, 2954
wirtschaftliches Eigentum 1356, 2214 ff., 3181 ff., 4630
– ABS-Transaktionen 754
– Andienungsrecht 692, 964
– Anteile an Kapitalgesellschaften 661
– Doppeloption 678, 741
– doppelseitige Treuhand 749

– Eigentumsvorbehalt 770 f.
– Ermächtigungstreuhand 748
– Factoring 754 ff.
– Forfaitierung 754
– Gebäude(teile) 661
– Gewinnrealisation 666 ff.
– Grundstücke 661
– Kommissionsgeschäfte 743 ff.
– Leasing 684 ff.
– Mietkauf 680 ff.
– Nießbrauch 772 ff.
– Optionsgeschäfte 673 ff.
– Pensionsgeschäfte 715 ff.
– Prüffolge 665
– Prüfseite 665
– Repo-Geschäfte 733 f.
– Rückerwerbsoption 740 f.
– Sachdarlehen 706 ff.
– Sale and buy back-Geschäfte 703 ff.
– Sale and lease back-Geschäfte 699
– Sicherungsabtretung 770 f.
– Sicherungstreuhand 749
– Sicherungsübereignung 770 f.
– Total Return Swap 751
– treuhandähnliche Verhältnisse 751 f.
– Treuhandverhältnisse 747 ff.
– Verwaltungstreuhand 749
– Vollrechtstreuhand 747
– Wertpapierdarlehen 706 ff.
– Zurechnungsgrundsätze 660 ff.
Wirtschaftsgut/-güter
– Abgrenzung zu anderen Bilanzpositionen 547 ff.
– abnutzbares Wirtschaftsgut 572 ff.
– Arten 556 ff.
– Aufteilungsgebot bei Gebäuden und Grundstücksteilen 531 f.
– Begriff des Wirtschaftsguts 540, 2697 f.
– betriebsschädliche Wirtschaftsgüter 522 f.
– bewegliches Wirtschaftsgut 568 ff.
– Bewertung 543
– Definition 545
– einheitlicher Nutzungs- und Funktionszusammenhang 486, 546
– Einheitlichkeitsgrundsatz 529 ff.
– einzelnes Wirtschaftsgut 544 ff.

– Entnahmen und Einlagen 542, 580 ff.
– gemischt genutzte Wirtschaftsgüter 528 ff.
– geringwertige Wirtschaftsgüter 836, 2776, 2778, 2891
– immaterielles Wirtschaftsgut 565 ff.
– materielles Wirtschaftsgut 565 ff.
– negatives Wirtschaftsgut 551
– nicht abnutzbares Wirtschaftsgut 572 ff.
– originäres Wirtschaftsgut 2600
– passives Wirtschaftsgut 551
– risikobehaftete, verlustgeneigte Wirtschaftsgüter 521, 524
– selbständiges Wirtschaftsgut 546
– Umwidmung 564
– unbewegliches Wirtschaftsgut 568 ff.
– Zurechnung, persönliche Wirtschaftsgüter 487 f.
Wirtschaftsjahr 173 ff.
– bei Auslandsbeziehungen 178
– Betriebseröffnung und Betriebsfortführung 186 f.
– Einvernehmen des Finanzamts 188 f.
– für Freiberufler 177
– für Gewerbetreibende 175
– für Land- und Forstwirte 176, 2450 ff.
– Gewinnzuordnung 200 ff.
– Umstellung 184 ff.
– Wahl 182 ff.
Wohnsitzstaat 2939

Z

Zahlungsansprüche nach der GAP-Reform 2473 f.
Zahlungsbemessungsfunktion 2724
Zebragesellschaft 1347
Zeiteffekt 2762, 2764, 2826, 2835, 2841 ff.
Zeitwert 1033
Zeitwertansatz 1858
Zentralfunktion des Stammhauses 2952
zerlegbare Anleihen (Stripped Bonds) 1063, 3671 f.
Zero-Bonds 1062
Zinsbegrenzungsvereinbarungen (Caps, Floors, Collars) 1071, 3678 ff.
Zinscoupons 1065
Zinsschranke 2868, 3053 ff.
– Verfassungsmäßigkeit 166
– zweite Gewinnermittlungsstufe 165
Zuckerrübenlieferrechte 2474
Zugangsbewertung 829, 1000, 1008, 1011, 4250
Zugangszeitpunkt 4270
Zuordnung von Wirtschaftsgütern 2950 ff., 2963, 2988, 2990
Zurechnung, persönliche
s. *wirtschaftliches Eigentum*
– Ausnahmezurechnung 661
– Grundsätze 660 ff.
– Regelzurechnung 660
– Schulden 774 f
– Wirtschaftsgüter 673 ff.
zweistufige Gewinnermittlung 167
Zwischenwertansatz
– handelsrechtlich 1860
– steuerrechtlich 1907, 1909, 1916 f.